『十二五』國家重點出版規劃項目

主編 陳智超

# 陳垣全集

CHENYUAN QUANJI

## 第五册

## 中西回史日曆（下）

北京师范大学出版集团
BEIJING NORMAL UNIVERSITY PUBLISHING GROUP
安徽大学出版社

**圖書在版編目(CIP)數據**

陳垣全集.第5册,中西回史日曆.下/陳垣著.—合肥:安徽大學出版社,2009.8(2021.3重印)

ISBN 978-7-81110-388-5

Ⅰ.①陳… Ⅱ.①陳… Ⅲ.①陳垣(1880～1971)—全集②曆書對照表 Ⅳ.①C52 ②P196

中國版本圖書館CIP數據核字(2009)第155411號

陳垣全集 第五册

**中西回史日曆(下)**

陳 垣 著 陳智超 主編

安徽大學出版社出版發行

(合肥市肥西路3號 郵編230039 電話0551-65107716

網址 www.ahupress.com.cn)

合肥遠東印務有限責任公司印製

責任總編輯 楊應芹 彭君華

本册編輯 秦 野 封面設計 孟獻輝

開本 880×1230 1/32 印張 15.75 字數 306千

2009年12月第1版 2021年3月第3次印刷

ISBN 978-7-81110-388-5

定價 2480.00圓(全二十三册)

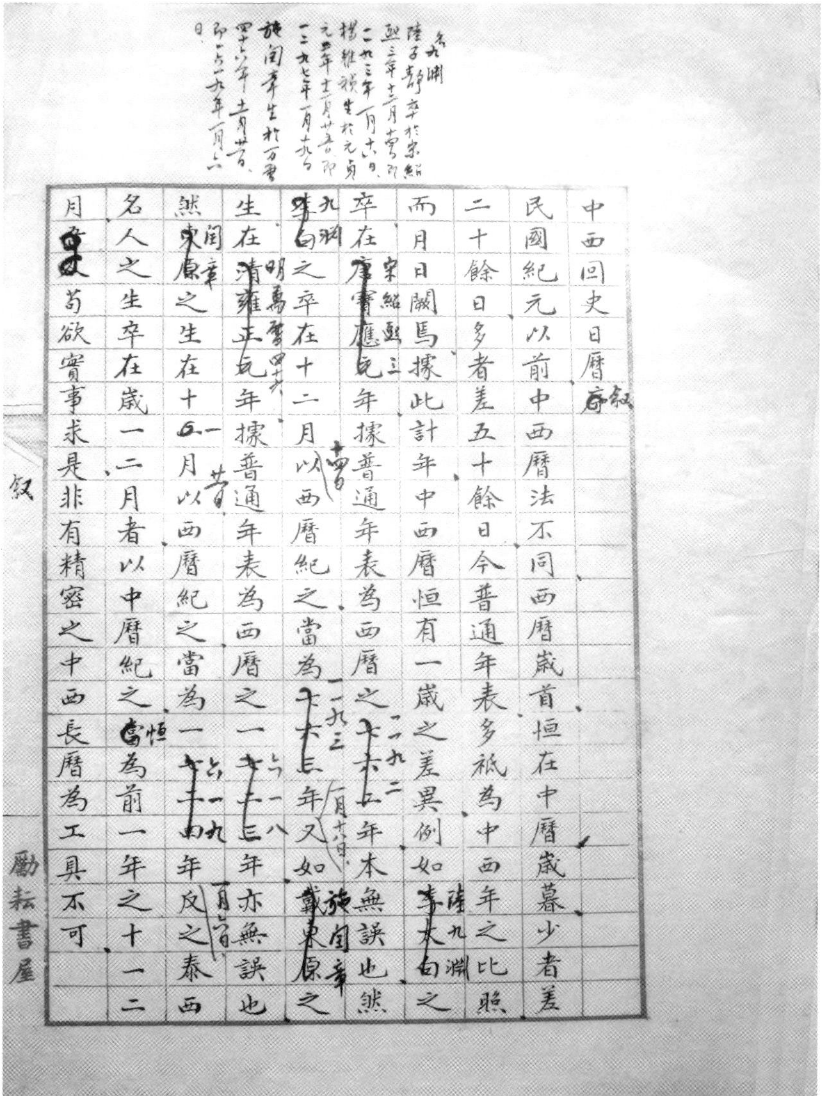
中西回史日曆敘

民國紀元以前中西曆法不同西曆歲首恆在中曆歲暮少者差二十餘日多者差五十餘日今普通年表多祇為中西年之比照而月日闕焉據此計年中西曆恆有一歲之差異例如陸九淵之卒在宋紹熙三年據普通年表為西曆之一一九二年本無誤也然九淵之卒在十二月以西曆紀之當為一一九三年又如施閏章之生在明萬曆四十六年據普通年表為西曆之一六一八年亦無誤也然閏章之生在十二月以西曆紀之當為一六一九年反之泰西名人之生卒在歲一二月者以中曆紀之當為前一年之十一二月[illegible]苟欲實事求是非有精密之中西長曆為工具不可

敘　勵耘書屋

《中西回史日曆叙》稿本

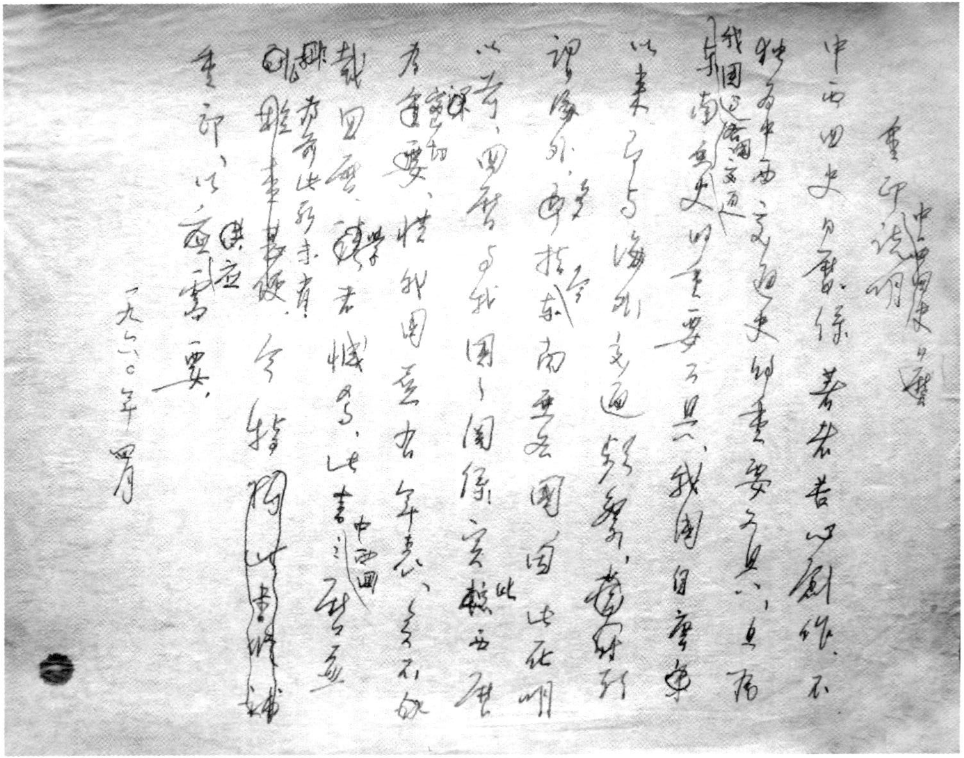

1960 年《重印中西回史日曆説明》手稿

陳垣全集之九

# 中西回史日曆（下）

安徽大學出版社

| 一〇五四 甲午 宋至和元(三月改) 遼重熙二三 446 | | | | | | | | | | | | 一〇五三 癸巳 宋皇祐五 遼重熙二二 445 | | | | | | | | | | | |
|---|---|---|---|---|---|---|---|---|---|---|---|---|---|---|---|---|---|---|---|---|---|---|---|
| 22 | 23 | 23 | 24 | 25 | 25 | 26 | 26 | 27 | 25 | 26 | 27 | 27 | 28 | 28 | 29 | 30 | 30 | 31 | **5** | **4** | 2 | 31 | **1** |
| 23 | 24 | 24 | 25 | 26 | 26 | 27 | 27 | 28 | 26 | 27 | 28 | 28 | 29 | 29 | 30 | 31 | **7** | **6** | 2 | 2 | 3 | **2** | 2 |
| 24 | 25 | 25 | 26 | 27 | 27 | 28 | 28 | 29 | 27 | 28 | 29 | 29 | 30 | 30 | 31 | **8** | 2 | 2 | 3 | 3 | 4 | 2 | 3 |
| 25 | 26 | 26 | 27 | 28 | 28 | 29 | 29 | 30 | 28 | 29 | 30 | 30 | 31 | **10** | **9** | 2 | 3 | 3 | 4 | 4 | 5 | 3 | 4 |
| 26 | 27 | 27 | 28 | 29 | 29 | 30 | 30 | 31 | **3** | 30 | 31 | **12** | **11** | 2 | 2 | 3 | 4 | 4 | 5 | 5 | 6 | **4** | 5 |
| 27 | 28 | 28 | 29 | 30 | 30 | 31 | **5** | **4** | 2 | 31 | **1** | 2 | 2 | 3 | 3 | 4 | 5 | 5 | 6 | 6 | 7 | 5 | 6 |
| 28 | 29 | 29 | 30 | 31 | **7** | **6** | 2 | 2 | 3 | **2** | 2 | 3 | 3 | 4 | 4 | 5 | 6 | 6 | 7 | 7 | 8 | 6 | 7 |
| 29 | 30 | 30 | 31 | **8** | 2 | 2 | 3 | 3 | 4 | 2 | 3 | 4 | 4 | 5 | 5 | 6 | 7 | 7 | 8 | 8 | 9 | 7 | 8 |
| 30 | 31 | **10** | **9** | 2 | 3 | 3 | 4 | 4 | 5 | 3 | 4 | 5 | 5 | 6 | 6 | 7 | 8 | 8 | 9 | 9 | 10 | 8 | 9 |
| **12** | **11** | 2 | 2 | 3 | 4 | 4 | 5 | 5 | 6 | 4 | 5 | 6 | 6 | 7 | 7 | 8 | 9 | 9 | 10 | 10 | 11 | 9 | 10 |
| 2 | 十二 2 | 3 | 3 | 4 | 5 | 5 | 6 | 6 | 7 | 5 | 6 | 7 | 7 | 8 | 8 | 9 | 10 | 10 | 11 | 11 | 12 | 10 | 11 |
| 3 | 3 | 十 4 | 九 4 | 5 | 6 | 6 | 7 | 7 | 8 | 6 | 7 | 8 | 8 | 9 | 9 | 10 | 11 | 11 | 12 | 12 | 13 | 11 | 12 |
| 4 | **9** 4 | 5 | 5 | 八 6 | 七 7 | 7 | 8 | 8 | 9 | 7 | 8 | 9 | 9 | 10 | 10 | 11 | 12 | 12 | 13 | 13 | 14 | 12 | 13 |
| 5 | 5 | **8** 6 | **7** 6 | 7 | 8 | 六 8 | 9 | 9 | 10 | 8 | 9 | 10 | 10 | 11 | 11 | 12 | 13 | 13 | 14 | 14 | 15 | 13 | 14 |
| 6 | 6 | 7 | 7 | **6** 8 | **5** 9 | 9 | 五 10 | 四 10 | 11 | 9 | 10 | 11 | 11 | 12 | 12 | 13 | 14 | 14 | 15 | 15 | 16 | 14 | 15 |
| 7 | 7 | 8 | 8 | 9 | 10 | **4** 10 | **3** 11 | 11 | 三 12 | 二 10 | 11 | 12 | 12 | 13 | 13 | 14 | 15 | 15 | 16 | 16 | 17 | 15 | 16 |
| 8 | 8 | 9 | 9 | 10 | 11 | 11 | 12 | **2** 12 | **1** 13 | 11 | 正 12 | 十二 13 | 十一 13 | 十 14 | 14 | 15 | 16 | 16 | 17 | 17 | 18 | 16 | 17 |
| 9 | 9 | 10 | 10 | 11 | 12 | 12 | 13 | 13 | 14 | **12** 12 | **11** 13 | 14 | 14 | 15 | 九 15 | 八 16 | 17 | 17 | 18 | 18 | 19 | 17 | 18 |
| 10 | 10 | 11 | 11 | 12 | 13 | 13 | 14 | 14 | 15 | 13 | 14 | **10** 夏 15 | **9** 15 | 16 | 16 | 17 | 閏 18 | 七 18 | 19 | 19 | 20 | 18 | 19 |
| 11 | 11 | 12 | 12 | 13 | 14 | 14 | 15 | 15 | 16 | 14 | 15 | 16 | 16 | **8** 17 | **7** 17 | 18 | 19 | 19 | 六 20 | 20 | 21 | 19 | 20 |
| 12 | 12 | 13 | 13 | 14 | 15 | 15 | 16 | 16 | 17 | 15 | 16 | 17 | 17 | 18 | 18 | **6** 19 | **5** 20 | 20 | 21 | 五 21 | 四 22 | 20 | 21 |
| 13 | 13 | 14 | 14 | 15 | 16 | 16 | 17 | 17 | 18 | 16 | 17 | 18 | 18 | 19 | 19 | 20 | 21 | **4** 21 | **3** 22 | 22 | 23 | 三 21 | 二 22 |
| 14 | 14 | 15 | 15 | 16 | 17 | 17 | 18 | 18 | 19 | 17 | 18 | 19 | 19 | 20 | 20 | 21 | 22 | 22 | 23 | **2** 23 | **1** 24 | **12** 22 | **11** 23 正 |
| 15 | 15 | 16 | 16 | 17 | 18 | 18 | 19 | 19 | 20 | 18 | 19 | 20 | 20 | 21 | 21 | 22 | 23 | 23 | 24 | 24 | 25 | 23 | 24 **10** |
| 16 | 冬 16 | 17 | 17 | 18 | 19 | 19 | 20 | 20 | 21 | 19 | 20 | 21 | 21 | 22 | 22 | 23 | 24 | 24 | 25 | 25 | 26 | 24 | 25 |
| 17 | 17 | 18 | 18 | 19 | 20 | 20 | 21 | 21 | 22 | 20 | 21 | 22 | 22 | 23 | 23 | 24 | 25 | 25 | 26 | 26 | 27 | 25 | 26 |
| 18 | 18 | 19 | 19 | 20 | 21 | 21 | 22 | 22 | 23 | 21 | 22 | 23 | 23 | 24 | 24 | 25 | 26 | 26 | 27 | 27 | 28 | 26 | 27 |
| 19 | 19 | 20 | 20 | 21 | 22 | 22 | 23 | 23 | 24 | 22 | 23 | 24 | 24 | 25 | 25 | 26 | 27 | 27 | 28 | 28 | 29 | 27 | 28 |
| 20 | 20 | 21 | 21 | 22 | 23 | 23 | 24 | 24 | 25 | 23 | 24 | 25 | 25 | 26 | 26 | 27 | 28 | 28 | 29 | 29 | 30 | 28 | 29 |
| 21 | 21 | 22 | 22 | 23 | 24 | 24 | 25 | 25 | 26 | 24 | 25 | 26 | 26 | 27 | 27 | 28 | 29 | 29 | 30 | 30 | 31 | **3** | 30 |

勵耘書屋

一〇五五 乙未 宋至和二 遼清寧元 道宗八月改 447

一〇五六 丙申 宋嘉祐元 九月改 遼清寧二 448

| | | | | | | | | | | | | | | | | | | | | | | | | |
|---|---|---|---|---|---|---|---|---|---|---|---|---|---|---|---|---|---|---|---|---|---|---|---|---|
| 11 | 11 | 12 | 九12 | 八13 | 14 | 14 | 15 | 15 | 16 | 15 | 16 | 17 | 17 | 18 | 18 | 19 | 20 | 20 | 21 | 21 | 22 | 20 | 21 | 22 |
| 12 | 10 12 | 9 13 | 13 | 14 | 七15 | 六15 | 16 | 16 | 17 | 16 | 17 | 18 | 18 | 19 | 19 | 20 | 21 | 21 | 22 | 22 | 23 | 21 | 22 | 23 |
| 13 | 13 | 14 | 8 14 | 7 15 | 16 | 16 | 五17 | 四17 | 18 | 17 | 18 | 19 | 19 | 20 | 20 | 21 | 22 | 22 | 23 | 23 | 24 | 22 | 23 | 24 |
| 14 | 14 | 15 | 15 | 16 | 6 17 | 5 17 | 18 | 18 | 閏19 | 三18 | 二19 | 20 | 20 | 21 | 21 | 22 | 23 | 23 | 24 | 24 | 25 | 23 | 24 | 25 |
| 15 | 冬15 | 16 | 16 | 17 | 18 | 18 | 4 19 | 3 19 | 20 | 19 | 20 | 正21 | 十二21 | 22 | 22 | 23 | 24 | 24 | 25 | 25 | 26 | 24 | 25 | 26 |
| 16 | 16 | 17 | 17 | 18 | 19 | 19 | 20 | 20 | 2 21 | 1 20 | 21 | 22 | 22 | 十二23 | 十23 | 24 | 25 | 25 | 26 | 26 | 27 | 25 | 26 | 27 |
| 17 | 17 | 18 | 18 | 19 | 20 | 20 | 21 | 21 | 22 | 21 | 12 22 | 11 23 | 23 | 24 | 24 | 九25 | 八26 | 26 | 27 | 27 | 28 | 26 | 27 | 28 |
| 18 | 18 | 19 | 19 | 20 | 21 | 21 | 22 | 22 | 23 | 22 | 23 | 24 | 10 24 | 9 25 | 25 | 26 | 27 | 七27 | 28 | 28 | 29 | 27 | 28 | 29 |
| 19 | 19 | 20 | 20 | 21 | 22 | 22 | 23 | 23 | 24 | 23 | 24 | 25 | 25 | 26 | 8 26 | 7 27 | 28 | 28 | 六29 | 五29 | 30 | 28 | 29 | 30 |
| 20 | 20 | 21 | 21 | 22 | 23 | 23 | 24 | 24 | 25 | 24 | 25 | 26 | 26 | 27 | 27 | 28 | 6 29 | 5 29 | 30 | 30 | 四31 | 三**3** | 二30 | 31 |
| 21 | 21 | 22 | 22 | 23 | 24 | 24 | 25 | 25 | 26 | 25 | 26 | 27 | 27 | 28 | 28 | 29 | 30 | 30 | 4 31 | 3 **5** | **4** | 2 | 31 | 正**1** 十二 |
| 22 | 22 | 23 | 23 | 24 | 25 | 25 | 26 | 26 | 27 | 26 | 27 | 28 | 28 | 29 | 29 | 30 | 31 | **7** | **6** | 2 | 2 2 | 1 3 | 12 **2** | 11 2 |
| 23 | 23 | 24 | 24 | 25 | 26 | 26 | 27 | 27 | 28 | 27 | 28 | 29 | 29 | 30 | 30 | 31 | **8** | 2 | 2 | 3 | 3 | 4 | 2 | 3 10 |
| 24 | 24 | 25 | 25 | 26 | 27 | 27 | 28 | 28 | 29 | 28 | 29 | 30 | 30 | 31 | **10** | **9** | 2 | 3 | 3 | 4 | 4 | 5 | 3 | 4 |
| 25 | 25 | 26 | 26 | 27 | 28 | 28 | 29 | 29 | 30 | 29 | 30 | 31 | **12** | **11** | 2 | 2 | 3 | 4 | 4 | 5 | 5 | 6 | 4 | 5 |
| 26 | 26 | 27 | 27 | 28 | 29 | 29 | 30 | 30 | 31 | **3** | 31 | **1** | 2 | 2 | 3 | 3 | 4 | 5 | 5 | 6 | 6 | 7 | 5 | 6 |
| 27 | 27 | 28 | 28 | 29 | 30 | 30 | 31 | **5** | **4** | 2 | **2** | 2 | 3 | 3 | 4 | 4 | 5 | 6 | 6 | 7 | 7 | 8 | 6 | 7 |
| 28 | 28 | 29 | 29 | 30 | 31 | **7** | **6** | 2 | 2 | 3 | 2 | 3 | 4 | 4 | 5 | 5 | 6 | 7 | 7 | 8 | 8 | 9 | 7 | 8 |
| 29 | 29 | 30 | 30 | 31 | **8** | 2 | 2 | 3 | 3 | 4 | 3 | 4 | 5 | 5 | 6 | 6 | 7 | 8 | 8 | 9 | 9 | 10 | 8 | 9 |
| 30 | 30 | 31 | **10** | **9** | 2 | 3 | 3 | **4** | **4** | 5 | 4 | 5 | 6 | 6 | 7 | 7 | 8 | 9 | 9 | 10 | 10 | 11 | 9 | 10 |
| 31 | **12** | **11** | 2 | 2 | 3 | 4 | 4 | 5 | 5 | 6 | 5 | 6 | 7 | 7 | 8 | 8 | 9 | 10 | 10 | 11 | 11 | 12 | 10 | 11 |
| 日 | 2 | 2 | 3 | 3 | 4 | 5 | 5 | 6 | 6 | 7 | 6 | 7 | 8 | 8 | 9 | 9 | 10 | 11 | 11 | 12 | 12 | 13 | 11 | 12 |
| 曜 | 3 | 3 | 4 | 4 | 5 | 6 | 6 | 7 | 7 | 8 | 7 | 8 | 9 | 9 | 10 | 10 | 11 | 12 | 12 | 13 | 13 | 14 | 12 | 13 |
| 表 | 4 | 4 | 5 | 5 | 6 | 7 | 7 | 8 | 8 | 9 | 8 | 9 | 10 | 10 | 11 | 11 | 12 | 13 | 13 | 14 | 14 | 15 | 13 | 14 |
| 2 | 5 | 5 | 6 | 6 | 7 | 8 | 8 | 9 | 9 | 10 | 9 | 10 | 11 | 11 | 12 | 12 | 13 | 14 | 14 | 15 | 15 | 16 | 14 | 15 |
| 甲 | 6 | 6 | 7 | 7 | 8 | 9 | 9 | 10 | 10 | 11 | 10 | 11 | 12 | 12 | 13 | 13 | 14 | 15 | 15 | 16 | 16 | 17 | 15 | 16 |
| 子 | 7 | 7 | 8 | 8 | 9 | 10 | 10 | 11 | 11 | 12 | 11 | 12 | 13 | 13 | 14 | 14 | 15 | 16 | 16 | 17 | 17 | 18 | 16 | 17 |
| 表 | 8 | 8 | 9 | 9 | 10 | 11 | 11 | 12 | 12 | 13 | 12 | 13 | 14 | 14 | 15 | 15 | 16 | 17 | 17 | 18 | 18 | 19 | 17 | 18 |
| 4 | 9 | 9 | 10 | 10 | 11 | 12 | 12 | 13 | 13 | 14 | 13 | 14 | 15 | 15 | 16 | 16 | 17 | 18 | 18 | 19 | 19 | 20 | 18 | 19 |
| | 10 | 二10 | 十11 | 11 | 12 | 13 | 13 | 14 | 14 | 15 | 14 | 15 | 16 | 冬16 | 17 | 17 | 18 | 19 | 19 | 20 | 20 | 21 | 19 | 20 |

一〇五八 戊戌 宋嘉祐三 遼清寧四 450

一〇五七 丁酉 宋嘉祐二 遼清寧三 449

| | | | | | | | | | | | | | | | | | | | | | | | |
|---|---|---|---|---|---|---|---|---|---|---|---|---|---|---|---|---|---|---|---|---|---|---|---|
| 22 | 23 | 23 8 | 24 7 | 25 | 25 | 26 | 26四 | 27三 | 25 | 26 | 27 | 27 | 28 | 28 | 29 | 30 | 30 | 31 | **5** | **4** | 2 | 31 | **1** |
| 23 | 24 | 24 | 25 | 26 6 | 26 5 | 27 | 27 | 28 | 26二 | 27正 | 28 | 28 | 29 | 29 | 30 | 31 | **7** | **6** | 2 | 2 | 3 | **2** | 2 |
| 24 | 25 | 25 | 26 | 27 | 27 | 28 4 | 28 3 | 29 | 27 | 28 | 29十二 | 29十一 | 30 | 30 | 31 | **8** | 2 | 2 | 3 | 3 | 4 | 2 | 3 |
| 25 | 26 | 26 | 27 | 28 | 28 | 29 | 29 | 30 2 | 28 1 | 29 12 | 30 11 | 30 | 31十 | **10**九 | **9** | 2 | 3 | 3 | 4 | 4 | 5 | 3 | 4 |
| 26 | 27 | 27 | 28 | 29 | 29 | 30 | 30 | 31 | **3** | 30 | 31 | **12** 10 | **11** 9 | 2 | 2八 | 3七 | 4 | 4 | 5 | 5 | 6 | 4 | 5 |
| 27 | 28 | 28 | 29 | 30 | 30 | 31 | **5** | **4** | 2 | 31 | **1** | 2 | 2 | 3 8 | 3 7 | 4 | 5六 | 5五 | 6 | 6 | 7 | 5 | 6 |
| 28 | 29 | 29 | 30 | 31 | **7** | **6** | 2 | 2 | 3 | **2** | 2 | 3 | 3 | 4 | 4 | 5 6 | 6 5 | 6 | 7四 | 7三 | 8二 | 6 | 7 |
| 29 | 30 | 30 | 31 | **8** | 2 | 2 | 3 | 3 | 4 | 2 | 3 | 4 | 4 | 5 | 5 | 6 | 7 | 7 4 | 8 3 | 8 | 9 | 7正 | 8十二 |
| 30 | 31 | **10** | **9** | 2 | 3 | 3 | 4 | 4 | 5 | 3 | 4 | 5 | 5 | 6 | 6 | 7 | 8 | 8 | 9 | 9 2 | 10 1 | 8 | 9 |
| **12** | **11** | 2 | 2 | 3 | 4 | 4 | 5 | 5 | 6 | 4 | 5 | 6 | 6 | 7 | 7 | 8 | 9 | 9 | 10 | 10 | 11 | 9 12 | 10 11 |
| 2 | 2 | 3 | 3 | 4 | 5 | 5 | 6 | 6 | 7 | 5 | 6 | 7 | 7 | 8 | 8 | 9 | 10 | 10 | 11 | 11 | 12 | 10 | 11 |
| 3 | 3 | 4 | 4 | 5 | 6 | 6 | 7 | 7 | 8 | 6 | 7 | 8 | 8 | 9 | 9 | 10 | 11 | 11 | 12 | 12 | 13 | 11 | 12 |
| 4 | 4 | 5 | 5 | 6 | 7 | 7 | 8 | 8 | 9 | 7 | 8 | 9 | 9 | 10 | 10 | 11 | 12 | 12 | 13 | 13 | 14 | 12 | 13 |
| 5 | 5 | 6 | 6 | 7 | 8 | 8 | 9 | 9 | 10 | 8 | 9 | 10 | 10 | 11 | 11 | 12 | 13 | 13 | 14 | 14 | 15 | 13 | 14 |
| 6 | 6 | 7 | 7 | 8 | 9 | 9 | 10 | 10 | 11 | 9 | 10 | 11 | 11 | 12 | 12 | 13 | 14 | 14 | 15 | 15 | 16 | 14 | 15 |
| 7 | 7 | 8 | 8 | 9 | 10 | 10 | 11 | 11 | 12 | 10 | 11 | 12 | 12 | 13 | 13 | 14 | 15 | 15 | 16 | 16 | 17 | 15 | 16 |
| 8 | 8 | 9 | 9 | 10 | 11 | 11 | 12 | 12 | 13 | 11 | 12 | 13 | 13 | 14 | 14 | 15 | 16 | 16 | 17 | 17 | 18 | 16 | 17 |
| 9 | 9 | 10 | 10 | 11 | 12 | 12 | 13 | 13 | 14 | 12 | 13 | 14 | 14 | 15 | 15 | 16 | 17 | 17 | 18 | 18 | 19 | 17 | 18 |
| 10 | 10 | 11 | 11 | 12 | 13 | 13 | 14 | 14 | 15 | 13 | 14 | 15冬 | 15 | 16 | 16 | 17 | 18 | 18 | 19 | 19 | 20 | 18 | 19 |
| 11 | 11 | 12 | 12 | 13 | 14 | 14 | 15 | 15 | 16 | 14 | 15 | 16 | 16 | 17 | 17 | 18 | 19 | 19 | 20 | 20 | 21 | 19 | 20 |
| 12 | 12 | 13 | 13 | 14 | 15 | 15 | 16 | 16 | 17 | 15 | 16 | 17 | 17 | 18 | 18 | 19 | 20 | 20 | 21 | 21 | 22 | 20 | 21 |
| 13 | 13 | 14 | 14 | 15 | 16 | 16 | 17 | 17 | 18 | 16 | 17 | 18 | 18 | 19 | 19 | 20 | 21 | 21 | 22 | 22 | 23 | 21 | 22 |
| 14 | 14 | 15 | 15 | 16 | 17 | 17 | 18 | 18 | 19 | 17 | 18 | 19 | 19 | 20 | 20 | 21 | 22 | 22 | 23 | 23 | 24 | 22 | 23 |
| 15 | 15 | 16 | 16 | 17 | 18 | 18 | 19 | 19 | 20 | 18 | 19 | 20 | 20 | 21 | 21 | 22 | 23 | 23 | 24 | 24 | 25 | 23 | 24 |
| 16冬 | 16 | 17 | 17 | 18 | 19 | 19 | 20 | 20 | 21 | 19 | 20 | 21 | 21 | 22 | 22 | 23 | 24 | 24 | 25 | 25 | 26 | 24 | 25 |
| 17 | 17 | 18 | 18 | 19 | 20 | 20 | 21 | 21 | 22 | 20 | 21 | 22 | 22 | 23 | 23 | 24 | 25 | 25 | 26 | 26 | 27 | 25 | 26 |
| 18十二 | 18 | 19 | 19 | 20 | 21 | 21 | 22 | 22 | 23 | 21 | 22 | 23 | 23 | 24 | 24 | 25 | 26 | 26 | 27 | 27 | 28 | 26 | 27 |
| 19 | 19十一 | 20十 | 20 | 21 | 22 | 22 | 23 | 23 | 24 | 22 | 23 | 24 | 24 | 25 | 25 | 26 | 27 | 27 | 28 | 28 | 29 | 27 | 28 |
| 20 11 | 20 | 21 | 21九 | 22八 | 23七 | 23 | 24 | 24 | 25 | 23 | 24 | 25 | 25 | 26 | 26 | 27 | 28 | 28 | 29 | 29 | 30 | 28 | 29 |
| 21 | 21 10 | 22 9 | 22 | 23 | 24 | 24六 | 25五 | 25 | 26 | 24 | 25 | 26 | 26 | 27 | 27 | 28 | 29 | 29 | 30 | 30 | 31 | **3** | 30 |

勵耘書屋

一〇六〇 庚子 宋嘉祐五 遼清寧六 452

一〇五九 己亥 宋嘉祐四 遼清寧五 451

| | | | | | | | | | | | | | | | | | | | | | | | | |
|---|---|---|---|---|---|---|---|---|---|---|---|---|---|---|---|---|---|---|---|---|---|---|---|---|
| 11 | 11 | 12 | 12 | 13 | 14 | 14 | 15 | 15 | 16 | 15 | 16 | 17 | 17 | 18 | 18 | 19 | 20 | 20 | 21 | 21 | 22 | 20 | 21 | 22 |
| 12 | 12 | 13 | 13 | 14 | 15 | 15 | 16 | 16 | 17 | 16 | 17 | 18 | 18 | 19 | 19 | 20 | 21 | 21 | 22 | 22 | 23 | 21 | 22 | 23 |
| 13 | 13 | 14 | 14 | 15 | 16 | 16 | 17 | 17 | 18 | 17 | 18 | 19 | 19 | 20 | 20 | 21 | 22 | 22 | 23 | 23 | 24 | 22 | 23 | 24 |
| 14 | 14 | 15 | 15 | 16 | 17 | 17 | 18 | 18 | 19 | 18 | 19 | 20 | 20 | 21 | 21 | 22 | 23 | 23 | 24 | 24 | 25 | 23 | 24 | 25 |
| 15 | 冬15 | 16 | 16 | 17 | 18 | 18 | 19 | 19 | 20 | 19 | 20 | 21 | 21 | 22 | 22 | 23 | 24 | 24 | 25 | 25 | 26 | 24 | 25 | 26 |
| 16 | 16 | 17 | 17 | 18 | 19 | 19 | 20 | 20 | 21 | 20 | 21 | 22 | 22 | 23 | 23 | 24 | 25 | 25 | 26 | 26 | 27 | 25 | 26 | 27 |
| 17 | 17 | 18 | 18 | 19 | 20 | 20 | 21 | 21 | 22 | 21 | 22 | 23 | 23 | 24 | 24 | 25 | 26 | 26 | 27 | 27 | 28 | 26 | 27 | 28 |
| 18 | 18 | 19 | 19 | 20 | 21 | 21 | 22 | 22 | 23 | 22 | 23 | 24 | 24 | 25 | 25 | 26 | 27 | 27 | 28 | 28 | 29 | 27 | 28 | 29 |
| 19 | 19 | 20 | 20 | 21 | 22 | 22 | 23 | 23 | 24 | 23 | 24 | 25 | 25 | 26 | 26 | 27 | 28 | 28 | 29 | 29 | 30 | 28 | 29 | 30 |
| 20 | 20 | 21 | 21 | 22 | 23 | 23 | 24 | 24 | 25 | 24 | 25 | 26 | 26 | 27 | 27 | 28 | 29 | 29 | 30 | 30 | 31 | 3 | 30 | 31 |
| 21 | 21 | 22 | 22 | 23 | 24 | 24 | 25 | 25 | 26 | 25 | 26 | 27 | 27 | 28 | 28 | 29 | 30 | 30 | 31 | 5 | 4 | 2 | 31 | 1 |
| 22 | 22 | 23 | 23 | 24 | 25 | 25 | 26 | 26 | 27 | 26 | 27 | 28 | 28 | 29 | 29 | 30 | 31 | 7 | 6 | 2 | 2 | 3 | 2 | 2 |
| 23 | 23 | 24 | 24 | 25 | 26 | 26 | 27 | 27 | 28 | 27 | 28 | 29 | 29 | 30 | 30 | 31 | 8 | 2 | 2 | 3 | 3 | 4 | 2 | 3 |
| 24 | 24 | 25 | 25 | 26 | 27 | 27 | 28 | 28 | 29 | 28 | 29 | 30 | 30 | 31 | 10 | 9 | 2 | 3 | 3 | 4 | 4 | 5 | 3 | 4 |
| 25 | 25 | 26 | 26 | 27 | 28 | 28 | 29 | 29 | 30 | 29 | 30 | 31 | 12 | 11 | 2 | 2 | 3 | 4 | 4 | 5 | 5 | 6 | 4 | 5 |
| 26 | 十二26 | 十一27 | 十27 | 28 | 29 | 29 | 30 | 30 | 31 | 3 | 31 | 1 | 2 | 2 | 3 | 3 | 4 | 5 | 5 | 6 | 6 | 7 | 5 | 6 |
| 27 | 12 27 | 11 28 | 28 | 九29 | 八30 | 七30 | 31 | 5 | 4 | 2 | 2 | 2 | 3 | 3 | 4 | 4 | 5 | 6 | 6 | 7 | 7 | 8 | 6 | 7 |
| 28 | 28 | 29 | 10 29 | 9 30 | 31 | 7 | 六6 | 五2 | 2 | 3 | 2 | 3 | 4 | 4 | 5 | 5 | 6 | 7 | 7 | 8 | 8 | 9 | 7 | 8 |
| 29 | 29 | 30 | 30 | 31 | 8 8 | 7 2 | 2 | 3 | 四3 | 4 | 3 | 4 | 5 | 5 | 6 | 6 | 7 | 8 | 8 | 9 | 9 | 10 | 8 | 9 |
| 30 | 30 | 31 | 10 | 9 | 2 | 3 | 6 3 | 5 4 | 4 | 三5 | 二4 | 5 | 6 | 6 | 7 | 7 | 8 | 9 | 9 | 10 | 10 | 11 | 9 | 10 |
| 31 | 12 | 11 | 2 | 2 | 3 | 4 | 4 | 5 | 4 5 | 3 6 | 5 | 正6 | 7 | 7 | 8 | 8 | 9 | 10 | 10 | 11 | 11 | 12 | 10 | 11 |
| 日 | 2 | 2 | 3 | 3 | 4 | 5 | 5 | 6 | 6 | 7 | 2 6 | 1 7 | 十二8 | 十一8 | 十9 | 9 | 10 | 11 | 11 | 12 | 12 | 13 | 11 | 12 |
| 曜 | 3 | 3 | 4 | 4 | 5 | 6 | 6 | 7 | 7 | 8 | 7 | 8 | 12 9 | 11 9 | 10 | 九10 | 八11 | 七12 | 六12 | 13 | 13 | 14 | 12 | 13 |
| 表 | 4 | 4 | 5 | 5 | 6 | 7 | 7 | 8 | 8 | 9 | 8 | 9 | 10 | 10 | 10 11 | 9 11 | 12 | 13 | 13 | 五14 | 14 | 15 | 13 | 14 |
| 3 | 5 | 5 | 6 | 6 | 7 | 8 | 8 | 9 | 9 | 10 | 9 | 10 | 11 | 11 | 12 | 12 | 8 13 | 7 14 | 14 | 15 | 四15 | 三16 | 14 | 15 |
| 甲 | 6 | 6 | 7 | 7 | 8 | 9 | 9 | 10 | 10 | 11 | 10 | 11 | 12 | 12 | 13 | 13 | 14 | 15 | 6 15 | 5 16 | 16 | 17 | 二15 | 正16 |
| 子 | 7 | 7 | 8 | 8 | 9 | 10 | 10 | 11 | 11 | 12 | 11 | 12 | 13 | 13 | 14 | 14 | 15 | 16 | 16 | 17 | 4 17 | 3 18 | 16 | 17閏 |
| 表 | 8 | 8 | 9 | 9 | 10 | 11 | 11 | 12 | 12 | 13 | 12 | 13 | 14 | 14 | 15 | 15 | 16 | 17 | 17 | 18 | 18 | 19 | 2 17 | 1 18 |
| 5 | 9 | 9 | 10 | 10 | 11 | 12 | 12 | 13 | 13 | 14 | 13 | 14 | 15 | 15 | 16 | 16 | 17 | 18 | 18 | 19 | 19 | 20 | 18 | 19 12 |
| | 10 | 10 | 11 | 11 | 12 | 13 | 13 | 14 | 14 | 15 | 14 | 15 | 16 | 冬16 | 17 | 17 | 18 | 19 | 19 | 20 | 20 | 21 | 19 | 20 |

| 一〇六二 壬寅 宋嘉祐七 遼清寧八 454 | | | | | | | | | | | | 一〇六一 辛丑 宋嘉祐六 遼清寧七 453 | | | | | | | | | | | |
|---|---|---|---|---|---|---|---|---|---|---|---|---|---|---|---|---|---|---|---|---|---|---|---|
| 22 | 23 | 23 | 24 | 25 | 25 | 26 | 26 | 27 | 25 | 26 | 27 | 27 | 28 | 28 | 29 | 30 | 30 | 31 | **5** | **4** | 2 | 31 | **1** |
| 23 | 24 | 24 | 25 | 26 | 26 | 27 | 27 | 28 | 26 | 27 | 28 | 28 | 29 | 29 | 30 | 31 | **7** | **6** | 2 | 2 | 3 | **2** | 2 |
| 24 | 25 | 25 | 26 | 27 | 27 | 28 | 28 | 29 | 27 | 28 | 29 | 29 | 30 | 30 | 31 | **8** | 2 | 2 | 3 | 3 | 4 | 2 | 3 |
| 25 | 26 | 26 | 27 | 28 | 28 | 29 | 29 | 30 | 28 | 29 | 30 | 30 | 31 | **10** | **9** | 2 | 3 | 3 | 4 | 4 | 5 | 3 | 4 |
| 26 | 27 | 27 | 28 | 29 | 29 | 30 | 30 | 31 | **3** | 30 | 31 | **12** | **11** | 2 | 2 | 3 | 4 | 4 | 5 | 5 | 6 | 4 | 5 |
| 27 | 28 | 28 | 29 | 30 | 30 | 31 | **5** | **4** | 2 | 31 | **1** | 2 | 2 | 3 | 3 | 4 | 5 | 5 | 6 | 6 | 7 | 5 | 6 |
| 28 | 29 | 29 | 30 | 31 | **7** | **6** | 2 | 2 | 3 | **2** | 2 | 3 | 3 | 4 | 4 | 5 | 6 | 6 | 7 | 7 | 8 | 6 | 7 |
| 29 | 30 | 30 | 31 | **8** | 2 | 2 | 3 | 3 | 4 | 2 | 3 | 4 | 4 | 5 | 5 | 6 | 7 | 7 | 8 | 8 | 9 | 7 | 8 |
| 30 | 31 | **10** | **9** | 2 | 3 | 3 | 4 | 4 | 5 | 3 | 4 | 5 | 5 | 6 | 6 | 7 | 8 | 8 | 9 | 9 | 10 | 8 | 9 |
| **12** | **11** | 2 | 2 | 3 | 4 | 4 | 5 | 5 | 6 | 4 | 5 | 6 | 6 | 7 | 7 | 8 | 9 | 9 | 10 | 10 | 11 | 9 | 10 |
| 2 | 2 | 3 | 3 | 4 | 5 | 5 | 6 | 6 | 7 | 5 | 6 | 7 | 7 | 8 | 8 | 9 | 10 | 10 | 11 | 11 | 12 | 10 | 11 |
| 3 | 3 | 4 | 4 | 5 | 6 | 6 | 7 | 7 | 8 | 6 | 7 | 8 | 8 | 9 | 9 | 10 | 11 | 11 | 12 | 12 | 13 | 11 | 12 |
| 4 十二 | 4 十 | 5 | 5 | 6 | 7 | 7 | 8 | 8 | 9 | 7 | 8 | 9 | 9 | 10 | 10 | 11 | 12 | 12 | 13 | 13 | 14 | 12 | 13 |
| 5 | 5 | 6 九 | 6 八 | 7 | 8 | 8 | 9 | 9 | 10 | 8 | 9 | 10 | 10 | 11 | 11 | 12 | 13 | 13 | 14 | 14 | 15 | 13 | 14 |
| 6 **12** | 6 **11** | 7 | 7 | 8 七 | 9 六 | 9 | 10 | 10 | 11 | 9 | 10 | 11 | 11 | 12 | 12 | 13 | 14 | 14 | 15 | 15 | 16 | 14 | 15 |
| 7 | 7 | 8 **10** | 8 **9** | 9 | 10 | 10 五 | 11 | 11 | 12 | 10 | 11 | 12 | 12 | 13 | 13 | 14 | 15 | 15 | 16 | 16 | 17 | 15 | 16 |
| 8 | 8 | 9 | 9 | 10 **8** | 11 **7** | 11 | 12 四 | 12 三 | 13 | 11 | 12 | 13 | 13 | 14 | 14 | 15 | 16 | 16 | 17 | 17 | 18 | 16 | 17 |
| 9 | 9 | 10 | 10 | 11 | 12 | 12 **6** | 13 **5** | 13 | 14 二 | 12 正 | 13 | 14 | 14 | 15 | 15 | 16 | 17 | 17 | 18 | 18 | 19 | 17 | 18 |
| 10 | 10 | 11 | 11 | 12 | 13 | 13 | 14 | 14 **4** | 15 **3** | 13 | 14 十三 | 15 十二 | 15 十 | 16 九 | 16 | 17 | 18 | 18 | 19 | 19 | 20 | 18 | 19 |
| 11 | 11 | 12 | 12 | 13 | 14 | 14 | 15 | 15 | 16 | 14 **2** | 15 **1** | 16 | 16 | 17 | 17 閏 | 18 八 | 19 | 19 | 20 | 20 | 21 | 19 | 20 |
| 12 | 12 | 13 | 13 | 14 | 15 | 15 | 16 | 16 | 17 | 15 | 16 | 17 **12** | 17 **11** | 18 | 18 | 19 | 20 七 | 20 六 | 21 | 21 | 22 | 20 | 21 |
| 13 | 13 | 14 | 14 | 15 | 16 | 16 | 17 | 17 | 18 | 16 | 17 | 18 | 18 | 19 **10** | 19 **9** | 20 | 21 | 21 | 22 五 | 22 | 23 | 21 | 22 |
| 14 | 14 | 15 | 15 | 16 | 17 | 17 | 18 | 18 | 19 | 17 | 18 | 19 | 19 | 20 | 20 | 21 **8** | 22 **7** | 22 | 23 | 23 四 | 24 三 | 22 | 23 |
| 15 | 15 | 16 | 16 | 17 | 18 | 18 | 19 | 19 | 20 | 18 | 19 | 20 | 20 | 21 | 21 | 22 | 23 | 23 **6** | 24 **5** | 24 | 25 | 23 二 | 24 正 |
| 16 冬 | 16 | 17 | 17 | 18 | 19 | 19 | 20 | 20 | 21 | 19 | 20 | 21 | 21 | 22 | 22 | 23 | 24 | 24 | 25 | 25 **4** | 26 **3** | 24 | 25 |
| 17 | 17 | 18 | 18 | 19 | 20 | 20 | 21 | 21 | 22 | 20 | 21 | 22 | 22 | 23 | 23 | 24 | 25 | 25 | 26 | 26 | 27 | 25 **2** | 26 **1** |
| 18 | 18 | 19 | 19 | 20 | 21 | 21 | 22 | 22 | 23 | 21 | 22 | 23 | 23 | 24 | 24 | 25 | 26 | 26 | 27 | 27 | 28 | 26 | 27 |
| 19 | 19 | 20 | 20 | 21 | 22 | 22 | 23 | 23 | 24 | 22 | 23 | 24 | 24 | 25 | 25 | 26 | 27 | 27 | 28 | 28 | 29 | 27 | 28 |
| 20 | 20 | 21 | 21 | 22 | 23 | 23 | 24 | 24 | 25 | 23 | 24 | 25 | 25 | 26 | 26 | 27 | 28 | 28 | 29 | 29 | 30 | 28 | 29 |
| 21 | 21 | 22 | 22 | 23 | 24 | 24 | 25 | 25 | 26 | 24 | 25 | 26 | 26 | 27 | 27 | 28 | 29 | 29 | 30 | 30 | 31 | **3** | 30 |

六

一〇六三
癸卯
宋嘉祐八
遼清寧九

455

一〇六四
甲辰
宋治平元 英宗
遼清寧一〇

遼閏六月

456

457

| | | | | | | | | | | | | | | | | | | | | | | | | |
|---|---|---|---|---|---|---|---|---|---|---|---|---|---|---|---|---|---|---|---|---|---|---|---|---|
| 11十二 | 11十 | 12 | 12 | 13 | 14 | 14 | 15 | 15 | 16 | 15 | 16 | 17 | 17 | 18 | 18 | 19 | 20 | 20 | 21 | 21 | 22 | 20 | 21 | 22 |
| 12 | 12 | 13九 | 13 | 14 | 15 | 15 | 16 | 16 | 17 | 16 | 17 | 18 | 18 | 19 | 19 | 20 | 21 | 21 | 22 | 22 | 23 | 21 | 22 | 23 |
| 13 1 | 13 | 14 | 14八 | 15七 | 16 | 16 | 17 | 17 | 18 | 17 | 18 | 19 | 19 | 20 | 20 | 21 | 22 | 22 | 23 | 23 | 24 | 22 | 23 | 24 |
| 14 | 14 12 | 15 11 | 15 | 16 | 17六 | 17 | 18 | 18 | 19 | 18 | 19 | 20 | 20 | 21 | 21 | 22 | 23 | 23 | 24 | 24 | 25 | 23 | 24 | 25 |
| 15冬 | 15 | 16 | 16 10 | 17 9 | 18 | 18閏 | 19五 | 19 | 20 | 19 | 20 | 21 | 21 | 22 | 22 | 23 | 24 | 24 | 25 | 25 | 26 | 24 | 25 | 26 |
| 16 | 16 | 17 | 17 | 18 | 19 8 | 19 7 | 20 | 20四 | 21三 | 20二 | 21正 | 22 | 22 | 23 | 23 | 24 | 25 | 25 | 26 | 26 | 27 | 25 | 26 | 27 |
| 17 | 17 | 18 | 18 | 19 | 20 | 20 | 21 6 | 21 5 | 22 | 21 | 22 | 23十二 | 23十一 | 24十 | 24 | 25 | 26 | 26 | 27 | 27 | 28 | 26 | 27 | 28 |
| 18 | 18 | 19 | 19 | 20 | 21 | 21 | 22 | 22 | 23 4 | 22 3 | 23 | 24 | 24 | 25 | 25九 | 26 | 27 | 27 | 28 | 28 | 29 | 27 | 28 | 29 |
| 19 | 19 | 20 | 20 | 21 | 22 | 22 | 23 | 23 | 24 | 23 | 24 2 | 25 1 | 25 12 | 26 11 | 26 | 27八 | 28七 | 28 | 29 | 29 | 30 | 28 | 29 | 30 |
| 20 | 20 | 21 | 21 | 22 | 23 | 23 | 24 | 24 | 25 | 24 | 25 | 26 | 26 | 27 | 27 10 | 28 9 | 29 | 29六 | 30 | 30 | 31 | **3** | 30 | 31 |
| 21 | 21 | 22 | 22 | 23 | 24 | 24 | 25 | 25 | 26 | 25 | 26 | 27 | 27 | 28 | 28 | 29 | 30 8 | 30 7 | 31五 | **5**四 | **4** | 2 | 31 | **1** |
| 22 | 22 | 23 | 23 | 24 | 25 | 25 | 26 | 26 | 27 | 26 | 27 | 28 | 28 | 29 | 29 | 30 | 31 | **7** | **6** 6 | 2 5 | 2三 | 3二 | **2**正 | 2 |
| 23 | 23 | 24 | 24 | 25 | 26 | 26 | 27 | 27 | 28 | 27 | 28 | 29 | 29 | 30 | 30 | 31 | **8** | 2 | 2 | 3 | 3 4 | 4 3 | 2 | 3十二 |
| 24 | 24 | 25 | 25 | 26 | 27 | 27 | 28 | 28 | 29 | 28 | 29 | 30 | 30 | 31 | **10** | **9** | 2 | 3 | 3 | 4 | 4 | 5 | 3 2 | 4 1 |
| 25 | 25 | 26 | 26 | 27 | 28 | 28 | 29 | 29 | 30 | 29 | 30 | 31 | **12** | **11** | 2 | 2 | 3 | 4 | 4 | 5 | 5 | 6 | 4 | 5 |
| 26 | 26 | 27 | 27 | 28 | 29 | 29 | 30 | 30 | 31 | **3** | 31 | **1** | 2 | 2 | 3 | 3 | 4 | 5 | 5 | 6 | 6 | 7 | 5 | 6 |
| 27 | 27 | 28 | 28 | 29 | 30 | 30 | 31 | **5** | **4** | 2 | **2** | 2 | 3 | 3 | 4 | 4 | 5 | 6 | 6 | 7 | 7 | 8 | 6 | 7 |
| 28 | 28 | 29 | 29 | 30 | 31 | **7** | **6** | 2 | 2 | 3 | 2 | 3 | 4 | 4 | 5 | 5 | 6 | 7 | 7 | 8 | 8 | 9 | 7 | 8 |
| 29 | 29 | 30 | 30 | 31 | **8** | 2 | 2 | 3 | 3 | 4 | 3 | 4 | 5 | 5 | 6 | 6 | 7 | 8 | 8 | 9 | 9 | 10 | 8 | 9 |
| 30 | 30 | 31 | **10** | **9** | 2 | 3 | 3 | 4 | 4 | 5 | 4 | 5 | 6 | 6 | 7 | 7 | 8 | 9 | 9 | 10 | 10 | 11 | 9 | 10 |
| 31 | **12** | **11** | 2 | 2 | 3 | 4 | 4 | 5 | 5 | 6 | 5 | 6 | 7 | 7 | 8 | 8 | 9 | 10 | 10 | 11 | 11 | 12 | 10 | 11 |
| 日 | 2 | 2 | 3 | 3 | 4 | 5 | 5 | 6 | 6 | 7 | 6 | 7 | 8 | 8 | 9 | 9 | 10 | 11 | 11 | 12 | 12 | 13 | 11 | 12 |
| 曜 | 3 | 3 | 4 | 4 | 5 | 6 | 6 | 7 | 7 | 8 | 7 | 8 | 9 | 9 | 10 | 10 | 11 | 12 | 12 | 13 | 13 | 14 | 12 | 13 |
| 表 | 4 | 4 | 5 | 5 | 6 | 7 | 7 | 8 | 8 | 9 | 8 | 9 | 10 | 10 | 11 | 11 | 12 | 13 | 13 | 14 | 14 | 15 | 13 | 14 |
| 4 | 5 | 5 | 6 | 6 | 7 | 8 | 8 | 9 | 9 | 10 | 9 | 10 | 11 | 11 | 12 | 12 | 13 | 14 | 14 | 15 | 15 | 16 | 14 | 15 |
| 甲 | 6 | 6 | 7 | 7 | 8 | 9 | 9 | 10 | 10 | 11 | 10 | 11 | 12 | 12 | 13 | 13 | 14 | 15 | 15 | 16 | 16 | 17 | 15 | 16 |
| 子 | 7 | 7 | 8 | 8 | 9 | 10 | 10 | 11 | 11 | 12 | 11 | 12 | 13 | 13 | 14 | 14 | 15 | 16 | 16 | 17 | 17 | 18 | 16 | 17 |
| 表 | 8 | 8 | 9 | 9 | 10 | 11 | 11 | 12 | 12 | 13 | 12 | 13 | 14 | 14 | 15 | 15 | 16 | 17 | 17 | 18 | 18 | 19 | 17 | 18 |
| 6 | 9 | 9 | 10 | 10 | 11 | 12 | 12 | 13 | 13 | 14 | 13 | 14 | 15 | 15 | 16 | 16 | 17 | 18 | 18 | 19 | 19 | 20 | 18 | 19 |
| | 10 | 10 | 11 | 11 | 12 | 13 | 13 | 14 | 14 | 15 | 14 | 15 | 16冬 | 16 | 17 | 17 | 18 | 19 | 19 | 20 | 20 | 21 | 19 | 20 |

一〇六五 乙巳 宋治平二 遼咸雍元

458

一〇六六 丙午 宋治平三 遼咸雍二

459

| | | | | | | | | | | | | | | | | | | | | | | | |
|---|---|---|---|---|---|---|---|---|---|---|---|---|---|---|---|---|---|---|---|---|---|---|---|
| 22 | 1 23 | 23 | 24 | 八 25 | 七 25 | 26 | 26 | 27 | 25 | 26 | 27 | 27 | 28 | 28 | 29 | 30 | 30 | 31 | 5 | 4 | 2 | 31 | 1 |
| 23 | 24 | 12 24 | 11 25 | 26 | 26 | 六 27 | 五 27 | 四 28 | 26 | 27 | 28 | 28 | 29 | 29 | 30 | 31 | 7 | 6 | 2 | 2 | 3 | 2 | 2 |
| 24 | 25 | 25 | 26 | 10 27 | 9 27 | 28 | 28 | 29 | 三 27 | 二 28 | 29 | 29 | 30 | 30 | 31 | 8 | 2 | 2 | 3 | 3 | 4 | 2 | 3 |
| 25 | 26 | 26 | 27 | 28 | 28 | 8 29 | 7 29 | 30 | 28 | 29 | 正 30 | 十二 30 | 31 | 10 | 9 | 2 | 3 | 3 | 4 | 4 | 5 | 3 | 4 |
| 26 | 27 | 27 | 28 | 29 | 29 | 30 | 30 | 6 31 | 5 3 | 30 | 31 | 12 | 十一 11 | 十 2 | 2 | 3 | 4 | 4 | 5 | 5 | 6 | 4 | 5 |
| 27 | 28 | 28 | 29 | 30 | 30 | 31 | 5 | 4 | 2 | 4 31 | 3 1 | 2 | 2 | 3 | 九 3 | 八 4 | 5 | 5 | 6 | 6 | 7 | 5 | 6 |
| 28 | 29 | 29 | 30 | 31 | 7 | 6 | 2 | 2 | 3 | 2 | 2 | 2 3 | 1 3 | 12 4 | 11 4 | 5 | 七 6 | 六 6 | 7 | 7 | 8 | 6 | 7 |
| 29 | 30 | 30 | 31 | 8 | 2 | 2 | 3 | 3 | 4 | 2 | 3 | 4 | 4 | 5 | 5 | 10 6 | 9 7 | 7 | 五 8 | 四 8 | 9 | 7 | 8 |
| 30 | 31 | 10 | 9 | 2 | 3 | 3 | 4 | 4 | 5 | 3 | 4 | 5 | 5 | 6 | 6 | 7 | 8 | 8 8 | 7 9 | 9 | 三 10 | 二 8 | 正 9 |
| 12 | 11 | 2 | 2 | 3 | 4 | 4 | 5 | 5 | 6 | 4 | 5 | 6 | 6 | 7 | 7 | 8 | 9 | 9 | 10 | 6 10 | 5 11 | 9 | 10 十二 |
| 2 | 2 | 3 | 3 | 4 | 5 | 5 | 6 | 6 | 7 | 5 | 6 | 7 | 7 | 8 | 8 | 9 | 10 | 10 | 11 | 11 | 12 | 4 10 | 3 11 |
| 3 | 3 | 4 | 4 | 5 | 6 | 6 | 7 | 7 | 8 | 6 | 7 | 8 | 8 | 9 | 9 | 10 | 11 | 11 | 12 | 12 | 13 | 11 | 12 2 |
| 4 | 4 | 5 | 5 | 6 | 7 | 7 | 8 | 8 | 9 | 7 | 8 | 9 | 9 | 10 | 10 | 11 | 12 | 12 | 13 | 13 | 14 | 12 | 13 |
| 5 | 5 | 6 | 6 | 7 | 8 | 8 | 9 | 9 | 10 | 8 | 9 | 10 | 10 | 11 | 11 | 12 | 13 | 13 | 14 | 14 | 15 | 13 | 14 |
| 6 | 6 | 7 | 7 | 8 | 9 | 9 | 10 | 10 | 11 | 9 | 10 | 11 | 11 | 12 | 12 | 13 | 14 | 14 | 15 | 15 | 16 | 14 | 15 |
| 7 | 7 | 8 | 8 | 9 | 10 | 10 | 11 | 11 | 12 | 10 | 11 | 12 | 12 | 13 | 13 | 14 | 15 | 15 | 16 | 16 | 17 | 15 | 16 |
| 8 | 8 | 9 | 9 | 10 | 11 | 11 | 12 | 12 | 13 | 11 | 12 | 13 | 13 | 14 | 14 | 15 | 16 | 16 | 17 | 17 | 18 | 16 | 17 |
| 9 | 9 | 10 | 10 | 11 | 12 | 12 | 13 | 13 | 14 | 12 | 13 | 14 | 14 | 15 | 15 | 16 | 17 | 17 | 18 | 18 | 19 | 17 | 18 |
| 10 | 10 | 11 | 11 | 12 | 13 | 13 | 14 | 14 | 15 | 13 | 14 | 15 | 冬 15 | 16 | 16 | 17 | 18 | 18 | 19 | 19 | 20 | 18 | 19 |
| 11 | 11 | 12 | 12 | 13 | 14 | 14 | 15 | 15 | 16 | 14 | 15 | 16 | 16 | 17 | 17 | 18 | 19 | 19 | 20 | 20 | 21 | 19 | 20 |
| 12 | 12 | 13 | 13 | 14 | 15 | 15 | 16 | 16 | 17 | 15 | 16 | 17 | 17 | 18 | 18 | 19 | 20 | 20 | 21 | 21 | 22 | 20 | 21 |
| 13 | 13 | 14 | 14 | 15 | 16 | 16 | 17 | 17 | 18 | 16 | 17 | 18 | 18 | 19 | 19 | 20 | 21 | 21 | 22 | 22 | 23 | 21 | 22 |
| 14 | 14 | 15 | 15 | 16 | 17 | 17 | 18 | 18 | 19 | 17 | 18 | 19 | 19 | 20 | 20 | 21 | 22 | 22 | 23 | 23 | 24 | 22 | 23 |
| 15 | 15 | 16 | 16 | 17 | 18 | 18 | 19 | 19 | 20 | 18 | 19 | 20 | 20 | 21 | 21 | 22 | 23 | 23 | 24 | 24 | 25 | 23 | 24 |
| 16 | 冬 16 | 17 | 17 | 18 | 19 | 19 | 20 | 20 | 21 | 19 | 20 | 21 | 21 | 22 | 22 | 23 | 24 | 24 | 25 | 25 | 26 | 24 | 25 |
| 17 | 17 | 18 | 18 | 19 | 20 | 20 | 21 | 21 | 22 | 20 | 21 | 22 | 22 | 23 | 23 | 24 | 25 | 25 | 26 | 26 | 27 | 25 | 26 |
| 18 | 18 | 19 | 19 | 20 | 21 | 21 | 22 | 22 | 23 | 21 | 22 | 23 | 23 | 24 | 24 | 25 | 26 | 26 | 27 | 27 | 28 | 26 | 27 |
| 19 | 19 | 20 | 20 | 21 | 22 | 22 | 23 | 23 | 24 | 22 | 23 | 24 | 24 | 25 | 25 | 26 | 27 | 27 | 28 | 28 | 29 | 27 | 28 |
| 20 | 十二 20 | 十一 21 | 21 | 22 | 23 | 23 | 24 | 24 | 25 | 23 | 24 | 25 | 25 | 26 | 26 | 27 | 28 | 28 | 29 | 29 | 30 | 28 | 29 |
| 21 | 21 | 22 | 十 22 | 九 23 | 24 | 24 | 25 | 25 | 26 | 24 | 25 | 26 | 26 | 27 | 27 | 28 | 29 | 29 | 30 | 30 | 31 | 3 | 30 |

一〇六八 戊申 宋熙寧元（神宗） 遼咸雍四 461

一〇六七 丁未 宋治平四 遼咸雍三 460

| | | | | | | | | | | | | | | | | | | | | | | | | |
|---|---|---|---|---|---|---|---|---|---|---|---|---|---|---|---|---|---|---|---|---|---|---|---|---|
| 11 | 11 | 12 | 12 | 13 | 14 | 14 | 15 | 15 | 16 | 15 | 16 | 17 | 17 | 18 | 18 | 19 | 20 | 20 | 21 | 21 | 22 | 20 | 21 | 22 2 |
| 12 | 12 | 13 | 13 | 14 | 15 | 15 | 16 | 16 | 17 | 16 | 17 | 18 | 18 | 19 | 19 | 20 | 21 | 21 | 22 | 22 | 23 | 21 | 22 | 23 |
| 13 | 13 | 14 | 14 | 15 | 16 | 16 | 17 | 17 | 18 | 17 | 18 | 19 | 19 | 20 | 20 | 21 | 22 | 22 | 23 | 23 | 24 | 22 | 23 | 24 |
| 14 | 14 | 15 | 15 | 16 | 17 | 17 | 18 | 18 | 19 | 18 | 19 | 20 | 20 | 21 | 21 | 22 | 23 | 23 | 24 | 24 | 25 | 23 | 24 | 25 |
| 15 冬 | 15 | 16 | 16 | 17 | 18 | 18 | 19 | 19 | 20 | 19 | 20 | 21 | 21 | 22 | 22 | 23 | 24 | 24 | 25 | 25 | 26 | 24 | 25 | 26 |
| 16 | 16 | 17 | 17 | 18 | 19 | 19 | 20 | 20 | 21 | 20 | 21 | 22 | 22 | 23 | 23 | 24 | 25 | 25 | 26 | 26 | 27 | 25 | 26 | 27 |
| 17 | 17 | 18 | 18 | 19 | 20 | 20 | 21 | 21 | 22 | 21 | 22 | 23 | 23 | 24 | 24 | 25 | 26 | 26 | 27 | 27 | 28 | 26 | 27 | 28 |
| 18 | 18 | 19 | 19 | 20 | 21 | 21 | 22 | 22 | 23 | 22 | 23 | 24 | 24 | 25 | 25 | 26 | 27 | 27 | 28 | 28 | 29 | 27 | 28 | 29 |
| 19 | 19 | 20 | 20 | 21 | 22 | 22 | 23 | 23 | 24 | 23 | 24 | 25 | 25 | 26 | 26 | 27 | 28 | 28 | 29 | 29 | 30 | 28 | 29 | 30 |
| 20 | 20 | 21 | 21 | 22 | 23 | 23 | 24 | 24 | 25 | 24 | 25 | 26 | 26 | 27 | 27 | 28 | 29 | 29 | 30 | 30 | 31 | 3 | 30 | 31 |
| 21 | 21 | 22 | 22 | 23 | 24 | 24 | 25 | 25 | 26 | 25 | 26 | 27 | 27 | 28 | 28 | 29 | 30 | 30 | 31 | 5 | 4 | 2 | 31 | 1 |
| 22 | 22 | 23 | 23 | 24 | 25 | 25 | 26 | 26 | 27 | 26 | 27 | 28 | 28 | 29 | 29 | 30 | 31 | 7 | 6 | 2 | 2 | 3 | 2 | 2 |
| 23 | 23 | 24 | 24 | 25 | 26 | 26 | 27 | 27 | 28 | 27 | 28 | 29 | 29 | 30 | 30 | 31 | 8 | 2 | 2 | 3 | 3 | 4 | 2 | 3 |
| 24 | 24 | 25 | 25 | 26 | 27 | 27 | 28 | 28 | 29 | 28 | 29 | 30 | 30 | 31 | 10 | 9 | 2 | 3 | 3 | 4 | 4 | 5 | 3 | 4 |
| 25 | 25 | 26 | 26 | 27 | 28 | 28 | 29 | 29 | 30 | 29 | 30 | 31 | 12 | 11 | 2 | 2 | 3 | 4 | 4 | 5 | 5 | 6 | 4 | 5 |
| 26 | 26 | 27 | 27 | 28 | 29 | 29 | 30 | 30 | 31 | 3 | 31 | 1 | 2 | 2 | 3 | 3 | 4 | 5 | 5 | 6 | 6 | 7 | 5 | 6 |
| 27 十二 | 27 | 28 | 28 | 29 | 30 | 30 | 31 | 5 | 4 | 2 | 2 | 2 | 3 | 3 | 4 | 4 | 5 | 6 | 6 | 7 | 7 | 8 | 6 | 7 |
| 28 | 28 十一 | 29 十 | 29 九 | 30 | 31 | 7 | 6 | 2 | 2 | 3 | 2 | 3 | 4 | 4 | 5 | 5 | 6 | 7 | 7 | 8 | 8 | 9 | 7 | 8 |
| 29 3 | 29 | 30 | 30 | 31 八 | 8 七 | 2 六 | 2 | 3 | 3 | 4 | 3 | 4 | 5 | 5 | 6 | 6 | 7 | 8 | 8 | 9 | 9 | 10 | 8 | 9 |
| 30 | 30 2 | 31 1 | 10 12 | 9 11 | 2 | 3 | 3 五 | 4 四 | 4 | 5 | 4 | 5 | 6 | 6 | 7 | 7 | 8 | 9 | 9 | 10 | 10 | 11 | 9 | 10 |
| 31 | 12 | 11 | 2 | 2 | 3 10 | 4 9 | 4 | 5 | 5 三 | 6 | 5 | 6 | 7 | 7 | 8 | 8 | 9 | 10 | 10 | 11 | 11 | 12 | 10 | 11 |
| 日 | 2 | 2 | 3 | 3 | 4 | 5 | 5 8 | 6 7 | 6 | 7 二 | 6 正 | 7 | 8 | 8 | 9 | 9 | 10 | 11 | 11 | 12 | 12 | 13 | 11 | 12 |
| 曜 | 3 | 3 | 4 | 4 | 5 | 6 | 6 | 7 | 7 6 | 8 5 | 7 | 8 十二 | 9 十一 | 9 | 10 | 10 | 11 | 12 | 12 | 13 | 13 | 14 | 12 | 13 |
| 表 | 4 | 4 | 5 | 5 | 6 | 7 | 7 | 8 | 8 | 9 | 8 4 | 9 3 | 10 | 10 十 | 11 九 | 11 | 12 | 13 | 13 | 14 | 14 | 15 | 13 | 14 |
| 5 | 5 | 5 | 6 | 6 | 7 | 8 | 8 | 9 | 9 | 10 | 9 | 10 | 11 2 | 11 1 | 12 | 12 八 | 13 七 | 14 六 | 14 | 15 | 15 | 16 | 14 | 15 |
| 甲 | 6 | 6 | 7 | 7 | 8 | 9 | 9 | 10 | 10 | 11 | 10 | 11 | 12 | 12 | 13 12 | 13 11 | 14 | 15 | 15 五 | 16 四 | 16 | 17 | 15 | 16 |
| 子 | 7 | 7 | 8 | 8 | 9 | 10 | 10 | 11 | 11 | 12 | 11 | 12 | 13 | 13 | 14 | 14 | 15 10 | 16 9 | 16 | 17 | 17 閏 | 18 三 | 16 | 17 |
| 表 | 8 | 8 | 9 | 9 | 10 | 11 | 11 | 12 | 12 | 13 | 12 | 13 | 14 | 14 | 15 | 15 | 16 | 17 | 17 8 | 18 7 | 18 | 19 | 17 二 | 18 正 |
| 7 | 9 | 9 | 10 | 10 | 11 | 12 | 12 | 13 | 13 | 14 | 13 | 14 | 15 | 15 | 16 | 16 | 17 | 18 | 18 | 19 | 19 6 | 20 5 | 18 | 19 |
| | 10 | 10 | 11 | 11 | 12 | 13 | 13 | 14 | 14 | 15 | 14 | 15 | 16 冬 | 16 | 17 | 17 | 18 | 19 | 19 | 20 | 20 | 21 | 19 4 | 20 3 |

一〇七〇 庚戌 宋熙寧三 遼咸雍六 463

一〇六九 己酉 宋熙寧二 遼咸雍五 462

| | | | | | | | | | | | | | | | | | | | | | | | |
|---|---|---|---|---|---|---|---|---|---|---|---|---|---|---|---|---|---|---|---|---|---|---|---|
| 22 | 23 | 23 | 24 | 25 | 25 | 26 | 26 | 27 | 25 | 26 | 27 | 27 | 28 | 28 | 29 | 30 | 30 | 31 | **5** | **4** | 2 | 31 | **1** |
| 23 | 24 | 24 | 25 | 26 | 26 | 27 | 27 | 28 | 26 | 27 | 28 | 28 | 29 | 29 | 30 | 31 | **7** | **6** | 2 | 2 | 3 | **2** | 2 |
| 24 | 25 | 25 | 26 | 27 | 27 | 28 | 28 | 29 | 27 | 28 | 29 | 29 | 30 | 30 | 31 | **8** | 2 | 2 | 3 | 3 | 4 | 2 | 3 |
| 25 | 26 | 26 | 27 | 28 | 28 | 29 | 29 | 30 | 28 | 29 | 30 | 30 | 31 | **10** | **9** | 2 | 3 | 3 | 4 | 4 | 5 | 3 | 4 |
| 26 | 27 | 27 | 28 | 29 | 29 | 30 | 30 | 31 | **3** | 30 | 31 | **12** | **11** | 2 | 2 | 3 | 4 | 4 | 5 | 5 | 6 | 4 | 5 |
| 27 | 28 | 28 | 29 | 30 | 30 | 31 | **5** | **4** | 2 | 31 | **1** | 2 | 2 | 3 | 3 | 4 | 5 | 5 | 6 | 6 | 7 | 5 | 6 |
| 28 | 29 | 29 | 30 | 31 | **7** | **6** | 2 | 2 | 3 | **2** | 2 | 3 | 3 | 4 | 4 | 5 | 6 | 6 | 7 | 7 | 8 | 6 | 7 |
| 29 | 30 | 30 | 31 | **8** | 2 | 2 | 3 | 3 | 4 | 2 | 3 | 4 | 4 | 5 | 5 | 6 | 7 | 7 | 8 | 8 | 9 | 7 | 8 |
| 30 | 31 | **10** | **9** | 2 | 3 | 3 | 4 | 4 | 5 | 3 | 4 | 5 | 5 | 6 | 6 | 7 | 8 | 8 | 9 | 9 | 10 | 8 | 9 |
| **12** | **11** | 2 | 2 | 3 | 4 | 4 | 5 | 5 | 6 | 4 | 5 | 6 | 6 | 7 | 7 | 8 | 9 | 9 | 10 | 10 | 11 | 9 | 10 |
| 2 | 2 | 3 | 3 | 4 | 5 | 5 | 6 | 6 | 7 | 5 | 6 | 7 | 7 | 8 | 8 | 9 | 10 | 10 | 11 | 11 | 12 | 10 | 11 |
| 3 | 3 | 4 | 4 | 5 | 6 | 6 | 7 | 7 | 8 | 6 | 7 | 8 | 8 | 9 | 9 | 10 | 11 | 11 | 12 | 12 | 13 | 11 | 12 |
| 4 | 4 | 5 | 5 | 6 | 7 | 7 | 8 | 8 | 9 | 7 | 8 | 9 | 9 | 10 | 10 | 11 | 12 | 12 | 13 | 13 | 14 | 12 | 13 |
| 5 | 5 | 6 | 6 | 7 | 8 | 8 | 9 | 9 | 10 | 8 | 9 | 10 | 10 | 11 | 11 | 12 | 13 | 13 | 14 | 14 | 15 | 13 | 14 |
| 6 | 土6 | 十7 | 九7 | 八8 | 9 | 9 | 10 | 10 | 11 | 9 | 10 | 11 | 11 | 12 | 12 | 13 | 14 | 14 | 15 | 15 | 16 | 14 | 15 |
| 7 | 3 7 | 8 | 8 | 9 | 七10 | 10 | 11 | 11 | 12 | 10 | 11 | 12 | 12 | 13 | 13 | 14 | 15 | 15 | 16 | 16 | 17 | 15 | 16 |
| 8 | 8 | 2 9 | 1 9 | 10 | 11 | 六11 | 五12 | 12 | 13 | 11 | 12 | 13 | 13 | 14 | 14 | 15 | 16 | 16 | 17 | 17 | 18 | 16 | 17 |
| 9 | 9 | 10 | 10 | 12 11 | 11 12 | 12 | 13 | 四13 | 14 | 12 | 13 | 14 | 14 | 15 | 15 | 16 | 17 | 17 | 18 | 18 | 19 | 17 | 18 |
| 10 | 10 | 11 | 11 | 12 | 13 | 10 13 | 9 14 | 14 | 三15 | 二13 | 14 | 15 | 冬15 | 16 | 16 | 17 | 18 | 18 | 19 | 19 | 20 | 18 | 19 |
| 11 | 11 | 12 | 12 | 13 | 14 | 14 | 15 | 8 15 | 7 16 | 14 | 正15 | 土16 | 16 | 17 | 17 | 18 | 19 | 19 | 20 | 20 | 21 | 19 | 20 |
| 12 | 12 | 13 | 13 | 14 | 15 | 15 | 16 | 16 | 17 | 6 15 | 5 16 | 17 | 閏17 | 土18 | 十18 | 九19 | 20 | 20 | 21 | 21 | 22 | 20 | 21 |
| 13 | 13 | 14 | 14 | 15 | 16 | 16 | 17 | 17 | 18 | 16 | 17 | 4 18 | 3 18 | 19 | 19 | 20 | 八21 | 七21 | 22 | 22 | 23 | 21 | 22 |
| 14 | 14 | 15 | 15 | 16 | 17 | 17 | 18 | 18 | 19 | 17 | 18 | 19 | 19 | 2 20 | 1 20 | 21 | 22 | 22 | 六23 | 五23 | 24 | 22 | 23 |
| 15 | 15 | 16 | 16 | 17 | 18 | 18 | 19 | 19 | 20 | 18 | 19 | 20 | 20 | 21 | 21 | 12 22 | 11 23 | 23 | 24 | 24 | 四25 | 23 | 24 |
| 16 | 冬16 | 17 | 17 | 18 | 19 | 19 | 20 | 20 | 21 | 19 | 20 | 21 | 21 | 22 | 22 | 23 | 24 | 10 24 | 9 25 | 25 | 26 | 三24 | 二25 |
| 17 | 17 | 18 | 18 | 19 | 20 | 20 | 21 | 21 | 22 | 20 | 21 | 22 | 22 | 23 | 23 | 24 | 25 | 25 | 26 | 8 26 | 7 27 | 25 | 26 正 |
| 18 | 18 | 19 | 19 | 20 | 21 | 21 | 22 | 22 | 23 | 21 | 22 | 23 | 23 | 24 | 24 | 25 | 26 | 26 | 27 | 27 | 28 | 6 26 | 5 27 |
| 19 | 19 | 20 | 20 | 21 | 22 | 22 | 23 | 23 | 24 | 22 | 23 | 24 | 24 | 25 | 25 | 26 | 27 | 27 | 28 | 28 | 29 | 27 | 28 4 |
| 20 | 20 | 21 | 21 | 22 | 23 | 23 | 24 | 24 | 25 | 23 | 24 | 25 | 25 | 26 | 26 | 27 | 28 | 28 | 29 | 29 | 30 | 28 | 29 |
| 21 | 21 | 22 | 22 | 23 | 24 | 24 | 25 | 25 | 26 | 24 | 25 | 26 | 26 | 27 | 27 | 28 | 29 | 29 | 30 | 30 | 31 | **3** | 30 |

| | 一〇七二 壬子 宋熙寧五 遼咸雍八 465 | | | | | | | | | | | | 一〇七一 辛亥 宋熙寧四 遼咸雍七 464 | | | | | | | | | | | |
|---|---|---|---|---|---|---|---|---|---|---|---|---|---|---|---|---|---|---|---|---|---|---|---|---|
| 11 | 11 | 12 | 12 | 13 | 14 | 14 | 15 | 15 | 16 | 15 | 16 | 17 | 17 | 18 | 18 | 19 | 20 | 20 | 21 | 21 | 22 | 20 | 21 | 22 |
| 12 | 12 | 13 | 13 | 14 | 15 | 15 | 16 | 16 | 17 | 16 | 17 | 18 | 18 | 19 | 19 | 20 | 21 | 21 | 22 | 22 | 23 | 21 | 22 | 23 |
| 13十一 | 13十 | 14九 | 14 | 15 | 16 | 16 | 17 | 17 | 18 | 17 | 18 | 19 | 19 | 20 | 20 | 21 | 22 | 22 | 23 | 23 | 24 | 22 | 23 | 24 |
| 14 | 14 | 15 | 15八 | 16 | 17 | 17 | 18 | 18 | 19 | 18 | 19 | 20 | 20 | 21 | 21 | 22 | 23 | 23 | 24 | 24 | 25 | 23 | 24 | 25 |
| 15冬4 | 15 3 | 16 | 16 | 17閏 | 18七 | 18 | 19 | 19 | 20 | 19 | 20 | 21 | 21 | 22 | 22 | 23 | 24 | 24 | 25 | 25 | 26 | 24 | 25 | 26 |
| 16 | 16 | 17 2 | 17 1 | 18 | 19 | 19六 | 20 | 20 | 21 | 20 | 21 | 22 | 22 | 23 | 23 | 24 | 25 | 25 | 26 | 26 | 27 | 25 | 26 | 27 |
| 17 | 17 | 18 | 18 | 19 12 | 20 11 | 20 | 21五 | 21四 | 22 | 21 | 22 | 23 | 23 | 24 | 24 | 25 | 26 | 26 | 27 | 27 | 28 | 26 | 27 | 28 |
| 18 | 18 | 19 | 19 | 20 | 21 | 21 10 | 22 9 | 22 | 23三 | 22二 | 23正 | 24十二 | 24 | 25 | 25 | 26 | 27 | 27 | 28 | 28 | 29 | 27 | 28 | 29 |
| 19 | 19 | 20 | 20 | 21 | 22 | 22 | 23 | 23 8 | 24 7 | 23 | 24 | 25 | 25十一 | 26十 | 26九 | 27 | 28 | 28 | 29 | 29 | 30 | 28 | 29 | 30 |
| 20 | 20 | 21 | 21 | 22 | 23 | 23 | 24 | 24 | 25 | 24 6 | 25 5 | 26 | 26 | 27 | 27 | 28八 | 29 | 29 | 30 | 30 | 31 | 3 | 30 | 31 |
| 21 | 21 | 22 | 22 | 23 | 24 | 24 | 25 | 25 | 26 | 25 | 26 | 27 4 | 27 3 | 28 | 28 | 29 | 30七 | 30六 | 31 | 5 | 4 | 2 | 31 | 1 |
| 22 | 22 | 23 | 23 | 24 | 25 | 25 | 26 | 26 | 27 | 26 | 27 | 28 | 28 | 29 2 | 29 1 | 30 12 | 31 11 | 7 | 6五 | 2 | 2 | 3 | 2 | 2 |
| 23 | 23 | 24 | 24 | 25 | 26 | 26 | 27 | 27 | 28 | 27 | 28 | 29 | 29 | 30 | 30 | 31 | 8 | 2 10 | 2 9 | 3四 | 3三 | 4 | 2 | 3 |
| 24 | 24 | 25 | 25 | 26 | 27 | 27 | 28 | 28 | 29 | 28 | 29 | 30 | 30 | 31 | 10 | 9 | 2 | 3 | 3 | 4 8 | 4 7 | 5二 | 3正 | 4十二 |
| 25 | 25 | 26 | 26 | 27 | 28 | 28 | 29 | 29 | 30 | 29 | 30 | 31 | 12 | 11 | 2 | 2 | 3 | 4 | 4 | 5 | 5 | 6 6 | 4 5 | 5 |
| 26 | 26 | 27 | 27 | 28 | 29 | 29 | 30 | 30 | 31 | 3 | 31 | 1 | 2 | 2 | 3 | 3 | 4 | 5 | 5 | 6 | 6 | 7 | 5 | 6 4 |
| 27 | 27 | 28 | 28 | 29 | 30 | 30 | 31 | 5 | 4 | 2 | 2 | 2 | 3 | 3 | 4 | 4 | 5 | 6 | 6 | 7 | 7 | 8 | 6 | 7 |
| 28 | 28 | 29 | 29 | 30 | 31 | 7 | 6 | 2 | 2 | 3 | 2 | 3 | 4 | 4 | 5 | 5 | 6 | 7 | 7 | 8 | 8 | 9 | 7 | 8 |
| 29 | 29 | 30 | 30 | 31 | 8 | 2 | 2 | 3 | 3 | 4 | 3 | 4 | 5 | 5 | 6 | 6 | 7 | 8 | 8 | 9 | 9 | 10 | 8 | 9 |
| 30 | 30 | 31 | 10 | 9 | 2 | 3 | 3 | 4 | 4 | 5 | 4 | 5 | 6 | 6 | 7 | 7 | 8 | 9 | 9 | 10 | 10 | 11 | 9 | 10 |
| 31 | 12 | 11 | 2 | 2 | 3 | 4 | 4 | 5 | 5 | 6 | 5 | 6 | 7 | 7 | 8 | 8 | 9 | 10 | 10 | 11 | 11 | 12 | 10 | 11 |
| 日 | 2 | 2 | 3 | 3 | 4 | 5 | 5 | 6 | 6 | 7 | 6 | 7 | 8 | 8 | 9 | 9 | 10 | 11 | 11 | 12 | 12 | 13 | 11 | 12 |
| 曜 | 3 | 3 | 4 | 4 | 5 | 6 | 6 | 7 | 7 | 8 | 7 | 8 | 9 | 9 | 10 | 10 | 11 | 12 | 12 | 13 | 13 | 14 | 12 | 13 |
| 表 | 4 | 4 | 5 | 5 | 6 | 7 | 7 | 8 | 8 | 9 | 8 | 9 | 10 | 10 | 11 | 11 | 12 | 13 | 13 | 14 | 14 | 15 | 13 | 14 |
| 6 | 5 | 5 | 6 | 6 | 7 | 8 | 8 | 9 | 9 | 10 | 9 | 10 | 11 | 11 | 12 | 12 | 13 | 14 | 14 | 15 | 15 | 16 | 14 | 15 |
| 甲 | 6 | 6 | 7 | 7 | 8 | 9 | 9 | 10 | 10 | 11 | 10 | 11 | 12 | 12 | 13 | 13 | 14 | 15 | 15 | 16 | 16 | 17 | 15 | 16 |
| 子 | 7 | 7 | 8 | 8 | 9 | 10 | 10 | 11 | 11 | 12 | 11 | 12 | 13 | 13 | 14 | 14 | 15 | 16 | 16 | 17 | 17 | 18 | 16 | 17 |
| 表 | 8 | 8 | 9 | 9 | 10 | 11 | 11 | 12 | 12 | 13 | 12 | 13 | 14 | 14 | 15 | 15 | 16 | 17 | 17 | 18 | 18 | 19 | 17 | 18 |
| 8 | 9 | 9 | 10 | 10 | 11 | 12 | 12 | 13 | 13 | 14 | 13 | 14 | 15 | 15 | 16 | 16 | 17 | 18 | 18 | 19 | 19 | 20 | 18 | 19 |
| | 10 | 10 | 11 | 11 | 12 | 13 | 13 | 14 | 14 | 15 | 14 | 15 | 16冬 | 16 | 17 | 17 | 18 | 19 | 19 | 20 | 20 | 21 | 19 | 20 |

一〇七四
甲寅
宋熙寧七
遼咸雍一〇

467

一〇七三
癸丑
宋熙寧六
遼咸雍九

466

| | | | | | | | | | | | | | | | | | | | | | | | |
|---|---|---|---|---|---|---|---|---|---|---|---|---|---|---|---|---|---|---|---|---|---|---|---|
| 22 | 十一23 | 十23 | 24 | 25 | 25 | 26 | 26 | 27 | 25 | 26 | 27 | 27 | 28 | 28 | 29 | 30 | 30 | 31 | **5** | **4** | 2 | 31 | **1** |
| 23 | 24 | 24 | 九25 | 八26 | 26 | 27 | 27 | 28 | 26 | 27 | 28 | 28 | 29 | 29 | 30 | 31 | **7** | **6** | 2 | 2 | 3 | **2** | 2 |
| 24 | 4 25 | 3 25 | 26 | 27 | 七27 | 六28 | 28 | 29 | 27 | 28 | 29 | 29 | 30 | 30 | 31 | **8** | 2 | 2 | 3 | 3 | 4 | 2 | 3 |
| 25 | 26 | 26 | 2 27 | 1 28 | 12 28 | 11 29 | 五29 | 四30 | 三28 | 29 | 30 | 30 | 31 | **10** | **9** | 2 | 3 | 3 | 4 | 4 | 5 | 3 | 4 |
| 26 | 27 | 27 | 28 | 29 | 29 | 30 | 10 30 | 9 31 | **3** | 二30 | 正31 | 十二**12** | **11** | 2 | 2 | 3 | 4 | 4 | 5 | 5 | 6 | 4 | 5 |
| 27 | 28 | 28 | 29 | 30 | 30 | 31 | **5** | **4** | 8 2 | 7 31 | **1** | 2 | 十一2 | 十3 | 3 | 4 | 5 | 5 | 6 | 6 | 7 | 5 | 6 |
| 28 | 29 | 29 | 30 | 31 | **7** | **6** | 2 | 2 | 3 | **2** | 6 2 | 5 3 | 3 | 4 | 九4 | 5 | 6 | 6 | 7 | 7 | 8 | 6 | 7 |
| 29 | 30 | 30 | 31 | **8** | 2 | 2 | 3 | 3 | 4 | 2 | 3 | 4 | 4 4 | 3 5 | 5 | 八6 | 七7 | 7 | 8 | 8 | 9 | 7 | 8 |
| 30 | 31 | **10** | **9** | 2 | 3 | 3 | 4 | 4 | 5 | 3 | 4 | 5 | 5 | 6 | 2 6 | 1 7 | 8 | 六8 | 五9 | 9 | 10 | 8 | 9 |
| **12** | **11** | 2 | 2 | 3 | 4 | 4 | 5 | 5 | 6 | 4 | 5 | 6 | 6 | 7 | 7 | 8 | 12 9 | 11 9 | 10 | 四10 | 三11 | 9 | 10 |
| 2 | 2 | 3 | 3 | 4 | 5 | 5 | 6 | 6 | 7 | 5 | 6 | 7 | 7 | 8 | 8 | 9 | 10 | 10 | 10 11 | 9 11 | 12 | 二10 | 正11 十二 |
| 3 | 3 | 4 | 4 | 5 | 6 | 6 | 7 | 7 | 8 | 6 | 7 | 8 | 8 | 9 | 9 | 10 | 11 | 11 | 12 | 12 | 8 13 | 7 11 | 12 |
| 4 | 4 | 5 | 5 | 6 | 7 | 7 | 8 | 8 | 9 | 7 | 8 | 9 | 9 | 10 | 10 | 11 | 12 | 12 | 13 | 13 | 14 | 12 | 6 13 5 |
| 5 | 5 | 6 | 6 | 7 | 8 | 8 | 9 | 9 | 10 | 8 | 9 | 10 | 10 | 11 | 11 | 12 | 13 | 13 | 14 | 14 | 15 | 13 | 14 |
| 6 | 6 | 7 | 7 | 8 | 9 | 9 | 10 | 10 | 11 | 9 | 10 | 11 | 11 | 12 | 12 | 13 | 14 | 14 | 15 | 15 | 16 | 14 | 15 |
| 7 | 7 | 8 | 8 | 9 | 10 | 10 | 11 | 11 | 12 | 10 | 11 | 12 | 12 | 13 | 13 | 14 | 15 | 15 | 16 | 16 | 17 | 15 | 16 |
| 8 | 8 | 9 | 9 | 10 | 11 | 11 | 12 | 12 | 13 | 11 | 12 | 13 | 13 | 14 | 14 | 15 | 16 | 16 | 17 | 17 | 18 | 16 | 17 |
| 9 | 9 | 10 | 10 | 11 | 12 | 12 | 13 | 13 | 14 | 12 | 13 | 14 | 14 | 15 | 15 | 16 | 17 | 17 | 18 | 18 | 19 | 17 | 18 |
| 10 | 10 | 11 | 11 | 12 | 13 | 13 | 14 | 14 | 15 | 13 | 14 | 15 | 冬15 | 16 | 16 | 17 | 18 | 18 | 19 | 19 | 20 | 18 | 19 |
| 11 | 11 | 12 | 12 | 13 | 14 | 14 | 15 | 15 | 16 | 14 | 15 | 16 | 16 | 17 | 17 | 18 | 19 | 19 | 20 | 20 | 21 | 19 | 20 |
| 12 | 12 | 13 | 13 | 14 | 15 | 15 | 16 | 16 | 17 | 15 | 16 | 17 | 17 | 18 | 18 | 19 | 20 | 20 | 21 | 21 | 22 | 20 | 21 |
| 13 | 13 | 14 | 14 | 15 | 16 | 16 | 17 | 17 | 18 | 16 | 17 | 18 | 18 | 19 | 19 | 20 | 21 | 21 | 22 | 22 | 23 | 21 | 22 |
| 14 | 14 | 15 | 15 | 16 | 17 | 17 | 18 | 18 | 19 | 17 | 18 | 19 | 19 | 20 | 20 | 21 | 22 | 22 | 23 | 23 | 24 | 22 | 23 |
| 15 | 15 | 16 | 16 | 17 | 18 | 18 | 19 | 19 | 20 | 18 | 19 | 20 | 20 | 21 | 21 | 22 | 23 | 23 | 24 | 24 | 25 | 23 | 24 |
| 16 | 冬16 | 17 | 17 | 18 | 19 | 19 | 20 | 20 | 21 | 19 | 20 | 21 | 21 | 22 | 22 | 23 | 24 | 24 | 25 | 25 | 26 | 24 | 25 |
| 17 | 17 | 18 | 18 | 19 | 20 | 20 | 21 | 21 | 22 | 20 | 21 | 22 | 22 | 23 | 23 | 24 | 25 | 25 | 26 | 26 | 27 | 25 | 26 |
| 18 | 18 | 19 | 19 | 20 | 21 | 21 | 22 | 22 | 23 | 21 | 22 | 23 | 23 | 24 | 24 | 25 | 26 | 26 | 27 | 27 | 28 | 26 | 27 |
| 19 | 19 | 20 | 20 | 21 | 22 | 22 | 23 | 23 | 24 | 22 | 23 | 24 | 24 | 25 | 25 | 26 | 27 | 27 | 28 | 28 | 29 | 27 | 28 |
| 20 | 20 | 21 | 21 | 22 | 23 | 23 | 24 | 24 | 25 | 23 | 24 | 25 | 25 | 26 | 26 | 27 | 28 | 28 | 29 | 29 | 30 | 28 | 29 |
| 21 | 十二21 | 22 | 22 | 23 | 24 | 24 | 25 | 25 | 26 | 24 | 25 | 26 | 26 | 27 | 27 | 28 | 29 | 29 | 30 | 30 | 31 | **3** | 30 |

勵耘書屋

一〇七五 乙卯 宋熙寧八 遼太康元

468

一〇七六 丙辰 宋熙寧九 遼太康二

469

| | | | | | | | | | | | | | | | | | | | | | | | | |
|---|---|---|---|---|---|---|---|---|---|---|---|---|---|---|---|---|---|---|---|---|---|---|---|---|
| 11 | 11 | 12 | 12 | 13 | 14 | 14 | 15 | 15 | 16 | 15 | 16 | 17 | 17 | 18 | 18 | 19 | 20 | 20 | 21 | 21 | 22 | 8 20 | 7 21 | 22 |
| 12 | 12 | 13 | 13 | 14 | 15 | 15 | 16 | 16 | 17 | 16 | 17 | 18 | 18 | 19 | 19 | 20 | 21 | 21 | 22 | 22 | 23 | 21 | 22 | 6 23 5 |
| 13 | 13 | 14 | 14 | 15 | 16 | 16 | 17 | 17 | 18 | 17 | 18 | 19 | 19 | 20 | 20 | 21 | 22 | 22 | 23 | 23 | 24 | 22 | 23 | 24 |
| 14 | 14 | 15 | 15 | 16 | 17 | 17 | 18 | 18 | 19 | 18 | 19 | 20 | 20 | 21 | 21 | 22 | 23 | 23 | 24 | 24 | 25 | 23 | 24 | 25 |
| 15 | 冬15 | 16 | 16 | 17 | 18 | 18 | 19 | 19 | 20 | 19 | 20 | 21 | 21 | 22 | 22 | 23 | 24 | 24 | 25 | 25 | 26 | 24 | 25 | 26 |
| 16 | 16 | 17 | 17 | 18 | 19 | 19 | 20 | 20 | 21 | 20 | 21 | 22 | 22 | 23 | 23 | 24 | 25 | 25 | 26 | 26 | 27 | 25 | 26 | 27 |
| 17 | 17 | 18 | 18 | 19 | 20 | 20 | 21 | 21 | 22 | 21 | 22 | 23 | 23 | 24 | 24 | 25 | 26 | 26 | 27 | 27 | 28 | 26 | 27 | 28 |
| 18 | 18 | 19 | 19 | 20 | 21 | 21 | 22 | 22 | 23 | 22 | 23 | 24 | 24 | 25 | 25 | 26 | 27 | 27 | 28 | 28 | 29 | 27 | 28 | 29 |
| 19 | 19 | 20 | 20 | 21 | 22 | 22 | 23 | 23 | 24 | 23 | 24 | 25 | 25 | 26 | 26 | 27 | 28 | 28 | 29 | 29 | 30 | 28 | 29 | 30 |
| 20 | 20 | 21 | 21 | 22 | 23 | 23 | 24 | 24 | 25 | 24 | 25 | 26 | 26 | 27 | 27 | 28 | 29 | 29 | 30 | 30 | 31 | **3** | 30 | 31 |
| 21 | 21 | 22 | 22 | 23 | 24 | 24 | 25 | 25 | 26 | 25 | 26 | 27 | 27 | 28 | 28 | 29 | 30 | 30 | 31 | **5** | **4** | 2 | 31 | **1** |
| 22 | 22 | 23 | 23 | 24 | 25 | 25 | 26 | 26 | 27 | 26 | 27 | 28 | 28 | 29 | 29 | 30 | 31 | **7** | **6** | 2 | 2 | 3 | **2** | 2 |
| 23 | 23 | 24 | 24 | 25 | 26 | 26 | 27 | 27 | 28 | 27 | 28 | 29 | 29 | 30 | 30 | 31 | **8** | 2 | 2 | 3 | 3 | 4 | 2 | 3 |
| 24 | 24 | 25 | 25 | 26 | 27 | 27 | 28 | 28 | 29 | 28 | 29 | 30 | 30 | 31 | **10** | **9** | 2 | 3 | 3 | 4 | 4 | 5 | 3 | 4 |
| 25 | 25 | 26 | 26 | 27 | 28 | 28 | 29 | 29 | 30 | 29 | 30 | 31 | **12** | **11** | 2 | 2 | 3 | 4 | 4 | 5 | 5 | 6 | 4 | 5 |
| 26 | 26 | 27 | 27 | 28 | 29 | 29 | 30 | 30 | 31 | **3** | 31 | **1** | 2 | 2 | 3 | 3 | 4 | 5 | 5 | 6 | 6 | 7 | 5 | 6 |
| 27 | 27 | 28 | 28 | 29 | 30 | 30 | 31 | **5** | **4** | 2 | **2** | 2 | 3 | 3 | 4 | 4 | 5 | 6 | 6 | 7 | 7 | 8 | 6 | 7 |
| 28 | 28 | 29 | 29 | 30 | 31 | **7** | **6** | 2 | 2 | 3 | 2 | 3 | 4 | 4 | 5 | 5 | 6 | 7 | 7 | 8 | 8 | 9 | 7 | 8 |
| 29 | 十二29 | 十一30 | 30 | 31 | **8** | 2 | 2 | 3 | 3 | 4 | 3 | 4 | 5 | 5 | 6 | 6 | 7 | 8 | 8 | 9 | 9 | 10 | 8 | 9 |
| 30 | 30 | 31 | 十**10** | 九**9** | 八2 | 3 | 3 | **4** | 4 | 5 | 4 | 5 | 6 | 6 | 7 | 7 | 8 | 9 | 9 | 10 | 10 | 11 | 9 | 10 |
| 31 | 6 **12** | 5 **11** | 2 | 2 | 3 | 七4 | 六4 | 5 | 5 | 6 | 5 | 6 | 7 | 7 | 8 | 8 | 9 | 10 | 10 | 11 | 11 | 12 | 10 | 11 |
| 日 | 2 | 2 | 4 3 | 3 3 | 4 | 5 | 5 | 五6 | 四6 | 三7 | 6 | 7 | 8 | 8 | 9 | 9 | 10 | 11 | 11 | 12 | 12 | 13 | 11 | 12 |
| 曜 | 3 | 3 | 4 | 4 | 2 5 | 1 6 | 12 6 | 11 7 | 7 | 8 | 二7 | 8 | 9 | 9 | 10 | 10 | 11 | 12 | 12 | 13 | 13 | 14 | 12 | 13 |
| 表 | 4 | 4 | 5 | 5 | 6 | 7 | 7 | 8 | 10 8 | 9 9 | 8 | 正9 | 十二10 | 10 | 11 | 11 | 12 | 13 | 13 | 14 | 14 | 15 | 13 | 14 |
| 7 | 5 | 5 | 6 | 6 | 7 | 8 | 8 | 9 | 9 | 10 | 8 9 | 7 10 | 11 | 十一11 | 十12 | 12 | 13 | 14 | 14 | 15 | 15 | 16 | 14 | 15 |
| 甲 | 6 | 6 | 7 | 7 | 8 | 9 | 9 | 10 | 10 | 11 | 10 | 11 | 6 12 | 5 12 | 13 | 九13 | 八14 | 15 | 15 | 16 | 16 | 17 | 15 | 16 |
| 子 | 7 | 7 | 8 | 8 | 9 | 10 | 10 | 11 | 11 | 12 | 11 | 12 | 13 | 13 | 4 14 | 3 14 | 15 | 七16 | 六16 | 五17 | 17 | 18 | 16 | 17 |
| 表 | 8 | 8 | 9 | 9 | 10 | 11 | 11 | 12 | 12 | 13 | 12 | 13 | 14 | 14 | 15 | 15 | 2 16 | 1 17 | 17 | 18 | 閏18 | 四19 | 17 | 18 |
| 9 | 9 | 9 | 10 | 10 | 11 | 12 | 12 | 13 | 13 | 14 | 13 | 14 | 15 | 15 | 16 | 16 | 17 | 18 | 12 18 | 11 19 | 19 | 20 | 三18 | 二19 |
| | 10 | 10 | 11 | 11 | 12 | 13 | 13 | 14 | 14 | 15 | 14 | 15 | 16 | 冬16 | 17 | 17 | 18 | 19 | 19 | 20 | 10 20 | 9 21 | 19 | 20 正 |

一〇七七 丁巳 宋熙寧一〇 遼太康三

遼閏十二月

470

一〇七八 戊午 宋元豐元 遼太康四

471

| | | | | | | | | | | | | | | | | | | | | | | | |
|---|---|---|---|---|---|---|---|---|---|---|---|---|---|---|---|---|---|---|---|---|---|---|---|
| 22 | 23 | 23 | 24 | 25 | 25 | 26 | 26 | 27 | 25 | 26 | 27 | 27 | 28 | 28 | 29 | 30 | 30 | 31 | **5** | **4** | 2 | 31 | **1** |
| 23 | 24 | 24 | 25 | 26 | 26 | 27 | 27 | 28 | 26 | 27 | 28 | 28 | 29 | 29 | 30 | 31 | **7** | **6** | 2 | 2 | 3 | **2** | 2 |
| 24 | 25 | 25 | 26 | 27 | 27 | 28 | 28 | 29 | 27 | 28 | 29 | 29 | 30 | 30 | 31 | **8** | 2 | 2 | 3 | 3 | 4 | 2 | 3 |
| 25 | 26 | 26 | 27 | 28 | 28 | 29 | 29 | 30 | 28 | 29 | 30 | 30 | 31 | **10** | **9** | 2 | 3 | 3 | 4 | 4 | 5 | 3 | 4 |
| 26 | 27 | 27 | 28 | 29 | 29 | 30 | 30 | 31 | **3** | 30 | 31 | **12** | **11** | 2 | 2 | 3 | 4 | 4 | 5 | 5 | 6 | **4** | 5 |
| 27 | 28 | 28 | 29 | 30 | 30 | 31 | **5** | **4** | 2 | 31 | **1** | 2 | 2 | 3 | 3 | 4 | 5 | 5 | 6 | 6 | 7 | 5 | 6 |
| 28 | 29 | 29 | 30 | 31 | **7** | **6** | 2 | 2 | 3 | **2** | 2 | 3 | 3 | 4 | 4 | 5 | 6 | 6 | 7 | 7 | 8 | 6 | 7 |
| 29 | 30 | 30 | 31 | **8** | 2 | 2 | 3 | 3 | 4 | 2 | 3 | 4 | 4 | 5 | 5 | 6 | 7 | 7 | 8 | 8 | 9 | 7 | 8 |
| 30 | 31 | **10** | **9** | 2 | 3 | 3 | 4 | 4 | 5 | 3 | 4 | 5 | 5 | 6 | 6 | 7 | 8 | 8 | 9 | 9 | 10 | 8 | 9 |
| **12** | **11** | 2 | 2 | 3 | 4 | 4 | 5 | 5 | 6 | 4 | 5 | 6 | 6 | 7 | 7 | 8 | 9 | 9 | 10 | 10 | 11 | 9 | 10 |
| 2 | 2 | 3 | 3 | 4 | 5 | 5 | 6 | 6 | 7 | 5 | 6 | 7 | 7 | 8 | 8 | 9 | 10 | 10 | 11 | 11 | 12 | 10 | 11 |
| 3 | 3 | 4 | 4 | 5 | 6 | 6 | 7 | 7 | 8 | 6 | 7 | 8 | 8 | 9 | 9 | 10 | 11 | 11 | 12 | 12 | 13 | 11 | 12 |
| 4 | 4 | 5 | 5 | 6 | 7 | 7 | 8 | 8 | 9 | 7 | 8 | 9 | 9 | 10 | 10 | 11 | 12 | 12 | 13 | 13 | 14 | 12 | 13 |
| 5 | 5 | 6 | 6 | 7 | 8 | 8 | 9 | 9 | 10 | 8 | 9 | 10 | 10 | 11 | 11 | 12 | 13 | 13 | 14 | 14 | 15 | 13 | 14 |
| 6 | 6 | 7 | 7 | 8 | 9 | 9 | 10 | 10 | 11 | 9 | 10 | 11 | 11 | 12 | 12 | 13 | 14 | 14 | 15 | 15 | 16 | 14 | 15 |
| 7 十一 | 7 | 8 | 8 | 9 | 10 | 10 | 11 | 11 | 12 | 10 | 11 | 12 | 12 | 13 | 13 | 14 | 15 | 15 | 16 | 16 | 17 | 15 | 16 |
| 8 | 8 十 | 9 九 | 9 八 | 10 | 11 | 11 | 12 | 12 | 13 | 11 | 12 | 13 | 13 | 14 | 14 | 15 | 16 | 16 | 17 | 17 | 18 | 16 | 17 |
| 9 **6** | 9 **5** | 10 | 10 | 11 七 | 12 六 | 12 | 13 | 13 | 14 | 12 | 13 | 14 | 14 | 15 | 15 | 16 | 17 | 17 | 18 | 18 | 19 | 17 | 18 |
| 10 | 10 | 11 **4** | 11 **3** | 12 | 13 | 13 五 | 14 四 | 14 | 15 | 13 | 14 | 15 冬 | 15 | 16 | 16 | 17 | 18 | 18 | 19 | 19 | 20 | 18 | 19 |
| 11 | 11 | 12 | 12 | 13 **2** | 14 **1** | 14 | 15 | 15 三 | 16 | 14 | 15 | 16 | 16 | 17 | 17 | 18 | 19 | 19 | 20 | 20 | 21 | 19 | 20 |
| 12 | 12 | 13 | 13 | 14 | 15 | 15 **12** | 16 **11** | 16 | 17 二 | 15 閏 | 16 | 17 | 17 | 18 | 18 | 19 | 20 | 20 | 21 | 21 | 22 | 20 | 21 |
| 13 | 13 | 14 | 14 | 15 | 16 | 16 | 17 | 17 **10** | 18 **9** | 16 | 17 正 | 18 十二 | 18 | 19 | 19 | 20 | 21 | 21 | 22 | 22 | 23 | 21 | 22 |
| 14 | 14 | 15 | 15 | 16 | 17 | 17 | 18 | 18 | 19 | 17 **8** | 18 **7** | 19 | 19 十一 | 20 十 | 20 九 | 21 八 | 22 | 22 | 23 | 23 | 24 | 22 | 23 |
| 15 冬 | 15 | 16 | 16 | 17 | 18 | 18 | 19 | 19 | 20 | 18 | 19 | 20 **6** | 20 **5** | 21 | 21 | 22 | 23 七 | 23 六 | 24 | 24 | 25 | 23 | 24 |
| 16 | 16 | 17 | 17 | 18 | 19 | 19 | 20 | 20 | 21 | 19 | 20 | 21 | 21 | 22 **4** | 22 **3** | 23 | 24 | 24 | 25 五 | 25 四 | 26 | 24 | 25 |
| 17 | 17 | 18 | 18 | 19 | 20 | 20 | 21 | 21 | 22 | 20 | 21 | 22 | 22 | 23 | 23 | 24 **2** | 25 **1** | 25 | 26 | 26 | 27 三 | 25 | 26 |
| 18 | 18 | 19 | 19 | 20 | 21 | 21 | 22 | 22 | 23 | 21 | 22 | 23 | 23 | 24 | 24 | 25 | 26 | 26 **12** | 27 **11** | 27 | 28 | 26 二 | 27 正 |
| 19 | 19 | 20 | 20 | 21 | 22 | 22 | 23 | 23 | 24 | 22 | 23 | 24 | 24 | 25 | 25 | 26 | 27 | 27 | 28 | 28 **10** | 29 **9** | 27 | 28 |
| 20 | 20 | 21 | 21 | 22 | 23 | 23 | 24 | 24 | 25 | 23 | 24 | 25 | 25 | 26 | 26 | 27 | 28 | 28 | 29 | 29 | 30 | 28 **8** | 29 **7** |
| 21 | 21 | 22 | 22 | 23 | 24 | 24 | 25 | 25 | 26 | 24 | 25 | 26 | 26 | 27 | 27 | 28 | 29 | 29 | 30 | 30 | 31 | **3** | 30 |

一〇八〇 庚申 宋元豐三 遼太康六

遼閏八月

473

一〇七九 己未 宋元豐二 遼太康五

472

| | | | | | | | | | | | | | | | | | | | | | | | | |
|---|---|---|---|---|---|---|---|---|---|---|---|---|---|---|---|---|---|---|---|---|---|---|---|---|
| 11 | 11 | 12 | 12 | 13 | 14 | 14 | 15 | 15 | 16 | 15 | 16 | 17 | 17 | 18 | 18 | 19 | 20 | 20 | 21 | 21 | 22 | 20 | 21 | 22 |
| 12 | 12 | 13 | 13 | 14 | 15 | 15 | 16 | 16 | 17 | 16 | 17 | 18 | 18 | 19 | 19 | 20 | 21 | 21 | 22 | 22 | 23 | 21 | 22 | 23 |
| 13 | 13 | 14 | 14 | 15 | 16 | 16 | 17 | 17 | 18 | 17 | 18 | 19 | 19 | 20 | 20 | 21 | 22 | 22 | 23 | 23 | 24 | 22 | 23 | 24 |
| 14十一 | 14十 | 15 | 15 | 16 | 17 | 17 | 18 | 18 | 19 | 18 | 19 | 20 | 20 | 21 | 21 | 22 | 23 | 23 | 24 | 24 | 25 | 23 | 24 | 25 |
| 15冬 | 15 | 16閏 | 16九 | 17 | 18 | 18 | 19 | 19 | 20 | 19 | 20 | 21 | 21 | 22 | 22 | 23 | 24 | 24 | 25 | 25 | 26 | 24 | 25 | 26 |
| 16 7 | 16 | 17 | 17 | 18八 | 19 | 19 | 20 | 20 | 21 | 20 | 21 | 22 | 22 | 23 | 23 | 24 | 25 | 25 | 26 | 26 | 27 | 25 | 26 | 27 |
| 17 | 17 6 | 18 5 | 18 | 19 | 20七 | 20六 | 21 | 21 | 22 | 21 | 22 | 23 | 23 | 24 | 24 | 25 | 26 | 26 | 27 | 27 | 28 | 26 | 27 | 28 |
| 18 | 18 | 19 | 19 4 | 20 3 | 21 | 21 | 22五 | 22 | 23 | 22 | 23 | 24 | 24 | 25 | 25 | 26 | 27 | 27 | 28 | 28 | 29 | 27 | 28 | 29 |
| 19 | 19 | 20 | 20 | 21 | 22 2 | 22 1 | 23 | 23四 | 24三 | 23 | 24 | 25 | 25 | 26 | 26 | 27 | 28 | 28 | 29 | 29 | 30 | 28 | 29 | 30 |
| 20 | 20 | 21 | 21 | 22 | 23 | 23 | 24 12 | 24 11 | 25 | 24二 | 25正 | 26十二 | 26十一 | 27 | 27 | 28 | 29 | 29 | 30 | 30 | 31 | 3 | 30 | 31 |
| 21 | 21 | 22 | 22 | 23 | 24 | 24 | 25 | 25 | 26 10 | 25 9 | 26 | 27 | 27 | 28十 | 28九 | 29八 | 30 | 30 | 31 | 5 | 4 | 2 | 31 | 1 |
| 22 | 22 | 23 | 23 | 24 | 25 | 25 | 26 | 26 | 27 | 26 | 27 8 | 28 7 | 28 | 29 | 29 | 30 | 31七 | 7 | 6 | 2 | 2 | 3 | 2 | 2 |
| 23 | 23 | 24 | 24 | 25 | 26 | 26 | 27 | 27 | 28 | 27 | 28 | 29 | 29 6 | 30 5 | 30 | 31 | 8 | 2六 | 2五 | 3 | 3 | 4 | 2 | 3 |
| 24 | 24 | 25 | 25 | 26 | 27 | 27 | 28 | 28 | 29 | 28 | 29 | 30 | 30 | 31 | 10 4 | 9 3 | 2 | 3 | 3 | 4四 | 4 | 5 | 3 | 4 |
| 25 | 25 | 26 | 26 | 27 | 28 | 28 | 29 | 29 | 30 | 29 | 30 | 31 | 12 | 11 | 2 | 2 | 3 2 | 4 1 | 4 12 | 5 11 | 5三 | 6二 | 4 | 5 |
| 26 | 26 | 27 | 27 | 28 | 29 | 29 | 30 | 30 | 31 | 3 | 31 | 1 | 2 | 2 | 3 | 3 | 4 | 5 | 5 | 6 | 6 10 | 7 9 | 5正 | 6十二 |
| 27 | 27 | 28 | 28 | 29 | 30 | 30 | 31 | 5 | 4 | 2 | 2 | 2 | 3 | 3 | 4 | 4 | 5 | 6 | 6 | 7 | 7 | 8 | 6 8 | 7 7 |
| 28 | 28 | 29 | 29 | 30 | 31 | 7 | 6 | 2 | 2 | 3 | 2 | 3 | 4 | 4 | 5 | 5 | 6 | 7 | 7 | 8 | 8 | 9 | 7 | 8 |
| 29 | 29 | 30 | 30 | 31 | 8 | 2 | 2 | 3 | 3 | 4 | 3 | 4 | 5 | 5 | 6 | 6 | 7 | 8 | 8 | 9 | 9 | 10 | 8 | 9 |
| 30 | 30 | 31 | 10 | 9 | 2 | 3 | 3 | 4 | 4 | 5 | 4 | 5 | 6 | 6 | 7 | 7 | 8 | 9 | 9 | 10 | 10 | 11 | 9 | 10 |
| 31 | 12 | 11 | 2 | 2 | 3 | 4 | 4 | 5 | 5 | 6 | 5 | 6 | 7 | 7 | 8 | 8 | 9 | 10 | 10 | 11 | 11 | 12 | 10 | 11 |
| 日 | 2 | 2 | 3 | 3 | 4 | 5 | 5 | 6 | 6 | 7 | 6 | 7 | 8 | 8 | 9 | 9 | 10 | 11 | 11 | 12 | 12 | 13 | 11 | 12 |
| 曜 | 3 | 3 | 4 | 4 | 5 | 6 | 6 | 7 | 7 | 8 | 7 | 8 | 9 | 9 | 10 | 10 | 11 | 12 | 12 | 13 | 13 | 14 | 12 | 13 |
| 表 | 4 | 4 | 5 | 5 | 6 | 7 | 7 | 8 | 8 | 9 | 8 | 9 | 10 | 10 | 11 | 11 | 12 | 13 | 13 | 14 | 14 | 15 | 13 | 14 |
| 1 | 5 | 5 | 6 | 6 | 7 | 8 | 8 | 9 | 9 | 10 | 9 | 10 | 11 | 11 | 12 | 12 | 13 | 14 | 14 | 15 | 15 | 16 | 14 | 15 |
| 甲 | 6 | 6 | 7 | 7 | 8 | 9 | 9 | 10 | 10 | 11 | 10 | 11 | 12 | 12 | 13 | 13 | 14 | 15 | 15 | 16 | 16 | 17 | 15 | 16 |
| 子 | 7 | 7 | 8 | 8 | 9 | 10 | 10 | 11 | 11 | 12 | 11 | 12 | 13 | 13 | 14 | 14 | 15 | 16 | 16 | 17 | 17 | 18 | 16 | 17 |
| 表 | 8 | 8 | 9 | 9 | 10 | 11 | 11 | 12 | 12 | 13 | 12 | 13 | 14 | 14 | 15 | 15 | 16 | 17 | 17 | 18 | 18 | 19 | 17 | 18 |
| 10 | 9 | 9 | 10 | 10 | 11 | 12 | 12 | 13 | 13 | 14 | 13 | 14 | 15 | 15 | 16 | 16 | 17 | 18 | 18 | 19 | 19 | 20 | 18 | 19 |
| | 10 | 10 | 11 | 11 | 12 | 13 | 13 | 14 | 14 | 15 | 14 | 15 | 16冬 | 16 | 17 | 17 | 18 | 19 | 19 | 20 | 20 | 21 | 19 | 20 |

中西回史日曆

卷二 宋遼

二二

勵耘書屋

一〇八二 壬戌 宋元豐五 遼太康八 475

一〇八一 辛酉 宋元豐四 遼太康七 474

| | | | | | | | | | | | | | | | | | | | | | | | |
|---|---|---|---|---|---|---|---|---|---|---|---|---|---|---|---|---|---|---|---|---|---|---|---|
| 22 | 23 | 23 | 24 | 25 | 25 | 26 | 26 | 27 | 25 | 26 | 27 | 27 | 28 | 28 | 29 | 30 | 30 | 31 | **5** | **4** | 2 | 31 | **1** |
| 23土 | 24十 | 24 | 25 | 26 | 26 | 27 | 27 | 28 | 26 | 27 | 28 | 28 | 29 | 29 | 30 | 31 | **7** | **6** | 2 | 2 | 3 | **2** | 2 |
| 24 | 25 | 25九 | 26 | 27 | 27 | 28 | 28 | 29 | 27 | 28 | 29 | 29 | 30 | 30 | 31 | **8** | 2 | 2 | 3 | 3 | 4 | 2 | 3 |
| 25 7 | 26 | 26 | 27八 | 28七 | 28 | 29 | 29 | 30 | 28 | 29 | 30 | 30 | 31 | **10** | **9** | 2 | 3 | 3 | 4 | 4 | 5 | 3 | 4 |
| 26 | 27 6 | 27 5 | 28 | 29 | 29六 | 30五 | 30 | 31 | **3** | 30 | 31 | **12** | **11** | 2 | 2 | 3 | 4 | 4 | 5 | 5 | 6 | 4 | 5 |
| 27 | 28 | 28 | 29 4 | 30 3 | 30 | 31 | **5**四 | **4**三 | 2 | 31 | **1** | 2 | 2 | 3 | 3 | 4 | 5 | 5 | 6 | 6 | 7 | 5 | 6 |
| 28 | 29 | 29 | 30 | 31 | **7** 2 | **6** 1 | 2 12 | 2 11 | 3二 | **2**正 | 2兰 | 3土 | 3 | 4 | 4 | 5 | 6 | 6 | 7 | 7 | 8 | 6 | 7 |
| 29 | 30 | 30 | 31 | **8** | 2 | 2 | 3 | 3 | 4 10 | 2 9 | 3 | 4 | 4十 | 5九 | 5 | 6 | 7 | 7 | 8 | 8 | 9 | 7 | 8 |
| 30 | 31 | **10** | **9** | 2 | 3 | 3 | 4 | 4 | 5 | 3 | 4 8 | 5 7 | 5 | 6 | 6八 | 7 | 8 | 8 | 9 | 9 | 10 | 8 | 9 |
| **12** | **11** | 2 | 2 | 3 | 4 | 4 | 5 | 5 | 6 | 4 | 5 | 6 | 6 6 | 7 5 | 7 | 8七 | 9六 | 9 | 10 | 10 | 11 | 9 | 10 |
| 2 | 2 | 3 | 3 | 4 | 5 | 5 | 6 | 6 | 7 | 5 | 6 | 7 | 7 | 8 | 8 4 | 9 3 | 10 | 10五 | 11 | 11 | 12 | 10 | 11 |
| 3 | 3 | 4 | 4 | 5 | 6 | 6 | 7 | 7 | 8 | 6 | 7 | 8 | 8 | 9 | 9 | 10 | 11 2 | 11 1 | 12四 | 12三 | 13二 | 11 | 12 |
| 4 | 4 | 5 | 5 | 6 | 7 | 7 | 8 | 8 | 9 | 7 | 8 | 9 | 9 | 10 | 10 | 11 | 12 | 12 | 13 12 | 13 11 | 14 | 12正 | 13兰 |
| 5 | 5 | 6 | 6 | 7 | 8 | 8 | 9 | 9 | 10 | 8 | 9 | 10 | 10 | 11 | 11 | 12 | 13 | 13 | 14 | 14 | 15 10 | 13 9 | 14 |
| 6 | 6 | 7 | 7 | 8 | 9 | 9 | 10 | 10 | 11 | 9 | 10 | 11 | 11 | 12 | 12 | 13 | 14 | 14 | 15 | 15 | 16 | 14 | 15 8 |
| 7 | 7 | 8 | 8 | 9 | 10 | 10 | 11 | 11 | 12 | 10 | 11 | 12 | 12 | 13 | 13 | 14 | 15 | 15 | 16 | 16 | 17 | 15 | 16 |
| 8 | 8 | 9 | 9 | 10 | 11 | 11 | 12 | 12 | 13 | 11 | 12 | 13 | 13 | 14 | 14 | 15 | 16 | 16 | 17 | 17 | 18 | 16 | 17 |
| 9 | 9 | 10 | 10 | 11 | 12 | 12 | 13 | 13 | 14 | 12 | 13 | 14 | 14 | 15 | 15 | 16 | 17 | 17 | 18 | 18 | 19 | 17 | 18 |
| 10 | 10 | 11 | 11 | 12 | 13 | 13 | 14 | 14 | 15 | 13 | 14 | 15冬 | 15 | 16 | 16 | 17 | 18 | 18 | 19 | 19 | 20 | 18 | 19 |
| 11 | 11 | 12 | 12 | 13 | 14 | 14 | 15 | 15 | 16 | 14 | 15 | 16 | 16 | 17 | 17 | 18 | 19 | 19 | 20 | 20 | 21 | 19 | 20 |
| 12 | 12 | 13 | 13 | 14 | 15 | 15 | 16 | 16 | 17 | 15 | 16 | 17 | 17 | 18 | 18 | 19 | 20 | 20 | 21 | 21 | 22 | 20 | 21 |
| 13 | 13 | 14 | 14 | 15 | 16 | 16 | 17 | 17 | 18 | 16 | 17 | 18 | 18 | 19 | 19 | 20 | 21 | 21 | 22 | 22 | 23 | 21 | 22 |
| 14 | 14 | 15 | 15 | 16 | 17 | 17 | 18 | 18 | 19 | 17 | 18 | 19 | 19 | 20 | 20 | 21 | 22 | 22 | 23 | 23 | 24 | 22 | 23 |
| 15冬 | 15 | 16 | 16 | 17 | 18 | 18 | 19 | 19 | 20 | 18 | 19 | 20 | 20 | 21 | 21 | 22 | 23 | 23 | 24 | 24 | 25 | 23 | 24 |
| 16 | 16 | 17 | 17 | 18 | 19 | 19 | 20 | 20 | 21 | 19 | 20 | 21 | 21 | 22 | 22 | 23 | 24 | 24 | 25 | 25 | 26 | 24 | 25 |
| 17 | 17 | 18 | 18 | 19 | 20 | 20 | 21 | 21 | 22 | 20 | 21 | 22 | 22 | 23 | 23 | 24 | 25 | 25 | 26 | 26 | 27 | 25 | 26 |
| 18 | 18 | 19 | 19 | 20 | 21 | 21 | 22 | 22 | 23 | 21 | 22 | 23 | 23 | 24 | 24 | 25 | 26 | 26 | 27 | 27 | 28 | 26 | 27 |
| 19 | 19 | 20 | 20 | 21 | 22 | 22 | 23 | 23 | 24 | 22 | 23 | 24 | 24 | 25 | 25 | 26 | 27 | 27 | 28 | 28 | 29 | 27 | 28 |
| 20 | 20 | 21 | 21 | 22 | 23 | 23 | 24 | 24 | 25 | 23 | 24 | 25 | 25 | 26 | 26 | 27 | 28 | 28 | 29 | 29 | 30 | 28 | 29 |
| 21 | 21 | 22 | 22 | 23 | 24 | 24 | 25 | 25 | 26 | 24 | 25 | 26 | 26 | 27 | 27 | 28 | 29 | 29 | 30 | 30 | 31 | **3** | 30 |

一〇八三 癸亥 宋元豐六 遼太康九

476

一〇八四 甲子 宋元豐七 遼太康一〇

477

| | | | | | | | | | | | | | | | | | | | | | | | | |
|---|---|---|---|---|---|---|---|---|---|---|---|---|---|---|---|---|---|---|---|---|---|---|---|---|
| 11 | 11 | 12 | 12 | 13 | 14 | 14 | 15 | 15 | 16 | 15 | 16 | 17 | 17 | 18 | 18 | 19 | 20 | 20 | 2 21 | 1 21 | 22 | 20 | 二 21 | 正 22 十二 |
| 12 | 12 | 13 | 13 | 14 | 15 | 15 | 16 | 16 | 17 | 16 | 17 | 18 | 18 | 19 | 19 | 20 | 21 | 21 | 22 | 22 | 12 23 | 11 21 | 22 | 23 |
| 13 | 13 | 14 | 14 | 15 | 16 | 16 | 17 | 17 | 18 | 17 | 18 | 19 | 19 | 20 | 20 | 21 | 22 | 22 | 23 | 23 | 24 | 22 | 10 23 | 9 24 |
| 14 | 14 | 15 | 15 | 16 | 17 | 17 | 18 | 18 | 19 | 18 | 19 | 20 | 20 | 21 | 21 | 22 | 23 | 23 | 24 | 24 | 25 | 23 | 24 | 25 8 |
| 15 | 冬 15 | 16 | 16 | 17 | 18 | 18 | 19 | 19 | 20 | 19 | 20 | 21 | 21 | 22 | 22 | 23 | 24 | 24 | 25 | 25 | 26 | 24 | 25 | 26 |
| 16 | 16 | 17 | 17 | 18 | 19 | 19 | 20 | 20 | 21 | 20 | 21 | 22 | 22 | 23 | 23 | 24 | 25 | 25 | 26 | 26 | 27 | 25 | 26 | 27 |
| 17 | 17 | 18 | 18 | 19 | 20 | 20 | 21 | 21 | 22 | 21 | 22 | 23 | 23 | 24 | 24 | 25 | 26 | 26 | 27 | 27 | 28 | 26 | 27 | 28 |
| 18 | 18 | 19 | 19 | 20 | 21 | 21 | 22 | 22 | 23 | 22 | 23 | 24 | 24 | 25 | 25 | 26 | 27 | 27 | 28 | 28 | 29 | 27 | 28 | 29 |
| 19 | 19 | 20 | 20 | 21 | 22 | 22 | 23 | 23 | 24 | 23 | 24 | 25 | 25 | 26 | 26 | 27 | 28 | 28 | 29 | 29 | 30 | 28 | 29 | 30 |
| 20 | 20 | 21 | 21 | 22 | 23 | 23 | 24 | 24 | 25 | 24 | 25 | 26 | 26 | 27 | 27 | 28 | 29 | 29 | 30 | 30 | 31 | 3 | 30 | 31 |
| 21 | 21 | 22 | 22 | 23 | 24 | 24 | 25 | 25 | 26 | 25 | 26 | 27 | 27 | 28 | 28 | 29 | 30 | 30 | 31 | 5 | 4 | 2 | 31 | 1 |
| 22 | 22 | 23 | 23 | 24 | 25 | 25 | 26 | 26 | 27 | 26 | 27 | 28 | 28 | 29 | 29 | 30 | 31 | 7 | 6 | 2 | 2 | 3 | 2 | 2 |
| 23 | 23 | 24 | 24 | 25 | 26 | 26 | 27 | 27 | 28 | 27 | 28 | 29 | 29 | 30 | 30 | 31 | 8 | 2 | 2 | 3 | 3 | 4 | 2 | 3 |
| 24 | 24 | 25 | 25 | 26 | 27 | 27 | 28 | 28 | 29 | 28 | 29 | 30 | 30 | 31 | 10 | 9 | 2 | 3 | 3 | 4 | 4 | 5 | 3 | 4 |
| 25 | 25 | 26 | 26 | 27 | 28 | 28 | 29 | 29 | 30 | 29 | 30 | 31 | 12 | 11 | 2 | 2 | 3 | 4 | 4 | 5 | 5 | 6 | 4 | 5 |
| 26 | 26 | 27 | 27 | 28 | 29 | 29 | 30 | 30 | 31 | 3 | 31 | 1 | 2 | 2 | 3 | 3 | 4 | 5 | 5 | 6 | 6 | 7 | 5 | 6 |
| 27 | 27 | 28 | 28 | 29 | 30 | 30 | 31 | 5 | 4 | 2 | 2 | 2 | 3 | 3 | 4 | 4 | 5 | 6 | 6 | 7 | 7 | 8 | 6 | 7 |
| 28 | 28 | 29 | 29 | 30 | 31 | 7 | 6 | 2 | 2 | 3 | 2 | 3 | 4 | 4 | 5 | 5 | 6 | 7 | 7 | 8 | 8 | 9 | 7 | 8 |
| 29 | 29 | 30 | 30 | 31 | 8 | 2 | 2 | 3 | 3 | 4 | 3 | 4 | 5 | 5 | 6 | 6 | 7 | 8 | 8 | 9 | 9 | 10 | 8 | 9 |
| 30 | 十二 30 | 31 | 10 | 9 | 2 | 3 | 3 | 4 | 4 | 5 | 4 | 5 | 6 | 6 | 7 | 7 | 8 | 9 | 9 | 10 | 10 | 11 | 9 | 10 |
| 31 | 12 | 十一 11 | 十 2 | 2 | 3 | 4 | 4 | 5 | 5 | 6 | 5 | 6 | 7 | 7 | 8 | 8 | 9 | 10 | 10 | 11 | 11 | 12 | 10 | 11 |
| 日 | 2 | 2 | 3 | 九 3 | 八 4 | 七 5 | 5 | 6 | 6 | 7 | 6 | 7 | 8 | 8 | 9 | 9 | 10 | 11 | 11 | 12 | 12 | 13 | 11 | 12 |
| 曜 | 3 | 8 3 | 7 4 | 4 | 5 | 6 | 六 6 | 五 7 | 7 | 8 | 7 | 8 | 9 | 9 | 10 | 10 | 11 | 12 | 12 | 13 | 13 | 14 | 12 | 13 |
| 表 | 4 | 4 | 5 | 6 5 | 5 6 | 7 | 7 | 8 | 四 8 | 三 9 | 二 8 | 9 | 10 | 10 | 11 | 11 | 12 | 13 | 13 | 14 | 14 | 15 | 13 | 14 |
| 2 | 5 | 5 | 6 | 6 | 7 | 4 8 | 3 8 | 9 | 9 | 10 | 9 | 正 10 | 十二 11 | 11 | 12 | 12 | 13 | 14 | 14 | 15 | 15 | 16 | 14 | 15 |
| 甲 | 6 | 6 | 7 | 7 | 8 | 9 | 9 | 2 10 | 1 10 | 12 11 | 11 10 | 11 | 12 | 十一 12 | 13 | 13 | 14 | 15 | 15 | 16 | 16 | 17 | 15 | 16 |
| 子 | 7 | 7 | 8 | 8 | 9 | 10 | 10 | 11 | 11 | 12 | 11 | 10 12 | 9 13 | 13 | 十 14 | 九 14 | 15 | 16 | 16 | 17 | 17 | 18 | 16 | 17 |
| 表 | 8 | 8 | 9 | 9 | 10 | 11 | 11 | 12 | 12 | 13 | 12 | 13 | 14 | 8 14 | 7 15 | 15 | 八 16 | 七 17 | 17 | 18 | 18 | 19 | 17 | 18 |
| 11 | 9 | 9 | 10 | 10 | 11 | 12 | 12 | 13 | 13 | 14 | 13 | 14 | 15 | 15 | 16 | 6 16 | 5 17 | 18 | 闰 18 | 六 19 | 19 | 20 | 18 | 19 |
| | 10 | 10 | 11 | 11 | 12 | 13 | 13 | 14 | 14 | 15 | 14 | 15 | 16 | 冬 16 | 17 | 17 | 18 | 4 19 | 3 19 | 20 | 五 20 | 四 21 | 三 19 | 20 |

| 一〇八六 丙寅 宋元祐元 哲宗 遼大安二 479 | | | | | | | | | | | | 一〇八五 乙丑 宋元豐八 遼大安元 478 | | | | | | | | | | | |
|---|---|---|---|---|---|---|---|---|---|---|---|---|---|---|---|---|---|---|---|---|---|---|---|
| 22 | 23 | 23 | 24 | 25 | 25 | 26 | 26 | 27 | 25 | 26 | 27 | 27 | 28 | 28 | 29 | 30 | 30 | 31 | **5** | **4** | 2 | 31 10 | **1** 9 |
| 23 | 24 | 24 | 25 | 26 | 26 | 27 | 27 | 28 | 26 | 27 | 28 | 28 | 29 | 29 | 30 | 31 | **7** | **6** | 2 | 2 | 3 | **2** | 2 |
| 24 | 25 | 25 | 26 | 27 | 27 | 28 | 28 | 29 | 27 | 28 | 29 | 29 | 30 | 30 | 31 | **8** | 2 | 2 | 3 | 3 | 4 | 2 | 3 |
| 25 | 26 | 26 | 27 | 28 | 28 | 29 | 29 | 30 | 28 | 29 | 30 | 30 | 31 | **10** | **9** | 2 | 3 | 3 | 4 | 4 | 5 | 3 | 4 |
| 26 | 27 | 27 | 28 | 29 | 29 | 30 | 30 | 31 | **3** | 30 | 31 | **12** | **11** | 2 | 2 | 3 | 4 | 4 | 5 | 5 | 6 | **4** | 5 |
| 27 | 28 | 28 | 29 | 30 | 30 | 31 | **5** | **4** | 2 | 31 | **1** | 2 | 2 | 3 | 3 | 4 | 5 | 5 | 6 | 6 | 7 | 5 | 6 |
| 28 | 29 | 29 | 30 | 31 | **7** | **6** | 2 | 2 | 3 | **2** | 2 | 3 | 3 | 4 | 4 | 5 | 6 | 6 | 7 | 7 | 8 | 6 | 7 |
| 29 | 30 | 30 | 31 | **8** | 2 | 2 | 3 | 3 | 4 | 2 | 3 | 4 | 4 | 5 | 5 | 6 | 7 | 7 | 8 | 8 | 9 | 7 | 8 |
| 30 | 31 | **10** | **9** | 2 | 3 | 3 | 4 | 4 | 5 | 3 | 4 | 5 | 5 | 6 | 6 | 7 | 8 | 8 | 9 | 9 | 10 | 8 | 9 |
| **12** | **11** | 2 | 2 | 3 | 4 | 4 | 5 | 5 | 6 | 4 | 5 | 6 | 6 | 7 | 7 | 8 | 9 | 9 | 10 | 10 | 11 | 9 | 10 |
| 2 | 2 | 3 | 3 | 4 | 5 | 5 | 6 | 6 | 7 | 5 | 6 | 7 | 7 | 8 | 8 | 9 | 10 | 10 | 11 | 11 | 12 | 10 | 11 |
| 3 | 3 | 4 | 4 | 5 | 6 | 6 | 7 | 7 | 8 | 6 | 7 | 8 | 8 | 9 | 9 | 10 | 11 | 11 | 12 | 12 | 13 | 11 | 12 |
| 4 | 4 | 5 | 5 | 6 | 7 | 7 | 8 | 8 | 9 | 7 | 8 | 9 | 9 | 10 | 10 | 11 | 12 | 12 | 13 | 13 | 14 | 12 | 13 |
| 5 | 5 | 6 | 6 | 7 | 8 | 8 | 9 | 9 | 10 | 8 | 9 | 10 | 10 | 11 | 11 | 12 | 13 | 13 | 14 | 14 | 15 | 13 | 14 |
| 6 | 6 | 7 | 7 | 8 | 9 | 9 | 10 | 10 | 11 | 9 | 10 | 11 | 11 | 12 | 12 | 13 | 14 | 14 | 15 | 15 | 16 | 14 | 15 |
| 7 | 7 | 8 | 8 | 9 | 10 | 10 | 11 | 11 | 12 | 10 | 11 | 12 | 12 | 13 | 13 | 14 | 15 | 15 | 16 | 16 | 17 | 15 | 16 |
| 8 | 8 | 9 | 9 | 10 | 11 | 11 | 12 | 12 | 13 | 11 | 12 | 13 | 13 | 14 | 14 | 15 | 16 | 16 | 17 | 17 | 18 | 16 | 17 |
| 9 十二 | 9 十 | 10 | 10 | 11 | 12 | 12 | 13 | 13 | 14 | 12 | 13 | 14 | 14 | 15 | 15 | 16 | 17 | 17 | 18 | 18 | 19 | 17 | 18 |
| 10 9 | 10 | 11 九 | 11 八 | 12 七 | 13 | 13 | 14 | 14 | 15 | 13 | 14 | 15 冬 | 15 | 16 | 16 | 17 | 18 | 18 | 19 | 19 | 20 | 18 | 19 |
| 11 | 11 8 | 12 7 | 12 | 13 | 14 六 | 14 五 | 15 | 15 | 16 | 14 | 15 | 16 | 16 | 17 | 17 | 18 | 19 | 19 | 20 | 20 | 21 | 19 | 20 |
| 12 | 12 | 13 | 13 6 | 14 5 | 15 | 15 | 16 四 | 16 三 | 17 | 15 | 16 | 17 | 17 | 18 | 18 | 19 | 20 | 20 | 21 | 21 | 22 | 20 | 21 |
| 13 | 13 | 14 | 14 | 15 | 16 4 | 16 3 | 17 | 17 | 18 閏 | 16 | 17 | 18 | 18 | 19 | 19 | 20 | 21 | 21 | 22 | 22 | 23 | 21 | 22 |
| 14 | 14 | 15 | 15 | 16 | 17 | 17 | 18 2 | 18 1 | 19 | 17 二 | 18 正 | 19 | 19 | 20 | 20 | 21 | 22 | 22 | 23 | 23 | 24 | 22 | 23 |
| 15 冬 | 15 | 16 | 16 | 17 | 18 | 18 | 19 | 19 | 20 12 | 18 11 | 19 | 20 十二 | 20 十一 | 21 | 21 | 22 | 23 | 23 | 24 | 24 | 25 | 23 | 24 |
| 16 | 16 | 17 | 17 | 18 | 19 | 19 | 20 | 20 | 21 | 19 | 20 10 | 21 9 | 21 | 22 十 | 22 九 | 23 八 | 24 | 24 | 25 | 25 | 26 | 24 | 25 |
| 17 | 17 | 18 | 18 | 19 | 20 | 20 | 21 | 21 | 22 | 20 | 21 | 22 | 22 8 | 23 7 | 23 | 24 | 25 七 | 25 六 | 26 五 | 26 | 27 | 25 | 26 |
| 18 | 18 | 19 | 19 | 20 | 21 | 21 | 22 | 22 | 23 | 21 | 22 | 23 | 23 | 24 | 24 6 | 25 5 | 26 | 26 | 27 | 27 四 | 28 三 | 26 | 27 |
| 19 | 19 | 20 | 20 | 21 | 22 | 22 | 23 | 23 | 24 | 22 | 23 | 24 | 24 | 25 | 25 | 26 | 27 4 | 27 3 | 28 | 28 | 29 | 27 二 | 28 |
| 20 | 20 | 21 | 21 | 22 | 23 | 23 | 24 | 24 | 25 | 23 | 24 | 25 | 25 | 26 | 26 | 27 | 28 | 28 | 29 2 | 29 1 | 30 | 28 | 29 正 |
| 21 | 21 | 22 | 22 | 23 | 24 | 24 | 25 | 25 | 26 | 24 | 25 | 26 | 26 | 27 | 27 | 28 | 29 | 29 | 30 | 30 | 31 12 | **3** 11 | 30 |

一二一

勵耘書屋

一〇八八 戊辰 宋元祐三 遼大安四

481

一〇八七 丁卯 宋元祐二 遼大安三

480

| | | | | | | | | | | | | | | | | | | | | | | | | |
|---|---|---|---|---|---|---|---|---|---|---|---|---|---|---|---|---|---|---|---|---|---|---|---|---|
| 11 | 11 | 12 | 12 | 13 | 14 | 14 | 15 | 15 | 16 | 15 | 16 | 17 | 17 | 18 | 18 | 19 | 20 | 20 | 21 | 21 | 22 | 20 | 21 | 22 |
| 12 | 12 | 13 | 13 | 14 | 15 | 15 | 16 | 16 | 17 | 16 | 17 | 18 | 18 | 19 | 19 | 20 | 21 | 21 | 22 | 22 | 23 | 21 | 22 | 23 |
| 13 | 13 | 14 | 14 | 15 | 16 | 16 | 17 | 17 | 18 | 17 | 18 | 19 | 19 | 20 | 20 | 21 | 22 | 22 | 23 | 23 | 24 | 22 | 23 | 24 |
| 14 | 14 | 15 | 15 | 16 | 17 | 17 | 18 | 18 | 19 | 18 | 19 | 20 | 20 | 21 | 21 | 22 | 23 | 23 | 24 | 24 | 25 | 23 | 24 | 25 |
| 15 | 冬15 | 16 | 16 | 17 | 18 | 18 | 19 | 19 | 20 | 19 | 20 | 21 | 21 | 22 | 22 | 23 | 24 | 24 | 25 | 25 | 26 | 24 | 25 | 26 |
| 16 | 十二16 | 十一17 | 十17 | 18 | 19 | 19 | 20 | 20 | 21 | 20 | 21 | 22 | 22 | 23 | 23 | 24 | 25 | 25 | 26 | 26 | 27 | 25 | 26 | 27 |
| 17 | 17 | 18 | 18 | 九19 | 八20 | 20 | 21 | 21 | 22 | 21 | 22 | 23 | 23 | 24 | 24 | 25 | 26 | 26 | 27 | 27 | 28 | 26 | 27 | 28 |
| 18 | 10 18 | 9 19 | 19 | 20 | 21 | 七21 | 22 | 22 | 23 | 22 | 23 | 24 | 24 | 25 | 25 | 26 | 27 | 27 | 28 | 28 | 29 | 27 | 28 | 29 |
| 19 | 19 | 20 | 8 20 | 7 21 | 22 | 22 | 六23 | 五23 | 24 | 23 | 24 | 25 | 25 | 26 | 26 | 27 | 28 | 28 | 29 | 29 | 30 | 28 | 29 | 30 |
| 20 | 20 | 21 | 21 | 22 | 6 23 | 5 23 | 24 | 24 | 四25 | 24 | 25 | 26 | 26 | 27 | 27 | 28 | 29 | 29 | 30 | 30 | 31 | **3** | 30 | 31 |
| 21 | 21 | 22 | 22 | 23 | 24 | 24 | 4 25 | 3 25 | 26 | 三25 | 二26 | 27 | 27 | 28 | 28 | 29 | 30 | 30 | 31 | **5** | **4** | 2 | 31 | **1** |
| 22 | 22 | 23 | 23 | 24 | 25 | 25 | 26 | 26 | 2 27 | 1 26 | 27 | 正28 | 十二28 | 十一29 | 十29 | 30 | 31 | **7** | **6** | 2 | 2 | 3 | **2** | 2 |
| 23 | 23 | 24 | 24 | 25 | 26 | 26 | 27 | 27 | 28 | 27 | 12 28 | 11 29 | 29 | 30 | 30 | 九31 | 八**8** | 七2 | 2 | 3 | 3 | 4 | 2 | 3 |
| 24 | 24 | 25 | 25 | 26 | 27 | 27 | 28 | 28 | 29 | 28 | 29 | 30 | 10 30 | 9 31 | **10** | **9** | 2 | 3 | 六3 | 4 | 4 | 5 | 3 | 4 |
| 25 | 25 | 26 | 26 | 27 | 28 | 28 | 29 | 29 | 30 | 29 | 30 | 31 | **12** | **11** | 8 2 | 7 2 | 3 | 4 | 4 | 五5 | 四5 | 6 | 4 | 5 |
| 26 | 26 | 27 | 27 | 28 | 29 | 29 | 30 | 30 | 31 | **3** | 31 | **1** | 2 | 2 | 3 | 3 | 6 4 | 5 5 | 5 | 6 | 6 | 三7 | 5 | 6 |
| 27 | 27 | 28 | 28 | 29 | 30 | 30 | 31 | **5** | **4** | 2 | **2** | 2 | 3 | 3 | 4 | 4 | 5 | 6 | 4 6 | 3 7 | 7 | 8 | 二6 | 正7 |
| 28 | 28 | 29 | 29 | 30 | 31 | **7** | **6** | 2 | 2 | 3 | 2 | 3 | 4 | 4 | 5 | 5 | 6 | 7 | 7 | 8 | 2 8 | 1 9 | 12 7 | 11 8 十二 |
| 29 | 29 | 30 | 30 | 31 | **8** | 2 | 2 | 3 | 3 | 4 | 3 | 4 | 5 | 5 | 6 | 6 | 7 | 8 | 8 | 9 | 9 | 10 | 8 | 9 10 |
| 30 | 30 | 31 | **10** | **9** | 2 | 3 | 3 | 4 | 4 | 5 | 4 | 5 | 6 | 6 | 7 | 7 | 8 | 9 | 9 | 10 | 10 | 11 | 9 | 10 |
| 31 | **12** | **11** | 2 | 2 | 3 | 4 | 4 | 5 | 5 | 6 | 5 | 6 | 7 | 7 | 8 | 8 | 9 | 10 | 10 | 11 | 11 | 12 | 10 | 11 |
| 日 | 2 | 2 | 3 | 3 | 4 | 5 | 5 | 6 | 6 | 7 | 6 | 7 | 8 | 8 | 9 | 9 | 10 | 11 | 11 | 12 | 12 | 13 | 11 | 12 |
| 曜 | 3 | 3 | 4 | 4 | 5 | 6 | 6 | 7 | 7 | 8 | 7 | 8 | 9 | 9 | 10 | 10 | 11 | 12 | 12 | 13 | 13 | 14 | 12 | 13 |
| 表 | 4 | 4 | 5 | 5 | 6 | 7 | 7 | 8 | 8 | 9 | 8 | 9 | 10 | 10 | 11 | 11 | 12 | 13 | 13 | 14 | 14 | 15 | 13 | 14 |
| 3 | 5 | 5 | 6 | 6 | 7 | 8 | 8 | 9 | 9 | 10 | 9 | 10 | 11 | 11 | 12 | 12 | 13 | 14 | 14 | 15 | 15 | 16 | 14 | 15 |
| 甲 | 6 | 6 | 7 | 7 | 8 | 9 | 9 | 10 | 10 | 11 | 10 | 11 | 12 | 12 | 13 | 13 | 14 | 15 | 15 | 16 | 16 | 17 | 15 | 16 |
| 子 | 7 | 7 | 8 | 8 | 9 | 10 | 10 | 11 | 11 | 12 | 11 | 12 | 13 | 13 | 14 | 14 | 15 | 16 | 16 | 17 | 17 | 18 | 16 | 17 |
| 表 | 8 | 8 | 9 | 9 | 10 | 11 | 11 | 12 | 12 | 13 | 12 | 13 | 14 | 14 | 15 | 15 | 16 | 17 | 17 | 18 | 18 | 19 | 17 | 18 |
| 12 | 9 | 9 | 10 | 10 | 11 | 12 | 12 | 13 | 13 | 14 | 13 | 14 | 15 | 15 | 16 | 16 | 17 | 18 | 18 | 19 | 19 | 20 | 18 | 19 |
| | 10 | 10 | 11 | 11 | 12 | 13 | 13 | 14 | 14 | 15 | 14 | 15 | 16 | 冬16 | 17 | 17 | 18 | 19 | 19 | 20 | 20 | 21 | 19 | 20 |

一〇八九 己巳 宋元祐四 遼大安五 482

一〇九〇 庚午 宋元祐五 遼大安六 483

| | | | | | | | | | | | | | | | | | | | | | | | |
|---|---|---|---|---|---|---|---|---|---|---|---|---|---|---|---|---|---|---|---|---|---|---|---|
| 22 | 23 | 23 | 24 | 25 | 25 | 26 | 26 | 27 | 25 | 26 | 27 | 27 | 28 | 28 | 29 | 30 | 30 | 31 | 5 | 4 | 2 | 31 | 1 |
| 23 | 24 | 24 | 25 | 26 | 26 | 27 | 27 | 28 | 26 | 27 | 28 | 28 | 29 | 29 | 30 | 31 | 7 | 6 | 2 | 2 | 3 | 2 | 2 |
| 24 | 十一 25 | 25 | 26 | 27 | 27 | 28 | 28 | 29 | 27 | 28 | 29 | 29 | 30 | 30 | 31 | 8 | 2 | 2 | 3 | 3 | 4 | 2 | 3 |
| 25 | 26 | 十 26 | 九 27 | 28 | 28 | 29 | 29 | 30 | 28 | 29 | 30 | 30 | 31 | 10 | 9 | 2 | 3 | 3 | 4 | 4 | 5 | 3 | 4 |
| 26 | 27 | 27 | 28 | 八 29 | 29 | 30 | 30 | 31 | 3 | 30 | 31 | 12 | 11 | 2 | 2 | 3 | 4 | 4 | 5 | 5 | 6 | 4 | 5 |
| 27 | 10 28 | 9 28 | 29 | 30 | 七 30 | 六 31 | 5 | 4 | 2 | 31 | 1 | 2 | 2 | 3 | 3 | 4 | 5 | 5 | 6 | 6 | 7 | 5 | 6 |
| 28 | 29 | 29 | 8 30 | 7 31 | 7 | 6 | 五 2 | 2 | 3 | 2 | 2 | 3 | 3 | 4 | 4 | 5 | 6 | 6 | 7 | 7 | 8 | 6 | 7 |
| 29 | 30 | 30 | 31 | 8 | 6 2 | 5 2 | 3 | 四 3 | 三 4 | 二 2 | 3 | 4 | 4 | 5 | 5 | 6 | 7 | 7 | 8 | 8 | 9 | 7 | 8 |
| 30 | 31 | 10 | 9 | 2 | 3 | 3 | 4 4 | 3 4 | 5 | 3 | 正 4 | 十二 5 | 十一 5 | 十 6 | 6 | 7 | 8 | 8 | 9 | 9 | 10 | 8 | 9 |
| 12 | 11 | 2 | 2 | 3 | 4 | 4 | 5 | 5 | 2 6 | 1 4 | 12 5 | 11 6 | 6 | 7 | 九 7 | 八 8 | 9 | 9 | 10 | 10 | 11 | 9 | 10 |
| 2 | 2 | 3 | 3 | 4 | 5 | 5 | 6 | 6 | 7 | 5 | 6 | 7 | 10 7 | 9 8 | 8 | 9 | 七 10 | 10 | 11 | 11 | 12 | 10 | 11 |
| 3 | 3 | 4 | 4 | 5 | 6 | 6 | 7 | 7 | 8 | 6 | 7 | 8 | 8 | 9 | 8 9 | 7 10 | 11 | 六 11 | 五 12 | 12 | 13 | 11 | 12 |
| 4 | 4 | 5 | 5 | 6 | 7 | 7 | 8 | 8 | 9 | 7 | 8 | 9 | 9 | 10 | 10 | 11 | 6 12 | 5 12 | 13 | 四 13 | 14 | 12 | 13 |
| 5 | 5 | 6 | 6 | 7 | 8 | 8 | 9 | 9 | 10 | 8 | 9 | 10 | 10 | 11 | 11 | 12 | 13 | 13 | 4 14 | 3 14 | 三 15 | 二 13 | 正 14 |
| 6 | 6 | 7 | 7 | 8 | 9 | 9 | 10 | 10 | 11 | 9 | 10 | 11 | 11 | 12 | 12 | 13 | 14 | 14 | 15 | 15 | 2 16 | 1 14 | 15 閏 |
| 7 | 7 | 8 | 8 | 9 | 10 | 10 | 11 | 11 | 12 | 10 | 11 | 12 | 12 | 13 | 13 | 14 | 15 | 15 | 16 | 16 | 17 | 15 | 12 16 11 |
| 8 | 8 | 9 | 9 | 10 | 11 | 11 | 12 | 12 | 13 | 11 | 12 | 13 | 13 | 14 | 14 | 15 | 16 | 16 | 17 | 17 | 18 | 16 | 17 |
| 9 | 9 | 10 | 10 | 11 | 12 | 12 | 13 | 13 | 14 | 12 | 13 | 14 | 14 | 15 | 15 | 16 | 17 | 17 | 18 | 18 | 19 | 17 | 18 |
| 10 | 10 | 11 | 11 | 12 | 13 | 13 | 14 | 14 | 15 | 13 | 14 | 15 | 冬 15 | 16 | 16 | 17 | 18 | 18 | 19 | 19 | 20 | 18 | 19 |
| 11 | 11 | 12 | 12 | 13 | 14 | 14 | 15 | 15 | 16 | 14 | 15 | 16 | 16 | 17 | 17 | 18 | 19 | 19 | 20 | 20 | 21 | 19 | 20 |
| 12 | 12 | 13 | 13 | 14 | 15 | 15 | 16 | 16 | 17 | 15 | 16 | 17 | 17 | 18 | 18 | 19 | 20 | 20 | 21 | 21 | 22 | 20 | 21 |
| 13 | 13 | 14 | 14 | 15 | 16 | 16 | 17 | 17 | 18 | 16 | 17 | 18 | 18 | 19 | 19 | 20 | 21 | 21 | 22 | 22 | 23 | 21 | 22 |
| 14 | 14 | 15 | 15 | 16 | 17 | 17 | 18 | 18 | 19 | 17 | 18 | 19 | 19 | 20 | 20 | 21 | 22 | 22 | 23 | 23 | 24 | 22 | 23 |
| 15 | 冬 15 | 16 | 16 | 17 | 18 | 18 | 19 | 19 | 20 | 18 | 19 | 20 | 20 | 21 | 21 | 22 | 23 | 23 | 24 | 24 | 25 | 23 | 24 |
| 16 | 16 | 17 | 17 | 18 | 19 | 19 | 20 | 20 | 21 | 19 | 20 | 21 | 21 | 22 | 22 | 23 | 24 | 24 | 25 | 25 | 26 | 24 | 25 |
| 17 | 17 | 18 | 18 | 19 | 20 | 20 | 21 | 21 | 22 | 20 | 21 | 22 | 22 | 23 | 23 | 24 | 25 | 25 | 26 | 26 | 27 | 25 | 26 |
| 18 | 18 | 19 | 19 | 20 | 21 | 21 | 22 | 22 | 23 | 21 | 22 | 23 | 23 | 24 | 24 | 25 | 26 | 26 | 27 | 27 | 28 | 26 | 27 |
| 19 | 19 | 20 | 20 | 21 | 22 | 22 | 23 | 23 | 24 | 22 | 23 | 24 | 24 | 25 | 25 | 26 | 27 | 27 | 28 | 28 | 29 | 27 | 28 |
| 20 | 20 | 21 | 21 | 22 | 23 | 23 | 24 | 24 | 25 | 23 | 24 | 25 | 25 | 26 | 26 | 27 | 28 | 28 | 29 | 29 | 30 | 28 | 29 |
| 21 | 21 | 22 | 22 | 23 | 24 | 24 | 25 | 25 | 26 | 24 | 25 | 26 | 26 | 27 | 27 | 28 | 29 | 29 | 30 | 30 | 31 | 3 | 30 |

一〇九二 壬申 宋元祐七 遼大安八

485

一〇九一 辛未 宋元祐六 遼大安七

484

| | | | | | | | | | | | | | | | | | | | | | | | | |
|---|---|---|---|---|---|---|---|---|---|---|---|---|---|---|---|---|---|---|---|---|---|---|---|---|
| 11 | 11 | 12 | 12 | 13 | 14 | 14 | 15 | 15 | 16 | 15 | 16 | 17 | 17 | 18 | 18 | 8 19 | 7 20 | 20 | 六21 | 五21 | 22 | 20 | 21 | 22 |
| 12 | 12 | 13 | 13 | 14 | 15 | 15 | 16 | 16 | 17 | 16 | 17 | 18 | 18 | 19 | 19 | 20 | 21 | 6 21 | 5 22 | 22 | 四23 | 三21 | 二22 | 23 |
| 13 | 13 | 14 | 14 | 15 | 16 | 16 | 17 | 17 | 18 | 17 | 18 | 19 | 19 | 20 | 20 | 21 | 22 | 22 | 23 | 4 23 | 3 24 | 22 | 23 | 正24 十二 |
| 14 | 14 | 15 | 15 | 16 | 17 | 17 | 18 | 18 | 19 | 18 | 19 | 20 | 20 | 21 | 21 | 22 | 23 | 23 | 24 | 24 | 25 | 2 23 | 1 24 | 25 |
| 15 | 冬15 | 16 | 16 | 17 | 18 | 18 | 19 | 19 | 20 | 19 | 20 | 21 | 21 | 22 | 22 | 23 | 24 | 24 | 25 | 25 | 26 | 24 | 25 | 12 26 11 |
| 16 | 16 | 17 | 17 | 18 | 19 | 19 | 20 | 20 | 21 | 20 | 21 | 22 | 22 | 23 | 23 | 24 | 25 | 25 | 26 | 26 | 27 | 25 | 26 | 27 |
| 17 | 17 | 18 | 18 | 19 | 20 | 20 | 21 | 21 | 22 | 21 | 22 | 23 | 23 | 24 | 24 | 25 | 26 | 26 | 27 | 27 | 28 | 26 | 27 | 28 |
| 18 | 18 | 19 | 19 | 20 | 21 | 21 | 22 | 22 | 23 | 22 | 23 | 24 | 24 | 25 | 25 | 26 | 27 | 27 | 28 | 28 | 29 | 27 | 28 | 29 |
| 19 | 19 | 20 | 20 | 21 | 22 | 22 | 23 | 23 | 24 | 23 | 24 | 25 | 25 | 26 | 26 | 27 | 28 | 28 | 29 | 29 | 30 | 28 | 29 | 30 |
| 20 | 20 | 21 | 21 | 22 | 23 | 23 | 24 | 24 | 25 | 24 | 25 | 26 | 26 | 27 | 27 | 28 | 29 | 29 | 30 | 30 | 31 | 3 | 30 | 31 |
| 21 | 21 | 22 | 22 | 23 | 24 | 24 | 25 | 25 | 26 | 25 | 26 | 27 | 27 | 28 | 28 | 29 | 30 | 30 | 31 | 5 | 4 | 2 | 31 | 1 |
| 22 | 22 | 23 | 23 | 24 | 25 | 25 | 26 | 26 | 27 | 26 | 27 | 28 | 28 | 29 | 29 | 30 | 31 | 7 | 6 | 2 | 2 | 3 | 2 | 2 |
| 23 | 23 | 24 | 24 | 25 | 26 | 26 | 27 | 27 | 28 | 27 | 28 | 29 | 29 | 30 | 30 | 31 | 8 | 2 | 2 | 3 | 3 | 4 | 2 | 3 |
| 24 | 24 | 25 | 25 | 26 | 27 | 27 | 28 | 28 | 29 | 28 | 29 | 30 | 30 | 31 | 10 | 9 | 2 | 3 | 3 | 4 | 4 | 5 | 3 | 4 |
| 25 | 25 | 26 | 26 | 27 | 28 | 28 | 29 | 29 | 30 | 29 | 30 | 31 | 12 | 11 | 2 | 2 | 3 | 4 | 4 | 5 | 5 | 6 | 4 | 5 |
| 26 | 26 | 27 | 27 | 28 | 29 | 29 | 30 | 30 | 31 | 3 | 31 | 1 | 2 | 2 | 3 | 3 | 4 | 5 | 5 | 6 | 6 | 7 | 5 | 6 |
| 27 | 27 | 28 | 28 | 29 | 30 | 30 | 31 | 5 | 4 | 2 | 2 | 2 | 3 | 3 | 4 | 4 | 5 | 6 | 6 | 7 | 7 | 8 | 6 | 7 |
| 28 | 28 | 29 | 29 | 30 | 31 | 7 | 6 | 2 | 2 | 3 | 2 | 3 | 4 | 4 | 5 | 5 | 6 | 7 | 7 | 8 | 8 | 9 | 7 | 8 |
| 29 | 29 | 30 | 30 | 31 | 8 | 2 | 2 | 3 | 3 | 4 | 3 | 4 | 5 | 5 | 6 | 6 | 7 | 8 | 8 | 9 | 9 | 10 | 8 | 9 |
| 30 | 30 | 31 | 10 | 9 | 2 | 3 | 3 | 4 | 4 | 5 | 4 | 5 | 6 | 6 | 7 | 7 | 8 | 9 | 9 | 10 | 10 | 11 | 9 | 10 |
| 31 | 十二12 | 11 | 2 | 2 | 3 | 4 | 4 | 5 | 5 | 6 | 5 | 6 | 7 | 7 | 8 | 8 | 9 | 10 | 10 | 11 | 11 | 12 | 10 | 11 |
| 日 | 2 | 十一2 | 十3 | 3 | 4 | 5 | 5 | 6 | 6 | 7 | 6 | 7 | 8 | 8 | 9 | 9 | 10 | 11 | 11 | 12 | 12 | 13 | 11 | 12 |
| 曜 | 3 | 11 3 | 4 | 九4 | 5 | 6 | 6 | 7 | 7 | 8 | 7 | 8 | 9 | 9 | 10 | 10 | 11 | 12 | 12 | 13 | 13 | 14 | 12 | 13 |
| 表 | 4 | 4 | 10 5 | 9 5 | 八6 | 七7 | 7 | 8 | 8 | 9 | 8 | 9 | 10 | 10 | 11 | 11 | 12 | 13 | 13 | 14 | 14 | 15 | 13 | 14 |
| 4 | 5 | 5 | 6 | 6 | 8 7 | 7 8 | 六8 | 五9 | 四9 | 10 | 9 | 10 | 11 | 11 | 12 | 12 | 13 | 14 | 14 | 15 | 15 | 16 | 14 | 15 |
| 甲 | 6 | 6 | 7 | 7 | 8 | 9 | 6 9 | 5 10 | 10 | 三11 | 二10 | 正11 | 12 | 12 | 13 | 13 | 14 | 15 | 15 | 16 | 16 | 17 | 15 | 16 |
| 子 | 7 | 7 | 8 | 8 | 9 | 10 | 10 | 11 | 4 11 | 3 12 | 11 | 12 | 十二13 | 十一13 | 14 | 14 | 15 | 16 | 16 | 17 | 17 | 18 | 16 | 17 |
| 表 | 8 | 8 | 9 | 9 | 10 | 11 | 11 | 12 | 12 | 13 | 2 12 | 1 13 | 14 | 14 | 十15 | 九15 | 16 | 17 | 17 | 18 | 18 | 19 | 17 | 18 |
| 13 | 9 | 9 | 10 | 10 | 11 | 12 | 12 | 13 | 13 | 14 | 13 | 14 | 12 15 | 11 15 | 16 | 16 | 閏17 | 18 | 18 | 19 | 19 | 20 | 18 | 19 |
| | 10 | 10 | 11 | 11 | 12 | 13 | 13 | 14 | 14 | 15 | 14 | 15 | 16 | 冬16 | 10 17 | 9 17 | 18 | 八19 | 七19 | 20 | 20 | 21 | 19 | 20 |

一〇九三 癸酉 宋元祐八 遼大安九 486

一〇九四 甲戌 宋紹聖元（九月改） 遼大安一〇 487

| | | | | | | | | | | | | | | | | | | | | | | | |
|---|---|---|---|---|---|---|---|---|---|---|---|---|---|---|---|---|---|---|---|---|---|---|---|
| 22 | 23 | 23 | 24 | 25 | 25 | 26 | 26 | 27 | 25 | 26 | 27 | 27 | 28 | 28 | 29 | 30 | 30 | 31 | **5** 4 | **4** 3 | 2 | 31 | **1** |
| 23 | 24 | 24 | 25 | 26 | 26 | 27 | 27 | 28 | 26 | 27 | 28 | 28 | 29 | 29 | 30 | 31 | **7** | **6** | 2 | 2 | 3 2 | **2** 1 | 2 12 |
| 24 | 25 | 25 | 26 | 27 | 27 | 28 | 28 | 29 | 27 | 28 | 29 | 29 | 30 | 30 | 31 | **8** | 2 | 2 | 3 | 3 | 4 | 2 | 3 |
| 25 | 26 | 26 | 27 | 28 | 28 | 29 | 29 | 30 | 28 | 29 | 30 | 30 | 31 | **10** | **9** | 2 | 3 | 3 | 4 | 4 | 5 | 3 | 4 |
| 26 | 27 | 27 | 28 | 29 | 29 | 30 | 30 | 31 | **3** | 30 | 31 | **12** | **11** | 2 | 2 | 3 | 4 | 4 | 5 | 5 | 6 | 4 | 5 |
| 27 | 28 | 28 | 29 | 30 | 30 | 31 | **5** | **4** | 2 | 31 | **1** | 2 | 2 | 3 | 3 | 4 | 5 | 5 | 6 | 6 | 7 | 5 | 6 |
| 28 | 29 | 29 | 30 | 31 | **7** | **6** | 2 | 2 | 3 | **2** | 2 | 3 | 3 | 4 | 4 | 5 | 6 | 6 | 7 | 7 | 8 | 6 | 7 |
| 29 | 30 | 30 | 31 | **8** | 2 | 2 | 3 | 3 | 4 | 2 | 3 | 4 | 4 | 5 | 5 | 6 | 7 | 7 | 8 | 8 | 9 | 7 | 8 |
| 30 | 31 | **10** | **9** | 2 | 3 | 3 | 4 | 4 | 5 | 3 | 4 | 5 | 5 | 6 | 6 | 7 | 8 | 8 | 9 | 9 | 10 | 8 | 9 |
| **12** | **11** | 2 | 2 | 3 | 4 | 4 | 5 | 5 | 6 | 4 | 5 | 6 | 6 | 7 | 7 | 8 | 9 | 9 | 10 | 10 | 11 | 9 | 10 |
| 2 | 2 | 3 | 3 | 4 | 5 | 5 | 6 | 6 | 7 | 5 | 6 | 7 | 7 | 8 | 8 | 9 | 10 | 10 | 11 | 11 | 12 | 10 | 11 |
| 3 | 3 | 4 | 4 | 5 | 6 | 6 | 7 | 7 | 8 | 6 | 7 | 8 | 8 | 9 | 9 | 10 | 11 | 11 | 12 | 12 | 13 | 11 | 12 |
| 4 | 4 | 5 | 5 | 6 | 7 | 7 | 8 | 8 | 9 | 7 | 8 | 9 | 9 | 10 | 10 | 11 | 12 | 12 | 13 | 13 | 14 | 12 | 13 |
| 5 | 5 | 6 | 6 | 7 | 8 | 8 | 9 | 9 | 10 | 8 | 9 | 10 | 10 | 11 | 11 | 12 | 13 | 13 | 14 | 14 | 15 | 13 | 14 |
| 6 | 6 | 7 | 7 | 8 | 9 | 9 | 10 | 10 | 11 | 9 | 10 | 11 | 11 | 12 | 12 | 13 | 14 | 14 | 15 | 15 | 16 | 14 | 15 |
| 7 | 7 | 8 | 8 | 9 | 10 | 10 | 11 | 11 | 12 | 10 | 11 | 12 | 12 | 13 | 13 | 14 | 15 | 15 | 16 | 16 | 17 | 15 | 16 |
| 8 | 8 | 9 | 9 | 10 | 11 | 11 | 12 | 12 | 13 | 11 | 12 | 13 | 13 | 14 | 14 | 15 | 16 | 16 | 17 | 17 | 18 | 16 | 17 |
| 9 | 9 | 10 | 10 | 11 | 12 | 12 | 13 | 13 | 14 | 12 | 13 | 14 | 14 | 15 | 15 | 16 | 17 | 17 | 18 | 18 | 19 | 17 | 18 |
| 10 | 10 | 11 | 11 | 12 | 13 | 13 | 14 | 14 | 15 | 13 | 14 | 15 冬 | 15 | 16 | 16 | 17 | 18 | 18 | 19 | 19 | 20 | 18 | 19 |
| 11 十一 | 11 十 | 12 九 | 12 | 13 | 14 | 14 | 15 | 15 | 16 | 14 | 15 | 16 | 16 | 17 | 17 | 18 | 19 | 19 | 20 | 20 | 21 | 19 | 20 |
| 12 12 | 12 11 | 13 | 13 八 | 14 七 | 15 六 | 15 | 16 | 16 | 17 | 15 | 16 | 17 | 17 | 18 | 18 | 19 | 20 | 20 | 21 | 21 | 22 | 20 | 21 |
| 13 | 13 | 14 10 | 14 9 | 15 | 16 | 16 五 | 17 閏 | 17 | 18 | 16 | 17 | 18 | 18 | 19 | 19 | 20 | 21 | 21 | 22 | 22 | 23 | 21 | 22 |
| 14 | 14 | 15 | 15 | 16 8 | 17 7 | 17 | 18 | 18 四 | 19 三 | 17 | 18 | 19 | 19 | 20 | 20 | 21 | 22 | 22 | 23 | 23 | 24 | 22 | 23 |
| 15 冬 | 15 | 16 | 16 | 17 | 18 | 18 6 | 19 5 | 19 | 20 | 18 二 | 19 正 | 20 | 20 | 21 | 21 | 22 | 23 | 23 | 24 | 24 | 25 | 23 | 24 |
| 16 | 16 | 17 | 17 | 18 | 19 | 19 | 20 | 20 4 | 21 3 | 19 | 20 | 21 十二 | 21 | 22 | 22 | 23 | 24 | 24 | 25 | 25 | 26 | 24 | 25 |
| 17 | 17 | 18 | 18 | 19 | 20 | 20 | 21 | 21 | 22 | 20 2 | 21 1 | 22 | 22 十一 | 23 十 | 23 | 24 | 25 | 25 | 26 | 26 | 27 | 25 | 26 |
| 18 | 18 | 19 | 19 | 20 | 21 | 21 | 22 | 22 | 23 | 21 | 22 | 23 12 | 23 11 | 24 | 24 九 | 25 八 | 26 七 | 26 | 27 | 27 | 28 | 26 | 27 |
| 19 | 19 | 20 | 20 | 21 | 22 | 22 | 23 | 23 | 24 | 22 | 23 | 24 | 24 | 25 10 | 25 9 | 26 | 27 | 27 六 | 28 五 | 28 四 | 29 | 27 | 28 |
| 20 | 20 | 21 | 21 | 22 | 23 | 23 | 24 | 24 | 25 | 23 | 24 | 25 | 25 | 26 | 26 | 27 8 | 28 7 | 28 | 29 | 29 | 30 三 | 28 二 | 29 |
| 21 | 21 | 22 | 22 | 23 | 24 | 24 | 25 | 25 | 26 | 24 | 25 | 26 | 26 | 27 | 27 | 28 | 29 | 29 6 | 30 5 | 30 | 31 | **3** | 30 正 |

一〇九六 丙子 宋紹聖三 遼壽昌二

490 489

一〇九五 乙亥 宋紹聖二 遼壽昌元

488

| | | | | | | | | | | | | | | | | | | | | | | | | |
|---|---|---|---|---|---|---|---|---|---|---|---|---|---|---|---|---|---|---|---|---|---|---|---|---|
| 11 | 11 | 12 | 12 | 13 | 14 | 14 | 15 | 15 | 16 | 15 | 16 | 17 | 17 | 18 | 18 | 19 | 20 | 20 | 21 | 21 | 22 | 20 | 21 | 22 |
| 12 | 12 | 13 | 13 | 14 | 15 | 15 | 16 | 16 | 17 | 16 | 17 | 18 | 18 | 19 | 19 | 20 | 21 | 21 | 22 | 22 | 23 | 21 | 22 | 23 |
| 13 | 13 | 14 | 14 | 15 | 16 | 16 | 17 | 17 | 18 | 17 | 18 | 19 | 19 | 20 | 20 | 21 | 22 | 22 | 23 | 23 | 24 | 22 | 23 | 24 |
| 14 | 14 | 15 | 15 | 16 | 17 | 17 | 18 | 18 | 19 | 18 | 19 | 20 | 20 | 21 | 21 | 22 | 23 | 23 | 24 | 24 | 25 | 23 | 24 | 25 |
| 15冬 | 15 | 16 | 16 | 17 | 18 | 18 | 19 | 19 | 20 | 19 | 20 | 21 | 21 | 22 | 22 | 23 | 24 | 24 | 25 | 25 | 26 | 24 | 25 | 26 |
| 16 | 16 | 17 | 17 | 18 | 19 | 19 | 20 | 20 | 21 | 20 | 21 | 22 | 22 | 23 | 23 | 24 | 25 | 25 | 26 | 26 | 27 | 25 | 26 | 27 |
| 17 | 17 | 18 | 18 | 19 | 20 | 20 | 21 | 21 | 22 | 21 | 22 | 23 | 23 | 24 | 24 | 25 | 26 | 26 | 27 | 27 | 28 | 26 | 27 | 28 |
| 18十二 | 18十一 | 19十 | 19九 | 20 | 21 | 21 | 22 | 22 | 23 | 22 | 23 | 24 | 24 | 25 | 25 | 26 | 27 | 27 | 28 | 28 | 29 | 27 | 28 | 29 |
| 19 1 | 19 | 20 | 20 | 21八 | 22七 | 22 | 23 | 23 | 24 | 23 | 24 | 25 | 25 | 26 | 26 | 27 | 28 | 28 | 29 | 29 | 30 | 28 | 29 | 30 |
| 20 | 20 12 | 21 11 | 21 | 22 | 23 | 23六 | 24 | 24 | 25 | 24 | 25 | 26 | 26 | 27 | 27 | 28 | 29 | 29 | 30 | 30 | 31 | 3 | 30 | 31 |
| 21 | 21 | 22 | 22 10 | 23 9 | 24 | 24 | 25五 | 25四 | 26 | 25 | 26 | 27 | 27 | 28 | 28 | 29 | 30 | 30 | 31 | 5 | 4 | 2 | 31 | 1 |
| 22 | 22 | 23 | 23 | 24 | 25 8 | 25 7 | 26 | 26 | 27三 | 26 | 27 | 28 | 28 | 29 | 29 | 30 | 31 | 7 | 6 | 2 | 2 | 3 | 2 | 2 |
| 23 | 23 | 24 | 24 | 25 | 26 | 26 | 27 6 | 27 5 | 28 | 27二 | 28正 | 29 | 29 | 30 | 30 | 31 | 8 | 2 | 2 | 3 | 3 | 4 | 2 | 3 |
| 24 | 24 | 25 | 25 | 26 | 27 | 27 | 28 | 28 | 29 4 | 28 3 | 29 | 30十二 | 30十一 | 31十 | 10九 | 9 | 2 | 3 | 3 | 4 | 4 | 5 | 3 | 4 |
| 25 | 25 | 26 | 26 | 27 | 28 | 28 | 29 | 29 | 30 | 29 | 30 2 | 31 1 | 12 | 11 | 2 | 2八 | 3七 | 4 | 4 | 5 | 5 | 6 | 4 | 5 |
| 26 | 26 | 27 | 27 | 28 | 29 | 29 | 30 | 30 | 31 | 3 | 31 | 1 | 2 12 | 2 11 | 3 | 3 | 4 | 5六 | 5五 | 6 | 6 | 7 | 5 | 6 |
| 27 | 27 | 28 | 28 | 29 | 30 | 30 | 31 | 5 | 4 | 2 | 2 | 2 | 3 | 3 | 4 10 | 4 9 | 5 | 6 | 6 | 7四 | 7三 | 8 | 6 | 7 |
| 28 | 28 | 29 | 29 | 30 | 31 | 7 | 6 | 2 | 2 | 3 | 2 | 3 | 4 | 4 | 5 | 5 | 6 8 | 7 7 | 7 | 8 | 8 | 9二 | 7 | 8 |
| 29 | 29 | 30 | 30 | 31 | 8 | 2 | 2 | 3 | 3 | 4 | 3 | 4 | 5 | 5 | 6 | 6 | 7 | 8 | 8 6 | 9 5 | 9 | 10 | 8正 | 9十二 |
| 30 | 30 | 31 | 10 | 9 | 2 | 3 | 3 | 4 | 4 | 5 | 4 | 5 | 6 | 6 | 7 | 7 | 8 | 9 | 9 | 10 | 10 4 | 11 3 | 9 | 10 |
| 31 | 12 | 11 | 2 | 2 | 3 | 4 | 4 | 5 | 5 | 6 | 5 | 6 | 7 | 7 | 8 | 8 | 9 | 10 | 10 | 11 | 11 | 12 | 10 2 | 11 1 |
| 日 | 2 | 2 | 3 | 3 | 4 | 5 | 5 | 6 | 6 | 7 | 6 | 7 | 8 | 8 | 9 | 9 | 10 | 11 | 11 | 12 | 12 | 13 | 11 | 12 |
| 曜 | 3 | 3 | 4 | 4 | 5 | 6 | 6 | 7 | 7 | 8 | 7 | 8 | 9 | 9 | 10 | 10 | 11 | 12 | 12 | 13 | 13 | 14 | 12 | 13 |
| 表 | 4 | 4 | 5 | 5 | 6 | 7 | 7 | 8 | 8 | 9 | 8 | 9 | 10 | 10 | 11 | 11 | 12 | 13 | 13 | 14 | 14 | 15 | 13 | 14 |
| 5 | 5 | 5 | 6 | 6 | 7 | 8 | 8 | 9 | 9 | 10 | 9 | 10 | 11 | 11 | 12 | 12 | 13 | 14 | 14 | 15 | 15 | 16 | 14 | 15 |
| 甲 | 6 | 6 | 7 | 7 | 8 | 9 | 9 | 10 | 10 | 11 | 10 | 11 | 12 | 12 | 13 | 13 | 14 | 15 | 15 | 16 | 16 | 17 | 15 | 16 |
| 子 | 7 | 7 | 8 | 8 | 9 | 10 | 10 | 11 | 11 | 12 | 11 | 12 | 13 | 13 | 14 | 14 | 15 | 16 | 16 | 17 | 17 | 18 | 16 | 17 |
| 表 | 8 | 8 | 9 | 9 | 10 | 11 | 11 | 12 | 12 | 13 | 12 | 13 | 14 | 14 | 15 | 15 | 16 | 17 | 17 | 18 | 18 | 19 | 17 | 18 |
| 14 | 9 | 9 | 10 | 10 | 11 | 12 | 12 | 13 | 13 | 14 | 13 | 14 | 15 | 15 | 16 | 16 | 17 | 18 | 18 | 19 | 19 | 20 | 18 | 19 |
| | 10 | 10 | 11 | 11 | 12 | 13 | 13 | 14 | 14 | 15 | 14 | 15 | 16冬 | 16 | 17 | 17 | 18 | 19 | 19 | 20 | 20 | 21 | 19 | 20 |

一〇九八
戊寅
宋元符元(六月改)
遼壽昌四

492

一〇九七
丁丑
宋紹聖四
遼壽昌三

491

| | | | | | | | | | | | | | | | | | | | | | | | |
|---|---|---|---|---|---|---|---|---|---|---|---|---|---|---|---|---|---|---|---|---|---|---|---|
| 22 | 23 | 23 | 24 | 25 | 25 | 26 | 26 | 27 | 25 | 26 | 27 | 27 | 28 | 28 | 29 | 30 | 30 | 31 | 5 | 4 | 2 | 31 | 1 |
| 23 | 24 | 24 | 25 | 26 | 26 | 27 | 27 | 28 | 26 | 27 | 28 | 28 | 29 | 29 | 30 | 31 | 7 | 6 | 2 | 2 | 3 | 2 | 2 |
| 24 | 25 | 25 | 26 | 27 | 27 | 28 | 28 | 29 | 27 | 28 | 29 | 29 | 30 | 30 | 31 | 8 | 2 | 2 | 3 | 3 | 4 | 2 | 3 |
| 25 | 26 | 26 | 27 | 28 | 28 | 29 | 29 | 30 | 28 | 29 | 30 | 30 | 31 | 10 | 9 | 2 | 3 | 3 | 4 | 4 | 5 | 3 | 4 |
| 26 十二 | 27 十一 | 27 | 28 | 29 | 29 | 30 | 30 | 31 | 3 | 30 | 31 | 12 | 11 | 2 | 2 | 3 | 4 | 4 | 5 | 5 | 6 | 4 | 5 |
| 27 | 28 | 28 九 | 29 八 | 30 | 30 | 31 | 5 | 4 | 2 | 31 | 1 | 2 | 2 | 3 | 3 | 4 | 5 | 5 | 6 | 6 | 7 | 5 | 6 |
| 28 1 | 29 | 29 | 30 | 31 七 | 7 | 6 | 2 | 2 | 3 | 2 | 2 | 3 | 3 | 4 | 4 | 5 | 6 | 6 | 7 | 7 | 8 | 6 | 7 |
| 29 | 30 12 | 30 11 | 31 | 8 | 2 六 | 2 五 | 3 | 3 | 4 | 2 | 3 | 4 | 4 | 5 | 5 | 6 | 7 | 7 | 8 | 8 | 9 | 7 | 8 |
| 30 | 31 | 10 | 9 10 | 2 9 | 3 | 3 | 4 四 | 4 | 5 | 3 | 4 | 5 | 5 | 6 | 6 | 7 | 8 | 8 | 9 | 9 | 10 | 8 | 9 |
| 12 | 11 | 2 | 2 | 3 | 4 8 | 4 7 | 5 | 5 三 | 6 二 | 4 正 | 5 | 6 | 6 | 7 | 7 | 8 | 9 | 9 | 10 | 10 | 11 | 9 | 10 |
| 2 | 2 | 3 | 3 | 4 | 5 | 5 | 6 6 | 6 5 | 7 | 5 | 6 十二 | 7 十一 | 7 十 | 8 九 | 8 | 9 | 10 | 10 | 11 | 11 | 12 | 10 | 11 |
| 3 | 3 | 4 | 4 | 5 | 6 | 6 | 7 | 7 | 8 4 | 6 3 | 7 | 8 | 8 | 9 | 9 八 | 10 七 | 11 | 11 | 12 | 12 | 13 | 11 | 12 |
| 4 | 4 | 5 | 5 | 6 | 7 | 7 | 8 | 8 | 9 | 7 | 8 2 | 9 1 | 9 12 | 10 11 | 10 | 11 | 12 六 | 12 | 13 | 13 | 14 | 12 | 13 |
| 5 | 5 | 6 | 6 | 7 | 8 | 8 | 9 | 9 | 10 | 8 | 9 | 10 | 10 | 11 | 11 10 | 12 9 | 13 | 13 五 | 14 四 | 14 | 15 | 13 | 14 |
| 6 | 6 | 7 | 7 | 8 | 9 | 9 | 10 | 10 | 11 | 9 | 10 | 11 | 11 | 12 | 12 | 13 | 14 8 | 14 7 | 15 | 15 三 | 16 | 14 | 15 |
| 7 | 7 | 8 | 8 | 9 | 10 | 10 | 11 | 11 | 12 | 10 | 11 | 12 | 12 | 13 | 13 | 14 | 15 | 15 | 16 6 | 16 5 | 17 閏 | 15 二 | 16 正 |
| 8 | 8 | 9 | 9 | 10 | 11 | 11 | 12 | 12 | 13 | 11 | 12 | 13 | 13 | 14 | 14 | 15 | 16 | 16 | 17 | 17 | 18 4 | 16 3 | 17 |
| 9 | 9 | 10 | 10 | 11 | 12 | 12 | 13 | 13 | 14 | 12 | 13 | 14 | 14 | 15 | 15 | 16 | 17 | 17 | 18 | 18 | 19 | 17 | 18 2 |
| 10 | 10 | 11 | 11 | 12 | 13 | 13 | 14 | 14 | 15 | 13 | 14 | 15 冬 | 15 | 16 | 16 | 17 | 18 | 18 | 19 | 19 | 20 | 18 | 19 |
| 11 | 11 | 12 | 12 | 13 | 14 | 14 | 15 | 15 | 16 | 14 | 15 | 16 | 16 | 17 | 17 | 18 | 19 | 19 | 20 | 20 | 21 | 19 | 20 |
| 12 | 12 | 13 | 13 | 14 | 15 | 15 | 16 | 16 | 17 | 15 | 16 | 17 | 17 | 18 | 18 | 19 | 20 | 20 | 21 | 21 | 22 | 20 | 21 |
| 13 | 13 | 14 | 14 | 15 | 16 | 16 | 17 | 17 | 18 | 16 | 17 | 18 | 18 | 19 | 19 | 20 | 21 | 21 | 22 | 22 | 23 | 21 | 22 |
| 14 | 14 | 15 | 15 | 16 | 17 | 17 | 18 | 18 | 19 | 17 | 18 | 19 | 19 | 20 | 20 | 21 | 22 | 22 | 23 | 23 | 24 | 22 | 23 |
| 15 冬 | 15 | 16 | 16 | 17 | 18 | 18 | 19 | 19 | 20 | 18 | 19 | 20 | 20 | 21 | 21 | 22 | 23 | 23 | 24 | 24 | 25 | 23 | 24 |
| 16 | 16 | 17 | 17 | 18 | 19 | 19 | 20 | 20 | 21 | 19 | 20 | 21 | 21 | 22 | 22 | 23 | 24 | 24 | 25 | 25 | 26 | 24 | 25 |
| 17 | 17 | 18 | 18 | 19 | 20 | 20 | 21 | 21 | 22 | 20 | 21 | 22 | 22 | 23 | 23 | 24 | 25 | 25 | 26 | 26 | 27 | 25 | 26 |
| 18 | 18 | 19 | 19 | 20 | 21 | 21 | 22 | 22 | 23 | 21 | 22 | 23 | 23 | 24 | 24 | 25 | 26 | 26 | 27 | 27 | 28 | 26 | 27 |
| 19 | 19 | 20 | 20 | 21 | 22 | 22 | 23 | 23 | 24 | 22 | 23 | 24 | 24 | 25 | 25 | 26 | 27 | 27 | 28 | 28 | 29 | 27 | 28 |
| 20 | 20 | 21 | 21 | 22 | 23 | 23 | 24 | 24 | 25 | 23 | 24 | 25 | 25 | 26 | 26 | 27 | 28 | 28 | 29 | 29 | 30 | 28 | 29 |
| 21 | 21 | 22 | 22 | 23 | 24 | 24 | 25 | 25 | 26 | 24 | 25 | 26 | 26 | 27 | 27 | 28 | 29 | 29 | 30 | 30 | 31 | 3 | 30 |

一〇九九 己卯 宋元符二 遼壽昌五

493

一一〇〇 庚辰 宋元符三 遼壽昌六

494

| | | | | | | | | | | | | | | | | | | | | | | | | |
|---|---|---|---|---|---|---|---|---|---|---|---|---|---|---|---|---|---|---|---|---|---|---|---|---|
| 11 | 11 | 12 | 12 | 13 | 14 | 14 | 15 | 15 | 16 | 15 | 16 | 17 | 2 17 | 1 18 | 18 | 19 | 八 20 | 20 | 21 | 21 | 22 | 20 | 21 | 22 |
| 12 | 12 | 13 | 13 | 14 | 15 | 15 | 16 | 16 | 17 | 16 | 17 | 18 | 18 | 19 | 12 19 | 11 20 | 21 | 七 21 | 六 22 | 22 | 23 | 21 | 22 | 23 |
| 13 | 13 | 14 | 14 | 15 | 16 | 16 | 17 | 17 | 18 | 17 | 18 | 19 | 19 | 20 | 20 | 21 | 10 22 | 9 22 | 23 | 五 23 | 四 24 | 22 | 23 | 24 |
| 14 | 14 | 15 | 15 | 16 | 17 | 17 | 18 | 18 | 19 | 18 | 19 | 20 | 20 | 21 | 21 | 22 | 23 | 23 | 8 24 | 7 24 | 25 | 三 23 | 二 24 | 正 25 |
| 15 | 冬 15 | 16 | 16 | 17 | 18 | 18 | 19 | 19 | 20 | 19 | 20 | 21 | 21 | 22 | 22 | 23 | 24 | 24 | 25 | 25 | 6 26 | 5 24 | 25 | 26 十二 |
| 16 | 16 | 17 | 17 | 18 | 19 | 19 | 20 | 20 | 21 | 20 | 21 | 22 | 22 | 23 | 23 | 24 | 25 | 25 | 26 | 26 | 27 | 25 | 4 26 | 3 27 |
| 17 | 17 | 18 | 18 | 19 | 20 | 20 | 21 | 21 | 22 | 21 | 22 | 23 | 23 | 24 | 24 | 25 | 26 | 26 | 27 | 27 | 28 | 26 | 27 | 28 2 |
| 18 | 18 | 19 | 19 | 20 | 21 | 21 | 22 | 22 | 23 | 22 | 23 | 24 | 24 | 25 | 25 | 26 | 27 | 27 | 28 | 28 | 29 | 27 | 28 | 29 |
| 19 | 19 | 20 | 20 | 21 | 22 | 22 | 23 | 23 | 24 | 23 | 24 | 25 | 25 | 26 | 26 | 27 | 28 | 28 | 29 | 29 | 30 | 28 | 29 | 30 |
| 20 | 20 | 21 | 21 | 22 | 23 | 23 | 24 | 24 | 25 | 24 | 25 | 26 | 26 | 27 | 27 | 28 | 29 | 29 | 30 | 30 | 31 | **3** | 30 | 31 |
| 21 | 21 | 22 | 22 | 23 | 24 | 24 | 25 | 25 | 26 | 25 | 26 | 27 | 27 | 28 | 28 | 29 | 30 | 30 | 31 | **5** | **4** | 2 | 31 | **1** |
| 22 | 22 | 23 | 23 | 24 | 25 | 25 | 26 | 26 | 27 | 26 | 27 | 28 | 28 | 29 | 29 | 30 | 31 | **7** | **6** | 2 | 2 | 3 | **2** | 2 |
| 23 | 23 | 24 | 24 | 25 | 26 | 26 | 27 | 27 | 28 | 27 | 28 | 29 | 29 | 30 | 30 | 31 | **8** | 2 | 2 | 3 | 3 | 4 | 2 | 3 |
| 24 | 24 | 25 | 25 | 26 | 27 | 27 | 28 | 28 | 29 | 28 | 29 | 30 | 30 | 31 | **10** | **9** | 2 | 3 | 3 | 4 | 4 | 5 | 3 | 4 |
| 25 | 25 | 26 | 26 | 27 | 28 | 28 | 29 | 29 | 30 | 29 | 30 | 31 | **12** | **11** | 2 | 2 | 3 | 4 | 4 | 5 | 5 | 6 | 4 | 5 |
| 26 | 26 | 27 | 27 | 28 | 29 | 29 | 30 | 30 | 31 | **3** | 31 | **1** | 2 | 2 | 3 | 3 | 4 | 5 | 5 | 6 | 6 | 7 | 5 | 6 |
| 27 | 27 | 28 | 28 | 29 | 30 | 30 | 31 | **5** | **4** | 2 | **2** | 2 | 3 | 3 | 4 | 4 | 5 | 6 | 6 | 7 | 7 | 8 | 6 | 7 |
| 28 | 28 | 29 | 29 | 30 | 31 | **7** | **6** | 2 | 2 | 3 | 2 | 3 | 4 | 4 | 5 | 5 | 6 | 7 | 7 | 8 | 8 | 9 | 7 | 8 |
| 29 | 29 | 30 | 30 | 31 | **8** | 2 | 2 | 3 | 3 | 4 | 3 | 4 | 5 | 5 | 6 | 6 | 7 | 8 | 8 | 9 | 9 | 10 | 8 | 9 |
| 30 | 30 | 31 | **10** | **9** | 2 | 3 | 3 | **4** | **4** | 5 | 4 | 5 | 6 | 6 | 7 | 7 | 8 | 9 | 9 | 10 | 10 | 11 | 9 | 10 |
| 31 | **12** | **11** | 2 | 2 | 3 | 4 | 4 | 5 | 5 | 6 | 5 | 6 | 7 | 7 | 8 | 8 | 9 | 10 | 10 | 11 | 11 | 12 | 10 | 11 |
| 日 | 2 | 2 | 3 | 3 | 4 | 5 | 5 | 6 | 6 | 7 | 6 | 7 | 8 | 8 | 9 | 9 | 10 | 11 | 11 | 12 | 12 | 13 | 11 | 12 |
| 曜 | 3 | 十一 3 | 4 | 4 | 5 | 6 | 6 | 7 | 7 | 8 | 7 | 8 | 9 | 9 | 10 | 10 | 11 | 12 | 12 | 13 | 13 | 14 | 12 | 13 |
| 表 | 4 | 4 | 十 5 | 九 5 | 6 | 7 | 7 | 8 | 8 | 9 | 8 | 9 | 10 | 10 | 11 | 11 | 12 | 13 | 13 | 14 | 14 | 15 | 13 | 14 |
| 6 | 5 | 5 | 6 | 6 | 八 7 | 8 | 8 | 9 | 9 | 10 | 9 | 10 | 11 | 11 | 12 | 12 | 13 | 14 | 14 | 15 | 15 | 16 | 14 | 15 |
| 甲 | 6 | 2 6 | 1 7 | 12 7 | 11 8 | 七 9 | 六 9 | 10 | 10 | 11 | 10 | 11 | 12 | 12 | 13 | 13 | 14 | 15 | 15 | 16 | 16 | 17 | 15 | 16 |
| 子 | 7 | 7 | 8 | 8 | 9 | 10 10 | 9 10 | 五 11 | 四 11 | 12 | 11 | 12 | 13 | 13 | 14 | 14 | 15 | 16 | 16 | 17 | 17 | 18 | 16 | 17 |
| 表 | 8 | 8 | 9 | 9 | 10 | 11 | 11 | 8 12 | 7 12 | 三 13 | 二 12 | 正 13 | 十二 14 | 14 | 15 | 15 | 16 | 17 | 17 | 18 | 18 | 19 | 17 | 18 |
| 15 | 9 | 9 | 10 | 10 | 11 | 12 | 12 | 13 | 13 | 6 14 | 5 13 | 14 | 15 | 十一 15 | 十 16 | 16 | 17 | 18 | 18 | 19 | 19 | 20 | 18 | 19 |
| | 10 | 10 | 11 | 11 | 12 | 13 | 13 | 14 | 14 | 15 | 14 | 4 15 | 3 16 | 冬 16 | 17 | 閏 17 | 九 18 | 19 | 19 | 20 | 20 | 21 | 19 | 20 |

一一〇一 辛巳 宋建中靖國元 徽宗 遼乾統元 天祚帝二月改

495

一一〇二 壬午 宋崇寧元 遼乾統二

496

| | | | | | | | | | | | | | | | | | | | | | | | |
|---|---|---|---|---|---|---|---|---|---|---|---|---|---|---|---|---|---|---|---|---|---|---|---|
| 22 | 23 | 23 | 24 | 25 | 25 | 26 | 26 | 27 | 25 | 26 | 27 | 27 | 28 | 28 | 29 | 30 10 | 30 9 | 31 | 5 | 4 三 | 2 二 | 31 正 | 1 |
| 23 | 24 | 24 | 25 | 26 | 26 | 27 | 27 | 28 | 26 | 27 | 28 | 28 | 29 | 29 | 30 | 31 | 7 | 6 8 | 2 7 | 2 | 3 | 2 | 2 十二 |
| 24 | 25 | 25 | 26 | 27 | 27 | 28 | 28 | 29 | 27 | 28 | 29 | 29 | 30 | 30 | 31 | 8 | 2 | 2 | 3 | 3 6 | 4 5 | 2 | 3 |
| 25 | 26 | 26 | 27 | 28 | 28 | 29 | 29 | 30 | 28 | 29 | 30 | 30 | 31 | 10 | 9 | 2 | 3 | 3 | 4 | 4 | 5 | 3 4 | 4 3 |
| 26 | 27 | 27 | 28 | 29 | 29 | 30 | 30 | 31 | 3 | 30 | 31 | 12 | 11 | 2 | 2 | 3 | 4 | 4 | 5 | 5 | 6 | 4 | 5 |
| 27 | 28 | 28 | 29 | 30 | 30 | 31 | 5 | 4 | 2 | 31 | 1 | 2 | 2 | 3 | 3 | 4 | 5 | 5 | 6 | 6 | 7 | 5 | 6 |
| 28 | 29 | 29 | 30 | 31 | 7 | 6 | 2 | 2 | 3 | 2 | 2 | 3 | 3 | 4 | 4 | 5 | 6 | 6 | 7 | 7 | 8 | 6 | 7 |
| 29 | 30 | 30 | 31 | 8 | 2 | 2 | 3 | 3 | 4 | 2 | 3 | 4 | 4 | 5 | 5 | 6 | 7 | 7 | 8 | 8 | 9 | 7 | 8 |
| 30 | 31 | 10 | 9 | 2 | 3 | 3 | 4 | 4 | 5 | 3 | 4 | 5 | 5 | 6 | 6 | 7 | 8 | 8 | 9 | 9 | 10 | 8 | 9 |
| 12 | 11 | 2 | 2 | 3 | 4 | 4 | 5 | 5 | 6 | 4 | 5 | 6 | 6 | 7 | 7 | 8 | 9 | 9 | 10 | 10 | 11 | 9 | 10 |
| 2 | 2 | 3 | 3 | 4 | 5 | 5 | 6 | 6 | 7 | 5 | 6 | 7 | 7 | 8 | 8 | 9 | 10 | 10 | 11 | 11 | 12 | 10 | 11 |
| 3 | 3 | 4 | 4 | 5 | 6 | 6 | 7 | 7 | 8 | 6 | 7 | 8 | 8 | 9 | 9 | 10 | 11 | 11 | 12 | 12 | 13 | 11 | 12 |
| 4 | 4 | 5 | 5 | 6 | 7 | 7 | 8 | 8 | 9 | 7 | 8 | 9 | 9 | 10 | 10 | 11 | 12 | 12 | 13 | 13 | 14 | 12 | 13 |
| 5 | 5 | 6 | 6 | 7 | 8 | 8 | 9 | 9 | 10 | 8 | 9 | 10 | 10 | 11 | 11 | 12 | 13 | 13 | 14 | 14 | 15 | 13 | 14 |
| 6 | 6 | 7 | 7 | 8 | 9 | 9 | 10 | 10 | 11 | 9 | 10 | 11 | 11 | 12 | 12 | 13 | 14 | 14 | 15 | 15 | 16 | 14 | 15 |
| 7 | 7 | 8 | 8 | 9 | 10 | 10 | 11 | 11 | 12 | 10 | 11 | 12 | 12 | 13 | 13 | 14 | 15 | 15 | 16 | 16 | 17 | 15 | 16 |
| 8 | 8 | 9 | 9 | 10 | 11 | 11 | 12 | 12 | 13 | 11 | 12 | 13 | 13 | 14 | 14 | 15 | 16 | 16 | 17 | 17 | 18 | 16 | 17 |
| 9 | 9 | 10 | 10 | 11 | 12 | 12 | 13 | 13 | 14 | 12 | 13 | 14 | 14 | 15 | 15 | 16 | 17 | 17 | 18 | 18 | 19 | 17 | 18 |
| 10 | 10 | 11 | 11 | 12 | 13 | 13 | 14 | 14 | 15 | 13 | 14 | 15 冬 | 15 | 16 | 16 | 17 | 18 | 18 | 19 | 19 | 20 | 18 | 19 |
| 11 | 11 | 12 | 12 | 13 | 14 | 14 | 15 | 15 | 16 | 14 | 15 | 16 | 16 | 17 | 17 | 18 | 19 | 19 | 20 | 20 | 21 | 19 | 20 |
| 12 十一 | 12 十 | 13 | 13 | 14 | 15 | 15 | 16 | 16 | 17 | 15 | 16 | 17 | 17 | 18 | 18 | 19 | 20 | 20 | 21 | 21 | 22 | 20 | 21 |
| 13 3 | 13 | 14 九 | 14 八 | 15 | 16 | 16 | 17 | 17 | 18 | 16 | 17 | 18 | 18 | 19 | 19 | 20 | 21 | 21 | 22 | 22 | 23 | 21 | 22 |
| 14 | 14 2 | 15 1 | 15 | 16 七 | 17 閏 | 17 | 18 | 18 | 19 | 17 | 18 | 19 | 19 | 20 | 20 | 21 | 22 | 22 | 23 | 23 | 24 | 22 | 23 |
| 15 冬 | 15 | 16 | 16 12 | 17 11 | 18 | 18 六 | 19 五 | 19 四 | 20 | 18 | 19 | 20 | 20 | 21 | 21 | 22 | 23 | 23 | 24 | 24 | 25 | 23 | 24 |
| 16 | 16 | 17 | 17 | 18 | 19 10 | 19 9 | 20 | 20 | 21 三 | 19 二 | 20 | 21 | 21 | 22 | 22 | 23 | 24 | 24 | 25 | 25 | 26 | 24 | 25 |
| 17 | 17 | 18 | 18 | 19 | 20 | 20 | 21 8 | 21 7 | 22 | 20 | 21 正 | 22 十二 | 22 | 23 | 23 | 24 | 25 | 25 | 26 | 26 | 27 | 25 | 26 |
| 18 | 18 | 19 | 19 | 20 | 21 | 21 | 22 | 22 | 23 6 | 21 5 | 22 | 23 | 23 十一 | 24 十 | 24 | 25 | 26 | 26 | 27 | 27 | 28 | 26 | 27 |
| 19 | 19 | 20 | 20 | 21 | 22 | 22 | 23 | 23 | 24 | 22 | 23 4 | 24 3 | 24 | 25 | 25 九 | 26 | 27 | 27 | 28 | 28 | 29 | 27 | 28 |
| 20 | 20 | 21 | 21 | 22 | 23 | 23 | 24 | 24 | 25 | 23 | 24 | 25 | 25 2 | 26 1 | 26 | 27 八 | 28 七 | 28 六 | 29 | 29 | 30 | 28 | 29 |
| 21 | 21 | 22 | 22 | 23 | 24 | 24 | 25 | 25 | 26 | 24 | 25 | 26 | 26 | 27 | 27 12 | 28 11 | 29 | 29 | 30 五 | 30 四 | 31 | 3 | 30 |

一一〇四 甲申 宋崇寧三 遼乾統四

498

一一〇三 癸未 宋崇寧二 遼乾統三

497

| | | | | | | | | | | | | | | | | | | | | | | | | |
|---|---|---|---|---|---|---|---|---|---|---|---|---|---|---|---|---|---|---|---|---|---|---|---|---|
| 11 | 11 | 12 | 12 | 13 | 14 | 14 | 15 | 15 | 16 | 15 | 16 | 17 | 17 | 18 | 18 | 19 | 20 | 20 | 21 | 21 | 22 | 20 | 21 | 22 |
| 12 | 12 | 13 | 13 | 14 | 15 | 15 | 16 | 16 | 17 | 16 | 17 | 18 | 18 | 19 | 19 | 20 | 21 | 21 | 22 | 22 | 23 | 21 | 22 | 23 |
| 13 | 13 | 14 | 14 | 15 | 16 | 16 | 17 | 17 | 18 | 17 | 18 | 19 | 19 | 20 | 20 | 21 | 22 | 22 | 23 | 23 | 24 | 22 | 23 | 24 |
| 14 | 14 | 15 | 15 | 16 | 17 | 17 | 18 | 18 | 19 | 18 | 19 | 20 | 20 | 21 | 21 | 22 | 23 | 23 | 24 | 24 | 25 | 23 | 24 | 25 |
| 15 冬 | 15 | 16 | 16 | 17 | 18 | 18 | 19 | 19 | 20 | 19 | 20 | 21 | 21 | 22 | 22 | 23 | 24 | 24 | 25 | 25 | 26 | 24 | 25 | 26 |
| 16 | 16 | 17 | 17 | 18 | 19 | 19 | 20 | 20 | 21 | 20 | 21 | 22 | 22 | 23 | 23 | 24 | 25 | 25 | 26 | 26 | 27 | 25 | 26 | 27 |
| 17 | 17 | 18 | 18 | 19 | 20 | 20 | 21 | 21 | 22 | 21 | 22 | 23 | 23 | 24 | 24 | 25 | 26 | 26 | 27 | 27 | 28 | 26 | 27 | 28 |
| 18 | 18 | 19 | 19 | 20 | 21 | 21 | 22 | 22 | 23 | 22 | 23 | 24 | 24 | 25 | 25 | 26 | 27 | 27 | 28 | 28 | 29 | 27 | 28 | 29 |
| 19 十二 | 19 | 20 | 20 | 21 | 22 | 22 | 23 | 23 | 24 | 23 | 24 | 25 | 25 | 26 | 26 | 27 | 28 | 28 | 29 | 29 | 30 | 28 | 29 | 30 |
| 20 | 20 十一 | 21 十 | 21 九 | 22 | 23 | 23 | 24 | 24 | 25 | 24 | 25 | 26 | 26 | 27 | 27 | 28 | 29 | 29 | 30 | 30 | 31 | **3** | 30 | 31 |
| 21 4 | 21 3 | 22 | 22 | 23 八 | 24 七 | 24 六 | 25 | 25 | 26 | 25 | 26 | 27 | 27 | 28 | 28 | 29 | 30 | 30 | 31 | **5** | **4** | 2 | 31 | **1** |
| 22 | 22 | 23 2 | 23 1 | 24 | 25 | 25 | 26 五 | 26 | 27 | 26 | 27 | 28 | 28 | 29 | 29 | 30 | 31 | **7** | **6** | 2 | 2 | 3 | **2** | 2 |
| 23 | 23 | 24 | 24 | 25 12 | 26 11 | 26 | 27 | 27 四 | 28 三 | 27 | 28 | 29 | 29 | 30 | 30 | 31 | **8** | 2 | 2 | 3 | 3 | 4 | 2 | 3 |
| 24 | 24 | 25 | 25 | 26 | 27 | 27 10 | 28 9 | 28 | 29 | 28 二 | 29 | 30 | 30 | 31 | **10** | **9** | 2 | 3 | 3 | 4 | 4 | 5 | 3 | 4 |
| 25 | 25 | 26 | 26 | 27 | 28 | 28 | 29 | 29 8 | 30 7 | 29 | 30 正 | 31 十二 | **12** | **11** | 2 | 2 | 3 | 4 | 4 | 5 | 5 | 6 | 4 | 5 |
| 26 | 26 | 27 | 27 | 28 | 29 | 29 | 30 | 30 | 31 | **3** 6 | 31 5 | **1** | 2 十一 | 2 十 | 3 九 | 3 八 | 4 | 5 | 5 | 6 | 6 | 7 | 5 | 6 |
| 27 | 27 | 28 | 28 | 29 | 30 | 30 | 31 | **5** | **4** | 2 | **2** | 2 4 | 3 3 | 3 | 4 | 4 | 5 七 | 6 六 | 6 | 7 | 7 | 8 | 6 | 7 |
| 28 | 28 | 29 | 29 | 30 | 31 | **7** | **6** | 2 | 2 | 3 | 2 | 3 | 4 | 4 2 | 5 1 | 5 12 | 6 11 | 7 | 7 五 | 8 四 | 8 | 9 | 7 | 8 |
| 29 | 29 | 30 | 30 | 31 | **8** | 2 | 2 | 3 | 3 | 4 | 3 | 4 | 5 | 5 | 6 | 6 | 7 | 8 10 | 8 9 | 9 | 9 三 | 10 二 | 8 | 9 |
| 30 | 30 | 31 | **10** | **9** | 2 | 3 | 3 | **4** | 4 | 5 | 4 | 5 | 6 | 6 | 7 | 7 | 8 | 9 | 9 | 10 8 | 10 7 | 11 | 9 正 | 10 十二 |
| 31 | **12** | **11** | 2 | 2 | 3 | 4 | 4 | 5 | 5 | 6 | 5 | 6 | 7 | 7 | 8 | 8 | 9 | 10 | 10 | 11 | 11 | 12 6 | 10 5 | 11 |
| 日 | 2 | 2 | 3 | 3 | 4 | 5 | 5 | 6 | 6 | 7 | 6 | 7 | 8 | 8 | 9 | 9 | 10 | 11 | 11 | 12 | 12 | 13 | 11 | 12 4 |
| 曜 | 3 | 3 | 4 | 4 | 5 | 6 | 6 | 7 | 7 | 8 | 7 | 8 | 9 | 9 | 10 | 10 | 11 | 12 | 12 | 13 | 13 | 14 | 12 | 13 |
| 表 | 4 | 4 | 5 | 5 | 6 | 7 | 7 | 8 | 8 | 9 | 8 | 9 | 10 | 10 | 11 | 11 | 12 | 13 | 13 | 14 | 14 | 15 | 13 | 14 |
| 7 | 5 | 5 | 6 | 6 | 7 | 8 | 8 | 9 | 9 | 10 | 9 | 10 | 11 | 11 | 12 | 12 | 13 | 14 | 14 | 15 | 15 | 16 | 14 | 15 |
| 甲 | 6 | 6 | 7 | 7 | 8 | 9 | 9 | 10 | 10 | 11 | 10 | 11 | 12 | 12 | 13 | 13 | 14 | 15 | 15 | 16 | 16 | 17 | 15 | 16 |
| 子 | 7 | 7 | 8 | 8 | 9 | 10 | 10 | 11 | 11 | 12 | 11 | 12 | 13 | 13 | 14 | 14 | 15 | 16 | 16 | 17 | 17 | 18 | 16 | 17 |
| 表 | 8 | 8 | 9 | 9 | 10 | 11 | 11 | 12 | 12 | 13 | 12 | 13 | 14 | 14 | 15 | 15 | 16 | 17 | 17 | 18 | 18 | 19 | 17 | 18 |
| 16 | 9 | 9 | 10 | 10 | 11 | 12 | 12 | 13 | 13 | 14 | 13 | 14 | 15 | 15 | 16 | 16 | 17 | 18 | 18 | 19 | 19 | 20 | 18 | 19 |
| | 10 | 10 | 11 | 11 | 12 | 13 | 13 | 14 | 14 | 15 | 14 | 15 | 16 冬 | 16 | 17 | 17 | 18 | 19 | 19 | 20 | 20 | 21 | 19 | 20 |

一一〇六 丙戌 宋崇寧五 遼乾統六

一一〇五 乙酉 宋崇寧四 遼乾統五 遼閏三月

500 499

| | | | | | | | | | | | | | | | | | | | | | | | |
|---|---|---|---|---|---|---|---|---|---|---|---|---|---|---|---|---|---|---|---|---|---|---|---|
| 22 | 23 | 23 | 24 | 25 | 25 | 26 | 26 | 27 | 25 | 26 | 27 | 27 | 28 | 28 | 29 | 30 | 30 | 31 | 5 | 4 | 2 | 31 | 1 |
| 23 | 24 | 24 | 25 | 26 | 26 | 27 | 27 | 28 | 26 | 27 | 28 | 28 | 29 | 29 | 30 | 31 | 7 | 6 | 2 | 2 | 3 | 2 | 2 |
| 24 | 25 | 25 | 26 | 27 | 27 | 28 | 28 | 29 | 27 | 28 | 29 | 29 | 30 | 30 | 31 | 8 | 2 | 2 | 3 | 3 | 4 | 2 | 3 |
| 25 | 26 | 26 | 27 | 28 | 28 | 29 | 29 | 30 | 28 | 29 | 30 | 30 | 31 | 10 | 9 | 2 | 3 | 3 | 4 | 4 | 5 | 3 | 4 |
| 26 | 27 | 27 | 28 | 29 | 29 | 30 | 30 | 31 | 3 | 30 | 31 | 12 | 11 | 2 | 2 | 3 | 4 | 4 | 5 | 5 | 6 | 4 | 5 |
| 27 十一 | 28 | 28 | 29 | 30 | 30 | 31 | 5 | 4 | 2 | 31 | 1 | 2 | 2 | 3 | 3 | 4 | 5 | 5 | 6 | 6 | 7 | 5 | 6 |
| 28 | 29 十 | 29 九 | 30 | 31 | 7 | 6 | 2 | 2 | 3 | 2 | 2 | 3 | 3 | 4 | 4 | 5 | 6 | 6 | 7 | 7 | 8 | 6 | 7 |
| 29 | 30 | 30 | 31 八 | 8 七 | 2 | 2 | 3 | 3 | 4 | 2 | 3 | 4 | 4 | 5 | 5 | 6 | 7 | 7 | 8 | 8 | 9 | 7 | 8 |
| 30 4 | 31 3 | 10 | 9 | 2 | 3 六 | 3 | 4 | 4 | 5 | 3 | 4 | 5 | 5 | 6 | 6 | 7 | 8 | 8 | 9 | 9 | 10 | 8 | 9 |
| 12 | 11 | 2 2 | 2 1 | 3 | 4 | 4 五 | 5 四 | 5 | 6 | 4 | 5 | 6 | 6 | 7 | 7 | 8 | 9 | 9 | 10 | 10 | 11 | 9 | 10 |
| 2 | 2 | 3 | 3 | 4 12 | 5 11 | 5 | 6 | 6 三 | 7 | 5 | 6 | 7 | 7 | 8 | 8 | 9 | 10 | 10 | 11 | 11 | 12 | 10 | 11 |
| 3 | 3 | 4 | 4 | 5 | 6 | 6 10 | 7 9 | 7 | 8 二 | 6 正 | 7 十二 | 8 | 8 | 9 | 9 | 10 | 11 | 11 | 12 | 12 | 13 | 11 | 12 |
| 4 | 4 | 5 | 5 | 6 | 7 | 7 | 8 | 8 8 | 9 7 | 7 | 8 | 9 十一 | 9 十 | 10 九 | 10 八 | 11 | 12 | 12 | 13 | 13 | 14 | 12 | 13 |
| 5 | 5 | 6 | 6 | 7 | 8 | 8 | 9 | 9 | 10 | 8 6 | 9 5 | 10 | 10 | 11 | 11 | 12 七 | 13 六 | 13 | 14 | 14 | 15 | 13 | 14 |
| 6 | 6 | 7 | 7 | 8 | 9 | 9 | 10 | 10 | 11 | 9 | 10 | 11 4 | 11 3 | 12 | 12 | 13 | 14 | 14 五 | 15 | 15 | 16 | 14 | 15 |
| 7 | 7 | 8 | 8 | 9 | 10 | 10 | 11 | 11 | 12 | 10 | 11 | 12 | 12 | 13 2 | 13 1 | 14 12 | 15 11 | 15 | 16 四 | 16 三 | 17 | 15 | 16 |
| 8 | 8 | 9 | 9 | 10 | 11 | 11 | 12 | 12 | 13 | 11 | 12 | 13 | 13 | 14 | 14 | 15 | 16 | 16 10 | 17 9 | 17 | 18 閏 | 16 | 17 |
| 9 | 9 | 10 | 10 | 11 | 12 | 12 | 13 | 13 | 14 | 12 | 13 | 14 | 14 | 15 | 15 | 16 | 17 | 17 | 18 | 18 8 | 19 7 | 17 二 | 18 正 |
| 10 | 10 | 11 | 11 | 12 | 13 | 13 | 14 | 14 | 15 | 13 | 14 | 15 冬 | 15 | 16 | 16 | 17 | 18 | 18 | 19 | 19 | 20 | 18 6 | 19 5 |
| 11 | 11 | 12 | 12 | 13 | 14 | 14 | 15 | 15 | 16 | 14 | 15 | 16 | 16 | 17 | 17 | 18 | 19 | 19 | 20 | 20 | 21 | 19 | 20 |
| 12 | 12 | 13 | 13 | 14 | 15 | 15 | 16 | 16 | 17 | 15 | 16 | 17 | 17 | 18 | 18 | 19 | 20 | 20 | 21 | 21 | 22 | 20 | 21 |
| 13 | 13 | 14 | 14 | 15 | 16 | 16 | 17 | 17 | 18 | 16 | 17 | 18 | 18 | 19 | 19 | 20 | 21 | 21 | 22 | 22 | 23 | 21 | 22 |
| 14 | 14 | 15 | 15 | 16 | 17 | 17 | 18 | 18 | 19 | 17 | 18 | 19 | 19 | 20 | 20 | 21 | 22 | 22 | 23 | 23 | 24 | 22 | 23 |
| 15 冬 | 15 | 16 | 16 | 17 | 18 | 18 | 19 | 19 | 20 | 18 | 19 | 20 | 20 | 21 | 21 | 22 | 23 | 23 | 24 | 24 | 25 | 23 | 24 |
| 16 | 16 | 17 | 17 | 18 | 19 | 19 | 20 | 20 | 21 | 19 | 20 | 21 | 21 | 22 | 22 | 23 | 24 | 24 | 25 | 25 | 26 | 24 | 25 |
| 17 | 17 | 18 | 18 | 19 | 20 | 20 | 21 | 21 | 22 | 20 | 21 | 22 | 22 | 23 | 23 | 24 | 25 | 25 | 26 | 26 | 27 | 25 | 26 |
| 18 | 18 | 19 | 19 | 20 | 21 | 21 | 22 | 22 | 23 | 21 | 22 | 23 | 23 | 24 | 24 | 25 | 26 | 26 | 27 | 27 | 28 | 26 | 27 |
| 19 | 19 | 20 | 20 | 21 | 22 | 22 | 23 | 23 | 24 | 22 | 23 | 24 | 24 | 25 | 25 | 26 | 27 | 27 | 28 | 28 | 29 | 27 | 28 |
| 20 | 20 | 21 | 21 | 22 | 23 | 23 | 24 | 24 | 25 | 23 | 24 | 25 | 25 | 26 | 26 | 27 | 28 | 28 | 29 | 29 | 30 | 28 | 29 |
| 21 | 21 | 22 | 22 | 23 | 24 | 24 | 25 | 25 | 26 | 24 | 25 | 26 | 26 | 27 | 27 | 28 | 29 | 29 | 30 | 30 | 31 | 3 | 30 |

一一〇七 丁亥 宋大觀元 遼乾統七

501

一一〇八 戊子 宋大觀二 遼乾統八

502

| | | | | | | | | | | | | | | | | | | | | | | | | |
|---|---|---|---|---|---|---|---|---|---|---|---|---|---|---|---|---|---|---|---|---|---|---|---|---|
| 11 | 11 | 12 | 12 | 13 | 14 | 14 | 15 | 15 | 16 | 8 15 | 7 16 | 17 | 17 | 閏18 | 十18 | 19 | 20 | 20 | 21 | 21 | 22 | 20 | 21 | 22 |
| 12 | 12 | 13 | 13 | 14 | 15 | 15 | 16 | 16 | 17 | 16 | 17 | 6 18 | 5 18 | 19 | 19 | 九20 | 八21 | 21 | 22 | 22 | 23 | 21 | 22 | 23 |
| 13 | 13 | 14 | 14 | 15 | 16 | 16 | 17 | 17 | 18 | 17 | 18 | 19 | 19 | 4 20 | 3 20 | 21 | 22 | 七22 | 23 | 23 | 24 | 22 | 23 | 24 |
| 14 | 14 | 15 | 15 | 16 | 17 | 17 | 18 | 18 | 19 | 18 | 19 | 20 | 20 | 21 | 21 | 2 22 | 1 23 | 23 | 六24 | 五24 | 25 | 23 | 24 | 25 |
| 15 | 冬15 | 16 | 16 | 17 | 18 | 18 | 19 | 19 | 20 | 19 | 20 | 21 | 21 | 22 | 22 | 23 | 24 | 12 24 | 11 25 | 25 | 四26 | 三24 | 25 | 26 |
| 16 | 16 | 17 | 17 | 18 | 19 | 19 | 20 | 20 | 21 | 20 | 21 | 22 | 22 | 23 | 23 | 24 | 25 | 25 | 26 | 10 26 | 9 27 | 25 | 二26 | 正27 十二 |
| 17 | 17 | 18 | 18 | 19 | 20 | 20 | 21 | 21 | 22 | 21 | 22 | 23 | 23 | 24 | 24 | 25 | 26 | 26 | 27 | 27 | 28 | 8 26 | 7 27 | 28 |
| 18 | 18 | 19 | 19 | 20 | 21 | 21 | 22 | 22 | 23 | 22 | 23 | 24 | 24 | 25 | 25 | 26 | 27 | 27 | 28 | 28 | 29 | 27 | 28 | 6 29 5 |
| 19 | 19 | 20 | 20 | 21 | 22 | 22 | 23 | 23 | 24 | 23 | 24 | 25 | 25 | 26 | 26 | 27 | 28 | 28 | 29 | 29 | 30 | 28 | 29 | 30 |
| 20 | 20 | 21 | 21 | 22 | 23 | 23 | 24 | 24 | 25 | 24 | 25 | 26 | 26 | 27 | 27 | 28 | 29 | 29 | 30 | 30 | 31 | **3** | 30 | 31 |
| 21 | 21 | 22 | 22 | 23 | 24 | 24 | 25 | 25 | 26 | 25 | 26 | 27 | 27 | 28 | 28 | 29 | 30 | 30 | 31 | **5** | **4** | 2 | 31 | **1** |
| 22 | 22 | 23 | 23 | 24 | 25 | 25 | 26 | 26 | 27 | 26 | 27 | 28 | 28 | 29 | 29 | 30 | 31 | **7** | **6** | 2 | 2 | 3 | **2** | 2 |
| 23 | 23 | 24 | 24 | 25 | 26 | 26 | 27 | 27 | 28 | 27 | 28 | 29 | 29 | 30 | 30 | 31 | **8** | 2 | 2 | 3 | 3 | 4 | 2 | 3 |
| 24 | 24 | 25 | 25 | 26 | 27 | 27 | 28 | 28 | 29 | 28 | 29 | 30 | 30 | 31 | **10** | **9** | 2 | 3 | 3 | 4 | 4 | 5 | 3 | 4 |
| 25 | 25 | 26 | 26 | 27 | 28 | 28 | 29 | 29 | 30 | 29 | 30 | 31 | **12** | **11** | 2 | 2 | 3 | 4 | 4 | 5 | 5 | 6 | 4 | 5 |
| 26 | 26 | 27 | 27 | 28 | 29 | 29 | 30 | 30 | 31 | **3** | 31 | **1** | 2 | 2 | 3 | 3 | 4 | 5 | 5 | 6 | 6 | 7 | 5 | 6 |
| 27 | 27 | 28 | 28 | 29 | 30 | 30 | 31 | **5** | **4** | 2 | **2** | 2 | 3 | 3 | 4 | 4 | 5 | 6 | 6 | 7 | 7 | 8 | 6 | 7 |
| 28 | 28 | 29 | 29 | 30 | 31 | **7** | **6** | 2 | 2 | 3 | 2 | 3 | 4 | 4 | 5 | 5 | 6 | 7 | 7 | 8 | 8 | 9 | 7 | 8 |
| 29 | 29 | 30 | 30 | 31 | **8** | 2 | 2 | 3 | 3 | 4 | 3 | 4 | 5 | 5 | 6 | 6 | 7 | 8 | 8 | 9 | 9 | 10 | 8 | 9 |
| 30 | 30 | 31 | **10** | **9** | 2 | 3 | 3 | **4** | **4** | 5 | 4 | 5 | 6 | 6 | 7 | 7 | 8 | 9 | 9 | 10 | 10 | 11 | 9 | 10 |
| 31 | **12** | **11** | 2 | 2 | 3 | 4 | 4 | 5 | 5 | 6 | 5 | 6 | 7 | 7 | 8 | 8 | 9 | 10 | 10 | 11 | 11 | 12 | 10 | 11 |
| 日 | 2 | 2 | 3 | 3 | 4 | 5 | 5 | 6 | 6 | 7 | 6 | 7 | 8 | 8 | 9 | 9 | 10 | 11 | 11 | 12 | 12 | 13 | 11 | 12 |
| 曜 | 3 | 3 | 4 | 4 | 5 | 6 | 6 | 7 | 7 | 8 | 7 | 8 | 9 | 9 | 10 | 10 | 11 | 12 | 12 | 13 | 13 | 14 | 12 | 13 |
| 表 | 4 | 4 | 5 | 5 | 6 | 7 | 7 | 8 | 8 | 9 | 8 | 9 | 10 | 10 | 11 | 11 | 12 | 13 | 13 | 14 | 14 | 15 | 13 | 14 |
| 1 | 5 | 十一5 | 十6 | 6 | 7 | 8 | 8 | 9 | 9 | 10 | 9 | 10 | 11 | 11 | 12 | 12 | 13 | 14 | 14 | 15 | 15 | 16 | 14 | 15 |
| 甲 | 6 | 6 | 7 | 九7 | 八8 | 9 | 9 | 10 | 10 | 11 | 10 | 11 | 12 | 12 | 13 | 13 | 14 | 15 | 15 | 16 | 16 | 17 | 15 | 16 |
| 子 | 7 | 5 7 | 8 | 8 | 9 | 七10 | 10 | 11 | 11 | 12 | 11 | 12 | 13 | 13 | 14 | 14 | 15 | 16 | 16 | 17 | 17 | 18 | 16 | 17 |
| 表 | 8 | 8 | 4 9 | 3 9 | 10 | 11 | 六11 | 五12 | 12 | 13 | 12 | 13 | 14 | 14 | 15 | 15 | 16 | 17 | 17 | 18 | 18 | 19 | 17 | 18 |
| 17 | 9 | 9 | 10 | 10 | 2 11 | 1 12 | 12 12 | 11 13 | 四13 | 三14 | 13 | 14 | 15 | 15 | 16 | 16 | 17 | 18 | 18 | 19 | 19 | 20 | 18 | 19 |
| | 10 | 10 | 11 | 11 | 12 | 13 | 13 | 14 | 10 14 | 9 15 | 二14 | 正15 | 十二16 | 十一16 | 17 | 17 | 18 | 19 | 19 | 20 | 20 | 21 | 19 | 20 |

中西回史日曆

卷一二 宋遼

| 一一一〇 庚寅 宋大觀四 遼乾統一〇 504 | | | | | | | | | | | | 一一〇九 己丑 宋大觀三 遼乾統九 503 | | | | | | | | | | | |
|---|---|---|---|---|---|---|---|---|---|---|---|---|---|---|---|---|---|---|---|---|---|---|---|
| 22 | 23 | 23 | 24 | 25 | 25 | 26 | 26 | 27 | 25 | 26 | 27 | 27 | 28 4 | 28 3 | 29 | 30 七 | 30 六 | 31 | **5** | **4** | 2 | 31 | **1** |
| 23 | 24 | 24 | 25 | 26 | 26 | 27 | 27 | 28 | 26 | 27 | 28 | 28 | 29 | 29 | 30 2 | 31 1 | **7** | **6** 五 | 2 四 | 2 三 | 3 | **2** | 2 |
| 24 | 25 | 25 | 26 | 27 | 27 | 28 | 28 | 29 | 27 | 28 | 29 | 29 | 30 | 30 | 31 | **8** | 2 12 | 2 11 | 3 | 3 | 4 二 | 2 正 | 3 十二 |
| 25 | 26 | 26 | 27 | 28 | 28 | 29 | 29 | 30 | 28 | 29 | 30 | 30 | 31 | **10** | **9** | 2 | 3 | 3 | 4 10 | 4 9 | 5 | 3 | 4 |
| 26 | 27 | 27 | 28 | 29 | 29 | 30 | 30 | 31 | **3** | 30 | 31 | **12** | **11** | 2 | 2 | 3 | 4 | 4 | 5 | 5 | 6 8 | 4 7 | 5 |
| 27 | 28 | 28 | 29 | 30 | 30 | 31 | **5** | **4** | 2 | 31 | **1** | 2 | 2 | 3 | 3 | 4 | 5 | 5 | 6 | 6 | 7 | 5 | 6 6 |
| 28 | 29 | 29 | 30 | 31 | **7** | **6** | 2 | 2 | 3 | **2** | 2 | 3 | 3 | 4 | 4 | 5 | 6 | 6 | 7 | 7 | 8 | 6 | 7 |
| 29 | 30 | 30 | 31 | **8** | 2 | 2 | 3 | 3 | 4 | 2 | 3 | 4 | 4 | 5 | 5 | 6 | 7 | 7 | 8 | 8 | 9 | 7 | 8 |
| 30 | 31 | **10** | **9** | 2 | 3 | 3 | 4 | 4 | 5 | 3 | 4 | 5 | 5 | 6 | 6 | 7 | 8 | 8 | 9 | 9 | 10 | 8 | 9 |
| **12** | **11** | 2 | 2 | 3 | 4 | 4 | 5 | 5 | 6 | 4 | 5 | 6 | 6 | 7 | 7 | 8 | 9 | 9 | 10 | 10 | 11 | 9 | 10 |
| 2 | 2 | 3 | 3 | 4 | 5 | 5 | 6 | 6 | 7 | 5 | 6 | 7 | 7 | 8 | 8 | 9 | 10 | 10 | 11 | 11 | 12 | 10 | 11 |
| 3 | 3 | 4 | 4 | 5 | 6 | 6 | 7 | 7 | 8 | 6 | 7 | 8 | 8 | 9 | 9 | 10 | 11 | 11 | 12 | 12 | 13 | 11 | 12 |
| 4 | 4 | 5 | 5 | 6 | 7 | 7 | 8 | 8 | 9 | 7 | 8 | 9 | 9 | 10 | 10 | 11 | 12 | 12 | 13 | 13 | 14 | 12 | 13 |
| 5 | 5 | 6 | 6 | 7 | 8 | 8 | 9 | 9 | 10 | 8 | 9 | 10 | 10 | 11 | 11 | 12 | 13 | 13 | 14 | 14 | 15 | 13 | 14 |
| 6 | 6 | 7 | 7 | 8 | 9 | 9 | 10 | 10 | 11 | 9 | 10 | 11 | 11 | 12 | 12 | 13 | 14 | 14 | 15 | 15 | 16 | 14 | 15 |
| 7 | 7 | 8 | 8 | 9 | 10 | 10 | 11 | 11 | 12 | 10 | 11 | 12 | 12 | 13 | 13 | 14 | 15 | 15 | 16 | 16 | 17 | 15 | 16 |
| 8 | 8 | 9 | 9 | 10 | 11 | 11 | 12 | 12 | 13 | 11 | 12 | 13 | 13 | 14 | 14 | 15 | 16 | 16 | 17 | 17 | 18 | 16 | 17 |
| 9 | 9 | 10 | 10 | 11 | 12 | 12 | 13 | 13 | 14 | 12 | 13 | 14 | 14 | 15 | 15 | 16 | 17 | 17 | 18 | 18 | 19 | 17 | 18 |
| 10 | 10 | 11 | 11 | 12 | 13 | 13 | 14 | 14 | 15 | 13 | 14 | 15 冬 | 15 | 16 | 16 | 17 | 18 | 18 | 19 | 19 | 20 | 18 | 19 |
| 11 | 11 | 12 | 12 | 13 | 14 | 14 | 15 | 15 | 16 | 14 | 15 | 16 | 16 | 17 | 17 | 18 | 19 | 19 | 20 | 20 | 21 | 19 | 20 |
| 12 | 12 | 13 | 13 | 14 | 15 | 15 | 16 | 16 | 17 | 15 | 16 | 17 | 17 | 18 | 18 | 19 | 20 | 20 | 21 | 21 | 22 | 20 | 21 |
| 13 十一 | 13 | 14 | 14 | 15 | 16 | 16 | 17 | 17 | 18 | 16 | 17 | 18 | 18 | 19 | 19 | 20 | 21 | 21 | 22 | 22 | 23 | 21 | 22 |
| 14 | 14 十 | 15 九 | 15 | 16 | 17 | 17 | 18 | 18 | 19 | 17 | 18 | 19 | 19 | 20 | 20 | 21 | 22 | 22 | 23 | 23 | 24 | 22 | 23 |
| 15 6 | 15 5 | 16 | 16 閏 | 17 八 | 18 | 18 | 19 | 19 | 20 | 18 | 19 | 20 | 20 | 21 | 21 | 22 | 23 | 23 | 24 | 24 | 25 | 23 | 24 |
| 16 | 16 | 17 4 | 17 3 | 18 | 19 七 | 19 六 | 20 | 20 | 21 | 19 | 20 | 21 | 21 | 22 | 22 | 23 | 24 | 24 | 25 | 25 | 26 | 24 | 25 |
| 17 | 17 | 18 | 18 | 19 2 | 20 1 | 20 | 21 五 | 21 四 | 22 三 | 20 | 21 | 22 | 22 | 23 | 23 | 24 | 25 | 25 | 26 | 26 | 27 | 25 | 26 |
| 18 | 18 | 19 | 19 | 20 | 21 | 21 12 | 22 11 | 22 | 23 | 21 二 | 22 正 | 23 | 23 | 24 | 24 | 25 | 26 | 26 | 27 | 27 | 28 | 26 | 27 |
| 19 | 19 | 20 | 20 | 21 | 22 | 22 | 23 | 23 10 | 24 9 | 22 | 23 | 24 十二 | 24 十一 | 25 | 25 | 26 | 27 | 27 | 28 | 28 | 29 | 27 | 28 |
| 20 | 20 | 21 | 21 | 22 | 23 | 23 | 24 | 24 | 25 | 23 8 | 24 7 | 25 | 25 | 26 十 | 26 九 | 27 | 28 | 28 | 29 | 29 | 30 | 28 | 29 |
| 21 | 21 | 22 | 22 | 23 | 24 | 24 | 25 | 25 | 26 | 24 | 25 | 26 6 | 26 5 | 27 | 27 | 28 八 | 29 | 29 | 30 | 30 | 31 | **3** | 30 |

三

勵耘書屋

一一一二 壬辰 宋政和二 遼天慶二

506

一一一一 辛卯 宋政和元 遼天慶元

505

| | | | | | | | | | | | | | | | | | | | | | | | | |
|---|---|---|---|---|---|---|---|---|---|---|---|---|---|---|---|---|---|---|---|---|---|---|---|---|
| 11 | 11 | 12 | 12 | 13 | 14 | 14 | 15 | 15 | 16 | 15 | 16 | 17 | 17 | 18 | 18 | 19 | 20 | 20 | 21 | 21 | 22 | 20 | 21 | 22 |
| 12 | 12 | 13 | 13 | 14 | 15 | 15 | 16 | 16 | 17 | 16 | 17 | 18 | 18 | 19 | 19 | 20 | 21 | 21 | 22 | 22 | 23 | 21 | 22 | 23 |
| 13 | 13 | 14 | 14 | 15 | 16 | 16 | 17 | 17 | 18 | 17 | 18 | 19 | 19 | 20 | 20 | 21 | 22 | 22 | 23 | 23 | 24 | 22 | 23 | 24 |
| 14 | 14 | 15 | 15 | 16 | 17 | 17 | 18 | 18 | 19 | 18 | 19 | 20 | 20 | 21 | 21 | 22 | 23 | 23 | 24 | 24 | 25 | 23 | 24 | 25 |
| 15 冬 | 15 | 16 | 16 | 17 | 18 | 18 | 19 | 19 | 20 | 19 | 20 | 21 | 21 | 22 | 22 | 23 | 24 | 24 | 25 | 25 | 26 | 24 | 25 | 26 |
| 16 | 16 | 17 | 17 | 18 | 19 | 19 | 20 | 20 | 21 | 20 | 21 | 22 | 22 | 23 | 23 | 24 | 25 | 25 | 26 | 26 | 27 | 25 | 26 | 27 |
| 17 | 17 | 18 | 18 | 19 | 20 | 20 | 21 | 21 | 22 | 21 | 22 | 23 | 23 | 24 | 24 | 25 | 26 | 26 | 27 | 27 | 28 | 26 | 27 | 28 |
| 18 | 18 | 19 | 19 | 20 | 21 | 21 | 22 | 22 | 23 | 22 | 23 | 24 | 24 | 25 | 25 | 26 | 27 | 27 | 28 | 28 | 29 | 27 | 28 | 29 |
| 19 | 19 | 20 | 20 | 21 | 22 | 22 | 23 | 23 | 24 | 23 | 24 | 25 | 25 | 26 | 26 | 27 | 28 | 28 | 29 | 29 | 30 | 28 | 29 | 30 |
| 20 | 20 | 21 | 21 | 22 | 23 | 23 | 24 | 24 | 25 | 24 | 25 | 26 | 26 | 27 | 27 | 28 | 29 | 29 | 30 | 30 | 31 | 3 | 30 | 31 |
| 21 十二 | 21 十一 | 22 | 22 | 23 | 24 | 24 | 25 | 25 | 26 | 25 | 26 | 27 | 27 | 28 | 28 | 29 | 30 | 30 | 31 | 5 | 4 | 2 | 31 | 1 |
| 22 7 | 22 | 23 十 | 23 九 | 24 八 | 25 | 25 | 26 | 26 | 27 | 26 | 27 | 28 | 28 | 29 | 29 | 30 | 31 | 7 | 6 | 2 | 2 | 3 | 2 | 2 |
| 23 | 23 6 | 24 5 | 24 | 25 | 26 七 | 26 六 | 27 | 27 | 28 | 27 | 28 | 29 | 29 | 30 | 30 | 31 | 8 | 2 | 2 | 3 | 3 | 4 | 2 | 3 |
| 24 | 24 | 25 | 25 4 | 26 3 | 27 | 27 | 28 五 | 28 四 | 29 | 28 | 29 | 30 | 30 | 31 | 10 | 9 | 2 | 3 | 3 | 4 | 4 | 5 | 3 | 4 |
| 25 | 25 | 26 | 26 | 27 | 28 2 | 28 1 | 29 | 29 | 30 三 | 29 二 | 30 | 31 | 12 | 11 | 2 | 2 | 3 | 4 | 4 | 5 | 5 | 6 | 4 | 5 |
| 26 | 26 | 27 | 27 | 28 | 29 | 29 | 30 12 | 30 11 | 31 | 3 | 31 正 | 1 十二 | 2 | 2 | 3 | 3 | 4 | 5 | 5 | 6 | 6 | 7 | 5 | 6 |
| 27 | 27 | 28 | 28 | 29 | 30 | 30 | 31 | 5 | 4 10 | 2 9 | 2 | 2 | 3 十一 | 3 十 | 4 | 4 | 5 | 6 | 6 | 7 | 7 | 8 | 6 | 7 |
| 28 | 28 | 29 | 29 | 30 | 31 | 7 | 6 | 2 | 2 | 3 | 2 8 | 3 7 | 4 | 4 | 5 九 | 5 八 | 6 | 7 | 7 | 8 | 8 | 9 | 7 | 8 |
| 29 | 29 | 30 | 30 | 31 | 8 | 2 | 2 | 3 | 3 | 4 | 3 | 4 | 5 6 | 5 5 | 6 | 6 | 7 七 | 8 六 | 8 五 | 9 | 9 | 10 | 8 | 9 |
| 30 | 30 | 31 | 10 | 9 | 2 | 3 | 3 | 4 | 4 | 5 | 4 | 5 | 6 | 6 | 7 4 | 7 3 | 8 | 9 | 9 | 10 四 | 10 三 | 11 | 9 | 10 |
| 31 | 12 | 11 | 2 | 2 | 3 | 4 | 4 | 5 | 5 | 6 | 5 | 6 | 7 | 7 | 8 | 8 | 9 2 | 10 1 | 10 12 | 11 11 | 11 | 12 二 | 10 正 | 11 |
| 日 | 2 | 2 | 3 | 3 | 4 | 5 | 5 | 6 | 6 | 7 | 6 | 7 | 8 | 8 | 9 | 9 | 10 | 11 | 11 | 12 | 12 10 | 13 9 | 11 | 12 十二 |
| 曜 | 3 | 3 | 4 | 4 | 5 | 6 | 6 | 7 | 7 | 8 | 7 | 8 | 9 | 9 | 10 | 10 | 11 | 12 | 12 | 13 | 13 | 14 | 12 8 | 13 7 |
| 表 | 4 | 4 | 5 | 5 | 6 | 7 | 7 | 8 | 8 | 9 | 8 | 9 | 10 | 10 | 11 | 11 | 12 | 13 | 13 | 14 | 14 | 15 | 13 | 14 |
| 2 | 5 | 5 | 6 | 6 | 7 | 8 | 8 | 9 | 9 | 10 | 9 | 10 | 11 | 11 | 12 | 12 | 13 | 14 | 14 | 15 | 15 | 16 | 14 | 15 |
| 甲 | 6 | 6 | 7 | 7 | 8 | 9 | 9 | 10 | 10 | 11 | 10 | 11 | 12 | 12 | 13 | 13 | 14 | 15 | 15 | 16 | 16 | 17 | 15 | 16 |
| 子 | 7 | 7 | 8 | 8 | 9 | 10 | 10 | 11 | 11 | 12 | 11 | 12 | 13 | 13 | 14 | 14 | 15 | 16 | 16 | 17 | 17 | 18 | 16 | 17 |
| 表 | 8 | 8 | 9 | 9 | 10 | 11 | 11 | 12 | 12 | 13 | 12 | 13 | 14 | 14 | 15 | 15 | 16 | 17 | 17 | 18 | 18 | 19 | 17 | 18 |
| 18 | 9 | 9 | 10 | 10 | 11 | 12 | 12 | 13 | 13 | 14 | 13 | 14 | 15 | 15 | 16 | 16 | 17 | 18 | 18 | 19 | 19 | 20 | 18 | 19 |
| | 10 | 10 | 11 | 11 | 12 | 13 | 13 | 14 | 14 | 15 | 14 | 15 | 16 冬 | 16 | 17 | 17 | 18 | 19 | 19 | 20 | 20 | 21 | 19 | 20 |

中西回史日曆

卷一二 宋遼

一一一四 甲午 宋政和四 遼天慶四

508

一一一三 癸巳 宋政和三 遼天慶三

507

| | | | | | | | | | | | | | | | | | | | | | | | |
|---|---|---|---|---|---|---|---|---|---|---|---|---|---|---|---|---|---|---|---|---|---|---|---|
| 22 | 23 | 23 | 24 | 25 | 25 | 26 | 26 | 27 | 25 | 26 | 27 | 27 | 28 | 28 | 29 | 30 | 30 | 31 | **5** | **4** | 2 | 31 | **1** |
| 23 | 24 | 24 | 25 | 26 | 26 | 27 | 27 | 28 | 26 | 27 | 28 | 28 | 29 | 29 | 30 | 31 | **7** | **6** | 2 | 2 | 3 | **2** | 2 |
| 24 | 25 | 25 | 26 | 27 | 27 | 28 | 28 | 29 | 27 | 28 | 29 | 29 | 30 | 30 | 31 | **8** | 2 | 2 | 3 | 3 | 4 | 2 | 3 |
| 25 | 26 | 26 | 27 | 28 | 28 | 29 | 29 | 30 | 28 | 29 | 30 | 30 | 31 | **10** | **9** | 2 | 3 | 3 | 4 | 4 | 5 | 3 | 4 |
| 26 | 27 | 27 | 28 | 29 | 29 | 30 | 30 | 31 | **3** | 30 | 31 | **12** | **11** | 2 | 2 | 3 | 4 | 4 | 5 | 5 | 6 | 4 | 5 |
| 27 | 28 | 28 | 29 | 30 | 30 | 31 | **5** | **4** | 2 | 31 | **1** | 2 | 2 | 3 | 3 | 4 | 5 | 5 | 6 | 6 | 7 | 5 | 6 |
| 28 | 29 | 29 | 30 | 31 | **7** | **6** | 2 | 2 | 3 | **2** | 2 | 3 | 3 | 4 | 4 | 5 | 6 | 6 | 7 | 7 | 8 | 6 | 7 |
| 29 | 十一30 | 十30 | 31 | **8** | 2 | 2 | 3 | 3 | 4 | 2 | 3 | 4 | 4 | 5 | 5 | 6 | 7 | 7 | 8 | 8 | 9 | 7 | 8 |
| 30 | 31 | **10** | 九9 | 八2 | 3 | 3 | 4 | 4 | 5 | 3 | 4 | 5 | 5 | 6 | 6 | 7 | 8 | 8 | 9 | 9 | 10 | 8 | 9 |
| **12** | 7 **11** | 2 | 2 | 3 | 七4 | 六4 | 5 | 5 | 6 | 4 | 5 | 6 | 6 | 7 | 7 | 8 | 9 | 9 | 10 | 10 | 11 | 9 | 10 |
| 2 | 2 | 6 3 | 5 3 | 4 | 5 | 5 | 五6 | 6 | 7 | 5 | 6 | 7 | 7 | 8 | 8 | 9 | 10 | 10 | 11 | 11 | 12 | 10 | 11 |
| 3 | 3 | 4 | 4 | 4 5 | 3 6 | 6 | 7 | 四7 | 三8 | 6 | 7 | 8 | 8 | 9 | 9 | 10 | 11 | 11 | 12 | 12 | 13 | 11 | 12 |
| 4 | 4 | 5 | 5 | 6 | 7 | 2 7 | 1 8 | 8 | 9 | 二7 | 8 | 9 | 9 | 10 | 10 | 11 | 12 | 12 | 13 | 13 | 14 | 12 | 13 |
| 5 | 5 | 6 | 6 | 7 | 8 | 8 | 9 | 12 9 | 11 10 | 8 | 正9 | 十二10 | 十一10 | 十11 | 11 | 12 | 13 | 13 | 14 | 14 | 15 | 13 | 14 |
| 6 | 6 | 7 | 7 | 8 | 9 | 9 | 10 | 10 | 11 | 10 9 | 9 10 | 11 | 11 | 12 | 九12 | 八13 | 七14 | 14 | 15 | 15 | 16 | 14 | 15 |
| 7 | 7 | 8 | 8 | 9 | 10 | 10 | 11 | 11 | 12 | 10 | 11 | 8 12 | 7 12 | 13 | 13 | 14 | 15 | 六15 | 五16 | 16 | 17 | 15 | 16 |
| 8 | 8 | 9 | 9 | 10 | 11 | 11 | 12 | 12 | 13 | 11 | 12 | 13 | 13 | 6 14 | 5 14 | 15 | 16 | 16 | 17 | 閏17 | 18 | 16 | 17 |
| 9 | 9 | 10 | 10 | 11 | 12 | 12 | 13 | 13 | 14 | 12 | 13 | 14 | 14 | 15 | 15 | 4 16 | 3 17 | 17 | 18 | 18 | 四19 | 三17 | 18 |
| 10 | 10 | 11 | 11 | 12 | 13 | 13 | 14 | 14 | 15 | 13 | 14 | 15 | 冬15 | 16 | 16 | 17 | 18 | 2 18 | 1 19 | 12 19 | 11 20 | 18 | 二19 |
| 11 | 11 | 12 | 12 | 13 | 14 | 14 | 15 | 15 | 16 | 14 | 15 | 16 | 16 | 17 | 17 | 18 | 19 | 19 | 20 | 20 | 21 | 10 19 | 9 20 正 |
| 12 | 12 | 13 | 13 | 14 | 15 | 15 | 16 | 16 | 17 | 15 | 16 | 17 | 17 | 18 | 18 | 19 | 20 | 20 | 21 | 21 | 22 | 20 | 21 8 |
| 13 | 13 | 14 | 14 | 15 | 16 | 16 | 17 | 17 | 18 | 16 | 17 | 18 | 18 | 19 | 19 | 20 | 21 | 21 | 22 | 22 | 23 | 21 | 22 |
| 14 | 14 | 15 | 15 | 16 | 17 | 17 | 18 | 18 | 19 | 17 | 18 | 19 | 19 | 20 | 20 | 21 | 22 | 22 | 23 | 23 | 24 | 22 | 23 |
| 15 | 冬15 | 16 | 16 | 17 | 18 | 18 | 19 | 19 | 20 | 18 | 19 | 20 | 20 | 21 | 21 | 22 | 23 | 23 | 24 | 24 | 25 | 23 | 24 |
| 16 | 16 | 17 | 17 | 18 | 19 | 19 | 20 | 20 | 21 | 19 | 20 | 21 | 21 | 22 | 22 | 23 | 24 | 24 | 25 | 25 | 26 | 24 | 25 |
| 17 | 17 | 18 | 18 | 19 | 20 | 20 | 21 | 21 | 22 | 20 | 21 | 22 | 22 | 23 | 23 | 24 | 25 | 25 | 26 | 26 | 27 | 25 | 26 |
| 18 | 18 | 19 | 19 | 20 | 21 | 21 | 22 | 22 | 23 | 21 | 22 | 23 | 23 | 24 | 24 | 25 | 26 | 26 | 27 | 27 | 28 | 26 | 27 |
| 19 | 19 | 20 | 20 | 21 | 22 | 22 | 23 | 23 | 24 | 22 | 23 | 24 | 24 | 25 | 25 | 26 | 27 | 27 | 28 | 28 | 29 | 27 | 28 |
| 20 | 20 | 21 | 21 | 22 | 23 | 23 | 24 | 24 | 25 | 23 | 24 | 25 | 25 | 26 | 26 | 27 | 28 | 28 | 29 | 29 | 30 | 28 | 29 |
| 21 | 21 | 22 | 22 | 23 | 24 | 24 | 25 | 25 | 26 | 24 | 25 | 26 | 26 | 27 | 27 | 28 | 29 | 29 | 30 | 30 | 31 | **3** | 30 |

四

勵耘書屋

一一一六 丙申
宋政和六
遼天慶六
金收國二

510

一一一五 乙未
宋政和五
遼天慶五
金收國元 太祖

509

| | | | | | | | | | | | | | | | | | | | | | | | | |
|---|---|---|---|---|---|---|---|---|---|---|---|---|---|---|---|---|---|---|---|---|---|---|---|---|
| 11 | 11 | 12 | 12 | 13 4 | 14 3 | 14 | 15 | 15 三 | 16 二 | 15 | 16 | 17 | 17 | 18 | 18 | 19 | 20 | 20 | 21 | 21 | 22 | 20 | 21 | 22 |
| 12 | 12 | 13 | 13 | 14 | 15 | 15 2 | 16 1 | 16 12 | 17 11 | 16 閏 | 17 正 | 18 十二 | 18 十一 | 19 | 19 | 20 | 21 | 21 | 22 | 22 | 23 | 21 | 22 | 23 |
| 13 | 13 | 14 | 14 | 15 | 16 | 16 | 17 | 17 | 18 | 17 10 | 18 9 | 19 | 19 | 20 十 | 20 九 | 21 | 22 | 22 | 23 | 23 | 24 | 22 | 23 | 24 |
| 14 | 14 | 15 | 15 | 16 | 17 | 17 | 18 | 18 | 19 | 18 | 19 | 20 8 | 20 7 | 21 | 21 | 22 八 | 23 七 | 23 | 24 | 24 | 25 | 23 | 24 | 25 |
| 15 冬 | 15 | 16 | 16 | 17 | 18 | 18 | 19 | 19 | 20 | 19 | 20 | 21 | 21 | 22 6 | 22 5 | 23 | 24 | 24 六 | 25 | 25 | 26 | 24 | 25 | 26 |
| 16 | 16 | 17 | 17 | 18 | 19 | 19 | 20 | 20 | 21 | 20 | 21 | 22 | 22 | 23 | 23 | 24 4 | 25 3 | 25 | 26 五 | 26 四 | 27 | 25 | 26 | 27 |
| 17 | 17 | 18 | 18 | 19 | 20 | 20 | 21 | 21 | 22 | 21 | 22 | 23 | 23 | 24 | 24 | 25 | 26 | 26 2 | 27 1 | 27 | 28 三 | 26 二 | 27 | 28 |
| 18 | 18 | 19 | 19 | 20 | 21 | 21 | 22 | 22 | 23 | 22 | 23 | 24 | 24 | 25 | 25 | 26 | 27 | 27 | 28 | 28 12 | 29 11 | 27 | 28 正 | 29 十二 |
| 19 | 19 | 20 | 20 | 21 | 22 | 22 | 23 | 23 | 24 | 23 | 24 | 25 | 25 | 26 | 26 | 27 | 28 | 28 | 29 | 29 | 30 | 28 10 | 29 9 | 30 |
| 20 | 20 | 21 | 21 | 22 | 23 | 23 | 24 | 24 | 25 | 24 | 25 | 26 | 26 | 27 | 27 | 28 | 29 | 29 | 30 | 30 | 31 | **3** | 30 | 31 8 |
| 21 | 21 | 22 | 22 | 23 | 24 | 24 | 25 | 25 | 26 | 25 | 26 | 27 | 27 | 28 | 28 | 29 | 30 | 30 | 31 | **5** | **4** | 2 | 31 | **1** |
| 22 | 22 | 23 | 23 | 24 | 25 | 25 | 26 | 26 | 27 | 26 | 27 | 28 | 28 | 29 | 29 | 30 | 31 | **7** | **6** | 2 | 2 | 3 | **2** | 2 |
| 23 | 23 | 24 | 24 | 25 | 26 | 26 | 27 | 27 | 28 | 27 | 28 | 29 | 29 | 30 | 30 | 31 | **8** | 2 | 2 | 3 | 3 | 4 | 2 | 3 |
| 24 | 24 | 25 | 25 | 26 | 27 | 27 | 28 | 28 | 29 | 28 | 29 | 30 | 30 | 31 | **10** | **9** | 2 | 3 | 3 | 4 | 4 | 5 | 3 | 4 |
| 25 | 25 | 26 | 26 | 27 | 28 | 28 | 29 | 29 | 30 | 29 | 30 | 31 | **12** | **11** | 2 | 2 | 3 | 4 | 4 | 5 | 5 | 6 | 4 | 5 |
| 26 | 26 | 27 | 27 | 28 | 29 | 29 | 30 | 30 | 31 | **3** | 31 | **1** | 2 | 2 | 3 | 3 | 4 | 5 | 5 | 6 | 6 | 7 | 5 | 6 |
| 27 | 27 | 28 | 28 | 29 | 30 | 30 | 31 | **5** | **4** | 2 | **2** | 2 | 3 | 3 | 4 | 4 | 5 | 6 | 6 | 7 | 7 | 8 | 6 | 7 |
| 28 | 28 | 29 | 29 | 30 | 31 | **7** | **6** | 2 | 2 | 3 | 2 | 3 | 4 | 4 | 5 | 5 | 6 | 7 | 7 | 8 | 8 | 9 | 7 | 8 |
| 29 | 29 | 30 | 30 | 31 | **8** | 2 | 2 | 3 | 3 | 4 | 3 | 4 | 5 | 5 | 6 | 6 | 7 | 8 | 8 | 9 | 9 | 10 | 8 | 9 |
| 30 | 30 | 31 | **10** | **9** | 2 | 3 | 3 | **4** | 4 | 5 | 4 | 5 | 6 | 6 | 7 | 7 | 8 | 9 | 9 | 10 | 10 | 11 | 9 | 10 |
| 31 | **12** | **11** | 2 | 2 | 3 | 4 | 4 | 5 | 5 | 6 | 5 | 6 | 7 | 7 | 8 | 8 | 9 | 10 | 10 | 11 | 11 | 12 | 10 | 11 |
| 日 | 2 | 2 | 3 | 3 | 4 | 5 | 5 | 6 | 6 | 7 | 6 | 7 | 8 | 8 | 9 | 9 | 10 | 11 | 11 | 12 | 12 | 13 | 11 | 12 |
| 曜 | 3 | 3 | 4 | 4 | 5 | 6 | 6 | 7 | 7 | 8 | 7 | 8 | 9 | 9 | 10 | 10 | 11 | 12 | 12 | 13 | 13 | 14 | 12 | 13 |
| 表 | 4 | 4 | 5 | 5 | 6 | 7 | 7 | 8 | 8 | 9 | 8 | 9 | 10 | 10 | 11 | 11 | 12 | 13 | 13 | 14 | 14 | 15 | 13 | 14 |
| 3 | 5 | 5 | 6 | 6 | 7 | 8 | 8 | 9 | 9 | 10 | 9 | 10 | 11 | 11 | 12 | 12 | 13 | 14 | 14 | 15 | 15 | 16 | 14 | 15 |
| 甲 | 6 十一 | 6 | 7 | 7 | 8 | 9 | 9 | 10 | 10 | 11 | 10 | 11 | 12 | 12 | 13 | 13 | 14 | 15 | 15 | 16 | 16 | 17 | 15 | 16 |
| 子 | 7 | 7 十 | 8 九 | 8 | 9 | 10 | 10 | 11 | 11 | 12 | 11 | 12 | 13 | 13 | 14 | 14 | 15 | 16 | 16 | 17 | 17 | 18 | 16 | 17 |
| 表 | 8 | 8 | 9 | 9 八 | 10 七 | 11 | 11 | 12 | 12 | 13 | 12 | 13 | 14 | 14 | 15 | 15 | 16 | 17 | 17 | 18 | 18 | 19 | 17 | 18 |
| 19 | 9 8 | 9 7 | 10 | 10 | 11 | 12 六 | 12 | 13 | 13 | 14 | 13 | 14 | 15 冬 | 15 | 16 | 16 | 17 | 18 | 18 | 19 | 19 | 20 | 18 | 19 |
| | 10 | 10 | 11 6 | 11 5 | 12 | 13 | 13 五 | 14 四 | 14 | 15 | 14 | 15 | 16 | 16 | 17 | 17 | 18 | 19 | 19 | 20 | 20 | 21 | 19 | 20 |

中西回史日曆

卷一二一 宋遼金 五

一一一八 戊戌 宋重和元（十一月改） 遼天慶八 金天輔二 512

一一一七 丁酉 宋政和七 遼天慶七 金天輔元 511

| | | | | | | | | | | | | | | | | | | | | | | | |
|---|---|---|---|---|---|---|---|---|---|---|---|---|---|---|---|---|---|---|---|---|---|---|---|
| 22 | 23 | 23 | 24 | 25 | 25 | 26 | 26 | 27 | 25 | 26 | 10 27 | 9 27 | 28 | 28 | 九 29 | 八 30 | 30 | 31 | **5** | **4** | 2 | 31 | **1** |
| 23 | 24 | 24 | 25 | 26 | 26 | 27 | 27 | 28 | 26 | 27 | 28 | 28 | 8 29 | 7 29 | 30 | 31 | 七 **7** | **6** | 2 | 2 | 3 | **2** | 2 |
| 24 | 25 | 25 | 26 | 27 | 27 | 28 | 28 | 29 | 27 | 28 | 29 | 29 | 30 | 30 | 6 31 | 5 **8** | 2 | 六 2 | 五 3 | 3 | 4 | 2 | 3 |
| 25 | 26 | 26 | 27 | 28 | 28 | 29 | 29 | 30 | 28 | 29 | 30 | 30 | 31 | **10** | **9** | 2 | 4 3 | 3 3 | 4 | 四 4 | 三 5 | 二 3 | 4 |
| 26 | 27 | 27 | 28 | 29 | 29 | 30 | 30 | 31 | **3** | 30 | 31 | **12** | **11** | 2 | 2 | 3 | 4 | 4 | 2 5 | 1 5 | 6 | 4 | 正 5 十二 |
| 27 | 28 | 28 | 29 | 30 | 30 | 31 | **5** | **4** | 2 | 31 | **1** | 2 | 2 | 3 | 3 | 4 | 5 | 5 | 6 | 6 | 12 7 | 11 5 | 6 |
| 28 | 29 | 29 | 30 | 31 | **7** | **6** | 2 | 2 | 3 | **2** | 2 | 3 | 3 | 4 | 4 | 5 | 6 | 6 | 7 | 7 | 8 | 6 | 10 7 9 |
| 29 | 30 | 30 | 31 | **8** | 2 | 2 | 3 | 3 | 4 | 2 | 3 | 4 | 4 | 5 | 5 | 6 | 7 | 7 | 8 | 8 | 9 | 7 | 8 |
| 30 | 31 | **10** | **9** | 2 | 3 | 3 | 4 | 4 | 5 | 3 | 4 | 5 | 5 | 6 | 6 | 7 | 8 | 8 | 9 | 9 | 10 | 8 | 9 |
| **12** | **11** | 2 | 2 | 3 | 4 | 4 | 5 | 5 | 6 | 4 | 5 | 6 | 6 | 7 | 7 | 8 | 9 | 9 | 10 | 10 | 11 | 9 | 10 |
| 2 | 2 | 3 | 3 | 4 | 5 | 5 | 6 | 6 | 7 | 5 | 6 | 7 | 7 | 8 | 8 | 9 | 10 | 10 | 11 | 11 | 12 | 10 | 11 |
| 3 | 3 | 4 | 4 | 5 | 6 | 6 | 7 | 7 | 8 | 6 | 7 | 8 | 8 | 9 | 9 | 10 | 11 | 11 | 12 | 12 | 13 | 11 | 12 |
| 4 | 4 | 5 | 5 | 6 | 7 | 7 | 8 | 8 | 9 | 7 | 8 | 9 | 9 | 10 | 10 | 11 | 12 | 12 | 13 | 13 | 14 | 12 | 13 |
| 5 | 5 | 6 | 6 | 7 | 8 | 8 | 9 | 9 | 10 | 8 | 9 | 10 | 10 | 11 | 11 | 12 | 13 | 13 | 14 | 14 | 15 | 13 | 14 |
| 6 | 6 | 7 | 7 | 8 | 9 | 9 | 10 | 10 | 11 | 9 | 10 | 11 | 11 | 12 | 12 | 13 | 14 | 14 | 15 | 15 | 16 | 14 | 15 |
| 7 | 7 | 8 | 8 | 9 | 10 | 10 | 11 | 11 | 12 | 10 | 11 | 12 | 12 | 13 | 13 | 14 | 15 | 15 | 16 | 16 | 17 | 15 | 16 |
| 8 | 8 | 9 | 9 | 10 | 11 | 11 | 12 | 12 | 13 | 11 | 12 | 13 | 13 | 14 | 14 | 15 | 16 | 16 | 17 | 17 | 18 | 16 | 17 |
| 9 | 9 | 10 | 10 | 11 | 12 | 12 | 13 | 13 | 14 | 12 | 13 | 14 | 14 | 15 | 15 | 16 | 17 | 17 | 18 | 18 | 19 | 17 | 18 |
| 10 | 10 | 11 | 11 | 12 | 13 | 13 | 14 | 14 | 15 | 13 | 14 | 15 | 冬 15 | 16 | 16 | 17 | 18 | 18 | 19 | 19 | 20 | 18 | 19 |
| 11 | 11 | 12 | 12 | 13 | 14 | 14 | 15 | 15 | 16 | 14 | 15 | 16 | 16 | 17 | 17 | 18 | 19 | 19 | 20 | 20 | 21 | 19 | 20 |
| 12 | 12 | 13 | 13 | 14 | 15 | 15 | 16 | 16 | 17 | 15 | 16 | 17 | 17 | 18 | 18 | 19 | 20 | 20 | 21 | 21 | 22 | 20 | 21 |
| 13 | 13 | 14 | 14 | 15 | 16 | 16 | 17 | 17 | 18 | 16 | 17 | 18 | 18 | 19 | 19 | 20 | 21 | 21 | 22 | 22 | 23 | 21 | 22 |
| 14 | 14 | 15 | 15 | 16 | 17 | 17 | 18 | 18 | 19 | 17 | 18 | 19 | 19 | 20 | 20 | 21 | 22 | 22 | 23 | 23 | 24 | 22 | 23 |
| 冬 15 | 十二 15 | 十一 16 | 16 | 17 | 18 | 18 | 19 | 19 | 20 | 18 | 19 | 20 | 20 | 21 | 21 | 22 | 23 | 23 | 24 | 24 | 25 | 23 | 24 |
| 16 | 9 16 | 17 | 閏 17 | 九 18 | 19 | 19 | 20 | 20 | 21 | 19 | 20 | 21 | 21 | 22 | 22 | 23 | 24 | 24 | 25 | 25 | 26 | 24 | 25 |
| 17 | 17 | 8 18 | 7 18 | 19 | 八 20 | 七 20 | 21 | 21 | 22 | 20 | 21 | 22 | 22 | 23 | 23 | 24 | 25 | 25 | 26 | 26 | 27 | 25 | 26 |
| 18 | 18 | 19 | 19 | 6 20 | 5 21 | 21 | 六 22 | 五 22 | 23 | 21 | 22 | 23 | 23 | 24 | 24 | 25 | 26 | 26 | 27 | 27 | 28 | 26 | 27 |
| 19 | 19 | 20 | 20 | 21 | 22 | 4 22 | 3 23 | 23 | 四 24 | 三 22 | 二 23 | 24 | 24 | 25 | 25 | 26 | 27 | 27 | 28 | 28 | 29 | 27 | 28 |
| 20 | 20 | 21 | 21 | 22 | 23 | 23 | 24 | 2 24 | 1 25 | 23 | 24 | 正 25 | 十二 25 | 26 | 26 | 27 | 28 | 28 | 29 | 29 | 30 | 28 | 29 |
| 21 | 21 | 22 | 22 | 23 | 24 | 24 | 25 | 25 | 26 | 12 24 | 11 25 | 26 | 26 | 十一 27 | 十 27 | 28 | 29 | 29 | 30 | 30 | 31 | **3** | 30 |

勵耘書屋

一一一九 己亥
宋宣和元（二月改）
遼天慶九
金天輔三
513

一一二〇 庚子
宋宣和二
遼天慶一〇
金天輔四
514

| | | | | | | | | | | | | | | | | | | | | | | | | |
|---|---|---|---|---|---|---|---|---|---|---|---|---|---|---|---|---|---|---|---|---|---|---|---|---|
| 11 | 11 | 12 | 12 | 13 | 14 | 14 | 15 | 15 | 16 | 15 | 16 | 17 | 17 | 18 | 18 | 19 | 20 | 20 | 21 | 21 | 22 | 20 | 21 | 22 |
| 12 | 12 | 13 | 13 | 14 | 15 | 15 | 16 | 16 | 17 | 16 | 17 | 18 | 18 | 19 | 19 | 20 | 21 | 21 | 22 | 22 | 23 | 21 | 22 | 23 |
| 13 | 13 | 14 | 14 | 15 | 16 | 16 | 17 | 17 | 18 | 17 | 18 | 19 | 19 | 20 | 20 | 21 | 22 | 22 | 23 | 23 | 24 | 22 | 23 | 24 |
| 14 | 14 | 15 | 15 | 16 | 17 | 17 | 18 | 18 | 19 | 18 | 19 | 20 | 20 | 21 | 21 | 22 | 23 | 23 | 24 | 24 | 25 | 23 | 24 | 25 |
| 15冬 | 15 | 16 | 16 | 17 | 18 | 18 | 19 | 19 | 20 | 19 | 20 | 21 | 21 | 22 | 22 | 23 | 24 | 24 | 25 | 25 | 26 | 24 | 25 | 26 |
| 16 | 16 | 17 | 17 | 18 | 19 | 19 | 20 | 20 | 21 | 20 | 21 | 22 | 22 | 23 | 23 | 24 | 25 | 25 | 26 | 26 | 27 | 25 | 26 | 27 |
| 17 | 17 | 18 | 18 | 19 | 20 | 20 | 21 | 21 | 22 | 21 | 22 | 23 | 23 | 24 | 24 | 25 | 26 | 26 | 27 | 27 | 28 | 26 | 27 | 28 |
| 18 | 18 | 19 | 19 | 20 | 21 | 21 | 22 | 22 | 23 | 22 | 23 | 24 | 24 | 25 | 25 | 26 | 27 | 27 | 28 | 28 | 29 | 27 | 28 | 29 |
| 19 | 19 | 20 | 20 | 21 | 22 | 22 | 23 | 23 | 24 | 23 | 24 | 25 | 25 | 26 | 26 | 27 | 28 | 28 | 29 | 29 | 30 | 28 | 29 | 30 |
| 20 | 20 | 21 | 21 | 22 | 23 | 23 | 24 | 24 | 25 | 24 | 25 | 26 | 26 | 27 | 27 | 28 | 29 | 29 | 30 | 30 | 31 | **3** | 30 | 31 |
| 21 | 21 | 22 | 22 | 23 | 24 | 24 | 25 | 25 | 26 | 25 | 26 | 27 | 27 | 28 | 28 | 29 | 30 | 30 | 31 | **5** | **4** | 2 | 31 | **1** |
| 22十二 | 22 | 23 | 23 | 24 | 25 | 25 | 26 | 26 | 27 | 26 | 27 | 28 | 28 | 29 | 29 | 30 | 31 | **7** | **6** | 2 | 2 | 3 | **2** | 2 |
| 23 | 23十一 | 24十 | 24 | 25 | 26 | 26 | 27 | 27 | 28 | 27 | 28 | 29 | 29 | 30 | 30 | 31 | **8** | 2 | 2 | 3 | 3 | 4 | 2 | 3 |
| 24 **10** | 24 **9** | 25 | 25九 | 26八 | 27七 | 27 | 28 | 28 | 29 | 28 | 29 | 30 | 30 | 31 | **10** | **9** | 2 | 3 | 3 | 4 | 4 | 5 | 3 | 4 |
| 25 | 25 | 26 **8** | 26 **7** | 27 | 28 | 28六 | 29五 | 29 | 30 | 29 | 30 | 31 | **12** | **11** | 2 | 2 | 3 | 4 | 4 | 5 | 5 | 6 | 4 | 5 |
| 26 | 26 | 27 | 27 | 28 **6** | 29 **5** | 29 | 30 | 30四 | 31三 | **3** | 31 | **1** | 2 | 2 | 3 | 3 | 4 | 5 | 5 | 6 | 6 | 7 | 5 | 6 |
| 27 | 27 | 28 | 28 | 29 | 30 | 30 **4** | 31 **3** | **5** | **4** | 2二 | **2**正 | 2 | 3 | 3 | 4 | 4 | 5 | 6 | 6 | 7 | 7 | 8 | 6 | 7 |
| 28 | 28 | 29 | 29 | 30 | 31 | **7** | **6** | 2 **2** | 2 **1** | 3 | 2 | 3十二 | 4十一 | 4 | 5 | 5 | 6 | 7 | 7 | 8 | 8 | 9 | 7 | 8 |
| 29 | 29 | 30 | 30 | 31 | **8** | 2 | 2 | 3 | 3 | 4 **12** | 3 **11** | 4 | 5 | 5十 | 6九 | 6 | 7 | 8 | 8 | 9 | 9 | 10 | 8 | 9 |
| 30 | 30 | 31 | **10** | **9** | 2 | 3 | 3 | 4 | 4 | 5 | 4 | 5 **10** | 6 **9** | 6 | 7 | 7八 | 8七 | 9 | 9 | 10 | 10 | 11 | 9 | 10 |
| 31 | **12** | **11** | 2 | 2 | 3 | 4 | 4 | 5 | 5 | 6 | 5 | 6 | 7 | 7 **8** | 8 **7** | 8 | 9 | 10六 | 10五 | 11四 | 11 | 12 | 10 | 11 |
| 日 | 2 | 2 | 3 | 3 | 4 | 5 | 5 | 6 | 6 | 7 | 6 | 7 | 8 | 8 | 9 | 9 **6** | 10 **5** | 11 | 11 | 12 | 12三 | 13二 | 11 | 12 |
| 曜 | 3 | 3 | 4 | 4 | 5 | 6 | 6 | 7 | 7 | 8 | 7 | 8 | 9 | 9 | 10 | 10 | 11 | 12 **4** | 12 **3** | 13 | 13 | 14 | 12正 | 13十二 |
| 表 | 4 | 4 | 5 | 5 | 6 | 7 | 7 | 8 | 8 | 9 | 8 | 9 | 10 | 10 | 11 | 11 | 12 | 13 | 13 | 14 **2** | 14 **1** | 15 **12** | 13 **11** | 14 |
| **4** | 5 | 5 | 6 | 6 | 7 | 8 | 8 | 9 | 9 | 10 | 9 | 10 | 11 | 11 | 12 | 12 | 13 | 14 | 14 | 15 | 15 | 16 | 14 | 15 **10** |
| 甲 | 6 | 6 | 7 | 7 | 8 | 9 | 9 | 10 | 10 | 11 | 10 | 11 | 12 | 12 | 13 | 13 | 14 | 15 | 15 | 16 | 16 | 17 | 15 | 16 |
| 子 | 7 | 7 | 8 | 8 | 9 | 10 | 10 | 11 | 11 | 12 | 11 | 12 | 13 | 13 | 14 | 14 | 15 | 16 | 16 | 17 | 17 | 18 | 16 | 17 |
| 表 | 8 | 8 | 9 | 9 | 10 | 11 | 11 | 12 | 12 | 13 | 12 | 13 | 14 | 14 | 15 | 15 | 16 | 17 | 17 | 18 | 18 | 19 | 17 | 18 |
| **20** | 9 | 9 | 10 | 10 | 11 | 12 | 12 | 13 | 13 | 14 | 13 | 14 | 15冬 | 15 | 16 | 16 | 17 | 18 | 18 | 19 | 19 | 20 | 18 | 19 |
| | 10 | 10 | 11 | 11 | 12 | 13 | 13 | 14 | 14 | 15 | 14 | 15 | 16 | 16 | 17 | 17 | 18 | 19 | 19 | 20 | 20 | 21 | 19 | 20 |

一一二二 壬寅 宋宣和四 遼保大二 金天輔六 516

一一二一 辛丑 宋宣和三 遼保大元 金天輔五 515

| | | | | | | | | | | | | | | | | | | | | | | | |
|---|---|---|---|---|---|---|---|---|---|---|---|---|---|---|---|---|---|---|---|---|---|---|---|
| 22 | 23 | 23 | 24 | 25 | 25 | 26 | 26 | 27 | 25 | 26 | 27 | 27 | 28 | 28 | 29 | 30 | 30 | 31 | **5** | **4** | 2 | 31 | **1** |
| 23 | 24 | 24 | 25 | 26 | 26 | 27 | 27 | 28 | 26 | 27 | 28 | 28 | 29 | 29 | 30 | 31 | **7** | **6** | 2 | 2 | 3 | **2** | 2 |
| 24 | 25 | 25 | 26 | 27 | 27 | 28 | 28 | 29 | 27 | 28 | 29 | 29 | 30 | 30 | 31 | **8** | 2 | 2 | 3 | 3 | 4 | 2 | 3 |
| 25 | 26 | 26 | 27 | 28 | 28 | 29 | 29 | 30 | 28 | 29 | 30 | 30 | 31 | **10** | **9** | 2 | 3 | 3 | 4 | 4 | 5 | 3 | 4 |
| 26 | 27 | 27 | 28 | 29 | 29 | 30 | 30 | 31 | **3** | 30 | 31 | **12** | **11** | 2 | 2 | 3 | 4 | 4 | 5 | 5 | 6 | 4 | 5 |
| 27 | 28 | 28 | 29 | 30 | 30 | 31 | **5** | **4** | 2 | 31 | **1** | 2 | 2 | 3 | 3 | 4 | 5 | 5 | 6 | 6 | 7 | 5 | 6 |
| 28 | 29 | 29 | 30 | 31 | **7** | **6** | 2 | 2 | 3 | **2** | 2 | 3 | 3 | 4 | 4 | 5 | 6 | 6 | 7 | 7 | 8 | 6 | 7 |
| 29 | 30 | 30 | 31 | **8** | 2 | 2 | 3 | 3 | 4 | 2 | 3 | 4 | 4 | 5 | 5 | 6 | 7 | 7 | 8 | 8 | 9 | 7 | 8 |
| 30 | 31 | **10** | **9** | 2 | 3 | 3 | 4 | 4 | 5 | 3 | 4 | 5 | 5 | 6 | 6 | 7 | 8 | 8 | 9 | 9 | 10 | 8 | 9 |
| **12** | 十一 **11** | 十 2 | 2 | 3 | 4 | 4 | 5 | 5 | 6 | 4 | 5 | 6 | 6 | 7 | 7 | 8 | 9 | 9 | 10 | 10 | 11 | 9 | 10 |
| 2 | 2 | 3 | 九 3 | 八 4 | 七 5 | 5 | 6 | 6 | 7 | 5 | 6 | 7 | 7 | 8 | 8 | 9 | 10 | 10 | 11 | 11 | 12 | 10 | 11 |
| 3 | 10 3 | 9 4 | 4 | 5 | 6 | 六 6 | 五 7 | 7 | 8 | 6 | 7 | 8 | 8 | 9 | 9 | 10 | 11 | 11 | 12 | 12 | 13 | 11 | 12 |
| 4 | 4 | 5 | 8 5 | 7 6 | 7 | 7 | 8 | 四 8 | 9 | 7 | 8 | 9 | 9 | 10 | 10 | 11 | 12 | 12 | 13 | 13 | 14 | 12 | 13 |
| 5 | 5 | 6 | 6 | 7 | 6 8 | 5 8 | 9 | 9 | 三 10 | 二 8 | 9 | 10 | 10 | 11 | 11 | 12 | 13 | 13 | 14 | 14 | 15 | 13 | 14 |
| 6 | 6 | 7 | 7 | 8 | 9 | 9 | 4 10 | 3 10 | 11 | 9 | 正 10 | 十二 11 | 11 | 12 | 12 | 13 | 14 | 14 | 15 | 15 | 16 | 14 | 15 |
| 7 | 7 | 8 | 8 | 9 | 10 | 10 | 11 | 11 | 2 12 | 1 10 | 12 11 | 11 12 | 十一 12 | 十 13 | 九 13 | 14 | 15 | 15 | 16 | 16 | 17 | 15 | 16 |
| 8 | 8 | 9 | 9 | 10 | 11 | 11 | 12 | 12 | 13 | 11 | 12 | 13 | 10 13 | 9 14 | 14 | 八 15 | 七 16 | 六 16 | 17 | 17 | 18 | 16 | 17 |
| 9 | 9 | 10 | 10 | 11 | 12 | 12 | 13 | 13 | 14 | 12 | 13 | 14 | 14 | 15 | 8 15 | 7 16 | 17 | 17 | 閏 18 | 五 18 | 19 | 17 | 18 |
| 10 | 10 | 11 | 11 | 12 | 13 | 13 | 14 | 14 | 15 | 13 | 14 | 15 | 冬 15 | 16 | 16 | 17 | 6 18 | 5 18 | 19 | 19 | 四 20 | 18 | 19 |
| 11 | 11 | 12 | 12 | 13 | 14 | 14 | 15 | 15 | 16 | 14 | 15 | 16 | 16 | 17 | 17 | 18 | 19 | 19 | 4 20 | 3 20 | 21 | 三 19 | 二 20 |
| 12 | 12 | 13 | 13 | 14 | 15 | 15 | 16 | 16 | 17 | 15 | 16 | 17 | 17 | 18 | 18 | 19 | 20 | 20 | 21 | 21 | 2 22 | 1 20 | 21 正 |
| 13 | 13 | 14 | 14 | 15 | 16 | 16 | 17 | 17 | 18 | 16 | 17 | 18 | 18 | 19 | 19 | 20 | 21 | 21 | 22 | 22 | 23 | 21 | 12 22 11 |
| 14 | 14 | 15 | 15 | 16 | 17 | 17 | 18 | 18 | 19 | 17 | 18 | 19 | 19 | 20 | 20 | 21 | 22 | 22 | 23 | 23 | 24 | 22 | 23 |
| 15 | 冬 15 | 16 | 16 | 17 | 18 | 18 | 19 | 19 | 20 | 18 | 19 | 20 | 20 | 21 | 21 | 22 | 23 | 23 | 24 | 24 | 25 | 23 | 24 |
| 16 | 16 | 17 | 17 | 18 | 19 | 19 | 20 | 20 | 21 | 19 | 20 | 21 | 21 | 22 | 22 | 23 | 24 | 24 | 25 | 25 | 26 | 24 | 25 |
| 17 | 17 | 18 | 18 | 19 | 20 | 20 | 21 | 21 | 22 | 20 | 21 | 22 | 22 | 23 | 23 | 24 | 25 | 25 | 26 | 26 | 27 | 25 | 26 |
| 18 | 18 | 19 | 19 | 20 | 21 | 21 | 22 | 22 | 23 | 21 | 22 | 23 | 23 | 24 | 24 | 25 | 26 | 26 | 27 | 27 | 28 | 26 | 27 |
| 19 | 19 | 20 | 20 | 21 | 22 | 22 | 23 | 23 | 24 | 22 | 23 | 24 | 24 | 25 | 25 | 26 | 27 | 27 | 28 | 28 | 29 | 27 | 28 |
| 20 | 20 | 21 | 21 | 22 | 23 | 23 | 24 | 24 | 25 | 23 | 24 | 25 | 25 | 26 | 26 | 27 | 28 | 28 | 29 | 29 | 30 | 28 | 29 |
| 21 | 21 | 22 | 22 | 23 | 24 | 24 | 25 | 25 | 26 | 24 | 25 | 26 | 26 | 27 | 27 | 28 | 29 | 29 | 30 | 30 | 31 | **3** | 30 |

一一二三
癸卯
宋宣和五
遼保大三
金天會元 太宗九月改
517

一一二四
甲辰
宋宣和六
遼保大四
西遼延慶元 西遼德宗二月改
金天會二
518

| | | | | | | | | | | | | | | | | | | | | | | | | |
|---|---|---|---|---|---|---|---|---|---|---|---|---|---|---|---|---|---|---|---|---|---|---|---|---|
| 11 | 11 | 10 12 | 9 12 | 13 | 14 | 14 | 五 15 | 15 | 16 | 15 | 16 | 17 | 17 | 18 | 18 | 19 | 20 | 20 | 21 | 21 | 22 | 20 | 21 | 22 |
| 12 | 12 | 13 | 13 | 8 14 | 7 15 | 15 | 16 | 四 16 | 閏 17 | 16 | 17 | 18 | 18 | 19 | 19 | 20 | 21 | 21 | 22 | 22 | 23 | 21 | 22 | 23 |
| 13 | 13 | 14 | 14 | 15 | 16 | 6 16 | 5 17 | 17 | 18 | 三 17 | 二 18 | 19 | 19 | 20 | 20 | 21 | 22 | 22 | 23 | 23 | 24 | 22 | 23 | 24 |
| 14 | 14 | 15 | 15 | 16 | 17 | 17 | 18 | 4 18 | 3 19 | 18 | 19 | 正 20 | 十二 20 | 十一 21 | 十 21 | 22 | 23 | 23 | 24 | 24 | 25 | 23 | 24 | 25 |
| 15 | 冬 15 | 16 | 16 | 17 | 18 | 18 | 19 | 19 | 20 | 2 19 | 1 20 | 12 21 | 11 21 | 22 | 22 | 九 23 | 八 24 | 24 | 25 | 25 | 26 | 24 | 25 | 26 |
| 16 | 16 | 17 | 17 | 18 | 19 | 19 | 20 | 20 | 21 | 20 | 21 | 22 | 22 | 10 23 | 9 23 | 24 | 25 | 七 25 | 六 26 | 26 | 27 | 25 | 26 | 27 |
| 17 | 17 | 18 | 18 | 19 | 20 | 20 | 21 | 21 | 22 | 21 | 22 | 23 | 23 | 24 | 24 | 8 25 | 7 26 | 26 | 27 | 五 27 | 28 | 26 | 27 | 28 |
| 18 | 18 | 19 | 19 | 20 | 21 | 21 | 22 | 22 | 23 | 22 | 23 | 24 | 24 | 25 | 25 | 26 | 27 | 6 27 | 5 28 | 28 | 四 29 | 三 27 | 28 | 29 |
| 19 | 19 | 20 | 20 | 21 | 22 | 22 | 23 | 23 | 24 | 23 | 24 | 25 | 25 | 26 | 26 | 27 | 28 | 28 | 29 | 4 29 | 3 30 | 28 | 二 29 | 正 30 |
| 20 | 20 | 21 | 21 | 22 | 23 | 23 | 24 | 24 | 25 | 24 | 25 | 26 | 26 | 27 | 27 | 28 | 29 | 29 | 30 | 30 | 31 | 2 **3** | 1 30 | 31 十二 |
| 21 | 21 | 22 | 22 | 23 | 24 | 24 | 25 | 25 | 26 | 25 | 26 | 27 | 27 | 28 | 28 | 29 | 30 | 30 | 31 | **5** | **4** | 2 | 31 | 12 **1** 11 |
| 22 | 22 | 23 | 23 | 24 | 25 | 25 | 26 | 26 | 27 | 26 | 27 | 28 | 28 | 29 | 29 | 30 | 31 | **7** | **6** | 2 | 2 | 3 | **2** | 2 |
| 23 | 23 | 24 | 24 | 25 | 26 | 26 | 27 | 27 | 28 | 27 | 28 | 29 | 29 | 30 | 30 | 31 | **8** | 2 | 2 | 3 | 3 | 4 | 2 | 3 |
| 24 | 24 | 25 | 25 | 26 | 27 | 27 | 28 | 28 | 29 | 28 | 29 | 30 | 30 | 31 | **10** | **9** | 2 | 3 | 3 | 4 | 4 | 5 | 3 | 4 |
| 25 | 25 | 26 | 26 | 27 | 28 | 28 | 29 | 29 | 30 | 29 | 30 | 31 | **12** | **11** | 2 | 2 | 3 | 4 | 4 | 5 | 5 | 6 | 4 | 5 |
| 26 | 26 | 27 | 27 | 28 | 29 | 29 | 30 | 30 | 31 | **3** | 31 | **1** | 2 | 2 | 3 | 3 | 4 | 5 | 5 | 6 | 6 | 7 | 5 | 6 |
| 27 | 27 | 28 | 28 | 29 | 30 | 30 | 31 | **5** | **4** | 2 | **2** | 2 | 3 | 3 | 4 | 4 | 5 | 6 | 6 | 7 | 7 | 8 | 6 | 7 |
| 28 | 28 | 29 | 29 | 30 | 31 | **7** | **6** | 2 | 2 | 3 | 2 | 3 | 4 | 4 | 5 | 5 | 6 | 7 | 7 | 8 | 8 | 9 | 7 | 8 |
| 29 | 29 | 30 | 30 | 31 | **8** | 2 | 2 | 3 | 3 | 4 | 3 | 4 | 5 | 5 | 6 | 6 | 7 | 8 | 8 | 9 | 9 | 10 | 8 | 9 |
| 30 | 30 | 31 | **10** | **9** | 2 | 3 | 3 | 4 | 4 | 5 | 4 | 5 | 6 | 6 | 7 | 7 | 8 | 9 | 9 | 10 | 10 | 11 | 9 | 10 |
| 31 | **12** | **11** | 2 | 2 | 3 | 4 | 4 | 5 | 5 | 6 | 5 | 6 | 7 | 7 | 8 | 8 | 9 | 10 | 10 | 11 | 11 | 12 | 10 | 11 |
| 日 | 2 | 2 | 3 | 3 | 4 | 5 | 5 | 6 | 6 | 7 | 6 | 7 | 8 | 8 | 9 | 9 | 10 | 11 | 11 | 12 | 12 | 13 | 11 | 12 |
| 曜 | 3 | 3 | 4 | 4 | 5 | 6 | 6 | 7 | 7 | 8 | 7 | 8 | 9 | 9 | 10 | 10 | 11 | 12 | 12 | 13 | 13 | 14 | 12 | 13 |
| 表 | 4 | 4 | 5 | 5 | 6 | 7 | 7 | 8 | 8 | 9 | 8 | 9 | 10 | 10 | 11 | 11 | 12 | 13 | 13 | 14 | 14 | 15 | 13 | 14 |
| 5 | 5 | 5 | 6 | 6 | 7 | 8 | 8 | 9 | 9 | 10 | 9 | 10 | 11 | 11 | 12 | 12 | 13 | 14 | 14 | 15 | 15 | 16 | 14 | 15 |
| 甲 | 6 | 6 | 7 | 7 | 8 | 9 | 9 | 10 | 10 | 11 | 10 | 11 | 12 | 12 | 13 | 13 | 14 | 15 | 15 | 16 | 16 | 17 | 15 | 16 |
| 子 | 7 | 7 | 8 | 8 | 9 | 10 | 10 | 11 | 11 | 12 | 11 | 12 | 13 | 13 | 14 | 14 | 15 | 16 | 16 | 17 | 17 | 18 | 16 | 17 |
| 表 | 8 | 十二 8 | 十 9 | 九 9 | 10 | 11 | 11 | 12 | 12 | 13 | 12 | 13 | 14 | 14 | 15 | 15 | 16 | 17 | 17 | 18 | 18 | 19 | 17 | 18 |
| 1 | 9 | 9 | 10 | 10 | 八 11 | 12 | 12 | 13 | 13 | 14 | 13 | 14 | 15 | 冬 15 | 16 | 16 | 17 | 18 | 18 | 19 | 19 | 20 | 18 | 19 |
| | 10 | 11 10 | 11 | 11 | 12 | 七 13 | 六 13 | 14 | 14 | 15 | 14 | 15 | 16 | 16 | 17 | 17 | 18 | 19 | 19 | 20 | 20 | 21 | 19 | 20 |

一一二六 丙午 宋靖康元 欽宗 遼延慶三 金天會四 520

一一二五 乙巳 宋宣和七 遼延慶二 金天會三 519

| | | | | | | | | | | | | | | | | | | | | | | | |
|---|---|---|---|---|---|---|---|---|---|---|---|---|---|---|---|---|---|---|---|---|---|---|---|
| 22 | 23 | 23 | 24 | 25 | 25 | 26 | 26 | 4 27 | 3 25 | 26 | 27 | 十二 27 | 十一 28 | 十 28 | 29 | 30 | 30 | 31 | **5** | **4** | 2 | 31 | **1** |
| 23 | 24 | 24 | 25 | 26 | 26 | 27 | 27 | 28 | 26 | 2 27 | 1 28 | 28 | 29 | 29 | 九 30 | 31 | **7** | **6** | 2 | 2 | 3 | **2** | 2 |
| 24 | 25 | 25 | 26 | 27 | 27 | 28 | 28 | 29 | 27 | 28 | 29 | 12 29 | 11 30 | 30 | 31 | 八 **8** | 七 2 | 2 | 3 | 3 | 4 | 2 | 3 |
| 25 | 26 | 26 | 27 | 28 | 28 | 29 | 29 | 30 | 28 | 29 | 30 | 30 | 31 | 10 **10** | 9 **9** | 2 | 3 | 六 3 | 4 | 4 | 5 | 3 | 4 |
| 26 | 27 | 27 | 28 | 29 | 29 | 30 | 30 | 31 | **3** | 30 | 31 | **12** | **11** | 2 | 2 | 8 3 | 7 4 | 4 | 五 5 | 四 5 | 6 | **4** | 5 |
| 27 | 28 | 28 | 29 | 30 | 30 | 31 | **5** | **4** | 2 | 31 | **1** | 2 | 2 | 3 | 3 | 4 | 5 | 6 5 | 5 6 | 6 | 三 7 | 二 5 | 正 6 |
| 28 | 29 | 29 | 30 | 31 | **7** | **6** | 2 | 2 | 3 | **2** | 2 | 3 | 3 | 4 | 4 | 5 | 6 | 6 | 7 | 4 7 | 3 8 | 6 | 7 十二 |
| 29 | 30 | 30 | 31 | **8** | 2 | 2 | 3 | 3 | 4 | 2 | 3 | 4 | 4 | 5 | 5 | 6 | 7 | 7 | 8 | 8 | 9 | 2 7 | 1 8 |
| 30 | 31 | **10** | **9** | 2 | 3 | 3 | 4 | 4 | 5 | 3 | 4 | 5 | 5 | 6 | 6 | 7 | 8 | 8 | 9 | 9 | 10 | 8 | 9 12 |
| **12** | **11** | 2 | 2 | 3 | 4 | 4 | 5 | 5 | 6 | 4 | 5 | 6 | 6 | 7 | 7 | 8 | 9 | 9 | 10 | 10 | 11 | 9 | 10 |
| 2 | 2 | 3 | 3 | 4 | 5 | 5 | 6 | 6 | 7 | 5 | 6 | 7 | 7 | 8 | 8 | 9 | 10 | 10 | 11 | 11 | 12 | 10 | 11 |
| 3 | 3 | 4 | 4 | 5 | 6 | 6 | 7 | 7 | 8 | 6 | 7 | 8 | 8 | 9 | 9 | 10 | 11 | 11 | 12 | 12 | 13 | 11 | 12 |
| 4 | 4 | 5 | 5 | 6 | 7 | 7 | 8 | 8 | 9 | 7 | 8 | 9 | 9 | 10 | 10 | 11 | 12 | 12 | 13 | 13 | 14 | 12 | 13 |
| 5 | 5 | 6 | 6 | 7 | 8 | 8 | 9 | 9 | 10 | 8 | 9 | 10 | 10 | 11 | 11 | 12 | 13 | 13 | 14 | 14 | 15 | 13 | 14 |
| 6 | 6 | 7 | 7 | 8 | 9 | 9 | 10 | 10 | 11 | 9 | 10 | 11 | 11 | 12 | 12 | 13 | 14 | 14 | 15 | 15 | 16 | 14 | 15 |
| 7 | 7 | 8 | 8 | 9 | 10 | 10 | 11 | 11 | 12 | 10 | 11 | 12 | 12 | 13 | 13 | 14 | 15 | 15 | 16 | 16 | 17 | 15 | 16 |
| 8 | 8 | 9 | 9 | 10 | 11 | 11 | 12 | 12 | 13 | 11 | 12 | 13 | 13 | 14 | 14 | 15 | 16 | 16 | 17 | 17 | 18 | 16 | 17 |
| 9 | 9 | 10 | 10 | 11 | 12 | 12 | 13 | 13 | 14 | 12 | 13 | 14 | 14 | 15 | 15 | 16 | 17 | 17 | 18 | 18 | 19 | 17 | 18 |
| 10 | 10 | 11 | 11 | 12 | 13 | 13 | 14 | 14 | 15 | 13 | 14 | 15 | 冬 15 | 16 | 16 | 17 | 18 | 18 | 19 | 19 | 20 | 18 | 19 |
| 11 | 11 | 12 | 12 | 13 | 14 | 14 | 15 | 15 | 16 | 14 | 15 | 16 | 16 | 17 | 17 | 18 | 19 | 19 | 20 | 20 | 21 | 19 | 20 |
| 12 | 12 | 13 | 13 | 14 | 15 | 15 | 16 | 16 | 17 | 15 | 16 | 17 | 17 | 18 | 18 | 19 | 20 | 20 | 21 | 21 | 22 | 20 | 21 |
| 13 | 13 | 14 | 14 | 15 | 16 | 16 | 17 | 17 | 18 | 16 | 17 | 18 | 18 | 19 | 19 | 20 | 21 | 21 | 22 | 22 | 23 | 21 | 22 |
| 14 | 14 | 15 | 15 | 16 | 17 | 17 | 18 | 18 | 19 | 17 | 18 | 19 | 19 | 20 | 20 | 21 | 22 | 22 | 23 | 23 | 24 | 22 | 23 |
| 15 | 冬 15 | 16 | 16 | 17 | 18 | 18 | 19 | 19 | 20 | 18 | 19 | 20 | 20 | 21 | 21 | 22 | 23 | 23 | 24 | 24 | 25 | 23 | 24 |
| 16 | 閏 16 | 十一 17 | 17 | 18 | 19 | 19 | 20 | 20 | 21 | 19 | 20 | 21 | 21 | 22 | 22 | 23 | 24 | 24 | 25 | 25 | 26 | 24 | 25 |
| 17 | 17 | 18 | 十 18 | 19 | 20 | 20 | 21 | 21 | 22 | 20 | 21 | 22 | 22 | 23 | 23 | 24 | 25 | 25 | 26 | 26 | 27 | 25 | 26 |
| 18 | 12 18 | 11 19 | 19 | 九 20 | 八 21 | 21 | 22 | 22 | 23 | 21 | 22 | 23 | 23 | 24 | 24 | 25 | 26 | 26 | 27 | 27 | 28 | 26 | 27 |
| 19 | 19 | 20 | 10 20 | 9 21 | 22 | 七 22 | 23 | 23 | 24 | 22 | 23 | 24 | 24 | 25 | 25 | 26 | 27 | 27 | 28 | 28 | 29 | 27 | 28 |
| 20 | 20 | 21 | 21 | 22 | 8 23 | 7 23 | 六 24 | 五 24 | 25 | 23 | 24 | 25 | 25 | 26 | 26 | 27 | 28 | 28 | 29 | 29 | 30 | 28 | 29 |
| 21 | 21 | 22 | 22 | 23 | 24 | 24 | 6 25 | 5 25 | 四 26 | 三 24 | 二 25 | 正 26 | 26 | 27 | 27 | 28 | 29 | 29 | 30 | 30 | 31 | **3** | 30 |

一一二七
丁未
宋建炎元（高宗五月改）
遼延慶四
金天會五

521

一一二八
戊申
宋建炎二
遼延慶五
金天會六

522

523

| | | | | | | | | | | | | | | | | | | | | | | | | |
|---|---|---|---|---|---|---|---|---|---|---|---|---|---|---|---|---|---|---|---|---|---|---|---|---|
| 11 | 11 | 12 | 12 | 13 | 14 | 14 | 15 | 15 | 16 | 15 | 16 | 17 | 17 | 18 | 18 | 19 | 20 | 20 | 21 | 21 | 22 | 20 | 21 | 22 |
| 12 | 12 | 13 | 13 | 14 | 15 | 15 | 16 | 16 | 17 | 16 | 17 | 18 | 18 | 19 | 19 | 20 | 21 | 21 | 22 | 22 | 23 | 21 | 22 | 23 |
| 13 | 13 | 14 | 14 | 15 | 16 | 16 | 17 | 17 | 18 | 17 | 18 | 19 | 19 | 20 | 20 | 21 | 22 | 22 | 23 | 23 | 24 | 22 | 23 | 24 |
| 14 | 14 | 15 | 15 | 16 | 17 | 17 | 18 | 18 | 19 | 18 | 19 | 20 | 20 | 21 | 21 | 22 | 23 | 23 | 24 | 24 | 25 | 23 | 24 | 25 |
| 15 | 冬15 | 16 | 16 | 17 | 18 | 18 | 19 | 19 | 20 | 19 | 20 | 21 | 21 | 22 | 22 | 23 | 24 | 24 | 25 | 25 | 26 | 24 | 25 | 26 |
| 16 | 16 | 17 | 17 | 18 | 19 | 19 | 20 | 20 | 21 | 20 | 21 | 22 | 22 | 23 | 23 | 24 | 25 | 25 | 26 | 26 | 27 | 25 | 26 | 27 |
| 17 | 17 | 18 | 18 | 19 | 20 | 20 | 21 | 21 | 22 | 21 | 22 | 23 | 23 | 24 | 24 | 25 | 26 | 26 | 27 | 27 | 28 | 26 | 27 | 28 |
| 18 | 18 | 19 | 19 | 20 | 21 | 21 | 22 | 22 | 23 | 22 | 23 | 24 | 24 | 25 | 25 | 26 | 27 | 27 | 28 | 28 | 29 | 27 | 28 | 29 |
| 19 | 19 | 20 | 20 | 21 | 22 | 22 | 23 | 23 | 24 | 23 | 24 | 25 | 25 | 26 | 26 | 27 | 28 | 28 | 29 | 29 | 30 | 28 | 29 | 30 |
| 20 | 20 | 21 | 21 | 22 | 23 | 23 | 24 | 24 | 25 | 24 | 25 | 26 | 26 | 27 | 27 | 28 | 29 | 29 | 30 | 30 | 31 | **3** | 30 | 31 |
| 21 | 21 | 22 | 22 | 23 | 24 | 24 | 25 | 25 | 26 | 25 | 26 | 27 | 27 | 28 | 28 | 29 | 30 | 30 | 31 | **5** | **4** | 2 | 31 | **1** |
| 22 | 22 | 23 | 23 | 24 | 25 | 25 | 26 | 26 | 27 | 26 | 27 | 28 | 28 | 29 | 29 | 30 | 31 | **7** | **6** | 2 | 2 | 3 | **2** | 2 |
| 23 | 23 | 24 | 24 | 25 | 26 | 26 | 27 | 27 | 28 | 27 | 28 | 29 | 29 | 30 | 30 | 31 | **8** | 2 | 2 | 3 | 3 | 4 | 2 | 3 |
| 24 | 十二24 | 十一25 | 25 | 26 | 27 | 27 | 28 | 28 | 29 | 28 | 29 | 30 | 30 | 31 | **10** | **9** | 2 | 3 | 3 | 4 | 4 | 5 | 3 | 4 |
| 25 | 1 25 | 26 | 十26 | 九27 | 28 | 28 | 29 | 29 | 30 | 29 | 30 | 31 | **12** | **11** | 2 | 2 | 3 | 4 | 4 | 5 | 5 | 6 | 4 | 5 |
| 26 | 26 | 12 27 | 11 27 | 28 | 八29 | 七29 | 30 | 30 | 31 | **3** | 31 | **1** | 2 | 2 | 3 | 3 | 4 | 5 | 5 | 6 | 6 | 7 | 5 | 6 |
| 27 | 27 | 28 | 28 | 10 29 | 9 30 | 30 | 六31 | 五**5** | 四**4** | 2 | **2** | 2 | 3 | 3 | 4 | 4 | 5 | 6 | 6 | 7 | 7 | 8 | 6 | 7 |
| 28 | 28 | 29 | 29 | 30 | 31 | 8 **7** | 7 **6** | 2 | 2 | 三3 | 二2 | 3 | 4 | 4 | 5 | 5 | 6 | 7 | 7 | 8 | 8 | 9 | 7 | 8 |
| 29 | 29 | 30 | 30 | 31 | **8** | 2 | 2 | 6 3 | 5 3 | 4 | 3 | 正4 | 十二5 | 5 | 6 | 6 | 7 | 8 | 8 | 9 | 9 | 10 | 8 | 9 |
| 30 | 30 | 31 | **10** | **9** | 2 | 3 | 3 | 4 | 4 | 4 5 | 3 4 | 5 | 6 | 十一6 | 十7 | 7 | 8 | 9 | 9 | 10 | 10 | 11 | 9 | 10 |
| 31 | **12** | **11** | 2 | 2 | 3 | 4 | 4 | 5 | 5 | 6 | 5 | 2 6 | 1 7 | 7 | 8 | 九8 | 八9 | 10 | 10 | 11 | 11 | 12 | 10 | 11 |
| 日 | 2 | 2 | 3 | 3 | 4 | 5 | 5 | 6 | 6 | 7 | 6 | 7 | 8 | 12 8 | 11 9 | 9 | 10 | 七11 | 六11 | 12 | 12 | 13 | 11 | 12 |
| 曜 | 3 | 3 | 4 | 4 | 5 | 6 | 6 | 7 | 7 | 8 | 7 | 8 | 9 | 9 | 10 | 10 10 | 9 11 | 12 | 12 | 五13 | 四13 | 14 | 12 | 13 |
| 表 | 4 | 4 | 5 | 5 | 6 | 7 | 7 | 8 | 8 | 9 | 8 | 9 | 10 | 10 | 11 | 11 | 12 | 8 13 | 7 13 | 14 | 14 | 三15 | 二13 | 正14 |
| 6 | 5 | 5 | 6 | 6 | 7 | 8 | 8 | 9 | 9 | 10 | 9 | 10 | 11 | 11 | 12 | 12 | 13 | 14 | 14 | 6 15 | 5 15 | 16 | 14 | 15 十二 |
| 甲 | 6 | 6 | 7 | 7 | 8 | 9 | 9 | 10 | 10 | 11 | 10 | 11 | 12 | 12 | 13 | 13 | 14 | 15 | 15 | 16 | 16 | 4 17 | 3 15 | 16 |
| 子 | 7 | 7 | 8 | 8 | 9 | 10 | 10 | 11 | 11 | 12 | 11 | 12 | 13 | 13 | 14 | 14 | 15 | 16 | 16 | 17 | 17 | 18 | 16 | 2 17 | 1 |
| 表 | 8 | 8 | 9 | 9 | 10 | 11 | 11 | 12 | 12 | 13 | 12 | 13 | 14 | 14 | 15 | 15 | 16 | 17 | 17 | 18 | 18 | 19 | 17 | 18 |
| 2 | 9 | 9 | 10 | 10 | 11 | 12 | 12 | 13 | 13 | 14 | 13 | 14 | 15 | 冬15 | 16 | 16 | 17 | 18 | 18 | 19 | 19 | 20 | 18 | 19 |
| | 10 | 10 | 11 | 11 | 12 | 13 | 13 | 14 | 14 | 15 | 14 | 15 | 16 | 16 | 17 | 17 | 18 | 19 | 19 | 20 | 20 | 21 | 19 | 20 |

一一二九 己酉 宋建炎三 遼延慶六 金天會七

524

一一三〇 庚戌 宋建炎四 遼延慶七 金天會八

525

| | | | | | | | | | | | | | | | | | | | | | | | |
|---|---|---|---|---|---|---|---|---|---|---|---|---|---|---|---|---|---|---|---|---|---|---|---|
| 22 | 23 | 23 | 24 | 25 | 25 | 26 | 26 | 27 | 25 | 26 | 27 | 27 | 28 | 28 | 29 | 30 | 30 | 31 | **5** | **4** | 2 | 31 | **1** |
| 23 | 24 | 24 | 25 | 26 | 26 | 27 | 27 | 28 | 26 | 27 | 28 | 28 | 29 | 29 | 30 | 31 | **7** | **6** | 2 | 2 | 3 | **2** | 2 |
| 24 | 25 | 25 | 26 | 27 | 27 | 28 | 28 | 29 | 27 | 28 | 29 | 29 | 30 | 30 | 31 | **8** | 2 | 2 | 3 | 3 | 4 | 2 | 3 |
| 25 | 26 | 26 | 27 | 28 | 28 | 29 | 29 | 30 | 28 | 29 | 30 | 30 | 31 | **10** | **9** | 2 | 3 | 3 | 4 | 4 | 5 | 3 | 4 |
| 26 | 27 | 27 | 28 | 29 | 29 | 30 | 30 | 31 | **3** | 30 | 31 | **12** | **11** | 2 | 2 | 3 | 4 | 4 | 5 | 5 | 6 | 4 | 5 |
| 27 | 28 | 28 | 29 | 30 | 30 | 31 | **5** | **4** | 2 | 31 | **1** | 2 | 2 | 3 | 3 | 4 | 5 | 5 | 6 | 6 | 7 | 5 | 6 |
| 28 | 29 | 29 | 30 | 31 | **7** | **6** | 2 | 2 | 3 | **2** | 2 | 3 | 3 | 4 | 4 | 5 | 6 | 6 | 7 | 7 | 8 | 6 | 7 |
| 29 | 30 | 30 | 31 | **8** | 2 | 2 | 3 | 3 | 4 | 2 | 3 | 4 | 4 | 5 | 5 | 6 | 7 | 7 | 8 | 8 | 9 | 7 | 8 |
| 30 | 31 | **10** | **9** | 2 | 3 | 3 | 4 | 4 | 5 | 3 | 4 | 5 | 5 | 6 | 6 | 7 | 8 | 8 | 9 | 9 | 10 | 8 | 9 |
| **12** | **11** | 2 | 2 | 3 | 4 | 4 | 5 | 5 | 6 | 4 | 5 | 6 | 6 | 7 | 7 | 8 | 9 | 9 | 10 | 10 | 11 | 9 | 10 |
| 2 | 2 | 3 | 3 | 4 | 5 | 5 | 6 | 6 | 7 | 5 | 6 | 7 | 7 | 8 | 8 | 9 | 10 | 10 | 11 | 11 | 12 | 10 | 11 |
| 3 十一 | 3 十 | 4 九 | 4 | 5 | 6 | 6 | 7 | 7 | 8 | 6 | 7 | 8 | 8 | 9 | 9 | 10 | 11 | 11 | 12 | 12 | 13 | 11 | 12 |
| 4 1 | 4 | 5 | 5 八 | 6 七 | 7 六 | 7 | 8 | 8 | 9 | 7 | 8 | 9 | 9 | 10 | 10 | 11 | 12 | 12 | 13 | 13 | 14 | 12 | 13 |
| 5 | 5 12 | 6 11 | 6 | 7 | 8 | 8 五 | 9 四 | 9 | 10 | 8 | 9 | 10 | 10 | 11 | 11 | 12 | 13 | 13 | 14 | 14 | 15 | 13 | 14 |
| 6 | 6 | 7 | 7 10 | 8 9 | 9 | 9 | 10 | 10 三 | 11 | 9 | 10 | 11 | 11 | 12 | 12 | 13 | 14 | 14 | 15 | 15 | 16 | 14 | 15 |
| 7 | 7 | 8 | 8 | 9 | 10 8 | 10 7 | 11 | 11 | 12 二 | 10 正 | 11 | 12 | 12 | 13 | 13 | 14 | 15 | 15 | 16 | 16 | 17 | 15 | 16 |
| 8 | 8 | 9 | 9 | 10 | 11 | 11 | 12 6 | 12 5 | 13 | 11 | 12 十二 | 13 十一 | 13 | 14 | 14 | 15 | 16 | 16 | 17 | 17 | 18 | 16 | 17 |
| 9 | 9 | 10 | 10 | 11 | 12 | 12 | 13 | 13 | 14 4 | 12 3 | 13 | 14 | 14 十 | 15 九 | 15 | 16 | 17 | 17 | 18 | 18 | 19 | 17 | 18 |
| 10 | 10 | 11 | 11 | 12 | 13 | 13 | 14 | 14 | 15 | 13 | 14 2 | 15 立 1 | 15 12 | 16 11 | 16 閏 | 17 八 | 18 七 | 18 | 19 | 19 | 20 | 18 | 19 |
| 11 | 11 | 12 | 12 | 13 | 14 | 14 | 15 | 15 | 16 | 14 | 15 | 16 | 16 | 17 | 17 10 | 18 9 | 19 | 19 六 | 20 五 | 20 四 | 21 | 19 | 20 |
| 12 | 12 | 13 | 13 | 14 | 15 | 15 | 16 | 16 | 17 | 15 | 16 | 17 | 17 | 18 | 18 | 19 | 20 8 | 20 7 | 21 | 21 | 22 三 | 20 | 21 |
| 13 | 13 | 14 | 14 | 15 | 16 | 16 | 17 | 17 | 18 | 16 | 17 | 18 | 18 | 19 | 19 | 20 | 21 | 21 | 22 6 | 22 5 | 23 | 21 二 | 22 正 |
| 14 | 14 | 15 | 15 | 16 | 17 | 17 | 18 | 18 | 19 | 17 | 18 | 19 | 19 | 20 | 20 | 21 | 22 | 22 | 23 | 23 | 24 4 | 22 3 | 23 |
| 15 冬 | 15 | 16 | 16 | 17 | 18 | 18 | 19 | 19 | 20 | 18 | 19 | 20 | 20 | 21 | 21 | 22 | 23 | 23 | 24 | 24 | 25 | 23 | 24 2 |
| 16 | 16 | 17 | 17 | 18 | 19 | 19 | 20 | 20 | 21 | 19 | 20 | 21 | 21 | 22 | 22 | 23 | 24 | 24 | 25 | 25 | 26 | 24 | 25 |
| 17 | 17 | 18 | 18 | 19 | 20 | 20 | 21 | 21 | 22 | 20 | 21 | 22 | 22 | 23 | 23 | 24 | 25 | 25 | 26 | 26 | 27 | 25 | 26 |
| 18 | 18 | 19 | 19 | 20 | 21 | 21 | 22 | 22 | 23 | 21 | 22 | 23 | 23 | 24 | 24 | 25 | 26 | 26 | 27 | 27 | 28 | 26 | 27 |
| 19 | 19 | 20 | 20 | 21 | 22 | 22 | 23 | 23 | 24 | 22 | 23 | 24 | 24 | 25 | 25 | 26 | 27 | 27 | 28 | 28 | 29 | 27 | 28 |
| 20 | 20 | 21 | 21 | 22 | 23 | 23 | 24 | 24 | 25 | 23 | 24 | 25 | 25 | 26 | 26 | 27 | 28 | 28 | 29 | 29 | 30 | 28 | 29 |
| 21 | 21 | 22 | 22 | 23 | 24 | 24 | 25 | 25 | 26 | 24 | 25 | 26 | 26 | 27 | 27 | 28 | 29 | 29 | 30 | 30 | 31 | **3** | 30 |

一一三二 壬子 宋紹興二 遼延慶九 金天會一〇

527

一一三一 辛亥 宋紹興元 遼延慶八 金天會九

526

| | | | | | | | | | | | | | | | | | | | | | | | | |
|---|---|---|---|---|---|---|---|---|---|---|---|---|---|---|---|---|---|---|---|---|---|---|---|---|
| 11 | 11 | 12 | 12 | 13 | 七14 | 14 | 15 | 15 | 16 | 15 | 16 | 17 | 17 | 18 | 18 | 19 | 20 | 20 | 21 | 21 | 22 | 20 | 21 | 22 |
| 12 | 2 12 | 1 13 | 12 13 | 11 14 | 15 | 六15 | 五16 | 16 | 17 | 16 | 17 | 18 | 18 | 19 | 19 | 20 | 21 | 21 | 22 | 22 | 23 | 21 | 22 | 23 |
| 13 | 13 | 14 | 14 | 15 | 10 16 | 9 16 | 17 | 閏17 | 18 | 17 | 18 | 19 | 19 | 20 | 20 | 21 | 22 | 22 | 23 | 23 | 24 | 22 | 23 | 24 |
| 14 | 14 | 15 | 15 | 16 | 17 | 17 | 8 18 | 7 18 | 四19 | 三18 | 19 | 20 | 20 | 21 | 21 | 22 | 23 | 23 | 24 | 24 | 25 | 23 | 24 | 25 |
| 15 | 冬15 | 16 | 16 | 17 | 18 | 18 | 19 | 19 | 6 20 | 5 19 | 二20 | 正21 | 21 | 22 | 22 | 23 | 24 | 24 | 25 | 25 | 26 | 24 | 25 | 26 |
| 16 | 16 | 17 | 17 | 18 | 19 | 19 | 20 | 20 | 21 | 20 | 4 21 | 3 22 | 十二22 | 十一23 | 十23 | 九24 | 25 | 25 | 26 | 26 | 27 | 25 | 26 | 27 |
| 17 | 17 | 18 | 18 | 19 | 20 | 20 | 21 | 21 | 22 | 21 | 22 | 23 | 2 23 | 1 24 | 24 | 25 | 八26 | 七26 | 27 | 27 | 28 | 26 | 27 | 28 |
| 18 | 18 | 19 | 19 | 20 | 21 | 21 | 22 | 22 | 23 | 22 | 23 | 24 | 24 | 25 | 12 25 | 11 26 | 27 | 27 | 六28 | 五28 | 29 | 27 | 28 | 29 |
| 19 | 19 | 20 | 20 | 21 | 22 | 22 | 23 | 23 | 24 | 23 | 24 | 25 | 25 | 26 | 26 | 27 | 10 28 | 9 28 | 29 | 29 | 四30 | 28 | 29 | 30 |
| 20 | 20 | 21 | 21 | 22 | 23 | 23 | 24 | 24 | 25 | 24 | 25 | 26 | 26 | 27 | 27 | 28 | 29 | 29 | 8 30 | 7 30 | 31 | 三3 | 二30 | 31 |
| 21 | 21 | 22 | 22 | 23 | 24 | 24 | 25 | 25 | 26 | 25 | 26 | 27 | 27 | 28 | 28 | 29 | 30 | 30 | 31 | 5 | 6 4 | 5 2 | 31 | 正1 十二 |
| 22 | 22 | 23 | 23 | 24 | 25 | 25 | 26 | 26 | 27 | 26 | 27 | 28 | 28 | 29 | 29 | 30 | 31 | 7 | 6 | 2 | 2 | 3 | 4 2 | 3 2 |
| 23 | 23 | 24 | 24 | 25 | 26 | 26 | 27 | 27 | 28 | 27 | 28 | 29 | 29 | 30 | 30 | 31 | 8 | 2 | 2 | 3 | 3 | 4 | 2 | 3 2 |
| 24 | 24 | 25 | 25 | 26 | 27 | 27 | 28 | 28 | 29 | 28 | 29 | 30 | 30 | 31 | 10 | 9 | 2 | 3 | 3 | 4 | 4 | 5 | 3 | 4 |
| 25 | 25 | 26 | 26 | 27 | 28 | 28 | 29 | 29 | 30 | 29 | 30 | 31 | 12 | 11 | 2 | 2 | 3 | 4 | 4 | 5 | 5 | 6 | 4 | 5 |
| 26 | 26 | 27 | 27 | 28 | 29 | 29 | 30 | 30 | 31 | 3 | 31 | 1 | 2 | 2 | 3 | 3 | 4 | 5 | 5 | 6 | 6 | 7 | 5 | 6 |
| 27 | 27 | 28 | 28 | 29 | 30 | 30 | 31 | 5 | 4 | 2 | 2 | 2 | 3 | 3 | 4 | 4 | 5 | 6 | 6 | 7 | 7 | 8 | 6 | 7 |
| 28 | 28 | 29 | 29 | 30 | 31 | 7 | 6 | 2 | 2 | 3 | 2 | 3 | 4 | 4 | 5 | 5 | 6 | 7 | 7 | 8 | 8 | 9 | 7 | 8 |
| 29 | 29 | 30 | 30 | 31 | 8 | 2 | 2 | 3 | 3 | 4 | 3 | 4 | 5 | 5 | 6 | 6 | 7 | 8 | 8 | 9 | 9 | 10 | 8 | 9 |
| 30 | 30 | 31 | 10 | 9 | 2 | 3 | 3 | 4 | 4 | 5 | 4 | 5 | 6 | 6 | 7 | 7 | 8 | 9 | 9 | 10 | 10 | 11 | 9 | 10 |
| 31 | 12 | 11 | 2 | 2 | 3 | 4 | 4 | 5 | 5 | 6 | 5 | 6 | 7 | 7 | 8 | 8 | 9 | 10 | 10 | 11 | 11 | 12 | 10 | 11 |
| 日 | 2 | 2 | 3 | 3 | 4 | 5 | 5 | 6 | 6 | 7 | 6 | 7 | 8 | 8 | 9 | 9 | 10 | 11 | 11 | 12 | 12 | 13 | 11 | 12 |
| 曜 | 3 | 3 | 4 | 4 | 5 | 6 | 6 | 7 | 7 | 8 | 7 | 8 | 9 | 9 | 10 | 10 | 11 | 12 | 12 | 13 | 13 | 14 | 12 | 13 |
| 表 | 4 | 4 | 5 | 5 | 6 | 7 | 7 | 8 | 8 | 9 | 8 | 9 | 10 | 10 | 11 | 11 | 12 | 13 | 13 | 14 | 14 | 15 | 13 | 14 |
| 7 | 5 | 5 | 6 | 6 | 7 | 8 | 8 | 9 | 9 | 10 | 9 | 10 | 11 | 11 | 12 | 12 | 13 | 14 | 14 | 15 | 15 | 16 | 14 | 15 |
| 甲 | 6 | 6 | 7 | 7 | 8 | 9 | 9 | 10 | 10 | 11 | 10 | 11 | 12 | 12 | 13 | 13 | 14 | 15 | 15 | 16 | 16 | 17 | 15 | 16 |
| 子 | 7 | 7 | 8 | 8 | 9 | 10 | 10 | 11 | 11 | 12 | 11 | 12 | 13 | 13 | 14 | 14 | 15 | 16 | 16 | 17 | 17 | 18 | 16 | 17 |
| 表 | 8 | 8 | 9 | 9 | 10 | 11 | 11 | 12 | 12 | 13 | 12 | 13 | 14 | 14 | 15 | 15 | 16 | 17 | 17 | 18 | 18 | 19 | 17 | 18 |
| 3 | 9 | 9 | 10 | 10 | 11 | 12 | 12 | 13 | 13 | 14 | 13 | 14 | 15 | 冬15 | 16 | 16 | 17 | 18 | 18 | 19 | 19 | 20 | 18 | 19 |
| | 10 | 十一10 | 十11 | 九11 | 八12 | 13 | 13 | 14 | 14 | 15 | 14 | 15 | 16 | 16 | 17 | 17 | 18 | 19 | 19 | 20 | 20 | 21 | 19 | 20 |

中西回史日曆 卷一二 南宋 西遼 金 九

勵耘書屋

一一三三 癸丑 宋紹興三 遼延慶一〇 金天會一一 528

一一三四 甲寅 宋紹興四 遼康國元 金天會一二 529

| | | | | | | | | | | | | | | | | | | | | | | | |
|---|---|---|---|---|---|---|---|---|---|---|---|---|---|---|---|---|---|---|---|---|---|---|---|
| 22 | 23 | 23 | 24 | 25 10 | 25 9 | 26 五 | 26 四 | 27 | 25 | 26 | 27 | 27 | 28 | 28 | 29 | 30 | 30 | 31 | 5 | 4 | 2 | 31 | 1 |
| 23 | 24 | 24 | 25 | 26 | 26 | 27 8 | 27 7 | 28 三 | 26 二 | 27 正 | 28 十二 | 28 | 29 | 29 | 30 | 31 | 7 | 6 | 2 | 2 | 3 | 2 | 2 |
| 24 | 25 | 25 | 26 | 27 | 27 | 28 | 28 | 29 6 | 27 5 | 28 | 29 | 29 十一 | 30 十 | 30 九 | 31 | 8 | 2 | 2 | 3 | 3 | 4 | 2 | 3 |
| 25 | 26 | 26 | 27 | 28 | 28 | 29 | 29 | 30 | 28 | 29 4 | 30 3 | 30 | 31 | 10 | 9 八 | 2 | 3 | 3 | 4 | 4 | 5 | 3 | 4 |
| 26 | 27 | 27 | 28 | 29 | 29 | 30 | 30 | 31 | 3 | 30 | 31 | 12 2 | 11 1 | 2 | 2 | 3 七 | 4 六 | 4 | 5 | 5 | 6 | 4 | 5 |
| 27 | 28 | 28 | 29 | 30 | 30 | 31 | 5 | 4 | 2 | 31 | 1 | 2 | 2 | 3 12 | 3 11 | 4 | 5 | 5 五 | 6 | 6 | 7 | 5 | 6 |
| 28 | 29 | 29 | 30 | 31 | 7 | 6 | 2 | 2 | 3 | 2 | 2 | 3 | 3 | 4 | 4 | 5 10 | 6 9 | 6 | 7 四 | 7 三 | 8 | 6 | 7 |
| 29 | 30 | 30 | 31 | 8 | 2 | 2 | 3 | 3 | 4 | 2 | 3 | 4 | 4 | 5 | 5 | 6 | 7 | 7 8 | 8 7 | 8 | 9 二 | 7 正 | 8 十二 |
| 30 | 31 | 10 | 9 | 2 | 3 | 3 | 4 | 4 | 5 | 3 | 4 | 5 | 5 | 6 | 6 | 7 | 8 | 8 | 9 | 9 6 | 10 5 | 8 | 9 |
| 12 | 11 | 2 | 2 | 3 | 4 | 4 | 5 | 5 | 6 | 4 | 5 | 6 | 6 | 7 | 7 | 8 | 9 | 9 | 10 | 10 | 11 | 9 4 | 10 3 |
| 2 | 2 | 3 | 3 | 4 | 5 | 5 | 6 | 6 | 7 | 5 | 6 | 7 | 7 | 8 | 8 | 9 | 10 | 10 | 11 | 11 | 12 | 10 | 11 |
| 3 | 3 | 4 | 4 | 5 | 6 | 6 | 7 | 7 | 8 | 6 | 7 | 8 | 8 | 9 | 9 | 10 | 11 | 11 | 12 | 12 | 13 | 11 | 12 |
| 4 | 4 | 5 | 5 | 6 | 7 | 7 | 8 | 8 | 9 | 7 | 8 | 9 | 9 | 10 | 10 | 11 | 12 | 12 | 13 | 13 | 14 | 12 | 13 |
| 5 | 5 | 6 | 6 | 7 | 8 | 8 | 9 | 9 | 10 | 8 | 9 | 10 | 10 | 11 | 11 | 12 | 13 | 13 | 14 | 14 | 15 | 13 | 14 |
| 6 | 6 | 7 | 7 | 8 | 9 | 9 | 10 | 10 | 11 | 9 | 10 | 11 | 11 | 12 | 12 | 13 | 14 | 14 | 15 | 15 | 16 | 14 | 15 |
| 7 | 7 | 8 | 8 | 9 | 10 | 10 | 11 | 11 | 12 | 10 | 11 | 12 | 12 | 13 | 13 | 14 | 15 | 15 | 16 | 16 | 17 | 15 | 16 |
| 8 | 8 | 9 | 9 | 10 | 11 | 11 | 12 | 12 | 13 | 11 | 12 | 13 | 13 | 14 | 14 | 15 | 16 | 16 | 17 | 17 | 18 | 16 | 17 |
| 9 | 9 | 10 | 10 | 11 | 12 | 12 | 13 | 13 | 14 | 12 | 13 | 14 | 14 | 15 | 15 | 16 | 17 | 17 | 18 | 18 | 19 | 17 | 18 |
| 10 | 10 | 11 | 11 | 12 | 13 | 13 | 14 | 14 | 15 | 13 | 14 | 15 冬 | 15 | 16 | 16 | 17 | 18 | 18 | 19 | 19 | 20 | 18 | 19 |
| 11 | 11 | 12 | 12 | 13 | 14 | 14 | 15 | 15 | 16 | 14 | 15 | 16 | 16 | 17 | 17 | 18 | 19 | 19 | 20 | 20 | 21 | 19 | 20 |
| 12 | 12 | 13 | 13 | 14 | 15 | 15 | 16 | 16 | 17 | 15 | 16 | 17 | 17 | 18 | 18 | 19 | 20 | 20 | 21 | 21 | 22 | 20 | 21 |
| 13 | 13 | 14 | 14 | 15 | 16 | 16 | 17 | 17 | 18 | 16 | 17 | 18 | 18 | 19 | 19 | 20 | 21 | 21 | 22 | 22 | 23 | 21 | 22 |
| 14 | 14 | 15 | 15 | 16 | 17 | 17 | 18 | 18 | 19 | 17 | 18 | 19 | 19 | 20 | 20 | 21 | 22 | 22 | 23 | 23 | 24 | 22 | 23 |
| 15 冬 | 15 | 16 | 16 | 17 | 18 | 18 | 19 | 19 | 20 | 18 | 19 | 20 | 20 | 21 | 21 | 22 | 23 | 23 | 24 | 24 | 25 | 23 | 24 |
| 16 | 16 | 17 | 17 | 18 | 19 | 19 | 20 | 20 | 21 | 19 | 20 | 21 | 21 | 22 | 22 | 23 | 24 | 24 | 25 | 25 | 26 | 24 | 25 |
| 17 十二 | 17 | 18 | 18 | 19 | 20 | 20 | 21 | 21 | 22 | 20 | 21 | 22 | 22 | 23 | 23 | 24 | 25 | 25 | 26 | 26 | 27 | 25 | 26 |
| 18 | 18 十一 | 19 十 | 19 | 20 | 21 | 21 | 22 | 22 | 23 | 21 | 22 | 23 | 23 | 24 | 24 | 25 | 26 | 26 | 27 | 27 | 28 | 26 | 27 |
| 19 | 19 | 20 | 20 九 | 21 | 22 | 22 | 23 | 23 | 24 | 22 | 23 | 24 | 24 | 25 | 25 | 26 | 27 | 27 | 28 | 28 | 29 | 27 | 28 |
| 20 3 | 20 | 21 | 21 | 22 八 | 23 七 | 23 | 24 | 24 | 25 | 23 | 24 | 25 | 25 | 26 | 26 | 27 | 28 | 28 | 29 | 29 | 30 | 28 | 29 |
| 21 | 21 2 | 22 1 | 22 12 | 23 11 | 24 | 24 六 | 25 | 25 | 26 | 24 | 25 | 26 | 26 | 27 | 27 | 28 | 29 | 29 | 30 | 30 | 31 | 3 | 30 |

一一三五 乙卯 宋紹興五 遼康國二 金天會一三 熙宗即位不改元

530

一一三六 丙辰 宋紹興六 遼康國三 金天會一四

531

| | | | | | | | | | | | | | | | | | | | | | | | | |
|---|---|---|---|---|---|---|---|---|---|---|---|---|---|---|---|---|---|---|---|---|---|---|---|---|
| 11 | 11 | 12 | 12 | 13 | 14 | 14 | 15 | 15 | 16 | 15 | 16 | 17 | 17 | 18 | 18 | 19 | 20 | 20 | 21 | 21 | 22 | 20 | 21 | 22 |
| 12 | 12 | 13 | 13 | 14 | 15 | 15 | 16 | 16 | 17 | 16 | 17 | 18 | 18 | 19 | 19 | 20 | 21 | 21 | 22 | 22 | 23 | 21 | 22 | 23 |
| 13 | 13 | 14 | 14 | 15 | 16 | 16 | 17 | 17 | 18 | 17 | 18 | 19 | 19 | 20 | 20 | 21 | 22 | 22 | 23 | 23 | 24 | 22 | 23 | 24 |
| 14 | 14 | 15 | 15 | 16 | 17 | 17 | 18 | 18 | 19 | 18 | 19 | 20 | 20 | 21 | 21 | 22 | 23 | 23 | 24 | 24 | 25 | 23 | 24 | 25 |
| 15 | 冬15 | 16 | 16 | 17 | 18 | 18 | 19 | 19 | 20 | 19 | 20 | 21 | 21 | 22 | 22 | 23 | 24 | 24 | 25 | 25 | 26 | 24 | 25 | 26 |
| 16 | 16 | 17 | 17 | 18 | 19 | 19 | 20 | 20 | 21 | 20 | 21 | 22 | 22 | 23 | 23 | 24 | 25 | 25 | 26 | 26 | 27 | 25 | 26 | 27 |
| 17 | 17 | 18 | 18 | 19 | 20 | 20 | 21 | 21 | 22 | 21 | 22 | 23 | 23 | 24 | 24 | 25 | 26 | 26 | 27 | 27 | 28 | 26 | 27 | 28 |
| 18 | 18 | 19 | 19 | 20 | 21 | 21 | 22 | 22 | 23 | 22 | 23 | 24 | 24 | 25 | 25 | 26 | 27 | 27 | 28 | 28 | 29 | 27 | 28 | 29 |
| 19 | 19 | 20 | 20 | 21 | 22 | 22 | 23 | 23 | 24 | 23 | 24 | 25 | 25 | 26 | 26 | 27 | 28 | 28 | 29 | 29 | 30 | 28 | 29 | 30 |
| 20 | 20 | 21 | 21 | 22 | 23 | 23 | 24 | 24 | 25 | 24 | 25 | 26 | 26 | 27 | 27 | 28 | 29 | 29 | 30 | 30 | 31 | **3** | 30 | 31 |
| 21 | 21 | 22 | 22 | 23 | 24 | 24 | 25 | 25 | 26 | 25 | 26 | 27 | 27 | 28 | 28 | 29 | 30 | 30 | 31 | **5** | **4** | 2 | 31 | **1** |
| 22 | 22 | 23 | 23 | 24 | 25 | 25 | 26 | 26 | 27 | 26 | 27 | 28 | 28 | 29 | 29 | 30 | 31 | **7** | **6** | 2 | 2 | 3 | **2** | 2 |
| 23 | 23 | 24 | 24 | 25 | 26 | 26 | 27 | 27 | 28 | 27 | 28 | 29 | 29 | 30 | 30 | 31 | **8** | 2 | 2 | 3 | 3 | 4 | 2 | 3 |
| 24 | 24 | 25 | 25 | 26 | 27 | 27 | 28 | 28 | 29 | 28 | 29 | 30 | 30 | 31 | **10** | **9** | 2 | 3 | 3 | 4 | 4 | 5 | 3 | 4 |
| 25 | 十二25 | 26 | 26 | 27 | 28 | 28 | 29 | 29 | 30 | 29 | 30 | 31 | **12** | **11** | 2 | 2 | 3 | 4 | 4 | 5 | 5 | 6 | 4 | 5 |
| 26 | 26 | 十一27 | 十27 | 28 | 29 | 29 | 30 | 30 | 31 | **3** | 31 | **1** | 2 | 2 | 3 | 3 | 4 | 5 | 5 | 6 | 6 | 7 | 5 | 6 |
| 27 | 4 27 | 3 28 | 28 | 九29 | 八30 | 30 | 31 | **5** | **4** | 2 | **2** | 2 | 3 | 3 | 4 | 4 | 5 | 6 | 6 | 7 | 7 | 8 | 6 | 7 |
| 28 | 28 | 29 | 2 29 | 1 30 | 31 | 七**7** | 六**6** | 2 | 2 | 3 | 2 | 3 | 4 | 4 | 5 | 5 | 6 | 7 | 7 | 8 | 8 | 9 | 7 | 8 |
| 29 | 29 | 30 | 30 | 31 | 12 **8** | 11 2 | 2 | 五3 | 四3 | 三4 | 3 | 4 | 5 | 5 | 6 | 6 | 7 | 8 | 8 | 9 | 9 | 10 | 8 | 9 |
| 30 | 30 | 31 | **10** | **9** | 2 | 3 | 10 3 | 9 4 | 4 | 5 | 二4 | 正5 | 十二6 | 6 | 7 | 7 | 8 | 9 | 9 | 10 | 10 | 11 | 9 | 10 |
| 31 | **12** | **11** | 2 | 2 | 3 | 4 | 4 | 5 | 8 5 | 7 6 | 5 | 6 | 7 | 十一7 | 十8 | 8 | 9 | 10 | 10 | 11 | 11 | 12 | 10 | 11 |
| 日 | 2 | 2 | 3 | 3 | 4 | 5 | 5 | 6 | 6 | 7 | 6 6 | 5 7 | 8 | 8 | 9 | 九9 | 10 | 11 | 11 | 12 | 12 | 13 | 11 | 12 |
| 曜 | 3 | 3 | 4 | 4 | 5 | 6 | 6 | 7 | 7 | 8 | 7 | 8 | 4 9 | 3 9 | 10 | 10 | 八11 | 七12 | 12 | 13 | 13 | 14 | 12 | 13 |
| 表 | 4 | 4 | 5 | 5 | 6 | 7 | 7 | 8 | 8 | 9 | 8 | 9 | 10 | 10 | 2 11 | 1 11 | 12 | 13 | 六13 | 14 | 14 | 15 | 13 | 14 |
| 1 | 5 | 5 | 6 | 6 | 7 | 8 | 8 | 9 | 9 | 10 | 9 | 10 | 11 | 11 | 12 | 12 | 12 13 | 11 14 | 14 | 五15 | 四15 | 三16 | 14 | 15 |
| 甲 | 6 | 6 | 7 | 7 | 8 | 9 | 9 | 10 | 10 | 11 | 10 | 11 | 12 | 12 | 13 | 13 | 14 | 15 | 10 15 | 9 16 | 16 | 17 | 閏15 | 二16 正 |
| 子 | 7 | 7 | 8 | 8 | 9 | 10 | 10 | 11 | 11 | 12 | 11 | 12 | 13 | 13 | 14 | 14 | 15 | 16 | 16 | 17 | 8 17 | 7 18 | 16 | 17 |
| 表 | 8 | 8 | 9 | 9 | 10 | 11 | 11 | 12 | 12 | 13 | 12 | 13 | 14 | 14 | 15 | 15 | 16 | 17 | 17 | 18 | 18 | 19 | 6 17 | 5 18 |
| 4 | 9 | 9 | 10 | 10 | 11 | 12 | 12 | 13 | 13 | 14 | 13 | 14 | 15 | 冬15 | 16 | 16 | 17 | 18 | 18 | 19 | 19 | 20 | 18 | 19 4 |
| | 10 | 10 | 11 | 11 | 12 | 13 | 13 | 14 | 14 | 15 | 14 | 15 | 16 | 16 | 17 | 17 | 18 | 19 | 19 | 20 | 20 | 21 | 19 | 20 |

中西回史日曆

卷一二 南宋 西遼 金

一〇

勵耘書屋

一一三七 丁巳 宋紹興七 遼康國四 金天會一五

532

一一三八 戊午 宋紹興八 遼康國五 金天眷元

533

| | | | | | | | | | | | | | | | | | | | | | | | |
|---|---|---|---|---|---|---|---|---|---|---|---|---|---|---|---|---|---|---|---|---|---|---|---|
| 22 | 23 | 23 | 24 | 25 | 25 | 26 | 26 | 27 | 25 | 26 | 27 | 27 | 28 | 28 | 29 | 30 | 30 | 31 | **5** | **4** | 2 | 31 | **1** |
| 23 | 24 | 24 | 25 | 26 | 26 | 27 | 27 | 28 | 26 | 27 | 28 | 28 | 29 | 29 | 30 | 31 | **7** | **6** | 2 | 2 | 3 | **2** | 2 |
| 24 | 25 | 25 | 26 | 27 | 27 | 28 | 28 | 29 | 27 | 28 | 29 | 29 | 30 | 30 | 31 | **8** | 2 | 2 | 3 | 3 | 4 | 2 | 3 |
| 25 | 26 | 26 | 27 | 28 | 28 | 29 | 29 | 30 | 28 | 29 | 30 | 30 | 31 | **10** | **9** | 2 | 3 | 3 | 4 | 4 | 5 | 3 | 4 |
| 26 | 27 | 27 | 28 | 29 | 29 | 30 | 30 | 31 | **3** | 30 | 31 | **12** | **11** | 2 | 2 | 3 | 4 | 4 | 5 | 5 | 6 | 4 | 5 |
| 27 | 28 | 28 | 29 | 30 | 30 | 31 | **5** | **4** | 2 | 31 | **1** | 2 | 2 | 3 | 3 | 4 | 5 | 5 | 6 | 6 | 7 | 5 | 6 |
| 28 | 29 | 29 | 30 | 31 | **7** | **6** | 2 | 2 | 3 | **2** | 2 | 3 | 3 | 4 | 4 | 5 | 6 | 6 | 7 | 7 | 8 | 6 | 7 |
| 29 | 30 | 30 | 31 | **8** | 2 | 2 | 3 | 3 | 4 | 2 | 3 | 4 | 4 | 5 | 5 | 6 | 7 | 7 | 8 | 8 | 9 | 7 | 8 |
| 30 | 31 | **10** | **9** | 2 | 3 | 3 | 4 | 4 | 5 | 3 | 4 | 5 | 5 | 6 | 6 | 7 | 8 | 8 | 9 | 9 | 10 | 8 | 9 |
| **12** | **11** | 2 | 2 | 3 | 4 | 4 | 5 | 5 | 6 | 4 | 5 | 6 | 6 | 7 | 7 | 8 | 9 | 9 | 10 | 10 | 11 | 9 | 10 |
| 2 | 2 | 3 | 3 | 4 | 5 | 5 | 6 | 6 | 7 | 5 | 6 | 7 | 7 | 8 | 8 | 9 | 10 | 10 | 11 | 11 | 12 | 10 | 11 |
| 3 | 3 | 4 | 4 | 5 | 6 | 6 | 7 | 7 | 8 | 6 | 7 | 8 | 8 | 9 | 9 | 10 | 11 | 11 | 12 | 12 | 13 | 11 | 12 |
| 4 | 十一 4 | 5 | 5 | 6 | 7 | 7 | 8 | 8 | 9 | 7 | 8 | 9 | 9 | 10 | 10 | 11 | 12 | 12 | 13 | 13 | 14 | 12 | 13 |
| 5 | 5 | 十 6 | 九 6 | 八 7 | 8 | 8 | 9 | 9 | 10 | 8 | 9 | 10 | 10 | 11 | 11 | 12 | 13 | 13 | 14 | 14 | 15 | 13 | 14 |
| 6 | 4 6 | 3 7 | 7 | 8 | 七 9 | 六 9 | 五 10 | 10 | 11 | 9 | 10 | 11 | 11 | 12 | 12 | 13 | 14 | 14 | 15 | 15 | 16 | 14 | 15 |
| 7 | 7 | 8 | 2 8 | 1 9 | 10 | 10 | 11 | 四 11 | 三 12 | 10 | 11 | 12 | 12 | 13 | 13 | 14 | 15 | 15 | 16 | 16 | 17 | 15 | 16 |
| 8 | 8 | 9 | 9 | 10 | 12 11 | 11 11 | 12 | 12 | 13 | 二 11 | 12 | 13 | 13 | 14 | 14 | 15 | 16 | 16 | 17 | 17 | 18 | 16 | 17 |
| 9 | 9 | 10 | 10 | 11 | 12 | 12 | 10 13 | 9 13 | 14 | 12 | 正 13 | 十二 14 | 14 | 15 | 15 | 16 | 17 | 17 | 18 | 18 | 19 | 17 | 18 |
| 10 | 10 | 11 | 11 | 12 | 13 | 13 | 14 | 14 | 8 15 | 7 13 | 14 | 15 冬 | 十一 15 | 閏 16 | 16 | 17 | 18 | 18 | 19 | 19 | 20 | 18 | 19 |
| 11 | 11 | 12 | 12 | 13 | 14 | 14 | 15 | 15 | 16 | 14 | 6 15 | 5 16 | 16 | 17 | 十 17 | 九 18 | 19 | 19 | 20 | 20 | 21 | 19 | 20 |
| 12 | 12 | 13 | 13 | 14 | 15 | 15 | 16 | 16 | 17 | 15 | 16 | 17 | 4 17 | 3 18 | 18 | 19 | 八 20 | 七 20 | 六 21 | 21 | 22 | 20 | 21 |
| 13 | 13 | 14 | 14 | 15 | 16 | 16 | 17 | 17 | 18 | 16 | 17 | 18 | 18 | 19 | 2 19 | 1 20 | 12 21 | 11 21 | 22 | 五 22 | 四 23 | 21 | 22 |
| 14 | 14 | 15 | 15 | 16 | 17 | 17 | 18 | 18 | 19 | 17 | 18 | 19 | 19 | 20 | 20 | 21 | 22 | 22 | 10 23 | 9 23 | 24 | 三 22 | 二 23 正 |
| 15 | 冬 15 | 16 | 16 | 17 | 18 | 18 | 19 | 19 | 20 | 18 | 19 | 20 | 20 | 21 | 21 | 22 | 23 | 23 | 24 | 24 | 8 25 | 7 23 | 24 |
| 16 | 16 | 17 | 17 | 18 | 19 | 19 | 20 | 20 | 21 | 19 | 20 | 21 | 21 | 22 | 22 | 23 | 24 | 24 | 25 | 25 | 26 | 24 | 6 25 5 |
| 17 | 17 | 18 | 18 | 19 | 20 | 20 | 21 | 21 | 22 | 20 | 21 | 22 | 22 | 23 | 23 | 24 | 25 | 25 | 26 | 26 | 27 | 25 | 26 |
| 18 | 18 | 19 | 19 | 20 | 21 | 21 | 22 | 22 | 23 | 21 | 22 | 23 | 23 | 24 | 24 | 25 | 26 | 26 | 27 | 27 | 28 | 26 | 27 |
| 19 | 19 | 20 | 20 | 21 | 22 | 22 | 23 | 23 | 24 | 22 | 23 | 24 | 24 | 25 | 25 | 26 | 27 | 27 | 28 | 28 | 29 | 27 | 28 |
| 20 | 20 | 21 | 21 | 22 | 23 | 23 | 24 | 24 | 25 | 23 | 24 | 25 | 25 | 26 | 26 | 27 | 28 | 28 | 29 | 29 | 30 | 28 | 29 |
| 21 | 21 | 22 | 22 | 23 | 24 | 24 | 25 | 25 | 26 | 24 | 25 | 26 | 26 | 27 | 27 | 28 | 29 | 29 | 30 | 30 | 31 | **3** | 30 |

一一三九 己未 宋紹興九 遼康國六 金天眷二

534

一一四〇 庚申 宋紹興一〇 遼康國七 金天眷三

535

| | | | | | | | | | | | | | | | | | | | | | | | | |
|---|---|---|---|---|---|---|---|---|---|---|---|---|---|---|---|---|---|---|---|---|---|---|---|---|
| 11 | 十二 11 | 12 | 12 | 13 | 14 | 14 | 15 | 15 | 16 | 15 | 16 | 17 | 17 | 18 | 18 | 19 | 20 | 20 | 21 | 21 | 22 | 20 | 21 | 22 |
| 12 | 12 | 十 13 | 九 13 | 八 14 | 15 | 15 | 16 | 16 | 17 | 16 | 17 | 18 | 18 | 19 | 19 | 20 | 21 | 21 | 22 | 22 | 23 | 21 | 22 | 23 |
| 13 | 5 13 | 14 | 14 | 15 | 七 16 | 閏 16 | 17 | 17 | 18 | 17 | 18 | 19 | 19 | 20 | 20 | 21 | 22 | 22 | 23 | 23 | 24 | 22 | 23 | 24 |
| 14 | 14 | 4 15 | 3 15 | 16 | 17 | 17 | 六 18 | 五 18 | 19 | 18 | 19 | 20 | 20 | 21 | 21 | 22 | 23 | 23 | 24 | 24 | 25 | 23 | 24 | 25 |
| 15 | 冬 15 | 16 | 16 | 2 17 | 1 18 | 12 18 | 11 19 | 19 | 四 20 | 19 | 20 | 21 | 21 | 22 | 22 | 23 | 24 | 24 | 25 | 25 | 26 | 24 | 25 | 26 |
| 16 | 16 | 17 | 17 | 18 | 19 | 19 | 20 | 10 20 | 9 21 | 三 20 | 二 21 | 22 | 22 | 23 | 23 | 24 | 25 | 25 | 26 | 26 | 27 | 25 | 26 | 27 |
| 17 | 17 | 18 | 18 | 19 | 20 | 20 | 21 | 21 | 22 | 8 21 | 7 22 | 正 23 | 十二 23 | 24 | 24 | 25 | 26 | 26 | 27 | 27 | 28 | 26 | 27 | 28 |
| 18 | 18 | 19 | 19 | 20 | 21 | 21 | 22 | 22 | 23 | 22 | 23 | 6 24 | 5 24 | 十一 25 | 十 25 | 九 26 | 八 27 | 27 | 28 | 28 | 29 | 27 | 28 | 29 |
| 19 | 19 | 20 | 20 | 21 | 22 | 22 | 23 | 23 | 24 | 23 | 24 | 25 | 25 | 4 26 | 3 26 | 27 | 28 | 七 28 | 六 29 | 29 | 30 | 28 | 29 | 30 |
| 20 | 20 | 21 | 21 | 22 | 23 | 23 | 24 | 24 | 25 | 24 | 25 | 26 | 26 | 27 | 27 | 2 28 | 1 29 | 29 | 30 | 五 30 | 四 31 | 3 | 30 | 31 |
| 21 | 21 | 22 | 22 | 23 | 24 | 24 | 25 | 25 | 26 | 25 | 26 | 27 | 27 | 28 | 28 | 29 | 30 | 12 30 | 11 31 | 5 | 4 | 三 2 | 31 | 1 |
| 22 | 22 | 23 | 23 | 24 | 25 | 25 | 26 | 26 | 27 | 26 | 27 | 28 | 28 | 29 | 29 | 30 | 31 | 7 | 6 | 10 2 | 9 2 | 3 | 二 2 | 正 2 |
| 23 | 23 | 24 | 24 | 25 | 26 | 26 | 27 | 27 | 28 | 27 | 28 | 29 | 29 | 30 | 30 | 31 | 8 | 2 | 2 | 3 | 3 | 8 4 | 7 2 | 3 十二 |
| 24 | 24 | 25 | 25 | 26 | 27 | 27 | 28 | 28 | 29 | 28 | 29 | 30 | 30 | 31 | 10 | 9 | 2 | 3 | 3 | 4 | 4 | 5 | 3 | 6 4 5 |
| 25 | 25 | 26 | 26 | 27 | 28 | 28 | 29 | 29 | 30 | 29 | 30 | 31 | 12 | 11 | 2 | 2 | 3 | 4 | 4 | 5 | 5 | 6 | 4 | 5 |
| 26 | 26 | 27 | 27 | 28 | 29 | 29 | 30 | 30 | 31 | 3 | 31 | 1 | 2 | 2 | 3 | 3 | 4 | 5 | 5 | 6 | 6 | 7 | 5 | 6 |
| 27 | 27 | 28 | 28 | 29 | 30 | 30 | 31 | 5 | 4 | 2 | 2 | 2 | 3 | 3 | 4 | 4 | 5 | 6 | 6 | 7 | 7 | 8 | 6 | 7 |
| 28 | 28 | 29 | 29 | 30 | 31 | 7 | 6 | 2 | 2 | 3 | 2 | 3 | 4 | 4 | 5 | 5 | 6 | 7 | 7 | 8 | 8 | 9 | 7 | 8 |
| 29 | 29 | 30 | 30 | 31 | 8 | 2 | 2 | 3 | 3 | 4 | 3 | 4 | 5 | 5 | 6 | 6 | 7 | 8 | 8 | 9 | 9 | 10 | 8 | 9 |
| 30 | 30 | 31 | 10 | 9 | 2 | 3 | 3 | 4 | 4 | 5 | 4 | 5 | 6 | 6 | 7 | 7 | 8 | 9 | 9 | 10 | 10 | 11 | 9 | 10 |
| 31 | 12 | 11 | 2 | 2 | 3 | 4 | 4 | 5 | 5 | 6 | 5 | 6 | 7 | 7 | 8 | 8 | 9 | 10 | 10 | 11 | 11 | 12 | 10 | 11 |
| 日 | 2 | 2 | 3 | 3 | 4 | 5 | 5 | 6 | 6 | 7 | 6 | 7 | 8 | 8 | 9 | 9 | 10 | 11 | 11 | 12 | 12 | 13 | 11 | 12 |
| 曜 | 3 | 3 | 4 | 4 | 5 | 6 | 6 | 7 | 7 | 8 | 7 | 8 | 9 | 9 | 10 | 10 | 11 | 12 | 12 | 13 | 13 | 14 | 12 | 13 |
| 表 | 4 | 4 | 5 | 5 | 6 | 7 | 7 | 8 | 8 | 9 | 8 | 9 | 10 | 10 | 11 | 11 | 12 | 13 | 13 | 14 | 14 | 15 | 13 | 14 |
| 2 | 5 | 5 | 6 | 6 | 7 | 8 | 8 | 9 | 9 | 10 | 9 | 10 | 11 | 11 | 12 | 12 | 13 | 14 | 14 | 15 | 15 | 16 | 14 | 15 |
| 甲 | 6 | 6 | 7 | 7 | 8 | 9 | 9 | 10 | 10 | 11 | 10 | 11 | 12 | 12 | 13 | 13 | 14 | 15 | 15 | 16 | 16 | 17 | 15 | 16 |
| 子 | 7 | 7 | 8 | 8 | 9 | 10 | 10 | 11 | 11 | 12 | 11 | 12 | 13 | 13 | 14 | 14 | 15 | 16 | 16 | 17 | 17 | 18 | 16 | 17 |
| 表 | 8 | 8 | 9 | 9 | 10 | 11 | 11 | 12 | 12 | 13 | 12 | 13 | 14 | 14 | 15 | 15 | 16 | 17 | 17 | 18 | 18 | 19 | 17 | 18 |
| 5 | 9 | 9 | 10 | 10 | 11 | 12 | 12 | 13 | 13 | 14 | 13 | 14 | 15 | 冬 15 | 16 | 16 | 17 | 18 | 18 | 19 | 19 | 20 | 18 | 19 |
| | 10 | 10 | 11 | 11 | 12 | 13 | 13 | 14 | 14 | 15 | 14 | 15 | 16 | 16 | 17 | 17 | 18 | 19 | 19 | 20 | 20 | 21 | 19 | 20 |

一一四一 辛酉 宋紹興一一 遼康國八 金皇統元

536

一一四二 壬戌 宋紹興一二 遼康國九 金皇統二

537

| | | | | | | | | | | | | | | | | | | | | | | | |
|---|---|---|---|---|---|---|---|---|---|---|---|---|---|---|---|---|---|---|---|---|---|---|---|
| 22 | 5 23 | 23 | 24 | 25 | 七 25 | 六 26 | 26 | 27 | 25 | 26 | 27 | 27 | 28 | 28 | 29 | 30 | 30 | 31 | **5** | **4** | 2 | 31 | **1** |
| 23 | 24 | 4 24 | 3 25 | 26 | 26 | 27 | 五 27 | 28 | 26 | 27 | 28 | 28 | 29 | 29 | 30 | 31 | **7** | **6** | 2 | 2 | 3 | **2** | 2 |
| 24 | 25 | 25 | 26 | 2 27 | 1 27 | 12 28 | 11 28 | 四 29 | 三 27 | 28 | 29 | 29 | 30 | 30 | 31 | **8** | 2 | 2 | 3 | 3 | 4 | 2 | 3 |
| 25 | 26 | 26 | 27 | 28 | 28 | 29 | 29 | 10 30 | 9 28 | 二 29 | 正 30 | 十二 30 | 十一 31 | **10** | **9** | 2 | 3 | 3 | 4 | 4 | 5 | 3 | 4 |
| 26 | 27 | 27 | 28 | 29 | 29 | 30 | 30 | 31 | **3** | 8 30 | 7 31 | **12** | **11** | 十 2 | 九 2 | 八 3 | 4 | 4 | 5 | 5 | 6 | 4 | 5 |
| 27 | 28 | 28 | 29 | 30 | 30 | 31 | **5** | **4** | 2 | 31 | **1** | 6 2 | 5 2 | 3 | 3 | 4 | 七 5 | 5 | 6 | 6 | 7 | 5 | 6 |
| 28 | 29 | 29 | 30 | 31 | **7** | **6** | 2 | 2 | 3 | **2** | 2 | 3 | 3 | 4 4 | 3 4 | 5 | 6 | 六 6 | 五 7 | 7 | 8 | 6 | 7 |
| 29 | 30 | 30 | 31 | **8** | 2 | 2 | 3 | 3 | 4 | 2 | 3 | 4 | 4 | 5 | 5 | 2 6 | 1 7 | 7 | 8 | 四 8 | 9 | 7 | 8 |
| 30 | 31 | **10** | **9** | 2 | 3 | 3 | 4 | 4 | 5 | 3 | 4 | 5 | 5 | 6 | 6 | 7 | 8 | 12 8 | 11 9 | 9 | 三 10 | 二 8 | 9 |
| **12** | **11** | 2 | 2 | 3 | 4 | 4 | 5 | 5 | 6 | 4 | 5 | 6 | 6 | 7 | 7 | 8 | 9 | 9 | 10 | 10 10 | 9 11 | 9 | 正 10 十二 |
| 2 | 2 | 3 | 3 | 4 | 5 | 5 | 6 | 6 | 7 | 5 | 6 | 7 | 7 | 8 | 8 | 9 | 10 | 10 | 11 | 11 | 12 | 8 10 | 7 11 |
| 3 | 3 | 4 | 4 | 5 | 6 | 6 | 7 | 7 | 8 | 6 | 7 | 8 | 8 | 9 | 9 | 10 | 11 | 11 | 12 | 12 | 13 | 11 | 12 6 |
| 4 | 4 | 5 | 5 | 6 | 7 | 7 | 8 | 8 | 9 | 7 | 8 | 9 | 9 | 10 | 10 | 11 | 12 | 12 | 13 | 13 | 14 | 12 | 13 |
| 5 | 5 | 6 | 6 | 7 | 8 | 8 | 9 | 9 | 10 | 8 | 9 | 10 | 10 | 11 | 11 | 12 | 13 | 13 | 14 | 14 | 15 | 13 | 14 |
| 6 | 6 | 7 | 7 | 8 | 9 | 9 | 10 | 10 | 11 | 9 | 10 | 11 | 11 | 12 | 12 | 13 | 14 | 14 | 15 | 15 | 16 | 14 | 15 |
| 7 | 7 | 8 | 8 | 9 | 10 | 10 | 11 | 11 | 12 | 10 | 11 | 12 | 12 | 13 | 13 | 14 | 15 | 15 | 16 | 16 | 17 | 15 | 16 |
| 8 | 8 | 9 | 9 | 10 | 11 | 11 | 12 | 12 | 13 | 11 | 12 | 13 | 13 | 14 | 14 | 15 | 16 | 16 | 17 | 17 | 18 | 16 | 17 |
| 9 | 9 | 10 | 10 | 11 | 12 | 12 | 13 | 13 | 14 | 12 | 13 | 14 | 14 | 15 | 15 | 16 | 17 | 17 | 18 | 18 | 19 | 17 | 18 |
| 10 | 10 | 11 | 11 | 12 | 13 | 13 | 14 | 14 | 15 | 13 | 14 | 15 | 冬 15 | 16 | 16 | 17 | 18 | 18 | 19 | 19 | 20 | 18 | 19 |
| 11 | 11 | 12 | 12 | 13 | 14 | 14 | 15 | 15 | 16 | 14 | 15 | 16 | 16 | 17 | 17 | 18 | 19 | 19 | 20 | 20 | 21 | 19 | 20 |
| 12 | 12 | 13 | 13 | 14 | 15 | 15 | 16 | 16 | 17 | 15 | 16 | 17 | 17 | 18 | 18 | 19 | 20 | 20 | 21 | 21 | 22 | 20 | 21 |
| 13 | 13 | 14 | 14 | 15 | 16 | 16 | 17 | 17 | 18 | 16 | 17 | 18 | 18 | 19 | 19 | 20 | 21 | 21 | 22 | 22 | 23 | 21 | 22 |
| 14 | 14 | 15 | 15 | 16 | 17 | 17 | 18 | 18 | 19 | 17 | 18 | 19 | 19 | 20 | 20 | 21 | 22 | 22 | 23 | 23 | 24 | 22 | 23 |
| 15 | 冬 15 | 16 | 16 | 17 | 18 | 18 | 19 | 19 | 20 | 18 | 19 | 20 | 20 | 21 | 21 | 22 | 23 | 23 | 24 | 24 | 25 | 23 | 24 |
| 16 | 16 | 17 | 17 | 18 | 19 | 19 | 20 | 20 | 21 | 19 | 20 | 21 | 21 | 22 | 22 | 23 | 24 | 24 | 25 | 25 | 26 | 24 | 25 |
| 17 | 17 | 18 | 18 | 19 | 20 | 20 | 21 | 21 | 22 | 20 | 21 | 22 | 22 | 23 | 23 | 24 | 25 | 25 | 26 | 26 | 27 | 25 | 26 |
| 18 | 18 | 19 | 19 | 20 | 21 | 21 | 22 | 22 | 23 | 21 | 22 | 23 | 23 | 24 | 24 | 25 | 26 | 26 | 27 | 27 | 28 | 26 | 27 |
| 19 | 十二 19 | 十一 20 | 20 | 21 | 22 | 22 | 23 | 23 | 24 | 22 | 23 | 24 | 24 | 25 | 25 | 26 | 27 | 27 | 28 | 28 | 29 | 27 | 28 |
| 20 | 20 | 21 | 十 21 | 九 22 | 23 | 23 | 24 | 24 | 25 | 23 | 24 | 25 | 25 | 26 | 26 | 27 | 28 | 28 | 29 | 29 | 30 | 28 | 29 |
| 21 | 21 | 22 | 22 | 23 | 八 24 | 24 | 25 | 25 | 26 | 24 | 25 | 26 | 26 | 27 | 27 | 28 | 29 | 29 | 30 | 30 | 31 | **3** | 30 |

勵耘書屋

一一四三
癸亥
宋紹興一三
遼康國一〇
金皇統三
538

一一四四
甲子
宋紹興一四
遼咸清元 感天后
金皇統四
539

| | | | | | | | | | | | | | | | | | | | | | | | | |
|---|---|---|---|---|---|---|---|---|---|---|---|---|---|---|---|---|---|---|---|---|---|---|---|---|
| 11 | 11 | 12 | 12 | 13 | 14 | 14 | 15 | 15 | 16 | 15 | 16 | 17 | 17 | 18 | 18 | 19 | 20 | 20 | 21 | 21 | 22 | 20 | 21 | 22 6 |
| 12 | 12 | 13 | 13 | 14 | 15 | 15 | 16 | 16 | 17 | 16 | 17 | 18 | 18 | 19 | 19 | 20 | 21 | 21 | 22 | 22 | 23 | 21 | 22 | 23 |
| 13 | 13 | 14 | 14 | 15 | 16 | 16 | 17 | 17 | 18 | 17 | 18 | 19 | 19 | 20 | 20 | 21 | 22 | 22 | 23 | 23 | 24 | 22 | 23 | 24 |
| 14 | 14 | 15 | 15 | 16 | 17 | 17 | 18 | 18 | 19 | 18 | 19 | 20 | 20 | 21 | 21 | 22 | 23 | 23 | 24 | 24 | 25 | 23 | 24 | 25 |
| 15 | 冬15 | 16 | 16 | 17 | 18 | 18 | 19 | 19 | 20 | 19 | 20 | 21 | 21 | 22 | 22 | 23 | 24 | 24 | 25 | 25 | 26 | 24 | 25 | 26 |
| 16 | 16 | 17 | 17 | 18 | 19 | 19 | 20 | 20 | 21 | 20 | 21 | 22 | 22 | 23 | 23 | 24 | 25 | 25 | 26 | 26 | 27 | 25 | 26 | 27 |
| 17 | 17 | 18 | 18 | 19 | 20 | 20 | 21 | 21 | 22 | 21 | 22 | 23 | 23 | 24 | 24 | 25 | 26 | 26 | 27 | 27 | 28 | 26 | 27 | 28 |
| 18 | 18 | 19 | 19 | 20 | 21 | 21 | 22 | 22 | 23 | 22 | 23 | 24 | 24 | 25 | 25 | 26 | 27 | 27 | 28 | 28 | 29 | 27 | 28 | 29 |
| 19 | 19 | 20 | 20 | 21 | 22 | 22 | 23 | 23 | 24 | 23 | 24 | 25 | 25 | 26 | 26 | 27 | 28 | 28 | 29 | 29 | 30 | 28 | 29 | 30 |
| 20 | 20 | 21 | 21 | 22 | 23 | 23 | 24 | 24 | 25 | 24 | 25 | 26 | 26 | 27 | 27 | 28 | 29 | 29 | 30 | 30 | 31 | **3** | 30 | 31 |
| 21 | 21 | 22 | 22 | 23 | 24 | 24 | 25 | 25 | 26 | 25 | 26 | 27 | 27 | 28 | 28 | 29 | 30 | 30 | 31 | **5** | **4** | 2 | 31 | **1** |
| 22 | 22 | 23 | 23 | 24 | 25 | 25 | 26 | 26 | 27 | 26 | 27 | 28 | 28 | 29 | 29 | 30 | 31 | **7** | **6** | 2 | 2 | 3 | **2** | 2 |
| 23 | 23 | 24 | 24 | 25 | 26 | 26 | 27 | 27 | 28 | 27 | 28 | 29 | 29 | 30 | 30 | 31 | **8** | 2 | 2 | 3 | 3 | 4 | 2 | 3 |
| 24 | 24 | 25 | 25 | 26 | 27 | 27 | 28 | 28 | 29 | 28 | 29 | 30 | 30 | 31 | **10** | **9** | 2 | 3 | 3 | 4 | 4 | 5 | 3 | 4 |
| 25 | 25 | 26 | 26 | 27 | 28 | 28 | 29 | 29 | 30 | 29 | 30 | 31 | **12** | **11** | 2 | 2 | 3 | 4 | 4 | 5 | 5 | 6 | 4 | 5 |
| 26 | 十二26 | 27 | 27 | 28 | 29 | 29 | 30 | 30 | 31 | **3** | 31 | **1** | 2 | 2 | 3 | 3 | 4 | 5 | 5 | 6 | 6 | 7 | 5 | 6 |
| 27 | 27 | 十一28 | 十28 | 29 | 30 | 30 | 31 | **5** | **4** | 2 | **2** | 2 | 3 | 3 | 4 | 4 | 5 | 6 | 6 | 7 | 7 | 8 | 6 | 7 |
| 28 | 7 28 | 29 | 29 | 九30 | 31 | **7** | **6** | 2 | 2 | 3 | 2 | 3 | 4 | 4 | 5 | 5 | 6 | 7 | 7 | 8 | 8 | 9 | 7 | 8 |
| 29 | 29 | 6 30 | 5 30 | 31 | 八**8** | 七2 | 2 | 3 | 3 | 4 | 3 | 4 | 5 | 5 | 6 | 6 | 7 | 8 | 8 | 9 | 9 | 10 | 8 | 9 |
| 30 | 30 | 31 | **10** | 4 **9** | 3 2 | 3 | 六3 | 五**4** | **4** | 5 | 4 | 5 | 6 | 6 | 7 | 7 | 8 | 9 | 9 | 10 | 10 | 11 | 9 | 10 |
| 31 | **12** | **11** | 2 | 2 | 3 | 2 4 | 1 4 | 5 | 四5 | 三6 | 二5 | 6 | 7 | 7 | 8 | 8 | 9 | 10 | 10 | 11 | 11 | 12 | 10 | 11 |
| 日 | 2 | 2 | 3 | 3 | 4 | 5 | 5 | 12 6 | 11 6 | 7 | 6 | 正7 | 十二8 | 十一8 | 9 | 9 | 10 | 11 | 11 | 12 | 12 | 13 | 11 | 12 |
| 曜 | 3 | 3 | 4 | 4 | 5 | 6 | 6 | 7 | 7 | 10 8 | 9 7 | 8 | 9 | 9 | 十10 | 九10 | 11 | 12 | 12 | 13 | 13 | 14 | 12 | 13 |
| 表 | 4 | 4 | 5 | 5 | 6 | 7 | 7 | 8 | 8 | 9 | 8 | 8 9 | 7 10 | 10 | 11 | 11 | 八12 | 13 | 13 | 14 | 14 | 15 | 13 | 14 |
| 3 | 5 | 5 | 6 | 6 | 7 | 8 | 8 | 9 | 9 | 10 | 9 | 10 | 11 | 6 11 | 5 12 | 12 | 13 | 七14 | 六14 | 15 | 15 | 16 | 14 | 15 |
| 甲 | 6 | 6 | 7 | 7 | 8 | 9 | 9 | 10 | 10 | 11 | 10 | 11 | 12 | 12 | 13 | 4 13 | 3 14 | 15 | 15 | 五16 | 16 | 17 | 15 | 16 |
| 子 | 7 | 7 | 8 | 8 | 9 | 10 | 10 | 11 | 11 | 12 | 11 | 12 | 13 | 13 | 14 | 14 | 15 | 2 16 | 1 16 | 17 | 閏17 | 四18 | 三16 | 17 |
| 表 | 8 | 8 | 9 | 9 | 10 | 11 | 11 | 12 | 12 | 13 | 12 | 13 | 14 | 14 | 15 | 15 | 16 | 17 | 17 | 12 18 | 11 18 | 19 | 17 | 二18 正 |
| 6 | 9 | 9 | 10 | 10 | 11 | 12 | 12 | 13 | 13 | 14 | 13 | 14 | 15 | 冬15 | 16 | 16 | 17 | 18 | 18 | 19 | 19 | 10 20 | 9 18 | 19 |
| | 10 | 10 | 11 | 11 | 12 | 13 | 13 | 14 | 14 | 15 | 14 | 15 | 16 | 16 | 17 | 17 | 18 | 19 | 19 | 20 | 20 | 21 | 19 | 8 20 7 |

一一四六 丙寅 宋紹興一六 遼咸清三 金皇統六 541

一一四五 乙丑 宋紹興一五 遼咸清二 金皇統五 540

| | | | | | | | | | | | | | | | | | | | | | | | |
|---|---|---|---|---|---|---|---|---|---|---|---|---|---|---|---|---|---|---|---|---|---|---|---|
| 22 | 23 | 23 | 24 | 25 | 25 | 26 | 26 | 27 | 25 | 26 | 27 | 27 | 28 | 28 | 29 | 30 | 30 | 31 | **5** | **4** | 2 | 31 | **1** |
| 23 | 24 | 24 | 25 | 26 | 26 | 27 | 27 | 28 | 26 | 27 | 28 | 28 | 29 | 29 | 30 | 31 | **7** | **6** | 2 | 2 | 3 | **2** | 2 |
| 24 | 25 | 25 | 26 | 27 | 27 | 28 | 28 | 29 | 27 | 28 | 29 | 29 | 30 | 30 | 31 | **8** | 2 | 2 | 3 | 3 | 4 | 2 | 3 |
| 25 | 26 | 26 | 27 | 28 | 28 | 29 | 29 | 30 | 28 | 29 | 30 | 30 | 31 | **10** | **9** | 2 | 3 | 3 | 4 | 4 | 5 | 3 | 4 |
| 26 | 27 | 27 | 28 | 29 | 29 | 30 | 30 | 31 | **3** | 30 | 31 | **12** | **11** | 2 | 2 | 3 | 4 | 4 | 5 | 5 | 6 | 4 | 5 |
| 27 | 28 | 28 | 29 | 30 | 30 | 31 | **5** | **4** | 2 | 31 | **1** | 2 | 2 | 3 | 3 | 4 | 5 | 5 | 6 | 6 | 7 | 5 | 6 |
| 28 | 29 | 29 | 30 | 31 | **7** | **6** | 2 | 2 | 3 | **2** | 2 | 3 | 3 | 4 | 4 | 5 | 6 | 6 | 7 | 7 | 8 | 6 | 7 |
| 29 | 30 | 30 | 31 | **8** | 2 | 2 | 3 | 3 | 4 | 2 | 3 | 4 | 4 | 5 | 5 | 6 | 7 | 7 | 8 | 8 | 9 | 7 | 8 |
| 30 | 31 | **10** | **9** | 2 | 3 | 3 | 4 | 4 | 5 | 3 | 4 | 5 | 5 | 6 | 6 | 7 | 8 | 8 | 9 | 9 | 10 | 8 | 9 |
| **12** | **11** | 2 | 2 | 3 | 4 | 4 | 5 | 5 | 6 | 4 | 5 | 6 | 6 | 7 | 7 | 8 | 9 | 9 | 10 | 10 | 11 | 9 | 10 |
| 2 | 2 | 3 | 3 | 4 | 5 | 5 | 6 | 6 | 7 | 5 | 6 | 7 | 7 | 8 | 8 | 9 | 10 | 10 | 11 | 11 | 12 | 10 | 11 |
| 3 | 3 | 4 | 4 | 5 | 6 | 6 | 7 | 7 | 8 | 6 | 7 | 8 | 8 | 9 | 9 | 10 | 11 | 11 | 12 | 12 | 13 | 11 | 12 |
| 4 | 4 | 5 | 5 | 6 | 7 | 7 | 8 | 8 | 9 | 7 | 8 | 9 | 9 | 10 | 10 | 11 | 12 | 12 | 13 | 13 | 14 | 12 | 13 |
| 5 | 5 | 6 | 6 | 7 | 8 | 8 | 9 | 9 | 10 | 8 | 9 | 10 | 10 | 11 | 11 | 12 | 13 | 13 | 14 | 14 | 15 | 13 | 14 |
| 6 | 十一6 | 十7 | 7 | 8 | 9 | 9 | 10 | 10 | 11 | 9 | 10 | 11 | 11 | 12 | 12 | 13 | 14 | 14 | 15 | 15 | 16 | 14 | 15 |
| 7 | 7 7 | 8 | 九8 | 八9 | 七10 | 10 | 11 | 11 | 12 | 10 | 11 | 12 | 12 | 13 | 13 | 14 | 15 | 15 | 16 | 16 | 17 | 15 | 16 |
| 8 | 8 | 6 9 | 5 9 | 10 | 11 | 六11 | 五12 | 12 | 13 | 11 | 12 | 13 | 13 | 14 | 14 | 15 | 16 | 16 | 17 | 17 | 18 | 16 | 17 |
| 9 | 9 | 10 | 10 | 4 11 | 3 12 | 12 | 13 | 四13 | 三14 | 二12 | 13 | 14 | 14 | 15 | 15 | 16 | 17 | 17 | 18 | 18 | 19 | 17 | 18 |
| 10 | 10 | 11 | 11 | 12 | 13 | 2 13 | 1 14 | 14 | 15 | 13 | 正14 | 十二15 | 冬15 | 16 | 16 | 17 | 18 | 18 | 19 | 19 | 20 | 18 | 19 |
| 11 | 11 | 12 | 12 | 13 | 14 | 14 | 15 | 12 15 | 11 16 | 14 | 15 | 16 | 閏16 | 十一17 | 17 | 18 | 19 | 19 | 20 | 20 | 21 | 19 | 20 |
| 12 | 12 | 13 | 13 | 14 | 15 | 15 | 16 | 16 | 17 | 10 15 | 9 16 | 17 | 17 | 18 | 十18 | 19 | 20 | 20 | 21 | 21 | 22 | 20 | 21 |
| 13 | 13 | 14 | 14 | 15 | 16 | 16 | 17 | 17 | 18 | 16 | 17 | 8 18 | 7 18 | 19 | 19 | 九20 | 八21 | 21 | 22 | 22 | 23 | 21 | 22 |
| 14 | 14 | 15 | 15 | 16 | 17 | 17 | 18 | 18 | 19 | 17 | 18 | 19 | 19 | 6 20 | 5 20 | 21 | 22 | 七22 | 六23 | 23 | 24 | 22 | 23 |
| 15 | 冬15 | 16 | 16 | 17 | 18 | 18 | 19 | 19 | 20 | 18 | 19 | 20 | 20 | 21 | 21 | 4 22 | 3 23 | 23 | 24 | 五24 | 四25 | 三23 | 24 |
| 16 | 16 | 17 | 17 | 18 | 19 | 19 | 20 | 20 | 21 | 19 | 20 | 21 | 21 | 22 | 22 | 23 | 24 | 2 24 | 1 25 | 12 25 | 11 26 | 24 | 二25 正 |
| 17 | 17 | 18 | 18 | 19 | 20 | 20 | 21 | 21 | 22 | 20 | 21 | 22 | 22 | 23 | 23 | 24 | 25 | 25 | 26 | 26 | 27 | 10 25 | 9 26 |
| 18 | 18 | 19 | 19 | 20 | 21 | 21 | 22 | 22 | 23 | 21 | 22 | 23 | 23 | 24 | 24 | 25 | 26 | 26 | 27 | 27 | 28 | 26 | 27 8 |
| 19 | 19 | 20 | 20 | 21 | 22 | 22 | 23 | 23 | 24 | 22 | 23 | 24 | 24 | 25 | 25 | 26 | 27 | 27 | 28 | 28 | 29 | 27 | 28 |
| 20 | 20 | 21 | 21 | 22 | 23 | 23 | 24 | 24 | 25 | 23 | 24 | 25 | 25 | 26 | 26 | 27 | 28 | 28 | 29 | 29 | 30 | 28 | 29 |
| 21 | 21 | 22 | 22 | 23 | 24 | 24 | 25 | 25 | 26 | 24 | 25 | 26 | 26 | 27 | 27 | 28 | 29 | 29 | 30 | 30 | 31 | **3** | 30 |

| | 一一四八 戊辰 宋紹興一八 遼咸清五 金皇統八 543 | | | | | | | | | | | | 一一四七 丁卯 宋紹興一七 遼咸清四 金皇統七 542 | | | | | | | | | | | |
|---|---|---|---|---|---|---|---|---|---|---|---|---|---|---|---|---|---|---|---|---|---|---|---|---|
| 11 | 11 | 12 | 12 | 13 | 14 | 14 | 15 | 15 | 16 | 15 | 16 | 17 | 17 | 18 | 18 | 19 | 20 | 20 | 21 | 21 | 22 | 20 | 21 | 22 |
| 12 | 12 | 13 | 13 | 14 | 15 | 15 | 16 | 16 | 17 | 16 | 17 | 18 | 18 | 19 | 19 | 20 | 21 | 21 | 22 | 22 | 23 | 21 | 22 | 23 |
| 13十一 | 13十 | 14 | 14 | 15 | 16 | 16 | 17 | 17 | 18 | 17 | 18 | 19 | 19 | 20 | 20 | 21 | 22 | 22 | 23 | 23 | 24 | 22 | 23 | 24 |
| 14冬 | 14 | 15九 | 15閏 | 16八 | 17 | 17 | 18 | 18 | 19 | 18 | 19 | 20 | 20 | 21 | 21 | 22 | 23 | 23 | 24 | 24 | 25 | 23 | 24 | 25 |
| 15 8 | 15 7 | 16 | 16 | 17 | 18七 | 18六 | 19 | 19 | 20 | 19 | 20 | 21 | 21 | 22 | 22 | 23 | 24 | 24 | 25 | 25 | 26 | 24 | 25 | 26 |
| 16 | 16 | 17 6 | 17 5 | 18 | 19 | 19 | 20五 | 20四 | 21 | 20 | 21 | 22 | 22 | 23 | 23 | 24 | 25 | 25 | 26 | 26 | 27 | 25 | 26 | 27 |
| 17 | 17 | 18 | 18 | 19 4 | 20 3 | 20 | 21 | 21 | 22三 | 21 | 22 | 23 | 23 | 24 | 24 | 25 | 26 | 26 | 27 | 27 | 28 | 26 | 27 | 28 |
| 18 | 18 | 19 | 19 | 20 | 21 | 21 2 | 22 1 | 22 12 | 23 11 | 22二 | 23正 | 24 | 24 | 25 | 25 | 26 | 27 | 27 | 28 | 28 | 29 | 27 | 28 | 29 |
| 19 | 19 | 20 | 20 | 21 | 22 | 22 | 23 | 23 | 24 | 23 10 | 24 9 | 25十二 | 25十一 | 26十 | 26 | 27 | 28 | 28 | 29 | 29 | 30 | 28 | 29 | 30 |
| 20 | 20 | 21 | 21 | 22 | 23 | 23 | 24 | 24 | 25 | 24 | 25 | 26 8 | 26 7 | 27 | 27九 | 28八 | 29七 | 29 | 30 | 30 | 31 | **3** | 30 | 31 |
| 21 | 21 | 22 | 22 | 23 | 24 | 24 | 25 | 25 | 26 | 25 | 26 | 27 | 27 | 28 6 | 28 5 | 29 | 30 | 30六 | 31五 | **5** | **4** | 2 | 31 | **1** |
| 22 | 22 | 23 | 23 | 24 | 25 | 25 | 26 | 26 | 27 | 26 | 27 | 28 | 28 | 29 | 29 | 30 4 | 31 3 | **7** | **6** | 2四 | 2三 | 3 | **2** | 2 |
| 23 | 23 | 24 | 24 | 25 | 26 | 26 | 27 | 27 | 28 | 27 | 28 | 29 | 29 | 30 | 30 | 31 | **8** | 2 2 | 2 1 | 3 | 3 | 4二 | 2正 | 3 |
| 24 | 24 | 25 | 25 | 26 | 27 | 27 | 28 | 28 | 29 | 28 | 29 | 30 | 30 | 31 | **10** | **9** | 2 | 3 | 3 | 4 12 | 4 11 | 5 | 3 | 4十二 |
| 25 | 25 | 26 | 26 | 27 | 28 | 28 | 29 | 29 | 30 | **29** | 30 | 31 | **12** | **11** | 2 | 2 | 3 | 4 | 4 | 5 | 5 | 6 10 | 4 9 | 5 |
| 26 | 26 | 27 | 27 | 28 | 29 | 29 | 30 | 30 | 31 | **3** | 31 | **1** | 2 | 2 | 3 | 3 | 4 | 5 | 5 | 6 | 6 | 7 | 5 | 6 8 |
| 27 | 27 | 28 | 28 | 29 | 30 | 30 | 31 | **5** | **4** | 2 | **2** | 2 | 3 | 3 | 4 | 4 | 5 | 6 | 6 | 7 | 7 | 8 | 6 | 7 |
| 28 | 28 | 29 | 29 | 30 | 31 | **7** | **6** | 2 | 2 | 3 | 2 | 3 | 4 | 4 | 5 | 5 | 6 | 7 | 7 | 8 | 8 | 9 | 7 | 8 |
| 29 | 29 | 30 | 30 | 31 | **8** | 2 | 2 | 3 | 3 | 4 | 3 | 4 | 5 | 5 | 6 | 6 | 7 | 8 | 8 | 9 | 9 | 10 | 8 | 9 |
| 30 | 30 | 31 | **10** | **9** | 2 | 3 | 3 | **4** | 4 | 5 | 4 | 5 | 6 | 6 | 7 | 7 | 8 | 9 | 9 | 10 | 10 | 11 | 9 | 10 |
| 31 | **12** | **11** | 2 | 2 | 3 | 4 | 4 | 5 | 5 | 6 | 5 | 6 | 7 | 7 | 8 | 8 | 9 | 10 | 10 | 11 | 11 | 12 | 10 | 11 |
| 日 | 2 | 2 | 3 | 3 | 4 | 5 | 5 | 6 | 6 | 7 | 6 | 7 | 8 | 8 | 9 | 9 | 10 | 11 | 11 | 12 | 12 | 13 | 11 | 12 |
| 曜 | 3 | 3 | 4 | 4 | 5 | 6 | 6 | 7 | 7 | 8 | 7 | 8 | 9 | 9 | 10 | 10 | 11 | 12 | 12 | 13 | 13 | 14 | 12 | 13 |
| 表 | 4 | 4 | 5 | 5 | 6 | 7 | 7 | 8 | 8 | 9 | 8 | 9 | 10 | 10 | 11 | 11 | 12 | 13 | 13 | 14 | 14 | 15 | 13 | 14 |
| 4 | 5 | 5 | 6 | 6 | 7 | 8 | 8 | 9 | 9 | 10 | 9 | 10 | 11 | 11 | 12 | 12 | 13 | 14 | 14 | 15 | 15 | 16 | 14 | 15 |
| 甲 | 6 | 6 | 7 | 7 | 8 | 9 | 9 | 10 | 10 | 11 | 10 | 11 | 12 | 12 | 13 | 13 | 14 | 15 | 15 | 16 | 16 | 17 | 15 | 16 |
| 子 | 7 | 7 | 8 | 8 | 9 | 10 | 10 | 11 | 11 | 12 | 11 | 12 | 13 | 13 | 14 | 14 | 15 | 16 | 16 | 17 | 17 | 18 | 16 | 17 |
| 表 | 8 | 8 | 9 | 9 | 10 | 11 | 11 | 12 | 12 | 13 | 12 | 13 | 14 | 14 | 15 | 15 | 16 | 17 | 17 | 18 | 18 | 19 | 17 | 18 |
| 7 | 9 | 9 | 10 | 10 | 11 | 12 | 12 | 13 | 13 | 14 | 13 | 14 | 15冬 | 15 | 16 | 16 | 17 | 18 | 18 | 19 | 19 | 20 | 18 | 19 |
| | 10 | 10 | 11 | 11 | 12 | 13 | 13 | 14 | 14 | 15 | 14 | 15 | 16 | 16 | 17 | 17 | 18 | 19 | 19 | 20 | 20 | 21 | 19 | 20 |

一一四九 己巳 宋紹興一九 遼咸清六 金天德元 海陵王十二月改 544

一一五〇 庚午 宋紹興二〇 遼咸清七 金天德二 545

| | | | | | | | | | | | | | | | | | | | | | | | |
|---|---|---|---|---|---|---|---|---|---|---|---|---|---|---|---|---|---|---|---|---|---|---|---|
| 22 | 23 | 23 | 九 24 | 八 25 | 25 | 26 | 26 | 27 | 25 | 26 | 27 | 27 | 28 | 28 | 29 | 30 | 30 | 31 | **5** | **4** | 2 | 31 | **1** |
| 23 | 8 24 | 7 24 | 25 | 26 | 七 26 | 27 | 27 | 28 | 26 | 27 | 28 | 28 | 29 | 29 | 30 | 31 | **7** | **6** | 2 | 2 | 3 | **2** | 2 |
| 24 | 25 | 25 | 6 26 | 5 27 | 27 | 六 28 | 五 28 | 29 | 27 | 28 | 29 | 29 | 30 | 30 | 31 | **8** | 2 | 2 | 3 | 3 | 4 | 2 | 3 |
| 25 | 26 | 26 | 27 | 28 | 4 28 | 3 29 | 29 | 四 30 | 28 | 29 | 30 | 30 | 31 | **10** | **9** | 2 | 3 | 3 | 4 | 4 | 5 | 3 | 4 |
| 26 | 27 | 27 | 28 | 29 | 29 | 30 | 2 30 | 1 31 | 三 **3** | 二 30 | 31 | **12** | **11** | 2 | 2 | 3 | 4 | 4 | 5 | 5 | 6 | **4** | 5 |
| 27 | 28 | 28 | 29 | 30 | 30 | 31 | **5** | **4** | 12 2 | 11 31 | 正 **1** | 十二 2 | 十一 2 | 十 3 | 3 | **4** | 5 | 5 | 6 | 6 | 7 | 5 | 6 |
| 28 | 29 | 29 | 30 | 31 | **7** | **6** | 2 | 2 | 3 | **2** | 10 2 | 9 3 | 3 | 4 | 九 4 | 八 5 | 七 6 | 6 | 7 | 7 | 8 | 6 | 7 |
| 29 | 30 | 30 | 31 | **8** | 2 | 2 | 3 | 3 | 4 | 2 | 3 | 4 | 8 4 | 7 5 | 5 | 6 | 7 | 六 7 | 8 | 8 | 9 | 7 | 8 |
| 30 | 31 | **10** | **9** | 2 | 3 | 3 | 4 | 4 | 5 | 3 | 4 | 5 | 5 | 6 | 6 6 | 5 7 | 8 | 8 | 五 9 | 四 9 | 10 | 8 | 9 |
| **12** | **11** | 2 | 2 | 3 | 4 | 4 | 5 | 5 | 6 | 4 | 5 | 6 | 6 | 7 | 7 | 8 | 4 9 | 3 9 | 10 | 10 | 三 11 | 9 | 10 |
| 2 | 2 | 3 | 3 | 4 | 5 | 5 | 6 | 6 | 7 | 5 | 6 | 7 | 7 | 8 | 8 | 9 | 10 | 10 | 2 11 | 1 11 | 12 | 二 10 | 正 11 |
| 3 | 3 | 4 | 4 | 5 | 6 | 6 | 7 | 7 | 8 | 6 | 7 | 8 | 8 | 9 | 9 | 10 | 11 | 11 | 12 | 12 | 12 13 | 11 11 | 12 十二 |
| 4 | 4 | 5 | 5 | 6 | 7 | 7 | 8 | 8 | 9 | 7 | 8 | 9 | 9 | 10 | 10 | 11 | 12 | 12 | 13 | 13 | 14 | 12 | 10 13 9 |
| 5 | 5 | 6 | 6 | 7 | 8 | 8 | 9 | 9 | 10 | 8 | 9 | 10 | 10 | 11 | 11 | 12 | 13 | 13 | 14 | 14 | 15 | 13 | 14 |
| 6 | 6 | 7 | 7 | 8 | 9 | 9 | 10 | 10 | 11 | 9 | 10 | 11 | 11 | 12 | 12 | 13 | 14 | 14 | 15 | 15 | 16 | 14 | 15 |
| 7 | 7 | 8 | 8 | 9 | 10 | 10 | 11 | 11 | 12 | 10 | 11 | 12 | 12 | 13 | 13 | 14 | 15 | 15 | 16 | 16 | 17 | 15 | 16 |
| 8 | 8 | 9 | 9 | 10 | 11 | 11 | 12 | 12 | 13 | 11 | 12 | 13 | 13 | 14 | 14 | 15 | 16 | 16 | 17 | 17 | 18 | 16 | 17 |
| 9 | 9 | 10 | 10 | 11 | 12 | 12 | 13 | 13 | 14 | 12 | 13 | 14 | 14 | 15 | 15 | 16 | 17 | 17 | 18 | 18 | 19 | 17 | 18 |
| 10 | 10 | 11 | 11 | 12 | 13 | 13 | 14 | 14 | 15 | 13 | 14 | 15 | 冬 15 | 16 | 16 | 17 | 18 | 18 | 19 | 19 | 20 | 18 | 19 |
| 11 | 11 | 12 | 12 | 13 | 14 | 14 | 15 | 15 | 16 | 14 | 15 | 16 | 16 | 17 | 17 | 18 | 19 | 19 | 20 | 20 | 21 | 19 | 20 |
| 12 | 12 | 13 | 13 | 14 | 15 | 15 | 16 | 16 | 17 | 15 | 16 | 17 | 17 | 18 | 18 | 19 | 20 | 20 | 21 | 21 | 22 | 20 | 21 |
| 13 | 13 | 14 | 14 | 15 | 16 | 16 | 17 | 17 | 18 | 16 | 17 | 18 | 18 | 19 | 19 | 20 | 21 | 21 | 22 | 22 | 23 | 21 | 22 |
| 14 | 14 | 15 | 15 | 16 | 17 | 17 | 18 | 18 | 19 | 17 | 18 | 19 | 19 | 20 | 20 | 21 | 22 | 22 | 23 | 23 | 24 | 22 | 23 |
| 15 | 冬 15 | 16 | 16 | 17 | 18 | 18 | 19 | 19 | 20 | 18 | 19 | 20 | 20 | 21 | 21 | 22 | 23 | 23 | 24 | 24 | 25 | 23 | 24 |
| 16 | 16 | 17 | 17 | 18 | 19 | 19 | 20 | 20 | 21 | 19 | 20 | 21 | 21 | 22 | 22 | 23 | 24 | 24 | 25 | 25 | 26 | 24 | 25 |
| 17 | 17 | 18 | 18 | 19 | 20 | 20 | 21 | 21 | 22 | 20 | 21 | 22 | 22 | 23 | 23 | 24 | 25 | 25 | 26 | 26 | 27 | 25 | 26 |
| 18 | 18 | 19 | 19 | 20 | 21 | 21 | 22 | 22 | 23 | 21 | 22 | 23 | 23 | 24 | 24 | 25 | 26 | 26 | 27 | 27 | 28 | 26 | 27 |
| 19 | 19 | 20 | 20 | 21 | 22 | 22 | 23 | 23 | 24 | 22 | 23 | 24 | 24 | 25 | 25 | 26 | 27 | 27 | 28 | 28 | 29 | 27 | 28 |
| 20 | 20 | 21 | 21 | 22 | 23 | 23 | 24 | 24 | 25 | 23 | 24 | 25 | 25 | 26 | 26 | 27 | 28 | 28 | 29 | 29 | 30 | 28 | 29 |
| 21 | 十二 21 | 十一 22 | 十 22 | 23 | 24 | 24 | 25 | 25 | 26 | 24 | 25 | 26 | 26 | 27 | 27 | 28 | 29 | 29 | 30 | 30 | 31 | **3** | 30 |

一一五一
辛未
宋紹興二一
遼紹興元 仁宗
金天德三
546

一一五二
壬申
宋紹興二二
遼紹興二
金天德四
547

| | | | | | | | | | | | | | | | | | | | | | | | | |
|---|---|---|---|---|---|---|---|---|---|---|---|---|---|---|---|---|---|---|---|---|---|---|---|---|
| 11 | 11 | 12 | 12 | 13 | 14 | 14 | 15 | 15 | 16 | 15 | 16 | 17 | 17 | 18 | 18 | 19 | 20 | 20 | 21 | 21 | 22 | 20 | 21 | 10 22 9 |
| 12 | 12 | 13 | 13 | 14 | 15 | 15 | 16 | 16 | 17 | 16 | 17 | 18 | 18 | 19 | 19 | 20 | 21 | 21 | 22 | 22 | 23 | 21 | 22 | 23 |
| 13 | 13 | 14 | 14 | 15 | 16 | 16 | 17 | 17 | 18 | 17 | 18 | 19 | 19 | 20 | 20 | 21 | 22 | 22 | 23 | 23 | 24 | 22 | 23 | 24 |
| 14 | 冬14 | 15 | 15 | 16 | 17 | 17 | 18 | 18 | 19 | 18 | 19 | 20 | 20 | 21 | 21 | 22 | 23 | 23 | 24 | 24 | 25 | 23 | 24 | 25 |
| 15 | 15 | 16 | 16 | 17 | 18 | 18 | 19 | 19 | 20 | 19 | 20 | 21 | 21 | 22 | 22 | 23 | 24 | 24 | 25 | 25 | 26 | 24 | 25 | 26 |
| 16 | 16 | 17 | 17 | 18 | 19 | 19 | 20 | 20 | 21 | 20 | 21 | 22 | 22 | 23 | 23 | 24 | 25 | 25 | 26 | 26 | 27 | 25 | 26 | 27 |
| 17 | 17 | 18 | 18 | 19 | 20 | 20 | 21 | 21 | 22 | 21 | 22 | 23 | 23 | 24 | 24 | 25 | 26 | 26 | 27 | 27 | 28 | 26 | 27 | 28 |
| 18 | 18 | 19 | 19 | 20 | 21 | 21 | 22 | 22 | 23 | 22 | 23 | 24 | 24 | 25 | 25 | 26 | 27 | 27 | 28 | 28 | 29 | 27 | 28 | 29 |
| 19 | 19 | 20 | 20 | 21 | 22 | 22 | 23 | 23 | 24 | 23 | 24 | 25 | 25 | 26 | 26 | 27 | 28 | 28 | 29 | 29 | 30 | 28 | 29 | 30 |
| 20 | 20 | 21 | 21 | 22 | 23 | 23 | 24 | 24 | 25 | 24 | 25 | 26 | 26 | 27 | 27 | 28 | 29 | 29 | 30 | 30 | 31 | 3 | 30 | 31 |
| 21 | 21 | 22 | 22 | 23 | 24 | 24 | 25 | 25 | 26 | 25 | 26 | 27 | 27 | 28 | 28 | 29 | 30 | 30 | 31 | 5 | 4 | 2 | 31 | 1 |
| 22 | 22 | 23 | 23 | 24 | 25 | 25 | 26 | 26 | 27 | 26 | 27 | 28 | 28 | 29 | 29 | 30 | 31 | 7 | 6 | 2 | 2 | 3 | 2 | 2 |
| 23 | 23 | 24 | 24 | 25 | 26 | 26 | 27 | 27 | 28 | 27 | 28 | 29 | 29 | 30 | 30 | 31 | 8 | 2 | 2 | 3 | 3 | 4 | 2 | 3 |
| 24 | 24 | 25 | 25 | 26 | 27 | 27 | 28 | 28 | 29 | 28 | 29 | 30 | 30 | 31 | 10 | 9 | 2 | 3 | 3 | 4 | 4 | 5 | 3 | 4 |
| 25 | 25 | 26 | 26 | 27 | 28 | 28 | 29 | 29 | 30 | 29 | 30 | 31 | 12 | 11 | 2 | 2 | 3 | 4 | 4 | 5 | 5 | 6 | 4 | 5 |
| 26 | 26 | 27 | 27 | 28 | 29 | 29 | 30 | 30 | 31 | 3 | 31 | 1 | 2 | 2 | 3 | 3 | 4 | 5 | 5 | 6 | 6 | 7 | 5 | 6 |
| 27 | 27 | 28 | 28 | 29 | 30 | 30 | 31 | 5 | 4 | 2 | 2 | 2 | 3 | 3 | 4 | 4 | 5 | 6 | 6 | 7 | 7 | 8 | 6 | 7 |
| 28 | 十二28 | 十一29 | 29 | 30 | 31 | 7 | 6 | 2 | 2 | 3 | 2 | 3 | 4 | 4 | 5 | 5 | 6 | 7 | 7 | 8 | 8 | 9 | 7 | 8 |
| 29 | 29 | 30 | 十30 | 九31 | 8 | 2 | 2 | 3 | 3 | 4 | 3 | 4 | 5 | 5 | 6 | 6 | 7 | 8 | 8 | 9 | 9 | 10 | 8 | 9 |
| 30 | 10 30 | 9 31 | 10 | 9 | 八2 | 3 | 3 | 4 | 4 | 5 | 4 | 5 | 6 | 6 | 7 | 7 | 8 | 9 | 9 | 10 | 10 | 11 | 9 | 10 |
| 31 | 12 | 11 | 8 2 | 7 2 | 3 | 七4 | 六4 | 5 | 5 | 6 | 5 | 6 | 7 | 7 | 8 | 8 | 9 | 10 | 10 | 11 | 11 | 12 | 10 | 11 |
| 日 | 2 | 2 | 3 | 3 | 6 4 | 5 5 | 5 | 五6 | 四6 | 7 | 6 | 7 | 8 | 8 | 9 | 9 | 10 | 11 | 11 | 12 | 12 | 13 | 11 | 12 |
| 曜 | 3 | 3 | 4 | 4 | 5 | 6 | 4 6 | 3 7 | 7 | 三8 | 二7 | 8 | 9 | 9 | 10 | 10 | 11 | 12 | 12 | 13 | 13 | 14 | 12 | 13 |
| 表 | 4 | 4 | 5 | 5 | 6 | 7 | 7 | 8 | 2 8 | 1 9 | 8 | 正9 | 十二10 | 十一10 | 十11 | 11 | 12 | 13 | 13 | 14 | 14 | 15 | 13 | 14 |
| 5 | 5 | 5 | 6 | 6 | 7 | 8 | 8 | 9 | 9 | 10 | 12 9 | 11 10 | 11 | 11 | 12 | 九12 | 八13 | 14 | 14 | 15 | 15 | 16 | 14 | 15 |
| 甲 | 6 | 6 | 7 | 7 | 8 | 9 | 9 | 10 | 10 | 11 | 10 | 11 | 10 12 | 9 12 | 13 | 13 | 14 | 七15 | 15 | 16 | 16 | 17 | 15 | 16 |
| 子 | 7 | 7 | 8 | 8 | 9 | 10 | 10 | 11 | 11 | 12 | 11 | 12 | 13 | 13 | 8 14 | 7 14 | 15 | 16 | 六16 | 五17 | 17 | 18 | 16 | 17 |
| 表 | 8 | 8 | 9 | 9 | 10 | 11 | 11 | 12 | 12 | 13 | 12 | 13 | 14 | 14 | 15 | 15 | 6 16 | 5 17 | 17 | 18 | 閏18 | 19 | 17 | 18 |
| 8 | 9 | 9 | 10 | 10 | 11 | 12 | 12 | 13 | 13 | 14 | 13 | 14 | 15 | 冬15 | 16 | 16 | 17 | 18 | 4 18 | 3 19 | 19 | 四20 | 三18 | 二19 |
| | 10 | 10 | 11 | 11 | 12 | 13 | 13 | 14 | 14 | 15 | 14 | 15 | 16 | 16 | 17 | 17 | 18 | 19 | 19 | 20 | 2 20 | 1 21 | 12 19 | 11 20 正 |

一一五三
癸酉
宋紹興二三
遼紹興三
金貞元元 三月改
548

一一五四
甲戌
宋紹興二四
遼紹興四
金貞元二
549

| | | | | | | | | | | | | | | | | | | | | | | | |
|---|---|---|---|---|---|---|---|---|---|---|---|---|---|---|---|---|---|---|---|---|---|---|---|
| 22 | 23 | 23 | 24 | 25 | 25 | 26 | 26 | 27 | 25 | 26 | 27 | 27 | 28 | 28 | 29 | 30 | 30 | 31 | **5** | **4** | 2 | 31 | **1** |
| 23 | 24 | 24 | 25 | 26 | 26 | 27 | 27 | 28 | 26 | 27 | 28 | 28 | 29 | 29 | 30 | 31 | **7** | **6** | 2 | 2 | 3 | **2** | 2 |
| 24 | 25 | 25 | 26 | 27 | 27 | 28 | 28 | 29 | 27 | 28 | 29 | 29 | 30 | 30 | 31 | **8** | 2 | 2 | 3 | 3 | 4 | 2 | 3 |
| 25 | 26 | 26 | 27 | 28 | 28 | 29 | 29 | 30 | 28 | 29 | 30 | 30 | 31 | **10** | **9** | 2 | 3 | 3 | 4 | 4 | 5 | 3 | 4 |
| 26 | 27 | 27 | 28 | 29 | 29 | 30 | 30 | 31 | **3** | 30 | 31 | **12** | **11** | 2 | 2 | 3 | 4 | 4 | 5 | 5 | 6 | 4 | 5 |
| 27 | 28 | 28 | 29 | 30 | 30 | 31 | **5** | **4** | 2 | 31 | **1** | 2 | 2 | 3 | 3 | 4 | 5 | 5 | 6 | 6 | 7 | 5 | 6 |
| 28 | 29 | 29 | 30 | 31 | **7** | **6** | 2 | 2 | 3 | **2** | 2 | 3 | 3 | 4 | 4 | 5 | 6 | 6 | 7 | 7 | 8 | 6 | 7 |
| 29 | 30 | 30 | 31 | **8** | 2 | 2 | 3 | 3 | 4 | 2 | 3 | 4 | 4 | 5 | 5 | 6 | 7 | 7 | 8 | 8 | 9 | 7 | 8 |
| 30 | 31 | **10** | **9** | 2 | 3 | 3 | 4 | 4 | 5 | 3 | 4 | 5 | 5 | 6 | 6 | 7 | 8 | 8 | 9 | 9 | 10 | 8 | 9 |
| **12** | **11** | 2 | 2 | 3 | 4 | 4 | 5 | 5 | 6 | 4 | 5 | 6 | 6 | 7 | 7 | 8 | 9 | 9 | 10 | 10 | 11 | 9 | 10 |
| 2 | 2 | 3 | 3 | 4 | 5 | 5 | 6 | 6 | 7 | 5 | 6 | 7 | 7 | 8 | 8 | 9 | 10 | 10 | 11 | 11 | 12 | 10 | 11 |
| 3 | 3 | 4 | 4 | 5 | 6 | 6 | 7 | 7 | 8 | 6 | 7 | 8 | 8 | 9 | 9 | 10 | 11 | 11 | 12 | 12 | 13 | 11 | 12 |
| 4 | 4 | 5 | 5 | 6 | 7 | 7 | 8 | 8 | 9 | 7 | 8 | 9 | 9 | 10 | 10 | 11 | 12 | 12 | 13 | 13 | 14 | 12 | 13 |
| 5 | 5 | 6 | 6 | 7 | 8 | 8 | 9 | 9 | 10 | 8 | 9 | 10 | 10 | 11 | 11 | 12 | 13 | 13 | 14 | 14 | 15 | 13 | 14 |
| 6 | 6 | 7 | 7 | 8 | 9 | 9 | 10 | 10 | 11 | 9 | 10 | 11 | 11 | 12 | 12 | 13 | 14 | 14 | 15 | 15 | 16 | 14 | 15 |
| 7 十一 | 7 十 | 8 | 8 | 9 | 10 | 10 | 11 | 11 | 12 | 10 | 11 | 12 | 12 | 13 | 13 | 14 | 15 | 15 | 16 | 16 | 17 | 15 | 16 |
| 8 | 8 | 9 九 | 9 | 10 | 11 | 11 | 12 | 12 | 13 | 11 | 12 | 13 | 13 | 14 | 14 | 15 | 16 | 16 | 17 | 17 | 18 | 16 | 17 |
| 9 10 | 9 9 | 10 | 10 八 | 11 七 | 12 | 12 | 13 | 13 | 14 | 12 | 13 | 14 | 14 | 15 | 15 | 16 | 17 | 17 | 18 | 18 | 19 | 17 | 18 |
| 10 | 10 | 11 8 | 11 7 | 12 | 13 六 | 13 五 | 14 四 | 14 | 15 | 13 | 14 | 15 冬 | 15 | 16 | 16 | 17 | 18 | 18 | 19 | 19 | 20 | 18 | 19 |
| 11 | 11 | 12 | 12 | 13 6 | 14 5 | 14 | 15 | 15 三 | 16 二 | 14 正 | 15 | 16 | 16 | 17 | 17 | 18 | 19 | 19 | 20 | 20 | 21 | 19 | 20 |
| 12 | 12 | 13 | 13 | 14 | 15 | 15 4 | 16 3 | 16 | 17 | 15 | 16 閏 | 17 十二 | 17 | 18 | 18 | 19 | 20 | 20 | 21 | 21 | 22 | 20 | 21 |
| 13 | 13 | 14 | 14 | 15 | 16 | 16 | 17 | 17 2 | 18 1 | 16 | 17 | 18 | 18 十一 | 19 十 | 19 | 20 | 21 | 21 | 22 | 22 | 23 | 21 | 22 |
| 14 | 14 | 15 | 15 | 16 | 17 | 17 | 18 | 18 | 19 | 17 12 | 18 11 | 19 | 19 | 20 | 20 九 | 21 | 22 | 22 | 23 | 23 | 24 | 22 | 23 |
| 15 冬 | 15 | 16 | 16 | 17 | 18 | 18 | 19 | 19 | 20 | 18 | 19 | 20 10 | 20 9 | 21 | 21 | 22 八 | 23 七 | 23 | 24 | 24 | 25 | 23 | 24 |
| 16 | 16 | 17 | 17 | 18 | 19 | 19 | 20 | 20 | 21 | 19 | 20 | 21 | 21 | 22 8 | 22 7 | 23 | 24 | 24 六 | 25 五 | 25 | 26 | 24 | 25 |
| 17 | 17 | 18 | 18 | 19 | 20 | 20 | 21 | 21 | 22 | 20 | 21 | 22 | 22 | 23 | 23 | 24 6 | 25 5 | 25 | 26 | 26 四 | 27 三 | 25 二 | 26 |
| 18 | 18 | 19 | 19 | 20 | 21 | 21 | 22 | 22 | 23 | 21 | 22 | 23 | 23 | 24 | 24 | 25 | 26 | 26 4 | 27 3 | 27 | 28 | 26 | 27 正 |
| 19 | 19 | 20 | 20 | 21 | 22 | 22 | 23 | 23 | 24 | 22 | 23 | 24 | 24 | 25 | 25 | 26 | 27 | 27 | 28 | 28 2 | 29 1 | 27 12 | 28 11 |
| 20 | 20 | 21 | 21 | 22 | 23 | 23 | 24 | 24 | 25 | 23 | 24 | 25 | 25 | 26 | 26 | 27 | 28 | 28 | 29 | 29 | 30 | 28 | 29 |
| 21 | 21 | 22 | 22 | 23 | 24 | 24 | 25 | 25 | 26 | 24 | 25 | 26 | 26 | 27 | 27 | 28 | 29 | 29 | 30 | 30 | 31 | **3** | 30 |

一一五五
乙亥
宋紹興二五
遼紹興五
金貞元三
550

一一五六
丙子
宋紹興二六
遼紹興六
金正隆元（二月改）
551

| | | | | | | | | | | | | | | | | | | | | | | | | |
|---|---|---|---|---|---|---|---|---|---|---|---|---|---|---|---|---|---|---|---|---|---|---|---|---|
| 11 | 11 | 12 | 12 | 13 | 14 | 14 | 15 | 15 | 16 | 15 | 16 | 17 | 17 | 18 | 18 | 19 | 20 | 20 | 21 | 21 | 22 | 20 | 21 | 22 |
| 12 | 12 | 13 | 13 | 14 | 15 | 15 | 16 | 16 | 17 | 16 | 17 | 18 | 18 | 19 | 19 | 20 | 21 | 21 | 22 | 22 | 23 | 21 | 22 | 23 |
| 13 | 13 | 14 | 14 | 15 | 16 | 16 | 17 | 17 | 18 | 17 | 18 | 19 | 19 | 20 | 20 | 21 | 22 | 22 | 23 | 23 | 24 | 22 | 23 | 24 |
| 14冬 | 14 | 15 | 15 | 16 | 17 | 17 | 18 | 18 | 19 | 18 | 19 | 20 | 20 | 21 | 21 | 22 | 23 | 23 | 24 | 24 | 25 | 23 | 24 | 25 |
| 15十一 | 15閏 | 16十 | 16 | 17 | 18 | 18 | 19 | 19 | 20 | 19 | 20 | 21 | 21 | 22 | 22 | 23 | 24 | 24 | 25 | 25 | 26 | 24 | 25 | 26 |
| 16 11 | 16 | 17 | 17九 | 18八 | 19七 | 19 | 20 | 20 | 21 | 20 | 21 | 22 | 22 | 23 | 23 | 24 | 25 | 25 | 26 | 26 | 27 | 25 | 26 | 27 |
| 17 | 17 10 | 18 9 | 18 | 19 | 20 | 20六 | 21五 | 21 | 22 | 21 | 22 | 23 | 23 | 24 | 24 | 25 | 26 | 26 | 27 | 27 | 28 | 26 | 27 | 28 |
| 18 | 18 | 19 | 19 8 | 20 7 | 21 | 21 | 22 | 22四 | 23三 | 22 | 23 | 24 | 24 | 25 | 25 | 26 | 27 | 27 | 28 | 28 | 29 | 27 | 28 | 29 |
| 19 | 19 | 20 | 20 | 21 | 22 6 | 22 5 | 23 | 23 | 24 | 23二 | 24正 | 25 | 25 | 26 | 26 | 27 | 28 | 28 | 29 | 29 | 30 | 28 | 29 | 30 |
| 20 | 20 | 21 | 21 | 22 | 23 | 23 | 24 4 | 24 3 | 25 | 24 | 25 | 26十二 | 26 | 27 | 27 | 28 | 29 | 29 | 30 | 30 | 31 | 3 | 30 | 31 |
| 21 | 21 | 22 | 22 | 23 | 24 | 24 | 25 | 25 | 26 2 | 25 1 | 26 12 | 27 11 | 27十一 | 28十 | 28九 | 29 | 30 | 30 | 31 | 5 | 4 | 2 | 31 | 1 |
| 22 | 22 | 23 | 23 | 24 | 25 | 25 | 26 | 26 | 27 | 26 | 27 | 28 | 28 10 | 29 9 | 29 | 30八 | 31七 | 7 | 6 | 2 | 2 | 3 | 2 | 2 |
| 23 | 23 | 24 | 24 | 25 | 26 | 26 | 27 | 27 | 28 | 27 | 28 | 29 | 29 | 30 | 30 8 | 31 7 | 8 | 2六 | 2五 | 3四 | 3 | 4 | 2 | 3 |
| 24 | 24 | 25 | 25 | 26 | 27 | 27 | 28 | 28 | 29 | 28 | 29 | 30 | 30 | 31 | 10 | 9 | 2 6 | 3 5 | 3 | 4 | 4三 | 5二 | 3 | 4 |
| 25 | 25 | 26 | 26 | 27 | 28 | 28 | 29 | 29 | 30 | 29 | 30 | 31 | 12 | 11 | 2 | 2 | 3 | 4 | 4 4 | 5 3 | 5 | 6 | 4正 | 5十二 |
| 26 | 26 | 27 | 27 | 28 | 29 | 29 | 30 | 30 | 31 | 3 | 31 | 1 | 2 | 2 | 3 | 3 | 4 | 5 | 5 | 6 | 6 2 | 7 1 | 5 | 6 |
| 27 | 27 | 28 | 28 | 29 | 30 | 30 | 31 | 5 | 4 | 2 | 2 | 2 | 3 | 3 | 4 | 4 | 5 | 6 | 6 | 7 | 7 | 8 | 6 12 | 7 11 |
| 28 | 28 | 29 | 29 | 30 | 31 | 7 | 6 | 2 | 2 | 3 | 2 | 3 | 4 | 4 | 5 | 5 | 6 | 7 | 7 | 8 | 8 | 9 | 7 | 8 |
| 29 | 29 | 30 | 30 | 31 | 8 | 2 | 2 | 3 | 3 | 4 | 3 | 4 | 5 | 5 | 6 | 6 | 7 | 8 | 8 | 9 | 9 | 10 | 8 | 9 |
| 30 | 30 | 31 | 10 | 9 | 2 | 3 | 3 | 4 | 4 | 5 | 4 | 5 | 6 | 6 | 7 | 7 | 8 | 9 | 9 | 10 | 10 | 11 | 9 | 10 |
| 31 | 12 | 11 | 2 | 2 | 3 | 4 | 4 | 5 | 5 | 6 | 5 | 6 | 7 | 7 | 8 | 8 | 9 | 10 | 10 | 11 | 11 | 12 | 10 | 11 |
| 日 | 2 | 2 | 3 | 3 | 4 | 5 | 5 | 6 | 6 | 7 | 6 | 7 | 8 | 8 | 9 | 9 | 10 | 11 | 11 | 12 | 12 | 13 | 11 | 12 |
| 曜 | 3 | 3 | 4 | 4 | 5 | 6 | 6 | 7 | 7 | 8 | 7 | 8 | 9 | 9 | 10 | 10 | 11 | 12 | 12 | 13 | 13 | 14 | 12 | 13 |
| 表 | 4 | 4 | 5 | 5 | 6 | 7 | 7 | 8 | 8 | 9 | 8 | 9 | 10 | 10 | 11 | 11 | 12 | 13 | 13 | 14 | 14 | 15 | 13 | 14 |
| 6 | 5 | 5 | 6 | 6 | 7 | 8 | 8 | 9 | 9 | 10 | 9 | 10 | 11 | 11 | 12 | 12 | 13 | 14 | 14 | 15 | 15 | 16 | 14 | 15 |
| 甲 | 6 | 6 | 7 | 7 | 8 | 9 | 9 | 10 | 10 | 11 | 10 | 11 | 12 | 12 | 13 | 13 | 14 | 15 | 15 | 16 | 16 | 17 | 15 | 16 |
| 子 | 7 | 7 | 8 | 8 | 9 | 10 | 10 | 11 | 11 | 12 | 11 | 12 | 13 | 13 | 14 | 14 | 15 | 16 | 16 | 17 | 17 | 18 | 16 | 17 |
| 表 | 8 | 8 | 9 | 9 | 10 | 11 | 11 | 12 | 12 | 13 | 12 | 13 | 14 | 14 | 15 | 15 | 16 | 17 | 17 | 18 | 18 | 19 | 17 | 18 |
| 9 | 9 | 9 | 10 | 10 | 11 | 12 | 12 | 13 | 13 | 14 | 13 | 14 | 15冬 | 15 | 16 | 16 | 17 | 18 | 18 | 19 | 19 | 20 | 18 | 19 |
| | 10 | 10 | 11 | 11 | 12 | 13 | 13 | 14 | 14 | 15 | 14 | 15 | 16 | 16 | 17 | 17 | 18 | 19 | 19 | 20 | 20 | 21 | 19 | 20 |

一一五八 戊寅 宋紹興二八 遼紹興八 金正隆三 553

一一五七 丁丑 宋紹興二七 遼紹興七 金正隆二 552

| | | | | | | | | | | | | | | | | | | | | | | | |
|---|---|---|---|---|---|---|---|---|---|---|---|---|---|---|---|---|---|---|---|---|---|---|---|
| 22 | 23 | 23 | 24 | 25 | 25 | 26 | 26 | 27 | 25 | 26 | 27 | 27 | 28 | 28 | 29 | 30 | 30 | 31 | **5** | **4** | 2 | 31 | **1** |
| 23 十一 | 24 十 | 24 九 | 25 | 26 | 26 | 27 | 27 | 28 | 26 | 27 | 28 | 28 | 29 | 29 | 30 | 31 | **7** | **6** | 2 | 2 | 3 | **2** | 2 |
| 24 **11** | 25 | 25 | 26 八 | 27 七 | 27 | 28 | 28 | 29 | 27 | 28 | 29 | 29 | 30 | 30 | 31 | **8** | 2 | 2 | 3 | 3 | 4 | 2 | 3 |
| 25 | 26 **10** | 26 **9** | 27 | 28 | 28 六 | 29 | 29 | 30 | 28 | 29 | 30 | 30 | 31 | **10** | **9** | 2 | 3 | 3 | 4 | 4 | 5 | 3 | 4 |
| 26 | 27 | 27 | 28 **8** | 29 **7** | 29 | 30 五 | 30 四 | 31 | **3** | 30 | 31 | **12** | **11** | 2 | 2 | 3 | 4 | 4 | 5 | 5 | 6 | 4 | 5 |
| 27 | 28 | 28 | 29 | 30 | 30 **6** | 31 **5** | **5** | **4** 三 | 2 | 31 | **1** | 2 | 2 | 3 | 3 | 4 | 5 | 5 | 6 | 6 | 7 | 5 | 6 |
| 28 | 29 | 29 | 30 | 31 | **7** | **6** | 2 **4** | 2 **3** | 3 二 | **2** 正 | 2 | 3 | 3 | 4 | 4 | 5 | 6 | 6 | 7 | 7 | 8 | 6 | 7 |
| 29 | 30 | 30 | 31 | **8** | 2 | 2 | 3 | 3 | 4 **2** | 2 **1** | 3 十二 | 4 十一 | 4 十 | 5 九 | 5 | 6 | 7 | 7 | 8 | 8 | 9 | 7 | 8 |
| 30 | 31 | **10** | **9** | 2 | 3 | 3 | 4 | 4 | 5 | 3 | 4 **12** | 5 **11** | 5 | 6 | 6 八 | 7 七 | 8 六 | 8 | 9 | 9 | 10 | 8 | 9 |
| **12** | **11** | 2 | 2 | 3 | 4 | 4 | 5 | 5 | 6 | 4 | 5 | 6 | 6 **10** | 7 **9** | 7 | 8 | 9 | 9 五 | 10 | 10 | 11 | 9 | 10 |
| 2 | 2 | 3 | 3 | 4 | 5 | 5 | 6 | 6 | 7 | 5 | 6 | 7 | 7 | 8 | 8 **8** | 9 **7** | 10 | 10 | 11 四 | 11 三 | 12 | 10 | 11 |
| 3 | 3 | 4 | 4 | 5 | 6 | 6 | 7 | 7 | 8 | 6 | 7 | 8 | 8 | 9 | 9 | 10 | 11 **6** | 11 **5** | 12 | 12 | 13 二 | 11 | 12 |
| 4 | 4 | 5 | 5 | 6 | 7 | 7 | 8 | 8 | 9 | 7 | 8 | 9 | 9 | 10 | 10 | 11 | 12 | 12 | 13 **4** | 13 **3** | 14 | 12 正 | 13 十二 |
| 5 | 5 | 6 | 6 | 7 | 8 | 8 | 9 | 9 | 10 | 8 | 9 | 10 | 10 | 11 | 11 | 12 | 13 | 13 | 14 | 14 | 15 **2** | 13 **1** | 14 |
| 6 | 6 | 7 | 7 | 8 | 9 | 9 | 10 | 10 | 11 | 9 | 10 | 11 | 11 | 12 | 12 | 13 | 14 | 14 | 15 | 15 | 16 | 14 | 15 **12** |
| 7 | 7 | 8 | 8 | 9 | 10 | 10 | 11 | 11 | 12 | 10 | 11 | 12 | 12 | 13 | 13 | 14 | 15 | 15 | 16 | 16 | 17 | 15 | 16 |
| 8 | 8 | 9 | 9 | 10 | 11 | 11 | 12 | 12 | 13 | 11 | 12 | 13 | 13 | 14 | 14 | 15 | 16 | 16 | 17 | 17 | 18 | 16 | 17 |
| 9 | 9 | 10 | 10 | 11 | 12 | 12 | 13 | 13 | 14 | 12 | 13 | 14 | 14 | 15 | 15 | 16 | 17 | 17 | 18 | 18 | 19 | 17 | 18 |
| 10 | 10 | 11 | 11 | 12 | 13 | 13 | 14 | 14 | 15 | 13 | 14 | 15 冬 | 15 | 16 | 16 | 17 | 18 | 18 | 19 | 19 | 20 | 18 | 19 |
| 11 | 11 | 12 | 12 | 13 | 14 | 14 | 15 | 15 | 16 | 14 | 15 | 16 | 16 | 17 | 17 | 18 | 19 | 19 | 20 | 20 | 21 | 19 | 20 |
| 12 | 12 | 13 | 13 | 14 | 15 | 15 | 16 | 16 | 17 | 15 | 16 | 17 | 17 | 18 | 18 | 19 | 20 | 20 | 21 | 21 | 22 | 20 | 21 |
| 13 | 13 | 14 | 14 | 15 | 16 | 16 | 17 | 17 | 18 | 16 | 17 | 18 | 18 | 19 | 19 | 20 | 21 | 21 | 22 | 22 | 23 | 21 | 22 |
| 14 | 14 | 15 | 15 | 16 | 17 | 17 | 18 | 18 | 19 | 17 | 18 | 19 | 19 | 20 | 20 | 21 | 22 | 22 | 23 | 23 | 24 | 22 | 23 |
| 15 冬 | 15 | 16 | 16 | 17 | 18 | 18 | 19 | 19 | 20 | 18 | 19 | 20 | 20 | 21 | 21 | 22 | 23 | 23 | 24 | 24 | 25 | 23 | 24 |
| 16 | 16 | 17 | 17 | 18 | 19 | 19 | 20 | 20 | 21 | 19 | 20 | 21 | 21 | 22 | 22 | 23 | 24 | 24 | 25 | 25 | 26 | 24 | 25 |
| 17 | 17 | 18 | 18 | 19 | 20 | 20 | 21 | 21 | 22 | 20 | 21 | 22 | 22 | 23 | 23 | 24 | 25 | 25 | 26 | 26 | 27 | 25 | 26 |
| 18 | 18 | 19 | 19 | 20 | 21 | 21 | 22 | 22 | 23 | 21 | 22 | 23 | 23 | 24 | 24 | 25 | 26 | 26 | 27 | 27 | 28 | 26 | 27 |
| 19 | 19 | 20 | 20 | 21 | 22 | 22 | 23 | 23 | 24 | 22 | 23 | 24 | 24 | 25 | 25 | 26 | 27 | 27 | 28 | 28 | 29 | 27 | 28 |
| 20 | 20 | 21 | 21 | 22 | 23 | 23 | 24 | 24 | 25 | 23 | 24 | 25 | 25 | 26 | 26 | 27 | 28 | 28 | 29 | 29 | 30 | 28 | 29 |
| 21 | 21 | 22 | 22 | 23 | 24 | 24 | 25 | 25 | 26 | 24 | 25 | 26 | 26 | 27 | 27 | 28 | 29 | 29 | 30 | 30 | 31 | **3** | 30 |

一一六〇
庚辰
宋紹興三〇
遼紹興一〇
金正隆五

556 555

一一五九
己卯
宋紹興二九
遼紹興九
金正隆四

554

| | | | | | | | | | | | | | | | | | | | | | | | | |
|---|---|---|---|---|---|---|---|---|---|---|---|---|---|---|---|---|---|---|---|---|---|---|---|---|
| 11 | 11 | 12 | 12 | 13 | 14 | 14 | 15 | 15 | 16 | 15 | 16 | 17 | 17 | 18 | 18 | 19 | 20 | 20 6 | 21 5 | 21 | 22 三 | 20 二 | 21 正 | 22 |
| 12 | 12 | 13 | 13 | 14 | 15 | 15 | 16 | 16 | 17 | 16 | 17 | 18 | 18 | 19 | 19 | 20 | 21 | 21 | 22 | 22 4 | 23 3 | 21 | 22 | 23 十二 |
| 13 | 13 | 14 | 14 | 15 | 16 | 16 | 17 | 17 | 18 | 17 | 18 | 19 | 19 | 20 | 20 | 21 | 22 | 22 | 23 | 23 | 24 | 22 2 | 23 1 | 24 12 |
| 14 冬 | 14 | 15 | 15 | 16 | 17 | 17 | 18 | 18 | 19 | 18 | 19 | 20 | 20 | 21 | 21 | 22 | 23 | 23 | 24 | 24 | 25 | 23 | 24 | 25 |
| 15 | 15 | 16 | 16 | 17 | 18 | 18 | 19 | 19 | 20 | 19 | 20 | 21 | 21 | 22 | 22 | 23 | 24 | 24 | 25 | 25 | 26 | 24 | 25 | 26 |
| 16 | 16 | 17 | 17 | 18 | 19 | 19 | 20 | 20 | 21 | 20 | 21 | 22 | 22 | 23 | 23 | 24 | 25 | 25 | 26 | 26 | 27 | 25 | 26 | 27 |
| 17 | 17 | 18 | 18 | 19 | 20 | 20 | 21 | 21 | 22 | 21 | 22 | 23 | 23 | 24 | 24 | 25 | 26 | 26 | 27 | 27 | 28 | 26 | 27 | 28 |
| 18 | 18 | 19 | 19 | 20 | 21 | 21 | 22 | 22 | 23 | 22 | 23 | 24 | 24 | 25 | 25 | 26 | 27 | 27 | 28 | 28 | 29 | 27 | 28 | 29 |
| 19 | 19 | 20 | 20 | 21 | 22 | 22 | 23 | 23 | 24 | 23 | 24 | 25 | 25 | 26 | 26 | 27 | 28 | 28 | 29 | 29 | 30 | 28 | 29 | 30 |
| 20 | 20 | 21 | 21 | 22 | 23 | 23 | 24 | 24 | 25 | 24 | 25 | 26 | 26 | 27 | 27 | 28 | 29 | 29 | 30 | 30 | 31 | **3** | 30 | 31 |
| 21 | 21 | 22 | 22 | 23 | 24 | 24 | 25 | 25 | 26 | 25 | 26 | 27 | 27 | 28 | 28 | 29 | 30 | 30 | 31 | **5** | **4** | 2 | 31 | **1** |
| 22 | 22 | 23 | 23 | 24 | 25 | 25 | 26 | 26 | 27 | 26 | 27 | 28 | 28 | 29 | 29 | 30 | 31 | **7** | **6** | 2 | 2 | 3 | **2** | 2 |
| 23 | 23 | 24 | 24 | 25 | 26 | 26 | 27 | 27 | 28 | 27 | 28 | 29 | 29 | 30 | 30 | 31 | **8** | 2 | 2 | 3 | 3 | 4 | 2 | 3 |
| 24 | 24 | 25 | 25 | 26 | 27 | 27 | 28 | 28 | 29 | 28 | 29 | 30 | 30 | 31 | **10** | **9** | 2 | 3 | 3 | 4 | 4 | 5 | 3 | 4 |
| 25 | 25 | 26 | 26 | 27 | 28 | 28 | 29 | 29 | 30 | 29 | 30 | 31 | **12** | **11** | 2 | 2 | 3 | 4 | 4 | 5 | 5 | 6 | 4 | 5 |
| 26 | 26 | 27 | 27 | 28 | 29 | 29 | 30 | 30 | 31 | **3** | 31 | **1** | 2 | 2 | 3 | 3 | 4 | 5 | 5 | 6 | 6 | 7 | 5 | 6 |
| 27 | 27 | 28 | 28 | 29 | 30 | 30 | 31 | **5** | **4** | 2 | **2** | 2 | 3 | 3 | 4 | 4 | 5 | 6 | 6 | 7 | 7 | 8 | 6 | 7 |
| 28 | 28 | 29 | 29 | 30 | 31 | **7** | **6** | 2 | 2 | 3 | 2 | 3 | 4 | 4 | 5 | 5 | 6 | 7 | 7 | 8 | 8 | 9 | 7 | 8 |
| 29 | 29 | 30 | 30 | 31 | **8** | 2 | 2 | 3 | 3 | 4 | 3 | 4 | 5 | 5 | 6 | 6 | 7 | 8 | 8 | 9 | 9 | 10 | 8 | 9 |
| 30 十二 | 30 十一 | 31 十 | **10** | **9** | 2 | 3 | 3 | 4 | 4 | 5 | 4 | 5 | 6 | 6 | 7 | 7 | 8 | 9 | 9 | 10 | 10 | 11 | 9 | 10 |
| 31 1 | **12** | **11** | 2 九 | 2 八 | 3 | 4 | 4 | 5 | 5 | 6 | 5 | 6 | 7 | 7 | 8 | 8 | 9 | 10 | 10 | 11 | 11 | 12 | 10 | 11 |
| 日 | 2 12 | 2 11 | 3 | 3 | 4 七 | 5 | 5 | 6 | 6 | 7 | 6 | 7 | 8 | 8 | 9 | 9 | 10 | 11 | 11 | 12 | 12 | 13 | 11 | 12 |
| 曜 | 3 | 3 | 4 10 | 4 9 | 5 | 6 六 | 6 五 | 7 | 7 | 8 | 7 | 8 | 9 | 9 | 10 | 10 | 11 | 12 | 12 | 13 | 13 | 14 | 12 | 13 |
| 表 | 4 | 4 | 5 | 5 | 6 8 | 7 7 | 7 | 8 四 | 8 | 9 | 8 | 9 | 10 | 10 | 11 | 11 | 12 | 13 | 13 | 14 | 14 | 15 | 13 | 14 |
| 7 | 5 | 5 | 6 | 6 | 7 | 8 | 8 6 | 9 5 | 9 三 | 10 二 | 9 正 | 10 | 11 | 11 | 12 | 12 | 13 | 14 | 14 | 15 | 15 | 16 | 14 | 15 |
| 甲 | 6 | 6 | 7 | 7 | 8 | 9 | 9 | 10 | 10 4 | 11 3 | 10 | 11 十二 | 12 十一 | 12 十 | 13 九 | 13 | 14 | 15 | 15 | 16 | 16 | 17 | 15 | 16 |
| 子 | 7 | 7 | 8 | 8 | 9 | 10 | 10 | 11 | 11 | 12 | 11 2 | 12 1 | 13 | 13 | 14 | 14 八 | 15 七 | 16 | 16 | 17 | 17 | 18 | 16 | 17 |
| 表 | 8 | 8 | 9 | 9 | 10 | 11 | 11 | 12 | 12 | 13 | 12 | 13 | 14 12 | 14 11 | 15 | 15 | 16 | 17 閏 | 17 | 18 | 18 | 19 | 17 | 18 |
| 10 | 9 | 9 | 10 | 10 | 11 | 12 | 12 | 13 | 13 | 14 | 13 | 14 | 15 冬 | 15 | 16 10 | 16 9 | 17 | 18 | 18 六 | 19 五 | 19 | 20 | 18 | 19 |
| | 10 | 10 | 11 | 11 | 12 | 13 | 13 | 14 | 14 | 15 | 14 | 15 | 16 | 16 | 17 | 17 | 18 8 | 19 7 | 19 | 20 | 20 四 | 21 | 19 | 20 |

558 一一六二 壬午 宋紹興三二 遼紹興一二 金大定二

557 一一六一 辛巳 宋紹興三一 遼紹興一一 金大定元 世宗十月改

| | | | | | | | | | | | | | | | | | | | | | | | |
|---|---|---|---|---|---|---|---|---|---|---|---|---|---|---|---|---|---|---|---|---|---|---|---|
| 22 | 23 | 23 | 24 | 25 | 25 | 26 | 26 | 27 | 25 | 26 | 27 | 27 | 28 | 28 | 29 | 30 | 30 | 31 | **5** | **4** | 2 | 31 | **1** |
| 23 | 24 | 24 | 25 | 26 | 26 | 27 | 27 | 28 | 26 | 27 | 28 | 28 | 29 | 29 | 30 | 31 | **7** | **6** | 2 | 2 | 3 | **2** | 2 |
| 24 | 25 | 25 | 26 | 27 | 27 | 28 | 28 | 29 | 27 | 28 | 29 | 29 | 30 | 30 | 31 | **8** | 2 | 2 | 3 | 3 | 4 | 2 | 3 |
| 25 | 26 | 26 | 27 | 28 | 28 | 29 | 29 | 30 | 28 | 29 | 30 | 30 | 31 | **10** | **9** | 2 | 3 | 3 | 4 | 4 | 5 | 3 | 4 |
| 26 | 27 | 27 | 28 | 29 | 29 | 30 | 30 | 31 | **3** | 30 | 31 | **12** | **11** | 2 | 2 | 3 | 4 | 4 | 5 | 5 | 6 | 4 | 5 |
| 27 | 28 | 28 | 29 | 30 | 30 | 31 | **5** | **4** | 2 | 31 | **1** | 2 | 2 | 3 | 3 | 4 | 5 | 5 | 6 | 6 | 7 | 5 | 6 |
| 28 | 29 | 29 | 30 | 31 | **7** | **6** | 2 | 2 | 3 | **2** | 2 | 3 | 3 | 4 | 4 | 5 | 6 | 6 | 7 | 7 | 8 | 6 | 7 |
| 29 | 30 | 30 | 31 | **8** | 2 | 2 | 3 | 3 | 4 | 2 | 3 | 4 | 4 | 5 | 5 | 6 | 7 | 7 | 8 | 8 | 9 | 7 | 8 |
| 30 | 31 | **10** | **9** | 2 | 3 | 3 | 4 | 4 | 5 | 3 | 4 | 5 | 5 | 6 | 6 | 7 | 8 | 8 | 9 | 9 | 10 | 8 | 9 |
| **12** | **11** | 2 | 2 | 3 | 4 | 4 | 5 | 5 | 6 | 4 | 5 | 6 | 6 | 7 | 7 | 8 | 9 | 9 | 10 | 10 | 11 | 9 | 10 |
| 2 | 2 | 3 | 3 | 4 | 5 | 5 | 6 | 6 | 7 | 5 | 6 | 7 | 7 | 8 | 8 | 9 | 10 | 10 | 11 | 11 | 12 | 10 | 11 |
| 3 | 3 | 4 | 4 | 5 | 6 | 6 | 7 | 7 | 8 | 6 | 7 | 8 | 8 | 9 | 9 | 10 | 11 | 11 | 12 | 12 | 13 | 11 | 12 |
| 4 | 4 | 5 | 5 | 6 | 7 | 7 | 8 | 8 | 9 | 7 | 8 | 9 | 9 | 10 | 10 | 11 | 12 | 12 | 13 | 13 | 14 | 12 | 13 |
| 5 | 5 | 6 | 6 | 7 | 8 | 8 | 9 | 9 | 10 | 8 | 9 | 10 | 10 | 11 | 11 | 12 | 13 | 13 | 14 | 14 | 15 | 13 | 14 |
| 6 | 6 | 7 | 7 | 8 | 9 | 9 | 10 | 10 | 11 | 9 | 10 | 11 | 11 | 12 | 12 | 13 | 14 | 14 | 15 | 15 | 16 | 14 | 15 |
| 7 | 7 | 8 | 8 | 9 | 10 | 10 | 11 | 11 | 12 | 10 | 11 | 12 | 12 | 13 | 13 | 14 | 15 | 15 | 16 | 16 | 17 | 15 | 16 |
| 8 十一 | 8 | 9 | 9 | 10 | 11 | 11 | 12 | 12 | 13 | 11 | 12 | 13 | 13 | 14 | 14 | 15 | 16 | 16 | 17 | 17 | 18 | 16 | 17 |
| 9 | 9 十 | 10 九 | 10 | 11 | 12 | 12 | 13 | 13 | 14 | 12 | 13 | 14 | 14 | 15 | 15 | 16 | 17 | 17 | 18 | 18 | 19 | 17 | 18 |
| 10 **1** | 10 | 11 | 11 八 | 12 | 13 | 13 | 14 | 14 | 15 | 13 | 14 | 15 冬 | 15 | 16 | 16 | 17 | 18 | 18 | 19 | 19 | 20 | 18 | 19 |
| 11 | 11 **12** | 12 **11** | 12 | 13 七 | 14 六 | 14 | 15 | 15 | 16 | 14 | 15 | 16 | 16 | 17 | 17 | 18 | 19 | 19 | 20 | 20 | 21 | 19 | 20 |
| 12 | 12 | 13 | 13 **10** | 14 **9** | 15 | 15 五 | 16 四 | 16 三 | 17 | 15 | 16 | 17 | 17 | 18 | 18 | 19 | 20 | 20 | 21 | 21 | 22 | 20 | 21 |
| 13 | 13 | 14 | 14 | 15 | 16 **8** | 16 **7** | 17 | 17 | 18 閏 | 16 二 | 17 正 | 18 | 18 | 19 | 19 | 20 | 21 | 21 | 22 | 22 | 23 | 21 | 22 |
| 14 | 14 | 15 | 15 | 16 | 17 | 17 | 18 **6** | 18 **5** | 19 | 17 | 18 | 19 十二 | 19 十一 | 20 | 20 | 21 | 22 | 22 | 23 | 23 | 24 | 22 | 23 |
| 15 冬 | 15 | 16 | 16 | 17 | 18 | 18 | 19 | 19 | 20 **4** | 18 **3** | 19 | 20 | 20 | 21 十 | 21 九 | 22 | 23 | 23 | 24 | 24 | 25 | 23 | 24 |
| 16 | 16 | 17 | 17 | 18 | 19 | 19 | 20 | 20 | 21 | 19 | 20 **2** | 21 **1** | 21 **12** | 22 **11** | 22 | 23 八 | 24 | 24 | 25 | 25 | 26 | 24 | 25 |
| 17 | 17 | 18 | 18 | 19 | 20 | 20 | 21 | 21 | 22 | 20 | 21 | 22 | 22 | 23 | 23 **10** | 24 **9** | 25 七 | 25 六 | 26 | 26 | 27 | 25 | 26 |
| 18 | 18 | 19 | 19 | 20 | 21 | 21 | 22 | 22 | 23 | 21 | 22 | 23 | 23 | 24 | 24 | 25 | 26 **8** | 26 **7** | 27 五 | 27 四 | 28 | 26 | 27 |
| 19 | 19 | 20 | 20 | 21 | 22 | 22 | 23 | 23 | 24 | 22 | 23 | 24 | 24 | 25 | 25 | 26 | 27 | 27 | 28 **6** | 28 **5** | 29 三 | 27 二 | 28 正 |
| 20 | 20 | 21 | 21 | 22 | 23 | 23 | 24 | 24 | 25 | 23 | 24 | 25 | 25 | 26 | 26 | 27 | 28 | 28 | 29 | 29 | 30 **4** | 28 **3** | 29 |
| 21 | 21 | 22 | 22 | 23 | 24 | 24 | 25 | 25 | 26 | 24 | 25 | 26 | 26 | 27 | 27 | 28 | 29 | 29 | 30 | 30 | 31 | **3** | 30 **2** |

一一六三 癸未 宋隆興元 孝宗 遼紹興一三 金大定三

559

一一六四 甲申 宋隆興二 遼崇福元 承天后 金大定四

560

| | | | | | | | | | | | | | | | | | | | | | | | | |
|---|---|---|---|---|---|---|---|---|---|---|---|---|---|---|---|---|---|---|---|---|---|---|---|---|
| 11 | 11 | 12 | 12 | 13 | 14 | 14 | 15 | 15 | 16 | 15 | 16 | 17 | 17 | 18 | 18 | 19 | 20 | 20 | 21 | 21 | 22 | 20 | 21 | 22 |
| 12 | 12 | 13 | 13 | 14 | 15 | 15 | 16 | 16 | 17 | 16 | 17 | 18 | 18 | 19 | 19 | 20 | 21 | 21 | 22 | 22 | 23 | 21 | 22 | 23 |
| 13 | 13 | 14 | 14 | 15 | 16 | 16 | 17 | 17 | 18 | 17 | 18 | 19 | 19 | 20 | 20 | 21 | 22 | 22 | 23 | 23 | 24 | 22 | 23 | 24 |
| 14冬 | 14 | 15 | 15 | 16 | 17 | 17 | 18 | 18 | 19 | 18 | 19 | 20 | 20 | 21 | 21 | 22 | 23 | 23 | 24 | 24 | 25 | 23 | 24 | 25 |
| 15 | 15 | 16 | 16 | 17 | 18 | 18 | 19 | 19 | 20 | 19 | 20 | 21 | 21 | 22 | 22 | 23 | 24 | 24 | 25 | 25 | 26 | 24 | 25 | 26 |
| 16閏 | 16十二 | 17 | 17 | 18 | 19 | 19 | 20 | 20 | 21 | 20 | 21 | 22 | 22 | 23 | 23 | 24 | 25 | 25 | 26 | 26 | 27 | 25 | 26 | 27 |
| 17 | 17 | 18十 | 18九 | 19 | 20 | 20 | 21 | 21 | 22 | 21 | 22 | 23 | 23 | 24 | 24 | 25 | 26 | 26 | 27 | 27 | 28 | 26 | 27 | 28 |
| 18 2 | 18 1 | 19 | 19 | 20八 | 21七 | 21六 | 22 | 22 | 23 | 22 | 23 | 24 | 24 | 25 | 25 | 26 | 27 | 27 | 28 | 28 | 29 | 27 | 28 | 29 |
| 19 | 19 | 20 12 | 20 11 | 21 | 22 | 22 | 23五 | 23四 | 24 | 23 | 24 | 25 | 25 | 26 | 26 | 27 | 28 | 28 | 29 | 29 | 30 | 28 | 29 | 30 |
| 20 | 20 | 21 | 21 | 22 10 | 23 9 | 23 | 24 | 24 | 25三 | 24二 | 25 | 26 | 26 | 27 | 27 | 28 | 29 | 29 | 30 | 30 | 31 | **3** | 30 | 31 |
| 21 | 21 | 22 | 22 | 23 | 24 | 24 8 | 25 7 | 25 | 26 | 25 | 26正 | 27十二 | 27 | 28 | 28 | 29 | 30 | 30 | 31 | **5** | **4** | 2 | 31 | **1** |
| 22 | 22 | 23 | 23 | 24 | 25 | 25 | 26 | 26 6 | 27 5 | 26 | 27 | 28 | 28十一 | 29十 | 29 | 30 | 31 | **7** | **6** | 2 | 2 | 3 | **2** | 2 |
| 23 | 23 | 24 | 24 | 25 | 26 | 26 | 27 | 27 | 28 | 27 4 | 28 3 | 29 | 29 | 30 | 30九 | 31八 | **8** | 2 | 2 | 3 | 3 | 4 | 2 | 3 |
| 24 | 24 | 25 | 25 | 26 | 27 | 27 | 28 | 28 | 29 | 28 | 29 | 30 2 | 30 1 | 31 12 | **10** 11 | **9** | 2七 | 3六 | 3 | 4 | 4 | 5 | 3 | 4 |
| 25 | 25 | 26 | 26 | 27 | 28 | 28 | 29 | 29 | 30 | 29 | 30 | 31 | **12** | **11** | 2 | 2 10 | 3 9 | 4 | 4五 | 5四 | 5 | 6 | 4 | 5 |
| 26 | 26 | 27 | 27 | 28 | 29 | 29 | 30 | 30 | 31 | **3** | 31 | **1** | 2 | 2 | 3 | 3 | 4 | 5 8 | 5 7 | 6 | 6三 | 7二 | 5正 | 6 |
| 27 | 27 | 28 | 28 | 29 | 30 | 30 | 31 | **5** | **4** | 2 | **2** | 2 | 3 | 3 | 4 | 4 | 5 | 6 | 6 | 7 6 | 7 5 | 8 | 6 | 7十二 |
| 28 | 28 | 29 | 29 | 30 | 31 | **7** | **6** | 2 | 2 | 3 | 2 | 3 | 4 | 4 | 5 | 5 | 6 | 7 | 7 | 8 | 8 | 9 4 | 7 3 | 8 |
| 29 | 29 | 30 | 30 | 31 | **8** | 2 | 2 | 3 | 3 | 4 | 3 | 4 | 5 | 5 | 6 | 6 | 7 | 8 | 8 | 9 | 9 | 10 | 8 | 9 2 |
| 30 | 30 | 31 | **10** | **9** | 2 | 3 | 3 | 4 | 4 | 5 | 4 | 5 | 6 | 6 | 7 | 7 | 8 | 9 | 9 | 10 | 10 | 11 | 9 | 10 |
| 31 | **12** | **11** | 2 | 2 | 3 | 4 | 4 | 5 | 5 | 6 | 5 | 6 | 7 | 7 | 8 | 8 | 9 | 10 | 10 | 11 | 11 | 12 | 10 | 11 |
| 日 | 2 | 2 | 3 | 3 | 4 | 5 | 5 | 6 | 6 | 7 | 6 | 7 | 8 | 8 | 9 | 9 | 10 | 11 | 11 | 12 | 12 | 13 | 11 | 12 |
| 曜 | 3 | 3 | 4 | 4 | 5 | 6 | 6 | 7 | 7 | 8 | 7 | 8 | 9 | 9 | 10 | 10 | 11 | 12 | 12 | 13 | 13 | 14 | 12 | 13 |
| 表 | 4 | 4 | 5 | 5 | 6 | 7 | 7 | 8 | 8 | 9 | 8 | 9 | 10 | 10 | 11 | 11 | 12 | 13 | 13 | 14 | 14 | 15 | 13 | 14 |
| 1 | 5 | 5 | 6 | 6 | 7 | 8 | 8 | 9 | 9 | 10 | 9 | 10 | 11 | 11 | 12 | 12 | 13 | 14 | 14 | 15 | 15 | 16 | 14 | 15 |
| 甲 | 6 | 6 | 7 | 7 | 8 | 9 | 9 | 10 | 10 | 11 | 10 | 11 | 12 | 12 | 13 | 13 | 14 | 15 | 15 | 16 | 16 | 17 | 15 | 16 |
| 子 | 7 | 7 | 8 | 8 | 9 | 10 | 10 | 11 | 11 | 12 | 11 | 12 | 13 | 13 | 14 | 14 | 15 | 16 | 16 | 17 | 17 | 18 | 16 | 17 |
| 表 | 8 | 8 | 9 | 9 | 10 | 11 | 11 | 12 | 12 | 13 | 12 | 13 | 14 | 14 | 15 | 15 | 16 | 17 | 17 | 18 | 18 | 19 | 17 | 18 |
| 11 | 9 | 9 | 10 | 10 | 11 | 12 | 12 | 13 | 13 | 14 | 13 | 14 | 15冬 | 15 | 16 | 16 | 17 | 18 | 18 | 19 | 19 | 20 | 18 | 19 |
| | 10 | 10 | 11 | 11 | 12 | 13 | 13 | 14 | 14 | 15 | 14 | 15 | 16 | 16 | 17 | 17 | 18 | 19 | 19 | 20 | 20 | 21 | 19 | 20 |

一一六六 丙戌 宋乾道二 遼崇福三 金大定六

一一六五 乙酉 宋乾道元 遼崇福二 金大定五

| 一一六六 | | | | | | | | | | | | 一一六五 | | | | | | | | | | | |
|---|---|---|---|---|---|---|---|---|---|---|---|---|---|---|---|---|---|---|---|---|---|---|---|
| | 562 | | | | | | | | | | | | 561 | | | | | | | | | | |
| 22 | 23 | 23 | 24 | 25 | 25 | 26 | 26 | 27 | 25 | 26 | 27 | 27 | 28 | 28 | 29 | 30 | 30 | 31 | 5 | 4 | 2 | 31 | 1 |
| 23 | 24 | 24 | 25 | 26 | 26 | 27 | 27 | 28 | 26 | 27 | 28 | 28 | 29 | 29 | 30 | 31 | 7 | 6 | 2 | 2 | 3 | 2 | 2 |
| 24 | 25 | 25 | 26 | 27 | 27 | 28 | 28 | 29 | 27 | 28 | 29 | 29 | 30 | 30 | 31 | 8 | 2 | 2 | 3 | 3 | 4 | 2 | 3 |
| 25 十一 | 26 十 | 26 九 | 27 八 | 28 | 28 | 29 | 29 | 30 | 28 | 29 | 30 | 30 | 31 | 10 | 9 | 2 | 3 | 3 | 4 | 4 | 5 | 3 | 4 |
| 26 | 27 | 27 | 28 | 29 七 | 29 六 | 30 | 30 | 31 | 3 | 30 | 31 | 12 | 11 | 2 | 2 | 3 | 4 | 4 | 5 | 5 | 6 | 4 | 5 |
| 27 2 | 28 1 | 28 12 | 29 11 | 30 | 30 | 31 五 | 5 | 4 | 2 | 31 | 1 | 2 | 2 | 3 | 3 | 4 | 5 | 5 | 6 | 6 | 7 | 5 | 6 |
| 28 | 29 | 29 | 30 | 31 10 | 7 9 | 6 | 2 四 | 2 三 | 3 | 2 | 2 | 3 | 3 | 4 | 4 | 5 | 6 | 6 | 7 | 7 | 8 | 6 | 7 |
| 29 | 30 | 30 | 31 | 8 | 2 | 2 8 | 3 7 | 3 | 4 二 | 2 | 3 | 4 | 4 | 5 | 5 | 6 | 7 | 7 | 8 | 8 | 9 | 7 | 8 |
| 30 | 31 | 10 | 9 | 2 | 3 | 3 | 4 | 4 6 | 5 5 | 3 正 | 4 十二 | 5 十一 | 5 | 6 | 6 | 7 | 8 | 8 | 9 | 9 | 10 | 8 | 9 |
| 12 | 11 | 2 | 2 | 3 | 4 | 4 | 5 | 5 | 6 | 4 4 | 5 3 | 6 | 6 十 | 7 九 | 7 八 | 8 | 9 | 9 | 10 | 10 | 11 | 9 | 10 |
| 2 | 2 | 3 | 3 | 4 | 5 | 5 | 6 | 6 | 7 | 5 | 6 | 7 2 | 7 1 | 8 | 8 | 9 七 | 10 六 | 10 | 11 | 11 | 12 | 10 | 11 |
| 3 | 3 | 4 | 4 | 5 | 6 | 6 | 7 | 7 | 8 | 6 | 7 | 8 | 8 | 9 12 | 9 11 | 10 | 11 | 11 五 | 12 四 | 12 | 13 | 11 | 12 |
| 4 | 4 | 5 | 5 | 6 | 7 | 7 | 8 | 8 | 9 | 7 | 8 | 9 | 9 | 10 | 10 | 11 10 | 12 9 | 12 | 13 | 13 三 | 14 二 | 12 | 13 |
| 5 | 5 | 6 | 6 | 7 | 8 | 8 | 9 | 9 | 10 | 8 | 9 | 10 | 10 | 11 | 11 | 12 | 13 | 13 8 | 14 7 | 14 | 15 | 13 正 | 14 十二 |
| 6 | 6 | 7 | 7 | 8 | 9 | 9 | 10 | 10 | 11 | 9 | 10 | 11 | 11 | 12 | 12 | 13 | 14 | 14 | 15 | 15 6 | 16 5 | 14 | 15 |
| 7 | 7 | 8 | 8 | 9 | 10 | 10 | 11 | 11 | 12 | 10 | 11 | 12 | 12 | 13 | 13 | 14 | 15 | 15 | 16 | 16 | 17 | 15 4 | 16 3 |
| 8 | 8 | 9 | 9 | 10 | 11 | 11 | 12 | 12 | 13 | 11 | 12 | 13 | 13 | 14 | 14 | 15 | 16 | 16 | 17 | 17 | 18 | 16 | 17 |
| 9 | 9 | 10 | 10 | 11 | 12 | 12 | 13 | 13 | 14 | 12 | 13 | 14 | 14 | 15 | 15 | 16 | 17 | 17 | 18 | 18 | 19 | 17 | 18 |
| 10 | 10 | 11 | 11 | 12 | 13 | 13 | 14 | 14 | 15 | 13 | 14 | 15 冬 | 15 | 16 | 16 | 17 | 18 | 18 | 19 | 19 | 20 | 18 | 19 |
| 11 | 11 | 12 | 12 | 13 | 14 | 14 | 15 | 15 | 16 | 14 | 15 | 16 | 16 | 17 | 17 | 18 | 19 | 19 | 20 | 20 | 21 | 19 | 20 |
| 12 | 12 | 13 | 13 | 14 | 15 | 15 | 16 | 16 | 17 | 15 | 16 | 17 | 17 | 18 | 18 | 19 | 20 | 20 | 21 | 21 | 22 | 20 | 21 |
| 13 | 13 | 14 | 14 | 15 | 16 | 16 | 17 | 17 | 18 | 16 | 17 | 18 | 18 | 19 | 19 | 20 | 21 | 21 | 22 | 22 | 23 | 21 | 22 |
| 14 | 14 | 15 | 15 | 16 | 17 | 17 | 18 | 18 | 19 | 17 | 18 | 19 | 19 | 20 | 20 | 21 | 22 | 22 | 23 | 23 | 24 | 22 | 23 |
| 15 冬 | 15 | 16 | 16 | 17 | 18 | 18 | 19 | 19 | 20 | 18 | 19 | 20 | 20 | 21 | 21 | 22 | 23 | 23 | 24 | 24 | 25 | 23 | 24 |
| 16 | 16 | 17 | 17 | 18 | 19 | 19 | 20 | 20 | 21 | 19 | 20 | 21 | 21 | 22 | 22 | 23 | 24 | 24 | 25 | 25 | 26 | 24 | 25 |
| 17 | 17 | 18 | 18 | 19 | 20 | 20 | 21 | 21 | 22 | 20 | 21 | 22 | 22 | 23 | 23 | 24 | 25 | 25 | 26 | 26 | 27 | 25 | 26 |
| 18 | 18 | 19 | 19 | 20 | 21 | 21 | 22 | 22 | 23 | 21 | 22 | 23 | 23 | 24 | 24 | 25 | 26 | 26 | 27 | 27 | 28 | 26 | 27 |
| 19 | 19 | 20 | 20 | 21 | 22 | 22 | 23 | 23 | 24 | 22 | 23 | 24 | 24 | 25 | 25 | 26 | 27 | 27 | 28 | 28 | 29 | 27 | 28 |
| 20 | 20 | 21 | 21 | 22 | 23 | 23 | 24 | 24 | 25 | 23 | 24 | 25 | 25 | 26 | 26 | 27 | 28 | 28 | 29 | 29 | 30 | 28 | 29 |
| 21 | 21 | 22 | 22 | 23 | 24 | 24 | 25 | 25 | 26 | 24 | 25 | 26 | 26 | 27 | 27 | 28 | 29 | 29 | 30 | 30 | 31 | 3 | 30 |

| 一一六八 戊子 宋乾道四 遼崇福五 金大定八 564 | | | | | | | | | | | | | 一一六七 丁亥 宋乾道三 遼崇福四 金大定七 563 | | | | | | | | | | | |
|---|---|---|---|---|---|---|---|---|---|---|---|---|---|---|---|---|---|---|---|---|---|---|---|---|
| 11 | 11 | 12 | 12 | 13 | 14 | 14 | 15 | 15 | 16 | 15 | 16 | 17 | 17 | 18 | 18 12 | 19 11 | 20 | 20 | 21 五 | 21 四 | 22 | 20 | 21 | 22 |
| 12 | 12 | 13 | 13 | 14 | 15 | 15 | 16 | 16 | 17 | 16 | 17 | 18 | 18 | 19 | 19 | 20 | 21 10 | 21 9 | 22 | 22 | 23 三 | 21 | 22 | 23 |
| 13 | 13 | 14 | 14 | 15 | 16 | 16 | 17 | 17 | 18 | 17 | 18 | 19 | 19 | 20 | 20 | 21 | 22 | 22 | 23 8 | 23 7 | 24 | 22 二 | 23 正 | 24 十二 |
| 14 冬 | 14 | 15 | 15 | 16 | 17 | 17 | 18 | 18 | 19 | 18 | 19 | 20 | 20 | 21 | 21 | 22 | 23 | 23 | 24 | 24 | 25 6 | 23 5 | 24 | 25 |
| 15 | 15 | 16 | 16 | 17 | 18 | 18 | 19 | 19 | 20 | 19 | 20 | 21 | 21 | 22 | 22 | 23 | 24 | 24 | 25 | 25 | 26 | 24 | 25 4 | 26 3 |
| 16 | 16 | 17 | 17 | 18 | 19 | 19 | 20 | 20 | 21 | 20 | 21 | 22 | 22 | 23 | 23 | 24 | 25 | 25 | 26 | 26 | 27 | 25 | 26 | 27 |
| 17 | 17 | 18 | 18 | 19 | 20 | 20 | 21 | 21 | 22 | 21 | 22 | 23 | 23 | 24 | 24 | 25 | 26 | 26 | 27 | 27 | 28 | 26 | 27 | 28 |
| 18 | 18 | 19 | 19 | 20 | 21 | 21 | 22 | 22 | 23 | 22 | 23 | 24 | 24 | 25 | 25 | 26 | 27 | 27 | 28 | 28 | 29 | 27 | 28 | 29 |
| 19 | 19 | 20 | 20 | 21 | 22 | 22 | 23 | 23 | 24 | 23 | 24 | 25 | 25 | 26 | 26 | 27 | 28 | 28 | 29 | 29 | 30 | 28 | 29 | 30 |
| 20 | 20 | 21 | 21 | 22 | 23 | 23 | 24 | 24 | 25 | 24 | 25 | 26 | 26 | 27 | 27 | 28 | 29 | 29 | 30 | 30 | 31 | **3** | 30 | 31 |
| 21 | 21 | 22 | 22 | 23 | 24 | 24 | 25 | 25 | 26 | 25 | 26 | 27 | 27 | 28 | 28 | 29 | 30 | 30 | 31 | **5** | **4** | 2 | 31 | **1** |
| 22 | 22 | 23 | 23 | 24 | 25 | 25 | 26 | 26 | 27 | 26 | 27 | 28 | 28 | 29 | 29 | 30 | 31 | **7** | **6** | 2 | 2 | 3 | **2** | 2 |
| 23 | 23 | 24 | 24 | 25 | 26 | 26 | 27 | 27 | 28 | 27 | 28 | 29 | 29 | 30 | 30 | 31 | **8** | 2 | 2 | 3 | 3 | 4 | 2 | 3 |
| 24 | 24 | 25 | 25 | 26 | 27 | 27 | 28 | 28 | 29 | 28 | 29 | 30 | 30 | 31 | **10** | **9** | 2 | 3 | 3 | 4 | 4 | 5 | 3 | 4 |
| 25 | 25 | 26 | 26 | 27 | 28 | 28 | 29 | 29 | 30 | 29 | 30 | 31 | **12** | **11** | 2 | 2 | 3 | 4 | 4 | 5 | 5 | 6 | 4 | 5 |
| 26 | 26 | 27 | 27 | 28 | 29 | 29 | 30 | 30 | 31 | **3** | 31 | **1** | 2 | 2 | 3 | 3 | 4 | 5 | 5 | 6 | 6 | 7 | 5 | 6 |
| 27 | 27 | 28 | 28 | 29 | 30 | 30 | 31 | **5** | **4** | 2 | **2** | 2 | 3 | 3 | 4 | 4 | 5 | 6 | 6 | 7 | 7 | 8 | 6 | 7 |
| 28 | 28 | 29 | 29 | 30 | 31 | **7** | **6** | 2 | 2 | 3 | 2 | 3 | 4 | 4 | 5 | 5 | 6 | 7 | 7 | 8 | 8 | 9 | 7 | 8 |
| 29 | 29 | 30 | 30 | 31 | **8** | 2 | 2 | 3 | 3 | 4 | 3 | 4 | 5 | 5 | 6 | 6 | 7 | 8 | 8 | 9 | 9 | 10 | 8 | 9 |
| 30 | 30 | 31 | **10** | **9** | 2 | 3 | 3 | 4 | 4 | 5 | 4 | 5 | 6 | 6 | 7 | 7 | 8 | 9 | 9 | 10 | 10 | 11 | 9 | 10 |
| 31 十二 | **12** 十一 | **11** 十 | 2 | 2 | 3 | 4 | 4 | 5 | 5 | 6 | 5 | 6 | 7 | 7 | 8 | 8 | 9 | 10 | 10 | 11 | 11 | 12 | 10 | 11 |
| 日 | 2 | 2 | 3 九 | 3 | 4 | 5 | 5 | 6 | 6 | 7 | 6 | 7 | 8 | 8 | 9 | 9 | 10 | 11 | 11 | 12 | 12 | 13 | 11 | 12 |
| 曜 | 3 3 | 3 | 4 | 4 八 | 5 七 | 6 | 6 | 7 | 7 | 8 | 7 | 8 | 9 | 9 | 10 | 10 | 11 | 12 | 12 | 13 | 13 | 14 | 12 | 13 |
| 表 | 4 | 4 2 | 5 1 | 5 | 6 | 7 六 | 7 | 8 | 8 | 9 | 8 | 9 | 10 | 10 | 11 | 11 | 12 | 13 | 13 | 14 | 14 | 15 | 13 | 14 |
| 2 | 5 | 5 | 6 | 6 12 | 7 11 | 8 | 8 五 | 9 四 | 9 | 10 | 9 | 10 | 11 | 11 | 12 | 12 | 13 | 14 | 14 | 15 | 15 | 16 | 14 | 15 |
| 甲 | 6 | 6 | 7 | 7 | 8 | 9 10 | 9 9 | 10 | 10 三 | 11 | 10 | 11 | 12 | 12 | 13 | 13 | 14 | 15 | 15 | 16 | 16 | 17 | 15 | 16 |
| 子 | 7 | 7 | 8 | 8 | 9 | 10 | 10 | 11 8 | 11 7 | 12 二 | 11 正 | 12 十二 | 13 | 13 | 14 | 14 | 15 | 16 | 16 | 17 | 17 | 18 | 16 | 17 |
| 表 | 8 | 8 | 9 | 9 | 10 | 11 | 11 | 12 | 12 | 13 6 | 12 5 | 13 | 14 十一 | 14 十 | 15 九 | 15 八 | 16 | 17 | 17 | 18 | 18 | 19 | 17 | 18 |
| 12 | 9 | 9 | 10 | 10 | 11 | 12 | 12 | 13 | 13 | 14 | 13 | 14 4 | 15 3 | 15 | 16 | 16 | 17 閏 | 18 七 | 18 | 19 | 19 | 20 | 18 | 19 |
| | 10 | 10 | 11 | 11 | 12 | 13 | 13 | 14 | 14 | 15 | 14 | 15 | 16 | 16 2 | 17 1 | 17 | 18 | 19 | 19 六 | 20 | 20 | 21 | 19 | 20 |

一一七〇 庚寅 宋乾道六 遼崇福七 金大定一〇 566

一一六九 己丑 宋乾道五 遼崇福六 金大定九 565

| | | | | | | | | | | | | | | | | | | | | | | | |
|---|---|---|---|---|---|---|---|---|---|---|---|---|---|---|---|---|---|---|---|---|---|---|---|
| 22 | 23 | 23 | 24 | 25 | 25 | 26 | 26 | 27 | 25 | 26 | 27 | 27 | 28 | 28 | 29 | 30 | 30 | 31 | **5** | **4** | 2 6 | 31 5 | **1** |
| 23 | 24 | 24 | 25 | 26 | 26 | 27 | 27 | 28 | 26 | 27 | 28 | 28 | 29 | 29 | 30 | 31 | **7** | **6** | 2 | 2 | 3 | **2** | 2 4 |
| 24 | 25 | 25 | 26 | 27 | 27 | 28 | 28 | 29 | 27 | 28 | 29 | 29 | 30 | 30 | 31 | **8** | 2 | 2 | 3 | 3 | 4 | 2 | 3 |
| 25 | 26 | 26 | 27 | 28 | 28 | 29 | 29 | 30 | 28 | 29 | 30 | 30 | 31 | **10** | **9** | 2 | 3 | 3 | 4 | 4 | 5 | 3 | 4 |
| 26 | 27 | 27 | 28 | 29 | 29 | 30 | 30 | 31 | **3** | 30 | 31 | **12** | **11** | 2 | 2 | 3 | 4 | 4 | 5 | 5 | 6 | 4 | 5 |
| 27 | 28 | 28 | 29 | 30 | 30 | 31 | **5** | **4** | 2 | 31 | **1** | 2 | 2 | 3 | 3 | 4 | 5 | 5 | 6 | 6 | 7 | 5 | 6 |
| 28 | 29 | 29 | 30 | 31 | **7** | **6** | 2 | 2 | 3 | **2** | 2 | 3 | 3 | 4 | 4 | 5 | 6 | 6 | 7 | 7 | 8 | 6 | 7 |
| 29 | 30 | 30 | 31 | **8** | 2 | 2 | 3 | 3 | 4 | 2 | 3 | 4 | 4 | 5 | 5 | 6 | 7 | 7 | 8 | 8 | 9 | 7 | 8 |
| 30 | 31 | **10** | **9** | 2 | 3 | 3 | 4 | 4 | 5 | 3 | 4 | 5 | 5 | 6 | 6 | 7 | 8 | 8 | 9 | 9 | 10 | 8 | 9 |
| **12** | **11** | 2 | 2 | 3 | 4 | 4 | 5 | 5 | 6 | 4 | 5 | 6 | 6 | 7 | 7 | 8 | 9 | 9 | 10 | 10 | 11 | 9 | 10 |
| 2 | 2 | 3 | 3 | 4 | 5 | 5 | 6 | 6 | 7 | 5 | 6 | 7 | 7 | 8 | 8 | 9 | 10 | 10 | 11 | 11 | 12 | 10 | 11 |
| 3 | 3 | 4 | 4 | 5 | 6 | 6 | 7 | 7 | 8 | 6 | 7 | 8 | 8 | 9 | 9 | 10 | 11 | 11 | 12 | 12 | 13 | 11 | 12 |
| 4 | 4 | 5 | 5 | 6 | 7 | 7 | 8 | 8 | 9 | 7 | 8 | 9 | 9 | 10 | 10 | 11 | 12 | 12 | 13 | 13 | 14 | 12 | 13 |
| 5 | 5 | 6 | 6 | 7 | 8 | 8 | 9 | 9 | 10 | 8 | 9 | 10 | 10 | 11 | 11 | 12 | 13 | 13 | 14 | 14 | 15 | 13 | 14 |
| 6 | 6 | 7 | 7 | 8 | 9 | 9 | 10 | 10 | 11 | 9 | 10 | 11 | 11 | 12 | 12 | 13 | 14 | 14 | 15 | 15 | 16 | 14 | 15 |
| 7 | 7 | 8 | 8 | 9 | 10 | 10 | 11 | 11 | 12 | 10 | 11 | 12 | 12 | 13 | 13 | 14 | 15 | 15 | 16 | 16 | 17 | 15 | 16 |
| 8 | 8 | 9 | 9 | 10 | 11 | 11 | 12 | 12 | 13 | 11 | 12 | 13 | 13 | 14 | 14 | 15 | 16 | 16 | 17 | 17 | 18 | 16 | 17 |
| 9 | 9 | 10 | 10 | 11 | 12 | 12 | 13 | 13 | 14 | 12 | 13 | 14 | 14 | 15 | 15 | 16 | 17 | 17 | 18 | 18 | 19 | 17 | 18 |
| 10 十二 | 10 十一 | 11 | 11 | 12 | 13 | 13 | 14 | 14 | 15 | 13 | 14 | 15 冬 | 15 | 16 | 16 | 17 | 18 | 18 | 19 | 19 | 20 | 18 | 19 |
| 11 | 11 | 12 九 | 12 八 | 13 | 14 | 14 | 15 | 15 | 16 | 14 | 15 | 16 | 16 | 17 | 17 | 18 | 19 | 19 | 20 | 20 | 21 | 19 | 20 |
| 12 4 | 12 3 | 13 | 13 | 14 七 | 15 | 15 | 16 | 16 | 17 | 15 | 16 | 17 | 17 | 18 | 18 | 19 | 20 | 20 | 21 | 21 | 22 | 20 | 21 |
| 13 | 13 | 14 2 | 14 1 | 15 | 16 六 | 16 閏 | 17 | 17 | 18 | 16 | 17 | 18 | 18 | 19 | 19 | 20 | 21 | 21 | 22 | 22 | 23 | 21 | 22 |
| 14 | 14 | 15 | 15 | 16 12 | 17 11 | 17 | 18 五 | 18 四 | 19 | 17 | 18 | 19 | 19 | 20 | 20 | 21 | 22 | 22 | 23 | 23 | 24 | 22 | 23 |
| 15 冬 | 15 | 16 | 16 | 17 | 18 | 18 10 | 19 9 | 19 | 20 三 | 18 二 | 19 正 | 20 十二 | 20 | 21 | 21 | 22 | 23 | 23 | 24 | 24 | 25 | 23 | 24 |
| 16 | 16 | 17 | 17 | 18 | 19 | 19 | 20 | 20 8 | 21 7 | 19 | 20 | 21 | 21 十一 | 22 十 | 22 | 23 | 24 | 24 | 25 | 25 | 26 | 24 | 25 |
| 17 | 17 | 18 | 18 | 19 | 20 | 20 | 21 | 21 | 22 | 20 6 | 21 5 | 22 | 22 | 23 | 23 九 | 24 八 | 25 | 25 | 26 | 26 | 27 | 25 | 26 |
| 18 | 18 | 19 | 19 | 20 | 21 | 21 | 22 | 22 | 23 | 21 | 22 | 23 4 | 23 3 | 24 | 24 | 25 | 26 七 | 26 | 27 | 27 | 28 | 26 | 27 |
| 19 | 19 | 20 | 20 | 21 | 22 | 22 | 23 | 23 | 24 | 22 | 23 | 24 | 24 | 25 2 | 25 1 | 26 12 | 27 11 | 27 六 | 28 五 | 28 | 29 | 27 | 28 |
| 20 | 20 | 21 | 21 | 22 | 23 | 23 | 24 | 24 | 25 | 23 | 24 | 25 | 25 | 26 | 26 | 27 | 28 | 28 10 | 29 9 | 29 四 | 30 三 | 28 | 29 |
| 21 | 21 | 22 | 22 | 23 | 24 | 24 | 25 | 25 | 26 | 24 | 25 | 26 | 26 | 27 | 27 | 28 | 29 | 29 | 30 | 30 8 | 31 7 | **3** 二 | 30 正 |

勵耘書屋

一一七一
辛卯
宋乾道七
遼崇福八
金大定一一

567

一一七二
壬辰
宋乾道八
遼崇福九
金大定一二

568

| | | | | | | | | | | | | | | | | | | | | | | | | |
|---|---|---|---|---|---|---|---|---|---|---|---|---|---|---|---|---|---|---|---|---|---|---|---|---|
| 11 | 11 | 12 | 12 | 13 | 14 | 14 | 15 | 15 | 16 | 15 | 16 | 17 | 17 | 18 | 18 | 19 | 20 | 20 | 21 | 21 | 22 | 20 | 21 | 22 |
| 12 | 12 | 13 | 13 | 14 | 15 | 15 | 16 | 16 | 17 | 16 | 17 | 18 | 18 | 19 | 19 | 20 | 21 | 21 | 22 | 22 | 23 | 21 | 22 | 23 |
| 13 | 13 | 14 | 14 | 15 | 16 | 16 | 17 | 17 | 18 | 17 | 18 | 19 | 19 | 20 | 20 | 21 | 22 | 22 | 23 | 23 | 24 | 22 | 23 | 24 |
| 14 冬 | 14 | 15 | 15 | 16 | 17 | 17 | 18 | 18 | 19 | 18 | 19 | 20 | 20 | 21 | 21 | 22 | 23 | 23 | 24 | 24 | 25 | 23 | 24 | 25 |
| 15 | 15 | 16 | 16 | 17 | 18 | 18 | 19 | 19 | 20 | 19 | 20 | 21 | 21 | 22 | 22 | 23 | 24 | 24 | 25 | 25 | 26 | 24 | 25 | 26 |
| 16 | 16 | 17 | 17 | 18 | 19 | 19 | 20 | 20 | 21 | 20 | 21 | 22 | 22 | 23 | 23 | 24 | 25 | 25 | 26 | 26 | 27 | 25 | 26 | 27 |
| 17 十二 | 17 | 18 | 18 | 19 | 20 | 20 | 21 | 21 | 22 | 21 | 22 | 23 | 23 | 24 | 24 | 25 | 26 | 26 | 27 | 27 | 28 | 26 | 27 | 28 |
| 18 | 18 十一 | 19 十 | 19 | 20 | 21 | 21 | 22 | 22 | 23 | 22 | 23 | 24 | 24 | 25 | 25 | 26 | 27 | 27 | 28 | 28 | 29 | 27 | 28 | 29 |
| 19 5 | 19 | 20 | 20 九 | 21 八 | 22 | 22 | 23 | 23 | 24 | 23 | 24 | 25 | 25 | 26 | 26 | 27 | 28 | 28 | 29 | 29 | 30 | 28 | 29 | 30 |
| 20 | 20 4 | 21 3 | 21 | 22 | 23 七 | 23 六 | 24 | 24 | 25 | 24 | 25 | 26 | 26 | 27 | 27 | 28 | 29 | 29 | 30 | 30 | 31 | 3 | 30 | 31 |
| 21 | 21 | 22 | 22 2 | 23 1 | 24 | 24 | 25 五 | 25 四 | 26 三 | 25 | 26 | 27 | 27 | 28 | 28 | 29 | 30 | 30 | 31 | 5 | 4 | 2 | 31 | 1 |
| 22 | 22 | 23 | 23 | 24 | 25 12 | 25 11 | 26 | 26 | 27 | 26 二 | 27 正 | 28 | 28 | 29 | 29 | 30 | 31 | 7 | 6 | 2 | 2 | 3 | 2 | 2 |
| 23 | 23 | 24 | 24 | 25 | 26 | 26 | 27 10 | 27 9 | 28 | 27 | 28 | 29 十二 | 29 十一 | 30 | 30 | 31 | 8 | 2 | 2 | 3 | 3 | 4 | 2 | 3 |
| 24 | 24 | 25 | 25 | 26 | 27 | 27 | 28 | 28 | 29 8 | 28 7 | 29 | 30 | 30 | 31 十 | 10 九 | 9 | 2 | 3 | 3 | 4 | 4 | 5 | 3 | 4 |
| 25 | 25 | 26 | 26 | 27 | 28 | 28 | 29 | 29 | 30 | 29 | 30 6 | 31 5 | 12 | 11 | 2 | 2 八 | 3 | 4 | 4 | 5 | 5 | 6 | 4 | 5 |
| 26 | 26 | 27 | 27 | 28 | 29 | 29 | 30 | 30 | 31 | 3 | 31 | 1 | 2 4 | 2 3 | 3 | 3 | 4 七 | 5 六 | 5 | 6 | 6 | 7 | 5 | 6 |
| 27 | 27 | 28 | 28 | 29 | 30 | 30 | 31 | 5 | 4 | 2 | 2 | 2 | 3 | 3 | 4 2 | 4 1 | 5 12 | 6 11 | 6 五 | 7 四 | 7 三 | 8 | 6 | 7 |
| 28 | 28 | 29 | 29 | 30 | 31 | 7 | 6 | 2 | 2 | 3 | 2 | 3 | 4 | 4 | 5 | 5 | 6 | 7 | 7 10 | 8 9 | 8 | 9 二 | 7 正 | 8 十二 |
| 29 | 29 | 30 | 30 | 31 | 8 | 2 | 2 | 3 | 3 | 4 | 3 | 4 | 5 | 5 | 6 | 6 | 7 | 8 | 8 | 9 | 9 8 | 10 7 | 8 | 9 |
| 30 | 30 | 31 | 10 | 9 | 2 | 3 | 3 | 4 | 4 | 5 | 4 | 5 | 6 | 6 | 7 | 7 | 8 | 9 | 9 | 10 | 10 | 11 | 9 6 | 10 5 |
| 31 | 12 | 11 | 2 | 2 | 3 | 4 | 4 | 5 | 5 | 6 | 5 | 6 | 7 | 7 | 8 | 8 | 9 | 10 | 10 | 11 | 11 | 12 | 10 | 11 |
| 日 | 2 | 2 | 3 | 3 | 4 | 5 | 5 | 6 | 6 | 7 | 6 | 7 | 8 | 8 | 9 | 9 | 10 | 11 | 11 | 12 | 12 | 13 | 11 | 12 |
| 曜 | 3 | 3 | 4 | 4 | 5 | 6 | 6 | 7 | 7 | 8 | 7 | 8 | 9 | 9 | 10 | 10 | 11 | 12 | 12 | 13 | 13 | 14 | 12 | 13 |
| 表 | 4 | 4 | 5 | 5 | 6 | 7 | 7 | 8 | 8 | 9 | 8 | 9 | 10 | 10 | 11 | 11 | 12 | 13 | 13 | 14 | 14 | 15 | 13 | 14 |
| 3 | 5 | 5 | 6 | 6 | 7 | 8 | 8 | 9 | 9 | 10 | 9 | 10 | 11 | 11 | 12 | 12 | 13 | 14 | 14 | 15 | 15 | 16 | 14 | 15 |
| 甲 | 6 | 6 | 7 | 7 | 8 | 9 | 9 | 10 | 10 | 11 | 10 | 11 | 12 | 12 | 13 | 13 | 14 | 15 | 15 | 16 | 16 | 17 | 15 | 16 |
| 子 | 7 | 7 | 8 | 8 | 9 | 10 | 10 | 11 | 11 | 12 | 11 | 12 | 13 | 13 | 14 | 14 | 15 | 16 | 16 | 17 | 17 | 18 | 16 | 17 |
| 表 | 8 | 8 | 9 | 9 | 10 | 11 | 11 | 12 | 12 | 13 | 12 | 13 | 14 | 14 | 15 | 15 | 16 | 17 | 17 | 18 | 18 | 19 | 17 | 18 |
| 13 | 9 | 9 | 10 | 10 | 11 | 12 | 12 | 13 | 13 | 14 | 13 | 14 | 15 冬 | 15 | 16 | 16 | 17 | 18 | 18 | 19 | 19 | 20 | 18 | 19 |
| | 10 | 10 | 11 | 11 | 12 | 13 | 13 | 14 | 14 | 15 | 14 | 15 | 16 | 16 | 17 | 17 | 18 | 19 | 19 | 20 | 20 | 21 | 19 | 20 |

中西回史日曆 卷一二 南宋 西遼 金 一九 勵耘書屋

| 一一七四 甲午 宋淳熙元 遼崇福一一 金大定一四 570 | | | | | | | | | | | | 一一七三 癸巳 宋乾道九 遼崇福一〇 金大定一三 569 | | | | | | | | | | | |
|---|---|---|---|---|---|---|---|---|---|---|---|---|---|---|---|---|---|---|---|---|---|---|---|
| 22 | 23 | 23 | 24 | 25 | 25 | 26 | 26 | 27 | 25 | 26 | 27 | 27 | 28 | 28 | 29 | 30 | 30 | 31 | **5** | **4** | 2 | 31 | **1** |
| 23 | 24 | 24 | 25 | 26 | 26 | 27 | 27 | 28 | 26 | 27 | 28 | 28 | 29 | 29 | 30 | 31 | **7** | **6** | 2 | 2 | 3 | **2** | 2 |
| 24 | 25 | 25 | 26 | 27 | 27 | 28 | 28 | 29 | 27 | 28 | 29 | 29 | 30 | 30 | 31 | **8** | 2 | 2 | 3 | 3 | 4 | 2 | 3 |
| 25 | 26 | 26 | 27 | 28 | 28 | 29 | 29 | 30 | 28 | 29 | 30 | 30 | 31 | **10** | **9** | 2 | 3 | 3 | 4 | 4 | 5 | 3 | 4 |
| 26 十二 | 27 | 27 | 28 | 29 | 29 | 30 | 30 | 31 | **3** | 30 | 31 | **12** | **11** | 2 | 2 | 3 | 4 | 4 | 5 | 5 | 6 | **4** | 5 |
| 27 | 28 十 | 28 九 | 29 八 | 30 | 30 | 31 | **5** | **4** | 2 | 31 | **1** | 2 | 2 | 3 | 3 | 4 | 5 | 5 | 6 | 6 | 7 | 5 | 6 |
| 28 5 | 29 | 29 | 30 | 31 七 | **7** 六 | **6** 五 | 2 | 2 | 3 | **2** | 2 | 3 | 3 | 4 | 4 | 5 | 6 | 6 | 7 | 7 | 8 | 6 | 7 |
| 29 | 30 4 | 30 3 | 31 | **8** | 2 | 2 | 3 四 | 3 | 4 | 2 | 3 | 4 | 4 | 5 | 5 | 6 | 7 | 7 | 8 | 8 | 9 | 7 | 8 |
| 30 | 31 | **10** | **9** 2 | 2 1 | 3 12 | 3 11 | 4 | 4 三 | 5 二 | 3 | 4 | 5 | 5 | 6 | 6 | 7 | 8 | 8 | 9 | 9 | 10 | 8 | 9 |
| **12** | **11** | 2 | 2 | 3 | 4 | 4 | 5 10 | 5 9 | 6 | 4 正 | 5 十二 | 6 | 6 | 7 | 7 | 8 | 9 | 9 | 10 | 10 | 11 | 9 | 10 |
| 2 | 2 | 3 | 3 | 4 | 5 | 5 | 6 | 6 | 7 8 | 5 7 | 6 | 7 十一 | 7 十 | 8 | 8 | 9 | 10 | 10 | 11 | 11 | 12 | 10 | 11 |
| 3 | 3 | 4 | 4 | 5 | 6 | 6 | 7 | 7 | 8 | 6 | 7 6 | 8 5 | 8 | 9 九 | 9 八 | 10 | 11 | 11 | 12 | 12 | 13 | 11 | 12 |
| 4 | 4 | 5 | 5 | 6 | 7 | 7 | 8 | 8 | 9 | 7 | 8 | 9 | 9 4 | 10 3 | 10 | 11 七 | 12 六 | 12 五 | 13 | 13 | 14 | 12 | 13 |
| 5 | 5 | 6 | 6 | 7 | 8 | 8 | 9 | 9 | 10 | 8 | 9 | 10 | 10 | 11 | 11 2 | 12 1 | 13 | 13 | 14 四 | 14 三 | 15 | 13 | 14 |
| 6 | 6 | 7 | 7 | 8 | 9 | 9 | 10 | 10 | 11 | 9 | 10 | 11 | 11 | 12 | 12 | 13 | 14 12 | 14 11 | 15 | 15 | 16 二 | 14 閏 | 15 |
| 7 | 7 | 8 | 8 | 9 | 10 | 10 | 11 | 11 | 12 | 10 | 11 | 12 | 12 | 13 | 13 | 14 | 15 | 15 | 16 10 | 16 9 | 17 | 15 | 16 正 |
| 8 | 8 | 9 | 9 | 10 | 11 | 11 | 12 | 12 | 13 | 11 | 12 | 13 | 13 | 14 | 14 | 15 | 16 | 16 | 17 | 17 | 18 8 | 16 7 | 17 |
| 9 | 9 | 10 | 10 | 11 | 12 | 12 | 13 | 13 | 14 | 12 | 13 | 14 | 14 | 15 | 15 | 16 | 17 | 17 | 18 | 18 | 19 | 17 | 18 6 |
| 10 | 10 | 11 | 11 | 12 | 13 | 13 | 14 | 14 | 15 | 13 | 14 | 15 冬 | 15 | 16 | 16 | 17 | 18 | 18 | 19 | 19 | 20 | 18 | 19 |
| 11 | 11 | 12 | 12 | 13 | 14 | 14 | 15 | 15 | 16 | 14 | 15 | 16 | 16 | 17 | 17 | 18 | 19 | 19 | 20 | 20 | 21 | 19 | 20 |
| 12 | 12 | 13 | 13 | 14 | 15 | 15 | 16 | 16 | 17 | 15 | 16 | 17 | 17 | 18 | 18 | 19 | 20 | 20 | 21 | 21 | 22 | 20 | 21 |
| 13 | 13 | 14 | 14 | 15 | 16 | 16 | 17 | 17 | 18 | 16 | 17 | 18 | 18 | 19 | 19 | 20 | 21 | 21 | 22 | 22 | 23 | 21 | 22 |
| 14 | 14 | 15 | 15 | 16 | 17 | 17 | 18 | 18 | 19 | 17 | 18 | 19 | 19 | 20 | 20 | 21 | 22 | 22 | 23 | 23 | 24 | 22 | 23 |
| 15 冬 | 15 | 16 | 16 | 17 | 18 | 18 | 19 | 19 | 20 | 18 | 19 | 20 | 20 | 21 | 21 | 22 | 23 | 23 | 24 | 24 | 25 | 23 | 24 |
| 16 | 16 | 17 | 17 | 18 | 19 | 19 | 20 | 20 | 21 | 19 | 20 | 21 | 21 | 22 | 22 | 23 | 24 | 24 | 25 | 25 | 26 | 24 | 25 |
| 17 | 17 | 18 | 18 | 19 | 20 | 20 | 21 | 21 | 22 | 20 | 21 | 22 | 22 | 23 | 23 | 24 | 25 | 25 | 26 | 26 | 27 | 25 | 26 |
| 18 | 18 | 19 | 19 | 20 | 21 | 21 | 22 | 22 | 23 | 21 | 22 | 23 | 23 | 24 | 24 | 25 | 26 | 26 | 27 | 27 | 28 | 26 | 27 |
| 19 | 19 | 20 | 20 | 21 | 22 | 22 | 23 | 23 | 24 | 22 | 23 | 24 | 24 | 25 | 25 | 26 | 27 | 27 | 28 | 28 | 29 | 27 | 28 |
| 20 | 20 | 21 | 21 | 22 | 23 | 23 | 24 | 24 | 25 | 23 | 24 | 25 | 25 | 26 | 26 | 27 | 28 | 28 | 29 | 29 | 30 | 28 | 29 |
| 21 | 21 | 22 | 22 | 23 | 24 | 24 | 25 | 25 | 26 | 24 | 25 | 26 | 26 | 27 | 27 | 28 | 29 | 29 | 30 | 30 | 31 | **3** | 30 |

一一七六 丙申 宋淳熙三 遼崇福一三 金大定一六

572

一一七五 乙未 宋淳熙二 遼崇福一二 金大定一五

571

| | | | | | | | | | | | | | | | | | | | | | | | | |
|---|---|---|---|---|---|---|---|---|---|---|---|---|---|---|---|---|---|---|---|---|---|---|---|---|
| 11 | 11 | 12 | 12 | 13 | 14 | 14 | 15 | 15 | 16 | 15 | 16 | 17 6 | 17 5 | 18 | 18 | 19 | 20 七 | 20 六 | 21 | 21 | 22 | 20 | 21 | 22 |
| 12 | 12 | 13 | 13 | 14 | 15 | 15 | 16 | 16 | 17 | 16 | 17 | 18 | 18 | 19 4 | 19 3 | 20 | 21 | 21 | 22 五 | 22 | 23 | 21 | 22 | 23 |
| 13 | 13 | 14 | 14 | 15 | 16 | 16 | 17 | 17 | 18 | 17 | 18 | 19 | 19 | 20 | 20 | 21 2 | 22 1 | 22 | 23 | 23 四 | 24 三 | 22 | 23 | 24 |
| 14 冬 | 14 | 15 | 15 | 16 | 17 | 17 | 18 | 18 | 19 | 18 | 19 | 20 | 20 | 21 | 21 | 22 | 23 | 23 12 | 24 11 | 24 | 25 | 23 二 | 24 | 25 |
| 15 | 15 | 16 | 16 | 17 | 18 | 18 | 19 | 19 | 20 | 19 | 20 | 21 | 21 | 22 | 22 | 23 | 24 | 24 | 25 | 25 10 | 26 9 | 24 | 25 正 | 26 十二 |
| 16 | 16 | 17 | 17 | 18 | 19 | 19 | 20 | 20 | 21 | 20 | 21 | 22 | 22 | 23 | 23 | 24 | 25 | 25 | 26 | 26 | 27 | 25 8 | 26 7 | 27 |
| 17 | 17 | 18 | 18 | 19 | 20 | 20 | 21 | 21 | 22 | 21 | 22 | 23 | 23 | 24 | 24 | 25 | 26 | 26 | 27 | 27 | 28 | 26 | 27 | 28 6 |
| 18 | 18 | 19 | 19 | 20 | 21 | 21 | 22 | 22 | 23 | 22 | 23 | 24 | 24 | 25 | 25 | 26 | 27 | 27 | 28 | 28 | 29 | 27 | 28 | 29 |
| 19 | 19 | 20 | 20 | 21 | 22 | 22 | 23 | 23 | 24 | 23 | 24 | 25 | 25 | 26 | 26 | 27 | 28 | 28 | 29 | 29 | 30 | 28 | 29 | 30 |
| 20 | 20 | 21 | 21 | 22 | 23 | 23 | 24 | 24 | 25 | 24 | 25 | 26 | 26 | 27 | 27 | 28 | 29 | 29 | 30 | 30 | 31 | **3** | 30 | 31 |
| 21 | 21 | 22 | 22 | 23 | 24 | 24 | 25 | 25 | 26 | 25 | 26 | 27 | 27 | 28 | 28 | 29 | 30 | 30 | 31 | **5** | **4** | 2 | 31 | **1** |
| 22 | 22 | 23 | 23 | 24 | 25 | 25 | 26 | 26 | 27 | 26 | 27 | 28 | 28 | 29 | 29 | 30 | 31 | **7** | **6** | 2 | 2 | 3 | **2** | 2 |
| 23 | 23 | 24 | 24 | 25 | 26 | 26 | 27 | 27 | 28 | 27 | 28 | 29 | 29 | 30 | 30 | 31 | **8** | 2 | 2 | 3 | 3 | 4 | 2 | 3 |
| 24 | 24 | 25 | 25 | 26 | 27 | 27 | 28 | 28 | 29 | 28 | 29 | 30 | 30 | 31 | **10** | **9** | 2 | 3 | 3 | 4 | 4 | 5 | 3 | 4 |
| 25 | 25 | 26 | 26 | 27 | 28 | 28 | 29 | 29 | 30 | 29 | 30 | 31 | **12** | **11** | 2 | 2 | 3 | 4 | 4 | 5 | 5 | 6 | 4 | 5 |
| 26 | 26 | 27 | 27 | 28 | 29 | 29 | 30 | 30 | 31 | **3** | 31 | **1** | 2 | 2 | 3 | 3 | 4 | 5 | 5 | 6 | 6 | 7 | 5 | 6 |
| 27 | 27 | 28 | 28 | 29 | 30 | 30 | 31 | **5** | **4** | 2 | **2** | 2 | 3 | 3 | 4 | 4 | 5 | 6 | 6 | 7 | 7 | 8 | 6 | 7 |
| 28 | 28 | 29 | 29 | 30 | 31 | **7** | **6** | 2 | 2 | 3 | 2 | 3 | 4 | 4 | 5 | 5 | 6 | 7 | 7 | 8 | 8 | 9 | 7 | 8 |
| 29 | 29 | 30 | 30 | 31 | **8** | 2 | 2 | 3 | 3 | 4 | 3 | 4 | 5 | 5 | 6 | 6 | 7 | 8 | 8 | 9 | 9 | 10 | 8 | 9 |
| 30 | 30 | 31 | **10** | **9** | 2 | 3 | 3 | 4 | 4 | 5 | 4 | 5 | 6 | 6 | 7 | 7 | 8 | 9 | 9 | 10 | 10 | 11 | 9 | 10 |
| 31 | **12** | **11** | 2 | 2 | 3 | 4 | 4 | 5 | 5 | 6 | 5 | 6 | 7 | 7 | 8 | 8 | 9 | 10 | 10 | 11 | 11 | 12 | 10 | 11 |
| 日 | 2 | 2 | 3 | 3 | 4 | 5 | 5 | 6 | 6 | 7 | 6 | 7 | 8 | 8 | 9 | 9 | 10 | 11 | 11 | 12 | 12 | 13 | 11 | 12 |
| 曜 | 3 十二 | 3 十 | 4 | 4 | 5 | 6 | 6 | 7 | 7 | 8 | 7 | 8 | 9 | 9 | 10 | 10 | 11 | 12 | 12 | 13 | 13 | 14 | 12 | 13 |
| 表 | 4 | 4 | 5 九 | 5 八 | 6 | 7 | 7 | 8 | 8 | 9 | 8 | 9 | 10 | 10 | 11 | 11 | 12 | 13 | 13 | 14 | 14 | 15 | 13 | 14 |
| 4 | 5 6 | 5 5 | 6 | 6 | 7 七 | 8 六 | 8 | 9 | 9 | 10 | 9 | 10 | 11 | 11 | 12 | 12 | 13 | 14 | 14 | 15 | 15 | 16 | 14 | 15 |
| 甲 | 6 | 6 | 7 4 | 7 3 | 8 | 9 | 9 五 | 10 | 10 | 11 | 10 | 11 | 12 | 12 | 13 | 13 | 14 | 15 | 15 | 16 | 16 | 17 | 15 | 16 |
| 子 | 7 | 7 | 8 | 8 | 9 2 | 10 1 | 10 | 11 四 | 11 三 | 12 | 11 | 12 | 13 | 13 | 14 | 14 | 15 | 16 | 16 | 17 | 17 | 18 | 16 | 17 |
| 表 | 8 | 8 | 9 | 9 | 10 | 11 | 11 12 | 12 11 | 12 | 13 二 | 12 正 | 13 | 14 | 14 | 15 | 15 | 16 | 17 | 17 | 18 | 18 | 19 | 17 | 18 |
| 14 | 9 | 9 | 10 | 10 | 11 | 12 | 12 | 13 | 13 10 | 14 9 | 13 | 14 十二 | 15 冬 十一 | 15 十 | 16 | 16 | 17 | 18 | 18 | 19 | 19 | 20 | 18 | 19 |
| | 10 | 10 | 11 | 11 | 12 | 13 | 13 | 14 | 14 | 15 | 14 8 | 15 7 | 16 | 16 | 17 閏 | 17 九 | 18 八 | 19 | 19 | 20 | 20 | 21 | 19 | 20 |

一一七八 戊戌 宋淳熙五 遼天禧元 末主 金大定一八 574

一一七七 丁酉 宋淳熙四 遼崇福一四 金大定一七 573

| | | | | | | | | | | | | | | | | | | | | | | | |
|---|---|---|---|---|---|---|---|---|---|---|---|---|---|---|---|---|---|---|---|---|---|---|---|
| 22 | 23 | 23 | 24 | 25 | 25 | 26 | 26 | 27 | 25 | 26 | 27 | 27 | 28 | 28 | 29 | 30 | 2 30 | 1 31 | 12 5 | 11 4 | 三 2 | 二 31 | 1 |
| 23 | 24 | 24 | 25 | 26 | 26 | 27 | 27 | 28 | 26 | 27 | 28 | 28 | 29 | 29 | 30 | 31 | 7 | 6 | 2 | 2 | 10 3 | 9 2 | 正 2 十二 |
| 24 | 25 | 25 | 26 | 27 | 27 | 28 | 28 | 29 | 27 | 28 | 29 | 29 | 30 | 30 | 31 | 8 | 2 | 2 | 3 | 3 | 4 | 2 | 8 3 7 |
| 25 | 26 | 26 | 27 | 28 | 28 | 29 | 29 | 30 | 28 | 29 | 30 | 30 | 31 | 10 | 9 | 2 | 3 | 3 | 4 | 4 | 5 | 3 | 4 |
| 26 | 27 | 27 | 28 | 29 | 29 | 30 | 30 | 31 | 3 | 30 | 31 | 12 | 11 | 2 | 2 | 3 | 4 | 4 | 5 | 5 | 6 | 4 | 5 |
| 27 | 28 | 28 | 29 | 30 | 30 | 31 | 5 | 4 | 2 | 31 | 1 | 2 | 2 | 3 | 3 | 4 | 5 | 5 | 6 | 6 | 7 | 5 | 6 |
| 28 | 29 | 29 | 30 | 31 | 7 | 6 | 2 | 2 | 3 | 2 | 2 | 3 | 3 | 4 | 4 | 5 | 6 | 6 | 7 | 7 | 8 | 6 | 7 |
| 29 | 30 | 30 | 31 | 8 | 2 | 2 | 3 | 3 | 4 | 2 | 3 | 4 | 4 | 5 | 5 | 6 | 7 | 7 | 8 | 8 | 9 | 7 | 8 |
| 30 | 31 | 10 | 9 | 2 | 3 | 3 | 4 | 4 | 5 | 3 | 4 | 5 | 5 | 6 | 6 | 7 | 8 | 8 | 9 | 9 | 10 | 8 | 9 |
| 12 | 11 | 2 | 2 | 3 | 4 | 4 | 5 | 5 | 6 | 4 | 5 | 6 | 6 | 7 | 7 | 8 | 9 | 9 | 10 | 10 | 11 | 9 | 10 |
| 2 | 2 | 3 | 3 | 4 | 5 | 5 | 6 | 6 | 7 | 5 | 6 | 7 | 7 | 8 | 8 | 9 | 10 | 10 | 11 | 11 | 12 | 10 | 11 |
| 3 | 3 | 4 | 4 | 5 | 6 | 6 | 7 | 7 | 8 | 6 | 7 | 8 | 8 | 9 | 9 | 10 | 11 | 11 | 12 | 12 | 13 | 11 | 12 |
| 4 | 4 | 5 | 5 | 6 | 7 | 7 | 8 | 8 | 9 | 7 | 8 | 9 | 9 | 10 | 10 | 11 | 12 | 12 | 13 | 13 | 14 | 12 | 13 |
| 5 | 5 | 6 | 6 | 7 | 8 | 8 | 9 | 9 | 10 | 8 | 9 | 10 | 10 | 11 | 11 | 12 | 13 | 13 | 14 | 14 | 15 | 13 | 14 |
| 6 | 6 | 7 | 7 | 8 | 9 | 9 | 10 | 10 | 11 | 9 | 10 | 11 | 11 | 12 | 12 | 13 | 14 | 14 | 15 | 15 | 16 | 14 | 15 |
| 7 | 7 | 8 | 8 | 9 | 10 | 10 | 11 | 11 | 12 | 10 | 11 | 12 | 12 | 13 | 13 | 14 | 15 | 15 | 16 | 16 | 17 | 15 | 16 |
| 8 | 8 | 9 | 9 | 10 | 11 | 11 | 12 | 12 | 13 | 11 | 12 | 13 | 13 | 14 | 14 | 15 | 16 | 16 | 17 | 17 | 18 | 16 | 17 |
| 9 | 9 | 10 | 10 | 11 | 12 | 12 | 13 | 13 | 14 | 12 | 13 | 14 | 14 | 15 | 15 | 16 | 17 | 17 | 18 | 18 | 19 | 17 | 18 |
| 10 | 10 | 11 | 11 | 12 | 13 | 13 | 14 | 14 | 15 | 13 | 14 | 15 | 冬 15 | 16 | 16 | 17 | 18 | 18 | 19 | 19 | 20 | 18 | 19 |
| 11 | 十一 11 | 12 | 12 | 13 | 14 | 14 | 15 | 15 | 16 | 14 | 15 | 16 | 16 | 17 | 17 | 18 | 19 | 19 | 20 | 20 | 21 | 19 | 20 |
| 12 | 12 | 十 13 | 九 13 | 14 | 15 | 15 | 16 | 16 | 17 | 15 | 16 | 17 | 17 | 18 | 18 | 19 | 20 | 20 | 21 | 21 | 22 | 20 | 21 |
| 13 | 7 13 | 14 | 14 | 八 15 | 七 16 | 16 | 17 | 17 | 18 | 16 | 17 | 18 | 18 | 19 | 19 | 20 | 21 | 21 | 22 | 22 | 23 | 21 | 22 |
| 14 | 14 | 6 15 | 5 15 | 16 | 17 | 閏 17 | 18 | 18 | 19 | 17 | 18 | 19 | 19 | 20 | 20 | 21 | 22 | 22 | 23 | 23 | 24 | 22 | 23 |
| 15 | 冬 15 | 16 | 16 | 4 17 | 3 18 | 18 | 六 19 | 五 19 | 20 | 18 | 19 | 20 | 20 | 21 | 21 | 22 | 23 | 23 | 24 | 24 | 25 | 23 | 24 |
| 16 | 16 | 17 | 17 | 18 | 19 | 2 19 | 1 20 | 20 | 四 21 | 三 19 | 20 | 21 | 21 | 22 | 22 | 23 | 24 | 24 | 25 | 25 | 26 | 24 | 25 |
| 17 | 17 | 18 | 18 | 19 | 20 | 20 | 21 | 12 21 | 11 22 | 20 | 二 21 | 正 22 | 十二 22 | 十一 23 | 23 | 24 | 25 | 25 | 26 | 26 | 27 | 25 | 26 |
| 18 | 18 | 19 | 19 | 20 | 21 | 21 | 22 | 22 | 23 | 10 21 | 9 22 | 23 | 23 | 24 | 十 24 | 九 25 | 26 | 26 | 27 | 27 | 28 | 26 | 27 |
| 19 | 19 | 20 | 20 | 21 | 22 | 22 | 23 | 23 | 24 | 22 | 23 | 8 24 | 7 24 | 25 | 25 | 26 | 八 27 | 七 27 | 28 | 28 | 29 | 27 | 28 |
| 20 | 20 | 21 | 21 | 22 | 23 | 23 | 24 | 24 | 25 | 23 | 24 | 25 | 25 | 6 26 | 5 26 | 27 | 28 | 28 | 六 29 | 29 | 30 | 28 | 29 |
| 21 | 21 | 22 | 22 | 23 | 24 | 24 | 25 | 25 | 26 | 24 | 25 | 26 | 26 | 27 | 27 | 4 28 | 3 29 | 29 | 30 | 五 30 | 四 31 | 3 | 30 |

一一八〇 庚子 宋淳熙七 遼天禧三 金大定二〇

576

一一七九 己亥 宋淳熙六 遼天禧二 金大定一九

575

| | | | | | | | | | | | | | | | | | | | | | | | | |
|---|---|---|---|---|---|---|---|---|---|---|---|---|---|---|---|---|---|---|---|---|---|---|---|---|
| 11 | 11 | 12 | 12 | 13 | 14 | 14 | 15 | 15 | 16 | 15 | 16 | 17 | 17 | 18 | 18 | 19 | 20 | 20 | 21 | 21 | 22 | 20 | 21 | 22 |
| 12 | 12 | 13 | 13 | 14 | 15 | 15 | 16 | 16 | 17 | 16 | 17 | 18 | 18 | 19 | 19 | 20 | 21 | 21 | 22 | 22 | 23 | 21 | 22 | 23 |
| 13 | 13 | 14 | 14 | 15 | 16 | 16 | 17 | 17 | 18 | 17 | 18 | 19 | 19 | 20 | 20 | 21 | 22 | 22 | 23 | 23 | 24 | 22 | 23 | 24 |
| 14 | 冬14 | 15 | 15 | 16 | 17 | 17 | 18 | 18 | 19 | 18 | 19 | 20 | 20 | 21 | 21 | 22 | 23 | 23 | 24 | 24 | 25 | 23 | 24 | 25 |
| 15 | 15 | 16 | 16 | 17 | 18 | 18 | 19 | 19 | 20 | 19 | 20 | 21 | 21 | 22 | 22 | 23 | 24 | 24 | 25 | 25 | 26 | 24 | 25 | 26 |
| 16 | 16 | 17 | 17 | 18 | 19 | 19 | 20 | 20 | 21 | 20 | 21 | 22 | 22 | 23 | 23 | 24 | 25 | 25 | 26 | 26 | 27 | 25 | 26 | 27 |
| 17 | 17 | 18 | 18 | 19 | 20 | 20 | 21 | 21 | 22 | 21 | 22 | 23 | 23 | 24 | 24 | 25 | 26 | 26 | 27 | 27 | 28 | 26 | 27 | 28 |
| 18 | 18 | 19 | 19 | 20 | 21 | 21 | 22 | 22 | 23 | 22 | 23 | 24 | 24 | 25 | 25 | 26 | 27 | 27 | 28 | 28 | 29 | 27 | 28 | 29 |
| 19 | 十二19 | 十一20 | 20 | 21 | 22 | 22 | 23 | 23 | 24 | 23 | 24 | 25 | 25 | 26 | 26 | 27 | 28 | 28 | 29 | 29 | 30 | 28 | 29 | 30 |
| 20 | 20 | 21 | 十21 | 九22 | 23 | 23 | 24 | 24 | 25 | 24 | 25 | 26 | 26 | 27 | 27 | 28 | 29 | 29 | 30 | 30 | 31 | **3** | 30 | 31 |
| 21 | 8 21 | 7 22 | 22 | 23 | 八24 | 七24 | 25 | 25 | 26 | 25 | 26 | 27 | 27 | 28 | 28 | 29 | 30 | 30 | 31 | **5** | **4** | 2 | 31 | **1** |
| 22 | 22 | 23 | 6 23 | 5 24 | 25 | 25 | 六26 | 五26 | 27 | 26 | 27 | 28 | 28 | 29 | 29 | 30 | 31 | **7** | **6** | 2 | 2 | 3 | **2** | 2 |
| 23 | 23 | 24 | 24 | 25 | 4 26 | 3 26 | 27 | 27 | 四28 | 三27 | 二28 | 29 | 29 | 30 | 30 | 31 | **8** | 2 | 2 | 3 | 3 | 4 | 2 | 3 |
| 24 | 24 | 25 | 25 | 26 | 27 | 27 | 2 28 | 1 28 | 12 29 | 11 28 | 29 | 正30 | 十二30 | 31 | **10** | **9** | 2 | 3 | 3 | 4 | 4 | 5 | 3 | 4 |
| 25 | 25 | 26 | 26 | 27 | 28 | 28 | 29 | 29 | 30 | 29 | 10 30 | 9 31 | **12** | 十一**11** | 十2 | 2 | 3 | 4 | 4 | 5 | 5 | 6 | 4 | 5 |
| 26 | 26 | 27 | 27 | 28 | 29 | 29 | 30 | 30 | 31 | **3** | 31 | **1** | 8 2 | 7 2 | 3 | 3 | 九3 | 八4 | 5 | 5 | 6 | 6 | 7 | 5 | 6 |
| 27 | 27 | 28 | 28 | 29 | 30 | 30 | 31 | **5** | **4** | 2 | **2** | 2 | 3 | 3 | 6 4 | 5 4 | 5 | 七6 | 6 | 7 | 7 | 8 | 6 | 7 |
| 28 | 28 | 29 | 29 | 30 | 31 | **7** | **6** | 2 | 2 | 3 | 2 | 3 | 4 | 4 | 5 | 5 | 4 6 | 3 7 | 六7 | 五8 | 8 | 9 | 7 | 8 |
| 29 | 29 | 30 | 30 | 31 | **8** | 2 | 2 | 3 | 3 | 4 | 3 | 4 | 5 | 5 | 6 | 6 | 7 | 8 | 2 8 | 1 9 | 四9 | 三10 | 二8 | 9 |
| 30 | 30 | 31 | **10** | **9** | 2 | 3 | 3 | 4 | 4 | 5 | 4 | 5 | 6 | 6 | 7 | 7 | 8 | 9 | 9 | 10 | 12 10 | 11 11 | 9 | 正10 十二 |
| 31 | **12** | **11** | 2 | 2 | 3 | 4 | 4 | 5 | 5 | 6 | 5 | 6 | 7 | 7 | 8 | 8 | 9 | 10 | 10 | 11 | 11 | 12 | 10 10 | 9 11 |
| 日 | 2 | 2 | 3 | 3 | 4 | 5 | 5 | 6 | 6 | 7 | 6 | 7 | 8 | 8 | 9 | 9 | 10 | 11 | 11 | 12 | 12 | 13 | 11 | 12 8 |
| 曜 | 3 | 3 | 4 | 4 | 5 | 6 | 6 | 7 | 7 | 8 | 7 | 8 | 9 | 9 | 10 | 10 | 11 | 12 | 12 | 13 | 13 | 14 | 12 | 13 |
| 表 | 4 | 4 | 5 | 5 | 6 | 7 | 7 | 8 | 8 | 9 | 8 | 9 | 10 | 10 | 11 | 11 | 12 | 13 | 13 | 14 | 14 | 15 | 13 | 14 |
| 5 | 5 | 5 | 6 | 6 | 7 | 8 | 8 | 9 | 9 | 10 | 9 | 10 | 11 | 11 | 12 | 12 | 13 | 14 | 14 | 15 | 15 | 16 | 14 | 15 |
| 甲 | 6 | 6 | 7 | 7 | 8 | 9 | 9 | 10 | 10 | 11 | 10 | 11 | 12 | 12 | 13 | 13 | 14 | 15 | 15 | 16 | 16 | 17 | 15 | 16 |
| 子 | 7 | 7 | 8 | 8 | 9 | 10 | 10 | 11 | 11 | 12 | 11 | 12 | 13 | 13 | 14 | 14 | 15 | 16 | 16 | 17 | 17 | 18 | 16 | 17 |
| 表 | 8 | 8 | 9 | 9 | 10 | 11 | 11 | 12 | 12 | 13 | 12 | 13 | 14 | 14 | 15 | 15 | 16 | 17 | 17 | 18 | 18 | 19 | 17 | 18 |
| 15 | 9 | 9 | 10 | 10 | 11 | 12 | 12 | 13 | 13 | 14 | 13 | 14 | 15 | 冬15 | 16 | 16 | 17 | 18 | 18 | 19 | 19 | 20 | 18 | 19 |
| | 10 | 10 | 11 | 11 | 12 | 13 | 13 | 14 | 14 | 15 | 14 | 15 | 16 | 16 | 17 | 17 | 18 | 19 | 19 | 20 | 20 | 21 | 19 | 20 |

一一八二 壬寅 宋淳熙九 遼天禧五 金大定二二

578

一一八一 辛丑 宋淳熙八 遼天禧四 金大定二一

577

| | | | | | | | | | | | | | | | | | | | | | | | |
|---|---|---|---|---|---|---|---|---|---|---|---|---|---|---|---|---|---|---|---|---|---|---|---|
| 22 | 23 | 23 | 24 | 25 | 25 | 26 | 26 | 27 | 25 | 26 | 27 | 27 | 28 | 28 | 29 | 30 | 30 | 31 | **5** | **4** | 2 | 31 | **1** |
| 23 | 24 | 24 | 25 | 26 | 26 | 27 | 27 | 28 | 26 | 27 | 28 | 28 | 29 | 29 | 30 | 31 | **7** | **6** | 2 | 2 | 3 | **2** | 2 |
| 24 | 25 | 25 | 26 | 27 | 27 | 28 | 28 | 29 | 27 | 28 | 29 | 29 | 30 | 30 | 31 | **8** | 2 | 2 | 3 | 3 | 4 | 2 | 3 |
| 25 | 26 | 26 | 27 | 28 | 28 | 29 | 29 | 30 | 28 | 29 | 30 | 30 | 31 | **10** | **9** | 2 | 3 | 3 | 4 | 4 | 5 | 3 | 4 |
| 26 | 27 | 27 | 28 | 29 | 29 | 30 | 30 | 31 | **3** | 30 | 31 | **12** | **11** | 2 | 2 | 3 | 4 | 4 | 5 | 5 | 6 | 4 | 5 |
| 27 | 28 | 28 | 29 | 30 | 30 | 31 | **5** | **4** | 2 | 31 | **1** | 2 | 2 | 3 | 3 | 4 | 5 | 5 | 6 | 6 | 7 | 5 | 6 |
| 28 十一 | 29 十 | 29 | 30 | 31 | **7** | **6** | 2 | 2 | 3 | **2** | 2 | 3 | 3 | 4 | 4 | 5 | 6 | 6 | 7 | 7 | 8 | 6 | 7 |
| 29 | 30 | 30 九 | 31 八 | **8** 七 | 2 | 2 | 3 | 3 | 4 | 2 | 3 | 4 | 4 | 5 | 5 | 6 | 7 | 7 | 8 | 8 | 9 | 7 | 8 |
| 30 **8** | 31 **7** | **10** | **9** | 2 | 3 六 | 3 五 | 4 | 4 | 5 | 3 | 4 | 5 | 5 | 6 | 6 | 7 | 8 | 8 | 9 | 9 | 10 | 8 | 9 |
| **12** | **11** | 2 **6** | 2 **5** | 3 | 4 | 4 | 5 四 | 5 三 | 6 | 4 | 5 | 6 | 6 | 7 | 7 | 8 | 9 | 9 | 10 | 10 | 11 | 9 | 10 |
| 2 | 2 | 3 | 3 | 4 **4** | 5 **3** | 5 | 6 | 6 | 7 二 | 5 正 | 6 | 7 | 7 | 8 | 8 | 9 | 10 | 10 | 11 | 11 | 12 | 10 | 11 |
| 3 | 3 | 4 | 4 | 5 | 6 | 6 **2** | 7 **1** | 7 **12** | 8 **11** | 6 | 7 十二 | 8 十一 | 8 | 9 | 9 | 10 | 11 | 11 | 12 | 12 | 13 | 11 | 12 |
| 4 | 4 | 5 | 5 | 6 | 7 | 7 | 8 | 8 | 9 | 7 **10** | 8 **9** | 9 | 9 十 | 10 九 | 10 | 11 | 12 | 12 | 13 | 13 | 14 | 12 | 13 |
| 5 | 5 | 6 | 6 | 7 | 8 | 8 | 9 | 9 | 10 | 8 | 9 | 10 **8** | 10 **7** | 11 | 11 八 | 12 七 | 13 | 13 | 14 | 14 | 15 | 13 | 14 |
| 6 | 6 | 7 | 7 | 8 | 9 | 9 | 10 | 10 | 11 | 9 | 10 | 11 | 11 | 12 **6** | 12 **5** | 13 | 14 六 | 14 五 | 15 四 | 15 | 16 | 14 | 15 |
| 7 | 7 | 8 | 8 | 9 | 10 | 10 | 11 | 11 | 12 | 10 | 11 | 12 | 12 | 13 | 13 | 14 **4** | 15 **3** | 15 | 16 | 16 閏 | 17 三 | 15 | 16 |
| 8 | 8 | 9 | 9 | 10 | 11 | 11 | 12 | 12 | 13 | 11 | 12 | 13 | 13 | 14 | 14 | 15 | 16 | 16 **2** | 17 **1** | 17 | 18 | 16 二 | 17 正 |
| 9 | 9 | 10 | 10 | 11 | 12 | 12 | 13 | 13 | 14 | 12 | 13 | 14 | 14 | 15 | 15 | 16 | 17 | 17 | 18 | 18 **12** | 19 **11** | 17 | 18 |
| 10 | 10 | 11 | 11 | 12 | 13 | 13 | 14 | 14 | 15 | 13 | 14 | 15 冬 | 15 | 16 | 16 | 17 | 18 | 18 | 19 | 19 | 20 | 18 **10** | 19 **9** |
| 11 | 11 | 12 | 12 | 13 | 14 | 14 | 15 | 15 | 16 | 14 | 15 | 16 | 16 | 17 | 17 | 18 | 19 | 19 | 20 | 20 | 21 | 19 | 20 |
| 12 | 12 | 13 | 13 | 14 | 15 | 15 | 16 | 16 | 17 | 15 | 16 | 17 | 17 | 18 | 18 | 19 | 20 | 20 | 21 | 21 | 22 | 20 | 21 |
| 13 | 13 | 14 | 14 | 15 | 16 | 16 | 17 | 17 | 18 | 16 | 17 | 18 | 18 | 19 | 19 | 20 | 21 | 21 | 22 | 22 | 23 | 21 | 22 |
| 14 | 14 | 15 | 15 | 16 | 17 | 17 | 18 | 18 | 19 | 17 | 18 | 19 | 19 | 20 | 20 | 21 | 22 | 22 | 23 | 23 | 24 | 22 | 23 |
| 15 冬 | 15 | 16 | 16 | 17 | 18 | 18 | 19 | 19 | 20 | 18 | 19 | 20 | 20 | 21 | 21 | 22 | 23 | 23 | 24 | 24 | 25 | 23 | 24 |
| 16 | 16 | 17 | 17 | 18 | 19 | 19 | 20 | 20 | 21 | 19 | 20 | 21 | 21 | 22 | 22 | 23 | 24 | 24 | 25 | 25 | 26 | 24 | 25 |
| 17 | 17 | 18 | 18 | 19 | 20 | 20 | 21 | 21 | 22 | 20 | 21 | 22 | 22 | 23 | 23 | 24 | 25 | 25 | 26 | 26 | 27 | 25 | 26 |
| 18 | 18 | 19 | 19 | 20 | 21 | 21 | 22 | 22 | 23 | 21 | 22 | 23 | 23 | 24 | 24 | 25 | 26 | 26 | 27 | 27 | 28 | 26 | 27 |
| 19 | 19 | 20 | 20 | 21 | 22 | 22 | 23 | 23 | 24 | 22 | 23 | 24 | 24 | 25 | 25 | 26 | 27 | 27 | 28 | 28 | 29 | 27 | 28 |
| 20 | 20 | 21 | 21 | 22 | 23 | 23 | 24 | 24 | 25 | 23 | 24 | 25 | 25 | 26 | 26 | 27 | 28 | 28 | 29 | 29 | 30 | 28 | 29 |
| 21 | 21 | 22 | 22 | 23 | 24 | 24 | 25 | 25 | 26 | 24 | 25 | 26 | 26 | 27 | 27 | 28 | 29 | 29 | 30 | 30 | 31 | **3** | 30 |

一一八四
甲辰
宋淳熙一一
遼天禧七
金大定二四
580

一一八三
癸卯
宋淳熙一〇
遼天禧六
金大定二三
579

| | | | | | | | | | | | | | | | | | | | | | | | | |
|---|---|---|---|---|---|---|---|---|---|---|---|---|---|---|---|---|---|---|---|---|---|---|---|---|
| 11 | 11 | 12 | 12 | 13 | 14 | 14 | 15 | 15 | 16 12 | 15 11 | 16 | 17 閏 | 17 十一 | 18 十 | 18 | 19 | 20 | 20 | 21 | 21 | 22 | 20 | 21 | 22 |
| 12 | 12 | 13 | 13 | 14 | 15 | 15 | 16 | 16 | 17 | 16 | 17 10 | 18 9 | 18 | 19 | 19 九 | 20 八 | 21 七 | 21 | 22 | 22 | 23 | 21 | 22 | 23 |
| 13 | 13 | 14 | 14 | 15 | 16 | 16 | 17 | 17 | 18 | 17 | 18 | 19 | 19 8 | 20 7 | 20 | 21 | 22 | 22 六 | 23 五 | 23 | 24 | 22 | 23 | 24 |
| 14 冬 | 14 | 15 | 15 | 16 | 17 | 17 | 18 | 18 | 19 | 18 | 19 | 20 | 20 | 21 | 21 6 | 22 5 | 23 | 23 | 24 | 24 四 | 25 | 23 | 24 | 25 |
| 15 | 15 | 16 | 16 | 17 | 18 | 18 | 19 | 19 | 20 | 19 | 20 | 21 | 21 | 22 | 22 | 23 | 24 4 | 24 3 | 25 | 25 | 26 三 | 24 二 | 25 | 26 |
| 16 | 16 | 17 | 17 | 18 | 19 | 19 | 20 | 20 | 21 | 20 | 21 | 22 | 22 | 23 | 23 | 24 | 25 | 25 | 26 2 | 26 1 | 27 | 25 | 26 正 | 27 十二 |
| 17 | 17 | 18 | 18 | 19 | 20 | 20 | 21 | 21 | 22 | 21 | 22 | 23 | 23 | 24 | 24 | 25 | 26 | 26 | 27 | 27 | 28 12 | 26 11 | 27 | 28 |
| 18 | 18 | 19 | 19 | 20 | 21 | 21 | 22 | 22 | 23 | 22 | 23 | 24 | 24 | 25 | 25 | 26 | 27 | 27 | 28 | 28 | 29 | 27 | 28 10 | 29 9 |
| 19 | 19 | 20 | 20 | 21 | 22 | 22 | 23 | 23 | 24 | 23 | 24 | 25 | 25 | 26 | 26 | 27 | 28 | 28 | 29 | 29 | 30 | 28 | 29 | 30 |
| 20 | 20 | 21 | 21 | 22 | 23 | 23 | 24 | 24 | 25 | 24 | 25 | 26 | 26 | 27 | 27 | 28 | 29 | 29 | 30 | 30 | 31 | **3** | 30 | 31 |
| 21 | 21 | 22 | 22 | 23 | 24 | 24 | 25 | 25 | 26 | 25 | 26 | 27 | 27 | 28 | 28 | 29 | 30 | 30 | 31 | **5** | **4** | 2 | 31 | **1** |
| 22 | 22 | 23 | 23 | 24 | 25 | 25 | 26 | 26 | 27 | 26 | 27 | 28 | 28 | 29 | 29 | 30 | 31 | **7** | **6** | 2 | 2 | 3 | **2** | 2 |
| 23 | 23 | 24 | 24 | 25 | 26 | 26 | 27 | 27 | 28 | 27 | 28 | 29 | 29 | 30 | 30 | 31 | **8** | 2 | 2 | 3 | 3 | 4 | 2 | 3 |
| 24 | 24 | 25 | 25 | 26 | 27 | 27 | 28 | 28 | 29 | 28 | 29 | 30 | 30 | 31 | **10** | **9** | 2 | 3 | 3 | 4 | 4 | 5 | 3 | 4 |
| 25 | 25 | 26 | 26 | 27 | 28 | 28 | 29 | 29 | 30 | 29 | 30 | 31 | **12** | **11** | 2 | 2 | 3 | 4 | 4 | 5 | 5 | 6 | 4 | 5 |
| 26 | 26 | 27 | 27 | 28 | 29 | 29 | 30 | 30 | 31 | **3** | 31 | **1** | 2 | 2 | 3 | 3 | 4 | 5 | 5 | 6 | 6 | 7 | 5 | 6 |
| 27 | 27 | 28 | 28 | 29 | 30 | 30 | 31 | **5** | **4** | 2 | **2** | 2 | 3 | 3 | 4 | 4 | 5 | 6 | 6 | 7 | 7 | 8 | 6 | 7 |
| 28 | 28 | 29 | 29 | 30 | 31 | **7** | **6** | 2 | 2 | 3 | 2 | 3 | 4 | 4 | 5 | 5 | 6 | 7 | 7 | 8 | 8 | 9 | 7 | 8 |
| 29 | 29 | 30 | 30 | 31 | **8** | 2 | 2 | 3 | 3 | 4 | 3 | 4 | 5 | 5 | 6 | 6 | 7 | 8 | 8 | 9 | 9 | 10 | 8 | 9 |
| 30 | 30 | 31 | **10** | **9** | 2 | 3 | 3 | **4** | 4 | 5 | 4 | 5 | 6 | 6 | 7 | 7 | 8 | 9 | 9 | 10 | 10 | 11 | 9 | 10 |
| 31 | **12** | **11** | 2 | 2 | 3 | 4 | 4 | 5 | 5 | 6 | 5 | 6 | 7 | 7 | 8 | 8 | 9 | 10 | 10 | 11 | 11 | 12 | 10 | 11 |
| 日 | 2 | 2 | 3 | 3 | 4 | 5 | 5 | 6 | 6 | 7 | 6 | 7 | 8 | 8 | 9 | 9 | 10 | 11 | 11 | 12 | 12 | 13 | 11 | 12 |
| 曜 | 3 | 3 | 4 | 4 | 5 | 6 | 6 | 7 | 7 | 8 | 7 | 8 | 9 | 9 | 10 | 10 | 11 | 12 | 12 | 13 | 13 | 14 | 12 | 13 |
| 表 | 4 | 4 | 5 | 5 | 6 | 7 | 7 | 8 | 8 | 9 | 8 | 9 | 10 | 10 | 11 | 11 | 12 | 13 | 13 | 14 | 14 | 15 | 13 | 14 |
| 6 | 5 十一 | 5 十 | 6 九 | 6 | 7 | 8 | 8 | 9 | 9 | 10 | 9 | 10 | 11 | 11 | 12 | 12 | 13 | 14 | 14 | 15 | 15 | 16 | 14 | 15 |
| 甲 | 6 9 | 6 | 7 | 7 八 | 8 七 | 9 | 9 | 10 | 10 | 11 | 10 | 11 | 12 | 12 | 13 | 13 | 14 | 15 | 15 | 16 | 16 | 17 | 15 | 16 |
| 子 | 7 | 7 8 | 8 7 | 8 | 9 | 10 六 | 10 五 | 11 | 11 | 12 | 11 | 12 | 13 | 13 | 14 | 14 | 15 | 16 | 16 | 17 | 17 | 18 | 16 | 17 |
| 表 | 8 | 8 | 9 | 9 6 | 10 5 | 11 | 11 | 12 四 | 12 | 13 | 12 | 13 | 14 | 14 | 15 | 15 | 16 | 17 | 17 | 18 | 18 | 19 | 17 | 18 |
| 16 | 9 | 9 | 10 | 10 | 11 | 12 4 | 12 3 | 13 | 13 三 | 14 二 | 13 | 14 | 15 冬 | 15 | 16 | 16 | 17 | 18 | 18 | 19 | 19 | 20 | 18 | 19 |
| | 10 | 10 | 11 | 11 | 12 | 13 | 13 | 14 2 | 14 1 | 15 | 14 正 | 15 十二 | 16 | 16 | 17 | 17 | 18 | 19 | 19 | 20 | 20 | 21 | 19 | 20 |

一一八六 丙午 宋淳熙一三 遼天禧九 金大定二六 582

一一八五 乙巳 宋淳熙一二 遼天禧八 金大定二五 581

| | | | | | | | | | | | | | | | | | | | | | | | |
|---|---|---|---|---|---|---|---|---|---|---|---|---|---|---|---|---|---|---|---|---|---|---|---|
| 22 | 23 | 23 | 24 | 25 | 25 | 26 | 26 | 27 | 25 | 26 | 27 | 27 | 28 8 | 28 7 | 29 | 30 | 30 | 31五 | 5 | 4 | 2 | 31 | 1 |
| 23 | 24 | 24 | 25 | 26 | 26 | 27 | 27 | 28 | 26 | 27 | 28 | 28 | 29 | 29 | 30 6 | 31 5 | 7 | 6 | 2四 | 2三 | 3 | 2 | 2 |
| 24 | 25 | 25 | 26 | 27 | 27 | 28 | 28 | 29 | 27 | 28 | 29 | 29 | 30 | 30 | 31 | 8 | 2 4 | 2 3 | 3 | 3 | 4二 | 2正 | 3 |
| 25 | 26 | 26 | 27 | 28 | 28 | 29 | 29 | 30 | 28 | 29 | 30 | 30 | 31 | 10 | 9 | 2 | 3 | 3 | 4 2 | 4 1 | 5 12 | 3 11 | 4十二 |
| 26 | 27 | 27 | 28 | 29 | 29 | 30 | 30 | 31 | 3 | 30 | 31 | 12 | 11 | 2 | 2 | 3 | 4 | 4 | 5 | 5 | 6 | 4 | 5 10 |
| 27 | 28 | 28 | 29 | 30 | 30 | 31 | 5 | 4 | 2 | 31 | 1 | 2 | 2 | 3 | 3 | 4 | 5 | 5 | 6 | 6 | 7 | 5 | 6 |
| 28 | 29 | 29 | 30 | 31 | 7 | 6 | 2 | 2 | 3 | 2 | 2 | 3 | 3 | 4 | 4 | 5 | 6 | 6 | 7 | 7 | 8 | 6 | 7 |
| 29 | 30 | 30 | 31 | 8 | 2 | 2 | 3 | 3 | 4 | 2 | 3 | 4 | 4 | 5 | 5 | 6 | 7 | 7 | 8 | 8 | 9 | 7 | 8 |
| 30 | 31 | 10 | 9 | 2 | 3 | 3 | 4 | 4 | 5 | 3 | 4 | 5 | 5 | 6 | 6 | 7 | 8 | 8 | 9 | 9 | 10 | 8 | 9 |
| 12 | 11 | 2 | 2 | 3 | 4 | 4 | 5 | 5 | 6 | 4 | 5 | 6 | 6 | 7 | 7 | 8 | 9 | 9 | 10 | 10 | 11 | 9 | 10 |
| 2 | 2 | 3 | 3 | 4 | 5 | 5 | 6 | 6 | 7 | 5 | 6 | 7 | 7 | 8 | 8 | 9 | 10 | 10 | 11 | 11 | 12 | 10 | 11 |
| 3 | 3 | 4 | 4 | 5 | 6 | 6 | 7 | 7 | 8 | 6 | 7 | 8 | 8 | 9 | 9 | 10 | 11 | 11 | 12 | 12 | 13 | 11 | 12 |
| 4 | 4 | 5 | 5 | 6 | 7 | 7 | 8 | 8 | 9 | 7 | 8 | 9 | 9 | 10 | 10 | 11 | 12 | 12 | 13 | 13 | 14 | 12 | 13 |
| 5 | 5 | 6 | 6 | 7 | 8 | 8 | 9 | 9 | 10 | 8 | 9 | 10 | 10 | 11 | 11 | 12 | 13 | 13 | 14 | 14 | 15 | 13 | 14 |
| 6 | 6 | 7 | 7 | 8 | 9 | 9 | 10 | 10 | 11 | 9 | 10 | 11 | 11 | 12 | 12 | 13 | 14 | 14 | 15 | 15 | 16 | 14 | 15 |
| 7 | 7 | 8 | 8 | 9 | 10 | 10 | 11 | 11 | 12 | 10 | 11 | 12 | 12 | 13 | 13 | 14 | 15 | 15 | 16 | 16 | 17 | 15 | 16 |
| 8 | 8 | 9 | 9 | 10 | 11 | 11 | 12 | 12 | 13 | 11 | 12 | 13 | 13 | 14 | 14 | 15 | 16 | 16 | 17 | 17 | 18 | 16 | 17 |
| 9 | 9 | 10 | 10 | 11 | 12 | 12 | 13 | 13 | 14 | 12 | 13 | 14冬 | 14 | 15 | 15 | 16 | 17 | 17 | 18 | 18 | 19 | 17 | 18 |
| 10 | 10 | 11 | 11 | 12 | 13 | 13 | 14 | 14 | 15 | 13 | 14 | 15 | 15 | 16 | 16 | 17 | 18 | 18 | 19 | 19 | 20 | 18 | 19 |
| 11 | 11 | 12 | 12 | 13 | 14 | 14 | 15 | 15 | 16 | 14 | 15 | 16 | 16 | 17 | 17 | 18 | 19 | 19 | 20 | 20 | 21 | 19 | 20 |
| 12 | 12 | 13 | 13 | 14 | 15 | 15 | 16 | 16 | 17 | 15 | 16 | 17 | 17 | 18 | 18 | 19 | 20 | 20 | 21 | 21 | 22 | 20 | 21 |
| 13十一 | 13十 | 14九 | 14 | 15 | 16 | 16 | 17 | 17 | 18 | 16 | 17 | 18 | 18 | 19 | 19 | 20 | 21 | 21 | 22 | 22 | 23 | 21 | 22 |
| 14 | 14 | 15 | 15八 | 16 | 17 | 17 | 18 | 18 | 19 | 17 | 18 | 19 | 19 | 20 | 20 | 21 | 22 | 22 | 23 | 23 | 24 | 22 | 23 |
| 15夏 10 | 15 9 | 16 | 16 | 17閏 | 18七 | 18 | 19 | 19 | 20 | 18 | 19 | 20 | 20 | 21 | 21 | 22 | 23 | 23 | 24 | 24 | 25 | 23 | 24 |
| 16 | 16 | 17 8 | 17 7 | 18 | 19 | 19六 | 20 | 20 | 21 | 19 | 20 | 21 | 21 | 22 | 22 | 23 | 24 | 24 | 25 | 25 | 26 | 24 | 25 |
| 17 | 17 | 18 | 18 | 19 6 | 20 5 | 20 | 21五 | 21四 | 22 | 20 | 21 | 22 | 22 | 23 | 23 | 24 | 25 | 25 | 26 | 26 | 27 | 25 | 26 |
| 18 | 18 | 19 | 19 | 20 | 21 | 21 4 | 22 3 | 22 | 23三 | 21二 | 22 | 23 | 23 | 24 | 24 | 25 | 26 | 26 | 27 | 27 | 28 | 26 | 27 |
| 19 | 19 | 20 | 20 | 21 | 22 | 22 | 23 | 23 2 | 24 1 | 22 | 23正 | 24十二 | 24十一 | 25十 | 25 | 26 | 27 | 27 | 28 | 28 | 29 | 27 | 28 |
| 20 | 20 | 21 | 21 | 22 | 23 | 23 | 24 | 24 | 25 | 23 12 | 24 11 | 25 | 25 | 26 | 26九 | 27八 | 28 | 28 | 29 | 29 | 30 | 28 | 29 |
| 21 | 21 | 22 | 22 | 23 | 24 | 24 | 25 | 25 | 26 | 24 | 25 | 26 10 | 26 9 | 27 | 27 | 28 | 29七 | 29六 | 30 | 30 | 31 | 3 | 30 |

勵耘書屋

一一八七 丁未 宋淳熙一四 遼天禧一〇 金大定二七

583

一一八八 戊申 宋淳熙一五 遼天禧一一 金大定二八

584

| | | | | | | | | | | | | | | | | | | | | | | | | |
|---|---|---|---|---|---|---|---|---|---|---|---|---|---|---|---|---|---|---|---|---|---|---|---|---|
| 11 | 11 | 12 | 12 | 13 | 14 | 14 | 15 | 15 | 16 | 15 | 16 | 17 | 17 | 18 | 18 | 19 | 20 | 20 | 21 | 21 | 22 | 20 | 21 | 22 |
| 12 | 12 | 13 | 13 | 14 | 15 | 15 | 16 | 16 | 17 | 16 | 17 | 18 | 18 | 19 | 19 | 20 | 21 | 21 | 22 | 22 | 23 | 21 | 22 | 23 |
| 13 | 13 | 14 | 14 | 15 | 16 | 16 | 17 | 17 | 18 | 17 | 18 | 19 | 19 | 20 | 20 | 21 | 22 | 22 | 23 | 23 | 24 | 22 | 23 | 24 |
| 14冬 | 14 | 15 | 15 | 16 | 17 | 17 | 18 | 18 | 19 | 18 | 19 | 20 | 20 | 21 | 21 | 22 | 23 | 23 | 24 | 24 | 25 | 23 | 24 | 25 |
| 15 | 15 | 16 | 16 | 17 | 18 | 18 | 19 | 19 | 20 | 19 | 20 | 21 | 21 | 22 | 22 | 23 | 24 | 24 | 25 | 25 | 26 | 24 | 25 | 26 |
| 16 | 16 | 17 | 17 | 18 | 19 | 19 | 20 | 20 | 21 | 20 | 21 | 22 | 22 | 23 | 23 | 24 | 25 | 25 | 26 | 26 | 27 | 25 | 26 | 27 |
| 17 | 17 | 18 | 18 | 19 | 20 | 20 | 21 | 21 | 22 | 21 | 22 | 23 | 23 | 24 | 24 | 25 | 26 | 26 | 27 | 27 | 28 | 26 | 27 | 28 |
| 18 | 18 | 19 | 19 | 20 | 21 | 21 | 22 | 22 | 23 | 22 | 23 | 24 | 24 | 25 | 25 | 26 | 27 | 27 | 28 | 28 | 29 | 27 | 28 | 29 |
| 19 | 19 | 20 | 20 | 21 | 22 | 22 | 23 | 23 | 24 | 23 | 24 | 25 | 25 | 26 | 26 | 27 | 28 | 28 | 29 | 29 | 30 | 28 | 29 | 30 |
| 20十二 | 20十一 | 21 | 21 | 22 | 23 | 23 | 24 | 24 | 25 | 24 | 25 | 26 | 26 | 27 | 27 | 28 | 29 | 29 | 30 | 30 | 31 | 3 | 30 | 31 |
| 21 | 21 | 22十 | 22 | 23 | 24 | 24 | 25 | 25 | 26 | 25 | 26 | 27 | 27 | 28 | 28 | 29 | 30 | 30 | 31 | 5 | 4 | 2 | 31 | 1 |
| 22 11 | 22 | 23 | 23九 | 24八 | 25 | 25 | 26 | 26 | 27 | 26 | 27 | 28 | 28 | 29 | 29 | 30 | 31 | 7 | 6 | 2 | 2 | 3 | 2 | 2 |
| 23 | 23 10 | 24 9 | 24 | 25 | 26七 | 26 | 27 | 27 | 28 | 27 | 28 | 29 | 29 | 30 | 30 | 31 | 8 | 2 | 2 | 3 | 3 | 4 | 2 | 3 |
| 24 | 24 | 25 | 25 8 | 26 7 | 27 | 27六 | 28五 | 28 | 29 | 28 | 29 | 30 | 30 | 31 | 10 | 9 | 2 | 3 | 3 | 4 | 4 | 5 | 3 | 4 |
| 25 | 25 | 26 | 26 | 27 | 28 6 | 28 5 | 29 | 29四 | 30三 | 29二 | 30正 | 31 | 12 | 11 | 2 | 2 | 3 | 4 | 4 | 5 | 5 | 6 | 4 | 5 |
| 26 | 26 | 27 | 27 | 28 | 29 | 29 | 30 4 | 30 3 | 31 | 3 | 31 | 1十二 | 2十一 | 2十 | 3 | 3 | 4 | 5 | 5 | 6 | 6 | 7 | 5 | 6 |
| 27 | 27 | 28 | 28 | 29 | 30 | 30 | 31 | 5 | 4 2 | 2 1 | 2 12 | 2 11 | 3 | 3 | 4九 | 4 | 5 | 6 | 6 | 7 | 7 | 8 | 6 | 7 |
| 28 | 28 | 29 | 29 | 30 | 31 | 7 | 6 | 2 | 2 | 3 | 2 | 3 | 4 10 | 4 9 | 5 | 5八 | 6七 | 7 | 7 | 8 | 8 | 9 | 7 | 8 |
| 29 | 29 | 30 | 30 | 31 | 8 | 2 | 2 | 3 | 3 | 4 | 3 | 4 | 5 | 5 | 6 8 | 6 7 | 7 | 8六 | 8 | 9 | 9 | 10 | 8 | 9 |
| 30 | 30 | 31 | 10 | 9 | 2 | 3 | 3 | 4 | 4 | 5 | 4 | 5 | 6 | 6 | 7 | 7 | 8 6 | 9 5 | 9五 | 10四 | 10 | 11 | 9 | 10 |
| 31 | 12 | 11 | 2 | 2 | 3 | 4 | 4 | 5 | 5 | 6 | 5 | 6 | 7 | 7 | 8 | 8 | 9 | 10 | 10 4 | 11 3 | 11三 | 12二 | 10正 | 11 |
| 日 | 2 | 2 | 3 | 3 | 4 | 5 | 5 | 6 | 6 | 7 | 6 | 7 | 8 | 8 | 9 | 9 | 10 | 11 | 11 | 12 | 12 2 | 13 1 | 11 | 12十二 |
| 曜 | 3 | 3 | 4 | 4 | 5 | 6 | 6 | 7 | 7 | 8 | 7 | 8 | 9 | 9 | 10 | 10 | 11 | 12 | 12 | 13 | 13 | 14 | 12 12 | 13 11 |
| 表 | 4 | 4 | 5 | 5 | 6 | 7 | 7 | 8 | 8 | 9 | 8 | 9 | 10 | 10 | 11 | 11 | 12 | 13 | 13 | 14 | 14 | 15 | 13 | 14 |
| 7 | 5 | 5 | 6 | 6 | 7 | 8 | 8 | 9 | 9 | 10 | 9 | 10 | 11 | 11 | 12 | 12 | 13 | 14 | 14 | 15 | 15 | 16 | 14 | 15 |
| 甲 | 6 | 6 | 7 | 7 | 8 | 9 | 9 | 10 | 10 | 11 | 10 | 11 | 12 | 12 | 13 | 13 | 14 | 15 | 15 | 16 | 16 | 17 | 15 | 16 |
| 子 | 7 | 7 | 8 | 8 | 9 | 10 | 10 | 11 | 11 | 12 | 11 | 12 | 13 | 13 | 14 | 14 | 15 | 16 | 16 | 17 | 17 | 18 | 16 | 17 |
| 表 | 8 | 8 | 9 | 9 | 10 | 11 | 11 | 12 | 12 | 13 | 12 | 13 | 14 | 14 | 15 | 15 | 16 | 17 | 17 | 18 | 18 | 19 | 17 | 18 |
| 17 | 9 | 9 | 10 | 10 | 11 | 12 | 12 | 13 | 13 | 14 | 13 | 14 | 15冬 | 15 | 16 | 16 | 17 | 18 | 18 | 19 | 19 | 20 | 18 | 19 |
| | 10 | 10 | 11 | 11 | 12 | 13 | 13 | 14 | 14 | 15 | 14 | 15 | 16 | 16 | 17 | 17 | 18 | 19 | 19 | 20 | 20 | 21 | 19 | 20 |

中西回史日曆 卷一二 南宋 西遼 金 一三

一一八九 己酉
宋淳熙一六
遼天禧一二
金大定二九
585

一一九〇 庚戌
宋紹熙元 光宗
遼天禧一三
金明昌元 章宗
586

| | | | | | | | | | | | | | | | | | | | | | | | |
|---|---|---|---|---|---|---|---|---|---|---|---|---|---|---|---|---|---|---|---|---|---|---|---|
| 22 | 23 | 23 | 24 | 25 | 25 | 26 | 26 | 27 | 25 | 26 | 27 | 27 | 28 | 28 | 29 | 30 | 30 | 31 | **5** | **4** | 2 | 31 | **1** |
| 23 | 24 | 24 | 25 | 26 | 26 | 27 | 27 | 28 | 26 | 27 | 28 | 28 | 29 | 29 | 30 | 31 | **7** | **6** | 2 | 2 | 3 | **2** | 2 |
| 24 | 25 | 25 | 26 | 27 | 27 | 28 | 28 | 29 | 27 | 28 | 29 | 29 | 30 | 30 | 31 | **8** | 2 | 2 | 3 | 3 | 4 | 2 | 3 |
| 25 | 26 | 26 | 27 | 28 | 28 | 29 | 29 | 30 | 28 | 29 | 30 | 30 | 31 | **10** | **9** | 2 | 3 | 3 | 4 | 4 | 5 | 3 | 4 |
| 26 | 27 | 27 | 28 | 29 | 29 | 30 | 30 | 31 | **3** | 30 | 31 | **12** | **11** | 2 | 2 | 3 | 4 | 4 | 5 | 5 | 6 | 4 | 5 |
| 27 | 28 | 28 | 29 | 30 | 30 | 31 | **5** | **4** | 2 | 31 | **1** | 2 | 2 | 3 | 3 | 4 | 5 | 5 | 6 | 6 | 7 | 5 | 6 |
| 28 | 29 | 29 | 30 | 31 | **7** | **6** | 2 | 2 | 3 | **2** | 2 | 3 | 3 | 4 | 4 | 5 | 6 | 6 | 7 | 7 | 8 | 6 | 7 |
| 29 | 十二30 | 30 | 31 | **8** | 2 | 2 | 3 | 3 | 4 | 2 | 3 | 4 | 4 | 5 | 5 | 6 | 7 | 7 | 8 | 8 | 9 | 7 | 8 |
| 30 | 11 31 | 十一**10** | 九**9** | 2 | 3 | 3 | 4 | 4 | 5 | 3 | 4 | 5 | 5 | 6 | 6 | 7 | 8 | 8 | 9 | 9 | 10 | 8 | 9 |
| **12** | **11** | 10 2 | 9 2 | 八3 | 七4 | 4 | 5 | 5 | 6 | 4 | 5 | 6 | 6 | 7 | 7 | 8 | 9 | 9 | 10 | 10 | 11 | 9 | 10 |
| 2 | 2 | 3 | 3 | 8 4 | 7 5 | 六5 | 五6 | 四6 | 7 | 5 | 6 | 7 | 7 | 8 | 8 | 9 | 10 | 10 | 11 | 11 | 12 | 10 | 11 |
| 3 | 3 | 4 | 4 | 5 | 6 | 6 6 | 5 7 | 7 | 三8 | 二6 | 7 | 8 | 8 | 9 | 9 | 10 | 11 | 11 | 12 | 12 | 13 | 11 | 12 |
| 4 | 4 | 5 | 5 | 6 | 7 | 7 | 8 | 4 8 | 3 9 | 7 | 正8 | 十二9 | 9 | 10 | 10 | 11 | 12 | 12 | 13 | 13 | 14 | 12 | 13 |
| 5 | 5 | 6 | 6 | 7 | 8 | 8 | 9 | 9 | 10 | 2 8 | 1 9 | 10 | 十二10 | 十一11 | 11 | 12 | 13 | 13 | 14 | 14 | 15 | 13 | 14 |
| 6 | 6 | 7 | 7 | 8 | 9 | 9 | 10 | 10 | 11 | 9 | 10 | 12 11 | 11 11 | 12 | 九12 | 八13 | 14 | 14 | 15 | 15 | 16 | 14 | 15 |
| 7 | 7 | 8 | 8 | 9 | 10 | 10 | 11 | 11 | 12 | 10 | 11 | 12 | 12 | 10 13 | 9 13 | 14 | 七15 | 六15 | 16 | 16 | 17 | 15 | 16 |
| 8 | 8 | 9 | 9 | 10 | 11 | 11 | 12 | 12 | 13 | 11 | 12 | 13 | 13 | 14 | 14 | 8 15 | 7 16 | 16 | 閏17 | 五17 | 18 | 16 | 17 |
| 9 | 9 | 10 | 10 | 11 | 12 | 12 | 13 | 13 | 14 | 12 | 13 | 14 | 冬14 | 15 | 15 | 16 | 17 | 6 17 | 5 18 | 18 | 四19 | 三17 | 二18 |
| 10 | 10 | 11 | 11 | 12 | 13 | 13 | 14 | 14 | 15 | 13 | 14 | 15 | 15 | 16 | 16 | 17 | 18 | 18 | 19 | 4 19 | 3 20 | 18 | 19 正 |
| 11 | 11 | 12 | 12 | 13 | 14 | 14 | 15 | 15 | 16 | 14 | 15 | 16 | 16 | 17 | 17 | 18 | 19 | 19 | 20 | 20 | 21 | 2 19 | 1 20 |
| 12 | 12 | 13 | 13 | 14 | 15 | 15 | 16 | 16 | 17 | 15 | 16 | 17 | 17 | 18 | 18 | 19 | 20 | 20 | 21 | 21 | 22 | 20 | 21 12 |
| 13 | 13 | 14 | 14 | 15 | 16 | 16 | 17 | 17 | 18 | 16 | 17 | 18 | 18 | 19 | 19 | 20 | 21 | 21 | 22 | 22 | 23 | 21 | 22 |
| 14 | 14 | 15 | 15 | 16 | 17 | 17 | 18 | 18 | 19 | 17 | 18 | 19 | 19 | 20 | 20 | 21 | 22 | 22 | 23 | 23 | 24 | 22 | 23 |
| 15 | 冬15 | 16 | 16 | 17 | 18 | 18 | 19 | 19 | 20 | 18 | 19 | 20 | 20 | 21 | 21 | 22 | 23 | 23 | 24 | 24 | 25 | 23 | 24 |
| 16 | 16 | 17 | 17 | 18 | 19 | 19 | 20 | 20 | 21 | 19 | 20 | 21 | 21 | 22 | 22 | 23 | 24 | 24 | 25 | 25 | 26 | 24 | 25 |
| 17 | 17 | 18 | 18 | 19 | 20 | 20 | 21 | 21 | 22 | 20 | 21 | 22 | 22 | 23 | 23 | 24 | 25 | 25 | 26 | 26 | 27 | 25 | 26 |
| 18 | 18 | 19 | 19 | 20 | 21 | 21 | 22 | 22 | 23 | 21 | 22 | 23 | 23 | 24 | 24 | 25 | 26 | 26 | 27 | 27 | 28 | 26 | 27 |
| 19 | 19 | 20 | 20 | 21 | 22 | 22 | 23 | 23 | 24 | 22 | 23 | 24 | 24 | 25 | 25 | 26 | 27 | 27 | 28 | 28 | 29 | 27 | 28 |
| 20 | 20 | 21 | 21 | 22 | 23 | 23 | 24 | 24 | 25 | 23 | 24 | 25 | 25 | 26 | 26 | 27 | 28 | 28 | 29 | 29 | 30 | 28 | 29 |
| 21 | 21 | 22 | 22 | 23 | 24 | 24 | 25 | 25 | 26 | 24 | 25 | 26 | 26 | 27 | 27 | 28 | 29 | 29 | 30 | 30 | 31 | **3** | 30 |

勵耘書屋

一一九一
辛亥
宋紹熙二
遼天禧一四
金明昌二
587

一一九二
壬子
宋紹熙三
遼天禧一五
金明昌三
588

| | | | | | | | | | | | | | | | | | | | | | | | | |
|---|---|---|---|---|---|---|---|---|---|---|---|---|---|---|---|---|---|---|---|---|---|---|---|---|
| 11 | 11 | 12 | 12 | 13 | 14 | 14 6 | 15 5 | 15 | 16 閏 | 15 二 | 16 | 17 | 17 | 18 | 18 | 19 | 20 | 20 | 21 | 21 | 22 | 20 | 21 | 22 |
| 12 | 12 | 13 | 13 | 14 | 15 | 15 | 16 | 16 4 | 17 3 | 16 | 17 正 | 18 十二 | 18 | 19 | 19 | 20 | 21 | 21 | 22 | 22 | 23 | 21 | 22 | 23 |
| 13 | 13 | 14 | 14 | 15 | 16 | 16 | 17 | 17 | 18 | 17 2 | 18 1 | 19 | 19 十一 | 20 十 | 20 | 21 | 22 | 22 | 23 | 23 | 24 | 22 | 23 | 24 |
| 14 冬 | 14 | 15 | 15 | 16 | 17 | 17 | 18 | 18 | 19 | 18 | 19 | 20 12 | 20 11 | 21 | 21 九 | 22 八 | 23 七 | 23 | 24 | 24 | 25 | 23 | 24 | 25 |
| 15 | 15 | 16 | 16 | 17 | 18 | 18 | 19 | 19 | 20 | 19 | 20 | 21 | 21 | 22 10 | 22 9 | 23 | 24 | 24 六 | 25 五 | 25 四 | 26 | 24 | 25 | 26 |
| 16 | 16 | 17 | 17 | 18 | 19 | 19 | 20 | 20 | 21 | 20 | 21 | 22 | 22 | 23 | 23 | 24 8 | 25 7 | 25 | 26 | 26 | 27 三 | 25 | 26 | 27 |
| 17 | 17 | 18 | 18 | 19 | 20 | 20 | 21 | 21 | 22 | 21 | 22 | 23 | 23 | 24 | 24 | 25 | 26 | 26 6 | 27 5 | 27 | 28 | 26 二 | 27 正 | 28 |
| 18 | 18 | 19 | 19 | 20 | 21 | 21 | 22 | 22 | 23 | 22 | 23 | 24 | 24 | 25 | 25 | 26 | 27 | 27 | 28 | 28 4 | 29 3 | 27 | 28 | 29 十二 |
| 19 | 19 | 20 | 20 | 21 | 22 | 22 | 23 | 23 | 24 | 23 | 24 | 25 | 25 | 26 | 26 | 27 | 28 | 28 | 29 | 29 | 30 | 28 2 | 29 1 | 30 12 |
| 20 | 20 | 21 | 21 | 22 | 23 | 23 | 24 | 24 | 25 | 24 | 25 | 26 | 26 | 27 | 27 | 28 | 29 | 29 | 30 | 30 | 31 | **3** | 30 | 31 |
| 21 | 21 | 22 | 22 | 23 | 24 | 24 | 25 | 25 | 26 | 25 | 26 | 27 | 27 | 28 | 28 | 29 | 30 | 30 | 31 | **5** | **4** | 2 | 31 | **1** |
| 22 | 22 | 23 | 23 | 24 | 25 | 25 | 26 | 26 | 27 | 26 | 27 | 28 | 28 | 29 | 29 | 30 | 31 | **7** | **6** | 2 | 2 | 3 | **2** | 2 |
| 23 | 23 | 24 | 24 | 25 | 26 | 26 | 27 | 27 | 28 | 27 | 28 | 29 | 29 | 30 | 30 | 31 | **8** | 2 | 2 | 3 | 3 | 4 | 2 | 3 |
| 24 | 24 | 25 | 25 | 26 | 27 | 27 | 28 | 28 | 29 | 28 | 29 | 30 | 30 | 31 | **10** | **9** | 2 | 3 | 3 | 4 | 4 | 5 | 3 | 4 |
| 25 | 25 | 26 | 26 | 27 | 28 | 28 | 29 | 29 | 30 | 29 | 30 | 31 | **12** | **11** | 2 | 2 | 3 | 4 | 4 | 5 | 5 | 6 | 4 | 5 |
| 26 | 26 | 27 | 27 | 28 | 29 | 29 | 30 | 30 | 31 | **3** | 31 | **1** | 2 | 2 | 3 | 3 | 4 | 5 | 5 | 6 | 6 | 7 | 5 | 6 |
| 27 | 27 | 28 | 28 | 29 | 30 | 30 | 31 | **5** | **4** | 2 | **2** | 2 | 3 | 3 | 4 | 4 | 5 | 6 | 6 | 7 | 7 | 8 | 6 | 7 |
| 28 | 28 | 29 | 29 | 30 | 31 | **7** | **6** | 2 | 2 | 3 | 2 | 3 | 4 | 4 | 5 | 5 | 6 | 7 | 7 | 8 | 8 | 9 | 7 | 8 |
| 29 | 29 | 30 | 30 | 31 | **8** | 2 | 2 | 3 | 3 | 4 | 3 | 4 | 5 | 5 | 6 | 6 | 7 | 8 | 8 | 9 | 9 | 10 | 8 | 9 |
| 30 | 30 | 31 | **10** | **9** | 2 | 3 | 3 | 4 | 4 | 5 | 4 | 5 | 6 | 6 | 7 | 7 | 8 | 9 | 9 | 10 | 10 | 11 | 9 | 10 |
| 31 | **12** | **11** | 2 | 2 | 3 | 4 | 4 | 5 | 5 | 6 | 5 | 6 | 7 | 7 | 8 | 8 | 9 | 10 | 10 | 11 | 11 | 12 | 10 | 11 |
| 日 | 2 | 2 | 3 | 3 | 4 | 5 | 5 | 6 | 6 | 7 | 6 | 7 | 8 | 8 | 9 | 9 | 10 | 11 | 11 | 12 | 12 | 13 | 11 | 12 |
| 曜 | 3 | 3 | 4 | 4 | 5 | 6 | 6 | 7 | 7 | 8 | 7 | 8 | 9 | 9 | 10 | 10 | 11 | 12 | 12 | 13 | 13 | 14 | 12 | 13 |
| 表 | 4 | 4 | 5 | 5 | 6 | 7 | 7 | 8 | 8 | 9 | 8 | 9 | 10 | 10 | 11 | 11 | 12 | 13 | 13 | 14 | 14 | 15 | 13 | 14 |
| 1 | 5 | 5 | 6 | 6 | 7 | 8 | 8 | 9 | 9 | 10 | 9 | 10 | 11 | 11 | 12 | 12 | 13 | 14 | 14 | 15 | 15 | 16 | 14 | 15 |
| 甲 | 6 | 6 | 7 | 7 | 8 | 9 | 9 | 10 | 10 | 11 | 10 | 11 | 12 | 12 | 13 | 13 | 14 | 15 | 15 | 16 | 16 | 17 | 15 | 16 |
| 子 | 7 十二 | 7 十 | 8 九 | 8 | 9 | 10 | 10 | 11 | 11 | 12 | 11 | 12 | 13 | 13 | 14 | 14 | 15 | 16 | 16 | 17 | 17 | 18 | 16 | 17 |
| 表 | 8 12 | 8 11 | 9 | 9 八 | 10 七 | 11 六 | 11 | 12 | 12 | 13 | 12 | 13 | 14 | 14 | 15 | 15 | 16 | 17 | 17 | 18 | 18 | 19 | 17 | 18 |
| 18 | 9 | 9 | 10 10 | 10 9 | 11 | 12 | 12 五 | 13 四 | 13 | 14 | 13 | 14 | 15 冬 | 15 | 16 | 16 | 17 | 18 | 18 | 19 | 19 | 20 | 18 | 19 |
| | 10 | 10 | 11 | 11 | 12 8 | 13 7 | 13 | 14 | 14 三 | 15 | 14 | 15 | 16 | 16 | 17 | 17 | 18 | 19 | 19 | 20 | 20 | 21 | 19 | 20 |

一一九三
癸丑
宋紹熙四
遼天禧一六
金明昌四
589

一一九四
甲寅
宋紹熙五
遼天禧一七
金明昌五
590 591

| | | | | | | | | | | | | | | | | | | | | | | | |
|---|---|---|---|---|---|---|---|---|---|---|---|---|---|---|---|---|---|---|---|---|---|---|---|
| 22 | 23 | 23 | 24 | 25 | 25 | 26 | 26 | 27 | 25 | 26 2 | 27 1 | 27 | 28 | 28 | 29 八 | 30 七 | 30 | 31 | **5** | **4** | 2 | 31 | **1** |
| 23 | 24 | 24 | 25 | 26 | 26 | 27 | 27 | 28 | 26 | 27 | 28 | 28 12 | 29 11 | 29 | 30 | 31 | **7** 六 | **6** 五 | 2 | 2 | 3 | **2** | 2 |
| 24 | 25 | 25 | 26 | 27 | 27 | 28 | 28 | 29 | 27 | 28 | 29 | 29 | 30 | 30 10 | 31 9 | **8** | 2 | 2 | 3 四 | 3 | 4 | 2 | 3 |
| 25 | 26 | 26 | 27 | 28 | 28 | 29 | 29 | 30 | 28 | 29 | 30 | 30 | 31 | **10** | **9** | 2 8 | 3 7 | 3 | 4 | 4 三 | 5 二 | 3 | 4 |
| 26 | 27 | 27 | 28 | 29 | 29 | 30 | 30 | **31** | **3** | 30 | 31 | **12** | **11** | 2 | 2 | 3 | 4 | 4 6 | 5 5 | 5 | 6 | 4 正 | 5 十二 |
| 27 | 28 | 28 | 29 | 30 | 30 | 31 | **5** | **4** | 2 | 31 | **1** | 2 | 2 | 3 | 3 | 4 | 5 | 5 | 6 | 6 4 | 7 3 | 5 | 6 |
| 28 | 29 | 29 | 30 | 31 | **7** | **6** | 2 | 2 | 3 | **2** | 2 | 3 | 3 | 4 | 4 | **5** | 6 | 6 | 7 | 7 | 8 | 6 2 | 7 1 |
| 29 | 30 | 30 | 31 | **8** | 2 | 2 | 3 | 3 | 4 | 2 | 3 | 4 | 4 | 5 | 5 | 6 | 7 | 7 | 8 | 8 | 9 | 7 | 8 |
| 30 | 31 | **10** | **9** | 2 | 3 | 3 | 4 | 4 | 5 | 3 | 4 | 5 | 5 | 6 | 6 | 7 | 8 | 8 | 9 | 9 | 10 | 8 | 9 |
| **12** | **11** | 2 | 2 | 3 | 4 | 4 | 5 | 5 | 6 | 4 | 5 | 6 | 6 | 7 | 7 | 8 | 9 | 9 | 10 | 10 | 11 | 9 | 10 |
| 2 | 2 | 3 | 3 | 4 | 5 | 5 | 6 | 6 | 7 | 5 | 6 | 7 | 7 | 8 | 8 | 9 | 10 | 10 | 11 | 11 | 12 | 10 | 11 |
| 3 | 3 | 4 | 4 | 5 | 6 | 6 | 7 | 7 | 8 | 6 | 7 | 8 | 8 | 9 | 9 | 10 | 11 | 11 | 12 | 12 | 13 | 11 | 12 |
| 4 | 4 | 5 | 5 | 6 | 7 | 7 | 8 | 8 | 9 | 7 | 8 | 9 | 9 | 10 | 10 | 11 | 12 | 12 | 13 | 13 | 14 | 12 | 13 |
| 5 | 5 | 6 | 6 | 7 | 8 | 8 | 9 | 9 | 10 | 8 | 9 | 10 | 10 | 11 | 11 | 12 | 13 | 13 | 14 | 14 | 15 | 13 | 14 |
| 6 | 6 | 7 | 7 | 8 | 9 | 9 | 10 | 10 | 11 | 9 | 10 | 11 | 11 | 12 | 12 | 13 | 14 | 14 | 15 | 15 | 16 | 14 | 15 |
| 7 | 7 | 8 | 8 | 9 | 10 | 10 | 11 | 11 | 12 | 10 | 11 | 12 | 12 | 13 | 13 | 14 | 15 | 15 | 16 | 16 | 17 | 15 | 16 |
| 8 | 8 | 9 | 9 | 10 | 11 | 11 | 12 | 12 | 13 | 11 | 12 | 13 | 13 | 14 | 14 | 15 | 16 | 16 | 17 | 17 | 18 | 16 | 17 |
| 9 | 9 | 10 | 10 | 11 | 12 | 12 | 13 | 13 | 14 | 12 | 13 | 14 冬 | 14 | 15 | 15 | 16 | 17 | 17 | 18 | 18 | 19 | 17 | 18 |
| 10 | 10 | 11 | 11 | 12 | 13 | 13 | 14 | 14 | 15 | 13 | 14 | 15 | 15 | 16 | 16 | 17 | 18 | 18 | 19 | 19 | 20 | 18 | 19 |
| 11 | 11 | 12 | 12 | 13 | 14 | 14 | 15 | 15 | 16 | 14 | 15 | 16 | 16 | 17 | 17 | 18 | 19 | 19 | 20 | 20 | 21 | 19 | 20 |
| 12 | 12 | 13 | 13 | 14 | 15 | 15 | 16 | 16 | 17 | 15 | 16 | 17 | 17 | 18 | 18 | 19 | 20 | 20 | 21 | 21 | 22 | 20 | 21 |
| 13 | 13 | 14 | 14 | 15 | 16 | 16 | 17 | 17 | 18 | 16 | 17 | 18 | 18 | 19 | 19 | 20 | 21 | 21 | 22 | 22 | 23 | 21 | 22 |
| 14 | 14 | 15 | 15 | 16 | 17 | 17 | 18 | 18 | 19 | 17 | 18 | 19 | 19 | 20 | 20 | 21 | 22 | 22 | 23 | 23 | 24 | 22 | 23 |
| 15 十二 | 15 閏 | 16 十 | 16 九 | 17 | 18 | 18 | 19 | 19 | 20 | 18 | 19 | 20 | 20 | 21 | 21 | 22 | 23 | 23 | 24 | 24 | 25 | 23 | 24 |
| 16 1 | 16 | 17 | 17 | 18 八 | 19 | 19 | 20 | 20 | 21 | 19 | 20 | 21 | 21 | 22 | 22 | 23 | 24 | 24 | 25 | 25 | 26 | 24 | 25 |
| 17 | 17 12 | 18 11 | 18 | 19 | 20 七 | 20 六 | 21 | 21 | 22 | 20 | 21 | 22 | 22 | 23 | 23 | 24 | 25 | 25 | 26 | 26 | 27 | 25 | 26 |
| 18 | 18 | 19 | 19 10 | 20 9 | 21 | 21 | 22 五 | 22 | 23 | 21 | 22 | 23 | 23 | 24 | 24 | 25 | 26 | 26 | 27 | 27 | 28 | 26 | 27 |
| 19 | 19 | 20 | 20 | 21 | 22 8 | 22 7 | 23 | 23 四 | 24 三 | 22 | 23 | 24 | 24 | 25 | 25 | 26 | 27 | 27 | 28 | 28 | 29 | 27 | 28 |
| 20 | 20 | 21 | 21 | 22 | 23 | 23 | 24 6 | 24 5 | 25 | 23 二 | 24 正 | 25 | 25 | 26 | 26 | 27 | 28 | 28 | 29 | 29 | 30 | 28 | 29 |
| 21 | 21 | 22 | 22 | 23 | 24 | 24 | 25 | 25 | 26 4 | 24 3 | 25 | 26 十二 | 26 十一 | 27 十 | 27 九 | 28 | 29 | 29 | 30 | 30 | 31 | **3** | 30 |

一一九六 丙辰 宋慶元二 遼天禧一九 金承安元

593

一一九五 乙卯 宋慶元元 寧宗 遼天禧一八 金明昌六

592

| | | | | | | | | | | | | | | | | | | | | | | | | |
|---|---|---|---|---|---|---|---|---|---|---|---|---|---|---|---|---|---|---|---|---|---|---|---|---|
| 11 | 11 | 12 | 12 | 13 | 14 | 14 | 15 | 15 | 16 | 15 | 16 | 17 | 17 | 18 | 18 | 19 | 20 | 20 | 21 | 21 | 22 | 20 | 21 | 22 |
| 12 | 12 | 13 | 13 | 14 | 15 | 15 | 16 | 16 | 17 | 16 | 17 | 18 | 18 | 19 | 19 | 20 | 21 | 21 | 22 | 22 | 23 | 21 | 22 | 23 |
| 13 | 13 | 14 | 14 | 15 | 16 | 16 | 17 | 17 | 18 | 17 | 18 | 19 | 19 | 20 | 20 | 21 | 22 | 22 | 23 | 23 | 24 | 22 | 23 | 24 |
| 14 | 冬14 | 15 | 15 | 16 | 17 | 17 | 18 | 18 | 19 | 18 | 19 | 20 | 20 | 21 | 21 | 22 | 23 | 23 | 24 | 24 | 25 | 23 | 24 | 25 |
| 15 | 15 | 16 | 16 | 17 | 18 | 18 | 19 | 19 | 20 | 19 | 20 | 21 | 21 | 22 | 22 | 23 | 24 | 24 | 25 | 25 | 26 | 24 | 25 | 26 |
| 16 | 16 | 17 | 17 | 18 | 19 | 19 | 20 | 20 | 21 | 20 | 21 | 22 | 22 | 23 | 23 | 24 | 25 | 25 | 26 | 26 | 27 | 25 | 26 | 27 |
| 17 | 17 | 18 | 18 | 19 | 20 | 20 | 21 | 21 | 22 | 21 | 22 | 23 | 23 | 24 | 24 | 25 | 26 | 26 | 27 | 27 | 28 | 26 | 27 | 28 |
| 18 | 18 | 19 | 19 | 20 | 21 | 21 | 22 | 22 | 23 | 22 | 23 | 24 | 24 | 25 | 25 | 26 | 27 | 27 | 28 | 28 | 29 | 27 | 28 | 29 |
| 19 | 19 | 20 | 20 | 21 | 22 | 22 | 23 | 23 | 24 | 23 | 24 | 25 | 25 | 26 | 26 | 27 | 28 | 28 | 29 | 29 | 30 | 28 | 29 | 30 |
| 20 | 20 | 21 | 21 | 22 | 23 | 23 | 24 | 24 | 25 | 24 | 25 | 26 | 26 | 27 | 27 | 28 | 29 | 29 | 30 | 30 | 31 | 3 | 30 | 31 |
| 21 | 21 | 22 | 22 | 23 | 24 | 24 | 25 | 25 | 26 | 25 | 26 | 27 | 27 | 28 | 28 | 29 | 30 | 30 | 31 | 5 | 4 | 2 | 31 | 1 |
| 22 | 十二22 | 十一23 | 十23 | 24 | 25 | 25 | 26 | 26 | 27 | 26 | 27 | 28 | 28 | 29 | 29 | 30 | 31 | 7 | 6 | 2 | 2 | 3 | 2 | 2 |
| 23 | 23 | 24 | 24 | 九25 | 26 | 26 | 27 | 27 | 28 | 27 | 28 | 29 | 29 | 30 | 30 | 31 | 8 | 2 | 2 | 3 | 3 | 4 | 2 | 3 |
| 24 | 2 24 | 1 25 | 25 | 26 | 八27 | 七27 | 28 | 28 | 29 | 28 | 29 | 30 | 30 | 31 | 10 | 9 | 2 | 3 | 3 | 4 | 4 | 5 | 3 | 4 |
| 25 | 25 | 26 | 12 26 | 11 27 | 28 | 28 | 六29 | 29 | 30 | 29 | 30 | 31 | 12 | 11 | 2 | 2 | 3 | 4 | 4 | 5 | 5 | 6 | 4 | 5 |
| 26 | 26 | 27 | 27 | 28 | 10 29 | 9 29 | 30 | 五30 | 四31 | 3 | 31 | 1 | 2 | 2 | 3 | 3 | 4 | 5 | 5 | 6 | 6 | 7 | 5 | 6 |
| 27 | 27 | 28 | 28 | 29 | 30 | 30 | 8 31 | 7 5 | 4 | 三2 | 二2 | 正2 | 十二3 | 3 | 4 | 4 | 5 | 6 | 6 | 7 | 7 | 8 | 6 | 7 |
| 28 | 28 | 29 | 29 | 30 | 31 | 7 | 6 | 2 | 6 2 | 5 3 | 2 | 3 | 4 | 十一4 | 十5 | 九5 | 6 | 7 | 7 | 8 | 8 | 9 | 7 | 8 |
| 29 | 29 | 30 | 30 | 31 | 8 | 2 | 2 | 3 | 3 | 4 | 4 3 | 3 4 | 5 | 5 | 6 | 6 | 八7 | 8 | 8 | 9 | 9 | 10 | 8 | 9 |
| 30 | 30 | 31 | 10 | 9 | 2 | 3 | 3 | 4 | 4 | 5 | 4 | 5 | 2 6 | 1 6 | 12 7 | 11 7 | 8 | 七9 | 六9 | 10 | 10 | 11 | 9 | 10 |
| 31 | 12 | 11 | 2 | 2 | 3 | 4 | 4 | 5 | 5 | 6 | 5 | 6 | 7 | 7 | 8 | 8 | 10 9 | 9 10 | 10 | 五11 | 11 | 12 | 10 | 11 |
| 日 | 2 | 2 | 3 | 3 | 4 | 5 | 5 | 6 | 6 | 7 | 6 | 7 | 8 | 8 | 9 | 9 | 10 | 11 | 8 11 | 7 12 | 四12 | 三13 | 11 | 12 |
| 曜 | 3 | 3 | 4 | 4 | 5 | 6 | 6 | 7 | 7 | 8 | 7 | 8 | 9 | 9 | 10 | 10 | 11 | 12 | 12 | 13 | 6 13 | 5 14 | 二12 | 正13 十二 |
| 表 | 4 | 4 | 5 | 5 | 6 | 7 | 7 | 8 | 8 | 9 | 8 | 9 | 10 | 10 | 11 | 11 | 12 | 13 | 13 | 14 | 14 | 15 | 4 13 | 3 14 |
| 2 | 5 | 5 | 6 | 6 | 7 | 8 | 8 | 9 | 9 | 10 | 9 | 10 | 11 | 11 | 12 | 12 | 13 | 14 | 14 | 15 | 15 | 16 | 14 | 15 2 |
| 甲 | 6 | 6 | 7 | 7 | 8 | 9 | 9 | 10 | 10 | 11 | 10 | 11 | 12 | 12 | 13 | 13 | 14 | 15 | 15 | 16 | 16 | 17 | 15 | 16 |
| 子 | 7 | 7 | 8 | 8 | 9 | 10 | 10 | 11 | 11 | 12 | 11 | 12 | 13 | 13 | 14 | 14 | 15 | 16 | 16 | 17 | 17 | 18 | 16 | 17 |
| 表 | 8 | 8 | 9 | 9 | 10 | 11 | 11 | 12 | 12 | 13 | 12 | 13 | 14 | 14 | 15 | 15 | 16 | 17 | 17 | 18 | 18 | 19 | 17 | 18 |
| 19 | 9 | 9 | 10 | 10 | 11 | 12 | 12 | 13 | 13 | 14 | 13 | 14 | 15 | 冬15 | 16 | 16 | 17 | 18 | 18 | 19 | 19 | 20 | 18 | 19 |
| | 10 | 10 | 11 | 11 | 12 | 13 | 13 | 14 | 14 | 15 | 14 | 15 | 16 | 16 | 17 | 17 | 18 | 19 | 19 | 20 | 20 | 21 | 19 | 20 |

| 一一九八 戊午 宋慶元四 遼天禧二一 金承安三 595 | | | | | | | | | | | | 一一九七 丁巳 宋慶元三 遼天禧二〇 金承安二 594 | | | | | | | | | | | |
|---|---|---|---|---|---|---|---|---|---|---|---|---|---|---|---|---|---|---|---|---|---|---|---|
| 22 | 23 | 23 | 24 | 25 | 25 | 26 | 26 | 27 | 25 | 26 | 27 | 27 | 28 | 28 | 29 | 30 | 30 | 31 | 5 | 4 | 2 | 31 | 1 |
| 23 | 24 | 24 | 25 | 26 | 26 | 27 | 27 | 28 | 26 | 27 | 28 | 28 | 29 | 29 | 30 | 31 | 7 | 6 | 2 | 2 | 3 | 2 | 2 |
| 24 | 25 | 25 | 26 | 27 | 27 | 28 | 28 | 29 | 27 | 28 | 29 | 29 | 30 | 30 | 31 | 8 | 2 | 2 | 3 | 3 | 4 | 2 | 3 |
| 25 | 26 | 26 | 27 | 28 | 28 | 29 | 29 | 30 | 28 | 29 | 30 | 30 | 31 | 10 | 9 | 2 | 3 | 3 | 4 | 4 | 5 | 3 | 4 |
| 26 | 27 | 27 | 28 | 29 | 29 | 30 | 30 | 31 | 3 | 30 | 31 | 12 | 11 | 2 | 2 | 3 | 4 | 4 | 5 | 5 | 6 | 4 | 5 |
| 27 | 28 | 28 | 29 | 30 | 30 | 31 | 5 | 4 | 2 | 31 | 1 | 2 | 2 | 3 | 3 | 4 | 5 | 5 | 6 | 6 | 7 | 5 | 6 |
| 28 | 29 | 29 | 30 | 31 | 7 | 6 | 2 | 2 | 3 | 2 | 2 | 3 | 3 | 4 | 4 | 5 | 6 | 6 | 7 | 7 | 8 | 6 | 7 |
| 29 | 30 | 30 | 31 | 8 | 2 | 2 | 3 | 3 | 4 | 2 | 3 | 4 | 4 | 5 | 5 | 6 | 7 | 7 | 8 | 8 | 9 | 7 | 8 |
| 30十一 | 31 | 10 | 9 | 2 | 3 | 3 | 4 | 4 | 5 | 3 | 4 | 5 | 5 | 6 | 6 | 7 | 8 | 8 | 9 | 9 | 10 | 8 | 9 |
| 12 | 11十 | 2 | 2 | 3 | 4 | 4 | 5 | 5 | 6 | 4 | 5 | 6 | 6 | 7 | 7 | 8 | 9 | 9 | 10 | 10 | 11 | 9 | 10 |
| 2 | 2 | 3九 | 3八 | 4 | 5 | 5 | 6 | 6 | 7 | 5 | 6 | 7 | 7 | 8 | 8 | 9 | 10 | 10 | 11 | 11 | 12 | 10 | 11 |
| 3 2 | 3 1 | 4 12 | 4 11 | 5七 | 6六 | 6 | 7 | 7 | 8 | 6 | 7 | 8 | 8 | 9 | 9 | 10 | 11 | 11 | 12 | 12 | 13 | 11 | 12 |
| 4 | 4 | 5 | 5 | 6 10 | 7 9 | 7五 | 8四 | 8三 | 9 | 7 | 8 | 9 | 9 | 10 | 10 | 11 | 12 | 12 | 13 | 13 | 14 | 12 | 13 |
| 5 | 5 | 6 | 6 | 7 | 8 | 8 8 | 9 7 | 9 | 10二 | 8正 | 9十二 | 10 | 10 | 11 | 11 | 12 | 13 | 13 | 14 | 14 | 15 | 13 | 14 |
| 6 | 6 | 7 | 7 | 8 | 9 | 9 | 10 | 10 6 | 11 5 | 9 | 10 | 11十一 | 11十 | 12 | 12 | 13 | 14 | 14 | 15 | 15 | 16 | 14 | 15 |
| 7 | 7 | 8 | 8 | 9 | 10 | 10 | 11 | 11 | 12 | 10 4 | 11 3 | 12 | 12 | 13九 | 13 | 14 | 15 | 15 | 16 | 16 | 17 | 15 | 16 |
| 8 | 8 | 9 | 9 | 10 | 11 | 11 | 12 | 12 | 13 | 11 | 12 | 13 2 | 13 1 | 14 | 14八 | 15七 | 16 | 16 | 17 | 17 | 18 | 16 | 17 |
| 9 | 9 | 10 | 10 | 11 | 12 | 12 | 13 | 13 | 14 | 12 | 13 | 14冬 | 14 | 15 12 | 15 11 | 16 | 17閏 | 17六 | 18 | 18 | 19 | 17 | 18 |
| 10 | 10 | 11 | 11 | 12 | 13 | 13 | 14 | 14 | 15 | 13 | 14 | 15 | 15 | 16 | 16 | 17 10 | 18 9 | 18 | 19五 | 19四 | 20 | 18 | 19 |
| 11 | 11 | 12 | 12 | 13 | 14 | 14 | 15 | 15 | 16 | 14 | 15 | 16 | 16 | 17 | 17 | 18 | 19 | 19 8 | 20 7 | 20 | 21三 | 19二 | 20正 |
| 12 | 12 | 13 | 13 | 14 | 15 | 15 | 16 | 16 | 17 | 15 | 16 | 17 | 17 | 18 | 18 | 19 | 20 | 20 | 21 | 21 6 | 22 5 | 20 | 21 |
| 13 | 13 | 14 | 14 | 15 | 16 | 16 | 17 | 17 | 18 | 16 | 17 | 18 | 18 | 19 | 19 | 20 | 21 | 21 | 22 | 22 | 23 | 21 4 | 22 3 |
| 14 | 14 | 15 | 15 | 16 | 17 | 17 | 18 | 18 | 19 | 17 | 18 | 19 | 19 | 20 | 20 | 21 | 22 | 22 | 23 | 23 | 24 | 22 | 23 |
| 15冬 | 15 | 16 | 16 | 17 | 18 | 18 | 19 | 19 | 20 | 18 | 19 | 20 | 20 | 21 | 21 | 22 | 23 | 23 | 24 | 24 | 25 | 23 | 24 |
| 16 | 16 | 17 | 17 | 18 | 19 | 19 | 20 | 20 | 21 | 19 | 20 | 21 | 21 | 22 | 22 | 23 | 24 | 24 | 25 | 25 | 26 | 24 | 25 |
| 17 | 17 | 18 | 18 | 19 | 20 | 20 | 21 | 21 | 22 | 20 | 21 | 22 | 22 | 23 | 23 | 24 | 25 | 25 | 26 | 26 | 27 | 25 | 26 |
| 18 | 18 | 19 | 19 | 20 | 21 | 21 | 22 | 22 | 23 | 21 | 22 | 23 | 23 | 24 | 24 | 25 | 26 | 26 | 27 | 27 | 28 | 26 | 27 |
| 19 | 19 | 20 | 20 | 21 | 22 | 22 | 23 | 23 | 24 | 22 | 23 | 24 | 24 | 25 | 25 | 26 | 27 | 27 | 28 | 28 | 29 | 27 | 28 |
| 20 | 20 | 21 | 21 | 22 | 23 | 23 | 24 | 24 | 25 | 23 | 24 | 25 | 25 | 26 | 26 | 27 | 28 | 28 | 29 | 29 | 30 | 28 | 29 |
| 21 | 21 | 22 | 22 | 23 | 24 | 24 | 25 | 25 | 26 | 24 | 25 | 26 | 26 | 27 | 27 | 28 | 29 | 29 | 30 | 30 | 31 | 3 | 30 |

一一九九
己未
宋慶元五
遼天禧二二一
金承安四

596

一二〇〇
庚申
宋慶元六
遼天禧二二三
金承安五

597

| | | | | | | | | | | | | | | | | | | | | | | | | |
|---|---|---|---|---|---|---|---|---|---|---|---|---|---|---|---|---|---|---|---|---|---|---|---|---|
| 11 | 11 2 | 12 1 | 12 12 | 13 11 | 14 | 14 | 15四 | 15三 | 16 | 15 | 16 | 17 | 17 | 18 | 18 | 19 | 20 | 20 | 21 | 21 | 22 | 20 | 21 | 22 |
| 12 | 12 | 13 | 13 | 14 | 15 10 | 15 9 | 16 | 16 | 17閏 | 16二 | 17 | 18 | 18 | 19 | 19 | 20 | 21 | 21 | 22 | 22 | 23 | 21 | 22 | 23 |
| 13 | 13 | 14 | 14 | 15 | 16 | 16 | 17 8 | 17 7 | 18 | 17 | 18正 | 19 | 19 | 20 | 20 | 21 | 22 | 22 | 23 | 23 | 24 | 22 | 23 | 24 |
| 14冬 | 14 | 15 | 15 | 16 | 17 | 17 | 18 | 18 | 19 6 | 18 5 | 19 | 20十二 | 20十一 | 21 | 21 | 22 | 23 | 23 | 24 | 24 | 25 | 23 | 24 | 25 |
| 15 | 15 | 16 | 16 | 17 | 18 | 18 | 19 | 19 | 20 | 19 | 20 4 | 21 3 | 21 | 22十 | 22九 | 23 | 24 | 24 | 25 | 25 | 26 | 24 | 25 | 26 |
| 16 | 16 | 17 | 17 | 18 | 19 | 19 | 20 | 20 | 21 | 20 | 21 | 22 | 22 2 | 23 1 | 23 | 24八 | 25七 | 25六 | 26 | 26 | 27 | 25 | 26 | 27 |
| 17 | 17 | 18 | 18 | 19 | 20 | 20 | 21 | 21 | 22 | 21 | 22 | 23 | 23 | 24 | 24 12 | 25 11 | 26 | 26 | 27五 | 27四 | 28 | 26 | 27 | 28 |
| 18 | 18 | 19 | 19 | 20 | 21 | 21 | 22 | 22 | 23 | 22 | 23 | 24 | 24 | 25 | 25 | 26 | 27 10 | 27 9 | 28 | 28 | 29三 | 27二 | 28正 | 29 |
| 19 | 19 | 20 | 20 | 21 | 22 | 22 | 23 | 23 | 24 | 23 | 24 | 25 | 25 | 26 | 26 | 27 | 28 | 28 | 29 8 | 29 7 | 30 | 28 | 29 | 30十二 |
| 20 | 20 | 21 | 21 | 22 | 23 | 23 | 24 | 24 | 25 | 24 | 25 | 26 | 26 | 27 | 27 | 28 | 29 | 29 | 30 | 30 | 31 6 | 3 5 | 30 | 31 |
| 21 | 21 | 22 | 22 | 23 | 24 | 24 | 25 | 25 | 26 | 25 | 26 | 27 | 27 | 28 | 28 | 29 | 30 | 30 | 31 | 5 | 4 | 2 | 31 4 | 1 3 |
| 22 | 22 | 23 | 23 | 24 | 25 | 25 | 26 | 26 | 27 | 26 | 27 | 28 | 28 | 29 | 29 | 30 | 31 | 7 | 6 | 2 | 2 | 3 | 2 | 2 |
| 23 | 23 | 24 | 24 | 25 | 26 | 26 | 27 | 27 | 28 | 27 | 28 | 29 | 29 | 30 | 30 | 31 | 8 | 2 | 2 | 3 | 3 | 4 | 2 | 3 |
| 24 | 24 | 25 | 25 | 26 | 27 | 27 | 28 | 28 | 29 | 28 | 29 | 30 | 30 | 31 | 10 | 9 | 2 | 3 | 3 | 4 | 4 | 5 | 3 | 4 |
| 25 | 25 | 26 | 26 | 27 | 28 | 28 | 29 | 29 | 30 | 29 | 30 | 31 | 12 | 11 | 2 | 2 | 3 | 4 | 4 | 5 | 5 | 6 | 4 | 5 |
| 26 | 26 | 27 | 27 | 28 | 29 | 29 | 30 | 30 | 31 | 3 | 31 | 1 | 2 | 2 | 3 | 3 | 4 | 5 | 5 | 6 | 6 | 7 | 5 | 6 |
| 27 | 27 | 28 | 28 | 29 | 30 | 30 | 31 | 5 | 4 | 2 | 2 | 2 | 3 | 3 | 4 | 4 | 5 | 6 | 6 | 7 | 7 | 8 | 6 | 7 |
| 28 | 28 | 29 | 29 | 30 | 31 | 7 | 6 | 2 | 2 | 3 | 2 | 3 | 4 | 4 | 5 | 5 | 6 | 7 | 7 | 8 | 8 | 9 | 7 | 8 |
| 29 | 29 | 30 | 30 | 31 | 8 | 2 | 2 | 3 | 3 | 4 | 3 | 4 | 5 | 5 | 6 | 6 | 7 | 8 | 8 | 9 | 9 | 10 | 8 | 9 |
| 30 | 30 | 31 | 10 | 9 | 2 | 3 | 3 | 4 | 4 | 5 | 4 | 5 | 6 | 6 | 7 | 7 | 8 | 9 | 9 | 10 | 10 | 11 | 9 | 10 |
| 31 | 12 | 11 | 2 | 2 | 3 | 4 | 4 | 5 | 5 | 6 | 5 | 6 | 7 | 7 | 8 | 8 | 9 | 10 | 10 | 11 | 11 | 12 | 10 | 11 |
| 日 | 2 | 2 | 3 | 3 | 4 | 5 | 5 | 6 | 6 | 7 | 6 | 7 | 8 | 8 | 9 | 9 | 10 | 11 | 11 | 12 | 12 | 13 | 11 | 12 |
| 曜 | 3 | 3 | 4 | 4 | 5 | 6 | 6 | 7 | 7 | 8 | 7 | 8 | 9 | 9 | 10 | 10 | 11 | 12 | 12 | 13 | 13 | 14 | 12 | 13 |
| 表 | 4 | 4 | 5 | 5 | 6 | 7 | 7 | 8 | 8 | 9 | 8 | 9 | 10 | 10 | 11 | 11 | 12 | 13 | 13 | 14 | 14 | 15 | 13 | 14 |
| 3 | 5 | 5 | 6 | 6 | 7 | 8 | 8 | 9 | 9 | 10 | 9 | 10 | 11 | 11 | 12 | 12 | 13 | 14 | 14 | 15 | 15 | 16 | 14 | 15 |
| 甲 | 6 | 6 | 7 | 7 | 8 | 9 | 9 | 10 | 10 | 11 | 10 | 11 | 12 | 12 | 13 | 13 | 14 | 15 | 15 | 16 | 16 | 17 | 15 | 16 |
| 子 | 7 | 7 | 8 | 8 | 9 | 10 | 10 | 11 | 11 | 12 | 11 | 12 | 13 | 13 | 14 | 14 | 15 | 16 | 16 | 17 | 17 | 18 | 16 | 17 |
| 表 | 8十二 | 8 | 9 | 9 | 10 | 11 | 11 | 12 | 12 | 13 | 12 | 13 | 14 | 14 | 15 | 15 | 16 | 17 | 17 | 18 | 18 | 19 | 17 | 18 |
| 20 | 9 | 9十 | 10九 | 10八 | 11 | 12 | 12 | 13 | 13 | 14 | 13 | 14 | 15冬 | 15 | 16 | 16 | 17 | 18 | 18 | 19 | 19 | 20 | 18 | 19 |
| | 10 3 | 10 | 11 | 11 | 12七 | 13六 | 13五 | 14 | 14 | 15 | 14 | 15 | 16 | 16 | 17 | 17 | 18 | 19 | 19 | 20 | 20 | 21 | 19 | 20 |

一二〇二 壬戌 宋嘉泰二 遼天禧二五 金泰和二 599

一二〇一 辛酉 宋嘉泰元 遼天禧二四 金泰和元 598

| | | | | | | | | | | | | | | | | | | | | | | | |
|---|---|---|---|---|---|---|---|---|---|---|---|---|---|---|---|---|---|---|---|---|---|---|---|
| 22 | 23 | 23 | 24 | 25 | 25 | 26 | 26 | 8 27 | 7 25 | 26 | 正 27 | 十二 27 | 28 | 28 | 29 | 30 | 30 | 31 | **5** | **4** | 2 | 31 | **1** |
| 23 | 24 | 24 | 25 | 26 | 26 | 27 | 27 | 28 | 26 | 6 27 | 5 28 | 28 | 十一 29 | 十 29 | 九 30 | 八 31 | **7** | **6** | 2 | 2 | 3 | **2** | 2 |
| 24 | 25 | 25 | 26 | 27 | 27 | 28 | 28 | 29 | 27 | 28 | 29 | 4 29 | 3 30 | 30 | 31 | **8** | 七 2 | 六 2 | 3 | 3 | 4 | 2 | 3 |
| 25 | 26 | 26 | 27 | 28 | 28 | 29 | 29 | 30 | 28 | 29 | 30 | 30 | 31 | 2 **10** | 1 **9** | 2 | 3 | 3 | 五 4 | 四 4 | 5 | 3 | 4 |
| 26 | 27 | 27 | 28 | 29 | 29 | 30 | 30 | 31 | **3** | 30 | 31 | **12** | **11** | 2 | 2 | 12 3 | 11 4 | 4 | 5 | 5 | 三 6 | 4 | 5 |
| 27 | 28 | 28 | 29 | 30 | 30 | 31 | **5** | **4** | 2 | 31 | **1** | 2 | 2 | 3 | 3 | 4 | 5 | 10 5 | 9 6 | 6 | 7 | 二 5 | 正 6 |
| 28 | 29 | 29 | 30 | 31 | **7** | **6** | 2 | 2 | 3 | **2** | 2 | 3 | 3 | 4 | 4 | 5 | 6 | 6 | 7 | 8 7 | 7 8 | 6 | 7 十二 |
| 29 | 30 | 30 | 31 | **8** | 2 | 2 | 3 | 3 | 4 | 2 | 3 | 4 | 4 | 5 | 5 | 6 | 7 | 7 | 8 | 8 | 9 | 6 7 | 5 8 |
| 30 | 31 | **10** | **9** | 2 | 3 | 3 | 4 | 4 | 5 | 3 | 4 | 5 | 5 | 6 | 6 | 7 | 8 | 8 | 9 | 9 | 10 | 8 | 9 4 |
| **12** | **11** | 2 | 2 | 3 | 4 | 4 | 5 | 5 | 6 | 4 | 5 | 6 | 6 | 7 | 7 | 8 | 9 | 9 | 10 | 10 | 11 | 9 | 10 |
| 2 | 2 | 3 | 3 | 4 | 5 | 5 | 6 | 6 | 7 | 5 | 6 | 7 | 7 | 8 | 8 | 9 | 10 | 10 | 11 | 11 | 12 | 10 | 11 |
| 3 | 3 | 4 | 4 | 5 | 6 | 6 | 7 | 7 | 8 | 6 | 7 | 8 | 8 | 9 | 9 | 10 | 11 | 11 | 12 | 12 | 13 | 11 | 12 |
| 4 | 4 | 5 | 5 | 6 | 7 | 7 | 8 | 8 | 9 | 7 | 8 | 9 | 9 | 10 | 10 | 11 | 12 | 12 | 13 | 13 | 14 | 12 | 13 |
| 5 | 5 | 6 | 6 | 7 | 8 | 8 | 9 | 9 | 10 | 8 | 9 | 10 | 10 | 11 | 11 | 12 | 13 | 13 | 14 | 14 | 15 | 13 | 14 |
| 6 | 6 | 7 | 7 | 8 | 9 | 9 | 10 | 10 | 11 | 9 | 10 | 11 | 11 | 12 | 12 | 13 | 14 | 14 | 15 | 15 | 16 | 14 | 15 |
| 7 | 7 | 8 | 8 | 9 | 10 | 10 | 11 | 11 | 12 | 10 | 11 | 12 | 12 | 13 | 13 | 14 | 15 | 15 | 16 | 16 | 17 | 15 | 16 |
| 8 | 8 | 9 | 9 | 10 | 11 | 11 | 12 | 12 | 13 | 11 | 12 | 13 | 13 | 14 | 14 | 15 | 16 | 16 | 17 | 17 | 18 | 16 | 17 |
| 9 | 9 | 10 | 10 | 11 | 12 | 12 | 13 | 13 | 14 | 12 | 13 | 14 | 冬 14 | 15 | 15 | 16 | 17 | 17 | 18 | 18 | 19 | 17 | 18 |
| 10 | 10 | 11 | 11 | 12 | 13 | 13 | 14 | 14 | 15 | 13 | 14 | 15 | 15 | 16 | 16 | 17 | 18 | 18 | 19 | 19 | 20 | 18 | 19 |
| 11 | 11 | 12 | 12 | 13 | 14 | 14 | 15 | 15 | 16 | 14 | 15 | 16 | 16 | 17 | 17 | 18 | 19 | 19 | 20 | 20 | 21 | 19 | 20 |
| 12 | 12 | 13 | 13 | 14 | 15 | 15 | 16 | 16 | 17 | 15 | 16 | 17 | 17 | 18 | 18 | 19 | 20 | 20 | 21 | 21 | 22 | 20 | 21 |
| 13 | 13 | 14 | 14 | 15 | 16 | 16 | 17 | 17 | 18 | 16 | 17 | 18 | 18 | 19 | 19 | 20 | 21 | 21 | 22 | 22 | 23 | 21 | 22 |
| 14 | 14 | 15 | 15 | 16 | 17 | 17 | 18 | 18 | 19 | 17 | 18 | 19 | 19 | 20 | 20 | 21 | 22 | 22 | 23 | 23 | 24 | 22 | 23 |
| 15 | 冬 15 | 16 | 16 | 17 | 18 | 18 | 19 | 19 | 20 | 18 | 19 | 20 | 20 | 21 | 21 | 22 | 23 | 23 | 24 | 24 | 25 | 23 | 24 |
| 16 | 十二 16 | 17 | 17 | 18 | 19 | 19 | 20 | 20 | 21 | 19 | 20 | 21 | 21 | 22 | 22 | 23 | 24 | 24 | 25 | 25 | 26 | 24 | 25 |
| 17 | 17 | 十一 18 | 十 18 | 九 19 | 八 20 | 20 | 21 | 21 | 22 | 20 | 21 | 22 | 22 | 23 | 23 | 24 | 25 | 25 | 26 | 26 | 27 | 25 | 26 |
| 18 | 4 18 | 3 19 | 19 | 20 | 21 | 七 21 | 22 | 22 | 23 | 21 | 22 | 23 | 23 | 24 | 24 | 25 | 26 | 26 | 27 | 27 | 28 | 26 | 27 |
| 19 | 19 | 20 | 2 20 | 1 21 | 22 | 22 | 六 23 | 五 23 | 24 | 22 | 23 | 24 | 24 | 25 | 25 | 26 | 27 | 27 | 28 | 28 | 29 | 27 | 28 |
| 20 | 20 | 21 | 21 | 22 | 12 23 | 11 23 | 24 | 24 | 四 25 | 23 | 24 | 25 | 25 | 26 | 26 | 27 | 28 | 28 | 29 | 29 | 30 | 28 | 29 |
| 21 | 21 | 22 | 22 | 23 | 24 | 24 | 10 25 | 9 25 | 26 | 三 24 | 二 25 | 26 | 26 | 27 | 27 | 28 | 29 | 29 | 30 | 30 | 31 | **3** | 30 |

一二〇三 癸亥 宋嘉泰三 遼天禧二六 金泰和三 600

一二〇四 甲子 宋嘉泰四 遼天禧二七 金泰和四 601

| | | | | | | | | | | | | | | | | | | | | | | | | |
|---|---|---|---|---|---|---|---|---|---|---|---|---|---|---|---|---|---|---|---|---|---|---|---|---|
| 11 | 11 | 12 | 12 | 13 | 14 | 14 | 15 | 15 | 16 | 15 | 16 | 17 | 17 | 18 | 18 | 19 | 20 | 20 | 21 | 21 | 22 | 20 | 21 | 22 |
| 12 | 12 | 13 | 13 | 14 | 15 | 15 | 16 | 16 | 17 | 16 | 17 | 18 | 18 | 19 | 19 | 20 | 21 | 21 | 22 | 22 | 23 | 21 | 22 | 23 |
| 13 | 13 | 14 | 14 | 15 | 16 | 16 | 17 | 17 | 18 | 17 | 18 | 19 | 19 | 20 | 20 | 21 | 22 | 22 | 23 | 23 | 24 | 22 | 23 | 24 |
| 14冬 | 14 | 15 | 15 | 16 | 17 | 17 | 18 | 18 | 19 | 18 | 19 | 20 | 20 | 21 | 21 | 22 | 23 | 23 | 24 | 24 | 25 | 23 | 24 | 25 |
| 15 | 15 | 16 | 16 | 17 | 18 | 18 | 19 | 19 | 20 | 19 | 20 | 21 | 21 | 22 | 22 | 23 | 24 | 24 | 25 | 25 | 26 | 24 | 25 | 26 |
| 16 | 16 | 17 | 17 | 18 | 19 | 19 | 20 | 20 | 21 | 20 | 21 | 22 | 22 | 23 | 23 | 24 | 25 | 25 | 26 | 26 | 27 | 25 | 26 | 27 |
| 17 | 17 | 18 | 18 | 19 | 20 | 20 | 21 | 21 | 22 | 21 | 22 | 23 | 23 | 24 | 24 | 25 | 26 | 26 | 27 | 27 | 28 | 26 | 27 | 28 |
| 18 | 18 | 19 | 19 | 20 | 21 | 21 | 22 | 22 | 23 | 22 | 23 | 24 | 24 | 25 | 25 | 26 | 27 | 27 | 28 | 28 | 29 | 27 | 28 | 29 |
| 19 | 19 | 20 | 20 | 21 | 22 | 22 | 23 | 23 | 24 | 23 | 24 | 25 | 25 | 26 | 26 | 27 | 28 | 28 | 29 | 29 | 30 | 28 | 29 | 30 |
| 20 | 20 | 21 | 21 | 22 | 23 | 23 | 24 | 24 | 25 | 24 | 25 | 26 | 26 | 27 | 27 | 28 | 29 | 29 | 30 | 30 | 31 | 3 | 30 | 31 |
| 21 | 21 | 22 | 22 | 23 | 24 | 24 | 25 | 25 | 26 | 25 | 26 | 27 | 27 | 28 | 28 | 29 | 30 | 30 | 31 | 5 | 4 | 2 | 31 | 1 |
| 22 | 22 | 23 | 23 | 24 | 25 | 25 | 26 | 26 | 27 | 26 | 27 | 28 | 28 | 29 | 29 | 30 | 31 | 7 | 6 | 2 | 2 | 3 | 2 | 2 |
| 23十二 | 23十一 | 24 | 24 | 25 | 26 | 26 | 27 | 27 | 28 | 27 | 28 | 29 | 29 | 30 | 30 | 31 | 8 | 2 | 2 | 3 | 3 | 4 | 2 | 3 |
| 24 | 24 | 25十 | 25九 | 26 | 27 | 27 | 28 | 28 | 29 | 28 | 29 | 30 | 30 | 31 | 10 | 9 | 2 | 3 | 3 | 4 | 4 | 5 | 3 | 4 |
| 25 5 | 25 | 26 | 26 | 27八 | 28 | 28 | 29 | 29 | 30 | 29 | 30 | 31 | 12 | 11 | 2 | 2 | 3 | 4 | 4 | 5 | 5 | 6 | 4 | 5 |
| 26 | 26 4 | 27 3 | 27 | 28 | 29七 | 29六 | 30 | 30 | 31 | 3 | 31 | 1 | 2 | 2 | 3 | 3 | 4 | 5 | 5 | 6 | 6 | 7 | 5 | 6 |
| 27 | 27 | 28 | 28 2 | 29 1 | 30 | 30 | 31五 | 5 | 4 | 2 | 2 | 2 | 3 | 3 | 4 | 4 | 5 | 6 | 6 | 7 | 7 | 8 | 6 | 7 |
| 28 | 28 | 29 | 29 | 30 | 31 12 | 7 11 | 6 | 2四 | 2三 | 3 | 2 | 3 | 4 | 4 | 5 | 5 | 6 | 7 | 7 | 8 | 8 | 9 | 7 | 8 |
| 29 | 29 | 30 | 30 | 31 | 8 | 2 | 2 10 | 3 9 | 3 | 4二 | 3正 | 4十二 | 5十一 | 5 | 6 | 6 | 7 | 8 | 8 | 9 | 9 | 10 | 8 | 9 |
| 30 | 30 | 31 | 10 | 9 | 2 | 3 | 3 | 4 | 4 8 | 5 7 | 4 | 5 | 6 | 6十 | 7九 | 7八 | 8 | 9 | 9 | 10 | 10 | 11 | 9 | 10 |
| 31 | 12 | 11 | 2 | 2 | 3 | 4 | 4 | 5 | 5 | 6 | 5 6 | 6 5 | 7 | 7 | 8 | 8 | 9七 | 10 | 10 | 11 | 11 | 12 | 10 | 11 |
| 日 | 2 | 2 | 3 | 3 | 4 | 5 | 5 | 6 | 6 | 7 | 6 | 7 | 8 4 | 8 3 | 9 | 9 | 10 | 11六 | 11五 | 12 | 12 | 13 | 11 | 12 |
| 曜 | 3 | 3 | 4 | 4 | 5 | 6 | 6 | 7 | 7 | 8 | 7 | 8 | 9 | 9 | 10 2 | 10 1 | 11 12 | 12 11 | 12 | 13四 | 13 | 14 | 12 | 13 |
| 表 | 4 | 4 | 5 | 5 | 6 | 7 | 7 | 8 | 8 | 9 | 8 | 9 | 10 | 10 | 11 | 11 | 12 | 13 | 13 10 | 14 9 | 14三 | 15二 | 13 | 14 |
| 4 | 5 | 5 | 6 | 6 | 7 | 8 | 8 | 9 | 9 | 10 | 9 | 10 | 11 | 11 | 12 | 12 | 13 | 14 | 14 | 15 | 15 8 | 16 7 | 14正 | 15閏 |
| 甲 | 6 | 6 | 7 | 7 | 8 | 9 | 9 | 10 | 10 | 11 | 10 | 11 | 12 | 12 | 13 | 13 | 14 | 15 | 15 | 16 | 16 | 17 | 15 6 | 16 5 |
| 子 | 7 | 7 | 8 | 8 | 9 | 10 | 10 | 11 | 11 | 12 | 11 | 12 | 13 | 13 | 14 | 14 | 15 | 16 | 16 | 17 | 17 | 18 | 16 | 17 |
| 表 | 8 | 8 | 9 | 9 | 10 | 11 | 11 | 12 | 12 | 13 | 12 | 13 | 14 | 14 | 15 | 15 | 16 | 17 | 17 | 18 | 18 | 19 | 17 | 18 |
| 1 | 9 | 9 | 10 | 10 | 11 | 12 | 12 | 13 | 13 | 14 | 13 | 14 | 15冬 | 15 | 16 | 16 | 17 | 18 | 18 | 19 | 19 | 20 | 18 | 19 |
| | 10 | 10 | 11 | 11 | 12 | 13 | 13 | 14 | 14 | 15 | 14 | 15 | 16 | 16 | 17 | 17 | 18 | 19 | 19 | 20 | 20 | 21 | 19 | 20 |

| 一二〇六 丙寅 宋開禧二 遼天禧二九 金泰和六 元太祖元 (603) | | | | | | | | | | | | 一二〇五 乙丑 宋開禧元 遼天禧二八 金泰和五 (602) | | | | | | | | | | | |
|---|---|---|---|---|---|---|---|---|---|---|---|---|---|---|---|---|---|---|---|---|---|---|---|
| 22 | 23 | 23 | 24 | 25 | 25 | 26 | 26 | 27 | 25 | 26 | 27 | 27 | 28 | 28 | 29 | 30 | 30 | 31 | **5** | **4** | 2 | 31 | **1** |
| 23 | 24 | 24 | 25 | 26 | 26 | 27 | 27 | 28 | 26 | 27 | 28 | 28 | 29 | 29 | 30 | 31 | **7** | **6** | 2 | 2 | 3 | **2** | 2 |
| 24 | 25 | 25 | 26 | 27 | 27 | 28 | 28 | 29 | 27 | 28 | 29 | 29 | 30 | 30 | 31 | **8** | 2 | 2 | 3 | 3 | 4 | 2 | 3 |
| 25 | 26 | 26 | 27 | 28 | 28 | 29 | 29 | 30 | 28 | 29 | 30 | 30 | 31 | **10** | **9** | 2 | 3 | 3 | 4 | 4 | 5 | 3 | 4 |
| 26 | 27 | 27 | 28 | 29 | 29 | 30 | 30 | 31 | **3** | 30 | 31 | **12** | **11** | 2 | 2 | 3 | 4 | 4 | 5 | 5 | 6 | 4 | 5 |
| 27 | 28 | 28 | 29 | 30 | 30 | 31 | **5** | **4** | 2 | 31 | **1** | 2 | 2 | 3 | 3 | 4 | 5 | 5 | 6 | 6 | 7 | 5 | 6 |
| 28 | 29 | 29 | 30 | 31 | **7** | **6** | 2 | 2 | 3 | **2** | 2 | 3 | 3 | 4 | 4 | 5 | 6 | 6 | 7 | 7 | 8 | 6 | 7 |
| 29 | 30 | 30 | 31 | **8** | 2 | 2 | 3 | 3 | 4 | 2 | 3 | 4 | 4 | 5 | 5 | 6 | 7 | 7 | 8 | 8 | 9 | 7 | 8 |
| 30 | 31 | **10** | **9** | 2 | 3 | 3 | 4 | 4 | 5 | 3 | 4 | 5 | 5 | 6 | 6 | 7 | 8 | 8 | 9 | 9 | 10 | 8 | 9 |
| **12** | **11** | 2 | 2 | 3 | 4 | 4 | 5 | 5 | 6 | 4 | 5 | 6 | 6 | 7 | 7 | 8 | 9 | 9 | 10 | 10 | 11 | 9 | 10 |
| 2 十一 | 2 十 | 3 | 3 | 4 | 5 | 5 | 6 | 6 | 7 | 5 | 6 | 7 | 7 | 8 | 8 | 9 | 10 | 10 | 11 | 11 | 12 | 10 | 11 |
| 3 | 3 | 4 九 | 4 | 5 | 6 | 6 | 7 | 7 | 8 | 6 | 7 | 8 | 8 | 9 | 9 | 10 | 11 | 11 | 12 | 12 | 13 | 11 | 12 |
| 4 **5** | 4 | 5 | 5 八 | 6 七 | 7 | 7 | 8 | 8 | 9 | 7 | 8 | 9 | 9 | 10 | 10 | 11 | 12 | 12 | 13 | 13 | 14 | 12 | 13 |
| 5 | 5 **4** | 6 **3** | 6 | 7 | 8 六 | 8 五 | 9 | 9 | 10 | 8 | 9 | 10 | 10 | 11 | 11 | 12 | 13 | 13 | 14 | 14 | 15 | 13 | 14 |
| 6 | 6 | 7 | 7 **2** | 8 **1** | 9 **12** | 9 **11** | 10 四 | 10 三 | 11 二 | 9 | 10 | 11 | 11 | 12 | 12 | 13 | 14 | 14 | 15 | 15 | 16 | 14 | 15 |
| 7 | 7 | 8 | 8 | 9 | 10 | 10 | 11 **10** | 11 **9** | 12 | 10 正 | 11 十二 | 12 十一 | 12 | 13 | 13 | 14 | 15 | 15 | 16 | 16 | 17 | 15 | 16 |
| 8 | 8 | 9 | 9 | 10 | 11 | 11 | 12 | 12 | 13 **8** | 11 **7** | 12 | 13 | 13 十 | 14 九 | 14 | 15 | 16 | 16 | 17 | 17 | 18 | 16 | 17 |
| 9 | 9 | 10 | 10 | 11 | 12 | 12 | 13 | 13 | 14 | 12 | 13 **6** | 14 冬 **5** | 14 | 15 | 15 閏 | 16 | 17 | 17 | 18 | 18 | 19 | 17 | 18 |
| 10 | 10 | 11 | 11 | 12 | 13 | 13 | 14 | 14 | 15 | 13 | 14 | 15 | 15 **4** | 16 **3** | 16 | 17 八 | 18 七 | 18 | 19 | 19 | 20 | 18 | 19 |
| 11 | 11 | 12 | 12 | 13 | 14 | 14 | 15 | 15 | 16 | 14 | 15 | 16 | 16 | 17 | 17 **2** | 18 **1** | 19 | 19 六 | 20 五 | 20 | 21 | 19 | 20 |
| 12 | 12 | 13 | 13 | 14 | 15 | 15 | 16 | 16 | 17 | 15 | 16 | 17 | 17 | 18 | 18 | 19 | 20 **12** | 20 **11** | 21 | 21 四 | 22 三 | 20 | 21 |
| 13 | 13 | 14 | 14 | 15 | 16 | 16 | 17 | 17 | 18 | 16 | 17 | 18 | 18 | 19 | 19 | 20 | 21 | 21 | 22 **10** | 22 **9** | 23 | 21 二 | 22 正 |
| 14 | 14 | 15 | 15 | 16 | 17 | 17 | 18 | 18 | 19 | 17 | 18 | 19 | 19 | 20 | 20 | 21 | 22 | 22 | 23 | 23 | 24 **8** | 22 **7** | 23 |
| 15 冬 | 15 | 16 | 16 | 17 | 18 | 18 | 19 | 19 | 20 | 18 | 19 | 20 | 20 | 21 | 21 | 22 | 23 | 23 | 24 | 24 | 25 | 23 | 24 **6** |
| 16 | 16 | 17 | 17 | 18 | 19 | 19 | 20 | 20 | 21 | 19 | 20 | 21 | 21 | 22 | 22 | 23 | 24 | 24 | 25 | 25 | 26 | 24 | 25 |
| 17 | 17 | 18 | 18 | 19 | 20 | 20 | 21 | 21 | 22 | 20 | 21 | 22 | 22 | 23 | 23 | 24 | 25 | 25 | 26 | 26 | 27 | 25 | 26 |
| 18 | 18 | 19 | 19 | 20 | 21 | 21 | 22 | 22 | 23 | 21 | 22 | 23 | 23 | 24 | 24 | 25 | 26 | 26 | 27 | 27 | 28 | 26 | 27 |
| 19 | 19 | 20 | 20 | 21 | 22 | 22 | 23 | 23 | 24 | 22 | 23 | 24 | 24 | 25 | 25 | 26 | 27 | 27 | 28 | 28 | 29 | 27 | 28 |
| 20 | 20 | 21 | 21 | 22 | 23 | 23 | 24 | 24 | 25 | 23 | 24 | 25 | 25 | 26 | 26 | 27 | 28 | 28 | 29 | 29 | 30 | 28 | 29 |
| 21 | 21 | 22 | 22 | 23 | 24 | 24 | 25 | 25 | 26 | 24 | 25 | 26 | 26 | 27 | 27 | 28 | 29 | 29 | 30 | 30 | 31 | **3** | 30 |

一二〇七
丁卯
宋開禧三
遼天禧三〇
金泰和七
元太祖二

604

一二〇八
戊辰
宋嘉定元
遼天禧三一
金泰和八
元太祖三

605

| | | | | | | | | | | | | | | | | | | | | | | | | |
|---|---|---|---|---|---|---|---|---|---|---|---|---|---|---|---|---|---|---|---|---|---|---|---|---|
| 11 | 6 11 | 5 12 | 九 12 | 八 13 | 七 14 | 14 | 15 | 15 | 16 | 15 | 16 | 17 | 17 | 18 | 18 | 19 | 20 | 20 | 21 | 21 | 22 | 20 | 21 | 22 |
| 12 | 12 | 13 | 4 13 | 3 14 | 15 | 六 15 | 五 16 | 16 | 17 | 16 | 17 | 18 | 18 | 19 | 19 | 20 | 21 | 21 | 22 | 22 | 23 | 21 | 22 | 23 |
| 13 | 13 | 14 | 14 | 15 | 2 16 | 1 16 | 17 | 閏 17 | 四 18 | 三 17 | 18 | 19 | 19 | 20 | 20 | 21 | 22 | 22 | 23 | 23 | 24 | 22 | 23 | 24 |
| 14 | 冬 14 | 15 | 15 | 16 | 17 | 17 | 12 18 | 11 18 | 19 | 18 | 二 19 | 正 20 | 20 | 21 | 21 | 22 | 23 | 23 | 24 | 24 | 25 | 23 | 24 | 25 |
| 15 | 15 | 16 | 16 | 17 | 18 | 18 | 19 | 19 | 10 20 | 9 19 | 20 | 21 | 十二 21 | 22 | 22 | 23 | 24 | 24 | 25 | 25 | 26 | 24 | 25 | 26 |
| 16 | 16 | 17 | 17 | 18 | 19 | 19 | 20 | 20 | 21 | 20 | 8 21 | 7 22 | 22 | 十一 23 | 十 23 | 24 | 25 | 25 | 26 | 26 | 27 | 25 | 26 | 27 |
| 17 | 17 | 18 | 18 | 19 | 20 | 20 | 21 | 21 | 22 | 21 | 22 | 23 | 6 23 | 5 24 | 24 | 九 25 | 八 26 | 26 | 27 | 27 | 28 | 26 | 27 | 28 |
| 18 | 18 | 19 | 19 | 20 | 21 | 21 | 22 | 22 | 23 | 22 | 23 | 24 | 24 | 25 | 4 25 | 3 26 | 27 | 七 27 | 六 28 | 28 | 29 | 27 | 28 | 29 |
| 19 | 19 | 20 | 20 | 21 | 22 | 22 | 23 | 23 | 24 | 23 | 24 | 25 | 25 | 26 | 26 | 27 | 2 28 | 1 28 | 29 | 五 29 | 四 30 | 三 28 | 29 | 30 |
| 20 | 20 | 21 | 21 | 22 | 23 | 23 | 24 | 24 | 25 | 24 | 25 | 26 | 26 | 27 | 27 | 28 | 29 | 29 | 12 30 | 11 30 | 31 | 3 | 二 30 | 正 31 十二 |
| 21 | 21 | 22 | 22 | 23 | 24 | 24 | 25 | 25 | 26 | 25 | 26 | 27 | 27 | 28 | 28 | 29 | 30 | 30 | 31 | 5 | 10 4 | 9 2 | 31 | 1 |
| 22 | 22 | 23 | 23 | 24 | 25 | 25 | 26 | 26 | 27 | 26 | 27 | 28 | 28 | 29 | 29 | 30 | 31 | 7 | 6 | 2 | 2 | 3 | 8 2 | 7 2 |
| 23 | 23 | 24 | 24 | 25 | 26 | 26 | 27 | 27 | 28 | 27 | 28 | 29 | 29 | 30 | 30 | 31 | 8 | 2 | 2 | 3 | 3 | 4 | 2 | 3 6 |
| 24 | 24 | 25 | 25 | 26 | 27 | 27 | 28 | 28 | 29 | 28 | 29 | 30 | 30 | 31 | 10 | 9 | 2 | 3 | 3 | 4 | 4 | 5 | 3 | 4 |
| 25 | 25 | 26 | 26 | 27 | 28 | 28 | 29 | 29 | 30 | 29 | 30 | 31 | 12 | 11 | 2 | 2 | 3 | 4 | 4 | 5 | 5 | 6 | 4 | 5 |
| 26 | 26 | 27 | 27 | 28 | 29 | 29 | 30 | 30 | 31 | 3 | 31 | 1 | 2 | 2 | 3 | 3 | 4 | 5 | 5 | 6 | 6 | 7 | 5 | 6 |
| 27 | 27 | 28 | 28 | 29 | 30 | 30 | 31 | 5 | 4 | 2 | 2 | 2 | 3 | 3 | 4 | 4 | 5 | 6 | 6 | 7 | 7 | 8 | 6 | 7 |
| 28 | 28 | 29 | 29 | 30 | 31 | 7 | 6 | 2 | 2 | 3 | 2 | 3 | 4 | 4 | 5 | 5 | 6 | 7 | 7 | 8 | 8 | 9 | 7 | 8 |
| 29 | 29 | 30 | 30 | 31 | 8 | 2 | 2 | 3 | 3 | 4 | 3 | 4 | 5 | 5 | 6 | 6 | 7 | 8 | 8 | 9 | 9 | 10 | 8 | 9 |
| 30 | 30 | 31 | 10 | 9 | 2 | 3 | 3 | 4 | 4 | 5 | 4 | 5 | 6 | 6 | 7 | 7 | 8 | 9 | 9 | 10 | 10 | 11 | 9 | 10 |
| 31 | 12 | 11 | 2 | 2 | 3 | 4 | 4 | 5 | 5 | 6 | 5 | 6 | 7 | 7 | 8 | 8 | 9 | 10 | 10 | 11 | 11 | 12 | 10 | 11 |
| 日 | 2 | 2 | 3 | 3 | 4 | 5 | 5 | 6 | 6 | 7 | 6 | 7 | 8 | 8 | 9 | 9 | 10 | 11 | 11 | 12 | 12 | 13 | 11 | 12 |
| 曜 | 3 | 3 | 4 | 4 | 5 | 6 | 6 | 7 | 7 | 8 | 7 | 8 | 9 | 9 | 10 | 10 | 11 | 12 | 12 | 13 | 13 | 14 | 12 | 13 |
| 表 | 4 | 4 | 5 | 5 | 6 | 7 | 7 | 8 | 8 | 9 | 8 | 9 | 10 | 10 | 11 | 11 | 12 | 13 | 13 | 14 | 14 | 15 | 13 | 14 |
| 5 | 5 | 5 | 6 | 6 | 7 | 8 | 8 | 9 | 9 | 10 | 9 | 10 | 11 | 11 | 12 | 12 | 13 | 14 | 14 | 15 | 15 | 16 | 14 | 15 |
| 甲 | 6 | 6 | 7 | 7 | 8 | 9 | 9 | 10 | 10 | 11 | 10 | 11 | 12 | 12 | 13 | 13 | 14 | 15 | 15 | 16 | 16 | 17 | 15 | 16 |
| 子 | 7 | 7 | 8 | 8 | 9 | 10 | 10 | 11 | 11 | 12 | 11 | 12 | 13 | 13 | 14 | 14 | 15 | 16 | 16 | 17 | 17 | 18 | 16 | 17 |
| 表 | 8 | 8 | 9 | 9 | 10 | 11 | 11 | 12 | 12 | 13 | 12 | 13 | 14 | 14 | 15 | 15 | 16 | 17 | 17 | 18 | 18 | 19 | 17 | 18 |
| 2 | 9 | 9 | 10 | 10 | 11 | 12 | 12 | 13 | 13 | 14 | 13 | 14 | 15 | 冬 15 | 16 | 16 | 17 | 18 | 18 | 19 | 19 | 20 | 18 | 19 |
| | 10 | 十一 10 | 十 11 | 11 | 12 | 13 | 13 | 14 | 14 | 15 | 14 | 15 | 16 | 16 | 17 | 17 | 18 | 19 | 19 | 20 | 20 | 21 | 19 | 20 |

| 一二一〇 庚午 宋嘉定三 遼天禧三三 金大安二 元太祖五 607 | | | | | | | | | | | | 一二〇九 己巳 宋嘉定二 遼天禧三二 金大安元 衛紹王 元太祖四 606 | | | | | | | | | | | |
|---|---|---|---|---|---|---|---|---|---|---|---|---|---|---|---|---|---|---|---|---|---|---|---|
| 22 | 23 | 23 | 24 | 25 2 | 25 1 | 26 | 26 | 27 三 | 25 | 26 | 27 | 27 | 28 | 28 | 29 | 30 | 30 | 31 | 5 | 4 | 2 | 31 | 1 |
| 23 | 24 | 24 | 25 | 26 | 26 | 27 12 | 27 11 | 28 | 26 二 | 27 正 | 28 | 28 | 29 | 29 | 30 | 31 | 7 | 6 | 2 | 2 | 3 | 2 | 2 |
| 24 | 25 | 25 | 26 | 27 | 27 | 28 | 28 | 29 10 | 27 9 | 28 | 29 十二 | 29 十一 | 30 十 | 30 | 31 | 8 | 2 | 2 | 3 | 3 | 4 | 2 | 3 |
| 25 | 26 | 26 | 27 | 28 | 28 | 29 | 29 | 30 | 28 | 29 8 | 30 7 | 30 | 31 | 10 九 | 9 八 | 2 七 | 3 | 3 | 4 | 4 | 5 | 3 | 4 |
| 26 | 27 | 27 | 28 | 29 | 29 | 30 | 30 | 31 | 3 | 30 | 31 | 12 6 | 11 5 | 2 | 2 | 3 | 4 六 | 4 五 | 5 | 5 | 6 | 4 | 5 |
| 27 | 28 | 28 | 29 | 30 | 30 | 31 | 5 | 4 | 2 | 31 | 1 | 2 | 2 | 3 4 | 3 3 | 4 | 5 | 5 | 6 四 | 6 三 | 7 | 5 | 6 |
| 28 | 29 | 29 | 30 | 31 | 7 | 6 | 2 | 2 | 3 | 2 | 2 | 3 | 3 | 4 | 4 | 5 2 | 6 1 | 6 12 | 7 11 | 7 | 8 二 | 6 正 | 7 |
| 29 | 30 | 30 | 31 | 8 | 2 | 2 | 3 | 3 | 4 | 2 | 3 | 4 | 4 | 5 | 5 | 6 | 7 | 7 | 8 | 8 10 | 9 9 | 7 | 8 十二 |
| 30 | 31 | 10 | 9 | 2 | 3 | 3 | 4 | 4 | 5 | 3 | 4 | 5 | 5 | 6 | 6 | 7 | 8 | 8 | 9 | 9 | 10 | 8 8 | 9 7 |
| 12 | 11 | 2 | 2 | 3 | 4 | 4 | 5 | 5 | 6 | 4 | 5 | 6 | 6 | 7 | 7 | 8 | 9 | 9 | 10 | 10 | 11 | 9 | 10 |
| 2 | 2 | 3 | 3 | 4 | 5 | 5 | 6 | 6 | 7 | 5 | 6 | 7 | 7 | 8 | 8 | 9 | 10 | 10 | 11 | 11 | 12 | 10 | 11 |
| 3 | 3 | 4 | 4 | 5 | 6 | 6 | 7 | 7 | 8 | 6 | 7 | 8 | 8 | 9 | 9 | 10 | 11 | 11 | 12 | 12 | 13 | 11 | 12 |
| 4 | 4 | 5 | 5 | 6 | 7 | 7 | 8 | 8 | 9 | 7 | 8 | 9 | 9 | 10 | 10 | 11 | 12 | 12 | 13 | 13 | 14 | 12 | 13 |
| 5 | 5 | 6 | 6 | 7 | 8 | 8 | 9 | 9 | 10 | 8 | 9 | 10 | 10 | 11 | 11 | 12 | 13 | 13 | 14 | 14 | 15 | 13 | 14 |
| 6 | 6 | 7 | 7 | 8 | 9 | 9 | 10 | 10 | 11 | 9 | 10 | 11 | 11 | 12 | 12 | 13 | 14 | 14 | 15 | 15 | 16 | 14 | 15 |
| 7 | 7 | 8 | 8 | 9 | 10 | 10 | 11 | 11 | 12 | 10 | 11 | 12 | 12 | 13 | 13 | 14 | 15 | 15 | 16 | 16 | 17 | 15 | 16 |
| 8 | 8 | 9 | 9 | 10 | 11 | 11 | 12 | 12 | 13 | 11 | 12 | 13 | 13 | 14 | 14 | 15 | 16 | 16 | 17 | 17 | 18 | 16 | 17 |
| 9 | 9 | 10 | 10 | 11 | 12 | 12 | 13 | 13 | 14 | 12 | 13 | 14 冬 | 14 | 15 | 15 | 16 | 17 | 17 | 18 | 18 | 19 | 17 | 18 |
| 10 | 10 | 11 | 11 | 12 | 13 | 13 | 14 | 14 | 15 | 13 | 14 | 15 | 15 | 16 | 16 | 17 | 18 | 18 | 19 | 19 | 20 | 18 | 19 |
| 11 | 11 | 12 | 12 | 13 | 14 | 14 | 15 | 15 | 16 | 14 | 15 | 16 | 16 | 17 | 17 | 18 | 19 | 19 | 20 | 20 | 21 | 19 | 20 |
| 12 | 12 | 13 | 13 | 14 | 15 | 15 | 16 | 16 | 17 | 15 | 16 | 17 | 17 | 18 | 18 | 19 | 20 | 20 | 21 | 21 | 22 | 20 | 21 |
| 13 | 13 | 14 | 14 | 15 | 16 | 16 | 17 | 17 | 18 | 16 | 17 | 18 | 18 | 19 | 19 | 20 | 21 | 21 | 22 | 22 | 23 | 21 | 22 |
| 14 | 14 | 15 | 15 | 16 | 17 | 17 | 18 | 18 | 19 | 17 | 18 | 19 | 19 | 20 | 20 | 21 | 22 | 22 | 23 | 23 | 24 | 22 | 23 |
| 15 冬 | 15 | 16 | 16 | 17 | 18 | 18 | 19 | 19 | 20 | 18 | 19 | 20 | 20 | 21 | 21 | 22 | 23 | 23 | 24 | 24 | 25 | 23 | 24 |
| 16 | 16 | 17 | 17 | 18 | 19 | 19 | 20 | 20 | 21 | 19 | 20 | 21 | 21 | 22 | 22 | 23 | 24 | 24 | 25 | 25 | 26 | 24 | 25 |
| 17 | 17 | 18 | 18 | 19 | 20 | 20 | 21 | 21 | 22 | 20 | 21 | 22 | 22 | 23 | 23 | 24 | 25 | 25 | 26 | 26 | 27 | 25 | 26 |
| 18 十二 | 18 十一 | 19 | 19 | 20 | 21 | 21 | 22 | 22 | 23 | 21 | 22 | 23 | 23 | 24 | 24 | 25 | 26 | 26 | 27 | 27 | 28 | 26 | 27 |
| 19 7 | 19 | 20 十 | 20 九 | 21 八 | 22 | 22 | 23 | 23 | 24 | 22 | 23 | 24 | 24 | 25 | 25 | 26 | 27 | 27 | 28 | 28 | 29 | 27 | 28 |
| 20 | 20 6 | 21 5 | 21 | 22 | 23 七 | 23 六 | 24 | 24 | 25 | 23 | 24 | 25 | 25 | 26 | 26 | 27 | 28 | 28 | 29 | 29 | 30 | 28 | 29 |
| 21 | 21 | 22 | 22 4 | 23 3 | 24 | 24 | 25 五 | 25 四 | 26 | 24 | 25 | 26 | 26 | 27 | 27 | 28 | 29 | 29 | 30 | 30 | 31 | 3 | 30 |

| 一二一二<br>壬申<br>宋嘉定五<br>金崇慶元<br>元太祖七<br>609 | 一二一一<br>辛未<br>宋嘉定四<br>遼天禧三四<br>金大安三<br>元太祖六<br>608 |
|---|---|

| | | | | | | | | | | | | | | | | | | | | | | | | |
|---|---|---|---|---|---|---|---|---|---|---|---|---|---|---|---|---|---|---|---|---|---|---|---|---|
| 11 | 11 | 12 | 12 | 13 | 14 | 14 | 15 | 15 | 16 | 15 | 16 | 17 | 17 | 18 | 18 | 19 | 20 | 20 | 21 | 21 | 22 | 20 | 21 | 22 |
| 12 | 12 | 13 | 13 | 14 | 15 | 15 | 16 | 16 | 17 | 16 | 17 | 18 | 18 | 19 | 19 | 20 | 21 | 21 | 22 | 22 | 23 | 21 | 22 | 23 |
| 13 | 13 | 14 | 14 | 15 | 16 | 16 | 17 | 17 | 18 | 17 | 18 | 19 | 19 | 20 | 20 | 21 | 22 | 22 | 23 | 23 | 24 | 22 | 23 | 24 |
| 14冬 | 14 | 15 | 15 | 16 | 17 | 17 | 18 | 18 | 19 | 18 | 19 | 20 | 20 | 21 | 21 | 22 | 23 | 23 | 24 | 24 | 25 | 23 | 24 | 25 |
| 15 | 15 | 16 | 16 | 17 | 18 | 18 | 19 | 19 | 20 | 19 | 20 | 21 | 21 | 22 | 22 | 23 | 24 | 24 | 25 | 25 | 26 | 24 | 25 | 26 |
| 16 | 16 | 17 | 17 | 18 | 19 | 19 | 20 | 20 | 21 | 20 | 21 | 22 | 22 | 23 | 23 | 24 | 25 | 25 | 26 | 26 | 27 | 25 | 26 | 27 |
| 17 | 17 | 18 | 18 | 19 | 20 | 20 | 21 | 21 | 22 | 21 | 22 | 23 | 23 | 24 | 24 | 25 | 26 | 26 | 27 | 27 | 28 | 26 | 27 | 28 |
| 18 | 18 | 19 | 19 | 20 | 21 | 21 | 22 | 22 | 23 | 22 | 23 | 24 | 24 | 25 | 25 | 26 | 27 | 27 | 28 | 28 | 29 | 27 | 28 | 29 |
| 19 | 19 | 20 | 20 | 21 | 22 | 22 | 23 | 23 | 24 | 23 | 24 | 25 | 25 | 26 | 26 | 27 | 28 | 28 | 29 | 29 | 30 | 28 | 29 | 30 |
| 20 | 20 | 21 | 21 | 22 | 23 | 23 | 24 | 24 | 25 | 24 | 25 | 26 | 26 | 27 | 27 | 28 | 29 | 29 | 30 | 30 | 31 | 3 | 30 | 31 |
| 21 | 21 | 22 | 22 | 23 | 24 | 24 | 25 | 25 | 26 | 25 | 26 | 27 | 27 | 28 | 28 | 29 | 30 | 30 | 31 | 5 | 4 | 2 | 31 | 1 |
| 22 | 22 | 23 | 23 | 24 | 25 | 25 | 26 | 26 | 27 | 26 | 27 | 28 | 28 | 29 | 29 | 30 | 31 | 7 | 6 | 2 | 2 | 3 | 2 | 2 |
| 23 | 23 | 24 | 24 | 25 | 26 | 26 | 27 | 27 | 28 | 27 | 28 | 29 | 29 | 30 | 30 | 31 | 8 | 2 | 2 | 3 | 3 | 4 | 2 | 3 |
| 24 | 24 | 25 | 25 | 26 | 27 | 27 | 28 | 28 | 29 | 28 | 29 | 30 | 30 | 31 | 10 | 9 | 2 | 3 | 3 | 4 | 4 | 5 | 3 | 4 |
| 25十二 | 25十一 | 26十 | 26 | 27 | 28 | 28 | 29 | 29 | 30 | 29 | 30 | 31 | 12 | 11 | 2 | 2 | 3 | 4 | 4 | 5 | 5 | 6 | 4 | 5 |
| 26 | 26 | 27 | 27九 | 28八 | 29 | 29 | 30 | 30 | 31 | 3 | 31 | 1 | 2 | 2 | 3 | 3 | 4 | 5 | 5 | 6 | 6 | 7 | 5 | 6 |
| 27 8 | 27 7 | 28 | 28 | 29 | 30七 | 30 | 31 | 5 | 4 | 2 | 2 | 2 | 3 | 3 | 4 | 4 | 5 | 6 | 6 | 7 | 7 | 8 | 6 | 7 |
| 28 | 28 | 29 6 | 29 5 | 30 | 31 | 7六 | 6五 | 2 | 2 | 3 | 2 | 3 | 4 | 4 | 5 | 5 | 6 | 7 | 7 | 8 | 8 | 9 | 7 | 8 |
| 29 | 29 | 30 | 30 | 31 4 | 8 3 | 2 | 2 | 3四 | 3 | 4 | 3 | 4 | 5 | 5 | 6 | 6 | 7 | 8 | 8 | 9 | 9 | 10 | 8 | 9 |
| 30 | 30 | 31 | 10 | 9 | 2 | 3 2 | 3 1 | 4 | 4三 | 5二 | 4 | 5 | 6 | 6 | 7 | 7 | 8 | 9 | 9 | 10 | 10 | 11 | 9 | 10 |
| 31 | 12 | 11 | 2 | 2 | 3 | 4 | 4 | 5 12 | 5 11 | 6 | 5正 | 6十二 | 7十一 | 7十 | 8 | 8 | 9 | 10 | 10 | 11 | 11 | 12 | 10 | 11 |
| 日 | 2 | 2 | 3 | 3 | 4 | 5 | 5 | 6 | 6 | 7 10 | 6 9 | 7 | 8 | 8 | 9九 | 9八 | 10七 | 11 | 11 | 12 | 12 | 13 | 11 | 12 |
| 曜 | 3 | 3 | 4 | 4 | 5 | 6 | 6 | 7 | 7 | 8 | 7 | 8 8 | 9 7 | 9 | 10 | 10 | 11 | 12六 | 12 | 13 | 13 | 14 | 12 | 13 |
| 表 | 4 | 4 | 5 | 5 | 6 | 7 | 7 | 8 | 8 | 9 | 8 | 9 | 10 | 10 6 | 11 5 | 11 | 12 | 13 | 13五 | 14四 | 14 | 15 | 13 | 14 |
| 6 | 5 | 5 | 6 | 6 | 7 | 8 | 8 | 9 | 9 | 10 | 9 | 10 | 11 | 11 | 12 | 12 4 | 13 3 | 14 | 14 | 15 | 15三 | 16 | 14 | 15 |
| 甲 | 6 | 6 | 7 | 7 | 8 | 9 | 9 | 10 | 10 | 11 | 10 | 11 | 12 | 12 | 13 | 13 | 14 | 15 2 | 15 1 | 16 12 | 16 11 | 17閏 | 15二 | 16 |
| 子 | 7 | 7 | 8 | 8 | 9 | 10 | 10 | 11 | 11 | 12 | 11 | 12 | 13 | 13 | 14 | 14 | 15 | 16 | 16 | 17 | 17 | 18 10 | 16 9 | 17正 |
| 表 | 8 | 8 | 9 | 9 | 10 | 11 | 11 | 12 | 12 | 13 | 12 | 13 | 14 | 14 | 15 | 15 | 16 | 17 | 17 | 18 | 18 | 19 | 17 | 18 8 |
| 3 | 9 | 9 | 10 | 10 | 11 | 12 | 12 | 13 | 13 | 14 | 13 | 14 | 15冬 | 15 | 16 | 16 | 17 | 18 | 18 | 19 | 19 | 20 | 18 | 19 |
| | 10 | 10 | 11 | 11 | 12 | 13 | 13 | 14 | 14 | 15 | 14 | 15 | 16 | 16 | 17 | 17 | 18 | 19 | 19 | 20 | 20 | 21 | 19 | 20 |

一二一三 癸酉 宋嘉定六 金至寧元（五月改） 金貞祐元（宣宗九月改） 元太祖八 610

一二一四 甲戌 宋嘉定七 金貞祐二 元太祖九 611

| | | | | | | | | | | | | | | | | | | | | | | | |
|---|---|---|---|---|---|---|---|---|---|---|---|---|---|---|---|---|---|---|---|---|---|---|---|
| 22 | 23 | 23 | 24 | 25 | 25 | 26 | 26 | 27 | 25 | 26 | 27 | 27 | 28 | 28 | 29 | 30 | 30 | 31 | **5** | **4** | 2 | 31 | **1** |
| 23 | 24 | 24 | 25 | 26 | 26 | 27 | 27 | 28 | 26 | 27 | 28 | 28 | 29 | 29 | 30 | 31 | **7** | **6** | 2 | 2 | 3 | **2** | 2 |
| 24 | 25 | 25 | 26 | 27 | 27 | 28 | 28 | 29 | 27 | 28 | 29 | 29 | 30 | 30 | 31 | **8** | 2 | 2 | 3 | 3 | 4 | 2 | 3 |
| 25 | 26 | 26 | 27 | 28 | 28 | 29 | 29 | 30 | 28 | 29 | 30 | 30 | 31 | **10** | **9** | 2 | 3 | 3 | 4 | 4 | 5 | 3 | 4 |
| 26 | 27 | 27 | 28 | 29 | 29 | 30 | 30 | 31 | **3** | 30 | 31 | **12** | **11** | 2 | 2 | 3 | 4 | 4 | 5 | 5 | 6 | 4 | 5 |
| 27 | 28 | 28 | 29 | 30 | 30 | 31 | **5** | **4** | 2 | 31 | **1** | 2 | 2 | 3 | 3 | 4 | 5 | 5 | 6 | 6 | 7 | 5 | 6 |
| 28 | 29 | 29 | 30 | 31 | **7** | **6** | 2 | 2 | 3 | **2** | 2 | 3 | 3 | 4 | 4 | 5 | 6 | 6 | 7 | 7 | 8 | 6 | 7 |
| 29 | 30 | 30 | 31 | **8** | 2 | 2 | 3 | 3 | 4 | 2 | 3 | 4 | 4 | 5 | 5 | 6 | 7 | 7 | 8 | 8 | 9 | 7 | 8 |
| 30 | 31 | **10** | **9** | 2 | 3 | 3 | 4 | 4 | 5 | 3 | 4 | 5 | 5 | 6 | 6 | 7 | 8 | 8 | 9 | 9 | 10 | 8 | 9 |
| **12** | **11** | 2 | 2 | 3 | 4 | 4 | 5 | 5 | 6 | 4 | 5 | 6 | 6 | 7 | 7 | 8 | 9 | 9 | 10 | 10 | 11 | 9 | 10 |
| 2 | 2 | 3 | 3 | 4 | 5 | 5 | 6 | 6 | 7 | 5 | 6 | 7 | 7 | 8 | 8 | 9 | 10 | 10 | 11 | 11 | 12 | 10 | 11 |
| 3 十一 | 3 | 4 | 4 | 5 | 6 | 6 | 7 | 7 | 8 | 6 | 7 | 8 | 8 | 9 | 9 | 10 | 11 | 11 | 12 | 12 | 13 | 11 | 12 |
| 4 | 4 十 | 5 九 | 5 | 6 | 7 | 7 | 8 | 8 | 9 | 7 | 8 | 9 | 9 | 10 | 10 | 11 | 12 | 12 | 13 | 13 | 14 | 12 | 13 |
| 5 | 5 | 6 | 6 八 | 7 | 8 | 8 | 9 | 9 | 10 | 8 | 9 | 10 | 10 | 11 | 11 | 12 | 13 | 13 | 14 | 14 | 15 | 13 | 14 |
| 6 8 | 6 7 | 7 | 7 | 8 七 | 9 六 | 9 | 10 | 10 | 11 | 9 | 10 | 11 | 11 | 12 | 12 | 13 | 14 | 14 | 15 | 15 | 16 | 14 | 15 |
| 7 | 7 | 8 6 | 8 5 | 9 | 10 | 10 五 | 11 四 | 11 | 12 | 10 | 11 | 12 | 12 | 13 | 13 | 14 | 15 | 15 | 16 | 16 | 17 | 15 | 16 |
| 8 | 8 | 9 | 9 | 10 4 | 11 3 | 11 | 12 | 12 三 | 13 二 | 11 | 12 | 13 | 13 | 14 | 14 | 15 | 16 | 16 | 17 | 17 | 18 | 16 | 17 |
| 9 | 9 | 10 | 10 | 11 | 12 | 12 2 | 13 1 | 13 12 | 14 11 | 12 正 | 13 十二 | 14 十一 | 14 十 | 15 | 15 | 16 | 17 | 17 | 18 | 18 | 19 | 17 | 18 |
| 10 | 10 | 11 | 11 | 12 | 13 | 13 | 14 | 14 | 15 | 13 10 | 14 9 | 15 | 15 | 16 閏 | 16 九 | 17 | 18 | 18 | 19 | 19 | 20 | 18 | 19 |
| 11 | 11 | 12 | 12 | 13 | 14 | 14 | 15 | 15 | 16 | 14 | 15 | 16 8 | 16 7 | 17 | 17 | 18 八 | 19 | 19 | 20 | 20 | 21 | 19 | 20 |
| 12 | 12 | 13 | 13 | 14 | 15 | 15 | 16 | 16 | 17 | 15 | 16 | 17 | 17 | 18 6 | 18 5 | 19 | 20 七 | 20 六 | 21 | 21 | 22 | 20 | 21 |
| 13 | 13 | 14 | 14 | 15 | 16 | 16 | 17 | 17 | 18 | 16 | 17 | 18 | 18 | 19 | 19 | 20 4 | 21 3 | 21 | 22 五 | 22 | 23 | 21 | 22 |
| 14 | 14 | 15 | 15 | 16 | 17 | 17 | 18 | 18 | 19 | 17 | 18 | 19 | 19 | 20 | 20 | 21 | 22 | 22 2 | 23 1 | 23 四 | 24 三 | 22 二 | 23 |
| 15 冬 | 15 | 16 | 16 | 17 | 18 | 18 | 19 | 19 | 20 | 18 | 19 | 20 | 20 | 21 | 21 | 22 | 23 | 23 | 24 | 24 12 | 25 11 | 23 | 24 正 |
| 16 | 16 | 17 | 17 | 18 | 19 | 19 | 20 | 20 | 21 | 19 | 20 | 21 | 21 | 22 | 22 | 23 | 24 | 24 | 25 | 25 | 26 | 24 10 | 25 9 |
| 17 | 17 | 18 | 18 | 19 | 20 | 20 | 21 | 21 | 22 | 20 | 21 | 22 | 22 | 23 | 23 | 24 | 25 | 25 | 26 | 26 | 27 | 25 | 26 |
| 18 | 18 | 19 | 19 | 20 | 21 | 21 | 22 | 22 | 23 | 21 | 22 | 23 | 23 | 24 | 24 | 25 | 26 | 26 | 27 | 27 | 28 | 26 | 27 |
| 19 | 19 | 20 | 20 | 21 | 22 | 22 | 23 | 23 | 24 | 22 | 23 | 24 | 24 | 25 | 25 | 26 | 27 | 27 | 28 | 28 | 29 | 27 | 28 |
| 20 | 20 | 21 | 21 | 22 | 23 | 23 | 24 | 24 | 25 | 23 | 24 | 25 | 25 | 26 | 26 | 27 | 28 | 28 | 29 | 29 | 30 | 28 | 29 |
| 21 | 21 | 22 | 22 | 23 | 24 | 24 | 25 | 25 | 26 | 24 | 25 | 26 | 26 | 27 | 27 | 28 | 29 | 29 | 30 | 30 | 31 | **3** | 30 |

勵耘書屋

一二一五
乙亥
宋嘉定八
金貞祐三
元太祖一〇

612

一二一六
丙子
宋嘉定九
金貞祐四
元太祖一一

613

| | | | | | | | | | | | | | | | | | | | | | | | | |
|---|---|---|---|---|---|---|---|---|---|---|---|---|---|---|---|---|---|---|---|---|---|---|---|---|
| 11十二 | 11十 | 12 | 12 | 13 | 14 | 14 | 15 | 15 | 16 | 15 | 16 | 17 | 17 | 18 | 18 | 19 | 20 | 20 | 21 | 21 | 22 | 20 | 21 | 22 |
| 12 9 | 12 | 13九 | 13 | 14 | 15 | 15 | 16 | 16 | 17 | 16 | 17 | 18 | 18 | 19 | 19 | 20 | 21 | 21 | 22 | 22 | 23 | 21 | 22 | 23 |
| 13 | 13 8 | 14 7 | 14八 | 15閏 | 16 | 16 | 17 | 17 | 18 | 17 | 18 | 19 | 19 | 20 | 20 | 21 | 22 | 22 | 23 | 23 | 24 | 22 | 23 | 24 |
| 14冬 | 14 | 15 | 15 6 | 16 5 | 17七 | 17六 | 18五 | 18 | 19 | 18 | 19 | 20 | 20 | 21 | 21 | 22 | 23 | 23 | 24 | 24 | 25 | 23 | 24 | 25 |
| 15 | 15 | 16 | 16 | 17 | 18 4 | 18 3 | 19 | 19四 | 20三 | 19二 | 20 | 21 | 21 | 22 | 22 | 23 | 24 | 24 | 25 | 25 | 26 | 24 | 25 | 26 |
| 16 | 16 | 17 | 17 | 18 | 19 | 19 | 20 2 | 20 1 | 21 | 20 | 21正 | 22十二 | 22 | 23 | 23 | 24 | 25 | 25 | 26 | 26 | 27 | 25 | 26 | 27 |
| 17 | 17 | 18 | 18 | 19 | 20 | 20 | 21 | 21 | 22 12 | 21 11 | 22 | 23 | 23十一 | 24十 | 24 | 25 | 26 | 26 | 27 | 27 | 28 | 26 | 27 | 28 |
| 18 | 18 | 19 | 19 | 20 | 21 | 21 | 22 | 22 | 23 | 22 | 23 10 | 24 9 | 24 | 25 | 25九 | 26 | 27 | 27 | 28 | 28 | 29 | 27 | 28 | 29 |
| 19 | 19 | 20 | 20 | 21 | 22 | 22 | 23 | 23 | 24 | 23 | 24 | 25 | 25 8 | 26 7 | 26 | 27八 | 28七 | 28 | 29 | 29 | 30 | 28 | 29 | 30 |
| 20 | 20 | 21 | 21 | 22 | 23 | 23 | 24 | 24 | 25 | 24 | 25 | 26 | 26 | 27 | 27 6 | 28 5 | 29 | 29六 | 30五 | 30 | 31 | **3** | 30 | 31 |
| 21 | 21 | 22 | 22 | 23 | 24 | 24 | 25 | 25 | 26 | 25 | 26 | 27 | 27 | 28 | 28 | 29 | 30 4 | 30 3 | 31 | **5**四 | **4**三 | 2二 | 31 | **1** |
| 22 | 22 | 23 | 23 | 24 | 25 | 25 | 26 | 26 | 27 | 26 | 27 | 28 | 28 | 29 | 29 | 30 | 31 | **7** | **6** 2 | 2 1 | 2 | 3 | **2**正 | 2十二 |
| 23 | 23 | 24 | 24 | 25 | 26 | 26 | 27 | 27 | 28 | 27 | 28 | 29 | 29 | 30 | 30 | 31 | **8** | 2 | 2 | 3 | 3 12 | 4 11 | 2 | 3 |
| 24 | 24 | 25 | 25 | 26 | 27 | 27 | 28 | 28 | 29 | 28 | 29 | 30 | 30 | 31 | **10** | **9** | 2 | 3 | 3 | 4 | 4 | 5 | 3 10 | 4 9 |
| 25 | 25 | 26 | 26 | 27 | 28 | 28 | 29 | 29 | 30 | 29 | 30 | 31 | **12** | **11** | 2 | 2 | 3 | 4 | 4 | 5 | 5 | 6 | 4 | 5 |
| 26 | 26 | 27 | 27 | 28 | 29 | 29 | 30 | 30 | 31 | **3** | 31 | **1** | 2 | 2 | 3 | 3 | 4 | 5 | 5 | 6 | 6 | 7 | 5 | 6 |
| 27 | 27 | 28 | 28 | 29 | 30 | 30 | 31 | **5** | **4** | 2 | **2** | 2 | 3 | 3 | 4 | 4 | 5 | 6 | 6 | 7 | 7 | 8 | 6 | 7 |
| 28 | 28 | 29 | 29 | 30 | 31 | **7** | **6** | 2 | 2 | 3 | 2 | 3 | 4 | 4 | 5 | 5 | 6 | 7 | 7 | 8 | 8 | 9 | 7 | 8 |
| 29 | 29 | 30 | 30 | 31 | **8** | 2 | 2 | 3 | 3 | 4 | 3 | 4 | 5 | 5 | 6 | 6 | 7 | 8 | 8 | 9 | 9 | 10 | 8 | 9 |
| 30 | 30 | 31 | **10** | **9** | 2 | 3 | 3 | **4** | 4 | 5 | 4 | 5 | 6 | 6 | 7 | 7 | 8 | 9 | 9 | 10 | 10 | 11 | 9 | 10 |
| 31 | **12** | **11** | 2 | 2 | 3 | 4 | 4 | 5 | 5 | 6 | 5 | 6 | 7 | 7 | 8 | 8 | 9 | 10 | 10 | 11 | 11 | 12 | 10 | 11 |
| 日 | 2 | 2 | 3 | 3 | 4 | 5 | 5 | 6 | 6 | 7 | 6 | 7 | 8 | 8 | 9 | 9 | 10 | 11 | 11 | 12 | 12 | 13 | 11 | 12 |
| 曜 | 3 | 3 | 4 | 4 | 5 | 6 | 6 | 7 | 7 | 8 | 7 | 8 | 9 | 9 | 10 | 10 | 11 | 12 | 12 | 13 | 13 | 14 | 12 | 13 |
| 表 | 4 | 4 | 5 | 5 | 6 | 7 | 7 | 8 | 8 | 9 | 8 | 9 | 10 | 10 | 11 | 11 | 12 | 13 | 13 | 14 | 14 | 15 | 13 | 14 |
| 7 | 5 | 5 | 6 | 6 | 7 | 8 | 8 | 9 | 9 | 10 | 9 | 10 | 11 | 11 | 12 | 12 | 13 | 14 | 14 | 15 | 15 | 16 | 14 | 15 |
| 甲 | 6 | 6 | 7 | 7 | 8 | 9 | 9 | 10 | 10 | 11 | 10 | 11 | 12 | 12 | 13 | 13 | 14 | 15 | 15 | 16 | 16 | 17 | 15 | 16 |
| 子 | 7 | 7 | 8 | 8 | 9 | 10 | 10 | 11 | 11 | 12 | 11 | 12 | 13 | 13 | 14 | 14 | 15 | 16 | 16 | 17 | 17 | 18 | 16 | 17 |
| 表 | 8 | 8 | 9 | 9 | 10 | 11 | 11 | 12 | 12 | 13 | 12 | 13 | 14 | 14 | 15 | 15 | 16 | 17 | 17 | 18 | 18 | 19 | 17 | 18 |
| 4 | 9 | 9 | 10 | 10 | 11 | 12 | 12 | 13 | 13 | 14 | 13 | 14 | 15冬 | 15 | 16 | 16 | 17 | 18 | 18 | 19 | 19 | 20 | 18 | 19 |
| | 10 | 10 | 11 | 11 | 12 | 13 | 13 | 14 | 14 | 15 | 14 | 15 | 16 | 16 | 17 | 17 | 18 | 19 | 19 | 20 | 20 | 21 | 19 | 20 |

一二一七
丁丑
宋嘉定一〇
金興定元（九月改）
元太祖一二
614

一二一八
戊寅
宋嘉定一一
金興定二
元太祖一三
615

| | | | | | | | | | | | | | | | | | | | | | | | |
|---|---|---|---|---|---|---|---|---|---|---|---|---|---|---|---|---|---|---|---|---|---|---|---|
| 22 | 23 8 | 23 7 | 24 | 25 | 25 六 | 26 五 | 26 | 27 | 25 | 26 | 27 | 27 | 28 | 28 | 29 | 30 | 30 | 31 | **5** | **4** | 2 | 31 | **1** |
| 23 | 24 | 24 | 25 6 | 26 5 | 26 | 27 | 27 四 | 28 三 | 26 | 27 | 28 | 28 | 29 | 29 | 30 | 31 | **7** | **6** | 2 | 2 | 3 | **2** | 2 |
| 24 | 25 | 25 | 26 | 27 | 27 4 | 28 3 | 28 | 29 | 27 二 | 28 正 | 29 | 29 | 30 | 30 | 31 | **8** | 2 | 2 | 3 | 3 | 4 | 2 | 3 |
| 25 | 26 | 26 | 27 | 28 | 28 | 29 | 29 2 | 30 1 | 28 | 29 | 30 十二 | 30 | 31 | **10** | **9** | 2 | 3 | 3 | 4 | 4 | 5 | 3 | 4 |
| 26 | 27 | 27 | 28 | 29 | 29 | 30 | 30 | 31 | **3** 12 | 30 11 | 31 | **12** 十一 | **11** 十 | 2 九 | 2 | 3 | 4 | 4 | 5 | 5 | 6 | 4 | 5 |
| 27 | 28 | 28 | 29 | 30 | 30 | 31 | **5** | **4** | 2 | 31 | **1** 10 | 2 9 | 2 | 3 | 3 八 | 4 七 | 5 | 5 | 6 | 6 | 7 | 5 | 6 |
| 28 | 29 | 29 | 30 | 31 | **7** | **6** | 2 | 2 | 3 | **2** | 2 | 3 | 3 8 | 4 7 | 4 | 5 | 6 六 | 6 五 | 7 四 | 7 | 8 | 6 | 7 |
| 29 | 30 | 30 | 31 | **8** | 2 | 2 | 3 | 3 | 4 | 2 | 3 | 4 | 4 | 5 | 5 6 | 6 5 | 7 | 7 | 8 | 8 三 | 9 二 | 7 | 8 |
| 30 | 31 | **10** | **9** | 2 | 3 | 3 | 4 | 4 | 5 | 3 | 4 | 5 | 5 | 6 | 6 | 7 | 8 4 | 8 3 | 9 | 9 | 10 | 8 正 | 9 十二 |
| **12** | **11** | 2 | 2 | 3 | 4 | 4 | 5 | 5 | 6 | 4 | 5 | 6 | 6 | 7 | 7 | 8 | 9 | 9 | 10 2 | 10 1 | 11 12 | 9 11 | 10 |
| 2 | 2 | 3 | 3 | 4 | 5 | 5 | 6 | 6 | 7 | 5 | 6 | 7 | 7 | 8 | 8 | 9 | 10 | 10 | 11 | 11 | 12 | 10 | 11 10 |
| 3 | 3 | 4 | 4 | 5 | 6 | 6 | 7 | 7 | 8 | 6 | 7 | 8 | 8 | 9 | 9 | 10 | 11 | 11 | 12 | 12 | 13 | 11 | 12 |
| 4 | 4 | 5 | 5 | 6 | 7 | 7 | 8 | 8 | 9 | 7 | 8 | 9 | 9 | 10 | 10 | 11 | 12 | 12 | 13 | 13 | 14 | 12 | 13 |
| 5 | 5 | 6 | 6 | 7 | 8 | 8 | 9 | 9 | 10 | 8 | 9 | 10 | 10 | 11 | 11 | 12 | 13 | 13 | 14 | 14 | 15 | 13 | 14 |
| 6 | 6 | 7 | 7 | 8 | 9 | 9 | 10 | 10 | 11 | 9 | 10 | 11 | 11 | 12 | 12 | 13 | 14 | 14 | 15 | 15 | 16 | 14 | 15 |
| 7 | 7 | 8 | 8 | 9 | 10 | 10 | 11 | 11 | 12 | 10 | 11 | 12 | 12 | 13 | 13 | 14 | 15 | 15 | 16 | 16 | 17 | 15 | 16 |
| 8 | 8 | 9 | 9 | 10 | 11 | 11 | 12 | 12 | 13 | 11 | 12 | 13 | 13 | 14 | 14 | 15 | 16 | 16 | 17 | 17 | 18 | 16 | 17 |
| 9 | 9 | 10 | 10 | 11 | 12 | 12 | 13 | 13 | 14 | 12 | 13 | 14 冬 | 14 | 15 | 15 | 16 | 17 | 17 | 18 | 18 | 19 | 17 | 18 |
| 10 | 10 | 11 | 11 | 12 | 13 | 13 | 14 | 14 | 15 | 13 | 14 | 15 | 15 | 16 | 16 | 17 | 18 | 18 | 19 | 19 | 20 | 18 | 19 |
| 11 | 11 | 12 | 12 | 13 | 14 | 14 | 15 | 15 | 16 | 14 | 15 | 16 | 16 | 17 | 17 | 18 | 19 | 19 | 20 | 20 | 21 | 19 | 20 |
| 12 | 12 | 13 | 13 | 14 | 15 | 15 | 16 | 16 | 17 | 15 | 16 | 17 | 17 | 18 | 18 | 19 | 20 | 20 | 21 | 21 | 22 | 20 | 21 |
| 13 | 13 | 14 | 14 | 15 | 16 | 16 | 17 | 17 | 18 | 16 | 17 | 18 | 18 | 19 | 19 | 20 | 21 | 21 | 22 | 22 | 23 | 21 | 22 |
| 14 冬 | 14 | 15 | 15 | 16 | 17 | 17 | 18 | 18 | 19 | 17 | 18 | 19 | 19 | 20 | 20 | 21 | 22 | 22 | 23 | 23 | 24 | 22 | 23 |
| 15 | 15 | 16 | 16 | 17 | 18 | 18 | 19 | 19 | 20 | 18 | 19 | 20 | 20 | 21 | 21 | 22 | 23 | 23 | 24 | 24 | 25 | 23 | 24 |
| 16 | 16 | 17 | 17 | 18 | 19 | 19 | 20 | 20 | 21 | 19 | 20 | 21 | 21 | 22 | 22 | 23 | 24 | 24 | 25 | 25 | 26 | 24 | 25 |
| 17 | 17 | 18 | 18 | 19 | 20 | 20 | 21 | 21 | 22 | 20 | 21 | 22 | 22 | 23 | 23 | 24 | 25 | 25 | 26 | 26 | 27 | 25 | 26 |
| 18 | 18 | 19 | 19 | 20 | 21 | 21 | 22 | 22 | 23 | 21 | 22 | 23 | 23 | 24 | 24 | 25 | 26 | 26 | 27 | 27 | 28 | 26 | 27 |
| 19 | 19 | 20 | 20 | 21 | 22 | 22 | 23 | 23 | 24 | 22 | 23 | 24 | 24 | 25 | 25 | 26 | 27 | 27 | 28 | 28 | 29 | 27 | 28 |
| 20 十二 | 20 十一 | 21 十 | 21 | 22 | 23 | 23 | 24 | 24 | 25 | 23 | 24 | 25 | 25 | 26 | 26 | 27 | 28 | 28 | 29 | 29 | 30 | 28 | 29 |
| 21 10 | 21 9 | 22 | 22 九 | 23 八 | 24 七 | 24 | 25 | 25 | 26 | 24 | 25 | 26 | 26 | 27 | 27 | 28 | 29 | 29 | 30 | 30 | 31 | **3** | 30 |

一二一九 己卯 宋嘉定一二 金興定三 元太祖一四 616

本年回曆十一月一日即中曆十二月朔

一二二〇 庚辰 宋嘉定一三 金興定四 元太祖一五 617

| | | | | | | | | | | | | | | | | | | | | | | | | |
|---|---|---|---|---|---|---|---|---|---|---|---|---|---|---|---|---|---|---|---|---|---|---|---|---|
| 11 | 11 | 12 | 12 | 13 | 14 | 14 | 15 | 15 | 16 | 15 | 16 | 17 | 17 | 18 | 18 | 19 | 20 | 20 | 21 | 21 | 22 | 20 | 21 | 22 |
| 12 | 12 | 13 | 13 | 14 | 15 | 15 | 16 | 16 | 17 | 16 | 17 | 18 | 18 | 19 | 19 | 20 | 21 | 21 | 22 | 22 | 23 | 21 | 22 | 23 |
| 13 | 13 | 14 | 14 | 15 | 16 | 16 | 17 | 17 | 18 | 17 | 18 | 19 | 19 | 20 | 20 | 21 | 22 | 22 | 23 | 23 | 24 | 22 | 23 | 24 |
| 14冬 | 14 | 15 | 15 | 16 | 17 | 17 | 18 | 18 | 19 | 18 | 19 | 20 | 20 | 21 | 21 | 22 | 23 | 23 | 24 | 24 | 25 | 23 | 24 | 25 |
| 15 | 15 | 16 | 16 | 17 | 18 | 18 | 19 | 19 | 20 | 19 | 20 | 21 | 21 | 22 | 22 | 23 | 24 | 24 | 25 | 25 | 26 | 24 | 25 | 26 |
| 16 | 16 | 17 | 17 | 18 | 19 | 19 | 20 | 20 | 21 | 20 | 21 | 22 | 22 | 23 | 23 | 24 | 25 | 25 | 26 | 26 | 27 | 25 | 26 | 27 |
| 17 | 17 | 18 | 18 | 19 | 20 | 20 | 21 | 21 | 22 | 21 | 22 | 23 | 23 | 24 | 24 | 25 | 26 | 26 | 27 | 27 | 28 | 26 | 27 | 28 |
| 18 | 18 | 19 | 19 | 20 | 21 | 21 | 22 | 22 | 23 | 22 | 23 | 24 | 24 | 25 | 25 | 26 | 27 | 27 | 28 | 28 | 29 | 27 | 28 | 29 |
| 19 | 19 | 20 | 20 | 21 | 22 | 22 | 23 | 23 | 24 | 23 | 24 | 25 | 25 | 26 | 26 | 27 | 28 | 28 | 29 | 29 | 30 | 28 | 29 | 30 |
| 20 | 20 | 21 | 21 | 22 | 23 | 23 | 24 | 24 | 25 | 24 | 25 | 26 | 26 | 27 | 27 | 28 | 29 | 29 | 30 | 30 | 31 | 3 | 30 | 31 |
| 21 | 21 | 22 | 22 | 23 | 24 | 24 | 25 | 25 | 26 | 25 | 26 | 27 | 27 | 28 | 28 | 29 | 30 | 30 | 31 | 5 | 4 | 2 | 31 | 1 |
| 22 | 22 | 23 | 23 | 24 | 25 | 25 | 26 | 26 | 27 | 26 | 27 | 28 | 28 | 29 | 29 | 30 | 31 | 7 | 6 | 2 | 2 | 3 | 2 | 2 |
| 23 | 23 | 24 | 24 | 25 | 26 | 26 | 27 | 27 | 28 | 27 | 28 | 29 | 29 | 30 | 30 | 31 | 8 | 2 | 2 | 3 | 3 | 4 | 2 | 3 |
| 24 | 24 | 25 | 25 | 26 | 27 | 27 | 28 | 28 | 29 | 28 | 29 | 30 | 30 | 31 | 10 | 9 | 2 | 3 | 3 | 4 | 4 | 5 | 3 | 4 |
| 25 | 25 | 26 | 26 | 27 | 28 | 28 | 29 | 29 | 30 | 29 | 30 | 31 | 12 | 11 | 2 | 2 | 3 | 4 | 4 | 5 | 5 | 6 | 4 | 5 |
| 26 | 26 | 27 | 27 | 28 | 29 | 29 | 30 | 30 | 31 | 3 | 31 | 1 | 2 | 2 | 3 | 3 | 4 | 5 | 5 | 6 | 6 | 7 | 5 | 6 |
| 27十二 | 27十一 | 28十 | 28九 | 29 | 30 | 30 | 31 | 5 | 4 | 2 | 2 | 2 | 3 | 3 | 4 | 4 | 5 | 6 | 6 | 7 | 7 | 8 | 6 | 7 |
| 28 11 | 28 | 29 | 29 | 30八 | 31七 | 7 | 6 | 2 | 2 | 3 | 2 | 3 | 4 | 4 | 5 | 5 | 6 | 7 | 7 | 8 | 8 | 9 | 7 | 8 |
| 29 | 29 10 | 30 9 | 30 | 31 | 8 | 2六 | 2 | 3 | 3 | 4 | 3 | 4 | 5 | 5 | 6 | 6 | 7 | 8 | 8 | 9 | 9 | 10 | 8 | 9 |
| 30 | 30 | 31 | 10 8 | 9 7 | 2 | 3 | 3五 | 4四 | 4 | 5 | 4 | 5 | 6 | 6 | 7 | 7 | 8 | 9 | 9 | 10 | 10 | 11 | 9 | 10 |
| 31 | 12 | 11 | 2 | 2 | 3 6 | 4 5 | 4 | 5 | 5三 | 6 | 5 | 6 | 7 | 7 | 8 | 8 | 9 | 10 | 10 | 11 | 11 | 12 | 10 | 11 |
| 日 | 2 | 2 | 3 | 3 | 4 | 5 | 5 4 | 6 3 | 6 | 7二 | 6正 | 7 | 8 | 8 | 9 | 9 | 10 | 11 | 11 | 12 | 12 | 13 | 11 | 12 |
| 曜 | 3 | 3 | 4 | 4 | 5 | 6 | 6 | 7 | 7 2 | 8 1 | 7 12 | 8十二 | 9十一 | 9十 | 10九 | 10 | 11 | 12 | 12 | 13 | 13 | 14 | 12 | 13 |
| 表 | 4 | 4 | 5 | 5 | 6 | 7 | 7 | 8 | 8 | 9 | 8 | 9 | 10 10 | 10 9 | 11 | 11八 | 12七 | 13六 | 13 | 14 | 14 | 15 | 13 | 14 |
| 1 | 5 | 5 | 6 | 6 | 7 | 8 | 8 | 9 | 9 | 10 | 9 | 10 | 11 | 11 | 12 8 | 12 7 | 13 | 14 | 14五 | 15 | 15 | 16 | 14 | 15 |
| 甲 | 6 | 6 | 7 | 7 | 8 | 9 | 9 | 10 | 10 | 11 | 10 | 11 | 12 | 12 | 13 | 13 | 14 6 | 15 5 | 15 | 16四 | 16閏 | 17 | 15 | 16 |
| 子 | 7 | 7 | 8 | 8 | 9 | 10 | 10 | 11 | 11 | 12 | 11 | 12 | 13 | 13 | 14 | 14 | 15 | 16 | 16 4 | 17 3 | 17 | 18三 | 16 | 17 |
| 表 | 8 | 8 | 9 | 9 | 10 | 11 | 11 | 12 | 12 | 13 | 12 | 13 | 14 | 14 | 15 | 15 | 16 | 17 | 17 | 18 | 18 2 | 19 1 | 17二 | 18正 |
| 5 | 9 | 9 | 10 | 10 | 11 | 12 | 12 | 13 | 13 | 14 | 13 | 14 | 15冬 | 15 | 16 | 16 | 17 | 18 | 18 | 19 | 19 | 20 | 18 12 | 19 11 |
| | 10 | 10 | 11 | 11 | 12 | 13 | 13 | 14 | 14 | 15 | 14 | 15 | 16 | 16 | 17 | 17 | 18 | 19 | 19 | 20 | 20 | 21 | 19 | 20 |

| 一二二二 壬午 宋嘉定一五 金元光元（八月改） 元太祖一七 619 | | | | | | | | | | | | 一二二一 辛巳 宋嘉定一四 金興定五 元太祖一六 618 | | | | | | | | | | | |
|---|---|---|---|---|---|---|---|---|---|---|---|---|---|---|---|---|---|---|---|---|---|---|---|
| 22 | 23 | 23 | 24 | 25 | 25 | 26 | 26 | 27 | 25 | 26 | 27 | 27 | 28 | 28 | 29 | 30 | 30 | 31 | **5** | **4** | 2 | 31 | **1** |
| 23 | 24 | 24 | 25 | 26 | 26 | 27 | 27 | 28 | 26 | 27 | 28 | 28 | 29 | 29 | 30 | 31 | **7** | **6** | 2 | 2 | 3 | **2** | 2 |
| 24 | 25 | 25 | 26 | 27 | 27 | 28 | 28 | 29 | 27 | 28 | 29 | 29 | 30 | 30 | 31 | **8** | 2 | 2 | 3 | 3 | 4 | 2 | 3 |
| 25 | 26 | 26 | 27 | 28 | 28 | 29 | 29 | 30 | 28 | 29 | 30 | 30 | 31 | **10** | **9** | 2 | 3 | 3 | 4 | 4 | 5 | 3 | 4 |
| 26 | 27 | 27 | 28 | 29 | 29 | 30 | 30 | 31 | **3** | 30 | 31 | **12** | **11** | 2 | 2 | 3 | 4 | 4 | 5 | 5 | 6 | 4 | 5 |
| 27 | 28 | 28 | 29 | 30 | 30 | 31 | **5** | **4** | 2 | 31 | **1** | 2 | 2 | 3 | 3 | 4 | 5 | 5 | 6 | 6 | 7 | 5 | 6 |
| 28 | 29 | 29 | 30 | 31 | **7** | **6** | 2 | 2 | 3 | **2** | 2 | 3 | 3 | 4 | 4 | 5 | 6 | 6 | 7 | 7 | 8 | 6 | 7 |
| 29 | 30 | 30 | 31 | **8** | 2 | 2 | 3 | 3 | 4 | 2 | 3 | 4 | 4 | 5 | 5 | 6 | 7 | 7 | 8 | 8 | 9 | 7 | 8 |
| 30 | 31 | **10** | **9** | 2 | 3 | 3 | 4 | 4 | 5 | 3 | 4 | 5 | 5 | 6 | 6 | 7 | 8 | 8 | 9 | 9 | 10 | 8 | 9 |
| **12** | **11** | 2 | 2 | 3 | 4 | 4 | 5 | 5 | 6 | 4 | 5 | 6 | 6 | 7 | 7 | 8 | 9 | 9 | 10 | 10 | 11 | 9 | 10 |
| 2 | 2 | 3 | 3 | 4 | 5 | 5 | 6 | 6 | 7 | 5 | 6 | 7 | 7 | 8 | 8 | 9 | 10 | 10 | 11 | 11 | 12 | 10 | 11 |
| 3 | 3 | 4 | 4 | 5 | 6 | 6 | 7 | 7 | 8 | 6 | 7 | 8 | 8 | 9 | 9 | 10 | 11 | 11 | 12 | 12 | 13 | 11 | 12 |
| 4 | 4 | 5 | 5 | 6 | 7 | 7 | 8 | 8 | 9 | 7 | 8 | 9 | 9 | 10 | 10 | 11 | 12 | 12 | 13 | 13 | 14 | 12 | 13 |
| 5 十一 | 5 十 | 6 | 6 | 7 | 8 | 8 | 9 | 9 | 10 | 8 | 9 | 10 | 10 | 11 | 11 | 12 | 13 | 13 | 14 | 14 | 15 | 13 | 14 |
| 6 | 6 | 7 九 | 7 八 | 8 | 9 | 9 | 10 | 10 | 11 | 9 | 10 | 11 | 11 | 12 | 12 | 13 | 14 | 14 | 15 | 15 | 16 | 14 | 15 |
| 7 **11** | 7 | 8 | 8 | 9 七 | 10 | 10 | 11 | 11 | 12 | 10 | 11 | 12 | 12 | 13 | 13 | 14 | 15 | 15 | 16 | 16 | 17 | 15 | 16 |
| 8 | 8 **10** | 9 **9** | 9 | 10 | 11 六 | 11 五 | 12 | 12 | 13 | 11 | 12 | 13 | 13 | 14 | 14 | 15 | 16 | 16 | 17 | 17 | 18 | 16 | 17 |
| 9 | 9 | 10 | 10 **8** | 11 **7** | 12 | 12 | 13 四 | 13 | 14 | 12 | 13 | 14 冬 | 14 | 15 | 15 | 16 | 17 | 17 | 18 | 18 | 19 | 17 | 18 |
| 10 | 10 | 11 | 11 | 12 | 13 **6** | 13 **5** | 14 | 14 三 | 15 二 | 13 正 | 14 | 15 | 15 | 16 | 16 | 17 | 18 | 18 | 19 | 19 | 20 | 18 | 19 |
| 11 | 11 | 12 | 12 | 13 | 14 | 14 | 15 **4** | 15 **3** | 16 | 14 | 15 閏 | 16 十二 | 16 十一 | 17 十 | 17 | 18 | 19 | 19 | 20 | 20 | 21 | 19 | 20 |
| 12 | 12 | 13 | 13 | 14 | 15 | 15 | 16 | 16 | 17 **2** | 15 **1** | 16 **12** | 17 **11** | 17 | 18 | 18 九 | 19 八 | 20 | 20 | 21 | 21 | 22 | 20 | 21 |
| 13 | 13 | 14 | 14 | 15 | 16 | 16 | 17 | 17 | 18 | 16 | 17 | 18 | 18 **10** | 19 **9** | 19 | 20 | 21 七 | 21 | 22 | 22 | 23 | 21 | 22 |
| 14 冬 | 14 | 15 | 15 | 16 | 17 | 17 | 18 | 18 | 19 | 17 | 18 | 19 | 19 | 20 | 20 **8** | 21 **7** | 22 | 22 六 | 23 五 | 23 | 24 | 22 | 23 |
| 15 | 15 | 16 | 16 | 17 | 18 | 18 | 19 | 19 | 20 | 18 | 19 | 20 | 20 | 21 | 21 | 22 | 23 **6** | 23 **5** | 24 | 24 四 | 25 | 23 | 24 |
| 16 | 16 | 17 | 17 | 18 | 19 | 19 | 20 | 20 | 21 | 19 | 20 | 21 | 21 | 22 | 22 | 23 | 24 | 24 | 25 **4** | 25 **3** | 26 三 | 24 二 | 25 正 |
| 17 | 17 | 18 | 18 | 19 | 20 | 20 | 21 | 21 | 22 | 20 | 21 | 22 | 22 | 23 | 23 | 24 | 25 | 25 | 26 | 26 | 27 **2** | 25 **1** | 26 |
| 18 | 18 | 19 | 19 | 20 | 21 | 21 | 22 | 22 | 23 | 21 | 22 | 23 | 23 | 24 | 24 | 25 | 26 | 26 | 27 | 27 | 28 | 26 | 27 **12** |
| 19 | 19 | 20 | 20 | 21 | 22 | 22 | 23 | 23 | 24 | 22 | 23 | 24 | 24 | 25 | 25 | 26 | 27 | 27 | 28 | 28 | 29 | 27 | 28 |
| 20 | 20 | 21 | 21 | 22 | 23 | 23 | 24 | 24 | 25 | 23 | 24 | 25 | 25 | 26 | 26 | 27 | 28 | 28 | 29 | 29 | 30 | 28 | 29 |
| 21 | 21 | 22 | 22 | 23 | 24 | 24 | 25 | 25 | 26 | 24 | 25 | 26 | 26 | 27 | 27 | 28 | 29 | 29 | 30 | 30 | 31 | **3** | 30 |

一二二三 癸未 宋嘉定一六 金元光二 元太祖一八

620

一二二四 甲申 宋嘉定一七 金正大元（哀宗） 元太祖一九

621

| | | | | | | | | | | | | | | | | | | | | | | | | |
|---|---|---|---|---|---|---|---|---|---|---|---|---|---|---|---|---|---|---|---|---|---|---|---|---|
| 11 | 11 | 12 | 12 | 13 | 14 | 14 | 15 | 15 | 16 | 15 | 16 | 17 | 17 | 18 | 18 | 19 | 20 | 20 | 21 | 21 | 22 | 20 | 21 | 22 |
| 12 | 十二 12 | 13 | 13 | 14 | 15 | 15 | 16 | 16 | 17 | 16 | 17 | 18 | 18 | 19 | 19 | 20 | 21 | 21 | 22 | 22 | 23 | 21 | 22 | 23 |
| 13 | 13 | 十 14 | 九 14 | 15 | 16 | 16 | 17 | 17 | 18 | 17 | 18 | 19 | 19 | 20 | 20 | 21 | 22 | 22 | 23 | 23 | 24 | 22 | 23 | 24 |
| 冬 14 | 12 14 | 11 15 | 15 | 閏 16 | 17 | 17 | 18 | 18 | 19 | 18 | 19 | 20 | 20 | 21 | 21 | 22 | 23 | 23 | 24 | 24 | 25 | 23 | 24 | 25 |
| 15 | 15 | 16 | 10 16 | 9 17 | 八 18 | 七 18 | 19 | 19 | 20 | 19 | 20 | 21 | 21 | 22 | 22 | 23 | 24 | 24 | 25 | 25 | 26 | 24 | 25 | 26 |
| 16 | 16 | 17 | 17 | 18 | 8 19 | 7 19 | 六 20 | 五 20 | 四 21 | 20 | 21 | 22 | 22 | 23 | 23 | 24 | 25 | 25 | 26 | 26 | 27 | 25 | 26 | 27 |
| 17 | 17 | 18 | 18 | 19 | 20 | 20 | 6 21 | 5 21 | 22 | 三 21 | 二 22 | 正 23 | 23 | 24 | 24 | 25 | 26 | 26 | 27 | 27 | 28 | 26 | 27 | 28 |
| 18 | 18 | 19 | 19 | 20 | 21 | 21 | 22 | 22 | 4 23 | 3 22 | 23 | 24 | 十二 24 | 十一 25 | 25 | 26 | 27 | 27 | 28 | 28 | 29 | 27 | 28 | 29 |
| 19 | 19 | 20 | 20 | 21 | 22 | 22 | 23 | 23 | 24 | 23 | 2 24 | 1 25 | 25 | 26 | 十 26 | 九 27 | 28 | 28 | 29 | 29 | 30 | 28 | 29 | 30 |
| 20 | 20 | 21 | 21 | 22 | 23 | 23 | 24 | 24 | 25 | 24 | 25 | 26 | 12 26 | 11 27 | 27 | 28 | 八 29 | 29 | 30 | 30 | 31 | **3** | 30 | 31 |
| 21 | 21 | 22 | 22 | 23 | 24 | 24 | 25 | 25 | 26 | 25 | 26 | 27 | 27 | 28 | 10 28 | 9 29 | 30 | 七 30 | 六 31 | **5** | **4** | 2 | 31 | **1** |
| 22 | 22 | 23 | 23 | 24 | 25 | 25 | 26 | 26 | 27 | 26 | 27 | 28 | 28 | 29 | 29 | 30 | 8 31 | 7 **7** | **6** | 五 2 | 四 2 | 3 | **2** | 2 |
| 23 | 23 | 24 | 24 | 25 | 26 | 26 | 27 | 27 | 28 | 27 | 28 | 29 | 29 | 30 | 30 | 31 | **8** | 2 | 6 2 | 5 3 | 3 | 三 4 | 二 2 | 正 3 |
| 24 | 24 | 25 | 25 | 26 | 27 | 27 | 28 | 28 | 29 | 28 | 29 | 30 | 30 | 31 | **10** | **9** | 2 | 3 | 3 | 4 | 4 4 | 3 5 | 3 | 4 十二 |
| 25 | 25 | 26 | 26 | 27 | 28 | 28 | 29 | 29 | 30 | 29 | 30 | 31 | **12** | **11** | 2 | 2 | 3 | 4 | 4 | 5 | 5 | 6 | 2 4 | 1 5 |
| 26 | 26 | 27 | 27 | 28 | 29 | 29 | 30 | 30 | 31 | **3** | 31 | **1** | 2 | 2 | 3 | 3 | 4 | 5 | 5 | 6 | 6 | 7 | 5 | 6 12 |
| 27 | 27 | 28 | 28 | 29 | 30 | 30 | 31 | **5** | **4** | 2 | **2** | 2 | 3 | 3 | 4 | 4 | 5 | 6 | 6 | 7 | 7 | 8 | 6 | 7 |
| 28 | 28 | 29 | 29 | 30 | 31 | **7** | **6** | 2 | 2 | 3 | 2 | 3 | 4 | 4 | 5 | 5 | 6 | 7 | 7 | 8 | 8 | 9 | 7 | 8 |
| 29 | 29 | 30 | 30 | 31 | **8** | 2 | 2 | 3 | 3 | 4 | 3 | 4 | 5 | 5 | 6 | 6 | 7 | 8 | 8 | 9 | 9 | 10 | 8 | 9 |
| 30 | 30 | 31 | **10** | **9** | 2 | 3 | 3 | 4 | 4 | 5 | 4 | 5 | 6 | 6 | 7 | 7 | 8 | 9 | 9 | 10 | 10 | 11 | 9 | 10 |
| 31 | **12** | **11** | 2 | 2 | 3 | 4 | 4 | 5 | 5 | 6 | 5 | 6 | 7 | 7 | 8 | 8 | 9 | 10 | 10 | 11 | 11 | 12 | 10 | 11 |
| 日 | 2 | 2 | 3 | 3 | 4 | 5 | 5 | 6 | 6 | 7 | 6 | 7 | 8 | 8 | 9 | 9 | 10 | 11 | 11 | 12 | 12 | 13 | 11 | 12 |
| 曜 | 3 | 3 | 4 | 4 | 5 | 6 | 6 | 7 | 7 | 8 | 7 | 8 | 9 | 9 | 10 | 10 | 11 | 12 | 12 | 13 | 13 | 14 | 12 | 13 |
| 表 | 4 | 4 | 5 | 5 | 6 | 7 | 7 | 8 | 8 | 9 | 8 | 9 | 10 | 10 | 11 | 11 | 12 | 13 | 13 | 14 | 14 | 15 | 13 | 14 |
| 2 | 5 | 5 | 6 | 6 | 7 | 8 | 8 | 9 | 9 | 10 | 9 | 10 | 11 | 11 | 12 | 12 | 13 | 14 | 14 | 15 | 15 | 16 | 14 | 15 |
| 甲 | 6 | 6 | 7 | 7 | 8 | 9 | 9 | 10 | 10 | 11 | 10 | 11 | 12 | 12 | 13 | 13 | 14 | 15 | 15 | 16 | 16 | 17 | 15 | 16 |
| 子 | 7 | 7 | 8 | 8 | 9 | 10 | 10 | 11 | 11 | 12 | 11 | 12 | 13 | 13 | 14 | 14 | 15 | 16 | 16 | 17 | 17 | 18 | 16 | 17 |
| 表 | 8 | 8 | 9 | 9 | 10 | 11 | 11 | 12 | 12 | 13 | 12 | 13 | 14 | 14 | 15 | 15 | 16 | 17 | 17 | 18 | 18 | 19 | 17 | 18 |
| 6 | 9 | 9 | 10 | 10 | 11 | 12 | 12 | 13 | 13 | 14 | 13 | 14 | 15 | 冬 15 | 16 | 16 | 17 | 18 | 18 | 19 | 19 | 20 | 18 | 19 |
| | 10 | 10 | 11 | 11 | 12 | 13 | 13 | 14 | 14 | 15 | 14 | 15 | 16 | 16 | 17 | 17 | 18 | 19 | 19 | 20 | 20 | 21 | 19 | 20 |

一二二五 乙酉 宋寶慶元 理宗 金正大二 元太祖二〇 622

一二二六 丙戌 宋寶慶二 金正大三 元太祖二一 623

| | | | | | | | | | | | | | | | | | | | | | | | |
|---|---|---|---|---|---|---|---|---|---|---|---|---|---|---|---|---|---|---|---|---|---|---|---|
| 22 | 23十 | 23九 | 24 | 25 | 25 | 26 | 26 | 27 | 25 | 26 | 27 | 27 | 28 | 28 | 29 | 30 | 30 | 31 | 5 | 4 | 2 | 31 | 1 |
| 23 12 | 24 11 | 24 | 25八 | 26七 | 26六 | 27 | 27 | 28 | 26 | 27 | 28 | 28 | 29 | 29 | 30 | 31 | 7 | 6 | 2 | 2 | 3 | 2 | 2 |
| 24 | 25 | 25 10 | 26 9 | 27 | 27 | 28五 | 28四 | 29 | 27 | 28 | 29 | 29 | 30 | 30 | 31 | 8 | 2 | 2 | 3 | 3 | 4 | 2 | 3 |
| 25 | 26 | 26 | 27 | 28 8 | 28 7 | 29 | 29 | 30三 | 28二 | 29 | 30 | 30 | 31 | 10 | 9 | 2 | 3 | 3 | 4 | 4 | 5 | 3 | 4 |
| 26 | 27 | 27 | 28 | 29 | 29 | 30 6 | 30 5 | 31 | 3 | 30正 | 31十二 | 12 | 11 | 2 | 2 | 3 | 4 | 4 | 5 | 5 | 6 | 4 | 5 |
| 27 | 28 | 28 | 29 | 30 | 30 | 31 | 5 | 4 4 | 2 3 | 31 | 1 | 2十一 | 2十 | 3 | 3 | 4 | 5 | 5 | 6 | 6 | 7 | 5 | 6 |
| 28 | 29 | 29 | 30 | 31 | 7 | 6 | 2 | 2 | 3 | 2 2 | 2 1 | 3 | 3 | 4九 | 4八 | 5 | 6 | 6 | 7 | 7 | 8 | 6 | 7 |
| 29 | 30 | 30 | 31 | 8 | 2 | 2 | 3 | 3 | 4 | 2 | 3 | 4 12 | 4 11 | 5 | 5 | 6七 | 7六 | 7 | 8 | 8 | 9 | 7 | 8 |
| 30 | 31 | 10 | 9 | 2 | 3 | 3 | 4 | 4 | 5 | 3 | 4 | 5 | 5 | 6 10 | 6 9 | 7 | 8 | 8五 | 9四 | 9三 | 10 | 8 | 9 |
| 12 | 11 | 2 | 2 | 3 | 4 | 4 | 5 | 5 | 6 | 4 | 5 | 6 | 6 | 7 | 7 | 8 8 | 9 7 | 9 | 10 | 10 | 11二 | 9正 | 10 |
| 2 | 2 | 3 | 3 | 4 | 5 | 5 | 6 | 6 | 7 | 5 | 6 | 7 | 7 | 8 | 8 | 9 | 10 | 10 6 | 11 5 | 11 | 12 | 10 | 11十二 |
| 3 | 3 | 4 | 4 | 5 | 6 | 6 | 7 | 7 | 8 | 6 | 7 | 8 | 8 | 9 | 9 | 10 | 11 | 11 | 12 | 12 4 | 13 3 | 11 | 12 |
| 4 | 4 | 5 | 5 | 6 | 7 | 7 | 8 | 8 | 9 | 7 | 8 | 9 | 9 | 10 | 10 | 11 | 12 | 12 | 13 | 13 | 14 | 12 2 | 13 1 |
| 5 | 5 | 6 | 6 | 7 | 8 | 8 | 9 | 9 | 10 | 8 | 9 | 10 | 10 | 11 | 11 | 12 | 13 | 13 | 14 | 14 | 15 | 13 | 14 |
| 6 | 6 | 7 | 7 | 8 | 9 | 9 | 10 | 10 | 11 | 9 | 10 | 11 | 11 | 12 | 12 | 13 | 14 | 14 | 15 | 15 | 16 | 14 | 15 |
| 7 | 7 | 8 | 8 | 9 | 10 | 10 | 11 | 11 | 12 | 10 | 11 | 12 | 12 | 13 | 13 | 14 | 15 | 15 | 16 | 16 | 17 | 15 | 16 |
| 8 | 8 | 9 | 9 | 10 | 11 | 11 | 12 | 12 | 13 | 11 | 12 | 13 | 13 | 14 | 14 | 15 | 16 | 16 | 17 | 17 | 18 | 16 | 17 |
| 9 | 9 | 10 | 10 | 11 | 12 | 12 | 13 | 13 | 14 | 12 | 13 | 14冬 | 14 | 15 | 15 | 16 | 17 | 17 | 18 | 18 | 19 | 17 | 18 |
| 10 | 10 | 11 | 11 | 12 | 13 | 13 | 14 | 14 | 15 | 13 | 14 | 15 | 15 | 16 | 16 | 17 | 18 | 18 | 19 | 19 | 20 | 18 | 19 |
| 11 | 11 | 12 | 12 | 13 | 14 | 14 | 15 | 15 | 16 | 14 | 15 | 16 | 16 | 17 | 17 | 18 | 19 | 19 | 20 | 20 | 21 | 19 | 20 |
| 12 | 12 | 13 | 13 | 14 | 15 | 15 | 16 | 16 | 17 | 15 | 16 | 17 | 17 | 18 | 18 | 19 | 20 | 20 | 21 | 21 | 22 | 20 | 21 |
| 13 | 13 | 14 | 14 | 15 | 16 | 16 | 17 | 17 | 18 | 16 | 17 | 18 | 18 | 19 | 19 | 20 | 21 | 21 | 22 | 22 | 23 | 21 | 22 |
| 14冬 | 14 | 15 | 15 | 16 | 17 | 17 | 18 | 18 | 19 | 17 | 18 | 19 | 19 | 20 | 20 | 21 | 22 | 22 | 23 | 23 | 24 | 22 | 23 |
| 15 | 15 | 16 | 16 | 17 | 18 | 18 | 19 | 19 | 20 | 18 | 19 | 20 | 20 | 21 | 21 | 22 | 23 | 23 | 24 | 24 | 25 | 23 | 24 |
| 16 | 16 | 17 | 17 | 18 | 19 | 19 | 20 | 20 | 21 | 19 | 20 | 21 | 21 | 22 | 22 | 23 | 24 | 24 | 25 | 25 | 26 | 24 | 25 |
| 17 | 17 | 18 | 18 | 19 | 20 | 20 | 21 | 21 | 22 | 20 | 21 | 22 | 22 | 23 | 23 | 24 | 25 | 25 | 26 | 26 | 27 | 25 | 26 |
| 18 | 18 | 19 | 19 | 20 | 21 | 21 | 22 | 22 | 23 | 21 | 22 | 23 | 23 | 24 | 24 | 25 | 26 | 26 | 27 | 27 | 28 | 26 | 27 |
| 19 | 19 | 20 | 20 | 21 | 22 | 22 | 23 | 23 | 24 | 22 | 23 | 24 | 24 | 25 | 25 | 26 | 27 | 27 | 28 | 28 | 29 | 27 | 28 |
| 20 | 20 | 21 | 21 | 22 | 23 | 23 | 24 | 24 | 25 | 23 | 24 | 25 | 25 | 26 | 26 | 27 | 28 | 28 | 29 | 29 | 30 | 28 | 29 |
| 21十二 | 21十一 | 22 | 22 | 23 | 24 | 24 | 25 | 25 | 26 | 24 | 25 | 26 | 26 | 27 | 27 | 28 | 29 | 29 | 30 | 30 | 31 | 3 | 30 |

一二二八 戊子
宋紹定元
金正大五
元皇子拖雷監國

626

一二二七 丁亥
宋寶慶三
金正大四
元太祖二二

625 624

| | | | | | | | | | | | | | | | | | | | | | | | | |
|---|---|---|---|---|---|---|---|---|---|---|---|---|---|---|---|---|---|---|---|---|---|---|---|---|
| 11 | 11 | 12 | 12 | 13 | 14 | 14 | 15 | 15 | 16 | 15 | 16 | 17 | 17 | 18 | 18 | 19 | 20 | 20 | 21 | 21 | 22 | 20 | 21 | 2 22 1 |
| 12 | 12 | 13 | 13 | 14 | 15 | 15 | 16 | 16 | 17 | 16 | 17 | 18 | 18 | 19 | 19 | 20 | 21 | 21 | 22 | 22 | 23 | 21 | 22 | 23 |
| 13 | 13 | 14 | 14 | 15 | 16 | 16 | 17 | 17 | 18 | 17 | 18 | 19 | 19 | 20 | 20 | 21 | 22 | 22 | 23 | 23 | 24 | 22 | 23 | 24 |
| 14 | 冬14 | 15 | 15 | 16 | 17 | 17 | 18 | 18 | 19 | 18 | 19 | 20 | 20 | 21 | 21 | 22 | 23 | 23 | 24 | 24 | 25 | 23 | 24 | 25 |
| 15 | 15 | 16 | 16 | 17 | 18 | 18 | 19 | 19 | 20 | 19 | 20 | 21 | 21 | 22 | 22 | 23 | 24 | 24 | 25 | 25 | 26 | 24 | 25 | 26 |
| 16 | 16 | 17 | 17 | 18 | 19 | 19 | 20 | 20 | 21 | 20 | 21 | 22 | 22 | 23 | 23 | 24 | 25 | 25 | 26 | 26 | 27 | 25 | 26 | 27 |
| 17 | 17 | 18 | 18 | 19 | 20 | 20 | 21 | 21 | 22 | 21 | 22 | 23 | 23 | 24 | 24 | 25 | 26 | 26 | 27 | 27 | 28 | 26 | 27 | 28 |
| 18 | 18 | 19 | 19 | 20 | 21 | 21 | 22 | 22 | 23 | 22 | 23 | 24 | 24 | 25 | 25 | 26 | 27 | 27 | 28 | 28 | 29 | 27 | 28 | 29 |
| 19 | 19 | 20 | 20 | 21 | 22 | 22 | 23 | 23 | 24 | 23 | 24 | 25 | 25 | 26 | 26 | 27 | 28 | 28 | 29 | 29 | 30 | 28 | 29 | 30 |
| 20 | 20 | 21 | 21 | 22 | 23 | 23 | 24 | 24 | 25 | 24 | 25 | 26 | 26 | 27 | 27 | 28 | 29 | 29 | 30 | 30 | 31 | 3 | 30 | 31 |
| 21 | 21 | 22 | 22 | 23 | 24 | 24 | 25 | 25 | 26 | 25 | 26 | 27 | 27 | 28 | 28 | 29 | 30 | 30 | 31 | 5 | 4 | 2 | 31 | 1 |
| 22 | 22 | 23 | 23 | 24 | 25 | 25 | 26 | 26 | 27 | 26 | 27 | 28 | 28 | 29 | 29 | 30 | 31 | 7 | 6 | 2 | 2 | 3 | 2 | 2 |
| 23 | 23 | 24 | 24 | 25 | 26 | 26 | 27 | 27 | 28 | 27 | 28 | 29 | 29 | 30 | 30 | 31 | 8 | 2 | 2 | 3 | 3 | 4 | 2 | 3 |
| 24 | 24 | 25 | 25 | 26 | 27 | 27 | 28 | 28 | 29 | 28 | 29 | 30 | 30 | 31 | 10 | 9 | 2 | 3 | 3 | 4 | 4 | 5 | 3 | 4 |
| 25 | 25 | 26 | 26 | 27 | 28 | 28 | 29 | 29 | 30 | 29 | 30 | 31 | 12 | 11 | 2 | 2 | 3 | 4 | 4 | 5 | 5 | 6 | 4 | 5 |
| 26 | 26 | 27 | 27 | 28 | 29 | 29 | 30 | 30 | 31 | 3 | 31 | 1 | 2 | 2 | 3 | 3 | 4 | 5 | 5 | 6 | 6 | 7 | 5 | 6 |
| 27 | 27 | 28 | 28 | 29 | 30 | 30 | 31 | 5 | 4 | 2 | 2 | 2 | 3 | 3 | 4 | 4 | 5 | 6 | 6 | 7 | 7 | 8 | 6 | 7 |
| 28 | 十二28 | 29 | 29 | 30 | 31 | 7 | 6 | 2 | 2 | 3 | 2 | 3 | 4 | 4 | 5 | 5 | 6 | 7 | 7 | 8 | 8 | 9 | 7 | 8 |
| 29 | 29 | 十一30 | 十30 | 九31 | 八8 | 2 | 2 | 3 | 3 | 4 | 3 | 4 | 5 | 5 | 6 | 6 | 7 | 8 | 8 | 9 | 9 | 10 | 8 | 9 |
| 30 | 2 30 | 1 31 | 10 | 9 | 2 | 七3 | 六3 | 4 | 4 | 5 | 4 | 5 | 6 | 6 | 7 | 7 | 8 | 9 | 9 | 10 | 10 | 11 | 9 | 10 |
| 31 | 12 | 11 | 12 2 | 11 2 | 3 | 4 | 4 | 五5 | 5 | 6 | 5 | 6 | 7 | 7 | 8 | 8 | 9 | 10 | 10 | 11 | 11 | 12 | 10 | 11 |
| 日 | 2 | 2 | 3 | 3 | 10 4 | 9 5 | 5 | 6 | 四6 | 三7 | 6 | 7 | 8 | 8 | 9 | 9 | 10 | 11 | 11 | 12 | 12 | 13 | 11 | 12 |
| 曜 | 3 | 3 | 4 | 4 | 5 | 6 | 8 6 | 7 7 | 7 | 8 | 二7 | 8 | 9 | 9 | 10 | 10 | 11 | 12 | 12 | 13 | 13 | 14 | 12 | 13 |
| 表 | 4 | 4 | 5 | 5 | 6 | 7 | 7 | 8 | 6 8 | 5 9 | 8 | 正9 | 十二10 | 十一10 | 11 | 11 | 12 | 13 | 13 | 14 | 14 | 15 | 13 | 14 |
| 3 | 5 | 5 | 6 | 6 | 7 | 8 | 8 | 9 | 9 | 10 | 4 9 | 3 10 | 11 | 11 | 十12 | 九12 | 八13 | 14 | 14 | 15 | 15 | 16 | 14 | 15 |
| 甲 | 6 | 6 | 7 | 7 | 8 | 9 | 9 | 10 | 10 | 11 | 10 | 11 | 2 12 | 1 12 | 12 13 | 11 13 | 14 | 七15 | 六15 | 16 | 16 | 17 | 15 | 16 |
| 子 | 7 | 7 | 8 | 8 | 9 | 10 | 10 | 11 | 11 | 12 | 11 | 12 | 13 | 13 | 14 | 14 | 10 15 | 9 16 | 16 | 閏17 | 五17 | 18 | 16 | 17 |
| 表 | 8 | 8 | 9 | 9 | 10 | 11 | 11 | 12 | 12 | 13 | 12 | 13 | 14 | 14 | 15 | 15 | 16 | 17 | 8 17 | 7 18 | 18 | 四19 | 三17 | 18 |
| 7 | 9 | 9 | 10 | 10 | 11 | 12 | 12 | 13 | 13 | 14 | 13 | 14 | 15 | 冬15 | 16 | 16 | 17 | 18 | 18 | 19 | 6 19 | 5 20 | 18 | 二19 正 |
| | 10 | 10 | 11 | 11 | 12 | 13 | 13 | 14 | 14 | 15 | 14. | 15 | 16 | 16 | 17 | 17 | 18 | 19 | 19 | 20 | 20 | 21 | 4 19 | 3 20 |

一二二九 己丑 宋紹定二 金正大六 元太宗元

627

一二三〇 庚寅 宋紹定三 金正大七 元太宗二

628

| | | | | | | | | | | | | | | | | | | | | | | | |
|---|---|---|---|---|---|---|---|---|---|---|---|---|---|---|---|---|---|---|---|---|---|---|---|
| 22 | 23 | 23 | 24 | 25 | 25 | 26 | 26 | 27 | 25 | 26 | 27 | 27 | 28 | 28 | 29 | 30 | 30 | 31 | **5** | **4** | 2 | 31 | **1** |
| 23 | 24 | 24 | 25 | 26 | 26 | 27 | 27 | 28 | 26 | 27 | 28 | 28 | 29 | 29 | 30 | 31 | **7** | **6** | 2 | 2 | 3 | **2** | 2 |
| 24 | 25 | 25 | 26 | 27 | 27 | 28 | 28 | 29 | 27 | 28 | 29 | 29 | 30 | 30 | 31 | **8** | 2 | 2 | 3 | 3 | 4 | 2 | 3 |
| 25 | 26 | 26 | 27 | 28 | 28 | 29 | 29 | 30 | 28 | 29 | 30 | 30 | 31 | **10** | **9** | 2 | 3 | 3 | 4 | 4 | 5 | 3 | 4 |
| 26 | 27 | 27 | 28 | 29 | 29 | 30 | 30 | 31 | **3** | 30 | 31 | **12** | **11** | 2 | 2 | 3 | 4 | 4 | 5 | 5 | 6 | 4 | 5 |
| 27 | 28 | 28 | 29 | 30 | 30 | 31 | **5** | **4** | 2 | 31 | **1** | 2 | 2 | 3 | 3 | 4 | 5 | 5 | 6 | 6 | 7 | 5 | 6 |
| 28 | 29 | 29 | 30 | 31 | **7** | **6** | 2 | 2 | 3 | **2** | 2 | 3 | 3 | 4 | 4 | 5 | 6 | 6 | 7 | 7 | 8 | 6 | 7 |
| 29 | 30 | 30 | 31 | **8** | 2 | 2 | 3 | 3 | 4 | 2 | 3 | 4 | 4 | 5 | 5 | 6 | 7 | 7 | 8 | 8 | 9 | 7 | 8 |
| 30 | 31 | **10** | **9** | 2 | 3 | 3 | 4 | 4 | 5 | 3 | 4 | 5 | 5 | 6 | 6 | 7 | 8 | 8 | 9 | 9 | 10 | 8 | 9 |
| **12** | **11** | 2 | 2 | 3 | 4 | 4 | 5 | 5 | 6 | 4 | 5 | 6 | 6 | 7 | 7 | 8 | 9 | 9 | 10 | 10 | 11 | 9 | 10 |
| 2 | 2 | 3 | 3 | 4 | 5 | 5 | 6 | 6 | 7 | 5 | 6 | 7 | 7 | 8 | 8 | 9 | 10 | 10 | 11 | 11 | 12 | 10 | 11 |
| 3 | 3 | 4 | 4 | 5 | 6 | 6 | 7 | 7 | 8 | 6 | 7 | 8 | 8 | 9 | 9 | 10 | 11 | 11 | 12 | 12 | 13 | 11 | 12 |
| 4 | 4 | 5 | 5 | 6 | 7 | 7 | 8 | 8 | 9 | 7 | 8 | 9 | 9 | 10 | 10 | 11 | 12 | 12 | 13 | 13 | 14 | 12 | 13 |
| 5 | 5 | 6 | 6 | 7 | 8 | 8 | 9 | 9 | 10 | 8 | 9 | 10 | 10 | 11 | 11 | 12 | 13 | 13 | 14 | 14 | 15 | 13 | 14 |
| 6 十二 | 6 | 7 | 7 | 8 | 9 | 9 | 10 | 10 | 11 | 9 | 10 | 11 | 11 | 12 | 12 | 13 | 14 | 14 | 15 | 15 | 16 | 14 | 15 |
| 7 | 7 十 | 8 九 | 8 | 9 | 10 | 10 | 11 | 11 | 12 | 10 | 11 | 12 | 12 | 13 | 13 | 14 | 15 | 15 | 16 | 16 | 17 | 15 | 16 |
| 8 | 8 | 9 | 9 八 | 10 七 | 11 | 11 | 12 | 12 | 13 | 11 | 12 | 13 | 13 | 14 | 14 | 15 | 16 | 16 | 17 | 17 | 18 | 16 | 17 |
| 9 **2** | 9 **1** | 10 | 10 | 11 | 12 六 | 12 | 13 | 13 | 14 | 12 | 13 | 14 冬 | 14 | 15 | 15 | 16 | 17 | 17 | 18 | 18 | 19 | 17 | 18 |
| 10 | 10 | 11 **12** | 11 **11** | 12 | 13 | 13 五 | 14 四 | 14 | 15 | 13 | 14 | 15 | 15 | 16 | 16 | 17 | 18 | 18 | 19 | 19 | 20 | 18 | 19 |
| 11 | 11 | 12 | 12 | 13 **10** | 14 **9** | 14 | 15 | 15 三 | 16 | 14 | 15 | 16 | 16 | 17 | 17 | 18 | 19 | 19 | 20 | 20 | 21 | 19 | 20 |
| 12 | 12 | 13 | 13 | 14 | 15 | 15 **8** | 16 **7** | 16 | 17 閏 | 15 二 | 16 正 | 17 | 17 | 18 | 18 | 19 | 20 | 20 | 21 | 21 | 22 | 20 | 21 |
| 13 | 13 | 14 | 14 | 15 | 16 | 16 | 17 | 17 **6** | 18 **5** | 16 | 17 | 18 十二 | 18 十一 | 19 十 | 19 九 | 20 | 21 | 21 | 22 | 22 | 23 | 21 | 22 |
| 14 冬 | 14 | 15 | 15 | 16 | 17 | 17 | 18 | 18 | 19 | 17 **4** | 18 **3** | 19 | 19 | 20 | 20 | 21 八 | 22 七 | 22 | 23 | 23 | 24 | 22 | 23 |
| 15 | 15 | 16 | 16 | 17 | 18 | 18 | 19 | 19 | 20 | 18 | 19 | 20 **2** | 20 **1** | 21 **12** | 21 **11** | 22 | 23 | 23 六 | 24 | 24 | 25 | 23 | 24 |
| 16 | 16 | 17 | 17 | 18 | 19 | 19 | 20 | 20 | 21 | 19 | 20 | 21 | 21 | 22 | 22 | 23 **10** | 24 **9** | 24 | 25 五 | 25 四 | 26 | 24 | 25 |
| 17 | 17 | 18 | 18 | 19 | 20 | 20 | 21 | 21 | 22 | 20 | 21 | 22 | 22 | 23 | 23 | 24 | 25 | 25 **8** | 26 **7** | 26 | 27 三 | 25 | 26 |
| 18 | 18 | 19 | 19 | 20 | 21 | 21 | 22 | 22 | 23 | 21 | 22 | 23 | 23 | 24 | 24 | 25 | 26 | 26 | 27 | 27 **6** | 28 **5** | 26 二 | 27 正 |
| 19 | 19 | 20 | 20 | 21 | 22 | 22 | 23 | 23 | 24 | 22 | 23 | 24 | 24 | 25 | 25 | 26 | 27 | 27 | 28 | 28 | 29 | 27 **4** | 28 **3** |
| 20 | 20 | 21 | 21 | 22 | 23 | 23 | 24 | 24 | 25 | 23 | 24 | 25 | 25 | 26 | 26 | 27 | 28 | 28 | 29 | 29 | 30 | 28 | 29 |
| 21 | 21 | 22 | 22 | 23 | 24 | 24 | 25 | 25 | 26 | 24 | 25 | 26 | 26 | 27 | 27 | 28 | 29 | 29 | 30 | 30 | 31 | **3** | 30 |

一二三二
壬辰
宋紹定五
金開興元
金天興元（四月改）
元太宗四

630

一二三一
辛卯
宋紹定四
金正大八
元太宗三

629

| | | | | | | | | | | | | | | | | | | | | | | | | |
|---|---|---|---|---|---|---|---|---|---|---|---|---|---|---|---|---|---|---|---|---|---|---|---|---|
| 11 | 11 | 12 | 12 | 13 | 14 | 14 | 15 | 15 | 16 | 15 | 16 | 17 | 17 | 18 | 18 | 19 | 20 | 20 | 21 | 21 | 22 | 20 | 21 | 22 |
| 12 | 12 | 13 | 13 | 14 | 15 | 15 | 16 | 16 | 17 | 16 | 17 | 18 | 18 | 19 | 19 | 20 | 21 | 21 | 22 | 22 | 23 | 21 | 22 | 23 |
| 13 | 13 | 14 | 14 | 15 | 16 | 16 | 17 | 17 | 18 | 17 | 18 | 19 | 19 | 20 | 20 | 21 | 22 | 22 | 23 | 23 | 24 | 22 | 23 | 24 |
| 14冬 十一 | 14 十 | 15 | 15 | 16 | 17 | 17 | 18 | 18 | 19 | 18 | 19 | 20 | 20 | 21 | 21 | 22 | 23 | 23 | 24 | 24 | 25 | 23 | 24 | 25 |
| 15 | 15 | 16 閏 | 16 九 | 17 | 18 | 18 | 19 | 19 | 20 | 19 | 20 | 21 | 21 | 22 | 22 | 23 | 24 | 24 | 25 | 25 | 26 | 24 | 25 | 26 |
| 16 3 | 16 | 17 | 17 | 18 八 | 19 | 19 | 20 | 20 | 21 | 20 | 21 | 22 | 22 | 23 | 23 | 24 | 25 | 25 | 26 | 26 | 27 | 25 | 26 | 27 |
| 17 | 17 2 | 18 1 | 18 12 | 19 11 | 20 七 | 20 六 | 21 | 21 | 22 | 21 | 22 | 23 | 23 | 24 | 24 | 25 | 26 | 26 | 27 | 27 | 28 | 26 | 27 | 28 |
| 18 | 18 | 19 | 19 | 20 | 21 10 | 21 9 | 22 五 | 22 四 | 23 | 22 | 23 | 24 | 24 | 25 | 25 | 26 | 27 | 27 | 28 | 28 | 29 | 27 | 28 | 29 |
| 19 | 19 | 20 | 20 | 21 | 22 | 22 | 23 8 | 23 7 | 24 三 | 23 二 | 24 正 | 25 十二 | 25 | 26 | 26 | 27 | 28 | 28 | 29 | 29 | 30 | 28 | 29 | 30 |
| 20 | 20 | 21 | 21 | 22 | 23 | 23 | 24 | 24 | 25 6 | 24 5 | 25 | 26 | 26 十一 | 27 十 | 27 | 28 | 29 | 29 | 30 | 30 | 31 | **3** | 30 | 31 |
| 21 | 21 | 22 | 22 | 23 | 24 | 24 | 25 | 25 | 26 | 25 | 26 4 | 27 3 | 27 | 28 | 28 九 | 29 八 | 30 | 30 | 31 | **5** | **4** | 2 | 31 | **1** |
| 22 | 22 | 23 | 23 | 24 | 25 | 25 | 26 | 26 | 27 | 26 | 27 | 28 | 28 2 | 29 1 | 29 | 30 | 31 七 | **7** | **6** | 2 | 2 | 3 | **2** | 2 |
| 23 | 23 | 24 | 24 | 25 | 26 | 26 | 27 | 27 | 28 | 27 | 28 | 29 | 29 | 30 | 30 12 | 31 11 | **8** | 2 六 | 2 五 | 3 | 3 | 4 | 2 | 3 |
| 24 | 24 | 25 | 25 | 26 | 27 | 27 | 28 | 28 | 29 | 28 | 29 | 30 | 30 | 31 | **10** | **9** | 2 10 | 3 9 | 3 | 4 四 | 4 三 | 5 | 3 | 4 |
| 25 | 25 | 26 | 26 | 27 | 28 | 28 | 29 | 29 | 30 | 29 | 30 | 31 | **12** | **11** | 2 | 2 | 3 | 4 | 4 8 | 5 7 | 5 | 6 二 | 4 正 | 5 十二 |
| 26 | 26 | 27 | 27 | 28 | 29 | 29 | 30 | 30 | 31 | **3** | 31 | **1** | 2 | 2 | 3 | 3 | 4 | 5 | 5 | 6 | 6 6 | 7 5 | 5 | 6 |
| 27 | 27 | 28 | 28 | 29 | 30 | 30 | 31 | **5** | **4** | 2 | **2** | 2 | 3 | 3 | 4 | 4 | 5 | 6 | 6 | 7 | 7 | 8 | 6 4 | 7 3 |
| 28 | 28 | 29 | 29 | 30 | 31 | **7** | **6** | 2 | 2 | 3 | 2 | 3 | 4 | 4 | 5 | 5 | 6 | 7 | 7 | 8 | 8 | 9 | 7 | 8 |
| 29 | 29 | 30 | 30 | 31 | **8** | 2 | 2 | 3 | 3 | 4 | 3 | 4 | 5 | 5 | 6 | 6 | 7 | 8 | 8 | 9 | 9 | 10 | 8 | 9 |
| 30 | 30 | 31 | **10** | **9** | 2 | 3 | 3 | 4 | 4 | 5 | 4 | 5 | 6 | 6 | 7 | 7 | 8 | 9 | 9 | 10 | 10 | 11 | 9 | 10 |
| 31 | **12** | **11** | 2 | 2 | 3 | 4 | 4 | 5 | 5 | 6 | 5 | 6 | 7 | 7 | 8 | 8 | 9 | 10 | 10 | 11 | 11 | 12 | 10 | 11 |
| 日 | 2 | 2 | 3 | 3 | 4 | 5 | 5 | 6 | 6 | 7 | 6 | 7 | 8 | 8 | 9 | 9 | 10 | 11 | 11 | 12 | 12 | 13 | 11 | 12 |
| 曜 | 3 | 3 | 4 | 4 | 5 | 6 | 6 | 7 | 7 | 8 | 7 | 8 | 9 | 9 | 10 | 10 | 11 | 12 | 12 | 13 | 13 | 14 | 12 | 13 |
| 表 | 4 | 4 | 5 | 5 | 6 | 7 | 7 | 8 | 8 | 9 | 8 | 9 | 10 | 10 | 11 | 11 | 12 | 13 | 13 | 14 | 14 | 15 | 13 | 14 |
| 4 | 5 | 5 | 6 | 6 | 7 | 8 | 8 | 9 | 9 | 10 | 9 | 10 | 11 | 11 | 12 | 12 | 13 | 14 | 14 | 15 | 15 | 16 | 14 | 15 |
| 甲 | 6 | 6 | 7 | 7 | 8 | 9 | 9 | 10 | 10 | 11 | 10 | 11 | 12 | 12 | 13 | 13 | 14 | 15 | 15 | 16 | 16 | 17 | 15 | 16 |
| 子 | 7 | 7 | 8 | 8 | 9 | 10 | 10 | 11 | 11 | 12 | 11 | 12 | 13 | 13 | 14 | 14 | 15 | 16 | 16 | 17 | 17 | 18 | 16 | 17 |
| 表 | 8 | 8 | 9 | 9 | 10 | 11 | 11 | 12 | 12 | 13 | 12 | 13 | 14 | 14 | 15 | 15 | 16 | 17 | 17 | 18 | 18 | 19 | 17 | 18 |
| 8 | 9 | 9 | 10 | 10 | 11 | 12 | 12 | 13 | 13 | 14 | 13 | 14 | 15 冬 | 15 | 16 | 16 | 17 | 18 | 18 | 19 | 19 | 20 | 18 | 19 |
| | 10 | 10 | 11 | 11 | 12 | 13 | 13 | 14 | 14 | 15 | 14 | 15 | 16 | 16 | 17 | 17 | 18 | 19 | 19 | 20 | 20 | 21 | 19 | 20 |

一二三四
甲午
宋端平元
金天興三
元太宗六

632

一二三三
癸巳
宋紹定六
金天興二
元太宗五

631

| | | | | | | | | | | | | | | | | | | | | | | | |
|---|---|---|---|---|---|---|---|---|---|---|---|---|---|---|---|---|---|---|---|---|---|---|---|
| 22 | 23 | 23 | 24 | 25 | 25 | 26 | 26 | 27 | 25 | 26 | 27 | 27 | 28 | 28 | 29 | 30 | 30 | 31 | 5 | 4 | 2 | 31 | 1 |
| 23 | 十一 24 | 十 24 | 25 | 26 | 26 | 27 | 27 | 28 | 26 | 27 | 28 | 28 | 29 | 29 | 30 | 31 | 7 | 6 | 2 | 2 | 3 | 2 | 2 |
| 24 | 3 25 | 25 | 九 26 | 八 27 | 27 | 28 | 28 | 29 | 27 | 28 | 29 | 29 | 30 | 30 | 31 | 8 | 2 | 2 | 3 | 3 | 4 | 2 | 3 |
| 25 | 26 | 2 26 | 1 27 | 28 | 七 28 | 六 29 | 29 | 30 | 28 | 29 | 30 | 30 | 31 | 10 | 9 | 2 | 3 | 3 | 4 | 4 | 5 | 3 | 4 |
| 26 | 27 | 27 | 28 | 12 29 | 11 29 | 30 | 五 30 | 四 31 | 三 3 | 30 | 31 | 12 | 11 | 2 | 2 | 3 | 4 | 4 | 5 | 5 | 6 | 4 | 5 |
| 27 | 28 | 28 | 29 | 30 | 30 | 10 31 | 9 5 | 4 | 2 | 二 31 | 正 1 | 2 | 2 | 3 | 3 | 4 | 5 | 5 | 6 | 6 | 7 | 5 | 6 |
| 28 | 29 | 29 | 30 | 31 | 7 | 6 | 2 | 8 2 | 7 3 | 2 | 2 | 十二 3 | 十一 3 | 4 | 4 | 5 | 6 | 6 | 7 | 7 | 8 | 6 | 7 |
| 29 | 30 | 30 | 31 | 8 | 2 | 2 | 3 | 3 | 4 | 6 2 | 5 3 | 4 | 4 | 十 5 | 九 5 | 6 | 7 | 7 | 8 | 8 | 9 | 7 | 8 |
| 30 | 31 | 10 | 9 | 2 | 3 | 3 | 4 | 4 | 5 | 3 | 4 | 4 5 | 3 5 | 6 | 6 | 八 7 | 七 8 | 8 | 9 | 9 | 10 | 8 | 9 |
| 12 | 11 | 2 | 2 | 3 | 4 | 4 | 5 | 5 | 6 | 4 | 5 | 6 | 6 | 2 7 | 1 7 | 8 | 9 | 六 9 | 10 | 10 | 11 | 9 | 10 |
| 2 | 2 | 3 | 3 | 4 | 5 | 5 | 6 | 6 | 7 | 5 | 6 | 7 | 7 | 8 | 8 | 12 9 | 11 10 | 10 | 五 11 | 四 11 | 三 12 | 10 | 11 |
| 3 | 3 | 4 | 4 | 5 | 6 | 6 | 7 | 7 | 8 | 6 | 7 | 8 | 8 | 9 | 9 | 10 | 11 | 10 11 | 9 12 | 12 | 13 | 二 11 | 正 12 十二 |
| 4 | 4 | 5 | 5 | 6 | 7 | 7 | 8 | 8 | 9 | 7 | 8 | 9 | 9 | 10 | 10 | 11 | 12 | 12 | 13 | 8 13 | 7 14 | 12 | 13 |
| 5 | 5 | 6 | 6 | 7 | 8 | 8 | 9 | 9 | 10 | 8 | 9 | 10 | 10 | 11 | 11 | 12 | 13 | 13 | 14 | 14 | 15 | 6 13 | 5 14 |
| 6 | 6 | 7 | 7 | 8 | 9 | 9 | 10 | 10 | 11 | 9 | 10 | 11 | 11 | 12 | 12 | 13 | 14 | 14 | 15 | 15 | 16 | 14 | 15 4 |
| 7 | 7 | 8 | 8 | 9 | 10 | 10 | 11 | 11 | 12 | 10 | 11 | 12 | 12 | 13 | 13 | 14 | 15 | 15 | 16 | 16 | 17 | 15 | 16 |
| 8 | 8 | 9 | 9 | 10 | 11 | 11 | 12 | 12 | 13 | 11 | 12 | 13 | 13 | 14 | 14 | 15 | 16 | 16 | 17 | 17 | 18 | 16 | 17 |
| 9 | 9 | 10 | 10 | 11 | 12 | 12 | 13 | 13 | 14 | 12 | 13 | 14 | 冬 14 | 15 | 15 | 16 | 17 | 17 | 18 | 18 | 19 | 17 | 18 |
| 10 | 10 | 11 | 11 | 12 | 13 | 13 | 14 | 14 | 15 | 13 | 14 | 15 | 15 | 16 | 16 | 17 | 18 | 18 | 19 | 19 | 20 | 18 | 19 |
| 11 | 11 | 12 | 12 | 13 | 14 | 14 | 15 | 15 | 16 | 14 | 15 | 16 | 16 | 17 | 17 | 18 | 19 | 19 | 20 | 20 | 21 | 19 | 20 |
| 12 | 12 | 13 | 13 | 14 | 15 | 15 | 16 | 16 | 17 | 15 | 16 | 17 | 17 | 18 | 18 | 19 | 20 | 20 | 21 | 21 | 22 | 20 | 21 |
| 13 | 13 | 14 | 14 | 15 | 16 | 16 | 17 | 17 | 18 | 16 | 17 | 18 | 18 | 19 | 19 | 20 | 21 | 21 | 22 | 22 | 23 | 21 | 22 |
| 14 | 冬 14 | 15 | 15 | 16 | 17 | 17 | 18 | 18 | 19 | 17 | 18 | 19 | 19 | 20 | 20 | 21 | 22 | 22 | 23 | 23 | 24 | 22 | 23 |
| 15 | 15 | 16 | 16 | 17 | 18 | 18 | 19 | 19 | 20 | 18 | 19 | 20 | 20 | 21 | 21 | 22 | 23 | 23 | 24 | 24 | 25 | 23 | 24 |
| 16 | 16 | 17 | 17 | 18 | 19 | 19 | 20 | 20 | 21 | 19 | 20 | 21 | 21 | 22 | 22 | 23 | 24 | 24 | 25 | 25 | 26 | 24 | 25 |
| 17 | 17 | 18 | 18 | 19 | 20 | 20 | 21 | 21 | 22 | 20 | 21 | 22 | 22 | 23 | 23 | 24 | 25 | 25 | 26 | 26 | 27 | 25 | 26 |
| 18 | 18 | 19 | 19 | 20 | 21 | 21 | 22 | 22 | 23 | 21 | 22 | 23 | 23 | 24 | 24 | 25 | 26 | 26 | 27 | 27 | 28 | 26 | 27 |
| 19 | 19 | 20 | 20 | 21 | 22 | 22 | 23 | 23 | 24 | 22 | 23 | 24 | 24 | 25 | 25 | 26 | 27 | 27 | 28 | 28 | 29 | 27 | 28 |
| 20 | 20 | 21 | 21 | 22 | 23 | 23 | 24 | 24 | 25 | 23 | 24 | 25 | 25 | 26 | 26 | 27 | 28 | 28 | 29 | 29 | 30 | 28 | 29 |
| 21 | 21 | 22 | 22 | 23 | 24 | 24 | 25 | 25 | 26 | 24 | 25 | 26 | 26 | 27 | 27 | 28 | 29 | 29 | 30 | 30 | 31 | 3 | 30 |

| 一二三六<br>丙申<br>宋端平三<br>元太宗八 | | | | | | | | | | | | | 一二三五<br>乙未<br>宋端平二<br>元太宗七 | | | | | | | | | | | |
|---|---|---|---|---|---|---|---|---|---|---|---|---|---|---|---|---|---|---|---|---|---|---|---|---|
| 634 | | | | | | | | | | | | | 633 | | | | | | | | | | | |
| 11 | 11 | 12 | 12 | 13 | 14 | 14 | 15 | 15 | 16 | 15 | 16 | 17 | 17 | 18 | 18 | 19 | 20 | 20 | 21 | 21 8 | 22 7 | 20 | 21 正 | 22 十二 |
| 12 | 12 | 13 | 13 | 14 | 15 | 15 | 16 | 16 | 17 | 16 | 17 | 18 | 18 | 19 | 19 | 20 | 21 | 21 | 22 | 22 | 23 | 21 6 | 22 5 | 23 |
| 13 | 13 | 14 | 14 | 15 | 16 | 16 | 17 | 17 | 18 | 17 | 18 | 19 | 19 | 20 | 20 | 21 | 22 | 22 | 23 | 23 | 24 | 22 | 23 | 24 4 |
| 14 冬 | 14 | 15 | 15 | 16 | 17 | 17 | 18 | 18 | 19 | 18 | 19 | 20 | 20 | 21 | 21 | 22 | 23 | 23 | 24 | 24 | 25 | 23 | 24 | 25 |
| 15 | 15 | 16 | 16 | 17 | 18 | 18 | 19 | 19 | 20 | 19 | 20 | 21 | 21 | 22 | 22 | 23 | 24 | 24 | 25 | 25 | 26 | 24 | 25 | 26 |
| 16 | 16 | 17 | 17 | 18 | 19 | 19 | 20 | 20 | 21 | 20 | 21 | 22 | 22 | 23 | 23 | 24 | 25 | 25 | 26 | 26 | 27 | 25 | 26 | 27 |
| 17 | 17 | 18 | 18 | 19 | 20 | 20 | 21 | 21 | 22 | 21 | 22 | 23 | 23 | 24 | 24 | 25 | 26 | 26 | 27 | 27 | 28 | 26 | 27 | 28 |
| 18 | 18 | 19 | 19 | 20 | 21 | 21 | 22 | 22 | 23 | 22 | 23 | 24 | 24 | 25 | 25 | 26 | 27 | 27 | 28 | 28 | 29 | 27 | 28 | 29 |
| 19 | 19 | 20 | 20 | 21 | 22 | 22 | 23 | 23 | 24 | 23 | 24 | 25 | 25 | 26 | 26 | 27 | 28 | 28 | 29 | 29 | 30 | 28 | 29 | 30 |
| 20 | 20 | 21 | 21 | 22 | 23 | 23 | 24 | 24 | 25 | 24 | 25 | 26 | 26 | 27 | 27 | 28 | 29 | 29 | 30 | 30 | 31 | 3 | 30 | 31 |
| 21 | 21 | 22 | 22 | 23 | 24 | 24 | 25 | 25 | 26 | 25 | 26 | 27 | 27 | 28 | 28 | 29 | 30 | 30 | 31 | 5 | 4 | 2 | 31 | 1 |
| 22 | 22 | 23 | 23 | 24 | 25 | 25 | 26 | 26 | 27 | 26 | 27 | 28 | 28 | 29 | 29 | 30 | 31 | 7 | 6 | 2 | 2 | 3 | 2 | 2 |
| 23 | 23 | 24 | 24 | 25 | 26 | 26 | 27 | 27 | 28 | 27 | 28 | 29 | 29 | 30 | 30 | 31 | 8 | 2 | 2 | 3 | 3 | 4 | 2 | 3 |
| 24 | 24 | 25 | 25 | 26 | 27 | 27 | 28 | 28 | 29 | 28 | 29 | 30 | 30 | 31 | 10 | 9 | 2 | 3 | 3 | 4 | 4 | 5 | 3 | 4 |
| 25 | 25 | 26 | 26 | 27 | 28 | 28 | 29 | 29 | 30 | 29 | 30 | 31 | 12 | 11 | 2 | 2 | 3 | 4 | 4 | 5 | 5 | 6 | 4 | 5 |
| 26 | 26 | 27 | 27 | 28 | 29 | 29 | 30 | 30 | 31 | 3 | 31 | 1 | 2 | 2 | 3 | 3 | 4 | 5 | 5 | 6 | 6 | 7 | 5 | 6 |
| 27 | 27 | 28 | 28 | 29 | 30 | 30 | 31 | 5 | 4 | 2 | 2 | 2 | 3 | 3 | 4 | 4 | 5 | 6 | 6 | 7 | 7 | 8 | 6 | 7 |
| 28 | 28 | 29 | 29 | 30 | 31 | 7 | 6 | 2 | 2 | 3 | 2 | 3 | 4 | 4 | 5 | 5 | 6 | 7 | 7 | 8 | 8 | 9 | 7 | 8 |
| 29 | 29 | 30 | 30 | 31 | 8 | 2 | 2 | 3 | 3 | 4 | 3 | 4 | 5 | 5 | 6 | 6 | 7 | 8 | 8 | 9 | 9 | 10 | 8 | 9 |
| 30 十二 | 30 十一 | 31 | 10 | 9 | 2 | 3 | 3 | 4 | 4 | 5 | 4 | 5 | 6 | 6 | 7 | 7 | 8 | 9 | 9 | 10 | 10 | 11 | 9 | 10 |
| 31 5 | 12 | 11 十 | 2 九 | 2 八 | 3 | 4 | 4 | 5 | 5 | 6 | 5 | 6 | 7 | 7 | 8 | 8 | 9 | 10 | 10 | 11 | 11 | 12 | 10 | 11 |
| 日 | 2 4 | 2 3 | 3 | 3 | 4 七 | 5 六 | 5 五 | 6 | 6 | 7 | 6 | 7 | 8 | 8 | 9 | 9 | 10 | 11 | 11 | 12 | 12 | 13 | 11 | 12 |
| 曜 | 3 | 3 | 4 2 | 4 1 | 5 | 6 | 6 | 7 四 | 7 | 8 | 7 | 8 | 9 | 9 | 10 | 10 | 11 | 12 | 12 | 13 | 13 | 14 | 12 | 13 |
| 表 | 4 | 4 | 5 | 5 | 6 12 | 7 11 | 7 | 8 | 8 三 | 9 二 | 8 | 9 | 10 | 10 | 11 | 11 | 12 | 13 | 13 | 14 | 14 | 15 | 13 | 14 |
| 5 | 5 | 5 | 6 | 6 | 7 | 8 | 8 10 | 9 9 | 9 | 10 | 9 正 | 10 十二 | 11 | 11 | 12 | 12 | 13 | 14 | 14 | 15 | 15 | 16 | 14 | 15 |
| 甲 | 6 | 6 | 7 | 7 | 8 | 9 | 9 | 10 | 10 8 | 11 7 | 10 | 11 | 12 十一 | 12 十 | 13 | 13 | 14 | 15 | 15 | 16 | 16 | 17 | 15 | 16 |
| 子 | 7 | 7 | 8 | 8 | 9 | 10 | 10 | 11 | 11 | 12 | 11 6 | 12 5 | 13 | 13 | 14 九 | 14 八 | 15 | 16 | 16 | 17 | 17 | 18 | 16 | 17 |
| 表 | 8 | 8 | 9 | 9 | 10 | 11 | 11 | 12 | 12 | 13 | 12 | 13 | 14 4 | 14 3 | 15 | 15 | 16 閏 | 17 七 | 17 六 | 18 | 18 | 19 | 17 | 18 |
| 9 | 9 | 9 | 10 | 10 | 11 | 12 | 12 | 13 | 13 | 14 | 13 | 14 | 15 冬 | 15 | 16 2 | 16 1 | 17 12 | 18 11 | 18 | 19 五 | 19 四 | 20 | 18 | 19 |
| | 10 | 10 | 11 | 11 | 12 | 13 | 13 | 14 | 14 | 15 | 14 | 15 | 16 | 16 | 17 | 17 | 18 | 19 | 19 10 | 20 9 | 20 | 21 三 | 19 二 | 20 |

中西回史日曆

卷一三 南宋 元 一〇

一二三八 戊戌 宋嘉熙二 元太宗一〇 (636)

一二三七 丁酉 宋嘉熙元 元太宗九 (635)

| | | | | | | | | | | | | | | | | | | | | | | | |
|---|---|---|---|---|---|---|---|---|---|---|---|---|---|---|---|---|---|---|---|---|---|---|---|
| 22 | 23 | 23 | 24 | 25 | 25 | 26 | 26 | 27 | 25 | 26 | 27 | 27 | 28 | 28 | 29 | 30 | 30 | 31 | **5** | **4** | 2 | 31 | **1** |
| 23 | 24 | 24 | 25 | 26 | 26 | 27 | 27 | 28 | 26 | 27 | 28 | 28 | 29 | 29 | 30 | 31 | **7** | **6** | 2 | 2 | 3 | **2** | 2 |
| 24 | 25 | 25 | 26 | 27 | 27 | 28 | 28 | 29 | 27 | 28 | 29 | 29 | 30 | 30 | 31 | **8** | 2 | 2 | 3 | 3 | 4 | 2 | 3 |
| 25 | 26 | 26 | 27 | 28 | 28 | 29 | 29 | 30 | 28 | 29 | 30 | 30 | 31 | **10** | **9** | 2 | 3 | 3 | 4 | 4 | 5 | 3 | 4 |
| 26 | 27 | 27 | 28 | 29 | 29 | 30 | 30 | 31 | **3** | 30 | 31 | **12** | **11** | 2 | 2 | 3 | 4 | 4 | 5 | 5 | 6 | **4** | 5 |
| 27 | 28 | 28 | 29 | 30 | 30 | 31 | **5** | **4** | 2 | 31 | **1** | 2 | 2 | 3 | 3 | 4 | 5 | 5 | 6 | 6 | 7 | 5 | 6 |
| 28 | 29 | 29 | 30 | 31 | **7** | **6** | 2 | 2 | 3 | **2** | 2 | 3 | 3 | 4 | 4 | 5 | 6 | 6 | 7 | 7 | 8 | 6 | 7 |
| 29 | 30 | 30 | 31 | **8** | 2 | 2 | 3 | 3 | 4 | 2 | 3 | 4 | 4 | 5 | 5 | 6 | 7 | 7 | 8 | 8 | 9 | 7 | 8 |
| 30 | 31 | **10** | **9** | 2 | 3 | 3 | 4 | 4 | 5 | 3 | 4 | 5 | 5 | 6 | 6 | 7 | 8 | 8 | 9 | 9 | 10 | 8 | 9 |
| **12** | **11** | 2 | 2 | 3 | 4 | 4 | 5 | 5 | 6 | 4 | 5 | 6 | 6 | 7 | 7 | 8 | 9 | 9 | 10 | 10 | 11 | 9 | 10 |
| 2 | 2 | 3 | 3 | 4 | 5 | 5 | 6 | 6 | 7 | 5 | 6 | 7 | 7 | 8 | 8 | 9 | 10 | 10 | 11 | 11 | 12 | 10 | 11 |
| 3 | 3 | 4 | 4 | 5 | 6 | 6 | 7 | 7 | 8 | 6 | 7 | 8 | 8 | 9 | 9 | 10 | 11 | 11 | 12 | 12 | 13 | 11 | 12 |
| 4 | 4 | 5 | 5 | 6 | 7 | 7 | 8 | 8 | 9 | 7 | 8 | 9 | 9 | 10 | 10 | 11 | 12 | 12 | 13 | 13 | 14 | 12 | 13 |
| 5 | 5 | 6 | 6 | 7 | 8 | 8 | 9 | 9 | 10 | 8 | 9 | 10 | 10 | 11 | 11 | 12 | 13 | 13 | 14 | 14 | 15 | 13 | 14 |
| 6 | 6 | 7 | 7 | 8 | 9 | 9 | 10 | 10 | 11 | 9 | 10 | 11 | 11 | 12 | 12 | 13 | 14 | 14 | 15 | 15 | 16 | 14 | 15 |
| 7 | 7 | 8 | 8 | 9 | 10 | 10 | 11 | 11 | 12 | 10 | 11 | 12 | 12 | 13 | 13 | 14 | 15 | 15 | 16 | 16 | 17 | 15 | 16 |
| 8 十一 | 8 十 | 9 | 9 | 10 | 11 | 11 | 12 | 12 | 13 | 11 | 12 | 13 | 13 | 14 | 14 | 15 | 16 | 16 | 17 | 17 | 18 | 16 | 17 |
| 9 | 9 | 10 九 | 10 八 | 11 | 12 | 12 | 13 | 13 | 14 | 12 | 13 | 14 冬 | 14 | 15 | 15 | 16 | 17 | 17 | 18 | 18 | 19 | 17 | 18 |
| 10 **5** | 10 | 11 | 11 | 12 七 | 13 六 | 13 | 14 | 14 | 15 | 13 | 14 | 15 | 15 | 16 | 16 | 17 | 18 | 18 | 19 | 19 | 20 | 18 | 19 |
| 11 | 11 **4** | 12 **3** | 12 | 13 | 14 | 14 五 | 15 | 15 | 16 | 14 | 15 | 16 | 16 | 17 | 17 | 18 | 19 | 19 | 20 | 20 | 21 | 19 | 20 |
| 12 | 12 | 13 | 13 **2** | 14 **1** | 15 **12** | 15 **11** | 16 閏 | 16 四 | 17 | 15 | 16 | 17 | 17 | 18 | 18 | 19 | 20 | 20 | 21 | 21 | 22 | 20 | 21 |
| 13 | 13 | 14 | 14 | 15 | 16 | 16 | 17 **10** | 17 **9** | 18 三 | 16 二 | 17 | 18 | 18 | 19 | 19 | 20 | 21 | 21 | 22 | 22 | 23 | 21 | 22 |
| 14 冬 | 14 | 15 | 15 | 16 | 17 | 17 | 18 | 18 | 19 **8** | 17 **7** | 18 正 | 19 十二 | 19 十一 | 20 | 20 | 21 | 22 | 22 | 23 | 23 | 24 | 22 | 23 |
| 15 | 15 | 16 | 16 | 17 | 18 | 18 | 19 | 19 | 20 | 18 | 19 **6** | 20 **5** | 20 | 21 十 | 21 九 | 22 八 | 23 | 23 | 24 | 24 | 25 | 23 | 24 |
| 16 | 16 | 17 | 17 | 18 | 19 | 19 | 20 | 20 | 21 | 19 | 20 | 21 | 21 **4** | 22 **3** | 22 | 23 | 24 七 | 24 六 | 25 | 25 | 26 | 24 | 25 |
| 17 | 17 | 18 | 18 | 19 | 20 | 20 | 21 | 21 | 22 | 20 | 21 | 22 | 22 | 23 | 23 **2** | 24 **1** | 25 | 25 | 26 五 | 26 | 27 | 25 | 26 |
| 18 | 18 | 19 | 19 | 20 | 21 | 21 | 22 | 22 | 23 | 21 | 22 | 23 | 23 | 24 | 24 | 25 | 26 **12** | 26 **11** | 27 | 27 四 | 28 三 | 26 | 27 |
| 19 | 19 | 20 | 20 | 21 | 22 | 22 | 23 | 23 | 24 | 22 | 23 | 24 | 24 | 25 | 25 | 26 | 27 | 27 | 28 **10** | 28 **9** | 29 | 27 二 | 28 正 |
| 20 | 20 | 21 | 21 | 22 | 23 | 23 | 24 | 24 | 25 | 23 | 24 | 25 | 25 | 26 | 26 | 27 | 28 | 28 | 29 | 29 | 30 **8** | 28 **7** | 29 |
| 21 | 21 | 22 | 22 | 23 | 24 | 24 | 25 | 25 | 26 | 24 | 25 | 26 | 26 | 27 | 27 | 28 | 29 | 29 | 30 | 30 | 31 | **3** | 30 **6** |

勵耘書屋

一二四〇 庚子 宋嘉熙四 元太宗一二

638

一二三九 己亥 宋嘉熙三 元太宗一一

637

| | | | | | | | | | | | | | | | | | | | | | | | | |
|---|---|---|---|---|---|---|---|---|---|---|---|---|---|---|---|---|---|---|---|---|---|---|---|---|
| 11 | 11 | 12 | 12 | 13 | 14 | 14 | 15 | 15 | 16 | 15 | 16 | 17 | 17 | 18 | 18 | 19 | 20 | 20 | 21 | 21 | 22 | 20 | 21 | 22 |
| 12 | 12 | 13 | 13 | 14 | 15 | 15 | 16 | 16 | 17 | 16 | 17 | 18 | 18 | 19 | 19 | 20 | 21 | 21 | 22 | 22 | 23 | 21 | 22 | 23 |
| 13 | 13 | 14 | 14 | 15 | 16 | 16 | 17 | 17 | 18 | 17 | 18 | 19 | 19 | 20 | 20 | 21 | 22 | 22 | 23 | 23 | 24 | 22 | 23 | 24 |
| 14冬 | 14 | 15 | 15 | 16 | 17 | 17 | 18 | 18 | 19 | 18 | 19 | 20 | 20 | 21 | 21 | 22 | 23 | 23 | 24 | 24 | 25 | 23 | 24 | 25 |
| 15十二 | 15十一 | 16 | 16 | 17 | 18 | 18 | 19 | 19 | 20 | 19 | 20 | 21 | 21 | 22 | 22 | 23 | 24 | 24 | 25 | 25 | 26 | 24 | 25 | 26 |
| 16 | 16 | 17十 | 17 | 18 | 19 | 19 | 20 | 20 | 21 | 20 | 21 | 22 | 22 | 23 | 23 | 24 | 25 | 25 | 26 | 26 | 27 | 25 | 26 | 27 |
| 17 | 17 | 18 | 18九 | 19八 | 20 | 20 | 21 | 21 | 22 | 21 | 22 | 23 | 23 | 24 | 24 | 25 | 26 | 26 | 27 | 27 | 28 | 26 | 27 | 28 |
| 18 6 | 18 5 | 19 | 19 | 20 | 21七 | 21 | 22 | 22 | 23 | 22 | 23 | 24 | 24 | 25 | 25 | 26 | 27 | 27 | 28 | 28 | 29 | 27 | 28 | 29 |
| 19 | 19 | 20 4 | 20 3 | 21 | 22 | 22六 | 23五 | 23 | 24 | 23 | 24 | 25 | 25 | 26 | 26 | 27 | 28 | 28 | 29 | 29 | 30 | 28 | 29 | 30 |
| 20 | 20 | 21 | 21 | 22 2 | 23 1 | 23 12 | 24 11 | 24四 | 25三 | 24 | 25 | 26 | 26 | 27 | 27 | 28 | 29 | 29 | 30 | 30 | 31 | 3 | 30 | 31 |
| 21 | 21 | 22 | 22 | 23 | 24 | 24 | 25 | 25 10 | 26 9 | 25二 | 26正 | 27十二 | 27十一 | 28 | 28 | 29 | 30 | 30 | 31 | 5 | 4 | 2 | 31 | 1 |
| 22 | 22 | 23 | 23 | 24 | 25 | 25 | 26 | 26 | 27 | 26 8 | 27 7 | 28 | 28 | 29十 | 29九 | 30 | 31 | 7 | 6 | 2 | 2 | 3 | 2 | 2 |
| 23 | 23 | 24 | 24 | 25 | 26 | 26 | 27 | 27 | 28 | 27 | 28 | 29 6 | 29 5 | 30 | 30 | 31八 | 8七 | 2 | 2 | 3 | 3 | 4 | 2 | 3 |
| 24 | 24 | 25 | 25 | 26 | 27 | 27 | 28 | 28 | 29 | 28 | 29 | 30 | 30 | 31 4 | 10 3 | 9 | 2 | 3六 | 3 | 4 | 4 | 5 | 3 | 4 |
| 25 | 25 | 26 | 26 | 27 | 28 | 28 | 29 | 29 | 30 | 29 | 30 | 31 | 12 | 11 | 2 | 2 2 | 3 1 | 4 | 4五 | 5四 | 5 | 6 | 4 | 5 |
| 26 | 26 | 27 | 27 | 28 | 29 | 29 | 30 | 30 | 31 | 3 | 31 | 1 | 2 | 2 | 3 | 3 | 4 | 5 12 | 5 11 | 6 | 6三 | 7二 | 5 | 6 |
| 27 | 27 | 28 | 28 | 29 | 30 | 30 | 31 | 5 | 4 | 2 | 2 | 2 | 3 | 3 | 4 | 4 | 5 | 6 | 6 | 7 10 | 7 9 | 8 | 6正 | 7十二 |
| 28 | 28 | 29 | 29 | 30 | 31 | 7 | 6 | 2 | 2 | 3 | 2 | 3 | 4 | 4 | 5 | 5 | 6 | 7 | 7 | 8 | 8 | 9 8 | 7 7 | 8 |
| 29 | 29 | 30 | 30 | 31 | 8 | 2 | 2 | 3 | 3 | 4 | 3 | 4 | 5 | 5 | 6 | 6 | 7 | 8 | 8 | 9 | 9 | 10 | 8 | 9 6 |
| 30 | 30 | 31 | 10 | 9 | 2 | 3 | 3 | 4 | 4 | 5 | 4 | 5 | 6 | 6 | 7 | 7 | 8 | 9 | 9 | 10 | 10 | 11 | 9 | 10 |
| 31 | 12 | 11 | 2 | 2 | 3 | 4 | 4 | 5 | 5 | 6 | 5 | 6 | 7 | 7 | 8 | 8 | 9 | 10 | 10 | 11 | 11 | 12 | 10 | 11 |
| 日 | 2 | 2 | 3 | 3 | 4 | 5 | 5 | 6 | 6 | 7 | 6 | 7 | 8 | 8 | 9 | 9 | 10 | 11 | 11 | 12 | 12 | 13 | 11 | 12 |
| 曜 | 3 | 3 | 4 | 4 | 5 | 6 | 6 | 7 | 7 | 8 | 7 | 8 | 9 | 9 | 10 | 10 | 11 | 12 | 12 | 13 | 13 | 14 | 12 | 13 |
| 表 | 4 | 4 | 5 | 5 | 6 | 7 | 7 | 8 | 8 | 9 | 8 | 9 | 10 | 10 | 11 | 11 | 12 | 13 | 13 | 14 | 14 | 15 | 13 | 14 |
| 6 | 5 | 5 | 6 | 6 | 7 | 8 | 8 | 9 | 9 | 10 | 9 | 10 | 11 | 11 | 12 | 12 | 13 | 14 | 14 | 15 | 15 | 16 | 14 | 15 |
| 甲 | 6 | 6 | 7 | 7 | 8 | 9 | 9 | 10 | 10 | 11 | 10 | 11 | 12 | 12 | 13 | 13 | 14 | 15 | 15 | 16 | 16 | 17 | 15 | 16 |
| 子 | 7 | 7 | 8 | 8 | 9 | 10 | 10 | 11 | 11 | 12 | 11 | 12 | 13 | 13 | 14 | 14 | 15 | 16 | 16 | 17 | 17 | 18 | 16 | 17 |
| 表 | 8 | 8 | 9 | 9 | 10 | 11 | 11 | 12 | 12 | 13 | 12 | 13 | 14 | 14 | 15 | 15 | 16 | 17 | 17 | 18 | 18 | 19 | 17 | 18 |
| 10 | 9 | 9 | 10 | 10 | 11 | 12 | 12 | 13 | 13 | 14 | 13 | 14 | 15冬 | 15 | 16 | 16 | 17 | 18 | 18 | 19 | 19 | 20 | 18 | 19 |
| | 10 | 10 | 11 | 11 | 12 | 13 | 13 | 14 | 14 | 15 | 14 | 15 | 16 | 16 | 17 | 17 | 18 | 19 | 19 | 20 | 20 | 21 | 19 | 20 |

## 一二四二 壬寅 宋淳祐二 元皇后稱制元

640

## 一二四一 辛丑 宋淳祐元 元太宗一三

639

| | | | | | | | | | | | | | | | | | | | | | | | |
|---|---|---|---|---|---|---|---|---|---|---|---|---|---|---|---|---|---|---|---|---|---|---|---|
| 22 | 23 | 23 | 24 | 25 | 25 | 26 | 26 | 27 | 25 | 26 | 27 | 27 | 28 | 28 | 29 | 30 | 30 | 31 | 5 | 4 | 2 | 31 | 1 |
| 23 | 24 | 24 | 25 | 26 | 26 | 27 | 27 | 28 | 26 | 27 | 28 | 28 | 29 | 29 | 30 | 31 | 7 | 6 | 2 | 2 | 3 | 2 | 2 |
| 24 | 十一25 | 25 | 26 | 27 | 27 | 28 | 28 | 29 | 27 | 28 | 29 | 29 | 30 | 30 | 31 | 8 | 2 | 2 | 3 | 3 | 4 | 2 | 3 |
| 25 | 26 | 十26 | 九27 | 28 | 28 | 29 | 29 | 30 | 28 | 29 | 30 | 30 | 31 | 10 | 9 | 2 | 3 | 3 | 4 | 4 | 5 | 3 | 4 |
| 26 | 6 27 | 5 27 | 28 | 八29 | 七29 | 30 | 30 | 31 | 3 | 30 | 31 | 12 | 11 | 2 | 2 | 3 | 4 | 4 | 5 | 5 | 6 | 4 | 5 |
| 27 | 28 | 28 | 4 29 | 3 30 | 30 | 六31 | 五5 | 4 | 2 | 31 | 1 | 2 | 2 | 3 | 3 | 4 | 5 | 5 | 6 | 6 | 7 | 5 | 6 |
| 28 | 29 | 29 | 30 | 31 | 2 7 | 1 6 | 2 | 四2 | 三3 | 二2 | 2 | 3 | 3 | 4 | 4 | 5 | 6 | 6 | 7 | 7 | 8 | 6 | 7 |
| 29 | 30 | 30 | 31 | 8 | 2 | 2 | 12 3 | 11 3 | 4 | 2 | 正3 | 十二4 | 十一4 | 5 | 5 | 6 | 7 | 7 | 8 | 8 | 9 | 7 | 8 |
| 30 | 31 | 10 | 9 | 2 | 3 | 3 | 4 | 4 | 10 5 | 9 3 | 4 | 5 | 5 | 十6 | 6 | 7 | 8 | 8 | 9 | 9 | 10 | 8 | 9 |
| 12 | 11 | 2 | 2 | 3 | 4 | 4 | 5 | 5 | 6 | 4 | 8 5 | 7 6 | 6 | 7 | 九7 | 八8 | 9 | 9 | 10 | 10 | 11 | 9 | 10 |
| 2 | 2 | 3 | 3 | 4 | 5 | 5 | 6 | 6 | 7 | 5 | 6 | 7 | 6 7 | 5 8 | 8 | 9 | 七10 | 10 | 11 | 11 | 12 | 10 | 11 |
| 3 | 3 | 4 | 4 | 5 | 6 | 6 | 7 | 7 | 8 | 6 | 7 | 8 | 8 | 9 | 4 9 | 3 10 | 11 | 六11 | 五12 | 12 | 13 | 11 | 12 |
| 4 | 4 | 5 | 5 | 6 | 7 | 7 | 8 | 8 | 9 | 7 | 8 | 9 | 9 | 10 | 10 | 11 | 2 12 | 1 12 | 13 | 四13 | 三14 | 二12 | 13 |
| 5 | 5 | 6 | 6 | 7 | 8 | 8 | 9 | 9 | 10 | 8 | 9 | 10 | 10 | 11 | 11 | 12 | 13 | 13 | 12 14 | 11 14 | 15 | 13 | 正14閏 |
| 6 | 6 | 7 | 7 | 8 | 9 | 9 | 10 | 10 | 11 | 9 | 10 | 11 | 11 | 12 | 12 | 13 | 14 | 14 | 15 | 15 | 10 16 | 9 14 | 15 |
| 7 | 7 | 8 | 8 | 9 | 10 | 10 | 11 | 11 | 12 | 10 | 11 | 12 | 12 | 13 | 13 | 14 | 15 | 15 | 16 | 16 | 17 | 15 | 8 16 7 |
| 8 | 8 | 9 | 9 | 10 | 11 | 11 | 12 | 12 | 13 | 11 | 12 | 13 | 13 | 14 | 14 | 15 | 16 | 16 | 17 | 17 | 18 | 16 | 17 |
| 9 | 9 | 10 | 10 | 11 | 12 | 12 | 13 | 13 | 14 | 12 | 13 | 14 | 冬14 | 15 | 15 | 16 | 17 | 17 | 18 | 18 | 19 | 17 | 18 |
| 10 | 10 | 11 | 11 | 12 | 13 | 13 | 14 | 14 | 15 | 13 | 14 | 15 | 15 | 16 | 16 | 17 | 18 | 18 | 19 | 19 | 20 | 18 | 19 |
| 11 | 11 | 12 | 12 | 13 | 14 | 14 | 15 | 15 | 16 | 14 | 15 | 16 | 16 | 17 | 17 | 18 | 19 | 19 | 20 | 20 | 21 | 19 | 20 |
| 12 | 12 | 13 | 13 | 14 | 15 | 15 | 16 | 16 | 17 | 15 | 16 | 17 | 17 | 18 | 18 | 19 | 20 | 20 | 21 | 21 | 22 | 20 | 21 |
| 13 | 13 | 14 | 14 | 15 | 16 | 16 | 17 | 17 | 18 | 16 | 17 | 18 | 18 | 19 | 19 | 20 | 21 | 21 | 22 | 22 | 23 | 21 | 22 |
| 14 | 冬14 | 15 | 15 | 16 | 17 | 17 | 18 | 18 | 19 | 17 | 18 | 19 | 19 | 20 | 20 | 21 | 22 | 22 | 23 | 23 | 24 | 22 | 23 |
| 15 | 15 | 16 | 16 | 17 | 18 | 18 | 19 | 19 | 20 | 18 | 19 | 20 | 20 | 21 | 21 | 22 | 23 | 23 | 24 | 24 | 25 | 23 | 24 |
| 16 | 16 | 17 | 17 | 18 | 19 | 19 | 20 | 20 | 21 | 19 | 20 | 21 | 21 | 22 | 22 | 23 | 24 | 24 | 25 | 25 | 26 | 24 | 25 |
| 17 | 17 | 18 | 18 | 19 | 20 | 20 | 21 | 21 | 22 | 20 | 21 | 22 | 22 | 23 | 23 | 24 | 25 | 25 | 26 | 26 | 27 | 25 | 26 |
| 18 | 18 | 19 | 19 | 20 | 21 | 21 | 22 | 22 | 23 | 21 | 22 | 23 | 23 | 24 | 24 | 25 | 26 | 26 | 27 | 27 | 28 | 26 | 27 |
| 19 | 19 | 20 | 20 | 21 | 22 | 22 | 23 | 23 | 24 | 22 | 23 | 24 | 24 | 25 | 25 | 26 | 27 | 27 | 28 | 28 | 29 | 27 | 28 |
| 20 | 20 | 21 | 21 | 22 | 23 | 23 | 24 | 24 | 25 | 23 | 24 | 25 | 25 | 26 | 26 | 27 | 28 | 28 | 29 | 29 | 30 | 28 | 29 |
| 21 | 21 | 22 | 22 | 23 | 24 | 24 | 25 | 25 | 26 | 24 | 25 | 26 | 26 | 27 | 27 | 28 | 29 | 29 | 30 | 30 | 31 | 3 | 30 |

一二四三 癸卯 宋淳祐三 元皇后稱制二

641

一二四四 甲辰 宋淳祐四 元皇后稱制三

642

| | | | | | | | | | | | | | | | | | | | | | | | | |
|---|---|---|---|---|---|---|---|---|---|---|---|---|---|---|---|---|---|---|---|---|---|---|---|---|
| 11 | 11 | 12 | 12 | 13 | 14 | 14 | 15 | 15 | 16 | 15 | 16 | 17 | 17 | 18 | 18 | 4 19 | 3 20 | 20 | 21 | 21 | 四 22 | 三 20 | 21 | 22 |
| 12 | 12 | 13 | 13 | 14 | 15 | 15 | 16 | 16 | 17 | 16 | 17 | 18 | 18 | 19 | 19 | 20 | 21 | 2 21 | 1 22 | 12 22 | 11 23 | 21 | 二 22 | 正 23 |
| 13 | 13 | 14 | 14 | 15 | 16 | 16 | 17 | 17 | 18 | 17 | 18 | 19 | 19 | 20 | 20 | 21 | 22 | 22 | 23 | 23 | 24 | 10 22 | 9 23 | 24 十二 |
| 14 | 冬 14 | 15 | 15 | 16 | 17 | 17 | 18 | 18 | 19 | 18 | 19 | 20 | 20 | 21 | 21 | 22 | 23 | 23 | 24 | 24 | 25 | 23 | 24 | 8 25 7 |
| 15 | 15 | 16 | 16 | 17 | 18 | 18 | 19 | 19 | 20 | 19 | 20 | 21 | 21 | 22 | 22 | 23 | 24 | 24 | 25 | 25 | 26 | 24 | 25 | 26 |
| 16 | 16 | 17 | 17 | 18 | 19 | 19 | 20 | 20 | 21 | 20 | 21 | 22 | 22 | 23 | 23 | 24 | 25 | 25 | 26 | 26 | 27 | 25 | 26 | 27 |
| 17 | 17 | 18 | 18 | 19 | 20 | 20 | 21 | 21 | 22 | 21 | 22 | 23 | 23 | 24 | 24 | 25 | 26 | 26 | 27 | 27 | 28 | 26 | 27 | 28 |
| 18 | 18 | 19 | 19 | 20 | 21 | 21 | 22 | 22 | 23 | 22 | 23 | 24 | 24 | 25 | 25 | 26 | 27 | 27 | 28 | 28 | 29 | 27 | 28 | 29 |
| 19 | 19 | 20 | 20 | 21 | 22 | 22 | 23 | 23 | 24 | 23 | 24 | 25 | 25 | 26 | 26 | 27 | 28 | 28 | 29 | 29 | 30 | 28 | 29 | 30 |
| 20 | 20 | 21 | 21 | 22 | 23 | 23 | 24 | 24 | 25 | 24 | 25 | 26 | 26 | 27 | 27 | 28 | 29 | 29 | 30 | 30 | 31 | **3** | 30 | 31 |
| 21 | 21 | 22 | 22 | 23 | 24 | 24 | 25 | 25 | 26 | 25 | 26 | 27 | 27 | 28 | 28 | 29 | 30 | 30 | 31 | **5** | **4** | 2 | 31 | **1** |
| 22 | 22 | 23 | 23 | 24 | 25 | 25 | 26 | 26 | 27 | 26 | 27 | 28 | 28 | 29 | 29 | 30 | 31 | **7** | **6** | 2 | 2 | 3 | **2** | 2 |
| 23 | 23 | 24 | 24 | 25 | 26 | 26 | 27 | 27 | 28 | 27 | 28 | 29 | 29 | 30 | 30 | 31 | **8** | 2 | 2 | 3 | 3 | 4 | 2 | 3 |
| 24 | 24 | 25 | 25 | 26 | 27 | 27 | 28 | 28 | 29 | 28 | 29 | 30 | 30 | 31 | **10** | **9** | 2 | 3 | 3 | 4 | 4 | 5 | 3 | 4 |
| 25 | 25 | 26 | 26 | 27 | 28 | 28 | 29 | 29 | 30 | 29 | 30 | 31 | **12** | **11** | 2 | 2 | 3 | 4 | 4 | 5 | 5 | 6 | 4 | 5 |
| 26 | 26 | 27 | 27 | 28 | 29 | 29 | 30 | 30 | 31 | **3** | 31 | **1** | 2 | 2 | 3 | 3 | 4 | 5 | 5 | 6 | 6 | 7 | 5 | 6 |
| 27 | 27 | 28 | 28 | 29 | 30 | 30 | 31 | **5** | **4** | 2 | **2** | 2 | 3 | 3 | 4 | 4 | 5 | 6 | 6 | 7 | 7 | 8 | 6 | 7 |
| 28 | 28 | 29 | 29 | 30 | 31 | **7** | **6** | 2 | 2 | 3 | 2 | 3 | 4 | 4 | 5 | 5 | 6 | 7 | 7 | 8 | 8 | 9 | 7 | 8 |
| 29 | 29 | 30 | 30 | 31 | **8** | 2 | 2 | 3 | 3 | 4 | 3 | 4 | 5 | 5 | 6 | 6 | 7 | 8 | 8 | 9 | 9 | 10 | 8 | 9 |
| 30 | 30 | 31 | **10** | **9** | 2 | 3 | 3 | **4** | 4 | 5 | 4 | 5 | 6 | 6 | 7 | 7 | 8 | 9 | 9 | 10 | 10 | 11 | 9 | 10 |
| 31 | 十二 **12** | **11** | 2 | 2 | 3 | 4 | 4 | 5 | 5 | 6 | 5 | 6 | 7 | 7 | 8 | 8 | 9 | 10 | 10 | 11 | 11 | 12 | 10 | 11 |
| 日 | 2 | 十一 2 | 十 3 | 3 | 4 | 5 | 5 | 6 | 6 | 7 | 6 | 7 | 8 | 8 | 9 | 9 | 10 | 11 | 11 | 12 | 12 | 13 | 11 | 12 |
| 曜 | 3 | 7 3 | 4 | 九 4 | 八 5 | 七 6 | 6 | 7 | 7 | 8 | 7 | 8 | 9 | 9 | 10 | 10 | 11 | 12 | 12 | 13 | 13 | 14 | 12 | 13 |
| 表 | 4 | 4 | 6 5 | 5 5 | 6 | 7 | 六 7 | 五 8 | 8 | 9 | 8 | 9 | 10 | 10 | 11 | 11 | 12 | 13 | 13 | 14 | 14 | 15 | 13 | 14 |
| 7 | 5 | 5 | 6 | 6 | 4 7 | 3 8 | 8 | 9 | 四 9 | 三 10 | 9 | 10 | 11 | 11 | 12 | 12 | 13 | 14 | 14 | 15 | 15 | 16 | 14 | 15 |
| 甲 | 6 | 6 | 7 | 7 | 8 | 9 | 2 9 | 1 10 | 10 | 11 | 二 10 | 正 11 | 12 | 12 | 13 | 13 | 14 | 15 | 15 | 16 | 16 | 17 | 15 | 16 |
| 子 | 7 | 7 | 8 | 8 | 9 | 10 | 10 | 11 | 12 11 | 11 12 | 11 | 12 | 十二 13 | 十一 13 | 14 | 14 | 15 | 16 | 16 | 17 | 17 | 18 | 16 | 17 |
| 表 | 8 | 8 | 9 | 9 | 10 | 11 | 11 | 12 | 12 | 13 | 10 12 | 9 13 | 14 | 14 | 十 15 | 九 15 | 16 | 17 | 17 | 18 | 18 | 19 | 17 | 18 |
| 11 | 9 | 9 | 10 | 10 | 11 | 12 | 12 | 13 | 13 | 14 | 13 | 14 | 8 15 | 7 15 | 16 | 16 | 閏 17 | 八 18 | 18 | 19 | 19 | 20 | 18 | 19 |
| | 10 | 10 | 11 | 11 | 12 | 13 | 13 | 14 | 14 | 15 | 14 | 15 | 16 | 16 | 6 17 | 5 17 | 18 | 19 | 七 19 | 六 20 | 五 20 | 21 | 19 | 20 |

中西回史日曆

卷一三 南宋 元

一二

勵耘書屋

一二四五 乙巳 宋淳祐五 元皇后稱制四 643

一二四六 丙午 宋淳祐六 元定宗元 644

| | | | | | | | | | | | | | | | | | | | | | | | |
|---|---|---|---|---|---|---|---|---|---|---|---|---|---|---|---|---|---|---|---|---|---|---|---|
| 22 | 23 | 23 | 24 | 25 | 25 | 26 | 26 | 27 | 25 | 26 | 27 | 27 | 28 | 28 | 29 | 30 | 30 | 31 | 5 | 4 | 2 10 | 31 9 | 1 |
| 23 | 24 | 24 | 25 | 26 | 26 | 27 | 27 | 28 | 26 | 27 | 28 | 28 | 29 | 29 | 30 | 31 | 7 | 6 | 2 | 2 | 3 | 2 | 2 8 |
| 24 | 25 | 25 | 26 | 27 | 27 | 28 | 28 | 29 | 27 | 28 | 29 | 29 | 30 | 30 | 31 | 8 | 2 | 2 | 3 | 3 | 4 | 2 | 3 |
| 25 | 26 | 26 | 27 | 28 | 28 | 29 | 29 | 30 | 28 | 29 | 30 | 30 | 31 | 10 | 9 | 2 | 3 | 3 | 4 | 4 | 5 | 3 | 4 |
| 26 | 27 | 27 | 28 | 29 | 29 | 30 | 30 | 31 | 3 | 30 | 31 | 12 | 11 | 2 | 2 | 3 | 4 | 4 | 5 | 5 | 6 | 4 | 5 |
| 27 | 28 | 28 | 29 | 30 | 30 | 31 | 5 | 4 | 2 | 31 | 1 | 2 | 2 | 3 | 3 | 4 | 5 | 5 | 6 | 6 | 7 | 5 | 6 |
| 28 | 29 | 29 | 30 | 31 | 7 | 6 | 2 | 2 | 3 | 2 | 2 | 3 | 3 | 4 | 4 | 5 | 6 | 6 | 7 | 7 | 8 | 6 | 7 |
| 29 | 30 | 30 | 31 | 8 | 2 | 2 | 3 | 3 | 4 | 2 | 3 | 4 | 4 | 5 | 5 | 6 | 7 | 7 | 8 | 8 | 9 | 7 | 8 |
| 30 | 31 | 10 | 9 | 2 | 3 | 3 | 4 | 4 | 5 | 3 | 4 | 5 | 5 | 6 | 6 | 7 | 8 | 8 | 9 | 9 | 10 | 8 | 9 |
| 12 | 11 | 2 | 2 | 3 | 4 | 4 | 5 | 5 | 6 | 4 | 5 | 6 | 6 | 7 | 7 | 8 | 9 | 9 | 10 | 10 | 11 | 9 | 10 |
| 2 | 2 | 3 | 3 | 4 | 5 | 5 | 6 | 6 | 7 | 5 | 6 | 7 | 7 | 8 | 8 | 9 | 10 | 10 | 11 | 11 | 12 | 10 | 11 |
| 3 | 3 | 4 | 4 | 5 | 6 | 6 | 7 | 7 | 8 | 6 | 7 | 8 | 8 | 9 | 9 | 10 | 11 | 11 | 12 | 12 | 13 | 11 | 12 |
| 4 | 4 | 5 | 5 | 6 | 7 | 7 | 8 | 8 | 9 | 7 | 8 | 9 | 9 | 10 | 10 | 11 | 12 | 12 | 13 | 13 | 14 | 12 | 13 |
| 5 | 5 | 6 | 6 | 7 | 8 | 8 | 9 | 9 | 10 | 8 | 9 | 10 | 10 | 11 | 11 | 12 | 13 | 13 | 14 | 14 | 15 | 13 | 14 |
| 6 | 6 | 7 | 7 | 8 | 9 | 9 | 10 | 10 | 11 | 9 | 10 | 11 | 11 | 12 | 12 | 13 | 14 | 14 | 15 | 15 | 16 | 14 | 15 |
| 7 | 7 | 8 | 8 | 9 | 10 | 10 | 11 | 11 | 12 | 10 | 11 | 12 | 12 | 13 | 13 | 14 | 15 | 15 | 16 | 16 | 17 | 15 | 16 |
| 8 | 8 | 9 | 9 | 10 | 11 | 11 | 12 | 12 | 13 | 11 | 12 | 13 | 13 | 14 | 14 | 15 | 16 | 16 | 17 | 17 | 18 | 16 | 17 |
| 9 | 9 | 10 | 10 | 11 | 12 | 12 | 13 | 13 | 14 | 12 | 13 | 14 冬 | 14 | 15 | 15 | 16 | 17 | 17 | 18 | 18 | 19 | 17 | 18 |
| 10 十一 | 10 十 | 11 九 | 11 | 12 | 13 | 13 | 14 | 14 | 15 | 13 | 14 | 15 | 15 | 16 | 16 | 17 | 18 | 18 | 19 | 19 | 20 | 18 | 19 |
| 11 | 11 | 12 | 12 八 | 13 七 | 14 | 14 | 15 | 15 | 16 | 14 | 15 | 16 | 16 | 17 | 17 | 18 | 19 | 19 | 20 | 20 | 21 | 19 | 20 |
| 12 8 | 12 7 | 13 | 13 | 14 | 15 六 | 15 五 | 16 | 16 | 17 | 15 | 16 | 17 | 17 | 18 | 18 | 19 | 20 | 20 | 21 | 21 | 22 | 20 | 21 |
| 13 | 13 | 14 6 | 14 5 | 15 | 16 | 16 | 17 閏 | 17 | 18 | 16 | 17 | 18 | 18 | 19 | 19 | 20 | 21 | 21 | 22 | 22 | 23 | 21 | 22 |
| 14 冬 | 14 | 15 | 15 | 16 4 | 17 3 | 17 | 18 | 18 四 | 19 三 | 17 | 18 | 19 | 19 | 20 | 20 | 21 | 22 | 22 | 23 | 23 | 24 | 22 | 23 |
| 15 | 15 | 16 | 16 | 17 | 18 | 18 2 | 19 1 | 19 12 | 20 11 | 18 二 | 19 正 | 20 | 20 | 21 | 21 | 22 | 23 | 23 | 24 | 24 | 25 | 23 | 24 |
| 16 | 16 | 17 | 17 | 18 | 19 | 19 | 20 | 20 | 21 | 19 10 | 20 9 | 21 十二 | 21 十一 | 22 十 | 22 | 23 | 24 | 24 | 25 | 25 | 26 | 24 | 25 |
| 17 | 17 | 18 | 18 | 19 | 20 | 20 | 21 | 21 | 22 | 20 | 21 | 22 8 | 22 7 | 23 | 23 九 | 24 八 | 25 七 | 25 | 26 | 26 | 27 | 25 | 26 |
| 18 | 18 | 19 | 19 | 20 | 21 | 21 | 22 | 22 | 23 | 21 | 22 | 23 | 23 | 24 6 | 24 5 | 25 | 26 | 26 六 | 27 五 | 27 | 28 | 26 | 27 |
| 19 | 19 | 20 | 20 | 21 | 22 | 22 | 23 | 23 | 24 | 22 | 23 | 24 | 24 | 25 | 25 | 26 4 | 27 3 | 27 | 28 | 28 四 | 29 | 27 | 28 |
| 20 | 20 | 21 | 21 | 22 | 23 | 23 | 24 | 24 | 25 | 23 | 24 | 25 | 25 | 26 | 26 | 27 | 28 | 28 2 | 29 1 | 29 | 30 三 | 28 二 | 29 |
| 21 | 21 | 22 | 22 | 23 | 24 | 24 | 25 | 25 | 26 | 24 | 25 | 26 | 26 | 27 | 27 | 28 | 29 | 29 | 30 | 30 12 | 31 11 | 3 | 30 正 |

一二四七
丁未
宋淳祐七
元定宗二

645

一二四八
戊申
宋淳祐八
元定宗三

646

| | | | | | | | | | | | | | | | | | | | | | | | | |
|---|---|---|---|---|---|---|---|---|---|---|---|---|---|---|---|---|---|---|---|---|---|---|---|---|
| 11 | 11 | 12 | 12 | 13 | 14 | 14 | 15 | 15 | 16 | 15 | 16 | 17 | 17 | 18 | 18 | 19 | 20 | 20 | 21 | 21 | 22 | 20 | 21 | 22 |
| 12 | 12 | 13 | 13 | 14 | 15 | 15 | 16 | 16 | 17 | 16 | 17 | 18 | 18 | 19 | 19 | 20 | 21 | 21 | 22 | 22 | 23 | 21 | 22 | 23 |
| 13 | 13 | 14 | 14 | 15 | 16 | 16 | 17 | 17 | 18 | 17 | 18 | 19 | 19 | 20 | 20 | 21 | 22 | 22 | 23 | 23 | 24 | 22 | 23 | 24 |
| 14 冬 | 14 | 15 | 15 | 16 | 17 | 17 | 18 | 18 | 19 | 18 | 19 | 20 | 20 | 21 | 21 | 22 | 23 | 23 | 24 | 24 | 25 | 23 | 24 | 25 |
| 15 | 15 | 16 | 16 | 17 | 18 | 18 | 19 | 19 | 20 | 19 | 20 | 21 | 21 | 22 | 22 | 23 | 24 | 24 | 25 | 25 | 26 | 24 | 25 | 26 |
| 16 | 16 | 17 | 17 | 18 | 19 | 19 | 20 | 20 | 21 | 20 | 21 | 22 | 22 | 23 | 23 | 24 | 25 | 25 | 26 | 26 | 27 | 25 | 26 | 27 |
| 17 十二 | 17 十一 | 18 十 | 18 | 19 | 20 | 20 | 21 | 21 | 22 | 21 | 22 | 23 | 23 | 24 | 24 | 25 | 26 | 26 | 27 | 27 | 28 | 26 | 27 | 28 |
| 18 9 | 18 | 19 | 19 九 | 20 | 21 | 21 | 22 | 22 | 23 | 22 | 23 | 24 | 24 | 25 | 25 | 26 | 27 | 27 | 28 | 28 | 29 | 27 | 28 | 29 |
| 19 | 19 8 | 20 7 | 20 | 21 八 | 22 七 | 22 | 23 | 23 | 24 | 23 | 24 | 25 | 25 | 26 | 26 | 27 | 28 | 28 | 29 | 29 | 30 | 28 | 29 | 30 |
| 20 | 20 | 21 | 21 6 | 22 5 | 23 | 23 六 | 24 | 24 | 25 | 24 | 25 | 26 | 26 | 27 | 27 | 28 | 29 | 29 | 30 | 30 | 31 | **3** | 30 | 31 |
| 21 | 21 | 22 | 22 | 23 | 24 4 | 24 3 | 25 五 | 25 四 | 26 | 25 | 26 | 27 | 27 | 28 | 28 | 29 | 30 | 30 | 31 | **5** | **4** | 2 | 31 | **1** |
| 22 | 22 | 23 | 23 | 24 | 25 | 25 | 26 2 | 26 1 | 27 三 | 26 二 | 27 | 28 | 28 | 29 | 29 | 30 | 31 | **7** | **6** | 2 | 2 | 3 | **2** | 2 |
| 23 | 23 | 24 | 24 | 25 | 26 | 26 | 27 | 27 | 28 12 | 27 11 | 28 正 | 29 十二 | 29 十一 | 30 十 | 30 | 31 | **8** | 2 | 2 | 3 | 3 | 4 | 2 | 3 |
| 24 | 24 | 25 | 25 | 26 | 27 | 27 | 28 | 28 | 29 | 28 | 29 10 | 30 9 | 30 | 31 | **10** 九 | **9** 八 | 2 | 3 | 3 | 4 | 4 | 5 | 3 | 4 |
| 25 | 25 | 26 | 26 | 27 | 28 | 28 | 29 | 29 | 30 | 29 | 30 | 31 | **12** 8 | **11** 7 | 2 | 2 | 3 七 | 4 六 | 4 | 5 | 5 | 6 | 4 | 5 |
| 26 | 26 | 27 | 27 | 28 | 29 | 29 | 30 | 30 | 31 | **3** | 31 | **1** | 2 | 2 | 3 6 | 3 5 | 4 | 5 | 5 五 | 6 | 6 | 7 | 5 | 6 |
| 27 | 27 | 28 | 28 | 29 | 30 | 30 | 31 | **5** | **4** | 2 | **2** | 2 | 3 | 3 | 4 | 4 | 5 4 | 6 3 | 6 | 7 四 | 7 三 | 8 | 6 | 7 |
| 28 | 28 | 29 | 29 | 30 | 31 | **7** | **6** | 2 | 2 | 3 | 2 | 3 | 4 | 4 | 5 | 5 | 6 | 7 | 7 2 | 8 1 | 8 | 9 二 | 7 正 | 8 |
| 29 | 29 | 30 | 30 | 31 | **8** | 2 | 2 | 3 | 3 | 4 | 3 | 4 | 5 | 5 | 6 | 6 | 7 | 8 | 8 | 9 | 9 12 | 10 11 | 8 | 9 十二 |
| 30 | 30 | 31 | **10** | **9** | 2 | 3 | 3 | 4 | 4 | 5 | 4 | 5 | 6 | 6 | 7 | 7 | 8 | 9 | 9 | 10 | 10 | 11 | 9 10 | 10 9 |
| 31 | **12** | **11** | 2 | 2 | 3 | 4 | 4 | 5 | 5 | 6 | 5 | 6 | 7 | 7 | 8 | 8 | 9 | 10 | 10 | 11 | 11 | 12 | 10 | 11 |
| 日 | 2 | 2 | 3 | 3 | 4 | 5 | 5 | 6 | 6 | 7 | 6 | 7 | 8 | 8 | 9 | 9 | 10 | 11 | 11 | 12 | 12 | 13 | 11 | 12 |
| 曜 | 3 | 3 | 4 | 4 | 5 | 6 | 6 | 7 | 7 | 8 | 7 | 8 | 9 | 9 | 10 | 10 | 11 | 12 | 12 | 13 | 13 | 14 | 12 | 13 |
| 表 | 4 | 4 | 5 | 5 | 6 | 7 | 7 | 8 | 8 | 9 | 8 | 9 | 10 | 10 | 11 | 11 | 12 | 13 | 13 | 14 | 14 | 15 | 13 | 14 |
| 1 | 5 | 5 | 6 | 6 | 7 | 8 | 8 | 9 | 9 | 10 | 9 | 10 | 11 | 11 | 12 | 12 | 13 | 14 | 14 | 15 | 15 | 16 | 14 | 15 |
| 甲 | 6 | 6 | 7 | 7 | 8 | 9 | 9 | 10 | 10 | 11 | 10 | 11 | 12 | 12 | 13 | 13 | 14 | 15 | 15 | 16 | 16 | 17 | 15 | 16 |
| 子 | 7 | 7 | 8 | 8 | 9 | 10 | 10 | 11 | 11 | 12 | 11 | 12 | 13 | 13 | 14 | 14 | 15 | 16 | 16 | 17 | 17 | 18 | 16 | 17 |
| 表 | 8 | 8 | 9 | 9 | 10 | 11 | 11 | 12 | 12 | 13 | 12 | 13 | 14 | 14 | 15 | 15 | 16 | 17 | 17 | 18 | 18 | 19 | 17 | 18 |
| 12 | 9 | 9 | 10 | 10 | 11 | 12 | 12 | 13 | 13 | 14 | 13 | 14 | 15 冬 | 15 | 16 | 16 | 17 | 18 | 18 | 19 | 19 | 20 | 18 | 19 |
| | 10 | 10 | 11 | 11 | 12 | 13 | 13 | 14 | 14 | 15 | 14 | 15 | 16 | 16 | 17 | 17 | 18 | 19 | 19 | 20 | 20 | 21 | 19 | 20 |

一二四九 己酉 宋淳祐九 元定宗四 647

一二五〇 庚戌 宋淳祐一〇 元定宗五 648

| | | | | | | | | | | | | | | | | | | | | | | | |
|---|---|---|---|---|---|---|---|---|---|---|---|---|---|---|---|---|---|---|---|---|---|---|---|
| 22 | 23 | 23 | 24 | 25 | 25 | 26 | 26 | 27 | 25 | 26 | 27 | 27 | 28 | 28 | 29 | 30 | 30 | 31 | **5** | **4** | 2 | 31 | **1** |
| 23 | 24 | 24 | 25 | 26 | 26 | 27 | 27 | 28 | 26 | 27 | 28 | 28 | 29 | 29 | 30 | 31 | **7** | **6** | 2 | 2 | 3 | **2** | 2 |
| 24 | 25 | 25 | 26 | 27 | 27 | 28 | 28 | 29 | 27 | 28 | 29 | 29 | 30 | 30 | 31 | **8** | 2 | 2 | 3 | 3 | 4 | 2 | 3 |
| 25 | 十一26 | 26 | 27 | 28 | 28 | 29 | 29 | 30 | 28 | 29 | 30 | 30 | 31 | **10** | **9** | 2 | 3 | 3 | 4 | 4 | 5 | 3 | 4 |
| 26 | 27 | 十27 | 28 | 29 | 29 | 30 | 30 | 31 | **3** | 30 | 31 | **12** | **11** | 2 | 2 | 3 | 4 | 4 | 5 | 5 | 6 | 4 | 5 |
| 27 | 9 28 | 28 | 九29 | 八30 | 30 | 31 | **5** | **4** | 2 | 31 | **1** | 2 | 2 | 3 | 3 | 4 | 5 | 5 | 6 | 6 | 7 | 5 | 6 |
| 28 | 29 | 8 29 | 7 30 | 31 | 七**7** | 六**6** | 2 | 2 | 3 | **2** | 2 | 3 | 3 | 4 | 4 | 5 | 6 | 6 | 7 | 7 | 8 | 6 | 7 |
| 29 | 30 | 30 | 31 | 6 **8** | 5 2 | 2 | 五3 | 3 | 4 | 2 | 3 | 4 | 4 | 5 | 5 | 6 | 7 | 7 | 8 | 8 | 9 | 7 | 8 |
| 30 | 31 | **10** | **9** | 2 | 3 | 4 3 | 3 4 | 四4 | 三5 | 二3 | 正4 | 5 | 5 | 6 | 6 | 7 | 8 | 8 | 9 | 9 | 10 | 8 | 9 |
| **12** | **11** | 2 | 2 | 3 | 4 | 4 | 5 | 2 5 | 1 6 | 4 | 5 | 十二6 | 十一6 | 十7 | 7 | 8 | 9 | 9 | 10 | 10 | 11 | 9 | 10 |
| 2 | 2 | 3 | 3 | 4 | 5 | 5 | 6 | 6 | 7 | 12 5 | 11 6 | 7 | 7 | 8 | 九8 | 9 | 10 | 10 | 11 | 11 | 12 | 10 | 11 |
| 3 | 3 | 4 | 4 | 5 | 6 | 6 | 7 | 7 | 8 | 6 | 7 | 10 8 | 9 8 | 9 | 9 | 八10 | 七11 | 11 | 12 | 12 | 13 | 11 | 12 |
| 4 | 4 | 5 | 5 | 6 | 7 | 7 | 8 | 8 | 9 | 7 | 8 | 9 | 9 | 8 10 | 7 10 | 11 | 12 | 六12 | 13 | 13 | 14 | 12 | 13 |
| 5 | 5 | 6 | 6 | 7 | 8 | 8 | 9 | 9 | 10 | 8 | 9 | 10 | 10 | 11 | 11 | 6 12 | 5 13 | 13 | 五14 | 四14 | 15 | 13 | 14 |
| 6 | 6 | 7 | 7 | 8 | 9 | 9 | 10 | 10 | 11 | 9 | 10 | 11 | 11 | 12 | 12 | 13 | 14 | 4 14 | 3 15 | 15 | 三16 | 閏14 | 二15 |
| 7 | 7 | 8 | 8 | 9 | 10 | 10 | 11 | 11 | 12 | 10 | 11 | 12 | 12 | 13 | 13 | 14 | 15 | 15 | 16 | 2 16 | 1 17 | 12 15 | 11 16 正 |
| 8 | 8 | 9 | 9 | 10 | 11 | 11 | 12 | 12 | 13 | 11 | 12 | 13 | 13 | 14 | 14 | 15 | 16 | 16 | 17 | 17 | 18 | 16 | 17 10 |
| 9 | 9 | 10 | 10 | 11 | 12 | 12 | 13 | 13 | 14 | 12 | 13 | 14 | 冬14 | 15 | 15 | 16 | 17 | 17 | 18 | 18 | 19 | 17 | 18 |
| 10 | 10 | 11 | 11 | 12 | 13 | 13 | 14 | 14 | 15 | 13 | 14 | 15 | 15 | 16 | 16 | 17 | 18 | 18 | 19 | 19 | 20 | 18 | 19 |
| 11 | 11 | 12 | 12 | 13 | 14 | 14 | 15 | 15 | 16 | 14 | 15 | 16 | 16 | 17 | 17 | 18 | 19 | 19 | 20 | 20 | 21 | 19 | 20 |
| 12 | 12 | 13 | 13 | 14 | 15 | 15 | 16 | 16 | 17 | 15 | 16 | 17 | 17 | 18 | 18 | 19 | 20 | 20 | 21 | 21 | 22 | 20 | 21 |
| 13 | 13 | 14 | 14 | 15 | 16 | 16 | 17 | 17 | 18 | 16 | 17 | 18 | 18 | 19 | 19 | 20 | 21 | 21 | 22 | 22 | 23 | 21 | 22 |
| 14 | 冬14 | 15 | 15 | 16 | 17 | 17 | 18 | 18 | 19 | 17 | 18 | 19 | 19 | 20 | 20 | 21 | 22 | 22 | 23 | 23 | 24 | 22 | 23 |
| 15 | 15 | 16 | 16 | 17 | 18 | 18 | 19 | 19 | 20 | 18 | 19 | 20 | 20 | 21 | 21 | 22 | 23 | 23 | 24 | 24 | 25 | 23 | 24 |
| 16 | 16 | 17 | 17 | 18 | 19 | 19 | 20 | 20 | 21 | 19 | 20 | 21 | 21 | 22 | 22 | 23 | 24 | 24 | 25 | 25 | 26 | 24 | 25 |
| 17 | 17 | 18 | 18 | 19 | 20 | 20 | 21 | 21 | 22 | 20 | 21 | 22 | 22 | 23 | 23 | 24 | 25 | 25 | 26 | 26 | 27 | 25 | 26 |
| 18 | 18 | 19 | 19 | 20 | 21 | 21 | 22 | 22 | 23 | 21 | 22 | 23 | 23 | 24 | 24 | 25 | 26 | 26 | 27 | 27 | 28 | 26 | 27 |
| 19 | 19 | 20 | 20 | 21 | 22 | 22 | 23 | 23 | 24 | 22 | 23 | 24 | 24 | 25 | 25 | 26 | 27 | 27 | 28 | 28 | 29 | 27 | 28 |
| 20 | 20 | 21 | 21 | 22 | 23 | 23 | 24 | 24 | 25 | 23 | 24 | 25 | 25 | 26 | 26 | 27 | 28 | 28 | 29 | 29 | 30 | 28 | 29 |
| 21 | 21 | 22 | 22 | 23 | 24 | 24 | 25 | 25 | 26 | 24 | 25 | 26 | 26 | 27 | 27 | 28 | 29 | 29 | 30 | 30 | 31 | **3** | 30 |

| | 一二五二 壬子 宋淳祐十二 元憲宗二 650 | | | | | | | | | | | | 一二五一 辛亥 宋淳祐十一 元憲宗元 649 | | | | | | | | | | | |
|---|---|---|---|---|---|---|---|---|---|---|---|---|---|---|---|---|---|---|---|---|---|---|---|---|
| 11 | 11 | 12 | 12 | 13 | 14 | 14 | 15 | 15 | 16 | 15 | 16 | 17 | 10 17 | 9 18 | 18 | 19 | 八 20 | 20 | 21 | 21 | 22 | 20 | 21 | 22 |
| 12 | 12 | 13 | 13 | 14 | 15 | 15 | 16 | 16 | 17 | 16 | 17 | 18 | 18 | 19 | 8 19 | 7 20 | 21 | 七 21 | 六 22 | 五 22 | 23 | 21 | 22 | 23 |
| 13 | 13 | 14 | 14 | 15 | 16 | 16 | 17 | 17 | 18 | 17 | 18 | 19 | 19 | 20 | 20 | 21 | 6 22 | 5 22 | 23 | 23 | 四 24 | 三 22 | 二 23 | 24 |
| 14 | 冬 14 | 15 | 15 | 16 | 17 | 17 | 18 | 18 | 19 | 18 | 19 | 20 | 20 | 21 | 21 | 22 | 23 | 23 | 4 24 | 3 24 | 25 | 23 | 24 | 正 25 十二 |
| 15 | 15 | 16 | 16 | 17 | 18 | 18 | 19 | 19 | 20 | 19 | 20 | 21 | 21 | 22 | 22 | 23 | 24 | 24 | 25 | 25 | 2 26 | 1 24 | 12 25 | 11 26 |
| 16 | 16 | 17 | 17 | 18 | 19 | 19 | 20 | 20 | 21 | 20 | 21 | 22 | 22 | 23 | 23 | 24 | 25 | 25 | 26 | 26 | 27 | 25 | 26 | 27 10 |
| 17 | 17 | 18 | 18 | 19 | 20 | 20 | 21 | 21 | 22 | 21 | 22 | 23 | 23 | 24 | 24 | 25 | 26 | 26 | 27 | 27 | 28 | 26 | 27 | 28 |
| 18 | 18 | 19 | 19 | 20 | 21 | 21 | 22 | 22 | 23 | 22 | 23 | 24 | 24 | 25 | 25 | 26 | 27 | 27 | 28 | 28 | 29 | 27 | 28 | 29 |
| 19 | 19 | 20 | 20 | 21 | 22 | 22 | 23 | 23 | 24 | 23 | 24 | 25 | 25 | 26 | 26 | 27 | 28 | 28 | 29 | 29 | 30 | 28 | 29 | 30 |
| 20 | 20 | 21 | 21 | 22 | 23 | 23 | 24 | 24 | 25 | 24 | 25 | 26 | 26 | 27 | 27 | 28 | 29 | 29 | 30 | 30 | 31 | **3** | 30 | 31 |
| 21 | 21 | 22 | 22 | 23 | 24 | 24 | 25 | 25 | 26 | 25 | 26 | 27 | 27 | 28 | 28 | 29 | 30 | 30 | 31 | **5** | **4** | 2 | 31 | **1** |
| 22 | 22 | 23 | 23 | 24 | 25 | 25 | 26 | 26 | 27 | 26 | 27 | 28 | 28 | 29 | 29 | 30 | 31 | **7** | **6** | 2 | 2 | 3 | **2** | 2 |
| 23 | 23 | 24 | 24 | 25 | 26 | 26 | 27 | 27 | 28 | 27 | 28 | 29 | 29 | 30 | 30 | 31 | **8** | 2 | 2 | 3 | 3 | 4 | 2 | 3 |
| 24 | 24 | 25 | 25 | 26 | 27 | 27 | 28 | 28 | 29 | 28 | 29 | 30 | 30 | 31 | **10** | **9** | 2 | 3 | 3 | 4 | 4 | 5 | 3 | 4 |
| 25 | 25 | 26 | 26 | 27 | 28 | 28 | 29 | 29 | 30 | 29 | 30 | 31 | **12** | **11** | 2 | 2 | 3 | 4 | 4 | 5 | 5 | 6 | 4 | 5 |
| 26 | 26 | 27 | 27 | 28 | 29 | 29 | 30 | 30 | 31 | **3** | 31 | **1** | 2 | 2 | 3 | 3 | 4 | 5 | 5 | 6 | 6 | 7 | 5 | 6 |
| 27 | 27 | 28 | 28 | 29 | 30 | 30 | 31 | **5** | **4** | 2 | **2** | 2 | 3 | 3 | 4 | 4 | 5 | 6 | 6 | 7 | 7 | 8 | 6 | 7 |
| 28 | 28 | 29 | 29 | 30 | 31 | **7** | **6** | 2 | 2 | 3 | 2 | 3 | 4 | 4 | 5 | 5 | 6 | 7 | 7 | 8 | 8 | 9 | 7 | 8 |
| 29 | 29 | 30 | 30 | 31 | **8** | 2 | 2 | 3 | 3 | 4 | 3 | 4 | 5 | 5 | 6 | 6 | 7 | 8 | 8 | 9 | 9 | 10 | 8 | 9 |
| 30 | 30 | 31 | **10** | **9** | 2 | 3 | 3 | **4** | 4 | 5 | 4 | 5 | 6 | 6 | 7 | 7 | 8 | 9 | 9 | 10 | 10 | 11 | 9 | 10 |
| 31 | **12** | **11** | 2 | 2 | 3 | 4 | 4 | 5 | 5 | 6 | 5 | 6 | 7 | 7 | 8 | 8 | 9 | 10 | 10 | 11 | 11 | 12 | 10 | 11 |
| 日 | 2 | 2 | 3 | 3 | 4 | 5 | 5 | 6 | 6 | 7 | 6 | 7 | 8 | 8 | 9 | 9 | 10 | 11 | 11 | 12 | 12 | 13 | 11 | 12 |
| 曜 | 3 | 十一 3 | 4 | 4 | 5 | 6 | 6 | 7 | 7 | 8 | 7 | 8 | 9 | 9 | 10 | 10 | 11 | 12 | 12 | 13 | 13 | 14 | 12 | 13 |
| 表 | 4 | 4 | 十 5 | 九 5 | 6 | 7 | 7 | 8 | 8 | 9 | 8 | 9 | 10 | 10 | 11 | 11 | 12 | 13 | 13 | 14 | 14 | 15 | 13 | 14 |
| 2 | 5 | 10 5 | 9 6 | 6 | 八 7 | 七 8 | 六 8 | 9 | 9 | 10 | 9 | 10 | 11 | 11 | 12 | 12 | 13 | 14 | 14 | 15 | 15 | 16 | 14 | 15 |
| 甲 | 6 | 6 | 7 | 8 7 | 7 8 | 9 | 9 | 五 10 | 四 10 | 11 | 10 | 11 | 12 | 12 | 13 | 13 | 14 | 15 | 15 | 16 | 16 | 17 | 15 | 16 |
| 子 | 7 | 7 | 8 | 8 | 9 | 6 10 | 5 10 | 11 | 11 | 三 12 | 二 11 | 12 | 13 | 13 | 14 | 14 | 15 | 16 | 16 | 17 | 17 | 18 | 16 | 17 |
| 表 | 8 | 8 | 9 | 9 | 10 | 11 | 11 | 4 12 | 3 12 | 13 | 12 | 正 13 | 十二 14 | 十一 14 | 15 | 15 | 16 | 17 | 17 | 18 | 18 | 19 | 17 | 18 |
| 13 | 9 | 9 | 10 | 10 | 11 | 12 | 12 | 13 | 13 | 2 14 | 1 13 | 14 | 15 | 冬 15 | 閏 16 | 16 | 17 | 18 | 18 | 19 | 19 | 20 | 18 | 19 |
| | 10 | 10 | 11 | 11 | 12 | 13 | 13 | 14 | 14 | 15 | 14 | 12 15 | 11 16 | 16 | 17 | 十 17 | 九 18 | 19 | 19 | 20 | 20 | 21 | 19 | 20 |

一二五三 癸丑 宋寶祐元 元憲宗三 651

一二五四 甲寅 宋寶祐二 元憲宗四 652

| | | | | | | | | | | | | | | | | | | | | | | | |
|---|---|---|---|---|---|---|---|---|---|---|---|---|---|---|---|---|---|---|---|---|---|---|---|
| 22 | 23 | 23 | 24 | 25 | 25 | 26 | 26 | 27 | 25 | 26 | 27 | 27 | 28 | 28 | 29 | 30 | 30 | 31 4 | 5 3 | 4 | 2 | 31 正 | 1 |
| 23 | 24 | 24 | 25 | 26 | 26 | 27 | 27 | 28 | 26 | 27 | 28 | 28 | 29 | 29 | 30 | 31 | 7 | 6 | 2 | 2 2 | 3 1 | 2 | 2 十二 |
| 24 | 25 | 25 | 26 | 27 | 27 | 28 | 28 | 29 | 27 | 28 | 29 | 29 | 30 | 30 | 31 | 8 | 2 | 2 | 3 | 3 | 4 | 2 12 | 3 11 |
| 25 | 26 | 26 | 27 | 28 | 28 | 29 | 29 | 30 | 28 | 29 | 30 | 30 | 31 | 10 | 9 | 2 | 3 | 3 | 4 | 4 | 5 | 3 | 4 |
| 26 | 27 | 27 | 28 | 29 | 29 | 30 | 30 | 31 | 3 | 30 | 31 | 12 | 11 | 2 | 2 | 3 | 4 | 4 | 5 | 5 | 6 | 4 | 5 |
| 27 | 28 | 28 | 29 | 30 | 30 | 31 | 5 | 4 | 2 | 31 | 1 | 2 | 2 | 3 | 3 | 4 | 5 | 5 | 6 | 6 | 7 | 5 | 6 |
| 28 | 29 | 29 | 30 | 31 | 7 | 6 | 2 | 2 | 3 | 2 | 2 | 3 | 3 | 4 | 4 | 5 | 6 | 6 | 7 | 7 | 8 | 6 | 7 |
| 29 | 30 | 30 | 31 | 8 | 2 | 2 | 3 | 3 | 4 | 2 | 3 | 4 | 4 | 5 | 5 | 6 | 7 | 7 | 8 | 8 | 9 | 7 | 8 |
| 30 | 31 | 10 | 9 | 2 | 3 | 3 | 4 | 4 | 5 | 3 | 4 | 5 | 5 | 6 | 6 | 7 | 8 | 8 | 9 | 9 | 10 | 8 | 9 |
| 12 | 11 | 2 | 2 | 3 | 4 | 4 | 5 | 5 | 6 | 4 | 5 | 6 | 6 | 7 | 7 | 8 | 9 | 9 | 10 | 10 | 11 | 9 | 10 |
| 2 | 2 | 3 | 3 | 4 | 5 | 5 | 6 | 6 | 7 | 5 | 6 | 7 | 7 | 8 | 8 | 9 | 10 | 10 | 11 | 11 | 12 | 10 | 11 |
| 3 | 3 | 4 | 4 | 5 | 6 | 6 | 7 | 7 | 8 | 6 | 7 | 8 | 8 | 9 | 9 | 10 | 11 | 11 | 12 | 12 | 13 | 11 | 12 |
| 4 | 4 | 5 | 5 | 6 | 7 | 7 | 8 | 8 | 9 | 7 | 8 | 9 | 9 | 10 | 10 | 11 | 12 | 12 | 13 | 13 | 14 | 12 | 13 |
| 5 | 5 | 6 | 6 | 7 | 8 | 8 | 9 | 9 | 10 | 8 | 9 | 10 | 10 | 11 | 11 | 12 | 13 | 13 | 14 | 14 | 15 | 13 | 14 |
| 6 | 6 | 7 | 7 | 8 | 9 | 9 | 10 | 10 | 11 | 9 | 10 | 11 | 11 | 12 | 12 | 13 | 14 | 14 | 15 | 15 | 16 | 14 | 15 |
| 7 | 7 | 8 | 8 | 9 | 10 | 10 | 11 | 11 | 12 | 10 | 11 | 12 | 12 | 13 | 13 | 14 | 15 | 15 | 16 | 16 | 17 | 15 | 16 |
| 8 | 8 | 9 | 9 | 10 | 11 | 11 | 12 | 12 | 13 | 11 | 12 | 13 | 13 | 14 | 14 | 15 | 16 | 16 | 17 | 17 | 18 | 16 | 17 |
| 9 | 9 | 10 | 10 | 11 | 12 | 12 | 13 | 13 | 14 | 12 | 13 | 14 冬 | 14 | 15 | 15 | 16 | 17 | 17 | 18 | 18 | 19 | 17 | 18 |
| 10 | 10 | 11 | 11 | 12 | 13 | 13 | 14 | 14 | 15 | 13 | 14 | 15 | 15 | 16 | 16 | 17 | 18 | 18 | 19 | 19 | 20 | 18 | 19 |
| 11 | 11 | 12 | 12 | 13 | 14 | 14 | 15 | 15 | 16 | 14 | 15 | 16 | 16 | 17 | 17 | 18 | 19 | 19 | 20 | 20 | 21 | 19 | 20 |
| 12 十一 | 12 十 | 13 九 | 13 | 14 | 15 | 15 | 16 | 16 | 17 | 15 | 16 | 17 | 17 | 18 | 18 | 19 | 20 | 20 | 21 | 21 | 22 | 20 | 21 |
| 13 11 | 13 | 14 | 14 八 | 15 七 | 16 閏 | 16 | 17 | 17 | 18 | 16 | 17 | 18 | 18 | 19 | 19 | 20 | 21 | 21 | 22 | 22 | 23 | 21 | 22 |
| 14 冬 | 14 10 | 15 9 | 15 | 16 | 17 | 17 六 | 18 五 | 18 | 19 | 17 | 18 | 19 | 19 | 20 | 20 | 21 | 22 | 22 | 23 | 23 | 24 | 22 | 23 |
| 15 | 15 | 16 | 16 8 | 17 7 | 18 | 18 | 19 | 19 四 | 20 | 18 | 19 | 20 | 20 | 21 | 21 | 22 | 23 | 23 | 24 | 24 | 25 | 23 | 24 |
| 16 | 16 | 17 | 17 | 18 | 19 6 | 19 5 | 20 | 20 | 21 三 | 19 二 | 20 | 21 | 21 | 22 | 22 | 23 | 24 | 24 | 25 | 25 | 26 | 24 | 25 |
| 17 | 17 | 18 | 18 | 19 | 20 | 20 | 21 4 | 21 3 | 22 | 20 | 21 正 | 22 十二 | 22 | 23 | 23 | 24 | 25 | 25 | 26 | 26 | 27 | 25 | 26 |
| 18 | 18 | 19 | 19 | 20 | 21 | 21 | 22 | 22 | 23 2 | 21 1 | 22 12 | 23 11 | 23 十一 | 24 十 | 24 | 25 | 26 | 26 | 27 | 27 | 28 | 26 | 27 |
| 19 | 19 | 20 | 20 | 21 | 22 | 22 | 23 | 23 | 24 | 22 | 23 | 24 | 24 10 | 25 9 | 25 九 | 26 八 | 27 七 | 27 | 28 | 28 | 29 | 27 | 28 |
| 20 | 20 | 21 | 21 | 22 | 23 | 23 | 24 | 24 | 25 | 23 | 24 | 25 | 25 | 26 | 26 8 | 27 7 | 28 | 28 六 | 29 五 | 29 四 | 30 | 28 | 29 |
| 21 | 21 | 22 | 22 | 23 | 24 | 24 | 25 | 25 | 26 | 24 | 25 | 26 | 26 | 27 | 27 | 28 | 29 6 | 29 5 | 30 | 30 | 31 三 | 3 二 | 30 |

一二五六
丙辰
宋寶祐四
元憲宗六

654

一二五五
乙卯
宋寶祐三
元憲宗五

653

| | | | | | | | | | | | | | | | | | | | | | | | | |
|---|---|---|---|---|---|---|---|---|---|---|---|---|---|---|---|---|---|---|---|---|---|---|---|---|
| 11 | 11 | 12 | 12 | 13 | 14 | 14 | 15 | 15 | 16 | 15 | 16 | 17 | 17 | 18 | 18 | 19 | 20 | 20 | 21 | 21 | 22 | 20 | 21 | 22 |
| 12 | 12 | 13 | 13 | 14 | 15 | 15 | 16 | 16 | 17 | 16 | 17 | 18 | 18 | 19 | 19 | 20 | 21 | 21 | 22 | 22 | 23 | 21 | 22 | 23 |
| 13 | 13 | 14 | 14 | 15 | 16 | 16 | 17 | 17 | 18 | 17 | 18 | 19 | 19 | 20 | 20 | 21 | 22 | 22 | 23 | 23 | 24 | 22 | 23 | 24 |
| 14 冬 | 14 | 15 | 15 | 16 | 17 | 17 | 18 | 18 | 19 | 18 | 19 | 20 | 20 | 21 | 21 | 22 | 23 | 23 | 24 | 24 | 25 | 23 | 24 | 25 |
| 15 | 15 | 16 | 16 | 17 | 18 | 18 | 19 | 19 | 20 | 19 | 20 | 21 | 21 | 22 | 22 | 23 | 24 | 24 | 25 | 25 | 26 | 24 | 25 | 26 |
| 16 | 16 | 17 | 17 | 18 | 19 | 19 | 20 | 20 | 21 | 20 | 21 | 22 | 22 | 23 | 23 | 24 | 25 | 25 | 26 | 26 | 27 | 25 | 26 | 27 |
| 17 | 17 | 18 | 18 | 19 | 20 | 20 | 21 | 21 | 22 | 21 | 22 | 23 | 23 | 24 | 24 | 25 | 26 | 26 | 27 | 27 | 28 | 26 | 27 | 28 |
| 18 | 18 | 19 | 19 | 20 | 21 | 21 | 22 | 22 | 23 | 22 | 23 | 24 | 24 | 25 | 25 | 26 | 27 | 27 | 28 | 28 | 29 | 27 | 28 | 29 |
| 19 十二 | 19 十一 | 20 十 | 20 九 | 21 | 22 | 22 | 23 | 23 | 24 | 23 | 24 | 25 | 25 | 26 | 26 | 27 | 28 | 28 | 29 | 29 | 30 | 28 | 29 | 30 |
| 20 12 | 20 11 | 21 | 21 | 22 八 | 23 | 23 | 24 | 24 | 25 | 24 | 25 | 26 | 26 | 27 | 27 | 28 | 29 | 29 | 30 | 30 | 31 | **3** | 30 | 31 |
| 21 | 21 | 22 10 | 22 9 | 23 | 24 七 | 24 六 | 25 | 25 | 26 | 25 | 26 | 27 | 27 | 28 | 28 | 29 | 30 | 30 | 31 | **5** | **4** | 2 | 31 | **1** |
| 22 | 22 | 23 | 23 | 24 8 | 25 7 | 25 | 26 五 | 26 | 27 | 26 | 27 | 28 | 28 | 29 | 29 | 30 | 31 | **7** | **6** | 2 | 2 | 3 | **2** | 2 |
| 23 | 23 | 24 | 24 | 25 | 26 | 26 6 | 27 5 | 27 四 | 28 三 | 27 | 28 | 29 | 29 | 30 | 30 | 31 | **8** | 2 | 2 | 3 | 3 | 4 | 2 | 3 |
| 24 | 24 | 25 | 25 | 26 | 27 | 27 | 28 | 28 4 | 29 3 | 28 二 | 29 正 | 30 | 30 | 31 | **10** | **9** | 2 | 3 | 3 | 4 | 4 | 5 | 3 | 4 |
| 25 | 25 | 26 | 26 | 27 | 28 | 28 | 29 | 29 | 30 | 29 2 | 30 1 | 31 十二 | **12** 十一 | **11** 十 | 2 九 | 2 | 3 | 4 | 4 | 5 | 5 | 6 | 4 | 5 |
| 26 | 26 | 27 | 27 | 28 | 29 | 29 | 30 | 30 | 31 | **3** | 31 | **1** 12 | 2 11 | 2 | 3 | 3 八 | 4 七 | 5 | 5 | 6 | 6 | 7 | 5 | 6 |
| 27 | 27 | 28 | 28 | 29 | 30 | 30 | 31 | **5** | **4** | 2 | **2** | 2 | 3 | 3 10 | 4 9 | 4 | 5 | 6 六 | 6 五 | 7 | 7 | 8 | 6 | 7 |
| 28 | 28 | 29 | 29 | 30 | 31 | **7** | **6** | 2 | 2 | 3 | 2 | 3 | 4 | 4 | 5 | 5 8 | 6 7 | 7 | 7 | 8 四 | 8 | 9 | 7 | 8 |
| 29 | 29 | 30 | 30 | 31 | **8** | 2 | 2 | 3 | 3 | 4 | 3 | 4 | 5 | 5 | 6 | 6 | 7 | 8 6 | 8 5 | 9 | 9 三 | 10 二 | 8 | 9 |
| 30 | 30 | 31 | **10** | **9** | 2 | 3 | 3 | **4** | **4** | 5 | 4 | 5 | 6 | 6 | 7 | 7 | 8 | 9 | 9 | 10 4 | 10 3 | 11 | 9 正 | 10 十二 |
| 31 | **12** | **11** | 2 | 2 | 3 | 4 | 4 | 5 | 5 | 6 | 5 | 6 | 7 | 7 | 8 | 8 | 9 | 10 | 10 | 11 | 11 | 12 2 | 10 1 | 11 |
| 日 | 2 | 2 | 3 | 3 | 4 | 5 | 5 | 6 | 6 | 7 | 6 | 7 | 8 | 8 | 9 | 9 | 10 | 11 | 11 | 12 | 12 | 13 | 11 | 12 12 |
| 曜 | 3 | 3 | 4 | 4 | 5 | 6 | 6 | 7 | 7 | 8 | 7 | 8 | 9 | 9 | 10 | 10 | 11 | 12 | 12 | 13 | 13 | 14 | 12 | 13 |
| 表 | 4 | 4 | 5 | 5 | 6 | 7 | 7 | 8 | 8 | 9 | 8 | 9 | 10 | 10 | 11 | 11 | 12 | 13 | 13 | 14 | 14 | 15 | 13 | 14 |
| 3 | 5 | 5 | 6 | 6 | 7 | 8 | 8 | 9 | 9 | 10 | 9 | 10 | 11 | 11 | 12 | 12 | 13 | 14 | 14 | 15 | 15 | 16 | 14 | 15 |
| 甲 | 6 | 6 | 7 | 7 | 8 | 9 | 9 | 10 | 10 | 11 | 10 | 11 | 12 | 12 | 13 | 13 | 14 | 15 | 15 | 16 | 16 | 17 | 15 | 16 |
| 子 | 7 | 7 | 8 | 8 | 9 | 10 | 10 | 11 | 11 | 12 | 11 | 12 | 13 | 13 | 14 | 14 | 15 | 16 | 16 | 17 | 17 | 18 | 16 | 17 |
| 表 | 8 | 8 | 9 | 9 | 10 | 11 | 11 | 12 | 12 | 13 | 12 | 13 | 14 冬 | 14 | 15 | 15 | 16 | 17 | 17 | 18 | 18 | 19 | 17 | 18 |
| 14 | 9 | 9 | 10 | 10 | 11 | 12 | 12 | 13 | 13 | 14 | 13 | 14 | 15 | 15 | 16 | 16 | 17 | 18 | 18 | 19 | 19 | 20 | 18 | 19 |
| | 10 | 10 | 11 | 11 | 12 | 13 | 13 | 14 | 14 | 15 | 14 | 15 | 16 | 16 | 17 | 17 | 18 | 19 | 19 | 20 | 20 | 21 | 19 | 20 |

一二五八 戊午 宋寶祐六 元憲宗八 656

一二五七 丁巳 宋寶祐五 元憲宗七 655

| | | | | | | | | | | | | | | | | | | | | | | | |
|---|---|---|---|---|---|---|---|---|---|---|---|---|---|---|---|---|---|---|---|---|---|---|---|
| 22 | 23 | 23 | 24 | 25 | 25 | 26 | 26 | 27 | 25 | 26 | 27 | 27 | 28 | 28 | 29 | 30 | 30 | 31 | **5** | **4** | 2 | 31 | **1** |
| 23 | 24 | 24 | 25 | 26 | 26 | 27 | 27 | 28 | 26 | 27 | 28 | 28 | 29 | 29 | 30 | 31 | **7** | **6** | 2 | 2 | 3 | **2** | 2 |
| 24 | 25 | 25 | 26 | 27 | 27 | 28 | 28 | 29 | 27 | 28 | 29 | 29 | 30 | 30 | 31 | **8** | 2 | 2 | 3 | 3 | 4 | 2 | 3 |
| 25 | 26 | 26 | 27 | 28 | 28 | 29 | 29 | 30 | 28 | 29 | 30 | 30 | 31 | **10** | **9** | 2 | 3 | 3 | 4 | 4 | 5 | 3 | 4 |
| 26 | 27 | 27 | 28 | 29 | 29 | 30 | 30 | 31 | **3** | 30 | 31 | **12** | **11** | 2 | 2 | 3 | 4 | 4 | 5 | 5 | 6 | 4 | 5 |
| 27 土 | 28 十 | 28 | 29 | 30 | 30 | 31 | **5** | **4** | 2 | 31 | **1** | 2 | 2 | 3 | 3 | 4 | 5 | 5 | 6 | 6 | 7 | 5 | 6 |
| 28 | 29 | 29 九 | 30 | 31 | **7** | **6** | 2 | 2 | 3 | **2** | 2 | 3 | 3 | 4 | 4 | 5 | 6 | 6 | 7 | 7 | 8 | 6 | 7 |
| 29 **12** | 30 **11** | 30 | 31 八 | **8** 七 | 2 | 2 | 3 | 3 | 4 | 2 | 3 | 4 | 4 | 5 | 5 | 6 | 7 | 7 | 8 | 8 | 9 | 7 | 8 |
| 30 | 31 | **10** **10** | 9 **9** | 2 | 3 六 | 3 | 4 | 4 | 5 | 3 | 4 | 5 | 5 | 6 | 6 | 7 | 8 | 8 | 9 | 9 | 10 | 8 | 9 |
| **12** | **11** | 2 | 2 | 3 **8** | 4 **7** | 4 五 | 5 四 | 5 | 6 | 4 | 5 | 6 | 6 | 7 | 7 | 8 | 9 | 9 | 10 | 10 | 11 | 9 | 10 |
| 2 | 2 | 3 | 3 | 4 | 5 | 5 **6** | 6 **5** | 6 三 | 7 二 | 5 正 | 6 土 | 7 | 7 | 8 | 8 | 9 | 10 | 10 | 11 | 11 | 12 | 10 | 11 |
| 3 | 3 | 4 | 4 | 5 | 6 | 6 | 7 | 7 **4** | 8 **3** | 6 | 7 | 8 土 | 8 十 | 9 九 | 9 | 10 | 11 | 11 | 12 | 12 | 13 | 11 | 12 |
| 4 | 4 | 5 | 5 | 6 | 7 | 7 | 8 | 8 | 9 | 7 **2** | 8 **1** | 9 | 9 | 10 | 10 八 | 11 | 12 | 12 | 13 | 13 | 14 | 12 | 13 |
| 5 | 5 | 6 | 6 | 7 | 8 | 8 | 9 | 9 | 10 | 8 | 9 | 10 **12** | 10 **11** | 11 | 11 | 12 七 | 13 六 | 13 | 14 | 14 | 15 | 13 | 14 |
| 6 | 6 | 7 | 7 | 8 | 9 | 9 | 10 | 10 | 11 | 9 | 10 | 11 | 11 | 12 **10** | 12 **9** | 13 | 14 | 14 五 | 15 | 15 | 16 | 14 | 15 |
| 7 | 7 | 8 | 8 | 9 | 10 | 10 | 11 | 11 | 12 | 10 | 11 | 12 | 12 | 13 | 13 | 14 **8** | 15 **7** | 15 | 16 閏 | 16 四 | 17 | 15 | 16 |
| 8 | 8 | 9 | 9 | 10 | 11 | 11 | 12 | 12 | 13 | 11 | 12 | 13 | 13 | 14 | 14 | 15 | 16 | 16 **6** | 17 **5** | 17 | 18 三 | 16 二 | 17 正 |
| 9 | 9 | 10 | 10 | 11 | 12 | 12 | 13 | 13 | 14 | 12 | 13 | 14 冬 | 14 | 15 | 15 | 16 | 17 | 17 | 18 | 18 **4** | 19 **3** | 17 | 18 |
| 10 | 10 | 11 | 11 | 12 | 13 | 13 | 14 | 14 | 15 | 13 | 14 | 15 | 15 | 16 | 16 | 17 | 18 | 18 | 19 | 19 | 20 | 18 **2** | 19 **1** |
| 11 | 11 | 12 | 12 | 13 | 14 | 14 | 15 | 15 | 16 | 14 | 15 | 16 | 16 | 17 | 17 | 18 | 19 | 19 | 20 | 20 | 21 | 19 | 20 |
| 12 | 12 | 13 | 13 | 14 | 15 | 15 | 16 | 16 | 17 | 15 | 16 | 17 | 17 | 18 | 18 | 19 | 20 | 20 | 21 | 21 | 22 | 20 | 21 |
| 13 | 13 | 14 | 14 | 15 | 16 | 16 | 17 | 17 | 18 | 16 | 17 | 18 | 18 | 19 | 19 | 20 | 21 | 21 | 22 | 22 | 23 | 21 | 22 |
| 14 冬 | 14 | 15 | 15 | 16 | 17 | 17 | 18 | 18 | 19 | 17 | 18 | 19 | 19 | 20 | 20 | 21 | 22 | 22 | 23 | 23 | 24 | 22 | 23 |
| 15 | 15 | 16 | 16 | 17 | 18 | 18 | 19 | 19 | 20 | 18 | 19 | 20 | 20 | 21 | 21 | 22 | 23 | 23 | 24 | 24 | 25 | 23 | 24 |
| 16 | 16 | 17 | 17 | 18 | 19 | 19 | 20 | 20 | 21 | 19 | 20 | 21 | 21 | 22 | 22 | 23 | 24 | 24 | 25 | 25 | 26 | 24 | 25 |
| 17 | 17 | 18 | 18 | 19 | 20 | 20 | 21 | 21 | 22 | 20 | 21 | 22 | 22 | 23 | 23 | 24 | 25 | 25 | 26 | 26 | 27 | 25 | 26 |
| 18 | 18 | 19 | 19 | 20 | 21 | 21 | 22 | 22 | 23 | 21 | 22 | 23 | 23 | 24 | 24 | 25 | 26 | 26 | 27 | 27 | 28 | 26 | 27 |
| 19 | 19 | 20 | 20 | 21 | 22 | 22 | 23 | 23 | 24 | 22 | 23 | 24 | 24 | 25 | 25 | 26 | 27 | 27 | 28 | 28 | 29 | 27 | 28 |
| 20 | 20 | 21 | 21 | 22 | 23 | 23 | 24 | 24 | 25 | 23 | 24 | 25 | 25 | 26 | 26 | 27 | 28 | 28 | 29 | 29 | 30 | 28 | 29 |
| 21 | 21 | 22 | 22 | 23 | 24 | 24 | 25 | 25 | 26 | 24 | 25 | 26 | 26 | 27 | 27 | 28 | 29 | 29 | 30 | 30 | 31 | **3** | 30 |

一二六〇 庚申 宋景定元 元中統元 世祖五月改

一二五九 己未 宋開慶元 元憲宗九

| 659 | | | | | | | | | | | | 658 | | | | | | | | | | | | 657 |
|---|---|---|---|---|---|---|---|---|---|---|---|---|---|---|---|---|---|---|---|---|---|---|---|---|
| 11 | 11 | 12 | 12 | 13 | 14 | 14 | 15 | 15 | 16 4 | 15 3 | 16 | 17 | 17 | 18十 | 18 | 19 | 20 | 20 | 21 | 21 | 22 | 20 | 21 | 22 |
| 12 | 12 | 13 | 13 | 14 | 15 | 15 | 16 | 16 | 17 | 16 | 17 2 | 18 1 | 18 | 19 | 19九 | 20八 | 21 | 21 | 22 | 22 | 23 | 21 | 22 | 23 |
| 13 | 13 | 14 | 14 | 15 | 16 | 16 | 17 | 17 | 18 | 17 | 18 | 19 | 19 12 | 20 11 | 20 | 21 | 22七 | 22六 | 23 | 23 | 24 | 22 | 23 | 24 |
| 14冬 | 14 | 15 | 15 | 16 | 17 | 17 | 18 | 18 | 19 | 18 | 19 | 20 | 20 | 21 | 21 10 | 22 9 | 23 | 23 | 24五 | 24四 | 25 | 23 | 24 | 25 |
| 15 | 15 | 16 | 16 | 17 | 18 | 18 | 19 | 19 | 20 | 19 | 20 | 21 | 21 | 22 | 22 | 23 | 24 8 | 24 7 | 25 | 25 | 26三 | 24二 | 25正 | 26 |
| 16 | 16 | 17 | 17 | 18 | 19 | 19 | 20 | 20 | 21 | 20 | 21 | 22 | 22 | 23 | 23 | 24 | 25 | 25 | 26 6 | 26 5 | 27 | 25 | 26 | 27十二 |
| 17 | 17 | 18 | 18 | 19 | 20 | 20 | 21 | 21 | 22 | 21 | 22 | 23 | 23 | 24 | 24 | 25 | 26 | 26 | 27 | 27 | 28 4 | 26 3 | 27 | 28 |
| 18 | 18 | 19 | 19 | 20 | 21 | 21 | 22 | 22 | 23 | 22 | 23 | 24 | 24 | 25 | 25 | 26 | 27 | 27 | 28 | 28 | 29 | 27 | 28 2 | 29 1 |
| 19 | 19 | 20 | 20 | 21 | 22 | 22 | 23 | 23 | 24 | 23 | 24 | 25 | 25 | 26 | 26 | 27 | 28 | 28 | 29 | 29 | 30 | 28 | 29 | 30 |
| 20 | 20 | 21 | 21 | 22 | 23 | 23 | 24 | 24 | 25 | 24 | 25 | 26 | 26 | 27 | 27 | 28 | 29 | 29 | 30 | 30 | 31 | **3** | 30 | 31 |
| 21 | 21 | 22 | 22 | 23 | 24 | 24 | 25 | 25 | 26 | 25 | 26 | 27 | 27 | 28 | 28 | 29 | 30 | 30 | 31 | **5** | **4** | 2 | 31 | **1** |
| 22 | 22 | 23 | 23 | 24 | 25 | 25 | 26 | 26 | 27 | 26 | 27 | 28 | 28 | 29 | 29 | 30 | 31 | **7** | **6** | 2 | 2 | 3 | **2** | 2 |
| 23 | 23 | 24 | 24 | 25 | 26 | 26 | 27 | 27 | 28 | 27 | 28 | 29 | 29 | 30 | 30 | 31 | **8** | 2 | 2 | 3 | 3 | 4 | 2 | 3 |
| 24 | 24 | 25 | 25 | 26 | 27 | 27 | 28 | 28 | 29 | 28 | 29 | 30 | 30 | 31 | **10** | **9** | 2 | 3 | 3 | 4 | 4 | 5 | 3 | 4 |
| 25 | 25 | 26 | 26 | 27 | 28 | 28 | 29 | 29 | 30 | 29 | 30 | 31 | **12** | **11** | 2 | 2 | 3 | 4 | 4 | 5 | 5 | 6 | 4 | 5 |
| 26 | 26 | 27 | 27 | 28 | 29 | 29 | 30 | 30 | 31 | **3** | 31 | **1** | 2 | 2 | 3 | 3 | 4 | 5 | 5 | 6 | 6 | 7 | 5 | 6 |
| 27 | 27 | 28 | 28 | 29 | 30 | 30 | 31 | **5** | **4** | 2 | **2** | 2 | 3 | 3 | 4 | 4 | 5 | 6 | 6 | 7 | 7 | 8 | 6 | 7 |
| 28 | 28 | 29 | 29 | 30 | 31 | **7** | **6** | 2 | 2 | 3 | 2 | 3 | 4 | 4 | 5 | 5 | 6 | 7 | 7 | 8 | 8 | 9 | 7 | 8 |
| 29 | 29 | 30 | 30 | 31 | **8** | 2 | 2 | 3 | 3 | 4 | 3 | 4 | 5 | 5 | 6 | 6 | 7 | 8 | 8 | 9 | 9 | 10 | 8 | 9 |
| 30 | 30 | 31 | **10** | **9** | 2 | 3 | 3 | 4 | 4 | 5 | 4 | 5 | 6 | 6 | 7 | 7 | 8 | 9 | 9 | 10 | 10 | 11 | 9 | 10 |
| 31 | **12** | **11** | 2 | 2 | 3 | 4 | 4 | 5 | 5 | 6 | 5 | 6 | 7 | 7 | 8 | 8 | 9 | 10 | 10 | 11 | 11 | 12 | 10 | 11 |
| 日 | 2 | 2 | 3 | 3 | 4 | 5 | 5 | 6 | 6 | 7 | 6 | 7 | 8 | 8 | 9 | 9 | 10 | 11 | 11 | 12 | 12 | 13 | 11 | 12 |
| 曜 | 3 | 3 | 4 | 4 | 5 | 6 | 6 | 7 | 7 | 8 | 7 | 8 | 9 | 9 | 10 | 10 | 11 | 12 | 12 | 13 | 13 | 14 | 12 | 13 |
| 表 | 4十一 | 4 | 5 | 5 | 6 | 7 | 7 | 8 | 8 | 9 | 8 | 9 | 10 | 10 | 11 | 11 | 12 | 13 | 13 | 14 | 14 | 15 | 13 | 14 |
| 4 | 5 | 5十 | 6 | 6 | 7 | 8 | 8 | 9 | 9 | 10 | 9 | 10 | 11 | 11 | 12 | 12 | 13 | 14 | 14 | 15 | 15 | 16 | 14 | 15 |
| 甲 | 6 1 | 6 | 7九 | 7八 | 8 | 9 | 9 | 10 | 10 | 11 | 10 | 11 | 12 | 12 | 13 | 13 | 14 | 15 | 15 | 16 | 16 | 17 | 15 | 16 |
| 子 | 7 | 7 12 | 8 11 | 8 | 9七 | 10六 | 10 | 11 | 11 | 12 | 11 | 12 | 13 | 13 | 14 | 14 | 15 | 16 | 16 | 17 | 17 | 18 | 16 | 17 |
| 表 | 8 | 8 | 9 | 9 10 | 10 9 | 11 | 11五 | 12四 | 12三 | 13 | 12 | 13 | 14冬 | 14 | 15 | 15 | 16 | 17 | 17 | 18 | 18 | 19 | 17 | 18 |
| 15 | 9 | 9 | 10 | 10 | 11 | 12 8 | 12 7 | 13 | 13 | 14二 | 13正 | 14十二 | 15 | 15 | 16 | 16 | 17 | 18 | 18 | 19 | 19 | 20 | 18 | 19 |
| | 10 | 10 | 11 | 11 | 12 | 13 | 13 | 14 6 | 14 5 | 15 | 14 | 15 | 16閏 | 16十一 | 17 | 17 | 18 | 19 | 19 | 20 | 20 | 21 | 19 | 20 |

一二六二 壬戌 宋景定三 元中統三 661

一二六一 辛酉 宋景定二 元中統二 660

| | | | | | | | | | | | | | | | | | | | | | | | |
|---|---|---|---|---|---|---|---|---|---|---|---|---|---|---|---|---|---|---|---|---|---|---|---|
| 22 | 23 | 23 | 24 | 25 | 25 | 26 | 26 | 27 | 25 | 26 | 27 | 27 | 28 | 28 | 29 10 | 30 9 | 30 | 31 五 | 5 四 | 4 三 | 2 | 31 | 1 |
| 23 | 24 | 24 | 25 | 26 | 26 | 27 | 27 | 28 | 26 | 27 | 28 | 28 | 29 | 29 | 30 | 31 | 7 8 | 6 7 | 2 | 2 | 3 二 | 2 正 | 2 |
| 24 | 25 | 25 | 26 | 27 | 27 | 28 | 28 | 29 | 27 | 28 | 29 | 29 | 30 | 30 | 31 | 8 | 2 | 2 | 3 6 | 3 5 | 4 | 2 | 3 十二 |
| 25 | 26 | 26 | 27 | 28 | 28 | 29 | 29 | 30 | 28 | 29 | 30 | 30 | 31 | 10 | 9 | 2 | 3 | 3 | 4 | 4 | 5 4 | 3 3 | 4 |
| 26 | 27 | 27 | 28 | 29 | 29 | 30 | 30 | 31 | 3 | 30 | 31 | 12 | 11 | 2 | 2 | 3 | 4 | 4 | 5 | 5 | 6 | 4 | 5 2 |
| 27 | 28 | 28 | 29 | 30 | 30 | 31 | 5 | 4 | 2 | 31 | 1 | 2 | 2 | 3 | 3 | 4 | 5 | 5 | 6 | 6 | 7 | 5 | 6 |
| 28 | 29 | 29 | 30 | 31 | 7 | 6 | 2 | 2 | 3 | 2 | 2 | 3 | 3 | 4 | 4 | 5 | 6 | 6 | 7 | 7 | 8 | 6 | 7 |
| 29 | 30 | 30 | 31 | 8 | 2 | 2 | 3 | 3 | 4 | 2 | 3 | 4 | 4 | 5 | 5 | 6 | 7 | 7 | 8 | 8 | 9 | 7 | 8 |
| 30 | 31 | 10 | 9 | 2 | 3 | 3 | 4 | 4 | 5 | 3 | 4 | 5 | 5 | 6 | 6 | 7 | 8 | 8 | 9 | 9 | 10 | 8 | 9 |
| 12 | 11 | 2 | 2 | 3 | 4 | 4 | 5 | 5 | 6 | 4 | 5 | 6 | 6 | 7 | 7 | 8 | 9 | 9 | 10 | 10 | 11 | 9 | 10 |
| 2 | 2 | 3 | 3 | 4 | 5 | 5 | 6 | 6 | 7 | 5 | 6 | 7 | 7 | 8 | 8 | 9 | 10 | 10 | 11 | 11 | 12 | 10 | 11 |
| 3 | 3 | 4 | 4 | 5 | 6 | 6 | 7 | 7 | 8 | 6 | 7 | 8 | 8 | 9 | 9 | 10 | 11 | 11 | 12 | 12 | 13 | 11 | 12 |
| 4 | 4 | 5 | 5 | 6 | 7 | 7 | 8 | 8 | 9 | 7 | 8 | 9 | 9 | 10 | 10 | 11 | 12 | 12 | 13 | 13 | 14 | 12 | 13 |
| 5 | 5 | 6 | 6 | 7 | 8 | 8 | 9 | 9 | 10 | 8 | 9 | 10 | 10 | 11 | 11 | 12 | 13 | 13 | 14 | 14 | 15 | 13 | 14 |
| 6 | 6 | 7 | 7 | 8 | 9 | 9 | 10 | 10 | 11 | 9 | 10 | 11 | 11 | 12 | 12 | 13 | 14 | 14 | 15 | 15 | 16 | 14 | 15 |
| 7 | 7 | 8 | 8 | 9 | 10 | 10 | 11 | 11 | 12 | 10 | 11 | 12 | 12 | 13 | 13 | 14 | 15 | 15 | 16 | 16 | 17 | 15 | 16 |
| 8 | 8 | 9 | 9 | 10 | 11 | 11 | 12 | 12 | 13 | 11 | 12 | 13 | 13 | 14 | 14 | 15 | 16 | 16 | 17 | 17 | 18 | 16 | 17 |
| 9 | 9 | 10 | 10 | 11 | 12 | 12 | 13 | 13 | 14 | 12 | 13 | 14 冬 | 14 | 15 | 15 | 16 | 17 | 17 | 18 | 18 | 19 | 17 | 18 |
| 10 | 10 | 11 | 11 | 12 | 13 | 13 | 14 | 14 | 15 | 13 | 14 | 15 | 15 | 16 | 16 | 17 | 18 | 18 | 19 | 19 | 20 | 18 | 19 |
| 11 | 11 | 12 | 12 | 13 | 14 | 14 | 15 | 15 | 16 | 14 | 15 | 16 | 16 | 17 | 17 | 18 | 19 | 19 | 20 | 20 | 21 | 19 | 20 |
| 12 | 12 | 13 | 13 | 14 | 15 | 15 | 16 | 16 | 17 | 15 | 16 | 17 | 17 | 18 | 18 | 19 | 20 | 20 | 21 | 21 | 22 | 20 | 21 |
| 13 十一 | 13 | 14 | 14 | 15 | 16 | 16 | 17 | 17 | 18 | 16 | 17 | 18 | 18 | 19 | 19 | 20 | 21 | 21 | 22 | 22 | 23 | 21 | 22 |
| 14 冬 | 14 十 | 15 閏 | 15 九 | 16 | 17 | 17 | 18 | 18 | 19 | 17 | 18 | 19 | 19 | 20 | 20 | 21 | 22 | 22 | 23 | 23 | 24 | 22 | 23 |
| 15 2 | 15 1 | 16 | 16 | 17 八 | 18 七 | 18 六 | 19 | 19 | 20 | 18 | 19 | 20 | 20 | 21 | 21 | 22 | 23 | 23 | 24 | 24 | 25 | 23 | 24 |
| 16 | 16 | 17 12 | 17 11 | 18 | 19 | 19 | 20 五 | 20 四 | 21 | 19 | 20 | 21 | 21 | 22 | 22 | 23 | 24 | 24 | 25 | 25 | 26 | 24 | 25 |
| 17 | 17 | 18 | 18 | 19 10 | 20 9 | 20 | 21 | 21 | 22 三 | 20 二 | 21 | 22 | 22 | 23 | 23 | 24 | 25 | 25 | 26 | 26 | 27 | 25 | 26 |
| 18 | 18 | 19 | 19 | 20 | 21 | 21 8 | 22 7 | 22 | 23 | 21 | 22 正 | 23 | 23 | 24 | 24 | 25 | 26 | 26 | 27 | 27 | 28 | 26 | 27 |
| 19 | 19 | 20 | 20 | 21 | 22 | 22 | 23 | 23 6 | 24 5 | 22 | 23 | 24 十二 | 24 十一 | 25 | 25 | 26 | 27 | 27 | 28 | 28 | 29 | 27 | 28 |
| 20 | 20 | 21 | 21 | 22 | 23 | 23 | 24 | 24 | 25 | 23 4 | 24 3 | 25 | 25 | 26 十 | 26 九 | 27 | 28 | 28 | 29 | 29 | 30 | 28 | 29 |
| 21 | 21 | 22 | 22 | 23 | 24 | 24 | 25 | 25 | 26 | 24 | 25 | 26 2 | 26 1 | 27 12 | 27 11 | 28 八 | 29 七 | 29 六 | 30 | 30 | 31 | 3 | 30 |

一二六三
癸亥
宋景定四
元中統四

662

一二六四
甲子
宋景定五
元至元元 八月改

663

| | | | | | | | | | | | | | | | | | | | | | | | | |
|---|---|---|---|---|---|---|---|---|---|---|---|---|---|---|---|---|---|---|---|---|---|---|---|---|
| 11 | 11 | 12 | 12 | 13 | 14 | 14 | 15 | 15 | 16 | 15 | 16 | 17 | 17 | 18 | 18 | 19 | 20 | 20 | 21 | 21 | 22 | 20 | 21 | 22 |
| 12 | 12 | 13 | 13 | 14 | 15 | 15 | 16 | 16 | 17 | 16 | 17 | 18 | 18 | 19 | 19 | 20 | 21 | 21 | 22 | 22 | 23 | 21 | 22 | 23 |
| 13 | 13 | 14 | 14 | 15 | 16 | 16 | 17 | 17 | 18 | 17 | 18 | 19 | 19 | 20 | 20 | 21 | 22 | 22 | 23 | 23 | 24 | 22 | 23 | 24 |
| 14冬 | 14 | 15 | 15 | 16 | 17 | 17 | 18 | 18 | 19 | 18 | 19 | 20 | 20 | 21 | 21 | 22 | 23 | 23 | 24 | 24 | 25 | 23 | 24 | 25 |
| 15 | 15 | 16 | 16 | 17 | 18 | 18 | 19 | 19 | 20 | 19 | 20 | 21 | 21 | 22 | 22 | 23 | 24 | 24 | 25 | 25 | 26 | 24 | 25 | 26 |
| 16 | 16 | 17 | 17 | 18 | 19 | 19 | 20 | 20 | 21 | 20 | 21 | 22 | 22 | 23 | 23 | 24 | 25 | 25 | 26 | 26 | 27 | 25 | 26 | 27 |
| 17 | 17 | 18 | 18 | 19 | 20 | 20 | 21 | 21 | 22 | 21 | 22 | 23 | 23 | 24 | 24 | 25 | 26 | 26 | 27 | 27 | 28 | 26 | 27 | 28 |
| 18 | 18 | 19 | 19 | 20 | 21 | 21 | 22 | 22 | 23 | 22 | 23 | 24 | 24 | 25 | 25 | 26 | 27 | 27 | 28 | 28 | 29 | 27 | 28 | 29 |
| 19 | 19 | 20 | 20 | 21 | 22 | 22 | 23 | 23 | 24 | 23 | 24 | 25 | 25 | 26 | 26 | 27 | 28 | 28 | 29 | 29 | 30 | 28 | 29 | 30 |
| 20十二 | 20 | 21 | 21 | 22 | 23 | 23 | 24 | 24 | 25 | 24 | 25 | 26 | 26 | 27 | 27 | 28 | 29 | 29 | 30 | 30 | 31 | **3** | 30 | 31 |
| 21 | 21十一 | 22十 | 22九 | 23八 | 24 | 24 | 25 | 25 | 26 | 25 | 26 | 27 | 27 | 28 | 28 | 29 | 30 | 30 | **31** | **5** | **4** | 2 | 31 | **1** |
| 22 3 | 22 | 23 | 23 | 24 | 25七 | 25 | 26 | 26 | 27 | 26 | 27 | 28 | 28 | 29 | 29 | 30 | 31 | **7** | **6** | 2 | 2 | 3 | **2** | 2 |
| 23 | 23 2 | 24 1 | 24 12 | 25 11 | 26 | 26六 | 27五 | 27 | 28 | 27 | 28 | 29 | 29 | 30 | 30 | 31 | **8** | 2 | 2 | 3 | 3 | 4 | 2 | 3 |
| 24 | 24 | 25 | 25 | 26 | 27 10 | 27 9 | 28 | 28四 | 29 | 28 | 29 | 30 | 30 | 31 | **10** | **9** | 2 | 3 | 3 | 4 | 4 | 5 | 3 | 4 |
| 25 | 25 | 26 | 26 | 27 | 28 | 28 | 29 8 | 29 7 | 30三 | 29二 | 30 | 31 | **12** | **11** | 2 | 2 | 3 | 4 | 4 | 5 | 5 | 6 | 4 | 5 |
| 26 | 26 | 27 | 27 | 28 | 29 | 29 | 30 | 30 | 31 6 | **3** 5 | 31正 | **1**十二 | 2十一 | 2十 | 3 | 3 | 4 | 5 | 5 | 6 | 6 | 7 | 5 | 6 |
| 27 | 27 | 28 | 28 | 29 | 30 | 30 | 31 | **5** | **4** | 2 | **2** 4 | 2 3 | 3 | 3 | 4九 | 4八 | 5 | 6 | 6 | 7 | 7 | 8 | 6 | 7 |
| 28 | 28 | 29 | 29 | 30 | 31 | **7** | **6** | 2 | 2 | 3 | 2 | 3 | 4 2 | 4 1 | 5 | 5 | 6七 | 7六 | 7 | 8 | 8 | 9 | 7 | 8 |
| 29 | 29 | 30 | 30 | 31 | **8** | 2 | 2 | 3 | 3 | 4 | 3 | 4 | 5 | 5 | 6 12 | 6 11 | 7 | 8 | 8五 | 9四 | 9 | 10 | 8 | 9 |
| 30 | 30 | 31 | **10** | **9** | 2 | 3 | 3 | **4** | 4 | 5 | 4 | 5 | 6 | 6 | 7 | 7 | 8 10 | 9 9 | 9 | 10 | 10三 | 11二 | 9 | 10 |
| 31 | **12** | **11** | 2 | 2 | 3 | 4 | 4 | 5 | 5 | 6 | 5 | 6 | 7 | 7 | 8 | 8 | 9 | 10 | 10 8 | 11 7 | 11 | 12 | 10正 | 11 |
| 日 | 2 | 2 | 3 | 3 | 4 | 5 | 5 | 6 | 6 | 7 | 6 | 7 | 8 | 8 | 9 | 9 | 10 | 11 | 11 | 12 | 12 6 | 13 5 | 11 | 12十二 |
| 曜 | 3 | 3 | 4 | 4 | 5 | 6 | 6 | 7 | 7 | 8 | 7 | 8 | 9 | 9 | 10 | 10 | 11 | 12 | 12 | 13 | 13 | 14 | 12 4 | 13 3 |
| 表 | 4 | 4 | 5 | 5 | 6 | 7 | 7 | 8 | 8 | 9 | 8 | 9 | 10 | 10 | 11 | 11 | 12 | 13 | 13 | 14 | 14 | 15 | 13 | 14 |
| 5 | 5 | 5 | 6 | 6 | 7 | 8 | 8 | 9 | 9 | 10 | 9 | 10 | 11 | 11 | 12 | 12 | 13 | 14 | 14 | 15 | 15 | 16 | 14 | 15 |
| 甲 | 6 | 6 | 7 | 7 | 8 | 9 | 9 | 10 | 10 | 11 | 10 | 11 | 12 | 12 | 13 | 13 | 14 | 15 | 15 | 16 | 16 | 17 | 15 | 16 |
| 子 | 7 | 7 | 8 | 8 | 9 | 10 | 10 | 11 | 11 | 12 | 11 | 12 | 13 | 13 | 14 | 14 | 15 | 16 | 16 | 17 | 17 | 18 | 16 | 17 |
| 表 | 8 | 8 | 9 | 9 | 10 | 11 | 11 | 12 | 12 | 13 | 12 | 13 | 14冬 | 14 | 15 | 15 | 16 | 17 | 17 | 18 | 18 | 19 | 17 | 18 |
| 16 | 9 | 9 | 10 | 10 | 11 | 12 | 12 | 13 | 13 | 14 | 13 | 14 | 15 | 15 | 16 | 16 | 17 | 18 | 18 | 19 | 19 | 20 | 18 | 19 |
| | 10 | 10 | 11 | 11 | 12 | 13 | 13 | 14 | 14 | 15 | 14 | 15 | 16 | 16 | 17 | 17 | 18 | 19 | 19 | 20 | 20 | 21 | 19 | 20 |

一二六六 丙寅 宋咸淳二 元至元三 665

一二六五 乙丑 宋咸淳元(度宗) 元至元二 664

| | | | | | | | | | | | | | | | | | | | | | | | |
|---|---|---|---|---|---|---|---|---|---|---|---|---|---|---|---|---|---|---|---|---|---|---|---|
| 22 | 23 | 23 | 24 | 25 | 25 | 26 | 26 | 27 | 25 | 26 | 27 | 27 | 28 | 28 | 29 | 30 | 30 | 31 | 5 | 4 | 2 | 31 | 1 |
| 23 | 24 | 24 | 25 | 26 | 26 | 27 | 27 | 28 | 26 | 27 | 28 | 28 | 29 | 29 | 30 | 31 | 7 | 6 | 2 | 2 | 3 | 2 | 2 |
| 24 | 25 | 25 | 26 | 27 | 27 | 28 | 28 | 29 | 27 | 28 | 29 | 29 | 30 | 30 | 31 | 8 | 2 | 2 | 3 | 3 | 4 | 2 | 3 |
| 25 | 26 | 26 | 27 | 28 | 28 | 29 | 29 | 30 | 28 | 29 | 30 | 30 | 31 | 10 | 9 | 2 | 3 | 3 | 4 | 4 | 5 | 3 | 4 |
| 26 | 27 | 27 | 28 | 29 | 29 | 30 | 30 | 31 | 3 | 30 | 31 | 12 | 11 | 2 | 2 | 3 | 4 | 4 | 5 | 5 | 6 | 4 | 5 |
| 27 | 28 | 28 | 29 | 30 | 30 | 31 | 5 | 4 | 2 | 31 | 1 | 2 | 2 | 3 | 3 | 4 | 5 | 5 | 6 | 6 | 7 | 5 | 6 |
| 28 | 十二 29 | 29 | 30 | 31 | 7 | 6 | 2 | 2 | 3 | 2 | 2 | 3 | 3 | 4 | 4 | 5 | 6 | 6 | 7 | 7 | 8 | 6 | 7 |
| 29 | 30 | 十 30 | 九 31 | 8 | 2 | 2 | 3 | 3 | 4 | 2 | 3 | 4 | 4 | 5 | 5 | 6 | 7 | 7 | 8 | 8 | 9 | 7 | 8 |
| 30 | 3 31 | 10 | 9 | 八 2 | 3 | 3 | 4 | 4 | 5 | 3 | 4 | 5 | 5 | 6 | 6 | 7 | 8 | 8 | 9 | 9 | 10 | 8 | 9 |
| 12 | 11 | 2 2 | 1 2 | 3 | 七 4 | 六 4 | 5 | 5 | 6 | 4 | 5 | 6 | 6 | 7 | 7 | 8 | 9 | 9 | 10 | 10 | 11 | 9 | 10 |
| 2 | 2 | 3 | 3 | 12 4 | 11 5 | 5 | 五 6 | 6 | 7 | 5 | 6 | 7 | 7 | 8 | 8 | 9 | 10 | 10 | 11 | 11 | 12 | 10 | 11 |
| 3 | 3 | 4 | 4 | 5 | 6 | 10 6 | 9 7 | 四 7 | 三 8 | 6 | 7 | 8 | 8 | 9 | 9 | 10 | 11 | 11 | 12 | 12 | 13 | 11 | 12 |
| 4 | 4 | 5 | 5 | 6 | 7 | 7 | 8 | 8 8 | 7 9 | 二 7 | 正 8 | 十二 9 | 十一 9 | 10 | 10 | 11 | 12 | 12 | 13 | 13 | 14 | 12 | 13 |
| 5 | 5 | 6 | 6 | 7 | 8 | 8 | 9 | 9 | 10 | 6 8 | 5 9 | 10 | 10 | 十 11 | 九 11 | 八 12 | 13 | 13 | 14 | 14 | 15 | 13 | 14 |
| 6 | 6 | 7 | 7 | 8 | 9 | 9 | 10 | 10 | 11 | 9 | 10 | 4 11 | 3 11 | 12 | 12 | 13 | 七 14 | 14 | 15 | 15 | 16 | 14 | 15 |
| 7 | 7 | 8 | 8 | 9 | 10 | 10 | 11 | 11 | 12 | 10 | 11 | 12 | 12 | 2 13 | 1 13 | 14 | 15 | 六 15 | 閏 16 | 16 | 17 | 15 | 16 |
| 8 | 8 | 9 | 9 | 10 | 11 | 11 | 12 | 12 | 13 | 11 | 12 | 13 | 13 | 14 | 14 | 12 15 | 11 16 | 16 | 17 | 五 17 | 18 | 16 | 17 |
| 9 | 9 | 10 | 10 | 11 | 12 | 12 | 13 | 13 | 14 | 12 | 13 | 14 | 冬 14 | 15 | 15 | 16 | 17 | 10 17 | 9 18 | 18 | 四 19 | 三 17 | 18 |
| 10 | 10 | 11 | 11 | 12 | 13 | 13 | 14 | 14 | 15 | 13 | 14 | 15 | 15 | 16 | 16 | 17 | 18 | 18 | 19 | 8 19 | 7 20 | 18 | 二 19 正 |
| 11 | 11 | 12 | 12 | 13 | 14 | 14 | 15 | 15 | 16 | 14 | 15 | 16 | 16 | 17 | 17 | 18 | 19 | 19 | 20 | 20 | 21 | 6 19 | 5 20 |
| 12 | 12 | 13 | 13 | 14 | 15 | 15 | 16 | 16 | 17 | 15 | 16 | 17 | 17 | 18 | 18 | 19 | 20 | 20 | 21 | 21 | 22 | 20 | 21 4 |
| 13 | 13 | 14 | 14 | 15 | 16 | 16 | 17 | 17 | 18 | 16 | 17 | 18 | 18 | 19 | 19 | 20 | 21 | 21 | 22 | 22 | 23 | 21 | 22 |
| 14 | 冬 14 | 15 | 15 | 16 | 17 | 17 | 18 | 18 | 19 | 17 | 18 | 19 | 19 | 20 | 20 | 21 | 22 | 22 | 23 | 23 | 24 | 22 | 23 |
| 15 | 15 | 16 | 16 | 17 | 18 | 18 | 19 | 19 | 20 | 18 | 19 | 20 | 20 | 21 | 21 | 22 | 23 | 23 | 24 | 24 | 25 | 23 | 24 |
| 16 | 16 | 17 | 17 | 18 | 19 | 19 | 20 | 20 | 21 | 19 | 20 | 21 | 21 | 22 | 22 | 23 | 24 | 24 | 25 | 25 | 26 | 24 | 25 |
| 17 | 17 | 18 | 18 | 19 | 20 | 20 | 21 | 21 | 22 | 20 | 21 | 22 | 22 | 23 | 23 | 24 | 25 | 25 | 26 | 26 | 27 | 25 | 26 |
| 18 | 18 | 19 | 19 | 20 | 21 | 21 | 22 | 22 | 23 | 21 | 22 | 23 | 23 | 24 | 24 | 25 | 26 | 26 | 27 | 27 | 28 | 26 | 27 |
| 19 | 19 | 20 | 20 | 21 | 22 | 22 | 23 | 23 | 24 | 22 | 23 | 24 | 24 | 25 | 25 | 26 | 27 | 27 | 28 | 28 | 29 | 27 | 28 |
| 20 | 20 | 21 | 21 | 22 | 23 | 23 | 24 | 24 | 25 | 23 | 24 | 25 | 25 | 26 | 26 | 27 | 28 | 28 | 29 | 29 | 30 | 28 | 29 |
| 21 | 21 | 22 | 22 | 23 | 24 | 24 | 25 | 25 | 26 | 24 | 25 | 26 | 26 | 27 | 27 | 28 | 29 | 29 | 30 | 30 | 31 | 3 | 30 |

一二六八 戊辰 宋咸淳四 元至元五

667

一二六七 丁卯 宋咸淳三 元至元四

666

| | | | | | | | | | | | | | | | | | | | | | | | | |
|---|---|---|---|---|---|---|---|---|---|---|---|---|---|---|---|---|---|---|---|---|---|---|---|---|
| 11 | 11 | 12 | 12 | 13 | 14 | 14 | 10 15 | 9 15 | 16 | 15 | 閏 16 | 正 17 | 十二 17 | 18 | 18 | 19 | 20 | 20 | 21 | 21 | 22 | 20 | 21 | 22 |
| 12 | 12 | 13 | 13 | 14 | 15 | 15 | 16 | 16 | 8 17 | 7 16 | 17 | 18 | 18 | 十一 19 | 十 19 | 20 | 21 | 21 | 22 | 22 | 23 | 21 | 22 | 23 |
| 13 | 13 | 14 | 14 | 15 | 16 | 16 | 17 | 17 | 18 | 17 | 6 18 | 5 19 | 19 | 20 | 20 | 九 21 | 22 | 22 | 23 | 23 | 24 | 22 | 23 | 24 |
| 14 | 冬 14 | 15 | 15 | 16 | 17 | 17 | 18 | 18 | 19 | 18 | 19 | 20 | 4 20 | 3 21 | 21 | 22 | 八 23 | 七 23 | 24 | 24 | 25 | 23 | 24 | 25 |
| 15 | 15 | 16 | 16 | 17 | 18 | 18 | 19 | 19 | 20 | 19 | 20 | 21 | 21 | 22 | 2 22 | 1 23 | 12 24 | 11 24 | 六 25 | 五 25 | 26 | 24 | 25 | 26 |
| 16 | 16 | 17 | 17 | 18 | 19 | 19 | 20 | 20 | 21 | 20 | 21 | 22 | 22 | 23 | 23 | 24 | 25 | 25 | 10 26 | 9 26 | 四 27 | 三 25 | 26 | 27 |
| 17 | 17 | 18 | 18 | 19 | 20 | 20 | 21 | 21 | 22 | 21 | 22 | 23 | 23 | 24 | 24 | 25 | 26 | 26 | 27 | 27 | 8 28 | 7 26 | 二 27 | 正 28 十二 |
| 18 | 18 | 19 | 19 | 20 | 21 | 21 | 22 | 22 | 23 | 22 | 23 | 24 | 24 | 25 | 25 | 26 | 27 | 27 | 28 | 28 | 29 | 27 | 6 28 | 5 29 |
| 19 | 19 | 20 | 20 | 21 | 22 | 22 | 23 | 23 | 24 | 23 | 24 | 25 | 25 | 26 | 26 | 27 | 28 | 28 | 29 | 29 | 30 | 28 | 29 | 30 4 |
| 20 | 20 | 21 | 21 | 22 | 23 | 23 | 24 | 24 | 25 | 24 | 25 | 26 | 26 | 27 | 27 | 28 | 29 | 29 | 30 | 30 | 31 | **3** | 30 | 31 |
| 21 | 21 | 22 | 22 | 23 | 24 | 24 | 25 | 25 | 26 | 25 | 26 | 27 | 27 | 28 | 28 | 29 | 30 | 30 | 31 | **5** | **4** | 2 | 31 | **1** |
| 22 | 22 | 23 | 23 | 24 | 25 | 25 | 26 | 26 | 27 | 26 | 27 | 28 | 28 | 29 | 29 | 30 | 31 | **7** | **6** | 2 | 2 | 3 | **2** | 2 |
| 23 | 23 | 24 | 24 | 25 | 26 | 26 | 27 | 27 | 28 | 27 | 28 | 29 | 29 | 30 | 30 | 31 | **8** | 2 | 2 | 3 | 3 | 4 | 2 | 3 |
| 24 | 24 | 25 | 25 | 26 | 27 | 27 | 28 | 28 | 29 | 28 | 29 | 30 | 30 | 31 | **10** | **9** | 2 | 3 | 3 | 4 | 4 | 5 | 3 | 4 |
| 25 | 25 | 26 | 26 | 27 | 28 | 28 | 29 | 29 | 30 | 29 | 30 | 31 | **12** | **11** | 2 | 2 | 3 | 4 | 4 | 5 | 5 | 6 | 4 | 5 |
| 26 | 26 | 27 | 27 | 28 | 29 | 29 | 30 | 30 | 31 | **3** | 31 | **1** | 2 | 2 | 3 | 3 | 4 | 5 | 5 | 6 | 6 | 7 | 5 | 6 |
| 27 | 27 | 28 | 28 | 29 | 30 | 30 | 31 | **5** | **4** | 2 | **2** | 2 | 3 | 3 | 4 | 4 | 5 | 6 | 6 | 7 | 7 | 8 | 6 | 7 |
| 28 | 28 | 29 | 29 | 30 | 31 | **7** | **6** | 2 | 2 | 3 | 2 | 3 | 4 | 4 | 5 | 5 | 6 | 7 | 7 | 8 | 8 | 9 | 7 | 8 |
| 29 | 29 | 30 | 30 | 31 | **8** | 2 | 2 | 3 | 3 | 4 | 3 | 4 | 5 | 5 | 6 | 6 | 7 | 8 | 8 | 9 | 9 | 10 | 8 | 9 |
| 30 | 30 | 31 | **10** | **9** | 2 | 3 | 3 | 4 | 4 | 5 | 4 | 5 | 6 | 6 | 7 | 7 | 8 | 9 | 9 | 10 | 10 | 11 | 9 | 10 |
| 31 | **12** | **11** | 2 | 2 | 3 | 4 | 4 | 5 | 5 | 6 | 5 | 6 | 7 | 7 | 8 | 8 | 9 | 10 | 10 | 11 | 11 | 12 | 10 | 11 |
| 日 | 2 | 2 | 3 | 3 | 4 | 5 | 5 | 6 | 6 | 7 | 6 | 7 | 8 | 8 | 9 | 9 | 10 | 11 | 11 | 12 | 12 | 13 | 11 | 12 |
| 曜 | 3 | 3 | 4 | 4 | 5 | 6 | 6 | 7 | 7 | 8 | 7 | 8 | 9 | 9 | 10 | 10 | 11 | 12 | 12 | 13 | 13 | 14 | 12 | 13 |
| 表 | 4 | 4 | 5 | 5 | 6 | 7 | 7 | 8 | 8 | 9 | 8 | 9 | 10 | 10 | 11 | 11 | 12 | 13 | 13 | 14 | 14 | 15 | 13 | 14 |
| 6 | 5 | 5 | 6 | 6 | 7 | 8 | 8 | 9 | 9 | 10 | 9 | 10 | 11 | 11 | 12 | 12 | 13 | 14 | 14 | 15 | 15 | 16 | 14 | 15 |
| 甲 | 6 | 十一 6 | 十 7 | 7 | 8 | 9 | 9 | 10 | 10 | 11 | 10 | 11 | 12 | 12 | 13 | 13 | 14 | 15 | 15 | 16 | 16 | 17 | 15 | 16 |
| 子 | 7 | 7 | 8 | 九 8 | 9 | 10 | 10 | 11 | 11 | 12 | 11 | 12 | 13 | 13 | 14 | 14 | 15 | 16 | 16 | 17 | 17 | 18 | 16 | 17 |
| 表 | 8 | 4 8 | 3 9 | 9 | 八 10 | 七 11 | 11 | 12 | 12 | 13 | 12 | 13 | 14 | 冬 14 | 15 | 15 | 16 | 17 | 17 | 18 | 18 | 19 | 17 | 18 |
| 17 | 9 | 9 | 10 | 2 10 | 1 11 | 12 | 六 12 | 五 13 | 13 | 14 | 13 | 14 | 15 | 15 | 16 | 16 | 17 | 18 | 18 | 19 | 19 | 20 | 18 | 19 |
| | 10 | 10 | 11 | 11 | 12 | 12 13 | 11 13 | 14 | 四 14 | 三 15 | 二 14 | 15 | 16 | 16 | 17 | 17 | 18 | 19 | 19 | 20 | 20 | 21 | 19 | 20 |

一二七〇 庚午 宋咸淳六 元至元七

元閏十一月

669

一二六九 己巳 宋咸淳五 元至元六

668

| | | | | | | | | | | | | | | | | | | | | | | | |
|---|---|---|---|---|---|---|---|---|---|---|---|---|---|---|---|---|---|---|---|---|---|---|---|
| 22 | 23 | 23 | 24 | 25 | 25 | 26 | 26 | 27 | 25 | 26 6 | 27 5 | 27 | 28 | 28 九 | 29 八 | 30 | 30 | 31 | **5** | **4** | 2 | 31 | **1** |
| 23 | 24 | 24 | 25 | 26 | 26 | 27 | 27 | 28 | 26 | 27 | 28 | 28 4 | 29 3 | 29 | 30 | 31 七 | **7** 六 | **6** | 2 | 2 | 3 | **2** | 2 |
| 24 | 25 | 25 | 26 | 27 | 27 | 28 | 28 | 29 | 27 | 28 | 29 | 29 | 30 | 30 2 | 31 1 | **8** 12 | 2 11 | 2 五 | 3 四 | 3 三 | 4 | 2 | 3 |
| 25 | 26 | 26 | 27 | 28 | 28 | 29 | 29 | 30 | 28 | 29 | 30 | 30 | 31 | **10** | **9** | 2 | 3 | 3 10 | 4 9 | 4 | 5 二 | 3 正 | 4 十二 |
| 26 | 27 | 27 | 28 | 29 | 29 | 30 | 30 | 31 | **3** | 30 | 31 | **12** | **11** | 2 | 2 | 3 | 4 | 4 | 5 | 5 8 | 6 7 | **4** | 5 |
| 27 | 28 | 28 | 29 | 30 | 30 | 31 | **5** | **4** | 2 | 31 | **1** | 2 | 2 | 3 | 3 | 4 | 5 | 5 | 6 | 6 | 7 | 5 6 | 6 5 |
| 28 | 29 | 29 | 30 | 31 | **7** | **6** | 2 | 2 | 3 | **2** | 2 | 3 | 3 | 4 | 4 | 5 | 6 | 6 | 7 | 7 | 8 | 6 | 7 |
| 29 | 30 | 30 | 31 | **8** | 2 | 2 | 3 | 3 | 4 | 2 | 3 | 4 | 4 | 5 | 5 | 6 | 7 | 7 | 8 | 8 | 9 | 7 | 8 |
| 30 | 31 | **10** | **9** | 2 | 3 | 3 | 4 | 4 | 5 | 3 | 4 | 5 | 5 | 6 | 6 | 7 | 8 | 8 | 9 | 9 | 10 | 8 | 9 |
| **12** | **11** | 2 | 2 | 3 | 4 | 4 | 5 | 5 | 6 | 4 | 5 | 6 | 6 | 7 | 7 | 8 | 9 | 9 | 10 | 10 | 11 | 9 | 10 |
| 2 | 2 | 3 | 3 | 4 | 5 | 5 | 6 | 6 | 7 | 5 | 6 | 7 | 7 | 8 | 8 | 9 | 10 | 10 | 11 | 11 | 12 | 10 | 11 |
| 3 | 3 | 4 | 4 | 5 | 6 | 6 | 7 | 7 | 8 | 6 | 7 | 8 | 8 | 9 | 9 | 10 | 11 | 11 | 12 | 12 | 13 | 11 | 12 |
| 4 | 4 | 5 | 5 | 6 | 7 | 7 | 8 | 8 | 9 | 7 | 8 | 9 | 9 | 10 | 10 | 11 | 12 | 12 | 13 | 13 | 14 | 12 | 13 |
| 5 | 5 | 6 | 6 | 7 | 8 | 8 | 9 | 9 | 10 | 8 | 9 | 10 | 10 | 11 | 11 | 12 | 13 | 13 | 14 | 14 | 15 | 13 | 14 |
| 6 | 6 | 7 | 7 | 8 | 9 | 9 | 10 | 10 | 11 | 9 | 10 | 11 | 11 | 12 | 12 | 13 | 14 | 14 | 15 | 15 | 16 | 14 | 15 |
| 7 | 7 | 8 | 8 | 9 | 10 | 10 | 11 | 11 | 12 | 10 | 11 | 12 | 12 | 13 | 13 | 14 | 15 | 15 | 16 | 16 | 17 | 15 | 16 |
| 8 | 8 | 9 | 9 | 10 | 11 | 11 | 12 | 12 | 13 | 11 | 12 | 13 | 13 | 14 | 14 | 15 | 16 | 16 | 17 | 17 | 18 | 16 | 17 |
| 9 | 9 | 10 | 10 | 11 | 12 | 12 | 13 | 13 | 14 | 12 | 13 | 14 冬 | 14 | 15 | 15 | 16 | 17 | 17 | 18 | 18 | 19 | 17 | 18 |
| 10 | 10 | 11 | 11 | 12 | 13 | 13 | 14 | 14 | 15 | 13 | 14 | 15 | 15 | 16 | 16 | 17 | 18 | 18 | 19 | 19 | 20 | 18 | 19 |
| 11 | 11 | 12 | 12 | 13 | 14 | 14 | 15 | 15 | 16 | 14 | 15 | 16 | 16 | 17 | 17 | 18 | 19 | 19 | 20 | 20 | 21 | 19 | 20 |
| 12 | 12 | 13 | 13 | 14 | 15 | 15 | 16 | 16 | 17 | 15 | 16 | 17 | 17 | 18 | 18 | 19 | 20 | 20 | 21 | 21 | 22 | 20 | 21 |
| 13 | 13 | 14 | 14 | 15 | 16 | 16 | 17 | 17 | 18 | 16 | 17 | 18 | 18 | 19 | 19 | 20 | 21 | 21 | 22 | 22 | 23 | 21 | 22 |
| 14 冬 十一 | 14 | 15 | 15 | 16 | 17 | 17 | 18 | 18 | 19 | 17 | 18 | 19 | 19 | 20 | 20 | 21 | 22 | 22 | 23 | 23 | 24 | 22 | 23 |
| 15 | 15 閏 | 16 | 16 | 17 | 18 | 18 | 19 | 19 | 20 | 18 | 19 | 20 | 20 | 21 | 21 | 22 | 23 | 23 | 24 | 24 | 25 | 23 | 24 |
| 16 5 | 16 | 17 十 | 17 九 | 18 八 | 19 | 19 | 20 | 20 | 21 | 19 | 20 | 21 | 21 | 22 | 22 | 23 | 24 | 24 | 25 | 25 | 26 | 24 | 25 |
| 17 | 17 4 | 18 3 | 18 | 19 | 20 七 | 20 六 | 21 | 21 | 22 | 20 | 21 | 22 | 22 | 23 | 23 | 24 | 25 | 25 | 26 | 26 | 27 | 25 | 26 |
| 18 | 18 | 19 | 19 2 | 20 1 | 21 | 21 | 22 五 | 22 四 | 23 三 | 21 | 22 | 23 | 23 | 24 | 24 | 25 | 26 | 26 | 27 | 27 | 28 | 26 | 27 |
| 19 | 19 | 20 | 20 | 21 | 22 12 | 22 11 | 23 | 23 | 24 | 22 二 | 23 正 | 24 | 24 | 25 | 25 | 26 | 27 | 27 | 28 | 28 | 29 | 27 | 28 |
| 20 | 20 | 21 | 21 | 22 | 23 | 23 | 24 10 | 24 9 | 25 | 23 | 24 | 25 十二 | 25 十一 | 26 | 26 | 27 | 28 | 28 | 29 | 29 | 30 | 28 | 29 |
| 21 | 21 | 22 | 22 | 23 | 24 | 24 | 25 | 25 | 26 8 | 24 7 | 25 | 26 | 26 | 27 十 | 27 | 28 | 29 | 29 | 30 | 30 | 31 | **3** | 30 |

勵耘書屋

一二七二 壬申 宋咸淳八 元至元九

671

一二七一 辛未 宋咸淳七 元至元八

670

| | | | | | | | | | | | | | | | | | | | | | | | | |
|---|---|---|---|---|---|---|---|---|---|---|---|---|---|---|---|---|---|---|---|---|---|---|---|---|
| 11 | 11 | 12 | 12 | 13 | 14 | 14 | 15 | 15 | 16 | 15 | 16 | 17 | 17 | 18 | 18 | 19 | 20 | 20 | 21 | 21 | 22 | 20 | 21 | 22 |
| 12 | 12 | 13 | 13 | 14 | 15 | 15 | 16 | 16 | 17 | 16 | 17 | 18 | 18 | 19 | 19 | 20 | 21 | 21 | 22 | 22 | 23 | 21 | 22 | 23 |
| 13 | 13 | 14 | 14 | 15 | 16 | 16 | 17 | 17 | 18 | 17 | 18 | 19 | 19 | 20 | 20 | 21 | 22 | 22 | 23 | 23 | 24 | 22 | 23 | 24 |
| 14冬 | 14 | 15 | 15 | 16 | 17 | 17 | 18 | 18 | 19 | 18 | 19 | 20 | 20 | 21 | 21 | 22 | 23 | 23 | 24 | 24 | 25 | 23 | 24 | 25 |
| 15 | 15 | 16 | 16 | 17 | 18 | 18 | 19 | 19 | 20 | 19 | 20 | 21 | 21 | 22 | 22 | 23 | 24 | 24 | 25 | 25 | 26 | 24 | 25 | 26 |
| 16 | 16 | 17 | 17 | 18 | 19 | 19 | 20 | 20 | 21 | 20 | 21 | 22 | 22 | 23 | 23 | 24 | 25 | 25 | 26 | 26 | 27 | 25 | 26 | 27 |
| 17 | 17 | 18 | 18 | 19 | 20 | 20 | 21 | 21 | 22 | 21 | 22 | 23 | 23 | 24 | 24 | 25 | 26 | 26 | 27 | 27 | 28 | 26 | 27 | 28 |
| 18 | 18 | 19 | 19 | 20 | 21 | 21 | 22 | 22 | 23 | 22 | 23 | 24 | 24 | 25 | 25 | 26 | 27 | 27 | 28 | 28 | 29 | 27 | 28 | 29 |
| 19 | 19 | 20 | 20 | 21 | 22 | 22 | 23 | 23 | 24 | 23 | 24 | 25 | 25 | 26 | 26 | 27 | 28 | 28 | 29 | 29 | 30 | 28 | 29 | 30 |
| 20 | 20 | 21 | 21 | 22 | 23 | 23 | 24 | 24 | 25 | 24 | 25 | 26 | 26 | 27 | 27 | 28 | 29 | 29 | 30 | 30 | 31 | **3** | 30 | 31 |
| 21 | 21 | 22 | 22 | 23 | 24 | 24 | 25 | 25 | 26 | 25 | 26 | 27 | 27 | 28 | 28 | 29 | 30 | 30 | 31 | **5** | **4** | 2 | 31 | **1** |
| 22十二 | 22十一 | 23 | 23 | 24 | 25 | 25 | 26 | 26 | 27 | 26 | 27 | 28 | 28 | 29 | 29 | 30 | 31 | **7** | **6** | 2 | 2 | 3 | **2** | 2 |
| 23 | 23 | 24十 | 24九 | 25八 | 26 | 26 | 27 | 27 | 28 | 27 | 28 | 29 | 29 | 30 | 30 | 31 | **8** | 2 | 2 | 3 | 3 | 4 | 2 | 3 |
| 24 6 | 24 5 | 25 | 25 | 26 | 27七 | 27六 | 28 | 28 | 29 | 28 | 29 | 30 | 30 | 31 | **10** | **9** | 2 | 3 | 3 | 4 | 4 | 5 | 3 | 4 |
| 25 | 25 | 26 4 | 26 3 | 27 | 28 | 28 | 29五 | 29四 | 30 | 29 | 30 | 31 | **12** | **11** | 2 | 2 | 3 | 4 | 4 | 5 | 5 | 6 | 4 | 5 |
| 26 | 26 | 27 | 27 | 28 2 | 29 1 | 29 12 | 30 11 | 30 | 31三 | **3** | 31 | **1** | 2 | 2 | 3 | 3 | 4 | 5 | 5 | 6 | 6 | 7 | 5 | 6 |
| 27 | 27 | 28 | 28 | 29 | 30 | 30 | 31 | **5** 10 | **4** 9 | 2二 | **2**正 | 2 | 3 | 3 | 4 | 4 | 5 | 6 | 6 | 7 | 7 | 8 | 6 | 7 |
| 28 | 28 | 29 | 29 | 30 | 31 | **7** | **6** | 2 | 2 | 3 8 | 2 7 | 3十二 | 4十一 | 4十 | 5 | 5 | 6 | 7 | 7 | 8 | 8 | 9 | 7 | 8 |
| 29 | 29 | 30 | 30 | 31 | **8** | 2 | 2 | 3 | 3 | 4 | 3 | 4 6 | 5 5 | 5 | 6九 | 6八 | 7七 | 8 | 8 | 9 | 9 | 10 | 8 | 9 |
| 30 | 30 | 31 | **10** | **9** | 2 | 3 | 3 | **4** | **4** | 5 | 4 | 5 | 6 | 6 4 | 7 3 | 7 | 8 | 9六 | 9五 | 10 | 10 | 11 | 9 | 10 |
| 31 | **12** | **11** | 2 | 2 | 3 | 4 | 4 | 5 | 5 | 6 | 5 | 6 | 7 | 7 | 8 | 8 2 | 9 1 | 10 | 10 | 11四 | 11三 | 12 | 10 | 11 |
| 日 | 2 | 2 | 3 | 3 | 4 | 5 | 5 | 6 | 6 | 7 | 6 | 7 | 8 | 8 | 9 | 9 | 10 | 11 12 | 11 11 | 12 | 12 | 13二 | 11正 | 12 |
| 曜 | 3 | 3 | 4 | 4 | 5 | 6 | 6 | 7 | 7 | 8 | 7 | 8 | 9 | 9 | 10 | 10 | 11 | 12 | 12 | 13 10 | 13 9 | 14 | 12 | 13十二 |
| 表 | 4 | 4 | 5 | 5 | 6 | 7 | 7 | 8 | 8 | 9 | 8 | 9 | 10 | 10 | 11 | 11 | 12 | 13 | 13 | 14 | 14 | 15 8 | 13 7 | 14 |
| 7 | 5 | 5 | 6 | 6 | 7 | 8 | 8 | 9 | 9 | 10 | 9 | 10 | 11 | 11 | 12 | 12 | 13 | 14 | 14 | 15 | 15 | 16 | 14 | 15 6 |
| 甲 | 6 | 6 | 7 | 7 | 8 | 9 | 9 | 10 | 10 | 11 | 10 | 11 | 12 | 12 | 13 | 13 | 14 | 15 | 15 | 16 | 16 | 17 | 15 | 16 |
| 子 | 7 | 7 | 8 | 8 | 9 | 10 | 10 | 11 | 11 | 12 | 11 | 12 | 13 | 13 | 14 | 14 | 15 | 16 | 16 | 17 | 17 | 18 | 16 | 17 |
| 表 | 8 | 8 | 9 | 9 | 10 | 11 | 11 | 12 | 12 | 13 | 12 | 13 | 14冬 | 14 | 15 | 15 | 16 | 17 | 17 | 18 | 18 | 19 | 17 | 18 |
| 18 | 9 | 9 | 10 | 10 | 11 | 12 | 12 | 13 | 13 | 14 | 13 | 14 | 15 | 15 | 16 | 16 | 17 | 18 | 18 | 19 | 19 | 20 | 18 | 19 |
| | 10 | 10 | 11 | 11 | 12 | 13 | 13 | 14 | 14 | 15 | 14 | 15 | 16 | 16 | 17 | 17 | 18 | 19 | 19 | 20 | 20 | 21 | 19 | 20 |

| 一二七四 甲戌 宋咸淳一〇 元至元一一 673 | | | | | | | | | | | | 一二七三 癸酉 宋咸淳九 元至元一〇 672 | | | | | | | | | | | |
|---|---|---|---|---|---|---|---|---|---|---|---|---|---|---|---|---|---|---|---|---|---|---|---|
| 22 | 23 | 23 | 24 | 25 | 25 | 26 | 26 | 27 | 25 | 26 | 27 | 27 | 28 | 28 | 29 | 30 | 30 | 31 | **5** | **4** | 2 | 31 | **1** |
| 23 | 24 | 24 | 25 | 26 | 26 | 27 | 27 | 28 | 26 | 27 | 28 | 28 | 29 | 29 | 30 | 31 | **7** | **6** | 2 | 2 | 3 | **2** | 2 |
| 24 | 25 | 25 | 26 | 27 | 27 | 28 | 28 | 29 | 27 | 28 | 29 | 29 | 30 | 30 | 31 | **8** | 2 | 2 | 3 | 3 | 4 | 2 | 3 |
| 25 | 26 | 26 | 27 | 28 | 28 | 29 | 29 | 30 | 28 | 29 | 30 | 30 | 31 | **10** | **9** | 2 | 3 | 3 | 4 | 4 | 5 | 3 | 4 |
| 26 | 27 | 27 | 28 | 29 | 29 | 30 | 30 | 31 | **3** | 30 | 31 | **12** | **11** | 2 | 2 | 3 | 4 | 4 | 5 | 5 | 6 | 4 | 5 |
| 27 | 28 | 28 | 29 | 30 | 30 | 31 | **5** | **4** | 2 | 31 | **1** | 2 | 2 | 3 | 3 | 4 | 5 | 5 | 6 | 6 | 7 | 5 | 6 |
| 28 | 29 | 29 | 30 | 31 | **7** | **6** | 2 | 2 | 3 | **2** | 2 | 3 | 3 | 4 | 4 | 5 | 6 | 6 | 7 | 7 | 8 | 6 | 7 |
| 29 | 30 | 30 | 31 | **8** | 2 | 2 | 3 | 3 | 4 | 2 | 3 | 4 | 4 | 5 | 5 | 6 | 7 | 7 | 8 | 8 | 9 | 7 | 8 |
| 30十一 | 31十 | **10** | **9** | 2 | 3 | 3 | 4 | 4 | 5 | 3 | 4 | 5 | 5 | 6 | 6 | 7 | 8 | 8 | 9 | 9 | 10 | 8 | 9 |
| **12** | **11** | 2九 | 2八 | 3 | 4 | 4 | 5 | 5 | 6 | 4 | 5 | 6 | 6 | 7 | 7 | 8 | 9 | 9 | 10 | 10 | 11 | 9 | 10 |
| 2 **6** | 2 **5** | 3 | 3 | 4七 | 5 | 5 | 6 | 6 | 7 | 5 | 6 | 7 | 7 | 8 | 8 | 9 | 10 | 10 | 11 | 11 | 12 | 10 | 11 |
| 3 | 3 | 4 **4** | 4 **3** | 5 | 6六 | 6五 | 7 | 7 | 8 | 6 | 7 | 8 | 8 | 9 | 9 | 10 | 11 | 11 | 12 | 12 | 13 | 11 | 12 |
| 4 | 4 | 5 | 5 | 6 **2** | 7 **1** | 7 | 8四 | 8 | 9 | 7 | 8 | 9 | 9 | 10 | 10 | 11 | 12 | 12 | 13 | 13 | 14 | 12 | 13 |
| 5 | 5 | 6 | 6 | 7 | 8 | 8 **12** | 9 **11** | 9三 | 10二 | 8 | 9 | 10 | 10 | 11 | 11 | 12 | 13 | 13 | 14 | 14 | 15 | 13 | 14 |
| 6 | 6 | 7 | 7 | 8 | 9 | 9 | 10 | 10 **10** | 11 **9** | 9正 | 10十二 | 11十一 | 11十 | 12 | 12 | 13 | 14 | 14 | 15 | 15 | 16 | 14 | 15 |
| 7 | 7 | 8 | 8 | 9 | 10 | 10 | 11 | 11 | 12 | 10 **8** | 11 **7** | 12 | 12 | 13九 | 13八 | 14七 | 15 | 15 | 16 | 16 | 17 | 15 | 16 |
| 8 | 8 | 9 | 9 | 10 | 11 | 11 | 12 | 12 | 13 | 11 | 12 | 13 **6** | 13 **5** | 14 | 14 | 15 | 16閏 | 16 | 17 | 17 | 18 | 16 | 17 |
| 9 | 9 | 10 | 10 | 11 | 12 | 12 | 13 | 13 | 14 | 12 | 13 | 14冬 | 14 | 15 **4** | 15 **3** | 16 | 17 | 17六 | 18五 | 18 | 19 | 17 | 18 |
| 10 | 10 | 11 | 11 | 12 | 13 | 13 | 14 | 14 | 15 | 13 | 14 | 15 | 15 | 16 | 16 | 17 **2** | 18 **1** | 18 | 19 | 19四 | 20 | 18 | 19 |
| 11 | 11 | 12 | 12 | 13 | 14 | 14 | 15 | 15 | 16 | 14 | 15 | 16 | 16 | 17 | 17 | 18 | 19 | 19 **12** | 20 **11** | 20 | 21三 | 19二 | 20 |
| 12 | 12 | 13 | 13 | 14 | 15 | 15 | 16 | 16 | 17 | 15 | 16 | 17 | 17 | 18 | 18 | 19 | 20 | 20 | 21 | 21 **10** | 22 **9** | 20 | 21正 |
| 13 | 13 | 14 | 14 | 15 | 16 | 16 | 17 | 17 | 18 | 16 | 17 | 18 | 18 | 19 | 19 | 20 | 21 | 21 | 22 | 22 | 23 | 21 **8** | 22 **7** |
| 14冬 | 14 | 15 | 15 | 16 | 17 | 17 | 18 | 18 | 19 | 17 | 18 | 19 | 19 | 20 | 20 | 21 | 22 | 22 | 23 | 23 | 24 | 22 | 23 |
| 15 | 15 | 16 | 16 | 17 | 18 | 18 | 19 | 19 | 20 | 18 | 19 | 20 | 20 | 21 | 21 | 22 | 23 | 23 | 24 | 24 | 25 | 23 | 24 |
| 16 | 16 | 17 | 17 | 18 | 19 | 19 | 20 | 20 | 21 | 19 | 20 | 21 | 21 | 22 | 22 | 23 | 24 | 24 | 25 | 25 | 26 | 24 | 25 |
| 17 | 17 | 18 | 18 | 19 | 20 | 20 | 21 | 21 | 22 | 20 | 21 | 22 | 22 | 23 | 23 | 24 | 25 | 25 | 26 | 26 | 27 | 25 | 26 |
| 18 | 18 | 19 | 19 | 20 | 21 | 21 | 22 | 22 | 23 | 21 | 22 | 23 | 23 | 24 | 24 | 25 | 26 | 26 | 27 | 27 | 28 | 26 | 27 |
| 19 | 19 | 20 | 20 | 21 | 22 | 22 | 23 | 23 | 24 | 22 | 23 | 24 | 24 | 25 | 25 | 26 | 27 | 27 | 28 | 28 | 29 | 27 | 28 |
| 20 | 20 | 21 | 21 | 22 | 23 | 23 | 24 | 24 | 25 | 23 | 24 | 25 | 25 | 26 | 26 | 27 | 28 | 28 | 29 | 29 | 30 | 28 | 29 |
| 21 | 21 | 22 | 22 | 23 | 24 | 24 | 25 | 25 | 26 | 24 | 25 | 26 | 26 | 27 | 27 | 28 | 29 | 29 | 30 | 30 | 31 | **3** | 30 |

一二七五 乙亥 宋德祐元 帝㬎 元至元一二

本年回曆十一月一日即中曆四月朔

674

一二七六 丙子 宋景炎元 端宗五月改 元至元一三

675

| | | | | | | | | | | | | | | | | | | | | | | | | |
|---|---|---|---|---|---|---|---|---|---|---|---|---|---|---|---|---|---|---|---|---|---|---|---|---|
| 11 | 11 | 12 | 12 4 | 13 3 | 14 | 14 五 | 15 四 | 15 | 16 | 15 | 16 | 17 | 17 | 18 | 18 | 19 | 20 | 20 | 21 | 21 | 22 | 20 | 21 | 22 |
| 12 | 12 | 13 | 13 | 14 | 15 2 | 15 1 | 16 | 16 閏 | 17 三 | 16 | 17 | 18 | 18 | 19 | 19 | 20 | 21 | 21 | 22 | 22 | 23 | 21 | 22 | 23 |
| 13 | 13 | 14 | 14 | 15 | 16 | 16 | 17 12 | 17 11 | 18 | 17 二 | 18 正 | 19 十二 | 19 十一 | 20 | 20 | 21 | 22 | 22 | 23 | 23 | 24 | 22 | 23 | 24 |
| 14 冬 | 14 | 15 | 15 | 16 | 17 | 17 | 18 | 18 | 19 10 | 18 9 | 19 | 20 | 20 | 21 十 | 21 九 | 22 | 23 | 23 | 24 | 24 | 25 | 23 | 24 | 25 |
| 15 | 15 | 16 | 16 | 17 | 18 | 18 | 19 | 19 | 20 | 19 | 20 8 | 21 7 | 21 | 22 | 22 | 23 八 | 24 | 24 | 25 | 25 | 26 | 24 | 25 | 26 |
| 16 | 16 | 17 | 17 | 18 | 19 | 19 | 20 | 20 | 21 | 20 | 21 | 22 | 22 6 | 23 5 | 23 | 24 | 25 七 | 25 六 | 26 | 26 | 27 | 25 | 26 | 27 |
| 17 | 17 | 18 | 18 | 19 | 20 | 20 | 21 | 21 | 22 | 21 | 22 | 23 | 23 | 24 | 24 4 | 25 3 | 26 | 26 | 27 五 | 27 | 28 | 26 | 27 | 28 |
| 18 | 18 | 19 | 19 | 20 | 21 | 21 | 22 | 22 | 23 | 22 | 23 | 24 | 24 | 25 | 25 | 26 | 27 2 | 27 1 | 28 12 | 28 四 | 29 三 | 27 二 | 28 | 29 |
| 19 | 19 | 20 | 20 | 21 | 22 | 22 | 23 | 23 | 24 | 23 | 24 | 25 | 25 | 26 | 26 | 27 | 28 | 28 | 29 | 29 | 30 10 | 28 9 | 29 正 | 30 十二 |
| 20 | 20 | 21 | 21 | 22 | 23 | 23 | 24 | 24 | 25 | 24 | 25 | 26 | 26 | 27 | 27 | 28 | 29 | 29 | 30 | 30 | 31 | **3** | 30 8 | 31 7 |
| 21 | 21 | 22 | 22 | 23 | 24 | 24 | 25 | 25 | 26 | 25 | 26 | 27 | 27 | 28 | 28 | 29 | 30 | 30 | 31 | **5** | **4** | 2 | 31 | **1** |
| 22 | 22 | 23 | 23 | 24 | 25 | 25 | 26 | 26 | 27 | 26 | 27 | 28 | 28 | 29 | 29 | 30 | 31 | **7** | **6** | 2 | 2 | 3 | **2** | 2 |
| 23 | 23 | 24 | 24 | 25 | 26 | 26 | 27 | 27 | 28 | 27 | 28 | 29 | 29 | 30 | 30 | 31 | **8** | 2 | 2 | 3 | 3 | 4 | 2 | 3 |
| 24 | 24 | 25 | 25 | 26 | 27 | 27 | 28 | 28 | 29 | 28 | 29 | 30 | 30 | 31 | **10** | **9** | 2 | 3 | 3 | 4 | 4 | 5 | 3 | 4 |
| 25 | 25 | 26 | 26 | 27 | 28 | 28 | 29 | 29 | 30 | 29 | 30 | 31 | **12** | **11** | 2 | 2 | 3 | 4 | 4 | 5 | 5 | 6 | 4 | 5 |
| 26 | 26 | 27 | 27 | 28 | 29 | 29 | 30 | 30 | 31 | **3** | 31 | **1** | 2 | 2 | 3 | 3 | 4 | 5 | 5 | 6 | 6 | 7 | 5 | 6 |
| 27 | 27 | 28 | 28 | 29 | 30 | 30 | 31 | **5** | **4** | 2 | **2** | 2 | 3 | 3 | 4 | 4 | 5 | 6 | 6 | 7 | 7 | 8 | 6 | 7 |
| 28 | 28 | 29 | 29 | 30 | 31 | **7** | **6** | 2 | 2 | 3 | 2 | 3 | 4 | 4 | 5 | 5 | 6 | 7 | 7 | 8 | 8 | 9 | 7 | 8 |
| 29 | 29 | 30 | 30 | 31 | **8** | 2 | 2 | 3 | 3 | 4 | 3 | 4 | 5 | 5 | 6 | 6 | 7 | 8 | 8 | 9 | 9 | 10 | 8 | 9 |
| 30 | 30 | 31 | **10** | **9** | 2 | 3 | 3 | **4** | **4** | 5 | 4 | 5 | 6 | 6 | 7 | 7 | 8 | 9 | 9 | 10 | 10 | 11 | 9 | 10 |
| 31 | **12** | **11** | 2 | 2 | 3 | 4 | 4 | 5 | 5 | 6 | 5 | 6 | 7 | 7 | 8 | 8 | 9 | 10 | 10 | 11 | 11 | 12 | 10 | 11 |
| 日 | 2 | 2 | 3 | 3 | 4 | 5 | 5 | 6 | 6 | 7 | 6 | 7 | 8 | 8 | 9 | 9 | 10 | 11 | 11 | 12 | 12 | 13 | 11 | 12 |
| 曜 | 3 | 3 | 4 | 4 | 5 | 6 | 6 | 7 | 7 | 8 | 7 | 8 | 9 | 9 | 10 | 10 | 11 | 12 | 12 | 13 | 13 | 14 | 12 | 13 |
| 表 | 4 | 4 | 5 | 5 | 6 | 7 | 7 | 8 | 8 | 9 | 8 | 9 | 10 | 10 | 11 | 11 | 12 | 13 | 13 | 14 | 14 | 15 | 13 | 14 |
| 1 | 5 | 5 | 6 | 6 | 7 | 8 | 8 | 9 | 9 | 10 | 9 | 10 | 11 | 11 | 12 | 12 | 13 | 14 | 14 | 15 | 15 | 16 | 14 | 15 |
| 甲 | 6 | 6 | 7 | 7 | 8 | 9 | 9 | 10 | 10 | 11 | 10 | 11 | 12 | 12 | 13 | 13 | 14 | 15 | 15 | 16 | 16 | 17 | 15 | 16 |
| 子 | 7 十一 | 7 | 8 | 8 | 9 | 10 | 10 | 11 | 11 | 12 | 11 | 12 | 13 | 13 | 14 | 14 | 15 | 16 | 16 | 17 | 17 | 18 | 16 | 17 |
| 表 | 8 | 8 十 | 9 九 | 9 | 10 | 11 | 11 | 12 | 12 | 13 | 12 | 13 | 14 冬 | 14 | 15 | 15 | 16 | 17 | 17 | 18 | 18 | 19 | 17 | 18 |
| 19 | 9 7 | 9 | 10 | 10 八 | 11 | 12 | 12 | 13 | 13 | 14 | 13 | 14 | 15 | 15 | 16 | 16 | 17 | 18 | 18 | 19 | 19 | 20 | 18 | 19 |
| | 10 | 10 6 | 11 5 | 11 | 12 七 | 13 六 | 13 | 14 | 14 | 15 | 14 | 15 | 16 | 16 | 17 | 17 | 18 | 19 | 19 | 20 | 20 | 21 | 19 | 20 |

一二七七 丁丑 宋景炎二 元至元一四
676

一二七八 戊寅 宋祥興元（帝昺五月改） 元至元一五
677

| | | | | | | | | | | | | | | | | | | | | | | | |
|---|---|---|---|---|---|---|---|---|---|---|---|---|---|---|---|---|---|---|---|---|---|---|---|
| 22 | 23 | 23 | 24 | 25 | 25 | 26 | 26 | 27 | 25 10 | 26 9 | 27 | 27 十一 | 28 十 | 28 | 29 | 30 | 30 | 31 | **5** | **4** | 2 | 31 | **1** |
| 23 | 24 | 24 | 25 | 26 | 26 | 27 | 27 | 28 | 26 | 27 | 28 8 | 28 7 | 29 | 29 九 | 30 | 31 | **7** | **6** | 2 | 2 | 3 | **2** | 2 |
| 24 | 25 | 25 | 26 | 27 | 27 | 28 | 28 | 29 | 27 | 28 | 29 | 29 | 30 6 | 30 5 | 31 八 | **8** 七 | 2 | 2 | 3 | 3 | 4 | 2 | 3 |
| 25 | 26 | 26 | 27 | 28 | 28 | 29 | 29 | 30 | 28 | 29 | 30 | 30 | 31 | **10** | **9** 4 | 2 3 | 3 六 | 3 五 | 4 | 4 | 5 | 3 | 4 |
| 26 | 27 | 27 | 28 | 29 | 29 | 30 | 30 | 31 | **3** | 30 | 31 | **12** | **11** | 2 | 2 | 3 | 4 2 | 4 1 | 5 四 | 5 三 | 6 二 | 4 | 5 |
| 27 | 28 | 28 | 29 | 30 | 30 | 31 | **5** | **4** | 2 | 31 | **1** | 2 | 2 | 3 | 3 | 4 | 5 | 5 | 6 12 | 6 11 | 7 | 5 正 | 6 十二 |
| 28 | 29 | 29 | 30 | 31 | **7** | **6** | 2 | 2 | 3 | **2** | 2 | 3 | 3 | 4 | 4 | 5 | 6 | 6 | 7 | 7 | 8 10 | 6 9 | 7 |
| 29 | 30 | 30 | 31 | **8** | 2 | 2 | 3 | 3 | 4 | 2 | 3 | 4 | 4 | 5 | 5 | 6 | 7 | 7 | 8 | 8 | 9 | 7 | 8 8 |
| 30 | 31 | **10** | **9** | 2 | 3 | 3 | 4 | 4 | 5 | 3 | 4 | 5 | 5 | 6 | 6 | 7 | 8 | 8 | 9 | 9 | 10 | 8 | 9 |
| **12** | **11** | 2 | 2 | 3 | 4 | 4 | 5 | 5 | 6 | 4 | 5 | 6 | 6 | 7 | 7 | 8 | 9 | 9 | 10 | 10 | 11 | 9 | 10 |
| 2 | 2 | 3 | 3 | 4 | 5 | 5 | 6 | 6 | 7 | 5 | 6 | 7 | 7 | 8 | 8 | 9 | 10 | 10 | 11 | 11 | 12 | 10 | 11 |
| 3 | 3 | 4 | 4 | 5 | 6 | 6 | 7 | 7 | 8 | 6 | 7 | 8 | 8 | 9 | 9 | 10 | 11 | 11 | 12 | 12 | 13 | 11 | 12 |
| 4 | 4 | 5 | 5 | 6 | 7 | 7 | 8 | 8 | 9 | 7 | 8 | 9 | 9 | 10 | 10 | 11 | 12 | 12 | 13 | 13 | 14 | 12 | 13 |
| 5 | 5 | 6 | 6 | 7 | 8 | 8 | 9 | 9 | 10 | 8 | 9 | 10 | 10 | 11 | 11 | 12 | 13 | 13 | 14 | 14 | 15 | 13 | 14 |
| 6 | 6 | 7 | 7 | 8 | 9 | 9 | 10 | 10 | 11 | 9 | 10 | 11 | 11 | 12 | 12 | 13 | 14 | 14 | 15 | 15 | 16 | 14 | 15 |
| 7 | 7 | 8 | 8 | 9 | 10 | 10 | 11 | 11 | 12 | 10 | 11 | 12 | 12 | 13 | 13 | 14 | 15 | 15 | 16 | 16 | 17 | 15 | 16 |
| 8 | 8 | 9 | 9 | 10 | 11 | 11 | 12 | 12 | 13 | 11 | 12 | 13 | 13 | 14 | 14 | 15 | 16 | 16 | 17 | 17 | 18 | 16 | 17 |
| 9 | 9 | 10 | 10 | 11 | 12 | 12 | 13 | 13 | 14 | 12 | 13 | 14 冬 | 14 | 15 | 15 | 16 | 17 | 17 | 18 | 18 | 19 | 17 | 18 |
| 10 | 10 | 11 | 11 | 12 | 13 | 13 | 14 | 14 | 15 | 13 | 14 | 15 | 15 | 16 | 16 | 17 | 18 | 18 | 19 | 19 | 20 | 18 | 19 |
| 11 | 11 | 12 | 12 | 13 | 14 | 14 | 15 | 15 | 16 | 14 | 15 | 16 | 16 | 17 | 17 | 18 | 19 | 19 | 20 | 20 | 21 | 19 | 20 |
| 12 | 12 | 13 | 13 | 14 | 15 | 15 | 16 | 16 | 17 | 15 | 16 | 17 | 17 | 18 | 18 | 19 | 20 | 20 | 21 | 21 | 22 | 20 | 21 |
| 13 | 13 | 14 | 14 | 15 | 16 | 16 | 17 | 17 | 18 | 16 | 17 | 18 | 18 | 19 | 19 | 20 | 21 | 21 | 22 | 22 | 23 | 21 | 22 |
| 14 冬 | 14 | 15 | 15 | 16 | 17 | 17 | 18 | 18 | 19 | 17 | 18 | 19 | 19 | 20 | 20 | 21 | 22 | 22 | 23 | 23 | 24 | 22 | 23 |
| 15 | 15 | 16 | 16 | 17 | 18 | 18 | 19 | 19 | 20 | 18 | 19 | 20 | 20 | 21 | 21 | 22 | 23 | 23 | 24 | 24 | 25 | 23 | 24 |
| 16 閏 | 16 十一 | 17 | 17 | 18 | 19 | 19 | 20 | 20 | 21 | 19 | 20 | 21 | 21 | 22 | 22 | 23 | 24 | 24 | 25 | 25 | 26 | 24 | 25 |
| 17 | 17 | 18 十 | 18 | 19 | 20 | 20 | 21 | 21 | 22 | 20 | 21 | 22 | 22 | 23 | 23 | 24 | 25 | 25 | 26 | 26 | 27 | 25 | 26 |
| 18 8 | 18 7 | 19 | 19 九 | 20 八 | 21 七 | 21 | 22 | 22 | 23 | 21 | 22 | 23 | 23 | 24 | 24 | 25 | 26 | 26 | 27 | 27 | 28 | 26 | 27 |
| 19 | 19 | 20 6 | 20 5 | 21 | 22 | 22 六 | 23 五 | 23 | 24 | 22 | 23 | 24 | 24 | 25 | 25 | 26 | 27 | 27 | 28 | 28 | 29 | 27 | 28 |
| 20 | 20 | 21 | 21 | 22 4 | 23 3 | 23 | 24 | 24 四 | 25 三 | 23 二 | 24 | 25 | 25 | 26 | 26 | 27 | 28 | 28 | 29 | 29 | 30 | 28 | 29 |
| 21 | 21 | 22 | 22 | 23 | 24 | 24 2 | 25 1 | 25 12 | 26 11 | 24 | 25 正 | 26 十二 | 26 | 27 | 27 | 28 | 29 | 29 | 30 | 30 | 31 | **3** | 30 |

一二八〇 庚辰 元至元一七 679

一二七九 己卯 宋祥興二 元至元一六 678

| | | | | | | | | | | | | | | | | | | | | | | | | |
|---|---|---|---|---|---|---|---|---|---|---|---|---|---|---|---|---|---|---|---|---|---|---|---|---|
| 11 | 11 | 12 | 12 | 13 | 14 | 14 | 15 | 15 | 16 | 15 | 16 | 17 | 17 | 18 | 18 | 19 | 20 | 20 | 21 | 21 | 22 | 20 | 21 | 22 |
| 12 | 12 | 13 | 13 | 14 | 15 | 15 | 16 | 16 | 17 | 16 | 17 | 18 | 18 | 19 | 19 | 20 | 21 | 21 | 22 | 22 | 23 | 21 | 22 | 23 |
| 13 | 13 | 14 | 14 | 15 | 16 | 16 | 17 | 17 | 18 | 17 | 18 | 19 | 19 | 20 | 20 | 21 | 22 | 22 | 23 | 23 | 24 | 22 | 23 | 24 |
| 14 | 冬14 | 15 | 15 | 16 | 17 | 17 | 18 | 18 | 19 | 18 | 19 | 20 | 20 | 21 | 21 | 22 | 23 | 23 | 24 | 24 | 25 | 23 | 24 | 25 |
| 15 | 15 | 16 | 16 | 17 | 18 | 18 | 19 | 19 | 20 | 19 | 20 | 21 | 21 | 22 | 22 | 23 | 24 | 24 | 25 | 25 | 26 | 24 | 25 | 26 |
| 16 | 16 | 17 | 17 | 18 | 19 | 19 | 20 | 20 | 21 | 20 | 21 | 22 | 22 | 23 | 23 | 24 | 25 | 25 | 26 | 26 | 27 | 25 | 26 | 27 |
| 17 | 17 | 18 | 18 | 19 | 20 | 20 | 21 | 21 | 22 | 21 | 22 | 23 | 23 | 24 | 24 | 25 | 26 | 26 | 27 | 27 | 28 | 26 | 27 | 28 |
| 18 | 18 | 19 | 19 | 20 | 21 | 21 | 22 | 22 | 23 | 22 | 23 | 24 | 24 | 25 | 25 | 26 | 27 | 27 | 28 | 28 | 29 | 27 | 28 | 29 |
| 19 | 19 | 20 | 20 | 21 | 22 | 22 | 23 | 23 | 24 | 23 | 24 | 25 | 25 | 26 | 26 | 27 | 28 | 28 | 29 | 29 | 30 | 28 | 29 | 30 |
| 20 | 20 | 21 | 21 | 22 | 23 | 23 | 24 | 24 | 25 | 24 | 25 | 26 | 26 | 27 | 27 | 28 | 29 | 29 | 30 | 30 | 31 | **3** | 30 | 31 |
| 21 | 21 | 22 | 22 | 23 | 24 | 24 | 25 | 25 | 26 | 25 | 26 | 27 | 27 | 28 | 28 | 29 | 30 | 30 | 31 | **5** | **4** | 2 | 31 | **1** |
| 22 | 22 | 23 | 23 | 24 | 25 | 25 | 26 | 26 | 27 | 26 | 27 | 28 | 28 | 29 | 29 | 30 | 31 | **7** | **6** | 2 | 2 | 3 | **2** | 2 |
| 23 | 23 | 24 | 24 | 25 | 26 | 26 | 27 | 27 | 28 | 27 | 28 | 29 | 29 | 30 | 30 | 31 | **8** | 2 | 2 | 3 | 3 | 4 | 2 | 3 |
| 24 | 十二24 | 十一25 | 十25 | 26 | 27 | 27 | 28 | 28 | 29 | 28 | 29 | 30 | 30 | 31 | **10** | **9** | 2 | 3 | 3 | 4 | 4 | 5 | 3 | 4 |
| 25 | 9 25 | 26 | 26 | 九27 | 八28 | 七28 | 29 | 29 | 30 | 29 | 30 | 31 | **12** | **11** | 2 | 2 | 3 | 4 | 4 | 5 | 5 | 6 | 4 | 5 |
| 26 | 26 | 8 27 | 7 27 | 28 | 29 | 29 | 六30 | 五30 | 31 | **3** | 31 | **1** | 2 | 2 | 3 | 3 | 4 | 5 | 5 | 6 | 6 | 7 | 5 | 6 |
| 27 | 27 | 28 | 28 | 6 29 | 5 30 | 30 | 31 | **5** | 四**4** | 三2 | **2** | 2 | 3 | 3 | 4 | 4 | 5 | 6 | 6 | 7 | 7 | 8 | 6 | 7 |
| 28 | 28 | 29 | 29 | 30 | 31 | 4 **7** | 3 **6** | 2 | 2 | 3 | 二2 | 正3 | 4 | 4 | 5 | 5 | 6 | 7 | 7 | 8 | 8 | 9 | 7 | 8 |
| 29 | 29 | 30 | 30 | 31 | **8** | 2 | 2 | 2 3 | 1 3 | 12 4 | 11 3 | 4 | 十二5 | 5 | 6 | 6 | 7 | 8 | 8 | 9 | 9 | 10 | 8 | 9 |
| 30 | 30 | 31 | **10** | **9** | 2 | 3 | 3 | 4 | 4 | 5 | 4 | 10 5 | 9 6 | 十一6 | 十7 | 九7 | 8 | 9 | 9 | 10 | 10 | 11 | 9 | 10 |
| 31 | **12** | **11** | 2 | 2 | 3 | 4 | 4 | 5 | 5 | 6 | 5 | 6 | 7 | 8 7 | 7 8 | 8 | 八9 | 七10 | 10 | 11 | 11 | 12 | 10 | 11 |
| 日 | 2 | 2 | 3 | 3 | 4 | 5 | 5 | 6 | 6 | 7 | 6 | 7 | 8 | 8 | 9 | 6 9 | 5 10 | 11 | 六11 | 五12 | 四12 | 13 | 11 | 12 |
| 曜 | 3 | 3 | 4 | 4 | 5 | 6 | 6 | 7 | 7 | 8 | 7 | 8 | 9 | 9 | 10 | 10 | 11 | 4 12 | 3 12 | 13 | 13 | 三14 | 二12 | 13 |
| 表 | 4 | 4 | 5 | 5 | 6 | 7 | 7 | 8 | 8 | 9 | 8 | 9 | 10 | 10 | 11 | 11 | 12 | 13 | 13 | 2 14 | 1 14 | 15 | 13 | 正14 十二 |
| 2 | 5 | 5 | 6 | 6 | 7 | 8 | 8 | 9 | 9 | 10 | 9 | 10 | 11 | 11 | 12 | 12 | 13 | 14 | 14 | 15 | 15 | 12 16 | 11 14 | 15 |
| 甲 | 6 | 6 | 7 | 7 | 8 | 9 | 9 | 10 | 10 | 11 | 10 | 11 | 12 | 12 | 13 | 13 | 14 | 15 | 15 | 16 | 16 | 17 | 15 | 10 16 9 |
| 子 | 7 | 7 | 8 | 8 | 9 | 10 | 10 | 11 | 11 | 12 | 11 | 12 | 13 | 13 | 14 | 14 | 15 | 16 | 16 | 17 | 17 | 18 | 16 | 17 |
| 表 | 8 | 8 | 9 | 9 | 10 | 11 | 11 | 12 | 12 | 13 | 12 | 13 | 14 | 冬14 | 15 | 15 | 16 | 17 | 17 | 18 | 18 | 19 | 17 | 18 |
| 20 | 9 | 9 | 10 | 10 | 11 | 12 | 12 | 13 | 13 | 14 | 13 | 14 | 15 | 15 | 16 | 16 | 17 | 18 | 18 | 19 | 19 | 20 | 18 | 19 |
| | 10 | 10 | 11 | 11 | 12 | 13 | 13 | 14 | 14 | 15 | 14 | 15 | 16 | 16 | 17 | 17 | 18 | 19 | 19 | 20 | 20 | 21 | 19 | 20 |

一二八二 壬午 至元一九 681

一二八一 辛巳 至元一八 680

| | | | | | | | | | | | | | | | | | | | | | | | |
|---|---|---|---|---|---|---|---|---|---|---|---|---|---|---|---|---|---|---|---|---|---|---|---|
| 22 | 23 | 23 | 24 | 25 | 25 | 26 | 26 | 27 | 25 | 26 | 27 | 27 | 28 | 28 | 29 | 30 | 30 | 31 | **5** | **4** | 2 | 31 | **1** |
| 23 | 24 | 24 | 25 | 26 | 26 | 27 | 27 | 28 | 26 | 27 | 28 | 28 | 29 | 29 | 30 | 31 | **7** | **6** | 2 | 2 | 3 | **2** | 2 |
| 24 | 25 | 25 | 26 | 27 | 27 | 28 | 28 | 29 | 27 | 28 | 29 | 29 | 30 | 30 | 31 | **8** | 2 | 2 | 3 | 3 | 4 | 2 | 3 |
| 25 | 26 | 26 | 27 | 28 | 28 | 29 | 29 | 30 | 28 | 29 | 30 | 30 | 31 | **10** | **9** | 2 | 3 | 3 | 4 | 4 | 5 | 3 | 4 |
| 26 | 27 | 27 | 28 | 29 | 29 | 30 | 30 | 31 | **3** | 30 | 31 | **12** | **11** | 2 | 2 | 3 | 4 | 4 | 5 | 5 | 6 | 4 | 5 |
| 27 | 28 | 28 | 29 | 30 | 30 | 31 | **5** | **4** | 2 | 31 | **1** | 2 | 2 | 3 | 3 | 4 | 5 | 5 | 6 | 6 | 7 | 5 | 6 |
| 28 | 29 | 29 | 30 | 31 | **7** | **6** | 2 | 2 | 3 | **2** | 2 | 3 | 3 | 4 | 4 | 5 | 6 | 6 | 7 | 7 | 8 | 6 | 7 |
| 29 | 30 | 30 | 31 | **8** | 2 | 2 | 3 | 3 | 4 | 2 | 3 | 4 | 4 | 5 | 5 | 6 | 7 | 7 | 8 | 8 | 9 | 7 | 8 |
| 30 | 31 | **10** | **9** | 2 | 3 | 3 | 4 | 4 | 5 | 3 | 4 | 5 | 5 | 6 | 6 | 7 | 8 | 8 | 9 | 9 | 10 | 8 | 9 |
| **12** | **11** | 2 | 2 | 3 | 4 | 4 | 5 | 5 | 6 | 4 | 5 | 6 | 6 | 7 | 7 | 8 | 9 | 9 | 10 | 10 | 11 | 9 | 10 |
| 2 十一 | 2 十 | 3 九 | 3 八 | 4 | 5 | 5 | 6 | 6 | 7 | 5 | 6 | 7 | 7 | 8 | 8 | 9 | 10 | 10 | 11 | 11 | 12 | 10 | 11 |
| 3 9 | 3 | 4 | 4 | 5 七 | 6 | 6 | 7 | 7 | 8 | 6 | 7 | 8 | 8 | 9 | 9 | 10 | 11 | 11 | 12 | 12 | 13 | 11 | 12 |
| 4 | 4 8 | 5 7 | 5 | 6 | 7 六 | 7 五 | 8 | 8 | 9 | 7 | 8 | 9 | 9 | 10 | 10 | 11 | 12 | 12 | 13 | 13 | 14 | 12 | 13 |
| 5 | 5 | 6 | 6 6 | 7 5 | 8 | 8 | 9 四 | 9 | 10 | 8 | 9 | 10 | 10 | 11 | 11 | 12 | 13 | 13 | 14 | 14 | 15 | 13 | 14 |
| 6 | 6 | 7 | 7 | 8 | 9 4 | 9 3 | 10 | 10 三 | 11 二 | 9 | 10 | 11 | 11 | 12 | 12 | 13 | 14 | 14 | 15 | 15 | 16 | 14 | 15 |
| 7 | 7 | 8 | 8 | 9 | 10 | 10 | 11 2 | 11 1 | 12 | 10 正 | 11 十二 | 12 | 12 | 13 | 13 | 14 | 15 | 15 | 16 | 16 | 17 | 15 | 16 |
| 8 | 8 | 9 | 9 | 10 | 11 | 11 | 12 | 12 | 13 12 | 11 11 | 12 | 13 十一 | 13 十 | 14 九 | 14 閏 | 15 | 16 | 16 | 17 | 17 | 18 | 16 | 17 |
| 9 | 9 | 10 | 10 | 11 | 12 | 12 | 13 | 13 | 14 | 12 | 13 10 | 14 冬 9 | 14 | 15 | 15 | 16 八 | 17 七 | 17 | 18 | 18 | 19 | 17 | 18 |
| 10 | 10 | 11 | 11 | 12 | 13 | 13 | 14 | 14 | 15 | 13 | 14 | 15 | 15 8 | 16 7 | 16 | 17 | 18 | 18 六 | 19 五 | 19 | 20 | 18 | 19 |
| 11 | 11 | 12 | 12 | 13 | 14 | 14 | 15 | 15 | 16 | 14 | 15 | 16 | 16 | 17 | 17 6 | 18 5 | 19 | 19 | 20 | 20 四 | 21 三 | 19 | 20 |
| 12 | 12 | 13 | 13 | 14 | 15 | 15 | 16 | 16 | 17 | 15 | 16 | 17 | 17 | 18 | 18 | 19 | 20 4 | 20 3 | 21 | 21 | 22 | 20 二 | 21 |
| 13 | 13 | 14 | 14 | 15 | 16 | 16 | 17 | 17 | 18 | 16 | 17 | 18 | 18 | 19 | 19 | 20 | 21 | 21 | 22 2 | 22 1 | 23 | 21 | 22 正 |
| 14 冬 | 14 | 15 | 15 | 16 | 17 | 17 | 18 | 18 | 19 | 17 | 18 | 19 | 19 | 20 | 20 | 21 | 22 | 22 | 23 | 23 | 24 12 | 22 11 | 23 |
| 15 | 15 | 16 | 16 | 17 | 18 | 18 | 19 | 19 | 20 | 18 | 19 | 20 | 20 | 21 | 21 | 22 | 23 | 23 | 24 | 24 | 25 | 23 | 24 10 |
| 16 | 16 | 17 | 17 | 18 | 19 | 19 | 20 | 20 | 21 | 19 | 20 | 21 | 21 | 22 | 22 | 23 | 24 | 24 | 25 | 25 | 26 | 24 | 25 |
| 17 | 17 | 18 | 18 | 19 | 20 | 20 | 21 | 21 | 22 | 20 | 21 | 22 | 22 | 23 | 23 | 24 | 25 | 25 | 26 | 26 | 27 | 25 | 26 |
| 18 | 18 | 19 | 19 | 20 | 21 | 21 | 22 | 22 | 23 | 21 | 22 | 23 | 23 | 24 | 24 | 25 | 26 | 26 | 27 | 27 | 28 | 26 | 27 |
| 19 | 19 | 20 | 20 | 21 | 22 | 22 | 23 | 23 | 24 | 22 | 23 | 24 | 24 | 25 | 25 | 26 | 27 | 27 | 28 | 28 | 29 | 27 | 28 |
| 20 | 20 | 21 | 21 | 22 | 23 | 23 | 24 | 24 | 25 | 23 | 24 | 25 | 25 | 26 | 26 | 27 | 28 | 28 | 29 | 29 | 30 | 28 | 29 |
| 21 | 21 | 22 | 22 | 23 | 24 | 24 | 25 | 25 | 26 | 24 | 25 | 26 | 26 | 27 | 27 | 28 | 29 | 29 | 30 | 30 | 31 | **3** | 30 |

一二八四 甲申 至元二一 683

一二八三 癸未 至元二〇 682

| | | | | | | | | | | | | | | | | | | | | | | | | |
|---|---|---|---|---|---|---|---|---|---|---|---|---|---|---|---|---|---|---|---|---|---|---|---|---|
| 11 | 10 11 | 9 12 | 12 | 13 | 七14 | 六14 | 15 | 15 | 16 | 15 | 16 | 17 | 17 | 18 | 18 | 19 | 20 | 20 | 21 | 21 | 22 | 20 | 21 | 22 |
| 12 | 12 | 13 | 8 13 | 7 14 | 15 | 15 | 閏16 | 16 | 17 | 16 | 17 | 18 | 18 | 19 | 19 | 20 | 21 | 21 | 22 | 22 | 23 | 21 | 22 | 23 |
| 13 | 13 | 14 | 14 | 15 | 6 16 | 5 16 | 17 | 五17 | 四18 | 17 | 18 | 19 | 19 | 20 | 20 | 21 | 22 | 22 | 23 | 23 | 24 | 22 | 23 | 24 |
| 14 | 冬14 | 15 | 15 | 16 | 17 | 17 | 4 18 | 3 18 | 19 | 三18 | 二19 | 正20 | 十二20 | 21 | 21 | 22 | 23 | 23 | 24 | 24 | 25 | 23 | 24 | 25 |
| 15 | 15 | 16 | 16 | 17 | 18 | 18 | 19 | 19 | 2 20 | 1 19 | 20 | 21 | 21 | 十一22 | 十22 | 九23 | 24 | 24 | 25 | 25 | 26 | 24 | 25 | 26 |
| 16 | 16 | 17 | 17 | 18 | 19 | 19 | 20 | 20 | 21 | 20 | 12 21 | 11 22 | 22 | 23 | 23 | 24 | 八25 | 25 | 26 | 26 | 27 | 25 | 26 | 27 |
| 17 | 17 | 18 | 18 | 19 | 20 | 20 | 21 | 21 | 22 | 21 | 22 | 23 | 10 23 | 9 24 | 24 | 25 | 26 | 七26 | 六27 | 27 | 28 | 26 | 27 | 28 |
| 18 | 18 | 19 | 19 | 20 | 21 | 21 | 22 | 22 | 23 | 22 | 23 | 24 | 24 | 25 | 8 25 | 7 26 | 27 | 27 | 28 | 五28 | 29 | 27 | 28 | 29 |
| 19 | 19 | 20 | 20 | 21 | 22 | 22 | 23 | 23 | 24 | 23 | 24 | 25 | 25 | 26 | 26 | 27 | 6 28 | 5 28 | 29 | 29 | 四30 | 三28 | 29 | 30 |
| 20 | 20 | 21 | 21 | 22 | 23 | 23 | 24 | 24 | 25 | 24 | 25 | 26 | 26 | 27 | 27 | 28 | 29 | 29 | 4 30 | 3 30 | 31 | 3 | 二30 | 正31 |
| 21 | 21 | 22 | 22 | 23 | 24 | 24 | 25 | 25 | 26 | 25 | 26 | 27 | 27 | 28 | 28 | 29 | 30 | 30 | 31 | 5 | 2 4 | 1 2 | 12 31 | 11 1 十二 |
| 22 | 22 | 23 | 23 | 24 | 25 | 25 | 26 | 26 | 27 | 26 | 27 | 28 | 28 | 29 | 29 | 30 | 31 | 7 | 6 | 2 | 2 | 3 | 2 | 2 10 |
| 23 | 23 | 24 | 24 | 25 | 26 | 26 | 27 | 27 | 28 | 27 | 28 | 29 | 29 | 30 | 30 | 31 | 8 | 2 | 2 | 3 | 3 | 4 | 2 | 3 |
| 24 | 24 | 25 | 25 | 26 | 27 | 27 | 28 | 28 | 29 | 28 | 29 | 30 | 30 | 31 | 10 | 9 | 2 | 3 | 3 | 4 | 4 | 5 | 3 | 4 |
| 25 | 25 | 26 | 26 | 27 | 28 | 28 | 29 | 29 | 30 | 29 | 30 | 31 | 12 | 11 | 2 | 2 | 3 | 4 | 4 | 5 | 5 | 6 | 4 | 5 |
| 26 | 26 | 27 | 27 | 28 | 29 | 29 | 30 | 30 | 31 | 3 | 31 | 1 | 2 | 2 | 3 | 3 | 4 | 5 | 5 | 6 | 6 | 7 | 5 | 6 |
| 27 | 27 | 28 | 28 | 29 | 30 | 30 | 31 | 5 | 4 | 2 | 2 | 2 | 3 | 3 | 4 | 4 | 5 | 6 | 6 | 7 | 7 | 8 | 6 | 7 |
| 28 | 28 | 29 | 29 | 30 | 31 | 7 | 6 | 2 | 2 | 3 | 2 | 3 | 4 | 4 | 5 | 5 | 6 | 7 | 7 | 8 | 8 | 9 | 7 | 8 |
| 29 | 29 | 30 | 30 | 31 | 8 | 2 | 2 | 3 | 3 | 4 | 3 | 4 | 5 | 5 | 6 | 6 | 7 | 8 | 8 | 9 | 9 | 10 | 8 | 9 |
| 30 | 30 | 31 | 10 | 9 | 2 | 3 | 3 | 4 | 4 | 5 | 4 | 5 | 6 | 6 | 7 | 7 | 8 | 9 | 9 | 10 | 10 | 11 | 9 | 10 |
| 31 | 12 | 11 | 2 | 2 | 3 | 4 | 4 | 5 | 5 | 6 | 5 | 6 | 7 | 7 | 8 | 8 | 9 | 10 | 10 | 11 | 11 | 12 | 10 | 11 |
| 日 | 2 | 2 | 3 | 3 | 4 | 5 | 5 | 6 | 6 | 7 | 6 | 7 | 8 | 8 | 9 | 9 | 10 | 11 | 11 | 12 | 12 | 13 | 11 | 12 |
| 曜 | 3 | 3 | 4 | 4 | 5 | 6 | 6 | 7 | 7 | 8 | 7 | 8 | 9 | 9 | 10 | 10 | 11 | 12 | 12 | 13 | 13 | 14 | 12 | 13 |
| 表 | 4 | 4 | 5 | 5 | 6 | 7 | 7 | 8 | 8 | 9 | 8 | 9 | 10 | 10 | 11 | 11 | 12 | 13 | 13 | 14 | 14 | 15 | 13 | 14 |
| 3 | 5 | 5 | 6 | 6 | 7 | 8 | 8 | 9 | 9 | 10 | 9 | 10 | 11 | 11 | 12 | 12 | 13 | 14 | 14 | 15 | 15 | 16 | 14 | 15 |
| 甲 | 6 | 6 | 7 | 7 | 8 | 9 | 9 | 10 | 10 | 11 | 10 | 11 | 12 | 12 | 13 | 13 | 14 | 15 | 15 | 16 | 16 | 17 | 15 | 16 |
| 子 | 7 | 7 | 8 | 8 | 9 | 10 | 10 | 11 | 11 | 12 | 11 | 12 | 13 | 13 | 14 | 14 | 15 | 16 | 16 | 17 | 17 | 18 | 16 | 17 |
| 表 | 8 | 十一8 | 9 | 9 | 10 | 11 | 11 | 12 | 12 | 13 | 12 | 13 | 14 | 冬14 | 15 | 15 | 16 | 17 | 17 | 18 | 18 | 19 | 17 | 18 |
| 1 | 9 | 9 | 十10 | 九10 | 11 | 12 | 12 | 13 | 13 | 14 | 13 | 14 | 15 | 15 | 16 | 16 | 17 | 18 | 18 | 19 | 19 | 20 | 18 | 19 |
| | 10 | 10 | 11 | 11 | 八12 | 13 | 13 | 14 | 14 | 15 | 14 | 15 | 16 | 16 | 17 | 17 | 18 | 19 | 19 | 20 | 20 | 21 | 19 | 20 |

一二八六
丙戌
至元二三
685

一二八五
乙酉
至元二二
684

| | | | | | | | | | | | | | | | | | | | | | | | |
|---|---|---|---|---|---|---|---|---|---|---|---|---|---|---|---|---|---|---|---|---|---|---|---|
| 22 | 23 | 23 | 24 | 25 6 | 25 5 | 26 | 26 | 27 | 25二 | 26正 | 27十二 | 27 | 28 | 28 | 29 | 30 | 30 | 31 | **5** | **4** | 2 | 31 | **1** |
| 23 | 24 | 24 | 25 | 26 | 26 | 27 4 | 27 3 | 28 | 26 | 27 | 28 | 28十一 | 29十 | 29 | 30 | 31 | **7** | **6** | 2 | 2 | 3 | **2** | 2 |
| 24 | 25 | 25 | 26 | 27 | 27 | 28 | 28 | 29 2 | 27 1 | 28 12 | 29 11 | 29 | 30 | 30九 | 31 | **8** | 2 | 2 | 3 | 3 | 4 | 2 | 3 |
| 25 | 26 | 26 | 27 | 28 | 28 | 29 | 29 | 30 | 28 | 29 | 30 | 30 10 | 31 9 | **10** | **9**八 | 2七 | 3 | 3 | 4 | 4 | 5 | 3 | 4 |
| 26 | 27 | 27 | 28 | 29 | 29 | 30 | 30 | 31 | **3** | 30 | 31 | **12** | **11** | 2 8 | 2 7 | 3 | 4六 | 4 | 5 | 5 | 6 | **4** | 5 |
| 27 | 28 | 28 | 29 | 30 | 30 | 31 | **5** | **4** | 2 | 31 | **1** | 2 | 2 | 3 | 3 | 4 6 | 5 5 | 5五 | 6四 | 6三 | 7 | 5 | 6 |
| 28 | 29 | 29 | 30 | 31 | **7** | **6** | 2 | 2 | 3 | **2** | 2 | 3 | 3 | 4 | 4 | 5 | 6 | 6 4 | 7 3 | 7 | 8二 | 6正 | 7十二 |
| 29 | 30 | 30 | 31 | **8** | 2 | 2 | 3 | 3 | 4 | 2 | 3 | 4 | 4 | 5 | 5 | 6 | 7 | 7 | 8 | 8 2 | 9 1 | 7 | 8 |
| 30 | 31 | **10** | **9** | 2 | 3 | 3 | 4 | 4 | 5 | 3 | 4 | 5 | 5 | 6 | 6 | 7 | 8 | 8 | 9 | 9 | 10 | 8 12 | 9 11 |
| **12** | **11** | 2 | 2 | 3 | 4 | 4 | 5 | 5 | 6 | 4 | 5 | 6 | 6 | 7 | 7 | 8 | 9 | 9 | 10 | 10 | 11 | 9 | 10 |
| 2 | 2 | 3 | 3 | 4 | 5 | 5 | 6 | 6 | 7 | 5 | 6 | 7 | 7 | 8 | 8 | 9 | 10 | 10 | 11 | 11 | 12 | 10 | 11 |
| 3 | 3 | 4 | 4 | 5 | 6 | 6 | 7 | 7 | 8 | 6 | 7 | 8 | 8 | 9 | 9 | 10 | 11 | 11 | 12 | 12 | 13 | 11 | 12 |
| 4 | 4 | 5 | 5 | 6 | 7 | 7 | 8 | 8 | 9 | 7 | 8 | 9 | 9 | 10 | 10 | 11 | 12 | 12 | 13 | 13 | 14 | 12 | 13 |
| 5 | 5 | 6 | 6 | 7 | 8 | 8 | 9 | 9 | 10 | 8 | 9 | 10 | 10 | 11 | 11 | 12 | 13 | 13 | 14 | 14 | 15 | 13 | 14 |
| 6 | 6 | 7 | 7 | 8 | 9 | 9 | 10 | 10 | 11 | 9 | 10 | 11 | 11 | 12 | 12 | 13 | 14 | 14 | 15 | 15 | 16 | 14 | 15 |
| 7 | 7 | 8 | 8 | 9 | 10 | 10 | 11 | 11 | 12 | 10 | 11 | 12 | 12 | 13 | 13 | 14 | 15 | 15 | 16 | 16 | 17 | 15 | 16 |
| 8 | 8 | 9 | 9 | 10 | 11 | 11 | 12 | 12 | 13 | 11 | 12 | 13 | 13 | 14 | 14 | 15 | 16 | 16 | 17 | 17 | 18 | 16 | 17 |
| 9 | 9 | 10 | 10 | 11 | 12 | 12 | 13 | 13 | 14 | 12 | 13 | 14冬 | 14 | 15 | 15 | 16 | 17 | 17 | 18 | 18 | 19 | 17 | 18 |
| 10 | 10 | 11 | 11 | 12 | 13 | 13 | 14 | 14 | 15 | 13 | 14 | 15 | 15 | 16 | 16 | 17 | 18 | 18 | 19 | 19 | 20 | 18 | 19 |
| 11 | 11 | 12 | 12 | 13 | 14 | 14 | 15 | 15 | 16 | 14 | 15 | 16 | 16 | 17 | 17 | 18 | 19 | 19 | 20 | 20 | 21 | 19 | 20 |
| 12 | 12 | 13 | 13 | 14 | 15 | 15 | 16 | 16 | 17 | 15 | 16 | 17 | 17 | 18 | 18 | 19 | 20 | 20 | 21 | 21 | 22 | 20 | 21 |
| 13 | 13 | 14 | 14 | 15 | 16 | 16 | 17 | 17 | 18 | 16 | 17 | 18 | 18 | 19 | 19 | 20 | 21 | 21 | 22 | 22 | 23 | 21 | 22 |
| 14冬 | 14 | 15 | 15 | 16 | 17 | 17 | 18 | 18 | 19 | 17 | 18 | 19 | 19 | 20 | 20 | 21 | 22 | 22 | 23 | 23 | 24 | 22 | 23 |
| 15 | 15 | 16 | 16 | 17 | 18 | 18 | 19 | 19 | 20 | 18 | 19 | 20 | 20 | 21 | 21 | 22 | 23 | 23 | 24 | 24 | 25 | 23 | 24 |
| 16 | 16 | 17 | 17 | 18 | 19 | 19 | 20 | 20 | 21 | 19 | 20 | 21 | 21 | 22 | 22 | 23 | 24 | 24 | 25 | 25 | 26 | 24 | 25 |
| 17十二 | 17十一 | 18 | 18 | 19 | 20 | 20 | 21 | 21 | 22 | 20 | 21 | 22 | 22 | 23 | 23 | 24 | 25 | 25 | 26 | 26 | 27 | 25 | 26 |
| 18 | 18 | 19十 | 19 | 20 | 21 | 21 | 22 | 22 | 23 | 21 | 22 | 23 | 23 | 24 | 24 | 25 | 26 | 26 | 27 | 27 | 28 | 26 | 27 |
| 19 11 | 19 | 20 | 20九 | 21八 | 22 | 22 | 23 | 23 | 24 | 22 | 23 | 24 | 24 | 25 | 25 | 26 | 27 | 27 | 28 | 28 | 29 | 27 | 28 |
| 20 | 20 10 | 21 9 | 21 | 22 | 23七 | 23六 | 24 | 24 | 25 | 23 | 24 | 25 | 25 | 26 | 26 | 27 | 28 | 28 | 29 | 29 | 30 | 28 | 29 |
| 21 | 21 | 22 | 22 8 | 23 7 | 24 | 24 | 25五 | 25四 | 26三 | 24 | 25 | 26 | 26 | 27 | 27 | 28 | 29 | 29 | 30 | 30 | 31 | **3** | 30 |

一二八七 丁亥 至元二十四 686

一二八八 戊子 至元二十五 687

| | | | | | | | | | | | | | | | | | | | | | | | | |
|---|---|---|---|---|---|---|---|---|---|---|---|---|---|---|---|---|---|---|---|---|---|---|---|---|
| 11 | 11 | 12 | 12 | 13 | 14 | 14 | 15 | 15 | 16 | 15 | 16 | 17 | 17 | 18 | 18 | 19 | 20 | 20 | 21 | 21 | 22 | 20 | 21 | 22 |
| 12 | 12 | 13 | 13 | 14 | 15 | 15 | 16 | 16 | 17 | 16 | 17 | 18 | 18 | 19 | 19 | 20 | 21 | 21 | 22 | 22 | 23 | 21 | 22 | 23 |
| 13冬 | 13 | 14 | 14 | 15 | 16 | 16 | 17 | 17 | 18 | 17 | 18 | 19 | 19 | 20 | 20 | 21 | 22 | 22 | 23 | 23 | 24 | 22 | 23 | 24 |
| 14 | 14 | 15 | 15 | 16 | 17 | 17 | 18 | 18 | 19 | 18 | 19 | 20 | 20 | 21 | 21 | 22 | 23 | 23 | 24 | 24 | 25 | 23 | 24 | 25 |
| 15 | 15 | 16 | 16 | 17 | 18 | 18 | 19 | 19 | 20 | 19 | 20 | 21 | 21 | 22 | 22 | 23 | 24 | 24 | 25 | 25 | 26 | 24 | 25 | 26 |
| 16 | 16 | 17 | 17 | 18 | 19 | 19 | 20 | 20 | 21 | 20 | 21 | 22 | 22 | 23 | 23 | 24 | 25 | 25 | 26 | 26 | 27 | 25 | 26 | 27 |
| 17 | 17 | 18 | 18 | 19 | 20 | 20 | 21 | 21 | 22 | 21 | 22 | 23 | 23 | 24 | 24 | 25 | 26 | 26 | 27 | 27 | 28 | 26 | 27 | 28 |
| 18 | 18 | 19 | 19 | 20 | 21 | 21 | 22 | 22 | 23 | 22 | 23 | 24 | 24 | 25 | 25 | 26 | 27 | 27 | 28 | 28 | 29 | 27 | 28 | 29 |
| 19 | 19 | 20 | 20 | 21 | 22 | 22 | 23 | 23 | 24 | 23 | 24 | 25 | 25 | 26 | 26 | 27 | 28 | 28 | 29 | 29 | 30 | 28 | 29 | 30 |
| 20 | 20 | 21 | 21 | 22 | 23 | 23 | 24 | 24 | 25 | 24 | 25 | 26 | 26 | 27 | 27 | 28 | 29 | 29 | 30 | 30 | 31 | 3 | 30 | 31 |
| 21 | 21 | 22 | 22 | 23 | 24 | 24 | 25 | 25 | 26 | 25 | 26 | 27 | 27 | 28 | 28 | 29 | 30 | 30 | 31 | 5 | 4 | 2 | 31 | 1 |
| 22 | 22 | 23 | 23 | 24 | 25 | 25 | 26 | 26 | 27 | 26 | 27 | 28 | 28 | 29 | 29 | 30 | 31 | 7 | 6 | 2 | 2 | 3 | 2 | 2 |
| 23 | 23 | 24 | 24 | 25 | 26 | 26 | 27 | 27 | 28 | 27 | 28 | 29 | 29 | 30 | 30 | 31 | 8 | 2 | 2 | 3 | 3 | 4 | 2 | 3 |
| 24 | 24 | 25 | 25 | 26 | 27 | 27 | 28 | 28 | 29 | 28 | 29 | 30 | 30 | 31 | 10 | 9 | 2 | 3 | 3 | 4 | 4 | 5 | 3 | 4 |
| 25十二 | 25十一 | 26 | 26 | 27 | 28 | 28 | 29 | 29 | 30 | 29 | 30 | 31 | 12 | 11 | 2 | 2 | 3 | 4 | 4 | 5 | 5 | 6 | 4 | 5 |
| 26 | 26 | 27十 | 27九 | 28八 | 29 | 29 | 30 | 30 | 31 | 3 | 31 | 1 | 2 | 2 | 3 | 3 | 4 | 5 | 5 | 6 | 6 | 7 | 5 | 6 |
| 27 12 | 27 11 | 28 | 28 | 29 | 30七 | 30六 | 31 | 5 | 4 | 2 | 2 | 2 | 3 | 3 | 4 | 4 | 5 | 6 | 6 | 7 | 7 | 8 | 6 | 7 |
| 28 | 28 | 29 10 | 29 9 | 30 | 31 | 7 | 6五 | 2四 | 2三 | 3 | 2 | 3 | 4 | 4 | 5 | 5 | 6 | 7 | 7 | 8 | 8 | 9 | 7 | 8 |
| 29 | 29 | 30 | 30 | 31 8 | 8 7 | 2 | 2 | 3 | 3 | 4二 | 3正 | 4 | 5 | 5 | 6 | 6 | 7 | 8 | 8 | 9 | 9 | 10 | 8 | 9 |
| 30 | 30 | 31 | 10 | 9 | 2 | 3 6 | 3 5 | 4 | 4 | 5 | 4 | 5十二 | 6十一 | 6 | 7 | 7 | 8 | 9 | 9 | 10 | 10 | 11 | 9 | 10 |
| 31 | 12 | 11 | 2 | 2 | 3 | 4 | 4 | 5 4 | 5 3 | 6 | 5 | 6 | 7 | 7十 | 8 | 8 | 9 | 10 | 10 | 11 | 11 | 12 | 10 | 11 |
| 日 | 2 | 2 | 3 | 3 | 4 | 5 | 5 | 6 | 6 | 7 2 | 6 1 | 7 12 | 8 11 | 8 | 9九 | 9八 | 10 | 11 | 11 | 12 | 12 | 13 | 11 | 12 |
| 曜 | 3 | 3 | 4 | 4 | 5 | 6 | 6 | 7 | 7 | 8 | 7 | 8 | 9 | 9 10 | 10 9 | 10 | 11七 | 12六 | 12 | 13 | 13 | 14 | 12 | 13 |
| 表 | 4 | 4 | 5 | 5 | 6 | 7 | 7 | 8 | 8 | 9 | 8 | 9 | 10 | 10 | 11 | 11 8 | 12 7 | 13 | 13五 | 14四 | 14三 | 15 | 13 | 14 |
| 4 | 5 | 5 | 6 | 6 | 7 | 8 | 8 | 9 | 9 | 10 | 9 | 10 | 11 | 11 | 12 | 12 | 13 | 14 6 | 14 5 | 15 | 15 | 16閏 | 14二 | 15正 |
| 甲 | 6 | 6 | 7 | 7 | 8 | 9 | 9 | 10 | 10 | 11 | 10 | 11 | 12 | 12 | 13 | 13 | 14 | 15 | 15 | 16 4 | 16 3 | 17 | 15 | 16 |
| 子 | 7 | 7 | 8 | 8 | 9 | 10 | 10 | 11 | 11 | 12 | 11 | 12 | 13 | 13 | 14 | 14 | 15 | 16 | 16 | 17 | 17 | 18 2 | 16 1 | 17 |
| 表 | 8 | 8 | 9 | 9 | 10 | 11 | 11 | 12 | 12 | 13 | 12 | 13 | 14冬 | 14 | 15 | 15 | 16 | 17 | 17 | 18 | 18 | 19 | 17 | 18 12 |
| 2 | 9 | 9 | 10 | 10 | 11 | 12 | 12 | 13 | 13 | 14 | 13 | 14 | 15 | 15 | 16 | 16 | 17 | 18 | 18 | 19 | 19 | 20 | 18 | 19 |
| | 10 | 10 | 11 | 11 | 12 | 13 | 13 | 14 | 14 | 15 | 14 | 15 | 16 | 16 | 17 | 17 | 18 | 19 | 19 | 20 | 20 | 21 | 19 | 20 |

一二九〇 庚寅 至元二七 689

一二八九 己丑 至元二六 688

| | | | | | | | | | | | | | | | | | | | | | | | |
|---|---|---|---|---|---|---|---|---|---|---|---|---|---|---|---|---|---|---|---|---|---|---|---|
| 22 | 23 | 23 | 24 | 25 | 25 | 26 | 26 | 27 | 25 | 26 | 27 | 27 | 28 | 28 | 29 | 30 | 30 | 31 | 5 | 4 | 2 | 31 | 1 |
| 23 | 24 | 24 | 25 | 26 | 26 | 27 | 27 | 28 | 26 | 27 | 28 | 28 | 29 | 29 | 30 | 31 | 7 | 6 | 2 | 2 | 3 | 2 | 2 |
| 24 | 25 | 25 | 26 | 27 | 27 | 28 | 28 | 29 | 27 | 28 | 29 | 29 | 30 | 30 | 31 | 8 | 2 | 2 | 3 | 3 | 4 | 2 | 3 |
| 25 | 26 | 26 | 27 | 28 | 28 | 29 | 29 | 30 | 28 | 29 | 30 | 30 | 31 | 10 | 9 | 2 | 3 | 3 | 4 | 4 | 5 | 3 | 4 |
| 26 | 27 | 27 | 28 | 29 | 29 | 30 | 30 | 31 | 3 | 30 | 31 | 12 | 11 | 2 | 2 | 3 | 4 | 4 | 5 | 5 | 6 | 4 | 5 |
| 27 | 28 | 28 | 29 | 30 | 30 | 31 | 5 | 4 | 2 | 31 | 1 | 2 | 2 | 3 | 3 | 4 | 5 | 5 | 6 | 6 | 7 | 5 | 6 |
| 28 | 29 | 29 | 30 | 31 | 7 | 6 | 2 | 2 | 3 | 2 | 2 | 3 | 3 | 4 | 4 | 5 | 6 | 6 | 7 | 7 | 8 | 6 | 7 |
| 29 | 30 | 30 | 31 | 8 | 2 | 2 | 3 | 3 | 4 | 2 | 3 | 4 | 4 | 5 | 5 | 6 | 7 | 7 | 8 | 8 | 9 | 7 | 8 |
| 30 | 31 | 10 | 9 | 2 | 3 | 3 | 4 | 4 | 5 | 3 | 4 | 5 | 5 | 6 | 6 | 7 | 8 | 8 | 9 | 9 | 10 | 8 | 9 |
| 12 | 11 | 2 | 2 | 3 | 4 | 4 | 5 | 5 | 6 | 4 | 5 | 6 | 6 | 7 | 7 | 8 | 9 | 9 | 10 | 10 | 11 | 9 | 10 |
| 2 | 2 | 3 | 3 | 4 | 5 | 5 | 6 | 6 | 7 | 5 | 6 | 7 | 7 | 8 | 8 | 9 | 10 | 10 | 11 | 11 | 12 | 10 | 11 |
| 3 土 | 3 | 4 | 4 | 5 | 6 | 6 | 7 | 7 | 8 | 6 | 7 | 8 | 8 | 9 | 9 | 10 | 11 | 11 | 12 | 12 | 13 | 11 | 12 |
| 4 | 4 十 | 5 九 | 5 八 | 6 | 7 | 7 | 8 | 8 | 9 | 7 | 8 | 9 | 9 | 10 | 10 | 11 | 12 | 12 | 13 | 13 | 14 | 12 | 13 |
| 5 **12** | 5 **11** | 6 | 6 | 7 七 | 8 六 | 8 | 9 | 9 | 10 | 8 | 9 | 10 | 10 | 11 | 11 | 12 | 13 | 13 | 14 | 14 | 15 | 13 | 14 |
| 6 | 6 | 7 **10** | 7 **9** | 8 | 9 | 9 五 | 10 四 | 10 | 11 | 9 | 10 | 11 | 11 | 12 | 12 | 13 | 14 | 14 | 15 | 15 | 16 | 14 | 15 |
| 7 | 7 | 8 | 8 | 9 **8** | 10 **7** | 10 | 11 | 11 三 | 12 | 10 | 11 | 12 | 12 | 13 | 13 | 14 | 15 | 15 | 16 | 16 | 17 | 15 | 16 |
| 8 | 8 | 9 | 9 | 10 | 11 | 11 **6** | 12 **5** | 12 | 13 二 | 11 正 | 12 | 13 | 13 | 14 | 14 | 15 | 16 | 16 | 17 | 17 | 18 | 16 | 17 |
| 9 | 9 | 10 | 10 | 11 | 12 | 12 | 13 | 13 **4** | 14 **3** | 12 | 13 土 | 14 冬土 | 14 | 15 | 15 | 16 | 17 | 17 | 18 | 18 | 19 | 17 | 18 |
| 10 | 10 | 11 | 11 | 12 | 13 | 13 | 14 | 14 | 15 | 13 **2** | 14 **1** | 15 | 15 閏 | 16 十 | 16 九 | 17 八 | 18 | 18 | 19 | 19 | 20 | 18 | 19 |
| 11 | 11 | 12 | 12 | 13 | 14 | 14 | 15 | 15 | 16 | 14 | 15 | 16 **12** | 16 **11** | 17 | 17 | 18 | 19 七 | 19 六 | 20 | 20 | 21 | 19 | 20 |
| 12 | 12 | 13 | 13 | 14 | 15 | 15 | 16 | 16 | 17 | 15 | 16 | 17 | 17 | 18 **10** | 18 **9** | 19 | 20 | 20 | 21 五 | 21 四 | 22 | 20 | 21 |
| 13 | 13 | 14 | 14 | 15 | 16 | 16 | 17 | 17 | 18 | 16 | 17 | 18 | 18 | 19 | 19 | 20 **8** | 21 **7** | 21 | 22 | 22 | 23 三 | 21 | 22 |
| 14 冬 | 14 | 15 | 15 | 16 | 17 | 17 | 18 | 18 | 19 | 17 | 18 | 19 | 19 | 20 | 20 | 21 | 22 | 22 **6** | 23 **5** | 23 | 24 | 22 二 | 23 正 |
| 15 | 15 | 16 | 16 | 17 | 18 | 18 | 19 | 19 | 20 | 18 | 19 | 20 | 20 | 21 | 21 | 22 | 23 | 23 | 24 | 24 **4** | 25 **3** | 23 | 24 |
| 16 | 16 | 17 | 17 | 18 | 19 | 19 | 20 | 20 | 21 | 19 | 20 | 21 | 21 | 22 | 22 | 23 | 24 | 24 | 25 | 25 | 26 | 24 **2** | 25 **1** |
| 17 | 17 | 18 | 18 | 19 | 20 | 20 | 21 | 21 | 22 | 20 | 21 | 22 | 22 | 23 | 23 | 24 | 25 | 25 | 26 | 26 | 27 | 25 | 26 |
| 18 | 18 | 19 | 19 | 20 | 21 | 21 | 22 | 22 | 23 | 21 | 22 | 23 | 23 | 24 | 24 | 25 | 26 | 26 | 27 | 27 | 28 | 26 | 27 |
| 19 | 19 | 20 | 20 | 21 | 22 | 22 | 23 | 23 | 24 | 22 | 23 | 24 | 24 | 25 | 25 | 26 | 27 | 27 | 28 | 28 | 29 | 27 | 28 |
| 20 | 20 | 21 | 21 | 22 | 23 | 23 | 24 | 24 | 25 | 23 | 24 | 25 | 25 | 26 | 26 | 27 | 28 | 28 | 29 | 29 | 30 | 28 | 29 |
| 21 | 21 | 22 | 22 | 23 | 24 | 24 | 25 | 25 | 26 | 24 | 25 | 26 | 26 | 27 | 27 | 28 | 29 | 29 | 30 | 30 | 31 | 3 | 30 |

一二九二
壬辰
至元二九

一二九一
辛卯
至元二八

692 | 691 | 690

| | | | | | | | | | | | | | | | | | | | | | | | | |
|---|---|---|---|---|---|---|---|---|---|---|---|---|---|---|---|---|---|---|---|---|---|---|---|---|
| 11 | 11 | 12 | 九12 | 八13 | 14 | 14 | 15 | 15 | 16 | 15 | 16 | 17 | 17 | 18 | 18 | 19 | 20 | 20 | 21 | 21 | 22 | 20 | 21 | 22 |
| 12 | 1 12 | 13 | 13 | 14 | 七15 | 15 | 16 | 16 | 17 | 16 | 17 | 18 | 18 | 19 | 19 | 20 | 21 | 21 | 22 | 22 | 23 | 21 | 22 | 23 |
| 13 | 冬13 | 12 14 | 11 14 | 15 | 16 | 閏16 | 六17 | 17 | 18 | 17 | 18 | 19 | 19 | 20 | 20 | 21 | 22 | 22 | 23 | 23 | 24 | 22 | 23 | 24 |
| 14 | 14 | 15 | 15 | 10 16 | 9 17 | 17 | 18 | 五18 | 19 | 18 | 19 | 20 | 20 | 21 | 21 | 22 | 23 | 23 | 24 | 24 | 25 | 23 | 24 | 25 |
| 15 | 15 | 16 | 16 | 17 | 18 | 8 18 | 7 19 | 19 | 四20 | 三19 | 20 | 21 | 21 | 22 | 22 | 23 | 24 | 24 | 25 | 25 | 26 | 24 | 25 | 26 |
| 16 | 16 | 17 | 17 | 18 | 19 | 19 | 20 | 6 20 | 5 21 | 20 | 二21 | 正22 | 十二22 | 十一23 | 23 | 24 | 25 | 25 | 26 | 26 | 27 | 25 | 26 | 27 |
| 17 | 17 | 18 | 18 | 19 | 20 | 20 | 21 | 21 | 22 | 4 21 | 3 22 | 23 | 23 | 24 | 十24 | 九25 | 八26 | 26 | 27 | 27 | 28 | 26 | 27 | 28 |
| 18 | 18 | 19 | 19 | 20 | 21 | 21 | 22 | 22 | 23 | 22 | 23 | 2 24 | 1 24 | 25 | 25 | 26 | 27 | 七27 | 28 | 28 | 29 | 27 | 28 | 29 |
| 19 | 19 | 20 | 20 | 21 | 22 | 22 | 23 | 23 | 24 | 23 | 24 | 25 | 25 | 12 26 | 11 26 | 27 | 28 | 28 | 六29 | 五29 | 30 | 28 | 29 | 30 |
| 20 | 20 | 21 | 21 | 22 | 23 | 23 | 24 | 24 | 25 | 24 | 25 | 26 | 26 | 27 | 27 | 10 28 | 9 29 | 29 | 30 | 30 | 四31 | 3 | 30 | 31 |
| 21 | 21 | 22 | 22 | 23 | 24 | 24 | 25 | 25 | 26 | 25 | 26 | 27 | 27 | 28 | 28 | 29 | 30 | 8 30 | 7 31 | 5 | 4 | 三2 | 二31 | 1 |
| 22 | 22 | 23 | 23 | 24 | 25 | 25 | 26 | 26 | 27 | 26 | 27 | 28 | 28 | 29 | 29 | 30 | 31 | 7 | 6 | 6 2 | 5 2 | 3 | 2 | 正2 十二 |
| 23 | 23 | 24 | 24 | 25 | 26 | 26 | 27 | 27 | 28 | 27 | 28 | 29 | 29 | 30 | 30 | 31 | 8 | 2 | 2 | 3 | 3 | 4 4 | 3 2 | 3 |
| 24 | 24 | 25 | 25 | 26 | 27 | 27 | 28 | 28 | 29 | 28 | 29 | 30 | 30 | 31 | 10 | 9 | 2 | 3 | 3 | 4 | 4 | 5 | 3 | 2 4 1 |
| 25 | 25 | 26 | 26 | 27 | 28 | 28 | 29 | 29 | 30 | 29 | 30 | 31 | 12 | 11 | 2 | 2 | 3 | 4 | 4 | 5 | 5 | 6 | 4 | 5 |
| 26 | 26 | 27 | 27 | 28 | 29 | 29 | 30 | 30 | 31 | 3 | 31 | 1 | 2 | 2 | 3 | 3 | 4 | 5 | 5 | 6 | 6 | 7 | 5 | 6 |
| 27 | 27 | 28 | 28 | 29 | 30 | 30 | 31 | 5 | 4 | 2 | 2 | 2 | 3 | 3 | 4 | 4 | 5 | 6 | 6 | 7 | 7 | 8 | 6 | 7 |
| 28 | 28 | 29 | 29 | 30 | 31 | 7 | 6 | 2 | 2 | 3 | 2 | 3 | 4 | 4 | 5 | 5 | 6 | 7 | 7 | 8 | 8 | 9 | 7 | 8 |
| 29 | 29 | 30 | 30 | 31 | 8 | 2 | 2 | 3 | 3 | 4 | 3 | 4 | 5 | 5 | 6 | 6 | 7 | 8 | 8 | 9 | 9 | 10 | 8 | 9 |
| 30 | 30 | 31 | 10 | 9 | 2 | 3 | 3 | 4 | 4 | 5 | 4 | 5 | 6 | 6 | 7 | 7 | 8 | 9 | 9 | 10 | 10 | 11 | 9 | 10 |
| 31 | 12 | 11 | 2 | 2 | 3 | 4 | 4 | 5 | 5 | 6 | 5 | 6 | 7 | 7 | 8 | 8 | 9 | 10 | 10 | 11 | 11 | 12 | 10 | 11 |
| 日 | 2 | 2 | 3 | 3 | 4 | 5 | 5 | 6 | 6 | 7 | 6 | 7 | 8 | 8 | 9 | 9 | 10 | 11 | 11 | 12 | 12 | 13 | 11 | 12 |
| 曜 | 3 | 3 | 4 | 4 | 5 | 6 | 6 | 7 | 7 | 8 | 7 | 8 | 9 | 9 | 10 | 10 | 11 | 12 | 12 | 13 | 13 | 14 | 12 | 13 |
| 表 | 4 | 4 | 5 | 5 | 6 | 7 | 7 | 8 | 8 | 9 | 8 | 9 | 10 | 10 | 11 | 11 | 12 | 13 | 13 | 14 | 14 | 15 | 13 | 14 |
| 5 | 5 | 5 | 6 | 6 | 7 | 8 | 8 | 9 | 9 | 10 | 9 | 10 | 11 | 11 | 12 | 12 | 13 | 14 | 14 | 15 | 15 | 16 | 14 | 15 |
| 甲 | 6 | 6 | 7 | 7 | 8 | 9 | 9 | 10 | 10 | 11 | 10 | 11 | 12 | 12 | 13 | 13 | 14 | 15 | 15 | 16 | 16 | 17 | 15 | 16 |
| 子 | 7 | 7 | 8 | 8 | 9 | 10 | 10 | 11 | 11 | 12 | 11 | 12 | 13 | 13 | 14 | 14 | 15 | 16 | 16 | 17 | 17 | 18 | 16 | 17 |
| 表 | 8 | 8 | 9 | 9 | 10 | 11 | 11 | 12 | 12 | 13 | 12 | 13 | 14 | 冬14 | 15 | 15 | 16 | 17 | 17 | 18 | 18 | 19 | 17 | 18 |
| 3 | 9 | 9 | 10 | 10 | 11 | 12 | 12 | 13 | 13 | 14 | 13 | 14 | 15 | 15 | 16 | 16 | 17 | 18 | 18 | 19 | 19 | 20 | 18 | 19 |
| | 10 | 十二10 | 十一11 | 11 | 12 | 13 | 13 | 14 | 14 | 15 | 14 | 15 | 16 | 16 | 17 | 17 | 18 | 19 | 19 | 20 | 20 | 21 | 19 | 20 |

一二九四 甲午 至元三一 694

一二九三 癸巳 至元三〇 693

| | | | | | | | | | | | | | | | | | | | | | | | |
|---|---|---|---|---|---|---|---|---|---|---|---|---|---|---|---|---|---|---|---|---|---|---|---|
| 22 | 23 12 | 23 11 | 24 | 25 | 25 六 | 26 五 | 26 | 27 | 25 | 26 | 27 | 27 | 28 | 28 | 29 | 30 | 30 | 31 | 5 | 4 | 2 | 31 | 1 |
| 23 | 24 | 24 | 25 10 | 26 9 | 26 | 27 | 27 四 | 28 三 | 26 | 27 | 28 | 28 | 29 | 29 | 30 | 31 | 7 | 6 | 2 | 2 | 3 | 2 | 2 |
| 24 | 25 | 25 | 26 | 27 | 27 8 | 28 7 | 28 | 29 | 27 二 | 28 正 | 29 十二 | 29 十一 | 30 | 30 | 31 | 8 | 2 | 2 | 3 | 3 | 4 | 2 | 3 |
| 25 | 26 | 26 | 27 | 28 | 28 | 29 | 29 6 | 30 5 | 28 | 29 | 30 | 30 | 31 十 | 10 九 | 9 | 2 | 3 | 3 | 4 | 4 | 5 | 3 | 4 |
| 26 | 27 | 27 | 28 | 29 | 29 | 30 | 30 | 31 | 3 4 | 30 3 | 31 | 12 | 11 | 2 | 2 八 | 3 | 4 | 4 | 5 | 5 | 6 | 4 | 5 |
| 27 | 28 | 28 | 29 | 30 | 30 | 31 | 5 | 4 | 2 | 31 | 1 2 | 2 1 | 2 12 | 3 11 | 3 | 4 七 | 5 六 | 5 | 6 | 6 | 7 | 5 | 6 |
| 28 | 29 | 29 | 30 | 31 | 7 | 6 | 2 | 2 | 3 | 2 | 2 | 3 | 3 | 4 | 4 10 | 5 9 | 6 | 6 五 | 7 | 7 | 8 | 6 | 7 |
| 29 | 30 | 30 | 31 | 8 | 2 | 2 | 3 | 3 | 4 | 2 | 3 | 4 | 4 | 5 | 5 | 6 | 7 8 | 7 7 | 8 四 | 8 三 | 9 | 7 | 8 |
| 30 | 31 | 10 | 9 | 2 | 3 | 3 | 4 | 4 | 5 | 3 | 4 | 5 | 5 | 6 | 6 | 7 | 8 | 8 | 9 6 | 9 5 | 10 二 | 8 正 | 9 十二 |
| 12 | 11 | 2 | 2 | 3 | 4 | 4 | 5 | 5 | 6 | 4 | 5 | 6 | 6 | 7 | 7 | 8 | 9 | 9 | 10 | 10 | 11 4 | 9 3 | 10 |
| 2 | 2 | 3 | 3 | 4 | 5 | 5 | 6 | 6 | 7 | 5 | 6 | 7 | 7 | 8 | 8 | 9 | 10 | 10 | 11 | 11 | 12 | 10 | 11 2 |
| 3 | 3 | 4 | 4 | 5 | 6 | 6 | 7 | 7 | 8 | 6 | 7 | 8 | 8 | 9 | 9 | 10 | 11 | 11 | 12 | 12 | 13 | 11 | 12 |
| 4 | 4 | 5 | 5 | 6 | 7 | 7 | 8 | 8 | 9 | 7 | 8 | 9 | 9 | 10 | 10 | 11 | 12 | 12 | 13 | 13 | 14 | 12 | 13 |
| 5 | 5 | 6 | 6 | 7 | 8 | 8 | 9 | 9 | 10 | 8 | 9 | 10 | 10 | 11 | 11 | 12 | 13 | 13 | 14 | 14 | 15 | 13 | 14 |
| 6 | 6 | 7 | 7 | 8 | 9 | 9 | 10 | 10 | 11 | 9 | 10 | 11 | 11 | 12 | 12 | 13 | 14 | 14 | 15 | 15 | 16 | 14 | 15 |
| 7 | 7 | 8 | 8 | 9 | 10 | 10 | 11 | 11 | 12 | 10 | 11 | 12 | 12 | 13 | 13 | 14 | 15 | 15 | 16 | 16 | 17 | 15 | 16 |
| 8 | 8 | 9 | 9 | 10 | 11 | 11 | 12 | 12 | 13 | 11 | 12 | 13 | 13 | 14 | 14 | 15 | 16 | 16 | 17 | 17 | 18 | 16 | 17 |
| 9 | 9 | 10 | 10 | 11 | 12 | 12 | 13 | 13 | 14 | 12 | 13 | 14 冬 | 14 | 15 | 15 | 16 | 17 | 17 | 18 | 18 | 19 | 17 | 18 |
| 10 | 10 | 11 | 11 | 12 | 13 | 13 | 14 | 14 | 15 | 13 | 14 | 15 | 15 | 16 | 16 | 17 | 18 | 18 | 19 | 19 | 20 | 18 | 19 |
| 11 | 11 | 12 | 12 | 13 | 14 | 14 | 15 | 15 | 16 | 14 | 15 | 16 | 16 | 17 | 17 | 18 | 19 | 19 | 20 | 20 | 21 | 19 | 20 |
| 12 | 12 | 13 | 13 | 14 | 15 | 15 | 16 | 16 | 17 | 15 | 16 | 17 | 17 | 18 | 18 | 19 | 20 | 20 | 21 | 21 | 22 | 20 | 21 |
| 13 | 13 | 14 | 14 | 15 | 16 | 16 | 17 | 17 | 18 | 16 | 17 | 18 | 18 | 19 | 19 | 20 | 21 | 21 | 22 | 22 | 23 | 21 | 22 |
| 14 冬 | 14 | 15 | 15 | 16 | 17 | 17 | 18 | 18 | 19 | 17 | 18 | 19 | 19 | 20 | 20 | 21 | 22 | 22 | 23 | 23 | 24 | 22 | 23 |
| 15 | 15 | 16 | 16 | 17 | 18 | 18 | 19 | 19 | 20 | 18 | 19 | 20 | 20 | 21 | 21 | 22 | 23 | 23 | 24 | 24 | 25 | 23 | 24 |
| 16 | 16 | 17 | 17 | 18 | 19 | 19 | 20 | 20 | 21 | 19 | 20 | 21 | 21 | 22 | 22 | 23 | 24 | 24 | 25 | 25 | 26 | 24 | 25 |
| 17 | 17 | 18 | 18 | 19 | 20 | 20 | 21 | 21 | 22 | 20 | 21 | 22 | 22 | 23 | 23 | 24 | 25 | 25 | 26 | 26 | 27 | 25 | 26 |
| 18 十二 | 18 | 19 | 19 | 20 | 21 | 21 | 22 | 22 | 23 | 21 | 22 | 23 | 23 | 24 | 24 | 25 | 26 | 26 | 27 | 27 | 28 | 26 | 27 |
| 19 | 19 十一 | 20 十 | 20 | 21 | 22 | 22 | 23 | 23 | 24 | 22 | 23 | 24 | 24 | 25 | 25 | 26 | 27 | 27 | 28 | 28 | 29 | 27 | 28 |
| 20 | 20 | 21 | 21 九 | 22 | 23 | 23 | 24 | 24 | 25 | 23 | 24 | 25 | 25 | 26 | 26 | 27 | 28 | 28 | 29 | 29 | 30 | 28 | 29 |
| 21 2 | 21 1 | 22 | 22 | 23 八 | 24 七 | 24 | 25 | 25 | 26 | 24 | 25 | 26 | 26 | 27 | 27 | 28 | 29 | 29 | 30 | 30 | 31 | 3 | 30 |

一二四

勵耘書屋

一二九六 丙申 元貞二

696

一二九五 乙未 元成宗 元貞元

695

| | | | | | | | | | | | | | | | | | | | | | | | | |
|---|---|---|---|---|---|---|---|---|---|---|---|---|---|---|---|---|---|---|---|---|---|---|---|---|
| 11 | 11 | 12 | 12 | 13 | 14 | 14 | 15 | 15 | 16 | 15 | 16 | 17 | 17 | 18 | 18 | 19 | 20 | 20 | 21 | 21 | 22 | 20 | 21 | 22 |
| 12 | 12 | 13 | 13 | 14 | 15 | 15 | 16 | 16 | 17 | 16 | 17 | 18 | 18 | 19 | 19 | 20 | 21 | 21 | 22 | 22 | 23 | 21 | 22 | 23 |
| 13冬 | 13 | 14 | 14 | 15 | 16 | 16 | 17 | 17 | 18 | 17 | 18 | 19 | 19 | 20 | 20 | 21 | 22 | 22 | 23 | 23 | 24 | 22 | 23 | 24 |
| 14 | 14 | 15 | 15 | 16 | 17 | 17 | 18 | 18 | 19 | 18 | 19 | 20 | 20 | 21 | 21 | 22 | 23 | 23 | 24 | 24 | 25 | 23 | 24 | 25 |
| 15 | 15 | 16 | 16 | 17 | 18 | 18 | 19 | 19 | 20 | 19 | 20 | 21 | 21 | 22 | 22 | 23 | 24 | 24 | 25 | 25 | 26 | 24 | 25 | 26 |
| 16 | 16 | 17 | 17 | 18 | 19 | 19 | 20 | 20 | 21 | 20 | 21 | 22 | 22 | 23 | 23 | 24 | 25 | 25 | 26 | 26 | 27 | 25 | 26 | 27 |
| 17 | 17 | 18 | 18 | 19 | 20 | 20 | 21 | 21 | 22 | 21 | 22 | 23 | 23 | 24 | 24 | 25 | 26 | 26 | 27 | 27 | 28 | 26 | 27 | 28 |
| 18 | 18 | 19 | 19 | 20 | 21 | 21 | 22 | 22 | 23 | 22 | 23 | 24 | 24 | 25 | 25 | 26 | 27 | 27 | 28 | 28 | 29 | 27 | 28 | 29 |
| 19 | 19 | 20 | 20 | 21 | 22 | 22 | 23 | 23 | 24 | 23 | 24 | 25 | 25 | 26 | 26 | 27 | 28 | 28 | 29 | 29 | 30 | 28 | 29 | 30 |
| 20 | 20 | 21 | 21 | 22 | 23 | 23 | 24 | 24 | 25 | 24 | 25 | 26 | 26 | 27 | 27 | 28 | 29 | 29 | 30 | 30 | 31 | 3 | 30 | 31 |
| 21 | 21 | 22 | 22 | 23 | 24 | 24 | 25 | 25 | 26 | 25 | 26 | 27 | 27 | 28 | 28 | 29 | 30 | 30 | 31 | 5 | 4 | 2 | 31 | 1 |
| 22 | 22 | 23 | 23 | 24 | 25 | 25 | 26 | 26 | 27 | 26 | 27 | 28 | 28 | 29 | 29 | 30 | 31 | 7 | 6 | 2 | 2 | 3 | 2 | 2 |
| 23 | 23 | 24 | 24 | 25 | 26 | 26 | 27 | 27 | 28 | 27 | 28 | 29 | 29 | 30 | 30 | 31 | 8 | 2 | 2 | 3 | 3 | 4 | 2 | 3 |
| 24 | 24 | 25 | 25 | 26 | 27 | 27 | 28 | 28 | 29 | 28 | 29 | 30 | 30 | 31 | 10 | 9 | 2 | 3 | 3 | 4 | 4 | 5 | 3 | 4 |
| 25 | 25 | 26 | 26 | 27 | 28 | 28 | 29 | 29 | 30 | 29 | 30 | 31 | 12 | 11 | 2 | 2 | 3 | 4 | 4 | 5 | 5 | 6 | 4 | 5 |
| 26十二 | 26 | 27 | 27 | 28 | 29 | 29 | 30 | 30 | 31 | 3 | 31 | 1 | 2 | 2 | 3 | 3 | 4 | 5 | 5 | 6 | 6 | 7 | 5 | 6 |
| 27 | 27十一 | 28十 | 28 | 29 | 30 | 30 | 31 | 5 | 4 | 2 | 2 | 2 | 3 | 3 | 4 | 4 | 5 | 6 | 6 | 7 | 7 | 8 | 6 | 7 |
| 28 3 | 28 | 29 | 29九 | 30八 | 31 | 7 | 6 | 2 | 2 | 3 | 2 | 3 | 4 | 4 | 5 | 5 | 6 | 7 | 7 | 8 | 8 | 9 | 7 | 8 |
| 29 | 29 2 | 30 1 | 30 12 | 31 11 | 8七 | 2六 | 2五 | 3 | 3 | 4 | 3 | 4 | 5 | 5 | 6 | 6 | 7 | 8 | 8 | 9 | 9 | 10 | 8 | 9 |
| 30 | 30 | 31 | 10 | 9 | 2 10 | 3 9 | 3 | 4四 | 4三 | 5二 | 4 | 5 | 6 | 6 | 7 | 7 | 8 | 9 | 9 | 10 | 10 | 11 | 9 | 10 |
| 31 | 12 | 11 | 2 | 2 | 3 | 4 | 4 8 | 5 7 | 5 | 6 | 5正 | 6十二 | 7 | 7 | 8 | 8 | 9 | 10 | 10 | 11 | 11 | 12 | 10 | 11 |
| 日 | 2 | 2 | 3 | 3 | 4 | 5 | 5 | 6 | 6 6 | 7 5 | 6 | 7 | 8十一 | 8十 | 9 | 9 | 10 | 11 | 11 | 12 | 12 | 13 | 11 | 12 |
| 曜 | 3 | 3 | 4 | 4 | 5 | 6 | 6 | 7 | 7 | 8 | 7 4 | 8 3 | 9 | 9 | 10九 | 10 | 11 | 12 | 12 | 13 | 13 | 14 | 12 | 13 |
| 表 | 4 | 4 | 5 | 5 | 6 | 7 | 7 | 8 | 8 | 9 | 8 | 9 | 10 2 | 10 1 | 11 | 11八 | 12七 | 13 | 13 | 14 | 14 | 15 | 13 | 14 |
| 6 | 5 | 5 | 6 | 6 | 7 | 8 | 8 | 9 | 9 | 10 | 9 | 10 | 11 | 11 | 12 12 | 12 11 | 13 | 14六 | 14五 | 15 | 15 | 16 | 14 | 15 |
| 甲 | 6 | 6 | 7 | 7 | 8 | 9 | 9 | 10 | 10 | 11 | 10 | 11 | 12 | 12 | 13 | 13 | 14 10 | 15 9 | 15 | 16閏 | 16四 | 17三 | 15 | 16 |
| 子 | 7 | 7 | 8 | 8 | 9 | 10 | 10 | 11 | 11 | 12 | 11 | 12 | 13 | 13 | 14 | 14 | 15 | 16 | 16 8 | 17 7 | 17 | 18 | 16二 | 17正 |
| 表 | 8 | 8 | 9 | 9 | 10 | 11 | 11 | 12 | 12 | 13 | 12 | 13 | 14冬 | 14 | 15 | 15 | 16 | 17 | 17 | 18 | 18 6 | 19 5 | 17 | 18 |
| 4 | 9 | 9 | 10 | 10 | 11 | 12 | 12 | 13 | 13 | 14 | 13 | 14 | 15 | 15 | 16 | 16 | 17 | 18 | 18 | 19 | 19 | 20 | 18 4 | 19 3 |
| | 10 | 10 | 11 | 11 | 12 | 13 | 13 | 14 | 14 | 15 | 14 | 15 | 16 | 16 | 17 | 17 | 18 | 19 | 19 | 20 | 20 | 21 | 19 | 20 |

一二九八 戊戌 大德二 698

一二九七 丁酉 大德元 二月改 697

| | | | | | | | | | | | | | | | | | | | | | | | |
|---|---|---|---|---|---|---|---|---|---|---|---|---|---|---|---|---|---|---|---|---|---|---|---|
| 22 | 23 | 23 | 24 | 25 | 25 | 26 | 26 | 27 | 25 | 26 | 27 | 27 | 28 | 28 | 29 | 30 | 30 | 31 | **5** | **4** | 2 | 31 | **1** |
| 23 | 24 | 24 | 25 | 26 | 26 | 27 | 27 | 28 | 26 | 27 | 28 | 28 | 29 | 29 | 30 | 31 | **7** | **6** | 2 | 2 | 3 | **2** | 2 |
| 24 | 25 | 25 | 26 | 27 | 27 | 28 | 28 | 29 | 27 | 28 | 29 | 29 | 30 | 30 | 31 | **8** | 2 | 2 | 3 | 3 | 4 | 2 | 3 |
| 25 | 26 | 26 | 27 | 28 | 28 | 29 | 29 | 30 | 28 | 29 | 30 | 30 | 31 | **10** | **9** | 2 | 3 | 3 | 4 | 4 | 5 | 3 | 4 |
| 26 | 27 | 27 | 28 | 29 | 29 | 30 | 30 | 31 | **3** | 30 | 31 | **12** | **11** | 2 | 2 | 3 | 4 | 4 | 5 | 5 | 6 | 4 | 5 |
| 27 | 28 | 28 | 29 | 30 | 30 | 31 | **5** | **4** | 2 | 31 | **1** | 2 | 2 | 3 | 3 | 4 | 5 | 5 | 6 | 6 | 7 | 5 | 6 |
| 28 | 29 | 29 | 30 | 31 | **7** | **6** | 2 | 2 | 3 | **2** | 2 | 3 | 3 | 4 | 4 | 5 | 6 | 6 | 7 | 7 | 8 | 6 | 7 |
| 29 | 30 | 30 | 31 | **8** | 2 | 2 | 3 | 3 | 4 | 2 | 3 | 4 | 4 | 5 | 5 | 6 | 7 | 7 | 8 | 8 | 9 | 7 | 8 |
| 30 | 31 | **10** | **9** | 2 | 3 | 3 | 4 | 4 | 5 | 3 | 4 | 5 | 5 | 6 | 6 | 7 | 8 | 8 | 9 | 9 | 10 | 8 | 9 |
| **12** | **11** | 2 | 2 | 3 | 4 | 4 | 5 | 5 | 6 | 4 | 5 | 6 | 6 | 7 | 7 | 8 | 9 | 9 | 10 | 10 | 11 | 9 | 10 |
| 2 | 2 | 3 | 3 | 4 | 5 | 5 | 6 | 6 | 7 | 5 | 6 | 7 | 7 | 8 | 8 | 9 | 10 | 10 | 11 | 11 | 12 | 10 | 11 |
| 3 | 3 | 4 | 4 | 5 | 6 | 6 | 7 | 7 | 8 | 6 | 7 | 8 | 8 | 9 | 9 | 10 | 11 | 11 | 12 | 12 | 13 | 11 | 12 |
| 4 | 4 | 5 | 5 | 6 | 7 | 7 | 8 | 8 | 9 | 7 | 8 | 9 | 9 | 10 | 10 | 11 | 12 | 12 | 13 | 13 | 14 | 12 | 13 |
| 5 十二 | 5 十 | 6 | 6 | 7 | 8 | 8 | 9 | 9 | 10 | 8 | 9 | 10 | 10 | 11 | 11 | 12 | 13 | 13 | 14 | 14 | 15 | 13 | 14 |
| 6 | 6 | 7 九 | 7 八 | 8 七 | 9 | 9 | 10 | 10 | 11 | 9 | 10 | 11 | 11 | 12 | 12 | 13 | 14 | 14 | 15 | 15 | 16 | 14 | 15 |
| 7 **3** | 7 | 8 | 8 | 9 | 10 六 | 10 五 | 11 | 11 | 12 | 10 | 11 | 12 | 12 | 13 | 13 | 14 | 15 | 15 | 16 | 16 | 17 | 15 | 16 |
| 8 | 8 **2** | 9 **1** | 9 **12** | 10 **11** | 11 | 11 | 12 四 | 12 三 | 13 | 11 | 12 | 13 | 13 | 14 | 14 | 15 | 16 | 16 | 17 | 17 | 18 | 16 | 17 |
| 9 | 9 | 10 | 10 | 11 | 12 **10** | 12 **9** | 13 | 13 | 14 二 | 12 正 | 13 | 14 冬 | 14 | 15 | 15 | 16 | 17 | 17 | 18 | 18 | 19 | 17 | 18 |
| 10 | 10 | 11 | 11 | 12 | 13 | 13 | 14 **8** | 14 **7** | 15 | 13 | 14 閏 | 15 | 15 | 16 | 16 | 17 | 18 | 18 | 19 | 19 | 20 | 18 | 19 |
| 11 | 11 | 12 | 12 | 13 | 14 | 14 | 15 | 15 | 16 **6** | 14 **5** | 15 | 16 十二 | 16 十一 | 17 十 | 17 | 18 | 19 | 19 | 20 | 20 | 21 | 19 | 20 |
| 12 | 12 | 13 | 13 | 14 | 15 | 15 | 16 | 16 | 17 | 15 | 16 **4** | 17 **3** | 17 | 18 | 18 九 | 19 八 | 20 | 20 | 21 | 21 | 22 | 20 | 21 |
| 13 | 13 | 14 | 14 | 15 | 16 | 16 | 17 | 17 | 18 | 16 | 17 | 18 | 18 **2** | 19 **1** | 19 | 20 | 21 七 | 21 六 | 22 五 | 22 | 23 | 21 | 22 |
| 14 冬 | 14 | 15 | 15 | 16 | 17 | 17 | 18 | 18 | 19 | 17 | 18 | 19 | 19 | 20 | 20 **12** | 21 **11** | 22 | 22 | 23 | 23 四 | 24 三 | 22 | 23 |
| 15 | 15 | 16 | 16 | 17 | 18 | 18 | 19 | 19 | 20 | 18 | 19 | 20 | 20 | 21 | 21 | 22 | 23 **10** | 23 **9** | 24 | 24 | 25 | 23 二 | 24 正 |
| 16 | 16 | 17 | 17 | 18 | 19 | 19 | 20 | 20 | 21 | 19 | 20 | 21 | 21 | 22 | 22 | 23 | 24 | 24 | 25 **8** | 25 **7** | 26 | 24 | 25 |
| 17 | 17 | 18 | 18 | 19 | 20 | 20 | 21 | 21 | 22 | 20 | 21 | 22 | 22 | 23 | 23 | 24 | 25 | 25 | 26 | 26 | 27 **6** | 25 **5** | 26 |
| 18 | 18 | 19 | 19 | 20 | 21 | 21 | 22 | 22 | 23 | 21 | 22 | 23 | 23 | 24 | 24 | 25 | 26 | 26 | 27 | 27 | 28 | 26 | 27 **4** |
| 19 | 19 | 20 | 20 | 21 | 22 | 22 | 23 | 23 | 24 | 22 | 23 | 24 | 24 | 25 | 25 | 26 | 27 | 27 | 28 | 28 | 29 | 27 | 28 |
| 20 | 20 | 21 | 21 | 22 | 23 | 23 | 24 | 24 | 25 | 23 | 24 | 25 | 25 | 26 | 26 | 27 | 28 | 28 | 29 | 29 | 30 | 28 | 29 |
| 21 | 21 | 22 | 22 | 23 | 24 | 24 | 25 | 25 | 26 | 24 | 25 | 26 | 26 | 27 | 27 | 28 | 29 | 29 | 30 | 30 | 31 | **3** | 30 |

一二五

一二九九 己亥 大德三

699

一三〇〇 庚子 大德四

700

| | | | | | | | | | | | | | | | | | | | | | | | | |
|---|---|---|---|---|---|---|---|---|---|---|---|---|---|---|---|---|---|---|---|---|---|---|---|---|
| 11 | 11 | 12 | 12 | 13 | 14 | 14 | 15 | 15 | 16 | 15 | 16 | 17 | 17 | 18 | 18 | 19 | 20 | 20 | 21 | 21 | 22 | 20 | 21 | 22 |
| 12十二 | 12 | 13 | 13 | 14 | 15 | 15 | 16 | 16 | 17 | 16 | 17 | 18 | 18 | 19 | 19 | 20 | 21 | 21 | 22 | 22 | 23 | 21 | 22 | 23 |
| 13冬 | 13十 | 14九 | 14閏 | 15八 | 16 | 16 | 17 | 17 | 18 | 17 | 18 | 19 | 19 | 20 | 20 | 21 | 22 | 22 | 23 | 23 | 24 | 22 | 23 | 24 |
| 14 4 | 14 3 | 15 | 15 | 16 | 17七 | 17 | 18 | 18 | 19 | 18 | 19 | 20 | 20 | 21 | 21 | 22 | 23 | 23 | 24 | 24 | 25 | 23 | 24 | 25 |
| 15 | 15 | 16 2 | 16 1 | 17 | 18 | 18六 | 19五 | 19 | 20 | 19 | 20 | 21 | 21 | 22 | 22 | 23 | 24 | 24 | 25 | 25 | 26 | 24 | 25 | 26 |
| 16 | 16 | 17 | 17 | 18 12 | 19 11 | 19 | 20 | 20四 | 21 | 20 | 21 | 22 | 22 | 23 | 23 | 24 | 25 | 25 | 26 | 26 | 27 | 25 | 26 | 27 |
| 17 | 17 | 18 | 18 | 19 | 20 | 20 10 | 21 9 | 21 | 22三 | 21二 | 22 | 23 | 23 | 24 | 24 | 25 | 26 | 26 | 27 | 27 | 28 | 26 | 27 | 28 |
| 18 | 18 | 19 | 19 | 20 | 21 | 21 | 22 | 22 8 | 23 7 | 22 | 23正 | 24十二 | 24十一 | 25十 | 25 | 26 | 27 | 27 | 28 | 28 | 29 | 27 | 28 | 29 |
| 19 | 19 | 20 | 20 | 21 | 22 | 22 | 23 | 23 | 24 | 23 6 | 24 5 | 25 | 25 | 26 | 26九 | 27八 | 28七 | 28 | 29 | 29 | 30 | 28 | 29 | 30 |
| 20 | 20 | 21 | 21 | 22 | 23 | 23 | 24 | 24 | 25 | 24 | 25 | 26 4 | 26 3 | 27 | 27 | 28 | 29 | 29六 | 30 | 30 | 31 | **3** | 30 | 31 |
| 21 | 21 | 22 | 22 | 23 | 24 | 24 | 25 | 25 | 26 | 25 | 26 | 27 | 27 | 28 2 | 28 1 | 29 | 30 | 30 | 31五 | **5**四 | **4** | 2 | 31 | **1** |
| 22 | 22 | 23 | 23 | 24 | 25 | 25 | 26 | 26 | 27 | 26 | 27 | 28 | 28 | 29 | 29 | 30 12 | 31 11 | **7** | **6** | 2 | 2三 | 3 | **2** | 2 |
| 23 | 23 | 24 | 24 | 25 | 26 | 26 | 27 | 27 | 28 | 27 | 28 | 29 | 29 | 30 | 30 | 31 | **8** | 2 10 | 2 9 | 3 | 3 | 4二 | 2正 | 3 |
| 24 | 24 | 25 | 25 | 26 | 27 | 27 | 28 | 28 | 29 | 28 | 29 | 30 | 30 | 31 | **10** | **9** | 2 | 3 | 3 | 4 8 | 4 7 | 5 | 3 | 4十二 |
| 25 | 25 | 26 | 26 | 27 | 28 | 28 | 29 | 29 | 30 | 29 | 30 | 31 | **12** | **11** | 2 | 2 | 3 | 4 | 4 | 5 | 5 | 6 6 | 4 5 | 5 |
| 26 | 26 | 27 | 27 | 28 | 29 | 29 | 30 | 30 | 31 | **3** | 31 | **1** | 2 | 2 | 3 | 3 | 4 | 5 | 5 | 6 | 6 | 7 | 5 | 6 4 |
| 27 | 27 | 28 | 28 | 29 | 30 | 30 | 31 | **5** | **4** | 2 | **2** | 2 | 3 | 3 | 4 | 4 | 5 | 6 | 6 | 7 | 7 | 8 | 6 | 7 |
| 28 | 28 | 29 | 29 | 30 | 31 | **7** | **6** | 2 | 2 | 3 | 2 | 3 | 4 | 4 | 5 | 5 | 6 | 7 | 7 | 8 | 8 | 9 | 7 | 8 |
| 29 | 29 | 30 | 30 | 31 | **8** | 2 | 2 | 3 | 3 | 4 | 3 | 4 | 5 | 5 | 6 | 6 | 7 | 8 | 8 | 9 | 9 | 10 | 8 | 9 |
| 30 | 30 | 31 | **10** | **9** | 2 | 3 | 3 | **4** | **4** | 5 | 4 | 5 | 6 | 6 | 7 | 7 | 8 | 9 | 9 | 10 | 10 | 11 | 9 | 10 |
| 31 | **12** | **11** | 2 | 2 | 3 | 4 | 4 | 5 | 5 | 6 | 5 | 6 | 7 | 7 | 8 | 8 | 9 | 10 | 10 | 11 | 11 | 12 | 10 | 11 |
| 日 | 2 | 2 | 3 | 3 | 4 | 5 | 5 | 6 | 6 | 7 | 6 | 7 | 8 | 8 | 9 | 9 | 10 | 11 | 11 | 12 | 12 | 13 | 11 | 12 |
| 曜 | 3 | 3 | 4 | 4 | 5 | 6 | 6 | 7 | 7 | 8 | 7 | 8 | 9 | 9 | 10 | 10 | 11 | 12 | 12 | 13 | 13 | 14 | 12 | 13 |
| 表 | 4 | 4 | 5 | 5 | 6 | 7 | 7 | 8 | 8 | 9 | 8 | 9 | 10 | 10 | 11 | 11 | 12 | 13 | 13 | 14 | 14 | 15 | 13 | 14 |
| 7 | 5 | 5 | 6 | 6 | 7 | 8 | 8 | 9 | 9 | 10 | 9 | 10 | 11 | 11 | 12 | 12 | 13 | 14 | 14 | 15 | 15 | 16 | 14 | 15 |
| 甲 | 6 | 6 | 7 | 7 | 8 | 9 | 9 | 10 | 10 | 11 | 10 | 11 | 12 | 12 | 13 | 13 | 14 | 15 | 15 | 16 | 16 | 17 | 15 | 16 |
| 子 | 7 | 7 | 8 | 8 | 9 | 10 | 10 | 11 | 11 | 12 | 11 | 12 | 13 | 13 | 14 | 14 | 15 | 16 | 16 | 17 | 17 | 18 | 16 | 17 |
| 表 | 8 | 8 | 9 | 9 | 10 | 11 | 11 | 12 | 12 | 13 | 12 | 13 | 14冬 | 14 | 15 | 15 | 16 | 17 | 17 | 18 | 18 | 19 | 17 | 18 |
| 5 | 9 | 9 | 10 | 10 | 11 | 12 | 12 | 13 | 13 | 14 | 13 | 14 | 15 | 15 | 16 | 16 | 17 | 18 | 18 | 19 | 19 | 20 | 18 | 19 |
| | 10 | 10 | 11 | 11 | 12 | 13 | 13 | 14 | 14 | 15 | 14 | 15 | 16 | 16 | 17 | 17 | 18 | 19 | 19 | 20 | 20 | 21 | 19 | 20 |

| 一三〇二 壬寅 大德六 702 | | | | | | | | | | | | 一三〇一 辛丑 大德五 701 | | | | | | | | | | | |
|---|---|---|---|---|---|---|---|---|---|---|---|---|---|---|---|---|---|---|---|---|---|---|---|
| 22 | 23 | 23 | 24 八 | 25 | 25 | 26 | 26 | 27 | 25 | 26 | 27 | 27 | 28 | 28 | 29 | 30 | 30 | 31 | **5** | **4** | 2 | 31 | **1** |
| 23 **4** | 24 **3** | 24 | 25 | 26 七 | 26 六 | 27 | 27 | 28 | 26 | 27 | 28 | 28 | 29 | 29 | 30 | 31 | **7** | **6** | 2 | 2 | 3 | **2** | 2 |
| 24 | 25 | 25 **2** | 26 **1** | 27 | 27 | 28 五 | 28 | 29 | 27 | 28 | 29 | 29 | 30 | 30 | 31 | **8** | 2 | 2 | 3 | 3 | 4 | 2 | 3 |
| 25 | 26 | 26 | 27 | 28 **12** | 28 **11** | 29 | 29 四 | 30 三 | 28 二 | 29 | 30 | 30 | 31 | **10** | **9** | 2 | 3 | 3 | 4 | 4 | 5 | 3 | 4 |
| 26 | 27 | 27 | 28 | 29 | 29 | 30 **10** | 30 **9** | 31 | **3** | 30 正 | 31 十二 | **12** 十一 | **11** 十 | 2 | 2 | 3 | 4 | 4 | 5 | 5 | 6 | 4 | 5 |
| 27 | 28 | 28 | 29 | 30 | 30 | 31 | **5** | **4** **8** | 2 **7** | 31 | **1** | 2 | 2 | 3 九 | 3 八 | 4 | 5 | 5 | 6 | 6 | 7 | 5 | 6 |
| 28 | 29 | 29 | 30 | 31 | **7** | **6** | 2 | 2 | 3 | **2** **6** | 2 **5** | 3 | 3 | 4 | 4 | 5 七 | 6 | 6 | 7 | 7 | 8 | 6 | 7 |
| 29 | 30 | 30 | 31 | **8** | 2 | 2 | 3 | 3 | 4 | 2 | 3 | 4 **4** | 4 **3** | 5 | 5 | 6 | 7 六 | 7 五 | 8 | 8 | 9 | 7 | 8 |
| 30 | 31 | **10** | **9** | 2 | 3 | 3 | 4 | 4 | 5 | 3 | 4 | 5 | 5 | 6 **2** | 6 **1** | 7 **12** | 8 **11** | 8 | 9 四 | 9 | 10 | 8 | 9 |
| **12** | **11** | 2 | 2 | 3 | 4 | 4 | 5 | 5 | 6 | 4 | 5 | 6 | 6 | 7 | 7 | 8 | 9 | 9 **10** | 10 **9** | 10 三 | 11 二 | 9 | 10 |
| 2 | 2 | 3 | 3 | 4 | 5 | 5 | 6 | 6 | 7 | 5 | 6 | 7 | 7 | 8 | 8 | 9 | 10 | 10 | 11 | 11 **8** | 12 **7** | 10 正 | 11 十二 |
| 3 | 3 | 4 | 4 | 5 | 6 | 6 | 7 | 7 | 8 | 6 | 7 | 8 | 8 | 9 | 9 | 10 | 11 | 11 | 12 | 12 | 13 | 11 **6** | 12 **5** |
| 4 | 4 | 5 | 5 | 6 | 7 | 7 | 8 | 8 | 9 | 7 | 8 | 9 | 9 | 10 | 10 | 11 | 12 | 12 | 13 | 13 | 14 | 12 | 13 |
| 5 | 5 | 6 | 6 | 7 | 8 | 8 | 9 | 9 | 10 | 8 | 9 | 10 | 10 | 11 | 11 | 12 | 13 | 13 | 14 | 14 | 15 | 13 | 14 |
| 6 | 6 | 7 | 7 | 8 | 9 | 9 | 10 | 10 | 11 | 9 | 10 | 11 | 11 | 12 | 12 | 13 | 14 | 14 | 15 | 15 | 16 | 14 | 15 |
| 7 | 7 | 8 | 8 | 9 | 10 | 10 | 11 | 11 | 12 | 10 | 11 | 12 | 12 | 13 | 13 | 14 | 15 | 15 | 16 | 16 | 17 | 15 | 16 |
| 8 | 8 | 9 | 9 | 10 | 11 | 11 | 12 | 12 | 13 | 11 | 12 | 13 | 13 | 14 | 14 | 15 | 16 | 16 | 17 | 17 | 18 | 16 | 17 |
| 9 | 9 | 10 | 10 | 11 | 12 | 12 | 13 | 13 | 14 | 12 | 13 | 14 冬 | 14 | 15 | 15 | 16 | 17 | 17 | 18 | 18 | 19 | 17 | 18 |
| 10 | 10 | 11 | 11 | 12 | 13 | 13 | 14 | 14 | 15 | 13 | 14 | 15 | 15 | 16 | 16 | 17 | 18 | 18 | 19 | 19 | 20 | 18 | 19 |
| 11 | 11 | 12 | 12 | 13 | 14 | 14 | 15 | 15 | 16 | 14 | 15 | 16 | 16 | 17 | 17 | 18 | 19 | 19 | 20 | 20 | 21 | 19 | 20 |
| 12 | 12 | 13 | 13 | 14 | 15 | 15 | 16 | 16 | 17 | 15 | 16 | 17 | 17 | 18 | 18 | 19 | 20 | 20 | 21 | 21 | 22 | 20 | 21 |
| 13 | 13 | 14 | 14 | 15 | 16 | 16 | 17 | 17 | 18 | 16 | 17 | 18 | 18 | 19 | 19 | 20 | 21 | 21 | 22 | 22 | 23 | 21 | 22 |
| 14 冬 | 14 | 15 | 15 | 16 | 17 | 17 | 18 | 18 | 19 | 17 | 18 | 19 | 19 | 20 | 20 | 21 | 22 | 22 | 23 | 23 | 24 | 22 | 23 |
| 15 | 15 | 16 | 16 | 17 | 18 | 18 | 19 | 19 | 20 | 18 | 19 | 20 | 20 | 21 | 21 | 22 | 23 | 23 | 24 | 24 | 25 | 23 | 24 |
| 16 | 16 | 17 | 17 | 18 | 19 | 19 | 20 | 20 | 21 | 19 | 20 | 21 | 21 | 22 | 22 | 23 | 24 | 24 | 25 | 25 | 26 | 24 | 25 |
| 17 | 17 | 18 | 18 | 19 | 20 | 20 | 21 | 21 | 22 | 20 | 21 | 22 | 22 | 23 | 23 | 24 | 25 | 25 | 26 | 26 | 27 | 25 | 26 |
| 18 | 18 | 19 | 19 | 20 | 21 | 21 | 22 | 22 | 23 | 21 | 22 | 23 | 23 | 24 | 24 | 25 | 26 | 26 | 27 | 27 | 28 | 26 | 27 |
| 19 | 19 | 20 | 20 | 21 | 22 | 22 | 23 | 23 | 24 | 22 | 23 | 24 | 24 | 25 | 25 | 26 | 27 | 27 | 28 | 28 | 29 | 27 | 28 |
| 20 十二 | 20 十一 | 21 | 21 | 22 | 23 | 23 | 24 | 24 | 25 | 23 | 24 | 25 | 25 | 26 | 26 | 27 | 28 | 28 | 29 | 29 | 30 | 28 | 29 |
| 21 | 21 | 22 十 | 22 九 | 23 | 24 | 24 | 25 | 25 | 26 | 24 | 25 | 26 | 26 | 27 | 27 | 28 | 29 | 29 | 30 | 30 | 31 | **3** | 30 |

| 一三〇四 甲辰 大德八 704 | | | | | | | | | | | | | 一三〇三 癸卯 大德七 703 | | | | | | | | | | | |
|---|---|---|---|---|---|---|---|---|---|---|---|---|---|---|---|---|---|---|---|---|---|---|---|---|
| 11 | 11 | 12 | 12 | 13 | 14 | 14 | 15 | 15 | 16 | 15 | 16 | 17 | 17 | 18 | 18 | 19 | 20 | 20 | 21 | 21 | 22 | 20 | 21 | 6 22 5 |
| 12 | 12 | 13 | 13 | 14 | 15 | 15 | 16 | 16 | 17 | 16 | 17 | 18 | 18 | 19 | 19 | 20 | 21 | 21 | 22 | 22 | 23 | 21 | 22 | 23 |
| 13 | 冬 13 | 14 | 14 | 15 | 16 | 16 | 17 | 17 | 18 | 17 | 18 | 19 | 19 | 20 | 20 | 21 | 22 | 22 | 23 | 23 | 24 | 22 | 23 | 24 |
| 14 | 14 | 15 | 15 | 16 | 17 | 17 | 18 | 18 | 19 | 18 | 19 | 20 | 20 | 21 | 21 | 22 | 23 | 23 | 24 | 24 | 25 | 23 | 24 | 25 |
| 15 | 15 | 16 | 16 | 17 | 18 | 18 | 19 | 19 | 20 | 19 | 20 | 21 | 21 | 22 | 22 | 23 | 24 | 24 | 25 | 25 | 26 | 24 | 25 | 26 |
| 16 | 16 | 17 | 17 | 18 | 19 | 19 | 20 | 20 | 21 | 20 | 21 | 22 | 22 | 23 | 23 | 24 | 25 | 25 | 26 | 26 | 27 | 25 | 26 | 27 |
| 17 | 17 | 18 | 18 | 19 | 20 | 20 | 21 | 21 | 22 | 21 | 22 | 23 | 23 | 24 | 24 | 25 | 26 | 26 | 27 | 27 | 28 | 26 | 27 | 28 |
| 18 | 18 | 19 | 19 | 20 | 21 | 21 | 22 | 22 | 23 | 22 | 23 | 24 | 24 | 25 | 25 | 26 | 27 | 27 | 28 | 28 | 29 | 27 | 28 | 29 |
| 19 | 19 | 20 | 20 | 21 | 22 | 22 | 23 | 23 | 24 | 23 | 24 | 25 | 25 | 26 | 26 | 27 | 28 | 28 | 29 | 29 | 30 | 28 | 29 | 30 |
| 20 | 20 | 21 | 21 | 22 | 23 | 23 | 24 | 24 | 25 | 24 | 25 | 26 | 26 | 27 | 27 | 28 | 29 | 29 | 30 | 30 | 31 | **3** | 30 | 31 |
| 21 | 21 | 22 | 22 | 23 | 24 | 24 | 25 | 25 | 26 | 25 | 26 | 27 | 27 | 28 | 28 | 29 | 30 | 30 | 31 | **5** | **4** | 2 | 31 | **1** |
| 22 | 22 | 23 | 23 | 24 | 25 | 25 | 26 | 26 | 27 | 26 | 27 | 28 | 28 | 29 | 29 | 30 | 31 | **7** | **6** | 2 | 2 | 3 | **2** | 2 |
| 23 | 23 | 24 | 24 | 25 | 26 | 26 | 27 | 27 | 28 | 27 | 28 | 29 | 29 | 30 | 30 | 31 | **8** | 2 | 2 | 3 | 3 | 4 | 2 | 3 |
| 24 | 24 | 25 | 25 | 26 | 27 | 27 | 28 | 28 | 29 | 28 | 29 | 30 | 30 | 31 | **10** | **9** | 2 | 3 | 3 | 4 | 4 | 5 | 3 | 4 |
| 25 | 25 | 26 | 26 | 27 | 28 | 28 | 29 | 29 | 30 | 29 | 30 | 31 | **12** | **11** | 2 | 2 | 3 | 4 | 4 | 5 | 5 | 6 | 4 | 5 |
| 26 | 26 | 27 | 27 | 28 | 29 | 29 | 30 | 30 | 31 | **3** | 31 | **1** | 2 | 2 | 3 | 3 | 4 | 5 | 5 | 6 | 6 | 7 | 5 | 6 |
| 27 | 十二 27 | 28 | 28 | 29 | 30 | 30 | 31 | **5** | **4** | 2 | **2** | 2 | 3 | 3 | 4 | 4 | 5 | 6 | 6 | 7 | 7 | 8 | 6 | 7 |
| 28 | 28 | 十一 29 | 十 29 | 30 | 31 | **7** | **6** | 2 | 2 | 3 | 2 | 3 | 4 | 4 | 5 | 5 | 6 | 7 | 7 | 8 | 8 | 9 | 7 | 8 |
| 29 | 29 | 30 | 30 | 九 31 | **8** | 2 | 2 | 3 | 3 | 4 | 3 | 4 | 5 | 5 | 6 | 6 | 7 | 8 | 8 | 9 | 9 | 10 | 8 | 9 |
| 30 | 6 30 | 5 31 | **10** | **9** | 八 2 | 七 3 | 3 | 4 | 4 | 5 | 4 | 5 | 6 | 6 | 7 | 7 | 8 | 9 | 9 | 10 | 10 | 11 | 9 | 10 |
| 31 | **12** | **11** | 4 2 | 3 2 | 3 | 4 | 六 4 | 五 5 | 四 5 | 6 | 5 | 6 | 7 | 7 | 8 | 8 | 9 | 10 | 10 | 11 | 11 | 12 | 10 | 11 |
| 日 | 2 | 2 | 3 | 3 | 2 4 | 1 5 | 12 5 | 11 6 | 6 | 三 7 | 二 6 | 正 7 | 8 | 8 | 9 | 9 | 10 | 11 | 11 | 12 | 12 | 13 | 11 | 12 |
| 曜 | 3 | 3 | 4 | 4 | 5 | 6 | 6 | 7 | 10 7 | 9 8 | 7 | 8 | 十二 9 | 十一 9 | 10 | 10 | 11 | 12 | 12 | 13 | 13 | 14 | 12 | 13 |
| 表 | 4 | 4 | 5 | 5 | 6 | 7 | 7 | 8 | 8 | 9 | 8 8 | 7 9 | 10 | 10 | 十 11 | 九 11 | 12 | 13 | 13 | 14 | 14 | 15 | 13 | 14 |
| 1 | 5 | 5 | 6 | 6 | 7 | 8 | 8 | 9 | 9 | 10 | 9 | 10 | 6 11 | 5 11 | 12 | 12 | 八 13 | 14 | 14 | 15 | 15 | 16 | 14 | 15 |
| 甲 | 6 | 6 | 7 | 7 | 8 | 9 | 9 | 10 | 10 | 11 | 10 | 11 | 12 | 12 | 4 13 | 3 13 | 14 | 七 15 | 六 15 | 16 | 16 | 17 | 15 | 16 |
| 子 | 7 | 7 | 8 | 8 | 9 | 10 | 10 | 11 | 11 | 12 | 11 | 12 | 13 | 13 | 14 | 14 | 2 15 | 1 16 | 16 | 閏 17 | 五 17 | 18 | 16 | 17 |
| 表 | 8 | 8 | 9 | 9 | 10 | 11 | 11 | 12 | 12 | 13 | 12 | 13 | 14 | 冬 14 | 15 | 15 | 16 | 17 | 12 17 | 11 18 | 18 | 四 19 | 三 17 | 二 18 |
| 6 | 9 | 9 | 10 | 10 | 11 | 12 | 12 | 13 | 13 | 14 | 13 | 14 | 15 | 15 | 16 | 16 | 17 | 18 | 18 | 19 | 10 19 | 9 20 | 18 | 19 正 |
| | 10 | 10 | 11 | 11 | 12 | 13 | 13 | 14 | 14 | 15 | 14 | 15 | 16 | 16 | 17 | 17 | 18 | 19 | 19 | 20 | 20 | 21 | 8 19 | 7 20 |

| 一三〇六 丙午 大德一〇 706 | | | | | | | | | | | | 一三〇五 乙巳 大德九 705 | | | | | | | | | | | |
|---|---|---|---|---|---|---|---|---|---|---|---|---|---|---|---|---|---|---|---|---|---|---|---|
| 22 | 23 | 23 | 24 | 25 | 25 | 26 | 26 | 27 | 25 | 26 | 27 | 27 | 28 | 28 | 29 | 30 | 30 | 31 | 5 | 4 | 2 | 31 | 1 |
| 23 | 24 | 24 | 25 | 26 | 26 | 27 | 27 | 28 | 26 | 27 | 28 | 28 | 29 | 29 | 30 | 31 | 7 | 6 | 2 | 2 | 3 | 2 | 2 |
| 24 | 25 | 25 | 26 | 27 | 27 | 28 | 28 | 29 | 27 | 28 | 29 | 29 | 30 | 30 | 31 | 8 | 2 | 2 | 3 | 3 | 4 | 2 | 3 |
| 25 | 26 | 26 | 27 | 28 | 28 | 29 | 29 | 30 | 28 | 29 | 30 | 30 | 31 | 10 | 9 | 2 | 3 | 3 | 4 | 4 | 5 | 3 | 4 |
| 26 | 27 | 27 | 28 | 29 | 29 | 30 | 30 | 31 | 3 | 30 | 31 | 12 | 11 | 2 | 2 | 3 | 4 | 4 | 5 | 5 | 6 | 4 | 5 |
| 27 | 28 | 28 | 29 | 30 | 30 | 31 | 5 | 4 | 2 | 31 | 1 | 2 | 2 | 3 | 3 | 4 | 5 | 5 | 6 | 6 | 7 | 5 | 6 |
| 28 | 29 | 29 | 30 | 31 | 7 | 6 | 2 | 2 | 3 | 2 | 2 | 3 | 3 | 4 | 4 | 5 | 6 | 6 | 7 | 7 | 8 | 6 | 7 |
| 29 | 30 | 30 | 31 | 8 | 2 | 2 | 3 | 3 | 4 | 2 | 3 | 4 | 4 | 5 | 5 | 6 | 7 | 7 | 8 | 8 | 9 | 7 | 8 |
| 30 | 31 | 10 | 9 | 2 | 3 | 3 | 4 | 4 | 5 | 3 | 4 | 5 | 5 | 6 | 6 | 7 | 8 | 8 | 9 | 9 | 10 | 8 | 9 |
| 12 | 11 | 2 | 2 | 3 | 4 | 4 | 5 | 5 | 6 | 4 | 5 | 6 | 6 | 7 | 7 | 8 | 9 | 9 | 10 | 10 | 11 | 9 | 10 |
| 2 | 2 | 3 | 3 | 4 | 5 | 5 | 6 | 6 | 7 | 5 | 6 | 7 | 7 | 8 | 8 | 9 | 10 | 10 | 11 | 11 | 12 | 10 | 11 |
| 3 | 3 | 4 | 4 | 5 | 6 | 6 | 7 | 7 | 8 | 6 | 7 | 8 | 8 | 9 | 9 | 10 | 11 | 11 | 12 | 12 | 13 | 11 | 12 |
| 4 | 4 | 5 | 5 | 6 | 7 | 7 | 8 | 8 | 9 | 7 | 8 | 9 | 9 | 10 | 10 | 11 | 12 | 12 | 13 | 13 | 14 | 12 | 13 |
| 5 | 5 | 6 | 6 | 7 | 8 | 8 | 9 | 9 | 10 | 8 | 9 | 10 | 10 | 11 | 11 | 12 | 13 | 13 | 14 | 14 | 15 | 13 | 14 |
| 6 | 6 | 7 | 7 | 8 | 9 | 9 | 10 | 10 | 11 | 9 | 10 | 11 | 11 | 12 | 12 | 13 | 14 | 14 | 15 | 15 | 16 | 14 | 15 |
| 7 | 十一 7 | 十 8 | 九 8 | 9 | 10 | 10 | 11 | 11 | 12 | 10 | 11 | 12 | 12 | 13 | 13 | 14 | 15 | 15 | 16 | 16 | 17 | 15 | 16 |
| 8 | 6 8 | 5 9 | 9 | 八 10 | 七 11 | 六 11 | 12 | 12 | 13 | 11 | 12 | 13 | 13 | 14 | 14 | 15 | 16 | 16 | 17 | 17 | 18 | 16 | 17 |
| 9 | 9 | 10 | 4 10 | 3 11 | 12 | 12 | 五 13 | 四 13 | 14 | 12 | 13 | 14 | 冬 14 | 15 | 15 | 16 | 17 | 17 | 18 | 18 | 19 | 17 | 18 |
| 10 | 10 | 11 | 11 | 12 | 2 13 | 1 13 | 14 | 14 | 三 15 | 二 13 | 14 | 15 | 15 | 16 | 16 | 17 | 18 | 18 | 19 | 19 | 20 | 18 | 19 |
| 11 | 11 | 12 | 12 | 13 | 14 | 14 | 12 15 | 11 15 | 16 | 14 | 閏 15 | 正 16 | 16 | 17 | 17 | 18 | 19 | 19 | 20 | 20 | 21 | 19 | 20 |
| 12 | 12 | 13 | 13 | 14 | 15 | 15 | 16 | 16 | 10 17 | 9 15 | 16 | 17 | 十二 17 | 十一 18 | 18 | 19 | 20 | 20 | 21 | 21 | 22 | 20 | 21 |
| 13 | 13 | 14 | 14 | 15 | 16 | 16 | 17 | 17 | 18 | 16 | 8 17 | 7 18 | 18 | 19 | 十 19 | 九 20 | 21 | 21 | 22 | 22 | 23 | 21 | 22 |
| 14 | 冬 14 | 15 | 15 | 16 | 17 | 17 | 18 | 18 | 19 | 17 | 18 | 19 | 6 19 | 5 20 | 20 | 21 | 八 22 | 七 22 | 23 | 23 | 24 | 22 | 23 |
| 15 | 15 | 16 | 16 | 17 | 18 | 18 | 19 | 19 | 20 | 18 | 19 | 20 | 20 | 21 | 4 21 | 3 22 | 23 | 23 | 六 24 | 五 24 | 四 25 | 23 | 24 |
| 16 | 16 | 17 | 17 | 18 | 19 | 19 | 20 | 20 | 21 | 19 | 20 | 21 | 21 | 22 | 22 | 23 | 2 24 | 1 24 | 25 | 25 | 26 | 三 24 | 二 25 |
| 17 | 17 | 18 | 18 | 19 | 20 | 20 | 21 | 21 | 22 | 20 | 21 | 22 | 22 | 23 | 23 | 24 | 25 | 25 | 12 26 | 11 26 | 27 | 25 | 26 正 |
| 18 | 18 | 19 | 19 | 20 | 21 | 21 | 22 | 22 | 23 | 21 | 22 | 23 | 23 | 24 | 24 | 25 | 26 | 26 | 27 | 27 | 10 28 | 9 26 | 27 |
| 19 | 19 | 20 | 20 | 21 | 22 | 22 | 23 | 23 | 24 | 22 | 23 | 24 | 24 | 25 | 25 | 26 | 27 | 27 | 28 | 28 | 29 | 27 | 8 28 7 |
| 20 | 20 | 21 | 21 | 22 | 23 | 23 | 24 | 24 | 25 | 23 | 24 | 25 | 25 | 26 | 26 | 27 | 28 | 28 | 29 | 29 | 30 | 28 | 29 |
| 21 | 21 | 22 | 22 | 23 | 24 | 24 | 25 | 25 | 26 | 24 | 25 | 26 | 26 | 27 | 27 | 28 | 29 | 29 | 30 | 30 | 31 | 3 | 30 |

一三〇八 戊申 元武宗 至大元

一三〇七 丁未 大德一一

| | 708 | | | | | | | | | | | | 707 | | | | | | | | | | | |
|---|---|---|---|---|---|---|---|---|---|---|---|---|---|---|---|---|---|---|---|---|---|---|---|---|
| 11 | 11 | 12 | 12 | 13 | 14 | 14 | 15 | 15 | 16 | 15 | 16 | 17 | 17 | 18 | 18 | 19 | 20 | 20 | 21 | 21 | 22 | 20 | 21 | 22 |
| 12 | 12 | 13 | 13 | 14 | 15 | 15 | 16 | 16 | 17 | 16 | 17 | 18 | 18 | 19 | 19 | 20 | 21 | 21 | 22 | 22 | 23 | 21 | 22 | 23 |
| 13冬 | 13 | 14 | 14 | 15 | 16 | 16 | 17 | 17 | 18 | 17 | 18 | 19 | 19 | 20 | 20 | 21 | 22 | 22 | 23 | 23 | 24 | 22 | 23 | 24 |
| 14閏 | 14十一 | 15十 | 15九 | 16 | 17 | 17 | 18 | 18 | 19 | 18 | 19 | 20 | 20 | 21 | 21 | 22 | 23 | 23 | 24 | 24 | 25 | 23 | 24 | 25 |
| 15 7 | 15 | 16 | 16 | 17八 | 18七 | 18 | 19 | 19 | 20 | 19 | 20 | 21 | 21 | 22 | 22 | 23 | 24 | 24 | 25 | 25 | 26 | 24 | 25 | 26 |
| 16 | 16 6 | 17 5 | 17 | 18 | 19 | 19六 | 20 | 20 | 21 | 20 | 21 | 22 | 22 | 23 | 23 | 24 | 25 | 25 | 26 | 26 | 27 | 25 | 26 | 27 |
| 17 | 17 | 18 | 18 4 | 19 3 | 20 | 20 | 21五 | 21四 | 22 | 21 | 22 | 23 | 23 | 24 | 24 | 25 | 26 | 26 | 27 | 27 | 28 | 26 | 27 | 28 |
| 18 | 18 | 19 | 19 | 20 | 21 2 | 21 1 | 22 | 22 | 23三 | 22 | 23 | 24 | 24 | 25 | 25 | 26 | 27 | 27 | 28 | 28 | 29 | 27 | 28 | 29 |
| 19 | 19 | 20 | 20 | 21 | 22 | 22 | 23 12 | 23 11 | 24 | 23二 | 24正 | 25 | 25 | 26 | 26 | 27 | 28 | 28 | 29 | 29 | 30 | 28 | 29 | 30 |
| 20 | 20 | 21 | 21 | 22 | 23 | 23 | 24 | 24 | 25 10 | 24 9 | 25 | 26十二 | 26十一 | 27十 | 27九 | 28 | 29 | 29 | 30 | 30 | 31 | **3** | 30 | 31 |
| 21 | 21 | 22 | 22 | 23 | 24 | 24 | 25 | 25 | 26 | 25 | 26 8 | 27 7 | 27 | 28 | 28 | 29八 | 30七 | 30六 | 31 | **5** | **4** | 2 | 31 | **1** |
| 22 | 22 | 23 | 23 | 24 | 25 | 25 | 26 | 26 | 27 | 26 | 27 | 28 | 28 6 | 29 5 | 29 | 30 | 31 | **7** | **6**五 | 2 | 2 | 3 | **2** | 2 |
| 23 | 23 | 24 | 24 | 25 | 26 | 26 | 27 | 27 | 28 | 27 | 28 | 29 | 29 | 30 | 30 4 | 31 3 | **8** | 2 | 2 | 3四 | 3三 | 4 | 2 | 3 |
| 24 | 24 | 25 | 25 | 26 | 27 | 27 | 28 | 28 | 29 | 28 | 29 | 30 | 30 | 31 | **10** | **9** | 2 2 | 3 1 | 3 12 | 4 11 | 4 | 5二 | 3正 | 4 |
| 25 | 25 | 26 | 26 | 27 | 28 | 28 | 29 | 29 | 30 | 29 | 30 | 31 | **12** | **11** | 2 | 2 | 3 | 4 | 4 | 5 | 5 10 | 6 9 | 4 | 5十二 |
| 26 | 26 | 27 | 27 | 28 | 29 | 29 | 30 | 30 | 31 | **3** | 31 | **1** | 2 | 2 | 3 | 3 | 4 | 5 | 5 | 6 | 6 | 7 | 5 8 | 6 7 |
| 27 | 27 | 28 | 28 | 29 | 30 | 30 | 31 | **5** | **4** | 2 | **2** | 2 | 3 | 3 | 4 | 4 | 5 | 6 | 6 | 7 | 7 | 8 | 6 | 7 |
| 28 | 28 | 29 | 29 | 30 | 31 | **7** | **6** | 2 | 2 | 3 | 2 | 3 | 4 | 4 | 5 | 5 | 6 | 7 | 7 | 8 | 8 | 9 | 7 | 8 |
| 29 | 29 | 30 | 30 | 31 | **8** | 2 | 2 | 3 | 3 | 4 | 3 | 4 | 5 | 5 | 6 | 6 | 7 | 8 | 8 | 9 | 9 | 10 | 8 | 9 |
| 30 | 30 | 31 | **10** | **9** | 2 | 3 | 3 | 4 | 4 | 5 | 4 | 5 | 6 | 6 | 7 | 7 | 8 | 9 | 9 | 10 | 10 | 11 | 9 | 10 |
| 31 | **12** | **11** | 2 | 2 | 3 | 4 | 4 | 5 | 5 | 6 | 5 | 6 | 7 | 7 | 8 | 8 | 9 | 10 | 10 | 11 | 11 | 12 | 10 | 11 |
| 日 | 2 | 2 | 3 | 3 | 4 | 5 | 5 | 6 | 6 | 7 | 6 | 7 | 8 | 8 | 9 | 9 | 10 | 11 | 11 | 12 | 12 | 13 | 11 | 12 |
| 曜 | 3 | 3 | 4 | 4 | 5 | 6 | 6 | 7 | 7 | 8 | 7 | 8 | 9 | 9 | 10 | 10 | 11 | 12 | 12 | 13 | 13 | 14 | 12 | 13 |
| 表 | 4 | 4 | 5 | 5 | 6 | 7 | 7 | 8 | 8 | 9 | 8 | 9 | 10 | 10 | 11 | 11 | 12 | 13 | 13 | 14 | 14 | 15 | 13 | 14 |
| 2 | 5 | 5 | 6 | 6 | 7 | 8 | 8 | 9 | 9 | 10 | 9 | 10 | 11 | 11 | 12 | 12 | 13 | 14 | 14 | 15 | 15 | 16 | 14 | 15 |
| 甲 | 6 | 6 | 7 | 7 | 8 | 9 | 9 | 10 | 10 | 11 | 10 | 11 | 12 | 12 | 13 | 13 | 14 | 15 | 15 | 16 | 16 | 17 | 15 | 16 |
| 子 | 7 | 7 | 8 | 8 | 9 | 10 | 10 | 11 | 11 | 12 | 11 | 12 | 13 | 13 | 14 | 14 | 15 | 16 | 16 | 17 | 17 | 18 | 16 | 17 |
| 表 | 8 | 8 | 9 | 9 | 10 | 11 | 11 | 12 | 12 | 13 | 12 | 13 | 14冬 | 14 | 15 | 15 | 16 | 17 | 17 | 18 | 18 | 19 | 17 | 18 |
| 7 | 9 | 9 | 10 | 10 | 11 | 12 | 12 | 13 | 13 | 14 | 13 | 14 | 15 | 15 | 16 | 16 | 17 | 18 | 18 | 19 | 19 | 20 | 18 | 19 |
| | 10 | 10 | 11 | 11 | 12 | 13 | 13 | 14 | 14 | 15 | 14 | 15 | 16 | 16 | 17 | 17 | 18 | 19 | 19 | 20 | 20 | 21 | 19 | 20 |

| 一三一〇 庚戌 至大三 710 | | | | | | | | | | | | 一三〇九 己酉 至大二 709 | | | | | | | | | | | |
|---|---|---|---|---|---|---|---|---|---|---|---|---|---|---|---|---|---|---|---|---|---|---|---|
| 22 | 十一23 | 十23 | 24 | 25 | 25 | 26 | 26 | 27 | 25 | 26 | 27 | 27 | 28 | 28 | 29 | 30 | 30 | 31 | **5** | **4** | 2 | 31 | **1** |
| 23 | 24 | 24 | 九25 | 八26 | 26 | 27 | 27 | 28 | 26 | 27 | 28 | 28 | 29 | 29 | 30 | 31 | **7** | **6** | 2 | 2 | 3 | **2** | 2 |
| 24 | 7 25 | 25 | 26 | 27 | 七27 | 28 | 28 | 29 | 27 | 28 | 29 | 29 | 30 | 30 | 31 | **8** | 2 | 2 | 3 | 3 | 4 | 2 | 3 |
| 25 | 26 | 6 26 | 5 27 | 28 | 28 | 六29 | 五29 | 30 | 28 | 29 | 30 | 30 | 31 | **10** | **9** | 2 | 3 | 3 | 4 | 4 | 5 | 3 | 4 |
| 26 | 27 | 27 | 28 | 4 29 | 3 29 | 30 | 30 | 四31 | **3** | 30 | 31 | **12** | **11** | 2 | 2 | 3 | 4 | 4 | 5 | 5 | 6 | 4 | 5 |
| 27 | 28 | 28 | 29 | 30 | 30 | 2 31 | 1 **5** | **4** | 三2 | 二31 | 正**1** | 2 | 2 | 3 | 3 | 4 | 5 | 5 | 6 | 6 | 7 | 5 | 6 |
| 28 | 29 | 29 | 30 | 31 | **7** | **6** | 2 | 12 2 | 11 3 | **2** | 2 | 十二3 | 十一3 | 十4 | 九4 | 5 | 6 | 6 | 7 | 7 | 8 | 6 | 7 |
| 29 | 30 | 30 | 31 | **8** | 2 | 2 | 3 | 3 | 4 | 10 2 | 9 3 | 4 | 4 | 5 | 5 | 八6 | 七7 | 7 | 8 | 8 | 9 | 7 | 8 |
| 30 | 31 | **10** | **9** | 2 | 3 | 3 | 4 | 4 | 5 | 3 | 4 | 8 5 | 7 5 | 6 | 6 | 7 | 8 | 六8 | 9 | 9 | 10 | 8 | 9 |
| **12** | **11** | 2 | 2 | 3 | 4 | 4 | 5 | 5 | 6 | 4 | 5 | 6 | 6 | 6 7 | 5 7 | 8 | 9 | 9 | 五10 | 四10 | 11 | 9 | 10 |
| 2 | 2 | 3 | 3 | 4 | 5 | 5 | 6 | 6 | 7 | 5 | 6 | 7 | 7 | 8 | 8 | 4 9 | 3 10 | 10 | 11 | 11 | 三12 | 10 | 11 |
| 3 | 3 | 4 | 4 | 5 | 6 | 6 | 7 | 7 | 8 | 6 | 7 | 8 | 8 | 9 | 9 | 10 | 11 | 2 11 | 1 12 | 12 12 | 11 13 | 二11 | 正12 十二 |
| 4 | 4 | 5 | 5 | 6 | 7 | 7 | 8 | 8 | 9 | 7 | 8 | 9 | 9 | 10 | 10 | 11 | 12 | 12 | 13 | 13 | 14 | 10 12 | 9 13 |
| 5 | 5 | 6 | 6 | 7 | 8 | 8 | 9 | 9 | 10 | 8 | 9 | 10 | 10 | 11 | 11 | 12 | 13 | 13 | 14 | 14 | 15 | 13 | 14 8 |
| 6 | 6 | 7 | 7 | 8 | 9 | 9 | 10 | 10 | 11 | 9 | 10 | 11 | 11 | 12 | 12 | 13 | 14 | 14 | 15 | 15 | 16 | 14 | 15 |
| 7 | 7 | 8 | 8 | 9 | 10 | 10 | 11 | 11 | 12 | 10 | 11 | 12 | 12 | 13 | 13 | 14 | 15 | 15 | 16 | 16 | 17 | 15 | 16 |
| 8 | 8 | 9 | 9 | 10 | 11 | 11 | 12 | 12 | 13 | 11 | 12 | 13 | 13 | 14 | 14 | 15 | 16 | 16 | 17 | 17 | 18 | 16 | 17 |
| 9 | 9 | 10 | 10 | 11 | 12 | 12 | 13 | 13 | 14 | 12 | 13 | 14 | 冬14 | 15 | 15 | 16 | 17 | 17 | 18 | 18 | 19 | 17 | 18 |
| 10 | 10 | 11 | 11 | 12 | 13 | 13 | 14 | 14 | 15 | 13 | 14 | 15 | 15 | 16 | 16 | 17 | 18 | 18 | 19 | 19 | 20 | 18 | 19 |
| 11 | 11 | 12 | 12 | 13 | 14 | 14 | 15 | 15 | 16 | 14 | 15 | 16 | 16 | 17 | 17 | 18 | 19 | 19 | 20 | 20 | 21 | 19 | 20 |
| 12 | 12 | 13 | 13 | 14 | 15 | 15 | 16 | 16 | 17 | 15 | 16 | 17 | 17 | 18 | 18 | 19 | 20 | 20 | 21 | 21 | 22 | 20 | 21 |
| 13 | 13 | 14 | 14 | 15 | 16 | 16 | 17 | 17 | 18 | 16 | 17 | 18 | 18 | 19 | 19 | 20 | 21 | 21 | 22 | 22 | 23 | 21 | 22 |
| 14 | 冬14 | 15 | 15 | 16 | 17 | 17 | 18 | 18 | 19 | 17 | 18 | 19 | 19 | 20 | 20 | 21 | 22 | 22 | 23 | 23 | 24 | 22 | 23 |
| 15 | 15 | 16 | 16 | 17 | 18 | 18 | 19 | 19 | 20 | 18 | 19 | 20 | 20 | 21 | 21 | 22 | 23 | 23 | 24 | 24 | 25 | 23 | 24 |
| 16 | 16 | 17 | 17 | 18 | 19 | 19 | 20 | 20 | 21 | 19 | 20 | 21 | 21 | 22 | 22 | 23 | 24 | 24 | 25 | 25 | 26 | 24 | 25 |
| 17 | 17 | 18 | 18 | 19 | 20 | 20 | 21 | 21 | 22 | 20 | 21 | 22 | 22 | 23 | 23 | 24 | 25 | 25 | 26 | 26 | 27 | 25 | 26 |
| 18 | 18 | 19 | 19 | 20 | 21 | 21 | 22 | 22 | 23 | 21 | 22 | 23 | 23 | 24 | 24 | 25 | 26 | 26 | 27 | 27 | 28 | 26 | 27 |
| 19 | 19 | 20 | 20 | 21 | 22 | 22 | 23 | 23 | 24 | 22 | 23 | 24 | 24 | 25 | 25 | 26 | 27 | 27 | 28 | 28 | 29 | 27 | 28 |
| 20 | 20 | 21 | 21 | 22 | 23 | 23 | 24 | 24 | 25 | 23 | 24 | 25 | 25 | 26 | 26 | 27 | 28 | 28 | 29 | 29 | 30 | 28 | 29 |
| 21 | 21 | 22 | 22 | 23 | 24 | 24 | 25 | 25 | 26 | 24 | 25 | 26 | 26 | 27 | 27 | 28 | 29 | 29 | 30 | 30 | 31 | **3** | 30 |

一三一一 辛亥 至大四 711

一三一二 壬子 元仁宗皇慶元 712

| | | | | | | | | | | | | | | | | | | | | | | | | |
|---|---|---|---|---|---|---|---|---|---|---|---|---|---|---|---|---|---|---|---|---|---|---|---|---|
| 11 | 11 | 12 | 12 | 13 | 14 | 14 | 15 | 15 | 16 | 15 | 16 | 17 | 17 | 18 | 18 | 19 | 20 | 20 | 21 | 21 12 | 22 11 | 20 | 21 | 22 十二 |
| 12 | 12 | 13 | 13 | 14 | 15 | 15 | 16 | 16 | 17 | 16 | 17 | 18 | 18 | 19 | 19 | 20 | 21 | 21 | 22 | 22 | 23 | 21 10 | 22 9 | 23 |
| 13 冬 | 13 | 14 | 14 | 15 | 16 | 16 | 17 | 17 | 18 | 17 | 18 | 19 | 19 | 20 | 20 | 21 | 22 | 22 | 23 | 23 | 24 | 22 | 23 | 24 8 |
| 14 | 14 | 15 | 15 | 16 | 17 | 17 | 18 | 18 | 19 | 18 | 19 | 20 | 20 | 21 | 21 | 22 | 23 | 23 | 24 | 24 | 25 | 23 | 24 | 25 |
| 15 | 15 | 16 | 16 | 17 | 18 | 18 | 19 | 19 | 20 | 19 | 20 | 21 | 21 | 22 | 22 | 23 | 24 | 24 | 25 | 25 | 26 | 24 | 25 | 26 |
| 16 | 16 | 17 | 17 | 18 | 19 | 19 | 20 | 20 | 21 | 20 | 21 | 22 | 22 | 23 | 23 | 24 | 25 | 25 | 26 | 26 | 27 | 25 | 26 | 27 |
| 17 | 17 | 18 | 18 | 19 | 20 | 20 | 21 | 21 | 22 | 21 | 22 | 23 | 23 | 24 | 24 | 25 | 26 | 26 | 27 | 27 | 28 | 26 | 27 | 28 |
| 18 | 18 | 19 | 19 | 20 | 21 | 21 | 22 | 22 | 23 | 22 | 23 | 24 | 24 | 25 | 25 | 26 | 27 | 27 | 28 | 28 | 29 | 27 | 28 | 29 |
| 19 | 19 | 20 | 20 | 21 | 22 | 22 | 23 | 23 | 24 | 23 | 24 | 25 | 25 | 26 | 26 | 27 | 28 | 28 | 29 | 29 | 30 | 28 | 29 | 30 |
| 20 | 20 | 21 | 21 | 22 | 23 | 23 | 24 | 24 | 25 | 24 | 25 | 26 | 26 | 27 | 27 | 28 | 29 | 29 | 30 | 30 | 31 | **3** | 30 | 31 |
| 21 | 21 | 22 | 22 | 23 | 24 | 24 | 25 | 25 | 26 | 25 | 26 | 27 | 27 | 28 | 28 | 29 | 30 | 30 | 31 | **5** | **4** | 2 | 31 | **1** |
| 22 | 22 | 23 | 23 | 24 | 25 | 25 | 26 | 26 | 27 | 26 | 27 | 28 | 28 | 29 | 29 | 30 | 31 | **7** | **6** | 2 | 2 | 3 | **2** | 2 |
| 23 | 23 | 24 | 24 | 25 | 26 | 26 | 27 | 27 | 28 | 27 | 28 | 29 | 29 | 30 | 30 | 31 | **8** | 2 | 2 | 3 | 3 | 4 | 2 | 3 |
| 24 | 24 | 25 | 25 | 26 | 27 | 27 | 28 | 28 | 29 | 28 | 29 | 30 | 30 | 31 | **10** | **9** | 2 | 3 | 3 | 4 | 4 | 5 | 3 | 4 |
| 25 | 25 | 26 | 26 | 27 | 28 | 28 | 29 | 29 | 30 | 29 | 30 | 31 | **12** | **11** | 2 | 2 | 3 | 4 | 4 | 5 | 5 | 6 | 4 | 5 |
| 26 | 26 | 27 | 27 | 28 | 29 | 29 | 30 | 30 | 31 | **3** | 31 | **1** | 2 | 2 | 3 | 3 | 4 | 5 | 5 | 6 | 6 | 7 | 5 | 6 |
| 27 | 27 | 28 | 28 | 29 | 30 | 30 | 31 | **5** | **4** | 2 | **2** | 2 | 3 | 3 | 4 | 4 | 5 | 6 | 6 | 7 | 7 | 8 | 6 | 7 |
| 28 | 28 | 29 | 29 | 30 | 31 | **7** | **6** | 2 | 2 | 3 | 2 | 3 | 4 | 4 | 5 | 5 | 6 | 7 | 7 | 8 | 8 | 9 | 7 | 8 |
| 29 十二 | 29 十一 | 30 | 30 | 31 | **8** | 2 | 2 | 3 | 3 | 4 | 3 | 4 | 5 | 5 | 6 | 6 | 7 | 8 | 8 | 9 | 9 | 10 | 8 | 9 |
| 30 | 30 | 31 十 | **10** 九 | **9** | 2 | 3 | 3 | **4** | 4 | 5 | 4 | 5 | 6 | 6 | 7 | 7 | 8 | 9 | 9 | 10 | 10 | 11 | 9 | 10 |
| 31 9 | **12** | **11** | 2 | 2 八 | 3 | 4 | 4 | 5 | 5 | 6 | 5 | 6 | 7 | 7 | 8 | 8 | 9 | 10 | 10 | 11 | 11 | 12 | 10 | 11 |
| 日 | 2 8 | 2 7 | 3 | 3 | 4 七 | 5 六 | 5 | 6 | 6 | 7 | 6 | 7 | 8 | 8 | 9 | 9 | 10 | 11 | 11 | 12 | 12 | 13 | 11 | 12 |
| 曜 | 3 | 3 | 4 6 | 4 5 | 5 | 6 | 6 五 | 7 四 | 7 | 8 | 7 | 8 | 9 | 9 | 10 | 10 | 11 | 12 | 12 | 13 | 13 | 14 | 12 | 13 |
| 表 | 4 | 4 | 5 | 5 | 6 4 | 7 3 | 7 | 8 | 8 三 | 9 二 | 8 正 | 9 十二 | 10 | 10 | 11 | 11 | 12 | 13 | 13 | 14 | 14 | 15 | 13 | 14 |
| 3 | 5 | 5 | 6 | 6 | 7 | 8 | 8 2 | 9 1 | 9 12 | 10 11 | 9 | 10 | 11 十一 | 11 十 | 12 | 12 | 13 | 14 | 14 | 15 | 15 | 16 | 14 | 15 |
| 甲 | 6 | 6 | 7 | 7 | 8 | 9 | 9 | 10 | 10 | 11 | 10 10 | 11 9 | 12 | 12 | 13 九 | 13 八 | 14 | 15 | 15 | 16 | 16 | 17 | 15 | 16 |
| 子 | 7 | 7 | 8 | 8 | 9 | 10 | 10 | 11 | 11 | 12 | 11 | 12 | 13 8 | 13 7 | 14 | 14 | 15 閏 | 16 | 16 | 17 | 17 | 18 | 16 | 17 |
| 表 | 8 | 8 | 9 | 9 | 10 | 11 | 11 | 12 | 12 | 13 | 12 | 13 | 14 冬 | 14 | 15 6 | 15 5 | 16 | 17 七 | 17 六 | 18 | 18 | 19 | 17 | 18 |
| 8 | 9 | 9 | 10 | 10 | 11 | 12 | 12 | 13 | 13 | 14 | 13 | 14 | 15 | 15 | 16 | 16 | 17 4 | 18 3 | 18 | 19 五 | 19 四 | 20 | 18 | 19 |
| | 10 | 10 | 11 | 11 | 12 | 13 | 13 | 14 | 14 | 15 | 14 | 15 | 16 | 16 | 17 | 17 | 18 | 19 | 19 2 | 20 1 | 20 | 21 三 | 19 二 | 20 正 |

中西回史日曆 卷一四 元

一三一四 甲寅 延祐元 714

一三一三 癸丑 皇慶二 713

| | | | | | | | | | | | | | | | | | | | | | | | |
|---|---|---|---|---|---|---|---|---|---|---|---|---|---|---|---|---|---|---|---|---|---|---|---|
| 22 | 23 | 23 | 24 | 25 | 25 | 26 | 26 | 27 | 25 | 26 | 27 | 27 | 28 | 28 | 29 | 30 | 30 | 31 | **5** | **4** | 2 | 31 | **1** |
| 23 | 24 | 24 | 25 | 26 | 26 | 27 | 27 | 28 | 26 | 27 | 28 | 28 | 29 | 29 | 30 | 31 | **7** | **6** | 2 | 2 | 3 | **2** | 2 |
| 24 | 25 | 25 | 26 | 27 | 27 | 28 | 28 | 29 | 27 | 28 | 29 | 29 | 30 | 30 | 31 | **8** | 2 | 2 | 3 | 3 | 4 | 2 | 3 |
| 25 | 26 | 26 | 27 | 28 | 28 | 29 | 29 | 30 | 28 | 29 | 30 | 30 | 31 | **10** | **9** | 2 | 3 | 3 | 4 | 4 | 5 | 3 | 4 |
| 26 | 27 | 27 | 28 | 29 | 29 | 30 | 30 | 31 | **3** | 30 | 31 | **12** | **11** | 2 | 2 | 3 | 4 | 4 | 5 | 5 | 6 | 4 | 5 |
| 27 | 28 | 28 | 29 | 30 | 30 | 31 | **5** | **4** | 2 | 31 | **1** | 2 | 2 | 3 | 3 | 4 | 5 | 5 | 6 | 6 | 7 | 5 | 6 |
| 28 | 29 | 29 | 30 | 31 | **7** | **6** | 2 | 2 | 3 | **2** | 2 | 3 | 3 | 4 | 4 | 5 | 6 | 6 | 7 | 7 | 8 | 6 | 7 |
| 29 | 30 | 30 | 31 | **8** | 2 | 2 | 3 | 3 | 4 | 2 | 3 | 4 | 4 | 5 | 5 | 6 | 7 | 7 | 8 | 8 | 9 | 7 | 8 |
| 30 | 31 | **10** | **9** | 2 | 3 | 3 | 4 | 4 | 5 | 3 | 4 | 5 | 5 | 6 | 6 | 7 | 8 | 8 | 9 | 9 | 10 | 8 | 9 |
| **12** | **11** | 2 | 2 | 3 | 4 | 4 | 5 | 5 | 6 | 4 | 5 | 6 | 6 | 7 | 7 | 8 | 9 | 9 | 10 | 10 | 11 | 9 | 10 |
| 2 | 2 | 3 | 3 | 4 | 5 | 5 | 6 | 6 | 7 | 5 | 6 | 7 | 7 | 8 | 8 | 9 | 10 | 10 | 11 | 11 | 12 | 10 | 11 |
| 3 | 3 | 4 | 4 | 5 | 6 | 6 | 7 | 7 | 8 | 6 | 7 | 8 | 8 | 9 | 9 | 10 | 11 | 11 | 12 | 12 | 13 | 11 | 12 |
| 4 | 4 | 5 | 5 | 6 | 7 | 7 | 8 | 8 | 9 | 7 | 8 | 9 | 9 | 10 | 10 | 11 | 12 | 12 | 13 | 13 | 14 | 12 | 13 |
| 5 | 5 | 6 | 6 | 7 | 8 | 8 | 9 | 9 | 10 | 8 | 9 | 10 | 10 | 11 | 11 | 12 | 13 | 13 | 14 | 14 | 15 | 13 | 14 |
| 6 | 6 | 7 | 7 | 8 | 9 | 9 | 10 | 10 | 11 | 9 | 10 | 11 | 11 | 12 | 12 | 13 | 14 | 14 | 15 | 15 | 16 | 14 | 15 |
| 7 | 7 | 8 | 8 | 9 | 10 | 10 | 11 | 11 | 12 | 10 | 11 | 12 | 12 | 13 | 13 | 14 | 15 | 15 | 16 | 16 | 17 | 15 | 16 |
| 8 十一 | 8 十 | 9 | 9 | 10 | 11 | 11 | 12 | 12 | 13 | 11 | 12 | 13 | 13 | 14 | 14 | 15 | 16 | 16 | 17 | 17 | 18 | 16 | 17 |
| 9 **9** | 9 | 10 九 | 10 八 | 11 | 12 | 12 | 13 | 13 | 14 | 12 | 13 | 14 冬 | 14 | 15 | 15 | 16 | 17 | 17 | 18 | 18 | 19 | 17 | 18 |
| 10 | 10 **8** | 11 **7** | 11 | 12 七 | 13 六 | 13 | 14 | 14 | 15 | 13 | 14 | 15 | 15 | 16 | 16 | 17 | 18 | 18 | 19 | 19 | 20 | 18 | 19 |
| 11 | 11 | 12 | 12 **6** | 13 **5** | 14 | 14 五 | 15 四 | 15 閏 | 16 | 14 | 15 | 16 | 16 | 17 | 17 | 18 | 19 | 19 | 20 | 20 | 21 | 19 | 20 |
| 12 | 12 | 13 | 13 | 14 | 15 **4** | 15 **3** | 16 | 16 | 17 三 | 15 二 | 16 | 17 | 17 | 18 | 18 | 19 | 20 | 20 | 21 | 21 | 22 | 20 | 21 |
| 13 | 13 | 14 | 14 | 15 | 16 | 16 | 17 **2** | 17 **1** | 18 | 16 | 17 正 | 18 十二 | 18 | 19 | 19 | 20 | 21 | 21 | 22 | 22 | 23 | 21 | 22 |
| 14 冬 | 14 | 15 | 15 | 16 | 17 | 17 | 18 | 18 | 19 **12** | 17 **11** | 18 | 19 | 19 十一 | 20 十 | 20 | 21 | 22 | 22 | 23 | 23 | 24 | 22 | 23 |
| 15 | 15 | 16 | 16 | 17 | 18 | 18 | 19 | 19 | 20 | 18 | 19 **10** | 20 **9** | 20 | 21 | 21 九 | 22 八 | 23 | 23 | 24 | 24 | 25 | 23 | 24 |
| 16 | 16 | 17 | 17 | 18 | 19 | 19 | 20 | 20 | 21 | 19 | 20 | 21 | 21 **8** | 22 **7** | 22 | 23 | 24 七 | 24 六 | 25 | 25 | 26 | 24 | 25 |
| 17 | 17 | 18 | 18 | 19 | 20 | 20 | 21 | 21 | 22 | 20 | 21 | 22 | 22 | 23 | 23 **6** | 24 **5** | 25 | 25 | 26 五 | 26 四 | 27 | 25 | 26 |
| 18 | 18 | 19 | 19 | 20 | 21 | 21 | 22 | 22 | 23 | 21 | 22 | 23 | 23 | 24 | 24 | 25 | 26 **4** | 26 **3** | 27 | 27 | 28 三 | 26 二 | 27 正 |
| 19 | 19 | 20 | 20 | 21 | 22 | 22 | 23 | 23 | 24 | 22 | 23 | 24 | 24 | 25 | 25 | 26 | 27 | 27 | 28 **2** | 28 **1** | 29 | 27 | 28 |
| 20 | 20 | 21 | 21 | 22 | 23 | 23 | 24 | 24 | 25 | 23 | 24 | 25 | 25 | 26 | 26 | 27 | 28 | 28 | 29 | 29 | 30 **12** | 28 **11** | 29 |
| 21 | 21 | 22 | 22 | 23 | 24 | 24 | 25 | 25 | 26 | 24 | 25 | 26 | 26 | 27 | 27 | 28 | 29 | 29 | 30 | 30 | 31 | **3** | 30 **10** |

四

勵耘書屋

一三一六 丙辰 延祐三 716

一三一五 乙卯 延祐二 715

| | | | | | | | | | | | | | | | | | | | | | | | | |
|---|---|---|---|---|---|---|---|---|---|---|---|---|---|---|---|---|---|---|---|---|---|---|---|---|
| 11 | 11 | 12 | 12 | 13 | 14 | 14 | 15 | 15 | 16 | 15 | 16 | 17 | 17 | 18 | 18 | 19 | 20 | 20 | 21 | 21 | 22 | 20 | 21 | 22 |
| 12 | 12 | 13 | 13 | 14 | 15 | 15 | 16 | 16 | 17 | 16 | 17 | 18 | 18 | 19 | 19 | 20 | 21 | 21 | 22 | 22 | 23 | 21 | 22 | 23 |
| 13冬 | 13 | 14 | 14 | 15 | 16 | 16 | 17 | 17 | 18 | 17 | 18 | 19 | 19 | 20 | 20 | 21 | 22 | 22 | 23 | 23 | 24 | 22 | 23 | 24 |
| 14 | 14 | 15 | 15 | 16 | 17 | 17 | 18 | 18 | 19 | 18 | 19 | 20 | 20 | 21 | 21 | 22 | 23 | 23 | 24 | 24 | 25 | 23 | 24 | 25 |
| 15十二 | 15 | 16 | 16 | 17 | 18 | 18 | 19 | 19 | 20 | 19 | 20 | 21 | 21 | 22 | 22 | 23 | 24 | 24 | 25 | 25 | 26 | 24 | 25 | 26 |
| 16 | 16十一 | 17十 | 17九 | 18 | 19 | 19 | 20 | 20 | 21 | 20 | 21 | 22 | 22 | 23 | 23 | 24 | 25 | 25 | 26 | 26 | 27 | 25 | 26 | 27 |
| 17 10 | 17 9 | 18 | 18 | 19八 | 20七 | 20六 | 21 | 21 | 22 | 21 | 22 | 23 | 23 | 24 | 24 | 25 | 26 | 26 | 27 | 27 | 28 | 26 | 27 | 28 |
| 18 | 18 | 19 8 | 19 7 | 20 | 21 | 21 | 22五 | 22 | 23 | 22 | 23 | 24 | 24 | 25 | 25 | 26 | 27 | 27 | 28 | 28 | 29 | 27 | 28 | 29 |
| 19 | 19 | 20 | 20 | 21 6 | 22 5 | 22 | 23 | 23四 | 24三 | 23 | 24 | 25 | 25 | 26 | 26 | 27 | 28 | 28 | 29 | 29 | 30 | 28 | 29 | 30 |
| 20 | 20 | 21 | 21 | 22 | 23 | 23 4 | 24 3 | 24 | 25 | 24二 | 25正 | 26 | 26 | 27 | 27 | 28 | 29 | 29 | 30 | 30 | 31 | 3 | 30 | 31 |
| 21 | 21 | 22 | 22 | 23 | 24 | 24 | 25 | 25 2 | 26 1 | 25 | 26 | 27十二 | 27十一 | 28 | 28 | 29 | 30 | 30 | 31 | 5 | 4 | 2 | 31 | 1 |
| 22 | 22 | 23 | 23 | 24 | 25 | 25 | 26 | 26 | 27 | 26 12 | 27 11 | 28 | 28 | 29十 | 29九 | 30 | 31 | 7 | 6 | 2 | 2 | 3 | 2 | 2 |
| 23 | 23 | 24 | 24 | 25 | 26 | 26 | 27 | 27 | 28 | 27 | 28 | 29 10 | 29 9 | 30 | 30 | 31八 | 8七 | 2六 | 2 | 3 | 3 | 4 | 2 | 3 |
| 24 | 24 | 25 | 25 | 26 | 27 | 27 | 28 | 28 | 29 | 28 | 29 | 30 | 30 | 31 8 | 10 7 | 9 | 2 | 3 | 3五 | 4四 | 4 | 5 | 3 | 4 |
| 25 | 25 | 26 | 26 | 27 | 28 | 28 | 29 | 29 | 30 | 29 | 30 | 31 | 12 | 11 | 2 | 2 6 | 3 5 | 4 | 4 | 5 | 5三 | 6二 | 4 | 5 |
| 26 | 26 | 27 | 27 | 28 | 29 | 29 | 30 | 30 | 31 | 3 | 31 | 1 | 2 | 2 | 3 | 3 | 4 | 5 4 | 5 3 | 6 | 6 | 7 | 5正 | 6十二 |
| 27 | 27 | 28 | 28 | 29 | 30 | 30 | 31 | 5 | 4 | 2 | 2 | 2 | 3 | 3 | 4 | 4 | 5 | 6 | 6 | 7 2 | 7 1 | 8 12 | 6 11 | 7 |
| 28 | 28 | 29 | 29 | 30 | 31 | 7 | 6 | 2 | 2 | 3 | 2 | 3 | 4 | 4 | 5 | 5 | 6 | 7 | 7 | 8 | 8 | 9 | 7 | 8 10 |
| 29 | 29 | 30 | 30 | 31 | 8 | 2 | 2 | 3 | 3 | 4 | 3 | 4 | 5 | 5 | 6 | 6 | 7 | 8 | 8 | 9 | 9 | 10 | 8 | 9 |
| 30 | 30 | 31 | 10 | 9 | 2 | 3 | 3 | 4 | 4 | 5 | 4 | 5 | 6 | 6 | 7 | 7 | 8 | 9 | 9 | 10 | 10 | 11 | 9 | 10 |
| 31 | 12 | 11 | 2 | 2 | 3 | 4 | 4 | 5 | 5 | 6 | 5 | 6 | 7 | 7 | 8 | 8 | 9 | 10 | 10 | 11 | 11 | 12 | 10 | 11 |
| 日 | 2 | 2 | 3 | 3 | 4 | 5 | 5 | 6 | 6 | 7 | 6 | 7 | 8 | 8 | 9 | 9 | 10 | 11 | 11 | 12 | 12 | 13 | 11 | 12 |
| 曜 | 3 | 3 | 4 | 4 | 5 | 6 | 6 | 7 | 7 | 8 | 7 | 8 | 9 | 9 | 10 | 10 | 11 | 12 | 12 | 13 | 13 | 14 | 12 | 13 |
| 表 | 4 | 4 | 5 | 5 | 6 | 7 | 7 | 8 | 8 | 9 | 8 | 9 | 10 | 10 | 11 | 11 | 12 | 13 | 13 | 14 | 14 | 15 | 13 | 14 |
| 4 | 5 | 5 | 6 | 6 | 7 | 8 | 8 | 9 | 9 | 10 | 9 | 10 | 11 | 11 | 12 | 12 | 13 | 14 | 14 | 15 | 15 | 16 | 14 | 15 |
| 甲 | 6 | 6 | 7 | 7 | 8 | 9 | 9 | 10 | 10 | 11 | 10 | 11 | 12 | 12 | 13 | 13 | 14 | 15 | 15 | 16 | 16 | 17 | 15 | 16 |
| 子 | 7 | 7 | 8 | 8 | 9 | 10 | 10 | 11 | 11 | 12 | 11 | 12 | 13 | 13 | 14 | 14 | 15 | 16 | 16 | 17 | 17 | 18 | 16 | 17 |
| 表 | 8 | 8 | 9 | 9 | 10 | 11 | 11 | 12 | 12 | 13 | 12 | 13 | 14冬 | 14 | 15 | 15 | 16 | 17 | 17 | 18 | 18 | 19 | 17 | 18 |
| 9 | 9 | 9 | 10 | 10 | 11 | 12 | 12 | 13 | 13 | 14 | 13 | 14 | 15 | 15 | 16 | 16 | 17 | 18 | 18 | 19 | 19 | 20 | 18 | 19 |
| | 10 | 10 | 11 | 11 | 12 | 13 | 13 | 14 | 14 | 15 | 14 | 15 | 16 | 16 | 17 | 17 | 18 | 19 | 19 | 20 | 20 | 21 | 19 | 20 |

| 一三一八 戊午 延祐五 718 | | | | | | | | | | | | 一三一七 丁巳 延祐四 717 | | | | | | | | | | | |
|---|---|---|---|---|---|---|---|---|---|---|---|---|---|---|---|---|---|---|---|---|---|---|---|
| 22 | 23 | 23 | 24 | 25 | 25 | 26 | 26 | 27 | 25 | 26 | 27 | 27 | 28 | 28 | 29 | 30 | 30 | 31 | **5** | **4** | 2 | 31 | **1** |
| 23 | 十一 24 | 24 | 25 | 26 | 26 | 27 | 27 | 28 | 26 | 27 | 28 | 28 | 29 | 29 | 30 | 31 | **7** | **6** | 2 | 2 | 3 | **2** | 2 |
| 24 | 25 | 十 25 | 九 26 | 27 | 27 | 28 | 28 | 29 | 27 | 28 | 29 | 29 | 30 | 30 | 31 | **8** | 2 | 2 | 3 | 3 | 4 | 2 | 3 |
| 25 | 26 | 26 | 27 | 八 28 | 七 28 | 29 | 29 | 30 | 28 | 29 | 30 | 30 | 31 | **10** | **9** | 2 | 3 | 3 | 4 | 4 | 5 | 3 | 4 |
| 26 | 10 27 | 9 27 | 28 | 29 | 29 | 六 30 | 30 | 31 | **3** | 30 | 31 | **12** | **11** | 2 | 2 | 3 | 4 | 4 | 5 | 5 | 6 | **4** | 5 |
| 27 | 28 | 28 | 8 29 | 7 30 | 30 | 31 | 五 **5** | 四 **4** | 2 | 31 | **1** | 2 | 2 | 3 | 3 | 4 | 5 | 5 | 6 | 6 | 7 | 5 | 6 |
| 28 | 29 | 29 | 30 | 31 | 6 **7** | 5 **6** | 2 | 2 | 三 3 | **2** | 2 | 3 | 3 | 4 | 4 | 5 | 6 | 6 | 7 | 7 | 8 | 6 | 7 |
| 29 | 30 | 30 | 31 | **8** | 2 | 2 | 4 3 | 3 3 | 4 | 二 2 | 正 3 | 十二 4 | 4 | 5 | 5 | 6 | 7 | 7 | 8 | 8 | 9 | 7 | 8 |
| 30 | 31 | **10** | **9** | 2 | 3 | 3 | 4 | 4 | 2 5 | 1 3 | 4 | 5 | 十一 5 | 十 6 | 九 6 | 八 7 | 8 | 8 | 9 | 9 | 10 | 8 | 9 |
| **12** | **11** | 2 | 2 | 3 | 4 | 4 | 5 | 5 | 6 | 4 | 12 5 | 11 6 | 6 | 7 | 7 | 8 | 七 9 | 六 9 | 10 | 10 | 11 | 9 | 10 |
| 2 | 2 | 3 | 3 | 4 | 5 | 5 | 6 | 6 | 7 | 5 | 6 | 7 | 10 7 | 9 8 | 8 | 9 | 10 | 10 | 五 11 | 11 | 12 | 10 | 11 |
| 3 | 3 | 4 | 4 | 5 | 6 | 6 | 7 | 7 | 8 | 6 | 7 | 8 | 8 | 9 | 8 9 | 7 10 | 11 | 11 | 12 | 四 12 | 三 13 | 11 | 12 |
| 4 | 4 | 5 | 5 | 6 | 7 | 7 | 8 | 8 | 9 | 7 | 8 | 9 | 9 | 10 | 10 | 11 | 6 12 | 5 12 | 13 | 13 | 14 | 二 12 | 13 |
| 5 | 5 | 6 | 6 | 7 | 8 | 8 | 9 | 9 | 10 | 8 | 9 | 10 | 10 | 11 | 11 | 12 | 13 | 13 | 4 14 | 3 14 | 15 | 13 | 閏 14 正 |
| 6 | 6 | 7 | 7 | 8 | 9 | 9 | 10 | 10 | 11 | 9 | 10 | 11 | 11 | 12 | 12 | 13 | 14 | 14 | 15 | 15 | 2 16 | 1 14 | 12 15 11 |
| 7 | 7 | 8 | 8 | 9 | 10 | 10 | 11 | 11 | 12 | 10 | 11 | 12 | 12 | 13 | 13 | 14 | 15 | 15 | 16 | 16 | 17 | 15 | 16 |
| 8 | 8 | 9 | 9 | 10 | 11 | 11 | 12 | 12 | 13 | 11 | 12 | 13 | 13 | 14 | 14 | 15 | 16 | 16 | 17 | 17 | 18 | 16 | 17 |
| 9 | 9 | 10 | 10 | 11 | 12 | 12 | 13 | 13 | 14 | 12 | 13 | 14 | 冬 14 | 15 | 15 | 16 | 17 | 17 | 18 | 18 | 19 | 17 | 18 |
| 10 | 10 | 11 | 11 | 12 | 13 | 13 | 14 | 14 | 15 | 13 | 14 | 15 | 15 | 16 | 16 | 17 | 18 | 18 | 19 | 19 | 20 | 18 | 19 |
| 11 | 11 | 12 | 12 | 13 | 14 | 14 | 15 | 15 | 16 | 14 | 15 | 16 | 16 | 17 | 17 | 18 | 19 | 19 | 20 | 20 | 21 | 19 | 20 |
| 12 | 12 | 13 | 13 | 14 | 15 | 15 | 16 | 16 | 17 | 15 | 16 | 17 | 17 | 18 | 18 | 19 | 20 | 20 | 21 | 21 | 22 | 20 | 21 |
| 13 | 13 | 14 | 14 | 15 | 16 | 16 | 17 | 17 | 18 | 16 | 17 | 18 | 18 | 19 | 19 | 20 | 21 | 21 | 22 | 22 | 23 | 21 | 22 |
| 14 | 冬 14 | 15 | 15 | 16 | 17 | 17 | 18 | 18 | 19 | 17 | 18 | 19 | 19 | 20 | 20 | 21 | 22 | 22 | 23 | 23 | 24 | 22 | 23 |
| 15 | 15 | 16 | 16 | 17 | 18 | 18 | 19 | 19 | 20 | 18 | 19 | 20 | 20 | 21 | 21 | 22 | 23 | 23 | 24 | 24 | 25 | 23 | 24 |
| 16 | 16 | 17 | 17 | 18 | 19 | 19 | 20 | 20 | 21 | 19 | 20 | 21 | 21 | 22 | 22 | 23 | 24 | 24 | 25 | 25 | 26 | 24 | 25 |
| 17 | 17 | 18 | 18 | 19 | 20 | 20 | 21 | 21 | 22 | 20 | 21 | 22 | 22 | 23 | 23 | 24 | 25 | 25 | 26 | 26 | 27 | 25 | 26 |
| 18 | 18 | 19 | 19 | 20 | 21 | 21 | 22 | 22 | 23 | 21 | 22 | 23 | 23 | 24 | 24 | 25 | 26 | 26 | 27 | 27 | 28 | 26 | 27 |
| 19 | 19 | 20 | 20 | 21 | 22 | 22 | 23 | 23 | 24 | 22 | 23 | 24 | 24 | 25 | 25 | 26 | 27 | 27 | 28 | 28 | 29 | 27 | 28 |
| 20 | 20 | 21 | 21 | 22 | 23 | 23 | 24 | 24 | 25 | 23 | 24 | 25 | 25 | 26 | 26 | 27 | 28 | 28 | 29 | 29 | 30 | 28 | 29 |
| 21 | 21 | 22 | 22 | 23 | 24 | 24 | 25 | 25 | 26 | 24 | 25 | 26 | 26 | 27 | 27 | 28 | 29 | 29 | 30 | 30 | 31 | **3** | 30 |

一三二〇 庚申 延祐七 720

一三一九 己未 延祐六 719

| | | | | | | | | | | | | | | | | | | | | | | | | |
|---|---|---|---|---|---|---|---|---|---|---|---|---|---|---|---|---|---|---|---|---|---|---|---|---|
| 11 | 11 | 12 | 12 | 13 | 14 | 14 | 15 | 15 | 16 | 15 | 16 | 17 | 17 | 18 | 18 | 19 | 20 6 | 20 5 | 21 | 21 四 | 22 三 | 20 | 21 | 22 |
| 12 | 12 | 13 | 13 | 14 | 15 | 15 | 16 | 16 | 17 | 16 | 17 | 18 | 18 | 19 | 19 | 20 | 21 | 21 | 22 4 | 22 3 | 23 | 21 二 | 22 正 | 23 十二 |
| 13 冬 | 13 | 14 | 14 | 15 | 16 | 16 | 17 | 17 | 18 | 17 | 18 | 19 | 19 | 20 | 20 | 21 | 22 | 22 | 23 | 23 | 24 2 | 22 1 | 23 | 24 |
| 14 | 14 | 15 | 15 | 16 | 17 | 17 | 18 | 18 | 19 | 18 | 19 | 20 | 20 | 21 | 21 | 22 | 23 | 23 | 24 | 24 | 25 | 23 | 24 12 | 25 11 |
| 15 | 15 | 16 | 16 | 17 | 18 | 18 | 19 | 19 | 20 | 19 | 20 | 21 | 21 | 22 | 22 | 23 | 24 | 24 | 25 | 25 | 26 | 24 | 25 | 26 |
| 16 | 16 | 17 | 17 | 18 | 19 | 19 | 20 | 20 | 21 | 20 | 21 | 22 | 22 | 23 | 23 | 24 | 25 | 25 | 26 | 26 | 27 | 25 | 26 | 27 |
| 17 | 17 | 18 | 18 | 19 | 20 | 20 | 21 | 21 | 22 | 21 | 22 | 23 | 23 | 24 | 24 | 25 | 26 | 26 | 27 | 27 | 28 | 26 | 27 | 28 |
| 18 | 18 | 19 | 19 | 20 | 21 | 21 | 22 | 22 | 23 | 22 | 23 | 24 | 24 | 25 | 25 | 26 | 27 | 27 | 28 | 28 | 29 | 27 | 28 | 29 |
| 19 | 19 | 20 | 20 | 21 | 22 | 22 | 23 | 23 | 24 | 23 | 24 | 25 | 25 | 26 | 26 | 27 | 28 | 28 | 29 | 29 | 30 | 28 | 29 | 30 |
| 20 | 20 | 21 | 21 | 22 | 23 | 23 | 24 | 24 | 25 | 24 | 25 | 26 | 26 | 27 | 27 | 28 | 29 | 29 | 30 | 30 | 31 | **3** | 30 | 31 |
| 21 | 21 | 22 | 22 | 23 | 24 | 24 | 25 | 25 | 26 | 25 | 26 | 27 | 27 | 28 | 28 | 29 | 30 | 30 | 31 | **5** | **4** | 2 | 31 | **1** |
| 22 | 22 | 23 | 23 | 24 | 25 | 25 | 26 | 26 | 27 | 26 | 27 | 28 | 28 | 29 | 29 | 30 | 31 | **7** | **6** | 2 | 2 | 3 | **2** | 2 |
| 23 | 23 | 24 | 24 | 25 | 26 | 26 | 27 | 27 | 28 | 27 | 28 | 29 | 29 | 30 | 30 | 31 | **8** | 2 | 2 | 3 | 3 | 4 | 2 | 3 |
| 24 | 24 | 25 | 25 | 26 | 27 | 27 | 28 | 28 | 29 | 28 | 29 | 30 | 30 | 31 | **10** | **9** | 2 | 3 | 3 | 4 | 4 | 5 | 3 | 4 |
| 25 | 25 | 26 | 26 | 27 | 28 | 28 | 29 | 29 | 30 | 29 | 30 | 31 | **12** | **11** | 2 | 2 | 3 | 4 | 4 | 5 | 5 | 6 | 4 | 5 |
| 26 | 26 | 27 | 27 | 28 | 29 | 29 | 30 | 30 | 31 | **3** | 31 | **1** | 2 | 2 | 3 | 3 | 4 | 5 | 5 | 6 | 6 | 7 | 5 | 6 |
| 27 | 27 | 28 | 28 | 29 | 30 | 30 | 31 | **5** | **4** | 2 | **2** | 2 | 3 | 3 | 4 | 4 | 5 | 6 | 6 | 7 | 7 | 8 | 6 | 7 |
| 28 | 28 | 29 | 29 | 30 | 31 | **7** | **6** | 2 | 2 | 3 | 2 | 3 | 4 | 4 | 5 | 5 | 6 | 7 | 7 | 8 | 8 | 9 | 7 | 8 |
| 29 | 29 | 30 | 30 | 31 | **8** | 2 | 2 | 3 | 3 | 4 | 3 | 4 | 5 | 5 | 6 | 6 | 7 | 8 | 8 | 9 | 9 | 10 | 8 | 9 |
| 30 十二 | 30 | 31 | **10** | **9** | 2 | 3 | 3 | 4 | 4 | 5 | 4 | 5 | 6 | 6 | 7 | 7 | 8 | 9 | 9 | 10 | 10 | 11 | 9 | 10 |
| 31 | **12** 十一 | **11** 十 | 2 | 2 | 3 | 4 | 4 | 5 | 5 | 6 | 5 | 6 | 7 | 7 | 8 | 8 | 9 | 10 | 10 | 11 | 11 | 12 | 10 | 11 |
| 日 | 2 | 2 | 3 九 | 3 八 | 4 | 5 | 5 | 6 | 6 | 7 | 6 | 7 | 8 | 8 | 9 | 9 | 10 | 11 | 11 | 12 | 12 | 13 | 11 | 12 |
| 曜 | 3 11 | 3 | 4 | 4 | 5 七 | 6 | 6 | 7 | 7 | 8 | 7 | 8 | 9 | 9 | 10 | 10 | 11 | 12 | 12 | 13 | 13 | 14 | 12 | 13 |
| 表 | 4 | 4 10 | 5 9 | 5 | 6 | 7 六 | 7 五 | 8 | 8 | 9 | 8 | 9 | 10 | 10 | 11 | 11 | 12 | 13 | 13 | 14 | 14 | 15 | 13 | 14 |
| 5 | 5 | 5 | 6 | 6 8 | 7 7 | 8 | 8 | 9 四 | 9 三 | 10 | 9 | 10 | 11 | 11 | 12 | 12 | 13 | 14 | 14 | 15 | 15 | 16 | 14 | 15 |
| 甲 | 6 | 6 | 7 | 7 | 8 | 9 6 | 9 5 | 10 | 10 | 11 二 | 10 正 | 11 十二 | 12 十一 | 12 | 13 | 13 | 14 | 15 | 15 | 16 | 16 | 17 | 15 | 16 |
| 子 | 7 | 7 | 8 | 8 | 9 | 10 | 10 | 11 4 | 11 3 | 12 | 11 | 12 | 13 | 13 十 | 14 九 | 14 | 15 | 16 | 16 | 17 | 17 | 18 | 16 | 17 |
| 表 | 8 | 8 | 9 | 9 | 10 | 11 | 11 | 12 | 12 | 13 2 | 12 1 | 13 12 冬 | 14 11 | 14 | 15 | 15 閏 | 16 八 | 17 | 17 | 18 | 18 | 19 | 17 | 18 |
| 10 | 9 | 9 | 10 | 10 | 11 | 12 | 12 | 13 | 13 | 14 | 13 | 14 | 15 | 15 10 | 16 9 | 16 | 17 | 18 七 | 18 六 | 19 | 19 | 20 | 18 | 19 |
| | 10 | 10 | 11 | 11 | 12 | 13 | 13 | 14 | 14 | 15 | 14 | 15 | 16 | 16 | 17 | 17 8 | 18 7 | 19 | 19 | 20 五 | 20 | 21 | 19 | 20 |

| 722 一三二二 壬戌 至治二 | | | | | | | | | | | | 721 一三二一 辛酉 英宗元 至治元 | | | | | | | | | | | |
|---|---|---|---|---|---|---|---|---|---|---|---|---|---|---|---|---|---|---|---|---|---|---|---|
| 22 | 23 | 23 | 24 | 25 | 25 | 26 | 26 | 27 | 25 | 26 | 27 | 27 | 28 | 28 | 29 | 30 | 30 | 31 | **5** | **4** | 2 2 | 31 1 | **1** |
| 23 | 24 | 24 | 25 | 26 | 26 | 27 | 27 | 28 | 26 | 27 | 28 | 28 | 29 | 29 | 30 | 31 | **7** | **6** | 2 | 2 | 3 | **2** | 2 12 |
| 24 | 25 | 25 | 26 | 27 | 27 | 28 | 28 | 29 | 27 | 28 | 29 | 29 | 30 | 30 | 31 | **8** | 2 | 2 | 3 | 3 | 4 | 2 | 3 |
| 25 | 26 | 26 | 27 | 28 | 28 | 29 | 29 | 30 | 28 | 29 | 30 | 30 | 31 | **10** | **9** | 2 | 3 | 3 | 4 | 4 | 5 | 3 | 4 |
| 26 | 27 | 27 | 28 | 29 | 29 | 30 | 30 | 31 | **3** | 30 | 31 | **12** | **11** | 2 | 2 | 3 | 4 | 4 | 5 | 5 | 6 | 4 | 5 |
| 27 | 28 | 28 | 29 | 30 | 30 | 31 | **5** | **4** | 2 | 31 | **1** | 2 | 2 | 3 | 3 | 4 | 5 | 5 | 6 | 6 | 7 | 5 | 6 |
| 28 | 29 | 29 | 30 | 31 | **7** | **6** | 2 | 2 | 3 | **2** | 2 | 3 | 3 | 4 | 4 | 5 | 6 | 6 | 7 | 7 | 8 | 6 | 7 |
| 29 | 30 | 30 | 31 | **8** | 2 | 2 | 3 | 3 | 4 | 2 | 3 | 4 | 4 | 5 | 5 | 6 | 7 | 7 | 8 | 8 | 9 | 7 | 8 |
| 30 | 31 | **10** | **9** | 2 | 3 | 3 | 4 | 4 | 5 | 3 | 4 | 5 | 5 | 6 | 6 | 7 | 8 | 8 | 9 | 9 | 10 | 8 | 9 |
| **12** | **11** | 2 | 2 | 3 | 4 | 4 | 5 | 5 | 6 | 4 | 5 | 6 | 6 | 7 | 7 | 8 | 9 | 9 | 10 | 10 | 11 | 9 | 10 |
| 2 | 2 | 3 | 3 | 4 | 5 | 5 | 6 | 6 | 7 | 5 | 6 | 7 | 7 | 8 | 8 | 9 | 10 | 10 | 11 | 11 | 12 | 10 | 11 |
| 3 | 3 | 4 | 4 | 5 | 6 | 6 | 7 | 7 | 8 | 6 | 7 | 8 | 8 | 9 | 9 | 10 | 11 | 11 | 12 | 12 | 13 | 11 | 12 |
| 4 | 4 | 5 | 5 | 6 | 7 | 7 | 8 | 8 | 9 | 7 | 8 | 9 | 9 | 10 | 10 | 11 | 12 | 12 | 13 | 13 | 14 | 12 | 13 |
| 5 | 5 | 6 | 6 | 7 | 8 | 8 | 9 | 9 | 10 | 8 | 9 | 10 | 10 | 11 | 11 | 12 | 13 | 13 | 14 | 14 | 15 | 13 | 14 |
| 6 | 6 | 7 | 7 | 8 | 9 | 9 | 10 | 10 | 11 | 9 | 10 | 11 | 11 | 12 | 12 | 13 | 14 | 14 | 15 | 15 | 16 | 14 | 15 |
| 7 | 7 | 8 | 8 | 9 | 10 | 10 | 11 | 11 | 12 | 10 | 11 | 12 | 12 | 13 | 13 | 14 | 15 | 15 | 16 | 16 | 17 | 15 | 16 |
| 8 | 8 | 9 | 9 | 10 | 11 | 11 | 12 | 12 | 13 | 11 | 12 | 13 | 13 | 14 | 14 | 15 | 16 | 16 | 17 | 17 | 18 | 16 | 17 |
| 9 十一 | 9 | 10 | 10 | 11 | 12 | 12 | 13 | 13 | 14 | 12 | 13 | 14 冬 | 14 | 15 | 15 | 16 | 17 | 17 | 18 | 18 | 19 | 17 | 18 |
| 10 | 10 十 | 11 九 | 11 | 12 | 13 | 13 | 14 | 14 | 15 | 13 | 14 | 15 | 15 | 16 | 16 | 17 | 18 | 18 | 19 | 19 | 20 | 18 | 19 |
| 11 12 | 11 11 | 12 | 12 八 | 13 七 | 14 | 14 | 15 | 15 | 16 | 14 | 15 | 16 | 16 | 17 | 17 | 18 | 19 | 19 | 20 | 20 | 21 | 19 | 20 |
| 12 | 12 | 13 10 | 13 9 | 14 | 15 六 | 15 閏 | 16 | 16 | 17 | 15 | 16 | 17 | 17 | 18 | 18 | 19 | 20 | 20 | 21 | 21 | 22 | 20 | 21 |
| 13 | 13 | 14 | 14 | 15 8 | 16 7 | 16 | 17 五 | 17 四 | 18 三 | 16 | 17 | 18 | 18 | 19 | 19 | 20 | 21 | 21 | 22 | 22 | 23 | 21 | 22 |
| 14 冬 | 14 | 15 | 15 | 16 | 17 | 17 6 | 18 5 | 18 | 19 | 17 二 | 18 正 | 19 | 19 | 20 | 20 | 21 | 22 | 22 | 23 | 23 | 24 | 22 | 23 |
| 15 | 15 | 16 | 16 | 17 | 18 | 18 | 19 | 19 4 | 20 3 | 18 | 19 | 20 十二 | 20 十一 | 21 | 21 | 22 | 23 | 23 | 24 | 24 | 25 | 23 | 24 |
| 16 | 16 | 17 | 17 | 18 | 19 | 19 | 20 | 20 | 21 | 19 2 | 20 1 | 21 | 21 | 22 十 | 22 九 | 23 | 24 | 24 | 25 | 25 | 26 | 24 | 25 |
| 17 | 17 | 18 | 18 | 19 | 20 | 20 | 21 | 21 | 22 | 20 | 21 | 22 12 | 22 11 | 23 | 23 | 24 八 | 25 七 | 25 | 26 | 26 | 27 | 25 | 26 |
| 18 | 18 | 19 | 19 | 20 | 21 | 21 | 22 | 22 | 23 | 21 | 22 | 23 | 23 | 24 10 | 24 9 | 25 | 26 | 26 六 | 27 | 27 | 28 | 26 | 27 |
| 19 | 19 | 20 | 20 | 21 | 22 | 22 | 23 | 23 | 24 | 22 | 23 | 24 | 24 | 25 | 25 | 26 8 | 27 7 | 27 | 28 五 | 28 四 | 29 三 | 27 | 28 |
| 20 | 20 | 21 | 21 | 22 | 23 | 23 | 24 | 24 | 25 | 23 | 24 | 25 | 25 | 26 | 26 | 27 | 28 | 28 6 | 29 5 | 29 | 30 | 28 二 | 29 正 |
| 21 | 21 | 22 | 22 | 23 | 24 | 24 | 25 | 25 | 26 | 24 | 25 | 26 | 26 | 27 | 27 | 28 | 29 | 29 | 30 | 30 4 | 31 3 | **3** | 30 |

勵耘書屋

一三二四 甲子 元泰定帝 泰定元

725 724

一三二三 癸亥 至治三

723

| | | | | | | | | | | | | | | | | | | | | | | | | |
|---|---|---|---|---|---|---|---|---|---|---|---|---|---|---|---|---|---|---|---|---|---|---|---|---|
| 11 | 11 | 12 | 12 | 13 | 14 | 14 | 15 | 15 | 16 | 15 | 16 | 17 | 17 | 18 | 18 | 19 | 20 | 20 | 21 | 21 | 22 | 20 | 21 | 22 |
| 12 | 12 | 13 | 13 | 14 | 15 | 15 | 16 | 16 | 17 | 16 | 17 | 18 | 18 | 19 | 19 | 20 | 21 | 21 | 22 | 22 | 23 | 21 | 22 | 23 |
| 13冬 | 13 | 14 | 14 | 15 | 16 | 16 | 17 | 17 | 18 | 17 | 18 | 19 | 19 | 20 | 20 | 21 | 22 | 22 | 23 | 23 | 24 | 22 | 23 | 24 |
| 14 | 14 | 15 | 15 | 16 | 17 | 17 | 18 | 18 | 19 | 18 | 19 | 20 | 20 | 21 | 21 | 22 | 23 | 23 | 24 | 24 | 25 | 23 | 24 | 25 |
| 15 | 15 | 16 | 16 | 17 | 18 | 18 | 19 | 19 | 20 | 19 | 20 | 21 | 21 | 22 | 22 | 23 | 24 | 24 | 25 | 25 | 26 | 24 | 25 | 26 |
| 16 | 16 | 17 | 17 | 18 | 19 | 19 | 20 | 20 | 21 | 20 | 21 | 22 | 22 | 23 | 23 | 24 | 25 | 25 | 26 | 26 | 27 | 25 | 26 | 27 |
| 17十二 | 17十一 | 18 | 18 | 19 | 20 | 20 | 21 | 21 | 22 | 21 | 22 | 23 | 23 | 24 | 24 | 25 | 26 | 26 | 27 | 27 | 28 | 26 | 27 | 28 |
| 18 1 | 18 | 19十 | 19九 | 20八 | 21 | 21 | 22 | 22 | 23 | 22 | 23 | 24 | 24 | 25 | 25 | 26 | 27 | 27 | 28 | 28 | 29 | 27 | 28 | 29 |
| 19 | 19 12 | 20 11 | 20 | 21 | 22七 | 22六 | 23五 | 23 | 24 | 23 | 24 | 25 | 25 | 26 | 26 | 27 | 28 | 28 | 29 | 29 | 30 | 28 | 29 | 30 |
| 20 | 20 | 21 | 21 10 | 22 9 | 23 | 23 | 24 | 24四 | 25 | 24 | 25 | 26 | 26 | 27 | 27 | 28 | 29 | 29 | 30 | 30 | 31 | **3** | 30 | 31 |
| 21 | 21 | 22 | 22 | 23 | 24 8 | 24 7 | 25 | 25 | 26三 | 25二 | 26 | 27 | 27 | 28 | 28 | 29 | 30 | 30 | 31 | **5** | **4** | 2 | 31 | **1** |
| 22 | 22 | 23 | 23 | 24 | 25 | 25 | 26 6 | 26 5 | 27 | 26 | 27正 | 28十二 | 28 | 29 | 29 | 30 | 31 | **7** | **6** | 2 | 2 | 3 | **2** | 2 |
| 23 | 23 | 24 | 24 | 25 | 26 | 26 | 27 | 27 | 28 4 | 27 3 | 28 | 29 | 29十一 | 30十 | 30 | 31 | **8** | 2 | 2 | 3 | 3 | 4 | 2 | 3 |
| 24 | 24 | 25 | 25 | 26 | 27 | 27 | 28 | 28 | 29 | 28 | 29 2 | 30 1 | 30 | 31 | **10**九 | **9**八 | 2 | 3 | 3 | 4 | 4 | 5 | 3 | 4 |
| 25 | 25 | 26 | 26 | 27 | 28 | 28 | 29 | 29 | 30 | 29 | 30 | 31 | **12** 12 | **11** 11 | 2 | 2 | 3七 | 4六 | 4五 | 5 | 5 | 6 | 4 | 5 |
| 26 | 26 | 27 | 27 | 28 | 29 | 29 | 30 | 30 | 31 | **3** | 31 | **1** | 2 | 2 | 3 10 | 3 9 | 4 | 5 | 5 | 6四 | 6三 | 7 | 5 | 6 |
| 27 | 27 | 28 | 28 | 29 | 30 | 30 | 31 | **5** | **4** | 2 | **2** | 2 | 3 | 3 | 4 | 4 | 5 8 | 6 7 | 6 | 7 | 7 | 8二 | 6正 | 7 |
| 28 | 28 | 29 | 29 | 30 | 31 | **7** | **6** | 2 | 2 | 3 | 2 | 3 | 4 | 4 | 5 | 5 | 6 | 7 | 7 6 | 8 5 | 8 | 9 | 7 | 8十二 |
| 29 | 29 | 30 | 30 | 31 | **8** | 2 | 2 | 3 | 3 | 4 | 3 | 4 | 5 | 5 | 6 | 6 | 7 | 8 | 8 | 9 | 9 4 | 10 3 | 8 | 9 |
| 30 | 30 | 31 | **10** | **9** | 2 | 3 | 3 | **4** | 4 | 5 | 4 | 5 | 6 | 6 | 7 | 7 | 8 | 9 | 9 | 10 | 10 | 11 | 9 2 | 10 1 |
| 31 | **12** | **11** | 2 | 2 | 3 | 4 | 4 | 5 | 5 | 6 | 5 | 6 | 7 | 7 | 8 | 8 | 9 | 10 | 10 | 11 | 11 | 12 | 10 | 11 |
| 日 | 2 | 2 | 3 | 3 | 4 | 5 | 5 | 6 | 6 | 7 | 6 | 7 | 8 | 8 | 9 | 9 | 10 | 11 | 11 | 12 | 12 | 13 | 11 | 12 |
| 曜 | 3 | 3 | 4 | 4 | 5 | 6 | 6 | 7 | 7 | 8 | 7 | 8 | 9 | 9 | 10 | 10 | 11 | 12 | 12 | 13 | 13 | 14 | 12 | 13 |
| 表 | 4 | 4 | 5 | 5 | 6 | 7 | 7 | 8 | 8 | 9 | 8 | 9 | 10 | 10 | 11 | 11 | 12 | 13 | 13 | 14 | 14 | 15 | 13 | 14 |
| 6 | 5 | 5 | 6 | 6 | 7 | 8 | 8 | 9 | 9 | 10 | 9 | 10 | 11 | 11 | 12 | 12 | 13 | 14 | 14 | 15 | 15 | 16 | 14 | 15 |
| 甲 | 6 | 6 | 7 | 7 | 8 | 9 | 9 | 10 | 10 | 11 | 10 | 11 | 12 | 12 | 13 | 13 | 14 | 15 | 15 | 16 | 16 | 17 | 15 | 16 |
| 子 | 7 | 7 | 8 | 8 | 9 | 10 | 10 | 11 | 11 | 12 | 11 | 12 | 13 | 13 | 14 | 14 | 15 | 16 | 16 | 17 | 17 | 18 | 16 | 17 |
| 表 | 8 | 8 | 9 | 9 | 10 | 11 | 11 | 12 | 12 | 13 | 12 | 13 | 14冬 | 14 | 15 | 15 | 16 | 17 | 17 | 18 | 18 | 19 | 17 | 18 |
| 11 | 9 | 9 | 10 | 10 | 11 | 12 | 12 | 13 | 13 | 14 | 13 | 14 | 15 | 15 | 16 | 16 | 17 | 18 | 18 | 19 | 19 | 20 | 18 | 19 |
| | 10 | 10 | 11 | 11 | 12 | 13 | 13 | 14 | 14 | 15 | 14 | 15 | 16 | 16 | 17 | 17 | 18 | 19 | 19 | 20 | 20 | 21 | 19 | 20 |

一三二六　丙寅　泰定三　727

一三二五　乙丑　泰定二　726

| | | | | | | | | | | | | | | | | | | | | | | | |
|---|---|---|---|---|---|---|---|---|---|---|---|---|---|---|---|---|---|---|---|---|---|---|---|
| 22 | 23 | 23 | 24 | 25 | 25 | 26 | 26 | 27 | 25 | 26 | 27 | 27 | 28 | 28 | 29 | 30 | 30 | 31 | **5** | **4** | 2 | 31 | **1** |
| 23 | 24 | 24 | 25 | 26 | 26 | 27 | 27 | 28 | 26 | 27 | 28 | 28 | 29 | 29 | 30 | 31 | **7** | **6** | 2 | 2 | 3 | **2** | 2 |
| 24 | 25 | 25 | 26 | 27 | 27 | 28 | 28 | 29 | 27 | 28 | 29 | 29 | 30 | 30 | 31 | **8** | 2 | 2 | 3 | 3 | 4 | 2 | 3 |
| 25 | 十一 26 | 十 26 | 27 | 28 | 28 | 29 | 29 | 30 | 28 | 29 | 30 | 30 | 31 | **10** | **9** | 2 | 3 | 3 | 4 | 4 | 5 | 3 | 4 |
| 26 | 27 | 27 | 九 28 | 八 29 | 29 | 30 | 30 | 31 | **3** | 30 | 31 | **12** | **11** | 2 | 2 | 3 | 4 | 4 | 5 | 5 | 6 | 4 | 5 |
| 27 | 1 28 | 28 | 29 | 30 | 七 30 | 六 31 | **5** | **4** | 2 | 31 | **1** | 2 | 2 | 3 | 3 | 4 | 5 | 5 | 6 | 6 | 7 | 5 | 6 |
| 28 | 29 | 12 29 | 11 30 | 31 | **7** | **6** | 五 2 | 2 | 3 | **2** | 2 | 3 | 3 | 4 | 4 | 5 | 6 | 6 | 7 | 7 | 8 | 6 | 7 |
| 29 | 30 | 30 | 31 | 10 **8** | 9 2 | 2 | 3 | 四 3 | 三 4 | 2 | 3 | 4 | 4 | 5 | 5 | 6 | 7 | 7 | 8 | 8 | 9 | 7 | 8 |
| 30 | 31 | **10** | **9** | 2 | 3 | 8 3 | 7 4 | 4 | 5 | 二 3 | 正 4 | 5 | 5 | 6 | 6 | 7 | 8 | 8 | 9 | 9 | 10 | 8 | 9 |
| **12** | **11** | 2 | 2 | 3 | 4 | 4 | 5 | 6 5 | 5 6 | 4 | 5 | 十二 6 | 十一 6 | 7 | 7 | 8 | 9 | 9 | 10 | 10 | 11 | 9 | 10 |
| 2 | 2 | 3 | 3 | 4 | 5 | 5 | 6 | 6 | 7 | 4 5 | 3 6 | 7 | 7 | 十 8 | 九 8 | 八 9 | 七 10 | 10 | 11 | 11 | 12 | 10 | 11 |
| 3 | 3 | 4 | 4 | 5 | 6 | 6 | 7 | 7 | 8 | 6 | 7 | 2 8 | 1 8 | 12 9 | 11 9 | 10 | 11 | 六 11 | 五 12 | 12 | 13 | 11 | 12 |
| 4 | 4 | 5 | 5 | 6 | 7 | 7 | 8 | 8 | 9 | 7 | 8 | 9 | 9 | 10 | 10 | 10 11 | 9 12 | 12 | 13 | 四 13 | 14 | 12 | 13 |
| 5 | 5 | 6 | 6 | 7 | 8 | 8 | 9 | 9 | 10 | 8 | 9 | 10 | 10 | 11 | 11 | 12 | 13 | 8 13 | 7 14 | 14 | 三 15 | 二 13 | 14 |
| 6 | 6 | 7 | 7 | 8 | 9 | 9 | 10 | 10 | 11 | 9 | 10 | 11 | 11 | 12 | 12 | 13 | 14 | 14 | 15 | 6 15 | 5 16 | 14 | 閏 15 正 |
| 7 | 7 | 8 | 8 | 9 | 10 | 10 | 11 | 11 | 12 | 10 | 11 | 12 | 12 | 13 | 13 | 14 | 15 | 15 | 16 | 16 | 17 | 4 15 | 3 16 |
| 8 | 8 | 9 | 9 | 10 | 11 | 11 | 12 | 12 | 13 | 11 | 12 | 13 | 冬 13 | 14 | 14 | 15 | 16 | 16 | 17 | 17 | 18 | 16 | 17 2 |
| 9 | 9 | 10 | 10 | 11 | 12 | 12 | 13 | 13 | 14 | 12 | 13 | 14 | 14 | 15 | 15 | 16 | 17 | 17 | 18 | 18 | 19 | 17 | 18 |
| 10 | 10 | 11 | 11 | 12 | 13 | 13 | 14 | 14 | 15 | 13 | 14 | 15 | 15 | 16 | 16 | 17 | 18 | 18 | 19 | 19 | 20 | 18 | 19 |
| 11 | 11 | 12 | 12 | 13 | 14 | 14 | 15 | 15 | 16 | 14 | 15 | 16 | 16 | 17 | 17 | 18 | 19 | 19 | 20 | 20 | 21 | 19 | 20 |
| 12 | 12 | 13 | 13 | 14 | 15 | 15 | 16 | 16 | 17 | 15 | 16 | 17 | 17 | 18 | 18 | 19 | 20 | 20 | 21 | 21 | 22 | 20 | 21 |
| 13 | 13 | 14 | 14 | 15 | 16 | 16 | 17 | 17 | 18 | 16 | 17 | 18 | 18 | 19 | 19 | 20 | 21 | 21 | 22 | 22 | 23 | 21 | 22 |
| 14 | 冬 14 | 15 | 15 | 16 | 17 | 17 | 18 | 18 | 19 | 17 | 18 | 19 | 19 | 20 | 20 | 21 | 22 | 22 | 23 | 23 | 24 | 22 | 23 |
| 15 | 15 | 16 | 16 | 17 | 18 | 18 | 19 | 19 | 20 | 18 | 19 | 20 | 20 | 21 | 21 | 22 | 23 | 23 | 24 | 24 | 25 | 23 | 24 |
| 16 | 16 | 17 | 17 | 18 | 19 | 19 | 20 | 20 | 21 | 19 | 20 | 21 | 21 | 22 | 22 | 23 | 24 | 24 | 25 | 25 | 26 | 24 | 25 |
| 17 | 17 | 18 | 18 | 19 | 20 | 20 | 21 | 21 | 22 | 20 | 21 | 22 | 22 | 23 | 23 | 24 | 25 | 25 | 26 | 26 | 27 | 25 | 26 |
| 18 | 18 | 19 | 19 | 20 | 21 | 21 | 22 | 22 | 23 | 21 | 22 | 23 | 23 | 24 | 24 | 25 | 26 | 26 | 27 | 27 | 28 | 26 | 27 |
| 19 | 19 | 20 | 20 | 21 | 22 | 22 | 23 | 23 | 24 | 22 | 23 | 24 | 24 | 25 | 25 | 26 | 27 | 27 | 28 | 28 | 29 | 27 | 28 |
| 20 | 20 | 21 | 21 | 22 | 23 | 23 | 24 | 24 | 25 | 23 | 24 | 25 | 25 | 26 | 26 | 27 | 28 | 28 | 29 | 29 | 30 | 28 | 29 |
| 21 | 21 | 22 | 22 | 23 | 24 | 24 | 25 | 25 | 26 | 24 | 25 | 26 | 26 | 27 | 27 | 28 | 29 | 29 | 30 | 30 | 31 | **3** | 30 |

一三二八 戊辰 致和元（二月改） 天順元（太子阿速吉八 九月改） 天曆元（文宗 九月改）

729

一三二七 丁卯 泰定四

728

| | | | | | | | | | | | | | | | | | | | | | | | | |
|---|---|---|---|---|---|---|---|---|---|---|---|---|---|---|---|---|---|---|---|---|---|---|---|---|
| 11 | 11 | 12 | 12 | 13 | 14 | 14 | 15 | 15 | 16 | 15 | 16 | 17 2 | 17 1 | 18 12 | 18 11 | 19 | 20 | 20 六 | 21 | 21 | 22 | 20 | 21 | 22 |
| 12 | 12 | 13 | 13 | 14 | 15 | 15 | 16 | 16 | 17 | 16 | 17 | 18 | 18 | 19 | 19 | 20 10 | 21 9 | 21 | 22 五 | 22 四 | 23 | 21 | 22 | 23 |
| 13 冬 | 13 | 14 | 14 | 15 | 16 | 16 | 17 | 17 | 18 | 17 | 18 | 19 | 19 | 20 | 20 | 21 | 22 | 22 8 | 23 7 | 23 | 24 三 | 22 二 | 23 | 24 |
| 14 | 14 | 15 | 15 | 16 | 17 | 17 | 18 | 18 | 19 | 18 | 19 | 20 | 20 | 21 | 21 | 22 | 23 | 23 | 24 | 24 6 | 25 5 | 23 | 24 正 | 25 十二 |
| 15 | 15 | 16 | 16 | 17 | 18 | 18 | 19 | 19 | 20 | 19 | 20 | 21 | 21 | 22 | 22 | 23 | 24 | 24 | 25 | 25 | 26 | 24 4 | 25 3 | 26 |
| 16 | 16 | 17 | 17 | 18 | 19 | 19 | 20 | 20 | 21 | 20 | 21 | 22 | 22 | 23 | 23 | 24 | 25 | 25 | 26 | 26 | 27 | 25 | 26 | 27 2 |
| 17 | 17 | 18 | 18 | 19 | 20 | 20 | 21 | 21 | 22 | 21 | 22 | 23 | 23 | 24 | 24 | 25 | 26 | 26 | 27 | 27 | 28 | 26 | 27 | 28 |
| 18 | 18 | 19 | 19 | 20 | 21 | 21 | 22 | 22 | 23 | 22 | 23 | 24 | 24 | 25 | 25 | 26 | 27 | 27 | 28 | 28 | 29 | 27 | 28 | 29 |
| 19 | 19 | 20 | 20 | 21 | 22 | 22 | 23 | 23 | 24 | 23 | 24 | 25 | 25 | 26 | 26 | 27 | 28 | 28 | 29 | 29 | 30 | 28 | 29 | 30 |
| 20 | 20 | 21 | 21 | 22 | 23 | 23 | 24 | 24 | 25 | 24 | 25 | 26 | 26 | 27 | 27 | 28 | 29 | 29 | 30 | 30 | 31 | **3** | 30 | 31 |
| 21 | 21 | 22 | 22 | 23 | 24 | 24 | 25 | 25 | 26 | 25 | 26 | 27 | 27 | 28 | 28 | 29 | 30 | 30 | 31 | **5** | **4** | 2 | 31 | **1** |
| 22 | 22 | 23 | 23 | 24 | 25 | 25 | 26 | 26 | 27 | 26 | 27 | 28 | 28 | 29 | 29 | 30 | 31 | **7** | **6** | 2 | 2 | 3 | **2** | 2 |
| 23 | 23 | 24 | 24 | 25 | 26 | 26 | 27 | 27 | 28 | 27 | 28 | 29 | 29 | 30 | 30 | 31 | **8** | 2 | 2 | 3 | 3 | 4 | 2 | 3 |
| 24 | 24 | 25 | 25 | 26 | 27 | 27 | 28 | 28 | 29 | 28 | 29 | 30 | 30 | 31 | **10** | **9** | 2 | 3 | 3 | 4 | 4 | 5 | 3 | 4 |
| 25 | 25 | 26 | 26 | 27 | 28 | 28 | 29 | 29 | 30 | 29 | 30 | 31 | **12** | **11** | 2 | 2 | 3 | 4 | 4 | 5 | 5 | 6 | 4 | 5 |
| 26 | 26 | 27 | 27 | 28 | 29 | 29 | 30 | 30 | 31 | **3** | 31 | **1** | 2 | 2 | 3 | 3 | 4 | 5 | 5 | 6 | 6 | 7 | 5 | 6 |
| 27 | 27 | 28 | 28 | 29 | 30 | 30 | 31 | **5** | **4** | 2 | **2** | 2 | 3 | 3 | 4 | 4 | 5 | 6 | 6 | 7 | 7 | 8 | 6 | 7 |
| 28 | 28 | 29 | 29 | 30 | 31 | **7** | **6** | 2 | 2 | 3 | 2 | 3 | 4 | 4 | 5 | 5 | 6 | 7 | 7 | 8 | 8 | 9 | 7 | 8 |
| 29 | 29 | 30 | 30 | 31 | **8** | 2 | 2 | 3 | 3 | 4 | 3 | 4 | 5 | 5 | 6 | 6 | 7 | 8 | 8 | 9 | 9 | 10 | 8 | 9 |
| 30 | 30 | 31 | **10** | **9** | 2 | 3 | 3 | **4** | **4** | 5 | 4 | 5 | 6 | 6 | 7 | 7 | 8 | 9 | 9 | 10 | 10 | 11 | 9 | 10 |
| 31 | **12** | **11** | 2 | 2 | 3 | 4 | 4 | 5 | 5 | 6 | 5 | 6 | 7 | 7 | 8 | 8 | 9 | 10 | 10 | 11 | 11 | 12 | 10 | 11 |
| 日 | 2 十一 | 2 十 | 3 | 3 | 4 | 5 | 5 | 6 | 6 | 7 | 6 | 7 | 8 | 8 | 9 | 9 | 10 | 11 | 11 | 12 | 12 | 13 | 11 | 12 |
| 曜 | 3 | 3 | 4 九 | 4 | 5 | 6 | 6 | 7 | 7 | 8 | 7 | 8 | 9 | 9 | 10 | 10 | 11 | 12 | 12 | 13 | 13 | 14 | 12 | 13 |
| 表 | 4 | 4 | 5 | 5 八 | 6 七 | 7 | 7 | 8 | 8 | 9 | 8 | 9 | 10 | 10 | 11 | 11 | 12 | 13 | 13 | 14 | 14 | 15 | 13 | 14 |
| 7 | 5 2 | 5 1 | 6 | 6 | 7 | 8 六 | 8 | 9 | 9 | 10 | 9 | 10 | 11 | 11 | 12 | 12 | 13 | 14 | 14 | 15 | 15 | 16 | 14 | 15 |
| 甲 | 6 | 6 | 7 12 | 7 11 | 8 | 9 | 9 五 | 10 四 | 10 | 11 | 10 | 11 | 12 | 12 | 13 | 13 | 14 | 15 | 15 | 16 | 16 | 17 | 15 | 16 |
| 子 | 7 | 7 | 8 | 8 | 9 10 | 10 9 | 10 | 11 | 11 三 | 12 二 | 11 | 12 | 13 | 13 | 14 | 14 | 15 | 16 | 16 | 17 | 17 | 18 | 16 | 17 |
| 表 | 8 | 8 | 9 | 9 | 10 | 11 | 11 8 | 12 7 | 12 | 13 | 12 正 | 13 十二 | 14 十一 | 14 十 | 15 | 15 | 16 | 17 | 17 | 18 | 18 | 19 | 17 | 18 |
| 12 | 9 | 9 | 10 | 10 | 11 | 12 | 12 | 13 | 13 6 | 14 5 | 13 | 14 | 15 | 15 | 16 閏 | 16 九 | 17 | 18 | 18 | 19 | 19 | 20 | 18 | 19 |
| | 10 | 10 | 11 | 11 | 12 | 13 | 13 | 14 | 14 | 15 | 14 4 | 15 3 | 16 | 16 | 17 | 17 | 18 八 | 19 七 | 19 | 20 | 20 | 21 | 19 | 20 |

一三三〇 庚午 天曆三 至順元五月改

一三二九 己巳 天曆二

| 731 | | | | | | | | | | | | 730 | | | | | | | | | | | |
|---|---|---|---|---|---|---|---|---|---|---|---|---|---|---|---|---|---|---|---|---|---|---|---|
| 22 | 23 | 23 | 24 | 25 | 25 | 26 | 26 | 27 | 25 | 26 | 27 | 27 | 28 | 28 | 29 | 30 | 30 | 31 | 8 5 | 7 4 | 2 | 31 | 正 1 十二 |
| 23 | 24 | 24 | 25 | 26 | 26 | 27 | 27 | 28 | 26 | 27 | 28 | 28 | 29 | 29 | 30 | 31 | 7 | 6 | 2 | 2 | 6 3 | 5 2 | 2 |
| 24 | 25 | 25 | 26 | 27 | 27 | 28 | 28 | 29 | 27 | 28 | 29 | 29 | 30 | 30 | 31 | 8 | 2 | 2 | 3 | 3 | 4 | 2 | 4 3 3 |
| 25 | 26 | 26 | 27 | 28 | 28 | 29 | 29 | 30 | 28 | 29 | 30 | 30 | 31 | 10 | 9 | 2 | 3 | 3 | 4 | 4 | 5 | 3 | 4 |
| 26 | 27 | 27 | 28 | 29 | 29 | 30 | 30 | 31 | 3 | 30 | 31 | 12 | 11 | 2 | 2 | 3 | 4 | 4 | 5 | 5 | 6 | 4 | 5 |
| 27 | 28 | 28 | 29 | 30 | 30 | 31 | 5 | 4 | 2 | 31 | 1 | 2 | 2 | 3 | 3 | 4 | 5 | 5 | 6 | 6 | 7 | 5 | 6 |
| 28 | 29 | 29 | 30 | 31 | 7 | 6 | 2 | 2 | 3 | 2 | 2 | 3 | 3 | 4 | 4 | 5 | 6 | 6 | 7 | 7 | 8 | 6 | 7 |
| 29 | 30 | 30 | 31 | 8 | 2 | 2 | 3 | 3 | 4 | 2 | 3 | 4 | 4 | 5 | 5 | 6 | 7 | 7 | 8 | 8 | 9 | 7 | 8 |
| 30 | 31 | 10 | 9 | 2 | 3 | 3 | 4 | 4 | 5 | 3 | 4 | 5 | 5 | 6 | 6 | 7 | 8 | 8 | 9 | 9 | 10 | 8 | 9 |
| 12 | 11 | 2 | 2 | 3 | 4 | 4 | 5 | 5 | 6 | 4 | 5 | 6 | 6 | 7 | 7 | 8 | 9 | 9 | 10 | 10 | 11 | 9 | 10 |
| 2 | 2 | 3 | 3 | 4 | 5 | 5 | 6 | 6 | 7 | 5 | 6 | 7 | 7 | 8 | 8 | 9 | 10 | 10 | 11 | 11 | 12 | 10 | 11 |
| 3 | 3 | 4 | 4 | 5 | 6 | 6 | 7 | 7 | 8 | 6 | 7 | 8 | 8 | 9 | 9 | 10 | 11 | 11 | 12 | 12 | 13 | 11 | 12 |
| 4 | 4 | 5 | 5 | 6 | 7 | 7 | 8 | 8 | 9 | 7 | 8 | 9 | 9 | 10 | 10 | 11 | 12 | 12 | 13 | 13 | 14 | 12 | 13 |
| 5 | 5 | 6 | 6 | 7 | 8 | 8 | 9 | 9 | 10 | 8 | 9 | 10 | 10 | 11 | 11 | 12 | 13 | 13 | 14 | 14 | 15 | 13 | 14 |
| 6 | 6 | 7 | 7 | 8 | 9 | 9 | 10 | 10 | 11 | 9 | 10 | 11 | 11 | 12 | 12 | 13 | 14 | 14 | 15 | 15 | 16 | 14 | 15 |
| 7 | 7 | 8 | 8 | 9 | 10 | 10 | 11 | 11 | 12 | 10 | 11 | 12 | 12 | 13 | 13 | 14 | 15 | 15 | 16 | 16 | 17 | 15 | 16 |
| 8 | 8 | 9 | 9 | 10 | 11 | 11 | 12 | 12 | 13 | 11 | 12 | 13 | 冬 13 | 14 | 14 | 15 | 16 | 16 | 17 | 17 | 18 | 16 | 17 |
| 9 | 9 | 10 | 10 | 11 | 12 | 12 | 13 | 13 | 14 | 12 | 13 | 14 | 14 | 15 | 15 | 16 | 17 | 17 | 18 | 18 | 19 | 17 | 18 |
| 10 | 十一 10 | 11 | 11 | 12 | 13 | 13 | 14 | 14 | 15 | 13 | 14 | 15 | 15 | 16 | 16 | 17 | 18 | 18 | 19 | 19 | 20 | 18 | 19 |
| 11 | 11 | 十 12 | 12 | 13 | 14 | 14 | 15 | 15 | 16 | 14 | 15 | 16 | 16 | 17 | 17 | 18 | 19 | 19 | 20 | 20 | 21 | 19 | 20 |
| 12 | 12 | 13 | 九 13 | 八 14 | 15 | 15 | 16 | 16 | 17 | 15 | 16 | 17 | 17 | 18 | 18 | 19 | 20 | 20 | 21 | 21 | 22 | 20 | 21 |
| 13 | 3 13 | 14 | 14 | 15 | 閏 16 | 七 16 | 17 | 17 | 18 | 16 | 17 | 18 | 18 | 19 | 19 | 20 | 21 | 21 | 22 | 22 | 23 | 21 | 22 |
| 14 | 冬 14 | 2 15 | 1 15 | 12 16 | 11 17 | 17 | 六 18 | 五 18 | 19 | 17 | 18 | 19 | 19 | 20 | 20 | 21 | 22 | 22 | 23 | 23 | 24 | 22 | 23 |
| 15 | 15 | 16 | 16 | 17 | 18 | 10 18 | 9 19 | 19 | 四 20 | 三 18 | 二 19 | 20 | 20 | 21 | 21 | 22 | 23 | 23 | 24 | 24 | 25 | 23 | 24 |
| 16 | 16 | 17 | 17 | 18 | 19 | 19 | 20 | 8 20 | 7 21 | 19 | 20 | 正 21 | 十二 21 | 十一 22 | 22 | 23 | 24 | 24 | 25 | 25 | 26 | 24 | 25 |
| 17 | 17 | 18 | 18 | 19 | 20 | 20 | 21 | 21 | 22 | 6 20 | 5 21 | 22 | 22 | 23 | 十 23 | 24 | 25 | 25 | 26 | 26 | 27 | 25 | 26 |
| 18 | 18 | 19 | 19 | 20 | 21 | 21 | 22 | 22 | 23 | 21 | 22 | 4 23 | 3 23 | 24 | 24 | 九 25 | 八 26 | 26 | 27 | 27 | 28 | 26 | 27 |
| 19 | 19 | 20 | 20 | 21 | 22 | 22 | 23 | 23 | 24 | 22 | 23 | 24 | 24 | 2 25 | 1 25 | 26 | 27 | 七 27 | 28 | 28 | 29 | 27 | 28 |
| 20 | 20 | 21 | 21 | 22 | 23 | 23 | 24 | 24 | 25 | 23 | 24 | 25 | 25 | 26 | 26 | 12 27 | 11 28 | 28 | 六 29 | 五 29 | 30 | 28 | 29 |
| 21 | 21 | 22 | 22 | 23 | 24 | 24 | 25 | 25 | 26 | 24 | 25 | 26 | 26 | 27 | 27 | 28 | 29 | 10 29 | 9 30 | 30 | 四 31 | 三 3 | 二 30 |

一三三一 辛未 至順二

一三三二 壬申 至順三

733　　　　　　　　732

| | | | | | | | | | | | | | | | | | | | | | | | | |
|---|---|---|---|---|---|---|---|---|---|---|---|---|---|---|---|---|---|---|---|---|---|---|---|---|
| 11 | 11 | 12 | 12 | 13 | 14 | 14 | 15 | 15 | 16 | 15 | 16 | 17 | 17 | 18 | 18 | 19 | 20 | 20 | 21 | 21 | 22 | 20 | 21 | 22 |
| 12 | 12 | 13 | 13 | 14 | 15 | 15 | 16 | 16 | 17 | 16 | 17 | 18 | 18 | 19 | 19 | 20 | 21 | 21 | 22 | 22 | 23 | 21 | 22 | 23 |
| 13 | 冬13 | 14 | 14 | 15 | 16 | 16 | 17 | 17 | 18 | 17 | 18 | 19 | 19 | 20 | 20 | 21 | 22 | 22 | 23 | 23 | 24 | 22 | 23 | 24 |
| 14 | 14 | 15 | 15 | 16 | 17 | 17 | 18 | 18 | 19 | 18 | 19 | 20 | 20 | 21 | 21 | 22 | 23 | 23 | 24 | 24 | 25 | 23 | 24 | 25 |
| 15 | 15 | 16 | 16 | 17 | 18 | 18 | 19 | 19 | 20 | 19 | 20 | 21 | 21 | 22 | 22 | 23 | 24 | 24 | 25 | 25 | 26 | 24 | 25 | 26 |
| 16 | 16 | 17 | 17 | 18 | 19 | 19 | 20 | 20 | 21 | 20 | 21 | 22 | 22 | 23 | 23 | 24 | 25 | 25 | 26 | 26 | 27 | 25 | 26 | 27 |
| 17 | 17 | 18 | 18 | 19 | 20 | 20 | 21 | 21 | 22 | 21 | 22 | 23 | 23 | 24 | 24 | 25 | 26 | 26 | 27 | 27 | 28 | 26 | 27 | 28 |
| 18 | 十二18 | 19 | 19 | 20 | 21 | 21 | 22 | 22 | 23 | 22 | 23 | 24 | 24 | 25 | 25 | 26 | 27 | 27 | 28 | 28 | 29 | 27 | 28 | 29 |
| 19 | 19 | 十一20 | 十20 | 21 | 22 | 22 | 23 | 23 | 24 | 23 | 24 | 25 | 25 | 26 | 26 | 27 | 28 | 28 | 29 | 29 | 30 | 28 | 29 | 30 |
| 20 | 4 20 | 3 21 | 21 | 九22 | 八23 | 七23 | 24 | 24 | 25 | 24 | 25 | 26 | 26 | 27 | 27 | 28 | 29 | 29 | 30 | 30 | 31 | **3** | 30 | 31 |
| 21 | 21 | 22 | 2 22 | 1 23 | 24 | 24 | 六25 | 五25 | 26 | 25 | 26 | 27 | 27 | 28 | 28 | 29 | 30 | 30 | 31 | **5** | **4** | 2 | 31 | **1** |
| 22 | 22 | 23 | 23 | 24 | 12 25 | 11 25 | 26 | 26 | 四27 | 三26 | 27 | 28 | 28 | 29 | 29 | 30 | 31 | **7** | **6** | 2 | 2 | 3 | **2** | 2 |
| 23 | 23 | 24 | 24 | 25 | 26 | 26 | 10 27 | 9 27 | 28 | 27 | 二28 | 正29 | 29 | 30 | 30 | 31 | **8** | 2 | 2 | 3 | 3 | 4 | 2 | 3 |
| 24 | 24 | 25 | 25 | 26 | 27 | 27 | 28 | 28 | 8 29 | 7 28 | 29 | 30 | 十二30 | 十一31 | **10** | **9** | 2 | 3 | 3 | 4 | 4 | 5 | 3 | 4 |
| 25 | 25 | 26 | 26 | 27 | 28 | 28 | 29 | 29 | 30 | 29 | 6 30 | 5 31 | **12** | **11** | 十2 | 九2 | 3 | 4 | 4 | 5 | 5 | 6 | 4 | 5 |
| 26 | 26 | 27 | 27 | 28 | 29 | 29 | 30 | 30 | 31 | **3** | 31 | **1** | 4 2 | 3 2 | 3 | 3 | 八4 | 七5 | 5 | 6 | 6 | 7 | 5 | 6 |
| 27 | 27 | 28 | 28 | 29 | 30 | 30 | 31 | **5** | **4** | 2 | **2** | 2 | 3 | 3 | 2 4 | 1 4 | 5 | 6 | 六6 | 五7 | 7 | 8 | 6 | 7 |
| 28 | 28 | 29 | 29 | 30 | 31 | **7** | **6** | 2 | 2 | 3 | 2 | 3 | 4 | 4 | 5 | 5 | 12 6 | 11 7 | 7 | 8 | 四8 | 三9 | 二7 | 8 |
| 29 | 29 | 30 | 30 | 31 | **8** | 2 | 2 | 3 | 3 | 4 | 3 | 4 | 5 | 5 | 6 | 6 | 7 | 8 | 10 8 | 9 9 | 9 | 10 | 8 | 正9 十二 |
| 30 | 30 | 31 | **10** | **9** | 2 | 3 | 3 | **4** | 4 | 5 | 4 | 5 | 6 | 6 | 7 | 7 | 8 | 9 | 9 | 10 | 8 10 | 7 11 | 9 | 10 |
| 31 | **12** | **11** | 2 | 2 | 3 | 4 | 4 | 5 | 5 | 6 | 5 | 6 | 7 | 7 | 8 | 8 | 9 | 10 | 10 | 11 | 11 | 12 | 6 10 | 5 11 |
| 日 | 2 | 2 | 3 | 3 | 4 | 5 | 5 | 6 | 6 | 7 | 6 | 7 | 8 | 8 | 9 | 9 | 10 | 11 | 11 | 12 | 12 | 13 | 11 | 12 4 |
| 曜 | 3 | 3 | 4 | 4 | 5 | 6 | 6 | 7 | 7 | 8 | 7 | 8 | 9 | 9 | 10 | 10 | 11 | 12 | 12 | 13 | 13 | 14 | 12 | 13 |
| 表 | 4 | 4 | 5 | 5 | 6 | 7 | 7 | 8 | 8 | 9 | 8 | 9 | 10 | 10 | 11 | 11 | 12 | 13 | 13 | 14 | 14 | 15 | 13 | 14 |
| 1 | 5 | 5 | 6 | 6 | 7 | 8 | 8 | 9 | 9 | 10 | 9 | 10 | 11 | 11 | 12 | 12 | 13 | 14 | 14 | 15 | 15 | 16 | 14 | 15 |
| 甲 | 6 | 6 | 7 | 7 | 8 | 9 | 9 | 10 | 10 | 11 | 10 | 11 | 12 | 12 | 13 | 13 | 14 | 15 | 15 | 16 | 16 | 17 | 15 | 16 |
| 子 | 7 | 7 | 8 | 8 | 9 | 10 | 10 | 11 | 11 | 12 | 11 | 12 | 13 | 13 | 14 | 14 | 15 | 16 | 16 | 17 | 17 | 18 | 16 | 17 |
| 表 | 8 | 8 | 9 | 9 | 10 | 11 | 11 | 12 | 12 | 13 | 12 | 13 | 14 | 冬14 | 15 | 15 | 16 | 17 | 17 | 18 | 18 | 19 | 17 | 18 |
| 13 | 9 | 9 | 10 | 10 | 11 | 12 | 12 | 13 | 13 | 14 | 13 | 14 | 15 | 15 | 16 | 16 | 17 | 18 | 18 | 19 | 19 | 20 | 18 | 19 |
| | 10 | 10 | 11 | 11 | 12 | 13 | 13 | 14 | 14 | 15 | 14 | 15 | 16 | 16 | 17 | 17 | 18 | 19 | 19 | 20 | 20 | 21 | 19 | 20 |

一三三四 甲戌 元統二

735

一三三三 癸酉 至順四 元統元 十月 順帝

734

| | | | | | | | | | | | | | | | | | | | | | | | |
|---|---|---|---|---|---|---|---|---|---|---|---|---|---|---|---|---|---|---|---|---|---|---|---|
| 22 | 23 | 23 | 24 | 25 | 25 | 26 | 26 | 27 | 25 | 26 | 27 | 27 | 28 | 28 | 29 | 30 | 30 | 31 | **5** | **4** | 2 | 31 | **1** |
| 23 | 24 | 24 | 25 | 26 | 26 | 27 | 27 | 28 | 26 | 27 | 28 | 28 | 29 | 29 | 30 | 31 | **7** | **6** | 2 | 2 | 3 | **2** | 2 |
| 24 | 25 | 25 | 26 | 27 | 27 | 28 | 28 | 29 | 27 | 28 | 29 | 29 | 30 | 30 | 31 | **8** | 2 | 2 | 3 | 3 | 4 | 2 | 3 |
| 25 | 26 | 26 | 27 | 28 | 28 | 29 | 29 | 30 | 28 | 29 | 30 | 30 | 31 | **10** | **9** | 2 | 3 | 3 | 4 | 4 | 5 | 3 | 4 |
| 26 | 27 | 27 | 28 | 29 | 29 | 30 | 30 | 31 | **3** | 30 | 31 | **12** | **11** | 2 | 2 | 3 | 4 | 4 | 5 | 5 | 6 | 4 | 5 |
| 27十一 | 28十 | 28 | 29 | 30 | 30 | 31 | **5** | **4** | 2 | 31 | **1** | 2 | 2 | 3 | 3 | 4 | 5 | 5 | 6 | 6 | 7 | 5 | 6 |
| 28 | 29 | 29九 | 30八 | 31七 | **7** | **6** | 2 | 2 | 3 | **2** | 2 | 3 | 3 | 4 | 4 | 5 | 6 | 6 | 7 | 7 | 8 | 6 | 7 |
| 29 **4** | 30 **3** | 30 | 31 | **8** | 2六 | 2五 | 3 | 3 | 4 | 2 | 3 | 4 | 4 | 5 | 5 | 6 | 7 | 7 | 8 | 8 | 9 | 7 | 8 |
| 30 | 31 | **10** **2** | **9** **1** | 2 | 3 | 3 | 4四 | 4 | 5 | 3 | 4 | 5 | 5 | 6 | 6 | 7 | 8 | 8 | 9 | 9 | 10 | 8 | 9 |
| **12** | **11** | 2 | 2 | 3 **12** | 4 **11** | 4 | 5 | 5三 | 6二 | 4 | 5 | 6 | 6 | 7 | 7 | 8 | 9 | 9 | 10 | 10 | 11 | 9 | 10 |
| 2 | 2 | 3 | 3 | 4 | 5 | 5 **10** | 6 **9** | 6 | 7 | 5正 | 6十二 | 7 | 7 | 8 | 8 | 9 | 10 | 10 | 11 | 11 | 12 | 10 | 11 |
| 3 | 3 | 4 | 4 | 5 | 6 | 6 | 7 | 7 **8** | 8 **7** | 6 | 7 | 8十一 | 8十 | 9 | 9 | 10 | 11 | 11 | 12 | 12 | 13 | 11 | 12 |
| 4 | 4 | 5 | 5 | 6 | 7 | 7 | 8 | 8 | 9 | 7 **6** | 8 **5** | 9 | 9 | 10九 | 10八 | 11七 | 12六 | 12 | 13 | 13 | 14 | 12 | 13 |
| 5 | 5 | 6 | 6 | 7 | 8 | 8 | 9 | 9 | 10 | 8 | 9 | 10 **4** | 10 **3** | 11 | 11 | 12 | 13 | 13五 | 14四 | 14 | 15 | 13 | 14 |
| 6 | 6 | 7 | 7 | 8 | 9 | 9 | 10 | 10 | 11 | 9 | 10 | 11 | 11 | 12 **2** | 12 **1** | 13 **12** | 14 **11** | 14 | 15 | 15閏 | 16 | 14 | 15 |
| 7 | 7 | 8 | 8 | 9 | 10 | 10 | 11 | 11 | 12 | 10 | 11 | 12 | 12 | 13 | 13 | 14 | 15 | 15 **10** | 16 **9** | 16 | 17三 | 15二 | 16 |
| 8 | 8 | 9 | 9 | 10 | 11 | 11 | 12 | 12 | 13 | 11 | 12 | 13冬 | 13 | 14 | 14 | 15 | 16 | 16 | 17 | 17 **8** | 18 **7** | 16 | 17正 |
| 9 | 9 | 10 | 10 | 11 | 12 | 12 | 13 | 13 | 14 | 12 | 13 | 14 | 14 | 15 | 15 | 16 | 17 | 17 | 18 | 18 | 19 | 17 **6** | 18 **5** |
| 10 | 10 | 11 | 11 | 12 | 13 | 13 | 14 | 14 | 15 | 13 | 14 | 15 | 15 | 16 | 16 | 17 | 18 | 18 | 19 | 19 | 20 | 18 | 19 |
| 11 | 11 | 12 | 12 | 13 | 14 | 14 | 15 | 15 | 16 | 14 | 15 | 16 | 16 | 17 | 17 | 18 | 19 | 19 | 20 | 20 | 21 | 19 | 20 |
| 12 | 12 | 13 | 13 | 14 | 15 | 15 | 16 | 16 | 17 | 15 | 16 | 17 | 17 | 18 | 18 | 19 | 20 | 20 | 21 | 21 | 22 | 20 | 21 |
| 13 | 13 | 14 | 14 | 15 | 16 | 16 | 17 | 17 | 18 | 16 | 17 | 18 | 18 | 19 | 19 | 20 | 21 | 21 | 22 | 22 | 23 | 21 | 22 |
| 14冬 | 14 | 15 | 15 | 16 | 17 | 17 | 18 | 18 | 19 | 17 | 18 | 19 | 19 | 20 | 20 | 21 | 22 | 22 | 23 | 23 | 24 | 22 | 23 |
| 15 | 15 | 16 | 16 | 17 | 18 | 18 | 19 | 19 | 20 | 18 | 19 | 20 | 20 | 21 | 21 | 22 | 23 | 23 | 24 | 24 | 25 | 23 | 24 |
| 16 | 16 | 17 | 17 | 18 | 19 | 19 | 20 | 20 | 21 | 19 | 20 | 21 | 21 | 22 | 22 | 23 | 24 | 24 | 25 | 25 | 26 | 24 | 25 |
| 17 | 17 | 18 | 18 | 19 | 20 | 20 | 21 | 21 | 22 | 20 | 21 | 22 | 22 | 23 | 23 | 24 | 25 | 25 | 26 | 26 | 27 | 25 | 26 |
| 18 | 18 | 19 | 19 | 20 | 21 | 21 | 22 | 22 | 23 | 21 | 22 | 23 | 23 | 24 | 24 | 25 | 26 | 26 | 27 | 27 | 28 | 26 | 27 |
| 19 | 19 | 20 | 20 | 21 | 22 | 22 | 23 | 23 | 24 | 22 | 23 | 24 | 24 | 25 | 25 | 26 | 27 | 27 | 28 | 28 | 29 | 27 | 28 |
| 20 | 20 | 21 | 21 | 22 | 23 | 23 | 24 | 24 | 25 | 23 | 24 | 25 | 25 | 26 | 26 | 27 | 28 | 28 | 29 | 29 | 30 | 28 | 29 |
| 21 | 21 | 22 | 22 | 23 | 24 | 24 | 25 | 25 | 26 | 24 | 25 | 26 | 26 | 27 | 27 | 28 | 29 | 29 | 30 | 30 | 31 | **3** | 30 |

一三三六 丙子 至元二

737

一三三五 乙亥 元統三 至元元 十一月改

736

| | | | | | | | | | | | | | | | | | | | | | | | | |
|---|---|---|---|---|---|---|---|---|---|---|---|---|---|---|---|---|---|---|---|---|---|---|---|---|
| 11 | 11 | 12 | 12 | 13 | 14 | 14 | 15 | 15 | 16 | 15 | 16 6 | 17 5 | 17 | 18 | 18 九 | 19 | 20 | 20 | 21 | 21 | 22 | 20 | 21 | 22 |
| 12 | 12 | 13 | 13 | 14 | 15 | 15 | 16 | 16 | 17 | 16 | 17 | 18 | 18 4 | 19 3 | 19 | 20 八 | 21 七 | 21 六 | 22 | 22 | 23 | 21 | 22 | 23 |
| 13 冬 | 13 | 14 | 14 | 15 | 16 | 16 | 17 | 17 | 18 | 17 | 18 | 19 | 19 | 20 | 20 2 | 21 1 | 22 | 22 | 23 五 | 23 | 24 | 22 | 23 | 24 |
| 14 | 14 | 15 | 15 | 16 | 17 | 17 | 18 | 18 | 19 | 18 | 19 | 20 | 20 | 21 | 21 | 22 | 23 12 | 23 11 | 24 | 24 四 | 25 三 | 23 | 24 | 25 |
| 15 | 15 | 16 | 16 | 17 | 18 | 18 | 19 | 19 | 20 | 19 | 20 | 21 | 21 | 22 | 22 | 23 | 24 | 24 | 25 10 | 25 9 | 26 | 24 二 | 25 正 | 26 |
| 16 | 16 | 17 | 17 | 18 | 19 | 19 | 20 | 20 | 21 | 20 | 21 | 22 | 22 | 23 | 23 | 24 | 25 | 25 | 26 | 26 | 27 8 | 25 7 | 26 | 27 十二 |
| 17 | 17 | 18 | 18 | 19 | 20 | 20 | 21 | 21 | 22 | 21 | 22 | 23 | 23 | 24 | 24 | 25 | 26 | 26 | 27 | 27 | 28 | 26 | 27 6 | 28 5 |
| 18 | 18 | 19 | 19 | 20 | 21 | 21 | 22 | 22 | 23 | 22 | 23 | 24 | 24 | 25 | 25 | 26 | 27 | 27 | 28 | 28 | 29 | 27 | 28 | 29 |
| 19 | 19 | 20 | 20 | 21 | 22 | 22 | 23 | 23 | 24 | 23 | 24 | 25 | 25 | 26 | 26 | 27 | 28 | 28 | 29 | 29 | 30 | 28 | 29 | 30 |
| 20 | 20 | 21 | 21 | 22 | 23 | 23 | 24 | 24 | 25 | 24 | 25 | 26 | 26 | 27 | 27 | 28 | 29 | 29 | 30 | 30 | 31 | 3 | 30 | 31 |
| 21 | 21 | 22 | 22 | 23 | 24 | 24 | 25 | 25 | 26 | 25 | 26 | 27 | 27 | 28 | 28 | 29 | 30 | 30 | 31 | 5 | 4 | 2 | 31 | 1 |
| 22 | 22 | 23 | 23 | 24 | 25 | 25 | 26 | 26 | 27 | 26 | 27 | 28 | 28 | 29 | 29 | 30 | 31 | 7 | 6 | 2 | 2 | 3 | 2 | 2 |
| 23 | 23 | 24 | 24 | 25 | 26 | 26 | 27 | 27 | 28 | 27 | 28 | 29 | 29 | 30 | 30 | 31 | 8 | 2 | 2 | 3 | 3 | 4 | 2 | 3 |
| 24 | 24 | 25 | 25 | 26 | 27 | 27 | 28 | 28 | 29 | 28 | 29 | 30 | 30 | 31 | 10 | 9 | 2 | 3 | 3 | 4 | 4 | 5 | 3 | 4 |
| 25 | 25 | 26 | 26 | 27 | 28 | 28 | 29 | 29 | 30 | 29 | 30 | 31 | 12 | 11 | 2 | 2 | 3 | 4 | 4 | 5 | 5 | 6 | 4 | 5 |
| 26 | 26 | 27 | 27 | 28 | 29 | 29 | 30 | 30 | 31 | 3 | 31 | 1 | 2 | 2 | 3 | 3 | 4 | 5 | 5 | 6 | 6 | 7 | 5 | 6 |
| 27 | 27 | 28 | 28 | 29 | 30 | 30 | 31 | 5 | 4 | 2 | 2 | 2 | 3 | 3 | 4 | 4 | 5 | 6 | 6 | 7 | 7 | 8 | 6 | 7 |
| 28 | 28 | 29 | 29 | 30 | 31 | 7 | 6 | 2 | 2 | 3 | 2 | 3 | 4 | 4 | 5 | 5 | 6 | 7 | 7 | 8 | 8 | 9 | 7 | 8 |
| 29 | 29 | 30 | 30 | 31 | 8 | 2 | 2 | 3 | 3 | 4 | 3 | 4 | 5 | 5 | 6 | 6 | 7 | 8 | 8 | 9 | 9 | 10 | 8 | 9 |
| 30 | 30 | 31 | 10 | 9 | 2 | 3 | 3 | 4 | 4 | 5 | 4 | 5 | 6 | 6 | 7 | 7 | 8 | 9 | 9 | 10 | 10 | 11 | 9 | 10 |
| 31 | 12 | 11 | 2 | 2 | 3 | 4 | 4 | 5 | 5 | 6 | 5 | 6 | 7 | 7 | 8 | 8 | 9 | 10 | 10 | 11 | 11 | 12 | 10 | 11 |
| 日 | 2 | 2 | 3 | 3 | 4 | 5 | 5 | 6 | 6 | 7 | 6 | 7 | 8 | 8 | 9 | 9 | 10 | 11 | 11 | 12 | 12 | 13 | 11 | 12 |
| 曜 | 3 | 3 | 4 | 4 | 5 | 6 | 6 | 7 | 7 | 8 | 7 | 8 | 9 | 9 | 10 | 10 | 11 | 12 | 12 | 13 | 13 | 14 | 12 | 13 |
| 表 | 4 十二 | 4 十 | 5 九 | 5 | 6 | 7 | 7 | 8 | 8 | 9 | 8 | 9 | 10 | 10 | 11 | 11 | 12 | 13 | 13 | 14 | 14 | 15 | 13 | 14 |
| 2 | 5 | 5 | 6 | 6 八 | 7 七 | 8 | 8 | 9 | 9 | 10 | 9 | 10 | 11 | 11 | 12 | 12 | 13 | 14 | 14 | 15 | 15 | 16 | 14 | 15 |
| 甲 | 6 5 | 6 | 7 | 7 | 8 | 9 六 | 9 | 10 | 10 | 11 | 10 | 11 | 12 | 12 | 13 | 13 | 14 | 15 | 15 | 16 | 16 | 17 | 15 | 16 |
| 子 | 7 | 7 4 | 8 3 | 8 | 9 | 10 | 10 五 | 11 | 11 | 12 | 11 | 12 | 13 | 13 | 14 | 14 | 15 | 16 | 16 | 17 | 17 | 18 | 16 | 17 |
| 表 | 8 | 8 | 9 | 9 2 | 10 1 | 11 12 | 11 11 | 12 四 | 12 三 | 13 | 12 | 13 | 14 冬 | 14 | 15 | 15 | 16 | 17 | 17 | 18 | 18 | 19 | 17 | 18 |
| 14 | 9 | 9 | 10 | 10 | 11 | 12 | 12 | 13 10 | 13 9 | 14 二 | 13 正 | 14 | 15 | 15 | 16 | 16 | 17 | 18 | 18 | 19 | 19 | 20 | 18 | 19 |
| | 10 | 10 | 11 | 11 | 12 | 13 | 13 | 14 | 14 | 15 8 | 14 7 | 15 閏 | 16 十二 | 16 十一 | 17 十 | 17 | 18 | 19 | 19 | 20 | 20 | 21 | 19 | 20 |

一三三八 戊寅 至元四 739

一三三七 丁丑 至元三 738

| | | | | | | | | | | | | | | | | | | | | | | | |
|---|---|---|---|---|---|---|---|---|---|---|---|---|---|---|---|---|---|---|---|---|---|---|---|
| 22 | 23 | 23 | 24 | 25 | 25 | 26 | 26 | 27 | 25 | 26 | 27 | 27 | 28 | 28 | 29 2 | 30 1 | 30 | 31 五 | 5 四 | 4 | 2 | 31 | 1 |
| 23 | 24 | 24 | 25 | 26 | 26 | 27 | 27 | 28 | 26 | 27 | 28 | 28 | 29 | 29 | 30 | 31 | 7 12 | 6 11 | 2 | 2 三 | 3 二 | 2 正 | 2 |
| 24 | 25 | 25 | 26 | 27 | 27 | 28 | 28 | 29 | 27 | 28 | 29 | 29 | 30 | 30 | 31 | 8 | 2 | 2 | 3 10 | 3 9 | 4 | 2 | 3 十二 |
| 25 | 26 | 26 | 27 | 28 | 28 | 29 | 29 | 30 | 28 | 29 | 30 | 30 | 31 | 10 | 9 | 2 | 3 | 3 | 4 | 4 | 5 8 | 3 7 | 4 |
| 26 | 27 | 27 | 28 | 29 | 29 | 30 | 30 | 31 | 3 | 30 | 31 | 12 | 11 | 2 | 2 | 3 | 4 | 4 | 5 | 5 | 6 | 4 | 5 6 |
| 27 | 28 | 28 | 29 | 30 | 30 | 31 | 5 | 4 | 2 | 31 | 1 | 2 | 2 | 3 | 3 | 4 | 5 | 5 | 6 | 6 | 7 | 5 | 6 |
| 28 | 29 | 29 | 30 | 31 | 7 | 6 | 2 | 2 | 3 | 2 | 2 | 3 | 3 | 4 | 4 | 5 | 6 | 6 | 7 | 7 | 8 | 6 | 7 |
| 29 | 30 | 30 | 31 | 8 | 2 | 2 | 3 | 3 | 4 | 2 | 3 | 4 | 4 | 5 | 5 | 6 | 7 | 7 | 8 | 8 | 9 | 7 | 8 |
| 30 | 31 | 10 | 9 | 2 | 3 | 3 | 4 | 4 | 5 | 3 | 4 | 5 | 5 | 6 | 6 | 7 | 8 | 8 | 9 | 9 | 10 | 8 | 9 |
| 12 | 11 | 2 | 2 | 3 | 4 | 4 | 5 | 5 | 6 | 4 | 5 | 6 | 6 | 7 | 7 | 8 | 9 | 9 | 10 | 10 | 11 | 9 | 10 |
| 2 | 2 | 3 | 3 | 4 | 5 | 5 | 6 | 6 | 7 | 5 | 6 | 7 | 7 | 8 | 8 | 9 | 10 | 10 | 11 | 11 | 12 | 10 | 11 |
| 3 | 3 | 4 | 4 | 5 | 6 | 6 | 7 | 7 | 8 | 6 | 7 | 8 | 8 | 9 | 9 | 10 | 11 | 11 | 12 | 12 | 13 | 11 | 12 |
| 4 | 4 | 5 | 5 | 6 | 7 | 7 | 8 | 8 | 9 | 7 | 8 | 9 | 9 | 10 | 10 | 11 | 12 | 12 | 13 | 13 | 14 | 12 | 13 |
| 5 | 5 | 6 | 6 | 7 | 8 | 8 | 9 | 9 | 10 | 8 | 9 | 10 | 10 | 11 | 11 | 12 | 13 | 13 | 14 | 14 | 15 | 13 | 14 |
| 6 | 6 | 7 | 7 | 8 | 9 | 9 | 10 | 10 | 11 | 9 | 10 | 11 | 11 | 12 | 12 | 13 | 14 | 14 | 15 | 15 | 16 | 14 | 15 |
| 7 | 7 | 8 | 8 | 9 | 10 | 10 | 11 | 11 | 12 | 10 | 11 | 12 | 12 | 13 | 13 | 14 | 15 | 15 | 16 | 16 | 17 | 15 | 16 |
| 8 | 8 | 9 | 9 | 10 | 11 | 11 | 12 | 12 | 13 | 11 | 12 | 13 冬 | 13 | 14 | 14 | 15 | 16 | 16 | 17 | 17 | 18 | 16 | 17 |
| 9 | 9 | 10 | 10 | 11 | 12 | 12 | 13 | 13 | 14 | 12 | 13 | 14 | 14 | 15 | 15 | 16 | 17 | 17 | 18 | 18 | 19 | 17 | 18 |
| 10 | 10 | 11 | 11 | 12 | 13 | 13 | 14 | 14 | 15 | 13 | 14 | 15 | 15 | 16 | 16 | 17 | 18 | 18 | 19 | 19 | 20 | 18 | 19 |
| 11 | 11 | 12 | 12 | 13 | 14 | 14 | 15 | 15 | 16 | 14 | 15 | 16 | 16 | 17 | 17 | 18 | 19 | 19 | 20 | 20 | 21 | 19 | 20 |
| 12 十一 | 12 十 | 13 | 13 | 14 | 15 | 15 | 16 | 16 | 17 | 15 | 16 | 17 | 17 | 18 | 18 | 19 | 20 | 20 | 21 | 21 | 22 | 20 | 21 |
| 13 | 13 | 14 九 | 14 | 15 | 16 | 16 | 17 | 17 | 18 | 16 | 17 | 18 | 18 | 19 | 19 | 20 | 21 | 21 | 22 | 22 | 23 | 21 | 22 |
| 14 冬 | 14 | 15 | 15 閏 | 16 八 | 17 | 17 | 18 | 18 | 19 | 17 | 18 | 19 | 19 | 20 | 20 | 21 | 22 | 22 | 23 | 23 | 24 | 22 | 23 |
| 15 6 | 15 5 | 16 | 16 | 17 | 18 七 | 18 | 19 | 19 | 20 | 18 | 19 | 20 | 20 | 21 | 21 | 22 | 23 | 23 | 24 | 24 | 25 | 23 | 24 |
| 16 | 16 | 17 4 | 17 3 | 18 | 19 | 19 六 | 20 五 | 20 | 21 | 19 | 20 | 21 | 21 | 22 | 22 | 23 | 24 | 24 | 25 | 25 | 26 | 24 | 25 |
| 17 | 17 | 18 | 18 | 19 2 | 20 1 | 20 12 | 21 11 | 21 四 | 22 三 | 20 二 | 21 正 | 22 | 22 | 23 | 23 | 24 | 25 | 25 | 26 | 26 | 27 | 25 | 26 |
| 18 | 18 | 19 | 19 | 20 | 21 | 21 | 22 | 22 10 | 23 9 | 21 | 22 | 23 十二 | 23 十一 | 24 十 | 24 | 25 | 26 | 26 | 27 | 27 | 28 | 26 | 27 |
| 19 | 19 | 20 | 20 | 21 | 22 | 22 | 23 | 23 | 24 | 22 8 | 23 7 | 24 | 24 | 25 | 25 九 | 26 八 | 27 | 27 | 28 | 28 | 29 | 27 | 28 |
| 20 | 20 | 21 | 21 | 22 | 23 | 23 | 24 | 24 | 25 | 23 | 24 | 25 6 | 25 5 | 26 | 26 | 27 | 28 七 | 28 | 29 | 29 | 30 | 28 | 29 |
| 21 | 21 | 22 | 22 | 23 | 24 | 24 | 25 | 25 | 26 | 24 | 25 | 26 | 26 | 27 4 | 27 3 | 28 | 29 | 29 六 | 30 | 30 | 31 | 3 | 30 |

一三四〇 庚辰 至元六　741

一三三九 己卯 至元五　740

| | | | | | | | | | | | | | | | | | | | | | | | | |
|---|---|---|---|---|---|---|---|---|---|---|---|---|---|---|---|---|---|---|---|---|---|---|---|---|
| 11 | 11 | 12 | 12 | 13 | 14 | 14 | 15 | 15 | 16 | 15 | 16 | 17 | 17 | 18 | 18 | 19 | 20 | 20 | 21 | 21 | 22 | 20 | 21 | 22 |
| 12 | 12 | 13 | 13 | 14 | 15 | 15 | 16 | 16 | 17 | 16 | 17 | 18 | 18 | 19 | 19 | 20 | 21 | 21 | 22 | 22 | 23 | 21 | 22 | 23 |
| 13 | 冬13 | 14 | 14 | 15 | 16 | 16 | 17 | 17 | 18 | 17 | 18 | 19 | 19 | 20 | 20 | 21 | 22 | 22 | 23 | 23 | 24 | 22 | 23 | 24 |
| 14 | 14 | 15 | 15 | 16 | 17 | 17 | 18 | 18 | 19 | 18 | 19 | 20 | 20 | 21 | 21 | 22 | 23 | 23 | 24 | 24 | 25 | 23 | 24 | 25 |
| 15 | 15 | 16 | 16 | 17 | 18 | 18 | 19 | 19 | 20 | 19 | 20 | 21 | 21 | 22 | 22 | 23 | 24 | 24 | 25 | 25 | 26 | 24 | 25 | 26 |
| 16 | 16 | 17 | 17 | 18 | 19 | 19 | 20 | 20 | 21 | 20 | 21 | 22 | 22 | 23 | 23 | 24 | 25 | 25 | 26 | 26 | 27 | 25 | 26 | 27 |
| 17 | 17 | 18 | 18 | 19 | 20 | 20 | 21 | 21 | 22 | 21 | 22 | 23 | 23 | 24 | 24 | 25 | 26 | 26 | 27 | 27 | 28 | 26 | 27 | 28 |
| 18 | 18 | 19 | 19 | 20 | 21 | 21 | 22 | 22 | 23 | 22 | 23 | 24 | 24 | 25 | 25 | 26 | 27 | 27 | 28 | 28 | 29 | 27 | 28 | 29 |
| 19 | 19 | 20 | 20 | 21 | 22 | 22 | 23 | 23 | 24 | 23 | 24 | 25 | 25 | 26 | 26 | 27 | 28 | 28 | 29 | 29 | 30 | 28 | 29 | 30 |
| 20 | 十二20 | 十一21 | 21 | 22 | 23 | 23 | 24 | 24 | 25 | 24 | 25 | 26 | 26 | 27 | 27 | 28 | 29 | 29 | 30 | 30 | 31 | **3** | 30 | 31 |
| 21 | 7 21 | 22 | 十22 | 九23 | 24 | 24 | 25 | 25 | 26 | 25 | 26 | 27 | 27 | 28 | 28 | 29 | 30 | 30 | 31 | **5** | **4** | 2 | 31 | **1** |
| 22 | 22 | 6 23 | 5 23 | 24 | 八25 | 七25 | 26 | 26 | 27 | 26 | 27 | 28 | 28 | 29 | 29 | 30 | 31 | **7** | **6** | 2 | 2 | 3 | **2** | 2 |
| 23 | 23 | 24 | 24 | 4 25 | 3 26 | 26 | 六27 | 五27 | 四28 | 27 | 28 | 29 | 29 | 30 | 30 | 31 | **8** | 2 | 2 | 3 | 3 | 4 | 2 | 3 |
| 24 | 24 | 25 | 25 | 26 | 27 | 2 27 | 1 28 | 28 | 29 | 三28 | 二29 | 正30 | 30 | 31 | **10** | **9** | 2 | 3 | 3 | 4 | 4 | 5 | 3 | 4 |
| 25 | 25 | 26 | 26 | 27 | 28 | 28 | 29 | 12 29 | 11 30 | 29 | 30 | 31 | 十二**12** | 十一**11** | 2 | 2 | 3 | 4 | 4 | 5 | 5 | 6 | 4 | 5 |
| 26 | 26 | 27 | 27 | 28 | 29 | 29 | 30 | 30 | 31 | 10 **3** | 9 31 | **1** | 2 | 2 | 十3 | 九3 | 4 | 5 | 5 | 6 | 6 | 7 | 5 | 6 |
| 27 | 27 | 28 | 28 | 29 | 30 | 30 | 31 | **5** | **4** | 2 | **2** | 8 2 | 7 3 | 3 | 4 | 4 | 八5 | 6 | 6 | 7 | 7 | 8 | 6 | 7 |
| 28 | 28 | 29 | 29 | 30 | 31 | **7** | **6** | 2 | 2 | 3 | 2 | 3 | 4 | 6 4 | 5 5 | 5 | 6 | 七7 | 六7 | 8 | 8 | 9 | 7 | 8 |
| 29 | 29 | 30 | 30 | 31 | **8** | 2 | 2 | 3 | 3 | 4 | 3 | 4 | 5 | 5 | 6 | 4 6 | 3 7 | 8 | 8 | 五9 | 四9 | 10 | 8 | 9 |
| 30 | 30 | 31 | **10** | **9** | 2 | 3 | 3 | **4** | **4** | 5 | 4 | 5 | 6 | 6 | 7 | 7 | 8 | 2 9 | 1 9 | 10 | 10 | 三11 | 二9 | 正10 |
| 31 | **12** | **11** | 2 | 2 | 3 | 4 | 4 | 5 | 5 | 6 | 5 | 6 | 7 | 7 | 8 | 8 | 9 | 10 | 10 | 12 11 | 11 11 | 12 | 10 | 11 十二 |
| 日 | 2 | 2 | 3 | 3 | 4 | 5 | 5 | 6 | 6 | 7 | 6 | 7 | 8 | 8 | 9 | 9 | 10 | 11 | 11 | 12 | 12 | 10 13 | 9 11 | 12 |
| 曜 | 3 | 3 | 4 | 4 | 5 | 6 | 6 | 7 | 7 | 8 | 7 | 8 | 9 | 9 | 10 | 10 | 11 | 12 | 12 | 13 | 13 | 14 | 12 | 8 13 7 |
| 表 | 4 | 4 | 5 | 5 | 6 | 7 | 7 | 8 | 8 | 9 | 8 | 9 | 10 | 10 | 11 | 11 | 12 | 13 | 13 | 14 | 14 | 15 | 13 | 14 |
| 3 | 5 | 5 | 6 | 6 | 7 | 8 | 8 | 9 | 9 | 10 | 9 | 10 | 11 | 11 | 12 | 12 | 13 | 14 | 14 | 15 | 15 | 16 | 14 | 15 |
| 甲 | 6 | 6 | 7 | 7 | 8 | 9 | 9 | 10 | 10 | 11 | 10 | 11 | 12 | 12 | 13 | 13 | 14 | 15 | 15 | 16 | 16 | 17 | 15 | 16 |
| 子 | 7 | 7 | 8 | 8 | 9 | 10 | 10 | 11 | 11 | 12 | 11 | 12 | 13 | 13 | 14 | 14 | 15 | 16 | 16 | 17 | 17 | 18 | 16 | 17 |
| 表 | 8 | 8 | 9 | 9 | 10 | 11 | 11 | 12 | 12 | 13 | 12 | 13 | 14 | 冬14 | 15 | 15 | 16 | 17 | 17 | 18 | 18 | 19 | 17 | 18 |
| 15 | 9 | 9 | 10 | 10 | 11 | 12 | 12 | 13 | 13 | 14 | 13 | 14 | 15 | 15 | 16 | 16 | 17 | 18 | 18 | 19 | 19 | 20 | 18 | 19 |
| | 10 | 10 | 11 | 11 | 12 | 13 | 13 | 14 | 14 | 15 | 14 | 15 | 16 | 16 | 17 | 17 | 18 | 19 | 19 | 20 | 20 | 21 | 19 | 20 |

一三四二 壬午 至正二 743

一三四一 辛巳 至正元 742

| | | | | | | | | | | | | | | | | | | | | | | | |
|---|---|---|---|---|---|---|---|---|---|---|---|---|---|---|---|---|---|---|---|---|---|---|---|
| 22 | 23 | 23 | 24 | 25 | 25 | 26 | 26 | 27 | 25 | 26 | 27 | 27 | 28 | 28 | 29 | 30 | 30 | 31 | **5** | **4** | 2 | 31 | **1** |
| 23 | 24 | 24 | 25 | 26 | 26 | 27 | 27 | 28 | 26 | 27 | 28 | 28 | 29 | 29 | 30 | 31 | **7** | **6** | 2 | 2 | 3 | **2** | 2 |
| 24 | 25 | 25 | 26 | 27 | 27 | 28 | 28 | 29 | 27 | 28 | 29 | 29 | 30 | 30 | 31 | **8** | 2 | 2 | 3 | 3 | 4 | 2 | 3 |
| 25 | 26 | 26 | 27 | 28 | 28 | 29 | 29 | 30 | 28 | 29 | 30 | 30 | 31 | **10** | **9** | 2 | 3 | 3 | 4 | 4 | 5 | 3 | 4 |
| 26 | 27 | 27 | 28 | 29 | 29 | 30 | 30 | 31 | **3** | 30 | 31 | **12** | **11** | 2 | 2 | 3 | 4 | 4 | 5 | 5 | 6 | 4 | 5 |
| 27 | 28 | 28 | 29 | 30 | 30 | 31 | **5** | **4** | 2 | 31 | **1** | 2 | 2 | 3 | 3 | 4 | 5 | 5 | 6 | 6 | 7 | 5 | 6 |
| 28 | 29 | 29 | 30 | 31 | **7** | **6** | 2 | 2 | 3 | **2** | 2 | 3 | 3 | 4 | 4 | 5 | 6 | 6 | 7 | 7 | 8 | 6 | 7 |
| 29 十一 | 30 十 | 30 九 | 31 | **8** | 2 | 2 | 3 | 3 | 4 | 2 | 3 | 4 | 4 | 5 | 5 | 6 | 7 | 7 | 8 | 8 | 9 | 7 | 8 |
| 30 7 | 31 | **10** | **9** 八 | 2 七 | 3 六 | 3 | 4 | 4 | 5 | 3 | 4 | 5 | 5 | 6 | 6 | 7 | 8 | 8 | 9 | 9 | 10 | 8 | 9 |
| **12** | **11** 6 | 2 5 | 2 | 3 | 4 | 4 五 | 5 四 | 5 | 6 | 4 | 5 | 6 | 6 | 7 | 7 | 8 | 9 | 9 | 10 | 10 | 11 | 9 | 10 |
| 2 | 2 | 3 | 3 4 | 4 3 | 5 | 5 | 6 | 6 三 | 7 二 | 5 | 6 | 7 | 7 | 8 | 8 | 9 | 10 | 10 | 11 | 11 | 12 | 10 | 11 |
| 3 | 3 | 4 | 4 | 5 | 6 2 | 6 1 | 7 | 7 | 8 | 6 正 | 7 | 8 | 8 | 9 | 9 | 10 | 11 | 11 | 12 | 12 | 13 | 11 | 12 |
| 4 | 4 | 5 | 5 | 6 | 7 | 7 | 8 12 | 8 11 | 9 | 7 | 8 十二 | 9 十一 | 9 | 10 | 10 | 11 | 12 | 12 | 13 | 13 | 14 | 12 | 13 |
| 5 | 5 | 6 | 6 | 7 | 8 | 8 | 9 | 9 | 10 10 | 8 9 | 9 | 10 | 10 十 | 11 九 | 11 | 12 | 13 | 13 | 14 | 14 | 15 | 13 | 14 |
| 6 | 6 | 7 | 7 | 8 | 9 | 9 | 10 | 10 | 11 | 9 | 10 8 | 11 7 | 11 | 12 | 12 八 | 13 七 | 14 六 | 14 | 15 | 15 | 16 | 14 | 15 |
| 7 | 7 | 8 | 8 | 9 | 10 | 10 | 11 | 11 | 12 | 10 | 11 | 12 | 12 6 | 13 5 | 13 | 14 | 15 | 15 閏 | 16 五 | 16 四 | 17 | 15 | 16 |
| 8 | 8 | 9 | 9 | 10 | 11 | 11 | 12 | 12 | 13 | 11 | 12 | 13 冬 | 13 | 14 | 14 4 | 15 3 | 16 | 16 | 17 | 17 | 18 三 | 16 二 | 17 |
| 9 | 9 | 10 | 10 | 11 | 12 | 12 | 13 | 13 | 14 | 12 | 13 | 14 | 14 | 15 | 15 | 16 | 17 2 | 17 1 | 18 12 | 18 11 | 19 | 17 | 18 正 |
| 10 | 10 | 11 | 11 | 12 | 13 | 13 | 14 | 14 | 15 | 13 | 14 | 15 | 15 | 16 | 16 | 17 | 18 | 18 | 19 | 19 | 20 10 | 18 9 | 19 |
| 11 | 11 | 12 | 12 | 13 | 14 | 14 | 15 | 15 | 16 | 14 | 15 | 16 | 16 | 17 | 17 | 18 | 19 | 19 | 20 | 20 | 21 | 19 | 20 8 |
| 12 | 12 | 13 | 13 | 14 | 15 | 15 | 16 | 16 | 17 | 15 | 16 | 17 | 17 | 18 | 18 | 19 | 20 | 20 | 21 | 21 | 22 | 20 | 21 |
| 13 | 13 | 14 | 14 | 15 | 16 | 16 | 17 | 17 | 18 | 16 | 17 | 18 | 18 | 19 | 19 | 20 | 21 | 21 | 22 | 22 | 23 | 21 | 22 |
| 14 冬 | 14 | 15 | 15 | 16 | 17 | 17 | 18 | 18 | 19 | 17 | 18 | 19 | 19 | 20 | 20 | 21 | 22 | 22 | 23 | 23 | 24 | 22 | 23 |
| 15 | 15 | 16 | 16 | 17 | 18 | 18 | 19 | 19 | 20 | 18 | 19 | 20 | 20 | 21 | 21 | 22 | 23 | 23 | 24 | 24 | 25 | 23 | 24 |
| 16 | 16 | 17 | 17 | 18 | 19 | 19 | 20 | 20 | 21 | 19 | 20 | 21 | 21 | 22 | 22 | 23 | 24 | 24 | 25 | 25 | 26 | 24 | 25 |
| 17 | 17 | 18 | 18 | 19 | 20 | 20 | 21 | 21 | 22 | 20 | 21 | 22 | 22 | 23 | 23 | 24 | 25 | 25 | 26 | 26 | 27 | 25 | 26 |
| 18 | 18 | 19 | 19 | 20 | 21 | 21 | 22 | 22 | 23 | 21 | 22 | 23 | 23 | 24 | 24 | 25 | 26 | 26 | 27 | 27 | 28 | 26 | 27 |
| 19 | 19 | 20 | 20 | 21 | 22 | 22 | 23 | 23 | 24 | 22 | 23 | 24 | 24 | 25 | 25 | 26 | 27 | 27 | 28 | 28 | 29 | 27 | 28 |
| 20 | 20 | 21 | 21 | 22 | 23 | 23 | 24 | 24 | 25 | 23 | 24 | 25 | 25 | 26 | 26 | 27 | 28 | 28 | 29 | 29 | 30 | 28 | 29 |
| 21 | 21 | 22 | 22 | 23 | 24 | 24 | 25 | 25 | 26 | 24 | 25 | 26 | 26 | 27 | 27 | 28 | 29 | 29 | 30 | 30 | 31 | **3** | 30 |

一三四四 甲申 至正四 745

一三四三 癸未 至正三 744

| | | | | | | | | | | | | | | | | | | | | | | | | |
|---|---|---|---|---|---|---|---|---|---|---|---|---|---|---|---|---|---|---|---|---|---|---|---|---|
| 11 | 11 | 12 | 12 | 13 | 14 | 14 | 2 15 | 1 15 | 12 16 | 11 15 | 二 16 | 正 17 | 17 | 18 | 18 | 19 | 20 | 20 | 21 | 21 | 22 | 20 | 21 | 22 |
| 12 | 12 | 13 | 13 | 14 | 15 | 15 | 16 | 16 | 17 | 16 | 10 17 | 9 18 | 十二 18 | 十一 19 | 十 19 | 九 20 | 21 | 21 | 22 | 22 | 23 | 21 | 22 | 23 |
| 13 | 冬 13 | 14 | 14 | 15 | 16 | 16 | 17 | 17 | 18 | 17 | 18 | 19 | 8 19 | 7 20 | 20 | 21 | 八 22 | 七 22 | 23 | 23 | 24 | 22 | 23 | 24 |
| 14 | 14 | 15 | 15 | 16 | 17 | 17 | 18 | 18 | 19 | 18 | 19 | 20 | 20 | 21 | 6 21 | 5 22 | 23 | 23 | 六 24 | 五 24 | 25 | 23 | 24 | 25 |
| 15 | 15 | 16 | 16 | 17 | 18 | 18 | 19 | 19 | 20 | 19 | 20 | 21 | 21 | 22 | 22 | 23 | 4 24 | 3 24 | 25 | 25 | 四 26 | 24 | 25 | 26 |
| 16 | 16 | 17 | 17 | 18 | 19 | 19 | 20 | 20 | 21 | 20 | 21 | 22 | 22 | 23 | 23 | 24 | 25 | 25 | 2 26 | 1 26 | 27 | 三 25 | 二 26 | 27 |
| 17 | 17 | 18 | 18 | 19 | 20 | 20 | 21 | 21 | 22 | 21 | 22 | 23 | 23 | 24 | 24 | 25 | 26 | 26 | 27 | 27 | 12 28 | 11 26 | 27 | 正 28 十二 |
| 18 | 18 | 19 | 19 | 20 | 21 | 21 | 22 | 22 | 23 | 22 | 23 | 24 | 24 | 25 | 25 | 26 | 27 | 27 | 28 | 28 | 29 | 27 | 10 28 | 9 29 |
| 19 | 19 | 20 | 20 | 21 | 22 | 22 | 23 | 23 | 24 | 23 | 24 | 25 | 25 | 26 | 26 | 27 | 28 | 28 | 29 | 29 | 30 | 28 | 29 | 30 8 |
| 20 | 20 | 21 | 21 | 22 | 23 | 23 | 24 | 24 | 25 | 24 | 25 | 26 | 26 | 27 | 27 | 28 | 29 | 29 | 30 | 30 | 31 | **3** | 30 | 31 |
| 21 | 21 | 22 | 22 | 23 | 24 | 24 | 25 | 25 | 26 | 25 | 26 | 27 | 27 | 28 | 28 | 29 | 30 | 30 | 31 | **5** | **4** | 2 | 31 | **1** |
| 22 | 22 | 23 | 23 | 24 | 25 | 25 | 26 | 26 | 27 | 26 | 27 | 28 | 28 | 29 | 29 | 30 | 31 | **7** | **6** | 2 | 2 | 3 | **2** | 2 |
| 23 | 23 | 24 | 24 | 25 | 26 | 26 | 27 | 27 | 28 | 27 | 28 | 29 | 29 | 30 | 30 | 31 | **8** | 2 | 2 | 3 | 3 | 4 | 2 | 3 |
| 24 | 24 | 25 | 25 | 26 | 27 | 27 | 28 | 28 | 29 | 28 | 29 | 30 | 30 | 31 | **10** | **9** | 2 | 3 | 3 | 4 | 4 | 5 | 3 | 4 |
| 25 | 25 | 26 | 26 | 27 | 28 | 28 | 29 | 29 | 30 | 29 | 30 | 31 | **12** | **11** | 2 | 2 | 3 | 4 | 4 | 5 | 5 | 6 | 4 | 5 |
| 26 | 26 | 27 | 27 | 28 | 29 | 29 | 30 | 30 | 31 | **3** | 31 | **1** | 2 | 2 | 3 | 3 | 4 | 5 | 5 | 6 | 6 | 7 | 5 | 6 |
| 27 | 27 | 28 | 28 | 29 | 30 | 30 | 31 | **5** | **4** | 2 | **2** | 2 | 3 | 3 | 4 | 4 | 5 | 6 | 6 | 7 | 7 | 8 | 6 | 7 |
| 28 | 28 | 29 | 29 | 30 | 31 | **7** | **6** | 2 | 2 | 3 | 2 | 3 | 4 | 4 | 5 | 5 | 6 | 7 | 7 | 8 | 8 | 9 | 7 | 8 |
| 29 | 29 | 30 | 30 | 31 | **8** | 2 | 2 | 3 | 3 | 4 | 3 | 4 | 5 | 5 | 6 | 6 | 7 | 8 | 8 | 9 | 9 | 10 | 8 | 9 |
| 30 | 30 | 31 | **10** | **9** | 2 | 3 | 3 | **4** | **4** | 5 | 4 | 5 | 6 | 6 | 7 | 7 | 8 | 9 | 9 | 10 | 10 | 11 | 9 | 10 |
| 31 | **12** | **11** | 2 | 2 | 3 | 4 | 4 | 5 | 5 | 6 | 5 | 6 | 7 | 7 | 8 | 8 | 9 | 10 | 10 | 11 | 11 | 12 | 10 | 11 |
| 日 | 2 | 2 | 3 | 3 | 4 | 5 | 5 | 6 | 6 | 7 | 6 | 7 | 8 | 8 | 9 | 9 | 10 | 11 | 11 | 12 | 12 | 13 | 11 | 12 |
| 曜 | 3 | 3 | 4 | 4 | 5 | 6 | 6 | 7 | 7 | 8 | 7 | 8 | 9 | 9 | 10 | 10 | 11 | 12 | 12 | 13 | 13 | 14 | 12 | 13 |
| 表 | 4 | 4 | 5 | 5 | 6 | 7 | 7 | 8 | 8 | 9 | 8 | 9 | 10 | 10 | 11 | 11 | 12 | 13 | 13 | 14 | 14 | 15 | 13 | 14 |
| 4 | 5 | 5 | 6 | 6 | 7 | 8 | 8 | 9 | 9 | 10 | 9 | 10 | 11 | 11 | 12 | 12 | 13 | 14 | 14 | 15 | 15 | 16 | 14 | 15 |
| 甲 | 6 | 十一 6 | 十 7 | 九 7 | 八 8 | 9 | 9 | 10 | 10 | 11 | 10 | 11 | 12 | 12 | 13 | 13 | 14 | 15 | 15 | 16 | 16 | 17 | 15 | 16 |
| 子 | 7 | 7 | 8 | 8 | 9 | 七 10 | 六 10 | 11 | 11 | 12 | 11 | 12 | 13 | 13 | 14 | 14 | 15 | 16 | 16 | 17 | 17 | 18 | 16 | 17 |
| 表 | 8 | 8 8 | 7 9 | 9 | 10 | 11 | 11 | 五 12 | 12 | 13 | 12 | 13 | 14 | 冬 14 | 15 | 15 | 16 | 17 | 17 | 18 | 18 | 19 | 17 | 18 |
| 16 | 9 | 9 | 10 | 6 10 | 5 11 | 12 | 12 | 13 | 四 13 | 14 | 13 | 14 | 15 | 15 | 16 | 16 | 17 | 18 | 18 | 19 | 19 | 20 | 18 | 19 |
| | 10 | 10 | 11 | 11 | 12 | 4 13 | 3 13 | 14 | 14 | 三 15 | 閏 14 | 15 | 16 | 16 | 17 | 17 | 18 | 19 | 19 | 20 | 20 | 21 | 19 | 20 |

一三四六 丙戌 至正六 747

一三四五 乙酉 至正五 746

| | | | | | | | | | | | | | | | | | | | | | | | | |
|---|---|---|---|---|---|---|---|---|---|---|---|---|---|---|---|---|---|---|---|---|---|---|---|---|
| 22 | 23 | 23 | 24 | 25 | 25 | 26 | 26 | 27 | 25 | 26 | 27 | 27 | 8 28 | 7 28 | 29 | 30 | 30 | 六 31 | 5 | 4 | 2 | 31 | 1 | |
| 23 | 24 | 24 | 25 | 26 | 26 | 27 | 27 | 28 | 26 | 27 | 28 | 28 | 29 | 29 | 6 30 | 5 31 | 7 | 6 | 五 2 | 2 | 3 | 2 | 2 | |
| 24 | 25 | 25 | 26 | 27 | 27 | 28 | 28 | 29 | 27 | 28 | 29 | 29 | 30 | 30 | 31 | 8 | 4 2 | 3 2 | 3 | 四 3 | 三 4 | 2 | 3 | |
| 25 | 26 | 26 | 27 | 28 | 28 | 29 | 29 | 30 | 28 | 29 | 30 | 30 | 31 | 10 | 9 | 2 | 3 | 3 | 2 4 | 1 4 | 5 | 二 3 | 正 4 | 十二 |
| 26 | 27 | 27 | 28 | 29 | 29 | 30 | 30 | 31 | 3 | 30 | 31 | 12 | 11 | 2 | 2 | 3 | 4 | 4 | 5 | 5 | 12 6 | 11 4 | 5 | |
| 27 | 28 | 28 | 29 | 30 | 30 | 31 | 5 | 4 | 2 | 31 | 1 | 2 | 2 | 3 | 3 | 4 | 5 | 5 | 6 | 6 | 7 | 5 | 10 6 | 9 |
| 28 | 29 | 29 | 30 | 31 | 7 | 6 | 2 | 2 | 3 | 2 | 2 | 3 | 3 | 4 | 4 | 5 | 6 | 6 | 7 | 7 | 8 | 6 | 7 | |
| 29 | 30 | 30 | 31 | 8 | 2 | 2 | 3 | 3 | 4 | 2 | 3 | 4 | 4 | 5 | 5 | 6 | 7 | 7 | 8 | 8 | 9 | 7 | 8 | |
| 30 | 31 | 10 | 9 | 2 | 3 | 3 | 4 | 4 | 5 | 3 | 4 | 5 | 5 | 6 | 6 | 7 | 8 | 8 | 9 | 9 | 10 | 8 | 9 | |
| 12 | 11 | 2 | 2 | 3 | 4 | 4 | 5 | 5 | 6 | 4 | 5 | 6 | 6 | 7 | 7 | 8 | 9 | 9 | 10 | 10 | 11 | 9 | 10 | |
| 2 | 2 | 3 | 3 | 4 | 5 | 5 | 6 | 6 | 7 | 5 | 6 | 7 | 7 | 8 | 8 | 9 | 10 | 10 | 11 | 11 | 12 | 10 | 11 | |
| 3 | 3 | 4 | 4 | 5 | 6 | 6 | 7 | 7 | 8 | 6 | 7 | 8 | 8 | 9 | 9 | 10 | 11 | 11 | 12 | 12 | 13 | 11 | 12 | |
| 4 | 4 | 5 | 5 | 6 | 7 | 7 | 8 | 8 | 9 | 7 | 8 | 9 | 9 | 10 | 10 | 11 | 12 | 12 | 13 | 13 | 14 | 12 | 13 | |
| 5 | 5 | 6 | 6 | 7 | 8 | 8 | 9 | 9 | 10 | 8 | 9 | 10 | 10 | 11 | 11 | 12 | 13 | 13 | 14 | 14 | 15 | 13 | 14 | |
| 6 | 6 | 7 | 7 | 8 | 9 | 9 | 10 | 10 | 11 | 9 | 10 | 11 | 11 | 12 | 12 | 13 | 14 | 14 | 15 | 15 | 16 | 14 | 15 | |
| 7 | 7 | 8 | 8 | 9 | 10 | 10 | 11 | 11 | 12 | 10 | 11 | 12 | 12 | 13 | 13 | 14 | 15 | 15 | 16 | 16 | 17 | 15 | 16 | |
| 8 | 8 | 9 | 9 | 10 | 11 | 11 | 12 | 12 | 13 | 11 | 12 | 13 | 冬 13 | 14 | 14 | 15 | 16 | 16 | 17 | 17 | 18 | 16 | 17 | |
| 9 | 9 | 10 | 10 | 11 | 12 | 12 | 13 | 13 | 14 | 12 | 13 | 14 | 14 | 15 | 15 | 16 | 17 | 17 | 18 | 18 | 19 | 17 | 18 | |
| 10 | 10 | 11 | 11 | 12 | 13 | 13 | 14 | 14 | 15 | 13 | 14 | 15 | 15 | 16 | 16 | 17 | 18 | 18 | 19 | 19 | 20 | 18 | 19 | |
| 11 | 11 | 12 | 12 | 13 | 14 | 14 | 15 | 15 | 16 | 14 | 15 | 16 | 16 | 17 | 17 | 18 | 19 | 19 | 20 | 20 | 21 | 19 | 20 | |
| 12 | 12 | 13 | 13 | 14 | 15 | 15 | 16 | 16 | 17 | 15 | 16 | 17 | 17 | 18 | 18 | 19 | 20 | 20 | 21 | 21 | 22 | 20 | 21 | |
| 13 | 十一 13 | 14 | 14 | 15 | 16 | 16 | 17 | 17 | 18 | 16 | 17 | 18 | 18 | 19 | 19 | 20 | 21 | 21 | 22 | 22 | 23 | 21 | 22 | |
| 14 | 冬 14 | 閏 15 | 十 15 | 16 | 17 | 17 | 18 | 18 | 19 | 17 | 18 | 19 | 19 | 20 | 20 | 21 | 22 | 22 | 23 | 23 | 24 | 22 | 23 | |
| 15 | 15 | 16 | 16 | 九 17 | 八 18 | 18 | 19 | 19 | 20 | 18 | 19 | 20 | 20 | 21 | 21 | 22 | 23 | 23 | 24 | 24 | 25 | 23 | 24 | |
| 16 | 9 16 | 17 | 17 | 18 | 19 | 七 19 | 20 | 20 | 21 | 19 | 20 | 21 | 21 | 22 | 22 | 23 | 24 | 24 | 25 | 25 | 26 | 24 | 25 | |
| 17 | 17 | 8 18 | 7 18 | 19 | 20 | 20 | 六 21 | 21 | 22 | 20 | 21 | 22 | 22 | 23 | 23 | 24 | 25 | 25 | 26 | 26 | 27 | 25 | 26 | |
| 18 | 18 | 19 | 19 | 6 20 | 5 21 | 21 | 22 | 五 22 | 四 23 | 21 | 22 | 23 | 23 | 24 | 24 | 25 | 26 | 26 | 27 | 27 | 28 | 26 | 27 | |
| 19 | 19 | 20 | 20 | 21 | 22 | 4 22 | 3 23 | 23 | 24 | 三 22 | 二 23 | 正 24 | 十二 24 | 25 | 25 | 26 | 27 | 27 | 28 | 28 | 29 | 27 | 28 | |
| 20 | 20 | 21 | 21 | 22 | 23 | 23 | 24 | 2 24 | 1 25 | 12 23 | 11 24 | 25 | 25 | 十一 26 | 十 26 | 九 27 | 28 | 28 | 29 | 29 | 30 | 28 | 29 | |
| 21 | 21 | 22 | 22 | 23 | 24 | 24 | 25 | 25 | 26 | 24 | 25 | 10 26 | 9 26 | 27 | 27 | 28 | 八 29 | 七 29 | 30 | 30 | 31 | 3 | 30 | |

一二

一三四八 戊子 至正八 749

一三四七 丁亥 至正七 748

| | | | | | | | | | | | | | | | | | | | | | | | | |
|---|---|---|---|---|---|---|---|---|---|---|---|---|---|---|---|---|---|---|---|---|---|---|---|---|
| 11 | 11 | 12 | 12 | 13 | 14 | 14 | 15 | 15 | 16 | 15 | 16 | 17 | 17 | 18 | 18 | 19 | 20 | 20 | 21 | 21 | 22 | 20 | 21 | 22 |
| 12 | 12 | 13 | 13 | 14 | 15 | 15 | 16 | 16 | 17 | 16 | 17 | 18 | 18 | 19 | 19 | 20 | 21 | 21 | 22 | 22 | 23 | 21 | 22 | 23 |
| 13冬 | 13 | 14 | 14 | 15 | 16 | 16 | 17 | 17 | 18 | 17 | 18 | 19 | 19 | 20 | 20 | 21 | 22 | 22 | 23 | 23 | 24 | 22 | 23 | 24 |
| 14 | 14 | 15 | 15 | 16 | 17 | 17 | 18 | 18 | 19 | 18 | 19 | 20 | 20 | 21 | 21 | 22 | 23 | 23 | 24 | 24 | 25 | 23 | 24 | 25 |
| 15 | 15 | 16 | 16 | 17 | 18 | 18 | 19 | 19 | 20 | 19 | 20 | 21 | 21 | 22 | 22 | 23 | 24 | 24 | 25 | 25 | 26 | 24 | 25 | 26 |
| 16 | 16 | 17 | 17 | 18 | 19 | 19 | 20 | 20 | 21 | 20 | 21 | 22 | 22 | 23 | 23 | 24 | 25 | 25 | 26 | 26 | 27 | 25 | 26 | 27 |
| 17 | 17 | 18 | 18 | 19 | 20 | 20 | 21 | 21 | 22 | 21 | 22 | 23 | 23 | 24 | 24 | 25 | 26 | 26 | 27 | 27 | 28 | 26 | 27 | 28 |
| 18 | 18 | 19 | 19 | 20 | 21 | 21 | 22 | 22 | 23 | 22 | 23 | 24 | 24 | 25 | 25 | 26 | 27 | 27 | 28 | 28 | 29 | 27 | 28 | 29 |
| 19 | 19 | 20 | 20 | 21 | 22 | 22 | 23 | 23 | 24 | 23 | 24 | 25 | 25 | 26 | 26 | 27 | 28 | 28 | 29 | 29 | 30 | 28 | 29 | 30 |
| 20 | 20 | 21 | 21 | 22 | 23 | 23 | 24 | 24 | 25 | 24 | 25 | 26 | 26 | 27 | 27 | 28 | 29 | 29 | 30 | 30 | 31 | **3** | 30 | 31 |
| 21十二 | 21十一 | 22 | 22 | 23 | 24 | 24 | 25 | 25 | 26 | 25 | 26 | 27 | 27 | 28 | 28 | 29 | 30 | 30 | 31 | **5** | **4** | 2 | 31 | **1** |
| 22 | 22 | 23十 | 23 | 24 | 25 | 25 | 26 | 26 | 27 | 26 | 27 | 28 | 28 | 29 | 29 | 30 | 31 | **7** | **6** | 2 | 2 | 3 | **2** | 2 |
| 23 10 | 23 9 | 24 | 24九 | 25八 | 26 | 26 | 27 | 27 | 28 | 27 | 28 | 29 | 29 | 30 | 30 | 31 | **8** | 2 | 2 | 3 | 3 | 4 | 2 | 3 |
| 24 | 24 | 25 8 | 25 7 | 26 | 27七 | 27六 | 28 | 28 | 29 | 28 | 29 | 30 | 30 | 31 | **10** | **9** | 2 | 3 | 3 | 4 | 4 | 5 | 3 | 4 |
| 25 | 25 | 26 | 26 | 27 6 | 28 5 | 28 | 29五 | 29四 | 30三 | 29 | 30 | 31 | **12** | **11** | 2 | 2 | 3 | 4 | 4 | 5 | 5 | 6 | 4 | 5 |
| 26 | 26 | 27 | 27 | 28 | 29 | 29 4 | 30 3 | 30 | 31 | **3**二 | 31正 | **1**十二 | 2 | 2 | 3 | 3 | 4 | 5 | 5 | 6 | 6 | 7 | 5 | 6 |
| 27 | 27 | 28 | 28 | 29 | 30 | 30 | 31 | **5** 2 | **4** 1 | 2 | **2** | 2 | 3十一 | 3十 | 4 | 4 | 5 | 6 | 6 | 7 | 7 | 8 | 6 | 7 |
| 28 | 28 | 29 | 29 | 30 | 31 | **7** | **6** | 2 | 2 | 3 12 | 2 11 | 3 | 4 | 4 | 5九 | 5 | 6 | 7 | 7 | 8 | 8 | 9 | 7 | 8 |
| 29 | 29 | 30 | 30 | 31 | **8** | 2 | 2 | 3 | 3 | 4 | 3 | 4 10 | 5 9 | 5 | 6 | 6八 | 7七 | 8 | 8 | 9 | 9 | 10 | 8 | 9 |
| 30 | 30 | 31 | **10** | **9** | 2 | 3 | 3 | **4** | 4 | 5 | 4 | 5 | 6 | 6 8 | 7 7 | 7 | 8 | 9六 | 9五 | 10 | 10 | 11 | 9 | 10 |
| 31 | **12** | **11** | 2 | 2 | 3 | 4 | 4 | 5 | 5 | 6 | 5 | 6 | 7 | 7 | 8 | 8 6 | 9 5 | 10 | 10 | 11四 | 11三 | 12 | 10 | 11 |
| 日 | 2 | 2 | 3 | 3 | 4 | 5 | 5 | 6 | 6 | 7 | 6 | 7 | 8 | 8 | 9 | 9 | 10 | 11 4 | 11 3 | 12 | 12 | 13二 | 11正 | 12十二 |
| 曜 | 3 | 3 | 4 | 4 | 5 | 6 | 6 | 7 | 7 | 8 | 7 | 8 | 9 | 9 | 10 | 10 | 11 | 12 | 12 | 13 2 | 13 1 | 14 | 12 | 13 |
| 表 | 4 | 4 | 5 | 5 | 6 | 7 | 7 | 8 | 8 | 9 | 8 | 9 | 10 | 10 | 11 | 11 | 12 | 13 | 13 | 14 | 14 | 15 12 | 13 11 | 14 |
| 5 | 5 | 5 | 6 | 6 | 7 | 8 | 8 | 9 | 9 | 10 | 9 | 10 | 11 | 11 | 12 | 12 | 13 | 14 | 14 | 15 | 15 | 16 | 14 | 15 10 |
| 甲 | 6 | 6 | 7 | 7 | 8 | 9 | 9 | 10 | 10 | 11 | 10 | 11 | 12 | 12 | 13 | 13 | 14 | 15 | 15 | 16 | 16 | 17 | 15 | 16 |
| 子 | 7 | 7 | 8 | 8 | 9 | 10 | 10 | 11 | 11 | 12 | 11 | 12 | 13 | 13 | 14 | 14 | 15 | 16 | 16 | 17 | 17 | 18 | 16 | 17 |
| 表 | 8 | 8 | 9 | 9 | 10 | 11 | 11 | 12 | 12 | 13 | 12 | 13 | 14冬 | 14 | 15 | 15 | 16 | 17 | 17 | 18 | 18 | 19 | 17 | 18 |
| 17 | 9 | 9 | 10 | 10 | 11 | 12 | 12 | 13 | 13 | 14 | 13 | 14 | 15 | 15 | 16 | 16 | 17 | 18 | 18 | 19 | 19 | 20 | 18 | 19 |
| | 10 | 10 | 11 | 11 | 12 | 13 | 13 | 14 | 14 | 15 | 14 | 15 | 16 | 16 | 17 | 17 | 18 | 19 | 19 | 20 | 20 | 21 | 19 | 20 |

| 一三五〇 庚寅 至正一〇 751 | | | | | | | | | | | | 一三四九 己丑 至正九 750 | | | | | | | | | | | |
|---|---|---|---|---|---|---|---|---|---|---|---|---|---|---|---|---|---|---|---|---|---|---|---|
| 22 | 23 | 23 | 24 | 25 | 25 | 26 | 26 | 27 | 25 | 26 | 27 | 27 | 28 | 28 | 29 | 30 | 30 | 31 | **5** | **4** | 2 | 31 | **1** |
| 23 | 24 | 24 | 25 | 26 | 26 | 27 | 27 | 28 | 26 | 27 | 28 | 28 | 29 | 29 | 30 | 31 | **7** | **6** | 2 | 2 | 3 | **2** | 2 |
| 24 | 25 | 25 | 26 | 27 | 27 | 28 | 28 | 29 | 27 | 28 | 29 | 29 | 30 | 30 | 31 | **8** | 2 | 2 | 3 | 3 | 4 | 2 | 3 |
| 25 | 26 | 26 | 27 | 28 | 28 | 29 | 29 | 30 | 28 | 29 | 30 | 30 | 31 | **10** | **9** | 2 | 3 | 3 | 4 | 4 | 5 | 3 | 4 |
| 26 | 27 | 27 | 28 | 29 | 29 | 30 | 30 | 31 | **3** | 30 | 31 | **12** | **11** | 2 | 2 | 3 | 4 | 4 | 5 | 5 | 6 | 4 | 5 |
| 27 | 28 | 28 | 29 | 30 | 30 | 31 | **5** | **4** | 2 | 31 | **1** | 2 | 2 | 3 | 3 | 4 | 5 | 5 | 6 | 6 | 7 | 5 | 6 |
| 28 | 29 | 29 | 30 | 31 | **7** | **6** | 2 | 2 | 3 | **2** | 2 | 3 | 3 | 4 | 4 | 5 | 6 | 6 | 7 | 7 | 8 | 6 | 7 |
| 29 | 30 | 30 | 31 | **8** | 2 | 2 | 3 | 3 | 4 | 2 | 3 | 4 | 4 | 5 | 5 | 6 | 7 | 7 | 8 | 8 | 9 | 7 | 8 |
| 30 十一 | 31 | **10** | **9** | 2 | 3 | 3 | 4 | 4 | 5 | 3 | 4 | 5 | 5 | 6 | 6 | 7 | 8 | 8 | 9 | 9 | 10 | 8 | 9 |
| **12** | **11** 十 | 2 九 | 2 八 | 3 | 4 | 4 | 5 | 5 | 6 | 4 | 5 | 6 | 6 | 7 | 7 | 8 | 9 | 9 | 10 | 10 | 11 | 9 | 10 |
| 2 (10) | 2 (9) | 3 | 3 | 4 七 | 5 六 | 5 五 | 6 | 6 | 7 | 5 | 6 | 7 | 7 | 8 | 8 | 9 | 10 | 10 | 11 | 11 | 12 | 10 | 11 |
| 3 | 3 | 4 (8) | 4 (7) | 5 | 6 | 6 | 7 四 | 7 三 | 8 | 6 | 7 | 8 | 8 | 9 | 9 | 10 | 11 | 11 | 12 | 12 | 13 | 11 | 12 |
| 4 | 4 | 5 | 5 | 6 (6) | 7 (5) | 7 | 8 | 8 | 9 二 | 7 正 | 8 | 9 | 9 | 10 | 10 | 11 | 12 | 12 | 13 | 13 | 14 | 12 | 13 |
| 5 | 5 | 6 | 6 | 7 | 8 | 8 (4) | 9 (3) | 9 | 10 | 8 | 9 十二 | 10 | 10 | 11 | 11 | 12 | 13 | 13 | 14 | 14 | 15 | 13 | 14 |
| 6 | 6 | 7 | 7 | 8 | 9 | 9 | 10 | 10 (2) | 11 (1) | 9 | 10 | 11 十一 | 11 十 | 12 | 12 | 13 | 14 | 14 | 15 | 15 | 16 | 14 | 15 |
| 7 | 7 | 8 | 8 | 9 | 10 | 10 | 11 | 11 | 12 | 10 (12) | 11 (11) | 12 | 12 | 13 九 | 13 八 | 14 | 15 | 15 | 16 | 16 | 17 | 15 | 16 |
| 8 | 8 | 9 | 9 | 10 | 11 | 11 | 12 | 12 | 13 | 11 | 12 | 13 (10) | 13 (9) | 14 | 14 | 15 閏 | 16 七 | 16 六 | 17 | 17 | 18 | 16 | 17 |
| 9 | 9 | 10 | 10 | 11 | 12 | 12 | 13 | 13 | 14 | 12 | 13 | 14 | 14 | 15 (8) | 15 (7) | 16 | 17 | 17 | 18 五 | 18 四 | 19 | 17 | 18 |
| 10 | 10 | 11 | 11 | 12 | 13 | 13 | 14 | 14 | 15 | 13 | 14 | 15 | 15 | 16 | 16 | 17 (6) | 18 (5) | 18 | 19 | 19 | 20 三 | 18 二 | 19 正 |
| 11 | 11 | 12 | 12 | 13 | 14 | 14 | 15 | 15 | 16 | 14 | 15 | 16 | 16 | 17 | 17 | 18 | 19 | 19 (4) | 20 (3) | 20 | 21 | 19 | 20 |
| 12 | 12 | 13 | 13 | 14 | 15 | 15 | 16 | 16 | 17 | 15 | 16 | 17 | 17 | 18 | 18 | 19 | 20 | 20 | 21 | 21 (2) | 22 (1) | 20 (12) | 21 (11) |
| 13 | 13 | 14 | 14 | 15 | 16 | 16 | 17 | 17 | 18 | 16 | 17 | 18 | 18 | 19 | 19 | 20 | 21 | 21 | 22 | 22 | 23 | 21 | 22 |
| 14 冬 | 14 | 15 | 15 | 16 | 17 | 17 | 18 | 18 | 19 | 17 | 18 | 19 | 19 | 20 | 20 | 21 | 22 | 22 | 23 | 23 | 24 | 22 | 23 |
| 15 | 15 | 16 | 16 | 17 | 18 | 18 | 19 | 19 | 20 | 18 | 19 | 20 | 20 | 21 | 21 | 22 | 23 | 23 | 24 | 24 | 25 | 23 | 24 |
| 16 | 16 | 17 | 17 | 18 | 19 | 19 | 20 | 20 | 21 | 19 | 20 | 21 | 21 | 22 | 22 | 23 | 24 | 24 | 25 | 25 | 26 | 24 | 25 |
| 17 | 17 | 18 | 18 | 19 | 20 | 20 | 21 | 21 | 22 | 20 | 21 | 22 | 22 | 23 | 23 | 24 | 25 | 25 | 26 | 26 | 27 | 25 | 26 |
| 18 | 18 | 19 | 19 | 20 | 21 | 21 | 22 | 22 | 23 | 21 | 22 | 23 | 23 | 24 | 24 | 25 | 26 | 26 | 27 | 27 | 28 | 26 | 27 |
| 19 | 19 | 20 | 20 | 21 | 22 | 22 | 23 | 23 | 24 | 22 | 23 | 24 | 24 | 25 | 25 | 26 | 27 | 27 | 28 | 28 | 29 | 27 | 28 |
| 20 | 20 | 21 | 21 | 22 | 23 | 23 | 24 | 24 | 25 | 23 | 24 | 25 | 25 | 26 | 26 | 27 | 28 | 28 | 29 | 29 | 30 | 28 | 29 |
| 21 | 21 | 22 | 22 | 23 | 24 | 24 | 25 | 25 | 26 | 24 | 25 | 26 | 26 | 27 | 27 | 28 | 29 | 29 | 30 | 30 | 31 | **3** | 30 |

| 一三五二 壬辰 至正一二 753 | | | | | | | | | | | | | 一三五一 辛卯 至正一一 752 | | | | | | | | | | | |
|---|---|---|---|---|---|---|---|---|---|---|---|---|---|---|---|---|---|---|---|---|---|---|---|---|
| 11 | 11 | 12 | 12 8 | 13 7 | 14 | 14 | 15 | 15 閏 | 16 | 15 | 16 | 17 | 17 | 18 | 18 | 19 | 20 | 20 | 21 | 21 | 22 | 20 | 21 | 22 |
| 12 | 12 | 13 | 13 | 14 | 15 6 | 15 5 | 16 | 16 | 17 三 | 16 二 | 17 | 18 | 18 | 19 | 19 | 20 | 21 | 21 | 22 | 22 | 23 | 21 | 22 | 23 |
| 13 冬 | 13 | 14 | 14 | 15 | 16 | 16 | 17 4 | 17 3 | 18 | 17 | 18 正 | 19 十二 | 19 | 20 | 20 | 21 | 22 | 22 | 23 | 23 | 24 | 22 | 23 | 24 |
| 14 | 14 | 15 | 15 | 16 | 17 | 17 | 18 | 18 | 19 2 | 18 1 | 19 12 | 20 11 | 20 十一 | 21 十 | 21 九 | 22 八 | 23 | 23 | 24 | 24 | 25 | 23 | 24 | 25 |
| 15 | 15 | 16 | 16 | 17 | 18 | 18 | 19 | 19 | 20 | 19 | 20 | 21 | 21 10 | 22 9 | 22 | 23 | 24 七 | 24 六 | 25 | 25 | 26 | 24 | 25 | 26 |
| 16 | 16 | 17 | 17 | 18 | 19 | 19 | 20 | 20 | 21 | 20 | 21 | 22 | 22 | 23 | 23 8 | 24 7 | 25 | 25 | 26 五 | 26 四 | 27 | 25 | 26 | 27 |
| 17 | 17 | 18 | 18 | 19 | 20 | 20 | 21 | 21 | 22 | 21 | 22 | 23 | 23 | 24 | 24 | 25 | 26 6 | 26 5 | 27 | 27 | 28 三 | 26 二 | 27 | 28 |
| 18 | 18 | 19 | 19 | 20 | 21 | 21 | 22 | 22 | 23 | 22 | 23 | 24 | 24 | 25 | 25 | 26 | 27 | 27 | 28 4 | 28 3 | 29 | 27 | 28 正 | 29 |
| 19 | 19 | 20 | 20 | 21 | 22 | 22 | 23 | 23 | 24 | 23 | 24 | 25 | 25 | 26 | 26 | 27 | 28 | 28 | 29 | 29 | 30 2 | 28 1 | 29 | 30 十一 |
| 20 | 20 | 21 | 21 | 22 | 23 | 23 | 24 | 24 | 25 | 24 | 25 | 26 | 26 | 27 | 27 | 28 | 29 | 29 | 30 | 30 | 31 | 3 | 30 12 | 31 11 |
| 21 | 21 | 22 | 22 | 23 | 24 | 24 | 25 | 25 | 26 | 25 | 26 | 27 | 27 | 28 | 28 | 29 | 30 | 30 | 31 | 5 | 4 | 2 | 31 | 1 |
| 22 | 22 | 23 | 23 | 24 | 25 | 25 | 26 | 26 | 27 | 26 | 27 | 28 | 28 | 29 | 29 | 30 | 31 | 7 | 6 | 2 | 2 | 3 | 2 | 2 |
| 23 | 23 | 24 | 24 | 25 | 26 | 26 | 27 | 27 | 28 | 27 | 28 | 29 | 29 | 30 | 30 | 31 | 8 | 2 | 2 | 3 | 3 | 4 | 2 | 3 |
| 24 | 24 | 25 | 25 | 26 | 27 | 27 | 28 | 28 | 29 | 28 | 29 | 30 | 30 | 31 | 10 | 9 | 2 | 3 | 3 | 4 | 4 | 5 | 3 | 4 |
| 25 | 25 | 26 | 26 | 27 | 28 | 28 | 29 | 29 | 30 | 29 | 30 | 31 | 12 | 11 | 2 | 2 | 3 | 4 | 4 | 5 | 5 | 6 | 4 | 5 |
| 26 | 26 | 27 | 27 | 28 | 29 | 29 | 30 | 30 | 31 | 3 | 31 | 1 | 2 | 2 | 3 | 3 | 4 | 5 | 5 | 6 | 6 | 7 | 5 | 6 |
| 27 | 27 | 28 | 28 | 29 | 30 | 30 | 31 | 5 | 4 | 2 | 2 | 2 | 3 | 3 | 4 | 4 | 5 | 6 | 6 | 7 | 7 | 8 | 6 | 7 |
| 28 | 28 | 29 | 29 | 30 | 31 | 7 | 6 | 2 | 2 | 3 | 2 | 3 | 4 | 4 | 5 | 5 | 6 | 7 | 7 | 8 | 8 | 9 | 7 | 8 |
| 29 | 29 | 30 | 30 | 31 | 8 | 2 | 2 | 3 | 3 | 4 | 3 | 4 | 5 | 5 | 6 | 6 | 7 | 8 | 8 | 9 | 9 | 10 | 8 | 9 |
| 30 | 30 | 31 | 10 | 9 | 2 | 3 | 3 | 4 | 4 | 5 | 4 | 5 | 6 | 6 | 7 | 7 | 8 | 9 | 9 | 10 | 10 | 11 | 9 | 10 |
| 31 | 12 | 11 | 2 | 2 | 3 | 4 | 4 | 5 | 5 | 6 | 5 | 6 | 7 | 7 | 8 | 8 | 9 | 10 | 10 | 11 | 11 | 12 | 10 | 11 |
| 日 | 2 | 2 | 3 | 3 | 4 | 5 | 5 | 6 | 6 | 7 | 6 | 7 | 8 | 8 | 9 | 9 | 10 | 11 | 11 | 12 | 12 | 13 | 11 | 12 |
| 曜 | 3 | 3 | 4 | 4 | 5 | 6 | 6 | 7 | 7 | 8 | 7 | 8 | 9 | 9 | 10 | 10 | 11 | 12 | 12 | 13 | 13 | 14 | 12 | 13 |
| 表 | 4 | 4 | 5 | 5 | 6 | 7 | 7 | 8 | 8 | 9 | 8 | 9 | 10 | 10 | 11 | 11 | 12 | 13 | 13 | 14 | 14 | 15 | 13 | 14 |
| 6 | 5 | 5 | 6 | 6 | 7 | 8 | 8 | 9 | 9 | 10 | 9 | 10 | 11 | 11 | 12 | 12 | 13 | 14 | 14 | 15 | 15 | 16 | 14 | 15 |
| 甲 | 6 | 6 | 7 | 7 | 8 | 9 | 9 | 10 | 10 | 11 | 10 | 11 | 12 | 12 | 13 | 13 | 14 | 15 | 15 | 16 | 16 | 17 | 15 | 16 |
| 子 | 7 十一 | 7 | 8 | 8 | 9 | 10 | 10 | 11 | 11 | 12 | 11 | 12 | 13 | 13 | 14 | 14 | 15 | 16 | 16 | 17 | 17 | 18 | 16 | 17 |
| 表 | 8 | 8 十 | 9 九 | 9 八 | 10 七 | 11 | 11 | 12 | 12 | 13 | 12 | 13 | 14 冬 | 14 | 15 | 15 | 16 | 17 | 17 | 18 | 18 | 19 | 17 | 18 |
| 18 | 9 11 | 9 | 10 | 10 | 11 | 12 六 | 12 | 13 | 13 | 14 | 13 | 14 | 15 | 15 | 16 | 16 | 17 | 18 | 18 | 19 | 19 | 20 | 18 | 19 |
| | 10 | 10 10 | 11 9 | 11 | 12 | 13 | 13 五 | 14 四 | 14 | 15 | 14 | 15 | 16 | 16 | 17 | 17 | 18 | 19 | 19 | 20 | 20 | 21 | 19 | 20 |

一三五四 甲午 至正一四 755

一三五三 癸巳 至正一三 754

| | | | | | | | | | | | | | | | | | | | | | | | |
|---|---|---|---|---|---|---|---|---|---|---|---|---|---|---|---|---|---|---|---|---|---|---|---|
| 22 | 23 | 23 | 24 | 25 | 25 | 26 | 26 | 27 | 25 2 | 26 1 | 27 | 27 | 28 十 | 28 九 | 29 八 | 30 | 30 | 31 | **5** | **4** | 2 | 31 | **1** |
| 23 | 24 | 24 | 25 | 26 | 26 | 27 | 27 | 28 | 26 | 27 | 28 12 | 28 11 | 29 | 29 | 30 | 31 七 | **7** 六 | **6** | 2 | 2 | 3 | **2** | 2 |
| 24 | 25 | 25 | 26 | 27 | 27 | 28 | 28 | 29 | 27 | 28 | 29 | 29 | 30 10 | 30 9 | 31 | **8** | 2 | 2 五 | 3 | 3 | 4 | 2 | 3 |
| 25 | 26 | 26 | 27 | 28 | 28 | 29 | 29 | 30 | 28 | 29 | 30 | 30 | 31 | **10** | **9** 8 | 2 7 | 3 | 3 | 4 四 | 4 | 5 | 3 | 4 |
| 26 | 27 | 27 | 28 | 29 | 29 | 30 | 30 | 31 | **3** | 30 | 31 | **12** | **11** | 2 | 2 | 3 | 4 6 | 4 5 | 5 | 5 三 | 6 二 | 4 | 5 |
| 27 | 28 | 28 | 29 | 30 | 30 | 31 | **5** | **4** | 2 | 31 | **1** | 2 | 2 | 3 | 3 | 4 | 5 | 5 | 6 4 | 6 3 | 7 | 5 正 | 6 十二 |
| 28 | 29 | 29 | 30 | 31 | **7** | **6** | 2 | 2 | 3 | **2** | 2 | 3 | 3 | 4 | 4 | 5 | 6 | 6 | 7 | 7 | 8 2 | 6 1 | 7 |
| 29 | 30 | 30 | 31 | **8** | 2 | 2 | 3 | 3 | 4 | 2 | 3 | 4 | 4 | 5 | 5 | 6 | 7 | 7 | 8 | 8 | 9 | 7 | 8 12 |
| 30 | 31 | **10** | **9** | 2 | 3 | 3 | 4 | 4 | 5 | 3 | 4 | 5 | 5 | 6 | 6 | 7 | 8 | 8 | 9 | 9 | 10 | 8 | 9 |
| **12** | **11** | 2 | 2 | 3 | 4 | 4 | 5 | 5 | 6 | 4 | 5 | 6 | 6 | 7 | 7 | 8 | 9 | 9 | 10 | 10 | 11 | 9 | 10 |
| 2 | 2 | 3 | 3 | 4 | 5 | 5 | 6 | 6 | 7 | 5 | 6 | 7 | 7 | 8 | 8 | 9 | 10 | 10 | 11 | 11 | 12 | 10 | 11 |
| 3 | 3 | 4 | 4 | 5 | 6 | 6 | 7 | 7 | 8 | 6 | 7 | 8 | 8 | 9 | 9 | 10 | 11 | 11 | 12 | 12 | 13 | 11 | 12 |
| 4 | 4 | 5 | 5 | 6 | 7 | 7 | 8 | 8 | 9 | 7 | 8 | 9 | 9 | 10 | 10 | 11 | 12 | 12 | 13 | 13 | 14 | 12 | 13 |
| 5 | 5 | 6 | 6 | 7 | 8 | 8 | 9 | 9 | 10 | 8 | 9 | 10 | 10 | 11 | 11 | 12 | 13 | 13 | 14 | 14 | 15 | 13 | 14 |
| 6 | 6 | 7 | 7 | 8 | 9 | 9 | 10 | 10 | 11 | 9 | 10 | 11 | 11 | 12 | 12 | 13 | 14 | 14 | 15 | 15 | 16 | 14 | 15 |
| 7 | 7 | 8 | 8 | 9 | 10 | 10 | 11 | 11 | 12 | 10 | 11 | 12 | 12 | 13 | 13 | 14 | 15 | 15 | 16 | 16 | 17 | 15 | 16 |
| 8 | 8 | 9 | 9 | 10 | 11 | 11 | 12 | 12 | 13 | 11 | 12 | 13 冬 | 13 | 14 | 14 | 15 | 16 | 16 | 17 | 17 | 18 | 16 | 17 |
| 9 | 9 | 10 | 10 | 11 | 12 | 12 | 13 | 13 | 14 | 12 | 13 | 14 | 14 | 15 | 15 | 16 | 17 | 17 | 18 | 18 | 19 | 17 | 18 |
| 10 | 10 | 11 | 11 | 12 | 13 | 13 | 14 | 14 | 15 | 13 | 14 | 15 | 15 | 16 | 16 | 17 | 18 | 18 | 19 | 19 | 20 | 18 | 19 |
| 11 | 11 | 12 | 12 | 13 | 14 | 14 | 15 | 15 | 16 | 14 | 15 | 16 | 16 | 17 | 17 | 18 | 19 | 19 | 20 | 20 | 21 | 19 | 20 |
| 12 | 12 | 13 | 13 | 14 | 15 | 15 | 16 | 16 | 17 | 15 | 16 | 17 | 17 | 18 | 18 | 19 | 20 | 20 | 21 | 21 | 22 | 20 | 21 |
| 13 | 13 | 14 | 14 | 15 | 16 | 16 | 17 | 17 | 18 | 16 | 17 | 18 | 18 | 19 | 19 | 20 | 21 | 21 | 22 | 22 | 23 | 21 | 22 |
| 14 冬 | 14 | 15 | 15 | 16 | 17 | 17 | 18 | 18 | 19 | 17 | 18 | 19 | 19 | 20 | 20 | 21 | 22 | 22 | 23 | 23 | 24 | 22 | 23 |
| 15 十二 | 15 十一 | 16 | 16 | 17 | 18 | 18 | 19 | 19 | 20 | 18 | 19 | 20 | 20 | 21 | 21 | 22 | 23 | 23 | 24 | 24 | 25 | 23 | 24 |
| 16 | 16 | 17 十 | 17 九 | 18 | 19 | 19 | 20 | 20 | 21 | 19 | 20 | 21 | 21 | 22 | 22 | 23 | 24 | 24 | 25 | 25 | 26 | 24 | 25 |
| 17 12 | 17 11 | 18 | 18 | 19 八 | 20 七 | 20 | 21 | 21 | 22 | 20 | 21 | 22 | 22 | 23 | 23 | 24 | 25 | 25 | 26 | 26 | 27 | 25 | 26 |
| 18 | 18 | 19 10 | 19 9 | 20 | 21 | 21 六 | 22 | 22 | 23 | 21 | 22 | 23 | 23 | 24 | 24 | 25 | 26 | 26 | 27 | 27 | 28 | 26 | 27 |
| 19 | 19 | 20 | 20 | 21 8 | 22 7 | 22 | 23 五 | 23 | 24 | 22 | 23 | 24 | 24 | 25 | 25 | 26 | 27 | 27 | 28 | 28 | 29 | 27 | 28 |
| 20 | 20 | 21 | 21 | 22 | 23 | 23 6 | 24 5 | 24 四 | 25 三 | 23 | 24 | 25 | 25 | 26 | 26 | 27 | 28 | 28 | 29 | 29 | 30 | 28 | 29 |
| 21 | 21 | 22 | 22 | 23 | 24 | 24 | 25 | 25 4 | 26 3 | 24 二 | 25 正 | 26 十二 | 26 十一 | 27 | 27 | 28 | 29 | 29 | 30 | 30 | 31 | **3** | 30 |

一三五六 丙申 至正一六

一三五五 乙未 至正一五

| 758 | | | | | | | | | | | | 757 | | | | | | | | | | | | 756 |
|---|---|---|---|---|---|---|---|---|---|---|---|---|---|---|---|---|---|---|---|---|---|---|---|---|
| 11 | 11 | 12 | 12 | 13 | 14 | 14 | 15 | 15 | 16 | 15 | 16 | 17 | 17 | 18 | 18 | 19 | 20 | 20 | 21 | 21 | 22 | 20 | 21 | 22 |
| 12 | 12 | 13 | 13 | 14 | 15 | 15 | 16 | 16 | 17 | 16 | 17 | 18 | 18 | 19 | 19 | 20 | 21 | 21 | 22 | 22 | 23 | 21 | 22 | 23 |
| 13 冬 | 13 | 14 | 14 | 15 | 16 | 16 | 17 | 17 | 18 | 17 | 18 | 19 | 19 | 20 | 20 | 21 | 22 | 22 | 23 | 23 | 24 | 22 | 23 | 24 |
| 14 | 14 | 15 | 15 | 16 | 17 | 17 | 18 | 18 | 19 | 18 | 19 | 20 | 20 | 21 | 21 | 22 | 23 | 23 | 24 | 24 | 25 | 23 | 24 | 25 |
| 15 | 15 | 16 | 16 | 17 | 18 | 18 | 19 | 19 | 20 | 19 | 20 | 21 | 21 | 22 | 22 | 23 | 24 | 24 | 25 | 25 | 26 | 24 | 25 | 26 |
| 16 | 16 | 17 | 17 | 18 | 19 | 19 | 20 | 20 | 21 | 20 | 21 | 22 | 22 | 23 | 23 | 24 | 25 | 25 | 26 | 26 | 27 | 25 | 26 | 27 |
| 17 | 17 | 18 | 18 | 19 | 20 | 20 | 21 | 21 | 22 | 21 | 22 | 23 | 23 | 24 | 24 | 25 | 26 | 26 | 27 | 27 | 28 | 26 | 27 | 28 |
| 18 | 18 | 19 | 19 | 20 | 21 | 21 | 22 | 22 | 23 | 22 | 23 | 24 | 24 | 25 | 25 | 26 | 27 | 27 | 28 | 28 | 29 | 27 | 28 | 29 |
| 19 | 19 | 20 | 20 | 21 | 22 | 22 | 23 | 23 | 24 | 23 | 24 | 25 | 25 | 26 | 26 | 27 | 28 | 28 | 29 | 29 | 30 | 28 | 29 | 30 |
| 20 | 20 | 21 | 21 | 22 | 23 | 23 | 24 | 24 | 25 | 24 | 25 | 26 | 26 | 27 | 27 | 28 | 29 | 29 | 30 | 30 | 31 | 3 | 30 | 31 |
| 21 | 21 | 22 | 22 | 23 | 24 | 24 | 25 | 25 | 26 | 25 | 26 | 27 | 27 | 28 | 28 | 29 | 30 | 30 | 31 | 5 | 4 | 2 | 31 | 1 |
| 22 十二 | 22 | 23 | 23 | 24 | 25 | 25 | 26 | 26 | 27 | 26 | 27 | 28 | 28 | 29 | 29 | 30 | 31 | 7 | 6 | 2 | 2 | 3 | 2 | 2 |
| 23 | 23 十一 | 24 十 | 24 | 25 | 26 | 26 | 27 | 27 | 28 | 27 | 28 | 29 | 29 | 30 | 30 | 31 | 8 | 2 | 2 | 3 | 3 | 4 | 2 | 3 |
| 24 | 24 | 25 | 25 九 | 26 | 27 | 27 | 28 | 28 | 29 | 28 | 29 | 30 | 30 | 31 | 10 | 9 | 2 | 3 | 3 | 4 | 4 | 5 | 3 | 4 |
| 25 1 | 25 12 | 26 11 | 26 | 27 八 | 28 七 | 28 | 29 | 29 | 30 | 29 | 30 | 31 | 12 | 11 | 2 | 2 | 3 | 4 | 4 | 5 | 5 | 6 | 4 | 5 |
| 26 | 26 | 27 | 27 10 | 28 9 | 29 | 29 六 | 30 五 | 30 | 31 | 3 | 31 | 1 | 2 | 2 | 3 | 3 | 4 | 5 | 5 | 6 | 6 | 7 | 5 | 6 |
| 27 | 27 | 28 | 28 | 29 | 30 8 | 30 7 | 31 | 5 四 | 4 三 | 2 | 2 | 2 | 3 | 3 | 4 | 4 | 5 | 6 | 6 | 7 | 7 | 8 | 6 | 7 |
| 28 | 28 | 29 | 29 | 30 | 31 | 7 | 6 6 | 2 5 | 2 | 3 二 | 2 正 | 3 十二 | 4 十一 | 4 | 5 | 5 | 6 | 7 | 7 | 8 | 8 | 9 | 7 | 8 |
| 29 | 29 | 30 | 30 | 31 | 8 | 2 | 2 | 3 | 3 4 | 4 3 | 3 | 4 | 5 | 5 十 | 6 九 | 6 | 7 | 8 | 8 | 9 | 9 | 10 | 8 | 9 |
| 30 | 30 | 31 | 10 | 9 | 2 | 3 | 3 | 4 | 4 | 5 | 4 2 | 5 1 | 6 | 6 | 7 | 7 八 | 8 七 | 9 | 9 | 10 | 10 | 11 | 9 | 10 |
| 31 | 12 | 11 | 2 | 2 | 3 | 4 | 4 | 5 | 5 | 6 | 5 | 6 | 7 12 | 7 11 | 8 | 8 | 9 | 10 六 | 10 | 11 | 11 | 12 | 10 | 11 |
| 日 | 2 | 2 | 3 | 3 | 4 | 5 | 5 | 6 | 6 | 7 | 6 | 7 | 8 | 8 | 9 10 | 9 9 | 10 | 11 | 11 五 | 12 | 12 | 13 | 11 | 12 |
| 曜 | 3 | 3 | 4 | 4 | 5 | 6 | 6 | 7 | 7 | 8 | 7 | 8 | 9 | 9 | 10 | 10 | 11 8 | 12 7 | 12 | 13 四 | 13 三 | 14 | 12 | 13 |
| 表 | 4 | 4 | 5 | 5 | 6 | 7 | 7 | 8 | 8 | 9 | 8 | 9 | 10 | 10 | 11 | 11 | 12 | 13 | 13 6 | 14 5 | 14 | 15 二 | 13 閏 | 14 正 |
| 7 | 5 | 5 | 6 | 6 | 7 | 8 | 8 | 9 | 9 | 10 | 9 | 10 | 11 | 11 | 12 | 12 | 13 | 14 | 14 | 15 | 15 4 | 16 3 | 14 | 15 |
| 甲 | 6 | 6 | 7 | 7 | 8 | 9 | 9 | 10 | 10 | 11 | 10 | 11 | 12 | 12 | 13 | 13 | 14 | 15 | 15 | 16 | 16 | 17 | 15 2 | 16 1 |
| 子 | 7 | 7 | 8 | 8 | 9 | 10 | 10 | 11 | 11 | 12 | 11 | 12 | 13 | 13 | 14 | 14 | 15 | 16 | 16 | 17 | 17 | 18 | 16 | 17 |
| 表 | 8 | 8 | 9 | 9 | 10 | 11 | 11 | 12 | 12 | 13 | 12 | 13 | 14 冬 | 14 | 15 | 15 | 16 | 17 | 17 | 18 | 18 | 19 | 17 | 18 |
| 19 | 9 | 9 | 10 | 10 | 11 | 12 | 12 | 13 | 13 | 14 | 13 | 14 | 15 | 15 | 16 | 16 | 17 | 18 | 18 | 19 | 19 | 20 | 18 | 19 |
| | 10 | 10 | 11 | 11 | 12 | 13 | 13 | 14 | 14 | 15 | 14 | 15 | 16 | 16 | 17 | 17 | 18 | 19 | 19 | 20 | 20 | 21 | 19 | 20 |

| 760 一三五八 戊戌 至正一八 | | | | | | | | | | | | 759 一三五七 丁酉 至正一七 | | | | | | | | | | | |
|---|---|---|---|---|---|---|---|---|---|---|---|---|---|---|---|---|---|---|---|---|---|---|---|
| 22 | 23 | 23 | 24 | 25 | 25 | 26 | 26 | 27 | 25 | 26 | 27 | 27 | 28 | 28 | 29 | 30 | 30 | 31 | 5 | 4 | 2 | 31 | 1 |
| 23 | 24 | 24 | 25 | 26 | 26 | 27 | 27 | 28 | 26 | 27 | 28 | 28 | 29 | 29 | 30 | 31 | 7 | 6 | 2 | 2 | 3 | 2 | 2 |
| 24 | 25 | 25 | 26 | 27 | 27 | 28 | 28 | 29 | 27 | 28 | 29 | 29 | 30 | 30 | 31 | 8 | 2 | 2 | 3 | 3 | 4 | 2 | 3 |
| 25 | 26 | 26 | 27 | 28 | 28 | 29 | 29 | 30 | 28 | 29 | 30 | 30 | 31 | 10 | 9 | 2 | 3 | 3 | 4 | 4 | 5 | 3 | 4 |
| 26 | 27 | 27 | 28 | 29 | 29 | 30 | 30 | 31 | 3 | 30 | 31 | 12 | 11 | 2 | 2 | 3 | 4 | 4 | 5 | 5 | 6 | 4 | 5 |
| 27 | 28 | 28 | 29 | 30 | 30 | 31 | 5 | 4 | 2 | 31 | 1 | 2 | 2 | 3 | 3 | 4 | 5 | 5 | 6 | 6 | 7 | 5 | 6 |
| 28 | 29 | 29 | 30 | 31 | 7 | 6 | 2 | 2 | 3 | 2 | 2 | 3 | 3 | 4 | 4 | 5 | 6 | 6 | 7 | 7 | 8 | 6 | 7 |
| 29 | 30 | 30 | 31 | 8 | 2 | 2 | 3 | 3 | 4 | 2 | 3 | 4 | 4 | 5 | 5 | 6 | 7 | 7 | 8 | 8 | 9 | 7 | 8 |
| 30 | 31 | 10 | 9 | 2 | 3 | 3 | 4 | 4 | 5 | 3 | 4 | 5 | 5 | 6 | 6 | 7 | 8 | 8 | 9 | 9 | 10 | 8 | 9 |
| 12 | 十一 11 | 2 | 2 | 3 | 4 | 4 | 5 | 5 | 6 | 4 | 5 | 6 | 6 | 7 | 7 | 8 | 9 | 9 | 10 | 10 | 11 | 9 | 10 |
| 2 | 2 | 十 3 | 3 | 4 | 5 | 5 | 6 | 6 | 7 | 5 | 6 | 7 | 7 | 8 | 8 | 9 | 10 | 10 | 11 | 11 | 12 | 10 | 11 |
| 3 | 1 3 | 4 | 九 4 | 八 5 | 七 6 | 6 | 7 | 7 | 8 | 6 | 7 | 8 | 8 | 9 | 9 | 10 | 11 | 11 | 12 | 12 | 13 | 11 | 12 |
| 4 | 4 | 12 5 | 11 5 | 6 | 7 | 六 7 | 五 8 | 8 | 9 | 7 | 8 | 9 | 9 | 10 | 10 | 11 | 12 | 12 | 13 | 13 | 14 | 12 | 13 |
| 5 | 5 | 6 | 6 | 10 7 | 9 8 | 8 | 9 | 四 9 | 三 10 | 二 8 | 9 | 10 | 10 | 11 | 11 | 12 | 13 | 13 | 14 | 14 | 15 | 13 | 14 |
| 6 | 6 | 7 | 7 | 8 | 9 | 8 9 | 7 10 | 10 | 11 | 9 | 正 10 | 十二 11 | 11 | 12 | 12 | 13 | 14 | 14 | 15 | 15 | 16 | 14 | 15 |
| 7 | 7 | 8 | 8 | 9 | 10 | 10 | 11 | 6 11 | 5 12 | 10 | 11 | 12 | 十一 12 | 十 13 | 13 | 14 | 15 | 15 | 16 | 16 | 17 | 15 | 16 |
| 8 | 8 | 9 | 9 | 10 | 11 | 11 | 12 | 12 | 13 | 4 11 | 3 12 | 13 | 冬 13 | 14 | 閏 14 | 15 | 16 | 16 | 17 | 17 | 18 | 16 | 17 |
| 9 | 9 | 10 | 10 | 11 | 12 | 12 | 13 | 13 | 14 | 12 | 13 | 2 14 | 1 14 | 15 | 15 | 九 16 | 八 17 | 17 | 18 | 18 | 19 | 17 | 18 |
| 10 | 10 | 11 | 11 | 12 | 13 | 13 | 14 | 14 | 15 | 13 | 14 | 15 | 15 | 12 16 | 11 16 | 17 | 18 | 七 18 | 六 19 | 19 | 20 | 18 | 19 |
| 11 | 11 | 12 | 12 | 13 | 14 | 14 | 15 | 15 | 16 | 14 | 15 | 16 | 16 | 17 | 17 | 10 18 | 9 19 | 19 | 20 | 五 20 | 四 21 | 三 19 | 20 |
| 12 | 12 | 13 | 13 | 14 | 15 | 15 | 16 | 16 | 17 | 15 | 16 | 17 | 17 | 18 | 18 | 19 | 20 | 8 20 | 7 21 | 21 | 22 | 20 | 二 21 正 |
| 13 | 冬 13 | 14 | 14 | 15 | 16 | 16 | 17 | 17 | 18 | 16 | 17 | 18 | 18 | 19 | 19 | 20 | 21 | 21 | 22 | 6 22 | 5 23 | 21 | 22 |
| 14 | 14 | 15 | 15 | 16 | 17 | 17 | 18 | 18 | 19 | 17 | 18 | 19 | 19 | 20 | 20 | 21 | 22 | 22 | 23 | 23 | 24 | 4 22 | 3 23 |
| 15 | 15 | 16 | 16 | 17 | 18 | 18 | 19 | 19 | 20 | 18 | 19 | 20 | 20 | 21 | 21 | 22 | 23 | 23 | 24 | 24 | 25 | 23 | 24 2 |
| 16 | 16 | 17 | 17 | 18 | 19 | 19 | 20 | 20 | 21 | 19 | 20 | 21 | 21 | 22 | 22 | 23 | 24 | 24 | 25 | 25 | 26 | 24 | 25 |
| 17 | 17 | 18 | 18 | 19 | 20 | 20 | 21 | 21 | 22 | 20 | 21 | 22 | 22 | 23 | 23 | 24 | 25 | 25 | 26 | 26 | 27 | 25 | 26 |
| 18 | 18 | 19 | 19 | 20 | 21 | 21 | 22 | 22 | 23 | 21 | 22 | 23 | 23 | 24 | 24 | 25 | 26 | 26 | 27 | 27 | 28 | 26 | 27 |
| 19 | 19 | 20 | 20 | 21 | 22 | 22 | 23 | 23 | 24 | 22 | 23 | 24 | 24 | 25 | 25 | 26 | 27 | 27 | 28 | 28 | 29 | 27 | 28 |
| 20 | 20 | 21 | 21 | 22 | 23 | 23 | 24 | 24 | 25 | 23 | 24 | 25 | 25 | 26 | 26 | 27 | 28 | 28 | 29 | 29 | 30 | 28 | 29 |
| 21 | 21 | 22 | 22 | 23 | 24 | 24 | 25 | 25 | 26 | 24 | 25 | 26 | 26 | 27 | 27 | 28 | 29 | 29 | 30 | 30 | 31 | 3 | 30 |

| 762 一三六〇 庚子 至正二〇 | | | | | | | | | | | | | 761 一三五九 己亥 至正一九 | | | | | | | | | | | |
|---|---|---|---|---|---|---|---|---|---|---|---|---|---|---|---|---|---|---|---|---|---|---|---|---|
| 11 | 2 11 | 1 12 | 12 | 13 | 14 | 六 14 | 閏 15 | 15 | 16 | 15 | 16 | 17 | 17 | 18 | 18 | 19 | 20 | 20 | 21 | 21 | 22 | 20 | 21 | 22 |
| 12 | 12 | 13 | 12 13 | 11 14 | 15 | 15 | 16 | 五 16 | 四 17 | 16 | 17 | 18 | 18 | 19 | 19 | 20 | 21 | 21 | 22 | 22 | 23 | 21 | 22 | 23 |
| 13 | 冬 13 | 14 | 14 | 15 | 10 16 | 9 16 | 17 | 17 | 18 | 三 17 | 二 18 | 19 | 19 | 20 | 20 | 21 | 22 | 22 | 23 | 23 | 24 | 22 | 23 | 24 |
| 14 | 14 | 15 | 15 | 16 | 17 | 17 | 8 18 | 7 18 | 19 | 18 | 19 | 正 20 | 20 | 21 | 21 | 22 | 23 | 23 | 24 | 24 | 25 | 23 | 24 | 25 |
| 15 | 15 | 16 | 16 | 17 | 18 | 18 | 19 | 19 | 6 20 | 5 19 | 20 | 21 | 十二 21 | 十一 22 | 十 22 | 23 | 24 | 24 | 25 | 25 | 26 | 24 | 25 | 26 |
| 16 | 16 | 17 | 17 | 18 | 19 | 19 | 20 | 20 | 21 | 20 | 4 21 | 3 22 | 22 | 23 | 23 | 九 24 | 八 25 | 25 | 26 | 26 | 27 | 25 | 26 | 27 |
| 17 | 17 | 18 | 18 | 19 | 20 | 20 | 21 | 21 | 22 | 21 | 22 | 23 | 2 23 | 1 24 | 12 24 | 11 25 | 26 | 七 26 | 六 27 | 五 27 | 28 | 26 | 27 | 28 |
| 18 | 18 | 19 | 19 | 20 | 21 | 21 | 22 | 22 | 23 | 22 | 23 | 24 | 24 | 25 | 25 | 26 | 10 27 | 9 27 | 28 | 28 | 四 29 | 三 27 | 28 | 29 |
| 19 | 19 | 20 | 20 | 21 | 22 | 22 | 23 | 23 | 24 | 23 | 24 | 25 | 25 | 26 | 26 | 27 | 28 | 28 | 8 29 | 7 29 | 30 | 28 | 二 29 | 正 30 |
| 20 | 20 | 21 | 21 | 22 | 23 | 23 | 24 | 24 | 25 | 24 | 25 | 26 | 26 | 27 | 27 | 28 | 29 | 29 | 30 | 30 | 6 31 | 5 **3** | 30 | 31 十二 |
| 21 | 21 | 22 | 22 | 23 | 24 | 24 | 25 | 25 | 26 | 25 | 26 | 27 | 27 | 28 | 28 | 29 | 30 | 30 | 31 | **5** | **4** | 2 | 4 31 | 3 **1** |
| 22 | 22 | 23 | 23 | 24 | 25 | 25 | 26 | 26 | 27 | 26 | 27 | 28 | 28 | 29 | 29 | 30 | 31 | **7** | **6** | 2 | 2 | 3 | **2** | 2 2 |
| 23 | 23 | 24 | 24 | 25 | 26 | 26 | 27 | 27 | 28 | 27 | 28 | 29 | 29 | 30 | 30 | 31 | **8** | 2 | 2 | 3 | 3 | 4 | 2 | 3 |
| 24 | 24 | 25 | 25 | 26 | 27 | 27 | 28 | 28 | 29 | 28 | 29 | 30 | 30 | 31 | **10** | **9** | 2 | 3 | 3 | 4 | 4 | 5 | 3 | 4 |
| 25 | 25 | 26 | 26 | 27 | 28 | 28 | 29 | 29 | 30 | 29 | 30 | 31 | **12** | **11** | 2 | 2 | 3 | 4 | 4 | 5 | 5 | 6 | 4 | 5 |
| 26 | 26 | 27 | 27 | 28 | 29 | 29 | 30 | 30 | 31 | **3** | 31 | **1** | 2 | 2 | 3 | 3 | 4 | 5 | 5 | 6 | 6 | 7 | 5 | 6 |
| 27 | 27 | 28 | 28 | 29 | 30 | 30 | 31 | **5** | **4** | 2 | **2** | 2 | 3 | 3 | 4 | 4 | 5 | 6 | 6 | 7 | 7 | 8 | 6 | 7 |
| 28 | 28 | 29 | 29 | 30 | 31 | **7** | **6** | 2 | 2 | 3 | 2 | 3 | 4 | 4 | 5 | 5 | 6 | 7 | 7 | 8 | 8 | 9 | 7 | 8 |
| 29 | 29 | 30 | 30 | 31 | **8** | 2 | 2 | 3 | 3 | 4 | 3 | 4 | 5 | 5 | 6 | 6 | 7 | 8 | 8 | 9 | 9 | 10 | 8 | 9 |
| 30 | 30 | 31 | **10** | **9** | 2 | 3 | 3 | 4 | 4 | 5 | 4 | 5 | 6 | 6 | 7 | 7 | 8 | 9 | 9 | 10 | 10 | 11 | 9 | 10 |
| 31 | **12** | **11** | 2 | 2 | 3 | 4 | 4 | 5 | 5 | 6 | 5 | 6 | 7 | 7 | 8 | 8 | 9 | 10 | 10 | 11 | 11 | 12 | 10 | 11 |
| 日 | 2 | 2 | 3 | 3 | 4 | 5 | 5 | 6 | 6 | 7 | 6 | 7 | 8 | 8 | 9 | 9 | 10 | 11 | 11 | 12 | 12 | 13 | 11 | 12 |
| 曜 | 3 | 3 | 4 | 4 | 5 | 6 | 6 | 7 | 7 | 8 | 7 | 8 | 9 | 9 | 10 | 10 | 11 | 12 | 12 | 13 | 13 | 14 | 12 | 13 |
| 表 | 4 | 4 | 5 | 5 | 6 | 7 | 7 | 8 | 8 | 9 | 8 | 9 | 10 | 10 | 11 | 11 | 12 | 13 | 13 | 14 | 14 | 15 | 13 | 14 |
| 1 | 5 | 5 | 6 | 6 | 7 | 8 | 8 | 9 | 9 | 10 | 9 | 10 | 11 | 11 | 12 | 12 | 13 | 14 | 14 | 15 | 15 | 16 | 14 | 15 |
| 甲 | 6 | 6 | 7 | 7 | 8 | 9 | 9 | 10 | 10 | 11 | 10 | 11 | 12 | 12 | 13 | 13 | 14 | 15 | 15 | 16 | 16 | 17 | 15 | 16 |
| 子 | 7 | 7 | 8 | 8 | 9 | 10 | 10 | 11 | 11 | 12 | 11 | 12 | 13 | 13 | 14 | 14 | 15 | 16 | 16 | 17 | 17 | 18 | 16 | 17 |
| 表 | 8 | 8 | 9 | 9 | 10 | 11 | 11 | 12 | 12 | 13 | 12 | 13 | 14 | 冬 14 | 15 | 15 | 16 | 17 | 17 | 18 | 18 | 19 | 17 | 18 |
| 20 | 9 | 十二 9 | 十 10 | 10 | 11 | 12 | 12 | 13 | 13 | 14 | 13 | 14 | 15 | 15 | 16 | 16 | 17 | 18 | 18 | 19 | 19 | 20 | 18 | 19 |
| | 10 | 10 | 11 | 九 11 | 八 12 | 七 13 | 13 | 14 | 14 | 15 | 14 | 15 | 16 | 16 | 17 | 17 | 18 | 19 | 19 | 20 | 20 | 21 | 19 | 20 |

一三六二 壬寅 至正二二

一三六一 辛丑 至正二一

| | | 764 | | | | | | | | | | | 763 | | | | | | | | | | |
|---|---|---|---|---|---|---|---|---|---|---|---|---|---|---|---|---|---|---|---|---|---|---|---|
| 22 | 23 | 23 | 24 | 25 | 25 | 26 | 8 26 | 7 27 | 三 25 | 二 26 | 27 | 27 | 28 | 28 | 29 | 30 | 30 | 31 | 5 | 4 | 2 | 31 | 1 |
| 23 | 24 | 24 | 25 | 26 | 26 | 27 | 27 | 28 | 6 26 | 5 27 | 正 28 | 十二 28 | 十一 29 | 十 29 | 30 | 31 | 7 | 6 | 2 | 2 | 3 | 2 | 2 |
| 24 | 25 | 25 | 26 | 27 | 27 | 28 | 28 | 29 | 27 | 28 | 4 29 | 3 29 | 30 | 30 | 九 31 | 八 8 | 七 2 | 2 | 3 | 3 | 4 | 2 | 3 |
| 25 | 26 | 26 | 27 | 28 | 28 | 29 | 29 | 30 | 28 | 29 | 30 | 30 | 2 31 | 1 10 | 9 | 2 | 3 | 六 3 | 4 | 4 | 5 | 3 | 4 |
| 26 | 27 | 27 | 28 | 29 | 29 | 30 | 30 | 31 | 3 | 30 | 31 | 12 | 11 | 2 | 12 2 | 11 3 | 4 | 4 | 五 5 | 四 5 | 6 | 4 | 5 |
| 27 | 28 | 28 | 29 | 30 | 30 | 31 | 5 | 4 | 2 | 31 | 1 | 2 | 2 | 3 | 3 | 4 | 10 5 | 9 5 | 6 | 6 | 三 7 | 5 | 6 |
| 28 | 29 | 29 | 30 | 31 | 7 | 6 | 2 | 2 | 3 | 2 | 2 | 3 | 3 | 4 | 4 | 5 | 6 | 6 | 8 7 | 7 7 | 8 | 二 6 | 正 7 |
| 29 | 30 | 30 | 31 | 8 | 2 | 2 | 3 | 3 | 4 | 2 | 3 | 4 | 4 | 5 | 5 | 6 | 7 | 7 | 8 | 8 | 6 9 | 5 7 | 8 十二 |
| 30 | 31 | 10 | 9 | 2 | 3 | 3 | 4 | 4 | 5 | 3 | 4 | 5 | 5 | 6 | 6 | 7 | 8 | 8 | 9 | 9 | 10 | 8 | 4 9 3 |
| 12 | 11 | 2 | 2 | 3 | 4 | 4 | 5 | 5 | 6 | 4 | 5 | 6 | 6 | 7 | 7 | 8 | 9 | 9 | 10 | 10 | 11 | 9 | 10 |
| 2 | 2 | 3 | 3 | 4 | 5 | 5 | 6 | 6 | 7 | 5 | 6 | 7 | 7 | 8 | 8 | 9 | 10 | 10 | 11 | 11 | 12 | 10 | 11 |
| 3 | 3 | 4 | 4 | 5 | 6 | 6 | 7 | 7 | 8 | 6 | 7 | 8 | 8 | 9 | 9 | 10 | 11 | 11 | 12 | 12 | 13 | 11 | 12 |
| 4 | 4 | 5 | 5 | 6 | 7 | 7 | 8 | 8 | 9 | 7 | 8 | 9 | 9 | 10 | 10 | 11 | 12 | 12 | 13 | 13 | 14 | 12 | 13 |
| 5 | 5 | 6 | 6 | 7 | 8 | 8 | 9 | 9 | 10 | 8 | 9 | 10 | 10 | 11 | 11 | 12 | 13 | 13 | 14 | 14 | 15 | 13 | 14 |
| 6 | 6 | 7 | 7 | 8 | 9 | 9 | 10 | 10 | 11 | 9 | 10 | 11 | 11 | 12 | 12 | 13 | 14 | 14 | 15 | 15 | 16 | 14 | 15 |
| 7 | 7 | 8 | 8 | 9 | 10 | 10 | 11 | 11 | 12 | 10 | 11 | 12 | 12 | 13 | 13 | 14 | 15 | 15 | 16 | 16 | 17 | 15 | 16 |
| 8 | 8 | 9 | 9 | 10 | 11 | 11 | 12 | 12 | 13 | 11 | 12 | 13 | 冬 13 | 14 | 14 | 15 | 16 | 16 | 17 | 17 | 18 | 16 | 17 |
| 9 | 9 | 10 | 10 | 11 | 12 | 12 | 13 | 13 | 14 | 12 | 13 | 14 | 14 | 15 | 15 | 16 | 17 | 17 | 18 | 18 | 19 | 17 | 18 |
| 10 | 10 | 11 | 11 | 12 | 13 | 13 | 14 | 14 | 15 | 13 | 14 | 15 | 15 | 16 | 16 | 17 | 18 | 18 | 19 | 19 | 20 | 18 | 19 |
| 11 | 11 | 12 | 12 | 13 | 14 | 14 | 15 | 15 | 16 | 14 | 15 | 16 | 16 | 17 | 17 | 18 | 19 | 19 | 20 | 20 | 21 | 19 | 20 |
| 12 | 12 | 13 | 13 | 14 | 15 | 15 | 16 | 16 | 17 | 15 | 16 | 17 | 17 | 18 | 18 | 19 | 20 | 20 | 21 | 21 | 22 | 20 | 21 |
| 13 | 冬 13 | 14 | 14 | 15 | 16 | 16 | 17 | 17 | 18 | 16 | 17 | 18 | 18 | 19 | 19 | 20 | 21 | 21 | 22 | 22 | 23 | 21 | 22 |
| 14 | 14 | 15 | 15 | 16 | 17 | 17 | 18 | 18 | 19 | 17 | 18 | 19 | 19 | 20 | 20 | 21 | 22 | 22 | 23 | 23 | 24 | 22 | 23 |
| 15 | 15 | 16 | 16 | 17 | 18 | 18 | 19 | 19 | 20 | 18 | 19 | 20 | 20 | 21 | 21 | 22 | 23 | 23 | 24 | 24 | 25 | 23 | 24 |
| 16 | 16 | 17 | 17 | 18 | 19 | 19 | 20 | 20 | 21 | 19 | 20 | 21 | 21 | 22 | 22 | 23 | 24 | 24 | 25 | 25 | 26 | 24 | 25 |
| 17 | 十二 17 | 十一 18 | 十 18 | 19 | 20 | 20 | 21 | 21 | 22 | 20 | 21 | 22 | 22 | 23 | 23 | 24 | 25 | 25 | 26 | 26 | 27 | 25 | 26 |
| 18 | 18 | 19 | 19 | 九 20 | 八 21 | 21 | 22 | 22 | 23 | 21 | 22 | 23 | 23 | 24 | 24 | 25 | 26 | 26 | 27 | 27 | 28 | 26 | 27 |
| 19 | 3 19 | 20 | 20 | 21 | 22 | 七 22 | 六 23 | 23 | 24 | 22 | 23 | 24 | 24 | 25 | 25 | 26 | 27 | 27 | 28 | 28 | 29 | 27 | 28 |
| 20 | 20 | 2 21 | 1 21 | 12 22 | 11 23 | 23 | 24 | 五 24 | 25 | 23 | 24 | 25 | 25 | 26 | 26 | 27 | 28 | 28 | 29 | 29 | 30 | 28 | 29 |
| 21 | 21 | 22 | 22 | 23 | 24 | 10 24 | 9 25 | 25 | 四 26 | 24 | 25 | 26 | 26 | 27 | 27 | 28 | 29 | 29 | 30 | 30 | 31 | 3 | 30 |

一三六四 甲辰 至正二四

766

一三六三 癸卯 至正二三

765

| | | | | | | | | | | | | | | | | | | | | | | | | |
|---|---|---|---|---|---|---|---|---|---|---|---|---|---|---|---|---|---|---|---|---|---|---|---|---|
| 11 | 11 | 12 | 12 | 13 | 14 | 14 | 15 | 15 | 16 | 15 | 16 | 17 | 17 | 18 | 18 | 19 | 20 | 20 | 21 | 21 | 22 | 20 | 21 | 22 |
| 12 | 12 | 13 | 13 | 14 | 15 | 15 | 16 | 16 | 17 | 16 | 17 | 18 | 18 | 19 | 19 | 20 | 21 | 21 | 22 | 22 | 23 | 21 | 22 | 23 |
| 13冬 | 13 | 14 | 14 | 15 | 16 | 16 | 17 | 17 | 18 | 17 | 18 | 19 | 19 | 20 | 20 | 21 | 22 | 22 | 23 | 23 | 24 | 22 | 23 | 24 |
| 14 | 14 | 15 | 15 | 16 | 17 | 17 | 18 | 18 | 19 | 18 | 19 | 20 | 20 | 21 | 21 | 22 | 23 | 23 | 24 | 24 | 25 | 23 | 24 | 25 |
| 15 | 15 | 16 | 16 | 17 | 18 | 18 | 19 | 19 | 20 | 19 | 20 | 21 | 21 | 22 | 22 | 23 | 24 | 24 | 25 | 25 | 26 | 24 | 25 | 26 |
| 16 | 16 | 17 | 17 | 18 | 19 | 19 | 20 | 20 | 21 | 20 | 21 | 22 | 22 | 23 | 23 | 24 | 25 | 25 | 26 | 26 | 27 | 25 | 26 | 27 |
| 17 | 17 | 18 | 18 | 19 | 20 | 20 | 21 | 21 | 22 | 21 | 22 | 23 | 23 | 24 | 24 | 25 | 26 | 26 | 27 | 27 | 28 | 26 | 27 | 28 |
| 18 | 18 | 19 | 19 | 20 | 21 | 21 | 22 | 22 | 23 | 22 | 23 | 24 | 24 | 25 | 25 | 26 | 27 | 27 | 28 | 28 | 29 | 27 | 28 | 29 |
| 19 | 19 | 20 | 20 | 21 | 22 | 22 | 23 | 23 | 24 | 23 | 24 | 25 | 25 | 26 | 26 | 27 | 28 | 28 | 29 | 29 | 30 | 28 | 29 | 30 |
| 20 | 20 | 21 | 21 | 22 | 23 | 23 | 24 | 24 | 24 | 24 | 25 | 26 | 26 | 27 | 27 | 28 | 29 | 29 | 30 | 30 | 31 | 3 | 30 | 31 |
| 21 | 21 | 22 | 22 | 23 | 24 | 24 | 25 | 25 | 26 | 25 | 26 | 27 | 27 | 28 | 28 | 29 | 30 | 30 | 31 | 5 | 4 | 2 | 31 | 1 |
| 22 | 22 | 23 | 23 | 24 | 25 | 25 | 26 | 26 | 27 | 26 | 27 | 28 | 28 | 29 | 29 | 30 | 31 | 7 | 6 | 2 | 2 | 3 | 2 | 2 |
| 23 | 23 | 24 | 24 | 25 | 26 | 26 | 27 | 27 | 28 | 27 | 28 | 29 | 29 | 30 | 30 | 31 | 8 | 2 | 2 | 3 | 3 | 4 | 2 | 3 |
| 24十二 | 24十一 | 25 | 25 | 26 | 27 | 27 | 28 | 28 | 29 | 28 | 29 | 30 | 30 | 31 | 10 | 9 | 2 | 3 | 3 | 4 | 4 | 5 | 3 | 4 |
| 25 | 25 | 26十 | 26九 | 27 | 28 | 28 | 29 | 29 | 30 | 29 | 30 | 31 | 12 | 11 | 2 | 2 | 3 | 4 | 4 | 5 | 5 | 6 | 4 | 5 |
| 26 4 | 26 3 | 27 | 27 | 28八 | 29七 | 29 | 30 | 30 | 31 | 3 | 31 | 1 | 2 | 2 | 3 | 3 | 4 | 5 | 5 | 6 | 6 | 7 | 5 | 6 |
| 27 | 27 | 28 2 | 28 1 | 29 | 30 | 30六 | 31 | 5 | 4 | 2 | 2 | 2 | 3 | 3 | 4 | 4 | 5 | 6 | 6 | 7 | 7 | 8 | 6 | 7 |
| 28 | 28 | 29 | 29 | 30 12 | 31 11 | 7 | 6五 | 2四 | 2 | 3 | 2 | 3 | 4 | 4 | 5 | 5 | 6 | 7 | 7 | 8 | 8 | 9 | 7 | 8 |
| 29 | 29 | 30 | 30 | 31 | 8 | 2 10 | 2 9 | 3 | 3三 | 4二 | 3 | 4 | 5 | 5 | 6 | 6 | 7 | 8 | 8 | 9 | 9 | 10 | 8 | 9 |
| 30 | 30 | 31 | 10 | 9 | 2 | 3 | 3 | 4 8 | 4 7 | 5 | 4正 | 5十二 | 6十一 | 6十 | 7 | 7 | 8 | 9 | 9 | 10 | 10 | 11 | 9 | 10 |
| 31 | 12 | 11 | 2 | 2 | 3 | 4 | 4 | 5 | 5 | 6 6 | 5 5 | 6 | 7 | 7 | 8九 | 8八 | 9 | 10 | 10 | 11 | 11 | 12 | 10 | 11 |
| 日 | 2 | 2 | 3 | 3 | 4 | 5 | 5 | 6 | 6 | 7 | 6 | 7 4 | 8 3 | 8 | 9 | 9 | 10七 | 11六 | 11 | 12 | 12 | 13 | 11 | 12 |
| 曜 | 3 | 3 | 4 | 4 | 5 | 6 | 6 | 7 | 7 | 8 | 7 | 8 | 9 | 9 2 | 10 1 | 10 | 11 | 12 | 12五 | 13 | 13 | 14 | 12 | 13 |
| 表 | 4 | 4 | 5 | 5 | 6 | 7 | 7 | 8 | 8 | 9 | 8 | 9 | 10 | 10 | 11 | 11 12 | 12 11 | 13 | 13 | 14四 | 14 | 15 | 13 | 14 |
| 2 | 5 | 5 | 6 | 6 | 7 | 8 | 8 | 9 | 9 | 10 | 9 | 10 | 11 | 11 | 12 | 12 | 13 | 14 10 | 14 9 | 15 | 15閏 | 16三 | 14 | 15 |
| 甲 | 6 | 6 | 7 | 7 | 8 | 9 | 9 | 10 | 10 | 11 | 10 | 11 | 12 | 12 | 13 | 13 | 14 | 15 | 15 | 16 8 | 16 7 | 17 | 15二 | 16正 |
| 子 | 7 | 7 | 8 | 8 | 9 | 10 | 10 | 11 | 11 | 12 | 11 | 12 | 13 | 13 | 14 | 14 | 15 | 16 | 16 | 17 | 17 | 18 6 | 16 5 | 17 |
| 表 | 8 | 8 | 9 | 9 | 10 | 11 | 11 | 12 | 12 | 13 | 12 | 13 | 14冬 | 14 | 15 | 15 | 16 | 17 | 17 | 18 | 18 | 19 | 17 | 18 4 |
| 1 | 9 | 9 | 10 | 10 | 11 | 12 | 12 | 13 | 13 | 14 | 13 | 14 | 15 | 15 | 16 | 16 | 17 | 18 | 18 | 19 | 19 | 20 | 18 | 19 |
| | 10 | 10 | 11 | 11 | 12 | 13 | 13 | 14 | 14 | 15 | 14 | 15 | 16 | 16 | 17 | 17 | 18 | 19 | 19 | 20 | 20 | 21 | 19 | 20 |

一三六六 丙午 至正二六 768

一三六五 乙巳 至正二五 767

| | | | | | | | | | | | | | | | | | | | | | | | |
|---|---|---|---|---|---|---|---|---|---|---|---|---|---|---|---|---|---|---|---|---|---|---|---|
| 22 | 23 | 23 | 24 | 25 | 25 | 26 | 26 | 27 | 25 | 26 | 27 | 27 | 28 | 28 | 29 | 30 | 30 | 31 | **5** | **4** | 2 | 31 | **1** |
| 23 | 24 | 24 | 25 | 26 | 26 | 27 | 27 | 28 | 26 | 27 | 28 | 28 | 29 | 29 | 30 | 31 | **7** | **6** | 2 | 2 | 3 | **2** | 2 |
| 24 | 25 | 25 | 26 | 27 | 27 | 28 | 28 | 29 | 27 | 28 | 29 | 29 | 30 | 30 | 31 | **8** | 2 | 2 | 3 | 3 | 4 | 2 | 3 |
| 25 | 26 | 26 | 27 | 28 | 28 | 29 | 29 | 30 | 28 | 29 | 30 | 30 | 31 | **10** | **9** | 2 | 3 | 3 | 4 | 4 | 5 | 3 | 4 |
| 26 | 27 | 27 | 28 | 29 | 29 | 30 | 30 | 31 | **3** | 30 | 31 | **12** | **11** | 2 | 2 | 3 | 4 | 4 | 5 | 5 | 6 | 4 | 5 |
| 27 | 28 | 28 | 29 | 30 | 30 | 31 | **5** | **4** | 2 | 31 | **1** | 2 | 2 | 3 | 3 | 4 | 5 | 5 | 6 | 6 | 7 | 5 | 6 |
| 28 | 29 | 29 | 30 | 31 | **7** | **6** | 2 | 2 | 3 | **2** | 2 | 3 | 3 | 4 | 4 | 5 | 6 | 6 | 7 | 7 | 8 | 6 | 7 |
| 29 | 30 | 30 | 31 | **8** | 2 | 2 | 3 | 3 | 4 | 2 | 3 | 4 | 4 | 5 | 5 | 6 | 7 | 7 | 8 | 8 | 9 | 7 | 8 |
| 30 | 31 | **10** | **9** | 2 | 3 | 3 | 4 | 4 | 5 | 3 | 4 | 5 | 5 | 6 | 6 | 7 | 8 | 8 | 9 | 9 | 10 | 8 | 9 |
| **12** | **11** | 2 | 2 | 3 | 4 | 4 | 5 | 5 | 6 | 4 | 5 | 6 | 6 | 7 | 7 | 8 | 9 | 9 | 10 | 10 | 11 | 9 | 10 |
| 2 | 2 | 3 | 3 | 4 | 5 | 5 | 6 | 6 | 7 | 5 | 6 | 7 | 7 | 8 | 8 | 9 | 10 | 10 | 11 | 11 | 12 | 10 | 11 |
| 3 十一 | 3 十 | 4 | 4 | 5 | 6 | 6 | 7 | 7 | 8 | 6 | 7 | 8 | 8 | 9 | 9 | 10 | 11 | 11 | 12 | 12 | 13 | 11 | 12 |
| 4 | 4 | 5 九 | 5 八 | 6 | 7 | 7 | 8 | 8 | 9 | 7 | 8 | 9 | 9 | 10 | 10 | 11 | 12 | 12 | 13 | 13 | 14 | 12 | 13 |
| 5 4 | 5 3 | 6 | 6 | 7 七 | 8 | 8 | 9 | 9 | 10 | 8 | 9 | 10 | 10 | 11 | 11 | 12 | 13 | 13 | 14 | 14 | 15 | 13 | 14 |
| 6 | 6 | 7 2 | 7 1 | 8 | 9 六 | 9 五 | 10 四 | 10 | 11 | 9 | 10 | 11 | 11 | 12 | 12 | 13 | 14 | 14 | 15 | 15 | 16 | 14 | 15 |
| 7 | 7 | 8 | 8 | 9 12 | 10 11 | 10 | 11 | 11 三 | 12 二 | 10 正 | 11 | 12 | 12 | 13 | 13 | 14 | 15 | 15 | 16 | 16 | 17 | 15 | 16 |
| 8 | 8 | 9 | 9 | 10 | 11 | 11 10 | 12 9 | 12 | 13 | 11 | 12 十二 | 13 冬 十一 | 13 | 14 | 14 | 15 | 16 | 16 | 17 | 17 | 18 | 16 | 17 |
| 9 | 9 | 10 | 10 | 11 | 12 | 12 | 13 | 13 8 | 14 7 | 12 | 13 | 14 | 14 閏 | 15 十 | 15 | 16 | 17 | 17 | 18 | 18 | 19 | 17 | 18 |
| 10 | 10 | 11 | 11 | 12 | 13 | 13 | 14 | 14 | 15 | 13 6 | 14 5 | 15 | 15 | 16 | 16 九 | 17 | 18 | 18 | 19 | 19 | 20 | 18 | 19 |
| 11 | 11 | 12 | 12 | 13 | 14 | 14 | 15 | 15 | 16 | 14 | 15 | 16 4 | 16 3 | 17 | 17 | 18 八 | 19 七 | 19 | 20 | 20 | 21 | 19 | 20 |
| 12 | 12 | 13 | 13 | 14 | 15 | 15 | 16 | 16 | 17 | 15 | 16 | 17 | 17 | 18 2 | 18 1 | 19 12 | 20 11 | 20 六 | 21 五 | 21 | 22 | 20 | 21 |
| 13 冬 | 13 | 14 | 14 | 15 | 16 | 16 | 17 | 17 | 18 | 16 | 17 | 18 | 18 | 19 | 19 | 20 | 21 | 21 10 | 22 9 | 22 四 | 23 三 | 21 二 | 22 |
| 14 | 14 | 15 | 15 | 16 | 17 | 17 | 18 | 18 | 19 | 17 | 18 | 19 | 19 | 20 | 20 | 21 | 22 | 22 | 23 | 23 8 | 24 7 | 22 | 23 正 |
| 15 | 15 | 16 | 16 | 17 | 18 | 18 | 19 | 19 | 20 | 18 | 19 | 20 | 20 | 21 | 21 | 22 | 23 | 23 | 24 | 24 | 25 | 23 6 | 24 5 |
| 16 | 16 | 17 | 17 | 18 | 19 | 19 | 20 | 20 | 21 | 19 | 20 | 21 | 21 | 22 | 22 | 23 | 24 | 24 | 25 | 25 | 26 | 24 | 25 |
| 17 | 17 | 18 | 18 | 19 | 20 | 20 | 21 | 21 | 22 | 20 | 21 | 22 | 22 | 23 | 23 | 24 | 25 | 25 | 26 | 26 | 27 | 25 | 26 |
| 18 | 18 | 19 | 19 | 20 | 21 | 21 | 22 | 22 | 23 | 21 | 22 | 23 | 23 | 24 | 24 | 25 | 26 | 26 | 27 | 27 | 28 | 26 | 27 |
| 19 | 19 | 20 | 20 | 21 | 22 | 22 | 23 | 23 | 24 | 22 | 23 | 24 | 24 | 25 | 25 | 26 | 27 | 27 | 28 | 28 | 29 | 27 | 28 |
| 20 | 20 | 21 | 21 | 22 | 23 | 23 | 24 | 24 | 25 | 23 | 24 | 25 | 25 | 26 | 26 | 27 | 28 | 28 | 29 | 29 | 30 | 28 | 29 |
| 21 | 21 | 22 | 22 | 23 | 24 | 24 | 25 | 25 | 26 | 24 | 25 | 26 | 26 | 27 | 27 | 28 | 29 | 29 | 30 | 30 | 31 | **3** | 30 |

一三六八
戊申
至正二八 八月亡
明太祖
洪武元

770

一三六七
丁未
至正二七

769

| | | | | | | | | | | | | | | | | | | | | | | | | |
|---|---|---|---|---|---|---|---|---|---|---|---|---|---|---|---|---|---|---|---|---|---|---|---|---|
| 11土 | 11十 | 12九 | 12 | 13 | 14 | 14 | 15 | 15 | 16 | 15 | 16 | 17 | 17 | 18 | 18 | 19 | 20 | 20 | 21 | 21 | 22 | 20 | 21 | 22 |
| 12 5 | 12 | 13 | 13八 | 14閏 | 15七 | 15 | 16 | 16 | 17 | 16 | 17 | 18 | 18 | 19 | 19 | 20 | 21 | 21 | 22 | 22 | 23 | 21 | 22 | 23 |
| 13冬 | 13 4 | 14 3 | 14 | 15 | 16 | 16六 | 17五 | 17 | 18 | 17 | 18 | 19 | 19 | 20 | 20 | 21 | 22 | 22 | 23 | 23 | 24 | 22 | 23 | 24 |
| 14 | 14 | 15 | 15 2 | 16 1 | 17 | 17 | 18 | 18四 | 19三 | 18 | 19 | 20 | 20 | 21 | 21 | 22 | 23 | 23 | 24 | 24 | 25 | 23 | 24 | 25 |
| 15 | 15 | 16 | 16 | 17 | 18 12 | 18 11 | 19 | 19 | 20 | 19二 | 20正 | 21 | 21 | 22 | 22 | 23 | 24 | 24 | 25 | 25 | 26 | 24 | 25 | 26 |
| 16 | 16 | 17 | 17 | 18 | 19 | 19 | 20 10 | 20 9 | 21 | 20 | 21 | 22土 | 22土 | 23 | 23 | 24 | 25 | 25 | 26 | 26 | 27 | 25 | 26 | 27 |
| 17 | 17 | 18 | 18 | 19 | 20 | 20 | 21 | 21 | 22 8 | 21 7 | 22 | 23 | 23 | 24十 | 24九 | 25 | 26 | 26 | 27 | 27 | 28 | 26 | 27 | 28 |
| 18 | 18 | 19 | 19 | 20 | 21 | 21 | 22 | 22 | 23 | 22 | 23 6 | 24 5 | 24 | 25 | 25 | 26八 | 27七 | 27 | 28 | 28 | 29 | 27 | 28 | 29 |
| 19 | 19 | 20 | 20 | 21 | 22 | 22 | 23 | 23 | 24 | 23 | 24 | 25 | 25 4 | 26 3 | 26 | 27 | 28 | 28六 | 29五 | 29四 | 30 | 28 | 29 | 30 |
| 20 | 20 | 21 | 21 | 22 | 23 | 23 | 24 | 24 | 25 | 24 | 25 | 26 | 26 | 27 | 27 2 | 28 1 | 29 12 | 29 11 | 30 | 30 | 31三 | 3二 | 30 | 31 |
| 21 | 21 | 22 | 22 | 23 | 24 | 24 | 25 | 25 | 26 | 25 | 26 | 27 | 27 | 28 | 28 | 29 | 30 | 30 | 31 10 | 5 9 | 4 | 2 | 31正 | 1土 |
| 22 | 22 | 23 | 23 | 24 | 25 | 25 | 26 | 26 | 27 | 26 | 27 | 28 | 28 | 29 | 29 | 30 | 31 | 7 | 6 | 2 | 2 8 | 3 7 | 2 | 2 |
| 23 | 23 | 24 | 24 | 25 | 26 | 26 | 27 | 27 | 28 | 27 | 28 | 29 | 29 | 30 | 30 | 31 | 8 | 2 | 2 | 3 | 3 | 4 | 2 6 | 3 5 |
| 24 | 24 | 25 | 25 | 26 | 27 | 27 | 28 | 28 | 29 | 28 | 29 | 30 | 30 | 31 | 10 | 9 | 2 | 3 | 3 | 4 | 4 | 5 | 3 | 4 |
| 25 | 25 | 26 | 26 | 27 | 28 | 28 | 29 | 29 | 30 | 29 | 30 | 31 | 12 | 11 | 2 | 2 | 3 | 4 | 4 | 5 | 5 | 6 | 4 | 5 |
| 26 | 26 | 27 | 27 | 28 | 29 | 29 | 30 | 30 | 31 | 3 | 31 | 1 | 2 | 2 | 3 | 3 | 4 | 5 | 5 | 6 | 6 | 7 | 5 | 6 |
| 27 | 27 | 28 | 28 | 29 | 30 | 30 | 31 | 5 | 4 | 2 | 2 | 2 | 3 | 3 | 4 | 4 | 5 | 6 | 6 | 7 | 7 | 8 | 6 | 7 |
| 28 | 28 | 29 | 29 | 30 | 31 | 7 | 6 | 2 | 2 | 3 | 2 | 3 | 4 | 4 | 5 | 5 | 6 | 7 | 7 | 8 | 8 | 9 | 7 | 8 |
| 29 | 29 | 30 | 30 | 31 | 8 | 2 | 2 | 3 | 3 | 4 | 3 | 4 | 5 | 5 | 6 | 6 | 7 | 8 | 8 | 9 | 9 | 10 | 8 | 9 |
| 30 | 30 | 31 | 10 | 9 | 2 | 3 | 3 | 4 | 4 | 5 | 4 | 5 | 6 | 6 | 7 | 7 | 8 | 9 | 9 | 10 | 10 | 11 | 9 | 10 |
| 31 | 12 | 11 | 2 | 2 | 3 | 4 | 4 | 5 | 5 | 6 | 5 | 6 | 7 | 7 | 8 | 8 | 9 | 10 | 10 | 11 | 11 | 12 | 10 | 11 |
| 日 | 2 | 2 | 3 | 3 | 4 | 5 | 5 | 6 | 6 | 7 | 6 | 7 | 8 | 8 | 9 | 9 | 10 | 11 | 11 | 12 | 12 | 13 | 11 | 12 |
| 曜 | 3 | 3 | 4 | 4 | 5 | 6 | 6 | 7 | 7 | 8 | 7 | 8 | 9 | 9 | 10 | 10 | 11 | 12 | 12 | 13 | 13 | 14 | 12 | 13 |
| 表 | 4 | 4 | 5 | 5 | 6 | 7 | 7 | 8 | 8 | 9 | 8 | 9 | 10 | 10 | 11 | 11 | 12 | 13 | 13 | 14 | 14 | 15 | 13 | 14 |
| 3 | 5 | 5 | 6 | 6 | 7 | 8 | 8 | 9 | 9 | 10 | 9 | 10 | 11 | 11 | 12 | 12 | 13 | 14 | 14 | 15 | 15 | 16 | 14 | 15 |
| 甲 | 6 | 6 | 7 | 7 | 8 | 9 | 9 | 10 | 10 | 11 | 10 | 11 | 12 | 12 | 13 | 13 | 14 | 15 | 15 | 16 | 16 | 17 | 15 | 16 |
| 子 | 7 | 7 | 8 | 8 | 9 | 10 | 10 | 11 | 11 | 12 | 11 | 12 | 13 | 13 | 14 | 14 | 15 | 16 | 16 | 17 | 17 | 18 | 16 | 17 |
| 表 | 8 | 8 | 9 | 9 | 10 | 11 | 11 | 12 | 12 | 13 | 12 | 13 | 14冬 | 14 | 15 | 15 | 16 | 17 | 17 | 18 | 18 | 19 | 17 | 18 |
| 2 | 9 | 9 | 10 | 10 | 11 | 12 | 12 | 13 | 13 | 14 | 13 | 14 | 15 | 15 | 16 | 16 | 17 | 18 | 18 | 19 | 19 | 20 | 18 | 19 |
| | 10 | 10 | 11 | 11 | 12 | 13 | 13 | 14 | 14 | 15 | 14 | 15 | 16 | 16 | 17 | 17 | 18 | 19 | 19 | 20 | 20 | 21 | 19 | 20 |

| 一三七〇 庚戌 洪武三 772 | | | | | | | | | | | | 一三六九 己酉 洪武二 771 | | | | | | | | | | | |
|---|---|---|---|---|---|---|---|---|---|---|---|---|---|---|---|---|---|---|---|---|---|---|---|
| 22 | 23 4 | 23 3 | 24 | 25 | 25 | 26 五 | 26 四 | 27 | 25 | 26 | 27 | 27 | 28 | 28 | 29 | 30 | 30 | 31 | **5** | **4** | 2 | 31 | **1** |
| 23 | 24 | 24 | 25 2 | 26 1 | 26 12 | 27 11 | 27 | 28 三 | 26 二 | 27 | 28 | 28 | 29 | 29 | 30 | 31 | **7** | **6** | 2 | 2 | 3 | **2** | 2 |
| 24 | 25 | 25 | 26 | 27 | 27 | 28 | 28 10 | 29 9 | 27 | 28 正 | 29 | 29 | 30 | 30 | 31 | **8** | 2 | 2 | 3 | 3 | 4 | 2 | 3 |
| 25 | 26 | 26 | 27 | 28 | 28 | 29 | 29 | 30 | 28 8 | 29 7 | 30 十二 | 30 十一 | 31 十 | **10** 九 | **9** | 2 | 3 | 3 | 4 | 4 | 5 | 3 | 4 |
| 26 | 27 | 27 | 28 | 29 | 29 | 30 | 30 | 31 | **3** | 30 | 31 6 | **12** 5 | **11** | 2 | 2 八 | 3 七 | 4 六 | 4 | 5 | 5 | 6 | 4 | 5 |
| 27 | 28 | 28 | 29 | 30 | 30 | 31 | **5** | **4** | 2 | 31 | **1** | 2 | 2 4 | 3 3 | 3 | 4 | 5 | 5 五 | 6 | 6 | 7 | 5 | 6 |
| 28 | 29 | 29 | 30 | 31 | **7** | **6** | 2 | 2 | 3 | **2** | 2 | 3 | 3 | 4 | 4 2 | 5 1 | 6 | 6 | 7 四 | 7 三 | 8 | 6 | 7 |
| 29 | 30 | 30 | 31 | **8** | 2 | 2 | 3 | 3 | 4 | 2 | 3 | 4 | 4 | 5 | 5 | 6 | 7 12 | 7 11 | 8 | 8 | 9 二 | 7 正 | 8 |
| 30 | 31 | **10** | **9** | 2 | 3 | 3 | 4 | 4 | 5 | 3 | 4 | 5 | 5 | 6 | 6 | 7 | 8 | 8 | 9 10 | 9 9 | 10 | 8 | 9 十二 |
| **12** | **11** | 2 | 2 | 3 | 4 | 4 | 5 | 5 | 6 | 4 | 5 | 6 | 6 | 7 | 7 | 8 | 9 | 9 | 10 | 10 | 11 8 | 9 7 | 10 |
| 2 | 2 | 3 | 3 | 4 | 5 | 5 | 6 | 6 | 7 | 5 | 6 | 7 | 7 | 8 | 8 | 9 | 10 | 10 | 11 | 11 | 12 | 10 | 11 6 |
| 3 | 3 | 4 | 4 | 5 | 6 | 6 | 7 | 7 | 8 | 6 | 7 | 8 | 8 | 9 | 9 | 10 | 11 | 11 | 12 | 12 | 13 | 11 | 12 |
| 4 | 4 | 5 | 5 | 6 | 7 | 7 | 8 | 8 | 9 | 7 | 8 | 9 | 9 | 10 | 10 | 11 | 12 | 12 | 13 | 13 | 14 | 12 | 13 |
| 5 | 5 | 6 | 6 | 7 | 8 | 8 | 9 | 9 | 10 | 8 | 9 | 10 | 10 | 11 | 11 | 12 | 13 | 13 | 14 | 14 | 15 | 13 | 14 |
| 6 | 6 | 7 | 7 | 8 | 9 | 9 | 10 | 10 | 11 | 9 | 10 | 11 | 11 | 12 | 12 | 13 | 14 | 14 | 15 | 15 | 16 | 14 | 15 |
| 7 | 7 | 8 | 8 | 9 | 10 | 10 | 11 | 11 | 12 | 10 | 11 | 12 | 12 | 13 | 13 | 14 | 15 | 15 | 16 | 16 | 17 | 15 | 16 |
| 8 | 8 | 9 | 9 | 10 | 11 | 11 | 12 | 12 | 13 | 11 | 12 | 13 冬 | 13 | 14 | 14 | 15 | 16 | 16 | 17 | 17 | 18 | 16 | 17 |
| 9 | 9 | 10 | 10 | 11 | 12 | 12 | 13 | 13 | 14 | 12 | 13 | 14 | 14 | 15 | 15 | 16 | 17 | 17 | 18 | 18 | 19 | 17 | 18 |
| 10 | 10 | 11 | 11 | 12 | 13 | 13 | 14 | 14 | 15 | 13 | 14 | 15 | 15 | 16 | 16 | 17 | 18 | 18 | 19 | 19 | 20 | 18 | 19 |
| 11 | 11 | 12 | 12 | 13 | 14 | 14 | 15 | 15 | 16 | 14 | 15 | 16 | 16 | 17 | 17 | 18 | 19 | 19 | 20 | 20 | 21 | 19 | 20 |
| 12 | 12 | 13 | 13 | 14 | 15 | 15 | 16 | 16 | 17 | 15 | 16 | 17 | 17 | 18 | 18 | 19 | 20 | 20 | 21 | 21 | 22 | 20 | 21 |
| 13 冬 | 13 | 14 | 14 | 15 | 16 | 16 | 17 | 17 | 18 | 16 | 17 | 18 | 18 | 19 | 19 | 20 | 21 | 21 | 22 | 22 | 23 | 21 | 22 |
| 14 | 14 | 15 | 15 | 16 | 17 | 17 | 18 | 18 | 19 | 17 | 18 | 19 | 19 | 20 | 20 | 21 | 22 | 22 | 23 | 23 | 24 | 22 | 23 |
| 15 | 15 | 16 | 16 | 17 | 18 | 18 | 19 | 19 | 20 | 18 | 19 | 20 | 20 | 21 | 21 | 22 | 23 | 23 | 24 | 24 | 25 | 23 | 24 |
| 16 | 16 | 17 | 17 | 18 | 19 | 19 | 20 | 20 | 21 | 19 | 20 | 21 | 21 | 22 | 22 | 23 | 24 | 24 | 25 | 25 | 26 | 24 | 25 |
| 17 | 17 | 18 | 18 | 19 | 20 | 20 | 21 | 21 | 22 | 20 | 21 | 22 | 22 | 23 | 23 | 24 | 25 | 25 | 26 | 26 | 27 | 25 | 26 |
| 18 | 18 | 19 | 19 | 20 | 21 | 21 | 22 | 22 | 23 | 21 | 22 | 23 | 23 | 24 | 24 | 25 | 26 | 26 | 27 | 27 | 28 | 26 | 27 |
| 19 十二 | 19 十一 | 20 十 | 20 九 | 21 | 22 | 22 | 23 | 23 | 24 | 22 | 23 | 24 | 24 | 25 | 25 | 26 | 27 | 27 | 28 | 28 | 29 | 27 | 28 |
| 20 | 20 | 21 | 21 | 22 八 | 23 七 | 23 | 24 | 24 | 25 | 23 | 24 | 25 | 25 | 26 | 26 | 27 | 28 | 28 | 29 | 29 | 30 | 28 | 29 |
| 21 6 | 21 5 | 22 | 22 | 23 | 24 | 24 六 | 25 | 25 | 26 | 24 | 25 | 26 | 26 | 27 | 27 | 28 | 29 | 29 | 30 | 30 | 31 | **3** | 30 |

一三七二 壬子 洪武五

774

一三七一 辛亥 洪武四

773

| | | | | | | | | | | | | | | | | | | | | | | | | |
|---|---|---|---|---|---|---|---|---|---|---|---|---|---|---|---|---|---|---|---|---|---|---|---|---|
| 11 | 11 | 12 | 12 | 13 | 14 | 14 | 15 | 15 | 16 | 15 | 16 | 17 | 17 | 18 | 18 | 19 | 20 | 20 | 21 | 21 | 22 | 20 | 21 | 22 |
| 12 | 12 | 13 | 13 | 14 | 15 | 15 | 16 | 16 | 17 | 16 | 17 | 18 | 18 | 19 | 19 | 20 | 21 | 21 | 22 | 22 | 23 | 21 | 22 | 23 |
| 13冬 | 13 | 14 | 14 | 15 | 16 | 16 | 17 | 17 | 18 | 17 | 18 | 19 | 19 | 20 | 20 | 21 | 22 | 22 | 23 | 23 | 24 | 22 | 23 | 24 |
| 14 | 14 | 15 | 15 | 16 | 17 | 17 | 18 | 18 | 19 | 18 | 19 | 20 | 20 | 21 | 21 | 22 | 23 | 23 | 24 | 24 | 25 | 23 | 24 | 25 |
| 15 | 15 | 16 | 16 | 17 | 18 | 18 | 19 | 19 | 20 | 19 | 20 | 21 | 21 | 22 | 22 | 23 | 24 | 24 | 25 | 25 | 26 | 24 | 25 | 26 |
| 16 | 16 | 17 | 17 | 18 | 19 | 19 | 20 | 20 | 21 | 20 | 21 | 22 | 22 | 23 | 23 | 24 | 25 | 25 | 26 | 26 | 27 | 25 | 26 | 27 |
| 17 | 17 | 18 | 18 | 19 | 20 | 20 | 21 | 21 | 22 | 21 | 22 | 23 | 23 | 24 | 24 | 25 | 26 | 26 | 27 | 27 | 28 | 26 | 27 | 28 |
| 18 | 18 | 19 | 19 | 20 | 21 | 21 | 22 | 22 | 23 | 22 | 23 | 24 | 24 | 25 | 25 | 26 | 27 | 27 | 28 | 28 | 29 | 27 | 28 | 29 |
| 19 | 19 | 20 | 20 | 21 | 22 | 22 | 23 | 23 | 24 | 23 | 24 | 25 | 25 | 26 | 26 | 27 | 28 | 28 | 29 | 29 | 30 | 28 | 29 | 30 |
| 20 | 20 | 21 | 21 | 22 | 23 | 23 | 24 | 24 | 25 | 24 | 25 | 26 | 26 | 27 | 27 | 28 | 29 | 29 | 30 | 30 | 31 | 3 | 30 | 31 |
| 21 | 21 | 22 | 22 | 23 | 24 | 24 | 25 | 25 | 26 | 25 | 26 | 27 | 27 | 28 | 28 | 29 | 30 | 30 | 31 | 5 | 4 | 2 | 31 | 1 |
| 22 | 22 | 23 | 23 | 24 | 25 | 25 | 26 | 26 | 27 | 26 | 27 | 28 | 28 | 29 | 29 | 30 | 31 | 7 | 6 | 2 | 2 | 3 | 2 | 2 |
| 23 | 23 | 24 | 24 | 25 | 26 | 26 | 27 | 27 | 28 | 27 | 28 | 29 | 29 | 30 | 30 | 31 | 8 | 2 | 2 | 3 | 3 | 4 | 2 | 3 |
| 24 | 24 | 25 | 25 | 26 | 27 | 27 | 28 | 28 | 29 | 28 | 29 | 30 | 30 | 31 | 10 | 9 | 2 | 3 | 3 | 4 | 4 | 5 | 3 | 4 |
| 25 | 25 | 26 | 26 | 27 | 28 | 28 | 29 | 29 | 30 | 29 | 30 | 31 | 12 | 11 | 2 | 2 | 3 | 4 | 4 | 5 | 5 | 6 | 4 | 5 |
| 26十二 | 26十一 | 27十 | 27 | 28 | 29 | 29 | 30 | 30 | 31 | 3 | 31 | 1 | 2 | 2 | 3 | 3 | 4 | 5 | 5 | 6 | 6 | 7 | 5 | 6 |
| 27 7 | 27 | 28 | 28九 | 29八 | 30 | 30 | 31 | 5 | 4 | 2 | 2 | 2 | 3 | 3 | 4 | 4 | 5 | 6 | 6 | 7 | 7 | 8 | 6 | 7 |
| 28 | 28 6 | 29 5 | 29 | 30 | 31七 | 7六 | 6 | 2 | 2 | 3 | 2 | 3 | 4 | 4 | 5 | 5 | 6 | 7 | 7 | 8 | 8 | 9 | 7 | 8 |
| 29 | 29 | 30 | 30 4 | 31 3 | 8 | 2 | 2五 | 3 | 3 | 4 | 3 | 4 | 5 | 5 | 6 | 6 | 7 | 8 | 8 | 9 | 9 | 10 | 8 | 9 |
| 30 | 30 | 31 | 10 | 9 | 2 2 | 3 1 | 3 | 4四 | 4三 | 5 | 4 | 5 | 6 | 6 | 7 | 7 | 8 | 9 | 9 | 10 | 10 | 11 | 9 | 10 |
| 31 | 12 | 11 | 2 | 2 | 3 | 4 | 4 12 | 5 11 | 5 | 6二 | 5正 | 6 | 7 | 7 | 8 | 8 | 9 | 10 | 10 | 11 | 11 | 12 | 10 | 11 |
| 日 | 2 | 2 | 3 | 3 | 4 | 5 | 5 | 6 | 6 10 | 7 9 | 6 | 7十二 | 8十一 | 8十 | 9九 | 9 | 10 | 11 | 11 | 12 | 12 | 13 | 11 | 12 |
| 曜 | 3 | 3 | 4 | 4 | 5 | 6 | 6 | 7 | 7 | 8 | 7 8 | 8 7 | 9 | 9 | 10 | 10八 | 11七 | 12 | 12 | 13 | 13 | 14 | 12 | 13 |
| 表 | 4 | 4 | 5 | 5 | 6 | 7 | 7 | 8 | 8 | 9 | 8 | 9 | 10 6 | 10 5 | 11 | 11 | 12 | 13六 | 13五 | 14 | 14 | 15 | 13 | 14 |
| 4 | 5 | 5 | 6 | 6 | 7 | 8 | 8 | 9 | 9 | 10 | 9 | 10 | 11 | 11 | 12 4 | 12 3 | 13 | 14 | 14 | 15四 | 15 | 16 | 14 | 15 |
| 甲 | 6 | 6 | 7 | 7 | 8 | 9 | 9 | 10 | 10 | 11 | 10 | 11 | 12 | 12 | 13 | 13 | 14 2 | 15 1 | 15 | 16 | 16閏 | 17 | 15 | 16 |
| 子 | 7 | 7 | 8 | 8 | 9 | 10 | 10 | 11 | 11 | 12 | 11 | 12 | 13 | 13 | 14 | 14 | 15 | 16 | 16 12 | 17 11 | 17 | 18三 | 16二 | 17正 |
| 表 | 8 | 8 | 9 | 9 | 10 | 11 | 11 | 12 | 12 | 13 | 12 | 13 | 14冬 | 14 | 15 | 15 | 16 | 17 | 17 | 18 | 18 10 | 19 9 | 17 | 18 |
| 3 | 9 | 9 | 10 | 10 | 11 | 12 | 12 | 13 | 13 | 14 | 13 | 14 | 15 | 15 | 16 | 16 | 17 | 18 | 18 | 19 | 19 | 20 | 18 8 | 19 7 |
| | 10 | 10 | 11 | 11 | 12 | 13 | 13 | 14 | 14 | 15 | 14 | 15 | 16 | 16 | 17 | 17 | 18 | 19 | 19 | 20 | 20 | 21 | 19 | 20 |

| 一三七四 甲寅 洪武七 776 | | | | | | | | | | | | 一三七三 癸丑 洪武六 775 | | | | | | | | | | | |
|---|---|---|---|---|---|---|---|---|---|---|---|---|---|---|---|---|---|---|---|---|---|---|---|
| 22 | 23 | 23 | 24 | 25 | 25 | 26 | 26 | 27 | 25 | 26 | 27 | 27 | 28 | 28 | 29 | 30 | 30 | 31 | **5** | **4** | 2 | 31 | **1** |
| 23 | 24 | 24 | 25 | 26 | 26 | 27 | 27 | 28 | 26 | 27 | 28 | 28 | 29 | 29 | 30 | 31 | **7** | **6** | 2 | 2 | 3 | **2** | 2 |
| 24 | 25 | 25 | 26 | 27 | 27 | 28 | 28 | 29 | 27 | 28 | 29 | 29 | 30 | 30 | 31 | **8** | 2 | 2 | 3 | 3 | 4 | 2 | 3 |
| 25 | 26 | 26 | 27 | 28 | 28 | 29 | 29 | 30 | 28 | 29 | 30 | 30 | 31 | **10** | **9** | 2 | 3 | 3 | 4 | 4 | 5 | 3 | 4 |
| 26 | 27 | 27 | 28 | 29 | 29 | 30 | 30 | 31 | **3** | 30 | 31 | **12** | **11** | 2 | 2 | 3 | 4 | 4 | 5 | 5 | 6 | 4 | 5 |
| 27 | 28 | 28 | 29 | 30 | 30 | 31 | **5** | **4** | 2 | 31 | **1** | 2 | 2 | 3 | 3 | 4 | 5 | 5 | 6 | 6 | 7 | 5 | 6 |
| 28 | 29 | 29 | 30 | 31 | **7** | **6** | 2 | 2 | 3 | **2** | 2 | 3 | 3 | 4 | 4 | 5 | 6 | 6 | 7 | 7 | 8 | 6 | 7 |
| 29 | 30 | 30 | 31 | **8** | 2 | 2 | 3 | 3 | 4 | 2 | 3 | 4 | 4 | 5 | 5 | 6 | 7 | 7 | 8 | 8 | 9 | 7 | 8 |
| 30 | 31 | **10** | **9** | 2 | 3 | 3 | 4 | 4 | 5 | 3 | 4 | 5 | 5 | 6 | 6 | 7 | 8 | 8 | 9 | 9 | 10 | 8 | 9 |
| **12** | **11** | 2 | 2 | 3 | 4 | 4 | 5 | 5 | 6 | 4 | 5 | 6 | 6 | 7 | 7 | 8 | 9 | 9 | 10 | 10 | 11 | 9 | 10 |
| 2 | 2 | 3 | 3 | 4 | 5 | 5 | 6 | 6 | 7 | 5 | 6 | 7 | 7 | 8 | 8 | 9 | 10 | 10 | 11 | 11 | 12 | 10 | 11 |
| 3 | 3 | 4 | 4 | 5 | 6 | 6 | 7 | 7 | 8 | 6 | 7 | 8 | 8 | 9 | 9 | 10 | 11 | 11 | 12 | 12 | 13 | 11 | 12 |
| 4 | 十一 4 | 5 | 5 | 6 | 7 | 7 | 8 | 8 | 9 | 7 | 8 | 9 | 9 | 10 | 10 | 11 | 12 | 12 | 13 | 13 | 14 | 12 | 13 |
| 5 | 5 | 十 6 | 九 6 | 7 | 8 | 8 | 9 | 9 | 10 | 8 | 9 | 10 | 10 | 11 | 11 | 12 | 13 | 13 | 14 | 14 | 15 | 13 | 14 |
| 6 | **7** 6 | 7 | 7 | 八 8 | 七 9 | 9 | 10 | 10 | 11 | 9 | 10 | 11 | 11 | 12 | 12 | 13 | 14 | 14 | 15 | 15 | 16 | 14 | 15 |
| 7 | 7 | **6** 8 | **5** 8 | 9 | 10 | 六 10 | 11 | 11 | 12 | 10 | 11 | 12 | 12 | 13 | 13 | 14 | 15 | 15 | 16 | 16 | 17 | 15 | 16 |
| 8 | 8 | 9 | 9 | **4** 10 | **3** 11 | 11 | 五 12 | 四 12 | 13 | 11 | 12 | 13 | 冬 13 | 14 | 14 | 15 | 16 | 16 | 17 | 17 | 18 | 16 | 17 |
| 9 | 9 | 10 | 10 | 11 | 12 | **2** 12 | **1** 13 | 13 | 三 14 | 二 12 | 正 13 | 十二 14 | 14 | 15 | 15 | 16 | 17 | 17 | 18 | 18 | 19 | 17 | 18 |
| 10 | 10 | 11 | 11 | 12 | 13 | 13 | 14 | **12** 14 | **11** 15 | 13 | 14 | 15 | 閏 15 | 十一 16 | 16 | 17 | 18 | 18 | 19 | 19 | 20 | 18 | 19 |
| 11 | 11 | 12 | 12 | 13 | 14 | 14 | 15 | 15 | 16 | **10** 14 | **9** 15 | 16 | 16 | 17 | 十 17 | 九 18 | 19 | 19 | 20 | 20 | 21 | 19 | 20 |
| 12 | 12 | 13 | 13 | 14 | 15 | 15 | 16 | 16 | 17 | 15 | 16 | **8** 17 | **7** 17 | 18 | 18 | 19 | 八 20 | 七 20 | 21 | 21 | 22 | 20 | 21 |
| 13 | 冬 13 | 14 | 14 | 15 | 16 | 16 | 17 | 17 | 18 | 16 | 17 | 18 | 18 | **6** 19 | **5** 19 | 20 | 21 | 21 | 六 22 | 22 | 23 | 21 | 22 |
| 14 | 14 | 15 | 15 | 16 | 17 | 17 | 18 | 18 | 19 | 17 | 18 | 19 | 19 | 20 | 20 | **4** 21 | **3** 22 | 22 | 23 | 五 23 | 四 24 | 22 | 23 |
| 15 | 15 | 16 | 16 | 17 | 18 | 18 | 19 | 19 | 20 | 18 | 19 | 20 | 20 | 21 | 21 | 22 | 23 | **2** 23 | **1** 24 | **12** 24 | **11** 25 | 三 23 | 二 24 正 |
| 16 | 16 | 17 | 17 | 18 | 19 | 19 | 20 | 20 | 21 | 19 | 20 | 21 | 21 | 22 | 22 | 23 | 24 | 24 | 25 | 25 | 26 | **10** 24 | **9** 25 |
| 17 | 17 | 18 | 18 | 19 | 20 | 20 | 21 | 21 | 22 | 20 | 21 | 22 | 22 | 23 | 23 | 24 | 25 | 25 | 26 | 26 | 27 | 25 | 26 **8** |
| 18 | 18 | 19 | 19 | 20 | 21 | 21 | 22 | 22 | 23 | 21 | 22 | 23 | 23 | 24 | 24 | 25 | 26 | 26 | 27 | 27 | 28 | 26 | 27 |
| 19 | 19 | 20 | 20 | 21 | 22 | 22 | 23 | 23 | 24 | 22 | 23 | 24 | 24 | 25 | 25 | 26 | 27 | 27 | 28 | 28 | 29 | 27 | 28 |
| 20 | 20 | 21 | 21 | 22 | 23 | 23 | 24 | 24 | 25 | 23 | 24 | 25 | 25 | 26 | 26 | 27 | 28 | 28 | 29 | 29 | 30 | 28 | 29 |
| 21 | 21 | 22 | 22 | 23 | 24 | 24 | 25 | 25 | 26 | 24 | 25 | 26 | 26 | 27 | 27 | 28 | 29 | 29 | 30 | 30 | 31 | **3** | 30 |

一三七五 乙卯 洪武八 777

一三七六 丙辰 洪武九 778

| | | | | | | | | | | | | | | | | | | | | | | | | |
|---|---|---|---|---|---|---|---|---|---|---|---|---|---|---|---|---|---|---|---|---|---|---|---|---|
| 11 | 11 | 12 | 12 | 13 | 14 | 14 | 15 | 15 | 16 | 15 | 16 | 17 | 17 | 18 | 18 | 19 | 20 | 20 | 21 | 21 | 22 | 20 | 21 | 22 |
| 12 土 | 12 十 | 13 | 13 | 14 | 15 | 15 | 16 | 16 | 17 | 16 | 17 | 18 | 18 | 19 | 19 | 20 | 21 | 21 | 22 | 22 | 23 | 21 | 22 | 23 |
| 13 冬 | 13 | 14 閏 | 14 九 | 15 | 16 | 16 | 17 | 17 | 18 | 17 | 18 | 19 | 19 | 20 | 20 | 21 | 22 | 22 | 23 | 23 | 24 | 22 | 23 | 24 |
| 14 8 | 14 7 | 15 | 15 | 16 八 | 17 七 | 17 | 18 | 18 | 19 | 18 | 19 | 20 | 20 | 21 | 21 | 22 | 23 | 23 | 24 | 24 | 25 | 23 | 24 | 25 |
| 15 | 15 | 16 6 | 16 5 | 17 | 18 | 18 六 | 19 五 | 19 四 | 20 | 19 | 20 | 21 | 21 | 22 | 22 | 23 | 24 | 24 | 25 | 25 | 26 | 24 | 25 | 26 |
| 16 | 16 | 17 | 17 | 18 4 | 19 3 | 19 | 20 | 20 | 21 三 | 20 二 | 21 | 22 | 22 | 23 | 23 | 24 | 25 | 25 | 26 | 26 | 27 | 25 | 26 | 27 |
| 17 | 17 | 18 | 18 | 19 | 20 | 20 2 | 21 1 | 21 | 22 | 21 | 22 正 | 23 兰 | 23 | 24 | 24 | 25 | 26 | 26 | 27 | 27 | 28 | 26 | 27 | 28 |
| 18 | 18 | 19 | 19 | 20 | 21 | 21 | 22 | 22 12 | 23 11 | 22 | 23 | 24 | 24 土 | 25 十 | 25 | 26 | 27 | 27 | 28 | 28 | 29 | 27 | 28 | 29 |
| 19 | 19 | 20 | 20 | 21 | 22 | 22 | 23 | 23 | 24 | 23 10 | 24 9 | 25 | 25 | 26 | 26 九 | 27 八 | 28 | 28 | 29 | 29 | 30 | 28 | 29 | 30 |
| 20 | 20 | 21 | 21 | 22 | 23 | 23 | 24 | 24 | 25 | 24 | 25 | 26 8 | 26 7 | 27 | 27 | 28 | 29 七 | 29 六 | 30 | 30 | 31 | 3 | 30 | 31 |
| 21 | 21 | 22 | 22 | 23 | 24 | 24 | 25 | 25 | 26 | 25 | 26 | 27 | 27 | 28 6 | 28 5 | 29 | 30 | 30 | 31 五 | 5 四 | 4 | 2 | 31 | 1 |
| 22 | 22 | 23 | 23 | 24 | 25 | 25 | 26 | 26 | 27 | 26 | 27 | 28 | 28 | 29 | 29 | 30 4 | 31 3 | 7 | 6 | 2 | 2 三 | 3 二 | 2 正 | 2 |
| 23 | 23 | 24 | 24 | 25 | 26 | 26 | 27 | 27 | 28 | 27 | 28 | 29 | 29 | 30 | 30 | 31 | 8 | 2 2 | 2 1 | 3 12 | 3 11 | 4 | 2 | 3 兰 |
| 24 | 24 | 25 | 25 | 26 | 27 | 27 | 28 | 28 | 29 | 28 | 29 | 30 | 30 | 31 | 10 | 9 | 2 | 3 | 3 | 4 | 4 | 5 10 | 3 9 | 4 |
| 25 | 25 | 26 | 26 | 27 | 28 | 28 | 29 | 29 | 30 | 29 | 30 | 31 | 12 | 11 | 2 | 2 | 3 | 4 | 4 | 5 | 5 | 6 | 4 | 5 8 |
| 26 | 26 | 27 | 27 | 28 | 29 | 29 | 30 | 30 | 31 | 3 | 31 | 1 | 2 | 2 | 3 | 3 | 4 | 5 | 5 | 6 | 6 | 7 | 5 | 6 |
| 27 | 27 | 28 | 28 | 29 | 30 | 30 | 31 | 5 | 4 | 2 | 2 | 2 | 3 | 3 | 4 | 4 | 5 | 6 | 6 | 7 | 7 | 8 | 6 | 7 |
| 28 | 28 | 29 | 29 | 30 | 31 | 7 | 6 | 2 | 2 | 3 | 2 | 3 | 4 | 4 | 5 | 5 | 6 | 7 | 7 | 8 | 8 | 9 | 7 | 8 |
| 29 | 29 | 30 | 30 | 31 | 8 | 2 | 2 | 3 | 3 | 4 | 3 | 4 | 5 | 5 | 6 | 6 | 7 | 8 | 8 | 9 | 9 | 10 | 8 | 9 |
| 30 | 30 | 31 | 10 | 9 | 2 | 3 | 3 | 4 | 4 | 5 | 4 | 5 | 6 | 6 | 7 | 7 | 8 | 9 | 9 | 10 | 10 | 11 | 9 | 10 |
| 31 | 12 | 11 | 2 | 2 | 3 | 4 | 4 | 5 | 5 | 6 | 5 | 6 | 7 | 7 | 8 | 8 | 9 | 10 | 10 | 11 | 11 | 12 | 10 | 11 |
| 日 | 2 | 2 | 3 | 3 | 4 | 5 | 5 | 6 | 6 | 7 | 6 | 7 | 8 | 8 | 9 | 9 | 10 | 11 | 11 | 12 | 12 | 13 | 11 | 12 |
| 曜 | 3 | 3 | 4 | 4 | 5 | 6 | 6 | 7 | 7 | 8 | 7 | 8 | 9 | 9 | 10 | 10 | 11 | 12 | 12 | 13 | 13 | 14 | 12 | 13 |
| 表 | 4 | 4 | 5 | 5 | 6 | 7 | 7 | 8 | 8 | 9 | 8 | 9 | 10 | 10 | 11 | 11 | 12 | 13 | 13 | 14 | 14 | 15 | 13 | 14 |
| 5 | 5 | 5 | 6 | 6 | 7 | 8 | 8 | 9 | 9 | 10 | 9 | 10 | 11 | 11 | 12 | 12 | 13 | 14 | 14 | 15 | 15 | 16 | 14 | 15 |
| 甲 | 6 | 6 | 7 | 7 | 8 | 9 | 9 | 10 | 10 | 11 | 10 | 11 | 12 | 12 | 13 | 13 | 14 | 15 | 15 | 16 | 16 | 17 | 15 | 16 |
| 子 | 7 | 7 | 8 | 8 | 9 | 10 | 10 | 11 | 11 | 12 | 11 | 12 | 13 | 13 | 14 | 14 | 15 | 16 | 16 | 17 | 17 | 18 | 16 | 17 |
| 表 | 8 | 8 | 9 | 9 | 10 | 11 | 11 | 12 | 12 | 13 | 12 | 13 | 14 冬 | 14 | 15 | 15 | 16 | 17 | 17 | 18 | 18 | 19 | 17 | 18 |
| 4 | 9 | 9 | 10 | 10 | 11 | 12 | 12 | 13 | 13 | 14 | 13 | 14 | 15 | 15 | 16 | 16 | 17 | 18 | 18 | 19 | 19 | 20 | 18 | 19 |
| | 10 | 10 | 11 | 11 | 12 | 13 | 13 | 14 | 14 | 15 | 14 | 15 | 16 | 16 | 17 | 17 | 18 | 19 | 19 | 20 | 20 | 21 | 19 | 20 |

一三七八 戊午 洪武一一

780

一三七七 丁巳 洪武一〇

779

| | | | | | | | | | | | | | | | | | | | | | | | |
|---|---|---|---|---|---|---|---|---|---|---|---|---|---|---|---|---|---|---|---|---|---|---|---|
| 22 | 23 | 23 | 24八 | 25七 | 25六 | 26 | 26 | 27 | 25 | 26 | 27 | 27 | 28 | 28 | 29 | 30 | 30 | 31 | 5 | 4 | 2 | 31 | 1 |
| 23 8 | 24 7 | 24 | 25 | 26 | 26 | 27五 | 27 | 28 | 26 | 27 | 28 | 28 | 29 | 29 | 30 | 31 | 7 | 6 | 2 | 2 | 3 | 2 | 2 |
| 24 | 25 | 25 6 | 26 5 | 27 | 27 | 28 | 28四 | 29三 | 27 | 28 | 29 | 29 | 30 | 30 | 31 | 8 | 2 | 2 | 3 | 3 | 4 | 2 | 3 |
| 25 | 26 | 26 | 27 | 28 4 | 28 3 | 29 | 29 | 30 | 28二 | 29正 | 30 | 30 | 31 | 10 | 9 | 2 | 3 | 3 | 4 | 4 | 5 | 3 | 4 |
| 26 | 27 | 27 | 28 | 29 | 29 | 30 2 | 30 1 | 31 12 | 3 11 | 30 | 31十二 | 12十一 | 11 | 2 | 2 | 3 | 4 | 4 | 5 | 5 | 6 | 4 | 5 |
| 27 | 28 | 28 | 29 | 30 | 30 | 31 | 5 | 4 | 2 | 31 10 | 1 9 | 2 | 2十 | 3九 | 3 | 4 | 5 | 5 | 6 | 6 | 7 | 5 | 6 |
| 28 | 29 | 29 | 30 | 31 | 7 | 6 | 2 | 2 | 3 | 2 | 2 | 3 8 | 3 7 | 4 | 4八 | 5七 | 6六 | 6 | 7 | 7 | 8 | 6 | 7 |
| 29 | 30 | 30 | 31 | 8 | 2 | 2 | 3 | 3 | 4 | 2 | 3 | 4 | 4 | 5 6 | 5 5 | 6 | 7 | 7五 | 8四 | 8 | 9 | 7 | 8 |
| 30 | 31 | 10 | 9 | 2 | 3 | 3 | 4 | 4 | 5 | 3 | 4 | 5 | 5 | 6 | 6 | 7 4 | 8 3 | 8 | 9 | 9三 | 10二 | 8 | 9 |
| 12 | 11 | 2 | 2 | 3 | 4 | 4 | 5 | 5 | 6 | 4 | 5 | 6 | 6 | 7 | 7 | 8 | 9 | 9 2 | 10 1 | 10 | 11 | 9正 | 10十二 |
| 2 | 2 | 3 | 3 | 4 | 5 | 5 | 6 | 6 | 7 | 5 | 6 | 7 | 7 | 8 | 8 | 9 | 10 | 10 | 11 | 11 12 | 12 11 | 10 | 11 |
| 3 | 3 | 4 | 4 | 5 | 6 | 6 | 7 | 7 | 8 | 6 | 7 | 8 | 8 | 9 | 9 | 10 | 11 | 11 | 12 | 12 | 13 | 11 10 | 12 9 |
| 4 | 4 | 5 | 5 | 6 | 7 | 7 | 8 | 8 | 9 | 7 | 8 | 9 | 9 | 10 | 10 | 11 | 12 | 12 | 13 | 13 | 14 | 12 | 13 |
| 5 | 5 | 6 | 6 | 7 | 8 | 8 | 9 | 9 | 10 | 8 | 9 | 10 | 10 | 11 | 11 | 12 | 13 | 13 | 14 | 14 | 15 | 13 | 14 |
| 6 | 6 | 7 | 7 | 8 | 9 | 9 | 10 | 10 | 11 | 9 | 10 | 11 | 11 | 12 | 12 | 13 | 14 | 14 | 15 | 15 | 16 | 14 | 15 |
| 7 | 7 | 8 | 8 | 9 | 10 | 10 | 11 | 11 | 12 | 10 | 11 | 12 | 12 | 13 | 13 | 14 | 15 | 15 | 16 | 16 | 17 | 15 | 16 |
| 8 | 8 | 9 | 9 | 10 | 11 | 11 | 12 | 12 | 13 | 11 | 12 | 13冬 | 13 | 14 | 14 | 15 | 16 | 16 | 17 | 17 | 18 | 16 | 17 |
| 9 | 9 | 10 | 10 | 11 | 12 | 12 | 13 | 13 | 14 | 12 | 13 | 14 | 14 | 15 | 15 | 16 | 17 | 17 | 18 | 18 | 19 | 17 | 18 |
| 10 | 10 | 11 | 11 | 12 | 13 | 13 | 14 | 14 | 15 | 13 | 14 | 15 | 15 | 16 | 16 | 17 | 18 | 18 | 19 | 19 | 20 | 18 | 19 |
| 11 | 11 | 12 | 12 | 13 | 14 | 14 | 15 | 15 | 16 | 14 | 15 | 16 | 16 | 17 | 17 | 18 | 19 | 19 | 20 | 20 | 21 | 19 | 20 |
| 12 | 12 | 13 | 13 | 14 | 15 | 15 | 16 | 16 | 17 | 15 | 16 | 17 | 17 | 18 | 18 | 19 | 20 | 20 | 21 | 21 | 22 | 20 | 21 |
| 13冬 | 13 | 14 | 14 | 15 | 16 | 16 | 17 | 17 | 18 | 16 | 17 | 18 | 18 | 19 | 19 | 20 | 21 | 21 | 22 | 22 | 23 | 21 | 22 |
| 14 | 14 | 15 | 15 | 16 | 17 | 17 | 18 | 18 | 19 | 17 | 18 | 19 | 19 | 20 | 20 | 21 | 22 | 22 | 23 | 23 | 24 | 22 | 23 |
| 15 | 15 | 16 | 16 | 17 | 18 | 18 | 19 | 19 | 20 | 18 | 19 | 20 | 20 | 21 | 21 | 22 | 23 | 23 | 24 | 24 | 25 | 23 | 24 |
| 16 | 16 | 17 | 17 | 18 | 19 | 19 | 20 | 20 | 21 | 19 | 20 | 21 | 21 | 22 | 22 | 23 | 24 | 24 | 25 | 25 | 26 | 24 | 25 |
| 17 | 17 | 18 | 18 | 19 | 20 | 20 | 21 | 21 | 22 | 20 | 21 | 22 | 22 | 23 | 23 | 24 | 25 | 25 | 26 | 26 | 27 | 25 | 26 |
| 18 | 18 | 19 | 19 | 20 | 21 | 21 | 22 | 22 | 23 | 21 | 22 | 23 | 23 | 24 | 24 | 25 | 26 | 26 | 27 | 27 | 28 | 26 | 27 |
| 19 | 19 | 20 | 20 | 21 | 22 | 22 | 23 | 23 | 24 | 22 | 23 | 24 | 24 | 25 | 25 | 26 | 27 | 27 | 28 | 28 | 29 | 27 | 28 |
| 20十二 | 20 | 21 | 21 | 22 | 23 | 23 | 24 | 24 | 25 | 23 | 24 | 25 | 25 | 26 | 26 | 27 | 28 | 28 | 29 | 29 | 30 | 28 | 29 |
| 21 | 21十一 | 22十 | 22九 | 23 | 24 | 24 | 25 | 25 | 26 | 24 | 25 | 26 | 26 | 27 | 27 | 28 | 29 | 29 | 30 | 30 | 31 | 3 | 30 |

一三七九 己未 洪武一二 781

一三八〇 庚申 洪武一三 782

| | | | | | | | | | | | | | | | | | | | | | | | | |
|---|---|---|---|---|---|---|---|---|---|---|---|---|---|---|---|---|---|---|---|---|---|---|---|---|
| 11 | 11 | 12 | 12 | 13 | 14 | 14 | 15 | 15 | 16 | 15 | 16 | 17 | 17 | 18 | 18 | 19 | 20 | 20 | 21 | 21 | 22 | 20 | 21 | 10 22 9 |
| 12 | 12 | 13 | 13 | 14 | 15 | 15 | 16 | 16 | 17 | 16 | 17 | 18 | 18 | 19 | 19 | 20 | 21 | 21 | 22 | 22 | 23 | 21 | 22 | 23 |
| 13 | 冬13 | 14 | 14 | 15 | 16 | 16 | 17 | 17 | 18 | 17 | 18 | 19 | 19 | 20 | 20 | 21 | 22 | 22 | 23 | 23 | 24 | 22 | 23 | 24 |
| 14 | 14 | 15 | 15 | 16 | 17 | 17 | 18 | 18 | 19 | 18 | 19 | 20 | 20 | 21 | 21 | 22 | 23 | 23 | 24 | 24 | 25 | 23 | 24 | 25 |
| 15 | 15 | 16 | 16 | 17 | 18 | 18 | 19 | 19 | 20 | 19 | 20 | 21 | 21 | 22 | 22 | 23 | 24 | 24 | 25 | 25 | 26 | 24 | 25 | 26 |
| 16 | 16 | 17 | 17 | 18 | 19 | 19 | 20 | 20 | 21 | 20 | 21 | 22 | 22 | 23 | 23 | 24 | 25 | 25 | 26 | 26 | 27 | 25 | 26 | 27 |
| 17 | 17 | 18 | 18 | 19 | 20 | 20 | 21 | 21 | 22 | 21 | 22 | 23 | 23 | 24 | 24 | 25 | 26 | 26 | 27 | 27 | 28 | 26 | 27 | 28 |
| 18 | 18 | 19 | 19 | 20 | 21 | 21 | 22 | 22 | 23 | 22 | 23 | 24 | 24 | 25 | 25 | 26 | 27 | 27 | 28 | 28 | 29 | 27 | 28 | 29 |
| 19 | 19 | 20 | 20 | 21 | 22 | 22 | 23 | 23 | 24 | 23 | 24 | 25 | 25 | 26 | 26 | 27 | 28 | 28 | 29 | 29 | 30 | 28 | 29 | 30 |
| 20 | 20 | 21 | 21 | 22 | 23 | 23 | 24 | 24 | 25 | 24 | 25 | 26 | 26 | 27 | 27 | 28 | 29 | 29 | 30 | 30 | 31 | **3** | 30 | 31 |
| 21 | 21 | 22 | 22 | 23 | 24 | 24 | 25 | 25 | 26 | 25 | 26 | 27 | 27 | 28 | 28 | 29 | 30 | 30 | 31 | **5** | **4** | 2 | 31 | **1** |
| 22 | 22 | 23 | 23 | 24 | 25 | 25 | 26 | 26 | 27 | 26 | 27 | 28 | 28 | 29 | 29 | 30 | 31 | **7** | **6** | 2 | 2 | 3 | **2** | 2 |
| 23 | 23 | 24 | 24 | 25 | 26 | 26 | 27 | 27 | 28 | 27 | 28 | 29 | 29 | 30 | 30 | 31 | **8** | 2 | 2 | 3 | 3 | 4 | 2 | 3 |
| 24 | 24 | 25 | 25 | 26 | 27 | 27 | 28 | 28 | 29 | 28 | 29 | 30 | 30 | 31 | **10** | **9** | 2 | 3 | 3 | 4 | 4 | 5 | 3 | 4 |
| 25 | 25 | 26 | 26 | 27 | 28 | 28 | 29 | 29 | 30 | 29 | 30 | 31 | **12** | **11** | 2 | 2 | 3 | 4 | 4 | 5 | 5 | 6 | 4 | 5 |
| 26 | 26 | 27 | 27 | 28 | 29 | 29 | 30 | 30 | 31 | **3** | 31 | **1** | 2 | 2 | 3 | 3 | 4 | 5 | 5 | 6 | 6 | 7 | 5 | 6 |
| 27 | 十二27 | 十一28 | 28 | 29 | 30 | 30 | 31 | **5** | **4** | 2 | **2** | 2 | 3 | 3 | 4 | 4 | 5 | 6 | 6 | 7 | 7 | 8 | 6 | 7 |
| 28 | 28 | 29 | 十29 | 九30 | 31 | **7** | **6** | 2 | 2 | 3 | 2 | 3 | 4 | 4 | 5 | 5 | 6 | 7 | 7 | 8 | 8 | 9 | 7 | 8 |
| 29 | 10 29 | 9 30 | 30 | 31 | 八**8** | 七2 | 2 | 3 | 3 | 4 | 3 | 4 | 5 | 5 | 6 | 6 | 7 | 8 | 8 | 9 | 9 | 10 | 8 | 9 |
| 30 | 30 | 31 | 8 **10** | 7 **9** | 2 | 3 | 六3 | **4** | **4** | 5 | 4 | 5 | 6 | 6 | 7 | 7 | 8 | 9 | 9 | 10 | 10 | 11 | 9 | 10 |
| 31 | **12** | **11** | 2 | 2 | 6 3 | 5 4 | 4 | 五5 | 四5 | 6 | 5 | 6 | 7 | 7 | 8 | 8 | 9 | 10 | 10 | 11 | 11 | 12 | 10 | 11 |
| 日 | 2 | 2 | 3 | 3 | 4 | 5 | 4 5 | 3 6 | 6 | 三7 | 二6 | 7 | 8 | 8 | 9 | 9 | 10 | 11 | 11 | 12 | 12 | 13 | 11 | 12 |
| 曜 | 3 | 3 | 4 | 4 | 5 | 6 | 6 | 7 | 2 7 | 1 8 | 7 | 正8 | 十二9 | 9 | 10 | 10 | 11 | 12 | 12 | 13 | 13 | 14 | 12 | 13 |
| 表 | 4 | 4 | 5 | 5 | 6 | 7 | 7 | 8 | 8 | 9 | 12 8 | 11 9 | 10 | 十一10 | 十11 | 九11 | 八12 | 13 | 13 | 14 | 14 | 15 | 13 | 14 |
| 6 | 5 | 5 | 6 | 6 | 7 | 8 | 8 | 9 | 9 | 10 | 9 | 10 | 10 11 | 9 11 | 12 | 12 | 13 | 七14 | 六14 | 15 | 15 | 16 | 14 | 15 |
| 甲 | 6 | 6 | 7 | 7 | 8 | 9 | 9 | 10 | 10 | 11 | 10 | 11 | 12 | 12 | 8 13 | 7 13 | 14 | 15 | 15 | 閏16 | 16 | 17 | 15 | 16 |
| 子 | 7 | 7 | 8 | 8 | 9 | 10 | 10 | 11 | 11 | 12 | 11 | 12 | 13 | 13 | 14 | 14 | 6 15 | 5 16 | 16 | 17 | 五17 | 四18 | 16 | 17 |
| 表 | 8 | 8 | 9 | 9 | 10 | 11 | 11 | 12 | 12 | 13 | 12 | 13 | 14 | 冬14 | 15 | 15 | 16 | 17 | 4 17 | 3 18 | 18 | 19 | 三17 | 二18 |
| 5 | 9 | 9 | 10 | 10 | 11 | 12 | 12 | 13 | 13 | 14 | 13 | 14 | 15 | 15 | 16 | 16 | 17 | 18 | 18 | 19 | 2 19 | 1 20 | 18 | 19 正 |
| | 10 | 10 | 11 | 11 | 12 | 13 | 13 | 14 | 14 | 15 | 14 | 15 | 16 | 16 | 17 | 17 | 18 | 19 | 19 | 20 | 20 | 21 | 12 19 | 11 20 |

一三八二 壬戌 洪武一五 784

一三八一 辛酉 洪武一四 783

| | | | | | | | | | | | | | | | | | | | | | | | |
|---|---|---|---|---|---|---|---|---|---|---|---|---|---|---|---|---|---|---|---|---|---|---|---|
| 22 | 23 | 23 | 24 | 25 | 25 | 26 | 26 | 27 | 25 | 26 | 27 | 27 | 28 | 28 | 29 | 30 | 30 | 31 | **5** | **4** | 2 | 31 | **1** |
| 23 | 24 | 24 | 25 | 26 | 26 | 27 | 27 | 28 | 26 | 27 | 28 | 28 | 29 | 29 | 30 | 31 | **7** | **6** | 2 | 2 | 3 | **2** | 2 |
| 24 | 25 | 25 | 26 | 27 | 27 | 28 | 28 | 29 | 27 | 28 | 29 | 29 | 30 | 30 | 31 | **8** | 2 | 2 | 3 | 3 | 4 | 2 | 3 |
| 25 | 26 | 26 | 27 | 28 | 28 | 29 | 29 | 30 | 28 | 29 | 30 | 30 | 31 | **10** | **9** | 2 | 3 | 3 | 4 | 4 | 5 | 3 | 4 |
| 26 | 27 | 27 | 28 | 29 | 29 | 30 | 30 | 31 | **3** | 30 | 31 | **12** | **11** | 2 | 2 | 3 | 4 | 4 | 5 | 5 | 6 | 4 | 5 |
| 27 | 28 | 28 | 29 | 30 | 30 | 31 | **5** | **4** | 2 | 31 | **1** | 2 | 2 | 3 | 3 | 4 | 5 | 5 | 6 | 6 | 7 | 5 | 6 |
| 28 | 29 | 29 | 30 | 31 | **7** | **6** | 2 | 2 | 3 | **2** | 2 | 3 | 3 | 4 | 4 | 5 | 6 | 6 | 7 | 7 | 8 | 6 | 7 |
| 29 | 30 | 30 | 31 | **8** | 2 | 2 | 3 | 3 | 4 | 2 | 3 | 4 | 4 | 5 | 5 | 6 | 7 | 7 | 8 | 8 | 9 | 7 | 8 |
| 30 | 31 | **10** | **9** | 2 | 3 | 3 | 4 | 4 | 5 | 3 | 4 | 5 | 5 | 6 | 6 | 7 | 8 | 8 | 9 | 9 | 10 | 8 | 9 |
| **12** | **11** | 2 | 2 | 3 | 4 | 4 | 5 | 5 | 6 | 4 | 5 | 6 | 6 | 7 | 7 | 8 | 9 | 9 | 10 | 10 | 11 | 9 | 10 |
| 2 | 2 | 3 | 3 | 4 | 5 | 5 | 6 | 6 | 7 | 5 | 6 | 7 | 7 | 8 | 8 | 9 | 10 | 10 | 11 | 11 | 12 | 10 | 11 |
| 3 | 3 | 4 | 4 | 5 | 6 | 6 | 7 | 7 | 8 | 6 | 7 | 8 | 8 | 9 | 9 | 10 | 11 | 11 | 12 | 12 | 13 | 11 | 12 |
| 4 | 4 | 5 | 5 | 6 | 7 | 7 | 8 | 8 | 9 | 7 | 8 | 9 | 9 | 10 | 10 | 11 | 12 | 12 | 13 | 13 | 14 | 12 | 13 |
| 5 | 5 | 6 | 6 | 7 | 8 | 8 | 9 | 9 | 10 | 8 | 9 | 10 | 10 | 11 | 11 | 12 | 13 | 13 | 14 | 14 | 15 | 13 | 14 |
| 6 十一 | 6 十 | 7 | 7 | 8 | 9 | 9 | 10 | 10 | 11 | 9 | 10 | 11 | 11 | 12 | 12 | 13 | 14 | 14 | 15 | 15 | 16 | 14 | 15 |
| 7 | 7 | 8 九 | 8 八 | 9 | 10 | 10 | 11 | 11 | 12 | 10 | 11 | 12 | 12 | 13 | 13 | 14 | 15 | 15 | 16 | 16 | 17 | 15 | 16 |
| 8 10 | 8 9 | 9 | 9 | 10 七 | 11 六 | 11 | 12 | 12 | 13 | 11 | 12 | 13 冬 | 13 | 14 | 14 | 15 | 16 | 16 | 17 | 17 | 18 | 16 | 17 |
| 9 | 9 | 10 8 | 10 7 | 11 | 12 | 12 五 | 13 | 13 | 14 | 12 | 13 | 14 | 14 | 15 | 15 | 16 | 17 | 17 | 18 | 18 | 19 | 17 | 18 |
| 10 | 10 | 11 | 11 | 12 6 | 13 5 | 13 | 14 四 | 14 三 | 15 | 13 | 14 | 15 | 15 | 16 | 16 | 17 | 18 | 18 | 19 | 19 | 20 | 18 | 19 |
| 11 | 11 | 12 | 12 | 13 | 14 | 14 4 | 15 3 | 15 | 16 閏 | 14 二 | 15 正 | 16 十二 | 16 | 17 | 17 | 18 | 19 | 19 | 20 | 20 | 21 | 19 | 20 |
| 12 | 12 | 13 | 13 | 14 | 15 | 15 | 16 | 16 2 | 17 1 | 15 | 16 | 17 | 17 十一 | 18 十 | 18 九 | 19 | 20 | 20 | 21 | 21 | 22 | 20 | 21 |
| 13 冬 | 13 | 14 | 14 | 15 | 16 | 16 | 17 | 17 | 18 | 16 12 | 17 11 | 18 | 18 | 19 | 19 | 20 八 | 21 | 21 | 22 | 22 | 23 | 21 | 22 |
| 14 | 14 | 15 | 15 | 16 | 17 | 17 | 18 | 18 | 19 | 17 | 18 | 19 10 | 19 9 | 20 | 20 | 21 | 22 七 | 22 | 23 | 23 | 24 | 22 | 23 |
| 15 | 15 | 16 | 16 | 17 | 18 | 18 | 19 | 19 | 20 | 18 | 19 | 20 | 20 | 21 8 | 21 7 | 22 | 23 | 23 六 | 24 五 | 24 | 25 | 23 | 24 |
| 16 | 16 | 17 | 17 | 18 | 19 | 19 | 20 | 20 | 21 | 19 | 20 | 21 | 21 | 22 | 22 | 23 6 | 24 5 | 24 | 25 | 25 四 | 26 三 | 24 | 25 |
| 17 | 17 | 18 | 18 | 19 | 20 | 20 | 21 | 21 | 22 | 20 | 21 | 22 | 22 | 23 | 23 | 24 | 25 | 25 4 | 26 3 | 26 | 27 | 25 二 | 26 正 |
| 18 | 18 | 19 | 19 | 20 | 21 | 21 | 22 | 22 | 23 | 21 | 22 | 23 | 23 | 24 | 24 | 25 | 26 | 26 | 27 | 27 2 | 28 1 | 26 12 | 27 11 |
| 19 | 19 | 20 | 20 | 21 | 22 | 22 | 23 | 23 | 24 | 22 | 23 | 24 | 24 | 25 | 25 | 26 | 27 | 27 | 28 | 28 | 29 | 27 | 28 |
| 20 | 20 | 21 | 21 | 22 | 23 | 23 | 24 | 24 | 25 | 23 | 24 | 25 | 25 | 26 | 26 | 27 | 28 | 28 | 29 | 29 | 30 | 28 | 29 |
| 21 | 21 | 22 | 22 | 23 | 24 | 24 | 25 | 25 | 26 | 24 | 25 | 26 | 26 | 27 | 27 | 28 | 29 | 29 | 30 | 30 | 31 | **3** | 30 |

勵耘書屋

一三八三 癸亥 洪武一六 785

一三八四 甲子 洪武一七 786

| | | | | | | | | | | | | | | | | | | | | | | | | |
|---|---|---|---|---|---|---|---|---|---|---|---|---|---|---|---|---|---|---|---|---|---|---|---|---|
| 11 | 11 | 12 | 12 | 13 | 14 | 14 | 15 | 15 | 16 | 15 | 16 | 17 | 17 | 18 | 18 | 19 | 20 | 20 | 21 | 21 | 22 | 20 | 21 | 22 |
| 12 | 12 | 13 | 13 | 14 | 15 | 15 | 16 | 16 | 17 | 16 | 17 | 18 | 18 | 19 | 19 | 20 | 21 | 21 | 22 | 22 | 23 | 21 | 22 | 23 |
| 13 冬 十一 | 13 | 14 | 14 | 15 | 16 | 16 | 17 | 17 | 18 | 17 | 18 | 19 | 19 | 20 | 20 | 21 | 22 | 22 | 23 | 23 | 24 | 22 | 23 | 24 |
| 14 | 14 閏 | 15 十 | 15 | 16 | 17 | 17 | 18 | 18 | 19 | 18 | 19 | 20 | 20 | 21 | 21 | 22 | 23 | 23 | 24 | 24 | 25 | 23 | 24 | 25 |
| 15 11 | 15 | 16 | 16 九 | 17 八 | 18 | 18 | 19 | 19 | 20 | 19 | 20 | 21 | 21 | 22 | 22 | 23 | 24 | 24 | 25 | 25 | 26 | 24 | 25 | 26 |
| 16 | 16 10 | 17 9 | 17 | 18 | 19 七 | 19 六 | 20 | 20 | 21 | 20 | 21 | 22 | 22 | 23 | 23 | 24 | 25 | 25 | 26 | 26 | 27 | 25 | 26 | 27 |
| 17 | 17 | 18 | 18 8 | 19 7 | 20 | 20 | 21 五 | 21 四 | 22 三 | 21 | 22 | 23 | 23 | 24 | 24 | 25 | 26 | 26 | 27 | 27 | 28 | 26 | 27 | 28 |
| 18 | 18 | 19 | 19 | 20 | 21 6 | 21 5 | 22 | 22 | 23 | 22 二 | 23 正 | 24 | 24 | 25 | 25 | 26 | 27 | 27 | 28 | 28 | 29 | 27 | 28 | 29 |
| 19 | 19 | 20 | 20 | 21 | 22 | 22 | 23 4 | 23 3 | 24 | 23 | 24 | 25 十二 | 25 十一 | 26 | 26 | 27 | 28 | 28 | 29 | 29 | 30 | 28 | 29 | 30 |
| 20 | 20 | 21 | 21 | 22 | 23 | 23 | 24 | 24 | 25 2 | 24 1 | 25 12 | 26 11 | 26 | 27 十 | 27 九 | 28 | 29 | 29 | 30 | 30 | 31 | 3 | 30 | 31 |
| 21 | 21 | 22 | 22 | 23 | 24 | 24 | 25 | 25 | 26 | 25 | 26 | 27 | 27 10 | 28 9 | 28 | 29 八 | 30 七 | 30 | 31 | 5 | 4 | 2 | 31 | 1 |
| 22 | 22 | 23 | 23 | 24 | 25 | 25 | 26 | 26 | 27 | 26 | 27 | 28 | 28 | 29 | 29 8 | 30 7 | 31 | 7 六 | 6 | 2 | 2 | 3 | 2 | 2 |
| 23 | 23 | 24 | 24 | 25 | 26 | 26 | 27 | 27 | 28 | 27 | 28 | 29 | 29 | 30 | 30 | 31 | 8 6 | 2 5 | 2 五 | 3 四 | 3 三 | 4 | 2 | 3 |
| 24 | 24 | 25 | 25 | 26 | 27 | 27 | 28 | 28 | 29 | 28 | 29 | 30 | 30 | 31 | 10 | 9 | 2 | 3 | 3 4 | 4 3 | 4 | 5 二 | 3 正 | 4 十二 |
| 25 | 25 | 26 | 26 | 27 | 28 | 28 | 29 | 29 | 30 | 29 | 30 | 31 | 12 | 11 | 2 | 2 | 3 | 4 | 4 | 5 | 5 2 | 6 1 | 4 | 5 |
| 26 | 26 | 27 | 27 | 28 | 29 | 29 | 30 | 30 | 31 | 3 | 31 | 1 | 2 | 2 | 3 | 3 | 4 | 5 | 5 | 6 | 6 | 7 | 5 12 | 6 11 |
| 27 | 27 | 28 | 28 | 29 | 30 | 30 | 31 | 5 | 4 | 2 | 2 | 2 | 3 | 3 | 4 | 4 | 5 | 6 | 6 | 7 | 7 | 8 | 6 | 7 |
| 28 | 28 | 29 | 29 | 30 | 31 | 7 | 6 | 2 | 2 | 3 | 2 | 3 | 4 | 4 | 5 | 5 | 6 | 7 | 7 | 8 | 8 | 9 | 7 | 8 |
| 29 | 29 | 30 | 30 | 31 | 8 | 2 | 2 | 3 | 3 | 4 | 3 | 4 | 5 | 5 | 6 | 6 | 7 | 8 | 8 | 9 | 9 | 10 | 8 | 9 |
| 30 | 30 | 31 | 10 | 9 | 2 | 3 | 3 | 4 | 4 | 5 | 4 | 5 | 6 | 6 | 7 | 7 | 8 | 9 | 9 | 10 | 10 | 11 | 9 | 10 |
| 31 | 12 | 11 | 2 | 2 | 3 | 4 | 4 | 5 | 5 | 6 | 5 | 6 | 7 | 7 | 8 | 8 | 9 | 10 | 10 | 11 | 11 | 12 | 10 | 11 |
| 日 | 2 | 2 | 3 | 3 | 4 | 5 | 5 | 6 | 6 | 7 | 6 | 7 | 8 | 8 | 9 | 9 | 10 | 11 | 11 | 12 | 12 | 13 | 11 | 12 |
| 曜 | 3 | 3 | 4 | 4 | 5 | 6 | 6 | 7 | 7 | 8 | 7 | 8 | 9 | 9 | 10 | 10 | 11 | 12 | 12 | 13 | 13 | 14 | 12 | 13 |
| 表 | 4 | 4 | 5 | 5 | 6 | 7 | 7 | 8 | 8 | 9 | 8 | 9 | 10 | 10 | 11 | 11 | 12 | 13 | 13 | 14 | 14 | 15 | 13 | 14 |
| 7 | 5 | 5 | 6 | 6 | 7 | 8 | 8 | 9 | 9 | 10 | 9 | 10 | 11 | 11 | 12 | 12 | 13 | 14 | 14 | 15 | 15 | 16 | 14 | 15 |
| 甲 | 6 | 6 | 7 | 7 | 8 | 9 | 9 | 10 | 10 | 11 | 10 | 11 | 12 | 12 | 13 | 13 | 14 | 15 | 15 | 16 | 16 | 17 | 15 | 16 |
| 子 | 7 | 7 | 8 | 8 | 9 | 10 | 10 | 11 | 11 | 12 | 11 | 12 | 13 | 13 | 14 | 14 | 15 | 16 | 16 | 17 | 17 | 18 | 16 | 17 |
| 表 | 8 | 8 | 9 | 9 | 10 | 11 | 11 | 12 | 12 | 13 | 12 | 13 | 14 冬 | 14 | 15 | 15 | 16 | 17 | 17 | 18 | 18 | 19 | 17 | 18 |
| 6 | 9 | 9 | 10 | 10 | 11 | 12 | 12 | 13 | 13 | 14 | 13 | 14 | 15 | 15 | 16 | 16 | 17 | 18 | 18 | 19 | 19 | 20 | 18 | 19 |
| | 10 | 10 | 11 | 11 | 12 | 13 | 13 | 14 | 14 | 15 | 14 | 15 | 16 | 16 | 17 | 17 | 18 | 19 | 19 | 20 | 20 | 21 | 19 | 20 |

| 一三八六 丙寅 洪武一九 788 | | | | | | | | | | | | 一三八五 乙丑 洪武一八 787 | | | | | | | | | | | |
|---|---|---|---|---|---|---|---|---|---|---|---|---|---|---|---|---|---|---|---|---|---|---|---|
| 22 十一 | 23 | 23 | 24 | 25 | 25 | 26 | 26 | 27 | 25 | 26 | 27 | 27 | 28 | 28 | 29 | 30 | 30 | 31 | **5** | **4** | 2 | 31 | **1** |
| 23 | 24 十 | 24 九 | 25 八 | 26 | 26 | 27 | 27 | 28 | 26 | 27 | 28 | 28 | 29 | 29 | 30 | 31 | **7** | **6** | 2 | 2 | 3 | **2** | 2 |
| 24 11 | 25 | 25 | 26 | 27 七 | 27 六 | 28 五 | 28 | 29 | 27 | 28 | 29 | 29 | 30 | 30 | 31 | **8** | 2 | 2 | 3 | 3 | 4 | 2 | 3 |
| 25 | 26 10 | 26 9 | 27 | 28 | 28 | 29 | 29 四 | 30 | 28 | 29 | 30 | 30 | 31 | **10** | **9** | 2 | 3 | 3 | 4 | 4 | 5 | 3 | 4 |
| 26 | 27 | 27 | 28 8 | 29 7 | 29 | 30 | 30 | 31 三 | **3** 二 | 30 | 31 | **12** | **11** | 2 | 2 | 3 | 4 | 4 | 5 | 5 | 6 | 4 | 5 |
| 27 | 28 | 28 | 29 | 30 | 30 6 | 31 5 | **5** | **4** | 2 | 31 正 | **1** 十二 | 2 | 2 | 3 | 3 | 4 | 5 | 5 | 6 | 6 | 7 | 5 | 6 |
| 28 | 29 | 29 | 30 | 31 | **7** | **6** | 2 4 | 2 3 | 3 | **2** | 2 | 3 十一 | 3 十 | 4 | 4 | 5 | 6 | 6 | 7 | 7 | 8 | 6 | 7 |
| 29 | 30 | 30 | 31 | **8** | 2 | 2 | 3 | 3 | 4 2 | 2 1 | 3 12 | 4 11 | 4 | 5 九 | 5 八 | 6 | 7 | 7 | 8 | 8 | 9 | 7 | 8 |
| 30 | 31 | **10** | **9** | 2 | 3 | 3 | 4 | 4 | 5 | 3 | 4 | 5 | 5 10 | 6 9 | 6 | 7 七 | 8 六 | 8 五 | 9 | 9 | 10 | 8 | 9 |
| **12** | **11** | 2 | 2 | 3 | 4 | 4 | 5 | 5 | 6 | 4 | 5 | 6 | 6 | 7 | 7 8 | 8 7 | 9 | 9 | 10 四 | 10 三 | 11 | 9 | 10 |
| 2 | 2 | 3 | 3 | 4 | 5 | 5 | 6 | 6 | 7 | 5 | 6 | 7 | 7 | 8 | 8 | 9 | 10 6 | 10 5 | 11 | 11 | 12 二 | 10 正 | 11 |
| 3 | 3 | 4 | 4 | 5 | 6 | 6 | 7 | 7 | 8 | 6 | 7 | 8 | 8 | 9 | 9 | 10 | 11 | 11 | 12 4 | 12 3 | 13 | 11 | 12 十二 |
| 4 | 4 | 5 | 5 | 6 | 7 | 7 | 8 | 8 | 9 | 7 | 8 | 9 | 9 | 10 | 10 | 11 | 12 | 12 | 13 | 13 | 14 2 | 12 1 | 13 |
| 5 | 5 | 6 | 6 | 7 | 8 | 8 | 9 | 9 | 10 | 8 | 9 | 10 | 10 | 11 | 11 | 12 | 13 | 13 | 14 | 14 | 15 | 13 | 14 12 |
| 6 | 6 | 7 | 7 | 8 | 9 | 9 | 10 | 10 | 11 | 9 | 10 | 11 | 11 | 12 | 12 | 13 | 14 | 14 | 15 | 15 | 16 | 14 | 15 |
| 7 | 7 | 8 | 8 | 9 | 10 | 10 | 11 | 11 | 12 | 10 | 11 | 12 | 12 | 13 | 13 | 14 | 15 | 15 | 16 | 16 | 17 | 15 | 16 |
| 8 | 8 | 9 | 9 | 10 | 11 | 11 | 12 | 12 | 13 | 11 | 12 | 13 冬 | 13 | 14 | 14 | 15 | 16 | 16 | 17 | 17 | 18 | 16 | 17 |
| 9 | 9 | 10 | 10 | 11 | 12 | 12 | 13 | 13 | 14 | 12 | 13 | 14 | 14 | 15 | 15 | 16 | 17 | 17 | 18 | 18 | 19 | 17 | 18 |
| 10 | 10 | 11 | 11 | 12 | 13 | 13 | 14 | 14 | 15 | 13 | 14 | 15 | 15 | 16 | 16 | 17 | 18 | 18 | 19 | 19 | 20 | 18 | 19 |
| 11 | 11 | 12 | 12 | 13 | 14 | 14 | 15 | 15 | 16 | 14 | 15 | 16 | 16 | 17 | 17 | 18 | 19 | 19 | 20 | 20 | 21 | 19 | 20 |
| 12 | 12 | 13 | 13 | 14 | 15 | 15 | 16 | 16 | 17 | 15 | 16 | 17 | 17 | 18 | 18 | 19 | 20 | 20 | 21 | 21 | 22 | 20 | 21 |
| 13 冬 | 13 | 14 | 14 | 15 | 16 | 16 | 17 | 17 | 18 | 16 | 17 | 18 | 18 | 19 | 19 | 20 | 21 | 21 | 22 | 22 | 23 | 21 | 22 |
| 14 | 14 | 15 | 15 | 16 | 17 | 17 | 18 | 18 | 19 | 17 | 18 | 19 | 19 | 20 | 20 | 21 | 22 | 22 | 23 | 23 | 24 | 22 | 23 |
| 15 | 15 | 16 | 16 | 17 | 18 | 18 | 19 | 19 | 20 | 18 | 19 | 20 | 20 | 21 | 21 | 22 | 23 | 23 | 24 | 24 | 25 | 23 | 24 |
| 16 | 16 | 17 | 17 | 18 | 19 | 19 | 20 | 20 | 21 | 19 | 20 | 21 | 21 | 22 | 22 | 23 | 24 | 24 | 25 | 25 | 26 | 24 | 25 |
| 17 | 17 | 18 | 18 | 19 | 20 | 20 | 21 | 21 | 22 | 20 | 21 | 22 | 22 | 23 | 23 | 24 | 25 | 25 | 26 | 26 | 27 | 25 | 26 |
| 18 | 18 | 19 | 19 | 20 | 21 | 21 | 22 | 22 | 23 | 21 | 22 | 23 | 23 | 24 | 24 | 25 | 26 | 26 | 27 | 27 | 28 | 26 | 27 |
| 19 | 19 | 20 | 20 | 21 | 22 | 22 | 23 | 23 | 24 | 22 | 23 | 24 | 24 | 25 | 25 | 26 | 27 | 27 | 28 | 28 | 29 | 27 | 28 |
| 20 | 20 | 21 | 21 | 22 | 23 | 23 | 24 | 24 | 25 | 23 | 24 | 25 | 25 | 26 | 26 | 27 | 28 | 28 | 29 | 29 | 30 | 28 | 29 |
| 21 | 21 | 22 | 22 | 23 | 24 | 24 | 25 | 25 | 26 | 24 | 25 | 26 | 26 | 27 | 27 | 28 | 29 | 29 | 30 | 30 | 31 | **3** | 30 |

一三八八
戊辰
洪武二一

一三八七
丁卯
洪武二〇

791 790 789

| | | | | | | | | | | | | | | | | | | | | | | | | |
|---|---|---|---|---|---|---|---|---|---|---|---|---|---|---|---|---|---|---|---|---|---|---|---|---|
| 11 | 11 | 12 | 12 | 13 | 14 | 14 | 15 | 15 | 16 | 15 | 16 | 17 | 17 | 18 | 18 | 19 | 20 | 20 | 21 | 21 4 | 22 3 | 20 | 21 | 22 十二 |
| 12 | 12 | 13 | 13 | 14 | 15 | 15 | 16 | 16 | 17 | 16 | 17 | 18 | 18 | 19 | 19 | 20 | 21 | 21 | 22 | 22 | 23 | 21 2 | 22 1 | 23 |
| 13 冬 | 13 | 14 | 14 | 15 | 16 | 16 | 17 | 17 | 18 | 17 | 18 | 19 | 19 | 20 | 20 | 21 | 22 | 22 | 23 | 23 | 24 | 22 | 23 | 24 12 |
| 14 | 14 | 15 | 15 | 16 | 17 | 17 | 18 | 18 | 19 | 18 | 19 | 20 | 20 | 21 | 21 | 22 | 23 | 23 | 24 | 24 | 25 | 23 | 24 | 25 |
| 15 | 15 | 16 | 16 | 17 | 18 | 18 | 19 | 19 | 20 | 19 | 20 | 21 | 21 | 22 | 22 | 23 | 24 | 24 | 25 | 25 | 26 | 24 | 25 | 26 |
| 16 | 16 | 17 | 17 | 18 | 19 | 19 | 20 | 20 | 21 | 20 | 21 | 22 | 22 | 23 | 23 | 24 | 25 | 25 | 26 | 26 | 27 | 25 | 26 | 27 |
| 17 | 17 | 18 | 18 | 19 | 20 | 20 | 21 | 21 | 22 | 21 | 22 | 23 | 23 | 24 | 24 | 25 | 26 | 26 | 27 | 27 | 28 | 26 | 27 | 28 |
| 18 | 18 | 19 | 19 | 20 | 21 | 21 | 22 | 22 | 23 | 22 | 23 | 24 | 24 | 25 | 25 | 26 | 27 | 27 | 28 | 28 | 29 | 27 | 28 | 29 |
| 19 | 19 | 20 | 20 | 21 | 22 | 22 | 23 | 23 | 24 | 23 | 24 | 25 | 25 | 26 | 26 | 27 | 28 | 28 | 29 | 29 | 30 | 28 | 29 | 30 |
| 20 | 20 | 21 | 21 | 22 | 23 | 23 | 24 | 24 | 25 | 24 | 25 | 26 | 26 | 27 | 27 | 28 | 29 | 29 | 30 | 30 | 31 | 3 | 30 | 31 |
| 21 | 21 | 22 | 22 | 23 | 24 | 24 | 25 | 25 | 26 | 25 | 26 | 27 | 27 | 28 | 28 | 29 | 30 | 30 | 31 | 5 | 4 | 2 | 31 | 1 |
| 22 | 22 | 23 | 23 | 24 | 25 | 25 | 26 | 26 | 27 | 26 | 27 | 28 | 28 | 29 | 29 | 30 | 31 | 7 | 6 | 2 | 2 | 3 | 2 | 2 |
| 23 | 23 | 24 | 24 | 25 | 26 | 26 | 27 | 27 | 28 | 27 | 28 | 29 | 29 | 30 | 30 | 31 | 8 | 2 | 2 | 3 | 3 | 4 | 2 | 3 |
| 24 | 24 | 25 | 25 | 26 | 27 | 27 | 28 | 28 | 29 | 28 | 29 | 30 | 30 | 31 | 10 | 9 | 2 | 3 | 3 | 4 | 4 | 5 | 3 | 4 |
| 25 | 25 | 26 | 26 | 27 | 28 | 28 | 29 | 29 | 30 | 29 | 30 | 31 | 12 | 11 | 2 | 2 | 3 | 4 | 4 | 5 | 5 | 6 | 4 | 5 |
| 26 | 26 | 27 | 27 | 28 | 29 | 29 | 30 | 30 | 31 | 3 | 31 | 1 | 2 | 2 | 3 | 3 | 4 | 5 | 5 | 6 | 6 | 7 | 5 | 6 |
| 27 | 27 | 28 | 28 | 29 | 30 | 30 | 31 | 5 | 4 | 2 | 2 | 2 | 3 | 3 | 4 | 4 | 5 | 6 | 6 | 7 | 7 | 8 | 6 | 7 |
| 28 | 28 | 29 | 29 | 30 | 31 | 7 | 6 | 2 | 2 | 3 | 2 | 3 | 4 | 4 | 5 | 5 | 6 | 7 | 7 | 8 | 8 | 9 | 7 | 8 |
| 29 十二 | 29 十一 | 30 十 | 30 | 31 | 8 | 2 | 2 | 3 | 3 | 4 | 3 | 4 | 5 | 5 | 6 | 6 | 7 | 8 | 8 | 9 | 9 | 10 | 8 | 9 |
| 30 | 30 | 31 | 10 九 | 9 八 | 2 | 3 | 3 | 4 | 4 | 5 | 4 | 5 | 6 | 6 | 7 | 7 | 8 | 9 | 9 | 10 | 10 | 11 | 9 | 10 |
| 31 1 | 12 12 | 11 11 | 2 | 2 | 3 七 | 4 六 | 4 | 5 | 5 | 6 | 5 | 6 | 7 | 7 | 8 | 8 | 9 | 10 | 10 | 11 | 11 | 12 | 10 | 11 |
| 日 | 2 | 2 | 3 10 | 3 9 | 4 | 5 | 5 五 | 6 | 6 | 7 | 6 | 7 | 8 | 8 | 9 | 9 | 10 | 11 | 11 | 12 | 12 | 13 | 11 | 12 |
| 曜 | 3 | 3 | 4 | 4 | 5 8 | 6 7 | 6 | 7 四 | 7 三 | 8 | 7 | 8 | 9 | 9 | 10 | 10 | 11 | 12 | 12 | 13 | 13 | 14 | 12 | 13 |
| 表 | 4 | 4 | 5 | 5 | 6 | 7 | 7 6 | 8 5 | 8 | 9 二 | 8 正 | 9 | 10 | 10 | 11 | 11 | 12 | 13 | 13 | 14 | 14 | 15 | 13 | 14 |
| 1 | 5 | 5 | 6 | 6 | 7 | 8 | 8 | 9 | 9 4 | 10 3 | 9 | 10 十二 | 11 十一 | 11 | 12 | 12 | 13 | 14 | 14 | 15 | 15 | 16 | 14 | 15 |
| 甲 | 6 | 6 | 7 | 7 | 8 | 9 | 9 | 10 | 10 | 11 | 10 2 | 11 1 | 12 | 12 十 | 13 九 | 13 八 | 14 七 | 15 | 15 | 16 | 16 | 17 | 15 | 16 |
| 子 | 7 | 7 | 8 | 8 | 9 | 10 | 10 | 11 | 11 | 12 | 11 | 12 | 13 12 | 13 11 | 14 | 14 | 15 | 16 閏 | 16 六 | 17 | 17 | 18 | 16 | 17 |
| 表 | 8 | 8 | 9 | 9 | 10 | 11 | 11 | 12 | 12 | 13 | 12 | 13 | 14 冬 | 14 | 15 10 | 15 9 | 16 | 17 | 17 | 18 五 | 18 | 19 | 17 | 18 |
| 7 | 9 | 9 | 10 | 10 | 11 | 12 | 12 | 13 | 13 | 14 | 13 | 14 | 15 | 15 | 16 | 16 | 17 8 | 18 7 | 18 | 19 | 19 四 | 20 三 | 18 | 19 |
| | 10 | 10 | 11 | 11 | 12 | 13 | 13 | 14 | 14 | 15 | 14 | 15 | 16 | 16 | 17 | 17 | 18 | 19 | 19 6 | 20 5 | 20 | 21 | 19 二 | 20 正 |

一三九〇 庚午 洪武二三 793

一三八九 己巳 洪武二二 792

| | | | | | | | | | | | | | | | | | | | | | | | |
|---|---|---|---|---|---|---|---|---|---|---|---|---|---|---|---|---|---|---|---|---|---|---|---|
| 22 | 23 | 23 | 24 | 25 | 25 | 26 | 26 | 27 | 25 | 26 | 27 | 27 | 28 | 28 | 29 | 30 | 30 | 31 | 5 | 4 | 2 | 31 | 1 |
| 23 | 24 | 24 | 25 | 26 | 26 | 27 | 27 | 28 | 26 | 27 | 28 | 28 | 29 | 29 | 30 | 31 | 7 | 6 | 2 | 2 | 3 | 2 | 2 |
| 24 | 25 | 25 | 26 | 27 | 27 | 28 | 28 | 29 | 27 | 28 | 29 | 29 | 30 | 30 | 31 | 8 | 2 | 2 | 3 | 3 | 4 | 2 | 3 |
| 25 | 26 | 26 | 27 | 28 | 28 | 29 | 29 | 30 | 28 | 29 | 30 | 30 | 31 | 10 | 9 | 2 | 3 | 3 | 4 | 4 | 5 | 3 | 4 |
| 26 | 27 | 27 | 28 | 29 | 29 | 30 | 30 | 31 | 3 | 30 | 31 | 12 | 11 | 2 | 2 | 3 | 4 | 4 | 5 | 5 | 6 | 4 | 5 |
| 27 | 28 | 28 | 29 | 30 | 30 | 31 | 5 | 4 | 2 | 31 | 1 | 2 | 2 | 3 | 3 | 4 | 5 | 5 | 6 | 6 | 7 | 5 | 6 |
| 28 | 29 | 29 | 30 | 31 | 7 | 6 | 2 | 2 | 3 | 2 | 2 | 3 | 3 | 4 | 4 | 5 | 6 | 6 | 7 | 7 | 8 | 6 | 7 |
| 29 | 30 | 30 | 31 | 8 | 2 | 2 | 3 | 3 | 4 | 2 | 3 | 4 | 4 | 5 | 5 | 6 | 7 | 7 | 8 | 8 | 9 | 7 | 8 |
| 30 | 31 | 10 | 9 | 2 | 3 | 3 | 4 | 4 | 5 | 3 | 4 | 5 | 5 | 6 | 6 | 7 | 8 | 8 | 9 | 9 | 10 | 8 | 9 |
| 12 | 11 | 2 | 2 | 3 | 4 | 4 | 5 | 5 | 6 | 4 | 5 | 6 | 6 | 7 | 7 | 8 | 9 | 9 | 10 | 10 | 11 | 9 | 10 |
| 2 | 2 | 3 | 3 | 4 | 5 | 5 | 6 | 6 | 7 | 5 | 6 | 7 | 7 | 8 | 8 | 9 | 10 | 10 | 11 | 11 | 12 | 10 | 11 |
| 3 | 3 | 4 | 4 | 5 | 6 | 6 | 7 | 7 | 8 | 6 | 7 | 8 | 8 | 9 | 9 | 10 | 11 | 11 | 12 | 12 | 13 | 11 | 12 |
| 4 | 4 | 5 | 5 | 6 | 7 | 7 | 8 | 8 | 9 | 7 | 8 | 9 | 9 | 10 | 10 | 11 | 12 | 12 | 13 | 13 | 14 | 12 | 13 |
| 5 | 5 | 6 | 6 | 7 | 8 | 8 | 9 | 9 | 10 | 8 | 9 | 10 | 10 | 11 | 11 | 12 | 13 | 13 | 14 | 14 | 15 | 13 | 14 |
| 6 | 6 | 7 | 7 | 8 | 9 | 9 | 10 | 10 | 11 | 9 | 10 | 11 | 11 | 12 | 12 | 13 | 14 | 14 | 15 | 15 | 16 | 14 | 15 |
| 7 | 土7 | 十8 | 8 | 9 | 10 | 10 | 11 | 11 | 12 | 10 | 11 | 12 | 12 | 13 | 13 | 14 | 15 | 15 | 16 | 16 | 17 | 15 | 16 |
| 8 | 8 | 9 | 九9 | 八10 | 11 | 11 | 12 | 12 | 13 | 11 | 12 | 13 | 冬13 | 14 | 14 | 15 | 16 | 16 | 17 | 17 | 18 | 16 | 17 |
| 9 | 1 9 | 10 | 10 | 11 | 七12 | 12 | 13 | 13 | 14 | 12 | 13 | 14 | 14 | 15 | 15 | 16 | 17 | 17 | 18 | 18 | 19 | 17 | 18 |
| 10 | 10 | 12 11 | 11 11 | 12 | 13 | 六13 | 14 | 14 | 15 | 13 | 14 | 15 | 15 | 16 | 16 | 17 | 18 | 18 | 19 | 19 | 20 | 18 | 19 |
| 11 | 11 | 12 | 12 | 10 13 | 9 14 | 14 | 五15 | 閏15 | 16 | 14 | 15 | 16 | 16 | 17 | 17 | 18 | 19 | 19 | 20 | 20 | 21 | 19 | 20 |
| 12 | 12 | 13 | 13 | 14 | 15 | 8 15 | 7 16 | 16 | 四17 | 三15 | 16 | 17 | 17 | 18 | 18 | 19 | 20 | 20 | 21 | 21 | 22 | 20 | 21 |
| 13 | 冬13 | 14 | 14 | 15 | 16 | 16 | 17 | 6 17 | 5 18 | 16 | 二17 | 正18 | 土18 | 土19 | 19 | 20 | 21 | 21 | 22 | 22 | 23 | 21 | 22 |
| 14 | 14 | 15 | 15 | 16 | 17 | 17 | 18 | 18 | 19 | 4 17 | 3 18 | 19 | 19 | 20 | 十20 | 九21 | 八22 | 22 | 23 | 23 | 24 | 22 | 23 |
| 15 | 15 | 16 | 16 | 17 | 18 | 18 | 19 | 19 | 20 | 18 | 19 | 2 20 | 1 20 | 21 | 21 | 22 | 23 | 七23 | 24 | 24 | 25 | 23 | 24 |
| 16 | 16 | 17 | 17 | 18 | 19 | 19 | 20 | 20 | 21 | 19 | 20 | 21 | 21 | 12 22 | 11 22 | 23 | 24 | 24 | 六25 | 25 | 26 | 24 | 25 |
| 17 | 17 | 18 | 18 | 19 | 20 | 20 | 21 | 21 | 22 | 20 | 21 | 22 | 22 | 23 | 23 | 10 24 | 9 25 | 25 | 26 | 五26 | 四27 | 25 | 26 |
| 18 | 18 | 19 | 19 | 20 | 21 | 21 | 22 | 22 | 23 | 21 | 22 | 23 | 23 | 24 | 24 | 25 | 26 | 8 26 | 7 27 | 27 | 28 | 三26 | 二27 |
| 19 | 19 | 20 | 20 | 21 | 22 | 22 | 23 | 23 | 24 | 22 | 23 | 24 | 24 | 25 | 25 | 26 | 27 | 27 | 28 | 6 28 | 5 29 | 27 | 28 正 |
| 20 | 20 | 21 | 21 | 22 | 23 | 23 | 24 | 24 | 25 | 23 | 24 | 25 | 25 | 26 | 26 | 27 | 28 | 28 | 29 | 29 | 30 | 4 28 | 3 29 |
| 21 | 21 | 22 | 22 | 23 | 24 | 24 | 25 | 25 | 26 | 24 | 25 | 26 | 26 | 27 | 27 | 28 | 29 | 29 | 30 | 30 | 31 | 3 | 30 2 |

| 795 一三九二 壬申 洪武二五 | | | | | | | | | | | | | 794 一三九一 辛未 洪武二四 | | | | | | | | | | | |
|---|---|---|---|---|---|---|---|---|---|---|---|---|---|---|---|---|---|---|---|---|---|---|---|---|
| 11 | 11 | 12 | 12 | 13 | 14 | 14 | 15 | 15 | 16 | 15 | 16 | 17 | 17 | 18 | 18 | 19 | 20 | 20 | 21 | 21 | 22 | 20 | 21 | 22 |
| 12 | 12 | 13 | 13 | 14 | 15 | 15 | 16 | 16 | 17 | 16 | 17 | 18 | 18 | 19 | 19 | 20 | 21 | 21 | 22 | 22 | 23 | 21 | 22 | 23 |
| 13冬 | 13 | 14 | 14 | 15 | 16 | 16 | 17 | 17 | 18 | 17 | 18 | 19 | 19 | 20 | 20 | 21 | 22 | 22 | 23 | 23 | 24 | 22 | 23 | 24 |
| 14十二 | 14 | 15 | 15 | 16 | 17 | 17 | 18 | 18 | 19 | 18 | 19 | 20 | 20 | 21 | 21 | 22 | 23 | 23 | 24 | 24 | 25 | 23 | 24 | 25 |
| 15 | 15十一 | 16 | 16 | 17 | 18 | 18 | 19 | 19 | 20 | 19 | 20 | 21 | 21 | 22 | 22 | 23 | 24 | 24 | 25 | 25 | 26 | 24 | 25 | 26 |
| 16 | 16 | 17十 | 17九 | 18 | 19 | 19 | 20 | 20 | 21 | 20 | 21 | 22 | 22 | 23 | 23 | 24 | 25 | 25 | 26 | 26 | 27 | 25 | 26 | 27 |
| 17 2 | 17 1 | 18 | 18 | 19八 | 20七 | 20 | 21 | 21 | 22 | 21 | 22 | 23 | 23 | 24 | 24 | 25 | 26 | 26 | 27 | 27 | 28 | 26 | 27 | 28 |
| 18 | 18 | 19 12 | 19 11 | 20 | 21 | 21六 | 22五 | 22 | 23 | 22 | 23 | 24 | 24 | 25 | 25 | 26 | 27 | 27 | 28 | 28 | 29 | 27 | 28 | 29 |
| 19 | 19 | 20 | 20 | 21 10 | 22 9 | 22 | 23 | 23四 | 24三 | 23二 | 24 | 25 | 25 | 26 | 26 | 27 | 28 | 28 | 29 | 29 | 30 | 28 | 29 | 30 |
| 20 | 20 | 21 | 21 | 22 | 23 | 23 8 | 24 7 | 24 | 25 | 24 | 25正 | 26十二 | 26十一 | 27 | 27 | 28 | 29 | 29 | 30 | 30 | 31 | 3 | 30 | 31 |
| 21 | 21 | 22 | 22 | 23 | 24 | 24 | 25 | 25 6 | 26 5 | 25 | 26 | 27 | 27 | 28十 | 28 | 29 | 30 | 30 | 31 | 5 | 4 | 2 | 31 | 1 |
| 22 | 22 | 23 | 23 | 24 | 25 | 25 | 26 | 26 | 27 | 26 4 | 27 3 | 28 | 28 | 29 | 29九 | 30八 | 31 | 7 | 6 | 2 | 2 | 3 | 2 | 2 |
| 23 | 23 | 24 | 24 | 25 | 26 | 26 | 27 | 27 | 28 | 27 | 28 | 29 2 | 29 1 | 30 12 | 30 11 | 31 | 8七 | 2六 | 2 | 3 | 3 | 4 | 2 | 3 |
| 24 | 24 | 25 | 25 | 26 | 27 | 27 | 28 | 28 | 29 | 28 | 29 | 30 | 30 | 31 | 10 | 9 10 | 2 9 | 3 | 3五 | 4 | 4 | 5 | 3 | 4 |
| 25 | 25 | 26 | 26 | 27 | 28 | 28 | 29 | 29 | 30 | 29 | 30 | 31 | 12 | 11 | 2 | 2 | 3 | 4 8 | 4 7 | 5四 | 5三 | 6二 | 4 | 5 |
| 26 | 26 | 27 | 27 | 28 | 29 | 29 | 30 | 30 | 31 | 3 | 31 | 1 | 2 | 2 | 3 | 3 | 4 | 5 | 5 | 6 6 | 6 5 | 7 | 5正 | 6十二 |
| 27 | 27 | 28 | 28 | 29 | 30 | 30 | 31 | 5 | 4 | 2 | 2 | 2 | 3 | 3 | 4 | 4 | 5 | 6 | 6 | 7 | 7 | 8 4 | 6 3 | 7 |
| 28 | 28 | 29 | 29 | 30 | 31 | 7 | 6 | 2 | 2 | 3 | 2 | 3 | 4 | 4 | 5 | 5 | 6 | 7 | 7 | 8 | 8 | 9 | 7 | 8 2 |
| 29 | 29 | 30 | 30 | 31 | 8 | 2 | 2 | 3 | 3 | 4 | 3 | 4 | 5 | 5 | 6 | 6 | 7 | 8 | 8 | 9 | 9 | 10 | 8 | 9 |
| 30 | 30 | 31 | 10 | 9 | 2 | 3 | 3 | 4 | 4 | 5 | 4 | 5 | 6 | 6 | 7 | 7 | 8 | 9 | 9 | 10 | 10 | 11 | 9 | 10 |
| 31 | 12 | 11 | 2 | 2 | 3 | 4 | 4 | 5 | 5 | 6 | 5 | 6 | 7 | 7 | 8 | 8 | 9 | 10 | 10 | 11 | 11 | 12 | 10 | 11 |
| 日 | 2 | 2 | 3 | 3 | 4 | 5 | 5 | 6 | 6 | 7 | 6 | 7 | 8 | 8 | 9 | 9 | 10 | 11 | 11 | 12 | 12 | 13 | 11 | 12 |
| 曜 | 3 | 3 | 4 | 4 | 5 | 6 | 6 | 7 | 7 | 8 | 7 | 8 | 9 | 9 | 10 | 10 | 11 | 12 | 12 | 13 | 13 | 14 | 12 | 13 |
| 表 | 4 | 4 | 5 | 5 | 6 | 7 | 7 | 8 | 8 | 9 | 8 | 9 | 10 | 10 | 11 | 11 | 12 | 13 | 13 | 14 | 14 | 15 | 13 | 14 |
| 2 | 5 | 5 | 6 | 6 | 7 | 8 | 8 | 9 | 9 | 10 | 9 | 10 | 11 | 11 | 12 | 12 | 13 | 14 | 14 | 15 | 15 | 16 | 14 | 15 |
| 甲 | 6 | 6 | 7 | 7 | 8 | 9 | 9 | 10 | 10 | 11 | 10 | 11 | 12 | 12 | 13 | 13 | 14 | 15 | 15 | 16 | 16 | 17 | 15 | 16 |
| 子 | 7 | 7 | 8 | 8 | 9 | 10 | 10 | 11 | 11 | 12 | 11 | 12 | 13 | 13 | 14 | 14 | 15 | 16 | 16 | 17 | 17 | 18 | 16 | 17 |
| 表 | 8 | 8 | 9 | 9 | 10 | 11 | 11 | 12 | 12 | 13 | 12 | 13 | 14冬 | 14 | 15 | 15 | 16 | 17 | 17 | 18 | 18 | 19 | 17 | 18 |
| 8 | 9 | 9 | 10 | 10 | 11 | 12 | 12 | 13 | 13 | 14 | 13 | 14 | 15 | 15 | 16 | 16 | 17 | 18 | 18 | 19 | 19 | 20 | 18 | 19 |
| | 10 | 10 | 11 | 11 | 12 | 13 | 13 | 14 | 14 | 15 | 14 | 15 | 16 | 16 | 17 | 17 | 18 | 19 | 19 | 20 | 20 | 21 | 19 | 20 |

| 一三九四 甲戌 洪武二七 797 | | | | | | | | | | | | 一三九三 癸酉 洪武二六 796 | | | | | | | | | | | |
|---|---|---|---|---|---|---|---|---|---|---|---|---|---|---|---|---|---|---|---|---|---|---|---|
| 22 | 23 | 23 | 24 | 25 | 25 | 26 | 26 | 27 | 25 | 26 | 27 | 27 | 28 | 28 | 29 | 30 | 30 | 31 | **5** | **4** | 2 | 31 | **1** |
| 23 | 24 | 24 | 25 | 26 | 26 | 27 | 27 | 28 | 26 | 27 | 28 | 28 | 29 | 29 | 30 | 31 | **7** | **6** | 2 | 2 | 3 | **2** | 2 |
| 24 十一 | 25 十 | 25 | 26 | 27 | 27 | 28 | 28 | 29 | 27 | 28 | 29 | 29 | 30 | 30 | 31 | **8** | 2 | 2 | 3 | 3 | 4 | 2 | 3 |
| 25 | 26 | 26 九 | 27 八 | 28 七 | 28 | 29 | 29 | 30 | 28 | 29 | 30 | 30 | 31 | **10** | **9** | 2 | 3 | 3 | 4 | 4 | 5 | 3 | 4 |
| 26 2 | 27 1 | 27 12 | 28 11 | 29 | 29 六 | 30 五 | 30 | 31 | **3** | 30 | 31 | **12** | **11** | 2 | 2 | 3 | 4 | 4 | 5 | 5 | 6 | 4 | 5 |
| 27 | 28 | 28 | 29 | 30 10 | 30 9 | 31 | **5** 四 | **4** 三 | 2 | 31 | **1** | 2 | 2 | 3 | 3 | 4 | 5 | 5 | 6 | 6 | 7 | 5 | 6 |
| 28 | 29 | 29 | 30 | 31 | **7** | **6** 8 | 2 7 | 2 | 3 二 | **2** 正 | 2 | 3 | 3 | 4 | 4 | 5 | 6 | 6 | 7 | 7 | 8 | 6 | 7 |
| 29 | 30 | 30 | 31 | **8** | 2 | 2 | 3 | 3 6 | 4 5 | 2 | 3 十二 | 4 十一 | 4 | 5 | 5 | 6 | 7 | 7 | 8 | 8 | 9 | 7 | 8 |
| 30 | 31 | **10** | **9** | 2 | 3 | 3 | 4 | 4 | 5 | 3 4 | 4 3 | 5 | 5 十 | 6 九 | 6 | 7 | 8 | 8 | 9 | 9 | 10 | 8 | 9 |
| **12** | **11** | 2 | 2 | 3 | 4 | 4 | 5 | 5 | 6 | 4 | 5 | 6 2 | 6 1 | 7 | 7 八 | 8 七 | 9 | 9 | 10 | 10 | 11 | 9 | 10 |
| 2 | 2 | 3 | 3 | 4 | 5 | 5 | 6 | 6 | 7 | 5 | 6 | 7 | 7 | 8 12 | 8 11 | 9 | 10 六 | 10 五 | 11 四 | 11 | 12 | 10 | 11 |
| 3 | 3 | 4 | 4 | 5 | 6 | 6 | 7 | 7 | 8 | 6 | 7 | 8 | 8 | 9 | 9 | 10 10 | 11 9 | 11 | 12 | 12 三 | 13 二 | 11 | 12 |
| 4 | 4 | 5 | 5 | 6 | 7 | 7 | 8 | 8 | 9 | 7 | 8 | 9 | 9 | 10 | 10 | 11 | 12 | 12 8 | 13 7 | 13 | 14 | 12 正 | 13 閏 |
| 5 | 5 | 6 | 6 | 7 | 8 | 8 | 9 | 9 | 10 | 8 | 9 | 10 | 10 | 11 | 11 | 12 | 13 | 13 | 14 | 14 6 | 15 5 | 13 | 14 |
| 6 | 6 | 7 | 7 | 8 | 9 | 9 | 10 | 10 | 11 | 9 | 10 | 11 | 11 | 12 | 12 | 13 | 14 | 14 | 15 | 15 | 16 | 14 4 | 15 3 |
| 7 | 7 | 8 | 8 | 9 | 10 | 10 | 11 | 11 | 12 | 10 | 11 | 12 | 12 | 13 | 13 | 14 | 15 | 15 | 16 | 16 | 17 | 15 | 16 |
| 8 | 8 | 9 | 9 | 10 | 11 | 11 | 12 | 12 | 13 | 11 | 12 | 13 冬 | 13 | 14 | 14 | 15 | 16 | 16 | 17 | 17 | 18 | 16 | 17 |
| 9 | 9 | 10 | 10 | 11 | 12 | 12 | 13 | 13 | 14 | 12 | 13 | 14 | 14 | 15 | 15 | 16 | 17 | 17 | 18 | 18 | 19 | 17 | 18 |
| 10 | 10 | 11 | 11 | 12 | 13 | 13 | 14 | 14 | 15 | 13 | 14 | 15 | 15 | 16 | 16 | 17 | 18 | 18 | 19 | 19 | 20 | 18 | 19 |
| 11 | 11 | 12 | 12 | 13 | 14 | 14 | 15 | 15 | 16 | 14 | 15 | 16 | 16 | 17 | 17 | 18 | 19 | 19 | 20 | 20 | 21 | 19 | 20 |
| 12 | 12 | 13 | 13 | 14 | 15 | 15 | 16 | 16 | 17 | 15 | 16 | 17 | 17 | 18 | 18 | 19 | 20 | 20 | 21 | 21 | 22 | 20 | 21 |
| 13 冬 | 13 | 14 | 14 | 15 | 16 | 16 | 17 | 17 | 18 | 16 | 17 | 18 | 18 | 19 | 19 | 20 | 21 | 21 | 22 | 22 | 23 | 21 | 22 |
| 14 | 14 | 15 | 15 | 16 | 17 | 17 | 18 | 18 | 19 | 17 | 18 | 19 | 19 | 20 | 20 | 21 | 22 | 22 | 23 | 23 | 24 | 22 | 23 |
| 15 | 15 | 16 | 16 | 17 | 18 | 18 | 19 | 19 | 20 | 18 | 19 | 20 | 20 | 21 | 21 | 22 | 23 | 23 | 24 | 24 | 25 | 23 | 24 |
| 16 | 16 | 17 | 17 | 18 | 19 | 19 | 20 | 20 | 21 | 19 | 20 | 21 | 21 | 22 | 22 | 23 | 24 | 24 | 25 | 25 | 26 | 24 | 25 |
| 17 | 17 | 18 | 18 | 19 | 20 | 20 | 21 | 21 | 22 | 20 | 21 | 22 | 22 | 23 | 23 | 24 | 25 | 25 | 26 | 26 | 27 | 25 | 26 |
| 18 | 18 | 19 | 19 | 20 | 21 | 21 | 22 | 22 | 23 | 21 | 22 | 23 | 23 | 24 | 24 | 25 | 26 | 26 | 27 | 27 | 28 | 26 | 27 |
| 19 | 19 | 20 | 20 | 21 | 22 | 22 | 23 | 23 | 24 | 22 | 23 | 24 | 24 | 25 | 25 | 26 | 27 | 27 | 28 | 28 | 29 | 27 | 28 |
| 20 | 20 | 21 | 21 | 22 | 23 | 23 | 24 | 24 | 25 | 23 | 24 | 25 | 25 | 26 | 26 | 27 | 28 | 28 | 29 | 29 | 30 | 28 | 29 |
| 21 | 21 | 22 | 22 | 23 | 24 | 24 | 25 | 25 | 26 | 24 | 25 | 26 | 26 | 27 | 27 | 28 | 29 | 29 | 30 | 30 | 31 | **3** | 30 |

一三九六 丙子 洪武二九

799

一三九五 乙亥 洪武二八

798

| | | | | | | | | | | | | | | | | | | | | | | | | |
|---|---|---|---|---|---|---|---|---|---|---|---|---|---|---|---|---|---|---|---|---|---|---|---|---|
| 11 | 11 | 12 | 12 | 13 | 14 | 14 | 15 | 15 | 16 | 15 | 16 | 17 | 17 | 18 | 18 | 19 | 20 10 | 20 9 | 21 | 21 | 22 | 20 二 | 21 | 22 |
| 12 | 12 | 13 | 13 | 14 | 15 | 15 | 16 | 16 | 17 | 16 | 17 | 18 | 18 | 19 | 19 | 20 | 21 | 21 | 22 8 | 22 7 | 23 | 21 | 22 正 | 23 十二 |
| 13 冬 | 13 | 14 | 14 | 15 | 16 | 16 | 17 | 17 | 18 | 17 | 18 | 19 | 19 | 20 | 20 | 21 | 22 | 22 | 23 | 23 | 24 6 | 22 5 | 23 | 24 |
| 14 | 14 | 15 | 15 | 16 | 17 | 17 | 18 | 18 | 19 | 18 | 19 | 20 | 20 | 21 | 21 | 22 | 23 | 23 | 24 | 24 | 25 | 23 | 24 4 | 25 3 |
| 15 | 15 | 16 | 16 | 17 | 18 | 18 | 19 | 19 | 20 | 19 | 20 | 21 | 21 | 22 | 22 | 23 | 24 | 24 | 25 | 25 | 26 | 24 | 25 | 26 |
| 16 | 16 | 17 | 17 | 18 | 19 | 19 | 20 | 20 | 21 | 20 | 21 | 22 | 22 | 23 | 23 | 24 | 25 | 25 | 26 | 26 | 27 | 25 | 26 | 27 |
| 17 | 17 | 18 | 18 | 19 | 20 | 20 | 21 | 21 | 22 | 21 | 22 | 23 | 23 | 24 | 24 | 25 | 26 | 26 | 27 | 27 | 28 | 26 | 27 | 28 |
| 18 | 18 | 19 | 19 | 20 | 21 | 21 | 22 | 22 | 23 | 22 | 23 | 24 | 24 | 25 | 25 | 26 | 27 | 27 | 28 | 28 | 29 | 27 | 28 | 29 |
| 19 | 19 | 20 | 20 | 21 | 22 | 22 | 23 | 23 | 24 | 23 | 24 | 25 | 25 | 26 | 26 | 27 | 28 | 28 | 29 | 29 | 30 | 28 | 29 | 30 |
| 20 | 20 | 21 | 21 | 22 | 23 | 23 | 24 | 24 | 25 | 24 | 25 | 26 | 26 | 27 | 27 | 28 | 29 | 29 | 30 | 30 | 31 | **3** | 30 | 31 |
| 21 | 21 | 22 | 22 | 23 | 24 | 24 | 25 | 25 | 26 | 25 | 26 | 27 | 27 | 28 | 28 | 29 | 30 | 30 | 31 | **5** | **4** | 2 | 31 | **1** |
| 22 | 22 | 23 | 23 | 24 | 25 | 25 | 26 | 26 | 27 | 26 | 27 | 28 | 28 | 29 | 29 | 30 | 31 | **7** | **6** | 2 | 2 | 3 | **2** | 2 |
| 23 | 23 | 24 | 24 | 25 | 26 | 26 | 27 | 27 | 28 | 27 | 28 | 29 | 29 | 30 | 30 | 31 | **8** | 2 | 2 | 3 | 3 | 4 | 2 | 3 |
| 24 | 24 | 25 | 25 | 26 | 27 | 27 | 28 | 28 | 29 | 28 | 29 | 30 | 30 | 31 | **10** | **9** | 2 | 3 | 3 | 4 | 4 | 5 | 3 | 4 |
| 25 | 25 | 26 | 26 | 27 | 28 | 28 | 29 | 29 | 30 | 29 | 30 | 31 | **12** | **11** | 2 | 2 | 3 | 4 | 4 | 5 | 5 | 6 | 4 | 5 |
| 26 | 26 | 27 | 27 | 28 | 29 | 29 | 30 | 30 | 31 | **3** | 31 | **1** | 2 | 2 | 3 | 3 | 4 | 5 | 5 | 6 | 6 | 7 | 5 | 6 |
| 27 | 27 | 28 | 28 | 29 | 30 | 30 | 31 | **5** | **4** | 2 | **2** | 2 | 3 | 3 | 4 | 4 | 5 | 6 | 6 | 7 | 7 | 8 | 6 | 7 |
| 28 | 28 | 29 | 29 | 30 | 31 | **7** | **6** | 2 | 2 | 3 | 2 | 3 | 4 | 4 | 5 | 5 | 6 | 7 | 7 | 8 | 8 | 9 | 7 | 8 |
| 29 | 29 | 30 | 30 | 31 | **8** | 2 | 2 | 3 | 3 | 4 | 3 | 4 | 5 | 5 | 6 | 6 | 7 | 8 | 8 | 9 | 9 | 10 | 8 | 9 |
| 30 | 30 | 31 | **10** | **9** | 2 | 3 | 3 | **4** | 4 | 5 | 4 | 5 | 6 | 6 | 7 | 7 | 8 | 9 | 9 | 10 | 10 | 11 | 9 | 10 |
| 31 十二 | **12** 十一 | **11** 十 | 2 | 2 | 3 | 4 | 4 | 5 | 5 | 6 | 5 | 6 | 7 | 7 | 8 | 8 | 9 | 10 | 10 | 11 | 11 | 12 | 10 | 11 |
| 日 | 2 | 2 | 3 九 | 3 八 | 4 七 | 5 | 5 | 6 | 6 | 7 | 6 | 7 | 8 | 8 | 9 | 9 | 10 | 11 | 11 | 12 | 12 | 13 | 11 | 12 |
| 曜 | 3 3 | 3 | 4 | 4 | 5 | 6 六 | 6 五 | 7 | 7 | 8 | 7 | 8 | 9 | 9 | 10 | 10 | 11 | 12 | 12 | 13 | 13 | 14 | 12 | 13 |
| 表 | 4 | 4 2 | 5 1 | 5 12 | 6 11 | 7 | 7 | 8 四 | 8 三 | 9 | 8 | 9 | 10 | 10 | 11 | 11 | 12 | 13 | 13 | 14 | 14 | 15 | 13 | 14 |
| 3 | 5 | 5 | 6 | 6 | 7 | 8 10 | 8 9 | 9 | 9 | 10 二 | 9 | 10 | 11 | 11 | 12 | 12 | 13 | 14 | 14 | 15 | 15 | 16 | 14 | 15 |
| 甲 | 6 | 6 | 7 | 7 | 8 | 9 | 9 | 10 8 | 10 7 | 11 | 10 正 | 11 十二 | 12 | 12 | 13 | 13 | 14 | 15 | 15 | 16 | 16 | 17 | 15 | 16 |
| 子 | 7 | 7 | 8 | 8 | 9 | 10 | 10 | 11 | 11 | 12 6 | 11 5 | 12 | 13 冬 十一 | 13 十 | 14 | 14 | 15 | 16 | 16 | 17 | 17 | 18 | 16 | 17 |
| 表 | 8 | 8 | 9 | 9 | 10 | 11 | 11 | 12 | 12 | 13 | 12 | 13 4 | 14 3 | 14 | 15 閏 | 15 九 | 16 八 | 17 七 | 17 | 18 | 18 | 19 | 17 | 18 |
| 9 | 9 | 9 | 10 | 10 | 11 | 12 | 12 | 13 | 13 | 14 | 13 | 14 | 15 | 15 2 | 16 1 | 16 | 17 | 18 | 18 六 | 19 五 | 19 | 20 | 18 | 19 |
| | 10 | 10 | 11 | 11 | 12 | 13 | 13 | 14 | 14 | 15 | 14 | 15 | 16 | 16 | 17 | 17 12 | 18 11 | 19 | 19 | 20 | 20 四 | 21 三 | 19 | 20 |

一三九八 戊寅 洪武三一 801

一三九七 丁丑 洪武三〇 800

| 一三九八 戊寅 洪武三一 801 | | | | | | | | | | | | 一三九七 丁丑 洪武三〇 800 | | | | | | | | | | | |
|---|---|---|---|---|---|---|---|---|---|---|---|---|---|---|---|---|---|---|---|---|---|---|---|
| 22 | 23 | 23 | 24 | 25 | 25 | 26 | 26 | 27 | 25 | 26 | 27 | 27 | 28 | 28 | 29 | 30 | 30 | 31 | **5** | **4** | 2 [6] | 31 [5] | **1** |
| 23 | 24 | 24 | 25 | 26 | 26 | 27 | 27 | 28 | 26 | 27 | 28 | 28 | 29 | 29 | 30 | 31 | **7** | **6** | 2 | 2 | 3 | **2** | 2 [4] |
| 24 | 25 | 25 | 26 | 27 | 27 | 28 | 28 | 29 | 27 | 28 | 29 | 29 | 30 | 30 | 31 | **8** | 2 | 2 | 3 | 3 | 4 | 2 | 3 |
| 25 | 26 | 26 | 27 | 28 | 28 | 29 | 29 | 30 | 28 | 29 | 30 | 30 | 31 | **10** | **9** | 2 | 3 | 3 | 4 | 4 | 5 | 3 | 4 |
| 26 | 27 | 27 | 28 | 29 | 29 | 30 | 30 | 31 | **3** | 30 | 31 | **12** | **11** | 2 | 2 | 3 | 4 | 4 | 5 | 5 | 6 | 4 | 5 |
| 27 | 28 | 28 | 29 | 30 | 30 | 31 | **5** | **4** | 2 | 31 | **1** | 2 | 2 | 3 | 3 | 4 | 5 | 5 | 6 | 6 | 7 | 5 | 6 |
| 28 | 29 | 29 | 30 | 31 | **7** | **6** | 2 | 2 | 3 | **2** | 2 | 3 | 3 | 4 | 4 | 5 | 6 | 6 | 7 | 7 | 8 | 6 | 7 |
| 29 | 30 | 30 | 31 | **8** | 2 | 2 | 3 | 3 | 4 | 2 | 3 | 4 | 4 | 5 | 5 | 6 | 7 | 7 | 8 | 8 | 9 | 7 | 8 |
| 30 | 31 | **10** | **9** | 2 | 3 | 3 | 4 | 4 | 5 | 3 | 4 | 5 | 5 | 6 | 6 | 7 | 8 | 8 | 9 | 9 | 10 | 8 | 9 |
| **12** | **11** | 2 | 2 | 3 | 4 | 4 | 5 | 5 | 6 | 4 | 5 | 6 | 6 | 7 | 7 | 8 | 9 | 9 | 10 | 10 | 11 | 9 | 10 |
| 2 | 2 | 3 | 3 | 4 | 5 | 5 | 6 | 6 | 7 | 5 | 6 | 7 | 7 | 8 | 8 | 9 | 10 | 10 | 11 | 11 | 12 | 10 | 11 |
| 3 | 3 | 4 | 4 | 5 | 6 | 6 | 7 | 7 | 8 | 6 | 7 | 8 | 8 | 9 | 9 | 10 | 11 | 11 | 12 | 12 | 13 | 11 | 12 |
| 4 | 4 | 5 | 5 | 6 | 7 | 7 | 8 | 8 | 9 | 7 | 8 | 9 | 9 | 10 | 10 | 11 | 12 | 12 | 13 | 13 | 14 | 12 | 13 |
| 5 | 5 | 6 | 6 | 7 | 8 | 8 | 9 | 9 | 10 | 8 | 9 | 10 | 10 | 11 | 11 | 12 | 13 | 13 | 14 | 14 | 15 | 13 | 14 |
| 6 | 6 | 7 | 7 | 8 | 9 | 9 | 10 | 10 | 11 | 9 | 10 | 11 | 11 | 12 | 12 | 13 | 14 | 14 | 15 | 15 | 16 | 14 | 15 |
| 7 | 7 | 8 | 8 | 9 | 10 | 10 | 11 | 11 | 12 | 10 | 11 | 12 | 12 | 13 | 13 | 14 | 15 | 15 | 16 | 16 | 17 | 15 | 16 |
| 8 | 8 | 9 | 9 | 10 | 11 | 11 | 12 | 12 | 13 | 11 | 12 | 13 冬 | 13 | 14 | 14 | 15 | 16 | 16 | 17 | 17 | 18 | 16 | 17 |
| 9 十一 | 9 十 | 10 九 | 10 | 11 | 12 | 12 | 13 | 13 | 14 | 12 | 13 | 14 | 14 | 15 | 15 | 16 | 17 | 17 | 18 | 18 | 19 | 17 | 18 |
| 10 | 10 | 11 | 11 八 | 12 七 | 13 | 13 | 14 | 14 | 15 | 13 | 14 | 15 | 15 | 16 | 16 | 17 | 18 | 18 | 19 | 19 | 20 | 18 | 19 |
| 11 [4] | 11 [3] | 12 | 12 | 13 | 14 六 | 14 | 15 | 15 | 16 | 14 | 15 | 16 | 16 | 17 | 17 | 18 | 19 | 19 | 20 | 20 | 21 | 19 | 20 |
| 12 | 12 | 13 [2] | 13 [1] | 14 | 15 | 15 閏 | 16 | 16 | 17 | 15 | 16 | 17 | 17 | 18 | 18 | 19 | 20 | 20 | 21 | 21 | 22 | 20 | 21 |
| 13 冬 | 13 | 14 | 14 | 15 [12] | 16 [11] | 16 | 17 五 | 17 四 | 18 | 16 | 17 | 18 | 18 | 19 | 19 | 20 | 21 | 21 | 22 | 22 | 23 | 21 | 22 |
| 14 | 14 | 15 | 15 | 16 | 17 | 17 [10] | 18 [9] | 18 | 19 三 | 17 二 | 18 | 19 | 19 | 20 | 20 | 21 | 22 | 22 | 23 | 23 | 24 | 22 | 23 |
| 15 | 15 | 16 | 16 | 17 | 18 | 18 | 19 | 19 [8] | 20 [7] | 18 | 19 正 | 20 十二 | 20 十一 | 21 十 | 21 | 22 | 23 | 23 | 24 | 24 | 25 | 23 | 24 |
| 16 | 16 | 17 | 17 | 18 | 19 | 19 | 20 | 20 | 21 | 19 [6] | 20 [5] | 21 | 21 | 22 | 22 九 | 23 八 | 24 七 | 24 | 25 | 25 | 26 | 24 | 25 |
| 17 | 17 | 18 | 18 | 19 | 20 | 20 | 21 | 21 | 22 | 20 | 21 | 22 [4] | 22 [3] | 23 | 23 | 24 | 25 | 25 六 | 26 | 26 | 27 | 25 | 26 |
| 18 | 18 | 19 | 19 | 20 | 21 | 21 | 22 | 22 | 23 | 21 | 22 | 23 | 23 | 24 [2] | 24 [1] | 25 | 26 | 26 | 27 五 | 27 | 28 | 26 | 27 |
| 19 | 19 | 20 | 20 | 21 | 22 | 22 | 23 | 23 | 24 | 22 | 23 | 24 | 24 | 25 | 25 | 26 [12] | 27 [11] | 27 | 28 | 28 四 | 29 三 | 27 | 28 |
| 20 | 20 | 21 | 21 | 22 | 23 | 23 | 24 | 24 | 25 | 23 | 24 | 25 | 25 | 26 | 26 | 27 | 28 | 28 [10] | 29 [9] | 29 | 30 | 28 二 | 29 正 |
| 21 | 21 | 22 | 22 | 23 | 24 | 24 | 25 | 25 | 26 | 24 | 25 | 26 | 26 | 27 | 27 | 28 | 29 | 29 | 30 | 30 [8] | 31 [7] | **3** | 30 |

一二五

| 一四〇〇 庚辰 建文二 803 | | | | | | | | | | | | | 一三九九 己卯 明惠帝 建文元 802 | | | | | | | | | | | |
|---|---|---|---|---|---|---|---|---|---|---|---|---|---|---|---|---|---|---|---|---|---|---|---|---|
| 11 | 11 | 12 | 12 | 13 | 14 | 14 | 15 | 15 | 16 | 15 | 16 | 17 | 17 | 18 | 18 | 19 | 20 | 20 | 21 | 21 | 22 | 20 | 21 | 22 |
| 12 | 12 | 13 | 13 | 14 | 15 | 15 | 16 | 16 | 17 | 16 | 17 | 18 | 18 | 19 | 19 | 20 | 21 | 21 | 22 | 22 | 23 | 21 | 22 | 23 |
| 13冬 | 13 | 14 | 14 | 15 | 16 | 16 | 17 | 17 | 18 | 17 | 18 | 19 | 19 | 20 | 20 | 21 | 22 | 22 | 23 | 23 | 24 | 22 | 23 | 24 |
| 14 | 14 | 15 | 15 | 16 | 17 | 17 | 18 | 18 | 19 | 18 | 19 | 20 | 20 | 21 | 21 | 22 | 23 | 23 | 24 | 24 | 25 | 23 | 24 | 25 |
| 15 | 15 | 16 | 16 | 17 | 18 | 18 | 19 | 19 | 20 | 19 | 20 | 21 | 21 | 22 | 22 | 23 | 24 | 24 | 25 | 25 | 26 | 24 | 25 | 26 |
| 16十二 | 16十一 | 17 | 17 | 18 | 19 | 19 | 20 | 20 | 21 | 20 | 21 | 22 | 22 | 23 | 23 | 24 | 25 | 25 | 26 | 26 | 27 | 25 | 26 | 27 |
| 17 | 17 | 18十 | 18九 | 19 | 20 | 20 | 21 | 21 | 22 | 21 | 22 | 23 | 23 | 24 | 24 | 25 | 26 | 26 | 27 | 27 | 28 | 26 | 27 | 28 |
| 18 5 | 18 | 19 | 19 | 20八 | 21 | 21 | 22 | 22 | 23 | 22 | 23 | 24 | 24 | 25 | 25 | 26 | 27 | 27 | 28 | 28 | 29 | 27 | 28 | 29 |
| 19 | 19 4 | 20 3 | 20 | 21 | 22七 | 22六 | 23 | 23 | 24 | 23 | 24 | 25 | 25 | 26 | 26 | 27 | 28 | 28 | 29 | 29 | 30 | 28 | 29 | 30 |
| 20 | 20 | 21 | 21 2 | 22 1 | 23 | 23 | 24五 | 24 | 25 | 24 | 25 | 26 | 26 | 27 | 27 | 28 | 29 | 29 | 30 | 30 | 31 | 3 | 30 | 31 |
| 21 | 21 | 22 | 22 | 23 | 24 12 | 24 11 | 25 | 25四 | 26三 | 25二 | 26正 | 27 | 27 | 28 | 28 | 29 | 30 | 30 | 31 | 5 | 4 | 2 | 31 | 1 |
| 22 | 22 | 23 | 23 | 24 | 25 | 25 | 26 10 | 26 9 | 27 | 26 | 27 | 28十二 | 28十一 | 29十 | 29 | 30 | 31 | 7 | 6 | 2 | 2 | 3 | 2 | 2 |
| 23 | 23 | 24 | 24 | 25 | 26 | 26 | 27 | 27 | 28 8 | 27 7 | 28 | 29 | 29 | 30 | 30九 | 31八 | 8 | 2 | 2 | 3 | 3 | 4 | 2 | 3 |
| 24 | 24 | 25 | 25 | 26 | 27 | 27 | 28 | 28 | 29 | 28 | 29 6 | 30 5 | 30 | 31 | 10 | 9 | 2七 | 3 | 3 | 4 | 4 | 5 | 3 | 4 |
| 25 | 25 | 26 | 26 | 27 | 28 | 28 | 29 | 29 | 30 | 29 | 30 | 31 | 12 4 | 11 3 | 2 | 2 | 3 | 4六 | 4 | 5 | 5 | 6 | 4 | 5 |
| 26 | 26 | 27 | 27 | 28 | 29 | 29 | 30 | 30 | 31 | 3 | 31 | 1 | 2 | 2 | 3 2 | 3 1 | 4 12 | 5 11 | 5五 | 6四 | 6 | 7 | 5 | 6 |
| 27 | 27 | 28 | 28 | 29 | 30 | 30 | 31 | 5 | 4 | 2 | 2 | 2 | 3 | 3 | 4 | 4 | 5 | 6 | 6 10 | 7 9 | 7三 | 8二 | 6正 | 7 |
| 28 | 28 | 29 | 29 | 30 | 31 | 7 | 6 | 2 | 2 | 3 | 2 | 3 | 4 | 4 | 5 | 5 | 6 | 7 | 7 | 8 | 8 8 | 9 7 | 7 | 8十二 |
| 29 | 29 | 30 | 30 | 31 | 8 | 2 | 2 | 3 | 3 | 4 | 3 | 4 | 5 | 5 | 6 | 6 | 7 | 8 | 8 | 9 | 9 | 10 | 8 6 | 9 5 |
| 30 | 30 | 31 | 10 | 9 | 2 | 3 | 3 | 4 | 4 | 5 | 4 | 5 | 6 | 6 | 7 | 7 | 8 | 9 | 9 | 10 | 10 | 11 | 9 | 10 |
| 31 | 12 | 11 | 2 | 2 | 3 | 4 | 4 | 5 | 5 | 6 | 5 | 6 | 7 | 7 | 8 | 8 | 9 | 10 | 10 | 11 | 11 | 12 | 10 | 11 |
| 日 | 2 | 2 | 3 | 3 | 4 | 5 | 5 | 6 | 6 | 7 | 6 | 7 | 8 | 8 | 9 | 9 | 10 | 11 | 11 | 12 | 12 | 13 | 11 | 12 |
| 曜 | 3 | 3 | 4 | 4 | 5 | 6 | 6 | 7 | 7 | 8 | 7 | 8 | 9 | 9 | 10 | 10 | 11 | 12 | 12 | 13 | 13 | 14 | 12 | 13 |
| 表 | 4 | 4 | 5 | 5 | 6 | 7 | 7 | 8 | 8 | 9 | 8 | 9 | 10 | 10 | 11 | 11 | 12 | 13 | 13 | 14 | 14 | 15 | 13 | 14 |
| 4 | 5 | 5 | 6 | 6 | 7 | 8 | 8 | 9 | 9 | 10 | 9 | 10 | 11 | 11 | 12 | 12 | 13 | 14 | 14 | 15 | 15 | 16 | 14 | 15 |
| 甲 | 6 | 6 | 7 | 7 | 8 | 9 | 9 | 10 | 10 | 11 | 10 | 11 | 12 | 12 | 13 | 13 | 14 | 15 | 15 | 16 | 16 | 17 | 15 | 16 |
| 子 | 7 | 7 | 8 | 8 | 9 | 10 | 10 | 11 | 11 | 12 | 11 | 12 | 13冬 | 13 | 14 | 14 | 15 | 16 | 16 | 17 | 17 | 18 | 16 | 17 |
| 表 | 8 | 8 | 9 | 9 | 10 | 11 | 11 | 12 | 12 | 13 | 12 | 13 | 14 | 14 | 15 | 15 | 16 | 17 | 17 | 18 | 18 | 19 | 17 | 18 |
| 10 | 9 | 9 | 10 | 10 | 11 | 12 | 12 | 13 | 13 | 14 | 13 | 14 | 15 | 15 | 16 | 16 | 17 | 18 | 18 | 19 | 19 | 20 | 18 | 19 |
| | 10 | 10 | 11 | 11 | 12 | 13 | 13 | 14 | 14 | 15 | 14 | 15 | 16 | 16 | 17 | 17 | 18 | 19 | 19 | 20 | 20 | 21 | 19 | 20 |

一四〇二 壬午 建文四 洪武三五 七月成祖復稱

805

一四〇一 辛巳 建文三

804

| | | | | | | | | | | | | | | | | | | | | | | | |
|---|---|---|---|---|---|---|---|---|---|---|---|---|---|---|---|---|---|---|---|---|---|---|---|
| 22 | 23 | 23 | 24 | 25 | 25 | 26 | 26 | 27 | 25 | 26 | 27 | 27 | 28 | 28 | 29 | 30 | 30 | 31 | **5** | **4** | 2 | 31 | **1** |
| 23 | 24 | 24 | 25 | 26 | 26 | 27 | 27 | 28 | 26 | 27 | 28 | 28 | 29 | 29 | 30 | 31 | **7** | **6** | 2 | 2 | 3 | **2** | 2 |
| 24 | 25 | 25 | 26 | 27 | 27 | 28 | 28 | 29 | 27 | 28 | 29 | 29 | 30 | 30 | 31 | **8** | 2 | 2 | 3 | 3 | 4 | 2 | 3 |
| 25 十一 | 26 | 26 | 27 | 28 | 28 | 29 | 29 | 30 | 28 | 29 | 30 | 30 | 31 | **10** | **9** | 2 | 3 | 3 | 4 | 4 | 5 | 3 | 4 |
| 26 | 27 十 | 27 九 | 28 | 29 | 29 | 30 | 30 | 31 | **3** | 30 | 31 | **12** | **11** | 2 | 2 | 3 | 4 | 4 | 5 | 5 | 6 | 4 | 5 |
| 27 **5** | 28 | 28 | 29 八 | 30 七 | 30 | 31 | **5** | **4** | 2 | 31 | **1** | 2 | 2 | 3 | 3 | 4 | 5 | 5 | 6 | 6 | 7 | 5 | 6 |
| 28 | 29 **4** | 29 **3** | 30 | 31 | **7** 六 | **6** 五 | 2 四 | 2 | 3 | **2** | 2 | 3 | 3 | 4 | 4 | 5 | 6 | 6 | 7 | 7 | 8 | 6 | 7 |
| 29 | 30 | 30 | 31 **2** | **8** **1** | 2 **12** | 2 **11** | 3 | 3 三 | 4 二 | 2 正 | 3 | 4 | 4 | 5 | 5 | 6 | 7 | 7 | 8 | 8 | 9 | 7 | 8 |
| 30 | 31 | **10** | **9** | 2 | 3 | 3 | 4 **10** | 4 **9** | 5 | 3 | 4 十二 | 5 十一 | 5 | 6 | 6 | 7 | 8 | 8 | 9 | 9 | 10 | 8 | 9 |
| **12** | **11** | 2 | 2 | 3 | 4 | 4 | 5 | 5 | 6 **8** | 4 **7** | 5 | 6 | 6 十 | 7 | 7 | 8 | 9 | 9 | 10 | 10 | 11 | 9 | 10 |
| 2 | 2 | 3 | 3 | 4 | 5 | 5 | 6 | 6 | 7 | 5 | 6 **6** | 7 **5** | 7 | 8 九 | 8 八 | 9 | 10 | 10 | 11 | 11 | 12 | 10 | 11 |
| 3 | 3 | 4 | 4 | 5 | 6 | 6 | 7 | 7 | 8 | 6 | 7 | 8 | 8 **4** | 9 **3** | 9 | 10 七 | 11 六 | 11 | 12 | 12 | 13 | 11 | 12 |
| 4 | 4 | 5 | 5 | 6 | 7 | 7 | 8 | 8 | 9 | 7 | 8 | 9 | 9 | 10 | 10 **2** | 11 **1** | 12 | 12 五 | 13 四 | 13 | 14 | 12 | 13 |
| 5 | 5 | 6 | 6 | 7 | 8 | 8 | 9 | 9 | 10 | 8 | 9 | 10 | 10 | 11 | 11 | 12 | 13 **12** | 13 **11** | 14 | 14 閏 | 15 三 | 13 二 | 14 |
| 6 | 6 | 7 | 7 | 8 | 9 | 9 | 10 | 10 | 11 | 9 | 10 | 11 | 11 | 12 | 12 | 13 | 14 | 14 | 15 **10** | 15 **9** | 16 | 14 | 15 正 |
| 7 | 7 | 8 | 8 | 9 | 10 | 10 | 11 | 11 | 12 | 10 | 11 | 12 | 12 | 13 | 13 | 14 | 15 | 15 | 16 | 16 | 17 **8** | 15 **7** | 16 |
| 8 | 8 | 9 | 9 | 10 | 11 | 11 | 12 | 12 | 13 | 11 | 12 | 13 冬 | 13 | 14 | 14 | 15 | 16 | 16 | 17 | 17 | 18 | 16 | 17 **6** |
| 9 | 9 | 10 | 10 | 11 | 12 | 12 | 13 | 13 | 14 | 12 | 13 | 14 | 14 | 15 | 15 | 16 | 17 | 17 | 18 | 18 | 19 | 17 | 18 |
| 10 | 10 | 11 | 11 | 12 | 13 | 13 | 14 | 14 | 15 | 13 | 14 | 15 | 15 | 16 | 16 | 17 | 18 | 18 | 19 | 19 | 20 | 18 | 19 |
| 11 | 11 | 12 | 12 | 13 | 14 | 14 | 15 | 15 | 16 | 14 | 15 | 16 | 16 | 17 | 17 | 18 | 19 | 19 | 20 | 20 | 21 | 19 | 20 |
| 12 | 12 | 13 | 13 | 14 | 15 | 15 | 16 | 16 | 17 | 15 | 16 | 17 | 17 | 18 | 18 | 19 | 20 | 20 | 21 | 21 | 22 | 20 | 21 |
| 13 冬 | 13 | 14 | 14 | 15 | 16 | 16 | 17 | 17 | 18 | 16 | 17 | 18 | 18 | 19 | 19 | 20 | 21 | 21 | 22 | 22 | 23 | 21 | 22 |
| 14 | 14 | 15 | 15 | 16 | 17 | 17 | 18 | 18 | 19 | 17 | 18 | 19 | 19 | 20 | 20 | 21 | 22 | 22 | 23 | 23 | 24 | 22 | 23 |
| 15 | 15 | 16 | 16 | 17 | 18 | 18 | 19 | 19 | 20 | 18 | 19 | 20 | 20 | 21 | 21 | 22 | 23 | 23 | 24 | 24 | 25 | 23 | 24 |
| 16 | 16 | 17 | 17 | 18 | 19 | 19 | 20 | 20 | 21 | 19 | 20 | 21 | 21 | 22 | 22 | 23 | 24 | 24 | 25 | 25 | 26 | 24 | 25 |
| 17 | 17 | 18 | 18 | 19 | 20 | 20 | 21 | 21 | 22 | 20 | 21 | 22 | 22 | 23 | 23 | 24 | 25 | 25 | 26 | 26 | 27 | 25 | 26 |
| 18 | 18 | 19 | 19 | 20 | 21 | 21 | 22 | 22 | 23 | 21 | 22 | 23 | 23 | 24 | 24 | 25 | 26 | 26 | 27 | 27 | 28 | 26 | 27 |
| 19 | 19 | 20 | 20 | 21 | 22 | 22 | 23 | 23 | 24 | 22 | 23 | 24 | 24 | 25 | 25 | 26 | 27 | 27 | 28 | 28 | 29 | 27 | 28 |
| 20 | 20 | 21 | 21 | 22 | 23 | 23 | 24 | 24 | 25 | 23 | 24 | 25 | 25 | 26 | 26 | 27 | 28 | 28 | 29 | 29 | 30 | 28 | 29 |
| 21 | 21 | 22 | 22 | 23 | 24 | 24 | 25 | 25 | 26 | 24 | 25 | 26 | 26 | 27 | 27 | 28 | 29 | 29 | 30 | 30 | 31 | **3** | 30 |

一四〇三 癸未 明成祖 永樂元

806

一四〇四 甲申 永樂二

807

| | | | | | | | | | | | | | | | | | | | | | | | | |
|---|---|---|---|---|---|---|---|---|---|---|---|---|---|---|---|---|---|---|---|---|---|---|---|---|
| 11 | 11 | 12 | 12 | 13 | 14 | 14 | 15 | 15 | 16 | 15 | 16 | 17 | 17 | 18[4] | 18[3] | 19 | 20 | 20[六] | 21[五] | 21[四] | 22 | 20 | 21 | 22 |
| 12 | 12 | 13 | 13 | 14 | 15 | 15 | 16 | 16 | 17 | 16 | 17 | 18 | 18 | 19 | 19 | 20[2] | 21[1] | 21 | 22 | 22 | 23[三] | 21[二] | 22 | 23 |
| 13[冬] | 13 | 14 | 14 | 15 | 16 | 16 | 17 | 17 | 18 | 17 | 18 | 19 | 19 | 20 | 20 | 21 | 22 | 22[12] | 23[11] | 23 | 24 | 22 | 23[正] | 24 |
| 14 | 14 | 15 | 15 | 16 | 17 | 17 | 18 | 18 | 19 | 18 | 19 | 20 | 20 | 21 | 21 | 22 | 23 | 23 | 24 | 24[10] | 25[9] | 23 | 24 | 25[十二] |
| 15 | 15 | 16 | 16 | 17 | 18 | 18 | 19 | 19 | 20 | 19 | 20 | 21 | 21 | 22 | 22 | 23 | 24 | 24 | 25 | 25 | 26 | 24[8] | 25[7] | 26 |
| 16 | 16 | 17 | 17 | 18 | 19 | 19 | 20 | 20 | 21 | 20 | 21 | 22 | 22 | 23 | 23 | 24 | 25 | 25 | 26 | 26 | 27 | 25 | 26 | 27[6] |
| 17 | 17 | 18 | 18 | 19 | 20 | 20 | 21 | 21 | 22 | 21 | 22 | 23 | 23 | 24 | 24 | 25 | 26 | 26 | 27 | 27 | 28 | 26 | 27 | 28 |
| 18 | 18 | 19 | 19 | 20 | 21 | 21 | 22 | 22 | 23 | 22 | 23 | 24 | 24 | 25 | 25 | 26 | 27 | 27 | 28 | 28 | 29 | 27 | 28 | 29 |
| 19 | 19 | 20 | 20 | 21 | 22 | 22 | 23 | 23 | 24 | 23 | 24 | 25 | 25 | 26 | 26 | 27 | 28 | 28 | 29 | 29 | 30 | 28 | 29 | 30 |
| 20 | 20 | 21 | 21 | 22 | 23 | 23 | 24 | 24 | 25 | 24 | 25 | 26 | 26 | 27 | 27 | 28 | 29 | 29 | 30 | 30 | 31 | **3** | 30 | 31 |
| 21 | 21 | 22 | 22 | 23 | 24 | 24 | 25 | 25 | 26 | 25 | 26 | 27 | 27 | 28 | 28 | 29 | 30 | 30 | 31 | **5** | **4** | 2 | 31 | **1** |
| 22 | 22 | 23 | 23 | 24 | 25 | 25 | 26 | 26 | 27 | 26 | 27 | 28 | 28 | 29 | 29 | 30 | 31 | **7** | **6** | 2 | 2 | 3 | **2** | 2 |
| 23 | 23 | 24 | 24 | 25 | 26 | 26 | 27 | 27 | 28 | 27 | 28 | 29 | 29 | 30 | 30 | 31 | **8** | 2 | 2 | 3 | 3 | 4 | 2 | 3 |
| 24 | 24 | 25 | 25 | 26 | 27 | 27 | 28 | 28 | 29 | 28 | 29 | 30 | 30 | 31 | **10** | **9** | 2 | 3 | 3 | 4 | 4 | 5 | 3 | 4 |
| 25 | 25 | 26 | 26 | 27 | 28 | 28 | 29 | 29 | 30 | 29 | 30 | 31 | **12** | **11** | 2 | 2 | 3 | 4 | 4 | 5 | 5 | 6 | 4 | 5 |
| 26 | 26 | 27 | 27 | 28 | 29 | 29 | 30 | 30 | 31 | **3** | 31 | **1** | 2 | 2 | 3 | 3 | 4 | 5 | 5 | 6 | 6 | 7 | 5 | 6 |
| 27 | 27 | 28 | 28 | 29 | 30 | 30 | 31 | **5** | **4** | 2 | **2** | 2 | 3 | 3 | 4 | 4 | 5 | 6 | 6 | 7 | 7 | 8 | 6 | 7 |
| 28 | 28 | 29 | 29 | 30 | 31 | **7** | **6** | 2 | 2 | 3 | 2 | 3 | 4 | 4 | 5 | 5 | 6 | 7 | 7 | 8 | 8 | 9 | 7 | 8 |
| 29 | 29 | 30 | 30 | 31 | **8** | 2 | 2 | 3 | 3 | 4 | 3 | 4 | 5 | 5 | 6 | 6 | 7 | 8 | 8 | 9 | 9 | 10 | 8 | 9 |
| 30 | 30 | 31 | **10** | **9** | 2 | 3 | 3 | 4 | 4 | 5 | 4 | 5 | 6 | 6 | 7 | 7 | 8 | 9 | 9 | 10 | 10 | 11 | 9 | 10 |
| 31 | **12** | **11** | 2 | 2 | 3 | 4 | 4 | 5 | 5 | 6 | 5 | 6 | 7 | 7 | 8 | 8 | 9 | 10 | 10 | 11 | 11 | 12 | 10 | 11 |
| 日 | 2 | 2 | 3 | 3 | 4 | 5 | 5 | 6 | 6 | 7 | 6 | 7 | 8 | 8 | 9 | 9 | 10 | 11 | 11 | 12 | 12 | 13 | 11 | 12 |
| 曜 | 3[十一] | 3[十] | 4[九] | 4 | 5 | 6 | 6 | 7 | 7 | 8 | 7 | 8 | 9 | 9 | 10 | 10 | 11 | 12 | 12 | 13 | 13 | 14 | 12 | 13 |
| 表 | 4 | 4 | 5 | 5[八] | 6[七] | 7[六] | 7 | 8 | 8 | 9 | 8 | 9 | 10 | 10 | 11 | 11 | 12 | 13 | 13 | 14 | 14 | 15 | 13 | 14 |
| 5 | 5[6] | 5[5] | 6 | 6 | 7 | 8 | 8[五] | 9[四] | 9 | 10 | 9 | 10 | 11 | 11 | 12 | 12 | 13 | 14 | 14 | 15 | 15 | 16 | 14 | 15 |
| 甲 | 6 | 6 | 7[4] | 7[3] | 8 | 9 | 9 | 10 | 10[三] | 11[二] | 10 | 11 | 12 | 12 | 13 | 13 | 14 | 15 | 15 | 16 | 16 | 17 | 15 | 16 |
| 子 | 7 | 7 | 8 | 8 | 9[2] | 10[1] | 10[12] | 11[11] | 11 | 12 | 11[正] | 12 | 13[冬] | 13 | 14 | 14 | 15 | 16 | 16 | 17 | 17 | 18 | 16 | 17 |
| 表 | 8 | 8 | 9 | 9 | 10 | 11 | 11 | 12 | 12[10] | 13[9] | 12 | 13[十二] | 14[閏] | 14 | 15 | 15 | 16 | 17 | 17 | 18 | 18 | 19 | 17 | 18 |
| 11 | 9 | 9 | 10 | 10 | 11 | 12 | 12 | 13 | 13 | 14 | 13[8] | 14[7] | 15 | 15[十一] | 16[十] | 16 | 17 | 18 | 18 | 19 | 19 | 20 | 18 | 19 |
| | 10 | 10 | 11 | 11 | 12 | 13 | 13 | 14 | 14 | 15 | 14 | 15 | 16[6] | 16[5] | 17 | 17[九] | 18[八] | 19[七] | 19 | 20 | 20 | 21 | 19 | 20 |

一四〇六 丙戌 永樂四

809

一四〇五 乙酉 永樂三

808

| | | | | | | | | | | | | | | | | | | | | | | | |
|---|---|---|---|---|---|---|---|---|---|---|---|---|---|---|---|---|---|---|---|---|---|---|---|
| 22 | 23 | 23 | 24 | 25 | 25 | 26 | 26 | 27 | 25 | 26 | 27 | 27 | 28 | 28 | 29 | 30 | 30 | 31 | 12 **5** | 11 **4** | 2 | 31 | 正 **1** 十二 |
| 23 | 24 | 24 | 25 | 26 | 26 | 27 | 27 | 28 | 26 | 27 | 28 | 28 | 29 | 29 | 30 | 31 | **7** | **6** | 2 | 2 | 10 3 | 9 **2** | 2 |
| 24 | 25 | 25 | 26 | 27 | 27 | 28 | 28 | 29 | 27 | 28 | 29 | 29 | 30 | 30 | 31 | **8** | 2 | 2 | 3 | 3 | 4 | 2 | 8 3 7 |
| 25 | 26 | 26 | 27 | 28 | 28 | 29 | 29 | 30 | 28 | 29 | 30 | 30 | 31 | **10** | **9** | 2 | 3 | 3 | 4 | 4 | 5 | 3 | 4 |
| 26 | 27 | 27 | 28 | 29 | 29 | 30 | 30 | 31 | **3** | 30 | 31 | **12** | **11** | 2 | 2 | 3 | 4 | 4 | 5 | 5 | 6 | 4 | 5 |
| 27 | 28 | 28 | 29 | 30 | 30 | 31 | **5** | **4** | 2 | 31 | **1** | 2 | 2 | 3 | 3 | 4 | 5 | 5 | 6 | 6 | 7 | 5 | 6 |
| 28 | 29 | 29 | 30 | 31 | **7** | **6** | 2 | 2 | 3 | **2** | 2 | 3 | 3 | 4 | 4 | 5 | 6 | 6 | 7 | 7 | 8 | 6 | 7 |
| 29 | 30 | 30 | 31 | **8** | 2 | 2 | 3 | 3 | 4 | 2 | 3 | 4 | 4 | 5 | 5 | 6 | 7 | 7 | 8 | 8 | 9 | 7 | 8 |
| 30 | 31 | **10** | **9** | 2 | 3 | 3 | 4 | 4 | 5 | 3 | 4 | 5 | 5 | 6 | 6 | 7 | 8 | 8 | 9 | 9 | 10 | 8 | 9 |
| **12** | **11** | 2 | 2 | 3 | 4 | 4 | 5 | 5 | 6 | 4 | 5 | 6 | 6 | 7 | 7 | 8 | 9 | 9 | 10 | 10 | 11 | 9 | 10 |
| 2 | 2 | 3 | 3 | 4 | 5 | 5 | 6 | 6 | 7 | 5 | 6 | 7 | 7 | 8 | 8 | 9 | 10 | 10 | 11 | 11 | 12 | 10 | 11 |
| 3 | 3 | 4 | 4 | 5 | 6 | 6 | 7 | 7 | 8 | 6 | 7 | 8 | 8 | 9 | 9 | 10 | 11 | 11 | 12 | 12 | 13 | 11 | 12 |
| 4 | 4 | 5 | 5 | 6 | 7 | 7 | 8 | 8 | 9 | 7 | 8 | 9 | 9 | 10 | 10 | 11 | 12 | 12 | 13 | 13 | 14 | 12 | 13 |
| 5 | 5 | 6 | 6 | 7 | 8 | 8 | 9 | 9 | 10 | 8 | 9 | 10 | 10 | 11 | 11 | 12 | 13 | 13 | 14 | 14 | 15 | 13 | 14 |
| 6 | 6 | 7 | 7 | 8 | 9 | 9 | 10 | 10 | 11 | 9 | 10 | 11 | 11 | 12 | 12 | 13 | 14 | 14 | 15 | 15 | 16 | 14 | 15 |
| 7 | 7 | 8 | 8 | 9 | 10 | 10 | 11 | 11 | 12 | 10 | 11 | 12 | 12 | 13 | 13 | 14 | 15 | 15 | 16 | 16 | 17 | 15 | 16 |
| 8 | 8 | 9 | 9 | 10 | 11 | 11 | 12 | 12 | 13 | 11 | 12 | 13 | 冬 13 | 14 | 14 | 15 | 16 | 16 | 17 | 17 | 18 | 16 | 17 |
| 9 | 9 | 10 | 10 | 11 | 12 | 12 | 13 | 13 | 14 | 12 | 13 | 14 | 14 | 15 | 15 | 16 | 17 | 17 | 18 | 18 | 19 | 17 | 18 |
| 10 | 10 | 11 | 11 | 12 | 13 | 13 | 14 | 14 | 15 | 13 | 14 | 15 | 15 | 16 | 16 | 17 | 18 | 18 | 19 | 19 | 20 | 18 | 19 |
| 11 | 十二 11 | 十一 12 | 九 12 | 八 13 | 14 | 14 | 15 | 15 | 16 | 14 | 15 | 16 | 16 | 17 | 17 | 18 | 19 | 19 | 20 | 20 | 21 | 19 | 20 |
| 12 | 7 12 | 13 | 13 | 14 | 閏 15 | 七 15 | 16 | 16 | 17 | 15 | 16 | 17 | 17 | 18 | 18 | 19 | 20 | 20 | 21 | 21 | 22 | 20 | 21 |
| 13 | 冬 13 | 6 14 | 5 14 | 15 | 16 | 16 | 六 17 | 17 | 18 | 16 | 17 | 18 | 18 | 19 | 19 | 20 | 21 | 21 | 22 | 22 | 23 | 21 | 22 |
| 14 | 14 | 15 | 15 | 4 16 | 3 17 | 17 | 18 | 五 18 | 19 | 17 | 18 | 19 | 19 | 20 | 20 | 21 | 22 | 22 | 23 | 23 | 24 | 22 | 23 |
| 15 | 15 | 16 | 16 | 17 | 18 | 2 18 | 1 19 | 19 | 四 20 | 三 18 | 19 | 20 | 20 | 21 | 21 | 22 | 23 | 23 | 24 | 24 | 25 | 23 | 24 |
| 16 | 16 | 17 | 17 | 18 | 19 | 19 | 20 | 12 20 | 11 21 | 19 | 二 20 | 正 21 | 21 | 22 | 22 | 23 | 24 | 24 | 25 | 25 | 26 | 24 | 25 |
| 17 | 17 | 18 | 18 | 19 | 20 | 20 | 21 | 21 | 22 | 10 20 | 9 21 | 22 | 十二 22 | 十一 23 | 十 23 | 九 24 | 25 | 25 | 26 | 26 | 27 | 25 | 26 |
| 18 | 18 | 19 | 19 | 20 | 21 | 21 | 22 | 22 | 23 | 21 | 22 | 8 23 | 7 23 | 24 | 24 | 25 | 八 26 | 七 26 | 27 | 27 | 28 | 26 | 27 |
| 19 | 19 | 20 | 20 | 21 | 22 | 22 | 23 | 23 | 24 | 22 | 23 | 24 | 24 | 6 25 | 5 25 | 26 | 27 | 27 | 六 28 | 五 28 | 29 | 27 | 28 |
| 20 | 20 | 21 | 21 | 22 | 23 | 23 | 24 | 24 | 25 | 23 | 24 | 25 | 25 | 26 | 26 | 4 27 | 3 28 | 28 | 29 | 29 | 四 30 | 三 28 | 29 |
| 21 | 21 | 22 | 22 | 23 | 24 | 24 | 25 | 25 | 26 | 24 | 25 | 26 | 26 | 27 | 27 | 28 | 29 | 2 29 | 1 30 | 30 | 31 | **3** | 二 30 |

一二

勵耘書屋

| | 一四〇八 戊子 永樂六 811 | | | | | | | | | | | | 一四〇七 丁亥 永樂五 810 | | | | | | | | | | | |
|---|---|---|---|---|---|---|---|---|---|---|---|---|---|---|---|---|---|---|---|---|---|---|---|---|
| 11 | 11 | 12 | 12 | 13 | 14 | 14 | 15 | 15 | 16 | 15 | 16 | 17 | 17 | 18 | 18 | 19 | 20 | 20 | 21 | 21 | 22 | 20 | 21 | 22 |
| 12 | 12 | 13 | 13 | 14 | 15 | 15 | 16 | 16 | 17 | 16 | 17 | 18 | 18 | 19 | 19 | 20 | 21 | 21 | 22 | 22 | 23 | 21 | 22 | 23 |
| 13 冬 | 13 | 14 | 14 | 15 | 16 | 16 | 17 | 17 | 18 | 17 | 18 | 19 | 19 | 20 | 20 | 21 | 22 | 22 | 23 | 23 | 24 | 22 | 23 | 24 |
| 14 | 14 | 15 | 15 | 16 | 17 | 17 | 18 | 18 | 19 | 18 | 19 | 20 | 20 | 21 | 21 | 22 | 23 | 23 | 24 | 24 | 25 | 23 | 24 | 25 |
| 15 | 15 | 16 | 16 | 17 | 18 | 18 | 19 | 19 | 20 | 19 | 20 | 21 | 21 | 22 | 22 | 23 | 24 | 24 | 25 | 25 | 26 | 24 | 25 | 26 |
| 16 | 16 | 17 | 17 | 18 | 19 | 19 | 20 | 20 | 21 | 20 | 21 | 22 | 22 | 23 | 23 | 24 | 25 | 25 | 26 | 26 | 27 | 25 | 26 | 27 |
| 17 十二 | 17 | 18 | 18 | 19 | 20 | 20 | 21 | 21 | 22 | 21 | 22 | 23 | 23 | 24 | 24 | 25 | 26 | 26 | 27 | 27 | 28 | 26 | 27 | 28 |
| 18 | 18 十一 | 19 十 | 19 | 20 | 21 | 21 | 22 | 22 | 23 | 22 | 23 | 24 | 24 | 25 | 25 | 26 | 27 | 27 | 28 | 28 | 29 | 27 | 28 | 29 |
| 19 | 19 | 20 | 20 九 | 21 八 | 22 | 22 | 23 | 23 | 24 | 23 | 24 | 25 | 25 | 26 | 26 | 27 | 28 | 28 | 29 | 29 | 30 | 28 | 29 | 30 |
| 20 8 | 20 7 | 21 | 21 | 22 | 23 七 | 23 | 24 | 24 | 25 | 24 | 25 | 26 | 26 | 27 | 27 | 28 | 29 | 29 | 30 | 30 | 31 | **3** | 30 | 31 |
| 21 | 21 | 22 6 | 22 5 | 23 | 24 | 24 六 | 25 | 25 | 26 | 25 | 26 | 27 | 27 | 28 | 28 | 29 | 30 | 30 | 31 | **5** | **4** | 2 | 31 | **1** |
| 22 | 22 | 23 | 23 | 24 4 | 25 3 | 25 | 26 五 | 26 四 | 27 | 26 | 27 | 28 | 28 | 29 | 29 | 30 | 31 | **7** | **6** | 2 | 2 | 3 | **2** | 2 |
| 23 | 23 | 24 | 24 | 25 | 26 | 26 2 | 27 1 | 27 | 28 三 | 27 二 | 28 正 | 29 十二 | 29 | 30 | 30 | 31 | **8** | 2 | 2 | 3 | 3 | 4 | 2 | 3 |
| 24 | 24 | 25 | 25 | 26 | 27 | 27 | 28 | 28 12 | 29 11 | 28 | 29 | 30 | 30 十一 | 31 十 | **10** 九 | **9** | 2 | 3 | 3 | 4 | 4 | 5 | 3 | 4 |
| 25 | 25 | 26 | 26 | 27 | 28 | 28 | 29 | 29 | 30 | 29 10 | 30 9 | 31 | **12** | **11** | 2 | 2 八 | 3 七 | 4 | 4 | 5 | 5 | 6 | 4 | 5 |
| 26 | 26 | 27 | 27 | 28 | 29 | 29 | 30 | 30 | 31 | **3** | 31 | **1** 8 | 2 7 | 2 | 3 | 3 | 4 | 5 六 | 5 | 6 | 6 | 7 | 5 | 6 |
| 27 | 27 | 28 | 28 | 29 | 30 | 30 | 31 | **5** | **4** | 2 | **2** | 2 | 3 | 3 6 | 4 5 | 4 | 5 | 6 | 6 五 | 7 | 7 | 8 | 6 | 7 |
| 28 | 28 | 29 | 29 | 30 | 31 | **7** | **6** | 2 | 2 | 3 | 2 | 3 | 4 | 4 | 5 | 5 4 | 6 3 | 7 | 7 | 8 四 | 8 三 | 9 | 7 | 8 |
| 29 | 29 | 30 | 30 | 31 | **8** | 2 | 2 | 3 | 3 | 4 | 3 | 4 | 5 | 5 | 6 | 6 | 7 | 8 2 | 8 1 | 9 12 | 9 11 | 10 二 | 8 正 | 9 十二 |
| 30 | 30 | 31 | **10** | **9** | 2 | 3 | 3 | 4 | 4 | 5 | 4 | 5 | 6 | 6 | 7 | 7 | 8 | 9 | 9 | 10 | 10 | 11 10 | 9 9 | 10 |
| 31 | **12** | **11** | 2 | 2 | 3 | 4 | 4 | 5 | 5 | 6 | 5 | 6 | 7 | 7 | 8 | 8 | 9 | 10 | 10 | 11 | 11 | 12 | 10 | 11 8 |
| 日 | 2 | 2 | 3 | 3 | 4 | 5 | 5 | 6 | 6 | 7 | 6 | 7 | 8 | 8 | 9 | 9 | 10 | 11 | 11 | 12 | 12 | 13 | 11 | 12 |
| 曜 | 3 | 3 | 4 | 4 | 5 | 6 | 6 | 7 | 7 | 8 | 7 | 8 | 9 | 9 | 10 | 10 | 11 | 12 | 12 | 13 | 13 | 14 | 12 | 13 |
| 表 | 4 | 4 | 5 | 5 | 6 | 7 | 7 | 8 | 8 | 9 | 8 | 9 | 10 | 10 | 11 | 11 | 12 | 13 | 13 | 14 | 14 | 15 | 13 | 14 |
| 6 | 5 | 5 | 6 | 6 | 7 | 8 | 8 | 9 | 9 | 10 | 9 | 10 | 11 | 11 | 12 | 12 | 13 | 14 | 14 | 15 | 15 | 16 | 14 | 15 |
| 甲 | 6 | 6 | 7 | 7 | 8 | 9 | 9 | 10 | 10 | 11 | 10 | 11 | 12 | 12 | 13 | 13 | 14 | 15 | 15 | 16 | 16 | 17 | 15 | 16 |
| 子 | 7 | 7 | 8 | 8 | 9 | 10 | 10 | 11 | 11 | 12 | 11 | 12 | 13 冬 | 13 | 14 | 14 | 15 | 16 | 16 | 17 | 17 | 18 | 16 | 17 |
| 表 | 8 | 8 | 9 | 9 | 10 | 11 | 11 | 12 | 12 | 13 | 12 | 13 | 14 | 14 | 15 | 15 | 16 | 17 | 17 | 18 | 18 | 19 | 17 | 18 |
| 12 | 9 | 9 | 10 | 10 | 11 | 12 | 12 | 13 | 13 | 14 | 13 | 14 | 15 | 15 | 16 | 16 | 17 | 18 | 18 | 19 | 19 | 20 | 18 | 19 |
| | 10 | 10 | 11 | 11 | 12 | 13 | 13 | 14 | 14 | 15 | 14 | 15 | 16 | 16 | 17 | 17 | 18 | 19 | 19 | 20 | 20 | 21 | 19 | 20 |

中西回史日曆

卷一五 明

一四〇九 己丑 永樂七

812

一四一〇 庚寅 永樂八

813

| | | | | | | | | | | | | | | | | | | | | | | | |
|---|---|---|---|---|---|---|---|---|---|---|---|---|---|---|---|---|---|---|---|---|---|---|---|
| 22 | 23 | 23 | 24 | 25 | 25 | 26 | 26 | 27 | 25 | 26 | 27 | 27 | 28 | 28 | 29 | 30 | 30 | 31 | **5** | **4** | 2 | 31 | **1** |
| 23 | 24 | 24 | 25 | 26 | 26 | 27 | 27 | 28 | 26 | 27 | 28 | 28 | 29 | 29 | 30 | 31 | **7** | **6** | 2 | 2 | 3 | **2** | 2 |
| 24 | 25 | 25 | 26 | 27 | 27 | 28 | 28 | 29 | 27 | 28 | 29 | 29 | 30 | 30 | 31 | **8** | 2 | 2 | 3 | 3 | 4 | 2 | 3 |
| 25 | 26 | 26 | 27 | 28 | 28 | 29 | 29 | 30 | 28 | 29 | 30 | 30 | 31 | **10** | **9** | 2 | 3 | 3 | 4 | 4 | 5 | 3 | 4 |
| 26十一 | 27 | 27 | 28 | 29 | 29 | 30 | 30 | 31 | **3** | 30 | 31 | **12** | **11** | 2 | 2 | 3 | 4 | 4 | 5 | 5 | 6 | 4 | 5 |
| 27 | 28十 | 28 | 29 | 30 | 30 | 31 | **5** | **4** | 2 | 31 | **1** | 2 | 2 | 3 | 3 | 4 | 5 | 5 | 6 | 6 | 7 | 5 | 6 |
| 28 | 29 | 29九 | 30八 | 31 | **7** | **6** | 2 | 2 | 3 | **2** | 2 | 3 | 3 | 4 | 4 | 5 | 6 | 6 | 7 | 7 | 8 | 6 | 7 |
| 29**8** | 30**7** | 30 | 31 | **8**七 | 2六 | 2 | 3 | 3 | 4 | 2 | 3 | 4 | 4 | 5 | 5 | 6 | 7 | 7 | 8 | 8 | 9 | 7 | 8 |
| 30 | 31 | **10** **6** | **9** **5** | 2 | 3 | 3五 | 4四 | 4三 | 5 | 3 | 4 | 5 | 5 | 6 | 6 | 7 | 8 | 8 | 9 | 9 | 10 | 8 | 9 |
| **12** | **11** | 2 | 2 | 3**4** | 4**3** | 4 | 5 | 5 | 6二 | 4正 | 5十二 | 6 | 6 | 7 | 7 | 8 | 9 | 9 | 10 | 10 | 11 | 9 | 10 |
| 2 | 2 | 3 | 3 | 4 | 5 | 5**2** | 6**1** | 6**12** | 7**11** | 5 | 6 | 7十一 | 7十 | 8 | 8 | 9 | 10 | 10 | 11 | 11 | 12 | 10 | 11 |
| 3 | 3 | 4 | 4 | 5 | 6 | 6 | 7 | 7 | 8 | 6**10** | 7**9** | 8 | 8 | 9九 | 9八 | 10 | 11 | 11 | 12 | 12 | 13 | 11 | 12 |
| 4 | 4 | 5 | 5 | 6 | 7 | 7 | 8 | 8 | 9 | 7 | 8 | 9**8** | 9**7** | 10 | 10 | 11七 | 12 | 12 | 13 | 13 | 14 | 12 | 13 |
| 5 | 5 | 6 | 6 | 7 | 8 | 8 | 9 | 9 | 10 | 8 | 9 | 10 | 10 | 11**6** | 11**5** | 12 | 13六 | 13五 | 14 | 14 | 15 | 13 | 14 |
| 6 | 6 | 7 | 7 | 8 | 9 | 9 | 10 | 10 | 11 | 9 | 10 | 11 | 11 | 12 | 12 | 13**4** | 14**3** | 14 | 15閏 | 15四 | 16 | 14 | 15 |
| 7 | 7 | 8 | 8 | 9 | 10 | 10 | 11 | 11 | 12 | 10 | 11 | 12 | 12 | 13 | 13 | 14 | 15 | 15**2** | 16**1** | 16 | 17三 | 15二 | 16正 |
| 8 | 8 | 9 | 9 | 10 | 11 | 11 | 12 | 12 | 13 | 11 | 12 | 13冬 | 13 | 14 | 14 | 15 | 16 | 16 | 17 | 17**12** | 18**11** | 16 | 17 |
| 9 | 9 | 10 | 10 | 11 | 12 | 12 | 13 | 13 | 14 | 12 | 13 | 14 | 14 | 15 | 15 | 16 | 17 | 17 | 18 | 18 | 19 | 17**10** | 18**9** |
| 10 | 10 | 11 | 11 | 12 | 13 | 13 | 14 | 14 | 15 | 13 | 14 | 15 | 15 | 16 | 16 | 17 | 18 | 18 | 19 | 19 | 20 | 18 | 19 |
| 11 | 11 | 12 | 12 | 13 | 14 | 14 | 15 | 15 | 16 | 14 | 15 | 16 | 16 | 17 | 17 | 18 | 19 | 19 | 20 | 20 | 21 | 19 | 20 |
| 12 | 12 | 13 | 13 | 14 | 15 | 15 | 16 | 16 | 17 | 15 | 16 | 17 | 17 | 18 | 18 | 19 | 20 | 20 | 21 | 21 | 22 | 20 | 21 |
| 13冬 | 13 | 14 | 14 | 15 | 16 | 16 | 17 | 17 | 18 | 16 | 17 | 18 | 18 | 19 | 19 | 20 | 21 | 21 | 22 | 22 | 23 | 21 | 22 |
| 14 | 14 | 15 | 15 | 16 | 17 | 17 | 18 | 18 | 19 | 17 | 18 | 19 | 19 | 20 | 20 | 21 | 22 | 22 | 23 | 23 | 24 | 22 | 23 |
| 15 | 15 | 16 | 16 | 17 | 18 | 18 | 19 | 19 | 20 | 18 | 19 | 20 | 20 | 21 | 21 | 22 | 23 | 23 | 24 | 24 | 25 | 23 | 24 |
| 16 | 16 | 17 | 17 | 18 | 19 | 19 | 20 | 20 | 21 | 19 | 20 | 21 | 21 | 22 | 22 | 23 | 24 | 24 | 25 | 25 | 26 | 24 | 25 |
| 17 | 17 | 18 | 18 | 19 | 20 | 20 | 21 | 21 | 22 | 20 | 21 | 22 | 22 | 23 | 23 | 24 | 25 | 25 | 26 | 26 | 27 | 25 | 26 |
| 18 | 18 | 19 | 19 | 20 | 21 | 21 | 22 | 22 | 23 | 21 | 22 | 23 | 23 | 24 | 24 | 25 | 26 | 26 | 27 | 27 | 28 | 26 | 27 |
| 19 | 19 | 20 | 20 | 21 | 22 | 22 | 23 | 23 | 24 | 22 | 23 | 24 | 24 | 25 | 25 | 26 | 27 | 27 | 28 | 28 | 29 | 27 | 28 |
| 20 | 20 | 21 | 21 | 22 | 23 | 23 | 24 | 24 | 25 | 23 | 24 | 25 | 25 | 26 | 26 | 27 | 28 | 28 | 29 | 29 | 30 | 28 | 29 |
| 21 | 21 | 22 | 22 | 23 | 24 | 24 | 25 | 25 | 26 | 24 | 25 | 26 | 26 | 27 | 27 | 28 | 29 | 29 | 30 | 30 | 31 | **3** | 30 |



勵耘書屋

| 一四一二 壬辰 永樂一〇 815 | | | | | | | | | | | | | 一四一一 辛卯 永樂九 814 | | | | | | | | | | | |
|---|---|---|---|---|---|---|---|---|---|---|---|---|---|---|---|---|---|---|---|---|---|---|---|---|
| 11 | 11 | 12 | 12 | 13 | 14 | 14 | 15 | 15 | 16 | 15 | 16 | 10 17 | 9 17 | 18 | 十 18 | 九 19 | 20 | 20 | 21 | 21 | 22 | 20 | 21 | 22 |
| 12 | 12 | 13 | 13 | 14 | 15 | 15 | 16 | 16 | 17 | 16 | 17 | 18 | 18 | 8 19 | 7 19 | 20 | 八 21 | 七 21 | 六 22 | 22 | 23 | 21 | 22 | 23 |
| 13 | 冬 13 | 14 | 14 | 15 | 16 | 16 | 17 | 17 | 18 | 17 | 18 | 19 | 19 | 20 | 20 | 6 21 | 5 22 | 22 | 23 | 五 23 | 四 24 | 三 22 | 23 | 24 |
| 14 | 14 | 15 | 15 | 16 | 17 | 17 | 18 | 18 | 19 | 18 | 19 | 20 | 20 | 21 | 21 | 22 | 23 | 4 23 | 3 24 | 24 | 25 | 23 | 二 24 | 正 25 |
| 15 | 15 | 16 | 16 | 17 | 18 | 18 | 19 | 19 | 20 | 19 | 20 | 21 | 21 | 22 | 22 | 23 | 24 | 24 | 25 | 2 25 | 1 26 | 24 | 25 | 26 十二 |
| 16 | 16 | 17 | 17 | 18 | 19 | 19 | 20 | 20 | 21 | 20 | 21 | 22 | 22 | 23 | 23 | 24 | 25 | 25 | 26 | 26 | 27 | 12 25 | 11 26 | 27 |
| 17 | 17 | 18 | 18 | 19 | 20 | 20 | 21 | 21 | 22 | 21 | 22 | 23 | 23 | 24 | 24 | 25 | 26 | 26 | 27 | 27 | 28 | 26 | 27 | 10 28 9 |
| 18 | 18 | 19 | 19 | 20 | 21 | 21 | 22 | 22 | 23 | 22 | 23 | 24 | 24 | 25 | 25 | 26 | 27 | 27 | 28 | 28 | 29 | 27 | 28 | 29 |
| 19 | 19 | 20 | 20 | 21 | 22 | 22 | 23 | 23 | 24 | 23 | 24 | 25 | 25 | 26 | 26 | 27 | 28 | 28 | 29 | 29 | 30 | 28 | 29 | 30 |
| 20 | 20 | 21 | 21 | 22 | 23 | 23 | 24 | 24 | 25 | 24 | 25 | 26 | 26 | 27 | 27 | 28 | 29 | 29 | 30 | 30 | 31 | **3** | 30 | 31 |
| 21 | 21 | 22 | 22 | 23 | 24 | 24 | 25 | 25 | 26 | 25 | 26 | 27 | 27 | 28 | 28 | 29 | 30 | 30 | 31 | **5** | **4** | 2 | 31 | **1** |
| 22 | 22 | 23 | 23 | 24 | 25 | 25 | 26 | 26 | 27 | 26 | 27 | 28 | 28 | 29 | 29 | 30 | 31 | **7** | **6** | 2 | 2 | 3 | **2** | 2 |
| 23 | 23 | 24 | 24 | 25 | 26 | 26 | 27 | 27 | 28 | 27 | 28 | 29 | 29 | 30 | 30 | 31 | **8** | 2 | 2 | 3 | 3 | 4 | 2 | 3 |
| 24 | 24 | 25 | 25 | 26 | 27 | 27 | 28 | 28 | 29 | 28 | 29 | 30 | 30 | 31 | **10** | **9** | 2 | 3 | 3 | 4 | 4 | 5 | 3 | 4 |
| 25 | 25 | 26 | 26 | 27 | 28 | 28 | 29 | 29 | 30 | 29 | 30 | 31 | **12** | **11** | 2 | 2 | 3 | 4 | 4 | 5 | 5 | 6 | 4 | 5 |
| 26 | 26 | 27 | 27 | 28 | 29 | 29 | 30 | 30 | 31 | **3** | 31 | **1** | 2 | 2 | 3 | 3 | 4 | 5 | 5 | 6 | 6 | 7 | 5 | 6 |
| 27 | 27 | 28 | 28 | 29 | 30 | 30 | 31 | **5** | **4** | 2 | **2** | 2 | 3 | 3 | 4 | 4 | 5 | 6 | 6 | 7 | 7 | 8 | 6 | 7 |
| 28 | 28 | 29 | 29 | 30 | 31 | **7** | **6** | 2 | 2 | 3 | 2 | 3 | 4 | 4 | 5 | 5 | 6 | 7 | 7 | 8 | 8 | 9 | 7 | 8 |
| 29 | 29 | 30 | 30 | 31 | **8** | 2 | 2 | 3 | 3 | 4 | 3 | 4 | 5 | 5 | 6 | 6 | 7 | 8 | 8 | 9 | 9 | 10 | 8 | 9 |
| 30 | 30 | 31 | **10** | **9** | 2 | 3 | 3 | **4** | **4** | 5 | 4 | 5 | 6 | 6 | 7 | 7 | 8 | 9 | 9 | 10 | 10 | 11 | 9 | 10 |
| 31 | **12** | **11** | 2 | 2 | 3 | 4 | 4 | 5 | 5 | 6 | 5 | 6 | 7 | 7 | 8 | 8 | 9 | 10 | 10 | 11 | 11 | 12 | 10 | 11 |
| 日 | 2 | 2 | 3 | 3 | 4 | 5 | 5 | 6 | 6 | 7 | 6 | 7 | 8 | 8 | 9 | 9 | 10 | 11 | 11 | 12 | 12 | 13 | 11 | 12 |
| 曜 | 3 | 3 | 4 | 4 | 5 | 6 | 6 | 7 | 7 | 8 | 7 | 8 | 9 | 9 | 10 | 10 | 11 | 12 | 12 | 13 | 13 | 14 | 12 | 13 |
| 表 | 4 | 十一 4 | 5 | 5 | 6 | 7 | 7 | 8 | 8 | 9 | 8 | 9 | 10 | 10 | 11 | 11 | 12 | 13 | 13 | 14 | 14 | 15 | 13 | 14 |
| 7 | 5 | 9 5 | 十 6 | 九 6 | 八 7 | 8 | 8 | 9 | 9 | 10 | 9 | 10 | 11 | 11 | 12 | 12 | 13 | 14 | 14 | 15 | 15 | 16 | 14 | 15 |
| 甲 | 6 | 6 | 8 7 | 7 7 | 8 | 七 9 | 六 9 | 五 10 | 10 | 11 | 10 | 11 | 12 | 12 | 13 | 13 | 14 | 15 | 15 | 16 | 16 | 17 | 15 | 16 |
| 子 | 7 | 7 | 8 | 8 | 6 9 | 5 10 | 10 | 11 | 四 11 | 三 12 | 11 | 12 | 13 | 冬 13 | 14 | 14 | 15 | 16 | 16 | 17 | 17 | 18 | 16 | 17 |
| 表 | 8 | 8 | 9 | 9 | 10 | 11 | 4 11 | 3 12 | 12 | 13 | 二 12 | 正 13 | 14 | 14 | 15 | 15 | 16 | 17 | 17 | 18 | 18 | 19 | 17 | 18 |
| 13 | 9 | 9 | 10 | 10 | 11 | 12 | 12 | 13 | 2 13 | 1 14 | 13 | 14 | 閏 15 | 十一 15 | 16 | 16 | 17 | 18 | 18 | 19 | 19 | 20 | 18 | 19 |
| | 10 | 10 | 11 | 11 | 12 | 13 | 13 | 14 | 14 | 15 | 12 14 | 11 15 | 16 | 16 | 十二 17 | 17 | 18 | 19 | 19 | 20 | 20 | 21 | 19 | 20 |

一四一四 甲午 永樂一二 817

一四一三 癸巳 永樂一一 816

| | | | | | | | | | | | | | | | | | | | | | | | |
|---|---|---|---|---|---|---|---|---|---|---|---|---|---|---|---|---|---|---|---|---|---|---|---|
| 22 | 23 | 23 | 24 | 25 | 25 | 26 | 26 | 27 | 25 | 26 | 27 | 27 | 28 | 28 | 29 6 | 30 5 | 30 | 31 | 5 | 4 三 | 2 二 | 31 | 1 |
| 23 | 24 | 24 | 25 | 26 | 26 | 27 | 27 | 28 | 26 | 27 | 28 | 28 | 29 | 29 | 30 | 31 | 7 4 | 6 3 | 2 | 2 | 3 | 2 正 | 2 |
| 24 | 25 | 25 | 26 | 27 | 27 | 28 | 28 | 29 | 27 | 28 | 29 | 29 | 30 | 30 | 31 | 8 | 2 | 2 | 3 2 | 3 1 | 4 12 | 2 11 | 3 十二 |
| 25 | 26 | 26 | 27 | 28 | 28 | 29 | 29 | 30 | 28 | 29 | 30 | 30 | 31 | 10 | 9 | 2 | 3 | 3 | 4 | 4 | 5 | 3 | 4 10 |
| 26 | 27 | 27 | 28 | 29 | 29 | 30 | 30 | 31 | 3 | 30 | 31 | 12 | 11 | 2 | 2 | 3 | 4 | 4 | 5 | 5 | 6 | 4 | 5 |
| 27 | 28 | 28 | 29 | 30 | 30 | 31 | 5 | 4 | 2 | 31 | 1 | 2 | 2 | 3 | 3 | 4 | 5 | 5 | 6 | 6 | 7 | 5 | 6 |
| 28 | 29 | 29 | 30 | 31 | 7 | 6 | 2 | 2 | 3 | 2 | 2 | 3 | 3 | 4 | 4 | 5 | 6 | 6 | 7 | 7 | 8 | 6 | 7 |
| 29 | 30 | 30 | 31 | 8 | 2 | 2 | 3 | 3 | 4 | 2 | 3 | 4 | 4 | 5 | 5 | 6 | 7 | 7 | 8 | 8 | 9 | 7 | 8 |
| 30 | 31 | 10 | 9 | 2 | 3 | 3 | 4 | 4 | 5 | 3 | 4 | 5 | 5 | 6 | 6 | 7 | 8 | 8 | 9 | 9 | 10 | 8 | 9 |
| 12 | 11 | 2 | 2 | 3 | 4 | 4 | 5 | 5 | 6 | 4 | 5 | 6 | 6 | 7 | 7 | 8 | 9 | 9 | 10 | 10 | 11 | 9 | 10 |
| 2 | 2 | 3 | 3 | 4 | 5 | 5 | 6 | 6 | 7 | 5 | 6 | 7 | 7 | 8 | 8 | 9 | 10 | 10 | 11 | 11 | 12 | 10 | 11 |
| 3 | 3 | 4 | 4 | 5 | 6 | 6 | 7 | 7 | 8 | 6 | 7 | 8 | 8 | 9 | 9 | 10 | 11 | 11 | 12 | 12 | 13 | 11 | 12 |
| 4 | 4 | 5 | 5 | 6 | 7 | 7 | 8 | 8 | 9 | 7 | 8 | 9 | 9 | 10 | 10 | 11 | 12 | 12 | 13 | 13 | 14 | 12 | 13 |
| 5 | 5 | 6 | 6 | 7 | 8 | 8 | 9 | 9 | 10 | 8 | 9 | 10 | 10 | 11 | 11 | 12 | 13 | 13 | 14 | 14 | 15 | 13 | 14 |
| 6 | 6 | 7 | 7 | 8 | 9 | 9 | 10 | 10 | 11 | 9 | 10 | 11 | 11 | 12 | 12 | 13 | 14 | 14 | 15 | 15 | 16 | 14 | 15 |
| 7 | 7 | 8 | 8 | 9 | 10 | 10 | 11 | 11 | 12 | 10 | 11 | 12 | 12 | 13 | 13 | 14 | 15 | 15 | 16 | 16 | 17 | 15 | 16 |
| 8 | 8 | 9 | 9 | 10 | 11 | 11 | 12 | 12 | 13 | 11 | 12 | 13 冬 | 13 | 14 | 14 | 15 | 16 | 16 | 17 | 17 | 18 | 16 | 17 |
| 9 | 9 | 10 | 10 | 11 | 12 | 12 | 13 | 13 | 14 | 12 | 13 | 14 | 14 | 15 | 15 | 16 | 17 | 17 | 18 | 18 | 19 | 17 | 18 |
| 10 | 10 | 11 | 11 | 12 | 13 | 13 | 14 | 14 | 15 | 13 | 14 | 15 | 15 | 16 | 16 | 17 | 18 | 18 | 19 | 19 | 20 | 18 | 19 |
| 11 | 11 | 12 | 12 | 13 | 14 | 14 | 15 | 15 | 16 | 14 | 15 | 16 | 16 | 17 | 17 | 18 | 19 | 19 | 20 | 20 | 21 | 19 | 20 |
| 12 十一 | 12 | 13 | 13 | 14 | 15 | 15 | 16 | 16 | 17 | 15 | 16 | 17 | 17 | 18 | 18 | 19 | 20 | 20 | 21 | 21 | 22 | 20 | 21 |
| 13 冬 | 13 十 | 14 閏 | 14 九 | 15 八 | 16 | 16 | 17 | 17 | 18 | 16 | 17 | 18 | 18 | 19 | 19 | 20 | 21 | 21 | 22 | 22 | 23 | 21 | 22 |
| 14 10 | 14 9 | 15 | 15 | 16 | 17 七 | 17 六 | 18 | 18 | 19 | 17 | 18 | 19 | 19 | 20 | 20 | 21 | 22 | 22 | 23 | 23 | 24 | 22 | 23 |
| 15 | 15 | 16 8 | 16 7 | 17 | 18 | 18 | 19 五 | 19 | 20 | 18 | 19 | 20 | 20 | 21 | 21 | 22 | 23 | 23 | 24 | 24 | 25 | 23 | 24 |
| 16 | 16 | 17 | 17 | 18 6 | 19 5 | 19 | 20 | 20 四 | 21 三 | 19 | 20 | 21 | 21 | 22 | 22 | 23 | 24 | 24 | 25 | 25 | 26 | 24 | 25 |
| 17 | 17 | 18 | 18 | 19 | 20 | 20 4 | 21 3 | 21 | 22 | 20 二 | 21 | 22 | 22 | 23 | 23 | 24 | 25 | 25 | 26 | 26 | 27 | 25 | 26 |
| 18 | 18 | 19 | 19 | 20 | 21 | 21 | 22 | 22 2 | 23 1 | 21 | 22 正 | 23 十二 | 23 | 24 | 24 | 25 | 26 | 26 | 27 | 27 | 28 | 26 | 27 |
| 19 | 19 | 20 | 20 | 21 | 22 | 22 | 23 | 23 | 24 | 22 12 | 23 11 | 24 | 24 十一 | 25 十 | 25 九 | 26 八 | 27 | 27 | 28 | 28 | 29 | 27 | 28 |
| 20 | 20 | 21 | 21 | 22 | 23 | 23 | 24 | 24 | 25 | 23 | 24 | 25 10 | 25 9 | 26 | 26 | 27 | 28 七 | 28 六 | 29 | 29 | 30 | 28 | 29 |
| 21 | 21 | 22 | 22 | 23 | 24 | 24 | 25 | 25 | 26 | 24 | 25 | 26 | 26 | 27 8 | 27 7 | 28 | 29 | 29 | 30 五 | 30 四 | 31 | 3 | 30 |

一四一六 丙申 永樂一四 819

一四一五 乙未 永樂一三 818

| | | | | | | | | | | | | | | | | | | | | | | | | |
|---|---|---|---|---|---|---|---|---|---|---|---|---|---|---|---|---|---|---|---|---|---|---|---|---|
| 11 | 11 | 12 | 12 | 13 | 14 | 14 | 15 | 15 | 16 | 15 | 16 | 17 | 17 | 18 | 18 | 19 | 20 | 20 | 21 | 21 | 22 | 20 | 21 | 22 |
| 12 | 12 | 13 | 13 | 14 | 15 | 15 | 16 | 16 | 17 | 16 | 17 | 18 | 18 | 19 | 19 | 20 | 21 | 21 | 22 | 22 | 23 | 21 | 22 | 23 |
| 13冬 | 13 | 14 | 14 | 15 | 16 | 16 | 17 | 17 | 18 | 17 | 18 | 19 | 19 | 20 | 20 | 21 | 22 | 22 | 23 | 23 | 24 | 22 | 23 | 24 |
| 14 | 14 | 15 | 15 | 16 | 17 | 17 | 18 | 18 | 19 | 18 | 19 | 20 | 20 | 21 | 21 | 22 | 23 | 23 | 24 | 24 | 25 | 23 | 24 | 25 |
| 15 | 15 | 16 | 16 | 17 | 18 | 18 | 19 | 19 | 20 | 19 | 20 | 21 | 21 | 22 | 22 | 23 | 24 | 24 | 25 | 25 | 26 | 24 | 25 | 26 |
| 16 | 16 | 17 | 17 | 18 | 19 | 19 | 20 | 20 | 21 | 20 | 21 | 22 | 22 | 23 | 23 | 24 | 25 | 25 | 26 | 26 | 27 | 25 | 26 | 27 |
| 17 | 17 | 18 | 18 | 19 | 20 | 20 | 21 | 21 | 22 | 21 | 22 | 23 | 23 | 24 | 24 | 25 | 26 | 26 | 27 | 27 | 28 | 26 | 27 | 28 |
| 18 | 18 | 19 | 19 | 20 | 21 | 21 | 22 | 22 | 23 | 22 | 23 | 24 | 24 | 25 | 25 | 26 | 27 | 27 | 28 | 28 | 29 | 27 | 28 | 29 |
| 19十二 | 19十一 | 20 | 20 | 21 | 22 | 22 | 23 | 23 | 24 | 23 | 24 | 25 | 25 | 26 | 26 | 27 | 28 | 28 | 29 | 29 | 30 | 28 | 29 | 30 |
| 20 | 20 | 21十 | 21九 | 22 | 23 | 23 | 24 | 24 | 25 | 24 | 25 | 26 | 26 | 27 | 27 | 28 | 29 | 29 | 30 | 30 | 31 | **3** | 30 | 31 |
| 21 11 | 21 | 22 | 22 | 23八 | 24七 | 24 | 25 | 25 | 26 | 25 | 26 | 27 | 27 | 28 | 28 | 29 | 30 | 30 | 31 | **5** | **4** | 2 | 31 | **1** |
| 22 | 22 10 | 23 9 | 23 | 24 | 25 | 25六 | 26 | 26 | 27 | 26 | 27 | 28 | 28 | 29 | 29 | 30 | 31 | **7** | **6** | 2 | 2 | 3 | **2** | 2 |
| 23 | 23 | 24 | 24 8 | 25 7 | 26 | 26 | 27五 | 27 | 28 | 27 | 28 | 29 | 29 | 30 | 30 | 31 | **8** | 2 | 2 | 3 | 3 | 4 | 2 | 3 |
| 24 | 24 | 25 | 25 | 26 | 27 6 | 27 5 | 28 | 28四 | 29三 | 28 | 29 | 30 | 30 | 31 | **10** | **9** | 2 | 3 | 3 | 4 | 4 | 5 | 3 | 4 |
| 25 | 25 | 26 | 26 | 27 | 28 | 28 | 29 4 | 29 3 | 30 | 29二 | 30正 | 31十二 | **12**十一 | **11** | 2 | 2 | 3 | 4 | 4 | 5 | 5 | 6 | 4 | 5 |
| 26 | 26 | 27 | 27 | 28 | 29 | 29 | 30 | 30 | 31 2 | **3** 1 | 31 | **1** | 2 | 2十 | 3九 | 3八 | 4 | 5 | 5 | 6 | 6 | 7 | 5 | 6 |
| 27 | 27 | 28 | 28 | 29 | 30 | 30 | 31 | **5** | **4** | 2 | **2** 12 | 2 11 | 3 | 3 | 4 | 4 | 5七 | 6六 | 6 | 7 | 7 | 8 | 6 | 7 |
| 28 | 28 | 29 | 29 | 30 | 31 | **7** | **6** | 2 | 2 | 3 | 2 | 3 | 4 10 | 4 9 | 5 | 5 | 6 | 7 | 7五 | 8 | 8 | 9 | 7 | 8 |
| 29 | 29 | 30 | 30 | 31 | **8** | 2 | 2 | 3 | 3 | 4 | 3 | 4 | 5 | 5 | 6 8 | 6 7 | 7 | 8 | 8 | 9四 | 9 | 10 | 8 | 9 |
| 30 | 30 | 31 | **10** | **9** | 2 | 3 | 3 | **4** | **4** | 5 | 4 | 5 | 6 | 6 | 7 | 7 | 8 6 | 9 5 | 9 | 10 | 10三 | 11二 | 9 | 10 |
| 31 | **12** | **11** | 2 | 2 | 3 | 4 | 4 | 5 | 5 | 6 | 5 | 6 | 7 | 7 | 8 | 8 | 9 | 10 | 10 4 | 11 3 | 11 | 12 | 10正 | 11十二 |
| 日 | 2 | 2 | 3 | 3 | 4 | 5 | 5 | 6 | 6 | 7 | 6 | 7 | 8 | 8 | 9 | 9 | 10 | 11 | 11 | 12 | 12 2 | 13 1 | 11 12 | 12 11 |
| 曜 | 3 | 3 | 4 | 4 | 5 | 6 | 6 | 7 | 7 | 8 | 7 | 8 | 9 | 9 | 10 | 10 | 11 | 12 | 12 | 13 | 13 | 14 | 12 | 13 |
| 表 | 4 | 4 | 5 | 5 | 6 | 7 | 7 | 8 | 8 | 9 | 8 | 9 | 10 | 10 | 11 | 11 | 12 | 13 | 13 | 14 | 14 | 15 | 13 | 14 |
| 1 | 5 | 5 | 6 | 6 | 7 | 8 | 8 | 9 | 9 | 10 | 9 | 10 | 11 | 11 | 12 | 12 | 13 | 14 | 14 | 15 | 15 | 16 | 14 | 15 |
| 甲 | 6 | 6 | 7 | 7 | 8 | 9 | 9 | 10 | 10 | 11 | 10 | 11 | 12 | 12 | 13 | 13 | 14 | 15 | 15 | 16 | 16 | 17 | 15 | 16 |
| 子 | 7 | 7 | 8 | 8 | 9 | 10 | 10 | 11 | 11 | 12 | 11 | 12 | 13冬 | 13 | 14 | 14 | 15 | 16 | 16 | 17 | 17 | 18 | 16 | 17 |
| 表 | 8 | 8 | 9 | 9 | 10 | 11 | 11 | 12 | 12 | 13 | 12 | 13 | 14 | 14 | 15 | 15 | 16 | 17 | 17 | 18 | 18 | 19 | 17 | 18 |
| 14 | 9 | 9 | 10 | 10 | 11 | 12 | 12 | 13 | 13 | 14 | 13 | 14 | 15 | 15 | 16 | 16 | 17 | 18 | 18 | 19 | 19 | 20 | 18 | 19 |
| | 10 | 10 | 11 | 11 | 12 | 13 | 13 | 14 | 14 | 15 | 14 | 15 | 16 | 16 | 17 | 17 | 18 | 19 | 19 | 20 | 20 | 21 | 19 | 20 |

一四一八 戊戌 永樂一六 821

一四一七 丁酉 永樂一五 820

| | | | | | | | | | | | | | | | | | | | | | | | |
|---|---|---|---|---|---|---|---|---|---|---|---|---|---|---|---|---|---|---|---|---|---|---|---|
| 22 | 23 | 23 | 24 | 25 | 25 | 26 | 26 | 27 | 25 | 26 | 27 | 27 | 28 | 28 | 29 | 30 | 30 | 31 | **5** | **4** | 2 | 31 | **1** |
| 23 | 24 | 24 | 25 | 26 | 26 | 27 | 27 | 28 | 26 | 27 | 28 | 28 | 29 | 29 | 30 | 31 | **7** | **6** | 2 | 2 | 3 | **2** | 2 |
| 24 | 25 | 25 | 26 | 27 | 27 | 28 | 28 | 29 | 27 | 28 | 29 | 29 | 30 | 30 | 31 | **8** | 2 | 2 | 3 | 3 | 4 | 2 | 3 |
| 25 | 26 | 26 | 27 | 28 | 28 | 29 | 29 | 30 | 28 | 29 | 30 | 30 | 31 | **10** | **9** | 2 | 3 | 3 | 4 | 4 | 5 | 3 | 4 |
| 26 | 27 | 27 | 28 | 29 | 29 | 30 | 30 | 31 | **3** | 30 | 31 | **12** | **11** | 2 | 2 | 3 | 4 | 4 | 5 | 5 | 6 | 4 | 5 |
| 27 | 28 | 28 | 29 | 30 | 30 | 31 | **5** | **4** | 2 | 31 | **1** | 2 | 2 | 3 | 3 | 4 | 5 | 5 | 6 | 6 | 7 | 5 | 6 |
| 28 十一 | 29 十 | 29 | 30 | 31 | **7** | **6** | 2 | 2 | 3 | **2** | 2 | 3 | 3 | 4 | 4 | 5 | 6 | 6 | 7 | 7 | 8 | 6 | 7 |
| 29 | 30 | 30 九 | 31 八 | **8** | 2 | 2 | 3 | 3 | 4 | 2 | 3 | 4 | 4 | 5 | 5 | 6 | 7 | 7 | 8 | 8 | 9 | 7 | 8 |
| 30 **11** | 31 | **10** | **9** | 2 七 | 3 | 3 | 4 | 4 | 5 | 3 | 4 | 5 | 5 | 6 | 6 | 7 | 8 | 8 | 9 | 9 | 10 | 8 | 9 |
| **12** | **11** **10** | 2 **9** | 2 | 3 | 4 六 | 4 五 | 5 | 5 | 6 | 4 | 5 | 6 | 6 | 7 | 7 | 8 | 9 | 9 | 10 | 10 | 11 | 9 | 10 |
| 2 | 2 | 3 | 3 **8** | 4 **7** | 5 | 5 | 6 四 | 6 三 | 7 | 5 | 6 | 7 | 7 | 8 | 8 | 9 | 10 | 10 | 11 | 11 | 12 | 10 | 11 |
| 3 | 3 | 4 | 4 | 5 | 6 **6** | 6 **5** | 7 | 7 | 8 二 | 6 正 | 7 十二 | 8 十一 | 8 | 9 | 9 | 10 | 11 | 11 | 12 | 12 | 13 | 11 | 12 |
| 4 | 4 | 5 | 5 | 6 | 7 | 7 | 8 **4** | 8 **3** | 9 | 7 | 8 | 9 | 9 十 | 10 九 | 10 | 11 | 12 | 12 | 13 | 13 | 14 | 12 | 13 |
| 5 | 5 | 6 | 6 | 7 | 8 | 8 | 9 | 9 | 10 **2** | 8 **1** | 9 **12** | 10 **11** | 10 | 11 | 11 八 | 12 七 | 13 | 13 | 14 | 14 | 15 | 13 | 14 |
| 6 | 6 | 7 | 7 | 8 | 9 | 9 | 10 | 10 | 11 | 9 | 10 | 11 | 11 **10** | 12 **9** | 12 | 13 | 14 六 | 14 | 15 | 15 | 16 | 14 | 15 |
| 7 | 7 | 8 | 8 | 9 | 10 | 10 | 11 | 11 | 12 | 10 | 11 | 12 | 12 | 13 | 13 **8** | 14 **7** | 15 | 15 閏 | 16 五 | 16 | 17 | 15 | 16 |
| 8 | 8 | 9 | 9 | 10 | 11 | 11 | 12 | 12 | 13 | 11 | 12 | 13 冬 | 13 | 14 | 14 | 15 | 16 **6** | 16 **5** | 17 | 17 四 | 18 三 | 16 | 17 |
| 9 | 9 | 10 | 10 | 11 | 12 | 12 | 13 | 13 | 14 | 12 | 13 | 14 | 14 | 15 | 15 | 16 | 17 | 17 | 18 **4** | 18 **3** | 19 | 17 二 | 18 正 |
| 10 | 10 | 11 | 11 | 12 | 13 | 13 | 14 | 14 | 15 | 13 | 14 | 15 | 15 | 16 | 16 | 17 | 18 | 18 | 19 | 19 | 20 **2** | 18 **1** | 19 |
| 11 | 11 | 12 | 12 | 13 | 14 | 14 | 15 | 15 | 16 | 14 | 15 | 16 | 16 | 17 | 17 | 18 | 19 | 19 | 20 | 20 | 21 | 19 | 20 **12** |
| 12 | 12 | 13 | 13 | 14 | 15 | 15 | 16 | 16 | 17 | 15 | 16 | 17 | 17 | 18 | 18 | 19 | 20 | 20 | 21 | 21 | 22 | 20 | 21 |
| 13 冬 | 13 | 14 | 14 | 15 | 16 | 16 | 17 | 17 | 18 | 16 | 17 | 18 | 18 | 19 | 19 | 20 | 21 | 21 | 22 | 22 | 23 | 21 | 22 |
| 14 | 14 | 15 | 15 | 16 | 17 | 17 | 18 | 18 | 19 | 17 | 18 | 19 | 19 | 20 | 20 | 21 | 22 | 22 | 23 | 23 | 24 | 22 | 23 |
| 15 | 15 | 16 | 16 | 17 | 18 | 18 | 19 | 19 | 20 | 18 | 19 | 20 | 20 | 21 | 21 | 22 | 23 | 23 | 24 | 24 | 25 | 23 | 24 |
| 16 | 16 | 17 | 17 | 18 | 19 | 19 | 20 | 20 | 21 | 19 | 20 | 21 | 21 | 22 | 22 | 23 | 24 | 24 | 25 | 25 | 26 | 24 | 25 |
| 17 | 17 | 18 | 18 | 19 | 20 | 20 | 21 | 21 | 22 | 20 | 21 | 22 | 22 | 23 | 23 | 24 | 25 | 25 | 26 | 26 | 27 | 25 | 26 |
| 18 | 18 | 19 | 19 | 20 | 21 | 21 | 22 | 22 | 23 | 21 | 22 | 23 | 23 | 24 | 24 | 25 | 26 | 26 | 27 | 27 | 28 | 26 | 27 |
| 19 | 19 | 20 | 20 | 21 | 22 | 22 | 23 | 23 | 24 | 22 | 23 | 24 | 24 | 25 | 25 | 26 | 27 | 27 | 28 | 28 | 29 | 27 | 28 |
| 20 | 20 | 21 | 21 | 22 | 23 | 23 | 24 | 24 | 25 | 23 | 24 | 25 | 25 | 26 | 26 | 27 | 28 | 28 | 29 | 29 | 30 | 28 | 29 |
| 21 | 21 | 22 | 22 | 23 | 24 | 24 | 25 | 25 | 26 | 24 | 25 | 26 | 26 | 27 | 27 | 28 | 29 | 29 | 30 | 30 | 31 | **3** | 30 |

一四一九 己亥 永樂一七

822

一四二〇 庚子 永樂一八

823

| | | | | | | | | | | | | | | | | | | | | | | | | |
|---|---|---|---|---|---|---|---|---|---|---|---|---|---|---|---|---|---|---|---|---|---|---|---|---|
| 11 | 11 | 12 | 12 | 13 | 14 | 14 | 15 | 15 4 | 16 3 | 15 | 16 | 17 十二 | 17 十一 | 18 | 18 | 19 | 20 | 20 | 21 | 21 | 22 | 20 | 21 | 22 |
| 12 | 12 | 13 | 13 | 14 | 15 | 15 | 16 | 16 | 17 | 16 2 | 17 1 | 18 | 18 | 19 十 | 19 | 20 | 21 | 21 | 22 | 22 | 23 | 21 | 22 | 23 |
| 13 冬 | 13 | 14 | 14 | 15 | 16 | 16 | 17 | 17 | 18 | 17 | 18 | 19 12 | 19 11 | 20 | 20 九 | 21 八 | 22 | 22 | 23 | 23 | 24 | 22 | 23 | 24 |
| 14 | 14 | 15 | 15 | 16 | 17 | 17 | 18 | 18 | 19 | 18 | 19 | 20 | 20 | 21 10 | 21 9 | 22 | 23 七 | 23 六 | 24 | 24 | 25 | 23 | 24 | 25 |
| 15 | 15 | 16 | 16 | 17 | 18 | 18 | 19 | 19 | 20 | 19 | 20 | 21 | 21 | 22 | 22 | 23 8 | 24 7 | 24 | 25 五 | 25 四 | 26 三 | 24 | 25 | 26 |
| 16 | 16 | 17 | 17 | 18 | 19 | 19 | 20 | 20 | 21 | 20 | 21 | 22 | 22 | 23 | 23 | 24 | 25 | 25 6 | 26 5 | 26 | 27 | 25 二 | 26 正 | 27 十二 |
| 17 | 17 | 18 | 18 | 19 | 20 | 20 | 21 | 21 | 22 | 21 | 22 | 23 | 23 | 24 | 24 | 25 | 26 | 26 | 27 | 27 4 | 28 3 | 26 | 27 | 28 |
| 18 | 18 | 19 | 19 | 20 | 21 | 21 | 22 | 22 | 23 | 22 | 23 | 24 | 24 | 25 | 25 | 26 | 27 | 27 | 28 | 28 | 29 | 27 2 | 28 1 | 29 |
| 19 | 19 | 20 | 20 | 21 | 22 | 22 | 23 | 23 | 24 | 23 | 24 | 25 | 25 | 26 | 26 | 27 | 28 | 28 | 29 | 29 | 30 | 28 | 29 | 30 12 |
| 20 | 20 | 21 | 21 | 22 | 23 | 23 | 24 | 24 | 25 | 24 | 25 | 26 | 26 | 27 | 27 | 28 | 29 | 29 | 30 | 30 | 31 | 3 | 30 | 31 |
| 21 | 21 | 22 | 22 | 23 | 24 | 24 | 25 | 25 | 26 | 25 | 26 | 27 | 27 | 28 | 28 | 29 | 30 | 30 | 31 | 5 | 4 | 2 | 31 | 1 |
| 22 | 22 | 23 | 23 | 24 | 25 | 25 | 26 | 26 | 27 | 26 | 27 | 28 | 28 | 29 | 29 | 30 | 31 | 7 | 6 | 2 | 2 | 3 | 2 | 2 |
| 23 | 23 | 24 | 24 | 25 | 26 | 26 | 27 | 27 | 28 | 27 | 28 | 29 | 29 | 30 | 30 | 31 | 8 | 2 | 2 | 3 | 3 | 4 | 2 | 3 |
| 24 | 24 | 25 | 25 | 26 | 27 | 27 | 28 | 28 | 29 | 28 | 29 | 30 | 30 | 31 | 10 | 9 | 2 | 3 | 3 | 4 | 4 | 5 | 3 | 4 |
| 25 | 25 | 26 | 26 | 27 | 28 | 28 | 29 | 29 | 30 | 29 | 30 | 31 | 12 | 11 | 2 | 2 | 3 | 4 | 4 | 5 | 5 | 6 | 4 | 5 |
| 26 | 26 | 27 | 27 | 28 | 29 | 29 | 30 | 30 | 31 | 3 | 31 | 1 | 2 | 2 | 3 | 3 | 4 | 5 | 5 | 6 | 6 | 7 | 5 | 6 |
| 27 | 27 | 28 | 28 | 29 | 30 | 30 | 31 | 5 | 4 | 2 | 2 | 2 | 3 | 3 | 4 | 4 | 5 | 6 | 6 | 7 | 7 | 8 | 6 | 7 |
| 28 | 28 | 29 | 29 | 30 | 31 | 7 | 6 | 2 | 2 | 3 | 2 | 3 | 4 | 4 | 5 | 5 | 6 | 7 | 7 | 8 | 8 | 9 | 7 | 8 |
| 29 | 29 | 30 | 30 | 31 | 8 | 2 | 2 | 3 | 3 | 4 | 3 | 4 | 5 | 5 | 6 | 6 | 7 | 8 | 8 | 9 | 9 | 10 | 8 | 9 |
| 30 | 30 | 31 | 10 | 9 | 2 | 3 | 3 | 4 | 4 | 5 | 4 | 5 | 6 | 6 | 7 | 7 | 8 | 9 | 9 | 10 | 10 | 11 | 9 | 10 |
| 31 | 12 | 11 | 2 | 2 | 3 | 4 | 4 | 5 | 5 | 6 | 5 | 6 | 7 | 7 | 8 | 8 | 9 | 10 | 10 | 11 | 11 | 12 | 10 | 11 |
| 日 | 2 | 2 | 3 | 3 | 4 | 5 | 5 | 6 | 6 | 7 | 6 | 7 | 8 | 8 | 9 | 9 | 10 | 11 | 11 | 12 | 12 | 13 | 11 | 12 |
| 曜 | 3 | 3 | 4 | 4 | 5 | 6 | 6 | 7 | 7 | 8 | 7 | 8 | 9 | 9 | 10 | 10 | 11 | 12 | 12 | 13 | 13 | 14 | 12 | 13 |
| 表 | 4 | 4 | 5 | 5 | 6 | 7 | 7 | 8 | 8 | 9 | 8 | 9 | 10 | 10 | 11 | 11 | 12 | 13 | 13 | 14 | 14 | 15 | 13 | 14 |
| 2 | 5 十一 | 5 | 6 | 6 | 7 | 8 | 8 | 9 | 9 | 10 | 9 | 10 | 11 | 11 | 12 | 12 | 13 | 14 | 14 | 15 | 15 | 16 | 14 | 15 |
| 甲 | 6 | 6 十 | 7 九 | 7 | 8 | 9 | 9 | 10 | 10 | 11 | 10 | 11 | 12 | 12 | 13 | 13 | 14 | 15 | 15 | 16 | 16 | 17 | 15 | 16 |
| 子 | 7 12 | 7 11 | 8 | 8 八 | 9 七 | 10 | 10 | 11 | 11 | 12 | 11 | 12 | 13 冬 | 13 | 14 | 14 | 15 | 16 | 16 | 17 | 17 | 18 | 16 | 17 |
| 表 | 8 | 8 | 9 10 | 9 9 | 10 | 11 六 | 11 五 | 12 | 12 | 13 | 12 | 13 | 14 | 14 | 15 | 15 | 16 | 17 | 17 | 18 | 18 | 19 | 17 | 18 |
| 15 | 9 | 9 | 10 | 10 | 11 8 | 12 7 | 12 | 13 四 | 13 三 | 14 二 | 13 | 14 | 15 | 15 | 16 | 16 | 17 | 18 | 18 | 19 | 19 | 20 | 18 | 19 |
| | 10 | 10 | 11 | 11 | 12 | 13 | 13 6 | 14 5 | 14 | 15 | 14 閏 | 15 正 | 16 | 16 | 17 | 17 | 18 | 19 | 19 | 20 | 20 | 21 | 19 | 20 |

一四二二 壬寅 永樂二〇 826 | 825 一四二一 辛丑 永樂一九 824

| | | | | | | | | | | | | | | | | | | | | | | | |
|---|---|---|---|---|---|---|---|---|---|---|---|---|---|---|---|---|---|---|---|---|---|---|---|
| 22 | 23 | 23 | 24 | 25 | 25 | 26 | 26 | 27 | 25 | 26 | 27 | 27 12 | 28 11 | 28 | 29 | 30 | 30 六 | 31 五 | **5** | **4** | 2 | 31 | **1** |
| 23 | 24 | 24 | 25 | 26 | 26 | 27 | 27 | 28 | 26 | 27 | 28 | 28 | 29 | 29 10 | 30 9 | 31 | **7** | **6** | 2 四 | 2 三 | 3 | **2** | 2 |
| 24 | 25 | 25 | 26 | 27 | 27 | 28 | 28 | 29 | 27 | 28 | 29 | 29 | 30 | 30 | 31 | **8** 8 | 2 7 | 2 | 3 | 3 | 4 二 | 2 正 | 3 |
| 25 | 26 | 26 | 27 | 28 | 28 | 29 | 29 | 30 | 28 | 29 | 30 | 30 | 31 | **10** | **9** | 2 | 3 | 3 6 | 4 5 | 4 | 5 | 3 | 4 十二 |
| 26 | 27 | 27 | 28 | 29 | 29 | 30 | 30 | 31 | **3** | 30 | 31 | **12** | **11** | 2 | 2 | 3 | 4 | 4 | 5 | 5 4 | 6 3 | 4 | 5 |
| 27 | 28 | 28 | 29 | 30 | 30 | 31 | **5** | **4** | 2 | 31 | **1** | 2 | 2 | 3 | 3 | 4 | 5 | 5 | 6 | 6 | 7 | 5 2 | 6 1 |
| 28 | 29 | 29 | 30 | 31 | **7** | **6** | 2 | 2 | 3 | **2** | 2 | 3 | 3 | 4 | 4 | 5 | 6 | 6 | 7 | 7 | 8 | 6 | 7 |
| 29 | 30 | 30 | 31 | **8** | 2 | 2 | 3 | 3 | 4 | 2 | 3 | 4 | 4 | 5 | 5 | 6 | 7 | 7 | 8 | 8 | 9 | 7 | 8 |
| 30 | 31 | **10** | **9** | 2 | 3 | 3 | 4 | 4 | 5 | 3 | 4 | 5 | 5 | 6 | 6 | 7 | 8 | 8 | 9 | 9 | 10 | 8 | 9 |
| **12** | **11** | 2 | 2 | 3 | 4 | 4 | 5 | 5 | 6 | 4 | 5 | 6 | 6 | 7 | 7 | 8 | 9 | 9 | 10 | 10 | 11 | 9 | 10 |
| 2 | 2 | 3 | 3 | 4 | 5 | 5 | 6 | 6 | 7 | 5 | 6 | 7 | 7 | 8 | 8 | 9 | 10 | 10 | 11 | 11 | 12 | 10 | 11 |
| 3 | 3 | 4 | 4 | 5 | 6 | 6 | 7 | 7 | 8 | 6 | 7 | 8 | 8 | 9 | 9 | 10 | 11 | 11 | 12 | 12 | 13 | 11 | 12 |
| 4 | 4 | 5 | 5 | 6 | 7 | 7 | 8 | 8 | 9 | 7 | 8 | 9 | 9 | 10 | 10 | 11 | 12 | 12 | 13 | 13 | 14 | 12 | 13 |
| 5 | 5 | 6 | 6 | 7 | 8 | 8 | 9 | 9 | 10 | 8 | 9 | 10 | 10 | 11 | 11 | 12 | 13 | 13 | 14 | 14 | 15 | 13 | 14 |
| 6 | 6 | 7 | 7 | 8 | 9 | 9 | 10 | 10 | 11 | 9 | 10 | 11 | 11 | 12 | 12 | 13 | 14 | 14 | 15 | 15 | 16 | 14 | 15 |
| 7 | 7 | 8 | 8 | 9 | 10 | 10 | 11 | 11 | 12 | 10 | 11 | 12 | 12 | 13 | 13 | 14 | 15 | 15 | 16 | 16 | 17 | 15 | 16 |
| 8 | 8 | 9 | 9 | 10 | 11 | 11 | 12 | 12 | 13 | 11 | 12 | 13 冬 | 13 | 14 | 14 | 15 | 16 | 16 | 17 | 17 | 18 | 16 | 17 |
| 9 | 9 | 10 | 10 | 11 | 12 | 12 | 13 | 13 | 14 | 12 | 13 | 14 | 14 | 15 | 15 | 16 | 17 | 17 | 18 | 18 | 19 | 17 | 18 |
| 10 | 10 | 11 | 11 | 12 | 13 | 13 | 14 | 14 | 15 | 13 | 14 | 15 | 15 | 16 | 16 | 17 | 18 | 18 | 19 | 19 | 20 | 18 | 19 |
| 11 | 11 | 12 | 12 | 13 | 14 | 14 | 15 | 15 | 16 | 14 | 15 | 16 | 16 | 17 | 17 | 18 | 19 | 19 | 20 | 20 | 21 | 19 | 20 |
| 12 | 12 | 13 | 13 | 14 | 15 | 15 | 16 | 16 | 17 | 15 | 16 | 17 | 17 | 18 | 18 | 19 | 20 | 20 | 21 | 21 | 22 | 20 | 21 |
| 13 冬 | 13 | 14 | 14 | 15 | 16 | 16 | 17 | 17 | 18 | 16 | 17 | 18 | 18 | 19 | 19 | 20 | 21 | 21 | 22 | 22 | 23 | 21 | 22 |
| 14 十二 | 14 十一 | 15 | 15 | 16 | 17 | 17 | 18 | 18 | 19 | 17 | 18 | 19 | 19 | 20 | 20 | 21 | 22 | 22 | 23 | 23 | 24 | 22 | 23 |
| 15 1 | 15 | 16 十 | 16 九 | 17 八 | 18 | 18 | 19 | 19 | 20 | 18 | 19 | 20 | 20 | 21 | 21 | 22 | 23 | 23 | 24 | 24 | 25 | 23 | 24 |
| 16 | 16 12 | 17 11 | 17 | 18 | 19 七 | 19 六 | 20 | 20 | 21 | 19 | 20 | 21 | 21 | 22 | 22 | 23 | 24 | 24 | 25 | 25 | 26 | 24 | 25 |
| 17 | 17 | 18 | 18 10 | 19 9 | 20 | 20 | 21 五 | 21 四 | 22 | 20 | 21 | 22 | 22 | 23 | 23 | 24 | 25 | 25 | 26 | 26 | 27 | 25 | 26 |
| 18 | 18 | 19 | 19 | 20 | 21 8 | 21 7 | 22 | 22 | 23 三 | 21 二 | 22 | 23 | 23 | 24 | 24 | 25 | 26 | 26 | 27 | 27 | 28 | 26 | 27 |
| 19 | 19 | 20 | 20 | 21 | 22 | 22 | 23 6 | 23 5 | 24 | 22 | 23 正 | 24 | 24 | 25 | 25 | 26 | 27 | 27 | 28 | 28 | 29 | 27 | 28 |
| 20 | 20 | 21 | 21 | 22 | 23 | 23 | 24 | 24 | 25 4 | 23 3 | 24 | 25 十二 | 25 十一 | 26 十 | 26 | 27 | 28 | 28 | 29 | 29 | 30 | 28 | 29 |
| 21 | 21 | 22 | 22 | 23 | 24 | 24 | 25 | 25 | 26 | 24 | 25 2 | 26 1 | 26 | 27 | 27 九 | 28 八 | 29 七 | 29 | 30 | 30 | 31 | **3** | 30 |

一四二四 甲辰 永樂二二

一四二三 癸卯 永樂二一

| | 828 | | | | | | | | | | | | 827 | | | | | | | | | | | |
|---|---|---|---|---|---|---|---|---|---|---|---|---|---|---|---|---|---|---|---|---|---|---|---|---|
| 11 | 11 | 12 | 12 | 13 | 14 | 14 | 15 | 15 | 16 | 15 | 16 | 17 | 17 | 18 | 18 | 19 | 20 | 20 | 21 | 21 | 22 | 20 | 21 | 22 |
| 12 | 12 | 13 | 13 | 14 | 15 | 15 | 16 | 16 | 17 | 16 | 17 | 18 | 18 | 19 | 19 | 20 | 21 | 21 | 22 | 22 | 23 | 21 | 22 | 23 |
| 13冬 | 13 | 14 | 14 | 15 | 16 | 16 | 17 | 17 | 18 | 17 | 18 | 19 | 19 | 20 | 20 | 21 | 22 | 22 | 23 | 23 | 24 | 22 | 23 | 24 |
| 14 | 14 | 15 | 15 | 16 | 17 | 17 | 18 | 18 | 19 | 18 | 19 | 20 | 20 | 21 | 21 | 22 | 23 | 23 | 24 | 24 | 25 | 23 | 24 | 25 |
| 15 | 15 | 16 | 16 | 17 | 18 | 18 | 19 | 19 | 20 | 19 | 20 | 21 | 21 | 22 | 22 | 23 | 24 | 24 | 25 | 25 | 26 | 24 | 25 | 26 |
| 16 | 16 | 17 | 17 | 18 | 19 | 19 | 20 | 20 | 21 | 20 | 21 | 22 | 22 | 23 | 23 | 24 | 25 | 25 | 26 | 26 | 27 | 25 | 26 | 27 |
| 17 | 17 | 18 | 18 | 19 | 20 | 20 | 21 | 21 | 22 | 21 | 22 | 23 | 23 | 24 | 24 | 25 | 26 | 26 | 27 | 27 | 28 | 26 | 27 | 28 |
| 18 | 18 | 19 | 19 | 20 | 21 | 21 | 22 | 22 | 23 | 22 | 23 | 24 | 24 | 25 | 25 | 26 | 27 | 27 | 28 | 28 | 29 | 27 | 28 | 29 |
| 19 | 19 | 20 | 20 | 21 | 22 | 22 | 23 | 23 | 24 | 23 | 24 | 25 | 25 | 26 | 26 | 27 | 28 | 28 | 29 | 29 | 30 | 28 | 29 | 30 |
| 20 | 20 | 21 | 21 | 22 | 23 | 23 | 24 | 24 | 25 | 24 | 25 | 26 | 26 | 27 | 27 | 28 | 29 | 29 | 30 | 30 | 31 | **3** | 30 | 31 |
| 21十二 | 21十一 | 22十 | 22 | 23 | 24 | 24 | 25 | 25 | 26 | 25 | 26 | 27 | 27 | 28 | 28 | 29 | 30 | 30 | 31 | **5** | **4** | 2 | 31 | **1** |
| 22 | 22 | 23 | 23九 | 24八 | 25 | 25 | 26 | 26 | 27 | 26 | 27 | 28 | 28 | 29 | 29 | 30 | 31 | **7** | **6** | 2 | 2 | 3 | **2** | 2 |
| 23 2 | 23 1 | 24 | 24 | 25 | 26七 | 26六 | 27 | 27 | 28 | 27 | 28 | 29 | 29 | 30 | 30 | 31 | **8** | 2 | 2 | 3 | 3 | 4 | 2 | 3 |
| 24 | 24 | 25 12 | 25 11 | 26 | 27 | 27 | 28五 | 28 | 29 | 28 | 29 | 30 | 30 | 31 | **10** | **9** | 2 | 3 | 3 | 4 | 4 | 5 | 3 | 4 |
| 25 | 25 | 26 | 26 | 27 10 | 28 9 | 28 | 29 | 29四 | 30 | 29 | 30 | 31 | **12** | **11** | 2 | 2 | 3 | 4 | 4 | 5 | 5 | 6 | 4 | 5 |
| 26 | 26 | 27 | 27 | 28 | 29 | 29 8 | 30 7 | 30 | 31三 | **3**二 | 31 | **1** | 2 | 2 | 3 | 3 | 4 | 5 | 5 | 6 | 6 | 7 | 5 | 6 |
| 27 | 27 | 28 | 28 | 29 | 30 | 30 | 31 | **5** 6 | **4** 5 | 2 | **2**正 | 2十二 | 3十一 | 3十 | 4 | 4 | 5 | 6 | 6 | 7 | 7 | 8 | 6 | 7 |
| 28 | 28 | 29 | 29 | 30 | 31 | **7** | **6** | 2 | 2 | 3 4 | 2 3 | 3 | 4 | 4 | 5九 | 5八 | 6七 | 7 | 7 | 8 | 8 | 9 | 7 | 8 |
| 29 | 29 | 30 | 30 | 31 | **8** | 2 | 2 | 3 | 3 | 4 | 3 | 4 2 | 5 1 | 5 12 | 6 11 | 6 | 7 | 8六 | 8五 | 9 | 9 | 10 | 8 | 9 |
| 30 | 30 | 31 | **10** | **9** | 2 | 3 | 3 | **4** | **4** | 5 | 4 | 5 | 6 | 6 | 7 | 7 10 | 8 9 | 9 | 9 | 10四 | 10 | 11 | 9 | 10 |
| 31 | **12** | **11** | 2 | 2 | 3 | 4 | 4 | 5 | 5 | 6 | 5 | 6 | 7 | 7 | 8 | 8 | 9 | 10 8 | 10 7 | 11 | 11三 | 12二 | 10 | 11 |
| 日 | 2 | 2 | 3 | 3 | 4 | 5 | 5 | 6 | 6 | 7 | 6 | 7 | 8 | 8 | 9 | 9 | 10 | 11 | 11 | 12 6 | 12 5 | 13 | 11正 | 12 |
| 曜 | 3 | 3 | 4 | 4 | 5 | 6 | 6 | 7 | 7 | 8 | 7 | 8 | 9 | 9 | 10 | 10 | 11 | 12 | 12 | 13 | 13 | 14 4 | 12 3 | 13閏 |
| 表 | 4 | 4 | 5 | 5 | 6 | 7 | 7 | 8 | 8 | 9 | 8 | 9 | 10 | 10 | 11 | 11 | 12 | 13 | 13 | 14 | 14 | 15 | 13 | 14 2 |
| 3 | 5 | 5 | 6 | 6 | 7 | 8 | 8 | 9 | 9 | 10 | 9 | 10 | 11 | 11 | 12 | 12 | 13 | 14 | 14 | 15 | 15 | 16 | 14 | 15 |
| 甲 | 6 | 6 | 7 | 7 | 8 | 9 | 9 | 10 | 10 | 11 | 10 | 11 | 12 | 12 | 13 | 13 | 14 | 15 | 15 | 16 | 16 | 17 | 15 | 16 |
| 子 | 7 | 7 | 8 | 8 | 9 | 10 | 10 | 11 | 11 | 12 | 11 | 12 | 13冬 | 13 | 14 | 14 | 15 | 16 | 16 | 17 | 17 | 18 | 16 | 17 |
| 表 | 8 | 8 | 9 | 9 | 10 | 11 | 11 | 12 | 12 | 13 | 12 | 13 | 14 | 14 | 15 | 15 | 16 | 17 | 17 | 18 | 18 | 19 | 17 | 18 |
| 16 | 9 | 9 | 10 | 10 | 11 | 12 | 12 | 13 | 13 | 14 | 13 | 14 | 15 | 15 | 16 | 16 | 17 | 18 | 18 | 19 | 19 | 20 | 18 | 19 |
| | 10 | 10 | 11 | 11 | 12 | 13 | 13 | 14 | 14 | 15 | 14 | 15 | 16 | 16 | 17 | 17 | 18 | 19 | 19 | 20 | 20 | 21 | 19 | 20 |

一四二五 乙巳 明仁宗 洪熙元

829

一四二六 丙午 明宣宗 宣德元

830

| | | | | | | | | | | | | | | | | | | | | | | | |
|---|---|---|---|---|---|---|---|---|---|---|---|---|---|---|---|---|---|---|---|---|---|---|---|
| 22 | 23 | 23 | 24 | 25 | 25 | 26 | 26 | 27 | 25 | 26 | 27 | 27 | 28 | 28 | 29 | 30 | 30 | 31 | **5** | **4** | 2 | 31 | **1** |
| 23 | 24 | 24 | 25 | 26 | 26 | 27 | 27 | 28 | 26 | 27 | 28 | 28 | 29 | 29 | 30 | 31 | **7** | **6** | 2 | 2 | 3 | **2** | 2 |
| 24 | 25 | 25 | 26 | 27 | 27 | 28 | 28 | 29 | 27 | 28 | 29 | 29 | 30 | 30 | 31 | **8** | 2 | 2 | 3 | 3 | 4 | 2 | 3 |
| 25 | 26 | 26 | 27 | 28 | 28 | 29 | 29 | 30 | 28 | 29 | 30 | 30 | 31 | **10** | **9** | 2 | 3 | 3 | 4 | 4 | 5 | 3 | 4 |
| 26 | 27 | 27 | 28 | 29 | 29 | 30 | 30 | 31 | **3** | 30 | 31 | **12** | **11** | 2 | 2 | 3 | 4 | 4 | 5 | 5 | 6 | 4 | 5 |
| 27 | 28 | 28 | 29 | 30 | 30 | 31 | **5** | **4** | 2 | 31 | **1** | 2 | 2 | 3 | 3 | 4 | 5 | 5 | 6 | 6 | 7 | 5 | 6 |
| 28 | 29 | 29 | 30 | 31 | **7** | **6** | 2 | 2 | 3 | **2** | 2 | 3 | 3 | 4 | 4 | 5 | 6 | 6 | 7 | 7 | 8 | 6 | 7 |
| 29 十一 | 30 | 30 | 31 | **8** | 2 | 2 | 3 | 3 | 4 | 2 | 3 | 4 | 4 | 5 | 5 | 6 | 7 | 7 | 8 | 8 | 9 | 7 | 8 |
| 30 | 31 十 | **10** 九 | **9** | 2 | 3 | 3 | 4 | 4 | 5 | 3 | 4 | 5 | 5 | 6 | 6 | 7 | 8 | 8 | 9 | 9 | 10 | 8 | 9 |
| **12** | **11** | 2 | 2 八 | 3 七 | 4 | 4 | 5 | 5 | 6 | 4 | 5 | 6 | 6 | 7 | 7 | 8 | 9 | 9 | 10 | 10 | 11 | 9 | 10 |
| 2 2 | 2 1 | 3 | 3 | 4 | 5 六 | 5 | 6 | 6 | 7 | 5 | 6 | 7 | 7 | 8 | 8 | 9 | 10 | 10 | 11 | 11 | 12 | 10 | 11 |
| 3 | 3 | 4 12 | 4 11 | 5 | 6 | 6 五 | 7 四 | 7 | 8 | 6 | 7 | 8 | 8 | 9 | 9 | 10 | 11 | 11 | 12 | 12 | 13 | 11 | 12 |
| 4 | 4 | 5 | 5 | 6 10 | 7 9 | 7 | 8 | 8 三 | 9 二 | 7 | 8 | 9 | 9 | 10 | 10 | 11 | 12 | 12 | 13 | 13 | 14 | 12 | 13 |
| 5 | 5 | 6 | 6 | 7 | 8 | 8 8 | 9 7 | 9 | 10 | 8 正 | 9 十二 | 10 十一 | 10 十 | 11 | 11 | 12 | 13 | 13 | 14 | 14 | 15 | 13 | 14 |
| 6 | 6 | 7 | 7 | 8 | 9 | 9 | 10 | 10 6 | 11 5 | 9 | 10 | 11 | 11 | 12 九 | 12 八 | 13 | 14 | 14 | 15 | 15 | 16 | 14 | 15 |
| 7 | 7 | 8 | 8 | 9 | 10 | 10 | 11 | 11 | 12 | 10 4 | 11 3 | 12 | 12 | 13 | 13 | 14 閏 | 15 七 | 15 | 16 | 16 | 17 | 15 | 16 |
| 8 | 8 | 9 | 9 | 10 | 11 | 11 | 12 | 12 | 13 | 11 | 12 | 13 2 | 13 1 | 14 12 | 14 11 | 15 | 16 | 16 六 | 17 | 17 | 18 | 16 | 17 |
| 9 | 9 | 10 | 10 | 11 | 12 | 12 | 13 | 13 | 14 | 12 | 13 | 14 | 14 | 15 | 15 | 16 10 | 17 9 | 17 | 18 五 | 18 四 | 19 | 17 | 18 |
| 10 | 10 | 11 | 11 | 12 | 13 | 13 | 14 | 14 | 15 | 13 | 14 | 15 | 15 | 16 | 16 | 17 | 18 | 18 8 | 19 7 | 19 | 20 三 | 18 二 | 19 |
| 11 | 11 | 12 | 12 | 13 | 14 | 14 | 15 | 15 | 16 | 14 | 15 | 16 | 16 | 17 | 17 | 18 | 19 | 19 | 20 | 20 6 | 21 5 | 19 | 20 正 |
| 12 | 12 | 13 | 13 | 14 | 15 | 15 | 16 | 16 | 17 | 15 | 16 | 17 | 17 | 18 | 18 | 19 | 20 | 20 | 21 | 21 | 22 | 20 4 | 21 3 |
| 13 冬 | 13 | 14 | 14 | 15 | 16 | 16 | 17 | 17 | 18 | 16 | 17 | 18 | 18 | 19 | 19 | 20 | 21 | 21 | 22 | 22 | 23 | 21 | 22 |
| 14 | 14 | 15 | 15 | 16 | 17 | 17 | 18 | 18 | 19 | 17 | 18 | 19 | 19 | 20 | 20 | 21 | 22 | 22 | 23 | 23 | 24 | 22 | 23 |
| 15 | 15 | 16 | 16 | 17 | 18 | 18 | 19 | 19 | 20 | 18 | 19 | 20 | 20 | 21 | 21 | 22 | 23 | 23 | 24 | 24 | 25 | 23 | 24 |
| 16 | 16 | 17 | 17 | 18 | 19 | 19 | 20 | 20 | 21 | 19 | 20 | 21 | 21 | 22 | 22 | 23 | 24 | 24 | 25 | 25 | 26 | 24 | 25 |
| 17 | 17 | 18 | 18 | 19 | 20 | 20 | 21 | 21 | 22 | 20 | 21 | 22 | 22 | 23 | 23 | 24 | 25 | 25 | 26 | 26 | 27 | 25 | 26 |
| 18 | 18 | 19 | 19 | 20 | 21 | 21 | 22 | 22 | 23 | 21 | 22 | 23 | 23 | 24 | 24 | 25 | 26 | 26 | 27 | 27 | 28 | 26 | 27 |
| 19 | 19 | 20 | 20 | 21 | 22 | 22 | 23 | 23 | 24 | 22 | 23 | 24 | 24 | 25 | 25 | 26 | 27 | 27 | 28 | 28 | 29 | 27 | 28 |
| 20 | 20 | 21 | 21 | 22 | 23 | 23 | 24 | 24 | 25 | 23 | 24 | 25 | 25 | 26 | 26 | 27 | 28 | 28 | 29 | 29 | 30 | 28 | 29 |
| 21 | 21 | 22 | 22 | 23 | 24 | 24 | 25 | 25 | 26 | 24 | 25 | 26 | 26 | 27 | 27 | 28 | 29 | 29 | 30 | 30 | 31 | **3** | 30 |

七

一四二八 戊申 宣德三　832

一四二七 丁未 宣德二　831

| | | | | | | | | | | | | | | | | | | | | | | | | |
|---|---|---|---|---|---|---|---|---|---|---|---|---|---|---|---|---|---|---|---|---|---|---|---|---|
| 11 | 11 | 12 | 12 | 13 | 14 10 | 14 9 | 15 | 15 四 | 16 三 | 15 二 | 16 | 17 | 17 | 18 | 18 | 19 | 20 | 20 | 21 | 21 | 22 | 20 | 21 | 22 |
| 12 冬 | 12 | 13 | 13 | 14 | 15 | 15 | 16 8 | 16 7 | 17 | 16 | 17 正 | 18 十二 | 18 | 19 | 19 | 20 | 21 | 21 | 22 | 22 | 23 | 21 | 22 | 23 |
| 13 | 13 | 14 | 14 | 15 | 16 | 16 | 17 | 17 | 18 6 | 17 5 | 18 | 19 | 19 十一 | 20 十 | 20 | 21 | 22 | 22 | 23 | 23 | 24 | 22 | 23 | 24 |
| 14 | 14 | 15 | 15 | 16 | 17 | 17 | 18 | 18 | 19 | 18 | 19 4 | 20 3 | 20 | 21 | 21 九 | 22 八 | 23 | 23 | 24 | 24 | 25 | 23 | 24 | 25 |
| 15 | 15 | 16 | 16 | 17 | 18 | 18 | 19 | 19 | 20 | 19 | 20 | 21 | 21 2 | 22 1 | 22 | 23 | 24 七 | 24 | 25 | 25 | 26 | 24 | 25 | 26 |
| 16 | 16 | 17 | 17 | 18 | 19 | 19 | 20 | 20 | 21 | 20 | 21 | 22 | 22 | 23 | 23 12 | 24 11 | 25 | 25 六 | 26 五 | 26 | 27 | 25 | 26 | 27 |
| 17 | 17 | 18 | 18 | 19 | 20 | 20 | 21 | 21 | 22 | 21 | 22 | 23 | 23 | 24 | 24 | 25 | 26 10 | 26 9 | 27 | 27 四 | 28 三 | 26 二 | 27 | 28 |
| 18 | 18 | 19 | 19 | 20 | 21 | 21 | 22 | 22 | 23 | 22 | 23 | 24 | 24 | 25 | 25 | 26 | 27 | 27 | 28 8 | 28 7 | 29 | 27 | 28 正 | 29 十二 |
| 19 | 19 | 20 | 20 | 21 | 22 | 22 | 23 | 23 | 24 | 23 | 24 | 25 | 25 | 26 | 26 | 27 | 28 | 28 | 29 | 29 | 30 6 | 28 5 | 29 | 30 |
| 20 | 20 | 21 | 21 | 22 | 23 | 23 | 24 | 24 | 25 | 24 | 25 | 26 | 26 | 27 | 27 | 28 | 29 | 29 | 30 | 30 | 31 | 3 | 30 4 | 31 3 |
| 21 | 21 | 22 | 22 | 23 | 24 | 24 | 25 | 25 | 26 | 25 | 26 | 27 | 27 | 28 | 28 | 29 | 30 | 30 | 31 | 5 | 4 | 2 | 31 | 1 |
| 22 | 22 | 23 | 23 | 24 | 25 | 25 | 26 | 26 | 27 | 26 | 27 | 28 | 28 | 29 | 29 | 30 | 31 | 7 | 6 | 2 | 2 | 3 | 2 | 2 |
| 23 | 23 | 24 | 24 | 25 | 26 | 26 | 27 | 27 | 28 | 27 | 28 | 29 | 29 | 30 | 30 | 31 | 8 | 2 | 2 | 3 | 3 | 4 | 2 | 3 |
| 24 | 24 | 25 | 25 | 26 | 27 | 27 | 28 | 28 | 29 | 28 | 29 | 30 | 30 | 31 | 10 | 9 | 2 | 3 | 3 | 4 | 4 | 5 | 3 | 4 |
| 25 | 25 | 26 | 26 | 27 | 28 | 28 | 29 | 29 | 30 | 29 | 30 | 31 | 12 | 11 | 2 | 2 | 3 | 4 | 4 | 5 | 5 | 6 | 4 | 5 |
| 26 | 26 | 27 | 27 | 28 | 29 | 29 | 30 | 30 | 31 | 3 | 31 | 1 | 2 | 2 | 3 | 3 | 4 | 5 | 5 | 6 | 6 | 7 | 5 | 6 |
| 27 | 27 | 28 | 28 | 29 | 30 | 30 | 31 | 5 | 4 | 2 | 2 | 2 | 3 | 3 | 4 | 4 | 5 | 6 | 6 | 7 | 7 | 8 | 6 | 7 |
| 28 | 28 | 29 | 29 | 30 | 31 | 7 | 6 | 2 | 2 | 3 | 2 | 3 | 4 | 4 | 5 | 5 | 6 | 7 | 7 | 8 | 8 | 9 | 7 | 8 |
| 29 | 29 | 30 | 30 | 31 | 8 | 2 | 2 | 3 | 3 | 4 | 3 | 4 | 5 | 5 | 6 | 6 | 7 | 8 | 8 | 9 | 9 | 10 | 8 | 9 |
| 30 | 30 | 31 | 10 | 9 | 2 | 3 | 3 | 4 | 4 | 5 | 4 | 5 | 6 | 6 | 7 | 7 | 8 | 9 | 9 | 10 | 10 | 11 | 9 | 10 |
| 31 | 12 | 11 | 2 | 2 | 3 | 4 | 4 | 5 | 5 | 6 | 5 | 6 | 7 | 7 | 8 | 8 | 9 | 10 | 10 | 11 | 11 | 12 | 10 | 11 |
| 日 | 2 | 2 | 3 | 3 | 4 | 5 | 5 | 6 | 6 | 7 | 6 | 7 | 8 | 8 | 9 | 9 | 10 | 11 | 11 | 12 | 12 | 13 | 11 | 12 |
| 曜 | 3 | 3 | 4 | 4 | 5 | 6 | 6 | 7 | 7 | 8 | 7 | 8 | 9 | 9 | 10 | 10 | 11 | 12 | 12 | 13 | 13 | 14 | 12 | 13 |
| 表 | 4 | 4 | 5 | 5 | 6 | 7 | 7 | 8 | 8 | 9 | 8 | 9 | 10 | 10 | 11 | 11 | 12 | 13 | 13 | 14 | 14 | 15 | 13 | 14 |
| 4 | 5 | 5 | 6 | 6 | 7 | 8 | 8 | 9 | 9 | 10 | 9 | 10 | 11 | 11 | 12 | 12 | 13 | 14 | 14 | 15 | 15 | 16 | 14 | 15 |
| 甲 | 6 | 6 | 7 | 7 | 8 | 9 | 9 | 10 | 10 | 11 | 10 | 11 | 12 | 12 | 13 | 13 | 14 | 15 | 15 | 16 | 16 | 17 | 15 | 16 |
| 子 | 7 十一 | 7 十 | 8 | 8 | 9 | 10 | 10 | 11 | 11 | 12 | 11 | 12 | 13 冬 | 13 | 14 | 14 | 15 | 16 | 16 | 17 | 17 | 18 | 16 | 17 |
| 表 | 8 | 8 | 9 九 | 9 八 | 10 | 11 | 11 | 12 | 12 | 13 | 12 | 13 | 14 | 14 | 15 | 15 | 16 | 17 | 17 | 18 | 18 | 19 | 17 | 18 |
| 17 | 9 3 | 9 | 10 | 10 | 11 七 | 12 | 12 | 13 | 13 | 14 | 13 | 14 | 15 | 15 | 16 | 16 | 17 | 18 | 18 | 19 | 19 | 20 | 18 | 19 |
| | 10 | 10 2 | 11 1 | 11 12 | 12 11 | 13 六 | 13 五 | 14 閏 | 14 | 15 | 14 | 15 | 16 | 16 | 17 | 17 | 18 | 19 | 19 | 20 | 20 | 21 | 19 | 20 |

一四二九 己酉 宣德四 833

一四三〇 庚戌 宣德五 834

| | | | | | | | | | | | | | | | | | | | | | | | |
|---|---|---|---|---|---|---|---|---|---|---|---|---|---|---|---|---|---|---|---|---|---|---|---|
| 22 | 23 | 23 | 24 | 25 | 25 | 26 | 26 | 27 | 25 6 | 26 5 | 27 | 27 | 28 十 | 28 九 | 29 | 30 | 30 | 31 | **5** | **4** | 2 | 31 | **1** |
| 23 | 24 | 24 | 25 | 26 | 26 | 27 | 27 | 28 | 26 | 27 | 28 4 | 28 3 | 29 | 29 | 30 八 | 31 七 | **7** | **6** | 2 | 2 | 3 | **2** | 2 |
| 24 | 25 | 25 | 26 | 27 | 27 | 28 | 28 | 29 | 27 | 28 | 29 | 29 | 30 2 | 30 1 | 31 | **8** | 2 六 | 2 五 | 3 四 | 3 | 4 | 2 | 3 |
| 25 | 26 | 26 | 27 | 28 | 28 | 29 | 29 | 30 | 28 | 29 | 30 | 30 | 31 | **10** | **9** 12 | 2 11 | 3 | 3 | 4 | 4 三 | 5 二 | 3 | 4 |
| 26 | 27 | 27 | 28 | 29 | 29 | 30 | 30 | 31 | **3** | 30 | 31 | **12** | **11** | 2 | 2 | 3 | 4 10 | 4 9 | 5 | 5 | 6 | 4 正 | 5 十二 |
| 27 | 28 | 28 | 29 | 30 | 30 | 31 | **5** | **4** | 2 | 31 | **1** | 2 | 2 | 3 | 3 | 4 | 5 | 5 | 6 8 | 6 7 | 7 | 5 | 6 |
| 28 | 29 | 29 | 30 | 31 | **7** | **6** | 2 | 2 | 3 | **2** | 2 | 3 | 3 | 4 | 4 | 5 | 6 | 6 | 7 | 7 | 8 6 | 6 5 | 7 |
| 29 | 30 | 30 | 31 | **8** | 2 | 2 | 3 | 3 | 4 | 2 | 3 | 4 | 4 | 5 | 5 | 6 | 7 | 7 | 8 | 8 | 9 | 7 | 8 4 |
| 30 | 31 | **10** | **9** | 2 | 3 | 3 | 4 | 4 | 5 | 3 | 4 | 5 | 5 | 6 | 6 | 7 | 8 | 8 | 9 | 9 | 10 | 8 | 9 |
| **12** | **11** | 2 | 2 | 3 | 4 | 4 | 5 | 5 | 6 | 4 | 5 | 6 | 6 | 7 | 7 | 8 | 9 | 9 | 10 | 10 | 11 | 9 | 10 |
| 2 | 2 | 3 | 3 | 4 | 5 | 5 | 6 | 6 | 7 | 5 | 6 | 7 | 7 | 8 | 8 | 9 | 10 | 10 | 11 | 11 | 12 | 10 | 11 |
| 3 | 3 | 4 | 4 | 5 | 6 | 6 | 7 | 7 | 8 | 6 | 7 | 8 | 8 | 9 | 9 | 10 | 11 | 11 | 12 | 12 | 13 | 11 | 12 |
| 4 | 4 | 5 | 5 | 6 | 7 | 7 | 8 | 8 | 9 | 7 | 8 | 9 | 9 | 10 | 10 | 11 | 12 | 12 | 13 | 13 | 14 | 12 | 13 |
| 5 | 5 | 6 | 6 | 7 | 8 | 8 | 9 | 9 | 10 | 8 | 9 | 10 | 10 | 11 | 11 | 12 | 13 | 13 | 14 | 14 | 15 | 13 | 14 |
| 6 | 6 | 7 | 7 | 8 | 9 | 9 | 10 | 10 | 11 | 9 | 10 | 11 | 11 | 12 | 12 | 13 | 14 | 14 | 15 | 15 | 16 | 14 | 15 |
| 7 | 7 | 8 | 8 | 9 | 10 | 10 | 11 | 11 | 12 | 10 | 11 | 12 | 12 | 13 | 13 | 14 | 15 | 15 | 16 | 16 | 17 | 15 | 16 |
| 8 | 8 | 9 | 9 | 10 | 11 | 11 | 12 | 12 | 13 | 11 | 12 | 13 冬 | 13 | 14 | 14 | 15 | 16 | 16 | 17 | 17 | 18 | 16 | 17 |
| 9 | 9 | 10 | 10 | 11 | 12 | 12 | 13 | 13 | 14 | 12 | 13 | 14 | 14 | 15 | 15 | 16 | 17 | 17 | 18 | 18 | 19 | 17 | 18 |
| 10 | 10 | 11 | 11 | 12 | 13 | 13 | 14 | 14 | 15 | 13 | 14 | 15 | 15 | 16 | 16 | 17 | 18 | 18 | 19 | 19 | 20 | 18 | 19 |
| 11 | 11 | 12 | 12 | 13 | 14 | 14 | 15 | 15 | 16 | 14 | 15 | 16 | 16 | 17 | 17 | 18 | 19 | 19 | 20 | 20 | 21 | 19 | 20 |
| 12 | 12 | 13 | 13 | 14 | 15 | 15 | 16 | 16 | 17 | 15 | 16 | 17 | 17 | 18 | 18 | 19 | 20 | 20 | 21 | 21 | 22 | 20 | 21 |
| 13 冬 | 13 | 14 | 14 | 15 | 16 | 16 | 17 | 17 | 18 | 16 | 17 | 18 | 18 | 19 | 19 | 20 | 21 | 21 | 22 | 22 | 23 | 21 | 22 |
| 14 | 14 | 15 | 15 | 16 | 17 | 17 | 18 | 18 | 19 | 17 | 18 | 19 | 19 | 20 | 20 | 21 | 22 | 22 | 23 | 23 | 24 | 22 | 23 |
| 15 十二 | 15 | 16 | 16 | 17 | 18 | 18 | 19 | 19 | 20 | 18 | 19 | 20 | 20 | 21 | 21 | 22 | 23 | 23 | 24 | 24 | 25 | 23 | 24 |
| 16 | 16 十一 | 17 十 | 17 | 18 | 19 | 19 | 20 | 20 | 21 | 19 | 20 | 21 | 21 | 22 | 22 | 23 | 24 | 24 | 25 | 25 | 26 | 24 | 25 |
| 17 4 | 17 3 | 18 | 18 九 | 19 八 | 20 七 | 20 | 21 | 21 | 22 | 20 | 21 | 22 | 22 | 23 | 23 | 24 | 25 | 25 | 26 | 26 | 27 | 25 | 26 |
| 18 | 18 | 19 2 | 19 1 | 20 | 21 | 21 六 | 22 五 | 22 | 23 | 21 | 22 | 23 | 23 | 24 | 24 | 25 | 26 | 26 | 27 | 27 | 28 | 26 | 27 |
| 19 | 19 | 20 | 20 | 21 12 | 22 11 | 22 | 23 | 23 四 | 24 三 | 22 | 23 | 24 | 24 | 25 | 25 | 26 | 27 | 27 | 28 | 28 | 29 | 27 | 28 |
| 20 | 20 | 21 | 21 | 22 | 23 | 23 10 | 24 9 | 24 | 25 | 23 二 | 24 正 | 25 | 25 | 26 | 26 | 27 | 28 | 28 | 29 | 29 | 30 | 28 | 29 |
| 21 | 21 | 22 | 22 | 23 | 24 | 24 | 25 | 25 8 | 26 7 | 24 | 25 | 26 十二 | 26 十一 | 27 | 27 | 28 | 29 | 29 | 30 | 30 | 31 | **3** | 30 |

八

勵耘書屋

一四三二 壬子 宣德七

836

一四三一 辛亥 宣德六

835

| | | | | | | | | | | | | | | | | | | | | | | | | |
|---|---|---|---|---|---|---|---|---|---|---|---|---|---|---|---|---|---|---|---|---|---|---|---|---|
| 11 | 11 | 12 | 12 | 13 | 14 | 14 | 15 | 15 | 16 | 15 | 16 | 17 | 17 | 18 | 18 | 19 | 20 | 20 | 21 | 21 | 22 | 20 | 21 | 22 |
| 12冬 | 12 | 13 | 13 | 14 | 15 | 15 | 16 | 16 | 17 | 16 | 17 | 18 | 18 | 19 | 19 | 20 | 21 | 21 | 22 | 22 | 23 | 21 | 22 | 23 |
| 13 | 13 | 14 | 14 | 15 | 16 | 16 | 17 | 17 | 18 | 17 | 18 | 19 | 19 | 20 | 20 | 21 | 22 | 22 | 23 | 23 | 24 | 22 | 23 | 24 |
| 14 | 14 | 15 | 15 | 16 | 17 | 17 | 18 | 18 | 19 | 18 | 19 | 20 | 20 | 21 | 21 | 22 | 23 | 23 | 24 | 24 | 25 | 23 | 24 | 25 |
| 15 | 15 | 16 | 16 | 17 | 18 | 18 | 19 | 19 | 20 | 19 | 20 | 21 | 21 | 22 | 22 | 23 | 24 | 24 | 25 | 25 | 26 | 24 | 25 | 26 |
| 16 | 16 | 17 | 17 | 18 | 19 | 19 | 20 | 20 | 21 | 20 | 21 | 22 | 22 | 23 | 23 | 24 | 25 | 25 | 26 | 26 | 27 | 25 | 26 | 27 |
| 17 | 17 | 18 | 18 | 19 | 20 | 20 | 21 | 21 | 22 | 21 | 22 | 23 | 23 | 24 | 24 | 25 | 26 | 26 | 27 | 27 | 28 | 26 | 27 | 28 |
| 18 | 18 | 19 | 19 | 20 | 21 | 21 | 22 | 22 | 23 | 22 | 23 | 24 | 24 | 25 | 25 | 26 | 27 | 27 | 28 | 28 | 29 | 27 | 28 | 29 |
| 19 | 19 | 20 | 20 | 21 | 22 | 22 | 23 | 23 | 24 | 23 | 24 | 25 | 25 | 26 | 26 | 27 | 28 | 28 | 29 | 29 | 30 | 28 | 29 | 30 |
| 20 | 20 | 21 | 21 | 22 | 23 | 23 | 24 | 24 | 25 | 24 | 25 | 26 | 26 | 27 | 27 | 28 | 29 | 29 | 30 | 30 | 31 | **3** | 30 | 31 |
| 21 | 21 | 22 | 22 | 23 | 24 | 24 | 25 | 25 | 26 | 25 | 26 | 27 | 27 | 28 | 28 | 29 | 30 | 30 | 31 | **5** | **4** | 2 | 31 | **1** |
| 22 | 22 | 23 | 23 | 24 | 25 | 25 | 26 | 26 | 27 | 26 | 27 | 28 | 28 | 29 | 29 | 30 | 31 | **7** | **6** | 2 | 2 | 3 | **2** | 2 |
| 23十二 | 23十一 | 24十 | 24九 | 25 | 26 | 26 | 27 | 27 | 28 | 27 | 28 | 29 | 29 | 30 | 30 | 31 | **8** | 2 | 2 | 3 | 3 | 4 | 2 | 3 |
| 24 5 | 24 | 25 | 25 | 26八 | 27七 | 27 | 28 | 28 | 29 | 28 | 29 | 30 | 30 | 31 | **10** | **9** | 2 | 3 | 3 | 4 | 4 | 5 | 3 | 4 |
| 25 | 25 4 | 26 3 | 26 | 27 | 28 | 28六 | 29五 | 29 | 30 | 29 | 30 | 31 | **12** | **11** | 2 | 2 | 3 | 4 | 4 | 5 | 5 | 6 | 4 | 5 |
| 26 | 26 | 27 | 27 2 | 28 1 | 29 | 29 | 30 | 30四 | 31 | **3** | 31 | **1** | 2 | 2 | 3 | 3 | 4 | 5 | 5 | 6 | 6 | 7 | 5 | 6 |
| 27 | 27 | 28 | 28 | 29 | 30 12 | 30 11 | 31 | **5** | **4**三 | 2二 | **2** | 2 | 3 | 3 | 4 | 4 | 5 | 6 | 6 | 7 | 7 | 8 | 6 | 7 |
| 28 | 28 | 29 | 29 | 30 | 31 | **7** | **6** 10 | 2 9 | 2 | 3 | 2正 | 3 | 4 | 4 | 5 | 5 | 6 | 7 | 7 | 8 | 8 | 9 | 7 | 8 |
| 29 | 29 | 30 | 30 | 31 | **8** | 2 | 2 | 3 | 3 8 | 4 7 | 3 | 4十二 | 5十一 | 5十 | 6九 | 6 | 7 | 8 | 8 | 9 | 9 | 10 | 8 | 9 |
| 30 | 30 | 31 | **10** | **9** | 2 | 3 | 3 | **4** | 4 | 5 | 4 6 | 5 5 | 6 | 6 | 7 | 7八 | 8七 | 9六 | 9 | 10 | 10 | 11 | 9 | 10 |
| 31 | **12** | **11** | 2 | 2 | 3 | 4 | 4 | 5 | 5 | 6 | 5 | 6 | 7 4 | 7 3 | 8 | 8 | 9 | 10 | 10五 | 11 | 11 | 12 | 10 | 11 |
| 日 | 2 | 2 | 3 | 3 | 4 | 5 | 5 | 6 | 6 | 7 | 6 | 7 | 8 | 8 | 9 2 | 9 1 | 10 12 | 11 11 | 11 | 12四 | 12三 | 13 | 11 | 12 |
| 曜 | 3 | 3 | 4 | 4 | 5 | 6 | 6 | 7 | 7 | 8 | 7 | 8 | 9 | 9 | 10 | 10 | 11 | 12 | 12 10 | 13 9 | 13 | 14二 | 12正 | 13 |
| 表 | 4 | 4 | 5 | 5 | 6 | 7 | 7 | 8 | 8 | 9 | 8 | 9 | 10 | 10 | 11 | 11 | 12 | 13 | 13 | 14 | 14 8 | 15 7 | 13 | 14閏 |
| 5 | 5 | 5 | 6 | 6 | 7 | 8 | 8 | 9 | 9 | 10 | 9 | 10 | 11 | 11 | 12 | 12 | 13 | 14 | 14 | 15 | 15 | 16 | 14 6 | 15 5 |
| 甲 | 6 | 6 | 7 | 7 | 8 | 9 | 9 | 10 | 10 | 11 | 10 | 11 | 12 | 12 | 13 | 13 | 14 | 15 | 15 | 16 | 16 | 17 | 15 | 16 |
| 子 | 7 | 7 | 8 | 8 | 9 | 10 | 10 | 11 | 11 | 12 | 11 | 12 | 13冬 | 13 | 14 | 14 | 15 | 16 | 16 | 17 | 17 | 18 | 16 | 17 |
| 表 | 8 | 8 | 9 | 9 | 10 | 11 | 11 | 12 | 12 | 13 | 12 | 13 | 14 | 14 | 15 | 15 | 16 | 17 | 17 | 18 | 18 | 19 | 17 | 18 |
| 18 | 9 | 9 | 10 | 10 | 11 | 12 | 12 | 13 | 13 | 14 | 13 | 14 | 15 | 15 | 16 | 16 | 17 | 18 | 18 | 19 | 19 | 20 | 18 | 19 |
| | 10 | 10 | 11 | 11 | 12 | 13 | 13 | 14 | 14 | 15 | 14 | 15 | 16 | 16 | 17 | 17 | 18 | 19 | 19 | 20 | 20 | 21 | 19 | 20 |

一四三四 甲寅 宣德九 838

一四三三 癸丑 宣德八 837

| | | | | | | | | | | | | | | | | | | | | | | | |
|---|---|---|---|---|---|---|---|---|---|---|---|---|---|---|---|---|---|---|---|---|---|---|---|
| 22 | 23 | 23 | 24 | 25 | 25 | 26 | 26 | 27 | 25 | 26 | 27 | 27 | 28 | 28 | 29 | 30 | 30 | 31 | **5** | **4** | 2 | 31 | **1** |
| 23 | 24 | 24 | 25 | 26 | 26 | 27 | 27 | 28 | 26 | 27 | 28 | 28 | 29 | 29 | 30 | 31 | **7** | **6** | 2 | 2 | 3 | **2** | 2 |
| 24 | 25 | 25 | 26 | 27 | 27 | 28 | 28 | 29 | 27 | 28 | 29 | 29 | 30 | 30 | 31 | **8** | 2 | 2 | 3 | 3 | 4 | 2 | 3 |
| 25 | 26 | 26 | 27 | 28 | 28 | 29 | 29 | 30 | 28 | 29 | 30 | 30 | 31 | **10** | **9** | 2 | 3 | 3 | 4 | 4 | 5 | 3 | 4 |
| 26 | 27 | 27 | 28 | 29 | 29 | 30 | 30 | 31 | **3** | 30 | 31 | **12** | **11** | 2 | 2 | 3 | 4 | 4 | 5 | 5 | 6 | 4 | 5 |
| 27 | 28 | 28 | 29 | 30 | 30 | 31 | **5** | **4** | 2 | 31 | **1** | 2 | 2 | 3 | 3 | 4 | 5 | 5 | 6 | 6 | 7 | 5 | 6 |
| 28 | 29 | 29 | 30 | 31 | **7** | **6** | 2 | 2 | 3 | **2** | 2 | 3 | 3 | 4 | 4 | 5 | 6 | 6 | 7 | 7 | 8 | 6 | 7 |
| 29 | 30 | 30 | 31 | **8** | 2 | 2 | 3 | 3 | 4 | 2 | 3 | 4 | 4 | 5 | 5 | 6 | 7 | 7 | 8 | 8 | 9 | 7 | 8 |
| 30 | 31 | **10** | **9** | 2 | 3 | 3 | 4 | 4 | 5 | 3 | 4 | 5 | 5 | 6 | 6 | 7 | 8 | 8 | 9 | 9 | 10 | 8 | 9 |
| **12** | 十一**11** | 十2 | 2 | 3 | 4 | 4 | 5 | 5 | 6 | 4 | 5 | 6 | 6 | 7 | 7 | 8 | 9 | 9 | 10 | 10 | 11 | 9 | 10 |
| 2 | 2 | 3 | 九3 | 八4 | 5 | 5 | 6 | 6 | 7 | 5 | 6 | 7 | 7 | 8 | 8 | 9 | 10 | 10 | 11 | 11 | 12 | 10 | 11 |
| 3 | 5 3 | 4 | 4 | 5 | 七6 | 六6 | 7 | 7 | 8 | 6 | 7 | 8 | 8 | 9 | 9 | 10 | 11 | 11 | 12 | 12 | 13 | 11 | 12 |
| 4 | 4 | 4 5 | 3 5 | 6 | 7 | 7 | 五8 | 8 | 9 | 7 | 8 | 9 | 9 | 10 | 10 | 11 | 12 | 12 | 13 | 13 | 14 | 12 | 13 |
| 5 | 5 | 6 | 6 | 2 7 | 1 8 | 8 | 9 | 四9 | 三10 | 8 | 9 | 10 | 10 | 11 | 11 | 12 | 13 | 13 | 14 | 14 | 15 | 13 | 14 |
| 6 | 6 | 7 | 7 | 8 | 9 | 12 9 | 11 10 | 10 | 11 | 二9 | 正10 | 11 | 11 | 12 | 12 | 13 | 14 | 14 | 15 | 15 | 16 | 14 | 15 |
| 7 | 7 | 8 | 8 | 9 | 10 | 10 | 11 | 10 11 | 9 12 | 10 | 11 | 十二12 | 十一12 | 十13 | 九13 | 14 | 15 | 15 | 16 | 16 | 17 | 15 | 16 |
| 8 | 8 | 9 | 9 | 10 | 11 | 11 | 12 | 12 | 13 | 8 11 | 7 12 | 13 | 冬13 | 14 | 14 | 閏15 | 八16 | 16 | 17 | 17 | 18 | 16 | 17 |
| 9 | 9 | 10 | 10 | 11 | 12 | 12 | 13 | 13 | 14 | 12 | 13 | 6 14 | 5 14 | 15 | 15 | 16 | 17 | 七17 | 六18 | 18 | 19 | 17 | 18 |
| 10 | 10 | 11 | 11 | 12 | 13 | 13 | 14 | 14 | 15 | 13 | 14 | 15 | 15 | 4 16 | 3 16 | 17 | 18 | 18 | 19 | 五19 | 20 | 18 | 19 |
| 11 | 11 | 12 | 12 | 13 | 14 | 14 | 15 | 15 | 16 | 14 | 15 | 16 | 16 | 17 | 17 | 2 18 | 1 19 | 12 19 | 11 20 | 20 | 四21 | 三19 | 20 |
| 12 | 12 | 13 | 13 | 14 | 15 | 15 | 16 | 16 | 17 | 15 | 16 | 17 | 17 | 18 | 18 | 19 | 20 | 20 | 21 | 10 21 | 9 22 | 20 | 二21 正 |
| 13 | 冬13 | 14 | 14 | 15 | 16 | 16 | 17 | 17 | 18 | 16 | 17 | 18 | 18 | 19 | 19 | 20 | 21 | 21 | 22 | 22 | 23 | 8 21 | 7 22 |
| 14 | 14 | 15 | 15 | 16 | 17 | 17 | 18 | 18 | 19 | 17 | 18 | 19 | 19 | 20 | 20 | 21 | 22 | 22 | 23 | 23 | 24 | 22 | 23 6 |
| 15 | 15 | 16 | 16 | 17 | 18 | 18 | 19 | 19 | 20 | 18 | 19 | 20 | 20 | 21 | 21 | 22 | 23 | 23 | 24 | 24 | 25 | 23 | 24 |
| 16 | 16 | 17 | 17 | 18 | 19 | 19 | 20 | 20 | 21 | 19 | 20 | 21 | 21 | 22 | 22 | 23 | 24 | 24 | 25 | 25 | 26 | 24 | 25 |
| 17 | 17 | 18 | 18 | 19 | 20 | 20 | 21 | 21 | 22 | 20 | 21 | 22 | 22 | 23 | 23 | 24 | 25 | 25 | 26 | 26 | 27 | 25 | 26 |
| 18 | 18 | 19 | 19 | 20 | 21 | 21 | 22 | 22 | 23 | 21 | 22 | 23 | 23 | 24 | 24 | 25 | 26 | 26 | 27 | 27 | 28 | 26 | 27 |
| 19 | 19 | 20 | 20 | 21 | 22 | 22 | 23 | 23 | 24 | 22 | 23 | 24 | 24 | 25 | 25 | 26 | 27 | 27 | 28 | 28 | 29 | 27 | 28 |
| 20 | 20 | 21 | 21 | 22 | 23 | 23 | 24 | 24 | 25 | 23 | 24 | 25 | 25 | 26 | 26 | 27 | 28 | 28 | 29 | 29 | 30 | 28 | 29 |
| 21 | 21 | 22 | 22 | 23 | 24 | 24 | 25 | 25 | 26 | 24 | 25 | 26 | 26 | 27 | 27 | 28 | 29 | 29 | 30 | 30 | 31 | **3** | 30 |

九

一四三六 丙辰 明英宗 正統元

840

一四三五 乙卯 宣德一〇

839

| | | | | | | | | | | | | | | | | | | | | | | | | |
|---|---|---|---|---|---|---|---|---|---|---|---|---|---|---|---|---|---|---|---|---|---|---|---|---|
| 11 6 | 11 5 | 12 | 12 | 13 | 14閏 | 14 | 15 | 15 | 16 | 15 | 16 | 17 | 17 | 18 | 18 | 19 | 20 | 20 | 21 | 21 | 22 | 20 | 21 | 22 |
| 12冬 | 12 | 13 4 | 13 3 | 14 | 15 | 15六 | 16五 | 16 | 17 | 16 | 17 | 18 | 18 | 19 | 19 | 20 | 21 | 21 | 22 | 22 | 23 | 21 | 22 | 23 |
| 13 | 13 | 14 | 14 | 15 2 | 16 1 | 16 12 | 17 11 | 17四 | 18三 | 17二 | 18正 | 19 | 19 | 20 | 20 | 21 | 22 | 22 | 23 | 23 | 24 | 22 | 23 | 24 |
| 14 | 14 | 15 | 15 | 16 | 17 | 17 | 18 | 18 10 | 19 9 | 18 | 19 | 20十二 | 20十一 | 21 | 21 | 22 | 23 | 23 | 24 | 24 | 25 | 23 | 24 | 25 |
| 15 | 15 | 16 | 16 | 17 | 18 | 18 | 19 | 19 | 20 | 19 8 | 20 7 | 21 | 21 | 22十 | 22九 | 23 | 24 | 24 | 25 | 25 | 26 | 24 | 25 | 26 |
| 16 | 16 | 17 | 17 | 18 | 19 | 19 | 20 | 20 | 21 | 20 | 21 | 22 6 | 22 5 | 23 | 23 | 24八 | 25七 | 25 | 26 | 26 | 27 | 25 | 26 | 27 |
| 17 | 17 | 18 | 18 | 19 | 20 | 20 | 21 | 21 | 22 | 21 | 22 | 23 | 23 | 24 4 | 24 3 | 25 | 26 | 26六 | 27 | 27 | 28 | 26 | 27 | 28 |
| 18 | 18 | 19 | 19 | 20 | 21 | 21 | 22 | 22 | 23 | 22 | 23 | 24 | 24 | 25 | 25 | 26 2 | 27 1 | 27 | 28五 | 28四 | 29 | 27 | 28 | 29 |
| 19 | 19 | 20 | 20 | 21 | 22 | 22 | 23 | 23 | 24 | 23 | 24 | 25 | 25 | 26 | 26 | 27 | 28 | 28 12 | 29 11 | 29 | 30三 | 28二 | 29正 | 30 |
| 20 | 20 | 21 | 21 | 22 | 23 | 23 | 24 | 24 | 25 | 24 | 25 | 26 | 26 | 27 | 27 | 28 | 29 | 29 | 30 | 30 10 | 31 9 | 3 | 30 | 31十二 |
| 21 | 21 | 22 | 22 | 23 | 24 | 24 | 25 | 25 | 26 | 25 | 26 | 27 | 27 | 28 | 28 | 29 | 30 | 30 | 31 | 5 | 4 | 2 8 | 31 7 | 1 |
| 22 | 22 | 23 | 23 | 24 | 25 | 25 | 26 | 26 | 27 | 26 | 27 | 28 | 28 | 29 | 29 | 30 | 31 | 7 | 6 | 2 | 2 | 3 | 2 | 2 6 |
| 23 | 23 | 24 | 24 | 25 | 26 | 26 | 27 | 27 | 28 | 27 | 28 | 29 | 29 | 30 | 30 | 31 | 8 | 2 | 2 | 3 | 3 | 4 | 2 | 3 |
| 24 | 24 | 25 | 25 | 26 | 27 | 27 | 28 | 28 | 29 | 28 | 29 | 30 | 30 | 31 | 10 | 9 | 2 | 3 | 3 | 4 | 4 | 5 | 3 | 4 |
| 25 | 25 | 26 | 26 | 27 | 28 | 28 | 29 | 29 | 30 | 29 | 30 | 31 | 12 | 11 | 2 | 2 | 3 | 4 | 4 | 5 | 5 | 6 | 4 | 5 |
| 26 | 26 | 27 | 27 | 28 | 29 | 29 | 30 | 30 | 31 | 3 | 31 | 1 | 2 | 2 | 3 | 3 | 4 | 5 | 5 | 6 | 6 | 7 | 5 | 6 |
| 27 | 27 | 28 | 28 | 29 | 30 | 30 | 31 | 5 | 4 | 2 | 2 | 2 | 3 | 3 | 4 | 4 | 5 | 6 | 6 | 7 | 7 | 8 | 6 | 7 |
| 28 | 28 | 29 | 29 | 30 | 31 | 7 | 6 | 2 | 2 | 3 | 2 | 3 | 4 | 4 | 5 | 5 | 6 | 7 | 7 | 8 | 8 | 9 | 7 | 8 |
| 29 | 29 | 30 | 30 | 31 | 8 | 2 | 2 | 3 | 3 | 4 | 3 | 4 | 5 | 5 | 6 | 6 | 7 | 8 | 8 | 9 | 9 | 10 | 8 | 9 |
| 30 | 30 | 31 | 10 | 9 | 2 | 3 | 3 | 4 | 4 | 5 | 4 | 5 | 6 | 6 | 7 | 7 | 8 | 9 | 9 | 10 | 10 | 11 | 9 | 10 |
| 31 | 12 | 11 | 2 | 2 | 3 | 4 | 4 | 5 | 5 | 6 | 5 | 6 | 7 | 7 | 8 | 8 | 9 | 10 | 10 | 11 | 11 | 12 | 10 | 11 |
| 日 | 2 | 2 | 3 | 3 | 4 | 5 | 5 | 6 | 6 | 7 | 6 | 7 | 8 | 8 | 9 | 9 | 10 | 11 | 11 | 12 | 12 | 13 | 11 | 12 |
| 曜 | 3 | 3 | 4 | 4 | 5 | 6 | 6 | 7 | 7 | 8 | 7 | 8 | 9 | 9 | 10 | 10 | 11 | 12 | 12 | 13 | 13 | 14 | 12 | 13 |
| 表 | 4 | 4 | 5 | 5 | 6 | 7 | 7 | 8 | 8 | 9 | 8 | 9 | 10 | 10 | 11 | 11 | 12 | 13 | 13 | 14 | 14 | 15 | 13 | 14 |
| 6 | 5 | 5 | 6 | 6 | 7 | 8 | 8 | 9 | 9 | 10 | 9 | 10 | 11 | 11 | 12 | 12 | 13 | 14 | 14 | 15 | 15 | 16 | 14 | 15 |
| 甲 | 6 | 6 | 7 | 7 | 8 | 9 | 9 | 10 | 10 | 11 | 10 | 11 | 12 | 12 | 13 | 13 | 14 | 15 | 15 | 16 | 16 | 17 | 15 | 16 |
| 子 | 7 | 7 | 8 | 8 | 9 | 10 | 10 | 11 | 11 | 12 | 11 | 12 | 13冬 | 13 | 14 | 14 | 15 | 16 | 16 | 17 | 17 | 18 | 16 | 17 |
| 表 | 8十一 | 8 | 9 | 9 | 10 | 11 | 11 | 12 | 12 | 13 | 12 | 13 | 14 | 14 | 15 | 15 | 16 | 17 | 17 | 18 | 18 | 19 | 17 | 18 |
| 19 | 9 | 9十 | 10九 | 10 | 11 | 12 | 12 | 13 | 13 | 14 | 13 | 14 | 15 | 15 | 16 | 16 | 17 | 18 | 18 | 19 | 19 | 20 | 18 | 19 |
| | 10 | 10 | 11 | 11八 | 12七 | 13 | 13 | 14 | 14 | 15 | 14 | 15 | 16 | 16 | 17 | 17 | 18 | 19 | 19 | 20 | 20 | 21 | 19 | 20 |

一四三八 戊午 正統三　842

一四三七 丁巳 正統二　841

| | | | | | | | | | | | | | | | | | | | | | | | |
|---|---|---|---|---|---|---|---|---|---|---|---|---|---|---|---|---|---|---|---|---|---|---|---|
| 22 | 23 | 23 | 24 | 25 | 25 | 26 12 | 26 11 | 27 | 25 | 26 正 | 27 十二 | 27 | 28 | 28 | 29 | 30 | 30 | 31 | **5** | **4** | 2 | 31 | **1** |
| 23 | 24 | 24 | 25 | 26 | 26 | 27 | 27 | 28 10 | 26 9 | 27 | 28 | 28 十一 | 29 十 | 29 | 30 | 31 | **7** | **6** | 2 | 2 | 3 | **2** | 2 |
| 24 | 25 | 25 | 26 | 27 | 27 | 28 | 28 | 29 | 27 | 28 8 | 29 7 | 29 | 30 | 30 九 | 31 八 | **8** | 2 | 2 | 3 | 3 | 4 | 2 | 3 |
| 25 | 26 | 26 | 27 | 28 | 28 | 29 | 29 | 30 | 28 | 29 | 30 | 30 6 | 31 5 | **10** | **9** | 2 七 | 3 六 | 3 | 4 | 4 | 5 | 3 | 4 |
| 26 | 27 | 27 | 28 | 29 | 29 | 30 | 30 | 31 | **3** | 30 | 31 | **12** | **11** | 2 4 | 2 3 | 3 | 4 | 4 五 | 5 四 | 5 | 6 | 4 | 5 |
| 27 | 28 | 28 | 29 | 30 | 30 | 31 | **5** | **4** | 2 | 31 | **1** | 2 | 2 | 3 | 3 | 4 2 | 5 1 | 5 | 6 | 6 三 | 7 二 | 5 正 | 6 |
| 28 | 29 | 29 | 30 | 31 | **7** | **6** | 2 | 2 | 3 | **2** | 2 | 3 | 3 | 4 | 4 | 5 | 6 | 6 12 | 7 11 | 7 | 8 | 6 | 7 十二 |
| 29 | 30 | 30 | 31 | **8** | 2 | 2 | 3 | 3 | 4 | 2 | 3 | 4 | 4 | 5 | 5 | 6 | 7 | 7 | 8 | 8 10 | 9 9 | 7 | 8 |
| 30 | 31 | **10** | **9** | 2 | 3 | 3 | 4 | 4 | 5 | 3 | 4 | 5 | 5 | 6 | 6 | 7 | 8 | 8 | 9 | 9 | 10 | 8 8 | 9 7 |
| **12** | **11** | 2 | 2 | 3 | 4 | 4 | 5 | 5 | 6 | 4 | 5 | 6 | 6 | 7 | 7 | 8 | 9 | 9 | 10 | 10 | 11 | 9 | 10 |
| 2 | 2 | 3 | 3 | 4 | 5 | 5 | 6 | 6 | 7 | 5 | 6 | 7 | 7 | 8 | 8 | 9 | 10 | 10 | 11 | 11 | 12 | 10 | 11 |
| 3 | 3 | 4 | 4 | 5 | 6 | 6 | 7 | 7 | 8 | 6 | 7 | 8 | 8 | 9 | 9 | 10 | 11 | 11 | 12 | 12 | 13 | 11 | 12 |
| 4 | 4 | 5 | 5 | 6 | 7 | 7 | 8 | 8 | 9 | 7 | 8 | 9 | 9 | 10 | 10 | 11 | 12 | 12 | 13 | 13 | 14 | 12 | 13 |
| 5 | 5 | 6 | 6 | 7 | 8 | 8 | 9 | 9 | 10 | 8 | 9 | 10 | 10 | 11 | 11 | 12 | 13 | 13 | 14 | 14 | 15 | 13 | 14 |
| 6 | 6 | 7 | 7 | 8 | 9 | 9 | 10 | 10 | 11 | 9 | 10 | 11 | 11 | 12 | 12 | 13 | 14 | 14 | 15 | 15 | 16 | 14 | 15 |
| 7 | 7 | 8 | 8 | 9 | 10 | 10 | 11 | 11 | 12 | 10 | 11 | 12 | 12 | 13 | 13 | 14 | 15 | 15 | 16 | 16 | 17 | 15 | 16 |
| 8 | 8 | 9 | 9 | 10 | 11 | 11 | 12 | 12 | 13 | 11 | 12 | 13 冬 | 13 | 14 | 14 | 15 | 16 | 16 | 17 | 17 | 18 | 16 | 17 |
| 9 | 9 | 10 | 10 | 11 | 12 | 12 | 13 | 13 | 14 | 12 | 13 | 14 | 14 | 15 | 15 | 16 | 17 | 17 | 18 | 18 | 19 | 17 | 18 |
| 10 | 10 | 11 | 11 | 12 | 13 | 13 | 14 | 14 | 15 | 13 | 14 | 15 | 15 | 16 | 16 | 17 | 18 | 18 | 19 | 19 | 20 | 18 | 19 |
| 11 | 11 | 12 | 12 | 13 | 14 | 14 | 15 | 15 | 16 | 14 | 15 | 16 | 16 | 17 | 17 | 18 | 19 | 19 | 20 | 20 | 21 | 19 | 20 |
| 12 | 12 | 13 | 13 | 14 | 15 | 15 | 16 | 16 | 17 | 15 | 16 | 17 | 17 | 18 | 18 | 19 | 20 | 20 | 21 | 21 | 22 | 20 | 21 |
| 13 冬 | 13 | 14 | 14 | 15 | 16 | 16 | 17 | 17 | 18 | 16 | 17 | 18 | 18 | 19 | 19 | 20 | 21 | 21 | 22 | 22 | 23 | 21 | 22 |
| 14 | 14 | 15 | 15 | 16 | 17 | 17 | 18 | 18 | 19 | 17 | 18 | 19 | 19 | 20 | 20 | 21 | 22 | 22 | 23 | 23 | 24 | 22 | 23 |
| 15 | 15 | 16 | 16 | 17 | 18 | 18 | 19 | 19 | 20 | 18 | 19 | 20 | 20 | 21 | 21 | 22 | 23 | 23 | 24 | 24 | 25 | 23 | 24 |
| 16 | 16 | 17 | 17 | 18 | 19 | 19 | 20 | 20 | 21 | 19 | 20 | 21 | 21 | 22 | 22 | 23 | 24 | 24 | 25 | 25 | 26 | 24 | 25 |
| 17 十二 | 17 十一 | 18 | 18 | 19 | 20 | 20 | 21 | 21 | 22 | 20 | 21 | 22 | 22 | 23 | 23 | 24 | 25 | 25 | 26 | 26 | 27 | 25 | 26 |
| 18 7 | 18 | 19 十 | 19 九 | 20 | 21 | 21 | 22 | 22 | 23 | 21 | 22 | 23 | 23 | 24 | 24 | 25 | 26 | 26 | 27 | 27 | 28 | 26 | 27 |
| 19 | 19 6 | 20 5 | 20 | 21 八 | 22 七 | 22 六 | 23 | 23 | 24 | 22 | 23 | 24 | 24 | 25 | 25 | 26 | 27 | 27 | 28 | 28 | 29 | 27 | 28 |
| 20 | 20 | 21 | 21 4 | 22 3 | 23 | 23 | 24 五 | 24 四 | 25 | 23 | 24 | 25 | 25 | 26 | 26 | 27 | 28 | 28 | 29 | 29 | 30 | 28 | 29 |
| 21 | 21 | 22 | 22 | 23 | 24 2 | 24 1 | 25 | 25 | 26 三 | 24 二 | 25 | 26 | 26 | 27 | 27 | 28 | 29 | 29 | 30 | 30 | 31 | **3** | 30 |

| 一四四〇 庚申 正統五 844 | | | | | | | | | | | | | 一四三九 己未 正統四 843 | | | | | | | | | | | |
|---|---|---|---|---|---|---|---|---|---|---|---|---|---|---|---|---|---|---|---|---|---|---|---|---|
| 11 | 11 | 12 | 12 | 13 | 14 | 14 | 15 | 15 | 16 | 15 | 16 | 17 | 17 | 18 | 18 | 19 | 20 | 20 | 21 | 21 | 22 | 20 | 21 | 22 |
| 12 | 冬12 | 13 | 13 | 14 | 15 | 15 | 16 | 16 | 17 | 16 | 17 | 18 | 18 | 19 | 19 | 20 | 21 | 21 | 22 | 22 | 23 | 21 | 22 | 23 |
| 13 | 13 | 14 | 14 | 15 | 16 | 16 | 17 | 17 | 18 | 17 | 18 | 19 | 19 | 20 | 20 | 21 | 22 | 22 | 23 | 23 | 24 | 22 | 23 | 24 |
| 14 | 14 | 15 | 15 | 16 | 17 | 17 | 18 | 18 | 19 | 18 | 19 | 20 | 20 | 21 | 21 | 22 | 23 | 23 | 24 | 24 | 25 | 23 | 24 | 25 |
| 15 | 15 | 16 | 16 | 17 | 18 | 18 | 19 | 19 | 20 | 19 | 20 | 21 | 21 | 22 | 22 | 23 | 24 | 24 | 25 | 25 | 26 | 24 | 25 | 26 |
| 16 | 16 | 17 | 17 | 18 | 19 | 19 | 20 | 20 | 21 | 20 | 21 | 22 | 22 | 23 | 23 | 24 | 25 | 25 | 26 | 26 | 27 | 25 | 26 | 27 |
| 17 | 17 | 18 | 18 | 19 | 20 | 20 | 21 | 21 | 22 | 21 | 22 | 23 | 23 | 24 | 24 | 25 | 26 | 26 | 27 | 27 | 28 | 26 | 27 | 28 |
| 18 | 18 | 19 | 19 | 20 | 21 | 21 | 22 | 22 | 23 | 22 | 23 | 24 | 24 | 25 | 25 | 26 | 27 | 27 | 28 | 28 | 29 | 27 | 28 | 29 |
| 19 | 19 | 20 | 20 | 21 | 22 | 22 | 23 | 23 | 24 | 23 | 24 | 25 | 25 | 26 | 26 | 27 | 28 | 28 | 29 | 29 | 30 | 28 | 29 | 30 |
| 20 | 20 | 21 | 21 | 22 | 23 | 23 | 24 | 24 | 25 | 24 | 25 | 26 | 26 | 27 | 27 | 28 | 29 | 29 | 30 | 30 | 31 | **3** | 30 | 31 |
| 21 | 21 | 22 | 22 | 23 | 24 | 24 | 25 | 25 | 26 | 25 | 26 | 27 | 27 | 28 | 28 | 29 | 30 | 30 | 31 | **5** | **4** | 2 | 31 | **1** |
| 22 | 22 | 23 | 23 | 24 | 25 | 25 | 26 | 26 | 27 | 26 | 27 | 28 | 28 | 29 | 29 | 30 | 31 | **7** | **6** | 2 | 2 | 3 | **2** | 2 |
| 23 | 23 | 24 | 24 | 25 | 26 | 26 | 27 | 27 | 28 | 27 | 28 | 29 | 29 | 30 | 30 | 31 | **8** | 2 | 2 | 3 | 3 | 4 | 2 | 3 |
| 24 | 十二24 | 25 | 25 | 26 | 27 | 27 | 28 | 28 | 29 | 28 | 29 | 30 | 30 | 31 | **10** | **9** | 2 | 3 | 3 | 4 | 4 | 5 | 3 | 4 |
| 25 | 25 | 十一26 | 十26 | 九27 | 八28 | 28 | 29 | 29 | 30 | 29 | 30 | 31 | **12** | **11** | 2 | 2 | 3 | 4 | 4 | 5 | 5 | 6 | 4 | 5 |
| 26 | 8 26 | 7 27 | 27 | 28 | 29 | 七29 | 六30 | 30 | 31 | **3** | 31 | **1** | 2 | 2 | 3 | 3 | 4 | 5 | 5 | 6 | 6 | 7 | 5 | 6 |
| 27 | 27 | 28 | 6 28 | 5 29 | 30 | 30 | 31 | 五**5** | 四**4** | 2 | **2** | 2 | 3 | 3 | 4 | 4 | 5 | 6 | 6 | 7 | 7 | 8 | 6 | 7 |
| 28 | 28 | 29 | 29 | 30 | 4 31 | 3 **7** | **6** | 2 | 2 | 三3 | 2 | 3 | 4 | 4 | 5 | 5 | 6 | 7 | 7 | 8 | 8 | 9 | 7 | 8 |
| 29 | 29 | 30 | 30 | 31 | **8** | 2 | 2 2 | 1 3 | 3 | 4 | 二3 | 正4 | 5 | 5 | 6 | 6 | 7 | 8 | 8 | 9 | 9 | 10 | 8 | 9 |
| 30 | 30 | 31 | **10** | **9** | 2 | 3 | 3 | **4** | 12 4 | 11 5 | 4 | 5 | 十二6 | 十一6 | 7 | 7 | 8 | 9 | 9 | 10 | 10 | 11 | 9 | 10 |
| 31 | **12** | **11** | 2 | 2 | 3 | 4 | 4 | 5 | 5 | 6 | 10 5 | 9 6 | 7 | 7 | 十8 | 九8 | 八9 | 10 | 10 | 11 | 11 | 12 | 10 | 11 |
| 日 | 2 | 2 | 3 | 3 | 4 | 5 | 5 | 6 | 6 | 7 | 6 | 7 | 8 8 | 7 8 | 9 | 9 | 10 | 七11 | 六11 | 12 | 12 | 13 | 11 | 12 |
| 曜 | 3 | 3 | 4 | 4 | 5 | 6 | 6 | 7 | 7 | 8 | 7 | 8 | 9 | 9 | 6 10 | 5 10 | 11 | 12 | 12 | 五13 | 四13 | 14 | 12 | 13 |
| 表 | 4 | 4 | 5 | 5 | 6 | 7 | 7 | 8 | 8 | 9 | 8 | 9 | 10 | 10 | 11 | 11 | 4 12 | 3 13 | 13 | 14 | 14 | 三15 | 閏13 | 14 |
| 7 | 5 | 5 | 6 | 6 | 7 | 8 | 8 | 9 | 9 | 10 | 9 | 10 | 11 | 11 | 12 | 12 | 13 | 14 | 2 14 | 1 15 | 12 15 | 11 16 | 14 | 二15正 |
| 甲 | 6 | 6 | 7 | 7 | 8 | 9 | 9 | 10 | 10 | 11 | 10 | 11 | 12 | 12 | 13 | 13 | 14 | 15 | 15 | 16 | 16 | 17 | 10 15 | 9 16 |
| 子 | 7 | 7 | 8 | 8 | 9 | 10 | 10 | 11 | 11 | 12 | 11 | 12 | 13 | 冬13 | 14 | 14 | 15 | 16 | 16 | 17 | 17 | 18 | 16 | 17 8 |
| 表 | 8 | 8 | 9 | 9 | 10 | 11 | 11 | 12 | 12 | 13 | 12 | 13 | 14 | 14 | 15 | 15 | 16 | 17 | 17 | 18 | 18 | 19 | 17 | 18 |
| 20 | 9 | 9 | 10 | 10 | 11 | 12 | 12 | 13 | 13 | 14 | 13 | 14 | 15 | 15 | 16 | 16 | 17 | 18 | 18 | 19 | 19 | 20 | 18 | 19 |
| | 10 | 10 | 11 | 11 | 12 | 13 | 13 | 14 | 14 | 15 | 14 | 15 | 16 | 16 | 17 | 17 | 18 | 19 | 19 | 20 | 20 | 21 | 19 | 20 |

| 一四四二 壬戌 正統七 846 | | | | | | | | | | | | 一四四一 辛酉 正統六 845 | | | | | | | | | | | |
|---|---|---|---|---|---|---|---|---|---|---|---|---|---|---|---|---|---|---|---|---|---|---|---|
| 22 | 23 | 23 | 24 | 25 | 25 | 26 | 26 | 27 | 25 | 26 | 27 | 27 | 28 | 28 | 29 | 30 | 30 | 31 | **5** | **4** | 2 | 31 | **1** |
| 23 | 24 | 24 | 25 | 26 | 26 | 27 | 27 | 28 | 26 | 27 | 28 | 28 | 29 | 29 | 30 | 31 | **7** | **6** | 2 | 2 | 3 | **2** | 2 |
| 24 | 25 | 25 | 26 | 27 | 27 | 28 | 28 | 29 | 27 | 28 | 29 | 29 | 30 | 30 | 31 | **8** | 2 | 2 | 3 | 3 | 4 | 2 | 3 |
| 25 | 26 | 26 | 27 | 28 | 28 | 29 | 29 | 30 | 28 | 29 | 30 | 30 | 31 | **10** | **9** | 2 | 3 | 3 | 4 | 4 | 5 | 3 | 4 |
| 26 | 27 | 27 | 28 | 29 | 29 | 30 | 30 | 31 | **3** | 30 | 31 | **12** | **11** | 2 | 2 | 3 | 4 | 4 | 5 | 5 | 6 | 4 | 5 |
| 27 | 28 | 28 | 29 | 30 | 30 | 31 | **5** | **4** | 2 | 31 | **1** | 2 | 2 | 3 | 3 | 4 | 5 | 5 | 6 | 6 | 7 | 5 | 6 |
| 28 | 29 | 29 | 30 | 31 | **7** | **6** | 2 | 2 | 3 | **2** | 2 | 3 | 3 | 4 | 4 | 5 | 6 | 6 | 7 | 7 | 8 | 6 | 7 |
| 29 | 30 | 30 | 31 | **8** | 2 | 2 | 3 | 3 | 4 | 2 | 3 | 4 | 4 | 5 | 5 | 6 | 7 | 7 | 8 | 8 | 9 | 7 | 8 |
| 30 | 31 | **10** | **9** | 2 | 3 | 3 | 4 | 4 | 5 | 3 | 4 | 5 | 5 | 6 | 6 | 7 | 8 | 8 | 9 | 9 | 10 | 8 | 9 |
| **12** | **11** | 2 | 2 | 3 | 4 | 4 | 5 | 5 | 6 | 4 | 5 | 6 | 6 | 7 | 7 | 8 | 9 | 9 | 10 | 10 | 11 | 9 | 10 |
| 2十一 | 2 | 3 | 3 | 4 | 5 | 5 | 6 | 6 | 7 | 5 | 6 | 7 | 7 | 8 | 8 | 9 | 10 | 10 | 11 | 11 | 12 | 10 | 11 |
| 3 | 3十 | 4九 | 4八 | 5 | 6 | 6 | 7 | 7 | 8 | 6 | 7 | 8 | 8 | 9 | 9 | 10 | 11 | 11 | 12 | 12 | 13 | 11 | 12 |
| 4 | 4 | 5 | 5 | 6七 | 7 | 7 | 8 | 8 | 9 | 7 | 8 | 9 | 9 | 10 | 10 | 11 | 12 | 12 | 13 | 13 | 14 | 12 | 13 |
| 5 8 | 5 7 | 6 | 6 | 7 | 8六 | 8五 | 9 | 9 | 10 | 8 | 9 | 10 | 10 | 11 | 11 | 12 | 13 | 13 | 14 | 14 | 15 | 13 | 14 |
| 6 | 6 | 7 6 | 7 5 | 8 | 9 | 9 | 10四 | 10 | 11 | 9 | 10 | 11 | 11 | 12 | 12 | 13 | 14 | 14 | 15 | 15 | 16 | 14 | 15 |
| 7 | 7 | 8 | 8 | 9 4 | 10 3 | 10 | 11 | 11三 | 12二 | 10 | 11 | 12 | 12 | 13 | 13 | 14 | 15 | 15 | 16 | 16 | 17 | 15 | 16 |
| 8 | 8 | 9 | 9 | 10 | 11 | 11 2 | 12 1 | 12 12 | 13 11 | 11正 | 12十二 | 13冬 | 13 | 14 | 14 | 15 | 16 | 16 | 17 | 17 | 18 | 16 | 17 |
| 9 | 9 | 10 | 10 | 11 | 12 | 12 | 13 | 13 | 14 | 12 10 | 13 9 | 14閏 | 14十一 | 15十 | 15九 | 16 | 17 | 17 | 18 | 18 | 19 | 17 | 18 |
| 10 | 10 | 11 | 11 | 12 | 13 | 13 | 14 | 14 | 15 | 13 | 14 | 15 8 | 15 7 | 16 | 16 | 17八 | 18七 | 18 | 19 | 19 | 20 | 18 | 19 |
| 11 | 11 | 12 | 12 | 13 | 14 | 14 | 15 | 15 | 16 | 14 | 15 | 16 | 16 | 17 6 | 17 5 | 18 | 19 | 19六 | 20五 | 20 | 21 | 19 | 20 |
| 12 | 12 | 13 | 13 | 14 | 15 | 15 | 16 | 16 | 17 | 15 | 16 | 17 | 17 | 18 | 18 | 19 4 | 20 3 | 20 | 21 | 21四 | 22 | 20 | 21 |
| 13冬 | 13 | 14 | 14 | 15 | 16 | 16 | 17 | 17 | 18 | 16 | 17 | 18 | 18 | 19 | 19 | 20 | 21 | 21 2 | 22 1 | 22 | 23三 | 21二 | 22 |
| 14 | 14 | 15 | 15 | 16 | 17 | 17 | 18 | 18 | 19 | 17 | 18 | 19 | 19 | 20 | 20 | 21 | 22 | 22 | 23 | 23 12 | 24 11 | 22 | 23正 |
| 15 | 15 | 16 | 16 | 17 | 18 | 18 | 19 | 19 | 20 | 18 | 19 | 20 | 20 | 21 | 21 | 22 | 23 | 23 | 24 | 24 | 25 | 23 10 | 24 9 |
| 16 | 16 | 17 | 17 | 18 | 19 | 19 | 20 | 20 | 21 | 19 | 20 | 21 | 21 | 22 | 22 | 23 | 24 | 24 | 25 | 25 | 26 | 24 | 25 |
| 17 | 17 | 18 | 18 | 19 | 20 | 20 | 21 | 21 | 22 | 20 | 21 | 22 | 22 | 23 | 23 | 24 | 25 | 25 | 26 | 26 | 27 | 25 | 26 |
| 18 | 18 | 19 | 19 | 20 | 21 | 21 | 22 | 22 | 23 | 21 | 22 | 23 | 23 | 24 | 24 | 25 | 26 | 26 | 27 | 27 | 28 | 26 | 27 |
| 19 | 19 | 20 | 20 | 21 | 22 | 22 | 23 | 23 | 24 | 22 | 23 | 24 | 24 | 25 | 25 | 26 | 27 | 27 | 28 | 28 | 29 | 27 | 28 |
| 20 | 20 | 21 | 21 | 22 | 23 | 23 | 24 | 24 | 25 | 23 | 24 | 25 | 25 | 26 | 26 | 27 | 28 | 28 | 29 | 29 | 30 | 28 | 29 |
| 21 | 21 | 22 | 22 | 23 | 24 | 24 | 25 | 25 | 26 | 24 | 25 | 26 | 26 | 27 | 27 | 28 | 29 | 29 | 30 | 30 | 31 | **3** | 30 |

一四四三 癸亥 正統八

847

一四四四 甲子 正統九

848

| | | | | | | | | | | | | | | | | | | | | | | | | |
|---|---|---|---|---|---|---|---|---|---|---|---|---|---|---|---|---|---|---|---|---|---|---|---|---|
| 11 | 11 | 12 | 12 八 | 13 | 14 | 14 | 15 | 15 | 16 | 15 | 16 | 17 | 17 | 18 | 18 | 19 | 20 | 20 | 21 | 21 | 22 | 20 | 21 | 22 |
| 12 冬 9 | 12 | 13 | 13 | 14 閏 | 15 七 | 15 | 16 | 16 | 17 | 16 | 17 | 18 | 18 | 19 | 19 | 20 | 21 | 21 | 22 | 22 | 23 | 21 | 22 | 23 |
| 13 | 13 8 | 14 7 | 14 | 15 | 16 | 16 六 | 17 | 17 | 18 | 17 | 18 | 19 | 19 | 20 | 20 | 21 | 22 | 22 | 23 | 23 | 24 | 22 | 23 | 24 |
| 14 | 14 | 15 | 15 6 | 16 5 | 17 | 17 | 18 五 | 18 四 | 19 | 18 | 19 | 20 | 20 | 21 | 21 | 22 | 23 | 23 | 24 | 24 | 25 | 23 | 24 | 25 |
| 15 | 15 | 16 | 16 | 17 | 18 4 | 18 3 | 19 | 19 | 20 三 | 19 二 | 20 正 | 21 十二 | 21 | 22 | 22 | 23 | 24 | 24 | 25 | 25 | 26 | 24 | 25 | 26 |
| 16 | 16 | 17 | 17 | 18 | 19 | 19 | 20 2 | 20 1 | 21 12 | 20 11 | 21 | 22 | 22 十一 | 23 十 | 23 九 | 24 | 25 | 25 | 26 | 26 | 27 | 25 | 26 | 27 |
| 17 | 17 | 18 | 18 | 19 | 20 | 20 | 21 | 21 | 22 | 21 | 22 10 | 23 9 | 23 | 24 | 24 | 25 八 | 26 | 26 | 27 | 27 | 28 | 26 | 27 | 28 |
| 18 | 18 | 19 | 19 | 20 | 21 | 21 | 22 | 22 | 23 | 22 | 23 | 24 | 24 8 | 25 7 | 25 | 26 | 27 七 | 27 六 | 28 | 28 | 29 | 27 | 28 | 29 |
| 19 | 19 | 20 | 20 | 21 | 22 | 22 | 23 | 23 | 24 | 23 | 24 | 25 | 25 | 26 | 26 6 | 27 5 | 28 | 28 | 29 五 | 29 | 30 | 28 | 29 | 30 |
| 20 | 20 | 21 | 21 | 22 | 23 | 23 | 24 | 24 | 25 | 24 | 25 | 26 | 26 | 27 | 27 | 28 | 29 4 | 29 3 | 30 | 30 四 | 31 三 | 3 | 30 | 31 |
| 21 | 21 | 22 | 22 | 23 | 24 | 24 | 25 | 25 | 26 | 25 | 26 | 27 | 27 | 28 | 28 | 29 | 30 | 30 | 31 2 | 5 1 | 4 | 2 二 | 31 正 | 1 十二 |
| 22 | 22 | 23 | 23 | 24 | 25 | 25 | 26 | 26 | 27 | 26 | 27 | 28 | 28 | 29 | 29 | 30 | 31 | 7 | 6 | 2 | 2 12 | 3 11 | 2 | 2 |
| 23 | 23 | 24 | 24 | 25 | 26 | 26 | 27 | 27 | 28 | 27 | 28 | 29 | 29 | 30 | 30 | 31 | 8 | 2 | 2 | 3 | 3 | 4 | 2 10 | 3 9 |
| 24 | 24 | 25 | 25 | 26 | 27 | 27 | 28 | 28 | 29 | 28 | 29 | 30 | 30 | 31 | 10 | 9 | 2 | 3 | 3 | 4 | 4 | 5 | 3 | 4 |
| 25 | 25 | 26 | 26 | 27 | 28 | 28 | 29 | 29 | 30 | 29 | 30 | 31 | 12 | 11 | 2 | 2 | 3 | 4 | 4 | 5 | 5 | 6 | 4 | 5 |
| 26 | 26 | 27 | 27 | 28 | 29 | 29 | 30 | 30 | 31 | 3 | 31 | 1 | 2 | 2 | 3 | 3 | 4 | 5 | 5 | 6 | 6 | 7 | 5 | 6 |
| 27 | 27 | 28 | 28 | 29 | 30 | 30 | 31 | 5 | 4 | 2 | 2 | 2 | 3 | 3 | 4 | 4 | 5 | 6 | 6 | 7 | 7 | 8 | 6 | 7 |
| 28 | 28 | 29 | 29 | 30 | 31 | 7 | 6 | 2 | 2 | 3 | 2 | 3 | 4 | 4 | 5 | 5 | 6 | 7 | 7 | 8 | 8 | 9 | 7 | 8 |
| 29 | 29 | 30 | 30 | 31 | 8 | 2 | 2 | 3 | 3 | 4 | 3 | 4 | 5 | 5 | 6 | 6 | 7 | 8 | 8 | 9 | 9 | 10 | 8 | 9 |
| 30 | 30 | 31 | 10 | 9 | 2 | 3 | 3 | 4 | 4 | 5 | 4 | 5 | 6 | 6 | 7 | 7 | 8 | 9 | 9 | 10 | 10 | 11 | 9 | 10 |
| 31 | 12 | 11 | 2 | 2 | 3 | 4 | 4 | 5 | 5 | 6 | 5 | 6 | 7 | 7 | 8 | 8 | 9 | 10 | 10 | 11 | 11 | 12 | 10 | 11 |
| 日 | 2 | 2 | 3 | 3 | 4 | 5 | 5 | 6 | 6 | 7 | 6 | 7 | 8 | 8 | 9 | 9 | 10 | 11 | 11 | 12 | 12 | 13 | 11 | 12 |
| 曜 | 3 | 3 | 4 | 4 | 5 | 6 | 6 | 7 | 7 | 8 | 7 | 8 | 9 | 9 | 10 | 10 | 11 | 12 | 12 | 13 | 13 | 14 | 12 | 13 |
| 表 | 4 | 4 | 5 | 5 | 6 | 7 | 7 | 8 | 8 | 9 | 8 | 9 | 10 | 10 | 11 | 11 | 12 | 13 | 13 | 14 | 14 | 15 | 13 | 14 |
| 1 | 5 | 5 | 6 | 6 | 7 | 8 | 8 | 9 | 9 | 10 | 9 | 10 | 11 | 11 | 12 | 12 | 13 | 14 | 14 | 15 | 15 | 16 | 14 | 15 |
| 甲 | 6 | 6 | 7 | 7 | 8 | 9 | 9 | 10 | 10 | 11 | 10 | 11 | 12 | 12 | 13 | 13 | 14 | 15 | 15 | 16 | 16 | 17 | 15 | 16 |
| 子 | 7 | 7 | 8 | 8 | 9 | 10 | 10 | 11 | 11 | 12 | 11 | 12 | 13 冬 | 13 | 14 | 14 | 15 | 16 | 16 | 17 | 17 | 18 | 16 | 17 |
| 表 | 8 | 8 | 9 | 9 | 10 | 11 | 11 | 12 | 12 | 13 | 12 | 13 | 14 | 14 | 15 | 15 | 16 | 17 | 17 | 18 | 18 | 19 | 17 | 18 |
| 1 | 9 | 9 | 10 | 10 | 11 | 12 | 12 | 13 | 13 | 14 | 13 | 14 | 15 | 15 | 16 | 16 | 17 | 18 | 18 | 19 | 19 | 20 | 18 | 19 |
| | 10 十二 | 10 十 | 11 九 | 11 | 12 | 13 | 13 | 14 | 14 | 15 | 14 | 15 | 16 | 16 | 17 | 17 | 18 | 19 | 19 | 20 | 20 | 21 | 19 | 20 |

一四四六 丙寅 正統一一 850

一四四五 乙丑 正統一〇 849

| | | | | | | | | | | | | | | | | | | | | | | | |
|---|---|---|---|---|---|---|---|---|---|---|---|---|---|---|---|---|---|---|---|---|---|---|---|
| 22 | 23 | 23 | 24 6 | 25 5 | 25 | 26 五 | 26 四 | 27 三 | 25 | 26 | 27 | 27 | 28 | 28 | 29 | 30 | 30 | 31 | **5** | **4** | 2 | 31 | **1** |
| 23 | 24 | 24 | 25 | 26 | 26 4 | 27 3 | 27 | 28 | 26 二 | 27 正 | 28 | 28 | 29 | 29 | 30 | 31 | **7** | **6** | 2 | 2 | 3 | **2** | 2 |
| 24 | 25 | 25 | 26 | 27 | 27 | 28 | 28 2 | 29 1 | 27 | 28 | 29 十二 | 29 十一 | 30 | 30 | 31 | **8** | 2 | 2 | 3 | 3 | 4 | 2 | 3 |
| 25 | 26 | 26 | 27 | 28 | 28 | 29 | 29 | 30 | 28 12 | 29 11 | 30 | 30 | 31 十 | **10** 九 | **9** | 2 | 3 | 3 | 4 | 4 | 5 | 3 | 4 |
| 26 | 27 | 27 | 28 | 29 | 29 | 30 | 30 | 31 | **3** | 30 | 31 10 | **12** 9 | **11** | 2 | 2 八 | 3 七 | 4 | 4 | 5 | 5 | 6 | 4 | 5 |
| 27 | 28 | 28 | 29 | 30 | 30 | 31 | **5** | **4** | 2 | 31 | **1** | 2 | 2 8 | 3 7 | 3 | 4 | 5 六 | 5 | 6 | 6 | 7 | 5 | 6 |
| 28 | 29 | 29 | 30 | 31 | **7** | **6** | 2 | 2 | 3 | **2** | 2 | 3 | 3 | 4 | 4 6 | 5 5 | 6 | 6 五 | 7 四 | 7 三 | 8 | 6 | 7 |
| 29 | 30 | 30 | 31 | **8** | 2 | 2 | 3 | 3 | 4 | 2 | 3 | 4 | 4 | 5 | 5 | 6 | 7 4 | 7 3 | 8 | 8 | 9 二 | 7 正 | 8 十二 |
| 30 | 31 | **10** | **9** | 2 | 3 | 3 | 4 | 4 | 5 | 3 | 4 | 5 | 5 | 6 | 6 | 7 | 8 | 8 | 9 2 | 9 1 | 10 | 8 | 9 |
| **12** | **11** | 2 | 2 | 3 | 4 | 4 | 5 | 5 | 6 | 4 | 5 | 6 | 6 | 7 | 7 | 8 | 9 | 9 | 10 | 10 | 11 12 | 9 11 | 10 |
| 2 | 2 | 3 | 3 | 4 | 5 | 5 | 6 | 6 | 7 | 5 | 6 | 7 | 7 | 8 | 8 | 9 | 10 | 10 | 11 | 11 | 12 | 10 | 11 10 |
| 3 | 3 | 4 | 4 | 5 | 6 | 6 | 7 | 7 | 8 | 6 | 7 | 8 | 8 | 9 | 9 | 10 | 11 | 11 | 12 | 12 | 13 | 11 | 12 |
| 4 | 4 | 5 | 5 | 6 | 7 | 7 | 8 | 8 | 9 | 7 | 8 | 9 | 9 | 10 | 10 | 11 | 12 | 12 | 13 | 13 | 14 | 12 | 13 |
| 5 | 5 | 6 | 6 | 7 | 8 | 8 | 9 | 9 | 10 | 8 | 9 | 10 | 10 | 11 | 11 | 12 | 13 | 13 | 14 | 14 | 15 | 13 | 14 |
| 6 | 6 | 7 | 7 | 8 | 9 | 9 | 10 | 10 | 11 | 9 | 10 | 11 | 11 | 12 | 12 | 13 | 14 | 14 | 15 | 15 | 16 | 14 | 15 |
| 7 | 7 | 8 | 8 | 9 | 10 | 10 | 11 | 11 | 12 | 10 | 11 | 12 | 12 | 13 | 13 | 14 | 15 | 15 | 16 | 16 | 17 | 15 | 16 |
| 8 | 8 | 9 | 9 | 10 | 11 | 11 | 12 | 12 | 13 | 11 | 12 | 13 冬 | 13 | 14 | 14 | 15 | 16 | 16 | 17 | 17 | 18 | 16 | 17 |
| 9 | 9 | 10 | 10 | 11 | 12 | 12 | 13 | 13 | 14 | 12 | 13 | 14 | 14 | 15 | 15 | 16 | 17 | 17 | 18 | 18 | 19 | 17 | 18 |
| 10 | 10 | 11 | 11 | 12 | 13 | 13 | 14 | 14 | 15 | 13 | 14 | 15 | 15 | 16 | 16 | 17 | 18 | 18 | 19 | 19 | 20 | 18 | 19 |
| 11 | 11 | 12 | 12 | 13 | 14 | 14 | 15 | 15 | 16 | 14 | 15 | 16 | 16 | 17 | 17 | 18 | 19 | 19 | 20 | 20 | 21 | 19 | 20 |
| 12 | 12 | 13 | 13 | 14 | 15 | 15 | 16 | 16 | 17 | 15 | 16 | 17 | 17 | 18 | 18 | 19 | 20 | 20 | 21 | 21 | 22 | 20 | 21 |
| 13 冬 | 13 | 14 | 14 | 15 | 16 | 16 | 17 | 17 | 18 | 16 | 17 | 18 | 18 | 19 | 19 | 20 | 21 | 21 | 22 | 22 | 23 | 21 | 22 |
| 14 | 14 | 15 | 15 | 16 | 17 | 17 | 18 | 18 | 19 | 17 | 18 | 19 | 19 | 20 | 20 | 21 | 22 | 22 | 23 | 23 | 24 | 22 | 23 |
| 15 | 15 | 16 | 16 | 17 | 18 | 18 | 19 | 19 | 20 | 18 | 19 | 20 | 20 | 21 | 21 | 22 | 23 | 23 | 24 | 24 | 25 | 23 | 24 |
| 16 | 16 | 17 | 17 | 18 | 19 | 19 | 20 | 20 | 21 | 19 | 20 | 21 | 21 | 22 | 22 | 23 | 24 | 24 | 25 | 25 | 26 | 24 | 25 |
| 17 | 17 | 18 | 18 | 19 | 20 | 20 | 21 | 21 | 22 | 20 | 21 | 22 | 22 | 23 | 23 | 24 | 25 | 25 | 26 | 26 | 27 | 25 | 26 |
| 18 十二 | 18 | 19 | 19 | 20 | 21 | 21 | 22 | 22 | 23 | 21 | 22 | 23 | 23 | 24 | 24 | 25 | 26 | 26 | 27 | 27 | 28 | 26 | 27 |
| 19 | 19 十一 | 20 十 | 20 | 21 | 22 | 22 | 23 | 23 | 24 | 22 | 23 | 24 | 24 | 25 | 25 | 26 | 27 | 27 | 28 | 28 | 29 | 27 | 28 |
| 20 10 | 20 9 | 21 | 21 九 | 22 八 | 23 | 23 | 24 | 24 | 25 | 23 | 24 | 25 | 25 | 26 | 26 | 27 | 28 | 28 | 29 | 29 | 30 | 28 | 29 |
| 21 | 21 | 22 8 | 22 7 | 23 | 24 七 | 24 六 | 25 | 25 | 26 | 24 | 25 | 26 | 26 | 27 | 27 | 28 | 29 | 29 | 30 | 30 | 31 | **3** | 30 |

一二

一四四八 戊辰 正統一三 852

一四四七 丁卯 正統一二 851

| | | | | | | | | | | | | | | | | | | | | | | | | |
|---|---|---|---|---|---|---|---|---|---|---|---|---|---|---|---|---|---|---|---|---|---|---|---|---|
| 11 | 11 | 12 | 12 | 13 | 14 | 14 | 15 | 15 | 16 | 15 | 16 | 17 | 17 | 18 | 18 | 19 | 20 | 20 | 21 | 21 | 22 | 20 | 21 | 22 |
| 12冬 | 12 | 13 | 13 | 14 | 15 | 15 | 16 | 16 | 17 | 16 | 17 | 18 | 18 | 19 | 19 | 20 | 21 | 21 | 22 | 22 | 23 | 21 | 22 | 23 |
| 13 | 13 | 14 | 14 | 15 | 16 | 16 | 17 | 17 | 18 | 17 | 18 | 19 | 19 | 20 | 20 | 21 | 22 | 22 | 23 | 23 | 24 | 22 | 23 | 24 |
| 14 | 14 | 15 | 15 | 16 | 17 | 17 | 18 | 18 | 19 | 18 | 19 | 20 | 20 | 21 | 21 | 22 | 23 | 23 | 24 | 24 | 25 | 23 | 24 | 25 |
| 15 | 15 | 16 | 16 | 17 | 18 | 18 | 19 | 19 | 20 | 19 | 20 | 21 | 21 | 22 | 22 | 23 | 24 | 24 | 25 | 25 | 26 | 24 | 25 | 26 |
| 16 | 16 | 17 | 17 | 18 | 19 | 19 | 20 | 20 | 21 | 20 | 21 | 22 | 22 | 23 | 23 | 24 | 25 | 25 | 26 | 26 | 27 | 25 | 26 | 27 |
| 17 | 17 | 18 | 18 | 19 | 20 | 20 | 21 | 21 | 22 | 21 | 22 | 23 | 23 | 24 | 24 | 25 | 26 | 26 | 27 | 27 | 28 | 26 | 27 | 28 |
| 18 | 18 | 19 | 19 | 20 | 21 | 21 | 22 | 22 | 23 | 22 | 23 | 24 | 24 | 25 | 25 | 26 | 27 | 27 | 28 | 28 | 29 | 27 | 28 | 29 |
| 19 | 19 | 20 | 20 | 21 | 22 | 22 | 23 | 23 | 24 | 23 | 24 | 25 | 25 | 26 | 26 | 27 | 28 | 28 | 29 | 29 | 30 | 28 | 29 | 30 |
| 20 | 20 | 21 | 21 | 22 | 23 | 23 | 24 | 24 | 25 | 24 | 25 | 26 | 26 | 27 | 27 | 28 | 29 | 29 | 30 | 30 | 31 | 3 | 30 | 31 |
| 21 | 21 | 22 | 22 | 23 | 24 | 24 | 25 | 25 | 26 | 25 | 26 | 27 | 27 | 28 | 28 | 29 | 30 | 30 | 31 | 5 | 4 | 2 | 31 | 1 |
| 22 | 22 | 23 | 23 | 24 | 25 | 25 | 26 | 26 | 27 | 26 | 27 | 28 | 28 | 29 | 29 | 30 | 31 | 7 | 6 | 2 | 2 | 3 | 2 | 2 |
| 23 | 23 | 24 | 24 | 25 | 26 | 26 | 27 | 27 | 28 | 27 | 28 | 29 | 29 | 30 | 30 | 31 | 8 | 2 | 2 | 3 | 3 | 4 | 2 | 3 |
| 24 | 24 | 25 | 25 | 26 | 27 | 27 | 28 | 28 | 29 | 28 | 29 | 30 | 30 | 31 | 10 | 9 | 2 | 3 | 3 | 4 | 4 | 5 | 3 | 4 |
| 25 | 25 | 26 | 26 | 27 | 28 | 28 | 29 | 29 | 30 | 29 | 30 | 31 | 12 | 11 | 2 | 2 | 3 | 4 | 4 | 5 | 5 | 6 | 4 | 5 |
| 26土 | 26土 | 27 | 27 | 28 | 29 | 29 | 30 | 30 | 31 | 3 | 31 | 1 | 2 | 2 | 3 | 3 | 4 | 5 | 5 | 6 | 6 | 7 | 5 | 6 |
| 27 11 | 27 | 28十 | 28九 | 29八 | 30 | 30 | 31 | 5 | 4 | 2 | 2 | 2 | 3 | 3 | 4 | 4 | 5 | 6 | 6 | 7 | 7 | 8 | 6 | 7 |
| 28 | 28 10 | 29 9 | 29 | 30 | 31七 | 7六 | 6五 | 2 | 2 | 3 | 2 | 3 | 4 | 4 | 5 | 5 | 6 | 7 | 7 | 8 | 8 | 9 | 7 | 8 |
| 29 | 29 | 30 | 30 8 | 31 7 | 8 | 2 | 2 | 3四 | 3三 | 4 | 3 | 4 | 5 | 5 | 6 | 6 | 7 | 8 | 8 | 9 | 9 | 10 | 8 | 9 |
| 30 | 30 | 31 | 10 | 9 | 2 6 | 3 5 | 3 | 4 | 4 | 5二 | 4 | 5 | 6 | 6 | 7 | 7 | 8 | 9 | 9 | 10 | 10 | 11 | 9 | 10 |
| 31 | 12 | 11 | 2 | 2 | 3 | 4 | 4 4 | 5 3 | 5 | 6 | 5正 | 6土 | 7 | 7 | 8 | 8 | 9 | 10 | 10 | 11 | 11 | 12 | 10 | 11 |
| 日 | 2 | 2 | 3 | 3 | 4 | 5 | 5 | 6 | 6 2 | 7 1 | 6 | 7 | 8土 | 8十 | 9 | 9 | 10 | 11 | 11 | 12 | 12 | 13 | 11 | 12 |
| 曜 | 3 | 3 | 4 | 4 | 5 | 6 | 6 | 7 | 7 | 8 | 7 12 | 8 11 | 9 | 9 | 10九 | 10八 | 11 | 12 | 12 | 13 | 13 | 14 | 12 | 13 |
| 表 | 4 | 4 | 5 | 5 | 6 | 7 | 7 | 8 | 8 | 9 | 8 | 9 | 10 10 | 10 9 | 11 | 11 | 12七 | 13六 | 13五 | 14 | 14 | 15 | 13 | 14 |
| 2 | 5 | 5 | 6 | 6 | 7 | 8 | 8 | 9 | 9 | 10 | 9 | 10 | 11 | 11 | 12 8 | 12 7 | 13 | 14 | 14 | 15閏 | 15四 | 16 | 14 | 15 |
| 甲 | 6 | 6 | 7 | 7 | 8 | 9 | 9 | 10 | 10 | 11 | 10 | 11 | 12 | 12 | 13 | 13 | 14 6 | 15 5 | 15 | 16 | 16 | 17三 | 15二 | 16 |
| 子 | 7 | 7 | 8 | 8 | 9 | 10 | 10 | 11 | 11 | 12 | 11 | 12 | 13冬 | 13 | 14 | 14 | 15 | 16 | 16 4 | 17 3 | 17 | 18 | 16 | 17正 |
| 表 | 8 | 8 | 9 | 9 | 10 | 11 | 11 | 12 | 12 | 13 | 12 | 13 | 14 | 14 | 15 | 15 | 16 | 17 | 17 | 18 | 18 2 | 19 1 | 17 12 | 18 11 |
| 2 | 9 | 9 | 10 | 10 | 11 | 12 | 12 | 13 | 13 | 14 | 13 | 14 | 15 | 15 | 16 | 16 | 17 | 18 | 18 | 19 | 19 | 20 | 18 | 19 |
| | 10 | 10 | 11 | 11 | 12 | 13 | 13 | 14 | 14 | 15 | 14 | 15 | 16 | 16 | 17 | 17 | 18 | 19 | 19 | 20 | 20 | 21 | 19 | 20 |

| 一四五〇 庚午 明景帝 景泰元 854 | | | | | | | | | | | | 一四四九 己巳 正統一四 853 | | | | | | | | | | | |
|---|---|---|---|---|---|---|---|---|---|---|---|---|---|---|---|---|---|---|---|---|---|---|---|
| 22 | 23 | 23 | 24 | 25 | 25 | 26 | 26 | 27 | 25 | 26 | 27 | 27 | 28 | 28 | 29 | 30 | 30 | 31 | **5** | **4** | 2 | 31 | **1** |
| 23 | 24 | 24 | 25 | 26 | 26 | 27 | 27 | 28 | 26 | 27 | 28 | 28 | 29 | 29 | 30 | 31 | **7** | **6** | 2 | 2 | 3 | **2** | 2 |
| 24 | 25 | 25 | 26 | 27 | 27 | 28 | 28 | 29 | 27 | 28 | 29 | 29 | 30 | 30 | 31 | **8** | 2 | 2 | 3 | 3 | 4 | 2 | 3 |
| 25 | 26 | 26 | 27 | 28 | 28 | 29 | 29 | 30 | 28 | 29 | 30 | 30 | 31 | **10** | **9** | 2 | 3 | 3 | 4 | 4 | 5 | 3 | 4 |
| 26 | 27 | 27 | 28 | 29 | 29 | 30 | 30 | 31 | **3** | 30 | 31 | **12** | **11** | 2 | 2 | 3 | 4 | 4 | 5 | 5 | 6 | 4 | 5 |
| 27 | 28 | 28 | 29 | 30 | 30 | 31 | **5** | **4** | 2 | 31 | **1** | 2 | 2 | 3 | 3 | 4 | 5 | 5 | 6 | 6 | 7 | 5 | 6 |
| 28 | 29 | 29 | 30 | 31 | **7** | **6** | 2 | 2 | 3 | **2** | 2 | 3 | 3 | 4 | 4 | 5 | 6 | 6 | 7 | 7 | 8 | 6 | 7 |
| 29 | 30 | 30 | 31 | **8** | 2 | 2 | 3 | 3 | 4 | 2 | 3 | 4 | 4 | 5 | 5 | 6 | 7 | 7 | 8 | 8 | 9 | 7 | 8 |
| 30 | 31 | **10** | **9** | 2 | 3 | 3 | 4 | 4 | 5 | 3 | 4 | 5 | 5 | 6 | 6 | 7 | 8 | 8 | 9 | 9 | 10 | 8 | 9 |
| **12** | **11** | 2 | 2 | 3 | 4 | 4 | 5 | 5 | 6 | 4 | 5 | 6 | 6 | 7 | 7 | 8 | 9 | 9 | 10 | 10 | 11 | 9 | 10 |
| 2 | 2 | 3 | 3 | 4 | 5 | 5 | 6 | 6 | 7 | 5 | 6 | 7 | 7 | 8 | 8 | 9 | 10 | 10 | 11 | 11 | 12 | 10 | 11 |
| 3 | 3 | 4 | 4 | 5 | 6 | 6 | 7 | 7 | 8 | 6 | 7 | 8 | 8 | 9 | 9 | 10 | 11 | 11 | 12 | 12 | 13 | 11 | 12 |
| 4 | 十一4 | 十5 | 5 | 6 | 7 | 7 | 8 | 8 | 9 | 7 | 8 | 9 | 9 | 10 | 10 | 11 | 12 | 12 | 13 | 13 | 14 | 12 | 13 |
| 5 | 5 | 6 | 九6 | 八7 | 8 | 8 | 9 | 9 | 10 | 8 | 9 | 10 | 10 | 11 | 11 | 12 | 13 | 13 | 14 | 14 | 15 | 13 | 14 |
| 6 | 11 6 | 7 | 7 | 8 | 七9 | 六9 | 10 | 10 | 11 | 9 | 10 | 11 | 11 | 12 | 12 | 13 | 14 | 14 | 15 | 15 | 16 | 14 | 15 |
| 7 | 7 | 10 8 | 9 8 | 9 | 10 | 10 | 五11 | 四11 | 12 | 10 | 11 | 12 | 12 | 13 | 13 | 14 | 15 | 15 | 16 | 16 | 17 | 15 | 16 |
| 8 | 8 | 9 | 9 | 8 10 | 7 11 | 11 | 12 | 12 | 三13 | 11 | 12 | 13 | 冬13 | 14 | 14 | 15 | 16 | 16 | 17 | 17 | 18 | 16 | 17 |
| 9 | 9 | 10 | 10 | 11 | 12 | 6 12 | 5 13 | 13 | 14 | 二12 | 閏13 | 14 | 14 | 15 | 15 | 16 | 17 | 17 | 18 | 18 | 19 | 17 | 18 |
| 10 | 10 | 11 | 11 | 12 | 13 | 13 | 14 | 4 14 | 3 15 | 13 | 14 | 正15 | 十二15 | 十一16 | 16 | 17 | 18 | 18 | 19 | 19 | 20 | 18 | 19 |
| 11 | 11 | 12 | 12 | 13 | 14 | 14 | 15 | 15 | 16 | 2 14 | 1 15 | 12 16 | 11 16 | 17 | 十17 | 九18 | 八19 | 19 | 20 | 20 | 21 | 19 | 20 |
| 12 | 12 | 13 | 13 | 14 | 15 | 15 | 16 | 16 | 17 | 15 | 16 | 17 | 17 | 10 18 | 9 18 | 19 | 20 | 七20 | 六21 | 21 | 22 | 20 | 21 |
| 13 | 冬13 | 14 | 14 | 15 | 16 | 16 | 17 | 17 | 18 | 16 | 17 | 18 | 18 | 19 | 19 | 8 20 | 7 21 | 21 | 22 | 五22 | 四23 | 21 | 22 |
| 14 | 14 | 15 | 15 | 16 | 17 | 17 | 18 | 18 | 19 | 17 | 18 | 19 | 19 | 20 | 20 | 21 | 22 | 6 22 | 5 23 | 23 | 24 | 三22 | 23 |
| 15 | 15 | 16 | 16 | 17 | 18 | 18 | 19 | 19 | 20 | 18 | 19 | 20 | 20 | 21 | 21 | 22 | 23 | 23 | 24 | 4 24 | 3 25 | 23 | 二24 正 |
| 16 | 16 | 17 | 17 | 18 | 19 | 19 | 20 | 20 | 21 | 19 | 20 | 21 | 21 | 22 | 22 | 23 | 24 | 24 | 25 | 25 | 26 | 2 24 | 1 25 |
| 17 | 17 | 18 | 18 | 19 | 20 | 20 | 21 | 21 | 22 | 20 | 21 | 22 | 22 | 23 | 23 | 24 | 25 | 25 | 26 | 26 | 27 | 25 | 26 12 |
| 18 | 18 | 19 | 19 | 20 | 21 | 21 | 22 | 22 | 23 | 21 | 22 | 23 | 23 | 24 | 24 | 25 | 26 | 26 | 27 | 27 | 28 | 26 | 27 |
| 19 | 19 | 20 | 20 | 21 | 22 | 22 | 23 | 23 | 24 | 22 | 23 | 24 | 24 | 25 | 25 | 26 | 27 | 27 | 28 | 28 | 29 | 27 | 28 |
| 20 | 20 | 21 | 21 | 22 | 23 | 23 | 24 | 24 | 25 | 23 | 24 | 25 | 25 | 26 | 26 | 27 | 28 | 28 | 29 | 29 | 30 | 28 | 29 |
| 21 | 21 | 22 | 22 | 23 | 24 | 24 | 25 | 25 | 26 | 24 | 25 | 26 | 26 | 27 | 27 | 28 | 29 | 29 | 30 | 30 | 31 | **3** | 30 |

一三

勵耘書屋

一四五二 壬申 景泰三 856

一四五一 辛未 景泰二 855

| | | | | | | | | | | | | | | | | | | | | | | | | |
|---|---|---|---|---|---|---|---|---|---|---|---|---|---|---|---|---|---|---|---|---|---|---|---|---|
| 11 十一 | 11 十 | 12 | 12 | 13 | 14 | 14 | 15 | 15 | 16 | 15 | 16 | 17 | 17 | 18 | 18 | 19 | 20 | 20 | 21 | 21 | 22 | 20 | 21 | 22 |
| 12 冬 | 12 | 13 閏 | 13 九 | 14 | 15 | 15 | 16 | 16 | 17 | 16 | 17 | 18 | 18 | 19 | 19 | 20 | 21 | 21 | 22 | 22 | 23 | 21 | 22 | 23 |
| 13 12 | 13 11 | 14 | 14 | 15 八 | 16 | 16 | 17 | 17 | 18 | 17 | 18 | 19 | 19 | 20 | 20 | 21 | 22 | 22 | 23 | 23 | 24 | 22 | 23 | 24 |
| 14 | 14 | 15 10 | 15 9 | 16 | 17 七 | 17 六 | 18 | 18 | 19 | 18 | 19 | 20 | 20 | 21 | 21 | 22 | 23 | 23 | 24 | 24 | 25 | 23 | 24 | 25 |
| 15 | 15 | 16 | 16 | 17 8 | 18 7 | 18 | 19 五 | 19 | 20 | 19 | 20 | 21 | 21 | 22 | 22 | 23 | 24 | 24 | 25 | 25 | 26 | 24 | 25 | 26 |
| 16 | 16 | 17 | 17 | 18 | 19 | 19 6 | 20 5 | 20 四 | 21 三 | 20 | 21 | 22 | 22 | 23 | 23 | 24 | 25 | 25 | 26 | 26 | 27 | 25 | 26 | 27 |
| 17 | 17 | 18 | 18 | 19 | 20 | 20 | 21 | 21 4 | 22 3 | 21 二 | 22 正 | 23 十二 | 23 十一 | 24 | 24 | 25 | 26 | 26 | 27 | 27 | 28 | 26 | 27 | 28 |
| 18 | 18 | 19 | 19 | 20 | 21 | 21 | 22 | 22 | 23 | 22 2 | 23 1 | 24 | 24 | 25 十 | 25 九 | 26 八 | 27 | 27 | 28 | 28 | 29 | 27 | 28 | 29 |
| 19 | 19 | 20 | 20 | 21 | 22 | 22 | 23 | 23 | 24 | 23 | 24 | 25 12 | 25 11 | 26 | 26 | 27 | 28 七 | 28 | 29 | 29 | 30 | 28 | 29 | 30 |
| 20 | 20 | 21 | 21 | 22 | 23 | 23 | 24 | 24 | 25 | 24 | 25 | 26 | 26 | 27 10 | 27 9 | 28 | 29 | 29 六 | 30 五 | 30 | 31 | **3** | 30 | 31 |
| 21 | 21 | 22 | 22 | 23 | 24 | 24 | 25 | 25 | 26 | 25 | 26 | 27 | 27 | 28 | 28 | 29 8 | 30 7 | 30 | 31 | **5** 四 | **4** | 2 | 31 | **1** |
| 22 | 22 | 23 | 23 | 24 | 25 | 25 | 26 | 26 | 27 | 26 | 27 | 28 | 28 | 29 | 29 | 30 | 31 | **7** 6 | **6** 5 | 2 | 2 三 | 3 二 | **2** | 2 |
| 23 | 23 | 24 | 24 | 25 | 26 | 26 | 27 | 27 | 28 | 27 | 28 | 29 | 29 | 30 | 30 | 31 | **8** | 2 | 2 | 3 4 | 3 3 | 4 | 2 正 | 3 十二 |
| 24 | 24 | 25 | 25 | 26 | 27 | 27 | 28 | 28 | 29 | 28 | 29 | 30 | 30 | 31 | **10** | **9** | 2 | 3 | 3 | 4 | 4 | 5 2 | 3 1 | 4 |
| 25 | 25 | 26 | 26 | 27 | 28 | 28 | 29 | 29 | 30 | 29 | 30 | 31 | **12** | **11** | 2 | 2 | 3 | 4 | 4 | 5 | 5 | 6 | 4 | 5 12 |
| 26 | 26 | 27 | 27 | 28 | 29 | 29 | 30 | 30 | 31 | **3** | 31 | **1** | 2 | 2 | 3 | 3 | 4 | 5 | 5 | 6 | 6 | 7 | 5 | 6 |
| 27 | 27 | 28 | 28 | 29 | 30 | 30 | 31 | **5** | **4** | 2 | **2** | 2 | 3 | 3 | 4 | 4 | 5 | 6 | 6 | 7 | 7 | 8 | 6 | 7 |
| 28 | 28 | 29 | 29 | 30 | 31 | **7** | **6** | 2 | 2 | 3 | 2 | 3 | 4 | 4 | 5 | 5 | 6 | 7 | 7 | 8 | 8 | 9 | 7 | 8 |
| 29 | 29 | 30 | 30 | 31 | **8** | 2 | 2 | 3 | 3 | 4 | 3 | 4 | 5 | 5 | 6 | 6 | 7 | 8 | 8 | 9 | 9 | 10 | 8 | 9 |
| 30 | 30 | 31 | **10** | **9** | 2 | 3 | 3 | 4 | 4 | 5 | 4 | 5 | 6 | 6 | 7 | 7 | 8 | 9 | 9 | 10 | 10 | 11 | 9 | 10 |
| 31 | **12** | **11** | 2 | 2 | 3 | 4 | 4 | 5 | 5 | 6 | 5 | 6 | 7 | 7 | 8 | 8 | 9 | 10 | 10 | 11 | 11 | 12 | 10 | 11 |
| 日 | 2 | 2 | 3 | 3 | 4 | 5 | 5 | 6 | 6 | 7 | 6 | 7 | 8 | 8 | 9 | 9 | 10 | 11 | 11 | 12 | 12 | 13 | 11 | 12 |
| 曜 | 3 | 3 | 4 | 4 | 5 | 6 | 6 | 7 | 7 | 8 | 7 | 8 | 9 | 9 | 10 | 10 | 11 | 12 | 12 | 13 | 13 | 14 | 12 | 13 |
| 表 | 4 | 4 | 5 | 5 | 6 | 7 | 7 | 8 | 8 | 9 | 8 | 9 | 10 | 10 | 11 | 11 | 12 | 13 | 13 | 14 | 14 | 15 | 13 | 14 |
| 3 | 5 | 5 | 6 | 6 | 7 | 8 | 8 | 9 | 9 | 10 | 9 | 10 | 11 | 11 | 12 | 12 | 13 | 14 | 14 | 15 | 15 | 16 | 14 | 15 |
| 甲 | 6 | 6 | 7 | 7 | 8 | 9 | 9 | 10 | 10 | 11 | 10 | 11 | 12 | 12 | 13 | 13 | 14 | 15 | 15 | 16 | 16 | 17 | 15 | 16 |
| 子 | 7 | 7 | 8 | 8 | 9 | 10 | 10 | 11 | 11 | 12 | 11 | 12 | 13 冬 | 13 | 14 | 14 | 15 | 16 | 16 | 17 | 17 | 18 | 16 | 17 |
| 表 | 8 | 8 | 9 | 9 | 10 | 11 | 11 | 12 | 12 | 13 | 12 | 13 | 14 | 14 | 15 | 15 | 16 | 17 | 17 | 18 | 18 | 19 | 17 | 18 |
| 3 | 9 | 9 | 10 | 10 | 11 | 12 | 12 | 13 | 13 | 14 | 13 | 14 | 15 | 15 | 16 | 16 | 17 | 18 | 18 | 19 | 19 | 20 | 18 | 19 |
| | 10 | 10 | 11 | 11 | 12 | 13 | 13 | 14 | 14 | 15 | 14 | 15 | 16 | 16 | 17 | 17 | 18 | 19 | 19 | 20 | 20 | 21 | 19 | 20 |

| 一四五四 甲戌 景泰五 858 | | | | | | | | | | | | 一四五三 癸酉 景泰四 857 | | | | | | | | | | | |
|---|---|---|---|---|---|---|---|---|---|---|---|---|---|---|---|---|---|---|---|---|---|---|---|
| 22 | 12 23 | 11 23 | 24 | 八 25 | 七 25 | 26 | 26 | 27 | 25 | 26 | 27 | 27 | 28 | 28 | 29 | 30 | 30 | 31 | 5 | 4 | 2 | 31 | 1 |
| 23 | 24 | 24 | 10 25 | 9 26 | 26 | 六 27 | 五 27 | 28 | 26 | 27 | 28 | 28 | 29 | 29 | 30 | 31 | 7 | 6 | 2 | 2 | 3 | 2 | 2 |
| 24 | 25 | 25 | 26 | 27 | 8 27 | 7 28 | 28 | 四 29 | 三 27 | 二 28 | 29 | 29 | 30 | 30 | 31 | 8 | 2 | 2 | 3 | 3 | 4 | 2 | 3 |
| 25 | 26 | 26 | 27 | 28 | 28 | 29 | 6 29 | 5 30 | 28 | 29 | 正 30 | 十二 30 | 十一 31 | 10 | 9 | 2 | 3 | 3 | 4 | 4 | 5 | 3 | 4 |
| 26 | 27 | 27 | 28 | 29 | 29 | 30 | 30 | 31 | 4 3 | 3 30 | 31 | 12 | 11 | 十 2 | 九 2 | 3 | 4 | 4 | 5 | 5 | 6 | 4 | 5 |
| 27 | 28 | 28 | 29 | 30 | 30 | 31 | 5 | 4 | 2 | 31 | 2 1 | 1 2 | 2 | 3 | 3 | 八 4 | 5 | 5 | 6 | 6 | 7 | 5 | 6 |
| 28 | 29 | 29 | 30 | 31 | 7 | 6 | 2 | 2 | 3 | 2 | 2 | 3 | 12 3 | 11 4 | 4 | 5 | 七 6 | 六 6 | 7 | 7 | 8 | 6 | 7 |
| 29 | 30 | 30 | 31 | 8 | 2 | 2 | 3 | 3 | 4 | 2 | 3 | 4 | 4 | 5 | 10 5 | 9 6 | 7 | 7 | 五 8 | 8 | 9 | 7 | 8 |
| 30 | 31 | 10 | 9 | 2 | 3 | 3 | 4 | 4 | 5 | 3 | 4 | 5 | 5 | 6 | 6 | 7 | 8 8 | 7 8 | 9 | 四 9 | 三 10 | 二 8 | 9 |
| 12 | 11 | 2 | 2 | 3 | 4 | 4 | 5 | 5 | 6 | 4 | 5 | 6 | 6 | 7 | 7 | 8 | 9 | 9 | 6 10 | 5 10 | 11 | 9 | 正 10 十二 |
| 2 | 2 | 3 | 3 | 4 | 5 | 5 | 6 | 6 | 7 | 5 | 6 | 7 | 7 | 8 | 8 | 9 | 10 | 10 | 11 | 11 | 4 12 | 3 10 | 11 |
| 3 | 3 | 4 | 4 | 5 | 6 | 6 | 7 | 7 | 8 | 6 | 7 | 8 | 8 | 9 | 9 | 10 | 11 | 11 | 12 | 12 | 13 | 11 | 2 12 1 |
| 4 | 4 | 5 | 5 | 6 | 7 | 7 | 8 | 8 | 9 | 7 | 8 | 9 | 9 | 10 | 10 | 11 | 12 | 12 | 13 | 13 | 14 | 12 | 13 |
| 5 | 5 | 6 | 6 | 7 | 8 | 8 | 9 | 9 | 10 | 8 | 9 | 10 | 10 | 11 | 11 | 12 | 13 | 13 | 14 | 14 | 15 | 13 | 14 |
| 6 | 6 | 7 | 7 | 8 | 9 | 9 | 10 | 10 | 11 | 9 | 10 | 11 | 11 | 12 | 12 | 13 | 14 | 14 | 15 | 15 | 16 | 14 | 15 |
| 7 | 7 | 8 | 8 | 9 | 10 | 10 | 11 | 11 | 12 | 10 | 11 | 12 | 12 | 13 | 13 | 14 | 15 | 15 | 16 | 16 | 17 | 15 | 16 |
| 8 | 8 | 9 | 9 | 10 | 11 | 11 | 12 | 12 | 13 | 11 | 12 | 13 | 冬 13 | 14 | 14 | 15 | 16 | 16 | 17 | 17 | 18 | 16 | 17 |
| 9 | 9 | 10 | 10 | 11 | 12 | 12 | 13 | 13 | 14 | 12 | 13 | 14 | 14 | 15 | 15 | 16 | 17 | 17 | 18 | 18 | 19 | 17 | 18 |
| 10 | 10 | 11 | 11 | 12 | 13 | 13 | 14 | 14 | 15 | 13 | 14 | 15 | 15 | 16 | 16 | 17 | 18 | 18 | 19 | 19 | 20 | 18 | 19 |
| 11 | 11 | 12 | 12 | 13 | 14 | 14 | 15 | 15 | 16 | 14 | 15 | 16 | 16 | 17 | 17 | 18 | 19 | 19 | 20 | 20 | 21 | 19 | 20 |
| 12 | 12 | 13 | 13 | 14 | 15 | 15 | 16 | 16 | 17 | 15 | 16 | 17 | 17 | 18 | 18 | 19 | 20 | 20 | 21 | 21 | 22 | 20 | 21 |
| 13 | 冬 13 | 14 | 14 | 15 | 16 | 16 | 17 | 17 | 18 | 16 | 17 | 18 | 18 | 19 | 19 | 20 | 21 | 21 | 22 | 22 | 23 | 21 | 22 |
| 14 | 14 | 15 | 15 | 16 | 17 | 17 | 18 | 18 | 19 | 17 | 18 | 19 | 19 | 20 | 20 | 21 | 22 | 22 | 23 | 23 | 24 | 22 | 23 |
| 15 | 15 | 16 | 16 | 17 | 18 | 18 | 19 | 19 | 20 | 18 | 19 | 20 | 20 | 21 | 21 | 22 | 23 | 23 | 24 | 24 | 25 | 23 | 24 |
| 16 | 16 | 17 | 17 | 18 | 19 | 19 | 20 | 20 | 21 | 19 | 20 | 21 | 21 | 22 | 22 | 23 | 24 | 24 | 25 | 25 | 26 | 24 | 25 |
| 17 | 17 | 18 | 18 | 19 | 20 | 20 | 21 | 21 | 22 | 20 | 21 | 22 | 22 | 23 | 23 | 24 | 25 | 25 | 26 | 26 | 27 | 25 | 26 |
| 18 | 18 | 19 | 19 | 20 | 21 | 21 | 22 | 22 | 23 | 21 | 22 | 23 | 23 | 24 | 24 | 25 | 26 | 26 | 27 | 27 | 28 | 26 | 27 |
| 19 | 十二 19 | 20 | 20 | 21 | 22 | 22 | 23 | 23 | 24 | 22 | 23 | 24 | 24 | 25 | 25 | 26 | 27 | 27 | 28 | 28 | 29 | 27 | 28 |
| 20 | 20 | 十一 21 | 21 | 22 | 23 | 23 | 24 | 24 | 25 | 23 | 24 | 25 | 25 | 26 | 26 | 27 | 28 | 28 | 29 | 29 | 30 | 28 | 29 |
| 21 | 21 | 22 | 十 22 | 九 23 | 24 | 24 | 25 | 25 | 26 | 24 | 25 | 26 | 26 | 27 | 27 | 28 | 29 | 29 | 30 | 30 | 31 | 3 | 30 |

一四五六 丙子 景泰七　　一四五五 乙亥 景泰六

861　　860　　859

| | | | | | | | | | | | | | | | | | | | | | | | | |
|---|---|---|---|---|---|---|---|---|---|---|---|---|---|---|---|---|---|---|---|---|---|---|---|---|
| 11 | 11 | 12 | 12 | 13 | 14 | 14 | 15 | 15 | 16 | 15 | 16 | 17 | 17 | 18 | 18 | 19 | 20 | 20 | 21 | 21 | 22 | 20 | 21 2 | 22 1 |
| 12 冬 | 12 | 13 | 13 | 14 | 15 | 15 | 16 | 16 | 17 | 16 | 17 | 18 | 18 | 19 | 19 | 20 | 21 | 21 | 22 | 22 | 23 | 21 | 22 | 23 |
| 13 | 13 | 14 | 14 | 15 | 16 | 16 | 17 | 17 | 18 | 17 | 18 | 19 | 19 | 20 | 20 | 21 | 22 | 22 | 23 | 23 | 24 | 22 | 23 | 24 |
| 14 | 14 | 15 | 15 | 16 | 17 | 17 | 18 | 18 | 19 | 18 | 19 | 20 | 20 | 21 | 21 | 22 | 23 | 23 | 24 | 24 | 25 | 23 | 24 | 25 |
| 15 | 15 | 16 | 16 | 17 | 18 | 18 | 19 | 19 | 20 | 19 | 20 | 21 | 21 | 22 | 22 | 23 | 24 | 24 | 25 | 25 | 26 | 24 | 25 | 26 |
| 16 | 16 | 17 | 17 | 18 | 19 | 19 | 20 | 20 | 21 | 20 | 21 | 22 | 22 | 23 | 23 | 24 | 25 | 25 | 26 | 26 | 27 | 25 | 26 | 27 |
| 17 | 17 | 18 | 18 | 19 | 20 | 20 | 21 | 21 | 22 | 21 | 22 | 23 | 23 | 24 | 24 | 25 | 26 | 26 | 27 | 27 | 28 | 26 | 27 | 28 |
| 18 | 18 | 19 | 19 | 20 | 21 | 21 | 22 | 22 | 23 | 22 | 23 | 24 | 24 | 25 | 25 | 26 | 27 | 27 | 28 | 28 | 29 | 27 | 28 | 29 |
| 19 | 19 | 20 | 20 | 21 | 22 | 22 | 23 | 23 | 24 | 23 | 24 | 25 | 25 | 26 | 26 | 27 | 28 | 28 | 29 | 29 | 30 | 28 | 29 | 30 |
| 20 | 20 | 21 | 21 | 22 | 23 | 23 | 24 | 24 | 25 | 24 | 25 | 26 | 26 | 27 | 27 | 28 | 29 | 29 | 30 | 30 | 31 | **3** | 30 | 31 |
| 21 | 21 | 22 | 22 | 23 | 24 | 24 | 25 | 25 | 26 | 25 | 26 | 27 | 27 | 28 | 28 | 29 | 30 | 30 | 31 | **5** | **4** | 2 | 31 | **1** |
| 22 | 22 | 23 | 23 | 24 | 25 | 25 | 26 | 26 | 27 | 26 | 27 | 28 | 28 | 29 | 29 | 30 | 31 | **7** | **6** | 2 | 2 | 3 | **2** | 2 |
| 23 | 23 | 24 | 24 | 25 | 26 | 26 | 27 | 27 | 28 | 27 | 28 | 29 | 29 | 30 | 30 | 31 | **8** | 2 | 2 | 3 | 3 | 4 | 2 | 3 |
| 24 | 24 | 25 | 25 | 26 | 27 | 27 | 28 | 28 | 29 | 28 | 29 | 30 | 30 | 31 | **10** | **9** | 2 | 3 | 3 | 4 | 4 | 5 | 3 | 4 |
| 25 | 25 | 26 | 26 | 27 | 28 | 28 | 29 | 29 | 30 | 29 | 30 | 31 | **12** | **11** | 2 | 2 | 3 | 4 | 4 | 5 | 5 | 6 | 4 | 5 |
| 26 | 26 | 27 | 27 | 28 | 29 | 29 | 30 | 30 | 31 | **3** | 31 | **1** | 2 | 2 | 3 | 3 | 4 | 5 | 5 | 6 | 6 | 7 | 5 | 6 |
| 27 十二 | 27 | 28 | 28 | 29 | 30 | 30 | 31 | **5** | **4** | 2 | **2** | 2 | 3 | 3 | 4 | 4 | 5 | 6 | 6 | 7 | 7 | 8 | 6 | 7 |
| 28 | 28 十一 | 29 十 | 29 | 30 | 31 | **7** | **6** | 2 | 2 | 3 | 2 | 3 | 4 | 4 | 5 | 5 | 6 | 7 | 7 | 8 | 8 | 9 | 7 | 8 |
| 29 2 | 29 1 | 30 | 30 九 | 31 八 | **8** 七 | 2 | 2 | 3 | 3 | 4 | 3 | 4 | 5 | 5 | 6 | 6 | 7 | 8 | 8 | 9 | 9 | 10 | 8 | 9 |
| 30 | 30 | 31 12 | **10** 11 | **9** | 2 | 3 六 | 3 五 | **4** | 4 | 5 | 4 | 5 | 6 | 6 | 7 | 7 | 8 | 9 | 9 | 10 | 10 | 11 | 9 | 10 |
| 31 | **12** | **11** | 2 | 2 10 | 3 9 | 4 | 4 | 5 四 | 5 三 | 6 二 | 5 | 6 | 7 | 7 | 8 | 8 | 9 | 10 | 10 | 11 | 11 | 12 | 10 | 11 |
| 日 | 2 | 2 | 3 | 3 | 4 | 5 8 | 5 7 | 6 | 6 | 7 | 6 正 | 7 | 8 | 8 | 9 | 9 | 10 | 11 | 11 | 12 | 12 | 13 | 11 | 12 |
| 曜 | 3 | 3 | 4 | 4 | 5 | 6 | 6 | 7 6 | 7 5 | 8 | 7 | 8 十二 | 9 十一 | 9 | 10 | 10 | 11 | 12 | 12 | 13 | 13 | 14 | 12 | 13 |
| 表 | 4 | 4 | 5 | 5 | 6 | 7 | 7 | 8 | 8 | 9 4 | 8 3 | 9 | 10 | 10 十 | 11 九 | 11 | 12 | 13 | 13 | 14 | 14 | 15 | 13 | 14 |
| 4 | 5 | 5 | 6 | 6 | 7 | 8 | 8 | 9 | 9 | 10 | 9 | 10 2 | 11 1 | 11 | 12 | 12 八 | 13 七 | 14 | 14 | 15 | 15 | 16 | 14 | 15 |
| 甲 | 6 | 6 | 7 | 7 | 8 | 9 | 9 | 10 | 10 | 11 | 10 | 11 | 12 | 12 12 | 13 11 | 13 | 14 | 15 閏 | 15 六 | 16 五 | 16 | 17 | 15 | 16 |
| 子 | 7 | 7 | 8 | 8 | 9 | 10 | 10 | 11 | 11 | 12 | 11 | 12 | 13 冬 | 13 | 14 | 14 10 | 15 9 | 16 | 16 | 17 | 17 四 | 18 三 | 16 | 17 |
| 表 | 8 | 8 | 9 | 9 | 10 | 11 | 11 | 12 | 12 | 13 | 12 | 13 | 14 | 14 | 15 | 15 | 16 | 17 8 | 17 7 | 18 | 18 | 19 | 17 二 | 18 正 |
| 4 | 9 | 9 | 10 | 10 | 11 | 12 | 12 | 13 | 13 | 14 | 13 | 14 | 15 | 15 | 16 | 16 | 17 | 18 | 18 | 19 6 | 19 5 | 20 | 18 | 19 |
| | 10 | 10 | 11 | 11 | 12 | 13 | 13 | 14 | 14 | 15 | 14 | 15 | 16 | 16 | 17 | 17 | 18 | 19 | 19 | 20 | 20 | 21 4 | 19 3 | 20 |

一四五七 丁丑 明英宗 天順元 862

一四五八 戊寅 天順二 863

| | | | | | | | | | | | | | | | | | | | | | | | |
|---|---|---|---|---|---|---|---|---|---|---|---|---|---|---|---|---|---|---|---|---|---|---|---|
| 22 | 23 | 23 | 24 | 25 | 25 | 26 | 26 | 27 | 25 | 26 | 27 | 27 | 28 | 28 | 29 | 30 | 30 | 31 | **5** | **4** | 2 | 31 | **1** |
| 23 | 24 | 24 | 25 | 26 | 26 | 27 | 27 | 28 | 26 | 27 | 28 | 28 | 29 | 29 | 30 | 31 | **7** | **6** | 2 | 2 | 3 | **2** | 2 |
| 24 | 25 | 25 | 26 | 27 | 27 | 28 | 28 | 29 | 27 | 28 | 29 | 29 | 30 | 30 | 31 | **8** | 2 | 2 | 3 | 3 | 4 | 2 | 3 |
| 25 | 26 | 26 | 27 | 28 | 28 | 29 | 29 | 30 | 28 | 29 | 30 | 30 | 31 | **10** | **9** | 2 | 3 | 3 | 4 | 4 | 5 | 3 | 4 |
| 26 | 27 | 27 | 28 | 29 | 29 | 30 | 30 | 31 | **3** | 30 | 31 | **12** | **11** | 2 | 2 | 3 | 4 | 4 | 5 | 5 | 6 | 4 | 5 |
| 27 | 28 | 28 | 29 | 30 | 30 | 31 | **5** | **4** | 2 | 31 | **1** | 2 | 2 | 3 | 3 | 4 | 5 | 5 | 6 | 6 | 7 | 5 | 6 |
| 28 | 29 | 29 | 30 | 31 | **7** | **6** | 2 | 2 | 3 | **2** | 2 | 3 | 3 | 4 | 4 | 5 | 6 | 6 | 7 | 7 | 8 | 6 | 7 |
| 29 | 30 | 30 | 31 | **8** | 2 | 2 | 3 | 3 | 4 | 2 | 3 | 4 | 4 | 5 | 5 | 6 | 7 | 7 | 8 | 8 | 9 | 7 | 8 |
| 30 | 31 | **10** | **9** | 2 | 3 | 3 | 4 | 4 | 5 | 3 | 4 | 5 | 5 | 6 | 6 | 7 | 8 | 8 | 9 | 9 | 10 | 8 | 9 |
| **12** | **11** | 2 | 2 | 3 | 4 | 4 | 5 | 5 | 6 | 4 | 5 | 6 | 6 | 7 | 7 | 8 | 9 | 9 | 10 | 10 | 11 | 9 | 10 |
| 2 | 2 | 3 | 3 | 4 | 5 | 5 | 6 | 6 | 7 | 5 | 6 | 7 | 7 | 8 | 8 | 9 | 10 | 10 | 11 | 11 | 12 | 10 | 11 |
| 3 | 3 | 4 | 4 | 5 | 6 | 6 | 7 | 7 | 8 | 6 | 7 | 8 | 8 | 9 | 9 | 10 | 11 | 11 | 12 | 12 | 13 | 11 | 12 |
| 4 | 4 | 5 | 5 | 6 | 7 | 7 | 8 | 8 | 9 | 7 | 8 | 9 | 9 | 10 | 10 | 11 | 12 | 12 | 13 | 13 | 14 | 12 | 13 |
| 5 | 5 | 6 | 6 | 7 | 8 | 8 | 9 | 9 | 10 | 8 | 9 | 10 | 10 | 11 | 11 | 12 | 13 | 13 | 14 | 14 | 15 | 13 | 14 |
| 6 | 十一6 | 十7 | 九7 | 8 | 9 | 9 | 10 | 10 | 11 | 9 | 10 | 11 | 11 | 12 | 12 | 13 | 14 | 14 | 15 | 15 | 16 | 14 | 15 |
| 7 | 7 | 8 | 8 | 八9 | 七10 | 10 | 11 | 11 | 12 | 10 | 11 | 12 | 12 | 13 | 13 | 14 | 15 | 15 | 16 | 16 | 17 | 15 | 16 |
| 8 | **2** 8 | **1** 9 | 9 | 10 | 11 | 六11 | 五12 | 12 | 13 | 11 | 12 | 13 | 冬13 | 14 | 14 | 15 | 16 | 16 | 17 | 17 | 18 | 16 | 17 |
| 9 | 9 | 10 | **12** 10 | **11** 11 | 12 | 12 | 13 | 四13 | 三14 | 12 | 13 | 14 | 14 | 15 | 15 | 16 | 17 | 17 | 18 | 18 | 19 | 17 | 18 |
| 10 | 10 | 11 | 11 | 12 | **10** 13 | **9** 13 | 14 | 14 | 15 | 閏13 | 14 | 15 | 15 | 16 | 16 | 17 | 18 | 18 | 19 | 19 | 20 | 18 | 19 |
| 11 | 11 | 12 | 12 | 13 | 14 | 14 | **8** 15 | **7** 15 | 16 | 14 | 二15 | 正16 | 16 | 17 | 17 | 18 | 19 | 19 | 20 | 20 | 21 | 19 | 20 |
| 12 | 12 | 13 | 13 | 14 | 15 | 15 | 16 | 16 | **6** 17 | **5** 15 | 16 | 17 | 十二17 | 十一18 | 十18 | 19 | 20 | 20 | 21 | 21 | 22 | 20 | 21 |
| 13 | 冬13 | 14 | 14 | 15 | 16 | 16 | 17 | 17 | 18 | 16 | **4** 17 | **3** 18 | 18 | 19 | 19 | 九20 | 八21 | 七21 | 22 | 22 | 23 | 21 | 22 |
| 14 | 14 | 15 | 15 | 16 | 17 | 17 | 18 | 18 | 19 | 17 | 18 | 19 | **2** 19 | **1** 20 | **12** 20 | **11** 21 | 22 | 22 | 六23 | 五23 | 24 | 22 | 23 |
| 15 | 15 | 16 | 16 | 17 | 18 | 18 | 19 | 19 | 20 | 18 | 19 | 20 | 20 | 21 | 21 | 22 | **10** 23 | **9** 23 | 24 | 24 | 四25 | 三23 | 24 |
| 16 | 16 | 17 | 17 | 18 | 19 | 19 | 20 | 20 | 21 | 19 | 20 | 21 | 21 | 22 | 22 | 23 | 24 | 24 | **8** 25 | **7** 25 | 26 | 24 | 二25 |
| 17 | 17 | 18 | 18 | 19 | 20 | 20 | 21 | 21 | 22 | 20 | 21 | 22 | 22 | 23 | 23 | 24 | 25 | 25 | 26 | 26 | **6** 27 | **5** 25 | 26 正 |
| 18 | 18 | 19 | 19 | 20 | 21 | 21 | 22 | 22 | 23 | 21 | 22 | 23 | 23 | 24 | 24 | 25 | 26 | 26 | 27 | 27 | 28 | 26 | **4** 27 **3** |
| 19 | 19 | 20 | 20 | 21 | 22 | 22 | 23 | 23 | 24 | 22 | 23 | 24 | 24 | 25 | 25 | 26 | 27 | 27 | 28 | 28 | 29 | 27 | 28 |
| 20 | 20 | 21 | 21 | 22 | 23 | 23 | 24 | 24 | 25 | 23 | 24 | 25 | 25 | 26 | 26 | 27 | 28 | 28 | 29 | 29 | 30 | 28 | 29 |
| 21 | 21 | 22 | 22 | 23 | 24 | 24 | 25 | 25 | 26 | 24 | 25 | 26 | 26 | 27 | 27 | 28 | 29 | 29 | 30 | 30 | 31 | **3** | 30 |

一四五九 己卯 天順三

一四六〇 庚辰 天順四

865　　864

| | | | | | | | | | | | | | | | | | | | | | | | | |
|---|---|---|---|---|---|---|---|---|---|---|---|---|---|---|---|---|---|---|---|---|---|---|---|---|
| 11 | 11 | 12 | 12 | 13 | 14 | 14 | 15 | 15 | 16 | 15 | 16 | 17 | 17 | 18 | 18 | 19 | 20 | 20 | 21 | 21 | 22 | 20 | 21 | 22 |
| 12冬 | 12 | 13 | 13 | 14 | 15 | 15 | 16 | 16 | 17 | 16 | 17 | 18 | 18 | 19 | 19 | 20 | 21 | 21 | 22 | 22 | 23 | 21 | 22 | 23 |
| 13閏 | 13十一 | 14十 | 14 | 15 | 16 | 16 | 17 | 17 | 18 | 17 | 18 | 19 | 19 | 20 | 20 | 21 | 22 | 22 | 23 | 23 | 24 | 22 | 23 | 24 |
| 14 | 14 | 15 | 15九 | 16八 | 17 | 17 | 18 | 18 | 19 | 18 | 19 | 20 | 20 | 21 | 21 | 22 | 23 | 23 | 24 | 24 | 25 | 23 | 24 | 25 |
| 15 3 | 15 | 16 | 16 | 17 | 18七 | 18 | 19 | 19 | 20 | 19 | 20 | 21 | 21 | 22 | 22 | 23 | 24 | 24 | 25 | 25 | 26 | 24 | 25 | 26 |
| 16 | 16 2 | 17 1 | 17 12 | 18 11 | 19 | 19六 | 20五 | 20 | 21 | 20 | 21 | 22 | 22 | 23 | 23 | 24 | 25 | 25 | 26 | 26 | 27 | 25 | 26 | 27 |
| 17 | 17 | 18 | 18 | 19 | 20 10 | 20 9 | 21 | 21四 | 22 | 21 | 22 | 23 | 23 | 24 | 24 | 25 | 26 | 26 | 27 | 27 | 28 | 26 | 27 | 28 |
| 18 | 18 | 19 | 19 | 20 | 21 | 21 | 22 8 | 22 7 | 23三 | 22二 | 23 | 24 | 24 | 25 | 25 | 26 | 27 | 27 | 28 | 28 | 29 | 27 | 28 | 29 |
| 19 | 19 | 20 | 20 | 21 | 22 | 22 | 23 | 23 | 24 6 | 23 5 | 24正 | 25十二 | 25十一 | 26十 | 26 | 27 | 28 | 28 | 29 | 29 | 30 | 28 | 29 | 30 |
| 20 | 20 | 21 | 21 | 22 | 23 | 23 | 24 | 24 | 25 | 24 | 25 4 | 26 3 | 26 | 27 | 27九 | 28八 | 29七 | 29 | 30 | 30 | 31 | 3 | 30 | 31 |
| 21 | 21 | 22 | 22 | 23 | 24 | 24 | 25 | 25 | 26 | 25 | 26 | 27 | 27 2 | 28 1 | 28 | 29 | 30 | 30六 | 31 | 5 | 4 | 2 | 31 | 1 |
| 22 | 22 | 23 | 23 | 24 | 25 | 25 | 26 | 26 | 27 | 26 | 27 | 28 | 28 | 29 | 29 12 | 30 11 | 31 | 7 | 6五 | 2四 | 2 | 3 | 2 | 2 |
| 23 | 23 | 24 | 24 | 25 | 26 | 26 | 27 | 27 | 28 | 27 | 28 | 29 | 29 | 30 | 30 | 31 | 8 10 | 2 9 | 2 | 3 | 3三 | 4 | 2 | 3 |
| 24 | 24 | 25 | 25 | 26 | 27 | 27 | 28 | 28 | 29 | 28 | 29 | 30 | 30 | 31 | 10 | 9 | 2 | 3 | 3 8 | 4 7 | 4 | 5二 | 3正 | 4 |
| 25 | 25 | 26 | 26 | 27 | 28 | 28 | 29 | 29 | 30 | 29 | 30 | 31 | 12 | 11 | 2 | 2 | 3 | 4 | 4 | 5 | 5 6 | 6 5 | 4 | 5十二 |
| 26 | 26 | 27 | 27 | 28 | 29 | 29 | 30 | 30 | 31 | 3 | 31 | 1 | 2 | 2 | 3 | 3 | 4 | 5 | 5 | 6 | 6 | 7 | 5 4 | 6 3 |
| 27 | 27 | 28 | 28 | 29 | 30 | 30 | 31 | 5 | 4 | 2 | 2 | 2 | 3 | 3 | 4 | 4 | 5 | 6 | 6 | 7 | 7 | 8 | 6 | 7 |
| 28 | 28 | 29 | 29 | 30 | 31 | 7 | 6 | 2 | 2 | 3 | 2 | 3 | 4 | 4 | 5 | 5 | 6 | 7 | 7 | 8 | 8 | 9 | 7 | 8 |
| 29 | 29 | 30 | 30 | 31 | 8 | 2 | 2 | 3 | 3 | 4 | 3 | 4 | 5 | 5 | 6 | 6 | 7 | 8 | 8 | 9 | 9 | 10 | 8 | 9 |
| 30 | 30 | 31 | 10 | 9 | 2 | 3 | 3 | 4 | 4 | 5 | 4 | 5 | 6 | 6 | 7 | 7 | 8 | 9 | 9 | 10 | 10 | 11 | 9 | 10 |
| 31 | 12 | 11 | 2 | 2 | 3 | 4 | 4 | 5 | 5 | 6 | 5 | 6 | 7 | 7 | 8 | 8 | 9 | 10 | 10 | 11 | 11 | 12 | 10 | 11 |
| 日 | 2 | 2 | 3 | 3 | 4 | 5 | 5 | 6 | 6 | 7 | 6 | 7 | 8 | 8 | 9 | 9 | 10 | 11 | 11 | 12 | 12 | 13 | 11 | 12 |
| 曜 | 3 | 3 | 4 | 4 | 5 | 6 | 6 | 7 | 7 | 8 | 7 | 8 | 9 | 9 | 10 | 10 | 11 | 12 | 12 | 13 | 13 | 14 | 12 | 13 |
| 表 | 4 | 4 | 5 | 5 | 6 | 7 | 7 | 8 | 8 | 9 | 8 | 9 | 10 | 10 | 11 | 11 | 12 | 13 | 13 | 14 | 14 | 15 | 13 | 14 |
| 5 | 5 | 5 | 6 | 6 | 7 | 8 | 8 | 9 | 9 | 10 | 9 | 10 | 11 | 11 | 12 | 12 | 13 | 14 | 14 | 15 | 15 | 16 | 14 | 15 |
| 甲 | 6 | 6 | 7 | 7 | 8 | 9 | 9 | 10 | 10 | 11 | 10 | 11 | 12 | 12 | 13 | 13 | 14 | 15 | 15 | 16 | 16 | 17 | 15 | 16 |
| 子 | 7 | 7 | 8 | 8 | 9 | 10 | 10 | 11 | 11 | 12 | 11 | 12 | 13冬 | 13 | 14 | 14 | 15 | 16 | 16 | 17 | 17 | 18 | 16 | 17 |
| 表 | 8 | 8 | 9 | 9 | 10 | 11 | 11 | 12 | 12 | 13 | 12 | 13 | 14 | 14 | 15 | 15 | 16 | 17 | 17 | 18 | 18 | 19 | 17 | 18 |
| 5 | 9 | 9 | 10 | 10 | 11 | 12 | 12 | 13 | 13 | 14 | 13 | 14 | 15 | 15 | 16 | 16 | 17 | 18 | 18 | 19 | 19 | 20 | 18 | 19 |
| | 10 | 10 | 11 | 11 | 12 | 13 | 13 | 14 | 14 | 15 | 14 | 15 | 16 | 16 | 17 | 17 | 18 | 19 | 19 | 20 | 20 | 21 | 19 | 20 |

一四六二 壬午 天順六 867

一四六一 辛巳 天順五 866

| | | | | | | | | | | | | | | | | | | | | | | | |
|---|---|---|---|---|---|---|---|---|---|---|---|---|---|---|---|---|---|---|---|---|---|---|---|
| 22 十一 | 23 十 | 23 九 | 24 | 25 | 25 | 26 | 26 | 27 | 25 | 26 | 27 | 27 | 28 | 28 | 29 | 30 | 30 | 31 | **5** | **4** | 2 | 31 | **1** |
| 23 | 24 | 24 | 25 八 | 26 | 26 | 27 | 27 | 28 | 26 | 27 | 28 | 28 | 29 | 29 | 30 | 31 | **7** | **6** | 2 | 2 | 3 | **2** | 2 |
| 24 3 | 25 | 25 | 26 | 27 七 | 27 六 | 28 | 28 | 29 | 27 | 28 | 29 | 29 | 30 | 30 | 31 | **8** | 2 | 2 | 3 | 3 | 4 | 2 | 3 |
| 25 | 26 2 | 26 1 | 27 12 | 28 11 | 28 | 29 五 | 29 | 30 | 28 | 29 | 30 | 30 | 31 | **10** | **9** | 2 | 3 | 3 | 4 | 4 | 5 | 3 | 4 |
| 26 | 27 | 27 | 28 | 29 | 29 10 | 30 9 | 30 四 | 31 三 | **3** 二 | 30 正 | 31 | **12** | **11** | 2 | 2 | 3 | 4 | 4 | 5 | 5 | 6 | 4 | 5 |
| 27 | 28 | 28 | 29 | 30 | 30 | 31 | **5** 8 | **4** 7 | 2 | 31 | **1** 十二 | 2 十一 | 2 十 | 3 | 3 | 4 | 5 | 5 | 6 | 6 | 7 | 5 | 6 |
| 28 | 29 | 29 | 30 | 31 | **7** | **6** | 2 | 2 | 3 6 | **2** 5 | 2 | 3 | 3 | 4 九 | 4 八 | 5 | 6 | 6 | 7 | 7 | 8 | 6 | 7 |
| 29 | 30 | 30 | 31 | **8** | 2 | 2 | 3 | 3 | 4 | 2 | 3 4 | 4 3 | 4 | 5 | 5 | 6 七 | 7 | 7 | 8 | 8 | 9 | 7 | 8 |
| 30 | 31 | **10** | **9** | 2 | 3 | 3 | 4 | 4 | 5 | 3 | 4 | 5 | 5 2 | 6 1 | 6 | 7 | 8 六 | 8 五 | 9 | 9 | 10 | 8 | 9 |
| **12** | **11** | 2 | 2 | 3 | 4 | 4 | 5 | 5 | 6 | 4 | 5 | 6 | 6 | 7 | 7 12 | 8 11 | 9 | 9 | 10 四 | 10 | 11 | 9 | 10 |
| 2 | 2 | 3 | 3 | 4 | 5 | 5 | 6 | 6 | 7 | 5 | 6 | 7 | 7 | 8 | 8 | 9 | 10 10 | 10 9 | 11 | 11 三 | 12 二 | 10 正 | 11 |
| 3 | 3 | 4 | 4 | 5 | 6 | 6 | 7 | 7 | 8 | 6 | 7 | 8 | 8 | 9 | 9 | 10 | 11 | 11 | 12 8 | 12 7 | 13 | 11 | 12 十二 |
| 4 | 4 | 5 | 5 | 6 | 7 | 7 | 8 | 8 | 9 | 7 | 8 | 9 | 9 | 10 | 10 | 11 | 12 | 12 | 13 | 13 | 14 6 | 12 5 | 13 |
| 5 | 5 | 6 | 6 | 7 | 8 | 8 | 9 | 9 | 10 | 8 | 9 | 10 | 10 | 11 | 11 | 12 | 13 | 13 | 14 | 14 | 15 | 13 | 14 4 |
| 6 | 6 | 7 | 7 | 8 | 9 | 9 | 10 | 10 | 11 | 9 | 10 | 11 | 11 | 12 | 12 | 13 | 14 | 14 | 15 | 15 | 16 | 14 | 15 |
| 7 | 7 | 8 | 8 | 9 | 10 | 10 | 11 | 11 | 12 | 10 | 11 | 12 | 12 | 13 | 13 | 14 | 15 | 15 | 16 | 16 | 17 | 15 | 16 |
| 8 | 8 | 9 | 9 | 10 | 11 | 11 | 12 | 12 | 13 | 11 | 12 | 13 冬 | 13 | 14 | 14 | 15 | 16 | 16 | 17 | 17 | 18 | 16 | 17 |
| 9 | 9 | 10 | 10 | 11 | 12 | 12 | 13 | 13 | 14 | 12 | 13 | 14 | 14 | 15 | 15 | 16 | 17 | 17 | 18 | 18 | 19 | 17 | 18 |
| 10 | 10 | 11 | 11 | 12 | 13 | 13 | 14 | 14 | 15 | 13 | 14 | 15 | 15 | 16 | 16 | 17 | 18 | 18 | 19 | 19 | 20 | 18 | 19 |
| 11 | 11 | 12 | 12 | 13 | 14 | 14 | 15 | 15 | 16 | 14 | 15 | 16 | 16 | 17 | 17 | 18 | 19 | 19 | 20 | 20 | 21 | 19 | 20 |
| 12 | 12 | 13 | 13 | 14 | 15 | 15 | 16 | 16 | 17 | 15 | 16 | 17 | 17 | 18 | 18 | 19 | 20 | 20 | 21 | 21 | 22 | 20 | 21 |
| 13 冬 | 13 | 14 | 14 | 15 | 16 | 16 | 17 | 17 | 18 | 16 | 17 | 18 | 18 | 19 | 19 | 20 | 21 | 21 | 22 | 22 | 23 | 21 | 22 |
| 14 | 14 | 15 | 15 | 16 | 17 | 17 | 18 | 18 | 19 | 17 | 18 | 19 | 19 | 20 | 20 | 21 | 22 | 22 | 23 | 23 | 24 | 22 | 23 |
| 15 | 15 | 16 | 16 | 17 | 18 | 18 | 19 | 19 | 20 | 18 | 19 | 20 | 20 | 21 | 21 | 22 | 23 | 23 | 24 | 24 | 25 | 23 | 24 |
| 16 | 16 | 17 | 17 | 18 | 19 | 19 | 20 | 20 | 21 | 19 | 20 | 21 | 21 | 22 | 22 | 23 | 24 | 24 | 25 | 25 | 26 | 24 | 25 |
| 17 | 17 | 18 | 18 | 19 | 20 | 20 | 21 | 21 | 22 | 20 | 21 | 22 | 22 | 23 | 23 | 24 | 25 | 25 | 26 | 26 | 27 | 25 | 26 |
| 18 | 18 | 19 | 19 | 20 | 21 | 21 | 22 | 22 | 23 | 21 | 22 | 23 | 23 | 24 | 24 | 25 | 26 | 26 | 27 | 27 | 28 | 26 | 27 |
| 19 | 19 | 20 | 20 | 21 | 22 | 22 | 23 | 23 | 24 | 22 | 23 | 24 | 24 | 25 | 25 | 26 | 27 | 27 | 28 | 28 | 29 | 27 | 28 |
| 20 | 20 | 21 | 21 | 22 | 23 | 23 | 24 | 24 | 25 | 23 | 24 | 25 | 25 | 26 | 26 | 27 | 28 | 28 | 29 | 29 | 30 | 28 | 29 |
| 21 十二 | 21 | 22 | 22 | 23 | 24 | 24 | 25 | 25 | 26 | 24 | 25 | 26 | 26 | 27 | 27 | 28 | 29 | 29 | 30 | 30 | 31 | **3** | 30 |

一四六四 甲申 天順八

869

一四六三 癸未 天順七

868

| | | | | | | | | | | | | | | | | | | | | | | | | |
|---|---|---|---|---|---|---|---|---|---|---|---|---|---|---|---|---|---|---|---|---|---|---|---|---|
| 11 | 11 | 12 | 12 | 13 | 14 | 14 | 15 | 15 | 16 | 15 | 16 | 17 | 17 | 18 | 18 | 19 | 20 | 20 | 21 | 21 8 | 22 7 | 20 | 21 | 22 |
| 12 冬 | 12 | 13 | 13 | 14 | 15 | 15 | 16 | 16 | 17 | 16 | 17 | 18 | 18 | 19 | 19 | 20 | 21 | 21 | 22 | 22 | 23 | 21 6 | 22 5 | 23 |
| 13 | 13 | 14 | 14 | 15 | 16 | 16 | 17 | 17 | 18 | 17 | 18 | 19 | 19 | 20 | 20 | 21 | 22 | 22 | 23 | 23 | 24 | 22 | 23 | 24 4 |
| 14 | 14 | 15 | 15 | 16 | 17 | 17 | 18 | 18 | 19 | 18 | 19 | 20 | 20 | 21 | 21 | 22 | 23 | 23 | 24 | 24 | 25 | 23 | 24 | 25 |
| 15 | 15 | 16 | 16 | 17 | 18 | 18 | 19 | 19 | 20 | 19 | 20 | 21 | 21 | 22 | 22 | 23 | 24 | 24 | 25 | 25 | 26 | 24 | 25 | 26 |
| 16 | 16 | 17 | 17 | 18 | 19 | 19 | 20 | 20 | 21 | 20 | 21 | 22 | 22 | 23 | 23 | 24 | 25 | 25 | 26 | 26 | 27 | 25 | 26 | 27 |
| 17 | 17 | 18 | 18 | 19 | 20 | 20 | 21 | 21 | 22 | 21 | 22 | 23 | 23 | 24 | 24 | 25 | 26 | 26 | 27 | 27 | 28 | 26 | 27 | 28 |
| 18 | 18 | 19 | 19 | 20 | 21 | 21 | 22 | 22 | 23 | 22 | 23 | 24 | 24 | 25 | 25 | 26 | 27 | 27 | 28 | 28 | 29 | 27 | 28 | 29 |
| 19 | 19 | 20 | 20 | 21 | 22 | 22 | 23 | 23 | 24 | 23 | 24 | 25 | 25 | 26 | 26 | 27 | 28 | 28 | 29 | 29 | 30 | 28 | 29 | 30 |
| 20 | 20 | 21 | 21 | 22 | 23 | 23 | 24 | 24 | 25 | 24 | 25 | 26 | 26 | 27 | 27 | 28 | 29 | 29 | 30 | 30 | 31 | 3 | 30 | 31 |
| 21 | 21 | 22 | 22 | 23 | 24 | 24 | 25 | 25 | 26 | 25 | 26 | 27 | 27 | 28 | 28 | 29 | 30 | 30 | 31 | 5 | 4 | 2 | 31 | 1 |
| 22 | 22 | 23 | 23 | 24 | 25 | 25 | 26 | 26 | 27 | 26 | 27 | 28 | 28 | 29 | 29 | 30 | 31 | 7 | 6 | 2 | 2 | 3 | 2 | 2 |
| 23 | 23 | 24 | 24 | 25 | 26 | 26 | 27 | 27 | 28 | 27 | 28 | 29 | 29 | 30 | 30 | 31 | 8 | 2 | 2 | 3 | 3 | 4 | 2 | 3 |
| 24 | 24 | 25 | 25 | 26 | 27 | 27 | 28 | 28 | 29 | 28 | 29 | 30 | 30 | 31 | 10 | 9 | 2 | 3 | 3 | 4 | 4 | 5 | 3 | 4 |
| 25 | 25 | 26 | 26 | 27 | 28 | 28 | 29 | 29 | 30 | 29 | 30 | 31 | 12 | 11 | 2 | 2 | 3 | 4 | 4 | 5 | 5 | 6 | 4 | 5 |
| 26 | 26 | 27 | 27 | 28 | 29 | 29 | 30 | 30 | 31 | 3 | 31 | 1 | 2 | 2 | 3 | 3 | 4 | 5 | 5 | 6 | 6 | 7 | 5 | 6 |
| 27 | 27 | 28 | 28 | 29 | 30 | 30 | 31 | 5 | 4 | 2 | 2 | 2 | 3 | 3 | 4 | 4 | 5 | 6 | 6 | 7 | 7 | 8 | 6 | 7 |
| 28 | 28 | 29 | 29 | 30 | 31 | 7 | 6 | 2 | 2 | 3 | 2 | 3 | 4 | 4 | 5 | 5 | 6 | 7 | 7 | 8 | 8 | 9 | 7 | 8 |
| 29 十二 | 29 十一 | 30 | 30 | 31 | 8 | 2 | 2 | 3 | 3 | 4 | 3 | 4 | 5 | 5 | 6 | 6 | 7 | 8 | 8 | 9 | 9 | 10 | 8 | 9 |
| 30 5 | 30 | 31 十 | 10 九 | 9 | 2 | 3 | 3 | 4 | 4 | 5 | 4 | 5 | 6 | 6 | 7 | 7 | 8 | 9 | 9 | 10 | 10 | 11 | 9 | 10 |
| 31 | 12 4 | 11 3 | 2 | 2 八 | 3 七 | 4 | 4 | 5 | 5 | 6 | 5 | 6 | 7 | 7 | 8 | 8 | 9 | 10 | 10 | 11 | 11 | 12 | 10 | 11 |
| 日 | 2 | 2 | 3 2 | 3 1 | 4 | 5 六 | 5 五 | 6 四 | 6 | 7 | 6 | 7 | 8 | 8 | 9 | 9 | 10 | 11 | 11 | 12 | 12 | 13 | 11 | 12 |
| 曜 | 3 | 3 | 4 | 4 | 5 12 | 6 11 | 6 | 7 | 7 三 | 8 二 | 7 正 | 8 | 9 | 9 | 10 | 10 | 11 | 12 | 12 | 13 | 13 | 14 | 12 | 13 |
| 表 | 4 | 4 | 5 | 5 | 6 | 7 | 7 10 | 8 9 | 8 | 9 | 8 | 9 十二 | 10 十一 | 10 | 11 | 11 | 12 | 13 | 13 | 14 | 14 | 15 | 13 | 14 |
| 6 | 5 | 5 | 6 | 6 | 7 | 8 | 8 | 9 | 9 8 | 10 7 | 9 | 10 | 11 | 11 十 | 12 | 12 | 13 | 14 | 14 | 15 | 15 | 16 | 14 | 15 |
| 甲 | 6 | 6 | 7 | 7 | 8 | 9 | 9 | 10 | 10 | 11 | 10 6 | 11 5 | 12 | 12 | 13 九 | 13 八 | 14 | 15 | 15 | 16 | 16 | 17 | 15 | 16 |
| 子 | 7 | 7 | 8 | 8 | 9 | 10 | 10 | 11 | 11 | 12 | 11 | 12 | 13 冬 4 | 13 3 | 14 | 14 | 15 閏 | 16 七 | 16 | 17 | 17 | 18 | 16 | 17 |
| 表 | 8 | 8 | 9 | 9 | 10 | 11 | 11 | 12 | 12 | 13 | 12 | 13 | 14 | 14 | 15 2 | 15 1 | 16 | 17 | 17 六 | 18 五 | 18 | 19 | 17 | 18 |
| 6 | 9 | 9 | 10 | 10 | 11 | 12 | 12 | 13 | 13 | 14 | 13 | 14 | 15 | 15 | 16 | 16 | 17 12 | 18 11 | 18 | 19 | 19 四 | 20 三 | 18 二 | 19 |
| | 10 | 10 | 11 | 11 | 12 | 13 | 13 | 14 | 14 | 15 | 14 | 15 | 16 | 16 | 17 | 17 | 18 | 19 | 19 10 | 20 9 | 20 | 21 | 19 | 20 正 |

一四六五 乙酉 明憲宗 成化元

870

一四六六 丙戌 成化二

871

| | | | | | | | | | | | | | | | | | | | | | | | |
|---|---|---|---|---|---|---|---|---|---|---|---|---|---|---|---|---|---|---|---|---|---|---|---|
| 22 | 23 | 23 | 24 | 25 | 25 | 26 | 26 | 27 | 25 | 26 | 27 | 27 | 28 | 28 | 29 | 30 | 30 | 31 | **5** | **4** | 2 | 31 | **1** |
| 23 | 24 | 24 | 25 | 26 | 26 | 27 | 27 | 28 | 26 | 27 | 28 | 28 | 29 | 29 | 30 | 31 | **7** | **6** | 2 | 2 | 3 | **2** | 2 |
| 24 | 25 | 25 | 26 | 27 | 27 | 28 | 28 | 29 | 27 | 28 | 29 | 29 | 30 | 30 | 31 | **8** | 2 | 2 | 3 | 3 | 4 | 2 | 3 |
| 25 | 26 | 26 | 27 | 28 | 28 | 29 | 29 | 30 | 28 | 29 | 30 | 30 | 31 | **10** | **9** | 2 | 3 | 3 | 4 | 4 | 5 | 3 | 4 |
| 26 | 27 | 27 | 28 | 29 | 29 | 30 | 30 | 31 | **3** | 30 | 31 | **12** | **11** | 2 | 2 | 3 | 4 | 4 | 5 | 5 | 6 | 4 | 5 |
| 27 | 28 | 28 | 29 | 30 | 30 | 31 | **5** | **4** | 2 | 31 | **1** | 2 | 2 | 3 | 3 | 4 | 5 | 5 | 6 | 6 | 7 | 5 | 6 |
| 28 | 29 | 29 | 30 | 31 | **7** | **6** | 2 | 2 | 3 | **2** | 2 | 3 | 3 | 4 | 4 | 5 | 6 | 6 | 7 | 7 | 8 | 6 | 7 |
| 29 | 30 | 30 | 31 | **8** | 2 | 2 | 3 | 3 | 4 | 2 | 3 | 4 | 4 | 5 | 5 | 6 | 7 | 7 | 8 | 8 | 9 | 7 | 8 |
| 30 | 31 | **10** | **9** | 2 | 3 | 3 | 4 | 4 | 5 | 3 | 4 | 5 | 5 | 6 | 6 | 7 | 8 | 8 | 9 | 9 | 10 | 8 | 9 |
| **12** | **11** | 2 | 2 | 3 | 4 | 4 | 5 | 5 | 6 | 4 | 5 | 6 | 6 | 7 | 7 | 8 | 9 | 9 | 10 | 10 | 11 | 9 | 10 |
| 2 | 2 | 3 | 3 | 4 | 5 | 5 | 6 | 6 | 7 | 5 | 6 | 7 | 7 | 8 | 8 | 9 | 10 | 10 | 11 | 11 | 12 | 10 | 11 |
| 3 | 3 | 4 | 4 | 5 | 6 | 6 | 7 | 7 | 8 | 6 | 7 | 8 | 8 | 9 | 9 | 10 | 11 | 11 | 12 | 12 | 13 | 11 | 12 |
| 4 | 4 | 5 | 5 | 6 | 7 | 7 | 8 | 8 | 9 | 7 | 8 | 9 | 9 | 10 | 10 | 11 | 12 | 12 | 13 | 13 | 14 | 12 | 13 |
| 5 | 5 | 6 | 6 | 7 | 8 | 8 | 9 | 9 | 10 | 8 | 9 | 10 | 10 | 11 | 11 | 12 | 13 | 13 | 14 | 14 | 15 | 13 | 14 |
| 6 | 6 | 7 | 7 | 8 | 9 | 9 | 10 | 10 | 11 | 9 | 10 | 11 | 11 | 12 | 12 | 13 | 14 | 14 | 15 | 15 | 16 | 14 | 15 |
| 7 | 7 | 8 | 8 | 9 | 10 | 10 | 11 | 11 | 12 | 10 | 11 | 12 | 冬12 | 13 | 13 | 14 | 15 | 15 | 16 | 16 | 17 | 15 | 16 |
| 8 | 十一8 | 十9 | 九9 | 10 | 11 | 11 | 12 | 12 | 13 | 11 | 12 | 13 | 13 | 14 | 14 | 15 | 16 | 16 | 17 | 17 | 18 | 16 | 17 |
| 9 | 5 9 | 10 | 10 | 八11 | 七12 | 六12 | 13 | 13 | 14 | 12 | 13 | 14 | 14 | 15 | 15 | 16 | 17 | 17 | 18 | 18 | 19 | 17 | 18 |
| 10 | 10 | 4 11 | 3 11 | 12 | 13 | 13 | 五14 | 四14 | 15 | 13 | 14 | 15 | 15 | 16 | 16 | 17 | 18 | 18 | 19 | 19 | 20 | 18 | 19 |
| 11 | 11 | 12 | 12 | 2 13 | 1 14 | 14 | 15 | 15 | 閏16 | 三14 | 15 | 16 | 16 | 17 | 17 | 18 | 19 | 19 | 20 | 20 | 21 | 19 | 20 |
| 12 | 12 | 13 | 13 | 14 | 15 | 12 15 | 11 16 | 16 | 17 | 15 | 二16 | 17 | 17 | 18 | 18 | 19 | 20 | 20 | 21 | 21 | 22 | 20 | 21 |
| 13 | 冬13 | 14 | 14 | 15 | 16 | 16 | 17 | 10 17 | 9 18 | 16 | 17 | 正18 | 十二18 | 19 | 19 | 20 | 21 | 21 | 22 | 22 | 23 | 21 | 22 |
| 14 | 14 | 15 | 15 | 16 | 17 | 17 | 18 | 18 | 19 | 8 17 | 7 18 | 19 | 19 | 十一20 | 十20 | 九21 | 22 | 22 | 23 | 23 | 24 | 22 | 23 |
| 15 | 15 | 16 | 16 | 17 | 18 | 18 | 19 | 19 | 20 | 18 | 19 | 6 20 | 5 20 | 21 | 21 | 22 | 八23 | 七23 | 24 | 24 | 25 | 23 | 24 |
| 16 | 16 | 17 | 17 | 18 | 19 | 19 | 20 | 20 | 21 | 19 | 20 | 21 | 21 | 4 22 | 3 22 | 23 | 24 | 24 | 六25 | 五25 | 四26 | 24 | 25 |
| 17 | 17 | 18 | 18 | 19 | 20 | 20 | 21 | 21 | 22 | 20 | 21 | 22 | 22 | 23 | 23 | 2 24 | 1 25 | 12 25 | 11 26 | 26 | 27 | 三25 | 二26 |
| 18 | 18 | 19 | 19 | 20 | 21 | 21 | 22 | 22 | 23 | 21 | 22 | 23 | 23 | 24 | 24 | 25 | 26 | 26 | 27 | 10 27 | 9 28 | 26 | 27正 |
| 19 | 19 | 20 | 20 | 21 | 22 | 22 | 23 | 23 | 24 | 22 | 23 | 24 | 24 | 25 | 25 | 26 | 27 | 27 | 28 | 28 | 29 | 8 27 | 7 28 |
| 20 | 20 | 21 | 21 | 22 | 23 | 23 | 24 | 24 | 25 | 23 | 24 | 25 | 25 | 26 | 26 | 27 | 28 | 28 | 29 | 29 | 30 | 28 | 29 6 |
| 21 | 21 | 22 | 22 | 23 | 24 | 24 | 25 | 25 | 26 | 24 | 25 | 26 | 26 | 27 | 27 | 28 | 29 | 29 | 30 | 30 | 31 | **3** | 30 |

一四六八 戊子 成化四　　873

一四六七 丁亥 成化三　　872

| | | | | | | | | | | | | | | | | | | | | | | | | |
|---|---|---|---|---|---|---|---|---|---|---|---|---|---|---|---|---|---|---|---|---|---|---|---|---|
| 11 | 11 | 12 | 12 | 13 | 14 | 14 | 15 | 15 | 16 | 15 | 16 | 17 | 17 | 18 | 18 | 19 | 20 | 20 | 21 | 21 | 22 | 20 | 21 | 22 |
| 12冬 | 12 | 13 | 13 | 14 | 15 | 15 | 16 | 16 | 17 | 16 | 17 | 18 | 18 | 19 | 19 | 20 | 21 | 21 | 22 | 22 | 23 | 21 | 22 | 23 |
| 13 | 13 | 14 | 14 | 15 | 16 | 16 | 17 | 17 | 18 | 17 | 18 | 19 | 19 | 20 | 20 | 21 | 22 | 22 | 23 | 23 | 24 | 22 | 23 | 24 |
| 14 | 14 | 15 | 15 | 16 | 17 | 17 | 18 | 18 | 19 | 18 | 19 | 20 | 20 | 21 | 21 | 22 | 23 | 23 | 24 | 24 | 25 | 23 | 24 | 25 |
| 15十二 | 15十一 | 16十 | 16九 | 17 | 18 | 18 | 19 | 19 | 20 | 19 | 20 | 21 | 21 | 22 | 22 | 23 | 24 | 24 | 25 | 25 | 26 | 24 | 25 | 26 |
| 16 | 16 | 17 | 17 | 18八 | 19七 | 19 | 20 | 20 | 21 | 20 | 21 | 22 | 22 | 23 | 23 | 24 | 25 | 25 | 26 | 26 | 27 | 25 | 26 | 27 |
| 17 6 | 17 5 | 18 | 18 | 19 | 20 | 20六 | 21 | 21 | 22 | 21 | 22 | 23 | 23 | 24 | 24 | 25 | 26 | 26 | 27 | 27 | 28 | 26 | 27 | 28 |
| 18 | 18 | 19 4 | 19 3 | 20 | 21 | 21 | 22五 | 22四 | 23 | 22 | 23 | 24 | 24 | 25 | 25 | 26 | 27 | 27 | 28 | 28 | 29 | 27 | 28 | 29 |
| 19 | 19 | 20 | 20 | 21 2 | 22 1 | 22 12 | 23 11 | 23 | 24三 | 23 | 24 | 25 | 25 | 26 | 26 | 27 | 28 | 28 | 29 | 29 | 30 | 28 | 29 | 30 |
| 20 | 20 | 21 | 21 | 22 | 23 | 23 | 24 | 24 10 | 25 9 | 24二 | 25正 | 26 | 26 | 27 | 27 | 28 | 29 | 29 | 30 | 30 | 31 | 3 | 30 | 31 |
| 21 | 21 | 22 | 22 | 23 | 24 | 24 | 25 | 25 | 26 | 25 8 | 26 7 | 27十二 | 27十一 | 28十 | 28九 | 29 | 30 | 30 | 31 | 5 | 4 | 2 | 31 | 1 |
| 22 | 22 | 23 | 23 | 24 | 25 | 25 | 26 | 26 | 27 | 26 | 27 | 28 6 | 28 5 | 29 | 29 | 30八 | 31七 | 7六 | 6 | 2 | 2 | 3 | 2 | 2 |
| 23 | 23 | 24 | 24 | 25 | 26 | 26 | 27 | 27 | 28 | 27 | 28 | 29 | 29 | 30 4 | 30 3 | 31 | 8 | 2 | 2五 | 3 | 3 | 4 | 2 | 3 |
| 24 | 24 | 25 | 25 | 26 | 27 | 27 | 28 | 28 | 29 | 28 | 29 | 30 | 30 | 31 | 10 | 9 2 | 2 1 | 3 | 3 | 4四 | 4三 | 5 | 3 | 4 |
| 25 | 25 | 26 | 26 | 27 | 28 | 28 | 29 | 29 | 30 | 29 | 30 | 31 | 12 | 11 | 2 | 2 | 3 | 4 12 | 4 11 | 5 | 5 | 6二 | 4 | 5 |
| 26 | 26 | 27 | 27 | 28 | 29 | 29 | 30 | 30 | 31 | 3 | 31 | 1 | 2 | 2 | 3 | 3 | 4 | 5 | 5 | 6 10 | 6 9 | 7 | 5正 | 6十二 |
| 27 | 27 | 28 | 28 | 29 | 30 | 30 | 31 | 5 | 4 | 2 | 2 | 2 | 3 | 3 | 4 | 4 | 5 | 6 | 6 | 7 | 7 | 8 8 | 6 7 | 7 |
| 28 | 28 | 29 | 29 | 30 | 31 | 7 | 6 | 2 | 2 | 3 | 2 | 3 | 4 | 4 | 5 | 5 | 6 | 7 | 7 | 8 | 8 | 9 | 7 | 8 6 |
| 29 | 29 | 30 | 30 | 31 | 8 | 2 | 2 | 3 | 3 | 4 | 3 | 4 | 5 | 5 | 6 | 6 | 7 | 8 | 8 | 9 | 9 | 10 | 8 | 9 |
| 30 | 30 | 31 | 10 | 9 | 2 | 3 | 3 | 4 | 4 | 5 | 4 | 5 | 6 | 6 | 7 | 7 | 8 | 9 | 9 | 10 | 10 | 11 | 9 | 10 |
| 31 | 12 | 11 | 2 | 2 | 3 | 4 | 4 | 5 | 5 | 6 | 5 | 6 | 7 | 7 | 8 | 8 | 9 | 10 | 10 | 11 | 11 | 12 | 10 | 11 |
| 日 | 2 | 2 | 3 | 3 | 4 | 5 | 5 | 6 | 6 | 7 | 6 | 7 | 8 | 8 | 9 | 9 | 10 | 11 | 11 | 12 | 12 | 13 | 11 | 12 |
| 曜 | 3 | 3 | 4 | 4 | 5 | 6 | 6 | 7 | 7 | 8 | 7 | 8 | 9 | 9 | 10 | 10 | 11 | 12 | 12 | 13 | 13 | 14 | 12 | 13 |
| 表 | 4 | 4 | 5 | 5 | 6 | 7 | 7 | 8 | 8 | 9 | 8 | 9 | 10 | 10 | 11 | 11 | 12 | 13 | 13 | 14 | 14 | 15 | 13 | 14 |
| 7 | 5 | 5 | 6 | 6 | 7 | 8 | 8 | 9 | 9 | 10 | 9 | 10 | 11 | 11 | 12 | 12 | 13 | 14 | 14 | 15 | 15 | 16 | 14 | 15 |
| 甲 | 6 | 6 | 7 | 7 | 8 | 9 | 9 | 10 | 10 | 11 | 10 | 11 | 12 | 12 | 13 | 13 | 14 | 15 | 15 | 16 | 16 | 17 | 15 | 16 |
| 子 | 7 | 7 | 8 | 8 | 9 | 10 | 10 | 11 | 11 | 12 | 11 | 12 | 13冬 | 13 | 14 | 14 | 15 | 16 | 16 | 17 | 17 | 18 | 16 | 17 |
| 表 | 8 | 8 | 9 | 9 | 10 | 11 | 11 | 12 | 12 | 13 | 12 | 13 | 14 | 14 | 15 | 15 | 16 | 17 | 17 | 18 | 18 | 19 | 17 | 18 |
| 7 | 9 | 9 | 10 | 10 | 11 | 12 | 12 | 13 | 13 | 14 | 13 | 14 | 15 | 15 | 16 | 16 | 17 | 18 | 18 | 19 | 19 | 20 | 18 | 19 |
| | 10 | 10 | 11 | 11 | 12 | 13 | 13 | 14 | 14 | 15 | 14 | 15 | 16 | 16 | 17 | 17 | 18 | 19 | 19 | 20 | 20 | 21 | 19 | 20 |

一四七〇 庚寅 成化六 875

一四六九 己丑 成化五 874

| | | | | | | | | | | | | | | | | | | | | | | | |
|---|---|---|---|---|---|---|---|---|---|---|---|---|---|---|---|---|---|---|---|---|---|---|---|
| 22 | 23 | 23 | 24 | 25 | 25 | 26 | 26 | 27 | 25 | 26 | 27 | 27 | 28 | 28 | 29 | 30 | 30 | 31 | 5 | 4 | 2 | 31 | 1 |
| 23 | 十二 24 | 十 24 | 25 | 26 | 26 | 27 | 27 | 28 | 26 | 27 | 28 | 28 | 29 | 29 | 30 | 31 | 7 | 6 | 2 | 2 | 3 | 2 | 2 |
| 24 | 25 | 25 | 九 26 | 八 27 | 27 | 28 | 28 | 29 | 27 | 28 | 29 | 29 | 30 | 30 | 31 | 8 | 2 | 2 | 3 | 3 | 4 | 2 | 3 |
| 25 | 6 26 | 5 26 | 27 | 28 | 七 28 | 29 | 29 | 30 | 28 | 29 | 30 | 30 | 31 | 10 | 9 | 2 | 3 | 3 | 4 | 4 | 5 | 3 | 4 |
| 26 | 27 | 27 | 4 28 | 3 29 | 29 | 六 30 | 五 30 | 31 | 3 | 30 | 31 | 12 | 11 | 2 | 2 | 3 | 4 | 4 | 5 | 5 | 6 | 4 | 5 |
| 27 | 28 | 28 | 29 | 30 | 2 30 | 1 31 | 5 | 四 4 | 2 | 31 | 1 | 2 | 2 | 3 | 3 | 4 | 5 | 5 | 6 | 6 | 7 | 5 | 6 |
| 28 | 29 | 29 | 30 | 31 | 7 | 6 | 12 2 | 11 2 | 三 3 | 二 2 | 正 2 | 十二 3 | 3 | 4 | 4 | 5 | 6 | 6 | 7 | 7 | 8 | 6 | 7 |
| 29 | 30 | 30 | 31 | 8 | 2 | 2 | 3 | 3 | 10 4 | 9 2 | 3 | 4 | 十一 4 | 十 5 | 九 5 | 6 | 7 | 7 | 8 | 8 | 9 | 7 | 8 |
| 30 | 31 | 10 | 9 | 2 | 3 | 3 | 4 | 4 | 5 | 3 | 8 4 | 7 5 | 5 | 6 | 6 | 八 7 | 七 8 | 8 | 9 | 9 | 10 | 8 | 9 |
| 12 | 11 | 2 | 2 | 3 | 4 | 4 | 5 | 5 | 6 | 4 | 5 | 6 | 6 6 | 5 7 | 7 | 8 | 9 | 六 9 | 10 | 10 | 11 | 9 | 10 |
| 2 | 2 | 3 | 3 | 4 | 5 | 5 | 6 | 6 | 7 | 5 | 6 | 7 | 7 | 8 | 4 8 | 3 9 | 10 | 10 | 五 11 | 四 11 | 12 | 10 | 11 |
| 3 | 3 | 4 | 4 | 5 | 6 | 6 | 7 | 7 | 8 | 6 | 7 | 8 | 8 | 9 | 9 | 10 | 2 11 | 1 11 | 12 | 12 | 三 13 | 11 | 12 |
| 4 | 4 | 5 | 5 | 6 | 7 | 7 | 8 | 8 | 9 | 7 | 8 | 9 | 9 | 10 | 10 | 11 | 12 | 12 | 12 13 | 11 13 | 14 | 閏 12 | 二 13 正 |
| 5 | 5 | 6 | 6 | 7 | 8 | 8 | 9 | 9 | 10 | 8 | 9 | 10 | 10 | 11 | 11 | 12 | 13 | 13 | 14 | 14 | 10 15 | 9 13 | 14 |
| 6 | 6 | 7 | 7 | 8 | 9 | 9 | 10 | 10 | 11 | 9 | 10 | 11 | 11 | 12 | 12 | 13 | 14 | 14 | 15 | 15 | 16 | 14 | 8 15 7 |
| 7 | 7 | 8 | 8 | 9 | 10 | 10 | 11 | 11 | 12 | 10 | 11 | 12 | 冬 12 | 13 | 13 | 14 | 15 | 15 | 16 | 16 | 17 | 15 | 16 |
| 8 | 8 | 9 | 9 | 10 | 11 | 11 | 12 | 12 | 13 | 11 | 12 | 13 | 13 | 14 | 14 | 15 | 16 | 16 | 17 | 17 | 18 | 16 | 17 |
| 9 | 9 | 10 | 10 | 11 | 12 | 12 | 13 | 13 | 14 | 12 | 13 | 14 | 14 | 15 | 15 | 16 | 17 | 17 | 18 | 18 | 19 | 17 | 18 |
| 10 | 10 | 11 | 11 | 12 | 13 | 13 | 14 | 14 | 15 | 13 | 14 | 15 | 15 | 16 | 16 | 17 | 18 | 18 | 19 | 19 | 20 | 18 | 19 |
| 11 | 11 | 12 | 12 | 13 | 14 | 14 | 15 | 15 | 16 | 14 | 15 | 16 | 16 | 17 | 17 | 18 | 19 | 19 | 20 | 20 | 21 | 19 | 20 |
| 12 | 12 | 13 | 13 | 14 | 15 | 15 | 16 | 16 | 17 | 15 | 16 | 17 | 17 | 18 | 18 | 19 | 20 | 20 | 21 | 21 | 22 | 20 | 21 |
| 13 | 冬 13 | 14 | 14 | 15 | 16 | 16 | 17 | 17 | 18 | 16 | 17 | 18 | 18 | 19 | 19 | 20 | 21 | 21 | 22 | 22 | 23 | 21 | 22 |
| 14 | 14 | 15 | 15 | 16 | 17 | 17 | 18 | 18 | 19 | 17 | 18 | 19 | 19 | 20 | 20 | 21 | 22 | 22 | 23 | 23 | 24 | 22 | 23 |
| 15 | 15 | 16 | 16 | 17 | 18 | 18 | 19 | 19 | 20 | 18 | 19 | 20 | 20 | 21 | 21 | 22 | 23 | 23 | 24 | 24 | 25 | 23 | 24 |
| 16 | 16 | 17 | 17 | 18 | 19 | 19 | 20 | 20 | 21 | 19 | 20 | 21 | 21 | 22 | 22 | 23 | 24 | 24 | 25 | 25 | 26 | 24 | 25 |
| 17 | 17 | 18 | 18 | 19 | 20 | 20 | 21 | 21 | 22 | 20 | 21 | 22 | 22 | 23 | 23 | 24 | 25 | 25 | 26 | 26 | 27 | 25 | 26 |
| 18 | 18 | 19 | 19 | 20 | 21 | 21 | 22 | 22 | 23 | 21 | 22 | 23 | 23 | 24 | 24 | 25 | 26 | 26 | 27 | 27 | 28 | 26 | 27 |
| 19 | 19 | 20 | 20 | 21 | 22 | 22 | 23 | 23 | 24 | 22 | 23 | 24 | 24 | 25 | 25 | 26 | 27 | 27 | 28 | 28 | 29 | 27 | 28 |
| 20 | 20 | 21 | 21 | 22 | 23 | 23 | 24 | 24 | 25 | 23 | 24 | 25 | 25 | 26 | 26 | 27 | 28 | 28 | 29 | 29 | 30 | 28 | 29 |
| 21 | 21 | 22 | 22 | 23 | 24 | 24 | 25 | 25 | 26 | 24 | 25 | 26 | 26 | 27 | 27 | 28 | 29 | 29 | 30 | 30 | 31 | 3 | 30 |

一四七二 壬辰 成化八 877

一四七一 辛卯 成化七 876

| | | | | | | | | | | | | | | | | | | | | | | | | |
|---|---|---|---|---|---|---|---|---|---|---|---|---|---|---|---|---|---|---|---|---|---|---|---|---|
| 11 | 11 | 12 | 12 | 13 | 14 | 14 | 15 | 15 | 16 | 15 | 16 | 17 | 17 | 18 | 18 | 19 | 20 2 | 20 1 | 21 12 | 21 11 | 22 三 | 20 二 | 21 正 | 22 十二 |
| 12冬 | 12 | 13 | 13 | 14 | 15 | 15 | 16 | 16 | 17 | 16 | 17 | 18 | 18 | 19 | 19 | 20 | 21 | 21 | 22 | 22 | 23 10 | 21 9 | 22 | 23 |
| 13 | 13 | 14 | 14 | 15 | 16 | 16 | 17 | 17 | 18 | 17 | 18 | 19 | 19 | 20 | 20 | 21 | 22 | 22 | 23 | 23 | 24 | 22 | 23 8 | 24 7 |
| 14 | 14 | 15 | 15 | 16 | 17 | 17 | 18 | 18 | 19 | 18 | 19 | 20 | 20 | 21 | 21 | 22 | 23 | 23 | 24 | 24 | 25 | 23 | 24 | 25 |
| 15 | 15 | 16 | 16 | 17 | 18 | 18 | 19 | 19 | 20 | 19 | 20 | 21 | 21 | 22 | 22 | 23 | 24 | 24 | 25 | 25 | 26 | 24 | 25 | 26 |
| 16 | 16 | 17 | 17 | 18 | 19 | 19 | 20 | 20 | 21 | 20 | 21 | 22 | 22 | 23 | 23 | 24 | 25 | 25 | 26 | 26 | 27 | 25 | 26 | 27 |
| 17 | 17 | 18 | 18 | 19 | 20 | 20 | 21 | 21 | 22 | 21 | 22 | 23 | 23 | 24 | 24 | 25 | 26 | 26 | 27 | 27 | 28 | 26 | 27 | 28 |
| 18 | 18 | 19 | 19 | 20 | 21 | 21 | 22 | 22 | 23 | 22 | 23 | 24 | 24 | 25 | 25 | 26 | 27 | 27 | 28 | 28 | 29 | 27 | 28 | 29 |
| 19 | 19 | 20 | 20 | 21 | 22 | 22 | 23 | 23 | 24 | 23 | 24 | 25 | 25 | 26 | 26 | 27 | 28 | 28 | 29 | 29 | 30 | 28 | 29 | 30 |
| 20 | 20 | 21 | 21 | 22 | 23 | 23 | 24 | 24 | 25 | 24 | 25 | 26 | 26 | 27 | 27 | 28 | 29 | 29 | 30 | 30 | 31 | 3 | 30 | 31 |
| 21 | 21 | 22 | 22 | 23 | 24 | 24 | 25 | 25 | 26 | 25 | 26 | 27 | 27 | 28 | 28 | 29 | 30 | 30 | 31 | 5 | 4 | 2 | 31 | 1 |
| 22 | 22 | 23 | 23 | 24 | 25 | 25 | 26 | 26 | 27 | 26 | 27 | 28 | 28 | 29 | 29 | 30 | 31 | 7 | 6 | 2 | 2 | 3 | 2 | 2 |
| 23 | 23 | 24 | 24 | 25 | 26 | 26 | 27 | 27 | 28 | 27 | 28 | 29 | 29 | 30 | 30 | 31 | 8 | 2 | 2 | 3 | 3 | 4 | 2 | 3 |
| 24 | 24 | 25 | 25 | 26 | 27 | 27 | 28 | 28 | 29 | 28 | 29 | 30 | 30 | 31 | 10 | 9 | 2 | 3 | 3 | 4 | 4 | 5 | 3 | 4 |
| 25 | 25 | 26 | 26 | 27 | 28 | 28 | 29 | 29 | 30 | 29 | 30 | 31 | 12 | 11 | 2 | 2 | 3 | 4 | 4 | 5 | 5 | 6 | 4 | 5 |
| 26 | 26 | 27 | 27 | 28 | 29 | 29 | 30 | 30 | 31 | 3 | 31 | 1 | 2 | 2 | 3 | 3 | 4 | 5 | 5 | 6 | 6 | 7 | 5 | 6 |
| 27 | 27 | 28 | 28 | 29 | 30 | 30 | 31 | 5 | 4 | 2 | 2 | 2 | 3 | 3 | 4 | 4 | 5 | 6 | 6 | 7 | 7 | 8 | 6 | 7 |
| 28 | 28 | 29 | 29 | 30 | 31 | 7 | 6 | 2 | 2 | 3 | 2 | 3 | 4 | 4 | 5 | 5 | 6 | 7 | 7 | 8 | 8 | 9 | 7 | 8 |
| 29 | 29 | 30 | 30 | 31 | 8 | 2 | 2 | 3 | 3 | 4 | 3 | 4 | 5 | 5 | 6 | 6 | 7 | 8 | 8 | 9 | 9 | 10 | 8 | 9 |
| 30 十二 | 30 十一 | 31 | 10 | 9 | 2 | 3 | 3 | 4 | 4 | 5 | 4 | 5 | 6 | 6 | 7 | 7 | 8 | 9 | 9 | 10 | 10 | 11 | 9 | 10 |
| 31 | 12 | 11 十 | 2 九 | 2 | 3 | 4 | 4 | 5 | 5 | 6 | 5 | 6 | 7 | 7 | 8 | 8 | 9 | 10 | 10 | 11 | 11 | 12 | 10 | 11 |
| 日 | 2 7 | 2 | 3 | 3 八 | 4 | 5 | 5 | 6 | 6 | 7 | 6 | 7 | 8 | 8 | 9 | 9 | 10 | 11 | 11 | 12 | 12 | 13 | 11 | 12 |
| 曜 | 3 | 3 6 | 4 5 | 4 | 5 七 | 6 六 | 6 | 7 | 7 | 8 | 7 | 8 | 9 | 9 | 10 | 10 | 11 | 12 | 12 | 13 | 13 | 14 | 12 | 13 |
| 表 | 4 | 4 | 5 | 5 4 | 6 3 | 7 | 7 五 | 8 四 | 8 三 | 9 | 8 | 9 | 10 | 10 | 11 | 11 | 12 | 13 | 13 | 14 | 14 | 15 | 13 | 14 |
| 1 | 5 | 5 | 6 | 6 | 7 | 8 2 | 8 1 | 9 | 9 | 10 二 | 9 正 | 10 十二 | 11 | 11 | 12 | 12 | 13 | 14 | 14 | 15 | 15 | 16 | 14 | 15 |
| 甲 | 6 | 6 | 7 | 7 | 8 | 9 | 9 | 10 12 | 10 11 | 11 | 10 | 11 | 12 十一 | 12 十 | 13 | 13 | 14 | 15 | 15 | 16 | 16 | 17 | 15 | 16 |
| 子 | 7 | 7 | 8 | 8 | 9 | 10 | 10 | 11 | 11 | 12 10 | 11 9 | 12 | 13 冬 | 13 | 14 閏 | 14 九 | 15 | 16 | 16 | 17 | 17 | 18 | 16 | 17 |
| 表 | 8 | 8 | 9 | 9 | 10 | 11 | 11 | 12 | 12 | 13 | 12 | 13 8 | 14 7 | 14 | 15 | 15 | 16 八 | 17 | 17 | 18 | 18 | 19 | 17 | 18 |
| 8 | 9 | 9 | 10 | 10 | 11 | 12 | 12 | 13 | 13 | 14 | 13 | 14 | 15 | 15 6 | 16 5 | 16 | 17 | 18 七 | 18 六 | 19 | 19 | 20 | 18 | 19 |
| | 10 | 10 | 11 | 11 | 12 | 13 | 13 | 14 | 14 | 15 | 14 | 15 | 16 | 16 | 17 | 17 4 | 18 3 | 19 | 19 | 20 五 | 20 四 | 21 | 19 | 20 |

一四七四 甲午 成化一〇 879

一四七三 癸巳 成化九 878

| 一四七四 | | | | | | | | | | | | 一四七三 | | | | | | | | | | | |
|---|---|---|---|---|---|---|---|---|---|---|---|---|---|---|---|---|---|---|---|---|---|---|---|
| 22 | 23 | 23 | 24 | 25 | 25 | 26 | 26 | 27 | 25 | 26 | 27 | 27 | 28 | 28 | 29 | 30 | 30 | 31 | **5** | **4** | 2 | 31 | **1** 8 |
| 23 | 24 | 24 | 25 | 26 | 26 | 27 | 27 | 28 | 26 | 27 | 28 | 28 | 29 | 29 | 30 | 31 | **7** | **6** | 2 | 2 | 3 | **2** | 2 |
| 24 | 25 | 25 | 26 | 27 | 27 | 28 | 28 | 29 | 27 | 28 | 29 | 29 | 30 | 30 | 31 | **8** | 2 | 2 | 3 | 3 | 4 | 2 | 3 |
| 25 | 26 | 26 | 27 | 28 | 28 | 29 | 29 | 30 | 28 | 29 | 30 | 30 | 31 | **10** | **9** | 2 | 3 | 3 | 4 | 4 | 5 | 3 | 4 |
| 26 | 27 | 27 | 28 | 29 | 29 | 30 | 30 | 31 | **3** | 30 | 31 | **12** | **11** | 2 | 2 | 3 | 4 | 4 | 5 | 5 | 6 | 4 | 5 |
| 27 | 28 | 28 | 29 | 30 | 30 | 31 | **5** | **4** | 2 | 31 | **1** | 2 | 2 | 3 | 3 | 4 | 5 | 5 | 6 | 6 | 7 | 5 | 6 |
| 28 | 29 | 29 | 30 | 31 | **7** | **6** | 2 | 2 | 3 | **2** | 2 | 3 | 3 | 4 | 4 | 5 | 6 | 6 | 7 | 7 | 8 | 6 | 7 |
| 29 | 30 | 30 | 31 | **8** | 2 | 2 | 3 | 3 | 4 | 2 | 3 | 4 | 4 | 5 | 5 | 6 | 7 | 7 | 8 | 8 | 9 | 7 | 8 |
| 30 | 31 | **10** | **9** | 2 | 3 | 3 | 4 | 4 | 5 | 3 | 4 | 5 | 5 | 6 | 6 | 7 | 8 | 8 | 9 | 9 | 10 | 8 | 9 |
| **12** | **11** | 2 | 2 | 3 | 4 | 4 | 5 | 5 | 6 | 4 | 5 | 6 | 6 | 7 | 7 | 8 | 9 | 9 | 10 | 10 | 11 | 9 | 10 |
| 2 | 2 | 3 | 3 | 4 | 5 | 5 | 6 | 6 | 7 | 5 | 6 | 7 | 7 | 8 | 8 | 9 | 10 | 10 | 11 | 11 | 12 | 10 | 11 |
| 3 | 3 | 4 | 4 | 5 | 6 | 6 | 7 | 7 | 8 | 6 | 7 | 8 | 8 | 9 | 9 | 10 | 11 | 11 | 12 | 12 | 13 | 11 | 12 |
| 4 | 4 | 5 | 5 | 6 | 7 | 7 | 8 | 8 | 9 | 7 | 8 | 9 | 9 | 10 | 10 | 11 | 12 | 12 | 13 | 13 | 14 | 12 | 13 |
| 5 | 5 | 6 | 6 | 7 | 8 | 8 | 9 | 9 | 10 | 8 | 9 | 10 | 10 | 11 | 11 | 12 | 13 | 13 | 14 | 14 | 15 | 13 | 14 |
| 6 | 6 | 7 | 7 | 8 | 9 | 9 | 10 | 10 | 11 | 9 | 10 | 11 | 11 | 12 | 12 | 13 | 14 | 14 | 15 | 15 | 16 | 14 | 15 |
| 7 | 7 | 8 | 8 | 9 | 10 | 10 | 11 | 11 | 12 | 10 | 11 | 12 冬 | 12 | 13 | 13 | 14 | 15 | 15 | 16 | 16 | 17 | 15 | 16 |
| 8 | 8 | 9 | 9 | 10 | 11 | 11 | 12 | 12 | 13 | 11 | 12 | 13 | 13 | 14 | 14 | 15 | 16 | 16 | 17 | 17 | 18 | 16 | 17 |
| 9 十一 | 9 | 10 | 10 | 11 | 12 | 12 | 13 | 13 | 14 | 12 | 13 | 14 | 14 | 15 | 15 | 16 | 17 | 17 | 18 | 18 | 19 | 17 | 18 |
| 10 | 10 十 | 11 九 | 11 八 | 12 | 13 | 13 | 14 | 14 | 15 | 13 | 14 | 15 | 15 | 16 | 16 | 17 | 18 | 18 | 19 | 19 | 20 | 18 | 19 |
| 11 8 | 11 7 | 12 | 12 | 13 七 | 14 閏 | 14 六 | 15 | 15 | 16 | 14 | 15 | 16 | 16 | 17 | 17 | 18 | 19 | 19 | 20 | 20 | 21 | 19 | 20 |
| 12 | 12 | 13 6 | 13 5 | 14 | 15 | 15 | 16 五 | 16 四 | 17 | 15 | 16 | 17 | 17 | 18 | 18 | 19 | 20 | 20 | 21 | 21 | 22 | 20 | 21 |
| 13 冬 | 13 | 14 | 14 | 15 4 | 16 3 | 16 | 17 | 17 | 18 三 | 16 二 | 17 | 18 | 18 | 19 | 19 | 20 | 21 | 21 | 22 | 22 | 23 | 21 | 22 |
| 14 | 14 | 15 | 15 | 16 | 17 | 17 2 | 18 1 | 18 | 19 | 17 | 18 正 | 19 十二 | 19 | 20 | 20 | 21 | 22 | 22 | 23 | 23 | 24 | 22 | 23 |
| 15 | 15 | 16 | 16 | 17 | 18 | 18 | 19 | 19 12 | 20 11 | 18 | 19 | 20 | 20 十一 | 21 | 21 | 22 | 23 | 23 | 24 | 24 | 25 | 23 | 24 |
| 16 | 16 | 17 | 17 | 18 | 19 | 19 | 20 | 20 | 21 | 19 10 | 20 9 | 21 | 21 | 22 十 | 22 九 | 23 | 24 | 24 | 25 | 25 | 26 | 24 | 25 |
| 17 | 17 | 18 | 18 | 19 | 20 | 20 | 21 | 21 | 22 | 20 | 21 | 22 8 | 22 7 | 23 | 23 | 24 八 | 25 七 | 25 六 | 26 | 26 | 27 | 25 | 26 |
| 18 | 18 | 19 | 19 | 20 | 21 | 21 | 22 | 22 | 23 | 21 | 22 | 23 | 23 | 24 6 | 24 5 | 25 | 26 | 26 | 27 五 | 27 四 | 28 三 | 26 | 27 |
| 19 | 19 | 20 | 20 | 21 | 22 | 22 | 23 | 23 | 24 | 22 | 23 | 24 | 24 | 25 | 25 | 26 4 | 27 3 | 27 | 28 | 28 | 29 | 27 二 | 28 正 |
| 20 | 20 | 21 | 21 | 22 | 23 | 23 | 24 | 24 | 25 | 23 | 24 | 25 | 25 | 26 | 26 | 27 | 28 | 28 2 | 29 1 | 29 12 | 30 11 | 28 | 29 |
| 21 | 21 | 22 | 22 | 23 | 24 | 24 | 25 | 25 | 26 | 24 | 25 | 26 | 26 | 27 | 27 | 28 | 29 | 29 | 30 | 30 | 31 | **3** 10 | 30 9 |

| 一四七六 丙申 成化十二 881 | | | | | | | | | | | | | 一四七五 乙未 成化十一 880 | | | | | | | | | | | |
|---|---|---|---|---|---|---|---|---|---|---|---|---|---|---|---|---|---|---|---|---|---|---|---|---|
| 11 | 11 | 12 | 12 | 13 | 14 | 14 | 15 | 15 | 16 | 15 | 16 | 17 | 17 | 18 | 18 | 19 | 20 | 20 | 21 | 21 | 22 | 20 | 21 | 22 |
| 12 冬 | 12 | 13 | 13 | 14 | 15 | 15 | 16 | 16 | 17 | 16 | 17 | 18 | 18 | 19 | 19 | 20 | 21 | 21 | 22 | 22 | 23 | 21 | 22 | 23 |
| 13 | 13 | 14 | 14 | 15 | 16 | 16 | 17 | 17 | 18 | 17 | 18 | 19 | 19 | 20 | 20 | 21 | 22 | 22 | 23 | 23 | 24 | 22 | 23 | 24 |
| 14 | 14 | 15 | 15 | 16 | 17 | 17 | 18 | 18 | 19 | 18 | 19 | 20 | 20 | 21 | 21 | 22 | 23 | 23 | 24 | 24 | 25 | 23 | 24 | 25 |
| 15 | 15 | 16 | 16 | 17 | 18 | 18 | 19 | 19 | 20 | 19 | 20 | 21 | 21 | 22 | 22 | 23 | 24 | 24 | 25 | 25 | 26 | 24 | 25 | 26 |
| 16 十二 | 16 | 17 | 17 | 18 | 19 | 19 | 20 | 20 | 21 | 20 | 21 | 22 | 22 | 23 | 23 | 24 | 25 | 25 | 26 | 26 | 27 | 25 | 26 | 27 |
| 17 | 17 十一 | 18 十 | 18 九 | 19 八 | 20 | 20 | 21 | 21 | 22 | 21 | 22 | 23 | 23 | 24 | 24 | 25 | 26 | 26 | 27 | 27 | 28 | 26 | 27 | 28 |
| 18 9 | 18 | 19 | 19 | 20 | 21 七 | 21 六 | 22 | 22 | 23 | 22 | 23 | 24 | 24 | 25 | 25 | 26 | 27 | 27 | 28 | 28 | 29 | 27 | 28 | 29 |
| 19 | 19 8 | 20 7 | 20 | 21 | 22 | 22 | 23 五 | 23 | 24 | 23 | 24 | 25 | 25 | 26 | 26 | 27 | 28 | 28 | 29 | 29 | 30 | 28 | 29 | 30 |
| 20 | 20 | 21 | 21 6 | 22 5 | 23 | 23 | 24 | 24 四 | 25 三 | 24 | 25 | 26 | 26 | 27 | 27 | 28 | 29 | 29 | 30 | 30 | 31 | 3 | 30 | 31 |
| 21 | 21 | 22 | 22 | 23 | 24 4 | 24 3 | 25 | 25 | 26 | 25 二 | 26 | 27 | 27 | 28 | 28 | 29 | 30 | 30 | 31 | 5 | 4 | 2 | 31 | 1 |
| 22 | 22 | 23 | 23 | 24 | 25 | 25 | 26 2 | 26 1 | 27 12 | 26 11 | 27 正 | 28 十二 | 28 十一 | 29 | 29 | 30 | 31 | 7 | 6 | 2 | 2 | 3 | 2 | 2 |
| 23 | 23 | 24 | 24 | 25 | 26 | 26 | 27 | 27 | 28 | 27 | 28 10 | 29 9 | 29 | 30 十 | 30 九 | 31 八 | 8 | 2 | 2 | 3 | 3 | 4 | 2 | 3 |
| 24 | 24 | 25 | 25 | 26 | 27 | 27 | 28 | 28 | 29 | 28 | 29 | 30 | 30 8 | 31 7 | 10 | 9 | 2 七 | 3 六 | 3 | 4 | 4 | 5 | 3 | 4 |
| 25 | 25 | 26 | 26 | 27 | 28 | 28 | 29 | 29 | 30 | 29 | 30 | 31 | 12 | 11 | 2 6 | 2 5 | 3 | 4 | 4 五 | 5 四 | 5 | 6 | 4 | 5 |
| 26 | 26 | 27 | 27 | 28 | 29 | 29 | 30 | 30 | 31 | 3 | 31 | 1 | 2 | 2 | 3 | 3 | 4 4 | 5 3 | 5 | 6 | 6 三 | 7 二 | 5 | 6 |
| 27 | 27 | 28 | 28 | 29 | 30 | 30 | 31 | 5 | 4 | 2 | 2 | 2 | 3 | 3 | 4 | 4 | 5 | 6 | 6 2 | 7 1 | 7 | 8 | 6 正 | 7 |
| 28 | 28 | 29 | 29 | 30 | 31 | 7 | 6 | 2 | 2 | 3 | 2 | 3 | 4 | 4 | 5 | 5 | 6 | 7 | 7 | 8 | 8 12 | 9 11 | 7 | 8 十二 |
| 29 | 29 | 30 | 30 | 31 | 8 | 2 | 2 | 3 | 3 | 4 | 3 | 4 | 5 | 5 | 6 | 6 | 7 | 8 | 8 | 9 | 9 | 10 | 8 10 | 9 9 |
| 30 | 30 | 31 | 10 | 9 | 2 | 3 | 3 | 4 | 4 | 5 | 4 | 5 | 6 | 6 | 7 | 7 | 8 | 9 | 9 | 10 | 10 | 11 | 9 | 10 |
| 31 | 12 | 11 | 2 | 2 | 3 | 4 | 4 | 5 | 5 | 6 | 5 | 6 | 7 | 7 | 8 | 8 | 9 | 10 | 10 | 11 | 11 | 12 | 10 | 11 |
| 日 | 2 | 2 | 3 | 3 | 4 | 5 | 5 | 6 | 6 | 7 | 6 | 7 | 8 | 8 | 9 | 9 | 10 | 11 | 11 | 12 | 12 | 13 | 11 | 12 |
| 曜 | 3 | 3 | 4 | 4 | 5 | 6 | 6 | 7 | 7 | 8 | 7 | 8 | 9 | 9 | 10 | 10 | 11 | 12 | 12 | 13 | 13 | 14 | 12 | 13 |
| 表 | 4 | 4 | 5 | 5 | 6 | 7 | 7 | 8 | 8 | 9 | 8 | 9 | 10 | 10 | 11 | 11 | 12 | 13 | 13 | 14 | 14 | 15 | 13 | 14 |
| 2 | 5 | 5 | 6 | 6 | 7 | 8 | 8 | 9 | 9 | 10 | 9 | 10 | 11 | 11 | 12 | 12 | 13 | 14 | 14 | 15 | 15 | 16 | 14 | 15 |
| 甲 | 6 | 6 | 7 | 7 | 8 | 9 | 9 | 10 | 10 | 11 | 10 | 11 | 12 | 12 | 13 | 13 | 14 | 15 | 15 | 16 | 16 | 17 | 15 | 16 |
| 子 | 7 | 7 | 8 | 8 | 9 | 10 | 10 | 11 | 11 | 12 | 11 | 12 | 13 冬 | 13 | 14 | 14 | 15 | 16 | 16 | 17 | 17 | 18 | 16 | 17 |
| 表 | 8 | 8 | 9 | 9 | 10 | 11 | 11 | 12 | 12 | 13 | 12 | 13 | 14 | 14 | 15 | 15 | 16 | 17 | 17 | 18 | 18 | 19 | 17 | 18 |
| 9 | 9 | 9 | 10 | 10 | 11 | 12 | 12 | 13 | 13 | 14 | 13 | 14 | 15 | 15 | 16 | 16 | 17 | 18 | 18 | 19 | 19 | 20 | 18 | 19 |
| | 10 | 10 | 11 | 11 | 12 | 13 | 13 | 14 | 14 | 15 | 14 | 15 | 16 | 16 | 17 | 17 | 18 | 19 | 19 | 20 | 20 | 21 | 19 | 20 |

| 一四七八 戊戌 成化一四 883 | | | | | | | | | | | | 一四七七 丁酉 成化一三 882 | | | | | | | | | | | |
|---|---|---|---|---|---|---|---|---|---|---|---|---|---|---|---|---|---|---|---|---|---|---|---|
| 22 | 23 | 23 | 24 | 25 | 25 | 26 | 26 | 27 | 25 | 26 | 27 | 27 | 28 | 28 | 29 | 30 | 30 | 31 | 5 | 4 | 2 | 31 | 1 |
| 23 | 24 | 24 | 25 | 26 | 26 | 27 | 27 | 28 | 26 | 27 | 28 | 28 | 29 | 29 | 30 | 31 | 7 | 6 | 2 | 2 | 3 | 2 | 2 |
| 24 十一 | 25 | 25 | 26 | 27 | 27 | 28 | 28 | 29 | 27 | 28 | 29 | 29 | 30 | 30 | 31 | 8 | 2 | 2 | 3 | 3 | 4 | 2 | 3 |
| 25 | 26 十 | 26 九 | 27 | 28 | 28 | 29 | 29 | 30 | 28 | 29 | 30 | 30 | 31 | 10 | 9 | 2 | 3 | 3 | 4 | 4 | 5 | 3 | 4 |
| 26 9 | 27 | 27 | 28 八 | 29 七 | 29 | 30 | 30 | 31 | 3 | 30 | 31 | 12 | 11 | 2 | 2 | 3 | 4 | 4 | 5 | 5 | 6 | 4 | 5 |
| 27 | 28 8 | 28 7 | 29 | 30 | 30 六 | 31 | 5 | 4 | 2 | 31 | 1 | 2 | 2 | 3 | 3 | 4 | 5 | 5 | 6 | 6 | 7 | 5 | 6 |
| 28 | 29 | 29 | 30 6 | 31 5 | 7 | 6 五 | 2 四 | 2 | 3 | 2 | 2 | 3 | 3 | 4 | 4 | 5 | 6 | 6 | 7 | 7 | 8 | 6 | 7 |
| 29 | 30 | 30 | 31 | 8 | 2 4 | 2 3 | 3 | 3 三 | 4 | 2 | 3 | 4 | 4 | 5 | 5 | 6 | 7 | 7 | 8 | 8 | 9 | 7 | 8 |
| 30 | 31 | 10 | 9 | 2 | 3 | 3 | 4 2 | 4 1 | 5 二 | 3 正 | 4 十二 | 5 十一 | 5 | 6 | 6 | 7 | 8 | 8 | 9 | 9 | 10 | 8 | 9 |
| 12 | 11 | 2 | 2 | 3 | 4 | 4 | 5 | 5 | 6 12 | 4 11 | 5 | 6 | 6 十 | 7 九 | 7 八 | 8 | 9 | 9 | 10 | 10 | 11 | 9 | 10 |
| 2 | 2 | 3 | 3 | 4 | 5 | 5 | 6 | 6 | 7 | 5 | 6 10 | 7 9 | 7 | 8 | 8 | 9 七 | 10 六 | 10 | 11 | 11 | 12 | 10 | 11 |
| 3 | 3 | 4 | 4 | 5 | 6 | 6 | 7 | 7 | 8 | 6 | 7 | 8 | 8 8 | 9 7 | 9 | 10 | 11 | 11 五 | 12 | 12 | 13 | 11 | 12 |
| 4 | 4 | 5 | 5 | 6 | 7 | 7 | 8 | 8 | 9 | 7 | 8 | 9 | 9 | 10 | 10 6 | 11 5 | 12 | 12 | 13 四 | 13 三 | 14 | 12 | 13 |
| 5 | 5 | 6 | 6 | 7 | 8 | 8 | 9 | 9 | 10 | 8 | 9 | 10 | 10 | 11 | 11 | 12 | 13 4 | 13 3 | 14 | 14 | 15 閏 | 13 | 14 |
| 6 | 6 | 7 | 7 | 8 | 9 | 9 | 10 | 10 | 11 | 9 | 10 | 11 | 11 | 12 | 12 | 13 | 14 | 14 | 15 2 | 15 1 | 16 | 14 二 | 15 正 |
| 7 | 7 | 8 | 8 | 9 | 10 | 10 | 11 | 11 | 12 | 10 | 11 | 12 冬 | 12 | 13 | 13 | 14 | 15 | 15 | 16 | 16 | 17 12 | 15 11 | 16 |
| 8 | 8 | 9 | 9 | 10 | 11 | 11 | 12 | 12 | 13 | 11 | 12 | 13 | 13 | 14 | 14 | 15 | 16 | 16 | 17 | 17 | 18 | 16 | 17 10 |
| 9 | 9 | 10 | 10 | 11 | 12 | 12 | 13 | 13 | 14 | 12 | 13 | 14 | 14 | 15 | 15 | 16 | 17 | 17 | 18 | 18 | 19 | 17 | 18 |
| 10 | 10 | 11 | 11 | 12 | 13 | 13 | 14 | 14 | 15 | 13 | 14 | 15 | 15 | 16 | 16 | 17 | 18 | 18 | 19 | 19 | 20 | 18 | 19 |
| 11 | 11 | 12 | 12 | 13 | 14 | 14 | 15 | 15 | 16 | 14 | 15 | 16 | 16 | 17 | 17 | 18 | 19 | 19 | 20 | 20 | 21 | 19 | 20 |
| 12 | 12 | 13 | 13 | 14 | 15 | 15 | 16 | 16 | 17 | 15 | 16 | 17 | 17 | 18 | 18 | 19 | 20 | 20 | 21 | 21 | 22 | 20 | 21 |
| 13 冬 | 13 | 14 | 14 | 15 | 16 | 16 | 17 | 17 | 18 | 16 | 17 | 18 | 18 | 19 | 19 | 20 | 21 | 21 | 22 | 22 | 23 | 21 | 22 |
| 14 | 14 | 15 | 15 | 16 | 17 | 17 | 18 | 18 | 19 | 17 | 18 | 19 | 19 | 20 | 20 | 21 | 22 | 22 | 23 | 23 | 24 | 22 | 23 |
| 15 | 15 | 16 | 16 | 17 | 18 | 18 | 19 | 19 | 20 | 18 | 19 | 20 | 20 | 21 | 21 | 22 | 23 | 23 | 24 | 24 | 25 | 23 | 24 |
| 16 | 16 | 17 | 17 | 18 | 19 | 19 | 20 | 20 | 21 | 19 | 20 | 21 | 21 | 22 | 22 | 23 | 24 | 24 | 25 | 25 | 26 | 24 | 25 |
| 17 | 17 | 18 | 18 | 19 | 20 | 20 | 21 | 21 | 22 | 20 | 21 | 22 | 22 | 23 | 23 | 24 | 25 | 25 | 26 | 26 | 27 | 25 | 26 |
| 18 | 18 | 19 | 19 | 20 | 21 | 21 | 22 | 22 | 23 | 21 | 22 | 23 | 23 | 24 | 24 | 25 | 26 | 26 | 27 | 27 | 28 | 26 | 27 |
| 19 | 19 | 20 | 20 | 21 | 22 | 22 | 23 | 23 | 24 | 22 | 23 | 24 | 24 | 25 | 25 | 26 | 27 | 27 | 28 | 28 | 29 | 27 | 28 |
| 20 | 20 | 21 | 21 | 22 | 23 | 23 | 24 | 24 | 25 | 23 | 24 | 25 | 25 | 26 | 26 | 27 | 28 | 28 | 29 | 29 | 30 | 28 | 29 |
| 21 | 21 | 22 | 22 | 23 | 24 | 24 | 25 | 25 | 26 | 24 | 25 | 26 | 26 | 27 | 27 | 28 | 29 | 29 | 30 | 30 | 31 | 3 | 30 |

| 一四八〇 庚子 成化一六 885 | | | | | | | | | | | | | 一四七九 己亥 成化一五 884 | | | | | | | | | | | |
|---|---|---|---|---|---|---|---|---|---|---|---|---|---|---|---|---|---|---|---|---|---|---|---|---|
| 11 | 11 | 12 | 12 | 13 | 14 | 14 | 15 | 15 | 16 | 15 | 16 | 17 | 17 | 18 | 8 18 | 7 19 | 20 | 20 | 六 21 | 五 21 | 22 | 20 | 21 | 22 |
| 12 | 冬 12 | 13 | 13 | 14 | 15 | 15 | 16 | 16 | 17 | 16 | 17 | 18 | 18 | 19 | 19 | 20 | 6 21 | 5 21 | 22 | 22 | 四 23 | 三 21 | 22 | 23 |
| 13 | 13 | 14 | 14 | 15 | 16 | 16 | 17 | 17 | 18 | 17 | 18 | 19 | 19 | 20 | 20 | 21 | 22 | 22 | 4 23 | 3 23 | 24 | 22 | 二 23 | 正 24 十二 |
| 14 | 14 | 15 | 15 | 16 | 17 | 17 | 18 | 18 | 19 | 18 | 19 | 20 | 20 | 21 | 21 | 22 | 23 | 23 | 24 | 24 | 2 25 | 1 23 | 12 24 | 11 25 |
| 15 | 15 | 16 | 16 | 17 | 18 | 18 | 19 | 19 | 20 | 19 | 20 | 21 | 21 | 22 | 22 | 23 | 24 | 24 | 25 | 25 | 26 | 24 | 25 | 26 10 |
| 16 | 16 | 17 | 17 | 18 | 19 | 19 | 20 | 20 | 21 | 20 | 21 | 22 | 22 | 23 | 23 | 24 | 25 | 25 | 26 | 26 | 27 | 25 | 26 | 27 |
| 17 | 17 | 18 | 18 | 19 | 20 | 20 | 21 | 21 | 22 | 21 | 22 | 23 | 23 | 24 | 24 | 25 | 26 | 26 | 27 | 27 | 28 | 26 | 27 | 28 |
| 18 | 18 | 19 | 19 | 20 | 21 | 21 | 22 | 22 | 23 | 22 | 23 | 24 | 24 | 25 | 25 | 26 | 27 | 27 | 28 | 28 | 29 | 27 | 28 | 29 |
| 19 | 19 | 20 | 20 | 21 | 22 | 22 | 23 | 23 | 24 | 23 | 24 | 25 | 25 | 26 | 26 | 27 | 28 | 28 | 29 | 29 | 30 | 28 | 29 | 30 |
| 20 | 20 | 21 | 21 | 22 | 23 | 23 | 24 | 24 | 25 | 24 | 25 | 26 | 26 | 27 | 27 | 28 | 29 | 29 | 30 | 30 | 31 | 3 | 30 | 31 |
| 21 | 21 | 22 | 22 | 23 | 24 | 24 | 25 | 25 | 26 | 25 | 26 | 27 | 27 | 28 | 28 | 29 | 30 | 30 | 31 | 5 | 4 | 2 | 31 | 1 |
| 22 | 22 | 23 | 23 | 24 | 25 | 25 | 26 | 26 | 27 | 26 | 27 | 28 | 28 | 29 | 29 | 30 | 31 | 7 | 6 | 2 | 2 | 3 | 2 | 2 |
| 23 | 23 | 24 | 24 | 25 | 26 | 26 | 27 | 27 | 28 | 27 | 28 | 29 | 29 | 30 | 30 | 31 | 8 | 2 | 2 | 3 | 3 | 4 | 2 | 3 |
| 24 | 24 | 25 | 25 | 26 | 27 | 27 | 28 | 28 | 29 | 28 | 29 | 30 | 30 | 31 | 10 | 9 | 2 | 3 | 3 | 4 | 4 | 5 | 3 | 4 |
| 25 | 25 | 26 | 26 | 27 | 28 | 28 | 29 | 29 | 30 | 29 | 30 | 31 | 12 | 11 | 2 | 2 | 3 | 4 | 4 | 5 | 5 | 6 | 4 | 5 |
| 26 | 26 | 27 | 27 | 28 | 29 | 29 | 30 | 30 | 31 | 3 | 31 | 1 | 2 | 2 | 3 | 3 | 4 | 5 | 5 | 6 | 6 | 7 | 5 | 6 |
| 27 | 27 | 28 | 28 | 29 | 30 | 30 | 31 | 5 | 4 | 2 | 2 | 2 | 3 | 3 | 4 | 4 | 5 | 6 | 6 | 7 | 7 | 8 | 6 | 7 |
| 28 | 28 | 29 | 29 | 30 | 31 | 7 | 6 | 2 | 2 | 3 | 2 | 3 | 4 | 4 | 5 | 5 | 6 | 7 | 7 | 8 | 8 | 9 | 7 | 8 |
| 29 | 29 | 30 | 30 | 31 | 8 | 2 | 2 | 3 | 3 | 4 | 3 | 4 | 5 | 5 | 6 | 6 | 7 | 8 | 8 | 9 | 9 | 10 | 8 | 9 |
| 30 | 30 | 31 | 10 | 9 | 2 | 3 | 3 | 4 | 4 | 5 | 4 | 5 | 6 | 6 | 7 | 7 | 8 | 9 | 9 | 10 | 10 | 11 | 9 | 10 |
| 31 | 十二 12 | 11 | 2 | 2 | 3 | 4 | 4 | 5 | 5 | 6 | 5 | 6 | 7 | 7 | 8 | 8 | 9 | 10 | 10 | 11 | 11 | 12 | 10 | 11 |
| 日 | 2 | 十一 2 | 十 3 | 3 | 4 | 5 | 5 | 6 | 6 | 7 | 6 | 7 | 8 | 8 | 9 | 9 | 10 | 11 | 11 | 12 | 12 | 13 | 11 | 12 |
| 曜 | 3 | 3 | 4 | 九 4 | 八 5 | 6 | 6 | 7 | 7 | 8 | 7 | 8 | 9 | 9 | 10 | 10 | 11 | 12 | 12 | 13 | 13 | 14 | 12 | 13 |
| 表 | 4 | 10 4 | 9 5 | 5 | 6 | 七 7 | 7 | 8 | 8 | 9 | 8 | 9 | 10 | 10 | 11 | 11 | 12 | 13 | 13 | 14 | 14 | 15 | 13 | 14 |
| 3 | 5 | 5 | 6 | 8 6 | 7 7 | 8 | 六 8 | 五 9 | 9 | 10 | 9 | 10 | 11 | 11 | 12 | 12 | 13 | 14 | 14 | 15 | 15 | 16 | 14 | 15 |
| 甲 | 6 | 6 | 7 | 7 | 8 | 6 9 | 5 9 | 10 | 四 10 | 三 11 | 二 10 | 11 | 12 | 12 | 13 | 13 | 14 | 15 | 15 | 16 | 16 | 17 | 15 | 16 |
| 子 | 7 | 7 | 8 | 8 | 9 | 10 | 10 | 4 11 | 3 11 | 12 | 11 | 正 12 | 十二 13 | 十一 13 | 14 | 14 | 15 | 16 | 16 | 17 | 17 | 18 | 16 | 17 |
| 表 | 8 | 8 | 9 | 9 | 10 | 11 | 11 | 12 | 12 | 2 13 | 1 12 | 13 | 14 | 14 | 閏 15 | 十 15 | 16 | 17 | 17 | 18 | 18 | 19 | 17 | 18 |
| 10 | 9 | 9 | 10 | 10 | 11 | 12 | 12 | 13 | 13 | 14 | 13 | 12 14 | 11 15 | 15 | 16 | 16 | 九 17 | 八 18 | 18 | 19 | 19 | 20 | 18 | 19 |
| | 10 | 10 | 11 | 11 | 12 | 13 | 13 | 14 | 14 | 15 | 14 | 15 | 16 | 10 16 | 9 17 | 17 | 18 | 19 | 七 19 | 20 | 20 | 21 | 19 | 20 |

中西回史日曆

卷一五 明

一四八二 壬寅 成化一八 887

一四八一 辛丑 成化一七 886

| | | | | | | | | | | | | | | | | | | | | | | | |
|---|---|---|---|---|---|---|---|---|---|---|---|---|---|---|---|---|---|---|---|---|---|---|---|
| 22 | 23 | 23 | 24 | 25 | 25 | 26 | 26 | 27 | 25 | 26 | 27 | 27 | 28 | 28 | 29 | 30 | 30 | 31 | 5 | 4 | 2 2 | 1 31 | 1 |
| 23 | 24 | 24 | 25 | 26 | 26 | 27 | 27 | 28 | 26 | 27 | 28 | 28 | 29 | 29 | 30 | 31 | 7 | 6 | 2 | 2 | 3 | 2 | 12 2 11 |
| 24 | 25 | 25 | 26 | 27 | 27 | 28 | 28 | 29 | 27 | 28 | 29 | 29 | 30 | 30 | 31 | 8 | 2 | 2 | 3 | 3 | 4 | 2 | 3 |
| 25 | 26 | 26 | 27 | 28 | 28 | 29 | 29 | 30 | 28 | 29 | 30 | 30 | 31 | 10 | 9 | 2 | 3 | 3 | 4 | 4 | 5 | 3 | 4 |
| 26 | 27 | 27 | 28 | 29 | 29 | 30 | 30 | 31 | 3 | 30 | 31 | 12 | 11 | 2 | 2 | 3 | 4 | 4 | 5 | 5 | 6 | 4 | 5 |
| 27 | 28 | 28 | 29 | 30 | 30 | 31 | 5 | 4 | 2 | 31 | 1 | 2 | 2 | 3 | 3 | 4 | 5 | 5 | 6 | 6 | 7 | 5 | 6 |
| 28 | 29 | 29 | 30 | 31 | 7 | 6 | 2 | 2 | 3 | 2 | 2 | 3 | 3 | 4 | 4 | 5 | 6 | 6 | 7 | 7 | 8 | 6 | 7 |
| 29 | 30 | 30 | 31 | 8 | 2 | 2 | 3 | 3 | 4 | 2 | 3 | 4 | 4 | 5 | 5 | 6 | 7 | 7 | 8 | 8 | 9 | 7 | 8 |
| 30 | 31 | 10 | 9 | 2 | 3 | 3 | 4 | 4 | 5 | 3 | 4 | 5 | 5 | 6 | 6 | 7 | 8 | 8 | 9 | 9 | 10 | 8 | 9 |
| 12 | 11 | 2 | 2 | 3 | 4 | 4 | 5 | 5 | 6 | 4 | 5 | 6 | 6 | 7 | 7 | 8 | 9 | 9 | 10 | 10 | 11 | 9 | 10 |
| 2 | 2 | 3 | 3 | 4 | 5 | 5 | 6 | 6 | 7 | 5 | 6 | 7 | 7 | 8 | 8 | 9 | 10 | 10 | 11 | 11 | 12 | 10 | 11 |
| 3 | 3 | 4 | 4 | 5 | 6 | 6 | 7 | 7 | 8 | 6 | 7 | 8 | 8 | 9 | 9 | 10 | 11 | 11 | 12 | 12 | 13 | 11 | 12 |
| 4 | 4 | 5 | 5 | 6 | 7 | 7 | 8 | 8 | 9 | 7 | 8 | 9 | 9 | 10 | 10 | 11 | 12 | 12 | 13 | 13 | 14 | 12 | 13 |
| 5 | 5 | 6 | 6 | 7 | 8 | 8 | 9 | 9 | 10 | 8 | 9 | 10 | 10 | 11 | 11 | 12 | 13 | 13 | 14 | 14 | 15 | 13 | 14 |
| 6 | 6 | 7 | 7 | 8 | 9 | 9 | 10 | 10 | 11 | 9 | 10 | 11 | 11 | 12 | 12 | 13 | 14 | 14 | 15 | 15 | 16 | 14 | 15 |
| 7 | 7 | 8 | 8 | 9 | 10 | 10 | 11 | 11 | 12 | 10 | 11 | 12 | 冬12 | 13 | 13 | 14 | 15 | 15 | 16 | 16 | 17 | 15 | 16 |
| 8 | 8 | 9 | 9 | 10 | 11 | 11 | 12 | 12 | 13 | 11 | 12 | 13 | 13 | 14 | 14 | 15 | 16 | 16 | 17 | 17 | 18 | 16 | 17 |
| 9 | 9 | 10 | 10 | 11 | 12 | 12 | 13 | 13 | 14 | 12 | 13 | 14 | 14 | 15 | 15 | 16 | 17 | 17 | 18 | 18 | 19 | 17 | 18 |
| 10 | 十一10 | 11 | 11 | 12 | 13 | 13 | 14 | 14 | 15 | 13 | 14 | 15 | 15 | 16 | 16 | 17 | 18 | 18 | 19 | 19 | 20 | 18 | 19 |
| 11 | 11 | 十12 | 九12 | 13 | 14 | 14 | 15 | 15 | 16 | 14 | 15 | 16 | 16 | 17 | 17 | 18 | 19 | 19 | 20 | 20 | 21 | 19 | 20 |
| 12 | 11 12 | 13 | 13 | 閏14 | 八15 | 15 | 16 | 16 | 17 | 15 | 16 | 17 | 17 | 18 | 18 | 19 | 20 | 20 | 21 | 21 | 22 | 20 | 21 |
| 13 | 冬13 | 10 14 | 9 14 | 15 | 16 | 七16 | 六17 | 17 | 18 | 16 | 17 | 18 | 18 | 19 | 19 | 20 | 21 | 21 | 22 | 22 | 23 | 21 | 22 |
| 14 | 14 | 15 | 15 | 8 16 | 7 17 | 17 | 18 | 五18 | 四19 | 三17 | 18 | 19 | 19 | 20 | 20 | 21 | 22 | 22 | 23 | 23 | 24 | 22 | 23 |
| 15 | 15 | 16 | 16 | 17 | 18 | 6 18 | 5 19 | 19 | 20 | 18 | 二19 | 正20 | 20 | 21 | 21 | 22 | 23 | 23 | 24 | 24 | 25 | 23 | 24 |
| 16 | 16 | 17 | 17 | 18 | 19 | 19 | 20 | 4 20 | 3 21 | 19 | 20 | 21 | 十二21 | 十一22 | 22 | 23 | 24 | 24 | 25 | 25 | 26 | 24 | 25 |
| 17 | 17 | 18 | 18 | 19 | 20 | 20 | 21 | 21 | 22 | 2 20 | 1 21 | 12 22 | 11 22 | 23 | 十23 | 九24 | 25 | 25 | 26 | 26 | 27 | 25 | 26 |
| 18 | 18 | 19 | 19 | 20 | 21 | 21 | 22 | 22 | 23 | 21 | 22 | 23 | 23 | 10 24 | 9 24 | 25 | 八26 | 26 | 27 | 27 | 28 | 26 | 27 |
| 19 | 19 | 20 | 20 | 21 | 22 | 22 | 23 | 23 | 24 | 22 | 23 | 24 | 24 | 25 | 25 | 8 26 | 7 27 | 七27 | 六28 | 28 | 29 | 27 | 28 |
| 20 | 20 | 21 | 21 | 22 | 23 | 23 | 24 | 24 | 25 | 23 | 24 | 25 | 25 | 26 | 26 | 27 | 28 | 6 28 | 5 29 | 五29 | 四30 | 三28 | 二29 |
| 21 | 21 | 22 | 22 | 23 | 24 | 24 | 25 | 25 | 26 | 24 | 25 | 26 | 26 | 27 | 27 | 28 | 29 | 29 | 30 | 4 30 | 3 31 | 3 | 30 正 |

二二

勵耘書屋

一四八三 癸卯 成化一九 888

一四八四 甲辰 成化二〇 889

| 一四八四 甲辰 成化二〇 889 | | | | | | | | | | | | | 一四八三 癸卯 成化一九 888 | | | | | | | | | | | |
|---|---|---|---|---|---|---|---|---|---|---|---|---|---|---|---|---|---|---|---|---|---|---|---|---|
| 11 | 11 | 12 | 12 | 13 | 14 | 14 | 15 | 15 | 16 | 15 | 16 | 17 | 17 | 18 | 18 | 19 | 20 | 20 | 21 | 21 | 22 | 20 | 21 | 22 |
| 12 | (冬)12 | 13 | 13 | 14 | 15 | 15 | 16 | 16 | 17 | 16 | 17 | 18 | 18 | 19 | 19 | 20 | 21 | 21 | 22 | 22 | 23 | 21 | 22 | 23 |
| 13 | 13 | 14 | 14 | 15 | 16 | 16 | 17 | 17 | 18 | 17 | 18 | 19 | 19 | 20 | 20 | 21 | 22 | 22 | 23 | 23 | 24 | 22 | 23 | 24 |
| 14 | 14 | 15 | 15 | 16 | 17 | 17 | 18 | 18 | 19 | 18 | 19 | 20 | 20 | 21 | 21 | 22 | 23 | 23 | 24 | 24 | 25 | 23 | 24 | 25 |
| 15 | 15 | 16 | 16 | 17 | 18 | 18 | 19 | 19 | 20 | 19 | 20 | 21 | 21 | 22 | 22 | 23 | 24 | 24 | 25 | 25 | 26 | 24 | 25 | 26 |
| 16 | 16 | 17 | 17 | 18 | 19 | 19 | 20 | 20 | 21 | 20 | 21 | 22 | 22 | 23 | 23 | 24 | 25 | 25 | 26 | 26 | 27 | 25 | 26 | 27 |
| 17 | 17 | 18 | 18 | 19 | 20 | 20 | 21 | 21 | 22 | 21 | 22 | 23 | 23 | 24 | 24 | 25 | 26 | 26 | 27 | 27 | 28 | 26 | 27 | 28 |
| 18 | (十二)18 | (十一)19 | 19 | 20 | 21 | 21 | 22 | 22 | 23 | 22 | 23 | 24 | 24 | 25 | 25 | 26 | 27 | 27 | 28 | 28 | 29 | 27 | 28 | 29 |
| 19 | 19 | 20 | (十)20 | (九)21 | (八)22 | (七)22 | 23 | 23 | 24 | 23 | 24 | 25 | 25 | 26 | 26 | 27 | 28 | 28 | 29 | 29 | 30 | 28 | 29 | 30 |
| 20 | (12)20 | (11)21 | 21 | 22 | 23 | 23 | (六)24 | 24 | 25 | 24 | 25 | 26 | 26 | 27 | 27 | 28 | 29 | 29 | 30 | 30 | 31 | **3** | 30 | 31 |
| 21 | 21 | 22 | (10)22 | (9)23 | 24 | 24 | 25 | (五)25 | (四)26 | 25 | 26 | 27 | 27 | 28 | 28 | 29 | 30 | 30 | 31 | **5** | **4** | 2 | 31 | **1** |
| 22 | 22 | 23 | 23 | 24 | (8)25 | (7)25 | 26 | 26 | 27 | (三)26 | (二)27 | 28 | 28 | 29 | 29 | 30 | 31 | **7** | **6** | 2 | 2 | 3 | **2** | 2 |
| 23 | 23 | 24 | 24 | 25 | 26 | 26 | (6)27 | (5)27 | 28 | 27 | 28 | (正)29 | 29 | 30 | 30 | 31 | **8** | 2 | 2 | 3 | 3 | 4 | 2 | 3 |
| 24 | 24 | 25 | 25 | 26 | 27 | 27 | 28 | 28 | (4)29 | (3)28 | 29 | 30 | (十二)30 | (十一)31 | (十)**10** | **9** | 2 | 3 | 3 | 4 | 4 | 5 | 3 | 4 |
| 25 | 25 | 26 | 26 | 27 | 28 | 28 | 29 | 29 | 30 | 29 | (2)30 | (1)31 | (12)**12** | (11)**11** | 2 | (九)2 | (八)3 | (七)4 | 4 | 5 | 5 | 6 | 4 | 5 |
| 26 | 26 | 27 | 27 | 28 | 29 | 29 | 30 | 30 | 31 | **3** | 31 | **1** | 2 | 2 | (10)3 | (9)3 | 4 | 5 | (六)5 | (五)6 | 6 | **7** | 5 | 6 |
| 27 | 27 | 28 | 28 | 29 | 30 | 30 | 31 | **5** | **4** | 2 | **2** | 2 | 3 | 3 | 4 | 4 | (8)5 | (7)6 | 6 | 7 | (四)7 | (三)8 | 6 | 7 |
| 28 | 28 | 29 | 29 | 30 | 31 | **7** | **6** | 2 | 2 | 3 | 2 | 3 | 4 | 4 | 5 | 5 | 6 | 7 | (6)7 | (5)8 | 8 | 9 | (二)7 | (正)8 |
| 29 | 29 | 30 | 30 | 31 | **8** | 2 | 2 | 3 | 3 | 4 | 3 | 4 | 5 | 5 | 6 | 6 | 7 | 8 | 8 | 9 | (4)9 | (3)10 | 8 | 9(十二) |
| 30 | 30 | 31 | **10** | **9** | 2 | 3 | 3 | **4** | **4** | 5 | 4 | 5 | 6 | 6 | 7 | 7 | 8 | 9 | 9 | 10 | 10 | 11 | (2)9 | (1)10 |
| 31 | **12** | **11** | 2 | 2 | 3 | 4 | 4 | 5 | 5 | 6 | 5 | 6 | 7 | 7 | 8 | 8 | 9 | 10 | 10 | 11 | 11 | 12 | 10 | 11(12) |
| 日 | 2 | 2 | 3 | 3 | 4 | 5 | 5 | 6 | 6 | 7 | 6 | 7 | 8 | 8 | 9 | 9 | 10 | 11 | 11 | 12 | 12 | 13 | 11 | 12 |
| 曜 | 3 | 3 | 4 | 4 | 5 | 6 | 6 | 7 | 7 | 8 | 7 | 8 | 9 | 9 | 10 | 10 | 11 | 12 | 12 | 13 | 13 | 14 | 12 | 13 |
| 表 | 4 | 4 | 5 | 5 | 6 | 7 | 7 | 8 | 8 | 9 | 8 | 9 | 10 | 10 | 11 | 11 | 12 | 13 | 13 | 14 | 14 | 15 | 13 | 14 |
| 4 | 5 | 5 | 6 | 6 | 7 | 8 | 8 | 9 | 9 | 10 | 9 | 10 | 11 | 11 | 12 | 12 | 13 | 14 | 14 | 15 | 15 | 16 | 14 | 15 |
| 甲 | 6 | 6 | 7 | 7 | 8 | 9 | 9 | 10 | 10 | 11 | 10 | 11 | 12 | 12 | 13 | 13 | 14 | 15 | 15 | 16 | 16 | 17 | 15 | 16 |
| 子 | 7 | 7 | 8 | 8 | 9 | 10 | 10 | 11 | 11 | 12 | 11 | 12 | 13 | (冬)13 | 14 | 14 | 15 | 16 | 16 | 17 | 17 | 18 | 16 | 17 |
| 表 | 8 | 8 | 9 | 9 | 10 | 11 | 11 | 12 | 12 | 13 | 12 | 13 | 14 | 14 | 15 | 15 | 16 | 17 | 17 | 18 | 18 | 19 | 17 | 18 |
| 11 | 9 | 9 | 10 | 10 | 11 | 12 | 12 | 13 | 13 | 14 | 13 | 14 | 15 | 15 | 16 | 16 | 17 | 18 | 18 | 19 | 19 | 20 | 18 | 19 |
| | 10 | 10 | 11 | 11 | 12 | 13 | 13 | 14 | 14 | 15 | 14 | 15 | 16 | 16 | 17 | 17 | 18 | 19 | 19 | 20 | 20 | 21 | 19 | 20 |

一四八五 乙巳 成化二一 890

一四八六 丙午 成化二二 891

| | | | | | | | | | | | | | | | | | | | | | | | |
|---|---|---|---|---|---|---|---|---|---|---|---|---|---|---|---|---|---|---|---|---|---|---|---|
| 22 | 23 | 23 | 24 | 25 | 25 | 26 | 26 | 27 | 25 | 26 | 27 | 27 | 28 | 28 | 29 | 30 | 30 | 31 | **5** | **4** | 2 | 31 | **1** |
| 23 | 24 | 24 | 25 | 26 | 26 | 27 | 27 | 28 | 26 | 27 | 28 | 28 | 29 | 29 | 30 | 31 | **7** | **6** | 2 | 2 | 3 | **2** | 2 |
| 24 | 25 | 25 | 26 | 27 | 27 | 28 | 28 | 29 | 27 | 28 | 29 | 29 | 30 | 30 | 31 | **8** | 2 | 2 | 3 | 3 | 4 | 2 | 3 |
| 25 | 26 | 26 | 27 | 28 | 28 | 29 | 29 | 30 | 28 | 29 | 30 | 30 | 31 | **10** | **9** | 2 | 3 | 3 | 4 | 4 | 5 | 3 | 4 |
| 26十一 | 27十 | 27 | 28 | 29 | 29 | 30 | 30 | 31 | **3** | 30 | 31 | **12** | **11** | 2 | 2 | 3 | 4 | 4 | 5 | 5 | 6 | 4 | 5 |
| 27 | 28 | 28九 | 29八 | 30 | 30 | 31 | **5** | **4** | 2 | 31 | **1** | 2 | 2 | 3 | 3 | 4 | 5 | 5 | 6 | 6 | 7 | 5 | 6 |
| 28 **12** | 29 **11** | 29 | 30 | 31七 | **7**六 | **6** | 2 | 2 | 3 | **2** | 2 | 3 | 3 | 4 | 4 | 5 | 6 | 6 | 7 | 7 | 8 | 6 | 7 |
| 29 | 30 | 30 **10** | 31 **9** | **8** | 2 | 2五 | 3 | 3 | 4 | 2 | 3 | 4 | 4 | 5 | 5 | 6 | 7 | 7 | 8 | 8 | 9 | 7 | 8 |
| 30 | 31 | **10** | **9** | 2 **8** | 3 **7** | 3 | 4四 | 4三 | 5 | 3 | 4 | 5 | 5 | 6 | 6 | 7 | 8 | 8 | 9 | 9 | 10 | 8 | 9 |
| **12** | **11** | 2 | 2 | 3 | 4 | 4 **6** | 5 **5** | 5 | 6二 | 4 | 5 | 6 | 6 | 7 | 7 | 8 | 9 | 9 | 10 | 10 | 11 | 9 | 10 |
| 2 | 2 | 3 | 3 | 4 | 5 | 5 | 6 | 6 **4** | 7 **3** | 5正 | 6十二 | 7十一 | 7十 | 8 | 8 | 9 | 10 | 10 | 11 | 11 | 12 | 10 | 11 |
| 3 | 3 | 4 | 4 | 5 | 6 | 6 | 7 | 7 | 8 | 6 **2** | 7 **1** | 8 | 8 | 9九 | 9八 | 10七 | 11 | 11 | 12 | 12 | 13 | 11 | 12 |
| 4 | 4 | 5 | 5 | 6 | 7 | 7 | 8 | 8 | 9 | 7 | 8 | 9 **12** | 9 **11** | 10 | 10 | 11 | 12六 | 12五 | 13 | 13 | 14 | 12 | 13 |
| 5 | 5 | 6 | 6 | 7 | 8 | 8 | 9 | 9 | 10 | 8 | 9 | 10 | 10 | 11 **10** | 11 **9** | 12 | 13 | 13 | 14閏 | 14 | 15 | 13 | 14 |
| 6 | 6 | 7 | 7 | 8 | 9 | 9 | 10 | 10 | 11 | 9 | 10 | 11 | 11 | 12 | 12 | 13 **8** | 14 **7** | 14 | 15 | 15四 | 16三 | 14 | 15 |
| 7 | 7 | 8 | 8 | 9 | 10 | 10 | 11 | 11 | 12 | 10 | 11 | 12冬 | 12 | 13 | 13 | 14 | 15 | 15 **6** | 16 **5** | 16 | 17 | 15二 | 16 |
| 8 | 8 | 9 | 9 | 10 | 11 | 11 | 12 | 12 | 13 | 11 | 12 | 13 | 13 | 14 | 14 | 15 | 16 | 16 | 17 | 17 **4** | 18 **3** | 16 | 17正 |
| 9 | 9 | 10 | 10 | 11 | 12 | 12 | 13 | 13 | 14 | 12 | 13 | 14 | 14 | 15 | 15 | 16 | 17 | 17 | 18 | 18 | 19 | 17 **2** | 18 **1** |
| 10 | 10 | 11 | 11 | 12 | 13 | 13 | 14 | 14 | 15 | 13 | 14 | 15 | 15 | 16 | 16 | 17 | 18 | 18 | 19 | 19 | 20 | 18 | 19 |
| 11 | 11 | 12 | 12 | 13 | 14 | 14 | 15 | 15 | 16 | 14 | 15 | 16 | 16 | 17 | 17 | 18 | 19 | 19 | 20 | 20 | 21 | 19 | 20 |
| 12 | 12 | 13 | 13 | 14 | 15 | 15 | 16 | 16 | 17 | 15 | 16 | 17 | 17 | 18 | 18 | 19 | 20 | 20 | 21 | 21 | 22 | 20 | 21 |
| 13冬 | 13 | 14 | 14 | 15 | 16 | 16 | 17 | 17 | 18 | 16 | 17 | 18 | 18 | 19 | 19 | 20 | 21 | 21 | 22 | 22 | 23 | 21 | 22 |
| 14 | 14 | 15 | 15 | 16 | 17 | 17 | 18 | 18 | 19 | 17 | 18 | 19 | 19 | 20 | 20 | 21 | 22 | 22 | 23 | 23 | 24 | 22 | 23 |
| 15 | 15 | 16 | 16 | 17 | 18 | 18 | 19 | 19 | 20 | 18 | 19 | 20 | 20 | 21 | 21 | 22 | 23 | 23 | 24 | 24 | 25 | 23 | 24 |
| 16 | 16 | 17 | 17 | 18 | 19 | 19 | 20 | 20 | 21 | 19 | 20 | 21 | 21 | 22 | 22 | 23 | 24 | 24 | 25 | 25 | 26 | 24 | 25 |
| 17 | 17 | 18 | 18 | 19 | 20 | 20 | 21 | 21 | 22 | 20 | 21 | 22 | 22 | 23 | 23 | 24 | 25 | 25 | 26 | 26 | 27 | 25 | 26 |
| 18 | 18 | 19 | 19 | 20 | 21 | 21 | 22 | 22 | 23 | 21 | 22 | 23 | 23 | 24 | 24 | 25 | 26 | 26 | 27 | 27 | 28 | 26 | 27 |
| 19 | 19 | 20 | 20 | 21 | 22 | 22 | 23 | 23 | 24 | 22 | 23 | 24 | 24 | 25 | 25 | 26 | 27 | 27 | 28 | 28 | 29 | 27 | 28 |
| 20 | 20 | 21 | 21 | 22 | 23 | 23 | 24 | 24 | 25 | 23 | 24 | 25 | 25 | 26 | 26 | 27 | 28 | 28 | 29 | 29 | 30 | 28 | 29 |
| 21 | 21 | 22 | 22 | 23 | 24 | 24 | 25 | 25 | 26 | 24 | 25 | 26 | 26 | 27 | 27 | 28 | 29 | 29 | 30 | 30 | 31 | **3** | 30 |

一四八八 戊申 明孝宗 弘治元

894 893

一四八七 丁未 成化二三

892

| | | | | | | | | | | | | | | | | | | | | | | | | |
|---|---|---|---|---|---|---|---|---|---|---|---|---|---|---|---|---|---|---|---|---|---|---|---|---|
| 11 | 11 | 12 | 12 | 13 | 14 | 14 | 15 | 15 | 16 | 15 | 16 2 | 17 1 | 17 | 18 | 18 | 19八 | 20七 | 20 | 21 | 21 | 22 | 20 | 21 | 22 |
| 12冬 | 12 | 13 | 13 | 14 | 15 | 15 | 16 | 16 | 17 | 16 | 17 | 18 | 18 12 | 19 11 | 19 | 20 | 21 | 21六 | 22 | 22 | 23 | 21 | 22 | 23 |
| 13 | 13 | 14 | 14 | 15 | 16 | 16 | 17 | 17 | 18 | 17 | 18 | 19 | 19 | 20 | 20 10 | 21 9 | 22 | 22 | 23五 | 23四 | 24 | 22 | 23 | 24 |
| 14 | 14 | 15 | 15 | 16 | 17 | 17 | 18 | 18 | 19 | 18 | 19 | 20 | 20 | 21 | 21 | 22 | 23 8 | 23 7 | 24 | 24 | 25三 | 23二 | 24 | 25 |
| 15 | 15 | 16 | 16 | 17 | 18 | 18 | 19 | 19 | 20 | 19 | 20 | 21 | 21 | 22 | 22 | 23 | 24 | 24 | 25 6 | 25 5 | 26 | 24 | 25正 | 26十二 |
| 16 | 16 | 17 | 17 | 18 | 19 | 19 | 20 | 20 | 21 | 20 | 21 | 22 | 22 | 23 | 23 | 24 | 25 | 25 | 26 | 26 | 27 4 | 25 3 | 26 | 27 |
| 17 | 17 | 18 | 18 | 19 | 20 | 20 | 21 | 21 | 22 | 21 | 22 | 23 | 23 | 24 | 24 | 25 | 26 | 26 | 27 | 27 | 28 | 26 | 27 2 | 28 1 |
| 18 | 18 | 19 | 19 | 20 | 21 | 21 | 22 | 22 | 23 | 22 | 23 | 24 | 24 | 25 | 25 | 26 | 27 | 27 | 28 | 28 | 29 | 27 | 28 | 29 |
| 19 | 19 | 20 | 20 | 21 | 22 | 22 | 23 | 23 | 24 | 23 | 24 | 25 | 25 | 26 | 26 | 27 | 28 | 28 | 29 | 29 | 30 | 28 | 29 | 30 |
| 20 | 20 | 21 | 21 | 22 | 23 | 23 | 24 | 24 | 25 | 24 | 25 | 26 | 26 | 27 | 27 | 28 | 29 | 29 | 30 | 30 | 31 | 3 | 30 | 31 |
| 21 | 21 | 22 | 22 | 23 | 24 | 24 | 25 | 25 | 26 | 25 | 26 | 27 | 27 | 28 | 28 | 29 | 30 | 30 | 31 | 5 | 4 | 2 | 31 | 1 |
| 22 | 22 | 23 | 23 | 24 | 25 | 25 | 26 | 26 | 27 | 26 | 27 | 28 | 28 | 29 | 29 | 30 | 31 | 7 | 6 | 2 | 2 | 3 | 2 | 2 |
| 23 | 23 | 24 | 24 | 25 | 26 | 26 | 27 | 27 | 28 | 27 | 28 | 29 | 29 | 30 | 30 | 31 | 8 | 2 | 2 | 3 | 3 | 4 | 2 | 3 |
| 24 | 24 | 25 | 25 | 26 | 27 | 27 | 28 | 28 | 29 | 28 | 29 | 30 | 30 | 31 | 10 | 9 | 2 | 3 | 3 | 4 | 4 | 5 | 3 | 4 |
| 25 | 25 | 26 | 26 | 27 | 28 | 28 | 29 | 29 | 30 | 29 | 30 | 31 | 12 | 11 | 2 | 2 | 3 | 4 | 4 | 5 | 5 | 6 | 4 | 5 |
| 26 | 26 | 27 | 27 | 28 | 29 | 29 | 30 | 30 | 31 | 3 | 31 | 1 | 2 | 2 | 3 | 3 | 4 | 5 | 5 | 6 | 6 | 7 | 5 | 6 |
| 27 | 27 | 28 | 28 | 29 | 30 | 30 | 31 | 5 | 4 | 2 | 2 | 2 | 3 | 3 | 4 | 4 | 5 | 6 | 6 | 7 | 7 | 8 | 6 | 7 |
| 28 | 28 | 29 | 29 | 30 | 31 | 7 | 6 | 2 | 2 | 3 | 2 | 3 | 4 | 4 | 5 | 5 | 6 | 7 | 7 | 8 | 8 | 9 | 7 | 8 |
| 29 | 29 | 30 | 30 | 31 | 8 | 2 | 2 | 3 | 3 | 4 | 3 | 4 | 5 | 5 | 6 | 6 | 7 | 8 | 8 | 9 | 9 | 10 | 8 | 9 |
| 30 | 30 | 31 | 10 | 9 | 2 | 3 | 3 | 4 | 4 | 5 | 4 | 5 | 6 | 6 | 7 | 7 | 8 | 9 | 9 | 10 | 10 | 11 | 9 | 10 |
| 31 | 12 | 11 | 2 | 2 | 3 | 4 | 4 | 5 | 5 | 6 | 5 | 6 | 7 | 7 | 8 | 8 | 9 | 10 | 10 | 11 | 11 | 12 | 10 | 11 |
| 日 | 2 | 2 | 3 | 3 | 4 | 5 | 5 | 6 | 6 | 7 | 6 | 7 | 8 | 8 | 9 | 9 | 10 | 11 | 11 | 12 | 12 | 13 | 11 | 12 |
| 曜 | 3十一 | 3 | 4 | 4 | 5 | 6 | 6 | 7 | 7 | 8 | 7 | 8 | 9 | 9 | 10 | 10 | 11 | 12 | 12 | 13 | 13 | 14 | 12 | 13 |
| 表 | 4 | 4十 | 5九 | 5 | 6 | 7 | 7 | 8 | 8 | 9 | 8 | 9 | 10 | 10 | 11 | 11 | 12 | 13 | 13 | 14 | 14 | 15 | 13 | 14 |
| 5 | 5 1 | 5 | 6 | 6八 | 7七 | 8 | 8 | 9 | 9 | 10 | 9 | 10 | 11 | 11 | 12 | 12 | 13 | 14 | 14 | 15 | 15 | 16 | 14 | 15 |
| 甲 | 6 | 6 12 | 7 11 | 7 | 8 | 9六 | 9 | 10 | 10 | 11 | 10 | 11 | 12 | 12 | 13 | 13 | 14 | 15 | 15 | 16 | 16 | 17 | 15 | 16 |
| 子 | 7 | 7 | 8 | 8 10 | 9 9 | 10 | 10五 | 11四 | 11 | 12 | 11 | 12 | 13冬 | 13 | 14 | 14 | 15 | 16 | 16 | 17 | 17 | 18 | 16 | 17 |
| 表 | 8 | 8 | 9 | 9 | 10 | 11 8 | 11 7 | 12 | 12三 | 13二 | 12 | 13 | 14 | 14 | 15 | 15 | 16 | 17 | 17 | 18 | 18 | 19 | 17 | 18 |
| 12 | 9 | 9 | 10 | 10 | 11 | 12 | 12 | 13 6 | 13 5 | 14 | 13閏 | 14正 | 15十二 | 15十一 | 16 | 16 | 17 | 18 | 18 | 19 | 19 | 20 | 18 | 19 |
| | 10 | 10 | 11 | 11 | 12 | 13 | 13 | 14 | 14 | 15 4 | 14 3 | 15 | 16 | 16 | 17十 | 17九 | 18 | 19 | 19 | 20 | 20 | 21 | 19 | 20 |

一四八九 己酉 弘治二

一四九〇 庚戌 弘治三

| 896 | | | | | | | | | | | | 895 | | | | | | | | | | | |
|---|---|---|---|---|---|---|---|---|---|---|---|---|---|---|---|---|---|---|---|---|---|---|---|
| 22 | 23 | 23 | 24 | 25 | 25 | 26 | 26 | 27 | 25 | 26 | 27 | 27 | 28 | 28 | 29 | 30 | 30 8 | 31 7 | 5 四 | 4 三 | 2 二 | 31 | 1 |
| 23 | 24 | 24 | 25 | 26 | 26 | 27 | 27 | 28 | 26 | 27 | 28 | 28 | 29 | 29 | 30 | 31 | 7 | 6 | 2 6 | 2 5 | 3 | 2 正 | 2 十二 |
| 24 | 25 | 25 | 26 | 27 | 27 | 28 | 28 | 29 | 27 | 28 | 29 | 29 | 30 | 30 | 31 | 8 | 2 | 2 | 3 | 3 | 4 4 | 2 3 | 3 |
| 25 | 26 | 26 | 27 | 28 | 28 | 29 | 29 | 30 | 28 | 29 | 30 | 30 | 31 | 10 | 9 | 2 | 3 | 3 | 4 | 4 | 5 | 3 | 4 2 |
| 26 | 27 | 27 | 28 | 29 | 29 | 30 | 30 | 31 | 3 | 30 | 31 | 12 | 11 | 2 | 2 | 3 | 4 | 4 | 5 | 5 | 6 | 4 | 5 |
| 27 | 28 | 28 | 29 | 30 | 30 | 31 | 5 | 4 | 2 | 31 | 1 | 2 | 2 | 3 | 3 | 4 | 5 | 5 | 6 | 6 | 7 | 5 | 6 |
| 28 | 29 | 29 | 30 | 31 | 7 | 6 | 2 | 2 | 3 | 2 | 2 | 3 | 3 | 4 | 4 | 5 | 6 | 6 | 7 | 7 | 8 | 6 | 7 |
| 29 | 30 | 30 | 31 | 8 | 2 | 2 | 3 | 3 | 4 | 2 | 3 | 4 | 4 | 5 | 5 | 6 | 7 | 7 | 8 | 8 | 9 | 7 | 8 |
| 30 | 31 | 10 | 9 | 2 | 3 | 3 | 4 | 4 | 5 | 3 | 4 | 5 | 5 | 6 | 6 | 7 | 8 | 8 | 9 | 9 | 10 | 8 | 9 |
| 12 | 11 | 2 | 2 | 3 | 4 | 4 | 5 | 5 | 6 | 4 | 5 | 6 | 6 | 7 | 7 | 8 | 9 | 9 | 10 | 10 | 11 | 9 | 10 |
| 2 | 2 | 3 | 3 | 4 | 5 | 5 | 6 | 6 | 7 | 5 | 6 | 7 | 7 | 8 | 8 | 9 | 10 | 10 | 11 | 11 | 12 | 10 | 11 |
| 3 | 3 | 4 | 4 | 5 | 6 | 6 | 7 | 7 | 8 | 6 | 7 | 8 | 8 | 9 | 9 | 10 | 11 | 11 | 12 | 12 | 13 | 11 | 12 |
| 4 | 4 | 5 | 5 | 6 | 7 | 7 | 8 | 8 | 9 | 7 | 8 | 9 | 9 | 10 | 10 | 11 | 12 | 12 | 13 | 13 | 14 | 12 | 13 |
| 5 | 5 | 6 | 6 | 7 | 8 | 8 | 9 | 9 | 10 | 8 | 9 | 10 | 10 | 11 | 11 | 12 | 13 | 13 | 14 | 14 | 15 | 13 | 14 |
| 6 | 6 | 7 | 7 | 8 | 9 | 9 | 10 | 10 | 11 | 9 | 10 | 11 | 11 | 12 | 12 | 13 | 14 | 14 | 15 | 15 | 16 | 14 | 15 |
| 7 | 7 | 8 | 8 | 9 | 10 | 10 | 11 | 11 | 12 | 10 | 11 | 12 冬 | 12 | 13 | 13 | 14 | 15 | 15 | 16 | 16 | 17 | 15 | 16 |
| 8 | 8 | 9 | 9 | 10 | 11 | 11 | 12 | 12 | 13 | 11 | 12 | 13 | 13 | 14 | 14 | 15 | 16 | 16 | 17 | 17 | 18 | 16 | 17 |
| 9 | 9 | 10 | 10 | 11 | 12 | 12 | 13 | 13 | 14 | 12 | 13 | 14 | 14 | 15 | 15 | 16 | 17 | 17 | 18 | 18 | 19 | 17 | 18 |
| 10 | 10 | 11 | 11 | 12 | 13 | 13 | 14 | 14 | 15 | 13 | 14 | 15 | 15 | 16 | 16 | 17 | 18 | 18 | 19 | 19 | 20 | 18 | 19 |
| 11 | 11 | 12 | 12 | 13 | 14 | 14 | 15 | 15 | 16 | 14 | 15 | 16 | 16 | 17 | 17 | 18 | 19 | 19 | 20 | 20 | 21 | 19 | 20 |
| 12 十一 | 12 十 | 13 | 13 | 14 | 15 | 15 | 16 | 16 | 17 | 15 | 16 | 17 | 17 | 18 | 18 | 19 | 20 | 20 | 21 | 21 | 22 | 20 | 21 |
| 13 冬 | 13 | 14 閏 | 14 九 | 15 | 16 | 16 | 17 | 17 | 18 | 16 | 17 | 18 | 18 | 19 | 19 | 20 | 21 | 21 | 22 | 22 | 23 | 21 | 22 |
| 14 2 | 14 1 | 15 | 15 | 16 八 | 17 七 | 17 | 18 | 18 | 19 | 17 | 18 | 19 | 19 | 20 | 20 | 21 | 22 | 22 | 23 | 23 | 24 | 22 | 23 |
| 15 | 15 | 16 12 | 16 11 | 17 | 18 | 18 六 | 19 五 | 19 | 20 | 18 | 19 | 20 | 20 | 21 | 21 | 22 | 23 | 23 | 24 | 24 | 25 | 23 | 24 |
| 16 | 16 | 17 | 17 | 18 10 | 19 9 | 19 | 20 | 20 四 | 21 三 | 19 二 | 20 | 21 | 21 | 22 | 22 | 23 | 24 | 24 | 25 | 25 | 26 | 24 | 25 |
| 17 | 17 | 18 | 18 | 19 | 20 | 20 8 | 21 7 | 21 | 22 | 20 | 21 正 | 22 十二 | 22 | 23 | 23 | 24 | 25 | 25 | 26 | 26 | 27 | 25 | 26 |
| 18 | 18 | 19 | 19 | 20 | 21 | 21 | 22 | 22 6 | 23 5 | 21 | 22 | 23 | 23 十一 | 24 十 | 24 | 25 | 26 | 26 | 27 | 27 | 28 | 26 | 27 |
| 19 | 19 | 20 | 20 | 21 | 22 | 22 | 23 | 23 | 24 | 22 4 | 23 3 | 24 | 24 | 25 | 25 九 | 26 八 | 27 | 27 | 28 | 28 | 29 | 27 | 28 |
| 20 | 20 | 21 | 21 | 22 | 23 | 23 | 24 | 24 | 25 | 23 | 24 | 25 2 | 25 1 | 26 12 | 26 11 | 27 | 28 七 | 28 | 29 | 29 | 30 | 28 | 29 |
| 21 | 21 | 22 | 22 | 23 | 24 | 24 | 25 | 25 | 26 | 24 | 25 | 26 | 26 | 27 | 27 | 28 10 | 29 9 | 29 六 | 30 五 | 30 | 31 | 3 | 30 |

勵耘書屋

一四九二 壬子 弘治五 898

一四九一 辛亥 弘治四 897

| | | | | | | | | | | | | | | | | | | | | | | | | |
|---|---|---|---|---|---|---|---|---|---|---|---|---|---|---|---|---|---|---|---|---|---|---|---|---|
| 11 | 11 | 12 | 12 | 13 | 14 | 14 | 15 | 15 | 16 | 15 | 16 | 17 | 17 | 18 | 18 | 19 | 20 | 20 | 21 | 21 | 22 | 20 | 21 | 22 |
| 12冬 | 12 | 13 | 13 | 14 | 15 | 15 | 16 | 16 | 17 | 16 | 17 | 18 | 18 | 19 | 19 | 20 | 21 | 21 | 22 | 22 | 23 | 21 | 22 | 23 |
| 13 | 13 | 14 | 14 | 15 | 16 | 16 | 17 | 17 | 18 | 17 | 18 | 19 | 19 | 20 | 20 | 21 | 22 | 22 | 23 | 23 | 24 | 22 | 23 | 24 |
| 14 | 14 | 15 | 15 | 16 | 17 | 17 | 18 | 18 | 19 | 18 | 19 | 20 | 20 | 21 | 21 | 22 | 23 | 23 | 24 | 24 | 25 | 23 | 24 | 25 |
| 15 | 15 | 16 | 16 | 17 | 18 | 18 | 19 | 19 | 20 | 19 | 20 | 21 | 21 | 22 | 22 | 23 | 24 | 24 | 25 | 25 | 26 | 24 | 25 | 26 |
| 16 | 16 | 17 | 17 | 18 | 19 | 19 | 20 | 20 | 21 | 20 | 21 | 22 | 22 | 23 | 23 | 24 | 25 | 25 | 26 | 26 | 27 | 25 | 26 | 27 |
| 17 | 17 | 18 | 18 | 19 | 20 | 20 | 21 | 21 | 22 | 21 | 22 | 23 | 23 | 24 | 24 | 25 | 26 | 26 | 27 | 27 | 28 | 26 | 27 | 28 |
| 18 | 18 | 19 | 19 | 20 | 21 | 21 | 22 | 22 | 23 | 22 | 23 | 24 | 24 | 25 | 25 | 26 | 27 | 27 | 28 | 28 | 29 | 27 | 28 | 29 |
| 19十二 | 19 | 20 | 20 | 21 | 22 | 22 | 23 | 23 | 24 | 23 | 24 | 25 | 25 | 26 | 26 | 27 | 28 | 28 | 29 | 29 | 30 | 28 | 29 | 30 |
| 20 | 20十一 | 21十 | 21 | 22 | 23 | 23 | 24 | 24 | 25 | 24 | 25 | 26 | 26 | 27 | 27 | 28 | 29 | 29 | 30 | 30 | 31 | **3** | 30 | 31 |
| 21 3 | 21 | 22 | 22九 | 23八 | 24七 | 24 | 25 | 25 | 26 | 25 | 26 | 27 | 27 | 28 | 28 | 29 | 30 | 30 | 31 | **5** | **4** | 2 | 31 | **1** |
| 22 | 22 2 | 23 1 | 23 | 24 | 25 | 25六 | 26五 | 26 | 27 | 26 | 27 | 28 | 28 | 29 | 29 | 30 | 31 | **7** | **6** | 2 | 2 | 3 | **2** | 2 |
| 23 | 23 | 24 | 24 12 | 25 11 | 26 | 26 | 27 | 27四 | 28三 | 27 | 28 | 29 | 29 | 30 | 30 | 31 | **8** | 2 | 2 | 3 | 3 | 4 | 2 | 3 |
| 24 | 24 | 25 | 25 | 26 | 27 10 | 27 9 | 28 | 28 | 29 | 28二 | 29正 | 30 | 30 | 31 | **10** | **9** | 2 | 3 | 3 | 4 | 4 | 5 | 3 | 4 |
| 25 | 25 | 26 | 26 | 27 | 28 | 28 | 29 8 | 29 7 | 30 | 29 | 30 | 31十二 | **12**十一 | **11** | 2 | 2 | 3 | 4 | 4 | 5 | 5 | 6 | 4 | 5 |
| 26 | 26 | 27 | 27 | 28 | 29 | 29 | 30 | 30 | 31 6 | **3** 5 | 31 | **1** | 2 | 2十 | 3九 | 3 | 4 | 5 | 5 | 6 | 6 | 7 | 5 | 6 |
| 27 | 27 | 28 | 28 | 29 | 30 | 30 | 31 | **5** | **4** | 2 | **2** 4 | 2 3 | 3 | 3 | 4 | 4八 | 5七 | 6 | 6 | 7 | 7 | 8 | 6 | 7 |
| 28 | 28 | 29 | 29 | 30 | 31 | **7** | **6** | 2 | 2 | 3 | 2 | 3 | 4 2 | 4 1 | 5 12 | 5 11 | 6 | 7六 | 7五 | 8四 | 8 | 9 | 7 | 8 |
| 29 | 29 | 30 | 30 | 31 | **8** | 2 | 2 | 3 | 3 | 4 | 3 | 4 | 5 | 5 | 6 | 6 | 7 10 | 8 9 | 8 | 9 | 9三 | 10二 | 8 | 9 |
| 30 | 30 | 31 | **10** | **9** | 2 | 3 | 3 | **4** | **4** | 5 | 4 | 5 | 6 | 6 | 7 | 7 | 8 | 9 | 9 8 | 10 7 | 10 | 11 | 9正 | 10十二 |
| 31 | **12** | **11** | 2 | 2 | 3 | 4 | 4 | 5 | 5 | 6 | 5 | 6 | 7 | 7 | 8 | 8 | 9 | 10 | 10 | 11 | 11 6 | 12 5 | 10 | 11 |
| 日 | 2 | 2 | 3 | 3 | 4 | 5 | 5 | 6 | 6 | 7 | 6 | 7 | 8 | 8 | 9 | 9 | 10 | 11 | 11 | 12 | 12 | 13 | 11 4 | 12 3 |
| 曜 | 3 | 3 | 4 | 4 | 5 | 6 | 6 | 7 | 7 | 8 | 7 | 8 | 9 | 9 | 10 | 10 | 11 | 12 | 12 | 13 | 13 | 14 | 12 | 13 |
| 表 | 4 | 4 | 5 | 5 | 6 | 7 | 7 | 8 | 8 | 9 | 8 | 9 | 10 | 10 | 11 | 11 | 12 | 13 | 13 | 14 | 14 | 15 | 13 | 14 |
| 6 | 5 | 5 | 6 | 6 | 7 | 8 | 8 | 9 | 9 | 10 | 9 | 10 | 11 | 11 | 12 | 12 | 13 | 14 | 14 | 15 | 15 | 16 | 14 | 15 |
| 甲 | 6 | 6 | 7 | 7 | 8 | 9 | 9 | 10 | 10 | 11 | 10 | 11 | 12 | 12 | 13 | 13 | 14 | 15 | 15 | 16 | 16 | 17 | 15 | 16 |
| 子 | 7 | 7 | 8 | 8 | 9 | 10 | 10 | 11 | 11 | 12 | 11 | 12 | 13冬 | 13 | 14 | 14 | 15 | 16 | 16 | 17 | 17 | 18 | 16 | 17 |
| 表 | 8 | 8 | 9 | 9 | 10 | 11 | 11 | 12 | 12 | 13 | 12 | 13 | 14 | 14 | 15 | 15 | 16 | 17 | 17 | 18 | 18 | 19 | 17 | 18 |
| 13 | 9 | 9 | 10 | 10 | 11 | 12 | 12 | 13 | 13 | 14 | 13 | 14 | 15 | 15 | 16 | 16 | 17 | 18 | 18 | 19 | 19 | 20 | 18 | 19 |
| | 10 | 10 | 11 | 11 | 12 | 13 | 13 | 14 | 14 | 15 | 14 | 15 | 16 | 16 | 17 | 17 | 18 | 19 | 19 | 20 | 20 | 21 | 19 | 20 |

| 一四九四 甲寅 弘治七 | | | | | | | | | | | | 一四九三 癸丑 弘治六 | | | | | | | | | | | |
|---|---|---|---|---|---|---|---|---|---|---|---|---|---|---|---|---|---|---|---|---|---|---|---|
| | | 900 | | | | | | | | | | | | 899 | | | | | | | | | |
| 22 | 23 | 23 | 24 | 25 | 25 | 26 | 26 | 27 | 25 | 26 | 27 | 27 | 28 | 28 | 29 | 30 | 30 | 31 | 5 | 4 | 2 | 31 | 1 |
| 23 | 24 | 24 | 25 | 26 | 26 | 27 | 27 | 28 | 26 | 27 | 28 | 28 | 29 | 29 | 30 | 31 | 7 | 6 | 2 | 2 | 3 | 2 | 2 |
| 24 | 25 | 25 | 26 | 27 | 27 | 28 | 28 | 29 | 27 | 28 | 29 | 29 | 30 | 30 | 31 | 8 | 2 | 2 | 3 | 3 | 4 | 2 | 3 |
| 25 | 26 | 26 | 27 | 28 | 28 | 29 | 29 | 30 | 28 | 29 | 30 | 30 | 31 | 10 | 9 | 2 | 3 | 3 | 4 | 4 | 5 | 3 | 4 |
| 26 | 27 | 27 | 28 | 29 | 29 | 30 | 30 | 31 | 3 | 30 | 31 | 12 | 11 | 2 | 2 | 3 | 4 | 4 | 5 | 5 | 6 | 4 | 5 |
| 27 | 28 | 28 | 29 | 30 | 30 | 31 | 5 | 4 | 2 | 31 | 1 | 2 | 2 | 3 | 3 | 4 | 5 | 5 | 6 | 6 | 7 | 5 | 6 |
| 28 | 十一29 | 十29 | 九30 | 31 | 7 | 6 | 2 | 2 | 3 | 2 | 2 | 3 | 3 | 4 | 4 | 5 | 6 | 6 | 7 | 7 | 8 | 6 | 7 |
| 29 | 30 | 30 | 31 | 八8 | 七2 | 2 | 3 | 3 | 4 | 2 | 3 | 4 | 4 | 5 | 5 | 6 | 7 | 7 | 8 | 8 | 9 | 7 | 8 |
| 30 | 3 31 | 10 | 9 | 2 | 3 | 六3 | 五4 | 4 | 5 | 3 | 4 | 5 | 5 | 6 | 6 | 7 | 8 | 8 | 9 | 9 | 10 | 8 | 9 |
| 12 | 11 | 2 2 | 1 2 | 12 3 | 11 4 | 4 | 5 | 四5 | 6 | 4 | 5 | 6 | 6 | 7 | 7 | 8 | 9 | 9 | 10 | 10 | 11 | 9 | 10 |
| 2 | 2 | 3 | 3 | 4 | 5 | 10 5 | 9 6 | 6 | 三7 | 二5 | 6 | 7 | 7 | 8 | 8 | 9 | 10 | 10 | 11 | 11 | 12 | 10 | 11 |
| 3 | 3 | 4 | 4 | 5 | 6 | 6 | 7 | 8 7 | 7 8 | 6 | 正7 | 十二8 | 8 | 9 | 9 | 10 | 11 | 11 | 12 | 12 | 13 | 11 | 12 |
| 4 | 4 | 5 | 5 | 6 | 7 | 7 | 8 | 8 | 9 | 6 7 | 5 8 | 9 | 十一9 | 十10 | 九10 | 11 | 12 | 12 | 13 | 13 | 14 | 12 | 13 |
| 5 | 5 | 6 | 6 | 7 | 8 | 8 | 9 | 9 | 10 | 8 | 9 | 4 10 | 3 10 | 11 | 11 | 八12 | 七13 | 六13 | 14 | 14 | 15 | 13 | 14 |
| 6 | 6 | 7 | 7 | 8 | 9 | 9 | 10 | 10 | 11 | 9 | 10 | 11 | 11 | 2 12 | 1 12 | 13 | 14 | 14 | 閏15 | 五15 | 16 | 14 | 15 |
| 7 | 7 | 8 | 8 | 9 | 10 | 10 | 11 | 11 | 12 | 10 | 11 | 12 | 冬12 | 13 | 13 | 12 14 | 11 15 | 15 | 16 | 16 | 四17 | 15 | 16 |
| 8 | 8 | 9 | 9 | 10 | 11 | 11 | 12 | 12 | 13 | 11 | 12 | 13 | 13 | 14 | 14 | 15 | 16 | 10 16 | 9 17 | 17 | 18 | 三16 | 二17 |
| 9 | 9 | 10 | 10 | 11 | 12 | 12 | 13 | 13 | 14 | 12 | 13 | 14 | 14 | 15 | 15 | 16 | 17 | 17 | 18 | 8 18 | 7 19 | 17 | 18 正 |
| 10 | 10 | 11 | 11 | 12 | 13 | 13 | 14 | 14 | 15 | 13 | 14 | 15 | 15 | 16 | 16 | 17 | 18 | 18 | 19 | 19 | 20 | 6 18 | 5 19 |
| 11 | 11 | 12 | 12 | 13 | 14 | 14 | 15 | 15 | 16 | 14 | 15 | 16 | 16 | 17 | 17 | 18 | 19 | 19 | 20 | 20 | 21 | 19 | 20 4 |
| 12 | 12 | 13 | 13 | 14 | 15 | 15 | 16 | 16 | 17 | 15 | 16 | 17 | 17 | 18 | 18 | 19 | 20 | 20 | 21 | 21 | 22 | 20 | 21 |
| 13 | 冬13 | 14 | 14 | 15 | 16 | 16 | 17 | 17 | 18 | 16 | 17 | 18 | 18 | 19 | 19 | 20 | 21 | 21 | 22 | 22 | 23 | 21 | 22 |
| 14 | 14 | 15 | 15 | 16 | 17 | 17 | 18 | 18 | 19 | 17 | 18 | 19 | 19 | 20 | 20 | 21 | 22 | 22 | 23 | 23 | 24 | 22 | 23 |
| 15 | 15 | 16 | 16 | 17 | 18 | 18 | 19 | 19 | 20 | 18 | 19 | 20 | 20 | 21 | 21 | 22 | 23 | 23 | 24 | 24 | 25 | 23 | 24 |
| 16 | 16 | 17 | 17 | 18 | 19 | 19 | 20 | 20 | 21 | 19 | 20 | 21 | 21 | 22 | 22 | 23 | 24 | 24 | 25 | 25 | 26 | 24 | 25 |
| 17 | 17 | 18 | 18 | 19 | 20 | 20 | 21 | 21 | 22 | 20 | 21 | 22 | 22 | 23 | 23 | 24 | 25 | 25 | 26 | 26 | 27 | 25 | 26 |
| 18 | 18 | 19 | 19 | 20 | 21 | 21 | 22 | 22 | 23 | 21 | 22 | 23 | 23 | 24 | 24 | 25 | 26 | 26 | 27 | 27 | 28 | 26 | 27 |
| 19 | 19 | 20 | 20 | 21 | 22 | 22 | 23 | 23 | 24 | 22 | 23 | 24 | 24 | 25 | 25 | 26 | 27 | 27 | 28 | 28 | 29 | 27 | 28 |
| 20 | 20 | 21 | 21 | 22 | 23 | 23 | 24 | 24 | 25 | 23 | 24 | 25 | 25 | 26 | 26 | 27 | 28 | 28 | 29 | 29 | 30 | 28 | 29 |
| 21 | 21 | 22 | 22 | 23 | 24 | 24 | 25 | 25 | 26 | 24 | 25 | 26 | 26 | 27 | 27 | 28 | 29 | 29 | 30 | 30 | 31 | 3 | 30 |

一二四

勵耘書屋

一四九五 乙卯 弘治八

一四九六 丙辰 弘治九

902

901

| | | | | | | | | | | | | | | | | | | | | | | | | |
|---|---|---|---|---|---|---|---|---|---|---|---|---|---|---|---|---|---|---|---|---|---|---|---|---|
| 11 | 11 | 12 | 12 | 13 | 14 | 14 | 15 | 15 8 | 16 7 | 15 | 16 正 | 17 十二 | 17 十一 | 18 十 | 18 | 19 | 20 | 20 | 21 | 21 | 22 | 20 | 21 | 22 |
| 12 冬 | 12 | 13 | 13 | 14 | 15 | 15 | 16 | 16 | 17 | 16 6 | 17 5 | 18 | 18 | 19 | 19 九 | 20 八 | 21 七 | 21 | 22 | 22 | 23 | 21 | 22 | 23 |
| 13 | 13 | 14 | 14 | 15 | 16 | 16 | 17 | 17 | 18 | 17 | 18 | 19 4 | 19 3 | 20 | 20 | 21 | 22 | 22 六 | 23 | 23 | 24 | 22 | 23 | 24 |
| 14 | 14 | 15 | 15 | 16 | 17 | 17 | 18 | 18 | 19 | 18 | 19 | 20 | 20 | 21 2 | 21 1 | 22 | 23 | 23 | 24 五 | 24 | 25 | 23 | 24 | 25 |
| 15 | 15 | 16 | 16 | 17 | 18 | 18 | 19 | 19 | 20 | 19 | 20 | 21 | 21 | 22 | 22 | 23 12 | 24 11 | 24 | 25 | 25 四 | 26 三 | 24 | 25 | 26 |
| 16 | 16 | 17 | 17 | 18 | 19 | 19 | 20 | 20 | 21 | 20 | 21 | 22 | 22 | 23 | 23 | 24 | 25 | 25 10 | 26 9 | 26 | 27 | 25 二 | 26 正 | 27 |
| 17 | 17 | 18 | 18 | 19 | 20 | 20 | 21 | 21 | 22 | 21 | 22 | 23 | 23 | 24 | 24 | 25 | 26 | 26 | 27 | 27 8 | 28 7 | 26 | 27 | 28 十二 |
| 18 | 18 | 19 | 19 | 20 | 21 | 21 | 22 | 22 | 23 | 22 | 23 | 24 | 24 | 25 | 25 | 26 | 27 | 27 | 28 | 28 | 29 | 27 6 | 28 5 | 29 |
| 19 | 19 | 20 | 20 | 21 | 22 | 22 | 23 | 23 | 24 | 23 | 24 | 25 | 25 | 26 | 26 | 27 | 28 | 28 | 29 | 29 | 30 | 28 | 29 | 30 4 |
| 20 | 20 | 21 | 21 | 22 | 23 | 23 | 24 | 24 | 25 | 24 | 25 | 26 | 26 | 27 | 27 | 28 | 29 | 29 | 30 | 30 | 31 | **3** | 30 | 31 |
| 21 | 21 | 22 | 22 | 23 | 24 | 24 | 25 | 25 | 26 | 25 | 26 | 27 | 27 | 28 | 28 | 29 | 30 | 30 | 31 | **5** | **4** | 2 | 31 | **1** |
| 22 | 22 | 23 | 23 | 24 | 25 | 25 | 26 | 26 | 27 | 26 | 27 | 28 | 28 | 29 | 29 | 30 | 31 | **7** | **6** | 2 | 2 | 3 | **2** | 2 |
| 23 | 23 | 24 | 24 | 25 | 26 | 26 | 27 | 27 | 28 | 27 | 28 | 29 | 29 | 30 | 30 | 31 | **8** | 2 | 2 | 3 | 3 | 4 | 2 | 3 |
| 24 | 24 | 25 | 25 | 26 | 27 | 27 | 28 | 28 | 29 | 28 | 29 | 30 | 30 | 31 | **10** | **9** | 2 | 3 | 3 | 4 | 4 | 5 | 3 | 4 |
| 25 | 25 | 26 | 26 | 27 | 28 | 28 | 29 | 29 | 30 | 29 | 30 | 31 | **12** | **11** | 2 | 2 | 3 | 4 | 4 | 5 | 5 | 6 | 4 | 5 |
| 26 | 26 | 27 | 27 | 28 | 29 | 29 | 30 | 30 | 31 | **3** | 31 | **1** | 2 | 2 | 3 | 3 | 4 | 5 | 5 | 6 | 6 | 7 | 5 | 6 |
| 27 | 27 | 28 | 28 | 29 | 30 | 30 | 31 | **5** | **4** | 2 | **2** | 2 | 3 | 3 | 4 | 4 | 5 | 6 | 6 | 7 | 7 | 8 | 6 | 7 |
| 28 | 28 | 29 | 29 | 30 | 31 | **7** | **6** | 2 | 2 | 3 | 2 | 3 | 4 | 4 | 5 | 5 | 6 | 7 | 7 | 8 | 8 | 9 | 7 | 8 |
| 29 | 29 | 30 | 30 | 31 | **8** | 2 | 2 | 3 | 3 | 4 | 3 | 4 | 5 | 5 | 6 | 6 | 7 | 8 | 8 | 9 | 9 | 10 | 8 | 9 |
| 30 | 30 | 31 | **10** | **9** | 2 | 3 | 3 | **4** | **4** | 5 | 4 | 5 | 6 | 6 | 7 | 7 | 8 | 9 | 9 | 10 | 10 | 11 | 9 | 10 |
| 31 | **12** | **11** | 2 | 2 | 3 | 4 | 4 | 5 | 5 | 6 | 5 | 6 | 7 | 7 | 8 | 8 | 9 | 10 | 10 | 11 | 11 | 12 | 10 | 11 |
| 日 | 2 | 2 | 3 | 3 | 4 | 5 | 5 | 6 | 6 | 7 | 6 | 7 | 8 | 8 | 9 | 9 | 10 | 11 | 11 | 12 | 12 | 13 | 11 | 12 |
| 曜 | 3 | 3 | 4 | 4 | 5 | 6 | 6 | 7 | 7 | 8 | 7 | 8 | 9 | 9 | 10 | 10 | 11 | 12 | 12 | 13 | 13 | 14 | 12 | 13 |
| 表 | 4 | 4 | 5 | 5 | 6 | 7 | 7 | 8 | 8 | 9 | 8 | 9 | 10 | 10 | 11 | 11 | 12 | 13 | 13 | 14 | 14 | 15 | 13 | 14 |
| 7 | 5 十一 | 5 十 | 6 九 | 6 | 7 | 8 | 8 | 9 | 9 | 10 | 9 | 10 | 11 | 11 | 12 | 12 | 13 | 14 | 14 | 15 | 15 | 16 | 14 | 15 |
| 甲 | 6 | 6 | 7 | 7 八 | 8 | 9 | 9 | 10 | 10 | 11 | 10 | 11 | 12 | 12 | 13 | 13 | 14 | 15 | 15 | 16 | 16 | 17 | 15 | 16 |
| 子 | 7 4 | 7 3 | 8 | 8 | 9 七 | 10 六 | 10 | 11 | 11 | 12 | 11 | 12 | 13 冬 | 13 | 14 | 14 | 15 | 16 | 16 | 17 | 17 | 18 | 16 | 17 |
| 表 | 8 | 8 | 9 2 | 9 1 | 10 | 11 | 11 五 | 12 | 12 | 13 | 12 | 13 | 14 | 14 | 15 | 15 | 16 | 17 | 17 | 18 | 18 | 19 | 17 | 18 |
| 14 | 9 | 9 | 10 | 10 | 11 12 | 12 11 | 12 | 13 四 | 13 閏 | 14 | 13 | 14 | 15 | 15 | 16 | 16 | 17 | 18 | 18 | 19 | 19 | 20 | 18 | 19 |
| | 10 | 10 | 11 | 11 | 12 | 13 | 13 10 | 14 9 | 14 | 15 三 | 14 二 | 15 | 16 | 16 | 17 | 17 | 18 | 19 | 19 | 20 | 20 | 21 | 19 | 20 |

一四九八 戊午 弘治一一 (904)

一四九七 丁巳 弘治一〇 (903)

| | | | | | | | | | | | | | | | | | | | | | | | |
|---|---|---|---|---|---|---|---|---|---|---|---|---|---|---|---|---|---|---|---|---|---|---|---|
| 22 | 23 | 23 | 24 | 25 | 25 | 26 | 26 | 27 | 25 | 26 | 27 | 27 4 | 28 3 | 28 | 29 | 30 | 30 六 | 31 | 5 | 4 | 2 | 31 | 1 |
| 23 | 24 | 24 | 25 | 26 | 26 | 27 | 27 | 28 | 26 | 27 | 28 | 28 | 29 | 29 2 | 30 1 | 31 12 | 7 11 | 6 五 | 2 四 | 2 | 3 | 2 | 2 |
| 24 | 25 | 25 | 26 | 27 | 27 | 28 | 28 | 29 | 27 | 28 | 29 | 29 | 30 | 30 | 31 | 8 | 2 | 2 10 | 3 9 | 3 三 | 4 二 | 2 正 | 3 |
| 25 | 26 | 26 | 27 | 28 | 28 | 29 | 29 | 30 | 28 | 29 | 30 | 30 | 31 | 10 | 9 | 2 | 3 | 3 | 4 | 4 8 | 5 7 | 3 | 4 十二 |
| 26 | 27 | 27 | 28 | 29 | 29 | 30 | 30 | 31 | 3 | 30 | 31 | 12 | 11 | 2 | 2 | 3 | 4 | 4 | 5 | 5 | 6 | 4 6 | 5 5 |
| 27 | 28 | 28 | 29 | 30 | 30 | 31 | 5 | 4 | 2 | 31 | 1 | 2 | 2 | 3 | 3 | 4 | 5 | 5 | 6 | 6 | 7 | 5 | 6 |
| 28 | 29 | 29 | 30 | 31 | 7 | 6 | 2 | 2 | 3 | 2 | 2 | 3 | 3 | 4 | 4 | 5 | 6 | 6 | 7 | 7 | 8 | 6 | 7 |
| 29 | 30 | 30 | 31 | 8 | 2 | 2 | 3 | 3 | 4 | 2 | 3 | 4 | 4 | 5 | 5 | 6 | 7 | 7 | 8 | 8 | 9 | 7 | 8 |
| 30 | 31 | 10 | 9 | 2 | 3 | 3 | 4 | 4 | 5 | 3 | 4 | 5 | 5 | 6 | 6 | 7 | 8 | 8 | 9 | 9 | 10 | 8 | 9 |
| 12 | 11 | 2 | 2 | 3 | 4 | 4 | 5 | 5 | 6 | 4 | 5 | 6 | 6 | 7 | 7 | 8 | 9 | 9 | 10 | 10 | 11 | 9 | 10 |
| 2 | 2 | 3 | 3 | 4 | 5 | 5 | 6 | 6 | 7 | 5 | 6 | 7 | 7 | 8 | 8 | 9 | 10 | 10 | 11 | 11 | 12 | 10 | 11 |
| 3 | 3 | 4 | 4 | 5 | 6 | 6 | 7 | 7 | 8 | 6 | 7 | 8 | 8 | 9 | 9 | 10 | 11 | 11 | 12 | 12 | 13 | 11 | 12 |
| 4 | 4 | 5 | 5 | 6 | 7 | 7 | 8 | 8 | 9 | 7 | 8 | 9 | 9 | 10 | 10 | 11 | 12 | 12 | 13 | 13 | 14 | 12 | 13 |
| 5 | 5 | 6 | 6 | 7 | 8 | 8 | 9 | 9 | 10 | 8 | 9 | 10 | 10 | 11 | 11 | 12 | 13 | 13 | 14 | 14 | 15 | 13 | 14 |
| 6 | 6 | 7 | 7 | 8 | 9 | 9 | 10 | 10 | 11 | 9 | 10 | 11 | 11 | 12 | 12 | 13 | 14 | 14 | 15 | 15 | 16 | 14 | 15 |
| 7 | 7 | 8 | 8 | 9 | 10 | 10 | 11 | 11 | 12 | 10 | 11 | 12 冬 | 12 | 13 | 13 | 14 | 15 | 15 | 16 | 16 | 17 | 15 | 16 |
| 8 | 8 | 9 | 9 | 10 | 11 | 11 | 12 | 12 | 13 | 11 | 12 | 13 | 13 | 14 | 14 | 15 | 16 | 16 | 17 | 17 | 18 | 16 | 17 |
| 9 | 9 | 10 | 10 | 11 | 12 | 12 | 13 | 13 | 14 | 12 | 13 | 14 | 14 | 15 | 15 | 16 | 17 | 17 | 18 | 18 | 19 | 17 | 18 |
| 10 | 10 | 11 | 11 | 12 | 13 | 13 | 14 | 14 | 15 | 13 | 14 | 15 | 15 | 16 | 16 | 17 | 18 | 18 | 19 | 19 | 20 | 18 | 19 |
| 11 | 11 | 12 | 12 | 13 | 14 | 14 | 15 | 15 | 16 | 14 | 15 | 16 | 16 | 17 | 17 | 18 | 19 | 19 | 20 | 20 | 21 | 19 | 20 |
| 12 冬 | 12 | 13 | 13 | 14 | 15 | 15 | 16 | 16 | 17 | 15 | 16 | 17 | 17 | 18 | 18 | 19 | 20 | 20 | 21 | 21 | 22 | 20 | 21 |
| 13 閏 | 13 | 14 | 14 | 15 | 16 | 16 | 17 | 17 | 18 | 16 | 17 | 18 | 18 | 19 | 19 | 20 | 21 | 21 | 22 | 22 | 23 | 21 | 22 |
| 14 | 14 十一 | 15 十 | 15 | 16 | 17 | 17 | 18 | 18 | 19 | 17 | 18 | 19 | 19 | 20 | 20 | 21 | 22 | 22 | 23 | 23 | 24 | 22 | 23 |
| 15 5 | 15 | 16 | 16 九 | 17 八 | 18 | 18 | 19 | 19 | 20 | 18 | 19 | 20 | 20 | 21 | 21 | 22 | 23 | 23 | 24 | 24 | 25 | 23 | 24 |
| 16 | 16 4 | 17 3 | 17 | 18 | 19 七 | 19 | 20 | 20 | 21 | 19 | 20 | 21 | 21 | 22 | 22 | 23 | 24 | 24 | 25 | 25 | 26 | 24 | 25 |
| 17 | 17 | 18 | 18 2 | 19 1 | 20 | 20 六 | 21 五 | 21 四 | 22 | 20 | 21 | 22 | 22 | 23 | 23 | 24 | 25 | 25 | 26 | 26 | 27 | 25 | 26 |
| 18 | 18 | 19 | 19 | 20 | 21 12 | 21 11 | 22 | 22 | 23 三 | 21 二 | 22 正 | 23 | 23 | 24 | 24 | 25 | 26 | 26 | 27 | 27 | 28 | 26 | 27 |
| 19 | 19 | 20 | 20 | 21 | 22 | 22 | 23 10 | 23 9 | 24 | 22 | 23 | 24 十三 | 24 十二 | 25 | 25 | 26 | 27 | 27 | 28 | 28 | 29 | 27 | 28 |
| 20 | 20 | 21 | 21 | 22 | 23 | 23 | 24 | 24 | 25 8 | 23 7 | 24 | 25 | 25 | 26 十 | 26 九 | 27 | 28 | 28 | 29 | 29 | 30 | 28 | 29 |
| 21 | 21 | 22 | 22 | 23 | 24 | 24 | 25 | 25 | 26 | 24 | 25 6 | 26 5 | 26 | 27 | 27 | 28 八 | 29 七 | 29 | 30 | 30 | 31 | 3 | 30 |

一五〇〇 庚申 弘治一三 906

一四九九 己未 弘治一二 905

| | | | | | | | | | | | | | | | | | | | | | | | | |
|---|---|---|---|---|---|---|---|---|---|---|---|---|---|---|---|---|---|---|---|---|---|---|---|---|
| 11 | 11 | 12 | 12 | 13 | 14 | 14 | 15 | 15 | 16 | 15 | 16 | 17 | 17 | 18 | 18 | 19 | 20 | 20 | 21 | 21 | 22 | 20 | 21 | 22 |
| 12冬 | 12 | 13 | 13 | 14 | 15 | 15 | 16 | 16 | 17 | 16 | 17 | 18 | 18 | 19 | 19 | 20 | 21 | 21 | 22 | 22 | 23 | 21 | 22 | 23 |
| 13 | 13 | 14 | 14 | 15 | 16 | 16 | 17 | 17 | 18 | 17 | 18 | 19 | 19 | 20 | 20 | 21 | 22 | 22 | 23 | 23 | 24 | 22 | 23 | 24 |
| 14 | 14 | 15 | 15 | 16 | 17 | 17 | 18 | 18 | 19 | 18 | 19 | 20 | 20 | 21 | 21 | 22 | 23 | 23 | 24 | 24 | 25 | 23 | 24 | 25 |
| 15 | 15 | 16 | 16 | 17 | 18 | 18 | 19 | 19 | 20 | 19 | 20 | 21 | 21 | 22 | 22 | 23 | 24 | 24 | 25 | 25 | 26 | 24 | 25 | 26 |
| 16 | 16 | 17 | 17 | 18 | 19 | 19 | 20 | 20 | 21 | 20 | 21 | 22 | 22 | 23 | 23 | 24 | 25 | 25 | 26 | 26 | 27 | 25 | 26 | 27 |
| 17 | 17 | 18 | 18 | 19 | 20 | 20 | 21 | 21 | 22 | 21 | 22 | 23 | 23 | 24 | 24 | 25 | 26 | 26 | 27 | 27 | 28 | 26 | 27 | 28 |
| 18 | 18 | 19 | 19 | 20 | 21 | 21 | 22 | 22 | 23 | 22 | 23 | 24 | 24 | 25 | 25 | 26 | 27 | 27 | 28 | 28 | 29 | 27 | 28 | 29 |
| 19 | 19 | 20 | 20 | 21 | 22 | 22 | 23 | 23 | 24 | 23 | 24 | 25 | 25 | 26 | 26 | 27 | 28 | 28 | 29 | 29 | 30 | 28 | 29 | 30 |
| 20 | 20 | 21 | 21 | 22 | 23 | 23 | 24 | 24 | 25 | 24 | 25 | 26 | 26 | 27 | 27 | 28 | 29 | 29 | 30 | 30 | 31 | **3** | 30 | 31 |
| 21十二 | 21十一 | 22 | 22 | 23 | 24 | 24 | 25 | 25 | 26 | 25 | 26 | 27 | 27 | 28 | 28 | 29 | 30 | 30 | 31 | **5** | **4** | 2 | 31 | **1** |
| 22 | 22 | 23十 | 23九 | 24 | 25 | 25 | 26 | 26 | 27 | 26 | 27 | 28 | 28 | 29 | 29 | 30 | 31 | **7** | **6** | 2 | 2 | 3 | **2** | 2 |
| 23 6 | 23 5 | 24 | 24 | 25八 | 26七 | 26六 | 27 | 27 | 28 | 27 | 28 | 29 | 29 | 30 | 30 | 31 | **8** | 2 | 2 | 3 | 3 | 4 | 2 | 3 |
| 24 | 24 | 25 4 | 25 3 | 26 | 27 | 27 | 28五 | 28四 | 29 | 28 | 29 | 30 | 30 | 31 | **10** | **9** | 2 | 3 | 3 | 4 | 4 | 5 | 3 | 4 |
| 25 | 25 | 26 | 26 | 27 2 | 28 1 | 28 12 | 29 11 | 29 | 30三 | 29二 | 30 | 31 | **12** | **11** | 2 | 2 | 3 | 4 | 4 | 5 | 5 | 6 | 4 | 5 |
| 26 | 26 | 27 | 27 | 28 | 29 | 29 | 30 | 30 10 | 31 9 | **3** | 31正 | **1**十二 | 2 | 2 | 3 | 3 | 4 | 5 | 5 | 6 | 6 | 7 | 5 | 6 |
| 27 | 27 | 28 | 28 | 29 | 30 | 30 | 31 | **5** | **4** | 2 8 | **2** 7 | 2 | 3十一 | 3十 | 4 | 4 | 5 | 6 | 6 | 7 | 7 | 8 | 6 | 7 |
| 28 | 28 | 29 | 29 | 30 | 31 | **7** | **6** | 2 | 2 | 3 | 2 | 3 6 | 4 5 | 4 | 5九 | 5八 | 6 | 7 | 7 | 8 | 8 | 9 | 7 | 8 |
| 29 | 29 | 30 | 30 | 31 | **8** | 2 | 2 | 3 | 3 | 4 | 3 | 4 | 5 | 5 4 | 6 3 | 6 | 7七 | 8六 | 8 | 9 | 9 | 10 | 8 | 9 |
| 30 | 30 | 31 | **10** | **9** | 2 | 3 | 3 | 4 | 4 | 5 | 4 | 5 | 6 | 6 | 7 | 7 2 | 8 1 | 9 | 9五 | 10四 | 10三 | 11 | 9 | 10 |
| 31 | **12** | **11** | 2 | 2 | 3 | 4 | 4 | 5 | 5 | 6 | 5 | 6 | 7 | 7 | 8 | 8 | 9 | 10 12 | 10 11 | 11 | 11 | 12二 | 10正 | 11 |
| 日 | 2 | 2 | 3 | 3 | 4 | 5 | 5 | 6 | 6 | 7 | 6 | 7 | 8 | 8 | 9 | 9 | 10 | 11 | 11 | 12 10 | 12 9 | 13 | 11 | 12十二 |
| 曜 | 3 | 3 | 4 | 4 | 5 | 6 | 6 | 7 | 7 | 8 | 7 | 8 | 9 | 9 | 10 | 10 | 11 | 12 | 12 | 13 | 13 | 14 8 | 12 7 | 13 |
| 表 | 4 | 4 | 5 | 5 | 6 | 7 | 7 | 8 | 8 | 9 | 8 | 9 | 10 | 10 | 11 | 11 | 12 | 13 | 13 | 14 | 14 | 15 | 13 | 14 6 |
| 1 | 5 | 5 | 6 | 6 | 7 | 8 | 8 | 9 | 9 | 10 | 9 | 10 | 11 | 11 | 12 | 12 | 13 | 14 | 14 | 15 | 15 | 16 | 14 | 15 |
| 甲 | 6 | 6 | 7 | 7 | 8 | 9 | 9 | 10 | 10 | 11 | 10 | 11 | 12 | 12 | 13 | 13 | 14 | 15 | 15 | 16 | 16 | 17 | 15 | 16 |
| 子 | 7 | 7 | 8 | 8 | 9 | 10 | 10 | 11 | 11 | 12 | 11 | 12 | 13冬 | 13 | 14 | 14 | 15 | 16 | 16 | 17 | 17 | 18 | 16 | 17 |
| 表 | 8 | 8 | 9 | 9 | 10 | 11 | 11 | 12 | 12 | 13 | 12 | 13 | 14 | 14 | 15 | 15 | 16 | 17 | 17 | 18 | 18 | 19 | 17 | 18 |
| 15 | 9 | 9 | 10 | 10 | 11 | 12 | 12 | 13 | 13 | 14 | 13 | 14 | 15 | 15 | 16 | 16 | 17 | 18 | 18 | 19 | 19 | 20 | 18 | 19 |
| | 10 | 10 | 11 | 11 | 12 | 13 | 13 | 14 | 14 | 15 | 14 | 15 | 16 | 16 | 17 | 17 | 18 | 19 | 19 | 20 | 20 | 21 | 19 | 20 |

一五〇二 壬戌 弘治一五

908

一五〇一 辛酉 弘治一四

907

| | | | | | | | | | | | | | | | | | | | | | | | |
|---|---|---|---|---|---|---|---|---|---|---|---|---|---|---|---|---|---|---|---|---|---|---|---|
| 22 | 23 | 23 | 24 | 25 | 25 | 26 | 26 | 27 | 25 | 26 | 27 | 27 | 28 | 28 | 29 | 30 | 30 | 31 | **5** | **4** | 2 | 31 | **1** |
| 23 | 24 | 24 | 25 | 26 | 26 | 27 | 27 | 28 | 26 | 27 | 28 | 28 | 29 | 29 | 30 | 31 | **7** | **6** | 2 | 2 | 3 | **2** | 2 |
| 24 | 25 | 25 | 26 | 27 | 27 | 28 | 28 | 29 | 27 | 28 | 29 | 29 | 30 | 30 | 31 | **8** | 2 | 2 | 3 | 3 | 4 | 2 | 3 |
| 25 | 26 | 26 | 27 | 28 | 28 | 29 | 29 | 30 | 28 | 29 | 30 | 30 | 31 | **10** | **9** | 2 | 3 | 3 | 4 | 4 | 5 | 3 | 4 |
| 26 | 27 | 27 | 28 | 29 | 29 | 30 | 30 | 31 | **3** | 30 | 31 | **12** | **11** | 2 | 2 | 3 | 4 | 4 | 5 | 5 | 6 | 4 | 5 |
| 27 | 28 | 28 | 29 | 30 | 30 | 31 | **5** | **4** | 2 | 31 | **1** | 2 | 2 | 3 | 3 | 4 | 5 | 5 | 6 | 6 | 7 | 5 | 6 |
| 28 | 29 | 29 | 30 | 31 | **7** | **6** | 2 | 2 | 3 | **2** | 2 | 3 | 3 | 4 | 4 | 5 | 6 | 6 | 7 | 7 | 8 | 6 | 7 |
| 29 | 30 | 30 | 31 | **8** | 2 | 2 | 3 | 3 | 4 | 2 | 3 | 4 | 4 | 5 | 5 | 6 | 7 | 7 | 8 | 8 | 9 | 7 | 8 |
| 30 十二 | 31 十一 | **10** 九 | **9** 八 | 2 | 3 | 3 | 4 | 4 | 5 | 3 | 4 | 5 | 5 | 6 | 6 | 7 | 8 | 8 | 9 | 9 | 10 | 8 | 9 |
| **12** | **11** | 2 | 2 | 3 七 | 4 六 | 4 | 5 | 5 | 6 | 4 | 5 | 6 | 6 | 7 | 7 | 8 | 9 | 9 | 10 | 10 | 11 | 9 | 10 |
| 2 **6** | 2 **5** | 3 | 3 | 4 | 5 | 5 五 | 6 四 | 6 | 7 | 5 | 6 | 7 | 7 | 8 | 8 | 9 | 10 | 10 | 11 | 11 | 12 | 10 | 11 |
| 3 | 3 | 4 **4** | 4 **3** | 5 | 6 | 6 | 7 | 7 三 | 8 | 6 | 7 | 8 | 8 | 9 | 9 | 10 | 11 | 11 | 12 | 12 | 13 | 11 | 12 |
| 4 | 4 | 5 | 5 | 6 **2** | 7 **1** | 7 **12** | 8 **11** | 8 | 9 二 | 7 正 | 8 | 9 | 9 | 10 | 10 | 11 | 12 | 12 | 13 | 13 | 14 | 12 | 13 |
| 5 | 5 | 6 | 6 | 7 | 8 | 8 | 9 | 9 **10** | 10 **9** | 8 | 9 十二 | 10 十一 | 10 | 11 | 11 | 12 | 13 | 13 | 14 | 14 | 15 | 13 | 14 |
| 6 | 6 | 7 | 7 | 8 | 9 | 9 | 10 | 10 | 11 | 9 **8** | 10 **7** | 11 | 11 十 | 12 九 | 12 八 | 13 | 14 | 14 | 15 | 15 | 16 | 14 | 15 |
| 7 | 7 | 8 | 8 | 9 | 10 | 10 | 11 | 11 | 12 | 10 | 11 | 12 冬 **6** | 12 **5** | 13 | 13 | 14 閏 | 15 七 | 15 六 | 16 | 16 | 17 | 15 | 16 |
| 8 | 8 | 9 | 9 | 10 | 11 | 11 | 12 | 12 | 13 | 11 | 12 | 13 | 13 | 14 **4** | 14 **3** | 15 | 16 | 16 | 17 五 | 17 四 | 18 | 16 | 17 |
| 9 | 9 | 10 | 10 | 11 | 12 | 12 | 13 | 13 | 14 | 12 | 13 | 14 | 14 | 15 | 15 | 16 **2** | 17 **1** | 17 | 18 | 18 | 19 三 | 17 | 18 |
| 10 | 10 | 11 | 11 | 12 | 13 | 13 | 14 | 14 | 15 | 13 | 14 | 15 | 15 | 16 | 16 | 17 | 18 | 18 **12** | 19 **11** | 19 | 20 | 18 二 | 19 正 |
| 11 | 11 | 12 | 12 | 13 | 14 | 14 | 15 | 15 | 16 | 14 | 15 | 16 | 16 | 17 | 17 | 18 | 19 | 19 | 20 | 20 **10** | 21 **9** | 19 | 20 |
| 12 冬 | 12 | 13 | 13 | 14 | 15 | 15 | 16 | 16 | 17 | 15 | 16 | 17 | 17 | 18 | 18 | 19 | 20 | 20 | 21 | 21 | 22 | 20 **8** | 21 **7** |
| 13 | 13 | 14 | 14 | 15 | 16 | 16 | 17 | 17 | 18 | 16 | 17 | 18 | 18 | 19 | 19 | 20 | 21 | 21 | 22 | 22 | 23 | 21 | 22 |
| 14 | 14 | 15 | 15 | 16 | 17 | 17 | 18 | 18 | 19 | 17 | 18 | 19 | 19 | 20 | 20 | 21 | 22 | 22 | 23 | 23 | 24 | 22 | 23 |
| 15 | 15 | 16 | 16 | 17 | 18 | 18 | 19 | 19 | 20 | 18 | 19 | 20 | 20 | 21 | 21 | 22 | 23 | 23 | 24 | 24 | 25 | 23 | 24 |
| 16 | 16 | 17 | 17 | 18 | 19 | 19 | 20 | 20 | 21 | 19 | 20 | 21 | 21 | 22 | 22 | 23 | 24 | 24 | 25 | 25 | 26 | 24 | 25 |
| 17 | 17 | 18 | 18 | 19 | 20 | 20 | 21 | 21 | 22 | 20 | 21 | 22 | 22 | 23 | 23 | 24 | 25 | 25 | 26 | 26 | 27 | 25 | 26 |
| 18 | 18 | 19 | 19 | 20 | 21 | 21 | 22 | 22 | 23 | 21 | 22 | 23 | 23 | 24 | 24 | 25 | 26 | 26 | 27 | 27 | 28 | 26 | 27 |
| 19 | 19 | 20 | 20 | 21 | 22 | 22 | 23 | 23 | 24 | 22 | 23 | 24 | 24 | 25 | 25 | 26 | 27 | 27 | 28 | 28 | 29 | 27 | 28 |
| 20 | 20 | 21 | 21 | 22 | 23 | 23 | 24 | 24 | 25 | 23 | 24 | 25 | 25 | 26 | 26 | 27 | 28 | 28 | 29 | 29 | 30 | 28 | 29 |
| 21 | 21 | 22 | 22 | 23 | 24 | 24 | 25 | 25 | 26 | 24 | 25 | 26 | 26 | 27 | 27 | 28 | 29 | 29 | 30 | 30 | 31 | **3** | 30 |

一五〇三 癸亥 弘治一六 （909）

一五〇四 甲子 弘治一七 （910）

| | | | | | | | | | | | | | | | | | | | | | | | | |
|---|---|---|---|---|---|---|---|---|---|---|---|---|---|---|---|---|---|---|---|---|---|---|---|---|
| 11 | 11 | 12 | 12 | 13 | 14 2 | 14 1 | 15 | 15 四 | 16 三 | 15 | 16 | 17 | 17 | 18 | 18 | 19 | 20 | 20 | 21 | 21 | 22 | 20 | 21 | 22 |
| 12 冬 | 12 | 13 | 13 | 14 | 15 | 15 | 16 12 | 16 11 | 17 | 16 二 | 17 正 | 18 | 18 | 19 | 19 | 20 | 21 | 21 | 22 | 22 | 23 | 21 | 22 | 23 |
| 13 | 13 | 14 | 14 | 15 | 16 | 16 | 17 | 17 | 18 10 | 17 9 | 18 | 19 十二 | 19 十一 | 20 十 | 20 九 | 21 | 22 | 22 | 23 | 23 | 24 | 22 | 23 | 24 |
| 14 | 14 | 15 | 15 | 16 | 17 | 17 | 18 | 18 | 19 | 18 | 19 8 | 20 7 | 20 | 21 | 21 | 22 八 | 23 七 | 23 | 24 | 24 | 25 | 23 | 24 | 25 |
| 15 | 15 | 16 | 16 | 17 | 18 | 18 | 19 | 19 | 20 | 19 | 20 | 21 | 21 6 | 22 5 | 22 | 23 | 24 | 24 六 | 25 五 | 25 | 26 | 24 | 25 | 26 |
| 16 | 16 | 17 | 17 | 18 | 19 | 19 | 20 | 20 | 21 | 20 | 21 | 22 | 22 | 23 | 23 4 | 24 3 | 25 | 25 | 26 | 26 四 | 27 | 25 | 26 | 27 |
| 17 | 17 | 18 | 18 | 19 | 20 | 20 | 21 | 21 | 22 | 21 | 22 | 23 | 23 | 24 | 24 | 25 | 26 2 | 26 1 | 27 | 27 | 28 三 | 26 二 | 27 | 28 |
| 18 | 18 | 19 | 19 | 20 | 21 | 21 | 22 | 22 | 23 | 22 | 23 | 24 | 24 | 25 | 25 | 26 | 27 | 27 | 28 12 | 28 11 | 29 | 27 | 28 正 | 29 十二 |
| 19 | 19 | 20 | 20 | 21 | 22 | 22 | 23 | 23 | 24 | 23 | 24 | 25 | 25 | 26 | 26 | 27 | 28 | 28 | 29 | 29 | 30 10 | 28 9 | 29 | 30 |
| 20 | 20 | 21 | 21 | 22 | 23 | 23 | 24 | 24 | 25 | 24 | 25 | 26 | 26 | 27 | 27 | 28 | 29 | 29 | 30 | 30 | 31 | **3** | 30 8 | 31 7 |
| 21 | 21 | 22 | 22 | 23 | 24 | 24 | 25 | 25 | 26 | 25 | 26 | 27 | 27 | 28 | 28 | 29 | 30 | 30 | 31 | **5** | **4** | 2 | 31 | **1** |
| 22 | 22 | 23 | 23 | 24 | 25 | 25 | 26 | 26 | 27 | 26 | 27 | 28 | 28 | 29 | 29 | 30 | 31 | **7** | **6** | 2 | 2 | 3 | **2** | 2 |
| 23 | 23 | 24 | 24 | 25 | 26 | 26 | 27 | 27 | 28 | 27 | 28 | 29 | 29 | 30 | 30 | 31 | **8** | 2 | 2 | 3 | 3 | 4 | 2 | 3 |
| 24 | 24 | 25 | 25 | 26 | 27 | 27 | 28 | 28 | 29 | 28 | 29 | 30 | 30 | 31 | **10** | **9** | 2 | 3 | 3 | 4 | 4 | 5 | 3 | 4 |
| 25 | 25 | 26 | 26 | 27 | 28 | 28 | 29 | 29 | 30 | 29 | 30 | 31 | **12** | **11** | 2 | 2 | 3 | 4 | 4 | 5 | 5 | 6 | 4 | 5 |
| 26 | 26 | 27 | 27 | 28 | 29 | 29 | 30 | 30 | 31 | **3** | 31 | **1** | 2 | 2 | 3 | 3 | 4 | 5 | 5 | 6 | 6 | 7 | 5 | 6 |
| 27 | 27 | 28 | 28 | 29 | 30 | 30 | 31 | **5** | **4** | 2 | **2** | 2 | 3 | 3 | 4 | 4 | 5 | 6 | 6 | 7 | 7 | 8 | 6 | 7 |
| 28 | 28 | 29 | 29 | 30 | 31 | **7** | **6** | 2 | 2 | 3 | 2 | 3 | 4 | 4 | 5 | 5 | 6 | 7 | 7 | 8 | 8 | 9 | 7 | 8 |
| 29 | 29 | 30 | 30 | 31 | **8** | 2 | 2 | 3 | 3 | 4 | 3 | 4 | 5 | 5 | 6 | 6 | 7 | 8 | 8 | 9 | 9 | 10 | 8 | 9 |
| 30 | 30 | 31 | **10** | **9** | 2 | 3 | 3 | 4 | 4 | 5 | 4 | 5 | 6 | 6 | 7 | 7 | 8 | 9 | 9 | 10 | 10 | 11 | 9 | 10 |
| 31 | **12** | **11** | 2 | 2 | 3 | 4 | 4 | 5 | 5 | 6 | 5 | 6 | 7 | 7 | 8 | 8 | 9 | 10 | 10 | 11 | 11 | 12 | 10 | 11 |
| 日 | 2 | 2 | 3 | 3 | 4 | 5 | 5 | 6 | 6 | 7 | 6 | 7 | 8 | 8 | 9 | 9 | 10 | 11 | 11 | 12 | 12 | 13 | 11 | 12 |
| 曜 | 3 | 3 | 4 | 4 | 5 | 6 | 6 | 7 | 7 | 8 | 7 | 8 | 9 | 9 | 10 | 10 | 11 | 12 | 12 | 13 | 13 | 14 | 12 | 13 |
| 表 | 4 | 4 | 5 | 5 | 6 | 7 | 7 | 8 | 8 | 9 | 8 | 9 | 10 | 10 | 11 | 11 | 12 | 13 | 13 | 14 | 14 | 15 | 13 | 14 |
| 2 | 5 | 5 | 6 | 6 | 7 | 8 | 8 | 9 | 9 | 10 | 9 | 10 | 11 | 11 | 12 | 12 | 13 | 14 | 14 | 15 | 15 | 16 | 14 | 15 |
| 甲 | 6 十一 | 6 | 7 | 7 | 8 | 9 | 9 | 10 | 10 | 11 | 10 | 11 | 12 | 12 | 13 | 13 | 14 | 15 | 15 | 16 | 16 | 17 | 15 | 16 |
| 子 | 7 | 7 十 | 8 九 | 8 八 | 9 | 10 | 10 | 11 | 11 | 12 | 11 | 12 | 13 冬 | 13 | 14 | 14 | 15 | 16 | 16 | 17 | 17 | 18 | 16 | 17 |
| 表 | 8 7 | 8 | 9 | 9 | 10 七 | 11 | 11 | 12 | 12 | 13 | 12 | 13 | 14 | 14 | 15 | 15 | 16 | 17 | 17 | 18 | 18 | 19 | 17 | 18 |
| 16 | 9 | 9 6 | 10 5 | 10 | 11 | 12 六 | 12 五 | 13 | 13 | 14 | 13 | 14 | 15 | 15 | 16 | 16 | 17 | 18 | 18 | 19 | 19 | 20 | 18 | 19 |
| | 10 | 10 | 11 | 11 4 | 12 3 | 13 | 13 | 14 閏 | 14 | 15 | 14 | 15 | 16 | 16 | 17 | 17 | 18 | 19 | 19 | 20 | 20 | 21 | 19 | 20 |

中西回史日曆

卷一六 明

| 一五〇六 丙寅 明武宗 正德元 912 | | | | | | | | | | | | 一五〇五 乙丑 弘治一八 911 | | | | | | | | | | | |
|---|---|---|---|---|---|---|---|---|---|---|---|---|---|---|---|---|---|---|---|---|---|---|---|
| 22 | 23 | 23 | 24 | 25 | 25 | 26 | 26 | 27 | 25 10 | 26 9 | 27 | 27 | 28 | 28 | 29 八 | 30 | 30 | 31 | **5** | **4** | 2 | 31 | **1** |
| 23 | 24 | 24 | 25 | 26 | 26 | 27 | 27 | 28 | 26 | 27 | 28 8 | 28 7 | 29 | 29 | 30 | 31 七 | **7** 六 | **6** | 2 | 2 | 3 | **2** | 2 |
| 24 | 25 | 25 | 26 | 27 | 27 | 28 | 28 | 29 | 27 | 28 | 29 | 29 | 30 6 | 30 5 | 31 | **8** | 2 | 2 五 | 3 | 3 | 4 | 2 | 3 |
| 25 | 26 | 26 | 27 | 28 | 28 | 29 | 29 | 30 | 28 | 29 | 30 | 30 | 31 | **10** | **9** 4 | 2 3 | 3 | 3 | 4 四 | 4 三 | 5 | 3 | 4 |
| 26 | 27 | 27 | 28 | 29 | 29 | 30 | 30 | 31 | **3** | 30 | 31 | **12** | **11** | 2 | 2 | 3 | 4 2 | 4 1 | 5 12 | 5 11 | 6 二 | 4 正 | 5 十二 |
| 27 | 28 | 28 | 29 | 30 | 30 | 31 | **5** | **4** | 2 | 31 | **1** | 2 | 2 | 3 | 3 | 4 | 5 | 5 | 6 | 6 | 7 10 | 5 9 | 6 |
| 28 | 29 | 29 | 30 | 31 | **7** | **6** | 2 | 2 | 3 | **2** | 2 | 3 | 3 | 4 | 4 | 5 | 6 | 6 | 7 | 7 | 8 | 6 | 7 8 |
| 29 | 30 | 30 | 31 | **8** | 2 | 2 | 3 | 3 | 4 | 2 | 3 | 4 | 4 | 5 | 5 | 6 | 7 | 7 | 8 | 8 | 9 | 7 | 8 |
| 30 | 31 | **10** | **9** | 2 | 3 | 3 | 4 | 4 | 5 | 3 | 4 | 5 | 5 | 6 | 6 | 7 | 8 | 8 | 9 | 9 | 10 | 8 | 9 |
| **12** | **11** | 2 | 2 | 3 | 4 | 4 | 5 | 5 | 6 | 4 | 5 | 6 | 6 | 7 | 7 | 8 | 9 | 9 | 10 | 10 | 11 | 9 | 10 |
| 2 | 2 | 3 | 3 | 4 | 5 | 5 | 6 | 6 | 7 | 5 | 6 | 7 | 7 | 8 | 8 | 9 | 10 | 10 | 11 | 11 | 12 | 10 | 11 |
| 3 | 3 | 4 | 4 | 5 | 6 | 6 | 7 | 7 | 8 | 6 | 7 | 8 | 8 | 9 | 9 | 10 | 11 | 11 | 12 | 12 | 13 | 11 | 12 |
| 4 | 4 | 5 | 5 | 6 | 7 | 7 | 8 | 8 | 9 | 7 | 8 | 9 | 9 | 10 | 10 | 11 | 12 | 12 | 13 | 13 | 14 | 12 | 13 |
| 5 | 5 | 6 | 6 | 7 | 8 | 8 | 9 | 9 | 10 | 8 | 9 | 10 | 10 | 11 | 11 | 12 | 13 | 13 | 14 | 14 | 15 | 13 | 14 |
| 6 | 6 | 7 | 7 | 8 | 9 | 9 | 10 | 10 | 11 | 9 | 10 | 11 | 11 | 12 | 12 | 13 | 14 | 14 | 15 | 15 | 16 | 14 | 15 |
| 7 | 7 | 8 | 8 | 9 | 10 | 10 | 11 | 11 | 12 | 10 | 11 | 12 冬 | 12 | 13 | 13 | 14 | 15 | 15 | 16 | 16 | 17 | 15 | 16 |
| 8 | 8 | 9 | 9 | 10 | 11 | 11 | 12 | 12 | 13 | 11 | 12 | 13 | 13 | 14 | 14 | 15 | 16 | 16 | 17 | 17 | 18 | 16 | 17 |
| 9 | 9 | 10 | 10 | 11 | 12 | 12 | 13 | 13 | 14 | 12 | 13 | 14 | 14 | 15 | 15 | 16 | 17 | 17 | 18 | 18 | 19 | 17 | 18 |
| 10 | 10 | 11 | 11 | 12 | 13 | 13 | 14 | 14 | 15 | 13 | 14 | 15 | 15 | 16 | 16 | 17 | 18 | 18 | 19 | 19 | 20 | 18 | 19 |
| 11 | 11 | 12 | 12 | 13 | 14 | 14 | 15 | 15 | 16 | 14 | 15 | 16 | 16 | 17 | 17 | 18 | 19 | 19 | 20 | 20 | 21 | 19 | 20 |
| 12 冬 | 12 | 13 | 13 | 14 | 15 | 15 | 16 | 16 | 17 | 15 | 16 | 17 | 17 | 18 | 18 | 19 | 20 | 20 | 21 | 21 | 22 | 20 | 21 |
| 13 | 13 | 14 | 14 | 15 | 16 | 16 | 17 | 17 | 18 | 16 | 17 | 18 | 18 | 19 | 19 | 20 | 21 | 21 | 22 | 22 | 23 | 21 | 22 |
| 14 十二 | 14 | 15 | 15 | 16 | 17 | 17 | 18 | 18 | 19 | 17 | 18 | 19 | 19 | 20 | 20 | 21 | 22 | 22 | 23 | 23 | 24 | 22 | 23 |
| 15 | 15 十一 | 16 十 | 16 | 17 | 18 | 18 | 19 | 19 | 20 | 18 | 19 | 20 | 20 | 21 | 21 | 22 | 23 | 23 | 24 | 24 | 25 | 23 | 24 |
| 16 | 16 | 17 | 17 九 | 18 | 19 | 19 | 20 | 20 | 21 | 19 | 20 | 21 | 21 | 22 | 22 | 23 | 24 | 24 | 25 | 25 | 26 | 24 | 25 |
| 17 8 | 17 7 | 18 | 18 | 19 八 | 20 七 | 20 | 21 | 21 | 22 | 20 | 21 | 22 | 22 | 23 | 23 | 24 | 25 | 25 | 26 | 26 | 27 | 25 | 26 |
| 18 | 18 | 19 6 | 19 5 | 20 | 21 | 21 六 | 22 | 22 | 23 | 21 | 22 | 23 | 23 | 24 | 24 | 25 | 26 | 26 | 27 | 27 | 28 | 26 | 27 |
| 19 | 19 | 20 | 20 | 21 4 | 22 3 | 22 | 23 五 | 23 四 | 24 | 22 | 23 | 24 | 24 | 25 | 25 | 26 | 27 | 27 | 28 | 28 | 29 | 27 | 28 |
| 20 | 20 | 21 | 21 | 22 | 23 | 23 2 | 24 1 | 24 | 25 三 | 23 二 | 24 正 | 25 十二 | 25 | 26 | 26 | 27 | 28 | 28 | 29 | 29 | 30 | 28 | 29 |
| 21 | 21 | 22 | 22 | 23 | 24 | 24 | 25 | 25 12 | 26 11 | 24 | 25 | 26 | 26 十一 | 27 十 | 27 九 | 28 | 29 | 29 | 30 | 30 | 31 | **3** | 30 |

一二

勵耘書屋

一五〇八 戊辰 正德三

914

一五〇七 丁卯 正德二

913

| | | | | | | | | | | | | | | | | | | | | | | | | |
|---|---|---|---|---|---|---|---|---|---|---|---|---|---|---|---|---|---|---|---|---|---|---|---|---|
| 11 | 11 | 12 | 12 | 13 | 14 | 14 | 15 | 15 | 16 | 15 | 16 | 17 | 17 | 18 | 18 | 19 | 20 | 20 | 21 | 21 | 22 | 20 | 21 | 22 |
| 12 | 冬12 | 13 | 13 | 14 | 15 | 15 | 16 | 16 | 17 | 16 | 17 | 18 | 18 | 19 | 19 | 20 | 21 | 21 | 22 | 22 | 23 | 21 | 22 | 23 |
| 13 | 13 | 14 | 14 | 15 | 16 | 16 | 17 | 17 | 18 | 17 | 18 | 19 | 19 | 20 | 20 | 21 | 22 | 22 | 23 | 23 | 24 | 22 | 23 | 24 |
| 14 | 14 | 15 | 15 | 16 | 17 | 17 | 18 | 18 | 19 | 18 | 19 | 20 | 20 | 21 | 21 | 22 | 23 | 23 | 24 | 24 | 25 | 23 | 24 | 25 |
| 15 | 15 | 16 | 16 | 17 | 18 | 18 | 19 | 19 | 20 | 19 | 20 | 21 | 21 | 22 | 22 | 23 | 24 | 24 | 25 | 25 | 26 | 24 | 25 | 26 |
| 16 | 16 | 17 | 17 | 18 | 19 | 19 | 20 | 20 | 21 | 20 | 21 | 22 | 22 | 23 | 23 | 24 | 25 | 25 | 26 | 26 | 27 | 25 | 26 | 27 |
| 17 | 17 | 18 | 18 | 19 | 20 | 20 | 21 | 21 | 22 | 21 | 22 | 23 | 23 | 24 | 24 | 25 | 26 | 26 | 27 | 27 | 28 | 26 | 27 | 28 |
| 18 | 18 | 19 | 19 | 20 | 21 | 21 | 22 | 22 | 23 | 22 | 23 | 24 | 24 | 25 | 25 | 26 | 27 | 27 | 28 | 28 | 29 | 27 | 28 | 29 |
| 19 | 19 | 20 | 20 | 21 | 22 | 22 | 23 | 23 | 24 | 23 | 24 | 25 | 25 | 26 | 26 | 27 | 28 | 28 | 29 | 29 | 30 | 28 | 29 | 30 |
| 20 | 20 | 21 | 21 | 22 | 23 | 23 | 24 | 24 | 25 | 24 | 25 | 26 | 26 | 27 | 27 | 28 | 29 | 29 | 30 | 30 | 31 | 3 | 30 | 31 |
| 21 | 21 | 22 | 22 | 23 | 24 | 24 | 25 | 25 | 26 | 25 | 26 | 27 | 27 | 28 | 28 | 29 | 30 | 30 | 31 | 5 | 4 | 2 | 31 | 1 |
| 22 | 十二22 | 23 | 23 | 24 | 25 | 25 | 26 | 26 | 27 | 26 | 27 | 28 | 28 | 29 | 29 | 30 | 31 | 7 | 6 | 2 | 2 | 3 | 2 | 2 |
| 23 | 23 | 十一24 | 十24 | 25 | 26 | 26 | 27 | 27 | 28 | 27 | 28 | 29 | 29 | 30 | 30 | 31 | 8 | 2 | 2 | 3 | 3 | 4 | 2 | 3 |
| 24 | 9 24 | 25 | 25 | 九26 | 八27 | 27 | 28 | 28 | 29 | 28 | 29 | 30 | 30 | 31 | 10 | 9 | 2 | 3 | 3 | 4 | 4 | 5 | 3 | 4 |
| 25 | 25 | 8 26 | 7 26 | 27 | 28 | 七28 | 六29 | 29 | 30 | 29 | 30 | 31 | 12 | 11 | 2 | 2 | 3 | 4 | 4 | 5 | 5 | 6 | 4 | 5 |
| 26 | 26 | 27 | 27 | 6 28 | 5 29 | 29 | 30 | 五30 | 四31 | 三3 | 31 | 1 | 2 | 2 | 3 | 3 | 4 | 5 | 5 | 6 | 6 | 7 | 5 | 6 |
| 27 | 27 | 28 | 28 | 29 | 30 | 4 30 | 3 31 | 5 | 4 | 2 | 二2 | 正2 | 3 | 3 | 4 | 4 | 5 | 6 | 6 | 7 | 7 | 8 | 6 | 7 |
| 28 | 28 | 29 | 29 | 30 | 31 | 7 | 6 | 2 2 | 1 2 | 12 3 | 11 2 | 3 | 十二4 | 十一4 | 5 | 5 | 6 | 7 | 7 | 8 | 8 | 9 | 7 | 8 |
| 29 | 29 | 30 | 30 | 31 | 8 | 2 | 2 | 3 | 3 | 4 | 3 | 10 4 | 9 5 | 5 | 十6 | 九6 | 7 | 8 | 8 | 9 | 9 | 10 | 8 | 9 |
| 30 | 30 | 31 | 10 | 9 | 2 | 3 | 3 | 4 | 4 | 5 | 4 | 5 | 6 | 8 6 | 7 7 | 7 | 八8 | 七9 | 9 | 10 | 10 | 11 | 9 | 10 |
| 31 | 12 | 11 | 2 | 2 | 3 | 4 | 4 | 5 | 5 | 6 | 5 | 6 | 7 | 7 | 8 | 6 8 | 5 9 | 10 | 六10 | 五11 | 11 | 12 | 10 | 11 |
| 日 | 2 | 2 | 3 | 3 | 4 | 5 | 5 | 6 | 6 | 7 | 6 | 7 | 8 | 8 | 9 | 9 | 10 | 4 11 | 3 11 | 12 | 四12 | 三13 | 11 | 12 |
| 曜 | 3 | 3 | 4 | 4 | 5 | 6 | 6 | 7 | 7 | 8 | 7 | 8 | 9 | 9 | 10 | 10 | 11 | 12 | 12 | 2 13 | 1 13 | 14 | 二12 | 閏13正 |
| 表 | 4 | 4 | 5 | 5 | 6 | 7 | 7 | 8 | 8 | 9 | 8 | 9 | 10 | 10 | 11 | 11 | 12 | 13 | 13 | 14 | 14 | 12 15 | 11 13 | 14 |
| 3 | 5 | 5 | 6 | 6 | 7 | 8 | 8 | 9 | 9 | 10 | 9 | 10 | 11 | 11 | 12 | 12 | 13 | 14 | 14 | 15 | 15 | 16 | 14 | 10 15 9 |
| 甲 | 6 | 6 | 7 | 7 | 8 | 9 | 9 | 10 | 10 | 11 | 10 | 11 | 12 | 12 | 13 | 13 | 14 | 15 | 15 | 16 | 16 | 17 | 15 | 16 |
| 子 | 7 | 7 | 8 | 8 | 9 | 10 | 10 | 11 | 11 | 12 | 11 | 12 | 13 | 冬13 | 14 | 14 | 15 | 16 | 16 | 17 | 17 | 18 | 16 | 17 |
| 表 | 8 | 8 | 9 | 9 | 10 | 11 | 11 | 12 | 12 | 13 | 12 | 13 | 14 | 14 | 15 | 15 | 16 | 17 | 17 | 18 | 18 | 19 | 17 | 18 |
| 17 | 9 | 9 | 10 | 10 | 11 | 12 | 12 | 13 | 13 | 14 | 13 | 14 | 15 | 15 | 16 | 16 | 17 | 18 | 18 | 19 | 19 | 20 | 18 | 19 |
| | 10 | 10 | 11 | 11 | 12 | 13 | 13 | 14 | 14 | 15 | 14 | 15 | 16 | 16 | 17 | 17 | 18 | 19 | 19 | 20 | 20 | 21 | 19 | 20 |

一五一〇 庚午 正德五

916

一五〇九 己巳 正德四

915

| | | | | | | | | | | | | | | | | | | | | | | | |
|---|---|---|---|---|---|---|---|---|---|---|---|---|---|---|---|---|---|---|---|---|---|---|---|
| 22 | 23 | 23 | 24 | 25 | 25 | 26 | 26 | 27 | 25 | 26 | 27 | 27 | 28 | 28 | 29 | 30 | 30 | 31 | **5** | **4** | 2 | 31 | **1** |
| 23 | 24 | 24 | 25 | 26 | 26 | 27 | 27 | 28 | 26 | 27 | 28 | 28 | 29 | 29 | 30 | 31 | **7** | **6** | 2 | 2 | 3 | **2** | 2 |
| 24 | 25 | 25 | 26 | 27 | 27 | 28 | 28 | 29 | 27 | 28 | 29 | 29 | 30 | 30 | 31 | **8** | 2 | 2 | 3 | 3 | 4 | 2 | 3 |
| 25 | 26 | 26 | 27 | 28 | 28 | 29 | 29 | 30 | 28 | 29 | 30 | 30 | 31 | **10** | **9** | 2 | 3 | 3 | 4 | 4 | 5 | 3 | 4 |
| 26 | 27 | 27 | 28 | 29 | 29 | 30 | 30 | 31 | **3** | 30 | 31 | **12** | **11** | 2 | 2 | 3 | 4 | 4 | 5 | 5 | 6 | **4** | 5 |
| 27 | 28 | 28 | 29 | 30 | 30 | 31 | **5** | **4** | 2 | 31 | **1** | 2 | 2 | 3 | 3 | 4 | 5 | 5 | 6 | 6 | 7 | 5 | 6 |
| 28 | 29 | 29 | 30 | 31 | **7** | **6** | 2 | 2 | 3 | **2** | 2 | 3 | 3 | 4 | 4 | 5 | 6 | 6 | 7 | 7 | 8 | 6 | 7 |
| 29 | 30 | 30 | 31 | **8** | 2 | 2 | 3 | 3 | 4 | 2 | 3 | 4 | 4 | 5 | 5 | 6 | 7 | 7 | 8 | 8 | 9 | 7 | 8 |
| 30 | 31 | **10** | **9** | 2 | 3 | 3 | 4 | 4 | 5 | 3 | 4 | 5 | 5 | 6 | 6 | 7 | 8 | 8 | 9 | 9 | 10 | 8 | 9 |
| **12** | 十一**11** | 2 | 2 | 3 | 4 | 4 | 5 | 5 | 6 | 4 | 5 | 6 | 6 | 7 | 7 | 8 | 9 | 9 | 10 | 10 | 11 | 9 | 10 |
| 2 | 9 2 | 十3 | 九3 | 八4 | 5 | 5 | 6 | 6 | 7 | 5 | 6 | 7 | 7 | 8 | 8 | 9 | 10 | 10 | 11 | 11 | 12 | 10 | 11 |
| 3 | 3 | 8 4 | 7 4 | 5 | 七6 | 六6 | 五7 | 7 | 8 | 6 | 7 | 8 | 8 | 9 | 9 | 10 | 11 | 11 | 12 | 12 | 13 | 11 | 12 |
| 4 | 4 | 5 | 5 | 6 6 | 5 7 | 7 | 8 | 四8 | 三9 | 7 | 8 | 9 | 9 | 10 | 10 | 11 | 12 | 12 | 13 | 13 | 14 | 12 | 13 |
| 5 | 5 | 6 | 6 | 7 | 8 | 4 8 | 3 9 | 9 | 10 | 二8 | 9 | 10 | 10 | 11 | 11 | 12 | 13 | 13 | 14 | 14 | 15 | 13 | 14 |
| 6 | 6 | 7 | 7 | 8 | 9 | 9 | 10 | 2 10 | 1 11 | 9 | 正10 | 十二11 | 11 | 12 | 12 | 13 | 14 | 14 | 15 | 15 | 16 | 14 | 15 |
| 7 | 7 | 8 | 8 | 9 | 10 | 10 | 11 | 11 | 12 | 12 10 | 11 11 | 12冬 | 十一12 | 十13 | 13 | 14 | 15 | 15 | 16 | 16 | 17 | 15 | 16 |
| 8 | 8 | 9 | 9 | 10 | 11 | 11 | 12 | 12 | 13 | 11 | 12 | 10 13 | 9 13 | 14 | 閏14 | 九15 | 16 | 16 | 17 | 17 | 18 | 16 | 17 |
| 9 | 9 | 10 | 10 | 11 | 12 | 12 | 13 | 13 | 14 | 12 | 13 | 14 | 14 | 8 15 | 7 15 | 16 | 八17 | 七17 | 六18 | 18 | 19 | 17 | 18 |
| 10 | 10 | 11 | 11 | 12 | 13 | 13 | 14 | 14 | 15 | 13 | 14 | 15 | 15 | 16 | 16 | 6 17 | 5 18 | 18 | 19 | 五19 | 四20 | 18 | 19 |
| 11 | 11 | 12 | 12 | 13 | 14 | 14 | 15 | 15 | 16 | 14 | 15 | 16 | 16 | 17 | 17 | 18 | 19 | 4 19 | 3 20 | 20 | 21 | 三19 | 二20 |
| 12 | 冬12 | 13 | 13 | 14 | 15 | 15 | 16 | 16 | 17 | 15 | 16 | 17 | 17 | 18 | 18 | 19 | 20 | 20 | 21 | 2 21 | 1 22 | 20 | 21正 |
| 13 | 13 | 14 | 14 | 15 | 16 | 16 | 17 | 17 | 18 | 16 | 17 | 18 | 18 | 19 | 19 | 20 | 21 | 21 | 22 | 22 | 23 | 12 21 | 11 22 |
| 14 | 14 | 15 | 15 | 16 | 17 | 17 | 18 | 18 | 19 | 17 | 18 | 19 | 19 | 20 | 20 | 21 | 22 | 22 | 23 | 23 | 24 | 22 | 23 10 |
| 15 | 15 | 16 | 16 | 17 | 18 | 18 | 19 | 19 | 20 | 18 | 19 | 20 | 20 | 21 | 21 | 22 | 23 | 23 | 24 | 24 | 25 | 23 | 24 |
| 16 | 16 | 17 | 17 | 18 | 19 | 19 | 20 | 20 | 21 | 19 | 20 | 21 | 21 | 22 | 22 | 23 | 24 | 24 | 25 | 25 | 26 | 24 | 25 |
| 17 | 17 | 18 | 18 | 19 | 20 | 20 | 21 | 21 | 22 | 20 | 21 | 22 | 22 | 23 | 23 | 24 | 25 | 25 | 26 | 26 | 27 | 25 | 26 |
| 18 | 18 | 19 | 19 | 20 | 21 | 21 | 22 | 22 | 23 | 21 | 22 | 23 | 23 | 24 | 24 | 25 | 26 | 26 | 27 | 27 | 28 | 26 | 27 |
| 19 | 19 | 20 | 20 | 21 | 22 | 22 | 23 | 23 | 24 | 22 | 23 | 24 | 24 | 25 | 25 | 26 | 27 | 27 | 28 | 28 | 29 | 27 | 28 |
| 20 | 20 | 21 | 21 | 22 | 23 | 23 | 24 | 24 | 25 | 23 | 24 | 25 | 25 | 26 | 26 | 27 | 28 | 28 | 29 | 29 | 30 | 28 | 29 |
| 21 | 21 | 22 | 22 | 23 | 24 | 24 | 25 | 25 | 26 | 24 | 25 | 26 | 26 | 27 | 27 | 28 | 29 | 29 | 30 | 30 | 31 | **3** | 30 |

二

一五一二 壬申 正德七

918

一五一一 辛未 正德六

917

| | | | | | | | | | | | | | | | | | | | | | | | | |
|---|---|---|---|---|---|---|---|---|---|---|---|---|---|---|---|---|---|---|---|---|---|---|---|---|
| 11 | 11 | 12 | 8 12 | 7 13 | 14 | 14 | 閏15 | 五15 | 16 | 15 | 16 | 17 | 17 | 18 | 18 | 19 | 20 | 20 | 21 | 21 | 22 | 20 | 21 | 22 |
| 12 | 冬12 | 13 | 13 | 14 | 6 15 | 5 15 | 16 | 16 | 四17 | 16 | 17 | 18 | 18 | 19 | 19 | 20 | 21 | 21 | 22 | 22 | 23 | 21 | 22 | 23 |
| 13 | 13 | 14 | 14 | 15 | 16 | 16 | 4 17 | 3 17 | 18 | 三17 | 二18 | 19 | 19 | 20 | 20 | 21 | 22 | 22 | 23 | 23 | 24 | 22 | 23 | 24 |
| 14 | 14 | 15 | 15 | 16 | 17 | 17 | 18 | 18 | 2 19 | 1 18 | 19 | 正20 | 十二20 | 十一21 | 21 | 22 | 23 | 23 | 24 | 24 | 25 | 23 | 24 | 25 |
| 15 | 15 | 16 | 16 | 17 | 18 | 18 | 19 | 19 | 20 | 19 | 12 20 | 11 21 | 21 | 22 | 十22 | 九23 | 八24 | 24 | 25 | 25 | 26 | 24 | 25 | 26 |
| 16 | 16 | 17 | 17 | 18 | 19 | 19 | 20 | 20 | 21 | 20 | 21 | 22 | 10 22 | 9 23 | 23 | 24 | 25 | 七25 | 六26 | 26 | 27 | 25 | 26 | 27 |
| 17 | 17 | 18 | 18 | 19 | 20 | 20 | 21 | 21 | 22 | 21 | 22 | 23 | 23 | 24 | 8 24 | 7 25 | 26 | 26 | 27 | 五27 | 四28 | 26 | 27 | 28 |
| 18 | 18 | 19 | 19 | 20 | 21 | 21 | 22 | 22 | 23 | 22 | 23 | 24 | 24 | 25 | 25 | 26 | 6 27 | 5 27 | 28 | 28 | 29 | 三27 | 28 | 29 |
| 19 | 19 | 20 | 20 | 21 | 22 | 22 | 23 | 23 | 24 | 23 | 24 | 25 | 25 | 26 | 26 | 27 | 28 | 28 | 4 29 | 3 29 | 30 | 28 | 二29 | 正30 |
| 20 | 20 | 21 | 21 | 22 | 23 | 23 | 24 | 24 | 25 | 24 | 25 | 26 | 26 | 27 | 27 | 28 | 29 | 29 | 30 | 30 | 2 31 | 1 **3** | 12 30 | 11 31 十二 |
| 21 | 21 | 22 | 22 | 23 | 24 | 24 | 25 | 25 | 26 | 25 | 26 | 27 | 27 | 28 | 28 | 29 | 30 | 30 | 31 | **5** | **4** | 2 | 31 | **1** 10 |
| 22 | 22 | 23 | 23 | 24 | 25 | 25 | 26 | 26 | 27 | 26 | 27 | 28 | 28 | 29 | 29 | 30 | 31 | **7** | **6** | 2 | 2 | 3 | **2** | 2 |
| 23 | 23 | 24 | 24 | 25 | 26 | 26 | 27 | 27 | 28 | 27 | 28 | 29 | 29 | 30 | 30 | 31 | **8** | 2 | 2 | 3 | 3 | 4 | 2 | 3 |
| 24 | 24 | 25 | 25 | 26 | 27 | 27 | 28 | 28 | 29 | 28 | 29 | 30 | 30 | 31 | **10** | **9** | 2 | 3 | 3 | 4 | 4 | 5 | 3 | 4 |
| 25 | 25 | 26 | 26 | 27 | 28 | 28 | 29 | 29 | 30 | 29 | 30 | 31 | **12** | **11** | 2 | 2 | 3 | 4 | 4 | 5 | 5 | 6 | 4 | 5 |
| 26 | 26 | 27 | 27 | 28 | 29 | 29 | 30 | 30 | 31 | **3** | 31 | **1** | 2 | 2 | 3 | 3 | 4 | 5 | 5 | 6 | 6 | 7 | 5 | 6 |
| 27 | 27 | 28 | 28 | 29 | 30 | 30 | 31 | **5** | **4** | 2 | **2** | 2 | 3 | 3 | 4 | 4 | 5 | 6 | 6 | 7 | 7 | 8 | 6 | 7 |
| 28 | 28 | 29 | 29 | 30 | 31 | **7** | **6** | 2 | 2 | 3 | 2 | 3 | 4 | 4 | 5 | 5 | 6 | 7 | 7 | 8 | 8 | 9 | 7 | 8 |
| 29 | 29 | 30 | 30 | 31 | **8** | 2 | 2 | 3 | 3 | 4 | 3 | 4 | 5 | 5 | 6 | 6 | 7 | 8 | 8 | 9 | 9 | 10 | 8 | 9 |
| 30 | 30 | 31 | **10** | **9** | 2 | 3 | 3 | **4** | 4 | 5 | 4 | 5 | 6 | 6 | 7 | 7 | 8 | 9 | 9 | 10 | 10 | 11 | 9 | 10 |
| 31 | **12** | **11** | 2 | 2 | 3 | 4 | 4 | 5 | 5 | 6 | 5 | 6 | 7 | 7 | 8 | 8 | 9 | 10 | 10 | 11 | 11 | 12 | 10 | 11 |
| 日 | 2 | 2 | 3 | 3 | 4 | 5 | 5 | 6 | 6 | 7 | 6 | 7 | 8 | 8 | 9 | 9 | 10 | 11 | 11 | 12 | 12 | 13 | 11 | 12 |
| 曜 | 3 | 3 | 4 | 4 | 5 | 6 | 6 | 7 | 7 | 8 | 7 | 8 | 9 | 9 | 10 | 10 | 11 | 12 | 12 | 13 | 13 | 14 | 12 | 13 |
| 表 | 4 | 4 | 5 | 5 | 6 | 7 | 7 | 8 | 8 | 9 | 8 | 9 | 10 | 10 | 11 | 11 | 12 | 13 | 13 | 14 | 14 | 15 | 13 | 14 |
| 4 | 5 | 5 | 6 | 6 | 7 | 8 | 8 | 9 | 9 | 10 | 9 | 10 | 11 | 11 | 12 | 12 | 13 | 14 | 14 | 15 | 15 | 16 | 14 | 15 |
| 甲 | 6 | 6 | 7 | 7 | 8 | 9 | 9 | 10 | 10 | 11 | 10 | 11 | 12 | 12 | 13 | 13 | 14 | 15 | 15 | 16 | 16 | 17 | 15 | 16 |
| 子 | 7 | 7 | 8 | 8 | 9 | 10 | 10 | 11 | 11 | 12 | 11 | 12 | 13 | 冬13 | 14 | 14 | 15 | 16 | 16 | 17 | 17 | 18 | 16 | 17 |
| 表 | 8 | 十一8 | 十9 | 9 | 10 | 11 | 11 | 12 | 12 | 13 | 12 | 13 | 14 | 14 | 15 | 15 | 16 | 17 | 17 | 18 | 18 | 19 | 17 | 18 |
| 18 | 9 | 9 | 10 | 九10 | 八11 | 七12 | 12 | 13 | 13 | 14 | 13 | 14 | 15 | 15 | 16 | 16 | 17 | 18 | 18 | 19 | 19 | 20 | 18 | 19 |
| | 10 | 10 10 | 9 11 | 11 | 12 | 13 | 六13 | 14 | 14 | 15 | 14 | 15 | 16 | 16 | 17 | 17 | 18 | 19 | 19 | 20 | 20 | 21 | 19 | 20 |

# 中西回史日曆

卷一六 明 四

勵耘書屋

## 一五一四 甲戌 正德九

920

## 一五一三 癸酉 正德八

919

| | | | | | | | | | | | | | | | | | | | | | | | |
|---|---|---|---|---|---|---|---|---|---|---|---|---|---|---|---|---|---|---|---|---|---|---|---|
| 22 | 23 | 23 | 24 | 25 | 25 | 26 4 | 26 3 | 27 | 25 二 | 26 正 | 27 十二 | 27 十一 | 28 十 | 28 | 29 | 30 | 30 | 31 | **5** | **4** | 2 | 31 | **1** |
| 23 | 24 | 24 | 25 | 26 | 26 | 27 | 27 | 28 2 | 26 1 | 27 | 28 | 28 | 29 | 29 九 | 30 八 | 31 | **7** | **6** | 2 | 2 | 3 | **2** | 2 |
| 24 | 25 | 25 | 26 | 27 | 27 | 28 | 28 | 29 | 27 | 28 12 | 29 11 | 29 | 30 | 30 | 31 | **8** 七 | 2 | 2 | 3 | 3 | 4 | 2 | 3 |
| 25 | 26 | 26 | 27 | 28 | 28 | 29 | 29 | 30 | 28 | 29 | 30 | 30 10 | 31 9 | **10** | **9** | 2 | 3 六 | 3 五 | 4 | 4 | 5 | 3 | 4 |
| 26 | 27 | 27 | 28 | 29 | 29 | 30 | 30 | 31 | **3** | 30 | 31 | **12** | **11** | 2 8 | 2 7 | 3 | 4 | 4 | 5 四 | 5 | 6 | 4 | 5 |
| 27 | 28 | 28 | 29 | 30 | 30 | 31 | **5** | **4** | 2 | 31 | **1** | 2 | 2 | 3 | 3 | 4 6 | 5 5 | 5 | 6 | 6 三 | 7 二 | 5 | 6 |
| 28 | 29 | 29 | 30 | 31 | **7** | **6** | 2 | 2 | 3 | **2** | 2 | 3 | 3 | 4 | 4 | 5 | 6 | 6 4 | 7 3 | 7 | 8 | 6 正 | 7 十二 |
| 29 | 30 | 30 | 31 | **8** | 2 | 2 | 3 | 3 | 4 | 2 | 3 | 4 | 4 | 5 | 5 | 6 | 7 | 7 | 8 | 8 2 | 9 1 | 7 12 | 8 11 |
| 30 | 31 | **10** | **9** | 2 | 3 | 3 | 4 | 4 | 5 | 3 | 4 | 5 | 5 | 6 | 6 | 7 | 8 | 8 | 9 | 9 | 10 | 8 | 9 |
| **12** | **11** | 2 | 2 | 3 | 4 | 4 | 5 | 5 | 6 | 4 | 5 | 6 | 6 | 7 | 7 | 8 | 9 | 9 | 10 | 10 | 11 | 9 | 10 |
| 2 | 2 | 3 | 3 | 4 | 5 | 5 | 6 | 6 | 7 | 5 | 6 | 7 | 7 | 8 | 8 | 9 | 10 | 10 | 11 | 11 | 12 | 10 | 11 |
| 3 | 3 | 4 | 4 | 5 | 6 | 6 | 7 | 7 | 8 | 6 | 7 | 8 | 8 | 9 | 9 | 10 | 11 | 11 | 12 | 12 | 13 | 11 | 12 |
| 4 | 4 | 5 | 5 | 6 | 7 | 7 | 8 | 8 | 9 | 7 | 8 | 9 | 9 | 10 | 10 | 11 | 12 | 12 | 13 | 13 | 14 | 12 | 13 |
| 5 | 5 | 6 | 6 | 7 | 8 | 8 | 9 | 9 | 10 | 8 | 9 | 10 | 10 | 11 | 11 | 12 | 13 | 13 | 14 | 14 | 15 | 13 | 14 |
| 6 | 6 | 7 | 7 | 8 | 9 | 9 | 10 | 10 | 11 | 9 | 10 | 11 | 11 | 12 | 12 | 13 | 14 | 14 | 15 | 15 | 16 | 14 | 15 |
| 7 | 7 | 8 | 8 | 9 | 10 | 10 | 11 | 11 | 12 | 10 | 11 | 12 冬 | 12 | 13 | 13 | 14 | 15 | 15 | 16 | 16 | 17 | 15 | 16 |
| 8 | 8 | 9 | 9 | 10 | 11 | 11 | 12 | 12 | 13 | 11 | 12 | 13 | 13 | 14 | 14 | 15 | 16 | 16 | 17 | 17 | 18 | 16 | 17 |
| 9 | 9 | 10 | 10 | 11 | 12 | 12 | 13 | 13 | 14 | 12 | 13 | 14 | 14 | 15 | 15 | 16 | 17 | 17 | 18 | 18 | 19 | 17 | 18 |
| 10 | 10 | 11 | 11 | 12 | 13 | 13 | 14 | 14 | 15 | 13 | 14 | 15 | 15 | 16 | 16 | 17 | 18 | 18 | 19 | 19 | 20 | 18 | 19 |
| 11 | 11 | 12 | 12 | 13 | 14 | 14 | 15 | 15 | 16 | 14 | 15 | 16 | 16 | 17 | 17 | 18 | 19 | 19 | 20 | 20 | 21 | 19 | 20 |
| 12 冬 | 12 | 13 | 13 | 14 | 15 | 15 | 16 | 16 | 17 | 15 | 16 | 17 | 17 | 18 | 18 | 19 | 20 | 20 | 21 | 21 | 22 | 20 | 21 |
| 13 | 13 | 14 | 14 | 15 | 16 | 16 | 17 | 17 | 18 | 16 | 17 | 18 | 18 | 19 | 19 | 20 | 21 | 21 | 22 | 22 | 23 | 21 | 22 |
| 14 | 14 | 15 | 15 | 16 | 17 | 17 | 18 | 18 | 19 | 17 | 18 | 19 | 19 | 20 | 20 | 21 | 22 | 22 | 23 | 23 | 24 | 22 | 23 |
| 15 | 15 | 16 | 16 | 17 | 18 | 18 | 19 | 19 | 20 | 18 | 19 | 20 | 20 | 21 | 21 | 22 | 23 | 23 | 24 | 24 | 25 | 23 | 24 |
| 16 十二 | 16 十一 | 17 | 17 | 18 | 19 | 19 | 20 | 20 | 21 | 19 | 20 | 21 | 21 | 22 | 22 | 23 | 24 | 24 | 25 | 25 | 26 | 24 | 25 |
| 17 | 17 | 18 十 | 18 九 | 19 | 20 | 20 | 21 | 21 | 22 | 20 | 21 | 22 | 22 | 23 | 23 | 24 | 25 | 25 | 26 | 26 | 27 | 25 | 26 |
| 18 11 | 18 | 19 | 19 | 20 八 | 21 | 21 | 22 | 22 | 23 | 21 | 22 | 23 | 23 | 24 | 24 | 25 | 26 | 26 | 27 | 27 | 28 | 26 | 27 |
| 19 | 19 10 | 20 9 | 20 | 21 | 22 七 | 22 六 | 23 | 23 | 24 | 22 | 23 | 24 | 24 | 25 | 25 | 26 | 27 | 27 | 28 | 28 | 29 | 27 | 28 |
| 20 | 20 | 21 | 21 8 | 22 7 | 23 | 23 | 24 五 | 24 | 25 | 23 | 24 | 25 | 25 | 26 | 26 | 27 | 28 | 28 | 29 | 29 | 30 | 28 | 29 |
| 21 | 21 | 22 | 22 | 23 | 24 6 | 24 5 | 25 | 25 四 | 26 三 | 24 | 25 | 26 | 26 | 27 | 27 | 28 | 29 | 29 | 30 | 30 | 31 | **3** | 30 |

一五一六 丙子 正德一一

922

一五一五 乙亥 正德一〇

921

| | | | | | | | | | | | | | | | | | | | | | | | | |
|---|---|---|---|---|---|---|---|---|---|---|---|---|---|---|---|---|---|---|---|---|---|---|---|---|
| 11 | 11 | 12 | 12 | 13 | 14 | 14 | 15 | 15 | 16 | 15 | 16 | 17 | 17 | 18 | 18 | 19 | 20 | 20 | 21 | 21 | 22 | 20 | 21 | 22 |
| 12冬 | 12 | 13 | 13 | 14 | 15 | 15 | 16 | 16 | 17 | 16 | 17 | 18 | 18 | 19 | 19 | 20 | 21 | 21 | 22 | 22 | 23 | 21 | 22 | 23 |
| 13 | 13 | 14 | 14 | 15 | 16 | 16 | 17 | 17 | 18 | 17 | 18 | 19 | 19 | 20 | 20 | 21 | 22 | 22 | 23 | 23 | 24 | 22 | 23 | 24 |
| 14 | 14 | 15 | 15 | 16 | 17 | 17 | 18 | 18 | 19 | 18 | 19 | 20 | 20 | 21 | 21 | 22 | 23 | 23 | 24 | 24 | 25 | 23 | 24 | 25 |
| 15 | 15 | 16 | 16 | 17 | 18 | 18 | 19 | 19 | 20 | 19 | 20 | 21 | 21 | 22 | 22 | 23 | 24 | 24 | 25 | 25 | 26 | 24 | 25 | 26 |
| 16 | 16 | 17 | 17 | 18 | 19 | 19 | 20 | 20 | 21 | 20 | 21 | 22 | 22 | 23 | 23 | 24 | 25 | 25 | 26 | 26 | 27 | 25 | 26 | 27 |
| 17 | 17 | 18 | 18 | 19 | 20 | 20 | 21 | 21 | 22 | 21 | 22 | 23 | 23 | 24 | 24 | 25 | 26 | 26 | 27 | 27 | 28 | 26 | 27 | 28 |
| 18 | 18 | 19 | 19 | 20 | 21 | 21 | 22 | 22 | 23 | 22 | 23 | 24 | 24 | 25 | 25 | 26 | 27 | 27 | 28 | 28 | 29 | 27 | 28 | 29 |
| 19 | 19 | 20 | 20 | 21 | 22 | 22 | 23 | 23 | 24 | 23 | 24 | 25 | 25 | 26 | 26 | 27 | 28 | 28 | 29 | 29 | 30 | 28 | 29 | 30 |
| 20 | 20 | 21 | 21 | 22 | 23 | 23 | 24 | 24 | 25 | 24 | 25 | 26 | 26 | 27 | 27 | 28 | 29 | 29 | 30 | 30 | 31 | 3 | 30 | 31 |
| 21 | 21 | 22 | 22 | 23 | 24 | 24 | 25 | 25 | 26 | 25 | 26 | 27 | 27 | 28 | 28 | 29 | 30 | 30 | 31 | 5 | 4 | 2 | 31 | 1 |
| 22 | 22 | 23 | 23 | 24 | 25 | 25 | 26 | 26 | 27 | 26 | 27 | 28 | 28 | 29 | 29 | 30 | 31 | 7 | 6 | 2 | 2 | 3 | 2 | 2 |
| 23十二 | 23 | 24 | 24 | 25 | 26 | 26 | 27 | 27 | 28 | 27 | 28 | 29 | 29 | 30 | 30 | 31 | 8 | 2 | 2 | 3 | 3 | 4 | 2 | 3 |
| 24 | 24十一 | 25 | 25 | 26 | 27 | 27 | 28 | 28 | 29 | 28 | 29 | 30 | 30 | 31 | 10 | 9 | 2 | 3 | 3 | 4 | 4 | 5 | 3 | 4 |
| 25 | 25 | 26十 | 26九 | 27 | 28 | 28 | 29 | 29 | 30 | 29 | 30 | 31 | 12 | 11 | 2 | 2 | 3 | 4 | 4 | 5 | 5 | 6 | 4 | 5 |
| 26 12 | 26 11 | 27 | 27 | 28八 | 29七 | 29 | 30 | 30 | 31 | 3 | 31 | 1 | 2 | 2 | 3 | 3 | 4 | 5 | 5 | 6 | 6 | 7 | 5 | 6 |
| 27 | 27 | 28 10 | 28 9 | 29 | 30 | 30六 | 31五 | 5 | 4 | 2 | 2 | 2 | 3 | 3 | 4 | 4 | 5 | 6 | 6 | 7 | 7 | 8 | 6 | 7 |
| 28 | 28 | 29 | 29 | 30 8 | 31 7 | 7 | 6 | 2四 | 2三 | 3二 | 2 | 3 | 4 | 4 | 5 | 5 | 6 | 7 | 7 | 8 | 8 | 9 | 7 | 8 |
| 29 | 29 | 30 | 30 | 31 | 8 | 2 6 | 2 5 | 3 | 3 | 4 | 3正 | 4十二 | 5十一 | 5 | 6 | 6 | 7 | 8 | 8 | 9 | 9 | 10 | 8 | 9 |
| 30 | 30 | 31 | 10 | 9 | 2 | 3 | 3 | 4 4 | 4 3 | 5 | 4 | 5 | 6 | 6十 | 7九 | 7 | 8 | 9 | 9 | 10 | 10 | 11 | 9 | 10 |
| 31 | 12 | 11 | 2 | 2 | 3 | 4 | 4 | 5 | 5 | 6 2 | 5 1 | 6 12 | 7 11 | 7 | 8 | 8八 | 9 | 10 | 10 | 11 | 11 | 12 | 10 | 11 |
| 日 | 2 | 2 | 3 | 3 | 4 | 5 | 5 | 6 | 6 | 7 | 6 | 7 | 8 | 8 10 | 9 9 | 9 | 10七 | 11六 | 11 | 12 | 12 | 13 | 11 | 12 |
| 曜 | 3 | 3 | 4 | 4 | 5 | 6 | 6 | 7 | 7 | 8 | 7 | 8 | 9 | 9 | 10 | 10 8 | 11 7 | 12 | 12五 | 13 | 13 | 14 | 12 | 13 |
| 表 | 4 | 4 | 5 | 5 | 6 | 7 | 7 | 8 | 8 | 9 | 8 | 9 | 10 | 10 | 11 | 11 | 12 | 13 6 | 13 5 | 14閏 | 14四 | 15三 | 13 | 14 |
| 5 | 5 | 5 | 6 | 6 | 7 | 8 | 8 | 9 | 9 | 10 | 9 | 10 | 11 | 11 | 12 | 12 | 13 | 14 | 14 | 15 4 | 15 3 | 16 | 14二 | 15正 |
| 甲 | 6 | 6 | 7 | 7 | 8 | 9 | 9 | 10 | 10 | 11 | 10 | 11 | 12 | 12 | 13 | 13 | 14 | 15 | 15 | 16 | 16 | 17 2 | 15 1 | 16 |
| 子 | 7 | 7 | 8 | 8 | 9 | 10 | 10 | 11 | 11 | 12 | 11 | 12 | 13冬 | 13 | 14 | 14 | 15 | 16 | 16 | 17 | 17 | 18 | 16 | 17 12 |
| 表 | 8 | 8 | 9 | 9 | 10 | 11 | 11 | 12 | 12 | 13 | 12 | 13 | 14 | 14 | 15 | 15 | 16 | 17 | 17 | 18 | 18 | 19 | 17 | 18 |
| 19 | 9 | 9 | 10 | 10 | 11 | 12 | 12 | 13 | 13 | 14 | 13 | 14 | 15 | 15 | 16 | 16 | 17 | 18 | 18 | 19 | 19 | 20 | 18 | 19 |
| | 10 | 10 | 11 | 11 | 12 | 13 | 13 | 14 | 14 | 15 | 14 | 15 | 16 | 16 | 17 | 17 | 18 | 19 | 19 | 20 | 20 | 21 | 19 | 20 |

一五一八 戊寅 正德一三 924

一五一七 丁丑 正德一二 923

| | | | | | | | | | | | | | | | | | | | | | | | |
|---|---|---|---|---|---|---|---|---|---|---|---|---|---|---|---|---|---|---|---|---|---|---|---|
| 22 | 23 | 23 | 24 | 25 | 25 | 26 | 26 | 27 | 25 | 26 | 27 | 27 | 28 | 28 | 29 | 30 | 30 | 31 | 5 | 4 | 2 | 31 | 1 |
| 23 | 24 | 24 | 25 | 26 | 26 | 27 | 27 | 28 | 26 | 27 | 28 | 28 | 29 | 29 | 30 | 31 | 7 | 6 | 2 | 2 | 3 | 2 | 2 |
| 24 | 25 | 25 | 26 | 27 | 27 | 28 | 28 | 29 | 27 | 28 | 29 | 29 | 30 | 30 | 31 | 8 | 2 | 2 | 3 | 3 | 4 | 2 | 3 |
| 25 | 26 | 26 | 27 | 28 | 28 | 29 | 29 | 30 | 28 | 29 | 30 | 30 | 31 | 10 | 9 | 2 | 3 | 3 | 4 | 4 | 5 | 3 | 4 |
| 26 | 27 | 27 | 28 | 29 | 29 | 30 | 30 | 31 | 3 | 30 | 31 | 12 | 11 | 2 | 2 | 3 | 4 | 4 | 5 | 5 | 6 | 4 | 5 |
| 27 | 28 | 28 | 29 | 30 | 30 | 31 | 5 | 4 | 2 | 31 | 1 | 2 | 2 | 3 | 3 | 4 | 5 | 5 | 6 | 6 | 7 | 5 | 6 |
| 28 | 29 | 29 | 30 | 31 | 7 | 6 | 2 | 2 | 3 | 2 | 2 | 3 | 3 | 4 | 4 | 5 | 6 | 6 | 7 | 7 | 8 | 6 | 7 |
| 29 | 30 | 30 | 31 | 8 | 2 | 2 | 3 | 3 | 4 | 2 | 3 | 4 | 4 | 5 | 5 | 6 | 7 | 7 | 8 | 8 | 9 | 7 | 8 |
| 30 | 31 | 10 | 9 | 2 | 3 | 3 | 4 | 4 | 5 | 3 | 4 | 5 | 5 | 6 | 6 | 7 | 8 | 8 | 9 | 9 | 10 | 8 | 9 |
| 12 | 11 | 2 | 2 | 3 | 4 | 4 | 5 | 5 | 6 | 4 | 5 | 6 | 6 | 7 | 7 | 8 | 9 | 9 | 10 | 10 | 11 | 9 | 10 |
| 2 | 2 | 3 | 3 | 4 | 5 | 5 | 6 | 6 | 7 | 5 | 6 | 7 | 7 | 8 | 8 | 9 | 10 | 10 | 11 | 11 | 12 | 10 | 11 |
| 3 | 十一 3 | 十 4 | 4 | 5 | 6 | 6 | 7 | 7 | 8 | 6 | 7 | 8 | 8 | 9 | 9 | 10 | 11 | 11 | 12 | 12 | 13 | 11 | 12 |
| 4 | 12 4 | 11 5 | 九 5 | 八 6 | 七 7 | 7 | 8 | 8 | 9 | 7 | 8 | 9 | 9 | 10 | 10 | 11 | 12 | 12 | 13 | 13 | 14 | 12 | 13 |
| 5 | 5 | 6 | 10 6 | 9 7 | 8 | 六 8 | 五 9 | 四 9 | 10 | 8 | 9 | 10 | 10 | 11 | 11 | 12 | 13 | 13 | 14 | 14 | 15 | 13 | 14 |
| 6 | 6 | 7 | 7 | 8 | 8 9 | 7 9 | 10 | 10 | 三 11 | 二 9 | 10 | 11 | 11 | 12 | 12 | 13 | 14 | 14 | 15 | 15 | 16 | 14 | 15 |
| 7 | 7 | 8 | 8 | 9 | 10 | 10 | 6 11 | 5 11 | 12 | 10 | 正 11 | 12 | 冬 12 | 13 | 13 | 14 | 15 | 15 | 16 | 16 | 17 | 15 | 16 |
| 8 | 8 | 9 | 9 | 10 | 11 | 11 | 12 | 12 | 4 13 | 3 11 | 12 | 閏 13 | 十二 13 | 14 | 14 | 15 | 16 | 16 | 17 | 17 | 18 | 16 | 17 |
| 9 | 9 | 10 | 10 | 11 | 12 | 12 | 13 | 13 | 14 | 12 | 2 13 | 1 14 | 14 | 十一 15 | 十 15 | 16 | 17 | 17 | 18 | 18 | 19 | 17 | 18 |
| 10 | 10 | 11 | 11 | 12 | 13 | 13 | 14 | 14 | 15 | 13 | 14 | 15 | 12 15 | 11 16 | 16 | 九 17 | 八 18 | 18 | 19 | 19 | 20 | 18 | 19 |
| 11 | 11 | 12 | 12 | 13 | 14 | 14 | 15 | 15 | 16 | 14 | 15 | 16 | 16 | 17 | 10 17 | 9 18 | 19 | 七 19 | 六 20 | 五 20 | 21 | 19 | 20 |
| 12 | 冬 12 | 13 | 13 | 14 | 15 | 15 | 16 | 16 | 17 | 15 | 16 | 17 | 17 | 18 | 18 | 19 | 8 20 | 7 20 | 21 | 21 | 四 22 | 三 20 | 21 |
| 13 | 13 | 14 | 14 | 15 | 16 | 16 | 17 | 17 | 18 | 16 | 17 | 18 | 18 | 19 | 19 | 20 | 21 | 21 | 6 22 | 5 22 | 23 | 21 | 二 22 正 |
| 14 | 14 | 15 | 15 | 16 | 17 | 17 | 18 | 18 | 19 | 17 | 18 | 19 | 19 | 20 | 20 | 21 | 22 | 22 | 23 | 23 | 4 24 | 3 22 | 23 |
| 15 | 15 | 16 | 16 | 17 | 18 | 18 | 19 | 19 | 20 | 18 | 19 | 20 | 20 | 21 | 21 | 22 | 23 | 23 | 24 | 24 | 25 | 23 | 2 24 1 |
| 16 | 16 | 17 | 17 | 18 | 19 | 19 | 20 | 20 | 21 | 19 | 20 | 21 | 21 | 22 | 22 | 23 | 24 | 24 | 25 | 25 | 26 | 24 | 25 |
| 17 | 17 | 18 | 18 | 19 | 20 | 20 | 21 | 21 | 22 | 20 | 21 | 22 | 22 | 23 | 23 | 24 | 25 | 25 | 26 | 26 | 27 | 25 | 26 |
| 18 | 18 | 19 | 19 | 20 | 21 | 21 | 22 | 22 | 23 | 21 | 22 | 23 | 23 | 24 | 24 | 25 | 26 | 26 | 27 | 27 | 28 | 26 | 27 |
| 19 | 19 | 20 | 20 | 21 | 22 | 22 | 23 | 23 | 24 | 22 | 23 | 24 | 24 | 25 | 25 | 26 | 27 | 27 | 28 | 28 | 29 | 27 | 28 |
| 20 | 20 | 21 | 21 | 22 | 23 | 23 | 24 | 24 | 25 | 23 | 24 | 25 | 25 | 26 | 26 | 27 | 28 | 28 | 29 | 29 | 30 | 28 | 29 |
| 21 | 21 | 22 | 22 | 23 | 24 | 24 | 25 | 25 | 26 | 24 | 25 | 26 | 26 | 27 | 27 | 28 | 29 | 29 | 30 | 30 | 31 | 3 | 30 |

五

一五二〇 庚辰 正德一五

927　926

一五一九 己卯 正德一四

925

| | | | | | | | | | | | | | | | | | | | | | | | | |
|---|---|---|---|---|---|---|---|---|---|---|---|---|---|---|---|---|---|---|---|---|---|---|---|---|
| 11 | 11 | 12 | 12 閏 | 13 八 | 14 | 14 | 15 | 15 | 16 | 15 | 16 | 17 | 17 | 18 | 18 | 19 | 20 | 20 | 21 | 21 | 22 | 20 | 21 | 22 |
| 12 冬 1 | 12 12 | 13 11 | 13 | 14 | 15 七 | 15 六 | 16 | 16 | 17 | 16 | 17 | 18 | 18 | 19 | 19 | 20 | 21 | 21 | 22 | 22 | 23 | 21 | 22 | 23 |
| 13 | 13 | 14 | 14 10 | 15 9 | 16 | 16 | 17 五 | 17 四 | 18 | 17 | 18 | 19 | 19 | 20 | 20 | 21 | 22 | 22 | 23 | 23 | 24 | 22 | 23 | 24 |
| 14 | 14 | 15 | 15 | 16 | 17 8 | 17 7 | 18 | 18 | 19 三 | 18 | 19 | 20 | 20 | 21 | 21 | 22 | 23 | 23 | 24 | 24 | 25 | 23 | 24 | 25 |
| 15 | 15 | 16 | 16 | 17 | 18 | 18 | 19 6 | 19 5 | 20 | 19 二 | 20 正 | 21 | 21 | 22 | 22 | 23 | 24 | 24 | 25 | 25 | 26 | 24 | 25 | 26 |
| 16 | 16 | 17 | 17 | 18 | 19 | 19 | 20 | 20 | 21 4 | 20 3 | 21 | 22 十二 | 22 十一 | 23 十 | 23 | 24 | 25 | 25 | 26 | 26 | 27 | 25 | 26 | 27 |
| 17 | 17 | 18 | 18 | 19 | 20 | 20 | 21 | 21 | 22 | 21 | 22 2 | 23 1 | 23 | 24 | 24 九 | 25 八 | 26 七 | 26 | 27 | 27 | 28 | 26 | 27 | 28 |
| 18 | 18 | 19 | 19 | 20 | 21 | 21 | 22 | 22 | 23 | 22 | 23 | 24 | 24 12 | 25 11 | 25 | 26 | 27 | 27 六 | 28 五 | 28 | 29 | 27 | 28 | 29 |
| 19 | 19 | 20 | 20 | 21 | 22 | 22 | 23 | 23 | 24 | 23 | 24 | 25 | 25 | 26 | 26 10 | 27 9 | 28 | 28 | 29 | 29 四 | 30 三 | 28 | 29 | 30 |
| 20 | 20 | 21 | 21 | 22 | 23 | 23 | 24 | 24 | 25 | 24 | 25 | 26 | 26 | 27 | 27 | 28 | 29 8 | 29 7 | 30 | 30 | 31 | **3** 二 | 30 | 31 |
| 21 | 21 | 22 | 22 | 23 | 24 | 24 | 25 | 25 | 26 | 25 | 26 | 27 | 27 | 28 | 28 | 29 | 30 | 30 | 31 6 | **5** 5 | **4** | 2 | 31 正 | **1** 十二 |
| 22 | 22 | 23 | 23 | 24 | 25 | 25 | 26 | 26 | 27 | 26 | 27 | 28 | 28 | 29 | 29 | 30 | 31 | **7** | **6** | 2 | 2 4 | 3 3 | **2** | 2 |
| 23 | 23 | 24 | 24 | 25 | 26 | 26 | 27 | 27 | 28 | 27 | 28 | 29 | 29 | 30 | 30 | 31 | **8** | 2 | 2 | 3 | 3 | 4 | 2 2 | 3 1 |
| 24 | 24 | 25 | 25 | 26 | 27 | 27 | 28 | 28 | 29 | 28 | 29 | 30 | 30 | 31 | **10** | **9** | 2 | 3 | 3 | 4 | 4 | 5 | 3 | 4 |
| 25 | 25 | 26 | 26 | 27 | 28 | 28 | 29 | 29 | 30 | 29 | 30 | 31 | **12** | **11** | 2 | 2 | 3 | 4 | 4 | 5 | 5 | 6 | 4 | 5 |
| 26 | 26 | 27 | 27 | 28 | 29 | 29 | 30 | 30 | 31 | **3** | 31 | **1** | 2 | 2 | 3 | 3 | 4 | 5 | 5 | 6 | 6 | 7 | 5 | 6 |
| 27 | 27 | 28 | 28 | 29 | 30 | 30 | 31 | **5** | **4** | 2 | **2** | 2 | 3 | 3 | 4 | 4 | 5 | 6 | 6 | 7 | 7 | 8 | 6 | 7 |
| 28 | 28 | 29 | 29 | 30 | 31 | **7** | **6** | 2 | 2 | 3 | 2 | 3 | 4 | 4 | 5 | 5 | 6 | 7 | 7 | 8 | 8 | 9 | 7 | 8 |
| 29 | 29 | 30 | 30 | 31 | **8** | 2 | 2 | 3 | 3 | 4 | 3 | 4 | 5 | 5 | 6 | 6 | 7 | 8 | 8 | 9 | 9 | 10 | 8 | 9 |
| 30 | 30 | 31 | **10** | **9** | 2 | 3 | 3 | 4 | 4 | 5 | 4 | 5 | 6 | 6 | 7 | 7 | 8 | 9 | 9 | 10 | 10 | 11 | 9 | 10 |
| 31 | **12** | **11** | 2 | 2 | 3 | 4 | 4 | 5 | 5 | 6 | 5 | 6 | 7 | 7 | 8 | 8 | 9 | 10 | 10 | 11 | 11 | 12 | 10 | 11 |
| 日 | 2 | 2 | 3 | 3 | 4 | 5 | 5 | 6 | 6 | 7 | 6 | 7 | 8 | 8 | 9 | 9 | 10 | 11 | 11 | 12 | 12 | 13 | 11 | 12 |
| 曜 | 3 | 3 | 4 | 4 | 5 | 6 | 6 | 7 | 7 | 8 | 7 | 8 | 9 | 9 | 10 | 10 | 11 | 12 | 12 | 13 | 13 | 14 | 12 | 13 |
| 表 | 4 | 4 | 5 | 5 | 6 | 7 | 7 | 8 | 8 | 9 | 8 | 9 | 10 | 10 | 11 | 11 | 12 | 13 | 13 | 14 | 14 | 15 | 13 | 14 |
| 6 | 5 | 5 | 6 | 6 | 7 | 8 | 8 | 9 | 9 | 10 | 9 | 10 | 11 | 11 | 12 | 12 | 13 | 14 | 14 | 15 | 15 | 16 | 14 | 15 |
| 甲 | 6 | 6 | 7 | 7 | 8 | 9 | 9 | 10 | 10 | 11 | 10 | 11 | 12 | 12 | 13 | 13 | 14 | 15 | 15 | 16 | 16 | 17 | 15 | 16 |
| 子 | 7 | 7 | 8 | 8 | 9 | 10 | 10 | 11 | 11 | 12 | 11 | 12 | 13 冬 | 13 | 14 | 14 | 15 | 16 | 16 | 17 | 17 | 18 | 16 | 17 |
| 表 | 8 | 8 | 9 | 9 | 10 | 11 | 11 | 12 | 12 | 13 | 12 | 13 | 14 | 14 | 15 | 15 | 16 | 17 | 17 | 18 | 18 | 19 | 17 | 18 |
| 20 | 9 | 9 | 10 | 10 | 11 | 12 | 12 | 13 | 13 | 14 | 13 | 14 | 15 | 15 | 16 | 16 | 17 | 18 | 18 | 19 | 19 | 20 | 18 | 19 |
| | 10 十二 | 10 十一 | 11 九 | 11 | 12 | 13 | 13 | 14 | 14 | 15 | 14 | 15 | 16 | 16 | 17 | 17 | 18 | 19 | 19 | 20 | 20 | 21 | 19 | 20 |

一五二二 壬午 明世宗 嘉靖元

一五二一 辛巳 正德一六

929 928

| | | | | | | | | | | | | | | | | | | | | | | | |
|---|---|---|---|---|---|---|---|---|---|---|---|---|---|---|---|---|---|---|---|---|---|---|---|
| 22 | 23 | 23 | 24 10 | 25 9 | 25 | 26 | 26 四 | 27 | 25 | 26 | 27 | 27 | 28 | 28 | 29 | 30 | 30 | 31 | **5** | **4** | 2 | 31 | **1** |
| 23 | 24 | 24 | 25 | 26 | 26 8 | 27 7 | 27 | 28 三 | 26 二 | 27 | 28 | 28 | 29 | 29 | 30 | 31 | **7** | **6** | 2 | 2 | 3 | **2** | 2 |
| 24 | 25 | 25 | 26 | 27 | 27 | 28 | 28 6 | 29 5 | 27 | 28 正 | 29 十二 | 29 十一 | 30 十 | 30 九 | 31 | **8** | 2 | 2 | 3 | 3 | 4 | 2 | 3 |
| 25 | 26 | 26 | 27 | 28 | 28 | 29 | 29 | 30 | 28 4 | 29 3 | 30 | 30 | 31 | **10** | **9** 八 | 2 七 | 3 | 3 | 4 | 4 | 5 | 3 | 4 |
| 26 | 27 | 27 | 28 | 29 | 29 | 30 | 30 | 31 | **3** | 30 | 31 2 | **12** 1 | **11** | 2 | 2 | 3 | 4 六 | 4 | 5 | 5 | 6 | 4 | 5 |
| 27 | 28 | 28 | 29 | 30 | 30 | 31 | **5** | **4** | 2 | 31 | **1** | 2 | 2 12 | 3 11 | 3 | 4 | 5 | 5 五 | 6 四 | 6 | 7 | 5 | 6 |
| 28 | 29 | 29 | 30 | 31 | **7** | **6** | 2 | 2 | 3 | **2** | 2 | 3 | 3 | 4 | 4 10 | 5 9 | 6 | 6 | 7 | 7 三 | 8 | 6 | 7 |
| 29 | 30 | 30 | 31 | **8** | 2 | 2 | 3 | 3 | 4 | 2 | 3 | 4 | 4 | 5 | 5 | 6 | 7 8 | 7 7 | 8 | 8 | 9 二 | 7 正 | 8 |
| 30 | 31 | **10** | **9** | 2 | 3 | 3 | 4 | 4 | 5 | 3 | 4 | 5 | 5 | 6 | 6 | 7 | 8 | 8 | 9 6 | 9 5 | 10 | 8 | 9 十二 |
| **12** | **11** | 2 | 2 | 3 | 4 | 4 | 5 | 5 | 6 | 4 | 5 | 6 | 6 | 7 | 7 | 8 | 9 | 9 | 10 | 10 | 11 4 | 9 3 | 10 |
| 2 | 2 | 3 | 3 | 4 | 5 | 5 | 6 | 6 | 7 | 5 | 6 | 7 | 7 | 8 | 8 | 9 | 10 | 10 | 11 | 11 | 12 | 10 | 11 2 |
| 3 | 3 | 4 | 4 | 5 | 6 | 6 | 7 | 7 | 8 | 6 | 7 | 8 | 8 | 9 | 9 | 10 | 11 | 11 | 12 | 12 | 13 | 11 | 12 |
| 4 | 4 | 5 | 5 | 6 | 7 | 7 | 8 | 8 | 9 | 7 | 8 | 9 | 9 | 10 | 10 | 11 | 12 | 12 | 13 | 13 | 14 | 12 | 13 |
| 5 | 5 | 6 | 6 | 7 | 8 | 8 | 9 | 9 | 10 | 8 | 9 | 10 | 10 | 11 | 11 | 12 | 13 | 13 | 14 | 14 | 15 | 13 | 14 |
| 6 | 6 | 7 | 7 | 8 | 9 | 9 | 10 | 10 | 11 | 9 | 10 | 11 | 11 | 12 | 12 | 13 | 14 | 14 | 15 | 15 | 16 | 14 | 15 |
| 7 | 7 | 8 | 8 | 9 | 10 | 10 | 11 | 11 | 12 | 10 | 11 | 12 冬 | 12 | 13 | 13 | 14 | 15 | 15 | 16 | 16 | 17 | 15 | 16 |
| 8 | 8 | 9 | 9 | 10 | 11 | 11 | 12 | 12 | 13 | 11 | 12 | 13 | 13 | 14 | 14 | 15 | 16 | 16 | 17 | 17 | 18 | 16 | 17 |
| 9 | 9 | 10 | 10 | 11 | 12 | 12 | 13 | 13 | 14 | 12 | 13 | 14 | 14 | 15 | 15 | 16 | 17 | 17 | 18 | 18 | 19 | 17 | 18 |
| 10 | 10 | 11 | 11 | 12 | 13 | 13 | 14 | 14 | 15 | 13 | 14 | 15 | 15 | 16 | 16 | 17 | 18 | 18 | 19 | 19 | 20 | 18 | 19 |
| 11 | 11 | 12 | 12 | 13 | 14 | 14 | 15 | 15 | 16 | 14 | 15 | 16 | 16 | 17 | 17 | 18 | 19 | 19 | 20 | 20 | 21 | 19 | 20 |
| 12 冬 | 12 | 13 | 13 | 14 | 15 | 15 | 16 | 16 | 17 | 15 | 16 | 17 | 17 | 18 | 18 | 19 | 20 | 20 | 21 | 21 | 22 | 20 | 21 |
| 13 | 13 | 14 | 14 | 15 | 16 | 16 | 17 | 17 | 18 | 16 | 17 | 18 | 18 | 19 | 19 | 20 | 21 | 21 | 22 | 22 | 23 | 21 | 22 |
| 14 | 14 | 15 | 15 | 16 | 17 | 17 | 18 | 18 | 19 | 17 | 18 | 19 | 19 | 20 | 20 | 21 | 22 | 22 | 23 | 23 | 24 | 22 | 23 |
| 15 | 15 | 16 | 16 | 17 | 18 | 18 | 19 | 19 | 20 | 18 | 19 | 20 | 20 | 21 | 21 | 22 | 23 | 23 | 24 | 24 | 25 | 23 | 24 |
| 16 | 16 | 17 | 17 | 18 | 19 | 19 | 20 | 20 | 21 | 19 | 20 | 21 | 21 | 22 | 22 | 23 | 24 | 24 | 25 | 25 | 26 | 24 | 25 |
| 17 | 17 | 18 | 18 | 19 | 20 | 20 | 21 | 21 | 22 | 20 | 21 | 22 | 22 | 23 | 23 | 24 | 25 | 25 | 26 | 26 | 27 | 25 | 26 |
| 18 十二 | 18 十一 | 19 十 | 19 | 20 | 21 | 21 | 22 | 22 | 23 | 21 | 22 | 23 | 23 | 24 | 24 | 25 | 26 | 26 | 27 | 27 | 28 | 26 | 27 |
| 19 | 19 | 20 | 20 九 | 21 八 | 22 | 22 | 23 | 23 | 24 | 22 | 23 | 24 | 24 | 25 | 25 | 26 | 27 | 27 | 28 | 28 | 29 | 27 | 28 |
| 20 2 | 20 1 | 21 | 21 | 22 | 23 七 | 23 | 24 | 24 | 25 | 23 | 24 | 25 | 25 | 26 | 26 | 27 | 28 | 28 | 29 | 29 | 30 | 28 | 29 |
| 21 | 21 | 22 12 | 22 11 | 23 | 24 | 24 六 | 25 五 | 25 | 26 | 24 | 25 | 26 | 26 | 27 | 27 | 28 | 29 | 29 | 30 | 30 | 31 | **3** | 30 |

六

一五二四 甲申 嘉靖三

一五二三 癸未 嘉靖二

931 930

| | | | | | | | | | | | | | | | | | | | | | | | | |
|---|---|---|---|---|---|---|---|---|---|---|---|---|---|---|---|---|---|---|---|---|---|---|---|---|
| 11 | 11 | 12 | 12 | 13 | 14 | 14 | 15 | 15 | 16 | 15 | 16 | 17 | 17 | 18 | 18 | 19 | 20 | 20 | 21 | 21 | 22 | 20 | 21 | 22 |
| 12 | 冬12 | 13 | 13 | 14 | 15 | 15 | 16 | 16 | 17 | 16 | 17 | 18 | 18 | 19 | 19 | 20 | 21 | 21 | 22 | 22 | 23 | 21 | 22 | 23 |
| 13 | 13 | 14 | 14 | 15 | 16 | 16 | 17 | 17 | 18 | 17 | 18 | 19 | 19 | 20 | 20 | 21 | 22 | 22 | 23 | 23 | 24 | 22 | 23 | 24 |
| 14 | 14 | 15 | 15 | 16 | 17 | 17 | 18 | 18 | 19 | 18 | 19 | 20 | 20 | 21 | 21 | 22 | 23 | 23 | 24 | 24 | 25 | 23 | 24 | 25 |
| 15 | 15 | 16 | 16 | 17 | 18 | 18 | 19 | 19 | 20 | 19 | 20 | 21 | 21 | 22 | 22 | 23 | 24 | 24 | 25 | 25 | 26 | 24 | 25 | 26 |
| 16 | 16 | 17 | 17 | 18 | 19 | 19 | 20 | 20 | 21 | 20 | 21 | 22 | 22 | 23 | 23 | 24 | 25 | 25 | 26 | 26 | 27 | 25 | 26 | 27 |
| 17 | 17 | 18 | 18 | 19 | 20 | 20 | 21 | 21 | 22 | 21 | 22 | 23 | 23 | 24 | 24 | 25 | 26 | 26 | 27 | 27 | 28 | 26 | 27 | 28 |
| 18 | 18 | 19 | 19 | 20 | 21 | 21 | 22 | 22 | 23 | 22 | 23 | 24 | 24 | 25 | 25 | 26 | 27 | 27 | 28 | 28 | 29 | 27 | 28 | 29 |
| 19 | 19 | 20 | 20 | 21 | 22 | 22 | 23 | 23 | 24 | 23 | 24 | 25 | 25 | 26 | 26 | 27 | 28 | 28 | 29 | 29 | 30 | 28 | 29 | 30 |
| 20 | 20 | 21 | 21 | 22 | 23 | 23 | 24 | 24 | 25 | 24 | 25 | 26 | 26 | 27 | 27 | 28 | 29 | 29 | 30 | 30 | 31 | **3** | 30 | 31 |
| 21 | 21 | 22 | 22 | 23 | 24 | 24 | 25 | 25 | 26 | 25 | 26 | 27 | 27 | 28 | 28 | 29 | 30 | 30 | 31 | **5** | **4** | 2 | 31 | **1** |
| 22 | 22 | 23 | 23 | 24 | 25 | 25 | 26 | 26 | 27 | 26 | 27 | 28 | 28 | 29 | 29 | 30 | 31 | **7** | **6** | 2 | 2 | 3 | **2** | 2 |
| 23 | 23 | 24 | 24 | 25 | 26 | 26 | 27 | 27 | 28 | 27 | 28 | 29 | 29 | 30 | 30 | 31 | **8** | 2 | 2 | 3 | 3 | 4 | 2 | 3 |
| 24 | 24 | 25 | 25 | 26 | 27 | 27 | 28 | 28 | 29 | 28 | 29 | 30 | 30 | 31 | **10** | **9** | 2 | 3 | 3 | 4 | 4 | 5 | 3 | 4 |
| 25 | 十二25 | 十二26 | 26 | 27 | 28 | 28 | 29 | 29 | 30 | 29 | 30 | 31 | **12** | **11** | 2 | 2 | 3 | 4 | 4 | 5 | 5 | 6 | 4 | 5 |
| 26 | 26 | 27 | 十27 | 九28 | 29 | 29 | 30 | 30 | 31 | **3** | 31 | **1** | 2 | 2 | 3 | 3 | 4 | 5 | 5 | 6 | 6 | 7 | 5 | 6 |
| 27 | 3 27 | 28 | 28 | 29 | 八30 | 30 | 31 | **5** | **4** | 2 | **2** | 2 | 3 | 3 | 4 | 4 | 5 | 6 | 6 | 7 | 7 | 8 | 6 | 7 |
| 28 | 28 | 2 29 | 1 29 | 30 | 31 | 七**7** | 六**6** | 2 | 2 | 3 | 2 | 3 | 4 | 4 | 5 | 5 | 6 | 7 | 7 | 8 | 8 | 9 | 7 | 8 |
| 29 | 29 | 30 | 30 | 12 31 | 11 **8** | 2 | 2 | 五3 | 四3 | 4 | 3 | 4 | 5 | 5 | 6 | 6 | 7 | 8 | 8 | 9 | 9 | 10 | 8 | 9 |
| 30 | 30 | 31 | **10** | **9** | 2 | 10 3 | 9 3 | **4** | 4 | 三5 | 二4 | 正5 | 6 | 6 | 7 | 7 | 8 | 9 | 9 | 10 | 10 | 11 | 9 | 10 |
| 31 | **12** | **11** | 2 | 2 | 3 | 4 | 4 | 8 5 | 7 5 | 6 | 5 | 6 | 十二7 | 十一7 | 十8 | 8 | 9 | 10 | 10 | 11 | 11 | 12 | 10 | 11 |
| 日 | 2 | 2 | 3 | 3 | 4 | 5 | 5 | 6 | 6 | 6 7 | 5 6 | 7 | 8 | 8 | 9 | 九9 | 八10 | 11 | 11 | 12 | 12 | 13 | 11 | 12 |
| 曜 | 3 | 3 | 4 | 4 | 5 | 6 | 6 | 7 | 7 | 8 | 7 | 4 8 | 3 9 | 9 | 10 | 10 | 11 | 七12 | 12 | 13 | 13 | 14 | 12 | 13 |
| 表 | 4 | 4 | 5 | 5 | 6 | 7 | 7 | 8 | 8 | 9 | 8 | 9 | 10 | 2 10 | 1 11 | 12 11 | 11 12 | 13 | 六13 | 五14 | 14 | 15 | 13 | 14 |
| 7 | 5 | 5 | 6 | 6 | 7 | 8 | 8 | 9 | 9 | 10 | 9 | 10 | 11 | 11 | 12 | 12 | 13 | 10 14 | 9 14 | 15 | 閏15 | 16 | 14 | 15 |
| 甲 | 6 | 6 | 7 | 7 | 8 | 9 | 9 | 10 | 10 | 11 | 10 | 11 | 12 | 12 | 13 | 13 | 14 | 15 | 15 | 8 16 | 7 16 | 四17 | 三15 | 二16 |
| 子 | 7 | 7 | 8 | 8 | 9 | 10 | 10 | 11 | 11 | 12 | 11 | 12 | 13 | 冬13 | 14 | 14 | 15 | 16 | 16 | 17 | 17 | 6 18 | 5 16 | 17 正 |
| 表 | 8 | 8 | 9 | 9 | 10 | 11 | 11 | 12 | 12 | 13 | 12 | 13 | 14 | 14 | 15 | 15 | 16 | 17 | 17 | 18 | 18 | 19 | 17 | 4 18 | 3 |
| 1 | 9 | 9 | 10 | 10 | 11 | 12 | 12 | 13 | 13 | 14 | 13 | 14 | 15 | 15 | 16 | 16 | 17 | 18 | 18 | 19 | 19 | 20 | 18 | 19 |
| | 10 | 10 | 11 | 11 | 12 | 13 | 13 | 14 | 14 | 15 | 14 | 15 | 16 | 16 | 17 | 17 | 18 | 19 | 19 | 20 | 20 | 21 | 19 | 20 |

一五二六 丙戌 嘉靖五 933

一五二五 乙酉 嘉靖四 932

| | | | | | | | | | | | | | | | | | | | | | | | |
|---|---|---|---|---|---|---|---|---|---|---|---|---|---|---|---|---|---|---|---|---|---|---|---|
| 22 | 23 | 23 | 24 | 25 | 25 | 26 | 26 | 27 | 25 | 26 | 27 | 27 | 28 | 28 | 29 | 30 | 30 | 31 | **5** | **4** | 2 | 31 | **1** |
| 23 | 24 | 24 | 25 | 26 | 26 | 27 | 27 | 28 | 26 | 27 | 28 | 28 | 29 | 29 | 30 | 31 | **7** | **6** | 2 | 2 | 3 | **2** | 2 |
| 24 | 25 | 25 | 26 | 27 | 27 | 28 | 28 | 29 | 27 | 28 | 29 | 29 | 30 | 30 | 31 | **8** | 2 | 2 | 3 | 3 | 4 | 2 | 3 |
| 25 | 26 | 26 | 27 | 28 | 28 | 29 | 29 | 30 | 28 | 29 | 30 | 30 | 31 | **10** | **9** | 2 | 3 | 3 | 4 | 4 | 5 | 3 | 4 |
| 26 | 27 | 27 | 28 | 29 | 29 | 30 | 30 | 31 | **3** | 30 | 31 | **12** | **11** | 2 | 2 | 3 | 4 | 4 | 5 | 5 | 6 | 4 | 5 |
| 27 | 28 | 28 | 29 | 30 | 30 | 31 | **5** | **4** | 2 | 31 | **1** | 2 | 2 | 3 | 3 | 4 | 5 | 5 | 6 | 6 | 7 | 5 | 6 |
| 28 | 29 | 29 | 30 | 31 | **7** | **6** | 2 | 2 | 3 | **2** | 2 | 3 | 3 | 4 | 4 | 5 | 6 | 6 | 7 | 7 | 8 | 6 | 7 |
| 29 | 30 | 30 | 31 | **8** | 2 | 2 | 3 | 3 | 4 | 2 | 3 | 4 | 4 | 5 | 5 | 6 | 7 | 7 | 8 | 8 | 9 | 7 | 8 |
| 30 | 31 | **10** | **9** | 2 | 3 | 3 | 4 | 4 | 5 | 3 | 4 | 5 | 5 | 6 | 6 | 7 | 8 | 8 | 9 | 9 | 10 | 8 | 9 |
| **12** | **11** | 2 | 2 | 3 | 4 | 4 | 5 | 5 | 6 | 4 | 5 | 6 | 6 | 7 | 7 | 8 | 9 | 9 | 10 | 10 | 11 | 9 | 10 |
| 2 | 2 | 3 | 3 | 4 | 5 | 5 | 6 | 6 | 7 | 5 | 6 | 7 | 7 | 8 | 8 | 9 | 10 | 10 | 11 | 11 | 12 | 10 | 11 |
| 3 | 3 | 4 | 4 | 5 | 6 | 6 | 7 | 7 | 8 | 6 | 7 | 8 | 8 | 9 | 9 | 10 | 11 | 11 | 12 | 12 | 13 | 11 | 12 |
| 4 | 十一 4 | 5 | 5 | 6 | 7 | 7 | 8 | 8 | 9 | 7 | 8 | 9 | 9 | 10 | 10 | 11 | 12 | 12 | 13 | 13 | 14 | 12 | 13 |
| 5 | 5 | 十 6 | 九 6 | 7 | 8 | 8 | 9 | 9 | 10 | 8 | 9 | 10 | 10 | 11 | 11 | 12 | 13 | 13 | 14 | 14 | 15 | 13 | 14 |
| 6 | **3** 6 | 7 | 7 | 八 8 | 七 9 | 六 9 | 10 | 10 | 11 | 9 | 10 | 11 | 11 | 12 | 12 | 13 | 14 | 14 | 15 | 15 | 16 | 14 | 15 |
| 7 | 7 | **2** 8 | **1** 8 | **12** 9 | **11** 10 | 10 | 五 11 | 四 11 | 12 | 10 | 11 | 12 | 冬 12 | 13 | 13 | 14 | 15 | 15 | 16 | 16 | 17 | 15 | 16 |
| 8 | 8 | 9 | 9 | 10 | 11 | **10** 11 | **9** 12 | 12 | 三 13 | 二 11 | 正 12 | 13 | 13 | 14 | 14 | 15 | 16 | 16 | 17 | 17 | 18 | 16 | 17 |
| 9 | 9 | 10 | 10 | 11 | 12 | 12 | 13 | **8** 13 | **7** 14 | 12 | 13 | 閏 14 | 十二 14 | 15 | 15 | 16 | 17 | 17 | 18 | 18 | 19 | 17 | 18 |
| 10 | 10 | 11 | 11 | 12 | 13 | 13 | 14 | 14 | 15 | **6** 13 | **5** 14 | 15 | 15 | 十一 16 | 十 16 | 17 | 18 | 18 | 19 | 19 | 20 | 18 | 19 |
| 11 | 11 | 12 | 12 | 13 | 14 | 14 | 15 | 15 | 16 | 14 | 15 | **4** 16 | **3** 16 | 17 | 17 | 九 18 | 19 | 19 | 20 | 20 | 21 | 19 | 20 |
| 12 | 冬 12 | 13 | 13 | 14 | 15 | 15 | 16 | 16 | 17 | 15 | 16 | 17 | 17 | **2** 18 | **1** 18 | 19 | 八 20 | 七 20 | 21 | 21 | 22 | 20 | 21 |
| 13 | 13 | 14 | 14 | 15 | 16 | 16 | 17 | 17 | 18 | 16 | 17 | 18 | 18 | 19 | 19 | **12** 20 | **11** 21 | 21 | 六 22 | 五 22 | 23 | 21 | 22 |
| 14 | 14 | 15 | 15 | 16 | 17 | 17 | 18 | 18 | 19 | 17 | 18 | 19 | 19 | 20 | 20 | 21 | 22 | **10** 22 | **9** 23 | 23 | 四 24 | 三 22 | 二 23 正 |
| 15 | 15 | 16 | 16 | 17 | 18 | 18 | 19 | 19 | 20 | 18 | 19 | 20 | 20 | 21 | 21 | 22 | 23 | 23 | 24 | **8** 24 | **7** 25 | 23 | 24 |
| 16 | 16 | 17 | 17 | 18 | 19 | 19 | 20 | 20 | 21 | 19 | 20 | 21 | 21 | 22 | 22 | 23 | 24 | 24 | 25 | 25 | 26 | **6** 24 | **5** 25 |
| 17 | 17 | 18 | 18 | 19 | 20 | 20 | 21 | 21 | 22 | 20 | 21 | 22 | 22 | 23 | 23 | 24 | 25 | 25 | 26 | 26 | 27 | 25 | 26 **4** |
| 18 | 18 | 19 | 19 | 20 | 21 | 21 | 22 | 22 | 23 | 21 | 22 | 23 | 23 | 24 | 24 | 25 | 26 | 26 | 27 | 27 | 28 | 26 | 27 |
| 19 | 19 | 20 | 20 | 21 | 22 | 22 | 23 | 23 | 24 | 22 | 23 | 24 | 24 | 25 | 25 | 26 | 27 | 27 | 28 | 28 | 29 | 27 | 28 |
| 20 | 20 | 21 | 21 | 22 | 23 | 23 | 24 | 24 | 25 | 23 | 24 | 25 | 25 | 26 | 26 | 27 | 28 | 28 | 29 | 29 | 30 | 28 | 29 |
| 21 | 21 | 22 | 22 | 23 | 24 | 24 | 25 | 25 | 26 | 24 | 25 | 26 | 26 | 27 | 27 | 28 | 29 | 29 | 30 | 30 | 31 | **3** | 30 |

七

勵耘書屋

一五二八
戊子
嘉靖七

935

一五二七
丁亥
嘉靖六

934

| | | | | | | | | | | | | | | | | | | | | | | | | |
|---|---|---|---|---|---|---|---|---|---|---|---|---|---|---|---|---|---|---|---|---|---|---|---|---|
| 11 | 11 | 12 | 12 | 13 | 14 | 14 | 15 | 15 | 16 | 15 | 16 | 17 | 17 | 18 | 18 | 19 | 20 | 20 | 21 | 21 | 22 | 20 | 21 | 22 |
| 12冬土 | 12閏 | 13十 | 13 | 14 | 15 | 15 | 16 | 16 | 17 | 16 | 17 | 18 | 18 | 19 | 19 | 20 | 21 | 21 | 22 | 22 | 23 | 21 | 22 | 23 |
| 13 4 | 13 3 | 14 | 14九 | 15八 | 16七 | 16 | 17 | 17 | 18 | 17 | 18 | 19 | 19 | 20 | 20 | 21 | 22 | 22 | 23 | 23 | 24 | 22 | 23 | 24 |
| 14 | 14 | 15 2 | 15 1 | 16 | 17 | 17六 | 18五 | 18 | 19 | 18 | 19 | 20 | 20 | 21 | 21 | 22 | 23 | 23 | 24 | 24 | 25 | 23 | 24 | 25 |
| 15 | 15 | 16 | 16 | 17 12 | 18 11 | 18 | 19 | 19四 | 20三 | 19 | 20 | 21 | 21 | 22 | 22 | 23 | 24 | 24 | 25 | 25 | 26 | 24 | 25 | 26 |
| 16 | 16 | 17 | 17 | 18 | 19 | 19 10 | 20 9 | 20 | 21 | 20二 | 21 | 22 | 22 | 23 | 23 | 24 | 25 | 25 | 26 | 26 | 27 | 25 | 26 | 27 |
| 17 | 17 | 18 | 18 | 19 | 20 | 20 | 21 | 21 8 | 22 7 | 21 | 22正 | 23土 | 23 | 24 | 24 | 25 | 26 | 26 | 27 | 27 | 28 | 26 | 27 | 28 |
| 18 | 18 | 19 | 19 | 20 | 21 | 21 | 22 | 22 | 23 | 22 6 | 23 5 | 24 | 24土 | 25十 | 25九 | 26 | 27 | 27 | 28 | 28 | 29 | 27 | 28 | 29 |
| 19 | 19 | 20 | 20 | 21 | 22 | 22 | 23 | 23 | 24 | 23 | 24 | 25 4 | 25 3 | 26 | 26 | 27八 | 28七 | 28六 | 29 | 29 | 30 | 28 | 29 | 30 |
| 20 | 20 | 21 | 21 | 22 | 23 | 23 | 24 | 24 | 25 | 24 | 25 | 26 | 26 | 27 2 | 27 1 | 28 | 29 | 29 | 30五 | 30四 | 31 | 3 | 30 | 31 |
| 21 | 21 | 22 | 22 | 23 | 24 | 24 | 25 | 25 | 26 | 25 | 26 | 27 | 27 | 28 | 28 | 29 12 | 30 11 | 30 | 31 | 5 | 4三 | 2二 | 31 | 1 |
| 22 | 22 | 23 | 23 | 24 | 25 | 25 | 26 | 26 | 27 | 26 | 27 | 28 | 28 | 29 | 29 | 30 | 31 | 7 10 | 6 9 | 2 | 2 | 3 | 2正 | 2土 |
| 23 | 23 | 24 | 24 | 25 | 26 | 26 | 27 | 27 | 28 | 27 | 28 | 29 | 29 | 30 | 30 | 31 | 8 | 2 | 2 | 3 8 | 3 7 | 4 | 2 | 3 |
| 24 | 24 | 25 | 25 | 26 | 27 | 27 | 28 | 28 | 29 | 28 | 29 | 30 | 30 | 31 | 10 | 9 | 2 | 3 | 3 | 4 | 4 | 5 6 | 3 5 | 4 |
| 25 | 25 | 26 | 26 | 27 | 28 | 28 | 29 | 29 | 30 | 29 | 30 | 31 | 12 | 11 | 2 | 2 | 3 | 4 | 4 | 5 | 5 | 6 | 4 | 5 4 |
| 26 | 26 | 27 | 27 | 28 | 29 | 29 | 30 | 30 | 31 | 3 | 31 | 1 | 2 | 2 | 3 | 3 | 4 | 5 | 5 | 6 | 6 | 7 | 5 | 6 |
| 27 | 27 | 28 | 28 | 29 | 30 | 30 | 31 | 5 | 4 | 2 | 2 | 2 | 3 | 3 | 4 | 4 | 5 | 6 | 6 | 7 | 7 | 8 | 6 | 7 |
| 28 | 28 | 29 | 29 | 30 | 31 | 7 | 6 | 2 | 2 | 3 | 2 | 3 | 4 | 4 | 5 | 5 | 6 | 7 | 7 | 8 | 8 | 9 | 7 | 8 |
| 29 | 29 | 30 | 30 | 31 | 8 | 2 | 2 | 3 | 3 | 4 | 3 | 4 | 5 | 5 | 6 | 6 | 7 | 8 | 8 | 9 | 9 | 10 | 8 | 9 |
| 30 | 30 | 31 | 10 | 9 | 2 | 3 | 3 | 4 | 4 | 5 | 4 | 5 | 6 | 6 | 7 | 7 | 8 | 9 | 9 | 10 | 10 | 11 | 9 | 10 |
| 31 | 12 | 11 | 2 | 2 | 3 | 4 | 4 | 5 | 5 | 6 | 5 | 6 | 7 | 7 | 8 | 8 | 9 | 10 | 10 | 11 | 11 | 12 | 10 | 11 |
| 日 | 2 | 2 | 3 | 3 | 4 | 5 | 5 | 6 | 6 | 7 | 6 | 7 | 8 | 8 | 9 | 9 | 10 | 11 | 11 | 12 | 12 | 13 | 11 | 12 |
| 曜 | 3 | 3 | 4 | 4 | 5 | 6 | 6 | 7 | 7 | 8 | 7 | 8 | 9 | 9 | 10 | 10 | 11 | 12 | 12 | 13 | 13 | 14 | 12 | 13 |
| 表 | 4 | 4 | 5 | 5 | 6 | 7 | 7 | 8 | 8 | 9 | 8 | 9 | 10 | 10 | 11 | 11 | 12 | 13 | 13 | 14 | 14 | 15 | 13 | 14 |
| 1 | 5 | 5 | 6 | 6 | 7 | 8 | 8 | 9 | 9 | 10 | 9 | 10 | 11 | 11 | 12 | 12 | 13 | 14 | 14 | 15 | 15 | 16 | 14 | 15 |
| 甲 | 6 | 6 | 7 | 7 | 8 | 9 | 9 | 10 | 10 | 11 | 10 | 11 | 12 | 12 | 13 | 13 | 14 | 15 | 15 | 16 | 16 | 17 | 15 | 16 |
| 子 | 7 | 7 | 8 | 8 | 9 | 10 | 10 | 11 | 11 | 12 | 11 | 12 | 13冬 | 13 | 14 | 14 | 15 | 16 | 16 | 17 | 17 | 18 | 16 | 17 |
| 表 | 8 | 8 | 9 | 9 | 10 | 11 | 11 | 12 | 12 | 13 | 12 | 13 | 14 | 14 | 15 | 15 | 16 | 17 | 17 | 18 | 18 | 19 | 17 | 18 |
| 2 | 9 | 9 | 10 | 10 | 11 | 12 | 12 | 13 | 13 | 14 | 13 | 14 | 15 | 15 | 16 | 16 | 17 | 18 | 18 | 19 | 19 | 20 | 18 | 19 |
| | 10 | 10 | 11 | 11 | 12 | 13 | 13 | 14 | 14 | 15 | 14 | 15 | 16 | 16 | 17 | 17 | 18 | 19 | 19 | 20 | 20 | 21 | 19 | 20 |

## 一五二九 己丑 嘉靖八

936

## 一五三〇 庚寅 嘉靖九

937

| | | | | | | | | | | | | | | | | | | | | | | | |
|---|---|---|---|---|---|---|---|---|---|---|---|---|---|---|---|---|---|---|---|---|---|---|---|
| 22 | 4 23 | 3 23 | 24 | 25 | 25 | 六 26 | 26 | 27 | 25 | 26 | 27 | 27 | 28 | 28 | 29 | 30 | 30 | 31 | **5** | **4** | 2 | 31 | **1** |
| 23 | 24 | 24 | 2 25 | 1 26 | 26 | 27 | 五 27 | 四 28 | 26 | 27 | 28 | 28 | 29 | 29 | 30 | 31 | **7** | **6** | 2 | 2 | 3 | **2** | 2 |
| 24 | 25 | 25 | 26 | 27 | 12 27 | 11 28 | 28 | 29 | 三 27 | 28 | 29 | 29 | 30 | 30 | 31 | **8** | 2 | 2 | 3 | 3 | 4 | 2 | 3 |
| 25 | 26 | 26 | 27 | 28 | 28 | 29 | 10 29 | 9 30 | 28 | 二 29 | 正 30 | 30 | 31 | **10** | **9** | 2 | 3 | 3 | 4 | 4 | 5 | 3 | 4 |
| 26 | 27 | 27 | 28 | 29 | 29 | 30 | 30 | 31 | 8 **3** | 7 30 | 31 | 十二 **12** | 十一 **11** | 十 2 | 九 2 | 3 | 4 | 4 | 5 | 5 | 6 | 4 | 5 |
| 27 | 28 | 28 | 29 | 30 | 30 | 31 | **5** | **4** | 2 | 31 | 6 **1** | 5 2 | 2 | 3 | 3 | 八 4 | 七 5 | 六 5 | 6 | 6 | 7 | 5 | 6 |
| 28 | 29 | 29 | 30 | 31 | **7** | **6** | 2 | 2 | 3 | **2** | 2 | 3 | 4 3 | 3 4 | 4 | 5 | 6 | 6 | 五 7 | 7 | 8 | 6 | 7 |
| 29 | 30 | 30 | 31 | **8** | 2 | 2 | 3 | 3 | 4 | 2 | 3 | 4 | 4 | 5 | 2 5 | 1 6 | 12 7 | 11 7 | 8 | 四 8 | 三 9 | 7 | 8 |
| 30 | 31 | **10** | **9** | 2 | 3 | 3 | 4 | 4 | 5 | 3 | 4 | 5 | 5 | 6 | 6 | 7 | 8 | 8 | 10 9 | 9 9 | 10 | 二 8 | 9 |
| **12** | **11** | 2 | 2 | 3 | 4 | 4 | 5 | 5 | 6 | 4 | 5 | 6 | 6 | 7 | 7 | 8 | 9 | 9 | 10 | 10 | 8 11 | 7 9 | 正 10 十二 |
| 2 | 2 | 3 | 3 | 4 | 5 | 5 | 6 | 6 | 7 | 5 | 6 | 7 | 7 | 8 | 8 | 9 | 10 | 10 | 11 | 11 | 12 | 10 | 6 11 5 |
| 3 | 3 | 4 | 4 | 5 | 6 | 6 | 7 | 7 | 8 | 6 | 7 | 8 | 8 | 9 | 9 | 10 | 11 | 11 | 12 | 12 | 13 | 11 | 12 |
| 4 | 4 | 5 | 5 | 6 | 7 | 7 | 8 | 8 | 9 | 7 | 8 | 9 | 9 | 10 | 10 | 11 | 12 | 12 | 13 | 13 | 14 | 12 | 13 |
| 5 | 5 | 6 | 6 | 7 | 8 | 8 | 9 | 9 | 10 | 8 | 9 | 10 | 10 | 11 | 11 | 12 | 13 | 13 | 14 | 14 | 15 | 13 | 14 |
| 6 | 6 | 7 | 7 | 8 | 9 | 9 | 10 | 10 | 11 | 9 | 10 | 11 | 11 | 12 | 12 | 13 | 14 | 14 | 15 | 15 | 16 | 14 | 15 |
| 7 | 7 | 8 | 8 | 9 | 10 | 10 | 11 | 11 | 12 | 10 | 11 | 12 | 冬 12 | 13 | 13 | 14 | 15 | 15 | 16 | 16 | 17 | 15 | 16 |
| 8 | 8 | 9 | 9 | 10 | 11 | 11 | 12 | 12 | 13 | 11 | 12 | 13 | 13 | 14 | 14 | 15 | 16 | 16 | 17 | 17 | 18 | 16 | 17 |
| 9 | 9 | 10 | 10 | 11 | 12 | 12 | 13 | 13 | 14 | 12 | 13 | 14 | 14 | 15 | 15 | 16 | 17 | 17 | 18 | 18 | 19 | 17 | 18 |
| 10 | 10 | 11 | 11 | 12 | 13 | 13 | 14 | 14 | 15 | 13 | 14 | 15 | 15 | 16 | 16 | 17 | 18 | 18 | 19 | 19 | 20 | 18 | 19 |
| 11 | 11 | 12 | 12 | 13 | 14 | 14 | 15 | 15 | 16 | 14 | 15 | 16 | 16 | 17 | 17 | 18 | 19 | 19 | 20 | 20 | 21 | 19 | 20 |
| 12 | 冬 12 | 13 | 13 | 14 | 15 | 15 | 16 | 16 | 17 | 15 | 16 | 17 | 17 | 18 | 18 | 19 | 20 | 20 | 21 | 21 | 22 | 20 | 21 |
| 13 | 13 | 14 | 14 | 15 | 16 | 16 | 17 | 17 | 18 | 16 | 17 | 18 | 18 | 19 | 19 | 20 | 21 | 21 | 22 | 22 | 23 | 21 | 22 |
| 14 | 14 | 15 | 15 | 16 | 17 | 17 | 18 | 18 | 19 | 17 | 18 | 19 | 19 | 20 | 20 | 21 | 22 | 22 | 23 | 23 | 24 | 22 | 23 |
| 15 | 15 | 16 | 16 | 17 | 18 | 18 | 19 | 19 | 20 | 18 | 19 | 20 | 20 | 21 | 21 | 22 | 23 | 23 | 24 | 24 | 25 | 23 | 24 |
| 16 | 16 | 17 | 17 | 18 | 19 | 19 | 20 | 20 | 21 | 19 | 20 | 21 | 21 | 22 | 22 | 23 | 24 | 24 | 25 | 25 | 26 | 24 | 25 |
| 17 | 17 | 18 | 18 | 19 | 20 | 20 | 21 | 21 | 22 | 20 | 21 | 22 | 22 | 23 | 23 | 24 | 25 | 25 | 26 | 26 | 27 | 25 | 26 |
| 18 | 18 | 19 | 19 | 20 | 21 | 21 | 22 | 22 | 23 | 21 | 22 | 23 | 23 | 24 | 24 | 25 | 26 | 26 | 27 | 27 | 28 | 26 | 27 |
| 19 | 19 | 20 | 20 | 21 | 22 | 22 | 23 | 23 | 24 | 22 | 23 | 24 | 24 | 25 | 25 | 26 | 27 | 27 | 28 | 28 | 29 | 27 | 28 |
| 20 | 十二 20 | 十一 21 | 十 21 | 九 22 | 23 | 23 | 24 | 24 | 25 | 23 | 24 | 25 | 25 | 26 | 26 | 27 | 28 | 28 | 29 | 29 | 30 | 28 | 29 |
| 21 | 5 21 | 22 | 22 | 23 | 八 24 | 七 24 | 25 | 25 | 26 | 24 | 25 | 26 | 26 | 27 | 27 | 28 | 29 | 29 | 30 | 30 | 31 | **3** | 30 |

一五三一 辛卯 嘉靖一〇

938

一五三二 壬辰 嘉靖一一

939

| | | | | | | | | | | | | | | | | | | | | | | | | |
|---|---|---|---|---|---|---|---|---|---|---|---|---|---|---|---|---|---|---|---|---|---|---|---|---|
| 11 | 11 | 12 | 12 | 13 | 14 | 14 | 15 | 15 | 16 | 15 | 16 | 17 | 17 | 18 | 18 | 19 | 20 | 20 | 21 | 21 | 22 | 20 | 21 | 22 |
| 12冬 | 12 | 13 | 13 | 14 | 15 | 15 | 16 | 16 | 17 | 16 | 17 | 18 | 18 | 19 | 19 | 20 | 21 | 21 | 22 | 22 | 23 | 21 | 22 | 23 |
| 13 | 13 | 14 | 14 | 15 | 16 | 16 | 17 | 17 | 18 | 17 | 18 | 19 | 19 | 20 | 20 | 21 | 22 | 22 | 23 | 23 | 24 | 22 | 23 | 24 |
| 14 | 14 | 15 | 15 | 16 | 17 | 17 | 18 | 18 | 19 | 18 | 19 | 20 | 20 | 21 | 21 | 22 | 23 | 23 | 24 | 24 | 25 | 23 | 24 | 25 |
| 15 | 15 | 16 | 16 | 17 | 18 | 18 | 19 | 19 | 20 | 19 | 20 | 21 | 21 | 22 | 22 | 23 | 24 | 24 | 25 | 25 | 26 | 24 | 25 | 26 |
| 16 | 16 | 17 | 17 | 18 | 19 | 19 | 20 | 20 | 21 | 20 | 21 | 22 | 22 | 23 | 23 | 24 | 25 | 25 | 26 | 26 | 27 | 25 | 26 | 27 |
| 17 | 17 | 18 | 18 | 19 | 20 | 20 | 21 | 21 | 22 | 21 | 22 | 23 | 23 | 24 | 24 | 25 | 26 | 26 | 27 | 27 | 28 | 26 | 27 | 28 |
| 18 | 18 | 19 | 19 | 20 | 21 | 21 | 22 | 22 | 23 | 22 | 23 | 24 | 24 | 25 | 25 | 26 | 27 | 27 | 28 | 28 | 29 | 27 | 28 | 29 |
| 19 | 19 | 20 | 20 | 21 | 22 | 22 | 23 | 23 | 24 | 23 | 24 | 25 | 25 | 26 | 26 | 27 | 28 | 28 | 29 | 29 | 30 | 28 | 29 | 30 |
| 20 | 20 | 21 | 21 | 22 | 23 | 23 | 24 | 24 | 25 | 24 | 25 | 26 | 26 | 27 | 27 | 28 | 29 | 29 | 30 | 30 | 31 | **3** | 30 | 31 |
| 21 | 21 | 22 | 22 | 23 | 24 | 24 | 25 | 25 | 26 | 25 | 26 | 27 | 27 | 28 | 28 | 29 | 30 | 30 | 31 | **5** | **4** | 2 | 31 | **1** |
| 22 | 22 | 23 | 23 | 24 | 25 | 25 | 26 | 26 | 27 | 26 | 27 | 28 | 28 | 29 | 29 | 30 | 31 | **7** | **6** | 2 | 2 | 3 | **2** | 2 |
| 23 | 23 | 24 | 24 | 25 | 26 | 26 | 27 | 27 | 28 | 27 | 28 | 29 | 29 | 30 | 30 | 31 | **8** | 2 | 2 | 3 | 3 | 4 | 2 | 3 |
| 24 | 24 | 25 | 25 | 26 | 27 | 27 | 28 | 28 | 29 | 28 | 29 | 30 | 30 | 31 | **10** | **9** | 2 | 3 | 3 | 4 | 4 | 5 | 3 | 4 |
| 25 | 25 | 26 | 26 | 27 | 28 | 28 | 29 | 29 | 30 | 29 | 30 | 31 | **12** | **11** | 2 | 2 | 3 | 4 | 4 | 5 | 5 | 6 | 4 | 5 |
| 26十二 | 26 | 27 | 27 | 28 | 29 | 29 | 30 | 30 | 31 | **3** | 31 | **1** | 2 | 2 | 3 | 3 | 4 | 5 | 5 | 6 | 6 | 7 | 5 | 6 |
| 27 | 27十一 | 28十 | 28 | 29 | 30 | 30 | 31 | **5** | **4** | 2 | **2** | 2 | 3 | 3 | 4 | 4 | 5 | 6 | 6 | 7 | 7 | 8 | 6 | 7 |
| 28 | 28 | 29 | 29九 | 30八 | 31 | **7** | **6** | 2 | 2 | 3 | 2 | 3 | 4 | 4 | 5 | 5 | 6 | 7 | 7 | 8 | 8 | 9 | 7 | 8 |
| 29 6 | 29 5 | 30 | 30 | 31 | **8**七 | 2 | 2 | 3 | 3 | 4 | 3 | 4 | 5 | 5 | 6 | 6 | 7 | 8 | 8 | 9 | 9 | 10 | 8 | 9 |
| 30 | 30 | 31 4 | **10** 3 | **9** | 2 | 3六 | 3五 | **4** | 4 | 5 | 4 | 5 | 6 | 6 | 7 | 7 | 8 | 9 | 9 | 10 | 10 | 11 | 9 | 10 |
| 31 | **12** | **11** | 2 | 2 2 | 3 1 | 4 | 4 | 5四 | 5 | 6 | 5 | 6 | 7 | 7 | 8 | 8 | 9 | 10 | 10 | 11 | 11 | 12 | 10 | 11 |
| 日 | 2 | 2 | 3 | 3 | 4 | 5 12 | 5 11 | 6 | 6三 | 7二 | 6正 | 7十二 | 8 | 8 | 9 | 9 | 10 | 11 | 11 | 12 | 12 | 13 | 11 | 12 |
| 曜 | 3 | 3 | 4 | 4 | 5 | 6 | 6 | 7 10 | 7 9 | 8 | 7 | 8 | 9十一 | 9十 | 10九 | 10 | 11 | 12 | 12 | 13 | 13 | 14 | 12 | 13 |
| 表 | 4 | 4 | 5 | 5 | 6 | 7 | 7 | 8 | 8 | 9 8 | 8 7 | 9 | 10 | 10 | 11 | 11八 | 12七 | 13 | 13 | 14 | 14 | 15 | 13 | 14 |
| 2 | 5 | 5 | 6 | 6 | 7 | 8 | 8 | 9 | 9 | 10 | 9 | 10 6 | 11 5 | 11 | 12 | 12 | 13 | 14閏 | 14 | 15 | 15 | 16 | 14 | 15 |
| 甲 | 6 | 6 | 7 | 7 | 8 | 9 | 9 | 10 | 10 | 11 | 10 | 11 | 12 | 12 4 | 13 3 | 13 | 14 | 15 | 15六 | 16五 | 16 | 17 | 15 | 16 |
| 子 | 7 | 7 | 8 | 8 | 9 | 10 | 10 | 11 | 11 | 12 | 11 | 12 | 13冬 | 13 | 14 | 14 2 | 15 1 | 16 12 | 16 11 | 17 | 17四 | 18 | 16 | 17 |
| 表 | 8 | 8 | 9 | 9 | 10 | 11 | 11 | 12 | 12 | 13 | 12 | 13 | 14 | 14 | 15 | 15 | 16 | 17 | 17 | 18 10 | 18 9 | 19三 | 17二 | 18正 |
| 3 | 9 | 9 | 10 | 10 | 11 | 12 | 12 | 13 | 13 | 14 | 13 | 14 | 15 | 15 | 16 | 16 | 17 | 18 | 18 | 19 | 19 | 20 8 | 18 7 | 19 |
| | 10 | 10 | 11 | 11 | 12 | 13 | 13 | 14 | 14 | 15 | 14 | 15 | 16 | 16 | 17 | 17 | 18 | 19 | 19 | 20 | 20 | 21 | 19 | 20 6 |

一五三四 甲午 嘉靖一三 (941)

一五三三 癸巳 嘉靖一二 (940)

| | | | | | | | | | | | | | | | | | | | | | | | |
|---|---|---|---|---|---|---|---|---|---|---|---|---|---|---|---|---|---|---|---|---|---|---|---|
| 22 | 23 | 23 | 24 | 25 | 25 | 26 | 26 | 27 | 25 | 26 | 27 | 27 | 28 | 28 | 29 | 30 | 30 | 31 | **5** | **4** | 2 | 31 | **1** |
| 23 | 24 | 24 | 25 | 26 | 26 | 27 | 27 | 28 | 26 | 27 | 28 | 28 | 29 | 29 | 30 | 31 | **7** | **6** | 2 | 2 | 3 | **2** | 2 |
| 24 | 25 | 25 | 26 | 27 | 27 | 28 | 28 | 29 | 27 | 28 | 29 | 29 | 30 | 30 | 31 | **8** | 2 | 2 | 3 | 3 | 4 | 2 | 3 |
| 25 | 26 | 26 | 27 | 28 | 28 | 29 | 29 | 30 | 28 | 29 | 30 | 30 | 31 | **10** | **9** | 2 | 3 | 3 | 4 | 4 | 5 | 3 | 4 |
| 26 | 27 | 27 | 28 | 29 | 29 | 30 | 30 | 31 | **3** | 30 | 31 | **12** | **11** | 2 | 2 | 3 | 4 | 4 | 5 | 5 | 6 | **4** | 5 |
| 27 | 28 | 28 | 29 | 30 | 30 | 31 | **5** | **4** | 2 | 31 | **1** | 2 | 2 | 3 | 3 | 4 | 5 | 5 | 6 | 6 | 7 | 5 | 6 |
| 28 | 29 | 29 | 30 | 31 | **7** | **6** | 2 | 2 | 3 | **2** | 2 | 3 | 3 | 4 | 4 | 5 | 6 | 6 | 7 | 7 | 8 | 6 | 7 |
| 29 | 30 | 30 | 31 | **8** | 2 | 2 | 3 | 3 | 4 | 2 | 3 | 4 | 4 | 5 | 5 | 6 | 7 | 7 | 8 | 8 | 9 | 7 | 8 |
| 30 | 31 | **10** | **9** | 2 | 3 | 3 | 4 | 4 | 5 | 3 | 4 | 5 | 5 | 6 | 6 | 7 | 8 | 8 | 9 | 9 | 10 | 8 | 9 |
| **12** | **11** | 2 | 2 | 3 | 4 | 4 | 5 | 5 | 6 | 4 | 5 | 6 | 6 | 7 | 7 | 8 | 9 | 9 | 10 | 10 | 11 | 9 | 10 |
| 2 | 2 | 3 | 3 | 4 | 5 | 5 | 6 | 6 | 7 | 5 | 6 | 7 | 7 | 8 | 8 | 9 | 10 | 10 | 11 | 11 | 12 | 10 | 11 |
| 3 | 3 | 4 | 4 | 5 | 6 | 6 | 7 | 7 | 8 | 6 | 7 | 8 | 8 | 9 | 9 | 10 | 11 | 11 | 12 | 12 | 13 | 11 | 12 |
| 4 | 4 | 5 | 5 | 6 | 7 | 7 | 8 | 8 | 9 | 7 | 8 | 9 | 9 | 10 | 10 | 11 | 12 | 12 | 13 | 13 | 14 | 12 | 13 |
| 5 | 十一 5 | 6 | 6 | 7 | 8 | 8 | 9 | 9 | 10 | 8 | 9 | 10 | 10 | 11 | 11 | 12 | 13 | 13 | 14 | 14 | 15 | 13 | 14 |
| 6 | 6 | 十 7 | 九 7 | 8 | 9 | 9 | 10 | 10 | 11 | 9 | 10 | 11 | 11 | 12 | 12 | 13 | 14 | 14 | 15 | 15 | 16 | 14 | 15 |
| 7 | 7 | 8 | 8 | 八 9 | 10 | 10 | 11 | 11 | 12 | 10 | 11 | 12 | 冬 12 | 13 | 13 | 14 | 15 | 15 | 16 | 16 | 17 | 15 | 16 |
| 8 | 6 8 | 5 9 | 9 | 10 | 七 11 | 六 11 | 五 12 | 12 | 13 | 11 | 12 | 13 | 13 | 14 | 14 | 15 | 16 | 16 | 17 | 17 | 18 | 16 | 17 |
| 9 | 9 | 10 | 4 10 | 3 11 | 12 | 12 | 13 | 四 13 | 三 14 | 12 | 13 | 14 | 14 | 15 | 15 | 16 | 17 | 17 | 18 | 18 | 19 | 17 | 18 |
| 10 | 10 | 11 | 11 | 12 | 2 13 | 1 13 | 12 14 | 11 14 | 15 | 閏 13 | 二 14 | 正 15 | 15 | 16 | 16 | 17 | 18 | 18 | 19 | 19 | 20 | 18 | 19 |
| 11 | 11 | 12 | 12 | 13 | 14 | 14 | 15 | 15 | 10 16 | 9 14 | 15 | 16 | 十二 16 | 十一 17 | 17 | 18 | 19 | 19 | 20 | 20 | 21 | 19 | 20 |
| 12 | 冬 12 | 13 | 13 | 14 | 15 | 15 | 16 | 16 | 17 | 15 | 8 16 | 7 17 | 17 | 18 | 十 18 | 九 19 | 20 | 20 | 21 | 21 | 22 | 20 | 21 |
| 13 | 13 | 14 | 14 | 15 | 16 | 16 | 17 | 17 | 18 | 16 | 17 | 18 | 6 18 | 5 19 | 19 | 20 | 八 21 | 21 | 22 | 22 | 23 | 21 | 22 |
| 14 | 14 | 15 | 15 | 16 | 17 | 17 | 18 | 18 | 19 | 17 | 18 | 19 | 19 | 20 | 4 20 | 3 21 | 22 | 七 22 | 六 23 | 23 | 24 | 22 | 23 |
| 15 | 15 | 16 | 16 | 17 | 18 | 18 | 19 | 19 | 20 | 18 | 19 | 20 | 20 | 21 | 21 | 22 | 2 23 | 1 23 | 24 | 五 24 | 四 25 | 23 | 24 |
| 16 | 16 | 17 | 17 | 18 | 19 | 19 | 20 | 20 | 21 | 19 | 20 | 21 | 21 | 22 | 22 | 23 | 24 | 24 | 12 25 | 11 25 | 26 | 三 24 | 二 25 正 |
| 17 | 17 | 18 | 18 | 19 | 20 | 20 | 21 | 21 | 22 | 20 | 21 | 22 | 22 | 23 | 23 | 24 | 25 | 25 | 26 | 26 | 10 27 | 9 25 | 26 |
| 18 | 18 | 19 | 19 | 20 | 21 | 21 | 22 | 22 | 23 | 21 | 22 | 23 | 23 | 24 | 24 | 25 | 26 | 26 | 27 | 27 | 28 | 26 | 8 27 7 |
| 19 | 19 | 20 | 20 | 21 | 22 | 22 | 23 | 23 | 24 | 22 | 23 | 24 | 24 | 25 | 25 | 26 | 27 | 27 | 28 | 28 | 29 | 27 | 28 |
| 20 | 20 | 21 | 21 | 22 | 23 | 23 | 24 | 24 | 25 | 23 | 24 | 25 | 25 | 26 | 26 | 27 | 28 | 28 | 29 | 29 | 30 | 28 | 29 |
| 21 | 21 | 22 | 22 | 23 | 24 | 24 | 25 | 25 | 26 | 24 | 25 | 26 | 26 | 27 | 27 | 28 | 29 | 29 | 30 | 30 | 31 | **3** | 30 |

九

一五三六 丙申 嘉靖一五

943

一五三五 乙未 嘉靖一四

942

| 943 | | | | | | | | | | | | | 942 | | | | | | | | | | | |
|---|---|---|---|---|---|---|---|---|---|---|---|---|---|---|---|---|---|---|---|---|---|---|---|---|
| 11 | 11 | 12 | 12 | 13 | 14 | 14 | 15 | 15 | 16 | 15 | 16 | 17 | 17 | 18 | 18 | 19 | 20 | 20 | 21 | 21 | 22 | 20 | 21 | 22 |
| 12冬 | 12 | 13 | 13 | 14 | 15 | 15 | 16 | 16 | 17 | 16 | 17 | 18 | 18 | 19 | 19 | 20 | 21 | 21 | 22 | 22 | 23 | 21 | 22 | 23 |
| 13十二 | 13 | 14 | 14 | 15 | 16 | 16 | 17 | 17 | 18 | 17 | 18 | 19 | 19 | 20 | 20 | 21 | 22 | 22 | 23 | 23 | 24 | 22 | 23 | 24 |
| 14 7 | 14十一 | 15十 | 15九 | 16 | 17 | 17 | 18 | 18 | 19 | 18 | 19 | 20 | 20 | 21 | 21 | 22 | 23 | 23 | 24 | 24 | 25 | 23 | 24 | 25 |
| 15 | 15 6 | 16 5 | 16 | 17八 | 18七 | 18六 | 19 | 19 | 20 | 19 | 20 | 21 | 21 | 22 | 22 | 23 | 24 | 24 | 25 | 25 | 26 | 24 | 25 | 26 |
| 16 | 16 | 17 | 17 4 | 18 3 | 19 | 19 | 20五 | 20四 | 21 | 20 | 21 | 22 | 22 | 23 | 23 | 24 | 25 | 25 | 26 | 26 | 27 | 25 | 26 | 27 |
| 17 | 17 | 18 | 18 | 19 | 20 2 | 20 1 | 21 | 21 | 22三 | 21二 | 22 | 23 | 23 | 24 | 24 | 25 | 26 | 26 | 27 | 27 | 28 | 26 | 27 | 28 |
| 18 | 18 | 19 | 19 | 20 | 21 | 21 | 22 12 | 22 11 | 23 | 22 | 23正 | 24十二 | 24 | 25 | 25 | 26 | 27 | 27 | 28 | 28 | 29 | 27 | 28 | 29 |
| 19 | 19 | 20 | 20 | 21 | 22 | 22 | 23 | 23 | 24 10 | 23 9 | 24 | 25 | 25十一 | 26 | 26 | 27 | 28 | 28 | 29 | 29 | 30 | 28 | 29 | 30 |
| 20 | 20 | 21 | 21 | 22 | 23 | 23 | 24 | 24 | 25 | 24 | 25 8 | 26 7 | 26 | 27十 | 27九 | 28八 | 29 | 29 | 30 | 30 | 31 | 3 | 30 | 31 |
| 21 | 21 | 22 | 22 | 23 | 24 | 24 | 25 | 25 | 26 | 25 | 26 | 27 | 27 6 | 28 5 | 28 | 29 | 30七 | 30六 | 31 | 5 | 4 | 2 | 31 | 1 |
| 22 | 22 | 23 | 23 | 24 | 25 | 25 | 26 | 26 | 27 | 26 | 27 | 28 | 28 | 29 | 29 4 | 30 3 | 31 | 7 | 6五 | 2四 | 2三 | 3 | 2 | 2 |
| 23 | 23 | 24 | 24 | 25 | 26 | 26 | 27 | 27 | 28 | 27 | 28 | 29 | 29 | 30 | 30 | 31 | 8 2 | 2 1 | 2 | 3 | 3 | 4二 | 2正 | 3 |
| 24 | 24 | 25 | 25 | 26 | 27 | 27 | 28 | 28 | 29 | 28 | 29 | 30 | 30 | 31 | 10 | 9 | 2 | 3 | 3 12 | 4 11 | 4 | 5 | 3 | 4十二 |
| 25 | 25 | 26 | 26 | 27 | 28 | 28 | 29 | 29 | 30 | 29 | 30 | 31 | 12 | 11 | 2 | 2 | 3 | 4 | 4 | 5 | 5 10 | 6 9 | 4 | 5 |
| 26 | 26 | 27 | 27 | 28 | 29 | 29 | 30 | 30 | 31 | 3 | 31 | 1 | 2 | 2 | 3 | 3 | 4 | 5 | 5 | 6 | 6 | 7 | 5 8 | 6 7 |
| 27 | 27 | 28 | 28 | 29 | 30 | 30 | 31 | 5 | 4 | 2 | 2 | 2 | 3 | 3 | 4 | 4 | 5 | 6 | 6 | 7 | 7 | 8 | 6 | 7 |
| 28 | 28 | 29 | 29 | 30 | 31 | 7 | 6 | 2 | 2 | 3 | 2 | 3 | 4 | 4 | 5 | 5 | 6 | 7 | 7 | 8 | 8 | 9 | 7 | 8 |
| 29 | 29 | 30 | 30 | 31 | 8 | 2 | 2 | 3 | 3 | 4 | 3 | 4 | 5 | 5 | 6 | 6 | 7 | 8 | 8 | 9 | 9 | 10 | 8 | 9 |
| 30 | 30 | 31 | 10 | 9 | 2 | 3 | 3 | 4 | 4 | 5 | 4 | 5 | 6 | 6 | 7 | 7 | 8 | 9 | 9 | 10 | 10 | 11 | 9 | 10 |
| 31 | 12 | 11 | 2 | 2 | 3 | 4 | 4 | 5 | 5 | 6 | 5 | 6 | 7 | 7 | 8 | 8 | 9 | 10 | 10 | 11 | 11 | 12 | 10 | 11 |
| 日 | 2 | 2 | 3 | 3 | 4 | 5 | 5 | 6 | 6 | 7 | 6 | 7 | 8 | 8 | 9 | 9 | 10 | 11 | 11 | 12 | 12 | 13 | 11 | 12 |
| 曜 | 3 | 3 | 4 | 4 | 5 | 6 | 6 | 7 | 7 | 8 | 7 | 8 | 9 | 9 | 10 | 10 | 11 | 12 | 12 | 13 | 13 | 14 | 12 | 13 |
| 表 | 4 | 4 | 5 | 5 | 6 | 7 | 7 | 8 | 8 | 9 | 8 | 9 | 10 | 10 | 11 | 11 | 12 | 13 | 13 | 14 | 14 | 15 | 13 | 14 |
| 3 | 5 | 5 | 6 | 6 | 7 | 8 | 8 | 9 | 9 | 10 | 9 | 10 | 11 | 11 | 12 | 12 | 13 | 14 | 14 | 15 | 15 | 16 | 14 | 15 |
| 甲 | 6 | 6 | 7 | 7 | 8 | 9 | 9 | 10 | 10 | 11 | 10 | 11 | 12冬 | 12 | 13 | 13 | 14 | 15 | 15 | 16 | 16 | 17 | 15 | 16 |
| 子 | 7 | 7 | 8 | 8 | 9 | 10 | 10 | 11 | 11 | 12 | 11 | 12 | 13 | 13 | 14 | 14 | 15 | 16 | 16 | 17 | 17 | 18 | 16 | 17 |
| 表 | 8 | 8 | 9 | 9 | 10 | 11 | 11 | 12 | 12 | 13 | 12 | 13 | 14 | 14 | 15 | 15 | 16 | 17 | 17 | 18 | 18 | 19 | 17 | 18 |
| 4 | 9 | 9 | 10 | 10 | 11 | 12 | 12 | 13 | 13 | 14 | 13 | 14 | 15 | 15 | 16 | 16 | 17 | 18 | 18 | 19 | 19 | 20 | 18 | 19 |
| | 10 | 10 | 11 | 11 | 12 | 13 | 13 | 14 | 14 | 15 | 14 | 15 | 16 | 16 | 17 | 17 | 18 | 19 | 19 | 20 | 20 | 21 | 19 | 20 |

中西回史日曆

卷一六 明

一〇

勵耘書屋

一五三八 戊戌 嘉靖一七

945

一五三七 丁酉 嘉靖一六

944

| | | | | | | | | | | | | | | | | | | | | | | | |
|---|---|---|---|---|---|---|---|---|---|---|---|---|---|---|---|---|---|---|---|---|---|---|---|
| 22 | 十一23 | 十23 | 九24 | 八25 | 25 | 26 | 26 | 27 | 25 | 26 | 27 | 27 | 28 | 28 | 29 | 30 | 30 | 31 | **5** | **4** | 2 | 31 | **1** |
| 23 | 7 24 | 24 | 25 | 26 | 七26 | 六27 | 27 | 28 | 26 | 27 | 28 | 28 | 29 | 29 | 30 | 31 | **7** | **6** | 2 | 2 | 3 | **2** | 2 |
| 24 | 25 | 6 25 | 5 26 | 27 | 27 | 28 | 五28 | 29 | 27 | 28 | 29 | 29 | 30 | 30 | 31 | **8** | 2 | 2 | 3 | 3 | 4 | 2 | 3 |
| 25 | 26 | 26 | 27 | 4 28 | 3 28 | 29 | 29 | 四30 | 三28 | 29 | 30 | 30 | 31 | **10** | **9** | 2 | 3 | 3 | 4 | 4 | 5 | 3 | 4 |
| 26 | 27 | 27 | 28 | 29 | 29 | 2 30 | 1 30 | 31 | **3** | 二30 | 31 | **12** | **11** | 2 | 2 | 3 | 4 | 4 | 5 | 5 | 6 | 4 | 5 |
| 27 | 28 | 28 | 29 | 30 | 30 | 31 | **5** | 12 **4** | 11 2 | 31 | 正**1** | 十二2 | 十一2 | 3 | 3 | 4 | 5 | 5 | 6 | 6 | 7 | 5 | 6 |
| 28 | 29 | 29 | 30 | 31 | **7** | **6** | 2 | 2 | 3 | 10 2 | 9 2 | 3 | 3 | 十4 | 九4 | 八5 | 6 | 6 | 7 | 7 | 8 | 6 | 7 |
| 29 | 30 | 30 | 31 | **8** | 2 | 2 | 3 | 3 | 4 | 2 | 3 | 8 4 | 7 4 | 5 | 5 | 6 | 七7 | 六7 | 8 | 8 | 9 | 7 | 8 |
| 30 | 31 | **10** | **9** | 2 | 3 | 3 | 4 | 4 | 5 | 3 | 4 | 5 | 5 | 6 6 | 5 6 | 7 | 8 | 8 | 五9 | 四9 | 10 | 8 | 9 |
| **12** | **11** | 2 | 2 | 3 | 4 | 4 | 5 | 5 | 6 | 4 | 5 | 6 | 6 | 7 | 7 | 4 8 | 3 9 | 9 | 10 | 10 | 三11 | 二9 | 10 |
| 2 | 2 | 3 | 3 | 4 | 5 | 5 | 6 | 6 | 7 | 5 | 6 | 7 | 7 | 8 | 8 | 9 | 10 | 2 10 | 1 11 | 12 11 | 11 12 | 10 | 正11 |
| 3 | 3 | 4 | 4 | 5 | 6 | 6 | 7 | 7 | 8 | 6 | 7 | 8 | 8 | 9 | 9 | 10 | 11 | 11 | 12 | 12 | 13 | 10 11 | 9 12閏 |
| 4 | 4 | 5 | 5 | 6 | 7 | 7 | 8 | 8 | 9 | 7 | 8 | 9 | 9 | 10 | 10 | 11 | 12 | 12 | 13 | 13 | 14 | 12 | 13 8 |
| 5 | 5 | 6 | 6 | 7 | 8 | 8 | 9 | 9 | 10 | 8 | 9 | 10 | 10 | 11 | 11 | 12 | 13 | 13 | 14 | 14 | 15 | 13 | 14 |
| 6 | 6 | 7 | 7 | 8 | 9 | 9 | 10 | 10 | 11 | 9 | 10 | 11 | 11 | 12 | 12 | 13 | 14 | 14 | 15 | 15 | 16 | 14 | 15 |
| 7 | 7 | 8 | 8 | 9 | 10 | 10 | 11 | 11 | 12 | 10 | 11 | 12 | 冬12 | 13 | 13 | 14 | 15 | 15 | 16 | 16 | 17 | 15 | 16 |
| 8 | 8 | 9 | 9 | 10 | 11 | 11 | 12 | 12 | 13 | 11 | 12 | 13 | 13 | 14 | 14 | 15 | 16 | 16 | 17 | 17 | 18 | 16 | 17 |
| 9 | 9 | 10 | 10 | 11 | 12 | 12 | 13 | 13 | 14 | 12 | 13 | 14 | 14 | 15 | 15 | 16 | 17 | 17 | 18 | 18 | 19 | 17 | 18 |
| 10 | 10 | 11 | 11 | 12 | 13 | 13 | 14 | 14 | 15 | 13 | 14 | 15 | 15 | 16 | 16 | 17 | 18 | 18 | 19 | 19 | 20 | 18 | 19 |
| 11 | 11 | 12 | 12 | 13 | 14 | 14 | 15 | 15 | 16 | 14 | 15 | 16 | 16 | 17 | 17 | 18 | 19 | 19 | 20 | 20 | 21 | 19 | 20 |
| 12 | 冬12 | 13 | 13 | 14 | 15 | 15 | 16 | 16 | 17 | 15 | 16 | 17 | 17 | 18 | 18 | 19 | 20 | 20 | 21 | 21 | 22 | 20 | 21 |
| 13 | 13 | 14 | 14 | 15 | 16 | 16 | 17 | 17 | 18 | 16 | 17 | 18 | 18 | 19 | 19 | 20 | 21 | 21 | 22 | 22 | 23 | 21 | 22 |
| 14 | 14 | 15 | 15 | 16 | 17 | 17 | 18 | 18 | 19 | 17 | 18 | 19 | 19 | 20 | 20 | 21 | 22 | 22 | 23 | 23 | 24 | 22 | 23 |
| 15 | 15 | 16 | 16 | 17 | 18 | 18 | 19 | 19 | 20 | 18 | 19 | 20 | 20 | 21 | 21 | 22 | 23 | 23 | 24 | 24 | 25 | 23 | 24 |
| 16 | 16 | 17 | 17 | 18 | 19 | 19 | 20 | 20 | 21 | 19 | 20 | 21 | 21 | 22 | 22 | 23 | 24 | 24 | 25 | 25 | 26 | 24 | 25 |
| 17 | 17 | 18 | 18 | 19 | 20 | 20 | 21 | 21 | 22 | 20 | 21 | 22 | 22 | 23 | 23 | 24 | 25 | 25 | 26 | 26 | 27 | 25 | 26 |
| 18 | 18 | 19 | 19 | 20 | 21 | 21 | 22 | 22 | 23 | 21 | 22 | 23 | 23 | 24 | 24 | 25 | 26 | 26 | 27 | 27 | 28 | 26 | 27 |
| 19 | 19 | 20 | 20 | 21 | 22 | 22 | 23 | 23 | 24 | 22 | 23 | 24 | 24 | 25 | 25 | 26 | 27 | 27 | 28 | 28 | 29 | 27 | 28 |
| 20 | 20 | 21 | 21 | 22 | 23 | 23 | 24 | 24 | 25 | 23 | 24 | 25 | 25 | 26 | 26 | 27 | 28 | 28 | 29 | 29 | 30 | 28 | 29 |
| 21 | 十二21 | 22 | 22 | 23 | 24 | 24 | 25 | 25 | 26 | 24 | 25 | 26 | 26 | 27 | 27 | 28 | 29 | 29 | 30 | 30 | 31 | **3** | 30 |

一五四〇 庚子 嘉靖一九

947

本年回曆十一月一日即中曆二月朔

一五三九 己亥 嘉靖一八

946

| | | | | | | | | | | | | | | | | | | | | | | | | |
|---|---|---|---|---|---|---|---|---|---|---|---|---|---|---|---|---|---|---|---|---|---|---|---|---|
| 11 | 11 | 12 | 12 | 13 | 14 | 14 | 15 | 15 | 16 | 15 | 16 | 17 | 17 | 18 | 18 | 19 | 20 | 20 | 21 | 21 | 22 | 20 10 | 21 9 | 22 |
| 12 冬 | 12 | 13 | 13 | 14 | 15 | 15 | 16 | 16 | 17 | 16 | 17 | 18 | 18 | 19 | 19 | 20 | 21 | 21 | 22 | 22 | 23 | 21 | 22 | 23 8 |
| 13 | 13 | 14 | 14 | 15 | 16 | 16 | 17 | 17 | 18 | 17 | 18 | 19 | 19 | 20 | 20 | 21 | 22 | 22 | 23 | 23 | 24 | 22 | 23 | 24 |
| 14 | 14 | 15 | 15 | 16 | 17 | 17 | 18 | 18 | 19 | 18 | 19 | 20 | 20 | 21 | 21 | 22 | 23 | 23 | 24 | 24 | 25 | 23 | 24 | 25 |
| 15 | 15 | 16 | 16 | 17 | 18 | 18 | 19 | 19 | 20 | 19 | 20 | 21 | 21 | 22 | 22 | 23 | 24 | 24 | 25 | 25 | 26 | 24 | 25 | 26 |
| 16 | 16 | 17 | 17 | 18 | 19 | 19 | 20 | 20 | 21 | 20 | 21 | 22 | 22 | 23 | 23 | 24 | 25 | 25 | 26 | 26 | 27 | 25 | 26 | 27 |
| 17 | 17 | 18 | 18 | 19 | 20 | 20 | 21 | 21 | 22 | 21 | 22 | 23 | 23 | 24 | 24 | 25 | 26 | 26 | 27 | 27 | 28 | 26 | 27 | 28 |
| 18 | 18 | 19 | 19 | 20 | 21 | 21 | 22 | 22 | 23 | 22 | 23 | 24 | 24 | 25 | 25 | 26 | 27 | 27 | 28 | 28 | 29 | 27 | 28 | 29 |
| 19 | 19 | 20 | 20 | 21 | 22 | 22 | 23 | 23 | 24 | 23 | 24 | 25 | 25 | 26 | 26 | 27 | 28 | 28 | 29 | 29 | 30 | 28 | 29 | 30 |
| 20 | 20 | 21 | 21 | 22 | 23 | 23 | 24 | 24 | 25 | 24 | 25 | 26 | 26 | 27 | 27 | 28 | 29 | 29 | 30 | 30 | 31 | 3 | 30 | 31 |
| 21 | 21 | 22 | 22 | 23 | 24 | 24 | 25 | 25 | 26 | 25 | 26 | 27 | 27 | 28 | 28 | 29 | 30 | 30 | 31 | 5 | 4 | 2 | 31 | 1 |
| 22 | 22 | 23 | 23 | 24 | 25 | 25 | 26 | 26 | 27 | 26 | 27 | 28 | 28 | 29 | 29 | 30 | 31 | 7 | 6 | 2 | 2 | 3 | 2 | 2 |
| 23 | 23 | 24 | 24 | 25 | 26 | 26 | 27 | 27 | 28 | 27 | 28 | 29 | 29 | 30 | 30 | 31 | 8 | 2 | 2 | 3 | 3 | 4 | 2 | 3 |
| 24 | 24 | 25 | 25 | 26 | 27 | 27 | 28 | 28 | 29 | 28 | 29 | 30 | 30 | 31 | 10 | 9 | 2 | 3 | 3 | 4 | 4 | 5 | 3 | 4 |
| 25 | 25 | 26 | 26 | 27 | 28 | 28 | 29 | 29 | 30 | 29 | 30 | 31 | 12 | 11 | 2 | 2 | 3 | 4 | 4 | 5 | 5 | 6 | 4 | 5 |
| 26 | 26 | 27 | 27 | 28 | 29 | 29 | 30 | 30 | 31 | 3 | 31 | 1 | 2 | 2 | 3 | 3 | 4 | 5 | 5 | 6 | 6 | 7 | 5 | 6 |
| 27 | 27 | 28 | 28 | 29 | 30 | 30 | 31 | 5 | 4 | 2 | 2 | 2 | 3 | 3 | 4 | 4 | 5 | 6 | 6 | 7 | 7 | 8 | 6 | 7 |
| 28 十二 | 28 十一 | 29 | 29 | 30 | 31 | 7 | 6 | 2 | 2 | 3 | 2 | 3 | 4 | 4 | 5 | 5 | 6 | 7 | 7 | 8 | 8 | 9 | 7 | 8 |
| 29 | 29 | 30 十 | 30 九 | 31 | 8 | 2 | 2 | 3 | 3 | 4 | 3 | 4 | 5 | 5 | 6 | 6 | 7 | 8 | 8 | 9 | 9 | 10 | 8 | 9 |
| 30 9 | 30 | 31 | 10 | 9 八 | 2 七 | 3 | 3 | 4 | 4 | 5 | 4 | 5 | 6 | 6 | 7 | 7 | 8 | 9 | 9 | 10 | 10 | 11 | 9 | 10 |
| 31 | 12 8 | 11 7 | 2 | 2 | 3 | 4 六 | 4 | 5 | 5 | 6 | 5 | 6 | 7 | 7 | 8 | 8 | 9 | 10 | 10 | 11 | 11 | 12 | 10 | 11 |
| 日 | 2 | 2 | 3 6 | 3 5 | 4 | 5 | 5 五 | 6 四 | 6 | 7 | 6 | 7 | 8 | 8 | 9 | 9 | 10 | 11 | 11 | 12 | 12 | 13 | 11 | 12 |
| 曜 | 3 | 3 | 4 | 4 | 5 4 | 6 3 | 6 | 7 | 7 三 | 8 | 7 | 8 | 9 | 9 | 10 | 10 | 11 | 12 | 12 | 13 | 13 | 14 | 12 | 13 |
| 表 | 4 | 4 | 5 | 5 | 6 | 7 | 7 2 | 8 1 | 8 12 | 9 二 | 8 正 | 9 十二 | 10 十一 | 10 | 11 | 11 | 12 | 13 | 13 | 14 | 14 | 15 | 13 | 14 |
| 4 | 5 | 5 | 6 | 6 | 7 | 8 | 8 | 9 | 9 | 10 | 9 10 | 10 9 | 11 | 11 十 | 12 九 | 12 八 | 13 | 14 | 14 | 15 | 15 | 16 | 14 | 15 |
| 甲 | 6 | 6 | 7 | 7 | 8 | 9 | 9 | 10 | 10 | 11 | 10 | 11 | 12 冬 8 | 12 7 | 13 | 13 | 14 閏 | 15 七 | 15 | 16 | 16 | 17 | 15 | 16 |
| 子 | 7 | 7 | 8 | 8 | 9 | 10 | 10 | 11 | 11 | 12 | 11 | 12 | 13 | 13 | 14 6 | 14 5 | 15 | 16 | 16 六 | 17 | 17 | 18 | 16 | 17 |
| 表 | 8 | 8 | 9 | 9 | 10 | 11 | 11 | 12 | 12 | 13 | 12 | 13 | 14 | 14 | 15 | 15 | 16 4 | 17 3 | 17 | 18 五 | 18 四 | 19 | 17 | 18 |
| 5 | 9 | 9 | 10 | 10 | 11 | 12 | 12 | 13 | 13 | 14 | 13 | 14 | 15 | 15 | 16 | 16 | 17 | 18 | 18 2 | 19 1 | 19 | 20 三 | 18 | 19 |
| | 10 | 10 | 11 | 11 | 12 | 13 | 13 | 14 | 14 | 15 | 14 | 15 | 16 | 16 | 17 | 17 | 18 | 19 | 19 | 20 | 20 12 | 21 11 | 19 二 | 20 正 |

一五四二 壬寅 嘉靖二一 949

一五四一 辛丑 嘉靖二〇 948

| | | | | | | | | | | | | | | | | | | | | | | | |
|---|---|---|---|---|---|---|---|---|---|---|---|---|---|---|---|---|---|---|---|---|---|---|---|
| 22 | 23 | 23 | 24 | 25 | 25 | 26 | 26 | 27 | 25 | 26 | 27 | 27 | 28 | 28 | 29 | 30 | 30 | 31 | **5** | **4** | 2 | 31 | **1** |
| 23 | 24 | 24 | 25 | 26 | 26 | 27 | 27 | 28 | 26 | 27 | 28 | 28 | 29 | 29 | 30 | 31 | **7** | **6** | 2 | 2 | 3 | **2** | 2 |
| 24 | 25 | 25 | 26 | 27 | 27 | 28 | 28 | 29 | 27 | 28 | 29 | 29 | 30 | 30 | 31 | **8** | 2 | 2 | 3 | 3 | 4 | 2 | 3 |
| 25 | 26 | 26 | 27 | 28 | 28 | 29 | 29 | 30 | 28 | 29 | 30 | 30 | 31 | **10** | **9** | 2 | 3 | 3 | 4 | 4 | 5 | 3 | 4 |
| 26 | 27 | 27 | 28 | 29 | 29 | 30 | 30 | 31 | **3** | 30 | 31 | **12** | **11** | 2 | 2 | 3 | 4 | 4 | 5 | 5 | 6 | 4 | 5 |
| 27 | 28 | 28 | 29 | 30 | 30 | 31 | **5** | **4** | 2 | 31 | **1** | 2 | 2 | 3 | 3 | 4 | 5 | 5 | 6 | 6 | 7 | 5 | 6 |
| 28 | 29 | 29 | 30 | 31 | **7** | **6** | 2 | 2 | 3 | **2** | 2 | 3 | 3 | 4 | 4 | 5 | 6 | 6 | 7 | 7 | 8 | 6 | 7 |
| 29 | 30 | 30 | 31 | **8** | 2 | 2 | 3 | 3 | 4 | 2 | 3 | 4 | 4 | 5 | 5 | 6 | 7 | 7 | 8 | 8 | 9 | 7 | 8 |
| 30 | 31 | **10** | **9** | 2 | 3 | 3 | 4 | 4 | 5 | 3 | 4 | 5 | 5 | 6 | 6 | 7 | 8 | 8 | 9 | 9 | 10 | 8 | 9 |
| **12** | **11** | 2 | 2 | 3 | 4 | 4 | 5 | 5 | 6 | 4 | 5 | 6 | 6 | 7 | 7 | 8 | 9 | 9 | 10 | 10 | 11 | 9 | 10 |
| 2 | 2 | 3 | 3 | 4 | 5 | 5 | 6 | 6 | 7 | 5 | 6 | 7 | 7 | 8 | 8 | 9 | 10 | 10 | 11 | 11 | 12 | 10 | 11 |
| 3 | 3 | 4 | 4 | 5 | 6 | 6 | 7 | 7 | 8 | 6 | 7 | 8 | 8 | 9 | 9 | 10 | 11 | 11 | 12 | 12 | 13 | 11 | 12 |
| 4 | 4 | 5 | 5 | 6 | 7 | 7 | 8 | 8 | 9 | 7 | 8 | 9 | 9 | 10 | 10 | 11 | 12 | 12 | 13 | 13 | 14 | 12 | 13 |
| 5 | 5 | 6 | 6 | 7 | 8 | 8 | 9 | 9 | 10 | 8 | 9 | 10 | 10 | 11 | 11 | 12 | 13 | 13 | 14 | 14 | 15 | 13 | 14 |
| 6 | 6 | 7 | 7 | 8 | 9 | 9 | 10 | 10 | 11 | 9 | 10 | 11 | 11 | 12 | 12 | 13 | 14 | 14 | 15 | 15 | 16 | 14 | 15 |
| 7 十二 | 7 十 | 8 | 8 | 9 | 10 | 10 | 11 | 11 | 12 | 10 | 11 | 12 冬 | 12 | 13 | 13 | 14 | 15 | 15 | 16 | 16 | 17 | 15 | 16 |
| 8 | 8 | 9 九 | 9 八 | 10 | 11 | 11 | 12 | 12 | 13 | 11 | 12 | 13 | 13 | 14 | 14 | 15 | 16 | 16 | 17 | 17 | 18 | 16 | 17 |
| 9 9 | 9 | 10 | 10 | 11 七 | 12 | 12 | 13 | 13 | 14 | 12 | 13 | 14 | 14 | 15 | 15 | 16 | 17 | 17 | 18 | 18 | 19 | 17 | 18 |
| 10 | 10 8 | 11 7 | 11 | 12 | 13 六 | 13 閏 | 14 | 14 | 15 | 13 | 14 | 15 | 15 | 16 | 16 | 17 | 18 | 18 | 19 | 19 | 20 | 18 | 19 |
| 11 | 11 | 12 | 12 6 | 13 5 | 14 | 14 | 15 五 | 15 四 | 16 三 | 14 | 15 | 16 | 16 | 17 | 17 | 18 | 19 | 19 | 20 | 20 | 21 | 19 | 20 |
| 12 冬 | 12 | 13 | 13 | 14 | 15 4 | 15 3 | 16 | 16 | 17 | 15 二 | 16 正 | 17 十二 | 17 | 18 | 18 | 19 | 20 | 20 | 21 | 21 | 22 | 20 | 21 |
| 13 | 13 | 14 | 14 | 15 | 16 | 16 | 17 2 | 17 1 | 18 12 | 16 11 | 17 | 18 | 18 十一 | 19 十 | 19 | 20 | 21 | 21 | 22 | 22 | 23 | 21 | 22 |
| 14 | 14 | 15 | 15 | 16 | 17 | 17 | 18 | 18 | 19 | 17 | 18 10 | 19 9 | 19 | 20 | 20 九 | 21 八 | 22 | 22 | 23 | 23 | 24 | 22 | 23 |
| 15 | 15 | 16 | 16 | 17 | 18 | 18 | 19 | 19 | 20 | 18 | 19 | 20 | 20 8 | 21 7 | 21 | 22 | 23 七 | 23 | 24 | 24 | 25 | 23 | 24 |
| 16 | 16 | 17 | 17 | 18 | 19 | 19 | 20 | 20 | 21 | 19 | 20 | 21 | 21 | 22 | 22 6 | 23 5 | 24 | 24 六 | 25 五 | 25 | 26 | 24 | 25 |
| 17 | 17 | 18 | 18 | 19 | 20 | 20 | 21 | 21 | 22 | 20 | 21 | 22 | 22 | 23 | 23 | 24 | 25 4 | 25 3 | 26 | 26 四 | 27 三 | 25 | 26 |
| 18 | 18 | 19 | 19 | 20 | 21 | 21 | 22 | 22 | 23 | 21 | 22 | 23 | 23 | 24 | 24 | 25 | 26 | 26 | 27 2 | 27 1 | 28 | 26 二 | 27 正 |
| 19 | 19 | 20 | 20 | 21 | 22 | 22 | 23 | 23 | 24 | 22 | 23 | 24 | 24 | 25 | 25 | 26 | 27 | 27 | 28 | 28 | 29 12 | 27 11 | 28 |
| 20 | 20 | 21 | 21 | 22 | 23 | 23 | 24 | 24 | 25 | 23 | 24 | 25 | 25 | 26 | 26 | 27 | 28 | 28 | 29 | 29 | 30 | 28 | 29 10 |
| 21 | 21 | 22 | 22 | 23 | 24 | 24 | 25 | 25 | 26 | 24 | 25 | 26 | 26 | 27 | 27 | 28 | 29 | 29 | 30 | 30 | 31 | **3** | 30 |

一五四三
癸卯
嘉靖二二

950

一五四四
甲辰
嘉靖二三

951

| | | | | | | | | | | | | | | | | | | | | | | | | |
|---|---|---|---|---|---|---|---|---|---|---|---|---|---|---|---|---|---|---|---|---|---|---|---|---|
| 11 | 11 | 12 | 12 | 13 | 14 | 14 | 15 | 15 | 16 | 15 | 16 | 17 | 17 | 18 | 18 | 19 | 20 | 20 | 21 | 21 | 22 | 20 | 21 | 22 |
| 12冬 | 12 | 13 | 13 | 14 | 15 | 15 | 16 | 16 | 17 | 16 | 17 | 18 | 18 | 19 | 19 | 20 | 21 | 21 | 22 | 22 | 23 | 21 | 22 | 23 |
| 13 | 13 | 14 | 14 | 15 | 16 | 16 | 17 | 17 | 18 | 17 | 18 | 19 | 19 | 20 | 20 | 21 | 22 | 22 | 23 | 23 | 24 | 22 | 23 | 24 |
| 14十二 | 14 | 15 | 15 | 16 | 17 | 17 | 18 | 18 | 19 | 18 | 19 | 20 | 20 | 21 | 21 | 22 | 23 | 23 | 24 | 24 | 25 | 23 | 24 | 25 |
| 15 | 15十一 | 16十 | 16 | 17 | 18 | 18 | 19 | 19 | 20 | 19 | 20 | 21 | 21 | 22 | 22 | 23 | 24 | 24 | 25 | 25 | 26 | 24 | 25 | 26 |
| 16**10** | 16**9** | 17 | 17九 | 18八 | 19 | 19 | 20 | 20 | 21 | 20 | 21 | 22 | 22 | 23 | 23 | 24 | 25 | 25 | 26 | 26 | 27 | 25 | 26 | 27 |
| 17 | 17 | 18**8** | 18**7** | 19 | 20七 | 20六 | 21五 | 21 | 22 | 21 | 22 | 23 | 23 | 24 | 24 | 25 | 26 | 26 | 27 | 27 | 28 | 26 | 27 | 28 |
| 18 | 18 | 19 | 19 | 20**6** | 21**5** | 21 | 22 | 22四 | 23三 | 22 | 23 | 24 | 24 | 25 | 25 | 26 | 27 | 27 | 28 | 28 | 29 | 27 | 28 | 29 |
| 19 | 19 | 20 | 20 | 21 | 22 | 22**4** | 23**3** | 23 | 24 | 23二 | 24正 | 25 | 25 | 26 | 26 | 27 | 28 | 28 | 29 | 29 | 30 | 28 | 29 | 30 |
| 20 | 20 | 21 | 21 | 22 | 23 | 23 | 24 | 24**2** | 25**1** | 24 | 25 | 26十二 | 26十一 | 27 | 27 | 28 | 29 | 29 | 30 | 30 | 31 | 3 | 30 | 31 |
| 21 | 21 | 22 | 22 | 23 | 24 | 24 | 25 | 25 | 26 | 25**12** | 26**11** | 27 | 27 | 28十 | 28九 | 29 | 30 | 30 | 31 | 5 | 4 | 2 | 31 | 1 |
| 22 | 22 | 23 | 23 | 24 | 25 | 25 | 26 | 26 | 27 | 26 | 27 | 28**10** | 28**9** | 29 | 29 | 30八 | 31 | 7 | 6 | 2 | 2 | 3 | 2 | 2 |
| 23 | 23 | 24 | 24 | 25 | 26 | 26 | 27 | 27 | 28 | 27 | 28 | 29 | 29 | 30**8** | 30**7** | 31 | 8七 | 2六 | 2五 | 3 | 3 | 4 | 2 | 3 |
| 24 | 24 | 25 | 25 | 26 | 27 | 27 | 28 | 28 | 29 | 28 | 29 | 30 | 30 | 31 | 10 | 9**6** | 2**5** | 3 | 3 | 4四 | 4三 | 5二 | 3 | 4 |
| 25 | 25 | 26 | 26 | 27 | 28 | 28 | 29 | 29 | 30 | 29 | 30 | 31 | 12 | 11 | 2 | 2 | 3 | 4**4** | 4**3** | 5 | 5 | 6 | 4正 | 5十二 |
| 26 | 26 | 27 | 27 | 28 | 29 | 29 | 30 | 30 | 31 | 3 | 31 | 1 | 2 | 2 | 3 | 3 | 4 | 5 | 5 | 6**2** | 6**1** | 7 | 5 | 6 |
| 27 | 27 | 28 | 28 | 29 | 30 | 30 | 31 | 5 | 4 | 2 | 2 | 2 | 3 | 3 | 4 | 4 | 5 | 6 | 6 | 7 | 7 | 8**12** | 6**11** | 7 |
| 28 | 28 | 29 | 29 | 30 | 31 | 7 | 6 | 2 | 2 | 3 | 2 | 3 | 4 | 4 | 5 | 5 | 6 | 7 | 7 | 8 | 8 | 9 | 7 | 8**10** |
| 29 | 29 | 30 | 30 | 31 | 8 | 2 | 2 | 3 | 3 | 4 | 3 | 4 | 5 | 5 | 6 | 6 | 7 | 8 | 8 | 9 | 9 | 10 | 8 | 9 |
| 30 | 30 | 31 | 10 | 9 | 2 | 3 | 3 | 4 | 4 | 5 | 4 | 5 | 6 | 6 | 7 | 7 | 8 | 9 | 9 | 10 | 10 | 11 | 9 | 10 |
| 31 | 12 | 11 | 2 | 2 | 3 | 4 | 4 | 5 | 5 | 6 | 5 | 6 | 7 | 7 | 8 | 8 | 9 | 10 | 10 | 11 | 11 | 12 | 10 | 11 |
| 日 | 2 | 2 | 3 | 3 | 4 | 5 | 5 | 6 | 6 | 7 | 6 | 7 | 8 | 8 | 9 | 9 | 10 | 11 | 11 | 12 | 12 | 13 | 11 | 12 |
| 曜 | 3 | 3 | 4 | 4 | 5 | 6 | 6 | 7 | 7 | 8 | 7 | 8 | 9 | 9 | 10 | 10 | 11 | 12 | 12 | 13 | 13 | 14 | 12 | 13 |
| 表 | 4 | 4 | 5 | 5 | 6 | 7 | 7 | 8 | 8 | 9 | 8 | 9 | 10 | 10 | 11 | 11 | 12 | 13 | 13 | 14 | 14 | 15 | 13 | 14 |
| **5** | 5 | 5 | 6 | 6 | 7 | 8 | 8 | 9 | 9 | 10 | 9 | 10 | 11 | 11 | 12 | 12 | 13 | 14 | 14 | 15 | 15 | 16 | 14 | 15 |
| 甲 | 6 | 6 | 7 | 7 | 8 | 9 | 9 | 10 | 10 | 11 | 10 | 11 | 12冬 | 12 | 13 | 13 | 14 | 15 | 15 | 16 | 16 | 17 | 15 | 16 |
| 子 | 7 | 7 | 8 | 8 | 9 | 10 | 10 | 11 | 11 | 12 | 11 | 12 | 13 | 13 | 14 | 14 | 15 | 16 | 16 | 17 | 17 | 18 | 16 | 17 |
| 表 | 8 | 8 | 9 | 9 | 10 | 11 | 11 | 12 | 12 | 13 | 12 | 13 | 14 | 14 | 15 | 15 | 16 | 17 | 17 | 18 | 18 | 19 | 17 | 18 |
| **6** | 9 | 9 | 10 | 10 | 11 | 12 | 12 | 13 | 13 | 14 | 13 | 14 | 15 | 15 | 16 | 16 | 17 | 18 | 18 | 19 | 19 | 20 | 18 | 19 |
| | 10 | 10 | 11 | 11 | 12 | 13 | 13 | 14 | 14 | 15 | 14 | 15 | 16 | 16 | 17 | 17 | 18 | 19 | 19 | 20 | 20 | 21 | 19 | 20 |

一五四六 丙午 嘉靖二五 953

一五四五 乙巳 嘉靖二四 952

| | | | | | | | | | | | | | | | | | | | | | | | |
|---|---|---|---|---|---|---|---|---|---|---|---|---|---|---|---|---|---|---|---|---|---|---|---|
| 22 | 23 | 23 | 24 | 25 | 25 | 26 | 26 | 27 | 25 | 26 | 27 | 27 | 28 | 28 | 29 | 30 | 30 | 31 | **5** | **4** | 2 | 31 | **1** |
| 23 | 十一 24 | 24 | 25 | 26 | 26 | 27 | 27 | 28 | 26 | 27 | 28 | 28 | 29 | 29 | 30 | 31 | **7** | **6** | 2 | 2 | 3 | **2** | 2 |
| 24 | 25 | 十 25 | 九 26 | 八 27 | 七 27 | 28 | 28 | 29 | 27 | 28 | 29 | 29 | 30 | 30 | 31 | **8** | 2 | 2 | 3 | 3 | 4 | 2 | 3 |
| 25 | 10 26 | 9 26 | 27 | 28 | 28 | 六 29 | 五 29 | 30 | 28 | 29 | 30 | 30 | 31 | **10** | **9** | 2 | 3 | 3 | 4 | 4 | 5 | 3 | 4 |
| 26 | 27 | 27 | 8 28 | 7 29 | 29 | 30 | 30 | 四 31 | **3** | 30 | 31 | **12** | **11** | 2 | 2 | 3 | 4 | 4 | 5 | 5 | 6 | **4** | 5 |
| 27 | 28 | 28 | 29 | 30 | 6 30 | 5 31 | **5** | **4** | 三 2 | 二 31 | **1** | 2 | 2 | 3 | 3 | 4 | 5 | 5 | 6 | 6 | 7 | 5 | 6 |
| 28 | 29 | 29 | 30 | 31 | **7** | **6** | 4 2 | 3 2 | 3 | **2** | 正 2 | 3 | 3 | 4 | 4 | 5 | 6 | 6 | 7 | 7 | 8 | 6 | 7 |
| 29 | 30 | 30 | 31 | **8** | 2 | 2 | 3 | 3 | 2 4 | 1 2 | 3 | 十二 4 | 十一 4 | 十 5 | 5 | 6 | 7 | 7 | 8 | 8 | 9 | 7 | 8 |
| 30 | 31 | **10** | **9** | 2 | 3 | 3 | 4 | 4 | 5 | 3 | 12 4 | 11 5 | 5 | 6 | 九 6 | 八 7 | 七 8 | 8 | 9 | 9 | 10 | 8 | 9 |
| **12** | **11** | 2 | 2 | 3 | 4 | 4 | 5 | 5 | 6 | 4 | 5 | 6 | 10 6 | 9 7 | 7 | 8 | 9 | 六 9 | 五 10 | 10 | 11 | 9 | 10 |
| 2 | 2 | 3 | 3 | 4 | 5 | 5 | 6 | 6 | 7 | 5 | 6 | 7 | 7 | 8 | 8 8 | 7 9 | 10 | 10 | 11 | 四 11 | 三 12 | 10 | 11 |
| 3 | 3 | 4 | 4 | 5 | 6 | 6 | 7 | 7 | 8 | 6 | 7 | 8 | 8 | 9 | 9 | 10 | 6 11 | 5 11 | 12 | 12 | 13 | 二 11 | 閏 12 |
| 4 | 4 | 5 | 5 | 6 | 7 | 7 | 8 | 8 | 9 | 7 | 8 | 9 | 9 | 10 | 10 | 11 | 12 | 12 | 4 13 | 3 13 | 14 | 12 | 13 正 |
| 5 | 5 | 6 | 6 | 7 | 8 | 8 | 9 | 9 | 10 | 8 | 9 | 10 | 10 | 11 | 11 | 12 | 13 | 13 | 14 | 14 | 2 15 | 1 13 | 12 14 11 |
| 6 | 6 | 7 | 7 | 8 | 9 | 9 | 10 | 10 | 11 | 9 | 10 | 11 | 11 | 12 | 12 | 13 | 14 | 14 | 15 | 15 | 16 | 14 | 15 |
| 7 | 7 | 8 | 8 | 9 | 10 | 10 | 11 | 11 | 12 | 10 | 11 | 12 | 冬 12 | 13 | 13 | 14 | 15 | 15 | 16 | 16 | 17 | 15 | 16 |
| 8 | 8 | 9 | 9 | 10 | 11 | 11 | 12 | 12 | 13 | 11 | 12 | 13 | 13 | 14 | 14 | 15 | 16 | 16 | 17 | 17 | 18 | 16 | 17 |
| 9 | 9 | 10 | 10 | 11 | 12 | 12 | 13 | 13 | 14 | 12 | 13 | 14 | 14 | 15 | 15 | 16 | 17 | 17 | 18 | 18 | 19 | 17 | 18 |
| 10 | 10 | 11 | 11 | 12 | 13 | 13 | 14 | 14 | 15 | 13 | 14 | 15 | 15 | 16 | 16 | 17 | 18 | 18 | 19 | 19 | 20 | 18 | 19 |
| 11 | 11 | 12 | 12 | 13 | 14 | 14 | 15 | 15 | 16 | 14 | 15 | 16 | 16 | 17 | 17 | 18 | 19 | 19 | 20 | 20 | 21 | 19 | 20 |
| 12 | 冬 12 | 13 | 13 | 14 | 15 | 15 | 16 | 16 | 17 | 15 | 16 | 17 | 17 | 18 | 18 | 19 | 20 | 20 | 21 | 21 | 22 | 20 | 21 |
| 13 | 13 | 14 | 14 | 15 | 16 | 16 | 17 | 17 | 18 | 16 | 17 | 18 | 18 | 19 | 19 | 20 | 21 | 21 | 22 | 22 | 23 | 21 | 22 |
| 14 | 14 | 15 | 15 | 16 | 17 | 17 | 18 | 18 | 19 | 17 | 18 | 19 | 19 | 20 | 20 | 21 | 22 | 22 | 23 | 23 | 24 | 22 | 23 |
| 15 | 15 | 16 | 16 | 17 | 18 | 18 | 19 | 19 | 20 | 18 | 19 | 20 | 20 | 21 | 21 | 22 | 23 | 23 | 24 | 24 | 25 | 23 | 24 |
| 16 | 16 | 17 | 17 | 18 | 19 | 19 | 20 | 20 | 21 | 19 | 20 | 21 | 21 | 22 | 22 | 23 | 24 | 24 | 25 | 25 | 26 | 24 | 25 |
| 17 | 17 | 18 | 18 | 19 | 20 | 20 | 21 | 21 | 22 | 20 | 21 | 22 | 22 | 23 | 23 | 24 | 25 | 25 | 26 | 26 | 27 | 25 | 26 |
| 18 | 18 | 19 | 19 | 20 | 21 | 21 | 22 | 22 | 23 | 21 | 22 | 23 | 23 | 24 | 24 | 25 | 26 | 26 | 27 | 27 | 28 | 26 | 27 |
| 19 | 19 | 20 | 20 | 21 | 22 | 22 | 23 | 23 | 24 | 22 | 23 | 24 | 24 | 25 | 25 | 26 | 27 | 27 | 28 | 28 | 29 | 27 | 28 |
| 20 | 20 | 21 | 21 | 22 | 23 | 23 | 24 | 24 | 25 | 23 | 24 | 25 | 25 | 26 | 26 | 27 | 28 | 28 | 29 | 29 | 30 | 28 | 29 |
| 21 | 21 | 22 | 22 | 23 | 24 | 24 | 25 | 25 | 26 | 24 | 25 | 26 | 26 | 27 | 27 | 28 | 29 | 29 | 30 | 30 | 31 | **3** | 30 |

一五四八 戊申 嘉靖二七 955

一五四七 丁未 嘉靖二六 954

| | | | | | | | | | | | | | | | | | | | | | | | | |
|---|---|---|---|---|---|---|---|---|---|---|---|---|---|---|---|---|---|---|---|---|---|---|---|---|
| 11 | 11 | 12 | 12 | 13 | 14 | 14 | 15 | 15 | 16 | 15 | 16 | 17 | 17 | 18 | 18 | 19 | 20 | 20 | 21 4 | 21 3 | 22 | 20 二 | 21 | 22 |
| 12 冬 | 12 | 13 | 13 | 14 | 15 | 15 | 16 | 16 | 17 | 16 | 17 | 18 | 18 | 19 | 19 | 20 | 21 | 21 | 22 | 22 | 23 2 | 21 1 | 22 正 | 23 十二 |
| 13 | 13 | 14 | 14 | 15 | 16 | 16 | 17 | 17 | 18 | 17 | 18 | 19 | 19 | 20 | 20 | 21 | 22 | 22 | 23 | 23 | 24 | 22 | 23 12 | 24 11 |
| 14 | 14 | 15 | 15 | 16 | 17 | 17 | 18 | 18 | 19 | 18 | 19 | 20 | 20 | 21 | 21 | 22 | 23 | 23 | 24 | 24 | 25 | 23 | 24 | 25 |
| 15 | 15 | 16 | 16 | 17 | 18 | 18 | 19 | 19 | 20 | 19 | 20 | 21 | 21 | 22 | 22 | 23 | 24 | 24 | 25 | 25 | 26 | 24 | 25 | 26 |
| 16 | 16 | 17 | 17 | 18 | 19 | 19 | 20 | 20 | 21 | 20 | 21 | 22 | 22 | 23 | 23 | 24 | 25 | 25 | 26 | 26 | 27 | 25 | 26 | 27 |
| 17 | 17 | 18 | 18 | 19 | 20 | 20 | 21 | 21 | 22 | 21 | 22 | 23 | 23 | 24 | 24 | 25 | 26 | 26 | 27 | 27 | 28 | 26 | 27 | 28 |
| 18 | 18 | 19 | 19 | 20 | 21 | 21 | 22 | 22 | 23 | 22 | 23 | 24 | 24 | 25 | 25 | 26 | 27 | 27 | 28 | 28 | 29 | 27 | 28 | 29 |
| 19 | 19 | 20 | 20 | 21 | 22 | 22 | 23 | 23 | 24 | 23 | 24 | 25 | 25 | 26 | 26 | 27 | 28 | 28 | 29 | 29 | 30 | 28 | 29 | 30 |
| 20 | 20 | 21 | 21 | 22 | 23 | 23 | 24 | 24 | 25 | 24 | 25 | 26 | 26 | 27 | 27 | 28 | 29 | 29 | 30 | 30 | 31 | **3** | 30 | 31 |
| 21 | 21 | 22 | 22 | 23 | 24 | 24 | 25 | 25 | 26 | 25 | 26 | 27 | 27 | 28 | 28 | 29 | 30 | 30 | 31 | **5** | **4** | 2 | 31 | **1** |
| 22 | 22 | 23 | 23 | 24 | 25 | 25 | 26 | 26 | 27 | 26 | 27 | 28 | 28 | 29 | 29 | 30 | 31 | **7** | **6** | 2 | 2 | 3 | **2** | 2 |
| 23 | 23 | 24 | 24 | 25 | 26 | 26 | 27 | 27 | 28 | 27 | 28 | 29 | 29 | 30 | 30 | 31 | **8** | 2 | 2 | 3 | 3 | 4 | 2 | 3 |
| 24 | 24 | 25 | 25 | 26 | 27 | 27 | 28 | 28 | 29 | 28 | 29 | 30 | 30 | 31 | **10** | **9** | 2 | 3 | 3 | 4 | 4 | 5 | 3 | 4 |
| 25 | 25 | 26 | 26 | 27 | 28 | 28 | 29 | 29 | 30 | 29 | 30 | 31 | **12** | **11** | 2 | 2 | 3 | 4 | 4 | 5 | 5 | 6 | 4 | 5 |
| 26 | 26 | 27 | 27 | 28 | 29 | 29 | 30 | 30 | 31 | **3** | 31 | **1** | 2 | 2 | 3 | 3 | 4 | 5 | 5 | 6 | 6 | 7 | 5 | 6 |
| 27 | 27 | 28 | 28 | 29 | 30 | 30 | 31 | **5** | **4** | 2 | **2** | 2 | 3 | 3 | 4 | 4 | 5 | 6 | 6 | 7 | 7 | 8 | 6 | 7 |
| 28 | 28 | 29 | 29 | 30 | 31 | **7** | **6** | 2 | 2 | 3 | 2 | 3 | 4 | 4 | 5 | 5 | 6 | 7 | 7 | 8 | 8 | 9 | 7 | 8 |
| 29 | 29 | 30 | 30 | 31 | **8** | 2 | 2 | 3 | 3 | 4 | 3 | 4 | 5 | 5 | 6 | 6 | 7 | 8 | 8 | 9 | 9 | 10 | 8 | 9 |
| 30 十二 | 30 十一 | 31 十 | **10** | **9** | 2 | 3 | 3 | **4** | 4 | 5 | 4 | 5 | 6 | 6 | 7 | 7 | 8 | 9 | 9 | 10 | 10 | 11 | 9 | 10 |
| 31 | **12** | **11** | 2 九 | 2 八 | 3 | 4 | 4 | 5 | 5 | 6 | 5 | 6 | 7 | 7 | 8 | 8 | 9 | 10 | 10 | 11 | 11 | 12 | 10 | 11 |
| 日 | 2 11 | 2 | 3 | 3 | 4 七 | 5 六 | 5 | 6 | 6 | 7 | 6 | 7 | 8 | 8 | 9 | 9 | 10 | 11 | 11 | 12 | 12 | 13 | 11 | 12 |
| 曜 | 3 | 3 10 | 4 9 | 4 | 5 | 6 | 6 五 | 7 | 7 | 8 | 7 | 8 | 9 | 9 | 10 | 10 | 11 | 12 | 12 | 13 | 13 | 14 | 12 | 13 |
| 表 | 4 | 4 | 5 | 5 8 | 6 7 | 7 | 7 | 8 四 | 8 三 | 9 | 8 | 9 | 10 | 10 | 11 | 11 | 12 | 13 | 13 | 14 | 14 | 15 | 13 | 14 |
| 6 | 5 | 5 | 6 | 6 | 7 | 8 6 | 8 5 | 9 | 9 | 10 二 | 9 | 10 | 11 | 11 | 12 | 12 | 13 | 14 | 14 | 15 | 15 | 16 | 14 | 15 |
| 甲 | 6 | 6 | 7 | 7 | 8 | 9 | 9 | 10 4 | 10 3 | 11 | 10 正 | 11 十二 | 冬12 十一 | 12 十 | 13 | 13 | 14 | 15 | 15 | 16 | 16 | 17 | 15 | 16 |
| 子 | 7 | 7 | 8 | 8 | 9 | 10 | 10 | 11 | 11 | 12 2 | 11 1 | 12 12 | 13 11 | 13 | 14 閏 | 14 九 | 15 八 | 16 | 16 | 17 | 17 | 18 | 16 | 17 |
| 表 | 8 | 8 | 9 | 9 | 10 | 11 | 11 | 12 | 12 | 13 | 12 | 13 | **14** | 14 10 | 15 9 | 15 | 16 | 17 七 | 17 六 | 18 | 18 | 19 | 17 | 18 |
| 7 | 9 | 9 | 10 | 10 | 11 | 12 | 12 | 13 | 13 | 14 | 13 | 14 | 15 | 15 | 16 | 16 8 | 17 7 | 18 | 18 | 19 五 | 19 | 20 | 18 | 19 |
| | 10 | 10 | 11 | 11 | 12 | 13 | 13 | 14 | 14 | 15 | 14 | 15 | 16 | 16 | 17 | 17 | 18 | 19 6 | 19 5 | 20 | 20 四 | 21 三 | 19 | 20 |

一五五〇 庚戌 嘉靖二九 957

一五四九 己酉 嘉靖二八 956

| | | | | | | | | | | | | | | | | | | | | | | | |
|---|---|---|---|---|---|---|---|---|---|---|---|---|---|---|---|---|---|---|---|---|---|---|---|
| 22 | 23 | 23 | 24 | 25 | 25 | 26 | 26 | 27 | 25 | 26 | 27 | 27 | 28 | 28 | 29 | 30 | 30 | 31 | 5 | 4 | 2 | 31 | 1 12 |
| 23 | 24 | 24 | 25 | 26 | 26 | 27 | 27 | 28 | 26 | 27 | 28 | 28 | 29 | 29 | 30 | 31 | 7 | 6 | 2 | 2 | 3 | 2 | 2 |
| 24 | 25 | 25 | 26 | 27 | 27 | 28 | 28 | 29 | 27 | 28 | 29 | 29 | 30 | 30 | 31 | 8 | 2 | 2 | 3 | 3 | 4 | 2 | 3 |
| 25 | 26 | 26 | 27 | 28 | 28 | 29 | 29 | 30 | 28 | 29 | 30 | 30 | 31 | 10 | 9 | 2 | 3 | 3 | 4 | 4 | 5 | 3 | 4 |
| 26 | 27 | 27 | 28 | 29 | 29 | 30 | 30 | 31 | 3 | 30 | 31 | 12 | 11 | 2 | 2 | 3 | 4 | 4 | 5 | 5 | 6 | 4 | 5 |
| 27 | 28 | 28 | 29 | 30 | 30 | 31 | 5 | 4 | 2 | 31 | 1 | 2 | 2 | 3 | 3 | 4 | 5 | 5 | 6 | 6 | 7 | 5 | 6 |
| 28 | 29 | 29 | 30 | 31 | 7 | 6 | 2 | 2 | 3 | 2 | 2 | 3 | 3 | 4 | 4 | 5 | 6 | 6 | 7 | 7 | 8 | 6 | 7 |
| 29 | 30 | 30 | 31 | 8 | 2 | 2 | 3 | 3 | 4 | 2 | 3 | 4 | 4 | 5 | 5 | 6 | 7 | 7 | 8 | 8 | 9 | 7 | 8 |
| 30 | 31 | 10 | 9 | 2 | 3 | 3 | 4 | 4 | 5 | 3 | 4 | 5 | 5 | 6 | 6 | 7 | 8 | 8 | 9 | 9 | 10 | 8 | 9 |
| 12 | 11 | 2 | 2 | 3 | 4 | 4 | 5 | 5 | 6 | 4 | 5 | 6 | 6 | 7 | 7 | 8 | 9 | 9 | 10 | 10 | 11 | 9 | 10 |
| 2 | 2 | 3 | 3 | 4 | 5 | 5 | 6 | 6 | 7 | 5 | 6 | 7 | 7 | 8 | 8 | 9 | 10 | 10 | 11 | 11 | 12 | 10 | 11 |
| 3 | 3 | 4 | 4 | 5 | 6 | 6 | 7 | 7 | 8 | 6 | 7 | 8 | 8 | 9 | 9 | 10 | 11 | 11 | 12 | 12 | 13 | 11 | 12 |
| 4 | 4 | 5 | 5 | 6 | 7 | 7 | 8 | 8 | 9 | 7 | 8 | 9 | 9 | 10 | 10 | 11 | 12 | 12 | 13 | 13 | 14 | 12 | 13 |
| 5 | 5 | 6 | 6 | 7 | 8 | 8 | 9 | 9 | 10 | 8 | 9 | 10 | 10 | 11 | 11 | 12 | 13 | 13 | 14 | 14 | 15 | 13 | 14 |
| 6 | 6 | 7 | 7 | 8 | 9 | 9 | 10 | 10 | 11 | 9 | 10 | 11 | 11 | 12 | 12 | 13 | 14 | 14 | 15 | 15 | 16 | 14 | 15 |
| 7 | 7 | 8 | 8 | 9 | 10 | 10 | 11 | 11 | 12 | 10 | 11 | 12 冬 | 12 | 13 | 13 | 14 | 15 | 15 | 16 | 16 | 17 | 15 | 16 |
| 8 十一 | 8 | 9 | 9 | 10 | 11 | 11 | 12 | 12 | 13 | 11 | 12 | 13 | 13 | 14 | 14 | 15 | 16 | 16 | 17 | 17 | 18 | 16 | 17 |
| 9 | 9 十 | 10 九 | 10 | 11 | 12 | 12 | 13 | 13 | 14 | 12 | 13 | 14 | 14 | 15 | 15 | 16 | 17 | 17 | 18 | 18 | 19 | 17 | 18 |
| 10 | 10 | 11 | 11 八 | 12 七 | 13 | 13 | 14 | 14 | 15 | 13 | 14 | 15 | 15 | 16 | 16 | 17 | 18 | 18 | 19 | 19 | 20 | 18 | 19 |
| 11 12 | 11 11 | 12 | 12 | 13 | 14 閏 | 14 | 15 | 15 | 16 | 14 | 15 | 16 | 16 | 17 | 17 | 18 | 19 | 19 | 20 | 20 | 21 | 19 | 20 |
| 12 冬 | 12 | 13 10 | 13 9 | 14 | 15 | 15 六 | 16 五 | 16 | 17 | 15 | 16 | 17 | 17 | 18 | 18 | 19 | 20 | 20 | 21 | 21 | 22 | 20 | 21 |
| 13 | 13 | 14 | 14 | 15 8 | 16 7 | 16 | 17 | 17 四 | 18 三 | 16 | 17 | 18 | 18 | 19 | 19 | 20 | 21 | 21 | 22 | 22 | 23 | 21 | 22 |
| 14 | 14 | 15 | 15 | 16 | 17 | 17 6 | 18 5 | 18 | 19 | 17 二 | 18 正 | 19 十二 | 19 十一 | 20 | 20 | 21 | 22 | 22 | 23 | 23 | 24 | 22 | 23 |
| 15 | 15 | 16 | 16 | 17 | 18 | 18 | 19 | 19 4 | 20 3 | 18 | 19 | 20 | 20 | 21 十 | 21 九 | 22 | 23 | 23 | 24 | 24 | 25 | 23 | 24 |
| 16 | 16 | 17 | 17 | 18 | 19 | 19 | 20 | 20 | 21 | 19 2 | 20 1 | 21 12 | 21 11 | 22 | 22 | 23 八 | 24 七 | 24 | 25 | 25 | 26 | 24 | 25 |
| 17 | 17 | 18 | 18 | 19 | 20 | 20 | 21 | 21 | 22 | 20 | 21 | 22 | 22 | 23 10 | 23 9 | 24 | 25 | 25 六 | 26 | 26 | 27 | 25 | 26 |
| 18 | 18 | 19 | 19 | 20 | 21 | 21 | 22 | 22 | 23 | 21 | 22 | 23 | 23 | 24 | 24 | 25 8 | 26 7 | 26 | 27 五 | 27 四 | 28 | 26 | 27 |
| 19 | 19 | 20 | 20 | 21 | 22 | 22 | 23 | 23 | 24 | 22 | 23 | 24 | 24 | 25 | 25 | 26 | 27 | 27 6 | 28 5 | 28 | 29 三 | 27 二 | 28 |
| 20 | 20 | 21 | 21 | 22 | 23 | 23 | 24 | 24 | 25 | 23 | 24 | 25 | 25 | 26 | 26 | 27 | 28 | 28 | 29 | 29 4 | 30 3 | 28 | 29 正 |
| 21 | 21 | 22 | 22 | 23 | 24 | 24 | 25 | 25 | 26 | 24 | 25 | 26 | 26 | 27 | 27 | 28 | 29 | 29 | 30 | 30 | 31 | 3 2 | 30 1 |

勵耘書屋

一五五一 辛亥 嘉靖三〇

958

一五五二 壬子 嘉靖三一

959

960

| | | | | | | | | | | | | | | | | | | | | | | | | |
|---|---|---|---|---|---|---|---|---|---|---|---|---|---|---|---|---|---|---|---|---|---|---|---|---|
| 11 | 11 | 12 | 12 | 13 | 14 | 14 | 15 | 15 | 16 | 15 | 16 | 17 | 17 | 18 | 18 | 19 | 20 | 20 | 21 | 21 | 22 | 20 | 21 | 22 |
| 12 冬 | 12 | 13 | 13 | 14 | 15 | 15 | 16 | 16 | 17 | 16 | 17 | 18 | 18 | 19 | 19 | 20 | 21 | 21 | 22 | 22 | 23 | 21 | 22 | 23 |
| 13 | 13 | 14 | 14 | 15 | 16 | 16 | 17 | 17 | 18 | 17 | 18 | 19 | 19 | 20 | 20 | 21 | 22 | 22 | 23 | 23 | 24 | 22 | 23 | 24 |
| 14 | 14 | 15 | 15 | 16 | 17 | 17 | 18 | 18 | 19 | 18 | 19 | 20 | 20 | 21 | 21 | 22 | 23 | 23 | 24 | 24 | 25 | 23 | 24 | 25 |
| 15 | 15 | 16 | 16 | 17 | 18 | 18 | 19 | 19 | 20 | 19 | 20 | 21 | 21 | 22 | 22 | 23 | 24 | 24 | 25 | 25 | 26 | 24 | 25 | 26 |
| 16 十二 | 16 十一 | 17 | 17 | 18 | 19 | 19 | 20 | 20 | 21 | 20 | 21 | 22 | 22 | 23 | 23 | 24 | 25 | 25 | 26 | 26 | 27 | 25 | 26 | 27 |
| 17 | 17 | 18 十 | 18 九 | 19 | 20 | 20 | 21 | 21 | 22 | 21 | 22 | 23 | 23 | 24 | 24 | 25 | 26 | 26 | 27 | 27 | 28 | 26 | 27 | 28 |
| 18 **1** | 18 **12** | 19 **11** | 19 | 20 八 | 21 七 | 21 | 22 | 22 | 23 | 22 | 23 | 24 | 24 | 25 | 25 | 26 | 27 | 27 | 28 | 28 | 29 | 27 | 28 | 29 |
| 19 | 19 | 20 | 20 **10** | 21 **9** | 22 | 22 六 | 23 五 | 23 | 24 | 23 | 24 | 25 | 25 | 26 | 26 | 27 | 28 | 28 | 29 | 29 | 30 | 28 | 29 | 30 |
| 20 | 20 | 21 | 21 | 22 | 23 **8** | 23 **7** | 24 | 24 四 | 25 三 | 24 二 | 25 | 26 | 26 | 27 | 27 | 28 | 29 | 29 | 30 | 30 | 31 | **3** | 30 | 31 |
| 21 | 21 | 22 | 22 | 23 | 24 | 24 | 25 **6** | 25 **5** | 26 | 25 | 26 正 | 27 十二 | 27 | 28 | 28 | 29 | 30 | 30 | 31 | **5** | **4** | 2 | 31 | **1** |
| 22 | 22 | 23 | 23 | 24 | 25 | 25 | 26 | 26 | 27 **4** | 26 **3** | 27 | 28 | 28 十一 | 29 十 | 29 | 30 | 31 | **7** | **6** | 2 | 2 | 3 | **2** | 2 |
| 23 | 23 | 24 | 24 | 25 | 26 | 26 | 27 | 27 | 28 | 27 | 28 **2** | 29 **1** | 29 | 30 | 30 九 | 31 八 | **8** | 2 | 2 | 3 | 3 | 4 | 2 | 3 |
| 24 | 24 | 25 | 25 | 26 | 27 | 27 | 28 | 28 | 29 | 28 | 29 | 30 | 30 **12** | 31 **11** | **10** | **9** | 2 七 | 3 | 3 | 4 | 4 | 5 | 3 | 4 |
| 25 | 25 | 26 | 26 | 27 | 28 | 28 | 29 | 29 | 30 | 29 | 30 | 31 | **12** | **11** | 2 **10** | 2 **9** | 3 | 4 六 | 4 五 | 5 | 5 | 6 | 4 | 5 |
| 26 | 26 | 27 | 27 | 28 | 29 | 29 | 30 | 30 | 31 | **3** | 31 | **1** | 2 | 2 | 3 | 3 | 4 **8** | 5 **7** | 5 | 6 四 | 6 三 | 7 二 | 5 正 | 6 |
| 27 | 27 | 28 | 28 | 29 | 30 | 30 | 31 | **5** | **4** | 2 | **2** | 2 | 3 | 3 | 4 | 4 | 5 | 6 | 6 **6** | 7 **5** | 7 | 8 | 6 | 7 十二 |
| 28 | 28 | 29 | 29 | 30 | 31 | **7** | **6** | 2 | 2 | 3 | 2 | 3 | 4 | 4 | 5 | 5 | 6 | 7 | 7 | 8 | 8 **4** | 9 **3** | 7 | 8 |
| 29 | 29 | 30 | 30 | 31 | **8** | 2 | 2 | 3 | 3 | 4 | 3 | 4 | 5 | 5 | 6 | 6 | 7 | 8 | 8 | 9 | 9 | 10 | 8 **2** | 9 **1** |
| 30 | 30 | 31 | **10** | **9** | 2 | 3 | 3 | **4** | 4 | 5 | 4 | 5 | 6 | 6 | 7 | 7 | 8 | 9 | 9 | 10 | 10 | 11 | 9 | 10 |
| 31 | **12** | **11** | 2 | 2 | 3 | 4 | 4 | 5 | 5 | 6 | 5 | 6 | 7 | 7 | 8 | 8 | 9 | 10 | 10 | 11 | 11 | 12 | 10 | 11 |
| 日 | 2 | 2 | 3 | 3 | 4 | 5 | 5 | 6 | 6 | 7 | 6 | 7 | 8 | 8 | 9 | 9 | 10 | 11 | 11 | 12 | 12 | 13 | 11 | 12 |
| 曜 | 3 | 3 | 4 | 4 | 5 | 6 | 6 | 7 | 7 | 8 | 7 | 8 | 9 | 9 | 10 | 10 | 11 | 12 | 12 | 13 | 13 | 14 | 12 | 13 |
| 表 | 4 | 4 | 5 | 5 | 6 | 7 | 7 | 8 | 8 | 9 | 8 | 9 | 10 | 10 | 11 | 11 | 12 | 13 | 13 | 14 | 14 | 15 | 13 | 14 |
| 7 | 5 | 5 | 6 | 6 | 7 | 8 | 8 | 9 | 9 | 10 | 9 | 10 | 11 | 11 | 12 | 12 | 13 | 14 | 14 | 15 | 15 | 16 | 14 | 15 |
| 甲 | 6 | 6 | 7 | 7 | 8 | 9 | 9 | 10 | 10 | 11 | 10 | 11 | 12 冬 | 12 | 13 | 13 | 14 | 15 | 15 | 16 | 16 | 17 | 15 | 16 |
| 子 | 7 | 7 | 8 | 8 | 9 | 10 | 10 | 11 | 11 | 12 | 11 | 12 | 13 | 13 | 14 | 14 | 15 | 16 | 16 | 17 | 17 | 18 | 16 | 17 |
| 表 | 8 | 8 | 9 | 9 | 10 | 11 | 11 | 12 | 12 | 13 | 12 | 13 | 14 | 14 | 15 | 15 | 16 | 17 | 17 | 18 | 18 | 19 | 17 | 18 |
| 8 | 9 | 9 | 10 | 10 | 11 | 12 | 12 | 13 | 13 | 14 | 13 | 14 | 15 | 15 | 16 | 16 | 17 | 18 | 18 | 19 | 19 | 20 | 18 | 19 |
| | 10 | 10 | 11 | 11 | 12 | 13 | 13 | 14 | 14 | 15 | 14 | 15 | 16 | 16 | 17 | 17 | 18 | 19 | 19 | 20 | 20 | 21 | 19 | 20 |

一五五四 甲寅 嘉靖三三 962

一五五三 癸丑 嘉靖三二 961

| | | | | | | | | | | | | | | | | | | | | | | | |
|---|---|---|---|---|---|---|---|---|---|---|---|---|---|---|---|---|---|---|---|---|---|---|---|
| 22 | 23 | 23 | 24 | 25 | 25 | 26 | 26 | 27 | 25 | 26 | 27 | 27 | 28 | 28 | 29 | 30 | 30 | 31 | **5** | **4** | 2 | 31 | **1** |
| 23 | 24 | 24 | 25 | 26 | 26 | 27 | 27 | 28 | 26 | 27 | 28 | 28 | 29 | 29 | 30 | 31 | **7** | **6** | 2 | 2 | 3 | **2** | 2 |
| 24十一 | 25 | 25 | 26 | 27 | 27 | 28 | 28 | 29 | 27 | 28 | 29 | 29 | 30 | 30 | 31 | **8** | 2 | 2 | 3 | 3 | 4 | 2 | 3 |
| 25 | 26十 | 26 | 27 | 28 | 28 | 29 | 29 | 30 | 28 | 29 | 30 | 30 | 31 | **10** | **9** | 2 | 3 | 3 | 4 | 4 | 5 | 3 | 4 |
| 26 1 | 27 | 27九 | 28八 | 29七 | 29 | 30 | 30 | 31 | **3** | 30 | 31 | **12** | **11** | 2 | 2 | 3 | 4 | 4 | 5 | 5 | 6 | 4 | 5 |
| 27 | 28 12 | 28 11 | 29 | 30 | 30六 | 31五 | **5** | **4** | 2 | 31 | **1** | 2 | 2 | 3 | 3 | 4 | 5 | 5 | 6 | 6 | 7 | 5 | 6 |
| 28 | 29 | 29 | 30 10 | 31 9 | **7** | **6** | 2四 | 2三 | 3 | **2** | 2 | 3 | 3 | 4 | 4 | 5 | 6 | 6 | 7 | 7 | 8 | 6 | 7 |
| 29 | 30 | 30 | 31 | **8** | 2 8 | 2 7 | 3 | 3 | 4二 | 2正 | 3 | 4 | 4 | 5 | 5 | 6 | 7 | 7 | 8 | 8 | 9 | 7 | 8 |
| 30 | 31 | **10** | **9** | 2 | 3 | 3 | 4 6 | 4 5 | 5 | 3 | 4十二 | 5十一 | 5 | 6 | 6 | 7 | 8 | 8 | 9 | 9 | 10 | 8 | 9 |
| **12** | **11** | 2 | 2 | 3 | 4 | 4 | 5 | 5 | 6 4 | 4 3 | 5 | 6 | 6十 | 7九 | 7 | 8 | 9 | 9 | 10 | 10 | 11 | 9 | 10 |
| 2 | 2 | 3 | 3 | 4 | 5 | 5 | 6 | 6 | 7 | 5 | 6 2 | 7 1 | 7 | 8 | 8八 | 9七 | 10 | 10 | 11 | 11 | 12 | 10 | 11 |
| 3 | 3 | 4 | 4 | 5 | 6 | 6 | 7 | 7 | 8 | 6 | 7 | 8 | 8 12 | 9 11 | 9 | 10 | 11六 | 11五 | 12四 | 12 | 13 | 11 | 12 |
| 4 | 4 | 5 | 5 | 6 | 7 | 7 | 8 | 8 | 9 | 7 | 8 | 9 | 9 | 10 | 10 10 | 11 9 | 12 | 12 | 13 | 13閏 | 14三 | 12 | 13 |
| 5 | 5 | 6 | 6 | 7 | 8 | 8 | 9 | 9 | 10 | 8 | 9 | 10 | 10 | 11 | 11 | 12 | 13 8 | 13 7 | 14 | 14 | 15 | 13二 | 14正 |
| 6 | 6 | 7 | 7 | 8 | 9 | 9 | 10 | 10 | 11 | 9 | 10 | 11 | 11 | 12 | 12 | 13 | 14 | 14 | 15 6 | 15 5 | 16 | 14 | 15 |
| 7 | 7 | 8 | 8 | 9 | 10 | 10 | 11 | 11 | 12 | 10 | 11 | 12冬 | 12 | 13 | 13 | 14 | 15 | 15 | 16 | 16 | 17 4 | 15 3 | 16 |
| 8 | 8 | 9 | 9 | 10 | 11 | 11 | 12 | 12 | 13 | 11 | 12 | 13 | 13 | 14 | 14 | 15 | 16 | 16 | 17 | 17 | 18 | 16 | 17 2 |
| 9 | 9 | 10 | 10 | 11 | 12 | 12 | 13 | 13 | 14 | 12 | 13 | 14 | 14 | 15 | 15 | 16 | 17 | 17 | 18 | 18 | 19 | 17 | 18 |
| 10 | 10 | 11 | 11 | 12 | 13 | 13 | 14 | 14 | 15 | 13 | 14 | 15 | 15 | 16 | 16 | 17 | 18 | 18 | 19 | 19 | 20 | 18 | 19 |
| 11 | 11 | 12 | 12 | 13 | 14 | 14 | 15 | 15 | 16 | 14 | 15 | 16 | 16 | 17 | 17 | 18 | 19 | 19 | 20 | 20 | 21 | 19 | 20 |
| 12冬 | 12 | 13 | 13 | 14 | 15 | 15 | 16 | 16 | 17 | 15 | 16 | 17 | 17 | 18 | 18 | 19 | 20 | 20 | 21 | 21 | 22 | 20 | 21 |
| 13 | 13 | 14 | 14 | 15 | 16 | 16 | 17 | 17 | 18 | 16 | 17 | 18 | 18 | 19 | 19 | 20 | 21 | 21 | 22 | 22 | 23 | 21 | 22 |
| 14 | 14 | 15 | 15 | 16 | 17 | 17 | 18 | 18 | 19 | 17 | 18 | 19 | 19 | 20 | 20 | 21 | 22 | 22 | 23 | 23 | 24 | 22 | 23 |
| 15 | 15 | 16 | 16 | 17 | 18 | 18 | 19 | 19 | 20 | 18 | 19 | 20 | 20 | 21 | 21 | 22 | 23 | 23 | 24 | 24 | 25 | 23 | 24 |
| 16 | 16 | 17 | 17 | 18 | 19 | 19 | 20 | 20 | 21 | 19 | 20 | 21 | 21 | 22 | 22 | 23 | 24 | 24 | 25 | 25 | 26 | 24 | 25 |
| 17 | 17 | 18 | 18 | 19 | 20 | 20 | 21 | 21 | 22 | 20 | 21 | 22 | 22 | 23 | 23 | 24 | 25 | 25 | 26 | 26 | 27 | 25 | 26 |
| 18 | 18 | 19 | 19 | 20 | 21 | 21 | 22 | 22 | 23 | 21 | 22 | 23 | 23 | 24 | 24 | 25 | 26 | 26 | 27 | 27 | 28 | 26 | 27 |
| 19 | 19 | 20 | 20 | 21 | 22 | 22 | 23 | 23 | 24 | 22 | 23 | 24 | 24 | 25 | 25 | 26 | 27 | 27 | 28 | 28 | 29 | 27 | 28 |
| 20 | 20 | 21 | 21 | 22 | 23 | 23 | 24 | 24 | 25 | 23 | 24 | 25 | 25 | 26 | 26 | 27 | 28 | 28 | 29 | 29 | 30 | 28 | 29 |
| 21 | 21 | 22 | 22 | 23 | 24 | 24 | 25 | 25 | 26 | 24 | 25 | 26 | 26 | 27 | 27 | 28 | 29 | 29 | 30 | 30 | 31 | **3** | 30 |

一五五五
乙卯
嘉靖三四

963

一五五六
丙辰
嘉靖三五

964

| | | | | | | | | | | | | | | | | | | | | | | | | |
|---|---|---|---|---|---|---|---|---|---|---|---|---|---|---|---|---|---|---|---|---|---|---|---|---|
| 11 | 11 | 12 | 12 | 13 | 14 | 14 | 15 | 15 | 16 | 15 | 16 | 17 | 17 | 18 | 18 | 19 | 10 20 | 9 20 | 21 | 21 | 四 22 | 20 | 21 | 22 |
| 12 | 冬 12 | 13 | 13 | 14 | 15 | 15 | 16 | 16 | 17 | 16 | 17 | 18 | 18 | 19 | 19 | 20 | 21 | 21 | 8 22 | 7 22 | 23 | 三 21 | 二 22 | 23 |
| 13 | 13 | 14 | 14 | 15 | 16 | 16 | 17 | 17 | 18 | 17 | 18 | 19 | 19 | 20 | 20 | 21 | 22 | 22 | 23 | 23 | 6 24 | 5 22 | 23 | 正 24 十二 |
| 14 | 14 | 15 | 15 | 16 | 17 | 17 | 18 | 18 | 19 | 18 | 19 | 20 | 20 | 21 | 21 | 22 | 23 | 23 | 24 | 24 | 25 | 23 | 4 24 | 3 25 |
| 15 | 15 | 16 | 16 | 17 | 18 | 18 | 19 | 19 | 20 | 19 | 20 | 21 | 21 | 22 | 22 | 23 | 24 | 24 | 25 | 25 | 26 | 24 | 25 | 26 2 |
| 16 | 16 | 17 | 17 | 18 | 19 | 19 | 20 | 20 | 21 | 20 | 21 | 22 | 22 | 23 | 23 | 24 | 25 | 25 | 26 | 26 | 27 | 25 | 26 | 27 |
| 17 | 17 | 18 | 18 | 19 | 20 | 20 | 21 | 21 | 22 | 21 | 22 | 23 | 23 | 24 | 24 | 25 | 26 | 26 | 27 | 27 | 28 | 26 | 27 | 28 |
| 18 | 18 | 19 | 19 | 20 | 21 | 21 | 22 | 22 | 23 | 22 | 23 | 24 | 24 | 25 | 25 | 26 | 27 | 27 | 28 | 28 | 29 | 27 | 28 | 29 |
| 19 | 19 | 20 | 20 | 21 | 22 | 22 | 23 | 23 | 24 | 23 | 24 | 25 | 25 | 26 | 26 | 27 | 28 | 28 | 29 | 29 | 30 | 28 | 29 | 30 |
| 20 | 20 | 21 | 21 | 22 | 23 | 23 | 24 | 24 | 25 | 24 | 25 | 26 | 26 | 27 | 27 | 28 | 29 | 29 | 30 | 30 | 31 | 3 | 30 | 31 |
| 21 | 21 | 22 | 22 | 23 | 24 | 24 | 25 | 25 | 26 | 25 | 26 | 27 | 27 | 28 | 28 | 29 | 30 | 30 | 31 | 5 | 4 | 2 | 31 | 1 |
| 22 | 22 | 23 | 23 | 24 | 25 | 25 | 26 | 26 | 27 | 26 | 27 | 28 | 28 | 29 | 29 | 30 | 31 | 7 | 6 | 2 | 2 | 3 | 2 | 2 |
| 23 | 23 | 24 | 24 | 25 | 26 | 26 | 27 | 27 | 28 | 27 | 28 | 29 | 29 | 30 | 30 | 31 | 8 | 2 | 2 | 3 | 3 | 4 | 2 | 3 |
| 24 | 24 | 25 | 25 | 26 | 27 | 27 | 28 | 28 | 29 | 28 | 29 | 30 | 30 | 31 | 10 | 9 | 2 | 3 | 3 | 4 | 4 | 5 | 3 | 4 |
| 25 | 25 | 26 | 26 | 27 | 28 | 28 | 29 | 29 | 30 | 29 | 30 | 31 | 12 | 11 | 2 | 2 | 3 | 4 | 4 | 5 | 5 | 6 | 4 | 5 |
| 26 | 26 | 27 | 27 | 28 | 29 | 29 | 30 | 30 | 31 | 3 | 31 | 1 | 2 | 2 | 3 | 3 | 4 | 5 | 5 | 6 | 6 | 7 | 5 | 6 |
| 27 | 27 | 28 | 28 | 29 | 30 | 30 | 31 | 5 | 4 | 2 | 2 | 2 | 3 | 3 | 4 | 4 | 5 | 6 | 6 | 7 | 7 | 8 | 6 | 7 |
| 28 | 28 | 29 | 29 | 30 | 31 | 7 | 6 | 2 | 2 | 3 | 2 | 3 | 4 | 4 | 5 | 5 | 6 | 7 | 7 | 8 | 8 | 9 | 7 | 8 |
| 29 | 29 | 30 | 30 | 31 | 8 | 2 | 2 | 3 | 3 | 4 | 3 | 4 | 5 | 5 | 6 | 6 | 7 | 8 | 8 | 9 | 9 | 10 | 8 | 9 |
| 30 | 30 | 31 | 10 | 9 | 2 | 3 | 3 | 4 | 4 | 5 | 4 | 5 | 6 | 6 | 7 | 7 | 8 | 9 | 9 | 10 | 10 | 11 | 9 | 10 |
| 31 | 12 | 11 | 2 | 2 | 3 | 4 | 4 | 5 | 5 | 6 | 5 | 6 | 7 | 7 | 8 | 8 | 9 | 10 | 10 | 11 | 11 | 12 | 10 | 11 |
| 日 | 2 | 十一 2 | 十 3 | 九 3 | 4 | 5 | 5 | 6 | 6 | 7 | 6 | 7 | 8 | 8 | 9 | 9 | 10 | 11 | 11 | 12 | 12 | 13 | 11 | 12 |
| 曜 | 3 | 3 | 4 | 4 | 八 5 | 七 6 | 6 | 7 | 7 | 8 | 7 | 8 | 9 | 9 | 10 | 10 | 11 | 12 | 12 | 13 | 13 | 14 | 12 | 13 |
| 表 | 4 | 2 4 | 1 5 | 5 | 6 | 7 | 六 7 | 五 8 | 8 | 9 | 8 | 9 | 10 | 10 | 11 | 11 | 12 | 13 | 13 | 14 | 14 | 15 | 13 | 14 |
| 1 | 5 | 5 | 6 | 12 6 | 11 7 | 8 | 8 | 9 | 四 9 | 10 | 9 | 10 | 11 | 11 | 12 | 12 | 13 | 14 | 14 | 15 | 15 | 16 | 14 | 15 |
| 甲 | 6 | 6 | 7 | 7 | 8 | 10 9 | 9 9 | 10 | 10 | 三 11 | 二 10 | 11 | 12 | 冬 12 | 13 | 13 | 14 | 15 | 15 | 16 | 16 | 17 | 15 | 16 |
| 子 | 7 | 7 | 8 | 8 | 9 | 10 | 10 | 8 11 | 7 11 | 12 | 11 | 正 12 | 十二 13 | 13 | 14 | 14 | 15 | 16 | 16 | 17 | 17 | 18 | 16 | 17 |
| 表 | 8 | 8 | 9 | 9 | 10 | 11 | 11 | 12 | 12 | 6 13 | 5 12 | 13 | 14 | 閏 14 | 十一 15 | 十 15 | 16 | 17 | 17 | 18 | 18 | 19 | 17 | 18 |
| 9 | 9 | 9 | 10 | 10 | 11 | 12 | 12 | 13 | 13 | 14 | 13 | 4 14 | 3 15 | 15 | 16 | 16 | 九 17 | 八 18 | 七 18 | 19 | 19 | 20 | 18 | 19 |
| | 10 | 10 | 11 | 11 | 12 | 13 | 13 | 14 | 14 | 15 | 14 | 15 | 16 | 2 16 | 1 17 | 12 17 | 11 18 | 19 | 19 | 六 20 | 五 20 | 21 | 19 | 20 |

| 一五五八 戊午 嘉靖三七 966 | | | | | | | | | | | | 一五五七 丁巳 嘉靖三六 965 | | | | | | | | | | | |
|---|---|---|---|---|---|---|---|---|---|---|---|---|---|---|---|---|---|---|---|---|---|---|---|
| 22 | 23 | 23 | 24 | 25 | 25 | 26 | 26 | 27 | 25 | 26 | 27 | 27 | 28 | 28 | 29 | 30 | 30 | 31 | **5** | **4** 6 | 2 5 | 31 | **1** 十二 |
| 23 | 24 | 24 | 25 | 26 | 26 | 27 | 27 | 28 | 26 | 27 | 28 | 28 | 29 | 29 | 30 | 31 | **7** | **6** | 2 | 2 | 3 | **2** 4 | 2 3 |
| 24 | 25 | 25 | 26 | 27 | 27 | 28 | 28 | 29 | 27 | 28 | 29 | 29 | 30 | 30 | 31 | **8** | 2 | 2 | 3 | 3 | 4 | 2 | 3 |
| 25 | 26 | 26 | 27 | 28 | 28 | 29 | 29 | 30 | 28 | 29 | 30 | 30 | 31 | **10** | **9** | 2 | 3 | 3 | 4 | 4 | 5 | 3 | 4 |
| 26 | 27 | 27 | 28 | 29 | 29 | 30 | 30 | 31 | **3** | 30 | 31 | **12** | **11** | 2 | 2 | 3 | 4 | 4 | 5 | 5 | 6 | 4 | 5 |
| 27 | 28 | 28 | 29 | 30 | 30 | 31 | **5** | **4** | 2 | 31 | **1** | 2 | 2 | 3 | 3 | 4 | 5 | 5 | 6 | 6 | 7 | 5 | 6 |
| 28 | 29 | 29 | 30 | 31 | **7** | **6** | 2 | 2 | 3 | **2** | 2 | 3 | 3 | 4 | 4 | 5 | 6 | 6 | 7 | 7 | 8 | 6 | 7 |
| 29 | 30 | 30 | 31 | **8** | 2 | 2 | 3 | 3 | 4 | 2 | 3 | 4 | 4 | 5 | 5 | 6 | 7 | 7 | 8 | 8 | 9 | 7 | 8 |
| 30 | 31 | **10** | **9** | 2 | 3 | 3 | 4 | 4 | 5 | 3 | 4 | 5 | 5 | 6 | 6 | 7 | 8 | 8 | 9 | 9 | 10 | 8 | 9 |
| **12** | **11** | 2 | 2 | 3 | 4 | 4 | 5 | 5 | 6 | 4 | 5 | 6 | 6 | 7 | 7 | 8 | 9 | 9 | 10 | 10 | 11 | 9 | 10 |
| 2 | 2 | 3 | 3 | 4 | 5 | 5 | 6 | 6 | 7 | 5 | 6 | 7 | 7 | 8 | 8 | 9 | 10 | 10 | 11 | 11 | 12 | 10 | 11 |
| 3 | 3 | 4 | 4 | 5 | 6 | 6 | 7 | 7 | 8 | 6 | 7 | 8 | 8 | 9 | 9 | 10 | 11 | 11 | 12 | 12 | 13 | 11 | 12 |
| 4 | 4 | 5 | 5 | 6 | 7 | 7 | 8 | 8 | 9 | 7 | 8 | 9 | 9 | 10 | 10 | 11 | 12 | 12 | 13 | 13 | 14 | 12 | 13 |
| 5 | 5 | 6 | 6 | 7 | 8 | 8 | 9 | 9 | 10 | 8 | 9 | 10 | 10 | 11 | 11 | 12 | 13 | 13 | 14 | 14 | 15 | 13 | 14 |
| 6 | 6 | 7 | 7 | 8 | 9 | 9 | 10 | 10 | 11 | 9 | 10 | 11 | 11 | 12 | 12 | 13 | 14 | 14 | 15 | 15 | 16 | 14 | 15 |
| 7 | 7 | 8 | 8 | 9 | 10 | 10 | 11 | 11 | 12 | 10 | 11 | 12 冬 | 12 | 13 | 13 | 14 | 15 | 15 | 16 | 16 | 17 | 15 | 16 |
| 8 | 8 | 9 | 9 | 10 | 11 | 11 | 12 | 12 | 13 | 11 | 12 | 13 | 13 | 14 | 14 | 15 | 16 | 16 | 17 | 17 | 18 | 16 | 17 |
| 9 | 9 | 10 | 10 | 11 | 12 | 12 | 13 | 13 | 14 | 12 | 13 | 14 | 14 | 15 | 15 | 16 | 17 | 17 | 18 | 18 | 19 | 17 | 18 |
| 10 十二 | 10 十 | 11 九 | 11 | 12 | 13 | 13 | 14 | 14 | 15 | 13 | 14 | 15 | 15 | 16 | 16 | 17 | 18 | 18 | 19 | 19 | 20 | 18 | 19 |
| 11 | 11 | 12 | 12 八 | 13 | 14 | 14 | 15 | 15 | 16 | 14 | 15 | 16 | 16 | 17 | 17 | 18 | 19 | 19 | 20 | 20 | 21 | 19 | 20 |
| 12 冬 3 | 12 | 13 | 13 | 14 閏 | 15 七 | 15 | 16 | 16 | 17 | 15 | 16 | 17 | 17 | 18 | 18 | 19 | 20 | 20 | 21 | 21 | 22 | 20 | 21 |
| 13 | 13 2 | 14 1 | 14 12 | 15 11 | 16 | 16 六 | 17 | 17 | 18 | 16 | 17 | 18 | 18 | 19 | 19 | 20 | 21 | 21 | 22 | 22 | 23 | 21 | 22 |
| 14 | 14 | 15 | 15 | 16 | 17 10 | 17 9 | 18 五 | 18 四 | 19 | 17 | 18 | 19 | 19 | 20 | 20 | 21 | 22 | 22 | 23 | 23 | 24 | 22 | 23 |
| 15 | 15 | 16 | 16 | 17 | 18 | 18 | 19 8 | 19 7 | 20 三 | 18 二 | 19 | 20 | 20 | 21 | 21 | 22 | 23 | 23 | 24 | 24 | 25 | 23 | 24 |
| 16 | 16 | 17 | 17 | 18 | 19 | 19 | 20 | 20 | 21 6 | 19 5 | 20 正 | 21 十二 | 21 十一 | 22 十 | 22 | 23 | 24 | 24 | 25 | 25 | 26 | 24 | 25 |
| 17 | 17 | 18 | 18 | 19 | 20 | 20 | 21 | 21 | 22 | 20 | 21 4 | 22 3 | 22 | 23 | 23 九 | 24 八 | 25 | 25 | 26 | 26 | 27 | 25 | 26 |
| 18 | 18 | 19 | 19 | 20 | 21 | 21 | 22 | 22 | 23 | 21 | 22 | 23 | 23 2 | 24 1 | 24 | 25 | 26 七 | 26 六 | 27 | 27 | 28 | 26 | 27 |
| 19 | 19 | 20 | 20 | 21 | 22 | 22 | 23 | 23 | 24 | 22 | 23 | 24 | 24 | 25 | 25 12 | 26 11 | 27 | 27 | 28 五 | 28 | 29 | 27 | 28 |
| 20 | 20 | 21 | 21 | 22 | 23 | 23 | 24 | 24 | 25 | 23 | 24 | 25 | 25 | 26 | 26 | 27 | 28 10 | 28 9 | 29 | 29 四 | 30 三 | 28 | 29 |
| 21 | 21 | 22 | 22 | 23 | 24 | 24 | 25 | 25 | 26 | 24 | 25 | 26 | 26 | 27 | 27 | 28 | 29 | 29 | 30 8 | 30 7 | 31 | **3** 二 | 30 正 |

一五

一五六〇 庚申 嘉靖三九 968

一五五九 己未 嘉靖三八 967

| | | | | | | | | | | | | | | | | | | | | | | | | |
|---|---|---|---|---|---|---|---|---|---|---|---|---|---|---|---|---|---|---|---|---|---|---|---|---|
| 11 | 11 | 12 | 12 | 13 | 14 | 14 | 15 | 15 | 16 | 15 | 16 | 17 | 17 | 18 | 18 | 19 | 20 | 20 | 21 | 21 | 22 | 20 | 21 | 22 |
| 12 | 冬12 | 13 | 13 | 14 | 15 | 15 | 16 | 16 | 17 | 16 | 17 | 18 | 18 | 19 | 19 | 20 | 21 | 21 | 22 | 22 | 23 | 21 | 22 | 23 |
| 13 | 13 | 14 | 14 | 15 | 16 | 16 | 17 | 17 | 18 | 17 | 18 | 19 | 19 | 20 | 20 | 21 | 22 | 22 | 23 | 23 | 24 | 22 | 23 | 24 |
| 14 | 14 | 15 | 15 | 16 | 17 | 17 | 18 | 18 | 19 | 18 | 19 | 20 | 20 | 21 | 21 | 22 | 23 | 23 | 24 | 24 | 25 | 23 | 24 | 25 |
| 15 | 15 | 16 | 16 | 17 | 18 | 18 | 19 | 19 | 20 | 19 | 20 | 21 | 21 | 22 | 22 | 23 | 24 | 24 | 25 | 25 | 26 | 24 | 25 | 26 |
| 16 | 16 | 17 | 17 | 18 | 19 | 19 | 20 | 20 | 21 | 20 | 21 | 22 | 22 | 23 | 23 | 24 | 25 | 25 | 26 | 26 | 27 | 25 | 26 | 27 |
| 17 | 十二17 | 18 | 18 | 19 | 20 | 20 | 21 | 21 | 22 | 21 | 22 | 23 | 23 | 24 | 24 | 25 | 26 | 26 | 27 | 27 | 28 | 26 | 27 | 28 |
| 18 | 18 | 十一19 | 十19 | 20 | 21 | 21 | 22 | 22 | 23 | 22 | 23 | 24 | 24 | 25 | 25 | 26 | 27 | 27 | 28 | 28 | 29 | 27 | 28 | 29 |
| 19 | 19 | 20 | 20 | 九21 | 八22 | 22 | 23 | 23 | 24 | 23 | 24 | 25 | 25 | 26 | 26 | 27 | 28 | 28 | 29 | 29 | 30 | 28 | 29 | 30 |
| 20 | 4 20 | 3 21 | 21 | 22 | 23 | 七23 | 24 | 24 | 25 | 24 | 25 | 26 | 26 | 27 | 27 | 28 | 29 | 29 | 30 | 30 | 31 | 3 | 30 | 31 |
| 21 | 21 | 22 | 2 22 | 1 23 | 12 24 | 11 24 | 六25 | 五25 | 四26 | 25 | 26 | 27 | 27 | 28 | 28 | 29 | 30 | 30 | 31 | 5 | 4 | 2 | 31 | 1 |
| 22 | 22 | 23 | 23 | 24 | 25 | 25 | 10 26 | 9 26 | 27 | 三26 | 二27 | 正28 | 28 | 29 | 29 | 30 | 31 | 7 | 6 | 2 | 2 | 3 | 2 | 2 |
| 23 | 23 | 24 | 24 | 25 | 26 | 26 | 27 | 27 | 8 28 | 7 27 | 28 | 29 | 十二29 | 十一30 | 十30 | 31 | 8 | 2 | 2 | 3 | 3 | 4 | 2 | 3 |
| 24 | 24 | 25 | 25 | 26 | 27 | 27 | 28 | 28 | 29 | 28 | 6 29 | 5 30 | 30 | 31 | 10 | 九9 | 2 | 3 | 3 | 4 | 4 | 5 | 3 | 4 |
| 25 | 25 | 26 | 26 | 27 | 28 | 28 | 29 | 29 | 30 | 29 | 30 | 31 | 4 12 | 3 11 | 2 | 2 | 八3 | 七4 | 4 | 5 | 5 | 6 | 4 | 5 |
| 26 | 26 | 27 | 27 | 28 | 29 | 29 | 30 | 30 | 31 | 3 | 31 | 1 | 2 | 2 | 2 3 | 1 3 | 4 | 5 | 六5 | 6 | 6 | 7 | 5 | 6 |
| 27 | 27 | 28 | 28 | 29 | 30 | 30 | 31 | 5 | 4 | 2 | 2 | 2 | 3 | 3 | 4 | 4 | 12 5 | 11 6 | 6 | 五7 | 四7 | 8 | 6 | 7 |
| 28 | 28 | 29 | 29 | 30 | 31 | 7 | 6 | 2 | 2 | 3 | 2 | 3 | 4 | 4 | 5 | 5 | 6 | 7 | 10 7 | 9 8 | 8 | 三9 | 二7 | 正8 十二 |
| 29 | 29 | 30 | 30 | 31 | 8 | 2 | 2 | 3 | 3 | 4 | 3 | 4 | 5 | 5 | 6 | 6 | 7 | 8 | 8 | 9 | 8 9 | 7 10 | 8 | 9 |
| 30 | 30 | 31 | 10 | 9 | 2 | 3 | 3 | 4 | 4 | 5 | 4 | 5 | 6 | 6 | 7 | 7 | 8 | 9 | 9 | 10 | 10 | 11 | 6 9 | 5 10 |
| 31 | 12 | 11 | 2 | 2 | 3 | 4 | 4 | 5 | 5 | 6 | 5 | 6 | 7 | 7 | 8 | 8 | 9 | 10 | 10 | 11 | 11 | 12 | 10 | 11 4 |
| 日 | 2 | 2 | 3 | 3 | 4 | 5 | 5 | 6 | 6 | 7 | 6 | 7 | 8 | 8 | 9 | 9 | 10 | 11 | 11 | 12 | 12 | 13 | 11 | 12 |
| 曜 | 3 | 3 | 4 | 4 | 5 | 6 | 6 | 7 | 7 | 8 | 7 | 8 | 9 | 9 | 10 | 10 | 11 | 12 | 12 | 13 | 13 | 14 | 12 | 13 |
| 表 | 4 | 4 | 5 | 5 | 6 | 7 | 7 | 8 | 8 | 9 | 8 | 9 | 10 | 10 | 11 | 11 | 12 | 13 | 13 | 14 | 14 | 15 | 13 | 14 |
| 2 | 5 | 5 | 6 | 6 | 7 | 8 | 8 | 9 | 9 | 10 | 9 | 10 | 11 | 11 | 12 | 12 | 13 | 14 | 14 | 15 | 15 | 16 | 14 | 15 |
| 甲 | 6 | 6 | 7 | 7 | 8 | 9 | 9 | 10 | 10 | 11 | 10 | 11 | 12 | 冬12 | 13 | 13 | 14 | 15 | 15 | 16 | 16 | 17 | 15 | 16 |
| 子 | 7 | 7 | 8 | 8 | 9 | 10 | 10 | 11 | 11 | 12 | 11 | 12 | 13 | 13 | 14 | 14 | 15 | 16 | 16 | 17 | 17 | 18 | 16 | 17 |
| 表 | 8 | 8 | 9 | 9 | 10 | 11 | 11 | 12 | 12 | 13 | 12 | 13 | 14 | 14 | 15 | 15 | 16 | 17 | 17 | 18 | 18 | 19 | 17 | 18 |
| 10 | 9 | 9 | 10 | 10 | 11 | 12 | 12 | 13 | 13 | 14 | 13 | 14 | 15 | 15 | 16 | 16 | 17 | 18 | 18 | 19 | 19 | 20 | 18 | 19 |
| | 10 | 10 | 11 | 11 | 12 | 13 | 13 | 14 | 14 | 15 | 14 | 15 | 16 | 16 | 17 | 17 | 18 | 19 | 19 | 20 | 20 | 21 | 19 | 20 |

一五六一 辛酉 嘉靖四〇 969

一五六二 壬戌 嘉靖四一 970

| | | | | | | | | | | | | | | | | | | | | | | | |
|---|---|---|---|---|---|---|---|---|---|---|---|---|---|---|---|---|---|---|---|---|---|---|---|
| 22 | 23 | 23 | 24 | 25 | 25 | 26 | 26 | 27 | 25 | 26 | 27 | 27 | 28 | 28 | 29 | 30 | 30 | 31 | **5** | **4** | 2 | 31 | **1** |
| 23 | 24 | 24 | 25 | 26 | 26 | 27 | 27 | 28 | 26 | 27 | 28 | 28 | 29 | 29 | 30 | 31 | **7** | **6** | 2 | 2 | 3 | **2** | 2 |
| 24 | 25 | 25 | 26 | 27 | 27 | 28 | 28 | 29 | 27 | 28 | 29 | 29 | 30 | 30 | 31 | **8** | 2 | 2 | 3 | 3 | 4 | 2 | 3 |
| 25 | 26 | 26 | 27 | 28 | 28 | 29 | 29 | 30 | 28 | 29 | 30 | 30 | 31 | **10** | **9** | 2 | 3 | 3 | 4 | 4 | 5 | 3 | 4 |
| 26 十二 | 27 | 27 | 28 | 29 | 29 | 30 | 30 | 31 | **3** | 30 | 31 | **12** | **11** | 2 | 2 | 3 | 4 | 4 | 5 | 5 | 6 | 4 | 5 |
| 27 | 28 十 | 28 九 | 29 | 30 | 30 | 31 | **5** | **4** | 2 | 31 | **1** | 2 | 2 | 3 | 3 | 4 | 5 | 5 | 6 | 6 | 7 | 5 | 6 |
| 28 4 | 29 3 | 29 | 30 八 | 31 七 | **7** 六 | **6** | 2 | 2 | 3 | **2** | 2 | 3 | 3 | 4 | 4 | 5 | 6 | 6 | 7 | 7 | 8 | 6 | 7 |
| 29 | 30 | 30 2 | 31 1 | **8** | 2 | 2 五 | 3 四 | 3 | 4 | 2 | 3 | 4 | 4 | 5 | 5 | 6 | 7 | 7 | 8 | 8 | 9 | 7 | 8 |
| 30 | 31 | **10** | **9** | 2 12 | 3 11 | 3 | 4 | 4 三 | 5 二 | 3 | 4 | 5 | 5 | 6 | 6 | 7 | 8 | 8 | 9 | 9 | 10 | 8 | 9 |
| **12** | **11** | 2 | 2 | 3 | 4 | 4 10 | 5 9 | 5 | 6 | 4 正 | 5 十二 | 6 | 6 | 7 | 7 | 8 | 9 | 9 | 10 | 10 | 11 | 9 | 10 |
| 2 | 2 | 3 | 3 | 4 | 5 | 5 | 6 | 6 8 | 7 7 | 5 | 6 | 7 十一 | 7 十 | 8 | 8 | 9 | 10 | 10 | 11 | 11 | 12 | 10 | 11 |
| 3 | 3 | 4 | 4 | 5 | 6 | 6 | 7 | 7 | 8 | 6 6 | 7 5 | 8 | 8 | 9 九 | 9 八 | 10 | 11 | 11 | 12 | 12 | 13 | 11 | 12 |
| 4 | 4 | 5 | 5 | 6 | 7 | 7 | 8 | 8 | 9 | 7 | 8 | 9 4 | 9 3 | 10 | 10 | 11 七 | 12 六 | 12 | 13 | 13 | 14 | 12 | 13 |
| 5 | 5 | 6 | 6 | 7 | 8 | 8 | 9 | 9 | 10 | 8 | 9 | 10 | 10 | 11 2 | 11 1 | 12 | 13 | 13 閏 | 14 五 | 14 四 | 15 | 13 | 14 |
| 6 | 6 | 7 | 7 | 8 | 9 | 9 | 10 | 10 | 11 | 9 | 10 | 11 | 11 | 12 | 12 | 13 12 | 14 11 | 14 | 15 | 15 | 16 三 | 14 二 | 15 |
| 7 | 7 | 8 | 8 | 9 | 10 | 10 | 11 | 11 | 12 | 10 | 11 | 12 冬 | 12 | 13 | 13 | 14 | 15 | 15 10 | 16 9 | 16 | 17 | 15 | 16 正 |
| 8 | 8 | 9 | 9 | 10 | 11 | 11 | 12 | 12 | 13 | 11 | 12 | 13 | 13 | 14 | 14 | 15 | 16 | 16 | 17 | 17 8 | 18 7 | 16 | 17 |
| 9 | 9 | 10 | 10 | 11 | 12 | 12 | 13 | 13 | 14 | 12 | 13 | 14 | 14 | 15 | 15 | 16 | 17 | 17 | 18 | 18 | 19 | 17 6 | 18 5 |
| 10 | 10 | 11 | 11 | 12 | 13 | 13 | 14 | 14 | 15 | 13 | 14 | 15 | 15 | 16 | 16 | 17 | 18 | 18 | 19 | 19 | 20 | 18 | 19 |
| 11 | 11 | 12 | 12 | 13 | 14 | 14 | 15 | 15 | 16 | 14 | 15 | 16 | 16 | 17 | 17 | 18 | 19 | 19 | 20 | 20 | 21 | 19 | 20 |
| 12 冬 | 12 | 13 | 13 | 14 | 15 | 15 | 16 | 16 | 17 | 15 | 16 | 17 | 17 | 18 | 18 | 19 | 20 | 20 | 21 | 21 | 22 | 20 | 21 |
| 13 | 13 | 14 | 14 | 15 | 16 | 16 | 17 | 17 | 18 | 16 | 17 | 18 | 18 | 19 | 19 | 20 | 21 | 21 | 22 | 22 | 23 | 21 | 22 |
| 14 | 14 | 15 | 15 | 16 | 17 | 17 | 18 | 18 | 19 | 17 | 18 | 19 | 19 | 20 | 20 | 21 | 22 | 22 | 23 | 23 | 24 | 22 | 23 |
| 15 | 15 | 16 | 16 | 17 | 18 | 18 | 19 | 19 | 20 | 18 | 19 | 20 | 20 | 21 | 21 | 22 | 23 | 23 | 24 | 24 | 25 | 23 | 24 |
| 16 | 16 | 17 | 17 | 18 | 19 | 19 | 20 | 20 | 21 | 19 | 20 | 21 | 21 | 22 | 22 | 23 | 24 | 24 | 25 | 25 | 26 | 24 | 25 |
| 17 | 17 | 18 | 18 | 19 | 20 | 20 | 21 | 21 | 22 | 20 | 21 | 22 | 22 | 23 | 23 | 24 | 25 | 25 | 26 | 26 | 27 | 25 | 26 |
| 18 | 18 | 19 | 19 | 20 | 21 | 21 | 22 | 22 | 23 | 21 | 22 | 23 | 23 | 24 | 24 | 25 | 26 | 26 | 27 | 27 | 28 | 26 | 27 |
| 19 | 19 | 20 | 20 | 21 | 22 | 22 | 23 | 23 | 24 | 22 | 23 | 24 | 24 | 25 | 25 | 26 | 27 | 27 | 28 | 28 | 29 | 27 | 28 |
| 20 | 20 | 21 | 21 | 22 | 23 | 23 | 24 | 24 | 25 | 23 | 24 | 25 | 25 | 26 | 26 | 27 | 28 | 28 | 29 | 29 | 30 | 28 | 29 |
| 21 | 21 | 22 | 22 | 23 | 24 | 24 | 25 | 25 | 26 | 24 | 25 | 26 | 26 | 27 | 27 | 28 | 29 | 29 | 30 | 30 | 31 | **3** | 30 |

一五六四 甲子 嘉靖四三

972

一五六三 癸亥 嘉靖四二

971

| | | | | | | | | | | | | | | | | | | | | | | | | |
|---|---|---|---|---|---|---|---|---|---|---|---|---|---|---|---|---|---|---|---|---|---|---|---|---|
| 11 | 11 | 12 | 12 | 13 | 14 | 14 | 15 | 15 | 16 | 15 | 16 6 | 17 5 | 17 | 18 | 18 | 19八 | 20七 | 20六 | 21 | 21 | 22 | 20 | 21 | 22 |
| 12冬 | 12 | 13 | 13 | 14 | 15 | 15 | 16 | 16 | 17 | 16 | 17 | 18 | 18 4 | 19 3 | 19 | 20 | 21 | 21 | 22五 | 22四 | 23 | 21 | 22 | 23 |
| 13 | 13 | 14 | 14 | 15 | 16 | 16 | 17 | 17 | 18 | 17 | 18 | 19 | 19 | 20 | 20 2 | 21 1 | 22 12 | 22 11 | 23 | 23 | 24三 | 22 | 23 | 24 |
| 14 | 14 | 15 | 15 | 16 | 17 | 17 | 18 | 18 | 19 | 18 | 19 | 20 | 20 | 21 | 21 | 22 | 23 | 23 | 24 10 | 24 9 | 25 | 23二 | 24正 | 25 |
| 15 | 15 | 16 | 16 | 17 | 18 | 18 | 19 | 19 | 20 | 19 | 20 | 21 | 21 | 22 | 22 | 23 | 24 | 24 | 25 | 25 | 26 8 | 24 7 | 25 | 26十二 |
| 16 | 16 | 17 | 17 | 18 | 19 | 19 | 20 | 20 | 21 | 20 | 21 | 22 | 22 | 23 | 23 | 24 | 25 | 25 | 26 | 26 | 27 | 25 | 26 6 | 27 5 |
| 17 | 17 | 18 | 18 | 19 | 20 | 20 | 21 | 21 | 22 | 21 | 22 | 23 | 23 | 24 | 24 | 25 | 26 | 26 | 27 | 27 | 28 | 26 | 27 | 28 |
| 18 | 18 | 19 | 19 | 20 | 21 | 21 | 22 | 22 | 23 | 22 | 23 | 24 | 24 | 25 | 25 | 26 | 27 | 27 | 28 | 28 | 29 | 27 | 28 | 29 |
| 19 | 19 | 20 | 20 | 21 | 22 | 22 | 23 | 23 | 24 | 23 | 24 | 25 | 25 | 26 | 26 | 27 | 28 | 28 | 29 | 29 | 30 | 28 | 29 | 30 |
| 20 | 20 | 21 | 21 | 22 | 23 | 23 | 24 | 24 | 25 | 24 | 25 | 26 | 26 | 27 | 27 | 28 | 29 | 29 | 30 | 30 | 31 | **3** | 30 | 31 |
| 21 | 21 | 22 | 22 | 23 | 24 | 24 | 25 | 25 | 26 | 25 | 26 | 27 | 27 | 28 | 28 | 29 | 30 | 30 | 31 | **5** | **4** | 2 | 31 | **1** |
| 22 | 22 | 23 | 23 | 24 | 25 | 25 | 26 | 26 | 27 | 26 | 27 | 28 | 28 | 29 | 29 | 30 | 31 | **7** | **6** | 2 | 2 | 3 | **2** | 2 |
| 23 | 23 | 24 | 24 | 25 | 26 | 26 | 27 | 27 | 28 | 27 | 28 | 29 | 29 | 30 | 30 | 31 | **8** | 2 | 2 | 3 | 3 | 4 | 2 | 3 |
| 24 | 24 | 25 | 25 | 26 | 27 | 27 | 28 | 28 | 29 | 28 | 29 | 30 | 30 | 31 | **10** | **9** | 2 | 3 | 3 | 4 | 4 | 5 | 3 | 4 |
| 25 | 25 | 26 | 26 | 27 | 28 | 28 | 29 | 29 | 30 | 29 | 30 | 31 | **12** | **11** | 2 | 2 | 3 | 4 | 4 | 5 | 5 | 6 | 4 | 5 |
| 26 | 26 | 27 | 27 | 28 | 29 | 29 | 30 | 30 | 31 | **3** | 31 | **1** | 2 | 2 | 3 | 3 | 4 | 5 | 5 | 6 | 6 | 7 | 5 | 6 |
| 27 | 27 | 28 | 28 | 29 | 30 | 30 | 31 | **5** | **4** | 2 | **2** | 2 | 3 | 3 | 4 | 4 | 5 | 6 | 6 | 7 | 7 | 8 | 6 | 7 |
| 28 | 28 | 29 | 29 | 30 | 31 | **7** | **6** | 2 | 2 | 3 | 2 | 3 | 4 | 4 | 5 | 5 | 6 | 7 | 7 | 8 | 8 | 9 | 7 | 8 |
| 29 | 29 | 30 | 30 | 31 | **8** | 2 | 2 | 3 | 3 | 4 | 3 | 4 | 5 | 5 | 6 | 6 | 7 | 8 | 8 | 9 | 9 | 10 | 8 | 9 |
| 30 | 30 | 31 | **10** | **9** | 2 | 3 | 3 | 4 | 4 | 5 | 4 | 5 | 6 | 6 | 7 | 7 | 8 | 9 | 9 | 10 | 10 | 11 | 9 | 10 |
| 31 | **12** | **11** | 2 | 2 | 3 | 4 | 4 | 5 | 5 | 6 | 5 | 6 | 7 | 7 | 8 | 8 | 9 | 10 | 10 | 11 | 11 | 12 | 10 | 11 |
| 日 | 2 | 2 | 3 | 3 | 4 | 5 | 5 | 6 | 6 | 7 | 6 | 7 | 8 | 8 | 9 | 9 | 10 | 11 | 11 | 12 | 12 | 13 | 11 | 12 |
| 曜 | 3 | 3 | 4 | 4 | 5 | 6 | 6 | 7 | 7 | 8 | 7 | 8 | 9 | 9 | 10 | 10 | 11 | 12 | 12 | 13 | 13 | 14 | 12 | 13 |
| 表 | 4十一 | 4十 | 5九 | 5八 | 6 | 7 | 7 | 8 | 8 | 9 | 8 | 9 | 10 | 10 | 11 | 11 | 12 | 13 | 13 | 14 | 14 | 15 | 13 | 14 |
| 3 | 5 5 | 5 | 6 | 6 | 7七 | 8六 | 8 | 9 | 9 | 10 | 9 | 10 | 11 | 11 | 12 | 12 | 13 | 14 | 14 | 15 | 15 | 16 | 14 | 15 |
| 甲 | 6 | 6 4 | 7 3 | 7 | 8 | 9 | 9五 | 10四 | 10 | 11 | 10 | 11 | 12冬 | 12 | 13 | 13 | 14 | 15 | 15 | 16 | 16 | 17 | 15 | 16 |
| 子 | 7 | 7 | 8 | 8 2 | 9 1 | 10 | 10 | 11 | 11三 | 12 | 11 | 12 | 13 | 13 | 14 | 14 | 15 | 16 | 16 | 17 | 17 | 18 | 16 | 17 |
| 表 | 8 | 8 | 9 | 9 | 10 | 11 12 | 11 11 | 12 | 12 | 13閏 | 12二 | 13 | 14 | 14 | 15 | 15 | 16 | 17 | 17 | 18 | 18 | 19 | 17 | 18 |
| 11 | 9 | 9 | 10 | 10 | 11 | 12 | 12 | 13 10 | 13 9 | 14 | 13 | 14正 | 15十二 | 15 | 16 | 16 | 17 | 18 | 18 | 19 | 19 | 20 | 18 | 19 |
| | 10 | 10 | 11 | 11 | 12 | 13 | 13 | 14 | 14 | 15 8 | 14 7 | 15 | 16 | 16十一 | 17十 | 17九 | 18 | 19 | 19 | 20 | 20 | 21 | 19 | 20 |

一五六六 丙寅 嘉靖四五 974

一五六五 乙丑 嘉靖四四 973

| | | | | | | | | | | | | | | | | | | | | | | | |
|---|---|---|---|---|---|---|---|---|---|---|---|---|---|---|---|---|---|---|---|---|---|---|---|
| 22 | 23 | 23 | 24 | 25 | 25 | 26 | 26 | 27 | 25 | 26 | 27 | 27 | 28 | 28 | 29 | 30 | 30 12 | 31 11 | 5 | 4 三 | 2 二 | 31 | 1 |
| 23 | 24 | 24 | 25 | 26 | 26 | 27 | 27 | 28 | 26 | 27 | 28 | 28 | 29 | 29 | 30 | 31 | 7 | 6 | 2 10 | 2 9 | 3 | 2 正 | 2 十二 |
| 24 | 25 | 25 | 26 | 27 | 27 | 28 | 28 | 29 | 27 | 28 | 29 | 29 | 30 | 30 | 31 | 8 | 2 | 2 | 3 | 3 | 4 8 | 2 7 | 3 |
| 25 | 26 | 26 | 27 | 28 | 28 | 29 | 29 | 30 | 28 | 29 | 30 | 30 | 31 | 10 | 9 | 2 | 3 | 3 | 4 | 4 | 5 | 3 | 4 6 |
| 26 | 27 | 27 | 28 | 29 | 29 | 30 | 30 | 31 | 3 | 30 | 31 | 12 | 11 | 2 | 2 | 3 | 4 | 4 | 5 | 5 | 6 | 4 | 5 |
| 27 | 28 | 28 | 29 | 30 | 30 | 31 | 5 | 4 | 2 | 31 | 1 | 2 | 2 | 3 | 3 | 4 | 5 | 5 | 6 | 6 | 7 | 5 | 6 |
| 28 | 29 | 29 | 30 | 31 | 7 | 6 | 2 | 2 | 3 | 2 | 2 | 3 | 3 | 4 | 4 | 5 | 6 | 6 | 7 | 7 | 8 | 6 | 7 |
| 29 | 30 | 30 | 31 | 8 | 2 | 2 | 3 | 3 | 4 | 2 | 3 | 4 | 4 | 5 | 5 | 6 | 7 | 7 | 8 | 8 | 9 | 7 | 8 |
| 30 | 31 | 10 | 9 | 2 | 3 | 3 | 4 | 4 | 5 | 3 | 4 | 5 | 5 | 6 | 6 | 7 | 8 | 8 | 9 | 9 | 10 | 8 | 9 |
| 12 | 11 | 2 | 2 | 3 | 4 | 4 | 5 | 5 | 6 | 4 | 5 | 6 | 6 | 7 | 7 | 8 | 9 | 9 | 10 | 10 | 11 | 9 | 10 |
| 2 | 2 | 3 | 3 | 4 | 5 | 5 | 6 | 6 | 7 | 5 | 6 | 7 | 7 | 8 | 8 | 9 | 10 | 10 | 11 | 11 | 12 | 10 | 11 |
| 3 | 3 | 4 | 4 | 5 | 6 | 6 | 7 | 7 | 8 | 6 | 7 | 8 | 8 | 9 | 9 | 10 | 11 | 11 | 12 | 12 | 13 | 11 | 12 |
| 4 | 4 | 5 | 5 | 6 | 7 | 7 | 8 | 8 | 9 | 7 | 8 | 9 | 9 | 10 | 10 | 11 | 12 | 12 | 13 | 13 | 14 | 12 | 13 |
| 5 | 5 | 6 | 6 | 7 | 8 | 8 | 9 | 9 | 10 | 8 | 9 | 10 | 10 | 11 | 11 | 12 | 13 | 13 | 14 | 14 | 15 | 13 | 14 |
| 6 | 6 | 7 | 7 | 8 | 9 | 9 | 10 | 10 | 11 | 9 | 10 | 11 | 11 | 12 | 12 | 13 | 14 | 14 | 15 | 15 | 16 | 14 | 15 |
| 7 | 7 | 8 | 8 | 9 | 10 | 10 | 11 | 11 | 12 | 10 | 11 | 12 冬 | 12 | 13 | 13 | 14 | 15 | 15 | 16 | 16 | 17 | 15 | 16 |
| 8 | 8 | 9 | 9 | 10 | 11 | 11 | 12 | 12 | 13 | 11 | 12 | 13 | 13 | 14 | 14 | 15 | 16 | 16 | 17 | 17 | 18 | 16 | 17 |
| 9 | 9 | 10 | 10 | 11 | 12 | 12 | 13 | 13 | 14 | 12 | 13 | 14 | 14 | 15 | 15 | 16 | 17 | 17 | 18 | 18 | 19 | 17 | 18 |
| 10 | 10 | 11 | 11 | 12 | 13 | 13 | 14 | 14 | 15 | 13 | 14 | 15 | 15 | 16 | 16 | 17 | 18 | 18 | 19 | 19 | 20 | 18 | 19 |
| 11 十二 | 11 | 12 | 12 | 13 | 14 | 14 | 15 | 15 | 16 | 14 | 15 | 16 | 16 | 17 | 17 | 18 | 19 | 19 | 20 | 20 | 21 | 19 | 20 |
| 12 冬 | 12 閏 | 13 十 | 13 九 | 14 | 15 | 15 | 16 | 16 | 17 | 15 | 16 | 17 | 17 | 18 | 18 | 19 | 20 | 20 | 21 | 21 | 22 | 20 | 21 |
| 13 | 13 | 14 | 14 | 15 八 | 16 | 16 | 17 | 17 | 18 | 16 | 17 | 18 | 18 | 19 | 19 | 20 | 21 | 21 | 22 | 22 | 23 | 21 | 22 |
| 14 6 | 14 5 | 15 | 15 | 16 | 17 七 | 17 六 | 18 | 18 | 19 | 17 | 18 | 19 | 19 | 20 | 20 | 21 | 22 | 22 | 23 | 23 | 24 | 22 | 23 |
| 15 | 15 | 16 4 | 16 3 | 17 | 18 | 18 | 19 五 | 19 | 20 | 18 | 19 | 20 | 20 | 21 | 21 | 22 | 23 | 23 | 24 | 24 | 25 | 23 | 24 |
| 16 | 16 | 17 | 17 | 18 2 | 19 1 | 19 12 | 20 11 | 20 四 | 21 三 | 19 | 20 | 21 | 21 | 22 | 22 | 23 | 24 | 24 | 25 | 25 | 26 | 24 | 25 |
| 17 | 17 | 18 | 18 | 19 | 20 | 20 | 21 | 21 10 | 22 9 | 20 二 | 21 正 | 22 | 22 | 23 | 23 | 24 | 25 | 25 | 26 | 26 | 27 | 25 | 26 |
| 18 | 18 | 19 | 19 | 20 | 21 | 21 | 22 | 22 | 23 | 21 8 | 22 7 | 23 十二 | 23 十一 | 24 十 | 24 九 | 25 | 26 | 26 | 27 | 27 | 28 | 26 | 27 |
| 19 | 19 | 20 | 20 | 21 | 22 | 22 | 23 | 23 | 24 | 22 | 23 | 24 6 | 24 5 | 25 | 25 | 26 八 | 27 七 | 27 | 28 | 28 | 29 | 27 | 28 |
| 20 | 20 | 21 | 21 | 22 | 23 | 23 | 24 | 24 | 25 | 23 | 24 | 25 | 25 | 26 4 | 26 3 | 27 | 28 | 28 六 | 29 五 | 29 | 30 | 28 | 29 |
| 21 | 21 | 22 | 22 | 23 | 24 | 24 | 25 | 25 | 26 | 24 | 25 | 26 | 26 | 27 | 27 | 28 2 | 29 1 | 29 | 30 | 30 四 | 31 | 3 | 30 |

一五六七 丁卯 明穆宗 隆慶元

975

一五六八 戊辰 隆慶二

976

| | | | | | | | | | | | | | | | | | | | | | | | | |
|---|---|---|---|---|---|---|---|---|---|---|---|---|---|---|---|---|---|---|---|---|---|---|---|---|
| 11 | 11 | 12 | 12 | 13 | 14 | 14 | 15 | 15 | 16 | 15 | 16 | 17 | 17 | 18 | 18 | 19 | 20 | 20 | 21 | 21 | 22 | 20 | 21 | 22 |
| 12冬 | 12 | 13 | 13 | 14 | 15 | 15 | 16 | 16 | 17 | 16 | 17 | 18 | 18 | 19 | 19 | 20 | 21 | 21 | 22 | 22 | 23 | 21 | 22 | 23 |
| 13 | 13 | 14 | 14 | 15 | 16 | 16 | 17 | 17 | 18 | 17 | 18 | 19 | 19 | 20 | 20 | 21 | 22 | 22 | 23 | 23 | 24 | 22 | 23 | 24 |
| 14 | 14 | 15 | 15 | 16 | 17 | 17 | 18 | 18 | 19 | 18 | 19 | 20 | 20 | 21 | 21 | 22 | 23 | 23 | 24 | 24 | 25 | 23 | 24 | 25 |
| 15 | 15 | 16 | 16 | 17 | 18 | 18 | 19 | 19 | 20 | 19 | 20 | 21 | 21 | 22 | 22 | 23 | 24 | 24 | 25 | 25 | 26 | 24 | 25 | 26 |
| 16 | 16 | 17 | 17 | 18 | 19 | 19 | 20 | 20 | 21 | 20 | 21 | 22 | 22 | 23 | 23 | 24 | 25 | 25 | 26 | 26 | 27 | 25 | 26 | 27 |
| 17 | 17 | 18 | 18 | 19 | 20 | 20 | 21 | 21 | 22 | 21 | 22 | 23 | 23 | 24 | 24 | 25 | 26 | 26 | 27 | 27 | 28 | 26 | 27 | 28 |
| 18十二 | 18 | 19 | 19 | 20 | 21 | 21 | 22 | 22 | 23 | 22 | 23 | 24 | 24 | 25 | 25 | 26 | 27 | 27 | 28 | 28 | 29 | 27 | 28 | 29 |
| 19 | 19十一 | 20十 | 20 | 21 | 22 | 22 | 23 | 23 | 24 | 23 | 24 | 25 | 25 | 26 | 26 | 27 | 28 | 28 | 29 | 29 | 30 | 28 | 29 | 30 |
| 20 7 | 20 | 21 | 21九 | 22 | 23 | 23 | 24 | 24 | 25 | 24 | 25 | 26 | 26 | 27 | 27 | 28 | 29 | 29 | 30 | 30 | 31 | 3 | 30 | 31 |
| 21 | 21 6 | 22 5 | 22 | 23八 | 24七 | 24 | 25 | 25 | 26 | 25 | 26 | 27 | 27 | 28 | 28 | 29 | 30 | 30 | 31 | 5 | 4 | 2 | 31 | 1 |
| 22 | 22 | 23 | 23 4 | 24 3 | 25 | 25六 | 26 | 26 | 27 | 26 | 27 | 28 | 28 | 29 | 29 | 30 | 31 | 7 | 6 | 2 | 2 | 3 | 2 | 2 |
| 23 | 23 | 24 | 24 | 25 | 26 2 | 26 1 | 27五 | 27四 | 28 | 27 | 28 | 29 | 29 | 30 | 30 | 31 | 8 | 2 | 2 | 3 | 3 | 4 | 2 | 3 |
| 24 | 24 | 25 | 25 | 26 | 27 | 27 | 28 12 | 28 11 | 29三 | 28二 | 29正 | 30十二 | 30 | 31 | 10 | 9 | 2 | 3 | 3 | 4 | 4 | 5 | 3 | 4 |
| 25 | 25 | 26 | 26 | 27 | 28 | 28 | 29 | 29 | 30 10 | 29 9 | 30 | 31 | 12十一 | 11十 | 2九 | 2 | 3 | 4 | 4 | 5 | 5 | 6 | 4 | 5 |
| 26 | 26 | 27 | 27 | 28 | 29 | 29 | 30 | 30 | 31 | 3 | 31 8 | 1 7 | 2 | 2 | 3 | 3八 | 4 | 5 | 5 | 6 | 6 | 7 | 5 | 6 |
| 27 | 27 | 28 | 28 | 29 | 30 | 30 | 31 | 5 | 4 | 2 | 2 | 2 | 3 6 | 3 5 | 4 | 4 | 5七 | 6六 | 6 | 7 | 7 | 8 | 6 | 7 |
| 28 | 28 | 29 | 29 | 30 | 31 | 7 | 6 | 2 | 2 | 3 | 2 | 3 | 4 | 4 | 5 4 | 5 3 | 6 | 7 | 7五 | 8 | 8 | 9 | 7 | 8 |
| 29 | 29 | 30 | 30 | 31 | 8 | 2 | 2 | 3 | 3 | 4 | 3 | 4 | 5 | 5 | 6 | 6 | 7 2 | 8 1 | 8 | 9四 | 9三 | 10 | 8 | 9 |
| 30 | 30 | 31 | 10 | 9 | 2 | 3 | 3 | 4 | 4 | 5 | 4 | 5 | 6 | 6 | 7 | 7 | 8 | 9 | 9 12 | 10 11 | 10 | 11二 | 9正 | 10十二 |
| 31 | 12 | 11 | 2 | 2 | 3 | 4 | 4 | 5 | 5 | 6 | 5 | 6 | 7 | 7 | 8 | 8 | 9 | 10 | 10 | 11 | 11 10 | 12 9 | 10 | 11 |
| 日 | 2 | 2 | 3 | 3 | 4 | 5 | 5 | 6 | 6 | 7 | 6 | 7 | 8 | 8 | 9 | 9 | 10 | 11 | 11 | 12 | 12 | 13 | 11 8 | 12 7 |
| 曜 | 3 | 3 | 4 | 4 | 5 | 6 | 6 | 7 | 7 | 8 | 7 | 8 | 9 | 9 | 10 | 10 | 11 | 12 | 12 | 13 | 13 | 14 | 12 | 13 |
| 表 | 4 | 4 | 5 | 5 | 6 | 7 | 7 | 8 | 8 | 9 | 8 | 9 | 10 | 10 | 11 | 11 | 12 | 13 | 13 | 14 | 14 | 15 | 13 | 14 |
| 4 | 5 | 5 | 6 | 6 | 7 | 8 | 8 | 9 | 9 | 10 | 9 | 10 | 11 | 11 | 12 | 12 | 13 | 14 | 14 | 15 | 15 | 16 | 14 | 15 |
| 甲 | 6 | 6 | 7 | 7 | 8 | 9 | 9 | 10 | 10 | 11 | 10 | 11 | 12冬 | 12 | 13 | 13 | 14 | 15 | 15 | 16 | 16 | 17 | 15 | 16 |
| 子 | 7 | 7 | 8 | 8 | 9 | 10 | 10 | 11 | 11 | 12 | 11 | 12 | 13 | 13 | 14 | 14 | 15 | 16 | 16 | 17 | 17 | 18 | 16 | 17 |
| 表 | 8 | 8 | 9 | 9 | 10 | 11 | 11 | 12 | 12 | 13 | 12 | 13 | 14 | 14 | 15 | 15 | 16 | 17 | 17 | 18 | 18 | 19 | 17 | 18 |
| 12 | 9 | 9 | 10 | 10 | 11 | 12 | 12 | 13 | 13 | 14 | 13 | 14 | 15 | 15 | 16 | 16 | 17 | 18 | 18 | 19 | 19 | 20 | 18 | 19 |
| | 10 | 10 | 11 | 11 | 12 | 13 | 13 | 14 | 14 | 15 | 14 | 15 | 16 | 16 | 17 | 17 | 18 | 19 | 19 | 20 | 20 | 21 | 19 | 20 |

一五六九 己巳 隆慶三 977

一五七〇 庚午 隆慶四 978

| | | | | | | | | | | | | | | | | | | | | | | | |
|---|---|---|---|---|---|---|---|---|---|---|---|---|---|---|---|---|---|---|---|---|---|---|---|
| 22 | 23 | 23 | 24 | 25 | 25 | 26 | 26 | 27 | 25 | 26 | 27 | 27 | 28 | 28 | 29 | 30 | 30 | 31 | 5 | 4 | 2 | 31 | 1 |
| 23 | 24 | 24 | 25 | 26 | 26 | 27 | 27 | 28 | 26 | 27 | 28 | 28 | 29 | 29 | 30 | 31 | 7 | 6 | 2 | 2 | 3 | 2 | 2 |
| 24 | 25 | 25 | 26 | 27 | 27 | 28 | 28 | 29 | 27 | 28 | 29 | 29 | 30 | 30 | 31 | 8 | 2 | 2 | 3 | 3 | 4 | 2 | 3 |
| 25 | 26 | 26 | 27 | 28 | 28 | 29 | 29 | 30 | 28 | 29 | 30 | 30 | 31 | 10 | 9 | 2 | 3 | 3 | 4 | 4 | 5 | 3 | 4 |
| 26 | 27 | 27 | 28 | 29 | 29 | 30 | 30 | 31 | 3 | 30 | 31 | 12 | 11 | 2 | 2 | 3 | 4 | 4 | 5 | 5 | 6 | 4 | 5 |
| 27 | 28 | 28 | 29 | 30 | 30 | 31 | 5 | 4 | 2 | 31 | 1 | 2 | 2 | 3 | 3 | 4 | 5 | 5 | 6 | 6 | 7 | 5 | 6 |
| 28十一 | 29十 | 29 | 30 | 31 | 7 | 6 | 2 | 2 | 3 | 2 | 2 | 3 | 3 | 4 | 4 | 5 | 6 | 6 | 7 | 7 | 8 | 6 | 7 |
| 29 7 | 30 | 30九 | 31八 | 8 | 2 | 2 | 3 | 3 | 4 | 2 | 3 | 4 | 4 | 5 | 5 | 6 | 7 | 7 | 8 | 8 | 9 | 7 | 8 |
| 30 | 31 6 | 10 5 | 9 | 2七 | 3六 | 3 | 4 | 4 | 5 | 3 | 4 | 5 | 5 | 6 | 6 | 7 | 8 | 8 | 9 | 9 | 10 | 8 | 9 |
| 12 | 11 | 2 | 2 4 | 3 3 | 4 | 4五 | 5四 | 5三 | 6 | 4 | 5 | 6 | 6 | 7 | 7 | 8 | 9 | 9 | 10 | 10 | 11 | 9 | 10 |
| 2 | 2 | 3 | 3 | 4 | 5 2 | 5 1 | 6 | 6 | 7二 | 5正 | 6十二 | 7 | 7 | 8 | 8 | 9 | 10 | 10 | 11 | 11 | 12 | 10 | 11 |
| 3 | 3 | 4 | 4 | 5 | 6 | 6 | 7 12 | 7 11 | 8 | 6 | 7 | 8十一 | 8 | 9 | 9 | 10 | 11 | 11 | 12 | 12 | 13 | 11 | 12 |
| 4 | 4 | 5 | 5 | 6 | 7 | 7 | 8 | 8 | 9 10 | 7 9 | 8 | 9 | 9十 | 10九 | 10 | 11 | 12 | 12 | 13 | 13 | 14 | 12 | 13 |
| 5 | 5 | 6 | 6 | 7 | 8 | 8 | 9 | 9 | 10 | 8 | 9 8 | 10 7 | 10 | 11 | 11八 | 12七 | 13 | 13 | 14 | 14 | 15 | 13 | 14 |
| 6 | 6 | 7 | 7 | 8 | 9 | 9 | 10 | 10 | 11 | 9 | 10 | 11 | 11 6 | 12 5 | 12 | 13 | 14閏 | 14六 | 15 | 15 | 16 | 14 | 15 |
| 7 | 7 | 8 | 8 | 9 | 10 | 10 | 11 | 11 | 12 | 10 | 11 | 12冬 | 12 | 13 | 13 4 | 14 3 | 15 | 15 | 16五 | 16四 | 17 | 15 | 16 |
| 8 | 8 | 9 | 9 | 10 | 11 | 11 | 12 | 12 | 13 | 11 | 12 | 13 | 13 | 14 | 14 | 15 | 16 2 | 16 1 | 17 12 | 17 11 | 18三 | 16二 | 17正 |
| 9 | 9 | 10 | 10 | 11 | 12 | 12 | 13 | 13 | 14 | 12 | 13 | 14 | 14 | 15 | 15 | 16 | 17 | 17 | 18 | 18 | 19 10 | 17 9 | 18 |
| 10 | 10 | 11 | 11 | 12 | 13 | 13 | 14 | 14 | 15 | 13 | 14 | 15 | 15 | 16 | 16 | 17 | 18 | 18 | 19 | 19 | 20 | 18 | 19 8 |
| 11 | 11 | 12 | 12 | 13 | 14 | 14 | 15 | 15 | 16 | 14 | 15 | 16 | 16 | 17 | 17 | 18 | 19 | 19 | 20 | 20 | 21 | 19 | 20 |
| 12冬 | 12 | 13 | 13 | 14 | 15 | 15 | 16 | 16 | 17 | 15 | 16 | 17 | 17 | 18 | 18 | 19 | 20 | 20 | 21 | 21 | 22 | 20 | 21 |
| 13 | 13 | 14 | 14 | 15 | 16 | 16 | 17 | 17 | 18 | 16 | 17 | 18 | 18 | 19 | 19 | 20 | 21 | 21 | 22 | 22 | 23 | 21 | 22 |
| 14 | 14 | 15 | 15 | 16 | 17 | 17 | 18 | 18 | 19 | 17 | 18 | 19 | 19 | 20 | 20 | 21 | 22 | 22 | 23 | 23 | 24 | 22 | 23 |
| 15 | 15 | 16 | 16 | 17 | 18 | 18 | 19 | 19 | 20 | 18 | 19 | 20 | 20 | 21 | 21 | 22 | 23 | 23 | 24 | 24 | 25 | 23 | 24 |
| 16 | 16 | 17 | 17 | 18 | 19 | 19 | 20 | 20 | 21 | 19 | 20 | 21 | 21 | 22 | 22 | 23 | 24 | 24 | 25 | 25 | 26 | 24 | 25 |
| 17 | 17 | 18 | 18 | 19 | 20 | 20 | 21 | 21 | 22 | 20 | 21 | 22 | 22 | 23 | 23 | 24 | 25 | 25 | 26 | 26 | 27 | 25 | 26 |
| 18 | 18 | 19 | 19 | 20 | 21 | 21 | 22 | 22 | 23 | 21 | 22 | 23 | 23 | 24 | 24 | 25 | 26 | 26 | 27 | 27 | 28 | 26 | 27 |
| 19 | 19 | 20 | 20 | 21 | 22 | 22 | 23 | 23 | 24 | 22 | 23 | 24 | 24 | 25 | 25 | 26 | 27 | 27 | 28 | 28 | 29 | 27 | 28 |
| 20 | 20 | 21 | 21 | 22 | 23 | 23 | 24 | 24 | 25 | 23 | 24 | 25 | 25 | 26 | 26 | 27 | 28 | 28 | 29 | 29 | 30 | 28 | 29 |
| 21 | 21 | 22 | 22 | 23 | 24 | 24 | 25 | 25 | 26 | 24 | 25 | 26 | 26 | 27 | 27 | 28 | 29 | 29 | 30 | 30 | 31 | 3 | 30 |

一八

一五七一 辛未 隆慶五

979

一五七二 壬申 隆慶六

980

| | | | | | | | | | | | | | | | | | | | | | | | | |
|---|---|---|---|---|---|---|---|---|---|---|---|---|---|---|---|---|---|---|---|---|---|---|---|---|
| 11 | 冬11 | 12 | 12 | 13 | 14 | 14 | 15 | 15 | 12 16 | 11 15 | 16 | 17 | 十二17 | 十一18 | 18 | 19 | 20 | 20 | 21 | 21 | 22 | 20 | 21 | 22 |
| 12 | 12 | 13 | 13 | 14 | 15 | 15 | 16 | 16 | 17 | 16 | 10 17 | 9 18 | 18 | 19 | 十19 | 九20 | 八21 | 21 | 22 | 22 | 23 | 21 | 22 | 23 |
| 13 | 13 | 14 | 14 | 15 | 16 | 16 | 17 | 17 | 18 | 17 | 18 | 19 | 8 19 | 7 20 | 20 | 21 | 22 | 七22 | 六23 | 23 | 24 | 22 | 23 | 24 |
| 14 | 14 | 15 | 15 | 16 | 17 | 17 | 18 | 18 | 19 | 18 | 19 | 20 | 20 | 21 | 6 21 | 5 22 | 23 | 23 | 24 | 五24 | 四25 | 三23 | 24 | 25 |
| 15 | 15 | 16 | 16 | 17 | 18 | 18 | 19 | 19 | 20 | 19 | 20 | 21 | 21 | 22 | 22 | 23 | 4 24 | 3 24 | 25 | 25 | 26 | 24 | 二25 | 26 |
| 16 | 16 | 17 | 17 | 18 | 19 | 19 | 20 | 20 | 21 | 20 | 21 | 22 | 22 | 23 | 23 | 24 | 25 | 25 | 2 26 | 1 26 | 12 27 | 11 25 | 26 | 正27 十二 |
| 17 | 17 | 18 | 18 | 19 | 20 | 20 | 21 | 21 | 22 | 21 | 22 | 23 | 23 | 24 | 24 | 25 | 26 | 26 | 27 | 27 | 28 | 26 | 10 27 | 9 28 |
| 18 | 18 | 19 | 19 | 20 | 21 | 21 | 22 | 22 | 23 | 22 | 23 | 24 | 24 | 25 | 25 | 26 | 27 | 27 | 28 | 28 | 29 | 27 | 28 | 29 8 |
| 19 | 19 | 20 | 20 | 21 | 22 | 22 | 23 | 23 | 24 | 23 | 24 | 25 | 25 | 26 | 26 | 27 | 28 | 28 | 29 | 29 | 30 | 28 | 29 | 30 |
| 20 | 20 | 21 | 21 | 22 | 23 | 23 | 24 | 24 | 25 | 24 | 25 | 26 | 26 | 27 | 27 | 28 | 29 | 29 | 30 | 30 | 31 | **3** | 30 | 31 |
| 21 | 21 | 22 | 22 | 23 | 24 | 24 | 25 | 25 | 26 | 25 | 26 | 27 | 27 | 28 | 28 | 29 | 30 | 30 | 31 | **5** | **4** | 2 | 31 | **1** |
| 22 | 22 | 23 | 23 | 24 | 25 | 25 | 26 | 26 | 27 | 26 | 27 | 28 | 28 | 29 | 29 | 30 | 31 | **7** | **6** | 2 | 2 | 3 | **2** | 2 |
| 23 | 23 | 24 | 24 | 25 | 26 | 26 | 27 | 27 | 28 | 27 | 28 | 29 | 29 | 30 | 30 | 31 | **8** | 2 | 2 | 3 | 3 | 4 | 2 | 3 |
| 24 | 24 | 25 | 25 | 26 | 27 | 27 | 28 | 28 | 29 | 28 | 29 | 30 | 30 | 31 | **10** | **9** | 2 | 3 | 3 | 4 | 4 | 5 | 3 | 4 |
| 25 | 25 | 26 | 26 | 27 | 28 | 28 | 29 | 29 | 30 | 29 | 30 | 31 | **12** | **11** | 2 | 2 | 3 | 4 | 4 | 5 | 5 | 6 | 4 | 5 |
| 26 | 26 | 27 | 27 | 28 | 29 | 29 | 30 | 30 | 31 | **3** | 31 | **1** | 2 | 2 | 3 | 3 | 4 | 5 | 5 | 6 | 6 | 7 | 5 | 6 |
| 27 | 27 | 28 | 28 | 29 | 30 | 30 | 31 | **5** | **4** | 2 | **2** | 2 | 3 | 3 | 4 | 4 | 5 | 6 | 6 | 7 | 7 | 8 | 6 | 7 |
| 28 | 28 | 29 | 29 | 30 | 31 | **7** | **6** | 2 | 2 | 3 | 2 | 3 | 4 | 4 | 5 | 5 | 6 | 7 | 7 | 8 | 8 | 9 | 7 | 8 |
| 29 | 29 | 30 | 30 | 31 | **8** | 2 | 2 | 3 | 3 | 4 | 3 | 4 | 5 | 5 | 6 | 6 | 7 | 8 | 8 | 9 | 9 | 10 | 8 | 9 |
| 30 | 30 | 31 | **10** | **9** | 2 | 3 | 3 | **4** | 4 | 5 | 4 | 5 | 6 | 6 | 7 | 7 | 8 | 9 | 9 | 10 | 10 | 11 | 9 | 10 |
| 31 | **12** | **11** | 2 | 2 | 3 | 4 | 4 | 5 | 5 | 6 | 5 | 6 | 7 | 7 | 8 | 8 | 9 | 10 | 10 | 11 | 11 | 12 | 10 | 11 |
| 日 | 2 | 2 | 3 | 3 | 4 | 5 | 5 | 6 | 6 | 7 | 6 | 7 | 8 | 8 | 9 | 9 | 10 | 11 | 11 | 12 | 12 | 13 | 11 | 12 |
| 曜 | 3 | 3 | 4 | 4 | 5 | 6 | 6 | 7 | 7 | 8 | 7 | 8 | 9 | 9 | 10 | 10 | 11 | 12 | 12 | 13 | 13 | 14 | 12 | 13 |
| 表 | 4 | 4 | 5 | 5 | 6 | 7 | 7 | 8 | 8 | 9 | 8 | 9 | 10 | 10 | 11 | 11 | 12 | 13 | 13 | 14 | 14 | 15 | 13 | 14 |
| 5 | 5 | 十一5 | 6 | 6 | 7 | 8 | 8 | 9 | 9 | 10 | 9 | 10 | 11 | 11 | 12 | 12 | 13 | 14 | 14 | 15 | 15 | 16 | 14 | 15 |
| 甲 | 6 | 6 | 十7 | 九7 | 八8 | 七9 | 9 | 10 | 10 | 11 | 10 | 11 | 12 | 冬12 | 13 | 13 | 14 | 15 | 15 | 16 | 16 | 17 | 15 | 16 |
| 子 | 7 | 8 7 | 7 8 | 8 | 9 | 10 | 六10 | 五11 | 11 | 12 | 11 | 12 | 13 | 13 | 14 | 14 | 15 | 16 | 16 | 17 | 17 | 18 | 16 | 17 |
| 表 | 8 | 8 | 9 | 6 9 | 5 10 | 11 | 11 | 12 | 四12 | 三13 | 12 | 13 | 14 | 14 | 15 | 15 | 16 | 17 | 17 | 18 | 18 | 19 | 17 | 18 |
| 13 | 9 | 9 | 10 | 10 | 11 | 4 12 | 3 12 | 13 | 13 | 14 | 閏13 | 14 | 15 | 15 | 16 | 16 | 17 | 18 | 18 | 19 | 19 | 20 | 18 | 19 |
| | 10 | 10 | 11 | 11 | 12 | 13 | 13 | 2 14 | 1 14 | 15 | 14 | 二15 | 正16 | 16 | 17 | 17 | 18 | 19 | 19 | 20 | 20 | 21 | 19 | 20 |

一五七四 甲戌 萬曆二 982

一五七三 癸酉 明神宗 萬曆元 981

| | | | | | | | | | | | | | | | | | | | | | | | |
|---|---|---|---|---|---|---|---|---|---|---|---|---|---|---|---|---|---|---|---|---|---|---|---|
| 22 | 23 | 23 | 24 | 25 | 25 | 26 | 26 | 27 | 25 | 26 | 27 | 27 | 28 | 28 | 6 29 | 5 30 | 30 | 31 | 五 5 | 四 4 | 2 | 31 | 1 |
| 23 | 24 | 24 | 25 | 26 | 26 | 27 | 27 | 28 | 26 | 27 | 28 | 28 | 29 | 29 | 30 | 31 | 4 7 | 3 6 | 2 | 2 | 三 3 | 2 | 2 |
| 24 | 25 | 25 | 26 | 27 | 27 | 28 | 28 | 29 | 27 | 28 | 29 | 29 | 30 | 30 | 31 | 8 | 2 | 2 | 2 3 | 1 3 | 4 | 二 2 | 正 3 |
| 25 | 26 | 26 | 27 | 28 | 28 | 29 | 29 | 30 | 28 | 29 | 30 | 30 | 31 | 10 | 9 | 2 | 3 | 3 | 4 | 4 | 12 5 | 11 3 | 4 十二 |
| 26 | 27 | 27 | 28 | 29 | 29 | 30 | 30 | 31 | 3 | 30 | 31 | 12 | 11 | 2 | 2 | 3 | 4 | 4 | 5 | 5 | 6 | 4 | 10 5 9 |
| 27 | 28 | 28 | 29 | 30 | 30 | 31 | 5 | 4 | 2 | 31 | 1 | 2 | 2 | 3 | 3 | 4 | 5 | 5 | 6 | 6 | 7 | 5 | 6 |
| 28 | 29 | 29 | 30 | 31 | 7 | 6 | 2 | 2 | 3 | 2 | 2 | 3 | 3 | 4 | 4 | 5 | 6 | 6 | 7 | 7 | 8 | 6 | 7 |
| 29 | 30 | 30 | 31 | 8 | 2 | 2 | 3 | 3 | 4 | 2 | 3 | 4 | 4 | 5 | 5 | 6 | 7 | 7 | 8 | 8 | 9 | 7 | 8 |
| 30 | 31 | 10 | 9 | 2 | 3 | 3 | 4 | 4 | 5 | 3 | 4 | 5 | 5 | 6 | 6 | 7 | 8 | 8 | 9 | 9 | 10 | 8 | 9 |
| 12 | 11 | 2 | 2 | 3 | 4 | 4 | 5 | 5 | 6 | 4 | 5 | 6 | 6 | 7 | 7 | 8 | 9 | 9 | 10 | 10 | 11 | 9 | 10 |
| 2 | 2 | 3 | 3 | 4 | 5 | 5 | 6 | 6 | 7 | 5 | 6 | 7 | 7 | 8 | 8 | 9 | 10 | 10 | 11 | 11 | 12 | 10 | 11 |
| 3 | 3 | 4 | 4 | 5 | 6 | 6 | 7 | 7 | 8 | 6 | 7 | 8 | 8 | 9 | 9 | 10 | 11 | 11 | 12 | 12 | 13 | 11 | 12 |
| 4 | 4 | 5 | 5 | 6 | 7 | 7 | 8 | 8 | 9 | 7 | 8 | 9 | 9 | 10 | 10 | 11 | 12 | 12 | 13 | 13 | 14 | 12 | 13 |
| 5 | 5 | 6 | 6 | 7 | 8 | 8 | 9 | 9 | 10 | 8 | 9 | 10 | 10 | 11 | 11 | 12 | 13 | 13 | 14 | 14 | 15 | 13 | 14 |
| 6 | 6 | 7 | 7 | 8 | 9 | 9 | 10 | 10 | 11 | 9 | 10 | 11 | 11 | 12 | 12 | 13 | 14 | 14 | 15 | 15 | 16 | 14 | 15 |
| 7 | 7 | 8 | 8 | 9 | 10 | 10 | 11 | 11 | 12 | 10 | 11 | 12 | 冬 12 | 13 | 13 | 14 | 15 | 15 | 16 | 16 | 17 | 15 | 16 |
| 8 | 8 | 9 | 9 | 10 | 11 | 11 | 12 | 12 | 13 | 11 | 12 | 13 | 13 | 14 | 14 | 15 | 16 | 16 | 17 | 17 | 18 | 16 | 17 |
| 9 | 9 | 10 | 10 | 11 | 12 | 12 | 13 | 13 | 14 | 12 | 13 | 14 | 14 | 15 | 15 | 16 | 17 | 17 | 18 | 18 | 19 | 17 | 18 |
| 10 | 10 | 11 | 11 | 12 | 13 | 13 | 14 | 14 | 15 | 13 | 14 | 15 | 15 | 16 | 16 | 17 | 18 | 18 | 19 | 19 | 20 | 18 | 19 |
| 11 | 11 | 12 | 12 | 13 | 14 | 14 | 15 | 15 | 16 | 14 | 15 | 16 | 16 | 17 | 17 | 18 | 19 | 19 | 20 | 20 | 21 | 19 | 20 |
| 12 | 冬 12 | 13 | 13 | 14 | 15 | 15 | 16 | 16 | 17 | 15 | 16 | 17 | 17 | 18 | 18 | 19 | 20 | 20 | 21 | 21 | 22 | 20 | 21 |
| 13 | 十二 13 | 十一 14 | 14 | 15 | 16 | 16 | 17 | 17 | 18 | 16 | 17 | 18 | 18 | 19 | 19 | 20 | 21 | 21 | 22 | 22 | 23 | 21 | 22 |
| 14 | 14 | 15 | 十 15 | 九 16 | 八 17 | 17 | 18 | 18 | 19 | 17 | 18 | 19 | 19 | 20 | 20 | 21 | 22 | 22 | 23 | 23 | 24 | 22 | 23 |
| 15 | 9 15 | 16 | 16 | 17 | 18 | 七 18 | 19 | 19 | 20 | 18 | 19 | 20 | 20 | 21 | 21 | 22 | 23 | 23 | 24 | 24 | 25 | 23 | 24 |
| 16 | 16 | 8 17 | 7 17 | 18 | 19 | 19 | 六 20 | 五 20 | 21 | 19 | 20 | 21 | 21 | 22 | 22 | 23 | 24 | 24 | 25 | 25 | 26 | 24 | 25 |
| 17 | 17 | 18 | 18 | 6 19 | 5 20 | 20 | 21 | 21 | 四 22 | 20 | 21 | 22 | 22 | 23 | 23 | 24 | 25 | 25 | 26 | 26 | 27 | 25 | 26 |
| 18 | 18 | 19 | 19 | 20 | 21 | 4 21 | 3 22 | 22 | 23 | 三 21 | 二 22 | 23 | 23 | 24 | 24 | 25 | 26 | 26 | 27 | 27 | 28 | 26 | 27 |
| 19 | 19 | 20 | 20 | 21 | 22 | 22 | 23 | 2 23 | 1 24 | 12 22 | 11 23 | 正 24 | 十二 24 | 十一 25 | 25 | 26 | 27 | 27 | 28 | 28 | 29 | 27 | 28 |
| 20 | 20 | 21 | 21 | 22 | 23 | 23 | 24 | 24 | 25 | 23 | 24 | 10 25 | 9 25 | 26 | 十 26 | 九 27 | 八 28 | 28 | 29 | 29 | 30 | 28 | 29 |
| 21 | 21 | 22 | 22 | 23 | 24 | 24 | 25 | 25 | 26 | 24 | 25 | 26 | 26 | 8 27 | 7 27 | 28 | 29 | 七 29 | 六 30 | 30 | 31 | 3 | 30 |

一五七六 丙子 萬曆四

984

一五七五 乙亥 萬曆三

983

| | | | | | | | | | | | | | | | | | | | | | | | | |
|---|---|---|---|---|---|---|---|---|---|---|---|---|---|---|---|---|---|---|---|---|---|---|---|---|
| 11 | 冬11 | 12 | 12 | 13 | 14 | 14 | 15 | 15 | 16 | 15 | 16 | 17 | 17 | 18 | 18 | 19 | 20 | 20 | 21 | 21 | 22 | 20 | 21 | 22 |
| 12 | 12 | 13 | 13 | 14 | 15 | 15 | 16 | 16 | 17 | 16 | 17 | 18 | 18 | 19 | 19 | 20 | 21 | 21 | 22 | 22 | 23 | 21 | 22 | 23 |
| 13 | 13 | 14 | 14 | 15 | 16 | 16 | 17 | 17 | 18 | 17 | 18 | 19 | 19 | 20 | 20 | 21 | 22 | 22 | 23 | 23 | 24 | 22 | 23 | 24 |
| 14 | 14 | 15 | 15 | 16 | 17 | 17 | 18 | 18 | 19 | 18 | 19 | 20 | 20 | 21 | 21 | 22 | 23 | 23 | 24 | 24 | 25 | 23 | 24 | 25 |
| 15 | 15 | 16 | 16 | 17 | 18 | 18 | 19 | 19 | 20 | 19 | 20 | 21 | 21 | 22 | 22 | 23 | 24 | 24 | 25 | 25 | 26 | 24 | 25 | 26 |
| 16 | 16 | 17 | 17 | 18 | 19 | 19 | 20 | 20 | 21 | 20 | 21 | 22 | 22 | 23 | 23 | 24 | 25 | 25 | 26 | 26 | 27 | 25 | 26 | 27 |
| 17 | 17 | 18 | 18 | 19 | 20 | 20 | 21 | 21 | 22 | 21 | 22 | 23 | 23 | 24 | 24 | 25 | 26 | 26 | 27 | 27 | 28 | 26 | 27 | 28 |
| 18 | 18 | 19 | 19 | 20 | 21 | 21 | 22 | 22 | 23 | 22 | 23 | 24 | 24 | 25 | 25 | 26 | 27 | 27 | 28 | 28 | 29 | 27 | 28 | 29 |
| 19 | 19 | 20 | 20 | 21 | 22 | 22 | 23 | 23 | 24 | 23 | 24 | 25 | 25 | 26 | 26 | 27 | 28 | 28 | 29 | 29 | 30 | 28 | 29 | 30 |
| 20 | 十二20 | 十一21 | 21 | 22 | 23 | 23 | 24 | 24 | 25 | 24 | 25 | 26 | 26 | 27 | 27 | 28 | 29 | 29 | 30 | 30 | 31 | 3 | 30 | 31 |
| 21 | 21 | 22 | 十22 | 九23 | 24 | 24 | 25 | 25 | 26 | 25 | 26 | 27 | 27 | 28 | 28 | 29 | 30 | 30 | 31 | 5 | 4 | 2 | 31 | 1 |
| 22 | 10 22 | 9 23 | 23 | 24 | 八25 | 25 | 26 | 26 | 27 | 26 | 27 | 28 | 28 | 29 | 29 | 30 | 31 | 7 | 6 | 2 | 2 | 3 | 2 | 2 |
| 23 | 23 | 24 | 8 24 | 7 25 | 26 | 七26 | 六27 | 27 | 28 | 27 | 28 | 29 | 29 | 30 | 30 | 31 | 8 | 2 | 2 | 3 | 3 | 4 | 2 | 3 |
| 24 | 24 | 25 | 25 | 26 | 6 27 | 5 27 | 28 | 五28 | 29 | 28 | 29 | 30 | 30 | 31 | 10 | 9 | 2 | 3 | 3 | 4 | 4 | 5 | 3 | 4 |
| 25 | 25 | 26 | 26 | 27 | 28 | 28 | 4 29 | 3 29 | 四30 | 三29 | 30 | 31 | 12 | 11 | 2 | 2 | 3 | 4 | 4 | 5 | 5 | 6 | 4 | 5 |
| 26 | 26 | 27 | 27 | 28 | 29 | 29 | 30 | 30 | 2 31 | 1 3 | 二31 | 正1 | 十二2 | 十一2 | 十3 | 3 | 4 | 5 | 5 | 6 | 6 | 7 | 5 | 6 |
| 27 | 27 | 28 | 28 | 29 | 30 | 30 | 31 | 5 | 4 | 2 | 12 2 | 11 2 | 3 | 3 | 4 | 九4 | 八5 | 6 | 6 | 7 | 7 | 8 | 6 | 7 |
| 28 | 28 | 29 | 29 | 30 | 31 | 7 | 6 | 2 | 2 | 3 | 2 | 3 | 10 4 | 9 4 | 5 | 5 | 6 | 七7 | 7 | 8 | 8 | 9 | 7 | 8 |
| 29 | 29 | 30 | 30 | 31 | 8 | 2 | 2 | 3 | 3 | 4 | 3 | 4 | 5 | 5 | 8 6 | 7 6 | 7 | 8 | 六8 | 五9 | 9 | 10 | 8 | 9 |
| 30 | 30 | 31 | 10 | 9 | 2 | 3 | 3 | 4 | 4 | 5 | 4 | 5 | 6 | 6 | 7 | 7 | 6 8 | 5 9 | 9 | 10 | 四10 | 11 | 9 | 10 |
| 31 | 12 | 11 | 2 | 2 | 3 | 4 | 4 | 5 | 5 | 6 | 5 | 6 | 7 | 7 | 8 | 8 | 9 | 10 | 4 10 | 3 11 | 11 | 三12 | 二10 | 11 |
| 日 | 2 | 2 | 3 | 3 | 4 | 5 | 5 | 6 | 6 | 7 | 6 | 7 | 8 | 8 | 9 | 9 | 10 | 11 | 11 | 12 | 2 12 | 1 13 | 11 | 正12閏 |
| 曜 | 3 | 3 | 4 | 4 | 5 | 6 | 6 | 7 | 7 | 8 | 7 | 8 | 9 | 9 | 10 | 10 | 11 | 12 | 12 | 13 | 13 | 14 | 12 12 | 11 13 |
| 表 | 4 | 4 | 5 | 5 | 6 | 7 | 7 | 8 | 8 | 9 | 8 | 9 | 10 | 10 | 11 | 11 | 12 | 13 | 13 | 14 | 14 | 15 | 13 | 14 10 |
| 6 | 5 | 5 | 6 | 6 | 7 | 8 | 8 | 9 | 9 | 10 | 9 | 10 | 11 | 11 | 12 | 12 | 13 | 14 | 14 | 15 | 15 | 16 | 14 | 15 |
| 甲 | 6 | 6 | 7 | 7 | 8 | 9 | 9 | 10 | 10 | 11 | 10 | 11 | 12 | 冬12 | 13 | 13 | 14 | 15 | 15 | 16 | 16 | 17 | 15 | 16 |
| 子 | 7 | 7 | 8 | 8 | 9 | 10 | 10 | 11 | 11 | 12 | 11 | 12 | 13 | 13 | 14 | 14 | 15 | 16 | 16 | 17 | 17 | 18 | 16 | 17 |
| 表 | 8 | 8 | 9 | 9 | 10 | 11 | 11 | 12 | 12 | 13 | 12 | 13 | 14 | 14 | 15 | 15 | 16 | 17 | 17 | 18 | 18 | 19 | 17 | 18 |
| 14 | 9 | 9 | 10 | 10 | 11 | 12 | 12 | 13 | 13 | 14 | 13 | 14 | 15 | 15 | 16 | 16 | 17 | 18 | 18 | 19 | 19 | 20 | 18 | 19 |
| | 10 | 10 | 11 | 11 | 12 | 13 | 13 | 14 | 14 | 15 | 14 | 15 | 16 | 16 | 17 | 17 | 18 | 19 | 19 | 20 | 20 | 21 | 19 | 20 |

| 一五七八 戊寅 萬曆六 986 | | | | | | | | | | | | 一五七七 丁丑 萬曆五 985 | | | | | | | | | | | |
|---|---|---|---|---|---|---|---|---|---|---|---|---|---|---|---|---|---|---|---|---|---|---|---|
| 22 | 23 | 23 | 24 | 25 | 25 | 26 | 26 | 27 | 25 | 26 | 27 | 27 | 28 | 28 | 29 | 30 | 30 | 31 | 5 | 4 | 2 | 31 | 1 |
| 23 | 24 | 24 | 25 | 26 | 26 | 27 | 27 | 28 | 26 | 27 | 28 | 28 | 29 | 29 | 30 | 31 | 7 | 6 | 2 | 2 | 3 | 2 | 2 |
| 24 | 25 | 25 | 26 | 27 | 27 | 28 | 28 | 29 | 27 | 28 | 29 | 29 | 30 | 30 | 31 | 8 | 2 | 2 | 3 | 3 | 4 | 2 | 3 |
| 25 | 26 | 26 | 27 | 28 | 28 | 29 | 29 | 30 | 28 | 29 | 30 | 30 | 31 | 10 | 9 | 2 | 3 | 3 | 4 | 4 | 5 | 3 | 4 |
| 26 | 27 | 27 | 28 | 29 | 29 | 30 | 30 | 31 | 3 | 30 | 31 | 12 | 11 | 2 | 2 | 3 | 4 | 4 | 5 | 5 | 6 | 4 | 5 |
| 27 | 28 | 28 | 29 | 30 | 30 | 31 | 5 | 4 | 2 | 31 | 1 | 2 | 2 | 3 | 3 | 4 | 5 | 5 | 6 | 6 | 7 | 5 | 6 |
| 28 | 29 | 29 | 30 | 31 | 7 | 6 | 2 | 2 | 3 | 2 | 2 | 3 | 3 | 4 | 4 | 5 | 6 | 6 | 7 | 7 | 8 | 6 | 7 |
| 29 | 十一30 | 十30 | 31 | 8 | 2 | 2 | 3 | 3 | 4 | 2 | 3 | 4 | 4 | 5 | 5 | 6 | 7 | 7 | 8 | 8 | 9 | 7 | 8 |
| 30 | 31 | 10 | 九9 | 2 | 3 | 3 | 4 | 4 | 5 | 3 | 4 | 5 | 5 | 6 | 6 | 7 | 8 | 8 | 9 | 9 | 10 | 8 | 9 |
| 12 | 10 11 | 9 2 | 2 | 八3 | 七4 | 4 | 5 | 5 | 6 | 4 | 5 | 6 | 6 | 7 | 7 | 8 | 9 | 9 | 10 | 10 | 11 | 9 | 10 |
| 2 | 2 | 3 | 8 3 | 7 4 | 5 | 六5 | 五6 | 6 | 7 | 5 | 6 | 7 | 7 | 8 | 8 | 9 | 10 | 10 | 11 | 11 | 12 | 10 | 11 |
| 3 | 3 | 4 | 4 | 5 | 6 6 | 5 6 | 7 | 四7 | 三8 | 二6 | 7 | 8 | 8 | 9 | 9 | 10 | 11 | 11 | 12 | 12 | 13 | 11 | 12 |
| 4 | 4 | 5 | 5 | 6 | 7 | 7 | 4 8 | 3 8 | 9 | 7 | 正8 | 十二9 | 十一9 | 10 | 10 | 11 | 12 | 12 | 13 | 13 | 14 | 12 | 13 |
| 5 | 5 | 6 | 6 | 7 | 8 | 8 | 9 | 9 | 2 10 | 1 8 | 9 | 10 | 10 | 十11 | 九11 | 12 | 13 | 13 | 14 | 14 | 15 | 13 | 14 |
| 6 | 6 | 7 | 7 | 8 | 9 | 9 | 10 | 10 | 11 | 9 | 12 10 | 11 11 | 11 | 12 | 12 | 閏13 | 14 | 14 | 15 | 15 | 16 | 14 | 15 |
| 7 | 7 | 8 | 8 | 9 | 10 | 10 | 11 | 11 | 12 | 10 | 11 | 12冬 | 10 12 | 9 13 | 13 | 14 | 八15 | 七15 | 16 | 16 | 17 | 15 | 16 |
| 8 | 8 | 9 | 9 | 10 | 11 | 11 | 12 | 12 | 13 | 11 | 12 | 13 | 13 | 14 | 8 14 | 7 15 | 16 | 16 | 六17 | 17 | 18 | 16 | 17 |
| 9 | 9 | 10 | 10 | 11 | 12 | 12 | 13 | 13 | 14 | 12 | 13 | 14 | 14 | 15 | 15 | 16 | 6 17 | 5 17 | 18 | 五18 | 四19 | 三17 | 18 |
| 10 | 10 | 11 | 11 | 12 | 13 | 13 | 14 | 14 | 15 | 13 | 14 | 15 | 15 | 16 | 16 | 17 | 18 | 18 | 4 19 | 3 19 | 20 | 18 | 二19正 |
| 11 | 11 | 12 | 12 | 13 | 14 | 14 | 15 | 15 | 16 | 14 | 15 | 16 | 16 | 17 | 17 | 18 | 19 | 19 | 20 | 20 | 2 21 | 1 19 | 12 20 11 |
| 12 | 冬12 | 13 | 13 | 14 | 15 | 15 | 16 | 16 | 17 | 15 | 16 | 17 | 17 | 18 | 18 | 19 | 20 | 20 | 21 | 21 | 22 | 20 | 21 |
| 13 | 13 | 14 | 14 | 15 | 16 | 16 | 17 | 17 | 18 | 16 | 17 | 18 | 18 | 19 | 19 | 20 | 21 | 21 | 22 | 22 | 23 | 21 | 22 |
| 14 | 14 | 15 | 15 | 16 | 17 | 17 | 18 | 18 | 19 | 17 | 18 | 19 | 19 | 20 | 20 | 21 | 22 | 22 | 23 | 23 | 24 | 22 | 23 |
| 15 | 15 | 16 | 16 | 17 | 18 | 18 | 19 | 19 | 20 | 18 | 19 | 20 | 20 | 21 | 21 | 22 | 23 | 23 | 24 | 24 | 25 | 23 | 24 |
| 16 | 16 | 17 | 17 | 18 | 19 | 19 | 20 | 20 | 21 | 19 | 20 | 21 | 21 | 22 | 22 | 23 | 24 | 24 | 25 | 25 | 26 | 24 | 25 |
| 17 | 17 | 18 | 18 | 19 | 20 | 20 | 21 | 21 | 22 | 20 | 21 | 22 | 22 | 23 | 23 | 24 | 25 | 25 | 26 | 26 | 27 | 25 | 26 |
| 18 | 18 | 19 | 19 | 20 | 21 | 21 | 22 | 22 | 23 | 21 | 22 | 23 | 23 | 24 | 24 | 25 | 26 | 26 | 27 | 27 | 28 | 26 | 27 |
| 19 | 19 | 20 | 20 | 21 | 22 | 22 | 23 | 23 | 24 | 22 | 23 | 24 | 24 | 25 | 25 | 26 | 27 | 27 | 28 | 28 | 29 | 27 | 28 |
| 20 | 20 | 21 | 21 | 22 | 23 | 23 | 24 | 24 | 25 | 23 | 24 | 25 | 25 | 26 | 26 | 27 | 28 | 28 | 29 | 29 | 30 | 28 | 29 |
| 21 | 21 | 22 | 22 | 23 | 24 | 24 | 25 | 25 | 26 | 24 | 25 | 26 | 26 | 27 | 27 | 28 | 29 | 29 | 30 | 30 | 31 | 3 | 30 |

一五七九 己卯 萬曆七 987

一五八〇 庚辰 萬曆八 988

| | | | | | | | | | | | | | | | | | | | | | | | | |
|---|---|---|---|---|---|---|---|---|---|---|---|---|---|---|---|---|---|---|---|---|---|---|---|---|
| 11 | 冬11 | 12 | 12 | 13 | 14 | 6 14 | 5 15 | 15 | 16 | 15 | 二16 | 正17 | 17 | 18 | 18 | 19 | 20 | 20 | 21 | 21 | 22 | 20 | 21 | 22 |
| 12 | 12 | 13 | 13 | 14 | 15 | 15 | 16 | 4 16 | 3 17 | 16 | 17 | 18 | 十二18 | 19 | 19 | 20 | 21 | 21 | 22 | 22 | 23 | 21 | 22 | 23 |
| 13 | 13 | 14 | 14 | 15 | 16 | 16 | 17 | 17 | 18 | 2 17 | 1 18 | 19 | 19 | 十一20 | 十20 | 21 | 22 | 22 | 23 | 23 | 24 | 22 | 23 | 24 |
| 14 | 14 | 15 | 15 | 16 | 17 | 17 | 18 | 18 | 19 | 18 | 19 | 12 20 | 11 20 | 21 | 21 | 九22 | 八23 | 23 | 24 | 24 | 25 | 23 | 24 | 25 |
| 15 | 15 | 16 | 16 | 17 | 18 | 18 | 19 | 19 | 20 | 19 | 20 | 21 | 21 | 10 22 | 9 22 | 23 | 24 | 七24 | 六25 | 五25 | 26 | 24 | 25 | 26 |
| 16 | 16 | 17 | 17 | 18 | 19 | 19 | 20 | 20 | 21 | 20 | 21 | 22 | 22 | 23 | 23 | 8 24 | 7 25 | 25 | 26 | 26 | 四27 | 三25 | 二26 | 27 |
| 17 | 17 | 18 | 18 | 19 | 20 | 20 | 21 | 21 | 22 | 21 | 22 | 23 | 23 | 24 | 24 | 25 | 26 | 6 26 | 5 27 | 27 | 28 | 26 | 27 | 正28 十二 |
| 18 | 18 | 19 | 19 | 20 | 21 | 21 | 22 | 22 | 23 | 22 | 23 | 24 | 24 | 25 | 25 | 26 | 27 | 27 | 28 | 4 28 | 3 29 | 27 | 28 | 29 |
| 19 | 19 | 20 | 20 | 21 | 22 | 22 | 23 | 23 | 24 | 23 | 24 | 25 | 25 | 26 | 26 | 27 | 28 | 28 | 29 | 29 | 30 | 2 28 | 1 29 | 12 30 11 |
| 20 | 20 | 21 | 21 | 22 | 23 | 23 | 24 | 24 | 25 | 24 | 25 | 26 | 26 | 27 | 27 | 28 | 29 | 29 | 30 | 30 | 31 | **3** | 30 | 31 |
| 21 | 21 | 22 | 22 | 23 | 24 | 24 | 25 | 25 | 26 | 25 | 26 | 27 | 27 | 28 | 28 | 29 | 30 | 30 | 31 | **5** | **4** | 2 | 31 | **1** |
| 22 | 22 | 23 | 23 | 24 | 25 | 25 | 26 | 26 | 27 | 26 | 27 | 28 | 28 | 29 | 29 | 30 | 31 | **7** | **6** | 2 | 2 | 3 | **2** | 2 |
| 23 | 23 | 24 | 24 | 25 | 26 | 26 | 27 | 27 | 28 | 27 | 28 | 29 | 29 | 30 | 30 | 31 | **8** | 2 | 2 | 3 | 3 | 4 | 2 | 3 |
| 24 | 24 | 25 | 25 | 26 | 27 | 27 | 28 | 28 | 29 | 28 | 29 | 30 | 30 | 31 | **10** | **9** | 2 | 3 | 3 | 4 | 4 | 5 | 3 | 4 |
| 25 | 25 | 26 | 26 | 27 | 28 | 28 | 29 | 29 | 30 | 29 | 30 | 31 | **12** | **11** | 2 | 2 | 3 | 4 | 4 | 5 | 5 | 6 | 4 | 5 |
| 26 | 26 | 27 | 27 | 28 | 29 | 29 | 30 | 30 | 31 | **3** | 31 | **1** | 2 | 2 | 3 | 3 | 4 | 5 | 5 | 6 | 6 | 7 | 5 | 6 |
| 27 | 27 | 28 | 28 | 29 | 30 | 30 | 31 | **5** | **4** | 2 | **2** | 2 | 3 | 3 | 4 | 4 | 5 | 6 | 6 | 7 | 7 | 8 | 6 | 7 |
| 28 | 28 | 29 | 29 | 30 | 31 | **7** | **6** | 2 | 2 | 3 | 2 | 3 | 4 | 4 | 5 | 5 | 6 | 7 | 7 | 8 | 8 | 9 | 7 | 8 |
| 29 | 29 | 30 | 30 | 31 | **8** | 2 | 2 | 3 | 3 | 4 | 3 | 4 | 5 | 5 | 6 | 6 | 7 | 8 | 8 | 9 | 9 | 10 | 8 | 9 |
| 30 | 30 | 31 | **10** | **9** | 2 | 3 | 3 | **4** | **4** | 5 | 4 | 5 | 6 | 6 | 7 | 7 | 8 | 9 | 9 | 10 | 10 | 11 | 9 | 10 |
| 31 | **12** | **11** | 2 | 2 | 3 | 4 | 4 | 5 | 5 | 6 | 5 | 6 | 7 | 7 | 8 | 8 | 9 | 10 | 10 | 11 | 11 | 12 | 10 | 11 |
| 日 | 2 | 2 | 3 | 3 | 4 | 5 | 5 | 6 | 6 | 7 | 6 | 7 | 8 | 8 | 9 | 9 | 10 | 11 | 11 | 12 | 12 | 13 | 11 | 12 |
| 曜 | 3 | 3 | 4 | 4 | 5 | 6 | 6 | 7 | 7 | 8 | 7 | 8 | 9 | 9 | 10 | 10 | 11 | 12 | 12 | 13 | 13 | 14 | 12 | 13 |
| 表 | 4 | 4 | 5 | 5 | 6 | 7 | 7 | 8 | 8 | 9 | 8 | 9 | 10 | 10 | 11 | 11 | 12 | 13 | 13 | 14 | 14 | 15 | 13 | 14 |
| 7 | 5 | 5 | 6 | 6 | 7 | 8 | 8 | 9 | 9 | 10 | 9 | 10 | 11 | 11 | 12 | 12 | 13 | 14 | 14 | 15 | 15 | 16 | 14 | 15 |
| 甲 | 6 | 6 | 7 | 7 | 8 | 9 | 9 | 10 | 10 | 11 | 10 | 11 | 12 | 冬12 | 13 | 13 | 14 | 15 | 15 | 16 | 16 | 17 | 15 | 16 |
| 子 | 7 | 十一7 | 十8 | 8 | 9 | 10 | 10 | 11 | 11 | 12 | 11 | 12 | 13 | 13 | 14 | 14 | 15 | 16 | 16 | 17 | 17 | 18 | 16 | 17 |
| 表 | 8 | 11 8 | 9 | 九9 | 八10 | 七11 | 11 | 12 | 12 | 13 | 12 | 13 | 14 | 14 | 15 | 15 | 16 | 17 | 17 | 18 | 18 | 19 | 17 | 18 |
| 15 | 9 | 9 | 10 10 | 9 10 | 11 | 12 | 六12 | 五13 | 閏13 | 14 | 13 | 14 | 15 | 15 | 16 | 16 | 17 | 18 | 18 | 19 | 19 | 20 | 18 | 19 |
| | 10 | 10 | 11 | 11 | 8 12 | 7 13 | 13 | 14 | 14 | 四15 | 三14 | 15 | 16 | 16 | 17 | 17 | 18 | 19 | 19 | 20 | 20 | 21 | 19 | 20 |

一五八一 辛巳 萬曆九

989

一五八二 壬午 萬曆一〇

990

教皇格勒哥里第十三始改曆以十月五日爲十五日中間消去十日是日起應改用日曜表六甲子表四四

| | | | | | | | | | | | | | | | | | | | | | | | |
|---|---|---|---|---|---|---|---|---|---|---|---|---|---|---|---|---|---|---|---|---|---|---|---|
| 22 | 23 | 23 | 24 | 25 | 25 | 26 | 26 | 27 | 25 2 | 26 1 | 27 12 | 27 11 | 28 十 | 28 九 | 29 八 | 30 七 | 30 | 31 | **5** | **4** | 2 | 31 | **1** |
| 23 | 24 | 24 | 25 | 26 | 26 | 27 | 27 | 28 | 26 | 27 | 28 | 28 | 29 10 | 29 9 | 30 | 31 | **7** 六 | **6** 五 | 2 | 2 | 3 | **2** | 2 |
| 24 | 25 | 25 | 26 | 27 | 27 | 28 | 28 | 29 | 27 | 28 | 29 | 29 | 30 | 30 | 31 8 | **8** 7 | 2 | 2 | 3 四 | 3 三 | 4 | 2 | 3 |
| 25 十一 | 26 十 | 26 | 27 | 28 | 28 | 29 | 29 | 30 | 28 | 29 | 30 | 30 | 31 | **10** | **9** | 2 | 3 6 | 3 5 | 4 | 4 | 5 二 | 3 | 4 |
| 26 | 27 | 27 | 28 | 29 | 29 | 30 | 30 | 31 | **3** | 30 | 31 | **12** | **11** | 2 | 2 | 3 | 4 | 4 | 5 4 | 5 3 | 6 | **4** 正 | **5** 十二 |
| 27 11 | 28 | 28 | 29 | 30 | 30 | 31 | **5** | **4** | 2 | 31 | **1** | 2 | 2 | 3 | 3 | **4** | 5 | 5 | 6 | 6 | 7 2 | 5 1 | 6 |
| 28 | 29 10 | 29 | 30 | 31 | **7** | **6** | 2 | 2 | 3 | **2** | 2 | 3 | 3 | 4 | 4 | 5 | 6 | 6 | 7 | 7 | 8 | 6 | 7 12 |
| 29 | 30 | 30 | 31 | **8** | 2 | 2 | 3 | 3 | 4 | 2 | 3 | 4 | 4 | 5 | 5 | 6 | 7 | 7 | 8 | 8 | 9 | 7 | 8 |
| 30 | 31 | **10** | **9** | 2 | 3 | 3 | 4 | 4 | 5 | 3 | 4 | 5 | 5 | 6 | 6 | 7 | 8 | 8 | 9 | 9 | 10 | 8 | 9 |
| **12** | **11** | 2 | 2 | 3 | 4 | 4 | 5 | 5 | 6 | 4 | 5 | 6 | 6 | 7 | 7 | 8 | 9 | 9 | 10 | 10 | 11 | 9 | 10 |
| 2 | 2 | 3 | 3 | 4 | 5 | 5 | 6 | 6 | 7 | 5 | 6 | 7 | 7 | 8 | 8 | 9 | 10 | 10 | 11 | 11 | 12 | 10 | 11 |
| 3 | 3 | 4 | 4 | 5 | 6 | 6 | 7 | 7 | 8 | 6 | 7 | 8 | 8 | 9 | 9 | 10 | 11 | 11 | 12 | 12 | 13 | 11 | 12 |
| 4 | 4 | 5 | 5 | 6 | 7 | 7 | 8 | 8 | 9 | 7 | 8 | 9 | 9 | 10 | 10 | 11 | 12 | 12 | 13 | 13 | 14 | 12 | 13 |
| 5 | 5 | 6 | 6 | 7 | 8 | 8 | 9 | 9 | 10 | 8 | 9 | 10 | 10 | 11 | 11 | 12 | 13 | 13 | 14 | 14 | 15 | 13 | 14 |
| 6 | 6 | 7 | 7 | 8 | 9 | 9 | 10 | 10 | 11 | 9 | 10 | 11 | 11 | 12 | 12 | 13 | 14 | 14 | 15 | 15 | 16 | 14 | 15 |
| 7 | 7 | 8 | 8 | 9 | 10 | 10 | 11 | 11 | 12 | 10 | 11 | 12 冬 | 12 | 13 | 13 | 14 | 15 | 15 | 16 | 16 | 17 | 15 | 16 |
| 8 | 8 | 9 | 9 | 10 | 11 | 11 | 12 | 12 | 13 | 11 | 12 | 13 | 13 | 14 | 14 | 15 | 16 | 16 | 17 | 17 | 18 | 16 | 17 |
| 9 | 9 | 10 | 10 | 11 | 12 | 12 | 13 | 13 | 14 | 12 | 13 | 14 | 14 | 15 | 15 | 16 | 17 | 17 | 18 | 18 | 19 | 17 | 18 |
| 10 | 10 | 11 | 11 | 12 | 13 | 13 | 14 | 14 | 15 | 13 | 14 | 15 | 15 | 16 | 16 | 17 | 18 | 18 | 19 | 19 | 20 | 18 | 19 |
| 11 | 11 | 12 | 12 | 13 | 14 | 14 | 15 | 15 | 16 | 14 | 15 | 16 | 16 | 17 | 17 | 18 | 19 | 19 | 20 | 20 | 21 | 19 | 20 |
| 12 | 12 | 13 | 13 | 14 | 15 | 15 | 16 | 16 | 17 | 15 | 16 | 17 | 17 | 18 | 18 | 19 | 20 | 20 | 21 | 21 | 22 | 20 | 21 |
| 13 | 13 | 14 | 14 | 15 | 16 | 16 | 17 | 17 | 18 | 16 | 17 | 18 | 18 | 19 | 19 | 20 | 21 | 21 | 22 | 22 | 23 | 21 | 22 |
| 14 | 14 | 15 | 15 | 16 | 17 | 17 | 18 | 18 | 19 | 17 | 18 | 19 | 19 | 20 | 20 | 21 | 22 | 22 | 23 | 23 | 24 | 22 | 23 |
| 15 | 15 | 16 | 16 | 17 | 18 | 18 | 19 | 19 | 20 | 18 | 19 | 20 | 20 | 21 | 21 | 22 | 23 | 23 | 24 | 24 | 25 | 23 | 24 |
| 16 | 16 | 17 | 17 九 | 18 八 | 19 七 | 19 | 20 | 20 | 21 | 19 | 20 | 21 | 21 | 22 | 22 | 23 | 24 | 24 | 25 | 25 | 26 | 24 | 25 |
| 17 | 17 | 18 | 18 | 19 | 20 | 20 六 | 21 | 21 | 22 | 20 | 21 | 22 | 22 | 23 | 23 | 24 | 25 | 25 | 26 | 26 | 27 | 25 | 26 |
| 18 | 18 | 19 | 19 9 | 20 | 21 | 21 | 22 五 | 22 四 | 23 | 21 | 22 | 23 | 23 | 24 | 24 | 25 | 26 | 26 | 27 | 27 | 28 | 26 | 27 |
| 19 | 19 | 20 | 20 | 21 8 | 22 7 | 22 | 23 | 23 | 24 三 | 22 | 23 | 24 | 24 | 25 | 25 | 26 | 27 | 27 | 28 | 28 | 29 | 27 | 28 |
| 20 | 20 | 21 | 21 | 22 | 23 | 23 6 | 24 5 | 24 | 25 | 23 二 | 24 正 | 25 | 25 | 26 | 26 | 27 | 28 | 28 | 29 | 29 | 30 | 28 | 29 |
| 21 | 21 | 22 | 22 | 23 | 24 | 24 | 25 | 25 4 | 26 3 | 24 | 25 | 26 十二 | 26 十一 | 27 | 27 | 28 | 29 | 29 | 30 | 30 | 31 | **3** | 30 |

一五八三 癸未 萬曆一一

991

一五八四 甲申 萬曆一二

992

| | | | | | | | | | | | | | | | | | | | | | | | | |
|---|---|---|---|---|---|---|---|---|---|---|---|---|---|---|---|---|---|---|---|---|---|---|---|---|
| 11 | 11 | 12 | 12 | 13 | 14 | 14 | 15 | 15 | 16 | 15 | 16 | 17 | 17 | 18 10 | 18 9 | 19 | 20 | 20 五 | 21 四 | 21 | 22 | 20 | 21 | 22 冬 |
| 12 | 12 | 13 | 13 | 14 | 15 | 15 | 16 | 16 | 17 | 16 | 17 | 18 | 18 | 19 | 19 | 20 8 | 21 7 | 21 | 22 | 22 三 | 23 | 21 | 22 | 23 |
| 13 | 13 | 14 | 14 | 15 | 16 | 16 | 17 | 17 | 18 | 17 | 18 | 19 | 19 | 20 | 20 | 21 | 22 | 22 6 | 23 5 | 23 | 24 閏 | 22 二 | 23 | 24 |
| 14 | 14 | 15 | 15 | 16 | 17 | 17 | 18 | 18 | 19 | 18 | 19 | 20 | 20 | 21 | 21 | 22 | 23 | 23 | 24 | 24 4 | 25 3 | 23 | 24 正 | 25 十二 |
| 15 | 15 | 16 | 16 | 17 | 18 | 18 | 19 | 19 | 20 | 19 | 20 | 21 | 21 | 22 | 22 | 23 | 24 | 24 | 25 | 25 | 26 | 24 2 | 25 1 | 26 |
| 16 | 16 | 17 | 17 | 18 | 19 | 19 | 20 | 20 | 21 | 20 | 21 | 22 冬 | 22 | 23 | 23 | 24 | 25 | 25 | 26 | 26 | 27 | 25 | 26 | 27 12 |
| 17 | 17 | 18 | 18 | 19 | 20 | 20 | 21 | 21 | 22 | 21 | 22 | 23 | 23 | 24 | 24 | 25 | 26 | 26 | 27 | 27 | 28 | 26 | 27 | 28 |
| 18 | 18 | 19 | 19 | 20 | 21 | 21 | 22 | 22 | 23 | 22 | 23 | 24 | 24 | 25 | 25 | 26 | 27 | 27 | 28 | 28 | 29 | 27 | 28 | 29 |
| 19 | 19 | 20 | 20 | 21 | 22 | 22 | 23 | 23 | 24 | 23 | 24 | 25 | 25 | 26 | 26 | 27 | 28 | 28 | 29 | 29 | 30 | 28 | 29 | 30 |
| 20 | 20 | 21 | 21 | 22 | 23 | 23 | 24 | 24 | 25 | 24 | 25 | 26 | 26 | 27 | 27 | 28 | 29 | 29 | 30 | 30 | 31 | **3** | 30 | 31 |
| 21 冬 | 21 | 22 | 22 | 23 | 24 | 24 | 25 | 25 | 26 | 25 | 26 | 27 | 27 | 28 | 28 | 29 | 30 | 30 | 31 | **5** | **4** | 2 | 31 | **1** |
| 22 | 22 | 23 | 23 | 24 | 25 | 25 | 26 | 26 | 27 | 26 | 27 | 28 | 28 | 29 | 29 | 30 | 31 | **7** | **6** | 2 | 2 | 3 | **2** | 2 |
| 23 | 23 | 24 | 24 | 25 | 26 | 26 | 27 | 27 | 28 | 27 | 28 | 29 | 29 | 30 | 30 | 31 | **8** | 2 | 2 | 3 | 3 | 4 | 2 | 3 |
| 24 | 24 | 25 | 25 | 26 | 27 | 27 | 28 | 28 | 29 | 28 | 29 | 30 | 30 | 31 | **10** | **9** | 2 | 3 | 3 | 4 | 4 | 5 | 3 | 4 |
| 25 | 25 | 26 | 26 | 27 | 28 | 28 | 29 | 29 | 30 | 29 | 30 | 31 | **12** | **11** | 2 | 2 | 3 | 4 | 4 | 5 | 5 | 6 | 4 | 5 |
| 26 | 26 | 27 | 27 | 28 | 29 | 29 | 30 | 30 | 31 | **3** | 31 | **1** | 2 | 2 | 3 | 3 | 4 | 5 | 5 | 6 | 6 | 7 | 5 | 6 |
| 27 | 27 | 28 | 28 | 29 | 30 | 30 | 31 | **5** | **4** | 2 | **2** | 2 | 3 | 3 | 4 | 4 | 5 | 6 | 6 | 7 | 7 | 8 | 6 | 7 |
| 28 | 28 | 29 | 29 | 30 | 31 | **7** | **6** | 2 | 2 | 3 | 2 | 3 | 4 | 4 | 5 | 5 | 6 | 7 | 7 | 8 | 8 | 9 | 7 | 8 |
| 29 | 29 | 30 | 30 | 31 | **8** | 2 | 2 | 3 | 3 | 4 | 3 | 4 | 5 | 5 | 6 | 6 | 7 | 8 | 8 | 9 | 9 | 10 | 8 | 9 |
| 30 | 30 | 31 | **10** | **9** | 2 | 3 | 3 | 4 | 4 | 5 | 4 | 5 | 6 | 6 | 7 | 7 | 8 | 9 | 9 | 10 | 10 | 11 | 9 | 10 |
| 31 | **12** | **11** | 2 | 2 | 3 | 4 | 4 | 5 | 5 | 6 | 5 | 6 | 7 | 7 | 8 | 8 | 9 | 10 | 10 | 11 | 11 | 12 | 10 | 11 |
| 日 | 2 十一 | 2 十 | 3 | 3 | 4 | 5 | 5 | 6 | 6 | 7 | 6 | 7 | 8 | 8 | 9 | 9 | 10 | 11 | 11 | 12 | 12 | 13 | 11 | 12 |
| 曜 | 3 | 3 | 4 九 | 4 八 | 5 | 6 | 6 | 7 | 7 | 8 | 7 | 8 | 9 | 9 | 10 | 10 | 11 | 12 | 12 | 13 | 13 | 14 | 12 | 13 |
| 表 | 4 12 | 4 11 | 5 | 5 | 6 七 | 7 | 7 | 8 | 8 | 9 | 8 | 9 | 10 | 10 | 11 | 11 | 12 | 13 | 13 | 14 | 14 | 15 | 13 | 14 |
| 1 | 5 | 5 | 6 10 | 6 9 | 7 | 8 六 | 8 五 | 9 | 9 | 10 | 9 | 10 | 11 | 11 | 12 | 12 | 13 | 14 | 14 | 15 | 15 | 16 | 14 | 15 |
| 甲 | 6 | 6 | 7 | 7 | 8 8 | 9 7 | 9 | 10 四 | 10 | 11 | 10 | 11 | 12 | 12 | 13 | 13 | 14 | 15 | 15 | 16 | 16 | 17 | 15 | 16 |
| 子 | 7 | 7 | 8 | 8 | 9 | 10 | 10 6 | 11 5 | 11 三 | 12 二 | 11 | 12 | 13 | 13 | 14 | 14 | 15 | 16 | 16 | 17 | 17 | 18 | 16 | 17 |
| 表 | 8 | 8 | 9 | 9 | 10 | 11 | 11 | 12 | 12 4 | 13 3 | 12 正 | 13 十二 | 14 十一 | 14 十 | 15 九 | 15 | 16 | 17 | 17 | 18 | 18 | 19 | 17 | 18 |
| 16 | 9 | 9 | 10 | 10 | 11 | 12 | 12 | 13 | 13 | 14 | 13 2 | 14 1 | 15 | 15 | 16 | 16 八 | 17 七 | 18 | 18 | 19 | 19 | 20 | 18 | 19 |
| | 10 | 10 | 11 | 11 | 12 | 13 | 13 | 14 | 14 | 15 | 14 | 15 | 16 12 | 16 11 | 17 | 17 | 18 | 19 六 | 19 | 20 | 20 | 21 | 19 | 20 |

一五八六 丙戌 萬曆一四 (995)

一五八五 乙酉 萬曆一三 (994) (993)

| 1586 | | | | | | | | | | | | 1585 | | | | | | | | | | | |
|---|---|---|---|---|---|---|---|---|---|---|---|---|---|---|---|---|---|---|---|---|---|---|---|
| 22 | 23 | 23 | 24 | 25 | 25 | 26 | 26 | 27 | 25 | 26 | 27 | 27 | 28 | 28 | 29 | 30 | 30 | 31 | 6 **5** | 5 **4** | 2 | 31 | 正 **1** 十二 |
| 23 | 24 | 24 | 25 | 26 | 26 | 27 | 27 | 28 | 26 | 27 | 28 | 28 | 29 | 29 | 30 | 31 | **7** | **6** | 2 | 2 | 4 3 | 3 **2** | 2 |
| 24 | 25 | 25 | 26 | 27 | 27 | 28 | 28 | 29 | 27 | 28 | 29 | 29 | 30 | 30 | 31 | **8** | 2 | 2 | 3 | 3 | 4 | 2 | 2 3 1 |
| 25 | 26 | 26 | 27 | 28 | 28 | 29 | 29 | 30 | 28 | 29 | 30 | 30 | 31 | **10** | **9** | 2 | 3 | 3 | 4 | 4 | 5 | 3 | 4 |
| 26 | 27 | 27 | 28 | 29 | 29 | 30 | 30 | 31 | **3** | 30 | 31 | **12** | **11** | 2 | 2 | 3 | 4 | 4 | 5 | 5 | 6 | 4 | 5 |
| 27 | 28 | 28 | 29 | 30 | 30 | 31 | **5** | **4** | 2 | 31 | **1** | 2 | 2 | 3 | 3 | 4 | 5 | 5 | 6 | 6 | 7 | 5 | 6 |
| 28 | 29 | 29 | 30 | 31 | **7** | **6** | 2 | 2 | 3 | **2** | 2 | 3 | 3 | 4 | 4 | 5 | 6 | 6 | 7 | 7 | 8 | 6 | 7 |
| 29 | 30 | 30 | 31 | **8** | 2 | 2 | 3 | 3 | 4 | 2 | 3 | 4 | 4 | 5 | 5 | 6 | 7 | 7 | 8 | 8 | 9 | 7 | 8 |
| 30 | 31 | **10** | **9** | 2 | 3 | 3 | 4 | 4 | 5 | 3 | 4 | 5 | 5 | 6 | 6 | 7 | 8 | 8 | 9 | 9 | 10 | 8 | 9 |
| **12** | **11** | 2 | 2 | 3 | 4 | 4 | 5 | 5 | 6 | 4 | 5 | 6 | 6 | 7 | 7 | 8 | 9 | 9 | 10 | 10 | 11 | 9 | 10 |
| 2 | 2 | 3 | 3 | 4 | 5 | 5 | 6 | 6 | 7 | 5 | 6 | 7 | 7 | 8 | 8 | 9 | 10 | 10 | 11 | 11 | 12 | 10 | 11 |
| 3 | 3 | 4 | 4 | 5 | 6 | 6 | 7 | 7 | 8 | 6 | 7 | 8 | 8 | 9 | 9 | 10 | 11 | 11 | 12 | 12 | 13 | 11 | 12 |
| 4 | 4 | 5 | 5 | 6 | 7 | 7 | 8 | 8 | 9 | 7 | 8 | 9 | 9 | 10 | 10 | 11 | 12 | 12 | 13 | 13 | 14 | 12 | 13 |
| 5 | 5 | 6 | 6 | 7 | 8 | 8 | 9 | 9 | 10 | 8 | 9 | 10 | 10 | 11 | 11 | 12 | 13 | 13 | 14 | 14 | 15 | 13 | 14 |
| 6 | 6 | 7 | 7 | 8 | 9 | 9 | 10 | 10 | 11 | 9 | 10 | 11 | 11 | 12 | 12 | 13 | 14 | 14 | 15 | 15 | 16 | 14 | 15 |
| 7 | 7 | 8 | 8 | 9 | 10 | 10 | 11 | 11 | 12 | 10 | 11 | 12 | 12 | 13 | 13 | 14 | 15 | 15 | 16 | 16 | 17 | 15 | 16 |
| 8 | 8 | 9 | 9 | 10 | 11 | 11 | 12 | 12 | 13 | 11 | 12 | 13 | 13 | 14 | 14 | 15 | 16 | 16 | 17 | 17 | 18 | 16 | 17 |
| 9 | 9 | 10 | 10 | 11 | 12 | 12 | 13 | 13 | 14 | 12 | 13 | 14 | 14 | 15 | 15 | 16 | 17 | 17 | 18 | 18 | 19 | 17 | 18 |
| 10 | 十一 10 | 11 | 11 | 12 | 13 | 13 | 14 | 14 | 15 | 13 | 14 | 15 | 15 | 16 | 16 | 17 | 18 | 18 | 19 | 19 | 20 | 18 | 19 |
| 11 | 11 | 十 12 | 九 12 | 13 | 14 | 14 | 15 | 15 | 16 | 14 | 15 | 16 | 16 | 17 | 17 | 18 | 19 | 19 | 20 | 20 | 21 | 19 | 20 |
| 12 | 1 12 | 13 | 13 | 八 14 | 15 | 15 | 16 | 16 | 17 | 15 | 16 | 17 | 17 | 18 | 18 | 19 | 20 | 20 | 21 | 21 | 22 | 20 | 21 |
| 13 | 13 | 12 14 | 11 14 | 15 | 七 16 | 六 16 | 17 | 17 | 18 | 16 | 17 | 18 | 18 | 19 | 19 | 20 | 21 | 21 | 22 | 22 | 23 | 21 | 22 |
| 14 | 14 | 15 | 15 | 10 16 | 9 17 | 17 | 五 18 | 四 18 | 19 | 17 | 18 | 19 | 19 | 20 | 20 | 21 | 22 | 22 | 23 | 23 | 24 | 22 | 23 |
| 15 | 15 | 16 | 16 | 17 | 18 | 8 18 | 7 19 | 19 | 三 20 | 二 18 | 正 19 | 20 | 20 | 21 | 21 | 22 | 23 | 23 | 24 | 24 | 25 | 23 | 24 |
| 16 | 16 | 17 | 17 | 18 | 19 | 19 | 20 | 6 20 | 5 21 | 19 | 20 | 十二 21 | 十一 21 | 十 22 | 22 | 23 | 24 | 24 | 25 | 25 | 26 | 24 | 25 |
| 17 | 17 | 18 | 18 | 19 | 20 | 20 | 21 | 21 | 22 | 4 20 | 3 21 | 22 | 冬 22 | 23 | 閏 23 | 九 24 | 25 | 25 | 26 | 26 | 27 | 25 | 26 |
| 18 | 18 | 19 | 19 | 20 | 21 | 21 | 22 | 22 | 23 | 21 | 22 | 2 23 | 1 23 | 24 | 24 | 25 | 八 26 | 26 | 27 | 27 | 28 | 26 | 27 |
| 19 | 19 | 20 | 20 | 21 | 22 | 22 | 23 | 23 | 24 | 22 | 23 | 24 | 24 | 12 25 | 11 25 | 26 | 27 | 七 27 | 六 28 | 28 | 29 | 27 | 28 |
| 20 | 20 | 21 | 21 | 22 | 23 | 23 | 24 | 24 | 25 | 23 | 24 | 25 | 25 | 26 | 26 | 10 27 | 9 28 | 28 | 29 | 五 29 | 30 | 28 | 29 |
| 21 | 21 | 22 | 22 | 23 | 24 | 24 | 25 | 25 | 26 | 24 | 25 | 26 | 26 | 27 | 27 | 28 | 29 | 8 29 | 7 30 | 30 | 四 31 | 三 **3** | 二 30 |

一二一

一五八八 戊子 萬曆一六

997

一五八七 丁亥 萬曆一五

996

| | | | | | | | | | | | | | | | | | | | | | | | | |
|---|---|---|---|---|---|---|---|---|---|---|---|---|---|---|---|---|---|---|---|---|---|---|---|---|
| 11 | 11 | 12 | 12 | 13 | 14 | 14 | 15 | 15 | 16 | 15 | 16 | 17 | 17 | 18 | 18 | 19 | 20 | 20 | 21 | 21 | 22 | 20 | 21 | 22冬 |
| 12 | 12 | 13 | 13 | 14 | 15 | 15 | 16 | 16 | 17 | 16 | 17 | 18 | 18 | 19 | 19 | 20 | 21 | 21 | 22 | 22 | 23 | 21 | 22 | 23 |
| 13 | 13 | 14 | 14 | 15 | 16 | 16 | 17 | 17 | 18 | 17 | 18 | 19 | 19 | 20 | 20 | 21 | 22 | 22 | 23 | 23 | 24 | 22 | 23 | 24 |
| 14 | 14 | 15 | 15 | 16 | 17 | 17 | 18 | 18 | 19 | 18 | 19 | 20 | 20 | 21 | 21 | 22 | 23 | 23 | 24 | 24 | 25 | 23 | 24 | 25 |
| 15 | 15 | 16 | 16 | 17 | 18 | 18 | 19 | 19 | 20 | 19 | 20 | 21 | 21 | 22 | 22 | 23 | 24 | 24 | 25 | 25 | 26 | 24 | 25 | 26 |
| 16 | 16 | 17 | 17 | 18 | 19 | 19 | 20 | 20 | 21 | 20 | 21 | 22冬 | 22 | 23 | 23 | 24 | 25 | 25 | 26 | 26 | 27 | 25 | 26 | 27 |
| 17 | 17 | 18 | 18 | 19 | 20 | 20 | 21 | 21 | 22 | 21 | 22 | 23 | 23 | 24 | 24 | 25 | 26 | 26 | 27 | 27 | 28 | 26 | 27 | 28 |
| 18土 | 18 | 19 | 19 | 20 | 21 | 21 | 22 | 22 | 23 | 22 | 23 | 24 | 24 | 25 | 25 | 26 | 27 | 27 | 28 | 28 | 29 | 27 | 28 | 29 |
| 19 | 19十 | 20九 | 20 | 21 | 22 | 22 | 23 | 23 | 24 | 23 | 24 | 25 | 25 | 26 | 26 | 27 | 28 | 28 | 29 | 29 | 30 | 28 | 29 | 30 |
| 20 2 | 20 1 | 21 | 21八 | 22七 | 23閏 | 23 | 24 | 24 | 25 | 24 | 25 | 26 | 26 | 27 | 27 | 28 | 29 | 29 | 30 | 30 | 31 | 3 | 30 | 31 |
| 21冬 | 21 | 22 12 | 22 11 | 23 | 24 | 24六 | 25五 | 25四 | 26三 | 25 | 26 | 27 | 27 | 28 | 28 | 29 | 30 | 30 | 31 | 5 | 4 | 2 | 31 | 1 |
| 22 | 22 | 23 | 23 | 24 10 | 25 9 | 25 | 26 | 26 | 27 | 26二 | 27 | 28 | 28 | 29 | 29 | 30 | 31 | 7 | 6 | 2 | 2 | 3 | 2 | 2 |
| 23 | 23 | 24 | 24 | 25 | 26 | 26 8 | 27 7 | 27 | 28 | 27 | 28正 | 29土 | 29 | 30 | 30 | 31 | 8 | 2 | 2 | 3 | 3 | 4 | 2 | 3 |
| 24 | 24 | 25 | 25 | 26 | 27 | 27 | 28 | 28 6 | 29 5 | 28 | 29 | 30 | 30土 | 31十 | 10 | 9 | 2 | 3 | 3 | 4 | 4 | 5 | 3 | 4 |
| 25 | 25 | 26 | 26 | 27 | 28 | 28 | 29 | 29 | 30 | 29 4 | 30 3 | 31 | 12 | 11 | 2九 | 2 | 3 | 4 | 4 | 5 | 5 | 6 | 4 | 5 |
| 26 | 26 | 27 | 27 | 28 | 29 | 29 | 30 | 30 | 31 | 3 | 31 | 1 2 | 2 1 | 2 12 | 3 11 | 3八 | 4七 | 5 | 5 | 6 | 6 | 7 | 5 | 6 |
| 27 | 27 | 28 | 28 | 29 | 30 | 30 | 31 | 5 | 4 | 2 | 2 | 2 | 3 | 3 | 4 | 4 10 | 5 9 | 6六 | 6五 | 7 | 7 | 8 | 6 | 7 |
| 28 | 28 | 29 | 29 | 30 | 31 | 7 | 6 | 2 | 2 | 3 | 2 | 3 | 4 | 4 | 5 | 5 | 6 | 7 8 | 7 7 | 8四 | 8三 | 9二 | 7正 | 8 |
| 29 | 29 | 30 | 30 | 31 | 8 | 2 | 2 | 3 | 3 | 4 | 3 | 4 | 5 | 5 | 6 | 6 | 7 | 8 | 8 | 9 6 | 9 5 | 10 | 8 | 9土 |
| 30 | 30 | 31 | 10 | 9 | 2 | 3 | 3 | 4 | 4 | 5 | 4 | 5 | 6 | 6 | 7 | 7 | 8 | 9 | 9 | 10 | 10 | 11 4 | 9 3 | 10 |
| 31 | 12 | 11 | 2 | 2 | 3 | 4 | 4 | 5 | 5 | 6 | 5 | 6 | 7 | 7 | 8 | 8 | 9 | 10 | 10 | 11 | 11 | 12 | 10 | 11 2 |
| 日 | 2 | 2 | 3 | 3 | 4 | 5 | 5 | 6 | 6 | 7 | 6 | 7 | 8 | 8 | 9 | 9 | 10 | 11 | 11 | 12 | 12 | 13 | 11 | 12 |
| 曜 | 3 | 3 | 4 | 4 | 5 | 6 | 6 | 7 | 7 | 8 | 7 | 8 | 9 | 9 | 10 | 10 | 11 | 12 | 12 | 13 | 13 | 14 | 12 | 13 |
| 表 | 4 | 4 | 5 | 5 | 6 | 7 | 7 | 8 | 8 | 9 | 8 | 9 | 10 | 10 | 11 | 11 | 12 | 13 | 13 | 14 | 14 | 15 | 13 | 14 |
| 7 | 5 | 5 | 6 | 6 | 7 | 8 | 8 | 9 | 9 | 10 | 9 | 10 | 11 | 11 | 12 | 12 | 13 | 14 | 14 | 15 | 15 | 16 | 14 | 15 |
| 甲 | 6 | 6 | 7 | 7 | 8 | 9 | 9 | 10 | 10 | 11 | 10 | 11 | 12 | 12 | 13 | 13 | 14 | 15 | 15 | 16 | 16 | 17 | 15 | 16 |
| 子 | 7 | 7 | 8 | 8 | 9 | 10 | 10 | 11 | 11 | 12 | 11 | 12 | 13 | 13 | 14 | 14 | 15 | 16 | 16 | 17 | 17 | 18 | 16 | 17 |
| 表 | 8 | 8 | 9 | 9 | 10 | 11 | 11 | 12 | 12 | 13 | 12 | 13 | 14 | 14 | 15 | 15 | 16 | 17 | 17 | 18 | 18 | 19 | 17 | 18 |
| 45 | 9 | 9 | 10 | 10 | 11 | 12 | 12 | 13 | 13 | 14 | 13 | 14 | 15 | 15 | 16 | 16 | 17 | 18 | 18 | 19 | 19 | 20 | 18 | 19 |
| | 10 | 10 | 11 | 11 | 12 | 13 | 13 | 14 | 14 | 15 | 14 | 15 | 16 | 16 | 17 | 17 | 18 | 19 | 19 | 20 | 20 | 21 | 19 | 20 |

一五八九 己丑 萬曆一七 998

一五九〇 庚寅 萬曆一八 999

| 一五九〇 庚寅 萬曆一八 (999) | | | | | | | | | | | | 一五八九 己丑 萬曆一七 (998) | | | | | | | | | | | |
|---|---|---|---|---|---|---|---|---|---|---|---|---|---|---|---|---|---|---|---|---|---|---|---|
| 22 | 23 | 23 | 24 | 25 | 25 | 26 | 26 | 27 | 25 | 26 | 27 | 27 | 28 | 28 | 29 | 30 | 30 | 31 | 5 | 4 | 2 | 31 | 1 |
| 23 | 24 | 24 | 25 | 26 | 26 | 27 | 27 | 28 | 26 | 27 | 28 | 28 | 29 | 29 | 30 | 31 | 7 | 6 | 2 | 2 | 3 | 2 | 2 |
| 24 | 25 | 25 | 26 | 27 | 27 | 28 | 28 | 29 | 27 | 28 | 29 | 29 | 30 | 30 | 31 | 8 | 2 | 2 | 3 | 3 | 4 | 2 | 3 |
| 25 | 26 | 26 | 27 | 28 | 28 | 29 | 29 | 30 | 28 | 29 | 30 | 30 | 31 | 10 | 9 | 2 | 3 | 3 | 4 | 4 | 5 | 3 | 4 |
| 26 | 27 | 27 | 28 | 29 | 29 | 30 | 30 | 31 | 3 | 30 | 31 | 12 | 11 | 2 | 2 | 3 | 4 | 4 | 5 | 5 | 6 | 4 | 5 |
| 27 十一 | 28 十 | 28 | 29 | 30 | 30 | 31 | 5 | 4 | 2 | 31 | 1 | 2 | 2 | 3 | 3 | 4 | 5 | 5 | 6 | 6 | 7 | 5 | 6 |
| 28 | 29 | 29 九 | 30 八 | 31 七 | 7 | 6 | 2 | 2 | 3 | 2 | 2 | 3 | 3 | 4 | 4 | 5 | 6 | 6 | 7 | 7 | 8 | 6 | 7 |
| 29 2 | 30 1 | 30 | 31 | 8 | 2 六 | 2 五 | 3 | 3 | 4 | 2 | 3 | 4 | 4 | 5 | 5 | 6 | 7 | 7 | 8 | 8 | 9 | 7 | 8 |
| 30 | 31 | 10 12 | 9 11 | 2 | •3 | 3 | 4 四 | 4 三 | 5 | 3 | 4 | 5 | 5 | 6 | 6 | 7 | 8 | 8 | 9 | 9 | 10 | 8 | 9 |
| 12 | 11 | 2 | 2 | 3 10 | 4 9 | 4 | 5 | 5 | 6 二 | 4 | 5 | 6 | 6 | 7 | 7 | 8 | 9 | 9 | 10 | 10 | 11 | 9 | 10 |
| 2 | 2 | 3 | 3 | 4 | 5 | 5 8 | 6 7 | 6 | 7 | 5 正 | 6 十二 | 7 | 7 | 8 | 8 | 9 | 10 | 10 | 11 | 11 | 12 | 10 | 11 |
| 3 | 3 | 4 | 4 | 5 | 6 | 6 | 7 | 7 6 | 8 5 | 6 | 7 | 8 十一 | 8 十 | 9 九 | 9 | 10 | 11 | 11 | 12 | 12 | 13 | 11 | 12 |
| 4 | 4 | 5 | 5 | 6 | 7 | 7 | 8 | 8 | 9 | 7 4 | 8 3 | 9 | 9 | 10 | 10 八 | 11 七 | 12 六 | 12 | 13 | 13 | 14 | 12 | 13 |
| 5 | 5 | 6 | 6 | 7 | 8 | 8 | 9 | 9 | 10 | 8 | 9 | 10 2 | 10 1 | 11 12 | 11 11 | 12 | 13 | 13 五 | 14 四 | 14 | 15 | 13 | 14 |
| 6 | 6 | 7 | 7 | 8 | 9 | 9 | 10 | 10 | 11 | 9 | 10 | 11 | 11 | 12 | 12 | 13 10 | 14 9 | 14 | 15 | 15 三 | 16 二 | 14 | 15 |
| 7 | 7 | 8 | 8 | 9 | 10 | 10 | 11 | 11 | 12 | 10 | 11 | 12 | 12 | 13 | 13 | 14 | 15 | 15 8 | 16 7 | 16 | 17 | 15 正 | 16 |
| 8 | 8 | 9 | 9 | 10 | 11 | 11 | 12 | 12 | 13 | 11 | 12 | 13 | 13 | 14 | 14 | 15 | 16 | 16 | 17 | 17 6 | 18 5 | 16 | 17 十二 |
| 9 | 9 | 10 | 10 | 11 | 12 | 12 | 13 | 13 | 14 | 12 | 13 | 14 | 14 | 15 | 15 | 16 | 17 | 17 | 18 | 18 | 19 | 17 4 | 18 3 |
| 10 | 10 | 11 | 11 | 12 | 13 | 13 | 14 | 14 | 15 | 13 | 14 | 15 | 15 | 16 | 16 | 17 | 18 | 18 | 19 | 19 | 20 | 18 | 19 |
| 11 | 11 | 12 | 12 | 13 | 14 | 14 | 15 | 15 | 16 | 14 | 15 | 16 | 16 | 17 | 17 | 18 | 19 | 19 | 20 | 20 | 21 | 19 | 20 |
| 12 | 12 | 13 | 13 | 14 | 15 | 15 | 16 | 16 | 17 | 15 | 16 | 17 | 17 | 18 | 18 | 19 | 20 | 20 | 21 | 21 | 22 | 20 | 21 |
| 13 | 13 | 14 | 14 | 15 | 16 | 16 | 17 | 17 | 18 | 16 | 17 | 18 | 18 | 19 | 19 | 20 | 21 | 21 | 22 | 22 | 23 | 21 | 22 |
| 14 | 14 | 15 | 15 | 16 | 17 | 17 | 18 | 18 | 19 | 17 | 18 | 19 | 19 | 20 | 20 | 21 | 22 | 22 | 23 | 23 | 24 | 22 | 23 |
| 15 | 15 | 16 | 16 | 17 | 18 | 18 | 19 | 19 | 20 | 18 | 19 | 20 | 20 | 21 | 21 | 22 | 23 | 23 | 24 | 24 | 25 | 23 | 24 |
| 16 | 16 | 17 | 17 | 18 | 19 | 19 | 20 | 20 | 21 | 19 | 20 | 21 | 21 | 22 | 22 | 23 | 24 | 24 | 25 | 25 | 26 | 24 | 25 |
| 17 | 17 | 18 | 18 | 19 | 20 | 20 | 21 | 21 | 22 | 20 | 21 | 22 冬 | 22 | 23 | 23 | 24 | 25 | 25 | 26 | 26 | 27 | 25 | 26 |
| 18 | 18 | 19 | 19 | 20 | 21 | 21 | 22 | 22 | 23 | 21 | 22 | 23 | 23 | 24 | 24 | 25 | 26 | 26 | 27 | 27 | 28 | 26 | 27 |
| 19 | 19 | 20 | 20 | 21 | 22 | 22 | 23 | 23 | 24 | 22 | 23 | 24 | 24 | 25 | 25 | 26 | 27 | 27 | 28 | 28 | 29 | 27 | 28 |
| 20 | 20 | 21 | 21 | 22 | 23 | 23 | 24 | 24 | 25 | 23 | 24 | 25 | 25 | 26 | 26 | 27 | 28 | 28 | 29 | 29 | 30 | 28 | 29 |
| 21 | 21 | 22 | 22 | 23 | 24 | 24 | 25 | 25 | 26 | 24 | 25 | 26 | 26 | 27 | 27 | 28 | 29 | 29 | 30 | 30 | 31 | 3 | 30 |

一五九二 壬辰 萬曆二〇

一五九一 辛卯 萬曆一九

1001 1000

| | | | | | | | | | | | | | | | | | | | | | | | | |
|---|---|---|---|---|---|---|---|---|---|---|---|---|---|---|---|---|---|---|---|---|---|---|---|---|
| 11 | 11 | 12 | 12 | 13 | 14 | 14 | 15 | 15 | 16 | 15 | 16 4 | 17 3 | 17 | 18 | 18 | 19七 | 20六 | 20 | 21 | 21 | 22 | 20 | 21 | 22冬 |
| 12 | 12 | 13 | 13 | 14 | 15 | 15 | 16 | 16 | 17 | 16 | 17 | 18 | 18 2 | 19 1 | 19 | 20 | 21 | 21五 | 22 | 22 | 23 | 21 | 22 | 23 |
| 13 | 13 | 14 | 14 | 15 | 16 | 16 | 17 | 17 | 18 | 17 | 18 | 19 | 19 | 20 | 20 12 | 21 11 | 22 | 22 | 23四 | 23閏 | 24 | 22 | 23 | 24 |
| 14 | 14 | 15 | 15 | 16 | 17 | 17 | 18 | 18 | 19 | 18 | 19 | 20 | 20 | 21 | 21 | 22 | 23 10 | 23 9 | 24 | 24 | 25三 | 23 | 24 | 25 |
| 15 | 15 | 16 | 16 | 17 | 18 | 18 | 19 | 19 | 20 | 19 | 20 | 21 | 21 | 22 | 22 | 23 | 24 | 24 | 25 8 | 25 7 | 26 | 24二 | 25正 | 26 |
| 16 | 16 | 17 | 17 | 18 | 19 | 19 | 20 | 20 | 21 | 20 | 21 | 22冬 | 22 | 23 | 23 | 24 | 25 | 25 | 26 | 26 | 27 6 | 25 5 | 26 | 27十二 |
| 17 | 17 | 18 | 18 | 19 | 20 | 20 | 21 | 21 | 22 | 21 | 22 | 23 | 23 | 24 | 24 | 25 | 26 | 26 | 27 | 27 | 28 | 26 | 27 4 | 28 3 |
| 18 | 18 | 19 | 19 | 20 | 21 | 21 | 22 | 22 | 23 | 22 | 23 | 24 | 24 | 25 | 25 | 26 | 27 | 27 | 28 | 28 | 29 | 27 | 28 | 29 |
| 19 | 19 | 20 | 20 | 21 | 22 | 22 | 23 | 23 | 24 | 23 | 24 | 25 | 25 | 26 | 26 | 27 | 28 | 28 | 29 | 29 | 30 | 28 | 29 | 30 |
| 20 | 20 | 21 | 21 | 22 | 23 | 23 | 24 | 24 | 25 | 24 | 25 | 26 | 26 | 27 | 27 | 28 | 29 | 29 | 30 | 30 | 31 | 3 | 30 | 31 |
| 21冬 | 21 | 22 | 22 | 23 | 24 | 24 | 25 | 25 | 26 | 25 | 26 | 27 | 27 | 28 | 28 | 29 | 30 | 30 | 31 | 5 | 4 | 2 | 31 | 1 |
| 22 | 22 | 23 | 23 | 24 | 25 | 25 | 26 | 26 | 27 | 26 | 27 | 28 | 28 | 29 | 29 | 30 | 31 | 7 | 6 | 2 | 2 | 3 | 2 | 2 |
| 23 | 23 | 24 | 24 | 25 | 26 | 26 | 27 | 27 | 28 | 27 | 28 | 29 | 29 | 30 | 30 | 31 | 8 | 2 | 2 | 3 | 3 | 4 | 2 | 3 |
| 24 | 24 | 25 | 25 | 26 | 27 | 27 | 28 | 28 | 29 | 28 | 29 | 30 | 30 | 31 | 10 | 9 | 2 | 3 | 3 | 4 | 4 | 5 | 3 | 4 |
| 25 | 25 | 26 | 26 | 27 | 28 | 28 | 29 | 29 | 30 | 29 | 30 | 31 | 12 | 11 | 2 | 2 | 3 | 4 | 4 | 5 | 5 | 6 | 4 | 5 |
| 26 | 26 | 27 | 27 | 28 | 29 | 29 | 30 | 30 | 31 | 3 | 31 | 1 | 2 | 2 | 3 | 3 | 4 | 5 | 5 | 6 | 6 | 7 | 5 | 6 |
| 27 | 27 | 28 | 28 | 29 | 30 | 30 | 31 | 5 | 4 | 2 | 2 | 2 | 3 | 3 | 4 | 4 | 5 | 6 | 6 | 7 | 7 | 8 | 6 | 7 |
| 28 | 28 | 29 | 29 | 30 | 31 | 7 | 6 | 2 | 2 | 3 | 2 | 3 | 4 | 4 | 5 | 5 | 6 | 7 | 7 | 8 | 8 | 9 | 7 | 8 |
| 29 | 29 | 30 | 30 | 31 | 8 | 2 | 2 | 3 | 3 | 4 | 3 | 4 | 5 | 5 | 6 | 6 | 7 | 8 | 8 | 9 | 9 | 10 | 8 | 9 |
| 30 | 30 | 31 | 10 | 9 | 2 | 3 | 3 | 4 | 4 | 5 | 4 | 5 | 6 | 6 | 7 | 7 | 8 | 9 | 9 | 10 | 10 | 11 | 9 | 10 |
| 31 | 12 | 11 | 2 | 2 | 3 | 4 | 4 | 5 | 5 | 6 | 5 | 6 | 7 | 7 | 8 | 8 | 9 | 10 | 10 | 11 | 11 | 12 | 10 | 11 |
| 日 | 2 | 2 | 3 | 3 | 4 | 5 | 5 | 6 | 6 | 7 | 6 | 7 | 8 | 8 | 9 | 9 | 10 | 11 | 11 | 12 | 12 | 13 | 11 | 12 |
| 曜 | 3 | 3 | 4 | 4 | 5 | 6 | 6 | 7 | 7 | 8 | 7 | 8 | 9 | 9 | 10 | 10 | 11 | 12 | 12 | 13 | 13 | 14 | 12 | 13 |
| 表 | 4十一 | 4十 | 5九 | 5 | 6 | 7 | 7 | 8 | 8 | 9 | 8 | 9 | 10 | 10 | 11 | 11 | 12 | 13 | 13 | 14 | 14 | 15 | 13 | 14 |
| 1 | 5 | 5 | 6 | 6八 | 7七 | 8 | 8 | 9 | 9 | 10 | 9 | 10 | 11 | 11 | 12 | 12 | 13 | 14 | 14 | 15 | 15 | 16 | 14 | 15 |
| 甲 | 6 3 | 6 | 7 | 7 | 8 | 9六 | 9 | 10 | 10 | 11 | 10 | 11 | 12 | 12 | 13 | 13 | 14 | 15 | 15 | 16 | 16 | 17 | 15 | 16 |
| 子 | 7 | 7 2 | 8 1 | 8 12 | 9 11 | 10 | 10五 | 11四 | 11 | 12 | 11 | 12 | 13 | 13 | 14 | 14 | 15 | 16 | 16 | 17 | 17 | 18 | 16 | 17 |
| 表 | 8 | 8 | 9 | 9 | 10 | 11 10 | 11 9 | 12 | 12三 | 13 | 12 | 13 | 14 | 14 | 15 | 15 | 16 | 17 | 17 | 18 | 18 | 19 | 17 | 18 |
| 46 | 9 | 9 | 10 | 10 | 11 | 12 | 12 | 13 8 | 13 7 | 14二 | 13正 | 14 | 15 | 15 | 16 | 16 | 17 | 18 | 18 | 19 | 19 | 20 | 18 | 19 |
| | 10 | 10 | 11 | 11 | 12 | 13 | 13 | 14 | 14 | 15 6 | 14 5 | 15十二 | 16十一 | 16十 | 17九 | 17八 | 18 | 19 | 19 | 20 | 20 | 21 | 19 | 20 |

| 一五九四 甲午 萬曆二二 1003 | | | | | | | | | | | | 一五九三 癸巳 萬曆二一 1002 | | | | | | | | | | | |
|---|---|---|---|---|---|---|---|---|---|---|---|---|---|---|---|---|---|---|---|---|---|---|---|
| 22 | 23 | 23 | 24 | 25 | 25 | 26 | 26 | 27 | 25 | 26 | 27 | 27 | 28 | 28 | 29(12) | 30(11) | 30 | 31 | **5**四 | **4** | 2 | 31 | **1** |
| 23 | 24 | 24 | 25 | 26 | 26 | 27 | 27 | 28 | 26 | 27 | 28 | 28 | 29 | 29 | 30 | 31 | **7**(10) | **6**(9) | 2 | 2三 | 3二 | **2**正 | 2 |
| 24 | 25 | 25 | 26 | 27 | 27 | 28 | 28 | 29 | 27 | 28 | 29 | 29 | 30 | 30 | 31 | **8** | 2 | 2 | 3(8) | 3(7) | 4 | 2 | 3十二 |
| 25 | 26 | 26 | 27 | 28 | 28 | 29 | 29 | 30 | 28 | 29 | 30 | 30 | 31 | **10** | **9** | 2 | 3 | 3 | 4 | 4 | 5(6) | 3(5) | 4 |
| 26 | 27 | 27 | 28 | 29 | 29 | 30 | 30 | 31 | **3** | 30 | 31 | **12** | **11** | 2 | 2 | 3 | 4 | 4 | 5 | 5 | 6 | 4 | 5(4) |
| 27 | 28 | 28 | 29 | 30 | 30 | 31 | **5** | **4** | 2 | 31 | **1** | 2 | 2 | 3 | 3 | 4 | 5 | 5 | 6 | 6 | 7 | 5 | 6 |
| 28 | 29 | 29 | 30 | 31 | **7** | **6** | 2 | 2 | 3 | **2** | 2 | 3 | 3 | 4 | 4 | 5 | 6 | 6 | 7 | 7 | 8 | 6 | 7 |
| 29 | 30 | 30 | 31 | **8** | 2 | 2 | 3 | 3 | 4 | 2 | 3 | 4 | 4 | 5 | 5 | 6 | 7 | 7 | 8 | 8 | 9 | 7 | 8 |
| 30 | 31 | **10** | **9** | 2 | 3 | 3 | 4 | 4 | 5 | 3 | 4 | 5 | 5 | 6 | 6 | 7 | 8 | 8 | 9 | 9 | 10 | 8 | 9 |
| **12** | **11** | 2 | 2 | 3 | 4 | 4 | 5 | 5 | 6 | 4 | 5 | 6 | 6 | 7 | 7 | 8 | 9 | 9 | 10 | 10 | 11 | 9 | 10 |
| 2 | 2 | 3 | 3 | 4 | 5 | 5 | 6 | 6 | 7 | 5 | 6 | 7 | 7 | 8 | 8 | 9 | 10 | 10 | 11 | 11 | 12 | 10 | 11 |
| 3 | 3 | 4 | 4 | 5 | 6 | 6 | 7 | 7 | 8 | 6 | 7 | 8 | 8 | 9 | 9 | 10 | 11 | 11 | 12 | 12 | 13 | 11 | 12 |
| 4 | 4 | 5 | 5 | 6 | 7 | 7 | 8 | 8 | 9 | 7 | 8 | 9 | 9 | 10 | 10 | 11 | 12 | 12 | 13 | 13 | 14 | 12 | 13 |
| 5 | 5 | 6 | 6 | 7 | 8 | 8 | 9 | 9 | 10 | 8 | 9 | 10 | 10 | 11 | 11 | 12 | 13 | 13 | 14 | 14 | 15 | 13 | 14 |
| 6 | 6 | 7 | 7 | 8 | 9 | 9 | 10 | 10 | 11 | 9 | 10 | 11 | 11 | 12 | 12 | 13 | 14 | 14 | 15 | 15 | 16 | 14 | 15 |
| 7 | 7 | 8 | 8 | 9 | 10 | 10 | 11 | 11 | 12 | 10 | 11 | 12 | 12 | 13 | 13 | 14 | 15 | 15 | 16 | 16 | 17 | 15 | 16 |
| 8 | 8 | 9 | 9 | 10 | 11 | 11 | 12 | 12 | 13 | 11 | 12 | 13 | 13 | 14 | 14 | 15 | 16 | 16 | 17 | 17 | 18 | 16 | 17 |
| 9 | 9 | 10 | 10 | 11 | 12 | 12 | 13 | 13 | 14 | 12 | 13 | 14 | 14 | 15 | 15 | 16 | 17 | 17 | 18 | 18 | 19 | 17 | 18 |
| 10 | 10 | 11 | 11 | 12 | 13 | 13 | 14 | 14 | 15 | 13 | 14 | 15 | 15 | 16 | 16 | 17 | 18 | 18 | 19 | 19 | 20 | 18 | 19 |
| 11 | 11 | 12 | 12 | 13 | 14 | 14 | 15 | 15 | 16 | 14 | 15 | 16 | 16 | 17 | 17 | 18 | 19 | 19 | 20 | 20 | 21 | 19 | 20 |
| 12十一 | 12十 | 13 | 13 | 14 | 15 | 15 | 16 | 16 | 17 | 15 | 16 | 17 | 17 | 18 | 18 | 19 | 20 | 20 | 21 | 21 | 22 | 20 | 21 |
| 13 | 13 | 14九 | 14八 | 15 | 16 | 16 | 17 | 17 | 18 | 16 | 17 | 18 | 18 | 19 | 19 | 20 | 21 | 21 | 22 | 22 | 23 | 21 | 22 |
| 14(4) | 14(3) | 15 | 15 | 16七 | 17 | 17 | 18 | 18 | 19 | 17 | 18 | 19 | 19 | 20 | 20 | 21 | 22 | 22 | 23 | 23 | 24 | 22 | 23 |
| 15 | 15 | 16(2) | 16(1) | 17 | 18六 | 18五 | 19 | 19 | 20 | 18 | 19 | 20 | 20 | 21 | 21 | 22 | 23 | 23 | 24 | 24 | 25 | 23 | 24 |
| 16 | 16 | 17 | 17 | 18(12) | 19(11) | 19 | 20四 | 20三 | 21 | 19 | 20 | 21 | 21 | 22 | 22 | 23 | 24 | 24 | 25 | 25 | 26 | 24 | 25 |
| 17 | 17 | 18 | 18 | 19 | 20 | 20(10) | 21(9) | 21 | 22二 | 20正 | 21十二 | 22冬 | 22 | 23 | 23 | 24 | 25 | 25 | 26 | 26 | 27 | 25 | 26 |
| 18 | 18 | 19 | 19 | 20 | 21 | 21 | 22 | 22(8) | 23(7) | 21 | 22 | 23閏 | 23十一 | 24十 | 24 | 25 | 26 | 26 | 27 | 27 | 28 | 26 | 27 |
| 19 | 19 | 20 | 20 | 21 | 22 | 22 | 23 | 23 | 24 | 22(6) | 23(5) | 24 | 24 | 25 | 25九 | 26八 | 27 | 27 | 28 | 28 | 29 | 27 | 28 |
| 20 | 20 | 21 | 21 | 22 | 23 | 23 | 24 | 24 | 25 | 23 | 24 | 25(4) | 25(3) | 26 | 26 | 27 | 28七 | 28 | 29 | 29 | 30 | 28 | 29 |
| 21 | 21 | 22 | 22 | 23 | 24 | 24 | 25 | 25 | 26 | 24 | 25 | 26 | 26 | 27(2) | 27(1) | 28 | 29 | 29六 | 30五 | 30 | 31 | **3** | 30 |

一五九六 丙申 萬曆二四

1005

一五九五 乙未 萬曆二三

1004

| | | | | | | | | | | | | | | | | | | | | | | | | |
|---|---|---|---|---|---|---|---|---|---|---|---|---|---|---|---|---|---|---|---|---|---|---|---|---|
| 11 | 11 | 12 | 12 | 13 | 14 | 14 | 15 | 15 | 16 | 15 | 16 | 17 | 17 | 18 | 18 | 19 | 20 | 20 | 21 | 21 | 22 | 20 | 21 | 22冬 |
| 12 | 12 | 13 | 13 | 14 | 15 | 15 | 16 | 16 | 17 | 16 | 17 | 18 | 18 | 19 | 19 | 20 | 21 | 21 | 22 | 22 | 23 | 21 | 22 | 23 |
| 13 | 13 | 14 | 14 | 15 | 16 | 16 | 17 | 17 | 18 | 17 | 18 | 19 | 19 | 20 | 20 | 21 | 22 | 22 | 23 | 23 | 24 | 22 | 23 | 24 |
| 14 | 14 | 15 | 15 | 16 | 17 | 17 | 18 | 18 | 19 | 18 | 19 | 20 | 20 | 21 | 21 | 22 | 23 | 23 | 24 | 24 | 25 | 23 | 24 | 25 |
| 15 | 15 | 16 | 16 | 17 | 18 | 18 | 19 | 19 | 20 | 19 | 20 | 21 | 21 | 22 | 22 | 23 | 24 | 24 | 25 | 25 | 26 | 24 | 25 | 26 |
| 16 | 16 | 17 | 17 | 18 | 19 | 19 | 20 | 20 | 21 | 20 | 21 | 22冬 | 22 | 23 | 23 | 24 | 25 | 25 | 26 | 26 | 27 | 25 | 26 | 27 |
| 17 | 17 | 18 | 18 | 19 | 20 | 20 | 21 | 21 | 22 | 21 | 22 | 23 | 23 | 24 | 24 | 25 | 26 | 26 | 27 | 27 | 28 | 26 | 27 | 28 |
| 18 | 18 | 19 | 19 | 20 | 21 | 21 | 22 | 22 | 23 | 22 | 23 | 24 | 24 | 25 | 25 | 26 | 27 | 27 | 28 | 28 | 29 | 27 | 28 | 29 |
| 19十一 | 19 | 20 | 20 | 21 | 22 | 22 | 23 | 23 | 24 | 23 | 24 | 25 | 25 | 26 | 26 | 27 | 28 | 28 | 29 | 29 | 30 | 28 | 29 | 30 |
| 20 | 20十 | 21九 | 21 | 22 | 23 | 23 | 24 | 24 | 25 | 24 | 25 | 26 | 26 | 27 | 27 | 28 | 29 | 29 | 30 | 30 | 31 | **3** | 30 | 31 |
| 21冬 5 | 21 | 22 | 22閏 | 23 | 24 | 24 | 25 | 25 | 26 | 25 | 26 | 27 | 27 | 28 | 28 | 29 | 30 | 30 | 31 | **5** | **4** | 2 | 31 | **1** |
| 22 | 22  4 | 23 3 | 23 | 24八 | 25七 | 25 | 26 | 26 | 27 | 26 | 27 | 28 | 28 | 29 | 29 | 30 | 31 | **7** | **6** | 2 | 2 | 3 | **2** | 2 |
| 23 | 23 | 24 | 24 2 | 25 1 | 26 | 26六 | 27五 | 27四 | 28 | 27 | 28 | 29 | 29 | 30 | 30 | 31 | **8** | 2 | 2 | 3 | 3 | 4 | 2 | 3 |
| 24 | 24 | 25 | 25 | 26 | 27 12 | 27 11 | 28 | 28 | 29三 | 28二 | 29正 | 30 | 30 | 31 | **10** | **9** | 2 | 3 | 3 | 4 | 4 | 5 | 3 | 4 |
| 25 | 25 | 26 | 26 | 27 | 28 | 28 | 29 10 | 29 9 | 30 | 29 | 30 | 31十二 | **12**十一 | **11** | 2 | 2 | 3 | 4 | 4 | 5 | 5 | 6 | 4 | 5 |
| 26 | 26 | 27 | 27 | 28 | 29 | 29 | 30 | 30 | 31 8 | **3** 7 | 31 | **1** | 2 | 2十 | 3九 | 3 | 4 | 5 | 5 | 6 | 6 | 7 | 5 | 6 |
| 27 | 27 | 28 | 28 | 29 | 30 | 30 | 31 | **5** | **4** | 2 | **2** 6 | 2 5 | 3 | 3 | 4 | 4八 | 5 | 6 | 6 | 7 | 7 | 8 | 6 | 7 |
| 28 | 28 | 29 | 29 | 30 | 31 | **7** | **6** | 2 | 2 | 3 | 2 | 3 | 4 4 | 4 3 | 5 | 5 | 6七 | 7六 | 7 | 8 | 8 | 9 | 7 | 8 |
| 29 | 29 | 30 | 30 | 31 | **8** | 2 | 2 | 3 | 3 | 4 | 3 | 4 | 5 | 5 | 6 2 | 6 1 | 7 12 | 8 11 | 8五 | 9四 | 9 | 10 | 8 | 9 |
| 30 | 30 | 31 | **10** | **9** | 2 | 3 | 3 | **4** | 4 | 5 | 4 | 5 | 6 | 6 | 7 | 7 | 8 | 9 | 9 10 | 10 9 | 10三 | 11二 | 9正 | 10十二 |
| 31 | **12** | **11** | 2 | 2 | 3 | 4 | 4 | 5 | 5 | 6 | 5 | 6 | 7 | 7 | 8 | 8 | 9 | 10 | 10 | 11 | 11 8 | 12 7 | 10 | 11 |
| 日 | 2 | 2 | 3 | 3 | 4 | 5 | 5 | 6 | 6 | 7 | 6 | 7 | 8 | 8 | 9 | 9 | 10 | 11 | 11 | 12 | 12 | 13 | 11 6 | 12 5 |
| 曜 | 3 | 3 | 4 | 4 | 5 | 6 | 6 | 7 | 7 | 8 | 7 | 8 | 9 | 9 | 10 | 10 | 11 | 12 | 12 | 13 | 13 | 14 | 12 | 13 |
| 表 | 4 | 4 | 5 | 5 | 6 | 7 | 7 | 8 | 8 | 9 | 8 | 9 | 10 | 10 | 11 | 11 | 12 | 13 | 13 | 14 | 14 | 15 | 13 | 14 |
| 2 | 5 | 5 | 6 | 6 | 7 | 8 | 8 | 9 | 9 | 10 | 9 | 10 | 11 | 11 | 12 | 12 | 13 | 14 | 14 | 15 | 15 | 16 | 14 | 15 |
| 甲 | 6 | 6 | 7 | 7 | 8 | 9 | 9 | 10 | 10 | 11 | 10 | 11 | 12 | 12 | 13 | 13 | 14 | 15 | 15 | 16 | 16 | 17 | 15 | 16 |
| 子 | 7 | 7 | 8 | 8 | 9 | 10 | 10 | 11 | 11 | 12 | 11 | 12 | 13 | 13 | 14 | 14 | 15 | 16 | 16 | 17 | 17 | 18 | 16 | 17 |
| 表 | 8 | 8 | 9 | 9 | 10 | 11 | 11 | 12 | 12 | 13 | 12 | 13 | 14 | 14 | 15 | 15 | 16 | 17 | 17 | 18 | 18 | 19 | 17 | 18 |
| 47 | 9 | 9 | 10 | 10 | 11 | 12 | 12 | 13 | 13 | 14 | 13 | 14 | 15 | 15 | 16 | 16 | 17 | 18 | 18 | 19 | 19 | 20 | 18 | 19 |
| | 10 | 10 | 11 | 11 | 12 | 13 | 13 | 14 | 14 | 15 | 14 | 15 | 16 | 16 | 17 | 17 | 18 | 19 | 19 | 20 | 20 | 21 | 19 | 20 |

| 一五九八 戊戌 萬曆二六 (1007) | | | | | | | | | | | | 一五九七 丁酉 萬曆二五 (1006) | | | | | | | | | | | |
|---|---|---|---|---|---|---|---|---|---|---|---|---|---|---|---|---|---|---|---|---|---|---|---|
| 22 | 23 | 23 | 24 | 25 | 25 | 26 | 26 | 27 | 25 | 26 | 27 | 27 | 28 | 28 | 29 | 30 | 30 | 31 | **5** | **4** | 2 | 31 | **1** |
| 23 | 24 | 24 | 25 | 26 | 26 | 27 | 27 | 28 | 26 | 27 | 28 | 28 | 29 | 29 | 30 | 31 | **7** | **6** | 2 | 2 | 3 | **2** | 2 |
| 24 | 25 | 25 | 26 | 27 | 27 | 28 | 28 | 29 | 27 | 28 | 29 | 29 | 30 | 30 | 31 | **8** | 2 | 2 | 3 | 3 | 4 | 2 | 3 |
| 25 | 26 | 26 | 27 | 28 | 28 | 29 | 29 | 30 | 28 | 29 | 30 | 30 | 31 | **10** | **9** | 2 | 3 | 3 | 4 | 4 | 5 | 3 | 4 |
| 26 | 27 | 27 | 28 | 29 | 29 | 30 | 30 | 31 | **3** | 30 | 31 | **12** | **11** | 2 | 2 | 3 | 4 | 4 | 5 | 5 | 6 | 4 | 5 |
| 27 | 28 | 28 | 29 | 30 | 30 | 31 | **5** | **4** | 2 | 31 | **1** | 2 | 2 | 3 | 3 | 4 | 5 | 5 | 6 | 6 | 7 | 5 | 6 |
| 28 十一 | 29 | 29 | 30 | 31 | **7** | **6** | 2 | 2 | 3 | **2** | 2 | 3 | 3 | 4 | 4 | 5 | 6 | 6 | 7 | 7 | 8 | 6 | 7 |
| 29 | 30 十 | 30 九 | 31 | **8** | 2 | 2 | 3 | 3 | 4 | 2 | 3 | 4 | 4 | 5 | 5 | 6 | 7 | 7 | 8 | 8 | 9 | 7 | 8 |
| 30 5 | 31 | **10** | **9** 八 | 2 七 | 3 六 | 3 | 4 | 4 | 5 | 3 | 4 | 5 | 5 | 6 | 6 | 7 | 8 | 8 | 9 | 9 | 10 | 8 | 9 |
| **12** | **11** 4 | 2 3 | 2 | 3 | 4 | 4 五 | 5 四 | 5 | 6 | 4 | 5 | 6 | 6 | 7 | 7 | 8 | 9 | 9 | 10 | 10 | 11 | 9 | 10 |
| 2 | 2 | 3 | 3 2 | 4 1 | 5 12 | 5 11 | 6 | 6 三 | 7 二 | 5 | 6 | 7 | 7 | 8 | 8 | 9 | 10 | 10 | 11 | 11 | 12 | 10 | 11 |
| 3 | 3 | 4 | 4 | 5 | 6 | 6 | 7 10 | 7 9 | 8 | 6 正 | 7 十二 | 8 | 8 | 9 | 9 | 10 | 11 | 11 | 12 | 12 | 13 | 11 | 12 |
| 4 | 4 | 5 | 5 | 6 | 7 | 7 | 8 | 8 | 9 8 | 7 7 | 8 | 9 十一 | 9 十 | 10 | 10 | 11 | 12 | 12 | 13 | 13 | 14 | 12 | 13 |
| 5 | 5 | 6 | 6 | 7 | 8 | 8 | 9 | 9 | 10 | 8 | 9 6 | 10 5 | 10 | 11 九 | 11 八 | 12 | 13 | 13 | 14 | 14 | 15 | 13 | 14 |
| 6 | 6 | 7 | 7 | 8 | 9 | 9 | 10 | 10 | 11 | 9 | 10 | 11 | 11 4 | 12 3 | 12 | 13 七 | 14 六 | 14 | 15 | 15 | 16 | 14 | 15 |
| 7 | 7 | 8 | 8 | 9 | 10 | 10 | 11 | 11 | 12 | 10 | 11 | 12 | 12 | 13 | 13 2 | 14 1 | 15 | 15 五 | 16 四 | 16 三 | 17 | 15 | 16 |
| 8 | 8 | 9 | 9 | 10 | 11 | 11 | 12 | 12 | 13 | 11 | 12 | 13 | 13 | 14 | 14 | 15 | 16 12 | 16 11 | 17 | 17 | 18 二 | 16 正 | 17 |
| 9 | 9 | 10 | 10 | 11 | 12 | 12 | 13 | 13 | 14 | 12 | 13 | 14 | 14 | 15 | 15 | 16 | 17 | 17 | 18 10 | 18 9 | 19 | 17 | 18 十二 |
| 10 | 10 | 11 | 11 | 12 | 13 | 13 | 14 | 14 | 15 | 13 | 14 | 15 | 15 | 16 | 16 | 17 | 18 | 18 | 19 | 19 | 20 8 | 18 7 | 19 |
| 11 | 11 | 12 | 12 | 13 | 14 | 14 | 15 | 15 | 16 | 14 | 15 | 16 | 16 | 17 | 17 | 18 | 19 | 19 | 20 | 20 | 21 | 19 | 20 6 |
| 12 | 12 | 13 | 13 | 14 | 15 | 15 | 16 | 16 | 17 | 15 | 16 | 17 | 17 | 18 | 18 | 19 | 20 | 20 | 21 | 21 | 22 | 20 | 21 |
| 13 | 13 | 14 | 14 | 15 | 16 | 16 | 17 | 17 | 18 | 16 | 17 | 18 | 18 | 19 | 19 | 20 | 21 | 21 | 22 | 22 | 23 | 21 | 22 |
| 14 | 14 | 15 | 15 | 16 | 17 | 17 | 18 | 18 | 19 | 17 | 18 | 19 | 19 | 20 | 20 | 21 | 22 | 22 | 23 | 23 | 24 | 22 | 23 |
| 15 | 15 | 16 | 16 | 17 | 18 | 18 | 19 | 19 | 20 | 18 | 19 | 20 | 20 | 21 | 21 | 22 | 23 | 23 | 24 | 24 | 25 | 23 | 24 |
| 16 | 16 | 17 | 17 | 18 | 19 | 19 | 20 | 20 | 21 | 19 | 20 | 21 | 21 | 22 | 22 | 23 | 24 | 24 | 25 | 25 | 26 | 24 | 25 |
| 17 | 17 | 18 | 18 | 19 | 20 | 20 | 21 | 21 | 22 | 20 | 21 | 22 冬 | 22 | 23 | 23 | 24 | 25 | 25 | 26 | 26 | 27 | 25 | 26 |
| 18 | 18 | 19 | 19 | 20 | 21 | 21 | 22 | 22 | 23 | 21 | 22 | 23 | 23 | 24 | 24 | 25 | 26 | 26 | 27 | 27 | 28 | 26 | 27 |
| 19 | 19 | 20 | 20 | 21 | 22 | 22 | 23 | 23 | 24 | 22 | 23 | 24 | 24 | 25 | 25 | 26 | 27 | 27 | 28 | 28 | 29 | 27 | 28 |
| 20 | 20 | 21 | 21 | 22 | 23 | 23 | 24 | 24 | 25 | 23 | 24 | 25 | 25 | 26 | 26 | 27 | 28 | 28 | 29 | 29 | 30 | 28 | 29 |
| 21 | 21 | 22 | 22 | 23 | 24 | 24 | 25 | 25 | 26 | 24 | 25 | 26 | 26 | 27 | 27 | 28 | 29 | 29 | 30 | 30 | 31 | **3** | 30 |

一五

一六〇〇 庚子 萬曆二八

1009

一五九九 己亥 萬曆二七

1008

| | | | | | | | | | | | | | | | | | | | | | | | | |
|---|---|---|---|---|---|---|---|---|---|---|---|---|---|---|---|---|---|---|---|---|---|---|---|---|
| 11 | 11 | 12 | 12 | 13 | 14 | 14 | 15 | 15 10 | 16 9 | 15 | 16 十二 | 17 十一 | 17 | 18 | 18 | 19 | 20 | 20 | 21 | 21 | 22 | 20 | 21 | 22 冬 |
| 12 | 12 | 13 | 13 | 14 | 15 | 15 | 16 | 16 | 17 | 16 8 | 17 7 | 18 | 18 十 | 19 九 | 19 八 | 20 | 21 | 21 | 22 | 22 | 23 | 21 | 22 | 23 |
| 13 | 13 | 14 | 14 | 15 | 16 | 16 | 17 | 17 | 18 | 17 | 18 | 19 6 | 19 5 | 20 | 20 | 21 七 | 22 六 | 22 五 | 23 | 23 | 24 | 22 | 23 | 24 |
| 14 | 14 | 15 | 15 | 16 | 17 | 17 | 18 | 18 | 19 | 18 | 19 | 20 | 20 | 21 4 | 21 3 | 22 | 23 | 23 | 24 閏 | 24 | 25 | 23 | 24 | 25 |
| 15 | 15 | 16 | 16 | 17 | 18 | 18 | 19 | 19 | 20 | 19 | 20 | 21 | 21 | 22 | 22 | 23 2 | 24 1 | 24 | 25 | 25 四 | 26 三 | 24 | 25 | 26 |
| 16 | 16 | 17 | 17 | 18 | 19 | 19 | 20 | 20 | 21 | 20 | 21 | 22 冬 | 22 | 23 | 23 | 24 | 25 | 25 12 | 26 11 | 26 | 27 | 25 二 | 26 | 27 |
| 17 | 17 | 18 | 18 | 19 | 20 | 20 | 21 | 21 | 22 | 21 | 22 | 23 | 23 | 24 | 24 | 25 | 26 | 26 | 27 | 27 10 | 28 9 | 26 | 27 正 | 28 十二 |
| 18 | 18 | 19 | 19 | 20 | 21 | 21 | 22 | 22 | 23 | 22 | 23 | 24 | 24 | 25 | 25 | 26 | 27 | 27 | 28 | 28 | 29 | 27 8 | 28 7 | 29 |
| 19 | 19 | 20 | 20 | 21 | 22 | 22 | 23 | 23 | 24 | 23 | 24 | 25 | 25 | 26 | 26 | 27 | 28 | 28 | 29 | 29 | 30 | 28 | 29 | 30 6 |
| 20 | 20 | 21 | 21 | 22 | 23 | 23 | 24 | 24 | 25 | 24 | 25 | 26 | 26 | 27 | 27 | 28 | 29 | 29 | 30 | 30 | 31 | **3** | 30 | 31 |
| 21 冬 | 21 | 22 | 22 | 23 | 24 | 24 | 25 | 25 | 26 | 25 | 26 | 27 | 27 | 28 | 28 | 29 | 30 | 30 | 31 | **5** | **4** | 2 | 31 | **1** |
| 22 | 22 | 23 | 23 | 24 | 25 | 25 | 26 | 26 | 27 | 26 | 27 | 28 | 28 | 29 | 29 | 30 | 31 | **7** | **6** | 2 | 2 | 3 | **2** | 2 |
| 23 | 23 | 24 | 24 | 25 | 26 | 26 | 27 | 27 | 28 | 27 | 28 | 29 | 29 | 30 | 30 | 31 | **8** | 2 | 2 | 3 | 3 | 4 | 2 | 3 |
| 24 | 24 | 25 | 25 | 26 | 27 | 27 | 28 | 28 | 29 | 28 | 29 | 30 | 30 | 31 | **10** | **9** | 2 | 3 | 3 | 4 | 4 | 5 | 3 | 4 |
| 25 | 25 | 26 | 26 | 27 | 28 | 28 | 29 | 29 | 30 | 29 | 30 | 31 | **12** | **11** | 2 | 2 | 3 | 4 | 4 | 5 | 5 | 6 | 4 | 5 |
| 26 | 26 | 27 | 27 | 28 | 29 | 29 | 30 | 30 | 31 | **3** | 31 | **1** | 2 | 2 | 3 | 3 | 4 | 5 | 5 | 6 | 6 | 7 | 5 | 6 |
| 27 | 27 | 28 | 28 | 29 | 30 | 30 | 31 | **5** | **4** | 2 | **2** | 2 | 3 | 3 | 4 | 4 | 5 | 6 | 6 | 7 | 7 | 8 | 6 | 7 |
| 28 | 28 | 29 | 29 | 30 | 31 | **7** | **6** | 2 | 2 | 3 | 2 | 3 | 4 | 4 | 5 | 5 | 6 | 7 | 7 | 8 | 8 | 9 | 7 | 8 |
| 29 | 29 | 30 | 30 | 31 | **8** | 2 | 2 | 3 | 3 | 4 | 3 | 4 | 5 | 5 | 6 | 6 | 7 | 8 | 8 | 9 | 9 | 10 | 8 | 9 |
| 30 | 30 | 31 | **10** | **9** | 2 | 3 | 3 | **4** | 4 | 5 | 4 | 5 | 6 | 6 | 7 | 7 | 8 | 9 | 9 | 10 | 10 | 11 | 9 | 10 |
| 31 | **12** | **11** | 2 | 2 | 3 | 4 | 4 | 5 | 5 | 6 | 5 | 6 | 7 | 7 | 8 | 8 | 9 | 10 | 10 | 11 | 11 | 12 | 10 | 11 |
| 日 | 2 | 2 | 3 | 3 | 4 | 5 | 5 | 6 | 6 | 7 | 6 | 7 | 8 | 8 | 9 | 9 | 10 | 11 | 11 | 12 | 12 | 13 | 11 | 12 |
| 曜 | 3 | 3 | 4 | 4 | 5 | 6 | 6 | 7 | 7 | 8 | 7 | 8 | 9 | 9 | 10 | 10 | 11 | 12 | 12 | 13 | 13 | 14 | 12 | 13 |
| 表 | 4 | 4 | 5 | 5 | 6 | 7 | 7 | 8 | 8 | 9 | 8 | 9 | 10 | 10 | 11 | 11 | 12 | 13 | 13 | 14 | 14 | 15 | 13 | 14 |
| 3 | 5 | 5 | 6 | 6 | 7 | 8 | 8 | 9 | 9 | 10 | 9 | 10 | 11 | 11 | 12 | 12 | 13 | 14 | 14 | 15 | 15 | 16 | 14 | 15 |
| 甲 | 6 十一 | 6 十 | 7 九 | 7 八 | 8 | 9 | 9 | 10 | 10 | 11 | 10 | 11 | 12 | 12 | 13 | 13 | 14 | 15 | 15 | 16 | 16 | 17 | 15 | 16 |
| 子 | 7 | 7 | 8 | 8 | 9 七 | 10 六 | 10 | 11 | 11 | 12 | 11 | 12 | 13 | 13 | 14 | 14 | 15 | 16 | 16 | 17 | 17 | 18 | 16 | 17 |
| 表 | 8 6 | 8 5 | 9 | 9 | 10 | 11 | 11 五 | 12 | 12 | 13 | 12 | 13 | 14 | 14 | 15 | 15 | 16 | 17 | 17 | 18 | 18 | 19 | 17 | 18 |
| 48 | 9 | 9 | 10 4 | 10 3 | 11 | 12 | 12 | 13 四 | 13 三 | 14 | 13 | 14 | 15 | 15 | 16 | 16 | 17 | 18 | 18 | 19 | 19 | 20 | 18 | 19 |
| | 10 | 10 | 11 | 11 | 12 2 | 13 1 | 13 12 | 14 11 | 14 | 15 二 | 14 正 | 15 | 16 | 16 | 17 | 17 | 18 | 19 | 19 | 20 | 20 | 21 | 19 | 20 |

| 一六〇二 壬寅 萬曆三〇 1011 | | | | | | | | | | | | 一六〇一 辛丑 萬曆二九 1010 | | | | | | | | | | | |
|---|---|---|---|---|---|---|---|---|---|---|---|---|---|---|---|---|---|---|---|---|---|---|---|
| 22 | 23 | 23 | 24 | 25 | 25 | 26 | 26 | 27 | 25 | 26 | 27 | 27 6 | 28 5 | 28 | 29 | 30 | 30 六 | 31 | **5** | **4** | 2 | 31 | **1** |
| 23 | 24 | 24 | 25 | 26 | 26 | 27 | 27 | 28 | 26 | 27 | 28 | 28 | 29 | 29 4 | 30 3 | 31 | **7** | **6** 五 | 2 四 | 2 | 3 | **2** | 2 |
| 24 | 25 | 25 | 26 | 27 | 27 | 28 | 28 | 29 | 27 | 28 | 29 | 29 | 30 | 30 | 31 | **8** 2 | 2 1 | 2 | 3 | 3 三 | 4 | 2 | 3 |
| 25 | 26 | 26 | 27 | 28 | 28 | 29 | 29 | 30 | 28 | 29 | 30 | 30 | 31 | **10** | **9** | 2 | 3 | 3 12 | 4 11 | 4 | 5 二 | 3 正 | 4 十二 |
| 26 | 27 | 27 | 28 | 29 | 29 | 30 | 30 | 31 | **3** | 30 | 31 | **12** | **11** | 2 | 2 | 3 | 4 | 4 | 5 | 5 10 | 6 9 | 4 | 5 |
| 27 | 28 | 28 | 29 | 30 | 30 | 31 | **5** | **4** | 2 | 31 | **1** | 2 | 2 | 3 | 3 | 4 | 5 | 5 | 6 | 6 | 7 | 5 8 | 6 7 |
| 28 | 29 | 29 | 30 | 31 | **7** | **6** | 2 | 2 | 3 | **2** | 2 | 3 | 3 | 4 | 4 | 5 | 6 | 6 | 7 | 7 | 8 | 6 | 7 |
| 29 | 30 | 30 | 31 | **8** | 2 | 2 | 3 | 3 | 4 | 2 | 3 | 4 | 4 | 5 | 5 | 6 | 7 | 7 | 8 | 8 | 9 | 7 | 8 |
| 30 | 31 | **10** | **9** | 2 | 3 | 3 | 4 | 4 | 5 | 3 | 4 | 5 | 5 | 6 | 6 | 7 | 8 | 8 | 9 | 9 | 10 | 8 | 9 |
| **12** | **11** | 2 | 2 | 3 | 4 | 4 | 5 | 5 | 6 | 4 | 5 | 6 | 6 | 7 | 7 | 8 | 9 | 9 | 10 | 10 | 11 | 9 | 10 |
| 2 | 2 | 3 | 3 | 4 | 5 | 5 | 6 | 6 | 7 | 5 | 6 | 7 | 7 | 8 | 8 | 9 | 10 | 10 | 11 | 11 | 12 | 10 | 11 |
| 3 | 3 | 4 | 4 | 5 | 6 | 6 | 7 | 7 | 8 | 6 | 7 | 8 | 8 | 9 | 9 | 10 | 11 | 11 | 12 | 12 | 13 | 11 | 12 |
| 4 | 4 | 5 | 5 | 6 | 7 | 7 | 8 | 8 | 9 | 7 | 8 | 9 | 9 | 10 | 10 | 11 | 12 | 12 | 13 | 13 | 14 | 12 | 13 |
| 5 | 5 | 6 | 6 | 7 | 8 | 8 | 9 | 9 | 10 | 8 | 9 | 10 | 10 | 11 | 11 | 12 | 13 | 13 | 14 | 14 | 15 | 13 | 14 |
| 6 | 6 | 7 | 7 | 8 | 9 | 9 | 10 | 10 | 11 | 9 | 10 | 11 | 11 | 12 | 12 | 13 | 14 | 14 | 15 | 15 | 16 | 14 | 15 |
| 7 | 7 | 8 | 8 | 9 | 10 | 10 | 11 | 11 | 12 | 10 | 11 | 12 | 12 | 13 | 13 | 14 | 15 | 15 | 16 | 16 | 17 | 15 | 16 |
| 8 | 8 | 9 | 9 | 10 | 11 | 11 | 12 | 12 | 13 | 11 | 12 | 13 | 13 | 14 | 14 | 15 | 16 | 16 | 17 | 17 | 18 | 16 | 17 |
| 9 | 9 | 10 | 10 | 11 | 12 | 12 | 13 | 13 | 14 | 12 | 13 | 14 | 14 | 15 | 15 | 16 | 17 | 17 | 18 | 18 | 19 | 17 | 18 |
| 10 | 10 | 11 | 11 | 12 | 13 | 13 | 14 | 14 | 15 | 13 | 14 | 15 | 15 | 16 | 16 | 17 | 18 | 18 | 19 | 19 | 20 | 18 | 19 |
| 11 | 11 | 12 | 12 | 13 | 14 | 14 | 15 | 15 | 16 | 14 | 15 | 16 | 16 | 17 | 17 | 18 | 19 | 19 | 20 | 20 | 21 | 19 | 20 |
| 12 | 12 | 13 | 13 | 14 | 15 | 15 | 16 | 16 | 17 | 15 | 16 | 17 | 17 | 18 | 18 | 19 | 20 | 20 | 21 | 21 | 22 | 20 | 21 |
| 13 十一 | 13 | 14 | 14 | 15 | 16 | 16 | 17 | 17 | 18 | 16 | 17 | 18 | 18 | 19 | 19 | 20 | 21 | 21 | 22 | 22 | 23 | 21 | 22 |
| 14 | 14 十 | 15 九 | 15 | 16 | 17 | 17 | 18 | 18 | 19 | 17 | 18 | 19 | 19 | 20 | 20 | 21 | 22 | 22 | 23 | 23 | 24 | 22 | 23 |
| 15 7 | 15 | 16 | 16 八 | 17 七 | 18 | 18 | 19 | 19 | 20 | 18 | 19 | 20 | 20 | 21 | 21 | 22 | 23 | 23 | 24 | 24 | 25 | 23 | 24 |
| 16 | 16 6 | 17 5 | 17 | 18 | 19 六 | 19 | 20 | 20 | 21 | 19 | 20 | 21 | 21 | 22 | 22 | 23 | 24 | 24 | 25 | 25 | 26 | 24 | 25 |
| 17 | 17 | 18 | 18 4 | 19 3 | 20 | 20 五 | 21 四 | 21 | 22 | 20 | 21 | 22 冬 | 22 | 23 | 23 | 24 | 25 | 25 | 26 | 26 | 27 | 25 | 26 |
| 18 | 18 | 19 | 19 | 20 | 21 2 | 21 1 | 22 | 22 三 | 23 | 21 | 22 | 23 | 23 | 24 | 24 | 25 | 26 | 26 | 27 | 27 | 28 | 26 | 27 |
| 19 | 19 | 20 | 20 | 21 | 22 | 22 | 23 12 | 23 11 | 24 閏 | 22 二 | 23 正 | 24 十二 | 24 | 25 | 25 | 26 | 27 | 27 | 28 | 28 | 29 | 27 | 28 |
| 20 | 20 | 21 | 21 | 22 | 23 | 23 | 24 | 24 | 25 10 | 23 9 | 24 | 25 | 25 十一 | 26 十 | 26 九 | 27 | 28 | 28 | 29 | 29 | 30 | 28 | 29 |
| 21 | 21 | 22 | 22 | 23 | 24 | 24 | 25 | 25 | 26 | 24 | 25 8 | 26 7 | 26 | 27 | 27 | 28 八 | 29 七 | 29 | 30 | 30 | 31 | **3** | 30 |

一六〇三 癸卯 萬曆三一

1012

一六〇四 甲辰 萬曆三二

1013

| | | | | | | | | | | | | | | | | | | | | | | | | |
|---|---|---|---|---|---|---|---|---|---|---|---|---|---|---|---|---|---|---|---|---|---|---|---|---|
| 11 | 11 | 12 | 12 | 13 | 14 | 14 | 15 | 15 | 16 | 15 | 16 | 17 | 17 | 18 | 18 | 19 | 20 | 20 | 21 | 21 | 22 | 20 | 21 | 22冬 |
| 12 | 12 | 13 | 13 | 14 | 15 | 15 | 16 | 16 | 17 | 16 | 17 | 18 | 18 | 19 | 19 | 20 | 21 | 21 | 22 | 22 | 23 | 21 | 22 | 23 |
| 13 | 13 | 14 | 14 | 15 | 16 | 16 | 17 | 17 | 18 | 17 | 18 | 19 | 19 | 20 | 20 | 21 | 22 | 22 | 23 | 23 | 24 | 22 | 23 | 24 |
| 14 | 14 | 15 | 15 | 16 | 17 | 17 | 18 | 18 | 19 | 18 | 19 | 20 | 20 | 21 | 21 | 22 | 23 | 23 | 24 | 24 | 25 | 23 | 24 | 25 |
| 15 | 15 | 16 | 16 | 17 | 18 | 18 | 19 | 19 | 20 | 19 | 20 | 21 | 21 | 22 | 22 | 23 | 24 | 24 | 25 | 25 | 26 | 24 | 25 | 26 |
| 16 | 16 | 17 | 17 | 18 | 19 | 19 | 20 | 20 | 21 | 20 | 21 | 22冬 | 22 | 23 | 23 | 24 | 25 | 25 | 26 | 26 | 27 | 25 | 26 | 27 |
| 17 | 17 | 18 | 18 | 19 | 20 | 20 | 21 | 21 | 22 | 21 | 22 | 23 | 23 | 24 | 24 | 25 | 26 | 26 | 27 | 27 | 28 | 26 | 27 | 28 |
| 18 | 18 | 19 | 19 | 20 | 21 | 21 | 22 | 22 | 23 | 22 | 23 | 24 | 24 | 25 | 25 | 26 | 27 | 27 | 28 | 28 | 29 | 27 | 28 | 29 |
| 19 | 19 | 20 | 20 | 21 | 22 | 22 | 23 | 23 | 24 | 23 | 24 | 25 | 25 | 26 | 26 | 27 | 28 | 28 | 29 | 29 | 30 | 28 | 29 | 30 |
| 20 | 20 | 21 | 21 | 22 | 23 | 23 | 24 | 24 | 25 | 24 | 25 | 26 | 26 | 27 | 27 | 28 | 29 | 29 | 30 | 30 | 31 | **3** | 30 | 31 |
| 21冬 十二 | 21 十 | 22 | 22 | 23 | 24 | 24 | 25 | 25 | 26 | 25 | 26 | 27 | 27 | 28 | 28 | 29 | 30 | 30 | 31 | **5** | **4** | 2 | 31 | **1** |
| 22 | 22 | 23 閏 | 23 九 | 24 | 25 | 25 | 26 | 26 | 27 | 26 | 27 | 28 | 28 | 29 | 29 | 30 | 31 | **7** | **6** | 2 | 2 | 3 | **2** | 2 |
| 23 8 | 23 7 | 24 | 24 | 25 八 | 26 | 26 | 27 | 27 | 28 | 27 | 28 | 29 | 29 | 30 | 30 | 31 | **8** | 2 | 2 | 3 | 3 | 4 | 2 | 3 |
| 24 | 24 | 25 6 | 25 5 | 26 | 27 七 | 27 六 | 28 | 28 | 29 | 28 | 29 | 30 | 30 | 31 | **10** | **9** | 2 | 3 | 3 | 4 | 4 | 5 | 3 | 4 |
| 25 | 25 | 26 | 26 | 27 4 | 28 3 | 28 | 29 五 | 29 四 | 30 三 | 29 | 30 | 31 | **12** | **11** | 2 | 2 | 3 | 4 | 4 | 5 | 5 | 6 | 4 | 5 |
| 26 | 26 | 27 | 27 | 28 | 29 | 29 2 | 30 1 | 30 | 31 | **3** 二 | 31 正 | **1** 十二 | 2 | 2 | 3 | 3 | 4 | 5 | 5 | 6 | 6 | 7 | 5 | 6 |
| 27 | 27 | 28 | 28 | 29 | 30 | 30 | 31 | **5** 12 | **4** 11 | 2 | **2** | 2 | 3 十一 | 3 十 | 4 | 4 | 5 | 6 | 6 | 7 | 7 | 8 | 6 | 7 |
| 28 | 28 | 29 | 29 | 30 | 31 | **7** | **6** | 2 | 2 | 3 10 | 2 9 | 3 | 4 | 4 | 5 九 | 5 八 | 6 | 7 | 7 | 8 | 8 | 9 | 7 | 8 |
| 29 | 29 | 30 | 30 | 31 | **8** | 2 | 2 | 3 | 3 | 4 | 3 | 4 8 | 5 7 | 5 | 6 | 6 | 7 七 | 8 | 8 | 9 | 9 | 10 | 8 | 9 |
| 30 | 30 | 31 | **10** | **9** | 2 | 3 | 3 | **4** | 4 | 5 | 4 | 5 | 6 | 6 6 | 7 5 | 7 | 8 | 9 六 | 9 五 | 10 | 10 | 11 | 9 | 10 |
| 31 | **12** | **11** | 2 | 2 | 3 | 4 | 4 | 5 | 5 | 6 | 5 | 6 | 7 | 7 | 8 | 8 4 | 9 3 | 10 | 10 | 11 四 | 11 三 | 12 | 10 | 11 |
| 日 | 2 | 2 | 3 | 3 | 4 | 5 | 5 | 6 | 6 | 7 | 6 | 7 | 8 | 8 | 9 | 9 | 10 | 11 2 | 11 1 | 12 12 | 12 11 | 13 二 | 11 正 | 12 十二 |
| 曜 | 3 | 3 | 4 | 4 | 5 | 6 | 6 | 7 | 7 | 8 | 7 | 8 | 9 | 9 | 10 | 10 | 11 | 12 | 12 | 13 | 13 | 14 10 | 12 9 | 13 |
| 表 | 4 | 4 | 5 | 5 | 6 | 7 | 7 | 8 | 8 | 9 | 8 | 9 | 10 | 10 | 11 | 11 | 12 | 13 | 13 | 14 | 14 | 15 | 13 | 14 8 |
| 4 | 5 | 5 | 6 | 6 | 7 | 8 | 8 | 9 | 9 | 10 | 9 | 10 | 11 | 11 | 12 | 12 | 13 | 14 | 14 | 15 | 15 | 16 | 14 | 15 |
| 甲 | 6 | 6 | 7 | 7 | 8 | 9 | 9 | 10 | 10 | 11 | 10 | 11 | 12 | 12 | 13 | 13 | 14 | 15 | 15 | 16 | 16 | 17 | 15 | 16 |
| 子 | 7 | 7 | 8 | 8 | 9 | 10 | 10 | 11 | 11 | 12 | 11 | 12 | 13 | 13 | 14 | 14 | 15 | 16 | 16 | 17 | 17 | 18 | 16 | 17 |
| 表 | 8 | 8 | 9 | 9 | 10 | 11 | 11 | 12 | 12 | 13 | 12 | 13 | 14 | 14 | 15 | 15 | 16 | 17 | 17 | 18 | 18 | 19 | 17 | 18 |
| 49 | 9 | 9 | 10 | 10 | 11 | 12 | 12 | 13 | 13 | 14 | 13 | 14 | 15 | 15 | 16 | 16 | 17 | 18 | 18 | 19 | 19 | 20 | 18 | 19 |
| | 10 | 10 | 11 | 11 | 12 | 13 | 13 | 14 | 14 | 15 | 14 | 15 | 16 | 16 | 17 | 17 | 18 | 19 | 19 | 20 | 20 | 21 | 19 | 20 |

一六〇五 乙巳 萬曆三三 1014

一六〇六 丙午 萬曆三四 1015

| | | | | | | | | | | | | | | | | | | | | | | | |
|---|---|---|---|---|---|---|---|---|---|---|---|---|---|---|---|---|---|---|---|---|---|---|---|
| 22 | 23 | 23 | 24 | 25 | 25 | 26 | 26 | 27 | 25 | 26 | 27 | 27 | 28 | 28 | 29 | 30 | 30 | 31 | **5** | **4** | 2 | 31 | **1** |
| 23 | 24 | 24 | 25 | 26 | 26 | 27 | 27 | 28 | 26 | 27 | 28 | 28 | 29 | 29 | 30 | 31 | **7** | **6** | 2 | 2 | 3 | **2** | 2 |
| 24 | 25 | 25 | 26 | 27 | 27 | 28 | 28 | 29 | 27 | 28 | 29 | 29 | 30 | 30 | 31 | **8** | 2 | 2 | 3 | 3 | 4 | 2 | 3 |
| 25 | 26 | 26 | 27 | 28 | 28 | 29 | 29 | 30 | 28 | 29 | 30 | 30 | 31 | **10** | **9** | 2 | 3 | 3 | 4 | 4 | 5 | 3 | 4 |
| 26 | 27 | 27 | 28 | 29 | 29 | 30 | 30 | 31 | **3** | 30 | 31 | **12** | **11** | 2 | 2 | 3 | 4 | 4 | 5 | 5 | 6 | 4 | 5 |
| 27 | 28 | 28 | 29 | 30 | 30 | 31 | **5** | **4** | 2 | 31 | **1** | 2 | 2 | 3 | 3 | 4 | 5 | 5 | 6 | 6 | 7 | 5 | 6 |
| 28 | 29 | 29 | 30 | 31 | **7** | **6** | 2 | 2 | 3 | **2** | 2 | 3 | 3 | 4 | 4 | 5 | 6 | 6 | 7 | 7 | 8 | 6 | 7 |
| 29 | 30 | 30 | 31 | **8** | 2 | 2 | 3 | 3 | 4 | 2 | 3 | 4 | 4 | 5 | 5 | 6 | 7 | 7 | 8 | 8 | 9 | 7 | 8 |
| 30 十一 | 31 十 | **10** | **9** | 2 | 3 | 3 | 4 | 4 | 5 | 3 | 4 | 5 | 5 | 6 | 6 | 7 | 8 | 8 | 9 | 9 | 10 | 8 | 9 |
| **12** | **11** | 2 九 | 2 八 | 3 | 4 | 4 | 5 | 5 | 6 | 4 | 5 | 6 | 6 | 7 | 7 | 8 | 9 | 9 | 10 | 10 | 11 | 9 | 10 |
| 2 8 | 2 7 | 3 | 3 | 4 七 | 5 六 | 5 五 | 6 | 6 | 7 | 5 | 6 | 7 | 7 | 8 | 8 | 9 | 10 | 10 | 11 | 11 | 12 | 10 | 11 |
| 3 | 3 | 4 6 | 4 5 | 5 | 6 | 6 | 7 四 | 7 三 | 8 | 6 | 7 | 8 | 8 | 9 | 9 | 10 | 11 | 11 | 12 | 12 | 13 | 11 | 12 |
| 4 | 4 | 5 | 5 | 6 4 | 7 3 | 7 | 8 | 8 | 9 二 | 7 正 | 8 | 9 | 9 | 10 | 10 | 11 | 12 | 12 | 13 | 13 | 14 | 12 | 13 |
| 5 | 5 | 6 | 6 | 7 | 8 | 8 2 | 9 1 | 9 12 | 10 11 | 8 | 9 十二 | 10 十一 | 10 | 11 | 11 | 12 | 13 | 13 | 14 | 14 | 15 | 13 | 14 |
| 6 | 6 | 7 | 7 | 8 | 9 | 9 | 10 | 10 | 11 | 9 10 | 10 9 | 11 | 11 十 | 12 九 | 12 | 13 | 14 | 14 | 15 | 15 | 16 | 14 | 15 |
| 7 | 7 | 8 | 8 | 9 | 10 | 10 | 11 | 11 | 12 | 10 | 11 | 12 8 | 12 7 | 13 | 13 八 | 14 七 | 15 | 15 | 16 | 16 | 17 | 15 | 16 |
| 8 | 8 | 9 | 9 | 10 | 11 | 11 | 12 | 12 | 13 | 11 | 12 | 13 | 13 | 14 6 | 14 5 | 15 | 16 六 | 16 五 | 17 | 17 | 18 | 16 | 17 |
| 9 | 9 | 10 | 10 | 11 | 12 | 12 | 13 | 13 | 14 | 12 | 13 | 14 | 14 | 15 | 15 | 16 4 | 17 3 | 17 | 18 四 | 18 三 | 19 二 | 17 | 18 |
| 10 | 10 | 11 | 11 | 12 | 13 | 13 | 14 | 14 | 15 | 13 | 14 | 15 | 15 | 16 | 16 | 17 | 18 | 18 2 | 19 1 | 19 | 20 | 18 正 | 19 十二 |
| 11 | 11 | 12 | 12 | 13 | 14 | 14 | 15 | 15 | 16 | 14 | 15 | 16 | 16 | 17 | 17 | 18 | 19 | 19 | 20 | 20 12 | 21 11 | 19 | 20 |
| 12 | 12 | 13 | 13 | 14 | 15 | 15 | 16 | 16 | 17 | 15 | 16 | 17 | 17 | 18 | 18 | 19 | 20 | 20 | 21 | 21 | 22 | 20 10 | 21 9 |
| 13 | 13 | 14 | 14 | 15 | 16 | 16 | 17 | 17 | 18 | 16 | 17 | 18 | 18 | 19 | 19 | 20 | 21 | 21 | 22 | 22 | 23 | 21 | 22 |
| 14 | 14 | 15 | 15 | 16 | 17 | 17 | 18 | 18 | 19 | 17 | 18 | 19 | 19 | 20 | 20 | 21 | 22 | 22 | 23 | 23 | 24 | 22 | 23 |
| 15 | 15 | 16 | 16 | 17 | 18 | 18 | 19 | 19 | 20 | 18 | 19 | 20 | 20 | 21 | 21 | 22 | 23 | 23 | 24 | 24 | 25 | 23 | 24 |
| 16 | 16 | 17 | 17 | 18 | 19 | 19 | 20 | 20 | 21 | 19 | 20 | 21 冬 | 21 | 22 | 22 | 23 | 24 | 24 | 25 | 25 | 26 | 24 | 25 |
| 17 | 17 | 18 | 18 | 19 | 20 | 20 | 21 | 21 | 22 | 20 | 21 | 22 | 22 | 23 | 23 | 24 | 25 | 25 | 26 | 26 | 27 | 25 | 26 |
| 18 | 18 | 19 | 19 | 20 | 21 | 21 | 22 | 22 | 23 | 21 | 22 | 23 | 23 | 24 | 24 | 25 | 26 | 26 | 27 | 27 | 28 | 26 | 27 |
| 19 | 19 | 20 | 20 | 21 | 22 | 22 | 23 | 23 | 24 | 22 | 23 | 24 | 24 | 25 | 25 | 26 | 27 | 27 | 28 | 28 | 29 | 27 | 28 |
| 20 | 20 | 21 | 21 | 22 | 23 | 23 | 24 | 24 | 25 | 23 | 24 | 25 | 25 | 26 | 26 | 27 | 28 | 28 | 29 | 29 | 30 | 28 | 29 |
| 21 | 21 | 22 | 22 | 23 | 24 | 24 | 25 | 25 | 26 | 24 | 25 | 26 | 26 | 27 | 27 | 28 | 29 | 29 | 30 | 30 | 31 | **3** | 30 |

一六〇八 戊申 萬曆三六

1017

一六〇七 丁未 萬曆三五

1016

| | | | | | | | | | | | | | | | | | | | | | | | | |
|---|---|---|---|---|---|---|---|---|---|---|---|---|---|---|---|---|---|---|---|---|---|---|---|---|
| 11 | 11 | 12 | 12 6 | 13 5 | 14 | 14 | 15 | 15三 | 16二 | 15 | 16 | 17 | 17 | 18 | 18 | 19 | 20 | 20 | 21 | 21 | 22 | 20 | 21 | 22冬 |
| 12 | 12 | 13 | 13 | 14 | 15 4 | 15 3 | 16 | 16 | 17 | 16正 | 17十二 | 18 | 18 | 19 | 19 | 20 | 21 | 21 | 22 | 22 | 23 | 21 | 22 | 23 |
| 13 | 13 | 14 | 14 | 15 | 16 | 16 | 17 2 | 17 1 | 18 12 | 17 11 | 18 | 19十一 | 19十 | 20 | 20 | 21 | 22 | 22 | 23 | 23 | 24 | 22 | 23 | 24 |
| 14 | 14 | 15 | 15 | 16 | 17 | 17 | 18 | 18 | 19 | 18 | 19 10 | 20 9 | 20 | 21九 | 21八 | 22七 | 23 | 23 | 24 | 24 | 25 | 23 | 24 | 25 |
| 15 | 15 | 16 | 16 | 17 | 18 | 18 | 19 | 19 | 20 | 19 | 20 | 21 | 21 8 | 22 7 | 22 | 23 | 24閏 | 24六 | 25 | 25 | 26 | 24 | 25 | 26 |
| 16 | 16 | 17 | 17 | 18 | 19 | 19 | 20 | 20 | 21 | 20 | 21 | 22冬 | 22 | 23 | 23 6 | 24 5 | 25 | 25 | 26五 | 26四 | 27 | 25 | 26 | 27 |
| 17 | 17 | 18 | 18 | 19 | 20 | 20 | 21 | 21 | 22 | 21 | 22 | 23 | 23 | 24 | 24 | 25 | 26 4 | 26 3 | 27 | 27 | 28三 | 26二 | 27 | 28 |
| 18 | 18 | 19 | 19 | 20 | 21 | 21 | 22 | 22 | 23 | 22 | 23 | 24 | 24 | 25 | 25 | 26 | 27 | 27 | 28 2 | 28 1 | 29 | 27 | 28正 | 29十二 |
| 19 | 19 | 20 | 20 | 21 | 22 | 22 | 23 | 23 | 24 | 23 | 24 | 25 | 25 | 26 | 26 | 27 | 28 | 28 | 29 | 29 | 30 12 | 28 11 | 29 | 30 |
| 20 | 20 | 21 | 21 | 22 | 23 | 23 | 24 | 24 | 25 | 24 | 25 | 26 | 26 | 27 | 27 | 28 | 29 | 29 | 30 | 30 | 31 | 3 | 30 10 | 31 9 |
| 21冬 | 21 | 22 | 22 | 23 | 24 | 24 | 25 | 25 | 26 | 25 | 26 | 27 | 27 | 28 | 28 | 29 | 30 | 30 | 31 | 5 | 4 | 2 | 31 | 1 |
| 22 | 22 | 23 | 23 | 24 | 25 | 25 | 26 | 26 | 27 | 26 | 27 | 28 | 28 | 29 | 29 | 30 | 31 | 7 | 6 | 2 | 2 | 3 | 2 | 2 |
| 23 | 23 | 24 | 24 | 25 | 26 | 26 | 27 | 27 | 28 | 27 | 28 | 29 | 29 | 30 | 30 | 31 | 8 | 2 | 2 | 3 | 3 | 4 | 2 | 3 |
| 24 | 24 | 25 | 25 | 26 | 27 | 27 | 28 | 28 | 29 | 28 | 29 | 30 | 30 | 31 | 10 | 9 | 2 | 3 | 3 | 4 | 4 | 5 | 3 | 4 |
| 25 | 25 | 26 | 26 | 27 | 28 | 28 | 29 | 29 | 30 | 29 | 30 | 31 | 12 | 11 | 2 | 2 | 3 | 4 | 4 | 5 | 5 | 6 | 4 | 5 |
| 26 | 26 | 27 | 27 | 28 | 29 | 29 | 30 | 30 | 31 | 3 | 31 | 1 | 2 | 2 | 3 | 3 | 4 | 5 | 5 | 6 | 6 | 7 | 5 | 6 |
| 27 | 27 | 28 | 28 | 29 | 30 | 30 | 31 | 5 | 4 | 2 | 2 | 2 | 3 | 3 | 4 | 4 | 5 | 6 | 6 | 7 | 7 | 8 | 6 | 7 |
| 28 | 28 | 29 | 29 | 30 | 31 | 7 | 6 | 2 | 2 | 3 | 2 | 3 | 4 | 4 | 5 | 5 | 6 | 7 | 7 | 8 | 8 | 9 | 7 | 8 |
| 29 | 29 | 30 | 30 | 31 | 8 | 2 | 2 | 3 | 3 | 4 | 3 | 4 | 5 | 5 | 6 | 6 | 7 | 8 | 8 | 9 | 9 | 10 | 8 | 9 |
| 30 | 30 | 31 | 10 | 9 | 2 | 3 | 3 | 4 | 4 | 5 | 4 | 5 | 6 | 6 | 7 | 7 | 8 | 9 | 9 | 10 | 10 | 11 | 9 | 10 |
| 31 | 12 | 11 | 2 | 2 | 3 | 4 | 4 | 5 | 5 | 6 | 5 | 6 | 7 | 7 | 8 | 8 | 9 | 10 | 10 | 11 | 11 | 12 | 10 | 11 |
| 日 | 2 | 2 | 3 | 3 | 4 | 5 | 5 | 6 | 6 | 7 | 6 | 7 | 8 | 8 | 9 | 9 | 10 | 11 | 11 | 12 | 12 | 13 | 11 | 12 |
| 曜 | 3 | 3 | 4 | 4 | 5 | 6 | 6 | 7 | 7 | 8 | 7 | 8 | 9 | 9 | 10 | 10 | 11 | 12 | 12 | 13 | 13 | 14 | 12 | 13 |
| 表 | 4 | 4 | 5 | 5 | 6 | 7 | 7 | 8 | 8 | 9 | 8 | 9 | 10 | 10 | 11 | 11 | 12 | 13 | 13 | 14 | 14 | 15 | 13 | 14 |
| 5 | 5 | 5 | 6 | 6 | 7 | 8 | 8 | 9 | 9 | 10 | 9 | 10 | 11 | 11 | 12 | 12 | 13 | 14 | 14 | 15 | 15 | 16 | 14 | 15 |
| 甲 | 6 | 6 | 7 | 7 | 8 | 9 | 9 | 10 | 10 | 11 | 10 | 11 | 12 | 12 | 13 | 13 | 14 | 15 | 15 | 16 | 16 | 17 | 15 | 16 |
| 子 | 7十一 | 7 | 8 | 8 | 9 | 10 | 10 | 11 | 11 | 12 | 11 | 12 | 13 | 13 | 14 | 14 | 15 | 16 | 16 | 17 | 17 | 18 | 16 | 17 |
| 表 | 8 | 8十 | 9九 | 9八 | 10七 | 11 | 11 | 12 | 12 | 13 | 12 | 13 | 14 | 14 | 15 | 15 | 16 | 17 | 17 | 18 | 18 | 19 | 17 | 18 |
| 50 | 9 9 | 9 | 10 | 10 | 11 | 12六 | 12五 | 13 | 13 | 14 | 13 | 14 | 15 | 15 | 16 | 16 | 17 | 18 | 18 | 19 | 19 | 20 | 18 | 19 |
| | 10 | 10 8 | 11 7 | 11 | 12 | 13 | 13 | 14四 | 14 | 15 | 14 | 15 | 16 | 16 | 17 | 17 | 18 | 19 | 19 | 20 | 20 | 21 | 19 | 20 |

一六〇九 己酉 萬曆三七 1018

一六一〇 庚戌 萬曆三八 1019

| | | | | | | | | | | | | | | | | | | | | | | | |
|---|---|---|---|---|---|---|---|---|---|---|---|---|---|---|---|---|---|---|---|---|---|---|---|
| 22 | 23 | 23 | 24 | 25 | 25 | 26 | 26 | 27 | 25 | 12 26 | 11 27 | 27 | 28 | 十28 | 九29 | 八30 | 30 | 31 | **5** | **4** | 2 | 31 | **1** |
| 23 | 24 | 24 | 25 | 26 | 26 | 27 | 27 | 28 | 26 | 27 | 28 | 10 28 | 9 29 | 29 | 30 | 31 | 七**7** | 六**6** | 2 | 2 | 3 | **2** | 2 |
| 24 | 25 | 25 | 26 | 27 | 27 | 28 | 28 | 29 | 27 | 28 | 29 | 29 | 30 | 8 30 | 7 31 | **8** | 2 | 2 | 五3 | 3 | 4 | 2 | 3 |
| 25 | 26 | 26 | 27 | 28 | 28 | 29 | 29 | 30 | 28 | 29 | 30 | 30 | 31 | **10** | **9** | 6 2 | 5 3 | 3 | 4 | 四4 | 三5 | 3 | 4 |
| 26 | 27 | 27 | 28 | 29 | 29 | 30 | 30 | 31 | **3** | 30 | 31 | **12** | **11** | 2 | 2 | 3 | 4 | 4 4 | 3 5 | 5 | 6 | 二4 | 正5 |
| 27 | 28 | 28 | 29 | 30 | 30 | 31 | **5** | **4** | 2 | 31 | **1** | 2 | 2 | 3 | 3 | 4 | 5 | 5 | 6 | 2 6 | 1 7 | 5 | 6 十二 |
| 28 | 29 | 29 | 30 | 31 | **7** | **6** | 2 | 2 | 3 | **2** | 2 | 3 | 3 | 4 | 4 | 5 | 6 | 6 | 7 | 7 | 8 | 12 6 | 11 7 |
| 29 | 30 | 30 | 31 | **8** | 2 | 2 | 3 | 3 | 4 | 2 | 3 | 4 | 4 | 5 | 5 | 6 | 7 | 7 | 8 | 8 | 9 | 7 | 8 10 |
| 30 | 31 | **10** | **9** | 2 | 3 | 3 | 4 | 4 | 5 | 3 | 4 | 5 | 5 | 6 | 6 | 7 | 8 | 8 | 9 | 9 | 10 | 8 | 9 |
| **12** | **11** | 2 | 2 | 3 | 4 | 4 | 5 | 5 | 6 | 4 | 5 | 6 | 6 | 7 | 7 | 8 | 9 | 9 | 10 | 10 | 11 | 9 | 10 |
| 2 | 2 | 3 | 3 | 4 | 5 | 5 | 6 | 6 | 7 | 5 | 6 | 7 | 7 | 8 | 8 | 9 | 10 | 10 | 11 | 11 | 12 | 10 | 11 |
| 3 | 3 | 4 | 4 | 5 | 6 | 6 | 7 | 7 | 8 | 6 | 7 | 8 | 8 | 9 | 9 | 10 | 11 | 11 | 12 | 12 | 13 | 11 | 12 |
| 4 | 4 | 5 | 5 | 6 | 7 | 7 | 8 | 8 | 9 | 7 | 8 | 9 | 9 | 10 | 10 | 11 | 12 | 12 | 13 | 13 | 14 | 12 | 13 |
| 5 | 5 | 6 | 6 | 7 | 8 | 8 | 9 | 9 | 10 | 8 | 9 | 10 | 10 | 11 | 11 | 12 | 13 | 13 | 14 | 14 | 15 | 13 | 14 |
| 6 | 6 | 7 | 7 | 8 | 9 | 9 | 10 | 10 | 11 | 9 | 10 | 11 | 11 | 12 | 12 | 13 | 14 | 14 | 15 | 15 | 16 | 14 | 15 |
| 7 | 7 | 8 | 8 | 9 | 10 | 10 | 11 | 11 | 12 | 10 | 11 | 12 | 12 | 13 | 13 | 14 | 15 | 15 | 16 | 16 | 17 | 15 | 16 |
| 8 | 8 | 9 | 9 | 10 | 11 | 11 | 12 | 12 | 13 | 11 | 12 | 13 | 13 | 14 | 14 | 15 | 16 | 16 | 17 | 17 | 18 | 16 | 17 |
| 9 | 9 | 10 | 10 | 11 | 12 | 12 | 13 | 13 | 14 | 12 | 13 | 14 | 14 | 15 | 15 | 16 | 17 | 17 | 18 | 18 | 19 | 17 | 18 |
| 10 | 10 | 11 | 11 | 12 | 13 | 13 | 14 | 14 | 15 | 13 | 14 | 15 | 15 | 16 | 16 | 17 | 18 | 18 | 19 | 19 | 20 | 18 | 19 |
| 11 | 11 | 12 | 12 | 13 | 14 | 14 | 15 | 15 | 16 | 14 | 15 | 16 | 16 | 17 | 17 | 18 | 19 | 19 | 20 | 20 | 21 | 19 | 20 |
| 12 | 12 | 13 | 13 | 14 | 15 | 15 | 16 | 16 | 17 | 15 | 16 | 17 | 17 | 18 | 18 | 19 | 20 | 20 | 21 | 21 | 22 | 20 | 21 |
| 13 | 13 | 14 | 14 | 15 | 16 | 16 | 17 | 17 | 18 | 16 | 17 | 18 | 18 | 19 | 19 | 20 | 21 | 21 | 22 | 22 | 23 | 21 | 22 |
| 14 | 14 | 15 | 15 | 16 | 17 | 17 | 18 | 18 | 19 | 17 | 18 | 19 | 19 | 20 | 20 | 21 | 22 | 22 | 23 | 23 | 24 | 22 | 23 |
| 15 | 十一15 | 十16 | 16 | 17 | 18 | 18 | 19 | 19 | 20 | 18 | 19 | 20 | 20 | 21 | 21 | 22 | 23 | 23 | 24 | 24 | 25 | 23 | 24 |
| 16 | 16 | 17 | 九17 | 八18 | 19 | 19 | 20 | 20 | 21 | 19 | 20 | 21 | 冬21 | 22 | 22 | 23 | 24 | 24 | 25 | 25 | 26 | 24 | 25 |
| 17 | 10 17 | 9 18 | 18 | 19 | 七20 | 六20 | 21 | 21 | 22 | 20 | 21 | 22 | 22 | 23 | 23 | 24 | 25 | 25 | 26 | 26 | 27 | 25 | 26 |
| 18 | 18 | 19 | 8 19 | 7 20 | 21 | 21 | 五22 | 22 | 23 | 21 | 22 | 23 | 23 | 24 | 24 | 25 | 26 | 26 | 27 | 27 | 28 | 26 | 27 |
| 19 | 19 | 20 | 20 | 21 | 6 22 | 5 22 | 23 | 四23 | 閏24 | 22 | 23 | 24 | 24 | 25 | 25 | 26 | 27 | 27 | 28 | 28 | 29 | 27 | 28 |
| 20 | 20 | 21 | 21 | 22 | 23 | 23 | 4 24 | 3 24 | 25 | 三23 | 二24 | 25 | 25 | 26 | 26 | 27 | 28 | 28 | 29 | 29 | 30 | 28 | 29 |
| 21 | 21 | 22 | 22 | 23 | 24 | 24 | 25 | 25 | 2 26 | 1 24 | 25 | 正26 | 十二26 | 十一27 | 27 | 28 | 29 | 29 | 30 | 30 | 31 | **3** | 30 |

一六一二 壬子 萬曆四〇

1021

一六一一 辛亥 萬曆三九

1020

| | | | | | | | | | | | | | | | | | | | | | | | | |
|---|---|---|---|---|---|---|---|---|---|---|---|---|---|---|---|---|---|---|---|---|---|---|---|---|
| 11 | 11 | 12 | 12 | 13 | 14 | 14 | 15 | 15 | 16 | 15 | 16 | 17 | 17 | 18 | 18 | 19 | 20 | 20 | 21 | 21 | 22 | 20 | 21 | 22冬 |
| 12 | 12 | 13 | 13 | 14 | 15 | 15 | 16 | 16 | 17 | 16 | 17 | 18 | 18 | 19 | 19 | 20 | 21 | 21 | 22 | 22 | 23 | 21 | 22 | 23 |
| 13 | 13 | 14 | 14 | 15 | 16 | 16 | 17 | 17 | 18 | 17 | 18 | 19 | 19 | 20 | 20 | 21 | 22 | 22 | 23 | 23 | 24 | 22 | 23 | 24 |
| 14 | 14 | 15 | 15 | 16 | 17 | 17 | 18 | 18 | 19 | 18 | 19 | 20 | 20 | 21 | 21 | 22 | 23 | 23 | 24 | 24 | 25 | 23 | 24 | 25 |
| 15 | 15 | 16 | 16 | 17 | 18 | 18 | 19 | 19 | 20 | 19 | 20 | 21 | 21 | 22 | 22 | 23 | 24 | 24 | 25 | 25 | 26 | 24 | 25 | 26 |
| 16 | 16 | 17 | 17 | 18 | 19 | 19 | 20 | 20 | 21 | 20 | 21 | 22冬 | 22 | 23 | 23 | 24 | 25 | 25 | 26 | 26 | 27 | 25 | 26 | 27 |
| 17 | 17 | 18 | 18 | 19 | 20 | 20 | 21 | 21 | 22 | 21 | 22 | 23 | 23 | 24 | 24 | 25 | 26 | 26 | 27 | 27 | 28 | 26 | 27 | 28 |
| 18 | 18 | 19 | 19 | 20 | 21 | 21 | 22 | 22 | 23 | 22 | 23 | 24 | 24 | 25 | 25 | 26 | 27 | 27 | 28 | 28 | 29 | 27 | 28 | 29 |
| 19 | 19 | 20 | 20 | 21 | 22 | 22 | 23 | 23 | 24 | 23 | 24 | 25 | 25 | 26 | 26 | 27 | 28 | 28 | 29 | 29 | 30 | 28 | 29 | 30 |
| 20 | 20 | 21 | 21 | 22 | 23 | 23 | 24 | 24 | 25 | 24 | 25 | 26 | 26 | 27 | 27 | 28 | 29 | 29 | 30 | 30 | 31 | **3** | 30 | 31 |
| 21冬 | 21 | 22 | 22 | 23 | 24 | 24 | 25 | 25 | 26 | 25 | 26 | 27 | 27 | 28 | 28 | 29 | 30 | 30 | 31 | **5** | **4** | 2 | 31 | **1** |
| 22閏 | 22 | 23 | 23 | 24 | 25 | 25 | 26 | 26 | 27 | 26 | 27 | 28 | 28 | 29 | 29 | 30 | 31 | **7** | **6** | 2 | 2 | 3 | **2** | 2 |
| 23 | 23十一 | 24十 | 24 | 25 | 26 | 26 | 27 | 27 | 28 | 27 | 28 | 29 | 29 | 30 | 30 | 31 | **8** | 2 | 2 | 3 | 3 | 4 | 2 | 3 |
| 24 11 | 24 | 25 | 25九 | 26八 | 27 | 27 | 28 | 28 | 29 | 28 | 29 | 30 | 30 | 31 | **10** | **9** | 2 | 3 | 3 | 4 | 4 | 5 | 3 | 4 |
| 25 | 25 10 | 26 9 | 26 | 27 | 28七 | 28 | 29 | 29 | 30 | 29 | 30 | 31 | **12** | **11** | 2 | 2 | 3 | 4 | 4 | 5 | 5 | 6 | 4 | 5 |
| 26 | 26 | 27 | 27 8 | 28 7 | 29 | 29六 | 30五 | 30 | 31 | **3** | 31 | **1** | 2 | 2 | 3 | 3 | 4 | 5 | 5 | 6 | 6 | 7 | 5 | 6 |
| 27 | 27 | 28 | 28 | 29 | 30 6 | 30 5 | 31 | **5**四 | **4**三 | 2 | **2** | 2 | 3 | 3 | 4 | 4 | 5 | 6 | 6 | 7 | 7 | 8 | 6 | 7 |
| 28 | 28 | 29 | 29 | 30 | 31 | **7** | **6** 4 | 2 3 | 2 | 3二 | 2正 | 3十二 | 4十一 | 4 | 5 | 5 | 6 | 7 | 7 | 8 | 8 | 9 | 7 | 8 |
| 29 | 29 | 30 | 30 | 31 | **8** | 2 | 2 | 3 | 3 2 | 4 1 | 3 | 4 | 5 | 5十 | 6九 | 6 | 7 | 8 | 8 | 9 | 9 | 10 | 8 | 9 |
| 30 | 30 | 31 | **10** | **9** | 2 | 3 | 3 | 4 | 4 | 5 | 4 12 | 5 11 | 6 | 6 | 7 | 7八 | 8七 | 9 | 9 | 10 | 10 | 11 | 9 | 10 |
| 31 | **12** | **11** | 2 | 2 | 3 | 4 | 4 | 5 | 5 | 6 | 5 | 6 | 7 10 | 7 9 | 8 | 8 | 9 | 10六 | 10 | 11 | 11 | 12 | 10 | 11 |
| 日 | 2 | 2 | 3 | 3 | 4 | 5 | 5 | 6 | 6 | 7 | 6 | 7 | 8 | 8 | 9 8 | 9 7 | 10 | 11 | 11五 | 12四 | 12 | 13 | 11 | 12 |
| 曜 | 3 | 3 | 4 | 4 | 5 | 6 | 6 | 7 | 7 | 8 | 7 | 8 | 9 | 9 | 10 | 10 | 11 6 | 12 5 | 12 | 13 | 13三 | 14二 | 12 | 13 |
| 表 | 4 | 4 | 5 | 5 | 6 | 7 | 7 | 8 | 8 | 9 | 8 | 9 | 10 | 10 | 11 | 11 | 12 | 13 | 13 4 | 14 3 | 14 | 15 | 13正 | 14十二 |
| 6 | 5 | 5 | 6 | 6 | 7 | 8 | 8 | 9 | 9 | 10 | 9 | 10 | 11 | 11 | 12 | 12 | 13 | 14 | 14 | 15 | 15 2 | 16 1 | 14 12 | 15 11 |
| 甲 | 6 | 6 | 7 | 7 | 8 | 9 | 9 | 10 | 10 | 11 | 10 | 11 | 12 | 12 | 13 | 13 | 14 | 15 | 15 | 16 | 16 | 17 | 15 | 16 |
| 子 | 7 | 7 | 8 | 8 | 9 | 10 | 10 | 11 | 11 | 12 | 11 | 12 | 13 | 13 | 14 | 14 | 15 | 16 | 16 | 17 | 17 | 18 | 16 | 17 |
| 表 | 8 | 8 | 9 | 9 | 10 | 11 | 11 | 12 | 12 | 13 | 12 | 13 | 14 | 14 | 15 | 15 | 16 | 17 | 17 | 18 | 18 | 19 | 17 | 18 |
| 51 | 9 | 9 | 10 | 10 | 11 | 12 | 12 | 13 | 13 | 14 | 13 | 14 | 15 | 15 | 16 | 16 | 17 | 18 | 18 | 19 | 19 | 20 | 18 | 19 |
| | 10 | 10 | 11 | 11 | 12 | 13 | 13 | 14 | 14 | 15 | 14 | 15 | 16 | 16 | 17 | 17 | 18 | 19 | 19 | 20 | 20 | 21 | 19 | 20 |

一六一三 癸丑 萬曆四一 1022

一六一四 甲寅 萬曆四二 1023

| | | | | | | | | | | | | | | | | | | | | | | | |
|---|---|---|---|---|---|---|---|---|---|---|---|---|---|---|---|---|---|---|---|---|---|---|---|
| 22 | 23 | 23 | 24 | 25 | 25 | 26 | 26 | 27 | 25 | 26 | 27 | 27 | 28 | 28 | 29 | 30 | 30 | 31 | **5** | **4** | 2 | 31 | **1** |
| 23 | 24 | 24 | 25 | 26 | 26 | 27 | 27 | 28 | 26 | 27 | 28 | 28 | 29 | 29 | 30 | 31 | **7** | **6** | 2 | 2 | 3 | **2** | 2 |
| 24 | 25 | 25 | 26 | 27 | 27 | 28 | 28 | 29 | 27 | 28 | 29 | 29 | 30 | 30 | 31 | **8** | 2 | 2 | 3 | 3 | 4 | 2 | 3 |
| 25 | 26 | 26 | 27 | 28 | 28 | 29 | 29 | 30 | 28 | 29 | 30 | 30 | 31 | **10** | **9** | 2 | 3 | 3 | 4 | 4 | 5 | 3 | 4 |
| 26 | 27 | 27 | 28 | 29 | 29 | 30 | 30 | 31 | **3** | 30 | 31 | **12** | **11** | 2 | 2 | 3 | 4 | 4 | 5 | 5 | 6 | **4** | 5 |
| 27 | 28 | 28 | 29 | 30 | 30 | 31 | **5** | **4** | 2 | 31 | **1** | 2 | 2 | 3 | 3 | 4 | 5 | 5 | 6 | 6 | 7 | 5 | 6 |
| 28 | 29 | 29 | 30 | 31 | **7** | **6** | 2 | 2 | 3 | **2** | 2 | 3 | 3 | 4 | 4 | 5 | 6 | 6 | 7 | 7 | 8 | 6 | 7 |
| 29 | 30 | 30 | 31 | **8** | 2 | 2 | 3 | 3 | 4 | 2 | 3 | 4 | 4 | 5 | 5 | 6 | 7 | 7 | 8 | 8 | 9 | 7 | 8 |
| 30 | 31 | **10** | **9** | 2 | 3 | 3 | 4 | 4 | 5 | 3 | 4 | 5 | 5 | 6 | 6 | 7 | 8 | 8 | 9 | 9 | 10 | 8 | 9 |
| **12** | 十一**11** | 2 | 2 | 3 | 4 | 4 | 5 | 5 | 6 | 4 | 5 | 6 | 6 | 7 | 7 | 8 | 9 | 9 | 10 | 10 | 11 | 9 | 10 |
| 2 | 2 | 十3 | 九3 | 4 | 5 | 5 | 6 | 6 | 7 | 5 | 6 | 7 | 7 | 8 | 8 | 9 | 10 | 10 | 11 | 11 | 12 | 10 | 11 |
| 3 | 11 3 | 4 | 4 | 八5 | 七6 | 6 | 7 | 7 | 8 | 6 | 7 | 8 | 8 | 9 | 9 | 10 | 11 | 11 | 12 | 12 | 13 | 11 | 12 |
| 4 | 4 | 10 5 | 9 5 | 6 | 7 | 六7 | 五8 | 8 | 9 | 7 | 8 | 9 | 9 | 10 | 10 | 11 | 12 | 12 | 13 | 13 | 14 | 12 | 13 |
| 5 | 5 | 6 | 6 | 8 7 | 7 8 | 8 | 9 | 四9 | 三10 | 二8 | 9 | 10 | 10 | 11 | 11 | 12 | 13 | 13 | 14 | 14 | 15 | 13 | 14 |
| 6 | 6 | 7 | 7 | 8 | 9 | 6 9 | 5 10 | 10 | 11 | 9 | 正10 | 十二11 | 11 | 12 | 12 | 13 | 14 | 14 | 15 | 15 | 16 | 14 | 15 |
| 7 | 7 | 8 | 8 | 9 | 10 | 10 | 11 | 4 11 | 3 12 | 10 | 11 | 12 | 十一12 | 十13 | 13 | 14 | 15 | 15 | 16 | 16 | 17 | 15 | 16 |
| 8 | 8 | 9 | 9 | 10 | 11 | 11 | 12 | 12 | 13 | 2 11 | 1 12 | 12 13 | 11 13 | 14 | 九14 | 八15 | 16 | 16 | 17 | 17 | 18 | 16 | 17 |
| 9 | 9 | 10 | 10 | 11 | 12 | 12 | 13 | 13 | 14 | 12 | 13 | 14 | 14 | 10 15 | 9 15 | 16 | 七17 | 17 | 18 | 18 | 19 | 17 | 18 |
| 10 | 10 | 11 | 11 | 12 | 13 | 13 | 14 | 14 | 15 | 13 | 14 | 15 | 15 | 16 | 16 | 8 17 | 7 18 | 六18 | 五19 | 19 | 20 | 18 | 19 |
| 11 | 11 | 12 | 12 | 13 | 14 | 14 | 15 | 15 | 16 | 14 | 15 | 16 | 16 | 17 | 17 | 18 | 19 | 6 19 | 5 20 | 四20 | 三21 | 二19 | 正20 |
| 12 | 12 | 13 | 13 | 14 | 15 | 15 | 16 | 16 | 17 | 15 | 16 | 17 | 17 | 18 | 18 | 19 | 20 | 20 | 21 | 4 21 | 3 22 | 20 | 21 十一 |
| 13 | 13 | 14 | 14 | 15 | 16 | 16 | 17 | 17 | 18 | 16 | 17 | 18 | 18 | 19 | 19 | 20 | 21 | 21 | 22 | 22 | 23 | 2 21 | 1 22 |
| 14 | 14 | 15 | 15 | 16 | 17 | 17 | 18 | 18 | 19 | 17 | 18 | 19 | 19 | 20 | 20 | 21 | 22 | 22 | 23 | 23 | 24 | 22 | 23 12 |
| 15 | 15 | 16 | 16 | 17 | 18 | 18 | 19 | 19 | 20 | 18 | 19 | 20 | 20 | 21 | 21 | 22 | 23 | 23 | 24 | 24 | 25 | 23 | 24 |
| 16 | 16 | 17 | 17 | 18 | 19 | 19 | 20 | 20 | 21 | 19 | 20 | 21 | 冬21 | 22 | 22 | 23 | 24 | 24 | 25 | 25 | 26 | 24 | 25 |
| 17 | 17 | 18 | 18 | 19 | 20 | 20 | 21 | 21 | 22 | 20 | 21 | 22 | 22 | 23 | 23 | 24 | 25 | 25 | 26 | 26 | 27 | 25 | 26 |
| 18 | 18 | 19 | 19 | 20 | 21 | 21 | 22 | 22 | 23 | 21 | 22 | 23 | 23 | 24 | 24 | 25 | 26 | 26 | 27 | 27 | 28 | 26 | 27 |
| 19 | 19 | 20 | 20 | 21 | 22 | 22 | 23 | 23 | 24 | 22 | 23 | 24 | 24 | 25 | 25 | 26 | 27 | 27 | 28 | 28 | 29 | 27 | 28 |
| 20 | 20 | 21 | 21 | 22 | 23 | 23 | 24 | 24 | 25 | 23 | 24 | 25 | 25 | 26 | 26 | 27 | 28 | 28 | 29 | 29 | 30 | 28 | 29 |
| 21 | 21 | 22 | 22 | 23 | 24 | 24 | 25 | 25 | 26 | 24 | 25 | 26 | 26 | 27 | 27 | 28 | 29 | 29 | 30 | 30 | 31 | **3** | 30 |

一六一六 丙辰 明萬曆四四 清天命元 太祖

1025

一六一五 乙卯 萬曆四三

1024

| | | | | | | | | | | | | | | | | | | | | | | | | |
|---|---|---|---|---|---|---|---|---|---|---|---|---|---|---|---|---|---|---|---|---|---|---|---|---|
| 11 | 11 | 12 10 | 12 9 | 13 | 14六 | 14五 | 15四 | 15 | 16 | 15 | 16 | 17 | 17 | 18 | 18 | 19 | 20 | 20 | 21 | 21 | 22 | 20 | 21 | 22冬 |
| 12 | 12 | 13 | 13 | 14 8 | 15 7 | 15 | 16 | 16三 | 17 | 16 | 17 | 18 | 18 | 19 | 19 | 20 | 21 | 21 | 22 | 22 | 23 | 21 | 22 | 23 |
| 13 | 13 | 14 | 14 | 15 | 16 | 16 6 | 17 5 | 17 | 18二 | 17正 | 18 | 19 | 19 | 20 | 20 | 21 | 22 | 22 | 23 | 23 | 24 | 22 | 23 | 24 |
| 14 | 14 | 15 | 15 | 16 | 17 | 17 | 18 | 18 4 | 19 3 | 18 | 19十二 | 20十一 | 20 | 21 | 21 | 22 | 23 | 23 | 24 | 24 | 25 | 23 | 24 | 25 |
| 15 | 15 | 16 | 16 | 17 | 18 | 18 | 19 | 19 | 20 | 19 2 | 20 1 | 21 | 21十 | 22九 | 22 | 23 | 24 | 24 | 25 | 25 | 26 | 24 | 25 | 26 |
| 16 | 16 | 17 | 17 | 18 | 19 | 19 | 20 | 20 | 21 | 20 | 21 | 22冬 12 | 22 11 | 23 | 23閏 | 24八 | 25 | 25 | 26 | 26 | 27 | 25 | 26 | 27 |
| 17 | 17 | 18 | 18 | 19 | 20 | 20 | 21 | 21 | 22 | 21 | 22 | 23 | 23 | 24 10 | 24 9 | 25 | 26七 | 26六 | 27五 | 27 | 28 | 26 | 27 | 28 |
| 18 | 18 | 19 | 19 | 20 | 21 | 21 | 22 | 22 | 23 | 22 | 23 | 24 | 24 | 25 | 25 | 26 8 | 27 7 | 27 | 28 | 28四 | 29三 | 27 | 28 | 29 |
| 19 | 19 | 20 | 20 | 21 | 22 | 22 | 23 | 23 | 24 | 23 | 24 | 25 | 25 | 26 | 26 | 27 | 28 | 28 6 | 29 5 | 29 | 30 | 28二 | 29正 | 30 |
| 20 | 20 | 21 | 21 | 22 | 23 | 23 | 24 | 24 | 25 | 24 | 25 | 26 | 26 | 27 | 27 | 28 | 29 | 29 | 30 | 30 4 | 31 3 | **3** | 30 | 31十二 |
| 21冬 | 21 | 22 | 22 | 23 | 24 | 24 | 25 | 25 | 26 | 25 | 26 | 27 | 27 | 28 | 28 | 29 | 30 | 30 | 31 | **5** | **4** | 2 2 | 31 1 | **1** |
| 22 | 22 | 23 | 23 | 24 | 25 | 25 | 26 | 26 | 27 | 26 | 27 | 28 | 28 | 29 | 29 | 30 | 31 | **7** | **6** | 2 | 2 | 3 | **2** | 2 12 |
| 23 | 23 | 24 | 24 | 25 | 26 | 26 | 27 | 27 | 28 | 27 | 28 | 29 | 29 | 30 | 30 | 31 | **8** | 2 | 2 | 3 | 3 | 4 | 2 | 3 |
| 24 | 24 | 25 | 25 | 26 | 27 | 27 | 28 | 28 | 29 | 28 | 29 | 30 | 30 | 31 | **10** | **9** | 2 | 3 | 3 | 4 | 4 | 5 | 3 | 4 |
| 25 | 25 | 26 | 26 | 27 | 28 | 28 | 29 | 29 | 30 | 29 | 30 | 31 | **12** | **11** | 2 | 2 | 3 | 4 | 4 | 5 | 5 | 6 | 4 | 5 |
| 26 | 26 | 27 | 27 | 28 | 29 | 29 | 30 | 30 | 31 | **3** | 31 | **1** | 2 | 2 | 3 | 3 | 4 | 5 | 5 | 6 | 6 | 7 | 5 | 6 |
| 27 | 27 | 28 | 28 | 29 | 30 | 30 | 31 | **5** | **4** | 2 | **2** | 2 | 3 | 3 | 4 | 4 | 5 | 6 | 6 | 7 | 7 | 8 | 6 | 7 |
| 28 | 28 | 29 | 29 | 30 | 31 | **7** | **6** | 2 | 2 | 3 | 2 | 3 | 4 | 4 | 5 | 5 | 6 | 7 | 7 | 8 | 8 | 9 | 7 | 8 |
| 29 | 29 | 30 | 30 | 31 | **8** | 2 | 2 | 3 | 3 | 4 | 3 | 4 | 5 | 5 | 6 | 6 | 7 | 8 | 8 | 9 | 9 | 10 | 8 | 9 |
| 30 | 30 | 31 | **10** | **9** | 2 | 3 | 3 | **4** | **4** | 5 | 4 | 5 | 6 | 6 | 7 | 7 | 8 | 9 | 9 | 10 | 10 | 11 | 9 | 10 |
| 31 | **12** | **11** | 2 | 2 | 3 | 4 | 4 | 5 | 5 | 6 | 5 | 6 | 7 | 7 | 8 | 8 | 9 | 10 | 10 | 11 | 11 | 12 | 10 | 11 |
| 日 | 2 | 2 | 3 | 3 | 4 | 5 | 5 | 6 | 6 | 7 | 6 | 7 | 8 | 8 | 9 | 9 | 10 | 11 | 11 | 12 | 12 | 13 | 11 | 12 |
| 曜 | 3 | 3 | 4 | 4 | 5 | 6 | 6 | 7 | 7 | 8 | 7 | 8 | 9 | 9 | 10 | 10 | 11 | 12 | 12 | 13 | 13 | 14 | 12 | 13 |
| 表 | 4 | 4 | 5 | 5 | 6 | 7 | 7 | 8 | 8 | 9 | 8 | 9 | 10 | 10 | 11 | 11 | 12 | 13 | 13 | 14 | 14 | 15 | 13 | 14 |
| 7 | 5 | 5 | 6 | 6 | 7 | 8 | 8 | 9 | 9 | 10 | 9 | 10 | 11 | 11 | 12 | 12 | 13 | 14 | 14 | 15 | 15 | 16 | 14 | 15 |
| 甲 | 6 | 6 | 7 | 7 | 8 | 9 | 9 | 10 | 10 | 11 | 10 | 11 | 12 | 12 | 13 | 13 | 14 | 15 | 15 | 16 | 16 | 17 | 15 | 16 |
| 子 | 7 | 7 | 8 | 8 | 9 | 10 | 10 | 11 | 11 | 12 | 11 | 12 | 13 | 13 | 14 | 14 | 15 | 16 | 16 | 17 | 17 | 18 | 16 | 17 |
| 表 | 8 | 8 | 9 | 9 | 10 | 11 | 11 | 12 | 12 | 13 | 12 | 13 | 14 | 14 | 15 | 15 | 16 | 17 | 17 | 18 | 18 | 19 | 17 | 18 |
| 52 | 9十一 | 9十 | 10 | 10 | 11 | 12 | 12 | 13 | 13 | 14 | 13 | 14 | 15 | 15 | 16 | 16 | 17 | 18 | 18 | 19 | 19 | 20 | 18 | 19 |
| | 10 12 | 10 11 | 11九 | 11八 | 12七 | 13 | 13 | 14 | 14 | 15 | 14 | 15 | 16 | 16 | 17 | 17 | 18 | 19 | 19 | 20 | 20 | 21 | 19 | 20 |

一六一七 丁巳 明萬曆四五 清天命二

1026

一六一八 戊午 明萬曆四六 清天命三

1027

1028

| | | | | | | | | | | | | | | | | | | | | | | | |
|---|---|---|---|---|---|---|---|---|---|---|---|---|---|---|---|---|---|---|---|---|---|---|---|
| 22 | 23 | 23 | 24 | 25 | 25 | 26 6 | 26 5 | 27 | 25 二 | 26 正 | 27 | 27 | 28 | 28 | 29 | 30 | 30 | 31 | 5 | 4 | 2 | 31 | 1 |
| 23 | 24 | 24 | 25 | 26 | 26 | 27 | 27 | 28 4 | 26 3 | 27 | 28 十二 | 28 十一 | 29 十 | 29 | 30 | 31 | 7 | 6 | 2 | 2 | 3 | 2 | 2 |
| 24 | 25 | 25 | 26 | 27 | 27 | 28 | 28 | 29 | 27 | 28 2 | 29 1 | 29 | 30 | 30 九 | 31 八 | 8 七 | 2 | 2 | 3 | 3 | 4 | 2 | 3 |
| 25 | 26 | 26 | 27 | 28 | 28 | 29 | 29 | 30 | 28 | 29 | 30 | 30 12 | 31 11 | 10 | 9 | 2 | 3 六 | 3 五 | 4 | 4 | 5 | 3 | 4 |
| 26 | 27 | 27 | 28 | 29 | 29 | 30 | 30 | 31 | 3 | 30 | 31 | 12 | 11 | 2 10 | 2 9 | 3 | 4 | 4 | 5 四 | 5 | 6 | 4 | 5 |
| 27 | 28 | 28 | 29 | 30 | 30 | 31 | 5 | 4 | 2 | 31 | 1 | 2 | 2 | 3 | 3 | 4 8 | 5 7 | 5 | 6 | 6 三 | 7 二 | 5 | 6 |
| 28 | 29 | 29 | 30 | 31 | 7 | 6 | 2 | 2 | 3 | 2 | 2 | 3 | 3 | 4 | 4 | 5 | 6 | 6 6 | 7 5 | 7 | 8 | 6 正 | 7 十二 |
| 29 | 30 | 30 | 31 | 8 | 2 | 2 | 3 | 3 | 4 | 2 | 3 | 4 | 4 | 5 | 5 | 6 | 7 | 7 | 8 | 8 4 | 9 3 | 7 | 8 |
| 30 | 31 | 10 | 9 | 2 | 3 | 3 | 4 | 4 | 5 | 3 | 4 | 5 | 5 | 6 | 6 | 7 | 8 | 8 | 9 | 9 | 10 | 8 2 | 9 1 |
| 12 | 11 | 2 | 2 | 3 | 4 | 4 | 5 | 5 | 6 | 4 | 5 | 6 | 6 | 7 | 7 | 8 | 9 | 9 | 10 | 10 | 11 | 9 | 10 |
| 2 | 2 | 3 | 3 | 4 | 5 | 5 | 6 | 6 | 7 | 5 | 6 | 7 | 7 | 8 | 8 | 9 | 10 | 10 | 11 | 11 | 12 | 10 | 11 |
| 3 | 3 | 4 | 4 | 5 | 6 | 6 | 7 | 7 | 8 | 6 | 7 | 8 | 8 | 9 | 9 | 10 | 11 | 11 | 12 | 12 | 13 | 11 | 12 |
| 4 | 4 | 5 | 5 | 6 | 7 | 7 | 8 | 8 | 9 | 7 | 8 | 9 | 9 | 10 | 10 | 11 | 12 | 12 | 13 | 13 | 14 | 12 | 13 |
| 5 | 5 | 6 | 6 | 7 | 8 | 8 | 9 | 9 | 10 | 8 | 9 | 10 | 10 | 11 | 11 | 12 | 13 | 13 | 14 | 14 | 15 | 13 | 14 |
| 6 | 6 | 7 | 7 | 8 | 9 | 9 | 10 | 10 | 11 | 9 | 10 | 11 | 11 | 12 | 12 | 13 | 14 | 14 | 15 | 15 | 16 | 14 | 15 |
| 7 | 7 | 8 | 8 | 9 | 10 | 10 | 11 | 11 | 12 | 10 | 11 | 12 | 12 | 13 | 13 | 14 | 15 | 15 | 16 | 16 | 17 | 15 | 16 |
| 8 | 8 | 9 | 9 | 10 | 11 | 11 | 12 | 12 | 13 | 11 | 12 | 13 | 13 | 14 | 14 | 15 | 16 | 16 | 17 | 17 | 18 | 16 | 17 |
| 9 | 9 | 10 | 10 | 11 | 12 | 12 | 13 | 13 | 14 | 12 | 13 | 14 | 14 | 15 | 15 | 16 | 17 | 17 | 18 | 18 | 19 | 17 | 18 |
| 10 | 10 | 11 | 11 | 12 | 13 | 13 | 14 | 14 | 15 | 13 | 14 | 15 | 15 | 16 | 16 | 17 | 18 | 18 | 19 | 19 | 20 | 18 | 19 |
| 11 | 11 | 12 | 12 | 13 | 14 | 14 | 15 | 15 | 16 | 14 | 15 | 16 | 16 | 17 | 17 | 18 | 19 | 19 | 20 | 20 | 21 | 19 | 20 |
| 12 | 12 | 13 | 13 | 14 | 15 | 15 | 16 | 16 | 17 | 15 | 16 | 17 | 17 | 18 | 18 | 19 | 20 | 20 | 21 | 21 | 22 | 20 | 21 |
| 13 | 13 | 14 | 14 | 15 | 16 | 16 | 17 | 17 | 18 | 16 | 17 | 18 | 18 | 19 | 19 | 20 | 21 | 21 | 22 | 22 | 23 | 21 | 22 |
| 14 | 14 | 15 | 15 | 16 | 17 | 17 | 18 | 18 | 19 | 17 | 18 | 19 | 19 | 20 | 20 | 21 | 22 | 22 | 23 | 23 | 24 | 22 | 23 |
| 15 | 15 | 16 | 16 | 17 | 18 | 18 | 19 | 19 | 20 | 18 | 19 | 20 | 20 | 21 | 21 | 22 | 23 | 23 | 24 | 24 | 25 | 23 | 24 |
| 16 | 16 | 17 | 17 | 18 | 19 | 19 | 20 | 20 | 21 | 19 | 20 | 21 冬 | 21 | 22 | 22 | 23 | 24 | 24 | 25 | 25 | 26 | 24 | 25 |
| 17 十二 | 17 十一 | 18 九 | 18 | 19 | 20 | 20 | 21 | 21 | 22 | 20 | 21 | 22 | 22 | 23 | 23 | 24 | 25 | 25 | 26 | 26 | 27 | 25 | 26 |
| 18 | 18 | 19 | 19 八 | 20 七 | 21 | 21 | 22 | 22 | 23 | 21 | 22 | 23 | 23 | 24 | 24 | 25 | 26 | 26 | 27 | 27 | 28 | 26 | 27 |
| 19 1 | 19 12 | 20 11 | 20 | 21 | 22 六 | 22 五 | 23 | 23 | 24 | 22 | 23 | 24 | 24 | 25 | 25 | 26 | 27 | 27 | 28 | 28 | 29 | 27 | 28 |
| 20 | 20 | 21 | 21 10 | 22 9 | 23 | 23 | 24 閏 | 24 | 25 | 23 | 24 | 25 | 25 | 26 | 26 | 27 | 28 | 28 | 29 | 29 | 30 | 28 | 29 |
| 21 | 21 | 22 | 22 | 23 | 24 8 | 24 7 | 25 | 25 四 | 26 三 | 24 | 25 | 26 | 26 | 27 | 27 | 28 | 29 | 29 | 30 | 30 | 31 | 3 | 30 |

| | | | | | | | | | | | | | | | | | | | | | | | | |
|---|---|---|---|---|---|---|---|---|---|---|---|---|---|---|---|---|---|---|---|---|---|---|---|---|
| 1030 | 一六二〇 庚申 明泰昌元（光宗八月改） 清天命五 | | | | | | | | | | | | 1029 | 一六一九 己未 明萬曆四七 清天命四 | | | | | | | | | | |
| 11 | 11 | 12 | 12 | 13 | 14 | 14 | 15 | 15 | 16 | 15 | 16 | 17 | 17 | 18 | 18 | 19 | 20 | 20 | 21 | 21 | 22 | 20 | 21 | 22冬 |
| 12 | 12 | 13 | 13 | 14 | 15 | 15 | 16 | 16 | 17 | 16 | 17 | 18 | 18 | 19 | 19 | 20 | 21 | 21 | 22 | 22 | 23 | 21 | 22 | 23 |
| 13 | 13 | 14 | 14 | 15 | 16 | 16 | 17 | 17 | 18 | 17 | 18 | 19 | 19 | 20 | 20 | 21 | 22 | 22 | 23 | 23 | 24 | 22 | 23 | 24 |
| 14 | 14 | 15 | 15 | 16 | 17 | 17 | 18 | 18 | 19 | 18 | 19 | 20 | 20 | 21 | 21 | 22 | 23 | 23 | 24 | 24 | 25 | 23 | 24 | 25 |
| 15 | 15 | 16 | 16 | 17 | 18 | 18 | 19 | 19 | 20 | 19 | 20 | 21 | 21 | 22 | 22 | 23 | 24 | 24 | 25 | 25 | 26 | 24 | 25 | 26 |
| 16 | 16 | 17 | 17 | 18 | 19 | 19 | 20 | 20 | 21 | 20 | 21 | 22 | 冬22 | 23 | 23 | 24 | 25 | 25 | 26 | 26 | 27 | 25 | 26 | 27 |
| 17 | 17 | 18 | 18 | 19 | 20 | 20 | 21 | 21 | 22 | 21 | 22 | 23 | 23 | 24 | 24 | 25 | 26 | 26 | 27 | 27 | 28 | 26 | 27 | 28 |
| 18 | 18 | 19 | 19 | 20 | 21 | 21 | 22 | 22 | 23 | 22 | 23 | 24 | 24 | 25 | 25 | 26 | 27 | 27 | 28 | 28 | 29 | 27 | 28 | 29 |
| 19 | 19 | 20 | 20 | 21 | 22 | 22 | 23 | 23 | 24 | 23 | 24 | 25 | 25 | 26 | 26 | 27 | 28 | 28 | 29 | 29 | 30 | 28 | 29 | 30 |
| 20 | 20 | 21 | 21 | 22 | 23 | 23 | 24 | 24 | 25 | 24 | 25 | 26 | 26 | 27 | 27 | 28 | 29 | 29 | 30 | 30 | 31 | **3** | 30 | 31 |
| 21 | 冬21 | 22 | 22 | 23 | 24 | 24 | 25 | 25 | 26 | 25 | 26 | 27 | 27 | 28 | 28 | 29 | 30 | 30 | 31 | **5** | **4** | 2 | 31 | **1** |
| 22 | 22 | 23 | 23 | 24 | 25 | 25 | 26 | 26 | 27 | 26 | 27 | 28 | 28 | 29 | 29 | 30 | 31 | **7** | **6** | 2 | 2 | 3 | **2** | 2 |
| 23 | 23 | 24 | 24 | 25 | 26 | 26 | 27 | 27 | 28 | 27 | 28 | 29 | 29 | 30 | 30 | 31 | **8** | 2 | 2 | 3 | 3 | 4 | 2 | 3 |
| 24 | 十二24 | 十一25 | 十25 | 26 | 27 | 27 | 28 | 28 | 29 | 28 | 29 | 30 | 30 | 31 | **10** | **9** | 2 | 3 | 3 | 4 | 4 | 5 | 3 | 4 |
| 25 | 25 | 26 | 26 | 九27 | 28 | 28 | 29 | 29 | 30 | 29 | 30 | 31 | **12** | **11** | 2 | 2 | 3 | 4 | 4 | 5 | 5 | 6 | 4 | 5 |
| 26 | 2 26 | 1 27 | 27 | 28 | 八29 | 七29 | 30 | 30 | 31 | **3** | 31 | **1** | 2 | 2 | 3 | 3 | 4 | 5 | 5 | 6 | 6 | 7 | 5 | 6 |
| 27 | 27 | 28 | 12 28 | 11 29 | 30 | 30 | 六31 | **5** | **4** | 2 | **2** | 2 | 3 | 3 | 4 | 4 | 5 | 6 | 6 | 7 | 7 | 8 | 6 | 7 |
| 28 | 28 | 29 | 29 | 30 | 10 31 | 9 **7** | **6** | 五2 | 四2 | 3 | 2 | 3 | 4 | 4 | 5 | 5 | 6 | 7 | 7 | 8 | 8 | 9 | 7 | 8 |
| 29 | 29 | 30 | 30 | 31 | **8** | 2 | 8 2 | 7 3 | 3 | 三4 | 二3 | 4 | 5 | 5 | 6 | 6 | 7 | 8 | 8 | 9 | 9 | 10 | 8 | 9 |
| 30 | 30 | 31 | **10** | **9** | 2 | 3 | 3 | **4** | 6 4 | 5 5 | 4 | 正5 | 十二6 | 十一6 | 十7 | 九7 | 8 | 9 | 9 | 10 | 10 | 11 | 9 | 10 |
| 31 | **12** | **11** | 2 | 2 | 3 | 4 | 4 | 5 | 5 | 6 | 4 5 | 3 6 | 7 | 7 | 8 | 8 | 八9 | 10 | 10 | 11 | 11 | 12 | 10 | 11 |
| 日 | 2 | 2 | 3 | 3 | 4 | 5 | 5 | 6 | 6 | 7 | 6 | 7 | 2 8 | 1 8 | 9 | 9 | 10 | 七11 | 六11 | 12 | 12 | 13 | 11 | 12 |
| 曜 | 3 | 3 | 4 | 4 | 5 | 6 | 6 | 7 | 7 | 8 | 7 | 8 | 9 | 9 | 12 10 | 11 10 | 11 | 12 | 12 | 五13 | 13 | 14 | 12 | 13 |
| 表 | 4 | 4 | 5 | 5 | 6 | 7 | 7 | 8 | 8 | 9 | 8 | 9 | 10 | 10 | 11 | 11 | 10 12 | 9 13 | 13 | 14 | 四14 | 三15 | 13 | 14 |
| 1 | 5 | 5 | 6 | 6 | 7 | 8 | 8 | 9 | 9 | 10 | 9 | 10 | 11 | 11 | 12 | 12 | 13 | 14 | 8 14 | 7 15 | 15 | 16 | 二14 | 正15 |
| 甲 | 6 | 6 | 7 | 7 | 8 | 9 | 9 | 10 | 10 | 11 | 10 | 11 | 12 | 12 | 13 | 13 | 14 | 15 | 15 | 16 | 6 16 | 5 17 | 15 | 16十二 |
| 子 | 7 | 7 | 8 | 8 | 9 | 10 | 10 | 11 | 11 | 12 | 11 | 12 | 13 | 13 | 14 | 14 | 15 | 16 | 16 | 17 | 17 | 18 | 4 16 | 3 17 |
| 表 | 8 | 8 | 9 | 9 | 10 | 11 | 11 | 12 | 12 | 13 | 12 | 13 | 14 | 14 | 15 | 15 | 16 | 17 | 17 | 18 | 18 | 19 | 17 | 18 2 |
| 53 | 9 | 9 | 10 | 10 | 11 | 12 | 12 | 13 | 13 | 14 | 13 | 14 | 15 | 15 | 16 | 16 | 17 | 18 | 18 | 19 | 19 | 20 | 18 | 19 |
| | 10 | 10 | 11 | 11 | 12 | 13 | 13 | 14 | 14 | 15 | 14 | 15 | 16 | 16 | 17 | 17 | 18 | 19 | 19 | 20 | 20 | 21 | 19 | 20 |

一六二一
辛酉
明天啓元 熹宗
清天命六

一六二二
壬戌
明天啓二
清天命七

| 1032 | | | | | | | | | | | | 1031 | | | | | | | | | | | |
|---|---|---|---|---|---|---|---|---|---|---|---|---|---|---|---|---|---|---|---|---|---|---|---|
| 22 | 23 | 23 | 24 | 25 | 25 | 26 | 26 | 27 | 25 | 26 | 27 | 27 | 28 | 28 | 29 | 30 | 30 | 31 | **5** | **4** | 2 | 31 | **1** |
| 23 | 24 | 24 | 25 | 26 | 26 | 27 | 27 | 28 | 26 | 27 | 28 | 28 | 29 | 29 | 30 | 31 | **7** | **6** | 2 | 2 | 3 | **2** | 2 |
| 24 | 25 | 25 | 26 | 27 | 27 | 28 | 28 | 29 | 27 | 28 | 29 | 29 | 30 | 30 | 31 | **8** | 2 | 2 | 3 | 3 | 4 | 2 | 3 |
| 25 | 26 | 26 | 27 | 28 | 28 | 29 | 29 | 30 | 28 | 29 | 30 | 30 | 31 | **10** | **9** | 2 | 3 | 3 | 4 | 4 | 5 | 3 | 4 |
| 26 | 27 | 27 | 28 | 29 | 29 | 30 | 30 | 31 | **3** | 30 | 31 | **12** | **11** | 2 | 2 | 3 | 4 | 4 | 5 | 5 | 6 | 4 | 5 |
| 27 | 28 | 28 | 29 | 30 | 30 | 31 | **5** | **4** | 2 | 31 | **1** | 2 | 2 | 3 | 3 | 4 | 5 | 5 | 6 | 6 | 7 | 5 | 6 |
| 28 | 29 | 29 | 30 | 31 | **7** | **6** | 2 | 2 | 3 | **2** | 2 | 3 | 3 | 4 | 4 | 5 | 6 | 6 | 7 | 7 | 8 | 6 | 7 |
| 29 | 30 | 30 | 31 | **8** | 2 | 2 | 3 | 3 | 4 | 2 | 3 | 4 | 4 | 5 | 5 | 6 | 7 | 7 | 8 | 8 | 9 | 7 | 8 |
| 30 | 31 | **10** | **9** | 2 | 3 | 3 | 4 | 4 | 5 | 3 | 4 | 5 | 5 | 6 | 6 | 7 | 8 | 8 | 9 | 9 | 10 | 8 | 9 |
| **12** | **11** | 2 | 2 | 3 | 4 | 4 | 5 | 5 | 6 | 4 | 5 | 6 | 6 | 7 | 7 | 8 | 9 | 9 | 10 | 10 | 11 | 9 | 10 |
| 2 | 2 | 3 | 3 | 4 | 5 | 5 | 6 | 6 | 7 | 5 | 6 | 7 | 7 | 8 | 8 | 9 | 10 | 10 | 11 | 11 | 12 | 10 | 11 |
| 3 十一 | 3 十 | 4 | 4 | 5 | 6 | 6 | 7 | 7 | 8 | 6 | 7 | 8 | 8 | 9 | 9 | 10 | 11 | 11 | 12 | 12 | 13 | 11 | 12 |
| 4 | 4 | 5 九 | 5 八 | 6 | 7 | 7 | 8 | 8 | 9 | 7 | 8 | 9 | 9 | 10 | 10 | 11 | 12 | 12 | 13 | 13 | 14 | 12 | 13 |
| 5 2 | 5 1 | 6 | 6 | 7 七 | 8 六 | 8 | 9 | 9 | 10 | 8 | 9 | 10 | 10 | 11 | 11 | 12 | 13 | 13 | 14 | 14 | 15 | 13 | 14 |
| 6 | 6 | 7 12 | 7 11 | 8 | 9 | 9 五 | 10 四 | 10 | 11 | 9 | 10 | 11 | 11 | 12 | 12 | 13 | 14 | 14 | 15 | 15 | 16 | 14 | 15 |
| 7 | 7 | 8 | 8 | 9 10 | 10 9 | 10 | 11 | 11 三 | 12 二 | 10 正 | 11 | 12 | 12 | 13 | 13 | 14 | 15 | 15 | 16 | 16 | 17 | 15 | 16 |
| 8 | 8 | 9 | 9 | 10 | 11 | 11 8 | 12 7 | 12 | 13 | 11 | 12 十二 | 13 十一 | 13 十 | 14 | 14 | 15 | 16 | 16 | 17 | 17 | 18 | 16 | 17 |
| 9 | 9 | 10 | 10 | 11 | 12 | 12 | 13 | 13 6 | 14 5 | 12 | 13 | 14 | 14 | 15 九 | 15 | 16 | 17 | 17 | 18 | 18 | 19 | 17 | 18 |
| 10 | 10 | 11 | 11 | 12 | 13 | 13 | 14 | 14 | 15 | 13 4 | 14 3 | 15 | 15 | 16 | 16 八 | 17 七 | 18 | 18 | 19 | 19 | 20 | 18 | 19 |
| 11 | 11 | 12 | 12 | 13 | 14 | 14 | 15 | 15 | 16 | 14 | 15 | 16 2 | 16 1 | 17 12 | 17 11 | 18 | 19 六 | 19 | 20 | 20 | 21 | 19 | 20 |
| 12 | 12 | 13 | 13 | 14 | 15 | 15 | 16 | 16 | 17 | 15 | 16 | 17 | 17 | 18 | 18 | 19 10 | 20 9 | 20 五 | 21 四 | 21 | 22 | 20 | 21 |
| 13 | 13 | 14 | 14 | 15 | 16 | 16 | 17 | 17 | 18 | 16 | 17 | 18 | 18 | 19 | 19 | 20 | 21 | 21 8 | 22 7 | 22 三 | 23 閏 | 21 二 | 22 正 |
| 14 | 14 | 15 | 15 | 16 | 17 | 17 | 18 | 18 | 19 | 17 | 18 | 19 | 19 | 20 | 20 | 21 | 22 | 22 | 23 | 23 6 | 24 5 | 22 | 23 |
| 15 | 15 | 16 | 16 | 17 | 18 | 18 | 19 | 19 | 20 | 18 | 19 | 20 | 20 | 21 | 21 | 22 | 23 | 23 | 24 | 24 | 25 | 23 4 | 24 3 |
| 16 | 16 | 17 | 17 | 18 | 19 | 19 | 20 | 20 | 21 | 19 | 20 | 21 冬 | 21 | 22 | 22 | 23 | 24 | 24 | 25 | 25 | 26 | 24 | 25 |
| 17 | 17 | 18 | 18 | 19 | 20 | 20 | 21 | 21 | 22 | 20 | 21 | 22 | 22 | 23 | 23 | 24 | 25 | 25 | 26 | 26 | 27 | 25 | 26 |
| 18 | 18 | 19 | 19 | 20 | 21 | 21 | 22 | 22 | 23 | 21 | 22 | 23 | 23 | 24 | 24 | 25 | 26 | 26 | 27 | 27 | 28 | 26 | 27 |
| 19 | 19 | 20 | 20 | 21 | 22 | 22 | 23 | 23 | 24 | 22 | 23 | 24 | 24 | 25 | 25 | 26 | 27 | 27 | 28 | 28 | 29 | 27 | 28 |
| 20 | 20 | 21 | 21 | 22 | 23 | 23 | 24 | 24 | 25 | 23 | 24 | 25 | 25 | 26 | 26 | 27 | 28 | 28 | 29 | 29 | 30 | 28 | 29 |
| 21 | 21 | 22 | 22 | 23 | 24 | 24 | 25 | 25 | 26 | 24 | 25 | 26 | 26 | 27 | 27 | 28 | 29 | 29 | 30 | 30 | 31 | **3** | 30 |

六

勵耘書屋

一六二三
癸亥
明天启三
清天命八

1033

一六二四
甲子
明天启四
清天命九

1034

| | | | | | | | | | | | | | | | | | | | | | | | | |
|---|---|---|---|---|---|---|---|---|---|---|---|---|---|---|---|---|---|---|---|---|---|---|---|---|
| 11 | 11十 | 12九 | 12 | 13 | 14 | 14 | 15 | 15 | 16 | 15 | 16 | 17 | 17 | 18 | 18 | 19 | 20 | 20 | 21 | 21 | 22 | 20 | 21 | 22冬 |
| 12 3 | 12 | 13 | 13八 | 14七 | 15六 | 15 | 16 | 16 | 17 | 16 | 17 | 18 | 18 | 19 | 19 | 20 | 21 | 21 | 22 | 22 | 23 | 21 | 22 | 23 |
| 13 | 13 2 | 14 1 | 14 12 | 15 11 | 16 | 16五 | 17四 | 17 | 18 | 17 | 18 | 19 | 19 | 20 | 20 | 21 | 22 | 22 | 23 | 23 | 24 | 22 | 23 | 24 |
| 14 | 14 | 15 | 15 | 16 | 17 10 | 17 9 | 18 | 18三 | 19二 | 18 | 19 | 20 | 20 | 21 | 21 | 22 | 23 | 23 | 24 | 24 | 25 | 23 | 24 | 25 |
| 15 | 15 | 16 | 16 | 17 | 18 | 18 | 19 8 | 19 7 | 20 | 19正 | 20十二 | 21 | 21 | 22 | 22 | 23 | 24 | 24 | 25 | 25 | 26 | 24 | 25 | 26 |
| 16 | 16 | 17 | 17 | 18 | 19 | 19 | 20 | 20 | 21 6 | 20 5 | 21 | 22十一 | 22閏 | 23 | 23 | 24 | 25 | 25 | 26 | 26 | 27 | 25 | 26 | 27 |
| 17 | 17 | 18 | 18 | 19 | 20 | 20 | 21 | 21 | 22 | 21 | 22 4 | 23 3 | 23 | 24十 | 24九 | 25 | 26 | 26 | 27 | 27 | 28 | 26 | 27 | 28 |
| 18 | 18 | 19 | 19 | 20 | 21 | 21 | 22 | 22 | 23 | 22 | 23 | 24 | 24 2 | 25 1 | 25 | 26八 | 27七 | 27 | 28 | 28 | 29 | 27 | 28 | 29 |
| 19 | 19 | 20 | 20 | 21 | 22 | 22 | 23 | 23 | 24 | 23 | 24 | 25 | 25 | 26 | 26 12 | 27 11 | 28 | 28六 | 29五 | 29四 | 30 | 28 | 29 | 30 |
| 20 | 20 | 21 | 21 | 22 | 23 | 23 | 24 | 24 | 25 | 24 | 25 | 26 | 26 | 27 | 27 | 28 | 29 10 | 29 9 | 30 | 30 | 31三 | 3二 | 30 | 31 |
| 21冬 | 21 | 22 | 22 | 23 | 24 | 24 | 25 | 25 | 26 | 25 | 26 | 27 | 27 | 28 | 28 | 29 | 30 | 30 | 31 8 | 5 7 | 4 | 2 | 31正 | 1十二 |
| 22 | 22 | 23 | 23 | 24 | 25 | 25 | 26 | 26 | 27 | 26 | 27 | 28 | 28 | 29 | 29 | 30 | 31 | 7 | 6 | 2 | 2 6 | 3 5 | 2 | 2 |
| 23 | 23 | 24 | 24 | 25 | 26 | 26 | 27 | 27 | 28 | 27 | 28 | 29 | 29 | 30 | 30 | 31 | 8 | 2 | 2 | 3 | 3 | 4 | 2 4 | 3 3 |
| 24 | 24 | 25 | 25 | 26 | 27 | 27 | 28 | 28 | 29 | 28 | 29 | 30 | 30 | 31 | 10 | 9 | 2 | 3 | 3 | 4 | 4 | 5 | 3 | 4 |
| 25 | 25 | 26 | 26 | 27 | 28 | 28 | 29 | 29 | 30 | 29 | 30 | 31 | 12 | 11 | 2 | 2 | 3 | 4 | 4 | 5 | 5 | 6 | 4 | 5 |
| 26 | 26 | 27 | 27 | 28 | 29 | 29 | 30 | 30 | 31 | 3 | 31 | 1 | 2 | 2 | 3 | 3 | 4 | 5 | 5 | 6 | 6 | 7 | 5 | 6 |
| 27 | 27 | 28 | 28 | 29 | 30 | 30 | 31 | 5 | 4 | 2 | 2 | 2 | 3 | 3 | 4 | 4 | 5 | 6 | 6 | 7 | 7 | 8 | 6 | 7 |
| 28 | 28 | 29 | 29 | 30 | 31 | 7 | 6 | 2 | 2 | 3 | 2 | 3 | 4 | 4 | 5 | 5 | 6 | 7 | 7 | 8 | 8 | 9 | 7 | 8 |
| 29 | 29 | 30 | 30 | 31 | 8 | 2 | 2 | 3 | 3 | 4 | 3 | 4 | 5 | 5 | 6 | 6 | 7 | 8 | 8 | 9 | 9 | 10 | 8 | 9 |
| 30 | 30 | 31 | 10 | 9 | 2 | 3 | 3 | 4 | 4 | 5 | 4 | 5 | 6 | 6 | 7 | 7 | 8 | 9 | 9 | 10 | 10 | 11 | 9 | 10 |
| 31 | 12 | 11 | 2 | 2 | 3 | 4 | 4 | 5 | 5 | 6 | 5 | 6 | 7 | 7 | 8 | 8 | 9 | 10 | 10 | 11 | 11 | 12 | 10 | 11 |
| 日 | 2 | 2 | 3 | 3 | 4 | 5 | 5 | 6 | 6 | 7 | 6 | 7 | 8 | 8 | 9 | 9 | 10 | 11 | 11 | 12 | 12 | 13 | 11 | 12 |
| 曜 | 3 | 3 | 4 | 4 | 5 | 6 | 6 | 7 | 7 | 8 | 7 | 8 | 9 | 9 | 10 | 10 | 11 | 12 | 12 | 13 | 13 | 14 | 12 | 13 |
| 表 | 4 | 4 | 5 | 5 | 6 | 7 | 7 | 8 | 8 | 9 | 8 | 9 | 10 | 10 | 11 | 11 | 12 | 13 | 13 | 14 | 14 | 15 | 13 | 14 |
| 2 | 5 | 5 | 6 | 6 | 7 | 8 | 8 | 9 | 9 | 10 | 9 | 10 | 11 | 11 | 12 | 12 | 13 | 14 | 14 | 15 | 15 | 16 | 14 | 15 |
| 甲 | 6 | 6 | 7 | 7 | 8 | 9 | 9 | 10 | 10 | 11 | 10 | 11 | 12 | 12 | 13 | 13 | 14 | 15 | 15 | 16 | 16 | 17 | 15 | 16 |
| 子 | 7 | 7 | 8 | 8 | 9 | 10 | 10 | 11 | 11 | 12 | 11 | 12 | 13 | 13 | 14 | 14 | 15 | 16 | 16 | 17 | 17 | 18 | 16 | 17 |
| 表 | 8 | 8 | 9 | 9 | 10 | 11 | 11 | 12 | 12 | 13 | 12 | 13 | 14 | 14 | 15 | 15 | 16 | 17 | 17 | 18 | 18 | 19 | 17 | 18 |
| 54 | 9 | 9 | 10 | 10 | 11 | 12 | 12 | 13 | 13 | 14 | 13 | 14 | 15 | 15 | 16 | 16 | 17 | 18 | 18 | 19 | 19 | 20 | 18 | 19 |
| | 10十一 | 10 | 11 | 11 | 12 | 13 | 13 | 14 | 14 | 15 | 14 | 15 | 16 | 16 | 17 | 17 | 18 | 19 | 19 | 20 | 20 | 21 | 19 | 20 |

一六二五 乙丑 明天啓五 清天命一〇

1035

一六二六 丙寅 明天啓六 清天命一一

1036

| | | | | | | | | | | | | | | | | | | | | | | | |
|---|---|---|---|---|---|---|---|---|---|---|---|---|---|---|---|---|---|---|---|---|---|---|---|
| 22 | 23 | 23 | 24 12 | 25 11 | 25 | 26 | 26 四 | 27 | 25 | 26 | 27 | 27 | 28 | 28 | 29 | 30 | 30 | 31 | 5 | 4 | 2 | 31 | 1 |
| 23 | 24 | 24 | 25 | 26 | 26 10 | 27 9 | 27 | 28 三 | 26 二 | 27 | 28 | 28 | 29 | 29 | 30 | 31 | 7 | 6 | 2 | 2 | 3 | 2 | 2 |
| 24 | 25 | 25 | 26 | 27 | 27 | 28 | 28 8 | 29 7 | 27 | 28 正 | 29 十二 | 29 | 30 | 30 | 31 | 8 | 2 | 2 | 3 | 3 | 4 | 2 | 3 |
| 25 | 26 | 26 | 27 | 28 | 28 | 29 | 29 | 30 | 28 6 | 29 5 | 30 | 30 十一 | 31 十 | 10 九 | 9 | 2 | 3 | 3 | 4 | 4 | 5 | 3 | 4 |
| 26 | 27 | 27 | 28 | 29 | 29 | 30 | 30 | 31 | 3 | 30 | 31 4 | 12 3 | 11 | 2 | 2 八 | 3 七 | 4 六 | 4 | 5 | 5 | 6 | 4 | 5 |
| 27 | 28 | 28 | 29 | 30 | 30 | 31 | 5 | 4 | 2 | 31 | 1 | 2 | 2 2 | 3 1 | 3 | 4 | 5 | 5 五 | 6 四 | 6 | 7 | 5 | 6 |
| 28 | 29 | 29 | 30 | 31 | 7 | 6 | 2 | 2 | 3 | 2 | 2 | 3 | 3 | 4 | 4 12 | 5 11 | 6 | 6 | 7 | 7 三 | 8 | 6 | 7 |
| 29 | 30 | 30 | 31 | 8 | 2 | 2 | 3 | 3 | 4 | 2 | 3 | 4 | 4 | 5 | 5 | 6 | 7 10 | 7 9 | 8 | 8 | 9 二 | 7 正 | 8 |
| 30 | 31 | 10 | 9 | 2 | 3 | 3 | 4 | 4 | 5 | 3 | 4 | 5 | 5 | 6 | 6 | 7 | 8 | 8 | 9 8 | 9 7 | 10 | 8 | 9 十二 |
| 12 | 11 | 2 | 2 | 3 | 4 | 4 | 5 | 5 | 6 | 4 | 5 | 6 | 6 | 7 | 7 | 8 | 9 | 9 | 10 | 10 | 11 6 | 9 5 | 10 |
| 2 | 2 | 3 | 3 | 4 | 5 | 5 | 6 | 6 | 7 | 5 | 6 | 7 | 7 | 8 | 8 | 9 | 10 | 10 | 11 | 11 | 12 | 10 | 11 4 |
| 3 | 3 | 4 | 4 | 5 | 6 | 6 | 7 | 7 | 8 | 6 | 7 | 8 | 8 | 9 | 9 | 10 | 11 | 11 | 12 | 12 | 13 | 11 | 12 |
| 4 | 4 | 5 | 5 | 6 | 7 | 7 | 8 | 8 | 9 | 7 | 8 | 9 | 9 | 10 | 10 | 11 | 12 | 12 | 13 | 13 | 14 | 12 | 13 |
| 5 | 5 | 6 | 6 | 7 | 8 | 8 | 9 | 9 | 10 | 8 | 9 | 10 | 10 | 11 | 11 | 12 | 13 | 13 | 14 | 14 | 15 | 13 | 14 |
| 6 | 6 | 7 | 7 | 8 | 9 | 9 | 10 | 10 | 11 | 9 | 10 | 11 | 11 | 12 | 12 | 13 | 14 | 14 | 15 | 15 | 16 | 14 | 15 |
| 7 | 7 | 8 | 8 | 9 | 10 | 10 | 11 | 11 | 12 | 10 | 11 | 12 | 12 | 13 | 13 | 14 | 15 | 15 | 16 | 16 | 17 | 15 | 16 |
| 8 | 8 | 9 | 9 | 10 | 11 | 11 | 12 | 12 | 13 | 11 | 12 | 13 | 13 | 14 | 14 | 15 | 16 | 16 | 17 | 17 | 18 | 16 | 17 |
| 9 | 9 | 10 | 10 | 11 | 12 | 12 | 13 | 13 | 14 | 12 | 13 | 14 | 14 | 15 | 15 | 16 | 17 | 17 | 18 | 18 | 19 | 17 | 18 |
| 10 | 10 | 11 | 11 | 12 | 13 | 13 | 14 | 14 | 15 | 13 | 14 | 15 | 15 | 16 | 16 | 17 | 18 | 18 | 19 | 19 | 20 | 18 | 19 |
| 11 | 11 | 12 | 12 | 13 | 14 | 14 | 15 | 15 | 16 | 14 | 15 | 16 | 16 | 17 | 17 | 18 | 19 | 19 | 20 | 20 | 21 | 19 | 20 |
| 12 | 12 | 13 | 13 | 14 | 15 | 15 | 16 | 16 | 17 | 15 | 16 | 17 | 17 | 18 | 18 | 19 | 20 | 20 | 21 | 21 | 22 | 20 | 21 |
| 13 | 13 | 14 | 14 | 15 | 16 | 16 | 17 | 17 | 18 | 16 | 17 | 18 | 18 | 19 | 19 | 20 | 21 | 21 | 22 | 22 | 23 | 21 | 22 |
| 14 | 14 | 15 | 15 | 16 | 17 | 17 | 18 | 18 | 19 | 17 | 18 | 19 | 19 | 20 | 20 | 21 | 22 | 22 | 23 | 23 | 24 | 22 | 23 |
| 15 | 15 | 16 | 16 | 17 | 18 | 18 | 19 | 19 | 20 | 18 | 19 | 20 | 20 | 21 | 21 | 22 | 23 | 23 | 24 | 24 | 25 | 23 | 24 |
| 16 | 16 | 17 | 17 | 18 | 19 | 19 | 20 | 20 | 21 | 19 | 20 | 21 冬 | 21 | 22 | 22 | 23 | 24 | 24 | 25 | 25 | 26 | 24 | 25 |
| 17 | 17 | 18 | 18 | 19 | 20 | 20 | 21 | 21 | 22 | 20 | 21 | 22 | 22 | 23 | 23 | 24 | 25 | 25 | 26 | 26 | 27 | 25 | 26 |
| 18 | 18 | 19 | 19 | 20 | 21 | 21 | 22 | 22 | 23 | 21 | 22 | 23 | 23 | 24 | 24 | 25 | 26 | 26 | 27 | 27 | 28 | 26 | 27 |
| 19 十一 | 19 十 | 20 九 | 20 八 | 21 | 22 | 22 | 23 | 23 | 24 | 22 | 23 | 24 | 24 | 25 | 25 | 26 | 27 | 27 | 28 | 28 | 29 | 27 | 28 |
| 20 4 | 20 3 | 21 | 21 | 22 七 | 23 閏 | 23 | 24 | 24 | 25 | 23 | 24 | 25 | 25 | 26 | 26 | 27 | 28 | 28 | 29 | 29 | 30 | 28 | 29 |
| 21 | 21 | 22 2 | 22 1 | 23 | 24 | 24 六 | 25 五 | 25 | 26 | 24 | 25 | 26 | 26 | 27 | 27 | 28 | 29 | 29 | 30 | 30 | 31 | 3 | 30 |

一六二七 丁卯 明天啓七 清天聰元（太宗）

1037

一六二八 戊辰 明崇禎元（毅宗） 清天聰二

1038

| | | | | | | | | | | | | | | | | | | | | | | | | |
|---|---|---|---|---|---|---|---|---|---|---|---|---|---|---|---|---|---|---|---|---|---|---|---|---|
| 11 | 11 | 12 | 12 | 13 | 14 | 14 | 15 | 15 | 16 | 15 | 16 | 17 | 17 | 18 | 18 | 19 | 20 | 20 | 21 | 21 | 22 | 20 | 21 | 22冬 |
| 12 | 12 | 13 | 13 | 14 | 15 | 15 | 16 | 16 | 17 | 16 | 17 | 18 | 18 | 19 | 19 | 20 | 21 | 21 | 22 | 22 | 23 | 21 | 22 | 23 |
| 13 | 13 | 14 | 14 | 15 | 16 | 16 | 17 | 17 | 18 | 17 | 18 | 19 | 19 | 20 | 20 | 21 | 22 | 22 | 23 | 23 | 24 | 22 | 23 | 24 |
| 14 | 14 | 15 | 15 | 16 | 17 | 17 | 18 | 18 | 19 | 18 | 19 | 20 | 20 | 21 | 21 | 22 | 23 | 23 | 24 | 24 | 25 | 23 | 24 | 25 |
| 15 | 15 | 16 | 16 | 17 | 18 | 18 | 19 | 19 | 20 | 19 | 20 | 21 | 21 | 22 | 22 | 23 | 24 | 24 | 25 | 25 | 26 | 24 | 25 | 26 |
| 16 | 16 | 17 | 17 | 18 | 19 | 19 | 20 | 20 | 21 | 20 | 21 | 22冬 | 22 | 23 | 23 | 24 | 25 | 25 | 26 | 26 | 27 | 25 | 26 | 27 |
| 17 | 17 | 18 | 18 | 19 | 20 | 20 | 21 | 21 | 22 | 21 | 22 | 23 | 23 | 24 | 24 | 25 | 26 | 26 | 27 | 27 | 28 | 26 | 27 | 28 |
| 18 | 18 | 19 | 19 | 20 | 21 | 21 | 22 | 22 | 23 | 22 | 23 | 24 | 24 | 25 | 25 | 26 | 27 | 27 | 28 | 28 | 29 | 27 | 28 | 29 |
| 19 | 19 | 20 | 20 | 21 | 22 | 22 | 23 | 23 | 24 | 23 | 24 | 25 | 25 | 26 | 26 | 27 | 28 | 28 | 29 | 29 | 30 | 28 | 29 | 30 |
| 20 | 20 | 21 | 21 | 22 | 23 | 23 | 24 | 24 | 25 | 24 | 25 | 26 | 26 | 27 | 27 | 28 | 29 | 29 | 30 | 30 | 31 | 3 | 30 | 31 |
| 21冬 | 21 | 22 | 22 | 23 | 24 | 24 | 25 | 25 | 26 | 25 | 26 | 27 | 27 | 28 | 28 | 29 | 30 | 30 | 31 | 5 | 4 | 2 | 31 | 1 |
| 22 | 22 | 23 | 23 | 24 | 25 | 25 | 26 | 26 | 27 | 26 | 27 | 28 | 28 | 29 | 29 | 30 | 31 | 7 | 6 | 2 | 2 | 3 | 2 | 2 |
| 23 | 23 | 24 | 24 | 25 | 26 | 26 | 27 | 27 | 28 | 27 | 28 | 29 | 29 | 30 | 30 | 31 | 8 | 2 | 2 | 3 | 3 | 4 | 2 | 3 |
| 24 | 24 | 25 | 25 | 26 | 27 | 27 | 28 | 28 | 29 | 28 | 29 | 30 | 30 | 31 | 10 | 9 | 2 | 3 | 3 | 4 | 4 | 5 | 3 | 4 |
| 25十二 | 25 | 26 | 26 | 27 | 28 | 28 | 29 | 29 | 30 | 29 | 30 | 31 | 12 | 11 | 2 | 2 | 3 | 4 | 4 | 5 | 5 | 6 | 4 | 5 |
| 26 | 26十一 | 27十 | 27九 | 28 | 29 | 29 | 30 | 30 | 31 | 3 | 31 | 1 | 2 | 2 | 3 | 3 | 4 | 5 | 5 | 6 | 6 | 7 | 5 | 6 |
| 27 5 | 27 | 28 | 28 | 29八 | 30 | 30 | 31 | 5 | 4 | 2 | 2 | 2 | 3 | 3 | 4 | 4 | 5 | 6 | 6 | 7 | 7 | 8 | 6 | 7 |
| 28 | 28 4 | 29 3 | 29 | 30 | 31七 | 7六 | 6 | 2 | 2 | 3 | 2 | 3 | 4 | 4 | 5 | 5 | 6 | 7 | 7 | 8 | 8 | 9 | 7 | 8 |
| 29 | 29 | 30 | 30 2 | 31 1 | 8 | 2 | 2五 | 3 | 3 | 4 | 3 | 4 | 5 | 5 | 6 | 6 | 7 | 8 | 8 | 9 | 9 | 10 | 8 | 9 |
| 30 | 30 | 31 | 10 | 9 | 2 12 | 3 11 | 3 | 4四 | 4三 | 5 | 4 | 5 | 6 | 6 | 7 | 7 | 8 | 9 | 9 | 10 | 10 | 11 | 9 | 10 |
| 31 | 12 | 11 | 2 | 2 | 3 | 4 | 4 10 | 5 9 | 5 | 6二 | 5正 | 6 | 7 | 7 | 8 | 8 | 9 | 10 | 10 | 11 | 11 | 12 | 10 | 11 |
| 日 | 2 | 2 | 3 | 3 | 4 | 5 | 5 | 6 | 6 8 | 7 7 | 6 | 7十二 | 8十一 | 8十 | 9九 | 9八 | 10 | 11 | 11 | 12 | 12 | 13 | 11 | 12 |
| 曜 | 3 | 3 | 4 | 4 | 5 | 6 | 6 | 7 | 7 | 8 | 7 6 | 8 5 | 9 | 9 | 10 | 10 | 11七 | 12 | 12 | 13 | 13 | 14 | 12 | 13 |
| 表 | 4 | 4 | 5 | 5 | 6 | 7 | 7 | 8 | 8 | 9 | 8 | 9 | 10 4 | 10 3 | 11 | 11 | 12 | 13六 | 13五 | 14 | 14 | 15 | 13 | 14 |
| 3 | 5 | 5 | 6 | 6 | 7 | 8 | 8 | 9 | 9 | 10 | 9 | 10 | 11 | 11 | 12 2 | 12 1 | 13 12 | 14 11 | 14 | 15四 | 15 | 16 | 14 | 15 |
| 甲 | 6 | 6 | 7 | 7 | 8 | 9 | 9 | 10 | 10 | 11 | 10 | 11 | 12 | 12 | 13 | 13 | 14 | 15 | 15 10 | 16 9 | 16三 | 17二 | 15 | 16 |
| 子 | 7 | 7 | 8 | 8 | 9 | 10 | 10 | 11 | 11 | 12 | 11 | 12 | 13 | 13 | 14 | 14 | 15 | 16 | 16 | 17 | 17 8 | 18 7 | 16正 | 17十二 |
| 表 | 8 | 8 | 9 | 9 | 10 | 11 | 11 | 12 | 12 | 13 | 12 | 13 | 14 | 14 | 15 | 15 | 16 | 17 | 17 | 18 | 18 | 19 | 17 6 | 18 5 |
| 55 | 9 | 9 | 10 | 10 | 11 | 12 | 12 | 13 | 13 | 14 | 13 | 14 | 15 | 15 | 16 | 16 | 17 | 18 | 18 | 19 | 19 | 20 | 18 | 19 |
| | 10 | 10 | 11 | 11 | 12 | 13 | 13 | 14 | 14 | 15 | 14 | 15 | 16 | 16 | 17 | 17 | 18 | 19 | 19 | 20 | 20 | 21 | 19 | 20 |

一六二九
己巳
明崇禎二
清天聰三
1039

一六三〇
庚午
明崇禎三
清天聰四
1040

| | | | | | | | | | | | | | | | | | | | | | | | |
|---|---|---|---|---|---|---|---|---|---|---|---|---|---|---|---|---|---|---|---|---|---|---|---|
| 22 | 23 | 23 | 24 | 25 | 25 | 26 | 26 | 27 | 25 | 26 | 27 | 27 | 28 | 28 | 29 | 30 | 30 | 31 | **5** | **4** | 2 | 31 | **1** |
| 23 | 24 | 24 | 25 | 26 | 26 | 27 | 27 | 28 | 26 | 27 | 28 | 28 | 29 | 29 | 30 | 31 | **7** | **6** | 2 | 2 | 3 | **2** | 2 |
| 24 | 25 | 25 | 26 | 27 | 27 | 28 | 28 | 29 | 27 | 28 | 29 | 29 | 30 | 30 | 31 | **8** | 2 | 2 | 3 | 3 | 4 | 2 | 3 |
| 25 | 26 | 26 | 27 | 28 | 28 | 29 | 29 | 30 | 28 | 29 | 30 | 30 | 31 | **10** | **9** | 2 | 3 | 3 | 4 | 4 | 5 | 3 | 4 |
| 26 | 27 | 27 | 28 | 29 | 29 | 30 | 30 | 31 | **3** | 30 | 31 | **12** | **11** | 2 | 2 | 3 | 4 | 4 | 5 | 5 | 6 | 4 | 5 |
| 27 | 28 | 28 | 29 | 30 | 30 | 31 | **5** | **4** | 2 | 31 | **1** | 2 | 2 | 3 | 3 | 4 | 5 | 5 | 6 | 6 | 7 | 5 | 6 |
| 28 | 29 | 29 | 30 | 31 | **7** | **6** | 2 | 2 | 3 | **2** | 2 | 3 | 3 | 4 | 4 | 5 | 6 | 6 | 7 | 7 | 8 | 6 | 7 |
| 29 | 30 | 30 | 31 | **8** | 2 | 2 | 3 | 3 | 4 | 2 | 3 | 4 | 4 | 5 | 5 | 6 | 7 | 7 | 8 | 8 | 9 | 7 | 8 |
| 30 | 31 | **10** | **9** | 2 | 3 | 3 | 4 | 4 | 5 | 3 | 4 | 5 | 5 | 6 | 6 | 7 | 8 | 8 | 9 | 9 | 10 | 8 | 9 |
| **12** | **11** | 2 | 2 | 3 | 4 | 4 | 5 | 5 | 6 | 4 | 5 | 6 | 6 | 7 | 7 | 8 | 9 | 9 | 10 | 10 | 11 | 9 | 10 |
| 2 | 2 | 3 | 3 | 4 | 5 | 5 | 6 | 6 | 7 | 5 | 6 | 7 | 7 | 8 | 8 | 9 | 10 | 10 | 11 | 11 | 12 | 10 | 11 |
| 3 | 3 | 4 | 4 | 5 | 6 | 6 | 7 | 7 | 8 | 6 | 7 | 8 | 8 | 9 | 9 | 10 | 11 | 11 | 12 | 12 | 13 | 11 | 12 |
| 4 | 十一 4 | 十 5 | 5 | 6 | 7 | 7 | 8 | 8 | 9 | 7 | 8 | 9 | 9 | 10 | 10 | 11 | 12 | 12 | 13 | 13 | 14 | 12 | 13 |
| 5 | 5 | 6 | 九 6 | 7 | 8 | 8 | 9 | 9 | 10 | 8 | 9 | 10 | 10 | 11 | 11 | 12 | 13 | 13 | 14 | 14 | 15 | 13 | 14 |
| 6 | 5 6 | 7 | 7 | 八 8 | 七 9 | 9 | 10 | 10 | 11 | 9 | 10 | 11 | 11 | 12 | 12 | 13 | 14 | 14 | 15 | 15 | 16 | 14 | 15 |
| 7 | 7 | 4 8 | 3 8 | 9 | 10 | 六 10 | 11 | 11 | 12 | 10 | 11 | 12 | 12 | 13 | 13 | 14 | 15 | 15 | 16 | 16 | 17 | 15 | 16 |
| 8 | 8 | 9 | 9 | 2 10 | 1 11 | 11 | 五 12 | 四 12 | 13 | 11 | 12 | 13 | 13 | 14 | 14 | 15 | 16 | 16 | 17 | 17 | 18 | 16 | 17 |
| 9 | 9 | 10 | 10 | 11 | 12 | 12 12 | 11 13 | 13 | 三 14 | 二 12 | 正 13 | 十二 14 | 14 | 15 | 15 | 16 | 17 | 17 | 18 | 18 | 19 | 17 | 18 |
| 10 | 10 | 11 | 11 | 12 | 13 | 13 | 14 | 10 14 | 9 15 | 13 | 14 | 15 | 十一 15 | 十 16 | 九 16 | 17 | 18 | 18 | 19 | 19 | 20 | 18 | 19 |
| 11 | 11 | 12 | 12 | 13 | 14 | 14 | 15 | 15 | 16 | 8 14 | 7 15 | 16 | 16 | 17 | 17 | 八 18 | 19 | 19 | 20 | 20 | 21 | 19 | 20 |
| 12 | 12 | 13 | 13 | 14 | 15 | 15 | 16 | 16 | 17 | 15 | 16 | 6 17 | 5 17 | 18 | 18 | 19 | 七 20 | 六 20 | 21 | 21 | 22 | 20 | 21 |
| 13 | 13 | 14 | 14 | 15 | 16 | 16 | 17 | 17 | 18 | 16 | 17 | 18 | 18 | 4 19 | 3 19 | 20 | 21 | 21 | 五 22 | 22 | 23 | 21 | 22 |
| 14 | 14 | 15 | 15 | 16 | 17 | 17 | 18 | 18 | 19 | 17 | 18 | 19 | 19 | 20 | 20 | 2 21 | 1 22 | 12 22 | 11 23 | 閏 23 | 四 24 | 22 | 23 |
| 15 | 15 | 16 | 16 | 17 | 18 | 18 | 19 | 19 | 20 | 18 | 19 | 20 | 20 | 21 | 21 | 22 | 23 | 23 | 24 | 10 24 | 9 25 | 三 23 | 二 24 正 |
| 16 | 16 | 17 | 17 | 18 | 19 | 19 | 20 | 20 | 21 | 19 | 20 | 21 | 冬 21 | 22 | 22 | 23 | 24 | 24 | 25 | 25 | 26 | 8 24 | 7 25 |
| 17 | 17 | 18 | 18 | 19 | 20 | 20 | 21 | 21 | 22 | 20 | 21 | 22 | 22 | 23 | 23 | 24 | 25 | 25 | 26 | 26 | 27 | 25 | 26 6 |
| 18 | 18 | 19 | 19 | 20 | 21 | 21 | 22 | 22 | 23 | 21 | 22 | 23 | 23 | 24 | 24 | 25 | 26 | 26 | 27 | 27 | 28 | 26 | 27 |
| 19 | 19 | 20 | 20 | 21 | 22 | 22 | 23 | 23 | 24 | 22 | 23 | 24 | 24 | 25 | 25 | 26 | 27 | 27 | 28 | 28 | 29 | 27 | 28 |
| 20 | 20 | 21 | 21 | 22 | 23 | 23 | 24 | 24 | 25 | 23 | 24 | 25 | 25 | 26 | 26 | 27 | 28 | 28 | 29 | 29 | 30 | 28 | 29 |
| 21 | 21 | 22 | 22 | 23 | 24 | 24 | 25 | 25 | 26 | 24 | 25 | 26 | 26 | 27 | 27 | 28 | 29 | 29 | 30 | 30 | 31 | **3** | 30 |

一六三二
壬申
明崇禎五
清天聰六

1042

一六三一
辛未
明崇禎四
清天聰五

1041

| | | | | | | | | | | | | | | | | | | | | | | | | |
|---|---|---|---|---|---|---|---|---|---|---|---|---|---|---|---|---|---|---|---|---|---|---|---|---|
| 11 | 11 | 12 | 12 | 13 | 14 | 14 | 15 | 15 | 16 | 15 | 16 | 17 | 17 | 18 | 18 | 19 | 20 | 20 | 21 | 21 | 22 | 20 | 21 | 22冬 |
| 12十一 | 12十 | 13 | 13 | 14 | 15 | 15 | 16 | 16 | 17 | 16 | 17 | 18 | 18 | 19 | 19 | 20 | 21 | 21 | 22 | 22 | 23 | 21 | 22 | 23 |
| 13 | 13 | 14九 | 14八 | 15 | 16 | 16 | 17 | 17 | 18 | 17 | 18 | 19 | 19 | 20 | 20 | 21 | 22 | 22 | 23 | 23 | 24 | 22 | 23 | 24 |
| 14 6 | 14 5 | 15 | 15 | 16七 | 17六 | 17 | 18 | 18 | 19 | 18 | 19 | 20 | 20 | 21 | 21 | 22 | 23 | 23 | 24 | 24 | 25 | 23 | 24 | 25 |
| 15 | 15 | 16 4 | 16 3 | 17 | 18 | 18五 | 19四 | 19三 | 20 | 19 | 20 | 21 | 21 | 22 | 22 | 23 | 24 | 24 | 25 | 25 | 26 | 24 | 25 | 26 |
| 16 | 16 | 17 | 17 | 18 2 | 19 1 | 19 12 | 20 11 | 20 | 21二 | 20正 | 21十二 | 22冬 | 22 | 23 | 23 | 24 | 25 | 25 | 26 | 26 | 27 | 25 | 26 | 27 |
| 17 | 17 | 18 | 18 | 19 | 20 | 20 | 21 | 21 10 | 22 9 | 21 | 22 | 23閏 | 23十一 | 24 | 24 | 25 | 26 | 26 | 27 | 27 | 28 | 26 | 27 | 28 |
| 18 | 18 | 19 | 19 | 20 | 21 | 21 | 22 | 22 | 23 | 22 8 | 23 7 | 24 | 24 | 25十 | 25 | 26 | 27 | 27 | 28 | 28 | 29 | 27 | 28 | 29 |
| 19 | 19 | 20 | 20 | 21 | 22 | 22 | 23 | 23 | 24 | 23 | 24 | 25 6 | 25 5 | 26 | 26九 | 27八 | 28 | 28 | 29 | 29 | 30 | 28 | 29 | 30 |
| 20 | 20 | 21 | 21 | 22 | 23 | 23 | 24 | 24 | 25 | 24 | 25 | 26 | 26 | 27 4 | 27 3 | 28 | 29七 | 29六 | 30 | 30 | 31 | **3** | 30 | 31 |
| 21冬 | 21 | 22 | 22 | 23 | 24 | 24 | 25 | 25 | 26 | 25 | 26 | 27 | 27 | 28 | 28 | 29 2 | 30 1 | 30 | 31五 | **5**四 | **4** | 2 | 31 | **1** |
| 22 | 22 | 23 | 23 | 24 | 25 | 25 | 26 | 26 | 27 | 26 | 27 | 28 | 28 | 29 | 29 | 30 | 31 | **7** 12 | **6** 11 | 2 | 2三 | 3二 | **2**正 | 2十二 |
| 23 | 23 | 24 | 24 | 25 | 26 | 26 | 27 | 27 | 28 | 27 | 28 | 29 | 29 | 30 | 30 | 31 | **8** | 2 | 2 | 3 10 | 3 9 | 4 | 2 | 3 |
| 24 | 24 | 25 | 25 | 26 | 27 | 27 | 28 | 28 | 29 | 28 | 29 | 30 | 30 | 31 | **10** | **9** | 2 | 3 | 3 | 4 | 4 | 5 8 | 3 7 | 4 |
| 25 | 25 | 26 | 26 | 27 | 28 | 28 | 29 | 29 | 30 | 29 | 30 | 31 | **12** | **11** | 2 | 2 | 3 | 4 | 4 | 5 | 5 | 6 | 4 | 5 6 |
| 26 | 26 | 27 | 27 | 28 | 29 | 29 | 30 | 30 | 31 | **3** | 31 | **1** | 2 | 2 | 3 | 3 | 4 | 5 | 5 | 6 | 6 | 7 | 5 | 6 |
| 27 | 27 | 28 | 28 | 29 | 30 | 30 | 31 | **5** | **4** | 2 | **2** | 2 | 3 | 3 | 4 | 4 | 5 | 6 | 6 | 7 | 7 | 8 | 6 | 7 |
| 28 | 28 | 29 | 29 | 30 | 31 | **7** | **6** | 2 | 2 | 3 | 2 | 3 | 4 | 4 | 5 | 5 | 6 | 7 | 7 | 8 | 8 | 9 | 7 | 8 |
| 29 | 29 | 30 | 30 | 31 | **8** | 2 | 2 | 3 | 3 | 4 | 3 | 4 | 5 | 5 | 6 | 6 | 7 | 8 | 8 | 9 | 9 | 10 | 8 | 9 |
| 30 | 30 | 31 | **10** | **9** | 2 | 3 | 3 | **4** | **4** | 5 | 4 | 5 | 6 | 6 | 7 | 7 | 8 | 9 | 9 | 10 | 10 | 11 | 9 | 10 |
| 31 | **12** | **11** | 2 | 2 | 3 | 4 | 4 | 5 | 5 | 6 | 5 | 6 | 7 | 7 | 8 | 8 | 9 | 10 | 10 | 11 | 11 | 12 | 10 | 11 |
| 日 | 2 | 2 | 3 | 3 | 4 | 5 | 5 | 6 | 6 | 7 | 6 | 7 | 8 | 8 | 9 | 9 | 10 | 11 | 11 | 12 | 12 | 13 | 11 | 12 |
| 曜 | 3 | 3 | 4 | 4 | 5 | 6 | 6 | 7 | 7 | 8 | 7 | 8 | 9 | 9 | 10 | 10 | 11 | 12 | 12 | 13 | 13 | 14 | 12 | 13 |
| 表 | 4 | 4 | 5 | 5 | 6 | 7 | 7 | 8 | 8 | 9 | 8 | 9 | 10 | 10 | 11 | 11 | 12 | 13 | 13 | 14 | 14 | 15 | 13 | 14 |
| 4 | 5 | 5 | 6 | 6 | 7 | 8 | 8 | 9 | 9 | 10 | 9 | 10 | 11 | 11 | 12 | 12 | 13 | 14 | 14 | 15 | 15 | 16 | 14 | 15 |
| 甲 | 6 | 6 | 7 | 7 | 8 | 9 | 9 | 10 | 10 | 11 | 10 | 11 | 12 | 12 | 13 | 13 | 14 | 15 | 15 | 16 | 16 | 17 | 15 | 16 |
| 子 | 7 | 7 | 8 | 8 | 9 | 10 | 10 | 11 | 11 | 12 | 11 | 12 | 13 | 13 | 14 | 14 | 15 | 16 | 16 | 17 | 17 | 18 | 16 | 17 |
| 表 | 8 | 8 | 9 | 9 | 10 | 11 | 11 | 12 | 12 | 13 | 12 | 13 | 14 | 14 | 15 | 15 | 16 | 17 | 17 | 18 | 18 | 19 | 17 | 18 |
| 56 | 9 | 9 | 10 | 10 | 11 | 12 | 12 | 13 | 13 | 14 | 13 | 14 | 15 | 15 | 16 | 16 | 17 | 18 | 18 | 19 | 19 | 20 | 18 | 19 |
| | 10 | 10 | 11 | 11 | 12 | 13 | 13 | 14 | 14 | 15 | 14 | 15 | 16 | 16 | 17 | 17 | 18 | 19 | 19 | 20 | 20 | 21 | 19 | 20 |

一六三三　癸酉　明崇禎六　清天聰七　1043

一六三四　甲戌　明崇禎七　清天聰八　1044

| | | | | | | | | | | | | | | | | | | | | | | | |
|---|---|---|---|---|---|---|---|---|---|---|---|---|---|---|---|---|---|---|---|---|---|---|---|
| 22 6 | 23 5 | 23 | 24 | 25 七 | 25 六 | 26 | 26 | 27 | 25 | 26 | 27 | 27 | 28 | 28 | 29 | 30 | 30 | 31 | **5** | **4** | 2 | 31 | **1** |
| 23 | 24 | 24 4 | 25 3 | 26 | 26 | 27 五 | 27 四 | 28 | 26 | 27 | 28 | 28 | 29 | 29 | 30 | 31 | **7** | **6** | 2 | 2 | 3 | **2** | 2 |
| 24 | 25 | 25 | 26 | 27 2 | 27 1 | 28 | 28 | 29 三 | 27 | 28 | 29 | 29 | 30 | 30 | 31 | **8** | 2 | 2 | 3 | 3 | 4 | 2 | 3 |
| 25 | 26 | 26 | 27 | 28 | 28 | 29 12 | 29 11 | 30 | 28 二 | 29 正 | 30 | 30 | 31 | **10** | **9** | 2 | 3 | 3 | 4 | 4 | 5 | 3 | 4 |
| 26 | 27 | 27 | 28 | 29 | 29 | 30 | 30 | 31 10 | **3** 9 | 30 | 31 十二 | **12** 十一 | **11** | 2 | 2 | 3 | 4 | 4 | 5 | 5 | 6 | 4 | 5 |
| 27 | 28 | 28 | 29 | 30 | 30 | 31 | **5** | **4** | 2 | 31 8 | **1** 7 | 2 | 2 十 | 3 九 | 3 八 | 4 | 5 | 5 | 6 | 6 | 7 | 5 | 6 |
| 28 | 29 | 29 | 30 | 31 | **7** | **6** | 2 | 2 | 3 | **2** | 2 | 3 6 | 3 5 | 4 | 4 | 5 七 | 6 六 | 6 | 7 | 7 | 8 | 6 | 7 |
| 29 | 30 | 30 | 31 | **8** | 2 | 2 | 3 | 3 | 4 | 2 | 3 | 4 | 4 | 5 4 | 5 3 | 6 | 7 | 7 五 | 8 四 | 8 三 | 9 | 7 | 8 |
| 30 | 31 | **10** | **9** | 2 | 3 | 3 | 4 | 4 | 5 | 3 | 4 | 5 | 5 | 6 | 6 | 7 2 | 8 1 | 8 | 9 | 9 | 10 二 | 8 正 | 9 |
| **12** | **11** | 2 | 2 | 3 | 4 | 4 | 5 | 5 | 6 | 4 | 5 | 6 | 6 | 7 | 7 | 8 | 9 | 9 12 | 10 11 | 10 | 11 | 9 | 10 十二 |
| 2 | 2 | 3 | 3 | 4 | 5 | 5 | 6 | 6 | 7 | 5 | 6 | 7 | 7 | 8 | 8 | 9 | 10 | 10 | 11 | 11 10 | 12 9 | 10 | 11 |
| 3 | 3 | 4 | 4 | 5 | 6 | 6 | 7 | 7 | 8 | 6 | 7 | 8 | 8 | 9 | 9 | 10 | 11 | 11 | 12 | 12 | 13 | 11 8 | 12 7 |
| 4 | 4 | 5 | 5 | 6 | 7 | 7 | 8 | 8 | 9 | 7 | 8 | 9 | 9 | 10 | 10 | 11 | 12 | 12 | 13 | 13 | 14 | 12 | 13 |
| 5 | 5 | 6 | 6 | 7 | 8 | 8 | 9 | 9 | 10 | 8 | 9 | 10 | 10 | 11 | 11 | 12 | 13 | 13 | 14 | 14 | 15 | 13 | 14 |
| 6 | 6 | 7 | 7 | 8 | 9 | 9 | 10 | 10 | 11 | 9 | 10 | 11 | 11 | 12 | 12 | 13 | 14 | 14 | 15 | 15 | 16 | 14 | 15 |
| 7 | 7 | 8 | 8 | 9 | 10 | 10 | 11 | 11 | 12 | 10 | 11 | 12 | 12 | 13 | 13 | 14 | 15 | 15 | 16 | 16 | 17 | 15 | 16 |
| 8 | 8 | 9 | 9 | 10 | 11 | 11 | 12 | 12 | 13 | 11 | 12 | 13 | 13 | 14 | 14 | 15 | 16 | 16 | 17 | 17 | 18 | 16 | 17 |
| 9 | 9 | 10 | 10 | 11 | 12 | 12 | 13 | 13 | 14 | 12 | 13 | 14 | 14 | 15 | 15 | 16 | 17 | 17 | 18 | 18 | 19 | 17 | 18 |
| 10 | 10 | 11 | 11 | 12 | 13 | 13 | 14 | 14 | 15 | 13 | 14 | 15 | 15 | 16 | 16 | 17 | 18 | 18 | 19 | 19 | 20 | 18 | 19 |
| 11 | 11 | 12 | 12 | 13 | 14 | 14 | 15 | 15 | 16 | 14 | 15 | 16 | 16 | 17 | 17 | 18 | 19 | 19 | 20 | 20 | 21 | 19 | 20 |
| 12 | 12 | 13 | 13 | 14 | 15 | 15 | 16 | 16 | 17 | 15 | 16 | 17 | 17 | 18 | 18 | 19 | 20 | 20 | 21 | 21 | 22 | 20 | 21 |
| 13 | 13 | 14 | 14 | 15 | 16 | 16 | 17 | 17 | 18 | 16 | 17 | 18 | 18 | 19 | 19 | 20 | 21 | 21 | 22 | 22 | 23 | 21 | 22 |
| 14 | 14 | 15 | 15 | 16 | 17 | 17 | 18 | 18 | 19 | 17 | 18 | 19 | 19 | 20 | 20 | 21 | 22 | 22 | 23 | 23 | 24 | 22 | 23 |
| 15 | 15 | 16 | 16 | 17 | 18 | 18 | 19 | 19 | 20 | 18 | 19 | 20 | 20 | 21 | 21 | 22 | 23 | 23 | 24 | 24 | 25 | 23 | 24 |
| 16 | 16 | 17 | 17 | 18 | 19 | 19 | 20 | 20 | 21 | 19 | 20 | 21 冬 | 21 | 22 | 22 | 23 | 24 | 24 | 25 | 25 | 26 | 24 | 25 |
| 17 | 17 | 18 | 18 | 19 | 20 | 20 | 21 | 21 | 22 | 20 | 21 | 22 | 22 | 23 | 23 | 24 | 25 | 25 | 26 | 26 | 27 | 25 | 26 |
| 18 | 18 | 19 | 19 | 20 | 21 | 21 | 22 | 22 | 23 | 21 | 22 | 23 | 23 | 24 | 24 | 25 | 26 | 26 | 27 | 27 | 28 | 26 | 27 |
| 19 | 19 | 20 | 20 | 21 | 22 | 22 | 23 | 23 | 24 | 22 | 23 | 24 | 24 | 25 | 25 | 26 | 27 | 27 | 28 | 28 | 29 | 27 | 28 |
| 20 十一 | 20 | 21 | 21 | 22 | 23 | 23 | 24 | 24 | 25 | 23 | 24 | 25 | 25 | 26 | 26 | 27 | 28 | 28 | 29 | 29 | 30 | 28 | 29 |
| 21 7 | 21 十 | 22 九 | 22 閏 | 23 八 | 24 | 24 | 25 | 25 | 26 | 24 | 25 | 26 | 26 | 27 | 27 | 28 | 29 | 29 | 30 | 30 | 31 | **3** | 30 |

一六三六 丙子 明崇禎九 清崇德元

1046

一六三五 乙亥 明崇禎八 清天聰九

1045

| | | | | | | | | | | | | | | | | | | | | | | | | |
|---|---|---|---|---|---|---|---|---|---|---|---|---|---|---|---|---|---|---|---|---|---|---|---|---|
| 11 | 11 | 12 | 12 | 13 | 14 | 14 | 15 | 15 | 16 | 15 | 16 | 17 | 17 | 18 | 18 | 19 | 20 | 20 | 21 | 21 | 22 | 20 | 21 | 22冬 |
| 12 | 12 | 13 | 13 | 14 | 15 | 15 | 16 | 16 | 17 | 16 | 17 | 18 | 18 | 19 | 19 | 20 | 21 | 21 | 22 | 22 | 23 | 21 | 22 | 23 |
| 13 | 13 | 14 | 14 | 15 | 16 | 16 | 17 | 17 | 18 | 17 | 18 | 19 | 19 | 20 | 20 | 21 | 22 | 22 | 23 | 23 | 24 | 22 | 23 | 24 |
| 14 | 14 | 15 | 15 | 16 | 17 | 17 | 18 | 18 | 19 | 18 | 19 | 20 | 20 | 21 | 21 | 22 | 23 | 23 | 24 | 24 | 25 | 23 | 24 | 25 |
| 15 | 15 | 16 | 16 | 17 | 18 | 18 | 19 | 19 | 20 | 19 | 20 | 21 | 21 | 22 | 22 | 23 | 24 | 24 | 25 | 25 | 26 | 24 | 25 | 26 |
| 16 | 16 | 17 | 17 | 18 | 19 | 19 | 20 | 20 | 21 | 20 | 21 | 22冬 | 22 | 23 | 23 | 24 | 25 | 25 | 26 | 26 | 27 | 25 | 26 | 27 |
| 17 | 17 | 18 | 18 | 19 | 20 | 20 | 21 | 21 | 22 | 21 | 22 | 23 | 23 | 24 | 24 | 25 | 26 | 26 | 27 | 27 | 28 | 26 | 27 | 28 |
| 18 | 18 | 19 | 19 | 20 | 21 | 21 | 22 | 22 | 23 | 22 | 23 | 24 | 24 | 25 | 25 | 26 | 27 | 27 | 28 | 28 | 29 | 27 | 28 | 29 |
| 19 | 19 | 20 | 20 | 21 | 22 | 22 | 23 | 23 | 24 | 23 | 24 | 25 | 25 | 26 | 26 | 27 | 28 | 28 | 29 | 29 | 30 | 28 | 29 | 30 |
| 20 | 20 | 21 | 21 | 22 | 23 | 23 | 24 | 24 | 25 | 24 | 25 | 26 | 26 | 27 | 27 | 28 | 29 | 29 | 30 | 30 | 31 | **3** | 30 | 31 |
| 21冬 | 21 | 22 | 22 | 23 | 24 | 24 | 25 | 25 | 26 | 25 | 26 | 27 | 27 | 28 | 28 | 29 | 30 | 30 | 31 | **5** | **4** | 2 | 31 | **1** |
| 22 | 22 | 23 | 23 | 24 | 25 | 25 | 26 | 26 | 27 | 26 | 27 | 28 | 28 | 29 | 29 | 30 | 31 | **7** | **6** | 2 | 2 | 3 | **2** | 2 |
| 23 | 23 | 24 | 24 | 25 | 26 | 26 | 27 | 27 | 28 | 27 | 28 | 29 | 29 | 30 | 30 | 31 | **8** | 2 | 2 | 3 | 3 | 4 | 2 | 3 |
| 24 | 24 | 25 | 25 | 26 | 27 | 27 | 28 | 28 | 29 | 28 | 29 | 30 | 30 | 31 | **10** | **9** | 2 | 3 | 3 | 4 | 4 | 5 | 3 | 4 |
| 25 | 25 | 26 | 26 | 27 | 28 | 28 | 29 | 29 | 30 | 29 | 30 | 31 | **12** | **11** | 2 | 2 | 3 | 4 | 4 | 5 | 5 | 6 | 4 | 5 |
| 26 | 26 | 27 | 27 | 28 | 29 | 29 | 30 | 30 | 31 | **3** | 31 | **1** | 2 | 2 | 3 | 3 | 4 | 5 | 5 | 6 | 6 | 7 | 5 | 6 |
| 27十二 | 27十一 | 28 | 28 | 29 | 30 | 30 | 31 | **5** | **4** | 2 | **2** | 2 | 3 | 3 | 4 | 4 | 5 | 6 | 6 | 7 | 7 | 8 | 6 | 7 |
| 28 | 28 | 29十 | 29九 | 30八 | 31 | **7** | **6** | 2 | 2 | 3 | 2 | 3 | 4 | 4 | 5 | 5 | 6 | 7 | 7 | 8 | 8 | 9 | 7 | 8 |
| 29 8 | 29 7 | 30 | 30 | 31 | **8**七 | 2 | 2 | 3 | 3 | 4 | 3 | 4 | 5 | 5 | 6 | 6 | 7 | 8 | 8 | 9 | 9 | 10 | 8 | 9 |
| 30 | 30 | 31 6 | **10** 5 | **9** | 2 | 3六 | 3五 | **4** | 4 | 5 | 4 | 5 | 6 | 6 | 7 | 7 | 8 | 9 | 9 | 10 | 10 | 11 | 9 | 10 |
| 31 | **12** | **11** | 2 | 2 4 | 3 3 | 4 | 4 | 5四 | 5 | 6 | 5 | 6 | 7 | 7 | 8 | 8 | 9 | 10 | 10 | 11 | 11 | 12 | 10 | 11 |
| 日 | 2 | 2 | 3 | 3 | 4 | 5 2 | 5 1 | 6 | 6三 | 7二 | 6 | 7 | 8 | 8 | 9 | 9 | 10 | 11 | 11 | 12 | 12 | 13 | 11 | 12 |
| 曜 | 3 | 3 | 4 | 4 | 5 | 6 | 6 | 7 12 | 7 11 | 8 | 7正 | 8十二 | 9十一 | 9 | 10 | 10 | 11 | 12 | 12 | 13 | 13 | 14 | 12 | 13 |
| 表 | 4 | 4 | 5 | 5 | 6 | 7 | 7 | 8 | 8 | 9 10 | 8 9 | 9 | 10 | 10十 | 11九 | 11八 | 12 | 13 | 13 | 14 | 14 | 15 | 13 | 14 |
| 5 | 5 | 5 | 6 | 6 | 7 | 8 | 8 | 9 | 9 | 10 | 9 | 10 8 | 11 7 | 11 | 12 | 12 | 13七 | 14六 | 14 | 15 | 15 | 16 | 14 | 15 |
| 甲 | 6 | 6 | 7 | 7 | 8 | 9 | 9 | 10 | 10 | 11 | 10 | 11 | 12 | 12 6 | 13 5 | 13 | 14 | 15 | 15五 | 16四 | 16 | 17 | 15 | 16 |
| 子 | 7 | 7 | 8 | 8 | 9 | 10 | 10 | 11 | 11 | 12 | 11 | 12 | 13 | 13 | 14 | 14 4 | 15 3 | 16 | 16 | 17 | 17三 | 18 | 16 | 17 |
| 表 | 8 | 8 | 9 | 9 | 10 | 11 | 11 | 12 | 12 | 13 | 12 | 13 | 14 | 14 | 15 | 15 | 16 | 17 2 | 17 1 | 18 12 | 18 11 | 19二 | 17正 | 18 |
| 57 | 9 | 9 | 10 | 10 | 11 | 12 | 12 | 13 | 13 | 14 | 13 | 14 | 15 | 15 | 16 | 16 | 17 | 18 | 18 | 19 | 19 | 20 10 | 18 9 | 19十二 |
| | 10 | 10 | 11 | 11 | 12 | 13 | 13 | 14 | 14 | 15 | 14 | 15 | 16 | 16 | 17 | 17 | 18 | 19 | 19 | 20 | 20 | 21 | 19 | 20 8 |

# 中西回史日曆

卷一七 明清

| 一六三八 戊寅 明崇禎一一 清崇德三 1048 | | | | | | | | | | | | 一六三七 丁丑 明崇禎一〇 清崇德二 1047 | | | | | | | | | | | | | |
|---|---|---|---|---|---|---|---|---|---|---|---|---|---|---|---|---|---|---|---|---|---|---|---|---|---|
| 22 | 23 | 23 | 24 | 25 | 25 | 26 | 26 | 27 | 25 | 26 | 27 | 27 | 28 | 28 | 29 | 30 | 30 | 31 | **5** | **4** | 2 | 31 | **1** |
| 23 | 24 | 24 | 25 | 26 | 26 | 27 | 27 | 28 | 26 | 27 | 28 | 28 | 29 | 29 | 30 | 31 | **7** | **6** | 2 | 2 | 3 | **2** | 2 |
| 24 | 25 | 25 | 26 | 27 | 27 | 28 | 28 | 29 | 27 | 28 | 29 | 29 | 30 | 30 | 31 | **8** | 2 | 2 | 3 | 3 | 4 | 2 | 3 |
| 25 | 26 | 26 | 27 | 28 | 28 | 29 | 29 | 30 | 28 | 29 | 30 | 30 | 31 | **10** | **9** | 2 | 3 | 3 | 4 | 4 | 5 | 3 | 4 |
| 26 | 27 | 27 | 28 | 29 | 29 | 30 | 30 | 31 | **3** | 30 | 31 | **12** | **11** | 2 | 2 | 3 | 4 | 4 | 5 | 5 | 6 | 4 | 5 |
| 27 | 28 | 28 | 29 | 30 | 30 | 31 | **5** | **4** | 2 | 31 | **1** | 2 | 2 | 3 | 3 | 4 | 5 | 5 | 6 | 6 | 7 | 5 | 6 |
| 28 | 29 | 29 | 30 | 31 | **7** | **6** | 2 | 2 | 3 | **2** | 2 | 3 | 3 | 4 | 4 | 5 | 6 | 6 | 7 | 7 | 8 | 6 | 7 |
| 29 | 30 | 30 | 31 | **8** | 2 | 2 | 3 | 3 | 4 | 2 | 3 | 4 | 4 | 5 | 5 | 6 | 7 | 7 | 8 | 8 | 9 | 7 | 8 |
| 30 | 31 | **10** | **9** | 2 | 3 | 3 | 4 | 4 | 5 | 3 | 4 | 5 | 5 | 6 | 6 | 7 | 8 | 8 | 9 | 9 | 10 | 8 | 9 |
| **12** | **11** | 2 | 2 | 3 | 4 | 4 | 5 | 5 | 6 | 4 | 5 | 6 | 6 | 7 | 7 | 8 | 9 | 9 | 10 | 10 | 11 | 9 | 10 |
| 2 | 2 | 3 | 3 | 4 | 5 | 5 | 6 | 6 | 7 | 5 | 6 | 7 | 7 | 8 | 8 | 9 | 10 | 10 | 11 | 11 | 12 | 10 | 11 |
| 3 | 3 | 4 | 4 | 5 | 6 | 6 | 7 | 7 | 8 | 6 | 7 | 8 | 8 | 9 | 9 | 10 | 11 | 11 | 12 | 12 | 13 | 11 | 12 |
| 4 | 4 | 5 | 5 | 6 | 7 | 7 | 8 | 8 | 9 | 7 | 8 | 9 | 9 | 10 | 10 | 11 | 12 | 12 | 13 | 13 | 14 | 12 | 13 |
| 5 十一 | 5 | 6 | 6 | 7 | 8 | 8 | 9 | 9 | 10 | 8 | 9 | 10 | 10 | 11 | 11 | 12 | 13 | 13 | 14 | 14 | 15 | 13 | 14 |
| 6 | 6 十 | 7 九 | 7 | 8 | 9 | 9 | 10 | 10 | 11 | 9 | 10 | 11 | 11 | 12 | 12 | 13 | 14 | 14 | 15 | 15 | 16 | 14 | 15 |
| 7 | 7 | 8 | 8 八 | 9 | 10 | 10 | 11 | 11 | 12 | 10 | 11 | 12 | 12 | 13 | 13 | 14 | 15 | 15 | 16 | 16 | 17 | 15 | 16 |
| 8 **8** | 8 **7** | 9 | 9 | 10 七 | 11 六 | 11 | 12 | 12 | 13 | 11 | 12 | 13 | 13 | 14 | 14 | 15 | 16 | 16 | 17 | 17 | 18 | 16 | 17 |
| 9 | 9 | 10 **6** | 10 **5** | 11 | 12 | 12 五 | 13 | 13 | 14 | 12 | 13 | 14 | 14 | 15 | 15 | 16 | 17 | 17 | 18 | 18 | 19 | 17 | 18 |
| 10 | 10 | 11 | 11 | 12 **4** | 13 **3** | 13 | 14 四 | 14 三 | 15 | 13 | 14 | 15 | 15 | 16 | 16 | 17 | 18 | 18 | 19 | 19 | 20 | 18 | 19 |
| 11 | 11 | 12 | 12 | 13 | 14 | 14 **2** | 15 **1** | 15 | 16 二 | 14 正 | 15 十二 | 16 十一 | 16 十 | 17 | 17 | 18 | 19 | 19 | 20 | 20 | 21 | 19 | 20 |
| 12 | 12 | 13 | 13 | 14 | 15 | 15 | 16 | 16 **12** | 17 **11** | 15 | 16 | 17 | 17 | 18 九 | 18 八 | 19 | 20 | 20 | 21 | 21 | 22 | 20 | 21 |
| 13 | 13 | 14 | 14 | 15 | 16 | 16 | 17 | 17 | 18 | 16 **10** | 17 **9** | 18 | 18 | 19 | 19 | 20 七 | 21 | 21 | 22 | 22 | 23 | 21 | 22 |
| 14 | 14 | 15 | 15 | 16 | 17 | 17 | 18 | 18 | 19 | 17 | 18 | 19 **8** | 19 **7** | 20 | 20 | 21 | 22 六 | 22 五 | 23 | 23 | 24 | 22 | 23 |
| 15 | 15 | 16 | 16 | 17 | 18 | 18 | 19 | 19 | 20 | 18 | 19 | 20 | 20 | 21 **6** | 21 **5** | 22 | 23 | 23 | 24 閏 | 24 | 25 | 23 | 24 |
| 16 | 16 | 17 | 17 | 18 | 19 | 19 | 20 | 20 | 21 | 19 | 20 | 21 冬 | 21 | 22 | 22 | 23 **4** | 24 **3** | 24 | 25 | 25 四 | 26 三 | 24 | 25 |
| 17 | 17 | 18 | 18 | 19 | 20 | 20 | 21 | 21 | 22 | 20 | 21 | 22 | 22 | 23 | 23 | 24 | 25 | 25 **2** | 26 **1** | 26 **12** | 27 **11** | 25 二 | 26 正 |
| 18 | 18 | 19 | 19 | 20 | 21 | 21 | 22 | 22 | 23 | 21 | 22 | 23 | 23 | 24 | 24 | 25 | 26 | 26 | 27 | 27 | 28 | 26 **10** | 27 **9** |
| 19 | 19 | 20 | 20 | 21 | 22 | 22 | 23 | 23 | 24 | 22 | 23 | 24 | 24 | 25 | 25 | 26 | 27 | 27 | 28 | 28 | 29 | 27 | 28 |
| 20 | 20 | 21 | 21 | 22 | 23 | 23 | 24 | 24 | 25 | 23 | 24 | 25 | 25 | 26 | 26 | 27 | 28 | 28 | 29 | 29 | 30 | 28 | 29 |
| 21 冬 | 21 | 22 | 22 | 23 | 24 | 24 | 25 | 25 | 26 | 24 | 25 | 26 | 26 | 27 | 27 | 28 | 29 | 29 | 30 | 30 | 31 | **3** | 30 |

一〇

勵耘書屋

一六三九 己卯 明崇禎一二 清崇德四

1049

一六四〇 庚辰 明崇禎一三 清崇德五

1050

| | | | | | | | | | | | | | | | | | | | | | | | | |
|---|---|---|---|---|---|---|---|---|---|---|---|---|---|---|---|---|---|---|---|---|---|---|---|---|
| 11 | 11 | 12 | 12 | 13 | 14 | 14 | 15 | 15 | 16 | 15 | 16 | 17 | 17 | 18 | 18 | 19 | 20 | 20 | 21 | 21 | 22 | 20 | 21 | 22 |
| 12 | 12 | 13 | 13 | 14 | 15 | 15 | 16 | 16 | 17 | 16 | 17 | 18 | 18 | 19 | 19 | 20 | 21 | 21 | 22 | 22 | 23 | 21 | 22 | 23 |
| 13十一 | 13十 | 14 | 14 | 15 | 16 | 16 | 17 | 17 | 18 | 17 | 18 | 19 | 19 | 20 | 20 | 21 | 22 | 22 | 23 | 23 | 24 | 22 | 23 | 24 |
| 14 | 14 | 15九 | 15 | 16 | 17 | 17 | 18 | 18 | 19 | 18 | 19 | 20 | 20 | 21 | 21 | 22 | 23 | 23 | 24 | 24 | 25 | 23 | 24 | 25 |
| 15[9] | 15 | 16 | 16八 | 17七 | 18 | 18 | 19 | 19 | 20 | 19 | 20 | 21 | 21 | 22 | 22 | 23 | 24 | 24 | 25 | 25 | 26 | 24 | 25 | 26 |
| 16 | 16[8] | 17[7] | 17 | 18 | 19六 | 19五 | 20 | 20 | 21 | 20 | 21 | 22冬 | 22 | 23 | 23 | 24 | 25 | 25 | 26 | 26 | 27 | 25 | 26 | 27 |
| 17 | 17 | 18 | 18[6] | 19[5] | 20 | 20 | 21四 | 21三 | 22二 | 21 | 22 | 23 | 23 | 24 | 24 | 25 | 26 | 26 | 27 | 27 | 28 | 26 | 27 | 28 |
| 18 | 18 | 19 | 19 | 20 | 21[4] | 21[3] | 22 | 22 | 23 | 22閏 | 23正 | 24十二 | 24 | 25 | 25 | 26 | 27 | 27 | 28 | 28 | 29 | 27 | 28 | 29 |
| 19 | 19 | 20 | 20 | 21 | 22 | 22 | 23[2] | 23[1] | 24[12] | 23[11] | 24 | 25 | 25十一 | 26十 | 26 | 27 | 28 | 28 | 29 | 29 | 30 | 28 | 29 | 30 |
| 20 | 20 | 21 | 21 | 22 | 23 | 23 | 24 | 24 | 25 | 24 | 25[10] | 26[9] | 26 | 27 | 27九 | 28 | 29 | 29 | 30 | 30 | 31 | 3 | 30 | 31 |
| 21冬 | 21 | 22 | 22 | 23 | 24 | 24 | 25 | 25 | 26 | 25 | 26 | 27 | 27[8] | 28[7] | 28 | 29八 | 30七 | 30 | 31 | 5 | 4 | 2 | 31 | 1 |
| 22 | 22 | 23 | 23 | 24 | 25 | 25 | 26 | 26 | 27 | 26 | 27 | 28 | 28 | 29 | 29[6] | 30[5] | 31 | 7六 | 6五 | 2 | 2 | 3 | 2 | 2 |
| 23 | 23 | 24 | 24 | 25 | 26 | 26 | 27 | 27 | 28 | 27 | 28 | 29 | 29 | 30 | 30 | 31 | 8[4] | 2[3] | 2 | 3四 | 3三 | 4 | 2 | 3 |
| 24 | 24 | 25 | 25 | 26 | 27 | 27 | 28 | 28 | 29 | 28 | 29 | 30 | 30 | 31 | 10 | 9 | 2 | 3 | 3[2] | 4[1] | 4 | 5二 | 3正 | 4十二 |
| 25 | 25 | 26 | 26 | 27 | 28 | 28 | 29 | 29 | 30 | 29 | 30 | 31 | 12 | 11 | 2 | 2 | 3 | 4 | 4 | 5 | 5[12] | 6[11] | 4 | 5 |
| 26 | 26 | 27 | 27 | 28 | 29 | 29 | 30 | 30 | 31 | 3 | 31 | 1 | 2 | 2 | 3 | 3 | 4 | 5 | 5 | 6 | 6 | 7 | 5[10] | 6[9] |
| 27 | 27 | 28 | 28 | 29 | 30 | 30 | 31 | 5 | 4 | 2 | 2 | 2 | 3 | 3 | 4 | 4 | 5 | 6 | 6 | 7 | 7 | 8 | 6 | 7 |
| 28 | 28 | 29 | 29 | 30 | 31 | 7 | 6 | 2 | 2 | 3 | 2 | 3 | 4 | 4 | 5 | 5 | 6 | 7 | 7 | 8 | 8 | 9 | 7 | 8 |
| 29 | 29 | 30 | 30 | 31 | 8 | 2 | 2 | 3 | 3 | 4 | 3 | 4 | 5 | 5 | 6 | 6 | 7 | 8 | 8 | 9 | 9 | 10 | 8 | 9 |
| 30 | 30 | 31 | 10 | 9 | 2 | 3 | 3 | 4 | 4 | 5 | 4 | 5 | 6 | 6 | 7 | 7 | 8 | 9 | 9 | 10 | 10 | 11 | 9 | 10 |
| 31 | 12 | 11 | 2 | 2 | 3 | 4 | 4 | 5 | 5 | 6 | 5 | 6 | 7 | 7 | 8 | 8 | 9 | 10 | 10 | 11 | 11 | 12 | 10 | 11 |
| 日 | 2 | 2 | 3 | 3 | 4 | 5 | 5 | 6 | 6 | 7 | 6 | 7 | 8 | 8 | 9 | 9 | 10 | 11 | 11 | 12 | 12 | 13 | 11 | 12 |
| 曜 | 3 | 3 | 4 | 4 | 5 | 6 | 6 | 7 | 7 | 8 | 7 | 8 | 9 | 9 | 10 | 10 | 11 | 12 | 12 | 13 | 13 | 14 | 12 | 13 |
| 表 | 4 | 4 | 5 | 5 | 6 | 7 | 7 | 8 | 8 | 9 | 8 | 9 | 10 | 10 | 11 | 11 | 12 | 13 | 13 | 14 | 14 | 15 | 13 | 14 |
| 6 | 5 | 5 | 6 | 6 | 7 | 8 | 8 | 9 | 9 | 10 | 9 | 10 | 11 | 11 | 12 | 12 | 13 | 14 | 14 | 15 | 15 | 16 | 14 | 15 |
| 甲 | 6 | 6 | 7 | 7 | 8 | 9 | 9 | 10 | 10 | 11 | 10 | 11 | 12 | 12 | 13 | 13 | 14 | 15 | 15 | 16 | 16 | 17 | 15 | 16 |
| 子 | 7 | 7 | 8 | 8 | 9 | 10 | 10 | 11 | 11 | 12 | 11 | 12 | 13 | 13 | 14 | 14 | 15 | 16 | 16 | 17 | 17 | 18 | 16 | 17 |
| 表 | 8 | 8 | 9 | 9 | 10 | 11 | 11 | 12 | 12 | 13 | 12 | 13 | 14 | 14 | 15 | 15 | 16 | 17 | 17 | 18 | 18 | 19 | 17 | 18 |
| 58 | 9 | 9 | 10 | 10 | 11 | 12 | 12 | 13 | 13 | 14 | 13 | 14 | 15 | 15 | 16 | 16 | 17 | 18 | 18 | 19 | 19 | 20 | 18 | 19 |
| | 10 | 10 | 11 | 11 | 12 | 13 | 13 | 14 | 14 | 15 | 14 | 15 | 16 | 16 | 17 | 17 | 18 | 19 | 19 | 20 | 20 | 21 | 19 | 20 |

一六四二 壬午 明崇禎一五 清崇德七 1052

一六四一 辛巳 明崇禎一四 清崇德六 1051

| | | | | | | | | | | | | | | | | | | | | | | | |
|---|---|---|---|---|---|---|---|---|---|---|---|---|---|---|---|---|---|---|---|---|---|---|---|
| 22 | 十一 23 | 23 | 24 | 25 | 25 | 26 | 26 | 27 | 25 | 26 | 27 | 27 | 28 | 28 | 29 | 30 | 30 | 31 | 5 | 4 | 2 | 31 | 1 |
| 23 | 9 24 | 十 24 | 九 25 | 八 26 | 26 | 27 | 27 | 28 | 26 | 27 | 28 | 28 | 29 | 29 | 30 | 31 | 7 | 6 | 2 | 2 | 3 | 2 | 2 |
| 24 | 25 | 8 25 | 7 26 | 27 | 七 27 | 六 28 | 五 28 | 29 | 27 | 28 | 29 | 29 | 30 | 30 | 31 | 8 | 2 | 2 | 3 | 3 | 4 | 2 | 3 |
| 25 | 26 | 26 | 27 | 6 28 | 5 28 | 29 | 29 | 四 30 | 三 28 | 29 | 30 | 30 | 31 | 10 | 9 | 2 | 3 | 3 | 4 | 4 | 5 | 3 | 4 |
| 26 | 27 | 27 | 28 | 29 | 29 | 4 30 | 3 30 | 31 | 3 | 二 30 | 正 31 | 12 | 11 | 2 | 2 | 3 | 4 | 4 | 5 | 5 | 6 | 4 | 5 |
| 27 | 28 | 28 | 29 | 30 | 30 | 31 | 5 | 2 4 | 1 2 | 31 | 1 | 十二 2 | 2 | 3 | 3 | 4 | 5 | 5 | 6 | 6 | 7 | 5 | 6 |
| 28 | 29 | 29 | 30 | 31 | 7 | 6 | 2 | 2 | 3 | 12 2 | 11 2 | 3 | 十一 3 | 十 4 | 4 | 5 | 6 | 6 | 7 | 7 | 8 | 6 | 7 |
| 29 | 30 | 30 | 31 | 8 | 2 | 2 | 3 | 3 | 4 | 2 | 3 | 10 4 | 9 4 | 5 | 九 5 | 八 6 | 7 | 7 | 8 | 8 | 9 | 7 | 8 |
| 30 | 31 | 10 | 9 | 2 | 3 | 3 | 4 | 4 | 5 | 3 | 4 | 5 | 5 | 8 6 | 7 6 | 7 | 七 8 | 六 8 | 五 9 | 9 | 10 | 8 | 9 |
| 12 | 11 | 2 | 2 | 3 | 4 | 4 | 5 | 5 | 6 | 4 | 5 | 6 | 6 | 7 | 7 | 6 8 | 5 9 | 9 | 10 | 四 10 | 三 11 | 二 9 | 10 |
| 2 | 2 | 3 | 3 | 4 | 5 | 5 | 6 | 6 | 7 | 5 | 6 | 7 | 7 | 8 | 8 | 9 | 10 | 4 10 | 3 11 | 11 | 12 | 10 | 正 11 十二 |
| 3 | 3 | 4 | 4 | 5 | 6 | 6 | 7 | 7 | 8 | 6 | 7 | 8 | 8 | 9 | 9 | 10 | 11 | 11 | 12 | 2 12 | 1 13 | 11 | 12 |
| 4 | 4 | 5 | 5 | 6 | 7 | 7 | 8 | 8 | 9 | 7 | 8 | 9 | 9 | 10 | 10 | 11 | 12 | 12 | 13 | 13 | 14 | 12 12 | 11 13 |
| 5 | 5 | 6 | 6 | 7 | 8 | 8 | 9 | 9 | 10 | 8 | 9 | 10 | 10 | 11 | 11 | 12 | 13 | 13 | 14 | 14 | 15 | 13 | 14 10 |
| 6 | 6 | 7 | 7 | 8 | 9 | 9 | 10 | 10 | 11 | 9 | 10 | 11 | 11 | 12 | 12 | 13 | 14 | 14 | 15 | 15 | 16 | 14 | 15 |
| 7 | 7 | 8 | 8 | 9 | 10 | 10 | 11 | 11 | 12 | 10 | 11 | 12 | 12 | 13 | 13 | 14 | 15 | 15 | 16 | 16 | 17 | 15 | 16 |
| 8 | 8 | 9 | 9 | 10 | 11 | 11 | 12 | 12 | 13 | 11 | 12 | 13 | 13 | 14 | 14 | 15 | 16 | 16 | 17 | 17 | 18 | 16 | 17 |
| 9 | 9 | 10 | 10 | 11 | 12 | 12 | 13 | 13 | 14 | 12 | 13 | 14 | 14 | 15 | 15 | 16 | 17 | 17 | 18 | 18 | 19 | 17 | 18 |
| 10 | 10 | 11 | 11 | 12 | 13 | 13 | 14 | 14 | 15 | 13 | 14 | 15 | 15 | 16 | 16 | 17 | 18 | 18 | 19 | 19 | 20 | 18 | 19 |
| 11 | 11 | 12 | 12 | 13 | 14 | 14 | 15 | 15 | 16 | 14 | 15 | 16 | 16 | 17 | 17 | 18 | 19 | 19 | 20 | 20 | 21 | 19 | 20 |
| 12 | 12 | 13 | 13 | 14 | 15 | 15 | 16 | 16 | 17 | 15 | 16 | 17 | 17 | 18 | 18 | 19 | 20 | 20 | 21 | 21 | 22 | 20 | 21 |
| 13 | 13 | 14 | 14 | 15 | 16 | 16 | 17 | 17 | 18 | 16 | 17 | 18 | 18 | 19 | 19 | 20 | 21 | 21 | 22 | 22 | 23 | 21 | 22 |
| 14 | 14 | 15 | 15 | 16 | 17 | 17 | 18 | 18 | 19 | 17 | 18 | 19 | 19 | 20 | 20 | 21 | 22 | 22 | 23 | 23 | 24 | 22 | 23 |
| 15 | 15 | 16 | 16 | 17 | 18 | 18 | 19 | 19 | 20 | 18 | 19 | 20 | 20 | 21 | 21 | 22 | 23 | 23 | 24 | 24 | 25 | 23 | 24 |
| 16 | 16 | 17 | 17 | 18 | 19 | 19 | 20 | 20 | 21 | 19 | 20 | 21 | 冬 21 | 22 | 22 | 23 | 24 | 24 | 25 | 25 | 26 | 24 | 25 |
| 17 | 17 | 18 | 18 | 19 | 20 | 20 | 21 | 21 | 22 | 20 | 21 | 22 | 22 | 23 | 23 | 24 | 25 | 25 | 26 | 26 | 27 | 25 | 26 |
| 18 | 18 | 19 | 19 | 20 | 21 | 21 | 22 | 22 | 23 | 21 | 22 | 23 | 23 | 24 | 24 | 25 | 26 | 26 | 27 | 27 | 28 | 26 | 27 |
| 19 | 19 | 20 | 20 | 21 | 22 | 22 | 23 | 23 | 24 | 22 | 23 | 24 | 24 | 25 | 25 | 26 | 27 | 27 | 28 | 28 | 29 | 27 | 28 |
| 20 | 20 | 21 | 21 | 22 | 23 | 23 | 24 | 24 | 25 | 23 | 24 | 25 | 25 | 26 | 26 | 27 | 28 | 28 | 29 | 29 | 30 | 28 | 29 |
| 21 | 冬 21 | 22 | 22 | 23 | 24 | 24 | 25 | 25 | 26 | 24 | 25 | 26 | 26 | 27 | 27 | 28 | 29 | 29 | 30 | 30 | 31 | 3 | 30 |

| 一六四四 甲申 明崇禎一七 清順治元 世祖 1054 | | | | | | | | | | | | | 一六四三 癸未 明崇禎一六 清崇德八 1053 | | | | | | | | | | | |
|---|---|---|---|---|---|---|---|---|---|---|---|---|---|---|---|---|---|---|---|---|---|---|---|---|
| 11 | 11 | 12 | 12 | 13 | 14 | 14 | 15 | 15 | 16 | 15 | 16 | 17 | 17 | 18 | 18 | 19 | 20 | 20 | 21 | 21 2 | 22 1 | 20 12 | 21 11 | 22 閏 |
| 12 | 12 | 13 | 13 | 14 | 15 | 15 | 16 | 16 | 17 | 16 | 17 | 18 | 18 | 19 | 19 | 20 | 21 | 21 | 22 | 22 | 23 | 21 | 22 | 23 10 |
| 13 | 13 | 14 | 14 | 15 | 16 | 16 | 17 | 17 | 18 | 17 | 18 | 19 | 19 | 20 | 20 | 21 | 22 | 22 | 23 | 23 | 24 | 22 | 23 | 24 |
| 14 | 14 | 15 | 15 | 16 | 17 | 17 | 18 | 18 | 19 | 18 | 19 | 20 | 20 | 21 | 21 | 22 | 23 | 23 | 24 | 24 | 25 | 23 | 24 | 25 |
| 15 | 15 | 16 | 16 | 17 | 18 | 18 | 19 | 19 | 20 | 19 | 20 | 21 | 21 | 22 | 22 | 23 | 24 | 24 | 25 | 25 | 26 | 24 | 25 | 26 |
| 16 | 16 | 17 | 17 | 18 | 19 | 19 | 20 | 20 | 21 | 20 | 21 | 22 冬 | 22 | 23 | 23 | 24 | 25 | 25 | 26 | 26 | 27 | 25 | 26 | 27 |
| 17 | 17 | 18 | 18 | 19 | 20 | 20 | 21 | 21 | 22 | 21 | 22 | 23 | 23 | 24 | 24 | 25 | 26 | 26 | 27 | 27 | 28 | 26 | 27 | 28 |
| 18 | 18 | 19 | 19 | 20 | 21 | 21 | 22 | 22 | 23 | 22 | 23 | 24 | 24 | 25 | 25 | 26 | 27 | 27 | 28 | 28 | 29 | 27 | 28 | 29 |
| 19 | 19 | 20 | 20 | 21 | 22 | 22 | 23 | 23 | 24 | 23 | 24 | 25 | 25 | 26 | 26 | 27 | 28 | 28 | 29 | 29 | 30 | 28 | 29 | 30 |
| 20 | 20 | 21 | 21 | 22 | 23 | 23 | 24 | 24 | 25 | 24 | 25 | 26 | 26 | 27 | 27 | 28 | 29 | 29 | 30 | 30 | 31 | **3** | 30 | 31 |
| 21 冬 | 21 | 22 | 22 | 23 | 24 | 24 | 25 | 25 | 26 | 25 | 26 | 27 | 27 | 28 | 28 | 29 | 30 | 30 | 31 | **5** | **4** | 2 | 31 | **1** |
| 22 | 22 | 23 | 23 | 24 | 25 | 25 | 26 | 26 | 27 | 26 | 27 | 28 | 28 | 29 | 29 | 30 | 31 | **7** | **6** | 2 | 2 | 3 | **2** | 2 |
| 23 | 23 | 24 | 24 | 25 | 26 | 26 | 27 | 27 | 28 | 27 | 28 | 29 | 29 | 30 | 30 | 31 | **8** | 2 | 2 | 3 | 3 | 4 | 2 | 3 |
| 24 | 24 | 25 | 25 | 26 | 27 | 27 | 28 | 28 | 29 | 28 | 29 | 30 | 30 | 31 | **10** | **9** | 2 | 3 | 3 | 4 | 4 | 5 | 3 | 4 |
| 25 | 25 | 26 | 26 | 27 | 28 | 28 | 29 | 29 | 30 | 29 | 30 | 31 | **12** | **11** | 2 | 2 | 3 | 4 | 4 | 5 | 5 | 6 | 4 | 5 |
| 26 | 26 | 27 | 27 | 28 | 29 | 29 | 30 | 30 | 31 | **3** | 31 | **1** | 2 | 2 | 3 | 3 | 4 | 5 | 5 | 6 | 6 | 7 | 5 | 6 |
| 27 | 27 | 28 | 28 | 29 | 30 | 30 | 31 | **5** | **4** | 2 | **2** | 2 | 3 | 3 | 4 | 4 | 5 | 6 | 6 | 7 | 7 | 8 | 6 | 7 |
| 28 | 28 | 29 | 29 | 30 | 31 | **7** | **6** | 2 | 2 | 3 | 2 | 3 | 4 | 4 | 5 | 5 | 6 | 7 | 7 | 8 | 8 | 9 | 7 | 8 |
| 29 十二 | 29 十一 | 30 十 | 30 | 31 | **8** | 2 | 2 | 3 | 3 | 4 | 3 | 4 | 5 | 5 | 6 | 6 | 7 | 8 | 8 | 9 | 9 | 10 | 8 | 9 |
| 30 11 | 30 | 31 | **10** 九 | **9** 八 | 2 七 | 3 | 3 | **4** | 4 | 5 | 4 | 5 | 6 | 6 | 7 | 7 | 8 | 9 | 9 | 10 | 10 | 11 | 9 | 10 |
| 31 | **12** 10 | **11** 9 | 2 | 2 | 3 | 4 六 | 4 | 5 | 5 | 6 | 5 | 6 | 7 | 7 | 8 | 8 | 9 | 10 | 10 | 11 | 11 | 12 | 10 | 11 |
| 日 | 2 | 2 | 3 8 | 3 7 | 4 | 5 | 5 五 | 6 四 | 6 | 7 | 6 | 7 | 8 | 8 | 9 | 9 | 10 | 11 | 11 | 12 | 12 | 13 | 11 | 12 |
| 曜 | 3 | 3 | 4 | 4 | 5 6 | 6 5 | 6 | 7 | 7 三 | 8 | 7 | 8 | 9 | 9 | 10 | 10 | 11 | 12 | 12 | 13 | 13 | 14 | 12 | 13 |
| 表 | 4 | 4 | 5 | 5 | 6 | 7 | 7 4 | 8 3 | 8 | 9 二 | 8 正 | 9 | 10 | 10 | 11 | 11 | 12 | 13 | 13 | 14 | 14 | 15 | 13 | 14 |
| 7 | 5 | 5 | 6 | 6 | 7 | 8 | 8 | 9 | 9 2 | 10 1 | 9 | 10 十二 | 11 十一 | 11 十 | 12 | 12 | 13 | 14 | 14 | 15 | 15 | 16 | 14 | 15 |
| 甲 | 6 | 6 | 7 | 7 | 8 | 9 | 9 | 10 | 10 | 11 | 10 12 | 11 11 | 12 | 12 | 13 九 | 13 八 | 14 七 | 15 | 15 | 16 | 16 | 17 | 15 | 16 |
| 子 | 7 | 7 | 8 | 8 | 9 | 10 | 10 | 11 | 11 | 12 | 11 | 12 | 13 10 | 13 9 | 14 | 14 | 15 | 16 六 | 16 五 | 17 | 17 | 18 | 16 | 17 |
| 表 | 8 | 8 | 9 | 9 | 10 | 11 | 11 | 12 | 12 | 13 | 12 | 13 | 14 | 14 | 15 8 | 15 7 | 16 | 17 | 17 | 18 四 | 18 三 | 19 | 17 | 18 |
| 59 | 9 | 9 | 10 | 10 | 11 | 12 | 12 | 13 | 13 | 14 | 13 | 14 | 15 | 15 | 16 | 16 | 17 6 | 18 5 | 18 | 19 | 19 | 20 二 | 18 | 19 |
| | 10 | 10 | 11 | 11 | 12 | 13 | 13 | 14 | 14 | 15 | 14 | 15 | 16 | 16 | 17 | 17 | 18 | 19 | 19 4 | 20 3 | 20 | 21 | 19 正 | 20 十二 |

一六四五 乙酉 明弘光元 福王 清順治二

1055

一六四六 丙戌 明隆武元 唐王 清順治三

1056

| | | | | | | | | | | | | | | | | | | | | | | | |
|---|---|---|---|---|---|---|---|---|---|---|---|---|---|---|---|---|---|---|---|---|---|---|---|
| 22 | 23 | 23 | 24 | 25 | 25 | 26 | 26 | 27 | 25 | 26 | 27 | 27 | 28 | 28 | 29 | 30 | 30 | 31 | **5** | **4** | 2 | 31 | **1** |
| 23 | 24 | 24 | 25 | 26 | 26 | 27 | 27 | 28 | 26 | 27 | 28 | 28 | 29 | 29 | 30 | 31 | **7** | **6** | 2 | 2 | 3 | **2** | 2 |
| 24 | 25 | 25 | 26 | 27 | 27 | 28 | 28 | 29 | 27 | 28 | 29 | 29 | 30 | 30 | 31 | **8** | 2 | 2 | 3 | 3 | 4 | 2 | 3 |
| 25 | 26 | 26 | 27 | 28 | 28 | 29 | 29 | 30 | 28 | 29 | 30 | 30 | 31 | **10** | **9** | 2 | 3 | 3 | 4 | 4 | 5 | 3 | 4 |
| 26 | 27 | 27 | 28 | 29 | 29 | 30 | 30 | 31 | **3** | 30 | 31 | **12** | **11** | 2 | 2 | 3 | 4 | 4 | 5 | 5 | 6 | 4 | 5 |
| 27 | 28 | 28 | 29 | 30 | 30 | 31 | **5** | **4** | 2 | 31 | **1** | 2 | 2 | 3 | 3 | 4 | 5 | 5 | 6 | 6 | 7 | 5 | 6 |
| 28 | 29 | 29 | 30 | 31 | **7** | **6** | 2 | 2 | 3 | **2** | 2 | 3 | 3 | 4 | 4 | 5 | 6 | 6 | 7 | 7 | 8 | 6 | 7 |
| 29 | 30 | 30 | 31 | **8** | 2 | 2 | 3 | 3 | 4 | 2 | 3 | 4 | 4 | 5 | 5 | 6 | 7 | 7 | 8 | 8 | 9 | 7 | 8 |
| 30 | 31 | **10** | **9** | 2 | 3 | 3 | 4 | 4 | 5 | 3 | 4 | 5 | 5 | 6 | 6 | 7 | 8 | 8 | 9 | 9 | 10 | 8 | 9 |
| **12** | **11** | 2 | 2 | 3 | 4 | 4 | 5 | 5 | 6 | 4 | 5 | 6 | 6 | 7 | 7 | 8 | 9 | 9 | 10 | 10 | 11 | 9 | 10 |
| 2 | 2 | 3 | 3 | 4 | 5 | 5 | 6 | 6 | 7 | 5 | 6 | 7 | 7 | 8 | 8 | 9 | 10 | 10 | 11 | 11 | 12 | 10 | 11 |
| 3 | 3 | 4 | 4 | 5 | 6 | 6 | 7 | 7 | 8 | 6 | 7 | 8 | 8 | 9 | 9 | 10 | 11 | 11 | 12 | 12 | 13 | 11 | 12 |
| 4 | 4 | 5 | 5 | 6 | 7 | 7 | 8 | 8 | 9 | 7 | 8 | 9 | 9 | 10 | 10 | 11 | 12 | 12 | 13 | 13 | 14 | 12 | 13 |
| 5 | 5 | 6 | 6 | 7 | 8 | 8 | 9 | 9 | 10 | 8 | 9 | 10 | 10 | 11 | 11 | 12 | 13 | 13 | 14 | 14 | 15 | 13 | 14 |
| 6 | 6 | 7 | 7 | 8 | 9 | 9 | 10 | 10 | 11 | 9 | 10 | 11 | 11 | 12 | 12 | 13 | 14 | 14 | 15 | 15 | 16 | 14 | 15 |
| 7 | 十一 7 | 十 8 | 8 | 9 | 10 | 10 | 11 | 11 | 12 | 10 | 11 | 12 | 12 | 13 | 13 | 14 | 15 | 15 | 16 | 16 | 17 | 15 | 16 |
| 8 | 8 | 9 | 九 9 | 八 10 | 11 | 11 | 12 | 12 | 13 | 11 | 12 | 13 | 13 | 14 | 14 | 15 | 16 | 16 | 17 | 17 | 18 | 16 | 17 |
| 9 | 11 9 | 10 | 10 | 11 | 七 12 | 12 | 13 | 13 | 14 | 12 | 13 | 14 | 14 | 15 | 15 | 16 | 17 | 17 | 18 | 18 | 19 | 17 | 18 |
| 10 | 10 | 10 11 | 9 11 | 12 | 13 | 六 13 | 五 14 | 14 | 15 | 13 | 14 | 15 | 15 | 16 | 16 | 17 | 18 | 18 | 19 | 19 | 20 | 18 | 19 |
| 11 | 11 | 12 | 12 | 8 13 | 7 14 | 14 | 15 | 四 15 | 16 | 14 | 15 | 16 | 16 | 17 | 17 | 18 | 19 | 19 | 20 | 20 | 21 | 19 | 20 |
| 12 | 12 | 13 | 13 | 14 | 15 | 6 15 | 5 16 | 16 | 三 17 | 二 15 | 16 | 17 | 17 | 18 | 18 | 19 | 20 | 20 | 21 | 21 | 22 | 20 | 21 |
| 13 | 13 | 14 | 14 | 15 | 16 | 16 | 17 | 4 17 | 3 18 | 16 | 正 17 | 十二 18 | 十一 18 | 十 19 | 九 19 | 20 | 21 | 21 | 22 | 22 | 23 | 21 | 22 |
| 14 | 14 | 15 | 15 | 16 | 17 | 17 | 18 | 18 | 19 | 2 17 | 1 18 | 12 19 | 11 19 | 20 | 20 | 八 21 | 七 22 | 22 | 23 | 23 | 24 | 22 | 23 |
| 15 | 15 | 16 | 16 | 17 | 18 | 18 | 19 | 19 | 20 | 18 | 19 | 20 | 20 | 10 21 | 9 21 | 22 | 23 | 閏 23 | 24 | 24 | 25 | 23 | 24 |
| 16 | 16 | 17 | 17 | 18 | 19 | 19 | 20 | 20 | 21 | 19 | 20 | 21 | 冬 21 | 22 | 22 | 8 23 | 7 24 | 24 | 六 25 | 五 25 | 26 | 24 | 25 |
| 17 | 17 | 18 | 18 | 19 | 20 | 20 | 21 | 21 | 22 | 20 | 21 | 22 | 22 | 23 | 23 | 24 | 25 | 6 25 | 5 26 | 26 | 四 27 | 25 | 26 |
| 18 | 18 | 19 | 19 | 20 | 21 | 21 | 22 | 22 | 23 | 21 | 22 | 23 | 23 | 24 | 24 | 25 | 26 | 26 | 27 | 4 27 | 3 28 | 三 26 | 二 27 |
| 19 | 19 | 20 | 20 | 21 | 22 | 22 | 23 | 23 | 24 | 22 | 23 | 24 | 24 | 25 | 25 | 26 | 27 | 27 | 28 | 28 | 29 | 2 27 | 1 28 正 |
| 20 | 20 | 21 | 21 | 22 | 23 | 23 | 24 | 24 | 25 | 23 | 24 | 25 | 25 | 26 | 26 | 27 | 28 | 28 | 29 | 29 | 30 | 28 | 29 12 |
| 21 | 冬 21 | 22 | 22 | 23 | 24 | 24 | 25 | 25 | 26 | 24 | 25 | 26 | 26 | 27 | 27 | 28 | 29 | 29 | 30 | 30 | 31 | **3** | 30 |

一六四七 丁亥 明永曆元 永明王 清順治四 1057

一六四八 戊子 明永曆二 清順治五 1058

| | | | | | | | | | | | | | | | | | | | | | | | | |
|---|---|---|---|---|---|---|---|---|---|---|---|---|---|---|---|---|---|---|---|---|---|---|---|---|
| 11 | 11 | 12 | 12 | 13 | 14 | 14 | 15 | 15 | 16 | 15 | 16 | 17 | 17 | 18 | 18 | 19 | 20 | 20 | 21 | 21 | 22 | 20 | 21 | 22 |
| 12 | 12 | 13 | 13 | 14 | 15 | 15 | 16 | 16 | 17 | 16 | 17 | 18 | 18 | 19 | 19 | 20 | 21 | 21 | 22 | 22 | 23 | 21 | 22 | 23 |
| 13 | 13 | 14 | 14 | 15 | 16 | 16 | 17 | 17 | 18 | 17 | 18 | 19 | 19 | 20 | 20 | 21 | 22 | 22 | 23 | 23 | 24 | 22 | 23 | 24 |
| 14 | 十一14 | 15 | 15 | 16 | 17 | 17 | 18 | 18 | 19 | 18 | 19 | 20 | 20 | 21 | 21 | 22 | 23 | 23 | 24 | 24 | 25 | 23 | 24 | 25 |
| 15 | 15 | 十16 | 九16 | 17 | 18 | 18 | 19 | 19 | 20 | 19 | 20 | 21 | 21 | 22 | 22 | 23 | 24 | 24 | 25 | 25 | 26 | 24 | 25 | 26 |
| 16 | 16 | 17 | 17 | 八18 | 19 | 19 | 20 | 20 | 21 | 20 | 21 | 22 | 冬22 | 23 | 23 | 24 | 25 | 25 | 26 | 26 | 27 | 25 | 26 | 27 |
| 17 | 12 17 | 11 18 | 18 | 19 | 七20 | 六20 | 21 | 21 | 22 | 21 | 22 | 23 | 23 | 24 | 24 | 25 | 26 | 26 | 27 | 27 | 28 | 26 | 27 | 28 |
| 18 | 18 | 19 | 10 19 | 9 20 | 21 | 21 | 五22 | 四22 | 23 | 22 | 23 | 24 | 24 | 25 | 25 | 26 | 27 | 27 | 28 | 28 | 29 | 27 | 28 | 29 |
| 19 | 19 | 20 | 20 | 21 | 8 22 | 7 22 | 23 | 23 | 閏24 | 三23 | 二24 | 25 | 25 | 26 | 26 | 27 | 28 | 28 | 29 | 29 | 30 | 28 | 29 | 30 |
| 20 | 20 | 21 | 21 | 22 | 23 | 23 | 6 24 | 5 24 | 25 | 24 | 25 | 正26 | 十二26 | 十一27 | 27 | 28 | 29 | 29 | 30 | 30 | 31 | **3** | 30 | 31 |
| 21 | 冬21 | 22 | 22 | 23 | 24 | 24 | 25 | 25 | 4 26 | 3 25 | 26 | 27 | 27 | 28 | 十28 | 九29 | 30 | 30 | 31 | **5** | **4** | 2 | 31 | **1** |
| 22 | 22 | 23 | 23 | 24 | 25 | 25 | 26 | 26 | 27 | 26 | 2 27 | 1 28 | 12 28 | 11 29 | 29 | 30 | 八31 | **7** | **6** | 2 | 2 | 3 | **2** | 2 |
| 23 | 23 | 24 | 24 | 25 | 26 | 26 | 27 | 27 | 28 | 27 | 28 | 29 | 29 | 30 | 10 30 | 9 31 | **8** | 七2 | 六2 | 3 | 3 | 4 | 2 | 3 |
| 24 | 24 | 25 | 25 | 26 | 27 | 27 | 28 | 28 | 29 | 28 | 29 | 30 | 30 | 31 | **10** | **9** | 8 2 | 7 3 | 3 | 五4 | 4 | 5 | 3 | 4 |
| 25 | 25 | 26 | 26 | 27 | 28 | 28 | 29 | 29 | 30 | 29 | 30 | 31 | **12** | **11** | 2 | 2 | 3 | 4 | 6 4 | 5 5 | 四5 | 三6 | 二4 | 5 |
| 26 | 26 | 27 | 27 | 28 | 29 | 29 | 30 | 30 | 31 | **3** | 31 | **1** | 2 | 2 | 3 | 3 | 4 | 5 | 5 | 6 | 4 6 | 3 7 | 5 | 正6 十二 |
| 27 | 27 | 28 | 28 | 29 | 30 | 30 | 31 | **5** | **4** | 2 | **2** | 2 | 3 | 3 | 4 | 4 | 5 | 6 | 6 | 7 | 7 | 8 | 2 6 | 1 7 |
| 28 | 28 | 29 | 29 | 30 | 31 | **7** | **6** | 2 | 2 | 3 | 2 | 3 | 4 | 4 | 5 | 5 | 6 | 7 | 7 | 8 | 8 | 9 | 7 | 8 12 |
| 29 | 29 | 30 | 30 | 31 | **8** | 2 | 2 | 3 | 3 | 4 | 3 | 4 | 5 | 5 | 6 | 6 | 7 | 8 | 8 | 9 | 9 | 10 | 8 | 9 |
| 30 | 30 | 31 | **10** | **9** | 2 | 3 | 3 | **4** | 4 | 5 | 4 | 5 | 6 | 6 | 7 | 7 | 8 | 9 | 9 | 10 | 10 | 11 | 9 | 10 |
| 31 | **12** | **11** | 2 | 2 | 3 | 4 | 4 | 5 | 5 | 6 | 5 | 6 | 7 | 7 | 8 | 8 | 9 | 10 | 10 | 11 | 11 | 12 | 10 | 11 |
| 日 | 2 | 2 | 3 | 3 | 4 | 5 | 5 | 6 | 6 | 7 | 6 | 7 | 8 | 8 | 9 | 9 | 10 | 11 | 11 | 12 | 12 | 13 | 11 | 12 |
| 曜 | 3 | 3 | 4 | 4 | 5 | 6 | 6 | 7 | 7 | 8 | 7 | 8 | 9 | 9 | 10 | 10 | 11 | 12 | 12 | 13 | 13 | 14 | 12 | 13 |
| 表 | 4 | 4 | 5 | 5 | 6 | 7 | 7 | 8 | 8 | 9 | 8 | 9 | 10 | 10 | 11 | 11 | 12 | 13 | 13 | 14 | 14 | 15 | 13 | 14 |
| 1 | 5 | 5 | 6 | 6 | 7 | 8 | 8 | 9 | 9 | 10 | 9 | 10 | 11 | 11 | 12 | 12 | 13 | 14 | 14 | 15 | 15 | 16 | 14 | 15 |
| 甲 | 6 | 6 | 7 | 7 | 8 | 9 | 9 | 10 | 10 | 11 | 10 | 11 | 12 | 12 | 13 | 13 | 14 | 15 | 15 | 16 | 16 | 17 | 15 | 16 |
| 子 | 7 | 7 | 8 | 8 | 9 | 10 | 10 | 11 | 11 | 12 | 11 | 12 | 13 | 13 | 14 | 14 | 15 | 16 | 16 | 17 | 17 | 18 | 16 | 17 |
| 表 | 8 | 8 | 9 | 9 | 10 | 11 | 11 | 12 | 12 | 13 | 12 | 13 | 14 | 14 | 15 | 15 | 16 | 17 | 17 | 18 | 18 | 19 | 17 | 18 |
| 60 | 9 | 9 | 10 | 10 | 11 | 12 | 12 | 13 | 13 | 14 | 13 | 14 | 15 | 15 | 16 | 16 | 17 | 18 | 18 | 19 | 19 | 20 | 18 | 19 |
| | 10 | 10 | 11 | 11 | 12 | 13 | 13 | 14 | 14 | 15 | 14 | 15 | 16 | 16 | 17 | 17 | 18 | 19 | 19 | 20 | 20 | 21 | 19 | 20 |

一六四九 己丑 明永曆三 清順治六 1059

一六五〇 庚寅 明永曆四 清順治七 1060

| | | | | | | | | | | | | | | | | | | | | | | | |
|---|---|---|---|---|---|---|---|---|---|---|---|---|---|---|---|---|---|---|---|---|---|---|---|
| 22 | 23 | 23 | 24 | 25 | 25 | 26 | 26 | 27 | 25 | 26 | 27 | 27 | 28 | 28 | 29 | 30 | 30 | 31 | 5 | 4 | 2 | 31 | 1 |
| 23 | 24 | 24 | 25 | 26 | 26 | 27 | 27 | 28 | 26 | 27 | 28 | 28 | 29 | 29 | 30 | 31 | 7 | 6 | 2 | 2 | 3 | 2 | 2 |
| 24 十一 | 25 十 | 25 | 26 | 27 | 27 | 28 | 28 | 29 | 27 | 28 | 29 | 29 | 30 | 30 | 31 | 8 | 2 | 2 | 3 | 3 | 4 | 2 | 3 |
| 25 12 | 26 11 | 26 九 | 27 八 | 28 七 | 28 | 29 | 29 | 30 | 28 | 29 | 30 | 30 | 31 | 10 | 9 | 2 | 3 | 3 | 4 | 4 | 5 | 3 | 4 |
| 26 | 27 | 27 10 | 28 9 | 29 | 29 六 | 30 五 | 30 | 31 | 3 | 30 | 31 | 12 | 11 | 2 | 2 | 3 | 4 | 4 | 5 | 5 | 6 | 4 | 5 |
| 27 | 28 | 28 | 29 | 30 8 | 30 7 | 31 | 5 四 | 4 三 | 2 二 | 31 | 1 | 2 | 2 | 3 | 3 | 4 | 5 | 5 | 6 | 6 | 7 | 5 | 6 |
| 28 | 29 | 29 | 30 | 31 | 7 | 6 6 | 2 5 | 2 | 3 | 2 正 | 2 十二 | 3 | 3 | 4 | 4 | 5 | 6 | 6 | 7 | 7 | 8 | 6 | 7 |
| 29 | 30 | 30 | 31 | 8 | 2 | 2 | 3 | 3 4 | 4 3 | 2 | 3 | 4 十一 | 4 十 | 5 | 5 | 6 | 7 | 7 | 8 | 8 | 9 | 7 | 8 |
| 30 | 31 | 10 | 9 | 2 | 3 | 3 | 4 | 4 | 5 | 3 2 | 4 1 | 5 | 5 | 6 九 | 6 | 7 | 8 | 8 | 9 | 9 | 10 | 8 | 9 |
| 12 | 11 | 2 | 2 | 3 | 4 | 4 | 5 | 5 | 6 | 4 | 5 | 6 12 | 6 11 | 7 | 7 八 | 8 七 | 9 | 9 | 10 | 10 | 11 | 9 | 10 |
| 2 | 2 | 3 | 3 | 4 | 5 | 5 | 6 | 6 | 7 | 5 | 6 | 7 | 7 | 8 10 | 8 9 | 9 | 10 六 | 10 五 | 11 四 | 11 | 12 | 10 | 11 |
| 3 | 3 | 4 | 4 | 5 | 6 | 6 | 7 | 7 | 8 | 6 | 7 | 8 | 8 | 9 | 9 | 10 8 | 11 7 | 11 | 12 | 12 三 | 13 二 | 11 正 | 12 |
| 4 | 4 | 5 | 5 | 6 | 7 | 7 | 8 | 8 | 9 | 7 | 8 | 9 | 9 | 10 | 10 | 11 | 12 | 12 6 | 13 5 | 13 | 14 | 12 | 13 十二 |
| 5 | 5 | 6 | 6 | 7 | 8 | 8 | 9 | 9 | 10 | 8 | 9 | 10 | 10 | 11 | 11 | 12 | 13 | 13 | 14 | 14 4 | 15 3 | 13 | 14 |
| 6 | 6 | 7 | 7 | 8 | 9 | 9 | 10 | 10 | 11 | 9 | 10 | 11 | 11 | 12 | 12 | 13 | 14 | 14 | 15 | 15 | 16 | 14 2 | 15 1 |
| 7 | 7 | 8 | 8 | 9 | 10 | 10 | 11 | 11 | 12 | 10 | 11 | 12 | 12 | 13 | 13 | 14 | 15 | 15 | 16 | 16 | 17 | 15 | 16 |
| 8 | 8 | 9 | 9 | 10 | 11 | 11 | 12 | 12 | 13 | 11 | 12 | 13 | 13 | 14 | 14 | 15 | 16 | 16 | 17 | 17 | 18 | 16 | 17 |
| 9 | 9 | 10 | 10 | 11 | 12 | 12 | 13 | 13 | 14 | 12 | 13 | 14 | 14 | 15 | 15 | 16 | 17 | 17 | 18 | 18 | 19 | 17 | 18 |
| 10 | 10 | 11 | 11 | 12 | 13 | 13 | 14 | 14 | 15 | 13 | 14 | 15 | 15 | 16 | 16 | 17 | 18 | 18 | 19 | 19 | 20 | 18 | 19 |
| 11 | 11 | 12 | 12 | 13 | 14 | 14 | 15 | 15 | 16 | 14 | 15 | 16 | 16 | 17 | 17 | 18 | 19 | 19 | 20 | 20 | 21 | 19 | 20 |
| 12 | 12 | 13 | 13 | 14 | 15 | 15 | 16 | 16 | 17 | 15 | 16 | 17 | 17 | 18 | 18 | 19 | 20 | 20 | 21 | 21 | 22 | 20 | 21 |
| 13 | 13 | 14 | 14 | 15 | 16 | 16 | 17 | 17 | 18 | 16 | 17 | 18 | 18 | 19 | 19 | 20 | 21 | 21 | 22 | 22 | 23 | 21 | 22 |
| 14 | 14 | 15 | 15 | 16 | 17 | 17 | 18 | 18 | 19 | 17 | 18 | 19 | 19 | 20 | 20 | 21 | 22 | 22 | 23 | 23 | 24 | 22 | 23 |
| 15 | 15 | 16 | 16 | 17 | 18 | 18 | 19 | 19 | 20 | 18 | 19 | 20 | 20 | 21 | 21 | 22 | 23 | 23 | 24 | 24 | 25 | 23 | 24 |
| 16 | 16 | 17 | 17 | 18 | 19 | 19 | 20 | 20 | 21 | 19 | 20 | 21 冬 | 21 | 22 | 22 | 23 | 24 | 24 | 25 | 25 | 26 | 24 | 25 |
| 17 | 17 | 18 | 18 | 19 | 20 | 20 | 21 | 21 | 22 | 20 | 21 | 22 | 22 | 23 | 23 | 24 | 25 | 25 | 26 | 26 | 27 | 25 | 26 |
| 18 | 18 | 19 | 19 | 20 | 21 | 21 | 22 | 22 | 23 | 21 | 22 | 23 | 23 | 24 | 24 | 25 | 26 | 26 | 27 | 27 | 28 | 26 | 27 |
| 19 | 19 | 20 | 20 | 21 | 22 | 22 | 23 | 23 | 24 | 22 | 23 | 24 | 24 | 25 | 25 | 26 | 27 | 27 | 28 | 28 | 29 | 27 | 28 |
| 20 | 20 | 21 | 21 | 22 | 23 | 23 | 24 | 24 | 25 | 23 | 24 | 25 | 25 | 26 | 26 | 27 | 28 | 28 | 29 | 29 | 30 | 28 | 29 |
| 21 冬 | 21 | 22 | 22 | 23 | 24 | 24 | 25 | 25 | 26 | 24 | 25 | 26 | 26 | 27 | 27 | 28 | 29 | 29 | 30 | 30 | 31 | 3 | 30 |

一六五二 壬辰 明永曆六 清順治九

1063

一六五一 辛卯 明永曆五 清順治八 清閏二月

1062 1061

| | | | | | | | | | | | | | | | | | | | | | | | | |
|---|---|---|---|---|---|---|---|---|---|---|---|---|---|---|---|---|---|---|---|---|---|---|---|---|
| 11 | 11 | 12 | 12 | 13 | 14 | 14 | 15 | 15 | 16 | 15 | 16 | 17 | 17 | 18 | 18 | 19 | 20 8 | 20 7 | 21 | 21 | 22 | 20正 | 21十二 | 22 |
| 12 | 12 | 13 | 13 | 14 | 15 | 15 | 16 | 16 | 17 | 16 | 17 | 18 | 18 | 19 | 19 | 20 | 21 | 21 | 22 6 | 22 5 | 23 | 21 | 22 | 23閏 |
| 13 | 13 | 14 | 14 | 15 | 16 | 16 | 17 | 17 | 18 | 17 | 18 | 19 | 19 | 20 | 20 | 21 | 22 | 22 | 23 | 23 | 24 4 | 22 3 | 23 | 24 |
| 14 | 14 | 15 | 15 | 16 | 17 | 17 | 18 | 18 | 19 | 18 | 19 | 20 | 20 | 21 | 21 | 22 | 23 | 23 | 24 | 24 | 25 | 23 | 24 2 | 25 1 |
| 15 | 15 | 16 | 16 | 17 | 18 | 18 | 19 | 19 | 20 | 19 | 20 | 21 | 21 | 22 | 22 | 23 | 24 | 24 | 25 | 25 | 26 | 24 | 25 | 26 |
| 16 | 16 | 17 | 17 | 18 | 19 | 19 | 20 | 20 | 21 | 20 | 21 | 22冬 | 22 | 23 | 23 | 24 | 25 | 25 | 26 | 26 | 27 | 25 | 26 | 27 |
| 17 | 17 | 18 | 18 | 19 | 20 | 20 | 21 | 21 | 22 | 21 | 22 | 23 | 23 | 24 | 24 | 25 | 26 | 26 | 27 | 27 | 28 | 26 | 27 | 28 |
| 18 | 18 | 19 | 19 | 20 | 21 | 21 | 22 | 22 | 23 | 22 | 23 | 24 | 24 | 25 | 25 | 26 | 27 | 27 | 28 | 28 | 29 | 27 | 28 | 29 |
| 19 | 19 | 20 | 20 | 21 | 22 | 22 | 23 | 23 | 24 | 23 | 24 | 25 | 25 | 26 | 26 | 27 | 28 | 28 | 29 | 29 | 30 | 28 | 29 | 30 |
| 20 | 20 | 21 | 21 | 22 | 23 | 23 | 24 | 24 | 25 | 24 | 25 | 26 | 26 | 27 | 27 | 28 | 29 | 29 | 30 | 30 | 31 | 3 | 30 | 31 |
| 21冬 | 21 | 22 | 22 | 23 | 24 | 24 | 25 | 25 | 26 | 25 | 26 | 27 | 27 | 28 | 28 | 29 | 30 | 30 | 31 | 5 | 4 | 2 | 31 | 1 |
| 22 | 22 | 23 | 23 | 24 | 25 | 25 | 26 | 26 | 27 | 26 | 27 | 28 | 28 | 29 | 29 | 30 | 31 | 7 | 6 | 2 | 2 | 3 | 2 | 2 |
| 23 | 23 | 24 | 24 | 25 | 26 | 26 | 27 | 27 | 28 | 27 | 28 | 29 | 29 | 30 | 30 | 31 | 8 | 2 | 2 | 3 | 3 | 4 | 2 | 3 |
| 24 | 24 | 25 | 25 | 26 | 27 | 27 | 28 | 28 | 29 | 28 | 29 | 30 | 30 | 31 | 10 | 9 | 2 | 3 | 3 | 4 | 4 | 5 | 3 | 4 |
| 25 | 25 | 26 | 26 | 27 | 28 | 28 | 29 | 29 | 30 | 29 | 30 | 31 | 12 | 11 | 2 | 2 | 3 | 4 | 4 | 5 | 5 | 6 | 4 | 5 |
| 26 | 26 | 27 | 27 | 28 | 29 | 29 | 30 | 30 | 31 | 3 | 31 | 1 | 2 | 2 | 3 | 3 | 4 | 5 | 5 | 6 | 6 | 7 | 5 | 6 |
| 27 | 27 | 28 | 28 | 29 | 30 | 30 | 31 | 5 | 4 | 2 | 2 | 2 | 3 | 3 | 4 | 4 | 5 | 6 | 6 | 7 | 7 | 8 | 6 | 7 |
| 28 | 28 | 29 | 29 | 30 | 31 | 7 | 6 | 2 | 2 | 3 | 2 | 3 | 4 | 4 | 5 | 5 | 6 | 7 | 7 | 8 | 8 | 9 | 7 | 8 |
| 29 | 29 | 30 | 30 | 31 | 8 | 2 | 2 | 3 | 3 | 4 | 3 | 4 | 5 | 5 | 6 | 6 | 7 | 8 | 8 | 9 | 9 | 10 | 8 | 9 |
| 30 | 30 | 31 | 10 | 9 | 2 | 3 | 3 | 4 | 4 | 5 | 4 | 5 | 6 | 6 | 7 | 7 | 8 | 9 | 9 | 10 | 10 | 11 | 9 | 10 |
| 31十二 | 12十一 | 11十 | 2九 | 2 | 3 | 4 | 4 | 5 | 5 | 6 | 5 | 6 | 7 | 7 | 8 | 8 | 9 | 10 | 10 | 11 | 11 | 12 | 10 | 11 |
| 日 | 2 1 | 2 | 3 | 3八 | 4七 | 5 | 5 | 6 | 6 | 7 | 6 | 7 | 8 | 8 | 9 | 9 | 10 | 11 | 11 | 12 | 12 | 13 | 11 | 12 |
| 曜 | 3 | 3 12 | 4 11 | 4 | 5 | 6六 | 6五 | 7 | 7 | 8 | 7 | 8 | 9 | 9 | 10 | 10 | 11 | 12 | 12 | 13 | 13 | 14 | 12 | 13 |
| 表 | 4 | 4 | 5 | 5 10 | 6 9 | 7 | 7 | 8四 | 8三 | 9 | 8 | 9 | 10 | 10 | 11 | 11 | 12 | 13 | 13 | 14 | 14 | 15 | 13 | 14 |
| 2 | 5 | 5 | 6 | 6 | 7 | 8 8 | 8 7 | 9 | 9 | 10二 | 9 | 10 | 11 | 11 | 12 | 12 | 13 | 14 | 14 | 15 | 15 | 16 | 14 | 15 |
| 甲 | 6 | 6 | 7 | 7 | 8 | 9 | 9 | 10 6 | 10 5 | 11 | 10正 | 11十二 | 12 | 12 | 13 | 13 | 14 | 15 | 15 | 16 | 16 | 17 | 15 | 16 |
| 子 | 7 | 7 | 8 | 8 | 9 | 10 | 10 | 11 | 11 | 12 4 | 11 3 | 12 | 13十一 | 13十 | 14九 | 14 | 15 | 16 | 16 | 17 | 17 | 18 | 16 | 17 |
| 表 | 8 | 8 | 9 | 9 | 10 | 11 | 11 | 12 | 12 | 13 | 12 | 13 2 | 14 1 | 14 | 15 | 15八 | 16七 | 17六 | 17 | 18 | 18 | 19 | 17 | 18 |
| 41 | 9 | 9 | 10 | 10 | 11 | 12 | 12 | 13 | 13 | 14 | 13 | 14 | 15 | 15 12 | 16 11 | 16 | 17 | 18 | 18五 | 19四 | 19 | 20 | 18 | 19 |
| | 10 | 10 | 11 | 11 | 12 | 13 | 13 | 14 | 14 | 15 | 14 | 15 | 16 | 16 | 17 | 17 10 | 18 9 | 19 | 19 | 20 | 20三 | 21二 | 19 | 20 |

一六五四 甲午 明永曆八 清順治一一

一六五三 癸巳 明永曆七 清順治一〇 清閏六月

1065　　　　1064

| | | | | | | | | | | | | | | | | | | | | | | | |
|---|---|---|---|---|---|---|---|---|---|---|---|---|---|---|---|---|---|---|---|---|---|---|---|
| 22 | 23 | 23 | 24 | 25 | 25 | 26 | 26 | 27 | 25 | 26 | 27 | 27 | 28 | 28 | 29 | 30 | 30 | 31 | 5 | 4 | 2 | 31 | 1 2 |
| 23 | 24 | 24 | 25 | 26 | 26 | 27 | 27 | 28 | 26 | 27 | 28 | 28 | 29 | 29 | 30 | 31 | 7 | 6 | 2 | 2 | 3 | 2 | 2 |
| 24 | 25 | 25 | 26 | 27 | 27 | 28 | 28 | 29 | 27 | 28 | 29 | 29 | 30 | 30 | 31 | 8 | 2 | 2 | 3 | 3 | 4 | 2 | 3 |
| 25 | 26 | 26 | 27 | 28 | 28 | 29 | 29 | 30 | 28 | 29 | 30 | 30 | 31 | 10 | 9 | 2 | 3 | 3 | 4 | 4 | 5 | 3 | 4 |
| 26 | 27 | 27 | 28 | 29 | 29 | 30 | 30 | 31 | 3 | 30 | 31 | 12 | 11 | 2 | 2 | 3 | 4 | 4 | 5 | 5 | 6 | 4 | 5 |
| 27 | 28 | 28 | 29 | 30 | 30 | 31 | 5 | 4 | 2 | 31 | 1 | 2 | 2 | 3 | 3 | 4 | 5 | 5 | 6 | 6 | 7 | 5 | 6 |
| 28 | 29 | 29 | 30 | 31 | 7 | 6 | 2 | 2 | 3 | 2 | 2 | 3 | 3 | 4 | 4 | 5 | 6 | 6 | 7 | 7 | 8 | 6 | 7 |
| 29 | 30 | 30 | 31 | 8 | 2 | 2 | 3 | 3 | 4 | 2 | 3 | 4 | 4 | 5 | 5 | 6 | 7 | 7 | 8 | 8 | 9 | 7 | 8 |
| 30 | 31 | 10 | 9 | 2 | 3 | 3 | 4 | 4 | 5 | 3 | 4 | 5 | 5 | 6 | 6 | 7 | 8 | 8 | 9 | 9 | 10 | 8 | 9 |
| 12 | 11 | 2 | 2 | 3 | 4 | 4 | 5 | 5 | 6 | 4 | 5 | 6 | 6 | 7 | 7 | 8 | 9 | 9 | 10 | 10 | 11 | 9 | 10 |
| 2 | 2 | 3 | 3 | 4 | 5 | 5 | 6 | 6 | 7 | 5 | 6 | 7 | 7 | 8 | 8 | 9 | 10 | 10 | 11 | 11 | 12 | 10 | 11 |
| 3 | 3 | 4 | 4 | 5 | 6 | 6 | 7 | 7 | 8 | 6 | 7 | 8 | 8 | 9 | 9 | 10 | 11 | 11 | 12 | 12 | 13 | 11 | 12 |
| 4 | 4 | 5 | 5 | 6 | 7 | 7 | 8 | 8 | 9 | 7 | 8 | 9 | 9 | 10 | 10 | 11 | 12 | 12 | 13 | 13 | 14 | 12 | 13 |
| 5 | 5 | 6 | 6 | 7 | 8 | 8 | 9 | 9 | 10 | 8 | 9 | 10 | 10 | 11 | 11 | 12 | 13 | 13 | 14 | 14 | 15 | 13 | 14 |
| 6 | 6 | 7 | 7 | 8 | 9 | 9 | 10 | 10 | 11 | 9 | 10 | 11 | 11 | 12 | 12 | 13 | 14 | 14 | 15 | 15 | 16 | 14 | 15 |
| 7 | 7 | 8 | 8 | 9 | 10 | 10 | 11 | 11 | 12 | 10 | 11 | 12 | 12 | 13 | 13 | 14 | 15 | 15 | 16 | 16 | 17 | 15 | 16 |
| 8 | 8 | 9 | 9 | 10 | 11 | 11 | 12 | 12 | 13 | 11 | 12 | 13 | 13 | 14 | 14 | 15 | 16 | 16 | 17 | 17 | 18 | 16 | 17 |
| 9 十一 | 9 十 | 10 九 | 10 | 11 | 12 | 12 | 13 | 13 | 14 | 12 | 13 | 14 | 14 | 15 | 15 | 16 | 17 | 17 | 18 | 18 | 19 | 17 | 18 |
| 10 | 10 | 11 | 11 八 | 12 七 | 13 | 13 | 14 | 14 | 15 | 13 | 14 | 15 | 15 | 16 | 16 | 17 | 18 | 18 | 19 | 19 | 20 | 18 | 19 |
| 11 2 | 11 1 | 12 | 12 | 13 | 14 六 | 14 | 15 | 15 | 16 | 14 | 15 | 16 | 16 | 17 | 17 | 18 | 19 | 19 | 20 | 20 | 21 | 19 | 20 |
| 12 | 12 | 13 12 | 13 11 | 14 | 15 | 15 五 | 16 四 | 16 | 17 | 15 | 16 | 17 | 17 | 18 | 18 | 19 | 20 | 20 | 21 | 21 | 22 | 20 | 21 |
| 13 | 13 | 14 | 14 | 15 10 | 16 9 | 16 | 17 | 17 三 | 18 | 16 | 17 | 18 | 18 | 19 | 19 | 20 | 21 | 21 | 22 | 22 | 23 | 21 | 22 |
| 14 | 14 | 15 | 15 | 16 | 17 | 17 8 | 18 7 | 18 | 19 二 | 17 正 | 18 | 19 | 19 | 20 | 20 | 21 | 22 | 22 | 23 | 23 | 24 | 22 | 23 |
| 15 | 15 | 16 | 16 | 17 | 18 | 18 | 19 | 19 6 | 20 5 | 18 | 19 十二 | 20 十一 | 20 十 | 21 九 | 21 八 | 22 | 23 | 23 | 24 | 24 | 25 | 23 | 24 |
| 16 | 16 | 17 | 17 | 18 | 19 | 19 | 20 | 20 | 21 | 19 4 | 20 3 | 21 冬 | 21 | 22 | 22 | 23 閏 | 24 七 | 24 | 25 | 25 | 26 | 24 | 25 |
| 17 | 17 | 18 | 18 | 19 | 20 | 20 | 21 | 21 | 22 | 20 | 21 | 22 2 | 22 1 | 23 12 | 23 11 | 24 | 25 | 25 六 | 26 | 26 | 27 | 25 | 26 |
| 18 | 18 | 19 | 19 | 20 | 21 | 21 | 22 | 22 | 23 | 21 | 22 | 23 | 23 | 24 | 24 | 25 10 | 26 9 | 26 | 27 五 | 27 四 | 28 | 26 | 27 |
| 19 | 19 | 20 | 20 | 21 | 22 | 22 | 23 | 23 | 24 | 22 | 23 | 24 | 24 | 25 | 25 | 26 | 27 | 27 8 | 28 7 | 28 | 29 三 | 27 | 28 |
| 20 | 20 | 21 | 21 | 22 | 23 | 23 | 24 | 24 | 25 | 23 | 24 | 25 | 25 | 26 | 26 | 27 | 28 | 28 | 29 | 29 6 | 30 5 | 28 二 | 29 正 |
| 21 冬 | 21 | 22 | 22 | 23 | 24 | 24 | 25 | 25 | 26 | 24 | 25 | 26 | 26 | 27 | 27 | 28 | 29 | 29 | 30 | 30 | 31 | 3 4 | 30 3 |

勵耘書屋

一六五六 丙申 明永曆一〇 清順治一三

1067

一六五五 乙未 明永曆九 清順治一二

1066

| | | | | | | | | | | | | | | | | | | | | | | | | |
|---|---|---|---|---|---|---|---|---|---|---|---|---|---|---|---|---|---|---|---|---|---|---|---|---|
| 11 | 11 | 12 | 12 | 13 | 14 | 14 | 15 | 15 | 16 | 15 | 16 | 17 | 17 | 18 | 18 | 19 | 20 | 20 | 21 | 21 | 22 | 20 | 21 | 22 |
| 12 | 12 | 13 | 13 | 14 | 15 | 15 | 16 | 16 | 17 | 16 | 17 | 18 | 18 | 19 | 19 | 20 | 21 | 21 | 22 | 22 | 23 | 21 | 22 | 23 |
| 13 | 13 | 14 | 14 | 15 | 16 | 16 | 17 | 17 | 18 | 17 | 18 | 19 | 19 | 20 | 20 | 21 | 22 | 22 | 23 | 23 | 24 | 22 | 23 | 24 |
| 14 | 14 | 15 | 15 | 16 | 17 | 17 | 18 | 18 | 19 | 18 | 19 | 20 | 20 | 21 | 21 | 22 | 23 | 23 | 24 | 24 | 25 | 23 | 24 | 25 |
| 15 | 15 | 16 | 16 | 17 | 18 | 18 | 19 | 19 | 20 | 19 | 20 | 21 | 21 | 22 | 22 | 23 | 24 | 24 | 25 | 25 | 26 | 24 | 25 | 26 |
| 16十一 | 16十 | 17 | 17 | 18 | 19 | 19 | 20 | 20 | 21 | 20 | 21 | 22冬 | 22 | 23 | 23 | 24 | 25 | 25 | 26 | 26 | 27 | 25 | 26 | 27 |
| 17 | 17 | 18九 | 18八 | 19 | 20 | 20 | 21 | 21 | 22 | 21 | 22 | 23 | 23 | 24 | 24 | 25 | 26 | 26 | 27 | 27 | 28 | 26 | 27 | 28 |
| 18 3 | 18 | 19 | 19 | 20七 | 21 | 21 | 22 | 22 | 23 | 22 | 23 | 24 | 24 | 25 | 25 | 26 | 27 | 27 | 28 | 28 | 29 | 27 | 28 | 29 |
| 19 | 19 2 | 20 1 | 20 12 | 21 11 | 22六 | 22閏 | 23 | 23 | 24 | 23 | 24 | 25 | 25 | 26 | 26 | 27 | 28 | 28 | 29 | 29 | 30 | 28 | 29 | 30 |
| 20 | 20 | 21 | 21 | 22 | 23 10 | 23 9 | 24五 | 24四 | 25 | 24 | 25 | 26 | 26 | 27 | 27 | 28 | 29 | 29 | 30 | 30 | 31 | **3** | 30 | 31 |
| 21冬 | 21 | 22 | 22 | 23 | 24 | 24 | 25 8 | 25 7 | 26三 | 25二 | 26正 | 27 | 27 | 28 | 28 | 29 | 30 | 30 | 31 | **5** | **4** | 2 | 31 | **1** |
| 22 | 22 | 23 | 23 | 24 | 25 | 25 | 26 | 26 | 27 6 | 26 5 | 27 | 28十二 | 28十一 | 29十 | 29 | 30 | 31 | **7** | **6** | 2 | 2 | 3 | **2** | 2 |
| 23 | 23 | 24 | 24 | 25 | 26 | 26 | 27 | 27 | 28 | 27 | 28 4 | 29 3 | 29 | 30 | 30九 | 31八 | **8** | 2 | 2 | 3 | 3 | 4 | 2 | 3 |
| 24 | 24 | 25 | 25 | 26 | 27 | 27 | 28 | 28 | 29 | 28 | 29 | 30 | 30 2 | 31 1 | **10** | **9** | 2七 | 3 | 3 | 4 | 4 | 5 | 3 | 4 |
| 25 | 25 | 26 | 26 | 27 | 28 | 28 | 29 | 29 | 30 | 29 | 30 | 31 | **12** | **11** | 2 12 | 2 11 | 3 | 4六 | 4五 | 5 | 5 | 6 | 4 | 5 |
| 26 | 26 | 27 | 27 | 28 | 29 | 29 | 30 | 30 | 31 | **3** | 31 | **1** | 2 | 2 | 3 | 3 | 4 10 | 5 9 | 5 | 6四 | 6 | 7 | 5 | 6 |
| 27 | 27 | 28 | 28 | 29 | 30 | 30 | 31 | **5** | **4** | 2 | **2** | 2 | 3 | 3 | 4 | 4 | 5 | 6 | 6 8 | 7 7 | 7三 | 8二 | 6正 | 7 |
| 28 | 28 | 29 | 29 | 30 | 31 | **7** | **6** | 2 | 2 | 3 | 2 | 3 | 4 | 4 | 5 | 5 | 6 | 7 | 7 | 8 | 8 6 | 9 5 | 7 | 8十二 |
| 29 | 29 | 30 | 30 | 31 | **8** | 2 | 2 | 3 | 3 | 4 | 3 | 4 | 5 | 5 | 6 | 6 | 7 | 8 | 8 | 9 | 9 | 10 | 8 4 | 9 3 |
| 30 | 30 | 31 | **10** | **9** | 2 | 3 | 3 | **4** | **4** | 5 | 4 | 5 | 6 | 6 | 7 | 7 | 8 | 9 | 9 | 10 | 10 | 11 | 9 | 10 |
| 31 | **12** | **11** | 2 | 2 | 3 | 4 | 4 | 5 | 5 | 6 | 5 | 6 | 7 | 7 | 8 | 8 | 9 | 10 | 10 | 11 | 11 | 12 | 10 | 11 |
| 日 | 2 | 2 | 3 | 3 | 4 | 5 | 5 | 6 | 6 | 7 | 6 | 7 | 8 | 8 | 9 | 9 | 10 | 11 | 11 | 12 | 12 | 13 | 11 | 12 |
| 曜 | 3 | 3 | 4 | 4 | 5 | 6 | 6 | 7 | 7 | 8 | 7 | 8 | 9 | 9 | 10 | 10 | 11 | 12 | 12 | 13 | 13 | 14 | 12 | 13 |
| 表 | 4 | 4 | 5 | 5 | 6 | 7 | 7 | 8 | 8 | 9 | 8 | 9 | 10 | 10 | 11 | 11 | 12 | 13 | 13 | 14 | 14 | 15 | 13 | 14 |
| 3 | 5 | 5 | 6 | 6 | 7 | 8 | 3 | 9 | 9 | 10 | 9 | 10 | 11 | 11 | 12 | 12 | 13 | 14 | 14 | 15 | 15 | 16 | 14 | 15 |
| 甲 | 6 | 6 | 7 | 7 | 8 | 9 | 9 | 10 | 10 | 11 | 10 | 11 | 12 | 12 | 13 | 13 | 14 | 15 | 15 | 16 | 16 | 17 | 15 | 16 |
| 子 | 7 | 7 | 8 | 8 | 9 | 10 | 10 | 11 | 11 | 12 | 11 | 12 | 13 | 13 | 14 | 14 | 15 | 16 | 16 | 17 | 17 | 18 | 16 | 17 |
| 表 | 8 | 8 | 9 | 9 | 10 | 11 | 11 | 12 | 12 | 13 | 12 | 13 | 14 | 14 | 15 | 15 | 16 | 17 | 17 | 18 | 18 | 19 | 17 | 18 |
| 42 | 9 | 9 | 10 | 10 | 11 | 12 | 12 | 13 | 13 | 14 | 13 | 14 | 15 | 15 | 16 | 16 | 17 | 18 | 18 | 19 | 19 | 20 | 18 | 19 |
| | 10 | 10 | 11 | 11 | 12 | 13 | 13 | 14 | 14 | 15 | 14 | 15 | 16 | 16 | 17 | 17 | 18 | 19 | 19 | 20 | 20 | 21 | 19 | 20 |

一六五七 丁酉 明永曆一一 清順治一四 1068

一六五八 戊戌 明永曆一二 清順治一五 1069

| | | | | | | | | | | | | | | | | | | | | | | | |
|---|---|---|---|---|---|---|---|---|---|---|---|---|---|---|---|---|---|---|---|---|---|---|---|
| 22 | 23 | 23 | 24 | 25 | 25 | 26 | 26 | 27 | 25 | 26 | 27 | 27 | 28 | 28 | 29 | 30 | 30 | 31 | **5** | **4** | 2 | 31 | **1** |
| 23 | 24 | 24 | 25 | 26 | 26 | 27 | 27 | 28 | 26 | 27 | 28 | 28 | 29 | 29 | 30 | 31 | **7** | **6** | 2 | 2 | 3 | **2** | 2 |
| 24 | 25 | 25 | 26 | 27 | 27 | 28 | 28 | 29 | 27 | 28 | 29 | 29 | 30 | 30 | 31 | **8** | 2 | 2 | 3 | 3 | 4 | 2 | 3 |
| 25 | 十一 26 | 十 26 | 27 | 28 | 28 | 29 | 29 | 30 | 28 | 29 | 30 | 30 | 31 | **10** | **9** | 2 | 3 | 3 | 4 | 4 | 5 | 3 | 4 |
| 26 | 27 | 27 | 九 28 | 29 | 29 | 30 | 30 | 31 | **3** | 30 | 31 | **12** | **11** | 2 | 2 | 3 | 4 | 4 | 5 | 5 | 6 | 4 | 5 |
| 27 | 3 28 | 28 | 29 | 八 30 | 七 30 | 31 | **5** | **4** | 2 | 31 | **1** | 2 | 2 | 3 | 3 | 4 | 5 | 5 | 6 | 6 | 7 | 5 | 6 |
| 28 | 29 | 2 29 | 1 30 | 12 31 | 11 **7** | 六 **6** | 五 2 | 四 2 | 3 | **2** | 2 | 3 | 3 | 4 | 4 | 5 | 6 | 6 | 7 | 7 | 8 | 6 | 7 |
| 29 | 30 | 30 | 31 | **8** | 2 | 10 2 | 9 3 | 3 | 三 4 | 二 2 | 正 3 | 4 | 4 | 5 | 5 | 6 | 7 | 7 | 8 | 8 | 9 | 7 | 8 |
| 30 | 31 | **10** | **9** | 2 | 3 | 3 | 4 | 8 4 | 7 5 | 3 | 4 | 十二 5 | 十一 5 | 6 | 6 | 7 | 8 | 8 | 9 | 9 | 10 | 8 | 9 |
| **12** | **11** | 2 | 2 | 3 | 4 | 4 | 5 | 5 | 6 | 6 4 | 5 5 | 6 | 6 | 十 7 | 九 7 | 8 | 9 | 9 | 10 | 10 | 11 | 9 | 10 |
| 2 | 2 | 3 | 3 | 4 | 5 | 5 | 6 | 6 | 7 | 5 | 6 | 4 7 | 3 7 | 8 | 8 | 八 9 | 10 | 10 | 11 | 11 | 12 | 10 | 11 |
| 3 | 3 | 4 | 4 | 5 | 6 | 6 | 7 | 7 | 8 | 6 | 7 | 8 | 8 | 2 9 | 1 9 | 10 | 七 11 | 六 11 | 12 | 12 | 13 | 11 | 12 |
| 4 | 4 | 5 | 5 | 6 | 7 | 7 | 8 | 8 | 9 | 7 | 8 | 9 | 9 | 10 | 10 | 12 11 | 11 12 | 12 | 五 13 | 四 13 | 14 | 12 | 13 |
| 5 | 5 | 6 | 6 | 7 | 8 | 8 | 9 | 9 | 10 | 8 | 9 | 10 | 10 | 11 | 11 | 12 | 13 | 10 13 | 9 14 | 14 | 三 15 | 二 13 | 正 14 十二 |
| 6 | 6 | 7 | 7 | 8 | 9 | 9 | 10 | 10 | 11 | 9 | 10 | 11 | 11 | 12 | 12 | 13 | 14 | 14 | 15 | 8 15 | 7 16 | 14 | 15 |
| 7 | 7 | 8 | 8 | 9 | 10 | 10 | 11 | 11 | 12 | 10 | 11 | 12 | 12 | 13 | 13 | 14 | 15 | 15 | 16 | 16 | 17 | 6 15 | 5 16 |
| 8 | 8 | 9 | 9 | 10 | 11 | 11 | 12 | 12 | 13 | 11 | 12 | 13 | 13 | 14 | 14 | 15 | 16 | 16 | 17 | 17 | 18 | 16 | 17 4 |
| 9 | 9 | 10 | 10 | 11 | 12 | 12 | 13 | 13 | 14 | 12 | 13 | 14 | 14 | 15 | 15 | 16 | 17 | 17 | 18 | 18 | 19 | 17 | 18 |
| 10 | 10 | 11 | 11 | 12 | 13 | 13 | 14 | 14 | 15 | 13 | 14 | 15 | 15 | 16 | 16 | 17 | 18 | 18 | 19 | 19 | 20 | 18 | 19 |
| 11 | 11 | 12 | 12 | 13 | 14 | 14 | 15 | 15 | 16 | 14 | 15 | 16 | 16 | 17 | 17 | 18 | 19 | 19 | 20 | 20 | 21 | 19 | 20 |
| 12 | 12 | 13 | 13 | 14 | 15 | 15 | 16 | 16 | 17 | 15 | 16 | 17 | 17 | 18 | 18 | 19 | 20 | 20 | 21 | 21 | 22 | 20 | 21 |
| 13 | 13 | 14 | 14 | 15 | 16 | 16 | 17 | 17 | 18 | 16 | 17 | 18 | 18 | 19 | 19 | 20 | 21 | 21 | 22 | 22 | 23 | 21 | 22 |
| 14 | 14 | 15 | 15 | 16 | 17 | 17 | 18 | 18 | 19 | 17 | 18 | 19 | 19 | 20 | 20 | 21 | 22 | 22 | 23 | 23 | 24 | 22 | 23 |
| 15 | 15 | 16 | 16 | 17 | 18 | 18 | 19 | 19 | 20 | 18 | 19 | 20 | 20 | 21 | 21 | 22 | 23 | 23 | 24 | 24 | 25 | 23 | 24 |
| 16 | 16 | 17 | 17 | 18 | 19 | 19 | 20 | 20 | 21 | 19 | 20 | 21 | 冬 21 | 22 | 22 | 23 | 24 | 24 | 25 | 25 | 26 | 24 | 25 |
| 17 | 17 | 18 | 18 | 19 | 20 | 20 | 21 | 21 | 22 | 20 | 21 | 22 | 22 | 23 | 23 | 24 | 25 | 25 | 26 | 26 | 27 | 25 | 26 |
| 18 | 18 | 19 | 19 | 20 | 21 | 21 | 22 | 22 | 23 | 21 | 22 | 23 | 23 | 24 | 24 | 25 | 26 | 26 | 27 | 27 | 28 | 26 | 27 |
| 19 | 19 | 20 | 20 | 21 | 22 | 22 | 23 | 23 | 24 | 22 | 23 | 24 | 24 | 25 | 25 | 26 | 27 | 27 | 28 | 28 | 29 | 27 | 28 |
| 20 | 20 | 21 | 21 | 22 | 23 | 23 | 24 | 24 | 25 | 23 | 24 | 25 | 25 | 26 | 26 | 27 | 28 | 28 | 29 | 29 | 30 | 28 | 29 |
| 21 | 冬 21 | 22 | 22 | 23 | 24 | 24 | 25 | 25 | 26 | 24 | 25 | 26 | 26 | 27 | 27 | 28 | 29 | 29 | 30 | 30 | 31 | **3** | 30 |

一六五九 己亥 明永曆一三 清順治一六 清閏三月

1070

一六六〇 庚子 明永曆一四 清順治一七

1071

| | | | | | | | | | | | | | | | | | | | | | | | | |
|---|---|---|---|---|---|---|---|---|---|---|---|---|---|---|---|---|---|---|---|---|---|---|---|---|
| 11 | 11 | 12 | 12 | 13 | 14 | 14 | 15 | 15 | 16 | 15 | 16 | 17 | 17 | 18 2 | 18 1 | 19 | 20 | 20 五 | 21 四 | 21 三 | 22 | 20 | 21 | 22 |
| 12 | 12 | 13 | 13 | 14 | 15 | 15 | 16 | 16 | 17 | 16 | 17 | 18 | 18 | 19 | 19 | 20 12 | 21 11 | 21 | 22 | 22 | 23 二 | 21 閏 | 22 | 23 |
| 13 | 13 | 14 | 14 | 15 | 16 | 16 | 17 | 17 | 18 | 17 | 18 | 19 | 19 | 20 | 20 | 21 | 22 | 22 10 | 23 9 | 23 | 24 | 22 | 23 正 | 24 十二 |
| 14 | 14 | 15 | 15 | 16 | 17 | 17 | 18 | 18 | 19 | 18 | 19 | 20 | 20 | 21 | 21 | 22 | 23 | 23 | 24 | 24 8 | 25 7 | 23 | 24 | 25 |
| 15 | 15 | 16 | 16 | 17 | 18 | 18 | 19 | 19 | 20 | 19 | 20 | 21 | 21 | 22 | 22 | 23 | 24 | 24 | 25 | 25 | 26 | 24 6 | 25 5 | 26 |
| 16 | 16 | 17 | 17 | 18 | 19 | 19 | 20 | 20 | 21 | 20 | 21 | 22 冬 | 22 | 23 | 23 | 24 | 25 | 25 | 26 | 26 | 27 | 25 | 26 | 27 4 |
| 17 | 17 | 18 | 18 | 19 | 20 | 20 | 21 | 21 | 22 | 21 | 22 | 23 | 23 | 24 | 24 | 25 | 26 | 26 | 27 | 27 | 28 | 26 | 27 | 28 |
| 18 | 18 | 19 | 19 | 20 | 21 | 21 | 22 | 22 | 23 | 22 | 23 | 24 | 24 | 25 | 25 | 26 | 27 | 27 | 28 | 28 | 29 | 27 | 28 | 29 |
| 19 | 19 | 20 | 20 | 21 | 22 | 22 | 23 | 23 | 24 | 23 | 24 | 25 | 25 | 26 | 26 | 27 | 28 | 28 | 29 | 29 | 30 | 28 | 29 | 30 |
| 20 | 20 | 21 | 21 | 22 | 23 | 23 | 24 | 24 | 25 | 24 | 25 | 26 | 26 | 27 | 27 | 28 | 29 | 29 | 30 | 30 | 31 | **3** | 30 | 31 |
| 21 冬 | 21 | 22 | 22 | 23 | 24 | 24 | 25 | 25 | 26 | 25 | 26 | 27 | 27 | 28 | 28 | 29 | 30 | 30 | 31 | **5** | **4** | 2 | 31 | **1** |
| 22 | 22 | 23 | 23 | 24 | 25 | 25 | 26 | 26 | 27 | 26 | 27 | 28 | 28 | 29 | 29 | 30 | 31 | **7** | **6** | 2 | 2 | 3 | **2** | 2 |
| 23 | 23 | 24 | 24 | 25 | 26 | 26 | 27 | 27 | 28 | 27 | 28 | 29 | 29 | 30 | 30 | 31 | **8** | 2 | 2 | 3 | 3 | 4 | 2 | 3 |
| 24 | 24 | 25 | 25 | 26 | 27 | 27 | 28 | 28 | 29 | 28 | 29 | 30 | 30 | 31 | **10** | **9** | 2 | 3 | 3 | 4 | 4 | 5 | 3 | 4 |
| 25 | 25 | 26 | 26 | 27 | 28 | 28 | 29 | 29 | 30 | 29 | 30 | 31 | **12** | **11** | 2 | 2 | 3 | 4 | 4 | 5 | 5 | 6 | 4 | 5 |
| 26 | 26 | 27 | 27 | 28 | 29 | 29 | 30 | 30 | 31 | **3** | 31 | **1** | 2 | 2 | 3 | 3 | 4 | 5 | 5 | 6 | 6 | 7 | 5 | 6 |
| 27 | 27 | 28 | 28 | 29 | 30 | 30 | 31 | **5** | **4** | 2 | **2** | 2 | 3 | 3 | 4 | 4 | 5 | 6 | 6 | 7 | 7 | 8 | 6 | 7 |
| 28 | 28 | 29 | 29 | 30 | 31 | **7** | **6** | 2 | 2 | 3 | 2 | 3 | 4 | 4 | 5 | 5 | 6 | 7 | 7 | 8 | 8 | 9 | 7 | 8 |
| 29 | 29 | 30 | 30 | 31 | **8** | 2 | 2 | 3 | 3 | 4 | 3 | 4 | 5 | 5 | 6 | 6 | 7 | 8 | 8 | 9 | 9 | 10 | 8 | 9 |
| 30 | 30 | 31 | **10** | **9** | 2 | 3 | 3 | **4** | **4** | 5 | 4 | 5 | 6 | 6 | 7 | 7 | 8 | 9 | 9 | 10 | 10 | 11 | 9 | 10 |
| 31 | **12** | **11** | 2 | 2 | 3 | 4 | 4 | 5 | 5 | 6 | 5 | 6 | 7 | 7 | 8 | 8 | 9 | 10 | 10 | 11 | 11 | 12 | 10 | 11 |
| 日 | 2 十一 | 2 | 3 | 3 | 4 | 5 | 5 | 6 | 6 | 7 | 6 | 7 | 8 | 8 | 9 | 9 | 10 | 11 | 11 | 12 | 12 | 13 | 11 | 12 |
| 曜 | 3 | 3 十 | 4 九 | 4 | 5 | 6 | 6 | 7 | 7 | 8 | 7 | 8 | 9 | 9 | 10 | 10 | 11 | 12 | 12 | 13 | 13 | 14 | 12 | 13 |
| 表 | 4 4 | 4 3 | 5 | 5 八 | 6 七 | 7 六 | 7 | 8 | 8 | 9 | 8 | 9 | 10 | 10 | 11 | 11 | 12 | 13 | 13 | 14 | 14 | 15 | 13 | 14 |
| 4 | 5 | 5 | 6 2 | 6 1 | 7 | 8 | 8 五 | 9 四 | 9 | 10 | 9 | 10 | 11 | 11 | 12 | 12 | 13 | 14 | 14 | 15 | 15 | 16 | 14 | 15 |
| 甲 | 6 | 6 | 7 | 7 | 8 12 | 9 11 | 9 | 10 | 10 三 | 11 二 | 10 | 11 | 12 | 12 | 13 | 13 | 14 | 15 | 15 | 16 | 16 | 17 | 15 | 16 |
| 子 | 7 | 7 | 8 | 8 | 9 | 10 | 10 10 | 11 9 | 11 | 12 | 11 正 | 12 十二 | 13 | 13 | 14 | 14 | 15 | 16 | 16 | 17 | 17 | 18 | 16 | 17 |
| 表 | 8 | 8 | 9 | 9 | 10 | 11 | 11 | 12 | 12 8 | 13 7 | 12 | 13 | 14 十一 | 14 十 | 15 | 15 | 16 | 17 | 17 | 18 | 18 | 19 | 17 | 18 |
| 43 | 9 | 9 | 10 | 10 | 11 | 12 | 12 | 13 | 13 | 14 | 13 6 | 14 5 | 15 | 15 | 16 九 | 16 八 | 17 | 18 | 18 | 19 | 19 | 20 | 18 | 19 |
| | 10 | 10 | 11 | 11 | 12 | 13 | 13 | 14 | 14 | 15 | 14 | 15 | 16 4 | 16 3 | 17 | 17 | 18 七 | 19 六 | 19 | 20 | 20 | 21 | 19 | 20 |

一六六一 辛丑 明永曆一五 清順治一八

清閏七月

一六六二 壬寅 清聖祖 康熙元

1073　　　　1072

| | | | | | | | | | | | | | | | | | | | | | | | |
|---|---|---|---|---|---|---|---|---|---|---|---|---|---|---|---|---|---|---|---|---|---|---|---|
| 22 | 23 | 23 | 24 | 25 | 25 | 26 | 26 | 27 | 25 | 26 | 27 | 27 | 28 | 28 | 29 | 30 | 30 | 31 | **5** | **4** 8 | 2 7 | 31 | **1** 十二 |
| 23 | 24 | 24 | 25 | 26 | 26 | 27 | 27 | 28 | 26 | 27 | 28 | 28 | 29 | 29 | 30 | 31 | **7** | **6** | 2 | 2 | 3 | **2** 6 | 2 5 |
| 24 | 25 | 25 | 26 | 27 | 27 | 28 | 28 | 29 | 27 | 28 | 29 | 29 | 30 | 30 | 31 | **8** | 2 | 2 | 3 | 3 | 4 | 2 | 3 |
| 25 | 26 | 26 | 27 | 28 | 28 | 29 | 29 | 30 | 28 | 29 | 30 | 30 | 31 | **10** | **9** | 2 | 3 | 3 | 4 | 4 | 5 | 3 | 4 |
| 26 | 27 | 27 | 28 | 29 | 29 | 30 | 30 | 31 | **3** | 30 | 31 | **12** | **11** | 2 | 2 | 3 | 4 | 4 | 5 | 5 | 6 | **4** | 5 |
| 27 | 28 | 28 | 29 | 30 | 30 | 31 | **5** | **4** | 2 | 31 | **1** | 2 | 2 | 3 | 3 | 4 | 5 | 5 | 6 | 6 | 7 | 5 | 6 |
| 28 | 29 | 29 | 30 | 31 | **7** | **6** | 2 | 2 | 3 | **2** | 2 | 3 | 3 | 4 | 4 | 5 | 6 | 6 | 7 | 7 | 8 | 6 | 7 |
| 29 | 30 | 30 | 31 | **8** | 2 | 2 | 3 | 3 | 4 | 2 | 3 | 4 | 4 | 5 | 5 | 6 | 7 | 7 | 8 | 8 | 9 | 7 | 8 |
| 30 | 31 | **10** | **9** | 2 | 3 | 3 | 4 | 4 | 5 | 3 | 4 | 5 | 5 | 6 | 6 | 7 | 8 | 8 | 9 | 9 | 10 | 8 | 9 |
| **12** | **11** | 2 | 2 | 3 | 4 | 4 | 5 | 5 | 6 | 4 | 5 | 6 | 6 | 7 | 7 | 8 | 9 | 9 | 10 | 10 | 11 | 9 | 10 |
| 2 | 2 | 3 | 3 | 4 | 5 | 5 | 6 | 6 | 7 | 5 | 6 | 7 | 7 | 8 | 8 | 9 | 10 | 10 | 11 | 11 | 12 | 10 | 11 |
| 3 | 3 | 4 | 4 | 5 | 6 | 6 | 7 | 7 | 8 | 6 | 7 | 8 | 8 | 9 | 9 | 10 | 11 | 11 | 12 | 12 | 13 | 11 | 12 |
| 4 | 4 | 5 | 5 | 6 | 7 | 7 | 8 | 8 | 9 | 7 | 8 | 9 | 9 | 10 | 10 | 11 | 12 | 12 | 13 | 13 | 14 | 12 | 13 |
| 5 | 5 | 6 | 6 | 7 | 8 | 8 | 9 | 9 | 10 | 8 | 9 | 10 | 10 | 11 | 11 | 12 | 13 | 13 | 14 | 14 | 15 | 13 | 14 |
| 6 | 6 | 7 | 7 | 8 | 9 | 9 | 10 | 10 | 11 | 9 | 10 | 11 | 11 | 12 | 12 | 13 | 14 | 14 | 15 | 15 | 16 | 14 | 15 |
| 7 | 7 | 8 | 8 | 9 | 10 | 10 | 11 | 11 | 12 | 10 | 11 | 12 | 12 | 13 | 13 | 14 | 15 | 15 | 16 | 16 | 17 | 15 | 16 |
| 8 | 8 | 9 | 9 | 10 | 11 | 11 | 12 | 12 | 13 | 11 | 12 | 13 | 13 | 14 | 14 | 15 | 16 | 16 | 17 | 17 | 18 | 16 | 17 |
| 9 | 9 | 10 | 10 | 11 | 12 | 12 | 13 | 13 | 14 | 12 | 13 | 14 | 14 | 15 | 15 | 16 | 17 | 17 | 18 | 18 | 19 | 17 | 18 |
| 10 | 10 | 11 | 11 | 12 | 13 | 13 | 14 | 14 | 15 | 13 | 14 | 15 | 15 | 16 | 16 | 17 | 18 | 18 | 19 | 19 | 20 | 18 | 19 |
| 11 十二 | 11 十 | 12 九 | 12 八 | 13 | 14 | 14 | 15 | 15 | 16 | 14 | 15 | 16 | 16 | 17 | 17 | 18 | 19 | 19 | 20 | 20 | 21 | 19 | 20 |
| 12 5 | 12 | 13 | 13 | 14 七 | 15 六 | 15 | 16 | 16 | 17 | 15 | 16 | 17 | 17 | 18 | 18 | 19 | 20 | 20 | 21 | 21 | 22 | 20 | 21 |
| 13 | 13 4 | 14 3 | 14 | 15 | 16 | 16 五 | 17 | 17 | 18 | 16 | 17 | 18 | 18 | 19 | 19 | 20 | 21 | 21 | 22 | 22 | 23 | 21 | 22 |
| 14 | 14 | 15 | 15 2 | 16 1 | 17 | 17 | 18 四 | 18 三 | 19 | 17 | 18 | 19 | 19 | 20 | 20 | 21 | 22 | 22 | 23 | 23 | 24 | 22 | 23 |
| 15 | 15 | 16 | 16 | 17 | 18 12 | 18 11 | 19 | 19 | 20 二 | 18 正 | 19 | 20 | 20 | 21 | 21 | 22 | 23 | 23 | 24 | 24 | 25 | 23 | 24 |
| 16 | 16 | 17 | 17 | 18 | 19 | 19 | 20 10 | 20 9 | 21 | 19 | 20 十二 | 21 十一 | 21 | 22 | 22 | 23 | 24 | 24 | 25 | 25 | 26 | 24 | 25 |
| 17 | 17 | 18 | 18 | 19 | 20 | 20 | 21 | 21 | 22 8 | 20 7 | 21 | 22 | 22 閏 | 23 十 | 23 九 | 24 | 25 | 25 | 26 | 26 | 27 | 25 | 26 |
| 18 | 18 | 19 | 19 | 20 | 21 | 21 | 22 | 22 | 23 | 21 | 22 6 | 23 5 | 23 | 24 | 24 | 25 八 | 26 七 | 26 六 | 27 | 27 | 28 | 26 | 27 |
| 19 | 19 | 20 | 20 | 21 | 22 | 22 | 23 | 23 | 24 | 22 | 23 | 24 | 24 4 | 25 3 | 25 | 26 | 27 | 27 | 28 五 | 28 | 29 | 27 | 28 |
| 20 | 20 | 21 | 21 | 22 | 23 | 23 | 24 | 24 | 25 | 23 | 24 | 25 | 25 | 26 | 26 2 | 27 1 | 28 12 | 28 11 | 29 | 29 四 | 30 三 | 28 | 29 |
| 21 冬 | 21 | 22 | 22 | 23 | 24 | 24 | 25 | 25 | 26 | 24 | 25 | 26 | 26 | 27 | 27 | 28 | 29 | 29 | 30 10 | 30 9 | 31 | **3** 二 | 30 正 |

一六六四 甲辰 康熙三

1075

一六六三 癸卯 康熙二

1074

| | | | | | | | | | | | | | | | | | | | | | | | | |
|---|---|---|---|---|---|---|---|---|---|---|---|---|---|---|---|---|---|---|---|---|---|---|---|---|
| 11 | 11 | 12 | 12 | 13 | 14 | 14 | 15 | 15 | 16 | 15 | 16 | 17 | 17 | 18 | 18 | 19 | 20 | 20 | 21 | 21 | 22 | 20 | 21 | 22 |
| 12 | 12 | 13 | 13 | 14 | 15 | 15 | 16 | 16 | 17 | 16 | 17 | 18 | 18 | 19 | 19 | 20 | 21 | 21 | 22 | 22 | 23 | 21 | 22 | 23 |
| 13 | 13 | 14 | 14 | 15 | 16 | 16 | 17 | 17 | 18 | 17 | 18 | 19 | 19 | 20 | 20 | 21 | 22 | 22 | 23 | 23 | 24 | 22 | 23 | 24 |
| 14 | 14 | 15 | 15 | 16 | 17 | 17 | 18 | 18 | 19 | 18 | 19 | 20 | 20 | 21 | 21 | 22 | 23 | 23 | 24 | 24 | 25 | 23 | 24 | 25 |
| 15 | 15 | 16 | 16 | 17 | 18 | 18 | 19 | 19 | 20 | 19 | 20 | 21 | 21 | 22 | 22 | 23 | 24 | 24 | 25 | 25 | 26 | 24 | 25 | 26 |
| 16 | 16 | 17 | 17 | 18 | 19 | 19 | 20 | 20 | 21 | 20 | 21 | 22冬 | 22 | 23 | 23 | 24 | 25 | 25 | 26 | 26 | 27 | 25 | 26 | 27 |
| 17十一 | 17 | 18 | 18 | 19 | 20 | 20 | 21 | 21 | 22 | 21 | 22 | 23 | 23 | 24 | 24 | 25 | 26 | 26 | 27 | 27 | 28 | 26 | 27 | 28 |
| 18 | 18十 | 19九 | 19 | 20 | 21 | 21 | 22 | 22 | 23 | 22 | 23 | 24 | 24 | 25 | 25 | 26 | 27 | 27 | 28 | 28 | 29 | 27 | 28 | 29 |
| 19 | 19 | 20 | 20八 | 21七 | 22 | 22 | 23 | 23 | 24 | 23 | 24 | 25 | 25 | 26 | 26 | 27 | 28 | 28 | 29 | 29 | 30 | 28 | 29 | 30 |
| 20 6 | 20 5 | 21 | 21 | 22 | 23閏 | 23 | 24 | 24 | 25 | 24 | 25 | 26 | 26 | 27 | 27 | 28 | 29 | 29 | 30 | 30 | 31 | 3 | 30 | 31 |
| 21冬 | 21 | 22 4 | 22 3 | 23 | 24 | 24六 | 25五 | 25 | 26 | 25 | 26 | 27 | 27 | 28 | 28 | 29 | 30 | 30 | 31 | 5 | 4 | 2 | 31 | 1 |
| 22 | 22 | 23 | 23 | 24 2 | 25 1 | 25 12 | 26 11 | 26四 | 27三 | 26 | 27 | 28 | 28 | 29 | 29 | 30 | 31 | 7 | 6 | 2 | 2 | 3 | 2 | 2 |
| 23 | 23 | 24 | 24 | 25 | 26 | 26 | 27 | 27 10 | 28 9 | 27二 | 28正 | 29十二 | 29 | 30 | 30 | 31 | 8 | 2 | 2 | 3 | 3 | 4 | 2 | 3 |
| 24 | 24 | 25 | 25 | 26 | 27 | 27 | 28 | 28 | 29 | 28 8 | 29 7 | 30 | 30十一 | 31十 | 10九 | 9 | 2 | 3 | 3 | 4 | 4 | 5 | 3 | 4 |
| 25 | 25 | 26 | 26 | 27 | 28 | 28 | 29 | 29 | 30 | 29 | 30 | 31 6 | 12 5 | 11 | 2 | 2八 | 3七 | 4 | 4 | 5 | 5 | 6 | 4 | 5 |
| 26 | 26 | 27 | 27 | 28 | 29 | 29 | 30 | 30 | 31 | 3 | 31 | 1 | 2 | 2 4 | 3 3 | 3 | 4 | 5六 | 5 | 6 | 6 | 7 | 5 | 6 |
| 27 | 27 | 28 | 28 | 29 | 30 | 30 | 31 | 5 | 4 | 2 | 2 | 2 | 3 | 3 | 4 | 4 2 | 5 1 | 6 | 6五 | 7四 | 7 | 8 | 6 | 7 |
| 28 | 28 | 29 | 29 | 30 | 31 | 7 | 6 | 2 | 2 | 3 | 2 | 3 | 4 | 4 | 5 | 5 | 6 | 7 12 | 7 11 | 8 | 8三 | 9 | 7 | 8 |
| 29 | 29 | 30 | 30 | 31 | 8 | 2 | 2 | 3 | 3 | 4 | 3 | 4 | 5 | 5 | 6 | 6 | 7 | 8 | 8 | 9 10 | 9 9 | 10二 | 8正 | 9十二 |
| 30 | 30 | 31 | 10 | 9 | 2 | 3 | 3 | 4 | 4 | 5 | 4 | 5 | 6 | 6 | 7 | 7 | 8 | 9 | 9 | 10 | 10 | 11 8 | 9 7 | 10 |
| 31 | 12 | 11 | 2 | 2 | 3 | 4 | 4 | 5 | 5 | 6 | 5 | 6 | 7 | 7 | 8 | 8 | 9 | 10 | 10 | 11 | 11 | 12 | 10 | 11 6 |
| 日 | 2 | 2 | 3 | 3 | 4 | 5 | 5 | 6 | 6 | 7 | 6 | 7 | 8 | 8 | 9 | 9 | 10 | 11 | 11 | 12 | 12 | 13 | 11 | 12 |
| 曜 | 3 | 3 | 4 | 4 | 5 | 6 | 6 | 7 | 7 | 8 | 7 | 8 | 9 | 9 | 10 | 10 | 11 | 12 | 12 | 13 | 13 | 14 | 12 | 13 |
| 表 | 4 | 4 | 5 | 5 | 6 | 7 | 7 | 8 | 8 | 9 | 8 | 9 | 10 | 10 | 11 | 11 | 12 | 13 | 13 | 14 | 14 | 15 | 13 | 14 |
| 5 | 5 | 5 | 6 | 6 | 7 | 8 | 8 | 9 | 9 | 10 | 9 | 10 | 11 | 11 | 12 | 12 | 13 | 14 | 14 | 15 | 15 | 16 | 14 | 15 |
| 甲 | 6 | 6 | 7 | 7 | 8 | 9 | 9 | 10 | 10 | 11 | 10 | 11 | 12 | 12 | 13 | 13 | 14 | 15 | 15 | 16 | 16 | 17 | 15 | 16 |
| 子 | 7 | 7 | 8 | 8 | 9 | 10 | 10 | 11 | 11 | 12 | 11 | 12 | 13 | 13 | 14 | 14 | 15 | 16 | 16 | 17 | 17 | 18 | 16 | 17 |
| 表 | 8 | 8 | 9 | 9 | 10 | 11 | 11 | 12 | 12 | 13 | 12 | 13 | 14 | 14 | 15 | 15 | 16 | 17 | 17 | 18 | 18 | 19 | 17 | 18 |
| 44 | 9 | 9 | 10 | 10 | 11 | 12 | 12 | 13 | 13 | 14 | 13 | 14 | 15 | 15 | 16 | 16 | 17 | 18 | 18 | 19 | 19 | 20 | 18 | 19 |
| | 10 | 10 | 11 | 11 | 12 | 13 | 13 | 14 | 14 | 15 | 14 | 15 | 16 | 16 | 17 | 17 | 18 | 19 | 19 | 20 | 20 | 21 | 19 | 20 |

一六六六 丙午 康熙五 1077

一六六五 乙巳 康熙四 1076

| | | | | | | | | | | | | | | | | | | | | | | | |
|---|---|---|---|---|---|---|---|---|---|---|---|---|---|---|---|---|---|---|---|---|---|---|---|
| 22 | 23 | 23 | 24 | 25 | 25 | 26 | 26 | 27 | 25 | 26 | 27 | 27 | 28 | 28 | 29 | 30 | 30 | 31 | **5** | **4** | 2 | 31 | **1** |
| 23 | 24 | 24 | 25 | 26 | 26 | 27 | 27 | 28 | 26 | 27 | 28 | 28 | 29 | 29 | 30 | 31 | **7** | **6** | 2 | 2 | 3 | **2** | 2 |
| 24 | 25 | 25 | 26 | 27 | 27 | 28 | 28 | 29 | 27 | 28 | 29 | 29 | 30 | 30 | 31 | **8** | 2 | 2 | 3 | 3 | 4 | 2 | 3 |
| 25 | 26 | 26 | 27 | 28 | 28 | 29 | 29 | 30 | 28 | 29 | 30 | 30 | 31 | **10** | **9** | 2 | 3 | 3 | 4 | 4 | 5 | 3 | 4 |
| 26 十一 | 27 | 27 | 28 | 29 | 29 | 30 | 30 | 31 | **3** | 30 | 31 | **12** | **11** | 2 | 2 | 3 | 4 | 4 | 5 | 5 | 6 | 4 | 5 |
| 27 | 28 十 | 28 九 | 29 | 30 | 30 | 31 | **5** | **4** | 2 | 31 | **1** | 2 | 2 | 3 | 3 | 4 | 5 | 5 | 6 | 6 | 7 | 5 | 6 |
| 28 | 29 | 29 | 30 八 | 31 | **7** | **6** | 2 | 2 | 3 | **2** | 2 | 3 | 3 | 4 | 4 | 5 | 6 | 6 | 7 | 7 | 8 | 6 | 7 |
| 29 **6** | 30 **5** | 30 | 31 | **8** 七 | 2 六 | 2 | 3 | 3 | 4 | 2 | 3 | 4 | 4 | 5 | 5 | 6 | 7 | 7 | 8 | 8 | 9 | 7 | 8 |
| 30 | 31 | **10** **4** | **9** **3** | 2 | 3 | 3 五 | 4 四 | 4 三 | 5 | 3 | 4 | 5 | 5 | 6 | 6 | 7 | 8 | 8 | 9 | 9 | 10 | 8 | 9 |
| **12** | **11** | 2 | 2 | 3 **2** | 4 **1** | 4 **12** | 5 **11** | 5 | 6 二 | 4 正 | 5 十二 | 6 | 6 | 7 | 7 | 8 | 9 | 9 | 10 | 10 | 11 | 9 | 10 |
| 2 | 2 | 3 | 3 | 4 | 5 | 5 | 6 | 6 **10** | 7 **9** | 5 | 6 | 7 十一 | 7 十 | 8 | 8 | 9 | 10 | 10 | 11 | 11 | 12 | 10 | 11 |
| 3 | 3 | 4 | 4 | 5 | 6 | 6 | 7 | 7 | 8 | 6 **8** | 7 **7** | 8 | 8 | 9 九 | 9 八 | 10 | 11 | 11 | 12 | 12 | 13 | 11 | 12 |
| 4 | 4 | 5 | 5 | 6 | 7 | 7 | 8 | 8 | 9 | 7 | 8 | 9 **6** | 9 **5** | 10 | 10 | 11 七 | 12 | 12 | 13 | 13 | 14 | 12 | 13 |
| 5 | 5 | 6 | 6 | 7 | 8 | 8 | 9 | 9 | 10 | 8 | 9 | 10 | 10 | 11 **4** | 11 **3** | 12 | 13 六 | 13 五 | 14 | 14 | 15 | 13 | 14 |
| 6 | 6 | 7 | 7 | 8 | 9 | 9 | 10 | 10 | 11 | 9 | 10 | 11 | 11 | 12 | 12 | 13 **2** | 14 **1** | 14 | 15 四 | 15 三 | 16 | 14 | 15 |
| 7 | 7 | 8 | 8 | 9 | 10 | 10 | 11 | 11 | 12 | 10 | 11 | 12 | 12 | 13 | 13 | 14 | 15 | 15 **12** | 16 **11** | 16 | 17 二 | 15 正 | 16 十二 |
| 8 | 8 | 9 | 9 | 10 | 11 | 11 | 12 | 12 | 13 | 11 | 12 | 13 | 13 | 14 | 14 | 15 | 16 | 16 | 17 | 17 **10** | 18 **9** | 16 | 17 |
| 9 | 9 | 10 | 10 | 11 | 12 | 12 | 13 | 13 | 14 | 12 | 13 | 14 | 14 | 15 | 15 | 16 | 17 | 17 | 18 | 18 | 19 | 17 **8** | 18 **7** |
| 10 | 10 | 11 | 11 | 12 | 13 | 13 | 14 | 14 | 15 | 13 | 14 | 15 | 15 | 16 | 16 | 17 | 18 | 18 | 19 | 19 | 20 | 18 | 19 |
| 11 | 11 | 12 | 12 | 13 | 14 | 14 | 15 | 15 | 16 | 14 | 15 | 16 | 16 | 17 | 17 | 18 | 19 | 19 | 20 | 20 | 21 | 19 | 20 |
| 12 | 12 | 13 | 13 | 14 | 15 | 15 | 16 | 16 | 17 | 15 | 16 | 17 | 17 | 18 | 18 | 19 | 20 | 20 | 21 | 21 | 22 | 20 | 21 |
| 13 | 13 | 14 | 14 | 15 | 16 | 16 | 17 | 17 | 18 | 16 | 17 | 18 | 18 | 19 | 19 | 20 | 21 | 21 | 22 | 22 | 23 | 21 | 22 |
| 14 | 14 | 15 | 15 | 16 | 17 | 17 | 18 | 18 | 19 | 17 | 18 | 19 | 19 | 20 | 20 | 21 | 22 | 22 | 23 | 23 | 24 | 22 | 23 |
| 15 | 15 | 16 | 16 | 17 | 18 | 18 | 19 | 19 | 20 | 18 | 19 | 20 | 20 | 21 | 21 | 22 | 23 | 23 | 24 | 24 | 25 | 23 | 24 |
| 16 | 16 | 17 | 17 | 18 | 19 | 19 | 20 | 20 | 21 | 19 | 20 | 21 冬 | 21 | 22 | 22 | 23 | 24 | 24 | 25 | 25 | 26 | 24 | 25 |
| 17 | 17 | 18 | 18 | 19 | 20 | 20 | 21 | 21 | 22 | 20 | 21 | 22 | 22 | 23 | 23 | 24 | 25 | 25 | 26 | 26 | 27 | 25 | 26 |
| 18 | 18 | 19 | 19 | 20 | 21 | 21 | 22 | 22 | 23 | 21 | 22 | 23 | 23 | 24 | 24 | 25 | 26 | 26 | 27 | 27 | 28 | 26 | 27 |
| 19 | 19 | 20 | 20 | 21 | 22 | 22 | 23 | 23 | 24 | 22 | 23 | 24 | 24 | 25 | 25 | 26 | 27 | 27 | 28 | 28 | 29 | 27 | 28 |
| 20 | 20 | 21 | 21 | 22 | 23 | 23 | 24 | 24 | 25 | 23 | 24 | 25 | 25 | 26 | 26 | 27 | 28 | 28 | 29 | 29 | 30 | 28 | 29 |
| 21 冬 | 21 | 22 | 22 | 23 | 24 | 24 | 25 | 25 | 26 | 24 | 25 | 26 | 26 | 27 | 27 | 28 | 29 | 29 | 30 | 30 | 31 | **3** | 30 |

| 一六六八 戊申 康熙七 1079 | | | | | | | | | | | | | 一六六七 丁未 康熙六 1078 | | | | | | | | | | | |
|---|---|---|---|---|---|---|---|---|---|---|---|---|---|---|---|---|---|---|---|---|---|---|---|---|
| 11 | 11 | 12 | 12 | 13 | 14 | 14 | 15 | 15 | 16 | 15 | 16 | 8 17 | 7 17 | 18 | 18 | 八 19 | 七 20 | 20 | 21 | 21 | 22 | 20 | 21 | 22 |
| 12 | 12 | 13 | 13 | 14 | 15 | 15 | 16 | 16 | 17 | 16 | 17 | 18 | 18 | 6 19 | 5 19 | 20 | 21 | 六 21 | 五 22 | 22 | 23 | 21 | 22 | 23 |
| 13 | 13 | 14 | 14 | 15 | 16 | 16 | 17 | 17 | 18 | 17 | 18 | 19 | 19 | 20 | 20 | 4 21 | 3 22 | 22 | 23 | 閏 23 | 四 24 | 三 22 | 23 | 24 |
| 14 | 14 | 15 | 15 | 16 | 17 | 17 | 18 | 18 | 19 | 18 | 19 | 20 | 20 | 21 | 21 | 22 | 23 | 2 23 | 1 24 | 24 | 25 | 23 | 二 24 | 正 25 |
| 15 | 15 | 16 | 16 | 17 | 18 | 18 | 19 | 19 | 20 | 19 | 20 | 21 | 21 | 22 | 22 | 23 | 24 | 24 | 25 | 12 25 | 11 26 | 24 | 25 | 26 十二 |
| 16 | 16 | 17 | 17 | 18 | 19 | 19 | 20 | 20 | 21 | 20 | 21 | 22 | 冬 22 | 23 | 23 | 24 | 25 | 25 | 26 | 26 | 27 | 10 25 | 9 26 | 27 |
| 17 | 17 | 18 | 18 | 19 | 20 | 20 | 21 | 21 | 22 | 21 | 22 | 23 | 23 | 24 | 24 | 25 | 26 | 26 | 27 | 27 | 28 | 26 | 27 | 8 28 7 |
| 18 | 18 | 19 | 19 | 20 | 21 | 21 | 22 | 22 | 23 | 22 | 23 | 24 | 24 | 25 | 25 | 26 | 27 | 27 | 28 | 28 | 29 | 27 | 28 | 29 |
| 19 | 19 | 20 | 20 | 21 | 22 | 22 | 23 | 23 | 24 | 23 | 24 | 25 | 25 | 26 | 26 | 27 | 28 | 28 | 29 | 29 | 30 | 28 | 29 | 30 |
| 20 | 20 | 21 | 21 | 22 | 23 | 23 | 24 | 24 | 25 | 24 | 25 | 26 | 26 | 27 | 27 | 28 | 29 | 29 | 30 | 30 | 31 | **3** | 30 | 31 |
| 21 | 冬 21 | 22 | 22 | 23 | 24 | 24 | 25 | 25 | 26 | 25 | 26 | 27 | 27 | 28 | 28 | 29 | 30 | 30 | 31 | **5** | **4** | 2 | 31 | **1** |
| 22 | 22 | 23 | 23 | 24 | 25 | 25 | 26 | 26 | 27 | 26 | 27 | 28 | 28 | 29 | 29 | 30 | 31 | **7** | **6** | 2 | 2 | 3 | **2** | 2 |
| 23 | 23 | 24 | 24 | 25 | 26 | 26 | 27 | 27 | 28 | 27 | 28 | 29 | 29 | 30 | 30 | 31 | **8** | 2 | 2 | 3 | 3 | 4 | 2 | 3 |
| 24 | 24 | 25 | 25 | 26 | 27 | 27 | 28 | 28 | 29 | 28 | 29 | 30 | 30 | 31 | **10** | **9** | 2 | 3 | 3 | 4 | 4 | 5 | 3 | 4 |
| 25 | 25 | 26 | 26 | 27 | 28 | 28 | 29 | 29 | 30 | 29 | 30 | 31 | **12** | **11** | 2 | 2 | 3 | 4 | 4 | 5 | 5 | 6 | 4 | 5 |
| 26 | 26 | 27 | 27 | 28 | 29 | 29 | 30 | 30 | 31 | **3** | 31 | **1** | 2 | 2 | 3 | 3 | 4 | 5 | 5 | 6 | 6 | 7 | 5 | 6 |
| 27 | 27 | 28 | 28 | 29 | 30 | 30 | 31 | **5** | **4** | 2 | **2** | 2 | 3 | 3 | 4 | 4 | 5 | 6 | 6 | 7 | 7 | 8 | 6 | 7 |
| 28 | 28 | 29 | 29 | 30 | 31 | **7** | **6** | 2 | 2 | 3 | 2 | 3 | 4 | 4 | 5 | 5 | 6 | 7 | 7 | 8 | 8 | 9 | 7 | 8 |
| 29 | 29 | 30 | 30 | 31 | **8** | 2 | 2 | 3 | 3 | 4 | 3 | 4 | 5 | 5 | 6 | 6 | 7 | 8 | 8 | 9 | 9 | 10 | 8 | 9 |
| 30 | 30 | 31 | **10** | **9** | 2 | 3 | 3 | 4 | 4 | 5 | 4 | 5 | 6 | 6 | 7 | 7 | 8 | 9 | 9 | 10 | 10 | 11 | 9 | 10 |
| 31 | **12** | **11** | 2 | 2 | 3 | 4 | 4 | 5 | 5 | 6 | 5 | 6 | 7 | 7 | 8 | 8 | 9 | 10 | 10 | 11 | 11 | 12 | 10 | 11 |
| 日 | 2 | 2 | 3 | 3 | 4 | 5 | 5 | 6 | 6 | 7 | 6 | 7 | 8 | 8 | 9 | 9 | 10 | 11 | 11 | 12 | 12 | 13 | 11 | 12 |
| 曜 | 3 | 3 | 4 | 4 | 5 | 6 | 6 | 7 | 7 | 8 | 7 | 8 | 9 | 9 | 10 | 10 | 11 | 12 | 12 | 13 | 13 | 14 | 12 | 13 |
| 表 | 4 | 十一 4 | 十 5 | 5 | 6 | 7 | 7 | 8 | 8 | 9 | 8 | 9 | 10 | 10 | 11 | 11 | 12 | 13 | 13 | 14 | 14 | 15 | 13 | 14 |
| 6 | 5 | 7 5 | 6 | 九 6 | 八 7 | 8 | 8 | 9 | 9 | 10 | 9 | 10 | 11 | 11 | 12 | 12 | 13 | 14 | 14 | 15 | 15 | 16 | 14 | 15 |
| 甲 | 6 | 6 | 6 7 | 5 7 | 8 | 七 9 | 六 9 | 五 10 | 10 | 11 | 10 | 11 | 12 | 12 | 13 | 13 | 14 | 15 | 15 | 16 | 16 | 17 | 15 | 16 |
| 子 | 7 | 7 | 8 | 8 | 4 9 | 3 10 | 10 | 11 | 四 11 | 三 12 | 11 | 12 | 13 | 13 | 14 | 14 | 15 | 16 | 16 | 17 | 17 | 18 | 16 | 17 |
| 表 | 8 | 8 | 9 | 9 | 10 | 11 | 2 11 | 1 12 | 12 | 13 | 二 12 | 正 13 | 14 | 14 | 15 | 15 | 16 | 17 | 17 | 18 | 18 | 19 | 17 | 18 |
| 45 | 9 | 9 | 10 | 10 | 11 | 12 | 12 | 13 | 12 13 | 11 14 | 13 | 14 | 十二 15 | 十一 15 | 16 | 16 | 17 | 18 | 18 | 19 | 19 | 20 | 18 | 19 |
| | 10 | 10 | 11 | 11 | 12 | 13 | 13 | 14 | 14 | 15 | 10 14 | 9 15 | 16 | 16 | 十 17 | 九 17 | 18 | 19 | 19 | 20 | 20 | 21 | 19 | 20 |

| 一六七〇 庚戌 康熙九 1081 | | | | | | | | | | | | 一六六九 己酉 康熙八 1080 | | | | | | | | | | | |
|---|---|---|---|---|---|---|---|---|---|---|---|---|---|---|---|---|---|---|---|---|---|---|---|
| 22 | 23 | 23 | 24 | 25 | 25 | 26 | 26 | 27 | 25 | 26 | 27 | 27 | 28 | 28 | 29 4 | 30 3 | 30 | 31 | **5** | **4** 三 | 2 二 | 31 | **1** |
| 23 | 24 | 24 | 25 | 26 | 26 | 27 | 27 | 28 | 26 | 27 | 28 | 28 | 29 | 29 | 30 | 31 | **7** 2 | **6** 1 | 2 12 | 2 11 | 3 | **2** 正 | 2 圭 |
| 24 | 25 | 25 | 26 | 27 | 27 | 28 | 28 | 29 | 27 | 28 | 29 | 29 | 30 | 30 | 31 | **8** | 2 | 2 | 3 | 3 | 4 10 | 2 9 | 3 |
| 25 | 26 | 26 | 27 | 28 | 28 | 29 | 29 | 30 | 28 | 29 | 30 | 30 | 31 | **10** | **9** | 2 | 3 | 3 | 4 | 4 | 5 | 3 | 4 8 |
| 26 | 27 | 27 | 28 | 29 | 29 | 30 | 30 | 31 | **3** | 30 | 31 | **12** | **11** | 2 | 2 | 3 | 4 | 4 | 5 | 5 | 6 | 4 | 5 |
| 27 | 28 | 28 | 29 | 30 | 30 | 31 | **5** | **4** | 2 | 31 | **1** | 2 | 2 | 3 | 3 | 4 | 5 | 5 | 6 | 6 | 7 | 5 | 6 |
| 28 | 29 | 29 | 30 | 31 | **7** | **6** | 2 | 2 | 3 | **2** | 2 | 3 | 3 | 4 | 4 | 5 | 6 | 6 | 7 | 7 | 8 | 6 | 7 |
| 29 | 30 | 30 | 31 | **8** | 2 | 2 | 3 | 3 | 4 | 2 | 3 | 4 | 4 | 5 | 5 | 6 | 7 | 7 | 8 | 8 | 9 | 7 | 8 |
| 30 | 31 | **10** | **9** | 2 | 3 | 3 | 4 | 4 | 5 | 3 | 4 | 5 | 5 | 6 | 6 | 7 | 8 | 8 | 9 | 9 | 10 | 8 | 9 |
| **12** | **11** | 2 | 2 | 3 | 4 | 4 | 5 | 5 | 6 | 4 | 5 | 6 | 6 | 7 | 7 | 8 | 9 | 9 | 10 | 10 | 11 | 9 | 10 |
| 2 | 2 | 3 | 3 | 4 | 5 | 5 | 6 | 6 | 7 | 5 | 6 | 7 | 7 | 8 | 8 | 9 | 10 | 10 | 11 | 11 | 12 | 10 | 11 |
| 3 | 3 | 4 | 4 | 5 | 6 | 6 | 7 | 7 | 8 | 6 | 7 | 8 | 8 | 9 | 9 | 10 | 11 | 11 | 12 | 12 | 13 | 11 | 12 |
| 4 | 4 | 5 | 5 | 6 | 7 | 7 | 8 | 8 | 9 | 7 | 8 | 9 | 9 | 10 | 10 | 11 | 12 | 12 | 13 | 13 | 14 | 12 | 13 |
| 5 | 5 | 6 | 6 | 7 | 8 | 8 | 9 | 9 | 10 | 8 | 9 | 10 | 10 | 11 | 11 | 12 | 13 | 13 | 14 | 14 | 15 | 13 | 14 |
| 6 | 6 | 7 | 7 | 8 | 9 | 9 | 10 | 10 | 11 | 9 | 10 | 11 | 11 | 12 | 12 | 13 | 14 | 14 | 15 | 15 | 16 | 14 | 15 |
| 7 | 7 | 8 | 8 | 9 | 10 | 10 | 11 | 11 | 12 | 10 | 11 | 12 | 12 | 13 | 13 | 14 | 15 | 15 | 16 | 16 | 17 | 15 | 16 |
| 8 | 8 | 9 | 9 | 10 | 11 | 11 | 12 | 12 | 13 | 11 | 12 | 13 | 13 | 14 | 14 | 15 | 16 | 16 | 17 | 17 | 18 | 16 | 17 |
| 9 | 9 | 10 | 10 | 11 | 12 | 12 | 13 | 13 | 14 | 12 | 13 | 14 | 14 | 15 | 15 | 16 | 17 | 17 | 18 | 18 | 19 | 17 | 18 |
| 10 | 10 | 11 | 11 | 12 | 13 | 13 | 14 | 14 | 15 | 13 | 14 | 15 | 15 | 16 | 16 | 17 | 18 | 18 | 19 | 19 | 20 | 18 | 19 |
| 11 | 11 | 12 | 12 | 13 | 14 | 14 | 15 | 15 | 16 | 14 | 15 | 16 | 16 | 17 | 17 | 18 | 19 | 19 | 20 | 20 | 21 | 19 | 20 |
| 12 土 | 12 | 13 | 13 | 14 | 15 | 15 | 16 | 16 | 17 | 15 | 16 | 17 | 17 | 18 | 18 | 19 | 20 | 20 | 21 | 21 | 22 | 20 | 21 |
| 13 | 13 十 | 14 九 | 14 八 | 15 七 | 16 | 16 | 17 | 17 | 18 | 16 | 17 | 18 | 18 | 19 | 19 | 20 | 21 | 21 | 22 | 22 | 23 | 21 | 22 |
| 14 8 | 14 7 | 15 | 15 | 16 | 17 六 | 17 五 | 18 | 18 | 19 | 17 | 18 | 19 | 19 | 20 | 20 | 21 | 22 | 22 | 23 | 23 | 24 | 22 | 23 |
| 15 | 15 | 16 6 | 16 5 | 17 | 18 | 18 | 19 四 | 19 | 20 | 18 | 19 | 20 | 20 | 21 | 21 | 22 | 23 | 23 | 24 | 24 | 25 | 23 | 24 |
| 16 | 16 | 17 | 17 | 18 4 | 19 3 | 19 | 20 | 20 三 | 21 閏 | 19 | 20 | 21 冬 | 21 | 22 | 22 | 23 | 24 | 24 | 25 | 25 | 26 | 24 | 25 |
| 17 | 17 | 18 | 18 | 19 | 20 | 20 2 | 21 1 | 21 | 22 | 20 二 | 21 正 | 22 | 22 | 23 | 23 | 24 | 25 | 25 | 26 | 26 | 27 | 25 | 26 |
| 18 | 18 | 19 | 19 | 20 | 21 | 21 | 22 | 22 12 | 23 11 | 21 | 22 | 23 圭 | 23 土 | 24 | 24 | 25 | 26 | 26 | 27 | 27 | 28 | 26 | 27 |
| 19 | 19 | 20 | 20 | 21 | 22 | 22 | 23 | 23 | 24 | 22 10 | 23 9 | 24 | 24 | 25 十 | 25 九 | 26 八 | 27 | 27 | 28 | 28 | 29 | 27 | 28 |
| 20 | 20 | 21 | 21 | 22 | 23 | 23 | 24 | 24 | 25 | 23 | 24 | 25 8 | 25 7 | 26 | 26 | 27 | 28 七 | 28 六 | 29 | 29 | 30 | 28 | 29 |
| 21 冬 | 21 | 22 | 22 | 23 | 24 | 24 | 25 | 25 | 26 | 24 | 25 | 26 | 26 | 27 6 | 27 5 | 28 | 29 | 29 | 30 五 | 30 四 | 31 | **3** | 30 |

勤耘書屋

一六七二 壬子 康熙一一 1083

一六七一 辛亥 康熙一〇 1082

| | | | | | | | | | | | | | | | | | | | | | | | | |
|---|---|---|---|---|---|---|---|---|---|---|---|---|---|---|---|---|---|---|---|---|---|---|---|---|
| 11 | 11 | 12 | 12 | 13 | 14 | 14 | 15 | 15 | 16 | 15 | 16 | 17 | 17 | 18 | 18 | 19 | 20 | 20 | 21 | 21 | 22 | 20 | 21 | 22 |
| 12 | 12 | 13 | 13 | 14 | 15 | 15 | 16 | 16 | 17 | 16 | 17 | 18 | 18 | 19 | 19 | 20 | 21 | 21 | 22 | 22 | 23 | 21 | 22 | 23 |
| 13 | 13 | 14 | 14 | 15 | 16 | 16 | 17 | 17 | 18 | 17 | 18 | 19 | 19 | 20 | 20 | 21 | 22 | 22 | 23 | 23 | 24 | 22 | 23 | 24 |
| 14 | 14 | 15 | 15 | 16 | 17 | 17 | 18 | 18 | 19 | 18 | 19 | 20 | 20 | 21 | 21 | 22 | 23 | 23 | 24 | 24 | 25 | 23 | 24 | 25 |
| 15 | 15 | 16 | 16 | 17 | 18 | 18 | 19 | 19 | 20 | 19 | 20 | 21冬 | 21 | 22 | 22 | 23 | 24 | 24 | 25 | 25 | 26 | 24 | 25 | 26 |
| 16 | 16 | 17 | 17 | 18 | 19 | 19 | 20 | 20 | 21 | 20 | 21 | 22 | 22 | 23 | 23 | 24 | 25 | 25 | 26 | 26 | 27 | 25 | 26 | 27 |
| 17 | 17 | 18 | 18 | 19 | 20 | 20 | 21 | 21 | 22 | 21 | 22 | 23 | 23 | 24 | 24 | 25 | 26 | 26 | 27 | 27 | 28 | 26 | 27 | 28 |
| 18 | 18 | 19 | 19 | 20 | 21 | 21 | 22 | 22 | 23 | 22 | 23 | 24 | 24 | 25 | 25 | 26 | 27 | 27 | 28 | 28 | 29 | 27 | 28 | 29 |
| 19十一 | 19十 | 20 | 20 | 21 | 22 | 22 | 23 | 23 | 24 | 23 | 24 | 25 | 25 | 26 | 26 | 27 | 28 | 28 | 29 | 29 | 30 | 28 | 29 | 30 |
| 20 | 20 | 21九 | 21八 | 22 | 23 | 23 | 24 | 24 | 25 | 24 | 25 | 26 | 26 | 27 | 27 | 28 | 29 | 29 | 30 | 30 | 31 | 3 | 30 | 31 |
| 21 9 | 21 | 22 | 22 | 23閏 | 24七 | 24 | 25 | 25 | 26 | 25 | 26 | 27 | 27 | 28 | 28 | 29 | 30 | 30 | 31 | 5 | 4 | 2 | 31 | 1 |
| 22 | 22 8 | 23 7 | 23 | 24 | 25 | 25六 | 26 | 26 | 27 | 26 | 27 | 28 | 28 | 29 | 29 | 30 | 31 | 7 | 6 | 2 | 2 | 3 | 2 | 2 |
| 23 | 23 | 24 | 24 6 | 25 5 | 26 | 26 | 27五 | 27四 | 28 | 27 | 28 | 29 | 29 | 30 | 30 | 31 | 8 | 2 | 2 | 3 | 3 | 4 | 2 | 3 |
| 24 | 24 | 25 | 25 | 26 | 27 4 | 27 3 | 28 | 28 | 29三 | 28二 | 29 | 30 | 30 | 31 | 10 | 9 | 2 | 3 | 3 | 4 | 4 | 5 | 3 | 4 |
| 25 | 25 | 26 | 26 | 27 | 28 | 28 | 29 2 | 29 1 | 30 12 | 29 11 | 30正 | 31十二 | 12十一 | 11 | 2 | 2 | 3 | 4 | 4 | 5 | 5 | 6 | 4 | 5 |
| 26 | 26 | 27 | 27 | 28 | 29 | 29 | 30 | 30 | 31 | 3 | 31 10 | 1 9 | 2 | 2十 | 3九 | 3八 | 4 | 5 | 5 | 6 | 6 | 7 | 5 | 6 |
| 27 | 27 | 28 | 28 | 29 | 30 | 30 | 31 | 5 | 4 | 2 | 2 | 2 | 3 8 | 3 7 | 4 | 4 | 5七 | 6六 | 6 | 7 | 7 | 8 | 6 | 7 |
| 28 | 28 | 29 | 29 | 30 | 31 | 7 | 6 | 2 | 2 | 3 | 2 | 3 | 4 | 4 | 5 6 | 5 5 | 6 | 7 | 7五 | 8 | 8 | 9 | 7 | 8 |
| 29 | 29 | 30 | 30 | 31 | 8 | 2 | 2 | 3 | 3 | 4 | 3 | 4 | 5 | 5 | 6 | 6 | 7 4 | 8 3 | 8 | 9四 | 9三 | 10 | 8 | 9 |
| 30 | 30 | 31 | 10 | 9 | 2 | 3 | 3 | 4 | 4 | 5 | 4 | 5 | 6 | 6 | 7 | 7 | 8 | 9 | 9 2 | 10 1 | 10 | 11二 | 9正 | 10 |
| 31 | 12 | 11 | 2 | 2 | 3 | 4 | 4 | 5 | 5 | 6 | 5 | 6 | 7 | 7 | 8 | 8 | 9 | 10 | 10 | 11 | 11 12 | 12 11 | 10 | 11十二 |
| 日 | 2 | 2 | 3 | 3 | 4 | 5 | 5 | 6 | 6 | 7 | 6 | 7 | 8 | 8 | 9 | 9 | 10 | 11 | 11 | 12 | 12 | 13 | 11 10 | 12 9 |
| 曜 | 3 | 3 | 4 | 4 | 5 | 6 | 6 | 7 | 7 | 8 | 7 | 8 | 9 | 9 | 10 | 10 | 11 | 12 | 12 | 13 | 13 | 14 | 12 | 13 |
| 表 | 4 | 4 | 5 | 5 | 6 | 7 | 7 | 8 | 8 | 9 | 8 | 9 | 10 | 10 | 11 | 11 | 12 | 13 | 13 | 14 | 14 | 15 | 13 | 14 |
| 7 | 5 | 5 | 6 | 6 | 7 | 8 | 8 | 9 | 9 | 10 | 9 | 10 | 11 | 11 | 12 | 12 | 13 | 14 | 14 | 15 | 15 | 16 | 14 | 15 |
| 甲 | 6 | 6 | 7 | 7 | 8 | 9 | 9 | 10 | 10 | 11 | 10 | 11 | 12 | 12 | 13 | 13 | 14 | 15 | 15 | 16 | 16 | 17 | 15 | 16 |
| 子 | 7 | 7 | 8 | 8 | 9 | 10 | 10 | 11 | 11 | 12 | 11 | 12 | 13 | 13 | 14 | 14 | 15 | 16 | 16 | 17 | 17 | 18 | 16 | 17 |
| 表 | 8 | 8 | 9 | 9 | 10 | 11 | 11 | 12 | 12 | 13 | 12 | 13 | 14 | 14 | 15 | 15 | 16 | 17 | 17 | 18 | 18 | 19 | 17 | 18 |
| 46 | 9 | 9 | 10 | 10 | 11 | 12 | 12 | 13 | 13 | 14 | 13 | 14 | 15 | 15 | 16 | 16 | 17 | 18 | 18 | 19 | 19 | 20 | 18 | 19 |
| | 10 | 10 | 11 | 11 | 12 | 13 | 13 | 14 | 14 | 15 | 14 | 15 | 16 | 16 | 17 | 17 | 18 | 19 | 19 | 20 | 20 | 21 | 19 | 20 |

一六七三 癸丑 康熙一二 1084

一六七四 甲寅 康熙一三 1085

| | | | | | | | | | | | | | | | | | | | | | | | |
|---|---|---|---|---|---|---|---|---|---|---|---|---|---|---|---|---|---|---|---|---|---|---|---|
| 22 | 23 | 23 | 24 | 25 | 25 | 26 | 26 | 27 | 25 | 26 | 27 | 27 | 28 | 28 | 29 | 30 | 30 | 31 | 5 | 4 | 2 | 31 | 1 |
| 23 | 24 | 24 | 25 | 26 | 26 | 27 | 27 | 28 | 26 | 27 | 28 | 28 | 29 | 29 | 30 | 31 | 7 | 6 | 2 | 2 | 3 | 2 | 2 |
| 24 | 25 | 25 | 26 | 27 | 27 | 28 | 28 | 29 | 27 | 28 | 29 | 29 | 30 | 30 | 31 | 8 | 2 | 2 | 3 | 3 | 4 | 2 | 3 |
| 25 | 26 | 26 | 27 | 28 | 28 | 29 | 29 | 30 | 28 | 29 | 30 | 30 | 31 | 10 | 9 | 2 | 3 | 3 | 4 | 4 | 5 | 3 | 4 |
| 26 | 27 | 27 | 28 | 29 | 29 | 30 | 30 | 31 | 3 | 30 | 31 | 12 | 11 | 2 | 2 | 3 | 4 | 4 | 5 | 5 | 6 | 4 | 5 |
| 27 | 十一 28 | 28 | 29 | 30 | 30 | 31 | 5 | 4 | 2 | 31 | 1 | 2 | 2 | 3 | 3 | 4 | 5 | 5 | 6 | 6 | 7 | 5 | 6 |
| 28 | 29 | 十 29 | 30 | 31 | 7 | 6 | 2 | 2 | 3 | 2 | 2 | 3 | 3 | 4 | 4 | 5 | 6 | 6 | 7 | 7 | 8 | 6 | 7 |
| 29 | 9 30 | 30 | 九 31 | 八 8 | 2 | 2 | 3 | 3 | 4 | 2 | 3 | 4 | 4 | 5 | 5 | 6 | 7 | 7 | 8 | 8 | 9 | 7 | 8 |
| 30 | 31 | 8 10 | 7 9 | 2 | 七 3 | 3 | 4 | 4 | 5 | 3 | 4 | 5 | 5 | 6 | 6 | 7 | 8 | 8 | 9 | 9 | 10 | 8 | 9 |
| 12 | 11 | 2 | 2 | 6 3 | 5 4 | 六 4 | 五 5 | 5 | 6 | 4 | 5 | 6 | 6 | 7 | 7 | 8 | 9 | 9 | 10 | 10 | 11 | 9 | 10 |
| 2 | 2 | 3 | 3 | 4 | 5 | 4 5 | 3 6 | 四 6 | 三 7 | 二 5 | 6 | 7 | 7 | 8 | 8 | 9 | 10 | 10 | 11 | 11 | 12 | 10 | 11 |
| 3 | 3 | 4 | 4 | 5 | 6 | 6 | 7 | 2 7 | 1 8 | 6 | 正 7 | 十二 8 | 十一 8 | 9 | 9 | 10 | 11 | 11 | 12 | 12 | 13 | 11 | 12 |
| 4 | 4 | 5 | 5 | 6 | 7 | 7 | 8 | 8 | 9 | 12 7 | 11 8 | 9 | 9 | 十 10 | 九 10 | 11 | 12 | 12 | 13 | 13 | 14 | 12 | 13 |
| 5 | 5 | 6 | 6 | 7 | 8 | 8 | 9 | 9 | 10 | 8 | 9 | 10 10 | 9 10 | 11 | 11 | 八 12 | 七 13 | 13 | 14 | 14 | 15 | 13 | 14 |
| 6 | 6 | 7 | 7 | 8 | 9 | 9 | 10 | 10 | 11 | 9 | 10 | 11 | 11 | 8 12 | 7 12 | 13 | 14 | 六 14 | 15 | 15 | 16 | 14 | 15 |
| 7 | 7 | 8 | 8 | 9 | 10 | 10 | 11 | 11 | 12 | 10 | 11 | 12 | 12 | 13 | 13 | 6 14 | 5 15 | 15 | 五 16 | 四 16 | 17 | 15 | 16 |
| 8 | 8 | 9 | 9 | 10 | 11 | 11 | 12 | 12 | 13 | 11 | 12 | 13 | 13 | 14 | 14 | 15 | 16 | 4 16 | 3 17 | 17 | 三 18 | 二 16 | 17 |
| 9 | 9 | 10 | 10 | 11 | 12 | 12 | 13 | 13 | 14 | 12 | 13 | 14 | 14 | 15 | 15 | 16 | 17 | 17 | 18 | 2 18 | 1 19 | 17 | 正 18 十二 |
| 10 | 10 | 11 | 11 | 12 | 13 | 13 | 14 | 14 | 15 | 13 | 14 | 15 | 15 | 16 | 16 | 17 | 18 | 18 | 19 | 19 | 20 | 12 18 | 11 19 |
| 11 | 11 | 12 | 12 | 13 | 14 | 14 | 15 | 15 | 16 | 14 | 15 | 16 | 16 | 17 | 17 | 18 | 19 | 19 | 20 | 20 | 21 | 19 | 20 10 |
| 12 | 12 | 13 | 13 | 14 | 15 | 15 | 16 | 16 | 17 | 15 | 16 | 17 | 17 | 18 | 18 | 19 | 20 | 20 | 21 | 21 | 22 | 20 | 21 |
| 13 | 13 | 14 | 14 | 15 | 16 | 16 | 17 | 17 | 18 | 16 | 17 | 18 | 18 | 19 | 19 | 20 | 21 | 21 | 22 | 22 | 23 | 21 | 22 |
| 14 | 14 | 15 | 15 | 16 | 17 | 17 | 18 | 18 | 19 | 17 | 18 | 19 | 19 | 20 | 20 | 21 | 22 | 22 | 23 | 23 | 24 | 22 | 23 |
| 15 | 15 | 16 | 16 | 17 | 18 | 18 | 19 | 19 | 20 | 18 | 19 | 20 | 20 | 21 | 21 | 22 | 23 | 23 | 24 | 24 | 25 | 23 | 24 |
| 16 | 16 | 17 | 17 | 18 | 19 | 19 | 20 | 20 | 21 | 19 | 20 | 21 | 冬 21 | 22 | 22 | 23 | 24 | 24 | 25 | 25 | 26 | 24 | 25 |
| 17 | 17 | 18 | 18 | 19 | 20 | 20 | 21 | 21 | 22 | 20 | 21 | 22 | 22 | 23 | 23 | 24 | 25 | 25 | 26 | 26 | 27 | 25 | 26 |
| 18 | 18 | 19 | 19 | 20 | 21 | 21 | 22 | 22 | 23 | 21 | 22 | 23 | 23 | 24 | 24 | 25 | 26 | 26 | 27 | 27 | 28 | 26 | 27 |
| 19 | 19 | 20 | 20 | 21 | 22 | 22 | 23 | 23 | 24 | 22 | 23 | 24 | 24 | 25 | 25 | 26 | 27 | 27 | 28 | 28 | 29 | 27 | 28 |
| 20 | 20 | 21 | 21 | 22 | 23 | 23 | 24 | 24 | 25 | 23 | 24 | 25 | 25 | 26 | 26 | 27 | 28 | 28 | 29 | 29 | 30 | 28 | 29 |
| 21 | 冬 21 | 22 | 22 | 23 | 24 | 24 | 25 | 25 | 26 | 24 | 25 | 26 | 26 | 27 | 27 | 28 | 29 | 29 | 30 | 30 | 31 | 3 | 30 |

一六七五 乙卯 康熙一四

1086

一六七六 丙辰 康熙一五

1087

| | | | | | | | | | | | | | | | | | | | | | | | | |
|---|---|---|---|---|---|---|---|---|---|---|---|---|---|---|---|---|---|---|---|---|---|---|---|---|
| 11 | 11 | 12 | 12 | 13 | 14 | 14 | 15 | 15 | 2 16 | 1 15 | 16 | 17 | 十一 17 | 十 18 | 18 | 19 | 20 | 20 | 21 | 21 | 22 | 20 | 21 | 22 |
| 12 | 12 | 13 | 13 | 14 | 15 | 15 | 16 | 16 | 17 | 16 | 12 17 | 11 18 | 18 | 19 | 九 19 | 八 20 | 21 | 21 | 22 | 22 | 23 | 21 | 22 | 23 |
| 13 | 13 | 14 | 14 | 15 | 16 | 16 | 17 | 17 | 18 | 17 | 18 | 19 | 10 19 | 9 20 | 20 | 21 | 七 22 | 22 | 23 | 23 | 24 | 22 | 23 | 24 |
| 14 | 14 | 15 | 15 | 16 | 17 | 17 | 18 | 18 | 19 | 18 | 19 | 20 | 20 | 21 | 8 21 | 7 22 | 23 | 六 23 | 閏 24 | 24 | 25 | 23 | 24 | 25 |
| 15 | 15 | 16 | 16 | 17 | 18 | 18 | 19 | 19 | 20 | 19 | 20 | 21 | 冬 21 | 22 | 22 | 23 | 6 24 | 5 24 | 25 | 五 25 | 四 26 | 三 24 | 二 25 | 26 |
| 16 | 16 | 17 | 17 | 18 | 19 | 19 | 20 | 20 | 21 | 20 | 21 | 22 | 22 | 23 | 23 | 24 | 25 | 25 | 4 26 | 3 26 | 27 | 25 | 26 | 正 27 十二 |
| 17 | 17 | 18 | 18 | 19 | 20 | 20 | 21 | 21 | 22 | 21 | 22 | 23 | 23 | 24 | 24 | 25 | 26 | 26 | 27 | 27 | 2 28 | 1 26 | 12 27 | 11 28 |
| 18 | 18 | 19 | 19 | 20 | 21 | 21 | 22 | 22 | 23 | 22 | 23 | 24 | 24 | 25 | 25 | 26 | 27 | 27 | 28 | 28 | 29 | 27 | 28 | 29 10 |
| 19 | 19 | 20 | 20 | 21 | 22 | 22 | 23 | 23 | 24 | 23 | 24 | 25 | 25 | 26 | 26 | 27 | 28 | 28 | 29 | 29 | 30 | 28 | 29 | 30 |
| 20 | 20 | 21 | 21 | 22 | 23 | 23 | 24 | 24 | 25 | 24 | 25 | 26 | 26 | 27 | 27 | 28 | 29 | 29 | 30 | 30 | 31 | 3 | 30 | 31 |
| 21 | 冬 21 | 22 | 22 | 23 | 24 | 24 | 25 | 25 | 26 | 25 | 26 | 27 | 27 | 28 | 28 | 29 | 30 | 30 | 31 | 5 | 4 | 2 | 31 | 1 |
| 22 | 22 | 23 | 23 | 24 | 25 | 25 | 26 | 26 | 27 | 26 | 27 | 28 | 28 | 29 | 29 | 30 | 31 | 7 | 6 | 2 | 2 | 3 | 2 | 2 |
| 23 | 23 | 24 | 24 | 25 | 26 | 26 | 27 | 27 | 28 | 27 | 28 | 29 | 29 | 30 | 30 | 31 | 8 | 2 | 2 | 3 | 3 | 4 | 2 | 3 |
| 24 | 24 | 25 | 25 | 26 | 27 | 27 | 28 | 28 | 29 | 28 | 29 | 30 | 30 | 31 | 10 | 9 | 2 | 3 | 3 | 4 | 4 | 5 | 3 | 4 |
| 25 | 25 | 26 | 26 | 27 | 28 | 28 | 29 | 29 | 30 | 29 | 30 | 31 | 12 | 11 | 2 | 2 | 3 | 4 | 4 | 5 | 5 | 6 | 4 | 5 |
| 26 | 26 | 27 | 27 | 28 | 29 | 29 | 30 | 30 | 31 | 3 | 31 | 1 | 2 | 2 | 3 | 3 | 4 | 5 | 5 | 6 | 6 | 7 | 5 | 6 |
| 27 | 27 | 28 | 28 | 29 | 30 | 30 | 31 | 5 | 4 | 2 | 2 | 2 | 3 | 3 | 4 | 4 | 5 | 6 | 6 | 7 | 7 | 8 | 6 | 7 |
| 28 | 28 | 29 | 29 | 30 | 31 | 7 | 6 | 2 | 2 | 3 | 2 | 3 | 4 | 4 | 5 | 5 | 6 | 7 | 7 | 8 | 8 | 9 | 7 | 8 |
| 29 | 29 | 30 | 30 | 31 | 8 | 2 | 2 | 3 | 3 | 4 | 3 | 4 | 5 | 5 | 6 | 6 | 7 | 8 | 8 | 9 | 9 | 10 | 8 | 9 |
| 30 | 30 | 31 | 10 | 9 | 2 | 3 | 3 | 4 | 4 | 5 | 4 | 5 | 6 | 6 | 7 | 7 | 8 | 9 | 9 | 10 | 10 | 11 | 9 | 10 |
| 31 | 12 | 11 | 2 | 2 | 3 | 4 | 4 | 5 | 5 | 6 | 5 | 6 | 7 | 7 | 8 | 8 | 9 | 10 | 10 | 11 | 11 | 12 | 10 | 11 |
| 日 | 2 | 2 | 3 | 3 | 4 | 5 | 5 | 6 | 6 | 7 | 6 | 7 | 8 | 8 | 9 | 9 | 10 | 11 | 11 | 12 | 12 | 13 | 11 | 12 |
| 曜 | 3 | 3 | 4 | 4 | 5 | 6 | 6 | 7 | 7 | 8 | 7 | 8 | 9 | 9 | 10 | 10 | 11 | 12 | 12 | 13 | 13 | 14 | 12 | 13 |
| 表 | 4 | 4 | 5 | 5 | 6 | 7 | 7 | 8 | 8 | 9 | 8 | 9 | 10 | 10 | 11 | 11 | 12 | 13 | 13 | 14 | 14 | 15 | 13 | 14 |
| 1 | 5 | 十一 5 | 6 | 6 | 7 | 8 | 8 | 9 | 9 | 10 | 9 | 10 | 11 | 11 | 12 | 12 | 13 | 14 | 14 | 15 | 15 | 16 | 14 | 15 |
| 甲 | 6 | 6 | 十 7 | 九 7 | 8 | 9 | 9 | 10 | 10 | 11 | 10 | 11 | 12 | 12 | 13 | 13 | 14 | 15 | 15 | 16 | 16 | 17 | 15 | 16 |
| 子 | 7 | 10 7 | 9 8 | 8 | 八 9 | 七 10 | 10 | 11 | 11 | 12 | 11 | 12 | 13 | 13 | 14 | 14 | 15 | 16 | 16 | 17 | 17 | 18 | 16 | 17 |
| 表 | 8 | 8 | 9 | 8 9 | 7 10 | 11 | 六 11 | 五 12 | 12 | 13 | 12 | 13 | 14 | 14 | 15 | 15 | 16 | 17 | 17 | 18 | 18 | 19 | 17 | 18 |
| 47 | 9 | 9 | 10 | 10 | 11 | 6 12 | 5 12 | 13 | 四 13 | 三 14 | 二 13 | 14 | 15 | 15 | 16 | 16 | 17 | 18 | 18 | 19 | 19 | 20 | 18 | 19 |
| | 10 | 10 | 11 | 11 | 12 | 13 | 13 | 4 14 | 3 14 | 15 | 14 | 正 15 | 十二 16 | 16 | 17 | 17 | 18 | 19 | 19 | 20 | 20 | 21 | 19 | 20 |

| 一六七八 戊午 康熙一七 1089 | | | | | | | | | | | | 一六七七 丁巳 康熙一六 1088 | | | | | | | | | | | |
|---|---|---|---|---|---|---|---|---|---|---|---|---|---|---|---|---|---|---|---|---|---|---|---|
| 22 | 23 | 23 | 24 | 25 | 25 | 26 | 26 | 27 | 25 | 26 | 27 | 27 10 | 28 9 | 28 | 29 | 30 七 | 30 六 | 31 五 | **5** | **4** | 2 | 31 | **1** |
| 23 | 24 | 24 | 25 | 26 | 26 | 27 | 27 | 28 | 26 | 27 | 28 | 28 | 29 | 29 8 | 30 7 | 31 | **7** | **6** | 2 四 | 2 三 | 3 | **2** | 2 |
| 24 | 25 | 25 | 26 | 27 | 27 | 28 | 28 | 29 | 27 | 28 | 29 | 29 | 30 | 30 | 31 | **8** 6 | 2 5 | 2 | 3 | 3 | 4 二 | 2 正 | 3 |
| 25 | 26 | 26 | 27 | 28 | 28 | 29 | 29 | 30 | 28 | 29 | 30 | 30 | 31 | **10** | **9** | 2 | 3 | 3 4 | 4 3 | 4 | 5 | 3 | 4 十二 |
| 26 | 27 | 27 | 28 | 29 | 29 | 30 | 30 | 31 | **3** | 30 | 31 | **12** | **11** | 2 | 2 | 3 | 4 | 4 | 5 | 5 2 | 6 1 | 4 12 | 5 11 |
| 27 | 28 | 28 | 29 | 30 | 30 | 31 | **5** | **4** | 2 | 31 | **1** | 2 | 2 | 3 | 3 | 4 | 5 | 5 | 6 | 6 | 7 | 5 | 6 |
| 28 | 29 | 29 | 30 | 31 | **7** | **6** | 2 | 2 | 3 | **2** | 2 | 3 | 3 | 4 | 4 | 5 | 6 | 6 | 7 | 7 | 8 | 6 | 7 |
| 29 | 30 | 30 | 31 | **8** | 2 | 2 | 3 | 3 | 4 | 2 | 3 | 4 | 4 | 5 | 5 | 6 | 7 | 7 | 8 | 8 | 9 | 7 | 8 |
| 30 | 31 | **10** | **9** | 2 | 3 | 3 | 4 | 4 | 5 | 3 | 4 | 5 | 5 | 6 | 6 | 7 | 8 | 8 | 9 | 9 | 10 | 8 | 9 |
| **12** | **11** | 2 | 2 | 3 | 4 | 4 | 5 | 5 | 6 | 4 | 5 | 6 | 6 | 7 | 7 | 8 | 9 | 9 | 10 | 10 | 11 | 9 | 10 |
| 2 | 2 | 3 | 3 | 4 | 5 | 5 | 6 | 6 | 7 | 5 | 6 | 7 | 7 | 8 | 8 | 9 | 10 | 10 | 11 | 11 | 12 | 10 | 11 |
| 3 | 3 | 4 | 4 | 5 | 6 | 6 | 7 | 7 | 8 | 6 | 7 | 8 | 8 | 9 | 9 | 10 | 11 | 11 | 12 | 12 | 13 | 11 | 12 |
| 4 | 4 | 5 | 5 | 6 | 7 | 7 | 8 | 8 | 9 | 7 | 8 | 9 | 9 | 10 | 10 | 11 | 12 | 12 | 13 | 13 | 14 | 12 | 13 |
| 5 | 5 | 6 | 6 | 7 | 8 | 8 | 9 | 9 | 10 | 8 | 9 | 10 | 10 | 11 | 11 | 12 | 13 | 13 | 14 | 14 | 15 | 13 | 14 |
| 6 | 6 | 7 | 7 | 8 | 9 | 9 | 10 | 10 | 11 | 9 | 10 | 11 | 11 | 12 | 12 | 13 | 14 | 14 | 15 | 15 | 16 | 14 | 15 |
| 7 | 7 | 8 | 8 | 9 | 10 | 10 | 11 | 11 | 12 | 10 | 11 | 12 | 12 | 13 | 13 | 14 | 15 | 15 | 16 | 16 | 17 | 15 | 16 |
| 8 | 8 | 9 | 9 | 10 | 11 | 11 | 12 | 12 | 13 | 11 | 12 | 13 | 13 | 14 | 14 | 15 | 16 | 16 | 17 | 17 | 18 | 16 | 17 |
| 9 | 9 | 10 | 10 | 11 | 12 | 12 | 13 | 13 | 14 | 12 | 13 | 14 | 14 | 15 | 15 | 16 | 17 | 17 | 18 | 18 | 19 | 17 | 18 |
| 10 | 10 | 11 | 11 | 12 | 13 | 13 | 14 | 14 | 15 | 13 | 14 | 15 | 15 | 16 | 16 | 17 | 18 | 18 | 19 | 19 | 20 | 18 | 19 |
| 11 | 11 | 12 | 12 | 13 | 14 | 14 | 15 | 15 | 16 | 14 | 15 | 16 | 16 | 17 | 17 | 18 | 19 | 19 | 20 | 20 | 21 | 19 | 20 |
| 12 | 12 | 13 | 13 | 14 | 15 | 15 | 16 | 16 | 17 | 15 | 16 | 17 | 17 | 18 | 18 | 19 | 20 | 20 | 21 | 21 | 22 | 20 | 21 |
| 13 | 13 | 14 | 14 | 15 | 16 | 16 | 17 | 17 | 18 | 16 | 17 | 18 | 18 | 19 | 19 | 20 | 21 | 21 | 22 | 22 | 23 | 21 | 22 |
| 14 十一 | 14 十 | 15 | 15 | 16 | 17 | 17 | 18 | 18 | 19 | 17 | 18 | 19 | 19 | 20 | 20 | 21 | 22 | 22 | 23 | 23 | 24 | 22 | 23 |
| 15 11 | 15 | 16 九 | 16 八 | 17 七 | 18 | 18 | 19 | 19 | 20 | 18 | 19 | 20 | 20 | 21 | 21 | 22 | 23 | 23 | 24 | 24 | 25 | 23 | 24 |
| 16 | 16 10 | 17 9 | 17 | 18 | 19 六 | 19 五 | 20 四 | 20 | 21 | 19 | 20 | 21 冬 | 21 | 22 | 22 | 23 | 24 | 24 | 25 | 25 | 26 | 24 | 25 |
| 17 | 17 | 18 | 18 8 | 19 7 | 20 | 20 | 21 | 21 閏 | 22 | 20 | 21 | 22 | 22 | 23 | 23 | 24 | 25 | 25 | 26 | 26 | 27 | 25 | 26 |
| 18 | 18 | 19 | 19 | 20 | 21 6 | 21 5 | 22 | 22 | 23 三 | 21 二 | 22 | 23 | 23 | 24 | 24 | 25 | 26 | 26 | 27 | 27 | 28 | 26 | 27 |
| 19 | 19 | 20 | 20 | 21 | 22 | 22 | 23 4 | 23 3 | 24 | 22 | 23 正 | 24 十二 | 24 | 25 | 25 | 26 | 27 | 27 | 28 | 28 | 29 | 27 | 28 |
| 20 | 20 | 21 | 21 | 22 | 23 | 23 | 24 | 24 | 25 2 | 23 1 | 24 | 25 | 25 十一 | 26 十 | 26 | 27 | 28 | 28 | 29 | 29 | 30 | 28 | 29 |
| 21 冬 | 21 | 22 | 22 | 23 | 24 | 24 | 25 | 25 | 26 | 24 | 25 12 | 26 11 | 26 | 27 | 27 九 | 28 八 | 29 | 29 | 30 | 30 | 31 | **3** | 30 |

一六七九 己未 康熙一八 1090

一六八〇 庚申 康熙一九 1091

| | | | | | | | | | | | | | | | | | | | | | | | | |
|---|---|---|---|---|---|---|---|---|---|---|---|---|---|---|---|---|---|---|---|---|---|---|---|---|
| 11 | 11 | 12 | 12 | 13 | 14 | 14 | 15 | 15 | 16 | 15 | 16 | 17 | 17 | 18 | 18 | 19 | 20 | 20 | 21 | 21 | 22 | 20 | 21 | 22 |
| 12 | 12 | 13 | 13 | 14 | 15 | 15 | 16 | 16 | 17 | 16 | 17 | 18 | 18 | 19 | 19 | 20 | 21 | 21 | 22 | 22 | 23 | 21 | 22 | 23 |
| 13 | 13 | 14 | 14 | 15 | 16 | 16 | 17 | 17 | 18 | 17 | 18 | 19 | 19 | 20 | 20 | 21 | 22 | 22 | 23 | 23 | 24 | 22 | 23 | 24 |
| 14 | 14 | 15 | 15 | 16 | 17 | 17 | 18 | 18 | 19 | 18 | 19 | 20 | 20 | 21 | 21 | 22 | 23 | 23 | 24 | 24 | 25 | 23 | 24 | 25 |
| 15 | 15 | 16 | 16 | 17 | 18 | 18 | 19 | 19 | 20 | 19 | 20 | 21 冬 | 21 | 22 | 22 | 23 | 24 | 24 | 25 | 25 | 26 | 24 | 25 | 26 |
| 16 | 16 | 17 | 17 | 18 | 19 | 19 | 20 | 20 | 21 | 20 | 21 | 22 | 22 | 23 | 23 | 24 | 25 | 25 | 26 | 26 | 27 | 25 | 26 | 27 |
| 17 | 17 | 18 | 18 | 19 | 20 | 20 | 21 | 21 | 22 | 21 | 22 | 23 | 23 | 24 | 24 | 25 | 26 | 26 | 27 | 27 | 28 | 26 | 27 | 28 |
| 18 | 18 | 19 | 19 | 20 | 21 | 21 | 22 | 22 | 23 | 22 | 23 | 24 | 24 | 25 | 25 | 26 | 27 | 27 | 28 | 28 | 29 | 27 | 28 | 29 |
| 19 | 19 | 20 | 20 | 21 | 22 | 22 | 23 | 23 | 24 | 23 | 24 | 25 | 25 | 26 | 26 | 27 | 28 | 28 | 29 | 29 | 30 | 28 | 29 | 30 |
| 20 | 20 | 21 | 21 | 22 | 23 | 23 | 24 | 24 | 25 | 24 | 25 | 26 | 26 | 27 | 27 | 28 | 29 | 29 | 30 | 30 | 31 | 3 | 30 | 31 |
| 21 1 十一 | 21 十 | 22 九 | 22 | 23 | 24 | 24 | 25 | 25 | 26 | 25 | 26 | 27 | 27 | 28 | 28 | 29 | 30 | 30 | 31 | 5 | 4 | 2 | 31 | 1 |
| 22 | 22 | 23 | 23 閏 | 24 八 | 25 | 25 | 26 | 26 | 27 | 26 | 27 | 28 | 28 | 29 | 29 | 30 | 31 | 7 | 6 | 2 | 2 | 3 | 2 | 2 |
| 23 12 | 23 11 | 24 | 24 | 25 | 26 七 | 26 六 | 27 | 27 | 28 | 27 | 28 | 29 | 29 | 30 | 30 | 31 | 8 | 2 | 2 | 3 | 3 | 4 | 2 | 3 |
| 24 | 24 | 25 10 | 25 9 | 26 | 27 | 27 | 28 五 | 28 | 29 | 28 | 29 | 30 | 30 | 31 | 10 | 9 | 2 | 3 | 3 | 4 | 4 | 5 | 3 | 4 |
| 25 | 25 | 26 | 26 | 27 8 | 28 7 | 28 | 29 | 29 四 | 30 三 | 29 | 30 | 31 | 12 | 11 | 2 | 2 | 3 | 4 | 4 | 5 | 5 | 6 | 4 | 5 |
| 26 | 26 | 27 | 27 | 28 | 29 | 29 6 | 30 5 | 30 | 31 | 3 二 | 31 正 | 1 | 2 | 2 | 3 | 3 | 4 | 5 | 5 | 6 | 6 | 7 | 5 | 6 |
| 27 | 27 | 28 | 28 | 29 | 30 | 30 | 31 | 5 4 | 4 3 | 2 | 2 | 2 十二 | 3 十一 | 3 十 | 4 | 4 | 5 | 6 | 6 | 7 | 7 | 8 | 6 | 7 |
| 28 | 28 | 29 | 29 | 30 | 31 | 7 | 6 | 2 | 2 | 3 2 | 2 1 | 3 12 | 4 11 | 4 | 5 九 | 5 八 | 6 七 | 7 | 7 | 8 | 8 | 9 | 7 | 8 |
| 29 | 29 | 30 | 30 | 31 | 8 | 2 | 2 | 3 | 3 | 4 | 3 | 4 | 5 | 5 10 | 6 9 | 6 | 7 | 8 六 | 8 五 | 9 | 9 | 10 | 8 | 9 |
| 30 | 30 | 31 | 10 | 9 | 2 | 3 | 3 | 4 | 4 | 5 | 4 | 5 | 6 | 6 | 7 | 7 8 | 8 7 | 9 | 9 | 10 四 | 10 | 11 | 9 | 10 |
| 31 | 12 | 11 | 2 | 2 | 3 | 4 | 4 | 5 | 5 | 6 | 5 | 6 | 7 | 7 | 8 | 8 | 9 | 10 6 | 10 5 | 11 | 11 三 | 12 二 | 10 | 11 |
| 日 | 2 | 2 | 3 | 3 | 4 | 5 | 5 | 6 | 6 | 7 | 6 | 7 | 8 | 8 | 9 | 9 | 10 | 11 | 11 | 12 4 | 12 3 | 13 | 11 正 | 12 十二 |
| 曜 | 3 | 3 | 4 | 4 | 5 | 6 | 6 | 7 | 7 | 8 | 7 | 8 | 9 | 9 | 10 | 10 | 11 | 12 | 12 | 13 | 13 | 14 2 | 12 1 | 13 |
| 表 | 4 | 4 | 5 | 5 | 6 | 7 | 7 | 8 | 8 | 9 | 8 | 9 | 10 | 10 | 11 | 11 | 12 | 13 | 13 | 14 | 14 | 15 | 13 | 14 12 |
| 2 | 5 | 5 | 6 | 6 | 7 | 8 | 8 | 9 | 9 | 10 | 9 | 10 | 11 | 11 | 12 | 12 | 13 | 14 | 14 | 15 | 15 | 16 | 14 | 15 |
| 甲 | 6 | 6 | 7 | 7 | 8 | 9 | 9 | 10 | 10 | 11 | 10 | 11 | 12 | 12 | 13 | 13 | 14 | 15 | 15 | 16 | 16 | 17 | 15 | 16 |
| 子 | 7 | 7 | 8 | 8 | 9 | 10 | 10 | 11 | 11 | 12 | 11 | 12 | 13 | 13 | 14 | 14 | 15 | 16 | 16 | 17 | 17 | 18 | 16 | 17 |
| 表 | 8 | 8 | 9 | 9 | 10 | 11 | 11 | 12 | 12 | 13 | 12 | 13 | 14 | 14 | 15 | 15 | 16 | 17 | 17 | 18 | 18 | 19 | 17 | 18 |
| 48 | 9 | 9 | 10 | 10 | 11 | 12 | 12 | 13 | 13 | 14 | 13 | 14 | 15 | 15 | 16 | 16 | 17 | 18 | 18 | 19 | 19 | 20 | 18 | 19 |
| | 10 | 10 | 11 | 11 | 12 | 13 | 13 | 14 | 14 | 15 | 14 | 15 | 16 | 16 | 17 | 17 | 18 | 19 | 19 | 20 | 20 | 21 | 19 | 20 |

一六八一 辛酉 康熙二〇 1092

一六八二 壬戌 康熙二一 1093

| | | | | | | | | | | | | | | | | | | | | | | | |
|---|---|---|---|---|---|---|---|---|---|---|---|---|---|---|---|---|---|---|---|---|---|---|---|
| 22 | 23 | 23 | 24 | 25 | 25 | 26 | 26 | 27 | 25 | 26 | 27 | 27 | 28 | 28 | 29 | 30 | 30 | 31 | **5** | **4** | 2 | 31 | **1** |
| 23 | 24 | 24 | 25 | 26 | 26 | 27 | 27 | 28 | 26 | 27 | 28 | 28 | 29 | 29 | 30 | 31 | **7** | **6** | 2 | 2 | 3 | **2** | 2 |
| 24 | 25 | 25 | 26 | 27 | 27 | 28 | 28 | 29 | 27 | 28 | 29 | 29 | 30 | 30 | 31 | **8** | 2 | 2 | 3 | 3 | 4 | 2 | 3 |
| 25 | 26 | 26 | 27 | 28 | 28 | 29 | 29 | 30 | 28 | 29 | 30 | 30 | 31 | **10** | **9** | 2 | 3 | 3 | 4 | 4 | 5 | 3 | 4 |
| 26 | 27 | 27 | 28 | 29 | 29 | 30 | 30 | 31 | **3** | 30 | 31 | **12** | **11** | 2 | 2 | 3 | 4 | 4 | 5 | 5 | 6 | 4 | 5 |
| 27 | 28 | 28 | 29 | 30 | 30 | 31 | **5** | **4** | 2 | 31 | **1** | 2 | 2 | 3 | 3 | 4 | 5 | 5 | 6 | 6 | 7 | 5 | 6 |
| 28 | 29 | 29 | 30 | 31 | **7** | **6** | 2 | 2 | 3 | **2** | 2 | 3 | 3 | 4 | 4 | 5 | 6 | 6 | 7 | 7 | 8 | 6 | 7 |
| 29 | 十二 30 | 十一 30 | 31 | **8** | 2 | 2 | 3 | 3 | 4 | 2 | 3 | 4 | 4 | 5 | 5 | 6 | 7 | 7 | 8 | 8 | 9 | 7 | 8 |
| 30 | 31 | **10** | 九 **9** | 2 | 3 | 3 | 4 | 4 | 5 | 3 | 4 | 5 | 5 | 6 | 6 | 7 | 8 | 8 | 9 | 9 | 10 | 8 | 9 |
| **12** | 12 **11** | 11 2 | 2 | 八 3 | 七 4 | 4 | 5 | 5 | 6 | 4 | 5 | 6 | 6 | 7 | 7 | 8 | 9 | 9 | 10 | 10 | 11 | 9 | 10 |
| 2 | 2 | 3 | 10 3 | 9 4 | 5 | 六 5 | 6 | 6 | 7 | 5 | 6 | 7 | 7 | 8 | 8 | 9 | 10 | 10 | 11 | 11 | 12 | 10 | 11 |
| 3 | 3 | 4 | 4 | 5 | 8 6 | 7 6 | 五 7 | 四 7 | 8 | 6 | 7 | 8 | 8 | 9 | 9 | 10 | 11 | 11 | 12 | 12 | 13 | 11 | 12 |
| 4 | 4 | 5 | 5 | 6 | 7 | 7 | 6 8 | 5 8 | 三 9 | 二 7 | 正 8 | 9 | 9 | 10 | 10 | 11 | 12 | 12 | 13 | 13 | 14 | 12 | 13 |
| 5 | 5 | 6 | 6 | 7 | 8 | 8 | 9 | 9 | 4 10 | 3 8 | 9 | 十二 10 | 十一 10 | 十 11 | 九 11 | 12 | 13 | 13 | 14 | 14 | 15 | 13 | 14 |
| 6 | 6 | 7 | 7 | 8 | 9 | 9 | 10 | 10 | 11 | 9 | 2 10 | 1 11 | 11 | 12 | 12 | 八 13 | 14 | 14 | 15 | 15 | 16 | 14 | 15 |
| 7 | 7 | 8 | 8 | 9 | 10 | 10 | 11 | 11 | 12 | 10 | 11 | 12 | 12 12 | 11 13 | 13 | 14 | 七 15 | 六 15 | 16 | 16 | 17 | 15 | 16 |
| 8 | 8 | 9 | 9 | 10 | 11 | 11 | 12 | 12 | 13 | 11 | 12 | 13 | 13 | 14 | 10 14 | 9 15 | 16 | 16 | 五 17 | 17 | 18 | 16 | 17 |
| 9 | 9 | 10 | 10 | 11 | 12 | 12 | 13 | 13 | 14 | 12 | 13 | 14 | 14 | 15 | 15 | 16 | 8 17 | 7 17 | 18 | 四 18 | 三 19 | 17 | 18 |
| 10 | 10 | 11 | 11 | 12 | 13 | 13 | 14 | 14 | 15 | 13 | 14 | 15 | 15 | 16 | 16 | 17 | 18 | 18 | 6 19 | 5 19 | 20 | 二 18 | 正 19 |
| 11 | 11 | 12 | 12 | 13 | 14 | 14 | 15 | 15 | 16 | 14 | 15 | 16 | 16 | 17 | 17 | 18 | 19 | 19 | 20 | 20 | 4 21 | 3 19 | 20 十二 |
| 12 | 12 | 13 | 13 | 14 | 15 | 15 | 16 | 16 | 17 | 15 | 16 | 17 | 17 | 18 | 18 | 19 | 20 | 20 | 21 | 21 | 22 | 20 | 2 21 1 |
| 13 | 13 | 14 | 14 | 15 | 16 | 16 | 17 | 17 | 18 | 16 | 17 | 18 | 18 | 19 | 19 | 20 | 21 | 21 | 22 | 22 | 23 | 21 | 22 |
| 14 | 14 | 15 | 15 | 16 | 17 | 17 | 18 | 18 | 19 | 17 | 18 | 19 | 19 | 20 | 20 | 21 | 22 | 22 | 23 | 23 | 24 | 22 | 23 |
| 15 | 15 | 16 | 16 | 17 | 18 | 18 | 19 | 19 | 20 | 18 | 19 | 20 | 20 | 21 | 21 | 22 | 23 | 23 | 24 | 24 | 25 | 23 | 24 |
| 16 | 16 | 17 | 17 | 18 | 19 | 19 | 20 | 20 | 21 | 19 | 20 | 21 | 冬 21 | 22 | 22 | 23 | 24 | 24 | 25 | 25 | 26 | 24 | 25 |
| 17 | 17 | 18 | 18 | 19 | 20 | 20 | 21 | 21 | 22 | 20 | 21 | 22 | 22 | 23 | 23 | 24 | 25 | 25 | 26 | 26 | 27 | 25 | 26 |
| 18 | 18 | 19 | 19 | 20 | 21 | 21 | 22 | 22 | 23 | 21 | 22 | 23 | 23 | 24 | 24 | 25 | 26 | 26 | 27 | 27 | 28 | 26 | 27 |
| 19 | 19 | 20 | 20 | 21 | 22 | 22 | 23 | 23 | 24 | 22 | 23 | 24 | 24 | 25 | 25 | 26 | 27 | 27 | 28 | 28 | 29 | 27 | 28 |
| 20 | 20 | 21 | 21 | 22 | 23 | 23 | 24 | 24 | 25 | 23 | 24 | 25 | 25 | 26 | 26 | 27 | 28 | 28 | 29 | 29 | 30 | 28 | 29 |
| 21 | 冬 21 | 22 | 22 | 23 | 24 | 24 | 25 | 25 | 26 | 24 | 25 | 26 | 26 | 27 | 27 | 28 | 29 | 29 | 30 | 30 | 31 | **3** | 30 |

一六八四 甲子 康熙二三

一六八三 癸亥 康熙二二

1096 1095 1094

| | | | | | | | | | | | | | | | | | | | | | | | | |
|---|---|---|---|---|---|---|---|---|---|---|---|---|---|---|---|---|---|---|---|---|---|---|---|---|
| 11 | 11 | 12 | 12 | 13 | 14 8 | 14 7 | 15 | 15 三 | 16 二 | 15 正 | 16 | 17 | 17 | 18 | 18 | 19 | 20 | 20 | 21 | 21 | 22 | 20 | 21 | 22 |
| 12 | 12 | 13 | 13 | 14 | 15 | 15 | 16 6 | 16 5 | 17 | 16 | 17 十二 | 18 十一 | 18 十 | 19 | 19 | 20 | 21 | 21 | 22 | 22 | 23 | 21 | 22 | 23 |
| 13 | 13 | 14 | 14 | 15 | 16 | 16 | 17 | 17 | 18 4 | 17 3 | 18 | 19 | 19 | 20 九 | 20 | 21 | 22 | 22 | 23 | 23 | 24 | 22 | 23 | 24 |
| 14 | 14 | 15 | 15 | 16 | 17 | 17 | 18 | 18 | 19 | 18 | 19 2 | 20 1 | 20 | 21 | 21 八 | 22 七 | 23 | 23 | 24 | 24 | 25 | 23 | 24 | 25 |
| 15 | 15 | 16 | 16 | 17 | 18 | 18 | 19 | 19 | 20 | 19 | 20 | 21 冬 | 21 12 | 22 11 | 22 | 23 | 24 閏 | 24 | 25 | 25 | 26 | 24 | 25 | 26 |
| 16 | 16 | 17 | 17 | 18 | 19 | 19 | 20 | 20 | 21 | 20 | 21 | 22 | 22 | 23 | 23 10 | 24 9 | 25 | 25 六 | 26 五 | 26 | 27 | 25 | 26 | 27 |
| 17 | 17 | 18 | 18 | 19 | 20 | 20 | 21 | 21 | 22 | 21 | 22 | 23 | 23 | 24 | 24 | 25 | 26 8 | 26 7 | 27 | 27 四 | 28 三 | 26 二 | 27 正 | 28 |
| 18 | 18 | 19 | 19 | 20 | 21 | 21 | 22 | 22 | 23 | 22 | 23 | 24 | 24 | 25 | 25 | 26 | 27 | 27 | 28 6 | 28 5 | 29 | 27 | 28 | 29 十二 |
| 19 | 19 | 20 | 20 | 21 | 22 | 22 | 23 | 23 | 24 | 23 | 24 | 25 | 25 | 26 | 26 | 27 | 28 | 28 | 29 | 29 | 30 4 | 28 3 | 29 | 30 |
| 20 | 20 | 21 | 21 | 22 | 23 | 23 | 24 | 24 | 25 | 24 | 25 | 26 | 26 | 27 | 27 | 28 | 29 | 29 | 30 | 30 | 31 | 3 | 30 2 | 31 1 |
| 21 冬 | 21 | 22 | 22 | 23 | 24 | 24 | 25 | 25 | 26 | 25 | 26 | 27 | 27 | 28 | 28 | 29 | 30 | 30 | 31 | 5 | 4 | 2 | 31 | 1 |
| 22 | 22 | 23 | 23 | 24 | 25 | 25 | 26 | 26 | 27 | 26 | 27 | 28 | 28 | 29 | 29 | 30 | 31 | 7 | 6 | 2 | 2 | 3 | 2 | 2 |
| 23 | 23 | 24 | 24 | 25 | 26 | 26 | 27 | 27 | 28 | 27 | 28 | 29 | 29 | 30 | 30 | 31 | 8 | 2 | 2 | 3 | 3 | 4 | 2 | 3 |
| 24 | 24 | 25 | 25 | 26 | 27 | 27 | 28 | 28 | 29 | 28 | 29 | 30 | 30 | 31 | 10 | 9 | 2 | 3 | 3 | 4 | 4 | 5 | 3 | 4 |
| 25 | 25 | 26 | 26 | 27 | 28 | 28 | 29 | 29 | 30 | 29 | 30 | 31 | 12 | 11 | 2 | 2 | 3 | 4 | 4 | 5 | 5 | 6 | 4 | 5 |
| 26 | 26 | 27 | 27 | 28 | 29 | 29 | 30 | 30 | 31 | 3 | 31 | 1 | 2 | 2 | 3 | 3 | 4 | 5 | 5 | 6 | 6 | 7 | 5 | 6 |
| 27 | 27 | 28 | 28 | 29 | 30 | 30 | 31 | 5 | 4 | 2 | 2 | 2 | 3 | 3 | 4 | 4 | 5 | 6 | 6 | 7 | 7 | 8 | 6 | 7 |
| 28 | 28 | 29 | 29 | 30 | 31 | 7 | 6 | 2 | 2 | 3 | 2 | 3 | 4 | 4 | 5 | 5 | 6 | 7 | 7 | 8 | 8 | 9 | 7 | 8 |
| 29 | 29 | 30 | 30 | 31 | 8 | 2 | 2 | 3 | 3 | 4 | 3 | 4 | 5 | 5 | 6 | 6 | 7 | 8 | 8 | 9 | 9 | 10 | 8 | 9 |
| 30 | 30 | 31 | 10 | 9 | 2 | 3 | 3 | 4 | 4 | 5 | 4 | 5 | 6 | 6 | 7 | 7 | 8 | 9 | 9 | 10 | 10 | 11 | 9 | 10 |
| 31 | 12 | 11 | 2 | 2 | 3 | 4 | 4 | 5 | 5 | 6 | 5 | 6 | 7 | 7 | 8 | 8 | 9 | 10 | 10 | 11 | 11 | 12 | 10 | 11 |
| 日 | 2 | 2 | 3 | 3 | 4 | 5 | 5 | 6 | 6 | 7 | 6 | 7 | 8 | 8 | 9 | 9 | 10 | 11 | 11 | 12 | 12 | 13 | 11 | 12 |
| 曜 | 3 | 3 | 4 | 4 | 5 | 6 | 6 | 7 | 7 | 8 | 7 | 8 | 9 | 9 | 10 | 10 | 11 | 12 | 12 | 13 | 13 | 14 | 12 | 13 |
| 表 | 4 | 4 | 5 | 5 | 6 | 7 | 7 | 8 | 8 | 9 | 8 | 9 | 10 | 10 | 11 | 11 | 12 | 13 | 13 | 14 | 14 | 15 | 13 | 14 |
| 3 | 5 | 5 | 6 | 6 | 7 | 8 | 8 | 9 | 9 | 10 | 9 | 10 | 11 | 11 | 12 | 12 | 13 | 14 | 14 | 15 | 15 | 16 | 14 | 15 |
| 甲 | 6 十一 | 6 | 7 | 7 | 8 | 9 | 9 | 10 | 10 | 11 | 10 | 11 | 12 | 12 | 13 | 13 | 14 | 15 | 15 | 16 | 16 | 17 | 15 | 16 |
| 子 | 7 | 7 十 | 8 | 8 | 9 | 10 | 10 | 11 | 11 | 12 | 11 | 12 | 13 | 13 | 14 | 14 | 15 | 16 | 16 | 17 | 17 | 18 | 16 | 17 |
| 表 | 8 1 | 8 | 9 九 | 9 八 | 10 | 11 | 11 | 12 | 12 | 13 | 12 | 13 | 14 | 14 | 15 | 15 | 16 | 17 | 17 | 18 | 18 | 19 | 17 | 18 |
| 49 | 9 | 9 12 | 10 11 | 10 | 11 七 | 12 六 | 12 | 13 | 13 | 14 | 13 | 14 | 15 | 15 | 16 | 16 | 17 | 18 | 18 | 19 | 19 | 20 | 18 | 19 |
| | 10 | 10 | 11 | 11 10 | 12 9 | 13 | 13 五 | 14 四 | 14 | 15 | 14 | 15 | 16 | 16 | 17 | 17 | 18 | 19 | 19 | 20 | 20 | 21 | 19 | 20 |

一六八五 乙丑 康熙二四 1097

一六八六 丙寅 康熙二五 1098

| | | | | | | | | | | | | | | | | | | | | | | | |
|---|---|---|---|---|---|---|---|---|---|---|---|---|---|---|---|---|---|---|---|---|---|---|---|
| 22 | 23 | 23 | 24 | 25 | 25 | 26 | 26 | 27 | 25 4 | 26 3 | 27 | 27 | 28十 | 28九 | 29 | 30 | 30 | 31 | 5 | 4 | 2 | 31 | 1 |
| 23 | 24 | 24 | 25 | 26 | 26 | 27 | 27 | 28 | 26 | 27 | 28 2 | 28 1 | 29 12 | 29 11 | 30八 | 31七 | 7 | 6 | 2 | 2 | 3 | 2 | 2 |
| 24 | 25 | 25 | 26 | 27 | 27 | 28 | 28 | 29 | 27 | 28 | 29 | 29 | 30 | 30 | 31 10 | 8 9 | 2六 | 2五 | 3四 | 3 | 4 | 2 | 3 |
| 25 | 26 | 26 | 27 | 28 | 28 | 29 | 29 | 30 | 28 | 29 | 30 | 30 | 31 | 10 | 9 | 2 | 3 8 | 3 7 | 4 | 4三 | 5二 | 3正 | 4 |
| 26 | 27 | 27 | 28 | 29 | 29 | 30 | 30 | 31 | 3 | 30 | 31 | 12 | 11 | 2 | 2 | 3 | 4 | 4 | 5 6 | 5 5 | 6 | 4 | 5十二 |
| 27 | 28 | 28 | 29 | 30 | 30 | 31 | 5 | 4 | 2 | 31 | 1 | 2 | 2 | 3 | 3 | 4 | 5 | 5 | 6 | 6 | 7 4 | 5 3 | 6 |
| 28 | 29 | 29 | 30 | 31 | 7 | 6 | 2 | 2 | 3 | 2 | 2 | 3 | 3 | 4 | 4 | 5 | 6 | 6 | 7 | 7 | 8 | 6 | 7 2 |
| 29 | 30 | 30 | 31 | 8 | 2 | 2 | 3 | 3 | 4 | 2 | 3 | 4 | 4 | 5 | 5 | 6 | 7 | 7 | 8 | 8 | 9 | 7 | 8 |
| 30 | 31 | 10 | 9 | 2 | 3 | 3 | 4 | 4 | 5 | 3 | 4 | 5 | 5 | 6 | 6 | 7 | 8 | 8 | 9 | 9 | 10 | 8 | 9 |
| 12 | 11 | 2 | 2 | 3 | 4 | 4 | 5 | 5 | 6 | 4 | 5 | 6 | 6 | 7 | 7 | 8 | 9 | 9 | 10 | 10 | 11 | 9 | 10 |
| 2 | 2 | 3 | 3 | 4 | 5 | 5 | 6 | 6 | 7 | 5 | 6 | 7 | 7 | 8 | 8 | 9 | 10 | 10 | 11 | 11 | 12 | 10 | 11 |
| 3 | 3 | 4 | 4 | 5 | 6 | 6 | 7 | 7 | 8 | 6 | 7 | 8 | 8 | 9 | 9 | 10 | 11 | 11 | 12 | 12 | 13 | 11 | 12 |
| 4 | 4 | 5 | 5 | 6 | 7 | 7 | 8 | 8 | 9 | 7 | 8 | 9 | 9 | 10 | 10 | 11 | 12 | 12 | 13 | 13 | 14 | 12 | 13 |
| 5 | 5 | 6 | 6 | 7 | 8 | 8 | 9 | 9 | 10 | 8 | 9 | 10 | 10 | 11 | 11 | 12 | 13 | 13 | 14 | 14 | 15 | 13 | 14 |
| 6 | 6 | 7 | 7 | 8 | 9 | 9 | 10 | 10 | 11 | 9 | 10 | 11 | 11 | 12 | 12 | 13 | 14 | 14 | 15 | 15 | 16 | 14 | 15 |
| 7 | 7 | 8 | 8 | 9 | 10 | 10 | 11 | 11 | 12 | 10 | 11 | 12 | 12 | 13 | 13 | 14 | 15 | 15 | 16 | 16 | 17 | 15 | 16 |
| 8 | 8 | 9 | 9 | 10 | 11 | 11 | 12 | 12 | 13 | 11 | 12 | 13 | 13 | 14 | 14 | 15 | 16 | 16 | 17 | 17 | 18 | 16 | 17 |
| 9 | 9 | 10 | 10 | 11 | 12 | 12 | 13 | 13 | 14 | 12 | 13 | 14 | 14 | 15 | 15 | 16 | 17 | 17 | 18 | 18 | 19 | 17 | 18 |
| 10 | 10 | 11 | 11 | 12 | 13 | 13 | 14 | 14 | 15 | 13 | 14 | 15 | 15 | 16 | 16 | 17 | 18 | 18 | 19 | 19 | 20 | 18 | 19 |
| 11 | 11 | 12 | 12 | 13 | 14 | 14 | 15 | 15 | 16 | 14 | 15 | 16 | 16 | 17 | 17 | 18 | 19 | 19 | 20 | 20 | 21 | 19 | 20 |
| 12 | 12 | 13 | 13 | 14 | 15 | 15 | 16 | 16 | 17 | 15 | 16 | 17 | 17 | 18 | 18 | 19 | 20 | 20 | 21 | 21 | 22 | 20 | 21 |
| 13 | 13 | 14 | 14 | 15 | 16 | 16 | 17 | 17 | 18 | 16 | 17 | 18 | 18 | 19 | 19 | 20 | 21 | 21 | 22 | 22 | 23 | 21 | 22 |
| 14 | 14 | 15 | 15 | 16 | 17 | 17 | 18 | 18 | 19 | 17 | 18 | 19 | 19 | 20 | 20 | 21 | 22 | 22 | 23 | 23 | 24 | 22 | 23 |
| 15十一 | 15 | 16 | 16 | 17 | 18 | 18 | 19 | 19 | 20 | 18 | 19 | 20 | 20 | 21 | 21 | 22 | 23 | 23 | 24 | 24 | 25 | 23 | 24 |
| 16 | 16十 | 17九 | 17 | 18 | 19 | 19 | 20 | 20 | 21 | 19 | 20 | 21冬 | 21 | 22 | 22 | 23 | 24 | 24 | 25 | 25 | 26 | 24 | 25 |
| 17 2 | 17 1 | 18 | 18八 | 19七 | 20六 | 20 | 21 | 21 | 22 | 20 | 21 | 22 | 22 | 23 | 23 | 24 | 25 | 25 | 26 | 26 | 27 | 25 | 26 |
| 18 | 18 | 19 12 | 19 11 | 20 | 21 | 21五 | 22閏 | 22 | 23 | 21 | 22 | 23 | 23 | 24 | 24 | 25 | 26 | 26 | 27 | 27 | 28 | 26 | 27 |
| 19 | 19 | 20 | 20 | 21 10 | 22 9 | 22 | 23 | 23四 | 24三 | 22二 | 23 | 24 | 24 | 25 | 25 | 26 | 27 | 27 | 28 | 28 | 29 | 27 | 28 |
| 20 | 20 | 21 | 21 | 22 | 23 | 23 8 | 24 7 | 24 | 25 | 23 | 24正 | 25 | 25 | 26 | 26 | 27 | 28 | 28 | 29 | 29 | 30 | 28 | 29 |
| 21冬 | 21 | 22 | 22 | 23 | 24 | 24 | 25 | 25 6 | 26 5 | 24 | 25 | 26十二 | 26十一 | 27 | 27 | 28 | 29 | 29 | 30 | 30 | 31 | 3 | 30 |

一六八八
戊辰
康熙二七

1100

一六八七
丁卯
康熙二六

1099

| | | | | | | | | | | | | | | | | | | | | | | | | |
|---|---|---|---|---|---|---|---|---|---|---|---|---|---|---|---|---|---|---|---|---|---|---|---|---|
| 11 | 11 | 12 | 12 | 13 | 14 | 14 | 15 | 15 | 16 | 15 | 16 | 17 | 17 | 18 | 18 | 19 | 20 | 20 | 21 | 21 | 22 | 20 | 21 | 22 |
| 12 | 12 | 13 | 13 | 14 | 15 | 15 | 16 | 16 | 17 | 16 | 17 | 18 | 18 | 19 | 19 | 20 | 21 | 21 | 22 | 22 | 23 | 21 | 22 | 23 |
| 13 | 13 | 14 | 14 | 15 | 16 | 16 | 17 | 17 | 18 | 17 | 18 | 19 | 19 | 20 | 20 | 21 | 22 | 22 | 23 | 23 | 24 | 22 | 23 | 24 |
| 14 | 14 | 15 | 15 | 16 | 17 | 17 | 18 | 18 | 19 | 18 | 19 | 20 | 20 | 21 | 21 | 22 | 23 | 23 | 24 | 24 | 25 | 23 | 24 | 25 |
| 15 | 15 | 16 | 16 | 17 | 18 | 18 | 19 | 19 | 20 | 19 | 20 | 21冬 | 21 | 22 | 22 | 23 | 24 | 24 | 25 | 25 | 26 | 24 | 25 | 26 |
| 16 | 16 | 17 | 17 | 18 | 19 | 19 | 20 | 20 | 21 | 20 | 21 | 22 | 22 | 23 | 23 | 24 | 25 | 25 | 26 | 26 | 27 | 25 | 26 | 27 |
| 17 | 17 | 18 | 18 | 19 | 20 | 20 | 21 | 21 | 22 | 21 | 22 | 23 | 23 | 24 | 24 | 25 | 26 | 26 | 27 | 27 | 28 | 26 | 27 | 28 |
| 18 | 18 | 19 | 19 | 20 | 21 | 21 | 22 | 22 | 23 | 22 | 23 | 24 | 24 | 25 | 25 | 26 | 27 | 27 | 28 | 28 | 29 | 27 | 28 | 29 |
| 19 | 19 | 20 | 20 | 21 | 22 | 22 | 23 | 23 | 24 | 23 | 24 | 25 | 25 | 26 | 26 | 27 | 28 | 28 | 29 | 29 | 30 | 28 | 29 | 30 |
| 20 | 20 | 21 | 21 | 22 | 23 | 23 | 24 | 24 | 25 | 24 | 25 | 26 | 26 | 27 | 27 | 28 | 29 | 29 | 30 | 30 | 31 | **3** | 30 | 31 |
| 21冬 | 21 | 22 | 22 | 23 | 24 | 24 | 25 | 25 | 26 | 25 | 26 | 27 | 27 | 28 | 28 | 29 | 30 | 30 | 31 | **5** | **4** | 2 | 31 | **1** |
| 22 | 22 | 23 | 23 | 24 | 25 | 25 | 26 | 26 | 27 | 26 | 27 | 28 | 28 | 29 | 29 | 30 | 31 | **7** | **6** | 2 | 2 | 3 | **2** | 2 |
| 23十二 | 23十一 | 24十 | 24九 | 25 | 26 | 26 | 27 | 27 | 28 | 27 | 28 | 29 | 29 | 30 | 30 | 31 | **8** | 2 | 2 | 3 | 3 | 4 | 2 | 3 |
| 24 **3** | 24 | 25 | 25 | 26八 | 27七 | 27 | 28 | 28 | 29 | 28 | 29 | 30 | 30 | 31 | **10** | **9** | 2 | 3 | 3 | 4 | 4 | 5 | 3 | 4 |
| 25 | 25 **2** | 26 **1** | 26 | 27 | 28 | 28六 | 29五 | 29 | 30 | 29 | 30 | 31 | **12** | **11** | 2 | 2 | 3 | 4 | 4 | 5 | 5 | 6 | 4 | 5 |
| 26 | 26 | 27 | 27 **12** | 28 **11** | 29 | 29 | 30 | 30四 | 31 | **3** | 31 | **1** | 2 | 2 | 3 | 3 | 4 | 5 | 5 | 6 | 6 | 7 | 5 | 6 |
| 27 | 27 | 28 | 28 | 29 | 30 **10** | 30 **9** | 31 | **5** | **4**三 | 2二 | **2** | 2 | 3 | 3 | 4 | 4 | 5 | 6 | 6 | 7 | 7 | 8 | 6 | 7 |
| 28 | 28 | 29 | 29 | 30 | 31 | **7** | **6** **8** | 2 **7** | 2 | 3 | 2正 | 3十二 | 4 | 4 | 5 | 5 | 6 | 7 | 7 | 8 | 8 | 9 | 7 | 8 |
| 29 | 29 | 30 | 30 | 31 | **8** | 2 | 2 | 3 | 3 **6** | 4 **5** | 3 | 4 | 5十一 | 5十 | 6九 | 6 | 7 | 8 | 8 | 9 | 9 | 10 | 8 | 9 |
| 30 | 30 | 31 | **10** | **9** | 2 | 3 | 3 | **4** | 4 | 5 | 4 **4** | 5 **3** | 6 | 6 | 7 | 7八 | 8七 | 9六 | 9 | 10 | 10 | 11 | 9 | 10 |
| 31 | **12** | **11** | 2 | 2 | 3 | 4 | 4 | 5 | 5 | 6 | 5 | 6 | 7 **2** | 7 **1** | 8 **12** | 8 **11** | 9 | 10 | 10五 | 11四 | 11 | 12 | 10 | 11 |
| 日 | 2 | 2 | 3 | 3 | 4 | 5 | 5 | 6 | 6 | 7 | 6 | 7 | 8 | 8 | 9 | 9 | 10 **10** | 11 **9** | 11 | 12 | 12三 | 13二 | 11 | 12 |
| 曜 | 3 | 3 | 4 | 4 | 5 | 6 | 6 | 7 | 7 | 8 | 7 | 8 | 9 | 9 | 10 | 10 | 11 | 12 | 12 **8** | 13 **7** | 13 | 14 | 12正 | 13 |
| 表 | 4 | 4 | 5 | 5 | 6 | 7 | 7 | 8 | 8 | 9 | 8 | 9 | 10 | 10 | 11 | 11 | 12 | 13 | 13 | 14 | 14 **6** | 15 **5** | 13 | 14十二 |
| **4** | 5 | 5 | 6 | 6 | 7 | 8 | 8 | 9 | 9 | 10 | 9 | 10 | 11 | 11 | 12 | 12 | 13 | 14 | 14 | 15 | 15 | 16 | 14 **4** | 15 **3** |
| 甲 | 6 | 6 | 7 | 7 | 8 | 9 | 9 | 10 | 10 | 11 | 10 | 11 | 12 | 12 | 13 | 13 | 14 | 15 | 15 | 16 | 16 | 17 | 15 | 16 |
| 子 | 7 | 7 | 8 | 8 | 9 | 10 | 10 | 11 | 11 | 12 | 11 | 12 | 13 | 13 | 14 | 14 | 15 | 16 | 16 | 17 | 17 | 18 | 16 | 17 |
| 表 | 8 | 8 | 9 | 9 | 10 | 11 | 11 | 12 | 12 | 13 | 12 | 13 | 14 | 14 | 15 | 15 | 16 | 17 | 17 | 18 | 18 | 19 | 17 | 18 |
| **50** | 9 | 9 | 10 | 10 | 11 | 12 | 12 | 13 | 13 | 14 | 13 | 14 | 15 | 15 | 16 | 16 | 17 | 18 | 18 | 19 | 19 | 20 | 18 | 19 |
| | 10 | 10 | 11 | 11 | 12 | 13 | 13 | 14 | 14 | 15 | 14 | 15 | 16 | 16 | 17 | 17 | 18 | 19 | 19 | 20 | 20 | 21 | 19 | 20 |

一六九〇 庚午 康熙二九

一六八九 己巳 康熙二八

1102　　1101

| | | | | | | | | | | | | | | | | | | | | | | | |
|---|---|---|---|---|---|---|---|---|---|---|---|---|---|---|---|---|---|---|---|---|---|---|---|
| 22 | 23 | 23 | 24 | 25 | 25 | 26 | 26 | 27 | 25 | 26 | 27 | 27 | 28 | 28 | 29 | 30 | 30 | 31 | **5** | **4** | 2 | 31 | **1** |
| 23 | 24 | 24 | 25 | 26 | 26 | 27 | 27 | 28 | 26 | 27 | 28 | 28 | 29 | 29 | 30 | 31 | **7** | **6** | 2 | 2 | 3 | **2** | 2 |
| 24 | 25 | 25 | 26 | 27 | 27 | 28 | 28 | 29 | 27 | 28 | 29 | 29 | 30 | 30 | 31 | **8** | 2 | 2 | 3 | 3 | 4 | 2 | 3 |
| 25 | 26 | 26 | 27 | 28 | 28 | 29 | 29 | 30 | 28 | 29 | 30 | 30 | 31 | **10** | **9** | 2 | 3 | 3 | 4 | 4 | 5 | 3 | 4 |
| 26 | 27 | 27 | 28 | 29 | 29 | 30 | 30 | 31 | **3** | 30 | 31 | **12** | **11** | 2 | 2 | 3 | 4 | 4 | 5 | 5 | 6 | 4 | 5 |
| 27 | 28 | 28 | 29 | 30 | 30 | 31 | **5** | **4** | 2 | 31 | **1** | 2 | 2 | 3 | 3 | 4 | 5 | 5 | 6 | 6 | 7 | 5 | 6 |
| 28 | 29 | 29 | 30 | 31 | **7** | **6** | 2 | 2 | 3 | **2** | 2 | 3 | 3 | 4 | 4 | 5 | 6 | 6 | 7 | 7 | 8 | 6 | 7 |
| 29 | 30 | 30 | 31 | **8** | 2 | 2 | 3 | 3 | 4 | 2 | 3 | 4 | 4 | 5 | 5 | 6 | 7 | 7 | 8 | 8 | 9 | 7 | 8 |
| 30 | 31 | **10** | **9** | 2 | 3 | 3 | 4 | 4 | 5 | 3 | 4 | 5 | 5 | 6 | 6 | 7 | 8 | 8 | 9 | 9 | 10 | 8 | 9 |
| **12** | 十一**11** | 十2 | 九2 | 3 | 4 | 4 | 5 | 5 | 6 | 4 | 5 | 6 | 6 | 7 | 7 | 8 | 9 | 9 | 10 | 10 | 11 | 9 | 10 |
| 2 | 2 | 3 | 3 | 八4 | 5 | 5 | 6 | 6 | 7 | 5 | 6 | 7 | 7 | 8 | 8 | 9 | 10 | 10 | 11 | 11 | 12 | 10 | 11 |
| 3 | 3 3 | 4 | 4 | 5 | 七6 | 六6 | 7 | 7 | 8 | 6 | 7 | 8 | 8 | 9 | 9 | 10 | 11 | 11 | 12 | 12 | 13 | 11 | 12 |
| 4 | 4 | 2 5 | 1 5 | 12 6 | 11 7 | 7 | 五8 | 8 | 9 | 7 | 8 | 9 | 9 | 10 | 10 | 11 | 12 | 12 | 13 | 13 | 14 | 12 | 13 |
| 5 | 5 | 6 | 6 | 7 | 8 | 10 8 | 9 9 | 四9 | 三10 | 8 | 9 | 10 | 10 | 11 | 11 | 12 | 13 | 13 | 14 | 14 | 15 | 13 | 14 |
| 6 | 6 | 7 | 7 | 8 | 9 | 9 | 10 | 8 10 | 7 11 | 二9 | 正10 | 十二11 | 11 | 12 | 12 | 13 | 14 | 14 | 15 | 15 | 16 | 14 | 15 |
| 7 | 7 | 8 | 8 | 9 | 10 | 10 | 11 | 11 | 12 | 6 10 | 5 11 | 12 | 十一12 | 十13 | 九13 | 八14 | 15 | 15 | 16 | 16 | 17 | 15 | 16 |
| 8 | 8 | 9 | 9 | 10 | 11 | 11 | 12 | 12 | 13 | 11 | 12 | 4 13 | 3 13 | 14 | 14 | 15 | 七16 | 16 | 17 | 17 | 18 | 16 | 17 |
| 9 | 9 | 10 | 10 | 11 | 12 | 12 | 13 | 13 | 14 | 12 | 13 | 14 | 14 | 2 15 | 1 15 | 16 | 17 | 六17 | 五18 | 18 | 19 | 17 | 18 |
| 10 | 10 | 11 | 11 | 12 | 13 | 13 | 14 | 14 | 15 | 13 | 14 | 15 | 15 | 16 | 16 | 12 17 | 11 18 | 18 | 19 | 四19 | 20 | 18 | 19 |
| 11 | 11 | 12 | 12 | 13 | 14 | 14 | 15 | 15 | 16 | 14 | 15 | 16 | 16 | 17 | 17 | 18 | 19 | 10 19 | 9 20 | 20 | 閏21 | 三19 | 20 |
| 12 | 12 | 13 | 13 | 14 | 15 | 15 | 16 | 16 | 17 | 15 | 16 | 17 | 17 | 18 | 18 | 19 | 20 | 20 | 21 | 8 21 | 7 22 | 20 | 二21 正 |
| 13 | 13 | 14 | 14 | 15 | 16 | 16 | 17 | 17 | 18 | 16 | 17 | 18 | 18 | 19 | 19 | 20 | 21 | 21 | 22 | 22 | 23 | 6 21 | 5 22 |
| 14 | 14 | 15 | 15 | 16 | 17 | 17 | 18 | 18 | 19 | 17 | 18 | 19 | 19 | 20 | 20 | 21 | 22 | 22 | 23 | 23 | 24 | 22 | 23 4 |
| 15 | 15 | 16 | 16 | 17 | 18 | 18 | 19 | 19 | 20 | 18 | 19 | 20 | 20 | 21 | 21 | 22 | 23 | 23 | 24 | 24 | 25 | 23 | 24 |
| 16 | 16 | 17 | 17 | 18 | 19 | 19 | 20 | 20 | 21 | 19 | 20 | 21 | 冬21 | 22 | 22 | 23 | 24 | 24 | 25 | 25 | 26 | 24 | 25 |
| 17 | 17 | 18 | 18 | 19 | 20 | 20 | 21 | 21 | 22 | 20 | 21 | 22 | 22 | 23 | 23 | 24 | 25 | 25 | 26 | 26 | 27 | 25 | 26 |
| 18 | 18 | 19 | 19 | 20 | 21 | 21 | 22 | 22 | 23 | 21 | 22 | 23 | 23 | 24 | 24 | 25 | 26 | 26 | 27 | 27 | 28 | 26 | 27 |
| 19 | 19 | 20 | 20 | 21 | 22 | 22 | 23 | 23 | 24 | 22 | 23 | 24 | 24 | 25 | 25 | 26 | 27 | 27 | 28 | 28 | 29 | 27 | 28 |
| 20 | 20 | 21 | 21 | 22 | 23 | 23 | 24 | 24 | 25 | 23 | 24 | 25 | 25 | 26 | 26 | 27 | 28 | 28 | 29 | 29 | 30 | 28 | 29 |
| 21 | 冬21 | 22 | 22 | 23 | 24 | 24 | 25 | 25 | 26 | 24 | 25 | 26 | 26 | 27 | 27 | 28 | 29 | 29 | 30 | 30 | 31 | **3** | 30 |

一六九一 辛未 康熙三〇

1103

一六九二 壬申 康熙三一

1104

| | | | | | | | | | | | | | | | | | | | | | | | | |
|---|---|---|---|---|---|---|---|---|---|---|---|---|---|---|---|---|---|---|---|---|---|---|---|---|
| 11 | 11 | 12 2 | 12 1 | 13 | 14 六 | 14 | 15 | 15 | 16 | 15 | 16 | 17 | 17 | 18 | 18 | 19 | 20 | 20 | 21 | 21 | 22 | 20 | 21 | 22 |
| 12 | 12 | 13 | 13 | 14 12 | 15 11 | 15 五 | 16 四 | 16 三 | 17 | 16 | 17 | 18 | 18 | 19 | 19 | 20 | 21 | 21 | 22 | 22 | 23 | 21 | 22 | 23 |
| 13 | 13 | 14 | 14 | 15 | 16 | 16 10 | 17 9 | 17 | 18 二 | 17 正 | 18 十二 | 19 十一 | 19 | 20 | 20 | 21 | 22 | 22 | 23 | 23 | 24 | 22 | 23 | 24 |
| 14 | 14 | 15 | 15 | 16 | 17 | 17 | 18 | 18 8 | 19 7 | 18 | 19 | 20 | 20 十 | 21 九 | 21 | 22 | 23 | 23 | 24 | 24 | 25 | 23 | 24 | 25 |
| 15 | 15 | 16 | 16 | 17 | 18 | 18 | 19 | 19 | 20 | 19 6 | 20 5 | 21 冬 | 21 | 22 | 22 八 | 23 | 24 | 24 | 25 | 25 | 26 | 24 | 25 | 26 |
| 16 | 16 | 17 | 17 | 18 | 19 | 19 | 20 | 20 | 21 | 20 | 21 | 22 4 | 22 3 | 23 | 23 | 24 閏 | 25 七 | 25 | 26 | 26 | 27 | 25 | 26 | 27 |
| 17 | 17 | 18 | 18 | 19 | 20 | 20 | 21 | 21 | 22 | 21 | 22 | 23 | 23 | 24 2 | 24 1 | 25 | 26 | 26 六 | 27 | 27 | 28 | 26 | 27 | 28 |
| 18 | 18 | 19 | 19 | 20 | 21 | 21 | 22 | 22 | 23 | 22 | 23 | 24 | 24 | 25 | 25 | 26 12 | 27 11 | 27 | 28 五 | 28 四 | 29 | 27 | 28 | 29 |
| 19 | 19 | 20 | 20 | 21 | 22 | 22 | 23 | 23 | 24 | 23 | 24 | 25 | 25 | 26 | 26 | 27 | 28 | 28 10 | 29 9 | 29 | 30 三 | 28 二 | 29 正 | 30 十二 |
| 20 | 20 | 21 | 21 | 22 | 23 | 23 | 24 | 24 | 25 | 24 | 25 | 26 | 26 | 27 | 27 | 28 | 29 | 29 | 30 | 30 8 | 31 7 | 3 | 30 | 31 |
| 21 冬 | 21 | 22 | 22 | 23 | 24 | 24 | 25 | 25 | 26 | 25 | 26 | 27 | 27 | 28 | 28 | 29 | 30 | 30 | 31 | 5 | 4 | 2 6 | 31 5 | 1 |
| 22 | 22 | 23 | 23 | 24 | 25 | 25 | 26 | 26 | 27 | 26 | 27 | 28 | 28 | 29 | 29 | 30 | 31 | 7 | 6 | 2 | 2 | 3 | 2 | 2 4 |
| 23 | 23 | 24 | 24 | 25 | 26 | 26 | 27 | 27 | 28 | 27 | 28 | 29 | 29 | 30 | 30 | 31 | 8 | 2 | 2 | 3 | 3 | 4 | 2 | 3 |
| 24 | 24 | 25 | 25 | 26 | 27 | 27 | 28 | 28 | 29 | 28 | 29 | 30 | 30 | 31 | 10 | 9 | 2 | 3 | 3 | 4 | 4 | 5 | 3 | 4 |
| 25 | 25 | 26 | 26 | 27 | 28 | 28 | 29 | 29 | 30 | 29 | 30 | 31 | 12 | 11 | 2 | 2 | 3 | 4 | 4 | 5 | 5 | 6 | 4 | 5 |
| 26 | 26 | 27 | 27 | 28 | 29 | 29 | 30 | 30 | 31 | 3 | 31 | 1 | 2 | 2 | 3 | 3 | 4 | 5 | 5 | 6 | 6 | 7 | 5 | 6 |
| 27 | 27 | 28 | 28 | 29 | 30 | 30 | 31 | 5 | 4 | 2 | 2 | 2 | 3 | 3 | 4 | 4 | 5 | 6 | 6 | 7 | 7 | 8 | 6 | 7 |
| 28 | 28 | 29 | 29 | 30 | 31 | 7 | 6 | 2 | 2 | 3 | 2 | 3 | 4 | 4 | 5 | 5 | 6 | 7 | 7 | 8 | 8 | 9 | 7 | 8 |
| 29 | 29 | 30 | 30 | 31 | 8 | 2 | 2 | 3 | 3 | 4 | 3 | 4 | 5 | 5 | 6 | 6 | 7 | 8 | 8 | 9 | 9 | 10 | 8 | 9 |
| 30 | 30 | 31 | 10 | 9 | 2 | 3 | 3 | 4 | 4 | 5 | 4 | 5 | 6 | 6 | 7 | 7 | 8 | 9 | 9 | 10 | 10 | 11 | 9 | 10 |
| 31 | 12 | 11 | 2 | 2 | 3 | 4 | 4 | 5 | 5 | 6 | 5 | 6 | 7 | 7 | 8 | 8 | 9 | 10 | 10 | 11 | 11 | 12 | 10 | 11 |
| 日 | 2 | 2 | 3 | 3 | 4 | 5 | 5 | 6 | 6 | 7 | 6 | 7 | 8 | 8 | 9 | 9 | 10 | 11 | 11 | 12 | 12 | 13 | 11 | 12 |
| 曜 | 3 | 3 | 4 | 4 | 5 | 6 | 6 | 7 | 7 | 8 | 7 | 8 | 9 | 9 | 10 | 10 | 11 | 12 | 12 | 13 | 13 | 14 | 12 | 13 |
| 表 | 4 | 4 | 5 | 5 | 6 | 7 | 7 | 8 | 8 | 9 | 8 | 9 | 10 | 10 | 11 | 11 | 12 | 13 | 13 | 14 | 14 | 15 | 13 | 14 |
| 5 | 5 | 5 | 6 | 6 | 7 | 8 | 8 | 9 | 9 | 10 | 9 | 10 | 11 | 11 | 12 | 12 | 13 | 14 | 14 | 15 | 15 | 16 | 14 | 15 |
| 甲 | 6 | 6 | 7 | 7 | 8 | 9 | 9 | 10 | 10 | 11 | 10 | 11 | 12 | 12 | 13 | 13 | 14 | 15 | 15 | 16 | 16 | 17 | 15 | 16 |
| 子 | 7 | 7 | 8 | 8 | 9 | 10 | 10 | 11 | 11 | 12 | 11 | 12 | 13 | 13 | 14 | 14 | 15 | 16 | 16 | 17 | 17 | 18 | 16 | 17 |
| 表 | 8 十一 | 8 十 | 9 | 9 | 10 | 11 | 11 | 12 | 12 | 13 | 12 | 13 | 14 | 14 | 15 | 15 | 16 | 17 | 17 | 18 | 18 | 19 | 17 | 18 |
| 51 | 9 | 9 | 10 九 | 10 | 11 | 12 | 12 | 13 | 13 | 14 | 13 | 14 | 15 | 15 | 16 | 16 | 17 | 18 | 18 | 19 | 19 | 20 | 18 | 19 |
| | 10 4 | 10 3 | 11 | 11 八 | 12 七 | 13 | 13 | 14 | 14 | 15 | 14 | 15 | 16 | 16 | 17 | 17 | 18 | 19 | 19 | 20 | 20 | 21 | 19 | 20 |

一六九四 甲戌 康熙三三 1106

一六九三 癸酉 康熙三二 1105

| | | | | | | | | | | | | | | | | | | | | | | | |
|---|---|---|---|---|---|---|---|---|---|---|---|---|---|---|---|---|---|---|---|---|---|---|---|
| 22 | 23 | 23 | 24 | 25 | 25 | 26 10 | 26 9 | 27 | 25 | 26 | 27 十二 | 27 十一 | 28 | 28 | 29 | 30 | 30 | 31 | 5 | 4 | 2 | 31 | 1 |
| 23 | 24 | 24 | 25 | 26 | 26 | 27 | 27 | 28 8 | 26 7 | 27 | 28 | 28 | 29 十 | 29 | 30 | 31 | 7 | 6 | 2 | 2 | 3 | 2 | 2 |
| 24 | 25 | 25 | 26 | 27 | 27 | 28 | 28 | 29 | 27 | 28 6 | 29 5 | 29 | 30 | 30 九 | 31 八 | 8 | 2 | 2 | 3 | 3 | 4 | 2 | 3 |
| 25 | 26 | 26 | 27 | 28 | 28 | 29 | 29 | 30 | 28 | 29 | 30 | 30 4 | 31 3 | 10 | 9 | 2 七 | 3 六 | 3 | 4 | 4 | 5 | 3 | 4 |
| 26 | 27 | 27 | 28 | 29 | 29 | 30 | 30 | 31 | 3 | 30 | 31 | 12 | 11 | 2 2 | 2 1 | 3 12 | 4 11 | 4 五 | 5 四 | 5 | 6 | 4 | 5 |
| 27 | 28 | 28 | 29 | 30 | 30 | 31 | 5 | 4 | 2 | 31 | 1 | 2 | 2 | 3 | 3 | 4 | 5 | 5 10 | 6 9 | 6 三 | 7 二 | 5 正 | 6 十二 |
| 28 | 29 | 29 | 30 | 31 | 7 | 6 | 2 | 2 | 3 | 2 | 2 | 3 | 3 | 4 | 4 | 5 | 6 | 6 | 7 | 7 8 | 8 7 | 6 | 7 |
| 29 | 30 | 30 | 31 | 8 | 2 | 2 | 3 | 3 | 4 | 2 | 3 | 4 | 4 | 5 | 5 | 6 | 7 | 7 | 8 | 8 | 9 | 7 6 | 8 5 |
| 30 | 31 | 10 | 9 | 2 | 3 | 3 | 4 | 4 | 5 | 3 | 4 | 5 | 5 | 6 | 6 | 7 | 8 | 8 | 9 | 9 | 10 | 8 | 9 |
| 12 | 11 | 2 | 2 | 3 | 4 | 4 | 5 | 5 | 6 | 4 | 5 | 6 | 6 | 7 | 7 | 8 | 9 | 9 | 10 | 10 | 11 | 9 | 10 |
| 2 | 2 | 3 | 3 | 4 | 5 | 5 | 6 | 6 | 7 | 5 | 6 | 7 | 7 | 8 | 8 | 9 | 10 | 10 | 11 | 11 | 12 | 10 | 11 |
| 3 | 3 | 4 | 4 | 5 | 6 | 6 | 7 | 7 | 8 | 6 | 7 | 8 | 8 | 9 | 9 | 10 | 11 | 11 | 12 | 12 | 13 | 11 | 12 |
| 4 | 4 | 5 | 5 | 6 | 7 | 7 | 8 | 8 | 9 | 7 | 8 | 9 | 9 | 10 | 10 | 11 | 12 | 12 | 13 | 13 | 14 | 12 | 13 |
| 5 | 5 | 6 | 6 | 7 | 8 | 8 | 9 | 9 | 10 | 8 | 9 | 10 | 10 | 11 | 11 | 12 | 13 | 13 | 14 | 14 | 15 | 13 | 14 |
| 6 | 6 | 7 | 7 | 8 | 9 | 9 | 10 | 10 | 11 | 9 | 10 | 11 | 11 | 12 | 12 | 13 | 14 | 14 | 15 | 15 | 16 | 14 | 15 |
| 7 | 7 | 8 | 8 | 9 | 10 | 10 | 11 | 11 | 12 | 10 | 11 | 12 | 12 | 13 | 13 | 14 | 15 | 15 | 16 | 16 | 17 | 15 | 16 |
| 8 | 8 | 9 | 9 | 10 | 11 | 11 | 12 | 12 | 13 | 11 | 12 | 13 | 13 | 14 | 14 | 15 | 16 | 16 | 17 | 17 | 18 | 16 | 17 |
| 9 | 9 | 10 | 10 | 11 | 12 | 12 | 13 | 13 | 14 | 12 | 13 | 14 | 14 | 15 | 15 | 16 | 17 | 17 | 18 | 18 | 19 | 17 | 18 |
| 10 | 10 | 11 | 11 | 12 | 13 | 13 | 14 | 14 | 15 | 13 | 14 | 15 | 15 | 16 | 16 | 17 | 18 | 18 | 19 | 19 | 20 | 18 | 19 |
| 11 | 11 | 12 | 12 | 13 | 14 | 14 | 15 | 15 | 16 | 14 | 15 | 16 | 16 | 17 | 17 | 18 | 19 | 19 | 20 | 20 | 21 | 19 | 20 |
| 12 | 12 | 13 | 13 | 14 | 15 | 15 | 16 | 16 | 17 | 15 | 16 | 17 | 17 | 18 | 18 | 19 | 20 | 20 | 21 | 21 | 22 | 20 | 21 |
| 13 | 13 | 14 | 14 | 15 | 16 | 16 | 17 | 17 | 18 | 16 | 17 | 18 | 18 | 19 | 19 | 20 | 21 | 21 | 22 | 22 | 23 | 21 | 22 |
| 14 | 14 | 15 | 15 | 16 | 17 | 17 | 18 | 18 | 19 | 17 | 18 | 19 | 19 | 20 | 20 | 21 | 22 | 22 | 23 | 23 | 24 | 22 | 23 |
| 15 | 15 | 16 | 16 | 17 | 18 | 18 | 19 | 19 | 20 | 18 | 19 | 20 | 20 | 21 | 21 | 22 | 23 | 23 | 24 | 24 | 25 | 23 | 24 |
| 16 | 16 | 17 | 17 | 18 | 19 | 19 | 20 | 20 | 21 | 19 | 20 | 21 冬 | 21 | 22 | 22 | 23 | 24 | 24 | 25 | 25 | 26 | 24 | 25 |
| 17 十一 | 17 十 | 18 | 18 | 19 | 20 | 20 | 21 | 21 | 22 | 20 | 21 | 22 | 22 | 23 | 23 | 24 | 25 | 25 | 26 | 26 | 27 | 25 | 26 |
| 18 5 | 18 | 19 九 | 19 八 | 20 | 21 | 21 | 22 | 22 | 23 | 21 | 22 | 23 | 23 | 24 | 24 | 25 | 26 | 26 | 27 | 27 | 28 | 26 | 27 |
| 19 | 19 4 | 20 3 | 20 | 21 七 | 22 六 | 22 閏 | 23 | 23 | 24 | 22 | 23 | 24 | 24 | 25 | 25 | 26 | 27 | 27 | 28 | 28 | 29 | 27 | 28 |
| 20 | 20 | 21 | 21 2 | 22 1 | 23 | 23 | 24 五 | 24 四 | 25 | 23 | 24 | 25 | 25 | 26 | 26 | 27 | 28 | 28 | 29 | 29 | 30 | 28 | 29 |
| 21 冬 | 21 | 22 | 22 | 23 | 24 12 | 24 11 | 25 | 25 | 26 三 | 24 二 | 25 正 | 26 | 26 | 27 | 27 | 28 | 29 | 29 | 30 | 30 | 31 | 3 | 30 |

一二四

勵耘書屋

一六九六 丙子 康熙三五 1108

一六九五 乙亥 康熙三四 1107

| | | | | | | | | | | | | | | | | | | | | | | | | |
|---|---|---|---|---|---|---|---|---|---|---|---|---|---|---|---|---|---|---|---|---|---|---|---|---|
| 11 | 11 | 12 | 12 | 13 | 14 | 14 | 15 | 15 | 16 | 15 | 16 | 17 | 17 | 18 | 18 | 19 | 20 | 20 | 21 | 21 | 22 | 20 | 21 | 22 |
| 12 | 12 | 13 | 13 | 14 | 15 | 15 | 16 | 16 | 17 | 16 | 17 | 18 | 18 | 19 | 19 | 20 | 21 | 21 | 22 | 22 | 23 | 21 | 22 | 23 |
| 13 | 13 | 14 | 14 | 15 | 16 | 16 | 17 | 17 | 18 | 17 | 18 | 19 | 19 | 20 | 20 | 21 | 22 | 22 | 23 | 23 | 24 | 22 | 23 | 24 |
| 14 | 14 | 15 | 15 | 16 | 17 | 17 | 18 | 18 | 19 | 18 | 19 | 20 | 20 | 21 | 21 | 22 | 23 | 23 | 24 | 24 | 25 | 23 | 24 | 25 |
| 15 | 15 | 16 | 16 | 17 | 18 | 18 | 19 | 19 | 20 | 19 | 20 | 21冬 | 21 | 22 | 22 | 23 | 24 | 24 | 25 | 25 | 26 | 24 | 25 | 26 |
| 16 | 16 | 17 | 17 | 18 | 19 | 19 | 20 | 20 | 21 | 20 | 21 | 22 | 22 | 23 | 23 | 24 | 25 | 25 | 26 | 26 | 27 | 25 | 26 | 27 |
| 17 | 17 | 18 | 18 | 19 | 20 | 20 | 21 | 21 | 22 | 21 | 22 | 23 | 23 | 24 | 24 | 25 | 26 | 26 | 27 | 27 | 28 | 26 | 27 | 28 |
| 18 | 18 | 19 | 19 | 20 | 21 | 21 | 22 | 22 | 23 | 22 | 23 | 24 | 24 | 25 | 25 | 26 | 27 | 27 | 28 | 28 | 29 | 27 | 28 | 29 |
| 19 | 19 | 20 | 20 | 21 | 22 | 22 | 23 | 23 | 24 | 23 | 24 | 25 | 25 | 26 | 26 | 27 | 28 | 28 | 29 | 29 | 30 | 28 | 29 | 30 |
| 20 | 20 | 21 | 21 | 22 | 23 | 23 | 24 | 24 | 25 | 24 | 25 | 26 | 26 | 27 | 27 | 28 | 29 | 29 | 30 | 30 | 31 | 3 | 30 | 31 |
| 21冬 | 21 | 22 | 22 | 23 | 24 | 24 | 25 | 25 | 26 | 25 | 26 | 27 | 27 | 28 | 28 | 29 | 30 | 30 | 31 | 5 | 4 | 2 | 31 | 1 |
| 22 | 22 | 23 | 23 | 24 | 25 | 25 | 26 | 26 | 27 | 26 | 27 | 28 | 28 | 29 | 29 | 30 | 31 | 7 | 6 | 2 | 2 | 3 | 2 | 2 |
| 23 | 23 | 24 | 24 | 25 | 26 | 26 | 27 | 27 | 28 | 27 | 28 | 29 | 29 | 30 | 30 | 31 | 8 | 2 | 2 | 3 | 3 | 4 | 2 | 3 |
| 24十二 | 24 | 25 | 25 | 26 | 27 | 27 | 28 | 28 | 29 | 28 | 29 | 30 | 30 | 31 | 10 | 9 | 2 | 3 | 3 | 4 | 4 | 5 | 3 | 4 |
| 25 | 25十一 | 26十 | 26九 | 27八 | 28 | 28 | 29 | 29 | 30 | 29 | 30 | 31 | 12 | 11 | 2 | 2 | 3 | 4 | 4 | 5 | 5 | 6 | 4 | 5 |
| 26 6 | 26 5 | 27 | 27 | 28 | 29七 | 29六 | 30 | 30 | 31 | 3 | 31 | 1 | 2 | 2 | 3 | 3 | 4 | 5 | 5 | 6 | 6 | 7 | 5 | 6 |
| 27 | 27 | 28 4 | 28 3 | 29 | 30 | 30 | 31五 | 5四 | 4 | 2 | 2 | 2 | 3 | 3 | 4 | 4 | 5 | 6 | 6 | 7 | 7 | 8 | 6 | 7 |
| 28 | 28 | 29 | 29 | 30 2 | 31 1 | 7 | 6 | 2 | 2三 | 3二 | 2 | 3 | 4 | 4 | 5 | 5 | 6 | 7 | 7 | 8 | 8 | 9 | 7 | 8 |
| 29 | 29 | 30 | 30 | 31 | 8 | 2 12 | 2 11 | 3 | 3 | 4 | 3正 | 4 | 5 | 5 | 6 | 6 | 7 | 8 | 8 | 9 | 9 | 10 | 8 | 9 |
| 30 | 30 | 31 | 10 | 9 | 2 | 3 | 3 | 4 10 | 4 9 | 5 | 4 | 5十二 | 6十一 | 6 | 7 | 7 | 8 | 9 | 9 | 10 | 10 | 11 | 9 | 10 |
| 31 | 12 | 11 | 2 | 2 | 3 | 4 | 4 | 5 | 5 | 6 8 | 5 7 | 6 | 7 | 7十 | 8九 | 8八 | 9 | 10 | 10 | 11 | 11 | 12 | 10 | 11 |
| 日 | 2 | 2 | 3 | 3 | 4 | 5 | 5 | 6 | 6 | 7 | 6 | 7 6 | 8 5 | 8 | 9 | 9 | 10七 | 11六 | 11 | 12 | 12 | 13 | 11 | 12 |
| 曜 | 3 | 3 | 4 | 4 | 5 | 6 | 6 | 7 | 7 | 8 | 7 | 8 | 9 | 9 4 | 10 3 | 10 | 11 | 12 | 12五 | 13四 | 13三 | 14 | 12 | 13 |
| 表 | 4 | 4 | 5 | 5 | 6 | 7 | 7 | 8 | 8 | 9 | 8 | 9 | 10 | 10 | 11 | 11 2 | 12 1 | 13 12 | 13 11 | 14 | 14 | 15二 | 13正 | 14 |
| 6 | 5 | 5 | 6 | 6 | 7 | 8 | 8 | 9 | 9 | 10 | 9 | 10 | 11 | 11 | 12 | 12 | 13 | 14 | 14 | 15 10 | 15 9 | 16 | 14 | 15十二 |
| 甲 | 6 | 6 | 7 | 7 | 8 | 9 | 9 | 10 | 10 | 11 | 10 | 11 | 12 | 12 | 13 | 13 | 14 | 15 | 15 | 16 | 16 | 17 8 | 15 7 | 16 |
| 子 | 7 | 7 | 8 | 8 | 9 | 10 | 10 | 11 | 11 | 12 | 11 | 12 | 13 | 13 | 14 | 14 | 15 | 16 | 16 | 17 | 17 | 18 | 16 | 17 6 |
| 表 | 8 | 8 | 9 | 9 | 10 | 11 | 11 | 12 | 12 | 13 | 12 | 13 | 14 | 14 | 15 | 15 | 16 | 17 | 17 | 18 | 18 | 19 | 17 | 18 |
| 52 | 9 | 9 | 10 | 10 | 11 | 12 | 12 | 13 | 13 | 14 | 13 | 14 | 15 | 15 | 16 | 16 | 17 | 18 | 18 | 19 | 19 | 20 | 18 | 19 |
| | 10 | 10 | 11 | 11 | 12 | 13 | 13 | 14 | 14 | 15 | 14 | 15 | 16 | 16 | 17 | 17 | 18 | 19 | 19 | 20 | 20 | 21 | 19 | 20 |

| 一六九八 戊寅 康熙三七 1110 | | | | | | | | | | | | 一六九七 丁丑 康熙三六 1109 | | | | | | | | | | | |
|---|---|---|---|---|---|---|---|---|---|---|---|---|---|---|---|---|---|---|---|---|---|---|---|
| 22 | 23 | 23 | 24 | 25 | 25 | 26 | 26 | 27 | 25 | 26 | 27 | 27 | 28 | 28 | 29 | 30 | 30 | 31 | 5 | 4 | 2 | 31 | 1 |
| 23 | 24 | 24 | 25 | 26 | 26 | 27 | 27 | 28 | 26 | 27 | 28 | 28 | 29 | 29 | 30 | 31 | 7 | 6 | 2 | 2 | 3 | 2 | 2 |
| 24 | 25 | 25 | 26 | 27 | 27 | 28 | 28 | 29 | 27 | 28 | 29 | 29 | 30 | 30 | 31 | 8 | 2 | 2 | 3 | 3 | 4 | 2 | 3 |
| 25 | 26 | 26 | 27 | 28 | 28 | 29 | 29 | 30 | 28 | 29 | 30 | 30 | 31 | 10 | 9 | 2 | 3 | 3 | 4 | 4 | 5 | 3 | 4 |
| 26 | 27 | 27 | 28 | 29 | 29 | 30 | 30 | 31 | 3 | 30 | 31 | 12 | 11 | 2 | 2 | 3 | 4 | 4 | 5 | 5 | 6 | 4 | 5 |
| 27 | 28 | 28 | 29 | 30 | 30 | 31 | 5 | 4 | 2 | 31 | 1 | 2 | 2 | 3 | 3 | 4 | 5 | 5 | 6 | 6 | 7 | 5 | 6 |
| 28 | 29 | 29 | 30 | 31 | 7 | 6 | 2 | 2 | 3 | 2 | 2 | 3 | 3 | 4 | 4 | 5 | 6 | 6 | 7 | 7 | 8 | 6 | 7 |
| 29 | 30 | 30 | 31 | 8 | 2 | 2 | 3 | 3 | 4 | 2 | 3 | 4 | 4 | 5 | 5 | 6 | 7 | 7 | 8 | 8 | 9 | 7 | 8 |
| 30 | 31 | 10 | 9 | 2 | 3 | 3 | 4 | 4 | 5 | 3 | 4 | 5 | 5 | 6 | 6 | 7 | 8 | 8 | 9 | 9 | 10 | 8 | 9 |
| 12 | 11 | 2 | 2 | 3 | 4 | 4 | 5 | 5 | 6 | 4 | 5 | 6 | 6 | 7 | 7 | 8 | 9 | 9 | 10 | 10 | 11 | 9 | 10 |
| 2 十二 | 2 | 3 | 3 | 4 | 5 | 5 | 6 | 6 | 7 | 5 | 6 | 7 | 7 | 8 | 8 | 9 | 10 | 10 | 11 | 11 | 12 | 10 | 11 |
| 3 | 3 十 | 4 九 | 4 八 | 5 | 6 | 6 | 7 | 7 | 8 | 6 | 7 | 8 | 8 | 9 | 9 | 10 | 11 | 11 | 12 | 12 | 13 | 11 | 12 |
| 4 | 4 | 5 | 5 | 6 七 | 7 | 7 | 8 | 8 | 9 | 7 | 8 | 9 | 9 | 10 | 10 | 11 | 12 | 12 | 13 | 13 | 14 | 12 | 13 |
| 5 **6** | 5 **5** | 6 | 6 | 7 | 8 六 | 8 五 | 9 | 9 | 10 | 8 | 9 | 10 | 10 | 11 | 11 | 12 | 13 | 13 | 14 | 14 | 15 | 13 | 14 |
| 6 | 6 | 7 **4** | 7 **3** | 8 | 9 | 9 | 10 四 | 10 | 11 | 9 | 10 | 11 | 11 | 12 | 12 | 13 | 14 | 14 | 15 | 15 | 16 | 14 | 15 |
| 7 | 7 | 8 | 8 | 9 **2** | 10 **1** | 10 **12** | 11 **11** | 11 三 | 12 二 | 10 | 11 | 12 | 12 | 13 | 13 | 14 | 15 | 15 | 16 | 16 | 17 | 15 | 16 |
| 8 | 8 | 9 | 9 | 10 | 11 | 11 | 12 | 12 **10** | 13 **9** | 11 正 | 12 十二 | 13 十一 | 13 | 14 | 14 | 15 | 16 | 16 | 17 | 17 | 18 | 16 | 17 |
| 9 | 9 | 10 | 10 | 11 | 12 | 12 | 13 | 13 | 14 | 12 **8** | 13 **7** | 14 | 14 十 | 15 九 | 15 八 | 16 | 17 | 17 | 18 | 18 | 19 | 17 | 18 |
| 10 | 10 | 11 | 11 | 12 | 13 | 13 | 14 | 14 | 15 | 13 | 14 | 15 **6** | 15 **5** | 16 | 16 | 17 七 | 18 六 | 18 | 19 | 19 | 20 | 18 | 19 |
| 11 | 11 | 12 | 12 | 13 | 14 | 14 | 15 | 15 | 16 | 14 | 15 | 16 | 16 | 17 **4** | 17 **3** | 18 | 19 | 19 五 | 20 四 | 20 | 21 | 19 | 20 |
| 12 | 12 | 13 | 13 | 14 | 15 | 15 | 16 | 16 | 17 | 15 | 16 | 17 | 17 | 18 | 18 | 19 **2** | 20 **1** | 20 | 21 | 21 閏 | 22 | 20 | 21 |
| 13 | 13 | 14 | 14 | 15 | 16 | 16 | 17 | 17 | 18 | 16 | 17 | 18 | 18 | 19 | 19 | 20 | 21 | 21 **12** | 22 **11** | 22 | 23 三 | 21 二 | 22 |
| 14 | 14 | 15 | 15 | 16 | 17 | 17 | 18 | 18 | 19 | 17 | 18 | 19 | 19 | 20 | 20 | 21 | 22 | 22 | 23 | 23 **10** | 24 **9** | 22 | 23 正 |
| 15 | 15 | 16 | 16 | 17 | 18 | 18 | 19 | 19 | 20 | 18 | 19 | 20 | 20 | 21 | 21 | 22 | 23 | 23 | 24 | 24 | 25 | 23 **8** | 24 **7** |
| 16 | 16 | 17 | 17 | 18 | 19 | 19 | 20 | 20 | 21 | 19 | 20 | 21 冬 | 21 | 22 | 22 | 23 | 24 | 24 | 25 | 25 | 26 | 24 | 25 |
| 17 | 17 | 18 | 18 | 19 | 20 | 20 | 21 | 21 | 22 | 20 | 21 | 22 | 22 | 23 | 23 | 24 | 25 | 25 | 26 | 26 | 27 | 25 | 26 |
| 18 | 18 | 19 | 19 | 20 | 21 | 21 | 22 | 22 | 23 | 21 | 22 | 23 | 23 | 24 | 24 | 25 | 26 | 26 | 27 | 27 | 28 | 26 | 27 |
| 19 | 19 | 20 | 20 | 21 | 22 | 22 | 23 | 23 | 24 | 22 | 23 | 24 | 24 | 25 | 25 | 26 | 27 | 27 | 28 | 28 | 29 | 27 | 28 |
| 20 | 20 | 21 | 21 | 22 | 23 | 23 | 24 | 24 | 25 | 23 | 24 | 25 | 25 | 26 | 26 | 27 | 28 | 28 | 29 | 29 | 30 | 28 | 29 |
| 21 冬 | 21 | 22 | 22 | 23 | 24 | 24 | 25 | 25 | 26 | 24 | 25 | 26 | 26 | 27 | 27 | 28 | 29 | 29 | 30 | 30 | 31 | 3 | 30 |

一七〇〇
庚辰
康熙三九
太陽新曆本年不閏
三月起應改用日曜
表四甲子表三三
1112

一六九九
己卯
康熙三八
1111

| | | | | | | | | | | | | | | | | | | | | | | | | |
|---|---|---|---|---|---|---|---|---|---|---|---|---|---|---|---|---|---|---|---|---|---|---|---|---|
| 11 | 11 | 十 12 | 九 12 | 13 | 14 | 14 | 15 | 15 | 16 | 15 | 16 | 17 | 17 | 18 | 18 | 19 | 20 | 20 | 21 | 21 | 22 | 20 | 21 | 22 |
| 12 | 7 12 | 13 | 13 | 八 14 | 15 | 15 | 16 | 16 | 17 | 16 | 17 | 18 | 18 | 19 | 19 | 20 | 21 | 21 | 22 | 22 | 23 | 21 | 22 | 23 |
| 13 | 13 | 6 14 | 5 14 | 15 | 七 16 | 六 16 | 17 | 17 | 18 | 17 | 18 | 19 | 19 | 20 | 20 | 21 | 22 | 22 | 23 | 23 | 24 | 22 | 23 | 24 |
| 14 | 14 | 15 | 15 | 4 16 | 3 17 | 17 | 五 18 | 18 | 19 | 18 | 19 | 20 | 20 | 21 | 21 | 22 | 23 | 23 | 24 | 24 | 25 | 23 | 24 | 25 |
| 15 | 15 | 16 | 16 | 17 | 18 | 2 18 | 1 19 | 四 19 | 三 20 | 19 | 正 20 | 十二 21 | 十一 21 | 十 22 | 22 | 23 | 24 | 24 | 25 | 25 | 26 | 24 | 25 | 26 |
| 16 | 16 | 17 | 17 | 18 | 19 | 19 | 20 | 12 20 | 11 21 | 二 20 | 9 21 | 22 | 22 | 23 | 九 23 | 八 24 | 25 | 25 | 26 | 26 | 27 | 25 | 26 | 27 |
| 17 | 17 | 18 | 18 | 19 | 20 | 20 | 21 | 21 | 22 | 10 21 | 22 | 8 23 | 7 23 | 24 | 24 | 25 | 閏 26 | 26 | 27 | 27 | 28 | 26 | 27 | 28 |
| 18 | 18 | 19 | 19 | 20 | 21 | 21 | 22 | 22 | 23 | 22 | 23 | 24 | 24 | 6 25 | 5 25 | 26 | 27 | 七 27 | 六 28 | 28 | 29 | 27 | 28 | 29 |
| 19 | 19 | 20 | 20 | 21 | 22 | 22 | 23 | 23 | 24 | 23 | 24 | 25 | 25 | 26 | 26 | 4 27 | 3 28 | 28 | 29 | 五 29 | 30 | 28 | 29 | 30 |
| 20 | 20 | 21 | 21 | 22 | 23 | 23 | 24 | 24 | 25 | 24 | 25 | 26 | 26 | 27 | 27 | 28 | 29 | 2 29 | 1 30 | 30 | 四 31 | 三 3 | 30 | 31 |
| 21 | 21 | 22 | 22 | 23 | 24 | 24 | 25 | 25 | 26 | 25 | 26 | 27 | 27 | 28 | 28 | 29 | 30 | 30 | 31 | 12 5 | 11 4 | 2 | 二 31 | 正 1 十二 |
| 22 | 冬 22 | 23 | 23 | 24 | 25 | 25 | 26 | 26 | 27 | 26 | 27 | 28 | 28 | 29 | 29 | 30 | 31 | 7 | 6 | 2 | 2 | 10 3 | 9 2 | 2 |
| 23 | 23 | 24 | 24 | 25 | 26 | 26 | 27 | 27 | 28 | 27 | 28 | 29 | 29 | 30 | 30 | 31 | 8 | 2 | 2 | 3 | 3 | 4 | 2 | 8 3 7 |
| 24 | 24 | 25 | 25 | 26 | 27 | 27 | 28 | 28 | 29 | 28 | 29 | 30 | 30 | 31 | 10 | 9 | 2 | 3 | 3 | 4 | 4 | 5 | 3 | 4 |
| 25 | 25 | 26 | 26 | 27 | 28 | 28 | 29 | 29 | 30 | 29 | 30 | 31 | 12 | 11 | 2 | 2 | 3 | 4 | 4 | 5 | 5 | 6 | 4 | 5 |
| 26 | 26 | 27 | 27 | 28 | 29 | 29 | 30 | 30 | 31 | 3 | 31 | 1 | 2 | 2 | 3 | 3 | 4 | 5 | 5 | 6 | 6 | 7 | 5 | 6 |
| 27 | 27 | 28 | 28 | 29 | 30 | 30 | 31 | 5 | 4 | 2 | 2 | 2 | 3 | 3 | 4 | 4 | 5 | 6 | 6 | 7 | 7 | 8 | 6 | 7 |
| 28 | 28 | 29 | 29 | 30 | 31 | 7 | 6 | 2 | 2 | 3 | 2 | 3 | 4 | 4 | 5 | 5 | 6 | 7 | 7 | 8 | 8 | 9 | 7 | 8 |
| 29 | 29 | 30 | 30 | 31 | 8 | 2 | 2 | 3 | 3 | 4 | 3 | 4 | 5 | 5 | 6 | 6 | 7 | 8 | 8 | 9 | 9 | 10 | 8 | 9 |
| 30 | 30 | 31 | 10 | 9 | 2 | 3 | 3 | 4 | 4 | 5 | 4 | 5 | 6 | 6 | 7 | 7 | 8 | 9 | 9 | 10 | 10 | 11 | 9 | 10 |
| 31 | 12 | 11 | 2 | 2 | 3 | 4 | 4 | 5 | 5 | 6 | 5 | 6 | 7 | 7 | 8 | 8 | 9 | 10 | 10 | 11 | 11 | 12 | 10 | 11 |
| 日 | 2 | 2 | 3 | 3 | 4 | 5 | 5 | 6 | 6 | 7 | 6 | 7 | 8 | 8 | 9 | 9 | 10 | 11 | 11 | 12 | 12 | 13 | 11 | 12 |
| 曜 | 3 | 3 | 4 | 4 | 5 | 6 | 6 | 7 | 7 | 8 | 7 | 8 | 9 | 9 | 10 | 10 | 11 | 12 | 12 | 13 | 13 | 14 | 12 | 13 |
| 表 | 4 | 4 | 5 | 5 | 6 | 7 | 7 | 8 | 8 | 9 | 8 | 9 | 10 | 10 | 11 | 11 | 12 | 13 | 13 | 14 | 14 | 15 | 13 | 14 |
| 7 | 5 | 5 | 6 | 6 | 7 | 8 | 8 | 9 | 9 | 10 | 9 | 10 | 11 | 11 | 12 | 12 | 13 | 14 | 14 | 15 | 15 | 16 | 14 | 15 |
| 甲 | 6 | 6 | 7 | 7 | 8 | 9 | 9 | 10 | 10 | 11 | 10 | 11 | 12 | 12 | 13 | 13 | 14 | 15 | 15 | 16 | 16 | 17 | 15 | 16 |
| 子 | 7 | 7 | 8 | 8 | 9 | 10 | 10 | 11 | 11 | 12 | 11 | 12 | 13 | 13 | 14 | 14 | 15 | 16 | 16 | 17 | 17 | 18 | 16 | 17 |
| 表 | 8 | 8 | 9 | 9 | 10 | 11 | 11 | 12 | 12 | 13 | 12 | 13 | 14 | 14 | 15 | 15 | 16 | 17 | 17 | 18 | 18 | 19 | 17 | 18 |
| 53 | 9 | 9 | 10 | 10 | 11 | 12 | 12 | 13 | 13 | 14 | 13 | 14 | 15 | 15 | 16 | 16 | 17 | 18 | 18 | 19 | 19 | 20 | 18 | 19 |
| | 10 | 十二 10 | 11 | 11 | 12 | 13 | 13 | 14 | 14 | 15 | 14 | 15 | 16 | 16 | 17 | 17 | 18 | 19 | 19 | 20 | 20 | 21 | 19 | 20 |

| 一七〇二 壬午 康熙四一 1114 | | | | | | | | | | | | 一七〇一 辛巳 康熙四〇 1113 | | | | | | | | | | | |
|---|---|---|---|---|---|---|---|---|---|---|---|---|---|---|---|---|---|---|---|---|---|---|---|
| 22 | 23 6 | 23 5 | 24 | 25 閏 | 25 六 | 26 | 26 | 27 | 25 | 26 | 27 | 27 | 28 | 28 | 29 | 30 | 30 | 31 | **5** | **4** | 2 | 31 | **1** |
| 23 | 24 | 24 | 25 4 | 26 3 | 26 | 27 五 | 27 四 | 28 三 | 26 | 27 | 28 | 28 | 29 | 29 | 30 | 31 | **7** | **6** | 2 | 2 | 3 | **2** | 2 |
| 24 | 25 | 25 | 26 | 27 | 27 2 | 28 1 | 28 | 29 | 27 二 | 28 正 | 29 十二 | 29 | 30 | 30 | 31 | **8** | 2 | 2 | 3 | 3 | 4 | 2 | 3 |
| 25 | 26 | 26 | 27 | 28 | 28 | 29 | 29 12 | 30 11 | 28 | 29 | 30 | 30 十一 | 31 十 | **10** | **9** | 2 | 3 | 3 | 4 | 4 | 5 | 3 | 4 |
| 26 | 27 | 27 | 28 | 29 | 29 | 30 | 30 | 31 | **3** 10 | 30 9 | 31 | **12** | **11** | 2 九 | 2 | 3 | 4 | 4 | 5 | 5 | 6 | **4** | 5 |
| 27 | 28 | 28 | 29 | 30 | 30 | 31 | **5** | **4** | 2 | 31 | **1** 8 | 2 7 | 2 | 3 | 3 八 | 4 七 | 5 | 5 | 6 | 6 | 7 | 5 | 6 |
| 28 | 29 | 29 | 30 | 31 | **7** | **6** | 2 | 2 | 3 | **2** | 2 | 3 | 3 6 | 4 5 | 4 | 5 | 6 六 | 6 五 | 7 | 7 | 8 | 6 | 7 |
| 29 | 30 | 30 | 31 | **8** | 2 | 2 | 3 | 3 | 4 | 2 | 3 | 4 | 4 | 5 | 5 4 | 6 3 | 7 | 7 | 8 四 | 8 三 | 9 | 7 | 8 |
| 30 | 31 | **10** | **9** | 2 | 3 | 3 | 4 | 4 | 5 | 3 | 4 | 5 | 5 | 6 | 6 | 7 | 8 2 | 8 1 | 9 12 | 9 11 | 10 二 | 8 正 | 9 十二 |
| **12** | **11** | 2 | 2 | 3 | 4 | 4 | 5 | 5 | 6 | 4 | 5 | 6 | 6 | 7 | 7 | 8 | 9 | 9 | 10 | 10 | 11 10 | 9 9 | 10 |
| 2 | 2 | 3 | 3 | 4 | 5 | 5 | 6 | 6 | 7 | 5 | 6 | 7 | 7 | 8 | 8 | 9 | 10 | 10 | 11 | 11 | 12 | 10 | 11 8 |
| 3 | 3 | 4 | 4 | 5 | 6 | 6 | 7 | 7 | 8 | 6 | 7 | 8 | 8 | 9 | 9 | 10 | 11 | 11 | 12 | 12 | 13 | 11 | 12 |
| 4 | 4 | 5 | 5 | 6 | 7 | 7 | 8 | 8 | 9 | 7 | 8 | 9 | 9 | 10 | 10 | 11 | 12 | 12 | 13 | 13 | 14 | 12 | 13 |
| 5 | 5 | 6 | 6 | 7 | 8 | 8 | 9 | 9 | 10 | 8 | 9 | 10 | 10 | 11 | 11 | 12 | 13 | 13 | 14 | 14 | 15 | 13 | 14 |
| 6 | 6 | 7 | 7 | 8 | 9 | 9 | 10 | 10 | 11 | 9 | 10 | 11 | 11 | 12 | 12 | 13 | 14 | 14 | 15 | 15 | 16 | 14 | 15 |
| 7 | 7 | 8 | 8 | 9 | 10 | 10 | 11 | 11 | 12 | 10 | 11 | 12 | 12 | 13 | 13 | 14 | 15 | 15 | 16 | 16 | 17 | 15 | 16 |
| 8 | 8 | 9 | 9 | 10 | 11 | 11 | 12 | 12 | 13 | 11 | 12 | 13 | 13 | 14 | 14 | 15 | 16 | 16 | 17 | 17 | 18 | 16 | 17 |
| 9 | 9 | 10 | 10 | 11 | 12 | 12 | 13 | 13 | 14 | 12 | 13 | 14 | 14 | 15 | 15 | 16 | 17 | 17 | 18 | 18 | 19 | 17 | 18 |
| 10 | 10 | 11 | 11 | 12 | 13 | 13 | 14 | 14 | 15 | 13 | 14 | 15 | 15 | 16 | 16 | 17 | 18 | 18 | 19 | 19 | 20 | 18 | 19 |
| 11 | 11 | 12 | 12 | 13 | 14 | 14 | 15 | 15 | 16 | 14 | 15 | 16 | 16 | 17 | 17 | 18 | 19 | 19 | 20 | 20 | 21 | 19 | 20 |
| 12 | 12 | 13 | 13 | 14 | 15 | 15 | 16 | 16 | 17 | 15 | 16 | 17 | 17 | 18 | 18 | 19 | 20 | 20 | 21 | 21 | 22 | 20 | 21 |
| 13 | 13 | 14 | 14 | 15 | 16 | 16 | 17 | 17 | 18 | 16 | 17 | 18 | 18 | 19 | 19 | 20 | 21 | 21 | 22 | 22 | 23 | 21 | 22 |
| 14 | 14 | 15 | 15 | 16 | 17 | 17 | 18 | 18 | 19 | 17 | 18 | 19 | 19 | 20 | 20 | 21 | 22 | 22 | 23 | 23 | 24 | 22 | 23 |
| 15 | 15 | 16 | 16 | 17 | 18 | 18 | 19 | 19 | 20 | 18 | 19 | 20 | 20 | 21 | 21 | 22 | 23 | 23 | 24 | 24 | 25 | 23 | 24 |
| 16 | 16 | 17 | 17 | 18 | 19 | 19 | 20 | 20 | 21 | 19 | 20 | 21 | 21 | 22 | 22 | 23 | 24 | 24 | 25 | 25 | 26 | 24 | 25 |
| 17 | 17 | 18 | 18 | 19 | 20 | 20 | 21 | 21 | 22 | 20 | 21 | 22 冬 | 22 | 23 | 23 | 24 | 25 | 25 | 26 | 26 | 27 | 25 | 26 |
| 18 | 18 | 19 | 19 | 20 | 21 | 21 | 22 | 22 | 23 | 21 | 22 | 23 | 23 | 24 | 24 | 25 | 26 | 26 | 27 | 27 | 28 | 26 | 27 |
| 19 十一 | 19 十 | 20 | 20 | 21 | 22 | 22 | 23 | 23 | 24 | 22 | 23 | 24 | 24 | 25 | 25 | 26 | 27 | 27 | 28 | 28 | 29 | 27 | 28 |
| 20 | 20 | 21 九 | 21 | 22 | 23 | 23 | 24 | 24 | 25 | 23 | 24 | 25 | 25 | 26 | 26 | 27 | 28 | 28 | 29 | 29 | 30 | 28 | 29 |
| 21 8 | 21 7 | 22 | 22 八 | 23 七 | 24 | 24 | 25 | 25 | 26 | 24 | 25 | 26 | 26 | 27 | 27 | 28 | 29 | 29 | 30 | 30 | 31 | **3** | 30 |

一七〇三
癸未
康熙四二

1115

一七〇四
甲申
康熙四三

1116

| | | | | | | | | | | | | | | | | | | | | | | | | |
|---|---|---|---|---|---|---|---|---|---|---|---|---|---|---|---|---|---|---|---|---|---|---|---|---|
| 11 | 11 | 12 | 12 | 13 | 14 | 14 | 15 | 15 | 16 | 15 | 16 | 17 | 17 | 18 | 18 | 19 | 20 | 20 | 21 | 21 | 22 | 20 | 21 | 22冬 |
| 12 | 12 | 13 | 13 | 14 | 15 | 15 | 16 | 16 | 17 | 16 | 17 | 18 | 18 | 19 | 19 | 20 | 21 | 21 | 22 | 22 | 23 | 21 | 22 | 23 |
| 13 | 13 | 14 | 14 | 15 | 16 | 16 | 17 | 17 | 18 | 17 | 18 | 19 | 19 | 20 | 20 | 21 | 22 | 22 | 23 | 23 | 24 | 22 | 23 | 24 |
| 14 | 14 | 15 | 15 | 16 | 17 | 17 | 18 | 18 | 19 | 18 | 19 | 20 | 20 | 21 | 21 | 22 | 23 | 23 | 24 | 24 | 25 | 23 | 24 | 25 |
| 15 | 15 | 16 | 16 | 17 | 18 | 18 | 19 | 19 | 20 | 19 | 20 | 21 | 21 | 22 | 22 | 23 | 24 | 24 | 25 | 25 | 26 | 24 | 25 | 26 |
| 16 | 16 | 17 | 17 | 18 | 19 | 19 | 20 | 20 | 21 | 20 | 21 | 22冬 | 22 | 23 | 23 | 24 | 25 | 25 | 26 | 26 | 27 | 25 | 26 | 27 |
| 17 | 17 | 18 | 18 | 19 | 20 | 20 | 21 | 21 | 22 | 21 | 22 | 23 | 23 | 24 | 24 | 25 | 26 | 26 | 27 | 27 | 28 | 26 | 27 | 28 |
| 18 | 18 | 19 | 19 | 20 | 21 | 21 | 22 | 22 | 23 | 22 | 23 | 24 | 24 | 25 | 25 | 26 | 27 | 27 | 28 | 28 | 29 | 27 | 28 | 29 |
| 19 | 19 | 20 | 20 | 21 | 22 | 22 | 23 | 23 | 24 | 23 | 24 | 25 | 25 | 26 | 26 | 27 | 28 | 28 | 29 | 29 | 30 | 28 | 29 | 30 |
| 20 | 20 | 21 | 21 | 22 | 23 | 23 | 24 | 24 | 25 | 24 | 25 | 26 | 26 | 27 | 27 | 28 | 29 | 29 | 30 | 30 | 31 | **3** | 30 | 31 |
| 21 | 21 | 22 | 22 | 23 | 24 | 24 | 25 | 25 | 26 | 25 | 26 | 27 | 27 | 28 | 28 | 29 | 30 | 30 | 31 | **5** | **4** | 2 | 31 | **1** |
| 22冬 | 22 | 23 | 23 | 24 | 25 | 25 | 26 | 26 | 27 | 26 | 27 | 28 | 28 | 29 | 29 | 30 | 31 | **7** | **6** | 2 | 2 | 3 | **2** | 2 |
| 23 | 23 | 24 | 24 | 25 | 26 | 26 | 27 | 27 | 28 | 27 | 28 | 29 | 29 | 30 | 30 | 31 | **8** | 2 | 2 | 3 | 3 | 4 | 2 | 3 |
| 24 | 24 | 25 | 25 | 26 | 27 | 27 | 28 | 28 | 29 | 28 | 29 | 30 | 30 | 31 | **10** | **9** | 2 | 3 | 3 | 4 | 4 | 5 | 3 | 4 |
| 25 | 25 | 26 | 26 | 27 | 28 | 28 | 29 | 29 | 30 | 29 | 30 | 31 | **12** | **11** | 2 | 2 | 3 | 4 | 4 | 5 | 5 | 6 | 4 | 5 |
| 26 | 26 | 27 | 27 | 28 | 29 | 29 | 30 | 30 | 31 | **3** | 31 | **1** | 2 | 2 | 3 | 3 | 4 | 5 | 5 | 6 | 6 | 7 | 5 | 6 |
| 27 十二 | 27 十一 | 28 | 28 | 29 | 30 | 30 | 31 | **5** | **4** | 2 | **2** | 2 | 3 | 3 | 4 | 4 | 5 | 6 | 6 | 7 | 7 | 8 | 6 | 7 |
| 28 **9** | 28 | 29 十 | 29 九 | 30 八 | 31 | **7** | **6** | 2 | 2 | 3 | 2 | 3 | 4 | 4 | 5 | 5 | 6 | 7 | 7 | 8 | 8 | 9 | 7 | 8 |
| 29 | 29 **8** | 30 **7** | 30 | 31 | **8** 七 | 2 六 | 2 五 | 3 | 3 | 4 | 3 | 4 | 5 | 5 | 6 | 6 | 7 | 8 | 8 | 9 | 9 | 10 | 8 | 9 |
| 30 | 30 | 31 | **10** **6** | **9** **5** | 2 | 3 | 3 | **4** 四 | **4** 三 | 5 | 4 | 5 | 6 | 6 | 7 | 7 | 8 | 9 | 9 | 10 | 10 | 11 | 9 | 10 |
| 31 | **12** | **11** | 2 | 2 | 3 **4** | 4 **3** | 4 | 5 | 5 | 6 二 | 5 正 | 6 | 7 | 7 | 8 | 8 | 9 | 10 | 10 | 11 | 11 | 12 | 10 | 11 |
| 日 | 2 | 2 | 3 | 3 | 4 | 5 | 5 **2** | 6 **1** | 6 **12** | 7 **11** | 6 | 7 十二 | 8 十一 | 8 | 9 | 9 | 10 | 11 | 11 | 12 | 12 | 13 | 11 | 12 |
| 曜 | 3 | 3 | 4 | 4 | 5 | 6 | 6 | 7 | 7 | 8 | 7 **10** | 8 **9** | 9 | 9 十 | 10 | 10 | 11 | 12 | 12 | 13 | 13 | 14 | 12 | 13 |
| 表 | 4 | 4 | 5 | 5 | 6 | 7 | 7 | 8 | 8 | 9 | 8 | 9 | 10 **8** | 10 **7** | 11 九 | 11 八 | 12 | 13 | 13 | 14 | 14 | 15 | 13 | 14 |
| **5** | 5 | 5 | 6 | 6 | 7 | 8 | 8 | 9 | 9 | 10 | 9 | 10 | 11 | 11 | 12 **6** | 12 **5** | 13 七 | 14 六 | 14 五 | 15 | 15 | 16 | 14 | 15 |
| 甲 | 6 | 6 | 7 | 7 | 8 | 9 | 9 | 10 | 10 | 11 | 10 | 11 | 12 | 12 | 13 | 13 | 14 **4** | 15 **3** | 15 | 16 四 | 16 三 | 17 二 | 15 | 16 |
| 子 | 7 | 7 | 8 | 8 | 9 | 10 | 10 | 11 | 11 | 12 | 11 | 12 | 13 | 13 | 14 | 14 | 15 | 16 | 16 **2** | 17 **1** | 17 | 18 | 16 正 | 17 十二 |
| 表 | 8 | 8 | 9 | 9 | 10 | 11 | 11 | 12 | 12 | 13 | 12 | 13 | 14 | 14 | 15 | 15 | 16 | 17 | 17 | 18 | 18 **12** | 19 **11** | 17 | 18 |
| **34** | 9 | 9 | 10 | 10 | 11 | 12 | 12 | 13 | 13 | 14 | 13 | 14 | 15 | 15 | 16 | 16 | 17 | 18 | 18 | 19 | 19 | 20 | 18 **10** | 19 **9** |
| | 10 | 10 | 11 | 11 | 12 | 13 | 13 | 14 | 14 | 15 | 14 | 15 | 16 | 16 | 17 | 17 | 18 | 19 | 19 | 20 | 20 | 21 | 19 | 20 |

一七〇六 丙戌 康熙四五 1118

一七〇五 乙酉 康熙四四 1117

| | | | | | | | | | | | | | | | | | | | | | | | |
|---|---|---|---|---|---|---|---|---|---|---|---|---|---|---|---|---|---|---|---|---|---|---|---|
| 22 | 23 | 23 | 24 | 25 | 25 | 26 | 26 | 27 | 25 | 26 | 27 | 27 | 28 | 28 | 29 | 30 | 30 | 31 | **5** | **4** | 2 | 31 | **1** |
| 23 | 24 | 24 | 25 | 26 | 26 | 27 | 27 | 28 | 26 | 27 | 28 | 28 | 29 | 29 | 30 | 31 | **7** | **6** | 2 | 2 | 3 | **2** | 2 |
| 24 | 25 | 25 | 26 | 27 | 27 | 28 | 28 | 29 | 27 | 28 | 29 | 29 | 30 | 30 | 31 | **8** | 2 | 2 | 3 | 3 | 4 | 2 | 3 |
| 25 | 26 | 26 | 27 | 28 | 28 | 29 | 29 | 30 | 28 | 29 | 30 | 30 | 31 | **10** | **9** | 2 | 3 | 3 | 4 | 4 | 5 | 3 | 4 |
| 26 | 27 | 27 | 28 | 29 | 29 | 30 | 30 | 31 | **3** | 30 | 31 | **12** | **11** | 2 | 2 | 3 | 4 | 4 | 5 | 5 | 6 | 4 | 5 |
| 27 | 28 | 28 | 29 | 30 | 30 | 31 | **5** | **4** | 2 | 31 | **1** | 2 | 2 | 3 | 3 | 4 | 5 | 5 | 6 | 6 | 7 | 5 | 6 |
| 28 | 29 | 29 | 30 | 31 | **7** | **6** | 2 | 2 | 3 | **2** | 2 | 3 | 3 | 4 | 4 | 5 | 6 | 6 | 7 | 7 | 8 | 6 | 7 |
| 29 | 30 | 30 | 31 | **8** | 2 | 2 | 3 | 3 | 4 | 2 | 3 | 4 | 4 | 5 | 5 | 6 | 7 | 7 | 8 | 8 | 9 | 7 | 8 |
| 30 | 31 | **10** | **9** | 2 | 3 | 3 | 4 | 4 | 5 | 3 | 4 | 5 | 5 | 6 | 6 | 7 | 8 | 8 | 9 | 9 | 10 | 8 | 9 |
| **12** | **11** | 2 | 2 | 3 | 4 | 4 | 5 | 5 | 6 | 4 | 5 | 6 | 6 | 7 | 7 | 8 | 9 | 9 | 10 | 10 | 11 | 9 | 10 |
| 2 | 2 | 3 | 3 | 4 | 5 | 5 | 6 | 6 | 7 | 5 | 6 | 7 | 7 | 8 | 8 | 9 | 10 | 10 | 11 | 11 | 12 | 10 | 11 |
| 3 | 3 | 4 | 4 | 5 | 6 | 6 | 7 | 7 | 8 | 6 | 7 | 8 | 8 | 9 | 9 | 10 | 11 | 11 | 12 | 12 | 13 | 11 | 12 |
| 4 | 4 | 5 | 5 | 6 | 7 | 7 | 8 | 8 | 9 | 7 | 8 | 9 | 9 | 10 | 10 | 11 | 12 | 12 | 13 | 13 | 14 | 12 | 13 |
| 5 十一 | 5 十 | 6 | 6 | 7 | 8 | 8 | 9 | 9 | 10 | 8 | 9 | 10 | 10 | 11 | 11 | 12 | 13 | 13 | 14 | 14 | 15 | 13 | 14 |
| 6 | 6 | 7 九 | 7 八 | 8 七 | 9 | 9 | 10 | 10 | 11 | 9 | 10 | 11 | 11 | 12 | 12 | 13 | 14 | 14 | 15 | 15 | 16 | 14 | 15 |
| 7 9 | 7 | 8 | 8 | 9 | 10 六 | 10 | 11 | 11 | 12 | 10 | 11 | 12 | 12 | 13 | 13 | 14 | 15 | 15 | 16 | 16 | 17 | 15 | 16 |
| 8 | 8 8 | 9 7 | 9 | 10 | 11 | 11 五 | 12 四 | 12 | 13 | 11 | 12 | 13 | 13 | 14 | 14 | 15 | 16 | 16 | 17 | 17 | 18 | 16 | 17 |
| 9 | 9 | 10 | 10 6 | 11 5 | 12 | 12 | 13 | 13 三 | 14 | 12 | 13 | 14 | 14 | 15 | 15 | 16 | 17 | 17 | 18 | 18 | 19 | 17 | 18 |
| 10 | 10 | 11 | 11 | 12 | 13 4 | 13 3 | 14 | 14 | 15 二 | 13 正 | 14 | 15 | 15 | 16 | 16 | 17 | 18 | 18 | 19 | 19 | 20 | 18 | 19 |
| 11 | 11 | 12 | 12 | 13 | 14 | 14 | 15 2 | 15 1 | 16 12 | 14 11 | 15 十二 | 16 十一 | 16 十 | 17 | 17 | 18 | 19 | 19 | 20 | 20 | 21 | 19 | 20 |
| 12 | 12 | 13 | 13 | 14 | 15 | 15 | 16 | 16 | 17 | 15 | 16 10 | 17 9 | 17 | 18 九 | 18 八 | 19 七 | 20 | 20 | 21 | 21 | 22 | 20 | 21 |
| 13 | 13 | 14 | 14 | 15 | 16 | 16 | 17 | 17 | 18 | 16 | 17 | 18 | 18 8 | 19 7 | 19 | 20 | 21 六 | 21 五 | 22 | 22 | 23 | 21 | 22 |
| 14 | 14 | 15 | 15 | 16 | 17 | 17 | 18 | 18 | 19 | 17 | 18 | 19 | 19 | 20 | 20 6 | 21 5 | 22 | 22 | 23 閏 | 23 四 | 24 | 22 | 23 |
| 15 | 15 | 16 | 16 | 17 | 18 | 18 | 19 | 19 | 20 | 18 | 19 | 20 | 20 | 21 | 21 | 22 | 23 4 | 23 3 | 24 | 24 | 25 三 | 23 二 | 24 |
| 16 | 16 | 17 | 17 | 18 | 19 | 19 | 20 | 20 | 21 | 19 | 20 | 21 | 21 | 22 | 22 | 23 | 24 | 24 | 25 2 | 25 1 | 26 | 24 | 25 正 |
| 17 | 17 | 18 | 18 | 19 | 20 | 20 | 21 | 21 | 22 | 20 | 21 | 22 冬 | 22 | 23 | 23 | 24 | 25 | 25 | 26 | 26 | 27 12 | 25 11 | 26 |
| 18 | 18 | 19 | 19 | 20 | 21 | 21 | 22 | 22 | 23 | 21 | 22 | 23 | 23 | 24 | 24 | 25 | 26 | 26 | 27 | 27 | 28 | 26 | 27 10 |
| 19 | 19 | 20 | 20 | 21 | 22 | 22 | 23 | 23 | 24 | 22 | 23 | 24 | 24 | 25 | 25 | 26 | 27 | 27 | 28 | 28 | 29 | 27 | 28 |
| 20 | 20 | 21 | 21 | 22 | 23 | 23 | 24 | 24 | 25 | 23 | 24 | 25 | 25 | 26 | 26 | 27 | 28 | 28 | 29 | 29 | 30 | 28 | 29 |
| 21 | 21 | 22 | 22 | 23 | 24 | 24 | 25 | 25 | 26 | 24 | 25 | 26 | 26 | 27 | 27 | 28 | 29 | 29 | 30 | 30 | 31 | **3** | 30 |

一七〇七
丁亥
康熙四六

1119

一七〇八
戊子
康熙四七

1120

| | | | | | | | | | | | | | | | | | | | | | | | | |
|---|---|---|---|---|---|---|---|---|---|---|---|---|---|---|---|---|---|---|---|---|---|---|---|---|
| 11 | 11 | 12 | 12 | 13 | 14 | 14 | 15 | 15 | 16 | 15 | 16 | 17 | 17 | 18 | 18 | 19 | 20 | 20 | 21 | 21 | 22 | 20 | 21 | 22冬 |
| 12十一 | 12十 | 13 | 13 | 14 | 15 | 15 | 16 | 16 | 17 | 16 | 17 | 18 | 18 | 19 | 19 | 20 | 21 | 21 | 22 | 22 | 23 | 21 | 22 | 23 |
| 13 | 13 | 14九 | 14八 | 15 | 16 | 16 | 17 | 17 | 18 | 17 | 18 | 19 | 19 | 20 | 20 | 21 | 22 | 22 | 23 | 23 | 24 | 22 | 23 | 24 |
| 14 10 | 14 9 | 15 | 15 | 16七 | 17 | 17 | 18 | 18 | 19 | 18 | 19 | 20 | 20 | 21 | 21 | 22 | 23 | 23 | 24 | 24 | 25 | 23 | 24 | 25 |
| 15 | 15 | 16 8 | 16 7 | 17 | 18六 | 18五 | 19 | 19 | 20 | 19 | 20 | 21 | 21 | 22 | 22 | 23 | 24 | 24 | 25 | 25 | 26 | 24 | 25 | 26 |
| 16 | 16 | 17 | 17 | 18 6 | 19 5 | 19 | 20四 | 20 | 21 | 20 | 21 | 22冬 | 22 | 23 | 23 | 24 | 25 | 25 | 26 | 26 | 27 | 25 | 26 | 27 |
| 17 | 17 | 18 | 18 | 19 | 20 | 20 4 | 21 3 | 21閏 | 22三 | 21二 | 22 | 23 | 23 | 24 | 24 | 25 | 26 | 26 | 27 | 27 | 28 | 26 | 27 | 28 |
| 18 | 18 | 19 | 19 | 20 | 21 | 21 | 22 | 22 2 | 23 1 | 22 | 23正 | 24十二 | 24十一 | 25十 | 25 | 26 | 27 | 27 | 28 | 28 | 29 | 27 | 28 | 29 |
| 19 | 19 | 20 | 20 | 21 | 22 | 22 | 23 | 23 | 24 | 23 12 | 24 11 | 25 | 25 | 26 | 26九 | 27八 | 28 | 28 | 29 | 29 | 30 | 28 | 29 | 30 |
| 20 | 20 | 21 | 21 | 22 | 23 | 23 | 24 | 24 | 25 | 24 | 25 | 26 10 | 26 9 | 27 | 27 | 28 | 29七 | 29 | 30 | 30 | 31 | **3** | 30 | 31 |
| 21冬 | 21 | 22 | 22 | 23 | 24 | 24 | 25 | 25 | 26 | 25 | 26 | 27 | 27 | 28 8 | 28 7 | 29 | 30 | 30六 | 31五 | **5** | **4** | 2 | 31 | **1** |
| 22 | 22 | 23 | 23 | 24 | 25 | 25 | 26 | 26 | 27 | 26 | 27 | 28 | 28 | 29 | 29 | 30 6 | 31 5 | **7** | **6** | 2四 | 2 | 3 | **2** | 2 |
| 23 | 23 | 24 | 24 | 25 | 26 | 26 | 27 | 27 | 28 | 27 | 28 | 29 | 29 | 30 | 30 | 31 | **8** | 2 4 | 2 3 | 3 | 3三 | 4二 | 2 | 3 |
| 24 | 24 | 25 | 25 | 26 | 27 | 27 | 28 | 28 | 29 | 28 | 29 | 30 | 30 | 31 | **10** | **9** | 2 | 3 | 3 | 4 2 | 4 1 | 5 | 3正 | 4十二 |
| 25 | 25 | 26 | 26 | 27 | 28 | 28 | 29 | 29 | 30 | 29 | 30 | 31 | **12** | **11** | 2 | 2 | 3 | 4 | 4 | 5 | 5 | 6 12 | 4 11 | 5 |
| 26 | 26 | 27 | 27 | 28 | 29 | 29 | 30 | 30 | 31 | **3** | 31 | **1** | 2 | 2 | 3 | 3 | 4 | 5 | 5 | 6 | 6 | 7 | 5 | 6 10 |
| 27 | 27 | 28 | 28 | 29 | 30 | 30 | 31 | **5** | **4** | 2 | **2** | 2 | 3 | 3 | 4 | 4 | 5 | 6 | 6 | 7 | 7 | 8 | 6 | 7 |
| 28 | 28 | 29 | 29 | 30 | 31 | **7** | **6** | 2 | 2 | 3 | 2 | 3 | 4 | 4 | 5 | 5 | 6 | 7 | 7 | 8 | 8 | 9 | 7 | 8 |
| 29 | 29 | 30 | 30 | 31 | **8** | 2 | 2 | 3 | 3 | 4 | 3 | 4 | 5 | 5 | 6 | 6 | 7 | 8 | 8 | 9 | 9 | 10 | 8 | 9 |
| 30 | 30 | 31 | **10** | **9** | 2 | 3 | 3 | **4** | 4 | 5 | 4 | 5 | 6 | 6 | 7 | 7 | 8 | 9 | 9 | 10 | 10 | 11 | 9 | 10 |
| 31 | **12** | **11** | 2 | 2 | 3 | 4 | 4 | 5 | 5 | 6 | 5 | 6 | 7 | 7 | 8 | 8 | 9 | 10 | 10 | 11 | 11 | 12 | 10 | 11 |
| 日 | 2 | 2 | 3 | 3 | 4 | 5 | 5 | 6 | 6 | 7 | 6 | 7 | 8 | 8 | 9 | 9 | 10 | 11 | 11 | 12 | 12 | 13 | 11 | 12 |
| 曜 | 3 | 3 | 4 | 4 | 5 | 6 | 6 | 7 | 7 | 8 | 7 | 8 | 9 | 9 | 10 | 10 | 11 | 12 | 12 | 13 | 13 | 14 | 12 | 13 |
| 表 | 4 | 4 | 5 | 5 | 6 | 7 | 7 | 8 | 8 | 9 | 8 | 9 | 10 | 10 | 11 | 11 | 12 | 13 | 13 | 14 | 14 | 15 | 13 | 14 |
| 6 | 5 | 5 | 6 | 6 | 7 | 8 | 8 | 9 | 9 | 10 | 9 | 10 | 11 | 11 | 12 | 12 | 13 | 14 | 14 | 15 | 15 | 16 | 14 | 15 |
| 甲 | 6 | 6 | 7 | 7 | 8 | 9 | 9 | 10 | 10 | 11 | 10 | 11 | 12 | 12 | 13 | 13 | 14 | 15 | 15 | 16 | 16 | 17 | 15 | 16 |
| 子 | 7 | 7 | 8 | 8 | 9 | 10 | 10 | 11 | 11 | 12 | 11 | 12 | 13 | 13 | 14 | 14 | 15 | 16 | 16 | 17 | 17 | 18 | 16 | 17 |
| 表 | 8 | 8 | 9 | 9 | 10 | 11 | 11 | 12 | 12 | 13 | 12 | 13 | 14 | 14 | 15 | 15 | 16 | 17 | 17 | 18 | 18 | 19 | 17 | 18 |
| 35 | 9 | 9 | 10 | 10 | 11 | 12 | 12 | 13 | 13 | 14 | 13 | 14 | 15 | 15 | 16 | 16 | 17 | 18 | 18 | 19 | 19 | 20 | 18 | 19 |
| | 10 | 10 | 11 | 11 | 12 | 13 | 13 | 14 | 14 | 15 | 14 | 15 | 16 | 16 | 17 | 17 | 18 | 19 | 19 | 20 | 20 | 21 | 19 | 20 |

| 中西回史日曆 | 一七一〇 庚寅 康熙四九 1122 | | | | | | | | | | | | 一七〇九 己丑 康熙四八 1121 | | | | | | | | | | | |
|---|---|---|---|---|---|---|---|---|---|---|---|---|---|---|---|---|---|---|---|---|---|---|---|---|
| | 22 | 23 | 23 | 八 24 | 25 | 25 | 26 | 26 | 27 | 25 | 26 | 27 | 27 | 28 | 28 | 29 | 30 | 30 | 31 | **5** | **4** | 2 | 31 | **1** |
| | 23 | 10 24 | 9 24 | 25 | 閏 26 | 七 26 | 27 | 27 | 28 | 26 | 27 | 28 | 28 | 29 | 29 | 30 | 31 | **7** | **6** | 2 | 2 | 3 | **2** | 2 |
| | 24 | 25 | 25 | 8 26 | 7 27 | 27 | 六 28 | 五 28 | 29 | 27 | 28 | 29 | 29 | 30 | 30 | 31 | **8** | 2 | 2 | 3 | 3 | 4 | 2 | 3 |
| 卷一八 | 25 | 26 | 26 | 27 | 28 | 6 28 | 5 29 | 29 | 四 30 | 三 28 | 二 29 | 30 | 30 | 31 | **10** | **9** | 2 | 3 | 3 | 4 | 4 | 5 | 3 | 4 |
| 清 | 26 | 27 | 27 | 28 | 29 | 29 | 30 | 4 30 | 3 31 | **3** | 30 | 正 31 | 十二 **12** | 十一 **11** | 2 | 2 | 3 | 4 | 4 | 5 | 5 | 6 | 4 | 5 |
| | 27 | 28 | 28 | 29 | 30 | 30 | 31 | **5** | **4** | 2 2 | 1 31 | **1** | 2 | 2 | 十 3 | 九 3 | 4 | 5 | 5 | 6 | 6 | 7 | 5 | 6 |
| | 28 | 29 | 29 | 30 | 31 | **7** | **6** | 2 | 2 | 3 | **2** | 12 2 | 11 3 | 3 | 4 | 4 | 八 5 | 6 | 6 | 7 | 7 | 8 | 6 | 7 |
| | 29 | 30 | 30 | 31 | **8** | 2 | 2 | 3 | 3 | 4 | 2 | 3 | 4 | 10 4 | 9 5 | 5 | 6 | 七 7 | 六 7 | 8 | 8 | 9 | 7 | 8 |
| | 30 | 31 | **10** | **9** | 2 | 3 | 3 | 4 | 4 | 5 | 3 | 4 | 5 | 5 | 6 | 8 6 | 7 7 | 8 | 8 | 五 9 | 9 | 10 | 8 | 9 |
| | **12** | **11** | 2 | 2 | 3 | 4 | 4 | 5 | 5 | 6 | 4 | 5 | 6 | 6 | 7 | 7 | 8 | 6 9 | 5 9 | 10 | 四 10 | 三 11 | 二 9 | 10 |
| | 2 | 2 | 3 | 3 | 4 | 5 | 5 | 6 | 6 | 7 | 5 | 6 | 7 | 7 | 8 | 8 | 9 | 10 | 10 | 4 11 | 3 11 | 12 | 10 | 正 11 十二 |
| | 3 | 3 | 4 | 4 | 5 | 6 | 6 | 7 | 7 | 8 | 6 | 7 | 8 | 8 | 9 | 9 | 10 | 11 | 11 | 12 | 12 | 2 13 | 1 11 | 12 12 11 |
| | 4 | 4 | 5 | 5 | 6 | 7 | 7 | 8 | 8 | 9 | 7 | 8 | 9 | 9 | 10 | 10 | 11 | 12 | 12 | 13 | 13 | 14 | 12 | 13 |
| | 5 | 5 | 6 | 6 | 7 | 8 | 8 | 9 | 9 | 10 | 8 | 9 | 10 | 10 | 11 | 11 | 12 | 13 | 13 | 14 | 14 | 15 | 13 | 14 |
| | 6 | 6 | 7 | 7 | 8 | 9 | 9 | 10 | 10 | 11 | 9 | 10 | 11 | 11 | 12 | 12 | 13 | 14 | 14 | 15 | 15 | 16 | 14 | 15 |
| | 7 | 7 | 8 | 8 | 9 | 10 | 10 | 11 | 11 | 12 | 10 | 11 | 12 | 12 | 13 | 13 | 14 | 15 | 15 | 16 | 16 | 17 | 15 | 16 |
| | 8 | 8 | 9 | 9 | 10 | 11 | 11 | 12 | 12 | 13 | 11 | 12 | 13 | 13 | 14 | 14 | 15 | 16 | 16 | 17 | 17 | 18 | 16 | 17 |
| | 9 | 9 | 10 | 10 | 11 | 12 | 12 | 13 | 13 | 14 | 12 | 13 | 14 | 14 | 15 | 15 | 16 | 17 | 17 | 18 | 18 | 19 | 17 | 18 |
| | 10 | 10 | 11 | 11 | 12 | 13 | 13 | 14 | 14 | 15 | 13 | 14 | 15 | 15 | 16 | 16 | 17 | 18 | 18 | 19 | 19 | 20 | 18 | 19 |
| 三 | 11 | 11 | 12 | 12 | 13 | 14 | 14 | 15 | 15 | 16 | 14 | 15 | 16 | 16 | 17 | 17 | 18 | 19 | 19 | 20 | 20 | 21 | 19 | 20 |
| | 12 | 12 | 13 | 13 | 14 | 15 | 15 | 16 | 16 | 17 | 15 | 16 | 17 | 17 | 18 | 18 | 19 | 20 | 20 | 21 | 21 | 22 | 20 | 21 |
| | 13 | 13 | 14 | 14 | 15 | 16 | 16 | 17 | 17 | 18 | 16 | 17 | 18 | 18 | 19 | 19 | 20 | 21 | 21 | 22 | 22 | 23 | 21 | 22 |
| 勵 | 14 | 14 | 15 | 15 | 16 | 17 | 17 | 18 | 18 | 19 | 17 | 18 | 19 | 19 | 20 | 20 | 21 | 22 | 22 | 23 | 23 | 24 | 22 | 23 |
| | 15 | 15 | 16 | 16 | 17 | 18 | 18 | 19 | 19 | 20 | 18 | 19 | 20 | 20 | 21 | 21 | 22 | 23 | 23 | 24 | 24 | 25 | 23 | 24 |
| 耘 | 16 | 16 | 17 | 17 | 18 | 19 | 19 | 20 | 20 | 21 | 19 | 20 | 21 | 21 | 22 | 22 | 23 | 24 | 24 | 25 | 25 | 26 | 24 | 25 |
| | 17 | 17 | 18 | 18 | 19 | 20 | 20 | 21 | 21 | 22 | 20 | 21 | 22 | 冬 22 | 23 | 23 | 24 | 25 | 25 | 26 | 26 | 27 | 25 | 26 |
| 書 | 18 | 18 | 19 | 19 | 20 | 21 | 21 | 22 | 22 | 23 | 21 | 22 | 23 | 23 | 24 | 24 | 25 | 26 | 26 | 27 | 27 | 28 | 26 | 27 |
| | 19 | 19 | 20 | 20 | 21 | 22 | 22 | 23 | 23 | 24 | 22 | 23 | 24 | 24 | 25 | 25 | 26 | 27 | 27 | 28 | 28 | 29 | 27 | 28 |
| 屋 | 20 | 十二 20 | 21 | 21 | 22 | 23 | 23 | 24 | 24 | 25 | 23 | 24 | 25 | 25 | 26 | 26 | 27 | 28 | 28 | 29 | 29 | 30 | 28 | 29 |
| | 21 | 21 | 十 22 | 九 22 | 23 | 24 | 24 | 25 | 25 | 26 | 24 | 25 | 26 | 26 | 27 | 27 | 28 | 29 | 29 | 30 | 30 | 31 | **3** | 30 |

一七一二 壬辰 康熙五一 1124

一七一一 辛卯 康熙五〇 1123

| | | | | | | | | | | | | | | | | | | | | | | | | |
|---|---|---|---|---|---|---|---|---|---|---|---|---|---|---|---|---|---|---|---|---|---|---|---|---|
| 11 | 11 | 12 | 12 | 13 | 14 | 14 | 15 | 15 | 16 | 15 | 16 | 17 | 17 | 18 | 18 | 19 | 20 | 20 | 21 | 21 | 22 | 20 | 21 | 12冬22 11 |
| 12 | 12 | 13 | 13 | 14 | 15 | 15 | 16 | 16 | 17 | 16 | 17 | 18 | 18 | 19 | 19 | 20 | 21 | 21 | 22 | 22 | 23 | 21 | 22 | 23 |
| 13 | 13 | 14 | 14 | 15 | 16 | 16 | 17 | 17 | 18 | 17 | 18 | 19 | 19 | 20 | 20 | 21 | 22 | 22 | 23 | 23 | 24 | 22 | 23 | 24 |
| 14 | 14 | 15 | 15 | 16 | 17 | 17 | 18 | 18 | 19 | 18 | 19 | 20 | 20 | 21 | 21 | 22 | 23 | 23 | 24 | 24 | 25 | 23 | 24 | 25 |
| 15 | 15 | 16 | 16 | 17 | 18 | 18 | 19 | 19 | 20 | 19 | 20 | 21 | 21 | 22 | 22 | 23 | 24 | 24 | 25 | 25 | 26 | 24 | 25 | 26 |
| 16 | 16 | 17 | 17 | 18 | 19 | 19 | 20 | 20 | 21 | 20 | 21 | 22 | 冬22 | 23 | 23 | 24 | 25 | 25 | 26 | 26 | 27 | 25 | 26 | 27 |
| 17 | 17 | 18 | 18 | 19 | 20 | 20 | 21 | 21 | 22 | 21 | 22 | 23 | 23 | 24 | 24 | 25 | 26 | 26 | 27 | 27 | 28 | 26 | 27 | 28 |
| 18 | 18 | 19 | 19 | 20 | 21 | 21 | 22 | 22 | 23 | 22 | 23 | 24 | 24 | 25 | 25 | 26 | 27 | 27 | 28 | 28 | 29 | 27 | 28 | 29 |
| 19 | 19 | 20 | 20 | 21 | 22 | 22 | 23 | 23 | 24 | 23 | 24 | 25 | 25 | 26 | 26 | 27 | 28 | 28 | 29 | 29 | 30 | 28 | 29 | 30 |
| 20 | 20 | 21 | 21 | 22 | 23 | 23 | 24 | 24 | 25 | 24 | 25 | 26 | 26 | 27 | 27 | 28 | 29 | 29 | 30 | 30 | 31 | 3 | 30 | 31 |
| 21 | 冬21 | 22 | 22 | 23 | 24 | 24 | 25 | 25 | 26 | 25 | 26 | 27 | 27 | 28 | 28 | 29 | 30 | 30 | 31 | 5 | 4 | 2 | 31 | 1 |
| 22 | 22 | 23 | 23 | 24 | 25 | 25 | 26 | 26 | 27 | 26 | 27 | 28 | 28 | 29 | 29 | 30 | 31 | 7 | 6 | 2 | 2 | 3 | 2 | 2 |
| 23 | 23 | 24 | 24 | 25 | 26 | 26 | 27 | 27 | 28 | 27 | 28 | 29 | 29 | 30 | 30 | 31 | 8 | 2 | 2 | 3 | 3 | 4 | 2 | 3 |
| 25 | 24 | 25 | 25 | 26 | 27 | 27 | 28 | 28 | 29 | 28 | 29 | 30 | 30 | 31 | 10 | 9 | 2 | 3 | 3 | 4 | 4 | 5 | 3 | 4 |
| 25 | 25 | 26 | 26 | 27 | 28 | 28 | 29 | 29 | 30 | 29 | 30 | 31 | 12 | 11 | 2 | 2 | 3 | 4 | 4 | 5 | 5 | 6 | 4 | 5 |
| 26 | 26 | 27 | 27 | 28 | 29 | 29 | 30 | 30 | 31 | 3 | 31 | 1 | 2 | 2 | 3 | 3 | 4 | 5 | 5 | 6 | 6 | 7 | 5 | 6 |
| 27 | 27 | 28 | 28 | 29 | 30 | 30 | 31 | 5 | 4 | 2 | 2 | 2 | 3 | 3 | 4 | 4 | 5 | 6 | 6 | 7 | 7 | 8 | 6 | 7 |
| 28 | 十二28 | 十一29 | 29 | 30 | 31 | 7 | 6 | 2 | 2 | 3 | 2 | 3 | 4 | 4 | 5 | 5 | 6 | 7 | 7 | 8 | 8 | 9 | 7 | 8 |
| 29 | 29 | 30 | 十30 | 九31 | 8 | 2 | 2 | 3 | 3 | 4 | 3 | 4 | 5 | 5 | 6 | 6 | 7 | 8 | 8 | 9 | 9 | 10 | 8 | 9 |
| 30 | 12 30 | 11 31 | 10 | 9 | 八2 | 七3 | 3 | 4 | 4 | 5 | 4 | 5 | 6 | 6 | 7 | 7 | 8 | 9 | 9 | 10 | 10 | 11 | 9 | 10 |
| 31 | 12 | 11 | 10 2 | 9 2 | 3 | 4 | 六4 | 五5 | 四5 | 6 | 5 | 6 | 7 | 7 | 8 | 8 | 9 | 10 | 10 | 11 | 11 | 12 | 10 | 11 |
| 日 | 2 | 2 | 3 | 3 | 8 4 | 7 5 | 5 | 6 | 6 | 三7 | 二6 | 7 | 8 | 8 | 9 | 9 | 10 | 11 | 11 | 12 | 12 | 13 | 11 | 12 |
| 曜 | 3 | 3 | 4 | 4 | 5 | 6 | 6 6 | 5 7 | 7 | 8 | 7 | 正8 | 十二9 | 9 | 10 | 10 | 11 | 12 | 12 | 13 | 13 | 14 | 12 | 13 |
| 表 | 4 | 4 | 5 | 5 | 6 | 7 | 7 | 8 | 4 8 | 3 9 | 8 | 9 | 10 | 十一10 | 十11 | 11 | 12 | 13 | 13 | 14 | 14 | 15 | 13 | 14 |
| 7 | 5 | 5 | 6 | 6 | 7 | 8 | 8 | 9 | 9 | 10 | 2 9 | 1 10 | 12 11 | 11 11 | 12 | 九12 | 13 | 14 | 14 | 15 | 15 | 16 | 14 | 15 |
| 甲 | 6 | 6 | 7 | 7 | 8 | 9 | 9 | 10 | 10 | 11 | 10 | 11 | 12 | 12 | 10 13 | 9 13 | 八14 | 七15 | 15 | 16 | 16 | 17 | 15 | 16 |
| 子 | 7 | 7 | 8 | 8 | 9 | 10 | 10 | 11 | 11 | 12 | 11 | 12 | 13 | 13 | 14 | 14 | 8 15 | 7 16 | 六16 | 五17 | 四17 | 18 | 16 | 17 |
| 表 | 8 | 8 | 9 | 9 | 10 | 11 | 11 | 12 | 12 | 13 | 12 | 13 | 14 | 14 | 15 | 15 | 16 | 17 | 6 17 | 5 18 | 18 | 三19 | 二17 | 正18 |
| 36 | 9 | 9 | 10 | 10 | 11 | 12 | 12 | 13 | 13 | 14 | 13 | 14 | 15 | 15 | 16 | 16 | 17 | 18 | 18 | 19 | 4 19 | 3 20 | 18 | 19 十二 |
| | 10 | 10 | 11 | 11 | 12 | 13 | 13 | 14 | 14 | 15 | 14 | 15 | 16 | 16 | 17 | 17 | 18 | 19 | 19 | 20 | 20 | 21 | 2 19 | 1 20 |

| 一七一四 甲午 康熙五三 1126 | | | | | | | | | | | | 一七一三 癸巳 康熙五二 1125 | | | | | | | | | | | |
|---|---|---|---|---|---|---|---|---|---|---|---|---|---|---|---|---|---|---|---|---|---|---|---|
| 22 | 23 | 23 | 24 | 25 | 25 | 26 | 26 | 27 | 25 | 26 | 27 | 27 | 28 | 28 | 29 | 30 | 30 | 31 | **5** | **4** | 2 | 31 | **1** |
| 23 | 24 | 24 | 25 | 26 | 26 | 27 | 27 | 28 | 26 | 27 | 28 | 28 | 29 | 29 | 30 | 31 | **7** | **6** | 2 | 2 | 3 | **2** | 2 |
| 24 | 25 | 25 | 26 | 27 | 27 | 28 | 28 | 29 | 27 | 28 | 29 | 29 | 30 | 30 | 31 | **8** | 2 | 2 | 3 | 3 | 4 | 2 | 3 |
| 25 | 26 | 26 | 27 | 28 | 28 | 29 | 29 | 30 | 28 | 29 | 30 | 30 | 31 | **10** | **9** | 2 | 3 | 3 | 4 | 4 | 5 | 3 | 4 |
| 26 | 27 | 27 | 28 | 29 | 29 | 30 | 30 | 31 | **3** | 30 | 31 | **12** | **11** | 2 | 2 | 3 | 4 | 4 | 5 | 5 | 6 | 4 | 5 |
| 27 | 28 | 28 | 29 | 30 | 30 | 31 | **5** | **4** | 2 | 31 | **1** | 2 | 2 | 3 | 3 | 4 | 5 | 5 | 6 | 6 | 7 | 5 | 6 |
| 28 | 29 | 29 | 30 | 31 | **7** | **6** | 2 | 2 | 3 | **2** | 2 | 3 | 3 | 4 | 4 | 5 | 6 | 6 | 7 | 7 | 8 | 6 | 7 |
| 29 | 30 | 30 | 31 | **8** | 2 | 2 | 3 | 3 | 4 | 2 | 3 | 4 | 4 | 5 | 5 | 6 | 7 | 7 | 8 | 8 | 9 | 7 | 8 |
| 30 | 31 | **10** | **9** | 2 | 3 | 3 | 4 | 4 | 5 | 3 | 4 | 5 | 5 | 6 | 6 | 7 | 8 | 8 | 9 | 9 | 10 | 8 | 9 |
| **12** | **11** | 2 | 2 | 3 | 4 | 4 | 5 | 5 | 6 | 4 | 5 | 6 | 6 | 7 | 7 | 8 | 9 | 9 | 10 | 10 | 11 | 9 | 10 |
| 2 | 2 | 3 | 3 | 4 | 5 | 5 | 6 | 6 | 7 | 5 | 6 | 7 | 7 | 8 | 8 | 9 | 10 | 10 | 11 | 11 | 12 | 10 | 11 |
| 3 | 3 | 4 | 4 | 5 | 6 | 6 | 7 | 7 | 8 | 6 | 7 | 8 | 8 | 9 | 9 | 10 | 11 | 11 | 12 | 12 | 13 | 11 | 12 |
| 4 | 4 | 5 | 5 | 6 | 7 | 7 | 8 | 8 | 9 | 7 | 8 | 9 | 9 | 10 | 10 | 11 | 12 | 12 | 13 | 13 | 14 | 12 | 13 |
| 5 | 5 | 6 | 6 | 7 | 8 | 8 | 9 | 9 | 10 | 8 | 9 | 10 | 10 | 11 | 11 | 12 | 13 | 13 | 14 | 14 | 15 | 13 | 14 |
| 6 | 6 | 7 | 7 | 8 | 9 | 9 | 10 | 10 | 11 | 9 | 10 | 11 | 11 | 12 | 12 | 13 | 14 | 14 | 15 | 15 | 16 | 14 | 15 |
| 7十一 | 7十 | 8九 | 8 | 9 | 10 | 10 | 11 | 11 | 12 | 10 | 11 | 12 | 12 | 13 | 13 | 14 | 15 | 15 | 16 | 16 | 17 | 15 | 16 |
| 8 12 | 8 11 | 9 | 9八 | 10七 | 11 | 11 | 12 | 12 | 13 | 11 | 12 | 13 | 13 | 14 | 14 | 15 | 16 | 16 | 17 | 17 | 18 | 16 | 17 |
| 9 | 9 | 10 10 | 10 9 | 11 | 12六 | 12五 | 13 | 13 | 14 | 12 | 13 | 14 | 14 | 15 | 15 | 16 | 17 | 17 | 18 | 18 | 19 | 17 | 18 |
| 10 | 10 | 11 | 11 | 12 8 | 13 7 | 13 | 14四 | 14三 | 15 | 13 | 14 | 15 | 15 | 16 | 16 | 17 | 18 | 18 | 19 | 19 | 20 | 18 | 19 |
| 11 | 11 | 12 | 12 | 13 | 14 | 14 6 | 15 5 | 15 | 16二 | 14正 | 15 | 16 | 16 | 17 | 17 | 18 | 19 | 19 | 20 | 20 | 21 | 19 | 20 |
| 12 | 12 | 13 | 13 | 14 | 15 | 15 | 16 | 16 4 | 17 3 | 15 | 16十二 | 17 | 17 | 18 | 18 | 19 | 20 | 20 | 21 | 21 | 22 | 20 | 21 |
| 13 | 13 | 14 | 14 | 15 | 16 | 16 | 17 | 17 | 18 | 16 2 | 17 1 | 18十一 | 18十 | 19九 | 19 | 20 | 21 | 21 | 22 | 22 | 23 | 21 | 22 |
| 14 | 14 | 15 | 15 | 16 | 17 | 17 | 18 | 18 | 19 | 17 | 18 | 19 12 | 19 11 | 20 | 20八 | 21七 | 22六 | 22 | 23 | 23 | 24 | 22 | 23 |
| 15 | 15 | 16 | 16 | 17 | 18 | 18 | 19 | 19 | 20 | 18 | 19 | 20 | 20 | 21 10 | 21 9 | 22 | 23 | 23閏 | 24五 | 24 | 25 | 23 | 24 |
| 16 | 16 | 17 | 17 | 18 | 19 | 19 | 20 | 20 | 21 | 19 | 20 | 21 | 21 | 22 | 22 | 23 8 | 24 7 | 24 | 25 | 25四 | 26三 | 24 | 25 |
| 17 | 17 | 18 | 18 | 19 | 20 | 20 | 21 | 21 | 22 | 20 | 21 | 22冬 | 22 | 23 | 23 | 24 | 25 | 25 6 | 26 5 | 26 | 27 | 25二 | 26正 |
| 18 | 18 | 19 | 19 | 20 | 21 | 21 | 22 | 22 | 23 | 21 | 22 | 23 | 23 | 24 | 24 | 25 | 26 | 26 | 27 | 27 4 | 28 3 | 26 | 27 |
| 19 | 19 | 20 | 20 | 21 | 22 | 22 | 23 | 23 | 24 | 22 | 23 | 24 | 24 | 25 | 25 | 26 | 27 | 27 | 28 | 28 | 29 | 27 2 | 28 1 |
| 20 | 20 | 21 | 21 | 22 | 23 | 23 | 24 | 24 | 25 | 23 | 24 | 25 | 25 | 26 | 26 | 27 | 28 | 28 | 29 | 29 | 30 | 28 | 29 |
| 21 | 21 | 22 | 22 | 23 | 24 | 24 | 25 | 25 | 26 | 24 | 25 | 26 | 26 | 27 | 27 | 28 | 29 | 29 | 30 | 30 | 31 | **3** | 30 |

一七一六 丙申 康熙五五

1129 1128

一七一五 乙未 康熙五四

1127

| | | | | | | | | | | | | | | | | | | | | | | | | |
|---|---|---|---|---|---|---|---|---|---|---|---|---|---|---|---|---|---|---|---|---|---|---|---|---|
| 11 | 11 | 12 | 12 | 13 | 14 | 14 | 15 | 15 | 16 | 15 | 16 | 17 | 17 | 18 | 18 | 19 | 20 | 20 | 21 | 21 | 22 | 20 | 21 | 22冬 |
| 12 | 12 | 13 | 13 | 14 | 15 | 15 | 16 | 16 | 17 | 16 | 17 | 18 | 18 | 19 | 19 | 20 | 21 | 21 | 22 | 22 | 23 | 21 | 22 | 23 |
| 13 | 13 | 14 | 14 | 15 | 16 | 16 | 17 | 17 | 18 | 17 | 18 | 19 | 19 | 20 | 20 | 21 | 22 | 22 | 23 | 23 | 24 | 22 | 23 | 24 |
| 14十一 | 14十 | 15九 | 15 | 16 | 17 | 17 | 18 | 18 | 19 | 18 | 19 | 20 | 20 | 21 | 21 | 22 | 23 | 23 | 24 | 24 | 25 | 23 | 24 | 25 |
| 15 | 15 | 16 | 16八 | 17七 | 18 | 18 | 19 | 19 | 20 | 19 | 20 | 21 | 21 | 22 | 22 | 23 | 24 | 24 | 25 | 25 | 26 | 24 | 25 | 26 |
| 16 1 | 16 12 | 17 11 | 17 | 18 | 19六 | 19 | 20 | 20 | 21 | 20 | 21 | 22冬 | 22 | 23 | 23 | 24 | 25 | 25 | 26 | 26 | 27 | 25 | 26 | 27 |
| 17 | 17 | 18 | 18 10 | 19 9 | 20 | 20五 | 21四 | 21 | 22 | 21 | 22 | 23 | 23 | 24 | 24 | 25 | 26 | 26 | 27 | 27 | 28 | 26 | 27 | 28 |
| 18 | 18 | 19 | 19 | 20 | 21 8 | 21 7 | 22 | 22閏 | 23 | 22 | 23 | 24 | 24 | 25 | 25 | 26 | 27 | 27 | 28 | 28 | 29 | 27 | 28 | 29 |
| 19 | 19 | 20 | 20 | 21 | 22 | 22 | 23 6 | 23 5 | 24三 | 23二 | 24正 | 25 | 25 | 26 | 26 | 27 | 28 | 28 | 29 | 29 | 30 | 28 | 29 | 30 |
| 20 | 20 | 21 | 21 | 22 | 23 | 23 | 24 | 24 | 25 4 | 24 3 | 25 | 26十二 | 26十一 | 27十 | 27九 | 28 | 29 | 29 | 30 | 30 | 31 | 3 | 30 | 31 |
| 21冬 | 21 | 22 | 22 | 23 | 24 | 24 | 25 | 25 | 26 | 25 | 26 2 | 27 1 | 27 | 28 | 28 | 29八 | 30七 | 30 | 31 | 5 | 4 | 2 | 31 | 1 |
| 22 | 22 | 23 | 23 | 24 | 25 | 25 | 26 | 26 | 27 | 26 | 27 | 28 | 28 12 | 29 11 | 29 | 30 | 31 | 7六 | 6 | 2 | 2 | 3 | 2 | 2 |
| 23 | 23 | 24 | 24 | 25 | 26 | 26 | 27 | 27 | 28 | 27 | 28 | 29 | 29 | 30 | 30 10 | 31 9 | 8 | 2 | 2五 | 3四 | 3 | 4 | 2 | 3 |
| 24 | 24 | 25 | 25 | 26 | 27 | 27 | 28 | 28 | 29 | 28 | 29 | 30 | 30 | 31 | 10 | 9 | 2 8 | 3 7 | 3 | 4 | 4三 | 5 | 3 | 4 |
| 25 | 25 | 26 | 26 | 27 | 28 | 28 | 29 | 29 | 30 | 29 | 30 | 31 | 12 | 11 | 2 | 2 | 3 | 4 | 4 6 | 5 5 | 5 | 6二 | 4正 | 5 |
| 26 | 26 | 27 | 27 | 28 | 29 | 29 | 30 | 30 | 31 | 3 | 31 | 1 | 2 | 2 | 3 | 3 | 4 | 5 | 5 | 6 | 6 4 | 7 3 | 5 | 6十二 |
| 27 | 27 | 28 | 28 | 29 | 30 | 30 | 31 | 5 | 4 | 2 | 2 | 2 | 3 | 3 | 4 | 4 | 5 | 6 | 6 | 7 | 7 | 8 | 6 2 | 7 1 |
| 28 | 28 | 29 | 29 | 30 | 31 | 7 | 6 | 2 | 2 | 3 | 2 | 3 | 4 | 4 | 5 | 5 | 6 | 7 | 7 | 8 | 8 | 9 | 7 | 8 |
| 29 | 29 | 30 | 30 | 31 | 8 | 2 | 2 | 3 | 3 | 4 | 3 | 4 | 5 | 5 | 6 | 6 | 7 | 8 | 8 | 9 | 9 | 10 | 8 | 9 |
| 30 | 30 | 31 | 10 | 9 | 2 | 3 | 3 | 4 | 4 | 5 | 4 | 5 | 6 | 6 | 7 | 7 | 8 | 9 | 9 | 10 | 10 | 11 | 9 | 10 |
| 31 | 12 | 11 | 2 | 2 | 3 | 4 | 4 | 5 | 5 | 6 | 5 | 6 | 7 | 7 | 8 | 8 | 9 | 10 | 10 | 11 | 11 | 12 | 10 | 11 |
| 日 | 2 | 2 | 3 | 3 | 4 | 5 | 5 | 6 | 6 | 7 | 6 | 7 | 8 | 8 | 9 | 9 | 10 | 11 | 11 | 12 | 12 | 13 | 11 | 12 |
| 曜 | 3 | 3 | 4 | 4 | 5 | 6 | 6 | 7 | 7 | 8 | 7 | 8 | 9 | 9 | 10 | 10 | 11 | 12 | 12 | 13 | 13 | 14 | 12 | 13 |
| 表 | 4 | 4 | 5 | 5 | 6 | 7 | 7 | 8 | 8 | 9 | 8 | 9 | 10 | 10 | 11 | 11 | 12 | 13 | 13 | 14 | 14 | 15 | 13 | 14 |
| 1 | 5 | 5 | 6 | 6 | 7 | 8 | 8 | 9 | 9 | 10 | 9 | 10 | 11 | 11 | 12 | 12 | 13 | 14 | 14 | 15 | 15 | 16 | 14 | 15 |
| 甲 | 6 | 6 | 7 | 7 | 8 | 9 | 9 | 10 | 10 | 11 | 10 | 11 | 12 | 12 | 13 | 13 | 14 | 15 | 15 | 16 | 16 | 17 | 15 | 16 |
| 子 | 7 | 7 | 8 | 8 | 9 | 10 | 10 | 11 | 11 | 12 | 11 | 12 | 13 | 13 | 14 | 14 | 15 | 16 | 16 | 17 | 17 | 18 | 16 | 17 |
| 表 | 8 | 8 | 9 | 9 | 10 | 11 | 11 | 12 | 12 | 13 | 12 | 13 | 14 | 14 | 15 | 15 | 16 | 17 | 17 | 18 | 18 | 19 | 17 | 18 |
| 37 | 9 | 9 | 10 | 10 | 11 | 12 | 12 | 13 | 13 | 14 | 13 | 14 | 15 | 15 | 16 | 16 | 17 | 18 | 18 | 19 | 19 | 20 | 18 | 19 |
| | 10 | 10 | 11 | 11 | 12 | 13 | 13 | 14 | 14 | 15 | 14 | 15 | 16 | 16 | 17 | 17 | 18 | 19 | 19 | 20 | 20 | 21 | 19 | 20 |

1131 一七一八 戊戌 康熙五七

1130 一七一七 丁酉 康熙五六

| | | | | | | | | | | | | | | | | | | | | | | | |
|---|---|---|---|---|---|---|---|---|---|---|---|---|---|---|---|---|---|---|---|---|---|---|---|
| 22十 | 23 | 23 | 24 | 25 | 25 | 26 | 26 | 27 | 25 | 26 | 27 | 27 | 28 | 28 | 29 | 30 | 30 | 31 | 5 | 4 | 2 | 31 | 1 |
| 23 | 24九 | 24閏 | 25 | 26 | 26 | 27 | 27 | 28 | 26 | 27 | 28 | 28 | 29 | 29 | 30 | 31 | 7 | 6 | 2 | 2 | 3 | 2 | 2 |
| 24 1 | 25 | 25 | 26八 | 27 | 27 | 28 | 28 | 29 | 27 | 28 | 29 | 29 | 30 | 30 | 31 | 8 | 2 | 2 | 3 | 3 | 4 | 2 | 3 |
| 25 | 26 12 | 26 11 | 27 | 28七 | 28六 | 29 | 29 | 30 | 28 | 29 | 30 | 30 | 31 | 10 | 9 | 2 | 3 | 3 | 4 | 4 | 5 | 3 | 4 |
| 26 | 27 | 27 | 28 10 | 29 9 | 29 | 30五 | 30四 | 31 | 3 | 30 | 31 | 12 | 11 | 2 | 2 | 3 | 4 | 4 | 5 | 5 | 6 | 4 | 5 |
| 27 | 28 | 28 | 29 | 30 | 30 8 | 31 7 | 5 | 4三 | 2二 | 31正 | 1 | 2 | 2 | 3 | 3 | 4 | 5 | 5 | 6 | 6 | 7 | 5 | 6 |
| 28 | 29 | 29 | 30 | 31 | 7 | 6 | 2 6 | 2 5 | 3 | 2 | 2十二 | 3十一 | 3十 | 4 | 4 | 5 | 6 | 6 | 7 | 7 | 8 | 6 | 7 |
| 29 | 30 | 30 | 31 | 8 | 2 | 2 | 3 | 3 | 4 4 | 2 3 | 3 | 4 | 4 | 5九 | 5八 | 6 | 7 | 7 | 8 | 8 | 9 | 7 | 8 |
| 30 | 31 | 10 | 9 | 2 | 3 | 3 | 4 | 4 | 5 | 3 | 4 2 | 5 1 | 5 | 6 | 6 | 7七 | 8 | 8 | 9 | 9 | 10 | 8 | 9 |
| 12 | 11 | 2 | 2 | 3 | 4 | 4 | 5 | 5 | 6 | 4 | 5 | 6 | 6 12 | 7 11 | 7 | 8 | 9六 | 9五 | 10 | 10 | 11 | 9 | 10 |
| 2 | 2 | 3 | 3 | 4 | 5 | 5 | 6 | 6 | 7 | 5 | 6 | 7 | 7 | 8 | 8 10 | 9 9 | 10 | 10 | 11四 | 11 | 12 | 10 | 11 |
| 3 | 3 | 4 | 4 | 5 | 6 | 6 | 7 | 7 | 8 | 6 | 7 | 8 | 8 | 9 | 9 | 10 | 11 8 | 11 7 | 12 | 12三 | 13二 | 11正 | 12 |
| 4 | 4 | 5 | 5 | 6 | 7 | 7 | 8 | 8 | 9 | 7 | 8 | 9 | 9 | 10 | 10 | 11 | 12 | 12 | 13 6 | 13 5 | 14 | 12 | 13十二 |
| 5 | 5 | 6 | 6 | 7 | 8 | 8 | 9 | 9 | 10 | 8 | 9 | 10 | 10 | 11 | 11 | 12 | 13 | 13 | 14 | 14 | 15 4 | 13 3 | 14 |
| 6 | 6 | 7 | 7 | 8 | 9 | 9 | 10 | 10 | 11 | 9 | 10 | 11 | 11 | 12 | 12 | 13 | 14 | 14 | 15 | 15 | 16 | 14 | 15 2 |
| 7 | 7 | 8 | 8 | 9 | 10 | 10 | 11 | 11 | 12 | 10 | 11 | 12 | 12 | 13 | 13 | 14 | 15 | 15 | 16 | 16 | 17 | 15 | 16 |
| 8 | 8 | 9 | 9 | 10 | 11 | 11 | 12 | 12 | 13 | 11 | 12 | 13 | 13 | 14 | 14 | 15 | 16 | 16 | 17 | 17 | 18 | 16 | 17 |
| 9 | 9 | 10 | 10 | 11 | 12 | 12 | 13 | 13 | 14 | 12 | 13 | 14 | 14 | 15 | 15 | 16 | 17 | 17 | 18 | 18 | 19 | 17 | 18 |
| 10 | 10 | 11 | 11 | 12 | 13 | 13 | 14 | 14 | 15 | 13 | 14 | 15 | 15 | 16 | 16 | 17 | 18 | 18 | 19 | 19 | 20 | 18 | 19 |
| 11 | 11 | 12 | 12 | 13 | 14 | 14 | 15 | 15 | 16 | 14 | 15 | 16 | 16 | 17 | 17 | 18 | 19 | 19 | 20 | 20 | 21 | 19 | 20 |
| 12 | 12 | 13 | 13 | 14 | 15 | 15 | 16 | 16 | 17 | 15 | 16 | 17 | 17 | 18 | 18 | 19 | 20 | 20 | 21 | 21 | 22 | 20 | 21 |
| 13 | 13 | 14 | 14 | 15 | 16 | 16 | 17 | 17 | 18 | 16 | 17 | 18 | 18 | 19 | 19 | 20 | 21 | 21 | 22 | 22 | 23 | 21 | 22 |
| 14 | 14 | 15 | 15 | 16 | 17 | 17 | 18 | 18 | 19 | 17 | 18 | 19 | 19 | 20 | 20 | 21 | 22 | 22 | 23 | 23 | 24 | 22 | 23 |
| 15 | 15 | 16 | 16 | 17 | 18 | 18 | 19 | 19 | 20 | 18 | 19 | 20 | 20 | 21 | 21 | 22 | 23 | 23 | 24 | 24 | 25 | 23 | 24 |
| 16 | 16 | 17 | 17 | 18 | 19 | 19 | 20 | 20 | 21 | 19 | 20 | 21 | 21 | 22 | 22 | 23 | 24 | 24 | 25 | 25 | 26 | 24 | 25 |
| 17 | 17 | 18 | 18 | 19 | 20 | 20 | 21 | 21 | 22 | 20 | 21 | 22冬 | 22 | 23 | 23 | 24 | 25 | 25 | 26 | 26 | 27 | 25 | 26 |
| 18 | 18 | 19 | 19 | 20 | 21 | 21 | 22 | 22 | 23 | 21 | 22 | 23 | 23 | 24 | 24 | 25 | 26 | 26 | 27 | 27 | 28 | 26 | 27 |
| 19 | 19 | 20 | 20 | 21 | 22 | 22 | 23 | 23 | 24 | 22 | 23 | 24 | 24 | 25 | 25 | 26 | 27 | 27 | 28 | 28 | 29 | 27 | 28 |
| 20 | 20 | 21 | 21 | 22 | 23 | 23 | 24 | 24 | 25 | 23 | 24 | 25 | 25 | 26 | 26 | 27 | 28 | 28 | 29 | 29 | 30 | 28 | 29 |
| 21 | 21 | 22 | 22 | 23 | 24 | 24 | 25 | 25 | 26 | 24 | 25 | 26 | 26 | 27 | 27 | 28 | 29 | 29 | 30 | 30 | 31 | 3 | 30 |

一七二〇 庚子 康熙五九

1133

一七一九 己亥 康熙五八

1132

| | | | | | | | | | | | | | | | | | | | | | | | | |
|---|---|---|---|---|---|---|---|---|---|---|---|---|---|---|---|---|---|---|---|---|---|---|---|---|
| 11 | 11 | 12 | 12 | 13 | 14 | 14 | 15 | 15 | 16 | 15 | 16 | 17 | 17 | 18 | 18 | 19 | 20 | 20 | 21 | 21 | 6 22 | 5 20 | 21 | 22 十二 |
| 12 | 12 | 13 | 13 | 14 | 15 | 15 | 16 | 16 | 17 | 16 | 17 | 18 | 18 | 19 | 19 | 20 | 21 | 21 | 22 | 22 | 23 | 21 | 4 22 | 3 23 |
| 13 | 13 | 14 | 14 | 15 | 16 | 16 | 17 | 17 | 18 | 17 | 18 | 19 | 19 | 20 | 20 | 21 | 22 | 22 | 23 | 23 | 24 | 22 | 23 | 24 2 |
| 14 | 14 | 15 | 15 | 16 | 17 | 17 | 18 | 18 | 19 | 18 | 19 | 20 | 20 | 21 | 21 | 22 | 23 | 23 | 24 | 24 | 25 | 23 | 24 | 25 |
| 15 | 15 | 16 | 16 | 17 | 18 | 18 | 19 | 19 | 20 | 19 | 20 | 21 | 21 | 22 | 22 | 23 | 24 | 24 | 25 | 25 | 26 | 24 | 25 | 26 |
| 16 | 16 | 17 | 17 | 18 | 19 | 19 | 20 | 20 | 21 | 20 | 21 | 22 | 冬 22 | 23 | 23 | 24 | 25 | 25 | 26 | 26 | 27 | 25 | 26 | 27 |
| 17 | 17 | 18 | 18 | 19 | 20 | 20 | 21 | 21 | 22 | 21 | 22 | 23 | 23 | 24 | 24 | 25 | 26 | 26 | 27 | 27 | 28 | 26 | 27 | 28 |
| 18 | 18 | 19 | 19 | 20 | 21 | 21 | 22 | 22 | 23 | 22 | 23 | 24 | 24 | 25 | 25 | 26 | 27 | 27 | 28 | 28 | 29 | 27 | 28 | 29 |
| 19 | 19 | 20 | 20 | 21 | 22 | 22 | 23 | 23 | 24 | 23 | 24 | 25 | 25 | 26 | 26 | 27 | 28 | 28 | 29 | 29 | 30 | 28 | 29 | 30 |
| 20 | 20 | 21 | 21 | 22 | 23 | 23 | 24 | 24 | 25 | 24 | 25 | 26 | 26 | 27 | 27 | 28 | 29 | 29 | 30 | 30 | 31 | **3** | 30 | 31 |
| 21 | 冬 21 | 22 | 22 | 23 | 24 | 24 | 25 | 25 | 26 | 25 | 26 | 27 | 27 | 28 | 28 | 29 | 30 | 30 | 31 | **5** | **4** | 2 | 31 | **1** |
| 22 | 22 | 23 | 23 | 24 | 25 | 25 | 26 | 26 | 27 | 26 | 27 | 28 | 28 | 29 | 29 | 30 | 31 | **7** | **6** | 2 | 2 | 3 | **2** | 2 |
| 23 | 23 | 24 | 24 | 25 | 26 | 26 | 27 | 27 | 28 | 27 | 28 | 29 | 29 | 30 | 30 | 31 | **8** | 2 | 2 | 3 | 3 | 4 | 2 | 3 |
| 24 | 24 | 25 | 25 | 26 | 27 | 27 | 28 | 28 | 29 | 28 | 29 | 30 | 30 | 31 | **10** | **9** | 2 | 3 | 3 | 4 | 4 | 5 | 3 | 4 |
| 25 | 25 | 26 | 26 | 27 | 28 | 28 | 29 | 29 | 30 | 29 | 30 | 31 | **12** | **11** | 2 | 2 | 3 | 4 | 4 | 5 | 5 | 6 | 4 | 5 |
| 26 | 26 | 27 | 27 | 28 | 29 | 29 | 30 | 30 | 31 | **3** | 31 | **1** | 2 | 2 | 3 | 3 | 4 | 5 | 5 | 6 | 6 | 7 | 5 | 6 |
| 27 | 27 | 28 | 28 | 29 | 30 | 30 | 31 | **5** | **4** | 2 | **2** | 2 | 3 | 3 | 4 | 4 | 5 | 6 | 6 | 7 | 7 | 8 | 6 | 7 |
| 28 | 28 | 29 | 29 | 30 | 31 | **7** | **6** | 2 | 2 | 3 | 2 | 3 | 4 | 4 | 5 | 5 | 6 | 7 | 7 | 8 | 8 | 9 | 7 | 8 |
| 29 | 十二 29 | 30 | 30 | 31 | **8** | 2 | 2 | 3 | 3 | 4 | 3 | 4 | 5 | 5 | 6 | 6 | 7 | 8 | 8 | 9 | 9 | 10 | 8 | 9 |
| 30 | 30 | 十一 31 | 十 **10** | **9** | 2 | 3 | 3 | 4 | 4 | 5 | 4 | 5 | 6 | 6 | 7 | 7 | 8 | 9 | 9 | 10 | 10 | 11 | 9 | 10 |
| 31 | 3 **12** | **11** | 2 | 九 2 | 八 3 | 4 | 4 | 5 | 5 | 6 | 5 | 6 | 7 | 7 | 8 | 8 | 9 | 10 | 10 | 11 | 11 | 12 | 10 | 11 |
| 日 | 2 | 2 2 | 1 3 | 3 | 4 | 七 5 | 六 5 | 6 | 6 | 7 | 6 | 7 | 8 | 8 | 9 | 9 | 10 | 11 | 11 | 12 | 12 | 13 | 11 | 12 |
| 曜 | 3 | 3 | 4 | 12 4 | 11 5 | 6 | 6 | 五 7 | 四 7 | 8 | 7 | 8 | 9 | 9 | 10 | 10 | 11 | 12 | 12 | 13 | 13 | 14 | 12 | 13 |
| 表 | 4 | 4 | 5 | 5 | 6 | 10 7 | 9 7 | 8 | 8 | 三 9 | 二 8 | 正 9 | 10 | 10 | 11 | 11 | 12 | 13 | 13 | 14 | 14 | 15 | 13 | 14 |
| 2 | 5 | 5 | 6 | 6 | 7 | 8 | 8 | 8 9 | 7 9 | 10 | 9 | 10 | 十二 11 | 十一 11 | 12 | 12 | 13 | 14 | 14 | 15 | 15 | 16 | 14 | 15 |
| 甲 | 6 | 6 | 7 | 7 | 8 | 9 | 9 | 10 | 10 | 6 11 | 5 10 | 11 | 12 | 12 | 十 13 | 九 13 | 14 | 15 | 15 | 16 | 16 | 17 | 15 | 16 |
| 子 | 7 | 7 | 8 | 8 | 9 | 10 | 10 | 11 | 11 | 12 | 11 | 4 12 | 3 13 | 13 | 14 | 14 | 八 15 | 16 | 16 | 17 | 17 | 18 | 16 | 17 |
| 表 | 8 | 8 | 9 | 9 | 10 | 11 | 11 | 12 | 12 | 13 | 12 | 13 | 14 | 2 14 | 1 15 | 12 15 | 11 16 | 七 17 | 六 17 | 18 | 18 | 19 | 17 | 18 |
| 38 | 9 | 9 | 10 | 10 | 11 | 12 | 12 | 13 | 13 | 14 | 13 | 14 | 15 | 15 | 16 | 16 | 17 | 10 18 | 9 18 | 五 19 | 四 19 | 20 | 18 | 19 |
| | 10 | 10 | 11 | 11 | 12 | 13 | 13 | 14 | 14 | 15 | 14 | 15 | 16 | 16 | 17 | 17 | 18 | 19 | 19 | 8 20 | 7 20 | 三 21 | 二 19 | 正 20 十二 |

一七二二 壬寅 康熙六一

1135

一七二一 辛丑 康熙六〇

1134

| | | | | | | | | | | | | | | | | | | | | | | | |
|---|---|---|---|---|---|---|---|---|---|---|---|---|---|---|---|---|---|---|---|---|---|---|---|
| 22 | 23 | 23 | 24 | 25 | 25 | 26 | 26 | 27 | 25 | 26 | 27 | 27 | 28 | 28 | 29 | 30 | 30 | 31 | 5 | 4 | 2 | 31 | 1 |
| 23 | 24 | 24 | 25 | 26 | 26 | 27 | 27 | 28 | 26 | 27 | 28 | 28 | 29 | 29 | 30 | 31 | 7 | 6 | 2 | 2 | 3 | 2 | 2 |
| 24 | 25 | 25 | 26 | 27 | 27 | 28 | 28 | 29 | 27 | 28 | 29 | 29 | 30 | 30 | 31 | 8 | 2 | 2 | 3 | 3 | 4 | 2 | 3 |
| 25 | 26 | 26 | 27 | 28 | 28 | 29 | 29 | 30 | 28 | 29 | 30 | 30 | 31 | 10 | 9 | 2 | 3 | 3 | 4 | 4 | 5 | 3 | 4 |
| 26 | 27 | 27 | 28 | 29 | 29 | 30 | 30 | 31 | 3 | 30 | 31 | 12 | 11 | 2 | 2 | 3 | 4 | 4 | 5 | 5 | 6 | 4 | 5 |
| 27 | 28 | 28 | 29 | 30 | 30 | 31 | 5 | 4 | 2 | 31 | 1 | 2 | 2 | 3 | 3 | 4 | 5 | 5 | 6 | 6 | 7 | 5 | 6 |
| 28 | 29 | 29 | 30 | 31 | 7 | 6 | 2 | 2 | 3 | 2 | 2 | 3 | 3 | 4 | 4 | 5 | 6 | 6 | 7 | 7 | 8 | 6 | 7 |
| 29 | 30 | 30 | 31 | 8 | 2 | 2 | 3 | 3 | 4 | 2 | 3 | 4 | 4 | 5 | 5 | 6 | 7 | 7 | 8 | 8 | 9 | 7 | 8 |
| 30 | 31 | 10 | 9 | 2 | 3 | 3 | 4 | 4 | 5 | 3 | 4 | 5 | 5 | 6 | 6 | 7 | 8 | 8 | 9 | 9 | 10 | 8 | 9 |
| 12 | 11 | 2 | 2 | 3 | 4 | 4 | 5 | 5 | 6 | 4 | 5 | 6 | 6 | 7 | 7 | 8 | 9 | 9 | 10 | 10 | 11 | 9 | 10 |
| 2 | 2 | 3 | 3 | 4 | 5 | 5 | 6 | 6 | 7 | 5 | 6 | 7 | 7 | 8 | 8 | 9 | 10 | 10 | 11 | 11 | 12 | 10 | 11 |
| 3 | 3 | 4 | 4 | 5 | 6 | 6 | 7 | 7 | 8 | 6 | 7 | 8 | 8 | 9 | 9 | 10 | 11 | 11 | 12 | 12 | 13 | 11 | 12 |
| 4 | 4 | 5 | 5 | 6 | 7 | 7 | 8 | 8 | 9 | 7 | 8 | 9 | 9 | 10 | 10 | 11 | 12 | 12 | 13 | 13 | 14 | 12 | 13 |
| 5 | 5 | 6 | 6 | 7 | 8 | 8 | 9 | 9 | 10 | 8 | 9 | 10 | 10 | 11 | 11 | 12 | 13 | 13 | 14 | 14 | 15 | 13 | 14 |
| 6 | 6 | 7 | 7 | 8 | 9 | 9 | 10 | 10 | 11 | 9 | 10 | 11 | 11 | 12 | 12 | 13 | 14 | 14 | 15 | 15 | 16 | 14 | 15 |
| 7 | 7 | 8 | 8 | 9 | 10 | 10 | 11 | 11 | 12 | 10 | 11 | 12 | 12 | 13 | 13 | 14 | 15 | 15 | 16 | 16 | 17 | 15 | 16 |
| 8 | 十一 8 | 9 | 9 | 10 | 11 | 11 | 12 | 12 | 13 | 11 | 12 | 13 | 13 | 14 | 14 | 15 | 16 | 16 | 17 | 17 | 18 | 16 | 17 |
| 9 | 9 | 十 10 | 九 10 | 11 | 12 | 12 | 13 | 13 | 14 | 12 | 13 | 14 | 14 | 15 | 15 | 16 | 17 | 17 | 18 | 18 | 19 | 17 | 18 |
| 10 | 3 10 | 11 | 11 | 八 12 | 七 13 | 六 13 | 14 | 14 | 15 | 13 | 14 | 15 | 15 | 16 | 16 | 17 | 18 | 18 | 19 | 19 | 20 | 18 | 19 |
| 11 | 11 | 2 12 | 1 12 | 12 13 | 11 14 | 14 | 五 15 | 四 15 | 16 | 14 | 15 | 16 | 16 | 17 | 17 | 18 | 19 | 19 | 20 | 20 | 21 | 19 | 20 |
| 12 | 12 | 13 | 13 | 14 | 15 | 10 15 | 9 16 | 16 | 三 17 | 二 15 | 16 | 17 | 17 | 18 | 18 | 19 | 20 | 20 | 21 | 21 | 22 | 20 | 21 |
| 13 | 13 | 14 | 14 | 15 | 16 | 16 | 17 | 8 17 | 7 18 | 16 | 正 17 | 十二 18 | 18 | 19 | 19 | 20 | 21 | 21 | 22 | 22 | 23 | 21 | 22 |
| 14 | 14 | 15 | 15 | 16 | 17 | 17 | 18 | 18 | 19 | 6 17 | 5 18 | 19 | 十一 19 | 十 20 | 20 | 21 | 22 | 22 | 23 | 23 | 24 | 22 | 23 |
| 15 | 15 | 16 | 16 | 17 | 18 | 18 | 19 | 19 | 20 | 18 | 19 | 4 20 | 3 20 | 21 | 九 21 | 八 22 | 23 | 23 | 24 | 24 | 25 | 23 | 24 |
| 16 | 16 | 17 | 17 | 18 | 19 | 19 | 20 | 20 | 21 | 19 | 20 | 21 | 21 | 2 22 | 1 22 | 23 | 七 24 | 閏 24 | 25 | 25 | 26 | 24 | 25 |
| 17 | 17 | 18 | 18 | 19 | 20 | 20 | 21 | 21 | 22 | 20 | 21 | 22 | 冬 22 | 23 | 23 | 12 24 | 11 25 | 25 | 六 26 | 五 26 | 四 27 | 25 | 26 |
| 18 | 18 | 19 | 19 | 20 | 21 | 21 | 22 | 22 | 23 | 21 | 22 | 23 | 23 | 24 | 24 | 25 | 26 | 10 26 | 9 27 | 27 | 28 | 三 26 | 二 27 |
| 19 | 19 | 20 | 20 | 21 | 22 | 22 | 23 | 23 | 24 | 22 | 23 | 24 | 24 | 25 | 25 | 26 | 27 | 27 | 28 | 8 28 | 7 29 | 27 | 28 正 |
| 20 | 20 | 21 | 21 | 22 | 23 | 23 | 24 | 24 | 25 | 23 | 24 | 25 | 25 | 26 | 26 | 27 | 28 | 28 | 29 | 29 | 30 | 6 28 | 5 29 |
| 21 | 21 | 22 | 22 | 23 | 24 | 24 | 25 | 25 | 26 | 24 | 25 | 26 | 26 | 27 | 27 | 28 | 29 | 29 | 30 | 30 | 31 | 3 | 30 4 |

六

勵耘書屋

一七二三 癸卯 清世宗 雍正元

1136

一七二四 甲辰 雍正二

1137

| | | | | | | | | | | | | | | | | | | | | | | | | |
|---|---|---|---|---|---|---|---|---|---|---|---|---|---|---|---|---|---|---|---|---|---|---|---|---|
| 11 | 11 | 12 | 12 | 13 | 14 | 14 | 15 | 15 | 16 | 15 | 16 | 17 | 17 | 18 | 18 | 19 | 20 | 20 | 21 | 21 | 22 | 20 | 21 | 22冬 |
| 12 | 12 | 13 | 13 | 14 | 15 | 15 | 16 | 16 | 17 | 16 | 17 | 18 | 18 | 19 | 19 | 20 | 21 | 21 | 22 | 22 | 23 | 21 | 22 | 23 |
| 13 | 13 | 14 | 14 | 15 | 16 | 16 | 17 | 17 | 18 | 17 | 18 | 19 | 19 | 20 | 20 | 21 | 22 | 22 | 23 | 23 | 24 | 22 | 23 | 24 |
| 14 | 14 | 15 | 15 | 16 | 17 | 17 | 18 | 18 | 19 | 18 | 19 | 20 | 20 | 21 | 21 | 22 | 23 | 23 | 24 | 24 | 25 | 23 | 24 | 25 |
| 15 | 15 | 16 | 16 | 17 | 18 | 18 | 19 | 19 | 20 | 19 | 20 | 21 | 21 | 22 | 22 | 23 | 24 | 24 | 25 | 25 | 26 | 24 | 25 | 26 |
| 16十一 | 16十 | 17九 | 17八 | 18 | 19 | 19 | 20 | 20 | 21 | 20 | 21 | 22冬 | 22 | 23 | 23 | 24 | 25 | 25 | 26 | 26 | 27 | 25 | 26 | 27 |
| 17 | 17 | 18 | 18 | 19七 | 20六 | 20 | 21 | 21 | 22 | 21 | 22 | 23 | 23 | 24 | 24 | 25 | 26 | 26 | 27 | 27 | 28 | 26 | 27 | 28 |
| 18 4 | 18 3 | 19 | 19 | 20 | 21 | 21五 | 22 | 22 | 23 | 22 | 23 | 24 | 24 | 25 | 25 | 26 | 27 | 27 | 28 | 28 | 29 | 27 | 28 | 29 |
| 19 | 19 | 20 2 | 20 1 | 21 12 | 22 11 | 22 | 23閏 | 23四 | 24 | 23 | 24 | 25 | 25 | 26 | 26 | 27 | 28 | 28 | 29 | 29 | 30 | 28 | 29 | 30 |
| 20 | 20 | 21 | 21 | 22 | 23 | 23 10 | 24 9 | 24 | 25三 | 24二 | 25 | 26 | 26 | 27 | 27 | 28 | 29 | 29 | 30 | 30 | 31 | 3 | 30 | 31 |
| 21冬 | 21 | 22 | 22 | 23 | 24 | 24 | 25 | 25 8 | 26 7 | 25 | 26正 | 27十二 | 27 | 28 | 28 | 29 | 30 | 30 | 31 | 5 | 4 | 2 | 31 | 1 |
| 22 | 22 | 23 | 23 | 24 | 25 | 25 | 26 | 26 | 27 | 26 6 | 27 5 | 28 | 28十一 | 29十 | 29九 | 30 | 31 | 7 | 6 | 2 | 2 | 3 | 2 | 2 |
| 23 | 23 | 24 | 24 | 25 | 26 | 26 | 27 | 27 | 28 | 27 | 28 | 29 4 | 29 3 | 30 | 30 | 31八 | 8七 | 2六 | 2 | 3 | 3 | 4 | 2 | 3 |
| 24 | 24 | 25 | 25 | 26 | 27 | 27 | 28 | 28 | 29 | 28 | 29 | 30 | 30 | 31 2 | 10 1 | 9 | 2 | 3 | 3五 | 4 | 4 | 5 | 3 | 4 |
| 25 | 25 | 26 | 26 | 27 | 28 | 28 | 29 | 29 | 30 | 29 | 30 | 31 | 12 | 11 | 2 | 2 12 | 3 11 | 4 | 4 | 5四 | 5三 | 6 | 4 | 5 |
| 26 | 26 | 27 | 27 | 28 | 29 | 29 | 30 | 30 | 31 | 3 | 31 | 1 | 2 | 2 | 3 | 3 | 4 | 5 10 | 5 9 | 6 | 6 | 7二 | 5正 | 6 |
| 27 | 27 | 28 | 28 | 29 | 30 | 30 | 31 | 5 | 4 | 2 | 2 | 2 | 3 | 3 | 4 | 4 | 5 | 6 | 6 | 7 8 | 7 7 | 8 | 6 | 7十二 |
| 28 | 28 | 29 | 29 | 30 | 31 | 7 | 6 | 2 | 2 | 3 | 2 | 3 | 4 | 4 | 5 | 5 | 6 | 7 | 7 | 8 | 8 | 9 6 | 7 5 | 8 |
| 29 | 29 | 30 | 30 | 31 | 8 | 2 | 2 | 3 | 3 | 4 | 3 | 4 | 5 | 5 | 6 | 6 | 7 | 8 | 8 | 9 | 9 | 10 | 8 | 9 4 |
| 30 | 30 | 31 | 10 | 9 | 2 | 3 | 3 | 4 | 4 | 5 | 4 | 5 | 6 | 6 | 7 | 7 | 8 | 9 | 9 | 10 | 10 | 11 | 9 | 10 |
| 31 | 12 | 11 | 2 | 2 | 3 | 4 | 4 | 5 | 5 | 6 | 5 | 6 | 7 | 7 | 8 | 8 | 9 | 10 | 10 | 11 | 11 | 12 | 10 | 11 |
| 日 | 2 | 2 | 3 | 3 | 4 | 5 | 5 | 6 | 6 | 7 | 6 | 7 | 8 | 8 | 9 | 9 | 10 | 11 | 11 | 12 | 12 | 13 | 11 | 12 |
| 曜 | 3 | 3 | 4 | 4 | 5 | 6 | 6 | 7 | 7 | 8 | 7 | 8 | 9 | 9 | 10 | 10 | 11 | 12 | 12 | 13 | 13 | 14 | 12 | 13 |
| 表 | 4 | 4 | 5 | 5 | 6 | 7 | 7 | 8 | 8 | 9 | 8 | 9 | 10 | 10 | 11 | 11 | 12 | 13 | 13 | 14 | 14 | 15 | 13 | 14 |
| 3 | 5 | 5 | 6 | 6 | 7 | 8 | 8 | 9 | 9 | 10 | 9 | 10 | 11 | 11 | 12 | 12 | 13 | 14 | 14 | 15 | 15 | 16 | 14 | 15 |
| 甲 | 6 | 6 | 7 | 7 | 8 | 9 | 9 | 10 | 10 | 11 | 10 | 11 | 12 | 12 | 13 | 13 | 14 | 15 | 15 | 16 | 16 | 17 | 15 | 16 |
| 子 | 7 | 7 | 8 | 8 | 9 | 10 | 10 | 11 | 11 | 12 | 11 | 12 | 13 | 13 | 14 | 14 | 15 | 16 | 16 | 17 | 17 | 18 | 16 | 17 |
| 表 | 8 | 8 | 9 | 9 | 10 | 11 | 11 | 12 | 12 | 13 | 12 | 13 | 14 | 14 | 15 | 15 | 16 | 17 | 17 | 18 | 18 | 19 | 17 | 18 |
| 39 | 9 | 9 | 10 | 10 | 11 | 12 | 12 | 13 | 13 | 14 | 13 | 14 | 15 | 15 | 16 | 16 | 17 | 18 | 18 | 19 | 19 | 20 | 18 | 19 |
| | 10 | 10 | 11 | 11 | 12 | 13 | 13 | 14 | 14 | 15 | 14 | 15 | 16 | 16 | 17 | 17 | 18 | 19 | 19 | 20 | 20 | 21 | 19 | 20 |

| 一七二六 丙午 雍正四 1139 | | | | | | | | | | | | 一七二五 乙巳 雍正三 1138 | | | | | | | | | | | |
|---|---|---|---|---|---|---|---|---|---|---|---|---|---|---|---|---|---|---|---|---|---|---|---|
| 22 | 23 | 23 | 24 | 25 | 25 | 26 | 26 | 27 | 25 | 26 | 27 | 27 | 28 | 28 | 29 | 30 | 30 | 31 | **5** | **4** | 2 | 31 | **1** |
| 23 | 24 | 24 | 25 | 26 | 26 | 27 | 27 | 28 | 26 | 27 | 28 | 28 | 29 | 29 | 30 | 31 | **7** | **6** | 2 | 2 | 3 | **2** | 2 |
| 24 十一 | 25 十 | 25 | 26 | 27 | 27 | 28 | 28 | 29 | 27 | 28 | 29 | 29 | 30 | 30 | 31 | **8** | 2 | 2 | 3 | 3 | 4 | 2 | 3 |
| 25 | 26 | 26 九 | 27 八 | 28 | 28 | 29 | 29 | 30 | 28 | 29 | 30 | 30 | 31 | **10** | **9** | 2 | 3 | 3 | 4 | 4 | 5 | 3 | 4 |
| 26 **4** | 27 **3** | 27 | 28 | 29 七 | 29 | 30 | 30 | 31 | **3** | 30 | 31 | **12** | **11** | 2 | 2 | 3 | 4 | 4 | 5 | 5 | 6 | **4** | 5 |
| 27 | 28 | 28 **2** | 29 **1** | 30 | 30 六 | 31 五 | **5** | **4** | 2 | 31 | **1** | 2 | 2 | 3 | 3 | 4 | 5 | 5 | 6 | 6 | 7 | 5 | 6 |
| 28 | 29 | 29 | 30 | 31 **12** | **7** **11** | **6** | 2 四 | 2 三 | 3 | **2** | 2 | 3 | 3 | 4 | 4 | 5 | 6 | 6 | 7 | 7 | 8 | 6 | 7 |
| 29 | 30 | 30 | 31 | **8** | 2 | 2 **10** | 3 **9** | 3 | 4 二 | 2 正 | 3 十二 | 4 | 4 | 5 | 5 | 6 | 7 | 7 | 8 | 8 | 9 | 7 | 8 |
| 30 | 31 | **10** | **9** | 2 | 3 | 3 | 4 | 4 **8** | 5 **7** | 3 | 4 | 5 十一 | 5 十 | 6 九 | 6 | 7 | 8 | 8 | 9 | 9 | 10 | 8 | 9 |
| **12** | **11** | 2 | 2 | 3 | 4 | 4 | 5 | 5 | 6 | 4 **6** | 5 **5** | 6 | 6 | 7 | 7 八 | 8 七 | 9 | 9 | 10 | 10 | 11 | 9 | 10 |
| 2 | 2 | 3 | 3 | 4 | 5 | 5 | 6 | 6 | 7 | 5 | 6 | 7 **4** | 7 **3** | 8 | 8 | 9 | 10 六 | 10 | 11 | 11 | 12 | 10 | 11 |
| 3 | 3 | 4 | 4 | 5 | 6 | 6 | 7 | 7 | 8 | 6 | 7 | 8 | 8 | 9 **2** | 9 **1** | 10 | 11 | 11 五 | 12 四 | 12 | 13 | 11 | 12 |
| 4 | 4 | 5 | 5 | 6 | 7 | 7 | 8 | 8 | 9 | 7 | 8 | 9 | 9 | 10 | 10 | 11 **12** | 12 **11** | 12 | 13 | 13 三 | 14 二 | 12 | 13 |
| 5 | 5 | 6 | 6 | 7 | 8 | 8 | 9 | 9 | 10 | 8 | 9 | 10 | 10 | 11 | 11 | 12 | 13 | 13 **10** | 14 **9** | 14 | 15 | 13 正 | 14 十二 |
| 6 | 6 | 7 | 7 | 8 | 9 | 9 | 10 | 10 | 11 | 9 | 10 | 11 | 11 | 12 | 12 | 13 | 14 | 14 | 15 | 15 **8** | 16 **7** | 14 | 15 |
| 7 | 7 | 8 | 8 | 9 | 10 | 10 | 11 | 11 | 12 | 10 | 11 | 12 | 12 | 13 | 13 | 14 | 15 | 15 | 16 | 16 | 17 | 15 **6** | 16 **5** |
| 8 | 8 | 9 | 9 | 10 | 11 | 11 | 12 | 12 | 13 | 11 | 12 | 13 | 13 | 14 | 14 | 15 | 16 | 16 | 17 | 17 | 18 | 16 | 17 |
| 9 | 9 | 10 | 10 | 11 | 12 | 12 | 13 | 13 | 14 | 12 | 13 | 14 | 14 | 15 | 15 | 16 | 17 | 17 | 18 | 18 | 19 | 17 | 18 |
| 10 | 10 | 11 | 11 | 12 | 13 | 13 | 14 | 14 | 15 | 13 | 14 | 15 | 15 | 16 | 16 | 17 | 18 | 18 | 19 | 19 | 20 | 18 | 19 |
| 11 | 11 | 12 | 12 | 13 | 14 | 14 | 15 | 15 | 16 | 14 | 15 | 16 | 16 | 17 | 17 | 18 | 19 | 19 | 20 | 20 | 21 | 19 | 20 |
| 12 | 12 | 13 | 13 | 14 | 15 | 15 | 16 | 16 | 17 | 15 | 16 | 17 | 17 | 18 | 18 | 19 | 20 | 20 | 21 | 21 | 22 | 20 | 21 |
| 13 | 13 | 14 | 14 | 15 | 16 | 16 | 17 | 17 | 18 | 16 | 17 | 18 | 18 | 19 | 19 | 20 | 21 | 21 | 22 | 22 | 23 | 21 | 22 |
| 14 | 14 | 15 | 15 | 16 | 17 | 17 | 18 | 18 | 19 | 17 | 18 | 19 | 19 | 20 | 20 | 21 | 22 | 22 | 23 | 23 | 24 | 22 | 23 |
| 15 | 15 | 16 | 16 | 17 | 18 | 18 | 19 | 19 | 20 | 18 | 19 | 20 | 20 | 21 | 21 | 22 | 23 | 23 | 24 | 24 | 25 | 23 | 24 |
| 16 | 16 | 17 | 17 | 18 | 19 | 19 | 20 | 20 | 21 | 19 | 20 | 21 | 21 | 22 | 22 | 23 | 24 | 24 | 25 | 25 | 26 | 24 | 25 |
| 17 | 17 | 18 | 18 | 19 | 20 | 20 | 21 | 21 | 22 | 20 | 21 | 22 冬 | 22 | 23 | 23 | 24 | 25 | 25 | 26 | 26 | 27 | 25 | 26 |
| 18 | 18 | 19 | 19 | 20 | 21 | 21 | 22 | 22 | 23 | 21 | 22 | 23 | 23 | 24 | 24 | 25 | 26 | 26 | 27 | 27 | 28 | 26 | 27 |
| 19 | 19 | 20 | 20 | 21 | 22 | 22 | 23 | 23 | 24 | 22 | 23 | 24 | 24 | 25 | 25 | 26 | 27 | 27 | 28 | 28 | 29 | 27 | 28 |
| 20 | 20 | 21 | 21 | 22 | 23 | 23 | 24 | 24 | 25 | 23 | 24 | 25 | 25 | 26 | 26 | 27 | 28 | 28 | 29 | 29 | 30 | 28 | 29 |
| 21 | 21 | 22 | 22 | 23 | 24 | 24 | 25 | 25 | 26 | 24 | 25 | 26 | 26 | 27 | 27 | 28 | 29 | 29 | 30 | 30 | 31 | **3** | 30 |

一七二八 戊申 雍正六 1141

一七二七 丁未 雍正五 1140

| | | | | | | | | | | | | | | | | | | | | | | | | |
|---|---|---|---|---|---|---|---|---|---|---|---|---|---|---|---|---|---|---|---|---|---|---|---|---|
| 11 | 11 | 12 | 12 | 13 | 14 | 14 | 15 | 15 | 16 | 15 | 16 | 17 | 17 | 18 | 18 2 | 19 1 | 20 12 | 20 11 | 21 四 | 21 閏 | 22 | 20 | 21 | 22 冬 |
| 12 | 12 | 13 | 13 | 14 | 15 | 15 | 16 | 16 | 17 | 16 | 17 | 18 | 18 | 19 | 19 | 20 | 21 | 21 | 22 10 | 22 9 | 23 三 | 21 二 | 22 正 | 23 十二 |
| 13 | 13 | 14 | 14 | 15 | 16 | 16 | 17 | 17 | 18 | 17 | 18 | 19 | 19 | 20 | 20 | 21 | 22 | 22 | 23 | 23 | 24 8 | 22 7 | 23 | 24 |
| 14 | 14 | 15 | 15 | 16 | 17 | 17 | 18 | 18 | 19 | 18 | 19 | 20 | 20 | 21 | 21 | 22 | 23 | 23 | 24 | 24 | 25 | 23 | 24 6 | 25 5 |
| 15 | 15 | 16 | 16 | 17 | 18 | 18 | 19 | 19 | 20 | 19 | 20 | 21 | 21 | 22 | 22 | 23 | 24 | 24 | 25 | 25 | 26 | 24 | 25 | 26 |
| 16 | 16 | 17 | 17 | 18 | 19 | 19 | 20 | 20 | 21 | 20 | 21 | 22 冬 | 22 | 23 | 23 | 24 | 25 | 25 | 26 | 26 | 27 | 25 | 26 | 27 |
| 17 | 17 | 18 | 18 | 19 | 20 | 20 | 21 | 21 | 22 | 21 | 22 | 23 | 23 | 24 | 24 | 25 | 26 | 26 | 27 | 27 | 28 | 26 | 27 | 28 |
| 18 | 18 | 19 | 19 | 20 | 21 | 21 | 22 | 22 | 23 | 22 | 23 | 24 | 24 | 25 | 25 | 26 | 27 | 27 | 28 | 28 | 29 | 27 | 28 | 29 |
| 19 | 19 | 20 | 20 | 21 | 22 | 22 | 23 | 23 | 24 | 23 | 24 | 25 | 25 | 26 | 26 | 27 | 28 | 28 | 29 | 29 | 30 | 28 | 29 | 30 |
| 20 | 20 | 21 | 21 | 22 | 23 | 23 | 24 | 24 | 25 | 24 | 25 | 26 | 26 | 27 | 27 | 28 | 29 | 29 | 30 | 30 | 31 | 3 | 30 | 31 |
| 21 冬 | 21 | 22 | 22 | 23 | 24 | 24 | 25 | 25 | 26 | 25 | 26 | 27 | 27 | 28 | 28 | 29 | 30 | 30 | 31 | 5 | 4 | 2 | 31 | 1 |
| 22 | 22 | 23 | 23 | 24 | 25 | 25 | 26 | 26 | 27 | 26 | 27 | 28 | 28 | 29 | 29 | 30 | 31 | 7 | 6 | 2 | 2 | 3 | 2 | 2 |
| 23 | 23 | 24 | 24 | 25 | 26 | 26 | 27 | 27 | 28 | 27 | 28 | 29 | 29 | 30 | 30 | 31 | 8 | 2 | 2 | 3 | 3 | 4 | 2 | 3 |
| 24 | 24 | 25 | 25 | 26 | 27 | 27 | 28 | 28 | 29 | 28 | 29 | 30 | 30 | 31 | 10 | 9 | 2 | 3 | 3 | 4 | 4 | 5 | 3 | 4 |
| 25 | 25 | 26 | 26 | 27 | 28 | 28 | 29 | 29 | 30 | 29 | 30 | 31 | 12 | 11 | 2 | 2 | 3 | 4 | 4 | 5 | 5 | 6 | 4 | 5 |
| 26 | 26 | 27 | 27 | 28 | 29 | 29 | 30 | 30 | 31 | 3 | 31 | 1 | 2 | 2 | 3 | 3 | 4 | 5 | 5 | 6 | 6 | 7 | 5 | 6 |
| 27 | 27 | 28 | 28 | 29 | 30 | 30 | 31 | 5 | 4 | 2 | 2 | 2 | 3 | 3 | 4 | 4 | 5 | 6 | 6 | 7 | 7 | 8 | 6 | 7 |
| 28 | 28 | 29 | 29 | 30 | 31 | 7 | 6 | 2 | 2 | 3 | 2 | 3 | 4 | 4 | 5 | 5 | 6 | 7 | 7 | 8 | 8 | 9 | 7 | 8 |
| 29 | 29 | 30 | 30 | 31 | 8 | 2 | 2 | 3 | 3 | 4 | 3 | 4 | 5 | 5 | 6 | 6 | 7 | 8 | 8 | 9 | 9 | 10 | 8 | 9 |
| 30 | 30 | 31 | 10 | 9 | 2 | 3 | 3 | 4 | 4 | 5 | 4 | 5 | 6 | 6 | 7 | 7 | 8 | 9 | 9 | 10 | 10 | 11 | 9 | 10 |
| 31 十二 | 12 十一 | 11 | 2 | 2 | 3 | 4 | 4 | 5 | 5 | 6 | 5 | 6 | 7 | 7 | 8 | 8 | 9 | 10 | 10 | 11 | 11 | 12 | 10 | 11 |
| 日 | 2 | 2 十 | 3 九 | 3 | 4 | 5 | 5 | 6 | 6 | 7 | 6 | 7 | 8 | 8 | 9 | 9 | 10 | 11 | 11 | 12 | 12 | 13 | 11 | 12 |
| 曜 | 3 5 | 3 | 4 | 4 八 | 5 | 6 | 6 | 7 | 7 | 8 | 7 | 8 | 9 | 9 | 10 | 10 | 11 | 12 | 12 | 13 | 13 | 14 | 12 | 13 |
| 表 | 4 | 4 4 | 5 3 | 5 | 6 七 | 7 六 | 7 | 8 | 8 | 9 | 8 | 9 | 10 | 10 | 11 | 11 | 12 | 13 | 13 | 14 | 14 | 15 | 13 | 14 |
| 4 | 5 | 5 | 6 | 6 2 | 7 1 | 8 | 8 五 | 9 四 | 9 三 | 10 | 9 | 10 | 11 | 11 | 12 | 12 | 13 | 14 | 14 | 15 | 15 | 16 | 14 | 15 |
| 甲 | 6 | 6 | 7 | 7 | 8 | 9 12 | 9 11 | 10 | 10 | 11 二 | 10 正 | 11 十二 | 12 | 12 | 13 | 13 | 14 | 15 | 15 | 16 | 16 | 17 | 15 | 16 |
| 子 | 7 | 7 | 8 | 8 | 9 | 10 | 10 | 11 10 | 11 9 | 12 | 11 | 12 | 13 十一 | 13 十 | 14 | 14 | 15 | 16 | 16 | 17 | 17 | 18 | 16 | 17 |
| 表 | 8 | 8 | 9 | 9 | 10 | 11 | 11 | 12 | 12 | 13 8 | 12 7 | 13 | 14 | 14 | 15 九 | 15 八 | 16 | 17 | 17 | 18 | 18 | 19 | 17 | 18 |
| 40 | 9 | 9 | 10 | 10 | 11 | 12 | 12 | 13 | 13 | 14 | 13 | 14 6 | 15 5 | 15 | 16 | 16 | 17 七 | 18 | 18 | 19 | 19 | 20 | 18 | 19 |
| | 10 | 10 | 11 | 11 | 12 | 13 | 13 | 14 | 14 | 15 | 14 | 15 | 16 | 16 4 | 17 3 | 17 | 18 | 19 六 | 19 五 | 20 | 20 | 21 | 19 | 20 |

一七二九 己酉 雍正七 1142

一七三〇 庚戌 雍正八 1143

| | | | | | | | | | | | | | | | | | | | | | | | |
|---|---|---|---|---|---|---|---|---|---|---|---|---|---|---|---|---|---|---|---|---|---|---|---|
| 22 | 23 | 23 | 24 | 25 | 25 | 26 | 26 | 27 | 25 | 26 | 27 | 27 | 28 | 28 | 29 | 30 | 30 | 31 | 5 | 4 | 2 8 | 31 7 | 1 |
| 23 | 24 | 24 | 25 | 26 | 26 | 27 | 27 | 28 | 26 | 27 | 28 | 28 | 29 | 29 | 30 | 31 | 7 | 6 | 2 | 2 | 3 | 2 | 2 6 |
| 24 | 25 | 25 | 26 | 27 | 27 | 28 | 28 | 29 | 27 | 28 | 29 | 29 | 30 | 30 | 31 | 8 | 2 | 2 | 3 | 3 | 4 | 2 | 3 |
| 25 | 26 | 26 | 27 | 28 | 28 | 29 | 29 | 30 | 28 | 29 | 30 | 30 | 31 | 10 | 9 | 2 | 3 | 3 | 4 | 4 | 5 | 3 | 4 |
| 26 | 27 | 27 | 28 | 29 | 29 | 30 | 30 | 31 | 3 | 30 | 31 | 12 | 11 | 2 | 2 | 3 | 4 | 4 | 5 | 5 | 6 | 4 | 5 |
| 27 | 28 | 28 | 29 | 30 | 30 | 31 | 5 | 4 | 2 | 31 | 1 | 2 | 2 | 3 | 3 | 4 | 5 | 5 | 6 | 6 | 7 | 5 | 6 |
| 28 | 29 | 29 | 30 | 31 | 7 | 6 | 2 | 2 | 3 | 2 | 2 | 3 | 3 | 4 | 4 | 5 | 6 | 6 | 7 | 7 | 8 | 6 | 7 |
| 29 | 30 | 30 | 31 | 8 | 2 | 2 | 3 | 3 | 4 | 2 | 3 | 4 | 4 | 5 | 5 | 6 | 7 | 7 | 8 | 8 | 9 | 7 | 8 |
| 30 | 31 | 10 | 9 | 2 | 3 | 3 | 4 | 4 | 5 | 3 | 4 | 5 | 5 | 6 | 6 | 7 | 8 | 8 | 9 | 9 | 10 | 8 | 9 |
| 12 | 11 | 2 | 2 | 3 | 4 | 4 | 5 | 5 | 6 | 4 | 5 | 6 | 6 | 7 | 7 | 8 | 9 | 9 | 10 | 10 | 11 | 9 | 10 |
| 2 | 2 | 3 | 3 | 4 | 5 | 5 | 6 | 6 | 7 | 5 | 6 | 7 | 7 | 8 | 8 | 9 | 10 | 10 | 11 | 11 | 12 | 10 | 11 |
| 3 | 3 | 4 | 4 | 5 | 6 | 6 | 7 | 7 | 8 | 6 | 7 | 8 | 8 | 9 | 9 | 10 | 11 | 11 | 12 | 12 | 13 | 11 | 12 |
| 4 | 4 | 5 | 5 | 6 | 7 | 7 | 8 | 8 | 9 | 7 | 8 | 9 | 9 | 10 | 10 | 11 | 12 | 12 | 13 | 13 | 14 | 12 | 13 |
| 5 | 5 | 6 | 6 | 7 | 8 | 8 | 9 | 9 | 10 | 8 | 9 | 10 | 10 | 11 | 11 | 12 | 13 | 13 | 14 | 14 | 15 | 13 | 14 |
| 6 | 6 | 7 | 7 | 8 | 9 | 9 | 10 | 10 | 11 | 9 | 10 | 11 | 11 | 12 | 12 | 13 | 14 | 14 | 15 | 15 | 16 | 14 | 15 |
| 7 | 7 | 8 | 8 | 9 | 10 | 10 | 11 | 11 | 12 | 10 | 11 | 12 | 12 | 13 | 13 | 14 | 15 | 15 | 16 | 16 | 17 | 15 | 16 |
| 8 | 8 | 9 | 9 | 10 | 11 | 11 | 12 | 12 | 13 | 11 | 12 | 13 | 13 | 14 | 14 | 15 | 16 | 16 | 17 | 17 | 18 | 16 | 17 |
| 9 | 9 | 10 | 10 | 11 | 12 | 12 | 13 | 13 | 14 | 12 | 13 | 14 | 14 | 15 | 15 | 16 | 17 | 17 | 18 | 18 | 19 | 17 | 18 |
| 10 十一 | 10 十 | 11 | 11 | 12 | 13 | 13 | 14 | 14 | 15 | 13 | 14 | 15 | 15 | 16 | 16 | 17 | 18 | 18 | 19 | 19 | 20 | 18 | 19 |
| 11 | 11 | 12 九 | 12 八 | 13 | 14 | 14 | 15 | 15 | 16 | 14 | 15 | 16 | 16 | 17 | 17 | 18 | 19 | 19 | 20 | 20 | 21 | 19 | 20 |
| 12 6 | 12 5 | 13 | 13 | 14 七 | 15 六 | 15 五 | 16 | 16 | 17 | 15 | 16 | 17 | 17 | 18 | 18 | 19 | 20 | 20 | 21 | 21 | 22 | 20 | 21 |
| 13 | 13 | 14 4 | 14 3 | 15 | 16 | 16 | 17 四 | 17 三 | 18 | 16 | 17 | 18 | 18 | 19 | 19 | 20 | 21 | 21 | 22 | 22 | 23 | 21 | 22 |
| 14 | 14 | 15 | 15 | 16 2 | 17 1 | 17 12 | 18 11 | 18 | 19 二 | 17 正 | 18 | 19 | 19 | 20 | 20 | 21 | 22 | 22 | 23 | 23 | 24 | 22 | 23 |
| 15 | 15 | 16 | 16 | 17 | 18 | 18 | 19 | 19 10 | 20 9 | 18 | 19 十二 | 20 十一 | 20 | 21 | 21 | 22 | 23 | 23 | 24 | 24 | 25 | 23 | 24 |
| 16 | 16 | 17 | 17 | 18 | 19 | 19 | 20 | 20 | 21 | 19 8 | 20 7 | 21 | 21 十 | 22 九 | 22 | 23 | 24 | 24 | 25 | 25 | 26 | 24 | 25 |
| 17 | 17 | 18 | 18 | 19 | 20 | 20 | 21 | 21 | 22 | 20 | 21 | 22 6 | 22 5 | 23 | 23 八 | 24 閏 | 25 | 25 | 26 | 26 | 27 | 25 | 26 |
| 18 | 18 | 19 | 19 | 20 | 21 | 21 | 22 | 22 | 23 | 21 | 22 | 23 | 23 | 24 4 | 24 3 | 25 | 26 七 | 26 六 | 27 | 27 | 28 | 26 | 27 |
| 19 | 19 | 20 | 20 | 21 | 22 | 22 | 23 | 23 | 24 | 22 | 23 | 24 | 24 | 25 | 25 | 26 2 | 27 1 | 27 | 28 五 | 28 四 | 29 三 | 27 | 28 |
| 20 | 20 | 21 | 21 | 22 | 23 | 23 | 24 | 24 | 25 | 23 | 24 | 25 | 25 | 26 | 26 | 27 | 28 | 28 12 | 29 11 | 29 | 30 | 28 二 | 29 正 |
| 21 | 21 | 22 | 22 | 23 | 24 | 24 | 25 | 25 | 26 | 24 | 25 | 26 | 26 | 27 | 27 | 28 | 29 | 29 | 30 | 30 10 | 31 9 | 3 | 30 |

一七三一 辛亥 雍正九

1144

一七三二 壬子 雍正一〇

1145

| | | | | | | | | | | | | | | | | | | | | | | | | |
|---|---|---|---|---|---|---|---|---|---|---|---|---|---|---|---|---|---|---|---|---|---|---|---|---|
| 11 | 11 | 12 | 12 | 13 | 14 | 14 | 15 | 15 | 16 | 15 | 16 | 17 | 17 | 18 | 18 | 19 | 20 | 20 | 21 | 21 | 22 | 20 | 21 | 22冬 |
| 12 | 12 | 13 | 13 | 14 | 15 | 15 | 16 | 16 | 17 | 16 | 17 | 18 | 18 | 19 | 19 | 20 | 21 | 21 | 22 | 22 | 23 | 21 | 22 | 23 |
| 13 | 13 | 14 | 14 | 15 | 16 | 16 | 17 | 17 | 18 | 17 | 18 | 19 | 19 | 20 | 20 | 21 | 22 | 22 | 23 | 23 | 24 | 22 | 23 | 24 |
| 14 | 14 | 15 | 15 | 16 | 17 | 17 | 18 | 18 | 19 | 18 | 19 | 20 | 20 | 21 | 21 | 22 | 23 | 23 | 24 | 24 | 25 | 23 | 24 | 25 |
| 15 | 15 | 16 | 16 | 17 | 18 | 18 | 19 | 19 | 20 | 19 | 20 | 21 | 21 | 22 | 22 | 23 | 24 | 24 | 25 | 25 | 26 | 24 | 25 | 26 |
| 16 | 16 | 17 | 17 | 18 | 19 | 19 | 20 | 20 | 21 | 20 | 21 | 22冬 | 22 | 23 | 23 | 24 | 25 | 25 | 26 | 26 | 27 | 25 | 26 | 27 |
| 17十二 | 17 | 18 | 18 | 19 | 20 | 20 | 21 | 21 | 22 | 21 | 22 | 23 | 23 | 24 | 24 | 25 | 26 | 26 | 27 | 27 | 28 | 26 | 27 | 28 |
| 18 7 | 18十 | 19九 | 19八 | 20七 | 21 | 21 | 22 | 22 | 23 | 22 | 23 | 24 | 24 | 25 | 25 | 26 | 27 | 27 | 28 | 28 | 29 | 27 | 28 | 29 |
| 19 | 19 6 | 20 5 | 20 | 21 | 22六 | 22闰 | 23 | 23 | 24 | 23 | 24 | 25 | 25 | 26 | 26 | 27 | 28 | 28 | 29 | 29 | 30 | 28 | 29 | 30 |
| 20 | 20 | 21 | 21 4 | 22 3 | 23 | 23 | 24五 | 24 | 25 | 24 | 25 | 26 | 26 | 27 | 27 | 28 | 29 | 29 | 30 | 30 | 31 | **3** | 30 | 31 |
| 21冬 | 21 | 22 | 22 | 23 | 24 2 | 24 1 | 25 | 25四 | 26三 | 25 | 26 | 27 | 27 | 28 | 28 | 29 | 30 | 30 | 31 | **5** | **4** | 2 | 31 | **1** |
| 22 | 22 | 23 | 23 | 24 | 25 | 25 | 26 12 | 26 11 | 27 | 26二 | 27正 | 28 | 28 | 29 | 29 | 30 | 31 | **7** | **6** | 2 | 2 | 3 | **2** | 2 |
| 23 | 23 | 24 | 24 | 25 | 26 | 26 | 27 | 27 | 28 10 | 27 9 | 28 | 29十二 | 29十一 | 30 | 30 | 31 | **8** | 2 | 2 | 3 | 3 | 4 | 2 | 3 |
| 24 | 24 | 25 | 25 | 26 | 27 | 27 | 28 | 28 | 29 | 28 | 29 8 | 30 7 | 30 | 31十 | **10**九 | **9**八 | 2 | 3 | 3 | 4 | 4 | 5 | 3 | 4 |
| 25 | 25 | 26 | 26 | 27 | 28 | 28 | 29 | 29 | 30 | 29 | 30 | 31 | **12** 6 | **11** 5 | 2 | 2 | 3七 | 4六 | 4 | 5 | 5 | 6 | 4 | 5 |
| 26 | 26 | 27 | 27 | 28 | 29 | 29 | 30 | 30 | 31 | **3** | 31 | **1** | 2 | 2 | 3 4 | 3 3 | 4 | 5 | 5五 | 6四 | 6 | 7 | 5 | 6 |
| 27 | 27 | 28 | 28 | 29 | 30 | 30 | 31 | **5** | **4** | 2 | **2** | 2 | 3 | 3 | 4 | 4 | 5 2 | 6 1 | 6 | 7 | 7三 | 8二 | 6 | 7 |
| 28 | 28 | 29 | 29 | 30 | 31 | **7** | **6** | 2 | 2 | 3 | 2 | 3 | 4 | 4 | 5 | 5 | 6 | 7 | 7 12 | 8 11 | 8 | 9 | 7正 | 8十二 |
| 29 | 29 | 30 | 30 | 31 | **8** | 2 | 2 | 3 | 3 | 4 | 3 | 4 | 5 | 5 | 6 | 6 | 7 | 8 | 8 | 9 | 9 10 | 10 9 | 8 | 9 |
| 30 | 30 | 31 | **10** | **9** | 2 | 3 | 3 | **4** | **4** | 5 | 4 | 5 | 6 | 6 | 7 | 7 | 8 | 9 | 9 | 10 | 10 | 11 | 9 8 | 10 7 |
| 31 | **12** | **11** | 2 | 2 | 3 | 4 | 4 | 5 | 5 | 6 | 5 | 6 | 7 | 7 | 8 | 8 | 9 | 10 | 10 | 11 | 11 | 12 | 10 | 11 |
| 日 | 2 | 2 | 3 | 3 | 4 | 5 | 5 | 6 | 6 | 7 | 6 | 7 | 8 | 8 | 9 | 9 | 10 | 11 | 11 | 12 | 12 | 13 | 11 | 12 |
| 曜 | 3 | 3 | 4 | 4 | 5 | 6 | 6 | 7 | 7 | 8 | 7 | 8 | 9 | 9 | 10 | 10 | 11 | 12 | 12 | 13 | 13 | 14 | 12 | 13 |
| 表 | 4 | 4 | 5 | 5 | 6 | 7 | 7 | 8 | 8 | 9 | 8 | 9 | 10 | 10 | 11 | 11 | 12 | 13 | 13 | 14 | 14 | 15 | 13 | 14 |
| 5 | 5 | 5 | 6 | 6 | 7 | 8 | 8 | 9 | 9 | 10 | 9 | 10 | 11 | 11 | 12 | 12 | 13 | 14 | 14 | 15 | 15 | 16 | 14 | 15 |
| 甲 | 6 | 6 | 7 | 7 | 8 | 9 | 9 | 10 | 10 | 11 | 10 | 11 | 12 | 12 | 13 | 13 | 14 | 15 | 15 | 16 | 16 | 17 | 15 | 16 |
| 子 | 7 | 7 | 8 | 8 | 9 | 10 | 10 | 11 | 11 | 12 | 11 | 12 | 13 | 13 | 14 | 14 | 15 | 16 | 16 | 17 | 17 | 18 | 16 | 17 |
| 表 | 8 | 8 | 9 | 9 | 10 | 11 | 11 | 12 | 12 | 13 | 12 | 13 | 14 | 14 | 15 | 15 | 16 | 17 | 17 | 18 | 18 | 19 | 17 | 18 |
| 21 | 9 | 9 | 10 | 10 | 11 | 12 | 12 | 13 | 13 | 14 | 13 | 14 | 15 | 15 | 16 | 16 | 17 | 18 | 18 | 19 | 19 | 20 | 18 | 19 |
| | 10 | 10 | 11 | 11 | 12 | 13 | 13 | 14 | 14 | 15 | 14 | 15 | 16 | 16 | 17 | 17 | 18 | 19 | 19 | 20 | 20 | 21 | 19 | 20 |

一七三四 甲寅 雍正一二 1147

一七三三 癸丑 雍正一一 1146

| 1147 | | | | | | | | | | | | 1146 | | | | | | | | | | | |
|---|---|---|---|---|---|---|---|---|---|---|---|---|---|---|---|---|---|---|---|---|---|---|---|
| 22 | 23 | 23 | 24 | 25 | 25 | 26 | 26 | 27 | 25 | 26 | 27 | 27 | 28 | 28 | 29 | 30 | 30 | 31 | **5** | **4** | 2 | 31 | **1** |
| 23 | 24 | 24 | 25 | 26 | 26 | 27 | 27 | 28 | 26 | 27 | 28 | 28 | 29 | 29 | 30 | 31 | **7** | **6** | 2 | 2 | 3 | **2** | 2 |
| 24 | 25 | 25 | 26 | 27 | 27 | 28 | 28 | 29 | 27 | 28 | 29 | 29 | 30 | 30 | 31 | **8** | 2 | 2 | 3 | 3 | 4 | 2 | 3 |
| 25 | 十一 26 | 26 | 27 | 28 | 28 | 29 | 29 | 30 | 28 | 29 | 30 | 30 | 31 | **10** | **9** | 2 | 3 | 3 | 4 | 4 | 5 | 3 | 4 |
| 26 | 27 | 十 27 | 九 28 | 29 | 29 | 30 | 30 | 31 | **3** | 30 | 31 | **12** | **11** | 2 | 2 | 3 | 4 | 4 | 5 | 5 | 6 | 4 | 5 |
| 27 | 7 28 | 28 | 29 | 八 30 | 七 30 | 31 | **5** | **4** | 2 | 31 | **1** | 2 | 2 | 3 | 3 | 4 | 5 | 5 | 6 | 6 | 7 | 5 | 6 |
| 28 | 29 | 6 29 | 5 30 | 31 | **7** | 六 **6** | 2 | 2 | 3 | **2** | 2 | 3 | 3 | 4 | 4 | 5 | 6 | 6 | 7 | 7 | 8 | 6 | 7 |
| 29 | 30 | 30 | 31 | 4 **8** | 3 2 | 2 | 五 3 | 四 3 | 4 | 2 | 3 | 4 | 4 | 5 | 5 | 6 | 7 | 7 | 8 | 8 | 9 | 7 | 8 |
| 30 | 31 | **10** | **9** | 2 | 3 | 2 3 | 1 4 | 4 | 三 5 | 二 3 | 4 | 5 | 5 | 6 | 6 | 7 | 8 | 8 | 9 | 9 | 10 | 8 | 9 |
| **12** | **11** | 2 | 2 | 3 | 4 | 4 | 5 | 12 5 | 11 6 | 4 | 正 5 | 十二 6 | 十一 6 | 7 | 7 | 8 | 9 | 9 | 10 | 10 | 11 | 9 | 10 |
| 2 | 2 | 3 | 3 | 4 | 5 | 5 | 6 | 6 | 7 | 10 5 | 9 6 | 7 | 7 | 十 8 | 九 8 | 八 9 | 10 | 10 | 11 | 11 | 12 | 10 | 11 |
| 3 | 3 | 4 | 4 | 5 | 6 | 6 | 7 | 7 | 8 | 6 | 7 | 8 8 | 7 8 | 9 | 9 | 10 | 七 11 | 六 11 | 12 | 12 | 13 | 11 | 12 |
| 4 | 4 | 5 | 5 | 6 | 7 | 7 | 8 | 8 | 9 | 7 | 8 | 9 | 9 | 6 10 | 5 10 | 11 | 12 | 12 | 五 13 | 13 | 14 | 12 | 13 |
| 5 | 5 | 6 | 6 | 7 | 8 | 8 | 9 | 9 | 10 | 8 | 9 | 10 | 10 | 11 | 11 | 4 12 | 3 13 | 13 | 14 | 四 14 | 三 15 | 13 | 14 |
| 6 | 6 | 7 | 7 | 8 | 9 | 9 | 10 | 10 | 11 | 9 | 10 | 11 | 11 | 12 | 12 | 13 | 14 | 2 14 | 1 15 | 12 15 | 11 16 | 二 14 | 正 15 |
| 7 | 7 | 8 | 8 | 9 | 10 | 10 | 11 | 11 | 12 | 10 | 11 | 12 | 12 | 13 | 13 | 14 | 15 | 15 | 16 | 16 | 17 | 10 15 | 9 16 十二 |
| 8 | 8 | 9 | 9 | 10 | 11 | 11 | 12 | 12 | 13 | 11 | 12 | 13 | 13 | 14 | 14 | 15 | 16 | 16 | 17 | 17 | 18 | 16 | 17 8 |
| 9 | 9 | 10 | 10 | 11 | 12 | 12 | 13 | 13 | 14 | 12 | 13 | 14 | 14 | 15 | 15 | 16 | 17 | 17 | 18 | 18 | 19 | 17 | 18 |
| 10 | 10 | 11 | 11 | 12 | 13 | 13 | 14 | 14 | 15 | 13 | 14 | 15 | 15 | 16 | 16 | 17 | 18 | 18 | 19 | 19 | 20 | 18 | 19 |
| 11 | 11 | 12 | 12 | 13 | 14 | 14 | 15 | 15 | 16 | 14 | 15 | 16 | 16 | 17 | 17 | 18 | 19 | 19 | 20 | 20 | 21 | 19 | 20 |
| 12 | 12 | 13 | 13 | 14 | 15 | 15 | 16 | 16 | 17 | 15 | 16 | 17 | 17 | 18 | 18 | 19 | 20 | 20 | 21 | 21 | 22 | 20 | 21 |
| 13 | 13 | 14 | 14 | 15 | 16 | 16 | 17 | 17 | 18 | 16 | 17 | 18 | 18 | 19 | 19 | 20 | 21 | 21 | 22 | 22 | 23 | 21 | 22 |
| 14 | 14 | 15 | 15 | 16 | 17 | 17 | 18 | 18 | 19 | 17 | 18 | 19 | 19 | 20 | 20 | 21 | 22 | 22 | 23 | 23 | 24 | 22 | 23 |
| 15 | 15 | 16 | 16 | 17 | 18 | 18 | 19 | 19 | 20 | 18 | 19 | 20 | 20 | 21 | 21 | 22 | 23 | 23 | 24 | 24 | 25 | 23 | 24 |
| 16 | 16 | 17 | 17 | 18 | 19 | 19 | 20 | 20 | 21 | 19 | 20 | 21 | 21 | 22 | 22 | 23 | 24 | 24 | 25 | 25 | 26 | 24 | 25 |
| 17 | 17 | 18 | 18 | 19 | 20 | 20 | 21 | 21 | 22 | 20 | 21 | 22 | 冬 22 | 23 | 23 | 24 | 25 | 25 | 26 | 26 | 27 | 25 | 26 |
| 18 | 18 | 19 | 19 | 20 | 21 | 21 | 22 | 22 | 23 | 21 | 22 | 23 | 23 | 24 | 24 | 25 | 26 | 26 | 27 | 27 | 28 | 26 | 27 |
| 19 | 19 | 20 | 20 | 21 | 22 | 22 | 23 | 23 | 24 | 22 | 23 | 24 | 24 | 25 | 25 | 26 | 27 | 27 | 28 | 28 | 29 | 27 | 28 |
| 20 | 20 | 21 | 21 | 22 | 23 | 23 | 24 | 24 | 25 | 23 | 24 | 25 | 25 | 26 | 26 | 27 | 28 | 28 | 29 | 29 | 30 | 28 | 29 |
| 21 | 21 | 22 | 22 | 23 | 24 | 24 | 25 | 25 | 26 | 24 | 25 | 26 | 26 | 27 | 27 | 28 | 29 | 29 | 30 | 30 | 31 | **3** | 30 |

一七三六 丙辰 清高宗 乾隆元

1149

一七三五 乙卯 雍正一三

1148

| | | | | | | | | | | | | | | | | | | | | | | | | |
|---|---|---|---|---|---|---|---|---|---|---|---|---|---|---|---|---|---|---|---|---|---|---|---|---|
| 11 | 11 | 12 | 12 | 13 | 14 | 14 | 15 | 15 | 16 | 15 | 16 | 17 8 | 17 7 | 18 | 18 | 19 | 20 六 | 20 | 21 | 21 | 22 | 20 | 21 | 22 冬 |
| 12 | 12 | 13 | 13 | 14 | 15 | 15 | 16 | 16 | 17 | 16 | 17 | 18 | 18 | 19 6 | 19 5 | 20 | 21 | 21 五 | 22 閏 | 22 | 23 | 21 | 22 | 23 |
| 13 | 13 | 14 | 14 | 15 | 16 | 16 | 17 | 17 | 18 | 17 | 18 | 19 | 19 | 20 | 20 | 21 4 | 22 3 | 22 | 23 | 23 四 | 24 三 | 22 | 23 | 24 |
| 14 | 14 | 15 | 15 | 16 | 17 | 17 | 18 | 18 | 19 | 18 | 19 | 20 | 20 | 21 | 21 | 22 | 23 | 23 2 | 24 1 | 24 12 | 25 11 | 23 二 | 24 正 | 25 十二 |
| 15 | 15 | 16 | 16 | 17 | 18 | 18 | 19 | 19 | 20 | 19 | 20 | 21 | 21 | 22 | 22 | 23 | 24 | 24 | 25 | 25 | 26 | 24 10 | 25 9 | 26 |
| 16 | 16 | 17 | 17 | 18 | 19 | 19 | 20 | 20 | 21 | 20 | 21 | 22 冬 | 22 | 23 | 23 | 24 | 25 | 25 | 26 | 26 | 27 | 25 | 26 | 27 8 |
| 17 | 17 | 18 | 18 | 19 | 20 | 20 | 21 | 21 | 22 | 21 | 22 | 23 | 23 | 24 | 24 | 25 | 26 | 26 | 27 | 27 | 28 | 26 | 27 | 28 |
| 18 | 18 | 19 | 19 | 20 | 21 | 21 | 22 | 22 | 23 | 22 | 23 | 24 | 24 | 25 | 25 | 26 | 27 | 27 | 28 | 28 | 29 | 27 | 28 | 29 |
| 19 | 19 | 20 | 20 | 21 | 22 | 22 | 23 | 23 | 24 | 23 | 24 | 25 | 25 | 26 | 26 | 27 | 28 | 28 | 29 | 29 | 30 | 28 | 29 | 30 |
| 20 | 20 | 21 | 21 | 22 | 23 | 23 | 24 | 24 | 25 | 24 | 25 | 26 | 26 | 27 | 27 | 28 | 29 | 29 | 30 | 30 | 31 | **3** | 30 | 31 |
| 21 冬 | 21 | 22 | 22 | 23 | 24 | 24 | 25 | 25 | 26 | 25 | 26 | 27 | 27 | 28 | 28 | 29 | 30 | 30 | 31 | **5** | **4** | 2 | 31 | **1** |
| 22 | 22 | 23 | 23 | 24 | 25 | 25 | 26 | 26 | 27 | 26 | 27 | 28 | 28 | 29 | 29 | 30 | 31 | **7** | **6** | 2 | 2 | 3 | **2** | 2 |
| 23 | 23 | 24 | 24 | 25 | 26 | 26 | 27 | 27 | 28 | 27 | 28 | 29 | 29 | 30 | 30 | 31 | **8** | 2 | 2 | 3 | 3 | 4 | 2 | 3 |
| 24 | 24 | 25 | 25 | 26 | 27 | 27 | 28 | 28 | 29 | 28 | 29 | 30 | 30 | 31 | **10** | **9** | 2 | 3 | 3 | 4 | 4 | 5 | 3 | 4 |
| 25 | 25 | 26 | 26 | 27 | 28 | 28 | 29 | 29 | 30 | 29 | 30 | 31 | **12** | **11** | 2 | 2 | 3 | 4 | 4 | 5 | 5 | 6 | 4 | 5 |
| 26 | 26 | 27 | 27 | 28 | 29 | 29 | 30 | 30 | 31 | **3** | 31 | **1** | 2 | 2 | 3 | 3 | 4 | 5 | 5 | 6 | 6 | 7 | 5 | 6 |
| 27 | 27 | 28 | 28 | 29 | 30 | 30 | 31 | **5** | **4** | 2 | **2** | 2 | 3 | 3 | 4 | 4 | 5 | 6 | 6 | 7 | 7 | 8 | 6 | 7 |
| 28 | 28 | 29 | 29 | 30 | 31 | **7** | **6** | 2 | 2 | 3 | 2 | 3 | 4 | 4 | 5 | 5 | 6 | 7 | 7 | 8 | 8 | 9 | 7 | 8 |
| 29 | 29 | 30 | 30 | 31 | **8** | 2 | 2 | 3 | 3 | 4 | 3 | 4 | 5 | 5 | 6 | 6 | 7 | 8 | 8 | 9 | 9 | 10 | 8 | 9 |
| 30 | 30 | 31 | **10** | **9** | 2 | 3 | 3 | **4** | **4** | 5 | 4 | 5 | 6 | 6 | 7 | 7 | 8 | 9 | 9 | 10 | 10 | 11 | 9 | 10 |
| 31 | **12** | **11** | 2 | 2 | 3 | 4 | 4 | 5 | 5 | 6 | 5 | 6 | 7 | 7 | 8 | 8 | 9 | 10 | 10 | 11 | 11 | 12 | 10 | 11 |
| 日 | 2 十一 | 2 | 3 | 3 | 4 | 5 | 5 | 6 | 6 | 7 | 6 | 7 | 8 | 8 | 9 | 9 | 10 | 11 | 11 | 12 | 12 | 13 | 11 | 12 |
| 曜 | 3 | 3 十 | 4 | 4 | 5 | 6 | 6 | 7 | 7 | 8 | 7 | 8 | 9 | 9 | 10 | 10 | 11 | 12 | 12 | 13 | 13 | 14 | 12 | 13 |
| 表 | 4 | 4 | 5 九 | 5 八 | 6 | 7 | 7 | 8 | 8 | 9 | 8 | 9 | 10 | 10 | 11 | 11 | 12 | 13 | 13 | 14 | 14 | 15 | 13 | 14 |
| 6 | 5 8 | 5 7 | 6 | 6 | 7 七 | 8 | 8 | 9 | 9 | 10 | 9 | 10 | 11 | 11 | 12 | 12 | 13 | 14 | 14 | 15 | 15 | 16 | 14 | 15 |
| 甲 | 6 | 6 | 7 6 | 7 5 | 8 | 9 六 | 9 五 | 10 | 10 | 11 | 10 | 11 | 12 | 12 | 13 | 13 | 14 | 15 | 15 | 16 | 16 | 17 | 15 | 16 |
| 子 | 7 | 7 | 8 | 8 | 9 4 | 10 3 | 10 | 11 四 | 11 三 | 12 二 | 11 | 12 | 13 | 13 | 14 | 14 | 15 | 16 | 16 | 17 | 17 | 18 | 16 | 17 |
| 表 | 8 | 8 | 9 | 9 | 10 | 11 | 11 2 | 12 1 | 12 | 13 | 12 正 | 13 十二 | 14 十一 | 14 十 | 15 | 15 | 16 | 17 | 17 | 18 | 18 | 19 | 17 | 18 |
| 22 | 9 | 9 | 10 | 10 | 11 | 12 | 12 | 13 | 13 12 | 14 11 | 13 | 14 | 15 | 15 | 16 九 | 16 八 | 17 | 18 | 18 | 19 | 19 | 20 | 18 | 19 |
| | 10 | 10 | 11 | 11 | 12 | 13 | 13 | 14 | 14 | 15 | 14 10 | 15 9 | 16 | 16 | 17 | 17 | 18 七 | 19 | 19 | 20 | 20 | 21 | 19 | 20 |

| 一七三八 戊午 乾隆三 1151 | | | | | | | | | | | | 一七三七 丁巳 乾隆二 1150 | | | | | | | | | | | |
|---|---|---|---|---|---|---|---|---|---|---|---|---|---|---|---|---|---|---|---|---|---|---|---|
| 22 | 23 | 23 | 24 | 25 | 25 | 26 | 26 | 27 | 25 | 26 | 27 | 27 | 28 | 28 | 29 | 30 | 30 | 31 | 2 **5** | 1 **4** | 2 | 31 | 正 **1** 十二 |
| 23 | 24 | 24 | 25 | 26 | 26 | 27 | 27 | 28 | 26 | 27 | 28 | 28 | 29 | 29 | 30 | 31 | **7** | **6** | 2 | 2 | 12 3 | 11 **2** | 2 |
| 24 | 25 | 25 | 26 | 27 | 27 | 28 | 28 | 29 | 27 | 28 | 29 | 29 | 30 | 30 | 31 | **8** | 2 | 2 | 3 | 3 | 4 | 2 | 10 3 9 |
| 25 | 26 | 26 | 27 | 28 | 28 | 29 | 29 | 30 | 28 | 29 | 30 | 30 | 31 | **10** | **9** | 2 | 3 | 3 | 4 | 4 | 5 | 3 | 4 |
| 26 | 27 | 27 | 28 | 29 | 29 | 30 | 30 | 31 | **3** | 30 | 31 | **12** | **11** | 2 | 2 | 3 | 4 | 4 | 5 | 5 | 6 | 4 | 5 |
| 27 | 28 | 28 | 29 | 30 | 30 | 31 | **5** | **4** | 2 | 31 | **1** | 2 | 2 | 3 | 3 | 4 | 5 | 5 | 6 | 6 | 7 | 5 | 6 |
| 28 | 29 | 29 | 30 | 31 | **7** | **6** | 2 | 2 | 3 | **2** | 2 | 3 | 3 | 4 | 4 | 5 | 6 | 6 | 7 | 7 | 8 | 6 | 7 |
| 29 | 30 | 30 | 31 | **8** | 2 | 2 | 3 | 3 | 4 | 2 | 3 | 4 | 4 | 5 | 5 | 6 | 7 | 7 | 8 | 8 | 9 | 7 | 8 |
| 30 | 31 | **10** | **9** | 2 | 3 | 3 | 4 | 4 | 5 | 3 | 4 | 5 | 5 | 6 | 6 | 7 | 8 | 8 | 9 | 9 | 10 | 8 | 9 |
| **12** | **11** | 2 | 2 | 3 | 4 | 4 | 5 | 5 | 6 | 4 | 5 | 6 | 6 | 7 | 7 | 8 | 9 | 9 | 10 | 10 | 11 | 9 | 10 |
| 2 | 2 | 3 | 3 | 4 | 5 | 5 | 6 | 6 | 7 | 5 | 6 | 7 | 7 | 8 | 8 | 9 | 10 | 10 | 11 | 11 | 12 | 10 | 11 |
| 3 | 3 | 4 | 4 | 5 | 6 | 6 | 7 | 7 | 8 | 6 | 7 | 8 | 8 | 9 | 9 | 10 | 11 | 11 | 12 | 12 | 13 | 11 | 12 |
| 4 | 4 | 5 | 5 | 6 | 7 | 7 | 8 | 8 | 9 | 7 | 8 | 9 | 9 | 10 | 10 | 11 | 12 | 12 | 13 | 13 | 14 | 12 | 13 |
| 5 | 5 | 6 | 6 | 7 | 8 | 8 | 9 | 9 | 10 | 8 | 9 | 10 | 10 | 11 | 11 | 12 | 13 | 13 | 14 | 14 | 15 | 13 | 14 |
| 6 | 6 | 7 | 7 | 8 | 9 | 9 | 10 | 10 | 11 | 9 | 10 | 11 | 11 | 12 | 12 | 13 | 14 | 14 | 15 | 15 | 16 | 14 | 15 |
| 7 | 7 | 8 | 8 | 9 | 10 | 10 | 11 | 11 | 12 | 10 | 11 | 12 | 12 | 13 | 13 | 14 | 15 | 15 | 16 | 16 | 17 | 15 | 16 |
| 8 | 8 | 9 | 9 | 10 | 11 | 11 | 12 | 12 | 13 | 11 | 12 | 13 | 13 | 14 | 14 | 15 | 16 | 16 | 17 | 17 | 18 | 16 | 17 |
| 9 | 9 | 10 | 10 | 11 | 12 | 12 | 13 | 13 | 14 | 12 | 13 | 14 | 14 | 15 | 15 | 16 | 17 | 17 | 18 | 18 | 19 | 17 | 18 |
| 10 | 10 | 11 | 11 | 12 | 13 | 13 | 14 | 14 | 15 | 13 | 14 | 15 | 15 | 16 | 16 | 17 | 18 | 18 | 19 | 19 | 20 | 18 | 19 |
| 11 | 十一 11 | 12 | 12 | 13 | 14 | 14 | 15 | 15 | 16 | 14 | 15 | 16 | 16 | 17 | 17 | 18 | 19 | 19 | 20 | 20 | 21 | 19 | 20 |
| 12 | 12 | 十 13 | 九 13 | 14 | 15 | 15 | 16 | 16 | 17 | 15 | 16 | 17 | 17 | 18 | 18 | 19 | 20 | 20 | 21 | 21 | 22 | 20 | 21 |
| 13 | 9 13 | 14 | 14 | 八 15 | 七 16 | 16 | 17 | 17 | 18 | 16 | 17 | 18 | 18 | 19 | 19 | 20 | 21 | 21 | 22 | 22 | 23 | 21 | 22 |
| 14 | 14 | 8 15 | 7 15 | 16 | 17 | 六 17 | 五 18 | 18 | 19 | 17 | 18 | 19 | 19 | 20 | 20 | 21 | 22 | 22 | 23 | 23 | 24 | 22 | 23 |
| 15 | 15 | 16 | 16 | 6 17 | 5 18 | 18 | 19 | 四 19 | 三 20 | 二 18 | 19 | 20 | 20 | 21 | 21 | 22 | 23 | 23 | 24 | 24 | 25 | 23 | 24 |
| 16 | 16 | 17 | 17 | 18 | 19 | 4 19 | 3 20 | 20 | 21 | 19 | 正 20 | 十二 21 | 十一 21 | 22 | 22 | 23 | 24 | 24 | 25 | 25 | 26 | 24 | 25 |
| 17 | 17 | 18 | 18 | 19 | 20 | 20 | 21 | 2 21 | 1 22 | 12 20 | 11 21 | 22 | 冬 22 | 十 23 | 23 | 24 | 25 | 25 | 26 | 26 | 27 | 25 | 26 |
| 18 | 18 | 19 | 19 | 20 | 21 | 21 | 22 | 22 | 23 | 21 | 22 | 10 23 | 9 23 | 24 | 閏 24 | 九 25 | 26 | 26 | 27 | 27 | 28 | 26 | 27 |
| 19 | 19 | 20 | 20 | 21 | 22 | 22 | 23 | 23 | 24 | 22 | 23 | 24 | 24 | 8 25 | 7 25 | 26 | 八 27 | 七 27 | 28 | 28 | 29 | 27 | 28 |
| 20 | 20 | 21 | 21 | 22 | 23 | 23 | 24 | 24 | 25 | 23 | 24 | 25 | 25 | 26 | 26 | 6 27 | 5 28 | 28 | 六 29 | 五 29 | 30 | 28 | 29 |
| 21 | 21 | 22 | 22 | 23 | 24 | 24 | 25 | 25 | 26 | 24 | 25 | 26 | 26 | 27 | 27 | 28 | 29 | 4 29 | 3 30 | 30 | 四 31 | 三 **3** | 二 30 |

一七三九 己未 乾隆四

1152

一七四〇 庚申 乾隆五

1153

| | | | | | | | | | | | | | | | | | | | | | | | | |
|---|---|---|---|---|---|---|---|---|---|---|---|---|---|---|---|---|---|---|---|---|---|---|---|---|
| 11 | 11 | 12 | 12 | 13 | 14 | 14 | 15 | 15 | 16 | 15 | 16 | 17 | 17 | 18 | 18 | 19 | 20 | 20 | 21 | 21 | 22 | 20 | 21 | 22 冬 |
| 12 | 12 | 13 | 13 | 14 | 15 | 15 | 16 | 16 | 17 | 16 | 17 | 18 | 18 | 19 | 19 | 20 | 21 | 21 | 22 | 22 | 23 | 21 | 22 | 23 |
| 13 | 13 | 14 | 14 | 15 | 16 | 16 | 17 | 17 | 18 | 17 | 18 | 19 | 19 | 20 | 20 | 21 | 22 | 22 | 23 | 23 | 24 | 22 | 23 | 24 |
| 14 | 14 | 15 | 15 | 16 | 17 | 17 | 18 | 18 | 19 | 18 | 19 | 20 | 20 | 21 | 21 | 22 | 23 | 23 | 24 | 24 | 25 | 23 | 24 | 25 |
| 15 | 15 | 16 | 16 | 17 | 18 | 18 | 19 | 19 | 20 | 19 | 20 | 21 | 21 | 22 | 22 | 23 | 24 | 24 | 25 | 25 | 26 | 24 | 25 | 26 |
| 16 | 16 | 17 | 17 | 18 | 19 | 19 | 20 | 20 | 21 | 20 | 21 | 22 | 冬 22 | 23 | 23 | 24 | 25 | 25 | 26 | 26 | 27 | 25 | 26 | 27 |
| 17 | 17 | 18 | 18 | 19 | 20 | 20 | 21 | 21 | 22 | 21 | 22 | 23 | 23 | 24 | 24 | 25 | 26 | 26 | 27 | 27 | 28 | 26 | 27 | 28 |
| 18 | 18 | 19 | 19 | 20 | 21 | 21 | 22 | 22 | 23 | 22 | 23 | 24 | 24 | 25 | 25 | 26 | 27 | 27 | 28 | 28 | 29 | 27 | 28 | 29 |
| 19 | 十一 19 | 十 20 | 20 | 21 | 22 | 22 | 23 | 23 | 24 | 23 | 24 | 25 | 25 | 26 | 26 | 27 | 28 | 28 | 29 | 29 | 30 | 28 | 29 | 30 |
| 20 | 10 20 | 9 21 | 九 21 | 八 22 | 七 23 | 23 | 24 | 24 | 25 | 24 | 25 | 26 | 26 | 27 | 27 | 28 | 29 | 29 | 30 | 30 | 31 | **3** | 30 | 31 |
| 21 | 冬 21 | 22 | 8 22 | 7 23 | 24 | 閏 24 | 六 25 | 五 25 | 26 | 25 | 26 | 27 | 27 | 28 | 28 | 29 | 30 | 30 | 31 | **5** | **4** | 2 | 31 | **1** |
| 22 | 22 | 23 | 23 | 24 | 6 25 | 5 25 | 26 | 26 | 四 27 | 26 | 27 | 28 | 28 | 29 | 29 | 30 | 31 | **7** | **6** | 2 | 2 | 3 | **2** | 2 |
| 23 | 23 | 24 | 24 | 25 | 26 | 26 | 4 27 | 3 27 | 28 | 三 27 | 二 28 | 29 | 29 | 30 | 30 | 31 | **8** | 2 | 2 | 3 | 3 | 4 | 2 | 3 |
| 24 | 24 | 25 | 25 | 26 | 27 | 27 | 28 | 28 | 2 29 | 1 28 | 29 | 正 30 | 十二 30 | 31 | **10** | **9** | 2 | 3 | 3 | 4 | 4 | 5 | 3 | 4 |
| 25 | 25 | 26 | 26 | 27 | 28 | 28 | 29 | 29 | 30 | 29 | 12 30 | 11 31 | **12** | 十一 **11** | 十 2 | 2 | 3 | 4 | 4 | 5 | 5 | 6 | 4 | 5 |
| 26 | 26 | 27 | 27 | 28 | 29 | 29 | 30 | 30 | 31 | **3** | 31 | **1** | 10 2 | 9 2 | 3 | 九 3 | 八 4 | 七 5 | 5 | 6 | 6 | 7 | 5 | 6 |
| 27 | 27 | 28 | 28 | 29 | 30 | 30 | 31 | **5** | **4** | 2 | **2** | 2 | 3 | 3 | 8 4 | 7 4 | 5 | 6 | 六 6 | 五 7 | 7 | 8 | 6 | 7 |
| 28 | 28 | 29 | 29 | 30 | 31 | **7** | **6** | 2 | 2 | 3 | 2 | 3 | 4 | 4 | 5 | 5 | 6 6 | 5 7 | 7 | 8 | 四 8 | 三 9 | 7 | 8 |
| 29 | 29 | 30 | 30 | 31 | **8** | 2 | 2 | 3 | 3 | 4 | 3 | 4 | 5 | 5 | 6 | 6 | 7 | 8 | 4 8 | 3 9 | 9 | 10 | 二 8 | 正 9 |
| 30 | 30 | 31 | **10** | **9** | 2 | 3 | 3 | 4 | 4 | 5 | 4 | 5 | 6 | 6 | 7 | 7 | 8 | 9 | 9 | 10 | 2 10 | 1 11 | 9 | 10 十二 |
| 31 | **12** | **11** | 2 | 2 | 3 | 4 | 4 | 5 | 5 | 6 | 5 | 6 | 7 | 7 | 8 | 8 | 9 | 10 | 10 | 11 | 11 | 12 | 12 10 | 11 11 |
| 日 | 2 | 2 | 3 | 3 | 4 | 5 | 5 | 6 | 6 | 7 | 6 | 7 | 8 | 8 | 9 | 9 | 10 | 11 | 11 | 12 | 12 | 13 | 11 | 12 10 |
| 曜 | 3 | 3 | 4 | 4 | 5 | 6 | 6 | 7 | 7 | 8 | 7 | 8 | 9 | 9 | 10 | 10 | 11 | 12 | 12 | 13 | 13 | 14 | 12 | 13 |
| 表 | 4 | 4 | 5 | 5 | 6 | 7 | 7 | 8 | 8 | 9 | 8 | 9 | 10 | 10 | 11 | 11 | 12 | 13 | 13 | 14 | 14 | 15 | 13 | 14 |
| 7 | 5 | 5 | 6 | 6 | 7 | 8 | 8 | 9 | 9 | 10 | 9 | 10 | 11 | 11 | 12 | 12 | 13 | 14 | 14 | 15 | 15 | 16 | 14 | 15 |
| 甲 | 6 | 6 | 7 | 7 | 8 | 9 | 9 | 10 | 10 | 11 | 10 | 11 | 12 | 12 | 13 | 13 | 14 | 15 | 15 | 16 | 16 | 17 | 15 | 16 |
| 子 | 7 | 7 | 8 | 8 | 9 | 10 | 10 | 11 | 11 | 12 | 11 | 12 | 13 | 13 | 14 | 14 | 15 | 16 | 16 | 17 | 17 | 18 | 16 | 17 |
| 表 | 8 | 8 | 9 | 9 | 10 | 11 | 11 | 12 | 12 | 13 | 12 | 13 | 14 | 14 | 15 | 15 | 16 | 17 | 17 | 18 | 18 | 19 | 17 | 18 |
| 23 | 9 | 9 | 10 | 10 | 11 | 12 | 12 | 13 | 13 | 14 | 13 | 14 | 15 | 15 | 16 | 16 | 17 | 18 | 18 | 19 | 19 | 20 | 18 | 19 |
| | 10 | 10 | 11 | 11 | 12 | 13 | 13 | 14 | 14 | 15 | 14 | 15 | 16 | 16 | 17 | 17 | 18 | 19 | 19 | 20 | 20 | 21 | 19 | 20 |

一七四二 壬戌 乾隆七 1155

一七四一 辛酉 乾隆六 1154

| 一七四二 壬戌 乾隆七 1155 | | | | | | | | | | | | 一七四一 辛酉 乾隆六 1154 | | | | | | | | | | | |
|---|---|---|---|---|---|---|---|---|---|---|---|---|---|---|---|---|---|---|---|---|---|---|---|
| 22 | 23 | 23 | 24 | 25 | 25 | 26 | 26 | 27 | 25 | 26 | 27 | 27 | 28 | 28 | 29 | 30 | 30 | 31 | **5** | **4** | 2 | 31 | **1** |
| 23 | 24 | 24 | 25 | 26 | 26 | 27 | 27 | 28 | 26 | 27 | 28 | 28 | 29 | 29 | 30 | 31 | **7** | **6** | 2 | 2 | 3 | **2** | 2 |
| 24 | 25 | 25 | 26 | 27 | 27 | 28 | 28 | 29 | 27 | 28 | 29 | 29 | 30 | 30 | 31 | **8** | 2 | 2 | 3 | 3 | 4 | 2 | 3 |
| 25 | 26 | 26 | 27 | 28 | 28 | 29 | 29 | 30 | 28 | 29 | 30 | 30 | 31 | **10** | **9** | 2 | 3 | 3 | 4 | 4 | 5 | 3 | 4 |
| 26 | 27 | 27 | 28 | 29 | 29 | 30 | 30 | 31 | **3** | 30 | 31 | **12** | **11** | 2 | 2 | 3 | 4 | 4 | 5 | 5 | 6 | **4** | 5 |
| 27 十一 | 28 十 | 28 | 29 | 30 | 30 | 31 | **5** | **4** | 2 | 31 | **1** | 2 | 2 | 3 | 3 | 4 | 5 | 5 | 6 | 6 | 7 | 5 | 6 |
| 28 | 29 | 29 九 | 30 八 | 31 | **7** | **6** | 2 | 2 | 3 | **2** | 2 | 3 | 3 | 4 | 4 | 5 | 6 | 6 | 7 | 7 | 8 | 6 | 7 |
| 29 **10** | 30 **9** | 30 | 31 | **8** 七 | 2 六 | 2 | 3 | 3 | 4 | 2 | 3 | 4 | 4 | 5 | 5 | 6 | 7 | 7 | 8 | 8 | 9 | 7 | 8 |
| 30 | 31 | **10** **8** | **9** **7** | 2 | 3 | 3 五 | 4 | 4 | 5 | 3 | 4 | 5 | 5 | 6 | 6 | 7 | 8 | 8 | 9 | 9 | 10 | 8 | 9 |
| **12** | **11** | 2 | 2 | 3 **6** | 4 **5** | 4 | 5 四 | 5 三 | 6 | 4 | 5 | 6 | 6 | 7 | 7 | 8 | 9 | 9 | 10 | 10 | 11 | 9 | 10 |
| 2 | 2 | 3 | 3 | 4 | 5 | 5 **4** | 6 **3** | 6 | 7 二 | 5 正 | 6 | 7 | 7 | 8 | 8 | 9 | 10 | 10 | 11 | 11 | 12 | 10 | 11 |
| 3 | 3 | 4 | 4 | 5 | 6 | 6 | 7 | 7 **2** | 8 **1** | 6 | 7 十二 | 8 十一 | 8 十 | 9 | 9 | 10 | 11 | 11 | 12 | 12 | 13 | 11 | 12 |
| 4 | 4 | 5 | 5 | 6 | 7 | 7 | 8 | 8 | 9 | 7 **12** | 8 **11** | 9 | 9 | 10 九 | 10 八 | 11 七 | 12 | 12 | 13 | 13 | 14 | 12 | 13 |
| 5 | 5 | 6 | 6 | 7 | 8 | 8 | 9 | 9 | 10 | 8 | 9 | 10 **10** | 10 **9** | 11 | 11 | 12 | 13 六 | 13 五 | 14 | 14 | 15 | 13 | 14 |
| 6 | 6 | 7 | 7 | 8 | 9 | 9 | 10 | 10 | 11 | 9 | 10 | 11 | 11 | 12 **8** | 12 **7** | 13 | 14 | 14 | 15 四 | 15 | 16 | 14 | 15 |
| 7 | 7 | 8 | 8 | 9 | 10 | 10 | 11 | 11 | 12 | 10 | 11 | 12 | 12 | 13 | 13 | 14 **6** | 15 **5** | 15 | 16 | 16 三 | 17 二 | 15 | 16 |
| 8 | 8 | 9 | 9 | 10 | 11 | 11 | 12 | 12 | 13 | 11 | 12 | 13 | 13 | 14 | 14 | 15 | 16 | 16 **4** | 17 **3** | 17 | 18 | 16 正 | 17 十二 |
| 9 | 9 | 10 | 10 | 11 | 12 | 12 | 13 | 13 | 14 | 12 | 13 | 14 | 14 | 15 | 15 | 16 | 17 | 17 | 18 | 18 **2** | 19 **1** | 17 **12** | 18 **11** |
| 10 | 10 | 11 | 11 | 12 | 13 | 13 | 14 | 14 | 15 | 13 | 14 | 15 | 15 | 16 | 16 | 17 | 18 | 18 | 19 | 19 | 20 | 18 | 19 |
| 11 | 11 | 12 | 12 | 13 | 14 | 14 | 15 | 15 | 16 | 14 | 15 | 16 | 16 | 17 | 17 | 18 | 19 | 19 | 20 | 20 | 21 | 19 | 20 |
| 12 | 12 | 13 | 13 | 14 | 15 | 15 | 16 | 16 | 17 | 15 | 16 | 17 | 17 | 18 | 18 | 19 | 20 | 20 | 21 | 21 | 22 | 20 | 21 |
| 13 | 13 | 14 | 14 | 15 | 16 | 16 | 17 | 17 | 18 | 16 | 17 | 18 | 18 | 19 | 19 | 20 | 21 | 21 | 22 | 22 | 23 | 21 | 22 |
| 14 | 14 | 15 | 15 | 16 | 17 | 17 | 18 | 18 | 19 | 17 | 18 | 19 | 19 | 20 | 20 | 21 | 22 | 22 | 23 | 23 | 24 | 22 | 23 |
| 15 | 15 | 16 | 16 | 17 | 18 | 18 | 19 | 19 | 20 | 18 | 19 | 20 | 20 | 21 | 21 | 22 | 23 | 23 | 24 | 24 | 25 | 23 | 24 |
| 16 | 16 | 17 | 17 | 18 | 19 | 19 | 20 | 20 | 21 | 19 | 20 | 21 | 21 | 22 | 22 | 23 | 24 | 24 | 25 | 25 | 26 | 24 | 25 |
| 17 | 17 | 18 | 18 | 19 | 20 | 20 | 21 | 21 | 22 | 20 | 21 | 22 冬 | 22 | 23 | 23 | 24 | 25 | 25 | 26 | 26 | 27 | 25 | 26 |
| 18 | 18 | 19 | 19 | 20 | 21 | 21 | 22 | 22 | 23 | 21 | 22 | 23 | 23 | 24 | 24 | 25 | 26 | 26 | 27 | 27 | 28 | 26 | 27 |
| 19 | 19 | 20 | 20 | 21 | 22 | 22 | 23 | 23 | 24 | 22 | 23 | 24 | 24 | 25 | 25 | 26 | 27 | 27 | 28 | 28 | 29 | 27 | 28 |
| 20 | 20 | 21 | 21 | 22 | 23 | 23 | 24 | 24 | 25 | 23 | 24 | 25 | 25 | 26 | 26 | 27 | 28 | 28 | 29 | 29 | 30 | 28 | 29 |
| 21 | 21 | 22 | 22 | 23 | 24 | 24 | 25 | 25 | 26 | 24 | 25 | 26 | 26 | 27 | 27 | 28 | 29 | 29 | 30 | 30 | 31 | **3** | 30 |

一七四四 甲子 乾隆九 1157

一七四三 癸亥 乾隆八 1156

| | | | | | | | | | | | | | | | | | | | | | | | | |
|---|---|---|---|---|---|---|---|---|---|---|---|---|---|---|---|---|---|---|---|---|---|---|---|---|
| 11 | 11 | 12 | 12 | 13 | 14 | 14 | 15 | 15 | 16 2 | 15 1 | 16 12 | 17 11 | 17 | 18 | 18 八 | 19 七 | 20 | 20 | 21 | 21 | 22 | 20 | 21 | 22 冬 |
| 12 | 12 | 13 | 13 | 14 | 15 | 15 | 16 | 16 | 17 | 16 | 17 | 18 | 18 10 | 19 9 | 19 | 20 | 21 六 | 21 | 22 | 22 | 23 | 21 | 22 | 23 |
| 13 | 13 | 14 | 14 | 15 | 16 | 16 | 17 | 17 | 18 | 17 | 18 | 19 | 19 | 20 | 20 8 | 21 7 | 22 | 22 五 | 23 | 23 | 24 | 22 | 23 | 24 |
| 14 | 14 | 15 | 15 | 16 | 17 | 17 | 18 | 18 | 19 | 18 | 19 | 20 | 20 | 21 | 21 | 22 | 23 6 | 23 5 | 24 閏 | 24 四 | 25 | 23 | 24 | 25 |
| 15 | 15 | 16 | 16 | 17 | 18 | 18 | 19 | 19 | 20 | 19 | 20 | 21 | 21 | 22 | 22 | 23 | 24 | 24 | 25 4 | 25 3 | 26 三 | 24 二 | 25 | 26 |
| 16 | 16 | 17 | 17 | 18 | 19 | 19 | 20 | 20 | 21 | 20 | 21 | 22 冬 | 22 | 23 | 23 | 24 | 25 | 25 | 26 | 26 | 27 2 | 25 1 | 26 正 | 27 十二 |
| 17 | 17 | 18 | 18 | 19 | 20 | 20 | 21 | 21 | 22 | 21 | 22 | 23 | 23 | 24 | 24 | 25 | 26 | 26 | 27 | 27 | 28 | 26 | 27 12 | 28 11 |
| 18 | 18 | 19 | 19 | 20 | 21 | 21 | 22 | 22 | 23 | 22 | 23 | 24 | 24 | 25 | 25 | 26 | 27 | 27 | 28 | 28 | 29 | 27 | 28 | 29 |
| 19 | 19 | 20 | 20 | 21 | 22 | 22 | 23 | 23 | 24 | 23 | 24 | 25 | 25 | 26 | 26 | 27 | 28 | 28 | 29 | 29 | 30 | 28 | 29 | 30 |
| 20 | 20 | 21 | 21 | 22 | 23 | 23 | 24 | 24 | 25 | 24 | 25 | 26 | 26 | 27 | 27 | 28 | 29 | 29 | 30 | 30 | 31 | **3** | 30 | 31 |
| 21 冬 | 21 | 22 | 22 | 23 | 24 | 24 | 25 | 25 | 26 | 25 | 26 | 27 | 27 | 28 | 28 | 29 | 30 | 30 | 31 | **5** | **4** | 2 | 31 | **1** |
| 22 | 22 | 23 | 23 | 24 | 25 | 25 | 26 | 26 | 27 | 26 | 27 | 28 | 28 | 29 | 29 | 30 | 31 | **7** | **6** | 2 | 2 | 3 | **2** | 2 |
| 23 | 23 | 24 | 24 | 25 | 26 | 26 | 27 | 27 | 28 | 27 | 28 | 29 | 29 | 30 | 30 | 31 | **8** | 2 | 2 | 3 | 3 | 4 | 2 | 3 |
| 24 | 24 | 25 | 25 | 26 | 27 | 27 | 28 | 28 | 29 | 28 | 29 | 30 | 30 | 31 | **10** | **9** | 2 | 3 | 3 | 4 | 4 | 5 | 3 | 4 |
| 25 | 25 | 26 | 26 | 27 | 28 | 28 | 29 | 29 | 30 | 29 | 30 | 31 | **12** | **11** | 2 | 2 | 3 | 4 | 4 | 5 | 5 | 6 | 4 | 5 |
| 26 | 26 | 27 | 27 | 28 | 29 | 29 | 30 | 30 | 31 | **3** | 31 | **1** | 2 | 2 | 3 | 3 | 4 | 5 | 5 | 6 | 6 | 7 | 5 | 6 |
| 27 | 27 | 28 | 28 | 29 | 30 | 30 | 31 | **5** | **4** | 2 | **2** | 2 | 3 | 3 | 4 | 4 | 5 | 6 | 6 | 7 | 7 | 8 | 6 | 7 |
| 28 | 28 | 29 | 29 | 30 | 31 | **7** | **6** | 2 | 2 | 3 | 2 | 3 | 4 | 4 | 5 | 5 | 6 | 7 | 7 | 8 | 8 | 9 | 7 | 8 |
| 29 | 29 | 30 | 30 | 31 | **8** | 2 | 2 | 3 | 3 | 4 | 3 | 4 | 5 | 5 | 6 | 6 | 7 | 8 | 8 | 9 | 9 | 10 | 8 | 9 |
| 30 | 30 | 31 | **10** | **9** | 2 | 3 | 3 | **4** | 4 | 5 | 4 | 5 | 6 | 6 | 7 | 7 | 8 | 9 | 9 | 10 | 10 | 11 | 9 | 10 |
| 31 | **12** | **11** | 2 | 2 | 3 | 4 | 4 | 5 | 5 | 6 | 5 | 6 | 7 | 7 | 8 | 8 | 9 | 10 | 10 | 11 | 11 | 12 | 10 | 11 |
| 日 | 2 | 2 | 3 | 3 | 4 | 5 | 5 | 6 | 6 | 7 | 6 | 7 | 8 | 8 | 9 | 9 | 10 | 11 | 11 | 12 | 12 | 13 | 11 | 12 |
| 曜 | 3 | 3 | 4 | 4 | 5 | 6 | 6 | 7 | 7 | 8 | 7 | 8 | 9 | 9 | 10 | 10 | 11 | 12 | 12 | 13 | 13 | 14 | 12 | 13 |
| 表 | 4 十一 | 4 十 | 5 | 5 | 6 | 7 | 7 | 8 | 8 | 9 | 8 | 9 | 10 | 10 | 11 | 11 | 12 | 13 | 13 | 14 | 14 | 15 | 13 | 14 |
| 1 | 5 | 5 | 6 九 | 6 八 | 7 | 8 | 8 | 9 | 9 | 10 | 9 | 10 | 11 | 11 | 12 | 12 | 13 | 14 | 14 | 15 | 15 | 16 | 14 | 15 |
| 甲 | 6 11 | 6 | 7 | 7 | 8 七 | 9 | 9 | 10 | 10 | 11 | 10 | 11 | 12 | 12 | 13 | 13 | 14 | 15 | 15 | 16 | 16 | 17 | 15 | 16 |
| 子 | 7 | 7 10 | 8 9 | 8 | 9 | 10 六 | 10 | 11 | 11 | 12 | 11 | 12 | 13 | 13 | 14 | 14 | 15 | 16 | 16 | 17 | 17 | 18 | 16 | 17 |
| 表 | 8 | 8 | 9 | 9 8 | 10 7 | 11 | 11 五 | 12 四 | 12 | 13 | 12 | 13 | 14 | 14 | 15 | 15 | 16 | 17 | 17 | 18 | 18 | 19 | 17 | 18 |
| 24 | 9 | 9 | 10 | 10 | 11 | 12 6 | 12 5 | 13 | 13 三 | 14 二 | 13 正 | 14 | 15 | 15 | 16 | 16 | 17 | 18 | 18 | 19 | 19 | 20 | 18 | 19 |
| | 10 | 10 | 11 | 11 | 12 | 13 | 13 | 14 4 | 14 3 | 15 | 14 | 15 十二 | 16 十一 | 16 十 | 17 九 | 17 | 18 | 19 | 19 | 20 | 20 | 21 | 19 | 20 |

| 一七四六 丙寅 乾隆一一 1159 | | | | | | | | | | | | 一七四五 乙丑 乾隆一〇 1158 | | | | | | | | | | | |
|---|---|---|---|---|---|---|---|---|---|---|---|---|---|---|---|---|---|---|---|---|---|---|---|
| 22 | 23 | 23 | 24 | 25 | 25 | 26 | 26 | 27 | 25 | 26 | 27 | 27 | 28 | 28 | 29 8 | 30 7 | 30 六 | 31 五 | 5 | 4 | 2 | 31 | 1 |
| 23 | 24 | 24 | 25 | 26 | 26 | 27 | 27 | 28 | 26 | 27 | 28 | 28 | 29 | 29 | 30 | 31 | 7 6 | 6 5 | 2 四 | 2 三 | 3 二 | 2 正 | 2 |
| 24 | 25 | 25 | 26 | 27 | 27 | 28 | 28 | 29 | 27 | 28 | 29 | 29 | 30 | 30 | 31 | 8 | 2 | 2 | 3 4 | 3 3 | 4 | 2 | 3 十二 |
| 25 | 26 | 26 | 27 | 28 | 28 | 29 | 29 | 30 | 28 | 29 | 30 | 30 | 31 | 10 | 9 | 2 | 3 | 3 | 4 | 4 | 5 2 | 3 1 | 4 |
| 26 | 27 | 27 | 28 | 29 | 29 | 30 | 30 | 31 | 3 | 30 | 31 | 12 | 11 | 2 | 2 | 3 | 4 | 4 | 5 | 5 | 6 | 4 | 5 12 |
| 27 | 28 | 28 | 29 | 30 | 30 | 31 | 5 | 4 | 2 | 31 | 1 | 2 | 2 | 3 | 3 | 4 | 5 | 5 | 6 | 6 | 7 | 5 | 6 |
| 28 | 29 | 29 | 30 | 31 | 7 | 6 | 2 | 2 | 3 | 2 | 2 | 3 | 3 | 4 | 4 | 5 | 6 | 6 | 7 | 7 | 8 | 6 | 7 |
| 29 | 30 | 30 | 31 | 8 | 2 | 2 | 3 | 3 | 4 | 2 | 3 | 4 | 4 | 5 | 5 | 6 | 7 | 7 | 8 | 8 | 9 | 7 | 8 |
| 30 | 31 | 10 | 9 | 2 | 3 | 3 | 4 | 4 | 5 | 3 | 4 | 5 | 5 | 6 | 6 | 7 | 8 | 8 | 9 | 9 | 10 | 8 | 9 |
| 12 | 11 | 2 | 2 | 3 | 4 | 4 | 5 | 5 | 6 | 4 | 5 | 6 | 6 | 7 | 7 | 8 | 9 | 9 | 10 | 10 | 11 | 9 | 10 |
| 2 | 2 | 3 | 3 | 4 | 5 | 5 | 6 | 6 | 7 | 5 | 6 | 7 | 7 | 8 | 8 | 9 | 10 | 10 | 11 | 11 | 12 | 10 | 11 |
| 3 | 3 | 4 | 4 | 5 | 6 | 6 | 7 | 7 | 8 | 6 | 7 | 8 | 8 | 9 | 9 | 10 | 11 | 11 | 12 | 12 | 13 | 11 | 12 |
| 4 | 4 | 5 | 5 | 6 | 7 | 7 | 8 | 8 | 9 | 7 | 8 | 9 | 9 | 10 | 10 | 11 | 12 | 12 | 13 | 13 | 14 | 12 | 13 |
| 5 | 5 | 6 | 6 | 7 | 8 | 8 | 9 | 9 | 10 | 8 | 9 | 10 | 10 | 11 | 11 | 12 | 13 | 13 | 14 | 14 | 15 | 13 | 14 |
| 6 | 6 | 7 | 7 | 8 | 9 | 9 | 10 | 10 | 11 | 9 | 10 | 11 | 11 | 12 | 12 | 13 | 14 | 14 | 15 | 15 | 16 | 14 | 15 |
| 7 | 7 | 8 | 8 | 9 | 10 | 10 | 11 | 11 | 12 | 10 | 11 | 12 | 12 | 13 | 13 | 14 | 15 | 15 | 16 | 16 | 17 | 15 | 16 |
| 8 | 8 | 9 | 9 | 10 | 11 | 11 | 12 | 12 | 13 | 11 | 12 | 13 | 13 | 14 | 14 | 15 | 16 | 16 | 17 | 17 | 18 | 16 | 17 |
| 9 | 9 | 10 | 10 | 11 | 12 | 12 | 13 | 13 | 14 | 12 | 13 | 14 | 14 | 15 | 15 | 16 | 17 | 17 | 18 | 18 | 19 | 17 | 18 |
| 10 | 10 | 11 | 11 | 12 | 13 | 13 | 14 | 14 | 15 | 13 | 14 | 15 | 15 | 16 | 16 | 17 | 18 | 18 | 19 | 19 | 20 | 18 | 19 |
| 11 | 11 | 12 | 12 | 13 | 14 | 14 | 15 | 15 | 16 | 14 | 15 | 16 | 16 | 17 | 17 | 18 | 19 | 19 | 20 | 20 | 21 | 19 | 20 |
| 12 十一 | 12 | 13 | 13 | 14 | 15 | 15 | 16 | 16 | 17 | 15 | 16 | 17 | 17 | 18 | 18 | 19 | 20 | 20 | 21 | 21 | 22 | 20 | 21 |
| 13 | 13 十 | 14 | 14 | 15 | 16 | 16 | 17 | 17 | 18 | 16 | 17 | 18 | 18 | 19 | 19 | 20 | 21 | 21 | 22 | 22 | 23 | 21 | 22 |
| 14 | 14 | 15 九 | 15 八 | 16 | 17 | 17 | 18 | 18 | 19 | 17 | 18 | 19 | 19 | 20 | 20 | 21 | 22 | 22 | 23 | 23 | 24 | 22 | 23 |
| 15 12 | 15 11 | 16 | 16 | 17 七 | 18 六 | 18 | 19 | 19 | 20 | 18 | 19 | 20 | 20 | 21 | 21 | 22 | 23 | 23 | 24 | 24 | 25 | 23 | 24 |
| 16 | 16 | 17 10 | 17 9 | 18 | 19 | 19 五 | 20 四 | 20 | 21 | 19 | 20 | 21 冬 | 21 | 22 | 22 | 23 | 24 | 24 | 25 | 25 | 26 | 24 | 25 |
| 17 | 17 | 18 | 18 | 19 8 | 20 7 | 20 | 21 | 21 閏 | 22 三 | 20 二 | 21 | 22 | 22 | 23 | 23 | 24 | 25 | 25 | 26 | 26 | 27 | 25 | 26 |
| 18 | 18 | 19 | 19 | 20 | 21 | 21 6 | 22 5 | 22 | 23 | 21 | 22 正 | 23 十二 | 23 十一 | 24 | 24 | 25 | 26 | 26 | 27 | 27 | 28 | 26 | 27 |
| 19 | 19 | 20 | 20 | 21 | 22 | 22 | 23 | 23 4 | 24 3 | 22 | 23 | 24 | 24 | 25 十 | 25 | 26 | 27 | 27 | 28 | 28 | 29 | 27 | 28 |
| 20 | 20 | 21 | 21 | 22 | 23 | 23 | 24 | 24 | 25 | 23 2 | 24 1 | 25 12 | 25 11 | 26 | 26 九 | 27 八 | 28 | 28 | 29 | 29 | 30 | 28 | 29 |
| 21 | 21 | 22 | 22 | 23 | 24 | 24 | 25 | 25 | 26 | 24 | 25 | 26 | 26 | 27 10 | 27 9 | 28 | 29 七 | 29 | 30 | 30 | 31 | 3 | 30 |

一七四八 戊辰 乾隆一三

1162 1161

一七四七 丁卯 乾隆一二

1160

| | | | | | | | | | | | | | | | | | | | | | | | | |
|---|---|---|---|---|---|---|---|---|---|---|---|---|---|---|---|---|---|---|---|---|---|---|---|---|
| 11 | 11 | 12 | 12 | 13 | 14 | 14 | 15 | 15 | 16 | 15 | 16 | 17 | 17 | 18 | 18 | 19 | 20 | 20 | 21 | 21 | 22 | 20 | 21 | 22 冬 |
| 12 | 12 | 13 | 13 | 14 | 15 | 15 | 16 | 16 | 17 | 16 | 17 | 18 | 18 | 19 | 19 | 20 | 21 | 21 | 22 | 22 | 23 | 21 | 22 | 23 |
| 13 | 13 | 14 | 14 | 15 | 16 | 16 | 17 | 17 | 18 | 17 | 18 | 19 | 19 | 20 | 20 | 21 | 22 | 22 | 23 | 23 | 24 | 22 | 23 | 24 |
| 14 | 14 | 15 | 15 | 16 | 17 | 17 | 18 | 18 | 19 | 18 | 19 | 20 | 20 | 21 | 21 | 22 | 23 | 23 | 24 | 24 | 25 | 23 | 24 | 25 |
| 15 | 15 | 16 | 16 | 17 | 18 | 18 | 19 | 19 | 20 | 19 | 20 | 21 | 21 | 22 | 22 | 23 | 24 | 24 | 25 | 25 | 26 | 24 | 25 | 26 |
| 16 | 16 | 17 | 17 | 18 | 19 | 19 | 20 | 20 | 21 | 20 | 21 | 22 冬 | 22 | 23 | 23 | 24 | 25 | 25 | 26 | 26 | 27 | 25 | 26 | 27 |
| 17 | 17 | 18 | 18 | 19 | 20 | 20 | 21 | 21 | 22 | 21 | 22 | 23 | 23 | 24 | 24 | 25 | 26 | 26 | 27 | 27 | 28 | 26 | 27 | 28 |
| 18 | 18 | 19 | 19 | 20 | 21 | 21 | 22 | 22 | 23 | 22 | 23 | 24 | 24 | 25 | 25 | 26 | 27 | 27 | 28 | 28 | 29 | 27 | 28 | 29 |
| 19 | 19 | 20 | 20 | 21 | 22 | 22 | 23 | 23 | 24 | 23 | 24 | 25 | 25 | 26 | 26 | 27 | 28 | 28 | 29 | 29 | 30 | 28 | 29 | 30 |
| 20 十二 | 20 | 21 | 21 | 22 | 23 | 23 | 24 | 24 | 25 | 24 | 25 | 26 | 26 | 27 | 27 | 28 | 29 | 29 | 30 | 30 | 31 | 3 | 30 | 31 |
| 21 冬 | 21 十 | 22 九 | 22 | 23 | 24 | 24 | 25 | 25 | 26 | 25 | 26 | 27 | 27 | 28 | 28 | 29 | 30 | 30 | 31 | 5 | 4 | 2 | 31 | 1 |
| 22 1 | 22 12 | 23 11 | 23 八 | 24 閏 | 25 七 | 25 | 26 | 26 | 27 | 26 | 27 | 28 | 28 | 29 | 29 | 30 | 31 | 7 | 6 | 2 | 2 | 3 | 2 | 2 |
| 23 | 23 | 24 | 24 10 | 25 9 | 26 | 26 六 | 27 五 | 27 四 | 28 | 27 | 28 | 29 | 29 | 30 | 30 | 31 | 8 | 2 | 2 | 3 | 3 | 4 | 2 | 3 |
| 24 | 24 | 25 | 25 | 26 | 27 8 | 27 7 | 28 | 28 | 29 三 | 28 二 | 29 | 30 | 30 | 31 | 10 | 9 | 2 | 3 | 3 | 4 | 4 | 5 | 3 | 4 |
| 25 | 25 | 26 | 26 | 27 | 28 | 28 | 29 6 | 29 5 | 30 | 29 | 30 正 | 31 | 12 | 11 | 2 | 2 | 3 | 4 | 4 | 5 | 5 | 6 | 4 | 5 |
| 26 | 26 | 27 | 27 | 28 | 29 | 29 | 30 | 30 | 31 4 | 3 3 | 31 | 1 十二 | 2 十一 | 2 | 3 | 3 | 4 | 5 | 5 | 6 | 6 | 7 | 5 | 6 |
| 27 | 27 | 28 | 28 | 29 | 30 | 30 | 31 | 5 | 4 | 2 | 2 2 | 2 1 | 3 | 3 十 | 4 九 | 4 | 5 | 6 | 6 | 7 | 7 | 8 | 6 | 7 |
| 28 | 28 | 29 | 29 | 30 | 31 | 7 | 6 | 2 | 2 | 3 | 2 | 3 | 4 12 | 4 11 | 5 | 5 八 | 6 七 | 7 | 7 | 8 | 8 | 9 | 7 | 8 |
| 29 | 29 | 30 | 30 | 31 | 8 | 2 | 2 | 3 | 3 | 4 | 3 | 4 | 5 | 5 | 6 10 | 6 9 | 7 | 8 六 | 8 五 | 9 四 | 9 | 10 | 8 | 9 |
| 30 | 30 | 31 | 10 | 9 | 2 | 3 | 3 | 4 | 4 | 5 | 4 | 5 | 6 | 6 | 7 | 7 | 8 8 | 9 7 | 9 | 10 | 10 三 | 11 二 | 9 正 | 10 |
| 31 | 12 | 11 | 2 | 2 | 3 | 4 | 4 | 5 | 5 | 6 | 5 | 6 | 7 | 7 | 8 | 8 | 9 | 10 | 10 6 | 11 5 | 11 | 12 | 10 | 11 十二 |
| 日 | 2 | 2 | 3 | 3 | 4 | 5 | 5 | 6 | 6 | 7 | 6 | 7 | 8 | 8 | 9 | 9 | 10 | 11 | 11 | 12 | 12 4 | 13 3 | 11 | 12 |
| 曜 | 3 | 3 | 4 | 4 | 5 | 6 | 6 | 7 | 7 | 8 | 7 | 8 | 9 | 9 | 10 | 10 | 11 | 12 | 12 | 13 | 13 | 14 | 12 2 | 13 1 |
| 表 | 4 | 4 | 5 | 5 | 6 | 7 | 7 | 8 | 8 | 9 | 8 | 9 | 10 | 10 | 11 | 11 | 12 | 13 | 13 | 14 | 14 | 15 | 13 | 14 |
| 2 | 5 | 5 | 6 | 6 | 7 | 8 | 8 | 9 | 9 | 10 | 9 | 10 | 11 | 11 | 12 | 12 | 13 | 14 | 14 | 15 | 15 | 16 | 14 | 15 |
| 甲 | 6 | 6 | 7 | 7 | 8 | 9 | 9 | 10 | 10 | 11 | 10 | 11 | 12 | 12 | 13 | 13 | 14 | 15 | 15 | 16 | 16 | 17 | 15 | 16 |
| 子 | 7 | 7 | 8 | 8 | 9 | 10 | 10 | 11 | 11 | 12 | 11 | 12 | 13 | 13 | 14 | 14 | 15 | 16 | 16 | 17 | 17 | 18 | 16 | 17 |
| 表 | 8 | 8 | 9 | 9 | 10 | 11 | 11 | 12 | 12 | 13 | 12 | 13 | 14 | 14 | 15 | 15 | 16 | 17 | 17 | 18 | 18 | 19 | 17 | 18 |
| 25 | 9 | 9 | 10 | 10 | 11 | 12 | 12 | 13 | 13 | 14 | 13 | 14 | 15 | 15 | 16 | 16 | 17 | 18 | 18 | 19 | 19 | 20 | 18 | 19 |
| | 10 | 10 | 11 | 11 | 12 | 13 | 13 | 14 | 14 | 15 | 14 | 15 | 16 | 16 | 17 | 17 | 18 | 19 | 19 | 20 | 20 | 21 | 19 | 20 |

一七五〇 庚午 乾隆一五　1164

一七四九 己巳 乾隆一四　1163

| | | | | | | | | | | | | | | | | | | | | | | | |
|---|---|---|---|---|---|---|---|---|---|---|---|---|---|---|---|---|---|---|---|---|---|---|---|
| 22 | 23 | 23 | 24 | 25 | 25 | 26 | 26 | 27 | 25 | 26 | 27 | 27 | 28 | 28 | 29 | 30 | 30 | 31 | **5** | **4** | 2 | 31 | **1** |
| 23 | 24 | 24 | 25 | 26 | 26 | 27 | 27 | 28 | 26 | 27 | 28 | 28 | 29 | 29 | 30 | 31 | **7** | **6** | 2 | 2 | 3 | **2** | 2 |
| 24 | 25 | 25 | 26 | 27 | 27 | 28 | 28 | 29 | 27 | 28 | 29 | 29 | 30 | 30 | 31 | **8** | 2 | 2 | 3 | 3 | 4 | 2 | 3 |
| 25 | 26 | 26 | 27 | 28 | 28 | 29 | 29 | 30 | 28 | 29 | 30 | 30 | 31 | **10** | **9** | 2 | 3 | 3 | 4 | 4 | 5 | 3 | 4 |
| 26 | 27 | 27 | 28 | 29 | 29 | 30 | 30 | 31 | **3** | 30 | 31 | **12** | **11** | 2 | 2 | 3 | 4 | 4 | 5 | 5 | 6 | 4 | 5 |
| 27 | 28 | 28 | 29 | 30 | 30 | 31 | **5** | **4** | 2 | 31 | **1** | 2 | 2 | 3 | 3 | 4 | 5 | 5 | 6 | 6 | 7 | 5 | 6 |
| 28 | 29 | 29 | 30 | 31 | **7** | **6** | 2 | 2 | 3 | **2** | 2 | 3 | 3 | 4 | 4 | 5 | 6 | 6 | 7 | 7 | 8 | 6 | 7 |
| 29 十一 | 30 十 | 30 九 | 31 | **8** | 2 | 2 | 3 | 3 | 4 | 2 | 3 | 4 | 4 | 5 | 5 | 6 | 7 | 7 | 8 | 8 | 9 | 7 | 8 |
| 30 **1** | 31 | **10** | **9** 八 | 2 七 | 3 | 3 | 4 | 4 | 5 | 3 | 4 | 5 | 5 | 6 | 6 | 7 | 8 | 8 | 9 | 9 | 10 | 8 | 9 |
| **12** | **11** **12** | 2 **11** | 2 | 3 | 4 六 | 4 五 | 5 | 5 | 6 | 4 | 5 | 6 | 6 | 7 | 7 | 8 | 9 | 9 | 10 | 10 | 11 | 9 | 10 |
| 2 | 2 | 3 | 3 **10** | 4 **9** | 5 | 5 | 6 四 | 6 | 7 | 5 | 6 | 7 | 7 | 8 | 8 | 9 | 10 | 10 | 11 | 11 | 12 | 10 | 11 |
| 3 | 3 | 4 | 4 | 5 | 6 **8** | 6 **7** | 7 | 7 三 | 8 二 | 6 | 7 | 8 | 8 | 9 | 9 | 10 | 11 | 11 | 12 | 12 | 13 | 11 | 12 |
| 4 | 4 | 5 | 5 | 6 | 7 | 7 | 8 **6** | 8 **5** | 9 | 7 正 | 8 十二 | 9 | 9 | 10 | 10 | 11 | 12 | 12 | 13 | 13 | 14 | 12 | 13 |
| 5 | 5 | 6 | 6 | 7 | 8 | 8 | 9 | 9 | 10 **4** | 8 **3** | 9 | 10 十一 | 10 十 | 11 九 | 11 | 12 | 13 | 13 | 14 | 14 | 15 | 13 | 14 |
| 6 | 6 | 7 | 7 | 8 | 9 | 9 | 10 | 10 | 11 | 9 | 10 **2** | 11 **1** | 11 | 12 | 12 八 | 13 七 | 14 六 | 14 | 15 | 15 | 16 | 14 | 15 |
| 7 | 7 | 8 | 8 | 9 | 10 | 10 | 11 | 11 | 12 | 10 | 11 | 12 | 12 **12** | 13 **11** | 13 | 14 | 15 | 15 五 | 16 四 | 16 | 17 | 15 | 16 |
| 8 | 8 | 9 | 9 | 10 | 11 | 11 | 12 | 12 | 13 | 11 | 12 | 13 | 13 | 14 | 14 **10** | 15 **9** | 16 | 16 | 17 | 17 三 | 18 二 | 16 | 17 |
| 9 | 9 | 10 | 10 | 11 | 12 | 12 | 13 | 13 | 14 | 12 | 13 | 14 | 14 | 15 | 15 | 16 | 17 **8** | 17 **7** | 18 | 18 | 19 | 17 正 | 18 |
| 10 | 10 | 11 | 11 | 12 | 13 | 13 | 14 | 14 | 15 | 13 | 14 | 15 | 15 | 16 | 16 | 17 | 18 | 18 | 19 **6** | 19 **5** | 20 | 18 | 19 十二 |
| 11 | 11 | 12 | 12 | 13 | 14 | 14 | 15 | 15 | 16 | 14 | 15 | 16 | 16 | 17 | 17 | 18 | 19 | 19 | 20 | 20 | 21 **4** | 19 **3** | 20 |
| 12 | 12 | 13 | 13 | 14 | 15 | 15 | 16 | 16 | 17 | 15 | 16 | 17 | 17 | 18 | 18 | 19 | 20 | 20 | 21 | 21 | 22 | 20 | 21 **2** |
| 13 | 13 | 14 | 14 | 15 | 16 | 16 | 17 | 17 | 18 | 16 | 17 | 18 | 18 | 19 | 19 | 20 | 21 | 21 | 22 | 22 | 23 | 21 | 22 |
| 14 | 14 | 15 | 15 | 16 | 17 | 17 | 18 | 18 | 19 | 17 | 18 | 19 | 19 | 20 | 20 | 21 | 22 | 22 | 23 | 23 | 24 | 22 | 23 |
| 15 | 15 | 16 | 16 | 17 | 18 | 18 | 19 | 19 | 20 | 18 | 19 | 20 | 20 | 21 | 21 | 22 | 23 | 23 | 24 | 24 | 25 | 23 | 24 |
| 16 | 16 | 17 | 17 | 18 | 19 | 19 | 20 | 20 | 21 | 19 | 20 | 21 冬 | 21 | 22 | 22 | 23 | 24 | 24 | 25 | 25 | 26 | 24 | 25 |
| 17 | 17 | 18 | 18 | 19 | 20 | 20 | 21 | 21 | 22 | 20 | 21 | 22 | 22 | 23 | 23 | 24 | 25 | 25 | 26 | 26 | 27 | 25 | 26 |
| 18 | 18 | 19 | 19 | 20 | 21 | 21 | 22 | 22 | 23 | 21 | 22 | 23 | 23 | 24 | 24 | 25 | 26 | 26 | 27 | 27 | 28 | 26 | 27 |
| 19 | 19 | 20 | 20 | 21 | 22 | 22 | 23 | 23 | 24 | 22 | 23 | 24 | 24 | 25 | 25 | 26 | 27 | 27 | 28 | 28 | 29 | 27 | 28 |
| 20 | 20 | 21 | 21 | 22 | 23 | 23 | 24 | 24 | 25 | 23 | 24 | 25 | 25 | 26 | 26 | 27 | 28 | 28 | 29 | 29 | 30 | 28 | 29 |
| 21 | 21 | 22 | 22 | 23 | 24 | 24 | 25 | 25 | 26 | 24 | 25 | 26 | 26 | 27 | 27 | 28 | 29 | 29 | 30 | 30 | 31 | **3** | 30 |

一七五二 壬申 乾隆一七

1166

一七五一 辛未 乾隆一六

1165

| | | | | | | | | | | | | | | | | | | | | | | | | |
|---|---|---|---|---|---|---|---|---|---|---|---|---|---|---|---|---|---|---|---|---|---|---|---|---|
| 11 | 11 | 12 | 12 | 13 | 14 | 14 | 8 15 | 7 15 | 16 | 二15 | 正16 | 十二17 | 17 | 18 | 18 | 19 | 20 | 20 | 21 | 21 | 22 | 20 | 21 | 22 冬 |
| 12 | 12 | 13 | 13 | 14 | 15 | 15 | 16 | 16 | 6 17 | 5 16 | 17 | 18 | 十一18 | 十19 | 九19 | 八20 | 21 | 21 | 22 | 22 | 23 | 21 | 22 | 23 |
| 13 | 13 | 14 | 14 | 15 | 16 | 16 | 17 | 17 | 18 | 17 | 4 18 | 3 19 | 19 | 20 | 20 | 21 | 七22 | 22 | 23 | 23 | 24 | 22 | 23 | 24 |
| 14 | 14 | 15 | 15 | 16 | 17 | 17 | 18 | 18 | 19 | 18 | 19 | 20 | 2 20 | 1 21 | 12 21 | 11 22 | 23 | 六23 | 閏24 | 24 | 25 | 23 | 24 | 25 |
| 15 | 15 | 16 | 16 | 17 | 18 | 18 | 19 | 19 | 20 | 19 | 20 | 21 | 21 | 22 | 22 | 23 | 10 24 | 9 24 | 25 | 五25 | 26 | 24 | 25 | 26 |
| 16 | 16 | 17 | 17 | 18 | 19 | 19 | 20 | 20 | 21 | 20 | 21 | 22 | 冬22 | 23 | 23 | 24 | 25 | 25 | 8 26 | 7 26 | 四27 | 三25 | 26 | 27 |
| 17 | 17 | 18 | 18 | 19 | 20 | 20 | 21 | 21 | 22 | 21 | 22 | 23 | 23 | 24 | 24 | 25 | 26 | 26 | 27 | 27 | 6 28 | 5 26 | 二27 | 正28 |
| 18 | 18 | 19 | 19 | 20 | 21 | 21 | 22 | 22 | 23 | 22 | 23 | 24 | 24 | 25 | 25 | 26 | 27 | 27 | 28 | 28 | 29 | 27 | 4 28 | 3 29 十二 |
| 19 | 19 | 20 | 20 | 21 | 22 | 22 | 23 | 23 | 24 | 23 | 24 | 25 | 25 | 26 | 26 | 27 | 28 | 28 | 29 | 29 | 30 | 28 | 29 | 30 2 |
| 20 | 20 | 21 | 21 | 22 | 23 | 23 | 24 | 24 | 25 | 24 | 25 | 26 | 26 | 27 | 27 | 28 | 29 | 29 | 30 | 30 | 31 | 3 | 30 | 31 |
| 21 | 冬21 | 22 | 22 | 23 | 24 | 24 | 25 | 25 | 26 | 25 | 26 | 27 | 27 | 28 | 28 | 29 | 30 | 30 | 31 | 5 | 4 | 2 | 31 | 1 |
| 22 | 22 | 23 | 23 | 24 | 25 | 25 | 26 | 26 | 27 | 26 | 27 | 28 | 28 | 29 | 29 | 30 | 31 | 7 | 6 | 2 | 2 | 3 | 2 | 2 |
| 23 | 23 | 24 | 24 | 25 | 26 | 26 | 27 | 27 | 28 | 27 | 28 | 29 | 29 | 30 | 30 | 31 | 8 | 2 | 2 | 3 | 3 | 4 | 2 | 3 |
| 24 | 24 | 25 | 25 | 26 | 27 | 27 | 28 | 28 | 29 | 28 | 29 | 30 | 30 | 31 | 10 | 9 | 2 | 3 | 3 | 4 | 4 | 5 | 3 | 4 |
| 25 | 25 | 26 | 26 | 27 | 28 | 28 | 29 | 29 | 30 | 29 | 30 | 31 | 12 | 11 | 2 | 2 | 3 | 4 | 4 | 5 | 5 | 6 | 4 | 5 |
| 26 | 26 | 27 | 27 | 28 | 29 | 29 | 30 | 30 | 31 | 3 | 31 | 1 | 2 | 2 | 3 | 3 | 4 | 5 | 5 | 6 | 6 | 7 | 5 | 6 |
| 27 | 27 | 28 | 28 | 29 | 30 | 30 | 31 | 5 | 4 | 2 | 2 | 2 | 3 | 3 | 4 | 4 | 5 | 6 | 6 | 7 | 7 | 8 | 6 | 7 |
| 28 | 28 | 29 | 29 | 30 | 31 | 7 | 6 | 2 | 2 | 3 | 2 | 3 | 4 | 4 | 5 | 5 | 6 | 7 | 7 | 8 | 8 | 9 | 7 | 8 |
| 29 | 29 | 30 | 30 | 31 | 8 | 2 | 2 | 3 | 3 | 4 | 3 | 4 | 5 | 5 | 6 | 6 | 7 | 8 | 8 | 9 | 9 | 10 | 8 | 9 |
| 30 | 30 | 31 | 10 | 9 | 2 | 3 | 3 | 4 | 4 | 5 | 4 | 5 | 6 | 6 | 7 | 7 | 8 | 9 | 9 | 10 | 10 | 11 | 9 | 10 |
| 31 | 12 | 11 | 2 | 2 | 3 | 4 | 4 | 5 | 5 | 6 | 5 | 6 | 7 | 7 | 8 | 8 | 9 | 10 | 10 | 11 | 11 | 12 | 10 | 11 |
| 日 | 2 | 2 | 3 | 3 | 4 | 5 | 5 | 6 | 6 | 7 | 6 | 7 | 8 | 8 | 9 | 9 | 10 | 11 | 11 | 12 | 12 | 13 | 11 | 12 |
| 曜 | 3 | 3 | 4 | 4 | 5 | 6 | 6 | 7 | 7 | 8 | 7 | 8 | 9 | 9 | 10 | 10 | 11 | 12 | 12 | 13 | 13 | 14 | 12 | 13 |
| 表 | 4 | 4 | 5 | 5 | 6 | 7 | 7 | 8 | 8 | 9 | 8 | 9 | 10 | 10 | 11 | 11 | 12 | 13 | 13 | 14 | 14 | 15 | 13 | 14 |
| 3 | 5 | 5 | 6 | 6 | 7 | 8 | 8 | 9 | 9 | 10 | 9 | 10 | 11 | 11 | 12 | 12 | 13 | 14 | 14 | 15 | 15 | 16 | 14 | 15 |
| 甲 | 6 | 十一6 | 十7 | 九7 | 8 | 9 | 9 | 10 | 10 | 11 | 10 | 11 | 12 | 12 | 13 | 13 | 14 | 15 | 15 | 16 | 16 | 17 | 15 | 16 |
| 子 | 7 | 7 | 8 | 8 | 八9 | 七10 | 10 | 11 | 11 | 12 | 11 | 12 | 13 | 13 | 14 | 14 | 15 | 16 | 16 | 17 | 17 | 18 | 16 | 17 |
| 表 | 8 | 2 8 | 1 9 | 9 | 10 | 11 | 六11 | 12 | 12 | 13 | 12 | 13 | 14 | 14 | 15 | 15 | 16 | 17 | 17 | 18 | 18 | 19 | 17 | 18 |
| 26 | 9 | 9 | 10 | 12 10 | 11 11 | 12 | 12 | 五13 | 13 | 14 | 13 | 14 | 15 | 15 | 16 | 16 | 17 | 18 | 18 | 19 | 19 | 20 | 18 | 19 |
| | 10 | 10 | 11 | 11 | 12 | 10 13 | 9 13 | 14 | 四14 | 三15 | 14 | 15 | 16 | 16 | 17 | 17 | 18 | 19 | 19 | 20 | 20 | 21 | 19 | 20 |

一七五四 甲戌 乾隆一九 1168

一七五三 癸酉 乾隆一八 1167

| | | | | | | | | | | | | | | | | | | | | | | | |
|---|---|---|---|---|---|---|---|---|---|---|---|---|---|---|---|---|---|---|---|---|---|---|---|
| 22 | 23 | 23 | 24 | 25 | 25 | 26 | 26 | 27 | 25 | 26 | 4 27 | 3 27 | 28 | 28 | 29 | 30 | 七 30 | 31 | **5** | **4** | 2 | 31 | **1** |
| 23 | 24 | 24 | 25 | 26 | 26 | 27 | 27 | 28 | 26 | 27 | 28 | 28 | 2 29 | 1 29 | 12 30 | 11 31 | **7** | 六 **6** | 2 | 2 | 3 | **2** | 2 |
| 24 | 25 | 25 | 26 | 27 | 27 | 28 | 28 | 29 | 27 | 28 | 29 | 29 | 30 | 30 | 31 | **8** | 10 2 | 9 2 | 五 3 | 四 3 | 4 | 2 | 3 |
| 25 | 26 | 26 | 27 | 28 | 28 | 29 | 29 | 30 | 28 | 29 | 30 | 30 | 31 | **10** | **9** | 2 | 3 | 3 | 8 4 | 7 4 | 三 5 | 二 3 | 正 4 十二 |
| 26 | 27 | 27 | 28 | 29 | 29 | 30 | 30 | 31 | **3** | 30 | 31 | **12** | **11** | 2 | 2 | 3 | 4 | 4 | 5 | 5 | 6 6 | 5 4 | 5 |
| 27 | 28 | 28 | 29 | 30 | 30 | 31 | **5** | **4** | 2 | 31 | **1** | 2 | 2 | 3 | 3 | 4 | 5 | 5 | 6 | 6 | 7 | 5 | 4 6 3 |
| 28 | 29 | 29 | 30 | 31 | **7** | **6** | 2 | 2 | 3 | **2** | 2 | 3 | 3 | 4 | 4 | 5 | 6 | 6 | 7 | 7 | 8 | 6 | 7 |
| 29 | 30 | 30 | 31 | **8** | 2 | 2 | 3 | 3 | 4 | 2 | 3 | 4 | 4 | 5 | 5 | 6 | 7 | 7 | 8 | 8 | 9 | 7 | 8 |
| 30 | 31 | **10** | **9** | 2 | 3 | 3 | 4 | 4 | 5 | 3 | 4 | 5 | 5 | 6 | 6 | 7 | 8 | 8 | 9 | 9 | 10 | 8 | 9 |
| **12** | **11** | 2 | 2 | 3 | 4 | 4 | 5 | 5 | 6 | 4 | 5 | 6 | 6 | 7 | 7 | 8 | 9 | 9 | 10 | 10 | 11 | 9 | 10 |
| 2 | 2 | 3 | 3 | 4 | 5 | 5 | 6 | 6 | 7 | 5 | 6 | 7 | 7 | 8 | 8 | 9 | 10 | 10 | 11 | 11 | 12 | 10 | 11 |
| 3 | 3 | 4 | 4 | 5 | 6 | 6 | 7 | 7 | 8 | 6 | 7 | 8 | 8 | 9 | 9 | 10 | 11 | 11 | 12 | 12 | 13 | 11 | 12 |
| 4 | 4 | 5 | 5 | 6 | 7 | 7 | 8 | 8 | 9 | 7 | 8 | 9 | 9 | 10 | 10 | 11 | 12 | 12 | 13 | 13 | 14 | 12 | 13 |
| 5 | 5 | 6 | 6 | 7 | 8 | 8 | 9 | 9 | 10 | 8 | 9 | 10 | 10 | 11 | 11 | 12 | 13 | 13 | 14 | 14 | 15 | 13 | 14 |
| 6 | 6 | 7 | 7 | 8 | 9 | 9 | 10 | 10 | 11 | 9 | 10 | 11 | 11 | 12 | 12 | 13 | 14 | 14 | 15 | 15 | 16 | 14 | 15 |
| 7 | 7 | 8 | 8 | 9 | 10 | 10 | 11 | 11 | 12 | 10 | 11 | 12 | 12 | 13 | 13 | 14 | 15 | 15 | 16 | 16 | 17 | 15 | 16 |
| 8 | 8 | 9 | 9 | 10 | 11 | 11 | 12 | 12 | 13 | 11 | 12 | 13 | 13 | 14 | 14 | 15 | 16 | 16 | 17 | 17 | 18 | 16 | 17 |
| 9 | 9 | 10 | 10 | 11 | 12 | 12 | 13 | 13 | 14 | 12 | 13 | 14 | 14 | 15 | 15 | 16 | 17 | 17 | 18 | 18 | 19 | 17 | 18 |
| 10 | 10 | 11 | 11 | 12 | 13 | 13 | 14 | 14 | 15 | 13 | 14 | 15 | 15 | 16 | 16 | 17 | 18 | 18 | 19 | 19 | 20 | 18 | 19 |
| 11 | 11 | 12 | 12 | 13 | 14 | 14 | 15 | 15 | 16 | 14 | 15 | 16 | 16 | 17 | 17 | 18 | 19 | 19 | 20 | 20 | 21 | 19 | 20 |
| 12 | 12 | 13 | 13 | 14 | 15 | 15 | 16 | 16 | 17 | 15 | 16 | 17 | 17 | 18 | 18 | 19 | 20 | 20 | 21 | 21 | 22 | 20 | 21 |
| 13 | 13 | 14 | 14 | 15 | 16 | 16 | 17 | 17 | 18 | 16 | 17 | 18 | 18 | 19 | 19 | 20 | 21 | 21 | 22 | 22 | 23 | 21 | 22 |
| 14 | 十一 14 | 十 15 | 15 | 16 | 17 | 17 | 18 | 18 | 19 | 17 | 18 | 19 | 19 | 20 | 20 | 21 | 22 | 22 | 23 | 23 | 24 | 22 | 23 |
| 15 | 15 | 16 | 九 16 | 17 | 18 | 18 | 19 | 19 | 20 | 18 | 19 | 20 | 20 | 21 | 21 | 22 | 23 | 23 | 24 | 24 | 25 | 23 | 24 |
| 16 | 3 16 | 17 | 17 | 八 18 | 七 19 | 19 | 20 | 20 | 21 | 19 | 20 | 21 | 冬 21 | 22 | 22 | 23 | 24 | 24 | 25 | 25 | 26 | 24 | 25 |
| 17 | 17 | 2 18 | 1 18 | 19 | 20 | 六 20 | 五 21 | 21 | 22 | 20 | 21 | 22 | 22 | 23 | 23 | 24 | 25 | 25 | 26 | 26 | 27 | 25 | 26 |
| 18 | 18 | 19 | 19 | 12 20 | 11 21 | 21 | 22 | 閏 22 | 四 23 | 21 | 22 | 23 | 23 | 24 | 24 | 25 | 26 | 26 | 27 | 27 | 28 | 26 | 27 |
| 19 | 19 | 20 | 20 | 21 | 22 | 10 22 | 9 23 | 23 | 24 | 三 22 | 二 23 | 正 24 | 十二 24 | 25 | 25 | 26 | 27 | 27 | 28 | 28 | 29 | 27 | 28 |
| 20 | 20 | 21 | 21 | 22 | 23 | 23 | 24 | 8 24 | 7 25 | 23 | 24 | 25 | 25 | 十一 26 | 十 26 | 27 | 28 | 28 | 29 | 29 | 30 | 28 | 29 |
| 21 | 21 | 22 | 22 | 23 | 24 | 24 | 25 | 25 | 26 | 6 24 | 5 25 | 26 | 26 | 27 | 27 | 九 28 | 八 29 | 29 | 30 | 30 | 31 | **3** | 30 |

一七五六 丙子 乾隆二一

1170

一七五五 乙亥 乾隆二〇

1169

| | | | | | | | | | | | | | | | | | | | | | | | | |
|---|---|---|---|---|---|---|---|---|---|---|---|---|---|---|---|---|---|---|---|---|---|---|---|---|
| 11 | 11 | 12 | 12 | 13 | 14 | 14 | 15 | 15 | 16 | 15 | 16 | 17 | 17 | 18 | 18 | 19 | 20 | 20 | 21 | 21 | 22 | 20 | 21 | 22 冬 |
| 12 | 12 | 13 | 13 | 14 | 15 | 15 | 16 | 16 | 17 | 16 | 17 | 18 | 18 | 19 | 19 | 20 | 21 | 21 | 22 | 22 | 23 | 21 | 22 | 23 |
| 13 | 13 | 14 | 14 | 15 | 16 | 16 | 17 | 17 | 18 | 17 | 18 | 19 | 19 | 20 | 20 | 21 | 22 | 22 | 23 | 23 | 24 | 22 | 23 | 24 |
| 14 | 14 | 15 | 15 | 16 | 17 | 17 | 18 | 18 | 19 | 18 | 19 | 20 | 20 | 21 | 21 | 22 | 23 | 23 | 24 | 24 | 25 | 23 | 24 | 25 |
| 15 | 15 | 16 | 16 | 17 | 18 | 18 | 19 | 19 | 20 | 19 | 20 | 21 | 21 | 22 | 22 | 23 | 24 | 24 | 25 | 25 | 26 | 24 | 25 | 26 |
| 16 | 16 | 17 | 17 | 18 | 19 | 19 | 20 | 20 | 21 | 20 | 21 | 22 冬 | 22 | 23 | 23 | 24 | 25 | 25 | 26 | 26 | 27 | 25 | 26 | 27 |
| 17 | 17 | 18 | 18 | 19 | 20 | 20 | 21 | 21 | 22 | 21 | 22 | 23 | 23 | 24 | 24 | 25 | 26 | 26 | 27 | 27 | 28 | 26 | 27 | 28 |
| 18 | 18 | 19 | 19 | 20 | 21 | 21 | 22 | 22 | 23 | 22 | 23 | 24 | 24 | 25 | 25 | 26 | 27 | 27 | 28 | 28 | 29 | 27 | 28 | 29 |
| 19 | 19 | 20 | 20 | 21 | 22 | 22 | 23 | 23 | 24 | 23 | 24 | 25 | 25 | 26 | 26 | 27 | 28 | 28 | 29 | 29 | 30 | 28 | 29 | 30 |
| 20 | 20 | 21 | 21 | 22 | 23 | 23 | 24 | 24 | 25 | 24 | 25 | 26 | 26 | 27 | 27 | 28 | 29 | 29 | 30 | 30 | 31 | 3 | 30 | 31 |
| 冬21 十二 | 21 | 22 | 22 | 23 | 24 | 24 | 25 | 25 | 26 | 25 | 26 | 27 | 27 | 28 | 28 | 29 | 30 | 30 | 31 | 5 | 4 | 2 | 31 | 1 |
| 22 | 22 十 | 23 | 23 | 24 | 25 | 25 | 26 | 26 | 27 | 26 | 27 | 28 | 28 | 29 | 29 | 30 | 31 | 7 | 6 | 2 | 2 | 3 | 2 | 2 |
| 23 | 23 | 24 閏 | 24 九 | 25 | 26 | 26 | 27 | 27 | 28 | 27 | 28 | 29 | 29 | 30 | 30 | 31 | 8 | 2 | 2 | 3 | 3 | 4 | 2 | 3 |
| 24 4 | 24 3 | 25 | 25 | 26 八 | 27 七 | 27 六 | 28 | 28 | 29 | 28 | 29 | 30 | 30 | 31 | 10 | 9 | 2 | 3 | 3 | 4 | 4 | 5 | 3 | 4 |
| 25 | 25 | 26 2 | 26 1 | 27 12 | 28 11 | 28 | 29 五 | 29 四 | 30 | 29 | 30 | 31 | 12 | 11 | 2 | 2 | 3 | 4 | 4 | 5 | 5 | 6 | 4 | 5 |
| 26 | 26 | 27 | 27 | 28 | 29 | 29 10 | 30 9 | 30 | 31 三 | 3 二 | 31 正 | 1 | 2 | 2 | 3 | 3 | 4 | 5 | 5 | 6 | 6 | 7 | 5 | 6 |
| 27 | 27 | 28 | 28 | 29 | 30 | 30 | 31 | 5 8 | 4 7 | 2 | 2 | 2 十二 | 3 十一 | 3 | 4 | 4 | 5 | 6 | 6 | 7 | 7 | 8 | 6 | 7 |
| 28 | 28 | 29 | 29 | 30 | 31 | 7 | 6 | 2 | 2 | 3 6 | 2 5 | 3 | 4 | 4 十 | 5 | 5 | 6 | 7 | 7 | 8 | 8 | 9 | 7 | 8 |
| 29 | 29 | 30 | 30 | 31 | 8 | 2 | 2 | 3 | 3 | 4 | 3 | 4 4 | 5 3 | 5 | 6 九 | 6 八 | 7 | 8 | 8 | 9 | 9 | 10 | 8 | 9 |
| 30 | 30 | 31 | 10 | 9 | 2 | 3 | 3 | 4 | 4 | 5 | 4 | 5 | 6 | 6 2 | 7 1 | 7 | 8 七 | 9 六 | 9 | 10 | 10 | 11 | 9 | 10 |
| 31 | 12 | 11 | 2 | 2 | 3 | 4 | 4 | 5 | 5 | 6 | 5 | 6 | 7 | 7 | 8 | 8 12 | 9 11 | 10 | 10 五 | 11 四 | 11 三 | 12 | 10 | 11 |
| 日 | 2 | 2 | 3 | 3 | 4 | 5 | 5 | 6 | 6 | 7 | 6 | 7 | 8 | 8 | 9 | 9 | 10 | 11 10 | 11 9 | 12 | 12 | 13 二 | 11 正 | 12 十二 |
| 曜 | 3 | 3 | 4 | 4 | 5 | 6 | 6 | 7 | 7 | 8 | 7 | 8 | 9 | 9 | 10 | 10 | 11 | 12 | 12 | 13 8 | 13 7 | 14 | 12 | 13 |
| 表 | 4 | 4 | 5 | 5 | 6 | 7 | 7 | 8 | 8 | 9 | 8 | 9 | 10 | 10 | 11 | 11 | 12 | 13 | 13 | 14 | 14 | 15 6 | 13 5 | 14 |
| 4 | 5 | 5 | 6 | 6 | 7 | 8 | 8 | 9 | 9 | 10 | 9 | 10 | 11 | 11 | 12 | 12 | 13 | 14 | 14 | 15 | 15 | 16 | 14 | 15 4 |
| 甲 | 6 | 6 | 7 | 7 | 8 | 9 | 9 | 10 | 10 | 11 | 10 | 11 | 12 | 12 | 13 | 13 | 14 | 15 | 15 | 16 | 16 | 17 | 15 | 16 |
| 子 | 7 | 7 | 8 | 8 | 9 | 10 | 10 | 11 | 11 | 12 | 11 | 12 | 13 | 13 | 14 | 14 | 15 | 16 | 16 | 17 | 17 | 18 | 16 | 17 |
| 表 | 8 | 8 | 9 | 9 | 10 | 11 | 11 | 12 | 12 | 13 | 12 | 13 | 14 | 14 | 15 | 15 | 16 | 17 | 17 | 18 | 18 | 19 | 17 | 18 |
| 27 | 9 | 9 | 10 | 10 | 11 | 12 | 12 | 13 | 13 | 14 | 13 | 14 | 15 | 15 | 16 | 16 | 17 | 18 | 18 | 19 | 19 | 20 | 18 | 19 |
| | 10 | 10 | 11 | 11 | 12 | 13 | 13 | 14 | 14 | 15 | 14 | 15 | 16 | 16 | 17 | 17 | 18 | 19 | 19 | 20 | 20 | 21 | 19 | 20 |

| 一七五八 戊寅 乾隆二三 1172 | | | | | | | | | | | | 一七五七 丁丑 乾隆二二 1171 | | | | | | | | | | | |
|---|---|---|---|---|---|---|---|---|---|---|---|---|---|---|---|---|---|---|---|---|---|---|---|
| 22 | 23 | 23 | 24 | 25 | 25 | 26 | 26 | 27 | 25 | 26 | 27 | 27 | 28 | 28 | 29 | 30 | 30 | 31 | 5 | 4 | 2 | 31 | 1 |
| 23 | 24 | 24 | 25 | 26 | 26 | 27 | 27 | 28 | 26 | 27 | 28 | 28 | 29 | 29 | 30 | 31 | 7 | 6 | 2 | 2 | 3 | 2 | 2 |
| 24 | 25 | 25 | 26 | 27 | 27 | 28 | 28 | 29 | 27 | 28 | 29 | 29 | 30 | 30 | 31 | 8 | 2 | 2 | 3 | 3 | 4 | 2 | 3 |
| 25 | 26 | 26 | 27 | 28 | 28 | 29 | 29 | 30 | 28 | 29 | 30 | 30 | 31 | 10 | 9 | 2 | 3 | 3 | 4 | 4 | 5 | 3 | 4 |
| 26 | 27 | 27 | 28 | 29 | 29 | 30 | 30 | 31 | 3 | 30 | 31 | 12 | 11 | 2 | 2 | 3 | 4 | 4 | 5 | 5 | 6 | 4 | 5 |
| 27 | 28 | 28 | 29 | 30 | 30 | 31 | 5 | 4 | 2 | 31 | 1 | 2 | 2 | 3 | 3 | 4 | 5 | 5 | 6 | 6 | 7 | 5 | 6 |
| 28 | 29 | 29 | 30 | 31 | 7 | 6 | 2 | 2 | 3 | 2 | 2 | 3 | 3 | 4 | 4 | 5 | 6 | 6 | 7 | 7 | 8 | 6 | 7 |
| 29 | 30 | 30 | 31 | 8 | 2 | 2 | 3 | 3 | 4 | 2 | 3 | 4 | 4 | 5 | 5 | 6 | 7 | 7 | 8 | 8 | 9 | 7 | 8 |
| 30 | 31 | 10 | 9 | 2 | 3 | 3 | 4 | 4 | 5 | 3 | 4 | 5 | 5 | 6 | 6 | 7 | 8 | 8 | 9 | 9 | 10 | 8 | 9 |
| 12 十二 | 11 十 | 2 九 | 2 八 | 3 | 4 | 4 | 5 | 5 | 6 | 4 | 5 | 6 | 6 | 7 | 7 | 8 | 9 | 9 | 10 | 10 | 11 | 9 | 10 |
| 2 4 | 2 3 | 3 | 3 | 4 七 | 5 六 | 5 | 6 | 6 | 7 | 5 | 6 | 7 | 7 | 8 | 8 | 9 | 10 | 10 | 11 | 11 | 12 | 10 | 11 |
| 3 | 3 | 4 2 | 4 1 | 5 | 6 | 6 五 | 7 四 | 7 | 8 | 6 | 7 | 8 | 8 | 9 | 9 | 10 | 11 | 11 | 12 | 12 | 13 | 11 | 12 |
| 4 | 4 | 5 | 5 | 6 12 | 7 11 | 7 | 8 | 8 三 | 9 二 | 7 | 8 | 9 | 9 | 10 | 10 | 11 | 12 | 12 | 13 | 13 | 14 | 12 | 13 |
| 5 | 5 | 6 | 6 | 7 | 8 | 8 10 | 9 9 | 9 | 10 | 8 正 | 9 | 10 | 10 | 11 | 11 | 12 | 13 | 13 | 14 | 14 | 15 | 13 | 14 |
| 6 | 6 | 7 | 7 | 8 | 9 | 9 | 10 | 10 8 | 11 7 | 9 | 10 十二 | 11 十一 | 11 | 12 | 12 | 13 | 14 | 14 | 15 | 15 | 16 | 14 | 15 |
| 7 | 7 | 8 | 8 | 9 | 10 | 10 | 11 | 11 | 12 | 10 6 | 11 5 | 12 | 12 十 | 13 九 | 13 八 | 14 | 15 | 15 | 16 | 16 | 17 | 15 | 16 |
| 8 | 8 | 9 | 9 | 10 | 11 | 11 | 12 | 12 | 13 | 11 | 12 | 13 4 | 13 3 | 14 | 14 | 15 七 | 16 六 | 16 五 | 17 | 17 | 18 | 16 | 17 |
| 9 | 9 | 10 | 10 | 11 | 12 | 12 | 13 | 13 | 14 | 12 | 13 | 14 | 14 | 15 2 | 15 1 | 16 | 17 | 17 | 18 四 | 18 三 | 19 | 17 | 18 |
| 10 | 10 | 11 | 11 | 12 | 13 | 13 | 14 | 14 | 15 | 13 | 14 | 15 | 15 | 16 | 16 | 17 12 | 18 11 | 18 | 19 | 19 | 20 二 | 18 正 | 19 |
| 11 | 11 | 12 | 12 | 13 | 14 | 14 | 15 | 15 | 16 | 14 | 15 | 16 | 16 | 17 | 17 | 18 | 19 | 19 10 | 20 9 | 20 | 21 | 19 | 20 十二 |
| 12 | 12 | 13 | 13 | 14 | 15 | 15 | 16 | 16 | 17 | 15 | 16 | 17 | 17 | 18 | 18 | 19 | 20 | 20 | 21 | 21 8 | 22 7 | 20 | 21 |
| 13 | 13 | 14 | 14 | 15 | 16 | 16 | 17 | 17 | 18 | 16 | 17 | 18 | 18 | 19 | 19 | 20 | 21 | 21 | 22 | 22 | 23 | 21 6 | 22 5 |
| 14 | 14 | 15 | 15 | 16 | 17 | 17 | 18 | 18 | 19 | 17 | 18 | 19 | 19 | 20 | 20 | 21 | 22 | 22 | 23 | 23 | 24 | 22 | 23 |
| 15 | 15 | 16 | 16 | 17 | 18 | 18 | 19 | 19 | 20 | 18 | 19 | 20 | 20 | 21 | 21 | 22 | 23 | 23 | 24 | 24 | 25 | 23 | 24 |
| 16 | 16 | 17 | 17 | 18 | 19 | 19 | 20 | 20 | 21 | 19 | 20 | 21 冬 | 21 | 22 | 22 | 23 | 24 | 24 | 25 | 25 | 26 | 24 | 25 |
| 17 | 17 | 18 | 18 | 19 | 20 | 20 | 21 | 21 | 22 | 20 | 21 | 22 | 22 | 23 | 23 | 24 | 25 | 25 | 26 | 26 | 27 | 25 | 26 |
| 18 | 18 | 19 | 19 | 20 | 21 | 21 | 22 | 22 | 23 | 21 | 22 | 23 | 23 | 24 | 24 | 25 | 26 | 26 | 27 | 27 | 28 | 26 | 27 |
| 19 | 19 | 20 | 20 | 21 | 22 | 22 | 23 | 23 | 24 | 22 | 23 | 24 | 24 | 25 | 25 | 26 | 27 | 27 | 28 | 28 | 29 | 27 | 28 |
| 20 | 20 | 21 | 21 | 22 | 23 | 23 | 24 | 24 | 25 | 23 | 24 | 25 | 25 | 26 | 26 | 27 | 28 | 28 | 29 | 29 | 30 | 28 | 29 |
| 21 | 21 | 22 | 22 | 23 | 24 | 24 | 25 | 25 | 26 | 24 | 25 | 26 | 26 | 27 | 27 | 28 | 29 | 29 | 30 | 30 | 31 | 3 | 30 |

# 一七五九 己卯 乾隆二四

1173

# 一七六〇 庚辰 乾隆二五

1174

| | | | | | | | | | | | | | | | | | | | | | | | | |
|---|---|---|---|---|---|---|---|---|---|---|---|---|---|---|---|---|---|---|---|---|---|---|---|---|
| 11 | 11 | 12 | 12 2 | 13 1 | 14 | 14 | 15 四 | 15 | 16 | 15 | 16 | 17 | 17 | 18 | 18 | 19 | 20 | 20 | 21 | 21 | 22 | 20 | 21 | 22 冬 |
| 12 | 12 | 13 | 13 | 14 | 15 12 | 15 11 | 16 | 16 三 | 17 二 | 16 | 17 | 18 | 18 | 19 | 19 | 20 | 21 | 21 | 22 | 22 | 23 | 21 | 22 | 23 |
| 13 | 13 | 14 | 14 | 15 | 16 | 16 | 17 10 | 17 9 | 18 | 17 正 | 18 十二 | 19 十一 | 19 | 20 | 20 | 21 | 22 | 22 | 23 | 23 | 24 | 22 | 23 | 24 |
| 14 | 14 | 15 | 15 | 16 | 17 | 17 | 18 | 18 | 19 8 | 18 7 | 19 | 20 | 20 十 | 21 九 | 21 八 | 22 | 23 | 23 | 24 | 24 | 25 | 23 | 24 | 25 |
| 15 | 15 | 16 | 16 | 17 | 18 | 18 | 19 | 19 | 20 | 19 | 20 6 | 21 5 | 21 | 22 | 22 | 23 七 | 24 閏 | 24 | 25 | 25 | 26 | 24 | 25 | 26 |
| 16 | 16 | 17 | 17 | 18 | 19 | 19 | 20 | 20 | 21 | 20 | 21 | 22 冬 | 22 4 | 23 3 | 23 | 24 | 25 | 25 六 | 26 五 | 26 | 27 | 25 | 26 | 27 |
| 17 | 17 | 18 | 18 | 19 | 20 | 20 | 21 | 21 | 22 | 21 | 22 | 23 | 23 | 24 | 24 2 | 25 1 | 26 12 | 26 11 | 27 | 27 四 | 28 三 | 26 | 27 | 28 |
| 18 | 18 | 19 | 19 | 20 | 21 | 21 | 22 | 22 | 23 | 22 | 23 | 24 | 24 | 25 | 25 | 26 | 27 | 27 | 28 10 | 28 9 | 29 | 27 二 | 28 | 29 |
| 19 | 19 | 20 | 20 | 21 | 22 | 22 | 23 | 23 | 24 | 23 | 24 | 25 | 25 | 26 | 26 | 27 | 28 | 28 | 29 | 29 | 30 8 | 28 7 | 29 正 | 30 十二 |
| 20 | 20 | 21 | 21 | 22 | 23 | 23 | 24 | 24 | 25 | 24 | 25 | 26 | 26 | 27 | 27 | 28 | 29 | 29 | 30 | 30 | 31 | 3 | 30 6 | 31 5 |
| 21 冬 | 21 | 22 | 22 | 23 | 24 | 24 | 25 | 25 | 26 | 25 | 26 | 27 | 27 | 28 | 28 | 29 | 30 | 30 | 31 | 5 | 4 | 2 | 31 | 1 |
| 22 | 22 | 23 | 23 | 24 | 25 | 25 | 26 | 26 | 27 | 26 | 27 | 28 | 28 | 29 | 29 | 30 | 31 | 7 | 6 | 2 | 2 | 3 | 2 | 2 |
| 23 | 23 | 24 | 24 | 25 | 26 | 26 | 27 | 27 | 28 | 27 | 28 | 29 | 29 | 30 | 30 | 31 | 8 | 2 | 2 | 3 | 3 | 4 | 2 | 3 |
| 24 | 24 | 25 | 25 | 26 | 27 | 27 | 28 | 28 | 29 | 28 | 29 | 30 | 30 | 31 | 10 | 9 | 2 | 3 | 3 | 4 | 4 | 5 | 3 | 4 |
| 25 | 25 | 26 | 26 | 27 | 28 | 28 | 29 | 29 | 30 | 29 | 30 | 31 | 12 | 11 | 2 | 2 | 3 | 4 | 4 | 5 | 5 | 6 | 4 | 5 |
| 26 | 26 | 27 | 27 | 28 | 29 | 29 | 30 | 30 | 31 | 3 | 31 | 1 | 2 | 2 | 3 | 3 | 4 | 5 | 5 | 6 | 6 | 7 | 5 | 6 |
| 27 | 27 | 28 | 28 | 29 | 30 | 30 | 31 | 5 | 4 | 2 | 2 | 2 | 3 | 3 | 4 | 4 | 5 | 6 | 6 | 7 | 7 | 8 | 6 | 7 |
| 28 | 28 | 29 | 29 | 30 | 31 | 7 | 6 | 2 | 2 | 3 | 2 | 3 | 4 | 4 | 5 | 5 | 6 | 7 | 7 | 8 | 8 | 9 | 7 | 8 |
| 29 | 29 | 30 | 30 | 31 | 8 | 2 | 2 | 3 | 3 | 4 | 3 | 4 | 5 | 5 | 6 | 6 | 7 | 8 | 8 | 9 | 9 | 10 | 8 | 9 |
| 30 | 30 | 31 | 10 | 9 | 2 | 3 | 3 | 4 | 4 | 5 | 4 | 5 | 6 | 6 | 7 | 7 | 8 | 9 | 9 | 10 | 10 | 11 | 9 | 10 |
| 31 | 12 | 11 | 2 | 2 | 3 | 4 | 4 | 5 | 5 | 6 | 5 | 6 | 7 | 7 | 8 | 8 | 9 | 10 | 10 | 11 | 11 | 12 | 10 | 11 |
| 日 | 2 | 2 | 3 | 3 | 4 | 5 | 5 | 6 | 6 | 7 | 6 | 7 | 8 | 8 | 9 | 9 | 10 | 11 | 11 | 12 | 12 | 13 | 11 | 12 |
| 曜 | 3 | 3 | 4 | 4 | 5 | 6 | 6 | 7 | 7 | 8 | 7 | 8 | 9 | 9 | 10 | 10 | 11 | 12 | 12 | 13 | 13 | 14 | 12 | 13 |
| 表 | 4 | 4 | 5 | 5 | 6 | 7 | 7 | 8 | 8 | 9 | 8 | 9 | 10 | 10 | 11 | 11 | 12 | 13 | 13 | 14 | 14 | 15 | 13 | 14 |
| 5 | 5 | 5 | 6 | 6 | 7 | 8 | 8 | 9 | 9 | 10 | 9 | 10 | 11 | 11 | 12 | 12 | 13 | 14 | 14 | 15 | 15 | 16 | 14 | 15 |
| 甲 | 6 | 6 | 7 | 7 | 8 | 9 | 9 | 10 | 10 | 11 | 10 | 11 | 12 | 12 | 13 | 13 | 14 | 15 | 15 | 16 | 16 | 17 | 15 | 16 |
| 子 | 7 十一 | 7 | 8 | 8 | 9 | 10 | 10 | 11 | 11 | 12 | 11 | 12 | 13 | 13 | 14 | 14 | 15 | 16 | 16 | 17 | 17 | 18 | 16 | 17 |
| 表 | 8 | 8 十 | 9 九 | 9 八 | 10 | 11 | 11 | 12 | 12 | 13 | 12 | 13 | 14 | 14 | 15 | 15 | 16 | 17 | 17 | 18 | 18 | 19 | 17 | 18 |
| 28 | 9 5 | 9 | 10 | 10 | 11 七 | 12 六 | 12 | 13 | 13 | 14 | 13 | 14 | 15 | 15 | 16 | 16 | 17 | 18 | 18 | 19 | 19 | 20 | 18 | 19 |
| | 10 | 10 4 | 11 3 | 11 | 12 | 13 | 13 五 | 14 | 14 | 15 | 14 | 15 | 16 | 16 | 17 | 17 | 18 | 19 | 19 | 20 | 20 | 21 | 19 | 20 |

一七六二 壬午 乾隆二七

本年回曆十一月一日即中曆五月朔

1176

一七六一 辛巳 乾隆二六

1175

| | | | | | | | | | | | | | | | | | | | | | | | |
|---|---|---|---|---|---|---|---|---|---|---|---|---|---|---|---|---|---|---|---|---|---|---|---|
| 22 | 23 | 23 | 24 | 25 | 25 | 26 | 26 | 27 | 25 8 | 26 7 | 27 | 27 | 28 十 | 28 九 | 29 | 30 | 30 | 31 | 5 | 4 | 2 | 31 | 1 |
| 23 | 24 | 24 | 25 | 26 | 26 | 27 | 27 | 28 | 26 | 27 | 28 6 | 28 5 | 29 | 29 | 30 八 | 31 七 | 7 | 6 | 2 | 2 | 3 | 2 | 2 |
| 24 | 25 | 25 | 26 | 27 | 27 | 28 | 28 | 29 | 27 | 28 | 29 | 29 | 30 4 | 30 3 | 31 | 8 | 2 六 | 2 | 3 | 3 | 4 | 2 | 3 |
| 25 | 26 | 26 | 27 | 28 | 28 | 29 | 29 | 30 | 28 | 29 | 30 | 30 | 31 | 10 | 9 2 | 2 1 | 3 | 3 五 | 4 | 4 | 5 | 3 | 4 |
| 26 | 27 | 27 | 28 | 29 | 29 | 30 | 30 | 31 | 3 | 30 | 31 | 12 | 11 | 2 | 2 | 3 | 4 12 | 4 11 | 5 四 | 5 三 | 6 | 4 | 5 |
| 27 | 28 | 28 | 29 | 30 | 30 | 31 | 5 | 4 | 2 | 31 | 1 | 2 | 2 | 3 | 3 | 4 | 5 | 5 | 6 10 | 6 9 | 7 二 | 5 正 | 6 十二 |
| 28 | 29 | 29 | 30 | 31 | 7 | 6 | 2 | 2 | 3 | 2 | 2 | 3 | 3 | 4 | 4 | 5 | 6 | 6 | 7 | 7 | 8 8 | 6 7 | 7 |
| 29 | 30 | 30 | 31 | 8 | 2 | 2 | 3 | 3 | 4 | 2 | 3 | 4 | 4 | 5 | 5 | 6 | 7 | 7 | 8 | 8 | 9 | 7 | 8 6 |
| 30 | 31 | 10 | 9 | 2 | 3 | 3 | 4 | 4 | 5 | 3 | 4 | 5 | 5 | 6 | 6 | 7 | 8 | 8 | 9 | 9 | 10 | 8 | 9 |
| 12 | 11 | 2 | 2 | 3 | 4 | 4 | 5 | 5 | 6 | 4 | 5 | 6 | 6 | 7 | 7 | 8 | 9 | 9 | 10 | 10 | 11 | 9 | 10 |
| 2 | 2 | 3 | 3 | 4 | 5 | 5 | 6 | 6 | 7 | 5 | 6 | 7 | 7 | 8 | 8 | 9 | 10 | 10 | 11 | 11 | 12 | 10 | 11 |
| 3 | 3 | 4 | 4 | 5 | 6 | 6 | 7 | 7 | 8 | 6 | 7 | 8 | 8 | 9 | 9 | 10 | 11 | 11 | 12 | 12 | 13 | 11 | 12 |
| 4 | 4 | 5 | 5 | 6 | 7 | 7 | 8 | 8 | 9 | 7 | 8 | 9 | 9 | 10 | 10 | 11 | 12 | 12 | 13 | 13 | 14 | 12 | 13 |
| 5 | 5 | 6 | 6 | 7 | 8 | 8 | 9 | 9 | 10 | 8 | 9 | 10 | 10 | 11 | 11 | 12 | 13 | 13 | 14 | 14 | 15 | 13 | 14 |
| 6 | 6 | 7 | 7 | 8 | 9 | 9 | 10 | 10 | 11 | 9 | 10 | 11 | 11 | 12 | 12 | 13 | 14 | 14 | 15 | 15 | 16 | 14 | 15 |
| 7 | 7 | 8 | 8 | 9 | 10 | 10 | 11 | 11 | 12 | 10 | 11 | 12 | 12 | 13 | 13 | 14 | 15 | 15 | 16 | 16 | 17 | 15 | 16 |
| 8 | 8 | 9 | 9 | 10 | 11 | 11 | 12 | 12 | 13 | 11 | 12 | 13 | 13 | 14 | 14 | 15 | 16 | 16 | 17 | 17 | 18 | 16 | 17 |
| 9 | 9 | 10 | 10 | 11 | 12 | 12 | 13 | 13 | 14 | 12 | 13 | 14 | 14 | 15 | 15 | 16 | 17 | 17 | 18 | 18 | 19 | 17 | 18 |
| 10 | 10 | 11 | 11 | 12 | 13 | 13 | 14 | 14 | 15 | 13 | 14 | 15 | 15 | 16 | 16 | 17 | 18 | 18 | 19 | 19 | 20 | 18 | 19 |
| 11 | 11 | 12 | 12 | 13 | 14 | 14 | 15 | 15 | 16 | 14 | 15 | 16 | 16 | 17 | 17 | 18 | 19 | 19 | 20 | 20 | 21 | 19 | 20 |
| 12 | 12 | 13 | 13 | 14 | 15 | 15 | 16 | 16 | 17 | 15 | 16 | 17 | 17 | 18 | 18 | 19 | 20 | 20 | 21 | 21 | 22 | 20 | 21 |
| 13 | 13 | 14 | 14 | 15 | 16 | 16 | 17 | 17 | 18 | 16 | 17 | 18 | 18 | 19 | 19 | 20 | 21 | 21 | 22 | 22 | 23 | 21 | 22 |
| 14 | 14 | 15 | 15 | 16 | 17 | 17 | 18 | 18 | 19 | 17 | 18 | 19 | 19 | 20 | 20 | 21 | 22 | 22 | 23 | 23 | 24 | 22 | 23 |
| 15 十一 | 15 | 16 | 16 | 17 | 18 | 18 | 19 | 19 | 20 | 18 | 19 | 20 | 20 | 21 | 21 | 22 | 23 | 23 | 24 | 24 | 25 | 23 | 24 |
| 16 | 16 十 | 17 九 | 17 | 18 | 19 | 19 | 20 | 20 | 21 | 19 | 20 | 21 冬 | 21 | 22 | 22 | 23 | 24 | 24 | 25 | 25 | 26 | 24 | 25 |
| 17 | 17 | 18 | 18 八 | 19 七 | 20 | 20 | 21 | 21 | 22 | 20 | 21 | 22 | 22 | 23 | 23 | 24 | 25 | 25 | 26 | 26 | 27 | 25 | 26 |
| 18 6 | 18 5 | 19 | 19 | 20 | 21 六 | 21 | 22 | 22 | 23 | 21 | 22 | 23 | 23 | 24 | 24 | 25 | 26 | 26 | 27 | 27 | 28 | 26 | 27 |
| 19 | 19 | 20 4 | 20 3 | 21 | 22 | 22 閏 | 23 | 23 | 24 | 22 | 23 | 24 | 24 | 25 | 25 | 26 | 27 | 27 | 28 | 28 | 29 | 27 | 28 |
| 20 | 20 | 21 | 21 | 22 2 | 23 1 | 23 12 | 24 五 | 24 四 | 25 三 | 23 | 24 | 25 | 25 | 26 | 26 | 27 | 28 | 28 | 29 | 29 | 30 | 28 | 29 |
| 21 | 21 | 22 | 22 | 23 | 24 | 24 | 25 | 25 10 | 26 9 | 24 二 | 25 正 | 26 十二 | 26 十一 | 27 | 27 | 28 | 29 | 29 | 30 | 30 | 31 | 3 | 30 |

## 一七六三 癸未 乾隆二八

1177

## 一七六四 甲申 乾隆二九

1178

| | | | | | | | | | | | | | | | | | | | | | | | | |
|---|---|---|---|---|---|---|---|---|---|---|---|---|---|---|---|---|---|---|---|---|---|---|---|---|
| 11 | 11 | 12 | 12 | 13 | 14 | 14 | 15 | 15 | 16 | 15 | 16 | 17 | 17 | 18 | 18 | 19 | 20 | 20 | 21 | 21 | 22 | 20 | 21 | 22冬 |
| 12 | 12 | 13 | 13 | 14 | 15 | 15 | 16 | 16 | 17 | 16 | 17 | 18 | 18 | 19 | 19 | 20 | 21 | 21 | 22 | 22 | 23 | 21 | 22 | 23 |
| 13 | 13 | 14 | 14 | 15 | 16 | 16 | 17 | 17 | 18 | 17 | 18 | 19 | 19 | 20 | 20 | 21 | 22 | 22 | 23 | 23 | 24 | 22 | 23 | 24 |
| 14 | 14 | 15 | 15 | 16 | 17 | 17 | 18 | 18 | 19 | 18 | 19 | 20 | 20 | 21 | 21 | 22 | 23 | 23 | 24 | 24 | 25 | 23 | 24 | 25 |
| 15 | 15 | 16 | 16 | 17 | 18 | 18 | 19 | 19 | 20 | 19 | 20 | 21 | 21 | 22 | 22 | 23 | 24 | 24 | 25 | 25 | 26 | 24 | 25 | 26 |
| 16 | 16 | 17 | 17 | 18 | 19 | 19 | 20 | 20 | 21 | 20 | 21 | 22冬 | 22 | 23 | 23 | 24 | 25 | 25 | 26 | 26 | 27 | 25 | 26 | 27 |
| 17 | 17 | 18 | 18 | 19 | 20 | 20 | 21 | 21 | 22 | 21 | 22 | 23 | 23 | 24 | 24 | 25 | 26 | 26 | 27 | 27 | 28 | 26 | 27 | 28 |
| 18 | 18 | 19 | 19 | 20 | 21 | 21 | 22 | 22 | 23 | 22 | 23 | 24 | 24 | 25 | 25 | 26 | 27 | 27 | 28 | 28 | 29 | 27 | 28 | 29 |
| 19 | 19 | 20 | 20 | 21 | 22 | 22 | 23 | 23 | 24 | 23 | 24 | 25 | 25 | 26 | 26 | 27 | 28 | 28 | 29 | 29 | 30 | 28 | 29 | 30 |
| 20 | 20 | 21 | 21 | 22 | 23 | 23 | 24 | 24 | 25 | 24 | 25 | 26 | 26 | 27 | 27 | 28 | 29 | 29 | 30 | 30 | 31 | 3 | 30 | 31 |
| 21冬 | 21 | 22 | 22 | 23 | 24 | 24 | 25 | 25 | 26 | 25 | 26 | 27 | 27 | 28 | 28 | 29 | 30 | 30 | 31 | 5 | 4 | 2 | 31 | 1 |
| 22 | 22 | 23 | 23 | 24 | 25 | 25 | 26 | 26 | 27 | 26 | 27 | 28 | 28 | 29 | 29 | 30 | 31 | 7 | 6 | 2 | 2 | 3 | 2 | 2 |
| 23十二 | 23十一 | 24 | 24 | 25 | 26 | 26 | 27 | 27 | 28 | 27 | 28 | 29 | 29 | 30 | 30 | 31 | 8 | 2 | 2 | 3 | 3 | 4 | 2 | 3 |
| 24 | 24 | 25十 | 25 | 26 | 27 | 27 | 28 | 28 | 29 | 28 | 29 | 30 | 30 | 31 | 10 | 9 | 2 | 3 | 3 | 4 | 4 | 5 | 3 | 4 |
| 25 7 | 25 | 26 | 26九 | 27八 | 28 | 28 | 29 | 29 | 30 | 29 | 30 | 31 | 12 | 11 | 2 | 2 | 3 | 4 | 4 | 5 | 5 | 6 | 4 | 5 |
| 26 | 26 6 | 27 5 | 27 | 28 | 29七 | 29六 | 30 | 30 | 31 | 3 | 31 | 1 | 2 | 2 | 3 | 3 | 4 | 5 | 5 | 6 | 6 | 7 | 5 | 6 |
| 27 | 27 | 28 | 28 4 | 29 3 | 30 | 30 | 31五 | 5四 | 4三 | 2 | 2 | 2 | 3 | 3 | 4 | 4 | 5 | 6 | 6 | 7 | 7 | 8 | 6 | 7 |
| 28 | 28 | 29 | 29 | 30 | 31 2 | 7 1 | 6 12 | 2 11 | 2 | 3二 | 2正 | 3十二 | 4 | 4 | 5 | 5 | 6 | 7 | 7 | 8 | 8 | 9 | 7 | 8 |
| 29 | 29 | 30 | 30 | 31 | 8 | 2 | 2 | 3 | 3 10 | 4 9 | 3 | 4 | 5十一 | 5十 | 6 | 6 | 7 | 8 | 8 | 9 | 9 | 10 | 8 | 9 |
| 30 | 30 | 31 | 10 | 9 | 2 | 3 | 3 | 4 | 4 | 5 | 4 8 | 5 7 | 6 | 6 | 7九 | 7八 | 8 | 9 | 9 | 10 | 10 | 11 | 9 | 10 |
| 31 | 12 | 11 | 2 | 2 | 3 | 4 | 4 | 5 | 5 | 6 | 5 | 6 | 7 6 | 7 5 | 8 | 8 | 9七 | 10 | 10 | 11 | 11 | 12 | 10 | 11 |
| 日 | 2 | 2 | 3 | 3 | 4 | 5 | 5 | 6 | 6 | 7 | 6 | 7 | 8 | 8 | 9 4 | 9 3 | 10 | 11六 | 11五 | 12 | 12 | 13 | 11 | 12 |
| 曜 | 3 | 3 | 4 | 4 | 5 | 6 | 6 | 7 | 7 | 8 | 7 | 8 | 9 | 9 | 10 | 10 | 11 2 | 12 1 | 12 | 13四 | 13三 | 14 | 12 | 13 |
| 表 | 4 | 4 | 5 | 5 | 6 | 7 | 7 | 8 | 8 | 9 | 8 | 9 | 10 | 10 | 11 | 11 | 12 | 13 | 13 12 | 14 11 | 14 | 15二 | 13正 | 14十二 |
| 6 | 5 | 5 | 6 | 6 | 7 | 8 | 8 | 9 | 9 | 10 | 9 | 10 | 11 | 11 | 12 | 12 | 13 | 14 | 14 | 15 | 15 10 | 16 9 | 14 | 15 |
| 甲 | 6 | 6 | 7 | 7 | 8 | 9 | 9 | 10 | 10 | 11 | 10 | 11 | 12 | 12 | 13 | 13 | 14 | 15 | 15 | 16 | 16 | 17 | 15 8 | 16 7 |
| 子 | 7 | 7 | 8 | 8 | 9 | 10 | 10 | 11 | 11 | 12 | 11 | 12 | 13 | 13 | 14 | 14 | 15 | 16 | 16 | 17 | 17 | 18 | 16 | 17 |
| 表 | 8 | 8 | 9 | 9 | 10 | 11 | 11 | 12 | 12 | 13 | 12 | 13 | 14 | 14 | 15 | 15 | 16 | 17 | 17 | 18 | 18 | 19 | 17 | 18 |
| 29 | 9 | 9 | 10 | 10 | 11 | 12 | 12 | 13 | 13 | 14 | 13 | 14 | 15 | 15 | 16 | 16 | 17 | 18 | 18 | 19 | 19 | 20 | 18 | 19 |
| | 10 | 10 | 11 | 11 | 12 | 13 | 13 | 14 | 14 | 15 | 14 | 15 | 16 | 16 | 17 | 17 | 18 | 19 | 19 | 20 | 20 | 21 | 19 | 20 |

一七六六 丙戌 乾隆三一 1180

一七六五 乙酉 乾隆三〇 1179

| | | | | | | | | | | | | | | | | | | | | | | | |
|---|---|---|---|---|---|---|---|---|---|---|---|---|---|---|---|---|---|---|---|---|---|---|---|
| 22 | 23 | 23 | 24 | 25 | 25 | 26 | 26 | 27 | 25 | 26 | 27 | 27 | 28 | 28 | 29 | 30 | 30 | 31 | **5** | **4** | 2 | 31 | **1** |
| 23 | 24 | 24 | 25 | 26 | 26 | 27 | 27 | 28 | 26 | 27 | 28 | 28 | 29 | 29 | 30 | 31 | **7** | **6** | 2 | 2 | 3 | **2** | 2 |
| 24 | 25 | 25 | 26 | 27 | 27 | 28 | 28 | 29 | 27 | 28 | 29 | 29 | 30 | 30 | 31 | **8** | 2 | 2 | 3 | 3 | 4 | 2 | 3 |
| 25 | 26 | 26 | 27 | 28 | 28 | 29 | 29 | 30 | 28 | 29 | 30 | 30 | 31 | **10** | **9** | 2 | 3 | 3 | 4 | 4 | 5 | 3 | 4 |
| 26 | 27 | 27 | 28 | 29 | 29 | 30 | 30 | 31 | **3** | 30 | 31 | **12** | **11** | 2 | 2 | 3 | 4 | 4 | 5 | 5 | 6 | **4** | 5 |
| 27 | 28 | 28 | 29 | 30 | 30 | 31 | **5** | **4** | 2 | 31 | **1** | 2 | 2 | 3 | 3 | 4 | 5 | 5 | 6 | 6 | 7 | 5 | 6 |
| 28 | 29 | 29 | 30 | 31 | **7** | **6** | 2 | 2 | 3 | **2** | 2 | 3 | 3 | 4 | 4 | 5 | 6 | 6 | 7 | 7 | 8 | 6 | 7 |
| 29 | 30 | 30 | 31 | **8** | 2 | 2 | 3 | 3 | 4 | 2 | 3 | 4 | 4 | 5 | 5 | 6 | 7 | 7 | 8 | 8 | 9 | 7 | 8 |
| 30 | 31 | **10** | **9** | 2 | 3 | 3 | 4 | 4 | 5 | 3 | 4 | 5 | 5 | 6 | 6 | 7 | 8 | 8 | 9 | 9 | 10 | 8 | 9 |
| **12** | **11** | 2 | 2 | 3 | 4 | 4 | 5 | 5 | 6 | 4 | 5 | 6 | 6 | 7 | 7 | 8 | 9 | 9 | 10 | 10 | 11 | 9 | 10 |
| 2 | 十一 2 | 十 3 | 3 | 4 | 5 | 5 | 6 | 6 | 7 | 5 | 6 | 7 | 7 | 8 | 8 | 9 | 10 | 10 | 11 | 11 | 12 | 10 | 11 |
| 3 | 7 3 | 4 | 九 4 | 八 5 | 6 | 6 | 7 | 7 | 8 | 6 | 7 | 8 | 8 | 9 | 9 | 10 | 11 | 11 | 12 | 12 | 13 | 11 | 12 |
| 4 | 4 | 6 5 | 5 5 | 6 | 七 7 | 六 7 | 五 8 | 8 | 9 | 7 | 8 | 9 | 9 | 10 | 10 | 11 | 12 | 12 | 13 | 13 | 14 | 12 | 13 |
| 5 | 5 | 6 | 6 | 4 7 | 3 8 | 8 | 9 | 四 9 | 三 10 | 8 | 9 | 10 | 10 | 11 | 11 | 12 | 13 | 13 | 14 | 14 | 15 | 13 | 14 |
| 6 | 6 | 7 | 7 | 8 | 9 | 2 9 | 1 10 | 10 | 11 | 二 9 | 正 10 | 11 | 11 | 12 | 12 | 13 | 14 | 14 | 15 | 15 | 16 | 14 | 15 |
| 7 | 7 | 8 | 8 | 9 | 10 | 10 | 11 | 12 11 | 11 12 | 10 | 11 | 十二 12 | 十一 12 | 13 | 13 | 14 | 15 | 15 | 16 | 16 | 17 | 15 | 16 |
| 8 | 8 | 9 | 9 | 10 | 11 | 11 | 12 | 12 | 13 | 10 11 | 9 12 | 13 | 13 | 十 14 | 14 | 15 | 16 | 16 | 17 | 17 | 18 | 16 | 17 |
| 9 | 9 | 10 | 10 | 11 | 12 | 12 | 13 | 13 | 14 | 12 | 13 | 8 14 | 7 14 | 15 | 九 15 | 八 16 | 七 17 | 17 | 18 | 18 | 19 | 17 | 18 |
| 10 | 10 | 11 | 11 | 12 | 13 | 13 | 14 | 14 | 15 | 13 | 14 | 15 | 15 | 6 16 | 5 16 | 17 | 18 | 六 18 | 五 19 | 19 | 20 | 18 | 19 |
| 11 | 11 | 12 | 12 | 13 | 14 | 14 | 15 | 15 | 16 | 14 | 15 | 16 | 16 | 17 | 17 | 4 18 | 3 19 | 19 | 20 | 四 20 | 三 21 | 閏 19 | 20 |
| 12 | 12 | 13 | 13 | 14 | 15 | 15 | 16 | 16 | 17 | 15 | 16 | 17 | 17 | 18 | 18 | 19 | 20 | 2 20 | 1 21 | 21 | 22 | 20 | 二 21 正 |
| 13 | 13 | 14 | 14 | 15 | 16 | 16 | 17 | 17 | 18 | 16 | 17 | 18 | 18 | 19 | 19 | 20 | 21 | 21 | 22 | 12 22 | 11 23 | 21 | 22 |
| 14 | 14 | 15 | 15 | 16 | 17 | 17 | 18 | 18 | 19 | 17 | 18 | 19 | 19 | 20 | 20 | 21 | 22 | 22 | 23 | 23 | 24 | 10 22 | 9 23 |
| 15 | 15 | 16 | 16 | 17 | 18 | 18 | 19 | 19 | 20 | 18 | 19 | 20 | 20 | 21 | 21 | 22 | 23 | 23 | 24 | 24 | 25 | 23 | 24 8 |
| 16 | 16 | 17 | 17 | 18 | 19 | 19 | 20 | 20 | 21 | 19 | 20 | 21 | 冬 21 | 22 | 22 | 23 | 24 | 24 | 25 | 25 | 26 | 24 | 25 |
| 17 | 17 | 18 | 18 | 19 | 20 | 20 | 21 | 21 | 22 | 20 | 21 | 22 | 22 | 23 | 23 | 24 | 25 | 25 | 26 | 26 | 27 | 25 | 26 |
| 18 | 18 | 19 | 19 | 20 | 21 | 21 | 22 | 22 | 23 | 21 | 22 | 23 | 23 | 24 | 24 | 25 | 26 | 26 | 27 | 27 | 28 | 26 | 27 |
| 19 | 19 | 20 | 20 | 21 | 22 | 22 | 23 | 23 | 24 | 22 | 23 | 24 | 24 | 25 | 25 | 26 | 27 | 27 | 28 | 28 | 29 | 27 | 28 |
| 20 | 20 | 21 | 21 | 22 | 23 | 23 | 24 | 24 | 25 | 23 | 24 | 25 | 25 | 26 | 26 | 27 | 28 | 28 | 29 | 29 | 30 | 28 | 29 |
| 21 | 21 | 22 | 22 | 23 | 24 | 24 | 25 | 25 | 26 | 24 | 25 | 26 | 26 | 27 | 27 | 28 | 29 | 29 | 30 | 30 | 31 | **3** | 30 |

一七六八 戊子 乾隆三三

1182

一七六七 丁亥 乾隆三二

1181

| | | | | | | | | | | | | | | | | | | | | | | | | |
|---|---|---|---|---|---|---|---|---|---|---|---|---|---|---|---|---|---|---|---|---|---|---|---|---|
| 11 8 | 11 7 | 12 | 12 | 13 | 14 六 | 14 | 15 | 15 | 16 | 15 | 16 | 17 | 17 | 18 | 18 | 19 | 20 | 20 | 21 | 21 | 22 | 20 | 21 | 22 冬 |
| 12 | 12 | 13 6 | 13 5 | 14 | 15 | 15 五 | 16 四 | 16 | 17 | 16 | 17 | 18 | 18 | 19 | 19 | 20 | 21 | 21 | 22 | 22 | 23 | 21 | 22 | 23 |
| 13 | 13 | 14 | 14 | 15 4 | 16 3 | 16 | 17 | 17 三 | 18 二 | 17 | 18 | 19 | 19 | 20 | 20 | 21 | 22 | 22 | 23 | 23 | 24 | 22 | 23 | 24 |
| 14 | 14 | 15 | 15 | 16 | 17 | 17 2 | 18 1 | 18 | 19 | 18 正 | 19 | 20 | 20 | 21 | 21 | 22 | 23 | 23 | 24 | 24 | 25 | 23 | 24 | 25 |
| 15 | 15 | 16 | 16 | 17 | 18 | 18 | 19 | 19 12 | 20 11 | 19 | 20 十二 | 21 十一 | 21 十 | 22 | 22 | 23 | 24 | 24 | 25 | 25 | 26 | 24 | 25 | 26 |
| 16 | 16 | 17 | 17 | 18 | 19 | 19 | 20 | 20 | 21 | 20 10 | 21 9 | 22 冬 | 22 | 23 九 | 23 八 | 24 閏 | 25 | 25 | 26 | 26 | 27 | 25 | 26 | 27 |
| 17 | 17 | 18 | 18 | 19 | 20 | 20 | 21 | 21 | 22 | 21 | 22 | 23 8 | 23 7 | 24 | 24 | 25 | 26 七 | 26 六 | 27 | 27 | 28 | 26 | 27 | 28 |
| 18 | 18 | 19 | 19 | 20 | 21 | 21 | 22 | 22 | 23 | 22 | 23 | 24 | 24 | 25 6 | 25 5 | 26 | 27 | 27 | 28 五 | 28 四 | 29 | 27 | 28 | 29 |
| 19 | 19 | 20 | 20 | 21 | 22 | 22 | 23 | 23 | 24 | 23 | 24 | 25 | 25 | 26 | 26 | 27 4 | 28 3 | 28 | 29 | 29 | 30 三 | 28 二 | 29 | 30 |
| 20 | 20 | 21 | 21 | 22 | 23 | 23 | 24 | 24 | 25 | 24 | 25 | 26 | 26 | 27 | 27 | 28 | 29 | 29 2 | 30 1 | 30 12 | 31 11 | 3 | 30 正 | 31 |
| 21 冬 | 21 | 22 | 22 | 23 | 24 | 24 | 25 | 25 | 26 | 25 | 26 | 27 | 27 | 28 | 28 | 29 | 30 | 30 | 31 | 5 | 4 | 2 10 | 31 9 | 1 十二 |
| 22 | 22 | 23 | 23 | 24 | 25 | 25 | 26 | 26 | 27 | 26 | 27 | 28 | 28 | 29 | 29 | 30 | 31 | 7 | 6 | 2 | 2 | 3 | 2 | 2 8 |
| 23 | 23 | 24 | 24 | 25 | 26 | 26 | 27 | 27 | 28 | 27 | 28 | 29 | 29 | 30 | 30 | 31 | 8 | 2 | 2 | 3 | 3 | 4 | 2 | 3 |
| 24 | 24 | 25 | 25 | 26 | 27 | 27 | 28 | 28 | 29 | 28 | 29 | 30 | 30 | 31 | 10 | 9 | 2 | 3 | 3 | 4 | 4 | 5 | 3 | 4 |
| 25 | 25 | 26 | 26 | 27 | 28 | 28 | 29 | 29 | 30 | 29 | 30 | 31 | 12 | 11 | 2 | 2 | 3 | 4 | 4 | 5 | 5 | 6 | 4 | 5 |
| 26 | 26 | 27 | 27 | 28 | 29 | 29 | 30 | 30 | 31 | 3 | 31 | 1 | 2 | 2 | 3 | 3 | 4 | 5 | 5 | 6 | 6 | 7 | 5 | 6 |
| 27 | 27 | 28 | 28 | 29 | 30 | 30 | 31 | 5 | 4 | 2 | 2 | 2 | 3 | 3 | 4 | 4 | 5 | 6 | 6 | 7 | 7 | 8 | 6 | 7 |
| 28 | 28 | 29 | 29 | 30 | 31 | 7 | 6 | 2 | 2 | 3 | 2 | 3 | 4 | 4 | 5 | 5 | 6 | 7 | 7 | 8 | 8 | 9 | 7 | 8 |
| 29 | 29 | 30 | 30 | 31 | 8 | 2 | 2 | 3 | 3 | 4 | 3 | 4 | 5 | 5 | 6 | 6 | 7 | 8 | 8 | 9 | 9 | 10 | 8 | 9 |
| 30 | 30 | 31 | 10 | 9 | 2 | 3 | 3 | 4 | 4 | 5 | 4 | 5 | 6 | 6 | 7 | 7 | 8 | 9 | 9 | 10 | 10 | 11 | 9 | 10 |
| 31 | 12 | 11 | 2 | 2 | 3 | 4 | 4 | 5 | 5 | 6 | 5 | 6 | 7 | 7 | 8 | 8 | 9 | 10 | 10 | 11 | 11 | 12 | 10 | 11 |
| 日 | 2 | 2 | 3 | 3 | 4 | 5 | 5 | 6 | 6 | 7 | 6 | 7 | 8 | 8 | 9 | 9 | 10 | 11 | 11 | 12 | 12 | 13 | 11 | 12 |
| 曜 | 3 | 3 | 4 | 4 | 5 | 6 | 6 | 7 | 7 | 8 | 7 | 8 | 9 | 9 | 10 | 10 | 11 | 12 | 12 | 13 | 13 | 14 | 12 | 13 |
| 表 | 4 | 4 | 5 | 5 | 6 | 7 | 7 | 8 | 8 | 9 | 8 | 9 | 10 | 10 | 11 | 11 | 12 | 13 | 13 | 14 | 14 | 15 | 13 | 14 |
| 7 | 5 | 5 | 6 | 6 | 7 | 8 | 8 | 9 | 9 | 10 | 9 | 10 | 11 | 11 | 12 | 12 | 13 | 14 | 14 | 15 | 15 | 16 | 14 | 15 |
| 甲 | 6 | 6 | 7 | 7 | 8 | 9 | 9 | 10 | 10 | 11 | 10 | 11 | 12 | 12 | 13 | 13 | 14 | 15 | 15 | 16 | 16 | 17 | 15 | 16 |
| 子 | 7 | 7 | 8 | 8 | 9 | 10 | 10 | 11 | 11 | 12 | 11 | 12 | 13 | 13 | 14 | 14 | 15 | 16 | 16 | 17 | 17 | 18 | 16 | 17 |
| 表 | 8 | 8 | 9 | 9 | 10 | 11 | 11 | 12 | 12 | 13 | 12 | 13 | 14 | 14 | 15 | 15 | 16 | 17 | 17 | 18 | 18 | 19 | 17 | 18 |
| 30 | 9 十一 | 9 十 | 10 | 10 | 11 | 12 | 12 | 13 | 13 | 14 | 13 | 14 | 15 | 15 | 16 | 16 | 17 | 18 | 18 | 19 | 19 | 20 | 18 | 19 |
| | 10 | 10 | 11 九 | 11 八 | 12 七 | 13 | 13 | 14 | 14 | 15 | 14 | 15 | 16 | 16 | 17 | 17 | 18 | 19 | 19 | 20 | 20 | 21 | 19 | 20 |

一七七〇 庚寅 乾隆三五 1184

一七六九 己丑 乾隆三四 1183

| | | | | | | | | | | | | | | | | | | | | | | | |
|---|---|---|---|---|---|---|---|---|---|---|---|---|---|---|---|---|---|---|---|---|---|---|---|
| 22 | 23 | 23 | 24 | 25 4 | 25 3 | 26 | 26 四 | 27 三 | 25 二 | 26 | 27 | 27 | 28 | 28 | 29 | 30 | 30 | 31 | **5** | **4** | 2 | 31 | **1** |
| 23 | 24 | 24 | 25 | 26 | 26 | 27 2 | 27 1 | 28 12 | 26 11 | 27 正 | 28 十二 | 28 十一 | 29 十 | 29 | 30 | 31 | **7** | **6** | 2 | 2 | 3 | **2** | 2 |
| 24 | 25 | 25 | 26 | 27 | 27 | 28 | 28 | 29 | 27 | 28 10 | 29 9 | 29 | 30 | 30 九 | 31 八 | **8** | 2 | 2 | 3 | 3 | 4 | 2 | 3 |
| 25 | 26 | 26 | 27 | 28 | 28 | 29 | 29 | 30 | 28 | 29 | 30 | 30 8 | 31 7 | **10** | **9** | 2 七 | 3 六 | 3 | 4 | 4 | 5 | 3 | 4 |
| 26 | 27 | 27 | 28 | 29 | 29 | 30 | 30 | 31 | **3** | 30 | 31 | **12** | **11** | 2 6 | 2 5 | 3 | 4 | 4 五 | 5 | 5 | 6 | 4 | 5 |
| 27 | 28 | 28 | 29 | 30 | 30 | 31 | **5** | **4** | 2 | 31 | **1** | 2 | 2 | 3 | 3 | 4 4 | 5 3 | 5 | 6 四 | 6 | 7 | 5 | 6 |
| 28 | 29 | 29 | 30 | 31 | **7** | **6** | 2 | 2 | 3 | **2** | 2 | 3 | 3 | 4 | 4 | 5 | 6 | 6 2 | 7 1 | 7 三 | 8 二 | 6 | 7 |
| 29 | 30 | 30 | 31 | **8** | 2 | 2 | 3 | 3 | 4 | 2 | 3 | 4 | 4 | 5 | 5 | 6 | 7 | 7 | 8 | 8 12 | 9 11 | 7 正 | 8 十二 |
| 30 | 31 | **10** | **9** | 2 | 3 | 3 | 4 | 4 | 5 | 3 | 4 | 5 | 5 | 6 | 6 | 7 | 8 | 8 | 9 | 9 | 10 | 8 10 | 9 9 |
| **12** | **11** | 2 | 2 | 3 | 4 | 4 | 5 | 5 | 6 | 4 | 5 | 6 | 6 | 7 | 7 | 8 | 9 | 9 | 10 | 10 | 11 | 9 | 10 |
| 2 | 2 | 3 | 3 | 4 | 5 | 5 | 6 | 6 | 7 | 5 | 6 | 7 | 7 | 8 | 8 | 9 | 10 | 10 | 11 | 11 | 12 | 10 | 11 |
| 3 | 3 | 4 | 4 | 5 | 6 | 6 | 7 | 7 | 8 | 6 | 7 | 8 | 8 | 9 | 9 | 10 | 11 | 11 | 12 | 12 | 13 | 11 | 12 |
| 4 | 4 | 5 | 5 | 6 | 7 | 7 | 8 | 8 | 9 | 7 | 8 | 9 | 9 | 10 | 10 | 11 | 12 | 12 | 13 | 13 | 14 | 12 | 13 |
| 5 | 5 | 6 | 6 | 7 | 8 | 8 | 9 | 9 | 10 | 8 | 9 | 10 | 10 | 11 | 11 | 12 | 13 | 13 | 14 | 14 | 15 | 13 | 14 |
| 6 | 6 | 7 | 7 | 8 | 9 | 9 | 10 | 10 | 11 | 9 | 10 | 11 | 11 | 12 | 12 | 13 | 14 | 14 | 15 | 15 | 16 | 14 | 15 |
| 7 | 7 | 8 | 8 | 9 | 10 | 10 | 11 | 11 | 12 | 10 | 11 | 12 | 12 | 13 | 13 | 14 | 15 | 15 | 16 | 16 | 17 | 15 | 16 |
| 8 | 8 | 9 | 9 | 10 | 11 | 11 | 12 | 12 | 13 | 11 | 12 | 13 | 13 | 14 | 14 | 15 | 16 | 16 | 17 | 17 | 18 | 16 | 17 |
| 9 | 9 | 10 | 10 | 11 | 12 | 12 | 13 | 13 | 14 | 12 | 13 | 14 | 14 | 15 | 15 | 16 | 17 | 17 | 18 | 18 | 19 | 17 | 18 |
| 10 | 10 | 11 | 11 | 12 | 13 | 13 | 14 | 14 | 15 | 13 | 14 | 15 | 15 | 16 | 16 | 17 | 18 | 18 | 19 | 19 | 20 | 18 | 19 |
| 11 | 11 | 12 | 12 | 13 | 14 | 14 | 15 | 15 | 16 | 14 | 15 | 16 | 16 | 17 | 17 | 18 | 19 | 19 | 20 | 20 | 21 | 19 | 20 |
| 12 | 12 | 13 | 13 | 14 | 15 | 15 | 16 | 16 | 17 | 15 | 16 | 17 | 17 | 18 | 18 | 19 | 20 | 20 | 21 | 21 | 22 | 20 | 21 |
| 13 | 13 | 14 | 14 | 15 | 16 | 16 | 17 | 17 | 18 | 16 | 17 | 18 | 18 | 19 | 19 | 20 | 21 | 21 | 22 | 22 | 23 | 21 | 22 |
| 14 | 14 | 15 | 15 | 16 | 17 | 17 | 18 | 18 | 19 | 17 | 18 | 19 | 19 | 20 | 20 | 21 | 22 | 22 | 23 | 23 | 24 | 22 | 23 |
| 15 | 15 | 16 | 16 | 17 | 18 | 18 | 19 | 19 | 20 | 18 | 19 | 20 | 20 | 21 | 21 | 22 | 23 | 23 | 24 | 24 | 25 | 23 | 24 |
| 16 | 16 | 17 | 17 | 18 | 19 | 19 | 20 | 20 | 21 | 19 | 20 | 21 冬 | 21 | 22 | 22 | 23 | 24 | 24 | 25 | 25 | 26 | 24 | 25 |
| 17 十一 | 17 十 | 18 | 18 | 19 | 20 | 20 | 21 | 21 | 22 | 20 | 21 | 22 | 22 | 23 | 23 | 24 | 25 | 25 | 26 | 26 | 27 | 25 | 26 |
| 18 | 18 | 19 九 | 19 八 | 20 | 21 | 21 | 22 | 22 | 23 | 21 | 22 | 23 | 23 | 24 | 24 | 25 | 26 | 26 | 27 | 27 | 28 | 26 | 27 |
| 19 9 | 19 | 20 | 20 | 21 七 | 22 六 | 22 | 23 | 23 | 24 | 22 | 23 | 24 | 24 | 25 | 25 | 26 | 27 | 27 | 28 | 28 | 29 | 27 | 28 |
| 20 | 20 8 | 21 7 | 21 | 22 | 23 | 23 閏 | 24 | 24 | 25 | 23 | 24 | 25 | 25 | 26 | 26 | 27 | 28 | 28 | 29 | 29 | 30 | 28 | 29 |
| 21 | 21 | 22 | 22 6 | 23 5 | 24 | 24 | 25 五 | 25 | 26 | 24 | 25 | 26 | 26 | 27 | 27 | 28 | 29 | 29 | 30 | 30 | 31 | **3** | 30 |

一七七一 辛卯 乾隆三六

1185

一七七二 壬辰 乾隆三七

1186

| | | | | | | | | | | | | | | | | | | | | | | | | |
|---|---|---|---|---|---|---|---|---|---|---|---|---|---|---|---|---|---|---|---|---|---|---|---|---|
| 11 | 11 | 12 | 12 | 13 | 14 | 14 | 15 | 15 | 16 | 15 | 16 | 17 | 17 | 18 | 18 | 19 | 20 | 20 | 21 | 21 | 22 | 20 | 21 | 22冬 |
| 12 | 12 | 13 | 13 | 14 | 15 | 15 | 16 | 16 | 17 | 16 | 17 | 18 | 18 | 19 | 19 | 20 | 21 | 21 | 22 | 22 | 23 | 21 | 22 | 23 |
| 13 | 13 | 14 | 14 | 15 | 16 | 16 | 17 | 17 | 18 | 17 | 18 | 19 | 19 | 20 | 20 | 21 | 22 | 22 | 23 | 23 | 24 | 22 | 23 | 24 |
| 14 | 14 | 15 | 15 | 16 | 17 | 17 | 18 | 18 | 19 | 18 | 19 | 20 | 20 | 21 | 21 | 22 | 23 | 23 | 24 | 24 | 25 | 23 | 24 | 25 |
| 15 | 15 | 16 | 16 | 17 | 18 | 18 | 19 | 19 | 20 | 19 | 20 | 21 | 21 | 22 | 22 | 23 | 24 | 24 | 25 | 25 | 26 | 24 | 25 | 26 |
| 16 | 16 | 17 | 17 | 18 | 19 | 19 | 20 | 20 | 21 | 20 | 21 | 22 | 冬22 | 23 | 23 | 24 | 25 | 25 | 26 | 26 | 27 | 25 | 26 | 27 |
| 17 | 17 | 18 | 18 | 19 | 20 | 20 | 21 | 21 | 22 | 21 | 22 | 23 | 23 | 24 | 24 | 25 | 26 | 26 | 27 | 27 | 28 | 26 | 27 | 28 |
| 18 | 18 | 19 | 19 | 20 | 21 | 21 | 22 | 22 | 23 | 22 | 23 | 24 | 24 | 25 | 25 | 26 | 27 | 27 | 28 | 28 | 29 | 27 | 28 | 29 |
| 19 | 19 | 20 | 20 | 21 | 22 | 22 | 23 | 23 | 24 | 23 | 24 | 25 | 25 | 26 | 26 | 27 | 28 | 28 | 29 | 29 | 30 | 28 | 29 | 30 |
| 20 | 20 | 21 | 21 | 22 | 23 | 23 | 24 | 24 | 25 | 24 | 25 | 26 | 26 | 27 | 27 | 28 | 29 | 29 | 30 | 30 | 31 | 3 | 30 | 31 |
| 21 | 冬21 | 22 | 22 | 23 | 24 | 24 | 25 | 25 | 26 | 25 | 26 | 27 | 27 | 28 | 28 | 29 | 30 | 30 | 31 | 5 | 4 | 2 | 31 | 1 |
| 22 | 22 | 23 | 23 | 24 | 25 | 25 | 26 | 26 | 27 | 26 | 27 | 28 | 28 | 29 | 29 | 30 | 31 | 7 | 6 | 2 | 2 | 3 | 2 | 2 |
| 23 | 23 | 24 | 24 | 25 | 26 | 26 | 27 | 27 | 28 | 27 | 28 | 29 | 29 | 30 | 30 | 31 | 8 | 2 | 2 | 3 | 3 | 4 | 2 | 3 |
| 24 | 十二24 | 25 | 25 | 26 | 27 | 27 | 28 | 28 | 29 | 28 | 29 | 30 | 30 | 31 | 10 | 9 | 2 | 3 | 3 | 4 | 4 | 5 | 3 | 4 |
| 25 | 25 | 十一26 | 十26 | 27 | 28 | 28 | 29 | 29 | 30 | 29 | 30 | 31 | 12 | 11 | 2 | 2 | 3 | 4 | 4 | 5 | 5 | 6 | 4 | 5 |
| 26 | 10 26 | 9 27 | 27 | 九28 | 八29 | 29 | 30 | 30 | 31 | 3 | 31 | 1 | 2 | 2 | 3 | 3 | 4 | 5 | 5 | 6 | 6 | 7 | 5 | 6 |
| 27 | 27 | 28 | 8 28 | 7 29 | 30 | 七30 | 31 | 5 | 4 | 2 | 2 | 2 | 3 | 3 | 4 | 4 | 5 | 6 | 6 | 7 | 7 | 8 | 6 | 7 |
| 28 | 28 | 29 | 29 | 30 | 6 31 | 5 7 | 六6 | 五2 | 2 | 3 | 2 | 3 | 4 | 4 | 5 | 5 | 6 | 7 | 7 | 8 | 8 | 9 | 7 | 8 |
| 29 | 29 | 30 | 30 | 31 | 8 | 2 | 4 2 | 3 3 | 四3 | 三4 | 二3 | 4 | 5 | 5 | 6 | 6 | 7 | 8 | 8 | 9 | 9 | 10 | 8 | 9 |
| 30 | 30 | 31 | 10 | 9 | 2 | 3 | 3 | 4 | 2 4 | 1 5 | 4 | 正5 | 十二6 | 十一6 | 7 | 7 | 8 | 9 | 9 | 10 | 10 | 11 | 9 | 10 |
| 31 | 12 | 11 | 2 | 2 | 3 | 4 | 4 | 5 | 5 | 6 | 12 5 | 11 6 | 7 | 7 | 十8 | 九8 | 9 | 10 | 10 | 11 | 11 | 12 | 10 | 11 |
| 日 | 2 | 2 | 3 | 3 | 4 | 5 | 5 | 6 | 6 | 7 | 6 | 7 | 10 8 | 9 8 | 9 | 9 | 八10 | 七11 | 11 | 12 | 12 | 13 | 11 | 12 |
| 曜 | 3 | 3 | 4 | 4 | 5 | 6 | 6 | 7 | 7 | 8 | 7 | 8 | 9 | 9 | 8 10 | 7 10 | 11 | 12 | 六12 | 13 | 13 | 14 | 12 | 13 |
| 表 | 4 | 4 | 5 | 5 | 6 | 7 | 7 | 8 | 8 | 9 | 8 | 9 | 10 | 10 | 11 | 11 | 6 12 | 5 13 | 13 | 五14 | 四14 | 15 | 13 | 14 |
| 1 | 5 | 5 | 6 | 6 | 7 | 8 | 8 | 9 | 9 | 10 | 9 | 10 | 11 | 11 | 12 | 12 | 13 | 14 | 4 14 | 3 15 | 15 | 三16 | 二14 | 15 |
| 甲 | 6 | 6 | 7 | 7 | 8 | 9 | 9 | 10 | 10 | 11 | 10 | 11 | 12 | 12 | 13 | 13 | 14 | 15 | 15 | 16 | 2 16 | 1 17 | 15 | 正16 十二 |
| 子 | 7 | 7 | 8 | 8 | 9 | 10 | 10 | 11 | 11 | 12 | 11 | 12 | 13 | 13 | 14 | 14 | 15 | 16 | 16 | 17 | 17 | 18 | 12 16 | 11 17 |
| 表 | 8 | 8 | 9 | 9 | 10 | 11 | 11 | 12 | 12 | 13 | 12 | 13 | 14 | 14 | 15 | 15 | 16 | 17 | 17 | 18 | 18 | 19 | 17 | 18 10 |
| 31 | 9 | 9 | 10 | 10 | 11 | 12 | 12 | 13 | 13 | 14 | 13 | 14 | 15 | 15 | 16 | 16 | 17 | 18 | 18 | 19 | 19 | 20 | 18 | 19 |
| | 10 | 10 | 11 | 11 | 12 | 13 | 13 | 14 | 14 | 15 | 14 | 15 | 16 | 16 | 17 | 17 | 18 | 19 | 19 | 20 | 20 | 21 | 19 | 20 |

中西回史日曆

卷一八 清

一七七三 癸巳 乾隆三八 1187

一七七四 甲午 乾隆三九 1188

| 一七七四 甲午 乾隆三九 1188 | | | | | | | | | | | | 一七七三 癸巳 乾隆三八 1187 | | | | | | | | | | | |
|---|---|---|---|---|---|---|---|---|---|---|---|---|---|---|---|---|---|---|---|---|---|---|---|
| 22 | 23 | 23 | 24 | 25 | 25 | 26 | 26 | 27 | 25 | 26 | 27 | 27 | 28 | 28 | 29 | 30 | 30 | 31 | **5** | **4** | 2 | 31 | **1** |
| 23 | 24 | 24 | 25 | 26 | 26 | 27 | 27 | 28 | 26 | 27 | 28 | 28 | 29 | 29 | 30 | 31 | **7** | **6** | 2 | 2 | 3 | **2** | 2 |
| 24 | 25 | 25 | 26 | 27 | 27 | 28 | 28 | 29 | 27 | 28 | 29 | 29 | 30 | 30 | 31 | **8** | 2 | 2 | 3 | 3 | 4 | 2 | 3 |
| 25 | 26 | 26 | 27 | 28 | 28 | 29 | 29 | 30 | 28 | 29 | 30 | 30 | 31 | **10** | **9** | 2 | 3 | 3 | 4 | 4 | 5 | 3 | 4 |
| 26 | 27 | 27 | 28 | 29 | 29 | 30 | 30 | 31 | **3** | 30 | 31 | **12** | **11** | 2 | 2 | 3 | 4 | 4 | 5 | 5 | 6 | 4 | 5 |
| 27 | 28 | 28 | 29 | 30 | 30 | 31 | **5** | **4** | 2 | 31 | **1** | 2 | 2 | 3 | 3 | 4 | 5 | 5 | 6 | 6 | 7 | 5 | 6 |
| 28 | 29 | 29 | 30 | 31 | **7** | **6** | 2 | 2 | 3 | **2** | 2 | 3 | 3 | 4 | 4 | 5 | 6 | 6 | 7 | 7 | 8 | 6 | 7 |
| 29 | 30 | 30 | 31 | **8** | 2 | 2 | 3 | 3 | 4 | 2 | 3 | 4 | 4 | 5 | 5 | 6 | 7 | 7 | 8 | 8 | 9 | 7 | 8 |
| 30 | 31 | **10** | **9** | 2 | 3 | 3 | 4 | 4 | 5 | 3 | 4 | 5 | 5 | 6 | 6 | 7 | 8 | 8 | 9 | 9 | 10 | 8 | 9 |
| **12** | **11** | 2 | 2 | 3 | 4 | 4 | 5 | 5 | 6 | 4 | 5 | 6 | 6 | 7 | 7 | 8 | 9 | 9 | 10 | 10 | 11 | 9 | 10 |
| 2 | 2 | 3 | 3 | 4 | 5 | 5 | 6 | 6 | 7 | 5 | 6 | 7 | 7 | 8 | 8 | 9 | 10 | 10 | 11 | 11 | 12 | 10 | 11 |
| 3 十一 | 3 | 4 | 4 | 5 | 6 | 6 | 7 | 7 | 8 | 6 | 7 | 8 | 8 | 9 | 9 | 10 | 11 | 11 | 12 | 12 | 13 | 11 | 12 |
| 4 | 4 十 | 5 九 | 5 | 6 | 7 | 7 | 8 | 8 | 9 | 7 | 8 | 9 | 9 | 10 | 10 | 11 | 12 | 12 | 13 | 13 | 14 | 12 | 13 |
| 5 10 | 5 9 | 6 | 6 八 | 7 七 | 8 | 8 | 9 | 9 | 10 | 8 | 9 | 10 | 10 | 11 | 11 | 12 | 13 | 13 | 14 | 14 | 15 | 13 | 14 |
| 6 | 6 | 7 8 | 7 7 | 8 | 9 六 | 9 五 | 10 四 | 10 | 11 | 9 | 10 | 11 | 11 | 12 | 12 | 13 | 14 | 14 | 15 | 15 | 16 | 14 | 15 |
| 7 | 7 | 8 | 8 | 9 6 | 10 5 | 10 | 11 | 11 三 | 12 二 | 10 | 11 | 12 | 12 | 13 | 13 | 14 | 15 | 15 | 16 | 16 | 17 | 15 | 16 |
| 8 | 8 | 9 | 9 | 10 | 11 | 11 4 | 12 3 | 12 | 13 | 11 正 | 12 十二 | 13 | 13 | 14 | 14 | 15 | 16 | 16 | 17 | 17 | 18 | 16 | 17 |
| 9 | 9 | 10 | 10 | 11 | 12 | 12 | 13 | 13 2 | 14 1 | 12 | 13 | 14 十一 | 14 十 | 15 | 15 | 16 | 17 | 17 | 18 | 18 | 19 | 17 | 18 |
| 10 | 10 | 11 | 11 | 12 | 13 | 13 | 14 | 14 | 15 | 13 12 | 14 11 | 15 | 15 | 16 九 | 16 八 | 17 | 18 | 18 | 19 | 19 | 20 | 18 | 19 |
| 11 | 11 | 12 | 12 | 13 | 14 | 14 | 15 | 15 | 16 | 14 | 15 | 16 10 | 16 9 | 17 | 17 | 18 七 | 19 | 19 | 20 | 20 | 21 | 19 | 20 |
| 12 | 12 | 13 | 13 | 14 | 15 | 15 | 16 | 16 | 17 | 15 | 16 | 17 | 17 | 18 8 | 18 7 | 19 | 20 六 | 20 五 | 21 四 | 21 | 22 | 20 | 21 |
| 13 | 13 | 14 | 14 | 15 | 16 | 16 | 17 | 17 | 18 | 16 | 17 | 18 | 18 | 19 | 19 | 20 6 | 21 5 | 21 | 22 | 22 閏 | 23 三 | 21 二 | 22 |
| 14 | 14 | 15 | 15 | 16 | 17 | 17 | 18 | 18 | 19 | 17 | 18 | 19 | 19 | 20 | 20 | 21 | 22 | 22 4 | 23 3 | 23 | 24 | 22 | 23 正 |
| 15 | 15 | 16 | 16 | 17 | 18 | 18 | 19 | 19 | 20 | 18 | 19 | 20 | 20 | 21 | 21 | 22 | 23 | 23 | 24 | 24 2 | 25 1 | 23 12 | 24 11 |
| 16 | 16 | 17 | 17 | 18 | 19 | 19 | 20 | 20 | 21 | 19 | 20 | 21 冬 | 21 | 22 | 22 | 23 | 24 | 24 | 25 | 25 | 26 | 24 | 25 |
| 17 | 17 | 18 | 18 | 19 | 20 | 20 | 21 | 21 | 22 | 20 | 21 | 22 | 22 | 23 | 23 | 24 | 25 | 25 | 26 | 26 | 27 | 25 | 26 |
| 18 | 18 | 19 | 19 | 20 | 21 | 21 | 22 | 22 | 23 | 21 | 22 | 23 | 23 | 24 | 24 | 25 | 26 | 26 | 27 | 27 | 28 | 26 | 27 |
| 19 | 19 | 20 | 20 | 21 | 22 | 22 | 23 | 23 | 24 | 22 | 23 | 24 | 24 | 25 | 25 | 26 | 27 | 27 | 28 | 28 | 29 | 27 | 28 |
| 20 | 20 | 21 | 21 | 22 | 23 | 23 | 24 | 24 | 25 | 23 | 24 | 25 | 25 | 26 | 26 | 27 | 28 | 28 | 29 | 29 | 30 | 28 | 29 |
| 21 | 21 | 22 | 22 | 23 | 24 | 24 | 25 | 25 | 26 | 24 | 25 | 26 | 26 | 27 | 27 | 28 | 29 | 29 | 30 | 30 | 31 | **3** | 30 |

一九

勵耘書屋

一七七六 丙申 乾隆四一 1190

一七七五 乙未 乾隆四〇 1189

| | | | | | | | | | | | | | | | | | | | | | | | | |
|---|---|---|---|---|---|---|---|---|---|---|---|---|---|---|---|---|---|---|---|---|---|---|---|---|
| 11 十一 | 11 十 | 12 九 | 12 | 13 | 14 | 14 | 15 | 15 | 16 | 15 | 16 | 17 | 17 | 18 | 18 | 19 | 20 | 20 | 21 | 21 | 22 | 20 | 21 | 22 冬 |
| 12 11 | 12 | 13 | 13 八 | 14 七 | 15 六 | 15 | 16 | 16 | 17 | 16 | 17 | 18 | 18 | 19 | 19 | 20 | 21 | 21 | 22 | 22 | 23 | 21 | 22 | 23 |
| 13 | 13 10 | 14 9 | 14 | 15 | 16 | 16 五 | 17 | 17 | 18 | 17 | 18 | 19 | 19 | 20 | 20 | 21 | 22 | 22 | 23 | 23 | 24 | 22 | 23 | 24 |
| 14 | 14 | 15 | 15 8 | 16 7 | 17 | 17 | 18 四 | 18 三 | 19 | 18 | 19 | 20 | 20 | 21 | 21 | 22 | 23 | 23 | 24 | 24 | 25 | 23 | 24 | 25 |
| 15 | 15 | 16 | 16 | 17 | 18 6 | 18 5 | 19 | 19 | 20 二 | 19 正 | 20 | 21 | 21 | 22 | 22 | 23 | 24 | 24 | 25 | 25 | 26 | 24 | 25 | 26 |
| 16 | 16 | 17 | 17 | 18 | 19 | 19 | 20 4 | 20 3 | 21 | 20 | 21 十二 | 22 冬 十一 | 22 | 23 | 23 | 24 | 25 | 25 | 26 | 26 | 27 | 25 | 26 | 27 |
| 17 | 17 | 18 | 18 | 19 | 20 | 20 | 21 | 21 | 22 2 | 21 1 | 22 | 23 | 23 閏 | 24 十 | 24 | 25 | 26 | 26 | 27 | 27 | 28 | 26 | 27 | 28 |
| 18 | 18 | 19 | 19 | 20 | 21 | 21 | 22 | 22 | 23 | 22 | 23 12 | 24 11 | 24 | 25 | 25 九 | 26 八 | 27 七 | 27 | 28 | 28 | 29 | 27 | 28 | 29 |
| 19 | 19 | 20 | 20 | 21 | 22 | 22 | 23 | 23 | 24 | 23 | 24 | 25 | 25 10 | 26 9 | 26 | 27 | 28 | 28 六 | 29 五 | 29 | 30 | 28 | 29 | 30 |
| 20 | 20 | 21 | 21 | 22 | 23 | 23 | 24 | 24 | 25 | 24 | 25 | 26 | 26 | 27 | 27 8 | 28 7 | 29 | 29 | 30 | 30 四 | 31 三 | **3** | 30 | 31 |
| 21 冬 | 21 | 22 | 22 | 23 | 24 | 24 | 25 | 25 | 26 | 25 | 26 | 27 | 27 | 28 | 28 | 29 | 30 6 | 30 5 | 31 | **5** | **4** | 2 二 | 31 正 | **1** |
| 22 | 22 | 23 | 23 | 24 | 25 | 25 | 26 | 26 | 27 | 26 | 27 | 28 | 28 | 29 | 29 | 30 | 31 | **7** | **6** 4 | 2 3 | 2 | 3 | **2** | 2 十二 |
| 23 | 23 | 24 | 24 | 25 | 26 | 26 | 27 | 27 | 28 | 27 | 28 | 29 | 29 | 30 | 30 | 31 | **8** | 2 | 2 | 3 | 3 2 | 4 1 | 2 12 | 3 11 |
| 24 | 24 | 25 | 25 | 26 | 27 | 27 | 28 | 28 | 29 | 28 | 29 | 30 | 30 | 31 | **10** | **9** | 2 | 3 | 3 | 4 | 4 | 5 | 3 | 4 |
| 25 | 25 | 26 | 26 | 27 | 28 | 28 | 29 | 29 | 30 | 29 | 30 | 31 | **12** | **11** | 2 | 2 | 3 | 4 | 4 | 5 | 5 | 6 | 4 | 5 |
| 26 | 26 | 27 | 27 | 28 | 29 | 29 | 30 | 30 | 31 | **3** | 31 | **1** | 2 | 2 | 3 | 3 | 4 | 5 | 5 | 6 | 6 | 7 | 5 | 6 |
| 27 | 27 | 28 | 28 | 29 | 30 | 30 | 31 | **5** | **4** | 2 | **2** | 2 | 3 | 3 | 4 | 4 | 5 | 6 | 6 | 7 | 7 | 8 | 6 | 7 |
| 28 | 28 | 29 | 29 | 30 | 31 | **7** | **6** | 2 | 2 | 3 | 2 | 3 | 4 | 4 | 5 | 5 | 6 | 7 | 7 | 8 | 8 | 9 | 7 | 8 |
| 29 | 29 | 30 | 30 | 31 | **8** | 2 | 2 | 3 | 3 | 4 | 3 | 4 | 5 | 5 | 6 | 6 | 7 | 8 | 8 | 9 | 9 | 10 | 8 | 9 |
| 30 | 30 | 31 | **10** | **9** | 2 | 3 | 3 | **4** | 4 | 5 | 4 | 5 | 6 | 6 | 7 | 7 | 8 | 9 | 9 | 10 | 10 | 11 | 9 | 10 |
| 31 | **12** | **11** | 2 | 2 | 3 | 4 | 4 | 5 | 5 | 6 | 5 | 6 | 7 | 7 | 8 | 8 | 9 | 10 | 10 | 11 | 11 | 12 | 10 | 11 |
| 日 | 2 | 2 | 3 | 3 | 4 | 5 | 5 | 6 | 6 | 7 | 6 | 7 | 8 | 8 | 9 | 9 | 10 | 11 | 11 | 12 | 12 | 13 | 11 | 12 |
| 曜 | 3 | 3 | 4 | 4 | 5 | 6 | 6 | 7 | 7 | 8 | 7 | 8 | 9 | 9 | 10 | 10 | 11 | 12 | 12 | 13 | 13 | 14 | 12 | 13 |
| 表 | 4 | 4 | 5 | 5 | 6 | 7 | 7 | 8 | 8 | 9 | 8 | 9 | 10 | 10 | 11 | 11 | 12 | 13 | 13 | 14 | 14 | 15 | 13 | 14 |
| 2 | 5 | 5 | 6 | 6 | 7 | 8 | 8 | 9 | 9 | 10 | 9 | 10 | 11 | 11 | 12 | 12 | 13 | 14 | 14 | 15 | 15 | 16 | 14 | 15 |
| 甲 | 6 | 6 | 7 | 7 | 8 | 9 | 9 | 10 | 10 | 11 | 10 | 11 | 12 | 12 | 13 | 13 | 14 | 15 | 15 | 16 | 16 | 17 | 15 | 16 |
| 子 | 7 | 7 | 8 | 8 | 9 | 10 | 10 | 11 | 11 | 12 | 11 | 12 | 13 | 13 | 14 | 14 | 15 | 16 | 16 | 17 | 17 | 18 | 16 | 17 |
| 表 | 8 | 8 | 9 | 9 | 10 | 11 | 11 | 12 | 12 | 13 | 12 | 13 | 14 | 14 | 15 | 15 | 16 | 17 | 17 | 18 | 18 | 19 | 17 | 18 |
| 32 | 9 | 9 | 10 | 10 | 11 | 12 | 12 | 13 | 13 | 14 | 13 | 14 | 15 | 15 | 16 | 16 | 17 | 18 | 18 | 19 | 19 | 20 | 18 | 19 |
| | 10 | 10 | 11 | 11 | 12 | 13 | 13 | 14 | 14 | 15 | 14 | 15 | 16 | 16 | 17 | 17 | 18 | 19 | 19 | 20 | 20 | 21 | 19 | 20 |

一七七八 戊戌 乾隆四三 1192

一七七七 丁酉 乾隆四二 1191

| | | | | | | | | | | | | | | | | | | | | | | | |
|---|---|---|---|---|---|---|---|---|---|---|---|---|---|---|---|---|---|---|---|---|---|---|---|
| 22 | 23 | 10 23 | 9 24 | 25 | 25 | 26 | 五 26 | 27 | 25 | 26 | 27 | 27 | 28 | 28 | 29 | 30 | 30 | 31 | **5** | **4** | 2 | 31 | **1** |
| 23 | 24 | 24 | 25 | 8 26 | 7 26 | 27 | 27 | 四 28 | 三 26 | 27 | 28 | 28 | 29 | 29 | 30 | 31 | **7** | **6** | 2 | 2 | 3 | **2** | 2 |
| 24 | 25 | 25 | 26 | 27 | 27 | 6 28 | 5 28 | 29 | 27 | 二 28 | 正 29 | 29 | 30 | 30 | 31 | **8** | 2 | 2 | 3 | 3 | 4 | 2 | 3 |
| 25 | 26 | 26 | 27 | 28 | 28 | 29 | 29 | 4 30 | 3 28 | 29 | 30 | 十二 30 | 十一 31 | 十 **10** | 九 **9** | 2 | 3 | 3 | 4 | 4 | 5 | 3 | 4 |
| 26 | 27 | 27 | 28 | 29 | 29 | 30 | 30 | 31 | **3** | 2 30 | 1 31 | 12 **12** | 11 **11** | 2 | 2 | 八 3 | 七 4 | 4 | 5 | 5 | 6 | 4 | 5 |
| 27 | 28 | 28 | 29 | 30 | 30 | 31 | **5** | **4** | 2 | 31 | **1** | 2 | 2 | 10 3 | 9 3 | 4 | 5 | 六 5 | 五 6 | 6 | 7 | 5 | 6 |
| 28 | 29 | 29 | 30 | 31 | **7** | **6** | 2 | 2 | 3 | **2** | 2 | 3 | 3 | 4 | 4 | 8 5 | 7 6 | 6 | 7 | 四 7 | 8 | 6 | 7 |
| 29 | 30 | 30 | 31 | **8** | 2 | 2 | 3 | 3 | 4 | 2 | 3 | 4 | 4 | 5 | 5 | 6 | 7 | 6 7 | 5 8 | 8 | 三 9 | 二 7 | 8 |
| 30 | 31 | **10** | **9** | 2 | 3 | 3 | 4 | 4 | 5 | 3 | 4 | 5 | 5 | 6 | 6 | 7 | 8 | 8 | 9 | 4 9 | 3 10 | 8 | 正 9 十二 |
| **12** | **11** | 2 | 2 | 3 | 4 | 4 | 5 | 5 | 6 | 4 | 5 | 6 | 6 | 7 | 7 | 8 | 9 | 9 | 10 | 10 | 11 | 2 9 | 1 10 |
| 2 | 2 | 3 | 3 | 4 | 5 | 5 | 6 | 6 | 7 | 5 | 6 | 7 | 7 | 8 | 8 | 9 | 10 | 10 | 11 | 11 | 12 | 10 | 11 12 |
| 3 | 3 | 4 | 4 | 5 | 6 | 6 | 7 | 7 | 8 | 6 | 7 | 8 | 8 | 9 | 9 | 10 | 11 | 11 | 12 | 12 | 13 | 11 | 12 |
| 4 | 4 | 5 | 5 | 6 | 7 | 7 | 8 | 8 | 9 | 7 | 8 | 9 | 9 | 10 | 10 | 11 | 12 | 12 | 13 | 13 | 14 | 12 | 13 |
| 5 | 5 | 6 | 6 | 7 | 8 | 8 | 9 | 9 | 10 | 8 | 9 | 10 | 10 | 11 | 11 | 12 | 13 | 13 | 14 | 14 | 15 | 13 | 14 |
| 6 | 6 | 7 | 7 | 8 | 9 | 9 | 10 | 10 | 11 | 9 | 10 | 11 | 11 | 12 | 12 | 13 | 14 | 14 | 15 | 15 | 16 | 14 | 15 |
| 7 | 7 | 8 | 8 | 9 | 10 | 10 | 11 | 11 | 12 | 10 | 11 | 12 | 12 | 13 | 13 | 14 | 15 | 15 | 16 | 16 | 17 | 15 | 16 |
| 8 | 8 | 9 | 9 | 10 | 11 | 11 | 12 | 12 | 13 | 11 | 12 | 13 | 13 | 14 | 14 | 15 | 16 | 16 | 17 | 17 | 18 | 16 | 17 |
| 9 | 9 | 10 | 10 | 11 | 12 | 12 | 13 | 13 | 14 | 12 | 13 | 14 | 14 | 15 | 15 | 16 | 17 | 17 | 18 | 18 | 19 | 17 | 18 |
| 10 | 10 | 11 | 11 | 12 | 13 | 13 | 14 | 14 | 15 | 13 | 14 | 15 | 15 | 16 | 16 | 17 | 18 | 18 | 19 | 19 | 20 | 18 | 19 |
| 11 | 11 | 12 | 12 | 13 | 14 | 14 | 15 | 15 | 16 | 14 | 15 | 16 | 16 | 17 | 17 | 18 | 19 | 19 | 20 | 20 | 21 | 19 | 20 |
| 12 | 12 | 13 | 13 | 14 | 15 | 15 | 16 | 16 | 17 | 15 | 16 | 17 | 17 | 18 | 18 | 19 | 20 | 20 | 21 | 21 | 22 | 20 | 21 |
| 13 | 13 | 14 | 14 | 15 | 16 | 16 | 17 | 17 | 18 | 16 | 17 | 18 | 18 | 19 | 19 | 20 | 21 | 21 | 22 | 22 | 23 | 21 | 22 |
| 14 | 14 | 15 | 15 | 16 | 17 | 17 | 18 | 18 | 19 | 17 | 18 | 19 | 19 | 20 | 20 | 21 | 22 | 22 | 23 | 23 | 24 | 22 | 23 |
| 15 | 15 | 16 | 16 | 17 | 18 | 18 | 19 | 19 | 20 | 18 | 19 | 20 | 20 | 21 | 21 | 22 | 23 | 23 | 24 | 24 | 25 | 23 | 24 |
| 16 | 16 | 17 | 17 | 18 | 19 | 19 | 20 | 20 | 21 | 19 | 20 | 21 | 冬 21 | 22 | 22 | 23 | 24 | 24 | 25 | 25 | 26 | 24 | 25 |
| 17 | 17 | 18 | 18 | 19 | 20 | 20 | 21 | 21 | 22 | 20 | 21 | 22 | 22 | 23 | 23 | 24 | 25 | 25 | 26 | 26 | 27 | 25 | 26 |
| 18 | 18 | 19 | 19 | 20 | 21 | 21 | 22 | 22 | 23 | 21 | 22 | 23 | 23 | 24 | 24 | 25 | 26 | 26 | 27 | 27 | 28 | 26 | 27 |
| 19 | 十一 19 | 十 20 | 九 20 | 21 | 22 | 22 | 23 | 23 | 24 | 22 | 23 | 24 | 24 | 25 | 25 | 26 | 27 | 27 | 28 | 28 | 29 | 27 | 28 |
| 20 | 20 | 21 | 21 | 八 22 | 七 23 | 23 | 24 | 24 | 25 | 23 | 24 | 25 | 25 | 26 | 26 | 27 | 28 | 28 | 29 | 29 | 30 | 28 | 29 |
| 21 | 12 21 | 11 22 | 22 | 23 | 24 | 閏 24 | 六 25 | 25 | 26 | 24 | 25 | 26 | 26 | 27 | 27 | 28 | 29 | 29 | 30 | 30 | 31 | **3** | 30 |

一七八〇 庚子 乾隆四五

1195 1194

一七七九 己亥 乾隆四四

1193

| | | | | | | | | | | | | | | | | | | | | | | | | |
|---|---|---|---|---|---|---|---|---|---|---|---|---|---|---|---|---|---|---|---|---|---|---|---|---|
| 11 | 11 | 12 | 12 | 13 | 14 | 14 | 15 | 15 | 16 | 15 | 16 | 17 | 17 | 18 | 18 | 19 | 20 | 20 | 21 | 21 | 22 | 20 | 21 | 22冬 |
| 12 | 12 | 13 | 13 | 14 | 15 | 15 | 16 | 16 | 17 | 16 | 17 | 18 | 18 | 19 | 19 | 20 | 21 | 21 | 22 | 22 | 23 | 21 | 22 | 23 |
| 13 | 13 | 14 | 14 | 15 | 16 | 16 | 17 | 17 | 18 | 17 | 18 | 19 | 19 | 20 | 20 | 21 | 22 | 22 | 23 | 23 | 24 | 22 | 23 | 24 |
| 14 | 14 | 15 | 15 | 16 | 17 | 17 | 18 | 18 | 19 | 18 | 19 | 20 | 20 | 21 | 21 | 22 | 23 | 23 | 24 | 24 | 25 | 23 | 24 | 25 |
| 15 | 15 | 16 | 16 | 17 | 18 | 18 | 19 | 19 | 20 | 19 | 20 | 21 | 21 | 22 | 22 | 23 | 24 | 24 | 25 | 25 | 26 | 24 | 25 | 26 |
| 16 | 16 | 17 | 17 | 18 | 19 | 19 | 20 | 20 | 21 | 20 | 21 | 22冬 | 22 | 23 | 23 | 24 | 25 | 25 | 26 | 26 | 27 | 25 | 26 | 27 |
| 17 | 17 | 18 | 18 | 19 | 20 | 20 | 21 | 21 | 22 | 21 | 22 | 23 | 23 | 24 | 24 | 25 | 26 | 26 | 27 | 27 | 28 | 26 | 27 | 28 |
| 18 | 18 | 19 | 19 | 20 | 21 | 21 | 22 | 22 | 23 | 22 | 23 | 24 | 24 | 25 | 25 | 26 | 27 | 27 | 28 | 28 | 29 | 27 | 28 | 29 |
| 19 | 19 | 20 | 20 | 21 | 22 | 22 | 23 | 23 | 24 | 23 | 24 | 25 | 25 | 26 | 26 | 27 | 28 | 28 | 29 | 29 | 30 | 28 | 29 | 30 |
| 20 | 20 | 21 | 21 | 22 | 23 | 23 | 24 | 24 | 25 | 24 | 25 | 26 | 26 | 27 | 27 | 28 | 29 | 29 | 30 | 30 | 31 | 3 | 30 | 31 |
| 21冬 | 21 | 22 | 22 | 23 | 24 | 24 | 25 | 25 | 26 | 25 | 26 | 27 | 27 | 28 | 28 | 29 | 30 | 30 | 31 | 5 | 4 | 2 | 31 | 1 |
| 22 | 22 | 23 | 23 | 24 | 25 | 25 | 26 | 26 | 27 | 26 | 27 | 28 | 28 | 29 | 29 | 30 | 31 | 7 | 6 | 2 | 2 | 3 | 2 | 2 |
| 23 | 23 | 24 | 24 | 25 | 26 | 26 | 27 | 27 | 28 | 27 | 28 | 29 | 29 | 30 | 30 | 31 | 8 | 2 | 2 | 3 | 3 | 4 | 2 | 3 |
| 24 | 24 | 25 | 25 | 26 | 27 | 27 | 28 | 28 | 29 | 28 | 29 | 30 | 30 | 31 | 10 | 9 | 2 | 3 | 3 | 4 | 4 | 5 | 3 | 4 |
| 25 | 25 | 26 | 26 | 27 | 28 | 28 | 29 | 29 | 30 | 29 | 30 | 31 | 12 | 11 | 2 | 2 | 3 | 4 | 4 | 5 | 5 | 6 | 4 | 5 |
| 26十二 | 26十一 | 27 | 27 | 28 | 29 | 29 | 30 | 30 | 31 | 3 | 31 | 1 | 2 | 2 | 3 | 3 | 4 | 5 | 5 | 6 | 6 | 7 | 5 | 6 |
| 27 | 27 | 28十 | 28九 | 29 | 30 | 30 | 31 | 5 | 4 | 2 | 2 | 2 | 3 | 3 | 4 | 4 | 5 | 6 | 6 | 7 | 7 | 8 | 6 | 7 |
| 28 1 | 28 12 | 29 11 | 29 | 30八 | 31七 | 7 | 6 | 2 | 2 | 3 | 2 | 3 | 4 | 4 | 5 | 5 | 6 | 7 | 7 | 8 | 8 | 9 | 7 | 8 |
| 29 | 29 | 30 | 30 10 | 31 9 | 8 | 2六 | 2 | 3 | 3 | 4 | 3 | 4 | 5 | 5 | 6 | 6 | 7 | 8 | 8 | 9 | 9 | 10 | 8 | 9 |
| 30 | 30 | 31 | 10 | 9 | 2 8 | 3 7 | 3五 | 4四 | 4 | 5 | 4 | 5 | 6 | 6 | 7 | 7 | 8 | 9 | 9 | 10 | 10 | 11 | 9 | 10 |
| 31 | 12 | 11 | 2 | 2 | 3 | 4 | 4 6 | 5 5 | 5三 | 6二 | 5正 | 6 | 7 | 7 | 8 | 8 | 9 | 10 | 10 | 11 | 11 | 12 | 10 | 11 |
| 日 | 2 | 2 | 3 | 3 | 4 | 5 | 5 | 6 | 6 4 | 7 3 | 6 | 7十二 | 8十一 | 8十 | 9 | 9 | 10 | 11 | 11 | 12 | 12 | 13 | 11 | 12 |
| 曜 | 3 | 3 | 4 | 4 | 5 | 6 | 6 | 7 | 7 | 8 | 7 2 | 8 1 | 9 | 9 | 10九 | 10八 | 11 | 12 | 12 | 13 | 13 | 14 | 12 | 13 |
| 表 | 4 | 4 | 5 | 5 | 6 | 7 | 7 | 8 | 8 | 9 | 8 | 9 | 10 12 | 10 11 | 11 | 11 | 12七 | 13六 | 13 | 14 | 14 | 15 | 13 | 14 |
| 3 | 5 | 5 | 6 | 6 | 7 | 8 | 8 | 9 | 9 | 10 | 9 | 10 | 11 | 11 | 12 10 | 12 9 | 13 | 14 | 14五 | 15 | 15 | 16 | 14 | 15 |
| 甲 | 6 | 6 | 7 | 7 | 8 | 9 | 9 | 10 | 10 | 11 | 10 | 11 | 12 | 12 | 13 | 13 | 14 8 | 15 7 | 15 | 16四 | 16三 | 17 | 15 | 16 |
| 子 | 7 | 7 | 8 | 8 | 9 | 10 | 10 | 11 | 11 | 12 | 11 | 12 | 13 | 13 | 14 | 14 | 15 | 16 | 16 6 | 17 5 | 17 | 18二 | 16正 | 17 |
| 表 | 8 | 8 | 9 | 9 | 10 | 11 | 11 | 12 | 12 | 13 | 12 | 13 | 14 | 14 | 15 | 15 | 16 | 17 | 17 | 18 | 18 4 | 19 3 | 17 | 18十二 |
| 33 | 9 | 9 | 10 | 10 | 11 | 12 | 12 | 13 | 13 | 14 | 13 | 14 | 15 | 15 | 16 | 16 | 17 | 18 | 18 | 19 | 19 | 20 | 18 2 | 19 1 |
| | 10 | 10 | 11 | 11 | 12 | 13 | 13 | 14 | 14 | 15 | 14 | 15 | 16 | 16 | 17 | 17 | 18 | 19 | 19 | 20 | 20 | 21 | 19 | 20 |

| 一七八二 壬寅 乾隆四七 1197 | | | | | | | | | | | | 一七八一 辛丑 乾隆四六 1196 | | | | | | | | | | | |
|---|---|---|---|---|---|---|---|---|---|---|---|---|---|---|---|---|---|---|---|---|---|---|---|
| 22 | 23 | 23 | 24 | 25 | 25 | 26 | 26 | 27 | 25 | 26 | 27 | 27 | 28 | 28 | 29 | 30 | 30 | 31 | **5** | **4** | 2 | 31 | **1** |
| 23 | 24 | 24 | 25 | 26 | 26 | 27 | 27 | 28 | 26 | 27 | 28 | 28 | 29 | 29 | 30 | 31 | **7** | **6** | 2 | 2 | 3 | **2** | 2 |
| 24 | 25 | 25 | 26 | 27 | 27 | 28 | 28 | 29 | 27 | 28 | 29 | 29 | 30 | 30 | 31 | **8** | 2 | 2 | 3 | 3 | 4 | 2 | 3 |
| 25 | 26 | 26 | 27 | 28 | 28 | 29 | 29 | 30 | 28 | 29 | 30 | 30 | 31 | **10** | **9** | 2 | 3 | 3 | 4 | 4 | 5 | 3 | 4 |
| 26 | 27 | 27 | 28 | 29 | 29 | 30 | 30 | 31 | **3** | 30 | 31 | **12** | **11** | 2 | 2 | 3 | 4 | 4 | 5 | 5 | 6 | 4 | 5 |
| 27 | 28 | 28 | 29 | 30 | 30 | 31 | **5** | **4** | 2 | 31 | **1** | 2 | 2 | 3 | 3 | 4 | 5 | 5 | 6 | 6 | 7 | 5 | 6 |
| 28 | 29 | 29 | 30 | 31 | **7** | **6** | 2 | 2 | 3 | **2** | 2 | 3 | 3 | 4 | 4 | 5 | 6 | 6 | 7 | 7 | 8 | 6 | 7 |
| 29 | 30 | 30 | 31 | **8** | 2 | 2 | 3 | 3 | 4 | 2 | 3 | 4 | 4 | 5 | 5 | 6 | 7 | 7 | 8 | 8 | 9 | 7 | 8 |
| 30 | 31 | **10** | **9** | 2 | 3 | 3 | 4 | 4 | 5 | 3 | 4 | 5 | 5 | 6 | 6 | 7 | 8 | 8 | 9 | 9 | 10 | 8 | 9 |
| **12** | **11** | 2 | 2 | 3 | 4 | 4 | 5 | 5 | 6 | 4 | 5 | 6 | 6 | 7 | 7 | 8 | 9 | 9 | 10 | 10 | 11 | 9 | 10 |
| 2 | 2 | 3 | 3 | 4 | 5 | 5 | 6 | 6 | 7 | 5 | 6 | 7 | 7 | 8 | 8 | 9 | 10 | 10 | 11 | 11 | 12 | 10 | 11 |
| 3 | 3 | 4 | 4 | 5 | 6 | 6 | 7 | 7 | 8 | 6 | 7 | 8 | 8 | 9 | 9 | 10 | 11 | 11 | 12 | 12 | 13 | 11 | 12 |
| 4 | 4 | 5 | 5 | 6 | 7 | 7 | 8 | 8 | 9 | 7 | 8 | 9 | 9 | 10 | 10 | 11 | 12 | 12 | 13 | 13 | 14 | 12 | 13 |
| 5十一 | 5十 | 6 | 6 | 7 | 8 | 8 | 9 | 9 | 10 | 8 | 9 | 10 | 10 | 11 | 11 | 12 | 13 | 13 | 14 | 14 | 15 | 13 | 14 |
| 6 | 6 | 7九 | 7八 | 8 | 9 | 9 | 10 | 10 | 11 | 9 | 10 | 11 | 11 | 12 | 12 | 13 | 14 | 14 | 15 | 15 | 16 | 14 | 15 |
| 7 **1** | 7 **12** | 8 **11** | 8 | 9七 | 10六 | 10 | 11 | 11 | 12 | 10 | 11 | 12 | 12 | 13 | 13 | 14 | 15 | 15 | 16 | 16 | 17 | 15 | 16 |
| 8 | 8 | 9 | 9 **10** | 10 **9** | 11 | 11五 | 12四 | 12 | 13 | 11 | 12 | 13 | 13 | 14 | 14 | 15 | 16 | 16 | 17 | 17 | 18 | 16 | 17 |
| 9 | 9 | 10 | 10 | 11 | 12 **8** | 12 **7** | 13 | 13三 | 14二 | 12正 | 13 | 14 | 14 | 15 | 15 | 16 | 17 | 17 | 18 | 18 | 19 | 17 | 18 |
| 10 | 10 | 11 | 11 | 12 | 13 | 13 | 14 **6** | 14 **5** | 15 | 13 | 14十二 | 15十一 | 15 | 16 | 16 | 17 | 18 | 18 | 19 | 19 | 20 | 18 | 19 |
| 11 | 11 | 12 | 12 | 13 | 14 | 14 | 15 | 15 | 16 **4** | 14 **3** | 15 | 16 | 16十 | 17九 | 17 | 18 | 19 | 19 | 20 | 20 | 21 | 19 | 20 |
| 12 | 12 | 13 | 13 | 14 | 15 | 15 | 16 | 16 | 17 | 15 | 16 **2** | 17 **1** | 17 | 18 | 18八 | 19七 | 20 | 20 | 21 | 21 | 22 | 20 | 21 |
| 13 | 13 | 14 | 14 | 15 | 16 | 16 | 17 | 17 | 18 | 16 | 17 | 18 | 18 **12** | 19 **11** | 19 | 20 | 21六 | 21 | 22 | 22 | 23 | 21 | 22 |
| 14 | 14 | 15 | 15 | 16 | 17 | 17 | 18 | 18 | 19 | 17 | 18 | 19 | 19 | 20 | 20 **10** | 21 **9** | 22 | 22閏 | 23五 | 23 | 24 | 22 | 23 |
| 15 | 15 | 16 | 16 | 17 | 18 | 18 | 19 | 19 | 20 | 18 | 19 | 20 | 20 | 21 | 21 | 22 | 23 **8** | 23 **7** | 24 | 24四 | 25三 | 23二 | 24正 |
| 16 | 16 | 17 | 17 | 18 | 19 | 19 | 20 | 20 | 21 | 19 | 20 | 21冬 | 21 | 22 | 22 | 23 | 24 | 24 | 25 **6** | 25 **5** | 26 | 24 | 25 |
| 17 | 17 | 18 | 18 | 19 | 20 | 20 | 21 | 21 | 22 | 20 | 21 | 22 | 22 | 23 | 23 | 24 | 25 | 25 | 26 | 26 | 27 **4** | 25 **3** | 26 |
| 18 | 18 | 19 | 19 | 20 | 21 | 21 | 22 | 22 | 23 | 21 | 22 | 23 | 23 | 24 | 24 | 25 | 26 | 26 | 27 | 27 | 28 | 26 | 27 **2** |
| 19 | 19 | 20 | 20 | 21 | 22 | 22 | 23 | 23 | 24 | 22 | 23 | 24 | 24 | 25 | 25 | 26 | 27 | 27 | 28 | 28 | 29 | 27 | 28 |
| 20 | 20 | 21 | 21 | 22 | 23 | 23 | 24 | 24 | 25 | 23 | 24 | 25 | 25 | 26 | 26 | 27 | 28 | 28 | 29 | 29 | 30 | 28 | 29 |
| 21冬 | 21 | 22 | 22 | 23 | 24 | 24 | 25 | 25 | 26 | 24 | 25 | 26 | 26 | 27 | 27 | 28 | 29 | 29 | 30 | 30 | 31 | **3** | 30 |

勵耘書屋

一七八四
甲辰
乾隆四九

1199

一七八三
癸卯
乾隆四八

1198

| | | | | | | | | | | | | | | | | | | | | | | | | |
|---|---|---|---|---|---|---|---|---|---|---|---|---|---|---|---|---|---|---|---|---|---|---|---|---|
| 11 | 11 | 12 | 12 | 13 | 14 | 14 | 15 | 15 | 16 | 15 | 16 | 17 | 17 | 18 | 18 | 19 | 20 | 20 | 21 | 21 | 22 | 20 | 21 | 22 |
| 12 | 12 | 13 | 13 | 14 | 15 | 15 | 16 | 16 | 17 | 16 | 17 | 18 | 18 | 19 | 19 | 20 | 21 | 21 | 22 | 22 | 23 | 21 | 22 | 23 |
| 13 | 13 | 14 | 14 | 15 | 16 | 16 | 17 | 17 | 18 | 17 | 18 | 19 | 19 | 20 | 20 | 21 | 22 | 22 | 23 | 23 | 24 | 22 | 23 | 24 |
| 14 | 14 | 15 | 15 | 16 | 17 | 17 | 18 | 18 | 19 | 18 | 19 | 20 | 20 | 21 | 21 | 22 | 23 | 23 | 24 | 24 | 25 | 23 | 24 | 25 |
| 15 | 15 | 16 | 16 | 17 | 18 | 18 | 19 | 19 | 20 | 19 | 20 | 21 | 21 | 22 | 22 | 23 | 24 | 24 | 25 | 25 | 26 | 24 | 25 | 26 |
| 16 | 16 | 17 | 17 | 18 | 19 | 19 | 20 | 20 | 21 | 20 | 21 | 22 | 22 | 23 | 23 | 24 | 25 | 25 | 26 | 26 | 27 | 25 | 26 | 27 |
| 17 | 17 | 18 | 18 | 19 | 20 | 20 | 21 | 21 | 22 | 21 | 22 | 23 | 23 | 24 | 24 | 25 | 26 | 26 | 27 | 27 | 28 | 26 | 27 | 28 |
| 18 | 18 | 19 | 19 | 20 | 21 | 21 | 22 | 22 | 23 | 22 | 23 | 24 | 24 | 25 | 25 | 26 | 27 | 27 | 28 | 28 | 29 | 27 | 28 | 29 |
| 19 | 19 | 20 | 20 | 21 | 22 | 22 | 23 | 23 | 24 | 23 | 24 | 25 | 25 | 26 | 26 | 27 | 28 | 28 | 29 | 29 | 30 | 28 | 29 | 30 |
| 20 | 20 | 21 | 21 | 22 | 23 | 23 | 24 | 24 | 25 | 24 | 25 | 26 | 26 | 27 | 27 | 28 | 29 | 29 | 30 | 30 | 31 | **3** | 30 | 31 |
| 21 | 21 | 22 | 22 | 23 | 24 | 24 | 25 | 25 | 26 | 25 | 26 | 27 | 27 | 28 | 28 | 29 | 30 | 30 | 31 | **5** | **4** | 2 | 31 | **1** |
| 22 | 22 | 23 | 23 | 24 | 25 | 25 | 26 | 26 | 27 | 26 | 27 | 28 | 28 | 29 | 29 | 30 | 31 | **7** | **6** | 2 | 2 | 3 | **2** | 2 |
| 23 | 23 | 24 | 24 | 25 | 26 | 26 | 27 | 27 | 28 | 27 | 28 | 29 | 29 | 30 | 30 | 31 | **8** | 2 | 2 | 3 | 3 | 4 | 2 | 3 |
| 24 | 24 | 25 | 25 | 26 | 27 | 27 | 28 | 28 | 29 | 28 | 29 | 30 | 30 | 31 | **10** | **9** | 2 | 3 | 3 | 4 | 4 | 5 | 3 | 4 |
| 25 | 25 | 26 | 26 | 27 | 28 | 28 | 29 | 29 | 30 | 29 | 30 | 31 | **12** | **11** | 2 | 2 | 3 | 4 | 4 | 5 | 5 | 6 | 4 | 5 |
| 26 | 26 | 27 | 27 | 28 | 29 | 29 | 30 | 30 | 31 | **3** | 31 | **1** | 2 | 2 | 3 | 3 | 4 | 5 | 5 | 6 | 6 | 7 | 5 | 6 |
| 27 | 27 | 28 | 28 | 29 | 30 | 30 | 31 | **5** | **4** | 2 | **2** | 2 | 3 | 3 | 4 | 4 | 5 | 6 | 6 | 7 | 7 | 8 | 6 | 7 |
| 28 | 28 | 29 | 29 | 30 | 31 | **7** | **6** | 2 | 2 | 3 | 2 | 3 | 4 | 4 | 5 | 5 | 6 | 7 | 7 | 8 | 8 | 9 | 7 | 8 |
| 29 | 29 | 30 | 30 | 31 | **8** | 2 | 2 | 3 | 3 | 4 | 3 | 4 | 5 | 5 | 6 | 6 | 7 | 8 | 8 | 9 | 9 | 10 | 8 | 9 |
| 30 | 30 | 31 | **10** | **9** | 2 | 3 | 3 | 4 | 4 | 5 | 4 | 5 | 6 | 6 | 7 | 7 | 8 | 9 | 9 | 10 | 10 | 11 | 9 | 10 |
| 31 | **12** | **11** | 2 | 2 | 3 | 4 | 4 | 5 | 5 | 6 | 5 | 6 | 7 | 7 | 8 | 8 | 9 | 10 | 10 | 11 | 11 | 12 | 10 | 11 |
| 日 | 2 | 2 | 3 | 3 | 4 | 5 | 5 | 6 | 6 | 7 | 6 | 7 | 8 | 8 | 9 | 9 | 10 | 11 | 11 | 12 | 12 | 13 | 11 | 12 |
| 曜 | 3 | 3 | 4 | 4 | 5 | 6 | 6 | 7 | 7 | 8 | 7 | 8 | 9 | 9 | 10 | 10 | 11 | 12 | 12 | 13 | 13 | 14 | 12 | 13 |
| 表 4 | 4 | 4 | 5 | 5 | 6 | 7 | 7 | 8 | 8 | 9 | 8 | 9 | 10 | 10 | 11 | 11 | 12 | 13 | 13 | 14 | 14 | 15 | 13 | 14 |
| | 5 | 5 | 6 | 6 | 7 | 8 | 8 | 9 | 9 | 10 | 9 | 10 | 11 | 11 | 12 | 12 | 13 | 14 | 14 | 15 | 15 | 16 | 14 | 15 |
| 甲 | 6 | 6 | 7 | 7 | 8 | 9 | 9 | 10 | 10 | 11 | 10 | 11 | 12 | 12 | 13 | 13 | 14 | 15 | 15 | 16 | 16 | 17 | 15 | 16 |
| 子 | 7 | 7 | 8 | 8 | 9 | 10 | 10 | 11 | 11 | 12 | 11 | 12 | 13 | 13 | 14 | 14 | 15 | 16 | 16 | 17 | 17 | 18 | 16 | 17 |
| 表 34 | 8 | 8 | 9 | 9 | 10 | 11 | 11 | 12 | 12 | 13 | 12 | 13 | 14 | 14 | 15 | 15 | 16 | 17 | 17 | 18 | 18 | 19 | 17 | 18 |
| | 9 | 9 | 10 | 10 | 11 | 12 | 12 | 13 | 13 | 14 | 13 | 14 | 15 | 15 | 16 | 16 | 17 | 18 | 18 | 19 | 19 | 20 | 18 | 19 |
| | 10 | 10 | 11 | 11 | 12 | 13 | 13 | 14 | 14 | 15 | 14 | 15 | 16 | 16 | 17 | 17 | 18 | 19 | 19 | 20 | 20 | 21 | 19 | 20 |

中西回史日曆 卷一八 清 二二 勵耘書屋

| 一七八六 丙午 乾隆五一 1201 | | | | | | | | | | | | 一七八五 乙巳 乾隆五〇 1200 | | | | | | | | | | | |
|---|---|---|---|---|---|---|---|---|---|---|---|---|---|---|---|---|---|---|---|---|---|---|---|
| 22 | 23 | 23 | 24 | 25 | 25 | 26 | 26 | 27 | 25 | 26 | 27 | 27 | 28 | 28 | 29 | 30 | 30 | 31 | **5** | **4** | 2 | 31 | **1** |
| 23 | 24 | 24 | 25 | 26 | 26 | 27 | 27 | 28 | 26 | 27 | 28 | 28 | 29 | 29 | 30 | 31 | **7** | **6** | 2 | 2 | 3 | **2** | 2 |
| 24 | 25 | 25 | 26 | 27 | 27 | 28 | 28 | 29 | 27 | 28 | 29 | 29 | 30 | 30 | 31 | **8** | 2 | 2 | 3 | 3 | 4 | 2 | 3 |
| 25 | 26 | 26 | 27 | 28 | 28 | 29 | 29 | 30 | 28 | 29 | 30 | 30 | 31 | **10** | **9** | 2 | 3 | 3 | 4 | 4 | 5 | 3 | 4 |
| 26 | 27 | 27 | 28 | 29 | 29 | 30 | 30 | 31 | **3** | 30 | 31 | **12** | **11** | 2 | 2 | 3 | 4 | 4 | 5 | 5 | 6 | 4 | 5 |
| 27 | 28 | 28 | 29 | 30 | 30 | 31 | **5** | **4** | 2 | 31 | **1** | 2 | 2 | 3 | 3 | 4 | 5 | 5 | 6 | 6 | 7 | 5 | 6 |
| 28 | 29 | 29 | 30 | 31 | **7** | **6** | 2 | 2 | 3 | **2** | 2 | 3 | 3 | 4 | 4 | 5 | 6 | 6 | 7 | 7 | 8 | 6 | 7 |
| 29 | 30 | 30 | 31 | **8** | 2 | 2 | 3 | 3 | 4 | 2 | 3 | 4 | 4 | 5 | 5 | 6 | 7 | 7 | 8 | 8 | 9 | 7 | 8 |
| 30 | 31 | **10** | **9** | 2 | 3 | 3 | 4 | 4 | 5 | 3 | 4 | 5 | 5 | 6 | 6 | 7 | 8 | 8 | 9 | 9 | 10 | 8 | 9 |
| **12** | **11** | 2 | 2 | 3 | 4 | 4 | 5 | 5 | 6 | 4 | 5 | 6 | 6 | 7 | 7 | 8 | 9 | 9 | 10 | 10 | 11 | 9 | 10 |
| 2 | 2 | 3 | 3 | 4 | 5 | 5 | 6 | 6 | 7 | 5 | 6 | 7 | 7 | 8 | 8 | 9 | 10 | 10 | 11 | 11 | 12 | 10 | 11 |
| 3 | 3 | 4 | 4 | 5 | 6 | 6 | 7 | 7 | 8 | 6 | 7 | 8 | 8 | 9 | 9 | 10 | 11 | 11 | 12 | 12 | 13 | 11 | 12 |
| 4 | 4 | 5 | 5 | 6 | 7 | 7 | 8 | 8 | 9 | 7 | 8 | 9 | 9 | 10 | 10 | 11 | 12 | 12 | 13 | 13 | 14 | 12 | 13 |
| 5 | 5 | 6 | 6 | 7 | 8 | 8 | 9 | 9 | 10 | 8 | 9 | 10 | 10 | 11 | 11 | 12 | 13 | 13 | 14 | 14 | 15 | 13 | 14 |
| 6 | 6 | 7 | 7 | 8 | 9 | 9 | 10 | 10 | 11 | 9 | 10 | 11 | 11 | 12 | 12 | 13 | 14 | 14 | 15 | 15 | 16 | 14 | 15 |
| 7 | 7 | 8 | 8 | 9 | 10 | 10 | 11 | 11 | 12 | 10 | 11 | 12 | 12 | 13 | 13 | 14 | 15 | 15 | 16 | 16 | 17 | 15 | 16 |
| 8 | 8 | 9 | 9 | 10 | 11 | 11 | 12 | 12 | 13 | 11 | 12 | 13 | 13 | 14 | 14 | 15 | 16 | 16 | 17 | 17 | 18 | 16 | 17 |
| 9 | 9 | 10 | 10 | 11 | 12 | 12 | 13 | 13 | 14 | 12 | 13 | 14 | 14 | 15 | 15 | 16 | 17 | 17 | 18 | 18 | 19 | 17 | 18 |
| 10 | 10 | 11 | 11 | 12 | 13 | 13 | 14 | 14 | 15 | 13 | 14 | 15 | 15 | 16 | 16 | 17 | 18 | 18 | 19 | 19 | 20 | 18 | 19 |
| 11 | 11 | 12 | 12 | 13 | 14 | 14 | 15 | 15 | 16 | 14 | 15 | 16 | 16 | 17 | 17 | 18 | 19 | 19 | 20 | 20 | 21 | 19 | 20 |
| 12 | 12 | 13 | 13 | 14 | 15 | 15 | 16 | 16 | 17 | 15 | 16 | 17 | 17 | 18 | 18 | 19 | 20 | 20 | 21 | 21 | 22 | 20 | 21 |
| 13 | 13 | 14 | 14 | 15 | 16 | 16 | 17 | 17 | 18 | 16 | 17 | 18 | 18 | 19 | 19 | 20 | 21 | 21 | 22 | 22 | 23 | 21 | 22 |
| 14 | 14 | 15 | 15 | 16 | 17 | 17 | 18 | 18 | 19 | 17 | 18 | 19 | 19 | 20 | 20 | 21 | 22 | 22 | 23 | 23 | 24 | 22 | 23 |
| 15 | 15 | 16 | 16 | 17 | 18 | 18 | 19 | 19 | 20 | 18 | 19 | 20 | 20 | 21 | 21 | 22 | 23 | 23 | 24 | 24 | 25 | 23 | 24 |
| 16 | 16 | 17 | 17 | 18 | 19 | 19 | 20 | 20 | 21 | 19 | 20 | 21 | 21 | 22 | 22 | 23 | 24 | 24 | 25 | 25 | 26 | 24 | 25 |
| 17 | 17 | 18 | 18 | 19 | 20 | 20 | 21 | 21 | 22 | 20 | 21 | 22 | 22 | 23 | 23 | 24 | 25 | 25 | 26 | 26 | 27 | 25 | 26 |
| 18 | 18 | 19 | 19 | 20 | 21 | 21 | 22 | 22 | 23 | 21 | 22 | 23 | 23 | 24 | 24 | 25 | 26 | 26 | 27 | 27 | 28 | 26 | 27 |
| 19 | 19 | 20 | 20 | 21 | 22 | 22 | 23 | 23 | 24 | 22 | 23 | 24 | 24 | 25 | 25 | 26 | 27 | 27 | 28 | 28 | 29 | 27 | 28 |
| 20 | 20 | 21 | 21 | 22 | 23 | 23 | 24 | 24 | 25 | 23 | 24 | 25 | 25 | 26 | 26 | 27 | 28 | 28 | 29 | 29 | 30 | 28 | 29 |
| 21 | 21 | 22 | 22 | 23 | 24 | 24 | 25 | 25 | 26 | 24 | 25 | 26 | 26 | 27 | 27 | 28 | 29 | 29 | 30 | 30 | 31 | **3** | 30 |

一七八八 戊申 乾隆五三

1203

一七八七 丁未 乾隆五二

1202

| | | | | | | | | | | | | | | | | | | | | | | | | |
|---|---|---|---|---|---|---|---|---|---|---|---|---|---|---|---|---|---|---|---|---|---|---|---|---|
| 11 | 11 | 12 | 12 | 13 | 14 | 14 | 15 | 15 | 16 | 15 | 16 | 17 | 17 | 18 | 18 | 19 | 20 | 20 | 21 | 21 | 22 | 20 | 21 4 | 22 3 |
| 12 | 12 | 13 | 13 | 14 | 15 | 15 | 16 | 16 | 17 | 16 | 17 | 18 | 18 | 19 | 19 | 20 | 21 | 21 | 22 | 22 | 23 | 21 | 22 | 23 |
| 13 | 13 | 14 | 14 | 15 | 16 | 16 | 17 | 17 | 18 | 17 | 18 | 19 | 19 | 20 | 20 | 21 | 22 | 22 | 23 | 23 | 24 | 22 | 23 | 24 |
| 14 | 14 | 15 | 15 | 16 | 17 | 17 | 18 | 18 | 19 | 18 | 19 | 20 | 20 | 21 | 21 | 22 | 23 | 23 | 24 | 24 | 25 | 23 | 24 | 25 |
| 15 | 15 | 16 | 16 | 17 | 18 | 18 | 19 | 19 | 20 | 19 | 20 | 21 | 21 | 22 | 22 | 23 | 24 | 24 | 25 | 25 | 26 | 24 | 25 | 26 |
| 16 | 16 | 17 | 17 | 18 | 19 | 19 | 20 | 20 | 21 | 20 | 21 | 22 冬 | 22 | 23 | 23 | 24 | 25 | 25 | 26 | 26 | 27 | 25 | 26 | 27 |
| 17 | 17 | 18 | 18 | 19 | 20 | 20 | 21 | 21 | 22 | 21 | 22 | 23 | 23 | 24 | 24 | 25 | 26 | 26 | 27 | 27 | 28 | 26 | 27 | 28 |
| 18 | 18 | 19 | 19 | 20 | 21 | 21 | 22 | 22 | 23 | 22 | 23 | 24 | 24 | 25 | 25 | 26 | 27 | 27 | 28 | 28 | 29 | 27 | 28 | 29 |
| 19 | 19 | 20 | 20 | 21 | 22 | 22 | 23 | 23 | 24 | 23 | 24 | 25 | 25 | 26 | 26 | 27 | 28 | 28 | 29 | 29 | 30 | 28 | 29 | 30 |
| 20 | 20 | 21 | 21 | 22 | 23 | 23 | 24 | 24 | 25 | 24 | 25 | 26 | 26 | 27 | 27 | 28 | 29 | 29 | 30 | 30 | 31 | 3 | 30 | 31 |
| 21 冬 | 21 | 22 | 22 | 23 | 24 | 24 | 25 | 25 | 26 | 25 | 26 | 27 | 27 | 28 | 28 | 29 | 30 | 30 | 31 | 5 | 4 | 2 | 31 | 1 |
| 22 | 22 | 23 | 23 | 24 | 25 | 25 | 26 | 26 | 27 | 26 | 27 | 28 | 28 | 29 | 29 | 30 | 31 | 7 | 6 | 2 | 2 | 3 | 2 | 2 |
| 23 | 23 | 24 | 24 | 25 | 26 | 26 | 27 | 27 | 28 | 27 | 28 | 29 | 29 | 30 | 30 | 31 | 8 | 2 | 2 | 3 | 3 | 4 | 2 | 3 |
| 24 | 24 | 25 | 25 | 26 | 27 | 27 | 28 | 28 | 29 | 28 | 29 | 30 | 30 | 31 | 10 | 9 | 2 | 3 | 3 | 4 | 4 | 5 | 3 | 4 |
| 25 | 25 | 26 | 26 | 27 | 28 | 28 | 29 | 29 | 30 | 29 | 30 | 31 | 12 | 11 | 2 | 2 | 3 | 4 | 4 | 5 | 5 | 6 | 4 | 5 |
| 26 | 26 | 27 | 27 | 28 | 29 | 29 | 30 | 30 | 31 | 3 | 31 | 1 | 2 | 2 | 3 | 3 | 4 | 5 | 5 | 6 | 6 | 7 | 5 | 6 |
| 27 十二 | 27 | 28 | 28 | 29 | 30 | 30 | 31 | 5 | 4 | 2 | 2 | 2 | 3 | 3 | 4 | 4 | 5 | 6 | 6 | 7 | 7 | 8 | 6 | 7 |
| 28 | 28 十一 | 29 十 | 29 九 | 30 | 31 | 7 | 6 | 2 | 2 | 3 | 2 | 3 | 4 | 4 | 5 | 5 | 6 | 7 | 7 | 8 | 8 | 9 | 7 | 8 |
| 29 | 29 | 30 | 30 | 31 八 | 8 | 2 | 2 | 3 | 3 | 4 | 3 | 4 | 5 | 5 | 6 | 6 | 7 | 8 | 8 | 9 | 9 | 10 | 8 | 9 |
| 30 4 | 30 3 | 31 | 10 | 9 | 2 七 | 3 | 3 | 4 | 4 | 5 | 4 | 5 | 6 | 6 | 7 | 7 | 8 | 9 | 9 | 10 | 10 | 11 | 9 | 10 |
| 31 | 12 | 11 2 | 2 1 | 2 12 | 3 11 | 4 六 | 4 五 | 5 | 5 | 6 | 5 | 6 | 7 | 7 | 8 | 8 | 9 | 10 | 10 | 11 | 11 | 12 | 10 | 11 |
| 日 | 2 | 2 | 3 | 3 | 4 | 5 10 | 5 9 | 6 四 | 6 三 | 7 | 6 | 7 | 8 | 8 | 9 | 9 | 10 | 11 | 11 | 12 | 12 | 13 | 11 | 12 |
| 曜 | 3 | 3 | 4 | 4 | 5 | 6 | 6 | 7 8 | 7 7 | 8 二 | 7 正 | 8 十二 | 9 十一 | 9 | 10 | 10 | 11 | 12 | 12 | 13 | 13 | 14 | 12 | 13 |
| 表 | 4 | 4 | 5 | 5 | 6 | 7 | 7 | 8 | 8 | 9 6 | 8 5 | 9 | 10 | 10 十 | 11 九 | 11 | 12 | 13 | 13 | 14 | 14 | 15 | 13 | 14 |
| 5 | 5 | 5 | 6 | 6 | 7 | 8 | 8 | 9 | 9 | 10 | 9 | 10 4 | 11 3 | 11 | 12 | 12 八 | 13 七 | 14 | 14 | 15 | 15 | 16 | 14 | 15 |
| 甲 | 6 | 6 | 7 | 7 | 8 | 9 | 9 | 10 | 10 | 11 | 10 | 11 | 12 | 12 2 | 13 1 | 13 | 14 | 15 六 | 15 五 | 16 | 16 | 17 | 15 | 16 |
| 子 | 7 | 7 | 8 | 8 | 9 | 10 | 10 | 11 | 11 | 12 | 11 | 12 | 13 | 13 | 14 | 14 12 | 15 11 | 16 | 16 | 17 四 | 17 | 18 | 16 | 17 |
| 表 | 8 | 8 | 9 | 9 | 10 | 11 | 11 | 12 | 12 | 13 | 12 | 13 | 14 | 14 | 15 | 15 | 16 | 17 10 | 17 9 | 18 | 18 三 | 19 二 | 17 | 18 |
| 35 | 9 | 9 | 10 | 10 | 11 | 12 | 12 | 13 | 13 | 14 | 13 | 14 | 15 | 15 | 16 | 16 | 17 | 18 | 18 | 19 8 | 19 7 | 20 | 18 正 | 19 十二 |
| | 10 | 10 | 11 | 11 | 12 | 13 | 13 | 14 | 14 | 15 | 14 | 15 | 16 | 16 | 17 | 17 | 18 | 19 | 19 | 20 | 20 | 21 6 | 19 5 | 20 |

一七九〇 庚戌 乾隆五五 1205

一七八九 己酉 乾隆五四 1204

| | | | | | | | | | | | | | | | | | | | | | | | |
|---|---|---|---|---|---|---|---|---|---|---|---|---|---|---|---|---|---|---|---|---|---|---|---|
| 22 | 23 | 23 | 24 | 25 | 25 | 26 | 26 | 27 | 25 | 26 | 27 | 27 | 28 | 28 | 29 | 30 | 30 | 31 | 5 | 4 | 2 | 31 | 1 |
| 23 | 24 | 24 | 25 | 26 | 26 | 27 | 27 | 28 | 26 | 27 | 28 | 28 | 29 | 29 | 30 | 31 | 7 | 6 | 2 | 2 | 3 | 2 | 2 |
| 24 | 25 | 25 | 26 | 27 | 27 | 28 | 28 | 29 | 27 | 28 | 29 | 29 | 30 | 30 | 31 | 8 | 2 | 2 | 3 | 3 | 4 | 2 | 3 |
| 25 | 26 | 26 | 27 | 28 | 28 | 29 | 29 | 30 | 28 | 29 | 30 | 30 | 31 | 10 | 9 | 2 | 3 | 3 | 4 | 4 | 5 | 3 | 4 |
| 26 | 27 | 27 | 28 | 29 | 29 | 30 | 30 | 31 | 3 | 30 | 31 | 12 | 11 | 2 | 2 | 3 | 4 | 4 | 5 | 5 | 6 | 4 | 5 |
| 27 | 28 | 28 | 29 | 30 | 30 | 31 | 5 | 4 | 2 | 31 | 1 | 2 | 2 | 3 | 3 | 4 | 5 | 5 | 6 | 6 | 7 | 5 | 6 |
| 28 | 29 | 29 | 30 | 31 | 7 | 6 | 2 | 2 | 3 | 2 | 2 | 3 | 3 | 4 | 4 | 5 | 6 | 6 | 7 | 7 | 8 | 6 | 7 |
| 29 | 30 | 30 | 31 | 8 | 2 | 2 | 3 | 3 | 4 | 2 | 3 | 4 | 4 | 5 | 5 | 6 | 7 | 7 | 8 | 8 | 9 | 7 | 8 |
| 30 | 31 | 10 | 9 | 2 | 3 | 3 | 4 | 4 | 5 | 3 | 4 | 5 | 5 | 6 | 6 | 7 | 8 | 8 | 9 | 9 | 10 | 8 | 9 |
| 12 | 11 | 2 | 2 | 3 | 4 | 4 | 5 | 5 | 6 | 4 | 5 | 6 | 6 | 7 | 7 | 8 | 9 | 9 | 10 | 10 | 11 | 9 | 10 |
| 2 | 2 | 3 | 3 | 4 | 5 | 5 | 6 | 6 | 7 | 5 | 6 | 7 | 7 | 8 | 8 | 9 | 10 | 10 | 11 | 11 | 12 | 10 | 11 |
| 3 | 3 | 4 | 4 | 5 | 6 | 6 | 7 | 7 | 8 | 6 | 7 | 8 | 8 | 9 | 9 | 10 | 11 | 11 | 12 | 12 | 13 | 11 | 12 |
| 4 | 4 | 5 | 5 | 6 | 7 | 7 | 8 | 8 | 9 | 7 | 8 | 9 | 9 | 10 | 10 | 11 | 12 | 12 | 13 | 13 | 14 | 12 | 13 |
| 5 | 5 | 6 | 6 | 7 | 8 | 8 | 9 | 9 | 10 | 8 | 9 | 10 | 10 | 11 | 11 | 12 | 13 | 13 | 14 | 14 | 15 | 13 | 14 |
| 6十一 | 6 | 7 | 7 | 8 | 9 | 9 | 10 | 10 | 11 | 9 | 10 | 11 | 11 | 12 | 12 | 13 | 14 | 14 | 15 | 15 | 16 | 14 | 15 |
| 7 | 7十 | 8九 | 8 | 9 | 10 | 10 | 11 | 11 | 12 | 10 | 11 | 12 | 12 | 13 | 13 | 14 | 15 | 15 | 16 | 16 | 17 | 15 | 16 |
| 8 4 | 8 3 | 9 | 9八 | 10七 | 11 | 11 | 12 | 12 | 13 | 11 | 12 | 13 | 13 | 14 | 14 | 15 | 16 | 16 | 17 | 17 | 18 | 16 | 17 |
| 9 | 9 | 10 2 | 10 1 | 11 | 12六 | 12 | 13 | 13 | 14 | 12 | 13 | 14 | 14 | 15 | 15 | 16 | 17 | 17 | 18 | 18 | 19 | 17 | 18 |
| 10 | 10 | 11 | 11 | 12 12 | 13 11 | 13五 | 14四 | 14三 | 15 | 13 | 14 | 15 | 15 | 16 | 16 | 17 | 18 | 18 | 19 | 19 | 20 | 18 | 19 |
| 11 | 11 | 12 | 12 | 13 | 14 | 14 10 | 15 9 | 15 | 16二 | 14正 | 15十二 | 16 | 16 | 17 | 17 | 18 | 19 | 19 | 20 | 20 | 21 | 19 | 20 |
| 12 | 12 | 13 | 13 | 14 | 15 | 15 | 16 | 16 8 | 17 7 | 15 | 16 | 17十一 | 17十 | 18 | 18 | 19 | 20 | 20 | 21 | 21 | 22 | 20 | 21 |
| 13 | 13 | 14 | 14 | 15 | 16 | 16 | 17 | 17 | 18 | 16 6 | 17 5 | 18 | 18 | 19九 | 19八 | 20 | 21 | 21 | 22 | 22 | 23 | 21 | 22 |
| 14 | 14 | 15 | 15 | 16 | 17 | 17 | 18 | 18 | 19 | 17 | 18 | 19 4 | 19 3 | 20 | 20 | 21七 | 22六 | 22 | 23 | 23 | 24 | 22 | 23 |
| 15 | 15 | 16 | 16 | 17 | 18 | 18 | 19 | 19 | 20 | 18 | 19 | 20 | 20 | 21 2 | 21 1 | 22 | 23 | 23閏 | 24 | 24 | 25 | 23 | 24 |
| 16 | 16 | 17 | 17 | 18 | 19 | 19 | 20 | 20 | 21 | 19 | 20 | 21冬 | 21 | 22 | 22 | 23 12 | 24 11 | 24 | 25五 | 25四 | 26 | 24 | 25 |
| 17 | 17 | 18 | 18 | 19 | 20 | 20 | 21 | 21 | 22 | 20 | 21 | 22 | 22 | 23 | 23 | 24 | 25 | 25 10 | 26 9 | 26 | 27三 | 25二 | 26正 |
| 18 | 18 | 19 | 19 | 20 | 21 | 21 | 22 | 22 | 23 | 21 | 22 | 23 | 23 | 24 | 24 | 25 | 26 | 26 | 27 | 27 8 | 28 7 | 26 | 27 |
| 19 | 19 | 20 | 20 | 21 | 22 | 22 | 23 | 23 | 24 | 22 | 23 | 24 | 24 | 25 | 25 | 26 | 27 | 27 | 28 | 28 | 29 | 27 6 | 28 5 |
| 20 | 20 | 21 | 21 | 22 | 23 | 23 | 24 | 24 | 25 | 23 | 24 | 25 | 25 | 26 | 26 | 27 | 28 | 28 | 29 | 29 | 30 | 28 | 29 |
| 21冬 | 21 | 22 | 22 | 23 | 24 | 24 | 25 | 25 | 26 | 24 | 25 | 26 | 26 | 27 | 27 | 28 | 29 | 29 | 30 | 30 | 31 | 3 | 30 |

一七九一 辛亥 乾隆五六

1206

一七九二 壬子 乾隆五七

1207

| | | | | | | | | | | | | | | | | | | | | | | | | |
|---|---|---|---|---|---|---|---|---|---|---|---|---|---|---|---|---|---|---|---|---|---|---|---|---|
| 11 | 11 | 12 | 12 | 13 | 14 | 14 | 15 | 15 | 16 | 15 | 16 | 17 | 17 | 18 | 18 | 19 | 20 | 20 | 21 | 21 | 22 | 20 | 21 | 22 |
| 12 | 12 | 13 | 13 | 14 | 15 | 15 | 16 | 16 | 17 | 16 | 17 | 18 | 18 | 19 | 19 | 20 | 21 | 21 | 22 | 22 | 23 | 21 | 22 | 23 |
| 13 | 13 | 14 | 14 | 15 | 16 | 16 | 17 | 17 | 18 | 17 | 18 | 19 | 19 | 20 | 20 | 21 | 22 | 22 | 23 | 23 | 24 | 22 | 23 | 24 |
| 14 十一 | 14 十 | 15 | 15 | 16 | 17 | 17 | 18 | 18 | 19 | 18 | 19 | 20 | 20 | 21 | 21 | 22 | 23 | 23 | 24 | 24 | 25 | 23 | 24 | 25 |
| 15 5 | 15 | 16 九 | 16 八 | 17 | 18 | 18 | 19 | 19 | 20 | 19 | 20 | 21 | 21 | 22 | 22 | 23 | 24 | 24 | 25 | 25 | 26 | 24 | 25 | 26 |
| 16 | 16 4 | 17 3 | 17 | 18 七 | 19 六 | 19 五 | 20 | 20 | 21 | 20 | 21 | 22 冬 | 22 | 23 | 23 | 24 | 25 | 25 | 26 | 26 | 27 | 25 | 26 | 27 |
| 17 | 17 | 18 | 18 2 | 19 1 | 20 | 20 | 21 閏 | 21 四 | 22 | 21 | 22 | 23 | 23 | 24 | 24 | 25 | 26 | 26 | 27 | 27 | 28 | 26 | 27 | 28 |
| 18 | 18 | 19 | 19 | 20 | 21 12 | 21 11 | 22 | 22 | 23 三 | 22 二 | 23 | 24 | 24 | 25 | 25 | 26 | 27 | 27 | 28 | 28 | 29 | 27 | 28 | 29 |
| 19 | 19 | 20 | 20 | 21 | 22 | 22 | 23 10 | 23 9 | 24 | 23 | 24 正 | 25 十二 | 25 | 26 | 26 | 27 | 28 | 28 | 29 | 29 | 30 | 28 | 29 | 30 |
| 20 | 20 | 21 | 21 | 22 | 23 | 23 | 24 | 24 | 25 8 | 24 7 | 25 | 26 | 26 十一 | 27 十 | 27 | 28 | 29 | 29 | 30 | 30 | 31 | 3 | 30 | 31 |
| 21 冬 | 21 | 22 | 22 | 23 | 24 | 24 | 25 | 25 | 26 | 25 | 26 6 | 27 5 | 27 | 28 | 28 九 | 29 八 | 30 | 30 | 31 | 5 | 4 | 2 | 31 | 1 |
| 22 | 22 | 23 | 23 | 24 | 25 | 25 | 26 | 26 | 27 | 26 | 27 | 28 | 28 4 | 29 3 | 29 | 30 | 31 七 | 7 六 | 6 | 2 | 2 | 3 | 2 | 2 |
| 23 | 23 | 24 | 24 | 25 | 26 | 26 | 27 | 27 | 28 | 27 | 28 | 29 | 29 | 30 | 30 2 | 31 1 | 8 12 | 2 11 | 2 五 | 3 四 | 3 三 | 4 | 2 | 3 |
| 24 | 24 | 25 | 25 | 26 | 27 | 27 | 28 | 28 | 29 | 28 | 29 | 30 | 30 | 31 | 10 | 9 | 2 | 3 | 3 10 | 4 9 | 4 | 5 二 | 3 正 | 4 |
| 25 | 25 | 26 | 26 | 27 | 28 | 28 | 29 | 29 | 30 | 29 | 30 | 31 | 12 | 11 | 2 | 2 | 3 | 4 | 4 | 5 | 5 8 | 6 7 | 4 | 5 十二 |
| 26 | 26 | 27 | 27 | 28 | 29 | 29 | 30 | 30 | 31 | 3 | 31 | 1 | 2 | 2 | 3 | 3 | 4 | 5 | 5 | 6 | 6 | 7 | 5 6 | 6 5 |
| 27 | 27 | 28 | 28 | 29 | 30 | 30 | 31 | 5 | 4 | 2 | 2 | 2 | 3 | 3 | 4 | 4 | 5 | 6 | 6 | 7 | 7 | 8 | 6 | 7 |
| 28 | 28 | 29 | 29 | 30 | 31 | 7 | 6 | 2 | 2 | 3 | 2 | 3 | 4 | 4 | 5 | 5 | 6 | 7 | 7 | 8 | 8 | 9 | 7 | 8 |
| 29 | 29 | 30 | 30 | 31 | 8 | 2 | 2 | 3 | 3 | 4 | 3 | 4 | 5 | 5 | 6 | 6 | 7 | 8 | 8 | 9 | 9 | 10 | 8 | 9 |
| 30 | 30 | 31 | 10 | 9 | 2 | 3 | 3 | 4 | 4 | 5 | 4 | 5 | 6 | 6 | 7 | 7 | 8 | 9 | 9 | 10 | 10 | 11 | 9 | 10 |
| 31 | 12 | 11 | 2 | 2 | 3 | 4 | 4 | 5 | 5 | 6 | 5 | 6 | 7 | 7 | 8 | 8 | 9 | 10 | 10 | 11 | 11 | 12 | 10 | 11 |
| 日 | 2 | 2 | 3 | 3 | 4 | 5 | 5 | 6 | 6 | 7 | 6 | 7 | 8 | 8 | 9 | 9 | 10 | 11 | 11 | 12 | 12 | 13 | 11 | 12 |
| 曜 | 3 | 3 | 4 | 4 | 5 | 6 | 6 | 7 | 7 | 8 | 7 | 8 | 9 | 9 | 10 | 10 | 11 | 12 | 12 | 13 | 13 | 14 | 12 | 13 |
| 表 | 4 | 4 | 5 | 5 | 6 | 7 | 7 | 8 | 8 | 9 | 8 | 9 | 10 | 10 | 11 | 11 | 12 | 13 | 13 | 14 | 14 | 15 | 13 | 14 |
| 6 | 5 | 5 | 6 | 6 | 7 | 8 | 8 | 9 | 9 | 10 | 9 | 10 | 11 | 11 | 12 | 12 | 13 | 14 | 14 | 15 | 15 | 16 | 14 | 15 |
| 甲 | 6 | 6 | 7 | 7 | 8 | 9 | 9 | 10 | 10 | 11 | 10 | 11 | 12 | 12 | 13 | 13 | 14 | 15 | 15 | 16 | 16 | 17 | 15 | 16 |
| 子 | 7 | 7 | 8 | 8 | 9 | 10 | 10 | 11 | 11 | 12 | 11 | 12 | 13 | 13 | 14 | 14 | 15 | 16 | 16 | 17 | 17 | 18 | 16 | 17 |
| 表 | 8 | 8 | 9 | 9 | 10 | 11 | 11 | 12 | 12 | 13 | 12 | 13 | 14 | 14 | 15 | 15 | 16 | 17 | 17 | 18 | 18 | 19 | 17 | 18 |
| 36 | 9 | 9 | 10 | 10 | 11 | 12 | 12 | 13 | 13 | 14 | 13 | 14 | 15 | 15 | 16 | 16 | 17 | 18 | 18 | 19 | 19 | 20 | 18 | 19 |
| | 10 | 10 | 11 | 11 | 12 | 13 | 13 | 14 | 14 | 15 | 14 | 15 | 16 | 16 | 17 | 17 | 18 | 19 | 19 | 20 | 20 | 21 | 19 | 20 |

# 中西回史日曆

卷一八 清

一七九四 甲寅 乾隆五九 1209

一七九三 癸丑 乾隆五八 1208

| | | | | | | | | | | | | | | | | | | | | | | | |
|---|---|---|---|---|---|---|---|---|---|---|---|---|---|---|---|---|---|---|---|---|---|---|---|
| 22 | 23 | 23 | 24 | 25 | 25 | 26 | 26 | 27 | 25 | 26 | 27 | 27 | 28 | 28 | 29 | 30 | 30 | 31 | **5** | **4** | 2 | 31 | **1** |
| 23 | 十一24 | 十24 | 九25 | 八26 | 26 | 27 | 27 | 28 | 26 | 27 | 28 | 28 | 29 | 29 | 30 | 31 | **7** | **6** | 2 | 2 | 3 | **2** | 2 |
| 24 | 5 25 | 25 | 26 | 27 | 七27 | 六28 | 28 | 29 | 27 | 28 | 29 | 29 | 30 | 30 | 31 | **8** | 2 | 2 | 3 | 3 | 4 | 2 | 3 |
| 25 | 26 | 4 26 | 3 27 | 28 | 28 | 29 | 五29 | 四30 | 28 | 29 | 30 | 30 | 31 | **10** | **9** | 2 | 3 | 3 | 4 | 4 | 5 | 3 | 4 |
| 26 | 27 | 27 | 28 | 2 29 | 1 29 | 30 | 30 | 31 | 三**3** | 30 | 31 | **12** | **11** | 2 | 2 | 3 | 4 | 4 | 5 | 5 | 6 | 4 | 5 |
| 27 | 28 | 28 | 29 | 30 | 30 | 12 31 | 11 **5** | **4** | 2 | 二31 | 正**1** | 2 | 2 | 3 | 3 | 4 | 5 | 5 | 6 | 6 | 7 | 5 | 6 |
| 28 | 29 | 29 | 30 | 31 | **7** | **6** | 2 | 10 2 | 9 3 | **2** | 2 | 十二3 | 十一3 | 4 | 4 | 5 | 6 | 6 | 7 | 7 | 8 | 6 | 7 |
| 29 | 30 | 30 | 31 | **8** | 2 | 2 | 3 | 3 | 4 | 8 2 | 7 3 | 4 | 4 | 十5 | 九5 | 八6 | 7 | 7 | 8 | 8 | 9 | 7 | 8 |
| 30 | 31 | **10** | **9** | 2 | 3 | 3 | 4 | 4 | 5 | 3 | 4 | 6 5 | 5 5 | 6 | 6 | 7 | 七8 | 六8 | 五9 | 9 | 10 | 8 | 9 |
| **12** | **11** | 2 | 2 | 3 | 4 | 4 | 5 | 5 | 6 | 4 | 5 | 6 | 6 | 4 7 | 3 7 | 8 | 9 | 9 | 10 | 四10 | 11 | 9 | 10 |
| 2 | 2 | 3 | 3 | 4 | 5 | 5 | 6 | 6 | 7 | 5 | 6 | 7 | 7 | 8 | 8 | 2 9 | 1 10 | 12 10 | 11 11 | 11 | 三12 | 二10 | 11 |
| 3 | 3 | 4 | 4 | 5 | 6 | 6 | 7 | 7 | 8 | 6 | 7 | 8 | 8 | 9 | 9 | 10 | 11 | 11 | 12 | 10 12 | 9 13 | 11 | 正12 十二 |
| 4 | 4 | 5 | 5 | 6 | 7 | 7 | 8 | 8 | 9 | 7 | 8 | 9 | 9 | 10 | 10 | 11 | 12 | 12 | 13 | 13 | 14 | 8 12 | 7 13 |
| 5 | 5 | 6 | 6 | 7 | 8 | 8 | 9 | 9 | 10 | 8 | 9 | 10 | 10 | 11 | 11 | 12 | 13 | 13 | 14 | 14 | 15 | 13 | 14 6 |
| 6 | 6 | 7 | 7 | 8 | 9 | 9 | 10 | 10 | 11 | 9 | 10 | 11 | 11 | 12 | 12 | 13 | 14 | 14 | 15 | 15 | 16 | 14 | 15 |
| 7 | 7 | 8 | 8 | 9 | 10 | 10 | 11 | 11 | 12 | 10 | 11 | 12 | 12 | 13 | 13 | 14 | 15 | 15 | 16 | 16 | 17 | 15 | 16 |
| 8 | 8 | 9 | 9 | 10 | 11 | 11 | 12 | 12 | 13 | 11 | 12 | 13 | 13 | 14 | 14 | 15 | 16 | 16 | 17 | 17 | 18 | 16 | 17 |
| 9 | 9 | 10 | 10 | 11 | 12 | 12 | 13 | 13 | 14 | 12 | 13 | 14 | 14 | 15 | 15 | 16 | 17 | 17 | 18 | 18 | 19 | 17 | 18 |
| 10 | 10 | 11 | 11 | 12 | 13 | 13 | 14 | 14 | 15 | 13 | 14 | 15 | 15 | 16 | 16 | 17 | 18 | 18 | 19 | 19 | 20 | 18 | 19 |
| 11 | 11 | 12 | 12 | 13 | 14 | 14 | 15 | 15 | 16 | 14 | 15 | 16 | 16 | 17 | 17 | 18 | 19 | 19 | 20 | 20 | 21 | 19 | 20 |
| 12 | 12 | 13 | 13 | 14 | 15 | 15 | 16 | 16 | 17 | 15 | 16 | 17 | 17 | 18 | 18 | 19 | 20 | 20 | 21 | 21 | 22 | 20 | 21 |
| 13 | 13 | 14 | 14 | 15 | 16 | 16 | 17 | 17 | 18 | 16 | 17 | 18 | 18 | 19 | 19 | 20 | 21 | 21 | 22 | 22 | 23 | 21 | 22 |
| 14 | 14 | 15 | 15 | 16 | 17 | 17 | 18 | 18 | 19 | 17 | 18 | 19 | 19 | 20 | 20 | 21 | 22 | 22 | 23 | 23 | 24 | 22 | 23 |
| 15 | 15 | 16 | 16 | 17 | 18 | 18 | 19 | 19 | 20 | 18 | 19 | 20 | 20 | 21 | 21 | 22 | 23 | 23 | 24 | 24 | 25 | 23 | 24 |
| 16 | 16 | 17 | 17 | 18 | 19 | 19 | 20 | 20 | 21 | 19 | 20 | 21 | 冬21 | 22 | 22 | 23 | 24 | 24 | 25 | 25 | 26 | 24 | 25 |
| 17 | 17 | 18 | 18 | 19 | 20 | 20 | 21 | 21 | 22 | 20 | 21 | 22 | 22 | 23 | 23 | 24 | 25 | 25 | 26 | 26 | 27 | 25 | 26 |
| 18 | 18 | 19 | 19 | 20 | 21 | 21 | 22 | 22 | 23 | 21 | 22 | 23 | 23 | 24 | 24 | 25 | 26 | 26 | 27 | 27 | 28 | 26 | 27 |
| 19 | 19 | 20 | 20 | 21 | 22 | 22 | 23 | 23 | 24 | 22 | 23 | 24 | 24 | 25 | 25 | 26 | 27 | 27 | 28 | 28 | 29 | 27 | 28 |
| 20 | 20 | 21 | 21 | 22 | 23 | 23 | 24 | 24 | 25 | 23 | 24 | 25 | 25 | 26 | 26 | 27 | 28 | 28 | 29 | 29 | 30 | 28 | 29 |
| 21 | 冬21 | 22 | 22 | 23 | 24 | 24 | 25 | 25 | 26 | 24 | 25 | 26 | 26 | 27 | 27 | 28 | 29 | 29 | 30 | 30 | 31 | **3** | 30 |

一二四

一七九六 丙辰 清仁宗 嘉慶元

1211

一七九五 乙卯 乾隆六〇

1210

| | | | | | | | | | | | | | | | | | | | | | | | | |
|---|---|---|---|---|---|---|---|---|---|---|---|---|---|---|---|---|---|---|---|---|---|---|---|---|
| 11 | 11 | 12 | 12 | 13 | 14 | 14 | 15 | 15 | 16 | 15 | 16 | 17 | 17 | 18 | 18 | 19 | 20 | 20 | 21 | 21 10 | 22 9 | 20 | 21 正 | 22 十二 |
| 12 | 12 | 13 | 13 | 14 | 15 | 15 | 16 | 16 | 17 | 16 | 17 | 18 | 18 | 19 | 19 | 20 | 21 | 21 | 22 | 22 | 23 | 21 8 | 22 7 | 23 |
| 13 | 13 | 14 | 14 | 15 | 16 | 16 | 17 | 17 | 18 | 17 | 18 | 19 | 19 | 20 | 20 | 21 | 22 | 22 | 23 | 23 | 24 | 22 | 23 | 24 6 |
| 14 | 14 | 15 | 15 | 16 | 17 | 17 | 18 | 18 | 19 | 18 | 19 | 20 | 20 | 21 | 21 | 22 | 23 | 23 | 24 | 24 | 25 | 23 | 24 | 25 |
| 15 | 15 | 16 | 16 | 17 | 18 | 18 | 19 | 19 | 20 | 19 | 20 | 21 | 21 | 22 | 22 | 23 | 24 | 24 | 25 | 25 | 26 | 24 | 25 | 26 |
| 16 | 16 | 17 | 17 | 18 | 19 | 19 | 20 | 20 | 21 | 20 | 21 | 22 冬 | 22 | 23 | 23 | 24 | 25 | 25 | 26 | 26 | 27 | 25 | 26 | 27 |
| 17 | 17 | 18 | 18 | 19 | 20 | 20 | 21 | 21 | 22 | 21 | 22 | 23 | 23 | 24 | 24 | 25 | 26 | 26 | 27 | 27 | 28 | 26 | 27 | 28 |
| 18 | 18 | 19 | 19 | 20 | 21 | 21 | 22 | 22 | 23 | 22 | 23 | 24 | 24 | 25 | 25 | 26 | 27 | 27 | 28 | 28 | 29 | 27 | 28 | 29 |
| 19 | 19 | 20 | 20 | 21 | 22 | 22 | 23 | 23 | 24 | 23 | 24 | 25 | 25 | 26 | 26 | 27 | 28 | 28 | 29 | 29 | 30 | 28 | 29 | 30 |
| 20 | 20 | 21 | 21 | 22 | 23 | 23 | 24 | 24 | 25 | 24 | 25 | 26 | 26 | 27 | 27 | 28 | 29 | 29 | 30 | 30 | 31 | **3** | 30 | 31 |
| 21 冬 | 21 | 22 | 22 | 23 | 24 | 24 | 25 | 25 | 26 | 25 | 26 | 27 | 27 | 28 | 28 | 29 | 30 | 30 | 31 | **5** | **4** | 2 | 31 | **1** |
| 22 | 22 | 23 | 23 | 24 | 25 | 25 | 26 | 26 | 27 | 26 | 27 | 28 | 28 | 29 | 29 | 30 | 31 | **7** | **6** | 2 | 2 | 3 | **2** | 2 |
| 23 | 23 | 24 | 24 | 25 | 26 | 26 | 27 | 27 | 28 | 27 | 28 | 29 | 29 | 30 | 30 | 31 | **8** | 2 | 2 | 3 | 3 | 4 | 2 | 3 |
| 24 | 24 | 25 | 25 | 26 | 27 | 27 | 28 | 28 | 29 | 28 | 29 | 30 | 30 | 31 | **10** | **9** | 2 | 3 | 3 | 4 | 4 | 5 | 3 | 4 |
| 25 | 25 | 26 | 26 | 27 | 28 | 28 | 29 | 29 | 30 | 29 | 30 | 31 | **12** | **11** | 2 | 2 | 3 | 4 | 4 | 5 | 5 | 6 | 4 | 5 |
| 26 | 26 | 27 | 27 | 28 | 29 | 29 | 30 | 30 | 31 | **3** | 31 | **1** | 2 | 2 | 3 | 3 | 4 | 5 | 5 | 6 | 6 | 7 | 5 | 6 |
| 27 | 27 | 28 | 28 | 29 | 30 | 30 | 31 | **5** | **4** | 2 | **2** | 2 | 3 | 3 | 4 | 4 | 5 | 6 | 6 | 7 | 7 | 8 | 6 | 7 |
| 28 | 28 | 29 | 29 | 30 | 31 | **7** | **6** | 2 | 2 | 3 | 2 | 3 | 4 | 4 | 5 | 5 | 6 | 7 | 7 | 8 | 8 | 9 | 7 | 8 |
| 29 十二 | 29 十一 | 30 | 30 | 31 | **8** | 2 | 2 | 3 | 3 | 4 | 3 | 4 | 5 | 5 | 6 | 6 | 7 | 8 | 8 | 9 | 9 | 10 | 8 | 9 |
| 30 | 30 | 31 十 | **10** 九 | **9** 八 | 2 | 3 | 3 | **4** | 4 | 5 | 4 | 5 | 6 | 6 | 7 | 7 | 8 | 9 | 9 | 10 | 10 | 11 | 9 | 10 |
| 31 7 | **12** | **11** | 2 | 2 | 3 七 | 4 | 4 | 5 | 5 | 6 | 5 | 6 | 7 | 7 | 8 | 8 | 9 | 10 | 10 | 11 | 11 | 12 | 10 | 11 |
| 日 | 2 6 | 2 5 | 3 | 3 | 4 | 5 六 | 5 五 | 6 | 6 | 7 | 6 | 7 | 8 | 8 | 9 | 9 | 10 | 11 | 11 | 12 | 12 | 13 | 11 | 12 |
| 曜 | 3 | 3 | 4 4 | 4 3 | 5 | 6 | 6 | 7 四 | 7 | 8 | 7 | 8 | 9 | 9 | 10 | 10 | 11 | 12 | 12 | 13 | 13 | 14 | 12 | 13 |
| 表 | 4 | 4 | 5 | 5 | 6 2 | 7 1 | 7 12 | 8 11 | 8 三 | 9 二 | 8 | 9 | 10 | 10 | 11 | 11 | 12 | 13 | 13 | 14 | 14 | 15 | 13 | 14 |
| 7 | 5 | 5 | 6 | 6 | 7 | 8 | 8 | 9 | 9 10 | 10 9 | 9 正 | 10 十二 | 11 十一 | 11 十 | 12 | 12 | 13 | 14 | 14 | 15 | 15 | 16 | 14 | 15 |
| 甲 | 6 | 6 | 7 | 7 | 8 | 9 | 9 | 10 | 10 | 11 | 10 8 | 11 7 | 12 | 12 | 13 九 | 13 八 | 14 | 15 | 15 | 16 | 16 | 17 | 15 | 16 |
| 子 | 7 | 7 | 8 | 8 | 9 | 10 | 10 | 11 | 11 | 12 | 11 | 12 | 13 6 | 13 5 | 14 | 14 | 15 七 | 16 六 | 16 | 17 | 17 | 18 | 16 | 17 |
| 表 | 8 | 8 | 9 | 9 | 10 | 11 | 11 | 12 | 12 | 13 | 12 | 13 | 14 | 14 | 15 4 | 15 3 | 16 | 17 | 17 五 | 18 四 | 18 | 19 | 17 | 18 |
| 37 | 9 | 9 | 10 | 10 | 11 | 12 | 12 | 13 | 13 | 14 | 13 | 14 | 15 | 15 | 16 | 16 | 17 2 | 18 1 | 18 | 19 | 19 三 | 20 | 18 | 19 |
| | 10 | 10 | 11 | 11 | 12 | 13 | 13 | 14 | 14 | 15 | 14 | 15 | 16 | 16 | 17 | 17 | 18 | 19 | 19 12 | 20 11 | 20 | 21 閏 | 19 二 | 20 |

| 一七九八 戊午 嘉慶三 1213 | | | | | | | | | | | | 一七九七 丁巳 嘉慶二 1212 | | | | | | | | | | | |
|---|---|---|---|---|---|---|---|---|---|---|---|---|---|---|---|---|---|---|---|---|---|---|---|
| 22 | 23 | 23 | 24 | 25 | 25 | 26 | 26 | 27 | 25 | 26 | 27 | 27 | 28 | 28 | 29 | 30 | 30 | 31 | 5 | 4 | 2 | 31 | 1 |
| 23 | 24 | 24 | 25 | 26 | 26 | 27 | 27 | 28 | 26 | 27 | 28 | 28 | 29 | 29 | 30 | 31 | 7 | 6 | 2 | 2 | 3 | 2 | 2 |
| 24 | 25 | 25 | 26 | 27 | 27 | 28 | 28 | 29 | 27 | 28 | 29 | 29 | 30 | 30 | 31 | 8 | 2 | 2 | 3 | 3 | 4 | 2 | 3 |
| 25 | 26 | 26 | 27 | 28 | 28 | 29 | 29 | 30 | 28 | 29 | 30 | 30 | 31 | 10 | 9 | 2 | 3 | 3 | 4 | 4 | 5 | 3 | 4 |
| 26 | 27 | 27 | 28 | 29 | 29 | 30 | 30 | 31 | 3 | 30 | 31 | 12 | 11 | 2 | 2 | 3 | 4 | 4 | 5 | 5 | 6 | 4 | 5 |
| 27 | 28 | 28 | 29 | 30 | 30 | 31 | 5 | 4 | 2 | 31 | 1 | 2 | 2 | 3 | 3 | 4 | 5 | 5 | 6 | 6 | 7 | 5 | 6 |
| 28 | 29 | 29 | 30 | 31 | 7 | 6 | 2 | 2 | 3 | 2 | 2 | 3 | 3 | 4 | 4 | 5 | 6 | 6 | 7 | 7 | 8 | 6 | 7 |
| 29 | 30 | 30 | 31 | 8 | 2 | 2 | 3 | 3 | 4 | 2 | 3 | 4 | 4 | 5 | 5 | 6 | 7 | 7 | 8 | 8 | 9 | 7 | 8 |
| 30 | 31 | 10 | 9 | 2 | 3 | 3 | 4 | 4 | 5 | 3 | 4 | 5 | 5 | 6 | 6 | 7 | 8 | 8 | 9 | 9 | 10 | 8 | 9 |
| 12 | 11 | 2 | 2 | 3 | 4 | 4 | 5 | 5 | 6 | 4 | 5 | 6 | 6 | 7 | 7 | 8 | 9 | 9 | 10 | 10 | 11 | 9 | 10 |
| 2 | 2 | 3 | 3 | 4 | 5 | 5 | 6 | 6 | 7 | 5 | 6 | 7 | 7 | 8 | 8 | 9 | 10 | 10 | 11 | 11 | 12 | 10 | 11 |
| 3 | 3 | 4 | 4 | 5 | 6 | 6 | 7 | 7 | 8 | 6 | 7 | 8 | 8 | 9 | 9 | 10 | 11 | 11 | 12 | 12 | 13 | 11 | 12 |
| 4 | 4 | 5 | 5 | 6 | 7 | 7 | 8 | 8 | 9 | 7 | 8 | 9 | 9 | 10 | 10 | 11 | 12 | 12 | 13 | 13 | 14 | 12 | 13 |
| 5 | 5 | 6 | 6 | 7 | 8 | 8 | 9 | 9 | 10 | 8 | 9 | 10 | 10 | 11 | 11 | 12 | 13 | 13 | 14 | 14 | 15 | 13 | 14 |
| 6 | 6 | 7 | 7 | 8 | 9 | 9 | 10 | 10 | 11 | 9 | 10 | 11 | 11 | 12 | 12 | 13 | 14 | 14 | 15 | 15 | 16 | 14 | 15 |
| 7 | 十一 7 | 8 | 8 | 9 | 10 | 10 | 11 | 11 | 12 | 10 | 11 | 12 | 12 | 13 | 13 | 14 | 15 | 15 | 16 | 16 | 17 | 15 | 16 |
| 8 | 8 | 十 9 | 九 9 | 10 | 11 | 11 | 12 | 12 | 13 | 11 | 12 | 13 | 13 | 14 | 14 | 15 | 16 | 16 | 17 | 17 | 18 | 16 | 17 |
| 9 | 7 9 | 10 | 10 | 八 11 | 12 | 12 | 13 | 13 | 14 | 12 | 13 | 14 | 14 | 15 | 15 | 16 | 17 | 17 | 18 | 18 | 19 | 17 | 18 |
| 10 | 10 | 6 11 | 5 11 | 12 | 七 13 | 六 13 | 14 | 14 | 15 | 13 | 14 | 15 | 15 | 16 | 16 | 17 | 18 | 18 | 19 | 19 | 20 | 18 | 19 |
| 11 | 11 | 12 | 12 | 4 13 | 3 14 | 14 | 五 15 | 15 | 16 | 14 | 15 | 16 | 16 | 17 | 17 | 18 | 19 | 19 | 20 | 20 | 21 | 19 | 20 |
| 12 | 12 | 13 | 13 | 14 | 15 | 2 15 | 1 16 | 四 16 | 三 17 | 二 15 | 16 | 17 | 17 | 18 | 18 | 19 | 20 | 20 | 21 | 21 | 22 | 20 | 21 |
| 13 | 13 | 14 | 14 | 15 | 16 | 16 | 17 | 12 17 | 11 18 | 16 | 正 17 | 十二 18 | 十一 18 | 十 19 | 19 | 20 | 21 | 21 | 22 | 22 | 23 | 21 | 22 |
| 14 | 14 | 15 | 15 | 16 | 17 | 17 | 18 | 18 | 19 | 10 17 | 9 18 | 19 | 19 | 20 | 九 20 | 八 21 | 22 | 22 | 23 | 23 | 24 | 22 | 23 |
| 15 | 15 | 16 | 16 | 17 | 18 | 18 | 19 | 19 | 20 | 18 | 19 | 8 20 | 7 20 | 21 | 21 | 22 | 七 23 | 23 | 24 | 24 | 25 | 23 | 24 |
| 16 | 16 | 17 | 17 | 18 | 19 | 19 | 20 | 20 | 21 | 19 | 20 | 21 | 冬 21 | 6 22 | 5 22 | 23 | 24 | 閏 24 | 25 | 25 | 26 | 24 | 25 |
| 17 | 17 | 18 | 18 | 19 | 20 | 20 | 21 | 21 | 22 | 20 | 21 | 22 | 22 | 23 | 23 | 4 24 | 3 25 | 25 | 六 26 | 五 26 | 27 | 25 | 26 |
| 18 | 18 | 19 | 19 | 20 | 21 | 21 | 22 | 22 | 23 | 21 | 22 | 23 | 23 | 24 | 24 | 25 | 26 | 2 26 | 1 27 | 27 | 四 28 | 三 26 | 27 |
| 19 | 19 | 20 | 20 | 21 | 22 | 22 | 23 | 23 | 24 | 22 | 23 | 24 | 24 | 25 | 25 | 26 | 27 | 27 | 28 | 12 28 | 11 29 | 27 | 二 28 正 |
| 20 | 20 | 21 | 21 | 22 | 23 | 23 | 24 | 24 | 25 | 23 | 24 | 25 | 25 | 26 | 26 | 27 | 28 | 28 | 29 | 29 | 30 | 10 28 | 9 29 |
| 21 | 冬 21 | 22 | 22 | 23 | 24 | 24 | 25 | 25 | 26 | 24 | 25 | 26 | 26 | 27 | 27 | 28 | 29 | 29 | 30 | 30 | 31 | 3 | 30 8 |

一八〇〇
庚申
嘉慶五
太陽新曆本年不閏三月起應改用日曜表五甲子表一八
1215

一七九九
己未
嘉慶四
1214

| | 1215 | | | | | | | | | | | | 1214 | | | | | | | | | | | |
|---|---|---|---|---|---|---|---|---|---|---|---|---|---|---|---|---|---|---|---|---|---|---|---|---|
| 11 | 11 | 12 | 12 | 13 | 14 | 14 | 15 | 15 | 16 | 15 | 16 | 17 | 17 | 18 | 18 | 19 | 20 | 20 | 21 | 21 | 22 | 20 | 21 | 22 |
| 12 | 12 | 13 | 13 | 14 | 15 | 15 | 16 | 16 | 17 | 16 | 17 | 18 | 18 | 19 | 19 | 20 | 21 | 21 | 22 | 22 | 23 | 21 | 22 | 23 |
| 13 | 13 | 14 | 14 | 15 | 16 | 16 | 17 | 17 | 18 | 17 | 18 | 19 | 19 | 20 | 20 | 21 | 22 | 22 | 23 | 23 | 24 | 22 | 23 | 24 |
| 14 | 14 | 15 | 15 | 16 | 17 | 17 | 18 | 18 | 19 | 18 | 19 | 20 | 20 | 21 | 21 | 22 | 23 | 23 | 24 | 24 | 25 | 23 | 24 | 25 |
| 15 | 15 | 16 | 16 | 17 | 18 | 18 | 19 | 19 | 20 | 19 | 20 | 21 | 21 | 22 | 22 | 23 | 24 | 24 | 25 | 25 | 26 | 24 | 25 | 26 |
| 16 | 十一16 | 17 | 17 | 18 | 19 | 19 | 20 | 20 | 21 | 20 | 21 | 22 | 冬22 | 23 | 23 | 24 | 25 | 25 | 26 | 26 | 27 | 25 | 26 | 27 |
| 17 | 17 | 十18 | 九18 | 19 | 20 | 20 | 21 | 21 | 22 | 21 | 22 | 23 | 23 | 24 | 24 | 25 | 26 | 26 | 27 | 27 | 28 | 26 | 27 | 28 |
| 18 | 8 18 | 7 19 | 19 | 八20 | 七21 | 21 | 22 | 22 | 23 | 22 | 23 | 24 | 24 | 25 | 25 | 26 | 27 | 27 | 28 | 28 | 29 | 27 | 28 | 29 |
| 19 | 19 | 20 | 6 20 | 5 21 | 22 | 六22 | 五23 | 23 | 24 | 23 | 24 | 25 | 25 | 26 | 26 | 27 | 28 | 28 | 29 | 29 | 30 | 28 | 29 | 30 |
| 20 | 20 | 21 | 21 | 22 | 4 23 | 3 23 | 24 | 閏24 | 四25 | 三24 | 二25 | 正26 | 十二26 | 27 | 27 | 28 | 29 | 29 | 30 | 30 | 31 | **3** | 30 | 31 |
| 21 | 21 | 22 | 22 | 23 | 24 | 24 | 2 25 | 1 25 | 26 | 25 | 26 | 27 | 27 | 十一28 | 28 | 29 | 30 | 30 | 31 | **5** | **4** | 2 | 31 | **1** |
| 22 | 冬22 | 23 | 23 | 24 | 25 | 25 | 26 | 26 | 12 27 | 11 26 | 10 27 | 9 28 | 28 | 29 | 十29 | 九30 | 31 | **7** | **6** | 2 | 2 | 3 | **2** | 2 |
| 23 | 23 | 24 | 24 | 25 | 26 | 26 | 27 | 27 | 28 | 27 | 28 | 29 | 8 29 | 7 30 | 30 | 31 | 八**8** | 七2 | 2 | 3 | 3 | 4 | 2 | 3 |
| 24 | 24 | 25 | 25 | 26 | 27 | 27 | 28 | 28 | 29 | 28 | 29 | 30 | 30 | 31 | 6 **10** | 5 **9** | 2 | 3 | 六3 | 五4 | 4 | 5 | 3 | 4 |
| 25 | 25 | 26 | 26 | 27 | 28 | 28 | 29 | 29 | 30 | 29 | 30 | 31 | **12** | **11** | 2 | 2 | 4 3 | 3 4 | 4 | 5 | 四5 | 三6 | 二4 | 5 |
| 26 | 26 | 27 | 27 | 28 | 29 | 29 | 30 | 30 | 31 | **3** | 31 | **1** | 2 | 2 | 3 | 3 | 4 | 5 | 2 5 | 1 6 | 12 6 | 11 7 | 5 | 正6 十二 |
| 27 | 27 | 28 | 28 | 29 | 30 | 30 | 31 | **5** | **4** | 2 | **2** | 2 | 3 | 3 | 4 | 4 | 5 | 6 | 6 | 7 | 7 | 8 | 10 6 | 9 7 |
| 28 | 28 | 29 | 29 | 30 | 31 | **7** | **6** | 2 | 2 | 3 | 2 | 3 | 4 | 4 | 5 | 5 | 6 | 7 | 7 | 8 | 8 | 9 | 7 | 8 8 |
| 29 | 29 | 30 | 30 | 31 | **8** | 2 | 2 | 3 | 3 | 4 | 3 | 4 | 5 | 5 | 6 | 6 | 7 | 8 | 8 | 9 | 9 | 10 | 8 | 9 |
| 30 | 30 | 31 | **10** | **9** | 2 | 3 | 3 | **4** | **4** | 5 | 4 | 5 | 6 | 6 | 7 | 7 | 8 | 9 | 9 | 10 | 10 | 11 | 9 | 10 |
| 31 | **12** | **11** | 2 | 2 | 3 | 4 | 4 | 5 | 5 | 6 | 5 | 6 | 7 | 7 | 8 | 8 | 9 | 10 | 10 | 11 | 11 | 12 | 10 | 11 |
| 日 | 2 | 2 | 3 | 3 | 4 | 5 | 5 | 6 | 6 | 7 | 6 | 7 | 8 | 8 | 9 | 9 | 10 | 11 | 11 | 12 | 12 | 13 | 11 | 12 |
| 曜 | 3 | 3 | 4 | 4 | 5 | 6 | 6 | 7 | 7 | 8 | 7 | 8 | 9 | 9 | 10 | 10 | 11 | 12 | 12 | 13 | 13 | 14 | 12 | 13 |
| 表 | 4 | 4 | 5 | 5 | 6 | 7 | 7 | 8 | 8 | 9 | 8 | 9 | 10 | 10 | 11 | 11 | 12 | 13 | 13 | 14 | 14 | 15 | 13 | 14 |
| 1 | 5 | 5 | 6 | 6 | 7 | 8 | 8 | 9 | 9 | 10 | 9 | 10 | 11 | 11 | 12 | 12 | 13 | 14 | 14 | 15 | 15 | 16 | 14 | 15 |
| 甲 | 6 | 6 | 7 | 7 | 8 | 9 | 9 | 10 | 10 | 11 | 10 | 11 | 12 | 12 | 13 | 13 | 14 | 15 | 15 | 16 | 16 | 17 | 15 | 16 |
| 子 | 7 | 7 | 8 | 8 | 9 | 10 | 10 | 11 | 11 | 12 | 11 | 12 | 13 | 13 | 14 | 14 | 15 | 16 | 16 | 17 | 17 | 18 | 16 | 17 |
| 表 | 8 | 8 | 9 | 9 | 10 | 11 | 11 | 12 | 12 | 13 | 12 | 13 | 14 | 14 | 15 | 15 | 16 | 17 | 17 | 18 | 18 | 19 | 17 | 18 |
| 38 | 9 | 9 | 10 | 10 | 11 | 12 | 12 | 13 | 13 | 14 | 13 | 14 | 15 | 15 | 16 | 16 | 17 | 18 | 18 | 19 | 19 | 20 | 18 | 19 |
| | 10 | 10 | 11 | 11 | 12 | 13 | 13 | 14 | 14 | 15 | 14 | 15 | 16 | 16 | 17 | 17 | 18 | 19 | 19 | 20 | 20 | 21 | 19 | 20 |

| 一八〇二 壬戌 嘉慶七 1217 | | | | | | | | | | | | 一八〇一 辛酉 嘉慶六 1216 | | | | | | | | | | | |
|---|---|---|---|---|---|---|---|---|---|---|---|---|---|---|---|---|---|---|---|---|---|---|---|
| 22 | 23 | 23 | 24 | 25 | 25 | 26 | 26 | 27 | 25 | 26 | 27 | 27 | 28 | 28 | 29 | 30 | 30 | 31 | **5** | **4** | 2 | 31 | **1** |
| 23 | 24 | 24 | 25 | 26 | 26 | 27 | 27 | 28 | 26 | 27 | 28 | 28 | 29 | 29 | 30 | 31 | **7** | **6** | 2 | 2 | 3 | **2** | 2 |
| 24 | 25 | 25 | 26 | 27 | 27 | 28 | 28 | 29 | 27 | 28 | 29 | 29 | 30 | 30 | 31 | **8** | 2 | 2 | 3 | 3 | 4 | 2 | 3 |
| 25 | 十一 26 | 26 | 27 | 28 | 28 | 29 | 29 | 30 | 28 | 29 | 30 | 30 | 31 | **10** | **9** | 2 | 3 | 3 | 4 | 4 | 5 | 3 | 4 |
| 26 | 27 | 十 27 | 九 28 | 八 29 | 七 29 | 30 | 30 | 31 | **3** | 30 | 31 | **12** | **11** | 2 | 2 | 3 | 4 | 4 | 5 | 5 | 6 | 4 | 5 |
| 27 | 8 28 | 7 28 | 29 | 30 | 30 | 六 31 | 五 **5** | **4** | 2 | 31 | **1** | 2 | 2 | 3 | 3 | 4 | 5 | 5 | 6 | 6 | 7 | 5 | 6 |
| 28 | 29 | 29 | 6 30 | 5 31 | **7** | **6** | 2 | 四 2 | 三 3 | **2** | 2 | 3 | 3 | 4 | 4 | 5 | 6 | 6 | 7 | 7 | 8 | 6 | 7 |
| 29 | 30 | 30 | 31 | **8** | 4 2 | 3 2 | 3 | 3 | 4 | 二 2 | 3 | 4 | 4 | 5 | 5 | 6 | 7 | 7 | 8 | 8 | 9 | 7 | 8 |
| 30 | 31 | **10** | **9** | 2 | 3 | 3 | 2 4 | 1 4 | 12 5 | 11 3 | 正 4 | 十二 5 | 5 | 6 | 6 | 7 | 8 | 8 | 9 | 9 | 10 | 8 | 9 |
| **12** | **11** | 2 | 2 | 3 | 4 | 4 | 5 | 5 | 6 | 4 | 10 5 | 9 6 | 十一 6 | 十 7 | 7 | 8 | 9 | 9 | 10 | 10 | 11 | 9 | 10 |
| 2 | 2 | 3 | 3 | 4 | 5 | 5 | 6 | 6 | 7 | 5 | 6 | 7 | 8 7 | 7 8 | 九 8 | 八 9 | 七 10 | 10 | 11 | 11 | 12 | 10 | 11 |
| 3 | 3 | 4 | 4 | 5 | 6 | 6 | 7 | 7 | 8 | 6 | 7 | 8 | 8 | 9 | 6 9 | 5 10 | 11 | 六 11 | 五 12 | 12 | 13 | 11 | 12 |
| 4 | 4 | 5 | 5 | 6 | 7 | 7 | 8 | 8 | 9 | 7 | 8 | 9 | 9 | 10 | 10 | 11 | 4 12 | 3 12 | 13 | 四 13 | 三 14 | 二 12 | 13 |
| 5 | 5 | 6 | 6 | 7 | 8 | 8 | 9 | 9 | 10 | 8 | 9 | 10 | 10 | 11 | 11 | 12 | 13 | 13 | 2 14 | 1 14 | 15 | 13 | 正 14 |
| 6 | 6 | 7 | 7 | 8 | 9 | 9 | 10 | 10 | 11 | 9 | 10 | 11 | 11 | 12 | 12 | 13 | 14 | 14 | 15 | 15 | 12 16 | 11 14 | 15 十二 |
| 7 | 7 | 8 | 8 | 9 | 10 | 10 | 11 | 11 | 12 | 10 | 11 | 12 | 12 | 13 | 13 | 14 | 15 | 15 | 16 | 16 | 17 | 15 | 10 16 9 |
| 8 | 8 | 9 | 9 | 10 | 11 | 11 | 12 | 12 | 13 | 11 | 12 | 13 | 13 | 14 | 14 | 15 | 16 | 16 | 17 | 17 | 18 | 16 | 17 |
| 9 | 9 | 10 | 10 | 11 | 12 | 12 | 13 | 13 | 14 | 12 | 13 | 14 | 14 | 15 | 15 | 16 | 17 | 17 | 18 | 18 | 19 | 17 | 18 |
| 10 | 10 | 11 | 11 | 12 | 13 | 13 | 14 | 14 | 15 | 13 | 14 | 15 | 15 | 16 | 16 | 17 | 18 | 18 | 19 | 19 | 20 | 18 | 19 |
| 11 | 11 | 12 | 12 | 13 | 14 | 14 | 15 | 15 | 16 | 14 | 15 | 16 | 16 | 17 | 17 | 18 | 19 | 19 | 20 | 20 | 21 | 19 | 20 |
| 12 | 12 | 13 | 13 | 14 | 15 | 15 | 16 | 16 | 17 | 15 | 16 | 17 | 17 | 18 | 18 | 19 | 20 | 20 | 21 | 21 | 22 | 20 | 21 |
| 13 | 13 | 14 | 14 | 15 | 16 | 16 | 17 | 17 | 18 | 16 | 17 | 18 | 18 | 19 | 19 | 20 | 21 | 21 | 22 | 22 | 23 | 21 | 22 |
| 14 | 14 | 15 | 15 | 16 | 17 | 17 | 18 | 18 | 19 | 17 | 18 | 19 | 19 | 20 | 20 | 21 | 22 | 22 | 23 | 23 | 24 | 22 | 23 |
| 15 | 15 | 16 | 16 | 17 | 18 | 18 | 19 | 19 | 20 | 18 | 19 | 20 | 20 | 21 | 21 | 22 | 23 | 23 | 24 | 24 | 25 | 23 | 24 |
| 16 | 16 | 17 | 17 | 18 | 19 | 19 | 20 | 20 | 21 | 19 | 20 | 21 | 21 | 22 | 22 | 23 | 24 | 24 | 25 | 25 | 26 | 24 | 25 |
| 17 | 17 | 18 | 18 | 19 | 20 | 20 | 21 | 21 | 22 | 20 | 21 | 22 | 冬 22 | 23 | 23 | 24 | 25 | 25 | 26 | 26 | 27 | 25 | 26 |
| 18 | 18 | 19 | 19 | 20 | 21 | 21 | 22 | 22 | 23 | 21 | 22 | 23 | 23 | 24 | 24 | 25 | 26 | 26 | 27 | 27 | 28 | 26 | 27 |
| 19 | 19 | 20 | 20 | 21 | 22 | 22 | 23 | 23 | 24 | 22 | 23 | 24 | 24 | 25 | 25 | 26 | 27 | 27 | 28 | 28 | 29 | 27 | 28 |
| 20 | 20 | 21 | 21 | 22 | 23 | 23 | 24 | 24 | 25 | 23 | 24 | 25 | 25 | 26 | 26 | 27 | 28 | 28 | 29 | 29 | 30 | 28 | 29 |
| 21 | 21 | 22 | 22 | 23 | 24 | 24 | 25 | 25 | 26 | 24 | 25 | 26 | 26 | 27 | 27 | 28 | 29 | 29 | 30 | 30 | 31 | **3** | 30 |

| 一八〇四 甲子 嘉慶九 1219 | | | | | | | | | | | | | 一八〇三 癸亥 嘉慶八 1218 | | | | | | | | | | | |
|---|---|---|---|---|---|---|---|---|---|---|---|---|---|---|---|---|---|---|---|---|---|---|---|---|
| 11 | 11 | 12 | 12 | 13 | 14 | 14 | 15 | 15 | 16 | 15 | 16 | 17 | 17 | 18 | 18 | 6 19 | 5 20 | 20 | 21 | 四 21 | 三 22 | 20 | 21 | 22 冬 |
| 12 | 12 | 13 | 13 | 14 | 15 | 15 | 16 | 16 | 17 | 16 | 17 | 18 | 18 | 19 | 19 | 20 | 21 | 4 21 | 3 22 | 22 | 23 | 閏 21 | 22 | 23 |
| 13 | 13 | 14 | 14 | 15 | 16 | 16 | 17 | 17 | 18 | 17 | 18 | 19 | 19 | 20 | 20 | 21 | 22 | 22 | 23 | 2 23 | 1 24 | 22 | 二 23 | 正 24 |
| 14 | 14 | 15 | 15 | 16 | 17 | 17 | 18 | 18 | 19 | 18 | 19 | 20 | 20 | 21 | 21 | 22 | 23 | 23 | 24 | 24 | 25 | 12 23 | 11 24 | 25 十一 |
| 15 | 15 | 16 | 16 | 17 | 18 | 18 | 19 | 19 | 20 | 19 | 20 | 21 | 21 | 22 | 22 | 23 | 24 | 24 | 25 | 25 | 26 | 24 | 25 | 10 26 9 |
| 16 | 16 | 17 | 17 | 18 | 19 | 19 | 20 | 20 | 21 | 20 | 21 | 22 | 22 | 23 | 23 | 24 | 25 | 25 | 26 | 26 | 27 | 25 | 26 | 27 |
| 17 | 17 | 18 | 18 | 19 | 20 | 20 | 21 | 21 | 22 | 21 | 22 | 23 | 冬 23 | 24 | 24 | 25 | 26 | 26 | 27 | 27 | 28 | 26 | 27 | 28 |
| 18 | 18 | 19 | 19 | 20 | 21 | 21 | 22 | 22 | 23 | 22 | 23 | 24 | 24 | 25 | 25 | 26 | 27 | 27 | 28 | 28 | 29 | 27 | 28 | 29 |
| 19 | 19 | 20 | 20 | 21 | 22 | 22 | 23 | 23 | 24 | 23 | 24 | 25 | 25 | 26 | 26 | 27 | 28 | 28 | 29 | 29 | 30 | 28 | 29 | 30 |
| 20 | 20 | 21 | 21 | 22 | 23 | 23 | 24 | 24 | 25 | 24 | 25 | 26 | 26 | 27 | 27 | 28 | 29 | 29 | 30 | 30 | 31 | 3 | 30 | 31 |
| 21 | 21 | 22 | 22 | 23 | 24 | 24 | 25 | 25 | 26 | 25 | 26 | 27 | 27 | 28 | 28 | 29 | 30 | 30 | 31 | 5 | 4 | 2 | 31 | 1 |
| 22 | 冬 22 | 23 | 23 | 24 | 25 | 25 | 26 | 26 | 27 | 26 | 27 | 28 | 28 | 29 | 29 | 30 | 31 | 7 | 6 | 2 | 2 | 3 | 2 | 2 |
| 23 | 23 | 24 | 24 | 25 | 26 | 26 | 27 | 27 | 28 | 27 | 28 | 29 | 29 | 30 | 30 | 31 | 8 | 2 | 2 | 3 | 3 | 4 | 2 | 3 |
| 24 | 24 | 25 | 25 | 26 | 27 | 27 | 28 | 28 | 29 | 28 | 29 | 30 | 30 | 31 | 10 | 9 | 2 | 3 | 3 | 4 | 4 | 5 | 3 | 4 |
| 25 | 25 | 26 | 26 | 27 | 28 | 28 | 29 | 29 | 30 | 29 | 30 | 31 | 12 | 11 | 2 | 2 | 3 | 4 | 4 | 5 | 5 | 6 | 4 | 5 |
| 26 | 26 | 27 | 27 | 28 | 29 | 29 | 30 | 30 | 31 | 3 | 31 | 1 | 2 | 2 | 3 | 3 | 4 | 5 | 5 | 6 | 6 | 7 | 5 | 6 |
| 27 | 27 | 28 | 28 | 29 | 30 | 30 | 31 | 5 | 4 | 2 | 2 | 2 | 3 | 3 | 4 | 4 | 5 | 6 | 6 | 7 | 7 | 8 | 6 | 7 |
| 28 | 28 | 29 | 29 | 30 | 31 | 7 | 6 | 2 | 2 | 3 | 2 | 3 | 4 | 4 | 5 | 5 | 6 | 7 | 7 | 8 | 8 | 9 | 7 | 8 |
| 29 | 29 | 30 | 30 | 31 | 8 | 2 | 2 | 3 | 3 | 4 | 3 | 4 | 5 | 5 | 6 | 6 | 7 | 8 | 8 | 9 | 9 | 10 | 8 | 9 |
| 30 | 30 | 31 | 10 | 9 | 2 | 3 | 3 | 4 | 4 | 5 | 4 | 5 | 6 | 6 | 7 | 7 | 8 | 9 | 9 | 10 | 10 | 11 | 9 | 10 |
| 31 | 12 | 11 | 2 | 2 | 3 | 4 | 4 | 5 | 5 | 6 | 5 | 6 | 7 | 7 | 8 | 8 | 9 | 10 | 10 | 11 | 11 | 12 | 10 | 11 |
| 日 | 2 | 十一 2 | 十 3 | 3 | 4 | 5 | 5 | 6 | 6 | 7 | 6 | 7 | 8 | 8 | 9 | 9 | 10 | 11 | 11 | 12 | 12 | 13 | 11 | 12 |
| 曜 | 3 | 3 | 4 | 九 4 | 八 5 | 七 6 | 6 | 7 | 7 | 8 | 7 | 8 | 9 | 9 | 10 | 10 | 11 | 12 | 12 | 13 | 13 | 14 | 12 | 13 |
| 表 | 4 | 9 4 | 5 | 5 | 6 | 7 | 六 7 | 8 | 8 | 9 | 8 | 9 | 10 | 10 | 11 | 11 | 12 | 13 | 13 | 14 | 14 | 15 | 13 | 14 |
| 6 | 5 | 5 | 8 6 | 7 6 | 7 | 8 | 8 | 五 9 | 四 9 | 10 | 9 | 10 | 11 | 11 | 12 | 12 | 13 | 14 | 14 | 15 | 15 | 16 | 14 | 15 |
| 甲 | 6 | 6 | 7 | 7 | 6 8 | 5 9 | 9 | 10 | 10 | 三 11 | 10 | 11 | 12 | 12 | 13 | 13 | 14 | 15 | 15 | 16 | 16 | 17 | 15 | 16 |
| 子 | 7 | 7 | 8 | 8 | 9 | 10 | 4 10 | 3 11 | 11 | 12 | 二 11 | 正 12 | 13 | 13 | 14 | 14 | 15 | 16 | 16 | 17 | 17 | 18 | 16 | 17 |
| 表 | 8 | 8 | 9 | 9 | 10 | 11 | 11 | 12 | 2 12 | 1 13 | 12 12 | 11 13 | 十二 14 | 十一 14 | 十 15 | 15 | 16 | 17 | 17 | 18 | 18 | 19 | 17 | 18 |
| 19 | 9 | 9 | 10 | 10 | 11 | 12 | 12 | 13 | 13 | 14 | 13 | 14 | 10 15 | 9 15 | 16 | 九 16 | 八 17 | 七 18 | 18 | 19 | 19 | 20 | 18 | 19 |
| | 10 | 10 | 11 | 11 | 12 | 13 | 13 | 14 | 14 | 15 | 14 | 15 | 16 | 16 | 8 17 | 7 17 | 18 | 19 | 六 19 | 五 20 | 20 | 21 | 19 | 20 |

| 一八〇六 丙寅 嘉慶一一 1221 | | | | | | | | | | | | 一八〇五 乙丑 嘉慶一〇 1220 | | | | | | | | | | | |
|---|---|---|---|---|---|---|---|---|---|---|---|---|---|---|---|---|---|---|---|---|---|---|---|
| 22 | 23 | 23 | 24 | 25 | 25 | 26 | 26 | 27 | 25 | 26 | 27 | 27 | 28 | 28 | 29 | 30 | 30 | 31 | 5 2 | 4 1 | 2 | 31 正 | 1 十二 |
| 23 | 24 | 24 | 25 | 26 | 26 | 27 | 27 | 28 | 26 | 27 | 28 | 28 | 29 | 29 | 30 | 31 | 7 | 6 | 2 | 2 | 3 12 | 2 11 | 2 |
| 24 | 25 | 25 | 26 | 27 | 27 | 28 | 28 | 29 | 27 | 28 | 29 | 29 | 30 | 30 | 31 | 8 | 2 | 2 | 3 | 3 | 4 | 2 | 3 10 |
| 25 | 26 | 26 | 27 | 28 | 28 | 29 | 29 | 30 | 28 | 29 | 30 | 30 | 31 | 10 | 9 | 2 | 3 | 3 | 4 | 4 | 5 | 3 | 4 |
| 26 | 27 | 27 | 28 | 29 | 29 | 30 | 30 | 31 | 3 | 30 | 31 | 12 | 11 | 2 | 2 | 3 | 4 | 4 | 5 | 5 | 6 | 4 | 5 |
| 27 | 28 | 28 | 29 | 30 | 30 | 31 | 5 | 4 | 2 | 31 | 1 | 2 | 2 | 3 | 3 | 4 | 5 | 5 | 6 | 6 | 7 | 5 | 6 |
| 28 | 29 | 29 | 30 | 31 | 7 | 6 | 2 | 2 | 3 | 2 | 2 | 3 | 3 | 4 | 4 | 5 | 6 | 6 | 7 | 7 | 8 | 6 | 7 |
| 29 | 30 | 30 | 31 | 8 | 2 | 2 | 3 | 3 | 4 | 2 | 3 | 4 | 4 | 5 | 5 | 6 | 7 | 7 | 8 | 8 | 9 | 7 | 8 |
| 30 | 31 | 10 | 9 | 2 | 3 | 3 | 4 | 4 | 5 | 3 | 4 | 5 | 5 | 6 | 6 | 7 | 8 | 8 | 9 | 9 | 10 | 8 | 9 |
| 12 | 11 | 2 | 2 | 3 | 4 | 4 | 5 | 5 | 6 | 4 | 5 | 6 | 6 | 7 | 7 | 8 | 9 | 9 | 10 | 10 | 11 | 9 | 10 |
| 2 | 2 | 3 | 3 | 4 | 5 | 5 | 6 | 6 | 7 | 5 | 6 | 7 | 7 | 8 | 8 | 9 | 10 | 10 | 11 | 11 | 12 | 10 | 11 |
| 3 | 3 | 4 | 4 | 5 | 6 | 6 | 7 | 7 | 8 | 6 | 7 | 8 | 8 | 9 | 9 | 10 | 11 | 11 | 12 | 12 | 13 | 11 | 12 |
| 4 | 4 | 5 | 5 | 6 | 7 | 7 | 8 | 8 | 9 | 7 | 8 | 9 | 9 | 10 | 10 | 11 | 12 | 12 | 13 | 13 | 14 | 12 | 13 |
| 5 | 5 | 6 | 6 | 7 | 8 | 8 | 9 | 9 | 10 | 8 | 9 | 10 | 10 | 11 | 11 | 12 | 13 | 13 | 14 | 14 | 15 | 13 | 14 |
| 6 | 6 | 7 | 7 | 8 | 9 | 9 | 10 | 10 | 11 | 9 | 10 | 11 | 11 | 12 | 12 | 13 | 14 | 14 | 15 | 15 | 16 | 14 | 15 |
| 7 | 7 | 8 | 8 | 9 | 10 | 10 | 11 | 11 | 12 | 10 | 11 | 12 | 12 | 13 | 13 | 14 | 15 | 15 | 16 | 16 | 17 | 15 | 16 |
| 8 | 8 | 9 | 9 | 10 | 11 | 11 | 12 | 12 | 13 | 11 | 12 | 13 | 13 | 14 | 14 | 15 | 16 | 16 | 17 | 17 | 18 | 16 | 17 |
| 9 | 9 | 10 | 10 | 11 | 12 | 12 | 13 | 13 | 14 | 12 | 13 | 14 | 14 | 15 | 15 | 16 | 17 | 17 | 18 | 18 | 19 | 17 | 18 |
| 10 十一 | 10 十 | 11 | 11 | 12 | 13 | 13 | 14 | 14 | 15 | 13 | 14 | 15 | 15 | 16 | 16 | 17 | 18 | 18 | 19 | 19 | 20 | 18 | 19 |
| 11 | 11 | 12 九 | 12 八 | 13 | 14 | 14 | 15 | 15 | 16 | 14 | 15 | 16 | 16 | 17 | 17 | 18 | 19 | 19 | 20 | 20 | 21 | 19 | 20 |
| 12 10 | 12 9 | 13 | 13 | 14 七 | 15 | 15 | 16 | 16 | 17 | 15 | 16 | 17 | 17 | 18 | 18 | 19 | 20 | 20 | 21 | 21 | 22 | 20 | 21 |
| 13 | 13 | 14 8 | 14 7 | 15 | 16 六 | 16 | 17 | 17 | 18 | 16 | 17 | 18 | 18 | 19 | 19 | 20 | 21 | 21 | 22 | 22 | 23 | 21 | 22 |
| 14 | 14 | 15 | 15 | 16 6 | 17 5 | 17 五 | 18 四 | 18 | 19 | 17 | 18 | 19 | 19 | 20 | 20 | 21 | 22 | 22 | 23 | 23 | 24 | 22 | 23 |
| 15 | 15 | 16 | 16 | 17 | 18 | 18 4 | 19 3 | 19 三 | 20 二 | 18 正 | 19 | 20 | 20 | 21 | 21 | 22 | 23 | 23 | 24 | 24 | 25 | 23 | 24 |
| 16 | 16 | 17 | 17 | 18 | 19 | 19 | 20 | 20 2 | 21 1 | 19 | 20 十二 | 21 十一 | 21 十 | 22 九 | 22 | 23 | 24 | 24 | 25 | 25 | 26 | 24 | 25 |
| 17 | 17 | 18 | 18 | 19 | 20 | 20 | 21 | 21 | 22 | 20 12 | 21 11 | 22 冬 | 22 | 23 | 23 八 | 24 七 | 25 | 25 | 26 | 26 | 27 | 25 | 26 |
| 18 | 18 | 19 | 19 | 20 | 21 | 21 | 22 | 22 | 23 | 21 | 22 | 23 10 | 23 9 | 24 | 24 | 25 | 26 閏 | 26 | 27 | 27 | 28 | 26 | 27 |
| 19 | 19 | 20 | 20 | 21 | 22 | 22 | 23 | 23 | 24 | 22 | 23 | 24 | 24 | 25 8 | 25 7 | 26 | 27 | 27 六 | 28 | 28 | 29 | 27 | 28 |
| 20 | 20 | 21 | 21 | 22 | 23 | 23 | 24 | 24 | 25 | 23 | 24 | 25 | 25 | 26 | 26 | 27 6 | 28 5 | 28 | 29 五 | 29 四 | 30 | 28 | 29 |
| 21 | 21 | 22 | 22 | 23 | 24 | 24 | 25 | 25 | 26 | 24 | 25 | 26 | 26 | 27 | 27 | 28 | 29 | 29 4 | 30 3 | 30 | 31 三 | 3 二 | 30 |

一八〇八 戊辰 嘉慶一三

1223

一八〇七 丁卯 嘉慶一二

1222

| | | | | | | | | | | | | | | | | | | | | | | | | |
|---|---|---|---|---|---|---|---|---|---|---|---|---|---|---|---|---|---|---|---|---|---|---|---|---|
| 11 | 11 | 12 | 12 | 13 | 14 | 14 | 15 | 15 | 16 | 15 | 16 | 17 | 17 | 18 | 18 | 19 | 20 | 20 | 21 | 21 | 22 | 20 | 21 | 22冬 |
| 12 | 12 | 13 | 13 | 14 | 15 | 15 | 16 | 16 | 17 | 16 | 17 | 18 | 18 | 19 | 19 | 20 | 21 | 21 | 22 | 22 | 23 | 21 | 22 | 23 |
| 13 | 13 | 14 | 14 | 15 | 16 | 16 | 17 | 17 | 18 | 17 | 18 | 19 | 19 | 20 | 20 | 21 | 22 | 22 | 23 | 23 | 24 | 22 | 23 | 24 |
| 14 | 14 | 15 | 15 | 16 | 17 | 17 | 18 | 18 | 19 | 18 | 19 | 20 | 20 | 21 | 21 | 22 | 23 | 23 | 24 | 24 | 25 | 23 | 24 | 25 |
| 15 | 15 | 16 | 16 | 17 | 18 | 18 | 19 | 19 | 20 | 19 | 20 | 21 | 21 | 22 | 22 | 23 | 24 | 24 | 25 | 25 | 26 | 24 | 25 | 26 |
| 16 | 16 | 17 | 17 | 18 | 19 | 19 | 20 | 20 | 21 | 20 | 21 | 22 | 22 | 23 | 23 | 24 | 25 | 25 | 26 | 26 | 27 | 25 | 26 | 27 |
| 17十二 | 17 | 18 | 18 | 19 | 20 | 20 | 21 | 21 | 22 | 21 | 22 | 23冬 | 23 | 24 | 24 | 25 | 26 | 26 | 27 | 27 | 28 | 26 | 27 | 28 |
| 18 | 18十 | 19 | 19 | 20 | 21 | 21 | 22 | 22 | 23 | 22 | 23 | 24 | 24 | 25 | 25 | 26 | 27 | 27 | 28 | 28 | 29 | 27 | 28 | 29 |
| 19 11 | 19 | 20九 | 20八 | 21 | 22 | 22 | 23 | 23 | 24 | 23 | 24 | 25 | 25 | 26 | 26 | 27 | 28 | 28 | 29 | 29 | 30 | 28 | 29 | 30 |
| 20 | 20 10 | 21 9 | 21 | 22七 | 23六 | 23 | 24 | 24 | 25 | 24 | 25 | 26 | 26 | 27 | 27 | 28 | 29 | 29 | 30 | 30 | 31 | 3 | 30 | 31 |
| 21 | 21 | 22 | 22 8 | 23 7 | 24 | 24閏 | 25五 | 25 | 26 | 25 | 26 | 27 | 27 | 28 | 28 | 29 | 30 | 30 | 31 | 5 | 4 | 2 | 31 | 1 |
| 22冬 | 22 | 23 | 23 | 24 | 25 6 | 25 5 | 26 | 26四 | 27三 | 26二 | 27 | 28 | 28 | 29 | 29 | 30 | 31 | 7 | 6 | 2 | 2 | 3 | 2 | 2 |
| 23 | 23 | 24 | 24 | 25 | 26 | 26 | 27 4 | 27 3 | 28 | 27 | 28正 | 29十二 | 29十一 | 30 | 30 | 31 | 8 | 2 | 2 | 3 | 3 | 4 | 2 | 3 |
| 24 | 24 | 25 | 25 | 26 | 27 | 27 | 28 | 28 | 29 2 | 28 1 | 29 | 30 | 30 | 31十 | 10九 | 9 | 2 | 3 | 3 | 4 | 4 | 5 | 3 | 4 |
| 25 | 25 | 26 | 26 | 27 | 28 | 28 | 29 | 29 | 30 | 29 | 30 12 | 31 11 | 12 | 11 | 2 | 2八 | 3 | 4 | 4 | 5 | 5 | 6 | 4 | 5 |
| 26 | 26 | 27 | 27 | 28 | 29 | 29 | 30 | 30 | 31 | 3 | 31 | 1 | 2 10 | 2 9 | 3 | 3 | 4七 | 5六 | 5 | 6 | 6 | 7 | 5 | 6 |
| 27 | 27 | 28 | 28 | 29 | 30 | 30 | 31 | 5 | 4 | 2 | 2 | 2 | 3 | 3 | 4 8 | 4 7 | 5 | 6 | 6五 | 7 | 7 | 8 | 6 | 7 |
| 28 | 28 | 29 | 29 | 30 | 31 | 7 | 6 | 2 | 2 | 3 | 2 | 3 | 4 | 4 | 5 | 5 | 6 6 | 7 5 | 7 | 8四 | 8三 | 9二 | 7正 | 8 |
| 29 | 29 | 30 | 30 | 31 | 8 | 2 | 2 | 3 | 3 | 4 | 3 | 4 | 5 | 5 | 6 | 6 | 7 | 8 | 8 4 | 9 3 | 9 | 10 | 8 | 9十二 |
| 30 | 30 | 31 | 10 | 9 | 2 | 3 | 3 | 4 | 4 | 5 | 4 | 5 | 6 | 6 | 7 | 7 | 8 | 9 | 9 | 10 | 10 2 | 11 1 | 9 12 | 10 11 |
| 31 | 12 | 11 | 2 | 2 | 3 | 4 | 4 | 5 | 5 | 6 | 5 | 6 | 7 | 7 | 8 | 8 | 9 | 10 | 10 | 11 | 11 | 12 | 10 | 11 |
| 日 | 2 | 2 | 3 | 3 | 4 | 5 | 5 | 6 | 6 | 7 | 6 | 7 | 8 | 8 | 9 | 9 | 10 | 11 | 11 | 12 | 12 | 13 | 11 | 12 |
| 曜 | 3 | 3 | 4 | 4 | 5 | 6 | 6 | 7 | 7 | 8 | 7 | 8 | 9 | 9 | 10 | 10 | 11 | 12 | 12 | 13 | 13 | 14 | 12 | 13 |
| 表 | 4 | 4 | 5 | 5 | 6 | 7 | 7 | 8 | 8 | 9 | 8 | 9 | 10 | 10 | 11 | 11 | 12 | 13 | 13 | 14 | 14 | 15 | 13 | 14 |
| 7 | 5 | 5 | 6 | 6 | 7 | 8 | 8 | 9 | 9 | 10 | 9 | 10 | 11 | 11 | 12 | 12 | 13 | 14 | 14 | 15 | 15 | 16 | 14 | 15 |
| 甲 | 6 | 6 | 7 | 7 | 8 | 9 | 9 | 10 | 10 | 11 | 10 | 11 | 12 | 12 | 13 | 13 | 14 | 15 | 15 | 16 | 16 | 17 | 15 | 16 |
| 子 | 7 | 7 | 8 | 8 | 9 | 10 | 10 | 11 | 11 | 12 | 11 | 12 | 13 | 13 | 14 | 14 | 15 | 16 | 16 | 17 | 17 | 18 | 16 | 17 |
| 表 | 8 | 8 | 9 | 9 | 10 | 11 | 11 | 12 | 12 | 13 | 12 | 13 | 14 | 14 | 15 | 15 | 16 | 17 | 17 | 18 | 18 | 19 | 17 | 18 |
| 20 | 9 | 9 | 10 | 10 | 11 | 12 | 12 | 13 | 13 | 14 | 13 | 14 | 15 | 15 | 16 | 16 | 17 | 18 | 18 | 19 | 19 | 20 | 18 | 19 |
| | 10 | 10 | 11 | 11 | 12 | 13 | 13 | 14 | 14 | 15 | 14 | 15 | 16 | 16 | 17 | 17 | 18 | 19 | 19 | 20 | 20 | 21 | 19 | 20 |

| 一八一〇 庚午 嘉慶一五 1225 | | | | | | | | | | | | 一八〇九 己巳 嘉慶一四 1224 | | | | | | | | | | | |
|---|---|---|---|---|---|---|---|---|---|---|---|---|---|---|---|---|---|---|---|---|---|---|---|
| 22 | 23 | 23 | 24 | 25 | 25 | 26 | 26 | 27 | 25 | 26 | 27 | 27 | 28 | 28 | 29 | 30 | 30 | 31 | 5 | 4 | 2 | 31 | 1 |
| 23 | 24 | 24 | 25 | 26 | 26 | 27 | 27 | 28 | 26 | 27 | 28 | 28 | 29 | 29 | 30 | 31 | 7 | 6 | 2 | 2 | 3 | 2 | 2 |
| 24 | 25 | 25 | 26 | 27 | 27 | 28 | 28 | 29 | 27 | 28 | 29 | 29 | 30 | 30 | 31 | 8 | 2 | 2 | 3 | 3 | 4 | 2 | 3 |
| 25 | 26 | 26 | 27 | 28 | 28 | 29 | 29 | 30 | 28 | 29 | 30 | 30 | 31 | 10 | 9 | 2 | 3 | 3 | 4 | 4 | 5 | 3 | 4 |
| 26 | 27 | 27 | 28 | 29 | 29 | 30 | 30 | 31 | 3 | 30 | 31 | 12 | 11 | 2 | 2 | 3 | 4 | 4 | 5 | 5 | 6 | 4 | 5 |
| 27 十二 | 28 十一 | 28 | 29 | 30 | 30 | 31 | 5 | 4 | 2 | 31 | 1 | 2 | 2 | 3 | 3 | 4 | 5 | 5 | 6 | 6 | 7 | 5 | 6 |
| 28 11 | 29 | 29 九 | 30 八 | 31 七 | 7 | 6 | 2 | 2 | 3 | 2 | 2 | 3 | 3 | 4 | 4 | 5 | 6 | 6 | 7 | 7 | 8 | 6 | 7 |
| 29 | 30 10 | 30 9 | 31 | 8 | 2 六 | 2 五 | 3 四 | 3 | 4 | 2 | 3 | 4 | 4 | 5 | 5 | 6 | 7 | 7 | 8 | 8 | 9 | 7 | 8 |
| 30 | 31 | 10 | 9 8 | 2 7 | 3 | 3 | 4 | 4 三 | 5 二 | 3 | 4 | 5 | 5 | 6 | 6 | 7 | 8 | 8 | 9 | 9 | 10 | 8 | 9 |
| 12 | 11 | 2 | 2 | 3 | 4 6 | 4 5 | 5 | 5 | 6 | 4 正 | 5 十二 | 6 | 6 | 7 | 7 | 8 | 9 | 9 | 10 | 10 | 11 | 9 | 10 |
| 2 | 2 | 3 | 3 | 4 | 5 | 5 | 6 4 | 6 3 | 7 | 5 | 6 | 7 十二 | 7 | 8 | 8 | 9 | 10 | 10 | 11 | 11 | 12 | 10 | 11 |
| 3 | 3 | 4 | 4 | 5 | 6 | 6 | 7 | 7 | 8 2 | 6 1 | 7 12 | 8 11 | 8 十 | 9 九 | 9 | 10 | 11 | 11 | 12 | 12 | 13 | 11 | 12 |
| 4 | 4 | 5 | 5 | 6 | 7 | 7 | 8 | 8 | 9 | 7 | 8 | 9 | 9 10 | 10 9 | 10 八 | 11 七 | 12 | 12 | 13 | 13 | 14 | 12 | 13 |
| 5 | 5 | 6 | 6 | 7 | 8 | 8 | 9 | 9 | 10 | 8 | 9 | 10 | 10 | 11 | 11 8 | 12 7 | 13 六 | 13 五 | 14 四 | 14 | 15 | 13 | 14 |
| 6 | 6 | 7 | 7 | 8 | 9 | 9 | 10 | 10 | 11 | 9 | 10 | 11 | 11 | 12 | 12 | 13 | 14 6 | 14 5 | 15 | 15 三 | 16 二 | 14 正 | 15 |
| 7 | 7 | 8 | 8 | 9 | 10 | 10 | 11 | 11 | 12 | 10 | 11 | 12 | 12 | 13 | 13 | 14 | 15 | 15 | 16 4 | 16 3 | 17 | 15 | 16 十二 |
| 8 | 8 | 9 | 9 | 10 | 11 | 11 | 12 | 12 | 13 | 11 | 12 | 13 | 13 | 14 | 14 | 15 | 16 | 16 | 17 | 17 | 18 2 | 16 1 | 17 |
| 9 | 9 | 10 | 10 | 11 | 12 | 12 | 13 | 13 | 14 | 12 | 13 | 14 | 14 | 15 | 15 | 16 | 17 | 17 | 18 | 18 | 19 | 17 | 18 12 |
| 10 | 10 | 11 | 11 | 12 | 13 | 13 | 14 | 14 | 15 | 13 | 14 | 15 | 15 | 16 | 16 | 17 | 18 | 18 | 19 | 19 | 20 | 18 | 19 |
| 11 | 11 | 12 | 12 | 13 | 14 | 14 | 15 | 15 | 16 | 14 | 15 | 16 | 16 | 17 | 17 | 18 | 19 | 19 | 20 | 20 | 21 | 19 | 20 |
| 12 | 12 | 13 | 13 | 14 | 15 | 15 | 16 | 16 | 17 | 15 | 16 | 17 | 17 | 18 | 18 | 19 | 20 | 20 | 21 | 21 | 22 | 20 | 21 |
| 13 | 13 | 14 | 14 | 15 | 16 | 16 | 17 | 17 | 18 | 16 | 17 | 18 | 18 | 19 | 19 | 20 | 21 | 21 | 22 | 22 | 23 | 21 | 22 |
| 14 | 14 | 15 | 15 | 16 | 17 | 17 | 18 | 18 | 19 | 17 | 18 | 19 | 19 | 20 | 20 | 21 | 22 | 22 | 23 | 23 | 24 | 22 | 23 |
| 15 | 15 | 16 | 16 | 17 | 18 | 18 | 19 | 19 | 20 | 18 | 19 | 20 | 20 | 21 | 21 | 22 | 23 | 23 | 24 | 24 | 25 | 23 | 24 |
| 16 | 16 | 17 | 17 | 18 | 19 | 19 | 20 | 20 | 21 | 19 | 20 | 21 | 21 | 22 | 22 | 23 | 24 | 24 | 25 | 25 | 26 | 24 | 25 |
| 17 | 17 | 18 | 18 | 19 | 20 | 20 | 21 | 21 | 22 | 20 | 21 | 22 冬 | 22 | 23 | 23 | 24 | 25 | 25 | 26 | 26 | 27 | 25 | 26 |
| 18 | 18 | 19 | 19 | 20 | 21 | 21 | 22 | 22 | 23 | 21 | 22 | 23 | 23 | 24 | 24 | 25 | 26 | 26 | 27 | 27 | 28 | 26 | 27 |
| 19 | 19 | 20 | 20 | 21 | 22 | 22 | 23 | 23 | 24 | 22 | 23 | 24 | 24 | 25 | 25 | 26 | 27 | 27 | 28 | 28 | 29 | 27 | 28 |
| 20 | 20 | 21 | 21 | 22 | 23 | 23 | 24 | 24 | 25 | 23 | 24 | 25 | 25 | 26 | 26 | 27 | 28 | 28 | 29 | 29 | 30 | 28 | 29 |
| 21 | 21 | 22 | 22 | 23 | 24 | 24 | 25 | 25 | 26 | 24 | 25 | 26 | 26 | 27 | 27 | 28 | 29 | 29 | 30 | 30 | 31 | 3 | 30 |

勵耘書屋

一八一二 壬申 嘉慶一七 1227

一八一一 辛未 嘉慶一六 1226

| | | | | | | | | | | | | | | | | | | | | | | | | |
|---|---|---|---|---|---|---|---|---|---|---|---|---|---|---|---|---|---|---|---|---|---|---|---|---|
| 11 | 11 | 12 | 12 | 13 | 14 | 14 | 15 | 15 | 16 | 15 2 | 16 1 | 17 12 | 17 11 | 18 | 18 八 | 19 七 | 20 六 | 20 | 21 | 21 | 22 | 20 | 21 | 22 冬 |
| 12 | 12 | 13 | 13 | 14 | 15 | 15 | 16 | 16 | 17 | 16 | 17 | 18 | 18 | 19 10 | 19 9 | 20 | 21 | 21 五 | 22 四 | 22 | 23 | 21 | 22 | 23 |
| 13 | 13 | 14 | 14 | 15 | 16 | 16 | 17 | 17 | 18 | 17 | 18 | 19 | 19 | 20 | 20 | 21 8 | 22 7 | 22 | 23 | 23 閏 | 24 三 | 22 | 23 | 24 |
| 14 | 14 | 15 | 15 | 16 | 17 | 17 | 18 | 18 | 19 | 18 | 19 | 20 | 20 | 21 | 21 | 22 | 23 | 23 6 | 24 5 | 24 | 25 | 23 二 | 24 | 25 |
| 15 | 15 | 16 | 16 | 17 | 18 | 18 | 19 | 19 | 20 | 19 | 20 | 21 | 21 | 22 | 22 | 23 | 24 | 24 | 25 | 25 4 | 26 3 | 24 | 25 正 | 26 十二 |
| 16 | 16 | 17 | 17 | 18 | 19 | 19 | 20 | 20 | 21 | 20 | 21 | 22 | 22 | 23 | 23 | 24 | 25 | 25 | 26 | 26 | 27 | 25 2 | 26 1 | 27 |
| 17 | 17 | 18 | 18 | 19 | 20 | 20 | 21 | 21 | 22 | 21 | 22 | 23 冬 | 23 | 24 | 24 | 25 | 26 | 26 | 27 | 27 | 28 | 26 | 27 | 28 12 |
| 18 | 18 | 19 | 19 | 20 | 21 | 21 | 22 | 22 | 23 | 22 | 23 | 24 | 24 | 25 | 25 | 26 | 27 | 27 | 28 | 28 | 29 | 27 | 28 | 29 |
| 19 | 19 | 20 | 20 | 21 | 22 | 22 | 23 | 23 | 24 | 23 | 24 | 25 | 25 | 26 | 26 | 27 | 28 | 28 | 29 | 29 | 30 | 28 | 29 | 30 |
| 20 | 20 | 21 | 21 | 22 | 23 | 23 | 24 | 24 | 25 | 24 | 25 | 26 | 26 | 27 | 27 | 28 | 29 | 29 | 30 | 30 | 31 | **3** | 30 | 31 |
| 21 | 21 | 22 | 22 | 23 | 24 | 24 | 25 | 25 | 26 | 25 | 26 | 27 | 27 | 28 | 28 | 29 | 30 | 30 | 31 | **5** | **4** | 2 | 31 | **1** |
| 22 冬 | 22 | 23 | 23 | 24 | 25 | 25 | 26 | 26 | 27 | 26 | 27 | 28 | 28 | 29 | 29 | 30 | 31 | **7** | **6** | 2 | 2 | 3 | **2** | 2 |
| 23 | 23 | 24 | 24 | 25 | 26 | 26 | 27 | 27 | 28 | 27 | 28 | 29 | 29 | 30 | 30 | 31 | **8** | 2 | 2 | 3 | 3 | 4 | 2 | 3 |
| 24 | 24 | 25 | 25 | 26 | 27 | 27 | 28 | 28 | 29 | 28 | 29 | 30 | 30 | 31 | **10** | **9** | 2 | 3 | 3 | 4 | 4 | 5 | 3 | 4 |
| 25 | 25 | 26 | 26 | 27 | 28 | 28 | 29 | 29 | 30 | 29 | 30 | 31 | **12** | **11** | 2 | 2 | 3 | 4 | 4 | 5 | 5 | 6 | 4 | 5 |
| 26 | 26 | 27 | 27 | 28 | 29 | 29 | 30 | 30 | 31 | **3** | 31 | **1** | 2 | 2 | 3 | 3 | 4 | 5 | 5 | 6 | 6 | 7 | 5 | 6 |
| 27 | 27 | 28 | 28 | 29 | 30 | 30 | 31 | **5** | **4** | 2 | **2** | 2 | 3 | 3 | 4 | 4 | 5 | 6 | 6 | 7 | 7 | 8 | 6 | 7 |
| 28 | 28 | 29 | 29 | 30 | 31 | **7** | **6** | 2 | 2 | 3 | 2 | 3 | 4 | 4 | 5 | 5 | 6 | 7 | 7 | 8 | 8 | 9 | 7 | 8 |
| 29 | 29 | 30 | 30 | 31 | **8** | 2 | 2 | 3 | 3 | 4 | 3 | 4 | 5 | 5 | 6 | 6 | 7 | 8 | 8 | 9 | 9 | 10 | 8 | 9 |
| 30 | 30 | 31 | **10** | **9** | 2 | 3 | 3 | 4 | 4 | 5 | 4 | 5 | 6 | 6 | 7 | 7 | 8 | 9 | 9 | 10 | 10 | 11 | 9 | 10 |
| 31 | **12** | **11** | 2 | 2 | 3 | 4 | 4 | 5 | 5 | 6 | 5 | 6 | 7 | 7 | 8 | 8 | 9 | 10 | 10 | 11 | 11 | 12 | 10 | 11 |
| 日 | 2 | 2 | 3 | 3 | 4 | 5 | 5 | 6 | 6 | 7 | 6 | 7 | 8 | 8 | 9 | 9 | 10 | 11 | 11 | 12 | 12 | 13 | 11 | 12 |
| 曜 | 3 | 3 | 4 | 4 | 5 | 6 | 6 | 7 | 7 | 8 | 7 | 8 | 9 | 9 | 10 | 10 | 11 | 12 | 12 | 13 | 13 | 14 | 12 | 13 |
| 表 | 4 十一 | 4 十 | 5 九 | 5 | 6 | 7 | 7 | 8 | 8 | 9 | 8 | 9 | 10 | 10 | 11 | 11 | 12 | 13 | 13 | 14 | 14 | 15 | 13 | 14 |
| 1 | 5 | 5 | 6 | 6 八 | 7 七 | 8 | 8 | 9 | 9 | 10 | 9 | 10 | 11 | 11 | 12 | 12 | 13 | 14 | 14 | 15 | 15 | 16 | 14 | 15 |
| 甲 | 6 12 | 6 11 | 7 | 7 | 8 | 9 六 | 9 五 | 10 | 10 | 11 | 10 | 11 | 12 | 12 | 13 | 13 | 14 | 15 | 15 | 16 | 16 | 17 | 15 | 16 |
| 子 | 7 | 7 | 8 10 | 8 9 | 9 | 10 | 10 | 11 四 | 11 三 | 12 | 11 | 12 | 13 | 13 | 14 | 14 | 15 | 16 | 16 | 17 | 17 | 18 | 16 | 17 |
| 表 | 8 | 8 | 9 | 9 | 10 8 | 11 7 | 11 | 12 | 12 | 13 二 | 12 | 13 | 14 | 14 | 15 | 15 | 16 | 17 | 17 | 18 | 18 | 19 | 17 | 18 |
| 1 | 9 | 9 | 10 | 10 | 11 | 12 | 12 6 | 13 5 | 13 | 14 | 13 正 | 14 十二 | 15 | 15 | 16 | 16 | 17 | 18 | 18 | 19 | 19 | 20 | 18 | 19 |
| | 10 | 10 | 11 | 11 | 12 | 13 | 13 | 14 | 14 4 | 15 3 | 14 | 15 | 16 十一 | 16 十 | 17 九 | 17 | 18 | 19 | 19 | 20 | 20 | 21 | 19 | 20 |

中西回史日曆

卷一九 清 四

勵耘書屋

| 一八一四 甲戌 嘉慶一九 1230 | | | | | | | | | | | | 一八一三 癸酉 嘉慶一八 1229 | | | | | | | | | | | 1228 |
|---|---|---|---|---|---|---|---|---|---|---|---|---|---|---|---|---|---|---|---|---|---|---|---|
| 22 | 23 | 23 | 24 | 25 | 25 | 26 | 26 | 27 | 25 | 26 | 27 | 27 | 28 | 28 | 29 | 30 | 8 30 | 7 31 | 5 | 四 4 | 三 2 | 31 | 1 |
| 23 | 24 | 24 | 25 | 26 | 26 | 27 | 27 | 28 | 26 | 27 | 28 | 28 | 29 | 29 | 30 | 31 | 7 | 6 | 6 2 | 5 2 | 3 | 二 2 | 正 2 |
| 24 | 25 | 25 | 26 | 27 | 27 | 28 | 28 | 29 | 27 | 28 | 29 | 29 | 30 | 30 | 31 | 8 | 2 | 2 | 3 | 3 | 4 4 | 3 2 | 3 十二 |
| 25 | 26 | 26 | 27 | 28 | 28 | 29 | 29 | 30 | 28 | 29 | 30 | 30 | 31 | 10 | 9 | 2 | 3 | 3 | 4 | 4 | 5 | 3 | 2 4 1 |
| 26 | 27 | 27 | 28 | 29 | 29 | 30 | 30 | 31 | 3 | 30 | 31 | 12 | 11 | 2 | 2 | 3 | 4 | 4 | 5 | 5 | 6 | 4 | 5 |
| 27 | 28 | 28 | 29 | 30 | 30 | 31 | 5 | 4 | 2 | 31 | 1 | 2 | 2 | 3 | 3 | 4 | 5 | 5 | 6 | 6 | 7 | 5 | 6 |
| 28 | 29 | 29 | 30 | 31 | 7 | 6 | 2 | 2 | 3 | 2 | 2 | 3 | 3 | 4 | 4 | 5 | 6 | 6 | 7 | 7 | 8 | 6 | 7 |
| 29 | 30 | 30 | 31 | 8 | 2 | 2 | 3 | 3 | 4 | 2 | 3 | 4 | 4 | 5 | 5 | 6 | 7 | 7 | 8 | 8 | 9 | 7 | 8 |
| 30 | 31 | 10 | 9 | 2 | 3 | 3 | 4 | 4 | 5 | 3 | 4 | 5 | 5 | 6 | 6 | 7 | 8 | 8 | 9 | 9 | 10 | 8 | 9 |
| 12 | 11 | 2 | 2 | 3 | 4 | 4 | 5 | 5 | 6 | 4 | 5 | 6 | 6 | 7 | 7 | 8 | 9 | 9 | 10 | 10 | 11 | 9 | 10 |
| 2 | 2 | 3 | 3 | 4 | 5 | 5 | 6 | 6 | 7 | 5 | 6 | 7 | 7 | 8 | 8 | 9 | 10 | 10 | 11 | 11 | 12 | 10 | 11 |
| 3 | 3 | 4 | 4 | 5 | 6 | 6 | 7 | 7 | 8 | 6 | 7 | 8 | 8 | 9 | 9 | 10 | 11 | 11 | 12 | 12 | 13 | 11 | 12 |
| 4 | 4 | 5 | 5 | 6 | 7 | 7 | 8 | 8 | 9 | 7 | 8 | 9 | 9 | 10 | 10 | 11 | 12 | 12 | 13 | 13 | 14 | 12 | 13 |
| 5 | 5 | 6 | 6 | 7 | 8 | 8 | 9 | 9 | 10 | 8 | 9 | 10 | 10 | 11 | 11 | 12 | 13 | 13 | 14 | 14 | 15 | 13 | 14 |
| 6 | 6 | 7 | 7 | 8 | 9 | 9 | 10 | 10 | 11 | 9 | 10 | 11 | 11 | 12 | 12 | 13 | 14 | 14 | 15 | 15 | 16 | 14 | 15 |
| 7 | 7 | 8 | 8 | 9 | 10 | 10 | 11 | 11 | 12 | 10 | 11 | 12 | 12 | 13 | 13 | 14 | 15 | 15 | 16 | 16 | 17 | 15 | 16 |
| 8 | 8 | 9 | 9 | 10 | 11 | 11 | 12 | 12 | 13 | 11 | 12 | 13 | 13 | 14 | 14 | 15 | 16 | 16 | 17 | 17 | 18 | 16 | 17 |
| 9 | 9 | 10 | 10 | 11 | 12 | 12 | 13 | 13 | 14 | 12 | 13 | 14 | 14 | 15 | 15 | 16 | 17 | 17 | 18 | 18 | 19 | 17 | 18 |
| 10 | 10 | 11 | 11 | 12 | 13 | 13 | 14 | 14 | 15 | 13 | 14 | 15 | 15 | 16 | 16 | 17 | 18 | 18 | 19 | 19 | 20 | 18 | 19 |
| 11 | 11 | 12 | 12 | 13 | 14 | 14 | 15 | 15 | 16 | 14 | 15 | 16 | 16 | 17 | 17 | 18 | 19 | 19 | 20 | 20 | 21 | 19 | 20 |
| 12 | 十一 12 | 十 13 | 九 13 | 14 | 15 | 15 | 16 | 16 | 17 | 15 | 16 | 17 | 17 | 18 | 18 | 19 | 20 | 20 | 21 | 21 | 22 | 20 | 21 |
| 13 | 13 | 14 | 14 | 八 15 | 七 16 | 16 | 17 | 17 | 18 | 16 | 17 | 18 | 18 | 19 | 19 | 20 | 21 | 21 | 22 | 22 | 23 | 21 | 22 |
| 14 | 1 14 | 12 15 | 11 15 | 16 | 17 | 六 17 | 18 | 18 | 19 | 17 | 18 | 19 | 19 | 20 | 20 | 21 | 22 | 22 | 23 | 23 | 24 | 22 | 23 |
| 15 | 15 | 16 | 16 | 10 17 | 9 18 | 18 | 五 19 | 19 | 20 | 18 | 19 | 20 | 20 | 21 | 21 | 22 | 23 | 23 | 24 | 24 | 25 | 23 | 24 |
| 16 | 16 | 17 | 17 | 18 | 19 | 8 19 | 7 20 | 四 20 | 三 21 | 19 | 20 | 21 | 21 | 22 | 22 | 23 | 24 | 24 | 25 | 25 | 26 | 24 | 25 |
| 17 | 17 | 18 | 18 | 19 | 20 | 20 | 21 | 6 21 | 5 22 | 閏 20 | 二 21 | 正 22 | 冬 22 | 23 | 23 | 24 | 25 | 25 | 26 | 26 | 27 | 25 | 26 |
| 18 | 18 | 19 | 19 | 20 | 21 | 21 | 22 | 22 | 23 | 4 21 | 3 22 | 23 | 十二 23 | 十一 24 | 十 24 | 九 25 | 26 | 26 | 27 | 27 | 28 | 26 | 27 |
| 19 | 19 | 20 | 20 | 21 | 22 | 22 | 23 | 23 | 24 | 22 | 23 | 2 24 | 1 24 | 25 | 25 | 26 | 八 27 | 七 27 | 28 | 28 | 29 | 27 | 28 |
| 20 | 20 | 21 | 21 | 22 | 23 | 23 | 24 | 24 | 25 | 23 | 24 | 25 | 25 | 12 26 | 11 26 | 27 | 28 | 28 | 六 29 | 29 | 30 | 28 | 29 |
| 21 | 21 | 22 | 22 | 23 | 24 | 24 | 25 | 25 | 26 | 24 | 25 | 26 | 26 | 27 | 27 | 10 28 | 9 29 | 29 | 30 | 五 30 | 31 | 3 | 30 |

| | 一八一六 丙子 嘉慶二一 1232 | | | | | | | | | | | | 一八一五 乙亥 嘉慶二〇 1231 | | | | | | | | | | | |
|---|---|---|---|---|---|---|---|---|---|---|---|---|---|---|---|---|---|---|---|---|---|---|---|---|
| 11 | 11 | 12 | 12 | 13 | 14 | 14 | 15 | 15 | 16 | 15 | 16 | 17 | 17 | 18 | 18 | 19 | 20 | 20 | 21 | 21 | 22 | 20 | 21 | 22 冬 |
| 12 | 12 | 13 | 13 | 14 | 15 | 15 | 16 | 16 | 17 | 16 | 17 | 18 | 18 | 19 | 19 | 20 | 21 | 21 | 22 | 22 | 23 | 21 | 22 | 23 |
| 13 | 13 | 14 | 14 | 15 | 16 | 16 | 17 | 17 | 18 | 17 | 18 | 19 | 19 | 20 | 20 | 21 | 22 | 22 | 23 | 23 | 24 | 22 | 23 | 24 |
| 14 | 14 | 15 | 15 | 16 | 17 | 17 | 18 | 18 | 19 | 18 | 19 | 20 | 20 | 21 | 21 | 22 | 23 | 23 | 24 | 24 | 25 | 23 | 24 | 25 |
| 15 | 15 | 16 | 16 | 17 | 18 | 18 | 19 | 19 | 20 | 19 | 20 | 21 | 21 | 22 | 22 | 23 | 24 | 24 | 25 | 25 | 26 | 24 | 25 | 26 |
| 16 | 16 | 17 | 17 | 18 | 19 | 19 | 20 | 20 | 21 | 20 | 21 | 22 冬 | 22 | 23 | 23 | 24 | 25 | 25 | 26 | 26 | 27 | 25 | 26 | 27 |
| 17 | 17 | 18 | 18 | 19 | 20 | 20 | 21 | 21 | 22 | 21 | 22 | 23 | 23 | 24 | 24 | 25 | 26 | 26 | 27 | 27 | 28 | 26 | 27 | 28 |
| 18 | 18 | 19 | 19 | 20 | 21 | 21 | 22 | 22 | 23 | 22 | 23 | 24 | 24 | 25 | 25 | 26 | 27 | 27 | 28 | 28 | 29 | 27 | 28 | 29 |
| 19 土 | 19 十 | 20 | 20 | 21 | 22 | 22 | 23 | 23 | 24 | 23 | 24 | 25 | 25 | 26 | 26 | 27 | 28 | 28 | 29 | 29 | 30 | 28 | 29 | 30 |
| 20 | 20 | 21 九 | 21 八 | 22 | 23 | 23 | 24 | 24 | 25 | 24 | 25 | 26 | 26 | 27 | 27 | 28 | 29 | 29 | 30 | 30 | 31 | 3 | 30 | 31 |
| 21 2 | 21 1 | 22 | 22 | 23 七 | 24 | 24 | 25 | 25 | 26 | 25 | 26 | 27 | 27 | 28 | 28 | 29 | 30 | 30 | 31 | 5 | 4 | 2 | 31 | 1 |
| 22 冬 | 22 | 23 12 | 23 11 | 24 | 25 閏 | 25 六 | 26 | 26 | 27 | 26 | 27 | 28 | 28 | 29 | 29 | 30 | 31 | 7 | 6 | 2 | 2 | 3 | 2 | 2 |
| 23 | 23 | 24 | 24 | 25 10 | 26 9 | 26 | 27 五 | 27 四 | 28 | 27 | 28 | 29 | 29 | 30 | 30 | 31 | 8 | 2 | 2 | 3 | 3 | 4 | 2 | 3 |
| 24 | 24 | 25 | 25 | 26 | 27 | 27 8 | 28 7 | 28 | 29 三 | 28 二 | 29 正 | 30 土 | 30 | 31 | 10 | 9 | 2 | 3 | 3 | 4 | 4 | 5 | 3 | 4 |
| 25 | 25 | 26 | 26 | 27 | 28 | 28 | 29 | 29 6 | 30 5 | 29 | 30 | 31 | 12 土 | 11 十 | 2 | 2 | 3 | 4 | 4 | 5 | 5 | 6 | 4 | 5 |
| 26 | 26 | 27 | 27 | 28 | 29 | 29 | 30 | 30 | 31 | 3 4 | 31 3 | 1 | 2 | 2 | 3 九 | 3 八 | 4 | 5 | 5 | 6 | 6 | 7 | 5 | 6 |
| 27 | 27 | 28 | 28 | 29 | 30 | 30 | 31 | 5 | 4 | 2 | 2 | 2 2 | 3 1 | 3 | 4 | 4 | 5 七 | 6 | 6 | 7 | 7 | 8 | 6 | 7 |
| 28 | 28 | 29 | 29 | 30 | 31 | 7 | 6 | 2 | 2 | 3 | 2 | 3 | 4 | 4 12 | 5 11 | 5 | 6 | 7 六 | 7 五 | 8 | 8 | 9 | 7 | 8 |
| 29 | 29 | 30 | 30 | 31 | 8 | 2 | 2 | 3 | 3 | 4 | 3 | 4 | 5 | 5 | 6 | 6 10 | 7 9 | 8 | 8 | 9 四 | 9 | 10 | 8 | 9 |
| 30 | 30 | 31 | 10 | 9 | 2 | 3 | 3 | 4 | 4 | 5 | 4 | 5 | 6 | 6 | 7 | 7 | 8 | 9 8 | 9 7 | 10 | 10 三 | 11 二 | 9 正 | 10 土 |
| 31 | 12 | 11 | 2 | 2 | 3 | 4 | 4 | 5 | 5 | 6 | 5 | 6 | 7 | 7 | 8 | 8 | 9 | 10 | 10 | 11 6 | 11 5 | 12 | 10 | 11 |
| 日 | 2 | 2 | 3 | 3 | 4 | 5 | 5 | 6 | 6 | 7 | 6 | 7 | 8 | 8 | 9 | 9 | 10 | 11 | 11 | 12 | 12 | 13 4 | 11 3 | 12 |
| 曜 | 3 | 3 | 4 | 4 | 5 | 6 | 6 | 7 | 7 | 8 | 7 | 8 | 9 | 9 | 10 | 10 | 11 | 12 | 12 | 13 | 13 | 14 | 12 | 13 2 |
| 表 | 4 | 4 | 5 | 5 | 6 | 7 | 7 | 8 | 8 | 9 | 8 | 9 | 10 | 10 | 11 | 11 | 12 | 13 | 13 | 14 | 14 | 15 | 13 | 14 |
| 2 | 5 | 5 | 6 | 6 | 7 | 8 | 8 | 9 | 9 | 10 | 9 | 10 | 11 | 11 | 12 | 12 | 13 | 14 | 14 | 15 | 15 | 16 | 14 | 15 |
| 甲 | 6 | 6 | 7 | 7 | 8 | 9 | 9 | 10 | 10 | 11 | 10 | 11 | 12 | 12 | 13 | 13 | 14 | 15 | 15 | 16 | 16 | 17 | 15 | 16 |
| 子 | 7 | 7 | 8 | 8 | 9 | 10 | 10 | 11 | 11 | 12 | 11 | 12 | 13 | 13 | 14 | 14 | 15 | 16 | 16 | 17 | 17 | 18 | 16 | 17 |
| 表 | 8 | 8 | 9 | 9 | 10 | 11 | 11 | 12 | 12 | 13 | 12 | 13 | 14 | 14 | 15 | 15 | 16 | 17 | 17 | 18 | 18 | 19 | 17 | 18 |
| 2 | 9 | 9 | 10 | 10 | 11 | 12 | 12 | 13 | 13 | 14 | 13 | 14 | 15 | 15 | 16 | 16 | 17 | 18 | 18 | 19 | 19 | 20 | 18 | 19 |
| | 10 | 10 | 11 | 11 | 12 | 13 | 13 | 14 | 14 | 15 | 14 | 15 | 16 | 16 | 17 | 17 | 18 | 19 | 19 | 20 | 20 | 21 | 19 | 20 |

一八一七 丁丑 嘉慶二二

一八一八 戊寅 嘉慶二三

1234 / 1233

| 1234 | | | | | | | | | | | | 1233 | | | | | | | | | | | |
|---|---|---|---|---|---|---|---|---|---|---|---|---|---|---|---|---|---|---|---|---|---|---|---|
| 22 | 23 | 23 | 24 | 25 | 25 | 26 | 26 | 27 | 25 | 26 | 27 | 27 | 28 | 28 | 29 | 30 | 30 | 31 | **5** | **4** | 2 | 31 | **1** |
| 23 | 24 | 24 | 25 | 26 | 26 | 27 | 27 | 28 | 26 | 27 | 28 | 28 | 29 | 29 | 30 | 31 | **7** | **6** | 2 | 2 | 3 | **2** | 2 |
| 24 | 25 | 25 | 26 | 27 | 27 | 28 | 28 | 29 | 27 | 28 | 29 | 29 | 30 | 30 | 31 | **8** | 2 | 2 | 3 | 3 | 4 | 2 | 3 |
| 25 | 26 | 26 | 27 | 28 | 28 | 29 | 29 | 30 | 28 | 29 | 30 | 30 | 31 | **10** | **9** | 2 | 3 | 3 | 4 | 4 | 5 | 3 | 4 |
| 26 | 27 | 27 | 28 | 29 | 29 | 30 | 30 | 31 | **3** | 30 | 31 | **12** | **11** | 2 | 2 | 3 | 4 | 4 | 5 | 5 | 6 | 4 | 5 |
| 27 | 28 | 28 | 29 | 30 | 30 | 31 | **5** | **4** | 2 | 31 | **1** | 2 | 2 | 3 | 3 | 4 | 5 | 5 | 6 | 6 | 7 | 5 | 6 |
| 28 十二 | 29 | 29 | 30 | 31 | **7** | **6** | 2 | 2 | 3 | **2** | 2 | 3 | 3 | 4 | 4 | 5 | 6 | 6 | 7 | 7 | 8 | 6 | 7 |
| 29 | 30 十 | 30 九 | 31 | **8** | 2 | 2 | 3 | 3 | 4 | 2 | 3 | 4 | 4 | 5 | 5 | 6 | 7 | 7 | 8 | 8 | 9 | 7 | 8 |
| 30 2 | 31 1 | **10** | **9** 八 | 2 七 | 3 六 | 3 | 4 | 4 | 5 | 3 | 4 | 5 | 5 | 6 | 6 | 7 | 8 | 8 | 9 | 9 | 10 | 8 | 9 |
| **12** | **11** | 2 12 | 2 11 | 3 | 4 | 4 五 | 5 四 | 5 三 | 6 | 4 | 5 | 6 | 6 | 7 | 7 | 8 | 9 | 9 | 10 | 10 | 11 | 9 | 10 |
| 2 | 2 | 3 | 3 | 4 10 | 5 9 | 5 | 6 | 6 | 7 二 | 5 正 | 6 | 7 | 7 | 8 | 8 | 9 | 10 | 10 | 11 | 11 | 12 | 10 | 11 |
| 3 | 3 | 4 | 4 | 5 | 6 | 6 8 | 7 7 | 7 | 8 | 6 | 7 十二 | 8 十一 | 8 | 9 | 9 | 10 | 11 | 11 | 12 | 12 | 13 | 11 | 12 |
| 4 | 4 | 5 | 5 | 6 | 7 | 7 | 8 | 8 6 | 9 5 | 7 | 8 | 9 | 9 十 | 10 | 10 | 11 | 12 | 12 | 13 | 13 | 14 | 12 | 13 |
| 5 | 5 | 6 | 6 | 7 | 8 | 8 | 9 | 9 | 10 | 8 4 | 9 3 | 10 | 10 | 11 九 | 11 八 | 12 | 13 | 13 | 14 | 14 | 15 | 13 | 14 |
| 6 | 6 | 7 | 7 | 8 | 9 | 9 | 10 | 10 | 11 | 9 | 10 | 11 2 | 11 1 | 12 12 | 12 11 | 13 七 | 14 六 | 14 | 15 | 15 | 16 | 14 | 15 |
| 7 | 7 | 8 | 8 | 9 | 10 | 10 | 11 | 11 | 12 | 10 | 11 | 12 | 12 | 13 | 13 | 14 10 | 15 9 | 15 五 | 16 四 | 16 三 | 17 | 15 | 16 |
| 8 | 8 | 9 | 9 | 10 | 11 | 11 | 12 | 12 | 13 | 11 | 12 | 13 | 13 | 14 | 14 | 15 | 16 | 16 8 | 17 7 | 17 | 18 二 | 16 正 | 17 十二 |
| 9 | 9 | 10 | 10 | 11 | 12 | 12 | 13 | 13 | 14 | 12 | 13 | 14 | 14 | 15 | 15 | 16 | 17 | 17 | 18 | 18 6 | 19 5 | 17 | 18 |
| 10 | 10 | 11 | 11 | 12 | 13 | 13 | 14 | 14 | 15 | 13 | 14 | 15 | 15 | 16 | 16 | 17 | 18 | 18 | 19 | 19 | 20 | 18 4 | 19 3 |
| 11 | 11 | 12 | 12 | 13 | 14 | 14 | 15 | 15 | 16 | 14 | 15 | 16 | 16 | 17 | 17 | 18 | 19 | 19 | 20 | 20 | 21 | 19 | 20 |
| 12 | 12 | 13 | 13 | 14 | 15 | 15 | 16 | 16 | 17 | 15 | 16 | 17 | 17 | 18 | 18 | 19 | 20 | 20 | 21 | 21 | 22 | 20 | 21 |
| 13 | 13 | 14 | 14 | 15 | 16 | 16 | 17 | 17 | 18 | 16 | 17 | 18 | 18 | 19 | 19 | 20 | 21 | 21 | 22 | 22 | 23 | 21 | 22 |
| 14 | 14 | 15 | 15 | 16 | 17 | 17 | 18 | 18 | 19 | 17 | 18 | 19 | 19 | 20 | 20 | 21 | 22 | 22 | 23 | 23 | 24 | 22 | 23 |
| 15 | 15 | 16 | 16 | 17 | 18 | 18 | 19 | 19 | 20 | 18 | 19 | 20 | 20 | 21 | 21 | 22 | 23 | 23 | 24 | 24 | 25 | 23 | 24 |
| 16 | 16 | 17 | 17 | 18 | 19 | 19 | 20 | 20 | 21 | 19 | 20 | 21 | 21 | 22 | 22 | 23 | 24 | 24 | 25 | 25 | 26 | 24 | 25 |
| 17 | 17 | 18 | 18 | 19 | 20 | 20 | 21 | 21 | 22 | 20 | 21 | 22 冬 | 22 | 23 | 23 | 24 | 25 | 25 | 26 | 26 | 27 | 25 | 26 |
| 18 | 18 | 19 | 19 | 20 | 21 | 21 | 22 | 22 | 23 | 21 | 22 | 23 | 23 | 24 | 24 | 25 | 26 | 26 | 27 | 27 | 28 | 26 | 27 |
| 19 | 19 | 20 | 20 | 21 | 22 | 22 | 23 | 23 | 24 | 22 | 23 | 24 | 24 | 25 | 25 | 26 | 27 | 27 | 28 | 28 | 29 | 27 | 28 |
| 20 | 20 | 21 | 21 | 22 | 23 | 23 | 24 | 24 | 25 | 23 | 24 | 25 | 25 | 26 | 26 | 27 | 28 | 28 | 29 | 29 | 30 | 28 | 29 |
| 21 | 21 | 22 | 22 | 23 | 24 | 24 | 25 | 25 | 26 | 24 | 25 | 26 | 26 | 27 | 27 | 28 | 29 | 29 | 30 | 30 | 31 | **3** | 30 |

一八二〇 庚辰 嘉慶二五

1236

一八一九 己卯 嘉慶二四

1235

| | | | | | | | | | | | | | | | | | | | | | | | | |
|---|---|---|---|---|---|---|---|---|---|---|---|---|---|---|---|---|---|---|---|---|---|---|---|---|
| 11 | 11 | 12 | 12 | 13 | 14 | 14 | 15 | 15 | 16 6 | 15 5 | 16 土 | 17 土 | 17 | 18 | 18 | 19 | 20 | 20 | 21 | 21 | 22 | 20 | 21 | 22 冬 |
| 12 | 12 | 13 | 13 | 14 | 15 | 15 | 16 | 16 | 17 | 16 | 17 4 | 18 3 | 18 十 | 19 九 | 19 八 | 20 | 21 | 21 | 22 | 22 | 23 | 21 | 22 | 23 |
| 13 | 13 | 14 | 14 | 15 | 16 | 16 | 17 | 17 | 18 | 17 | 18 | 19 | 19 2 | 20 1 | 20 | 21 七 | 22 六 | 22 五 | 23 | 23 | 24 | 22 | 23 | 24 |
| 14 | 14 | 15 | 15 | 16 | 17 | 17 | 18 | 18 | 19 | 18 | 19 | 20 | 20 | 21 | 21 12 | 22 11 | 23 | 23 | 24 閏 | 24 四 | 25 | 23 | 24 | 25 |
| 15 | 15 | 16 | 16 | 17 | 18 | 18 | 19 | 19 | 20 | 19 | 20 | 21 | 21 | 22 | 22 | 23 | 24 10 | 24 9 | 25 | 25 | 26 三 | 24 二 | 25 | 26 |
| 16 | 16 | 17 | 17 | 18 | 19 | 19 | 20 | 20 | 21 | 20 | 21 | 22 冬 | 22 | 23 | 23 | 24 | 25 | 25 | 26 8 | 26 7 | 27 | 25 | 26 正 | 27 土 |
| 17 | 17 | 18 | 18 | 19 | 20 | 20 | 21 | 21 | 22 | 21 | 22 | 23 | 23 | 24 | 24 | 25 | 26 | 26 | 27 | 27 | 28 6 | 26 5 | 27 | 28 |
| 18 | 18 | 19 | 19 | 20 | 21 | 21 | 22 | 22 | 23 | 22 | 23 | 24 | 24 | 25 | 25 | 26 | 27 | 27 | 28 | 28 | 29 | 27 | 28 4 | 29 3 |
| 19 | 19 | 20 | 20 | 21 | 22 | 22 | 23 | 23 | 24 | 23 | 24 | 25 | 25 | 26 | 26 | 27 | 28 | 28 | 29 | 29 | 30 | 28 | 29 | 30 |
| 20 | 20 | 21 | 21 | 22 | 23 | 23 | 24 | 24 | 25 | 24 | 25 | 26 | 26 | 27 | 27 | 28 | 29 | 29 | 30 | 30 | 31 | **3** | 30 | 31 |
| 21 | 21 | 22 | 22 | 23 | 24 | 24 | 25 | 25 | 26 | 25 | 26 | 27 | 27 | 28 | 28 | 29 | 30 | 30 | 31 | **5** | **4** | 2 | 31 | **1** |
| 22 冬 | 22 | 23 | 23 | 24 | 25 | 25 | 26 | 26 | 27 | 26 | 27 | 28 | 28 | 29 | 29 | 30 | 31 | **7** | **6** | 2 | 2 | 3 | **2** | 2 |
| 23 | 23 | 24 | 24 | 25 | 26 | 26 | 27 | 27 | 28 | 27 | 28 | 29 | 29 | 30 | 30 | 31 | **8** | 2 | 2 | 3 | 3 | 4 | 2 | 3 |
| 24 | 24 | 25 | 25 | 26 | 27 | 27 | 28 | 28 | 29 | 28 | 29 | 30 | 30 | 31 | **10** | **9** | 2 | 3 | 3 | 4 | 4 | 5 | 3 | 4 |
| 25 | 25 | 26 | 26 | 27 | 28 | 28 | 29 | 29 | 30 | 29 | 30 | 31 | **12** | **11** | 2 | 2 | 3 | 4 | 4 | 5 | 5 | 6 | 4 | 5 |
| 26 | 26 | 27 | 27 | 28 | 29 | 29 | 30 | 30 | 31 | **3** | 31 | **1** | 2 | 2 | 3 | 3 | 4 | 5 | 5 | 6 | 6 | 7 | 5 | 6 |
| 27 | 27 | 28 | 28 | 29 | 30 | 30 | 31 | **5** | **4** | 2 | **2** | 2 | 3 | 3 | 4 | 4 | 5 | 6 | 6 | 7 | 7 | 8 | 6 | 7 |
| 28 | 28 | 29 | 29 | 30 | 31 | **7** | **6** | 2 | 2 | 3 | 2 | 3 | 4 | 4 | 5 | 5 | 6 | 7 | 7 | 8 | 8 | 9 | 7 | 8 |
| 29 | 29 | 30 | 30 | 31 | **8** | 2 | 2 | 3 | 3 | 4 | 3 | 4 | 5 | 5 | 6 | 6 | 7 | 8 | 8 | 9 | 9 | 10 | 8 | 9 |
| 30 | 30 | 31 | **10** | **9** | 2 | 3 | 3 | 4 | 4 | 5 | 4 | 5 | 6 | 6 | 7 | 7 | 8 | 9 | 9 | 10 | 10 | 11 | 9 | 10 |
| 31 | **12** | **11** | 2 | 2 | 3 | 4 | 4 | 5 | 5 | 6 | 5 | 6 | 7 | 7 | 8 | 8 | 9 | 10 | 10 | 11 | 11 | 12 | 10 | 11 |
| 日 | 2 | 2 | 3 | 3 | 4 | 5 | 5 | 6 | 6 | 7 | 6 | 7 | 8 | 8 | 9 | 9 | 10 | 11 | 11 | 12 | 12 | 13 | 11 | 12 |
| 曜 | 3 | 3 | 4 | 4 | 5 | 6 | 6 | 7 | 7 | 8 | 7 | 8 | 9 | 9 | 10 | 10 | 11 | 12 | 12 | 13 | 13 | 14 | 12 | 13 |
| 表 | 4 | 4 | 5 | 5 | 6 | 7 | 7 | 8 | 8 | 9 | 8 | 9 | 10 | 10 | 11 | 11 | 12 | 13 | 13 | 14 | 14 | 15 | 13 | 14 |
| 3 | 5 | 5 | 6 | 6 | 7 | 8 | 8 | 9 | 9 | 10 | 9 | 10 | 11 | 11 | 12 | 12 | 13 | 14 | 14 | 15 | 15 | 16 | 14 | 15 |
| 甲 | 6 土 | 6 十 | 7 九 | 7 八 | 8 | 9 | 9 | 10 | 10 | 11 | 10 | 11 | 12 | 12 | 13 | 13 | 14 | 15 | 15 | 16 | 16 | 17 | 15 | 16 |
| 子 | 7 3 | 7 | 8 | 8 | 9 七 | 10 六 | 10 | 11 | 11 | 12 | 11 | 12 | 13 | 13 | 14 | 14 | 15 | 16 | 16 | 17 | 17 | 18 | 16 | 17 |
| 表 | 8 | 8 2 | 9 1 | 9 12 | 10 11 | 11 | 11 五 | 12 四 | 12 | 13 | 12 | 13 | 14 | 14 | 15 | 15 | 16 | 17 | 17 | 18 | 18 | 19 | 17 | 18 |
| 3 | 9 | 9 | 10 | 10 | 11 | 12 10 | 12 9 | 13 | 13 三 | 14 二 | 13 | 14 | 15 | 15 | 16 | 16 | 17 | 18 | 18 | 19 | 19 | 20 | 18 | 19 |
| | 10 | 10 | 11 | 11 | 12 | 13 | 13 | 14 8 | 14 7 | 15 | 14 正 | 15 | 16 | 16 | 17 | 17 | 18 | 19 | 19 | 20 | 20 | 21 | 19 | 20 |

一八二二　壬午　道光二　1238

一八二一　辛巳　清宣宗　道光元　1237

| | | | | | | | | | | | | | | | | | | | | | | | |
|---|---|---|---|---|---|---|---|---|---|---|---|---|---|---|---|---|---|---|---|---|---|---|---|
| 22 | 23 | 23 | 24 | 25 | 25 | 26 | 26 | 27 | 25 | 26 | 27 | 27 | 28 | 2 28 | 1 29 | 30 | 30 | 31 | 五**5** | **4** | 2 | 31 | **1** |
| 23 | 24 | 24 | 25 | 26 | 26 | 27 | 27 | 28 | 26 | 27 | 28 | 28 | 29 | 29 | 30 | 12 31 | 11 **7** | **6** | 2 | 四2 | 三3 | **2** | 2 |
| 24 | 25 | 25 | 26 | 27 | 27 | 28 | 28 | 29 | 27 | 28 | 29 | 29 | 30 | 30 | 31 | **8** | 2 | 10 2 | 9 3 | 3 | 4 | 二2 | 3 |
| 25 | 26 | 26 | 27 | 28 | 28 | 29 | 29 | 30 | 28 | 29 | 30 | 30 | 31 | **10** | **9** | 2 | 3 | 3 | 4 | 8 4 | 7 5 | 3 | 正4 十二 |
| 26 | 27 | 27 | 28 | 29 | 29 | 30 | 30 | 31 | **3** | 30 | 31 | **12** | **11** | 2 | 2 | 3 | 4 | 4 | 5 | 5 | 6 | 6 4 | 5 5 |
| 27 | 28 | 28 | 29 | 30 | 30 | 31 | **5** | **4** | 2 | 31 | **1** | 2 | 2 | 3 | 3 | 4 | 5 | 5 | 6 | 6 | 7 | 5 | 6 4 |
| 28 | 29 | 29 | 30 | 31 | **7** | **6** | 2 | 2 | 3 | **2** | 2 | 3 | 3 | 4 | 4 | 5 | 6 | 6 | 7 | 7 | 8 | 6 | 7 |
| 29 | 30 | 30 | 31 | **8** | 2 | 2 | 3 | 3 | 4 | 2 | 3 | 4 | 4 | 5 | 5 | 6 | 7 | 7 | 8 | 8 | 9 | 7 | 8 |
| 30 | 31 | **10** | **9** | 2 | 3 | 3 | 4 | 4 | 5 | 3 | 4 | 5 | 5 | 6 | 6 | 7 | 8 | 8 | 9 | 9 | 10 | 8 | 9 |
| **12** | **11** | 2 | 2 | 3 | 4 | 4 | 5 | 5 | 6 | 4 | 5 | 6 | 6 | 7 | 7 | 8 | 9 | 9 | 10 | 10 | 11 | 9 | 10 |
| 2 | 2 | 3 | 3 | 4 | 5 | 5 | 6 | 6 | 7 | 5 | 6 | 7 | 7 | 8 | 8 | 9 | 10 | 10 | 11 | 11 | 12 | 10 | 11 |
| 3 | 3 | 4 | 4 | 5 | 6 | 6 | 7 | 7 | 8 | 6 | 7 | 8 | 8 | 9 | 9 | 10 | 11 | 11 | 12 | 12 | 13 | 11 | 12 |
| 4 | 4 | 5 | 5 | 6 | 7 | 7 | 8 | 8 | 9 | 7 | 8 | 9 | 9 | 10 | 10 | 11 | 12 | 12 | 13 | 13 | 14 | 12 | 13 |
| 5 | 5 | 6 | 6 | 7 | 8 | 8 | 9 | 9 | 10 | 8 | 9 | 10 | 10 | 11 | 11 | 12 | 13 | 13 | 14 | 14 | 15 | 13 | 14 |
| 6 | 6 | 7 | 7 | 8 | 9 | 9 | 10 | 10 | 11 | 9 | 10 | 11 | 11 | 12 | 12 | 13 | 14 | 14 | 15 | 15 | 16 | 14 | 15 |
| 7 | 7 | 8 | 8 | 9 | 10 | 10 | 11 | 11 | 12 | 10 | 11 | 12 | 12 | 13 | 13 | 14 | 15 | 15 | 16 | 16 | 17 | 15 | 16 |
| 8 | 8 | 9 | 9 | 10 | 11 | 11 | 12 | 12 | 13 | 11 | 12 | 13 | 13 | 14 | 14 | 15 | 16 | 16 | 17 | 17 | 18 | 16 | 17 |
| 9 | 9 | 10 | 10 | 11 | 12 | 12 | 13 | 13 | 14 | 12 | 13 | 14 | 14 | 15 | 15 | 16 | 17 | 17 | 18 | 18 | 19 | 17 | 18 |
| 10 | 10 | 11 | 11 | 12 | 13 | 13 | 14 | 14 | 15 | 13 | 14 | 15 | 15 | 16 | 16 | 17 | 18 | 18 | 19 | 19 | 20 | 18 | 19 |
| 11 | 11 | 12 | 12 | 13 | 14 | 14 | 15 | 15 | 16 | 14 | 15 | 16 | 16 | 17 | 17 | 18 | 19 | 19 | 20 | 20 | 21 | 19 | 20 |
| 12 | 12 | 13 | 13 | 14 | 15 | 15 | 16 | 16 | 17 | 15 | 16 | 17 | 17 | 18 | 18 | 19 | 20 | 20 | 21 | 21 | 22 | 20 | 21 |
| 13 | 十二13 | 14 | 14 | 15 | 16 | 16 | 17 | 17 | 18 | 16 | 17 | 18 | 18 | 19 | 19 | 20 | 21 | 21 | 22 | 22 | 23 | 21 | 22 |
| 14 | 14 | 十15 | 九15 | 八16 | 17 | 17 | 18 | 18 | 19 | 17 | 18 | 19 | 19 | 20 | 20 | 21 | 22 | 22 | 23 | 23 | 24 | 22 | 23 |
| 15 | 15 | 16 | 16 | 17 | 七18 | 六18 | 19 | 19 | 20 | 18 | 19 | 20 | 20 | 21 | 21 | 22 | 23 | 23 | 24 | 24 | 25 | 23 | 24 |
| 16 | 4 16 | 3 17 | 17 | 18 | 19 | 19 | 五20 | 20 | 21 | 19 | 20 | 21 | 21 | 22 | 22 | 23 | 24 | 24 | 25 | 25 | 26 | 24 | 25 |
| 17 | 17 | 18 | 2 18 | 1 19 | 12 20 | 11 20 | 21 | 四21 | 22 | 20 | 21 | 22 | 冬22 | 23 | 23 | 24 | 25 | 25 | 26 | 26 | 27 | 25 | 26 |
| 18 | 18 | 19 | 19 | 20 | 21 | 21 | 10 22 | 9 22 | 閏23 | 三21 | 22 | 23 | 23 | 24 | 24 | 25 | 26 | 26 | 27 | 27 | 28 | 26 | 27 |
| 19 | 19 | 20 | 20 | 21 | 22 | 22 | 23 | 23 | 8 24 | 7 22 | 二23 | 正24 | 十二24 | 25 | 25 | 26 | 27 | 27 | 28 | 28 | 29 | 27 | 28 |
| 20 | 20 | 21 | 21 | 22 | 23 | 23 | 24 | 24 | 25 | 23 | 6 24 | 5 25 | 25 | 十一26 | 十26 | 九27 | 八28 | 28 | 29 | 29 | 30 | 28 | 29 |
| 21 | 21 | 22 | 22 | 23 | 24 | 24 | 25 | 25 | 26 | 24 | 25 | 26 | 4 26 | 3 27 | 27 | 28 | 29 | 七29 | 六30 | 30 | 31 | **3** | 30 |

一八二四 甲申 道光四

1240

一八二三 癸未 道光三

1239

| | | | | | | | | | | | | | | | | | | | | | | | | |
|---|---|---|---|---|---|---|---|---|---|---|---|---|---|---|---|---|---|---|---|---|---|---|---|---|
| 11 | 11 | 12 | 12 | 13 | 14 | 14 | 15 | 15 | 16 | 15 | 16 | 17 | 17 | 18 | 18 | 19 | 20 | 20 | 21 | 21 | 22 | 20 | 21 | 22 冬 |
| 12 | 12 | 13 | 13 | 14 | 15 | 15 | 16 | 16 | 17 | 16 | 17 | 18 | 18 | 19 | 19 | 20 | 21 | 21 | 22 | 22 | 23 | 21 | 22 | 23 |
| 13 | 13 | 14 | 14 | 15 | 16 | 16 | 17 | 17 | 18 | 17 | 18 | 19 | 19 | 20 | 20 | 21 | 22 | 22 | 23 | 23 | 24 | 22 | 23 | 24 |
| 14 | 14 | 15 | 15 | 16 | 17 | 17 | 18 | 18 | 19 | 18 | 19 | 20 | 20 | 21 | 21 | 22 | 23 | 23 | 24 | 24 | 25 | 23 | 24 | 25 |
| 15 | 15 | 16 | 16 | 17 | 18 | 18 | 19 | 19 | 20 | 19 | 20 | 21 | 21 | 22 | 22 | 23 | 24 | 24 | 25 | 25 | 26 | 24 | 25 | 26 |
| 16 | 16 | 17 | 17 | 18 | 19 | 19 | 20 | 20 | 21 | 20 | 21 | 22 冬 | 22 | 23 | 23 | 24 | 25 | 25 | 26 | 26 | 27 | 25 | 26 | 27 |
| 17 | 17 | 18 | 18 | 19 | 20 | 20 | 21 | 21 | 22 | 21 | 22 | 23 | 23 | 24 | 24 | 25 | 26 | 26 | 27 | 27 | 28 | 26 | 27 | 28 |
| 18 | 18 | 19 | 19 | 20 | 21 | 21 | 22 | 22 | 23 | 22 | 23 | 24 | 24 | 25 | 25 | 26 | 27 | 27 | 28 | 28 | 29 | 27 | 28 | 29 |
| 19 | 19 | 20 | 20 | 21 | 22 | 22 | 23 | 23 | 24 | 23 | 24 | 25 | 25 | 26 | 26 | 27 | 28 | 28 | 29 | 29 | 30 | 28 | 29 | 30 |
| 20 十一 | 20 | 21 | 21 | 22 | 23 | 23 | 24 | 24 | 25 | 24 | 25 | 26 | 26 | 27 | 27 | 28 | 29 | 29 | 30 | 30 | 31 | **3** | 30 | 31 |
| 21 | 21 十 | 22 九 | 22 | 23 | 24 | 24 | 25 | 25 | 26 | 25 | 26 | 27 | 27 | 28 | 28 | 29 | 30 | 30 | 31 | **5** | **4** | 2 | 31 | **1** |
| 22 冬 5 | 22 | 23 | 23 八 | 24 閏 | 25 | 25 | 26 | 26 | 27 | 26 | 27 | 28 | 28 | 29 | 29 | 30 | 31 | **7** | **6** | 2 | 2 | 3 | **2** | 2 |
| 23 | 23 4 | 24 3 | 24 | 25 | 26 七 | 26 | 27 | 27 | 28 | 27 | 28 | 29 | 29 | 30 | 30 | 31 | **8** | 2 | 2 | 3 | 3 | 4 | 2 | 3 |
| 24 | 24 | 25 | 25 2 | 26 1 | 27 | 27 六 | 28 五 | 28 | 29 | 28 | 29 | 30 | 30 | 31 | **10** | **9** | 2 | 3 | 3 | 4 | 4 | 5 | 3 | 4 |
| 25 | 25 | 26 | 26 | 27 | 28 12 | 28 11 | 29 | 29 四 | 30 三 | 29 | 30 | 31 | **12** | **11** | 2 | 2 | 3 | 4 | 4 | 5 | 5 | 6 | 4 | 5 |
| 26 | 26 | 27 | 27 | 28 | 29 | 29 | 30 10 | 30 9 | 31 | **3** 二 | 31 正 | **1** 十二 | 2 十一 | 2 | 3 | 3 | 4 | 5 | 5 | 6 | 6 | 7 | 5 | 6 |
| 27 | 27 | 28 | 28 | 29 | 30 | 30 | 31 | **5** | **4** 8 | 2 7 | **2** | 2 | 3 | 3 十 | 4 九 | 4 | 5 | 6 | 6 | 7 | 7 | 8 | 6 | 7 |
| 28 | 28 | 29 | 29 | 30 | 31 | **7** | **6** | 2 | 2 | 3 | 2 6 | 3 5 | 4 | 4 | 5 | 5 八 | 6 七 | 7 | 7 | 8 | 8 | 9 | 7 | 8 |
| 29 | 29 | 30 | 30 | 31 | **8** | 2 | 2 | 3 | 3 | 4 | 3 | 4 | 5 4 | 5 3 | 6 | 6 | 7 | 8 六 | 8 | 9 | 9 | 10 | 8 | 9 |
| 30 | 30 | 31 | **10** | **9** | 2 | 3 | 3 | **4** | **4** | 5 | 4 | 5 | 6 | 6 | 7 2 | 7 1 | 8 | 9 | 9 五 | 10 | 10 | 11 | 9 | 10 |
| 31 | **12** | **11** | 2 | 2 | 3 | 4 | 4 | 5 | 5 | 6 | 5 | 6 | 7 | 7 | 8 | 8 | 9 12 | 10 11 | 10 | 11 四 | 11 三 | 12 | 10 | 11 |
| 日 | 2 | 2 | 3 | 3 | 4 | 5 | 5 | 6 | 6 | 7 | 6 | 7 | 8 | 8 | 9 | 9 | 10 | 11 | 11 10 | 12 9 | 12 | 13 二 | 11 正 | 12 十二 |
| 曜 | 3 | 3 | 4 | 4 | 5 | 6 | 6 | 7 | 7 | 8 | 7 | 8 | 9 | 9 | 10 | 10 | 11 | 12 | 12 | 13 | 13 8 | 14 7 | 12 | 13 |
| 表 | 4 | 4 | 5 | 5 | 6 | 7 | 7 | 8 | 8 | 9 | 8 | 9 | 10 | 10 | 11 | 11 | 12 | 13 | 13 | 14 | 14 | 15 | 13 6 | 14 5 |
| 4 | 5 | 5 | 6 | 6 | 7 | 8 | 8 | 9 | 9 | 10 | 9 | 10 | 11 | 11 | 12 | 12 | 13 | 14 | 14 | 15 | 15 | 16 | 14 | 15 |
| 甲 | 6 | 6 | 7 | 7 | 8 | 9 | 9 | 10 | 10 | 11 | 10 | 11 | 12 | 12 | 13 | 13 | 14 | 15 | 15 | 16 | 16 | 17 | 15 | 16 |
| 子 | 7 | 7 | 8 | 8 | 9 | 10 | 10 | 11 | 11 | 12 | 11 | 12 | 13 | 13 | 14 | 14 | 15 | 16 | 16 | 17 | 17 | 18 | 16 | 17 |
| 表 | 8 | 8 | 9 | 9 | 10 | 11 | 11 | 12 | 12 | 13 | 12 | 13 | 14 | 14 | 15 | 15 | 16 | 17 | 17 | 18 | 18 | 19 | 17 | 18 |
| 4 | 9 | 9 | 10 | 10 | 11 | 12 | 12 | 13 | 13 | 14 | 13 | 14 | 15 | 15 | 16 | 16 | 17 | 18 | 18 | 19 | 19 | 20 | 18 | 19 |
| | 10 | 10 | 11 | 11 | 12 | 13 | 13 | 14 | 14 | 15 | 14 | 15 | 16 | 16 | 17 | 17 | 18 | 19 | 19 | 20 | 20 | 21 | 19 | 20 |

一八二六 丙戌 道光六 1242

一八二五 乙酉 道光五 1241

| 1826 丙戌 道光六 (1242) | | | | | | | | | | | | 1825 乙酉 道光五 (1241) | | | | | | | | | | | |
|---|---|---|---|---|---|---|---|---|---|---|---|---|---|---|---|---|---|---|---|---|---|---|---|
| 22 | 23 | 23 | 24 | 25 | 25 | 26 | 26 | 27 | 25 | 26 | 27 | 27 | 28 | 28 | 29 | 30 | 30 | 31 | **5** | **4** | 2 | 31 | **1** |
| 23 | 24 | 24 | 25 | 26 | 26 | 27 | 27 | 28 | 26 | 27 | 28 | 28 | 29 | 29 | 30 | 31 | **7** | **6** | 2 | 2 | 3 | **2** | 2 |
| 24 | 25 | 25 | 26 | 27 | 27 | 28 | 28 | 29 | 27 | 28 | 29 | 29 | 30 | 30 | 31 | **8** | 2 | 2 | 3 | 3 | 4 | 2 | 3 |
| 25 | 26 | 26 | 27 | 28 | 28 | 29 | 29 | 30 | 28 | 29 | 30 | 30 | 31 | **10** | **9** | 2 | 3 | 3 | 4 | 4 | 5 | 3 | 4 |
| 26 | 27 | 27 | 28 | 29 | 29 | 30 | 30 | 31 | **3** | 30 | 31 | **12** | **11** | 2 | 2 | 3 | 4 | 4 | 5 | 5 | 6 | 4 | 5 |
| 27 | 28 | 28 | 29 | 30 | 30 | 31 | **5** | **4** | 2 | 31 | **1** | 2 | 2 | 3 | 3 | 4 | 5 | 5 | 6 | 6 | 7 | 5 | 6 |
| 28 | 29 | 29 | 30 | 31 | **7** | **6** | 2 | 2 | 3 | **2** | 2 | 3 | 3 | 4 | 4 | 5 | 6 | 6 | 7 | 7 | 8 | 6 | 7 |
| 29 十一 | 30 | 30 | 31 | **8** | 2 | 2 | 3 | 3 | 4 | 2 | 3 | 4 | 4 | 5 | 5 | 6 | 7 | 7 | 8 | 8 | 9 | 7 | 8 |
| 30 | 31 十 | **10** 九 | **9** | 2 | 3 | 3 | 4 | 4 | 5 | 3 | 4 | 5 | 5 | 6 | 6 | 7 | 8 | 8 | 9 | 9 | 10 | 8 | 9 |
| **12** 5 | **11** | 2 | 2 八 | 3 | 4 | 4 | 5 | 5 | 6 | 4 | 5 | 6 | 6 | 7 | 7 | 8 | 9 | 9 | 10 | 10 | 11 | 9 | 10 |
| 2 | 2 4 | 3 3 | 3 | 4 七 | 5 六 | 5 | 6 | 6 | 7 | 5 | 6 | 7 | 7 | 8 | 8 | 9 | 10 | 10 | 11 | 11 | 12 | 10 | 11 |
| 3 | 3 | 4 | 4 2 | 5 1 | 6 | 6 五 | 7 四 | 7 三 | 8 | 6 | 7 | 8 | 8 | 9 | 9 | 10 | 11 | 11 | 12 | 12 | 13 | 11 | 12 |
| 4 | 4 | 5 | 5 | 6 | 7 12 | 7 11 | 8 | 8 | 9 二 | 7 正 | 8 十二 | 9 | 9 | 10 | 10 | 11 | 12 | 12 | 13 | 13 | 14 | 12 | 13 |
| 5 | 5 | 6 | 6 | 7 | 8 | 8 | 9 10 | 9 9 | 10 | 8 | 9 | 10 十一 | 10 十 | 11 | 11 | 12 | 13 | 13 | 14 | 14 | 15 | 13 | 14 |
| 6 | 6 | 7 | 7 | 8 | 9 | 9 | 10 | 10 | 11 8 | 9 7 | 10 | 11 | 11 | 12 九 | 12 八 | 13 | 14 | 14 | 15 | 15 | 16 | 14 | 15 |
| 7 | 7 | 8 | 8 | 9 | 10 | 10 | 11 | 11 | 12 | 10 | 11 6 | 12 5 | 12 | 13 | 13 | 14 七 | 15 | 15 | 16 | 16 | 17 | 15 | 16 |
| 8 | 8 | 9 | 9 | 10 | 11 | 11 | 12 | 12 | 13 | 11 | 12 | 13 | 13 4 | 14 3 | 14 | 15 | 16 六 | 16 五 | 17 | 17 | 18 | 16 | 17 |
| 9 | 9 | 10 | 10 | 11 | 12 | 12 | 13 | 13 | 14 | 12 | 13 | 14 | 14 | 15 | 15 2 | 16 1 | 17 12 | 17 11 | 18 四 | 18 三 | 19 | 17 | 18 |
| 10 | 10 | 11 | 11 | 12 | 13 | 13 | 14 | 14 | 15 | 13 | 14 | 15 | 15 | 16 | 16 | 17 | 18 | 18 | 19 10 | 19 9 | 20 二 | 18 正 | 19 十二 |
| 11 | 11 | 12 | 12 | 13 | 14 | 14 | 15 | 15 | 16 | 14 | 15 | 16 | 16 | 17 | 17 | 18 | 19 | 19 | 20 | 20 | 21 8 | 19 7 | 20 |
| 12 | 12 | 13 | 13 | 14 | 15 | 15 | 16 | 16 | 17 | 15 | 16 | 17 | 17 | 18 | 18 | 19 | 20 | 20 | 21 | 21 | 22 | 20 | 21 6 |
| 13 | 13 | 14 | 14 | 15 | 16 | 16 | 17 | 17 | 18 | 16 | 17 | 18 | 18 | 19 | 19 | 20 | 21 | 21 | 22 | 22 | 23 | 21 | 22 |
| 14 | 14 | 15 | 15 | 16 | 17 | 17 | 18 | 18 | 19 | 17 | 18 | 19 | 19 | 20 | 20 | 21 | 22 | 22 | 23 | 23 | 24 | 22 | 23 |
| 15 | 15 | 16 | 16 | 17 | 18 | 18 | 19 | 19 | 20 | 18 | 19 | 20 | 20 | 21 | 21 | 22 | 23 | 23 | 24 | 24 | 25 | 23 | 24 |
| 16 | 16 | 17 | 17 | 18 | 19 | 19 | 20 | 20 | 21 | 19 | 20 | 21 | 21 | 22 | 22 | 23 | 24 | 24 | 25 | 25 | 26 | 24 | 25 |
| 17 | 17 | 18 | 18 | 19 | 20 | 20 | 21 | 21 | 22 | 20 | 21 | 22 冬 | 22 | 23 | 23 | 24 | 25 | 25 | 26 | 26 | 27 | 25 | 26 |
| 18 | 18 | 19 | 19 | 20 | 21 | 21 | 22 | 22 | 23 | 21 | 22 | 23 | 23 | 24 | 24 | 25 | 26 | 26 | 27 | 27 | 28 | 26 | 27 |
| 19 | 19 | 20 | 20 | 21 | 22 | 22 | 23 | 23 | 24 | 22 | 23 | 24 | 24 | 25 | 25 | 26 | 27 | 27 | 28 | 28 | 29 | 27 | 28 |
| 20 | 20 | 21 | 21 | 22 | 23 | 23 | 24 | 24 | 25 | 23 | 24 | 25 | 25 | 26 | 26 | 27 | 28 | 28 | 29 | 29 | 30 | 28 | 29 |
| 21 | 21 | 22 | 22 | 23 | 24 | 24 | 25 | 25 | 26 | 24 | 25 | 26 | 26 | 27 | 27 | 28 | 29 | 29 | 30 | 30 | 31 | **3** | 30 |

一八二八 戊子 道光八

1244

一八二七 丁亥 道光七

1243

| | | | | | | | | | | | | | | | | | | | | | | | | |
|---|---|---|---|---|---|---|---|---|---|---|---|---|---|---|---|---|---|---|---|---|---|---|---|---|
| 11 | 11 | 12 | 12 | 13 | 2 14 | 1 14 | 12 15 | 11 15 | 16 | 二 15 | 正 16 | 17 | 17 | 18 | 18 | 19 | 20 | 20 | 21 | 21 | 22 | 20 | 21 | 22 冬 |
| 12 | 12 | 13 | 13 | 14 | 15 | 15 | 16 | 16 | 10 17 | 9 16 | 17 | 十二 18 | 十一 18 | 19 | 19 | 20 | 21 | 21 | 22 | 22 | 23 | 21 | 22 | 23 |
| 13 | 13 | 14 | 14 | 15 | 16 | 16 | 17 | 17 | 18 | 17 | 8 18 | 7 19 | 19 | 十 20 | 九 20 | 21 | 22 | 22 | 23 | 23 | 24 | 22 | 23 | 24 |
| 14 | 14 | 15 | 15 | 16 | 17 | 17 | 18 | 18 | 19 | 18 | 19 | 20 | 6 20 | 5 21 | 21 | 八 22 | 七 23 | 23 | 24 | 24 | 25 | 23 | 24 | 25 |
| 15 | 15 | 16 | 16 | 17 | 18 | 18 | 19 | 19 | 20 | 19 | 20 | 21 | 21 | 22 | 4 22 | 3 23 | 24 | 六 24 | 閏 25 | 25 | 26 | 24 | 25 | 26 |
| 16 | 16 | 17 | 17 | 18 | 19 | 19 | 20 | 20 | 21 | 20 | 21 | 22 | 冬 22 | 23 | 23 | 24 | 2 25 | 1 25 | 26 | 五 26 | 四 27 | 三 25 | 26 | 27 |
| 17 | 17 | 18 | 18 | 19 | 20 | 20 | 21 | 21 | 22 | 21 | 22 | 23 | 23 | 24 | 24 | 25 | 26 | 26 | 12 27 | 11 27 | 28 | 26 | 二 27 | 正 28 |
| 18 | 18 | 19 | 19 | 20 | 21 | 21 | 22 | 22 | 23 | 22 | 23 | 24 | 24 | 25 | 25 | 26 | 27 | 27 | 28 | 28 | 10 29 | 9 27 | 28 | 29 十二 |
| 19 | 19 | 20 | 20 | 21 | 22 | 22 | 23 | 23 | 24 | 23 | 24 | 25 | 25 | 26 | 26 | 27 | 28 | 28 | 29 | 29 | 30 | 28 | 8 29 | 7 30 |
| 20 | 20 | 21 | 21 | 22 | 23 | 23 | 24 | 24 | 25 | 24 | 25 | 26 | 26 | 27 | 27 | 28 | 29 | 29 | 30 | 30 | 31 | 3 | 30 | 31 6 |
| 21 | 21 | 22 | 22 | 23 | 24 | 24 | 25 | 25 | 26 | 25 | 26 | 27 | 27 | 28 | 28 | 29 | 30 | 30 | 31 | 5 | 4 | 2 | 31 | 1 |
| 22 | 冬 22 | 23 | 23 | 24 | 25 | 25 | 26 | 26 | 27 | 26 | 27 | 28 | 28 | 29 | 29 | 30 | 31 | 7 | 6 | 2 | 2 | 3 | 2 | 2 |
| 23 | 23 | 24 | 24 | 25 | 26 | 26 | 27 | 27 | 28 | 27 | 28 | 29 | 29 | 30 | 30 | 31 | 8 | 2 | 2 | 3 | 3 | 4 | 2 | 3 |
| 24 | 24 | 25 | 25 | 26 | 27 | 27 | 28 | 28 | 29 | 28 | 29 | 30 | 30 | 31 | 10 | 9 | 2 | 3 | 3 | 4 | 4 | 5 | 3 | 4 |
| 25 | 25 | 26 | 26 | 27 | 28 | 28 | 29 | 29 | 30 | 29 | 30 | 31 | 12 | 11 | 2 | 2 | 3 | 4 | 4 | 5 | 5 | 6 | 4 | 5 |
| 26 | 26 | 27 | 27 | 28 | 29 | 29 | 30 | 30 | 31 | 3 | 31 | 1 | 2 | 2 | 3 | 3 | 4 | 5 | 5 | 6 | 6 | 7 | 5 | 6 |
| 27 | 27 | 28 | 28 | 29 | 30 | 30 | 31 | 5 | 4 | 2 | 2 | 2 | 3 | 3 | 4 | 4 | 5 | 6 | 6 | 7 | 7 | 8 | 6 | 7 |
| 28 | 28 | 29 | 29 | 30 | 31 | 7 | 6 | 2 | 2 | 3 | 2 | 3 | 4 | 4 | 5 | 5 | 6 | 7 | 7 | 8 | 8 | 9 | 7 | 8 |
| 29 | 29 | 30 | 30 | 31 | 8 | 2 | 2 | 3 | 3 | 4 | 3 | 4 | 5 | 5 | 6 | 6 | 7 | 8 | 8 | 9 | 9 | 10 | 8 | 9 |
| 30 | 30 | 31 | 10 | 9 | 2 | 3 | 3 | 4 | 4 | 5 | 4 | 5 | 6 | 6 | 7 | 7 | 8 | 9 | 9 | 10 | 10 | 11 | 9 | 10 |
| 31 | 12 | 11 | 2 | 2 | 3 | 4 | 4 | 5 | 5 | 6 | 5 | 6 | 7 | 7 | 8 | 8 | 9 | 10 | 10 | 11 | 11 | 12 | 10 | 11 |
| 日 | 2 | 2 | 3 | 3 | 4 | 5 | 5 | 6 | 6 | 7 | 6 | 7 | 8 | 8 | 9 | 9 | 10 | 11 | 11 | 12 | 12 | 13 | 11 | 12 |
| 曜 | 3 | 3 | 4 | 4 | 5 | 6 | 6 | 7 | 7 | 8 | 7 | 8 | 9 | 9 | 10 | 10 | 11 | 12 | 12 | 13 | 13 | 14 | 12 | 13 |
| 表 | 4 | 4 | 5 | 5 | 6 | 7 | 7 | 8 | 8 | 9 | 8 | 9 | 10 | 10 | 11 | 11 | 12 | 13 | 13 | 14 | 14 | 15 | 13 | 14 |
| 5 | 5 | 5 | 6 | 6 | 7 | 8 | 8 | 9 | 9 | 10 | 9 | 10 | 11 | 11 | 12 | 12 | 13 | 14 | 14 | 15 | 15 | 16 | 14 | 15 |
| 甲 | 6 | 6 | 7 | 7 | 8 | 9 | 9 | 10 | 10 | 11 | 10 | 11 | 12 | 12 | 13 | 13 | 14 | 15 | 15 | 16 | 16 | 17 | 15 | 16 |
| 子 | 7 | 十一 7 | 十 8 | 8 | 9 | 10 | 10 | 11 | 11 | 12 | 11 | 12 | 13 | 13 | 14 | 14 | 15 | 16 | 16 | 17 | 17 | 18 | 16 | 17 |
| 表 | 8 | 8 | 9 | 九 9 | 八 10 | 11 | 11 | 12 | 12 | 13 | 12 | 13 | 14 | 14 | 15 | 15 | 16 | 17 | 17 | 18 | 18 | 19 | 17 | 18 |
| 5 | 9 | 6 9 | 5 10 | 10 | 11 | 七 12 | 六 12 | 五 13 | 13 | 14 | 13 | 14 | 15 | 15 | 16 | 16 | 17 | 18 | 18 | 19 | 19 | 20 | 18 | 19 |
| | 10 | 10 | 11 | 4 11 | 3 12 | 13 | 13 | 14 | 四 14 | 三 15 | 14 | 15 | 16 | 16 | 17 | 17 | 18 | 19 | 19 | 20 | 20 | 21 | 19 | 20 |

一八二九 己丑 道光九 1245

一八三〇 庚寅 道光一〇 1246

| 1246 | | | | | | | | | | | | 1245 | | | | | | | | | | | |
|---|---|---|---|---|---|---|---|---|---|---|---|---|---|---|---|---|---|---|---|---|---|---|---|
| 22 | 23 | 23 | 24 | 25 | 25 | 26 | 26 | 27 | 25 | 26 8 | 27 7 | 27 | 28 十 | 28 九 | 29 八 | 30 | 30 | 31 | **5** | **4** | 2 | 31 | **1** |
| 23 | 24 | 24 | 25 | 26 | 26 | 27 | 27 | 28 | 26 | 27 | 28 | 28 6 | 29 5 | 29 | 30 | 31 七 | **7** 六 | **6** | 2 | 2 | 3 | **2** | 2 |
| 24 | 25 | 25 | 26 | 27 | 27 | 28 | 28 | 29 | 27 | 28 | 29 | 29 | 30 | 30 4 | 31 3 | **8** | 2 | 2 五 | 3 四 | 3 | 4 | 2 | 3 |
| 25 | 26 | 26 | 27 | 28 | 28 | 29 | 29 | 30 | 28 | 29 | 30 | 30 | 31 | **10** | **9** | 2 2 | 3 1 | 3 | 4 | 4 三 | 5 二 | 3 | 4 |
| 26 | 27 | 27 | 28 | 29 | 29 | 30 | 30 | 31 | **3** | 30 | 31 | **12** | **11** | 2 | 2 | 3 | 4 | 4 12 | 5 11 | 5 | 6 | 4 正 | 5 十二 |
| 27 | 28 | 28 | 29 | 30 | 30 | 31 | **5** | **4** | 2 | 31 | **1** | 2 | 2 | 3 | 3 | 4 | 5 | 5 | 6 | 6 10 | 7 9 | 5 | 6 |
| 28 | 29 | 29 | 30 | 31 | **7** | **6** | 2 | 2 | 3 | **2** | 2 | 3 | 3 | 4 | 4 | 5 | 6 | 6 | 7 | 7 | 8 | 6 8 | 7 7 |
| 29 | 30 | 30 | 31 | **8** | 2 | 2 | 3 | 3 | 4 | 2 | 3 | 4 | 4 | 5 | 5 | 6 | 7 | 7 | 8 | 8 | 9 | 7 | 8 |
| 30 | 31 | **10** | **9** | 2 | 3 | 3 | 4 | 4 | 5 | 3 | 4 | 5 | 5 | 6 | 6 | 7 | 8 | 8 | 9 | 9 | 10 | 8 | 9 |
| **12** | **11** | 2 | 2 | 3 | 4 | 4 | 5 | 5 | 6 | 4 | 5 | 6 | 6 | 7 | 7 | 8 | 9 | 9 | 10 | 10 | 11 | 9 | 10 |
| 2 | 2 | 3 | 3 | 4 | 5 | 5 | 6 | 6 | 7 | 5 | 6 | 7 | 7 | 8 | 8 | 9 | 10 | 10 | 11 | 11 | 12 | 10 | 11 |
| 3 | 3 | 4 | 4 | 5 | 6 | 6 | 7 | 7 | 8 | 6 | 7 | 8 | 8 | 9 | 9 | 10 | 11 | 11 | 12 | 12 | 13 | 11 | 12 |
| 4 | 4 | 5 | 5 | 6 | 7 | 7 | 8 | 8 | 9 | 7 | 8 | 9 | 9 | 10 | 10 | 11 | 12 | 12 | 13 | 13 | 14 | 12 | 13 |
| 5 | 5 | 6 | 6 | 7 | 8 | 8 | 9 | 9 | 10 | 8 | 9 | 10 | 10 | 11 | 11 | 12 | 13 | 13 | 14 | 14 | 15 | 13 | 14 |
| 6 | 6 | 7 | 7 | 8 | 9 | 9 | 10 | 10 | 11 | 9 | 10 | 11 | 11 | 12 | 12 | 13 | 14 | 14 | 15 | 15 | 16 | 14 | 15 |
| 7 | 7 | 8 | 8 | 9 | 10 | 10 | 11 | 11 | 12 | 10 | 11 | 12 | 12 | 13 | 13 | 14 | 15 | 15 | 16 | 16 | 17 | 15 | 16 |
| 8 | 8 | 9 | 9 | 10 | 11 | 11 | 12 | 12 | 13 | 11 | 12 | 13 | 13 | 14 | 14 | 15 | 16 | 16 | 17 | 17 | 18 | 16 | 17 |
| 9 | 9 | 10 | 10 | 11 | 12 | 12 | 13 | 13 | 14 | 12 | 13 | 14 | 14 | 15 | 15 | 16 | 17 | 17 | 18 | 18 | 19 | 17 | 18 |
| 10 | 10 | 11 | 11 | 12 | 13 | 13 | 14 | 14 | 15 | 13 | 14 | 15 | 15 | 16 | 16 | 17 | 18 | 18 | 19 | 19 | 20 | 18 | 19 |
| 11 | 11 | 12 | 12 | 13 | 14 | 14 | 15 | 15 | 16 | 14 | 15 | 16 | 16 | 17 | 17 | 18 | 19 | 19 | 20 | 20 | 21 | 19 | 20 |
| 12 | 12 | 13 | 13 | 14 | 15 | 15 | 16 | 16 | 17 | 15 | 16 | 17 | 17 | 18 | 18 | 19 | 20 | 20 | 21 | 21 | 22 | 20 | 21 |
| 13 | 13 | 14 | 14 | 15 | 16 | 16 | 17 | 17 | 18 | 16 | 17 | 18 | 18 | 19 | 19 | 20 | 21 | 21 | 22 | 22 | 23 | 21 | 22 |
| 14 | 14 | 15 | 15 | 16 | 17 | 17 | 18 | 18 | 19 | 17 | 18 | 19 | 19 | 20 | 20 | 21 | 22 | 22 | 23 | 23 | 24 | 22 | 23 |
| 15 十一 | 15 十 | 16 | 16 | 17 | 18 | 18 | 19 | 19 | 20 | 18 | 19 | 20 | 20 | 21 | 21 | 22 | 23 | 23 | 24 | 24 | 25 | 23 | 24 |
| 16 7 | 16 | 17 九 | 17 八 | 18 七 | 19 | 19 | 20 | 20 | 21 | 19 | 20 | 21 | 21 | 22 | 22 | 23 | 24 | 24 | 25 | 25 | 26 | 24 | 25 |
| 17 | 17 6 | 18 5 | 18 | 19 | 20 六 | 20 五 | 21 | 21 | 22 | 20 | 21 | 22 冬 | 22 | 23 | 23 | 24 | 25 | 25 | 26 | 26 | 27 | 25 | 26 |
| 18 | 18 | 19 | 19 4 | 20 3 | 21 | 21 | 22 閏 | 22 | 23 | 21 | 22 | 23 | 23 | 24 | 24 | 25 | 26 | 26 | 27 | 27 | 28 | 26 | 27 |
| 19 | 19 | 20 | 20 | 21 | 22 2 | 22 1 | 23 | 23 四 | 24 三 | 22 | 23 | 24 | 24 | 25 | 25 | 26 | 27 | 27 | 28 | 28 | 29 | 27 | 28 |
| 20 | 20 | 21 | 21 | 22 | 23 | 23 | 24 12 | 24 11 | 25 | 23 二 | 24 | 25 | 25 | 26 | 26 | 27 | 28 | 28 | 29 | 29 | 30 | 28 | 29 |
| 21 | 21 | 22 | 22 | 23 | 24 | 24 | 25 | 25 | 26 10 | 24 9 | 25 正 | 26 十二 | 26 十一 | 27 | 27 | 28 | 29 | 29 | 30 | 30 | 31 | **3** | 30 |

一八三二 壬辰 道光一二

1248

一八三一 辛卯 道光一一

本年回曆九月一日即中曆正月朔

1247

| | | | | | | | | | | | | | | | | | | | | | | | | |
|---|---|---|---|---|---|---|---|---|---|---|---|---|---|---|---|---|---|---|---|---|---|---|---|---|
| 11 | 11 | 12 | 12 | 13 | 14 | 14 | 15 | 15 | 16 | 15 | 16 | 17 | 17 | 18 | 18 | 19 | 20 | 20 | 21 | 21 | 22 | 20 | 21 | 22冬 |
| 12 | 12 | 13 | 13 | 14 | 15 | 15 | 16 | 16 | 17 | 16 | 17 | 18 | 18 | 19 | 19 | 20 | 21 | 21 | 22 | 22 | 23 | 21 | 22 | 23 |
| 13 | 13 | 14 | 14 | 15 | 16 | 16 | 17 | 17 | 18 | 17 | 18 | 19 | 19 | 20 | 20 | 21 | 22 | 22 | 23 | 23 | 24 | 22 | 23 | 24 |
| 14 | 14 | 15 | 15 | 16 | 17 | 17 | 18 | 18 | 19 | 18 | 19 | 20 | 20 | 21 | 21 | 22 | 23 | 23 | 24 | 24 | 25 | 23 | 24 | 25 |
| 15 | 15 | 16 | 16 | 17 | 18 | 18 | 19 | 19 | 20 | 19 | 20 | 21 | 21 | 22 | 22 | 23 | 24 | 24 | 25 | 25 | 26 | 24 | 25 | 26 |
| 16 | 16 | 17 | 17 | 18 | 19 | 19 | 20 | 20 | 21 | 20 | 21 | 22冬 | 22 | 23 | 23 | 24 | 25 | 25 | 26 | 26 | 27 | 25 | 26 | 27 |
| 17 | 17 | 18 | 18 | 19 | 20 | 20 | 21 | 21 | 22 | 21 | 22 | 23 | 23 | 24 | 24 | 25 | 26 | 26 | 27 | 27 | 28 | 26 | 27 | 28 |
| 18 | 18 | 19 | 19 | 20 | 21 | 21 | 22 | 22 | 23 | 22 | 23 | 24 | 24 | 25 | 25 | 26 | 27 | 27 | 28 | 28 | 29 | 27 | 28 | 29 |
| 19 | 19 | 20 | 20 | 21 | 22 | 22 | 23 | 23 | 24 | 23 | 24 | 25 | 25 | 26 | 26 | 27 | 28 | 28 | 29 | 29 | 30 | 28 | 29 | 30 |
| 20 | 20 | 21 | 21 | 22 | 23 | 23 | 24 | 24 | 25 | 24 | 25 | 26 | 26 | 27 | 27 | 28 | 29 | 29 | 30 | 30 | 31 | 3 | 30 | 31 |
| 21 | 21 | 22 | 22 | 23 | 24 | 24 | 25 | 25 | 26 | 25 | 26 | 27 | 27 | 28 | 28 | 29 | 30 | 30 | 31 | 5 | 4 | 2 | 31 | 1 |
| 22冬十一 | 22十 | 23 | 23 | 24 | 25 | 25 | 26 | 26 | 27 | 26 | 27 | 28 | 28 | 29 | 29 | 30 | 31 | 7 | 6 | 2 | 2 | 3 | 2 | 2 |
| 23 | 23 | 24閏 | 24九 | 25 | 26 | 26 | 27 | 27 | 28 | 27 | 28 | 29 | 29 | 30 | 30 | 31 | 8 | 2 | 2 | 3 | 3 | 4 | 2 | 3 |
| 24 8 | 24 7 | 25 | 25 | 26八 | 27七 | 27 | 28 | 28 | 29 | 28 | 29 | 30 | 30 | 31 | 10 | 9 | 2 | 3 | 3 | 4 | 4 | 5 | 3 | 4 |
| 25 | 25 | 26 6 | 26 5 | 27 | 28 | 28六 | 29 | 29 | 30 | 29 | 30 | 31 | 12 | 11 | 2 | 2 | 3 | 4 | 4 | 5 | 5 | 6 | 4 | 5 |
| 26 | 26 | 27 | 27 | 28 4 | 29 3 | 29 | 30五 | 30四 | 31 | 3 | 31 | 1 | 2 | 2 | 3 | 3 | 4 | 5 | 5 | 6 | 6 | 7 | 5 | 6 |
| 27 | 27 | 28 | 28 | 29 | 30 | 30 2 | 31 1 | 5 | 4三 | 2二 | 2 | 2 | 3 | 3 | 4 | 4 | 5 | 6 | 6 | 7 | 7 | 8 | 6 | 7 |
| 28 | 28 | 29 | 29 | 30 | 31 | 7 | 6 | 2 12 | 2 11 | 3 | 2正 | 3十二 | 4十一 | 4十 | 5 | 5 | 6 | 7 | 7 | 8 | 8 | 9 | 7 | 8 |
| 29 | 29 | 30 | 30 | 31 | 8 | 2 | 2 | 3 | 3 | 4 10 | 3 9 | 4 | 5 | 5 | 6九 | 6八 | 7 | 8 | 8 | 9 | 9 | 10 | 8 | 9 |
| 30 | 30 | 31 | 10 | 9 | 2 | 3 | 3 | 4 | 4 | 5 | 4 | 5 8 | 6 7 | 6 | 7 | 7 | 8七 | 9六 | 9 | 10 | 10 | 11 | 9 | 10 |
| 31 | 12 | 11 | 2 | 2 | 3 | 4 | 4 | 5 | 5 | 6 | 5 | 6 | 7 | 7 6 | 8 5 | 8 | 9 | 10 | 10五 | 11 | 11 | 12 | 10 | 11 |
| 日 | 2 | 2 | 3 | 3 | 4 | 5 | 5 | 6 | 6 | 7 | 6 | 7 | 8 | 8 | 9 | 9 4 | 10 3 | 11 | 11 | 12四 | 12三 | 13 | 11 | 12 |
| 曜 | 3 | 3 | 4 | 4 | 5 | 6 | 6 | 7 | 7 | 8 | 7 | 8 | 9 | 9 | 10 | 10 | 11 | 12 2 | 12 1 | 13 12 | 13 11 | 14二 | 12 | 13 |
| 表 | 4 | 4 | 5 | 5 | 6 | 7 | 7 | 8 | 8 | 9 | 8 | 9 | 10 | 10 | 11 | 11 | 12 | 13 | 13 | 14 | 14 | 15 10 | 13正 | 14十二 |
| 6 | 5 | 5 | 6 | 6 | 7 | 8 | 8 | 9 | 9 | 10 | 9 | 10 | 11 | 11 | 12 | 12 | 13 | 14 | 14 | 15 | 15 | 16 | 14 | 15 8 |
| 甲 | 6 | 6 | 7 | 7 | 8 | 9 | 9 | 10 | 10 | 11 | 10 | 11 | 12 | 12 | 13 | 13 | 14 | 15 | 15 | 16 | 16 | 17 | 15 | 16 |
| 子 | 7 | 7 | 8 | 8 | 9 | 10 | 10 | 11 | 11 | 12 | 11 | 12 | 13 | 13 | 14 | 14 | 15 | 16 | 16 | 17 | 17 | 18 | 16 | 17 |
| 表 | 8 | 8 | 9 | 9 | 10 | 11 | 11 | 12 | 12 | 13 | 12 | 13 | 14 | 14 | 15 | 15 | 16 | 17 | 17 | 18 | 18 | 19 | 17 | 18 |
| 6 | 9 | 9 | 10 | 10 | 11 | 12 | 12 | 13 | 13 | 14 | 13 | 14 | 15 | 15 | 16 | 16 | 17 | 18 | 18 | 19 | 19 | 20 | 18 | 19 |
| | 10 | 10 | 11 | 11 | 12 | 13 | 13 | 14 | 14 | 15 | 14 | 15 | 16 | 16 | 17 | 17 | 18 | 19 | 19 | 20 | 20 | 21 | 19 | 20 |

一八三三 癸巳 道光一三 1249

一八三四 甲午 道光一四 1250

| | | | | | | | | | | | | | | | | | | | | | | | |
|---|---|---|---|---|---|---|---|---|---|---|---|---|---|---|---|---|---|---|---|---|---|---|---|
| 22 | 23 | 23 | 24 | 25 | 25 | 26 | 26 | 27 | 25 | 26 | 27 | 27 | 28 | 28 | 29 | 30 | 30 | 31 | **5** | **4** | 2 | 31 | **1** |
| 23 | 24 | 24 | 25 | 26 | 26 | 27 | 27 | 28 | 26 | 27 | 28 | 28 | 29 | 29 | 30 | 31 | **7** | **6** | 2 | 2 | 3 | **2** | 2 |
| 24 | 25 | 25 | 26 | 27 | 27 | 28 | 28 | 29 | 27 | 28 | 29 | 29 | 30 | 30 | 31 | **8** | 2 | 2 | 3 | 3 | 4 | 2 | 3 |
| 25 | 26 | 26 | 27 | 28 | 28 | 29 | 29 | 30 | 28 | 29 | 30 | 30 | 31 | **10** | **9** | 2 | 3 | 3 | 4 | 4 | 5 | 3 | 4 |
| 26 | 27 | 27 | 28 | 29 | 29 | 30 | 30 | 31 | **3** | 30 | 31 | **12** | **11** | 2 | 2 | 3 | 4 | 4 | 5 | 5 | 6 | 4 | 5 |
| 27 | 28 | 28 | 29 | 30 | 30 | 31 | **5** | **4** | 2 | 31 | **1** | 2 | 2 | 3 | 3 | 4 | 5 | 5 | 6 | 6 | 7 | 5 | 6 |
| 28 | 29 | 29 | 30 | 31 | **7** | **6** | 2 | 2 | 3 | **2** | 2 | 3 | 3 | 4 | 4 | 5 | 6 | 6 | 7 | 7 | 8 | 6 | 7 |
| 29 | 30 | 30 | 31 | **8** | 2 | 2 | 3 | 3 | 4 | 2 | 3 | 4 | 4 | 5 | 5 | 6 | 7 | 7 | 8 | 8 | 9 | 7 | 8 |
| 30 | 31 | **10** | **9** | 2 | 3 | 3 | 4 | 4 | 5 | 3 | 4 | 5 | 5 | 6 | 6 | 7 | 8 | 8 | 9 | 9 | 10 | 8 | 9 |
| **12** 十一 | **11** 十 | 2 | 2 | 3 | 4 | 4 | 5 | 5 | 6 | 4 | 5 | 6 | 6 | 7 | 7 | 8 | 9 | 9 | 10 | 10 | 11 | 9 | 10 |
| 2 | 2 | 3 九 | 3 八 | 4 | 5 | 5 | 6 | 6 | 7 | 5 | 6 | 7 | 7 | 8 | 8 | 9 | 10 | 10 | 11 | 11 | 12 | 10 | 11 |
| 3 8 | 3 7 | 4 | 4 | 5 七 | 6 | 6 | 7 | 7 | 8 | 6 | 7 | 8 | 8 | 9 | 9 | 10 | 11 | 11 | 12 | 12 | 13 | 11 | 12 |
| 4 | 4 | 5 6 | 5 5 | 6 | 7 六 | 7 五 | 8 | 8 | 9 | 7 | 8 | 9 | 9 | 10 | 10 | 11 | 12 | 12 | 13 | 13 | 14 | 12 | 13 |
| 5 | 5 | 6 | 6 | 7 4 | 8 3 | 8 | 9 四 | 9 三 | 10 二 | 8 | 9 | 10 | 10 | 11 | 11 | 12 | 13 | 13 | 14 | 14 | 15 | 13 | 14 |
| 6 | 6 | 7 | 7 | 8 | 9 | 9 2 | 10 1 | 10 | 11 | 9 正 | 10 十二 | 11 十一 | 11 | 12 | 12 | 13 | 14 | 14 | 15 | 15 | 16 | 14 | 15 |
| 7 | 7 | 8 | 8 | 9 | 10 | 10 | 11 | 11 12 | 12 11 | 10 | 11 | 12 | 12 十 | 13 九 | 13 | 14 | 15 | 15 | 16 | 16 | 17 | 15 | 16 |
| 8 | 8 | 9 | 9 | 10 | 11 | 11 | 12 | 12 | 13 | 11 10 | 12 9 | 13 | 13 | 14 | 14 八 | 15 七 | 16 | 16 | 17 | 17 | 18 | 16 | 17 |
| 9 | 9 | 10 | 10 | 11 | 12 | 12 | 13 | 13 | 14 | 12 | 13 | 14 8 | 14 7 | 15 | 15 | 16 | 17 六 | 17 | 18 | 18 | 19 | 17 | 18 |
| 10 | 10 | 11 | 11 | 12 | 13 | 13 | 14 | 14 | 15 | 13 | 14 | 15 | 15 | 16 6 | 16 5 | 17 | 18 | 18 五 | 19 四 | 19 | 20 | 18 | 19 |
| 11 | 11 | 12 | 12 | 13 | 14 | 14 | 15 | 15 | 16 | 14 | 15 | 16 | 16 | 17 | 17 | 18 4 | 19 3 | 19 | 20 | 20 三 | 21 二 | 19 | 20 |
| 12 | 12 | 13 | 13 | 14 | 15 | 15 | 16 | 16 | 17 | 15 | 16 | 17 | 17 | 18 | 18 | 19 | 20 | 20 2 | 21 1 | 21 12 | 22 11 | 20 正 | 21 十二 |
| 13 | 13 | 14 | 14 | 15 | 16 | 16 | 17 | 17 | 18 | 16 | 17 | 18 | 18 | 19 | 19 | 20 | 21 | 21 | 22 | 22 | 23 | 21 10 | 22 9 |
| 14 | 14 | 15 | 15 | 16 | 17 | 17 | 18 | 18 | 19 | 17 | 18 | 19 | 19 | 20 | 20 | 21 | 22 | 22 | 23 | 23 | 24 | 22 | 23 |
| 15 | 15 | 16 | 16 | 17 | 18 | 18 | 19 | 19 | 20 | 18 | 19 | 20 | 20 | 21 | 21 | 22 | 23 | 23 | 24 | 24 | 25 | 23 | 24 |
| 16 | 16 | 17 | 17 | 18 | 19 | 19 | 20 | 20 | 21 | 19 | 20 | 21 | 21 | 22 | 22 | 23 | 24 | 24 | 25 | 25 | 26 | 24 | 25 |
| 17 | 17 | 18 | 18 | 19 | 20 | 20 | 21 | 21 | 22 | 20 | 21 | 22 冬 | 22 | 23 | 23 | 24 | 25 | 25 | 26 | 26 | 27 | 25 | 26 |
| 18 | 18 | 19 | 19 | 20 | 21 | 21 | 22 | 22 | 23 | 21 | 22 | 23 | 23 | 24 | 24 | 25 | 26 | 26 | 27 | 27 | 28 | 26 | 27 |
| 19 | 19 | 20 | 20 | 21 | 22 | 22 | 23 | 23 | 24 | 22 | 23 | 24 | 24 | 25 | 25 | 26 | 27 | 27 | 28 | 28 | 29 | 27 | 28 |
| 20 | 20 | 21 | 21 | 22 | 23 | 23 | 24 | 24 | 25 | 23 | 24 | 25 | 25 | 26 | 26 | 27 | 28 | 28 | 29 | 29 | 30 | 28 | 29 |
| 21 | 21 | 22 | 22 | 23 | 24 | 24 | 25 | 25 | 26 | 24 | 25 | 26 | 26 | 27 | 27 | 28 | 29 | 29 | 30 | 30 | 31 | **3** | 30 |

九

| | 一八三六 丙申 道光一六 1252 | | | | | | | | | | | | 一八三五 乙未 道光一五 1251 | | | | | | | | | | | |
|---|---|---|---|---|---|---|---|---|---|---|---|---|---|---|---|---|---|---|---|---|---|---|---|---|
| 11 | 11 8 | 12 7 | 12 | 13 | 14六 | 14五 | 15四 | 15 | 16 | 15 | 16 | 17 | 17 | 18 | 18 | 19 | 20 | 20 | 21 | 21 | 22 | 20 | 21 | 22冬 |
| 12 | 12 | 13 | 13 6 | 14 5 | 15 | 15 | 16 | 16三 | 17二 | 16 | 17 | 18 | 18 | 19 | 19 | 20 | 21 | 21 | 22 | 22 | 23 | 21 | 22 | 23 |
| 13 | 13 | 14 | 14 | 15 | 16 4 | 16 3 | 17 | 17 | 18 | 17正 | 18十二 | 19 | 19 | 20 | 20 | 21 | 22 | 22 | 23 | 23 | 24 | 22 | 23 | 24 |
| 14 | 14 | 15 | 15 | 16 | 17 | 17 | 18 2 | 18 1 | 19 12 | 18 11 | 19 | 20十一 | 20十 | 21 | 21 | 22 | 23 | 23 | 24 | 24 | 25 | 23 | 24 | 25 |
| 15 | 15 | 16 | 16 | 17 | 18 | 18 | 19 | 19 | 20 | 19 | 20 10 | 21 9 | 21 | 22九 | 22八 | 23 | 24 | 24 | 25 | 25 | 26 | 24 | 25 | 26 |
| 16 | 16 | 17 | 17 | 18 | 19 | 19 | 20 | 20 | 21 | 20 | 21 | 22冬 | 22 8 | 23 7 | 23 | 24七 | 25 | 25 | 26 | 26 | 27 | 25 | 26 | 27 |
| 17 | 17 | 18 | 18 | 19 | 20 | 20 | 21 | 21 | 22 | 21 | 22 | 23 | 23 | 24 | 24 6 | 25 5 | 26閏 | 26六 | 27五 | 27 | 28 | 26 | 27 | 28 |
| 18 | 18 | 19 | 19 | 20 | 21 | 21 | 22 | 22 | 23 | 22 | 23 | 24 | 24 | 25 | 25 | 26 | 27 4 | 27 3 | 28 | 28四 | 29三 | 27二 | 28 | 29 |
| 19 | 19 | 20 | 20 | 21 | 22 | 22 | 23 | 23 | 24 | 23 | 24 | 25 | 25 | 26 | 26 | 27 | 28 | 28 | 29 2 | 29 1 | 30 | 28 | 29正 | 30十二 |
| 20 | 20 | 21 | 21 | 22 | 23 | 23 | 24 | 24 | 25 | 24 | 25 | 26 | 26 | 27 | 27 | 28 | 29 | 29 | 30 | 30 | 31 12 | 3 11 | 30 | 31 |
| 21 | 21 | 22 | 22 | 23 | 24 | 24 | 25 | 25 | 26 | 25 | 26 | 27 | 27 | 28 | 28 | 29 | 30 | 30 | 31 | 5 | 4 | 2 | 31 10 | 1 9 |
| 22冬 | 22 | 23 | 23 | 24 | 25 | 25 | 26 | 26 | 27 | 26 | 27 | 28 | 28 | 29 | 29 | 30 | 31 | 7 | 6 | 2 | 2 | 3 | 2 | 2 |
| 23 | 23 | 24 | 24 | 25 | 26 | 26 | 27 | 27 | 28 | 27 | 28 | 29 | 29 | 30 | 30 | 31 | 8 | 2 | 2 | 3 | 3 | 4 | 2 | 3 |
| 24 | 24 | 25 | 25 | 26 | 27 | 27 | 28 | 28 | 29 | 28 | 29 | 30 | 30 | 31 | 10 | 9 | 2 | 3 | 3 | 4 | 4 | 5 | 3 | 4 |
| 25 | 25 | 26 | 26 | 27 | 28 | 28 | 29 | 29 | 30 | 29 | 30 | 31 | 12 | 11 | 2 | 2 | 3 | 4 | 4 | 5 | 5 | 6 | 4 | 5 |
| 26 | 26 | 27 | 27 | 28 | 29 | 29 | 30 | 30 | 31 | 3 | 31 | 1 | 2 | 2 | 3 | 3 | 4 | 5 | 5 | 6 | 6 | 7 | 5 | 6 |
| 27 | 27 | 28 | 28 | 29 | 30 | 30 | 31 | 5 | 4 | 2 | 2 | 2 | 3 | 3 | 4 | 4 | 5 | 6 | 6 | 7 | 7 | 8 | 6 | 7 |
| 28 | 28 | 29 | 29 | 30 | 31 | 7 | 6 | 2 | 2 | 3 | 2 | 3 | 4 | 4 | 5 | 5 | 6 | 7 | 7 | 8 | 8 | 9 | 7 | 8 |
| 29 | 29 | 30 | 30 | 31 | 8 | 2 | 2 | 3 | 3 | 4 | 3 | 4 | 5 | 5 | 6 | 6 | 7 | 8 | 8 | 9 | 9 | 10 | 8 | 9 |
| 30 | 30 | 31 | 10 | 9 | 2 | 3 | 3 | 4 | 4 | 5 | 4 | 5 | 6 | 6 | 7 | 7 | 8 | 9 | 9 | 10 | 10 | 11 | 9 | 10 |
| 31 | 12 | 11 | 2 | 2 | 3 | 4 | 4 | 5 | 5 | 6 | 5 | 6 | 7 | 7 | 8 | 8 | 9 | 10 | 10 | 11 | 11 | 12 | 10 | 11 |
| 日 | 2 | 2 | 3 | 3 | 4 | 5 | 5 | 6 | 6 | 7 | 6 | 7 | 8 | 8 | 9 | 9 | 10 | 11 | 11 | 12 | 12 | 13 | 11 | 12 |
| 曜 | 3 | 3 | 4 | 4 | 5 | 6 | 6 | 7 | 7 | 8 | 7 | 8 | 9 | 9 | 10 | 10 | 11 | 12 | 12 | 13 | 13 | 14 | 12 | 13 |
| 表 | 4 | 4 | 5 | 5 | 6 | 7 | 7 | 8 | 8 | 9 | 8 | 9 | 10 | 10 | 11 | 11 | 12 | 13 | 13 | 14 | 14 | 15 | 13 | 14 |
| 7 | 5 | 5 | 6 | 6 | 7 | 8 | 8 | 9 | 9 | 10 | 9 | 10 | 11 | 11 | 12 | 12 | 13 | 14 | 14 | 15 | 15 | 16 | 14 | 15 |
| 甲 | 6 | 6 | 7 | 7 | 8 | 9 | 9 | 10 | 10 | 11 | 10 | 11 | 12 | 12 | 13 | 13 | 14 | 15 | 15 | 16 | 16 | 17 | 15 | 16 |
| 子 | 7 | 7 | 8 | 8 | 9 | 10 | 10 | 11 | 11 | 12 | 11 | 12 | 13 | 13 | 14 | 14 | 15 | 16 | 16 | 17 | 17 | 18 | 16 | 17 |
| 表 | 8十一 | 8 | 9 | 9 | 10 | 11 | 11 | 12 | 12 | 13 | 12 | 13 | 14 | 14 | 15 | 15 | 16 | 17 | 17 | 18 | 18 | 19 | 17 | 18 |
| 7 | 9 | 9十 | 10九 | 10 | 11 | 12 | 12 | 13 | 13 | 14 | 13 | 14 | 15 | 15 | 16 | 16 | 17 | 18 | 18 | 19 | 19 | 20 | 18 | 19 |
| | 10 9 | 10 | 11 | 11八 | 12七 | 13 | 13 | 14 | 14 | 15 | 14 | 15 | 16 | 16 | 17 | 17 | 18 | 19 | 19 | 20 | 20 | 21 | 19 | 20 |

| 一八三八 戊戌 道光一八 1254 | | | | | | | | | | | | 一八三七 丁酉 道光一七 1253 | | | | | | | | | | | |
|---|---|---|---|---|---|---|---|---|---|---|---|---|---|---|---|---|---|---|---|---|---|---|---|
| 22 | 23 | 23 | 24 | 25 | 25 | 26 | 26 | 2 27 | 1 25 | 26 | 正 27 | 十二 27 | 28 | 28 | 29 | 30 | 30 | 31 | **5** | **4** | 2 | 31 | **1** |
| 23 | 24 | 24 | 25 | 26 | 26 | 27 | 27 | 28 | 26 | 12 27 | 11 28 | 28 | 十一 29 | 十 29 | 30 | 31 | **7** | **6** | 2 | 2 | 3 | **2** | 2 |
| 24 | 25 | 25 | 26 | 27 | 27 | 28 | 28 | 29 | 27 | 28 | 29 | 10 29 | 9 30 | 30 | 九 31 | 八 **8** | 七 2 | 2 | 3 | 3 | 4 | 2 | 3 |
| 25 | 26 | 26 | 27 | 28 | 28 | 29 | 29 | 30 | 28 | 29 | 30 | 30 | 31 | 8 **10** | 7 **9** | 2 | 3 | 六 3 | 五 4 | 4 | 5 | 3 | 4 |
| 26 | 27 | 27 | 28 | 29 | 29 | 30 | 30 | 31 | **3** | 30 | 31 | **12** | **11** | 2 | 2 | 6 3 | 5 4 | 4 | 5 | 四 5 | 三 6 | 4 | 5 |
| 27 | 28 | 28 | 29 | 30 | 30 | 31 | **5** | **4** | 2 | 31 | **1** | 2 | 2 | 3 | 3 | 4 | 5 | 4 5 | 3 6 | 6 | 7 | 二 5 | 正 6 |
| 28 | 29 | 29 | 30 | 31 | **7** | **6** | 2 | 2 | 3 | **2** | 2 | 3 | 3 | 4 | 4 | 5 | 6 | 6 | 7 | 2 7 | 1 8 | 6 | 7 十二 |
| 29 | 30 | 30 | 31 | **8** | 2 | 2 | 3 | 3 | 4 | 2 | 3 | 4 | 4 | 5 | 5 | 6 | 7 | 7 | 8 | 8 | 9 | 12 7 | 11 8 |
| 30 | 31 | **10** | **9** | 2 | 3 | 3 | 4 | 4 | 5 | 3 | 4 | 5 | 5 | 6 | 6 | 7 | 8 | 8 | 9 | 9 | 10 | 8 | 9 10 |
| **12** | **11** | 2 | 2 | 3 | 4 | 4 | 5 | 5 | 6 | 4 | 5 | 6 | 6 | 7 | 7 | 8 | 9 | 9 | 10 | 10 | 11 | 9 | 10 |
| 2 | 2 | 3 | 3 | 4 | 5 | 5 | 6 | 6 | 7 | 5 | 6 | 7 | 7 | 8 | 8 | 9 | 10 | 10 | 11 | 11 | 12 | 10 | 11 |
| 3 | 3 | 4 | 4 | 5 | 6 | 6 | 7 | 7 | 8 | 6 | 7 | 8 | 8 | 9 | 9 | 10 | 11 | 11 | 12 | 12 | 13 | 11 | 12 |
| 4 | 4 | 5 | 5 | 6 | 7 | 7 | 8 | 8 | 9 | 7 | 8 | 9 | 9 | 10 | 10 | 11 | 12 | 12 | 13 | 13 | 14 | 12 | 13 |
| 5 | 5 | 6 | 6 | 7 | 8 | 8 | 9 | 9 | 10 | 8 | 9 | 10 | 10 | 11 | 11 | 12 | 13 | 13 | 14 | 14 | 15 | 13 | 14 |
| 6 | 6 | 7 | 7 | 8 | 9 | 9 | 10 | 10 | 11 | 9 | 10 | 11 | 11 | 12 | 12 | 13 | 14 | 14 | 15 | 15 | 16 | 14 | 15 |
| 7 | 7 | 8 | 8 | 9 | 10 | 10 | 11 | 11 | 12 | 10 | 11 | 12 | 12 | 13 | 13 | 14 | 15 | 15 | 16 | 16 | 17 | 15 | 16 |
| 8 | 8 | 9 | 9 | 10 | 11 | 11 | 12 | 12 | 13 | 11 | 12 | 13 | 13 | 14 | 14 | 15 | 16 | 16 | 17 | 17 | 18 | 16 | 17 |
| 9 | 9 | 10 | 10 | 11 | 12 | 12 | 13 | 13 | 14 | 12 | 13 | 14 | 14 | 15 | 15 | 16 | 17 | 17 | 18 | 18 | 19 | 17 | 18 |
| 10 | 10 | 11 | 11 | 12 | 13 | 13 | 14 | 14 | 15 | 13 | 14 | 15 | 15 | 16 | 16 | 17 | 18 | 18 | 19 | 19 | 20 | 18 | 19 |
| 11 | 11 | 12 | 12 | 13 | 14 | 14 | 15 | 15 | 16 | 14 | 15 | 16 | 16 | 17 | 17 | 18 | 19 | 19 | 20 | 20 | 21 | 19 | 20 |
| 12 | 12 | 13 | 13 | 14 | 15 | 15 | 16 | 16 | 17 | 15 | 16 | 17 | 17 | 18 | 18 | 19 | 20 | 20 | 21 | 21 | 22 | 20 | 21 |
| 13 | 13 | 14 | 14 | 15 | 16 | 16 | 17 | 17 | 18 | 16 | 17 | 18 | 18 | 19 | 19 | 20 | 21 | 21 | 22 | 22 | 23 | 21 | 22 |
| 14 | 14 | 15 | 15 | 16 | 17 | 17 | 18 | 18 | 19 | 17 | 18 | 19 | 19 | 20 | 20 | 21 | 22 | 22 | 23 | 23 | 24 | 22 | 23 |
| 15 | 15 | 16 | 16 | 17 | 18 | 18 | 19 | 19 | 20 | 18 | 19 | 20 | 20 | 21 | 21 | 22 | 23 | 23 | 24 | 24 | 25 | 23 | 24 |
| 16 | 16 | 17 | 17 | 18 | 19 | 19 | 20 | 20 | 21 | 19 | 20 | 21 | 21 | 22 | 22 | 23 | 24 | 24 | 25 | 25 | 26 | 24 | 25 |
| 17 | 十一 17 | 十 18 | 九 18 | 19 | 20 | 20 | 21 | 21 | 22 | 20 | 21 | 22 | 冬 22 | 23 | 23 | 24 | 25 | 25 | 26 | 26 | 27 | 25 | 26 |
| 18 | 10 18 | 9 19 | 19 | 八 20 | 七 21 | 六 21 | 22 | 22 | 23 | 21 | 22 | 23 | 23 | 24 | 24 | 25 | 26 | 26 | 27 | 27 | 28 | 26 | 27 |
| 19 | 19 | 20 | 8 20 | 7 21 | 22 | 22 | 五 23 | 23 | 24 | 22 | 23 | 24 | 24 | 25 | 25 | 26 | 27 | 27 | 28 | 28 | 29 | 27 | 28 |
| 20 | 20 | 21 | 21 | 22 | 6 23 | 5 23 | 24 | 閏 24 | 四 25 | 23 | 24 | 25 | 25 | 26 | 26 | 27 | 28 | 28 | 29 | 29 | 30 | 28 | 29 |
| 21 | 21 | 22 | 22 | 23 | 24 | 24 | 4 25 | 3 25 | 26 | 三 24 | 二 25 | 26 | 26 | 27 | 27 | 28 | 29 | 29 | 30 | 30 | 31 | **3** | 30 |

一八三九 己亥 道光一九

1255

一八四〇 庚子 道光二〇

1256

| | | | | | | | | | | | | | | | | | | | | | | | | |
|---|---|---|---|---|---|---|---|---|---|---|---|---|---|---|---|---|---|---|---|---|---|---|---|---|
| 11 | 11 | 12 | 12 | 13 | 14 | 14 | 15 | 15 | 16 | 15 | 16 | 17 | 17 | 18 | 18 | 19 | 20 | 20 | 21 | 21 | 22 | 20 | 21 | 22 冬 |
| 12 | 12 | 13 | 13 | 14 | 15 | 15 | 16 | 16 | 17 | 16 | 17 | 18 | 18 | 19 | 19 | 20 | 21 | 21 | 22 | 22 | 23 | 21 | 22 | 23 |
| 13 | 13 | 14 | 14 | 15 | 16 | 16 | 17 | 17 | 18 | 17 | 18 | 19 | 19 | 20 | 20 | 21 | 22 | 22 | 23 | 23 | 24 | 22 | 23 | 24 |
| 14 | 14 | 15 | 15 | 16 | 17 | 17 | 18 | 18 | 19 | 18 | 19 | 20 | 20 | 21 | 21 | 22 | 23 | 23 | 24 | 24 | 25 | 23 | 24 | 25 |
| 15 | 15 | 16 | 16 | 17 | 18 | 18 | 19 | 19 | 20 | 19 | 20 | 21 | 21 | 22 | 22 | 23 | 24 | 24 | 25 | 25 | 26 | 24 | 25 | 26 |
| 16 | 16 | 17 | 17 | 18 | 19 | 19 | 20 | 20 | 21 | 20 | 21 | 22 冬 | 22 | 23 | 23 | 24 | 25 | 25 | 26 | 26 | 27 | 25 | 26 | 27 |
| 17 | 17 | 18 | 18 | 19 | 20 | 20 | 21 | 21 | 22 | 21 | 22 | 23 | 23 | 24 | 24 | 25 | 26 | 26 | 27 | 27 | 28 | 26 | 27 | 28 |
| 18 | 18 | 19 | 19 | 20 | 21 | 21 | 22 | 22 | 23 | 22 | 23 | 24 | 24 | 25 | 25 | 26 | 27 | 27 | 28 | 28 | 29 | 27 | 28 | 29 |
| 19 | 19 | 20 | 20 | 21 | 22 | 22 | 23 | 23 | 24 | 23 | 24 | 25 | 25 | 26 | 26 | 27 | 28 | 28 | 29 | 29 | 30 | 28 | 29 | 30 |
| 20 | 20 | 21 | 21 | 22 | 23 | 23 | 24 | 24 | 25 | 24 | 25 | 26 | 26 | 27 | 27 | 28 | 29 | 29 | 30 | 30 | 31 | 3 | 30 | 31 |
| 21 | 21 | 22 | 22 | 23 | 24 | 24 | 25 | 25 | 26 | 25 | 26 | 27 | 27 | 28 | 28 | 29 | 30 | 30 | 31 | 5 | 4 | 2 | 31 | 1 |
| 22 冬 | 22 | 23 | 23 | 24 | 25 | 25 | 26 | 26 | 27 | 26 | 27 | 28 | 28 | 29 | 29 | 30 | 31 | 7 | 6 | 2 | 2 | 3 | 2 | 2 |
| 23 | 23 | 24 | 24 | 25 | 26 | 26 | 27 | 27 | 28 | 27 | 28 | 29 | 29 | 30 | 30 | 31 | 8 | 2 | 2 | 3 | 3 | 4 | 2 | 3 |
| 24 十二 | 24 十一 | 25 十 | 25 | 26 | 27 | 27 | 28 | 28 | 29 | 28 | 29 | 30 | 30 | 31 | 10 | 9 | 2 | 3 | 3 | 4 | 4 | 5 | 3 | 4 |
| 25 11 | 25 | 26 | 26 九 | 27 八 | 28 | 28 | 29 | 29 | 30 | 29 | 30 | 31 | 12 | 11 | 2 | 2 | 3 | 4 | 4 | 5 | 5 | 6 | 4 | 5 |
| 26 | 26 10 | 27 9 | 27 | 28 | 29 七 | 29 六 | 30 | 30 | 31 | 3 | 31 | 1 | 2 | 2 | 3 | 3 | 4 | 5 | 5 | 6 | 6 | 7 | 5 | 6 |
| 27 | 27 | 28 | 28 8 | 29 7 | 30 | 30 | 31 五 | 5 | 4 | 2 | 2 | 2 | 3 | 3 | 4 | 4 | 5 | 6 | 6 | 7 | 7 | 8 | 6 | 7 |
| 28 | 28 | 29 | 29 | 30 | 31 6 | 7 5 | 6 | 2 四 | 2 三 | 3 | 2 | 3 | 4 | 4 | 5 | 5 | 6 | 7 | 7 | 8 | 8 | 9 | 7 | 8 |
| 29 | 29 | 30 | 30 | 31 | 8 | 2 | 2 4 | 3 3 | 3 | 4 二 | 3 正 | 4 | 5 | 5 | 6 | 6 | 7 | 8 | 8 | 9 | 9 | 10 | 8 | 9 |
| 30 | 30 | 31 | 10 | 9 | 2 | 3 | 3 | 4 | 4 2 | 5 1 | 4 | 5 十二 | 6 十一 | 6 十 | 7 九 | 7 | 8 | 9 | 9 | 10 | 10 | 11 | 9 | 10 |
| 31 | 12 | 11 | 2 | 2 | 3 | 4 | 4 | 5 | 5 | 6 | 5 12 | 6 11 | 7 | 7 | 8 | 8 八 | 9 七 | 10 | 10 | 11 | 11 | 12 | 10 | 11 |
| 日 | 2 | 2 | 3 | 3 | 4 | 5 | 5 | 6 | 6 | 7 | 6 | 7 | 8 10 | 8 9 | 9 | 9 | 10 | 11 六 | 11 五 | 12 | 12 | 13 | 11 | 12 |
| 曜 | 3 | 3 | 4 | 4 | 5 | 6 | 6 | 7 | 7 | 8 | 7 | 8 | 9 | 9 | 10 8 | 10 7 | 11 | 12 | 12 | 13 四 | 13 | 14 | 12 | 13 |
| 表 | 4 | 4 | 5 | 5 | 6 | 7 | 7 | 8 | 8 | 9 | 8 | 9 | 10 | 10 | 11 | 11 | 12 6 | 13 5 | 13 | 14 | 14 三 | 15 二 | 13 | 14 |
| 1 | 5 | 5 | 6 | 6 | 7 | 8 | 8 | 9 | 9 | 10 | 9 | 10 | 11 | 11 | 12 | 12 | 13 | 14 | 14 4 | 15 3 | 15 | 16 | 14 正 | 15 十二 |
| 甲 | 6 | 6 | 7 | 7 | 8 | 9 | 9 | 10 | 10 | 11 | 10 | 11 | 12 | 12 | 13 | 13 | 14 | 15 | 15 | 16 | 16 2 | 17 1 | 15 12 | 16 11 |
| 子 | 7 | 7 | 8 | 8 | 9 | 10 | 10 | 11 | 11 | 12 | 11 | 12 | 13 | 13 | 14 | 14 | 15 | 16 | 16 | 17 | 17 | 18 | 16 | 17 |
| 表 | 8 | 8 | 9 | 9 | 10 | 11 | 11 | 12 | 12 | 13 | 12 | 13 | 14 | 14 | 15 | 15 | 16 | 17 | 17 | 18 | 18 | 19 | 17 | 18 |
| 8 | 9 | 9 | 10 | 10 | 11 | 12 | 12 | 13 | 13 | 14 | 13 | 14 | 15 | 15 | 16 | 16 | 17 | 18 | 18 | 19 | 19 | 20 | 18 | 19 |
| | 10 | 10 | 11 | 11 | 12 | 13 | 13 | 14 | 14 | 15 | 14 | 15 | 16 | 16 | 17 | 17 | 18 | 19 | 19 | 20 | 20 | 21 | 19 | 20 |

一八四二 壬寅 道光二二 1258

一八四一 辛丑 道光二一 1257

| | | | | | | | | | | | | | | | | | | | | | | | |
|---|---|---|---|---|---|---|---|---|---|---|---|---|---|---|---|---|---|---|---|---|---|---|---|
| 22 | 23 | 23 | 24 | 25 | 25 | 26 | 26 | 27 | 25 | 26 | 27 | 27 | 28 | 28 | 29 | 30 | 30 | 31 | **5** | **4** | 2 | 31 | **1** |
| 23 | 24 | 24 | 25 | 26 | 26 | 27 | 27 | 28 | 26 | 27 | 28 | 28 | 29 | 29 | 30 | 31 | **7** | **6** | 2 | 2 | 3 | **2** | 2 |
| 24 | 25 | 25 | 26 | 27 | 27 | 28 | 28 | 29 | 27 | 28 | 29 | 29 | 30 | 30 | 31 | **8** | 2 | 2 | 3 | 3 | 4 | 2 | 3 |
| 25 | 26 | 26 | 27 | 28 | 28 | 29 | 29 | 30 | 28 | 29 | 30 | 30 | 31 | **10** | **9** | 2 | 3 | 3 | 4 | 4 | 5 | 3 | 4 |
| 26 | 27 | 27 | 28 | 29 | 29 | 30 | 30 | 31 | **3** | 30 | 31 | **12** | **11** | 2 | 2 | 3 | 4 | 4 | 5 | 5 | 6 | 4 | 5 |
| 27 | 28 | 28 | 29 | 30 | 30 | 31 | **5** | **4** | 2 | 31 | **1** | 2 | 2 | 3 | 3 | 4 | 5 | 5 | 6 | 6 | 7 | 5 | 6 |
| 28 | 29 | 29 | 30 | 31 | **7** | **6** | 2 | 2 | 3 | **2** | 2 | 3 | 3 | 4 | 4 | 5 | 6 | 6 | 7 | 7 | 8 | 6 | 7 |
| 29 | 30 | 30 | 31 | **8** | 2 | 2 | 3 | 3 | 4 | 2 | 3 | 4 | 4 | 5 | 5 | 6 | 7 | 7 | 8 | 8 | 9 | 7 | 8 |
| 30 | 31 | **10** | **9** | 2 | 3 | 3 | 4 | 4 | 5 | 3 | 4 | 5 | 5 | 6 | 6 | 7 | 8 | 8 | 9 | 9 | 10 | 8 | 9 |
| **12** | **11** | 2 | 2 | 3 | 4 | 4 | 5 | 5 | 6 | 4 | 5 | 6 | 6 | 7 | 7 | 8 | 9 | 9 | 10 | 10 | 11 | 9 | 10 |
| 2 十一 | 2 | 3 | 3 | 4 | 5 | 5 | 6 | 6 | 7 | 5 | 6 | 7 | 7 | 8 | 8 | 9 | 10 | 10 | 11 | 11 | 12 | 10 | 11 |
| 3 | 3 十 | 4 九 | 4 | 5 | 6 | 6 | 7 | 7 | 8 | 6 | 7 | 8 | 8 | 9 | 9 | 10 | 11 | 11 | 12 | 12 | 13 | 11 | 12 |
| 4 11 | 4 | 5 | 5 八 | 6 七 | 7 | 7 | 8 | 8 | 9 | 7 | 8 | 9 | 9 | 10 | 10 | 11 | 12 | 12 | 13 | 13 | 14 | 12 | 13 |
| 5 | 5 10 | 6 9 | 6 | 7 | 8 六 | 8 | 9 | 9 | 10 | 8 | 9 | 10 | 10 | 11 | 11 | 12 | 13 | 13 | 14 | 14 | 15 | 13 | 14 |
| 6 | 6 | 7 | 7 8 | 8 7 | 9 | 9 五 | 10 四 | 10 | 11 | 9 | 10 | 11 | 11 | 12 | 12 | 13 | 14 | 14 | 15 | 15 | 16 | 14 | 15 |
| 7 | 7 | 8 | 8 | 9 | 10 6 | 10 5 | 11 | 11 三 | 12 二 | 10 正 | 11 十二 | 12 | 12 | 13 | 13 | 14 | 15 | 15 | 16 | 16 | 17 | 15 | 16 |
| 8 | 8 | 9 | 9 | 10 | 11 | 11 | 12 4 | 12 3 | 13 | 11 | 12 | 13 十一 | 13 十 | 14 | 14 | 15 | 16 | 16 | 17 | 17 | 18 | 16 | 17 |
| 9 | 9 | 10 | 10 | 11 | 12 | 12 | 13 | 13 | 14 2 | 12 1 | 13 | 14 | 14 | 15 九 | 15 八 | 16 | 17 | 17 | 18 | 18 | 19 | 17 | 18 |
| 10 | 10 | 11 | 11 | 12 | 13 | 13 | 14 | 14 | 15 | 13 | 14 12 | 15 11 | 15 | 16 | 16 | 17 七 | 18 六 | 18 | 19 | 19 | 20 | 18 | 19 |
| 11 | 11 | 12 | 12 | 13 | 14 | 14 | 15 | 15 | 16 | 14 | 15 | 16 | 16 10 | 17 9 | 17 | 18 | 19 | 19 五 | 20 | 20 | 21 | 19 | 20 |
| 12 | 12 | 13 | 13 | 14 | 15 | 15 | 16 | 16 | 17 | 15 | 16 | 17 | 17 | 18 | 18 8 | 19 7 | 20 | 20 | 21 四 | 21 閏 | 22 | 20 | 21 |
| 13 | 13 | 14 | 14 | 15 | 16 | 16 | 17 | 17 | 18 | 16 | 17 | 18 | 18 | 19 | 19 | 20 | 21 6 | 21 5 | 22 | 22 | 23 三 | 21 二 | 22 |
| 14 | 14 | 15 | 15 | 16 | 17 | 17 | 18 | 18 | 19 | 17 | 18 | 19 | 19 | 20 | 20 | 21 | 22 | 22 | 23 4 | 23 3 | 24 | 22 | 23 正 |
| 15 | 15 | 16 | 16 | 17 | 18 | 18 | 19 | 19 | 20 | 18 | 19 | 20 | 20 | 21 | 21 | 22 | 23 | 23 | 24 | 24 | 25 2 | 23 1 | 24 12 |
| 16 | 16 | 17 | 17 | 18 | 19 | 19 | 20 | 20 | 21 | 19 | 20 | 21 | 21 | 22 | 22 | 23 | 24 | 24 | 25 | 25 | 26 | 24 | 25 |
| 17 | 17 | 18 | 18 | 19 | 20 | 20 | 21 | 21 | 22 | 20 | 21 | 22 冬 | 22 | 23 | 23 | 24 | 25 | 25 | 26 | 26 | 27 | 25 | 26 |
| 18 | 18 | 19 | 19 | 20 | 21 | 21 | 22 | 22 | 23 | 21 | 22 | 23 | 23 | 24 | 24 | 25 | 26 | 26 | 27 | 27 | 28 | 26 | 27 |
| 19 | 19 | 20 | 20 | 21 | 22 | 22 | 23 | 23 | 24 | 22 | 23 | 24 | 24 | 25 | 25 | 26 | 27 | 27 | 28 | 28 | 29 | 27 | 28 |
| 20 | 20 | 21 | 21 | 22 | 23 | 23 | 24 | 24 | 25 | 23 | 24 | 25 | 25 | 26 | 26 | 27 | 28 | 28 | 29 | 29 | 30 | 28 | 29 |
| 21 | 21 | 22 | 22 | 23 | 24 | 24 | 25 | 25 | 26 | 24 | 25 | 26 | 26 | 27 | 27 | 28 | 29 | 29 | 30 | 30 | 31 | **3** | 30 |

一八四四 甲辰 道光二四 1260

一八四三 癸卯 道光二三 1259

| | | | | | | | | | | | | | | | | | | | | | | | | |
|---|---|---|---|---|---|---|---|---|---|---|---|---|---|---|---|---|---|---|---|---|---|---|---|---|
| 11 | 11 | 12九 | 12八 | 13 | 14 | 14 | 15 | 15 | 16 | 15 | 16 | 17 | 17 | 18 | 18 | 19 | 20 | 20 | 21 | 21 | 22 | 20 | 21 | 22冬 |
| 12 12 | 12 11 | 13 | 13 | 14七 | 15六 | 15 | 16 | 16 | 17 | 16 | 17 | 18 | 18 | 19 | 19 | 20 | 21 | 21 | 22 | 22 | 23 | 21 | 22 | 23 |
| 13 | 13 | 14 10 | 14 9 | 15 | 16 | 16五 | 17四 | 17 | 18 | 17 | 18 | 19 | 19 | 20 | 20 | 21 | 22 | 22 | 23 | 23 | 24 | 22 | 23 | 24 |
| 14 | 14 | 15 | 15 | 16 8 | 17 7 | 17 | 18 | 18三 | 19二 | 18正 | 19 | 20 | 20 | 21 | 21 | 22 | 23 | 23 | 24 | 24 | 25 | 23 | 24 | 25 |
| 15 | 15 | 16 | 16 | 17 | 18 | 18 6 | 19 5 | 19 | 20 | 19 | 20十二 | 21十一 | 21 | 22 | 22 | 23 | 24 | 24 | 25 | 25 | 26 | 24 | 25 | 26 |
| 16 | 16 | 17 | 17 | 18 | 19 | 19 | 20 | 20 4 | 21 3 | 20 | 21 | 22冬 | 22十 | 23九 | 23 | 24 | 25 | 25 | 26 | 26 | 27 | 25 | 26 | 27 |
| 17 | 17 | 18 | 18 | 19 | 20 | 20 | 21 | 21 | 22 | 21 2 | 22 1 | 23 12 | 23 11 | 24 | 24八 | 25閏 | 26 | 26 | 27 | 27 | 28 | 26 | 27 | 28 |
| 18 | 18 | 19 | 19 | 20 | 21 | 21 | 22 | 22 | 23 | 22 | 23 | 24 | 24 | 25 10 | 25 9 | 26 | 27七 | 27 | 28 | 28 | 29 | 27 | 28 | 29 |
| 19 | 19 | 20 | 20 | 21 | 22 | 22 | 23 | 23 | 24 | 23 | 24 | 25 | 25 | 26 | 26 | 27 8 | 28 7 | 28六 | 29五 | 29 | 30 | 28 | 29 | 30 |
| 20 | 20 | 21 | 21 | 22 | 23 | 23 | 24 | 24 | 25 | 24 | 25 | 26 | 26 | 27 | 27 | 28 | 29 | 29 6 | 30 5 | 30四 | 31三 | 3二 | 30正 | 31 |
| 21 | 21 | 22 | 22 | 23 | 24 | 24 | 25 | 25 | 26 | 25 | 26 | 27 | 27 | 28 | 28 | 29 | 30 | 30 | 31 | 5 4 | 4 3 | 2 | 31 | 1十二 |
| 22冬 | 22 | 23 | 23 | 24 | 25 | 25 | 26 | 26 | 27 | 26 | 27 | 28 | 28 | 29 | 29 | 30 | 31 | 7 | 6 | 2 | 2 | 3 2 | 2 1 | 2 |
| 23 | 23 | 24 | 24 | 25 | 26 | 26 | 27 | 27 | 28 | 27 | 28 | 29 | 29 | 30 | 30 | 31 | 8 | 2 | 2 | 3 | 3 | 4 | 2 | 3 12 |
| 24 | 24 | 25 | 25 | 26 | 27 | 27 | 28 | 28 | 29 | 28 | 29 | 30 | 30 | 31 | 10 | 9 | 2 | 3 | 3 | 4 | 4 | 5 | 3 | 4 |
| 25 | 25 | 26 | 26 | 27 | 28 | 28 | 29 | 29 | 30 | 29 | 30 | 31 | 12 | 11 | 2 | 2 | 3 | 4 | 4 | 5 | 5 | 6 | 4 | 5 |
| 26 | 26 | 27 | 27 | 28 | 29 | 29 | 30 | 30 | 31 | 3 | 31 | 1 | 2 | 2 | 3 | 3 | 4 | 5 | 5 | 6 | 6 | 7 | 5 | 6 |
| 27 | 27 | 28 | 28 | 29 | 30 | 30 | 31 | 5 | 4 | 2 | 2 | 2 | 3 | 3 | 4 | 4 | 5 | 6 | 6 | 7 | 7 | 8 | 6 | 7 |
| 28 | 28 | 29 | 29 | 30 | 31 | 7 | 6 | 2 | 2 | 3 | 2 | 3 | 4 | 4 | 5 | 5 | 6 | 7 | 7 | 8 | 8 | 9 | 7 | 8 |
| 29 | 29 | 30 | 30 | 31 | 8 | 2 | 2 | 3 | 3 | 4 | 3 | 4 | 5 | 5 | 6 | 6 | 7 | 8 | 8 | 9 | 9 | 10 | 8 | 9 |
| 30 | 30 | 31 | 10 | 9 | 2 | 3 | 3 | 4 | 4 | 5 | 4 | 5 | 6 | 6 | 7 | 7 | 8 | 9 | 9 | 10 | 10 | 11 | 9 | 10 |
| 31 | 12 | 11 | 2 | 2 | 3 | 4 | 4 | 5 | 5 | 6 | 5 | 6 | 7 | 7 | 8 | 8 | 9 | 10 | 10 | 11 | 11 | 12 | 10 | 11 |
| 日 | 2 | 2 | 3 | 3 | 4 | 5 | 5 | 6 | 6 | 7 | 6 | 7 | 8 | 8 | 9 | 9 | 10 | 11 | 11 | 12 | 12 | 13 | 11 | 12 |
| 曜 | 3 | 3 | 4 | 4 | 5 | 6 | 6 | 7 | 7 | 8 | 7 | 8 | 9 | 9 | 10 | 10 | 11 | 12 | 12 | 13 | 13 | 14 | 12 | 13 |
| 表 | 4 | 4 | 5 | 5 | 6 | 7 | 7 | 8 | 8 | 9 | 8 | 9 | 10 | 10 | 11 | 11 | 12 | 13 | 13 | 14 | 14 | 15 | 13 | 14 |
| 2 | 5 | 5 | 6 | 6 | 7 | 8 | 8 | 9 | 9 | 10 | 9 | 10 | 11 | 11 | 12 | 12 | 13 | 14 | 14 | 15 | 15 | 16 | 14 | 15 |
| 甲 | 6 | 6 | 7 | 7 | 8 | 9 | 9 | 10 | 10 | 11 | 10 | 11 | 12 | 12 | 13 | 13 | 14 | 15 | 15 | 16 | 16 | 17 | 15 | 16 |
| 子 | 7 | 7 | 8 | 8 | 9 | 10 | 10 | 11 | 11 | 12 | 11 | 12 | 13 | 13 | 14 | 14 | 15 | 16 | 16 | 17 | 17 | 18 | 16 | 17 |
| 表 | 8 | 8 | 9 | 9 | 10 | 11 | 11 | 12 | 12 | 13 | 12 | 13 | 14 | 14 | 15 | 15 | 16 | 17 | 17 | 18 | 18 | 19 | 17 | 18 |
| 9 | 9 | 9 | 10 | 10 | 11 | 12 | 12 | 13 | 13 | 14 | 13 | 14 | 15 | 15 | 16 | 16 | 17 | 18 | 18 | 19 | 19 | 20 | 18 | 19 |
| | 10十一 | 10十 | 11 | 11 | 12 | 13 | 13 | 14 | 14 | 15 | 14 | 15 | 16 | 16 | 17 | 17 | 18 | 19 | 19 | 20 | 20 | 21 | 19 | 20 |

| 1263 | | | | | | | | | | 一八四六 丙午 道光二六 1262 | | 一八四五 乙巳 道光二五 | | | | | | | | | | | 1261 |
|---|---|---|---|---|---|---|---|---|---|---|---|---|---|---|---|---|---|---|---|---|---|---|---|
| 22 | 23 | 23 | 24 | 25 8 | 25 7 | 26 | 26 四 | 27 三 | 25 | 26 | 27 | 27 | 28 | 28 | 29 | 30 | 30 | 31 | **5** | **4** | 2 | 31 | **1** |
| 23 | 24 | 24 | 25 | 26 | 26 | 27 6 | 27 5 | 28 | 26 二 | 27 正 | 28 | 28 | 29 | 29 | 30 | 31 | **7** | **6** | 2 | 2 | 3 | **2** | 2 |
| 24 | 25 | 25 | 26 | 27 | 27 | 28 | 28 | 29 4 | 27 3 | 28 | 29 十二 | 29 十一 | 30 | 30 | 31 | **8** | 2 | 2 | 3 | 3 | 4 | 2 | 3 |
| 25 | 26 | 26 | 27 | 28 | 28 | 29 | 29 | 30 | 28 | 29 2 | 30 1 | 30 | 31 十 | **10** 九 | **9** | 2 | 3 | 3 | 4 | 4 | 5 | 3 | 4 |
| 26 | 27 | 27 | 28 | 29 | 29 | 30 | 30 | 31 | **3** | 30 | 31 | **12** 12 | **11** 11 | 2 | 2 八 | 3 七 | 4 | 4 | 5 | 5 | 6 | **4** | 5 |
| 27 | 28 | 28 | 29 | 30 | 30 | 31 | **5** | **4** | 2 | 31 | **1** | 2 | 2 | 3 10 | 3 9 | 4 | 5 六 | 5 五 | 6 四 | 6 | 7 | 5 | 6 |
| 28 | 29 | 29 | 30 | 31 | **7** | **6** | 2 | 2 | 3 | **2** | 2 | 3 | 3 | 4 | 4 | 5 8 | 6 7 | 6 | 7 | 7 三 | 8 二 | 6 | 7 |
| 29 | 30 | 30 | 31 | **8** | 2 | 2 | 3 | 3 | 4 | 2 | 3 | 4 | 4 | 5 | 5 | 6 | 7 | 7 6 | 8 5 | 8 | 9 | 7 正 | 8 十二 |
| 30 | 31 | **10** | **9** | 2 | 3 | 3 | 4 | 4 | 5 | 3 | 4 | 5 | 5 | 6 | 6 | 7 | 8 | 8 | 9 | 9 4 | 10 3 | 8 | 9 |
| **12** | **11** | 2 | 2 | 3 | 4 | 4 | 5 | 5 | 6 | 4 | 5 | 6 | 6 | 7 | 7 | 8 | 9 | 9 | 10 | 10 | 11 | 9 2 | 10 1 |
| 2 | 2 | 3 | 3 | 4 | 5 | 5 | 6 | 6 | 7 | 5 | 6 | 7 | 7 | 8 | 8 | 9 | 10 | 10 | 11 | 11 | 12 | 10 | 11 |
| 3 | 3 | 4 | 4 | 5 | 6 | 6 | 7 | 7 | 8 | 6 | 7 | 8 | 8 | 9 | 9 | 10 | 11 | 11 | 12 | 12 | 13 | 11 | 12 |
| 4 | 4 | 5 | 5 | 6 | 7 | 7 | 8 | 8 | 9 | 7 | 8 | 9 | 9 | 10 | 10 | 11 | 12 | 12 | 13 | 13 | 14 | 12 | 13 |
| 5 | 5 | 6 | 6 | 7 | 8 | 8 | 9 | 9 | 10 | 8 | 9 | 10 | 10 | 11 | 11 | 12 | 13 | 13 | 14 | 14 | 15 | 13 | 14 |
| 6 | 6 | 7 | 7 | 8 | 9 | 9 | 10 | 10 | 11 | 9 | 10 | 11 | 11 | 12 | 12 | 13 | 14 | 14 | 15 | 15 | 16 | 14 | 15 |
| 7 | 7 | 8 | 8 | 9 | 10 | 10 | 11 | 11 | 12 | 10 | 11 | 12 | 12 | 13 | 13 | 14 | 15 | 15 | 16 | 16 | 17 | 15 | 16 |
| 8 | 8 | 9 | 9 | 10 | 11 | 11 | 12 | 12 | 13 | 11 | 12 | 13 | 13 | 14 | 14 | 15 | 16 | 16 | 17 | 17 | 18 | 16 | 17 |
| 9 | 9 | 10 | 10 | 11 | 12 | 12 | 13 | 13 | 14 | 12 | 13 | 14 | 14 | 15 | 15 | 16 | 17 | 17 | 18 | 18 | 19 | 17 | 18 |
| 10 | 10 | 11 | 11 | 12 | 13 | 13 | 14 | 14 | 15 | 13 | 14 | 15 | 15 | 16 | 16 | 17 | 18 | 18 | 19 | 19 | 20 | 18 | 19 |
| 11 | 11 | 12 | 12 | 13 | 14 | 14 | 15 | 15 | 16 | 14 | 15 | 16 | 16 | 17 | 17 | 18 | 19 | 19 | 20 | 20 | 21 | 19 | 20 |
| 12 | 12 | 13 | 13 | 14 | 15 | 15 | 16 | 16 | 17 | 15 | 16 | 17 | 17 | 18 | 18 | 19 | 20 | 20 | 21 | 21 | 22 | 20 | 21 |
| 13 | 13 | 14 | 14 | 15 | 16 | 16 | 17 | 17 | 18 | 16 | 17 | 18 | 18 | 19 | 19 | 20 | 21 | 21 | 22 | 22 | 23 | 21 | 22 |
| 14 | 14 | 15 | 15 | 16 | 17 | 17 | 18 | 18 | 19 | 17 | 18 | 19 | 19 | 20 | 20 | 21 | 22 | 22 | 23 | 23 | 24 | 22 | 23 |
| 15 | 15 | 16 | 16 | 17 | 18 | 18 | 19 | 19 | 20 | 18 | 19 | 20 | 20 | 21 | 21 | 22 | 23 | 23 | 24 | 24 | 25 | 23 | 24 |
| 16 | 16 | 17 | 17 | 18 | 19 | 19 | 20 | 20 | 21 | 19 | 20 | 21 | 21 | 22 | 22 | 23 | 24 | 24 | 25 | 25 | 26 | 24 | 25 |
| 17 | 17 | 18 | 18 | 19 | 20 | 20 | 21 | 21 | 22 | 20 | 21 | 22 冬 | 22 | 23 | 23 | 24 | 25 | 25 | 26 | 26 | 27 | 25 | 26 |
| 18 十一 | 18 | 19 | 19 | 20 | 21 | 21 | 22 | 22 | 23 | 21 | 22 | 23 | 23 | 24 | 24 | 25 | 26 | 26 | 27 | 27 | 28 | 26 | 27 |
| 19 | 19 十 | 20 九 | 20 八 | 21 | 22 | 22 | 23 | 23 | 24 | 22 | 23 | 24 | 24 | 25 | 25 | 26 | 27 | 27 | 28 | 28 | 29 | 27 | 28 |
| 20 1 | 20 12 | 21 11 | 21 | 22 七 | 23 六 | 23 | 24 | 24 | 25 | 23 | 24 | 25 | 25 | 26 | 26 | 27 | 28 | 28 | 29 | 29 | 30 | 28 | 29 |
| 21 | 21 | 22 | 22 10 | 23 9 | 24 | 24 閏 | 25 五 | 25 | 26 | 24 | 25 | 26 | 26 | 27 | 27 | 28 | 29 | 29 | 30 | 30 | 31 | **3** | 30 |

一二

勵耘書屋

一八四八 戊申 道光二八

1265

一八四七 丁未 道光二七

1264

| | | | | | | | | | | | | | | | | | | | | | | | | |
|---|---|---|---|---|---|---|---|---|---|---|---|---|---|---|---|---|---|---|---|---|---|---|---|---|
| 11 | 11 | 12 | 12 | 13 | 14 | 14 | 15 | 15 | 16 | 15 | 16 | 17 | 17 | 18 | 18 | 19 | 20 | 20 | 21 | 21 | 22 | 20 | 21 | 22冬 |
| 12 | 12 | 13 | 13 | 14 | 15 | 15 | 16 | 16 | 17 | 16 | 17 | 18 | 18 | 19 | 19 | 20 | 21 | 21 | 22 | 22 | 23 | 21 | 22 | 23 |
| 13 | 13 | 14 | 14 | 15 | 16 | 16 | 17 | 17 | 18 | 17 | 18 | 19 | 19 | 20 | 20 | 21 | 22 | 22 | 23 | 23 | 24 | 22 | 23 | 24 |
| 14 | 14 | 15 | 15 | 16 | 17 | 17 | 18 | 18 | 19 | 18 | 19 | 20 | 20 | 21 | 21 | 22 | 23 | 23 | 24 | 24 | 25 | 23 | 24 | 25 |
| 15 | 15 | 16 | 16 | 17 | 18 | 18 | 19 | 19 | 20 | 19 | 20 | 21 | 21 | 22 | 22 | 23 | 24 | 24 | 25 | 25 | 26 | 24 | 25 | 26 |
| 16 | 16 | 17 | 17 | 18 | 19 | 19 | 20 | 20 | 21 | 20 | 21 | 22冬 | 22 | 23 | 23 | 24 | 25 | 25 | 26 | 26 | 27 | 25 | 26 | 27 |
| 17 | 17 | 18 | 18 | 19 | 20 | 20 | 21 | 21 | 22 | 21 | 22 | 23 | 23 | 24 | 24 | 25 | 26 | 26 | 27 | 27 | 28 | 26 | 27 | 28 |
| 18 | 18 | 19 | 19 | 20 | 21 | 21 | 22 | 22 | 23 | 22 | 23 | 24 | 24 | 25 | 25 | 26 | 27 | 27 | 28 | 28 | 29 | 27 | 28 | 29 |
| 19 | 19 | 20 | 20 | 21 | 22 | 22 | 23 | 23 | 24 | 23 | 24 | 25 | 25 | 26 | 26 | 27 | 28 | 28 | 29 | 29 | 30 | 28 | 29 | 30 |
| 20 | 20 | 21 | 21 | 22 | 23 | 23 | 24 | 24 | 25 | 24 | 25 | 26 | 26 | 27 | 27 | 28 | 29 | 29 | 30 | 30 | 31 | **3** | 30 | 31 |
| 21 | 21 | 22 | 22 | 23 | 24 | 24 | 25 | 25 | 26 | 25 | 26 | 27 | 27 | 28 | 28 | 29 | 30 | 30 | 31 | **5** | **4** | 2 | 31 | **1** |
| 22冬 | 22 | 23 | 23 | 24 | 25 | 25 | 26 | 26 | 27 | 26 | 27 | 28 | 28 | 29 | 29 | 30 | 31 | **7** | **6** | 2 | 2 | 3 | **2** | 2 |
| 23 | 23 | 24 | 24 | 25 | 26 | 26 | 27 | 27 | 28 | 27 | 28 | 29 | 29 | 30 | 30 | 31 | **8** | 2 | 2 | 3 | 3 | 4 | 2 | 3 |
| 24 | 24 | 25 | 25 | 26 | 27 | 27 | 28 | 28 | 29 | 28 | 29 | 30 | 30 | 31 | **10** | **9** | 2 | 3 | 3 | 4 | 4 | 5 | 3 | 4 |
| 25 | 25 | 26 | 26 | 27 | 28 | 28 | 29 | 29 | 30 | 29 | 30 | 31 | **12** | **11** | 2 | 2 | 3 | 4 | 4 | 5 | 5 | 6 | 4 | 5 |
| 26十二 | 26十一 | 27十 | 27九 | 28 | 29 | 29 | 30 | 30 | 31 | **3** | 31 | **1** | 2 | 2 | 3 | 3 | 4 | 5 | 5 | 6 | 6 | 7 | 5 | 6 |
| 27 2 | 27 1 | 28 | 28 | 29八 | 30七 | 30 | 31 | **5** | **4** | 2 | **2** | 2 | 3 | 3 | 4 | 4 | 5 | 6 | 6 | 7 | 7 | 8 | 6 | 7 |
| 28 | 28 | 29 12 | 29 11 | 30 | 31 | **7**六 | **6**五 | 2 | 2 | 3 | 2 | 3 | 4 | 4 | 5 | 5 | 6 | 7 | 7 | 8 | 8 | 9 | 7 | 8 |
| 29 | 29 | 30 | 30 | 31 10 | **8** 9 | 2 | 2 | 3四 | 3 | 4 | 3 | 4 | 5 | 5 | 6 | 6 | 7 | 8 | 8 | 9 | 9 | 10 | 8 | 9 |
| 30 | 30 | 31 | **10** | **9** | 2 | 3 8 | 3 7 | 4 | 4三 | 5二 | 4 | 5 | 6 | 6 | 7 | 7 | 8 | 9 | 9 | 10 | 10 | 11 | 9 | 10 |
| 31 | **12** | **11** | 2 | 2 | 3 | 4 | 4 | 5 6 | 5 5 | 6 | 5正 | 6十二 | 7 | 7 | 8 | 8 | 9 | 10 | 10 | 11 | 11 | 12 | 10 | 11 |
| 日 | 2 | 2 | 3 | 3 | 4 | 5 | 5 | 6 | 6 | 7 4 | 6 3 | 7 | 8十一 | 8十 | 9九 | 9八 | 10 | 11 | 11 | 12 | 12 | 13 | 11 | 12 |
| 曜 | 3 | 3 | 4 | 4 | 5 | 6 | 6 | 7 | 7 | 8 | 7 | 8 2 | 9 1 | 9 | 10 | 10 | 11七 | 12六 | 12 | 13 | 13 | 14 | 12 | 13 |
| 表 | 4 | 4 | 5 | 5 | 6 | 7 | 7 | 8 | 8 | 9 | 8 | 9 | 10 | 10 12 | 11 11 | 11 | 12 | 13 | 13五 | 14四 | 14 | 15 | 13 | 14 |
| 3 | 5 | 5 | 6 | 6 | 7 | 8 | 8 | 9 | 9 | 10 | 9 | 10 | 11 | 11 | 12 | 12 10 | 13 9 | 14 | 14 | 15 | 15三 | 16 | 14 | 15 |
| 甲 | 6 | 6 | 7 | 7 | 8 | 9 | 9 | 10 | 10 | 11 | 10 | 11 | 12 | 12 | 13 | 13 | 14 | 15 8 | 15 7 | 16 | 16 | 17二 | 15正 | 16 |
| 子 | 7 | 7 | 8 | 8 | 9 | 10 | 10 | 11 | 11 | 12 | 11 | 12 | 13 | 13 | 14 | 14 | 15 | 16 | 16 | 17 6 | 17 5 | 18 | 16 | 17十二 |
| 表 | 8 | 8 | 9 | 9 | 10 | 11 | 11 | 12 | 12 | 13 | 12 | 13 | 14 | 14 | 15 | 15 | 16 | 17 | 17 | 18 | 18 | 19 4 | 17 3 | 18 |
| 10 | 9 | 9 | 10 | 10 | 11 | 12 | 12 | 13 | 13 | 14 | 13 | 14 | 15 | 15 | 16 | 16 | 17 | 18 | 18 | 19 | 19 | 20 | 18 | 19 2 |
| | 10 | 10 | 11 | 11 | 12 | 13 | 13 | 14 | 14 | 15 | 14 | 15 | 16 | 16 | 17 | 17 | 18 | 19 | 19 | 20 | 20 | 21 | 19 | 20 |

一八五〇 庚戌 道光三〇

1267

一八四九 己酉 道光二九

1266

| | | | | | | | | | | | | | | | | | | | | | | | |
|---|---|---|---|---|---|---|---|---|---|---|---|---|---|---|---|---|---|---|---|---|---|---|---|
| 22 | 23 | 23 | 24 | 25 | 25 | 26 | 26 | 27 | 25 | 26 | 27 | 27 | 28 | 28 | 29 | 30 | 30 | 31 | **5** | **4** | 2 | 31 | **1** |
| 23 | 24 | 24 | 25 | 26 | 26 | 27 | 27 | 28 | 26 | 27 | 28 | 28 | 29 | 29 | 30 | 31 | **7** | **6** | 2 | 2 | 3 | **2** | 2 |
| 24 | 25 | 25 | 26 | 27 | 27 | 28 | 28 | 29 | 27 | 28 | 29 | 29 | 30 | 30 | 31 | **8** | 2 | 2 | 3 | 3 | 4 | 2 | 3 |
| 25 | 26 | 26 | 27 | 28 | 28 | 29 | 29 | 30 | 28 | 29 | 30 | 30 | 31 | **10** | **9** | 2 | 3 | 3 | 4 | 4 | 5 | 3 | 4 |
| 26 | 27 | 27 | 28 | 29 | 29 | 30 | 30 | 31 | **3** | 30 | 31 | **12** | **11** | 2 | 2 | 3 | 4 | 4 | 5 | 5 | 6 | 4 | 5 |
| 27 | 28 | 28 | 29 | 30 | 30 | 31 | **5** | **4** | 2 | 31 | **1** | 2 | 2 | 3 | 3 | 4 | 5 | 5 | 6 | 6 | 7 | 5 | 6 |
| 28 | 29 | 29 | 30 | 31 | **7** | **6** | 2 | 2 | 3 | **2** | 2 | 3 | 3 | 4 | 4 | 5 | 6 | 6 | 7 | 7 | 8 | 6 | 7 |
| 29 | 30 | 30 | 31 | **8** | 2 | 2 | 3 | 3 | 4 | 2 | 3 | 4 | 4 | 5 | 5 | 6 | 7 | 7 | 8 | 8 | 9 | 7 | 8 |
| 30 | 31 | **10** | **9** | 2 | 3 | 3 | 4 | 4 | 5 | 3 | 4 | 5 | 5 | 6 | 6 | 7 | 8 | 8 | 9 | 9 | 10 | 8 | 9 |
| **12** | **11** | 2 | 2 | 3 | 4 | 4 | 5 | 5 | 6 | 4 | 5 | 6 | 6 | 7 | 7 | 8 | 9 | 9 | 10 | 10 | 11 | 9 | 10 |
| 2 | 2 | 3 | 3 | 4 | 5 | 5 | 6 | 6 | 7 | 5 | 6 | 7 | 7 | 8 | 8 | 9 | 10 | 10 | 11 | 11 | 12 | 10 | 11 |
| 3 | 3 | 4 | 4 | 5 | 6 | 6 | 7 | 7 | 8 | 6 | 7 | 8 | 8 | 9 | 9 | 10 | 11 | 11 | 12 | 12 | 13 | 11 | 12 |
| 4 十一 | 4 十 | 5 九 | 5 | 6 | 7 | 7 | 8 | 8 | 9 | 7 | 8 | 9 | 9 | 10 | 10 | 11 | 12 | 12 | 13 | 13 | 14 | 12 | 13 |
| 5 | 5 | 6 | 6 八 | 7 | 8 | 8 | 9 | 9 | 10 | 8 | 9 | 10 | 10 | 11 | 11 | 12 | 13 | 13 | 14 | 14 | 15 | 13 | 14 |
| 6 **2** | 6 **1** | 7 | 7 | 8 七 | 9 六 | 9 | 10 | 10 | 11 | 9 | 10 | 11 | 11 | 12 | 12 | 13 | 14 | 14 | 15 | 15 | 16 | 14 | 15 |
| 7 | 7 | 8 **12** | 8 **11** | 9 | 10 | 10 五 | 11 | 11 | 12 | 10 | 11 | 12 | 12 | 13 | 13 | 14 | 15 | 15 | 16 | 16 | 17 | 15 | 16 |
| 8 | 8 | 9 | 9 | 10 **10** | 11 **9** | 11 | 12 四 | 12 三 | 13 | 11 | 12 | 13 | 13 | 14 | 14 | 15 | 16 | 16 | 17 | 17 | 18 | 16 | 17 |
| 9 | 9 | 10 | 10 | 11 | 12 | 12 **8** | 13 **7** | 13 | 14 二 | 12 正 | 13 十二 | 14 十一 | 14 | 15 | 15 | 16 | 17 | 17 | 18 | 18 | 19 | 17 | 18 |
| 10 | 10 | 11 | 11 | 12 | 13 | 13 | 14 | 14 **6** | 15 **5** | 13 | 14 | 15 | 15 十 | 16 九 | 16 | 17 | 18 | 18 | 19 | 19 | 20 | 18 | 19 |
| 11 | 11 | 12 | 12 | 13 | 14 | 14 | 15 | 15 | 16 | 14 **4** | 15 **3** | 16 | 16 | 17 | 17 八 | 18 七 | 19 | 19 | 20 | 20 | 21 | 19 | 20 |
| 12 | 12 | 13 | 13 | 14 | 15 | 15 | 16 | 16 | 17 | 15 | 16 | 17 **2** | 17 **1** | 18 **12** | 18 **11** | 19 | 20 六 | 20 五 | 21 | 21 | 22 | 20 | 21 |
| 13 | 13 | 14 | 14 | 15 | 16 | 16 | 17 | 17 | 18 | 16 | 17 | 18 | 18 | 19 | 19 | 20 **10** | 21 **9** | 21 | 22 閏 | 22 | 23 | 21 | 22 |
| 14 | 14 | 15 | 15 | 16 | 17 | 17 | 18 | 18 | 19 | 17 | 18 | 19 | 19 | 20 | 20 | 21 | 22 | 22 **8** | 23 **7** | 23 四 | 24 三 | 22 | 23 |
| 15 | 15 | 16 | 16 | 17 | 18 | 18 | 19 | 19 | 20 | 18 | 19 | 20 | 20 | 21 | 21 | 22 | 23 | 23 | 24 | 24 **6** | 25 **5** | 23 二 | 24 正 |
| 16 | 16 | 17 | 17 | 18 | 19 | 19 | 20 | 20 | 21 | 19 | 20 | 21 | 21 | 22 | 22 | 23 | 24 | 24 | 25 | 25 | 26 | 24 **4** | 25 **3** |
| 17 | 17 | 18 | 18 | 19 | 20 | 20 | 21 | 21 | 22 | 20 | 21 | 22 冬 | 22 | 23 | 23 | 24 | 25 | 25 | 26 | 26 | 27 | 25 | 26 |
| 18 | 18 | 19 | 19 | 20 | 21 | 21 | 22 | 22 | 23 | 21 | 22 | 23 | 23 | 24 | 24 | 25 | 26 | 26 | 27 | 27 | 28 | 26 | 27 |
| 19 | 19 | 20 | 20 | 21 | 22 | 22 | 23 | 23 | 24 | 22 | 23 | 24 | 24 | 25 | 25 | 26 | 27 | 27 | 28 | 28 | 29 | 27 | 28 |
| 20 | 20 | 21 | 21 | 22 | 23 | 23 | 24 | 24 | 25 | 23 | 24 | 25 | 25 | 26 | 26 | 27 | 28 | 28 | 29 | 29 | 30 | 28 | 29 |
| 21 | 21 | 22 | 22 | 23 | 24 | 24 | 25 | 25 | 26 | 24 | 25 | 26 | 26 | 27 | 27 | 28 | 29 | 29 | 30 | 30 | 31 | **3** | 30 |



勵耘書屋

一八五二 壬子 咸豐二

一八五一 辛亥 清文宗 咸豐元

1269　　　　1268

| | | | | | | | | | | | | | | | | | | | | | | | | |
|---|---|---|---|---|---|---|---|---|---|---|---|---|---|---|---|---|---|---|---|---|---|---|---|---|
| 11十一 | 11 | 12 | 12 | 13 | 14 | 14 | 15 | 15 | 16 | 15 | 16 | 17 | 17 | 18 | 18 | 19 | 20 | 20 | 21 | 21 | 22 | 20 | 21 | 22冬 |
| 12 | 12十 | 13九 | 13 | 14 | 15 | 15 | 16 | 16 | 17 | 16 | 17 | 18 | 18 | 19 | 19 | 20 | 21 | 21 | 22 | 22 | 23 | 21 | 22 | 23 |
| 13 3 | 13 | 14 | 14八 | 15七 | 16 | 16 | 17 | 17 | 18 | 17 | 18 | 19 | 19 | 20 | 20 | 21 | 22 | 22 | 23 | 23 | 24 | 22 | 23 | 24 |
| 14 | 14 2 | 15 1 | 15 | 16 | 17六 | 17 | 18 | 18 | 19 | 18 | 19 | 20 | 20 | 21 | 21 | 22 | 23 | 23 | 24 | 24 | 25 | 23 | 24 | 25 |
| 15 | 15 | 16 | 16 12 | 17 11 | 18 | 18五 | 19四 | 19三 | 20 | 19 | 20 | 21 | 21 | 22 | 22 | 23 | 24 | 24 | 25 | 25 | 26 | 24 | 25 | 26 |
| 16 | 16 | 17 | 17 | 18 | 19 10 | 19 9 | 20 | 20 | 21二 | 20正 | 21十二 | 22十一 | 22 | 23 | 23 | 24 | 25 | 25 | 26 | 26 | 27 | 25 | 26 | 27 |
| 17 | 17 | 18 | 18 | 19 | 20 | 20 | 21 8 | 21 7 | 22 | 21 | 22 | 23 | 23十 | 24九 | 24 | 25 | 26 | 26 | 27 | 27 | 28 | 26 | 27 | 28 |
| 18 | 18 | 19 | 19 | 20 | 21 | 21 | 22 | 22 | 23 6 | 22 5 | 23 | 24 | 24 | 25 | 25閏 | 26 | 27 | 27 | 28 | 28 | 29 | 27 | 28 | 29 |
| 19 | 19 | 20 | 20 | 21 | 22 | 22 | 23 | 23 | 24 | 23 | 24 4 | 25 3 | 25 | 26 | 26 | 27八 | 28七 | 28 | 29 | 29 | 30 | 28 | 29 | 30 |
| 20 | 20 | 21 | 21 | 22 | 23 | 23 | 24 | 24 | 25 | 24 | 25 | 26 | 26 2 | 27 1 | 27 12 | 28 11 | 29 | 29六 | 30 | 30 | 31 | **3** | 30 | 31 |
| 21冬 | 21 | 22 | 22 | 23 | 24 | 24 | 25 | 25 | 26 | 25 | 26 | 27 | 27 | 28 | 28 | 29 | 30 10 | 30 9 | 31五 | **5**四 | **4** | 2 | 31 | **1** |
| 22 | 22 | 23 | 23 | 24 | 25 | 25 | 26 | 26 | 27 | 26 | 27 | 28 | 28 | 29 | 29 | 30 | 31 | **7** | **6** 8 | 2 7 | 2三 | 3二 | **2**正 | 2十二 |
| 23 | 23 | 24 | 24 | 25 | 26 | 26 | 27 | 27 | 28 | 27 | 28 | 29 | 29 | 30 | 30 | 31 | **8** | 2 | 2 | 3 | 3 6 | 4 5 | 2 | 3 |
| 24 | 24 | 25 | 25 | 26 | 27 | 27 | 28 | 28 | 29 | 28 | 29 | 30 | 30 | 31 | **10** | **9** | 2 | 3 | 3 | 4 | 4 | 5 | 3 4 | 4 3 |
| 25 | 25 | 26 | 26 | 27 | 28 | 28 | 29 | 29 | 30 | 29 | 30 | 31 | **12** | **11** | 2 | 2 | 3 | 4 | 4 | 5 | 5 | 6 | 4 | 5 |
| 26 | 26 | 27 | 27 | 28 | 29 | 29 | 30 | 30 | 31 | **3** | 31 | **1** | 2 | 2 | 3 | 3 | 4 | 5 | 5 | 6 | 6 | 7 | 5 | 6 |
| 27 | 27 | 28 | 28 | 29 | 30 | 30 | 31 | **5** | **4** | 2 | **2** | 2 | 3 | 3 | 4 | 4 | 5 | 6 | 6 | 7 | 7 | 8 | 6 | 7 |
| 28 | 28 | 29 | 29 | 30 | 31 | **7** | **6** | 2 | 2 | 3 | 2 | 3 | 4 | 4 | 5 | 5 | 6 | 7 | 7 | 8 | 8 | 9 | 7 | 8 |
| 29 | 29 | 30 | 30 | 31 | **8** | 2 | 2 | 3 | 3 | 4 | 3 | 4 | 5 | 5 | 6 | 6 | 7 | 8 | 8 | 9 | 9 | 10 | 8 | 9 |
| 30 | 30 | 31 | **10** | **9** | 2 | 3 | 3 | 4 | 4 | 5 | 4 | 5 | 6 | 6 | 7 | 7 | 8 | 9 | 9 | 10 | 10 | 11 | 9 | 10 |
| 31 | **12** | **11** | 2 | 2 | 3 | 4 | 4 | 5 | 5 | 6 | 5 | 6 | 7 | 7 | 8 | 8 | 9 | 10 | 10 | 11 | 11 | 12 | 10 | 11 |
| 日 | 2 | 2 | 3 | 3 | 4 | 5 | 5 | 6 | 6 | 7 | 6 | 7 | 8 | 8 | 9 | 9 | 10 | 11 | 11 | 12 | 12 | 13 | 11 | 12 |
| 曜 | 3 | 3 | 4 | 4 | 5 | 6 | 6 | 7 | 7 | 8 | 7 | 8 | 9 | 9 | 10 | 10 | 11 | 12 | 12 | 13 | 13 | 14 | 12 | 13 |
| 表 | 4 | 4 | 5 | 5 | 6 | 7 | 7 | 8 | 8 | 9 | 8 | 9 | 10 | 10 | 11 | 11 | 12 | 13 | 13 | 14 | 14 | 15 | 13 | 14 |
| 4 | 5 | 5 | 6 | 6 | 7 | 8 | 8 | 9 | 9 | 10 | 9 | 10 | 11 | 11 | 12 | 12 | 13 | 14 | 14 | 15 | 15 | 16 | 14 | 15 |
| 甲 | 6 | 6 | 7 | 7 | 8 | 9 | 9 | 10 | 10 | 11 | 10 | 11 | 12 | 12 | 13 | 13 | 14 | 15 | 15 | 16 | 16 | 17 | 15 | 16 |
| 子 | 7 | 7 | 8 | 8 | 9 | 10 | 10 | 11 | 11 | 12 | 11 | 12 | 13 | 13 | 14 | 14 | 15 | 16 | 16 | 17 | 17 | 18 | 16 | 17 |
| 表 | 8 | 8 | 9 | 9 | 10 | 11 | 11 | 12 | 12 | 13 | 12 | 13 | 14 | 14 | 15 | 15 | 16 | 17 | 17 | 18 | 18 | 19 | 17 | 18 |
| 11 | 9 | 9 | 10 | 10 | 11 | 12 | 12 | 13 | 13 | 14 | 13 | 14 | 15 | 15 | 16 | 16 | 17 | 18 | 18 | 19 | 19 | 20 | 18 | 19 |
| | 10 | 10 | 11 | 11 | 12 | 13 | 13 | 14 | 14 | 15 | 14 | 15 | 16 | 16 | 17 | 17 | 18 | 19 | 19 | 20 | 20 | 21 | 19 | 20 |

一八五四 甲寅 咸豐四 1271

一八五三 癸丑 咸豐三 1270

| 1271 | | | | | | | | | | | | 1270 | | | | | | | | | | | |
|---|---|---|---|---|---|---|---|---|---|---|---|---|---|---|---|---|---|---|---|---|---|---|---|
| 22 3 | 23 | 23 | 24閏 | 25七 | 25六 | 26 | 26 | 27 | 25 | 26 | 27 | 27 | 28 | 28 | 29 | 30 | 30 | 31 | **5** | **4** | 2 | 31 | **1** |
| 23 | 24 2 | 24 1 | 25 12 | 26 11 | 26 | 27五 | 27四 | 28 | 26 | 27 | 28 | 28 | 29 | 29 | 30 | 31 | **7** | **6** | 2 | 2 | 3 | **2** | 2 |
| 24 | 25 | 25 | 26 | 27 | 27 10 | 28 9 | 28 | 29三 | 27二 | 28 | 29 | 29 | 30 | 30 | 31 | **8** | 2 | 2 | 3 | 3 | 4 | 2 | 3 |
| 25 | 26 | 26 | 27 | 28 | 28 | 29 | 29 8 | 30 7 | 28 | 29正 | 30十二 | 30 | 31 | **10** | **9** | 2 | 3 | 3 | 4 | 4 | 5 | 3 | 4 |
| 26 | 27 | 27 | 28 | 29 | 29 | 30 | 30 | 31 | **3** 6 | 30 5 | 31 | **12**十一 | **11**十 | 2 | 2 | 3 | 4 | 4 | 5 | 5 | 6 | **4** | 5 |
| 27 | 28 | 28 | 29 | 30 | 30 | 31 | **5** | **4** | 2 | 31 | **1** 4 | 2 3 | 2 | 3九 | 3八 | 4 | 5 | 5 | 6 | 6 | 7 | 5 | 6 |
| 28 | 29 | 29 | 30 | 31 | **7** | **6** | 2 | 2 | 3 | **2** | 2 | 3 | 3 2 | 4 1 | 4 | 5七 | 6六 | 6 | 7 | 7 | 8 | 6 | 7 |
| 29 | 30 | 30 | 31 | **8** | 2 | 2 | 3 | 3 | 4 | 2 | 3 | 4 | 4 | 5 | 5 12 | 6 11 | 7 | 7五 | 8四 | 8三 | 9 | 7 | 8 |
| 30 | 31 | **10** | **9** | 2 | 3 | 3 | 4 | 4 | 5 | 3 | 4 | 5 | 5 | 6 | 6 | 7 | 8 10 | 8 9 | 9 | 9 | 10二 | 8正 | 9十二 |
| **12** | **11** | 2 | 2 | 3 | 4 | 4 | 5 | 5 | 6 | 4 | 5 | 6 | 6 | 7 | 7 | 8 | 9 | 9 | 10 8 | 10 7 | 11 | 9 | 10 |
| 2 | 2 | 3 | 3 | 4 | 5 | 5 | 6 | 6 | 7 | 5 | 6 | 7 | 7 | 8 | 8 | 9 | 10 | 10 | 11 | 11 | 12 6 | 10 5 | 11 |
| 3 | 3 | 4 | 4 | 5 | 6 | 6 | 7 | 7 | 8 | 6 | 7 | 8 | 8 | 9 | 9 | 10 | 11 | 11 | 12 | 12 | 13 | 11 | 12 4 |
| 4 | 4 | 5 | 5 | 6 | 7 | 7 | 8 | 8 | 9 | 7 | 8 | 9 | 9 | 10 | 10 | 11 | 12 | 12 | 13 | 13 | 14 | 12 | 13 |
| 5 | 5 | 6 | 6 | 7 | 8 | 8 | 9 | 9 | 10 | 8 | 9 | 10 | 10 | 11 | 11 | 12 | 13 | 13 | 14 | 14 | 15 | 13 | 14 |
| 6 | 6 | 7 | 7 | 8 | 9 | 9 | 10 | 10 | 11 | 9 | 10 | 11 | 11 | 12 | 12 | 13 | 14 | 14 | 15 | 15 | 16 | 14 | 15 |
| 7 | 7 | 8 | 8 | 9 | 10 | 10 | 11 | 11 | 12 | 10 | 11 | 12 | 12 | 13 | 13 | 14 | 15 | 15 | 16 | 16 | 17 | 15 | 16 |
| 8 | 8 | 9 | 9 | 10 | 11 | 11 | 12 | 12 | 13 | 11 | 12 | 13 | 13 | 14 | 14 | 15 | 16 | 16 | 17 | 17 | 18 | 16 | 17 |
| 9 | 9 | 10 | 10 | 11 | 12 | 12 | 13 | 13 | 14 | 12 | 13 | 14 | 14 | 15 | 15 | 16 | 17 | 17 | 18 | 18 | 19 | 17 | 18 |
| 10 | 10 | 11 | 11 | 12 | 13 | 13 | 14 | 14 | 15 | 13 | 14 | 15 | 15 | 16 | 16 | 17 | 18 | 18 | 19 | 19 | 20 | 18 | 19 |
| 11 | 11 | 12 | 12 | 13 | 14 | 14 | 15 | 15 | 16 | 14 | 15 | 16 | 16 | 17 | 17 | 18 | 19 | 19 | 20 | 20 | 21 | 19 | 20 |
| 12 | 12 | 13 | 13 | 14 | 15 | 15 | 16 | 16 | 17 | 15 | 16 | 17 | 17 | 18 | 18 | 19 | 20 | 20 | 21 | 21 | 22 | 20 | 21 |
| 13 | 13 | 14 | 14 | 15 | 16 | 16 | 17 | 17 | 18 | 16 | 17 | 18 | 18 | 19 | 19 | 20 | 21 | 21 | 22 | 22 | 23 | 21 | 22 |
| 14 | 14 | 15 | 15 | 16 | 17 | 17 | 18 | 18 | 19 | 17 | 18 | 19 | 19 | 20 | 20 | 21 | 22 | 22 | 23 | 23 | 24 | 22 | 23 |
| 15 | 15 | 16 | 16 | 17 | 18 | 18 | 19 | 19 | 20 | 18 | 19 | 20 | 20 | 21 | 21 | 22 | 23 | 23 | 24 | 24 | 25 | 23 | 24 |
| 16 | 16 | 17 | 17 | 18 | 19 | 19 | 20 | 20 | 21 | 19 | 20 | 21 | 21 | 22 | 22 | 23 | 24 | 24 | 25 | 25 | 26 | 24 | 25 |
| 17 | 17 | 18 | 18 | 19 | 20 | 20 | 21 | 21 | 22 | 20 | 21 | 22冬 | 22 | 23 | 23 | 24 | 25 | 25 | 26 | 26 | 27 | 25 | 26 |
| 18 | 18 | 19 | 19 | 20 | 21 | 21 | 22 | 22 | 23 | 21 | 22 | 23 | 23 | 24 | 24 | 25 | 26 | 26 | 27 | 27 | 28 | 26 | 27 |
| 19 | 19 | 20 | 20 | 21 | 22 | 22 | 23 | 23 | 24 | 22 | 23 | 24 | 24 | 25 | 25 | 26 | 27 | 27 | 28 | 28 | 29 | 27 | 28 |
| 20十一 | 20十 | 21 | 21 | 22 | 23 | 23 | 24 | 24 | 25 | 23 | 24 | 25 | 25 | 26 | 26 | 27 | 28 | 28 | 29 | 29 | 30 | 28 | 29 |
| 21 | 21 | 22九 | 22八 | 23 | 24 | 24 | 25 | 25 | 26 | 24 | 25 | 26 | 26 | 27 | 27 | 28 | 29 | 29 | 30 | 30 | 31 | **3** | 30 |

一八五六 丙辰 咸豐六

1273

一八五五 乙卯 咸豐五

1272

| | | | | | | | | | | | | | | | | | | | | | | | | |
|---|---|---|---|---|---|---|---|---|---|---|---|---|---|---|---|---|---|---|---|---|---|---|---|---|
| 11 | 11 | 12 | 12 | 13 | 14 | 14 | 15 | 15 | 16 | 15 | 16 | 17 | 17 | 18 | 18 | 19 | 20 | 20 | 21 | 21 | 22 | 20 | 21 | 22 4 |
| 12 | 12 | 13 | 13 | 14 | 15 | 15 | 16 | 16 | 17 | 16 | 17 | 18 | 18 | 19 | 19 | 20 | 21 | 21 | 22 | 22 | 23 | 21 | 22 | 23 |
| 13 | 13 | 14 | 14 | 15 | 16 | 16 | 17 | 17 | 18 | 17 | 18 | 19 | 19 | 20 | 20 | 21 | 22 | 22 | 23 | 23 | 24 | 22 | 23 | 24 |
| 14 | 14 | 15 | 15 | 16 | 17 | 17 | 18 | 18 | 19 | 18 | 19 | 20 | 20 | 21 | 21 | 22 | 23 | 23 | 24 | 24 | 25 | 23 | 24 | 25 |
| 15 | 15 | 16 | 16 | 17 | 18 | 18 | 19 | 19 | 20 | 19 | 20 | 21 | 21 | 22 | 22 | 23 | 24 | 24 | 25 | 25 | 26 | 24 | 25 | 26 |
| 16 | 16 | 17 | 17 | 18 | 19 | 19 | 20 | 20 | 21 | 20 | 21 | 22冬 | 22 | 23 | 23 | 24 | 25 | 25 | 26 | 26 | 27 | 25 | 26 | 27 |
| 17 | 17 | 18 | 18 | 19 | 20 | 20 | 21 | 21 | 22 | 21 | 22 | 23 | 23 | 24 | 24 | 25 | 26 | 26 | 27 | 27 | 28 | 26 | 27 | 28 |
| 18 | 18 | 19 | 19 | 20 | 21 | 21 | 22 | 22 | 23 | 22 | 23 | 24 | 24 | 25 | 25 | 26 | 27 | 27 | 28 | 28 | 29 | 27 | 28 | 29 |
| 19 | 19 | 20 | 20 | 21 | 22 | 22 | 23 | 23 | 24 | 23 | 24 | 25 | 25 | 26 | 26 | 27 | 28 | 28 | 29 | 29 | 30 | 28 | 29 | 30 |
| 20 | 20 | 21 | 21 | 22 | 23 | 23 | 24 | 24 | 25 | 24 | 25 | 26 | 26 | 27 | 27 | 28 | 29 | 29 | 30 | 30 | 31 | **3** | 30 | 31 |
| 21冬 | 21 | 22 | 22 | 23 | 24 | 24 | 25 | 25 | 26 | 25 | 26 | 27 | 27 | 28 | 28 | 29 | 30 | 30 | 31 | **5** | **4** | 2 | 31 | **1** |
| 22 | 22 | 23 | 23 | 24 | 25 | 25 | 26 | 26 | 27 | 26 | 27 | 28 | 28 | 29 | 29 | 30 | 31 | **7** | **6** | 2 | 2 | 3 | **2** | 2 |
| 23 | 23 | 24 | 24 | 25 | 26 | 26 | 27 | 27 | 28 | 27 | 28 | 29 | 29 | 30 | 30 | 31 | **8** | 2 | 2 | 3 | 3 | 4 | 2 | 3 |
| 24 | 24 | 25 | 25 | 26 | 27 | 27 | 28 | 28 | 29 | 28 | 29 | 30 | 30 | 31 | **10** | **9** | 2 | 3 | 3 | 4 | 4 | 5 | 3 | 4 |
| 25 | 25 | 26 | 26 | 27 | 28 | 28 | 29 | 29 | 30 | 29 | 30 | 31 | **12** | **11** | 2 | 2 | 3 | 4 | 4 | 5 | 5 | 6 | 4 | 5 |
| 26 | 26 | 27 | 27 | 28 | 29 | 29 | 30 | 30 | 31 | **3** | 31 | **1** | 2 | 2 | 3 | 3 | 4 | 5 | 5 | 6 | 6 | 7 | 5 | 6 |
| 27十二 | 27 | 28 | 28 | 29 | 30 | 30 | 31 | **5** | **4** | 2 | **2** | 2 | 3 | 3 | 4 | 4 | 5 | 6 | 6 | 7 | 7 | 8 | 6 | 7 |
| 28 5 | 28十一 | 29十 | 29九 | 30八 | 31 | **7** | **6** | 2 | 2 | 3 | 2 | 3 | 4 | 4 | 5 | 5 | 6 | 7 | 7 | 8 | 8 | 9 | 7 | 8 |
| 29 | 29 4 | 30 3 | 30 | 31 | **8**七 | 2六 | 2 | 3 | 3 | 4 | 3 | 4 | 5 | 5 | 6 | 6 | 7 | 8 | 8 | 9 | 9 | 10 | 8 | 9 |
| 30 | 30 | 31 | **10** 2 | **9** 1 | 2 | 3 | 3五 | 4四 | 4 | 5 | 4 | 5 | 6 | 6 | 7 | 7 | 8 | 9 | 9 | 10 | 10 | 11 | 9 | 10 |
| 31 | **12** | **11** | 2 | 2 | 3 12 | 4 11 | 4 | 5 | 5三 | 6 | 5 | 6 | 7 | 7 | 8 | 8 | 9 | 10 | 10 | 11 | 11 | 12 | 10 | 11 |
| 日 | 2 | 2 | 3 | 3 | 4 | 5 | 5 10 | 6 9 | 6 | 7二 | 6正 | 7 | 8 | 8 | 9 | 9 | 10 | 11 | 11 | 12 | 12 | 13 | 11 | 12 |
| 曜 | 3 | 3 | 4 | 4 | 5 | 6 | 6 | 7 | 7 8 | 8 7 | 7 | 8十二 | 9十一 | 9 | 10 | 10 | 11 | 12 | 12 | 13 | 13 | 14 | 12 | 13 |
| 表 | 4 | 4 | 5 | 5 | 6 | 7 | 7 | 8 | 8 | 9 | 8 6 | 9 5 | 10 | 10十 | 11九 | 11八 | 12 | 13 | 13 | 14 | 14 | 15 | 13 | 14 |
| 5 | 5 | 5 | 6 | 6 | 7 | 8 | 8 | 9 | 9 | 10 | 9 | 10 | 11 4 | 11 3 | 12 | 12 | 13七 | 14六 | 14五 | 15 | 15 | 16 | 14 | 15 |
| 甲 | 6 | 6 | 7 | 7 | 8 | 9 | 9 | 10 | 10 | 11 | 10 | 11 | 12 | 12 | 13 2 | 13 1 | 14 | 15 | 15 | 16四 | 16三 | 17 | 15 | 16 |
| 子 | 7 | 7 | 8 | 8 | 9 | 10 | 10 | 11 | 11 | 12 | 11 | 12 | 13 | 13 | 14 | 14 | 15 12 | 16 11 | 16 | 17 | 17 | 18二 | 16 | 17 |
| 表 | 8 | 8 | 9 | 9 | 10 | 11 | 11 | 12 | 12 | 13 | 12 | 13 | 14 | 14 | 15 | 15 | 16 | 17 | 17 10 | 18 9 | 18 | 19 | 17正 | 18十二 |
| 12 | 9 | 9 | 10 | 10 | 11 | 12 | 12 | 13 | 13 | 14 | 13 | 14 | 15 | 15 | 16 | 16 | 17 | 18 | 18 | 19 | 19 8 | 20 7 | 18 | 19 |
| | 10 | 10 | 11 | 11 | 12 | 13 | 13 | 14 | 14 | 15 | 14 | 15 | 16 | 16 | 17 | 17 | 18 | 19 | 19 | 20 | 20 | 21 | 19 6 | 20 5 |

一八五八 戊午 咸豐八 | 一八五七 丁巳 咸豐七

| 1275 | | | | | | | | | | | | 1274 | | | | | | | | | | | |
|---|---|---|---|---|---|---|---|---|---|---|---|---|---|---|---|---|---|---|---|---|---|---|---|
| 22 | 23 | 23 | 24 | 25 | 25 | 26 | 26 | 27 | 25 | 26 | 27 | 27 | 28 | 28 | 29 | 30 | 30 | 31 | **5** | **4** | 2 | 31 | **1** |
| 23 | 24 | 24 | 25 | 26 | 26 | 27 | 27 | 28 | 26 | 27 | 28 | 28 | 29 | 29 | 30 | 31 | **7** | **6** | 2 | 2 | 3 | **2** | 2 |
| 24 | 25 | 25 | 26 | 27 | 27 | 28 | 28 | 29 | 27 | 28 | 29 | 29 | 30 | 30 | 31 | **8** | 2 | 2 | 3 | 3 | 4 | 2 | 3 |
| 25 | 26 | 26 | 27 | 28 | 28 | 29 | 29 | 30 | 28 | 29 | 30 | 30 | 31 | **10** | **9** | 2 | 3 | 3 | 4 | 4 | 5 | 3 | 4 |
| 26 | 27 | 27 | 28 | 29 | 29 | 30 | 30 | 31 | **3** | 30 | 31 | **12** | **11** | 2 | 2 | 3 | 4 | 4 | 5 | 5 | 6 | 4 | 5 |
| 27 | 28 | 28 | 29 | 30 | 30 | 31 | **5** | **4** | 2 | 31 | **1** | 2 | 2 | 3 | 3 | 4 | 5 | 5 | 6 | 6 | 7 | 5 | 6 |
| 28 | 29 | 29 | 30 | 31 | **7** | **6** | 2 | 2 | 3 | **2** | 2 | 3 | 3 | 4 | 4 | 5 | 6 | 6 | 7 | 7 | 8 | 6 | 7 |
| 29 | 30 | 30 | 31 | **8** | 2 | 2 | 3 | 3 | 4 | 2 | 3 | 4 | 4 | 5 | 5 | 6 | 7 | 7 | 8 | 8 | 9 | 7 | 8 |
| 30 | 31 | **10** | **9** | 2 | 3 | 3 | 4 | 4 | 5 | 3 | 4 | 5 | 5 | 6 | 6 | 7 | 8 | 8 | 9 | 9 | 10 | 8 | 9 |
| **12** | **11** | 2 | 2 | 3 | 4 | 4 | 5 | 5 | 6 | 4 | 5 | 6 | 6 | 7 | 7 | 8 | 9 | 9 | 10 | 10 | 11 | 9 | 10 |
| 2 | 2 | 3 | 3 | 4 | 5 | 5 | 6 | 6 | 7 | 5 | 6 | 7 | 7 | 8 | 8 | 9 | 10 | 10 | 11 | 11 | 12 | 10 | 11 |
| 3 | 3 | 4 | 4 | 5 | 6 | 6 | 7 | 7 | 8 | 6 | 7 | 8 | 8 | 9 | 9 | 10 | 11 | 11 | 12 | 12 | 13 | 11 | 12 |
| 4 | 4 | 5 | 5 | 6 | 7 | 7 | 8 | 8 | 9 | 7 | 8 | 9 | 9 | 10 | 10 | 11 | 12 | 12 | 13 | 13 | 14 | 12 | 13 |
| 5 | 十一 5 | 6 | 6 | 7 | 8 | 8 | 9 | 9 | 10 | 8 | 9 | 10 | 10 | 11 | 11 | 12 | 13 | 13 | 14 | 14 | 15 | 13 | 14 |
| 6 | 6 | 十 7 | 九 7 | 八 8 | 9 | 9 | 10 | 10 | 11 | 9 | 10 | 11 | 11 | 12 | 12 | 13 | 14 | 14 | 15 | 15 | 16 | 14 | 15 |
| 7 | 5 7 | 8 | 8 | 9 | 七 10 | 10 | 11 | 11 | 12 | 10 | 11 | 12 | 12 | 13 | 13 | 14 | 15 | 15 | 16 | 16 | 17 | 15 | 16 |
| 8 | 8 | 4 9 | 3 9 | 10 | 11 | 六 11 | 五 12 | 12 | 13 | 11 | 12 | 13 | 13 | 14 | 14 | 15 | 16 | 16 | 17 | 17 | 18 | 16 | 17 |
| 9 | 9 | 10 | 10 | 2 11 | 1 12 | 12 | 13 | 四 13 | 14 | 12 | 13 | 14 | 14 | 15 | 15 | 16 | 17 | 17 | 18 | 18 | 19 | 17 | 18 |
| 10 | 10 | 11 | 11 | 12 | 13 | 12 13 | 11 14 | 14 | 三 15 | 二 13 | 14 | 15 | 15 | 16 | 16 | 17 | 18 | 18 | 19 | 19 | 20 | 18 | 19 |
| 11 | 11 | 12 | 12 | 13 | 14 | 14 | 15 | 10 15 | 9 16 | 14 | 正 15 | 十二 16 | 十一 16 | 十 17 | 17 | 18 | 19 | 19 | 20 | 20 | 21 | 19 | 20 |
| 12 | 12 | 13 | 13 | 14 | 15 | 15 | 16 | 16 | 17 | 8 15 | 7 16 | 17 | 17 | 18 | 九 18 | 八 19 | 20 | 20 | 21 | 21 | 22 | 20 | 21 |
| 13 | 13 | 14 | 14 | 15 | 16 | 16 | 17 | 17 | 18 | 16 | 17 | 6 18 | 5 18 | 19 | 19 | 20 | 七 21 | 六 21 | 22 | 22 | 23 | 21 | 22 |
| 14 | 14 | 15 | 15 | 16 | 17 | 17 | 18 | 18 | 19 | 17 | 18 | 19 | 19 | 4 20 | 3 20 | 21 | 22 | 22 | 閏 23 | 五 23 | 24 | 22 | 23 |
| 15 | 15 | 16 | 16 | 17 | 18 | 18 | 19 | 19 | 20 | 18 | 19 | 20 | 20 | 21 | 21 | 2 22 | 1 23 | 12 23 | 11 24 | 24 | 四 25 | 23 | 24 |
| 16 | 16 | 17 | 17 | 18 | 19 | 19 | 20 | 20 | 21 | 19 | 20 | 21 | 21 | 22 | 22 | 23 | 24 | 24 | 25 | 10 25 | 9 26 | 三 24 | 二 25 |
| 17 | 17 | 18 | 18 | 19 | 20 | 20 | 21 | 21 | 22 | 20 | 21 | 22 | 冬 22 | 23 | 23 | 24 | 25 | 25 | 26 | 26 | 27 | 8 25 | 7 26 正 |
| 18 | 18 | 19 | 19 | 20 | 21 | 21 | 22 | 22 | 23 | 21 | 22 | 23 | 23 | 24 | 24 | 25 | 26 | 26 | 27 | 27 | 28 | 26 | 27 6 |
| 19 | 19 | 20 | 20 | 21 | 22 | 22 | 23 | 23 | 24 | 22 | 23 | 24 | 24 | 25 | 25 | 26 | 27 | 27 | 28 | 28 | 29 | 27 | 28 |
| 20 | 20 | 21 | 21 | 22 | 23 | 23 | 24 | 24 | 25 | 23 | 24 | 25 | 25 | 26 | 26 | 27 | 28 | 28 | 29 | 29 | 30 | 28 | 29 |
| 21 | 21 | 22 | 22 | 23 | 24 | 24 | 25 | 25 | 26 | 24 | 25 | 26 | 26 | 27 | 27 | 28 | 29 | 29 | 30 | 30 | 31 | **3** | 30 |

## 一八五九 己未 咸豐九

1276

## 一八六〇 庚申 咸豐一〇

本年回曆十一月一日即中曆四月朔

1277

| | | | | | | | | | | | | | | | | | | | | | | | | |
|---|---|---|---|---|---|---|---|---|---|---|---|---|---|---|---|---|---|---|---|---|---|---|---|---|
| 11 | 11 | 12 | 12 | 13 | 14 | 14 | 15 | 15 | 16 | 15 | 16 | 17 | 17 | 18 | 18 | 19 | 20 | 20 | 21 | 21 | 22 | 20 | 21 | 22冬 |
| 12十一 | 12 | 13 | 13 | 14 | 15 | 15 | 16 | 16 | 17 | 16 | 17 | 18 | 18 | 19 | 19 | 20 | 21 | 21 | 22 | 22 | 23 | 21 | 22 | 23 |
| 13 | 13十 | 14九 | 14 | 15 | 16 | 16 | 17 | 17 | 18 | 17 | 18 | 19 | 19 | 20 | 20 | 21 | 22 | 22 | 23 | 23 | 24 | 22 | 23 | 24 |
| 14 | 14 | 15 | 15八 | 16 | 17 | 17 | 18 | 18 | 19 | 18 | 19 | 20 | 20 | 21 | 21 | 22 | 23 | 23 | 24 | 24 | 25 | 23 | 24 | 25 |
| 15 6 | 15 5 | 16 | 16 | 17七 | 18六 | 18 | 19 | 19 | 20 | 19 | 20 | 21 | 21 | 22 | 22 | 23 | 24 | 24 | 25 | 25 | 26 | 24 | 25 | 26 |
| 16 | 16 | 17 4 | 17 3 | 18 | 19 | 19五 | 20 | 20 | 21 | 20 | 21 | 22冬 | 22 | 23 | 23 | 24 | 25 | 25 | 26 | 26 | 27 | 25 | 26 | 27 |
| 17 | 17 | 18 | 18 | 19 2 | 20 1 | 20 12 | 21四 | 21閏 | 22三 | 21 | 22 | 23 | 23 | 24 | 24 | 25 | 26 | 26 | 27 | 27 | 28 | 26 | 27 | 28 |
| 18 | 18 | 19 | 19 | 20 | 21 | 21 | 22 | 22 10 | 23 9 | 22二 | 23正 | 24十二 | 24十一 | 25 | 25 | 26 | 27 | 27 | 28 | 28 | 29 | 27 | 28 | 29 |
| 19 | 19 | 20 | 20 | 21 | 22 | 22 | 23 | 23 | 24 | 23 8 | 24 7 | 25 | 25 | 26十 | 26九 | 27 | 28 | 28 | 29 | 29 | 30 | 28 | 29 | 30 |
| 20 | 20 | 21 | 21 | 22 | 23 | 23 | 24 | 24 | 25 | 24 | 25 | 26 6 | 26 5 | 27 | 27 | 28八 | 29 | 29 | 30 | 30 | 31 | **3** | 30 | 31 |
| 21冬 | 21 | 22 | 22 | 23 | 24 | 24 | 25 | 25 | 26 | 25 | 26 | 27 | 27 | 28 4 | 28 3 | 29 | 30七 | 30六 | 31 | **5** | **4** | 2 | 31 | **1** |
| 22 | 22 | 23 | 23 | 24 | 25 | 25 | 26 | 26 | 27 | 26 | 27 | 28 | 28 | 29 | 29 | 30 2 | 31 1 | **7** | **6**五 | 2 | 2 | 3 | **2** | 2 |
| 23 | 23 | 24 | 24 | 25 | 26 | 26 | 27 | 27 | 28 | 27 | 28 | 29 | 29 | 30 | 30 | 31 | **8** | 2 12 | 2 11 | 3四 | 3三 | 4 | 2 | 3 |
| 24 | 24 | 25 | 25 | 26 | 27 | 27 | 28 | 28 | 29 | 28 | 29 | 30 | 30 | 31 | **10** | **9** | 2 | 3 | 3 | 4 10 | 4 9 | 5二 | 3正 | 4十二 |
| 25 | 25 | 26 | 26 | 27 | 28 | 28 | 29 | 29 | 30 | 29 | 30 | 31 | **12** | **11** | 2 | 2 | 3 | 4 | 4 | 5 | 5 | 6 8 | 4 7 | 5 |
| 26 | 26 | 27 | 27 | 28 | 29 | 29 | 30 | 30 | 31 | **3** | 31 | **1** | 2 | 2 | 3 | 3 | 4 | 5 | 5 | 6 | 6 | 7 | 5 | 6 6 |
| 27 | 27 | 28 | 28 | 29 | 30 | 30 | 31 | **5** | **4** | 2 | **2** | 2 | 3 | 3 | 4 | 4 | 5 | 6 | 6 | 7 | 7 | 8 | 6 | 7 |
| 28 | 28 | 29 | 29 | 30 | 31 | **7** | **6** | 2 | 2 | 3 | 2 | 3 | 4 | 4 | 5 | 5 | 6 | 7 | 7 | 8 | 8 | 9 | 7 | 8 |
| 29 | 29 | 30 | 30 | 31 | **8** | 2 | 2 | 3 | 3 | 4 | 3 | 4 | 5 | 5 | 6 | 6 | 7 | 8 | 8 | 9 | 9 | 10 | 8 | 9 |
| 30 | 30 | 31 | **10** | **9** | 2 | 3 | 3 | **4** | **4** | 5 | 4 | 5 | 6 | 6 | 7 | 7 | 8 | 9 | 9 | 10 | 10 | 11 | 9 | 10 |
| 31 | **12** | **11** | 2 | 2 | 3 | 4 | 4 | 5 | 5 | 6 | 5 | 6 | 7 | 7 | 8 | 8 | 9 | 10 | 10 | 11 | 11 | 12 | 10 | 11 |
| 日 | 2 | 2 | 3 | 3 | 4 | 5 | 5 | 6 | 6 | 7 | 6 | 7 | 8 | 8 | 9 | 9 | 10 | 11 | 11 | 12 | 12 | 13 | 11 | 12 |
| 曜 | 3 | 3 | 4 | 4 | 5 | 6 | 6 | 7 | 7 | 8 | 7 | 8 | 9 | 9 | 10 | 10 | 11 | 12 | 12 | 13 | 13 | 14 | 12 | 13 |
| 表 | 4 | 4 | 5 | 5 | 6 | 7 | 7 | 8 | 8 | 9 | 8 | 9 | 10 | 10 | 11 | 11 | 12 | 13 | 13 | 14 | 14 | 15 | 13 | 14 |
| 6 | 5 | 5 | 6 | 6 | 7 | 8 | 8 | 9 | 9 | 10 | 9 | 10 | 11 | 11 | 12 | 12 | 13 | 14 | 14 | 15 | 15 | 16 | 14 | 15 |
| 甲 | 6 | 6 | 7 | 7 | 8 | 9 | 9 | 10 | 10 | 11 | 10 | 11 | 12 | 12 | 13 | 13 | 14 | 15 | 15 | 16 | 16 | 17 | 15 | 16 |
| 子 | 7 | 7 | 8 | 8 | 9 | 10 | 10 | 11 | 11 | 12 | 11 | 12 | 13 | 13 | 14 | 14 | 15 | 16 | 16 | 17 | 17 | 18 | 16 | 17 |
| 表 | 8 | 8 | 9 | 9 | 10 | 11 | 11 | 12 | 12 | 13 | 12 | 13 | 14 | 14 | 15 | 15 | 16 | 17 | 17 | 18 | 18 | 19 | 17 | 18 |
| 13 | 9 | 9 | 10 | 10 | 11 | 12 | 12 | 13 | 13 | 14 | 13 | 14 | 15 | 15 | 16 | 16 | 17 | 18 | 18 | 19 | 19 | 20 | 18 | 19 |
| | 10 | 10 | 11 | 11 | 12 | 13 | 13 | 14 | 14 | 15 | 14 | 15 | 16 | 16 | 17 | 17 | 18 | 19 | 19 | 20 | 20 | 21 | 19 | 20 |

一八六二 壬戌 清穆宗 同治元 1279

一八六一 辛酉 咸豐一一 1278

| | | | | | | | | | | | | | | | | | | | | | | | |
|---|---|---|---|---|---|---|---|---|---|---|---|---|---|---|---|---|---|---|---|---|---|---|---|
| 22十 | 23九 | 23 | 24 | 25 | 25 | 26 | 26 | 27 | 25 | 26 | 27 | 27 | 28 | 28 | 29 | 30 | 30 | 31 | 5 | 4 | 2 | 31 | 1 |
| 23 | 24 | 24閏 | 25八 | 26 | 26 | 27 | 27 | 28 | 26 | 27 | 28 | 28 | 29 | 29 | 30 | 31 | 7 | 6 | 2 | 2 | 3 | 2 | 2 |
| 24 6 | 25 5 | 25 | 26 | 27七 | 27六 | 28五 | 28 | 29 | 27 | 28 | 29 | 29 | 30 | 30 | 31 | 8 | 2 | 2 | 3 | 3 | 4 | 2 | 3 |
| 25 | 26 | 26 4 | 27 3 | 28 | 28 | 29 | 29四 | 30三 | 28 | 29 | 30 | 30 | 31 | 10 | 9 | 2 | 3 | 3 | 4 | 4 | 5 | 3 | 4 |
| 26 | 27 | 27 | 28 | 29 2 | 29 1 | 30 12 | 30 11 | 31 | 3二 | 30正 | 31十二 | 12 | 11 | 2 | 2 | 3 | 4 | 4 | 5 | 5 | 6 | 4 | 5 |
| 27 | 28 | 28 | 29 | 30 | 30 | 31 | 5 | 4 10 | 2 9 | 31 | 1 | 2十一 | 2 | 3 | 3 | 4 | 5 | 5 | 6 | 6 | 7 | 5 | 6 |
| 28 | 29 | 29 | 30 | 31 | 7 | 6 | 2 | 2 | 3 | 2 8 | 2 7 | 3 | 3十 | 4九 | 4 | 5 | 6 | 6 | 7 | 7 | 8 | 6 | 7 |
| 29 | 30 | 30 | 31 | 8 | 2 | 2 | 3 | 3 | 4 | 2 | 3 | 4 6 | 4 5 | 5 | 5八 | 6七 | 7 | 7 | 8 | 8 | 9 | 7 | 8 |
| 30 | 31 | 10 | 9 | 2 | 3 | 3 | 4 | 4 | 5 | 3 | 4 | 5 | 5 | 6 4 | 6 3 | 7 | 8六 | 8五 | 9 | 9 | 10 | 8 | 9 |
| 12 | 11 | 2 | 2 | 3 | 4 | 4 | 5 | 5 | 6 | 4 | 5 | 6 | 6 | 7 | 7 | 8 2 | 9 1 | 9 | 10四 | 10三 | 11二 | 9 | 10 |
| 2 | 2 | 3 | 3 | 4 | 5 | 5 | 6 | 6 | 7 | 5 | 6 | 7 | 7 | 8 | 8 | 9 | 10 | 10 12 | 11 11 | 11 | 12 | 10正 | 11十二 |
| 3 | 3 | 4 | 4 | 5 | 6 | 6 | 7 | 7 | 8 | 6 | 7 | 8 | 8 | 9 | 9 | 10 | 11 | 11 | 12 | 12 10 | 13 9 | 11 | 12 |
| 4 | 4 | 5 | 5 | 6 | 7 | 7 | 8 | 8 | 9 | 7 | 8 | 9 | 9 | 10 | 10 | 11 | 12 | 12 | 13 | 13 | 14 | 12 8 | 13 7 |
| 5 | 5 | 6 | 6 | 7 | 8 | 8 | 9 | 9 | 10 | 8 | 9 | 10 | 10 | 11 | 11 | 12 | 13 | 13 | 14 | 14 | 15 | 13 | 14 |
| 6 | 6 | 7 | 7 | 8 | 9 | 9 | 10 | 10 | 11 | 9 | 10 | 11 | 11 | 12 | 12 | 13 | 14 | 14 | 15 | 15 | 16 | 14 | 15 |
| 7 | 7 | 8 | 8 | 9 | 10 | 10 | 11 | 11 | 12 | 10 | 11 | 12 | 12 | 13 | 13 | 14 | 15 | 15 | 16 | 16 | 17 | 15 | 16 |
| 8 | 8 | 9 | 9 | 10 | 11 | 11 | 12 | 12 | 13 | 11 | 12 | 13 | 13 | 14 | 14 | 15 | 16 | 16 | 17 | 17 | 18 | 16 | 17 |
| 9 | 9 | 10 | 10 | 11 | 12 | 12 | 13 | 13 | 14 | 12 | 13 | 14 | 14 | 15 | 15 | 16 | 17 | 17 | 18 | 18 | 19 | 17 | 18 |
| 10 | 10 | 11 | 11 | 12 | 13 | 13 | 14 | 14 | 15 | 13 | 14 | 15 | 15 | 16 | 16 | 17 | 18 | 18 | 19 | 19 | 20 | 18 | 19 |
| 11 | 11 | 12 | 12 | 13 | 14 | 14 | 15 | 15 | 16 | 14 | 15 | 16 | 16 | 17 | 17 | 18 | 19 | 19 | 20 | 20 | 21 | 19 | 20 |
| 12 | 12 | 13 | 13 | 14 | 15 | 15 | 16 | 16 | 17 | 15 | 16 | 17 | 17 | 18 | 18 | 19 | 20 | 20 | 21 | 21 | 22 | 20 | 21 |
| 13 | 13 | 14 | 14 | 15 | 16 | 16 | 17 | 17 | 18 | 16 | 17 | 18 | 18 | 19 | 19 | 20 | 21 | 21 | 22 | 22 | 23 | 21 | 22 |
| 14 | 14 | 15 | 15 | 16 | 17 | 17 | 18 | 18 | 19 | 17 | 18 | 19 | 19 | 20 | 20 | 21 | 22 | 22 | 23 | 23 | 24 | 22 | 23 |
| 15 | 15 | 16 | 16 | 17 | 18 | 18 | 19 | 19 | 20 | 18 | 19 | 20 | 20 | 21 | 21 | 22 | 23 | 23 | 24 | 24 | 25 | 23 | 24 |
| 16 | 16 | 17 | 17 | 18 | 19 | 19 | 20 | 20 | 21 | 19 | 20 | 21 | 21 | 22 | 22 | 23 | 24 | 24 | 25 | 25 | 26 | 24 | 25 |
| 17 | 17 | 18 | 18 | 19 | 20 | 20 | 21 | 21 | 22 | 20 | 21 | 22冬 | 22 | 23 | 23 | 24 | 25 | 25 | 26 | 26 | 27 | 25 | 26 |
| 18 | 18 | 19 | 19 | 20 | 21 | 21 | 22 | 22 | 23 | 21 | 22 | 23 | 23 | 24 | 24 | 25 | 26 | 26 | 27 | 27 | 28 | 26 | 27 |
| 19 | 19 | 20 | 20 | 21 | 22 | 22 | 23 | 23 | 24 | 22 | 23 | 24 | 24 | 25 | 25 | 26 | 27 | 27 | 28 | 28 | 29 | 27 | 28 |
| 20 | 20 | 21 | 21 | 22 | 23 | 23 | 24 | 24 | 25 | 23 | 24 | 25 | 25 | 26 | 26 | 27 | 28 | 28 | 29 | 29 | 30 | 28 | 29 |
| 21十二 | 21 | 22 | 22 | 23 | 24 | 24 | 25 | 25 | 26 | 24 | 25 | 26 | 26 | 27 | 27 | 28 | 29 | 29 | 30 | 30 | 31 | 3 | 30 |

勵耘書屋

| 一八六四 甲子 同治三 1281 | | | | | | | | | | | | | 一八六三 癸亥 同治二 1280 | | | | | | | | | | | |
|---|---|---|---|---|---|---|---|---|---|---|---|---|---|---|---|---|---|---|---|---|---|---|---|---|
| 11 | 11 | 12 | 12 | 13 | 14 | 14 | 15 | 15 | 16 | 15 | 16 | 17 | 17 | 18 | 18 | 19 | 20 | 20 | 21 | 21 | 22 10 | 20 9 | 21 | 22冬 |
| 12 | 12 | 13 | 13 | 14 | 15 | 15 | 16 | 16 | 17 | 16 | 17 | 18 | 18 | 19 | 19 | 20 | 21 | 21 | 22 | 22 | 23 | 21 | 22 8 | 23 7 |
| 13 | 13 | 14 | 14 | 15 | 16 | 16 | 17 | 17 | 18 | 17 | 18 | 19 | 19 | 20 | 20 | 21 | 22 | 22 | 23 | 23 | 24 | 22 | 23 | 24 |
| 14 | 14 | 15 | 15 | 16 | 17 | 17 | 18 | 18 | 19 | 18 | 19 | 20 | 20 | 21 | 21 | 22 | 23 | 23 | 24 | 24 | 25 | 23 | 24 | 25 |
| 15 | 15 | 16 | 16 | 17 | 18 | 18 | 19 | 19 | 20 | 19 | 20 | 21 | 21 | 22 | 22 | 23 | 24 | 24 | 25 | 25 | 26 | 24 | 25 | 26 |
| 16 | 16 | 17 | 17 | 18 | 19 | 19 | 20 | 20 | 21 | 20 | 21 | 22冬 | 22 | 23 | 23 | 24 | 25 | 25 | 26 | 26 | 27 | 25 | 26 | 27 |
| 17 | 17 | 18 | 18 | 19 | 20 | 20 | 21 | 21 | 22 | 21 | 22 | 23 | 23 | 24 | 24 | 25 | 26 | 26 | 27 | 27 | 28 | 26 | 27 | 28 |
| 18 | 18 | 19 | 19 | 20 | 21 | 21 | 22 | 22 | 23 | 22 | 23 | 24 | 24 | 25 | 25 | 26 | 27 | 27 | 28 | 28 | 29 | 27 | 28 | 29 |
| 19 | 19 | 20 | 20 | 21 | 22 | 22 | 23 | 23 | 24 | 23 | 24 | 25 | 25 | 26 | 26 | 27 | 28 | 28 | 29 | 29 | 30 | 28 | 29 | 30 |
| 20 | 20 | 21 | 21 | 22 | 23 | 23 | 24 | 24 | 25 | 24 | 25 | 26 | 26 | 27 | 27 | 28 | 29 | 29 | 30 | 30 | 31 | **3** | 30 | 31 |
| 21冬 | 21 | 22 | 22 | 23 | 24 | 24 | 25 | 25 | 26 | 25 | 26 | 27 | 27 | 28 | 28 | 29 | 30 | 30 | 31 | **5** | **4** | 2 | 31 | **1** |
| 22 | 22 | 23 | 23 | 24 | 25 | 25 | 26 | 26 | 27 | 26 | 27 | 28 | 28 | 29 | 29 | 30 | 31 | **7** | **6** | 2 | 2 | 3 | **2** | 2 |
| 23 | 23 | 24 | 24 | 25 | 26 | 26 | 27 | 27 | 28 | 27 | 28 | 29 | 29 | 30 | 30 | 31 | **8** | 2 | 2 | 3 | 3 | 4 | 2 | 3 |
| 24 | 24 | 25 | 25 | 26 | 27 | 27 | 28 | 28 | 29 | 28 | 29 | 30 | 30 | 31 | **10** | **9** | 2 | 3 | 3 | 4 | 4 | 5 | 3 | 4 |
| 25 | 25 | 26 | 26 | 27 | 28 | 28 | 29 | 29 | 30 | 29 | 30 | 31 | **12** | **11** | 2 | 2 | 3 | 4 | 4 | 5 | 5 | 6 | 4 | 5 |
| 26 | 26 | 27 | 27 | 28 | 29 | 29 | 30 | 30 | 31 | **3** | 31 | **1** | 2 | 2 | 3 | 3 | 4 | 5 | 5 | 6 | 6 | 7 | 5 | 6 |
| 27 | 27 | 28 | 28 | 29 | 30 | 30 | 31 | **5** | **4** | 2 | **2** | 2 | 3 | 3 | 4 | 4 | 5 | 6 | 6 | 7 | 7 | 8 | 6 | 7 |
| 28 | 28 | 29 | 29 | 30 | 31 | **7** | **6** | 2 | 2 | 3 | 2 | 3 | 4 | 4 | 5 | 5 | 6 | 7 | 7 | 8 | 8 | 9 | 7 | 8 |
| 29十二 | 29十一 | 30十 | 30 | 31 | **8** | 2 | 2 | 3 | 3 | 4 | 3 | 4 | 5 | 5 | 6 | 6 | 7 | 8 | 8 | 9 | 9 | 10 | 8 | 9 |
| 30 8 | 30 7 | 31 | **10**九 | **9**八 | 2七 | 3 | 3 | 4 | 4 | 5 | 4 | 5 | 6 | 6 | 7 | 7 | 8 | 9 | 9 | 10 | 10 | 11 | 9 | 10 |
| 31 | **12** | **11** 6 | 2 5 | 2 | 3 | 4六 | 4五 | 5 | 5 | 6 | 5 | 6 | 7 | 7 | 8 | 8 | 9 | 10 | 10 | 11 | 11 | 12 | 10 | 11 |
| 日 | 2 | 2 | 3 | 3 4 | 4 3 | 5 | 5 | 6四 | 6三 | 7 | 6 | 7 | 8 | 8 | 9 | 9 | 10 | 11 | 11 | 12 | 12 | 13 | 11 | 12 |
| 曜 | 3 | 3 | 4 | 4 | 5 | 6 2 | 6 1 | 7 | 7 | 8二 | 7 | 8 | 9 | 9 | 10 | 10 | 11 | 12 | 12 | 13 | 13 | 14 | 12 | 13 |
| 表 | 4 | 4 | 5 | 5 | 6 | 7 | 7 | 8 12 | 8 11 | 9 | 8正 | 9十二 | 10 | 10 | 11 | 11 | 12 | 13 | 13 | 14 | 14 | 15 | 13 | 14 |
| 7 | 5 | 5 | 6 | 6 | 7 | 8 | 8 | 9 | 9 | 10 10 | 9 9 | 10 | 11十一 | 11十 | 12 | 12 | 13 | 14 | 14 | 15 | 15 | 16 | 14 | 15 |
| 甲 | 6 | 6 | 7 | 7 | 8 | 9 | 9 | 10 | 10 | 11 | 10 | 11 8 | 12 7 | 12 | 13九 | 13八 | 14七 | 15 | 15 | 16 | 16 | 17 | 15 | 16 |
| 子 | 7 | 7 | 8 | 8 | 9 | 10 | 10 | 11 | 11 | 12 | 11 | 12 | 13 | 13 6 | 14 5 | 14 | 15 | 16六 | 16五 | 17 | 17 | 18 | 16 | 17 |
| 表 | 8 | 8 | 9 | 9 | 10 | 11 | 11 | 12 | 12 | 13 | 12 | 13 | 14 | 14 | 15 | 15 4 | 16 3 | 17 | 17 | 18四 | 18三 | 19二 | 17 | 18 |
| 14 | 9 | 9 | 10 | 10 | 11 | 12 | 12 | 13 | 13 | 14 | 13 | 14 | 15 | 15 | 16 | 16 | 17 | 18 2 | 18 1 | 19 | 19 | 20 | 18正 | 19十二 |
| | 10 | 10 | 11 | 11 | 12 | 13 | 13 | 14 | 14 | 15 | 14 | 15 | 16 | 16 | 17 | 17 | 18 | 19 | 19 | 20 12 | 20 11 | 21 | 19 | 20 |

一八六六 丙寅 同治五 1283 | 一八六五 乙丑 同治四 1282

| | | | | | | | | | | | | | | | | | | | | | | | |
|---|---|---|---|---|---|---|---|---|---|---|---|---|---|---|---|---|---|---|---|---|---|---|---|
| 22 | 23 | 23 | 24 | 25 | 25 | 26 | 26 | 27 | 25 | 26 | 27 | 27 | 28 | 28 | 29 | 30 | 30 | 31 | **5** | **4** | 2 | 31 | **1** |
| 23 | 24 | 24 | 25 | 26 | 26 | 27 | 27 | 28 | 26 | 27 | 28 | 28 | 29 | 29 | 30 | 31 | **7** | **6** | 2 | 2 | 3 | **2** | 2 |
| 24 | 25 | 25 | 26 | 27 | 27 | 28 | 28 | 29 | 27 | 28 | 29 | 29 | 30 | 30 | 31 | **8** | 2 | 2 | 3 | 3 | 4 | 2 | 3 |
| 25 | 26 | 26 | 27 | 28 | 28 | 29 | 29 | 30 | 28 | 29 | 30 | 30 | 31 | **10** | **9** | 2 | 3 | 3 | 4 | 4 | 5 | 3 | 4 |
| 26 | 27 | 27 | 28 | 29 | 29 | 30 | 30 | 31 | **3** | 30 | 31 | **12** | **11** | 2 | 2 | 3 | 4 | 4 | 5 | 5 | 6 | 4 | 5 |
| 27 | 28 | 28 | 29 | 30 | 30 | 31 | **5** | **4** | 2 | 31 | **1** | 2 | 2 | 3 | 3 | 4 | 5 | 5 | 6 | 6 | 7 | 5 | 6 |
| 28 | 29 | 29 | 30 | 31 | **7** | **6** | 2 | 2 | 3 | **2** | 2 | 3 | 3 | 4 | 4 | 5 | 6 | 6 | 7 | 7 | 8 | 6 | 7 |
| 29 | 30 | 30 | 31 | **8** | 2 | 2 | 3 | 3 | 4 | 2 | 3 | 4 | 4 | 5 | 5 | 6 | 7 | 7 | 8 | 8 | 9 | 7 | 8 |
| 30 | 31 | **10** | **9** | 2 | 3 | 3 | 4 | 4 | 5 | 3 | 4 | 5 | 5 | 6 | 6 | 7 | 8 | 8 | 9 | 9 | 10 | 8 | 9 |
| **12** | **11** | 2 | 2 | 3 | 4 | 4 | 5 | 5 | 6 | 4 | 5 | 6 | 6 | 7 | 7 | 8 | 9 | 9 | 10 | 10 | 11 | 9 | 10 |
| 2 | 2 | 3 | 3 | 4 | 5 | 5 | 6 | 6 | 7 | 5 | 6 | 7 | 7 | 8 | 8 | 9 | 10 | 10 | 11 | 11 | 12 | 10 | 11 |
| 3 | 3 | 4 | 4 | 5 | 6 | 6 | 7 | 7 | 8 | 6 | 7 | 8 | 8 | 9 | 9 | 10 | 11 | 11 | 12 | 12 | 13 | 11 | 12 |
| 4 | 4 | 5 | 5 | 6 | 7 | 7 | 8 | 8 | 9 | 7 | 8 | 9 | 9 | 10 | 10 | 11 | 12 | 12 | 13 | 13 | 14 | 12 | 13 |
| 5 | 5 | 6 | 6 | 7 | 8 | 8 | 9 | 9 | 10 | 8 | 9 | 10 | 10 | 11 | 11 | 12 | 13 | 13 | 14 | 14 | 15 | 13 | 14 |
| 6 | 6 | 7 | 7 | 8 | 9 | 9 | 10 | 10 | 11 | 9 | 10 | 11 | 11 | 12 | 12 | 13 | 14 | 14 | 15 | 15 | 16 | 14 | 15 |
| 7十一 | 7十 | 8 | 8 | 9 | 10 | 10 | 11 | 11 | 12 | 10 | 11 | 12 | 12 | 13 | 13 | 14 | 15 | 15 | 16 | 16 | 17 | 15 | 16 |
| 8 | 8 | 9九 | 9八 | 10七 | 11 | 11 | 12 | 12 | 13 | 11 | 12 | 13 | 13 | 14 | 14 | 15 | 16 | 16 | 17 | 17 | 18 | 16 | 17 |
| 9 8 | 9 7 | 10 | 10 | 11 | 12六 | 12 | 13 | 13 | 14 | 12 | 13 | 14 | 14 | 15 | 15 | 16 | 17 | 17 | 18 | 18 | 19 | 17 | 18 |
| 10 | 10 | 11 6 | 11 5 | 12 | 13 | 13五 | 14四 | 14 | 15 | 13 | 14 | 15 | 15 | 16 | 16 | 17 | 18 | 18 | 19 | 19 | 20 | 18 | 19 |
| 11 | 11 | 12 | 12 | 13 4 | 14 3 | 14 | 15 | 15三 | 16 | 14 | 15 | 16 | 16 | 17 | 17 | 18 | 19 | 19 | 20 | 20 | 21 | 19 | 20 |
| 12 | 12 | 13 | 13 | 14 | 15 | 15 2 | 16 1 | 16 | 17二 | 15正 | 16 | 17 | 17 | 18 | 18 | 19 | 20 | 20 | 21 | 21 | 22 | 20 | 21 |
| 13 | 13 | 14 | 14 | 15 | 16 | 16 | 17 | 17 12 | 18 11 | 16 | 17十二 | 18十一 | 18十 | 19 | 19 | 20 | 21 | 21 | 22 | 22 | 23 | 21 | 22 |
| 14 | 14 | 15 | 15 | 16 | 17 | 17 | 18 | 18 | 19 | 17 10 | 18 9 | 19 | 19 | 20九 | 20八 | 21七 | 22 | 22 | 23 | 23 | 24 | 22 | 23 |
| 15 | 15 | 16 | 16 | 17 | 18 | 18 | 19 | 19 | 20 | 18 | 19 | 20 8 | 20 7 | 21 | 21 | 22 | 23六 | 23閏 | 24 | 24 | 25 | 23 | 24 |
| 16 | 16 | 17 | 17 | 18 | 19 | 19 | 20 | 20 | 21 | 19 | 20 | 21 | 21 | 22 6 | 22 5 | 23 | 24 | 24 | 25五 | 25四 | 26 | 24 | 25 |
| 17 | 17 | 18 | 18 | 19 | 20 | 20 | 21 | 21 | 22 | 20 | 21 | 22冬 | 22 | 23 | 23 | 24 4 | 25 3 | 25 | 26 | 26 | 27三 | 25 | 26 |
| 18 | 18 | 19 | 19 | 20 | 21 | 21 | 22 | 22 | 23 | 21 | 22 | 23 | 23 | 24 | 24 | 25 | 26 | 26 2 | 27 1 | 27 12 | 28 11 | 26二 | 27正 |
| 19 | 19 | 20 | 20 | 21 | 22 | 22 | 23 | 23 | 24 | 22 | 23 | 24 | 24 | 25 | 25 | 26 | 27 | 27 | 28 | 28 | 29 | 27 10 | 28 9 |
| 20 | 20 | 21 | 21 | 22 | 23 | 23 | 24 | 24 | 25 | 23 | 24 | 25 | 25 | 26 | 26 | 27 | 28 | 28 | 29 | 29 | 30 | 28 | 29 |
| 21 | 21 | 22 | 22 | 23 | 24 | 24 | 25 | 25 | 26 | 24 | 25 | 26 | 26 | 27 | 27 | 28 | 29 | 29 | 30 | 30 | 31 | **3** | 30 |

一八六八 戊辰 同治七 1285

一八六七 丁卯 同治六 1284

| | | | | | | | | | | | | | | | | | | | | | | | | |
|---|---|---|---|---|---|---|---|---|---|---|---|---|---|---|---|---|---|---|---|---|---|---|---|---|
| 11 | 11 | 12 | 12 | 13 | 14 | 14 | 15 | 15 | 16 | 15 | 16 | 17 | 17 | 18 | 18 | 19 | 20 | 20 | 21 | 21 | 22 | 20 | 21 | 22冬 |
| 12 | 12 | 13 | 13 | 14 | 15 | 15 | 16 | 16 | 17 | 16 | 17 | 18 | 18 | 19 | 19 | 20 | 21 | 21 | 22 | 22 | 23 | 21 | 22 | 23 |
| 13 | 13 | 14 | 14 | 15 | 16 | 16 | 17 | 17 | 18 | 17 | 18 | 19 | 19 | 20 | 20 | 21 | 22 | 22 | 23 | 23 | 24 | 22 | 23 | 24 |
| 14十一 | 14十 | 15 | 15 | 16 | 17 | 17 | 18 | 18 | 19 | 18 | 19 | 20 | 20 | 21 | 21 | 22 | 23 | 23 | 24 | 24 | 25 | 23 | 24 | 25 |
| 15 | 15 | 16九 | 16八 | 17 | 18 | 18 | 19 | 19 | 20 | 19 | 20 | 21 | 21 | 22 | 22 | 23 | 24 | 24 | 25 | 25 | 26 | 24 | 25 | 26 |
| 16 9 | 16 | 17 | 17 | 18七 | 19 | 19 | 20 | 20 | 21 | 20 | 21 | 22冬 | 22 | 23 | 23 | 24 | 25 | 25 | 26 | 26 | 27 | 25 | 26 | 27 |
| 17 | 17 8 | 18 7 | 18 | 19 | 20六 | 20五 | 21 | 21 | 22 | 21 | 22 | 23 | 23 | 24 | 24 | 25 | 26 | 26 | 27 | 27 | 28 | 26 | 27 | 28 |
| 18 | 18 | 19 | 19 6 | 20 5 | 21 | 21 | 22閏 | 22 | 23 | 22 | 23 | 24 | 24 | 25 | 25 | 26 | 27 | 27 | 28 | 28 | 29 | 27 | 28 | 29 |
| 19 | 19 | 20 | 20 | 21 | 22 4 | 22 3 | 23 | 23四 | 24三 | 23二 | 24 | 25 | 25 | 26 | 26 | 27 | 28 | 28 | 29 | 29 | 30 | 28 | 29 | 30 |
| 20 | 20 | 21 | 21 | 22 | 23 | 23 | 24 2 | 24 1 | 25 12 | 24 11 | 25正 | 26十二 | 26十一 | 27十 | 27 | 28 | 29 | 29 | 30 | 30 | 31 | 3 | 30 | 31 |
| 21冬 | 21 | 22 | 22 | 23 | 24 | 24 | 25 | 25 | 26 | 25 | 26 10 | 27 9 | 27 | 28 | 28九 | 29八 | 30 | 30 | 31 | 5 | 4 | 2 | 31 | 1 |
| 22 | 22 | 23 | 23 | 24 | 25 | 25 | 26 | 26 | 27 | 26 | 27 | 28 | 28 8 | 29 7 | 29 | 30 | 31七 | 7 | 6 | 2 | 2 | 3 | 2 | 2 |
| 23 | 23 | 24 | 24 | 25 | 26 | 26 | 27 | 27 | 28 | 27 | 28 | 29 | 29 | 30 | 30 6 | 31 5 | 8 | 2六 | 2五 | 3 | 3 | 4 | 2 | 3 |
| 24 | 24 | 25 | 25 | 26 | 27 | 27 | 28 | 28 | 29 | 28 | 29 | 30 | 30 | 31 | 10 | 9 | 2 4 | 3 3 | 3 | 4四 | 4 | 5 | 3 | 4 |
| 25 | 25 | 26 | 26 | 27 | 28 | 28 | 29 | 29 | 30 | 29 | 30 | 31 | 12 | 11 | 2 | 2 | 3 | 4 | 4 2 | 5 1 | 5三 | 6二 | 4 | 5 |
| 26 | 26 | 27 | 27 | 28 | 29 | 29 | 30 | 30 | 31 | 3 | 31 | 1 | 2 | 2 | 3 | 3 | 4 | 5 | 5 | 6 | 6 12 | 7 11 | 5正 | 6十二 |
| 27 | 27 | 28 | 28 | 29 | 30 | 30 | 31 | 5 | 4 | 2 | 2 | 2 | 3 | 3 | 4 | 4 | 5 | 6 | 6 | 7 | 7 | 8 | 6 10 | 7 9 |
| 28 | 28 | 29 | 29 | 30 | 31 | 7 | 6 | 2 | 2 | 3 | 2 | 3 | 4 | 4 | 5 | 5 | 6 | 7 | 7 | 8 | 8 | 9 | 7 | 8 |
| 29 | 29 | 30 | 30 | 31 | 8 | 2 | 2 | 3 | 3 | 4 | 3 | 4 | 5 | 5 | 6 | 6 | 7 | 8 | 8 | 9 | 9 | 10 | 8 | 9 |
| 30 | 30 | 31 | 10 | 9 | 2 | 3 | 3 | 4 | 4 | 5 | 4 | 5 | 6 | 6 | 7 | 7 | 8 | 9 | 9 | 10 | 10 | 11 | 9 | 10 |
| 31 | 12 | 11 | 2 | 2 | 3 | 4 | 4 | 5 | 5 | 6 | 5 | 6 | 7 | 7 | 8 | 8 | 9 | 10 | 10 | 11 | 11 | 12 | 10 | 11 |
| 日 | 2 | 2 | 3 | 3 | 4 | 5 | 5 | 6 | 6 | 7 | 6 | 7 | 8 | 8 | 9 | 9 | 10 | 11 | 11 | 12 | 12 | 13 | 11 | 12 |
| 曜 | 3 | 3 | 4 | 4 | 5 | 6 | 6 | 7 | 7 | 8 | 7 | 8 | 9 | 9 | 10 | 10 | 11 | 12 | 12 | 13 | 13 | 14 | 12 | 13 |
| 表 | 4 | 4 | 5 | 5 | 6 | 7 | 7 | 8 | 8 | 9 | 8 | 9 | 10 | 10 | 11 | 11 | 12 | 13 | 13 | 14 | 14 | 15 | 13 | 14 |
| 1 | 5 | 5 | 6 | 6 | 7 | 8 | 8 | 9 | 9 | 10 | 9 | 10 | 11 | 11 | 12 | 12 | 13 | 14 | 14 | 15 | 15 | 16 | 14 | 15 |
| 甲 | 6 | 6 | 7 | 7 | 8 | 9 | 9 | 10 | 10 | 11 | 10 | 11 | 12 | 12 | 13 | 13 | 14 | 15 | 15 | 16 | 16 | 17 | 15 | 16 |
| 子 | 7 | 7 | 8 | 8 | 9 | 10 | 10 | 11 | 11 | 12 | 11 | 12 | 13 | 13 | 14 | 14 | 15 | 16 | 16 | 17 | 17 | 18 | 16 | 17 |
| 表 | 8 | 8 | 9 | 9 | 10 | 11 | 11 | 12 | 12 | 13 | 12 | 13 | 14 | 14 | 15 | 15 | 16 | 17 | 17 | 18 | 18 | 19 | 17 | 18 |
| 15 | 9 | 9 | 10 | 10 | 11 | 12 | 12 | 13 | 13 | 14 | 13 | 14 | 15 | 15 | 16 | 16 | 17 | 18 | 18 | 19 | 19 | 20 | 18 | 19 |
| | 10 | 10 | 11 | 11 | 12 | 13 | 13 | 14 | 14 | 15 | 14 | 15 | 16 | 16 | 17 | 17 | 18 | 19 | 19 | 20 | 20 | 21 | 19 | 20 |

一八七〇 庚午 同治九 1287

一八六九 己巳 同治八 1286

| | | | | | | | | | | | | | | | | | | | | | | | |
|---|---|---|---|---|---|---|---|---|---|---|---|---|---|---|---|---|---|---|---|---|---|---|---|
| 22 | 23 | 23 | 24 | 25 | 25 | 26 | 26 | 27 | 25 | 26 | 27 | 27 | 28 | 28 | 29 | 30 | 30 | 31 | **5** | **4** | 2 | 31 | **1** |
| 23閏 | 24十 | 24 | 25 | 26 | 26 | 27 | 27 | 28 | 26 | 27 | 28 | 28 | 29 | 29 | 30 | 31 | **7** | **6** | 2 | 2 | 3 | **2** | 2 |
| 24 | 25 | 25九 | 26 | 27 | 27 | 28 | 28 | 29 | 27 | 28 | 29 | 29 | 30 | 30 | 31 | **8** | 2 | 2 | 3 | 3 | 4 | 2 | 3 |
| 25 9 | 26 | 26 | 27八 | 28七 | 28 | 29 | 29 | 30 | 28 | 29 | 30 | 30 | 31 | **10** | **9** | 2 | 3 | 3 | 4 | 4 | 5 | 3 | 4 |
| 26 | 27 8 | 27 7 | 28 | 29 | 29六 | 30五 | 30 | 31 | **3** | 30 | 31 | **12** | **11** | 2 | 2 | 3 | 4 | 4 | 5 | 5 | 6 | 4 | 5 |
| 27 | 28 | 28 | 29 6 | 30 5 | 30 | 31 | **5**四 | **4**三 | 2二 | 31正 | **1** | 2 | 2 | 3 | 3 | 4 | 5 | 5 | 6 | 6 | 7 | 5 | 6 |
| 28 | 29 | 29 | 30 | 31 | **7** 4 | **6** 3 | 2 | 2 | 3 | **2** | 2十二 | 3十一 | 3 | 4 | 4 | 5 | 6 | 6 | 7 | 7 | 8 | 6 | 7 |
| 29 | 30 | 30 | 31 | **8** | 2 | 2 | 3 2 | 3 1 | 4 12 | 2 11 | 3 | 4 | 4十 | 5九 | 5 | 6 | 7 | 7 | 8 | 8 | 9 | 7 | 8 |
| 30 | 31 | **10** | **9** | 2 | 3 | 3 | 4 | 4 | 5 | 3 | 4 10 | 5 9 | 5 | 6 | 6八 | 7 | 8 | 8 | 9 | 9 | 10 | 8 | 9 |
| **12** | **11** | 2 | 2 | 3 | 4 | 4 | 5 | 5 | 6 | 4 | 5 | 6 | 6 8 | 7 7 | 7 | 8七 | 9六 | 9 | 10 | 10 | 11 | 9 | 10 |
| 2 | 2 | 3 | 3 | 4 | 5 | 5 | 6 | 6 | 7 | 5 | 6 | 7 | 7 | 8 | 8 6 | 9 5 | 10 | 10五 | 11 | 11 | 12 | 10 | 11 |
| 3 | 3 | 4 | 4 | 5 | 6 | 6 | 7 | 7 | 8 | 6 | 7 | 8 | 8 | 9 | 9 | 10 | 11 4 | 11 3 | 12四 | 12三 | 13二 | 11正 | 12 |
| 4 | 4 | 5 | 5 | 6 | 7 | 7 | 8 | 8 | 9 | 7 | 8 | 9 | 9 | 10 | 10 | 11 | 12 | 12 | 13 2 | 13 1 | 14 | 12 | 13十二 |
| 5 | 5 | 6 | 6 | 7 | 8 | 8 | 9 | 9 | 10 | 8 | 9 | 10 | 10 | 11 | 11 | 12 | 13 | 13 | 14 | 14 | 15 12 | 13 11 | 14 |
| 6 | 6 | 7 | 7 | 8 | 9 | 9 | 10 | 10 | 11 | 9 | 10 | 11 | 11 | 12 | 12 | 13 | 14 | 14 | 15 | 15 | 16 | 14 | 15 10 |
| 7 | 7 | 8 | 8 | 9 | 10 | 10 | 11 | 11 | 12 | 10 | 11 | 12 | 12 | 13 | 13 | 14 | 15 | 15 | 16 | 16 | 17 | 15 | 16 |
| 8 | 8 | 9 | 9 | 10 | 11 | 11 | 12 | 12 | 13 | 11 | 12 | 13 | 13 | 14 | 14 | 15 | 16 | 16 | 17 | 17 | 18 | 16 | 17 |
| 9 | 9 | 10 | 10 | 11 | 12 | 12 | 13 | 13 | 14 | 12 | 13 | 14 | 14 | 15 | 15 | 16 | 17 | 17 | 18 | 18 | 19 | 17 | 18 |
| 10 | 10 | 11 | 11 | 12 | 13 | 13 | 14 | 14 | 15 | 13 | 14 | 15 | 15 | 16 | 16 | 17 | 18 | 18 | 19 | 19 | 20 | 18 | 19 |
| 11 | 11 | 12 | 12 | 13 | 14 | 14 | 15 | 15 | 16 | 14 | 15 | 16 | 16 | 17 | 17 | 18 | 19 | 19 | 20 | 20 | 21 | 19 | 20 |
| 12 | 12 | 13 | 13 | 14 | 15 | 15 | 16 | 16 | 17 | 15 | 16 | 17 | 17 | 18 | 18 | 19 | 20 | 20 | 21 | 21 | 22 | 20 | 21 |
| 13 | 13 | 14 | 14 | 15 | 16 | 16 | 17 | 17 | 18 | 16 | 17 | 18 | 18 | 19 | 19 | 20 | 21 | 21 | 22 | 22 | 23 | 21 | 22 |
| 14 | 14 | 15 | 15 | 16 | 17 | 17 | 18 | 18 | 19 | 17 | 18 | 19 | 19 | 20 | 20 | 21 | 22 | 22 | 23 | 23 | 24 | 22 | 23 |
| 15 | 15 | 16 | 16 | 17 | 18 | 18 | 19 | 19 | 20 | 18 | 19 | 20 | 20 | 21 | 21 | 22 | 23 | 23 | 24 | 24 | 25 | 23 | 24 |
| 16 | 16 | 17 | 17 | 18 | 19 | 19 | 20 | 20 | 21 | 19 | 20 | 21 | 21 | 22 | 22 | 23 | 24 | 24 | 25 | 25 | 26 | 24 | 25 |
| 17 | 17 | 18 | 18 | 19 | 20 | 20 | 21 | 21 | 22 | 20 | 21 | 22冬 | 22 | 23 | 23 | 24 | 25 | 25 | 26 | 26 | 27 | 25 | 26 |
| 18 | 18 | 19 | 19 | 20 | 21 | 21 | 22 | 22 | 23 | 21 | 22 | 23 | 23 | 24 | 24 | 25 | 26 | 26 | 27 | 27 | 28 | 26 | 27 |
| 19 | 19 | 20 | 20 | 21 | 22 | 22 | 23 | 23 | 24 | 22 | 23 | 24 | 24 | 25 | 25 | 26 | 27 | 27 | 28 | 28 | 29 | 27 | 28 |
| 20 | 20 | 21 | 21 | 22 | 23 | 23 | 24 | 24 | 25 | 23 | 24 | 25 | 25 | 26 | 26 | 27 | 28 | 28 | 29 | 29 | 30 | 28 | 29 |
| 21 | 21 | 22 | 22 | 23 | 24 | 24 | 25 | 25 | 26 | 24 | 25 | 26 | 26 | 27 | 27 | 28 | 29 | 29 | 30 | 30 | 31 | **3** | 30 |

一八七二 壬申 同治一一 1289

一八七一 辛未 同治一〇 1288

| | | | | | | | | | | | | | | | | | | | | | | | | |
|---|---|---|---|---|---|---|---|---|---|---|---|---|---|---|---|---|---|---|---|---|---|---|---|---|
| 11 | 11 | 12 | 12 | 13 | 14 | 14 | 15 | 15 | 16 | 15 | 16 | 17 | 17 | 18 | 18 | 19 | 20 | 20 4 | 21 3 | 21 | 22 | 20 | 21 十二 | 22 十一 |
| 12 | 12 | 13 | 13 | 14 | 15 | 15 | 16 | 16 | 17 | 16 | 17 | 18 | 18 | 19 | 19 | 20 | 21 | 21 | 22 | 22 2 | 23 1 | 21 | 22 | 23 |
| 13 | 13 | 14 | 14 | 15 | 16 | 16 | 17 | 17 | 18 | 17 | 18 | 19 | 19 | 20 | 20 | 21 | 22 | 22 | 23 | 23 | 24 | 22 12 | 23 11 | 24 |
| 14 | 14 | 15 | 15 | 16 | 17 | 17 | 18 | 18 | 19 | 18 | 19 | 20 | 20 | 21 | 21 | 22 | 23 | 23 | 24 | 24 | 25 | 23 | 24 | 25 10 |
| 15 | 15 | 16 | 16 | 17 | 18 | 18 | 19 | 19 | 20 | 19 | 20 | 21 | 21 | 22 | 22 | 23 | 24 | 24 | 25 | 25 | 26 | 24 | 25 | 26 |
| 16 | 16 | 17 | 17 | 18 | 19 | 19 | 20 | 20 | 21 | 20 | 21 | 22 冬 | 22 | 23 | 23 | 24 | 25 | 25 | 26 | 26 | 27 | 25 | 26 | 27 |
| 17 | 17 | 18 | 18 | 19 | 20 | 20 | 21 | 21 | 22 | 21 | 22 | 23 | 23 | 24 | 24 | 25 | 26 | 26 | 27 | 27 | 28 | 26 | 27 | 28 |
| 18 | 18 | 19 | 19 | 20 | 21 | 21 | 22 | 22 | 23 | 22 | 23 | 24 | 24 | 25 | 25 | 26 | 27 | 27 | 28 | 28 | 29 | 27 | 28 | 29 |
| 19 | 19 | 20 | 20 | 21 | 22 | 22 | 23 | 23 | 24 | 23 | 24 | 25 | 25 | 26 | 26 | 27 | 28 | 28 | 29 | 29 | 30 | 28 | 29 | 30 |
| 20 | 20 | 21 | 21 | 22 | 23 | 23 | 24 | 24 | 25 | 24 | 25 | 26 | 26 | 27 | 27 | 28 | 29 | 29 | 30 | 30 | 31 | 3 | 30 | 31 |
| 21 冬 | 21 | 22 | 22 | 23 | 24 | 24 | 25 | 25 | 26 | 25 | 26 | 27 | 27 | 28 | 28 | 29 | 30 | 30 | 31 | 5 | 4 | 2 | 31 | 1 |
| 22 | 22 | 23 | 23 | 24 | 25 | 25 | 26 | 26 | 27 | 26 | 27 | 28 | 28 | 29 | 29 | 30 | 31 | 7 | 6 | 2 | 2 | 3 | 2 | 2 |
| 23 | 23 | 24 | 24 | 25 | 26 | 26 | 27 | 27 | 28 | 27 | 28 | 29 | 29 | 30 | 30 | 31 | 8 | 2 | 2 | 3 | 3 | 4 | 2 | 3 |
| 24 | 24 | 25 | 25 | 26 | 27 | 27 | 28 | 28 | 29 | 28 | 29 | 30 | 30 | 31 | 10 | 9 | 2 | 3 | 3 | 4 | 4 | 5 | 3 | 4 |
| 25 | 25 | 26 | 26 | 27 | 28 | 28 | 29 | 29 | 30 | 29 | 30 | 31 | 12 | 11 | 2 | 2 | 3 | 4 | 4 | 5 | 5 | 6 | 4 | 5 |
| 26 | 26 | 27 | 27 | 28 | 29 | 29 | 30 | 30 | 31 | 3 | 31 | 1 | 2 | 2 | 3 | 3 | 4 | 5 | 5 | 6 | 6 | 7 | 5 | 6 |
| 27 | 27 | 28 | 28 | 29 | 30 | 30 | 31 | 5 | 4 | 2 | 2 | 2 | 3 | 3 | 4 | 4 | 5 | 6 | 6 | 7 | 7 | 8 | 6 | 7 |
| 28 | 28 | 29 | 29 | 30 | 31 | 7 | 6 | 2 | 2 | 3 | 2 | 3 | 4 | 4 | 5 | 5 | 6 | 7 | 7 | 8 | 8 | 9 | 7 | 8 |
| 29 | 29 | 30 | 30 | 31 | 8 | 2 | 2 | 3 | 3 | 4 | 3 | 4 | 5 | 5 | 6 | 6 | 7 | 8 | 8 | 9 | 9 | 10 | 8 | 9 |
| 30 十二 | 30 | 31 | 10 | 9 | 2 | 3 | 3 | 4 | 4 | 5 | 4 | 5 | 6 | 6 | 7 | 7 | 8 | 9 | 9 | 10 | 10 | 11 | 9 | 10 |
| 31 11 | 12 十一 | 11 十 | 2 九 | 2 | 3 | 4 | 4 | 5 | 5 | 6 | 5 | 6 | 7 | 7 | 8 | 8 | 9 | 10 | 10 | 11 | 11 | 12 | 10 | 11 |
| 日 | 2 10 | 2 9 | 3 | 3 八 | 4 七 | 5 | 5 | 6 | 6 | 7 | 6 | 7 | 8 | 8 | 9 | 9 | 10 | 11 | 11 | 12 | 12 | 13 | 11 | 12 |
| 曜 | 3 | 3 | 4 8 | 4 7 | 5 | 6 六 | 6 五 | 7 四 | 7 | 8 | 7 | 8 | 9 | 9 | 10 | 10 | 11 | 12 | 12 | 13 | 13 | 14 | 12 | 13 |
| 表 | 4 | 4 | 5 | 5 | 6 6 | 7 5 | 7 | 8 | 8 三 | 9 二 | 8 | 9 | 10 | 10 | 11 | 11 | 12 | 13 | 13 | 14 | 14 | 15 | 13 | 14 |
| 2 | 5 | 5 | 6 | 6 | 7 | 8 | 8 4 | 9 3 | 9 | 10 | 9 正 | 10 十二 | 11 | 11 | 12 | 12 | 13 | 14 | 14 | 15 | 15 | 16 | 14 | 15 |
| 甲 | 6 | 6 | 7 | 7 | 8 | 9 | 9 | 10 | 10 2 | 11 1 | 10 | 11 | 12 十一 | 12 | 13 | 13 | 14 | 15 | 15 | 16 | 16 | 17 | 15 | 16 |
| 子 | 7 | 7 | 8 | 8 | 9 | 10 | 10 | 11 | 11 | 12 | 11 12 | 12 11 | 13 | 13 十 | 14 九 | 14 | 15 | 16 | 16 | 17 | 17 | 18 | 16 | 17 |
| 表 | 8 | 8 | 9 | 9 | 10 | 11 | 11 | 12 | 12 | 13 | 12 | 13 | 14 10 | 14 9 | 15 | 15 八 | 16 七 | 17 | 17 | 18 | 18 | 19 | 17 | 18 |
| 16 | 9 | 9 | 10 | 10 | 11 | 12 | 12 | 13 | 13 | 14 | 13 | 14 | 15 | 15 | 16 8 | 16 7 | 17 | 18 六 | 18 五 | 19 四 | 19 | 20 | 18 | 19 |
| | 10 | 10 | 11 | 11 | 12 | 13 | 13 | 14 | 14 | 15 | 14 | 15 | 16 | 16 | 17 | 17 | 18 6 | 19 5 | 19 | 20 | 20 三 | 21 二 | 19 正 | 20 |

一八七四 甲戌 同治一三 1291

一八七三 癸酉 同治一二 1290

| | | | | | | | | | | | | | | | | | | | | | | | |
|---|---|---|---|---|---|---|---|---|---|---|---|---|---|---|---|---|---|---|---|---|---|---|---|
| 22 | 23 | 23 | 24 | 25 | 25 | 26 | 26 | 27 | 25 | 26 | 27 | 27 | 28 | 28 | 29 | 30 | 30 | 31 | **5** | **4** | 2 | 31 | **1** |
| 23 | 24 | 24 | 25 | 26 | 26 | 27 | 27 | 28 | 26 | 27 | 28 | 28 | 29 | 29 | 30 | 31 | **7** | **6** | 2 | 2 | 3 | **2** | 2 |
| 24 | 25 | 25 | 26 | 27 | 27 | 28 | 28 | 29 | 27 | 28 | 29 | 29 | 30 | 30 | 31 | **8** | 2 | 2 | 3 | 3 | 4 | 2 | 3 |
| 25 | 26 | 26 | 27 | 28 | 28 | 29 | 29 | 30 | 28 | 29 | 30 | 30 | 31 | **10** | **9** | 2 | 3 | 3 | 4 | 4 | 5 | 3 | 4 |
| 26 | 27 | 27 | 28 | 29 | 29 | 30 | 30 | 31 | **3** | 30 | 31 | **12** | **11** | 2 | 2 | 3 | 4 | 4 | 5 | 5 | 6 | 4 | 5 |
| 27 | 28 | 28 | 29 | 30 | 30 | 31 | **5** | **4** | 2 | 31 | **1** | 2 | 2 | 3 | 3 | 4 | 5 | 5 | 6 | 6 | 7 | 5 | 6 |
| 28 | 29 | 29 | 30 | 31 | **7** | **6** | 2 | 2 | 3 | **2** | 2 | 3 | 3 | 4 | 4 | 5 | 6 | 6 | 7 | 7 | 8 | 6 | 7 |
| 29 | 30 | 30 | 31 | **8** | 2 | 2 | 3 | 3 | 4 | 2 | 3 | 4 | 4 | 5 | 5 | 6 | 7 | 7 | 8 | 8 | 9 | 7 | 8 |
| 30 | 31 | **10** | **9** | 2 | 3 | 3 | 4 | 4 | 5 | 3 | 4 | 5 | 5 | 6 | 6 | 7 | 8 | 8 | 9 | 9 | 10 | 8 | 9 |
| **12** | **11** | 2 | 2 | 3 | 4 | 4 | 5 | 5 | 6 | 4 | 5 | 6 | 6 | 7 | 7 | 8 | 9 | 9 | 10 | 10 | 11 | 9 | 10 |
| 2 | 2 | 3 | 3 | 4 | 5 | 5 | 6 | 6 | 7 | 5 | 6 | 7 | 7 | 8 | 8 | 9 | 10 | 10 | 11 | 11 | 12 | 10 | 11 |
| 3 | 3 | 4 | 4 | 5 | 6 | 6 | 7 | 7 | 8 | 6 | 7 | 8 | 8 | 9 | 9 | 10 | 11 | 11 | 12 | 12 | 13 | 11 | 12 |
| 4 | 4 | 5 | 5 | 6 | 7 | 7 | 8 | 8 | 9 | 7 | 8 | 9 | 9 | 10 | 10 | 11 | 12 | 12 | 13 | 13 | 14 | 12 | 13 |
| 5 | 5 | 6 | 6 | 7 | 8 | 8 | 9 | 9 | 10 | 8 | 9 | 10 | 10 | 11 | 11 | 12 | 13 | 13 | 14 | 14 | 15 | 13 | 14 |
| 6 | 6 | 7 | 7 | 8 | 9 | 9 | 10 | 10 | 11 | 9 | 10 | 11 | 11 | 12 | 12 | 13 | 14 | 14 | 15 | 15 | 16 | 14 | 15 |
| 7 | 7 | 8 | 8 | 9 | 10 | 10 | 11 | 11 | 12 | 10 | 11 | 12 | 12 | 13 | 13 | 14 | 15 | 15 | 16 | 16 | 17 | 15 | 16 |
| 8 | 8 | 9 | 9 | 10 | 11 | 11 | 12 | 12 | 13 | 11 | 12 | 13 | 13 | 14 | 14 | 15 | 16 | 16 | 17 | 17 | 18 | 16 | 17 |
| 9 十一 | 9 十 | 10 九 | 10 | 11 | 12 | 12 | 13 | 13 | 14 | 12 | 13 | 14 | 14 | 15 | 15 | 16 | 17 | 17 | 18 | 18 | 19 | 17 | 18 |
| 10 11 | 10 | 11 | 11 八 | 12 七 | 13 | 13 | 14 | 14 | 15 | 13 | 14 | 15 | 15 | 16 | 16 | 17 | 18 | 18 | 19 | 19 | 20 | 18 | 19 |
| 11 | 11 10 | 12 9 | 12 | 13 | 14 六 | 14 五 | 15 | 15 | 16 | 14 | 15 | 16 | 16 | 17 | 17 | 18 | 19 | 19 | 20 | 20 | 21 | 19 | 20 |
| 12 | 12 | 13 | 13 8 | 14 7 | 15 | 15 | 16 四 | 16 三 | 17 | 15 | 16 | 17 | 17 | 18 | 18 | 19 | 20 | 20 | 21 | 21 | 22 | 20 | 21 |
| 13 | 13 | 14 | 14 | 15 | 16 6 | 16 5 | 17 | 17 | 18 二 | 16 | 17 | 18 | 18 | 19 | 19 | 20 | 21 | 21 | 22 | 22 | 23 | 21 | 22 |
| 14 | 14 | 15 | 15 | 16 | 17 | 17 | 18 4 | 18 3 | 19 | 17 正 | 18 十二 | 19 | 19 | 20 | 20 | 21 | 22 | 22 | 23 | 23 | 24 | 22 | 23 |
| 15 | 15 | 16 | 16 | 17 | 18 | 18 | 19 | 19 | 20 2 | 18 1 | 19 | 20 十一 | 20 十 | 21 九 | 21 | 22 | 23 | 23 | 24 | 24 | 25 | 23 | 24 |
| 16 | 16 | 17 | 17 | 18 | 19 | 19 | 20 | 20 | 21 | 19 | 20 12 | 21 11 | 21 | 22 | 22 八 | 23 七 | 24 閏 | 24 | 25 | 25 | 26 | 24 | 25 |
| 17 | 17 | 18 | 18 | 19 | 20 | 20 | 21 | 21 | 22 | 20 | 21 | 22 冬 | 22 10 | 23 9 | 23 | 24 | 25 | 25 六 | 26 五 | 26 | 27 | 25 | 26 |
| 18 | 18 | 19 | 19 | 20 | 21 | 21 | 22 | 22 | 23 | 21 | 22 | 23 | 23 | 24 | 24 8 | 25 7 | 26 | 26 | 27 | 27 四 | 28 三 | 26 | 27 |
| 19 | 19 | 20 | 20 | 21 | 22 | 22 | 23 | 23 | 24 | 22 | 23 | 24 | 24 | 25 | 25 | 26 | 27 6 | 27 5 | 28 | 28 | 29 | 27 二 | 28 |
| 20 | 20 | 21 | 21 | 22 | 23 | 23 | 24 | 24 | 25 | 23 | 24 | 25 | 25 | 26 | 26 | 27 | 28 | 28 | 29 4 | 29 3 | 30 | 28 | 29 正 |
| 21 | 21 | 22 | 22 | 23 | 24 | 24 | 25 | 25 | 26 | 24 | 25 | 26 | 26 | 27 | 27 | 28 | 29 | 29 | 30 | 30 | 31 2 | **3** 1 | 30 12 |

一八七五
乙亥
清德宗
光緒元
1292

一八七六
丙子
光緒二
1293

| | | | | | | | | | | | | | | | | | | | | | | | | |
|---|---|---|---|---|---|---|---|---|---|---|---|---|---|---|---|---|---|---|---|---|---|---|---|---|
| 11 | 11 | 12 | 12 | 13 | 14 | 14 | 15 | 15 | 16 | 15 | 16 | 17 | 17 | 18 | 18 | 19 | 20 | 20 | 21 | 21 | 22 | 20 | 21 | 22冬 |
| 12 | 12 | 13 | 13 | 14 | 15 | 15 | 16 | 16 | 17 | 16 | 17 | 18 | 18 | 19 | 19 | 20 | 21 | 21 | 22 | 22 | 23 | 21 | 22 | 23 |
| 13 | 13 | 14 | 14 | 15 | 16 | 16 | 17 | 17 | 18 | 17 | 18 | 19 | 19 | 20 | 20 | 21 | 22 | 22 | 23 | 23 | 24 | 22 | 23 | 24 |
| 14 | 14 | 15 | 15 | 16 | 17 | 17 | 18 | 18 | 19 | 18 | 19 | 20 | 20 | 21 | 21 | 22 | 23 | 23 | 24 | 24 | 25 | 23 | 24 | 25 |
| 15 | 15 | 16 | 16 | 17 | 18 | 18 | 19 | 19 | 20 | 19 | 20 | 21 | 21 | 22 | 22 | 23 | 24 | 24 | 25 | 25 | 26 | 24 | 25 | 26 |
| 16十一 | 16十 | 17九 | 17 | 18 | 19 | 19 | 20 | 20 | 21 | 20 | 21 | 22冬 | 22 | 23 | 23 | 24 | 25 | 25 | 26 | 26 | 27 | 25 | 26 | 27 |
| 17 | 17 | 18 | 18八 | 19七 | 20 | 20 | 21 | 21 | 22 | 21 | 22 | 23 | 23 | 24 | 24 | 25 | 26 | 26 | 27 | 27 | 28 | 26 | 27 | 28 |
| 18 12 | 18 11 | 19 | 19 | 20 | 21六 | 21 | 22 | 22 | 23 | 22 | 23 | 24 | 24 | 25 | 25 | 26 | 27 | 27 | 28 | 28 | 29 | 27 | 28 | 29 |
| 19 | 19 | 20 10 | 20 9 | 21 | 22 | 22閏 | 23五 | 23 | 24 | 23 | 24 | 25 | 25 | 26 | 26 | 27 | 28 | 28 | 29 | 29 | 30 | 28 | 29 | 30 |
| 20 | 20 | 21 | 21 | 22 8 | 23 7 | 23 | 24 | 24四 | 25 | 24 | 25 | 26 | 26 | 27 | 27 | 28 | 29 | 29 | 30 | 30 | 31 | 3 | 30 | 31 |
| 21冬 | 21 | 22 | 22 | 23 | 24 | 24 6 | 25 5 | 25 | 26三 | 25二 | 26正 | 27 | 27 | 28 | 28 | 29 | 30 | 30 | 31 | 5 | 4 | 2 | 31 | 1 |
| 22 | 22 | 23 | 23 | 24 | 25 | 25 | 26 | 26 4 | 27 3 | 26 | 27 | 28十二 | 28十一 | 29十 | 29九 | 30 | 31 | 7 | 6 | 2 | 2 | 3 | 2 | 2 |
| 23 | 23 | 24 | 24 | 25 | 26 | 26 | 27 | 27 | 28 | 27 2 | 28 1 | 29 12 | 29 11 | 30 | 30 | 31八 | 8七 | 2 | 2 | 3 | 3 | 4 | 2 | 3 |
| 24 | 24 | 25 | 25 | 26 | 27 | 27 | 28 | 28 | 29 | 28 | 29 | 30 | 30 | 31 10 | 10 9 | 9 | 2 | 3六 | 3 | 4 | 4 | 5 | 3 | 4 |
| 25 | 25 | 26 | 26 | 27 | 28 | 28 | 29 | 29 | 30 | 29 | 30 | 31 | 12 | 11 | 2 | 2 8 | 3 7 | 4 | 4五 | 5四 | 5 | 6 | 4 | 5 |
| 26 | 26 | 27 | 27 | 28 | 29 | 29 | 30 | 30 | 31 | 3 | 31 | 1 | 2 | 2 | 3 | 3 | 4 | 5 6 | 5 5 | 6 | 6三 | 7 | 5 | 6 |
| 27 | 27 | 28 | 28 | 29 | 30 | 30 | 31 | 5 | 4 | 2 | 2 | 2 | 3 | 3 | 4 | 4 | 5 | 6 | 6 | 7 4 | 7 3 | 8二 | 6正 | 7 |
| 28 | 28 | 29 | 29 | 30 | 31 | 7 | 6 | 2 | 2 | 3 | 2 | 3 | 4 | 4 | 5 | 5 | 6 | 7 | 7 | 8 | 8 | 9 2 | 7 1 | 8十二 |
| 29 | 29 | 30 | 30 | 31 | 8 | 2 | 2 | 3 | 3 | 4 | 3 | 4 | 5 | 5 | 6 | 6 | 7 | 8 | 8 | 9 | 9 | 10 | 8 | 9 12 |
| 30 | 30 | 31 | 10 | 9 | 2 | 3 | 3 | 4 | 4 | 5 | 4 | 5 | 6 | 6 | 7 | 7 | 8 | 9 | 9 | 10 | 10 | 11 | 9 | 10 |
| 31 | 12 | 11 | 2 | 2 | 3 | 4 | 4 | 5 | 5 | 6 | 5 | 6 | 7 | 7 | 8 | 8 | 9 | 10 | 10 | 11 | 11 | 12 | 10 | 11 |
| 日 | 2 | 2 | 3 | 3 | 4 | 5 | 5 | 6 | 6 | 7 | 6 | 7 | 8 | 8 | 9 | 9 | 10 | 11 | 11 | 12 | 12 | 13 | 11 | 12 |
| 曜 | 3 | 3 | 4 | 4 | 5 | 6 | 6 | 7 | 7 | 8 | 7 | 8 | 9 | 9 | 10 | 10 | 11 | 12 | 12 | 13 | 13 | 14 | 12 | 13 |
| 表 | 4 | 4 | 5 | 5 | 6 | 7 | 7 | 8 | 8 | 9 | 8 | 9 | 10 | 10 | 11 | 11 | 12 | 13 | 13 | 14 | 14 | 15 | 13 | 14 |
| 3 | 5 | 5 | 6 | 6 | 7 | 8 | 8 | 9 | 9 | 10 | 9 | 10 | 11 | 11 | 12 | 12 | 13 | 14 | 14 | 15 | 15 | 16 | 14 | 15 |
| 甲 | 6 | 6 | 7 | 7 | 8 | 9 | 9 | 10 | 10 | 11 | 10 | 11 | 12 | 12 | 13 | 13 | 14 | 15 | 15 | 16 | 16 | 17 | 15 | 16 |
| 子 | 7 | 7 | 8 | 8 | 9 | 10 | 10 | 11 | 11 | 12 | 11 | 12 | 13 | 13 | 14 | 14 | 15 | 16 | 16 | 17 | 17 | 18 | 16 | 17 |
| 表 | 8 | 8 | 9 | 9 | 10 | 11 | 11 | 12 | 12 | 13 | 12 | 13 | 14 | 14 | 15 | 15 | 16 | 17 | 17 | 18 | 18 | 19 | 17 | 18 |
| 17 | 9 | 9 | 10 | 10 | 11 | 12 | 12 | 13 | 13 | 14 | 13 | 14 | 15 | 15 | 16 | 16 | 17 | 18 | 18 | 19 | 19 | 20 | 18 | 19 |
| | 10 | 10 | 11 | 11 | 12 | 13 | 13 | 14 | 14 | 15 | 14 | 15 | 16 | 16 | 17 | 17 | 18 | 19 | 19 | 20 | 20 | 21 | 19 | 20 |

| 一八七八 戊寅 光緒四 1295 | | | | | | | | | | | | 一八七七 丁丑 光緒三 1294 | | | | | | | | | | | |
|---|---|---|---|---|---|---|---|---|---|---|---|---|---|---|---|---|---|---|---|---|---|---|---|
| 22 | 23 | 23 | 24 | 25 | 25 | 26 | 26 | 27 | 25 | 26 | 27 | 27 | 28 | 28 | 29 | 30 | 30 | 31 | **5** | **4** | 2 | 31 | **1** |
| 23 | 24 | 24 | 25 | 26 | 26 | 27 | 27 | 28 | 26 | 27 | 28 | 28 | 29 | 29 | 30 | 31 | **7** | **6** | 2 | 2 | 3 | **2** | 2 |
| 24 十一 | 25 | 25 | 26 | 27 | 27 | 28 | 28 | 29 | 27 | 28 | 29 | 29 | 30 | 30 | 31 | **8** | 2 | 2 | 3 | 3 | 4 | 2 | 3 |
| 25 | 26 十 | 26 九 | 27 | 28 | 28 | 29 | 29 | 30 | 28 | 29 | 30 | 30 | 31 | **10** | **9** | 2 | 3 | 3 | 4 | 4 | 5 | 3 | 4 |
| 26 12 | 27 11 | 27 | 28 八 | 29 | 29 | 30 | 30 | 31 | **3** | 30 | 31 | **12** | **11** | 2 | 2 | 3 | 4 | 4 | 5 | 5 | 6 | 4 | 5 |
| 27 | 28 | 28 10 | 29 9 | 30 七 | 30 六 | 31 | **5** | **4** | 2 | 31 | **1** | 2 | 2 | 3 | 3 | 4 | 5 | 5 | 6 | 6 | 7 | 5 | 6 |
| 28 | 29 | 29 | 30 | 31 8 | **7** 7 | **6** 五 | 2 四 | 2 | 3 | **2** | 2 | 3 | 3 | 4 | 4 | 5 | 6 | 6 | 7 | 7 | 8 | 6 | 7 |
| 29 | 30 | 30 | 31 | **8** | 2 | 2 6 | 3 5 | 3 三 | 4 二 | 2 正 | 3 十二 | 4 | 4 | 5 | 5 | 6 | 7 | 7 | 8 | 8 | 9 | 7 | 8 |
| 30 | 31 | **10** | **9** | 2 | 3 | 3 | 4 | 4 4 | 5 3 | 3 | 4 | 5 十一 | 5 十 | 6 | 6 | 7 | 8 | 8 | 9 | 9 | 10 | 8 | 9 |
| **12** | **11** | 2 | 2 | 3 | 4 | 4 | 5 | 5 | 6 | 4 2 | 5 1 | 6 | 6 | 7 九 | 7 八 | 8 | 9 | 9 | 10 | 10 | 11 | 9 | 10 |
| 2 | 2 | 3 | 3 | 4 | 5 | 5 | 6 | 6 | 7 | 5 | 6 | 7 12 | 7 11 | 8 | 8 | 9 七 | 10 | 10 | 11 | 11 | 12 | 10 | 11 |
| 3 | 3 | 4 | 4 | 5 | 6 | 6 | 7 | 7 | 8 | 6 | 7 | 8 | 8 | 9 10 | 9 9 | 10 | 11 六 | 11 五 | 12 | 12 | 13 | 11 | 12 |
| 4 | 4 | 5 | 5 | 6 | 7 | 7 | 8 | 8 | 9 | 7 | 8 | 9 | 9 | 10 | 10 | 11 8 | 12 7 | 12 | 13 四 | 13 | 14 | 12 | 13 |
| 5 | 5 | 6 | 6 | 7 | 8 | 8 | 9 | 9 | 10 | 8 | 9 | 10 | 10 | 11 | 11 | 12 | 13 | 13 6 | 14 5 | 14 三 | 15 二 | 13 正 | 14 十二 |
| 6 | 6 | 7 | 7 | 8 | 9 | 9 | 10 | 10 | 11 | 9 | 10 | 11 | 11 | 12 | 12 | 13 | 14 | 14 | 15 | 15 4 | 16 3 | 14 | 15 |
| 7 | 7 | 8 | 8 | 9 | 10 | 10 | 11 | 11 | 12 | 10 | 11 | 12 | 12 | 13 | 13 | 14 | 15 | 15 | 16 | 16 | 17 | 15 2 | 16 1 |
| 8 | 8 | 9 | 9 | 10 | 11 | 11 | 12 | 12 | 13 | 11 | 12 | 13 | 13 | 14 | 14 | 15 | 16 | 16 | 17 | 17 | 18 | 16 | 17 |
| 9 | 9 | 10 | 10 | 11 | 12 | 12 | 13 | 13 | 14 | 12 | 13 | 14 | 14 | 15 | 15 | 16 | 17 | 17 | 18 | 18 | 19 | 17 | 18 |
| 10 | 10 | 11 | 11 | 12 | 13 | 13 | 14 | 14 | 15 | 13 | 14 | 15 | 15 | 16 | 16 | 17 | 18 | 18 | 19 | 19 | 20 | 18 | 19 |
| 11 | 11 | 12 | 12 | 13 | 14 | 14 | 15 | 15 | 16 | 14 | 15 | 16 | 16 | 17 | 17 | 18 | 19 | 19 | 20 | 20 | 21 | 19 | 20 |
| 12 | 12 | 13 | 13 | 14 | 15 | 15 | 16 | 16 | 17 | 15 | 16 | 17 | 17 | 18 | 18 | 19 | 20 | 20 | 21 | 21 | 22 | 20 | 21 |
| 13 | 13 | 14 | 14 | 15 | 16 | 16 | 17 | 17 | 18 | 16 | 17 | 18 | 18 | 19 | 19 | 20 | 21 | 21 | 22 | 22 | 23 | 21 | 22 |
| 14 | 14 | 15 | 15 | 16 | 17 | 17 | 18 | 18 | 19 | 17 | 18 | 19 | 19 | 20 | 20 | 21 | 22 | 22 | 23 | 23 | 24 | 22 | 23 |
| 15 | 15 | 16 | 16 | 17 | 18 | 18 | 19 | 19 | 20 | 18 | 19 | 20 | 20 | 21 | 21 | 22 | 23 | 23 | 24 | 24 | 25 | 23 | 24 |
| 16 | 16 | 17 | 17 | 18 | 19 | 19 | 20 | 20 | 21 | 19 | 20 | 21 | 21 | 22 | 22 | 23 | 24 | 24 | 25 | 25 | 26 | 24 | 25 |
| 17 | 17 | 18 | 18 | 19 | 20 | 20 | 21 | 21 | 22 | 20 | 21 | 22 冬 | 22 | 23 | 23 | 24 | 25 | 25 | 26 | 26 | 27 | 25 | 26 |
| 18 | 18 | 19 | 19 | 20 | 21 | 21 | 22 | 22 | 23 | 21 | 22 | 23 | 23 | 24 | 24 | 25 | 26 | 26 | 27 | 27 | 28 | 26 | 27 |
| 19 | 19 | 20 | 20 | 21 | 22 | 22 | 23 | 23 | 24 | 22 | 23 | 24 | 24 | 25 | 25 | 26 | 27 | 27 | 28 | 28 | 29 | 27 | 28 |
| 20 | 20 | 21 | 21 | 22 | 23 | 23 | 24 | 24 | 25 | 23 | 24 | 25 | 25 | 26 | 26 | 27 | 28 | 28 | 29 | 29 | 30 | 28 | 29 |
| 21 | 21 | 22 | 22 | 23 | 24 | 24 | 25 | 25 | 26 | 24 | 25 | 26 | 26 | 27 | 27 | 28 | 29 | 29 | 30 | 30 | 31 | **3** | 30 |

一八七九 己卯 光绪五

1296

1297

一八八〇 庚辰 光绪六

1298

| | | | | | | | | | | | | | | | | | | | | | | | | |
|---|---|---|---|---|---|---|---|---|---|---|---|---|---|---|---|---|---|---|---|---|---|---|---|---|
| 11 | 11 | 12 | 12 | 13 | 14 | 14 | 15 | 15 | 16 | 15 | 16 | 17 | 17 | 18 | 18 10 | 19 9 | 20 | 20 五 | 21 四 | 21 閏 | 22 | 20 | 21 | 22 冬 |
| 12 | 12 | 13 | 13 | 14 | 15 | 15 | 16 | 16 | 17 | 16 | 17 | 18 | 18 | 19 | 19 | 20 | 21 8 | 21 7 | 22 | 22 | 23 三 | 21 二 | 22 正 | 23 |
| 13 | 13 | 14 | 14 | 15 | 16 | 16 | 17 | 17 | 18 | 17 | 18 | 19 | 19 | 20 | 20 | 21 | 22 | 22 | 23 6 | 23 5 | 24 | 22 | 23 | 24 十二 |
| 14 | 14 | 15 | 15 | 16 | 17 | 17 | 18 | 18 | 19 | 18 | 19 | 20 | 20 | 21 | 21 | 22 | 23 | 23 | 24 | 24 | 25 4 | 23 3 | 24 | 25 |
| 15 | 15 | 16 | 16 | 17 | 18 | 18 | 19 | 19 | 20 | 19 | 20 | 21 | 21 | 22 | 22 | 23 | 24 | 24 | 25 | 25 | 26 | 24 | 25 2 | 26 1 |
| 16 | 16 | 17 | 17 | 18 | 19 | 19 | 20 | 20 | 21 | 20 | 21 | 22 冬 | 22 | 23 | 23 | 24 | 25 | 25 | 26 | 26 | 27 | 25 | 26 | 27 |
| 17 | 17 | 18 | 18 | 19 | 20 | 20 | 21 | 21 | 22 | 21 | 22 | 23 | 23 | 24 | 24 | 25 | 26 | 26 | 27 | 27 | 28 | 26 | 27 | 28 |
| 18 | 18 | 19 | 19 | 20 | 21 | 21 | 22 | 22 | 23 | 22 | 23 | 24 | 24 | 25 | 25 | 26 | 27 | 27 | 28 | 28 | 29 | 27 | 28 | 29 |
| 19 | 19 | 20 | 20 | 21 | 22 | 22 | 23 | 23 | 24 | 23 | 24 | 25 | 25 | 26 | 26 | 27 | 28 | 28 | 29 | 29 | 30 | 28 | 29 | 30 |
| 20 | 20 | 21 | 21 | 22 | 23 | 23 | 24 | 24 | 25 | 24 | 25 | 26 | 26 | 27 | 27 | 28 | 29 | 29 | 30 | 30 | 31 | 3 | 30 | 31 |
| 21 冬 | 21 | 22 | 22 | 23 | 24 | 24 | 25 | 25 | 26 | 25 | 26 | 27 | 27 | 28 | 28 | 29 | 30 | 30 | 31 | 5 | 4 | 2 | 31 | 1 |
| 22 | 22 | 23 | 23 | 24 | 25 | 25 | 26 | 26 | 27 | 26 | 27 | 28 | 28 | 29 | 29 | 30 | 31 | 7 | 6 | 2 | 2 | 3 | 2 | 2 |
| 23 | 23 | 24 | 24 | 25 | 26 | 26 | 27 | 27 | 28 | 27 | 28 | 29 | 29 | 30 | 30 | 31 | 8 | 2 | 2 | 3 | 3 | 4 | 2 | 3 |
| 24 | 24 | 25 | 25 | 26 | 27 | 27 | 28 | 28 | 29 | 28 | 29 | 30 | 30 | 31 | 10 | 9 | 2 | 3 | 3 | 4 | 4 | 5 | 3 | 4 |
| 25 | 25 | 26 | 26 | 27 | 28 | 28 | 29 | 29 | 30 | 29 | 30 | 31 | 12 | 11 | 2 | 2 | 3 | 4 | 4 | 5 | 5 | 6 | 4 | 5 |
| 26 | 26 | 27 | 27 | 28 | 29 | 29 | 30 | 30 | 31 | 3 | 31 | 1 | 2 | 2 | 3 | 3 | 4 | 5 | 5 | 6 | 6 | 7 | 5 | 6 |
| 27 | 27 | 28 | 28 | 29 | 30 | 30 | 31 | 5 | 4 | 2 | 2 | 2 | 3 | 3 | 4 | 4 | 5 | 6 | 6 | 7 | 7 | 8 | 6 | 7 |
| 28 | 28 | 29 | 29 | 30 | 31 | 7 | 6 | 2 | 2 | 3 | 2 | 3 | 4 | 4 | 5 | 5 | 6 | 7 | 7 | 8 | 8 | 9 | 7 | 8 |
| 29 | 29 | 30 | 30 | 31 | 8 | 2 | 2 | 3 | 3 | 4 | 3 | 4 | 5 | 5 | 6 | 6 | 7 | 8 | 8 | 9 | 9 | 10 | 8 | 9 |
| 30 | 30 | 31 | 10 | 9 | 2 | 3 | 3 | 4 | 4 | 5 | 4 | 5 | 6 | 6 | 7 | 7 | 8 | 9 | 9 | 10 | 10 | 11 | 9 | 10 |
| 31 十二 | 12 | 11 | 2 | 2 | 3 | 4 | 4 | 5 | 5 | 6 | 5 | 6 | 7 | 7 | 8 | 8 | 9 | 10 | 10 | 11 | 11 | 12 | 10 | 11 |
| 日 | 2 十一 | 2 | 3 | 3 | 4 | 5 | 5 | 6 | 6 | 7 | 6 | 7 | 8 | 8 | 9 | 9 | 10 | 11 | 11 | 12 | 12 | 13 | 11 | 12 |
| 曜 | 3 | 3 十 | 4 九 | 4 | 5 | 6 | 6 | 7 | 7 | 8 | 7 | 8 | 9 | 9 | 10 | 10 | 11 | 12 | 12 | 13 | 13 | 14 | 12 | 13 |
| 表 | 4 1 | 4 12 | 5 11 | 5 八 | 6 七 | 7 六 | 7 | 8 | 8 | 9 | 8 | 9 | 10 | 10 | 11 | 11 | 12 | 13 | 13 | 14 | 14 | 15 | 13 | 14 |
| 4 | 5 | 5 | 6 | 6 10 | 7 9 | 8 | 8 五 | 9 四 | 9 三 | 10 | 9 | 10 | 11 | 11 | 12 | 12 | 13 | 14 | 14 | 15 | 15 | 16 | 14 | 15 |
| 甲 | 6 | 6 | 7 | 7 | 8 | 9 8 | 9 7 | 10 | 10 | 11 二 | 10 正 | 11 | 12 | 12 | 13 | 13 | 14 | 15 | 15 | 16 | 16 | 17 | 15 | 16 |
| 子 | 7 | 7 | 8 | 8 | 9 | 10 | 10 | 11 6 | 11 5 | 12 | 11 | 12 十二 | 13 十一 | 13 | 14 | 14 | 15 | 16 | 16 | 17 | 17 | 18 | 16 | 17 |
| 表 | 8 | 8 | 9 | 9 | 10 | 11 | 11 | 12 | 12 | 13 4 | 12 3 | 13 | 14 | 14 十 | 15 九 | 15 | 16 | 17 | 17 | 18 | 18 | 19 | 17 | 18 |
| 18 | 9 | 9 | 10 | 10 | 11 | 12 | 12 | 13 | 13 | 14 | 13 | 14 2 | 15 1 | 15 | 16 | 16 八 | 17 | 18 | 18 | 19 | 19 | 20 | 18 | 19 |
| | 10 | 10 | 11 | 11 | 12 | 13 | 13 | 14 | 14 | 15 | 14 | 15 | 16 | 16 12 | 17 11 | 17 | 18 七 | 19 六 | 19 | 20 | 20 | 21 | 19 | 20 |

一八八一 辛巳 光緒七 1299

一八八二 壬午 光緒八 1300

| | | | | | | | | | | | | | | | | | | | | | | | |
|---|---|---|---|---|---|---|---|---|---|---|---|---|---|---|---|---|---|---|---|---|---|---|---|
| 22 | 23 | 23 | 24 | 25 | 25 | 26 | 26 | 27 | 25 | 26 | 27 | 27 | 28 | 28 | 29 | 30 | 30 | 31 | **5** 6 | **4** 5 | 2 | 31 | **1** |
| 23 | 24 | 24 | 25 | 26 | 26 | 27 | 27 | 28 | 26 | 27 | 28 | 28 | 29 | 29 | 30 | 31 | **7** | **6** | 2 | 2 | 3 4 | **2** 3 | 2 |
| 24 | 25 | 25 | 26 | 27 | 27 | 28 | 28 | 29 | 27 | 28 | 29 | 29 | 30 | 30 | 31 | **8** | 2 | 2 | 3 | 3 | 4 | 2 | 3 2 |
| 25 | 26 | 26 | 27 | 28 | 28 | 29 | 29 | 30 | 28 | 29 | 30 | 30 | 31 | **10** | **9** | 2 | 3 | 3 | 4 | 4 | 5 | 3 | 4 |
| 26 | 27 | 27 | 28 | 29 | 29 | 30 | 30 | 31 | **3** | 30 | 31 | **12** | **11** | 2 | 2 | 3 | 4 | 4 | 5 | 5 | 6 | 4 | 5 |
| 27 | 28 | 28 | 29 | 30 | 30 | 31 | **5** | **4** | 2 | 31 | **1** | 2 | 2 | 3 | 3 | 4 | 5 | 5 | 6 | 6 | 7 | 5 | 6 |
| 28 | 29 | 29 | 30 | 31 | **7** | **6** | 2 | 2 | 3 | **2** | 2 | 3 | 3 | 4 | 4 | 5 | 6 | 6 | 7 | 7 | 8 | 6 | 7 |
| 29 | 30 | 30 | 31 | **8** | 2 | 2 | 3 | 3 | 4 | 2 | 3 | 4 | 4 | 5 | 5 | 6 | 7 | 7 | 8 | 8 | 9 | 7 | 8 |
| 30 | 31 | **10** | **9** | 2 | 3 | 3 | 4 | 4 | 5 | 3 | 4 | 5 | 5 | 6 | 6 | 7 | 8 | 8 | 9 | 9 | 10 | 8 | 9 |
| **12** | **11** | 2 | 2 | 3 | 4 | 4 | 5 | 5 | 6 | 4 | 5 | 6 | 6 | 7 | 7 | 8 | 9 | 9 | 10 | 10 | 11 | 9 | 10 |
| 2 | 2 | 3 | 3 | 4 | 5 | 5 | 6 | 6 | 7 | 5 | 6 | 7 | 7 | 8 | 8 | 9 | 10 | 10 | 11 | 11 | 12 | 10 | 11 |
| 3 | 3 | 4 | 4 | 5 | 6 | 6 | 7 | 7 | 8 | 6 | 7 | 8 | 8 | 9 | 9 | 10 | 11 | 11 | 12 | 12 | 13 | 11 | 12 |
| 4 | 4 | 5 | 5 | 6 | 7 | 7 | 8 | 8 | 9 | 7 | 8 | 9 | 9 | 10 | 10 | 11 | 12 | 12 | 13 | 13 | 14 | 12 | 13 |
| 5 | 5 | 6 | 6 | 7 | 8 | 8 | 9 | 9 | 10 | 8 | 9 | 10 | 10 | 11 | 11 | 12 | 13 | 13 | 14 | 14 | 15 | 13 | 14 |
| 6 | 6 | 7 | 7 | 8 | 9 | 9 | 10 | 10 | 11 | 9 | 10 | 11 | 11 | 12 | 12 | 13 | 14 | 14 | 15 | 15 | 16 | 14 | 15 |
| 7 | 7 | 8 | 8 | 9 | 10 | 10 | 11 | 11 | 12 | 10 | 11 | 12 | 12 | 13 | 13 | 14 | 15 | 15 | 16 | 16 | 17 | 15 | 16 |
| 8 | 8 | 9 | 9 | 10 | 11 | 11 | 12 | 12 | 13 | 11 | 12 | 13 | 13 | 14 | 14 | 15 | 16 | 16 | 17 | 17 | 18 | 16 | 17 |
| 9 | 9 | 10 | 10 | 11 | 12 | 12 | 13 | 13 | 14 | 12 | 13 | 14 | 14 | 15 | 15 | 16 | 17 | 17 | 18 | 18 | 19 | 17 | 18 |
| 10 十一 | 10 | 11 | 11 | 12 | 13 | 13 | 14 | 14 | 15 | 13 | 14 | 15 | 15 | 16 | 16 | 17 | 18 | 18 | 19 | 19 | 20 | 18 | 19 |
| 11 | 11 十 | 12 九 | 12 八 | 13 | 14 | 14 | 15 | 15 | 16 | 14 | 15 | 16 | 16 | 17 | 17 | 18 | 19 | 19 | 20 | 20 | 21 | 19 | 20 |
| 12 2 | 12 1 | 13 | 13 | 14 七 | 15 六 | 15 | 16 | 16 | 17 | 15 | 16 | 17 | 17 | 18 | 18 | 19 | 20 | 20 | 21 | 21 | 22 | 20 | 21 |
| 13 | 13 | 14 12 | 14 11 | 15 | 16 | 16 五 | 17 四 | 17 | 18 | 16 | 17 | 18 | 18 | 19 | 19 | 20 | 21 | 21 | 22 | 22 | 23 | 21 | 22 |
| 14 | 14 | 15 | 15 | 16 10 | 17 9 | 17 | 18 | 18 三 | 19 二 | 17 | 18 | 19 | 19 | 20 | 20 | 21 | 22 | 22 | 23 | 23 | 24 | 22 | 23 |
| 15 | 15 | 16 | 16 | 17 | 18 | 18 8 | 19 7 | 19 | 20 | 18 正 | 19 | 20 | 20 | 21 | 21 | 22 | 23 | 23 | 24 | 24 | 25 | 23 | 24 |
| 16 | 16 | 17 | 17 | 18 | 19 | 19 | 20 | 20 6 | 21 5 | 19 | 20 十二 | 21 十二 | 21 | 22 | 22 | 23 | 24 | 24 | 25 | 25 | 26 | 24 | 25 |
| 17 | 17 | 18 | 18 | 19 | 20 | 20 | 21 | 21 | 22 | 20 4 | 21 3 | 22 冬 | 22 十 | 23 九 | 23 八 | 24 | 25 | 25 | 26 | 26 | 27 | 25 | 26 |
| 18 | 18 | 19 | 19 | 20 | 21 | 21 | 22 | 22 | 23 | 21 | 22 | 23 2 | 23 1 | 24 | 24 | 25 閏 | 26 七 | 26 六 | 27 | 27 | 28 | 26 | 27 |
| 19 | 19 | 20 | 20 | 21 | 22 | 22 | 23 | 23 | 24 | 22 | 23 | 24 | 24 | 25 12 | 25 11 | 26 | 27 | 27 | 28 五 | 28 四 | 29 | 27 | 28 |
| 20 | 20 | 21 | 21 | 22 | 23 | 23 | 24 | 24 | 25 | 23 | 24 | 25 | 25 | 26 | 26 | 27 10 | 28 9 | 28 | 29 | 29 | 30 三 | 28 二 | 29 |
| 21 | 21 | 22 | 22 | 23 | 24 | 24 | 25 | 25 | 26 | 24 | 25 | 26 | 26 | 27 | 27 | 28 | 29 | 29 8 | 30 7 | 30 | 31 | **3** | 30 正 |

| | | | | | | | | | | | | | | | | | | | | | | | | |
|---|---|---|---|---|---|---|---|---|---|---|---|---|---|---|---|---|---|---|---|---|---|---|---|---|
| 1302 | | | | | | 光緒一〇 | 甲申 | 一八八四 | | | | | 1301 | | | | | | | | 光緒九 | 癸未 | 一八八三 | |
| 11 | 11 | 12 | 12 | 13 | 14 | 14 | 15 | 15 | 16 | 15 | 16 | 17 | 17 | 18 | 18 | 19 | 20 | 20 | 21 | 21 | 22 | 20 | 21 | 22 冬 |
| 12 | 12 | 13 | 13 | 14 | 15 | 15 | 16 | 16 | 17 | 16 | 17 | 18 | 18 | 19 | 19 | 20 | 21 | 21 | 22 | 22 | 23 | 21 | 22 | 23 |
| 13 | 13 | 14 | 14 | 15 | 16 | 16 | 17 | 17 | 18 | 17 | 18 | 19 | 19 | 20 | 20 | 21 | 22 | 22 | 23 | 23 | 24 | 22 | 23 | 24 |
| 14 | 14 | 15 | 15 | 16 | 17 | 17 | 18 | 18 | 19 | 18 | 19 | 20 | 20 | 21 | 21 | 22 | 23 | 23 | 24 | 24 | 25 | 23 | 24 | 25 |
| 15 | 15 | 16 | 16 | 17 | 18 | 18 | 19 | 19 | 20 | 19 | 20 | 21 | 21 | 22 | 22 | 23 | 24 | 24 | 25 | 25 | 26 | 24 | 25 | 26 |
| 16 | 16 | 17 | 17 | 18 | 19 | 19 | 20 | 20 | 21 | 20 | 21 | 22 冬 | 22 | 23 | 23 | 24 | 25 | 25 | 26 | 26 | 27 | 25 | 26 | 27 |
| 17 十一 | 17 | 18 | 18 | 19 | 20 | 20 | 21 | 21 | 22 | 21 | 22 | 23 | 23 | 24 | 24 | 25 | 26 | 26 | 27 | 27 | 28 | 26 | 27 | 28 |
| 18 | 18 十 | 19 九 | 19 八 | 20 | 21 | 21 | 22 | 22 | 23 | 22 | 23 | 24 | 24 | 25 | 25 | 26 | 27 | 27 | 28 | 28 | 29 | 27 | 28 | 29 |
| 19 3 | 19 | 20 | 20 | 21 七 | 22 六 | 22 | 23 | 23 | 24 | 23 | 24 | 25 | 25 | 26 | 26 | 27 | 28 | 28 | 29 | 29 | 30 | 28 | 29 | 30 |
| 20 | 20 2 | 21 1 | 21 | 22 | 23 | 23 閏 | 24 | 24 | 25 | 24 | 25 | 26 | 26 | 27 | 27 | 28 | 29 | 29 | 30 | 30 | 31 | 3 | 30 | 31 |
| 21 冬 | 21 | 22 | 22 12 | 23 11 | 24 | 24 | 25 五 | 25 四 | 26 | 25 | 26 | 27 | 27 | 28 | 28 | 29 | 30 | 30 | 31 | 5 | 4 | 2 | 31 | 1 |
| 22 | 22 | 23 | 23 | 24 | 25 10 | 25 9 | 26 | 26 | 27 三 | 26 | 27 | 28 | 28 | 29 | 29 | 30 | 31 | 7 | 6 | 2 | 2 | 3 | 2 | 2 |
| 23 | 23 | 24 | 24 | 25 | 26 | 26 | 27 8 | 27 7 | 28 | 27 二 | 28 正 | 29 十二 | 29 | 30 | 30 | 31 | 8 | 2 | 2 | 3 | 3 | 4 | 2 | 3 |
| 24 | 24 | 25 | 25 | 26 | 27 | 27 | 28 | 28 | 29 6 | 28 5 | 29 | 30 | 30 十一 | 31 十 | 10 九 | 9 八 | 2 | 3 | 3 | 4 | 4 | 5 | 3 | 4 |
| 25 | 25 | 26 | 26 | 27 | 28 | 28 | 29 | 29 | 30 | 29 | 30 4 | 31 3 | 12 | 11 | 2 | 2 | 3 七 | 4 六 | 4 | 5 | 5 | 6 | 4 | 5 |
| 26 | 26 | 27 | 27 | 28 | 29 | 29 | 30 | 30 | 31 | 3 | 31 | 1 | 2 2 | 2 1 | 3 12 | 3 11 | 4 | 5 | 5 五 | 6 | 6 | 7 | 5 | 6 |
| 27 | 27 | 28 | 28 | 29 | 30 | 30 | 31 | 5 | 4 | 2 | 2 | 2 | 3 | 3 | 4 | 4 | 5 10 | 6 9 | 6 | 7 四 | 7 三 | 8 | 6 | 7 |
| 28 | 28 | 29 | 29 | 30 | 31 | 7 | 6 | 2 | 2 | 3 | 2 | 3 | 4 | 4 | 5 | 5 | 6 | 7 | 7 8 | 8 7 | 8 | 9 二 | 7 | 8 |
| 29 | 29 | 30 | 30 | 31 | 8 | 2 | 2 | 3 | 3 | 4 | 3 | 4 | 5 | 5 | 6 | 6 | 7 | 8 | 8 | 9 | 9 6 | 10 5 | 8 正 | 9 十二 |
| 30 | 30 | 31 | 10 | 9 | 2 | 3 | 3 | 4 | 4 | 5 | 4 | 5 | 6 | 6 | 7 | 7 | 8 | 9 | 9 | 10 | 10 | 11 | 9 4 | 10 3 |
| 31 | 12 | 11 | 2 | 2 | 3 | 4 | 4 | 5 | 5 | 6 | 5 | 6 | 7 | 7 | 8 | 8 | 9 | 10 | 10 | 11 | 11 | 12 | 10 | 11 |
| 日 | 2 | 2 | 3 | 3 | 4 | 5 | 5 | 6 | 6 | 7 | 6 | 7 | 8 | 8 | 9 | 9 | 10 | 11 | 11 | 12 | 12 | 13 | 11 | 12 |
| 曜 | 3 | 3 | 4 | 4 | 5 | 6 | 6 | 7 | 7 | 8 | 7 | 8 | 9 | 9 | 10 | 10 | 11 | 12 | 12 | 13 | 13 | 14 | 12 | 13 |
| 表 | 4 | 4 | 5 | 5 | 6 | 7 | 7 | 8 | 8 | 9 | 8 | 9 | 10 | 10 | 11 | 11 | 12 | 13 | 13 | 14 | 14 | 15 | 13 | 14 |
| 5 | 5 | 5 | 6 | 6 | 7 | 8 | 8 | 9 | 9 | 10 | 9 | 10 | 11 | 11 | 12 | 12 | 13 | 14 | 14 | 15 | 15 | 16 | 14 | 15 |
| 甲 | 6 | 6 | 7 | 7 | 8 | 9 | 9 | 10 | 10 | 11 | 10 | 11 | 12 | 12 | 13 | 13 | 14 | 15 | 15 | 16 | 16 | 17 | 15 | 16 |
| 子 | 7 | 7 | 8 | 8 | 9 | 10 | 10 | 11 | 11 | 12 | 11 | 12 | 13 | 13 | 14 | 14 | 15 | 16 | 16 | 17 | 17 | 18 | 16 | 17 |
| 表 | 8 | 8 | 9 | 9 | 10 | 11 | 11 | 12 | 12 | 13 | 12 | 13 | 14 | 14 | 15 | 15 | 16 | 17 | 17 | 18 | 18 | 19 | 17 | 18 |
| 19 | 9 | 9 | 10 | 10 | 11 | 12 | 12 | 13 | 13 | 14 | 13 | 14 | 15 | 15 | 16 | 16 | 17 | 18 | 18 | 19 | 19 | 20 | 18 | 19 |
| | 10 | 10 | 11 | 11 | 12 | 13 | 13 | 14 | 14 | 15 | 14 | 15 | 16 | 16 | 17 | 17 | 18 | 19 | 19 | 20 | 20 | 21 | 19 | 20 |

一八八六 丙戌 光緒一二 1304

一八八五 乙酉 光緒一一 1303

| | | | | | | | | | | | | | | | | | | | | | | | |
|---|---|---|---|---|---|---|---|---|---|---|---|---|---|---|---|---|---|---|---|---|---|---|---|
| 22 | 23 | 23 | 24 | 25 | 25 | 26 | 26 | 27 | 25 | 26 | 27 | 27 | 28 | 28 | 29 | 30 | 30 | 31 | 5 | 4 | 2 | 31 | 1 |
| 23 | 24 | 24 | 25 | 26 | 26 | 27 | 27 | 28 | 26 | 27 | 28 | 28 | 29 | 29 | 30 | 31 | 7 | 6 | 2 | 2 | 3 | 2 | 2 |
| 24 | 25 | 25 | 26 | 27 | 27 | 28 | 28 | 29 | 27 | 28 | 29 | 29 | 30 | 30 | 31 | 8 | 2 | 2 | 3 | 3 | 4 | 2 | 3 |
| 25 | 26 | 26 | 27 | 28 | 28 | 29 | 29 | 30 | 28 | 29 | 30 | 30 | 31 | 10 | 9 | 2 | 3 | 3 | 4 | 4 | 5 | 3 | 4 |
| 26 十二 | 27 十 | 27 | 28 | 29 | 29 | 30 | 30 | 31 | 3 | 30 | 31 | 12 | 11 | 2 | 2 | 3 | 4 | 4 | 5 | 5 | 6 | 4 | 5 |
| 27 | 28 | 28 九 | 29 八 | 30 | 30 | 31 | 5 | 4 | 2 | 31 | 1 | 2 | 2 | 3 | 3 | 4 | 5 | 5 | 6 | 6 | 7 | 5 | 6 |
| 28 3 | 29 | 29 | 30 | 31 七 | 7 | 6 | 2 | 2 | 3 | 2 | 2 | 3 | 3 | 4 | 4 | 5 | 6 | 6 | 7 | 7 | 8 | 6 | 7 |
| 29 | 30 2 | 30 1 | 31 12 | 8 11 | 2 六 | 2 五 | 3 | 3 | 4 | 2 | 3 | 4 | 4 | 5 | 5 | 6 | 7 | 7 | 8 | 8 | 9 | 7 | 8 |
| 30 | 31 | 10 | 9 | 2 | 3 10 | 3 9 | 4 四 | 4 三 | 5 | 3 | 4 | 5 | 5 | 6 | 6 | 7 | 8 | 8 | 9 | 9 | 10 | 8 | 9 |
| 12 | 11 | 2 | 2 | 3 | 4 | 4 | 5 8 | 5 7 | 6 二 | 4 正 | 5 十二 | 6 十一 | 6 | 7 | 7 | 8 | 9 | 9 | 10 | 10 | 11 | 9 | 10 |
| 2 | 2 | 3 | 3 | 4 | 5 | 5 | 6 | 6 | 7 6 | 5 5 | 6 | 7 | 7 十 | 8 九 | 8 | 9 | 10 | 10 | 11 | 11 | 12 | 10 | 11 |
| 3 | 3 | 4 | 4 | 5 | 6 | 6 | 7 | 7 | 8 | 6 | 7 4 | 8 3 | 8 | 9 | 9 八 | 10 七 | 11 | 11 | 12 | 12 | 13 | 11 | 12 |
| 4 | 4 | 5 | 5 | 6 | 7 | 7 | 8 | 8 | 9 | 7 | 8 | 9 | 9 2 | 10 1 | 10 | 11 | 12 六 | 12 | 13 | 13 | 14 | 12 | 13 |
| 5 | 5 | 6 | 6 | 7 | 8 | 8 | 9 | 9 | 10 | 8 | 9 | 10 | 10 | 11 | 11 12 | 12 11 | 13 | 13 五 | 14 四 | 14 | 15 | 13 | 14 |
| 6 | 6 | 7 | 7 | 8 | 9 | 9 | 10 | 10 | 11 | 9 | 10 | 11 | 11 | 12 | 12 | 13 | 14 10 | 14 9 | 15 | 15 三 | 16 | 14 | 15 |
| 7 | 7 | 8 | 8 | 9 | 10 | 10 | 11 | 11 | 12 | 10 | 11 | 12 | 12 | 13 | 13 | 14 | 15 | 15 | 16 8 | 16 7 | 17 二 | 15 正 | 16 十二 |
| 8 | 8 | 9 | 9 | 10 | 11 | 11 | 12 | 12 | 13 | 11 | 12 | 13 | 13 | 14 | 14 | 15 | 16 | 16 | 17 | 17 | 18 6 | 16 5 | 17 |
| 9 | 9 | 10 | 10 | 11 | 12 | 12 | 13 | 13 | 14 | 12 | 13 | 14 | 14 | 15 | 15 | 16 | 17 | 17 | 18 | 18 | 19 | 17 | 18 4 |
| 10 | 10 | 11 | 11 | 12 | 13 | 13 | 14 | 14 | 15 | 13 | 14 | 15 | 15 | 16 | 16 | 17 | 18 | 18 | 19 | 19 | 20 | 18 | 19 |
| 11 | 11 | 12 | 12 | 13 | 14 | 14 | 15 | 15 | 16 | 14 | 15 | 16 | 16 | 17 | 17 | 18 | 19 | 19 | 20 | 20 | 21 | 19 | 20 |
| 12 | 12 | 13 | 13 | 14 | 15 | 15 | 16 | 16 | 17 | 15 | 16 | 17 | 17 | 18 | 18 | 19 | 20 | 20 | 21 | 21 | 22 | 20 | 21 |
| 13 | 13 | 14 | 14 | 15 | 16 | 16 | 17 | 17 | 18 | 16 | 17 | 18 | 18 | 19 | 19 | 20 | 21 | 21 | 22 | 22 | 23 | 21 | 22 |
| 14 | 14 | 15 | 15 | 16 | 17 | 17 | 18 | 18 | 19 | 17 | 18 | 19 | 19 | 20 | 20 | 21 | 22 | 22 | 23 | 23 | 24 | 22 | 23 |
| 15 | 15 | 16 | 16 | 17 | 18 | 18 | 19 | 19 | 20 | 18 | 19 | 20 | 20 | 21 | 21 | 22 | 23 | 23 | 24 | 24 | 25 | 23 | 24 |
| 16 | 16 | 17 | 17 | 18 | 19 | 19 | 20 | 20 | 21 | 19 | 20 | 21 冬 | 21 | 22 | 22 | 23 | 24 | 24 | 25 | 25 | 26 | 24 | 25 |
| 17 | 17 | 18 | 18 | 19 | 20 | 20 | 21 | 21 | 22 | 20 | 21 | 22 | 22 | 23 | 23 | 24 | 25 | 25 | 26 | 26 | 27 | 25 | 26 |
| 18 | 18 | 19 | 19 | 20 | 21 | 21 | 22 | 22 | 23 | 21 | 22 | 23 | 23 | 24 | 24 | 25 | 26 | 26 | 27 | 27 | 28 | 26 | 27 |
| 19 | 19 | 20 | 20 | 21 | 22 | 22 | 23 | 23 | 24 | 22 | 23 | 24 | 24 | 25 | 25 | 26 | 27 | 27 | 28 | 28 | 29 | 27 | 28 |
| 20 | 20 | 21 | 21 | 22 | 23 | 23 | 24 | 24 | 25 | 23 | 24 | 25 | 25 | 26 | 26 | 27 | 28 | 28 | 29 | 29 | 30 | 28 | 29 |
| 21 | 21 | 22 | 22 | 23 | 24 | 24 | 25 | 25 | 26 | 24 | 25 | 26 | 26 | 27 | 27 | 28 | 29 | 29 | 30 | 30 | 31 | 3 | 30 |

一八八八 戊子 光緒一四

1306

一八八七 丁亥 光緒一三

1305

| | | | | | | | | | | | | | | | | | | | | | | | | |
|---|---|---|---|---|---|---|---|---|---|---|---|---|---|---|---|---|---|---|---|---|---|---|---|---|
| 11 | 11 | 12 | 12 | 13 | 14 | 14 | 15 | 15 | 16 | 15 | 16 | 17 4 | 17 3 | 18 | 18 | 19七 | 20 | 20 | 21 | 21 | 22 | 20 | 21 | 22冬 |
| 12 | 12 | 13 | 13 | 14 | 15 | 15 | 16 | 16 | 17 | 16 | 17 | 18 | 18 | 19 2 | 19 1 | 20 | 21六 | 21五 | 22 | 22 | 23 | 21 | 22 | 23 |
| 13 | 13 | 14 | 14 | 15 | 16 | 16 | 17 | 17 | 18 | 17 | 18 | 19 | 19 | 20 | 20 | 21 12 | 22 11 | 22 | 23閏 | 23四 | 24 | 22 | 23 | 24 |
| 14 | 14 | 15 | 15 | 16 | 17 | 17 | 18 | 18 | 19 | 18 | 19 | 20 | 20 | 21 | 21 | 22 | 23 | 23 10 | 24 9 | 24 | 25三 | 23二 | 24正 | 25十二 |
| 15 | 15 | 16 | 16 | 17 | 18 | 18 | 19 | 19 | 20 | 19 | 20 | 21 | 21 | 22 | 22 | 23 | 24 | 24 | 25 | 25 8 | 26 7 | 24 | 25 | 26 |
| 16 | 16 | 17 | 17 | 18 | 19 | 19 | 20 | 20 | 21 | 20 | 21 | 22冬 | 22 | 23 | 23 | 24 | 25 | 25 | 26 | 26 | 27 | 25 6 | 26 5 | 27 |
| 17 | 17 | 18 | 18 | 19 | 20 | 20 | 21 | 21 | 22 | 21 | 22 | 23 | 23 | 24 | 24 | 25 | 26 | 26 | 27 | 27 | 28 | 26 | 27 | 28 4 |
| 18 | 18 | 19 | 19 | 20 | 21 | 21 | 22 | 22 | 23 | 22 | 23 | 24 | 24 | 25 | 25 | 26 | 27 | 27 | 28 | 28 | 29 | 27 | 28 | 29 |
| 19 | 19 | 20 | 20 | 21 | 22 | 22 | 23 | 23 | 24 | 23 | 24 | 25 | 25 | 26 | 26 | 27 | 28 | 28 | 29 | 29 | 30 | 28 | 29 | 30 |
| 20 | 20 | 21 | 21 | 22 | 23 | 23 | 24 | 24 | 25 | 24 | 25 | 26 | 26 | 27 | 27 | 28 | 29 | 29 | 30 | 30 | 31 | 3 | 30 | 31 |
| 21冬 | 21 | 22 | 22 | 23 | 24 | 24 | 25 | 25 | 26 | 25 | 26 | 27 | 27 | 28 | 28 | 29 | 30 | 30 | 31 | 5 | 4 | 2 | 31 | 1 |
| 22 | 22 | 23 | 23 | 24 | 25 | 25 | 26 | 26 | 27 | 26 | 27 | 28 | 28 | 29 | 29 | 30 | 31 | 7 | 6 | 2 | 2 | 3 | 2 | 2 |
| 23 | 23 | 24 | 24 | 25 | 26 | 26 | 27 | 27 | 28 | 27 | 28 | 29 | 29 | 30 | 30 | 31 | 8 | 2 | 2 | 3 | 3 | 4 | 2 | 3 |
| 24 | 24 | 25 | 25 | 26 | 27 | 27 | 28 | 28 | 29 | 28 | 29 | 30 | 30 | 31 | 10 | 9 | 2 | 3 | 3 | 4 | 4 | 5 | 3 | 4 |
| 25 | 25 | 26 | 26 | 27 | 28 | 28 | 29 | 29 | 30 | 29 | 30 | 31 | 12 | 11 | 2 | 2 | 3 | 4 | 4 | 5 | 5 | 6 | 4 | 5 |
| 26 | 26 | 27 | 27 | 28 | 29 | 29 | 30 | 30 | 31 | 3 | 31 | 1 | 2 | 2 | 3 | 3 | 4 | 5 | 5 | 6 | 6 | 7 | 5 | 6 |
| 27 | 27 | 28 | 28 | 29 | 30 | 30 | 31 | 5 | 4 | 2 | 2 | 2 | 3 | 3 | 4 | 4 | 5 | 6 | 6 | 7 | 7 | 8 | 6 | 7 |
| 28 | 28 | 29 | 29 | 30 | 31 | 7 | 6 | 2 | 2 | 3 | 2 | 3 | 4 | 4 | 5 | 5 | 6 | 7 | 7 | 8 | 8 | 9 | 7 | 8 |
| 29 | 29 | 30 | 30 | 31 | 8 | 2 | 2 | 3 | 3 | 4 | 3 | 4 | 5 | 5 | 6 | 6 | 7 | 8 | 8 | 9 | 9 | 10 | 8 | 9 |
| 30 | 30 | 31 | 10 | 9 | 2 | 3 | 3 | 4 | 4 | 5 | 4 | 5 | 6 | 6 | 7 | 7 | 8 | 9 | 9 | 10 | 10 | 11 | 9 | 10 |
| 31 | 12 | 11 | 2 | 2 | 3 | 4 | 4 | 5 | 5 | 6 | 5 | 6 | 7 | 7 | 8 | 8 | 9 | 10 | 10 | 11 | 11 | 12 | 10 | 11 |
| 日 | 2 | 2 | 3 | 3 | 4 | 5 | 5 | 6 | 6 | 7 | 6 | 7 | 8 | 8 | 9 | 9 | 10 | 11 | 11 | 12 | 12 | 13 | 11 | 12 |
| 曜 | 3十一 | 3 | 4 | 4 | 5 | 6 | 6 | 7 | 7 | 8 | 7 | 8 | 9 | 9 | 10 | 10 | 11 | 12 | 12 | 13 | 13 | 14 | 12 | 13 |
| 表 | 4 | 4十 | 5九 | 5 | 6 | 7 | 7 | 8 | 8 | 9 | 8 | 9 | 10 | 10 | 11 | 11 | 12 | 13 | 13 | 14 | 14 | 15 | 13 | 14 |
| 6 | 5 4 | 5 3 | 6 | 6八 | 7 | 8 | 8 | 9 | 9 | 10 | 9 | 10 | 11 | 11 | 12 | 12 | 13 | 14 | 14 | 15 | 15 | 16 | 14 | 15 |
| 甲 | 6 | 6 | 7 2 | 7 1 | 8七 | 9六 | 9 | 10 | 10 | 11 | 10 | 11 | 12 | 12 | 13 | 13 | 14 | 15 | 15 | 16 | 16 | 17 | 15 | 16 |
| 子 | 7 | 7 | 8 | 8 | 9 12 | 10 11 | 10五 | 11四 | 11三 | 12 | 11 | 12 | 13 | 13 | 14 | 14 | 15 | 16 | 16 | 17 | 17 | 18 | 16 | 17 |
| 表 | 8 | 8 | 9 | 9 | 10 | 11 | 11 10 | 12 9 | 12 | 13二 | 12正 | 13十二 | 14 | 14 | 15 | 15 | 16 | 17 | 17 | 18 | 18 | 19 | 17 | 18 |
| 20 | 9 | 9 | 10 | 10 | 11 | 12 | 12 | 13 | 13 8 | 14 7 | 13 | 14 | 15十一 | 15十 | 16 | 16 | 17 | 18 | 18 | 19 | 19 | 20 | 18 | 19 |
| | 10 | 10 | 11 | 11 | 12 | 13 | 13 | 14 | 14 | 15 | 14 6 | 15 5 | 16 | 16 | 17九 | 17八 | 18 | 19 | 19 | 20 | 20 | 21 | 19 | 20 |

一八八九 己丑 光緒一五 1307

一八九〇 庚寅 光緒一六 1308

| | | | | | | | | | | | | | | | | | | | | | | | |
|---|---|---|---|---|---|---|---|---|---|---|---|---|---|---|---|---|---|---|---|---|---|---|---|
| 22 | 23 | 23 | 24 | 25 | 25 | 26 | 26 | 27 | 25 | 26 | 27 | 27 | 28 | 28 | 29 | 30 | 30 | 31 | 10 **5** | 9 **4** | 2 | 二 31 | 正 **1** |
| 23 | 24 | 24 | 25 | 26 | 26 | 27 | 27 | 28 | 26 | 27 | 28 | 28 | 29 | 29 | 30 | 31 | **7** | **6** | 2 | 2 | 8 3 | 7 **2** | 2 十二 |
| 24 | 25 | 25 | 26 | 27 | 27 | 28 | 28 | 29 | 27 | 28 | 29 | 29 | 30 | 30 | 31 | **8** | 2 | 2 | 3 | 3 | 4 | 2 | 6 3 5 |
| 25 | 26 | 26 | 27 | 28 | 28 | 29 | 29 | 30 | 28 | 29 | 30 | 30 | 31 | **10** | **9** | 2 | 3 | 3 | 4 | 4 | 5 | 3 | 4 |
| 26 | 27 | 27 | 28 | 29 | 29 | 30 | 30 | 31 | **3** | 30 | 31 | **12** | **11** | 2 | 2 | 3 | 4 | 4 | 5 | 5 | 6 | 4 | 5 |
| 27 | 28 | 28 | 29 | 30 | 30 | 31 | **5** | **4** | 2 | 31 | **1** | 2 | 2 | 3 | 3 | 4 | 5 | 5 | 6 | 6 | 7 | 5 | 6 |
| 28 | 29 | 29 | 30 | 31 | **7** | **6** | 2 | 2 | 3 | **2** | 2 | 3 | 3 | 4 | 4 | 5 | 6 | 6 | 7 | 7 | 8 | 6 | 7 |
| 29 | 30 | 30 | 31 | **8** | 2 | 2 | 3 | 3 | 4 | 2 | 3 | 4 | 4 | 5 | 5 | 6 | 7 | 7 | 8 | 8 | 9 | 7 | 8 |
| 30 | 31 | **10** | **9** | 2 | 3 | 3 | 4 | 4 | 5 | 3 | 4 | 5 | 5 | 6 | 6 | 7 | 8 | 8 | 9 | 9 | 10 | 8 | 9 |
| **12** | **11** | 2 | 2 | 3 | 4 | 4 | 5 | 5 | 6 | 4 | 5 | 6 | 6 | 7 | 7 | 8 | 9 | 9 | 10 | 10 | 11 | 9 | 10 |
| 2 | 2 | 3 | 3 | 4 | 5 | 5 | 6 | 6 | 7 | 5 | 6 | 7 | 7 | 8 | 8 | 9 | 10 | 10 | 11 | 11 | 12 | 10 | 11 |
| 3 | 3 | 4 | 4 | 5 | 6 | 6 | 7 | 7 | 8 | 6 | 7 | 8 | 8 | 9 | 9 | 10 | 11 | 11 | 12 | 12 | 13 | 11 | 12 |
| 4 | 4 | 5 | 5 | 6 | 7 | 7 | 8 | 8 | 9 | 7 | 8 | 9 | 9 | 10 | 10 | 11 | 12 | 12 | 13 | 13 | 14 | 12 | 13 |
| 5 | 5 | 6 | 6 | 7 | 8 | 8 | 9 | 9 | 10 | 8 | 9 | 10 | 10 | 11 | 11 | 12 | 13 | 13 | 14 | 14 | 15 | 13 | 14 |
| 6 | 6 | 7 | 7 | 8 | 9 | 9 | 10 | 10 | 11 | 9 | 10 | 11 | 11 | 12 | 12 | 13 | 14 | 14 | 15 | 15 | 16 | 14 | 15 |
| 7 | 7 | 8 | 8 | 9 | 10 | 10 | 11 | 11 | 12 | 10 | 11 | 12 | 12 | 13 | 13 | 14 | 15 | 15 | 16 | 16 | 17 | 15 | 16 |
| 8 | 8 | 9 | 9 | 10 | 11 | 11 | 12 | 12 | 13 | 11 | 12 | 13 | 13 | 14 | 14 | 15 | 16 | 16 | 17 | 17 | 18 | 16 | 17 |
| 9 | 9 | 10 | 10 | 11 | 12 | 12 | 13 | 13 | 14 | 12 | 13 | 14 | 14 | 15 | 15 | 16 | 17 | 17 | 18 | 18 | 19 | 17 | 18 |
| 10 | 10 | 11 | 11 | 12 | 13 | 13 | 14 | 14 | 15 | 13 | 14 | 15 | 15 | 16 | 16 | 17 | 18 | 18 | 19 | 19 | 20 | 18 | 19 |
| 11 | 11 | 12 | 12 | 13 | 14 | 14 | 15 | 15 | 16 | 14 | 15 | 16 | 16 | 17 | 17 | 18 | 19 | 19 | 20 | 20 | 21 | 19 | 20 |
| 12 | 十一 12 | 十 13 | 13 | 14 | 15 | 15 | 16 | 16 | 17 | 15 | 16 | 17 | 17 | 18 | 18 | 19 | 20 | 20 | 21 | 21 | 22 | 20 | 21 |
| 13 | 5 13 | 14 | 九 14 | 八 15 | 16 | 16 | 17 | 17 | 18 | 16 | 17 | 18 | 18 | 19 | 19 | 20 | 21 | 21 | 22 | 22 | 23 | 21 | 22 |
| 14 | 14 | 4 15 | 3 15 | 16 | 七 17 | 六 17 | 五 18 | 18 | 19 | 17 | 18 | 19 | 19 | 20 | 20 | 21 | 22 | 22 | 23 | 23 | 24 | 22 | 23 |
| 15 | 15 | 16 | 16 | 2 17 | 1 18 | 18 | 19 | 四 19 | 三 20 | 18 | 19 | 20 | 20 | 21 | 21 | 22 | 23 | 23 | 24 | 24 | 25 | 23 | 24 |
| 16 | 16 | 17 | 17 | 18 | 19 | 12 19 | 11 20 | 20 | 21 | 閏 19 | 二 20 | 21 | 冬 21 | 22 | 22 | 23 | 24 | 24 | 25 | 25 | 26 | 24 | 25 |
| 17 | 17 | 18 | 18 | 19 | 20 | 20 | 21 | 10 21 | 9 22 | 20 | 21 | 正 22 | 十二 22 | 23 | 23 | 24 | 25 | 25 | 26 | 26 | 27 | 25 | 26 |
| 18 | 18 | 19 | 19 | 20 | 21 | 21 | 22 | 22 | 23 | 8 21 | 7 22 | 23 | 23 | 十一 24 | 十 24 | 25 | 26 | 26 | 27 | 27 | 28 | 26 | 27 |
| 19 | 19 | 20 | 20 | 21 | 22 | 22 | 23 | 23 | 24 | 22 | 23 | 6 24 | 5 24 | 25 | 25 | 九 26 | 八 27 | 27 | 28 | 28 | 29 | 27 | 28 |
| 20 | 20 | 21 | 21 | 22 | 23 | 23 | 24 | 24 | 25 | 23 | 24 | 25 | 25 | 4 26 | 3 26 | 27 | 28 | 七 28 | 六 29 | 29 | 30 | 28 | 29 |
| 21 | 21 | 22 | 22 | 23 | 24 | 24 | 25 | 25 | 26 | 24 | 25 | 26 | 26 | 27 | 27 | 2 28 | 1 29 | 12 29 | 11 30 | 五 30 | 四 31 | 三 **3** | 30 |

一八九一
辛卯
光緒一七
1309

一八九二
壬辰
光緒一八
1310

| | | | | | | | | | | | | | | | | | | | | | | | | |
|---|---|---|---|---|---|---|---|---|---|---|---|---|---|---|---|---|---|---|---|---|---|---|---|---|
| 11 | 11 | 12 | 12 | 13 | 14 | 14 | 15 | 15 | 16 | 15 | 16 | 17 | 17 | 18 | 18 | 19 | 20 | 20 | 21 | 21 | 22 | 20 | 21 | 22冬 |
| 12 | 12 | 13 | 13 | 14 | 15 | 15 | 16 | 16 | 17 | 16 | 17 | 18 | 18 | 19 | 19 | 20 | 21 | 21 | 22 | 22 | 23 | 21 | 22 | 23 |
| 13 | 13 | 14 | 14 | 15 | 16 | 16 | 17 | 17 | 18 | 17 | 18 | 19 | 19 | 20 | 20 | 21 | 22 | 22 | 23 | 23 | 24 | 22 | 23 | 24 |
| 14 | 14 | 15 | 15 | 16 | 17 | 17 | 18 | 18 | 19 | 18 | 19 | 20 | 20 | 21 | 21 | 22 | 23 | 23 | 24 | 24 | 25 | 23 | 24 | 25 |
| 15 | 15 | 16 | 16 | 17 | 18 | 18 | 19 | 19 | 20 | 19 | 20 | 21 | 21 | 22 | 22 | 23 | 24 | 24 | 25 | 25 | 26 | 24 | 25 | 26 |
| 16 | 16 | 17 | 17 | 18 | 19 | 19 | 20 | 20 | 21 | 20 | 21 | 22冬 | 22 | 23 | 23 | 24 | 25 | 25 | 26 | 26 | 27 | 25 | 26 | 27 |
| 17 | 17 | 18 | 18 | 19 | 20 | 20 | 21 | 21 | 22 | 21 | 22 | 23 | 23 | 24 | 24 | 25 | 26 | 26 | 27 | 27 | 28 | 26 | 27 | 28 |
| 18 | 18 | 19 | 19 | 20 | 21 | 21 | 22 | 22 | 23 | 22 | 23 | 24 | 24 | 25 | 25 | 26 | 27 | 27 | 28 | 28 | 29 | 27 | 28 | 29 |
| 19十一 | 19十 | 20 | 20 | 21 | 22 | 22 | 23 | 23 | 24 | 23 | 24 | 25 | 25 | 26 | 26 | 27 | 28 | 28 | 29 | 29 | 30 | 28 | 29 | 30 |
| 20 | 20 | 21九 | 21八 | 22七 | 23 | 23 | 24 | 24 | 25 | 24 | 25 | 26 | 26 | 27 | 27 | 28 | 29 | 29 | 30 | 30 | 31 | 3 | 30 | 31 |
| 21分 6 | 21 5 | 22 | 22 | 23 | 24閏 | 24六 | 25 | 25 | 26 | 25 | 26 | 27 | 27 | 28 | 28 | 29 | 30 | 30 | 31 | 5 | 4 | 2 | 31 | 1 |
| 22 | 22 | 23 4 | 23 3 | 24 | 25 | 25 | 26五 | 26 | 27 | 26 | 27 | 28 | 28 | 29 | 29 | 30 | 31 | 7 | 6 | 2 | 2 | 3 | 2 | 2 |
| 23 | 23 | 24 | 24 | 25 2 | 26 1 | 26 | 27 | 27四 | 28三 | 27 | 28 | 29 | 29 | 30 | 30 | 31 | 8 | 2 | 2 | 3 | 3 | 4 | 2 | 3 |
| 24 | 24 | 25 | 25 | 26 | 27 | 27 12 | 28 11 | 28 | 29 | 28二 | 29 | 30 | 30 | 31 | 10 | 9 | 2 | 3 | 3 | 4 | 4 | 5 | 3 | 4 |
| 25 | 25 | 26 | 26 | 27 | 28 | 28 | 29 | 29 10 | 30 9 | 29 | 30正 | 31十二 | 12十一 | 11 | 2 | 2 | 3 | 4 | 4 | 5 | 5 | 6 | 4 | 5 |
| 26 | 26 | 27 | 27 | 28 | 29 | 29 | 30 | 30 | 31 | 3 8 | 31 7 | 1 | 2 | 2十 | 3九 | 3八 | 4 | 5 | 5 | 6 | 6 | 7 | 5 | 6 |
| 27 | 27 | 28 | 28 | 29 | 30 | 30 | 31 | 5 | 4 | 2 | 2 | 2 6 | 3 5 | 3 | 4 | 4 | 5七 | 6六 | 6 | 7 | 7 | 8 | 6 | 7 |
| 28 | 28 | 29 | 29 | 30 | 31 | 7 | 6 | 2 | 2 | 3 | 2 | 3 | 4 | 4 4 | 5 3 | 5 | 6 | 7 | 7五 | 8四 | 8 | 9 | 7 | 8 |
| 29 | 29 | 30 | 30 | 31 | 8 | 2 | 2 | 3 | 3 | 4 | 3 | 4 | 5 | 5 | 6 | 6 2 | 7 1 | 8 12 | 8 11 | 9 | 9三 | 10二 | 8 | 9 |
| 30 | 30 | 31 | 10 | 9 | 2 | 3 | 3 | 4 | 4 | 5 | 4 | 5 | 6 | 6 | 7 | 7 | 8 | 9 | 9 | 10 10 | 10 9 | 11 | 9正 | 10十二 |
| 31 | 12 | 11 | 2 | 2 | 3 | 4 | 4 | 5 | 5 | 6 | 5 | 6 | 7 | 7 | 8 | 8 | 9 | 10 | 10 | 11 | 11 | 12 8 | 10 7 | 11 |
| 日 | 2 | 2 | 3 | 3 | 4 | 5 | 5 | 6 | 6 | 7 | 6 | 7 | 8 | 8 | 9 | 9 | 10 | 11 | 11 | 12 | 12 | 13 | 11 | 12 6 |
| 曜 | 3 | 3 | 4 | 4 | 5 | 6 | 6 | 7 | 7 | 8 | 7 | 8 | 9 | 9 | 10 | 10 | 11 | 12 | 12 | 13 | 13 | 14 | 12 | 13 |
| 表 | 4 | 4 | 5 | 5 | 6 | 7 | 7 | 8 | 8 | 9 | 8 | 9 | 10 | 10 | 11 | 11 | 12 | 13 | 13 | 14 | 14 | 15 | 13 | 14 |
| 7 | 5 | 5 | 6 | 6 | 7 | 8 | 8 | 9 | 9 | 10 | 9 | 10 | 11 | 11 | 12 | 12 | 13 | 14 | 14 | 15 | 15 | 16 | 14 | 15 |
| 甲 | 6 | 6 | 7 | 7 | 8 | 9 | 9 | 10 | 10 | 11 | 10 | 11 | 12 | 12 | 13 | 13 | 14 | 15 | 15 | 16 | 16 | 17 | 15 | 16 |
| 子 | 7 | 7 | 8 | 8 | 9 | 10 | 10 | 11 | 11 | 12 | 11 | 12 | 13 | 13 | 14 | 14 | 15 | 16 | 16 | 17 | 17 | 18 | 16 | 17 |
| 表 | 8 | 8 | 9 | 9 | 10 | 11 | 11 | 12 | 12 | 13 | 12 | 13 | 14 | 14 | 15 | 15 | 16 | 17 | 17 | 18 | 18 | 19 | 17 | 18 |
| 1 | 9 | 9 | 10 | 10 | 11 | 12 | 12 | 13 | 13 | 14 | 13 | 14 | 15 | 15 | 16 | 16 | 17 | 18 | 18 | 19 | 19 | 20 | 18 | 19 |
| | 10 | 10 | 11 | 11 | 12 | 13 | 13 | 14 | 14 | 15 | 14 | 15 | 16 | 16 | 17 | 17 | 18 | 19 | 19 | 20 | 20 | 21 | 19 | 20 |

中西回史日曆

卷一九 清

一二四

勵耘書屋

| 一八九四 甲午 光緒二〇 1312 | | | | | | | | | | | | 一八九三 癸巳 光緒一九 1311 | | | | | | | | | | | |
|---|---|---|---|---|---|---|---|---|---|---|---|---|---|---|---|---|---|---|---|---|---|---|---|
| 22 | 23 | 23 | 24 | 25 | 25 | 26 | 26 | 27 | 25 | 26 | 27 | 27 | 28 | 28 | 29 | 30 | 30 | 31 | 5 | 4 | 2 | 31 | 1 |
| 23 | 24 | 24 | 25 | 26 | 26 | 27 | 27 | 28 | 26 | 27 | 28 | 28 | 29 | 29 | 30 | 31 | 7 | 6 | 2 | 2 | 3 | 2 | 2 |
| 24 | 25 | 25 | 26 | 27 | 27 | 28 | 28 | 29 | 27 | 28 | 29 | 29 | 30 | 30 | 31 | 8 | 2 | 2 | 3 | 3 | 4 | 2 | 3 |
| 25 | 26 | 26 | 27 | 28 | 28 | 29 | 29 | 30 | 28 | 29 | 30 | 30 | 31 | 10 | 9 | 2 | 3 | 3 | 4 | 4 | 5 | 3 | 4 |
| 26 | 27 | 27 | 28 | 29 | 29 | 30 | 30 | 31 | 3 | 30 | 31 | 12 | 11 | 2 | 2 | 3 | 4 | 4 | 5 | 5 | 6 | 4 | 5 |
| 27 十二 | 28 | 28 | 29 | 30 | 30 | 31 | 5 | 4 | 2 | 31 | 1 | 2 | 2 | 3 | 3 | 4 | 5 | 5 | 6 | 6 | 7 | 5 | 6 |
| 28 | 29 十 | 29 九 | 30 | 31 | 7 | 6 | 2 | 2 | 3 | 2 | 2 | 3 | 3 | 4 | 4 | 5 | 6 | 6 | 7 | 7 | 8 | 6 | 7 |
| 29 | 30 | 30 | 31 八 | 8 七 | 2 | 2 | 3 | 3 | 4 | 2 | 3 | 4 | 4 | 5 | 5 | 6 | 7 | 7 | 8 | 8 | 9 | 7 | 8 |
| 30 6 | 31 5 | 10 | 9 | 2 | 3 六 | 3 | 4 | 4 | 5 | 3 | 4 | 5 | 5 | 6 | 6 | 7 | 8 | 8 | 9 | 9 | 10 | 8 | 9 |
| 12 | 11 | 2 4 | 2 3 | 3 | 4 | 4 五 | 5 四 | 5 | 6 | 4 | 5 | 6 | 6 | 7 | 7 | 8 | 9 | 9 | 10 | 10 | 11 | 9 | 10 |
| 2 | 2 | 3 | 3 | 4 2 | 5 1 | 5 12 | 6 11 | 6 三 | 7 二 | 5 | 6 | 7 | 7 | 8 | 8 | 9 | 10 | 10 | 11 | 11 | 12 | 10 | 11 |
| 3 | 3 | 4 | 4 | 5 | 6 | 6 | 7 | 7 10 | 8 9 | 6 正 | 7 十二 | 8 十一 | 8 十 | 9 | 9 | 10 | 11 | 11 | 12 | 12 | 13 | 11 | 12 |
| 4 | 4 | 5 | 5 | 6 | 7 | 7 | 8 | 8 | 9 | 7 8 | 8 7 | 9 | 9 | 10 九 | 10 八 | 11 | 12 | 12 | 13 | 13 | 14 | 12 | 13 |
| 5 | 5 | 6 | 6 | 7 | 8 | 8 | 9 | 9 | 10 | 8 | 9 | 10 6 | 10 5 | 11 | 11 | 12 七 | 13 六 | 13 | 14 | 14 | 15 | 13 | 14 |
| 6 | 6 | 7 | 7 | 8 | 9 | 9 | 10 | 10 | 11 | 9 | 10 | 11 | 11 | 12 4 | 12 3 | 13 | 14 | 14 五 | 15 | 15 | 16 | 14 | 15 |
| 7 | 7 | 8 | 8 | 9 | 10 | 10 | 11 | 11 | 12 | 10 | 11 | 12 | 12 | 13 | 13 | 14 2 | 15 1 | 15 | 16 四 | 16 三 | 17 | 15 | 16 |
| 8 | 8 | 9 | 9 | 10 | 11 | 11 | 12 | 12 | 13 | 11 | 12 | 13 | 13 | 14 | 14 | 15 | 16 | 16 12 | 17 11 | 17 | 18 二 | 16 | 17 |
| 9 | 9 | 10 | 10 | 11 | 12 | 12 | 13 | 13 | 14 | 12 | 13 | 14 | 14 | 15 | 15 | 16 | 17 | 17 | 18 | 18 10 | 19 9 | 17 正 | 18 十二 |
| 10 | 10 | 11 | 11 | 12 | 13 | 13 | 14 | 14 | 15 | 13 | 14 | 15 | 15 | 16 | 16 | 17 | 18 | 18 | 19 | 19 | 20 | 18 8 | 19 7 |
| 11 | 11 | 12 | 12 | 13 | 14 | 14 | 15 | 15 | 16 | 14 | 15 | 16 | 16 | 17 | 17 | 18 | 19 | 19 | 20 | 20 | 21 | 19 | 20 |
| 12 | 12 | 13 | 13 | 14 | 15 | 15 | 16 | 16 | 17 | 15 | 16 | 17 | 17 | 18 | 18 | 19 | 20 | 20 | 21 | 21 | 22 | 20 | 21 |
| 13 | 13 | 14 | 14 | 15 | 16 | 16 | 17 | 17 | 18 | 16 | 17 | 18 | 18 | 19 | 19 | 20 | 21 | 21 | 22 | 22 | 23 | 21 | 22 |
| 14 | 14 | 15 | 15 | 16 | 17 | 17 | 18 | 18 | 19 | 17 | 18 | 19 | 19 | 20 | 20 | 21 | 22 | 22 | 23 | 23 | 24 | 22 | 23 |
| 15 | 15 | 16 | 16 | 17 | 18 | 18 | 19 | 19 | 20 | 18 | 19 | 20 | 20 | 21 | 21 | 22 | 23 | 23 | 24 | 24 | 25 | 23 | 24 |
| 16 | 16 | 17 | 17 | 18 | 19 | 19 | 20 | 20 | 21 | 19 | 20 | 21 冬 | 21 | 22 | 22 | 23 | 24 | 24 | 25 | 25 | 26 | 24 | 25 |
| 17 | 17 | 18 | 18 | 19 | 20 | 20 | 21 | 21 | 22 | 20 | 21 | 22 | 22 | 23 | 23 | 24 | 25 | 25 | 26 | 26 | 27 | 25 | 26 |
| 18 | 18 | 19 | 19 | 20 | 21 | 21 | 22 | 22 | 23 | 21 | 22 | 23 | 23 | 24 | 24 | 25 | 26 | 26 | 27 | 27 | 28 | 26 | 27 |
| 19 | 19 | 20 | 20 | 21 | 22 | 22 | 23 | 23 | 24 | 22 | 23 | 24 | 24 | 25 | 25 | 26 | 27 | 27 | 28 | 28 | 29 | 27 | 28 |
| 20 | 20 | 21 | 21 | 22 | 23 | 23 | 24 | 24 | 25 | 23 | 24 | 25 | 25 | 26 | 26 | 27 | 28 | 28 | 29 | 29 | 30 | 28 | 29 |
| 21 | 21 | 22 | 22 | 23 | 24 | 24 | 25 | 25 | 26 | 24 | 25 | 26 | 26 | 27 | 27 | 28 | 29 | 29 | 30 | 30 | 31 | 3 | 30 |

一八九六 丙申 光緒二二

1314

一八九五 乙未 光緒二一

1313

| | | | | | | | | | | | | | | | | | | | | | | | | |
|---|---|---|---|---|---|---|---|---|---|---|---|---|---|---|---|---|---|---|---|---|---|---|---|---|
| 11 | 11 | 12 | 12 | 13 | 14 | 14 | 15 | 15 | 16 10 | 15 9 | 16 | 17 | 17 十 | 18 九 | 18 | 19 | 20 | 20 | 21 | 21 | 22 | 20 | 21 | 22 冬 |
| 12 | 12 | 13 | 13 | 14 | 15 | 15 | 16 | 16 | 17 | 16 | 17 8 | 18 7 | 18 | 19 | 19 八 | 20 七 | 21 | 21 | 22 | 22 | 23 | 21 | 22 | 23 |
| 13 | 13 | 14 | 14 | 15 | 16 | 16 | 17 | 17 | 18 | 17 | 18 | 19 | 19 6 | 20 5 | 20 | 21 | 22 六 | 22 | 23 | 23 | 24 | 22 | 23 | 24 |
| 14 | 14 | 15 | 15 | 16 | 17 | 17 | 18 | 18 | 19 | 18 | 19 | 20 | 20 | 21 | 21 4 | 22 3 | 23 | 23 閏 | 24 五 | 24 | 25 | 23 | 24 | 25 |
| 15 | 15 | 16 | 16 | 17 | 18 | 18 | 19 | 19 | 20 | 19 | 20 | 21 | 21 | 22 | 22 | 23 | 24 2 | 24 1 | 25 | 25 四 | 26 三 | 24 | 25 | 26 |
| 16 | 16 | 17 | 17 | 18 | 19 | 19 | 20 | 20 | 21 | 20 | 21 | 22 冬 | 22 | 23 | 23 | 24 | 25 | 25 | 26 12 | 26 11 | 27 | 25 二 | 26 正 | 27 十二 |
| 17 | 17 | 18 | 18 | 19 | 20 | 20 | 21 | 21 | 22 | 21 | 22 | 23 | 23 | 24 | 24 | 25 | 26 | 26 | 27 | 27 | 28 10 | 26 9 | 27 | 28 |
| 18 | 18 | 19 | 19 | 20 | 21 | 21 | 22 | 22 | 23 | 22 | 23 | 24 | 24 | 25 | 25 | 26 | 27 | 27 | 28 | 28 | 29 | 27 | 28 8 | 29 7 |
| 19 | 19 | 20 | 20 | 21 | 22 | 22 | 23 | 23 | 24 | 23 | 24 | 25 | 25 | 26 | 26 | 27 | 28 | 28 | 29 | 29 | 30 | 28 | 29 | 30 |
| 20 | 20 | 21 | 21 | 22 | 23 | 23 | 24 | 24 | 25 | 24 | 25 | 26 | 26 | 27 | 27 | 28 | 29 | 29 | 30 | 30 | 31 | **3** | 30 | 31 |
| 21 冬 | 21 | 22 | 22 | 23 | 24 | 24 | 25 | 25 | 26 | 25 | 26 | 27 | 27 | 28 | 28 | 29 | 30 | 30 | 31 | **5** | **4** | 2 | 31 | **1** |
| 22 | 22 | 23 | 23 | 24 | 25 | 25 | 26 | 26 | 27 | 26 | 27 | 28 | 28 | 29 | 29 | 30 | 31 | **7** | **6** | 2 | 2 | 3 | **2** | 2 |
| 23 | 23 | 24 | 24 | 25 | 26 | 26 | 27 | 27 | 28 | 27 | 28 | 29 | 29 | 30 | 30 | 31 | **8** | 2 | 2 | 3 | 3 | 4 | 2 | 3 |
| 24 | 24 | 25 | 25 | 26 | 27 | 27 | 28 | 28 | 29 | 28 | 29 | 30 | 30 | 31 | **10** | **9** | 2 | 3 | 3 | 4 | 4 | 5 | 3 | 4 |
| 25 | 25 | 26 | 26 | 27 | 28 | 28 | 29 | 29 | 30 | 29 | 30 | 31 | **12** | **11** | 2 | 2 | 3 | 4 | 4 | 5 | 5 | 6 | 4 | 5 |
| 26 | 26 | 27 | 27 | 28 | 29 | 29 | 30 | 30 | 31 | **3** | 31 | **1** | 2 | 2 | 3 | 3 | 4 | 5 | 5 | 6 | 6 | 7 | 5 | 6 |
| 27 | 27 | 28 | 28 | 29 | 30 | 30 | 31 | **5** | **4** | 2 | **2** | 2 | 3 | 3 | 4 | 4 | 5 | 6 | 6 | 7 | 7 | 8 | 6 | 7 |
| 28 | 28 | 29 | 29 | 30 | 31 | **7** | **6** | 2 | 2 | 3 | 2 | 3 | 4 | 4 | 5 | 5 | 6 | 7 | 7 | 8 | 8 | 9 | 7 | 8 |
| 29 | 29 | 30 | 30 | 31 | **8** | 2 | 2 | 3 | 3 | 4 | 3 | 4 | 5 | 5 | 6 | 6 | 7 | 8 | 8 | 9 | 9 | 10 | 8 | 9 |
| 30 | 30 | 31 | **10** | **9** | 2 | 3 | 3 | 4 | 4 | 5 | 4 | 5 | 6 | 6 | 7 | 7 | 8 | 9 | 9 | 10 | 10 | 11 | 9 | 10 |
| 31 | **12** | **11** | 2 | 2 | 3 | 4 | 4 | 5 | 5 | 6 | 5 | 6 | 7 | 7 | 8 | 8 | 9 | 10 | 10 | 11 | 11 | 12 | 10 | 11 |
| 日 | 2 | 2 | 3 | 3 | 4 | 5 | 5 | 6 | 6 | 7 | 6 | 7 | 8 | 8 | 9 | 9 | 10 | 11 | 11 | 12 | 12 | 13 | 11 | 12 |
| 曜 | 3 | 3 | 4 | 4 | 5 | 6 | 6 | 7 | 7 | 8 | 7 | 8 | 9 | 9 | 10 | 10 | 11 | 12 | 12 | 13 | 13 | 14 | 12 | 13 |
| 表 | 4 | 4 | 5 | 5 | 6 | 7 | 7 | 8 | 8 | 9 | 8 | 9 | 10 | 10 | 11 | 11 | 12 | 13 | 13 | 14 | 14 | 15 | 13 | 14 |
| 1 | 5 十一 | 5 十 | 6 | 6 | 7 | 8 | 8 | 9 | 9 | 10 | 9 | 10 | 11 | 11 | 12 | 12 | 13 | 14 | 14 | 15 | 15 | 16 | 14 | 15 |
| 甲 | 6 7 | 6 | 7 九 | 7 八 | 8 | 9 | 9 | 10 | 10 | 11 | 10 | 11 | 12 | 12 | 13 | 13 | 14 | 15 | 15 | 16 | 16 | 17 | 15 | 16 |
| 子 | 7 | 7 6 | 8 5 | 8 | 9 七 | 10 | 10 | 11 | 11 | 12 | 11 | 12 | 13 | 13 | 14 | 14 | 15 | 16 | 16 | 17 | 17 | 18 | 16 | 17 |
| 表 | 8 | 8 | 9 | 9 4 | 10 3 | 11 六 | 11 五 | 12 | 12 | 13 | 12 | 13 | 14 | 14 | 15 | 15 | 16 | 17 | 17 | 18 | 18 | 19 | 17 | 18 |
| 2 | 9 | 9 | 10 | 10 | 11 | 12 2 | 12 1 | 13 四 | 13 三 | 14 二 | 13 正 | 14 | 15 | 15 | 16 | 16 | 17 | 18 | 18 | 19 | 19 | 20 | 18 | 19 |
| | 10 | 10 | 11 | 11 | 12 | 13 | 13 | 14 12 | 14 11 | 15 | 14 | 15 十二 | 16 十一 | 16 | 17 | 17 | 18 | 19 | 19 | 20 | 20 | 21 | 19 | 20 |

一八九八 戊戌 光緒二四 1316

一八九七 丁酉 光緒二三 1315

| | | | | | | | | | | | | | | | | | | | | | | | |
|---|---|---|---|---|---|---|---|---|---|---|---|---|---|---|---|---|---|---|---|---|---|---|---|
| 22 | 23 | 23 | 24 | 25 | 25 | 26 | 26 | 27 | 25 | 26 | 27 | 27 | 28 6 | 28 5 | 29 | 30 | 30六 | 31五 | 5 | 4 | 2 | 31 | 1 |
| 23 | 24 | 24 | 25 | 26 | 26 | 27 | 27 | 28 | 26 | 27 | 28 | 28 | 29 | 29 | 30 4 | 31 3 | 7 | 6 | 2四 | 2三 | 3二 | 2 | 2 |
| 24 | 25 | 25 | 26 | 27 | 27 | 28 | 28 | 29 | 27 | 28 | 29 | 29 | 30 | 30 | 31 | 8 | 2 2 | 2 1 | 3 12 | 3 11 | 4 | 2正 | 3十二 |
| 25 | 26 | 26 | 27 | 28 | 28 | 29 | 29 | 30 | 28 | 29 | 30 | 30 | 31 | 10 | 9 | 2 | 3 | 3 | 4 | 4 | 5 10 | 3 9 | 4 |
| 26 | 27 | 27 | 28 | 29 | 29 | 30 | 30 | 31 | 3 | 30 | 31 | 12 | 11 | 2 | 2 | 3 | 4 | 4 | 5 | 5 | 6 | 4 | 5 8 |
| 27 | 28 | 28 | 29 | 30 | 30 | 31 | 5 | 4 | 2 | 31 | 1 | 2 | 2 | 3 | 3 | 4 | 5 | 5 | 6 | 6 | 7 | 5 | 6 |
| 28 | 29 | 29 | 30 | 31 | 7 | 6 | 2 | 2 | 3 | 2 | 2 | 3 | 3 | 4 | 4 | 5 | 6 | 6 | 7 | 7 | 8 | 6 | 7 |
| 29 | 30 | 30 | 31 | 8 | 2 | 2 | 3 | 3 | 4 | 2 | 3 | 4 | 4 | 5 | 5 | 6 | 7 | 7 | 8 | 8 | 9 | 7 | 8 |
| 30 | 31 | 10 | 9 | 2 | 3 | 3 | 4 | 4 | 5 | 3 | 4 | 5 | 5 | 6 | 6 | 7 | 8 | 8 | 9 | 9 | 10 | 8 | 9 |
| 12 | 11 | 2 | 2 | 3 | 4 | 4 | 5 | 5 | 6 | 4 | 5 | 6 | 6 | 7 | 7 | 8 | 9 | 9 | 10 | 10 | 11 | 9 | 10 |
| 2 | 2 | 3 | 3 | 4 | 5 | 5 | 6 | 6 | 7 | 5 | 6 | 7 | 7 | 8 | 8 | 9 | 10 | 10 | 11 | 11 | 12 | 10 | 11 |
| 3 | 3 | 4 | 4 | 5 | 6 | 6 | 7 | 7 | 8 | 6 | 7 | 8 | 8 | 9 | 9 | 10 | 11 | 11 | 12 | 12 | 13 | 11 | 12 |
| 4 | 4 | 5 | 5 | 6 | 7 | 7 | 8 | 8 | 9 | 7 | 8 | 9 | 9 | 10 | 10 | 11 | 12 | 12 | 13 | 13 | 14 | 12 | 13 |
| 5 | 5 | 6 | 6 | 7 | 8 | 8 | 9 | 9 | 10 | 8 | 9 | 10 | 10 | 11 | 11 | 12 | 13 | 13 | 14 | 14 | 15 | 13 | 14 |
| 6 | 6 | 7 | 7 | 8 | 9 | 9 | 10 | 10 | 11 | 9 | 10 | 11 | 11 | 12 | 12 | 13 | 14 | 14 | 15 | 15 | 16 | 14 | 15 |
| 7 | 7 | 8 | 8 | 9 | 10 | 10 | 11 | 11 | 12 | 10 | 11 | 12 | 12 | 13 | 13 | 14 | 15 | 15 | 16 | 16 | 17 | 15 | 16 |
| 8 | 8 | 9 | 9 | 10 | 11 | 11 | 12 | 12 | 13 | 11 | 12 | 13 | 13 | 14 | 14 | 15 | 16 | 16 | 17 | 17 | 18 | 16 | 17 |
| 9 | 9 | 10 | 10 | 11 | 12 | 12 | 13 | 13 | 14 | 12 | 13 | 14 | 14 | 15 | 15 | 16 | 17 | 17 | 18 | 18 | 19 | 17 | 18 |
| 10 | 10 | 11 | 11 | 12 | 13 | 13 | 14 | 14 | 15 | 13 | 14 | 15 | 15 | 16 | 16 | 17 | 18 | 18 | 19 | 19 | 20 | 18 | 19 |
| 11 | 11 | 12 | 12 | 13 | 14 | 14 | 15 | 15 | 16 | 14 | 15 | 16 | 16 | 17 | 17 | 18 | 19 | 19 | 20 | 20 | 21 | 19 | 20 |
| 12 | 12 | 13 | 13 | 14 | 15 | 15 | 16 | 16 | 17 | 15 | 16 | 17 | 17 | 18 | 18 | 19 | 20 | 20 | 21 | 21 | 22 | 20 | 21 |
| 13十二 | 13 | 14 | 14 | 15 | 16 | 16 | 17 | 17 | 18 | 16 | 17 | 18 | 18 | 19 | 19 | 20 | 21 | 21 | 22 | 22 | 23 | 21 | 22 |
| 14 | 14十 | 15九 | 15 | 16 | 17 | 17 | 18 | 18 | 19 | 17 | 18 | 19 | 19 | 20 | 20 | 21 | 22 | 22 | 23 | 23 | 24 | 22 | 23 |
| 15 8 | 15 7 | 16 | 16八 | 17七 | 18 | 18 | 19 | 19 | 20 | 18 | 19 | 20 | 20 | 21 | 21 | 22 | 23 | 23 | 24 | 24 | 25 | 23 | 24 |
| 16 | 16 | 17 6 | 17 5 | 18 | 19六 | 19五 | 20四 | 20 | 21 | 19 | 20 | 21冬 | 21 | 22 | 22 | 23 | 24 | 24 | 25 | 25 | 26 | 24 | 25 |
| 17 | 17 | 18 | 18 | 19 4 | 20 3 | 20 | 21 | 21閏 | 22三 | 20 | 21 | 22 | 22 | 23 | 23 | 24 | 25 | 25 | 26 | 26 | 27 | 25 | 26 |
| 18 | 18 | 19 | 19 | 20 | 21 | 21 2 | 22 1 | 22 | 23 | 21二 | 22正 | 23 | 23 | 24 | 24 | 25 | 26 | 26 | 27 | 27 | 28 | 26 | 27 |
| 19 | 19 | 20 | 20 | 21 | 22 | 22 | 23 | 23 12 | 24 11 | 22 | 23 | 24十二 | 24十一 | 25 | 25 | 26 | 27 | 27 | 28 | 28 | 29 | 27 | 28 |
| 20 | 20 | 21 | 21 | 22 | 23 | 23 | 24 | 24 | 25 | 23 10 | 24 9 | 25 | 25 | 26十 | 26九 | 27 | 28 | 28 | 29 | 29 | 30 | 28 | 29 |
| 21 | 21 | 22 | 22 | 23 | 24 | 24 | 25 | 25 | 26 | 24 | 25 | 26 8 | 26 7 | 27 | 27 | 28八 | 29七 | 29 | 30 | 30 | 31 | 3 | 30 |

一九〇〇 庚子 光緒二六

太陽新曆本年不閏三月起應改用日曜表六甲子表六〇

1318

一八九九 己亥 光緒二五

1317

| | | | | | | | | | | | | | | | | | | | | | | | | |
|---|---|---|---|---|---|---|---|---|---|---|---|---|---|---|---|---|---|---|---|---|---|---|---|---|
| 11 | 11 | 12 | 12 | 13 | 14 | 14 | 15 | 15 | 16 | 15 | 16 | 17 | 17 | 18 | 18 | 19 | 20 | 20 | 21 | 21 | 22 | 20 | 21 | 22冬 |
| 12 | 12 | 13 | 13 | 14 | 15 | 15 | 16 | 16 | 17 | 16 | 17 | 18 | 18 | 19 | 19 | 20 | 21 | 21 | 22 | 22 | 23 | 21 | 22 | 23 |
| 13 | 13 | 14 | 14 | 15 | 16 | 16 | 17 | 17 | 18 | 17 | 18 | 19 | 19 | 20 | 20 | 21 | 22 | 22 | 23 | 23 | 24 | 22 | 23 | 24 |
| 14 | 14 | 15 | 15 | 16 | 17 | 17 | 18 | 18 | 19 | 18 | 19 | 20 | 20 | 21 | 21 | 22 | 23 | 23 | 24 | 24 | 25 | 23 | 24 | 25 |
| 15 | 15 | 16 | 16 | 17 | 18 | 18 | 19 | 19 | 20 | 19 | 20 | 21 | 21 | 22 | 22 | 23 | 24 | 24 | 25 | 25 | 26 | 24 | 25 | 26 |
| 16 | 16 | 17 | 17 | 18 | 19 | 19 | 20 | 20 | 21 | 20 | 21 | 22冬 | 22 | 23 | 23 | 24 | 25 | 25 | 26 | 26 | 27 | 25 | 26 | 27 |
| 17 | 17 | 18 | 18 | 19 | 20 | 20 | 21 | 21 | 22 | 21 | 22 | 23 | 23 | 24 | 24 | 25 | 26 | 26 | 27 | 27 | 28 | 26 | 27 | 28 |
| 18 | 18 | 19 | 19 | 20 | 21 | 21 | 22 | 22 | 23 | 22 | 23 | 24 | 24 | 25 | 25 | 26 | 27 | 27 | 28 | 28 | 29 | 27 | 28 | 29 |
| 19 | 19 | 20 | 20 | 21 | 22 | 22 | 23 | 23 | 24 | 23 | 24 | 25 | 25 | 26 | 26 | 27 | 28 | 28 | 29 | 29 | 30 | 28 | 29 | 30 |
| 20 | 20 | 21 | 21 | 22 | 23 | 23 | 24 | 24 | 25 | 24 | 25 | 26 | 26 | 27 | 27 | 28 | 29 | 29 | 30 | 30 | 31 | 3 | 30 | 31 |
| 21 | 21 | 22 | 22 | 23 | 24 | 24 | 25 | 25 | 26 | 25 | 26 | 27 | 27 | 28 | 28 | 29 | 30 | 30 | 31 | 5 | 4 | 2 | 31 | 1 |
| 冬22 | 十二22 | 十23 | 九23 | 24 | 25 | 25 | 26 | 26 | 27 | 26 | 27 | 28 | 28 | 29 | 29 | 30 | 31 | 7 | 6 | 2 | 2 | 3 | 2 | 2 |
| 23 | 9 23 | 24 | 24 | 閏25 | 八26 | 七26 | 27 | 27 | 28 | 27 | 28 | 29 | 29 | 30 | 30 | 31 | 8 | 2 | 2 | 3 | 3 | 4 | 2 | 3 |
| 24 | 24 | 8 25 | 7 25 | 26 | 27 | 27 | 六28 | 五28 | 29 | 28 | 29 | 30 | 30 | 31 | 10 | 9 | 2 | 3 | 3 | 4 | 4 | 5 | 3 | 4 |
| 25 | 25 | 26 | 26 | 6 27 | 5 28 | 28 | 29 | 29 | 四30 | 29 | 30 | 31 | 12 | 11 | 2 | 2 | 3 | 4 | 4 | 5 | 5 | 6 | 4 | 5 |
| 26 | 26 | 27 | 27 | 28 | 29 | 4 29 | 3 30 | 30 | 31 | 三3 | 二31 | 正1 | 十二2 | 2 | 3 | 3 | 4 | 5 | 5 | 6 | 6 | 7 | 5 | 6 |
| 27 | 27 | 28 | 28 | 29 | 30 | 30 | 31 | 2 5 | 1 4 | 2 | 2 | 2 | 3 | 十一3 | 十4 | 4 | 5 | 6 | 6 | 7 | 7 | 8 | 6 | 7 |
| 28 | 28 | 29 | 29 | 30 | 31 | 7 | 6 | 2 | 2 | 12 3 | 11 2 | 10 3 | 9 4 | 4 | 5 | 九5 | 八6 | 七7 | 7 | 8 | 8 | 9 | 7 | 8 |
| 29 | 29 | 30 | 30 | 31 | 8 | 2 | 2 | 3 | 3 | 4 | 3 | 4 | 5 | 8 5 | 7 6 | 6 | 7 | 8 | 六8 | 五9 | 9 | 10 | 8 | 9 |
| 30 | 30 | 31 | 10 | 9 | 2 | 3 | 3 | 4 | 4 | 5 | 4 | 5 | 6 | 6 | 7 | 6 7 | 5 8 | 9 | 9 | 10 | 四10 | 三11 | 9 | 10 |
| 31 | 12 | 11 | 2 | 2 | 3 | 4 | 4 | 5 | 5 | 6 | 5 | 6 | 7 | 7 | 8 | 8 | 9 | 4 10 | 3 10 | 11 | 11 | 12 | 二10 | 正11 |
| 日 | 2 | 2 | 3 | 3 | 4 | 5 | 5 | 6 | 6 | 7 | 6 | 7 | 8 | 8 | 9 | 9 | 10 | 11 | 11 | 2 12 | 1 12 | 12 13 | 11 11 | 12 十二 |
| 曜 | 3 | 3 | 4 | 4 | 5 | 6 | 6 | 7 | 7 | 8 | 7 | 8 | 9 | 9 | 10 | 10 | 11 | 12 | 12 | 13 | 13 | 14 | 12 | 10 13 9 |
| 表 | 4 | 4 | 5 | 5 | 6 | 7 | 7 | 8 | 8 | 9 | 8 | 9 | 10 | 10 | 11 | 11 | 12 | 13 | 13 | 14 | 14 | 15 | 13 | 14 |
| 2 | 5 | 5 | 6 | 6 | 7 | 8 | 8 | 9 | 9 | 10 | 9 | 10 | 11 | 11 | 12 | 12 | 13 | 14 | 14 | 15 | 15 | 16 | 14 | 15 |
| 甲 | 6 | 6 | 7 | 7 | 8 | 9 | 9 | 10 | 10 | 11 | 10 | 11 | 12 | 12 | 13 | 13 | 14 | 15 | 15 | 16 | 16 | 17 | 15 | 16 |
| 子 | 7 | 7 | 8 | 8 | 9 | 10 | 10 | 11 | 11 | 12 | 11 | 12 | 13 | 13 | 14 | 14 | 15 | 16 | 16 | 17 | 17 | 18 | 16 | 17 |
| 表 | 8 | 8 | 9 | 9 | 10 | 11 | 11 | 12 | 12 | 13 | 12 | 13 | 14 | 14 | 15 | 15 | 16 | 17 | 17 | 18 | 18 | 19 | 17 | 18 |
| 3 | 9 | 9 | 10 | 10 | 11 | 12 | 12 | 13 | 13 | 14 | 13 | 14 | 15 | 15 | 16 | 16 | 17 | 18 | 18 | 19 | 19 | 20 | 18 | 19 |
| | 10 | 10 | 11 | 11 | 12 | 13 | 13 | 14 | 14 | 15 | 14 | 15 | 16 | 16 | 17 | 17 | 18 | 19 | 19 | 20 | 20 | 21 | 19 | 20 |

| 一九〇二 壬寅 光緒二八 1320 | | | | | | | | | | | | 一九〇一 辛丑 光緒二七 1319 | | | | | | | | | | | |
|---|---|---|---|---|---|---|---|---|---|---|---|---|---|---|---|---|---|---|---|---|---|---|---|
| 22 | 23 | 23 | 24 | 25 | 25 | 26 | 26 | 27 | 25 | 26 | 27 | 27 | 28 | 28 | 29 | 30 | 30 | 31 | **5** | **4** | 2 | 31 | **1** |
| 23 | 24 | 24 | 25 | 26 | 26 | 27 | 27 | 28 | 26 | 27 | 28 | 28 | 29 | 29 | 30 | 31 | **7** | **6** | 2 | 2 | 3 | **2** | 2 |
| 24 | 25 | 25 | 26 | 27 | 27 | 28 | 28 | 29 | 27 | 28 | 29 | 29 | 30 | 30 | 31 | **8** | 2 | 2 | 3 | 3 | 4 | 2 | 3 |
| 25 | 26 | 26 | 27 | 28 | 28 | 29 | 29 | 30 | 28 | 29 | 30 | 30 | 31 | **10** | **9** | 2 | 3 | 3 | 4 | 4 | 5 | 3 | 4 |
| 26 | 27 | 27 | 28 | 29 | 29 | 30 | 30 | 31 | **3** | 30 | 31 | **12** | **11** | 2 | 2 | 3 | 4 | 4 | 5 | 5 | 6 | **4** | 5 |
| 27 | 28 | 28 | 29 | 30 | 30 | 31 | **5** | **4** | 2 | 31 | **1** | 2 | 2 | 3 | 3 | **4** | 5 | 5 | 6 | 6 | 7 | 5 | 6 |
| 28 | 29 | 29 | 30 | 31 | **7** | **6** | 2 | 2 | 3 | **2** | 2 | 3 | 3 | 4 | 4 | 5 | 6 | 6 | 7 | 7 | 8 | 6 | 7 |
| 29 | 30 | 30 | 31 | **8** | 2 | 2 | 3 | 3 | 4 | 2 | 3 | 4 | 4 | 5 | 5 | 6 | 7 | 7 | 8 | 8 | 9 | 7 | 8 |
| 30十一 | 31十 | **10** | **9** | 2 | 3 | 3 | 4 | 4 | 5 | 3 | 4 | 5 | 5 | 6 | 6 | 7 | 8 | 8 | 9 | 9 | 10 | 8 | 9 |
| **12** | **11** | 2九 | 2八 | 3 | 4 | 4 | 5 | 5 | 6 | 4 | 5 | 6 | 6 | 7 | 7 | 8 | 9 | 9 | 10 | 10 | 11 | 9 | 10 |
| 2 9 | 2 | 3 | 3 | 4七 | 5六 | 5 | 6 | 6 | 7 | 5 | 6 | 7 | 7 | 8 | 8 | 9 | 10 | 10 | 11 | 11 | 12 | 10 | 11 |
| 3 | 3 8 | 4 7 | 4 | 5 | 6 | 6五 | 7 | 7 | 8 | 6 | 7 | 8 | 8 | 9 | 9 | 10 | 11 | 11 | 12 | 12 | 13 | 11 | 12 |
| 4 | 4 | 5 | 5 6 | 6 5 | 7 | 7 | 8四 | 8三 | 9 | 7 | 8 | 9 | 9 | 10 | 10 | 11 | 12 | 12 | 13 | 13 | 14 | 12 | 13 |
| 5 | 5 | 6 | 6 | 7 | 8 4 | 8 3 | 9 | 9 | 10二 | 8正 | 9 | 10 | 10 | 11 | 11 | 12 | 13 | 13 | 14 | 14 | 15 | 13 | 14 |
| 6 | 6 | 7 | 7 | 8 | 9 | 9 | 10 2 | 10 1 | 11 12 | 9 11 | 10十二 | 11十一 | 11十 | 12九 | 12 | 13 | 14 | 14 | 15 | 15 | 16 | 14 | 15 |
| 7 | 7 | 8 | 8 | 9 | 10 | 10 | 11 | 11 | 12 | 10 | 11 10 | 12 9 | 12 | 13 | 13八 | 14七 | 15 | 15 | 16 | 16 | 17 | 15 | 16 |
| 8 | 8 | 9 | 9 | 10 | 11 | 11 | 12 | 12 | 13 | 11 | 12 | 13 | 13 8 | 14 7 | 14 | 15 | 16六 | 16五 | 17 | 17 | 18 | 16 | 17 |
| 9 | 9 | 10 | 10 | 11 | 12 | 12 | 13 | 13 | 14 | 12 | 13 | 14 | 14 | 15 | 15 6 | 16 5 | 17 | 17 | 18四 | 18 | 19 | 17 | 18 |
| 10 | 10 | 11 | 11 | 12 | 13 | 13 | 14 | 14 | 15 | 13 | 14 | 15 | 15 | 16 | 16 | 17 | 18 4 | 18 3 | 19 | 19三 | 20二 | 18 | 19 |
| 11 | 11 | 12 | 12 | 13 | 14 | 14 | 15 | 15 | 16 | 14 | 15 | 16 | 16 | 17 | 17 | 18 | 19 | 19 | 20 2 | 20 1 | 21 | 19正 | 20十二 |
| 12 | 12 | 13 | 13 | 14 | 15 | 15 | 16 | 16 | 17 | 15 | 16 | 17 | 17 | 18 | 18 | 19 | 20 | 20 | 21 | 21 | 22 12 | 20 11 | 21 |
| 13 | 13 | 14 | 14 | 15 | 16 | 16 | 17 | 17 | 18 | 16 | 17 | 18 | 18 | 19 | 19 | 20 | 21 | 21 | 22 | 22 | 23 | 21 | 22 10 |
| 14 | 14 | 15 | 15 | 16 | 17 | 17 | 18 | 18 | 19 | 17 | 18 | 19 | 19 | 20 | 20 | 21 | 22 | 22 | 23 | 23 | 24 | 22 | 23 |
| 15 | 15 | 16 | 16 | 17 | 18 | 18 | 19 | 19 | 20 | 18 | 19 | 20 | 20 | 21 | 21 | 22 | 23 | 23 | 24 | 24 | 25 | 23 | 24 |
| 16 | 16 | 17 | 17 | 18 | 19 | 19 | 20 | 20 | 21 | 19 | 20 | 21 | 21 | 22 | 22 | 23 | 24 | 24 | 25 | 25 | 26 | 24 | 25 |
| 17 | 17 | 18 | 18 | 19 | 20 | 20 | 21 | 21 | 22 | 20 | 21 | 22冬 | 22 | 23 | 23 | 24 | 25 | 25 | 26 | 26 | 27 | 25 | 26 |
| 18 | 18 | 19 | 19 | 20 | 21 | 21 | 22 | 22 | 23 | 21 | 22 | 23 | 23 | 24 | 24 | 25 | 26 | 26 | 27 | 27 | 28 | 26 | 27 |
| 19 | 19 | 20 | 20 | 21 | 22 | 22 | 23 | 23 | 24 | 22 | 23 | 24 | 24 | 25 | 25 | 26 | 27 | 27 | 28 | 28 | 29 | 27 | 28 |
| 20 | 20 | 21 | 21 | 22 | 23 | 23 | 24 | 24 | 25 | 23 | 24 | 25 | 25 | 26 | 26 | 27 | 28 | 28 | 29 | 29 | 30 | 28 | 29 |
| 21 | 21 | 22 | 22 | 23 | 24 | 24 | 25 | 25 | 26 | 24 | 25 | 26 | 26 | 27 | 27 | 28 | 29 | 29 | 30 | 30 | 31 | **3** | 30 |

一九〇三 癸卯 光緒二九

1321

一九〇四 甲辰 光緒三〇

1322

| | | | | | | | | | | | | | | | | | | | | | | | | |
|---|---|---|---|---|---|---|---|---|---|---|---|---|---|---|---|---|---|---|---|---|---|---|---|---|
| 11 | 11 | 12 | 12 | 13 | 6 14 | 5 14 | 五15 | 四15 | 16 | 15 | 16 | 17 | 17 | 18 | 18 | 19 | 20 | 20 | 21 | 21 | 22 | 20 | 21 | 22 |
| 12 | 12 | 13 | 13 | 14 | 15 | 15 | 4 16 | 3 16 | 三17 | 二16 | 正17 | 十二18 | 18 | 19 | 19 | 20 | 21 | 21 | 22 | 22 | 23 | 21 | 22 | 23冬 |
| 13 | 13 | 14 | 14 | 15 | 16 | 16 | 17 | 17 | 2 18 | 1 17 | 18 | 19 | 十一19 | 十20 | 九20 | 21 | 22 | 22 | 23 | 23 | 24 | 22 | 23 | 24 |
| 14 | 14 | 15 | 15 | 16 | 17 | 17 | 18 | 18 | 19 | 18 | 12 19 | 11 20 | 20 | 21 | 21 | 八22 | 23 | 23 | 24 | 24 | 25 | 23 | 24 | 25 |
| 15 | 15 | 16 | 16 | 17 | 18 | 18 | 19 | 19 | 20 | 19 | 20 | 21 | 10 21 | 9 22 | 22 | 23 | 七24 | 六24 | 25 | 25 | 26 | 24 | 25 | 26 |
| 16 | 16 | 17 | 17 | 18 | 19 | 19 | 20 | 20 | 21 | 20 | 21 | 22 | 22 | 23 | 8 23 | 7 24 | 25 | 25 | 閏26 | 26 | 27 | 25 | 26 | 27 |
| 17 | 17 | 18 | 18 | 19 | 20 | 20 | 21 | 21 | 22 | 21 | 22 | 23 | 冬23 | 24 | 24 | 25 | 6 26 | 5 26 | 27 | 五27 | 四28 | 26 | 27 | 28 |
| 18 | 18 | 19 | 19 | 20 | 21 | 21 | 22 | 22 | 23 | 22 | 23 | 24 | 24 | 25 | 25 | 26 | 27 | 27 | 4 28 | 3 28 | 29 | 三27 | 二28 | 29 |
| 19 | 19 | 20 | 20 | 21 | 22 | 22 | 23 | 23 | 24 | 23 | 24 | 25 | 25 | 26 | 26 | 27 | 28 | 28 | 29 | 29 | 2 30 | 1 28 | 29 | 正30 十二 |
| 20 | 20 | 21 | 21 | 22 | 23 | 23 | 24 | 24 | 25 | 24 | 25 | 26 | 26 | 27 | 27 | 28 | 29 | 29 | 30 | 30 | 31 | **3** | 12 30 | 11 31 |
| 21 | 21 | 22 | 22 | 23 | 24 | 24 | 25 | 25 | 26 | 25 | 26 | 27 | 27 | 28 | 28 | 29 | 30 | 30 | 31 | **5** | **4** | 2 | 31 | **1** 10 |
| 22 | 冬22 | 23 | 23 | 24 | 25 | 25 | 26 | 26 | 27 | 26 | 27 | 28 | 28 | 29 | 29 | 30 | 31 | **7** | **6** | 2 | 2 | 3 | **2** | 2 |
| 23 | 23 | 24 | 24 | 25 | 26 | 26 | 27 | 27 | 28 | 27 | 28 | 29 | 29 | 30 | 30 | 31 | **8** | 2 | 2 | 3 | 3 | 4 | 2 | 3 |
| 24 | 24 | 25 | 25 | 26 | 27 | 27 | 28 | 28 | 29 | 28 | 29 | 30 | 30 | 31 | **10** | **9** | 2 | 3 | 3 | 4 | 4 | 5 | 3 | 4 |
| 25 | 25 | 26 | 26 | 27 | 28 | 28 | 29 | 29 | 30 | 29 | 30 | 31 | **12** | **11** | 2 | 2 | 3 | 4 | 4 | 5 | 5 | 6 | 4 | 5 |
| 26 | 26 | 27 | 27 | 28 | 29 | 29 | 30 | 30 | 31 | **3** | 31 | **1** | 2 | 2 | 3 | 3 | 4 | 5 | 5 | 6 | 6 | 7 | 5 | 6 |
| 27 | 27 | 28 | 28 | 29 | 30 | 30 | 31 | **5** | **4** | 2 | **2** | 2 | 3 | 3 | 4 | 4 | 5 | 6 | 6 | 7 | 7 | 8 | 6 | 7 |
| 28 | 28 | 29 | 29 | 30 | 31 | **7** | **6** | 2 | 2 | 3 | 2 | 3 | 4 | 4 | 5 | 5 | 6 | 7 | 7 | 8 | 8 | 9 | 7 | 8 |
| 29 | 29 | 30 | 30 | 31 | **8** | 2 | 2 | 3 | 3 | 4 | 3 | 4 | 5 | 5 | 6 | 6 | 7 | 8 | 8 | 9 | 9 | 10 | 8 | 9 |
| 30 | 30 | 31 | **10** | **9** | 2 | 3 | 3 | 4 | 4 | 5 | 4 | 5 | 6 | 6 | 7 | 7 | 8 | 9 | 9 | 10 | 10 | 11 | 9 | 10 |
| 31 | **12** | **11** | 2 | 2 | 3 | 4 | 4 | 5 | 5 | 6 | 5 | 6 | 7 | 7 | 8 | 8 | 9 | 10 | 10 | 11 | 11 | 12 | 10 | 11 |
| 日 | 2 | 2 | 3 | 3 | 4 | 5 | 5 | 6 | 6 | 7 | 6 | 7 | 8 | 8 | 9 | 9 | 10 | 11 | 11 | 12 | 12 | 13 | 11 | 12 |
| 曜 | 3 | 3 | 4 | 4 | 5 | 6 | 6 | 7 | 7 | 8 | 7 | 8 | 9 | 9 | 10 | 10 | 11 | 12 | 12 | 13 | 13 | 14 | 12 | 13 |
| 表 | 4 | 4 | 5 | 5 | 6 | 7 | 7 | 8 | 8 | 9 | 8 | 9 | 10 | 10 | 11 | 11 | 12 | 13 | 13 | 14 | 14 | 15 | 13 | 14 |
| 7 | 5 | 5 | 6 | 6 | 7 | 8 | 8 | 9 | 9 | 10 | 9 | 10 | 11 | 11 | 12 | 12 | 13 | 14 | 14 | 15 | 15 | 16 | 14 | 15 |
| 甲 | 6 | 6 | 7 | 7 | 8 | 9 | 9 | 10 | 10 | 11 | 10 | 11 | 12 | 12 | 13 | 13 | 14 | 15 | 15 | 16 | 16 | 17 | 15 | 16 |
| 子 | 7 | 十一7 | 十8 | 8 | 9 | 10 | 10 | 11 | 11 | 12 | 11 | 12 | 13 | 13 | 14 | 14 | 15 | 16 | 16 | 17 | 17 | 18 | 16 | 17 |
| 表 | 8 | 8 | 9 | 九9 | 10 | 11 | 11 | 12 | 12 | 13 | 12 | 13 | 14 | 14 | 15 | 15 | 16 | 17 | 17 | 18 | 18 | 19 | 17 | 18 |
| 41 | 9 | 10 9 | 9 10 | 10 | 八11 | 七12 | 12 | 13 | 13 | 14 | 13 | 14 | 15 | 15 | 16 | 16 | 17 | 18 | 18 | 19 | 19 | 20 | 18 | 19 |
| | 10 | 10 | 11 | 8 11 | 7 12 | 13 | 六13 | 14 | 14 | 15 | 14 | 15 | 16 | 16 | 17 | 17 | 18 | 19 | 19 | 20 | 20 | 21 | 19 | 20 |

一九〇六 丙午 光緒三二 1324

一九〇五 乙巳 光緒三一 1323

| | | | | | | | | | | | | | | | | | | | | | | | |
|---|---|---|---|---|---|---|---|---|---|---|---|---|---|---|---|---|---|---|---|---|---|---|---|
| 22 | 23 | 23 | 24 | 25 | 25 | 26 | 26 | 27 2 | 25 1 | 26 | 27 | 27 十一 | 28 十 | 28 | 29 | 30 | 30 | 31 | 5 | 4 | 2 | 31 | 1 |
| 23 | 24 | 24 | 25 | 26 | 26 | 27 | 27 | 28 | 26 | 27 12 | 28 11 | 28 | 29 | 29 九 | 30 八 | 31 | 7 | 6 | 2 | 2 | 3 | 2 | 2 |
| 24 | 25 | 25 | 26 | 27 | 27 | 28 | 28 | 29 | 27 | 28 | 29 | 29 10 | 30 9 | 30 | 31 | 8 七 | 2 | 2 | 3 | 3 | 4 | 2 | 3 |
| 25 | 26 | 26 | 27 | 28 | 28 | 29 | 29 | 30 | 28 | 29 | 30 | 30 | 31 | 10 8 | 9 7 | 2 | 3 六 | 3 五 | 4 四 | 4 | 5 | 3 | 4 |
| 26 | 27 | 27 | 28 | 29 | 29 | 30 | 30 | 31 | 3 | 30 | 31 | 12 | 11 | 2 | 2 | 3 6 | 4 5 | 4 | 5 | 5 三 | 6 二 | 4 正 | 5 |
| 27 | 28 | 28 | 29 | 30 | 30 | 31 | 5 | 4 | 2 | 31 | 1 | 2 | 2 | 3 | 3 | 4 | 5 | 5 4 | 6 3 | 6 | 7 | 5 | 6 十二 |
| 28 | 29 | 29 | 30 | 31 | 7 | 6 | 2 | 2 | 3 | 2 | 2 | 3 | 3 | 4 | 4 | 5 | 6 | 6 | 7 | 7 2 | 8 1 | 6 12 | 7 11 |
| 29 | 30 | 30 | 31 | 8 | 2 | 2 | 3 | 3 | 4 | 2 | 3 | 4 | 4 | 5 | 5 | 6 | 7 | 7 | 8 | 8 | 9 | 7 | 8 |
| 30 | 31 | 10 | 9 | 2 | 3 | 3 | 4 | 4 | 5 | 3 | 4 | 5 | 5 | 6 | 6 | 7 | 8 | 8 | 9 | 9 | 10 | 8 | 9 |
| 12 | 11 | 2 | 2 | 3 | 4 | 4 | 5 | 5 | 6 | 4 | 5 | 6 | 6 | 7 | 7 | 8 | 9 | 9 | 10 | 10 | 11 | 9 | 10 |
| 2 | 2 | 3 | 3 | 4 | 5 | 5 | 6 | 6 | 7 | 5 | 6 | 7 | 7 | 8 | 8 | 9 | 10 | 10 | 11 | 11 | 12 | 10 | 11 |
| 3 | 3 | 4 | 4 | 5 | 6 | 6 | 7 | 7 | 8 | 6 | 7 | 8 | 8 | 9 | 9 | 10 | 11 | 11 | 12 | 12 | 13 | 11 | 12 |
| 4 | 4 | 5 | 5 | 6 | 7 | 7 | 8 | 8 | 9 | 7 | 8 | 9 | 9 | 10 | 10 | 11 | 12 | 12 | 13 | 13 | 14 | 12 | 13 |
| 5 | 5 | 6 | 6 | 7 | 8 | 8 | 9 | 9 | 10 | 8 | 9 | 10 | 10 | 11 | 11 | 12 | 13 | 13 | 14 | 14 | 15 | 13 | 14 |
| 6 | 6 | 7 | 7 | 8 | 9 | 9 | 10 | 10 | 11 | 9 | 10 | 11 | 11 | 12 | 12 | 13 | 14 | 14 | 15 | 15 | 16 | 14 | 15 |
| 7 | 7 | 8 | 8 | 9 | 10 | 10 | 11 | 11 | 12 | 10 | 11 | 12 | 12 | 13 | 13 | 14 | 15 | 15 | 16 | 16 | 17 | 15 | 16 |
| 8 | 8 | 9 | 9 | 10 | 11 | 11 | 12 | 12 | 13 | 11 | 12 | 13 | 13 | 14 | 14 | 15 | 16 | 16 | 17 | 17 | 18 | 16 | 17 |
| 9 | 9 | 10 | 10 | 11 | 12 | 12 | 13 | 13 | 14 | 12 | 13 | 14 | 14 | 15 | 15 | 16 | 17 | 17 | 18 | 18 | 19 | 17 | 18 |
| 10 | 10 | 11 | 11 | 12 | 13 | 13 | 14 | 14 | 15 | 13 | 14 | 15 | 15 | 16 | 16 | 17 | 18 | 18 | 19 | 19 | 20 | 18 | 19 |
| 11 | 11 | 12 | 12 | 13 | 14 | 14 | 15 | 15 | 16 | 14 | 15 | 16 | 16 | 17 | 17 | 18 | 19 | 19 | 20 | 20 | 21 | 19 | 20 |
| 12 | 12 | 13 | 13 | 14 | 15 | 15 | 16 | 16 | 17 | 15 | 16 | 17 | 17 | 18 | 18 | 19 | 20 | 20 | 21 | 21 | 22 | 20 | 21 |
| 13 | 13 | 14 | 14 | 15 | 16 | 16 | 17 | 17 | 18 | 16 | 17 | 18 | 18 | 19 | 19 | 20 | 21 | 21 | 22 | 22 | 23 | 21 | 22 |
| 14 | 14 | 15 | 15 | 16 | 17 | 17 | 18 | 18 | 19 | 17 | 18 | 19 | 19 | 20 | 20 | 21 | 22 | 22 | 23 | 23 | 24 | 22 | 23 |
| 15 | 15 | 16 | 16 | 17 | 18 | 18 | 19 | 19 | 20 | 18 | 19 | 20 | 20 | 21 | 21 | 22 | 23 | 23 | 24 | 24 | 25 | 23 | 24 |
| 16 十一 | 16 十 | 17 | 17 | 18 | 19 | 19 | 20 | 20 | 21 | 19 | 20 | 21 | 21 | 22 | 22 | 23 | 24 | 24 | 25 | 25 | 26 | 24 | 25 |
| 17 11 | 17 | 18 九 | 18 八 | 19 | 20 | 20 | 21 | 21 | 22 | 20 | 21 | 22 冬 | 22 | 23 | 23 | 24 | 25 | 25 | 26 | 26 | 27 | 25 | 26 |
| 18 | 18 10 | 19 9 | 19 | 20 七 | 21 六 | 21 | 22 | 22 | 23 | 21 | 22 | 23 | 23 | 24 | 24 | 25 | 26 | 26 | 27 | 27 | 28 | 26 | 27 |
| 19 | 19 | 20 | 20 8 | 21 7 | 22 | 22 五 | 23 閏 | 23 | 24 | 22 | 23 | 24 | 24 | 25 | 25 | 26 | 27 | 27 | 28 | 28 | 29 | 27 | 28 |
| 20 | 20 | 21 | 21 | 22 | 23 6 | 23 5 | 24 | 24 四 | 25 三 | 23 二 | 24 | 25 | 25 | 26 | 26 | 27 | 28 | 28 | 29 | 29 | 30 | 28 | 29 |
| 21 | 21 | 22 | 22 | 23 | 24 | 24 | 25 4 | 25 3 | 26 | 24 | 25 正 | 26 十二 | 26 | 27 | 27 | 28 | 29 | 29 | 30 | 30 | 31 | 3 | 30 |

一九〇八 戊申 光緒三四

1326

一九〇七 丁未 光緒三三

1325

| | | | | | | | | | | | | | | | | | | | | | | | | |
|---|---|---|---|---|---|---|---|---|---|---|---|---|---|---|---|---|---|---|---|---|---|---|---|---|
| 11 | 11 | 12 | 12 | 13 | 14 | 14 | 15 | 15 | 16 | 15 | 16 | 17 | 17 | 18 | 18 | 19 | 20 | 20 | 21 | 21 | 22 | 20 | 21 | 22 |
| 12 | 12 | 13 | 13 | 14 | 15 | 15 | 16 | 16 | 17 | 16 | 17 | 18 | 18 | 19 | 19 | 20 | 21 | 21 | 22 | 22 | 23 | 21 | 22 | 23冬 |
| 13 | 13 | 14 | 14 | 15 | 16 | 16 | 17 | 17 | 18 | 17 | 18 | 19 | 19 | 20 | 20 | 21 | 22 | 22 | 23 | 23 | 24 | 22 | 23 | 24 |
| 14 | 14 | 15 | 15 | 16 | 17 | 17 | 18 | 18 | 19 | 18 | 19 | 20 | 20 | 21 | 21 | 22 | 23 | 23 | 24 | 24 | 25 | 23 | 24 | 25 |
| 15 | 15 | 16 | 16 | 17 | 18 | 18 | 19 | 19 | 20 | 19 | 20 | 21 | 21 | 22 | 22 | 23 | 24 | 24 | 25 | 25 | 26 | 24 | 25 | 26 |
| 16 | 16 | 17 | 17 | 18 | 19 | 19 | 20 | 20 | 21 | 20 | 21 | 22 | 22 | 23 | 23 | 24 | 25 | 25 | 26 | 26 | 27 | 25 | 26 | 27 |
| 17 | 17 | 18 | 18 | 19 | 20 | 20 | 21 | 21 | 22 | 21 | 22 | 23冬 | 23 | 24 | 24 | 25 | 26 | 26 | 27 | 27 | 28 | 26 | 27 | 28 |
| 18 | 18 | 19 | 19 | 20 | 21 | 21 | 22 | 22 | 23 | 22 | 23 | 24 | 24 | 25 | 25 | 26 | 27 | 27 | 28 | 28 | 29 | 27 | 28 | 29 |
| 19 | 19 | 20 | 20 | 21 | 22 | 22 | 23 | 23 | 24 | 23 | 24 | 25 | 25 | 26 | 26 | 27 | 28 | 28 | 29 | 29 | 30 | 28 | 29 | 30 |
| 20 | 20 | 21 | 21 | 22 | 23 | 23 | 24 | 24 | 25 | 24 | 25 | 26 | 26 | 27 | 27 | 28 | 29 | 29 | 30 | 30 | 31 | 3 | 30 | 31 |
| 21 | 21 | 22 | 22 | 23 | 24 | 24 | 25 | 25 | 26 | 25 | 26 | 27 | 27 | 28 | 28 | 29 | 30 | 30 | 31 | 5 | 4 | 2 | 31 | 1 |
| 22冬 | 22 | 23 | 23 | 24 | 25 | 25 | 26 | 26 | 27 | 26 | 27 | 28 | 28 | 29 | 29 | 30 | 31 | 7 | 6 | 2 | 2 | 3 | 2 | 2 |
| 23十二 | 23 | 24 | 24 | 25 | 26 | 26 | 27 | 27 | 28 | 27 | 28 | 29 | 29 | 30 | 30 | 31 | 8 | 2 | 2 | 3 | 3 | 4 | 2 | 3 |
| 24 | 24十一 | 25十 | 25九 | 26 | 27 | 27 | 28 | 28 | 29 | 28 | 29 | 30 | 30 | 31 | 10 | 9 | 2 | 3 | 3 | 4 | 4 | 5 | 3 | 4 |
| 25 12 | 25 11 | 26 | 26 | 27八 | 28七 | 28 | 29 | 29 | 30 | 29 | 30 | 31 | 12 | 11 | 2 | 2 | 3 | 4 | 4 | 5 | 5 | 6 | 4 | 5 |
| 26 | 26 | 27 10 | 27 9 | 28 | 29 | 29六 | 30五 | 30四 | 31 | 3 | 31 | 1 | 2 | 2 | 3 | 3 | 4 | 5 | 5 | 6 | 6 | 7 | 5 | 6 |
| 27 | 27 | 28 | 28 | 29 8 | 30 7 | 30 | 31 | 5 | 4三 | 2 | 2 | 2 | 3 | 3 | 4 | 4 | 5 | 6 | 6 | 7 | 7 | 8 | 6 | 7 |
| 28 | 28 | 29 | 29 | 30 | 31 | 7 6 | 6 5 | 2 | 2 | 3二 | 2正 | 3 | 4 | 4 | 5 | 5 | 6 | 7 | 7 | 8 | 8 | 9 | 7 | 8 |
| 29 | 29 | 30 | 30 | 31 | 8 | 2 | 2 | 3 4 | 3 3 | 4 | 3 | 4十二 | 5十一 | 5 | 6 | 6 | 7 | 8 | 8 | 9 | 9 | 10 | 8 | 9 |
| 30 | 30 | 31 | 10 | 9 | 2 | 3 | 3 | 4 | 4 | 5 2 | 4 1 | 5 12 | 6 11 | 6十 | 7九 | 7 | 8 | 9 | 9 | 10 | 10 | 11 | 9 | 10 |
| 31 | 12 | 11 | 2 | 2 | 3 | 4 | 4 | 5 | 5 | 6 | 5 | 6 | 7 | 7 10 | 8 9 | 8八 | 9七 | 10六 | 10 | 11 | 11 | 12 | 10 | 11 |
| 日 | 2 | 2 | 3 | 3 | 4 | 5 | 5 | 6 | 6 | 7 | 6 | 7 | 8 | 8 | 9 | 9 8 | 10 7 | 11 | 11五 | 12四 | 12 | 13 | 11 | 12 |
| 曜 | 3 | 3 | 4 | 4 | 5 | 6 | 6 | 7 | 7 | 8 | 7 | 8 | 9 | 9 | 10 | 10 | 11 | 12 6 | 12 5 | 13 | 13三 | 14二 | 12 | 13 |
| 表 | 4 | 4 | 5 | 5 | 6 | 7 | 7 | 8 | 8 | 9 | 8 | 9 | 10 | 10 | 11 | 11 | 12 | 13 | 13 | 14 4 | 14 3 | 15 | 13正 | 14十二 |
| 1 | 5 | 5 | 6 | 6 | 7 | 8 | 8 | 9 | 9 | 10 | 9 | 10 | 11 | 11 | 12 | 12 | 13 | 14 | 14 | 15 | 15 | 16 2 | 14 1 | 15 |
| 甲 | 6 | 6 | 7 | 7 | 8 | 9 | 9 | 10 | 10 | 11 | 10 | 11 | 12 | 12 | 13 | 13 | 14 | 15 | 15 | 16 | 16 | 17 | 15 | 16 12 |
| 子 | 7 | 7 | 8 | 8 | 9 | 10 | 10 | 11 | 11 | 12 | 11 | 12 | 13 | 13 | 14 | 14 | 15 | 16 | 16 | 17 | 17 | 18 | 16 | 17 |
| 表 | 8 | 8 | 9 | 9 | 10 | 11 | 11 | 12 | 12 | 13 | 12 | 13 | 14 | 14 | 15 | 15 | 16 | 17 | 17 | 18 | 18 | 19 | 17 | 18 |
| 42 | 9 | 9 | 10 | 10 | 11 | 12 | 12 | 13 | 13 | 14 | 13 | 14 | 15 | 15 | 16 | 16 | 17 | 18 | 18 | 19 | 19 | 20 | 18 | 19 |
| | 10 | 10 | 11 | 11 | 12 | 13 | 13 | 14 | 14 | 15 | 14 | 15 | 16 | 16 | 17 | 17 | 18 | 19 | 19 | 20 | 20 | 21 | 19 | 20 |

中西回史日曆

卷二〇 清

一九一〇
庚戌
宣統二
1328

一九〇九
己酉
清末帝
宣統元
1327

| | | | | | | | | | | | | | | | | | | | | | | | |
|---|---|---|---|---|---|---|---|---|---|---|---|---|---|---|---|---|---|---|---|---|---|---|---|
| 22 | 23 | 23 | 24 | 25 | 25 | 26 | 26 | 27 | 25 | 26 | 27 | 27 | 28 | 28 | 29 | 30 | 30 | 31 | **5** | **4** | 2 | 31 | **1** |
| 23 | 24 | 24 | 25 | 26 | 26 | 27 | 27 | 28 | 26 | 27 | 28 | 28 | 29 | 29 | 30 | 31 | **7** | **6** | 2 | 2 | 3 | **2** | 2 |
| 24 | 25 | 25 | 26 | 27 | 27 | 28 | 28 | 29 | 27 | 28 | 29 | 29 | 30 | 30 | 31 | **8** | 2 | 2 | 3 | 3 | 4 | 2 | 3 |
| 25 | 26 | 26 | 27 | 28 | 28 | 29 | 29 | 30 | 28 | 29 | 30 | 30 | 31 | **10** | **9** | 2 | 3 | 3 | 4 | 4 | 5 | 3 | 4 |
| 26 | 27 | 27 | 28 | 29 | 29 | 30 | 30 | 31 | **3** | 30 | 31 | **12** | **11** | 2 | 2 | 3 | 4 | 4 | 5 | 5 | 6 | 4 | 5 |
| 27 | 28 | 28 | 29 | 30 | 30 | 31 | **5** | **4** | 2 | 31 | **1** | 2 | 2 | 3 | 3 | 4 | 5 | 5 | 6 | 6 | 7 | 5 | 6 |
| 28 | 29 | 29 | 30 | 31 | **7** | **6** | 2 | 2 | 3 | **2** | 2 | 3 | 3 | 4 | 4 | 5 | 6 | 6 | 7 | 7 | 8 | 6 | 7 |
| 29 | 30 | 30 | 31 | **8** | 2 | 2 | 3 | 3 | 4 | 2 | 3 | 4 | 4 | 5 | 5 | 6 | 7 | 7 | 8 | 8 | 9 | 7 | 8 |
| 30 | 31 | **10** | **9** | 2 | 3 | 3 | 4 | 4 | 5 | 3 | 4 | 5 | 5 | 6 | 6 | 7 | 8 | 8 | 9 | 9 | 10 | 8 | 9 |
| **12** | **11** | 2 | 2 | 3 | 4 | 4 | 5 | 5 | 6 | 4 | 5 | 6 | 6 | 7 | 7 | 8 | 9 | 9 | 10 | 10 | 11 | 9 | 10 |
| 2十一 | 2十 | 3九 | 3 | 4 | 5 | 5 | 6 | 6 | 7 | 5 | 6 | 7 | 7 | 8 | 8 | 9 | 10 | 10 | 11 | 11 | 12 | 10 | 11 |
| 3 | 3 | 4 | 4八 | 5七 | 6 | 6 | 7 | 7 | 8 | 6 | 7 | 8 | 8 | 9 | 9 | 10 | 11 | 11 | 12 | 12 | 13 | 11 | 12 |
| 4 12 | 4 11 | 5 | 5 | 6 | 7六 | 7五 | 8 | 8 | 9 | 7 | 8 | 9 | 9 | 10 | 10 | 11 | 12 | 12 | 13 | 13 | 14 | 12 | 13 |
| 5 | 5 | 6 10 | 6 9 | 7 | 8 | 8 | 9四 | 9 | 10 | 8 | 9 | 10 | 10 | 11 | 11 | 12 | 13 | 13 | 14 | 14 | 15 | 13 | 14 |
| 6 | 6 | 7 | 7 | 8 8 | 9 7 | 9 | 10 | 10三 | 11二 | 9 | 10 | 11 | 11 | 12 | 12 | 13 | 14 | 14 | 15 | 15 | 16 | 14 | 15 |
| 7 | 7 | 8 | 8 | 9 | 10 | 10 6 | 11 5 | 11 | 12 | 10正 | 11十二 | 12 | 12 | 13 | 13 | 14 | 15 | 15 | 16 | 16 | 17 | 15 | 16 |
| 8 | 8 | 9 | 9 | 10 | 11 | 11 | 12 | 12 4 | 13 3 | 11 | 12 | 13十一 | 13十 | 14九 | 14八 | 15 | 16 | 16 | 17 | 17 | 18 | 16 | 17 |
| 9 | 9 | 10 | 10 | 11 | 12 | 12 | 13 | 13 | 14 | 12 2 | 13 1 | 14 12 | 14 11 | 15 | 15 | 16七 | 17六 | 17 | 18 | 18 | 19 | 17 | 18 |
| 10 | 10 | 11 | 11 | 12 | 13 | 13 | 14 | 14 | 15 | 13 | 14 | 15 | 15 | 16 10 | 16 9 | 17 | 18 | 18五 | 19四 | 19 | 20 | 18 | 19 |
| 11 | 11 | 12 | 12 | 13 | 14 | 14 | 15 | 15 | 16 | 14 | 15 | 16 | 16 | 17 | 17 | 18 8 | 19 7 | 19 | 20 | 20三 | 21 | 19 | 20 |
| 12 | 12 | 13 | 13 | 14 | 15 | 15 | 16 | 16 | 17 | 15 | 16 | 17 | 17 | 18 | 18 | 19 | 20 | 20 6 | 21 5 | 21 | 22閏 | 20二 | 21 |
| 13 | 13 | 14 | 14 | 15 | 16 | 16 | 17 | 17 | 18 | 16 | 17 | 18 | 18 | 19 | 19 | 20 | 21 | 21 | 22 | 22 4 | 23 3 | 21 | 22正 |
| 14 | 14 | 15 | 15 | 16 | 17 | 17 | 18 | 18 | 19 | 17 | 18 | 19 | 19 | 20 | 20 | 21 | 22 | 22 | 23 | 23 | 24 | 22 2 | 23 1 |
| 15 | 15 | 16 | 16 | 17 | 18 | 18 | 19 | 19 | 20 | 18 | 19 | 20 | 20 | 21 | 21 | 22 | 23 | 23 | 24 | 24 | 25 | 23 | 24 |
| 16 | 16 | 17 | 17 | 18 | 19 | 19 | 20 | 20 | 21 | 19 | 20 | 21 | 21 | 22 | 22 | 23 | 24 | 24 | 25 | 25 | 26 | 24 | 25 |
| 17 | 17 | 18 | 18 | 19 | 20 | 20 | 21 | 21 | 22 | 20 | 21 | 22冬 | 22 | 23 | 23 | 24 | 25 | 25 | 26 | 26 | 27 | 25 | 26 |
| 18 | 18 | 19 | 19 | 20 | 21 | 21 | 22 | 22 | 23 | 21 | 22 | 23 | 23 | 24 | 24 | 25 | 26 | 26 | 27 | 27 | 28 | 26 | 27 |
| 19 | 19 | 20 | 20 | 21 | 22 | 22 | 23 | 23 | 24 | 22 | 23 | 24 | 24 | 25 | 25 | 26 | 27 | 27 | 28 | 28 | 29 | 27 | 28 |
| 20 | 20 | 21 | 21 | 22 | 23 | 23 | 24 | 24 | 25 | 23 | 24 | 25 | 25 | 26 | 26 | 27 | 28 | 28 | 29 | 29 | 30 | 28 | 29 |
| 21 | 21 | 22 | 22 | 23 | 24 | 24 | 25 | 25 | 26 | 24 | 25 | 26 | 26 | 27 | 27 | 28 | 29 | 29 | 30 | 30 | 31 | **3** | 30 |

三

勵耘書屋

一九一二 壬子 民國元

民國成立改用陽曆以辛亥年十一月十三日爲民國元年一月一日

一九一一 辛亥 宣統三

1331 1330 1329

| | | | | | | | | | | | | | | | | | | | | | | | | |
|---|---|---|---|---|---|---|---|---|---|---|---|---|---|---|---|---|---|---|---|---|---|---|---|---|
| 11 1 | 11 12 | 12 11 | 12 | 13七 | 14六 | 14 | 15 | 15 | 16 | 15 | 16 | 17 | 17 | 18 | 18 | 19 | 20 | 20 | 21 | 21 | 22 | 20 | 21 | 22 |
| 12 | 12 | 13 | 13 10 | 14 9 | 15 | 15五 | 16 | 16 | 17 | 16 | 17 | 18 | 18 | 19 | 19 | 20 | 21 | 21 | 22 | 22 | 23 | 21 | 22 | 23冬 |
| 13 | 13 | 14 | 14 | 15 | 16 8 | 16 7 | 17四 | 17三 | 18 | 17 | 18 | 19 | 19 | 20 | 20 | 21 | 22 | 22 | 23 | 23 | 24 | 22 | 23 | 24 |
| 14 | 14 | 15 | 15 | 16 | 17 | 17 | 18 6 | 18 5 | 19二 | 18正 | 19十二 | 20十一 | 20 | 21 | 21 | 22 | 23 | 23 | 24 | 24 | 25 | 23 | 24 | 25 |
| 15 | 15 | 16 | 16 | 17 | 18 | 18 | 19 | 19 | 20 4 | 19 3 | 20 | 21 | 21十 | 22九 | 22八 | 23 | 24 | 24 | 25 | 25 | 26 | 24 | 25 | 26 |
| 16 | 16 | 17 | 17 | 18 | 19 | 19 | 20 | 20 | 21 | 20 | 21 2 | 22 1 | 22 | 23 | 23 | 24七 | 25 | 25 | 26 | 26 | 27 | 25 | 26 | 27 |
| 17 | 17 | 18 | 18 | 19 | 20 | 20 | 21 | 21 | 22 | 21 | 22 | 23冬 | 23 12 | 24 11 | 24 | 25 | 26閏 | 26六 | 27 | 27 | 28 | 26 | 27 | 28 |
| 18 | 18 | 19 | 19 | 20 | 21 | 21 | 22 | 22 | 23 | 22 | 23 | 24 | 24 | 25 | 25 10 | 26 9 | 27 | 27 | 28五 | 28 | 29 | 27 | 28 | 29 |
| 19 | 19 | 20 | 20 | 21 | 22 | 22 | 23 | 23 | 24 | 23 | 24 | 25 | 25 | 26 | 26 | 27 | 28 8 | 28 7 | 29 | 29四 | 30三 | 28 | 29 | 30 |
| 20 | 20 | 21 | 21 | 22 | 23 | 23 | 24 | 24 | 25 | 24 | 25 | 26 | 26 | 27 | 27 | 28 | 29 | 29 | 30 6 | 30 5 | 31 | **3**二 | 30正 | 31 |
| 21 | 21 | 22 | 22 | 23 | 24 | 24 | 25 | 25 | 26 | 25 | 26 | 27 | 27 | 28 | 28 | 29 | 30 | 30 | 31 | **5** | **4** 4 | 2 3 | 31 | **1**十二 |
| 22冬 | 22 | 23 | 23 | 24 | 25 | 25 | 26 | 26 | 27 | 26 | 27 | 28 | 28 | 29 | 29 | 30 | 31 | **7** | **6** | 2 | 2 | 3 | **2** 2 | 2 1 |
| 23 | 23 | 24 | 24 | 25 | 26 | 26 | 27 | 27 | 28 | 27 | 28 | 29 | 29 | 30 | 30 | 31 | **8** | 2 | 2 | 3 | 3 | 4 | 2 | 3 |
| 24 | 24 | 25 | 25 | 26 | 27 | 27 | 28 | 28 | 29 | 28 | 29 | 30 | 30 | 31 | **10** | **9** | 2 | 3 | 3 | 4 | 4 | 5 | 3 | 4 |
| 25 | 25 | 26 | 26 | 27 | 28 | 28 | 29 | 29 | 30 | 29 | 30 | 31 | **12** | **11** | 2 | 2 | 3 | 4 | 4 | 5 | 5 | 6 | 4 | 5 |
| 26 | 26 | 27 | 27 | 28 | 29 | 29 | 30 | 30 | 31 | **3** | 31 | **1** | 2 | 2 | 3 | 3 | 4 | 5 | 5 | 6 | 6 | 7 | 5 | 6 |
| 27 | 27 | 28 | 28 | 29 | 30 | 30 | 31 | **5** | **4** | 2 | **2** | 2 | 3 | 3 | 4 | 4 | 5 | 6 | 6 | 7 | 7 | 8 | 6 | 7 |
| 28 | 28 | 29 | 29 | 30 | 31 | **7** | **6** | 2 | 2 | 3 | 2 | 3 | 4 | 4 | 5 | 5 | 6 | 7 | 7 | 8 | 8 | 9 | 7 | 8 |
| 29 | 29 | 30 | 30 | 31 | **8** | 2 | 2 | 3 | 3 | 4 | 3 | 4 | 5 | 5 | 6 | 6 | 7 | 8 | 8 | 9 | 9 | 10 | 8 | 9 |
| 30 | 30 | 31 | **10** | **9** | 2 | 3 | 3 | 4 | 4 | 5 | 4 | 5 | 6 | 6 | 7 | 7 | 8 | 9 | 9 | 10 | 10 | 11 | 9 | 10 |
| 31 | **12** | **11** | 2 | 2 | 3 | 4 | 4 | 5 | 5 | 6 | 5 | 6 | 7 | 7 | 8 | 8 | 9 | 10 | 10 | 11 | 11 | 12 | 10 | 11 |
| 日 | 2 | 2 | 3 | 3 | 4 | 5 | 5 | 6 | 6 | 7 | 6 | 7 | 8 | 8 | 9 | 9 | 10 | 11 | 11 | 12 | 12 | 13 | 11 | 12 |
| 曜 | 3 | 3 | 4 | 4 | 5 | 6 | 6 | 7 | 7 | 8 | 7 | 8 | 9 | 9 | 10 | 10 | 11 | 12 | 12 | 13 | 13 | 14 | 12 | 13 |
| 表 | 4 | 4 | 5 | 5 | 6 | 7 | 7 | 8 | 8 | 9 | 8 | 9 | 10 | 10 | 11 | 11 | 12 | 13 | 13 | 14 | 14 | 15 | 13 | 14 |
| 2 | 5 | 5 | 6 | 6 | 7 | 8 | 8 | 9 | 9 | 10 | 9 | 10 | 11 | 11 | 12 | 12 | 13 | 14 | 14 | 15 | 15 | 16 | 14 | 15 |
| 甲 | 6 | 6 | 7 | 7 | 8 | 9 | 9 | 10 | 10 | 11 | 10 | 11 | 12 | 12 | 13 | 13 | 14 | 15 | 15 | 16 | 16 | 17 | 15 | 16 |
| 子 | 7 | 7 | 8 | 8 | 9 | 10 | 10 | 11 | 11 | 12 | 11 | 12 | 13 | 13 | 14 | 14 | 15 | 16 | 16 | 17 | 17 | 18 | 16 | 17 |
| 表 | 8 | 8 | 9 | 9 | 10 | 11 | 11 | 12 | 12 | 13 | 12 | 13 | 14 | 14 | 15 | 15 | 16 | 17 | 17 | 18 | 18 | 19 | 17 | 18 |
| 43 | 9十二 | 9十 | 10九 | 10 | 11 | 12 | 12 | 13 | 13 | 14 | 13 | 14 | 15 | 15 | 16 | 16 | 17 | 18 | 18 | 19 | 19 | 20 | 18 | 19 |
| | 10 | 10 | 11 | 11八 | 12 | 13 | 13 | 14 | 14 | 15 | 14 | 15 | 16 | 16 | 17 | 17 | 18 | 19 | 19 | 20 | 20 | 21 | 19 | 20 |

一九一四 甲寅 民國三

一九一三 癸丑 民國二

1333 | 1332

| | | | | | | | | | | | | | | | | | | | | | | | |
|---|---|---|---|---|---|---|---|---|---|---|---|---|---|---|---|---|---|---|---|---|---|---|---|
| 22 | 23 | 23 | 24 | 25 | 25 8 | 26 7 | 26 | 27 三 | 25 二 | 26 正 | 27 十二 | 27 | 28 | 28 | 29 | 30 | 30 | 31 | 5 | 4 | 2 | 31 | 1 |
| 23 | 24 | 24 | 25 | 26 | 26 | 27 | 27 6 | 28 5 | 26 | 27 | 28 | 28 十一 | 29 十 | 29 | 30 | 31 | 7 | 6 | 2 | 2 | 3 | 2 | 2 |
| 24 | 25 | 25 | 26 | 27 | 27 | 28 | 28 | 29 | 27 4 | 28 3 | 29 | 29 | 30 | 30 九 | 31 | 8 | 2 | 2 | 3 | 3 | 4 | 2 | 3 |
| 25 | 26 | 26 | 27 | 28 | 28 | 29 | 29 | 30 | 28 | 29 | 30 2 | 30 1 | 31 | 10 | 9 八 | 2 七 | 3 | 3 | 4 | 4 | 5 | 3 | 4 |
| 26 | 27 | 27 | 28 | 29 | 29 | 30 | 30 | 31 | 3 | 30 | 31 | 12 | 11 12 | 2 11 | 2 | 3 | 4 六 | 4 | 5 | 5 | 6 | 4 | 5 |
| 27 | 28 | 28 | 29 | 30 | 30 | 31 | 5 | 4 | 2 | 31 | 1 | 2 | 2 | 3 | 3 10 | 4 9 | 5 | 5 五 | 6 四 | 6 | 7 | 5 | 6 |
| 28 | 29 | 29 | 30 | 31 | 7 | 6 | 2 | 2 | 3 | 2 | 2 | 3 | 3 | 4 | 4 | 5 | 6 8 | 6 7 | 7 | 7 三 | 8 二 | 6 正 | 7 十二 |
| 29 | 30 | 30 | 31 | 8 | 2 | 2 | 3 | 3 | 4 | 2 | 3 | 4 | 4 | 5 | 5 | 6 | 7 | 7 | 8 6 | 8 5 | 9 | 7 | 8 |
| 30 | 31 | 10 | 9 | 2 | 3 | 3 | 4 | 4 | 5 | 3 | 4 | 5 | 5 | 6 | 6 | 7 | 8 | 8 | 9 | 9 | 10 4 | 8 3 | 9 |
| 12 | 11 | 2 | 2 | 3 | 4 | 4 | 5 | 5 | 6 | 4 | 5 | 6 | 6 | 7 | 7 | 8 | 9 | 9 | 10 | 10 | 11 | 9 | 10 2 |
| 2 | 2 | 3 | 3 | 4 | 5 | 5 | 6 | 6 | 7 | 5 | 6 | 7 | 7 | 8 | 8 | 9 | 10 | 10 | 11 | 11 | 12 | 10 | 11 |
| 3 | 3 | 4 | 4 | 5 | 6 | 6 | 7 | 7 | 8 | 6 | 7 | 8 | 8 | 9 | 9 | 10 | 11 | 11 | 12 | 12 | 13 | 11 | 12 |
| 4 | 4 | 5 | 5 | 6 | 7 | 7 | 8 | 8 | 9 | 7 | 8 | 9 | 9 | 10 | 10 | 11 | 12 | 12 | 13 | 13 | 14 | 12 | 13 |
| 5 | 5 | 6 | 6 | 7 | 8 | 8 | 9 | 9 | 10 | 8 | 9 | 10 | 10 | 11 | 11 | 12 | 13 | 13 | 14 | 14 | 15 | 13 | 14 |
| 6 | 6 | 7 | 7 | 8 | 9 | 9 | 10 | 10 | 11 | 9 | 10 | 11 | 11 | 12 | 12 | 13 | 14 | 14 | 15 | 15 | 16 | 14 | 15 |
| 7 | 7 | 8 | 8 | 9 | 10 | 10 | 11 | 11 | 12 | 10 | 11 | 12 | 12 | 13 | 13 | 14 | 15 | 15 | 16 | 16 | 17 | 15 | 16 |
| 8 | 8 | 9 | 9 | 10 | 11 | 11 | 12 | 12 | 13 | 11 | 12 | 13 | 13 | 14 | 14 | 15 | 16 | 16 | 17 | 17 | 18 | 16 | 17 |
| 9 | 9 | 10 | 10 | 11 | 12 | 12 | 13 | 13 | 14 | 12 | 13 | 14 | 14 | 15 | 15 | 16 | 17 | 17 | 18 | 18 | 19 | 17 | 18 |
| 10 | 10 | 11 | 11 | 12 | 13 | 13 | 14 | 14 | 15 | 13 | 14 | 15 | 15 | 16 | 16 | 17 | 18 | 18 | 19 | 19 | 20 | 18 | 19 |
| 11 | 11 | 12 | 12 | 13 | 14 | 14 | 15 | 15 | 16 | 14 | 15 | 16 | 16 | 17 | 17 | 18 | 19 | 19 | 20 | 20 | 21 | 19 | 20 |
| 12 | 12 | 13 | 13 | 14 | 15 | 15 | 16 | 16 | 17 | 15 | 16 | 17 | 17 | 18 | 18 | 19 | 20 | 20 | 21 | 21 | 22 | 20 | 21 |
| 13 | 13 | 14 | 14 | 15 | 16 | 16 | 17 | 17 | 18 | 16 | 17 | 18 | 18 | 19 | 19 | 20 | 21 | 21 | 22 | 22 | 23 | 21 | 22 |
| 14 | 14 | 15 | 15 | 16 | 17 | 17 | 18 | 18 | 19 | 17 | 18 | 19 | 19 | 20 | 20 | 21 | 22 | 22 | 23 | 23 | 24 | 22 | 23 |
| 15 | 15 | 16 | 16 | 17 | 18 | 18 | 19 | 19 | 20 | 18 | 19 | 20 | 20 | 21 | 21 | 22 | 23 | 23 | 24 | 24 | 25 | 23 | 24 |
| 16 | 16 | 17 | 17 | 18 | 19 | 19 | 20 | 20 | 21 | 19 | 20 | 21 | 21 | 22 | 22 | 23 | 24 | 24 | 25 | 25 | 26 | 24 | 25 |
| 17 十二 | 17 十 | 18 | 18 | 19 | 20 | 20 | 21 | 21 | 22 | 20 | 21 | 22 冬 | 22 | 23 | 23 | 24 | 25 | 25 | 26 | 26 | 27 | 25 | 26 |
| 18 | 18 | 19 九 | 19 | 20 | 21 | 21 | 22 | 22 | 23 | 21 | 22 | 23 | 23 | 24 | 24 | 25 | 26 | 26 | 27 | 27 | 28 | 26 | 27 |
| 19 2 | 19 1 | 20 | 20 八 | 21 七 | 22 | 22 | 23 | 23 | 24 | 22 | 23 | 24 | 24 | 25 | 25 | 26 | 27 | 27 | 28 | 28 | 29 | 27 | 28 |
| 20 | 20 | 21 12 | 21 11 | 22 | 23 六 | 23 閏 | 24 | 24 | 25 | 23 | 24 | 25 | 25 | 26 | 26 | 27 | 28 | 28 | 29 | 29 | 30 | 28 | 29 |
| 21 | 21 | 22 | 22 | 23 10 | 24 9 | 24 | 25 五 | 25 四 | 26 | 24 | 25 | 26 | 26 | 27 | 27 | 28 | 29 | 29 | 30 | 30 | 31 | 3 | 30 |

勵耘書屋

| 一九一六 丙辰 民國五 1335 | | | | | | | | | | | | | 一九一五 乙卯 民國四 1334 | | | | | | | | | | | |
|---|---|---|---|---|---|---|---|---|---|---|---|---|---|---|---|---|---|---|---|---|---|---|---|---|
| 11 | 11 | 12 | 12 | 13 | 14 | 14 | 15 | 15 | 16 | 15 | 16 | 17 | 17 | 18 | 18 | 19 | 20 | 20 | 21 | 21 | 22 | 20 | 21 | 22 |
| 12 | 12 | 13 | 13 | 14 | 15 | 15 | 16 | 16 | 17 | 16 | 17 | 18 | 18 | 19 | 19 | 20 | 21 | 21 | 22 | 22 | 23 | 21 | 22 | 23 冬 |
| 13 | 13 | 14 | 14 | 15 | 16 | 16 | 17 | 17 | 18 | 17 | 18 | 19 | 19 | 20 | 20 | 21 | 22 | 22 | 23 | 23 | 24 | 22 | 23 | 24 |
| 14 | 14 | 15 | 15 | 16 | 17 | 17 | 18 | 18 | 19 | 18 | 19 | 20 | 20 | 21 | 21 | 22 | 23 | 23 | 24 | 24 | 25 | 23 | 24 | 25 |
| 15 | 15 | 16 | 16 | 17 | 18 | 18 | 19 | 19 | 20 | 19 | 20 | 21 | 21 | 22 | 22 | 23 | 24 | 24 | 25 | 25 | 26 | 24 | 25 | 26 |
| 16 | 16 | 17 | 17 | 18 | 19 | 19 | 20 | 20 | 21 | 20 | 21 | 22 | 22 | 23 | 23 | 24 | 25 | 25 | 26 | 26 | 27 | 25 | 26 | 27 |
| 17 | 17 | 18 | 18 | 19 | 20 | 20 | 21 | 21 | 22 | 21 | 22 | 23 冬 | 23 | 24 | 24 | 25 | 26 | 26 | 27 | 27 | 28 | 26 | 27 | 28 |
| 18 | 18 | 19 | 19 | 20 | 21 | 21 | 22 | 22 | 23 | 22 | 23 | 24 | 24 | 25 | 25 | 26 | 27 | 27 | 28 | 28 | 29 | 27 | 28 | 29 |
| 19 | 19 | 20 | 20 | 21 | 22 | 22 | 23 | 23 | 24 | 23 | 24 | 25 | 25 | 26 | 26 | 27 | 28 | 28 | 29 | 29 | 30 | 28 | 29 | 30 |
| 20 | 20 | 21 | 21 | 22 | 23 | 23 | 24 | 24 | 25 | 24 | 25 | 26 | 26 | 27 | 27 | 28 | 29 | 29 | 30 | 30 | 31 | 3 | 30 | 31 |
| 21 | 21 | 22 | 22 | 23 | 24 | 24 | 25 | 25 | 26 | 25 | 26 | 27 | 27 | 28 | 28 | 29 | 30 | 30 | 31 | 5 | 4 | 2 | 31 | 1 |
| 22 冬 | 22 | 23 | 23 | 24 | 25 | 25 | 26 | 26 | 27 | 26 | 27 | 28 | 28 | 29 | 29 | 30 | 31 | 7 | 6 | 2 | 2 | 3 | 2 | 2 |
| 23 | 23 | 24 | 24 | 25 | 26 | 26 | 27 | 27 | 28 | 27 | 28 | 29 | 29 | 30 | 30 | 31 | 8 | 2 | 2 | 3 | 3 | 4 | 2 | 3 |
| 24 | 24 | 25 | 25 | 26 | 27 | 27 | 28 | 28 | 29 | 28 | 29 | 30 | 30 | 31 | 10 | 9 | 2 | 3 | 3 | 4 | 4 | 5 | 3 | 4 |
| 25 十二 | 25 十一 | 26 | 26 | 27 | 28 | 28 | 29 | 29 | 30 | 29 | 30 | 31 | 12 | 11 | 2 | 2 | 3 | 4 | 4 | 5 | 5 | 6 | 4 | 5 |
| 26 3 | 26 | 27 十 | 27 九 | 28 | 29 | 29 | 30 | 30 | 31 | 3 | 31 | 1 | 2 | 2 | 3 | 3 | 4 | 5 | 5 | 6 | 6 | 7 | 5 | 6 |
| 27 | 27 2 | 28 1 | 28 | 29 八 | 30 七 | 30 六 | 31 | 5 | 4 | 2 | 2 | 2 | 3 | 3 | 4 | 4 | 5 | 6 | 6 | 7 | 7 | 8 | 6 | 7 |
| 28 | 28 | 29 | 29 12 | 30 11 | 31 | 7 | 6 五 | 2 四 | 2 | 3 | 2 | 3 | 4 | 4 | 5 | 5 | 6 | 7 | 7 | 8 | 8 | 9 | 7 | 8 |
| 29 | 29 | 30 | 30 | 31 | 8 10 | 2 9 | 2 | 3 | 3 三 | 4 二 | 3 正 | 4 | 5 | 5 | 6 | 6 | 7 | 8 | 8 | 9 | 9 | 10 | 8 | 9 |
| 30 | 30 | 31 | 10 | 9 | 2 | 3 | 3 8 | 4 7 | 4 | 5 | 4 | 5 十二 | 6 | 6 | 7 | 7 | 8 | 9 | 9 | 10 | 10 | 11 | 9 | 10 |
| 31 | 12 | 11 | 2 | 2 | 3 | 4 | 4 | 5 | 5 6 | 6 5 | 5 | 6 | 7 十一 | 7 十 | 8 | 8 | 9 | 10 | 10 | 11 | 11 | 12 | 10 | 11 |
| 日 | 2 | 2 | 3 | 3 | 4 | 5 | 5 | 6 | 6 | 7 | 6 4 | 7 3 | 8 | 8 | 9 九 | 9 八 | 10 | 11 | 11 | 12 | 12 | 13 | 11 | 12 |
| 曜 | 3 | 3 | 4 | 4 | 5 | 6 | 6 | 7 | 7 | 8 | 7 | 8 | 9 2 | 9 1 | 10 12 | 10 11 | 11 七 | 12 六 | 12 | 13 | 13 | 14 | 12 | 13 |
| 表 | 4 | 4 | 5 | 5 | 6 | 7 | 7 | 8 | 8 | 9 | 8 | 9 | 10 | 10 | 11 | 11 | 12 10 | 13 9 | 13 五 | 14 四 | 14 三 | 15 | 13 | 14 |
| 3 | 5 | 5 | 6 | 6 | 7 | 8 | 8 | 9 | 9 | 10 | 9 | 10 | 11 | 11 | 12 | 12 | 13 | 14 | 14 8 | 15 7 | 15 | 16 二 | 14 正 | 15 十二 |
| 甲 | 6 | 6 | 7 | 7 | 8 | 9 | 9 | 10 | 10 | 11 | 10 | 11 | 12 | 12 | 13 | 13 | 14 | 15 | 15 | 16 | 16 6 | 17 5 | 15 | 16 |
| 子 | 7 | 7 | 8 | 8 | 9 | 10 | 10 | 11 | 11 | 12 | 11 | 12 | 13 | 13 | 14 | 14 | 15 | 16 | 16 | 17 | 17 | 18 | 16 4 | 17 3 |
| 表 | 8 | 8 | 9 | 9 | 10 | 11 | 11 | 12 | 12 | 13 | 12 | 13 | 14 | 14 | 15 | 15 | 16 | 17 | 17 | 18 | 18 | 19 | 17 | 18 |
| 44 | 9 | 9 | 10 | 10 | 11 | 12 | 12 | 13 | 13 | 14 | 13 | 14 | 15 | 15 | 16 | 16 | 17 | 18 | 18 | 19 | 19 | 20 | 18 | 19 |
| | 10 | 10 | 11 | 11 | 12 | 13 | 13 | 14 | 14 | 15 | 14 | 15 | 16 | 16 | 17 | 17 | 18 | 19 | 19 | 20 | 20 | 21 | 19 | 20 |

| 一九一八 戊午 民國七 1337 | | | | | | | | | | | | 一九一七 丁巳 民國六 1336 | | | | | | | | | | | |
|---|---|---|---|---|---|---|---|---|---|---|---|---|---|---|---|---|---|---|---|---|---|---|---|
| 22 | 23 | 23 | 24 | 25 | 25 | 26 | 26 | 27 | 25 | 26 | 27 | 27 | 28 | 28 | 29 | 30 | 30 | 31 | **5** | **4** | 2 | 31 | **1** |
| 23 | 24 | 24 | 25 | 26 | 26 | 27 | 27 | 28 | 26 | 27 | 28 | 28 | 29 | 29 | 30 | 31 | **7** | **6** | 2 | 2 | 3 | **2** | 2 |
| 24 | 25 | 25 | 26 | 27 | 27 | 28 | 28 | 29 | 27 | 28 | 29 | 29 | 30 | 30 | 31 | **8** | 2 | 2 | 3 | 3 | 4 | 2 | 3 |
| 25 | 26 | 26 | 27 | 28 | 28 | 29 | 29 | 30 | 28 | 29 | 30 | 30 | 31 | **10** | **9** | 2 | 3 | 3 | 4 | 4 | 5 | 3 | 4 |
| 26 | 27 | 27 | 28 | 29 | 29 | 30 | 30 | 31 | **3** | 30 | 31 | **12** | **11** | 2 | 2 | 3 | 4 | 4 | 5 | 5 | 6 | **4** | 5 |
| 27 | 28 | 28 | 29 | 30 | 30 | 31 | **5** | **4** | 2 | 31 | **1** | 2 | 2 | 3 | 3 | 4 | 5 | 5 | 6 | 6 | 7 | 5 | 6 |
| 28 | 29 | 29 | 30 | 31 | **7** | **6** | 2 | 2 | 3 | **2** | 2 | 3 | 3 | 4 | 4 | 5 | 6 | 6 | 7 | 7 | 8 | 6 | 7 |
| 29 | 30 | 30 | 31 | **8** | 2 | 2 | 3 | 3 | 4 | 2 | 3 | 4 | 4 | 5 | 5 | 6 | 7 | 7 | 8 | 8 | 9 | 7 | 8 |
| 30 | 31 | **10** | **9** | 2 | 3 | 3 | 4 | 4 | 5 | 3 | 4 | 5 | 5 | 6 | 6 | 7 | 8 | 8 | 9 | 9 | 10 | 8 | 9 |
| **12** | **11** | 2 | 2 | 3 | 4 | 4 | 5 | 5 | 6 | 4 | 5 | 6 | 6 | 7 | 7 | 8 | 9 | 9 | 10 | 10 | 11 | 9 | 10 |
| 2 | 2 | 3 | 3 | 4 | 5 | 5 | 6 | 6 | 7 | 5 | 6 | 7 | 7 | 8 | 8 | 9 | 10 | 10 | 11 | 11 | 12 | 10 | 11 |
| 3 十一 | 3 | 4 | 4 | 5 | 6 | 6 | 7 | 7 | 8 | 6 | 7 | 8 | 8 | 9 | 9 | 10 | 11 | 11 | 12 | 12 | 13 | 11 | 12 |
| 4 | 4 十 | 5 九 | 5 八 | 6 | 7 | 7 | 8 | 8 | 9 | 7 | 8 | 9 | 9 | 10 | 10 | 11 | 12 | 12 | 13 | 13 | 14 | 12 | 13 |
| 5 3 | 5 | 6 | 6 | 7 七 | 8 六 | 8 | 9 | 9 | 10 | 8 | 9 | 10 | 10 | 11 | 11 | 12 | 13 | 13 | 14 | 14 | 15 | 13 | 14 |
| 6 | 6 2 | 7 1 | 7 12 | 8 11 | 9 | 9 五 | 10 四 | 10 | 11 | 9 | 10 | 11 | 11 | 12 | 12 | 13 | 14 | 14 | 15 | 15 | 16 | 14 | 15 |
| 7 | 7 | 8 | 8 | 9 | 10 10 | 10 9 | 11 | 11 三 | 12 | 10 | 11 | 12 | 12 | 13 | 13 | 14 | 15 | 15 | 16 | 16 | 17 | 15 | 16 |
| 8 | 8 | 9 | 9 | 10 | 11 | 11 | 12 8 | 12 7 | 13 二 | 11 正 | 12 | 13 | 13 | 14 | 14 | 15 | 16 | 16 | 17 | 17 | 18 | 16 | 17 |
| 9 | 9 | 10 | 10 | 11 | 12 | 12 | 13 | 13 | 14 6 | 12 5 | 13 十二 | 14 十一 | 14 | 15 | 15 | 16 | 17 | 17 | 18 | 18 | 19 | 17 | 18 |
| 10 | 10 | 11 | 11 | 12 | 13 | 13 | 14 | 14 | 15 | 13 | 14 4 | 15 3 | 15 十 | 16 九 | 16 八 | 17 | 18 | 18 | 19 | 19 | 20 | 18 | 19 |
| 11 | 11 | 12 | 12 | 13 | 14 | 14 | 15 | 15 | 16 | 14 | 15 | 16 | 16 2 | 17 1 | 17 | 18 七 | 19 六 | 19 五 | 20 | 20 | 21 | 19 | 20 |
| 12 | 12 | 13 | 13 | 14 | 15 | 15 | 16 | 16 | 17 | 15 | 16 | 17 | 17 | 18 | 18 12 | 19 11 | 20 | 20 | 21 四 | 21 三 | 22 | 20 | 21 |
| 13 | 13 | 14 | 14 | 15 | 16 | 16 | 17 | 17 | 18 | 16 | 17 | 18 | 18 | 19 | 19 | 20 | 21 10 | 21 9 | 22 | 22 | 23 閏 | 21 | 22 |
| 14 | 14 | 15 | 15 | 16 | 17 | 17 | 18 | 18 | 19 | 17 | 18 | 19 | 19 | 20 | 20 | 21 | 22 | 22 | 23 8 | 23 7 | 24 | 22 二 | 23 正 |
| 15 | 15 | 16 | 16 | 17 | 18 | 18 | 19 | 19 | 20 | 18 | 19 | 20 | 20 | 21 | 21 | 22 | 23 | 23 | 24 | 24 | 25 6 | 23 5 | 24 |
| 16 | 16 | 17 | 17 | 18 | 19 | 19 | 20 | 20 | 21 | 19 | 20 | 21 | 21 | 22 | 22 | 23 | 24 | 24 | 25 | 25 | 26 | 24 | 25 4 |
| 17 | 17 | 18 | 18 | 19 | 20 | 20 | 21 | 21 | 22 | 20 | 21 | 22 冬 | 22 | 23 | 23 | 24 | 25 | 25 | 26 | 26 | 27 | 25 | 26 |
| 18 | 18 | 19 | 19 | 20 | 21 | 21 | 22 | 22 | 23 | 21 | 22 | 23 | 23 | 24 | 24 | 25 | 26 | 26 | 27 | 27 | 28 | 26 | 27 |
| 19 | 19 | 20 | 20 | 21 | 22 | 22 | 23 | 23 | 24 | 22 | 23 | 24 | 24 | 25 | 25 | 26 | 27 | 27 | 28 | 28 | 29 | 27 | 28 |
| 20 | 20 | 21 | 21 | 22 | 23 | 23 | 24 | 24 | 25 | 23 | 24 | 25 | 25 | 26 | 26 | 27 | 28 | 28 | 29 | 29 | 30 | 28 | 29 |
| 21 | 21 | 22 | 22 | 23 | 24 | 24 | 25 | 25 | 26 | 24 | 25 | 26 | 26 | 27 | 27 | 28 | 29 | 29 | 30 | 30 | 31 | **3** | 30 |

一九二〇 庚申 民國九 1339

一九一九 己未 民國八 1338

| | | | | | | | | | | | | | | | | | | | | | | | | |
|---|---|---|---|---|---|---|---|---|---|---|---|---|---|---|---|---|---|---|---|---|---|---|---|---|
| 11 | 11 | 12九 | 12八 | 13 | 14 | 14 | 15 | 15 | 16 | 15 | 16 | 17 | 17 | 18 | 18 | 19 | 20 | 20 | 21 | 21 | 22 | 20 | 21 | 22 |
| 12 | 12 | 13 | 13 | 14七 | 15 | 15 | 16 | 16 | 17 | 16 | 17 | 18 | 18 | 19 | 19 | 20 | 21 | 21 | 22 | 22 | 23 | 21 | 22 | 23冬 |
| 13 4 | 13 3 | 14 | 14 | 15 | 16六 | 16五 | 17 | 17 | 18 | 17 | 18 | 19 | 19 | 20 | 20 | 21 | 22 | 22 | 23 | 23 | 24 | 22 | 23 | 24 |
| 14 | 14 | 15 2 | 15 1 | 16 12 | 17 11 | 17 | 18四 | 18 | 19 | 18 | 19 | 20 | 20 | 21 | 21 | 22 | 23 | 23 | 24 | 24 | 25 | 23 | 24 | 25 |
| 15 | 15 | 16 | 16 | 17 | 18 | 18 10 | 19 9 | 19三 | 20二 | 19 | 20 | 21 | 21 | 22 | 22 | 23 | 24 | 24 | 25 | 25 | 26 | 24 | 25 | 26 |
| 16 | 16 | 17 | 17 | 18 | 19 | 19 | 20 | 20 8 | 21 7 | 20正 | 21十二 | 22十一 | 22十 | 23 | 23 | 24 | 25 | 25 | 26 | 26 | 27 | 25 | 26 | 27 |
| 17 | 17 | 18 | 18 | 19 | 20 | 20 | 21 | 21 | 22 | 21 6 | 22 5 | 23冬 | 23 | 24九 | 24八 | 25閏 | 26 | 26 | 27 | 27 | 28 | 26 | 27 | 28 |
| 18 | 18 | 19 | 19 | 20 | 21 | 21 | 22 | 22 | 23 | 22 | 23 | 24 4 | 24 3 | 25 | 25 | 26 | 27七 | 27 | 28 | 28 | 29 | 27 | 28 | 29 |
| 19 | 19 | 20 | 20 | 21 | 22 | 22 | 23 | 23 | 24 | 23 | 24 | 25 | 25 | 26 2 | 26 1 | 27 | 28 | 28六 | 29五 | 29 | 30 | 28 | 29 | 30 |
| 20 | 20 | 21 | 21 | 22 | 23 | 23 | 24 | 24 | 25 | 24 | 25 | 26 | 26 | 27 | 27 | 28 12 | 29 11 | 29 | 30 | 30四 | 31 | **3** | 30 | 31 |
| 21 | 21 | 22 | 22 | 23 | 24 | 24 | 25 | 25 | 26 | 25 | 26 | 27 | 27 | 28 | 28 | 29 | 30 | 30 10 | 31 9 | **5** | **4**三 | 2二 | 31 | **1** |
| 22冬 | 22 | 23 | 23 | 24 | 25 | 25 | 26 | 26 | 27 | 26 | 27 | 28 | 28 | 29 | 29 | 30 | 31 | **7** | **6** | 2 8 | 2 7 | 3 | **2**正 | 2十二 |
| 23 | 23 | 24 | 24 | 25 | 26 | 26 | 27 | 27 | 28 | 27 | 28 | 29 | 29 | 30 | 30 | 31 | **8** | 2 | 2 | 3 | 3 | 4 6 | 2 5 | 3 |
| 24 | 24 | 25 | 25 | 26 | 27 | 27 | 28 | 28 | 29 | 28 | 29 | 30 | 30 | 31 | **10** | **9** | 2 | 3 | 3 | 4 | 4 | 5 | 3 | 4 4 |
| 25 | 25 | 26 | 26 | 27 | 28 | 28 | 29 | 29 | 30 | 29 | 30 | 31 | **12** | **11** | 2 | 2 | 3 | 4 | 4 | 5 | 5 | 6 | 4 | 5 |
| 26 | 26 | 27 | 27 | 28 | 29 | 29 | 30 | 30 | 31 | **3** | 31 | **1** | 2 | 2 | 3 | 3 | 4 | 5 | 5 | 6 | 6 | 7 | 5 | 6 |
| 27 | 27 | 28 | 28 | 29 | 30 | 30 | 31 | **5** | **4** | 2 | **2** | 2 | 3 | 3 | 4 | 4 | 5 | 6 | 6 | 7 | 7 | 8 | 6 | 7 |
| 28 | 28 | 29 | 29 | 30 | 31 | **7** | **6** | 2 | 2 | 3 | 2 | 3 | 4 | 4 | 5 | 5 | 6 | 7 | 7 | 8 | 8 | 9 | 7 | 8 |
| 29 | 29 | 30 | 30 | 31 | **8** | 2 | 2 | 3 | 3 | 4 | 3 | 4 | 5 | 5 | 6 | 6 | 7 | 8 | 8 | 9 | 9 | 10 | 8 | 9 |
| 30 | 30 | 31 | **10** | **9** | 2 | 3 | 3 | **4** | **4** | 5 | 4 | 5 | 6 | 6 | 7 | 7 | 8 | 9 | 9 | 10 | 10 | 11 | 9 | 10 |
| 31 | **12** | **11** | 2 | 2 | 3 | 4 | 4 | 5 | 5 | 6 | 5 | 6 | 7 | 7 | 8 | 8 | 9 | 10 | 10 | 11 | 11 | 12 | 10 | 11 |
| 日 | 2 | 2 | 3 | 3 | 4 | 5 | 5 | 6 | 6 | 7 | 6 | 7 | 8 | 8 | 9 | 9 | 10 | 11 | 11 | 12 | 12 | 13 | 11 | 12 |
| 曜 | 3 | 3 | 4 | 4 | 5 | 6 | 6 | 7 | 7 | 8 | 7 | 8 | 9 | 9 | 10 | 10 | 11 | 12 | 12 | 13 | 13 | 14 | 12 | 13 |
| 表 | 4 | 4 | 5 | 5 | 6 | 7 | 7 | 8 | 8 | 9 | 8 | 9 | 10 | 10 | 11 | 11 | 12 | 13 | 13 | 14 | 14 | 15 | 13 | 14 |
| 4 | 5 | 5 | 6 | 6 | 7 | 8 | 8 | 9 | 9 | 10 | 9 | 10 | 11 | 11 | 12 | 12 | 13 | 14 | 14 | 15 | 15 | 16 | 14 | 15 |
| 甲 | 6 | 6 | 7 | 7 | 8 | 9 | 9 | 10 | 10 | 11 | 10 | 11 | 12 | 12 | 13 | 13 | 14 | 15 | 15 | 16 | 16 | 17 | 15 | 16 |
| 子 | 7 | 7 | 8 | 8 | 9 | 10 | 10 | 11 | 11 | 12 | 11 | 12 | 13 | 13 | 14 | 14 | 15 | 16 | 16 | 17 | 17 | 18 | 16 | 17 |
| 表 | 8 | 8 | 9 | 9 | 10 | 11 | 11 | 12 | 12 | 13 | 12 | 13 | 14 | 14 | 15 | 15 | 16 | 17 | 17 | 18 | 18 | 19 | 17 | 18 |
| 45 | 9 | 9 | 10 | 10 | 11 | 12 | 12 | 13 | 13 | 14 | 13 | 14 | 15 | 15 | 16 | 16 | 17 | 18 | 18 | 19 | 19 | 20 | 18 | 19 |
| | 10十一 | 10十 | 11 | 11 | 12 | 13 | 13 | 14 | 14 | 15 | 14 | 15 | 16 | 16 | 17 | 17 | 18 | 19 | 19 | 20 | 20 | 21 | 19 | 20 |

一九二二 壬戌 民國一一　　　　一九二一 辛酉 民國一〇

1341　　　　1340

| | | | | | | | | | | | | | | | | | | | | | | | |
|---|---|---|---|---|---|---|---|---|---|---|---|---|---|---|---|---|---|---|---|---|---|---|---|
| 22 | 23 | 23 2 | 24 1 | 25 | 25閏 | 26 | 26 | 27 | 25 | 26 | 27 | 27 | 28 | 28 | 29 | 30 | 30 | 31 | **5** | **4** | 2 | 31 | **1** |
| 23 | 24 | 24 | 25 | 26 12 | 26 11 | 27五 | 27四 | 28三 | 26 | 27 | 28 | 28 | 29 | 29 | 30 | 31 | **7** | **6** | 2 | 2 | 3 | **2** | 2 |
| 24 | 25 | 25 | 26 | 27 | 27 | 28 10 | 28 9 | 29 | 27二 | 28正 | 29十二 | 29十一 | 30 | 30 | 31 | **8** | 2 | 2 | 3 | 3 | 4 | 2 | 3 |
| 25 | 26 | 26 | 27 | 28 | 28 | 29 | 29 | 30 8 | 28 7 | 29 | 30 | 30 | 31十 | **10**九 | **9** | 2 | 3 | 3 | 4 | 4 | 5 | 3 | 4 |
| 26 | 27 | 27 | 28 | 29 | 29 | 30 | 30 | 31 | **3** | 30 6 | 31 5 | **12** | **11** | 2 | 2八 | 3 | 4 | 4 | 5 | 5 | 6 | 4 | 5 |
| 27 | 28 | 28 | 29 | 30 | 30 | 31 | **5** | **4** | 2 | 31 | **1** | 2 4 | 2 3 | 3 | 3 | 4七 | 5六 | 5 | 6 | 6 | 7 | 5 | 6 |
| 28 | 29 | 29 | 30 | 31 | **7** | **6** | 2 | 2 | 3 | **2** | 2 | 3 | 3 | 4 2 | 4 1 | 5 | 6 | 6五 | 7 | 7 | 8 | 6 | 7 |
| 29 | 30 | 30 | 31 | **8** | 2 | 2 | 3 | 3 | 4 | 2 | 3 | 4 | 4 | 5 | 5 | 6 12 | 7 11 | 7 | 8四 | 8三 | 9 | 7 | 8 |
| 30 | 31 | **10** | **9** | 2 | 3 | 3 | 4 | 4 | 5 | 3 | 4 | 5 | 5 | 6 | 6 | 7 | 8 | 8 10 | 9 9 | 9 | 10二 | 8正 | 9十二 |
| **12** | **11** | 2 | 2 | 3 | 4 | 4 | 5 | 5 | 6 | 4 | 5 | 6 | 6 | 7 | 7 | 8 | 9 | 9 | 10 | 10 8 | 11 7 | 9 | 10 |
| 2 | 2 | 3 | 3 | 4 | 5 | 5 | 6 | 6 | 7 | 5 | 6 | 7 | 7 | 8 | 8 | 9 | 10 | 10 | 11 | 11 | 12 | 10 6 | 11 5 |
| 3 | 3 | 4 | 4 | 5 | 6 | 6 | 7 | 7 | 8 | 6 | 7 | 8 | 8 | 9 | 9 | 10 | 11 | 11 | 12 | 12 | 13 | 11 | 12 |
| 4 | 4 | 5 | 5 | 6 | 7 | 7 | 8 | 8 | 9 | 7 | 8 | 9 | 9 | 10 | 10 | 11 | 12 | 12 | 13 | 13 | 14 | 12 | 13 |
| 5 | 5 | 6 | 6 | 7 | 8 | 8 | 9 | 9 | 10 | 8 | 9 | 10 | 10 | 11 | 11 | 12 | 13 | 13 | 14 | 14 | 15 | 13 | 14 |
| 6 | 6 | 7 | 7 | 8 | 9 | 9 | 10 | 10 | 11 | 9 | 10 | 11 | 11 | 12 | 12 | 13 | 14 | 14 | 15 | 15 | 16 | 14 | 15 |
| 7 | 7 | 8 | 8 | 9 | 10 | 10 | 11 | 11 | 12 | 10 | 11 | 12 | 12 | 13 | 13 | 14 | 15 | 15 | 16 | 16 | 17 | 15 | 16 |
| 8 | 8 | 9 | 9 | 10 | 11 | 11 | 12 | 12 | 13 | 11 | 12 | 13 | 13 | 14 | 14 | 15 | 16 | 16 | 17 | 17 | 18 | 16 | 17 |
| 9 | 9 | 10 | 10 | 11 | 12 | 12 | 13 | 13 | 14 | 12 | 13 | 14 | 14 | 15 | 15 | 16 | 17 | 17 | 18 | 18 | 19 | 17 | 18 |
| 10 | 10 | 11 | 11 | 12 | 13 | 13 | 14 | 14 | 15 | 13 | 14 | 15 | 15 | 16 | 16 | 17 | 18 | 18 | 19 | 19 | 20 | 18 | 19 |
| 11 | 11 | 12 | 12 | 13 | 14 | 14 | 15 | 15 | 16 | 14 | 15 | 16 | 16 | 17 | 17 | 18 | 19 | 19 | 20 | 20 | 21 | 19 | 20 |
| 12 | 12 | 13 | 13 | 14 | 15 | 15 | 16 | 16 | 17 | 15 | 16 | 17 | 17 | 18 | 18 | 19 | 20 | 20 | 21 | 21 | 22 | 20 | 21 |
| 13 | 13 | 14 | 14 | 15 | 16 | 16 | 17 | 17 | 18 | 16 | 17 | 18 | 18 | 19 | 19 | 20 | 21 | 21 | 22 | 22 | 23 | 21 | 22 |
| 14 | 14 | 15 | 15 | 16 | 17 | 17 | 18 | 18 | 19 | 17 | 18 | 19 | 19 | 20 | 20 | 21 | 22 | 22 | 23 | 23 | 24 | 22 | 23 |
| 15 | 15 | 16 | 16 | 17 | 18 | 18 | 19 | 19 | 20 | 18 | 19 | 20 | 20 | 21 | 21 | 22 | 23 | 23 | 24 | 24 | 25 | 23 | 24 |
| 16 | 16 | 17 | 17 | 18 | 19 | 19 | 20 | 20 | 21 | 19 | 20 | 21 | 21 | 22 | 22 | 23 | 24 | 24 | 25 | 25 | 26 | 24 | 25 |
| 17 | 17 | 18 | 18 | 19 | 20 | 20 | 21 | 21 | 22 | 20 | 21 | 22冬 | 22 | 23 | 23 | 24 | 25 | 25 | 26 | 26 | 27 | 25 | 26 |
| 18十一 | 18 | 19 | 19 | 20 | 21 | 21 | 22 | 22 | 23 | 21 | 22 | 23 | 23 | 24 | 24 | 25 | 26 | 26 | 27 | 27 | 28 | 26 | 27 |
| 19 | 19十 | 20九 | 20 | 21 | 22 | 22 | 23 | 23 | 24 | 22 | 23 | 24 | 24 | 25 | 25 | 26 | 27 | 27 | 28 | 28 | 29 | 27 | 28 |
| 20 5 | 20 | 21 | 21八 | 22 | 23 | 23 | 24 | 24 | 25 | 23 | 24 | 25 | 25 | 26 | 26 | 27 | 28 | 28 | 29 | 29 | 30 | 28 | 29 |
| 21 | 21 4 | 22 3 | 22 | 23七 | 24六 | 24 | 25 | 25 | 26 | 24 | 25 | 26 | 26 | 27 | 27 | 28 | 29 | 29 | 30 | 30 | 31 | **3** | 30 |

一九二四 甲子 民國一三 1343

一九二三 癸亥 民國一二 1342

| | | | | | | | | | | | | | | | | | | | | | | | | |
|---|---|---|---|---|---|---|---|---|---|---|---|---|---|---|---|---|---|---|---|---|---|---|---|---|
| 11 | 11 | 12 | 12 | 13 | 14 | 14 | 15 | 15 | 16 | 15 | 16 | 17 | 17 | 18 | 18 | 19 | 20 | 20 | 21 | 21 | 22 | 20 | 21 | 22冬 |
| 12 | 12 | 13 | 13 | 14 | 15 | 15 | 16 | 16 | 17 | 16 | 17 | 18 | 18 | 19 | 19 | 20 | 21 | 21 | 22 | 22 | 23 | 21 | 22 | 23 |
| 13 | 13 | 14 | 14 | 15 | 16 | 16 | 17 | 17 | 18 | 17 | 18 | 19 | 19 | 20 | 20 | 21 | 22 | 22 | 23 | 23 | 24 | 22 | 23 | 24 |
| 14 | 14 | 15 | 15 | 16 | 17 | 17 | 18 | 18 | 19 | 18 | 19 | 20 | 20 | 21 | 21 | 22 | 23 | 23 | 24 | 24 | 25 | 23 | 24 | 25 |
| 15 | 15 | 16 | 16 | 17 | 18 | 18 | 19 | 19 | 20 | 19 | 20 | 21 | 21 | 22 | 22 | 23 | 24 | 24 | 25 | 25 | 26 | 24 | 25 | 26 |
| 16 | 16 | 17 | 17 | 18 | 19 | 19 | 20 | 20 | 21 | 20 | 21 | 22 | 22 | 23 | 23 | 24 | 25 | 25 | 26 | 26 | 27 | 25 | 26 | 27 |
| 17 | 17 | 18 | 18 | 19 | 20 | 20 | 21 | 21 | 22 | 21 | 22 | 23冬 | 23 | 24 | 24 | 25 | 26 | 26 | 27 | 27 | 28 | 26 | 27 | 28 |
| 18 | 18 | 19 | 19 | 20 | 21 | 21 | 22 | 22 | 23 | 22 | 23 | 24 | 24 | 25 | 25 | 26 | 27 | 27 | 28 | 28 | 29 | 27 | 28 | 29 |
| 19 | 19 | 20 | 20 | 21 | 22 | 22 | 23 | 23 | 24 | 23 | 24 | 25 | 25 | 26 | 26 | 27 | 28 | 28 | 29 | 29 | 30 | 28 | 29 | 30 |
| 20 | 20 | 21 | 21 | 22 | 23 | 23 | 24 | 24 | 25 | 24 | 25 | 26 | 26 | 27 | 27 | 28 | 29 | 29 | 30 | 30 | 31 | **3** | 30 | 31 |
| 21 | 21 | 22 | 22 | 23 | 24 | 24 | 25 | 25 | 26 | 25 | 26 | 27 | 27 | 28 | 28 | 29 | 30 | 30 | 31 | **5** | **4** | 2 | 31 | **1** |
| 22冬 | 22 | 23 | 23 | 24 | 25 | 25 | 26 | 26 | 27 | 26 | 27 | 28 | 28 | 29 | 29 | 30 | 31 | **7** | **6** | 2 | 2 | 3 | **2** | 2 |
| 23 | 23 | 24 | 24 | 25 | 26 | 26 | 27 | 27 | 28 | 27 | 28 | 29 | 29 | 30 | 30 | 31 | **8** | 2 | 2 | 3 | 3 | 4 | 2 | 3 |
| 24 | 24 | 25 | 25 | 26 | 27 | 27 | 28 | 28 | 29 | 28 | 29 | 30 | 30 | 31 | **10** | **9** | 2 | 3 | 3 | 4 | 4 | 5 | 3 | 4 |
| 25 | 25 | 26 | 26 | 27 | 28 | 28 | 29 | 29 | 30 | 29 | 30 | 31 | **12** | **11** | 2 | 2 | 3 | 4 | 4 | 5 | 5 | 6 | 4 | 5 |
| 26十二 | 26 | 27 | 27 | 28 | 29 | 29 | 30 | 30 | 31 | **3** | 31 | **1** | 2 | 2 | 3 | 3 | 4 | 5 | 5 | 6 | 6 | 7 | 5 | 6 |
| 27 | 27十一 | 28十 | 28 | 29 | 30 | 30 | 31 | **5** | **4** | 2 | **2** | 2 | 3 | 3 | 4 | 4 | 5 | 6 | 6 | 7 | 7 | 8 | 6 | 7 |
| 28 6 | 28 5 | 29 | 29九 | 30八 | 31 | **7** | **6** | 2 | 2 | 3 | 2 | 3 | 4 | 4 | 5 | 5 | 6 | 7 | 7 | 8 | 8 | 9 | 7 | 8 |
| 29 | 29 | 30 4 | 30 3 | 31 | **8**七 | 2六 | 2五 | 3 | 3 | 4 | 3 | 4 | 5 | 5 | 6 | 6 | 7 | 8 | 8 | 9 | 9 | 10 | 8 | 9 |
| 30 | 30 | 31 | **10** | **9** 2 | 2 1 | 3 | 3 | **4**四 | 4三 | 5二 | 4 | 5 | 6 | 6 | 7 | 7 | 8 | 9 | 9 | 10 | 10 | 11 | 9 | 10 |
| 31 | **12** | **11** | 2 | 2 | 3 | 4 12 | 4 11 | 5 | 5 | 6 | 5正 | 6十二 | 7 | 7 | 8 | 8 | 9 | 10 | 10 | 11 | 11 | 12 | 10 | 11 |
| 日 | 2 | 2 | 3 | 3 | 4 | 5 | 5 | 6 10 | 6 9 | 7 | 6 | 7 | 8十一 | 8十 | 9 | 9 | 10 | 11 | 11 | 12 | 12 | 13 | 11 | 12 |
| 曜 | 3 | 3 | 4 | 4 | 5 | 6 | 6 | 7 | 7 | 8 8 | 7 7 | 8 | 9 | 9 | 10九 | 10 | 11 | 12 | 12 | 13 | 13 | 14 | 12 | 13 |
| 表 | 4 | 4 | 5 | 5 | 6 | 7 | 7 | 8 | 8 | 9 | 8 | 9 6 | 10 5 | 10 | 11 | 11八 | 12七 | 13 | 13 | 14 | 14 | 15 | 13 | 14 |
| 5 | 5 | 5 | 6 | 6 | 7 | 8 | 8 | 9 | 9 | 10 | 9 | 10 | 11 | 11 4 | 12 3 | 12 | 13 | 14六 | 14五 | 15 | 15 | 16 | 14 | 15 |
| 甲 | 6 | 6 | 7 | 7 | 8 | 9 | 9 | 10 | 10 | 11 | 10 | 11 | 12 | 12 | 13 | 13 2 | 14 1 | 15 12 | 15 11 | 16四 | 16三 | 17二 | 15 | 16 |
| 子 | 7 | 7 | 8 | 8 | 9 | 10 | 10 | 11 | 11 | 12 | 11 | 12 | 13 | 13 | 14 | 14 | 15 | 16 | 16 | 17 10 | 17 9 | 18 | 16正 | 17十二 |
| 表 | 8 | 8 | 9 | 9 | 10 | 11 | 11 | 12 | 12 | 13 | 12 | 13 | 14 | 14 | 15 | 15 | 16 | 17 | 17 | 18 | 18 | 19 8 | 17 7 | 18 |
| 46 | 9 | 9 | 10 | 10 | 11 | 12 | 12 | 13 | 13 | 14 | 13 | 14 | 15 | 15 | 16 | 16 | 17 | 18 | 18 | 19 | 19 | 20 | 18 | 19 6 |
| | 10 | 10 | 11 | 11 | 12 | 13 | 13 | 14 | 14 | 15 | 14 | 15 | 16 | 16 | 17 | 17 | 18 | 19 | 19 | 20 | 20 | 21 | 19 | 20 |

一九二六 丙寅 民國一五　1345

一九二五 乙丑 民國一四　1344

| | | | | | | | | | | | | | | | | | | | | | | | |
|---|---|---|---|---|---|---|---|---|---|---|---|---|---|---|---|---|---|---|---|---|---|---|---|
| 22 | 23 | 23 | 24 | 25 | 25 | 26 | 26 | 27 | 25 | 26 | 27 | 27 | 28 | 28 | 29 | 30 | 30 | 31 | **5** | **4** | 2 | 31 | **1** |
| 23 | 24 | 24 | 25 | 26 | 26 | 27 | 27 | 28 | 26 | 27 | 28 | 28 | 29 | 29 | 30 | 31 | **7** | **6** | 2 | 2 | 3 | **2** | 2 |
| 24 | 25 | 25 | 26 | 27 | 27 | 28 | 28 | 29 | 27 | 28 | 29 | 29 | 30 | 30 | 31 | **8** | 2 | 2 | 3 | 3 | 4 | 2 | 3 |
| 25 | 26 | 26 | 27 | 28 | 28 | 29 | 29 | 30 | 28 | 29 | 30 | 30 | 31 | **10** | **9** | 2 | 3 | 3 | 4 | 4 | 5 | 3 | 4 |
| 26 | 27 | 27 | 28 | 29 | 29 | 30 | 30 | 31 | **3** | 30 | 31 | **12** | **11** | 2 | 2 | 3 | 4 | 4 | 5 | 5 | 6 | 4 | 5 |
| 27 | 28 | 28 | 29 | 30 | 30 | 31 | **5** | **4** | 2 | 31 | **1** | 2 | 2 | 3 | 3 | 4 | 5 | 5 | 6 | 6 | 7 | 5 | 6 |
| 28 | 29 | 29 | 30 | 31 | **7** | **6** | 2 | 2 | 3 | **2** | 2 | 3 | 3 | 4 | 4 | 5 | 6 | 6 | 7 | 7 | 8 | 6 | 7 |
| 29 | 30 | 30 | 31 | **8** | 2 | 2 | 3 | 3 | 4 | 2 | 3 | 4 | 4 | 5 | 5 | 6 | 7 | 7 | 8 | 8 | 9 | 7 | 8 |
| 30 | 31 | **10** | **9** | 2 | 3 | 3 | 4 | 4 | 5 | 3 | 4 | 5 | 5 | 6 | 6 | 7 | 8 | 8 | 9 | 9 | 10 | 8 | 9 |
| **12** | **11** | 2 | 2 | 3 | 4 | 4 | 5 | 5 | 6 | 4 | 5 | 6 | 6 | 7 | 7 | 8 | 9 | 9 | 10 | 10 | 11 | 9 | 10 |
| 2 | 2 | 3 | 3 | 4 | 5 | 5 | 6 | 6 | 7 | 5 | 6 | 7 | 7 | 8 | 8 | 9 | 10 | 10 | 11 | 11 | 12 | 10 | 11 |
| 3 | 3 | 4 | 4 | 5 | 6 | 6 | 7 | 7 | 8 | 6 | 7 | 8 | 8 | 9 | 9 | 10 | 11 | 11 | 12 | 12 | 13 | 11 | 12 |
| 4 | 4 | 5 | 5 | 6 | 7 | 7 | 8 | 8 | 9 | 7 | 8 | 9 | 9 | 10 | 10 | 11 | 12 | 12 | 13 | 13 | 14 | 12 | 13 |
| 5 | 十一 5 | 十 6 | 6 | 7 | 8 | 8 | 9 | 9 | 10 | 8 | 9 | 10 | 10 | 11 | 11 | 12 | 13 | 13 | 14 | 14 | 15 | 13 | 14 |
| 6 | 6 | 7 | 九 7 | 八 8 | 七 9 | 9 | 10 | 10 | 11 | 9 | 10 | 11 | 11 | 12 | 12 | 13 | 14 | 14 | 15 | 15 | 16 | 14 | 15 |
| 7 | 6 7 | 5 8 | 8 | 9 | 10 | 六 10 | 五 11 | 11 | 12 | 10 | 11 | 12 | 12 | 13 | 13 | 14 | 15 | 15 | 16 | 16 | 17 | 15 | 16 |
| 8 | 8 | 9 | 4 9 | 3 10 | 11 | 11 | 12 | 四 12 | 三 13 | 11 | 12 | 13 | 13 | 14 | 14 | 15 | 16 | 16 | 17 | 17 | 18 | 16 | 17 |
| 9 | 9 | 10 | 10 | 11 | 2 12 | 1 12 | 12 13 | 11 13 | 14 | 二 12 | 13 | 14 | 14 | 15 | 15 | 16 | 17 | 17 | 18 | 18 | 19 | 17 | 18 |
| 10 | 10 | 11 | 11 | 12 | 13 | 13 | 14 | 14 | 10 15 | 9 13 | 正 14 | 十二 15 | 15 | 16 | 16 | 17 | 18 | 18 | 19 | 19 | 20 | 18 | 19 |
| 11 | 11 | 12 | 12 | 13 | 14 | 14 | 15 | 15 | 16 | 14 | 8 15 | 7 16 | 十一 16 | 十 17 | 17 | 18 | 19 | 19 | 20 | 20 | 21 | 19 | 20 |
| 12 | 12 | 13 | 13 | 14 | 15 | 15 | 16 | 16 | 17 | 15 | 16 | 17 | 6 17 | 5 18 | 九 18 | 八 19 | 七 20 | 20 | 21 | 21 | 22 | 20 | 21 |
| 13 | 13 | 14 | 14 | 15 | 16 | 16 | 17 | 17 | 18 | 16 | 17 | 18 | 18 | 19 | 4 19 | 3 20 | 21 | 六 21 | 五 22 | 閏 22 | 23 | 21 | 22 |
| 14 | 14 | 15 | 15 | 16 | 17 | 17 | 18 | 18 | 19 | 17 | 18 | 19 | 19 | 20 | 20 | 21 | 2 22 | 1 22 | 23 | 23 | 四 24 | 三 22 | 23 |
| 15 | 15 | 16 | 16 | 17 | 18 | 18 | 19 | 19 | 20 | 18 | 19 | 20 | 20 | 21 | 21 | 22 | 23 | 23 | 12 24 | 11 24 | 25 | 23 | 二 24 正 |
| 16 | 16 | 17 | 17 | 18 | 19 | 19 | 20 | 20 | 21 | 19 | 20 | 21 | 21 | 22 | 22 | 23 | 24 | 24 | 25 | 25 | 10 26 | 9 24 | 25 |
| 17 | 17 | 18 | 18 | 19 | 20 | 20 | 21 | 21 | 22 | 20 | 21 | 22 | 冬 22 | 23 | 23 | 24 | 25 | 25 | 26 | 26 | 27 | 25 | 8 26 7 |
| 18 | 18 | 19 | 19 | 20 | 21 | 21 | 22 | 22 | 23 | 21 | 22 | 23 | 23 | 24 | 24 | 25 | 26 | 26 | 27 | 27 | 28 | 26 | 27 |
| 19 | 19 | 20 | 20 | 21 | 22 | 22 | 23 | 23 | 24 | 22 | 23 | 24 | 24 | 25 | 25 | 26 | 27 | 27 | 28 | 28 | 29 | 27 | 28 |
| 20 | 20 | 21 | 21 | 22 | 23 | 23 | 24 | 24 | 25 | 23 | 24 | 25 | 25 | 26 | 26 | 27 | 28 | 28 | 29 | 29 | 30 | 28 | 29 |
| 21 | 21 | 22 | 22 | 23 | 24 | 24 | 25 | 25 | 26 | 24 | 25 | 26 | 26 | 27 | 27 | 28 | 29 | 29 | 30 | 30 | 31 | **3** | 30 |

一九二八 戊辰 民國一七

一九二七 丁卯 民國一六

1347　　　　1346

| | | | | | | | | | | | | | | | | | | | | | | | | |
|---|---|---|---|---|---|---|---|---|---|---|---|---|---|---|---|---|---|---|---|---|---|---|---|---|
| 11 | 11 | 12 | 12 | 13 | 14 | 14 | 15 | 15 | 16 | 15 | 16 | 17 | 17 | 18 | 18 | 19 | 20 | 20 | 21 | 21 | 22 | 20 | 21 | 22 冬 |
| 12 十一 | 12 十 | 13 九 | 13 | 14 | 15 | 15 | 16 | 16 | 17 | 16 | 17 | 18 | 18 | 19 | 19 | 20 | 21 | 21 | 22 | 22 | 23 | 21 | 22 | 23 |
| 13 | 13 | 14 | 14 八 | 15 七 | 16 | 16 | 17 | 17 | 18 | 17 | 18 | 19 | 19 | 20 | 20 | 21 | 22 | 22 | 23 | 23 | 24 | 22 | 23 | 24 |
| 14 7 | 14 | 15 | 15 | 16 | 17 六 | 17 | 18 | 18 | 19 | 18 | 19 | 20 | 20 | 21 | 21 | 22 | 23 | 23 | 24 | 24 | 25 | 23 | 24 | 25 |
| 15 | 15 6 | 16 5 | 16 | 17 | 18 | 18 五 | 19 四 | 19 | 20 | 19 | 20 | 21 | 21 | 22 | 22 | 23 | 24 | 24 | 25 | 25 | 26 | 24 | 25 | 26 |
| 16 | 16 | 17 | 17 4 | 18 3 | 19 | 19 | 20 | 20 三 | 21 | 20 | 21 | 22 | 22 | 23 | 23 | 24 | 25 | 25 | 26 | 26 | 27 | 25 | 26 | 27 |
| 17 | 17 | 18 | 18 | 19 | 20 2 | 20 1 | 21 12 | 21 11 | 22 閏 | 21 二 | 22 | 23 冬 | 23 | 24 | 24 | 25 | 26 | 26 | 27 | 27 | 28 | 26 | 27 | 28 |
| 18 | 18 | 19 | 19 | 20 | 21 | 21 | 22 | 22 | 23 10 | 22 9 | 23 正 | 24 十二 | 24 十一 | 25 十 | 25 | 26 | 27 | 27 | 28 | 28 | 29 | 27 | 28 | 29 |
| 19 | 19 | 20 | 20 | 21 | 22 | 22 | 23 | 23 | 24 | 23 | 24 8 | 25 7 | 25 | 26 | 26 九 | 27 八 | 28 | 28 | 29 | 29 | 30 | 28 | 29 | 30 |
| 20 | 20 | 21 | 21 | 22 | 23 | 23 | 24 | 24 | 25 | 24 | 25 | 26 | 26 6 | 27 5 | 27 | 28 | 29 七 | 29 六 | 30 | 30 | 31 | 3 | 30 | 31 |
| 21 | 21 | 22 | 22 | 23 | 24 | 24 | 25 | 25 | 26 | 25 | 26 | 27 | 27 | 28 | 28 4 | 29 3 | 30 | 30 | 31 五 | 5 四 | 4 | 2 | 31 | 1 |
| 22 冬 | 22 | 23 | 23 | 24 | 25 | 25 | 26 | 26 | 27 | 26 | 27 | 28 | 28 | 29 | 29 | 30 | 31 2 | 7 1 | 6 | 2 | 2 三 | 3 | 2 | 2 |
| 23 | 23 | 24 | 24 | 25 | 26 | 26 | 27 | 27 | 28 | 27 | 28 | 29 | 29 | 30 | 30 | 31 | 8 | 2 | 2 12 | 3 11 | 3 | 4 二 | 2 正 | 3 |
| 24 | 24 | 25 | 25 | 26 | 27 | 27 | 28 | 28 | 29 | 28 | 29 | 30 | 30 | 31 | 10 | 9 | 2 | 3 | 3 | 4 | 4 10 | 5 9 | 3 | 4 十二 |
| 25 | 25 | 26 | 26 | 27 | 28 | 28 | 29 | 29 | 30 | 29 | 30 | 31 | 12 | 11 | 2 | 2 | 3 | 4 | 4 | 5 | 5 | 6 | 4 8 | 5 7 |
| 26 | 26 | 27 | 27 | 28 | 29 | 29 | 30 | 30 | 31 | 3 | 31 | 1 | 2 | 2 | 3 | 3 | 4 | 5 | 5 | 6 | 6 | 7 | 5 | 6 |
| 27 | 27 | 28 | 28 | 29 | 30 | 30 | 31 | 5 | 4 | 2 | 2 | 2 | 3 | 3 | 4 | 4 | 5 | 6 | 6 | 7 | 7 | 8 | 6 | 7 |
| 28 | 28 | 29 | 29 | 30 | 31 | 7 | 6 | 2 | 2 | 3 | 2 | 3 | 4 | 4 | 5 | 5 | 6 | 7 | 7 | 8 | 8 | 9 | 7 | 8 |
| 29 | 29 | 30 | 30 | 31 | 8 | 2 | 2 | 3 | 3 | 4 | 3 | 4 | 5 | 5 | 6 | 6 | 7 | 8 | 8 | 9 | 9 | 10 | 8 | 9 |
| 30 | 30 | 31 | 10 | 9 | 2 | 3 | 3 | 4 | 4 | 5 | 4 | 5 | 6 | 6 | 7 | 7 | 8 | 9 | 9 | 10 | 10 | 11 | 9 | 10 |
| 31 | 12 | 11 | 2 | 2 | 3 | 4 | 4 | 5 | 5 | 6 | 5 | 6 | 7 | 7 | 8 | 8 | 9 | 10 | 10 | 11 | 11 | 12 | 10 | 11 |
| 日 | 2 | 2 | 3 | 3 | 4 | 5 | 5 | 6 | 6 | 7 | 6 | 7 | 8 | 8 | 9 | 9 | 10 | 11 | 11 | 12 | 12 | 13 | 11 | 12 |
| 曜 | 3 | 3 | 4 | 4 | 5 | 6 | 6 | 7 | 7 | 8 | 7 | 8 | 9 | 9 | 10 | 10 | 11 | 12 | 12 | 13 | 13 | 14 | 12 | 13 |
| 表 | 4 | 4 | 5 | 5 | 6 | 7 | 7 | 8 | 8 | 9 | 8 | 9 | 10 | 10 | 11 | 11 | 12 | 13 | 13 | 14 | 14 | 15 | 13 | 14 |
| 6 | 5 | 5 | 6 | 6 | 7 | 8 | 8 | 9 | 9 | 10 | 9 | 10 | 11 | 11 | 12 | 12 | 13 | 14 | 14 | 15 | 15 | 16 | 14 | 15 |
| 甲 | 6 | 6 | 7 | 7 | 8 | 9 | 9 | 10 | 10 | 11 | 10 | 11 | 12 | 12 | 13 | 13 | 14 | 15 | 15 | 16 | 16 | 17 | 15 | 16 |
| 子 | 7 | 7 | 8 | 8 | 9 | 10 | 10 | 11 | 11 | 12 | 11 | 12 | 13 | 13 | 14 | 14 | 15 | 16 | 16 | 17 | 17 | 18 | 16 | 17 |
| 表 | 8 | 8 | 9 | 9 | 10 | 11 | 11 | 12 | 12 | 13 | 12 | 13 | 14 | 14 | 15 | 15 | 16 | 17 | 17 | 18 | 18 | 19 | 17 | 18 |
| 47 | 9 | 9 | 10 | 10 | 11 | 12 | 12 | 13 | 13 | 14 | 13 | 14 | 15 | 15 | 16 | 16 | 17 | 18 | 18 | 19 | 19 | 20 | 18 | 19 |
| | 10 | 10 | 11 | 11 | 12 | 13 | 13 | 14 | 14 | 15 | 14 | 15 | 16 | 16 | 17 | 17 | 18 | 19 | 19 | 20 | 20 | 21 | 19 | 20 |

中西回史日曆 卷二〇 民國

一九三〇 庚午 民國一九 1349

一九二九 己巳 民國一八 1348

| | | | | | | | | | | | | | | | | | | | | | | | |
|---|---|---|---|---|---|---|---|---|---|---|---|---|---|---|---|---|---|---|---|---|---|---|---|
| 22 | 7 23 | 23 | 24 | 七 25 | 25 | 26 | 26 | 27 | 25 | 26 | 27 | 27 | 28 | 28 | 29 | 30 | 30 | 31 | **5** | **4** | 2 | 31 | **1** |
| 23 | 24 | 6 24 | 5 25 | 26 | 閏 26 | 六 27 | 27 | 28 | 26 | 27 | 28 | 28 | 29 | 29 | 30 | 31 | **7** | **6** | 2 | 2 | 3 | **2** | 2 |
| 24 | 25 | 25 | 26 | 4 27 | 3 27 | 28 | 五 28 | 29 | 27 | 28 | 29 | 29 | 30 | 30 | 31 | **8** | 2 | 2 | 3 | 3 | 4 | 2 | 3 |
| 25 | 26 | 26 | 27 | 28 | 28 | 2 29 | 1 29 | 四 30 | 三 28 | 二 29 | 30 | 30 | 31 | **10** | **9** | 2 | 3 | 3 | 4 | 4 | 5 | 3 | 4 |
| 26 | 27 | 27 | 28 | 29 | 29 | 30 | 30 | 12 31 | 11 **3** | 30 | 正 31 | 十二 **12** | 十一 **11** | 十 2 | 2 | 3 | 4 | 4 | 5 | 5 | 6 | 4 | 5 |
| 27 | 28 | 28 | 29 | 30 | 30 | 31 | **5** | **4** | 2 | 10 31 | 9 **1** | 2 | 2 | 3 | 九 3 | 八 4 | 5 | 5 | 6 | 6 | 7 | 5 | 6 |
| 28 | 29 | 29 | 30 | 31 | **7** | **6** | 2 | 2 | 3 | **2** | 2 | 8 3 | 7 3 | 4 | 4 | 5 | 七 6 | 6 | 7 | 7 | 8 | 6 | 7 |
| 29 | 30 | 30 | 31 | **8** | 2 | 2 | 3 | 3 | 4 | 2 | 3 | 4 | 4 | 6 5 | 5 5 | 6 | 7 | 六 7 | 五 8 | 8 | 9 | 7 | 8 |
| 30 | 31 | **10** | **9** | 2 | 3 | 3 | 4 | 4 | 5 | 3 | 4 | 5 | 5 | 6 | 6 | 4 7 | 3 8 | 8 | 9 | 四 9 | 10 | 8 | 9 |
| **12** | **11** | 2 | 2 | 3 | 4 | 4 | 5 | 5 | 6 | 4 | 5 | 6 | 6 | 7 | 7 | 8 | 9 | 2 9 | 1 10 | 10 | 三 11 | 二 9 | 10 |
| 2 | 2 | 3 | 3 | 4 | 5 | 5 | 6 | 6 | 7 | 5 | 6 | 7 | 7 | 8 | 8 | 9 | 10 | 10 | 11 | 12 11 | 11 12 | 10 | 正 11 十二 |
| 3 | 3 | 4 | 4 | 5 | 6 | 6 | 7 | 7 | 8 | 6 | 7 | 8 | 8 | 9 | 9 | 10 | 11 | 11 | 12 | 12 | 13 | 10 11 | 9 12 |
| 4 | 4 | 5 | 5 | 6 | 7 | 7 | 8 | 8 | 9 | 7 | 8 | 9 | 9 | 10 | 10 | 11 | 12 | 12 | 13 | 13 | 14 | 12 | 13 8 |
| 5 | 5 | 6 | 6 | 7 | 8 | 8 | 9 | 9 | 10 | 8 | 9 | 10 | 10 | 11 | 11 | 12 | 13 | 13 | 14 | 14 | 15 | 13 | 14 |
| 6 | 6 | 7 | 7 | 8 | 9 | 9 | 10 | 10 | 11 | 9 | 10 | 11 | 11 | 12 | 12 | 13 | 14 | 14 | 15 | 15 | 16 | 14 | 15 |
| 7 | 7 | 8 | 8 | 9 | 10 | 10 | 11 | 11 | 12 | 10 | 11 | 12 | 12 | 13 | 13 | 14 | 15 | 15 | 16 | 16 | 17 | 15 | 16 |
| 8 | 8 | 9 | 9 | 10 | 11 | 11 | 12 | 12 | 13 | 11 | 12 | 13 | 13 | 14 | 14 | 15 | 16 | 16 | 17 | 17 | 18 | 16 | 17 |
| 9 | 9 | 10 | 10 | 11 | 12 | 12 | 13 | 13 | 14 | 12 | 13 | 14 | 14 | 15 | 15 | 16 | 17 | 17 | 18 | 18 | 19 | 17 | 18 |
| 10 | 10 | 11 | 11 | 12 | 13 | 13 | 14 | 14 | 15 | 13 | 14 | 15 | 15 | 16 | 16 | 17 | 18 | 18 | 19 | 19 | 20 | 18 | 19 |
| 11 | 11 | 12 | 12 | 13 | 14 | 14 | 15 | 15 | 16 | 14 | 15 | 16 | 16 | 17 | 17 | 18 | 19 | 19 | 20 | 20 | 21 | 19 | 20 |
| 12 | 12 | 13 | 13 | 14 | 15 | 15 | 16 | 16 | 17 | 15 | 16 | 17 | 17 | 18 | 18 | 19 | 20 | 20 | 21 | 21 | 22 | 20 | 21 |
| 13 | 13 | 14 | 14 | 15 | 16 | 16 | 17 | 17 | 18 | 16 | 17 | 18 | 18 | 19 | 19 | 20 | 21 | 21 | 22 | 22 | 23 | 21 | 22 |
| 14 | 14 | 15 | 15 | 16 | 17 | 17 | 18 | 18 | 19 | 17 | 18 | 19 | 19 | 20 | 20 | 21 | 22 | 22 | 23 | 23 | 24 | 22 | 23 |
| 15 | 15 | 16 | 16 | 17 | 18 | 18 | 19 | 19 | 20 | 18 | 19 | 20 | 20 | 21 | 21 | 22 | 23 | 23 | 24 | 24 | 25 | 23 | 24 |
| 16 | 16 | 17 | 17 | 18 | 19 | 19 | 20 | 20 | 21 | 19 | 20 | 21 | 21 | 22 | 22 | 23 | 24 | 24 | 25 | 25 | 26 | 24 | 25 |
| 17 | 17 | 18 | 18 | 19 | 20 | 20 | 21 | 21 | 22 | 20 | 21 | 22 | 冬 22 | 23 | 23 | 24 | 25 | 25 | 26 | 26 | 27 | 25 | 26 |
| 18 | 18 | 19 | 19 | 20 | 21 | 21 | 22 | 22 | 23 | 21 | 22 | 23 | 23 | 24 | 24 | 25 | 26 | 26 | 27 | 27 | 28 | 26 | 27 |
| 19 | 19 | 20 | 20 | 21 | 22 | 22 | 23 | 23 | 24 | 22 | 23 | 24 | 24 | 25 | 25 | 26 | 27 | 27 | 28 | 28 | 29 | 27 | 28 |
| 20 | 十一 20 | 十 21 | 21 | 22 | 23 | 23 | 24 | 24 | 25 | 23 | 24 | 25 | 25 | 26 | 26 | 27 | 28 | 28 | 29 | 29 | 30 | 28 | 29 |
| 21 | 21 | 22 | 九 22 | 八 23 | 24 | 24 | 25 | 25 | 26 | 24 | 25 | 26 | 26 | 27 | 27 | 28 | 29 | 29 | 30 | 30 | 31 | **3** | 30 |

八

勵耘書屋

一九三二 壬申 民國二一 1351

一九三一 辛未 民國二〇 1350

| | | | | | | | | | | | | | | | | | | | | | | | | |
|---|---|---|---|---|---|---|---|---|---|---|---|---|---|---|---|---|---|---|---|---|---|---|---|---|
| 11 | 11 | 12 | 12 | 13 | 14 | 14 | 15 | 15 | 16 | 15 | 16 | 17 | 17 | 18 | 18 | 19 | 20 | 20 | 21 | 21 | 22 | 20 | 21 | 22冬8 |
| 12 | 12 | 13 | 13 | 14 | 15 | 15 | 16 | 16 | 17 | 16 | 17 | 18 | 18 | 19 | 19 | 20 | 21 | 21 | 22 | 22 | 23 | 21 | 22 | 23 |
| 13 | 13 | 14 | 14 | 15 | 16 | 16 | 17 | 17 | 18 | 17 | 18 | 19 | 19 | 20 | 20 | 21 | 22 | 22 | 23 | 23 | 24 | 22 | 23 | 24 |
| 14 | 14 | 15 | 15 | 16 | 17 | 17 | 18 | 18 | 19 | 18 | 19 | 20 | 20 | 21 | 21 | 22 | 23 | 23 | 24 | 24 | 25 | 23 | 24 | 25 |
| 15 | 15 | 16 | 16 | 17 | 18 | 18 | 19 | 19 | 20 | 19 | 20 | 21 | 21 | 22 | 22 | 23 | 24 | 24 | 25 | 25 | 26 | 24 | 25 | 26 |
| 16 | 16 | 17 | 17 | 18 | 19 | 19 | 20 | 20 | 21 | 20 | 21 | 22 | 22 | 23 | 23 | 24 | 25 | 25 | 26 | 26 | 27 | 25 | 26 | 27 |
| 17 | 17 | 18 | 18 | 19 | 20 | 20 | 21 | 21 | 22 | 21 | 22 | 23 | 冬23 | 24 | 24 | 25 | 26 | 26 | 27 | 27 | 28 | 26 | 27 | 28 |
| 18 | 18 | 19 | 19 | 20 | 21 | 21 | 22 | 22 | 23 | 22 | 23 | 24 | 24 | 25 | 25 | 26 | 27 | 27 | 28 | 28 | 29 | 27 | 28 | 29 |
| 19 | 19 | 20 | 20 | 21 | 22 | 22 | 23 | 23 | 24 | 23 | 24 | 25 | 25 | 26 | 26 | 27 | 28 | 28 | 29 | 29 | 30 | 28 | 29 | 30 |
| 20 | 20 | 21 | 21 | 22 | 23 | 23 | 24 | 24 | 25 | 24 | 25 | 26 | 26 | 27 | 27 | 28 | 29 | 29 | 30 | 30 | 31 | 3 | 30 | 31 |
| 21 | 21 | 22 | 22 | 23 | 24 | 24 | 25 | 25 | 26 | 25 | 26 | 27 | 27 | 28 | 28 | 29 | 30 | 30 | 31 | 5 | 4 | 2 | 31 | 1 |
| 22 | 冬22 | 23 | 23 | 24 | 25 | 25 | 26 | 26 | 27 | 26 | 27 | 28 | 28 | 29 | 29 | 30 | 31 | 7 | 6 | 2 | 2 | 3 | 2 | 2 |
| 23 | 23 | 24 | 24 | 25 | 26 | 26 | 27 | 27 | 28 | 27 | 28 | 29 | 29 | 30 | 30 | 31 | 8 | 2 | 2 | 3 | 3 | 4 | 2 | 3 |
| 24 | 24 | 25 | 25 | 26 | 27 | 27 | 28 | 28 | 29 | 28 | 29 | 30 | 30 | 31 | 10 | 9 | 2 | 3 | 3 | 4 | 4 | 5 | 3 | 4 |
| 25 | 25 | 26 | 26 | 27 | 28 | 28 | 29 | 29 | 30 | 29 | 30 | 31 | 12 | 11 | 2 | 2 | 3 | 4 | 4 | 5 | 5 | 6 | 4 | 5 |
| 26 | 26 | 27 | 27 | 28 | 29 | 29 | 30 | 30 | 31 | 3 | 31 | 1 | 2 | 2 | 3 | 3 | 4 | 5 | 5 | 6 | 6 | 7 | 5 | 6 |
| 27 | 十二27 | 28 | 28 | 29 | 30 | 30 | 31 | 5 | 4 | 2 | 2 | 2 | 3 | 3 | 4 | 4 | 5 | 6 | 6 | 7 | 7 | 8 | 6 | 7 |
| 28 | 28 | 十一29 | 十29 | 30 | 31 | 7 | 6 | 2 | 2 | 3 | 2 | 3 | 4 | 4 | 5 | 5 | 6 | 7 | 7 | 8 | 8 | 9 | 7 | 8 |
| 29 | 9 29 | 30 | 30 | 九31 | 8 | 2 | 2 | 3 | 3 | 4 | 3 | 4 | 5 | 5 | 6 | 6 | 7 | 8 | 8 | 9 | 9 | 10 | 8 | 9 |
| 30 | 30 | 8 31 | 7 10 | 9 | 八2 | 七3 | 3 | 4 | 4 | 5 | 4 | 5 | 6 | 6 | 7 | 7 | 8 | 9 | 9 | 10 | 10 | 11 | 9 | 10 |
| 31 | 12 | 11 | 2 | 6 2 | 5 3 | 4 | 六4 | 五5 | 5 | 6 | 5 | 6 | 7 | 7 | 8 | 8 | 9 | 10 | 10 | 11 | 11 | 12 | 10 | 11 |
| 日 | 2 | 2 | 3 | 3 | 4 | 4 5 | 3 5 | 6 | 四6 | 三7 | 二6 | 正7 | 8 | 8 | 9 | 9 | 10 | 11 | 11 | 12 | 12 | 13 | 11 | 12 |
| 曜 | 3 | 3 | 4 | 4 | 5 | 6 | 6 | 2 7 | 1 7 | 8 | 7 | 8 | 十二9 | 十一9 | 10 | 10 | 11 | 12 | 12 | 13 | 13 | 14 | 12 | 13 |
| 表 | 4 | 4 | 5 | 5 | 6 | 7 | 7 | 8 | 8 | 12 9 | 11 8 | 9 | 10 | 10 | 十11 | 九11 | 12 | 13 | 13 | 14 | 14 | 15 | 13 | 14 |
| 7 | 5 | 5 | 6 | 6 | 7 | 8 | 8 | 9 | 9 | 10 | 9 | 10 10 | 9 11 | 11 | 12 | 12 | 八13 | 14 | 14 | 15 | 15 | 16 | 14 | 15 |
| 甲 | 6 | 6 | 7 | 7 | 8 | 9 | 9 | 10 | 10 | 11 | 10 | 11 | 12 | 8 12 | 7 13 | 13 | 14 | 七15 | 六15 | 16 | 16 | 17 | 15 | 16 |
| 子 | 7 | 7 | 8 | 8 | 9 | 10 | 10 | 11 | 11 | 12 | 11 | 12 | 13 | 13 | 14 | 6 14 | 5 15 | 16 | 16 | 五17 | 四17 | 18 | 16 | 17 |
| 表 | 8 | 8 | 9 | 9 | 10 | 11 | 11 | 12 | 12 | 13 | 12 | 13 | 14 | 14 | 15 | 15 | 16 | 4 17 | 3 17 | 18 | 18 | 三19 | 二17 | 正18 |
| 48 | 9 | 9 | 10 | 10 | 11 | 12 | 12 | 13 | 13 | 14 | 13 | 14 | 15 | 15 | 16 | 16 | 17 | 18 | 18 | 2 19 | 1 19 | 12 20 | 11 18 | 19十二 |
| | 10 | 10 | 11 | 11 | 12 | 13 | 13 | 14 | 14 | 15 | 14 | 15 | 16 | 16 | 17 | 17 | 18 | 19 | 19 | 20 | 20 | 21 | 19 | 10 20 9 |

# 中西回史日曆

卷二〇 民國

一九三四 甲戌 民國二三 1353

一九三三 癸酉 民國二二 1352

| | | | | | | | | | | | | | | | | | | | | | | | |
|---|---|---|---|---|---|---|---|---|---|---|---|---|---|---|---|---|---|---|---|---|---|---|---|
| 22 | 23 | 23 | 24 | 25 | 25 | 26 | 26 | 27 | 25 | 26 | 27 | 27 | 28 | 28 | 29 | 30 | 30 | 31 | **5** | **4** | 2 | 31 | **1** |
| 23 | 24 | 24 | 25 | 26 | 26 | 27 | 27 | 28 | 26 | 27 | 28 | 28 | 29 | 29 | 30 | 31 | **7** | **6** | 2 | 2 | 3 | **2** | 2 |
| 24 | 25 | 25 | 26 | 27 | 27 | 28 | 28 | 29 | 27 | 28 | 29 | 29 | 30 | 30 | 31 | **8** | 2 | 2 | 3 | 3 | 4 | 2 | 3 |
| 25 | 26 | 26 | 27 | 28 | 28 | 29 | 29 | 30 | 28 | 29 | 30 | 30 | 31 | **10** | **9** | 2 | 3 | 3 | 4 | 4 | 5 | 3 | 4 |
| 26 | 27 | 27 | 28 | 29 | 29 | 30 | 30 | 31 | **3** | 30 | 31 | **12** | **11** | 2 | 2 | 3 | 4 | 4 | 5 | 5 | 6 | 4 | 5 |
| 27 | 28 | 28 | 29 | 30 | 30 | 31 | **5** | **4** | 2 | 31 | **1** | 2 | 2 | 3 | 3 | 4 | 5 | 5 | 6 | 6 | 7 | 5 | 6 |
| 28 | 29 | 29 | 30 | 31 | **7** | **6** | 2 | 2 | 3 | **2** | 2 | 3 | 3 | 4 | 4 | 5 | 6 | 6 | 7 | 7 | 8 | 6 | 7 |
| 29 | 30 | 30 | 31 | **8** | 2 | 2 | 3 | 3 | 4 | 2 | 3 | 4 | 4 | 5 | 5 | 6 | 7 | 7 | 8 | 8 | 9 | 7 | 8 |
| 30 | 31 | **10** | **9** | 2 | 3 | 3 | 4 | 4 | 5 | 3 | 4 | 5 | 5 | 6 | 6 | 7 | 8 | 8 | 9 | 9 | 10 | 8 | 9 |
| **12** | **11** | 2 | 2 | 3 | 4 | 4 | 5 | 5 | 6 | 4 | 5 | 6 | 6 | 7 | 7 | 8 | 9 | 9 | 10 | 10 | 11 | 9 | 10 |
| 2 | 2 | 3 | 3 | 4 | 5 | 5 | 6 | 6 | 7 | 5 | 6 | 7 | 7 | 8 | 8 | 9 | 10 | 10 | 11 | 11 | 12 | 10 | 11 |
| 3 | 3 | 4 | 4 | 5 | 6 | 6 | 7 | 7 | 8 | 6 | 7 | 8 | 8 | 9 | 9 | 10 | 11 | 11 | 12 | 12 | 13 | 11 | 12 |
| 4 | 4 | 5 | 5 | 6 | 7 | 7 | 8 | 8 | 9 | 7 | 8 | 9 | 9 | 10 | 10 | 11 | 12 | 12 | 13 | 13 | 14 | 12 | 13 |
| 5 | 5 | 6 | 6 | 7 | 8 | 8 | 9 | 9 | 10 | 8 | 9 | 10 | 10 | 11 | 11 | 12 | 13 | 13 | 14 | 14 | 15 | 13 | 14 |
| 6 | 6 | 7 | 7 | 8 | 9 | 9 | 10 | 10 | 11 | 9 | 10 | 11 | 11 | 12 | 12 | 13 | 14 | 14 | 15 | 15 | 16 | 14 | 15 |
| 7 十一 | 7 十 | 8 九 | 8 | 9 | 10 | 10 | 11 | 11 | 12 | 10 | 11 | 12 | 12 | 13 | 13 | 14 | 15 | 15 | 16 | 16 | 17 | 15 | 16 |
| 8 9 | 8 | 9 | 9 八 | 10 七 | 11 | 11 | 12 | 12 | 13 | 11 | 12 | 13 | 13 | 14 | 14 | 15 | 16 | 16 | 17 | 17 | 18 | 16 | 17 |
| 9 | 9 8 | 10 7 | 10 | 11 | 12 六 | 12 五 | 13 四 | 13 | 14 | 12 | 13 | 14 | 14 | 15 | 15 | 16 | 17 | 17 | 18 | 18 | 19 | 17 | 18 |
| 10 | 10 | 11 | 11 6 | 12 5 | 13 | 13 | 14 | 14 三 | 15 二 | 13 | 14 | 15 | 15 | 16 | 16 | 17 | 18 | 18 | 19 | 19 | 20 | 18 | 19 |
| 11 | 11 | 12 | 12 | 13 | 14 4 | 14 3 | 15 | 15 | 16 | 14 正 | 15 十二 | 16 | 16 | 17 | 17 | 18 | 19 | 19 | 20 | 20 | 21 | 19 | 20 |
| 12 | 12 | 13 | 13 | 14 | 15 | 15 | 16 2 | 16 1 | 17 12 | 15 11 | 16 | 17 十一 | 17 | 18 | 18 | 19 | 20 | 20 | 21 | 21 | 22 | 20 | 21 |
| 13 | 13 | 14 | 14 | 15 | 16 | 16 | 17 | 17 | 18 | 16 | 17 10 | 18 9 | 18 十 | 19 九 | 19 | 20 | 21 | 21 | 22 | 22 | 23 | 21 | 22 |
| 14 | 14 | 15 | 15 | 16 | 17 | 17 | 18 | 18 | 19 | 17 | 18 | 19 | 19 8 | 20 7 | 20 八 | 21 七 | 22 | 22 | 23 | 23 | 24 | 22 | 23 |
| 15 | 15 | 16 | 16 | 17 | 18 | 18 | 19 | 19 | 20 | 18 | 19 | 20 | 20 | 21 | 21 6 | 22 5 | 23 六 | 23 閏 | 24 五 | 24 | 25 | 23 | 24 |
| 16 | 16 | 17 | 17 | 18 | 19 | 19 | 20 | 20 | 21 | 19 | 20 | 21 | 21 | 22 | 22 | 23 | 24 4 | 24 3 | 25 | 25 四 | 26 三 | 24 二 | 25 |
| 17 | 17 | 18 | 18 | 19 | 20 | 20 | 21 | 21 | 22 | 20 | 21 | 22 冬 | 22 | 23 | 23 | 24 | 25 | 25 | 26 2 | 26 1 | 27 | 25 | 26 正 |
| 18 | 18 | 19 | 19 | 20 | 21 | 21 | 22 | 22 | 23 | 21 | 22 | 23 | 23 | 24 | 24 | 25 | 26 | 26 | 27 | 27 | 28 12 | 26 11 | 27 |
| 19 | 19 | 20 | 20 | 21 | 22 | 22 | 23 | 23 | 24 | 22 | 23 | 24 | 24 | 25 | 25 | 26 | 27 | 27 | 28 | 28 | 29 | 27 | 28 10 |
| 20 | 20 | 21 | 21 | 22 | 23 | 23 | 24 | 24 | 25 | 23 | 24 | 25 | 25 | 26 | 26 | 27 | 28 | 28 | 29 | 29 | 30 | 28 | 29 |
| 21 | 21 | 22 | 22 | 23 | 24 | 24 | 25 | 25 | 26 | 24 | 25 | 26 | 26 | 27 | 27 | 28 | 29 | 29 | 30 | 30 | 31 | **3** | 30 |

九

勵耘書屋

一九三五 乙亥 民國二四 1354

一九三六 丙子 民國二五 1355

本年回曆十一月一日即中曆十二月朔

| | | | | | | | | | | | | | | | | | | | | | | | | |
|---|---|---|---|---|---|---|---|---|---|---|---|---|---|---|---|---|---|---|---|---|---|---|---|---|
| 11 | 11 | 12 | 12 | 13 | 14 | 14 | 15 | 15 | 16 | 15 | 16 | 17 | 17 | 18 | 18 | 19 | 20 | 20 | 21 | 21 | 22 | 20 | 21 | 22冬 |
| 12 | 12 | 13 | 13 | 14 | 15 | 15 | 16 | 16 | 17 | 16 | 17 | 18 | 18 | 19 | 19 | 20 | 21 | 21 | 22 | 22 | 23 | 21 | 22 | 23 |
| 13 | 13 | 14 | 14 | 15 | 16 | 16 | 17 | 17 | 18 | 17 | 18 | 19 | 19 | 20 | 20 | 21 | 22 | 22 | 23 | 23 | 24 | 22 | 23 | 24 |
| 14十一 | 14十 | 15九 | 15 | 16 | 17 | 17 | 18 | 18 | 19 | 18 | 19 | 20 | 20 | 21 | 21 | 22 | 23 | 23 | 24 | 24 | 25 | 23 | 24 | 25 |
| 15 10 | 15 9 | 16 | 16八 | 17七 | 18六 | 18 | 19 | 19 | 20 | 19 | 20 | 21 | 21 | 22 | 22 | 23 | 24 | 24 | 25 | 25 | 26 | 24 | 25 | 26 |
| 16 | 16 | 17 8 | 17 7 | 18 | 19 | 19五 | 20 | 20 | 21 | 20 | 21 | 22 | 22 | 23 | 23 | 24 | 25 | 25 | 26 | 26 | 27 | 25 | 26 | 27 |
| 17 | 17 | 18 | 18 | 19 6 | 20 5 | 20 | 21四 | 21閏 | 22 | 21 | 22 | 23冬 | 23 | 24 | 24 | 25 | 26 | 26 | 27 | 27 | 28 | 26 | 27 | 28 |
| 18 | 18 | 19 | 19 | 20 | 21 | 21 4 | 22 3 | 22 | 23三 | 22 | 23 | 24 | 24 | 25 | 25 | 26 | 27 | 27 | 28 | 28 | 29 | 27 | 28 | 29 |
| 19 | 19 | 20 | 20 | 21 | 22 | 22 | 23 | 23 2 | 24 1 | 23二 | 24正 | 25 | 25 | 26 | 26 | 27 | 28 | 28 | 29 | 29 | 30 | 28 | 29 | 30 |
| 20 | 20 | 21 | 21 | 22 | 23 | 23 | 24 | 24 | 25 | 24 12 | 25 11 | 26十二 | 26十一 | 27十 | 27 | 28 | 29 | 29 | 30 | 30 | 31 | 3 | 30 | 31 |
| 21 | 21 | 22 | 22 | 23 | 24 | 24 | 25 | 25 | 26 | 25 | 26 | 27 10 | 27 9 | 28 | 28九 | 29八 | 30七 | 30 | 31 | 5 | 4 | 2 | 31 | 1 |
| 22冬 | 22 | 23 | 23 | 24 | 25 | 25 | 26 | 26 | 27 | 26 | 27 | 28 | 28 | 29 8 | 29 7 | 30 | 31 | 7六 | 6五 | 2 | 2 | 3 | 2 | 2 |
| 23 | 23 | 24 | 24 | 25 | 26 | 26 | 27 | 27 | 28 | 27 | 28 | 29 | 29 | 30 | 30 | 31 6 | 8 5 | 2 | 2 | 3四 | 3三 | 4 | 2 | 3 |
| 24 | 24 | 25 | 25 | 26 | 27 | 27 | 28 | 28 | 29 | 28 | 29 | 30 | 30 | 31 | 10 | 9 | 2 | 3 4 | 3 3 | 4 | 4 | 5二 | 3 | 4 |
| 25 | 25 | 26 | 26 | 27 | 28 | 28 | 29 | 29 | 30 | 29 | 30 | 31 | 12 | 11 | 2 | 2 | 3 | 4 | 4 | 5 2 | 5 1 | 6 | 4正 | 5十二 |
| 26 | 26 | 27 | 27 | 28 | 29 | 29 | 30 | 30 | 31 | 3 | 31 | 1 | 2 | 2 | 3 | 3 | 4 | 5 | 5 | 6 | 6 | 7 12 | 5 11 | 6 |
| 27 | 27 | 28 | 28 | 29 | 30 | 30 | 31 | 5 | 4 | 2 | 2 | 2 | 3 | 3 | 4 | 4 | 5 | 6 | 6 | 7 | 7 | 8 | 6 | 7 10 |
| 28 | 28 | 29 | 29 | 30 | 31 | 7 | 6 | 2 | 2 | 3 | 2 | 3 | 4 | 4 | 5 | 5 | 6 | 7 | 7 | 8 | 8 | 9 | 7 | 8 |
| 29 | 29 | 30 | 30 | 31 | 8 | 2 | 2 | 3 | 3 | 4 | 3 | 4 | 5 | 5 | 6 | 6 | 7 | 8 | 8 | 9 | 9 | 10 | 8 | 9 |
| 30 | 30 | 31 | 10 | 9 | 2 | 3 | 3 | 4 | 4 | 5 | 4 | 5 | 6 | 6 | 7 | 7 | 8 | 9 | 9 | 10 | 10 | 11 | 9 | 10 |
| 31 | 12 | 11 | 2 | 2 | 3 | 4 | 4 | 5 | 5 | 6 | 5 | 6 | 7 | 7 | 8 | 8 | 9 | 10 | 10 | 11 | 11 | 12 | 10 | 11 |
| 日 | 2 | 2 | 3 | 3 | 4 | 5 | 5 | 6 | 6 | 7 | 6 | 7 | 8 | 8 | 9 | 9 | 10 | 11 | 11 | 12 | 12 | 13 | 11 | 12 |
| 曜 | 3 | 3 | 4 | 4 | 5 | 6 | 6 | 7 | 7 | 8 | 7 | 8 | 9 | 9 | 10 | 10 | 11 | 12 | 12 | 13 | 13 | 14 | 12 | 13 |
| 表 | 4 | 4 | 5 | 5 | 6 | 7 | 7 | 8 | 8 | 9 | 8 | 9 | 10 | 10 | 11 | 11 | 12 | 13 | 13 | 14 | 14 | 15 | 13 | 14 |
| 1 | 5 | 5 | 6 | 6 | 7 | 8 | 8 | 9 | 9 | 10 | 9 | 10 | 11 | 11 | 12 | 12 | 13 | 14 | 14 | 15 | 15 | 16 | 14 | 15 |
| 甲 | 6 | 6 | 7 | 7 | 8 | 9 | 9 | 10 | 10 | 11 | 10 | 11 | 12 | 12 | 13 | 13 | 14 | 15 | 15 | 16 | 16 | 17 | 15 | 16 |
| 子 | 7 | 7 | 8 | 8 | 9 | 10 | 10 | 11 | 11 | 12 | 11 | 12 | 13 | 13 | 14 | 14 | 15 | 16 | 16 | 17 | 17 | 18 | 16 | 17 |
| 表 | 8 | 8 | 9 | 9 | 10 | 11 | 11 | 12 | 12 | 13 | 12 | 13 | 14 | 14 | 15 | 15 | 16 | 17 | 17 | 18 | 18 | 19 | 17 | 18 |
| 49 | 9 | 9 | 10 | 10 | 11 | 12 | 12 | 13 | 13 | 14 | 13 | 14 | 15 | 15 | 16 | 16 | 17 | 18 | 18 | 19 | 19 | 20 | 18 | 19 |
| | 10 | 10 | 11 | 11 | 12 | 13 | 13 | 14 | 14 | 15 | 14 | 15 | 16 | 16 | 17 | 17 | 18 | 19 | 19 | 20 | 20 | 21 | 19 | 20 |

一九三七 丁丑 民國二六 1356

一九三八 戊寅 民國二七 1357

| | | | | | | | | | | | | | | | | | | | | | | | |
|---|---|---|---|---|---|---|---|---|---|---|---|---|---|---|---|---|---|---|---|---|---|---|---|
| 22 | 十23 | 九23 | 24 | 25 | 25 | 26 | 26 | 27 | 25 | 26 | 27 | 27 | 28 | 28 | 29 | 30 | 30 | 31 | 5 | 4 | 2 | 31 | 1 |
| 23 | 24 | 24 | 八25 | 閏26 | 26 | 27 | 27 | 28 | 26 | 27 | 28 | 28 | 29 | 29 | 30 | 31 | 7 | 6 | 2 | 2 | 3 | 2 | 2 |
| 24 | 10 25 | 9 25 | 26 | 27 | 七27 | 28 | 28 | 29 | 27 | 28 | 29 | 29 | 30 | 30 | 31 | 8 | 2 | 2 | 3 | 3 | 4 | 2 | 3 |
| 25 | 26 | 26 | 8 27 | 7 28 | 28 | 六29 | 五29 | 30 | 28 | 29 | 30 | 30 | 31 | 10 | 9 | 2 | 3 | 3 | 4 | 4 | 5 | 3 | 4 |
| 26 | 27 | 27 | 28 | 29 | 6 29 | 5 30 | 30 | 四31 | 3 | 30 | 31 | 12 | 11 | 2 | 2 | 3 | 4 | 4 | 5 | 5 | 6 | 4 | 5 |
| 27 | 28 | 28 | 29 | 30 | 30 | 31 | 4 5 | 3 4 | 三2 | 二31 | 正1 | 2 | 2 | 3 | 3 | 4 | 5 | 5 | 6 | 6 | 7 | 5 | 6 |
| 28 | 29 | 29 | 30 | 31 | 7 | 6 | 2 | 2 | 2 3 | 1 2 | 2 | 十二3 | 十一3 | 十4 | 九4 | 5 | 6 | 6 | 7 | 7 | 8 | 6 | 7 |
| 29 | 30 | 30 | 31 | 8 | 2 | 2 | 3 | 3 | 4 | 2 | 12 3 | 11 4 | 4 | 5 | 5 | 八6 | 七7 | 7 | 8 | 8 | 9 | 7 | 8 |
| 30 | 31 | 10 | 9 | 2 | 3 | 3 | 4 | 4 | 5 | 3 | 4 | 5 | 10 5 | 9 6 | 6 | 7 | 8 | 六8 | 9 | 9 | 10 | 8 | 9 |
| 12 | 11 | 2 | 2 | 3 | 4 | 4 | 5 | 5 | 6 | 4 | 5 | 6 | 6 | 7 | 8 7 | 7 8 | 9 | 9 | 五10 | 四10 | 11 | 9 | 10 |
| 2 | 2 | 3 | 3 | 4 | 5 | 5 | 6 | 6 | 7 | 5 | 6 | 7 | 7 | 8 | 8 | 9 | 6 10 | 5 10 | 11 | 11 | 三12 | 10 | 11 |
| 3 | 3 | 4 | 4 | 5 | 6 | 6 | 7 | 7 | 8 | 6 | 7 | 8 | 8 | 9 | 9 | 10 | 11 | 11 | 4 12 | 3 12 | 13 | 二11 | 正12 |
| 4 | 4 | 5 | 5 | 6 | 7 | 7 | 8 | 8 | 9 | 7 | 8 | 9 | 9 | 10 | 10 | 11 | 12 | 12 | 13 | 13 | 2 14 | 1 12 | 12 13 十二 |
| 5 | 5 | 6 | 6 | 7 | 8 | 8 | 9 | 9 | 10 | 8 | 9 | 10 | 10 | 11 | 11 | 12 | 13 | 13 | 14 | 14 | 15 | 13 | 14 |
| 6 | 6 | 7 | 7 | 8 | 9 | 9 | 10 | 10 | 11 | 9 | 10 | 11 | 11 | 12 | 12 | 13 | 14 | 14 | 15 | 15 | 16 | 14 | 15 |
| 7 | 7 | 8 | 8 | 9 | 10 | 10 | 11 | 11 | 12 | 10 | 11 | 12 | 12 | 13 | 13 | 14 | 15 | 15 | 16 | 16 | 17 | 15 | 16 |
| 8 | 8 | 9 | 9 | 10 | 11 | 11 | 12 | 12 | 13 | 11 | 12 | 13 | 13 | 14 | 14 | 15 | 16 | 16 | 17 | 17 | 18 | 16 | 17 |
| 9 | 9 | 10 | 10 | 11 | 12 | 12 | 13 | 13 | 14 | 12 | 13 | 14 | 14 | 15 | 15 | 16 | 17 | 17 | 18 | 18 | 19 | 17 | 18 |
| 10 | 10 | 11 | 11 | 12 | 13 | 13 | 14 | 14 | 15 | 13 | 14 | 15 | 15 | 16 | 16 | 17 | 18 | 18 | 19 | 19 | 20 | 18 | 19 |
| 11 | 11 | 12 | 12 | 13 | 14 | 14 | 15 | 15 | 16 | 14 | 15 | 16 | 16 | 17 | 17 | 18 | 19 | 19 | 20 | 20 | 21 | 19 | 20 |
| 12 | 12 | 13 | 13 | 14 | 15 | 15 | 16 | 16 | 17 | 15 | 16 | 17 | 17 | 18 | 18 | 19 | 20 | 20 | 21 | 21 | 22 | 20 | 21 |
| 13 | 13 | 14 | 14 | 15 | 16 | 16 | 17 | 17 | 18 | 16 | 17 | 18 | 18 | 19 | 19 | 20 | 21 | 21 | 22 | 22 | 23 | 21 | 22 |
| 14 | 14 | 15 | 15 | 16 | 17 | 17 | 18 | 18 | 19 | 17 | 18 | 19 | 19 | 20 | 20 | 21 | 22 | 22 | 23 | 23 | 24 | 22 | 23 |
| 15 | 15 | 16 | 16 | 17 | 18 | 18 | 19 | 19 | 20 | 18 | 19 | 20 | 20 | 21 | 21 | 22 | 23 | 23 | 24 | 24 | 25 | 23 | 24 |
| 16 | 16 | 17 | 17 | 18 | 19 | 19 | 20 | 20 | 21 | 19 | 20 | 21 | 21 | 22 | 22 | 23 | 24 | 24 | 25 | 25 | 26 | 24 | 25 |
| 17 | 17 | 18 | 18 | 19 | 20 | 20 | 21 | 21 | 22 | 20 | 21 | 22 | 冬22 | 23 | 23 | 24 | 25 | 25 | 26 | 26 | 27 | 25 | 26 |
| 18 | 18 | 19 | 19 | 20 | 21 | 21 | 22 | 22 | 23 | 21 | 22 | 23 | 23 | 24 | 24 | 25 | 26 | 26 | 27 | 27 | 28 | 26 | 27 |
| 19 | 19 | 20 | 20 | 21 | 22 | 22 | 23 | 23 | 24 | 22 | 23 | 24 | 24 | 25 | 25 | 26 | 27 | 27 | 28 | 28 | 29 | 27 | 28 |
| 20 | 20 | 21 | 21 | 22 | 23 | 23 | 24 | 24 | 25 | 23 | 24 | 25 | 25 | 26 | 26 | 27 | 28 | 28 | 29 | 29 | 30 | 28 | 29 |
| 21 | 21 | 22 | 22 | 23 | 24 | 24 | 25 | 25 | 26 | 24 | 25 | 26 | 26 | 27 | 27 | 28 | 29 | 29 | 30 | 30 | 31 | 3 | 30 |



勵耘書屋

一九三九 己卯 民國二八

1358

一九四〇 庚辰 民國二九

1359

| | | | | | | | | | | | | | | | | | | | | | | | | |
|---|---|---|---|---|---|---|---|---|---|---|---|---|---|---|---|---|---|---|---|---|---|---|---|---|
| 11 | 11 | 12 | 12 | 13 | 14 | 14 | 15 | 15 | 16 | 15 | 16 | 17 | 17 | 18 | 18 | 19 | 20 | 20 | 21 4 | 21 3 | 22 | 20 | 21 | 冬22 士 |
| 12 | 12 | 13 | 13 | 14 | 15 | 15 | 16 | 16 | 17 | 16 | 17 | 18 | 18 | 19 | 19 | 20 | 21 | 21 | 22 | 22 | 23 2 | 21 1 | 22 12 | 23 11 |
| 13 | 13 | 14 | 14 | 15 | 16 | 16 | 17 | 17 | 18 | 17 | 18 | 19 | 19 | 20 | 20 | 21 | 22 | 22 | 23 | 23 | 24 | 22 | 23 | 24 |
| 14 | 14 | 15 | 15 | 16 | 17 | 17 | 18 | 18 | 19 | 18 | 19 | 20 | 20 | 21 | 21 | 22 | 23 | 23 | 24 | 24 | 25 | 23 | 24 | 25 |
| 15 | 15 | 16 | 16 | 17 | 18 | 18 | 19 | 19 | 20 | 19 | 20 | 21 | 21 | 22 | 22 | 23 | 24 | 24 | 25 | 25 | 26 | 24 | 25 | 26 |
| 16 | 16 | 17 | 17 | 18 | 19 | 19 | 20 | 20 | 21 | 20 | 21 | 22 | 22 | 23 | 23 | 24 | 25 | 25 | 26 | 26 | 27 | 25 | 26 | 27 |
| 17 | 17 | 18 | 18 | 19 | 20 | 20 | 21 | 21 | 22 | 21 | 22 | 23冬 | 23 | 24 | 24 | 25 | 26 | 26 | 27 | 27 | 28 | 26 | 27 | 28 |
| 18 | 18 | 19 | 19 | 20 | 21 | 21 | 22 | 22 | 23 | 22 | 23 | 24 | 24 | 25 | 25 | 26 | 27 | 27 | 28 | 28 | 29 | 27 | 28 | 29 |
| 19 | 19 | 20 | 20 | 21 | 22 | 22 | 23 | 23 | 24 | 23 | 24 | 25 | 25 | 26 | 26 | 27 | 28 | 28 | 29 | 29 | 30 | 28 | 29 | 30 |
| 20 | 20 | 21 | 21 | 22 | 23 | 23 | 24 | 24 | 25 | 24 | 25 | 26 | 26 | 27 | 27 | 28 | 29 | 29 | 30 | 30 | 31 | **3** | 30 | 31 |
| 21 | 21 | 22 | 22 | 23 | 24 | 24 | 25 | 25 | 26 | 25 | 26 | 27 | 27 | 28 | 28 | 29 | 30 | 30 | 31 | **5** | **4** | 2 | 31 | **1** |
| 22冬 | 22 | 23 | 23 | 24 | 25 | 25 | 26 | 26 | 27 | 26 | 27 | 28 | 28 | 29 | 29 | 30 | 31 | **7** | **6** | 2 | 2 | 3 | **2** | 2 |
| 23 | 23 | 24 | 24 | 25 | 26 | 26 | 27 | 27 | 28 | 27 | 28 | 29 | 29 | 30 | 30 | 31 | **8** | 2 | 2 | 3 | 3 | 4 | 2 | 3 |
| 24 | 24 | 25 | 25 | 26 | 27 | 27 | 28 | 28 | 29 | 28 | 29 | 30 | 30 | 31 | **10** | **9** | 2 | 3 | 3 | 4 | 4 | 5 | 3 | 4 |
| 25 | 25 | 26 | 26 | 27 | 28 | 28 | 29 | 29 | 30 | 29 | 30 | 31 | **12** | **11** | 2 | 2 | 3 | 4 | 4 | 5 | 5 | 6 | 4 | 5 |
| 26 | 26 | 27 | 27 | 28 | 29 | 29 | 30 | 30 | 31 | **3** | 31 | **1** | 2 | 2 | 3 | 3 | 4 | 5 | 5 | 6 | 6 | 7 | 5 | 6 |
| 27 | 27 | 28 | 28 | 29 | 30 | 30 | 31 | **5** | **4** | 2 | **2** | 2 | 3 | 3 | 4 | 4 | 5 | 6 | 6 | 7 | 7 | 8 | 6 | 7 |
| 28 | 28 | 29 | 29 | 30 | 31 | **7** | **6** | 2 | 2 | 3 | 2 | 3 | 4 | 4 | 5 | 5 | 6 | 7 | 7 | 8 | 8 | 9 | 7 | 8 |
| 29士 | 29士 | 30 | 30 | 31 | **8** | 2 | 2 | 3 | 3 | 4 | 3 | 4 | 5 | 5 | 6 | 6 | 7 | 8 | 8 | 9 | 9 | 10 | 8 | 9 |
| 30 | 30 | 31十 | **10**九 | **9** | 2 | 3 | 3 | 4 | 4 | 5 | 4 | 5 | 6 | 6 | 7 | 7 | 8 | 9 | 9 | 10 | 10 | 11 | 9 | 10 |
| 31 12 | **12** 11 | **11** | 2 | 2八 | 3 | 4 | 4 | 5 | 5 | 6 | 5 | 6 | 7 | 7 | 8 | 8 | 9 | 10 | 10 | 11 | 11 | 12 | 10 | 11 |
| 日 | 2 | 2 10 | 3 9 | 3 | 4七 | 5六 | 5 | 6 | 6 | 7 | 6 | 7 | 8 | 8 | 9 | 9 | 10 | 11 | 11 | 12 | 12 | 13 | 11 | 12 |
| 曜 | 3 | 3 | 4 | 4 8 | 5 7 | 6 | 6五 | 7四 | 7 | 8 | 7 | 8 | 9 | 9 | 10 | 10 | 11 | 12 | 12 | 13 | 13 | 14 | 12 | 13 |
| 表 | 4 | 4 | 5 | 5 | 6 | 7 6 | 7 5 | 8 | 8三 | 9二 | 8正 | 9士 | 10 | 10 | 11 | 11 | 12 | 13 | 13 | 14 | 14 | 15 | 13 | 14 |
| 2 | 5 | 5 | 6 | 6 | 7 | 8 | 8 | 9 4 | 9 3 | 10 | 9 | 10 | 11士 | 11十 | 12 | 12 | 13 | 14 | 14 | 15 | 15 | 16 | 14 | 15 |
| 甲 | 6 | 6 | 7 | 7 | 8 | 9 | 9 | 10 | 10 | 11 2 | 10 1 | 11 | 12 | 12 | 13九 | 13八 | 14 | 15 | 15 | 16 | 16 | 17 | 15 | 16 |
| 子 | 7 | 7 | 8 | 8 | 9 | 10 | 10 | 11 | 11 | 12 | 11 | 12 12 | 13 11 | 13 | 14 | 14 | 15七 | 16 | 16 | 17 | 17 | 18 | 16 | 17 |
| 表 | 8 | 8 | 9 | 9 | 10 | 11 | 11 | 12 | 12 | 13 | 12 | 13 | 14 | 14 10 | 15 9 | 15 | 16 | 17六 | 17五 | 18 | 18 | 19 | 17 | 18 |
| 50 | 9 | 9 | 10 | 10 | 11 | 12 | 12 | 13 | 13 | 14 | 13 | 14 | 15 | 15 | 16 | 16 8 | 17 7 | 18 | 18 | 19四 | 19 | 20 | 18 | 19 |
| | 10 | 10 | 11 | 11 | 12 | 13 | 13 | 14 | 14 | 15 | 14 | 15 | 16 | 16 | 17 | 17 | 18 | 19 6 | 19 5 | 20 | 20三 | 21二 | 19正 | 20士 |

| 一九四二 壬午 民國三一 1361 | | | | | | | | | | | | 一九四一 辛巳 民國三〇 1360 | | | | | | | | | | | |
|---|---|---|---|---|---|---|---|---|---|---|---|---|---|---|---|---|---|---|---|---|---|---|---|
| 22 | 23 | 23 | 24 | 25 | 25 | 26 | 26 | 27 | 25 | 26 | 27 | 27 | 28 | 28 | 29 | 30 | 30 | 31 | **5** | **4** | 2 | 31 | **1** |
| 23 | 24 | 24 | 25 | 26 | 26 | 27 | 27 | 28 | 26 | 27 | 28 | 28 | 29 | 29 | 30 | 31 | **7** | **6** | 2 | 2 | 3 | **2** | 2 |
| 24 | 25 | 25 | 26 | 27 | 27 | 28 | 28 | 29 | 27 | 28 | 29 | 29 | 30 | 30 | 31 | **8** | 2 | 2 | 3 | 3 | 4 | 2 | 3 |
| 25 | 26 | 26 | 27 | 28 | 28 | 29 | 29 | 30 | 28 | 29 | 30 | 30 | 31 | **10** | **9** | 2 | 3 | 3 | 4 | 4 | 5 | 3 | 4 |
| 26 | 27 | 27 | 28 | 29 | 29 | 30 | 30 | 31 | **3** | 30 | 31 | **12** | **11** | 2 | 2 | 3 | 4 | 4 | 5 | 5 | 6 | **4** | 5 |
| 27 | 28 | 28 | 29 | 30 | 30 | 31 | **5** | **4** | 2 | 31 | **1** | 2 | 2 | 3 | 3 | 4 | 5 | 5 | 6 | 6 | 7 | 5 | 6 |
| 28 | 29 | 29 | 30 | 31 | **7** | **6** | 2 | 2 | 3 | **2** | 2 | 3 | 3 | 4 | 4 | 5 | 6 | 6 | 7 | 7 | 8 | 6 | 7 |
| 29 | 30 | 30 | 31 | **8** | 2 | 2 | 3 | 3 | 4 | 2 | 3 | 4 | 4 | 5 | 5 | 6 | 7 | 7 | 8 | 8 | 9 | 7 | 8 |
| 30 | 31 | **10** | **9** | 2 | 3 | 3 | 4 | 4 | 5 | 3 | 4 | 5 | 5 | 6 | 6 | 7 | 8 | 8 | 9 | 9 | 10 | 8 | 9 |
| **12** | **11** | 2 | 2 | 3 | 4 | 4 | 5 | 5 | 6 | 4 | 5 | 6 | 6 | 7 | 7 | 8 | 9 | 9 | 10 | 10 | 11 | 9 | 10 |
| 2 | 2 | 3 | 3 | 4 | 5 | 5 | 6 | 6 | 7 | 5 | 6 | 7 | 7 | 8 | 8 | 9 | 10 | 10 | 11 | 11 | 12 | 10 | 11 |
| 3 | 3 | 4 | 4 | 5 | 6 | 6 | 7 | 7 | 8 | 6 | 7 | 8 | 8 | 9 | 9 | 10 | 11 | 11 | 12 | 12 | 13 | 11 | 12 |
| 4 | 4 | 5 | 5 | 6 | 7 | 7 | 8 | 8 | 9 | 7 | 8 | 9 | 9 | 10 | 10 | 11 | 12 | 12 | 13 | 13 | 14 | 12 | 13 |
| 5 | 5 | 6 | 6 | 7 | 8 | 8 | 9 | 9 | 10 | 8 | 9 | 10 | 10 | 11 | 11 | 12 | 13 | 13 | 14 | 14 | 15 | 13 | 14 |
| 6 | 6 | 7 | 7 | 8 | 9 | 9 | 10 | 10 | 11 | 9 | 10 | 11 | 11 | 12 | 12 | 13 | 14 | 14 | 15 | 15 | 16 | 14 | 15 |
| 7 | 7 | 8 | 8 | 9 | 10 | 10 | 11 | 11 | 12 | 10 | 11 | 12 | 12 | 13 | 13 | 14 | 15 | 15 | 16 | 16 | 17 | 15 | 16 |
| 8 十一 | 8 十 | 9 | 9 | 10 | 11 | 11 | 12 | 12 | 13 | 11 | 12 | 13 | 13 | 14 | 14 | 15 | 16 | 16 | 17 | 17 | 18 | 16 | 17 |
| 9 | 9 | 10 九 | 10 八 | 11 | 12 | 12 | 13 | 13 | 14 | 12 | 13 | 14 | 14 | 15 | 15 | 16 | 17 | 17 | 18 | 18 | 19 | 17 | 18 |
| 10 12 | 10 11 | 11 | 11 | 12 七 | 13 六 | 13 | 14 | 14 | 15 | 13 | 14 | 15 | 15 | 16 | 16 | 17 | 18 | 18 | 19 | 19 | 20 | 18 | 19 |
| 11 | 11 | 12 10 | 12 9 | 13 | 14 | 14 五 | 15 四 | 15 三 | 16 | 14 | 15 | 16 | 16 | 17 | 17 | 18 | 19 | 19 | 20 | 20 | 21 | 19 | 20 |
| 12 | 12 | 13 | 13 | 14 8 | 15 7 | 15 | 16 | 16 | 17 二 | 15 正 | 16 | 17 | 17 | 18 | 18 | 19 | 20 | 20 | 21 | 21 | 22 | 20 | 21 |
| 13 | 13 | 14 | 14 | 15 | 16 | 16 6 | 17 5 | 17 | 18 | 16 | 17 十二 | 18 十一 | 18 | 19 | 19 | 20 | 21 | 21 | 22 | 22 | 23 | 21 | 22 |
| 14 | 14 | 15 | 15 | 16 | 17 | 17 | 18 | 18 4 | 19 3 | 17 | 18 | 19 | 19 十 | 20 九 | 20 | 21 | 22 | 22 | 23 | 23 | 24 | 22 | 23 |
| 15 | 15 | 16 | 16 | 17 | 18 | 18 | 19 | 19 | 20 | 18 2 | 19 1 | 20 12 | 20 11 | 21 | 21 八 | 22 | 23 | 23 | 24 | 24 | 25 | 23 | 24 |
| 16 | 16 | 17 | 17 | 18 | 19 | 19 | 20 | 20 | 21 | 19 | 20 | 21 | 21 | 22 10 | 22 9 | 23 七 | 24 閏 | 24 | 25 | 25 | 26 | 24 | 25 |
| 17 | 17 | 18 | 18 | 19 | 20 | 20 | 21 | 21 | 22 | 20 | 21 | 22 冬 | 22 | 23 | 23 | 24 8 | 25 7 | 25 六 | 26 五 | 26 四 | 27 | 25 | 26 |
| 18 | 18 | 19 | 19 | 20 | 21 | 21 | 22 | 22 | 23 | 21 | 22 | 23 | 23 | 24 | 24 | 25 | 26 | 26 6 | 27 5 | 27 | 28 三 | 26 二 | 27 正 |
| 19 | 19 | 20 | 20 | 21 | 22 | 22 | 23 | 23 | 24 | 22 | 23 | 24 | 24 | 25 | 25 | 26 | 27 | 27 | 28 | 28 4 | 29 3 | 27 | 28 |
| 20 | 20 | 21 | 21 | 22 | 23 | 23 | 24 | 24 | 25 | 23 | 24 | 25 | 25 | 26 | 26 | 27 | 28 | 28 | 29 | 29 | 30 | 28 2 | 29 1 |
| 21 | 21 | 22 | 22 | 23 | 24 | 24 | 25 | 25 | 26 | 24 | 25 | 26 | 26 | 27 | 27 | 28 | 29 | 29 | 30 | 30 | 31 | **3** | 30 |

勵耘書屋

一九四四 甲申 民國三三

1364 1363

一九四三 癸未 民國三二

1362

| | | | | | | | | | | | | | | | | | | | | | | | | |
|---|---|---|---|---|---|---|---|---|---|---|---|---|---|---|---|---|---|---|---|---|---|---|---|---|
| 11 | 11 | 12 | 12 | 13 | 14 | 14 | 15 | 15 | 16 | 15 | 16 | 17 | 17 | 18 | 18 | 19 | 20 | 20 | 21 | 21 | 22 | 20 | 21 | 22 冬 |
| 12 | 12 | 13 | 13 | 14 | 15 | 15 | 16 | 16 | 17 | 16 | 17 | 18 | 18 | 19 | 19 | 20 | 21 | 21 | 22 | 22 | 23 | 21 | 22 | 23 |
| 13 | 13 | 14 | 14 | 15 | 16 | 16 | 17 | 17 | 18 | 17 | 18 | 19 | 19 | 20 | 20 | 21 | 22 | 22 | 23 | 23 | 24 | 22 | 23 | 24 |
| 14 | 14 | 15 | 15 | 16 | 17 | 17 | 18 | 18 | 19 | 18 | 19 | 20 | 20 | 21 | 21 | 22 | 23 | 23 | 24 | 24 | 25 | 23 | 24 | 25 |
| 15 十一 | 15 | 16 | 16 | 17 | 18 | 18 | 19 | 19 | 20 | 19 | 20 | 21 | 21 | 22 | 22 | 23 | 24 | 24 | 25 | 25 | 26 | 24 | 25 | 26 |
| 16 | 16 十 | 17 九 | 17 八 | 18 | 19 | 19 | 20 | 20 | 21 | 20 | 21 | 22 | 22 | 23 | 23 | 24 | 25 | 25 | 26 | 26 | 27 | 25 | 26 | 27 |
| 17 1 | 17 12 | 18 11 | 18 | 19 七 | 20 六 | 20 | 21 | 21 | 22 | 21 | 22 | 23 冬 | 23 | 24 | 24 | 25 | 26 | 26 | 27 | 27 | 28 | 26 | 27 | 28 |
| 18 | 18 | 19 | 19 10 | 20 9 | 21 | 21 五 | 22 閏 | 22 | 23 | 22 | 23 | 24 | 24 | 25 | 25 | 26 | 27 | 27 | 28 | 28 | 29 | 27 | 28 | 29 |
| 19 | 19 | 20 | 20 | 21 | 22 8 | 22 7 | 23 | 23 四 | 24 三 | 23 | 24 | 25 | 25 | 26 | 26 | 27 | 28 | 28 | 29 | 29 | 30 | 28 | 29 | 30 |
| 20 | 20 | 21 | 21 | 22 | 23 | 23 | 24 6 | 24 5 | 25 | 24 二 | 25 正 | 26 | 26 | 27 | 27 | 28 | 29 | 29 | 30 | 30 | 31 | 3 | 30 | 31 |
| 21 | 21 | 22 | 22 | 23 | 24 | 24 | 25 | 25 | 26 4 | 25 3 | 26 | 27 十二 | 27 十一 | 28 | 28 | 29 | 30 | 30 | 31 | 5 | 4 | 2 | 31 | 1 |
| 22 冬 | 22 | 23 | 23 | 24 | 25 | 25 | 26 | 26 | 27 | 26 | 27 2 | 28 1 | 28 | 29 十 | 29 九 | 30 | 31 | 7 | 6 | 2 | 2 | 3 | 2 | 2 |
| 23 | 23 | 24 | 24 | 25 | 26 | 26 | 27 | 27 | 28 | 27 | 28 | 29 | 29 12 | 30 11 | 30 | 31 八 | 8 七 | 2 六 | 2 | 3 | 3 | 4 | 2 | 3 |
| 24 | 24 | 25 | 25 | 26 | 27 | 27 | 28 | 28 | 29 | 28 | 29 | 30 | 30 | 31 | 10 10 | 9 9 | 2 | 3 | 3 五 | 4 四 | 4 | 5 | 3 | 4 |
| 25 | 25 | 26 | 26 | 27 | 28 | 28 | 29 | 29 | 30 | 29 | 30 | 31 | 12 | 11 | 2 | 2 | 3 8 | 4 7 | 4 | 5 | 5 三 | 6 二 | 4 | 5 |
| 26 | 26 | 27 | 27 | 28 | 29 | 29 | 30 | 30 | 31 | 3 | 31 | 1 | 2 | 2 | 3 | 3 | 4 | 5 | 5 6 | 6 5 | 6 | 7 | 5 正 | 6 十二 |
| 27 | 27 | 28 | 28 | 29 | 30 | 30 | 31 | 5 | 4 | 2 | 2 | 2 | 3 | 3 | 4 | 4 | 5 | 6 | 6 | 7 | 7 4 | 8 3 | 6 | 7 |
| 28 | 28 | 29 | 29 | 30 | 31 | 7 | 6 | 2 | 2 | 3 | 2 | 3 | 4 | 4 | 5 | 5 | 6 | 7 | 7 | 8 | 8 | 9 | 7 2 | 8 1 |
| 29 | 29 | 30 | 30 | 31 | 8 | 2 | 2 | 3 | 3 | 4 | 3 | 4 | 5 | 5 | 6 | 6 | 7 | 8 | 8 | 9 | 9 | 10 | 8 | 9 |
| 30 | 30 | 31 | 10 | 9 | 2 | 3 | 3 | 4 | 4 | 5 | 4 | 5 | 6 | 6 | 7 | 7 | 8 | 9 | 9 | 10 | 10 | 11 | 9 | 10 |
| 31 | 12 | 11 | 2 | 2 | 3 | 4 | 4 | 5 | 5 | 6 | 5 | 6 | 7 | 7 | 8 | 8 | 9 | 10 | 10 | 11 | 11 | 12 | 10 | 11 |
| 日 | 2 | 2 | 3 | 3 | 4 | 5 | 5 | 6 | 6 | 7 | 6 | 7 | 8 | 8 | 9 | 9 | 10 | 11 | 11 | 12 | 12 | 13 | 11 | 12 |
| 曜 | 3 | 3 | 4 | 4 | 5 | 6 | 6 | 7 | 7 | 8 | 7 | 8 | 9 | 9 | 10 | 10 | 11 | 12 | 12 | 13 | 13 | 14 | 12 | 13 |
| 表 | 4 | 4 | 5 | 5 | 6 | 7 | 7 | 8 | 8 | 9 | 8 | 9 | 10 | 10 | 11 | 11 | 12 | 13 | 13 | 14 | 14 | 15 | 13 | 14 |
| 3 | 5 | 5 | 6 | 6 | 7 | 8 | 8 | 9 | 9 | 10 | 9 | 10 | 11 | 11 | 12 | 12 | 13 | 14 | 14 | 15 | 15 | 16 | 14 | 15 |
| 甲 | 6 | 6 | 7 | 7 | 8 | 9 | 9 | 10 | 10 | 11 | 10 | 11 | 12 | 12 | 13 | 13 | 14 | 15 | 15 | 16 | 16 | 17 | 15 | 16 |
| 子 | 7 | 7 | 8 | 8 | 9 | 10 | 10 | 11 | 11 | 12 | 11 | 12 | 13 | 13 | 14 | 14 | 15 | 16 | 16 | 17 | 17 | 18 | 16 | 17 |
| 表 | 8 | 8 | 9 | 9 | 10 | 11 | 11 | 12 | 12 | 13 | 12 | 13 | 14 | 14 | 15 | 15 | 16 | 17 | 17 | 18 | 18 | 19 | 17 | 18 |
| 51 | 9 | 9 | 10 | 10 | 11 | 12 | 12 | 13 | 13 | 14 | 13 | 14 | 15 | 15 | 16 | 16 | 17 | 18 | 18 | 19 | 19 | 20 | 18 | 19 |
| | 10 | 10 | 11 | 11 | 12 | 13 | 13 | 14 | 14 | 15 | 14 | 15 | 16 | 16 | 17 | 17 | 18 | 19 | 19 | 20 | 20 | 21 | 19 | 20 |

一九四六 丙戌 民國三五 1366 | 一九四五 乙酉 民國三四 1365

| 1366 | | | | | | | | | | | | 1365 | | | | | | | | | | | |
|---|---|---|---|---|---|---|---|---|---|---|---|---|---|---|---|---|---|---|---|---|---|---|---|
| 22 | 23 | 23 | 24 | 25 | 25 | 26 | 26 | 27 | 25 | 26 | 27 | 27 | 28 | 28 | 29 | 30 | 30 | 31 | **5** | **4** | 2 | 31 | **1** |
| 23 | 24 | 24 | 25 | 26 | 26 | 27 | 27 | 28 | 26 | 27 | 28 | 28 | 29 | 29 | 30 | 31 | **7** | **6** | 2 | 2 | 3 | **2** | 2 |
| 24 | 十一 25 | 十 25 | 九 26 | 27 | 27 | 28 | 28 | 29 | 27 | 28 | 29 | 29 | 30 | 30 | 31 | **8** | 2 | 2 | 3 | 3 | 4 | 2 | 3 |
| 25 | 1 26 | 26 | 27 | 八 28 | 七 28 | 29 | 29 | 30 | 28 | 29 | 30 | 30 | 31 | **10** | **9** | 2 | 3 | 3 | 4 | 4 | 5 | 3 | 4 |
| 26 | 27 | 12 27 | 11 28 | 29 | 29 | 六 30 | 30 | 31 | **3** | 30 | 31 | **12** | **11** | 2 | 2 | 3 | 4 | 4 | 5 | 5 | 6 | 4 | 5 |
| 27 | 28 | 28 | 29 | 10 30 | 9 30 | 31 | 五 **5** | 四 **4** | 2 | 31 | **1** | 2 | 2 | 3 | 3 | 4 | 5 | 5 | 6 | 6 | 7 | 5 | 6 |
| 28 | 29 | 29 | 30 | 31 | **7** | 8 **6** | 7 2 | 2 | 三 3 | **2** | 2 | 3 | 3 | 4 | 4 | 5 | 6 | 6 | 7 | 7 | 8 | 6 | 7 |
| 29 | 30 | 30 | 31 | **8** | 2 | 2 | 3 | 6 3 | 5 4 | 二 2 | 正 3 | 十二 4 | 4 | 5 | 5 | 6 | 7 | 7 | 8 | 8 | 9 | 7 | 8 |
| 30 | 31 | **10** | **9** | 2 | 3 | 3 | 4 | 4 | 5 | 4 3 | 3 4 | 5 | 十一 5 | 十 6 | 九 6 | 八 7 | 8 | 8 | 9 | 9 | 10 | 8 | 9 |
| **12** | **11** | 2 | 2 | 3 | 4 | 4 | 5 | 5 | 6 | 4 | 5 | 2 6 | 1 6 | 7 | 7 | 8 | 七 9 | 六 9 | 10 | 10 | 11 | 9 | 10 |
| 2 | 2 | 3 | 3 | 4 | 5 | 5 | 6 | 6 | 7 | 5 | 6 | 7 | 7 | 12 8 | 11 8 | 9 | 10 | 10 | 五 11 | 11 | 12 | 10 | 11 |
| 3 | 3 | 4 | 4 | 5 | 6 | 6 | 7 | 7 | 8 | 6 | 7 | 8 | 8 | 9 | 9 | 10 10 | 9 11 | 11 | 12 | 四 12 | 三 13 | 11 | 12 |
| 4 | 4 | 5 | 5 | 6 | 7 | 7 | 8 | 8 | 9 | 7 | 8 | 9 | 9 | 10 | 10 | 11 | 12 | 8 12 | 7 13 | 13 | 14 | 二 12 | 13 |
| 5 | 5 | 6 | 6 | 7 | 8 | 8 | 9 | 9 | 10 | 8 | 9 | 10 | 10 | 11 | 11 | 12 | 13 | 13 | 14 | 6 14 | 5 15 | 13 | 正 14 十二 |
| 6 | 6 | 7 | 7 | 8 | 9 | 9 | 10 | 10 | 11 | 9 | 10 | 11 | 11 | 12 | 12 | 13 | 14 | 14 | 15 | 15 | 16 | 4 14 | 3 15 |
| 7 | 7 | 8 | 8 | 9 | 10 | 10 | 11 | 11 | 12 | 10 | 11 | 12 | 12 | 13 | 13 | 14 | 15 | 15 | 16 | 16 | 17 | 15 | 16 2 |
| 8 | 8 | 9 | 9 | 10 | 11 | 11 | 12 | 12 | 13 | 11 | 12 | 13 | 13 | 14 | 14 | 15 | 16 | 16 | 17 | 17 | 18 | 16 | 17 |
| 9 | 9 | 10 | 10 | 11 | 12 | 12 | 13 | 13 | 14 | 12 | 13 | 14 | 14 | 15 | 15 | 16 | 17 | 17 | 18 | 18 | 19 | 17 | 18 |
| 10 | 10 | 11 | 11 | 12 | 13 | 13 | 14 | 14 | 15 | 13 | 14 | 15 | 15 | 16 | 16 | 17 | 18 | 18 | 19 | 19 | 20 | 18 | 19 |
| 11 | 11 | 12 | 12 | 13 | 14 | 14 | 15 | 15 | 16 | 14 | 15 | 16 | 16 | 17 | 17 | 18 | 19 | 19 | 20 | 20 | 21 | 19 | 20 |
| 12 | 12 | 13 | 13 | 14 | 15 | 15 | 16 | 16 | 17 | 15 | 16 | 17 | 17 | 18 | 18 | 19 | 20 | 20 | 21 | 21 | 22 | 20 | 21 |
| 13 | 13 | 14 | 14 | 15 | 16 | 16 | 17 | 17 | 18 | 16 | 17 | 18 | 18 | 19 | 19 | 20 | 21 | 21 | 22 | 22 | 23 | 21 | 22 |
| 14 | 14 | 15 | 15 | 16 | 17 | 17 | 18 | 18 | 19 | 17 | 18 | 19 | 19 | 20 | 20 | 21 | 22 | 22 | 23 | 23 | 24 | 22 | 23 |
| 15 | 15 | 16 | 16 | 17 | 18 | 18 | 19 | 19 | 20 | 18 | 19 | 20 | 20 | 21 | 21 | 22 | 23 | 23 | 24 | 24 | 25 | 23 | 24 |
| 16 | 16 | 17 | 17 | 18 | 19 | 19 | 20 | 20 | 21 | 19 | 20 | 21 | 21 | 22 | 22 | 23 | 24 | 24 | 25 | 25 | 26 | 24 | 25 |
| 17 | 17 | 18 | 18 | 19 | 20 | 20 | 21 | 21 | 22 | 20 | 21 | 22 | 冬 22 | 23 | 23 | 24 | 25 | 25 | 26 | 26 | 27 | 25 | 26 |
| 18 | 18 | 19 | 19 | 20 | 21 | 21 | 22 | 22 | 23 | 21 | 22 | 23 | 23 | 24 | 24 | 25 | 26 | 26 | 27 | 27 | 28 | 26 | 27 |
| 19 | 19 | 20 | 20 | 21 | 22 | 22 | 23 | 23 | 24 | 22 | 23 | 24 | 24 | 25 | 25 | 26 | 27 | 27 | 28 | 28 | 29 | 27 | 28 |
| 20 | 20 | 21 | 21 | 22 | 23 | 23 | 24 | 24 | 25 | 23 | 24 | 25 | 25 | 26 | 26 | 27 | 28 | 28 | 29 | 29 | 30 | 28 | 29 |
| 21 | 21 | 22 | 22 | 23 | 24 | 24 | 25 | 25 | 26 | 24 | 25 | 26 | 26 | 27 | 27 | 28 | 29 | 29 | 30 | 30 | 31 | **3** | 30 |

一九四八
戊子
民國三七

1368

一九四七
丁亥
民國三六

本年回曆五月一日
即中曆閏二月朔

1367

| | | | | | | | | | | | | | | | | | | | | | | | | |
|---|---|---|---|---|---|---|---|---|---|---|---|---|---|---|---|---|---|---|---|---|---|---|---|---|
| 11 | 11 | 12 | 12 | 13 | 14 | 14 | 15 | 15 | 16 | 15 | 16 | 17 | 17 | 18 | 18 | 19 | 20 | 20 8 | 21 7 | 21 三 | 22 | 20 | 21 | 22 冬 |
| 12 | 12 | 13 | 13 | 14 | 15 | 15 | 16 | 16 | 17 | 16 | 17 | 18 | 18 | 19 | 19 | 20 | 21 | 21 | 22 | 22 6 | 23 閏 | 21 二 | 22 正 | 23 十二 |
| 13 | 13 | 14 | 14 | 15 | 16 | 16 | 17 | 17 | 18 | 17 | 18 | 19 | 19 | 20 | 20 | 21 | 22 | 22 | 23 | 23 | 24 | 22 4 | 23 3 | 24 |
| 14 | 14 | 15 | 15 | 16 | 17 | 17 | 18 | 18 | 19 | 18 | 19 | 20 | 20 | 21 | 21 | 22 | 23 | 23 | 24 | 24 | 25 | 23 | 24 | 25 2 |
| 15 | 15 | 16 | 16 | 17 | 18 | 18 | 19 | 19 | 20 | 19 | 20 | 21 | 21 | 22 | 22 | 23 | 24 | 24 | 25 | 25 | 26 | 24 | 25 | 26 |
| 16 | 16 | 17 | 17 | 18 | 19 | 19 | 20 | 20 | 21 | 20 | 21 | 22 | 22 | 23 | 23 | 24 | 25 | 25 | 26 | 26 | 27 | 25 | 26 | 27 |
| 17 | 17 | 18 | 18 | 19 | 20 | 20 | 21 | 21 | 22 | 21 | 22 | 23 冬 | 23 | 24 | 24 | 25 | 26 | 26 | 27 | 27 | 28 | 26 | 27 | 28 |
| 18 | 18 | 19 | 19 | 20 | 21 | 21 | 22 | 22 | 23 | 22 | 23 | 24 | 24 | 25 | 25 | 26 | 27 | 27 | 28 | 28 | 29 | 27 | 28 | 29 |
| 19 | 19 | 20 | 20 | 21 | 22 | 22 | 23 | 23 | 24 | 23 | 24 | 25 | 25 | 26 | 26 | 27 | 28 | 28 | 29 | 29 | 30 | 28 | 29 | 30 |
| 20 | 20 | 21 | 21 | 22 | 23 | 23 | 24 | 24 | 25 | 24 | 25 | 26 | 26 | 27 | 27 | 28 | 29 | 29 | 30 | 30 | 31 | **3** | 30 | 31 |
| 21 | 21 | 22 | 22 | 23 | 24 | 24 | 25 | 25 | 26 | 25 | 26 | 27 | 27 | 28 | 28 | 29 | 30 | 30 | 31 | **5** | **4** | 2 | 31 | **1** |
| 22 冬 | 22 | 23 | 23 | 24 | 25 | 25 | 26 | 26 | 27 | 26 | 27 | 28 | 28 | 29 | 29 | 30 | 31 | **7** | **6** | 2 | 2 | 3 | **2** | 2 |
| 23 | 23 | 24 | 24 | 25 | 26 | 26 | 27 | 27 | 28 | 27 | 28 | 29 | 29 | 30 | 30 | 31 | **8** | 2 | 2 | 3 | 3 | 4 | 2 | 3 |
| 24 | 24 | 25 | 25 | 26 | 27 | 27 | 28 | 28 | 29 | 28 | 29 | 30 | 30 | 31 | **10** | **9** | 2 | 3 | 3 | 4 | 4 | 5 | 3 | 4 |
| 25 | 25 | 26 | 26 | 27 | 28 | 28 | 29 | 29 | 30 | 29 | 30 | 31 | **12** | **11** | 2 | 2 | 3 | 4 | 4 | 5 | 5 | 6 | 4 | 5 |
| 26 | 26 | 27 | 27 | 28 | 29 | 29 | 30 | 30 | 31 | **3** | 31 | **1** | 2 | 2 | 3 | 3 | 4 | 5 | 5 | 6 | 6 | 7 | 5 | 6 |
| 27 | 27 | 28 | 28 | 29 | 30 | 30 | 31 | **5** | **4** | 2 | **2** | 2 | 3 | 3 | 4 | 4 | 5 | 6 | 6 | 7 | 7 | 8 | 6 | 7 |
| 28 | 28 | 29 | 29 | 30 | 31 | **7** | **6** | 2 | 2 | 3 | 2 | 3 | 4 | 4 | 5 | 5 | 6 | 7 | 7 | 8 | 8 | 9 | 7 | 8 |
| 29 | 29 | 30 | 30 | 31 | **8** | 2 | 2 | 3 | 3 | 4 | 3 | 4 | 5 | 5 | 6 | 6 | 7 | 8 | 8 | 9 | 9 | 10 | 8 | 9 |
| 30 十二 | 30 | 31 | **10** | **9** | 2 | 3 | 3 | 4 | 4 | 5 | 4 | 5 | 6 | 6 | 7 | 7 | 8 | 9 | 9 | 10 | 10 | 11 | 9 | 10 |
| 31 | **12** 十一 | **11** 十 | 2 | 2 | 3 | 4 | 4 | 5 | 5 | 6 | 5 | 6 | 7 | 7 | 8 | 8 | 9 | 10 | 10 | 11 | 11 | 12 | 10 | 11 |
| 日 | 2 | 2 | 3 九 | 3 八 | 4 | 5 | 5 | 6 | 6 | 7 | 6 | 7 | 8 | 8 | 9 | 9 | 10 | 11 | 11 | 12 | 12 | 13 | 11 | 12 |
| 曜 | 3 2 | 3 1 | 4 | 4 | 5 七 | 6 | 6 | 7 | 7 | 8 | 7 | 8 | 9 | 9 | 10 | 10 | 11 | 12 | 12 | 13 | 13 | 14 | 12 | 13 |
| 表 | 4 | 4 | 5 12 | 5 11 | 6 | 7 六 | 7 五 | 8 | 8 | 9 | 8 | 9 | 10 | 10 | 11 | 11 | 12 | 13 | 13 | 14 | 14 | 15 | 13 | 14 |
| 4 | 5 | 5 | 6 | 6 | 7 10 | 8 9 | 8 | 9 四 | 9 三 | 10 | 9 | 10 | 11 | 11 | 12 | 12 | 13 | 14 | 14 | 15 | 15 | 16 | 14 | 15 |
| 甲 | 6 | 6 | 7 | 7 | 8 | 9 | 9 8 | 10 7 | 10 | 11 二 | 10 正 | 11 十二 | 12 十一 | 12 | 13 | 13 | 14 | 15 | 15 | 16 | 16 | 17 | 15 | 16 |
| 子 | 7 | 7 | 8 | 8 | 9 | 10 | 10 | 11 | 11 6 | 12 5 | 11 | 12 | 13 | 13 十 | 14 九 | 14 | 15 | 16 | 16 | 17 | 17 | 18 | 16 | 17 |
| 表 | 8 | 8 | 9 | 9 | 10 | 11 | 11 | 12 | 12 | 13 | 12 4 | 13 3 | 14 | 14 | 15 | 15 八 | 16 七 | 17 | 17 | 18 | 18 | 19 | 17 | 18 |
| 52 | 9 | 9 | 10 | 10 | 11 | 12 | 12 | 13 | 13 | 14 | 13 | 14 | 15 2 | 15 1 | 16 12 | 16 11 | 17 | 18 六 | 18 | 19 | 19 | 20 | 18 | 19 |
| | 10 | 10 | 11 | 11 | 12 | 13 | 13 | 14 | 14 | 15 | 14 | 15 | 16 | 16 | 17 | 17 | 18 10 | 19 9 | 19 五 | 20 四 | 20 | 21 | 19 | 20 |

一九五〇 庚寅 1370

一九四九 己丑 1369

十月一日中華人民共和國成立採用公元紀年

| | | | | | | | | | | | | | | | | | | | | | | | |
|---|---|---|---|---|---|---|---|---|---|---|---|---|---|---|---|---|---|---|---|---|---|---|---|
| 22 | 23 | 23 | 24 | 25 | 25 | 26 | 26 | 27 | 25 | 26 | 27 | 27 | 28 | 28 | 29 | 30 | 30 | 31 | **5** | **4** | 2 | 31 4 | **1** 3 |
| 23 | 24 | 24 | 25 | 26 | 26 | 27 | 27 | 28 | 26 | 27 | 28 | 28 | 29 | 29 | 30 | 31 | **7** | **6** | 2 | 2 | 3 | **2** | 2 |
| 24 | 25 | 25 | 26 | 27 | 27 | 28 | 28 | 29 | 27 | 28 | 29 | 29 | 30 | 30 | 31 | **8** | 2 | 2 | 3 | 3 | 4 | 2 | 3 |
| 25 | 26 | 26 | 27 | 28 | 28 | 29 | 29 | 30 | 28 | 29 | 30 | 30 | 31 | **10** | **9** | 2 | 3 | 3 | 4 | 4 | 5 | 3 | 4 |
| 26 | 27 | 27 | 28 | 29 | 29 | 30 | 30 | 31 | **3** | 30 | 31 | **12** | **11** | 2 | 2 | 3 | 4 | 4 | 5 | 5 | 6 | **4** | 5 |
| 27 | 28 | 28 | 29 | 30 | 30 | 31 | **5** | **4** | 2 | 31 | **1** | 2 | 2 | 3 | 3 | 4 | 5 | 5 | 6 | 6 | 7 | 5 | 6 |
| 28 | 29 | 29 | 30 | 31 | **7** | **6** | 2 | 2 | 3 | **2** | 2 | 3 | 3 | 4 | 4 | 5 | 6 | 6 | 7 | 7 | 8 | 6 | 7 |
| 29 | 30 | 30 | 31 | **8** | 2 | 2 | 3 | 3 | 4 | 2 | 3 | 4 | 4 | 5 | 5 | 6 | 7 | 7 | 8 | 8 | 9 | 7 | 8 |
| 30 | 31 | **10** | **9** | 2 | 3 | 3 | 4 | 4 | 5 | 3 | 4 | 5 | 5 | 6 | 6 | 7 | 8 | 8 | 9 | 9 | 10 | 8 | 9 |
| **12** | **11** | 2 | 2 | 3 | 4 | 4 | 5 | 5 | 6 | 4 | 5 | 6 | 6 | 7 | 7 | 8 | 9 | 9 | 10 | 10 | 11 | 9 | 10 |
| 2 | 2 | 3 | 3 | 4 | 5 | 5 | 6 | 6 | 7 | 5 | 6 | 7 | 7 | 8 | 8 | 9 | 10 | 10 | 11 | 11 | 12 | 10 | 11 |
| 3 | 3 | 4 | 4 | 5 | 6 | 6 | 7 | 7 | 8 | 6 | 7 | 8 | 8 | 9 | 9 | 10 | 11 | 11 | 12 | 12 | 13 | 11 | 12 |
| 4 | 4 | 5 | 5 | 6 | 7 | 7 | 8 | 8 | 9 | 7 | 8 | 9 | 9 | 10 | 10 | 11 | 12 | 12 | 13 | 13 | 14 | 12 | 13 |
| 5 | 5 | 6 | 6 | 7 | 8 | 8 | 9 | 9 | 10 | 8 | 9 | 10 | 10 | 11 | 11 | 12 | 13 | 13 | 14 | 14 | 15 | 13 | 14 |
| 6 | 6 | 7 | 7 | 8 | 9 | 9 | 10 | 10 | 11 | 9 | 10 | 11 | 11 | 12 | 12 | 13 | 14 | 14 | 15 | 15 | 16 | 14 | 15 |
| 7 | 7 | 8 | 8 | 9 | 10 | 10 | 11 | 11 | 12 | 10 | 11 | 12 | 12 | 13 | 13 | 14 | 15 | 15 | 16 | 16 | 17 | 15 | 16 |
| 8 | 8 | 9 | 9 | 10 | 11 | 11 | 12 | 12 | 13 | 11 | 12 | 13 | 13 | 14 | 14 | 15 | 16 | 16 | 17 | 17 | 18 | 16 | 17 |
| 9 十一 | 9 | 10 | 10 | 11 | 12 | 12 | 13 | 13 | 14 | 12 | 13 | 14 | 14 | 15 | 15 | 16 | 17 | 17 | 18 | 18 | 19 | 17 | 18 |
| 10 | 10 十 | 11 九 | 11 | 12 | 13 | 13 | 14 | 14 | 15 | 13 | 14 | 15 | 15 | 16 | 16 | 17 | 18 | 18 | 19 | 19 | 20 | 18 | 19 |
| 11 3 | 11 | 12 | 12 八 | 13 | 14 | 14 | 15 | 15 | 16 | 14 | 15 | 16 | 16 | 17 | 17 | 18 | 19 | 19 | 20 | 20 | 21 | 19 | 20 |
| 12 | 12 2 | 13 1 | 13 | 14 七 | 15 六 | 15 五 | 16 | 16 | 17 | 15 | 16 | 17 | 17 | 18 | 18 | 19 | 20 | 20 | 21 | 21 | 22 | 20 | 21 |
| 13 | 13 | 14 | 14 12 | 15 11 | 16 | 16 | 17 四 | 17 三 | 18 二 | 16 | 17 | 18 | 18 | 19 | 19 | 20 | 21 | 21 | 22 | 22 | 23 | 21 | 22 |
| 14 | 14 | 15 | 15 | 16 | 17 10 | 17 9 | 18 | 18 | 19 | 17 正 | 18 十二 | 19 | 19 | 20 | 20 | 21 | 22 | 22 | 23 | 23 | 24 | 22 | 23 |
| 15 | 15 | 16 | 16 | 17 | 18 | 18 | 19 8 | 19 7 | 20 | 18 | 19 | 20 十一 | 20 十 | 21 | 21 | 22 | 23 | 23 | 24 | 24 | 25 | 23 | 24 |
| 16 | 16 | 17 | 17 | 18 | 19 | 19 | 20 | 20 | 21 6 | 19 5 | 20 | 21 | 21 | 22 九 | 22 八 | 23 | 24 | 24 | 25 | 25 | 26 | 24 | 25 |
| 17 | 17 | 18 | 18 | 19 | 20 | 20 | 21 | 21 | 22 | 20 | 21 4 | 22 參 3 | 22 | 23 | 23 | 24 閏 | 25 | 25 | 26 | 26 | 27 | 25 | 26 |
| 18 | 18 | 19 | 19 | 20 | 21 | 21 | 22 | 22 | 23 | 21 | 22 | 23 | 23 2 | 24 1 | 24 12 | 25 11 | 26 七 | 26 六 | 27 | 27 | 28 | 26 | 27 |
| 19 | 19 | 20 | 20 | 21 | 22 | 22 | 23 | 23 | 24 | 22 | 23 | 24 | 24 | 25 | 25 | 26 | 27 10 | 27 9 | 28 五 | 28 四 | 29 三 | 27 | 28 |
| 20 | 20 | 21 | 21 | 22 | 23 | 23 | 24 | 24 | 25 | 23 | 24 | 25 | 25 | 26 | 26 | 27 | 28 | 28 | 29 8 | 29 7 | 30 | 28 二 | 29 正 |
| 21 | 21 | 22 | 22 | 23 | 24 | 24 | 25 | 25 | 26 | 24 | 25 | 26 | 26 | 27 | 27 | 28 | 29 | 29 | 30 | 30 | 31 6 | **3** 5 | 30 |

勵耘書屋

一九五一 辛卯 1371

一九五二 壬辰 1372

| | | | | | | | | | | | | | | | | | | | | | | | | |
|---|---|---|---|---|---|---|---|---|---|---|---|---|---|---|---|---|---|---|---|---|---|---|---|---|
| 11 | 11 | 12 | 12 | 13 | 14 | 14 | 15 | 15 | 16 | 15 | 16 | 17 | 17 | 18 | 18 | 19 | 20 | 20 | 21 | 21 | 22 | 20 | 21 | 22冬 |
| 12 | 12 | 13 | 13 | 14 | 15 | 15 | 16 | 16 | 17 | 16 | 17 | 18 | 18 | 19 | 19 | 20 | 21 | 21 | 22 | 22 | 23 | 21 | 22 | 23 |
| 13 | 13 | 14 | 14 | 15 | 16 | 16 | 17 | 17 | 18 | 17 | 18 | 19 | 19 | 20 | 20 | 21 | 22 | 22 | 23 | 23 | 24 | 22 | 23 | 24 |
| 14 | 14 | 15 | 15 | 16 | 17 | 17 | 18 | 18 | 19 | 18 | 19 | 20 | 20 | 21 | 21 | 22 | 23 | 23 | 24 | 24 | 25 | 23 | 24 | 25 |
| 15 | 15 | 16 | 16 | 17 | 18 | 18 | 19 | 19 | 20 | 19 | 20 | 21 | 21 | 22 | 22 | 23 | 24 | 24 | 25 | 25 | 26 | 24 | 25 | 26 |
| 16 | 16 | 17 | 17 | 18 | 19 | 19 | 20 | 20 | 21 | 20 | 21 | 22 | 22 | 23 | 23 | 24 | 25 | 25 | 26 | 26 | 27 | 25 | 26 | 27 |
| 17十二 | 17十一 | 18 | 18 | 19 | 20 | 20 | 21 | 21 | 22 | 21 | 22 | 23冬 | 23 | 24 | 24 | 25 | 26 | 26 | 27 | 27 | 28 | 26 | 27 | 28 |
| 18 | 18 | 19九 | 19八 | 20七 | 21 | 21 | 22 | 22 | 23 | 22 | 23 | 24 | 24 | 25 | 25 | 26 | 27 | 27 | 28 | 28 | 29 | 27 | 28 | 29 |
| 19 4 | 19 3 | 20 | 20 | 21 | 22六 | 22閏 | 23 | 23 | 24 | 23 | 24 | 25 | 25 | 26 | 26 | 27 | 28 | 28 | 29 | 29 | 30 | 28 | 29 | 30 |
| 20 | 20 | 21 2 | 21 1 | 22 12 | 23 11 | 23 | 24五 | 24四 | 25 | 24 | 25 | 26 | 26 | 27 | 27 | 28 | 29 | 29 | 30 | 30 | 31 | 3 | 30 | 31 |
| 21 | 21 | 22 | 22 | 23 | 24 | 24 10 | 25 9 | 25 | 26三 | 25二 | 26 | 27 | 27 | 28 | 28 | 29 | 30 | 30 | 31 | 5 | 4 | 2 | 31 | 1 |
| 22冬 | 22 | 23 | 23 | 24 | 25 | 25 | 26 | 26 8 | 27 7 | 26 | 27正 | 28十二 | 28 | 29 | 29 | 30 | 31 | 7 | 6 | 2 | 2 | 3 | 2 | 2 |
| 23 | 23 | 24 | 24 | 25 | 26 | 26 | 27 | 27 | 28 | 27 6 | 28 5 | 29 | 29十二 | 30十一 | 30 | 31 | 8 | 2 | 2 | 3 | 3 | 4 | 2 | 3 |
| 24 | 24 | 25 | 25 | 26 | 27 | 27 | 28 | 28 | 29 | 28 | 29 | 30 4 | 30 3 | 31 | 10九 | 9八 | 2 | 3 | 3 | 4 | 4 | 5 | 3 | 4 |
| 25 | 25 | 26 | 26 | 27 | 28 | 28 | 29 | 29 | 30 | 29 | 30 | 31 | 12 | 11 2 | 2 1 | 2 | 3七 | 4六 | 4 | 5 | 5 | 6 | 4 | 5 |
| 26 | 26 | 27 | 27 | 28 | 29 | 29 | 30 | 30 | 31 | 3 | 31 | 1 | 2 | 2 | 3 | 3 12 | 4 11 | 5 | 5五 | 6四 | 6三 | 7 | 5 | 6 |
| 27 | 27 | 28 | 28 | 29 | 30 | 30 | 31 | 5 | 4 | 2 | 2 | 2 | 3 | 3 | 4 | 4 | 5 | 6 10 | 6 9 | 7 | 7 | 8二 | 6正 | 7 |
| 28 | 28 | 29 | 29 | 30 | 31 | 7 | 6 | 2 | 2 | 3 | 2 | 3 | 4 | 4 | 5 | 5 | 6 | 7 | 7 | 8 8 | 8 7 | 9 | 7 | 8十二 |
| 29 | 29 | 30 | 30 | 31 | 8 | 2 | 2 | 3 | 3 | 4 | 3 | 4 | 5 | 5 | 6 | 6 | 7 | 8 | 8 | 9 | 9 | 10 6 | 8 5 | 9 |
| 30 | 30 | 31 | 10 | 9 | 2 | 3 | 3 | 4 | 4 | 5 | 4 | 5 | 6 | 6 | 7 | 7 | 8 | 9 | 9 | 10 | 10 | 11 | 9 | 10 4 |
| 31 | 12 | 11 | 2 | 2 | 3 | 4 | 4 | 5 | 5 | 6 | 5 | 6 | 7 | 7 | 8 | 8 | 9 | 10 | 10 | 11 | 11 | 12 | 10 | 11 |
| 日 | 2 | 2 | 3 | 3 | 4 | 5 | 5 | 6 | 6 | 7 | 6 | 7 | 8 | 8 | 9 | 9 | 10 | 11 | 11 | 12 | 12 | 13 | 11 | 12 |
| 曜 | 3 | 3 | 4 | 4 | 5 | 6 | 6 | 7 | 7 | 8 | 7 | 8 | 9 | 9 | 10 | 10 | 11 | 12 | 12 | 13 | 13 | 14 | 12 | 13 |
| 表 | 4 | 4 | 5 | 5 | 6 | 7 | 7 | 8 | 8 | 9 | 8 | 9 | 10 | 10 | 11 | 11 | 12 | 13 | 13 | 14 | 14 | 15 | 13 | 14 |
| 5 | 5 | 5 | 6 | 6 | 7 | 8 | 8 | 9 | 9 | 10 | 9 | 10 | 11 | 11 | 12 | 12 | 13 | 14 | 14 | 15 | 15 | 16 | 14 | 15 |
| 甲 | 6 | 6 | 7 | 7 | 8 | 9 | 9 | 10 | 10 | 11 | 10 | 11 | 12 | 12 | 13 | 13 | 14 | 15 | 15 | 16 | 16 | 17 | 15 | 16 |
| 子 | 7 | 7 | 8 | 8 | 9 | 10 | 10 | 11 | 11 | 12 | 11 | 12 | 13 | 13 | 14 | 14 | 15 | 16 | 16 | 17 | 17 | 18 | 16 | 17 |
| 表 | 8 | 8 | 9 | 9 | 10 | 11 | 11 | 12 | 12 | 13 | 12 | 13 | 14 | 14 | 15 | 15 | 16 | 17 | 17 | 18 | 18 | 19 | 17 | 18 |
| 53 | 9 | 9 | 10 | 10 | 11 | 12 | 12 | 13 | 13 | 14 | 13 | 14 | 15 | 15 | 16 | 16 | 17 | 18 | 18 | 19 | 19 | 20 | 18 | 19 |
| | 10 | 10 | 11 | 11 | 12 | 13 | 13 | 14 | 14 | 15 | 14 | 15 | 16 | 16 | 17 | 17 | 18 | 19 | 19 | 20 | 20 | 21 | 19 | 20 |

| 一九五四 甲午 1374 | | | | | | | | | | | | 一九五三 癸巳 1373 | | | | | | | | | | | |
|---|---|---|---|---|---|---|---|---|---|---|---|---|---|---|---|---|---|---|---|---|---|---|---|
| 22 | 23 | 23 | 24 | 25 | 25 | 26 | 26 | 27 | 25 | 26 | 27 | 27 | 28 | 28 | 29 | 30 | 30 | 31 | **5** | **4** | 2 | 31 | **1** |
| 23 | 24 | 24 | 25 | 26 | 26 | 27 | 27 | 28 | 26 | 27 | 28 | 28 | 29 | 29 | 30 | 31 | **7** | **6** | 2 | 2 | 3 | **2** | 2 |
| 24 | 25 | 25 | 26 | 27 | 27 | 28 | 28 | 29 | 27 | 28 | 29 | 29 | 30 | 30 | 31 | **8** | 2 | 2 | 3 | 3 | 4 | 2 | 3 |
| 25 | 十一26 | 26 | 27 | 28 | 28 | 29 | 29 | 30 | 28 | 29 | 30 | 30 | 31 | **10** | **9** | 2 | 3 | 3 | 4 | 4 | 5 | 3 | 4 |
| 26 | 27 | 十27 | 九28 | 八29 | 29 | 30 | 30 | 31 | **3** | 30 | 31 | **12** | **11** | 2 | 2 | 3 | 4 | 4 | 5 | 5 | 6 | 4 | 5 |
| 27 | **4** 28 | **3** 28 | 29 | 30 | 七30 | 六31 | **5** | **4** | 2 | 31 | **1** | 2 | 2 | 3 | 3 | 4 | 5 | 5 | 6 | 6 | 7 | 5 | 6 |
| 28 | 29 | 29 | **2** 30 | **1** 31 | **7** | **6** | 五2 | 2 | 3 | **2** | 2 | 3 | 3 | 4 | 4 | 5 | 6 | 6 | 7 | 7 | 8 | 6 | 7 |
| 29 | 30 | 30 | 31 | **8** | **12** 2 | **11** 2 | 3 | 四3 | 三4 | 2 | 3 | 4 | 4 | 5 | 5 | 6 | 7 | 7 | 8 | 8 | 9 | 7 | 8 |
| 30 | 31 | **10** | **9** | 2 | 3 | 3 | **10** 4 | **9** 4 | 5 | 二3 | 正4 | 5 | 5 | 6 | 6 | 7 | 8 | 8 | 9 | 9 | 10 | 8 | 9 |
| **12** | **11** | 2 | 2 | 3 | 4 | 4 | 5 | 5 | **8** 6 | **7** 4 | 5 | 十二6 | 十一6 | 7 | 7 | 8 | 9 | 9 | 10 | 10 | 11 | 9 | 10 |
| 2 | 2 | 3 | 3 | 4 | 5 | 5 | 6 | 6 | 7 | 5 | **6** 6 | **5** 7 | 7 | 十8 | 九8 | 八9 | 七10 | 10 | 11 | 11 | 12 | 10 | 11 |
| 3 | 3 | 4 | 4 | 5 | 6 | 6 | 7 | 7 | 8 | 6 | 7 | 8 | **4** 8 | **3** 9 | 9 | 10 | 11 | 六11 | 五12 | 12 | 13 | 11 | 12 |
| 4 | 4 | 5 | 5 | 6 | 7 | 7 | 8 | 8 | 9 | 7 | 8 | 9 | 9 | 10 | **2** 10 | **1** 11 | 12 | 12 | 13 | 四13 | 14 | 12 | 13 |
| 5 | 5 | 6 | 6 | 7 | 8 | 8 | 9 | 9 | 10 | 8 | 9 | 10 | 10 | 11 | 11 | 12 | **12** 13 | **11** 13 | 14 | 14 | 三15 | 二13 | 14 |
| 6 | 6 | 7 | 7 | 8 | 9 | 9 | 10 | 10 | 11 | 9 | 10 | 11 | 11 | 12 | 12 | 13 | 14 | 14 | **10** 15 | **9** 15 | 16 | 14 | 正15 十二 |
| 7 | 7 | 8 | 8 | 9 | 10 | 10 | 11 | 11 | 12 | 10 | 11 | 12 | 12 | 13 | 13 | 14 | 15 | 15 | 16 | 16 | **8** 17 | **7** 15 | 16 |
| 8 | 8 | 9 | 9 | 10 | 11 | 11 | 12 | 12 | 13 | 11 | 12 | 13 | 13 | 14 | 14 | 15 | 16 | 16 | 17 | 17 | 18 | 16 | **6** 17 **5** |
| 9 | 9 | 10 | 10 | 11 | 12 | 12 | 13 | 13 | 14 | 12 | 13 | 14 | 14 | 15 | 15 | 16 | 17 | 17 | 18 | 18 | 19 | 17 | 18 |
| 10 | 10 | 11 | 11 | 12 | 13 | 13 | 14 | 14 | 15 | 13 | 14 | 15 | 15 | 16 | 16 | 17 | 18 | 18 | 19 | 19 | 20 | 18 | 19 |
| 11 | 11 | 12 | 12 | 13 | 14 | 14 | 15 | 15 | 16 | 14 | 15 | 16 | 16 | 17 | 17 | 18 | 19 | 19 | 20 | 20 | 21 | 19 | 20 |
| 12 | 12 | 13 | 13 | 14 | 15 | 15 | 16 | 16 | 17 | 15 | 16 | 17 | 17 | 18 | 18 | 19 | 20 | 20 | 21 | 21 | 22 | 20 | 21 |
| 13 | 13 | 14 | 14 | 15 | 16 | 16 | 17 | 17 | 18 | 16 | 17 | 18 | 18 | 19 | 19 | 20 | 21 | 21 | 22 | 22 | 23 | 21 | 22 |
| 14 | 14 | 15 | 15 | 16 | 17 | 17 | 18 | 18 | 19 | 17 | 18 | 19 | 19 | 20 | 20 | 21 | 22 | 22 | 23 | 23 | 24 | 22 | 23 |
| 15 | 15 | 16 | 16 | 17 | 18 | 18 | 19 | 19 | 20 | 18 | 19 | 20 | 20 | 21 | 21 | 22 | 23 | 23 | 24 | 24 | 25 | 23 | 24 |
| 16 | 16 | 17 | 17 | 18 | 19 | 19 | 20 | 20 | 21 | 19 | 20 | 21 | 21 | 22 | 22 | 23 | 24 | 24 | 25 | 25 | 26 | 24 | 25 |
| 17 | 17 | 18 | 18 | 19 | 20 | 20 | 21 | 21 | 22 | 20 | 21 | 22 | 冬22 | 23 | 23 | 24 | 25 | 25 | 26 | 26 | 27 | 25 | 26 |
| 18 | 18 | 19 | 19 | 20 | 21 | 21 | 22 | 22 | 23 | 21 | 22 | 23 | 23 | 24 | 24 | 25 | 26 | 26 | 27 | 27 | 28 | 26 | 27 |
| 19 | 19 | 20 | 20 | 21 | 22 | 22 | 23 | 23 | 24 | 22 | 23 | 24 | 24 | 25 | 25 | 26 | 27 | 27 | 28 | 28 | 29 | 27 | 28 |
| 20 | 20 | 21 | 21 | 22 | 23 | 23 | 24 | 24 | 25 | 23 | 24 | 25 | 25 | 26 | 26 | 27 | 28 | 28 | 29 | 29 | 30 | 28 | 29 |
| 21 | 21 | 22 | 22 | 23 | 24 | 24 | 25 | 25 | 26 | 24 | 25 | 26 | 26 | 27 | 27 | 28 | 29 | 29 | 30 | 30 | 31 | **3** | 30 |

一九五六 丙申

1376

一九五五 乙未

1375

| | | | | | | | | | | | | | | | | | | | | | | | | |
|---|---|---|---|---|---|---|---|---|---|---|---|---|---|---|---|---|---|---|---|---|---|---|---|---|
| 11 | 11 | 12 | 12 | 13 | 14 | 14 | 15 | 15 | 16 | 15 | 16 | 17 | 17 4 | 18 3 | 18 | 19 | 20 | 20 五 | 21 | 21 | 22 | 20 | 21 | 22 冬 |
| 12 | 12 | 13 | 13 | 14 | 15 | 15 | 16 | 16 | 17 | 16 | 17 | 18 | 18 | 19 | 19 2 | 20 1 | 21 12 | 21 11 | 22 四 | 22 閏 | 23 | 21 | 22 | 23 |
| 13 | 13 | 14 | 14 | 15 | 16 | 16 | 17 | 17 | 18 | 17 | 18 | 19 | 19 | 20 | 20 | 21 | 22 | 22 | 23 10 | 23 9 | 24 三 | 22 二 | 23 | 24 |
| 14 | 14 | 15 | 15 | 16 | 17 | 17 | 18 | 18 | 19 | 18 | 19 | 20 | 20 | 21 | 21 | 22 | 23 | 23 | 24 | 24 | 25 8 | 23 7 | 24 正 | 25 十二 |
| 15 | 15 | 16 | 16 | 17 | 18 | 18 | 19 | 19 | 20 | 19 | 20 | 21 | 21 | 22 | 22 | 23 | 24 | 24 | 25 | 25 | 26 | 24 | 25 6 | 26 5 |
| 16 | 16 | 17 | 17 | 18 | 19 | 19 | 20 | 20 | 21 | 20 | 21 | 22 冬 | 22 | 23 | 23 | 24 | 25 | 25 | 26 | 26 | 27 | 25 | 26 | 27 |
| 17 | 17 | 18 | 18 | 19 | 20 | 20 | 21 | 21 | 22 | 21 | 22 | 23 | 23 | 24 | 24 | 25 | 26 | 26 | 27 | 27 | 28 | 26 | 27 | 28 |
| 18 | 18 | 19 | 19 | 20 | 21 | 21 | 22 | 22 | 23 | 22 | 23 | 24 | 24 | 25 | 25 | 26 | 27 | 27 | 28 | 28 | 29 | 27 | 28 | 29 |
| 19 | 19 | 20 | 20 | 21 | 22 | 22 | 23 | 23 | 24 | 23 | 24 | 25 | 25 | 26 | 26 | 27 | 28 | 28 | 29 | 29 | 30 | 28 | 29 | 30 |
| 20 | 20 | 21 | 21 | 22 | 23 | 23 | 24 | 24 | 25 | 24 | 25 | 26 | 26 | 27 | 27 | 28 | 29 | 29 | 30 | 30 | 31 | **3** | 30 | 31 |
| 21 | 21 | 22 | 22 | 23 | 24 | 24 | 25 | 25 | 26 | 25 | 26 | 27 | 27 | 28 | 28 | 29 | 30 | 30 | 31 | **5** | **4** | 2 | 31 | **1** |
| 22 冬 | 22 | 23 | 23 | 24 | 25 | 25 | 26 | 26 | 27 | 26 | 27 | 28 | 28 | 29 | 29 | 30 | 31 | **7** | **6** | 2 | 2 | 3 | **2** | 2 |
| 23 | 23 | 24 | 24 | 25 | 26 | 26 | 27 | 27 | 28 | 27 | 28 | 29 | 29 | 30 | 30 | 31 | **8** | 2 | 2 | 3 | 3 | 4 | 2 | 3 |
| 24 | 24 | 25 | 25 | 26 | 27 | 27 | 28 | 28 | 29 | 28 | 29 | 30 | 30 | 31 | **10** | **9** | 2 | 3 | 3 | 4 | 4 | 5 | 3 | 4 |
| 25 | 25 | 26 | 26 | 27 | 28 | 28 | 29 | 29 | 30 | 29 | 30 | 31 | **12** | **11** | 2 | 2 | 3 | 4 | 4 | 5 | 5 | 6 | 4 | 5 |
| 26 | 26 | 27 | 27 | 28 | 29 | 29 | 30 | 30 | 31 | **3** | 31 | **1** | 2 | 2 | 3 | 3 | 4 | 5 | 5 | 6 | 6 | 7 | 5 | 6 |
| 27 | 27 | 28 | 28 | 29 | 30 | 30 | 31 | **5** | **4** | 2 | **2** | 2 | 3 | 3 | 4 | 4 | 5 | 6 | 6 | 7 | 7 | 8 | 6 | 7 |
| 28 | 28 | 29 | 29 | 30 | 31 | **7** | **6** | 2 | 2 | 3 | 2 | 3 | 4 | 4 | 5 | 5 | 6 | 7 | 7 | 8 | 8 | 9 | 7 | 8 |
| 29 | 29 | 30 | 30 | 31 | **8** | 2 | 2 | 3 | 3 | 4 | 3 | 4 | 5 | 5 | 6 | 6 | 7 | 8 | 8 | 9 | 9 | 10 | 8 | 9 |
| 30 | 30 | 31 | **10** | **9** | 2 | 3 | 3 | 4 | 4 | 5 | 4 | 5 | 6 | 6 | 7 | 7 | 8 | 9 | 9 | 10 | 10 | 11 | 9 | 10 |
| 31 | **12** | **11** | 2 | 2 | 3 | 4 | 4 | 5 | 5 | 6 | 5 | 6 | 7 | 7 | 8 | 8 | 9 | 10 | 10 | 11 | 11 | 12 | 10 | 11 |
| 日 | 2 十一 | 2 | 3 | 3 | 4 | 5 | 5 | 6 | 6 | 7 | 6 | 7 | 8 | 8 | 9 | 9 | 10 | 11 | 11 | 12 | 12 | 13 | 11 | 12 |
| 曜 | 3 | 3 十 | 4 九 | 4 | 5 | 6 | 6 | 7 | 7 | 8 | 7 | 8 | 9 | 9 | 10 | 10 | 11 | 12 | 12 | 13 | 13 | 14 | 12 | 13 |
| 表 | 4 5 | 4 | 5 | 5 八 | 6 七 | 7 | 7 | 8 | 8 | 9 | 8 | 9 | 10 | 10 | 11 | 11 | 12 | 13 | 13 | 14 | 14 | 15 | 13 | 14 |
| 6 | 5 | 5 4 | 6 3 | 6 | 7 | 8 六 | 8 | 9 | 9 | 10 | 9 | 10 | 11 | 11 | 12 | 12 | 13 | 14 | 14 | 15 | 15 | 16 | 14 | 15 |
| 甲 | 6 | 6 | 7 | 7 2 | 8 1 | 9 | 9 五 | 10 四 | 10 | 11 | 10 | 11 | 12 | 12 | 13 | 13 | 14 | 15 | 15 | 16 | 16 | 17 | 15 | 16 |
| 子 | 7 | 7 | 8 | 8 | 9 | 10 12 | 10 11 | 11 | 11 三 | 12 二 | 11 | 12 | 13 | 13 | 14 | 14 | 15 | 16 | 16 | 17 | 17 | 18 | 16 | 17 |
| 表 | 8 | 8 | 9 | 9 | 10 | 11 | 11 | 12 10 | 12 9 | 13 | 12 正 | 13 十二 | 14 十一 | 14 十 | 15 | 15 | 16 | 17 | 17 | 18 | 18 | 19 | 17 | 18 |
| 54 | 9 | 9 | 10 | 10 | 11 | 12 | 12 | 13 | 13 | 14 8 | 13 7 | 14 | 15 | 15 | 16 九 | 16 八 | 17 | 18 | 18 | 19 | 19 | 20 | 18 | 19 |
| | 10 | 10 | 11 | 11 | 12 | 13 | 13 | 14 | 14 | 15 | 14 | 15 6 | 16 5 | 16 | 17 | 17 | 18 七 | 19 六 | 19 | 20 | 20 | 21 | 19 | 20 |

| 一九五八 戊戌 1378 | | | | | | | | | | | | 一九五七 丁酉 1377 | | | | | | | | | | | |
|---|---|---|---|---|---|---|---|---|---|---|---|---|---|---|---|---|---|---|---|---|---|---|---|
| 22 | 23 | 23 | 24 | 25 | 25 | 26 | 26 | 27 | 25 | 26 | 27 | 27 | 28 | 28 | 29 | 30 | 30 | 31 | **5** 10 | 4 9 | 2 二 | 31 正 | **1** 十二 |
| 23 | 24 | 24 | 25 | 26 | 26 | 27 | 27 | 28 | 26 | 27 | 28 | 28 | 29 | 29 | 30 | 31 | **7** | **6** | 2 | 2 | 3 8 | **2** 7 | 2 |
| 24 | 25 | 25 | 26 | 27 | 27 | 28 | 28 | 29 | 27 | 28 | 29 | 29 | 30 | 30 | 31 | **8** | 2 | 2 | 3 | 3 | 4 | 2 | 3 6 |
| 25 | 26 | 26 | 27 | 28 | 28 | 29 | 29 | 30 | 28 | 29 | 30 | 30 | 31 | **10** | **9** | 2 | 3 | 3 | 4 | 4 | 5 | 3 | 4 |
| 26 | 27 | 27 | 28 | 29 | 29 | 30 | 30 | 31 | **3** | 30 | 31 | **12** | **11** | 2 | 2 | 3 | 4 | 4 | 5 | 5 | 6 | 4 | 5 |
| 27 | 28 | 28 | 29 | 30 | 30 | 31 | **5** | **4** | 2 | 31 | **1** | 2 | 2 | 3 | 3 | 4 | 5 | 5 | 6 | 6 | 7 | 5 | 6 |
| 28 | 29 | 29 | 30 | 31 | **7** | **6** | 2 | 2 | 3 | **2** | 2 | 3 | 3 | 4 | 4 | 5 | 6 | 6 | 7 | 7 | 8 | 6 | 7 |
| 29 | 30 | 30 | 31 | **8** | 2 | 2 | 3 | 3 | 4 | 2 | 3 | 4 | 4 | 5 | 5 | 6 | 7 | 7 | 8 | 8 | 9 | 7 | 8 |
| 30 | 31 | **10** | **9** | 2 | 3 | 3 | 4 | 4 | 5 | 3 | 4 | 5 | 5 | 6 | 6 | 7 | 8 | 8 | 9 | 9 | 10 | 8 | 9 |
| **12** | **11** | 2 | 2 | 3 | 4 | 4 | 5 | 5 | 6 | 4 | 5 | 6 | 6 | 7 | 7 | 8 | 9 | 9 | 10 | 10 | 11 | 9 | 10 |
| 2 | 2 | 3 | 3 | 4 | 5 | 5 | 6 | 6 | 7 | 5 | 6 | 7 | 7 | 8 | 8 | 9 | 10 | 10 | 11 | 11 | 12 | 10 | 11 |
| 3 | 3 | 4 | 4 | 5 | 6 | 6 | 7 | 7 | 8 | 6 | 7 | 8 | 8 | 9 | 9 | 10 | 11 | 11 | 12 | 12 | 13 | 11 | 12 |
| 4 | 4 | 5 | 5 | 6 | 7 | 7 | 8 | 8 | 9 | 7 | 8、 | 9 | 9 | 10 | 10 | 11 | 12 | 12 | 13 | 13 | 14 | 12 | 13 |
| 5 | 5 | 6 | 6 | 7 | 8 | 8 | 9 | 9 | 10 | 8 | 9 | 10 | 10 | 11 | 11 | 12 | 13 | 13 | 14 | 14 | 15 | 13 | 14 |
| 6 | 6 | 7 | 7 | 8 | 9 | 9 | 10 | 10 | 11 | 9 | 10 | 11 | 11 | 12 | 12 | 13 | 14 | 14 | 15 | 15 | 16 | 14 | 15 |
| 7 | 7 | 8 | 8 | 9 | 10 | 10 | 11 | 11 | 12 | 10 | 11 | 12 | 12 | 13 | 13 | 14 | 15 | 15 | 16 | 16 | 17 | 15 | 16 |
| 8 | 8 | 9 | 9 | 10 | 11 | 11 | 12 | 12 | 13 | 11 | 12 | 13 | 13 | 14 | 14 | 15 | 16 | 16 | 17 | 17 | 18 | 16 | 17 |
| 9 | 9 | 10 | 10 | 11 | 12 | 12 | 13 | 13 | 14 | 12 | 13 | 14 | 14 | 15 | 15 | 16 | 17 | 17 | 18 | 18 | 19 | 17 | 18 |
| 10 | 10 | 11 | 11 | 12 | 13 | 13 | 14 | 14 | 15 | 13 | 14 | 15 | 15 | 16 | 16 | 17 | 18 | 18 | 19 | 19 | 20 | 18 | 19 |
| 11 十一 | 11 十 | 12 | 12 | 13 | 14 | 14 | 15 | 15 | 16 | 14 | 15 | 16 | 16 | 17 | 17 | 18 | 19 | 19 | 20 | 20 | 21 | 19 | 20 |
| 12 | 12 | 13 九 | 13 八 | 14 | 15 | 15 | 16 | 16 | 17 | 15 | 16 | 17 | 17 | 18 | 18 | 19 | 20 | 20 | 21 | 21 | 22 | 20 | 21 |
| 13 6 | 13 5 | 14 | 14 | 15 七 | 16 | 16 | 17 | 17 | 18 | 16 | 17 | 18 | 18 | 19 | 19 | 20 | 21 | 21 | 22 | 22 | 23 | 21 | 22 |
| 14 | 14 | 15 4 | 15 3 | 16 | 17 六 | 17 五 | 18 | 18 | 19 | 17 | 18 | 19 | 19 | 20 | 20 | 21 | 22 | 22 | 23 | 23 | 24 | 22 | 23 |
| 15 | 15 | 16 | 16 | 17 2 | 18 1 | 18 | 19 四 | 19 三 | 20 二 | 18 正 | 19 | 20 | 20 | 21 | 21 | 22 | 23 | 23 | 24 | 24 | 25 | 23 | 24 |
| 16 | 16 | 17 | 17 | 18 | 19 | 19 12 | 20 11 | 20 | 21 | 19 | 20 十二 | 21 十一 | 21 | 22 | 22 | 23 | 24 | 24 | 25 | 25 | 26 | 24 | 25 |
| 17 | 17 | 18 | 18 | 19 | 20 | 20 | 21 | 21 10 | 22 9 | 20 | 21 | 22 冬 | 22 十 | 23 九 | 23 | 24 | 25 | 25 | 26 | 26 | 27 | 25 | 26 |
| 18 | 18 | 19 | 19 | 20 | 21 | 21 | 22 | 22 | 23 | 21 8 | 22 7 | 23 | 23 | 24 | 24 閏 | 25 八 | 26 | 26 | 27 | 27 | 28 | 26 | 27 |
| 19 | 19 | 20 | 20 | 21 | 22 | 22 | 23 | 23 | 24 | 22 | 23 | 24 6 | 24 5 | 25 | 25 | 26 | 27 七 | 27 | 28 | 28 | 29 | 27 | 28 |
| 20 | 20 | 21 | 21 | 22 | 23 | 23 | 24 | 24 | 25 | 23 | 24 | 25 | 25 | 26 4 | 26 3 | 27 | 28 | 28 六 | 29 五 | 29 | 30 | 28 | 29 |
| 21 | 21 | 22 | 22 | 23 | 24 | 24 | 25 | 25 | 26 | 24 | 25 | 26 | 26 | 27 | 27 | 28 2 | 29 1 | 29 12 | 30 11 | 30 四 | 31 三 | **3** | 30 |

一九六〇 庚子 1380

一九五九 己亥 1379

| | 一九六〇 庚子 1380 | | | | | | | | | | | | 一九五九 己亥 1379 | | | | | | | | | | | |
|---|---|---|---|---|---|---|---|---|---|---|---|---|---|---|---|---|---|---|---|---|---|---|---|---|
| 11 | 11 | 12 | 12 | 13 | 14 | 14 | 15 | 15 | 16 | 15 | 16 | 17 | 17 | 18 | 18 | 19 | 20 | 20 | 21 | 21 | 22 | 20 | 21 | 22冬 |
| 12 | 12 | 13 | 13 | 14 | 15 | 15 | 16 | 16 | 17 | 16 | 17 | 18 | 18 | 19 | 19 | 20 | 21 | 21 | 22 | 22 | 23 | 21 | 22 | 23 |
| 13 | 13 | 14 | 14 | 15 | 16 | 16 | 17 | 17 | 18 | 17 | 18 | 19 | 19 | 20 | 20 | 21 | 22 | 22 | 23 | 23 | 24 | 22 | 23 | 24 |
| 14 | 14 | 15 | 15 | 16 | 17 | 17 | 18 | 18 | 19 | 18 | 19 | 20 | 20 | 21 | 21 | 22 | 23 | 23 | 24 | 24 | 25 | 23 | 24 | 25 |
| 15 | 15 | 16 | 16 | 17 | 18 | 18 | 19 | 19 | 20 | 19 | 20 | 21 | 21 | 22 | 22 | 23 | 24 | 24 | 25 | 25 | 26 | 24 | 25 | 26 |
| 16 | 16 | 17 | 17 | 18 | 19 | 19 | 20 | 20 | 21 | 20 | 21 | 22冬 | 22 | 23 | 23 | 24 | 25 | 25 | 26 | 26 | 27 | 25 | 26 | 27 |
| 17 | 17 | 18 | 18 | 19 | 20 | 20 | 21 | 21 | 22 | 21 | 22 | 23 | 23 | 24 | 24 | 25 | 26 | 26 | 27 | 27 | 28 | 26 | 27 | 28 |
| 18十一 | 18 | 19 | 19 | 20 | 21 | 21 | 22 | 22 | 23 | 22 | 23 | 24 | 24 | 25 | 25 | 26 | 27 | 27 | 28 | 28 | 29 | 27 | 28 | 29 |
| 19 | 19十 | 20九 | 20 | 21 | 22 | 22 | 23 | 23 | 24 | 23 | 24 | 25 | 25 | 26 | 26 | 27 | 28 | 28 | 29 | 29 | 30 | 28 | 29 | 30 |
| 20 7 | 20 | 21 | 21八 | 22七 | 23 | 23 | 24 | 24 | 25 | 24 | 25 | 26 | 26 | 27 | 27 | 28 | 29 | 29 | 30 | 30 | 31 | 3 | 30 | 31 |
| 21 | 21 6 | 22 5 | 22 | 23 | 24閏 | 24六 | 25五 | 25 | 26 | 25 | 26 | 27 | 27 | 28 | 28 | 29 | 30 | 30 | 31 | 5 | 4 | 2 | 31 | 1 |
| 22冬 | 22 | 23 | 23 4 | 24 3 | 25 | 25 | 26 | 26四 | 27三 | 26 | 27 | 28 | 28 | 29 | 29 | 30 | 31 | 7 | 6 | 2 | 2 | 3 | 2 | 2 |
| 23 | 23 | 24 | 24 | 25 | 26 2 | 26 1 | 27 12 | 27 11 | 28 | 27二 | 28正 | 29 | 29 | 30 | 30 | 31 | 8 | 2 | 2 | 3 | 3 | 4 | 2 | 3 |
| 24 | 24 | 25 | 25 | 26 | 27 | 27 | 28 | 28 | 29 10 | 28 9 | 29 | 30十二 | 30十一 | 31 | 10 | 9 | 2 | 3 | 3 | 4 | 4 | 5 | 3 | 4 |
| 25 | 25 | 26 | 26 | 27 | 28 | 28 | 29 | 29 | 30 | 29 | 30 8 | 31 7 | 12 | 11十 | 2九 | 2 | 3 | 4 | 4 | 5 | 5 | 6 | 4 | 5 |
| 26 | 26 | 27 | 27 | 28 | 29 | 29 | 30 | 30 | 31 | 3 | 31 | 1 | 2 6 | 2 5 | 3 | 3八 | 4七 | 5 | 5 | 6 | 6 | 7 | 5 | 6 |
| 27 | 27 | 28 | 28 | 29 | 30 | 30 | 31 | 5 | 4 | 2 | 2 | 2 | 3 | 3 | 4 4 | 4 3 | 5 | 6六 | 6五 | 7 | 7 | 8 | 6 | 7 |
| 28 | 28 | 29 | 29 | 30 | 31 | 7 | 6 | 2 | 2 | 3 | 2 | 3 | 4 | 4 | 5 | 5 | 6 2 | 7 1 | 7 | 8四 | 8三 | 9二 | 7 | 8 |
| 29 | 29 | 30 | 30 | 31 | 8 | 2 | 2 | 3 | 3 | 4 | 3 | 4 | 5 | 5 | 6 | 6 | 7 | 8 | 8 12 | 9 11 | 9 | 10 | 8正 | 9十二 |
| 30 | 30 | 31 | 10 | 9 | 2 | 3 | 3 | 4 | 4 | 5 | 4 | 5 | 6 | 6 | 7 | 7 | 8 | 9 | 9 | 10 | 10 10 | 11 9 | 9 | 10 |
| 31 | 12 | 11 | 2 | 2 | 3 | 4 | 4 | 5 | 5 | 6 | 5 | 6 | 7 | 7 | 8 | 8 | 9 | 10 | 10 | 11 | 11 | 12 | 10 8 | 11 7 |
| 日 | 2 | 2 | 3 | 3 | 4 | 5 | 5 | 6 | 6 | 7 | 6 | 7 | 8 | 8 | 9 | 9 | 10 | 11 | 11 | 12 | 12 | 13 | 11 | 12 |
| 曜 | 3 | 3 | 4 | 4 | 5 | 6 | 6 | 7 | 7 | 8 | 7 | 8 | 9 | 9 | 10 | 10 | 11 | 12 | 12 | 13 | 13 | 14 | 12 | 13 |
| 表 | 4 | 4 | 5 | 5 | 6 | 7 | 7 | 8 | 8 | 9 | 8 | 9 | 10 | 10 | 11 | 11 | 12 | 13 | 13 | 14 | 14 | 15 | 13 | 14 |
| 7 | 5 | 5 | 6 | 6 | 7 | 8 | 8 | 9 | 9 | 10 | 9 | 10 | 11 | 11 | 12 | 12 | 13 | 14 | 14 | 15 | 15 | 16 | 14 | 15 |
| 甲 | 6 | 6 | 7 | 7 | 8 | 9 | 9 | 10 | 10 | 11 | 10 | 11 | 12 | 12 | 13 | 13 | 14 | 15 | 15 | 16 | 16 | 17 | 15 | 16 |
| 子 | 7 | 7 | 8 | 8 | 9 | 10 | 10 | 11 | 11 | 12 | 11 | 12 | 13 | 13 | 14 | 14 | 15 | 16 | 16 | 17 | 17 | 18 | 16 | 17 |
| 表 | 8 | 8 | 9 | 9 | 10 | 11 | 11 | 12 | 12 | 13 | 12 | 13 | 14 | 14 | 15 | 15 | 16 | 17 | 17 | 18 | 18 | 19 | 17 | 18 |
| 55 | 9 | 9 | 10 | 10 | 11 | 12 | 12 | 13 | 13 | 14 | 13 | 14 | 15 | 15 | 16 | 16 | 17 | 18 | 18 | 19 | 19 | 20 | 18 | 19 |
| | 10 | 10 | 11 | 11 | 12 | 13 | 13 | 14 | 14 | 15 | 14 | 15 | 16 | 16 | 17 | 17 | 18 | 19 | 19 | 20 | 20 | 21 | 19 | 20 |

| 一九六二 壬寅 1382 | | | | | | | | | | | | 一九六一 辛丑 1381 | | | | | | | | | | | |
|---|---|---|---|---|---|---|---|---|---|---|---|---|---|---|---|---|---|---|---|---|---|---|---|
| 22 | 23 | 23 | 24 | 25 | 25 | 26 | 26 | 27 | 25 | 26 | 27 | 27 | 28 | 28 | 29 | 30 | 30 | 31 | **5** | **4** | 2 | 31 | **1** |
| 23 | 24 | 24 | 25 | 26 | 26 | 27 | 27 | 28 | 26 | 27 | 28 | 28 | 29 | 29 | 30 | 31 | **7** | **6** | 2 | 2 | 3 | **2** | 2 |
| 24 | 25 | 25 | 26 | 27 | 27 | 28 | 28 | 29 | 27 | 28 | 29 | 29 | 30 | 30 | 31 | **8** | 2 | 2 | 3 | 3 | 4 | 2 | 3 |
| 25 | 26 | 26 | 27 | 28 | 28 | 29 | 29 | 30 | 28 | 29 | 30 | 30 | 31 | **10** | **9** | 2 | 3 | 3 | 4 | 4 | 5 | 3 | 4 |
| 26 | 27 | 27 | 28 | 29 | 29 | 30 | 30 | 31 | **3** | 30 | 31 | **12** | **11** | 2 | 2 | 3 | 4 | 4 | 5 | 5 | 6 | 4 | 5 |
| 27 | 十一 28 | 十 28 | 29 | 30 | 30 | 31 | **5** | **4** | 2 | 31 | **1** | 2 | 2 | 3 | 3 | 4 | 5 | 5 | 6 | 6 | 7 | 5 | 6 |
| 28 | **7** 29 | 29 | 九 30 | 八 31 | 七 **7** | **6** | 2 | 2 | 3 | **2** | 2 | 3 | 3 | 4 | 4 | **5** | 6 | 6 | 7 | 7 | 8 | 6 | 7 |
| 29 | 30 | **6** 30 | **5** 31 | **8** | 2 | 六 2 | 五 3 | 3 | 4 | 2 | 3 | 4 | 4 | 5 | 5 | 6 | 7 | 7 | 8 | 8 | 9 | 7 | 8 |
| 30 | 31 | **10** | **9** | **4** 2 | **3** 3 | 3 | 4 | 四 4 | 5 | 3 | 4 | 5 | 5 | 6 | 6 | 7 | 8 | 8 | 9 | 9 | 10 | 8 | 9 |
| **12** | **11** | 2 | 2 | 3 | 4 | **2** 4 | **1** 5 | 5 | 三 6 | 二 4 | 5 | 6 | 6 | 7 | 7 | 8 | 9 | 9 | 10 | 10 | 11 | 9 | 10 |
| 2 | 2 | 3 | 3 | 4 | 5 | 5 | 6 | **12** 6 | **11** 7 | 5 | 正 6 | 十二 7 | 7 | 8 | 8 | 9 | 10 | 10 | 11 | 11 | 12 | 10 | 11 |
| 3 | 3 | 4 | 4 | 5 | 6 | 6 | 7 | 7 | 8 | **10** 6 | **9** 7 | 8 | 十一 8 | 十 9 | 9 | 10 | 11 | 11 | 12 | 12 | 13 | 11 | 12 |
| 4 | 4 | 5 | 5 | 6 | 7 | 7 | 8 | 8 | 9 | 7 | 8 | **8** 9 | **7** 9 | 10 | 九 10 | 八 11 | 七 12 | 12 | 13 | 13 | 14 | 12 | 13 |
| 5 | 5 | 6 | 6 | 7 | 8 | 8 | 9 | 9 | 10 | 8 | 9 | 10 | 10 | **6** 11 | **5** 11 | 12 | 13 | 六 13 | 五 14 | 14 | 15 | 13 | 14 |
| 6 | 6 | 7 | 7 | 8 | 9 | 9 | 10 | 10 | 11 | 9 | 10 | 11 | 11 | 12 | 12 | **4** 13 | **3** 14 | 14 | 15 | 四 15 | 三 16 | 14 | 15 |
| 7 | 7 | 8 | 8 | 9 | 10 | 10 | 11 | 11 | 12 | 10 | 11 | 12 | 12 | 13 | 13 | 14 | 15 | **2** 15 | **1** 16 | 16 | 17 | 二 15 | 正 16 |
| 8 | 8 | 9 | 9 | 10 | 11 | 11 | 12 | 12 | 13 | 11 | 12 | 13 | 13 | 14 | 14 | 15 | 16 | 16 | 17 | **12** 17 | **11** 18 | 16 | 17 十二 |
| 9 | 9 | 10 | 10 | 11 | 12 | 12 | 13 | 13 | 14 | 12 | 13 | 14 | 14 | 15 | 15 | 16 | 17 | 17 | 18 | 18 | 19 | **10** 17 | **9** 18 |
| 10 | 10 | 11 | 11 | 12 | 13 | 13 | 14 | 14 | 15 | 13 | 14 | 15 | 15 | 16 | 16 | 17 | 18 | 18 | 19 | 19 | 20 | 18 | 19 **8** |
| 11 | 11 | 12 | 12 | 13 | 14 | 14 | 15 | 15 | 16 | 14 | 15 | 16 | 16 | 17 | 17 | 18 | 19 | 19 | 20 | 20 | 21 | 19 | 20 |
| 12 | 12 | 13 | 13 | 14 | 15 | 15 | 16 | 16 | 17 | 15 | 16 | 17 | 17 | 18 | 18 | 19 | 20 | 20 | 21 | 21 | 22 | 20 | 21 |
| 13 | 13 | 14 | 14 | 15 | 16 | 16 | 17 | 17 | 18 | 16 | 17 | 18 | 18 | 19 | 19 | 20 | 21 | 21 | 22 | 22 | 23 | 21 | 22 |
| 14 | 14 | 15 | 15 | 16 | 17 | 17 | 18 | 18 | 19 | 17 | 18 | 19 | 19 | 20 | 20 | 21 | 22 | 22 | 23 | 23 | 24 | 22 | 23 |
| 15 | 15 | 16 | 16 | 17 | 18 | 18 | 19 | 19 | 20 | 18 | 19 | 20 | 20 | 21 | 21 | 22 | 23 | 23 | 24 | 24 | 25 | 23 | 24 |
| 16 | 16 | 17 | 17 | 18 | 19 | 19 | 20 | 20 | 21 | 19 | 20 | 21 | 21 | 22 | 22 | 23 | 24 | 24 | 25 | 25 | 26 | 24 | 25 |
| 17 | 17 | 18 | 18 | 19 | 20 | 20 | 21 | 21 | 22 | 20 | 21 | 22 | 冬 22 | 23 | 23 | 24 | 25 | 25 | 26 | 26 | 27 | 25 | 26 |
| 18 | 18 | 19 | 19 | 20 | 21 | 21 | 22 | 22 | 23 | 21 | 22 | 23 | 23 | 24 | 24 | 25 | 26 | 26 | 27 | 27 | 28 | 26 | 27 |
| 19 | 19 | 20 | 20 | 21 | 22 | 22 | 23 | 23 | 24 | 22 | 23 | 24 | 24 | 25 | 25 | 26 | 27 | 27 | 28 | 28 | 29 | 27 | 28 |
| 20 | 20 | 21 | 21 | 22 | 23 | 23 | 24 | 24 | 25 | 23 | 24 | 25 | 25 | 26 | 26 | 27 | 28 | 28 | 29 | 29 | 30 | 28 | 29 |
| 21 | 21 | 22 | 22 | 23 | 24 | 24 | 25 | 25 | 26 | 24 | 25 | 26 | 26 | 27 | 27 | 28 | 29 | 29 | 30 | 30 | 31 | **3** | 30 |

一九六四 甲辰 1384

一九六三 癸卯 1383

| | | | | | | | | | | | | | | | | | | | | | | | | |
|---|---|---|---|---|---|---|---|---|---|---|---|---|---|---|---|---|---|---|---|---|---|---|---|---|
| 11 | 11 | 12 | 12 | 13 | 14 | 14 | 15 | 15 | 16 | 15 10 | 16 9 | 17 | 17 | 18 | 18八 | 19七 | 20 | 20 | 21 | 21 | 22 | 20 | 21 | 22冬 |
| 12 | 12 | 13 | 13 | 14 | 15 | 15 | 16 | 16 | 17 | 16 | 17 | 18 8 | 18 7 | 19 | 19 | 20 | 21六 | 21五 | 22 | 22 | 23 | 21 | 22 | 23 |
| 13 | 13 | 14 | 14 | 15 | 16 | 16 | 17 | 17 | 18 | 17 | 18 | 19 | 19 | 20 6 | 20 5 | 21 | 22 | 22 | 23閏 | 23 | 24 | 22 | 23 | 24 |
| 14 | 14 | 15 | 15 | 16 | 17 | 17 | 18 | 18 | 19 | 18 | 19 | 20 | 20 | 21 | 21 | 22 4 | 23 3 | 23 | 24 | 24四 | 25三 | 23 | 24 | 25 |
| 15 | 15 | 16 | 16 | 17 | 18 | 18 | 19 | 19 | 20 | 19 | 20 | 21 | 21 | 22 | 22 | 23 | 24 | 24 2 | 25 1 | 25 12 | 26 11 | 24二 | 25正 | 26 |
| 16 | 16 | 17 | 17 | 18 | 19 | 19 | 20 | 20 | 21 | 20 | 21 | 22冬 | 22 | 23 | 23 | 24 | 25 | 25 | 26 | 26 | 27 | 25 10 | 26 9 | 27十二 |
| 17 | 17 | 18 | 18 | 19 | 20 | 20 | 21 | 21 | 22 | 21 | 22 | 23 | 23 | 24 | 24 | 25 | 26 | 26 | 27 | 27 | 28 | 26 | 27 | 28 8 |
| 18 | 18 | 19 | 19 | 20 | 21 | 21 | 22 | 22 | 23 | 22 | 23 | 24 | 24 | 25 | 25 | 26 | 27 | 27 | 28 | 28 | 29 | 27 | 28 | 29 |
| 19 | 19 | 20 | 20 | 21 | 22 | 22 | 23 | 23 | 24 | 23 | 24 | 25 | 25 | 26 | 26 | 27 | 28 | 28 | 29 | 29 | 30 | 28 | 29 | 30 |
| 20 | 20 | 21 | 21 | 22 | 23 | 23 | 24 | 24 | 25 | 24 | 25 | 26 | 26 | 27 | 27 | 28 | 29 | 29 | 30 | 30 | 31 | 3 | 30 | 31 |
| 21 | 21 | 22 | 22 | 23 | 24 | 24 | 25 | 25 | 26 | 25 | 26 | 27 | 27 | 28 | 28 | 29 | 30 | 30 | 31 | 5 | 4 | 2 | 31 | 1 |
| 22冬 | 22 | 23 | 23 | 24 | 25 | 25 | 26 | 26 | 27 | 26 | 27 | 28 | 28 | 29 | 29 | 30 | 31 | 7 | 6 | 2 | 2 | 3 | 2 | 2 |
| 23 | 23 | 24 | 24 | 25 | 26 | 26 | 27 | 27 | 28 | 27 | 28 | 29 | 29 | 30 | 30 | 31 | 8 | 2 | 2 | 3 | 3 | 4 | 2 | 3 |
| 24 | 24 | 25 | 25 | 26 | 27 | 27 | 28 | 28 | 29 | 28 | 29 | 30 | 30 | 31 | 10 | 9 | 2 | 3 | 3 | 4 | 4 | 5 | 3 | 4 |
| 25 | 25 | 26 | 26 | 27 | 28 | 28 | 29 | 29 | 30 | 29 | 30 | 31 | 12 | 11 | 2 | 2 | 3 | 4 | 4 | 5 | 5 | 6 | 4 | 5 |
| 26 | 26 | 27 | 27 | 28 | 29 | 29 | 30 | 30 | 31 | 3 | 31 | 1 | 2 | 2 | 3 | 3 | 4 | 5 | 5 | 6 | 6 | 7 | 5 | 6 |
| 27 | 27 | 28 | 28 | 29 | 30 | 30 | 31 | 5 | 4 | 2 | 2 | 2 | 3 | 3 | 4 | 4 | 5 | 6 | 6 | 7 | 7 | 8 | 6 | 7 |
| 28 | 28 | 29 | 29 | 30 | 31 | 7 | 6 | 2 | 2 | 3 | 2 | 3 | 4 | 4 | 5 | 5 | 6 | 7 | 7 | 8 | 8 | 9 | 7 | 8 |
| 29 | 29 | 30 | 30 | 31 | 8 | 2 | 2 | 3 | 3 | 4 | 3 | 4 | 5 | 5 | 6 | 6 | 7 | 8 | 8 | 9 | 9 | 10 | 8 | 9 |
| 30 | 30 | 31 | 10 | 9 | 2 | 3 | 3 | 4 | 4 | 5 | 4 | 5 | 6 | 6 | 7 | 7 | 8 | 9 | 9 | 10 | 10 | 11 | 9 | 10 |
| 31 | 12 | 11 | 2 | 2 | 3 | 4 | 4 | 5 | 5 | 6 | 5 | 6 | 7 | 7 | 8 | 8 | 9 | 10 | 10 | 11 | 11 | 12 | 10 | 11 |
| 日 | 2 | 2 | 3 | 3 | 4 | 5 | 5 | 6 | 6 | 7 | 6 | 7 | 8 | 8 | 9 | 9 | 10 | 11 | 11 | 12 | 12 | 13 | 11 | 12 |
| 曜 | 3 | 3 | 4 | 4 | 5 | 6 | 6 | 7 | 7 | 8 | 7 | 8 | 9 | 9 | 10 | 10 | 11 | 12 | 12 | 13 | 13 | 14 | 12 | 13 |
| 表 | 4十一 | 4十 | 5 | 5 | 6 | 7 | 7 | 8 | 8 | 9 | 8 | 9 | 10 | 10 | 11 | 11 | 12 | 13 | 13 | 14 | 14 | 15 | 13 | 14 |
| 1 | 5 | 5 | 6九 | 6八 | 7 | 8 | 8 | 9 | 9 | 10 | 9 | 10 | 11 | 11 | 12 | 12 | 13 | 14 | 14 | 15 | 15 | 16 | 14 | 15 |
| 甲 | 6 8 | 6 7 | 7 | 7 | 8七 | 9六 | 9 | 10 | 10 | 11 | 10 | 11 | 12 | 12 | 13 | 13 | 14 | 15 | 15 | 16 | 16 | 17 | 15 | 16 |
| 子 | 7 | 7 | 8 6 | 8 5 | 9 | 10 | 10五 | 11 | 11 | 12 | 11 | 12 | 13 | 13 | 14 | 14 | 15 | 16 | 16 | 17 | 17 | 18 | 16 | 17 |
| 表 | 8 | 8 | 9 | 9 | 10 4 | 11 3 | 11 | 12四 | 12三 | 13 | 12 | 13 | 14 | 14 | 15 | 15 | 16 | 17 | 17 | 18 | 18 | 19 | 17 | 18 |
| 56 | 9 | 9 | 10 | 10 | 11 | 12 | 12 2 | 13 1 | 13 | 14二 | 13正 | 14 | 15 | 15 | 16 | 16 | 17 | 18 | 18 | 19 | 19 | 20 | 18 | 19 |
| | 10 | 10 | 11 | 11 | 12 | 13 | 13 | 14 | 14 12 | 15 11 | 14 | 15十二 | 16十一 | 16十 | 17九 | 17 | 18 | 19 | 19 | 20 | 20 | 21 | 19 | 20 |

一九六六 丙午 1386

一九六五 乙巳 1385

| | | | | | | | | | | | | | | | | | | | | | | | |
|---|---|---|---|---|---|---|---|---|---|---|---|---|---|---|---|---|---|---|---|---|---|---|---|
| 22 | 23 | 23 | 24 | 25 | 25 | 26 | 26 | 27 | 25 | 26 | 27 | 27 | 28 | 28 | 29 | 30 4 | 30 3 | 31 五 | 5 四 | 4 | 2 | 31 | 1 |
| 23 | 24 | 24 | 25 | 26 | 26 | 27 | 27 | 28 | 26 | 27 | 28 | 28 | 29 | 29 | 30 | 31 | 7 | 6 2 | 2 1 | 2 三 | 3 二 | 2 | 2 |
| 24 | 25 | 25 | 26 | 27 | 27 | 28 | 28 | 29 | 27 | 28 | 29 | 29 | 30 | 30 | 31 | 8 | 2 | 2 | 3 | 3 12 | 4 11 | 2 正 | 3 十二 |
| 25 | 26 | 26 | 27 | 28 | 28 | 29 | 29 | 30 | 28 | 29 | 30 | 30 | 31 | 10 | 9 | 2 | 3 | 3 | 4 | 4 | 5 | 3 10 | 4 9 |
| 26 | 27 | 27 | 28 | 29 | 29 | 30 | 30 | 31 | 3 | 30 | 31 | 12 | 11 | 2 | 2 | 3 | 4 | 4 | 5 | 5 | 6 | 4 | 5 |
| 27 | 28 | 28 | 29 | 30 | 30 | 31 | 5 | 4 | 2 | 31 | 1 | 2 | 2 | 3 | 3 | 4 | 5 | 5 | 6 | 6 | 7 | 5 | 6 |
| 28 | 29 | 29 | 30 | 31 | 7 | 6 | 2 | 2 | 3 | 2 | 2 | 3 | 3 | 4 | 4 | 5 | 6 | 6 | 7 | 7 | 8 | 6 | 7 |
| 29 | 30 | 30 | 31 | 8 | 2 | 2 | 3 | 3 | 4 | 2 | 3 | 4 | 4 | 5 | 5 | 6 | 7 | 7 | 8 | 8 | 9 | 7 | 8 |
| 30 | 31 | 10 | 9 | 2 | 3 | 3 | 4 | 4 | 5 | 3 | 4 | 5 | 5 | 6 | 6 | 7 | 8 | 8 | 9 | 9 | 10 | 8 | 9 |
| 12 | 11 | 2 | 2 | 3 | 4 | 4 | 5 | 5 | 6 | 4 | 5 | 6 | 6 | 7 | 7 | 8 | 9 | 9 | 10 | 10 | 11 | 9 | 10 |
| 2 | 2 | 3 | 3 | 4 | 5 | 5 | 6 | 6 | 7 | 5 | 6 | 7 | 7 | 8 | 8 | 9 | 10 | 10 | 11 | 11 | 12 | 10 | 11 |
| 3 | 3 | 4 | 4 | 5 | 6 | 6 | 7 | 7 | 8 | 6 | 7 | 8 | 8 | 9 | 9 | 10 | 11 | 11 | 12 | 12 | 13 | 11 | 12 |
| 4 | 4 | 5 | 5 | 6 | 7 | 7 | 8 | 8 | 9 | 7 | 8 | 9 | 9 | 10 | 10 | 11 | 12 | 12 | 13 | 13 | 14 | 12 | 13 |
| 5 | 5 | 6 | 6 | 7 | 8 | 8 | 9 | 9 | 10 | 8 | 9 | 10 | 10 | 11 | 11 | 12 | 13 | 13 | 14 | 14 | 15 | 13 | 14 |
| 6 | 6 | 7 | 7 | 8 | 9 | 9 | 10 | 10 | 11 | 9 | 10 | 11 | 11 | 12 | 12 | 13 | 14 | 14 | 15 | 15 | 16 | 14 | 15 |
| 7 | 7 | 8 | 8 | 9 | 10 | 10 | 11 | 11 | 12 | 10 | 11 | 12 | 12 | 13 | 13 | 14 | 15 | 15 | 16 | 16 | 17 | 15 | 16 |
| 8 | 8 | 9 | 9 | 10 | 11 | 11 | 12 | 12 | 13 | 11 | 12 | 13 | 13 | 14 | 14 | 15 | 16 | 16 | 17 | 17 | 18 | 16 | 17 |
| 9 | 9 | 10 | 10 | 11 | 12 | 12 | 13 | 13 | 14 | 12 | 13 | 14 | 14 | 15 | 15 | 16 | 17 | 17 | 18 | 18 | 19 | 17 | 18 |
| 10 | 10 | 11 | 11 | 12 | 13 | 13 | 14 | 14 | 15 | 13 | 14 | 15 | 15 | 16 | 16 | 17 | 18 | 18 | 19 | 19 | 20 | 18 | 19 |
| 11 | 11 | 12 | 12 | 13 | 14 | 14 | 15 | 15 | 16 | 14 | 15 | 16 | 16 | 17 | 17 | 18 | 19 | 19 | 20 | 20 | 21 | 19 | 20 |
| 12 十一 | 12 十 | 13 | 13 | 14 | 15 | 15 | 16 | 16 | 17 | 15 | 16 | 17 | 17 | 18 | 18 | 19 | 20 | 20 | 21 | 21 | 22 | 20 | 21 |
| 13 | 13 | 14 九 | 14 | 15 | 16 | 16 | 17 | 17 | 18 | 16 | 17 | 18 | 18 | 19 | 19 | 20 | 21 | 21 | 22 | 22 | 23 | 21 | 22 |
| 14 9 | 14 | 15 | 15 八 | 16 七 | 17 | 17 | 18 | 18 | 19 | 17 | 18 | 19 | 19 | 20 | 20 | 21 | 22 | 22 | 23 | 23 | 24 | 22 | 23 |
| 15 | 15 8 | 16 7 | 16 | 17 | 18 六 | 18 | 19 | 19 | 20 | 18 | 19 | 20 | 20 | 21 | 21 | 22 | 23 | 23 | 24 | 24 | 25 | 23 | 24 |
| 16 | 16 | 17 | 17 6 | 18 5 | 19 | 19 五 | 20 四 | 20 | 21 | 19 | 20 | 21 | 21 | 22 | 22 | 23 | 24 | 24 | 25 | 25 | 26 | 24 | 25 |
| 17 | 17 | 18 | 18 | 19 | 20 4 | 20 3 | 21 | 21 閏 | 22 三 | 20 二 | 21 正 | 22 冬 | 22 | 23 | 23 | 24 | 25 | 25 | 26 | 26 | 27 | 25 | 26 |
| 18 | 18 | 19 | 19 | 20 | 21 | 21 | 22 2 | 22 1 | 23 12 | 21 11 | 22 | 23 十二 | 23 十一 | 24 十 | 24 | 25 | 26 | 26 | 27 | 27 | 28 | 26 | 27 |
| 19 | 19 | 20 | 20 | 21 | 22 | 22 | 23 | 23 | 24 | 22 | 23 10 | 24 9 | 24 | 25 | 25 九 | 26 | 27 | 27 | 28 | 28 | 29 | 27 | 28 |
| 20 | 20 | 21 | 21 | 22 | 23 | 23 | 24 | 24 | 25 | 23 | 24 | 25 | 25 8 | 26 7 | 26 | 27 八 | 28 七 | 28 | 29 | 29 | 30 | 28 | 29 |
| 21 | 21 | 22 | 22 | 23 | 24 | 24 | 25 | 25 | 26 | 24 | 25 | 26 | 26 | 27 | 27 6 | 28 5 | 29 | 29 六 | 30 | 30 | 31 | 3 | 30 |

一九六八 戊申 1388

一九六七 丁未 1387

| | | | | | | | | | | | | | | | | | | | | | | | | |
|---|---|---|---|---|---|---|---|---|---|---|---|---|---|---|---|---|---|---|---|---|---|---|---|---|
| 11 | 11 | 12 | 12 | 13 | 14 | 14 | 15 | 15 | 16 | 15 | 16 | 17 | 17 | 18 | 18 | 19 | 20 | 20 | 21 | 21 | 22 | 20 | 21 | 22冬 |
| 12 | 12 | 13 | 13 | 14 | 15 | 15 | 16 | 16 | 17 | 16 | 17 | 18 | 18 | 19 | 19 | 20 | 21 | 21 | 22 | 22 | 23 | 21 | 22 | 23 |
| 13 | 13 | 14 | 14 | 15 | 16 | 16 | 17 | 17 | 18 | 17 | 18 | 19 | 19 | 20 | 20 | 21 | 22 | 22 | 23 | 23 | 24 | 22 | 23 | 24 |
| 14 | 14 | 15 | 15 | 16 | 17 | 17 | 18 | 18 | 19 | 18 | 19 | 20 | 20 | 21 | 21 | 22 | 23 | 23 | 24 | 24 | 25 | 23 | 24 | 25 |
| 15 | 15 | 16 | 16 | 17 | 18 | 18 | 19 | 19 | 20 | 19 | 20 | 21 | 21 | 22 | 22 | 23 | 24 | 24 | 25 | 25 | 26 | 24 | 25 | 26 |
| 16 | 16 | 17 | 17 | 18 | 19 | 19 | 20 | 20 | 21 | 20 | 21 | 22冬 | 22 | 23 | 23 | 24 | 25 | 25 | 26 | 26 | 27 | 25 | 26 | 27 |
| 17 | 17 | 18 | 18 | 19 | 20 | 20 | 21 | 21 | 22 | 21 | 22 | 23 | 23 | 24 | 24 | 25 | 26 | 26 | 27 | 27 | 28 | 26 | 27 | 28 |
| 18 | 18 | 19 | 19 | 20 | 21 | 21 | 22 | 22 | 23 | 22 | 23 | 24 | 24 | 25 | 25 | 26 | 27 | 27 | 28 | 28 | 29 | 27 | 28 | 29 |
| 19 | 19 | 20 | 20 | 21 | 22 | 22 | 23 | 23 | 24 | 23 | 24 | 25 | 25 | 26 | 26 | 27 | 28 | 28 | 29 | 29 | 30 | 28 | 29 | 30 |
| 20十一 | 20十 | 21 | 21 | 22 | 23 | 23 | 24 | 24 | 25 | 24 | 25 | 26 | 26 | 27 | 27 | 28 | 29 | 29 | 30 | 30 | 31 | **3** | 30 | 31 |
| 21 | 21 | 22九 | 22八 | 23 | 24 | 24 | 25 | 25 | 26 | 25 | 26 | 27 | 27 | 28 | 28 | 29 | 30 | 30 | 31 | **5** | **4** | 2 | 31 | **1** |
| 22冬 10 | 22 9 | 23 | 23 | 24閏 | 25七 | 25 | 26 | 26 | 27 | 26 | 27 | 28 | 28 | 29 | 29 | 30 | 31 | **7** | **6** | 2 | 2 | 3 | **2** | 2 |
| 23 | 23 | 24 8 | 24 7 | 25 | 26 | 26六 | 27五 | 27四 | 28 | 27 | 28 | 29 | 29 | 30 | 30 | 31 | **8** | 2 | 2 | 3 | 3 | 4 | 2 | 3 |
| 24 | 24 | 25 | 25 | 26 6 | 27 5 | 27 | 28 | 28 | 29三 | 28二 | 29 | 30 | 30 | 31 | **10** | **9** | 2 | 3 | 3 | 4 | 4 | 5 | 3 | 4 |
| 25 | 25 | 26 | 26 | 27 | 28 | 28 4 | 29 3 | 29 | 30 | 29 | 30正 | 31十二 | **12** | **11** | 2 | 2 | 3 | 4 | 4 | 5 | 5 | 6 | 4 | 5 |
| 26 | 26 | 27 | 27 | 28 | 29 | 29 | 30 | 30 2 | 31 1 | **3** 12 | 31 11 | **1** | 2十一 | 2十 | 3 | 3 | 4 | 5 | 5 | 6 | 6 | 7 | 5 | 6 |
| 27 | 27 | 28 | 28 | 29 | 30 | 30 | 31 | **5** | **4** | 2 | **2** | 2 10 | 3 9 | 3 | 4九 | 4八 | 5 | 6 | 6 | 7 | 7 | 8 | 6 | 7 |
| 28 | 28 | 29 | 29 | 30 | 31 | **7** | **6** | 2 | 2 | 3 | 2 | 3 | 4 | 4 8 | 5 7 | 5 | 6七 | 7 | 7 | 8 | 8 | 9 | 7 | 8 |
| 29 | 29 | 30 | 30 | 31 | **8** | 2 | 2 | 3 | 3 | 4 | 3 | 4 | 5 | 5 | 6 | 6 6 | 7 5 | 8六 | 8五 | 9四 | 9 | 10 | 8 | 9 |
| 30 | 30 | 31 | **10** | **9** | 2 | 3 | 3 | 4 | 4 | 5 | 4 | 5 | 6 | 6 | 7 | 7 | 8 | 9 4 | 9 3 | 10 | 10三 | 11二 | 9正 | 10 |
| 31 | **12** | **11** | 2 | 2 | 3 | 4 | 4 | 5 | 5 | 6 | 5 | 6 | 7 | 7 | 8 | 8 | 9 | 10 | 10 | 11 2 | 11 1 | 12 | 10 | 11十二 |
| 日 | 2 | 2 | 3 | 3 | 4 | 5 | 5 | 6 | 6 | 7 | 6 | 7 | 8 | 8 | 9 | 9 | 10 | 11 | 11 | 12 | 12 | 13 12 | 11 11 | 12 |
| 曜 | 3 | 3 | 4 | 4 | 5 | 6 | 6 | 7 | 7 | 8 | 7 | 8 | 9 | 9 | 10 | 10 | 11 | 12 | 12 | 13 | 13 | 14 | 12 | 13 10 |
| 表 | 4 | 4 | 5 | 5 | 6 | 7 | 7 | 8 | 8 | 9 | 8 | 9 | 10 | 10 | 11 | 11 | 12 | 13 | 13 | 14 | 14 | 15 | 13 | 14 |
| 2 | 5 | 5 | 6 | 6 | 7 | 8 | 8 | 9 | 9 | 10 | 9 | 10 | 11 | 11 | 12 | 12 | 13 | 14 | 14 | 15 | 15 | 16 | 14 | 15 |
| 甲 | 6 | 6 | 7 | 7 | 8 | 9 | 9 | 10 | 10 | 11 | 10 | 11 | 12 | 12 | 13 | 13 | 14 | 15 | 15 | 16 | 16 | 17 | 15 | 16 |
| 子 | 7 | 7 | 8 | 8 | 9 | 10 | 10 | 11 | 11 | 12 | 11 | 12 | 13 | 13 | 14 | 14 | 15 | 16 | 16 | 17 | 17 | 18 | 16 | 17 |
| 表 | 8 | 8 | 9 | 9 | 10 | 11 | 11 | 12 | 12 | 13 | 12 | 13 | 14 | 14 | 15 | 15 | 16 | 17 | 17 | 18 | 18 | 19 | 17 | 18 |
| 57 | 9 | 9 | 10 | 10 | 11 | 12 | 12 | 13 | 13 | 14 | 13 | 14 | 15 | 15 | 16 | 16 | 17 | 18 | 18 | 19 | 19 | 20 | 18 | 19 |
| | 10 | 10 | 11 | 11 | 12 | 13 | 13 | 14 | 14 | 15 | 14 | 15 | 16 | 16 | 17 | 17 | 18 | 19 | 19 | 20 | 20 | 21 | 19 | 20 |

一九七〇 庚戌 1390

一九六九 己酉 1389

| 一九七〇 庚戌 1390 | | | | | | | | | | | | 一九六九 己酉 1389 | | | | | | | | | | | |
|---|---|---|---|---|---|---|---|---|---|---|---|---|---|---|---|---|---|---|---|---|---|---|---|
| 22 | 23 | 23 | 24 | 25 | 25 | 26 | 26 | 27 | 25 | 26 | 27 | 27 | 28 | 28 | 29 | 30 | 30 | 31 | **5** | **4** | 2 | 31 | **1** |
| 23 | 24 | 24 | 25 | 26 | 26 | 27 | 27 | 28 | 26 | 27 | 28 | 28 | 29 | 29 | 30 | 31 | **7** | **6** | 2 | 2 | 3 | **2** | 2 |
| 24 | 25 | 25 | 26 | 27 | 27 | 28 | 28 | 29 | 27 | 28 | 29 | 29 | 30 | 30 | 31 | **8** | 2 | 2 | 3 | 3 | 4 | 2 | 3 |
| 25 | 26 | 26 | 27 | 28 | 28 | 29 | 29 | 30 | 28 | 29 | 30 | 30 | 31 | **10** | **9** | 2 | 3 | 3 | 4 | 4 | 5 | 3 | 4 |
| 26 | 27 | 27 | 28 | 29 | 29 | 30 | 30 | 31 | **3** | 30 | 31 | **12** | **11** | 2 | 2 | 3 | 4 | 4 | 5 | 5 | 6 | 4 | 5 |
| 27 | 28 | 28 | 29 | 30 | 30 | 31 | **5** | **4** | 2 | 31 | **1** | 2 | 2 | 3 | 3 | 4 | 5 | 5 | 6 | 6 | 7 | 5 | 6 |
| 28 | 29 | 29 | 30 | 31 | **7** | **6** | 2 | 2 | 3 | **2** | 2 | 3 | 3 | 4 | 4 | 5 | 6 | 6 | 7 | 7 | 8 | 6 | 7 |
| 29 十二 | 30 十 | 30 九 | 31 | **8** | 2 | 2 | 3 | 3 | 4 | 2 | 3 | 4 | 4 | 5 | 5 | 6 | 7 | 7 | 8 | 8 | 9 | 7 | 8 |
| 30 **10** | 31 **9** | **10** | **9** 八 | 2 七 | 3 六 | 3 | 4 | 4 | 5 | 3 | 4 | 5 | 5 | 6 | 6 | 7 | 8 | 8 | 9 | 9 | 10 | 8 | 9 |
| **12** | **11** | 2 **8** | 2 **7** | 3 | 4 | 4 五 | 5 四 | 5 | 6 | 4 | 5 | 6 | 6 | 7 | 7 | 8 | 9 | 9 | 10 | 10 | 11 | 9 | 10 |
| 2 | 2 | 3 | 3 | 4 **6** | 5 **5** | 5 | 6 | 6 三 | 7 | 5 | 6 | 7 | 7 | 8 | 8 | 9 | 10 | 10 | 11 | 11 | 12 | 10 | 11 |
| 3 | 3 | 4 | 4 | 5 | 6 | 6 **4** | 7 **3** | 7 | 8 二 | 6 正 | 7 | 8 | 8 | 9 | 9 | 10 | 11 | 11 | 12 | 12 | 13 | 11 | 12 |
| 4 | 4 | 5 | 5 | 6 | 7 | 7 | 8 | 8 **2** | 9 **1** | 7 | 8 十二 | 9 十一 | 9 | 10 | 10 | 11 | 12 | 12 | 13 | 13 | 14 | 12 | 13 |
| 5 | 5 | 6 | 6 | 7 | 8 | 8 | 9 | 9 | 10 | 8 **12** | 9 **11** | 10 | 10 十 | 11 九 | 11 | 12 | 13 | 13 | 14 | 14 | 15 | 13 | 14 |
| 6 | 6 | 7 | 7 | 8 | 9 | 9 | 10 | 10 | 11 | 9 | 10 | 11 **10** | 11 **9** | 12 | 12 八 | 13 七 | 14 六 | 14 | 15 | 15 | 16 | 14 | 15 |
| 7 | 7 | 8 | 8 | 9 | 10 | 10 | 11 | 11 | 12 | 10 | 11 | 12 | 12 | 13 **8** | 13 **7** | 14 | 15 | 15 五 | 16 四 | 16 | 17 | 15 | 16 |
| 8 | 8 | 9 | 9 | 10 | 11 | 11 | 12 | 12 | 13 | 11 | 12 | 13 | 13 | 14 | 14 | 15 **6** | 16 **5** | 16 | 17 | 17 三 | 18 二 | 16 | 17 |
| 9 | 9 | 10 | 10 | 11 | 12 | 12 | 13 | 13 | 14 | 12 | 13 | 14 | 14 | 15 | 15 | 16 | 17 | 17 **4** | 18 **3** | 18 | 19 | 17 正 | 18 十二 |
| 10 | 10 | 11 | 11 | 12 | 13 | 13 | 14 | 14 | 15 | 13 | 14 | 15 | 15 | 16 | 16 | 17 | 18 | 18 | 19 | 19 **2** | 20 **1** | 18 | 19 |
| 11 | 11 | 12 | 12 | 13 | 14 | 14 | 15 | 15 | 16 | 14 | 15 | 16 | 16 | 17 | 17 | 18 | 19 | 19 | 20 | 20 | 21 | 19 **12** | 20 **11** |
| 12 | 12 | 13 | 13 | 14 | 15 | 15 | 16 | 16 | 17 | 15 | 16 | 17 | 17 | 18 | 18 | 19 | 20 | 20 | 21 | 21 | 22 | 20 | 21 |
| 13 | 13 | 14 | 14 | 15 | 16 | 16 | 17 | 17 | 18 | 16 | 17 | 18 | 18 | 19 | 19 | 20 | 21 | 21 | 22 | 22 | 23 | 21 | 22 |
| 14 | 14 | 15 | 15 | 16 | 17 | 17 | 18 | 18 | 19 | 17 | 18 | 19 | 19 | 20 | 20 | 21 | 22 | 22 | 23 | 23 | 24 | 22 | 23 |
| 15 | 15 | 16 | 16 | 17 | 18 | 18 | 19 | 19 | 20 | 18 | 19 | 20 | 20 | 21 | 21 | 22 | 23 | 23 | 24 | 24 | 25 | 23 | 24 |
| 16 | 16 | 17 | 17 | 18 | 19 | 19 | 20 | 20 | 21 | 19 | 20 | 21 | 21 | 22 | 22 | 23 | 24 | 24 | 25 | 25 | 26 | 24 | 25 |
| 17 | 17 | 18 | 18 | 19 | 20 | 20 | 21 | 21 | 22 | 20 | 21 | 22 冬 | 22 | 23 | 23 | 24 | 25 | 25 | 26 | 26 | 27 | 25 | 26 |
| 18 | 18 | 19 | 19 | 20 | 21 | 21 | 22 | 22 | 23 | 21 | 22 | 23 | 23 | 24 | 24 | 25 | 26 | 26 | 27 | 27 | 28 | 26 | 27 |
| 19 | 19 | 20 | 20 | 21 | 22 | 22 | 23 | 23 | 24 | 22 | 23 | 24 | 24 | 25 | 25 | 26 | 27 | 27 | 28 | 28 | 29 | 27 | 28 |
| 20 | 20 | 21 | 21 | 22 | 23 | 23 | 24 | 24 | 25 | 23 | 24 | 25 | 25 | 26 | 26 | 27 | 28 | 28 | 29 | 29 | 30 | 28 | 29 |
| 21 | 21 | 22 | 22 | 23 | 24 | 24 | 25 | 25 | 26 | 24 | 25 | 26 | 26 | 27 | 27 | 28 | 29 | 29 | 30 | 30 | 31 | **3** | 30 |

勵耘書屋

一九七二 壬子 1392

一九七一 辛亥 1391

| | | | | | | | | | | | | | | | | | | | | | | | | |
|---|---|---|---|---|---|---|---|---|---|---|---|---|---|---|---|---|---|---|---|---|---|---|---|---|
| 11 | 11 | 12 | 12 | 13 | 14 | 14 | 15 4 | 15 3 | 16 | 15 正 | 16 十二 | 17 | 17 | 18 | 18 | 19 | 20 | 20 | 21 | 21 | 22 | 20 | 21 | 22 冬 |
| 12 | 12 | 13 | 13 | 14 | 15 | 15 | 16 | 16 | 17 2 | 16 1 | 17 | 18 十一 | 18 十 | 19 九 | 19 八 | 20 | 21 | 21 | 22 | 22 | 23 | 21 | 22 | 23 |
| 13 | 13 | 14 | 14 | 15 | 16 | 16 | 17 | 17 | 18 | 17 | 18 12 | 19 11 | 19 | 20 | 20 | 21 七 | 22 六 | 22 | 23 | 23 | 24 | 22 | 23 | 24 |
| 14 | 14 | 15 | 15 | 16 | 17 | 17 | 18 | 18 | 19 | 18 | 19 | 20 | 20 10 | 21 9 | 21 | 22 | 23 | 23 闰 | 24 五 | 24 | 25 | 23 | 24 | 25 |
| 15 | 15 | 16 | 16 | 17 | 18 | 18 | 19 | 19 | 20 | 19 | 20 | 21 | 21 | 22 | 22 8 | 23 7 | 24 | 24 | 25 | 25 四 | 26 | 24 | 25 | 26 |
| 16 | 16 | 17 | 17 | 18 | 19 | 19 | 20 | 20 | 21 | 20 | 21 | 22 冬 | 22 | 23 | 23 | 24 | 25 6 | 25 5 | 26 | 26 | 27 三 | 25 二 | 26 | 27 |
| 17 | 17 | 18 | 18 | 19 | 20 | 20 | 21 | 21 | 22 | 21 | 22 | 23 | 23 | 24 | 24 | 25 | 26 | 26 | 27 4 | 27 3 | 28 | 26 | 27 正 | 28 十二 |
| 18 | 18 | 19 | 19 | 20 | 21 | 21 | 22 | 22 | 23 | 22 | 23 | 24 | 24 | 25 | 25 | 26 | 27 | 27 | 28 | 28 | 29 2 | 27 1 | 28 12 | 29 11 |
| 19 | 19 | 20 | 20 | 21 | 22 | 22 | 23 | 23 | 24 | 23 | 24 | 25 | 25 | 26 | 26 | 27 | 28 | 28 | 29 | 29 | 30 | 28 | 29 | 30 |
| 20 | 20 | 21 | 21 | 22 | 23 | 23 | 24 | 24 | 25 | 24 | 25 | 26 | 26 | 27 | 27 | 28 | 29 | 29 | 30 | 30 | 31 | 3 | 30 | 31 |
| 21 | 21 | 22 | 22 | 23 | 24 | 24 | 25 | 25 | 26 | 25 | 26 | 27 | 27 | 28 | 28 | 29 | 30 | 30 | 31 | 5 | 4 | 2 | 31 | 1 |
| 22 冬 | 22 | 23 | 23 | 24 | 25 | 25 | 26 | 26 | 27 | 26 | 27 | 28 | 28 | 29 | 29 | 30 | 31 | 7 | 6 | 2 | 2 | 3 | 2 | 2 |
| 23 | 23 | 24 | 24 | 25 | 26 | 26 | 27 | 27 | 28 | 27 | 28 | 29 | 29 | 30 | 30 | 31 | 8 | 2 | 2 | 3 | 3 | 4 | 2 | 3 |
| 24 | 24 | 25 | 25 | 26 | 27 | 27 | 28 | 28 | 29 | 28 | 29 | 30 | 30 | 31 | 10 | 9 | 2 | 3 | 3 | 4 | 4 | 5 | 3 | 4 |
| 25 | 25 | 26 | 26 | 27 | 28 | 28 | 29 | 29 | 30 | 29 | 30 | 31 | 12 | 11 | 2 | 2 | 3 | 4 | 4 | 5 | 5 | 6 | 4 | 5 |
| 26 | 26 | 27 | 27 | 28 | 29 | 29 | 30 | 30 | 31 | 3 | 31 | 1 | 2 | 2 | 3 | 3 | 4 | 5 | 5 | 6 | 6 | 7 | 5 | 6 |
| 27 | 27 | 28 | 28 | 29 | 30 | 30 | 31 | 5 | 4 | 2 | 2 | 2 | 3 | 3 | 4 | 4 | 5 | 6 | 6 | 7 | 7 | 8 | 6 | 7 |
| 28 | 28 | 29 | 29 | 30 | 31 | 7 | 6 | 2 | 2 | 3 | 2 | 3 | 4 | 4 | 5 | 5 | 6 | 7 | 7 | 8 | 8 | 9 | 7 | 8 |
| 29 | 29 | 30 | 30 | 31 | 8 | 2 | 2 | 3 | 3 | 4 | 3 | 4 | 5 | 5 | 6 | 6 | 7 | 8 | 8 | 9 | 9 | 10 | 8 | 9 |
| 30 | 30 | 31 | 10 | 9 | 2 | 3 | 3 | 4 | 4 | 5 | 4 | 5 | 6 | 6 | 7 | 7 | 8 | 9 | 9 | 10 | 10 | 11 | 9 | 10 |
| 31 | 12 | 11 | 2 | 2 | 3 | 4 | 4 | 5 | 5 | 6 | 5 | 6 | 7 | 7 | 8 | 8 | 9 | 10 | 10 | 11 | 11 | 12 | 10 | 11 |
| 日 | 2 | 2 | 3 | 3 | 4 | 5 | 5 | 6 | 6 | 7 | 6 | 7 | 8 | 8 | 9 | 9 | 10 | 11 | 11 | 12 | 12 | 13 | 11 | 12 |
| 曜 | 3 | 3 | 4 | 4 | 5 | 6 | 6 | 7 | 7 | 8 | 7 | 8 | 9 | 9 | 10 | 10 | 11 | 12 | 12 | 13 | 13 | 14 | 12 | 13 |
| 表 | 4 | 4 | 5 | 5 | 6 | 7 | 7 | 8 | 8 | 9 | 8 | 9 | 10 | 10 | 11 | 11 | 12 | 13 | 13 | 14 | 14 | 15 | 13 | 14 |
| 3 | 5 | 5 | 6 | 6 | 7 | 8 | 8 | 9 | 9 | 10 | 9 | 10 | 11 | 11 | 12 | 12 | 13 | 14 | 14 | 15 | 15 | 16 | 14 | 15 |
| 甲 | 6 十一 | 6 十 | 7 九 | 7 | 8 | 9 | 9 | 10 | 10 | 11 | 10 | 11 | 12 | 12 | 13 | 13 | 14 | 15 | 15 | 16 | 16 | 17 | 15 | 16 |
| 子 | 7 11 | 7 | 8 | 8 八 | 9 七 | 10 | 10 | 11 | 11 | 12 | 11 | 12 | 13 | 13 | 14 | 14 | 15 | 16 | 16 | 17 | 17 | 18 | 16 | 17 |
| 表 | 8 | 8 10 | 9 9 | 9 | 10 | 11 六 | 11 五 | 12 | 12 | 13 | 12 | 13 | 14 | 14 | 15 | 15 | 16 | 17 | 17 | 18 | 18 | 19 | 17 | 18 |
| 58 | 9 | 9 | 10 | 10 8 | 11 7 | 12 | 12 | 13 四 | 13 | 14 | 13 | 14 | 15 | 15 | 16 | 16 | 17 | 18 | 18 | 19 | 19 | 20 | 18 | 19 |
| | 10 | 10 | 11 | 11 | 12 | 13 6 | 13 5 | 14 | 14 三 | 15 二 | 14 | 15 | 16 | 16 | 17 | 17 | 18 | 19 | 19 | 20 | 20 | 21 | 19 | 20 |

一九七四 甲寅 1394

一九七三 癸丑 1393

| | | | | | | | | | | | | | | | | | | | | | | | |
|---|---|---|---|---|---|---|---|---|---|---|---|---|---|---|---|---|---|---|---|---|---|---|---|
| 22 | 23 | 23 | 24 | 25 | 25 | 26 | 26 | 27 | 25 | 26 | 27 | 27 | 28 10 | 28 9 | 29 | 30 七 | 30 六 | 31 | **5** | **4** | 2 | 31 | **1** |
| 23 | 24 | 24 | 25 | 26 | 26 | 27 | 27 | 28 | 26 | 27 | 28 | 28 | 29 | 29 | 30 8 | 31 7 | **7** | **6** 五 | 2 | 2 | 3 | **2** | 2 |
| 24 | 25 | 25 | 26 | 27 | 27 | 28 | 28 | 29 | 27 | 28 | 29 | 29 | 30 | 30 | 31 | **8** | 2 6 | 2 5 | 3 四 | 3 三 | 4 | 2 | 3 |
| 25 | 26 | 26 | 27 | 28 | 28 | 29 | 29 | 30 | 28 | 29 | 30 | 30 | 31 | **10** | **9** | 2 | 3 | 3 | 4 4 | 4 3 | 5 二 | 3 正 | 4 十二 |
| 26 | 27 | 27 | 28 | 29 | 29 | 30 | 30 | 31 | **3** | 30 | 31 | **12** | **11** | 2 | 2 | 3 | 4 | 4 | 5 | 5 | 6 2 | 4 1 | 5 |
| 27 | 28 | 28 | 29 | 30 | 30 | 31 | **5** | **4** | 2 | 31 | **1** | 2 | 2 | 3 | 3 | 4 | 5 | 5 | 6 | 6 | 7 | 5 | 6 12 |
| 28 | 29 | 29 | 30 | 31 | **7** | **6** | 2 | 2 | 3 | **2** | 2 | 3 | 3 | 4 | 4 | 5 | 6 | 6 | 7 | 7 | 8 | 6 | 7 |
| 29 | 30 | 30 | 31 | **8** | 2 | 2 | 3 | 3 | 4 | 2 | 3 | 4 | 4 | 5 | 5 | 6 | 7 | 7 | 8 | 8 | 9 | 7 | 8 |
| 30 | 31 | **10** | **9** | 2 | 3 | 3 | 4 | 4 | 5 | 3 | 4 | 5 | 5 | 6 | 6 | 7 | 8 | 8 | 9 | 9 | 10 | 8 | 9 |
| **12** | **11** | 2 | 2 | 3 | 4 | 4 | 5 | 5 | 6 | 4 | 5 | 6 | 6 | 7 | 7 | 8 | 9 | 9 | 10 | 10 | 11 | 9 | 10 |
| 2 | 2 | 3 | 3 | 4 | 5 | 5 | 6 | 6 | 7 | 5 | 6 | 7 | 7 | 8 | 8 | 9 | 10 | 10 | 11 | 11 | 12 | 10 | 11 |
| 3 | 3 | 4 | 4 | 5 | 6 | 6 | 7 | 7 | 8 | 6 | 7 | 8 | 8 | 9 | 9 | 10 | 11 | 11 | 12 | 12 | 13 | 11 | 12 |
| 4 | 4 | 5 | 5 | 6 | 7 | 7 | 8 | 8 | 9 | 7 | 8 | 9 | 9 | 10 | 10 | 11 | 12 | 12 | 13 | 13 | 14 | 12 | 13 |
| 5 | 5 | 6 | 6 | 7 | 8 | 8 | 9 | 9 | 10 | 8 | 9 | 10 | 10 | 11 | 11 | 12 | 13 | 13 | 14 | 14 | 15 | 13 | 14 |
| 6 | 6 | 7 | 7 | 8 | 9 | 9 | 10 | 10 | 11 | 9 | 10 | 11 | 11 | 12 | 12 | 13 | 14 | 14 | 15 | 15 | 16 | 14 | 15 |
| 7 | 7 | 8 | 8 | 9 | 10 | 10 | 11 | 11 | 12 | 10 | 11 | 12 | 12 | 13 | 13 | 14 | 15 | 15 | 16 | 16 | 17 | 15 | 16 |
| 8 | 8 | 9 | 9 | 10 | 11 | 11 | 12 | 12 | 13 | 11 | 12 | 13 | 13 | 14 | 14 | 15 | 16 | 16 | 17 | 17 | 18 | 16 | 17 |
| 9 | 9 | 10 | 10 | 11 | 12 | 12 | 13 | 13 | 14 | 12 | 13 | 14 | 14 | 15 | 15 | 16 | 17 | 17 | 18 | 18 | 19 | 17 | 18 |
| 10 | 10 | 11 | 11 | 12 | 13 | 13 | 14 | 14 | 15 | 13 | 14 | 15 | 15 | 16 | 16 | 17 | 18 | 18 | 19 | 19 | 20 | 18 | 19 |
| 11 | 11 | 12 | 12 | 13 | 14 | 14 | 15 | 15 | 16 | 14 | 15 | 16 | 16 | 17 | 17 | 18 | 19 | 19 | 20 | 20 | 21 | 19 | 20 |
| 12 | 12 | 13 | 13 | 14 | 15 | 15 | 16 | 16 | 17 | 15 | 16 | 17 | 17 | 18 | 18 | 19 | 20 | 20 | 21 | 21 | 22 | 20 | 21 |
| 13 | 13 | 14 | 14 | 15 | 16 | 16 | 17 | 17 | 18 | 16 | 17 | 18 | 18 | 19 | 19 | 20 | 21 | 21 | 22 | 22 | 23 | 21 | 22 |
| 14 十一 | 14 十 | 15 九 | 15 | 16 | 17 | 17 | 18 | 18 | 19 | 17 | 18 | 19 | 19 | 20 | 20 | 21 | 22 | 22 | 23 | 23 | 24 | 22 | 23 |
| 15 | 15 | 16 | 16 八 | 17 | 18 | 18 | 19 | 19 | 20 | 18 | 19 | 20 | 20 | 21 | 21 | 22 | 23 | 23 | 24 | 24 | 25 | 23 | 24 |
| 16 12 | 16 11 | 17 | 17 | 18 七 | 19 六 | 19 | 20 | 20 | 21 | 19 | 20 | 21 | 21 | 22 | 22 | 23 | 24 | 24 | 25 | 25 | 26 | 24 | 25 |
| 17 | 17 | 18 10 | 18 9 | 19 | 20 | 20 五 | 21 | 21 | 22 | 20 | 21 | 22 冬 | 22 | 23 | 23 | 24 | 25 | 25 | 26 | 26 | 27 | 25 | 26 |
| 18 | 18 | 19 | 19 | 20 8 | 21 7 | 21 | 22 閏 | 22 四 | 23 | 21 | 22 | 23 | 23 | 24 | 24 | 25 | 26 | 26 | 27 | 27 | 28 | 26 | 27 |
| 19 | 19 | 20 | 20 | 21 | 22 | 22 6 | 23 5 | 23 | 24 三 | 22 二 | 23 正 | 24 十二 | 24 | 25 | 25 | 26 | 27 | 27 | 28 | 28 | 29 | 27 | 28 |
| 20 | 20 | 21 | 21 | 22 | 23 | 23 | 24 | 24 4 | 25 3 | 23 | 24 | 25 | 25 十一 | 26 十 | 26 九 | 27 | 28 | 28 | 29 | 29 | 30 | 28 | 29 |
| 21 | 21 | 22 | 22 | 23 | 24 | 24 | 25 | 25 | 26 | 24 2 | 25 1 | 26 12 | 26 11 | 27 | 27 | 28 八 | 29 | 29 | 30 | 30 | 31 | **3** | 30 |

一九七六 丙辰　　　　一九七五 乙卯

1397　　1396　　1395

| | | | | | | | | | | | | | | | | | | | | | | | | |
|---|---|---|---|---|---|---|---|---|---|---|---|---|---|---|---|---|---|---|---|---|---|---|---|---|
| 11 | 11 | 12 | 12 | 13 | 14 | 14 | 15 | 15 | 16 | 15 | 16 | 17 | 17 | 18 | 18 | 19 | 20 | 20 | 21 | 21 | 22 | 20 | 21 | 22冬 |
| 12 | 12 | 13 | 13 | 14 | 15 | 15 | 16 | 16 | 17 | 16 | 17 | 18 | 18 | 19 | 19 | 20 | 21 | 21 | 22 | 22 | 23 | 21 | 22 | 23 |
| 13 | 13 | 14 | 14 | 15 | 16 | 16 | 17 | 17 | 18 | 17 | 18 | 19 | 19 | 20 | 20 | 21 | 22 | 22 | 23 | 23 | 24 | 22 | 23 | 24 |
| 14 | 14 | 15 | 15 | 16 | 17 | 17 | 18 | 18 | 19 | 18 | 19 | 20 | 20 | 21 | 21 | 22 | 23 | 23 | 24 | 24 | 25 | 23 | 24 | 25 |
| 15 | 15 | 16 | 16 | 17 | 18 | 18 | 19 | 19 | 20 | 19 | 20 | 21 | 21 | 22 | 22 | 23 | 24 | 24 | 25 | 25 | 26 | 24 | 25 | 26 |
| 16 | 16 | 17 | 17 | 18 | 19 | 19 | 20 | 20 | 21 | 20 | 21 | 22冬 | 22 | 23 | 23 | 24 | 25 | 25 | 26 | 26 | 27 | 25 | 26 | 27 |
| 17 | 17 | 18 | 18 | 19 | 20 | 20 | 21 | 21 | 22 | 21 | 22 | 23 | 23 | 24 | 24 | 25 | 26 | 26 | 27 | 27 | 28 | 26 | 27 | 28 |
| 18 | 18 | 19 | 19 | 20 | 21 | 21 | 22 | 22 | 23 | 22 | 23 | 24 | 24 | 25 | 25 | 26 | 27 | 27 | 28 | 28 | 29 | 27 | 28 | 29 |
| 19 | 19 | 20 | 20 | 21 | 22 | 22 | 23 | 23 | 24 | 23 | 24 | 25 | 25 | 26 | 26 | 27 | 28 | 28 | 29 | 29 | 30 | 28 | 29 | 30 |
| 20 | 20 | 21 | 21 | 22 | 23 | 23 | 24 | 24 | 25 | 24 | 25 | 26 | 26 | 27 | 27 | 28 | 29 | 29 | 30 | 30 | 31 | 3 | 30 | 31 |
| 21十一 | 21十 | 22 | 22 | 23 | 24 | 24 | 25 | 25 | 26 | 25 | 26 | 27 | 27 | 28 | 28 | 29 | 30 | 30 | 31 | 5 | 4 | 2 | 31 | 1 |
| 22冬 | 22 | 23九 | 23 | 24 | 25 | 25 | 26 | 26 | 27 | 26 | 27 | 28 | 28 | 29 | 29 | 30 | 31 | 7 | 6 | 2 | 2 | 3 | 2 | 2 |
| 23 1 | 23 12 | 24 11 | 24閏 | 25八 | 26 | 26 | 27 | 27 | 28 | 27 | 28 | 29 | 29 | 30 | 30 | 31 | 8 | 2 | 2 | 3 | 3 | 4 | 2 | 3 |
| 24 | 24 | 25 | 25 10 | 26 9 | 27七 | 27六 | 28 | 28 | 29 | 28 | 29 | 30 | 30 | 31 | 10 | 9 | 2 | 3 | 3 | 4 | 4 | 5 | 3 | 4 |
| 25 | 25 | 26 | 26 | 27 | 28 8 | 28 7 | 29五 | 29四 | 30 | 29 | 30 | 31 | 12 | 11 | 2 | 2 | 3 | 4 | 4 | 5 | 5 | 6 | 4 | 5 |
| 26 | 26 | 27 | 27 | 28 | 29 | 29 | 30 6 | 30 5 | 31三 | 3二 | 31正 | 1十二 | 2 | 2 | 3 | 3 | 4 | 5 | 5 | 6 | 6 | 7 | 5 | 6 |
| 27 | 27 | 28 | 28 | 29 | 30 | 30 | 31 | 5 | 4 4 | 2 3 | 2 | 2 | 3十一 | 3十 | 4 | 4 | 5 | 6 | 6 | 7 | 7 | 8 | 6 | 7 |
| 28 | 28 | 29 | 29 | 30 | 31 | 7 | 6 | 2 | 2 | 3 | 2 2 | 3 1 | 4 | 4 | 5九 | 5 | 6 | 7 | 7 | 8 | 8 | 9 | 7 | 8 |
| 29 | 29 | 30 | 30 | 31 | 8 | 2 | 2 | 3 | 3 | 4 | 3 | 4 | 5 12 | 5 11 | 6 | 6八 | 7七 | 8 | 8 | 9 | 9 | 10 | 8 | 9 |
| 30 | 30 | 31 | 10 | 9 | 2 | 3 | 3 | 4 | 4 | 5 | 4 | 5 | 6 | 6 | 7 10 | 7 9 | 8 | 9六 | 9 | 10 | 10 | 11 | 9 | 10 |
| 31 | 12 | 11 | 2 | 2 | 3 | 4 | 4 | 5 | 5 | 6 | 5 | 6 | 7 | 7 | 8 | 8 | 9 8 | 10 7 | 10五 | 11四 | 11 | 12 | 10 | 11 |
| 日 | 2 | 2 | 3 | 3 | 4 | 5 | 5 | 6 | 6 | 7 | 6 | 7 | 8 | 8 | 9 | 9 | 10 | 11 | 11 6 | 12 5 | 12三 | 13二 | 11正 | 12十二 |
| 曜 | 3 | 3 | 4 | 4 | 5 | 6 | 6 | 7 | 7 | 8 | 7 | 8 | 9 | 9 | 10 | 10 | 11 | 12 | 12 | 13 | 13 4 | 14 3 | 12 | 13 |
| 表 | 4 | 4 | 5 | 5 | 6 | 7 | 7 | 8 | 8 | 9 | 8 | 9 | 10 | 10 | 11 | 11 | 12 | 13 | 13 | 14 | 14 | 15 | 13 2 | 14 1 |
| 4 | 5 | 5 | 6 | 6 | 7 | 8 | 8 | 9 | 9 | 10 | 9 | 10 | 11 | 11 | 12 | 12 | 13 | 14 | 14 | 15 | 15 | 16 | 14 | 15 |
| 甲 | 6 | 6 | 7 | 7 | 8 | 9 | 9 | 10 | 10 | 11 | 10 | 11 | 12 | 12 | 13 | 13 | 14 | 15 | 15 | 16 | 16 | 17 | 15 | 16 |
| 子 | 7 | 7 | 8 | 8 | 9 | 10 | 10 | 11 | 11 | 12 | 11 | 12 | 13 | 13 | 14 | 14 | 15 | 16 | 16 | 17 | 17 | 18 | 16 | 17 |
| 表 | 8 | 8 | 9 | 9 | 10 | 11 | 11 | 12 | 12 | 13 | 12 | 13 | 14 | 14 | 15 | 15 | 16 | 17 | 17 | 18 | 18 | 19 | 17 | 18 |
| 59 | 9 | 9 | 10 | 10 | 11 | 12 | 12 | 13 | 13 | 14 | 13 | 14 | 15 | 15 | 16 | 16 | 17 | 18 | 18 | 19 | 19 | 20 | 18 | 19 |
| | 10 | 10 | 11 | 11 | 12 | 13 | 13 | 14 | 14 | 15 | 14 | 15 | 16 | 16 | 17 | 17 | 18 | 19 | 19 | 20 | 20 | 21 | 19 | 20 |

| 一九七八 戊午 1399 | | | | | | | | | | | | 一九七七 丁巳 1398 | | | | | | | | | | | |
|---|---|---|---|---|---|---|---|---|---|---|---|---|---|---|---|---|---|---|---|---|---|---|---|
| 22 | 23 | 23 | 24 | 25 | 25 | 26 | 26 | 27 | 25 | 26 | 27 | 27 | 28 | 28 | 29 | 30 | 30 | 31 | **5** | **4** | 2 | 31 | **1** |
| 23 | 24 | 24 | 25 | 26 | 26 | 27 | 27 | 28 | 26 | 27 | 28 | 28 | 29 | 29 | 30 | 31 | **7** | **6** | 2 | 2 | 3 | **2** | 2 |
| 24 | 25 | 25 | 26 | 27 | 27 | 28 | 28 | 29 | 27 | 28 | 29 | 29 | 30 | 30 | 31 | **8** | 2 | 2 | 3 | 3 | 4 | 2 | 3 |
| 25 | 26 | 26 | 27 | 28 | 28 | 29 | 29 | 30 | 28 | 29 | 30 | 30 | 31 | **10** | **9** | 2 | 3 | 3 | 4 | 4 | 5 | 3 | 4 |
| 26 | 27 | 27 | 28 | 29 | 29 | 30 | 30 | 31 | **3** | 30 | 31 | **12** | **11** | 2 | 2 | 3 | 4 | 4 | 5 | 5 | 6 | 4 | 5 |
| 27 | 28 | 28 | 29 | 30 | 30 | 31 | **5** | **4** | 2 | 31 | **1** | 2 | 2 | 3 | 3 | 4 | 5 | 5 | 6 | 6 | 7 | 5 | 6 |
| 28 | 29 | 29 | 30 | 31 | **7** | **6** | 2 | 2 | 3 | **2** | 2 | 3 | 3 | 4 | 4 | 5 | 6 | 6 | 7 | 7 | 8 | 6 | 7 |
| 29 | 30 | 30 | 31 | **8** | 2 | 2 | 3 | 3 | 4 | 2 | 3 | 4 | 4 | 5 | 5 | 6 | 7 | 7 | 8 | 8 | 9 | 7 | 8 |
| 30 | 十二 31 | **10** | **9** | 2 | 3 | 3 | 4 | 4 | 5 | 3 | 4 | 5 | 5 | 6 | 6 | 7 | 8 | 8 | 9 | 9 | 10 | 8 | 9 |
| **12** | **11** | 十 2 | 九 2 | 八 3 | 4 | 4 | 5 | 5 | 6 | 4 | 5 | 6 | 6 | 7 | 7 | 8 | 9 | 9 | 10 | 10 | 11 | 9 | 10 |
| 2 | **1** 2 | **12** 3 | **11** 3 | 4 | 七 5 | 六 5 | 6 | 6 | 7 | 5 | 6 | 7 | 7 | 8 | 8 | 9 | 10 | 10 | 11 | 11 | 12 | 10 | 11 |
| 3 | 3 | 4 | 4 | **10** 5 | **9** 6 | 6 | 五 7 | 四 7 | 三 8 | 6 | 7 | 8 | 8 | 9 | 9 | 10 | 11 | 11 | 12 | 12 | 13 | 11 | 12 |
| 4 | 4 | 5 | 5 | 6 | 7 | **8** 7 | **7** 8 | 8 | 9 | 二 7 | 正 8 | 9 | 9 | 10 | 10 | 11 | 12 | 12 | 13 | 13 | 14 | 12 | 13 |
| 5 | 5 | 6 | 6 | 7 | 8 | 8 | 9 | **6** 9 | **5** 10 | 8 | 9 | 十二 10 | 10 | 11 | 11 | 12 | 13 | 13 | 14 | 14 | 15 | 13 | 14 |
| 6 | 6 | 7 | 7 | 8 | 9 | 9 | 10 | 10 | 11 | **4** 9 | **3** 10 | 11 | 十一 11 | 十 12 | 12 | 13 | 14 | 14 | 15 | 15 | 16 | 14 | 15 |
| 7 | 7 | 8 | 8 | 9 | 10 | 10 | 11 | 11 | 12 | 10 | 11 | **2** 12 | **1** 12 | 13 | 九 13 | 八 14 | 15 | 15 | 16 | 16 | 17 | 15 | 16 |
| 8 | 8 | 9 | 9 | 10 | 11 | 11 | 12 | 12 | 13 | 11 | 12 | 13 | 13 | **12** 14 | **11** 14 | 15 | 七 16 | 六 16 | 17 | 17 | 18 | 16 | 17 |
| 9 | 9 | 10 | 10 | 11 | 12 | 12 | 13 | 13 | 14 | 12 | 13 | 14 | 14 | 15 | 15 | **10** 16 | **9** 17 | 17 | 五 18 | 四 18 | 三 19 | 17 | 18 |
| 10 | 10 | 11 | 11 | 12 | 13 | 13 | 14 | 14 | 15 | 13 | 14 | 15 | 15 | 16 | 16 | 17 | 18 | **8** 18 | **7** 19 | 19 | 20 | 二 18 | 正 19 十二 |
| 11 | 11 | 12 | 12 | 13 | 14 | 14 | 15 | 15 | 16 | 14 | 15 | 16 | 16 | 17 | 17 | 18 | 19 | 19 | 20 | **6** 20 | **5** 21 | 19 | 20 |
| 12 | 12 | 13 | 13 | 14 | 15 | 15 | 16 | 16 | 17 | 15 | 16 | 17 | 17 | 18 | 18 | 19 | 20 | 20 | 21 | 21 | 22 | **4** 20 | **3** 21 |
| 13 | 13 | 14 | 14 | 15 | 16 | 16 | 17 | 17 | 18 | 16 | 17 | 18 | 18 | 19 | 19 | 20 | 21 | 21 | 22 | 22 | 23 | 21 | 22 **2** |
| 14 | 14 | 15 | 15 | 16 | 17 | 17 | 18 | 18 | 19 | 17 | 18 | 19 | 19 | 20 | 20 | 21 | 22 | 22 | 23 | 23 | 24 | 22 | 23 |
| 15 | 15 | 16 | 16 | 17 | 18 | 18 | 19 | 19 | 20 | 18 | 19 | 20 | 20 | 21 | 21 | 22 | 23 | 23 | 24 | 24 | 25 | 23 | 24 |
| 16 | 16 | 17 | 17 | 18 | 19 | 19 | 20 | 20 | 21 | 19 | 20 | 21 | 21 | 22 | 22 | 23 | 24 | 24 | 25 | 25 | 26 | 24 | 25 |
| 17 | 17 | 18 | 18 | 19 | 20 | 20 | 21 | 21 | 22 | 20 | 21 | 22 | 冬 22 | 23 | 23 | 24 | 25 | 25 | 26 | 26 | 27 | 25 | 26 |
| 18 | 18 | 19 | 19 | 20 | 21 | 21 | 22 | 22 | 23 | 21 | 22 | 23 | 23 | 24 | 24 | 25 | 26 | 26 | 27 | 27 | 28 | 26 | 27 |
| 19 | 19 | 20 | 20 | 21 | 22 | 22 | 23 | 23 | 24 | 22 | 23 | 24 | 24 | 25 | 25 | 26 | 27 | 27 | 28 | 28 | 29 | 27 | 28 |
| 20 | 20 | 21 | 21 | 22 | 23 | 23 | 24 | 24 | 25 | 23 | 24 | 25 | 25 | 26 | 26 | 27 | 28 | 28 | 29 | 29 | 30 | 28 | 29 |
| 21 | 21 | 22 | 22 | 23 | 24 | 24 | 25 | 25 | 26 | 24 | 25 | 26 | 26 | 27 | 27 | 28 | 29 | 29 | 30 | 30 | 31 | **3** | 30 |

一九八〇 庚申　　1401

一九七九 己未　　1400

| | | | | | | | | | | | | | | | | | | | | | | | | |
|---|---|---|---|---|---|---|---|---|---|---|---|---|---|---|---|---|---|---|---|---|---|---|---|---|
| 11 | 11 | 12 | 12 | 13 10 | 14 9 | 14 | 15 | 15 三 | 16 | 15 | 16 | 17 | 17 | 18 | 18 | 19 | 20 | 20 | 21 | 21 | 22 | 20 | 21 | 22 冬 |
| 12 | 12 | 13 | 13 | 14 | 15 | 15 8 | 16 7 | 16 | 17 二 | 16 正 | 17 | 18 | 18 | 19 | 19 | 20 | 21 | 21 | 22 | 22 | 23 | 21 | 22 | 23 |
| 13 | 13 | 14 | 14 | 15 | 16 | 16 | 17 | 17 6 | 18 5 | 17 | 18 十二 | 19 十一 | 19 | 20 | 20 | 21 | 22 | 22 | 23 | 23 | 24 | 22 | 23 | 24 |
| 14 | 14 | 15 | 15 | 16 | 17 | 17 | 18 | 18 | 19 | 18 4 | 19 3 | 20 | 20 十 | 21 九 | 21 八 | 22 | 23 | 23 | 24 | 24 | 25 | 23 | 24 | 25 |
| 15 | 15 | 16 | 16 | 17 | 18 | 18 | 19 | 19 | 20 | 19 | 20 | 21 2 | 21 1 | 22 | 22 | 23 七 | 24 閏 | 24 六 | 25 | 25 | 26 | 24 | 25 | 26 |
| 16 | 16 | 17 | 17 | 18 | 19 | 19 | 20 | 20 | 21 | 20 | 21 | 22 冬 | 22 | 23 12 | 23 11 | 24 | 25 | 25 | 26 五 | 26 四 | 27 | 25 | 26 | 27 |
| 17 | 17 | 18 | 18 | 19 | 20 | 20 | 21 | 21 | 22 | 21 | 22 | 23 | 23 | 24 | 24 | 25 10 | 26 9 | 26 | 27 | 27 | 28 三 | 26 | 27 | 28 |
| 18 | 18 | 19 | 19 | 20 | 21 | 21 | 22 | 22 | 23 | 22 | 23 | 24 | 24 | 25 | 25 | 26 | 27 | 27 8 | 28 7 | 28 | 29 | 27 二 | 28 正 | 29 |
| 19 | 19 | 20 | 20 | 21 | 22 | 22 | 23 | 23 | 24 | 23 | 24 | 25 | 25 | 26 | 26 | 27 | 28 | 28 | 29 | 29 6 | 30 5 | 28 | 29 | 30 十二 |
| 20 | 20 | 21 | 21 | 22 | 23 | 23 | 24 | 24 | 25 | 24 | 25 | 26 | 26 | 27 | 27 | 28 | 29 | 29 | 30 | 30 | 31 | **3** 4 | 30 3 | 31 |
| 21 | 21 | 22 | 22 | 23 | 24 | 24 | 25 | 25 | 26 | 25 | 26 | 27 | 27 | 28 | 28 | 29 | 30 | 30 | 31 | **5** | **4** | 2 | 31 | **1** 2 |
| 22 冬 | 22 | 23 | 23 | 24 | 25 | 25 | 26 | 26 | 27 | 26 | 27 | 28 | 28 | 29 | 29 | 30 | 31 | **7** | **6** | 2 | 2 | 3 | **2** | 2 |
| 23 | 23 | 24 | 24 | 25 | 26 | 26 | 27 | 27 | 28 | 27 | 28 | 29 | 29 | 30 | 30 | 31 | **8** | 2 | 2 | 3 | 3 | 4 | 2 | 3 |
| 24 | 24 | 25 | 25 | 26 | 27 | 27 | 28 | 28 | 29 | 28 | 29 | 30 | 30 | 31 | **10** | **9** | 2 | 3 | 3 | 4 | 4 | 5 | 3 | 4 |
| 25 | 25 | 26 | 26 | 27 | 28 | 28 | 29 | 29 | 30 | 29 | 30 | 31 | **12** | **11** | 2 | 2 | 3 | 4 | 4 | 5 | 5 | 6 | 4 | 5 |
| 26 | 26 | 27 | 27 | 28 | 29 | 29 | 30 | 30 | 31 | **3** | 31 | **1** | 2 | 2 | 3 | 3 | 4 | 5 | 5 | 6 | 6 | 7 | 5 | 6 |
| 27 | 27 | 28 | 28 | 29 | 30 | 30 | 31 | **5** | **4** | 2 | **2** | 2 | 3 | 3 | 4 | 4 | 5 | 6 | 6 | 7 | 7 | 8 | 6 | 7 |
| 28 | 28 | 29 | 29 | 30 | 31 | **7** | **6** | 2 | 2 | 3 | 2 | 3 | 4 | 4 | 5 | 5 | 6 | 7 | 7 | 8 | 8 | 9 | 7 | 8 |
| 29 | 29 | 30 | 30 | 31 | **8** | 2 | 2 | 3 | 3 | 4 | 3 | 4 | 5 | 5 | 6 | 6 | 7 | 8 | 8 | 9 | 9 | 10 | 8 | 9 |
| 30 | 30 | 31 | **10** | **9** | 2 | 3 | 3 | **4** | 4 | 5 | 4 | 5 | 6 | 6 | 7 | 7 | 8 | 9 | 9 | 10 | 10 | 11 | 9 | 10 |
| 31 | **12** | **11** | 2 | 2 | 3 | 4 | 4 | 5 | 5 | 6 | 5 | 6 | 7 | 7 | 8 | 8 | 9 | 10 | 10 | 11 | 11 | 12 | 10 | 11 |
| 日 | 2 | 2 | 3 | 3 | 4 | 5 | 5 | 6 | 6 | 7 | 6 | 7 | 8 | 8 | 9 | 9 | 10 | 11 | 11 | 12 | 12 | 13 | 11 | 12 |
| 曜 | 3 | 3 | 4 | 4 | 5 | 6 | 6 | 7 | 7 | 8 | 7 | 8 | 9 | 9 | 10 | 10 | 11 | 12 | 12 | 13 | 13 | 14 | 12 | 13 |
| 表 | 4 | 4 | 5 | 5 | 6 | 7 | 7 | 8 | 8 | 9 | 8 | 9 | 10 | 10 | 11 | 11 | 12 | 13 | 13 | 14 | 14 | 15 | 13 | 14 |
| 5 | 5 | 5 | 6 | 6 | 7 | 8 | 8 | 9 | 9 | 10 | 9 | 10 | 11 | 11 | 12 | 12 | 13 | 14 | 14 | 15 | 15 | 16 | 14 | 15 |
| 甲 | 6 | 6 | 7 | 7 | 8 | 9 | 9 | 10 | 10 | 11 | 10 | 11 | 12 | 12 | 13 | 13 | 14 | 15 | 15 | 16 | 16 | 17 | 15 | 16 |
| 子 | 7 十一 | 7 | 8 | 8 | 9 | 10 | 10 | 11 | 11 | 12 | 11 | 12 | 13 | 13 | 14 | 14 | 15 | 16 | 16 | 17 | 17 | 18 | 16 | 17 |
| 表 | 8 | 8 十 | 9 九 | 9 八 | 10 | 11 | 11 | 12 | 12 | 13 | 12 | 13 | 14 | 14 | 15 | 15 | 16 | 17 | 17 | 18 | 18 | 19 | 17 | 18 |
| 60 | 9 2 | 9 1 | 10 | 10 | 11 七 | 12 六 | 12 | 13 | 13 | 14 | 13 | 14 | 15 | 15 | 16 | 16 | 17 | 18 | 18 | 19 | 19 | 20 | 18 | 19 |
| | 10 | 10 | 11 12 | 11 11 | 12 | 13 | 13 五 | 14 四 | 14 | 15 | 14 | 15 | 16 | 16 | 17 | 17 | 18 | 19 | 19 | 20 | 20 | 21 | 19 | 20 |

一九八二 壬戌 1403

一九八一 辛酉 1402

| | | | | | | | | | | | | | | | | | | | | | | | |
|---|---|---|---|---|---|---|---|---|---|---|---|---|---|---|---|---|---|---|---|---|---|---|---|
| 22 | 23 | 23 | 24 | 25 | 25 | 26 | 26 | 27 6 | 25 5 | 26 | 27 | 27 | 28十 | 28九 | 29八 | 30 | 30 | 31 | **5** | **4** | 2 | 31 | **1** |
| 23 | 24 | 24 | 25 | 26 | 26 | 27 | 27 | 28 | 26 | 27 4 | 28 3 | 28 | 29 | 29 | 30 | 31七 | **7** | **6** | 2 | 2 | 3 | **2** | 2 |
| 24 | 25 | 25 | 26 | 27 | 27 | 28 | 28 | 29 | 27 | 28 | 29 | 29 2 | 30 1 | 30 12 | 31 11 | **8** | 2六 | 2五 | 3 | 3 | 4 | 2 | 3 |
| 25 | 26 | 26 | 27 | 28 | 28 | 29 | 29 | 30 | 28 | 29 | 30 | 30 | 31 | **10** | **9** | 2 10 | 3 9 | 3 | 4四 | 4 | 5 | 3 | 4 |
| 26 | 27 | 27 | 28 | 29 | 29 | 30 | 30 | 31 | **3** | 30 | 31 | **12** | **11** | 2 | 2 | 3 | 4 | 4 8 | 5 7 | 5三 | 6二 | 4 | 5 |
| 27 | 28 | 28 | 29 | 30 | 30 | 31 | **5** | **4** | 2 | 31 | **1** | 2 | 2 | 3 | 3 | 4 | 5 | 5 | 6 | 6 6 | 7 5 | 5正 | 6十二 |
| 28 | 29 | 29 | 30 | 31 | **7** | **6** | 2 | 2 | 3 | **2** | 2 | 3 | 3 | 4 | 4 | 5 | 6 | 6 | 7 | 7 | 8 | 6 4 | 7 3 |
| 29 | 30 | 30 | 31 | **8** | 2 | 2 | 3 | 3 | 4 | 2 | 3 | 4 | 4 | 5 | 5 | 6 | 7 | 7 | 8 | 8 | 9 | 7 | 8 |
| 30 | 31 | **10** | **9** | 2 | 3 | 3 | 4 | 4 | 5 | 3 | 4 | 5 | 5 | 6 | 6 | 7 | 8 | 8 | 9 | 9 | 10 | 8 | 9 |
| **12** | **11** | 2 | 2 | 3 | 4 | 4 | 5 | 5 | 6 | 4 | 5 | 6 | 6 | 7 | 7 | 8 | 9 | 9 | 10 | 10 | 11 | 9 | 10 |
| 2 | 2 | 3 | 3 | 4 | 5 | 5 | 6 | 6 | 7 | 5 | 6 | 7 | 7 | 8 | 8 | 9 | 10 | 10 | 11 | 11 | 12 | 10 | 11 |
| 3 | 3 | 4 | 4 | 5 | 6 | 6 | 7 | 7 | 8 | 6 | 7 | 8 | 8 | 9 | 9 | 10 | 11 | 11 | 12 | 12 | 13 | 11 | 12 |
| 4 | 4 | 5 | 5 | 6 | 7 | 7 | 8 | 8 | 9 | 7 | 8 | 9 | 9 | 10 | 10 | 11 | 12 | 12 | 13 | 13 | 14 | 12 | 13 |
| 5 | 5 | 6 | 6 | 7 | 8 | 8 | 9 | 9 | 10 | 8 | 9 | 10 | 10 | 11 | 11 | 12 | 13 | 13 | 14 | 14 | 15 | 13 | 14 |
| 6 | 6 | 7 | 7 | 8 | 9 | 9 | 10 | 10 | 11 | 9 | 10 | 11 | 11 | 12 | 12 | 13 | 14 | 14 | 15 | 15 | 16 | 14 | 15 |
| 7 | 7 | 8 | 8 | 9 | 10 | 10 | 11 | 11 | 12 | 10 | 11 | 12 | 12 | 13 | 13 | 14 | 15 | 15 | 16 | 16 | 17 | 15 | 16 |
| 8 | 8 | 9 | 9 | 10 | 11 | 11 | 12 | 12 | 13 | 11 | 12 | 13 | 13 | 14 | 14 | 15 | 16 | 16 | 17 | 17 | 18 | 16 | 17 |
| 9 | 9 | 10 | 10 | 11 | 12 | 12 | 13 | 13 | 14 | 12 | 13 | 14 | 14 | 15 | 15 | 16 | 17 | 17 | 18 | 18 | 19 | 17 | 18 |
| 10 | 10 | 11 | 11 | 12 | 13 | 13 | 14 | 14 | 15 | 13 | 14 | 15 | 15 | 16 | 16 | 17 | 18 | 18 | 19 | 19 | 20 | 18 | 19 |
| 11 | 11 | 12 | 12 | 13 | 14 | 14 | 15 | 15 | 16 | 14 | 15 | 16 | 16 | 17 | 17 | 18 | 19 | 19 | 20 | 20 | 21 | 19 | 20 |
| 12 | 12 | 13 | 13 | 14 | 15 | 15 | 16 | 16 | 17 | 15 | 16 | 17 | 17 | 18 | 18 | 19 | 20 | 20 | 21 | 21 | 22 | 20 | 21 |
| 13 | 13 | 14 | 14 | 15 | 16 | 16 | 17 | 17 | 18 | 16 | 17 | 18 | 18 | 19 | 19 | 20 | 21 | 21 | 22 | 22 | 23 | 21 | 22 |
| 14 | 14 | 15 | 15 | 16 | 17 | 17 | 18 | 18 | 19 | 17 | 18 | 19 | 19 | 20 | 20 | 21 | 22 | 22 | 23 | 23 | 24 | 22 | 23 |
| 15十一 | 15十 | 16 | 16 | 17 | 18 | 18 | 19 | 19 | 20 | 18 | 19 | 20 | 20 | 21 | 21 | 22 | 23 | 23 | 24 | 24 | 25 | 23 | 24 |
| 16 | 16 | 17九 | 17八 | 18 | 19 | 19 | 20 | 20 | 21 | 19 | 20 | 21 | 21 | 22 | 22 | 23 | 24 | 24 | 25 | 25 | 26 | 24 | 25 |
| 17 3 | 17 | 18 | 18 | 19七 | 20 | 20 | 21 | 21 | 22 | 20 | 21 | 22冬 | 22 | 23 | 23 | 24 | 25 | 25 | 26 | 26 | 27 | 25 | 26 |
| 18 | 18 2 | 19 1 | 19 | 20 | 21六 | 21五 | 22 | 22 | 23 | 21 | 22 | 23 | 23 | 24 | 24 | 25 | 26 | 26 | 27 | 27 | 28 | 26 | 27 |
| 19 | 19 | 20 | 20 12 | 21 11 | 22 | 22 | 23閏 | 23 | 24 | 22 | 23 | 24 | 24 | 25 | 25 | 26 | 27 | 27 | 28 | 28 | 29 | 27 | 28 |
| 20 | 20 | 21 | 21 | 22 | 23 10 | 23 9 | 24 | 24四 | 25三 | 23 | 24 | 25 | 25 | 26 | 26 | 27 | 28 | 28 | 29 | 29 | 30 | 28 | 29 |
| 21 | 21 | 22 | 22 | 23 | 24 | 24 | 25 8 | 25 7 | 26 | 24二 | 25正 | 26十二 | 26十一 | 27 | 27 | 28 | 29 | 29 | 30 | 30 | 31 | **3** | 30 |

一九八四 甲子

本年回曆九月一日即中曆五月朔

1405

一九八三 癸亥

1404

| | | | | | | | | | | | | | | | | | | | | | | | | |
|---|---|---|---|---|---|---|---|---|---|---|---|---|---|---|---|---|---|---|---|---|---|---|---|---|
| 11 | 11 | 12 | 12 | 13 | 14 | 14 | 15 | 15 | 16 | 15 | 16 | 17 | 17 | 18 | 18 | 19 | 20 | 20 | 21 | 21 | 22 | 20 | 21 | 22冬 |
| 12 | 12 | 13 | 13 | 14 | 15 | 15 | 16 | 16 | 17 | 16 | 17 | 18 | 18 | 19 | 19 | 20 | 21 | 21 | 22 | 22 | 23 | 21 | 22 | 23 |
| 13 | 13 | 14 | 14 | 15 | 16 | 16 | 17 | 17 | 18 | 17 | 18 | 19 | 19 | 20 | 20 | 21 | 22 | 22 | 23 | 23 | 24 | 22 | 23 | 24 |
| 14 | 14 | 15 | 15 | 16 | 17 | 17 | 18 | 18 | 19 | 18 | 19 | 20 | 20 | 21 | 21 | 22 | 23 | 23 | 24 | 24 | 25 | 23 | 24 | 25 |
| 15 | 15 | 16 | 16 | 17 | 18 | 18 | 19 | 19 | 20 | 19 | 20 | 21 | 21 | 22 | 22 | 23 | 24 | 24 | 25 | 25 | 26 | 24 | 25 | 26 |
| 16 | 16 | 17 | 17 | 18 | 19 | 19 | 20 | 20 | 21 | 20 | 21 | 22冬 | 22 | 23 | 23 | 24 | 25 | 25 | 26 | 26 | 27 | 25 | 26 | 27 |
| 17 | 17 | 18 | 18 | 19 | 20 | 20 | 21 | 21 | 22 | 21 | 22 | 23 | 23 | 24 | 24 | 25 | 26 | 26 | 27 | 27 | 28 | 26 | 27 | 28 |
| 18 | 18 | 19 | 19 | 20 | 21 | 21 | 22 | 22 | 23 | 22 | 23 | 24 | 24 | 25 | 25 | 26 | 27 | 27 | 28 | 28 | 29 | 27 | 28 | 29 |
| 19 | 19 | 20 | 20 | 21 | 22 | 22 | 23 | 23 | 24 | 23 | 24 | 25 | 25 | 26 | 26 | 27 | 28 | 28 | 29 | 29 | 30 | 28 | 29 | 30 |
| 20 | 20 | 21 | 21 | 22 | 23 | 23 | 24 | 24 | 25 | 24 | 25 | 26 | 26 | 27 | 27 | 28 | 29 | 29 | 30 | 30 | 31 | **3** | 30 | 31 |
| 21 | 21 | 22 | 22 | 23 | 24 | 24 | 25 | 25 | 26 | 25 | 26 | 27 | 27 | 28 | 28 | 29 | 30 | 30 | 31 | **5** | **4** | 2 | 31 | **1** |
| 22冬十一 | 22 | 23 | 23 | 24 | 25 | 25 | 26 | 26 | 27 | 26 | 27 | 28 | 28 | 29 | 29 | 30 | 31 | **7** | **6** | 2 | 2 | 3 | **2** | 2 |
| 23 | 23閏 | 24十 | 24 | 25 | 26 | 26 | 27 | 27 | 28 | 27 | 28 | 29 | 29 | 30 | 30 | 31 | **8** | 2 | 2 | 3 | 3 | 4 | 2 | 3 |
| 24 | 24 | 25 | 25九 | 26 | 27 | 27 | 28 | 28 | 29 | 28 | 29 | 30 | 30 | 31 | **10** | **9** | 2 | 3 | 3 | 4 | 4 | 5 | 3 | 4 |
| 25 **4** | 25 **3** | 26 | 26 | 27八 | 28七 | 28 | 29 | 29 | 30 | 29 | 30 | 31 | **12** | **11** | 2 | 2 | 3 | 4 | 4 | 5 | 5 | 6 | 4 | 5 |
| 26 | 26 | 27 **2** | 27 **1** | 28 **12** | 29 **11** | 29六 | 30 | 30 | 31 | **3** | 31 | **1** | 2 | 2 | 3 | 3 | 4 | 5 | 5 | 6 | 6 | 7 | 5 | 6 |
| 27 | 27 | 28 | 28 | 29 | 30 | 30 **10** | 31五 | **5**四 | **4**三 | 2 | **2** | 2 | 3 | 3 | 4 | 4 | 5 | 6 | 6 | 7 | 7 | 8 | 6 | 7 |
| 28 | 28 | 29 | 29 | 30 | 31 | **7** | **6** | 2 **8** | 2 **7** | 3二 | 2正 | 3十二 | 4十一 | 4 | 5 | 5 | 6 | 7 | 7 | 8 | 8 | 9 | 7 | 8 |
| 29 | 29 | 30 | 30 | 31 | **8** | 2 | 2 | 3 | 3 | 4 **6** | 3 **5** | 4 | 5 | 5十 | 6九 | 6 | 7 | 8 | 8 | 9 | 9 | 10 | 8 | 9 |
| 30 | 30 | 31 | **10** | **9** | 2 | 3 | 3 | **4** | 4 | 5 | 4 | 5 **4** | 6 **3** | 6 | 7 | 7八 | 8 | 9 | 9 | 10 | 10 | 11 | 9 | 10 |
| 31 | **12** | **11** | 2 | 2 | 3 | 4 | 4 | 5 | 5 | 6 | 5 | 6 | 7 | 7 **2** | 8 **1** | 8 | 9七 | 10六 | 10 | 11 | 11 | 12 | 10 | 11 |
| 日 | 2 | 2 | 3 | 3 | 4 | 5 | 5 | 6 | 6 | 7 | 6 | 7 | 8 | 8 | 9 | 9 **12** | 10 **11** | 11 | 11五 | 12 | 12 | 13 | 11 | 12 |
| 曜 | 3 | 3 | 4 | 4 | 5 | 6 | 6 | 7 | 7 | 8 | 7 | 8 | 9 | 9 | 10 | 10 | 11 | 12 **10** | 12 **9** | 13四 | 13三 | 14 | 12 | 13 |
| 表 | 4 | 4 | 5 | 5 | 6 | 7 | 7 | 8 | 8 | 9 | 8 | 9 | 10 | 10 | 11 | 11 | 12 | 13 | 13 | 14 **8** | 14 **7** | 15二 | 13正 | 14十二 |
| **6** | 5 | 5 | 6 | 6 | 7 | 8 | 8 | 9 | 9 | 10 | 9 | 10 | 11 | 11 | 12 | 12 | 13 | 14 | 14 | 15 | 15 | 16 **6** | 14 **5** | 15 |
| 甲 | 6 | 6 | 7 | 7 | 8 | 9 | 9 | 10 | 10 | 11 | 10 | 11 | 12 | 12 | 13 | 13 | 14 | 15 | 15 | 16 | 16 | 17 | 15 | 16 **4** |
| 子 | 7 | 7 | 8 | 8 | 9 | 10 | 10 | 11 | 11 | 12 | 11 | 12 | 13 | 13 | 14 | 14 | 15 | 16 | 16 | 17 | 17 | 18 | 16 | 17 |
| 表 | 8 | 8 | 9 | 9 | 10 | 11 | 11 | 12 | 12 | 13 | 12 | 13 | 14 | 14 | 15 | 15 | 16 | 17 | 17 | 18 | 18 | 19 | 17 | 18 |
| **41** | 9 | 9 | 10 | 10 | 11 | 12 | 12 | 13 | 13 | 14 | 13 | 14 | 15 | 15 | 16 | 16 | 17 | 18 | 18 | 19 | 19 | 20 | 18 | 19 |
| | 10 | 10 | 11 | 11 | 12 | 13 | 13 | 14 | 14 | 15 | 14 | 15 | 16 | 16 | 17 | 17 | 18 | 19 | 19 | 20 | 20 | 21 | 19 | 20 |

| 一九八六 丙寅 1407 | | | | | | | | | | | | 一九八五 乙丑 1406 | | | | | | | | | | | |
|---|---|---|---|---|---|---|---|---|---|---|---|---|---|---|---|---|---|---|---|---|---|---|---|
| 22 | 23 | 23 | 24 | 25 | 25 | 26 | 26 | 27 | 25 | 26 | 27 | 27 | 28 | 28 | 29 | 30 | 30 | 31 | **5** | **4** | 2 | 31 | **1** |
| 23 | 24 | 24 | 25 | 26 | 26 | 27 | 27 | 28 | 26 | 27 | 28 | 28 | 29 | 29 | 30 | 31 | **7** | **6** | 2 | 2 | 3 | **2** | 2 |
| 24 | 25 | 25 | 26 | 27 | 27 | 28 | 28 | 29 | 27 | 28 | 29 | 29 | 30 | 30 | 31 | **8** | 2 | 2 | 3 | 3 | 4 | 2 | 3 |
| 25 | 26 | 26 | 27 | 28 | 28 | 29 | 29 | 30 | 28 | 29 | 30 | 30 | 31 | **10** | **9** | 2 | 3 | 3 | 4 | 4 | 5 | 3 | 4 |
| 26 | 27 | 27 | 28 | 29 | 29 | 30 | 30 | 31 | **3** | 30 | 31 | **12** | **11** | 2 | 2 | 3 | 4 | 4 | 5 | 5 | 6 | 4 | 5 |
| 27 | 28 | 28 | 29 | 30 | 30 | 31 | **5** | **4** | 2 | 31 | **1** | 2 | 2 | 3 | 3 | 4 | 5 | 5 | 6 | 6 | 7 | 5 | 6 |
| 28 | 29 | 29 | 30 | 31 | **7** | **6** | 2 | 2 | 3 | **2** | 2 | 3 | 3 | 4 | 4 | 5 | 6 | 6 | 7 | 7 | 8 | 6 | 7 |
| 29 | 30 | 30 | 31 | **8** | 2 | 2 | 3 | 3 | 4 | 2 | 3 | 4 | 4 | 5 | 5 | 6 | 7 | 7 | 8 | 8 | 9 | 7 | 8 |
| 30 | 31 | **10** | **9** | 2 | 3 | 3 | 4 | 4 | 5 | 3 | 4 | 5 | 5 | 6 | 6 | 7 | 8 | 8 | 9 | 9 | 10 | 8 | 9 |
| **12** | **11** | 2 | 2 | 3 | 4 | 4 | 5 | 5 | 6 | 4 | 5 | 6 | 6 | 7 | 7 | 8 | 9 | 9 | 10 | 10 | 11 | 9 | 10 |
| 2 十一 | 2 十 | 3 | 3 | 4 | 5 | 5 | 6 | 6 | 7 | 5 | 6 | 7 | 7 | 8 | 8 | 9 | 10 | 10 | 11 | 11 | 12 | 10 | 11 |
| 3 | 3 | 4 九 | 4 八 | 5 | 6 | 6 | 7 | 7 | 8 | 6 | 7 | 8 | 8 | 9 | 9 | 10 | 11 | 11 | 12 | 12 | 13 | 11 | 12 |
| 4 **4** | 4 **3** | 5 | 5 | 6 七 | 7 六 | 7 五 | 8 | 8 | 9 | 7 | 8 | 9 | 9 | 10 | 10 | 11 | 12 | 12 | 13 | 13 | 14 | 12 | 13 |
| 5 | 5 | 6 **2** | 6 **1** | 7 **12** | 8 **11** | 8 | 9 四 | 9 三 | 10 二 | 8 | 9 | 10 | 10 | 11 | 11 | 12 | 13 | 13 | 14 | 14 | 15 | 13 | 14 |
| 6 | 6 | 7 | 7 | 8 | 9 | 9 **10** | 10 **9** | 10 | 11 | 9 正 | 10 十二 | 11 | 11 | 12 | 12 | 13 | 14 | 14 | 15 | 15 | 16 | 14 | 15 |
| 7 | 7 | 8 | 8 | 9 | 10 | 10 | 11 | 11 **8** | 12 **7** | 10 | 11 | 12 十一 | 12 十 | 13 | 13 | 14 | 15 | 15 | 16 | 16 | 17 | 15 | 16 |
| 8 | 8 | 9 | 9 | 10 | 11 | 11 | 12 | 12 | 13 | 11 **6** | 12 **5** | 13 | 13 | 14 九 | 14 | 15 | 16 | 16 | 17 | 17 | 18 | 16 | 17 |
| 9 | 9 | 10 | 10 | 11 | 12 | 12 | 13 | 13 | 14 | 12 | 13 | 14 **4** | 14 **3** | 15 | 15 八 | 16 七 | 17 | 17 | 18 | 18 | 19 | 17 | 18 |
| 10 | 10 | 11 | 11 | 12 | 13 | 13 | 14 | 14 | 15 | 13 | 14 | 15 | 15 | 16 **2** | 16 **1** | 17 | 18 六 | 18 五 | 19 | 19 | 20 | 18 | 19 |
| 11 | 11 | 12 | 12 | 13 | 14 | 14 | 15 | 15 | 16 | 14 | 15 | 16 | 16 | 17 | 17 | 18 **12** | 19 **11** | 19 | 20 四 | 20 三 | 21 二 | 19 | 20 |
| 12 | 12 | 13 | 13 | 14 | 15 | 15 | 16 | 16 | 17 | 15 | 16 | 17 | 17 | 18 | 18 | 19 | 20 | 20 **10** | 21 **9** | 21 | 22 | 20 正 | 21 十二 |
| 13 | 13 | 14 | 14 | 15 | 16 | 16 | 17 | 17 | 18 | 16 | 17 | 18 | 18 | 19 | 19 | 20 | 21 | 21 | 22 | 22 **8** | 23 **7** | 21 | 22 |
| 14 | 14 | 15 | 15 | 16 | 17 | 17 | 18 | 18 | 19 | 17 | 18 | 19 | 19 | 20 | 20 | 21 | 22 | 22 | 23 | 23 | 24 | 22 **6** | 23 **5** |
| 15 | 15 | 16 | 16 | 17 | 18 | 18 | 19 | 19 | 20 | 18 | 19 | 20 | 20 | 21 | 21 | 22 | 23 | 23 | 24 | 24 | 25 | 23 | 24 |
| 16 | 16 | 17 | 17 | 18 | 19 | 19 | 20 | 20 | 21 | 19 | 20 | 21 | 21 | 22 | 22 | 23 | 24 | 24 | 25 | 25 | 26 | 24 | 25 |
| 17 | 17 | 18 | 18 | 19 | 20 | 20 | 21 | 21 | 22 | 20 | 21 | 22 冬 | 22 | 23 | 23 | 24 | 25 | 25 | 26 | 26 | 27 | 25 | 26 |
| 18 | 18 | 19 | 19 | 20 | 21 | 21 | 22 | 22 | 23 | 21 | 22 | 23 | 23 | 24 | 24 | 25 | 26 | 26 | 27 | 27 | 28 | 26 | 27 |
| 19 | 19 | 20 | 20 | 21 | 22 | 22 | 23 | 23 | 24 | 22 | 23 | 24 | 24 | 25 | 25 | 26 | 27 | 27 | 28 | 28 | 29 | 27 | 28 |
| 20 | 20 | 21 | 21 | 22 | 23 | 23 | 24 | 24 | 25 | 23 | 24 | 25 | 25 | 26 | 26 | 27 | 28 | 28 | 29 | 29 | 30 | 28 | 29 |
| 21 | 21 | 22 | 22 | 23 | 24 | 24 | 25 | 25 | 26 | 24 | 25 | 26 | 26 | 27 | 27 | 28 | 29 | 29 | 30 | 30 | 31 | **3** | 30 |

一九八八 戊辰

一九八七 丁卯

1409 1408

| | | | | | | | | | | | | | | | | | | | | | | | | |
|---|---|---|---|---|---|---|---|---|---|---|---|---|---|---|---|---|---|---|---|---|---|---|---|---|
| 11 | 11 4 | 12 3 | 12 | 13 | 14六 | 14五 | 15 | 15 | 16 | 15 | 16 | 17 | 17 | 18 | 18 | 19 | 20 | 20 | 21 | 21 | 22 | 20 | 21 | 22冬 |
| 12 | 12 | 13 | 13 2 | 14 1 | 15 | 15 | 16四 | 16三 | 17 | 16 | 17 | 18 | 18 | 19 | 19 | 20 | 21 | 21 | 22 | 22 | 23 | 21 | 22 | 23 |
| 13 | 13 | 14 | 14 | 15 | 16 12 | 16 11 | 17 | 17 | 18二 | 17正 | 18 | 19 | 19 | 20 | 20 | 21 | 22 | 22 | 23 | 23 | 24 | 22 | 23 | 24 |
| 14 | 14 | 15 | 15 | 16 | 17 | 17 | 18 10 | 18 9 | 19 | 18 | 19十二 | 20 | 20 | 21 | 21 | 22 | 23 | 23 | 24 | 24 | 25 | 23 | 24 | 25 |
| 15 | 15 | 16 | 16 | 17 | 18 | 18 | 19 | 19 | 20 8 | 19 7 | 20 | 21十一 | 21十 | 22 | 22 | 23 | 24 | 24 | 25 | 25 | 26 | 24 | 25 | 26 |
| 16 | 16 | 17 | 17 | 18 | 19 | 19 | 20 | 20 | 21 | 20 | 21 6 | 22冬 5 | 22 | 23九 | 23八 | 24七 | 25 | 25 | 26 | 26 | 27 | 25 | 26 | 27 |
| 17 | 17 | 18 | 18 | 19 | 20 | 20 | 21 | 21 | 22 | 21 | 22 | 23 | 23 4 | 24 3 | 24 | 25 | 26閏 | 26六 | 27五 | 27 | 28 | 26 | 27 | 28 |
| 18 | 18 | 19 | 19 | 20 | 21 | 21 | 22 | 22 | 23 | 22 | 23 | 24 | 24 | 25 | 25 2 | 26 1 | 27 | 27 | 28 | 28四 | 29三 | 27 | 28 | 29 |
| 19 | 19 | 20 | 20 | 21 | 22 | 22 | 23 | 23 | 24 | 23 | 24 | 25 | 25 | 26 | 26 | 27 | 28 12 | 28 11 | 29 | 29 | 30 | 28二 | 29正 | 30 |
| 20 | 20 | 21 | 21 | 22 | 23 | 23 | 24 | 24 | 25 | 24 | 25 | 26 | 26 | 27 | 27 | 28 | 29 | 29 | 30 10 | 30 9 | 31 | **3** | 30 | 31十二 |
| 21 | 21 | 22 | 22 | 23 | 24 | 24 | 25 | 25 | 26 | 25 | 26 | 27 | 27 | 28 | 28 | 29 | 30 | 30 | 31 | **5** | **4** 8 | 2 7 | 31 | **1** |
| 22冬 | 22 | 23 | 23 | 24 | 25 | 25 | 26 | 26 | 27 | 26 | 27 | 28 | 28 | 29 | 29 | 30 | 31 | **7** | **6** | 2 | 2 | 3 | **2** 6 | 2 5 |
| 23 | 23 | 24 | 24 | 25 | 26 | 26 | 27 | 27 | 28 | 27 | 28 | 29 | 29 | 30 | 30 | 31 | **8** | 2 | 2 | 3 | 3 | 4 | 2 | 3 |
| 24 | 24 | 25 | 25 | 26 | 27 | 27 | 28 | 28 | 29 | 28 | 29 | 30 | 30 | 31 | **10** | **9** | 2 | 3 | 3 | 4 | 4 | 5 | 3 | 4 |
| 25 | 25 | 26 | 26 | 27 | 28 | 28 | 29 | 29 | 30 | 29 | 30 | 31 | **12** | **11** | 2 | 2 | 3 | 4 | 4 | 5 | 5 | 6 | 4 | 5 |
| 26 | 26 | 27 | 27 | 28 | 29 | 29 | 30 | 30 | 31 | **3** | 31 | **1** | 2 | 2 | 3 | 3 | 4 | 5 | 5 | 6 | 6 | 7 | 5 | 6 |
| 27 | 27 | 28 | 28 | 29 | 30 | 30 | 31 | **5** | **4** | 2 | **2** | 2 | 3 | 3 | 4 | 4 | 5 | 6 | 6 | 7 | 7 | 8 | 6 | 7 |
| 28 | 28 | 29 | 29 | 30 | 31 | **7** | **6** | 2 | 2 | 3 | 2 | 3 | 4 | 4 | 5 | 5 | 6 | 7 | 7 | 8 | 8 | 9 | 7 | 8 |
| 29 | 29 | 30 | 30 | 31 | **8** | 2 | 2 | 3 | 3 | 4 | 3 | 4 | 5 | 5 | 6 | 6 | 7 | 8 | 8 | 9 | 9 | 10 | 8 | 9 |
| 30 | 30 | 31 | **10** | **9** | 2 | 3 | 3 | 4 | 4 | 5 | 4 | 5 | 6 | 6 | 7 | 7 | 8 | 9 | 9 | 10 | 10 | 11 | 9 | 10 |
| 31 | **12** | **11** | 2 | 2 | 3 | 4 | 4 | 5 | 5 | 6 | 5 | 6 | 7 | 7 | 8 | 8 | 9 | 10 | 10 | 11 | 11 | 12 | 10 | 11 |
| 日 | 2 | 2 | 3 | 3 | 4 | 5 | 5 | 6 | 6 | 7 | 6 | 7 | 8 | 8 | 9 | 9 | 10 | 11 | 11 | 12 | 12 | 13 | 11 | 12 |
| 曜 | 3 | 3 | 4 | 4 | 5 | 6 | 6 | 7 | 7 | 8 | 7 | 8 | 9 | 9 | 10 | 10 | 11 | 12 | 12 | 13 | 13 | 14 | 12 | 13 |
| 表 | 4 | 4 | 5 | 5 | 6 | 7 | 7 | 8 | 8 | 9 | 8 | 9 | 10 | 10 | 11 | 11 | 12 | 13 | 13 | 14 | 14 | 15 | 13 | 14 |
| 7 | 5 | 5 | 6 | 6 | 7 | 8 | 8 | 9 | 9 | 10 | 9 | 10 | 11 | 11 | 12 | 12 | 13 | 14 | 14 | 15 | 15 | 16 | 14 | 15 |
| 甲 | 6 | 6 | 7 | 7 | 8 | 9 | 9 | 10 | 10 | 11 | 10 | 11 | 12 | 12 | 13 | 13 | 14 | 15 | 15 | 16 | 16 | 17 | 15 | 16 |
| 子 | 7 | 7 | 8 | 8 | 9 | 10 | 10 | 11 | 11 | 12 | 11 | 12 | 13 | 13 | 14 | 14 | 15 | 16 | 16 | 17 | 17 | 18 | 16 | 17 |
| 表 | 8 | 8 | 9 | 9 | 10 | 11 | 11 | 12 | 12 | 13 | 12 | 13 | 14 | 14 | 15 | 15 | 16 | 17 | 17 | 18 | 18 | 19 | 17 | 18 |
| 42 | 9十一 | 9十 | 10 | 10 | 11 | 12 | 12 | 13 | 13 | 14 | 13 | 14 | 15 | 15 | 16 | 16 | 17 | 18 | 18 | 19 | 19 | 20 | 18 | 19 |
| | 10 5 | 10 | 11九 | 11八 | 12七 | 13 | 13 | 14 | 14 | 15 | 14 | 15 | 16 | 16 | 17 | 17 | 18 | 19 | 19 | 20 | 20 | 21 | 19 | 20 |

中西回史日曆　卷二〇　中華人民共和國　一三三　勵耘書屋

| 一九九〇 庚午 1411 | | | | | | | | | | | | 一九八九 己巳 1410 | | | | | | | | | | | |
|---|---|---|---|---|---|---|---|---|---|---|---|---|---|---|---|---|---|---|---|---|---|---|---|
| 22 | 23 | 23 | 24 | 25 | 25 12 | 26 11 | 26 | 27 三 | 25 二 | 26 | 27 | 27 | 28 | 28 | 29 | 30 | 30 | 31 | 5 | 4 | 2 | 31 | 1 |
| 23 | 24 | 24 | 25 | 26 | 26 | 27 | 27 10 | 28 9 | 26 | 27 正 | 28 十二 | 28 十一 | 29 十 | 29 | 30 | 31 | 7 | 6 | 2 | 2 | 3 | 2 | 2 |
| 24 | 25 | 25 | 26 | 27 | 27 | 28 | 28 | 29 | 27 8 | 28 7 | 29 | 29 | 30 | 30 九 | 31 八 | 8 七 | 2 | 2 | 3 | 3 | 4 | 2 | 3 |
| 25 | 26 | 26 | 27 | 28 | 28 | 29 | 29 | 30 | 28 | 29 | 30 6 | 30 5 | 31 | 10 | 9 | 2 | 3 六 | 3 | 4 | 4 | 5 | 3 | 4 |
| 26 | 27 | 27 | 28 | 29 | 29 | 30 | 30 | 31 | 3 | 30 | 31 | 12 | 11 4 | 2 3 | 2 | 3 | 4 | 4 五 | 5 四 | 5 | 6 | 4 | 5 |
| 27 | 28 | 28 | 29 | 30 | 30 | 31 | 5 | 4 | 2 | 31 | 1 | 2 | 2 | 3 | 3 2 | 4 1 | 5 12 | 5 11 | 6 | 6 三 | 7 | 5 | 6 |
| 28 | 29 | 29 | 30 | 31 | 7 | 6 | 2 | 2 | 3 | 2 | 2 | 3 | 3 | 4 | 4 | 5 | 6 | 6 | 7 10 | 7 9 | 8 二 | 6 正 | 7 |
| 29 | 30 | 30 | 31 | 8 | 2 | 2 | 3 | 3 | 4 | 2 | 3 | 4 | 4 | 5 | 5 | 6 | 7 | 7 | 8 | 8 | 9 8 | 7 7 | 8 十二 |
| 30 | 31 | 10 | 9 | 2 | 3 | 3 | 4 | 4 | 5 | 3 | 4 | 5 | 5 | 6 | 6 | 7 | 8 | 8 | 9 | 9 | 10 | 8 | 9 6 |
| 12 | 11 | 2 | 2 | 3 | 4 | 4 | 5 | 5 | 6 | 4 | 5 | 6 | 6 | 7 | 7 | 8 | 9 | 9 | 10 | 10 | 11 | 9 | 10 |
| 2 | 2 | 3 | 3 | 4 | 5 | 5 | 6 | 6 | 7 | 5 | 6 | 7 | 7 | 8 | 8 | 9 | 10 | 10 | 11 | 11 | 12 | 10 | 11 |
| 3 | 3 | 4 | 4 | 5 | 6 | 6 | 7 | 7 | 8 | 6 | 7 | 8 | 8 | 9 | 9 | 10 | 11 | 11 | 12 | 12 | 13 | 11 | 12 |
| 4 | 4 | 5 | 5 | 6 | 7 | 7 | 8 | 8 | 9 | 7 | 8 | 9 | 9 | 10 | 10 | 11 | 12 | 12 | 13 | 13 | 14 | 12 | 13 |
| 5 | 5 | 6 | 6 | 7 | 8 | 8 | 9 | 9 | 10 | 8 | 9 | 10 | 10 | 11 | 11 | 12 | 13 | 13 | 14 | 14 | 15 | 13 | 14 |
| 6 | 6 | 7 | 7 | 8 | 9 | 9 | 10 | 10 | 11 | 9 | 10 | 11 | 11 | 12 | 12 | 13 | 14 | 14 | 15 | 15 | 16 | 14 | 15 |
| 7 | 7 | 8 | 8 | 9 | 10 | 10 | 11 | 11 | 12 | 10 | 11 | 12 | 12 | 13 | 13 | 14 | 15 | 15 | 16 | 16 | 17 | 15 | 16 |
| 8 | 8 | 9 | 9 | 10 | 11 | 11 | 12 | 12 | 13 | 11 | 12 | 13 | 13 | 14 | 14 | 15 | 16 | 16 | 17 | 17 | 18 | 16 | 17 |
| 9 | 9 | 10 | 10 | 11 | 12 | 12 | 13 | 13 | 14 | 12 | 13 | 14 | 14 | 15 | 15 | 16 | 17 | 17 | 18 | 18 | 19 | 17 | 18 |
| 10 | 10 | 11 | 11 | 12 | 13 | 13 | 14 | 14 | 15 | 13 | 14 | 15 | 15 | 16 | 16 | 17 | 18 | 18 | 19 | 19 | 20 | 18 | 19 |
| 11 | 11 | 12 | 12 | 13 | 14 | 14 | 15 | 15 | 16 | 14 | 15 | 16 | 16 | 17 | 17 | 18 | 19 | 19 | 20 | 20 | 21 | 19 | 20 |
| 12 | 12 | 13 | 13 | 14 | 15 | 15 | 16 | 16 | 17 | 15 | 16 | 17 | 17 | 18 | 18 | 19 | 20 | 20 | 21 | 21 | 22 | 20 | 21 |
| 13 | 13 | 14 | 14 | 15 | 16 | 16 | 17 | 17 | 18 | 16 | 17 | 18 | 18 | 19 | 19 | 20 | 21 | 21 | 22 | 22 | 23 | 21 | 22 |
| 14 | 14 | 15 | 15 | 16 | 17 | 17 | 18 | 18 | 19 | 17 | 18 | 19 | 19 | 20 | 20 | 21 | 22 | 22 | 23 | 23 | 24 | 22 | 23 |
| 15 | 15 | 16 | 16 | 17 | 18 | 18 | 19 | 19 | 20 | 18 | 19 | 20 | 20 | 21 | 21 | 22 | 23 | 23 | 24 | 24 | 25 | 23 | 24 |
| 16 | 16 | 17 | 17 | 18 | 19 | 19 | 20 | 20 | 21 | 19 | 20 | 21 | 21 | 22 | 22 | 23 | 24 | 24 | 25 | 25 | 26 | 24 | 25 |
| 17 十一 | 17 十 | 18 九 | 18 | 19 | 20 | 20 | 21 | 21 | 22 | 20 | 21 | 22 冬 | 22 | 23 | 23 | 24 | 25 | 25 | 26 | 26 | 27 | 25 | 26 |
| 18 | 18 | 19 | 19 八 | 20 七 | 21 | 21 | 22 | 22 | 23 | 21 | 22 | 23 | 23 | 24 | 24 | 25 | 26 | 26 | 27 | 27 | 28 | 26 | 27 |
| 19 6 | 19 5 | 20 | 20 | 21 | 22 六 | 22 | 23 | 23 | 24 | 22 | 23 | 24 | 24 | 25 | 25 | 26 | 27 | 27 | 28 | 28 | 29 | 27 | 28 |
| 20 | 20 | 21 4 | 21 3 | 22 | 23 | 23 閏 | 24 五 | 24 | 25 | 23 | 24 | 25 | 25 | 26 | 26 | 27 | 28 | 28 | 29 | 29 | 30 | 28 | 29 |
| 21 | 21 | 22 | 22 | 23 2 | 24 1 | 24 | 25 | 25 四 | 26 | 24 | 25 | 26 | 26 | 27 | 27 | 28 | 29 | 29 | 30 | 30 | 31 | 3 | 30 |

一九九二 壬申

本年回曆十一月一日即中曆四月朔

1413

一九九一 辛未

1412

| | | | | | | | | | | | | | | | | | | | | | | | | |
|---|---|---|---|---|---|---|---|---|---|---|---|---|---|---|---|---|---|---|---|---|---|---|---|---|
| 11 | 11 | 12 | 12 | 13 | 14 | 14 | 15 | 15 | 16 | 15 | 16 | 17 | 17 | 18 | 18 | 19 | 20 | 20 | 21 | 21 | 22 | 20 | 21 | 22冬 |
| 12 | 12 | 13 | 13 | 14 | 15 | 15 | 16 | 16 | 17 | 16 | 17 | 18 | 18 | 19 | 19 | 20 | 21 | 21 | 22 | 22 | 23 | 21 | 22 | 23 |
| 13 | 13 | 14 | 14 | 15 | 16 | 16 | 17 | 17 | 18 | 17 | 18 | 19 | 19 | 20 | 20 | 21 | 22 | 22 | 23 | 23 | 24 | 22 | 23 | 24 |
| 14 | 14 | 15 | 15 | 16 | 17 | 17 | 18 | 18 | 19 | 18 | 19 | 20 | 20 | 21 | 21 | 22 | 23 | 23 | 24 | 24 | 25 | 23 | 24 | 25 |
| 15 | 15 | 16 | 16 | 17 | 18 | 18 | 19 | 19 | 20 | 19 | 20 | 21 | 21 | 22 | 22 | 23 | 24 | 24 | 25 | 25 | 26 | 24 | 25 | 26 |
| 16 | 16 | 17 | 17 | 18 | 19 | 19 | 20 | 20 | 21 | 20 | 21 | 22冬 | 22 | 23 | 23 | 24 | 25 | 25 | 26 | 26 | 27 | 25 | 26 | 27 |
| 17 | 17 | 18 | 18 | 19 | 20 | 20 | 21 | 21 | 22 | 21 | 22 | 23 | 23 | 24 | 24 | 25 | 26 | 26 | 27 | 27 | 28 | 26 | 27 | 28 |
| 18 | 18 | 19 | 19 | 20 | 21 | 21 | 22 | 22 | 23 | 22 | 23 | 24 | 24 | 25 | 25 | 26 | 27 | 27 | 28 | 28 | 29 | 27 | 28 | 29 |
| 19 | 19 | 20 | 20 | 21 | 22 | 22 | 23 | 23 | 24 | 23 | 24 | 25 | 25 | 26 | 26 | 27 | 28 | 28 | 29 | 29 | 30 | 28 | 29 | 30 |
| 20 | 20 | 21 | 21 | 22 | 23 | 23 | 24 | 24 | 25 | 24 | 25 | 26 | 26 | 27 | 27 | 28 | 29 | 29 | 30 | 30 | 31 | **3** | 30 | 31 |
| 21冬 | 21 | 22 | 22 | 23 | 24 | 24 | 25 | 25 | 26 | 25 | 26 | 27 | 27 | 28 | 28 | 29 | 30 | 30 | 31 | **5** | **4** | 2 | 31 | **1** |
| 22 | 22 | 23 | 23 | 24 | 25 | 25 | 26 | 26 | 27 | 26 | 27 | 28 | 28 | 29 | 29 | 30 | 31 | **7** | **6** | 2 | 2 | 3 | **2** | 2 |
| 23 | 23 | 24 | 24 | 25 | 26 | 26 | 27 | 27 | 28 | 27 | 28 | 29 | 29 | 30 | 30 | 31 | **8** | 2 | 2 | 3 | 3 | 4 | 2 | 3 |
| 24十二 | 24十一 | 25 | 25 | 26 | 27 | 27 | 28 | 28 | 29 | 28 | 29 | 30 | 30 | 31 | **10** | **9** | 2 | 3 | 3 | 4 | 4 | 5 | 3 | 4 |
| 25 | 25 | 26十 | 26九 | 27 | 28 | 28 | 29 | 29 | 30 | 29 | 30 | 31 | **12** | **11** | 2 | 2 | 3 | 4 | 4 | 5 | 5 | 6 | 4 | 5 |
| 26 | 7 26 | 27 | 27 | 28八 | 29 | 29 | 30 | 30 | 31 | **3** | 31 | **1** | 2 | 2 | 3 | 3 | 4 | 5 | 5 | 6 | 6 | 7 | 5 | 6 |
| 27 | 27 | 6 28 | 5 28 | 29 | 30七 | 30六 | 31 | **5** | **4** | 2 | **2** | 2 | 3 | 3 | 4 | 4 | 5 | 6 | 6 | 7 | 7 | 8 | 6 | 7 |
| 28 | 28 | 29 | 29 | 4 30 | 3 31 | **7** | **6**五 | 2 | 2 | 3 | 2 | 3 | 4 | 4 | 5 | 5 | 6 | 7 | 7 | 8 | 8 | 9 | 7 | 8 |
| 29 | 29 | 30 | 30 | 31 | **8** | 2 2 | 1 2 | 12 3四 | 3三 | 4二 | 3 | 4 | 5 | 5 | 6 | 6 | 7 | 8 | 8 | 9 | 9 | 10 | 8 | 9 |
| 30 | 30 | 31 | **10** | **9** | 2 | 3 | 3 | **4** | **4** | 10 5 | 9 4正 | 5十二 | 6十一 | 6十 | 7 | 7 | 8 | 9 | 9 | 10 | 10 | 11 | 9 | 10 |
| 31 | **12** | **11** | 2 | 2 | 3 | 4 | 4 | 5 | 5 | 6 | 5 | 8 6 | 7 7 | 7 | 8九 | 8八 | 9 | 10 | 10 | 11 | 11 | 12 | 10 | 11 |
| 日 | 2 | 2 | 3 | 3 | 4 | 5 | 5 | 6 | 6 | 7 | 6 | 7 | 8 | 6 8 | 5 9 | 9 | 10七 | 11 | 11 | 12 | 12 | 13 | 11 | 12 |
| 曜 | 3 | 3 | 4 | 4 | 5 | 6 | 6 | 7 | 7 | 8 | 7 | 8 | 9 | 9 | 10 | 4 10 | 3 11 | 12六 | 12五 | 13 | 13 | 14 | 12 | 13 |
| 表 | 4 | 4 | 5 | 5 | 6 | 7 | 7 | 8 | 8 | 9 | 8 | 9 | 10 | 10 | 11 | 11 | 12 | 2 13 | 1 13 | 14四 | 14 | 15 | 13 | 14 |
| 1 | 5 | 5 | 6 | 6 | 7 | 8 | 8 | 9 | 9 | 10 | 9 | 10 | 11 | 11 | 12 | 12 | 13 | 14 | 14 | 12 15 | 11 15三 | 16二 | 14 | 15 |
| 甲 | 6 | 6 | 7 | 7 | 8 | 9 | 9 | 10 | 10 | 11 | 10 | 11 | 12 | 12 | 13 | 13 | 14 | 15 | 15 | 16 | 16 | 10 17 | 9 15正 | 16十二 | |
| 子 | 7 | 7 | 8 | 8 | 9 | 10 | 10 | 11 | 11 | 12 | 11 | 12 | 13 | 13 | 14 | 14 | 15 | 16 | 16 | 17 | 17 | 18 | 16 | 8 17 7 | |
| 表 | 8 | 8 | 9 | 9 | 10 | 11 | 11 | 12 | 12 | 13 | 12 | 13 | 14 | 14 | 15 | 15 | 16 | 17 | 17 | 18 | 18 | 19 | 17 | 18 | |
| 43 | 9 | 9 | 10 | 10 | 11 | 12 | 12 | 13 | 13 | 14 | 13 | 14 | 15 | 15 | 16 | 16 | 17 | 18 | 18 | 19 | 19 | 20 | 18 | 19 | |
| | 10 | 10 | 11 | 11 | 12 | 13 | 13 | 14 | 14 | 15 | 14 | 15 | 16 | 16 | 17 | 17 | 18 | 19 | 19 | 20 | 20 | 21 | 19 | 20 | |

| 一九九四 甲戌 1415 | | | | | | | | | | | | 一九九三 癸酉 1414 | | | | | | | | | | | |
|---|---|---|---|---|---|---|---|---|---|---|---|---|---|---|---|---|---|---|---|---|---|---|---|
| 22 | 23 | 23 | 24 | 25 | 25 | 26 | 26 | 27 | 25 | 26 | 27 | 27 | 28 | 28 | 29 | 30 | 30 | 31 | **5** | **4** | 2 | 31 | **1** |
| 23 | 24 | 24 | 25 | 26 | 26 | 27 | 27 | 28 | 26 | 27 | 28 | 28 | 29 | 29 | 30 | 31 | **7** | **6** | 2 | 2 | 3 | **2** | 2 |
| 24 | 25 | 25 | 26 | 27 | 27 | 28 | 28 | 29 | 27 | 28 | 29 | 29 | 30 | 30 | 31 | **8** | 2 | 2 | 3 | 3 | 4 | 2 | 3 |
| 25 | 26 | 26 | 27 | 28 | 28 | 29 | 29 | 30 | 28 | 29 | 30 | 30 | 31 | **10** | **9** | 2 | 3 | 3 | 4 | 4 | 5 | 3 | 4 |
| 26 | 27 | 27 | 28 | 29 | 29 | 30 | 30 | 31 | **3** | 30 | 31 | **12** | **11** | 2 | 2 | 3 | 4 | 4 | 5 | 5 | 6 | 4 | 5 |
| 27 | 28 | 28 | 29 | 30 | 30 | 31 | **5** | **4** | 2 | 31 | **1** | 2 | 2 | 3 | 3 | 4 | 5 | 5 | 6 | 6 | 7 | 5 | 6 |
| 28 | 29 | 29 | 30 | 31 | **7** | **6** | 2 | 2 | 3 | **2** | 2 | 3 | 3 | 4 | 4 | 5 | 6 | 6 | 7 | 7 | 8 | 6 | 7 |
| 29 | 30 | 30 | 31 | **8** | 2 | 2 | 3 | 3 | 4 | 2 | 3 | 4 | 4 | 5 | 5 | 6 | 7 | 7 | 8 | 8 | 9 | 7 | 8 |
| 30 | 31 | **10** | **9** | 2 | 3 | 3 | 4 | 4 | 5 | 3 | 4 | 5 | 5 | 6 | 6 | 7 | 8 | 8 | 9 | 9 | 10 | 8 | 9 |
| **12** | **11** | 2 | 2 | 3 | 4 | 4 | 5 | 5 | 6 | 4 | 5 | 6 | 6 | 7 | 7 | 8 | 9 | 9 | 10 | 10 | 11 | 9 | 10 |
| 2 | 2 | 3 | 3 | 4 | 5 | 5 | 6 | 6 | 7 | 5 | 6 | 7 | 7 | 8 | 8 | 9 | 10 | 10 | 11 | 11 | 12 | 10 | 11 |
| 3 十一 | 3 十 | 4 | 4 | 5 | 6 | 6 | 7 | 7 | 8 | 6 | 7 | 8 | 8 | 9 | 9 | 10 | 11 | 11 | 12 | 12 | 13 | 11 | 12 |
| 4 **7** | 4 | 5 九 | 5 | 6 | 7 | 7 | 8 | 8 | 9 | 7 | 8 | 9 | 9 | 10 | 10 | 11 | 12 | 12 | 13 | 13 | 14 | 12 | 13 |
| 5 | 5 **6** | 6 **5** | 6 八 | 7 七 | 8 | 8 | 9 | 9 | 10 | 8 | 9 | 10 | 10 | 11 | 11 | 12 | 13 | 13 | 14 | 14 | 15 | 13 | 14 |
| 6 | 6 | 7 | 7 **4** | 8 **3** | 9 六 | 9 五 | 10 | 10 | 11 | 9 | 10 | 11 | 11 | 12 | 12 | 13 | 14 | 14 | 15 | 15 | 16 | 14 | 15 |
| 7 | 7 | 8 | 8 | 9 | 10 **2** | 10 **1** | 11 四 | 11 三 | 12 二 | 10 正 | 11 | 12 | 12 | 13 | 13 | 14 | 15 | 15 | 16 | 16 | 17 | 15 | 16 |
| 8 | 8 | 9 | 9 | 10 | 11 | 11 | 12 **12** | 12 **11** | 13 | 11 | 12 十二 | 13 十一 | 13 | 14 | 14 | 15 | 16 | 16 | 17 | 17 | 18 | 16 | 17 |
| 9 | 9 | 10 | 10 | 11 | 12 | 12 | 13 | 13 | 14 **10** | 12 **9** | 13 | 14 | 14 十 | 15 九 | 15 | 16 | 17 | 17 | 18 | 18 | 19 | 17 | 18 |
| 10 | 10 | 11 | 11 | 12 | 13 | 13 | 14 | 14 | 15 | 13 | 14 **8** | 15 **7** | 15 | 16 | 16 八 | 17 | 18 | 18 | 19 | 19 | 20 | 18 | 19 |
| 11 | 11 | 12 | 12 | 13 | 14 | 14 | 15 | 15 | 16 | 14 | 15 | 16 | 16 **6** | 17 **5** | 17 | 18 七 | 19 六 | 19 | 20 | 20 | 21 | 19 | 20 |
| 12 | 12 | 13 | 13 | 14 | 15 | 15 | 16 | 16 | 17 | 15 | 16 | 17 | 17 | 18 | 18 **4** | 19 **3** | 20 | 20 五 | 21 四 | 21 | 22 | 20 | 21 |
| 13 | 13 | 14 | 14 | 15 | 16 | 16 | 17 | 17 | 18 | 16 | 17 | 18 | 18 | 19 | 19 | 20 | 21 **2** | 21 **1** | 22 | 22 閏 | 23 三 | 21 二 | 22 |
| 14 | 14 | 15 | 15 | 16 | 17 | 17 | 18 | 18 | 19 | 17 | 18 | 19 | 19 | 20 | 20 | 21 | 22 | 22 | 23 **12** | 23 **11** | 24 | 22 | 23 正 |
| 15 | 15 | 16 | 16 | 17 | 18 | 18 | 19 | 19 | 20 | 18 | 19 | 20 | 20 | 21 | 21 | 22 | 23 | 23 | 24 | 24 | 25 **10** | 23 **9** | 24 |
| 16 | 16 | 17 | 17 | 18 | 19 | 19 | 20 | 20 | 21 | 19 | 20 | 21 | 21 | 22 | 22 | 23 | 24 | 24 | 25 | 25 | 26 | 24 | 25 **8** |
| 17 | 17 | 18 | 18 | 19 | 20 | 20 | 21 | 21 | 22 | 20 | 21 | 22 冬 | 22 | 23 | 23 | 24 | 25 | 25 | 26 | 26 | 27 | 25 | 26 |
| 18 | 18 | 19 | 19 | 20 | 21 | 21 | 22 | 22 | 23 | 21 | 22 | 23 | 23 | 24 | 24 | 25 | 26 | 26 | 27 | 27 | 28 | 26 | 27 |
| 19 | 19 | 20 | 20 | 21 | 22 | 22 | 23 | 23 | 24 | 22 | 23 | 24 | 24 | 25 | 25 | 26 | 27 | 27 | 28 | 28 | 29 | 27 | 28 |
| 20 | 20 | 21 | 21 | 22 | 23 | 23 | 24 | 24 | 25 | 23 | 24 | 25 | 25 | 26 | 26 | 27 | 28 | 28 | 29 | 29 | 30 | 28 | 29 |
| 21 | 21 | 22 | 22 | 23 | 24 | 24 | 25 | 25 | 26 | 24 | 25 | 26 | 26 | 27 | 27 | 28 | 29 | 29 | 30 | 30 | 31 | **3** | 30 |

一九九六 丙子 1417　　一九九五 乙亥 1416

| | | | | | | | | | | | | | | | | | | | | | | | | |
|---|---|---|---|---|---|---|---|---|---|---|---|---|---|---|---|---|---|---|---|---|---|---|---|---|
| 11土 | 11十 | 12九 | 12 | 13 | 14 | 14 | 15 | 15 | 16 | 15 | 16 | 17 | 17 | 18 | 18 | 19 | 20 | 20 | 21 | 21 | 22 | 20 | 21 | 22冬 |
| 12 8 | 12 7 | 13 | 13八 | 14七 | 15 | 15 | 16 | 16 | 17 | 16 | 17 | 18 | 18 | 19 | 19 | 20 | 21 | 21 | 22 | 22 | 23 | 21 | 22 | 23 |
| 13 | 13 | 14 6 | 14 5 | 15 | 16六 | 16五 | 17四 | 17 | 18 | 17 | 18 | 19 | 19 | 20 | 20 | 21 | 22 | 22 | 23 | 23 | 24 | 22 | 23 | 24 |
| 14 | 14 | 15 | 15 | 16 4 | 17 3 | 17 | 18 | 18三 | 19二 | 18 | 19 | 20 | 20 | 21 | 21 | 22 | 23 | 23 | 24 | 24 | 25 | 23 | 24 | 25 |
| 15 | 15 | 16 | 16 | 17 | 18 | 18 2 | 19 1 | 19 | 20 | 19正 | 20土 | 21 | 21 | 22 | 22 | 23 | 24 | 24 | 25 | 25 | 26 | 24 | 25 | 26 |
| 16 | 16 | 17 | 17 | 18 | 19 | 19 | 20 | 20 12 | 21 11 | 20 | 21 | 22土 | 22十 | 23 | 23 | 24 | 25 | 25 | 26 | 26 | 27 | 25 | 26 | 27 |
| 17 | 17 | 18 | 18 | 19 | 20 | 20 | 21 | 21 | 22 | 21 10 | 22 9 | 23 | 23 | 24九 | 24 | 25 | 26 | 26 | 27 | 27 | 28 | 26 | 27 | 28 |
| 18 | 18 | 19 | 19 | 20 | 21 | 21 | 22 | 22 | 23 | 22 | 23 | 24 8 | 24 7 | 25 | 25閏 | 26八 | 27七 | 27 | 28 | 28 | 29 | 27 | 28 | 29 |
| 19 | 19 | 20 | 20 | 21 | 22 | 22 | 23 | 23 | 24 | 23 | 24 | 25 | 25 | 26 6 | 26 5 | 27 | 28 | 28六 | 29五 | 29 | 30 | 28 | 29 | 30 |
| 20 | 20 | 21 | 21 | 22 | 23 | 23 | 24 | 24 | 25 | 24 | 25 | 26 | 26 | 27 | 27 | 28 4 | 29 3 | 29 | 30 | 30四 | 31三 | 3二 | 30 | 31 |
| 21冬 | 21 | 22 | 22 | 23 | 24 | 24 | 25 | 25 | 26 | 25 | 26 | 27 | 27 | 28 | 28 | 29 | 30 | 30 2 | 31 1 | 5 12 | 4 11 | 2 | 31正 | 1土 |
| 22 | 22 | 23 | 23 | 24 | 25 | 25 | 26 | 26 | 27 | 26 | 27 | 28 | 28 | 29 | 29 | 30 | 31 | 7 | 6 | 2 | 2 | 3 10 | 2 9 | 2 |
| 23 | 23 | 24 | 24 | 25 | 26 | 26 | 27 | 27 | 28 | 27 | 28 | 29 | 29 | 30 | 30 | 31 | 8 | 2 | 2 | 3 | 3 | 4 | 2 | 3 8 |
| 24 | 24 | 25 | 25 | 26 | 27 | 27 | 28 | 28 | 29 | 28 | 29 | 30 | 30 | 31 | 10 | 9 | 2 | 3 | 3 | 4 | 4 | 5 | 3 | 4 |
| 25 | 25 | 26 | 26 | 27 | 28 | 28 | 29 | 29 | 30 | 29 | 30 | 31 | 12 | 11 | 2 | 2 | 3 | 4 | 4 | 5 | 5 | 6 | 4 | 5 |
| 26 | 26 | 27 | 27 | 28 | 29 | 29 | 30 | 30 | 31 | 3 | 31 | 1 | 2 | 2 | 3 | 3 | 4 | 5 | 5 | 6 | 6 | 7 | 5 | 6 |
| 27 | 27 | 28 | 28 | 29 | 30 | 30 | 31 | 5 | 4 | 2 | 2 | 2 | 3 | 3 | 4 | 4 | 5 | 6 | 6 | 7 | 7 | 8 | 6 | 7 |
| 28 | 28 | 29 | 29 | 30 | 31 | 7 | 6 | 2 | 2 | 3 | 2 | 3 | 4 | 4 | 5 | 5 | 6 | 7 | 7 | 8 | 8 | 9 | 7 | 8 |
| 29 | 29 | 30 | 30 | 31 | 8 | 2 | 2 | 3 | 3 | 4 | 3 | 4 | 5 | 5 | 6 | 6 | 7 | 8 | 8 | 9 | 9 | 10 | 8 | 9 |
| 30 | 30 | 31 | 10 | 9 | 2 | 3 | 3 | 4 | 4 | 5 | 4 | 5 | 6 | 6 | 7 | 7 | 8 | 9 | 9 | 10 | 10 | 11 | 9 | 10 |
| 31 | 12 | 11 | 2 | 2 | 3 | 4 | 4 | 5 | 5 | 6 | 5 | 6 | 7 | 7 | 8 | 8 | 9 | 10 | 10 | 11 | 11 | 12 | 10 | 11 |
| 日 | 2 | 2 | 3 | 3 | 4 | 5 | 5 | 6 | 6 | 7 | 6 | 7 | 8 | 8 | 9 | 9 | 10 | 11 | 11 | 12 | 12 | 13 | 11 | 12 |
| 曜 | 3 | 3 | 4 | 4 | 5 | 6 | 6 | 7 | 7 | 8 | 7 | 8 | 9 | 9 | 10 | 10 | 11 | 12 | 12 | 13 | 13 | 14 | 12 | 13 |
| 表 | 4 | 4 | 5 | 5 | 6 | 7 | 7 | 8 | 8 | 9 | 8 | 9 | 10 | 10 | 11 | 11 | 12 | 13 | 13 | 14 | 14 | 15 | 13 | 14 |
| 2 | 5 | 5 | 6 | 6 | 7 | 8 | 8 | 9 | 9 | 10 | 9 | 10 | 11 | 11 | 12 | 12 | 13 | 14 | 14 | 15 | 15 | 16 | 14 | 15 |
| 甲 | 6 | 6 | 7 | 7 | 8 | 9 | 9 | 10 | 10 | 11 | 10 | 11 | 12 | 12 | 13 | 13 | 14 | 15 | 15 | 16 | 16 | 17 | 15 | 16 |
| 子 | 7 | 7 | 8 | 8 | 9 | 10 | 10 | 11 | 11 | 12 | 11 | 12 | 13 | 13 | 14 | 14 | 15 | 16 | 16 | 17 | 17 | 18 | 16 | 17 |
| 表 | 8 | 8 | 9 | 9 | 10 | 11 | 11 | 12 | 12 | 13 | 12 | 13 | 14 | 14 | 15 | 15 | 16 | 17 | 17 | 18 | 18 | 19 | 17 | 18 |
| 44 | 9 | 9 | 10 | 10 | 11 | 12 | 12 | 13 | 13 | 14 | 13 | 14 | 15 | 15 | 16 | 16 | 17 | 18 | 18 | 19 | 19 | 20 | 18 | 19 |
| | 10 | 10 | 11 | 11 | 12 | 13 | 13 | 14 | 14 | 15 | 14 | 15 | 16 | 16 | 17 | 17 | 18 | 19 | 19 | 20 | 20 | 21 | 19 | 20 |

中西回史日曆

卷二〇　中華人民共和國

一二五

勵耘書屋

一九九八 戊寅　1419

一九九七 丁丑　1418

| | | | | | | | | | | | | | | | | | | | | | | | |
|---|---|---|---|---|---|---|---|---|---|---|---|---|---|---|---|---|---|---|---|---|---|---|---|
| 22 | 23 | 23 | 6 24 | 5 25 | 25 | 26 | 五 26 | 四 27 | 25 | 26 | 27 | 27 | 28 | 28 | 29 | 30 | 30 | 31 | **5** | **4** | 2 | 31 | **1** |
| 23 | 24 | 24 | 25 | 26 | 4 26 | 3 27 | 27 | 28 | 三 26 | 27 | 28 | 28 | 29 | 29 | 30 | 31 | **7** | **6** | 2 | 2 | 3 | **2** | 2 |
| 24 | 25 | 25 | 26 | 27 | 27 | 28 | 2 28 | 1 29 | 27 | 二 28 | 正 29 | 29 | 30 | 30 | 31 | **8** | 2 | 2 | 3 | 3 | 4 | 2 | 3 |
| 25 | 26 | 26 | 27 | 28 | 28 | 29 | 29 | 30 | 12 28 | 11 29 | 30 | 十二 30 | 十一 31 | 十 **10** | **9** | 2 | 3 | 3 | 4 | 4 | 5 | 3 | 4 |
| 26 | 27 | 27 | 28 | 29 | 29 | 30 | 30 | 31 | **3** | 30 | 10 31 | 9 **12** | **11** | 2 | 九 2 | 八 3 | 七 4 | 4 | 5 | 5 | 6 | **4** | 5 |
| 27 | 28 | 28 | 29 | 30 | 30 | 31 | **5** | **4** | 2 | 31 | **1** | 2 | 8 2 | 7 3 | 3 | 4 | 5 | 六 5 | 五 6 | 6 | 7 | 5 | 6 |
| 28 | 29 | 29 | 30 | 31 | **7** | **6** | 2 | 2 | 3 | **2** | 2 | 3 | 3 | 4 | 6 4 | 5 5 | 6 | 6 | 7 | 四 7 | 三 8 | 6 | 7 |
| 29 | 30 | 30 | 31 | **8** | 2 | 2 | 3 | 3 | 4 | 2 | 3 | 4 | 4 | 5 | 5 | 6 | 4 7 | 3 7 | 8 | 8 | 9 | 二 7 | 正 8 |
| 30 | 31 | **10** | **9** | 2 | 3 | 3 | 4 | 4 | 5 | 3 | 4 | 5 | 5 | 6 | 6 | 7 | 8 | 8 | 2 9 | 1 9 | 12 10 | 11 8 | 9 十二 |
| **12** | **11** | 2 | 2 | 3 | 4 | 4 | 5 | 5 | 6 | 4 | 5 | 6 | 6 | 7 | 7 | 8 | 9 | 9 | 10 | 10 | 11 | 9 | 10 10 9 |
| 2 | 2 | 3 | 3 | 4 | 5 | 5 | 6 | 6 | 7 | 5 | 6 | 7 | 7 | 8 | 8 | 9 | 10 | 10 | 11 | 11 | 12 | 10 | 11 |
| 3 | 3 | 4 | 4 | 5 | 6 | 6 | 7 | 7 | 8 | 6 | 7 | 8 | 8 | 9 | 9 | 10 | 11 | 11 | 12 | 12 | 13 | 11 | 12 |
| 4 | 4 | 5 | 5 | 6 | 7 | 7 | 8 | 8 | 9 | 7 | 8 | 9 | 9 | 10 | 10 | 11 | 12 | 12 | 13 | 13 | 14 | 12 | 13 |
| 5 | 5 | 6 | 6 | 7 | 8 | 8 | 9 | 9 | 10 | 8 | 9 | 10 | 10 | 11 | 11 | 12 | 13 | 13 | 14 | 14 | 15 | 13 | 14 |
| 6 | 6 | 7 | 7 | 8 | 9 | 9 | 10 | 10 | 11 | 9 | 10 | 11 | 11 | 12 | 12 | 13 | 14 | 14 | 15 | 15 | 16 | 14 | 15 |
| 7 | 7 | 8 | 8 | 9 | 10 | 10 | 11 | 11 | 12 | 10 | 11 | 12 | 12 | 13 | 13 | 14 | 15 | 15 | 16 | 16 | 17 | 15 | 16 |
| 8 | 8 | 9 | 9 | 10 | 11 | 11 | 12 | 12 | 13 | 11 | 12 | 13 | 13 | 14 | 14 | 15 | 16 | 16 | 17 | 17 | 18 | 16 | 17 |
| 9 | 9 | 10 | 10 | 11 | 12 | 12 | 13 | 13 | 14 | 12 | 13 | 14 | 14 | 15 | 15 | 16 | 17 | 17 | 18 | 18 | 19 | 17 | 18 |
| 10 | 10 | 11 | 11 | 12 | 13 | 13 | 14 | 14 | 15 | 13 | 14 | 15 | 15 | 16 | 16 | 17 | 18 | 18 | 19 | 19 | 20 | 18 | 19 |
| 11 | 11 | 12 | 12 | 13 | 14 | 14 | 15 | 15 | 16 | 14 | 15 | 16 | 16 | 17 | 17 | 18 | 19 | 19 | 20 | 20 | 21 | 19 | 20 |
| 12 | 12 | 13 | 13 | 14 | 15 | 15 | 16 | 16 | 17 | 15 | 16 | 17 | 17 | 18 | 18 | 19 | 20 | 20 | 21 | 21 | 22 | 20 | 21 |
| 13 | 13 | 14 | 14 | 15 | 16 | 16 | 17 | 17 | 18 | 16 | 17 | 18 | 18 | 19 | 19 | 20 | 21 | 21 | 22 | 22 | 23 | 21 | 22 |
| 14 | 14 | 15 | 15 | 16 | 17 | 17 | 18 | 18 | 19 | 17 | 18 | 19 | 19 | 20 | 20 | 21 | 22 | 22 | 23 | 23 | 24 | 22 | 23 |
| 15 | 15 | 16 | 16 | 17 | 18 | 18 | 19 | 19 | 20 | 18 | 19 | 20 | 20 | 21 | 21 | 22 | 23 | 23 | 24 | 24 | 25 | 23 | 24 |
| 16 | 16 | 17 | 17 | 18 | 19 | 19 | 20 | 20 | 21 | 19 | 20 | 21 | 21 | 22 | 22 | 23 | 24 | 24 | 25 | 25 | 26 | 24 | 25 |
| 17 | 17 | 18 | 18 | 19 | 20 | 20 | 21 | 21 | 22 | 20 | 21 | 22 | 冬 22 | 23 | 23 | 24 | 25 | 25 | 26 | 26 | 27 | 25 | 26 |
| 18 | 18 | 19 | 19 | 20 | 21 | 21 | 22 | 22 | 23 | 21 | 22 | 23 | 23 | 24 | 24 | 25 | 26 | 26 | 27 | 27 | 28 | 26 | 27 |
| 19 | 十一 19 | 十 20 | 九 20 | 21 | 22 | 22 | 23 | 23 | 24 | 22 | 23 | 24 | 24 | 25 | 25 | 26 | 27 | 27 | 28 | 28 | 29 | 27 | 28 |
| 20 | 9 20 | 21 | 21 | 八 22 | 七 23 | 六 23 | 24 | 24 | 25 | 23 | 24 | 25 | 25 | 26 | 26 | 27 | 28 | 28 | 29 | 29 | 30 | 28 | 29 |
| 21 | 21 | 8 22 | 7 22 | 23 | 24 | 24 | 閏 25 | 25 | 26 | 24 | 25 | 26 | 26 | 27 | 27 | 28 | 29 | 29 | 30 | 30 | 31 | **3** | 30 |

二〇〇〇 庚辰 1421

一九九九 己卯 1420

| | | | | | | | | | | | | | | | | | | | | | | | | |
|---|---|---|---|---|---|---|---|---|---|---|---|---|---|---|---|---|---|---|---|---|---|---|---|---|
| 11 | 11 | 12 | 12 | 13 | 14 | 14 | 15 | 15 | 16 | 15 | 16 | 17 | 17 | 18 | 18 | 19 | 20 | 20 | 21 | 21 | 22 | 20 | 21 | 22 冬 |
| 12 | 12 | 13 | 13 | 14 | 15 | 15 | 16 | 16 | 17 | 16 | 17 | 18 | 18 | 19 | 19 | 20 | 21 | 21 | 22 | 22 | 23 | 21 | 22 | 23 |
| 13 | 13 | 14 | 14 | 15 | 16 | 16 | 17 | 17 | 18 | 17 | 18 | 19 | 19 | 20 | 20 | 21 | 22 | 22 | 23 | 23 | 24 | 22 | 23 | 24 |
| 14 | 14 | 15 | 15 | 16 | 17 | 17 | 18 | 18 | 19 | 18 | 19 | 20 | 20 | 21 | 21 | 22 | 23 | 23 | 24 | 24 | 25 | 23 | 24 | 25 |
| 15 | 15 | 16 | 16 | 17 | 18 | 18 | 19 | 19 | 20 | 19 | 20 | 21 | 21 | 22 | 22 | 23 | 24 | 24 | 25 | 25 | 26 | 24 | 25 | 26 |
| 16 | 16 | 17 | 17 | 18 | 19 | 19 | 20 | 20 | 21 | 20 | 21 | 22 冬 | 22 | 23 | 23 | 24 | 25 | 25 | 26 | 26 | 27 | 25 | 26 | 27 |
| 17 | 17 | 18 | 18 | 19 | 20 | 20 | 21 | 21 | 22 | 21 | 22 | 23 | 23 | 24 | 24 | 25 | 26 | 26 | 27 | 27 | 28 | 26 | 27 | 28 |
| 18 | 18 | 19 | 19 | 20 | 21 | 21 | 22 | 22 | 23 | 22 | 23 | 24 | 24 | 25 | 25 | 26 | 27 | 27 | 28 | 28 | 29 | 27 | 28 | 29 |
| 19 | 19 | 20 | 20 | 21 | 22 | 22 | 23 | 23 | 24 | 23 | 24 | 25 | 25 | 26 | 26 | 27 | 28 | 28 | 29 | 29 | 30 | 28 | 29 | 30 |
| 20 | 20 | 21 | 21 | 22 | 23 | 23 | 24 | 24 | 25 | 24 | 25 | 26 | 26 | 27 | 27 | 28 | 29 | 29 | 30 | 30 | 31 | **3** | 30 | 31 |
| 21 冬 | 21 | 22 | 22 | 23 | 24 | 24 | 25 | 25 | 26 | 25 | 26 | 27 | 27 | 28 | 28 | 29 | 30 | 30 | 31 | **5** | **4** | 2 | 31 | **1** |
| 22 | 22 | 23 | 23 | 24 | 25 | 25 | 26 | 26 | 27 | 26 | 27 | 28 | 28 | 29 | 29 | 30 | 31 | **7** | **6** | 2 | 2 | 3 | **2** | 2 |
| 23 | 23 | 24 | 24 | 25 | 26 | 26 | 27 | 27 | 28 | 27 | 28 | 29 | 29 | 30 | 30 | 31 | **8** | 2 | 2 | 3 | 3 | 4 | 2 | 3 |
| 24 | 24 | 25 | 25 | 26 | 27 | 27 | 28 | 28 | 29 | 28 | 29 | 30 | 30 | 31 | **10** | **9** | 2 | 3 | 3 | 4 | 4 | 5 | 3 | 4 |
| 25 | 25 | 26 | 26 | 27 | 28 | 28 | 29 | 29 | 30 | 29 | 30 | 31 | **12** | **11** | 2 | 2 | 3 | 4 | 4 | 5 | 5 | 6 | 4 | 5 |
| 26 十二 | 26 十一 | 27 十 | 27 | 28 | 29 | 29 | 30 | 30 | 31 | **3** | 31 | **1** | 2 | 2 | 3 | 3 | 4 | 5 | 5 | 6 | 6 | 7 | 5 | 6 |
| 27 | 27 | 28 | 28 九 | 29 八 | 30 | 30 | 31 | **5** | **4** | 2 | **2** | 2 | 3 | 3 | 4 | 4 | 5 | 6 | 6 | 7 | 7 | 8 | 6 | 7 |
| 28 10 | 28 9 | 29 | 29 | 30 | 31 七 | **7** | **6** | 2 | 2 | 3 | 2 | 3 | 4 | 4 | 5 | 5 | 6 | 7 | 7 | 8 | 8 | 9 | 7 | 8 |
| 29 | 29 | 30 8 | 30 7 | 31 | **8** | 2 六 | 2 五 | 3 | 3 | 4 | 3 | 4 | 5 | 5 | 6 | 6 | 7 | 8 | 8 | 9 | 9 | 10 | 8 | 9 |
| 30 | 30 | 31 | **10** | **9** 6 | 2 5 | 3 | 3 | 4 四 | 4 | 5 | 4 | 5 | 6 | 6 | 7 | 7 | 8 | 9 | 9 | 10 | 10 | 11 | 9 | 10 |
| 31 | **12** | **11** | 2 | 2 | 3 | 4 4 | 4 3 | 5 | 5 三 | 6 二 | 5 正 | 6 | 7 | 7 | 8 | 8 | 9 | 10 | 10 | 11 | 11 | 12 | 10 | 11 |
| 日 | 2 | 2 | 3 | 3 | 4 | 5 | 5 | 6 2 | 6 1 | 7 12 | 6 11 | 7 十二 | 8 十一 | 8 十 | 9 九 | 9 | 10 | 11 | 11 | 12 | 12 | 13 | 11 | 12 |
| 曜 | 3 | 3 | 4 | 4 | 5 | 6 | 6 | 7 | 7 | 8 | 7 | 8 10 | 9 9 | 9 | 10 | 10 八 | 11 七 | 12 | 12 | 13 | 13 | 14 | 12 | 13 |
| 表 | 4 | 4 | 5 | 5 | 6 | 7 | 7 | 8 | 8 | 9 | 8 | 9 | 10 | 10 8 | 11 7 | 11 | 12 | 13 六 | 13 | 14 | 14 | 15 | 13 | 14 |
| 3 | 5 | 5 | 6 | 6 | 7 | 8 | 8 | 9 | 9 | 10 | 9 | 10 | 11 | 11 | 12 | 12 6 | 13 5 | 14 | 14 五 | 15 四 | 15 | 16 | 14 | 15 |
| 甲 | 6 | 6 | 7 | 7 | 8 | 9 | 9 | 10 | 10 | 11 | 10 | 11 | 12 | 12 | 13 | 13 | 14 | 15 4 | 15 3 | 16 | 16 三 | 17 | 15 | 16 |
| 子 | 7 | 7 | 8 | 8 | 9 | 10 | 10 | 11 | 11 | 12 | 11 | 12 | 13 | 13 | 14 | 14 | 15 | 16 | 16 | 17 2 | 17 1 | 18 二 | 16 正 | 17 十二 |
| 表 | 8 | 8 | 9 | 9 | 10 | 11 | 11 | 12 | 12 | 13 | 12 | 13 | 14 | 14 | 15 | 15 | 16 | 17 | 17 | 18 | 18 | 19 12 | 17 11 | 18 |
| 45 | 9 | 9 | 10 | 10 | 11 | 12 | 12 | 13 | 13 | 14 | 13 | 14 | 15 | 15 | 16 | 16 | 17 | 18 | 18 | 19 | 19 | 20 | 18 | 19 10 |
| | 10 | 10 | 11 | 11 | 12 | 13 | 13 | 14 | 14 | 15 | 14 | 15 | 16 | 16 | 17 | 17 | 18 | 19 | 19 | 20 | 20 | 21 | 19 | 20 |

| | | | | | | | | | | | | | | | | | | | | | | | |
|---|---|---|---|---|---|---|---|---|---|---|---|---|---|---|---|---|---|---|---|---|---|---|---|
| 22 | 23 | 23• | 24 | 25 | 25 | 26 | 26 | 27 | 25• | 26 | 27 | 27 | 28 | 28 | 29 | 30• | 30 | 31 | **5** | **4** | 2 | 31 | **1**• |
| 23 | 24 | 24 | 25 | 26 | 26 | 27• | 27 | 28 | 26 | 27 | 28 | 28 | 29• | 29 | 30 | 31 | **7** | **6** | 2 | 2• | 3 | **2** | 2 |
| 24 | 25 | 25 | 26• | 27 | 27 | 28 | 28 | 29 | 27 | 28• | 29 | 29 | 30 | 30 | 31 | **8** | 2• | 2 | 3 | 3 | 4 | 2 | 3 |
| 25• | 26 | 26 | 27 | 28 | 28 | 29 | 29• | 30 | 28 | 29 | 30 | 30 | 31 | **10**• | **9** | 2 | 3 | 3 | 4 | 4 | 5• | 3 | 4 |
| 26 | 27 | 27 | 28 | 29• | 29 | 30 | 30 | 31 | **3** | 30 | 31• | **12** | **11** | 2 | 2 | 3 | 4 | 4• | 5 | 5 | 6 | 4 | 5 |
| 27 | 28• | 28 | 29 | 30 | 30 | 31 | **5** | **4**• | 2 | 31 | **1** | 2 | 2 | 3 | 3• | 4 | 5 | 5 | 6 | 6 | 7 | 5• | 6 |
| 28 | 29 | 29 | 30 | 31 | **7**• | **6** | 2 | 2 | 3 | **2** | 2 | 3• | 3 | 4 | 4 | 5 | 6 | 6 | 7• | 7 | 8 | 6 | 7 |
| 29 | 30 | 30• | 31 | **8** | 2 | 2 | 3 | 3 | 4• | 2 | 3 | 4 | 4 | 5 | 5 | 6• | 7 | 7 | 8 | 8 | 9 | 7 | 8• |
| 30 | 31 | **10** | **9** | 2 | 3 | 3• | 4 | 4 | 5 | 3 | 4 | 5 | 5• | 6 | 6 | 7 | 8 | 8 | 9 | 9• | 10 | 8 | 9 |
| **12** | **11** | 2 | 2• | 3 | 4 | 4 | 5 | 5 | 6 | 4• | 5 | 6 | 6 | 7 | 7 | 8 | 9• | 9 | 10 | 10 | 11 | 9 | 10 |
| 2• | 2 | 3 | 3 | 4 | 5 | 5 | 6• | 6 | 7 | 5 | 6 | 7 | 7 | 8• | 8 | 9 | 10 | 10 | 11 | 11 | 12• | 10 | 11 |
| 3 | 3 | 4 | 4 | 5• | 6 | 6 | 7 | 7 | 8 | 6 | 7• | 8 | 8 | 9 | 9 | 10 | 11 | 11• | 12 | 12 | 13 | 11 | 12 |
| 4 | 4• | 5 | 5 | 6 | 7 | 7 | 8 | 8• | 9 | 7 | 8 | 9 | 9 | 10 | 10• | 11 | 12 | 12 | 13 | 13 | 14 | 12• | 13 |
| 5 | 5 | 6 | 6 | 7 | 8• | 8 | 9 | 9 | 10 | 8 | 9 | 10• | 10 | 11 | 11 | 12 | 13 | 13 | 14• | 14 | 15 | 13 | 14 |
| 6 | 6 | 7• | 7 | 8 | 9 | 9 | 10 | 10 | 11• | 9 | 10 | 11 | 11 | 12 | 12 | 13• | 14 | 14 | 15 | 15 | 16 | 14 | 15• |
| 7 | 7 | 8 | 8 | 9 | 10 | 10• | 11 | 11 | 12 | 10 | 11 | 12 | 12• | 13 | 13 | 14 | 15 | 15 | 16 | 16• | 17 | 15 | 16 |
| 8 | 8 | 9 | 9• | 10 | 11 | 11 | 12 | 12 | 13 | 11• | 12 | 13 | 13 | 14 | 14 | 15 | 16• | 16 | 17 | 17 | 18 | 16 | 17 |
| 9• | 9 | 10 | 10 | 11 | 12 | 12 | 13• | 13 | 14 | 12 | 13 | 14 | 14 | 15• | 15 | 16 | 17 | 17 | 18 | 18 | 19• | 17 | 18 |
| 10 | 10 | 11 | 11 | 12• | 13 | 13 | 14 | 14 | 15 | 13 | 14• | 15 | 15 | 16 | 16 | 17 | 18 | 18• | 19 | 19 | 20 | 18 | 19 |
| 11 | 11• | 12 | 12 | 13 | 14 | 14 | 15 | 15• | 16 | 14 | 15 | 16 | 16 | 17 | 17• | 18 | 19 | 19 | 20 | 20 | 21 | 19• | 20 |
| 12 | 12 | 13 | 13 | 14 | 15• | 15 | 16 | 16 | 17 | 15 | 16 | 17• | 17 | 18 | 18 | 19 | 20 | 20 | 21• | 21 | 22 | 20 | 21 |
| 13 | 13 | 14• | 14 | 15 | 16 | 16 | 17 | 17 | 18• | 16 | 17 | 18 | 18 | 19 | 19 | 20• | 21 | 21 | 22 | 22 | 23 | 21 | 22• |
| 14 | 14 | 15 | 15 | 16 | 17 | 17• | 18 | 18 | 19 | 17 | 18 | 19 | 19• | 20 | 20 | 21 | 22 | 22 | 23 | 23• | 24 | 22 | 23 |
| 15 | 15 | 16 | 16• | 17 | 18 | 18 | 19 | 19 | 20 | 18• | 19 | 20 | 20 | 21 | 21 | 22 | 23• | 23 | 24 | 24 | 25 | 23 | 24 |
| 16• | 16 | 17 | 17 | 18 | 19 | 19 | 20• | 20 | 21 | 19 | 20 | 21 | 21 | 22• | 22 | 23 | 24 | 24 | 25 | 25 | 26• | 24 | 25 |
| 17 | 17 | 18 | 18 | 19• | 20 | 20 | 21 | 21 | 22 | 20 | 21• | 22 | 22 | 23 | 23 | 24 | 25 | 25• | 26 | 26 | 27 | 25 | 26 |
| 18 | 18• | 19 | 19 | 20 | 21 | 21 | 22 | 22• | 23 | 21 | 22 | 23 | 23 | 24 | 24• | 25 | 26 | 26 | 27 | 27 | 28 | 26• | 27 |
| 19 | 19 | 20 | 20 | 21 | 22• | 22 | 23 | 23 | 24 | 22 | 23 | 24• | 24 | 25 | 25 | 26 | 27 | 27 | 28• | 28 | 29 | 27 | 28 |
| 20 | 20 | 21• | 21 | 22 | 23 | 23 | 24 | 24 | 25• | 23 | 24 | 25 | 25 | 26 | 26 | 27• | 28 | 28 | 29 | 29 | 30 | 28 | 29• |
| 21 | 21 | 22 | 22 | 23 | 24 | 24• | 25 | 25 | 26 | 24 | 25 | 26 | 26• | 27 | 27 | 28 | 29 | 29 | 30 | 30• | 31 | **3** | 30 |

| | | | | | | | | | | | | | | | | | | | | | | | | |
|---|---|---|---|---|---|---|---|---|---|---|---|---|---|---|---|---|---|---|---|---|---|---|---|---|
| 11 | 11 | 12 | 12 | 13 | 14 | 14• | 15 | 15 | 16 | 15 | 16 | 17 | 17• | 18 | 18 | 19 | 20 | 20 | 21 | 21• | 22 | 20 | 21 | 22 |
| 12 | 12 | 13 | 13• | 14 | 15 | 15 | 16 | 16 | 17 | 16• | 17 | 18 | 18 | 19 | 19 | 20 | 21• | 21 | 22 | 22 | 23 | 21 | 22 | 23• |
| 13• | 13 | 14 | 14 | 15 | 16 | 16 | 17• | 17 | 18 | 17 | 18 | 19 | 19 | 20• | 20 | 21 | 22 | 22 | 23 | 23 | 24• | 22 | 23 | 24 |
| 14 | 14 | 15 | 15 | 16• | 17 | 17 | 18 | 18 | 19 | 18 | 19• | 20 | 20 | 21 | 21 | 22 | 23 | 23• | 24 | 24 | 25 | 23 | 24 | 25 |
| 15 | 15• | 16 | 16 | 17 | 18 | 18 | 19 | 19• | 20 | 19 | 20 | 21 | 21 | 22 | 22• | 23 | 24 | 24 | 25 | 25 | 26 | 24• | 25 | 26 |
| 16 | 16 | 17 | 17 | 18 | 19• | 19 | 20 | 20 | 21 | 20 | 21 | 22• | 22 | 23 | 23 | 24 | 25 | 25 | 26• | 26 | 27 | 25 | 26 | 27 |
| 17 | 17 | 18• | 18 | 19 | 20 | 20 | 21 | 21 | 22• | 21 | 22 | 23 | 23 | 24 | 24 | 25• | 26 | 26 | 27 | 27 | 28 | 26 | 27• | 28 |
| 18 | 18 | 19 | 19 | 20 | 21 | 21• | 22 | 22 | 23 | 22 | 23 | 24 | 24• | 25 | 25 | 26 | 27 | 27 | 28 | 28• | 29 | 27 | 28 | 29 |
| 19 | 19 | 20 | 20• | 21 | 22 | 22 | 23 | 23 | 24 | 23• | 24 | 25 | 25 | 26 | 26 | 27 | 28• | 28 | 29 | 29 | 30 | 28 | 29 | 30• |
| 20• | 20 | 21 | 21 | 22 | 23 | 23 | 24• | 24 | 25 | 24 | 25 | 26 | 26 | 27• | 27 | 28 | 29 | 29 | 30 | 30 | 31• | **3** | 30 | 31 |
| 21 | 21 | 22 | 22 | 23• | 24 | 24 | 25 | 25 | 26 | 25 | 26• | 27 | 27 | 28 | 28 | 29 | 30 | 30• | 31 | **5** | **4** | 2 | 31 | **1** |
| 22 | 22• | 23 | 23 | 24 | 25 | 25 | 26 | 26• | 27 | 26 | 27 | 28 | 28 | 29 | 29• | 30 | 31 | **7** | **6** | 2 | 2 | 3• | **2** | 2 |
| 23 | 23 | 24 | 24 | 25 | 26• | 26 | 27 | 27 | 28 | 27 | 28 | 29• | 29 | 30 | 30 | 31 | **8** | 2 | 2• | 3 | 3 | 4 | 2 | 3 |
| 24 | 24 | 25• | 25 | 26 | 27 | 27 | 28 | 28 | 29• | 28 | 29 | 30 | 30 | 31 | **10** | **9**• | 2 | 3 | 3 | 4 | 4 | 5 | 3• | 4 |
| 25 | 25 | 26 | 26 | 27 | 28 | 28• | 29 | 29 | 30 | **29** | 30 | 31 | **12**• | **11** | 2 | 2 | 3 | 4 | 4 | 5• | 5 | 6 | 4 | 5 |
| 26 | 26 | 27 | 27• | 28 | 29 | 29 | 30 | 30 | 31 | **3**• | 31 | **1** | 2 | 2 | 3 | 3 | 4• | 5 | 5 | 6 | 6 | 7 | 5 | 6• |
| 27• | 27 | 28 | 28 | 29 | 30 | 30 | 31• | **5** | **4** | 2 | **2** | 2 | 3 | 3• | 4 | 4 | 5 | 6 | 6 | 7 | 7• | 8 | 6 | 7 |
| 28 | 28 | 29 | 29 | 30• | 31 | **7** | **6** | 2 | 2 | 3 | 2• | 3 | 4 | 4 | 5 | 5 | 6 | 7• | 7 | 8 | 8 | 9 | 7 | 8 |
| 29 | 29• | 30 | 30 | 31 | **8** | 2 | 2 | 3• | 3 | 4 | 3 | 4 | 5 | 5 | 6• | 6 | 7 | 8 | 8 | 9 | 9 | 10• | 8 | 9 |
| 30 | 30 | 31 | **10** | **9** | 2• | 3 | 3 | **4** | **4** | 5 | 4 | 5• | 6 | 6 | 7 | 7 | 8 | 9 | 9• | 10 | 10 | 11 | 9 | 10 |
| 31 | **12** | **11**• | 2 | 2 | 3 | 4 | 4 | 5 | 5• | 6 | 5 | 6 | 7 | 7 | 8 | 8• | 9 | 10 | 10 | 11 | 11 | 12 | 10• | 11 |
| 日 | 2 | 2 | 3 | 3 | 4 | 5• | 5 | 6 | 6 | 7 | 6 | 7 | 8• | 8 | 9 | 9 | 10 | 11 | 11 | 12• | 12 | 13 | 11 | 12 |
| 曜 | 3 | 3 | 4• | 4 | 5 | 6 | 6 | 7 | 7 | 8• | 7 | 8 | 9 | 9 | 10 | 10 | 11• | 12 | 12 | 13 | 13 | 14 | 12 | 13• |
| 表 | 4 | 4 | 5 | 5 | 6 | 7 | 7• | 8 | 8 | 9 | 8 | 9 | 10 | 10• | 11 | 11 | 12 | 13 | 13 | 14 | 14• | 15 | 13 | 14 |
| 1 | 5 | 5 | 6 | 6• | 7 | 8 | 8 | 9 | 9 | 10 | 9• | 10 | 11 | 11 | 12 | 12 | 13 | 14• | 14 | 15 | 15 | 16 | 14 | 15 |
| | 6• | 6 | 7 | 7 | 8 | 9 | 9 | 10• | 10 | 11 | 10 | 11 | 12 | 12 | 13• | 13 | 14 | 15 | 15 | 16 | 16 | 17• | 15 | 16 |
| | 7 | 7 | 8 | 8 | 9• | 10 | 10 | 11 | 11 | 12 | 11 | 12• | 13 | 13 | 14 | 14 | 15 | 16 | 16• | 17 | 17 | 18 | 16 | 17 |
| | 8 | 8• | 9 | 9 | 10 | 11 | 11 | 12 | 12• | 13 | 12 | 13 | 14 | 14 | 15 | 15• | 16 | 17 | 17 | 18 | 18 | 19 | 17• | 18 |
| | 9 | 9 | 10 | 10 | 11 | 12• | 12 | 13 | 13 | 14 | 13 | 14 | 15• | 15 | 16 | 16 | 17 | 18 | 18 | 19• | 19 | 20 | 18 | 19 |
| | 10 | 10 | 11• | 11 | 12 | 13 | 13 | 14 | 14 | 15• | 14 | 15 | 16 | 16 | 17 | 17 | 18• | 19 | 19 | 20 | 20 | 21 | 19 | 20• |

| | | | | | | | | | | | | | | | | | | | | | | | |
|---|---|---|---|---|---|---|---|---|---|---|---|---|---|---|---|---|---|---|---|---|---|---|---|
| 22 | 23 | •23 | 24 | 25 | 25 | 26 | 26 | 27 | •25 | 26 | 27 | 27 | 28 | 28 | 29 | •30 | 30 | 31 | **5** | **4** | 2 | 31 | •**1** |
| 23 | 24 | 24 | 25 | 26 | 26 | •27 | 27 | 28 | 26 | 27 | 28 | 28 | •29 | 29 | 30 | 31 | **7** | **6** | 2 | •2 | 3 | **2** | 2 |
| 24 | 25 | 25 | •26 | 27 | 27 | 28 | 28 | 29 | 27 | •28 | 29 | 29 | 30 | 30 | 31 | **8** | •2 | 2 | 3 | 3 | 4 | 2 | 3• |
| 25 | 26 | 26 | 27 | 28 | 28 | 29 | •29 | 30 | 28 | 29 | 30 | 30 | 31 | •**10** | **9** | 2 | 3 | 3 | 4 | 4 | •5 | 3 | 4 |
| 26 | 27 | 27 | 28 | •29 | 29 | 30 | 30 | 31 | **3** | 30 | •31 | **12** | **11** | 2 | 2 | 3 | 4 | •4 | 5 | 5 | 6 | 4 | 5 |
| 27 | •28 | 28 | 29 | 30 | 30 | 31 | **5** | •**4** | 2 | 31 | **1** | 2 | 2 | 3 | •3 | 4 | 5 | 5 | 6 | 6 | 7 | •5 | 6 |
| 28 | 29 | 29 | 30 | 31 | •**7** | **6** | 2 | 2 | 3 | **2** | 2 | •3 | 3 | 4 | 4 | 5 | 6 | 6 | •7 | 7 | 8 | 6 | 7 |
| 29 | 30 | •30 | 31 | **8** | 2 | 2 | 3 | 3 | •4 | 2 | 3 | 4 | 4 | 5 | 5 | •6 | 7 | 7 | 8 | 8 | 9 | 7 | •8 |
| 30 | 31 | **10** | **9** | 2 | 3 | •3 | 4 | 4 | 5 | 3 | 4 | 5 | •5 | 6 | 6 | 7 | 8 | 8 | 9 | •9 | 10 | 8 | 9 |
| **12** | **11** | 2 | •2 | 3 | 4 | 4 | 5 | 5 | 6 | •4 | 5 | 6 | 6 | 7 | 7 | 8 | •9 | 9 | 10 | 10 | 11 | 9 | 10• |
| 2 | 2 | 3 | 3 | 4 | 5 | 5 | •6 | 6 | 7 | 5 | 6 | 7 | 7 | •8 | 8 | 9 | 10 | 10 | 11 | 11 | •12 | 10 | 11 |
| 3 | 3 | 4 | 4 | •5 | 6 | 6 | 7 | 7 | 8 | 6 | •7 | 8 | 8 | 9 | 9 | 10 | 11 | •11 | 12 | 12 | 13 | 11 | 12 |
| 4 | •4 | 5 | 5 | 6 | 7 | 7 | 8 | •8 | 9 | 7 | 8 | 9 | 9 | 10 | •10 | 11 | 12 | 12 | 13 | 13 | 14 | •12 | 13 |
| 5 | 5 | 6 | 6 | 7 | •8 | 8 | 9 | 9 | 10 | 8 | 9 | •10 | 10 | 11 | 11 | 12 | 13 | 13 | •14 | 14 | 15 | 13 | 14 |
| 6 | 6 | •7 | 7 | 8 | 9 | 9 | 10 | 10 | •11 | 9 | 10 | 11 | 11 | 12 | 12 | •13 | 14 | 14 | 15 | 15 | 16 | 14 | •15 |
| 7 | 7 | 8 | 8 | 9 | 10 | •10 | 11 | 11 | 12 | 10 | 11 | 12 | •12 | 13 | 13 | 14 | 15 | 15 | 16 | •16 | 17 | 15 | 16 |
| 8 | 8 | 9 | •9 | 10 | 11 | 11 | 12 | 12 | 13 | •11 | 12 | 13 | 13 | 14 | 14 | 15 | •16 | 16 | 17 | 17 | 18 | 16 | 17• |
| 9 | 9 | 10 | 10 | 11 | 12 | 12 | •13 | 13 | 14 | 12 | 13 | 14 | 14 | •15 | 15 | 16 | 17 | 17 | 18 | 18 | •19 | 17 | 18 |
| 10 | 10 | 11 | 11 | •12 | 13 | 13 | 14 | 14 | 15 | 13 | •14 | 15 | 15 | 16 | 16 | 17 | 18 | •18 | 19 | 19 | 20 | 18 | 19 |
| 11 | •11 | 12 | 12 | 13 | 14 | 14 | 15 | •15 | 16 | 14 | 15 | 16 | 16 | 17 | •17 | 18 | 19 | 19 | 20 | 20 | 21 | •19 | 20 |
| 12 | 12 | 13 | 13 | 14 | •15 | 15 | 16 | 16 | 17 | 15 | 16 | •17 | 17 | 18 | 18 | 19 | 20 | 20 | •21 | 21 | 22 | 20 | 21 |
| 13 | 13 | •14 | 14 | 15 | 16 | 16 | 17 | 17 | •18 | 16 | 17 | 18 | 18 | 19 | 19 | •20 | 21 | 21 | 22 | 22 | 23 | 21 | •22 |
| 14 | 14 | 15 | 15 | 16 | 17 | •17 | 18 | 18 | 19 | 17 | 18 | 19 | •19 | 20 | 20 | 21 | 22 | 22 | 23 | •23 | 24 | 22 | 23 |
| 15 | 15 | 16 | •16 | 17 | 18 | 18 | 19 | 19 | 20 | •18 | 19 | 20 | 20 | 21 | 21 | 22 | •23 | 23 | 24 | 24 | 25 | 23 | 24• |
| 16 | 16 | 17 | 17 | 18 | 19 | 19 | •20 | 20 | 21 | 19 | 20 | 21 | 21 | •22 | 22 | 23 | 24 | 24 | 25 | 25 | •26 | 24 | 25 |
| 17 | 17 | 18 | 18 | •19 | 20 | 20 | 21 | 21 | 22 | 20 | •21 | 22 | 22 | 23 | 23 | 24 | 25 | •25 | 26 | 26 | 27 | 25 | 26 |
| 18 | •18 | 19 | 19 | 20 | 21 | 21 | 22 | •22 | 23 | 21 | 22 | 23 | 23 | 24 | •24 | 25 | 26 | 26 | 27 | 27 | 28 | •26 | 27 |
| 19 | 19 | 20 | 20 | 21 | •22 | 22 | 23 | 23 | 24 | 22 | 23 | •24 | 24 | 25 | 25 | 26 | 27 | 27 | •28 | 28 | 29 | 27 | 28 |
| 20 | 20 | •21 | 21 | 22 | 23 | 23 | 24 | 24 | •25 | 23 | 24 | 25 | 25 | 26 | 26 | •27 | 28 | 28 | 29 | 29 | 30 | 28 | •29 |
| 21 | 21 | 22 | 22 | 23 | 24 | •24 | 25 | 25 | 26 | 24 | 25 | 26 | •26 | 27 | 27 | 28 | 29 | 29 | 30 | •30 | 31 | **3** | 30 |

| | | | | | | | | | | | | | | | | | | | | | | | | |
|---|---|---|---|---|---|---|---|---|---|---|---|---|---|---|---|---|---|---|---|---|---|---|---|---|
| 11 | 11 | 12 | 12 | 13 | 14• | 14 | 15 | 15 | 16 | 15 | 16 | 17• | 17 | 18 | 18 | 19 | 20 | 20 | 21• | 21 | 22 | 20 | 21 | 22 |
| 12 | 12 | 13• | 13 | 14 | 15 | 15 | 16 | 16 | 17• | 16 | 17 | 18 | 18 | 19 | 19 | 20• | 21 | 21 | 22 | 22 | 23 | 21 | 22• | 23 |
| 13 | 13 | 14 | 14 | 15 | 16 | 16• | 17 | 17 | 18 | 17 | 18 | 19 | 19• | 20 | 20 | 21 | 22 | 22 | 23 | 23• | 24 | 22 | 23 | 24 |
| 14 | 14 | 15 | 15• | 16 | 17 | 17 | 18 | 18 | 19 | 18• | 19 | 20 | 20 | 21 | 21 | 22 | 23• | 23 | 24 | 24 | 25 | 23 | 24 | 25• |
| 15• | 15 | 16 | 16 | 17 | 18 | 18 | 19• | 19 | 20 | 19 | 20 | 21 | 21 | 22• | 22 | 23 | 24 | 24 | 25 | 25 | 26• | 24 | 25 | 26 |
| 16 | 16 | 17 | 17 | 18• | 19 | 19 | 20 | 20 | 21 | 20 | 21• | 22 | 22 | 23 | 23 | 24 | 25 | 25• | 26 | 26 | 27 | 25 | 26 | 27 |
| 17 | 17• | 18 | 18 | 19 | 20 | 20 | 21 | 21• | 22 | 21 | 22 | 23 | 23 | 24 | 24• | 25 | 26 | 26 | 27 | 27 | 28 | 26• | 27 | 28 |
| 18 | 18 | 19 | 19 | 20 | 21• | 21 | 22 | 22 | 23 | 22 | 23 | 24• | 24 | 25 | 25 | 26 | 27 | 27 | 28• | 28 | 29 | 27 | 28 | 29 |
| 19 | 19 | 20• | 20 | 21 | 22 | 22 | 23 | 23 | 24• | 23 | 24 | 25 | 25 | 26 | 26 | 27• | 28 | 28 | 29 | 29 | 30 | 28 | 29• | 30 |
| 20 | 20 | 21 | 21 | 22 | 23 | 23• | 24 | 24 | 25 | 24 | 25 | 26 | 26• | 27 | 27 | 28 | 29 | 29 | 30 | 30• | 31 | **3** | 30 | 31 |
| 21 | 21 | 22 | 22• | 23 | 24 | 24 | 25 | 25 | 26 | 25• | 26 | 27 | 27 | 28 | 28 | 29 | 30• | 30 | 31 | **5** | **4** | 2 | 31 | **1**• |
| 22• | 22 | 23 | 23 | 24 | 25 | 25 | 26• | 26 | 27 | 26 | 27 | 28 | 28 | 29• | 29 | 30 | 31 | **7** | **6** | 2 | 2• | 3 | **2** | 2 |
| 23 | 23 | 24 | 24 | 25• | 26 | 26 | 27 | 27 | 28 | 27 | 28• | 29 | 29 | 30 | 30 | 31 | **8** | 2• | 2 | 3 | 3 | 4 | 2 | 3 |
| 24 | 24• | 25 | 25 | 26 | 27 | 27 | 28 | 28• | 29 | 28 | 29 | 30 | 30 | 31 | **10**• | **9** | 2 | 3 | 3 | 4 | 4 | 5• | 3 | 4 |
| 25 | 25 | 26 | 26 | 27 | 28• | 28 | 29 | 29 | 30 | **29** | 30 | 31• | **12** | **11** | 2 | 2 | 3 | 4 | 4• | 5 | 5 | 6 | 4 | 5 |
| 26 | 26 | 27• | 27 | 28 | 29 | 29 | 30 | 30 | 31• | **3** | 31 | **1** | 2 | 2 | 3 | 3• | 4 | 5 | 5 | 6 | 6 | 7 | 5• | 6 |
| 27 | 27 | 28 | 28 | 29 | 30 | 30• | 31 | **5** | **4** | 2 | **2** | 2 | 3• | 3 | 4 | 4 | 5 | 6 | 6 | 7• | 7 | 8 | 6 | 7 |
| 28 | 28 | 29 | 29• | 30 | 31 | **7** | **6** | 2 | 2 | 3• | 2 | 3 | 4 | 4 | 5 | 5 | 6• | 7 | 7 | 8 | 8 | 9 | 7 | 8• |
| 29• | 29 | 30 | 30 | 31 | **8** | 2 | 2• | 3 | 3 | 4 | 3 | 4 | 5 | 5• | 6 | 6 | 7 | 8 | 8 | 9 | 9• | 10 | 8 | 9 |
| 30 | 30 | 31 | **10** | **9**• | 2 | 3 | 3 | **4** | 4 | 5 | 4• | 5 | 6 | 6 | 7 | 7 | 8 | 9• | 9 | 10 | 10 | 11 | 9 | 10 |
| 31 | **12**• | **11** | 2 | 2 | 3 | 4 | 4 | 5• | 5 | 6 | 5 | 6 | 7 | 7 | 8• | 8 | 9 | 10 | 10 | 11 | 11 | 12• | 10 | 11 |
| 日 | 2 | 2 | 3 | 3 | 4• | 5 | 5 | 6 | 6 | 7 | 6 | 7• | 8 | 8 | 9 | 9 | 10 | 11 | 11• | 12 | 12 | 13 | 11 | 12 |
| 曜 | 3 | 3• | 4 | 4 | 5 | 6 | 6 | 7 | 7• | 8 | 7 | 8 | 9 | 9 | 10 | 10• | 11 | 12 | 12 | 13 | 13 | 14 | 12• | 13 |
| 表 | 4 | 4 | 5 | 5 | 6 | 7• | 7 | 8 | 8 | 9 | 8 | 9 | 10• | 10 | 11 | 11 | 12 | 13 | 13 | 14• | 14 | 15 | 13 | 14 |
| 2 | 5 | 5 | 6• | 6 | 7 | 8 | 8 | 9 | 9 | 10• | 9 | 10 | 11 | 11 | 12 | 12 | 13• | 14 | 14 | 15 | 15 | 16 | 14 | 15• |
| | 6 | 6 | 7 | 7 | 8 | 9 | 9• | 10 | 10 | 11 | 10 | 11 | 12 | 12• | 13 | 13 | 14 | 15 | 15 | 16 | 16• | 17 | 15 | 16 |
| | 7 | 7 | 8 | 8• | 9 | 10 | 10 | 11 | 11 | 12 | 11• | 12 | 13 | 13 | 14 | 14 | 15 | 16• | 16 | 17 | 17 | 18 | 16 | 17 |
| | 8• | 8 | 9 | 9 | 10 | 11 | 11 | 12• | 12 | 13 | 12 | 13 | 14 | 14 | 15• | 15 | 16 | 17 | 17 | 18 | 18 | 19• | 17 | 18 |
| | 9 | 9 | 10 | 10 | 11• | 12 | 12 | 13 | 13 | 14 | 13 | 14• | 15 | 15 | 16 | 16 | 17 | 18 | 18• | 19 | 19 | 20 | 18 | 19 |
| | 10 | 10• | 11 | 11 | 12 | 13 | 13 | 14 | 14• | 15 | 14 | 15 | 16 | 16 | 17 | 17• | 18 | 19 | 19 | 20 | 20 | 21 | 19• | 20 |

中西回史日曆

日曜表3

三

勵耘書屋

| | | | | | | | | | | | | | | | | | | | | | | | |
|---|---|---|---|---|---|---|---|---|---|---|---|---|---|---|---|---|---|---|---|---|---|---|---|
| 22 | 23 | 23 | 24 | 25 | 25 | 26 | 26 | 27 | 25 | 26 | 27 | 27 | 28 | 28 | 29 | 30 | 30 | 31 | 5 | 4 | 2 | 31 | 1 |
| 23 | 24 | 24 | 25 | 26 | 26 | 27 | 27 | 28 | 26 | 27 | 28 | 28 | 29 | 29 | 30 | 31 | 7 | 6 | 2 | 2 | 3 | 2 | 2 |
| 24 | 25 | 25 | 26 | 27 | 27 | 28 | 28 | 29 | 27 | 28 | 29 | 29 | 30 | 30 | 31 | 8 | 2 | 2 | 3 | 3 | 4 | 2 | 3 |
| 25 | 26 | 26 | 27 | 28 | 28 | 29 | 29 | 30 | 28 | 29 | 30 | 30 | 31 | 10 | 9 | 2 | 3 | 3 | 4 | 4 | 5 | 3 | 4 |
| 26 | 27 | 27 | 28 | 29 | 29 | 30 | 30 | 31 | 3 | 30 | 31 | 12 | 11 | 2 | 2 | 3 | 4 | 4 | 5 | 5 | 6 | 4 | 5 |
| 27 | 28 | 28 | 29 | 30 | 30 | 31 | 5 | 4 | 2 | 31 | 1 | 2 | 2 | 3 | 3 | 4 | 5 | 5 | 6 | 6 | 7 | 5 | 6 |
| 28 | 29 | 29 | 30 | 31 | 7 | 6 | 2 | 2 | 3 | 2 | 2 | 3 | 3 | 4 | 4 | 5 | 6 | 6 | 7 | 7 | 8 | 6 | 7 |
| 29 | 30 | 30 | 31 | 8 | 2 | 2 | 3 | 3 | 4 | 2 | 3 | 4 | 4 | 5 | 5 | 6 | 7 | 7 | 8 | 8 | 9 | 7 | 8 |
| 30 | 31 | 10 | 9 | 2 | 3 | 3 | 4 | 4 | 5 | 3 | 4 | 5 | 5 | 6 | 6 | 7 | 8 | 8 | 9 | 9 | 10 | 8 | 9 |
| 12 | 11 | 2 | 2 | 3 | 4 | 4 | 5 | 5 | 6 | 4 | 5 | 6 | 6 | 7 | 7 | 8 | 9 | 9 | 10 | 10 | 11 | 9 | 10 |
| 2 | 2 | 3 | 3 | 4 | 5 | 5 | 6 | 6 | 7 | 5 | 6 | 7 | 7 | 8 | 8 | 9 | 10 | 10 | 11 | 11 | 12 | 10 | 11 |
| 3 | 3 | 4 | 4 | 5 | 6 | 6 | 7 | 7 | 8 | 6 | 7 | 8 | 8 | 9 | 9 | 10 | 11 | 11 | 12 | 12 | 13 | 11 | 12 |
| 4 | 4 | 5 | 5 | 6 | 7 | 7 | 8 | 8 | 9 | 7 | 8 | 9 | 9 | 10 | 10 | 11 | 12 | 12 | 13 | 13 | 14 | 12 | 13 |
| 5 | 5 | 6 | 6 | 7 | 8 | 8 | 9 | 9 | 10 | 8 | 9 | 10 | 10 | 11 | 11 | 12 | 13 | 13 | 14 | 14 | 15 | 13 | 14 |
| 6 | 6 | 7 | 7 | 8 | 9 | 9 | 10 | 10 | 11 | 9 | 10 | 11 | 11 | 12 | 12 | 13 | 14 | 14 | 15 | 15 | 16 | 14 | 15 |
| 7 | 7 | 8 | 8 | 9 | 10 | 10 | 11 | 11 | 12 | 10 | 11 | 12 | 12 | 13 | 13 | 14 | 15 | 15 | 16 | 16 | 17 | 15 | 16 |
| 8 | 8 | 9 | 9 | 10 | 11 | 11 | 12 | 12 | 13 | 11 | 12 | 13 | 13 | 14 | 14 | 15 | 16 | 16 | 17 | 17 | 18 | 16 | 17 |
| 9 | 9 | 10 | 10 | 11 | 12 | 12 | 13 | 13 | 14 | 12 | 13 | 14 | 14 | 15 | 15 | 16 | 17 | 17 | 18 | 18 | 19 | 17 | 18 |
| 10 | 10 | 11 | 11 | 12 | 13 | 13 | 14 | 14 | 15 | 13 | 14 | 15 | 15 | 16 | 16 | 17 | 18 | 18 | 19 | 19 | 20 | 18 | 19 |
| 11 | 11 | 12 | 12 | 13 | 14 | 14 | 15 | 15 | 16 | 14 | 15 | 16 | 16 | 17 | 17 | 18 | 19 | 19 | 20 | 20 | 21 | 19 | 20 |
| 12 | 12 | 13 | 13 | 14 | 15 | 15 | 16 | 16 | 17 | 15 | 16 | 17 | 17 | 18 | 18 | 19 | 20 | 20 | 21 | 21 | 22 | 20 | 21 |
| 13 | 13 | 14 | 14 | 15 | 16 | 16 | 17 | 17 | 18 | 16 | 17 | 18 | 18 | 19 | 19 | 20 | 21 | 21 | 22 | 22 | 23 | 21 | 22 |
| 14 | 14 | 15 | 15 | 16 | 17 | 17 | 18 | 18 | 19 | 17 | 18 | 19 | 19 | 20 | 20 | 21 | 22 | 22 | 23 | 23 | 24 | 22 | 23 |
| 15 | 15 | 16 | 16 | 17 | 18 | 18 | 19 | 19 | 20 | 18 | 19 | 20 | 20 | 21 | 21 | 22 | 23 | 23 | 24 | 24 | 25 | 23 | 24 |
| 16 | 16 | 17 | 17 | 18 | 19 | 19 | 20 | 20 | 21 | 19 | 20 | 21 | 21 | 22 | 22 | 23 | 24 | 24 | 25 | 25 | 26 | 24 | 25 |
| 17 | 17 | 18 | 18 | 19 | 20 | 20 | 21 | 21 | 22 | 20 | 21 | 22 | 22 | 23 | 23 | 24 | 25 | 25 | 26 | 26 | 27 | 25 | 26 |
| 18 | 18 | 19 | 19 | 20 | 21 | 21 | 22 | 22 | 23 | 21 | 22 | 23 | 23 | 24 | 24 | 25 | 26 | 26 | 27 | 27 | 28 | 26 | 27 |
| 19 | 19 | 20 | 20 | 21 | 22 | 22 | 23 | 23 | 24 | 22 | 23 | 24 | 24 | 25 | 25 | 26 | 27 | 27 | 28 | 28 | 29 | 27 | 28 |
| 20 | 20 | 21 | 21 | 22 | 23 | 23 | 24 | 24 | 25 | 23 | 24 | 25 | 25 | 26 | 26 | 27 | 28 | 28 | 29 | 29 | 30 | 28 | 29 |
| 21 | 21 | 22 | 22 | 23 | 24 | 24 | 25 | 25 | 26 | 24 | 25 | 26 | 26 | 27 | 27 | 28 | 29 | 29 | 30 | 30 | 31 | 3 | 30 |

| | | | | | | | | | | | | | | | | | | | | | | | | |
|---|---|---|---|---|---|---|---|---|---|---|---|---|---|---|---|---|---|---|---|---|---|---|---|---|
| 11 | 11 | 12 | 12 | 13 | •14 | 14 | 15 | 15 | 16 | 15 | 16 | •17 | 17 | 18 | 18 | 19 | 20 | 20 | •21 | 21 | 22 | 20 | 21 | 22 |
| 12 | 12 | •13 | 13 | 14 | 15 | 15 | 16 | 16 | •17 | 16 | 17 | 18 | 18 | 19 | 19 | •20 | 21 | 21 | 22 | 22 | 23 | 21 | •22 | 23 |
| 13 | 13 | 14 | 14 | 15 | 16 | •16 | 17 | 17 | 18 | 17 | 18 | 19 | •19 | 20 | 20 | 21 | 22 | 22 | 23 | •23 | 24 | 22 | 23 | 24 |
| 14 | 14 | 15 | •15 | 16 | 17 | 17 | 18 | 18 | 19 | •18 | 19 | 20 | 20 | 21 | 21 | 22 | •23 | 23 | 24 | 24 | 25 | 23 | 24 | •25 |
| 15 | 15 | 16 | 16 | 17 | 18 | 18 | •19 | 19 | 20 | 19 | 20 | 21 | 21 | •22 | 22 | 23 | 24 | 24 | 25 | 25 | •26 | 24 | 25 | 26 |
| 16 | 16 | 17 | 17 | •18 | 19 | 19 | 20 | 20 | 21 | 20 | •21 | 22 | 22 | 23 | 23 | 24 | 25 | •25 | 26 | 26 | 27 | 25 | 26 | 27• |
| 17 | •17 | 18 | 18 | 19 | 20 | 20 | 21 | •21 | 22 | 21 | 22 | 23 | 23 | 24 | •24 | 25 | 26 | 26 | 27 | 27 | 28 | •26 | 27 | 28 |
| 18 | 18 | 19 | 19 | 20 | •21 | 21 | 22 | 22 | 23 | 22 | 23 | •24 | 24 | 25 | 25 | 26 | 27 | 27 | •28 | 28 | 29 | 27 | 28 | 29 |
| 19 | 19 | •20 | 20 | 21 | 22 | 22 | 23 | 23 | •24 | 23 | 24 | 25 | 25 | 26 | 26 | •27 | 28 | 28 | 29 | 29 | 30 | 28 | •29 | 30 |
| 20 | 20 | 21 | 21 | 22 | 23 | •23 | 24 | 24 | 25 | 24 | 25 | 26 | •26 | 27 | 27 | 28 | 29 | 29 | 30 | •30 | 31 | **3** | 30 | 31 |
| 21 | 21 | 22 | •22 | 23 | 24 | 24 | 25 | 25 | 26 | •25 | 26 | 27 | 27 | 28 | 28 | 29 | •30 | 30 | 31 | **5** | **4** | 2 | 31 | •**1** |
| 22 | 22 | 23 | 23 | 24 | 25 | 25 | •26 | 26 | 27 | 26 | 27 | 28 | 28 | •29 | 29 | 30 | 31 | **7** | **6** | 2 | •2 | 3 | **2** | 2 |
| 23 | 23 | 24 | 24 | •25 | 26 | 26 | 27 | 27 | 28 | 27 | •28 | 29 | 29 | 30 | 30 | 31 | **8** | •2 | 2 | 3 | 3 | 4 | 2 | 3• |
| 24 | •24 | 25 | 25 | 26 | 27 | 27 | 28 | •28 | 29 | 28 | 29 | 30 | 30 | 31 | •**10** | **9** | 2 | 3 | 3 | 4 | 4 | •5 | 3 | 4 |
| 25 | 25 | 26 | 26 | 27 | •28 | 28 | 29 | 29 | 30 | 29 | 30 | •31 | **12** | **11** | 2 | 2 | 3 | 4 | •4 | 5 | 5 | 6 | 4 | 5 |
| 26 | 26 | •27 | 27 | 28 | 29 | 29 | 30 | 30 | •31 | **3** | 31 | **1** | 2 | 2 | 3 | •3 | 4 | 5 | 5 | 6 | 6 | 7 | •5 | 6 |
| 27 | 27 | 28 | 28 | 29 | 30 | •30 | 31 | **5** | **4** | 2 | **2** | 2 | •3 | 3 | 4 | 4 | 5 | 6 | 6 | •7 | 7 | 8 | 6 | 7 |
| 28 | 28 | 29 | •29 | 30 | 31 | **7** | **6** | 2 | 2 | •3 | 2 | 3 | 4 | 4 | 5 | 5 | •6 | 7 | 7 | 8 | 8 | 9 | 7 | •8 |
| 29 | 29 | 30 | 30 | 31 | **8** | 2 | •2 | 3 | 3 | 4 | 3 | 4 | 5 | •5 | 6 | 6 | 7 | 8 | 8 | 9 | •9 | 10 | 8 | 9 |
| 30 | 30 | 31 | **10** | •**9** | 2 | 3 | 3 | 4 | 4 | 5 | •4 | 5 | 6 | 6 | 7 | 7 | 8 | •9 | 9 | 10 | 10 | 11 | 9 | 10• |
| 31 | •**12** | **11** | 2 | 2 | 3 | 4 | 4 | •5 | 5 | 6 | 5 | 6 | 7 | 7 | •8 | 8 | 9 | 10 | 10 | 11 | 11 | •12 | 10 | 11 |
| 日 | 2 | 2 | 3 | 3 | •4 | 5 | 5 | 6 | 6 | 7 | 6 | •7 | 8 | 8 | 9 | 9 | 10 | 11 | •11 | 12 | 12 | 13 | 11 | 12 |
| 曜 | 3 | •3 | 4 | 4 | 5 | 6 | 6 | 7 | •7 | 8 | 7 | 8 | 9 | 9 | 10 | •10 | 11 | 12 | 12 | 13 | 13 | 14 | •12 | 13 |
| 表 | 4 | 4 | 5 | 5 | 6 | •7 | 7 | 8 | 8 | 9 | 8 | 9 | •10 | 10 | 11 | 11 | 12 | 13 | 13 | •14 | 14 | 15 | 13 | 14 |
| 3 | 5 | 5 | •6 | 6 | 7 | 8 | 8 | 9 | 9 | •10 | 9 | 10 | 11 | 11 | 12 | 12 | •13 | 14 | 14 | 15 | 15 | 16 | 14 | •15 |
| | 6 | 6 | 7 | 7 | 8 | 9 | •9 | 10 | 10 | 11 | 10 | 11 | 12 | •12 | 13 | 13 | 14 | 15 | 15 | 16 | •16 | 17 | 15 | 16 |
| | 7 | 7 | 8 | •8 | 9 | 10 | 10 | 11 | 11 | 12 | •11 | 12 | 13 | 13 | 14 | 14 | 15 | •16 | 16 | 17 | 17 | 18 | 16 | 17• |
| | 8 | 8 | 9 | 9 | 10 | 11 | 11 | •12 | 12 | 13 | 12 | 13 | 14 | 14 | •15 | 15 | 16 | 17 | 17 | 18 | 18 | •19 | 17 | 18 |
| | 9 | 9 | 10 | 10 | •11 | 12 | 12 | 13 | 13 | 14 | 13 | •14 | 15 | 15 | 16 | 16 | 17 | 18 | •18 | 19 | 19 | 20 | 18 | 19 |
| | 10 | •10 | 11 | 11 | 12 | 13 | 13 | 14 | •14 | 15 | 14 | 15 | 16 | 16 | 17 | •17 | 18 | 19 | 19 | 20 | 20 | 21 | •19 | 20 |

中西回史日曆

日曜表4

四

勵耘書屋

| | | | | | | | | | | | | | | | | | | | | | | | |
|---|---|---|---|---|---|---|---|---|---|---|---|---|---|---|---|---|---|---|---|---|---|---|---|
| 22 | 23 | 23 | 24 | 25 | 25 | 26• | 26 | 27 | 25 | 26 | 27 | 27 | 28• | 28 | 29 | 30 | 30 | 31 | **5** | **4**• | 2 | 31 | **1** |
| 23 | 24 | 24 | 25• | 26 | 26 | 27 | 27 | 28 | 26 | 27• | 28 | 28 | 29 | 29 | 30 | 31 | **7**• | **6** | 2 | 2 | 3 | **2** | 2 |
| 24• | 25 | 25 | 26 | 27 | 27 | 28 | 28• | 29 | 27 | 28 | 29 | 29 | 30 | 30• | 31 | **8** | 2 | 2 | 3 | 3 | 4• | 2 | 3 |
| 25 | 26 | 26 | 27 | 28• | 28 | 29 | 29 | 30 | 28 | 29 | 30• | 30 | 31 | **10** | **9** | 2 | 3 | 3• | 4 | 4 | 5 | 3 | 4 |
| 26 | 27• | 27 | 28 | 29 | 29 | 30 | 30 | 31• | **3** | 30 | 31 | **12** | **11** | 2 | 2• | 3 | 4 | 4 | 5 | 5 | 6 | 4• | 5 |
| 27 | 28 | 28 | 29 | 30 | 30• | 31 | **5** | **4** | 2 | 31 | **1** | 2• | 2 | 3 | 3 | 4 | 5 | 5 | 6• | 6 | 7 | 5 | 6 |
| 28 | 29 | 29• | 30 | 31 | **7** | **6** | 2 | 2 | 3• | **2** | 2 | 3 | 3 | 4 | 4 | 5• | 6 | 6 | 7 | 7 | 8 | 6 | 7• |
| 29 | 30 | 30 | 31 | **8** | 2 | 2• | 3 | 3 | 4 | 2 | 3 | 4 | 4• | 5 | 5 | 6 | 7 | 7 | 8 | 8• | 9 | 7 | 8 |
| 30 | 31 | **10** | **9**• | 2 | 3 | 3 | 4 | 4 | 5 | 3• | 4 | 5 | 5 | 6 | 6 | 7 | 8• | 8 | 9 | 9 | 10 | 8 | 9 |
| **12**• | **11** | 2 | 2 | 3 | 4 | 4 | 5• | 5 | 6 | 4 | 5 | 6 | 6 | 7• | 7 | 8 | 9 | 9 | 10 | 10 | 11• | 9 | 10 |
| 2 | 2 | 3 | 3 | 4• | 5 | 5 | 6 | 6 | 7 | 5 | 6• | 7 | 7 | 8 | 8 | 9 | 10 | 10• | 11 | 11 | 12 | 10 | 11 |
| 3 | 3• | 4 | 4 | 5 | 6 | 6 | 7 | 7• | 8 | 6 | 7 | 8 | 8 | 9 | 9• | 10 | 11 | 11 | 12 | 12 | 13 | 11• | 12 |
| 4 | 4 | 5 | 5 | 6 | 7• | 7 | 8 | 8 | 9 | 7 | 8 | 9• | 9 | 10 | 10 | 11 | 12 | 12 | 13• | 13 | 14 | 12 | 13 |
| 5 | 5 | 6• | 6 | 7 | 8 | 8 | 9 | 9 | 10• | 8 | 9 | 10 | 10 | 11 | 11 | 12• | 13 | 13 | 14 | 14 | 15 | 13 | 14• |
| 6 | 6 | 7 | 7 | 8 | 9 | 9• | 10 | 10 | 11 | 9 | 10 | 11 | 11• | 12 | 12 | 13 | 14 | 14 | 15 | 15• | 16 | 14 | 15 |
| 7 | 7 | 8 | 8• | 9 | 10 | 10 | 11 | 11 | 12 | 10• | 11 | 12 | 12 | 13 | 13 | 14 | 15• | 15 | 16 | 16 | 17 | 15 | 16 |
| 8• | 8 | 9 | 9 | 10 | 11 | 11 | 12• | 12 | 13 | 11 | 12 | 13 | 13 | 14• | 14 | 15 | 16 | 16 | 17 | 17 | 18• | 16 | 17 |
| 9 | 9 | 10 | 10 | 11• | 12 | 12 | 13 | 13 | 14 | 12 | 13• | 14 | 14 | 15 | 15 | 16 | 17 | 17• | 18 | 18 | 19 | 17 | 18 |
| 10 | 10• | 11 | 11 | 12 | 13 | 13 | 14 | 14• | 15 | 13 | 14 | 15 | 15 | 16 | 16• | 17 | 18 | 18 | 19 | 19 | 20 | 18• | 19 |
| 11 | 11 | 12 | 12 | 13 | 14• | 14 | 15 | 15 | 16 | 14 | 15 | 16• | 16 | 17 | 17 | 18 | 19 | 19 | 20• | 20 | 21 | 19 | 20 |
| 12 | 12 | 13• | 13 | 14 | 15 | 15 | 16 | 16 | 17• | 15 | 16 | 17 | 17 | 18 | 18 | 19• | 20 | 20 | 21 | 21 | 22 | 20 | 21• |
| 13 | 13 | 14 | 14 | 15 | 16 | 16• | 17 | 17 | 18 | 16 | 17 | 18 | 18• | 19 | 19 | 20 | 21 | 21 | 22 | 22• | 23 | 21 | 22 |
| 14 | 14 | 15 | 15• | 16 | 17 | 17 | 18 | 18 | 19 | 17• | 18 | 19 | 19 | 20 | 20 | 21 | 22• | 22 | 23 | 23 | 24 | 22 | 23 |
| 15• | 15 | 16 | 16 | 17 | 18 | 18 | 19• | 19 | 20 | 18 | 19 | 20 | 20 | 21• | 21 | 22 | 23 | 23 | 24 | 24 | 25• | 23 | 24 |
| 16 | 16 | 17 | 17 | 18• | 19 | 19 | 20 | 20 | 21 | 19 | 20• | 21 | 21 | 22 | 22 | 23 | 24 | 24• | 25 | 25 | 26 | 24 | 25 |
| 17 | 17• | 18 | 18 | 19 | 20 | 20 | 21 | 21• | 22 | 20 | 21 | 22 | 22 | 23 | 23• | 24 | 25 | 25 | 26 | 26 | 27 | 25• | 26 |
| 18 | 18 | 19 | 19 | 20 | 21• | 21 | 22 | 22 | 23 | 21 | 22 | 23• | 23 | 24 | 24 | 25 | 26 | 26 | 27• | 27 | 28 | 26 | 27 |
| 19 | 19 | 20• | 20 | 21 | 22 | 22 | 23 | 23 | 24• | 22 | 23 | 24 | 24 | 25 | 25 | 26• | 27 | 27 | 28 | 28 | 29 | 27 | 28• |
| 20 | 20 | 21 | 21 | 22 | 23 | 23• | 24 | 24 | 25 | 23 | 24 | 25 | 25• | 26 | 26 | 27 | 28 | 28 | 29 | 29• | 30 | 28 | 29 |
| 21 | 21 | 22 | 22• | 23 | 24 | 24 | 25 | 25 | 26 | 24• | 25 | 26 | 26 | 27 | 27 | 28 | 29• | 29 | 30 | 30 | 31 | **3** | 30 |

| | | | | | | | | | | | | | | | | | | | | | | | | |
|---|---|---|---|---|---|---|---|---|---|---|---|---|---|---|---|---|---|---|---|---|---|---|---|---|
| 11 | 11 | 12 | 12• | 13 | 14 | 14 | 15 | 15 | 16 | 15• | 16 | 17 | 17 | 18 | 18 | 19 | 20• | 20 | 21 | 21 | 22 | 20 | 21 | 22• |
| 12• | 12 | 13 | 13 | 14 | 15 | 15 | 16• | 16 | 17 | 16 | 17 | 18 | 18 | 19• | 19 | 20 | 21 | 21 | 22 | 22 | 23• | 21 | 22 | 23 |
| 13 | 13 | 14 | 14 | 15• | 16 | 16 | 17 | 17 | 18 | 17 | 18• | 19 | 19 | 20 | 20 | 21 | 22 | 22• | 23 | 23 | 24 | 22 | 23 | 24 |
| 14 | 14• | 15 | 15 | 16 | 17 | 17 | 18 | 18• | 19 | 18 | 19 | 20 | 20 | 21 | 21• | 22 | 23 | 23 | 24 | 24 | 25 | 23• | 24 | 25 |
| 15 | 15 | 16 | 16 | 17 | 18• | 18 | 19 | 19 | 20 | 19 | 20 | 21• | 21 | 22 | 22 | 23 | 24 | 24 | 25• | 25 | 26 | 24 | 25 | 26 |
| 16 | 16 | 17• | 17 | 18 | 19 | 19 | 20 | 20 | 21• | 20 | 21 | 22 | 22 | 23 | 23 | 24• | 25 | 25 | 26 | 26 | 27 | 25 | 26• | 27 |
| 17 | 17 | 18 | 18 | 19 | 20 | 20• | 21 | 21 | 22 | 21 | 22 | 23 | 23• | 24 | 24 | 25 | 26 | 26 | 27 | 27• | 28 | 26 | 27 | 28 |
| 18 | 18 | 19 | 19• | 20 | 21 | 21 | 22 | 22 | 23 | 22• | 23 | 24 | 24 | 25 | 25 | 26 | 27• | 27 | 28 | 28 | 29 | 27 | 28 | 29• |
| 19• | 19 | 20 | 20 | 21 | 22 | 22 | 23• | 23 | 24 | 23 | 24 | 25 | 25 | 26• | 26 | 27 | 28 | 28 | 29 | 29 | 30• | 28 | 29 | 30 |
| 20 | 20 | 21 | 21 | 22• | 23 | 23 | 24 | 24 | 25 | 24 | 25• | 26 | 26 | 27 | 27 | 28 | 29 | 29• | 30 | 30 | 31 | **3** | 30 | 31 |
| 21 | 21• | 22 | 22 | 23 | 24 | 24 | 25 | 25• | 26 | 25 | 26 | 27 | 27 | 28 | 28• | 29 | 30 | 30 | 31 | **5** | **4** | 2• | 31 | **1** |
| 22 | 22 | 23 | 23 | 24 | 25• | 25 | 26 | 26 | 27 | 26 | 27 | 28• | 28 | 29 | 29 | 30 | 31 | **7** | **6**• | 2 | 2 | 3 | **2** | 2 |
| 23 | 23 | 24• | 24 | 25 | 26 | 26 | 27 | 27 | 28• | 27 | 28 | 29 | 29 | 30 | 30 | 31• | **8** | 2 | 2 | 3 | 3 | 4 | 2• | 3 |
| 24 | 24 | 25 | 25 | 26 | 27 | 27• | 28 | 28 | 29 | 28 | 29 | 30 | 30• | 31 | **10** | **9** | 2 | 3 | 3 | 4• | 4 | 5 | 3 | 4 |
| 25 | 25 | 26 | 26• | 27 | 28 | 28 | 29 | 29 | 30 | **29**• | 30 | 31 | **12** | **11** | 2 | 2 | 3• | 4 | 4 | 5 | 5 | 6 | 4 | 5• |
| 26• | 26 | 27 | 27 | 28 | 29 | 29 | 30• | 30 | 31 | **3** | 31 | **1** | 2 | 2• | 3 | 3 | 4 | 5 | 5 | 6 | 6• | 7 | 5 | 6 |
| 27 | 27 | 28 | 28 | 29• | 30 | 30 | 31 | **5** | **4** | 2 | **2**• | 2 | 3 | 3 | 4 | 4 | 5 | 6• | 6 | 7 | 7 | 8 | 6 | 7 |
| 28 | 28• | 29 | 29 | 30 | 31 | **7** | **6** | 2• | 2 | 3 | 2 | 3 | 4 | 4 | 5• | 5 | 6 | 7 | 7 | 8 | 8 | 9• | 7 | 8 |
| 29 | 29 | 30 | 30 | 31 | **8**• | 2 | 2 | 3 | 3 | 4 | 3 | 4• | 5 | 5 | 6 | 6 | 7 | 8 | 8• | 9 | 9 | 10 | 8 | 9 |
| 30 | 30 | 31• | **10** | **9** | 2 | 3 | 3 | **4** | 4• | 5 | 4 | 5 | 6 | 6 | 7 | 7• | 8 | 9 | 9 | 10 | 10 | 11 | 9• | 10 |
| 31 | **12** | **11** | 2 | 2 | 3 | 4• | 4 | 5 | 5 | 6 | 5 | 6 | 7• | 7 | 8 | 8 | 9 | 10 | 10 | 11• | 11 | 12 | 10 | 11 |
| 日 | 2 | 2 | 3• | 3 | 4 | 5 | 5 | 6 | 6 | 7• | 6 | 7 | 8 | 8 | 9 | 9 | 10• | 11 | 11 | 12 | 12 | 13 | 11 | 12• |
| 曜 | 3 | 3 | 4 | 4 | 5 | 6 | 6• | 7 | 7 | 8 | 7 | 8 | 9 | 9• | 10 | 10 | 11 | 12 | 12 | 13 | 13• | 14 | 12 | 13 |
| 表 | 4 | 4 | 5 | 5• | 6 | 7 | 7 | 8 | 8 | 9 | 8• | 9 | 10 | 10 | 11 | 11 | 12 | 13• | 13 | 14 | 14 | 15 | 13 | 14 |
| 4 | 5• | 5 | 6 | 6 | 7 | 8 | 8 | 9• | 9 | 10 | 9 | 10 | 11 | 11 | 12• | 12 | 13 | 14 | 14 | 15 | 15 | 16• | 14 | 15 |
| | 6 | 6 | 7 | 7 | 8• | 9 | 9 | 10 | 10 | 11 | 10 | 11• | 12 | 12 | 13 | 13 | 14 | 15 | 15• | 16 | 16 | 17 | 15 | 16 |
| | 7 | 7• | 8 | 8 | 9 | 10 | 10 | 11 | 11• | 12 | 11 | 12 | 13 | 13 | 14 | 14• | 15 | 16 | 16 | 17 | 17 | 18 | 16• | 17 |
| | 8 | 8 | 9 | 9 | 10 | 11• | 11 | 12 | 12 | 13 | 12 | 13 | 14• | 14 | 15 | 15 | 16 | 17 | 17 | 18• | 18 | 19 | 17 | 18 |
| | 9 | 9 | 10• | 10 | 11 | 12 | 12 | 13 | 13 | 14• | 13 | 14 | 15 | 15 | 16 | 16 | 17• | 18 | 18 | 19 | 19 | 20 | 18 | 19• |
| | 10 | 10 | 11 | 11 | 12 | 13 | 13• | 14 | 14 | 15 | 14 | 15 | 16 | 16• | 17 | 17 | 18 | 19 | 19 | 20 | 20• | 21 | 19 | 20 |

中西回史日曆

日曜表5

五

勵耘書屋

| | | | | | | | | | | | | | | | | | | | | | | | |
|---|---|---|---|---|---|---|---|---|---|---|---|---|---|---|---|---|---|---|---|---|---|---|---|
| 22 | 23 | 23 | 24 | 25 | 25• | 26 | 26 | 27 | 25 | 26 | 27 | 27• | 28 | 28 | 29 | 30 | 30 | 31 | **5**• | **4** | 2 | 31 | **1** |
| 23 | 24 | 24• | 25 | 26 | 26 | 27 | 27 | 28 | 26• | 27 | 28 | 28 | 29 | 29 | 30 | 31• | **7** | **6** | 2 | 2 | 3 | **2** | 2• |
| 24 | 25 | 25 | 26 | 27 | 27 | 28• | 28 | 29 | 27 | 28 | 29 | 29 | 30• | 30 | 31 | **8** | 2 | 2 | 3 | 3• | 4 | 2 | 3 |
| 25 | 26 | 26 | 27• | 28 | 28 | 29 | 29 | 30 | 28 | 29• | 30 | 30 | 31 | **10** | **9** | 2 | 3• | 3 | 4 | 4 | 5 | 3 | 4 |
| 26• | 27 | 27 | 28 | 29 | 29 | 30 | 30• | 31 | **3** | 30 | 31 | **12** | **11** | 2• | 2 | 3 | 4 | 4 | 5 | 5 | 6• | 4 | 5 |
| 27 | 28 | 28 | 29 | 30• | 30 | 31 | **5** | **4** | 2 | 31 | **1**• | 2 | 2 | 3 | 3 | 4 | 5 | 5• | 6 | 6 | 7 | 5 | 6 |
| 28 | 29• | 29 | 30 | 31 | **7** | **6** | 2 | 2• | 3 | **2** | 2 | 3 | 3 | 4 | 4• | 5 | 6 | 6 | 7 | 7 | 8 | 6• | 7 |
| 29 | 30 | 30 | 31 | **8** | 2• | 2 | 3 | 3 | 4 | 2 | 3 | 4• | 4 | 5 | 5 | 6 | 7 | 7 | 8• | 8 | 9 | 7 | 8 |
| 30 | 31 | **10**• | **9** | 2 | 3 | 3 | 4 | 4 | 5• | 3 | 4 | 5 | 5 | 6 | 6 | 7• | 8 | 8 | 9 | 9 | 10 | 8 | 9• |
| **12** | **11** | 2 | 2 | 3 | 4 | 4• | 5 | 5 | 6 | 4 | 5 | 6 | 6• | 7 | 7 | 8 | 9 | 9 | 10 | 10• | 11 | 9 | 10 |
| 2 | 2 | 3 | 3• | 4 | 5 | 5 | 6 | 6 | 7 | 5• | 6 | 7 | 7 | 8 | 8 | 9 | 10• | 10 | 11 | 11 | 12 | 10 | 11 |
| 3• | 3 | 4 | 4 | 5 | 6 | 6 | 7• | 7 | 8 | 6 | 7 | 8 | 8 | 9• | 9 | 10 | 11 | 11 | 12 | 12 | 13• | 11 | 12 |
| 4 | 4 | 5 | 5 | 6• | 7 | 7 | 8 | 8 | 9 | 7 | 8• | 9 | 9 | 10 | 10 | 11 | 12 | 12• | 13 | 13 | 14 | 12 | 13 |
| 5 | 5• | 6 | 6 | 7 | 8 | 8 | 9 | 9• | 10 | 8 | 9 | 10 | 10 | 11 | 11• | 12 | 13 | 13 | 14 | 14 | 15 | 13• | 14 |
| 6 | 6 | 7 | 7 | 8 | 9• | 9 | 10 | 10 | 11 | 9 | 10 | 11• | 11 | 12 | 12 | 13 | 14 | 14 | 15• | 15 | 16 | 14 | 15 |
| 7 | 7 | 8• | 8 | 9 | 10 | 10 | 11 | 11 | 12• | 10 | 11 | 12 | 12 | 13 | 13 | 14• | 15 | 15 | 16 | 16 | 17 | 15 | 16• |
| 8 | 8 | 9 | 9 | 10 | 11 | 11• | 12 | 12 | 13 | 11 | 12 | 13 | 13• | 14 | 14 | 15 | 16 | 16 | 17 | 17• | 18 | 16 | 17 |
| 9 | 9 | 10 | 10• | 11 | 12 | 12 | 13 | 13 | 14 | 12• | 13 | 14 | 14 | 15 | 15 | 16 | 17• | 17 | 18 | 18 | 19 | 17 | 18 |
| 10• | 10 | 11 | 11 | 12 | 13 | 13 | 14• | 14 | 15 | 13 | 14 | 15 | 15 | 16• | 16 | 17 | 18 | 18 | 19 | 19 | 20• | 18 | 19 |
| 11 | 11 | 12 | 12 | 13• | 14 | 14 | 15 | 15 | 16 | 14 | 15• | 16 | 16 | 17 | 17 | 18 | 19 | 19• | 20 | 20 | 21 | 19 | 20 |
| 12 | 12• | 13 | 13 | 14 | 15 | 15 | 16 | 16• | 17 | 15 | 16 | 17 | 17 | 18 | 18• | 19 | 20 | 20 | 21 | 21 | 22 | 20• | 21 |
| 13 | 13 | 14 | 14 | 15 | 16• | 16 | 17 | 17 | 18 | 16 | 17 | 18• | 18 | 19 | 19 | 20 | 21 | 21 | 22• | 22 | 23 | 21 | 22 |
| 14 | 14 | 15• | 15 | 16 | 17 | 17 | 18 | 18 | 19• | 17 | 18 | 19 | 19 | 20 | 20 | 21• | 22 | 22 | 23 | 23 | 24 | 22 | 23• |
| 15 | 15 | 16 | 16 | 17 | 18 | 18• | 19 | 19 | 20 | 18 | 19 | 20 | 20• | 21 | 21 | 22 | 23 | 23 | 24 | 24• | 25 | 23 | 24 |
| 16 | 16 | 17 | 17• | 18 | 19 | 19 | 20 | 20 | 21 | 19• | 20 | 21 | 21 | 22 | 22 | 23 | 24• | 24 | 25 | 25 | 26 | 24 | 25 |
| 17• | 17 | 18 | 18 | 19 | 20 | 20 | 21• | 21 | 22 | 20 | 21 | 22 | 22 | 23• | 23 | 24 | 25 | 25 | 26 | 26 | 27• | 25 | 26 |
| 18 | 18 | 19 | 19 | 20• | 21 | 21 | 22 | 22 | 23 | 21 | 22• | 23 | 23 | 24 | 24 | 25 | 26 | 26• | 27 | 27 | 28 | 26 | 27 |
| 19 | 19• | 20 | 20 | 21 | 22 | 22 | 23 | 23• | 24 | 22 | 23 | 24 | 24 | 25 | 25• | 26 | 27 | 27 | 28 | 28 | 29 | 27• | 28 |
| 20 | 20 | 21 | 21 | 22 | 23• | 23 | 24 | 24 | 25 | 23 | 24 | 25• | 25 | 26 | 26 | 27 | 28 | 28 | 29• | 29 | 30 | 28 | 29 |
| 21 | 21 | 22• | 22 | 23 | 24 | 24 | 25 | 25 | 26• | 24 | 25 | 26 | 26 | 27 | 27 | 28• | 29 | 29 | 30 | 30 | 31 | **3** | 30• |

| | | | | | | | | | | | | | | | | | | | | | | | | |
|---|---|---|---|---|---|---|---|---|---|---|---|---|---|---|---|---|---|---|---|---|---|---|---|---|
| 11 | 11 | 12 | 12 | 13 | 14 | 14 | 15 | 15 | 16 | 15 | 16 | 17 | 17 | 18 | 18 | 19 | 20 | 20 | 21 | 21 | 22 | 20 | 21 | 22 |
| 12 | 12 | 13 | 13 | 14 | 15 | 15 | 16 | 16 | 17 | 16 | 17 | 18 | 18 | 19 | 19 | 20 | 21 | 21 | 22 | 22 | 23 | 21 | 22 | 23 |
| 13 | 13 | 14 | 14 | 15 | 16 | 16 | 17 | 17 | 18 | 17 | 18 | 19 | 19 | 20 | 20 | 21 | 22 | 22 | 23 | 23 | 24 | 22 | 23 | 24 |
| 14 | 14 | 15 | 15 | 16 | 17 | 17 | 18 | 18 | 19 | 18 | 19 | 20 | 20 | 21 | 21 | 22 | 23 | 23 | 24 | 24 | 25 | 23 | 24 | 25 |
| 15 | 15 | 16 | 16 | 17 | 18 | 18 | 19 | 19 | 20 | 19 | 20 | 21 | 21 | 22 | 22 | 23 | 24 | 24 | 25 | 25 | 26 | 24 | 25 | 26 |
| 16 | 16 | 17 | 17 | 18 | 19 | 19 | 20 | 20 | 21 | 20 | 21 | 22 | 22 | 23 | 23 | 24 | 25 | 25 | 26 | 26 | 27 | 25 | 26 | 27 |
| 17 | 17 | 18 | 18 | 19 | 20 | 20 | 21 | 21 | 22 | 21 | 22 | 23 | 23 | 24 | 24 | 25 | 26 | 26 | 27 | 27 | 28 | 26 | 27 | 28 |
| 18 | 18 | 19 | 19 | 20 | 21 | 21 | 22 | 22 | 23 | 22 | 23 | 24 | 24 | 25 | 25 | 26 | 27 | 27 | 28 | 28 | 29 | 27 | 28 | 29 |
| 19 | 19 | 20 | 20 | 21 | 22 | 22 | 23 | 23 | 24 | 23 | 24 | 25 | 25 | 26 | 26 | 27 | 28 | 28 | 29 | 29 | 30 | 28 | 29 | 30 |
| 20 | 20 | 21 | 21 | 22 | 23 | 23 | 24 | 24 | 25 | 24 | 25 | 26 | 26 | 27 | 27 | 28 | 29 | 29 | 30 | 30 | 31 | **3** | 30 | 31 |
| 21 | 21 | 22 | 22 | 23 | 24 | 24 | 25 | 25 | 26 | 25 | 26 | 27 | 27 | 28 | 28 | 29 | 30 | 30 | 31 | **5** | **4** | 2 | 31 | **1** |
| 22 | 22 | 23 | 23 | 24 | 25 | 25 | 26 | 26 | 27 | 26 | 27 | 28 | 28 | 29 | 29 | 30 | 31 | **7** | **6** | 2 | 2 | 3 | **2** | 2 |
| 23 | 23 | 24 | 24 | 25 | 26 | 26 | 27 | 27 | 28 | 27 | 28 | 29 | 29 | 30 | 30 | 31 | **8** | 2 | 2 | 3 | 3 | 4 | 2 | 3 |
| 24 | 24 | 25 | 25 | 26 | 27 | 27 | 28 | 28 | 29 | 28 | 29 | 30 | 30 | 31 | **10** | **9** | 2 | 3 | 3 | 4 | 4 | 5 | 3 | 4 |
| 25 | 25 | 26 | 26 | 27 | 28 | 28 | 29 | 29 | 30 | 29 | 30 | 31 | **12** | **11** | 2 | 2 | 3 | 4 | 4 | 5 | 5 | 6 | 4 | 5 |
| 26 | 26 | 27 | 27 | 28 | 29 | 29 | 30 | 30 | 31 | **3** | 31 | **1** | 2 | 2 | 3 | 3 | 4 | 5 | 5 | 6 | 6 | 7 | 5 | 6 |
| 27 | 27 | 28 | 28 | 29 | 30 | 30 | 31 | **5** | **4** | 2 | **2** | 2 | 3 | 3 | 4 | 4 | 5 | 6 | 6 | 7 | 7 | 8 | 6 | 7 |
| 28 | 28 | 29 | 29 | 30 | 31 | **7** | **6** | 2 | 2 | 3 | 2 | 3 | 4 | 4 | 5 | 5 | 6 | 7 | 7 | 8 | 8 | 9 | 7 | 8 |
| 29 | 29 | 30 | 30 | 31 | **8** | 2 | 2 | 3 | 3 | 4 | 3 | 4 | 5 | 5 | 6 | 6 | 7 | 8 | 8 | 9 | 9 | 10 | 8 | 9 |
| 30 | 30 | 31 | **10** | **9** | 2 | 3 | 3 | 4 | 4 | 5 | 4 | 5 | 6 | 6 | 7 | 7 | 8 | 9 | 9 | 10 | 10 | 11 | 9 | 10 |
| 31 | **12** | **11** | 2 | 2 | 3 | 4 | 4 | 5 | 5 | 6 | 5 | 6 | 7 | 7 | 8 | 8 | 9 | 10 | 10 | 11 | 11 | 12 | 10 | 11 |
| 日 | 2 | 2 | 3 | 3 | 4 | 5 | 5 | 6 | 6 | 7 | 6 | 7 | 8 | 8 | 9 | 9 | 10 | 11 | 11 | 12 | 12 | 13 | 11 | 12 |
| 曜 | 3 | 3 | 4 | 4 | 5 | 6 | 6 | 7 | 7 | 8 | 7 | 8 | 9 | 9 | 10 | 10 | 11 | 12 | 12 | 13 | 13 | 14 | 12 | 13 |
| 表 | 4 | 4 | 5 | 5 | 6 | 7 | 7 | 8 | 8 | 9 | 8 | 9 | 10 | 10 | 11 | 11 | 12 | 13 | 13 | 14 | 14 | 15 | 13 | 14 |
| 5 | 5 | 5 | 6 | 6 | 7 | 8 | 8 | 9 | 9 | 10 | 9 | 10 | 11 | 11 | 12 | 12 | 13 | 14 | 14 | 15 | 15 | 16 | 14 | 15 |
| | 6 | 6 | 7 | 7 | 8 | 9 | 9 | 10 | 10 | 11 | 10 | 11 | 12 | 12 | 13 | 13 | 14 | 15 | 15 | 16 | 16 | 17 | 15 | 16 |
| | 7 | 7 | 8 | 8 | 9 | 10 | 10 | 11 | 11 | 12 | 11 | 12 | 13 | 13 | 14 | 14 | 15 | 16 | 16 | 17 | 17 | 18 | 16 | 17 |
| | 8 | 8 | 9 | 9 | 10 | 11 | 11 | 12 | 12 | 13 | 12 | 13 | 14 | 14 | 15 | 15 | 16 | 17 | 17 | 18 | 18 | 19 | 17 | 18 |
| | 9 | 9 | 10 | 10 | 11 | 12 | 12 | 13 | 13 | 14 | 13 | 14 | 15 | 15 | 16 | 16 | 17 | 18 | 18 | 19 | 19 | 20 | 18 | 19 |
| | 10 | 10 | 11 | 11 | 12 | 13 | 13 | 14 | 14 | 15 | 14 | 15 | 16 | 16 | 17 | 17 | 18 | 19 | 19 | 20 | 20 | 21 | 19 | 20 |

中西回史日曆

日曜表6

六

勵耘書屋

| | | | | | | | | | | | | | | | | | | | | | | | |
|---|---|---|---|---|---|---|---|---|---|---|---|---|---|---|---|---|---|---|---|---|---|---|---|
| 22 | 23 | 23 | 24 | 25• | 25 | 26 | 26 | 27 | 25 | 26 | 27• | 27 | 28 | 28 | 29 | 30 | 30 | 31• | **5** | **4** | 2 | 31 | **1** |
| 23 | 24• | 24 | 25 | 26 | 26 | 27 | 27 | 28• | 26 | 27 | 28 | 28 | 29 | 29 | 30• | 31 | **7** | **6** | 2 | 2 | 3 | **2**• | 2 |
| 24 | 25 | 25 | 26 | 27 | 27• | 28 | 28 | 29 | 27 | 28 | 29 | 29• | 30 | 30 | 31 | **8** | 2 | 2 | 3• | 3 | 4 | 2 | 3 |
| 25 | 26 | 26• | 27 | 28 | 28 | 29 | 29 | 30 | 28• | 29 | 30 | 30 | 31 | **10** | **9** | 2• | 3 | 3 | 4 | 4 | 5 | 3 | 4• |
| 26 | 27 | 27 | 28 | 29 | 29 | 30• | 30 | 31 | **3** | 30 | 31 | **12** | **11**• | 2 | 2 | 3 | 4 | 4 | 5 | 5• | 6 | 4 | 5 |
| 27 | 28 | 28 | 29• | 30 | 30 | 31 | **5** | **4** | 2 | 31• | **1** | 2 | 2 | 3 | 3 | 4 | 5• | 5 | 6 | 6 | 7 | 5 | 6 |
| 28• | 29 | 29 | 30 | 31 | **7** | **6** | 2• | 2 | 3 | **2** | 2 | 3 | 3 | 4• | 4 | 5 | 6 | 6 | 7 | 7 | 8• | 6 | 7 |
| 29 | 30 | 30 | 31 | **8**• | 2 | 2 | 3 | 3 | 4 | 2 | 3• | 4 | 4 | 5 | 5 | 6 | 7 | 7• | 8 | 8 | 9 | 7 | 8 |
| 30 | 31• | **10** | **9** | 2 | 3 | 3 | 4 | 4• | 5 | 3 | 4 | 5 | 5 | 6 | 6• | 7 | 8 | 8 | 9 | 9 | 10 | 8• | 9 |
| **12** | **11** | 2 | 2 | 3 | 4• | 4 | 5 | 5 | 6 | 4 | 5 | 6• | 6 | 7 | 7 | 8 | 9 | 9 | 10• | 10 | 11 | 9 | 10 |
| 2 | 2 | 3• | 3 | 4 | 5 | 5 | 6 | 6 | 7• | 5 | 6 | 7 | 7 | 8 | 8 | 9• | 10 | 10 | 11 | 11 | 12 | 10 | 11• |
| 3 | 3 | 4 | 4 | 5 | 6 | 6• | 7 | 7 | 8 | 6 | 7 | 8 | 8• | 9 | 9 | 10 | 11 | 11 | 12 | 12• | 13 | 11 | 12 |
| 4 | 4 | 5 | 5• | 6 | 7 | 7 | 8 | 8 | 9 | 7• | 8 | 9 | 9 | 10 | 10 | 11 | 12• | 12 | 13 | 13 | 14 | 12 | 13 |
| 5• | 5 | 6 | 6 | 7 | 8 | 8 | 9• | 9 | 10 | 8 | 9 | 10 | 10 | 11• | 11 | 12 | 13 | 13 | 14 | 14 | 15• | 13 | 14 |
| 6 | 6 | 7 | 7 | 8• | 9 | 9 | 10 | 10 | 11 | 9 | 10• | 11 | 11 | 12 | 12 | 13 | 14 | 14• | 15 | 15 | 16 | 14 | 15 |
| 7 | 7• | 8 | 8 | 9 | 10 | 10 | 11 | 11• | 12 | 10 | 11 | 12 | 12 | 13 | 13• | 14 | 15 | 15 | 16 | 16 | 17 | 15• | 16 |
| 8 | 8 | 9 | 9 | 10 | 11• | 11 | 12 | 12 | 13 | 11 | 12 | 13• | 13 | 14 | 14 | 15 | 16 | 16 | 17• | 17 | 18 | 16 | 17 |
| 9 | 9 | 10• | 10 | 11 | 12 | 12 | 13 | 13 | 14• | 12 | 13 | 14 | 14 | 15 | 15 | 16• | 17 | 17 | 18 | 18 | 19 | 17 | 18• |
| 10 | 10 | 11 | 11 | 12 | 13 | 13• | 14 | 14 | 15 | 13 | 14 | 15 | 15• | 16 | 16 | 17 | 18 | 18 | 19 | 19• | 20 | 18 | 19 |
| 11 | 11 | 12 | 12• | 13 | 14 | 14 | 15 | 15 | 16 | 14• | 15 | 16 | 16 | 17 | 17 | 18 | 19• | 19 | 20 | 20 | 21 | 19 | 20 |
| 12• | 12 | 13 | 13 | 14 | 15 | 15 | 16• | 16 | 17 | 15 | 16 | 17 | 17 | 18• | 18 | 19 | 20 | 20 | 21 | 21 | 22• | 20 | 21 |
| 13 | 13 | 14 | 14 | 15• | 16 | 16 | 17 | 17 | 18 | 16 | 17• | 18 | 18 | 19 | 19 | 20 | 21 | 21• | 22 | 22 | 23 | 21 | 22 |
| 14 | 14• | 15 | 15 | 16 | 17 | 17 | 18 | 18• | 19 | 17 | 18 | 19 | 19 | 20 | 20• | 21 | 22 | 22 | 23 | 23 | 24 | 22• | 23 |
| 15 | 15 | 16 | 16 | 17 | 18• | 18 | 19 | 19 | 20 | 18 | 19 | 20• | 20 | 21 | 21 | 22 | 23 | 23 | 24• | 24 | 25 | 23 | 24 |
| 16 | 16 | 17• | 17 | 18 | 19 | 19 | 20 | 20 | 21• | 19 | 20 | 21 | 21 | 22 | 22 | 23• | 24 | 24 | 25 | 25 | 26 | 24 | 25• |
| 17 | 17 | 18 | 18 | 19 | 20 | 20• | 21 | 21 | 22 | 20 | 21 | 22 | 22• | 23 | 23 | 24 | 25 | 25 | 26 | 26• | 27 | 25 | 26 |
| 18 | 18 | 19 | 19• | 20 | 21 | 21 | 22 | 22 | 23 | 21• | 22 | 23 | 23 | 24 | 24 | 25 | 26• | 26 | 27 | 27 | 28 | 26 | 27 |
| 19• | 19 | 20 | 20 | 21 | 22 | 22 | 23• | 23 | 24 | 22 | 23 | 24 | 24 | 25• | 25 | 26 | 27 | 27 | 28 | 28 | 29• | 27 | 28 |
| 20 | 20 | 21 | 21 | 22• | 23 | 23 | 24 | 24 | 25 | 23 | 24• | 25 | 25 | 26 | 26 | 27 | 28 | 28• | 29 | 29 | 30 | 28 | 29 |
| 21 | 21• | 22 | 22 | 23 | 24 | 24 | 25 | 25• | 26 | 24 | 25 | 26 | 26 | 27 | 27• | 28 | 29 | 29 | 30 | 30 | 31 | **3**• | 30 |

| | | | | | | | | | | | | | | | | | | | | | | | | |
|---|---|---|---|---|---|---|---|---|---|---|---|---|---|---|---|---|---|---|---|---|---|---|---|---|
| 11 | 11• | 12 | 12 | 13 | 14 | 14 | 15 | 15• | 16 | 15 | 16 | 17 | 17 | 18 | 18• | 19 | 20 | 20 | 21 | 21 | 22 | 20• | 21 | 22 |
| 12 | 12 | 13 | 13 | 14 | 15• | 15 | 16 | 16 | 17 | 16 | 17 | 18• | 18 | 19 | 19 | 20 | 21 | 21 | 22• | 22 | 23 | 21 | 22 | 23 |
| 13 | 13 | 14• | 14 | 15 | 16 | 16 | 17 | 17 | 18• | 17 | 18 | 19 | 19 | 20 | 20 | 21• | 22 | 22 | 23 | 23 | 24 | 22 | 23• | 24 |
| 14 | 14 | 15 | 15 | 16 | 17 | 17• | 18 | 18 | 19 | 18 | 19 | 20 | 20• | 21 | 21 | 22 | 23 | 23 | 24 | 24• | 25 | 23 | 24 | 25 |
| 15 | 15 | 16 | 16• | 17 | 18 | 18 | 19 | 19 | 20 | 19• | 20 | 21 | 21 | 22 | 22 | 23 | 24• | 24 | 25 | 25 | 26 | 24 | 25 | 26• |
| 16• | 16 | 17 | 17 | 18 | 19 | 19 | 20• | 20 | 21 | 20 | 21 | 22 | 22 | 23• | 23 | 24 | 25 | 25 | 26 | 26 | 27• | 25 | 26 | 27 |
| 17 | 17 | 18 | 18 | 19• | 20 | 20 | 21 | 21 | 22 | 21 | 22• | 23 | 23 | 24 | 24 | 25 | 26 | 26• | 27 | 27 | 28 | 26 | 27 | 28 |
| 18 | 18• | 19 | 19 | 20 | 21 | 21 | 22 | 22• | 23 | 22 | 23 | 24 | 24 | 25 | 25• | 26 | 27 | 27 | 28 | 28 | 29 | 27• | 28 | 29 |
| 19 | 19 | 20 | 20 | 21 | 22• | 22 | 23 | 23 | 24 | 23 | 24 | 25• | 25 | 26 | 26 | 27 | 28 | 28 | 29• | 29 | 30 | 28 | 29 | 30 |
| 20 | 20 | 21• | 21 | 22 | 23 | 23 | 24 | 24 | 25• | 24 | 25 | 26 | 26 | 27 | 27 | 28• | 29 | 29 | 30 | 30 | 31 | 3 | 30• | 31 |
| 21 | 21 | 22 | 22 | 23 | 24 | 24• | 25 | 25 | 26 | 25 | 26 | 27 | 27• | 28 | 28 | 29 | 30 | 30 | 31 | 5• | 4 | 2 | 31 | 1 |
| 22 | 22 | 23 | 23• | 24 | 25 | 25 | 26 | 26 | 27 | 26• | 27 | 28 | 28 | 29 | 29 | 30 | 31• | 7 | 6 | 2 | 2 | 3 | 2 | 2• |
| 23• | 23 | 24 | 24 | 25 | 26 | 26 | 27• | 27 | 28 | 27 | 28 | 29 | 29 | 30• | 30 | 31 | 8 | 2 | 2 | 3 | 3• | 4 | 2 | 3 |
| 24 | 24 | 25 | 25 | 26• | 27 | 27 | 28 | 28 | 29 | 28 | 29• | 30 | 30 | 31 | 10 | 9 | 2 | 3• | 3 | 4 | 4 | 5 | 3 | 4 |
| 25 | 25• | 26 | 26 | 27 | 28 | 28 | 29 | 29• | 30 | 29 | 30 | 31 | 12 | 11 | 2• | 2 | 3 | 4 | 4 | 5 | 5 | 6• | 4 | 5 |
| 26 | 26 | 27 | 27 | 28 | 29• | 29 | 30 | 30 | 31 | 3 | 31 | 1• | 2 | 2 | 3 | 3 | 4 | 5 | 5• | 6 | 6 | 7 | 5 | 6 |
| 27 | 27 | 28• | 28 | 29 | 30 | 30 | 31 | 5 | 4• | 2 | 2 | 2 | 3 | 3 | 4 | 4• | 5 | 6 | 6 | 7 | 7 | 8 | 6• | 7 |
| 28 | 28 | 29 | 29 | 30 | 31 | 7• | 6 | 2 | 2 | 3 | 2 | 3 | 4• | 4 | 5 | 5 | 6 | 7 | 7 | 8• | 8 | 9 | 7 | 8 |
| 29 | 29 | 30 | 30• | 31 | 8 | 2 | 2 | 3 | 3 | 4• | 3 | 4 | 5 | 5 | 6 | 6 | 7• | 8 | 8 | 9 | 9 | 10 | 8 | 9• |
| 30• | 30 | 31 | 10 | 9 | 2 | 3 | 3• | 4 | 4 | 5 | 4 | 5 | 6 | 6• | 7 | 7 | 8 | 9 | 9 | 10 | 10• | 11 | 9 | 10 |
| 31 | 12 | 11 | 2 | 2• | 3 | 4 | 4 | 5 | 5 | 6 | 5• | 6 | 7 | 7 | 8 | 8 | 9 | 10• | 10 | 11 | 11 | 12 | 10 | 11 |
| 日 | 2• | 2 | 3 | 3 | 4 | 5 | 5 | 6• | 6 | 7 | 6 | 7 | 8 | 8 | 9• | 9 | 10 | 11 | 11 | 12 | 12 | 13• | 11 | 12 |
| 曜 | 3 | 3 | 4 | 4 | 5• | 6 | 6 | 7 | 7 | 8 | 7 | 8• | 9 | 9 | 10 | 10 | 11 | 12 | 12• | 13 | 13 | 14 | 12 | 13 |
| 表 | 4 | 4• | 5 | 5 | 6 | 7 | 7 | 8 | 8• | 9 | 8 | 9 | 10 | 10 | 11 | 11• | 12 | 13 | 13 | 14 | 14 | 15 | 13• | 14 |
| 6 | 5 | 5 | 6 | 6 | 7 | 8• | 8 | 9 | 9 | 10 | 9 | 10 | 11• | 11 | 12 | 12 | 13 | 14 | 14 | 15• | 15 | 16 | 14 | 15 |
| | 6 | 6 | 7• | 7 | 8 | 9 | 9 | 10 | 10 | 11• | 10 | 11 | 12 | 12 | 13 | 13 | 14• | 15 | 15 | 16 | 16 | 17 | 15 | 16• |
| | 7 | 7 | 8 | 8 | 9 | 10 | 10• | 11 | 11 | 12 | 11 | 12 | 13 | 13• | 14 | 14 | 15 | 16 | 16 | 17 | 17• | 18 | 16 | 17 |
| | 8 | 8 | 9 | 9• | 10 | 11 | 11 | 12 | 12 | 13 | 12• | 13 | 14 | 14 | 15 | 15 | 16 | 17• | 17 | 18 | 18 | 19 | 17 | 18 |
| | 9• | 9 | 10 | 10 | 11 | 12 | 12 | 13• | 13 | 14 | 13 | 14 | 15 | 15 | 16• | 16 | 17 | 18 | 18 | 19 | 19 | 20• | 18 | 19 |
| | 10 | 10 | 11 | 11 | 12• | 13 | 13 | 14 | 14 | 15 | 14 | 15• | 16 | 16 | 17 | 17 | 18 | 19 | 19• | 20 | 20 | 21 | 19 | 20 |

中西回史日曆

日曜表7

| | | | | | | | | | | | | | | | | | | | | | | | |
|---|---|---|---|---|---|---|---|---|---|---|---|---|---|---|---|---|---|---|---|---|---|---|---|
| 22 | 23 | 23 | 24 | 25 | 25 | 26 | 26 | 27 | 25 | 26 | 27 | 27 | 28 | 28 | 29 | 30 | 30 | 31 | 5 | 4 | 2 | 31 | 1 |
| 23 | 24 | 24 | 25 | 26 | 26 | 27 | 27 | 28 | 26 | 27 | 28 | 28 | 29 | 29 | 30 | 31 | 7 | 6 | 2 | 2 | 3 | 2 | 2 |
| 24 | 25 | 25 | 26 | 27 | 27 | 28 | 28 | 29 | 27 | 28 | 29 | 29 | 30 | 30 | 31 | 8 | 2 | 2 | 3 | 3 | 4 | 2 | 3 |
| 25 | 26 | 26 | 27 | 28 | 28 | 29 | 29 | 30 | 28 | 29 | 30 | 30 | 31 | 10 | 9 | 2 | 3 | 3 | 4 | 4 | 5 | 3 | 4 |
| 26 | 27 | 27 | 28 | 29 | 29 | 30 | 30 | 31 | 3 | 30 | 31 | 12 | 11 | 2 | 2 | 3 | 4 | 4 | 5 | 5 | 6 | 4 | 5 |
| 27 | 28 | 28 | 29 | 30 | 30 | 31 | 5 | 4 | 2 | 31 | 1 | 2 | 2 | 3 | 3 | 4 | 5 | 5 | 6 | 6 | 7 | 5 | 6 |
| 28 | 29 | 29 | 30 | 31 | 7 | 6 | 2 | 2 | 3 | 2 | 2 | 3 | 3 | 4 | 4 | 5 | 6 | 6 | 7 | 7 | 8 | 6 | 7 |
| 29 | 30 | 30 | 31 | 8 | 2 | 2 | 3 | 3 | 4 | 2 | 3 | 4 | 4 | 5 | 5 | 6 | 7 | 7 | 8 | 8 | 9 | 7 | 8 |
| 30 | 31 | 10 | 9 | 2 | 3 | 3 | 4 | 4 | 5 | 3 | 4 | 5 | 5 | 6 | 6 | 7 | 8 | 8 | 9 | 9 | 10 | 8 | 9 |
| 12 | 11 | 2 | 2 | 3 | 4 | 4 | 5 | 5 | 6 | 4 | 5 | 6 | 6 | 7 | 7 | 8 | 9 | 9 | 10 | 10 | 11 | 9 | 10 |
| 2 | 2 | 3 | 3 | 4 | 5 | 5 | 6 | 6 | 7 | 5 | 6 | 7 | 7 | 8 | 8 | 9 | 10 | 10 | 11 | 11 | 12 | 10 | 11 |
| 3 | 3 | 4 | 4 | 5 | 6 | 6 | 7 | 7 | 8 | 6 | 7 | 8 | 8 | 9 | 9 | 10 | 11 | 11 | 12 | 12 | 13 | 11 | 12 |
| 4 | 4 | 5 | 5 | 6 | 7 | 7 | 8 | 8 | 9 | 7 | 8 | 9 | 9 | 10 | 10 | 11 | 12 | 12 | 13 | 13 | 14 | 12 | 13 |
| 5 | 5 | 6 | 6 | 7 | 8 | 8 | 9 | 9 | 10 | 8 | 9 | 10 | 10 | 11 | 11 | 12 | 13 | 13 | 14 | 14 | 15 | 13 | 14 |
| 6 | 6 | 7 | 7 | 8 | 9 | 9 | 10 | 10 | 11 | 9 | 10 | 11 | 11 | 12 | 12 | 13 | 14 | 14 | 15 | 15 | 16 | 14 | 15 |
| 7 | 7 | 8 | 8 | 9 | 10 | 10 | 11 | 11 | 12 | 10 | 11 | 12 | 12 | 13 | 13 | 14 | 15 | 15 | 16 | 16 | 17 | 15 | 16 |
| 8 | 8 | 9 | 9 | 10 | 11 | 11 | 12 | 12 | 13 | 11 | 12 | 13 | 13 | 14 | 14 | 15 | 16 | 16 | 17 | 17 | 18 | 16 | 17 |
| 9 | 9 | 10 | 10 | 11 | 12 | 12 | 13 | 13 | 14 | 12 | 13 | 14 | 14 | 15 | 15 | 16 | 17 | 17 | 18 | 18 | 19 | 17 | 18 |
| 10 | 10 | 11 | 11 | 12 | 13 | 13 | 14 | 14 | 15 | 13 | 14 | 15 | 15 | 16 | 16 | 17 | 18 | 18 | 19 | 19 | 20 | 18 | 19 |
| 11 | 11 | 12 | 12 | 13 | 14 | 14 | 15 | 15 | 16 | 14 | 15 | 16 | 16 | 17 | 17 | 18 | 19 | 19 | 20 | 20 | 21 | 19 | 20 |
| 12 | 12 | 13 | 13 | 14 | 15 | 15 | 16 | 16 | 17 | 15 | 16 | 17 | 17 | 18 | 18 | 19 | 20 | 20 | 21 | 21 | 22 | 20 | 21 |
| 13 | 13 | 14 | 14 | 15 | 16 | 16 | 17 | 17 | 18 | 16 | 17 | 18 | 18 | 19 | 19 | 20 | 21 | 21 | 22 | 22 | 23 | 21 | 22 |
| 14 | 14 | 15 | 15 | 16 | 17 | 17 | 18 | 18 | 19 | 17 | 18 | 19 | 19 | 20 | 20 | 21 | 22 | 22 | 23 | 23 | 24 | 22 | 23 |
| 15 | 15 | 16 | 16 | 17 | 18 | 18 | 19 | 19 | 20 | 18 | 19 | 20 | 20 | 21 | 21 | 22 | 23 | 23 | 24 | 24 | 25 | 23 | 24 |
| 16 | 16 | 17 | 17 | 18 | 19 | 19 | 20 | 20 | 21 | 19 | 20 | 21 | 21 | 22 | 22 | 23 | 24 | 24 | 25 | 25 | 26 | 24 | 25 |
| 17 | 17 | 18 | 18 | 19 | 20 | 20 | 21 | 21 | 22 | 20 | 21 | 22 | 22 | 23 | 23 | 24 | 25 | 25 | 26 | 26 | 27 | 25 | 26 |
| 18 | 18 | 19 | 19 | 20 | 21 | 21 | 22 | 22 | 23 | 21 | 22 | 23 | 23 | 24 | 24 | 25 | 26 | 26 | 27 | 27 | 28 | 26 | 27 |
| 19 | 19 | 20 | 20 | 21 | 22 | 22 | 23 | 23 | 24 | 22 | 23 | 24 | 24 | 25 | 25 | 26 | 27 | 27 | 28 | 28 | 29 | 27 | 28 |
| 20 | 20 | 21 | 21 | 22 | 23 | 23 | 24 | 24 | 25 | 23 | 24 | 25 | 25 | 26 | 26 | 27 | 28 | 28 | 29 | 29 | 30 | 28 | 29 |
| 21 | 21 | 22 | 22 | 23 | 24 | 24 | 25 | 25 | 26 | 24 | 25 | 26 | 26 | 27 | 27 | 28 | 29 | 29 | 30 | 30 | 31 | 3 | 30 |

| | | | | | | | | | | | | | | | | | | | | | | | | |
|---|---|---|---|---|---|---|---|---|---|---|---|---|---|---|---|---|---|---|---|---|---|---|---|---|
| 11• | 11 | 12 | 12 | 13 | 14 | 14 | 15• | 15 | 16 | 15 | 16 | 17 | 17 | 18• | 18 | 19 | 20 | 20 | 21 | 21 | 22• | 20 | 21 | 22 |
| 12 | 12 | 13 | 13 | 14• | 15 | 15 | 16 | 16 | 17 | 16 | 17• | 18 | 18 | 19 | 19 | 20 | 21 | 21• | 22 | 22 | 23 | 21 | 22 | 23 |
| 13 | 13• | 14 | 14 | 15 | 16 | 16 | 17 | 17• | 18 | 17 | 18 | 19 | 19 | 20 | 20• | 21 | 22 | 22 | 23 | 23 | 24 | 22• | 23 | 24 |
| 14 | 14 | 15 | 15 | 16 | 17• | 17 | 18 | 18 | 19 | 18 | 19 | 20• | 20 | 21 | 21 | 22 | 23 | 23 | 24• | 24 | 25 | 23 | 24 | 25 |
| 15 | 15 | 16• | 16 | 17 | 18 | 18 | 19 | 19 | 20• | 19 | 20 | 21 | 21 | 22 | 22 | 23• | 24 | 24 | 25 | 25 | 26 | 24 | 25• | 26 |
| 16 | 16 | 17 | 17 | 18 | 19 | 19• | 20 | 20 | 21 | 20 | 21 | 22 | 22• | 23 | 23 | 24 | 25 | 25 | 26 | 26• | 27 | 25 | 26 | 27 |
| 17 | 17 | 18 | 18• | 19 | 20 | 20 | 21 | 21 | 22 | 21• | 22 | 23 | 23 | 24 | 24 | 25 | 26• | 26 | 27 | 27 | 28 | 26 | 27 | 28• |
| 18• | 18 | 19 | 19 | 20 | 21 | 21 | 22• | 22 | 23 | 22 | 23 | 24 | 24 | 25• | 25 | 26 | 27 | 27 | 28 | 28 | 29• | 27 | 28 | 29 |
| 19 | 19 | 20 | 20 | 21• | 22 | 22 | 23 | 23 | 24 | 23 | 24• | 25 | 25 | 26 | 26 | 27 | 28 | 28• | 29 | 29 | 30 | 28 | 29 | 30 |
| 20 | 20• | 21 | 21 | 22 | 23 | 23 | 24 | 24• | 25 | 24 | 25 | 26 | 26 | 27 | 27• | 28 | 29 | 29 | 30 | 30 | 31 | **3**• | 30 | 31 |
| 21 | 21 | 22 | 22 | 23 | 24• | 24 | 25 | 25 | 26 | 25 | 26 | 27• | 27 | 28 | 28 | 29 | 30 | 30 | 31• | **5** | **4** | 2 | 31 | **1** |
| 22 | 22 | 23• | 23 | 24 | 25 | 25 | 26 | 26 | 27• | 26 | 27 | 28 | 28 | 29 | 29 | 30• | 31 | **7** | **6** | 2 | 2 | 3 | **2**• | 2 |
| 23 | 23 | 24 | 24 | 25 | 26 | 26• | 27 | 27 | 28 | 27 | 28 | 29 | 29• | 30 | 30 | 31 | **8** | 2 | 2 | 3• | 3 | 4 | 2 | 3 |
| 24 | 24 | 25 | 25• | 26 | 27 | 27 | 28 | 28 | 29 | 28• | 29 | 30 | 30 | 31 | **10** | **9** | 2• | 3 | 3 | 4 | 4 | 5 | 3 | 4• |
| 25• | 25 | 26 | 26 | 27 | 28 | 28 | 29• | 29 | 30 | 29 | 30 | 31 | **12** | **11**• | 2 | 2 | 3 | 4 | 4 | 5 | 5• | 6 | 4 | 5 |
| 26 | 26 | 27 | 27 | 28• | 29 | 29 | 30 | 30 | 31 | **3** | 31• | **1** | 2 | 2 | 3 | 3 | 4 | 5• | 5 | 6 | 6 | 7 | 5 | 6 |
| 27 | 27• | 28 | 28 | 29 | 30 | 30 | 31 | **5**• | **4** | 2 | **2** | 2 | 3 | 3 | 4• | 4 | 5 | 6 | 6 | 7 | 7 | 8• | 6 | 7 |
| 28 | 28 | 29 | 29 | 30 | 31• | **7** | **6** | 2 | 2 | 3 | 2 | 3• | 4 | 4 | 5 | 5 | 6 | 7 | 7• | 8 | 8 | 9 | 7 | 8 |
| 29 | 29 | 30• | 30 | 31 | **8** | 2 | 2 | 3 | 3• | 4 | 3 | 4 | 5 | 5 | 6 | 6• | 7 | 8 | 8 | 9 | 9 | 10 | 8• | 9 |
| 30 | 30 | 31 | **10** | **9** | 2 | 3• | 3 | **4** | **4** | 5 | 4 | 5 | 6• | 6 | 7 | 7 | 8 | 9 | 9 | 10• | 10 | 11 | 9 | 10 |
| 31 | **12** | **11** | 2• | 2 | 3 | 4 | 4 | 5 | 5 | 6• | 5 | 6 | 7 | 7 | 8 | 8 | 9• | 10 | 10 | 11 | 11 | 12 | 10 | 11• |
| 日 | 2 | 2 | 3 | 3 | 4 | 5 | 5• | 6 | 6 | 7 | 6 | 7 | 8 | 8• | 9 | 9 | 10 | 11 | 11 | 12 | 12• | 13 | 11 | 12 |
| 曜 | 3 | 3 | 4 | 4• | 5 | 6 | 6 | 7 | 7 | 8 | 7• | 8 | 9 | 9 | 10 | 10 | 11 | 12• | 12 | 13 | 13 | 14 | 12 | 13 |
| 表 | 4• | 4 | 5 | 5 | 6 | 7 | 7 | 8• | 8 | 9 | 8 | 9 | 10 | 10 | 11• | 11 | 12 | 13 | 13 | 14 | 14 | 15• | 13 | 14 |
| 7 | 5 | 5 | 6 | 6 | 7• | 8 | 8 | 9 | 9 | 10 | 9 | 10• | 11 | 11 | 12 | 12 | 13 | 14 | 14• | 15 | 15 | 16 | 14 | 15 |
| | 6 | 6• | 7 | 7 | 8 | 9 | 9 | 10 | 10• | 11 | 10 | 11 | 12 | 12 | 13 | 13• | 14 | 15 | 15 | 16 | 16 | 17 | 15• | 16 |
| | 7 | 7 | 8 | 8 | 9 | 10• | 10 | 11 | 11 | 12 | 11 | 12 | 13• | 13 | 14 | 14 | 15 | 16 | 16 | 17• | 17 | 18 | 16 | 17 |
| | 8 | 8 | 9• | 9 | 10 | 11 | 11 | 12 | 12 | 13• | 12 | 13 | 14 | 14 | 15 | 15 | 16• | 17 | 17 | 18 | 18 | 19 | 17 | 18• |
| | 9 | 9 | 10 | 10 | 11 | 12 | 12• | 13 | 13 | 14 | 13 | 14 | 15 | 15• | 16 | 16 | 17 | 18 | 18 | 19 | 19• | 20 | 18 | 19 |
| | 10 | 10 | 11 | 11• | 12 | 13 | 13 | 14 | 14 | 15 | 14• | 15 | 16 | 16 | 17 | 17 | 18 | 19• | 19 | 20 | 20 | 21 | 19 | 20 |

| 1 | | 2 | | 3 | | 4 | | 5 | | 6 | | 7 | | 8 | | 9 | | 10 | |
|---|---|---|---|---|---|---|---|---|---|---|---|---|---|---|---|---|---|---|---|
| 丁丑 | 丁未 | 戊戌 | 戊辰 | 己未 | 己丑 | 庚辰 | 庚戌 | 辛丑 | 辛未 | 壬戌 | 壬辰 | 癸未 | 癸丑 | 甲辰 | 甲戌 | 乙丑 | 乙未 | 丙戌 | 丙辰 |
| 戊寅 | 戊申 | 己亥 | 己巳 | 庚申 | 庚寅 | 辛巳 | 辛亥 | 壬寅 | 壬申 | 癸亥 | 癸巳 | 甲申 | 甲寅 | 乙巳 | 乙亥 | 丙寅 | 丙申 | 丁亥 | 丁巳 |
| 己卯 | 己酉 | 庚子 | 庚午 | 辛酉 | 辛卯 | 壬午 | 壬子 | 癸卯 | 癸酉 | 甲子 | 甲午 | 乙酉 | 乙卯 | 丙午 | 丙子 | 丁卯 | 丁酉 | 戊子 | 戊午 |
| 庚辰 | 庚戌 | 辛丑 | 辛未 | 壬戌 | 壬辰 | 癸未 | 癸丑 | 甲辰 | 甲戌 | 乙丑 | 乙未 | 丙戌 | 丙辰 | 丁未 | 丁丑 | 戊辰 | 戊戌 | 己丑 | 己未 |
| 辛巳 | 辛亥 | 壬寅 | 壬申 | 癸亥 | 癸巳 | 甲申 | 甲寅 | 乙巳 | 乙亥 | 丙寅 | 丙申 | 丁亥 | 丁巳 | 戊申 | 戊寅 | 己巳 | 己亥 | 庚寅 | 庚申 |
| 壬午 | 壬子 | 癸卯 | 癸酉 | 甲子 | 甲午 | 乙酉 | 乙卯 | 丙午 | 丙子 | 丁卯 | 丁酉 | 戊子 | 戊午 | 己酉 | 己卯 | 庚午 | 庚子 | 辛卯 | 辛酉 |
| 癸未 | 癸丑 | 甲辰 | 甲戌 | 乙丑 | 乙未 | 丙戌 | 丙辰 | 丁未 | 丁丑 | 戊辰 | 戊戌 | 己丑 | 己未 | 庚戌 | 庚辰 | 辛未 | 辛丑 | 壬辰 | 壬戌 |
| 甲申 | 甲寅 | 乙巳 | 乙亥 | 丙寅 | 丙申 | 丁亥 | 丁巳 | 戊申 | 戊寅 | 己巳 | 己亥 | 庚寅 | 庚申 | 辛亥 | 辛巳 | 壬申 | 壬寅 | 癸巳 | 癸亥 |
| 乙酉 | 乙卯 | 丙午 | 丙子 | 丁卯 | 丁酉 | 戊子 | 戊午 | 己酉 | 己卯 | 庚午 | 庚子 | 辛卯 | 辛酉 | 壬子 | 壬午 | 癸酉 | 癸卯 | 甲午 | 甲子 |
| 丙戌 | 丙辰 | 丁未 | 丁丑 | 戊辰 | 戊戌 | 己丑 | 己未 | 庚戌 | 庚辰 | 辛未 | 辛丑 | 壬辰 | 壬戌 | 癸丑 | 癸未 | 甲戌 | 甲辰 | 乙未 | 乙丑 |
| 丁亥 | 丁巳 | 戊申 | 戊寅 | 己巳 | 己亥 | 庚寅 | 庚申 | 辛亥 | 辛巳 | 壬申 | 壬寅 | 癸巳 | 癸亥 | 甲寅 | 甲申 | 乙亥 | 乙巳 | 丙申 | 丙寅 |
| 戊子 | 戊午 | 己酉 | 己卯 | 庚午 | 庚子 | 辛卯 | 辛酉 | 壬子 | 壬午 | 癸酉 | 癸卯 | 甲午 | 甲子 | 乙卯 | 乙酉 | 丙子 | 丙午 | 丁酉 | 丁卯 |
| 己丑 | 己未 | 庚戌 | 庚辰 | 辛未 | 辛丑 | 壬辰 | 壬戌 | 癸丑 | 癸未 | 甲戌 | 甲辰 | 乙未 | 乙丑 | 丙辰 | 丙戌 | 丁丑 | 丁未 | 戊戌 | 戊辰 |
| 庚寅 | 庚申 | 辛亥 | 辛巳 | 壬申 | 壬寅 | 癸巳 | 癸亥 | 甲寅 | 甲申 | 乙亥 | 乙巳 | 丙申 | 丙寅 | 丁巳 | 丁亥 | 戊寅 | 戊申 | 己亥 | 己巳 |
| 辛卯 | 辛酉 | 壬子 | 壬午 | 癸酉 | 癸卯 | 甲午 | 甲子 | 乙卯 | 乙酉 | 丙子 | 丙午 | 丁酉 | 丁卯 | 戊午 | 戊子 | 己卯 | 己酉 | 庚子 | 庚午 |
| 壬辰 | 壬戌 | 癸丑 | 癸未 | 甲戌 | 甲辰 | 乙未 | 乙丑 | 丙辰 | 丙戌 | 丁丑 | 丁未 | 戊戌 | 戊辰 | 己未 | 己丑 | 庚辰 | 庚戌 | 辛丑 | 辛未 |
| 癸巳 | 癸亥 | 甲寅 | 甲申 | 乙亥 | 乙巳 | 丙申 | 丙寅 | 丁巳 | 丁亥 | 戊寅 | 戊申 | 己亥 | 己巳 | 庚申 | 庚寅 | 辛巳 | 辛亥 | 壬寅 | 壬申 |
| 甲午 | 甲子 | 乙卯 | 乙酉 | 丙子 | 丙午 | 丁酉 | 丁卯 | 戊午 | 戊子 | 己卯 | 己酉 | 庚子 | 庚午 | 辛酉 | 辛卯 | 壬午 | 壬子 | 癸卯 | 癸酉 |
| 乙未 | 乙丑 | 丙辰 | 丙戌 | 丁丑 | 丁未 | 戊戌 | 戊辰 | 己未 | 己丑 | 庚辰 | 庚戌 | 辛丑 | 辛未 | 壬戌 | 壬辰 | 癸未 | 癸丑 | 甲辰 | 甲戌 |
| 丙申 | 丙寅 | 丁巳 | 丁亥 | 戊寅 | 戊申 | 己亥 | 己巳 | 庚申 | 庚寅 | 辛巳 | 辛亥 | 壬寅 | 壬申 | 癸亥 | 癸巳 | 甲申 | 甲寅 | 乙巳 | 乙亥 |
| 丁酉 | 丁卯 | 戊午 | 戊子 | 己卯 | 己酉 | 庚子 | 庚午 | 辛酉 | 辛卯 | 壬午 | 壬子 | 癸卯 | 癸酉 | 甲子 | 甲午 | 乙酉 | 乙卯 | 丙午 | 丙子 |
| 戊戌 | 戊辰 | 己未 | 己丑 | 庚辰 | 庚戌 | 辛丑 | 辛未 | 壬戌 | 壬辰 | 癸未 | 癸丑 | 甲辰 | 甲戌 | 乙丑 | 乙未 | 丙戌 | 丙辰 | 丁未 | 丁丑 |
| 己亥 | 己巳 | 庚申 | 庚寅 | 辛巳 | 辛亥 | 壬寅 | 壬申 | 癸亥 | 癸巳 | 甲申 | 甲寅 | 乙巳 | 乙亥 | 丙寅 | 丙申 | 丁亥 | 丁巳 | 戊申 | 戊寅 |
| 庚子 | 庚午 | 辛酉 | 辛卯 | 壬午 | 壬子 | 癸卯 | 癸酉 | 甲子 | 甲午 | 乙酉 | 乙卯 | 丙午 | 丙子 | 丁卯 | 丁酉 | 戊子 | 戊午 | 己酉 | 己卯 |
| 辛丑 | 辛未 | 壬戌 | 壬辰 | 癸未 | 癸丑 | 甲辰 | 甲戌 | 乙丑 | 乙未 | 丙戌 | 丙辰 | 丁未 | 丁丑 | 戊辰 | 戊戌 | 己丑 | 己未 | 庚戌 | 庚辰 |
| 壬寅 | 壬申 | 癸亥 | 癸巳 | 甲申 | 甲寅 | 乙巳 | 乙亥 | 丙寅 | 丙申 | 丁亥 | 丁巳 | 戊申 | 戊寅 | 己巳 | 己亥 | 庚寅 | 庚申 | 辛亥 | 辛巳 |
| 癸卯 | 癸酉 | 甲子 | 甲午 | 乙酉 | 乙卯 | 丙午 | 丙子 | 丁卯 | 丁酉 | 戊子 | 戊午 | 己酉 | 己卯 | 庚午 | 庚子 | 辛卯 | 辛酉 | 壬子 | 壬午 |
| 甲辰 | 甲戌 | 乙丑 | 乙未 | 丙戌 | 丙辰 | 丁未 | 丁丑 | 戊辰 | 戊戌 | 己丑 | 己未 | 庚戌 | 庚辰 | 辛未 | 辛丑 | 壬辰 | 壬戌 | 癸丑 | 癸未 |
| 乙巳 | 乙亥 | 丙寅 | 丙申 | 丁亥 | 丁巳 | 戊申 | 戊寅 | 己巳 | 己亥 | 庚寅 | 庚申 | 辛亥 | 辛巳 | 壬申 | 壬寅 | 癸巳 | 癸亥 | 甲寅 | 甲申 |
| 丙午 | 丙子 | 丁卯 | 丁酉 | 戊子 | 戊午 | 己酉 | 己卯 | 庚午 | 庚子 | 辛卯 | 辛酉 | 壬午 | 壬子 | 癸酉 | 癸卯 | 甲午 | 甲子 | 乙卯 | 乙酉 |

| | | |
|---|---|---|
| 11 | 丁未 戊申 己酉 庚戌 辛亥 壬子 癸丑 甲寅 乙卯 丙辰 丁巳 戊午 己未 庚申 辛酉 壬戌 癸亥 甲子 乙丑 丙寅 丁卯 戊辰 己巳 庚午 辛未 壬申 癸酉 甲戌 乙亥 丙子 | 丁丑 戊寅 己卯 庚辰 辛巳 壬午 癸未 甲申 乙酉 丙戌 丁亥 戊子 己丑 庚寅 辛卯 壬辰 癸巳 甲午 乙未 丙申 丁酉 戊戌 己亥 庚子 辛丑 壬寅 癸卯 甲辰 乙巳 丙午 |
| 12 | 戊辰 己巳 庚午 辛未 壬申 癸酉 甲戌 乙亥 丙子 丁丑 戊寅 己卯 庚辰 辛巳 壬午 癸未 甲申 乙酉 丙戌 丁亥 戊子 己丑 庚寅 辛卯 壬辰 癸巳 甲午 乙未 丙申 丁酉 | 戊戌 己亥 庚子 辛丑 壬寅 癸卯 甲辰 乙巳 丙午 丁未 戊申 己酉 庚戌 辛亥 壬子 癸丑 甲寅 乙卯 丙辰 丁巳 戊午 己未 庚申 辛酉 壬戌 癸亥 甲子 乙丑 丙寅 丁卯 |
| 13 | 己丑 庚寅 辛卯 壬辰 癸巳 甲午 乙未 丙申 丁酉 戊戌 己亥 庚子 辛丑 壬寅 癸卯 甲辰 乙巳 丙午 丁未 戊申 己酉 庚戌 辛亥 壬子 癸丑 甲寅 乙卯 丙辰 丁巳 戊午 | 己未 庚申 辛酉 壬戌 癸亥 甲子 乙丑 丙寅 丁卯 戊辰 己巳 庚午 辛未 壬申 癸酉 甲戌 乙亥 丙子 丁丑 戊寅 己卯 庚辰 辛巳 壬午 癸未 甲申 乙酉 丙戌 丁亥 戊子 |
| 14 | 庚戌 辛亥 壬子 癸丑 甲寅 乙卯 丙辰 丁巳 戊午 己未 庚申 辛酉 壬戌 癸亥 甲子 乙丑 丙寅 丁卯 戊辰 己巳 庚午 辛未 壬申 癸酉 甲戌 乙亥 丙子 丁丑 戊寅 己卯 | 庚辰 辛巳 壬午 癸未 甲申 乙酉 丙戌 丁亥 戊子 己丑 庚寅 辛卯 壬辰 癸巳 甲午 乙未 丙申 丁酉 戊戌 己亥 庚子 辛丑 壬寅 癸卯 甲辰 乙巳 丙午 丁未 戊申 己酉 |
| 15 | 辛未 壬申 癸酉 甲戌 乙亥 丙子 丁丑 戊寅 己卯 庚辰 辛巳 壬午 癸未 甲申 乙酉 丙戌 丁亥 戊子 己丑 庚寅 辛卯 壬辰 癸巳 甲午 乙未 丙申 丁酉 戊戌 己亥 庚子 | 辛丑 壬寅 癸卯 甲辰 乙巳 丙午 丁未 戊申 己酉 庚戌 辛亥 壬子 癸丑 甲寅 乙卯 丙辰 丁巳 戊午 己未 庚申 辛酉 壬戌 癸亥 甲子 乙丑 丙寅 丁卯 戊辰 己巳 庚午 |
| 16 | 壬辰 癸巳 甲午 乙未 丙申 丁酉 戊戌 己亥 庚子 辛丑 壬寅 癸卯 甲辰 乙巳 丙午 丁未 戊申 己酉 庚戌 辛亥 壬子 癸丑 甲寅 乙卯 丙辰 丁巳 戊午 己未 庚申 辛酉 | 壬戌 癸亥 甲子 乙丑 丙寅 丁卯 戊辰 己巳 庚午 辛未 壬申 癸酉 甲戌 乙亥 丙子 丁丑 戊寅 己卯 庚辰 辛巳 壬午 癸未 甲申 乙酉 丙戌 丁亥 戊子 己丑 庚寅 辛卯 |
| 17 | 癸丑 甲寅 乙卯 丙辰 丁巳 戊午 己未 庚申 辛酉 壬戌 癸亥 甲子 乙丑 丙寅 丁卯 戊辰 己巳 庚午 辛未 壬申 癸酉 甲戌 乙亥 丙子 丁丑 戊寅 己卯 庚辰 辛巳 壬午 | 癸未 甲申 乙酉 丙戌 丁亥 戊子 己丑 庚寅 辛卯 壬辰 癸巳 甲午 乙未 丙申 丁酉 戊戌 己亥 庚子 辛丑 壬寅 癸卯 甲辰 乙巳 丙午 丁未 戊申 己酉 庚戌 辛亥 壬子 |
| 18 | 甲戌 乙亥 丙子 丁丑 戊寅 己卯 庚辰 辛巳 壬午 癸未 甲申 乙酉 丙戌 丁亥 戊子 己丑 庚寅 辛卯 壬辰 癸巳 甲午 乙未 丙申 丁酉 戊戌 己亥 庚子 辛丑 壬寅 癸卯 | 甲辰 乙巳 丙午 丁未 戊申 己酉 庚戌 辛亥 壬子 癸丑 甲寅 乙卯 丙辰 丁巳 戊午 己未 庚申 辛酉 壬戌 癸亥 甲子 乙丑 丙寅 丁卯 戊辰 己巳 庚午 辛未 壬申 癸酉 |
| 19 | 乙未 丙申 丁酉 戊戌 己亥 庚子 辛丑 壬寅 癸卯 甲辰 乙巳 丙午 丁未 戊申 己酉 庚戌 辛亥 壬子 癸丑 甲寅 乙卯 丙辰 丁巳 戊午 己未 庚申 辛酉 壬戌 癸亥 甲子 | 乙丑 丙寅 丁卯 戊辰 己巳 庚午 辛未 壬申 癸酉 甲戌 乙亥 丙子 丁丑 戊寅 己卯 庚辰 辛巳 壬午 癸未 甲申 乙酉 丙戌 丁亥 戊子 己丑 庚寅 辛卯 壬辰 癸巳 甲午 |
| 20 | 丙辰 丁巳 戊午 己未 庚申 辛酉 壬戌 癸亥 甲子 乙丑 丙寅 丁卯 戊辰 己巳 庚午 辛未 壬申 癸酉 甲戌 乙亥 丙子 丁丑 戊寅 己卯 庚辰 辛巳 壬午 癸未 甲申 乙酉 | 丙戌 丁亥 戊子 己丑 庚寅 辛卯 壬辰 癸巳 甲午 乙未 丙申 丁酉 戊戌 己亥 庚子 辛丑 壬寅 癸卯 甲辰 乙巳 丙午 丁未 戊申 己酉 庚戌 辛亥 壬子 癸丑 甲寅 乙卯 |

| 21 右 | 21 左 | 22 右 | 22 左 | 23 右 | 23 左 | 24 右 | 24 左 | 25 右 | 25 左 | 26 右 | 26 左 | 27 右 | 27 左 | 28 右 | 28 左 | 29 右 | 29 左 | 30 右 | 30 左 |
|---|---|---|---|---|---|---|---|---|---|---|---|---|---|---|---|---|---|---|---|
| 戊寅 | 戊申 | 己亥 | 己巳 | 庚申 | 庚寅 | 辛巳 | 辛亥 | 壬寅 | 壬申 | 癸亥 | 癸巳 | 甲申 | 甲寅 | 乙巳 | 乙亥 | 丙寅 | 丙申 | 丁亥 | 丁巳 |
| 己卯 | 己酉 | 庚子 | 庚午 | 辛酉 | 辛卯 | 壬午 | 壬子 | 癸卯 | 癸酉 | 甲子 | 甲午 | 乙酉 | 乙卯 | 丙午 | 丙子 | 丁卯 | 丁酉 | 戊子 | 戊午 |
| 庚辰 | 庚戌 | 辛丑 | 辛未 | 壬戌 | 壬辰 | 癸未 | 癸丑 | 甲辰 | 甲戌 | 乙丑 | 乙未 | 丙戌 | 丙辰 | 丁未 | 丁丑 | 戊辰 | 戊戌 | 己丑 | 己未 |
| 辛巳 | 辛亥 | 壬寅 | 壬申 | 癸亥 | 癸巳 | 甲申 | 甲寅 | 乙巳 | 乙亥 | 丙寅 | 丙申 | 丁亥 | 丁巳 | 戊申 | 戊寅 | 己巳 | 己亥 | 庚寅 | 庚申 |
| 壬午 | 壬子 | 癸卯 | 癸酉 | 甲子 | 甲午 | 乙酉 | 乙卯 | 丙午 | 丙子 | 丁卯 | 丁酉 | 戊子 | 戊午 | 己酉 | 己卯 | 庚午 | 庚子 | 辛卯 | 辛酉 |
| 癸未 | 癸丑 | 甲辰 | 甲戌 | 乙丑 | 乙未 | 丙戌 | 丙辰 | 丁未 | 丁丑 | 戊辰 | 戊戌 | 己丑 | 己未 | 庚戌 | 庚辰 | 辛未 | 辛丑 | 壬辰 | 壬戌 |
| 甲申 | 甲寅 | 乙巳 | 乙亥 | 丙寅 | 丙申 | 丁亥 | 丁巳 | 戊申 | 戊寅 | 己巳 | 己亥 | 庚寅 | 庚申 | 辛亥 | 辛巳 | 壬申 | 壬寅 | 癸巳 | 癸亥 |
| 乙酉 | 乙卯 | 丙午 | 丙子 | 丁卯 | 丁酉 | 戊子 | 戊午 | 己酉 | 己卯 | 庚午 | 庚子 | 辛卯 | 辛酉 | 壬子 | 壬午 | 癸酉 | 癸卯 | 甲午 | 甲子 |
| 丙戌 | 丙辰 | 丁未 | 丁丑 | 戊辰 | 戊戌 | 己丑 | 己未 | 庚戌 | 庚辰 | 辛未 | 辛丑 | 壬辰 | 壬戌 | 癸丑 | 癸未 | 甲戌 | 甲辰 | 乙未 | 乙丑 |
| 丁亥 | 丁巳 | 戊申 | 戊寅 | 己巳 | 己亥 | 庚寅 | 庚申 | 辛亥 | 辛巳 | 壬申 | 壬寅 | 癸巳 | 癸亥 | 甲寅 | 甲申 | 乙亥 | 乙巳 | 丙申 | 丙寅 |
| 戊子 | 戊午 | 己酉 | 己卯 | 庚午 | 庚子 | 辛卯 | 辛酉 | 壬子 | 壬午 | 癸酉 | 癸卯 | 甲午 | 甲子 | 乙卯 | 乙酉 | 丙子 | 丙午 | 丁酉 | 丁卯 |
| 己丑 | 己未 | 庚戌 | 庚辰 | 辛未 | 辛丑 | 壬辰 | 壬戌 | 癸丑 | 癸未 | 甲戌 | 甲辰 | 乙未 | 乙丑 | 丙辰 | 丙戌 | 丁丑 | 丁未 | 戊戌 | 戊辰 |
| 庚寅 | 庚申 | 辛亥 | 辛巳 | 壬申 | 壬寅 | 癸巳 | 癸亥 | 甲寅 | 甲申 | 乙亥 | 乙巳 | 丙申 | 丙寅 | 丁巳 | 丁亥 | 戊寅 | 戊申 | 己亥 | 己巳 |
| 辛卯 | 辛酉 | 壬子 | 壬午 | 癸酉 | 癸卯 | 甲午 | 甲子 | 乙卯 | 乙酉 | 丙子 | 丙午 | 丁酉 | 丁卯 | 戊午 | 戊子 | 己卯 | 己酉 | 庚子 | 庚午 |
| 壬辰 | 壬戌 | 癸丑 | 癸未 | 甲戌 | 甲辰 | 乙未 | 乙丑 | 丙辰 | 丙戌 | 丁丑 | 丁未 | 戊戌 | 戊辰 | 己未 | 己丑 | 庚辰 | 庚戌 | 辛丑 | 辛未 |
| 癸巳 | 癸亥 | 甲寅 | 甲申 | 乙亥 | 乙巳 | 丙申 | 丙寅 | 丁巳 | 丁亥 | 戊寅 | 戊申 | 己亥 | 己巳 | 庚申 | 庚寅 | 辛巳 | 辛亥 | 壬寅 | 壬申 |
| 甲午 | 甲子 | 乙卯 | 乙酉 | 丙子 | 丙午 | 丁酉 | 丁卯 | 戊午 | 戊子 | 己卯 | 己酉 | 庚子 | 庚午 | 辛酉 | 辛卯 | 壬午 | 壬子 | 癸卯 | 癸酉 |
| 乙未 | 乙丑 | 丙辰 | 丙戌 | 丁丑 | 丁未 | 戊戌 | 戊辰 | 己未 | 己丑 | 庚辰 | 庚戌 | 辛丑 | 辛未 | 壬戌 | 壬辰 | 癸未 | 癸丑 | 甲辰 | 甲戌 |
| 丙申 | 丙寅 | 丁巳 | 丁亥 | 戊寅 | 戊申 | 己亥 | 己巳 | 庚申 | 庚寅 | 辛巳 | 辛亥 | 壬寅 | 壬申 | 癸亥 | 癸巳 | 甲申 | 甲寅 | 乙巳 | 乙亥 |
| 丁酉 | 丁卯 | 戊午 | 戊子 | 己卯 | 己酉 | 庚子 | 庚午 | 辛酉 | 辛卯 | 壬午 | 壬子 | 癸卯 | 癸酉 | 甲子 | 甲午 | 乙酉 | 乙卯 | 丙午 | 丙子 |
| 戊戌 | 戊辰 | 己未 | 己丑 | 庚辰 | 庚戌 | 辛丑 | 辛未 | 壬戌 | 壬辰 | 癸未 | 癸丑 | 甲辰 | 甲戌 | 乙丑 | 乙未 | 丙戌 | 丙辰 | 丁未 | 丁丑 |
| 己亥 | 己巳 | 庚申 | 庚寅 | 辛巳 | 辛亥 | 壬寅 | 壬申 | 癸亥 | 癸巳 | 甲申 | 甲寅 | 乙巳 | 乙亥 | 丙寅 | 丙申 | 丁亥 | 丁巳 | 戊申 | 戊寅 |
| 庚子 | 庚午 | 辛酉 | 辛卯 | 壬午 | 壬子 | 癸卯 | 癸酉 | 甲子 | 甲午 | 乙酉 | 乙卯 | 丙午 | 丙子 | 丁卯 | 丁酉 | 戊子 | 戊午 | 己酉 | 己卯 |
| 辛丑 | 辛未 | 壬戌 | 壬辰 | 癸未 | 癸丑 | 甲辰 | 甲戌 | 乙丑 | 乙未 | 丙戌 | 丙辰 | 丁未 | 丁丑 | 戊辰 | 戊戌 | 己丑 | 己未 | 庚戌 | 庚辰 |
| 壬寅 | 壬申 | 癸亥 | 癸巳 | 甲申 | 甲寅 | 乙巳 | 乙亥 | 丙寅 | 丙申 | 丁亥 | 丁巳 | 戊申 | 戊寅 | 己巳 | 己亥 | 庚寅 | 庚申 | 辛亥 | 辛巳 |
| 癸卯 | 癸酉 | 甲子 | 甲午 | 乙酉 | 乙卯 | 丙午 | 丙子 | 丁卯 | 丁酉 | 戊子 | 戊午 | 己酉 | 己卯 | 庚午 | 庚子 | 辛卯 | 辛酉 | 壬子 | 壬午 |
| 甲辰 | 甲戌 | 乙丑 | 乙未 | 丙戌 | 丙辰 | 丁未 | 丁丑 | 戊辰 | 戊戌 | 己丑 | 己未 | 庚戌 | 庚辰 | 辛未 | 辛丑 | 壬辰 | 壬戌 | 癸丑 | 癸未 |
| 乙巳 | 乙亥 | 丙寅 | 丙申 | 丁亥 | 丁巳 | 戊申 | 戊寅 | 己巳 | 己亥 | 庚寅 | 庚申 | 辛亥 | 辛巳 | 壬申 | 壬寅 | 癸巳 | 癸亥 | 甲寅 | 甲申 |
| 丙午 | 丙子 | 丁卯 | 丁酉 | 戊子 | 戊午 | 己酉 | 己卯 | 庚子 | 庚午 | 辛卯 | 辛酉 | 壬午 | 壬子 | 癸酉 | 癸卯 | 甲午 | 甲子 | 乙卯 | 乙酉 |
| 丁未 | 丁丑 | 戊辰 | 戊戌 | 己丑 | 己未 | 庚戌 | 庚辰 | 辛未 | 辛丑 | 壬辰 | 壬戌 | 癸丑 | 癸未 | 甲戌 | 甲辰 | 乙未 | 乙丑 | 丙辰 | 丙戌 |

| 31 | | 32 | | 33 | | 34 | | 35 | | 36 | | 37 | | 38 | | 39 | | 40 | |
|---|---|---|---|---|---|---|---|---|---|---|---|---|---|---|---|---|---|---|---|
| 戊申 | 戊寅 | 己巳 | 己亥 | 庚寅 | 庚申 | 辛亥 | 辛巳 | 壬申 | 壬寅 | 癸巳 | 癸亥 | 甲寅 | 甲申 | 乙亥 | 乙巳 | 丙申 | 丙寅 | 丁巳 | 丁亥 |
| 己酉 | 己卯 | 庚午 | 庚子 | 辛卯 | 辛酉 | 壬子 | 壬午 | 癸酉 | 癸卯 | 甲午 | 甲子 | 乙卯 | 乙酉 | 丙子 | 丙午 | 丁酉 | 丁卯 | 戊午 | 戊子 |
| 庚戌 | 庚辰 | 辛未 | 辛丑 | 壬辰 | 壬戌 | 癸丑 | 癸未 | 甲戌 | 甲辰 | 乙未 | 乙丑 | 丙辰 | 丙戌 | 丁丑 | 丁未 | 戊戌 | 戊辰 | 己未 | 己丑 |
| 辛亥 | 辛巳 | 壬申 | 壬寅 | 癸巳 | 癸亥 | 甲寅 | 甲申 | 乙亥 | 乙巳 | 丙申 | 丙寅 | 丁巳 | 丁亥 | 戊寅 | 戊申 | 己亥 | 己巳 | 庚申 | 庚寅 |
| 壬子 | 壬午 | 癸酉 | 癸卯 | 甲午 | 甲子 | 乙卯 | 乙酉 | 丙子 | 丙午 | 丁酉 | 丁卯 | 戊午 | 戊子 | 己卯 | 己酉 | 庚子 | 庚午 | 辛酉 | 辛卯 |
| 癸丑 | 癸未 | 甲戌 | 甲辰 | 乙未 | 乙丑 | 丙辰 | 丙戌 | 丁丑 | 丁未 | 戊戌 | 戊辰 | 己未 | 己丑 | 庚辰 | 庚戌 | 辛丑 | 辛未 | 壬戌 | 壬辰 |
| 甲寅 | 甲申 | 乙亥 | 乙巳 | 丙申 | 丙寅 | 丁巳 | 丁亥 | 戊寅 | 戊申 | 己亥 | 己巳 | 庚申 | 庚寅 | 辛巳 | 辛亥 | 壬寅 | 壬申 | 癸亥 | 癸巳 |
| 乙卯 | 乙酉 | 丙子 | 丙午 | 丁酉 | 丁卯 | 戊午 | 戊子 | 己卯 | 己酉 | 庚子 | 庚午 | 辛酉 | 辛卯 | 壬午 | 壬子 | 癸卯 | 癸酉 | 甲子 | 甲午 |
| 丙辰 | 丙戌 | 丁丑 | 丁未 | 戊戌 | 戊辰 | 己未 | 己丑 | 庚辰 | 庚戌 | 辛丑 | 辛未 | 壬戌 | 壬辰 | 癸未 | 癸丑 | 甲辰 | 甲戌 | 乙丑 | 乙未 |
| 丁巳 | 丁亥 | 戊寅 | 戊申 | 己亥 | 己巳 | 庚申 | 庚寅 | 辛巳 | 辛亥 | 壬寅 | 壬申 | 癸亥 | 癸巳 | 甲申 | 甲寅 | 乙巳 | 乙亥 | 丙寅 | 丙申 |
| 戊午 | 戊子 | 己卯 | 己酉 | 庚子 | 庚午 | 辛酉 | 辛卯 | 壬午 | 壬子 | 癸卯 | 癸酉 | 甲子 | 甲午 | 乙酉 | 乙卯 | 丙午 | 丙子 | 丁卯 | 丁酉 |
| 己未 | 己丑 | 庚辰 | 庚戌 | 辛丑 | 辛未 | 壬戌 | 壬辰 | 癸未 | 癸丑 | 甲辰 | 甲戌 | 乙丑 | 乙未 | 丙戌 | 丙辰 | 丁未 | 丁丑 | 戊辰 | 戊戌 |
| 庚申 | 庚寅 | 辛巳 | 辛亥 | 壬寅 | 壬申 | 癸亥 | 癸巳 | 甲申 | 甲寅 | 乙巳 | 乙亥 | 丙寅 | 丙申 | 丁亥 | 丁巳 | 戊申 | 戊寅 | 己巳 | 己亥 |
| 辛酉 | 辛卯 | 壬午 | 壬子 | 癸卯 | 癸酉 | 甲子 | 甲午 | 乙酉 | 乙卯 | 丙午 | 丙子 | 丁卯 | 丁酉 | 戊子 | 戊午 | 己酉 | 己卯 | 庚午 | 庚子 |
| 壬戌 | 壬辰 | 癸未 | 癸丑 | 甲辰 | 甲戌 | 乙丑 | 乙未 | 丙戌 | 丙辰 | 丁未 | 丁丑 | 戊辰 | 戊戌 | 己丑 | 己未 | 庚戌 | 庚辰 | 辛未 | 辛丑 |
| 癸亥 | 癸巳 | 甲申 | 甲寅 | 乙巳 | 乙亥 | 丙寅 | 丙申 | 丁亥 | 丁巳 | 戊申 | 戊寅 | 己巳 | 己亥 | 庚寅 | 庚申 | 辛亥 | 辛巳 | 壬申 | 壬寅 |
| 甲子 | 甲午 | 乙酉 | 乙卯 | 丙午 | 丙子 | 丁卯 | 丁酉 | 戊子 | 戊午 | 己酉 | 己卯 | 庚午 | 庚子 | 辛卯 | 辛酉 | 壬子 | 壬午 | 癸酉 | 癸卯 |
| 乙丑 | 乙未 | 丙戌 | 丙辰 | 丁未 | 丁丑 | 戊辰 | 戊戌 | 己丑 | 己未 | 庚戌 | 庚辰 | 辛未 | 辛丑 | 壬辰 | 壬戌 | 癸丑 | 癸未 | 甲戌 | 甲辰 |
| 丙寅 | 丙申 | 丁亥 | 丁巳 | 戊申 | 戊寅 | 己巳 | 己亥 | 庚寅 | 庚申 | 辛亥 | 辛巳 | 壬申 | 壬寅 | 癸巳 | 癸亥 | 甲寅 | 甲申 | 乙亥 | 乙巳 |
| 丁卯 | 丁酉 | 戊子 | 戊午 | 己酉 | 己卯 | 庚午 | 庚子 | 辛卯 | 辛酉 | 壬子 | 壬午 | 癸酉 | 癸卯 | 甲午 | 甲子 | 乙卯 | 乙酉 | 丙子 | 丙午 |
| 戊辰 | 戊戌 | 己丑 | 己未 | 庚戌 | 庚辰 | 辛未 | 辛丑 | 壬辰 | 壬戌 | 癸丑 | 癸未 | 甲戌 | 甲辰 | 乙未 | 乙丑 | 丙辰 | 丙戌 | 丁丑 | 丁未 |
| 己巳 | 己亥 | 庚寅 | 庚申 | 辛亥 | 辛巳 | 壬申 | 壬寅 | 癸巳 | 癸亥 | 甲寅 | 甲申 | 乙亥 | 乙巳 | 丙申 | 丙寅 | 丁巳 | 丁亥 | 戊寅 | 戊申 |
| 庚午 | 庚子 | 辛卯 | 辛酉 | 壬子 | 壬午 | 癸酉 | 癸卯 | 甲午 | 甲子 | 乙卯 | 乙酉 | 丙子 | 丙午 | 丁酉 | 丁卯 | 戊午 | 戊子 | 己卯 | 己酉 |
| 辛未 | 辛丑 | 壬辰 | 壬戌 | 癸丑 | 癸未 | 甲戌 | 甲辰 | 乙未 | 乙丑 | 丙辰 | 丙戌 | 丁丑 | 丁未 | 戊戌 | 戊辰 | 己未 | 己丑 | 庚辰 | 庚戌 |
| 壬申 | 壬寅 | 癸巳 | 癸亥 | 甲寅 | 甲申 | 乙亥 | 乙巳 | 丙申 | 丙寅 | 丁巳 | 丁亥 | 戊寅 | 戊申 | 己亥 | 己巳 | 庚申 | 庚寅 | 辛巳 | 辛亥 |
| 癸酉 | 癸卯 | 甲午 | 甲子 | 乙卯 | 乙酉 | 丙子 | 丙午 | 丁酉 | 丁卯 | 戊午 | 戊子 | 己卯 | 己酉 | 庚子 | 庚午 | 辛酉 | 辛卯 | 壬午 | 壬子 |
| 甲戌 | 甲辰 | 乙未 | 乙丑 | 丙辰 | 丙戌 | 丁丑 | 丁未 | 戊戌 | 戊辰 | 己未 | 己丑 | 庚辰 | 庚戌 | 辛丑 | 辛未 | 壬戌 | 壬辰 | 癸未 | 癸丑 |
| 乙亥 | 乙巳 | 丙申 | 丙寅 | 丁巳 | 丁亥 | 戊寅 | 戊申 | 己亥 | 己巳 | 庚申 | 庚寅 | 辛巳 | 辛亥 | 壬寅 | 壬申 | 癸亥 | 癸巳 | 甲申 | 甲寅 |
| 丙子 | 丙午 | 丁酉 | 丁卯 | 戊午 | 戊子 | 己卯 | 己酉 | 庚子 | 庚午 | 辛酉 | 辛卯 | 壬午 | 壬子 | 癸卯 | 癸酉 | 甲子 | 甲午 | 乙酉 | 乙卯 |
| 丁丑 | 丁未 | 戊戌 | 戊辰 | 己未 | 己丑 | 庚辰 | 庚戌 | 辛丑 | 辛未 | 壬戌 | 壬辰 | 癸未 | 癸丑 | 甲辰 | 甲戌 | 乙丑 | 乙未 | 丙戌 | 丙辰 |

甲子表

| 41 | | 42 | | 43 | | 44 | | 45 | | 46 | | 47 | | 48 | | 49 | | 50 | |
|---|---|---|---|---|---|---|---|---|---|---|---|---|---|---|---|---|---|---|---|
| 己卯 | 己酉 | 庚子 | 庚午 | 辛酉 | 辛卯 | 壬午 | 壬子 | 癸卯 | 癸酉 | 甲子 | 甲午 | 乙酉 | 乙卯 | 丙午 | 丙子 | 丁卯 | 丁酉 | 戊子 | 戊午 |
| 庚辰 | 庚戌 | 辛丑 | 辛未 | 壬戌 | 壬辰 | 癸未 | 癸丑 | 甲辰 | 甲戌 | 乙丑 | 乙未 | 丙戌 | 丙辰 | 丁未 | 丁丑 | 戊辰 | 戊戌 | 己丑 | 己未 |
| 辛巳 | 辛亥 | 壬寅 | 壬申 | 癸亥 | 癸巳 | 甲申 | 甲寅 | 乙巳 | 乙亥 | 丙寅 | 丙申 | 丁亥 | 丁巳 | 戊申 | 戊寅 | 己巳 | 己亥 | 庚寅 | 庚申 |
| 壬午 | 壬子 | 癸卯 | 癸酉 | 甲子 | 甲午 | 乙酉 | 乙卯 | 丙午 | 丙子 | 丁卯 | 丁酉 | 戊子 | 戊午 | 己酉 | 己卯 | 庚午 | 庚子 | 辛卯 | 辛酉 |
| 癸未 | 癸丑 | 甲辰 | 甲戌 | 乙丑 | 乙未 | 丙戌 | 丙辰 | 丁未 | 丁丑 | 戊辰 | 戊戌 | 己丑 | 己未 | 庚戌 | 庚辰 | 辛未 | 辛丑 | 壬辰 | 壬戌 |
| 甲申 | 甲寅 | 乙巳 | 乙亥 | 丙寅 | 丙申 | 丁亥 | 丁巳 | 戊申 | 戊寅 | 己巳 | 己亥 | 庚寅 | 庚申 | 辛亥 | 辛巳 | 壬申 | 壬寅 | 癸巳 | 癸亥 |
| 乙酉 | 乙卯 | 丙午 | 丙子 | 丁卯 | 丁酉 | 戊子 | 戊午 | 己酉 | 己卯 | 庚午 | 庚子 | 辛卯 | 辛酉 | 壬子 | 壬午 | 癸酉 | 癸卯 | 甲午 | 甲子 |
| 丙戌 | 丙辰 | 丁未 | 丁丑 | 戊辰 | 戊戌 | 己丑 | 己未 | 庚戌 | 庚辰 | 辛未 | 辛丑 | 壬辰 | 壬戌 | 癸丑 | 癸未 | 甲戌 | 甲辰 | 乙未 | 乙丑 |
| 丁亥 | 丁巳 | 戊申 | 戊寅 | 己巳 | 己亥 | 庚寅 | 庚申 | 辛亥 | 辛巳 | 壬申 | 壬寅 | 癸巳 | 癸亥 | 甲寅 | 甲申 | 乙亥 | 乙巳 | 丙申 | 丙寅 |
| 戊子 | 戊午 | 己酉 | 己卯 | 庚午 | 庚子 | 辛卯 | 辛酉 | 壬子 | 壬午 | 癸酉 | 癸卯 | 甲午 | 甲子 | 乙卯 | 乙酉 | 丙子 | 丙午 | 丁酉 | 丁卯 |
| 己丑 | 己未 | 庚戌 | 庚辰 | 辛未 | 辛丑 | 壬辰 | 壬戌 | 癸丑 | 癸未 | 甲戌 | 甲辰 | 乙未 | 乙丑 | 丙辰 | 丙戌 | 丁丑 | 丁未 | 戊戌 | 戊辰 |
| 庚寅 | 庚申 | 辛亥 | 辛巳 | 壬申 | 壬寅 | 癸巳 | 癸亥 | 甲寅 | 甲申 | 乙亥 | 乙巳 | 丙申 | 丙寅 | 丁巳 | 丁亥 | 戊寅 | 戊申 | 己亥 | 己巳 |
| 辛卯 | 辛酉 | 壬子 | 壬午 | 癸酉 | 癸卯 | 甲午 | 甲子 | 乙卯 | 乙酉 | 丙子 | 丙午 | 丁酉 | 丁卯 | 戊午 | 戊子 | 己卯 | 己酉 | 庚子 | 庚午 |
| 壬辰 | 壬戌 | 癸丑 | 癸未 | 甲戌 | 甲辰 | 乙未 | 乙丑 | 丙辰 | 丙戌 | 丁丑 | 丁未 | 戊戌 | 戊辰 | 己未 | 己丑 | 庚辰 | 庚戌 | 辛丑 | 辛未 |
| 癸巳 | 癸亥 | 甲寅 | 甲申 | 乙亥 | 乙巳 | 丙申 | 丙寅 | 丁巳 | 丁亥 | 戊寅 | 戊申 | 己亥 | 己巳 | 庚申 | 庚寅 | 辛巳 | 辛亥 | 壬寅 | 壬申 |
| 甲午 | 甲子 | 乙卯 | 乙酉 | 丙子 | 丙午 | 丁酉 | 丁卯 | 戊午 | 戊子 | 己卯 | 己酉 | 庚子 | 庚午 | 辛酉 | 辛卯 | 壬午 | 壬子 | 癸卯 | 癸酉 |
| 乙未 | 乙丑 | 丙辰 | 丙戌 | 丁丑 | 丁未 | 戊戌 | 戊辰 | 己未 | 己丑 | 庚辰 | 庚戌 | 辛丑 | 辛未 | 壬戌 | 壬辰 | 癸未 | 癸丑 | 甲辰 | 甲戌 |
| 丙申 | 丙寅 | 丁巳 | 丁亥 | 戊寅 | 戊申 | 己亥 | 己巳 | 庚申 | 庚寅 | 辛巳 | 辛亥 | 壬寅 | 壬申 | 癸亥 | 癸巳 | 甲申 | 甲寅 | 乙巳 | 乙亥 |
| 丁酉 | 丁卯 | 戊午 | 戊子 | 己卯 | 己酉 | 庚子 | 庚午 | 辛酉 | 辛卯 | 壬午 | 壬子 | 癸卯 | 癸酉 | 甲子 | 甲午 | 乙酉 | 乙卯 | 丙午 | 丙子 |
| 戊戌 | 戊辰 | 己未 | 己丑 | 庚辰 | 庚戌 | 辛丑 | 辛未 | 壬戌 | 壬辰 | 癸未 | 癸丑 | 甲辰 | 甲戌 | 乙丑 | 乙未 | 丙戌 | 丙辰 | 丁未 | 丁丑 |
| 己亥 | 己巳 | 庚申 | 庚寅 | 辛巳 | 辛亥 | 壬寅 | 壬申 | 癸亥 | 癸巳 | 甲申 | 甲寅 | 乙巳 | 乙亥 | 丙寅 | 丙申 | 丁亥 | 丁巳 | 戊申 | 戊寅 |
| 庚子 | 庚午 | 辛酉 | 辛卯 | 壬午 | 壬子 | 癸卯 | 癸酉 | 甲子 | 甲午 | 乙酉 | 乙卯 | 丙午 | 丙子 | 丁卯 | 丁酉 | 戊子 | 戊午 | 己酉 | 己卯 |
| 辛丑 | 辛未 | 壬戌 | 壬辰 | 癸未 | 癸丑 | 甲辰 | 甲戌 | 乙丑 | 乙未 | 丙戌 | 丙辰 | 丁未 | 丁丑 | 戊辰 | 戊戌 | 己丑 | 己未 | 庚戌 | 庚辰 |
| 壬寅 | 壬申 | 癸亥 | 癸巳 | 甲申 | 甲寅 | 乙巳 | 乙亥 | 丙寅 | 丙申 | 丁亥 | 丁巳 | 戊申 | 戊寅 | 己巳 | 己亥 | 庚寅 | 庚申 | 辛亥 | 辛巳 |
| 癸卯 | 癸酉 | 甲子 | 甲午 | 乙酉 | 乙卯 | 丙午 | 丙子 | 丁卯 | 丁酉 | 戊子 | 戊午 | 己酉 | 己卯 | 庚午 | 庚子 | 辛卯 | 辛酉 | 壬子 | 壬午 |
| 甲辰 | 甲戌 | 乙丑 | 乙未 | 丙戌 | 丙辰 | 丁未 | 丁丑 | 戊辰 | 戊戌 | 己丑 | 己未 | 庚戌 | 庚辰 | 辛未 | 辛丑 | 壬辰 | 壬戌 | 癸丑 | 癸未 |
| 乙巳 | 乙亥 | 丙寅 | 丙申 | 丁亥 | 丁巳 | 戊申 | 戊寅 | 己巳 | 己亥 | 庚寅 | 庚申 | 辛亥 | 辛巳 | 壬申 | 壬寅 | 癸巳 | 癸亥 | 甲寅 | 甲申 |
| 丙午 | 丙子 | 丁卯 | 丁酉 | 戊子 | 戊午 | 己酉 | 己卯 | 庚午 | 庚子 | 辛卯 | 辛酉 | 壬子 | 壬午 | 癸酉 | 癸卯 | 甲午 | 甲子 | 乙卯 | 乙酉 |
| 丁未 | 丁丑 | 戊辰 | 戊戌 | 己丑 | 己未 | 庚戌 | 庚辰 | 辛未 | 辛丑 | 壬辰 | 壬戌 | 癸丑 | 癸未 | 甲戌 | 甲辰 | 乙未 | 乙丑 | 丙辰 | 丙戌 |
| 戊申 | 戊寅 | 己巳 | 己亥 | 庚寅 | 庚申 | 辛亥 | 辛巳 | 壬申 | 壬寅 | 癸巳 | 癸亥 | 甲寅 | 甲申 | 乙亥 | 乙巳 | 丙申 | 丙寅 | 丁巳 | 丁亥 |

| 60 | | 59 | | 58 | | 57 | | 56 | | 55 | | 54 | | 53 | | 52 | | 51 | |
|---|---|---|---|---|---|---|---|---|---|---|---|---|---|---|---|---|---|---|---|
| 戊子 | 戊午 | 丁卯 | 丁酉 | 丙午 | 丙子 | 乙酉 | 乙卯 | 甲子 | 甲午 | 癸卯 | 癸酉 | 壬午 | 壬子 | 辛酉 | 辛卯 | 庚子 | 庚午 | 己卯 | 己酉 |
| 己丑 | 己未 | 戊辰 | 戊戌 | 丁未 | 丁丑 | 丙戌 | 丙辰 | 乙丑 | 乙未 | 甲辰 | 甲戌 | 癸未 | 癸丑 | 壬戌 | 壬辰 | 辛丑 | 辛未 | 庚辰 | 庚戌 |
| 庚寅 | 庚申 | 己巳 | 己亥 | 戊申 | 戊寅 | 丁亥 | 丁巳 | 丙寅 | 丙申 | 乙巳 | 乙亥 | 甲申 | 甲寅 | 癸亥 | 癸巳 | 壬寅 | 壬申 | 辛巳 | 辛亥 |
| 辛卯 | 辛酉 | 庚午 | 庚子 | 己酉 | 己卯 | 戊子 | 戊午 | 丁卯 | 丁酉 | 丙午 | 丙子 | 乙酉 | 乙卯 | 甲子 | 甲午 | 癸卯 | 癸酉 | 壬午 | 壬子 |
| 壬辰 | 壬戌 | 辛未 | 辛丑 | 庚戌 | 庚辰 | 己丑 | 己未 | 戊辰 | 戊戌 | 丁未 | 丁丑 | 丙戌 | 丙辰 | 乙丑 | 乙未 | 甲辰 | 甲戌 | 癸未 | 癸丑 |
| 癸巳 | 癸亥 | 壬申 | 壬寅 | 辛亥 | 辛巳 | 庚寅 | 庚申 | 己巳 | 己亥 | 戊申 | 戊寅 | 丁亥 | 丁巳 | 丙寅 | 丙申 | 乙巳 | 乙亥 | 甲申 | 甲寅 |
| 甲午 | 甲子 | 癸酉 | 癸卯 | 壬子 | 壬午 | 辛卯 | 辛酉 | 庚午 | 庚子 | 己酉 | 己卯 | 戊子 | 戊午 | 丁卯 | 丁酉 | 丙午 | 丙子 | 乙酉 | 乙卯 |
| 乙未 | 乙丑 | 甲戌 | 甲辰 | 癸丑 | 癸未 | 壬辰 | 壬戌 | 辛未 | 辛丑 | 庚戌 | 庚辰 | 己丑 | 己未 | 戊辰 | 戊戌 | 丁未 | 丁丑 | 丙戌 | 丙辰 |
| 丙申 | 丙寅 | 乙亥 | 乙巳 | 甲寅 | 甲申 | 癸巳 | 癸亥 | 壬申 | 壬寅 | 辛亥 | 辛巳 | 庚寅 | 庚申 | 己巳 | 己亥 | 戊申 | 戊寅 | 丁亥 | 丁巳 |
| 丁酉 | 丁卯 | 丙子 | 丙午 | 乙卯 | 乙酉 | 甲午 | 甲子 | 癸酉 | 癸卯 | 壬子 | 壬午 | 辛卯 | 辛酉 | 庚午 | 庚子 | 己酉 | 己卯 | 戊子 | 戊午 |
| 戊戌 | 戊辰 | 丁丑 | 丁未 | 丙辰 | 丙戌 | 乙未 | 乙丑 | 甲戌 | 甲辰 | 癸丑 | 癸未 | 壬辰 | 壬戌 | 辛未 | 辛丑 | 庚戌 | 庚辰 | 己丑 | 己未 |
| 己亥 | 己巳 | 戊寅 | 戊申 | 丁巳 | 丁亥 | 丙申 | 丙寅 | 乙亥 | 乙巳 | 甲寅 | 甲申 | 癸巳 | 癸亥 | 壬申 | 壬寅 | 辛亥 | 辛巳 | 庚寅 | 庚申 |
| 庚子 | 庚午 | 己卯 | 己酉 | 戊午 | 戊子 | 丁酉 | 丁卯 | 丙子 | 丙午 | 乙卯 | 乙酉 | 甲午 | 甲子 | 癸酉 | 癸卯 | 壬子 | 壬午 | 辛卯 | 辛酉 |
| 辛丑 | 辛未 | 庚辰 | 庚戌 | 己未 | 己丑 | 戊戌 | 戊辰 | 丁丑 | 丁未 | 丙辰 | 丙戌 | 乙未 | 乙丑 | 甲戌 | 甲辰 | 癸丑 | 癸未 | 壬辰 | 壬戌 |
| 壬寅 | 壬申 | 辛巳 | 辛亥 | 庚申 | 庚寅 | 己亥 | 己巳 | 戊寅 | 戊申 | 丁巳 | 丁亥 | 丙申 | 丙寅 | 乙亥 | 乙巳 | 甲寅 | 甲申 | 癸巳 | 癸亥 |
| 癸卯 | 癸酉 | 壬午 | 壬子 | 辛酉 | 辛卯 | 庚子 | 庚午 | 己卯 | 己酉 | 戊午 | 戊子 | 丁酉 | 丁卯 | 丙子 | 丙午 | 乙卯 | 乙酉 | 甲午 | 甲子 |
| 甲辰 | 甲戌 | 癸未 | 癸丑 | 壬戌 | 壬辰 | 辛丑 | 辛未 | 庚辰 | 庚戌 | 己未 | 己丑 | 戊戌 | 戊辰 | 丁丑 | 丁未 | 丙辰 | 丙戌 | 乙未 | 乙丑 |
| 乙巳 | 乙亥 | 甲申 | 甲寅 | 癸亥 | 癸巳 | 壬寅 | 壬申 | 辛巳 | 辛亥 | 庚申 | 庚寅 | 己亥 | 己巳 | 戊寅 | 戊申 | 丁巳 | 丁亥 | 丙申 | 丙寅 |
| 丙午 | 丙子 | 乙酉 | 乙卯 | 甲子 | 甲午 | 癸卯 | 癸酉 | 壬午 | 壬子 | 辛酉 | 辛卯 | 庚子 | 庚午 | 己卯 | 己酉 | 戊午 | 戊子 | 丁酉 | 丁卯 |
| 丁未 | 丁丑 | 丙戌 | 丙辰 | 乙丑 | 乙未 | 甲辰 | 甲戌 | 癸未 | 癸丑 | 壬戌 | 壬辰 | 辛丑 | 辛未 | 庚辰 | 庚戌 | 己未 | 己丑 | 戊戌 | 戊辰 |
| 戊申 | 戊寅 | 丁亥 | 丁巳 | 丙寅 | 丙申 | 乙巳 | 乙亥 | 甲申 | 甲寅 | 癸亥 | 癸巳 | 壬寅 | 壬申 | 辛巳 | 辛亥 | 庚申 | 庚寅 | 己亥 | 己巳 |
| 己酉 | 己卯 | 戊子 | 戊午 | 丁卯 | 丁酉 | 丙午 | 丙子 | 乙酉 | 乙卯 | 甲子 | 甲午 | 癸卯 | 癸酉 | 壬午 | 壬子 | 辛酉 | 辛卯 | 庚子 | 庚午 |
| 庚戌 | 庚辰 | 己丑 | 己未 | 戊辰 | 戊戌 | 丁未 | 丁丑 | 丙戌 | 丙辰 | 乙丑 | 乙未 | 甲辰 | 甲戌 | 癸未 | 癸丑 | 壬戌 | 壬辰 | 辛丑 | 辛未 |
| 辛亥 | 辛巳 | 庚寅 | 庚申 | 己巳 | 己亥 | 戊申 | 戊寅 | 丁亥 | 丁巳 | 丙寅 | 丙申 | 乙巳 | 乙亥 | 甲申 | 甲寅 | 癸亥 | 癸巳 | 壬寅 | 壬申 |
| 壬子 | 壬午 | 辛卯 | 辛酉 | 庚午 | 庚子 | 己酉 | 己卯 | 戊子 | 戊午 | 丁卯 | 丁酉 | 丙午 | 丙子 | 乙酉 | 乙卯 | 甲子 | 甲午 | 癸卯 | 癸酉 |
| 癸丑 | 癸未 | 壬辰 | 壬戌 | 辛未 | 辛丑 | 庚戌 | 庚辰 | 己丑 | 己未 | 戊辰 | 戊戌 | 丁未 | 丁丑 | 丙戌 | 丙辰 | 乙丑 | 乙未 | 甲辰 | 甲戌 |
| 甲寅 | 甲申 | 癸巳 | 癸亥 | 壬申 | 壬寅 | 辛亥 | 辛巳 | 庚寅 | 庚申 | 己巳 | 己亥 | 戊申 | 戊寅 | 丁亥 | 丁巳 | 丙寅 | 丙申 | 乙巳 | 乙亥 |
| 乙卯 | 乙酉 | 甲午 | 甲子 | 癸酉 | 癸卯 | 壬子 | 壬午 | 辛卯 | 辛酉 | 庚午 | 庚子 | 己酉 | 己卯 | 戊子 | 戊午 | 丁卯 | 丁酉 | 丙午 | 丙子 |
| 丙辰 | 丙戌 | 乙未 | 乙丑 | 甲戌 | 甲辰 | 癸丑 | 癸未 | 壬辰 | 壬戌 | 辛未 | 辛丑 | 庚戌 | 庚辰 | 己丑 | 己未 | 戊辰 | 戊戌 | 丁未 | 丁丑 |
| 丁巳 | 丁亥 | 丙申 | 丙寅 | 乙亥 | 乙巳 | 甲寅 | 甲申 | 癸巳 | 癸亥 | 壬申 | 壬寅 | 辛亥 | 辛巳 | 庚寅 | 庚申 | 己巳 | 己亥 | 戊申 | 戊寅 |

# 中西回史日曆

## 年號表

以本編所載中國年號，依筆畫繁簡列之。下注其元年當西曆幾年。

三畫

大興三一八
大明四五七
大通五二七
大同五三五
大同九四七
大統五三五
大寶五五〇
大成五七九
大象五七九
大定五八一
大定一一六一
大業六〇五
大足七〇一
大曆七六六
大中八四七
大順八九〇
大中祥符一〇〇八
大安一〇八五
大安一二〇九
大觀一一〇七
大德一二九七
上元六七四
上元七六〇
久視七〇〇

四畫

元始一
元和八四
元和八〇六
元興一〇五
元興二六四
元興四〇二
元初一一四
元嘉一五一
元嘉四二四
元康二九一
元熙四一九
元徽四七三
元象五三八
元豐一〇七八
元祐一〇八六
元符一〇九八
元光一二二二
元貞一二九五
元統一三三三
天鳳一四
天册二七五
天璽二七六
天紀二七七
天興三九八
天興一二三二
天賜四〇四
天安四六六
天監五〇二
天平五三四
天保五五〇
天正五五一
天成五五五
天成九二六
天嘉五六〇
天統五六五
天康五六六
天和五六六
天授六九〇
天册萬歲六九五

## 五畫

永隆 六八〇
永淳 六八二
永貞 八〇五
永樂 一四〇三
永曆 一六四七
本初 一四六
正始 二四〇
正始 五〇四
正元 二五四
正平 四五一
正光 五二〇
正隆 一一五六
正大 一二二四
正統 一四三六
正德 一五〇六
甘露 二五六
甘露 二六五
弘道 六八三
弘治 一四八八
弘光 一六四五

### 六畫

地皇 二〇
光和 一七八
光熙 三〇六
光大 五六七
光宅 六八四
光啓 八八五
光化 八九八
光緒 一八七五
至德 五八三
至德 七五六
至道 九九五
至和 一〇五四
至寧 一二一三
至元 一二六四
至元 一三三五
至大 一三〇八
至治 一三二一
至順 一三三〇
至正 一三四一
如意 六九二
先天 七一二
同光 九二三
同治 一八六二
收國 一一一五
成化 一四六五

### 七畫

初始 八
初平 一九〇
更始 二三
延平 一〇六
延光 一二二
延熹 一五八
延康 二二〇
延熙 二三八
延和 四三二
延和 七一二
延興 四七一
延興 四九四
延昌 五一二
延載 六九四
延慶 一一二四
延祐 一三一四
赤烏 二三八
孝建 四五四
孝昌 五二五

### 八畫

居攝 六
始建國 九
始光 四二四
和平 一五〇
和平 四六〇
靑龍 二三三
炎興 二六三
承明 四七六
承聖 五五二
承光 五七七
承安 一一九六
昇明 四七七
武泰 五二八
武定 五四三
武成 五五九
武平 五七〇
武德 六一八
河淸 五六二
垂拱 六八五
長壽 六九二
長安 七〇一
長慶 八二一
長興 九三〇

紹興一一三一
紹熙一一九〇
紹定一二二八
乾明五六〇
乾封六六六
乾元七五八
乾符八七四
乾寧八九四
乾化九一一
乾祐九四八
乾德九六三
乾亨九七九
乾興一〇二二
乾統一一〇一
乾道一一六五
乾隆一七三六
清泰九三四
清寧一〇五五
淳化九九〇
淳熙一一七四
淳祐一二四一
康定一〇四〇
康國一一三四
康熙一六六二
崇寧一一〇二
崇福一一六四
崇慶一二一二
崇禎一六二八

### 十二畫

陽嘉一三二
景初二三七
景耀二五八
景元二六〇
景平四二三
景和四六五
景明五〇〇
景龍七〇七
景雲七一〇
景福八九二
景福一〇三一
景德一〇〇四
景祐一〇三四
景定一二六〇
景炎一二七六
景泰一四五〇
隆和三六二
隆安三九七
隆昌四九四
隆化五七六
隆興一一六三
隆慶一五六七
隆武一六四六
登國三八六
開皇五八一
開耀六八一
開元七一三
開成八三六
開平九〇七
開運九四四
開寶九六八
開泰一〇一二
開禧一二〇五
開興一二三二
開慶一二五九
統和九八三
順治一六四四
道光一八二一

### 十三畫

義熙四〇五
義寧六一七
普通五二〇
普泰五三一
禎明五八七
嗣聖六八四
載初六八九
萬歲登封六九五
萬歲通天六九六
萬曆一五七三
聖曆六九八
會昌八四一
會同九三八
雍熙九八四
雍正一七二三
靖康一一二六

### 十四畫

漢安一四二
嘉禾二三二
嘉平二四九
嘉祐一〇五六

十五畫



十六畫



十七畫



十九畫



二十畫



二十三畫



二十四畫

〔一九二六年十月作爲北京大學研究所國學門叢書之一種出版。一九六二年增補一九四一年至二〇〇〇年日曆後由中華書局出版。現據一九六二年版影印。〕